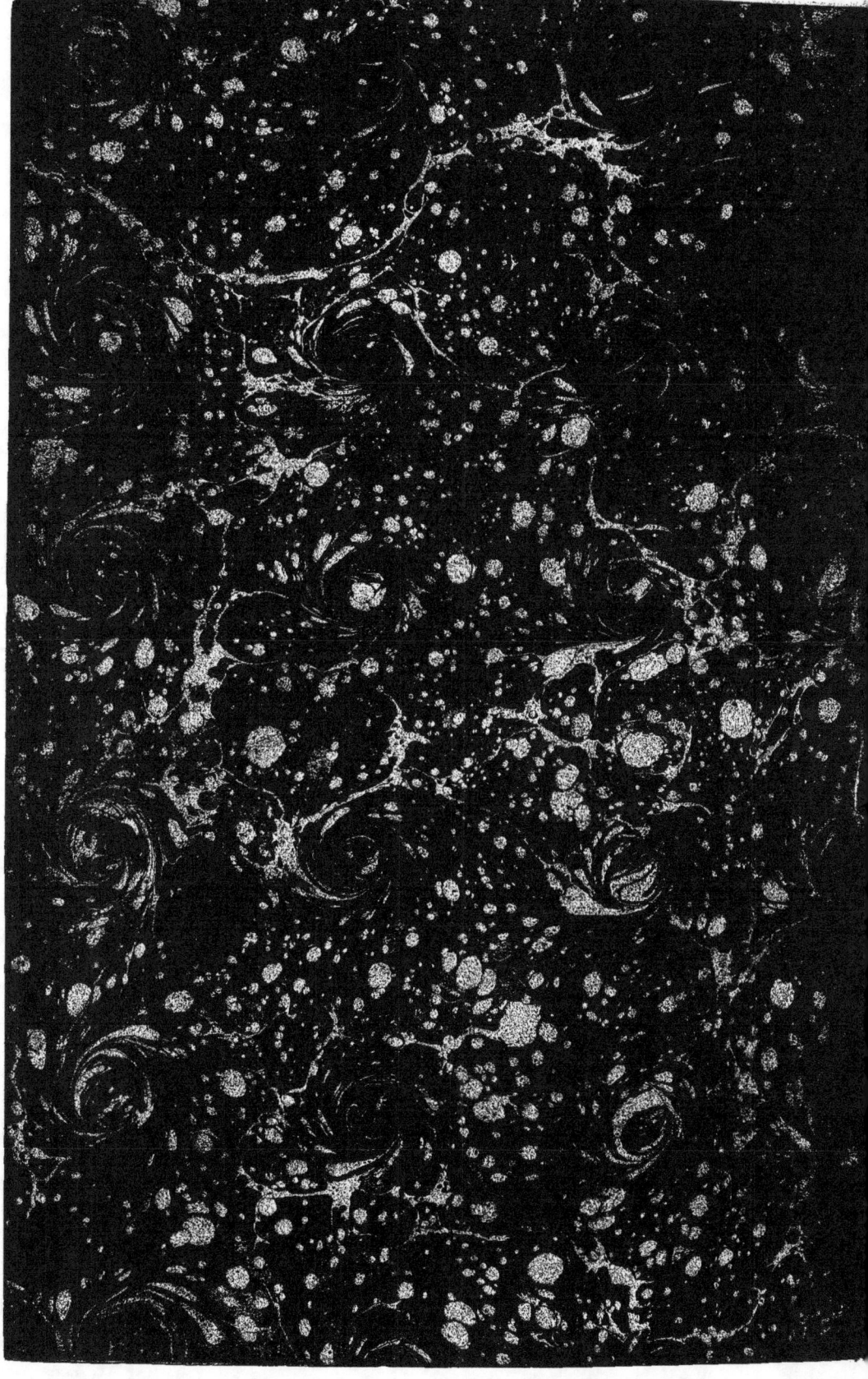

hist 3431 B
5150
H

Cat. de Nyon. N° 22122.

Ant. Verdier invenit.   Simoneau sculp.

HISTOIRE DE FRANCE,

DEPUIS L'ETABLISSEMENT DE LA MONARCHIE FRANÇOISE DANS LES GAULES.

DÉDIÉE AU ROY,

Par le P. G. DANIEL, de la Compagnie de JESUS.

TOME PREMIER.

A PARIS,
Chez JEAN-BAPTISTE DELESPINE, ruë saint Jacques, à l'Image saint Paul.

M. DCCXIII.

AVEC APPROBATION ET PRIVILEGE DE SA MAJESTÉ.

AU ROY.

IRE,

LE Sujet de l'Ouvrage que j'ay l'honneur de présenter à VOTRE MAJESTÉ, mérite par luy-même que vous daigniez luy accorder vôtre Protection Royale, & autorise la liberté que je prens de le faire paroître sous vôtre auguste Nom. C'est l'Histoire de France, c'est à dire l'Histoire de vos Ancêtres, qui depuis un grand nombre de siécles ont rempli successi-

EPISTRE.

vement, & fans aucune interruption le Thrône où vous êtes affis aujourd'huy, & où de l'aveu de toute l'Europe, il est de la dernière importance pour ce Royaume, que Dieu Vous maintienne pendant une longue suite d'années, selon les vœux & les espérances de tous vos sujets.

Un second motif m'a encore plus fortement déterminé à apporter aux pieds de vôtre Thrône un travail de prés de vingt ans : C'est le desir que nôtre Compagnie a toûjours eû, de témoigner publiquement & en toute occasion le tres-respectueux dévoüement qu'elle a pour vôtre Personne sacrée, & sa tres-vive reconnoissance pour la bonté dont Vous voulez bien l'honorer, en agréant ses services, & en la comblant de vos graces. Cette constante bonté est pour elle un grand éloge : elle luy a tenu lieu d'Apologie en bien des rencontres, & elle luy en servira pour l'avenir autant de temps, qu'on se souviendra en France de l'Equité, du Discernement, & de la profonde Sagesse de LOUIS LE GRAND.

Enfin, SIRE, lorsque j'use de la Permission que Vous m'avez accordée de Vous dédier cet Ouvrage, je me satisfais moy-même en particulier sur un point, en me donnant le plaisir de développer une pensée qui m'est souvent venuë à l'esprit durant la composition de cette Histoire ; sçavoir, qu'entre les plus beaux Regnes qui y sont contenus, il n'y en a pas un seul qui puisse être mis en parallele avec le vôtre, eû égard à un certain assemblage de choses qui rendent les Regnes illustres & mémorables, dont les unes ont signalé un Regne, & les autres un autre ; mais que je n'ay trouvé rassemblées que dans le vôtre seul.

Ce n'est point là, SIRE, un Eloge que je vous prépare : je supplie VOTRE MAJESTE' de regarder ce que j'avance comme une pure & une simple réfléxion d'un Historien, qui compare ce qu'il a lû avec ce qu'il a vû, & de me permettre d'en justifier la vérité par des faits dont toute l'Europe a été témoin. Cette comparaison que je vais faire ne diminuëra rien de la gloire du Regne de vos plus illustres Prédécesseurs, en relevant celle du vôtre.

Il y a eû parmy eux des Conquérants : il s'y est trouvé de grands Politiques. Il y en a eû qui se sont distinguez par leur Religion & leur piété. On en a vû s'appliquer à faire fleurir les beaux Arts dans l'Etat, à y cultiver, & à y faciliter le Commerce, d'autres à éterniser leur Mémoire par les Ouvrages publics, & à relever la majesté de leur Thrône par la magnificence de leur Maison & de leur Cour. Tous ces traits de grandeur que je rencontre, pour ainsi dire, épars çà & là dans les Histoires de divers Regnes, les Ecrivains qui feront l'Histoire du vôtre, les y trouveront tous réunis.

On y verra, comme dans ceux de Clovis, de Charlemagne, de Philippe Auguste, de Charles VII. des Conquêtes, des Batailles gagnées, des Villes forcées : des Conquêtes, dis-je, non pas dans un pays tel que l'ancienne Germanie, où une déroute de Barbares dissipez, rendoit Charlemagne Maître d'une vaste étenduë de forests & de Campagnes, & de quelques Bourgades palissadées, où les Vaincus venoient luy rendre leurs hommages; mais dans des pays où l'Ennemy disputoit le terrain pied à pied, & où chaque pas coutoit une Victoire, des Batailles gâgnées, non pas sur des

peuples

EPISTRE.

peuples qui n'avoient pour guide à la Guerre que leur seule férocité naturelle, aisée à déconcerter par l'arrangement & par les marches régulières d'une Armée aguerrie : mais sur des troupes ausquelles les Nations les plus belliqueuses fournissoient à l'envi des Chefs les plus habiles & les plus experimentez : des Villes forcées que la Nature & l'Art sembloient avoir renduës imprenables ; & ce qui ne s'étoit point vû dans ces premiers siécles de la Monarchie Françoise, de larges & profondes riviéres passées à la nage par des Armées à la vûë d'un Ennemy préparé ; mais effrayé au seul aspect d'une telle bravoure, & vaincu aussi-tôt qu'abordé. Que la rapidité de nos Héros d'autrefois auroit été retardée, s'ils avoient eû des barriéres à franchir les unes sur les autres, telles que Mons, Valenciennes, Cambray, Saint Omer, Namur, Luxembourg, Philisbourg, & tant d'autres ! Une Victoire faisoit alors un Conquérant ; mais aujourd'huy ce titre coûte beaucoup plus cher.

Si des Héros & des Conquérants nous passons à ceux de nos Rois qui ont excellé dans l'art de regner, nôtre Histoire nous présentera un Modéle achevé de Politique dans la personne de Charles V. surnommé le Sage, qui étant monté sur un Thrône chancelant & ébranlé de tous côtez par deux Rois * qui avoient formé le dessein de le renverser, trouva avec le temps & la patience, & par son habileté, le moyen de le raffermir, de reconquérir sur ces deux dangereux ennemis, ce que la témérité de son Prédécesseur avoit perdu, de dissiper les factions, de réduire les Factieux, & en rétablissant l'Autorité Royale dans tous ses droits, de la maintenir, & de la porter aussi loin qu'aucun des Rois qui l'avoient précedé.

<small>* Edouard III. Roy d'Angleterre. Charles le Mauvais Roy de Navarre.</small>

On ne peut, SIRE, se representer ces deux situations si différentes de ce grand Prince, qu'on ne se ressouvienne de celle où Vous fûtes durant vôtre minorité, & de celle où Vous vous établîtes peu à peu dés que Vous commençâtes à gouverner par Vous-même, des mesures justes, & des moyens que Vous employâtes pour cet effet, dont le plus général fut le talent de Vous attirer d'abord l'estime & le respect de vos Sujets par une conduite où tout paroissoit Grand & Royal ; talent qui n'est pas attaché à la Couronne, mais à la supériorité du génie de celuy qui la porte, mais talent aussi nécessaire au Souverain, qu'il est utile aux peuples, parce que c'est par là que leur est inspiré sans violence cet esprit de dépendance & cette parfaite soûmission qui font la tranquillité, le bonheur, le salut des Etats, comme l'indocilité y produit toutes les miseres.

Tant de ligues depuis formées contre Vous, déconcertées par vôtre vigilance, par vôtre activité, par votre promptitude à prévenir ceux qui prétendoient Vous surprendre & Vous accabler : tant de projets extraordinaires heureusement exécutez, & dont aucun n'a jamais manqué, quand Vous en avez conduit l'exécution par vous-même : vos Ennemis tant de fois abbatus, & qui n'ont à la fin prévalu pendant un temps qu'à la faveur d'un fleau, dont il a plû à Dieu d'affliger vôtre Royaume, & contre lequel la prudence humaine ne pouvoit se précautionner : cette tranquillité où Vous avez sçû maintenir vos Etats dans le temps qu'ils étoient, pour ainsi dire, assiégez de tous côtez, & par mer & par terre, & qu'on n'épargnoit ni intrigues, ni argent, ni aucune sorte d'artifice, pour y exciter le trouble & la division : cette union de la Famille Royale, si nécessaire pour le repos du Royaume, &

**

EPISTRE.

que vous avez toûjours constamment entretenuë par ce tempérament de bonté & d'autorité qui attire au pére & au maître cette tendresse respectueuse & cet attachement sincere, si rares parmi les hommes, & encore plus parmi les Princes: Enfin cette Paix déja si avancée, & que Vous êtes sur le point de conclure avec les plus redoutables de vos Ennemis, & que vos nouvelles Victoires, comme il y a lieu de l'espérer, vous feront demander par les autres: Paix que Vous vous serez procurée en temporisant, en ménageant les conjonctures, & en profitant habilement de celle qu'on sçait que Vous pensiez de longue main à faire éclore. Tout cela, & une infinité d'autres traits de vôtre Regne, nous montrent un Prince que la solidité de son esprit & son expérience ont rendu consommé dans l'art de regner. Je ne Vous mets point icy en parallèle avec Louis XI. quelque rang qu'on luy donne parmi les Princes les plus habiles dans le Gouvernement. Il y avoit dans sa politique trop de finesse, & je l'ose dire, souvent de la bassesse; au lieu que dans la vôtre il n'y a jamais eû que de la Grandeur.

Mais ce grand art de gouverner les hommes sur lequel les Souverains prennent tant de plaisir à être flattez, seroit comme tout le reste un avantage assez frivole dans un Prince Chrétien, s'il n'y étoit pas accompagné d'un tres-grand fond de Religion, comme il l'est dans Vous, SIRE, & comme il l'étoit dans Charles V. ce sage Prince, avec lequel je viens de Vous comparer sur ce point en particulier.

Oüy, SIRE, & il convient à un homme de mon état d'oser vous le dire: toutes vos autres qualitez Royales meriteroient peu sans cela d'être loüées, & ce n'est qu'à la faveur du relief que celle-là leur donne, que je me crois en droit de les publier dans l'occasion que j'ay de le faire icy. C'est toûjours avec plaisir que les gens de bien entendent faire vôtre Eloge là-dessus, & l'on ne sçauroit trop souvent Vous présenter pour Modele en cette matiere aux autres Souverains & aux Grands de vôtre Cour.

La malignité du libertinage qui refuse si souvent de reconnoître la vertu où elle est, sous prétexte qu'elle paroît quelque fois être où elle n'est pas, ne s'est jamais émancipée à l'égard de vôtre Religion, non point par respect pour la Majesté Royale; car son insolence ne se prescrit pas de bornes; mais parce qu'en vous étudiant depuis tant d'années, il ne vous a jamais rien vû échapper qui pût luy donner la moindre prise, jamais une seule parole, jamais un signe d'approbation à ses pernicieuses maximes, ou à ses scandaleuses railleries, & que quand il a osé se montrer par quelque endroit en vôtre présence, il a été aussi-tôt deconcerté par ce serieux plein de majesté, par lequel, même sans rien dire, vous sçavez en cette matiere, & en d'autres, faire des leçons efficaces à vôtre Cour.

C'est de cette même maniere que Vous êtes venu à bout d'abolir parmi les Princes & parmi la Noblesse la plus distinguée de vôtre Royaume un insigne désordre, & infiniment injurieux à Dieu; je veux dire la mode scandaleuse de prophaner à tout propos par des juremens son saint Nom, si commune jusqu'à vôtre Regne à la Cour & dans les Armées: elle sembloit y faire une partie de la Politesse du Courtisan & de la bienséance du langage de l'homme de Guerre. Ce scandale a cessé par la force de vôtre exemple, & par l'horreur que vous en avez fait paroître beaucoup plus que par la severité de vos Edits: le jurement n'est plus le vice des Gens de Qualité, Vous l'avez rendu honteux & infâme, & c'est aujourd'huy une brutalité. Par là combien de crimes de moins dans vôtre Etat? & de cet espéce de crimes qui outragent Dieu le plus directement, qui l'irritent

EPISTRE.

d'avantage, & qui attirent de sa part de plus sévères châtiments sur les Peuples. Vous avez été en cela, SIRE, le digne Imitateur du plus Saint de vos Ancêtres, qui n'eut rien plus à cœur que d'exterminer cette peste dans son Royaume.

Vous l'imitez encore dans la modestie & dans le respect avec lequel Vous paroissez au pied des Autels. Cette modestie & ce respect réveillent dans ceux qui en sont témoins, la foy de nos Mystéres, en leur mettant sous les yeux la vivacité de la vôtre, & ils font voir de quel esprit sont parties les Ordonnances que Vous avez publiées, pour faire rendre à Dieu ce qui luy est dû dans ses Temples. Que diray-je du soin que vous avez toûjours eû de prescrire, & de faire insérer certains exercices de Religion jusques dans les Réglements qu'on a dressez par vôtre Ordre pour former à l'Art militaire la jeune Noblesse, soit sur la Terre, soit sur la Mer, ou pour l'entretien de ceux de vos Sujets, que les blessures reçeuës dans le Service ont mis hors d'état de le continuer. Ces soins, ces attentions, ces détails où vous entrez à cet égard pour entretenir par tout le Culte dû au souverain Seigneur, ne nous montrent-ils pas clairement que Vous avez toûjours ce saint objet présent à l'esprit dans la conduite de vôtre Etat.

Mais quels fruits n'avons-nous point vûs de cet esprit de Religion dont Vous êtes animé? N'est-ce pas luy qui a mis en action dans tant d'occasions vôtre puissance, vôtre Autorité Royale, & la gloire de vôtre Nom.

Que ne pourrois-je point dire de ce qu'il vous a fait faire pour étendre la foy parmi les Nations infidélles, de vos largesses pour cet effet, de la protection que Vous avez donnée aux Ministres de l'Evangile dans les diverses Parties du Monde, où la réputation de LOUIS LE GRAND, & la haute idée que les Princes Etrangers conçûrent de sa personne, de sa sagesse, de sa puissance ont frayé le chemin au Christianisme, & l'ont rendu respectable parmi les Peuples les plus fiers, & qui n'avoient eû jusqu'alors que du mépris pour les autres Nations. C'est ainsi qu'autrefois un Prince Mahometan, que la Renommée avoit informé des Hauts-faits de Charlemagne, accorda à sa considération la permission aux Chrétiens de fréquenter les Lieux saints, & d'y demeurer. Ceux d'aujourd'huy joüissent encore de ce Privilége à l'ombre de vôtre Nom; mais de Ierusalem il y a encore bien de vastes Mers à passer jusqu'au Royaume de Siam, & jusqu'à l'Empire de la Chine; & c'est jusques dans ces extrémitez du Monde que le Christianisme a élevé publiquement au vray Dieu des Autels & des Temples sous les auspices de VÔTRE MAJESTE'.

Le Paganisme aboli dans la Nation Françoise a rendu Clovis plus fameux, que la Conquête des Gaules sur l'Empire Romain. C'est un trait qui le distingue & le sépare, pour ainsi dire, de la foule de tant d'autres Conquérants aussi vaillans & aussi heureux que luy; & c'est par la même raison que le Titre de Destructeur de l'Hérésie dans vôtre Royaume sera celuy que la Postérité regardera toûjours comme le plus glorieux parmi tous ceux que Vous aurez méritez.

Ouy, SIRE, la destruction du Calvinisme dans la France, où il avoit été si long-temps redoutable au Souverain même, tant de Temples prophanes, abbatûs ou sanctifiez par le véritable culte, la Croix plantée sur les ruines de ces Edifices, d'où l'impiété aveugle se faisoit un point de Religion d'exclure jusqu'à ce vénérable signe de nôtre Salut, seront les Monuments les plus durables de la Gloire de VOTRE MAJESTE', & qui en conserveront le plus seurement la mémoire dans les siécles futurs, tandis que les Histoires leur apprendront les soins,

EPISTRE.

les peines, les dépenses & les dangers mêmes que ce grand Ouvrage Vous a causez: Car qui ne sçait que c'est l'Hérésie irritée, soûtenuë de l'ambition & de la jalousie que l'on conçut de vôtre Puissance, qui a excité & entretenu le feu de ces funestes Guerres, où il s'est répandu tant de sang? Mais nous les voyons sur le point de finir par une Paix generale, à la confusion de ce monstre, sans qu'il ait pû malgré tous ses efforts, en tirer aucun avantage, & à vôtre Gloire, SIRE, par l'affermissement du Roy d'Espagne vôtre Petit-Fils sur un des plus illustres Thrônes du Monde. C'est le sujet qui les avoit allumées ; c'est-là, pour ainsi dire, le point d'honneur de cette Paix qui vous la rendra tres-glorieuse. C'étoit une bénédiction & un présent du Ciel qu'on vouloit Vous arracher, & que vous avez sçû avec son secours vous conserver. Un événement de cette nature ne devoit pas manquer à vôtre Regne, pour ajoûter ce nouveau lustre à la gloire dont il a plû à Dieu de le combler. Philippe le Bel fit tomber la Couronne de Navarre sur la tête de son Fils ; & Vous, vous avez mis & soûtenu sur celle de vôtre Petit-Fils la Couronne de la Monarchie de toute l'Espagne & des grands Etats qui en dépendent dans les autres Parties du Monde. Non-seulement Vous ressemblez à vos Prédécesseurs par tous leurs beaux endroits, mais encore si j'ose m'exprimer ainsi, c'est toûjours en grand que Vous nous les retracez.

Ce nouvel objet qui vient de se présenter à moy par occasion, ne me fera pas, tout éclatant qu'il est, détourner encore les yeux de celuy que j'ay commencé à envisager, & que je regarde comme ce qu'il y a de plus grand dans vôtre Regne, parce que c'est ce qui le sanctifie & ce qui le consacre.

Le même zéle qui Vous a mis la foudre à la main pour exterminer dans vôtre Royaume les anciennes erreurs, vous inspire encore cette vive application avec laquelle vous travaillez à y empêcher le progrez des nouvelles. Les Papes & les Assemblées du Clergé de France Vous en ont souvent félicité & remercié ; & quiconque aime non-seulement l'Eglise, mais l'Etat, doit souhaiter que Vous en veniez à bout avec un pareil succez.

Je ne puis encore passer sous silence ce que tant d'autres ont célébré avant moy, mais qu'on ne peut trop exalter ; d'autant qu'on y voit en même temps & la Religion de VOTRE MAJESTE', & l'usage qu'elle a sçû faire de son Autorité Royale. Je parle de la detestable fureur des Duels, que nul de vos Prédécesseurs n'avoit pû venir à bout de reprimer, & dont vôtre fermeté inébranlable sur un point dont vous aviez parfaitement compris l'importance, a délivré vôtre Royaume. Ah, SIRE, quel titre en vôtre faveur auprés de Dieu, pour obtenir un jour ses miséricordes ! Combien d'ames par ce moyen avez-vous enlevé à l'ennemy de leur salut ! Combien de vaillans Hommes avez-vous conservé à la Patrie ! De combien d'illustres Familles avez-vous empêché la destruction ! & cela sans que vôtre justice ait été contrainte de répandre de sang ; car jamais Gouvernement n'a été plus efficace, & en même-temps moins sanguinaire que le vôtre. La seule apprehension d'encourir vôtre disgrace a contenu la Noblesse de vôtre Royaume : il ne vous en a coûté que de la fermeté en quatre ou cinq occasions où Vous vous êtes montré inflexible, parce qu'il y alloit de la gloire de Dieu, du Salut de vos Sujets, & d'un grand intérêt de vôtre Etat.

Mais que ne devons-nous point, SIRE, & que ne devez-vous pas

Vous-

EPISTRE.

Vous-mesme à cette vertu qu'il a plû à Dieu d'imprimer, & d'enraciner si profondement dans vôtre cœur? Vous & Nous luy devons la conservation de vôtre sacrée Personne: C'est par elle seule que vous n'avez pas succombé aux terribles coups par lesquels la divine Providence a jugé à propos de vous éprouver dans ces derniers temps. Quelque force, quelque fermeté d'esprit que la nature vous ait données, elles n'auroient pû tenir contre la bonté & la tendresse de vôtre cœur dans la perte de tant de testes si cheres, si la Religion ne fût venue au secours, pour vous aider à faire à Dieu de tels sacrifices qu'il a exigez de vous les uns après les autres. Les derniers devenoient de plus en plus difficiles & douloureux, par ceux qui avoient précedé. C'étoit de nouvelles playes qui renouvelloient les premières que le temps n'avoit pas encore fermées: vôtre Cour, vôtre Royaume, toute l'Europe l'ont dit d'une commune voix, que c'est-là un des plus beaux triomphes que la Religion pût remporter sur le cœur d'un Roy Chrétien. Charlemagne fut mis autrefois à de pareilles preuves, & Dieu a voulu que les deux plus grands Princes qui ayent jamais été assis sur le Throne de France, se ressemblassent encore par cet endroit.

Il y a en cela, SIRE, quelque chose de si grand & de si singulier, que je daigne à peine pousser plus loin le parallele que j'ai entrepris de faire entre vôtre Regne & ceux de vos prédécesseurs. Aprés ce beau spectacle de constance & d'héroïsme Chrétien que vous avez donné à l'Univers, & que je luy remets devant les yeux, que pourrois-je luy présenter qui ne fût infiniment au dessous?

Ainsi je ne m'étendrai point sur la magnificence de vôtre Cour, à laquelle nôtre histoire ne nous fait rien voir de semblable dans les plus brillans regnes de vos ancestres, ni sur l'admiration que causent aux Etrangers, quand ils assistent quelquefois aux revûës des troupes de votre Maison, les riches équipages & l'air guerrier de cette nombreuse garde, qui fait autant un ornement de vôtre Cour, qu'elle en fait la sureté. Avant vôtre regne, c'étoit pour la pluspart la garde domestique d'un Roy; mais depuis que vous l'avez formée, augmentée, disciplinée, on peut dire qu'elle est devenue la garde & la gloire de tout le Royaume par son nombre, par sa valeur, par les prodiges qu'on lui a vû faire à la guerre, où elle a toûjours été la terreur des ennemis, dont les plus fieres troupes n'ont jamais tenu devant elle.

Je laisse tant d'ouvrages publics, tant de Maisons Royales si superbement bâties, si delicatement ornées, si richement meublées: tant de Villes, les unes fortifiées, les autres construites sur la mer & sur les frontières; Vous seul, je l'ose dire, & je le dis avec la plus exacte vérité, Vous seul avez plus fait en cela, que tous vos prédécesseurs ensemble depuis la fondation de la Monarchie.

La Capitale du Royaume augmentée, embellie, enrichie, policée, peuplée, rendue toute différente d'elle-mesme, & de ce qu'elle étoit avant Vous, ce somptueux édifice d'un si grand goust, qu'on y a ajouté, pour figurer en quelque façon avec le Palais de nos Rois, & présenter en même temps aux Etrangers qui arrivent à Paris, deux des plus magnifiques objets qu'il y ait dans toute l'Europe; Monument qui n'a pû être l'ouvrage que d'une charité Royale, où tant de gens de Guerre jouissent tranquillement de la récompense de leur valeur, & trouvent en même temps tous les moyens de leur salut. Philippe Auguste, un de vos ancestres, dont le caractère approchoit le plus du vôtre, avoit conçu un pareil dessein, mais il ne l'exécuta pas, comme Charlemagne avoit aussi formé, & même commencé celuy de la communication des deux Mers: mais l'execution de ces deux nobles projets étoit reservée au Regne de VÔTRE MAJESTE'.

Enfin, SIRE, il n'est pas moins de notorieté publique, que sous nul regne

***

EPISTRE.

de vos prédécesseurs, & j'ose dire encore d'aucun autre Roy ou d'aucun Empereur, on n'a vû les beaux Arts généralement portez à un si haut point de perfection que sous le vôtre. La Peinture, la Sculpture, l'Architecture ont retrouvé par vos soins, ce goust pur, simple & noble de la sçavante antiquité, & cette sçavante antiquité auroit elle-même de quoy admirer dans une infinité d'ouvrages de divers Arts, mille merveilles que la France a enfantées de nôtre temps, où l'invention & l'habileté des anciens n'arrivérent jamais.

Toutes les Sciences depuis les moindres jusqu'aux plus relevées, sont parvenuës à un si haut point, que la décadence en est desormais plus à craindre, que la perfection à espérer. Il n'y a plus rien à désirer en France dans la composition des ouvrages d'esprit, & dans ceux où l'on traite des sciences. La pureté du langage, la finesse du tour, la délicatesse & la solidité des pensées, le naturel dans le style, l'ordre, la methode, la clarté, tout cela se trouve & se sent, & est loué & applaudi comme il le merite, par tout où il se rencontre.

La Poësie, l'éloquence de la Chaire, & l'éloquence du Barreau, ne montérent jamais plus haut. Dans la Médecine, l'Anatomie, la Chymie, la Physique, l'Astronomie & dans les autres parties des Mathématiques, on a fait de nos jours des découvertes qu'on n'avoit pas seulement entrevuës dans les siecles passez; & pour finir par un des endroits qui a le plus signalé vôtre Regne, l'art militaire soit sur la terre, soit sur la mer, n'a-t-il pas été poussé jusqu'à la derniere perfection? n'a-t-il pas été infiniment fécond en inventions & en prodiges? & n'est-ce pas par l'admiration que toute l'Europe en conçut, que les Armées & les Flotes de France devinrent l'École militaire de toutes les Nations.

Je Vous l'ay dit d'abord, SIRE, que ce n'étoit point un éloge que je vous présentois, mais de simples reflexions sur les Regnes de vos Prédécesseurs & sur le vôtre; je crois avoir pleinement justifié celle qui comprend toutes les autres : sçavoir, que parmi les regnes qui fournissent la plus belle matiére à l'Histoire de France, il n'y en a pas un seul où l'on trouve rassemblées autant que dans le vôtre, de ces choses singuliéres & extraordinaires qui rendent un regne mémorable, & digne de l'admiration de la postérité. Mais de cette reflexion historique, il en suit naturellement une autre, c'est que tant de Merveilles réünies dans un seul Regne, supposent nécessairement dans le Prince, un assemblage de Vertus & de qualitez Royales, duquel il seroit difficile de citer beaucoup d'exemples.

Si Dieu veut consoler la France de la perte de tant de Princes dont il l'a affligée depuis deux ou trois années, il luy conservera VOTRE MAJESTE', & laissera vôtre Royaume jouir long-temps d'un si grand bien, qui seul peut le dédommager de tout le reste. C'est la grace pour laquelle je fais tous les jours des Vœux à l'Autel; & ces Vœux sont l'unique moyen par lequel je puisse satisfaire le zéle que je me sens pour ma Patrie, & pour la sacrée Personne de VOTRE MAJESTE'. Je la supplie d'agréer la protestation publique que je fais de ce zéle, & du tres-profond respect avec lequel je prends la liberté de me dire,

SIRE,

De VOTRE MAJESTE',

Le tres-humble, tres-obéïssant,
& tres-fidéle sujet & serviteur,
DANIEL, de la Compagnie
de JESUS.

PREFACE.

N Auteur fort zélé * pour la gloire de la France, aprés avoir déploré la disette, où il croit qu'elle est de bons Historiens, donne cet avis à ceux qui penseroient à travailler de nouveau à nôtre Histoire. » Ceux, dit-il, qui veulent mettre l'Histoire de France dans un meilleur état, doivent d'abord faire present au Public de quelques discours, où ils découvrent les défauts de toutes nos Histoires, pour montrer le sujet qu'on a de s'en plaindre, & pour détromper les gens qui les croient fort accomplies.

<small>* Livre intitulé, Supplément des Traités de la connoissance des Livres.</small>

Je ne décide point sur la nécessité, ou sur l'utilité de cet avis : mais je trouve qu'il seroit un peu dangereux pour moy de le suivre, au moins dans toute son étenduë. Quelque droite que fût mon intention dans une telle Critique, on me soupçonneroit toûjours de vouloir établir ma réputation aux dépens d'autruy ; & de plus il faudroit que je fusse d'un autre rang que je ne suis dans la République des Lettres, pour m'y ériger en Juge des Auteurs, pour les citer ainsi tous à mon tribunal, & pour entreprendre de prononcer sur leur mérite.

Mais je crois qu'il ne sera ni contre les loix de la bien-séance, ni contre celles de la modestie, en traçant l'idée d'une bonne histoire, telle que je me la suis formée pour me regler dans la composition de celle-cy, de faire remarquer certains défauts, qu'on doit éviter dans des ouvrages de cette nature, & d'en apporter quelquefois des exemples tirés de nos Historiens, pour faire mieux comprendre ma pensée.

Nous avons dans les Anciens & dans les Modernes plusieurs Dissertations sur la manière d'écrire l'Histoire. J'ay profité de leurs lumières pour m'instruire moy-même ; je ne feray icy guéres autre chose, que de mettre dans un autre ordre leurs judicieuses réflexions, & de leur donner quelquefois un peu plus d'étenduë.

La première qualité qu'ils demandent dans un Historien, est la sincérité & la vérité : c'est en effet son devoir le plus essentiel. Dés-là que c'est une Histoire, c'est un tissu & une suite de faits véritables, ou du moins qu'on a droit de regarder comme tels, suivant certaines régles, où malgré qu'on en ait, on est obligé de s'en tenir sur les choses passées.

Une de ces principales régles, est le témoignage unanime, ou presque unanime des Auteurs contemporains ; & cette unanimité se rencontre d'ordinaire sur certains faits publics & connus, sur une bataille donnée, sur une victoire remportée, sur la prise d'une Ville, sur la conquête d'une Province, sur la mort d'un Souverain. Quand ce consentement des Auteurs est tel sur ces sortes de faits qui se sont passés à la vûë de tout un Royaume, on a droit de les rapporter comme indubitables, & nul homme de bon sens n'oseroit les contredire.

Mais il n'en est pas de même des détails & de toutes les circonstances de ces faits, ni souvent des ressorts qu'on a fait joüer, pour produire certains événemens ; c'est à cet égard que ce qu'on appelle le Pyrrhonisme de l'Histoire peut être permis. Peu d'Ecrivains ont été témoins des intrigues du Cabinet ; peu ont eû part aux Négociations ; ils rapportent ce qu'on pensoit communément dans le

Tome I.   ã

PREFACE.

Public, ce qu'on difoit à la Cour, ce que ceux qui paffoient pour les plus clairvoyans s'imaginoient avoir découvert; fondemens fouvent peu folides pour prendre fon parti fur les caufes des événemens.

Les Hiftoriens qui écrivent d'aprés eux, s'ils n'ont pas découvert de plus fûrs Mémoires, font obligez de s'en tenir à ceux qu'ils leurs fourniffent, & d'adopter leur politique, quand ils n'ont point de raifon particuliére de s'en écarter. En cela ils peuvent manquer contre la vérité, en fuivant de tels guides; mais ce n'eft pas leur faute. On peut dire le faux, fans ceffer d'être fincére, quand on ne le connoît pas pour tel; & c'eft en cette matiére tout ce qu'on peut fouhaiter d'un Hiftorien, qui écrit ce qui s'eft paffé plufieurs fiécles avant luy. Il fuffit pour fa juftification qu'il ait pour garans les Ecrivains les moins fufpects parmi ceux qui l'ont précédé.

Ce que je dis touchant les véritables caufes des événemens, on le doit dire à proportion de la plûpart de leurs circonftances. Combien voit on de relations de Batailles, même de celles qu'on a données de nôtre temps, qui s'accordent fur tout? On peut hardiment affurer qu'on n'en trouvera pas deux femblables, fuffent-elles faites par les perfonnes mêmes qui y auroient eû le plus de part, & qu'on peut citer comme des témoins oculaires.

Nous avons un exemple remarquable en cette matiére dans la fameufe Bataille de Jarnac, où Loüis Prince de Condé fut tué fous le Regne de Charles IX. Le Sieur de Caftelnau-Mauviffieres, dont nous avons d'excellens Mémoires, & qui étoit à la Bataille, dit que l'Amiral de Coligny & d'Andelot fon frére fçachant que le Prince revenoit fur fes pas pour les foûtenir, reçûrent avec beaucoup de réfolution le Duc de Montpenfier qui les chargea vivement, & qu'il ne les rompit entiérement, que par une feconde charge, aprés qu'ils fe furent ralliés. Au contraire dans les Mémoires de M. de Tavannes qui étoit auffi dans l'Armée, il eft dit que l'Amiral & d'Andelot agirent fort mollement en cette occafion; & qu'étant venus à la longueur des lances, ils tournérent à gauche, & laifférent tomber tout le poids du combat fur le Prince de Condé qui y périt.

Auquel de ces deux témoins, dont l'autorité doit être d'un fi grand poids, un Hiftorien s'en rapportera-t-il? Je crois qu'en cette rencontre & en d'autres femblables, où la chofe le mérite, il doit fe contenter de remarquer la contrariété des deux relations oppofées, fans fuivre l'une plûtôt que l'autre.

Il eft hors de doute que pour la fuite d'un Siége, pour l'arrangement d'une Armée fur le point qu'elle eft d'en venir aux mains, un Hiftorien qui cherche la verité, doit préférer les Mémoires des gens du métier, quand on en a, & on en a plufieurs; qu'il doit, dis-je, les préférer à tous les autres qui n'ont pas le même titre pour être crûs, qui fouvent embelliffent l'objet pour divertir les Lecteurs, & qui quelquefois n'ont pas même en fpéculation les connoiffances néceffaires pour traiter ces fortes de fujets. Mais c'eft là, pour le dire en paffant, un point fur lequel il eft difficile de bien réüffir; tant eft confufe la maniére dont les difpofitions des Armées & des Batailles font rapportées par ceux-là mêmes, qui pouvoient en parler avec le plus d'habileté. Pour moy j'ay oüi dire à des Officiers expérimentez, qu'ils ne comprenoient rien aux Batailles racontées dans nos Hiftoires. Il y a fans doute de la faute des Hiftoriens du temps qui ont négligé de fe rendre affez intelligibles; Il y en a de la part de nos Hiftoriens modernes, de ne s'être pas donné la peine d'éclaircir les contemporains, en confrontant leurs diverfes relations qui s'aident les unes les autres. Mais on doit faire encore une réflexion, c'eft que les Armées fe rangeoient, & les Batailles fe donnoient alors autrement qu'aujourd'huy. Les armes défenfives & offenfives n'étoient pas les mêmes; je ne dis pas feulement avant l'invention des armes à feu, mais encore depuis. Par exemple, l'ufage des lances demandoit une toute autre difpofition de la Cavalerie, que celle dont on ufe à préfent; la Gendarmerie n'efcadronnoit point, & même la Cavalerie-légére Françoife ne fe partageoit point non plus en Efcadrons dans un combat, comme aujourd'huy, avant

PRÉFACE.

le Regne de Henry II. mais elle se rangeoit sur de longues & de simples files. C'est la remarque que fait M. de Tavannes dans ses Mémoires, au sujet de la Bataille de saint Denis sous Charles IX. où la Cavalerie des deux partis fut encore disposée de cette maniére. Il est manifeste que cette diversité d'usages demandoit une autre Ordonnance, que celle dont on use de nôtre temps; que c'est delà en partie que vient la difficulté d'entendre les Ecrivains de ces temps-là dans leur maniére de décrire les Batailles, & comment en particulier il se pouvoit faire que le Prince de Condé & l'Amiral de Coligny, qui n'avoient à la journée de saint Denis que douze cens chevaux, & dix-huit cens fantassins, occupassent par une si petite Armée rangée en bataille, tout le grand terrain qui est entre la Seine & saint Oüen, où leur droite étoit appuyée, & à Aubervilliers où ils avoient leur gauche.

Pour revenir au premier devoir de l'Historien, ce n'est donc pas dans toutes les circonstances d'un fait, ni toûjours dans le récit des causes des événemens qu'on doit attendre de luy la plus exacte vérité. Ce seroit souvent luy demander l'impossible. Il suffit qu'il rapporte ce qu'il a trouvé dans les Historiens contemporains, aprés en avoir fait un juste discernement, pour ne puiser que dans les meilleures sources.

Mais ce qu'on a droit d'exiger de luy, c'est qu'il ne s'abandonne point à son imagination, & sur tout qu'il ne s'émancipe pas jusqu'à feindre des épisodes Romanesques, pour égayer sa narration, & varier son histoire. Nous avons un exemple de cette espéce d'attentat contre la vérité dans un de nos célébres Historiens.* Je me souviens que lorsque son Histoire de François I. courut manuscrite, on l'arrachoit des mains de ceux qui l'avoient, pour la lire avec empressement. On étoit principalement enchanté de ces beaux endroits, où il racontoit les amours de ce Prince avec Madame de Château-Briant, & la fin infortunée de cette Dame.

*Le Sr. de Varillas, t. 1. de l'Histoire de François I. l. 6.

Selon luy l'an 1526, aprés la prise du Roy à la Bataille de Pavie, elle s'en retourna en Bretagne. Son mary la reçut dans son château, & l'enferma dans une chambre tapissée de noir, où il avoit pratiqué une espéce de jalousie, d'où il pouvoit voir ce qui s'y passoit sans être vû. Aprés avoir goûté assés long-temps le plaisir de la voir s'abandonner sans cesse à l'inquietude, à la crainte, au désespoir, il luy mena au bout de six mois deux Chirurgiens, qui aprés luy avoir ouvert les veines des bras & des jambes, vengérent par ce supplice l'infidélité qu'elle avoit eûe pour son mary.

Par malheur quelques Curieux à qui cette historiette parut suspecte, allérent fouiller dans les Archives de Château-Briant, & trouvérent que Madame de Château-Briant, qui étoit morte, selon l'Auteur, au plûtard en 1526, étoit encore vivante en 1532; * que François I. dans un voyage qu'il fit en Bretagne cette année-là, luy donna le trente-uniéme de May le revenu des Seigneuries de l'Isle de Rüis, & de Suscinio, & du Château de l'Esternic; qu'elle ne mourut qu'en 1537, comme on le voit par son Epitaphe; & qu'aprés sa mort le Roy accorda à son mary l'usufruit de Ruis & de Suscinio.

* Voyez la nouvelle Histoire de Bretagne de Dom Lobineau vol. 1. p. 842. & l'ouvrage du Sr Éven fameux Avocat au Parlement de Rennes sur l'Hist. de Franç. I. du Sr de Varillas.

Cette découverte & plusieurs autres remarques qu'on a faites depuis sur les Ouvrages de l'Historien dont je parle, d'ailleurs homme habile dans nôtre Histoire, & qui écrit bien, le décréditérent beaucoup. C'est la punition que méritent ces Ecrivains qui ont plus en vûë de récréer leurs Lecteurs, que de les instruire.

C'est encore pécher contre la vérité de l'Histoire, que d'attribuer sans fondement aux Acteurs qui paroissent sur la scéne, des motifs de la conduite qu'ils tiennent. Je dis sans fondement, c'est à dire, sans les trouver dans les Ecrivains de leur temps, à moins, comme il arrive quelquefois, que leurs actions & leurs démarches ne soient telles, qu'on ne puisse raisonnablement douter qu'elles n'ayent eû ces motifs pour principe.

Il en est de même des raisonnemens qu'on fait faire aux Princes ou à leurs Ministres dans des Conseils secrets, ou aux Generaux d'Armées dans des Conseils

PREFACE.

de Guerre, des souplesses qu'on attribue aux Ambassadeurs dans des Négociations & dans des Traitez de paix, pour amener à leur but ceux avec qui ils traitent. » Quelle » présomption, dit M. de Tavannes *, de faire des Livres remplis de Conseils d'Etat & » de combats ! Les uns se sont faits secrets, & partant non sçûs : les autres mal rap- » portez. Ces Ecrivains font donner des avis aux Conseillers d'Etat à l'aventure, com- » me ils jugent par l'événement qui devoit avoir été ; ce qui est souvent tout au con- » traire, &c.

Dans l'Epitre qui est à la tête des Mémoires de Tavannes.

Cette politique outrée regne encore dans tous les Ouvrages de Varillas ; & d'Avila s'y abandonne aussi quelquefois. Ils ont pris pour modéle Corneille Tacite parmi les anciens, & Guicciardin parmi les Modernes. Celuy-cy doit être plus crû que les autres sur certains points, parce qu'il avoit quelque part aux affaires de son temps en Italie : mais tres-souvent tous ces beaux détails, ces rafinemens de politique, ces plans de Négociations si bien dressés, sont sortis de la tête de l'Historien, qui a raconté non pas ce qui a été dit, mais ce qui a pû être dit. * Ce sont après tout les Lecteurs eux-mêmes qui gâtent les Historiens sur cet article. Ils veulent qu'on fouille dans les secrets les plus impénétrables des Princes, sans quoy leur curiosité & souvent leur malignité n'est point satisfaite. On les sert selon leur goût, & on leur donne des chimères dont ils se repaissent volontiers.

Quidam opus suum si eri populare non putant, ni si mendacio asperserint. Senec. l. 7. quaest. natur.

Qu'on ne s'imagine pas cependant que je prétende icy interdire à l'Historien la recherche curieuse des causes de certains grands événemens. * Ce seroit ôter à l'Histoire ce qu'elle a de plus beau, ce qui en fait l'ame, ce qui la soûtient, ce qui luy donne de la dignité ; sans cela elle dégéneroit en Gazette ; ce ne seroit qu'un ramas de faits sans liaison, dont on seroit bien-tôt lassé. Je ne prétens exclure que les fictions & les divinations outrées de certains Historiens modernes. Ils veulent rafiner sur tout, & rendre raison de tout. Or je dis qu'il n'y a point de plus grande marque de la fausseté d'une histoire que celle-là. La raison est que parmy les événemens les plus extraordinaires, il y en a beaucoup qui sont l'effet du pur hazard, & de certaines conjonctures qu'on n'a pû ni dû prévoir. Qu'on interroge là dessus les plus habiles Ministres d'Etat, & les plus fameux Généraux d'Armée, & ils en conviendront.

Non modò casus eventusque rerum, sed ratio etiam causaque noscantur. Tacit. 14. Annal.

Qu'on fasse, par exemple, un grand détail des Négociations du Marquis de Rosny avec Jacques Roy d'Angleterre du temps de Henry IV. Qu'on le fasse de celles du Président Janin au sujet du Traité de la grande Tréve, où les Hollandois furent reconnus par les Espagnols pour Etats souverains. On le peut, & on le doit, parce que ces deux grands Ministres sur l'autorité desquels on a droit de compter, l'ont fait eux-mêmes ce détail, & qu'ils étoient parfaitement instruits des motifs qui faisoient agir les parties intéressées. J'en dis autant des particularitez du grand different qu'il y eut au Concile de Trente touchant la préséance entre les Ambassadeurs de France & d'Espagne ; parce que Palavicin qui a fait l'Histoire de ce Concile, avoit vû & cité sur ce sujet les Lettres du Pape aux Princes, celles des Princes & des Légats du Concile au Pape, les Mémoires les plus secrets des Nonces & des autres Agens du S. Siége dans les diverses Cours. Il en est de même de plusieurs autres mémoires faits de bonne main, & qui entrent dans des détails.

Mais qu'on fasse un Roman de la Minorité de saint Loüis, comme a fait Varillas, où il caractérise les personnages, comme s'il avoit vécu le plus intimement avec eux, où il rend raison de toutes leurs démarches, comme s'il avoit été de leur Conseil, où il transporte exprés ou par méprise des faits éloignez, & les rapproche pour le dénoüement des intrigues qu'il raconte, où il fait son principal personnage qui est le Comte Thibaud de Champagne, tuteur de ses niéces, lesquelles étoient plus âgées que luy, & qui en effet n'étoient que ses cousines ; où il avance ou suppose avec assurance à chaque ligne des choses qui n'ont tout au plus que de la vraye-semblance, ainsi qu'il a coûtume de faire dans tous ses Ouvrages ; c'est ce qui n'est ni supportable ni pardonnable. Il faut orner l'Histoire,

la

PREFACE.

la fournir, la soûtenir ; mais en se tenant toûjours dans les bornes de la sincérité. J'aimerois mieux, disoit Lucien, déplaire en disant la vérité, que de réjouïr en contant des faussetez. En user autrement, c'est abuser de la crédulité du Public, & luy tendre des piéges ; c'est manquer au respect qu'on luy doit : en un mot c'est luy présenter des fables sous le titre d'histoire.

Lucian. de conscrib. hist.

La partialité & la prévention sont encore des défauts qui gâtent plusieurs Histoires au préjudice de la vérité. Un Historien en ce point doit être en garde aussi bien contre luy-même, que contre les Mémoires qu'il se propose de suivre. Il est naturel à un Historien de se laisser aller à l'affection qu'il a pour sa Nation ; c'est un effet de l'éducation dont on ne peut se défaire ; mais il doit la modérer : il faut sur tout qu'il se donne de garde d'une chose, qui est une suite de l'attachement qu'il a naturellement pour sa Patrie, je veux dire d'une certaine antipathie ordinaire entre les peuples des Etats voisins à cause des maux qu'ils se sont faits de tout temps les uns aux autres. On s'apperçoit trop de ce foible dans plusieurs Historiens. Non-seulement un Ecrivain ne doit point se laisser emporter aux invectives ni aux traits injurieux contre une autre Nation ; mais encore il doit rendre justice au mérite des grands Hommes qui se sont rencontrez en divers tems parmi les Nations ennemies de la sienne. Les Anglois & les Espagnols qui ont été si long-temps en guerre avec la France, en ont eû de tels & en grand nombre. Il n'y auroit pas d'équité, & il y auroit même de la lâcheté à ne les pas peindre dans une Histoire de France avec leurs couleurs naturelles, & à rabaisser leur vertu, parce qu'elle nous a été funeste en de certains temps. J'ay remarqué que les Historiens des petits Etats, qui ont, ou qui ont eû autrefois leur Souverain particulier, sont plus sujets à se laisser emporter par cet esprit national. Les Historiens de Brétagne ne se sont pas assés ménagés à cet égard, & j'ay toûjours admiré la hardiesse du Sieur d'Argentré, de dédier son Histoire de Bretagne au Roy Henry III. vû la maniére dont il parle en plusieurs rencontres de la France & des François, au sujet des différens que nos Rois avoient avec les Ducs de Bretagne.

Haud facile animus verum providet, ubi officiunt odium, amicitia, [...] Sall. [...] Bell. Catil.

C'est contre les Mémoires qui racontent les Guerres civiles, que l'Historien qui s'en sert, doit principalement se précautionner. C'est dans ces sortes de Mémoires, où la partialité & l'animosité regnent le plus. Nous en avons tant d'exemples dans une infinité d'écrits historiques publiez depuis le Regne de François II. jusqu'à celuy de Loüis XIII. par les Catholiques & par les Huguenots ; & la chose est si connuë, qu'il seroit inutile de faire sur ce sujet la critique de quelqu'un d'eux en particulier. C'est-là l'effet ordinaire des Guerres civiles, & sur tout des Guerres civiles allumées par le motif ou par le prétexte de la Religion.

La partialité n'a jamais plus paru que dans les Histoires qui ont été écrites touchant les différents des Papes avec les Empereurs & les autres Souverains ; & il n'y en a guéres où l'on ait gardé moins de ménagement de part & d'autre. Les excés de quelques Historiens en cette matiére procedoient non-seulement de l'attachement pour le parti qu'ils avoient embrassé, de l'interest, de la flaterie, & d'autres motifs semblables qui animent les Ecrivains mercénaires ou passionnés, mais encore de certaines maximes autorisées dans les païs où ils avoient pris naissance, & par lesquelles ils décidoient sur la justice ou sur l'injustice des prétentions & de la conduite, soit des Papes, soit des Souverains. On sçait que les maximes des Ultramontains sur la Jurisdiction spirituelle & sur la temporelle, ont toûjours été tres-opposées à la Jurisprudence des païs d'en deçà des Alpes. Ainsi il n'est point surprenant que dans un païs on traitât d'injustice, & même de tyrannie, ce qui étoit regardé dans un autre comme conforme aux Loix de la plus exacte équité.

Comme il y a eû en divers temps de semblables différents entre les Rois de France & les Papes, & qui ont fait de l'éclat, ceux qui entreprennent d'écrire nôtre Histoire, ne peuvent se dispenser de traiter ces matiéres, & de les traiter avec exactitude. Je crois qu'il me sera permis de parler icy de moy en passant. Je

Tome I.   é

PREFACE.

sçay ce que certaines gens en ont dit dans le monde sur ce sujet ; sçavoir qu'un homme de mon état n'étoit guéres propre à bien instruire ses Lecteurs sur ces points de nôtre Histoire en particulier, & qu'infailliblement je ménagerois les Papes.

Quand ces discours me furent rapportez, je demanday deux choses. La premiére, si effectivement je ne devois pas ménager les Papes, s'ils n'avoient pas la qualité de Chefs de l'Eglise, & de Vicaires de Jesus-Christ ; & supposé même qu'on n'envisageât pas ces Titres sacrez dans leur personne, s'ils n'étoient pas Souverains ; & si en cette qualité selon toutes les Loix de la bienséance & du respect qu'on leur doit, ils ne méritoient pas d'être ménagés ; si enfin un Historien Ultramontain qui toucheroit de telles matiéres, & les traiteroit suivant les maximes de son païs, ne seroit pas blâmé de se déchaîner à cette occasion contre les Empereurs & les autres Souverains?

Je demanday en second lieu, si pour l'interest de la vérité, car c'est de quoy il s'agit icy, il y avoit plus à craindre de la modération, qui convient à un homme de mon état, que de l'emportement de quelques autres Historiens, qui semblent se faire un honneur de dégrader les Papes, & de les outrager de gayeté de cœur, sans garder aucune mesure.

Je doute qu'il y ait aucune personne raisonnable & sensée, je ne dis pas parmy les Catholiques, mais parmy les Protestans mêmes, qui ne répondît à ces deux questions de la maniére dont je crois qu'on y doit répondre. Mais pour ôter tout ombrage à ceux qui pourroient me soupçonner de quelque prévarication en cette matiére ; je vais rendre compte de la maniére dont je me suis conduit en traitant de ces affaires que l'on regarde comme si délicates & si difficiles à manier.

Je me suis regardé comme François, comme enfant de l'Eglise, & comme Historien. Comme François, j'ay établi dans les occasions qui s'en sont présentées, les Droits légitimes de nos Rois ; je me suis bien gardé d'y donner la moindre atteinte, & d'autoriser en aucune maniére les prétentions de quelques Papes sur le Temporel des Souverains. Comme Enfant de l'Eglise, je n'ay eû garde de me répandre à l'exemple de tant d'autres Ecrivains, en invectives, & en réfléxions odieuses contre le Saint Siêge. Comme Historien, je me suis borné au devoir que cette qualité m'impose, de rapporter simplement les faits, sans m'ériger en Jurisconsulte, ou raisonner en Avocat chargé du droit des Parties.

Historia est narratio rei gestæ, per quam ea quæ facta sunt, dignoscuntur. Isidor. l. 1. origin.

C'est aux Lecteurs à tirer eux-mêmes les conclusions des Faits & des Mémoires qu'on leur produit, & je n'en ay omis aucun qui me parût d'importance. Je m'explique dans quelques exemples.

C'est une grande question entre les Partisans des Papes, & ceux des Empereurs ; sçavoir si du temps de Charlemagne, de Louïs le Débonnaire, & des autres Empereurs François, les Papes avoient le Domaine direct, ou seulement le Domaine utile dans Rome, & dans les autres lieux dont Pepin & Charlemagne firent donation au saint Siêge.

Un Historien entendroit mal son métier, s'il s'avisoit de farcir son Histoire de Dissertations ; & je me suis bien gardé d'en faire une sur ce sujet : mais voicy les faits que j'ay rapportez, non point comme des preuves des Droits des Papes ou des Empereurs ; mais selon qu'ils se presentoient à moy dans la suite de la narration, & qu'ils entroient naturellement dans mon Histoire.

Par exemple, j'y marque en divers endroits que les Romains firent Serment de fidélité à Charlemagne, à Louïs le Débonnaire, & aux autres Empereurs François. Je cite sur cet article les Auteurs contemporains, une Lettre de Charlemagne au Pape, & même des Historiens Ultramontains. M'accusera-t-on pour cela de partialité en faveur des Empereurs contre les Papes?

D'autre part j'ay rapporté historiquement les prétentions de quelques Papes opposées à celles des Empereurs en cette matiére ; ay-je dû supprimer ces choses,

PRÉFACE.

que mon sujet me presentoit de lui-même, de peur de paroître partial en faveur des Papes contre les Empereurs & les autres Souverains. De tous ces faits qui concernoient les Papes & les Souverains, je n'ay tiré nulle induction dans mon Histoire ; & je les mets comme je les trouve dans les Livres des Ecrivains, & dans les autres Monumens de ces temps-là. Chacun en fera telle application & tel usage qu'il voudra selon ses idées & ses préjugés. Je feray seulement icy en passant une réfléxion sur ce sujet ; c'est que ceux de nos Auteurs François qui ont recueilli avec tant de soin tout ce qui peut être au désavantage des Papes en cette matiére, ne prennent pas garde qu'en cela même ils servent tres mal l'Etat. Car les intérêts des Princes sont fort changez à cet égard. Il est aujourd'huy au moins fort indifférent à nos Rois de la troisiéme Race que les Empereurs François de la seconde Race ayent eû, ou n'ayent pas eû le Domaine direct de Rome. Au contraire ce sont les Empereurs de nos temps qui y sont intéressés, c'est la Maison d'Autriche que cet intérêt regarde. Ainsi établir les Droits des anciens Empereurs François, c'est travailler pour les Princes de la Maison d'Autriche, & par conséquent pour les Ennemis les plus ordinaires de la France. Ce qu'il ne falloit pas omettre, & dont aussi j'ai fait un détail exact, ce sont les obligations qu'a le Saint Siége à la France pour ce grand Domaine temporel, dont il est aujourd'huy en possession.

Autre exemple. Lothaire Roy de Lorraine étant mort sans laisser de fils légitimes, le Roy Charles le Chauve son oncle s'empara de cet Etat au préjudice de l'Empereur Loüis frere de Lothaire. Le Pape Adrien II. portoit fort ce Prince, qui rendoit de grands services à l'Eglise, & qui assiégeoit actuellement Barry, que les Sarrazins tenoient encore en Italie. Ce Pape écrivit en France des Lettres tres-offensantes pour Charles le Chauve, où il luy faisoit des reproches, des menaces, & le traitoit de parjure & de tyran.

Dans cette occasion ay-je dû succomber à la tentation de réfléchir avec aigreur sur cette conduite si peu mesurée d'un Pape envers un Roy de France, & invectiver amérement contre la hauteur avec laquelle quelques Papes ont autrefois traité les Souverains ? Je ne l'ay pas fait ; mais après avoir seulement remarqué que les Prédécesseurs de ce Pape n'avoient pas coûtume d'écrire de ce stile aux Empereurs & aux Rois François de leur temps, je rapporte le précis de la Lettre que Hincmar Archevêque de Reims fut chargé par le Roy d'écrire au Pape.

Ce Prélat sans sortir des bornes du respect, fit dans la Lettre de vives remontrances au Pape sur la maniére dont il luy avoit écrit à luy-même, & sur celle dont il avoit écrit au Roy. Il luy marque l'indignation du peuple & des Seigneurs François sur la conduite qu'il tenoit, ce qu'ils pensoient, & ce qu'ils disoient sur l'indépendance des Rois pour leur Temporel, comme tenant leur puissance de Dieu, & le peu de cas qu'ils feroient des censures qu'on pourroit lancer contre eux dans un différent qui n'étoit point du ressort du Saint Siége.

Il me semble que de tels Mémoires qui se trouvent parmy les monumens de l'antiquité, étant employés dans une Histoire, valent bien les réfléxions chagrines d'un Ecrivain passionné ; & que d'ailleurs on ne peut se plaindre d'un Historien qui rapporte simplement ce qui s'est fait, ce qui s'est dit, & ce qui s'est écrit sur le sujet qu'il traite.

J'en ay usé de même dans le fameux différent qu'il y eut entre le Pape Boniface VIII. & le Roy Philippe le Bel ; j'y rapporte ce qui se passoit à Rome, & ce qui se passoit en France. Les coups violens qu'on se portoit de part & d'autre, les procédures réciproques, l'origine, la suite & l'événement du procés, sans rien omettre d'important, ni aucuns faits qui puissent servir à mettre les Lecteurs en état de juger eux-mêmes la cause.

En un mot, dans les endroits de mon Histoire d'où j'ay tiré les exemples que je viens de rapporter, & dans plusieurs autres de même nature, les loix de la sin-

PREFACE.

vérité ont été la régle que j'ay fuivie en expofant les chofes : mais j'ay crû fuivre celles de la prudence dans la maniére dont je l'ay fait, en ne m'écartant point du refpect qu'on doit aux Puiffances fouveraines. Ainfi je ne crains point le reproche d'Hiftorien partial, & j'ay quelque droit de prétendre à la louange d'Ecrivain modéré ; quiconque aura la jufte idée du caractére de l'Hiftoire, & du devoir de l'Hiftorien me rendra juftice fur ce point.

La fincerité & l'amour de la vérité font des qualités fi effentielles à un Hiftorien, que fans cela fon Hiftoire devient inutile pour la fin principale qu'on doit fe propofer dans cette efpéce d'Ouvrage, qui eft d'inftruire fes lecteurs fur ce qui s'eft paffé dans les temps dont on leur parle, & qu'avec cela, quand même d'autres qualités manqueroient à l'Hiftorien, on en peut toûjours tirer quelque fruit. Mais quand on s'engage dans une telle carriére, il faut, fur tout dans le fiécle délicat, poli & éclairé où nous vivons, ne fe fentir pas tout à fait dénué de certains autres talens, fans lefquels l'Hiftorien courroit rifque d'avoir le fort de ce mauvais Poëte, qui n'étant lû de perfonne, difoit pour fe confoler, qu'il n'écrivoit que pour luy & pour les Mufes.*

<small>* Mihi canto & Mufis.</small>

Entre autres chofes il faut avoir en commençant un certain degré de doctrine & de capacité qui ne s'acquiert point en compofant.

Outre la Chronologie & la Geographie dont tout Hiftorien doit être parfaitement inftruit, pour ne pas tomber dans des fautes tres-énormes qui le rendroient ridicule, il doit, pour traiter folidement & à fond fa matiére, avoir une étenduë de connoiffances plus vafte, que fa matiére ne femble d'abord éxiger de luy. Je m'explique, une Hiftoire générale, & en particulier l'Hiftoire de France a bien des rapports. Depuis l'établiffement de la Monarchie Françoife dans les Gaules jufqu'à nos temps, nôtre Hiftoire tient, pour ainfi dire, aux Hiftoires de toutes les Nations de l'Europe ; & même à celles des autres parties du monde.

Nos Rois de la première Race ne furent pas plûtôt établis dans les Gaules, qu'ils eurent des démêlez & des guerres avec les Roïs Bourguignons, avec les Oftrogoths & les Vifigoths, dans les Gaules, en Italie & en Efpagne. Ils fe liguérent tantôt avec les Empereurs, & tantôt contre eux. Les Lombards s'étant rendus Maîtres de l'Italie, devinrent auffi tôt les Ennemis des François, & paffèrent les premiers les Alpes pour les attaquer.

Nos Rois de la feconde Race, fur tout depuis que Charlemagne fut fur le Trône, tournérent leurs armes contre les Lombards, ils firent de grandes Conquêtes en Efpagne contre les Sarrazins, ils fubjuguérent les Nations Germaniques les plus reculées, & furent long-temps en Guerre ou en Négociation avec les Empereurs Grecs.

Sous la troifiéme Race, dès le temps de Louïs le Gros, les Anglois commencérent à faire la Guerre à la France. Depuis Louïs le Jeune jufqu'aux derniers temps, l'animofité entre les deux Nations a toûjours duré ; & il n'y a prefque point de Regne qui n'ait été fignalé par des Combats entre les deux Nations. L'Efpagne long-temps unie d'intérêt avec la France eut des differents avec elle dés le temps de Philippe le Hardy : Les intérêts des deux Nations commencérent à devenir fort oppofés fous le Regne de Louïs XI. Mais depuis que la Maifon d'Autriche a été élevée fur le Trône au-delà des Pyrénées, il n'y a eû que des intervalles de Paix entre les deux Etats.

Les Croifades qui commencérent dès le Regne de Philippes I. quatriéme Roy de la troifiéme Race, & les Colonies qu'on a envoyées dans le nouveau Monde fous les derniers Regnes, ne permettent pas à l'Hiftorien d'ignorer ce qui regarde l'Afie, l'Afrique & l'Amerique.

Il eft évident que pour bien parler des Guerres, des négociations, des Traitez de la France avec tant de Nations différentes ; & pour bien débrouïller les intérêt oppofés, les caufes & les fujets de ces Guerres, il faut en avoir lû les Hiftoires.

La

PREFACE.

La plûpart des Auteurs de l'Histoire générale de France qui ont écrit depuis deux siécles, semblent n'avoir donné une sérieuse application à leurs Ouvrages, que quand ils sont parvenus au Regne de Philippe de Valois, & ils ont fort négligé les temps qui l'ont précédé. Sur cela il s'est formé un tres-faux & tres-injuste préjugé : Sçavoir, que l'Histoire de la première Race ne méritoit pas d'être lûë ; que celle de la seconde n'avoit guéres de quoy piquer davantage la curiosité ; & que même les commencemens de la troisiéme étoient fort stériles.

Cette idée est tres-mal appuyée, & n'a point d'autre fondement que la négligence, ou pour le dire avec plus de franchise, l'ignorance des Historiens dont je viens de parler. Ce point est assez important par rapport à nôtre Histoire, pour mériter d'être éclairci ; & ce que je vais dire sur ce sujet montrera en même temps combien la Science est nécessaire à un Historien, & l'obligation où il est d'étendre ses recherches au-delà des Mémoires que les Ecrivains de son pays luy fournissent.

Il seroit à souhaitter, dit-on, qu'on pût lire les commencemens de l'Histoire de France avec autant de satisfaction, ou du moins avec aussi peu d'ennui, qu'on lit dans Tite-Live, ceux de l'Histoire Romaine. On a raison sans doute de penser & de parler de la sorte, si la matiére est capable de la même régularité & des mêmes agrémens ; & en ce cas on a droit d'exiger de ceux qui y travaillent, une application proportionnée à la dignité de leur sujet.

Mais pourquoy nôtre Histoire dans ces prémiers Regnes ne seroit-elle pas capable de cette régularité & de ces agrémens ? C'est, ajoûte-t-on, que ces commencemens ne fournissent qu'une matiére si brute, si confuse, des faits si incertains, des événemens si peu liez, des actions si barbares, qu'il semble que toute l'adresse de l'art ne suffit pas pour débrouiller ce cahos, pour pénétrer ces ténébres, & pour dissiper cette espéce d'horreur, qui est comme répanduë sur tout ces premiers temps.

Il y a dans cette objection du vray & du faux. En démélant l'un d'avec l'autre, on pourra juger si le défaut de la matiére peut ou ne peut pas servir d'excuse à ceux qui l'auroient mise en œuvre jusqu'à present sans succés.

On doit considérer dans nôtre Histoire deux sortes de commencemens ; celuy de la Nation Françoise, & celuy de la Monarchie Françoise. Le commencement de la Nation Françoise a toûjours été tres-inconnu, & par là même il étoit tres-propre à devenir fabuleux, ainsi qu'il est arrivé. L'origine ne s'en rencontroit nulle part ; on est allé jusqu'à la source des Fables, jusqu'à la prise de Troyes pour l'y trouver.

Plusieurs de nos Historiens qui ont écrit avant cinq ou six cens ans, racontent bonnement & sérieusement ces belles antiquités. Nos Modernes communément ne les touchent qu'en peu de mots, & les donnent comme des Fables. On ne peut pas les blâmer d'en parler ; car c'est un point sur lequel il est bon au moins de sçavoir ce que l'on dit ; & Tite-Live en a usé ainsi au commencement de son Histoire, en parlant de l'origine du Peuple Romain.

Pour ce qui est des commencemens de la Monarchie Françoise, il en faut encore distinguer de deux sortes : le commencement de la Monarchie au-delà du Rhin dans la Germanie, & celuy qu'elle a eû depuis dans les Gaules.

C'est du premier dont on peut dire avec vérité, qu'on n'en a que des connoissances tres-incertaines & tres-confuses, ou plûtôt qu'on n'en a presque point. Les noms de quelques Rois ou de quelques Capitaines François se trouvent dans l'Histoire de l'Empire, & dans quelques anciennes Chroniques : On y voit de temps en temps cinq ou six lignes qui marquent en passant peu de chose de la Nation, une Victoire, une défaite, des excursions, & rien davantage. Cette seule disette de Mémoires dont il est impossible de faire quelque chose de suivi, doit sans doute empêcher d'en entreprendre l'Histoire ; je dis l'Histoire, & non pas des Dissertations

PREFACE.

[*] l'anc Pontan. Maffon, La Cary, &c.

& des Ouvrages de Critique fur ce fujet, comme * plufieurs fçavans hommes en ont fait. On ne fçauroit trop éclaircir ces Monumens de l'Antiquité. Mais il faut avoüer que ce n'eft pas répondre à l'attente d'un lecteur, que de luy préfenter des tomes ou des livres entiers avec le titre d'Hiftoire de France, où pour lier quelques fragmens qui parlent des François, on ne donne en effet rien autre chofe que l'Hiftoire Romaine. Cela n'a pas peu contribué à faire tomber les Ouvrages

[*] M. De Cordemoy.
[*] Le P. Jourdan.

de deux fçavans Auteurs*, qui, à en juger par ce qu'ils ont donné de leur Hiftoire au Public, valoient dans le fond beaucoup mieux que d'autres qui ont eû plus de cours.

Mais dés qu'on eft arrivé au commencement de la Monarchie Françoife dans les Gaules, fi l'Hiftoire ne plaît pas autant que l'Hiftoire Romaine, ce n'eft plus la matiére qui manque; c'eft ou le difcernement, ou l'art, ou la diligence de ceux qui la traitent. Car pour comparer enfemble ces deux Hiftoires, examinons ce qui entre dans l'une & dans l'autre immédiatement aprés leurs temps obfcurs ou fabuleux. Ces temps obfcurs ou fabuleux finiffent dans l'Hiftoire Romaine à la Fondation de Rome, & à fes premiers Rois; & dans la nôtre, c'eft à la Fondation de la Monarchie en deçà du Rhin, & au temps de Clovis.

On a communément l'efprit fi rempli de la grandeur Romaine, qu'à moins d'une réfléxion particuliére, on fe la figure même dans les plus petits commencemens de la Ville de Rome. Quand on entend raconter que Romulus fortit de Rome avec une Armée contre les Céniniens, les Antennates, & les autres peuples qui s'étoient liguez pour venger l'enlévement de leurs Filles, on fe repréfente ce Roy à la tête de plufieurs milliers d'hommes bien armez, partagez en efcadrons & en bataillons, qui va attaquer une autre Armée plus forte encore que la fienne, qui la défait, qui revient avec un grand nombre de chariots chargez de dépoüilles pour en faire hommage, & en élever un fuperbe Trophée à Jupiter Férétrien. Cela ne veut cependant rien dire autre chofe, finon que Romulus fortit d'une petite Bourgade, bien plus petite & bien moins peuplée que plufieurs de nos Bourgs de France; qu'il fe mit à la tête de trois ou quatre cens hommes au plus, la plûpart Bergers ou Bandits; qu'il donna fur fix ou fept cens autres; & les mit en déroute; & qu'ayant enlevé le Bouclier & les armes au Chef des Ennemis tué dans le combat, il les vint fufpendre à un vieux chefne fur le Mont appellé Capitole.

C'eft-là l'idée qu'il faut avoir de toutes ces Armées conduites d'abord contre les Sabins, les Fidénates, & les autres Ennemis des Romains. Tous ces peuples détruits ou afferyis fous les premiers Rois de Rome & fous les premiers Confuls, n'avoient pour la plûpart que chacun leur petit canton, au milieu duquel étoit une petite Ville mal fortifiée. Ce fut là pendant plufieurs années les fujets des Triomphes, des Ovations, des Supplications que l'on faifoit en actions de graces à Rome, & dont l'Hiftoire Romaine eft remplie, principalement depuis l'établiffement du Confulat. Enfin la République Romaine plus de quatre cens ans aprés fa Fondation étoit infiniment moins riche, moins puiffante, & beaucoup moins étenduë que la République de Venife ne l'eft aujourd'huy dans la feule Italie.

Certainement Clovis dés fon entrée dans les Gaules, nous fournit quelque chofe de bien plus grand. Son premier coup y fut la deftruction de l'Empire Romain. Sa premiére Victoire le mit en poffeffion de plus de pays & d'un plus grand nombre de Villes confidérables, que Rome n'en conquit en quatre fiécles. Et fans parler de ce qu'il fit depuis au delà du Rhin, on le voit dans les Gaules abbatre les deux Puiffances qui y dominoient, celle des Vifigots & celle des Bourguignons, étendre par la défaite des premiers fon Domaine jufqu'aux Pyrénées; fe rendre les autres Tributaires, & devenir en peu d'années un des plus redoutables Monarques de l'Europe. Ses enfans détruifent le Royaume de Bourgogne & celuy de Turinge:

[*] Theodebert I.

Un de fes petits-fils * impofe un Tribut aux Saxons, entre dans l'Italie, y fait des Conquêtes fur l'Empereur, & fe trouve en état de l'aller attaquer même du côté

PREFACE.

cette action dans l'Histoire Romaine, mais même on s'entend réciter sur le Théatre sans le trouver mauvais. Non encore un coup, ce n'est point icy la matière qui manque, c'est le défaut de la main qui la touche.

Prenons pour exemple celuy de nos Historiens * qui est aujourd'huy le plus accredité, ou du moins celuy qu'on lit le plus depuis plusieurs années. Il n'est point étonnant que son Histoire ait confirmé le Public dans le préjugé où il est, que des Regnes de nos premiers Rois on ne peut faire rien d'agréable, & qu'au tache l'esprit du Lecteur. Cette partie de son Histoire n'est qu'un précis mal ordonné de quelques Historiens modernes qu'il avoit devant les yeux en compolant. Ce ne sont que des faits abregez mis bout à bout, sans liaison & sans dépendance les uns des autres.

*Meze-ray.

Dans l'Histoire de Clovis en particulier rien n'est développé, les intrigues des Princes jaloux des progrès de ce nouveau Conquerant n'y sont nullement detaillez, ni leurs interêts démélez, ny leurs caractéres repréfentez, ni les évenemens preparez, & tout y est estropié. Il en est de même des Regnes suivans. Les négociations de Viriger Roy des Goths d'Italie, & celles de l'Empereur Justinien avec les Fils de Clovis, & avec Théodebert petit-Fils de ce Prince, l'expédition des François au-delà des Alpes, la jalousie qu'ils y donnérent aux Goths & aux Grecs, y sont omises ou touchées seulement en passant. Il paroit que cet Ecrivain n'avoit nulle connoissance de l'Histoire de l'Empire, où l'on trouve tant de choses propres à enrichir & à embellir beaucoup la nôtre. Or il est tout naturel qu'une Histoire ainsi déchargée, si j'ose m'exprimer de la sorte, ne se préfentant aux Lecteurs que comme un squelete sans vie & sans mouvement, ne satisfaisse pas leur esprit, qui aime à être remué dans ces sortes de lectures, à proportion comme il s'attend à l'être au Théatre & dans les Spectacles.

Il ne faut donc pas juger de nôtre ancienne Histoire, sur ce qu'on en voit dans l'Historien dont je parle, n'y la regarder comme un champ tout à fait sterile, parce qu'il ne s'est pas donné la peine de tirer d'un tel fond tout ce qu'il pouvoit produire. L'Histoire Romaine & celle d'Alexandre le Grand n'auroient pas plus d'attraits pour nous, si Tite-Live & Quinte-Curce n'avoient pas sçû mieux traiter leur sujet.

J'ose dire, & ce n'est pas me joüer beaucoup par cette comparaison, que l'Histoire de la premiére Race de nos Rois paroîtra toute autre dans mon Ouvrage, que dans celuy de cet Historien; que la Scéne y sera beaucoup plus animée, & qu'à l'exception des Regnes de quatre ou cinq de ces Rois qu'on appelle Faineants, qui n'occuperont pas plus de deux ou trois pages, j'ay trouvé dans le reste de quoy la soûtenir.

Le même Historien qui n'avoit pas assûrément la capacité nécessaire, pour écrire solidement nôtre ancienne Histoire, n'a pas laissé de prétendre à l'éloge de Sçavant, en donnant à son Ouvrage un ornement qu'on ne trouve point dans ceux qui l'ont précédé. C'est celuy des Médailles & des Portraits de nos anciens Rois; mais il ne pouvoir guéres prendre de moyen plus contraire à la fin qu'il se proposoit, que celuy-là.

En matière d'anciens Monumens, je discernement de celuy qui les publie, fait connoître ou sa science, ou son ignorance. Dès qu'on s'y méprend, & qu'on donne pour antique ce qui est tres-récent, & pour ouvrage du temps dont l'on parle, ce qui n'a été fait que plusieurs siécles après, on se fait mocquer des Connoisseurs. Le Sieur de Mezeray a eû ce malheur: il a remply son Histoire des Médailles de nos Rois depuis Pharamond, lesquelles, dit-il dans le titre même de son Livre, ont été fabriquées sous chaque Regne: il douté cependant dans la Préface de quelques-unes des Siécles les plus éloignez. Il devoir, s'il avoit eû la moindre teinture de la science des Médailles, non pas douter de leur verité, mais prononcer hardiment.

PREFACE

de Constantinople. C'étoit fur ce pied que se trouvoit la France trente-sept ans seulement après la mort de Clovis. Un sujet tel que celuy-là peut-il s'appeller un fond stérile pour l'Histoire, & qui n'ait rien qui soit capable d'attacher les Lecteurs?

Ceux qui n'ont lû nôtre ancienne Histoire que dans des Abregez ou dans des Compilations mal digérées & peu exactes, ne manqueront pas de dire que tous ces grands Evénements sont rapportez sans circonstances, & que sans détail ils donnent peu de plaisir; mais sûrement cela est très-faux. La plûpart des actions importantes sont circonstanciées dans les anciens Auteurs : à la vérité ces détails ne se trouvent pas tous ramassez dans Gregoire de Tours ou dans Fredegaire; il faut se donner quelquefois la peine de les chercher ailleurs ; mais il faut prendre cette peine, quand on se charge de la composition d'une Histoire.

Par exemple, à l'égard des Batailles de Soissons, de Tolbiac, de Poitiers, d'Arles qui se donnerent du temps de Clovis, on en sçait non-seulement le lieu & le succés, mais encore le temps, les noms des Commandans, & les faits d'Armes plus mémorables. Quelques-unes des Campagnes que les François firent en Italie du temps des Enfans de Clovis, sont rapportées avec exactitude par les Historiens de l'Empire. Nous n'avons guéres de batailles données de nôtre temps, de Campemens, de Marches d'Armées décrites plus au long & plus en détail, que la Bataille du Casilin auprés de Capoüé, gagnée par le fameux Narsez contre un Général des François d'Austrasie ; tout ce qui la précéda & toutes ses suites, tout cela, dis-je, est raconté dans Agathias Auteur Grec contemporain avec toutes les particularitez qui peuvent en rendre la Relation agréable. Il n'y a qu'à faire valoir ces sortes de Mémoires autant qu'ils valent, pour en faire quelque chose de bon.

Ce qui peut contribuer le plus à la beauté d'une Histoire, c'est une certaine varieté d'objets, d'incidents, d'intrigues, de Ligues, d'intérêts opposez : sans cela un tissu de Guerres & de Combats fatigue bien-tôt l'esprit. Quelque vive qu'en soit la description, elle ennuye, quand elle n'est point diversifiée par d'autres choses. Le Regne de Clovis & celuy de ses Enfans ne cédent en rien sur cet article à celuy de Romulus, & à tous ceux de ses succelleurs, ou plûtôt ils les surpassent infiniment, & ouvrent une carrière beaucoup plus belle.

Ce Prince n'a pas plûtôt exterminé les Romains dans les Gaules, qu'il trouve en son chemin deux Rois puissans, Gondebaud Roy de Bourgogne, & Alaric Roy des Visigoths Maître de tout le Pays de delà la Loire jusqu'aux Pyrénées, & dont toute l'application est à traverser tous ses desseins. On luy suscite des Ennemis au delà du Rhin. L'Italie unie d'intérêts & de Religion avec les Ennemis de ce Prince, n'épargne ni forces, ni artifices pour arrêter ses progrés. On le voit tantôt occupé à régler son Royaume par la Police & par les Loix, tantôt à étendre par des Traitez ou par des Victoires, tantôt à prendre des mesures pour faire fleurir la Religion. Sous le Regne de ses Enfans, les Guerres d'Italie, les Ligues avec les Goths qui y regnoient, ou avec les Empereurs qui vouloient en chaffer ces Barbares ; les Conquêtes de Bourgogne & de Turinge ; les bons & les mauvais succés des Guerres d'Espagne, la jalousie & l'ambition des Frères regnans, tous également vaillans & ambitieux, sont des choses aussi belles pour le moins à développer, que celles qui se passèrent chez les Romains sous les Regnes de Numa & de Tullus Hostilius, & plusieurs siècles encore après eux.

Que si l'on voit dans les commencemens de nôtre Histoire certaines actions qui font horreur, & qui reflétèrent encore beaucoup la barbarie, n'y a-t-il pas trop de délicatesse à ne pouvoir en souffrir le récit ? Y a-t-il aucune Histoire qui ne présente de temps en temps de ces images affreuses ? Et sans m'écarter de la Romaine que j'ay prise pour exemple, Romulus ne tua-t-il pas son frère Rémus de sa propre main ? Ce brave Horace, ce Libérateur de Rome & l'Auteur de sa liberté ne poignarda-t-il pas sa sœur après avoir sauvé la Patrie ? Non seulement on lit

PREFACE.

diment sur la fausseté, non pas de quelques-unes, mais de toutes celles qu'il produit dans la première & la seconde Race, & de la plûpart de celles qu'il rapporte sous la troisième.

Il les apporte toutefois en preuve des faits qu'il avance, & cela contre toutes les régles de la Critique. Car dans quels Cabinets les a t-il vûës? Devoit il ignorer que sous la première & la seconde Race, & fort avant sous la troisième, on ne sçavoit en France ce que c'étoit que de faire des Médailles du caractére de celles qu'il produit? Les desseins de la plûpart de celles qu'il cite, sont d'un assez bon goût, & les temps où il les place étoient des temps de grossiéreté & de barbarie. C'est par la même raison que les Legendes de ces Médailles, dont plusieurs sont assez ingénieuses, devoient l'avertir de sa méprise. Les lettres de ces légendes sont de beaux caractéres Romains. Or ce qui nous reste d'anciens Monumens de nos Rois François en ce genre sont en caractéres purement gothiques, ou toûjours mêlez de gothique. A peine en trouve-t-on d'une autre manière; & cet usage soit pour les médailles, soit même pour les Jettons, a duré jusqu'au Regne de François I.

J'aurois de quoy faire une Dissertation entière sur ce sujet, si je ne la croyois pas superflue, & j'ose dire que la plûpart de ces Médailles des Rois des deux premières Races, qui sont tirées en grande partie d'un Livre intitulé, *La France Métallique*, n'ont pas trente années d'âge plus que l'Histoire de Mezeray.

Mais une chose à quoy les Sçavants trouveront le plus à redire, c'est que si cet Historien étoit curieux d'orner son Histoire de ces sortes d'Antiquitez, il auroit peu, en faisant quelques recherches, substituer à ces fausses Médailles, de véritables Médailles, comprenant sous ce nom, selon l'idée ordinaire, d'anciennes Monnoyes. Il y en a un assez grand nombre des Rois de la première Race au Médaillé du Roy, & j'en ay quelques-unes entre les mains qui sont pour la plûpart des tiers de sols d'or. Il auroit pû encore en trouver quelques-unes de la seconde, & faire un peu valoir par-là son érudition, au lieu que ces fausses Médailles ont fait connoître qu'il n'en avoit pas beaucoup.

Il n'a été guéres plus heureux dans les Portraits de nos Rois qu'il a mis à la tête de l'Histoire de leur Regne. Il les a tirez, dit-il, d'après les Figures de ces Princes qui sont sur leurs tombeaux à saint Germain des Prez & ailleurs; & il croit par cette raison nous les donner comme des Copies prises sur les Originaux; mais en cela même il se trompe encore. Le Tombeau de Clovis & des autres ne sont point des ouvrages de leurs temps. Ils ont été restituez, pour parler en termes d'Antiquaires, c'est à dire rétablis plusieurs siécles après leur mort, comme en conviennent tous ceux qui sçavent l'Histoire, & qui se connoissent en ces sortes d'Antiquitez. Toutes ces gravûres d'imagination amusent les yeux des enfans, & ne plaisent pas trop aux gens habiles & raisonnables.

Il faut donc qu'un Historien soit sçavant dans les Antiquitez du Pays dont il fait l'Histoire, pour ne s'y pas méprendre, & ne pas donner des preuves de son ignorance dans les choses mêmes par lesquelles il fait parade de son érudition. Il y a déja long-temps qu'un Ancien * a dit, que quiconque entreprendra d'écrire une Histoire sans une capacité suffisante, succombera sous le poids, & fera beaucoup de chûtes.

La science de l'Historien se fait sentir par les remarques qu'il séme dans sa narration sur les mœurs des Peuples dont il fait l'Histoire. Par ce mot de mœurs, on n'entend pas seulement le génie de la Nation, mais encore les Coûtumes, les Usages, les Loix, la Jurisprudence, la manière du Gouvernement Civil & Militaire, & autres choses semblables, avec les changemens qui y sont arrivez dans la suite des temps. Ce point me paroît essentiel pour la perfection de l'Histoire; mais il demande de l'attention & beaucoup de réfléxions qu'on ne peut faire, que quand on possède bien sa matiére. Il ne faut qu'un mot pour faire connoître le défaut de

Recentioribus plurimum obfuit, & multorum causa errorum exigua rerum antiquitatum quæ nostrarum notitia Hadri. Valef. In Notitia Gall. Ecce belli civilis ingens opus, quisquis attigerit, nisi plenus litteris sub onere labetur. Petron. Satyricon.

Tome I. ē

PREFACE.

connoissance ou de réfléxion d'un Historien à cet égard. Par exemple Varillas dans son Histoire de la Minorité de saint Loüis, luy donne à tout propos le titre de Majesté. Ce n'est pas parler suivant les mœurs du temps, parce que ce Titre n'a commencé à être proprement en usage par rapport à nos Rois, que du temps de Loüis XI. User du terme de Colonel dans les Troupes de France avant François I. de celuy de Régiment avant Charles IX. ou du moins avant Henry II. c'est introduire dans les Histoires de ces temps-là, un langage qui étoit alors inconnu, donner dans l'Histoire de la première & de la seconde Race, le nom de Picardie à la Province qui le porte aujourd'huy, celuy d'Allemagne aux pays d'au-delà du Rhin, au lieu de celuy de Germanie, dont l'Allemagne ne faisoit qu'une tres-petite partie; attribuer des Armoiries à nos Rois de la première & de la seconde Race & à leurs Officiers, & une infinité d'autres choses semblables qui ont échapé à plusieurs de nos Historiens, ne font point d'honneur à leur érudition. Que si pour s'accommoder à l'usage des temps où l'on écrit, & aux idées du commun des Lecteurs, comme il convient quelquefois de le faire, on juge à propos de s'écarter de cette régle, il faut au moins en quelque occasion faire remarquer quel étoit l'ancien usage. Par exemple, le titre de Secretaire d'Etat n'a été donné que sous Henry II. à cette espéce d'Officiers qui portent aujourd'huy ce titre. On les appelloit auparavant Secretaires du Roy; mais comme ce titre de Sécrétaire du Roy causeroit aujourd'huy une équivoque, on a pû, & on a dû donner le titre de Sécrétaire d'Etat à ces Sécrétaires, dont les Rois avant Henry II. se servoient pour les affaires d'Etat, mais en avertissant que ce terme n'étoit pas alors en usage. Il en est de même du titre de Capitaine d'une Place, qu'on appelle aujourd'huy Gouverneur, & quelques autres.

 Ce n'est point une vaine ostentation de doctrine, que de citer à la marge d'une Histoire beaucoup d'Auteurs, pour marquer aux Lecteurs les sources d'où l'on a tiré les choses qu'on leur raconte. Je regarde au contraire comme une obligation indispensable pour l'Historien de le faire. Il n'y a point d'Ecrivain qui doive s'attribuer assez d'autorité, pour vouloir être crû sur sa parole dans ce qu'il rapporte des temps passez. La plûpart des Auteurs de l'Histoire générale de France, comme du Haillan, Paul Emile, Nicolle Gille, de Serres & de Mezeray se sont exemtez de ce devoir, & par cette raison ceux qui les ont citez eux-mêmes depuis, n'ont pas de fort bons garants.

 Je n'ay guéres cité que deux sortes d'Ecrivains, sçavoir les Contemporains ou voisins des temps dont je parle & quelques Modernes; mais ces Modernes dont j'employe le témoignage doivent avoir pour le moins autant de poids que les Contemporains par une raison: c'est qu'ils citent eux-mêmes, & rapportent souvent les Actes authentiques sur lesquels sont appuyées leurs Relations. Tels sont par exemple Guichenon dans son Histoire de Savoye, dont le second Tome contient une infinité d'anciens Actes authentiques. Strada dans son Histoire des Pays-bas qu'il a composée sur les Archives de la Maison de Farnése. Palavicin dans son Histoire du Concile de Trente, dont les Mémoires originaux luy ont été fournis par l'ordre des Papes, d'Argentré & Lobineau dans leurs Histoires de Bretagne, & plusieurs autres, dont les Histoires ont de pareils fondemens.

 La Citation des Manuscrits fait encore beaucoup d'honneur à un Auteur. J'en ay vû un assés grand nombre. Mais je diray de bonne foy que cette lecture m'a donné plus de peine qu'elle ne m'a procuré d'avantage. Parmy les choses qui doivent entrer dans une Histoire générale, j'en ay trouvé peu de considérables, qui ne fussent rapportées dans les Historiens du temps qu'on a imprimez depuis. Les Lettres de nos Rois & de leurs Ministres, dont il y a un tres-grand nombre à la Bibliotheque Royale, seroient un fonds admirable, si elles contenoient bien distinctement les affaires importantes de l'Etat; mais ce sont ou de simples Lettres de créance, & qui supposent les instructions données aux Ambassadeurs qu'on n'a

PREFACE.

pas, ou elles regardent des choses qui n'ont point de rapport à l'Histoire, ou elles touchent tres-briévement & tres-obscurément les affaires dont les Ambassadeurs avoient ordre de traiter, parce qu'il n'est pas sûr de confier les secrets à des Lettres; & parce que les Princes écrivant à des gens instruits se faisoient entendre à demi-mot. Il reste peu de piéces curieuses, comme de certaines Négociations, des Traitez de Paix, & d'autres semblables, où il y ait des détails historiques, qui n'ayent pas été rendus publics. Les nombreux Recueils appellez les Mémoires de Brienne, & les Manuscrits de Béthune, qui sont à la Bibliothéque du Roy, contiennent une infinité d'excellents Monuments; mais il y a peu de ces détails historiques dont je parle, qui n'ayent pas vû le jour.

Les Lettres des Généraux d'Armées, dont j'ay vû un tres grand nombre dans la Bibliothéque de M. le Président de la Moignon, du temps de François I. de Henry II. & de François II. seroient utiles pour une Histoire particuliére, par exemple, pour celles du Maréchal de Brissac qui commandoit en Piémont du temps de Henry II. Elles contiennent plusieurs petits détails, comme le succés d'une sortie, d'un assaut, d'une rencontre entre des Partis, & d'autres choses semblables. Car quand il étoit question des projets d'une Campagne, ou de quelque entreprise qu'on minutoit, ceux qui partoient de l'Armée pour aller prendre les Ordres de la Cour, étoient ordinairement chargez d'exposer de bouche ces sortes de choses, depeur que les Lettres ne fussent interceptées. Ainsi il n'est pas étonnant qu'on trouve peu dans les Manuscrits non imprimez de ces sortes de Mémoires qui feroient plaisir dans une Histoire.

On ne laisse pas d'y trouver de temps en temps quelques faits & quelques circonstances qui méritent d'être remarquées. On y trouve des dates, on rétablit par ces piéces des noms qui avoient été défigurez dans l'Impression. Par exemple, le nom de l'Evêque de Bayonne qui négocia la fameuse Ligue d'Allemagne entre Henry II. & les Princes Protestans, laquelle mit les affaires de Charles V. en si grand danger, le nom dis-je de ce Prélat est corrompu dans les imprimez; on l'appelle en François Du Fresne, & M. de Thou le nomme en Latin *Fraxineus*; mais il s'appelloit De Fresse, comme je l'ay vû par la signature de plusieurs de ses Lettres originales. Varillas qui avoit aussi eû communication de ces Lettres de la Bibliothéque de M. de la Moignon a fait cette remarque particuliére avant moy.

Il est donc à propos de lire les Manuscrits pour une Histoire générale; mais l'utilité n'en est pas aujourd'huy à beaucoup près si grande à cet égard, que plusieurs se l'imaginent.

Un Historien doit bien se donner de garde d'affecter de faire paroître de l'érudition, dès-là qu'elle peut mettre de la confusion, de l'embarras & de l'obscurité dans son Histoire. L'Historien Mathieu qui a donné au Public plusieurs morceaux de nôtre Histoire, est tombé dans ce défaut, en remplissant ses Ouvrages d'une infinité de traits de l'Antiquité qui ne font rien à son sujet. Il doit cependant être lû par ceux qui traitent du Regne de Henry IV. parce qu'il étoit Historiographe de ce Prince, qui prenoit plaisir à l'instruire lûy même de diverses particularitez de ses aventures.

Le Président de Thou n'a pas non plus évité cet écueïl. Il s'est proposé pour modéles dans son Histoire qui est tres bien écrite en Latin, les anciens Auteurs du temps de la belle latinité; & il ne pouvoit mieux faire; mais voulant paroître docte jusques dans des minuties, & affectant de s'exprimer toûjours comme les Anciens, il n'y a presque point de page, où il ne cause de l'embarras à ses Lecteurs.

Au lieu d'user des chiffres ordinaires ausquels on est maintenant accoûtumé, il se sert toûjours des chiffres Romains, dont la plûpart des gens ignorent les combinaisons. Au lieu de marquer les jours des mois, comme on le fait ordinairement, il se sert des Kalendes, des Ides, des Nones. De sorte que quand on lit qu'une

PREFACE.

telle action s'eft paffée le quinziéme des Kalendes de Juillet, fi le Lecteur veut fçavoir le jour que l'Auteur marque par cette maniére de compter, il eft obligé de recourir à un Kalendrier Romain, ou à compter à reculons depuis le premier de Juillet, qui étoit le jour des Kalendes, jufqu'au quinziéme avant les Kalendes, pour trouver que c'eft le dix-feptiéme de Juin.

Pour défigner les Pays & les Villes dont il parle, il fe fert des noms qu'on leur donnoit du temps des anciens Empereurs Romains, ou dans les fiécles les plus reculez. Il appelle Genéve *Aurelia II. Allobrogum*, Bafle *Augufta Rauracorum*, Aofte Capitale du Val d'Aofte *Augufta Prætoria*, Saint-Quentin *Augufta Veromanduorum*, Valladolid *Pincia Carpetanorum*, *Nervii* le Pays de Tournay, *Aulerci* celuy du Perche, *Nemetes* ceux de Spire, *Ambarum Ducis* Barleduc, &c. la plûpart des Lecteurs qui ignorent l'ancienne Geographie, fe trouvent par là tout dépayfez, & fe chagrinent contre l'Hiftorien.

De plus il latinife quelquefois les noms François des familles d'une maniére qu'on ne peut les reconnoître. Par exemple, M. d'Entragues, il l'appelle *Interamnas*, parce qu'Entragues dans fon étymologie fignifie un lieu qui eft entre deux fleuves. Defmarefts eft traduit par *Paludanus*, parce que *Palus* en latin fignifie un marais. Dubois eft métarmorphofé en *Sylvius*, parce que *Sylva* fignifie en latin un bois. Au contraire il a appellé *Foreftus* le Sieur de Selves, qui auroit été plus clairement traduit par *Sylvius*, *Strangius* de l'Eftrange, *Strelonius* de Treflong, &c.

On fe trouve fort embaraffé à deviner ces énigmes, & l'on eft privé du plaifir qu'on a à reconnoître dans une Hiftoire les noms des familles qui fubfiftent encore. Cet embarras a été fi loin, que comme l'Hiftoire de M. de Thou étoit en grande réputation, il y eut un Sçavant qui fe chargea de faire exprés un Gloffaire ou Dictionnaire en un volume in-4°. pour l'intelligence d'une infinité de mots, qu'on n'eût entendu ni en France ni ailleurs fans ce fecours. Il faut donc qu'un Hiftorien ne s'abandonne pas tant à l'envie de parler doctement, & qu'il préfére à tout la clarté, qui eft une des meilleures qualitez d'une Hiftoire.

Quand un Hiftorien croit avoir, pour ainfi dire, un fond fuffifant pour une auffi grande entreprife, que celle de l'Hiftoire générale d'une Nation, il faut qu'il fe confulte encore luy-même, afin de voir s'il a tous les autres moyens requis, pour mettre heureufement fon projet en éxécution. Quand il s'agit de conftruire un grand édifice, ce n'eft pas affez d'en avoir les matériaux, il faut fçavoir les mettre en œuvre, & en faire le choix. Avec les plus belles pierres & les bois les mieux choifis, un Architecte mal habile fait un bâtiment de fort mauvais goût; & un Hiftorien avec un grand acquis dans l'étude de l'antiquité & dans la connoiffance des Livres, s'il ne fçait pas bien manier & bien difpofer fa matiére, peut faire une fort méchante Hiftoire. La compofition demande beaucoup d'art & de difcernement; on y peut confidérer la matiére & la forme.

J'entends icy par la matiére les Faits Hiftoriques; & c'eft dans le choix que l'Hiftorien en fait, que doit paroître fon difcernement; car on ne doit pas mettre dans une Hiftoire généralement tout ce qui fe trouve dans les Mémoires que l'on confulte. On doit fe régler fur ce point par l'efpéce de l'Hiftoire qu'on écrit.

Il y a diverfes efpéces d'Hiftoires. Il y a des Hiftoires générales de toute une Nation, comme l'Hiftoire de France. Il y en a de particuliéres d'une Province, d'une Ville, d'une Abbaye, d'une Famille, comme l'Hiftoire de Bretagne, l'Hiftoire de Marfeille, l'Hiftoire de l'Abbaye de faint Denis, l'Hiftoire Généalogique de la maifon de Châtillon fur Marne, &c. Il y a des Mémoires encore plus particuliers, dont l'Auteur même fait la matiére, comme les Commentaires de Monluc & les Mémoires du Duc de Guife, ou qui font écrits par d'autres pour conferver la mémoire des actions, des négociations, des aventures d'un Seigneur, d'un Général d'Armée, d'un Miniftre d'Etat, à la gloire defquels l'Ecrivain a confacré fa plume

comme

PREFACE.

les Mémoires de Tavannes & de Sully, la Vie du Duc d'Epernon, celle du Maréchal de Matignon. Je ne parle point de certains autres qui ne sont que des ramas de faits, de dits, de petites Histoires, tels que sont ceux de Brantôme, où il n'y a aucune régularité, & qui ne plaisent que par leur variété, & par le stile naïf & cavalier dont ils sont composez.

Je dis que le choix des faits dans ces diverses espéces d'Histoires doit être différent. Une Histoire quelle qu'elle soit, doit contenir tout ce qui peut se présenter d'important par rapport à son principal objet. Ainsi on doit trouver dans l'Histoire d'une Ville, d'une Abbaye, d'une Famille tout ce qui s'y est passé, & tout ce qu'il peut y avoir de considérable pour en donner une parfaite connoissance.

Il en est à proportion de même des Mémoires qui ont pour but de faire l'Histoire d'une personne en particulier ; on n'y doit rien omettre de ce qui mérite d'être rapporté pour faire connoître son caractére, le progrès de sa fortune, ses intrigues, ses traverses, les occasions où il s'est signalé, ses défauts, ses vertus, & tout ce qui le peut bien peindre aux yeux du Public ; puisque luy-même, ou ceux qui prennent intérêt à sa gloire ou à ses malheurs ont voulu le donner en spectacle à la Postérité.

Mais ce qui est important dans une Histoire particuliére, ne l'est pas dans une Histoire générale ; dautant que ce qui appartient au principal objet dans une Histoire particuliére, est souvent de nulle conséquence dans une Histoire générale. Par exemple, si les Mémoires du Sieur De Pontis qui eurent tant de succès quand ils parurent, sont tout à fait dignes de foy, on a dû y mettre tout ce qu'on y a mis. C'est une infinité de petites aventures d'un jeune Gentilhomme, lequel se pousse à la Guerre & à la Cour, bien circonstanciées & bien racontées, qui font briller le Héros de la piéce, & divertissent le Lecteur : mais il est visible que ni les circonstances des faits qu'on y rapporte, ni la plûpart des faits mêmes ne mériteroient pas d'avoir place dans l'Histoire générale du Regne de Louïs XIII. sous lequel elles se sont passées. Ce sont de jolis épisodes dans l'Histoire que Pontis fait luy-même de sa vie, mais qu'on regarderoit comme des bagatelles, si on les enchâssoit dans celles d'un Roy.

La raison est celle que j'ay apportée ; sçavoir que Pontis dans ses Mémoires est le principal objet de l'Histoire, & par conséquent, tout ce qui le regarde doit y être rapporté & détaillé ; mais dans une Histoire générale, la grandeur de la matiére défend à un Historien de donner la moindre attention à ces petits détails, qui concernent un particulier.

L'Histoire d'un Royaume ou d'une Nation a pour objet le Prince & l'Etat ; c'est-là comme le centre où tout doit tendre & se rapporter ; & les Particuliers ne doivent y avoir part qu'autant qu'ils ont eû de rapport ou à l'un ou à l'autre.

Les Généraux d'Armées, les Ministres d'Etat, les Gouverneurs des Villes n'y sont placés qu'à cause de ces rapports. Si dans la description d'une Bataille on y fait mention de quelque action d'un Officier particulier, ou d'un Soldat ; c'est que cette action a eû des suites pour l'intérêt public, ou qu'elle a quelque chose de si singulier, que la gloire en réjaillit sur toute la Nation ; ou enfin que le merveilleux qui s'y rencontre, donne tant de plaisir au Lecteur, que par cela même elle récompense l'irrégularité qu'il y a à la rapporter. Ainsi par la même raison ce ne seroit pas orner, mais gâter une Histoire de cette espéce, que d'y inférer par exemple certaines intrigues d'amour, ou des différends & des querelles entre des particuliers, à moins, comme il arrive souvent, qu'elles n'eussent été la cause ou l'occasion de quelque événement considérable, où l'Etat fût intéressé ; car alors elles ne seroient pas hors d'œuvre, elles seroient même essentielles à l'Histoire. Tel est par exemple, dans l'Histoire du Regne de Henry III. le manége de la Reine Catherine de Medicis, qui de peur que le Duc d'Alençon & le Roy de Navarre ne s'unissent ensemble contre le Roy, se servoit de Madame de Sauve, dont ces

PRÉFACE.

deux Princes étoient amoureux, pour fomenter la mésintelligence entre eux.

Or il n'y a guéres de préceptes qu'on ait plus souvent violés en écrivant nôtre ancienne Histoire, que celuy qui défend ces détails hors de propos. On y a voulu mettre tous les petits faits que Gregoire de Tours a racontez, l'éxil d'un Diacre, le supplice d'un Comte ou d'un Duc, le mauvais traitement fait à un Evêque, & mille autres choses semblables, dont on a entrelassé les grands événemens. C'est-là principalement ce qui fait languir l'Histoire, ce qui fatigue le Lecteur que ces petits objets ne touchent point, & qui ne peut prendre d'intérêt à ces minuties.

On a encore rempli l'Histoire de la seconde Race & des commencemens de la troisiéme, des Guerres des Seigneurs particuliers, sans choix, & sans distinguer celles où l'intérêt du Souverain l'obligeoit à prendre part, de celles dont il ne se mêloit point, parce qu'elles luy étoient indifférentes, & uniquement l'effet des animositez mutuelles, que ces petits tyrans avoient les uns contre les autres, & qu'il n'étoit pas en son pouvoir de réprimer. La prise d'un petit Château, l'incendie d'une Bourgade, le ravage d'une Terre ne sont pas des matiéres fort intéressantes, quand ils n'ont nulle suite pour le corps de l'Etat; & c'est abuser de la patience des Lecteurs, que de les occuper de pareils récits; ce défaut vient uniquement de ce que ceux qui les ont compilez, n'ont pas eû en écrivant la véritable idée d'une Histoire générale.

Il y a dans nôtre ancienne Histoire certains autres faits, qui à la vérité regardent les Princes, mais qui sont d'ailleurs si hors du vrai-semblable & si absurdes, qu'un Historien ne doit pas en faire la moindre mention, même en marquant qu'il doute de leur vérité. Qui ne seroit choqué en lisant dans un de nos Historiens *, *Mezerai.* que selon quelques Auteurs, Clovis avoit fait le voyage de la Terre-Sainte? Quel effet produit là une chimére aussi ridicule que celle-là, si-non de faire rire un Lecteur qui n'est pas parfaitement ignorant, & de luy donner un souverain mépris pour une Histoire, où l'on insére de pareilles choses? Pour moy je ne sçay pas l'origine de cette Fable; mais je suis le plus trompé du monde, si cet Auteur, ou quelqu'autre qu'il aura copié, ne s'est mépris, en attribuant à Clovis ce que nôtre ancien Historien dit de Licinius qui étoit Evêque de Tours, lorsque ce Prince s'empara de cette Ville aprés la défaite d'Alaric. Du temps de cet Evêque, dit l'ancien Historien, Clovis vint à Tours; *Hujus tempore Clodovæus Rex Turonos venit.* *Greg. Tur. l. 2. c. 39.* On dit, ajoûte t-il, qu'il alla en Orient, & à Jérusalem visiter les Saints-Lieux; *Hic fertur in Oriente fuisse, ipsamque adiisse Hierosolymam.* Cela est équivoque, & à ne regarder que les termes & la construction de la phrase, elle pourroit s'entendre également de Clovis & de l'Evêque. Mais est-ce une chose pardonnable, que de donner dans le sens faux d'une telle équivoque? c'est à dire attribuer le voyage de la Terre-Sainte à Clovis, au lieu de l'attribuer à l'Evêque, suivant la véritable pensée de l'ancien Historien?

Si un Historien doit exclure de son Histoire, & les petits faits & les faits absurdes, il doit encore moins y recevoir ceux qui n'y ont nul rapport. A quel propos, par exemple, ajoûter à la fin du Regne de Clovis, aprés avoir parlé de sa sépulture, *Mezerai.* *Que le Consulaire Boëce écrivoit en ce temps là les douces consolations de sa Philosophie contre le traitement tyrannique qu'il recevoit de Theodoric Roy des Ostrogoths,* & diverses autres choses semblables qui n'ont pas plus de rapport au sujet qu'on traite. Plusieurs de nos Historiens ornent la fin des Regnes de nos Rois de semblables rapsodies. Mais on devroit, ce me semble, se souvenir de la différence qu'il y a entre l'Histoire d'une Nation, & une Chronique générale. Les régles de l'une resserrent l'Ecrivain dans un sujet déterminé; au lieu que l'autre a droit de compiler, de prendre de tous côtés, & de parler de toutes sortes de sujets.

Ce que je dis icy qu'un Historien doit se borner à son sujet, sans y coudre des lambeaux d'Histoires qui n'y ont aucun rapport, est tres-véritable & sans exception; mais il ne faut pas croire pécher contre ce précepte par de certaines digressions, qui contribuent infiniment à la beauté de l'Histoire & qui pour cette raison,

PREFACE.

& encore plus à cauſe de la liaiſon que les choſes qu'elles contiennent ont avec le ſujet principal, ne devroient pas être appellées de ce nom. Au contraire, manquer à cela, c'eſt priver l'Hiſtoire d'un de ſes plus beaux ornemens. Je me ſers de deux exemples pris de nôtre Hiſtoire même, pour faire concevoir ma penſée.

Dès que Clovis ſe fut rendu Maître des Gaules juſqu'à la riviére de Loire, auſſitôt Théodoric Roy d'Italie ſongea à prendre des meſures, pour arrêter les progrès de ce nouveau Conquérant, dont la puiſſance ne pouvoit croître ſans diminuer la ſienne, & luy ôter une eſpéce d'aſcendant qu'il avoit pris ſur tous les autres Rois d'en deçà des Alpes. On le vit depuis épier toutes les occaſions de ruïner les deſſeins, & de mettre des bornes aux Conquêtes de Clovis.

Théodoric ſoûtenant donc un rôle tres-conſidérable dans nôtre Hiſtoire, non-ſeulement il n'eſt point contre les régles d'en faire un caractére exact, & de donner un précis des voyes par leſquelles il étoit monté à une ſi haute puiſſance; mais même ce ſeroit priver le Lecteur d'une ſatisfaction que naturellement il ſouhaite, de bien connoître un homme dont on luy parle, & dont on l'entretient à tous momens.

Autre exemple; ſi-tôt que Théodoric fut mort, les Empereurs de Conſtantinople négociérent avec les Rois François pour chaſſer les Goths d'Italie. Les changemens cauſez par cette mort dans le Gouvernement du Royaume des Goths, furent les cauſes des progrès que l'Empereur & les François firent enſuite au-delà des Alpes: Ne pas développer ces changemens, & manquer à donner une idée diſtincte de l'état de la Monarchie des Goths, n'en dire que deux mots en paſſant, ainſi que font la plûpart de nos Hiſtoriens, ce n'eſt pas être précis, ni obſerver cette briéveté qu'on demande dans l'Hiſtoire; c'eſt l'eſtropier, c'eſt négliger d'y mettre cette variété qui plaît, qui attache & qui pique la curioſité des Lecteurs. Il faut en tout cela ſçavoir ſe preſcrire des bornes, tâcher de connoître & d'obſerver préciſément ce milieu dont parle Horace, duquel on ne peut s'écarter ſans donner ou dans l'excés, ou dans le défaut oppoſé.

C'eſt-là à peu près, ce me ſemble, ce que l'on peut dire ſur la matiére de l'Hiſtoire. La forme qu'on y doit donner mérite encore plus de réfléxions.

Il faut dans la compoſition d'une Hiſtoire, de l'arrangement, de la préciſion, du ſtyle, de l'expreſſion, de la dignité, de la pureté dans le langage, du feu dans la narration, en un mot tout ce qui peut attacher, je ne dis pas un Lecteur curieux qui veut être inſtruit, mais un Lecteur oiſif, qui ne cherche qu'à s'amuſer, ſans luy rien préſenter qui l'arrête, qui le dégoûte, qui le faſſe languir. Il faut pour cet effet que celuy qui écrit, ſe mette ſouvent à la place de ceux qui le liront, qu'avec cela il ſoit capable de ſentir ce qu'ils ſentiront, & aſſez ſévére envers luy-même, pour ne ſe rien pardonner de ce qui pourroit leur déplaire.

Je donne icy l'idée d'un Ecrivain accompli dans l'art de compoſer, comme Juvenal donnoit celle d'un Poëte ſans défaut, tel qu'il n'en avoit jamais rencontré, & qu'il ſe figuroit ſeulement: *Et qualem nequeo monſtrare & ſentio tantum.* Un Ecrivain ſeroit bien préſomptueux, s'il prétendoit ſe peindre luy-même dans un tel portrait; mais il n'eſt pas moins vray que dès qu'il ſe mêle d'écrire, il doit appliquer tout ſon eſprit à approcher le plus prés qu'il luy ſera poſſible de cette idée de perfection.

Le moyen général de réuſſir eſt de ſe propoſer de bons modéles. Nous en avons dans l'Antiquité, & nous n'en manquons pas dans nôtre ſiécle, où quelques écrivains ont traité certains points d'Hiſtoire avec beaucoup d'habileté. Parmy les anciens Hiſtoriens Latins on propoſe d'ordinaire Tite-Live, Jules Céſar, Corneille-Tacite & Saluſte. Les goûts ſur cela ſont différens. Pour moy j'avoûë que je préférerois Tite-Live & Jules Céſar aux autres. Je ne ſerois pas le ſeul de mon ſentiment, & je pourrois en apporter de bonnes raiſons, s'il s'agiſſoit icy de faire le parallele de ces excellens Maîtres. Mais je crois qu'il en eſt de l'Hiſtoire à peu

PREFACE.

prés comme de la Peinture. Il y a plusieurs bons Peintres, quoique leurs maniéres soient tres-différentes les unes des autres; & il y a plusieurs bons Historiens, quoiqu'ils ne soient pas tous d'un même caractére. Un tableau exposé à la vûë du Public charme tous les Connoisseurs. Dès là il est certainement bon, soit qu'il approche de la maniére du Titien ou de celle de Raphaël, ou de celle du Carache. Un Historien plaist, & on a peine à le quitter dès qu'on a commencé à le lire, c'est un bon Ecrivain, soit qu'il se soit moulé sur Tite-Live, ou sur César, ou sur Corneille-Tacite, ou sur Saluste.

Mais comme un beau Tableau ne s'attire jamais l'approbation générale de ceux qui se connoissent en peinture, s'il n'est fait dans les régles de l'art; de même une Histoire composée sans régularité ne se fera jamais lire avec le même plaisir qu'elle donneroit, si les préceptes de l'art historique y étoient bien observés. Je sçay qu'il y a des Histoires estimées, où l'art n'a eû presque aucune part. Telle est celle de Philippe de Comines; mais il faut remarquer que tout son prix luy vient de la matiére & des judicieuses réflexions de l'Auteur, & qu'elle seroit encore dans un bien plus haut dégré d'estime, s'il avoit pû ou voulu luy donner une forme plus réguliére.

Il y a certainement des régles pour la composition d'une Histoire, comme il y en a pour la composition d'une Harangue, d'une piéce de Théâtre & d'un Poëme épique. Peu de nos Historiens les ont sçeuës, ou se sont mis en peine de les observer. C'est sans doute une des raisons qui font qu'on en est si fort dégoûté; car quoique tout le monde ne sçache pas en particulier les préceptes d'un art, la plûpart néanmoins sont capables de sentir le mauvais effet que produit dans un Ouvrage, l'ignorance de ces préceptes, ou le peu de soin qu'on a eû de les suivre.

Un des plus essentiels est celuy qui regarde l'arrangement & la disposition des matiéres, dont la fin & l'effet est une certaine clarté qui se répand dans tout l'Ouvrage, & qui ne se trouve point dans nos Histoires générales de France. Il y a au contraire un certain embarras qui fatigue, & qui ne laisse rien que de confus dans la mémoire. De là vient qu'on n'y rencontre ni le plaisir, ni l'utilité de l'Histoire qui consistent, l'un à s'entretenir agréablement dans la lecture des choses passées, & l'autre à les retenir.

C'est en ce point capital qu'il faut tâcher d'imiter les Anciens & plusieurs Ecrivains modernes, comme d'Avila, Strada & quelques autres qui vivent encore aujourd'huy, & qu'on ne sçauroit trop lire, pour se tourner l'esprit, & se faire l'imagination à prendre cette maniére rangée d'écrire & de composer, qui met chaque chose en sa place, & qu'Horace a exprimé il y a long-temps en ces Vers;

Ordinis hæc virtus erit & Venus, aut ego fallor,
Ut jam nunc dicat, jam nunc debentia dici;
Pleraque differat, & præsens in tempus omittat.

Cette régle regarde l'Histoire autant que le Poëme dont parle cet Auteur. Car il n'est pas toûjours à propos de mettre les faits bout à bout suivant l'ordre des temps, & cet ordre même trop scrupuleusement observé met de la confusion dans l'Histoire.

Cette confusion est sensible dans nôtre Histoire de la premiére & de la seconde Race, lorsque l'Empire François se partageoit entre plusieurs Souverains. Nos Historiens à l'exemple de Gregoire de Tours, ne font que passer & repasser du Royaume de Paris dans celuy de Soissons; de celuy de Soissons dans celuy d'Austrasie, & de là dans le Royaume de Bourgogne. Ce sont comme autant d'Histoires différentes, qui étant ainsi mal liées les unes avec les autres, partagent & dissipent trop l'esprit du Lecteur, à qui on ne raconte rien qu'à bâtons rompus; & dont l'esprit

PRÉFACE.

prit se broüille par cette multiplicité de différens objets qu'on luy presente.

Pour remédier à cet inconvénient, il faut réfléchir sur les faits qu'on doit raconter. Il y en a de deux sortes ; sçavoir, les plus importans par rapport au Prince & à l'Etat, & d'autres qui le sont moins ; mais qui méritent cependant de n'être pas oubliez. Les premiers ont ordinairement de la liaison avec ce qui s'est passé dans les autres Etats ; & dès-là il ne faut pas séparer dans la narration ce qui regarde ces divers Etats ; mais il faut joindre ces faits, les entrelasser les uns avec les autres ; & alors par cette dépendance réciproque, ils ont entr'eux leur place naturelle, ils vont au même but, ils composent un même tout ; c'est une même Histoire, ce ne sont plus plusieurs Histoires cousuës ensemble ; & cette ordonnance les range dans la mémoire du Lecteur d'une manière à être plus facilement retenus.

Pour les faits moins importans, & qui par conséquent ne demandent pas beaucoup d'étenduë, c'est à l'adresse de l'Historien de leur trouver place dans le corps de la narration, & de les y enchasser comme en passant, sans en interrompre le fil. On vient à bout par ces moyens de mettre dans l'Histoire une espéce d'unité qui n'y est pas moins requise que dans un Roman, dans une piéce de Théâtre, & dans un Poëme épique.

Dans nôtre Histoire de la troisiéme Race, on est délivré de cet embarras de plusieurs Souverains, qui donnent presque autant de peine à un Historien, pour mettre cette unité dans son Histoire, que s'il faisoit celle de plusieurs Nations différentes ; mais il n'est pas pour cela exemt de toute la difficulté de l'arrangement.

Il doit toûjours se souvenir de la différence qu'il y a entre des Annales & une Histoire régulière. Dans des Annales ou dans une Chronique l'arrangement des matiéres est déterminé par la Chronologie. On y range par années ce qui s'est passé dans chaque année. On place, par exemple, dans une les dispositions à un certain événement ; dans la suivante, l'événement même, & dans la troisiéme les suites de l'événement. Si l'on observoit cette méthode dans une Histoire, elle seroit très séche & fort ennuyeuse. Un Episode ainsi partagé & interrompu par d'autres faits qui n'y ont point de rapport, perd tout son agrément. L'esprit aime naturellement à voir l'effet joint à la cause, & qu'on le satisfasse au plûtôt sur ce qu'on luy fait espérer. Il faut en ces occasions qui sont fort frequentes dans l'Histoire, avoir plus d'égard à la suite des choses, qu'à l'ordre des temps, & ne point craindre d'empiéter sur une année, pour unir des choses qu'il ne convient point de séparer.

Mais il arrive quelquefois qu'une affaire importante, une négociation, par exemple, dure plusieurs années ; qu'une conjuration se trame de loin ; que les intrigues de ceux qui la forment sont tantôt déconcertées, & tantôt se raccommodent, & qu'elle n'éclate que long-temps aprés. Doit-on alors suivre cette même méthode ? & afin de ne pas laisser perdre de vûë un point d'Histoire qu'on a commencé à traiter, doit-on laisser en arriére les faits de deux ou trois années, pour y revenir, aprés avoir conduit jusqu'à la fin celuy dont il s'agit ? Il me semble que non, & qu'en ce cas il est à propos d'en user autrement. Mais il faut prendre garde à ne pas rompre trop brusquement le fil de la narration commencée. Il faut amener la chose jusqu'à quelque conjoncture, qui soit, si j'ose m'exprimer ainsi, la fin de quelque chose, & qui serve comme d'entrepôt à l'esprit du Lecteur ; & pour m'expliquer dans l'exemple de la conjuration, on peut s'arrêter au temps qu'elle a été dissipée, mais en faisant entendre qu'elle se renouëra ; & aprés avoir traité les autres événemens, l'Historien doit retrouver un chemin qui le raméne naturellement au sujet qu'il a quitté.

On doit en user à proportion de même, quand plusieurs choses considérables se présentent ensemble sans dépendance les unes des autres ; par exemple, une

PREFACE.

Guerre sur les frontiéres des Pays bas, une autre du côté des Pyrénées, une troisiéme au delà des Alpes, & en même-temps une négociation pour la paix, comme il arrive quelquefois dans nôtre Histoire. La disposition de tant de faits qui se croisent de la sorte, est difficile, sur tout quand on est obligé d'en couper quelques-uns, pour ne pas laisser trop loin les autres; & il faut principalement observer, quand on reprend ceux qu'on a commencez sans les finir, de rappeller en général dans une transition l'idée de ce qu'on en a déja dit, pour remettre le Lecteur sur les voyes, & luy faire reprendre sans peine le fil de la narration qu'on a été contraint d'interrompre.

Aprés tout on ne peut donner sur ce point une régle & une méthode générale. Il faut avoir toûjours en vûë la clarté de l'Histoire & la satisfaction du Lecteur, se mettre, comme je l'ay déja dit, à sa place, en composant, & juger par là ce qu'il faut dire en tel endroit, & ce qu'il faut dire en un autre.

Ut jam nunc dicat, jam nunc debentia dici.

C'est beaucoup que d'avoir le talent de donner à sa matiére cet arrangement qui rassemble une si grande multitude de différens objets avec ordre, & met chacun dans la place qui luy convient; mais ce n'est pas assez de les bien ranger, il faut les orner. L'ordonnance d'un Tableau peut être fort belle, & le coloris mauvais, les figures estropiées ou mal proportionnées, & ne présenter aux yeux rien que de sec ou de monstrueux; c'est ce qui arrivera à tout écrivain dans une Histoire, s'il n'a pas de stile, ou s'il ne sçait pas prendre celuy qui est propre de ce genre d'ouvrage.

On peut dire de presque tous les Historiens qui ont écrit nôtre Histoire générale en François, & on le peut dire sans leur faire injustice, qu'ils ne sont rien moins qu'estimables par cet endroit. Tout homme qui aura un peu de goût ne lira pas deux pages de suite de leurs Ouvrages, qu'il ne remarque ce défaut. Le meilleur moyen pour s'en convaincre est de faire la comparaison de leur maniére d'écrire avec celle que l'on voit dans diverses Histoires particuliéres, qui ont été écrites depuis trente ou quarante années, où le discours marche pour ainsi dire, tout d'un autre pas, que celuy des Ecrivains dont je parle : ce qui vient d'un certain tour, d'un certain assortiment de choses, de pensées, d'expressions, de réflexions, de transitions, qui font ce je ne sçay quoy, qu'on appelle stile, dont il est autant difficile d'expliquer les perfections ou les vices, qu'il est aisé de les sentir à ceux qui sont capables de ce sentiment.

Le stile de l'Histoire doit être noble, mais simple & naturel. C'est dans ce stile que César a écrit ses beaux Commentaires. Il doit être encore vif, net & précis. Si Mezeray avoit eû l'idée de la noblesse & de la dignité qui convient à l'Histoire, il auroit retranché de la sienne bien des quolibets, des proverbes, de mauvaises plaisanteries, quantité d'expressions basses & du stile familier.

La simplicité exclut les figures & les Amplifications de Rhétorique, les Métaphores & les Comparaisons trop fréquentes. Rien n'est plus ennuyant qu'un Historien qui écrit en Orateur. L'Histoire a son éloquence particuliére, bien différente de celle de la Chaire & du Barreau; elle consiste à bien caractériser ses personnages, à bien représenter les actions, à bien peindre les mœurs & les passions, non pas par des discours, mais par les choses mêmes qui en sont les effets, & tout au plus par des réflexions courtes & vives qui naissent du fond du sujet, & qui ne doivent pas être trop fréquentes.

La précision aussi-bien que la simplicité de l'Histoire n'admet guéres les lieux communs, quoique plusieurs Historiens semblent s'être fait une loy de commencer chaque livre, & quelquefois chaque chapitre de leur Histoire par quelque semblable trait. Rien n'impatiente plus un Lecteur que ces préambules qu'il ne cherche point, & qu'il n'attend point. Il faut qu'ils soient beaux & courts, pour ne

PREFACE.

point produire cet effet ; mais il est certain qu'ils doivent être rares.

Les Exordes en matiére d'Histoire, encore plus qu'en matiére de Discours Academiques, ne doivent point être tirés de loin. Un plan court & net de la scéne qu'on va ouvrir, si elle a quelque chose de grand, communément est le meilleur & le plus beau début qu'on puisse faire. Au défaut de cela une réfléxion judicieuse & solide sur ce qui a déja été dit par raport à ce que l'on va dire qui tienne lieu d'une pure transition, suffit pour commencer le livre ou le Regne suivant, souvent même la continuation toute simple de la narration n'a pas mauvaise grace. Le sujet dont on a l'esprit rempli fournit de luy-même mille différentes maniéres : il faut pour varier, user tantôt des unes, & tantôt des autres.

Le stile doit être naturel, c'est à dire sans nulle affectation. L'art & l'esprit doivent regner dans tout l'ouvrage ; mais sans se montrer, pour ainsi dire. Une Histoire semée par tout d'antithéses & de tours ingénieux éblouït par tant de brillants. Elle plaît d'abord, & fatigue dans la suite. Nous voulons qu'on nous entretienne dans un livre comme dans une conversation, c'est à dire, d'une maniére naturelle. On prend plaisir à entendre un homme qui raconte bien ; & ce bien consiste dans cette maniére naturelle. Il deviendroit insupportable, si son discours marchoit toûjours en cadence. En un mot, ce n'est point ainsi qu'ont écrit César & Tite-Live. Virgile qu'on peut regarder comme le plus excellent modéle de la narration, n'a pas crû, tout Poëte qu'il étoit, qu'il luy fût permis de faire dans son Enéide cette grande & continuelle dépense d'esprit, & le bon sens l'a moderé dans ce point comme dans tous les autres. Ces traits vifs ont un bon effet, quand on ne les entasse pas les uns sur les autres. Ils animent une narration, ils donnent de la pointe à une réfléxion mise à propos, ils relévent un caractére & la peinture qu'on fait d'un personnage. En cela, comme en toute autre chose, il ne faut ny trop, ny trop peu.

Si oratio perderet gratiam simplicis, & inaffectati coloris, perderet & fidem. Fab. Quint. l. 9. c. 4.
Non dicere ornatius quam simplex ratio veritatis ferat. Cic. l. 1. de Orat.

Ceux qui ont écrit de l'Art Oratoire, aprés avoir fait le partage du Discours de l'Orateur en Exorde, en Narration, en Confirmation & en Peroraison, donnent pour les principales qualitez de la Narration d'être courte & nette ; & ces qualitez conviennent aussi à la Narration dans l'Histoire.

La briéveté de la Narration ne consiste pas à ne luy donner que peu d'étenduë, mais à ne luy donner qu'une juste étenduë ; sans cette juste étenduë elle ne seroit pas courte, mais estropiée. Le retranchement des digressions, des circonstances ou inutiles ou peu importantes, des réfléxions trop fréquentes, des raisonnemens politiques sans beaucoup de fondement, une expression serrée sans phrases, sans périphrases, sans certains tours forcés que prend un Auteur qui n'est point maître de son stile, c'est là ce qui en fait la briéveté & la précision.

Circumcisa expositio rei, quæ supervacuis caret. Fab. l. 4. c. 1.

La netteté vient encore d'une expression bien rangée, éxemte d'équivoques, qui n'est point interrompuë par des parenthéses, ni embarrassée par des phrases entortillées, ni par des périodes trop longues. C'est ce qui fait encore estimer la traduction de Plutarque d'Amiot. Son siécle ne profita pas de son éxemple. Ceux mêmes, qui sous le Regne de Loüis XIII. & de nôtre temps, ont d'abord travaillé à perfectionner nôtre Langue, n'ont pas évité tous ces défauts dont je viens de parler : mais aujourd'huy le bon goût a prévalu dans ce point comme dans les autres, & non seulement dans l'Histoire, mais encore dans quelque ouvrage que ce soit ; jusques dans les Livres de Philosophie & de Théologie on veut de la netteté, sous peine pour l'Auteur de n'être lû de personne.

Nihil est in Historia pura & illustri brevitate dulcius. Cic. in Brut.

L'art des transitions, qui font la continuïté de la Narration, n'est pas le plus aisé à attraper : elles sont dans un corps d'Histoire comme les jointures & les ligamens dans le corps humain. Des faits mis bout à bout comme des membres approchez les uns des autres sans liaison ne feroient point un tout, mais un amas informe.

Comme la transition est pour lier ce qui précéde avec ce qui suit, elle doit

PREFACE.

avoir rapport à l'un & à l'autre. C'est, s'il m'est encore permis d'user de cette comparaison, comme un pont qui doit toucher aux deux rivages. La transition sera d'autant meilleure, que ce rapport sera plus naturel & moins recherché. Il y a mille manieres de passer d'un sujet à un autre ; il faut éviter celles qui sont usées & triviales ou du stile familier : on en voit beaucoup de cette sorte dans les Ecrivains de nôtre Histoire générale. Celles-cy, par exemple, *Ne vous travaillez donc pas à débroüiller toutes ces menuës factions que les Auteurs de ces temps-là nous ont laissées bien confuses ; mais remarquez,* &c. *Vous ne lirez plus cy-après des cruautez si fréquentes. Mais avant que de passer à la seconde (Race,) voyons un peu quel fut l'état de la France sous les Merovingiens. Vous avez lû n'a guéres comme le Neustrien & le Germanique se faisoient la guerre.* Ces espéces de colloque de l'Historien avec le Lecteur ne conviennent point à la majesté de l'Histoire.

Mezeray dans les Regnes de Chilperic de Clotaire II. de Childeric III. de Louis le Débonnaire, de Charles le Chauve.

Les transitions ne doivent point être si marquées, si ce n'est qu'elles ne soient en même-temps relevées par quelque réfléxion judicieuse sur ce que l'on a dit, & sur ce que l'on va dire ; il ne faut pas même affecter d'en mettre par tout ; & il sied bien quelquefois après avoir terminé la narration d'un fait, de passer simplement à la narration d'un autre fait ; car la variété de la narration demande qu'on ne parle pas toûjours sur le même ton, & un stile trop gêné, gêne le Lecteur même. L'effet des transitions, quand elles sont justes & naturelles, est de le conduire aisément d'un lieu à un autre, d'intrigue en intrigue, d'événement en événement, de l'engager à suivre sans le fatiguer, & d'enchaîner tellement les choses, qu'après avoir été satisfait sur l'une, il veüille de luy-même passer à l'autre.

On met le Lecteur dans cette disposition, quand dans les transitions ou dans le corps de la narration, on jette les semences des incidens qui doivent suivre. C'est un précepte du Poëme Epique, du Dramatique & du Roman que cette préparation d'Episodes, & c'en est un aussi dans la composition de l'Histoire, avec cette différence qu'on a beaucoup plus de liberté dans le Poëme & dans le Roman, parce que la fiction y est permise, au lieu qu'elle ne l'est pas dans l'Histoire. Cette préparation consiste à faire entendre en général, que de l'incident qu'on raconte, ou que l'on touche, il en doit naître un autre qui embarassera la scéne. Par là on pique la curiosité du Lecteur, & on le met dans l'impatience de voir développer à ses yeux ce qu'on ne luy a fait entrevoir qu'en gros & en passant. L'art sur ce point consiste à ne luy montrer d'abord qu'autant qu'il le faut pour cet effet, ce qu'on luy présentera dans la suite plus en détail.

Pour finir ces réfléxions sur le stile historique, je diray encore en général, qu'il est si différent de tous les autres stiles, qu'il n'est jamais meilleur, que lorsqu'il est plus éloigné du stile Oratoire, du stile Académique, du stile qu'on appelle Didactique ; & que si l'Historien s'est jamais exercé dans quelques-uns de ces divers stiles, il doit être extrêmement en garde contre luy-même, pour n'y pas retomber en écrivant une Histoire.

Si l'Historien est capable de donner toutes ces graces à sa narration, il doit encore être en état de luy en donner une autre ; c'est celle du langage. Cette grace est différente de celle du stile ; car nous lisons encore avec plaisir les Commentaires de Montluc, parce que le stile en est leger, vif & naïf, quoique le langage en soit suranné. La plûpart des Ecrivains de nôtre Histoire générale n'ont pas eû ce talent ; & l'on voit bien que le Sieur du Mezeray n'étoit pas encore de l'Académie Françoise, lorsqu'il composa son Histoire : car il auroit sans doute appris en une si bonne Ecole à écrire plus purement, plus correctement & plus dans le génie de nôtre Langue, qu'il n'a fait. Il est en ce genre beaucoup au-dessous du médiocre. Son Abregé est plus supportable par cet endroit ; mais il l'est moins par plusieurs autres.

Tout ce que j'ay dit jusqu'à présent regarde pour ainsi dire le fond de l'Histoire, tant pour sa matiére que pour sa forme. Il ne me reste à parler que de certains ornemens

PREFACE.

ornemens dont on a coûtume de l'embellir. Les principaux font les Harangues, les Sentenées & les Portraits, c'est à dire les caractéres de ceux qui y paroissent avec le plus de distinction.

Touchant les Harangues; je pense, & je ne suis pas le premier à le penser, qu'elles ne sont pas trop bien placées dans une Histoire. Je parle de ces Harangues dans les formes qui se font au sujet d'une délibération sur des affaires d'Etat, ou par un Général d'Armée à la tête de ses Troupes, pour les animer à bien combattre. Je sçay que Tite-Live & quelques autres anciens Historiens en ont donné l'exemple; mais je n'en suis pas plus porté à approuver cet usage. Ma raison est qu'il est contraire à une qualité essentielle de l'Histoire; je veux dire, à la vérité: car certainement la plûpart de ces Harangues sont feintes, & une production toute pure de l'esprit de l'Historien. Ce ne sont que des Prosopopées, pour parler en termes de Rhétoricien & de Poëte, où l'on fait dire à celuy qui y parle, ce qu'il a pû dire dans la conjoncture où il s'est trouvé.

Livius, Thucydides interserunt conciones quæ numquam ab iis quibus sunt attributæ, cognitæ fuerunt. Scal. Poet. l. 1.

On peut donc, & même je crois que l'on doit sur le point dont je parle, ne pas suivre l'exemple de quelques anciens Historiens; parce que la raison doit toûjours en ces sortes de matiéres l'emporter sur l'autorité. Ciceron paroît avoir été de ce sentiment en parlant des Harangues que Thucydides a inférées dans son Histoire. *Je les estime fort, dit-il, & quand je le voudrois, je ne pourrois pas en faire de si belles; mais quand je le pourrois, je ne le voudrois pas.* Et le Bocalini dans son Parnasse dit assez plaisamment, qu'un vieillard ayant été rencontré lisant un Madrigal sous un Laurier avec des Lunettes, il fut jugé au Sénat de ce pays-là, que la chose étoit scandaleuse: surquoy le vieillard fut condamné tout d'une voix, pour expier cette indécence, à lire une des Harangues de l'Histoire de Guichardin.

De Thucidide, Orationes quas interposuit, laudare soleo: sed imitari, neque possim, si velim, neque velim, si possim. Cic. de Clar. Orat. Bocalini Ragguall. di parnas.

Les Sentences, les Maximes, les Epiphonémes qui renferment un grand sens, donnent sans doute du relief à une Histoire, pourvû qu'ils soient bien à leur place, qu'ils ne soient point trop fréquens, qu'il n'y ait rien d'affecté, & qu'ils naissent pour ainsi dire sous la plume de l'Ecrivain. Strada dans sa belle Histoire des Païs-Bas me paroît avoir un peu trop fait parade de cette espéce d'ornement, jusqu'à mettre ses Sentences & ses Epiphonémes en caractéres différens du reste du Texte, & à en faire une table séparée: il faut que l'Histoire enseigne; mais l'Historien doit éviter de prendre l'air & le ton de Docteur. C'est suivant cette pensée qu'un des plus sçavans & des plus polis Ecrivains * de nôtre siécle dans un Ouvrage composé durant sa jeunesse, dit au sujet d'Achillés-Tatius Auteur du Roman de Clitophon & de Leucippé » que cet Auteur ne sçavoit pas que les Sentences sont un grand ornement de l'Histoire, pourvû qu'elles n'y soient pas proposées sentencieusement; qu'autrement elles deviennent des leçons magistrales, qui rebutent l'esprit du Lecteur.

* M. Huet dans l'Origine des Romans.

Aussi, quand je dis que les Sentences ne doivent point être trop fréquentes dans une Histoire, je parle des Sentences expresses & marquées. Le stile de l'Histoire doit être grave & plein de suc, & par conséquent sentencieux: mais il le doit être en son espéce, à la maniére de celuy de Ciceron dans tous les genres d'écrire où ce grand esprit s'est exercé. Tout y est plein de Sentences, sans qu'on les apperçoive, tant elles sont naturelles & naturellement placées: elles n'y sont point l'ornement du Discours; mais si j'ose m'exprimer ainsi, elles en font comme le corps & la substance.

Le stile de Tite-Live est encore de ce caractére. On y trouve peu de Sentences & de Maximes avec le tour qui les fait paroître telles: mais dans le fond, il en est si rempli, qu'on en a fait de nos temps un juste Volume avec ce titre: *Tite-Live réduit en Maximes.* C'est suivant cette idée que Petrone a dit avec beaucoup de délicatesse, *que les Sentences dans un Ouvrage ne doivent point, pour ainsi dire, avoir l'air de broderie, mais qu'il faut les y déguiser de telle sorte, qu'elles donnent de la couleur & du relief au Discours, sans en avoir elles-mêmes.*

Curandum est-ne sententiæ emineant extra corpus orationis expressæ, sed in texto vestibus colore niteant. Petronii Satyricon.

Tome I. é é

PREFACE.

Enfin, quant à ce qui regarde ce qu'on appelle les Portraits, il est certain qu'un Historien ne doit pas manquer de bien caractériser les personnes qui ont le plus de part dans son Histoire : je dis ceux qui y ont le plus de part ; car pour les autres, comme on ne prend guéres d'intérêt à ce qui les touche, il seroit non-seulement inutile, mais même contre les régles d'interrompre la narration pour les peindre. Il en est de l'Histoire comme de la Scène, toute l'attention est pour les principaux Acteurs.

Il faut que les Portraits soient enchâssez dans l'Histoire à propos, & d'une maniére naturelle : autrement ils paroissent postiches & hors d'œuvre ; car on peut dire qu'ils sont plûtôt une partie qu'un embellissement de l'Histoire. On doit se donner de garde de les faire tous, pour ainsi dire, sur le même moule : il faut en varier le tour & les traits ; & sur tout faire en sorte que ces traits, quand on les rassemble, s'accordent avec l'idée qu'on s'est formée des personnages qu'ils représentent, en lisant la suite de l'Histoire.

M. de Saint-Evremont fait sur cette matiére une réfléxion, sur laquelle j'en ferai une autre.

Tome VII. des Ouvres Mêlées.

Entre les avantages qu'il attribue aux anciens Historiens par-dessus les nôtres ; „ il dit „ qu'ils ont plus de délicatesse dans l'expression des Portraits de ceux dont „ ils parlent, & une maniére qui les caractérise davantage, ne se contentant pas „ de marquer les vertus & les vices, mais même exprimant la maniére & la diffé- „ rence du même vice, ou de la même vertu qui se rencontre dans plusieurs.

„ Ensuite réduisant lui-même en pratique cette idée dans des exemples de son „ temps, il continué ainsi. " Il y a, dit-il, des différences délicates entre des „ qualitez qui semblent les mêmes, que nous découvrons mal-aisément. Le coura- „ ge du Maréchal de Chastillon étoit une intrépidité lente & paresseuse. Celuy du „ Maréchal de la Meilleraye avoit une ardeur fort propre à presser un Siége, & un „ emportement qui le troubloit dans les Combats de campagne. La valeur du Ma- „ réchal de Rantzau étoit admirable pour les grandes actions...... mais on eût dit „ qu'elle tenoit au-dessous d'elle les périls communs, à la voir si nonchalante. Celle „ du Maréchal de Gassion plus vive & plus agissante, pouvoit être utile à tous „ momens. Il n'y avoit point de jour qu'elle ne donnât à nos Troupes quelques avan- „ tages sur nos ennemis..... Ce Maréchal si aventurier pour les Partis, si brusque „ à charger les Arriéres-Gardes, craignoit un engagement entier, occupé de la „ pensée des événemens, lorsqu'il falloit agir plûtôt que penser. La rêverie de M. „ de Turenne, son esprit retiré en luy-même, plein de ses projets & de sa conduite „ l'eût fait passer pour timide, irrésolu, incertain, quoiqu'il donnât une Bataille avec „ autant de facilité que M. de Gassion alloit à une escarmouche. Le naturel ardent „ de M. le Prince l'a fait croire impétueux dans les combats, lui qui se possédoit „ mieux qu'homme du monde dans la chaleur de l'action.

Je ne sçay si l'Histoire ancienne ou la moderne pourroient nous fournir un seul endroit qui égalât la beauté de celuy-cy ; mais je trouve cette idée impraticable au regard des siécles passés. Un caractére aussi éxact & aussi marqué que ceux-là, suppose nécessairement que celuy qui le fait, a fréquenté ceux dont il parle, ou du moins qu'il a sçû en détail le jugement que les plus habiles de la Cour ou de l'Armée en portoient, ou enfin qu'il l'a appris des Ecrivains du temps, qui se sont donné la peine de faire un tel portrait avec cette étude & cette éxactitude extréme. Ainsi ceux qui écriront un jour l'Histoire de Loüis XIII. & de Loüis le Grand, devront orner leur Ouvrage des caractéres de ces Généraux d'Armée, qu'ils trouveront dans M. de Saint-Evremont tous faits & tous finis. Mais je tiens que communément il est impossible de faire rien de semblable sur les Monumens Historiques que nous avons. La raison est que pour l'ordinaire ces Monumens ne nous rapportent que des faits, sur lesquels un Historien peut bien conclure, par exemple, le courage, ou la prudence, ou la politique d'un Prince ou d'un Géné-

PREFACE.

ral ; mais souvent ils ne nous conduisent en aucune maniére à la connoissance de ces différences délicates qui se rencontrent entre la valeur d'un Capitaine, & la valeur d'un autre Capitaine. Si le bonheur avoit fait gagner au Maréchal de Gassion une ou deux grandes Batailles, & que M. de Saint-Evremont n'eût pas marqué ce qu'il en sçavoit d'ailleurs, on auroit dans cent ans loüé le courage & la conduite du Maréchal de Gassion en général ; mais on n'y auroit jamais mis ni dû mettre ces restrictions.

Ainsi je ne crois point les Ecrivains de nôtre ancienne Histoire fort blâmables en ce point. Ils le sont plus en ce que presque toûjours par affection pour la nation, ils flattent les portraits de nos anciens Rois, & en font encore plus communément de tres-faux des Ennemis de la France. Alaric qui fut tué à la Bataille de Voüillay, selon la pluspart de ces Ecrivains, étoit un Roy méprisable ; mais en effet c'étoit un assez grand Prince. Théodoric Roy d'Italie n'est souvent représenté que comme un Hérétique, que comme un Tyran, qui faisoit mourir injustement les Sénateurs de Rome ; & on ne veut pas croire ce que dit Jornandés de la grande défaite des François par l'Armée de ce Roy auprés d'Arles ; mais toutefois, sans faire tort à Clovis, qui étoit un tres-grand Prince, & à en juger par tout ce que l'Histoire nous fournit sur l'un & sur l'autre, Theodoric ne luy étoit assûrément inférieur en rien.

A quoy bon ces affectations ou ces préjugez dont on s'entête ? La Nation perd-elle de son lustre & de sa gloire, pour avoir eû autrefois des Rois qui avoient de grands défauts, ou qui, tous grands Princes qu'ils étoient, pouvoient avoir des égaux ou des supérieurs en mérite ?

Je finis icy mes réflexions que j'ay peut être même un peu trop poussées. Je l'ay fait pour m'instruire moy-même, plûtôt que pour instruire les autres ; & je n'ay que trop senti la difficulté qu'il y avoit à remplir l'idée que je me suis formée. J'ay tâché au moins de mettre de la clarté, de l'arrangement, & de la précision dans ce que j'ay écrit ; qualitez qui manquent assûrément dans la plûpart de nos Histoires générales.

Au reste, si je n'exprime pas toute cette idée dans mon Ouvrage, même dès le commencement, ce ne sera ny manque de matiére, ainsi que je l'ay dit d'abord, ny faute de secours pour la composition de nôtre Histoire. Nous en avons aujourd'huy de grands qui facilitent beaucoup l'exécution d'une telle entreprise. Si nous manquons de bons Historiens, nous avons de sçavans & d'exacts Compilateurs & d'excellens Critiques. La Compilation de Messieurs Duchesne est un thrésor inestimable pour nôtre ancienne Histoire, aussi-bien que la Bibliothéque des manuscrits du Pere Labbe, & quelques autres dont j'ay tâché de profiter.

Estienne Pasquier, dans ses *Recherches de la France*, a fait beaucoup de réflexions tres-judicieuses sur les Regnes de nos premiers Rois. Les Ouvrages de plusieurs sçavans Religieux de l'Ordre de saint Benoist, en joignant la Critique avec la Compilation, nous instruisent de beaucoup de particularitez, qui ornent & qui assûrent quantité de faits historiques. Tels sont ceux du sçavant Dom Mabillon & de Dom Luc d'Achery ; le premier m'a fourni entre autres choses l'Histoire Anecdote de l'Abbé Vala par Pascase Radbert, où j'ay trouvé avec un grand détail les intrigues & la conspiration des Fils de l'Empereur Loüis le Débonnaire contre ce Prince. Si j'avois découvert beaucoup d'autres semblables piéces, je pourrois dire que nôtre ancienne Histoire ne se liroit pas avec moins d'agrément, que celle des temps les plus connus.

Bollandus & les autres Jésuites d'Anvers qui l'ont aidé, ou qui luy ont succédé dans la continuation de son grand Ouvrage des Vies des Saints, le Pere Sirmond, dans ses Conciles des Gaules, le Pere la Cary, dans son Ouvrage des Colonies Gauloises, sont des sources fécondes d'Epoques pour la premiére & pour la seconde Race de nos Rois. L'Histoire Latine de M. de Valois & sa Notice des Gau-

PREFACE.

les , font des Livres pleins d'érudition defquels on ne fçauroit fe paffer, & qui épargnent beaucoup de travail.

Je ne parle point icy d'une infinité d'Hiftoires particuliéres des Provinces & des Villes, dont plufieurs cependant doivent être lûës avec plus de précaution, que la plûpart des Ouvrages dont je viens de parler.

M. l'Abbé de Louvois, avec la bonté & l'honnêteté que tout le monde luy connoît, m'a fourni les Manufcrits de la Bibliothéque du Roy que je luy ay demandez. J'ay trouvé dans celle de M. le Préfident de Lamoignon , & dans celle de M. Foucault Confeiller d'Etat plufieurs piéces curieufes & originales, qu'ils ont bien voulu me communiquer. M. le Premier Préfident Nicolaï m'a fait la même grace pour les Extraits des Mémoriaux de la Chambre des Comptes de Paris, qu'il a fait faire autrefois en un grand nombre de Volumes, & pour les Originaux mêmes des Mémoriaux, quand j'en ay eû befoin. M. Rouffeau Auditeur des Comptes m'a auffi prêté plufieurs Manufcrits collationnez fur les Originaux. J'ay les mêmes obligations à M. l'Abbé Baluze, qui outre les fecours que j'ay tirez de fa curieufe Bibliothéque , & de fes ouvrages imprimez, m'a fait connoître fon penchant à faire plaifir, en me délivrant quelquefois de la peine de déchiffrer certains Manufcrits tres-difficiles à lire, à quoi il a une facilité merveilleufe par l'ufage de ces fortes de lectures. Je ne dois pas non plus oublier icy M. le Cardinal de Rohan & M. l'Abbé d'Eftrées, qui par leur inclination bienfaifante , & par le plaifir qu'ils prennent à obliger ceux qui travaillent pour le Public, m'ont rendu le maître de leurs Bibliothéques auffi nombreufes que choifies, où j'ay trouvé de quoy enrichir mon Hiftoire , & ont bien voulu encore par d'autres moyens, faciliter mon travail dans divers ouvrages qui y ont du rapport, & qui pourront paroître dans la fuite , fi Dieu me laiffe le temps de les achever.

Il me refte pour mettre fin à cette Préface, d'avertir les Lecteurs de quelques points particuliers qui regardent mon Ouvrage. 1°. Je l'ay conduit jufqu'à la mort de Henry IV. qui arriva en 1610. ainfi cette Hiftoire ne va que douze ans au-delà de celle de Mezeray, qui a fini la fienne à la Paix de Vervins en l'an 1598. Une des raifons qui m'a empêché d'aller plus avant , eft qu'il ne convient guéres, je ne dis pas d'écrire, mais de publier l'Hiftoire de fon temps, ou du temps trop proche du fien. Il eft difficile à un Hiftorien , quand il y a encore des perfonnes vivantes qui peuvent fe trouver intéreffées dans fon Hiftoire, d'obferver le beau précepte que Ciceron luy prefcrit , & qui confifte non-feulement à n'ofer rien dire de faux, mais encore à ofer dire tout ce qu'il fçait de vray , quand ces véritez doivent entrer dans le fujet qu'il traite.

Ne quid falfi dicere audeat, ne quid veri nō audeat. l. 2. de Orat. n. 62.

2°. Je ne vois pas trop fur quoy fondez les Ecrivains de nôtre Hiftoire générale , ont fixé le nombre des Rois de France de la premiére Race à vingt & un. Par exemple, en faifant l'Hiftoire du dernier Regne de cette Race, ils mettent pour titre , *Childeric III. vingt & uniéme Roy*, (en comptant depuis Pharamond) mais les autres Rois qui regnoient en même-temps que ceux qu'ils mettent en ligne de compte , n'étoient-ils pas auffi Rois de France? Ils s'intituloient tous également Rois des François. Le Royaume de Soiffons , le Royaume d'Orléans appellé dans la fuite le Royaume de Bourgogne, n'étoient pas moins dans la France que celuy de Paris.

On dira peut-être que Paris étant la Capitale, celuy qui y regnoit doit être regardé comme feul Roy de France. Mais de quel Etat Paris étoit-il la Ville capitale ? Il l'étoit fans doute de tout l'Empire François du temps de Clovis, parce que ce Prince y faifoit fa réfidence ordinaire: mais aprés que cet Empire fut partagé , il ne l'étoit plus. Il l'étoit feulement du Royaume de Paris, comme Soiffons l'étoit du Royaume de Soiffons, comme Orléans l'étoit du Royaume de Bourgogne , & Metz du Royaume de Metz ou d'Auftrafie.

En fuppofant même ce fondement qui eft faux; fçavoir qu'aprés le partage de l'Empire

PREFACE.

l'Empire François, Paris en étoit toûjours la capitale, les Historiens dont il s'agit ne trouveroient pas encore leur compte : car après la mort de Caribert petit-fils de Clovis, ses trois frères, sçavoir Gontran Roy de Bourgogne, Chilperic Roy de Soissons, & Sigebert Roy d'Austrasie furent tous trois Rois de Paris, dont ils possédérent chacun une partie. Il falloit donc faire l'honneur à tous ces Princes de les compter parmi les Rois de France : il falloit au moins le faire à Gontran, qui après la mort de tous ses frères fut seul maître de Paris.

Il s'ensuit de là qu'il est contre l'Histoire de compter seulement vingt & un Rois de France dans la première Race ; & c'est sans nulle raison, & même contre toute raison qu'on les fixe à ce nombre. C'est comme si dans la Liste des anciens Rois d'Espagne, on ne comptoit que les Rois de Castille, quoiqu'il y eût alors des Rois d'Arragon, des Rois de Navarre, des Rois de Portugal, &c.

3°. La Chronologie de la première Race est en divers endroits fort embroüillée & fort incertaine. Nous avons quelques Ouvrages de Critique qui l'ont fort bien fixée sur plusieurs points, & n'ont apporté sur d'autres que des argumens probables. C'est pourquoy quelquefois sans déterminer précisément l'année sur certains faits, je me contente de mettre à la marge *vers l'an*, &c. n'étant pas convaincu de la certitude des preuves de ceux qui les placent sous une certaine année. Il n'y a nulle Histoire d'aucune Nation, qui dans ces siécles reculez ne soit sujette à cet inconvenient. Quand je me suis écarté de la route ordinaire en cette matière, j'en rends raison dans des Notes Chronologiques, que l'on trouvera à la fin du premier Volume dans le plan que j'ay dressé de la Chronologie de la première Race.

4°. Une Carte Géographique, où la division de l'Empire François entre plusieurs Rois de la première Race auroit été marquée avec les lieux, où les plus considérables événemens se sont passez, les noms que ces lieux, & les divers peuples soumis aux Princes François portoient alors, eût été sans doute fort à propos dans cette Histoire, aussi-bien qu'une Carte de l'Empire de Charlemagne pour la seconde Race. On auroit pû et graver plusieurs médailles de nos anciens Rois, dont il y a un assez grand nombre au Médaillé du Roy, & dont je me suis contenté de rapporter les Légendes & les Inscriptions, quand j'ay eû lieu d'en parler; j'aurois pû l'orner encore de divers monumens antiques, dont je fais mention dans le corps de l'Ouvrage. Mais il a été imprimé dans un temps, où les Libraires avoient quelque droit de demander qu'on leur épargnât la dépense.

5°. Les Vignettes que l'on met à la tête de chaque Volume, & en quelques autres endroits doivent être Historiques, & représenter quelque événement important marqué dans l'Histoire. Il faut y exprimer les personnages conformément aux mœurs du temps & du pays, ensorte que les yeux des Sçavans n'y trouvent rien qui puisse les choquer par cet endroit.

Il seroit à souhaitter que ces sortes d'ornemens fissent connoître par eux-mêmes ce qu'ils représentent : mais il est impossible que le burin soit assez expressif pour produire un tel effet. C'est pourquoy, pour ne rien laisser d'obscur dans cet ouvrage, j'ai crû devoir expliquer à la fin de cette Préface les sujets qui sont traitez dans les Vignettes mêmes, & les raisons des principales choses qu'on y a exprimées.

La première qui est à la tête du premier Volume représente la Bataille de Soissons, où Clovis défit le Général des Romains, & qui fut suivie de ses Conquêtes. J'y ay observé la regle que j'ay marquée, d'exprimer les personnages conformément aux mœurs de leurs temps. Il n'y a rien de singulier à remarquer touchant les Romains. Ils y ont pour armes défensives, le Casque, la Cuirasse, & le Bouclier; pour offensives l'Epée, le Javelot, l'Arc & la Fronde. Mais les François y sont représentez dans un équipage tout différent, & tel que les Auteurs de ces temps-là les représentent. Ils n'ont, disent-ils, ny Cuirasses, ni Bottes, & peu ont des Casques. Ils ont l'Epée le long de la cuisse, & le Bouclier sur le côté gauche. Ils ne se servent ny d'Arcs, ny de Fléches, ny de Frondes, mais de Haches à deux tranchans, dont le manche est court & gros, & de Javelots qui ne sont ny fort longs,

Agathias l. 2.

Procopius l. 2. de Bello Gothico, cap. 25.

PREFACE.

ny fort courts. Ils s'en servent, ou en les tenant à la main, ou en les lançant contre l'Ennemi. Ces Javelots ont au haut vers leurs pointes deux fers recourbez, un de chaque côté. Si l'Ennemi pare le coup, & que le javelot donne dans son Bouclier, il y demeure embarassé, & suspendu par sa pointe & par ses deux crocs; & comme il est assez long & fort pesant, son poids le fait traîner jusqu'à terre; il ne peut être arraché du Bouclier à cause des deux crochets, ny coupé avec le Sabre, parce qu'il est tout couvert de fer, excepté à la poignée. Au moment de cet embarras, le François qui a jetté le Javelot, s'avance en sautant, met le pied sur le bout du Javelot qui touche à terre, & appuyant dessus, oblige l'Ennemi malgré qu'il en ait à pancher son Bouclier, & à se découvrir; c'est alors qu'avec la hache, ou avec un autre Javelot, ou avec l'Epée, dont il le frappe au visage ou à la gorge, il le tuë. Un autre Ecrivain * de ce temps-là, dit que ce mouvement, ou ce saut du François se faisoit avec tant de légéreté, qu'il sembloit arriver à l'Ennemi avant le Javelot même qu'il avoit lancé.

Et in tortas precedere saltibus hastas. Inque hostem venisse prius. Apollinaris sidonius in panegyrico Imper. Majoriani.

On a donc gravé dans la Vignette les François avec ces sortes d'armes: ils y ont, ou plûtôt ils devoient y avoir des habits fort courts & fort serrez, suivant ce qu'en dit l'Ancien Auteur que je viens de citer. * Le Graveur n'a pas été exact sur ce point. On y a donné aux Commandans des Casques, suivant ces paroles d'Agathias, *que peu en portoient*. Or ce peu qui en portoient, étoient sans doute le Prince & les principaux de l'Armée. On a donné aussi des Cuirasses à ceux-cy, conformément à ce que dit Corneille-Tacite * des peuples de la Germanie, & qui confirme ce que disent les Auteurs que j'ay citez.

Strictius assuta vestes procera coercent membra virum. Patet his arctato tegmine poples latus & angustam suspedit Balsheus alvum. Ibid.

Paucis lorica, vix uni cassis aut galea. Cornel. Tacit. lib. de Germania.

On y a représenté les François rasez tout à l'entour de la tête, & n'ayant que des cheveux au sommet liez en aigrette, & retombant sur le devant du front, quand ils se baissoient. Je n'apporterai pas icy les preuves de cette particularité, qui demanderoient trop d'étenduë: mais je les mettrai dans une Dissertation que je prétens faire sur la chévelure de nos Rois de la première Race; & je puis dire par avance, que le fait dont il s'agit, y sera démontré par les témoignages des anciens Auteurs. Clovis y est représenté avec une chévelure flotante sur les épaules: c'étoit la distinction des Princes de la Maison Royale.

Procop. l. 2. de Bello Goth. cap. 25. Agathias. l. 2.

Je ne mets que de l'Infanterie dans l'Armée de Clovis, & il n'y a que ce Prince & peu d'autres qui y paroissent à cheval. Cecy est encore fondé sur les Auteurs contemporains que j'ay déja citez. Les François ont peu de Cavalerie, dit Agathias, & combattent pour la plûpart à pied selon la coûtume de la Nation; coûtume qui étoit tres-ancienne: car Corneille-Tacite avoit dit long-temps avant Agathias, en parlant des Cattes, qui faisoient partie des François, que les forces de cette Nation consistoient dans l'Infanterie: *Omne robur in pedite*.

Cornel. Tacit. in Germania.

La Vignette qu'on a mise au commencement de la seconde Race, représente la Donation que Charlemagne fit au Saint Siége, de l'Exarcat de Ravennes, & de plusieurs autres Territoires & Villes du Royaume des Lombards. Pepin Pére de Charlemagne avoit déja fait une semblable Donation; mais celle-cy fut plus solemnelle, & ne fut plus disputée au Saint Siége, parce que Didier Roy des Lombards avoit été fait prisonnier par Charlemagne.

L'Acte de la Donation, conformément à ce que l'Histoire en raconte, paroît déposé sur un Autel. Charlemagne le présente au Pape Leon III. qui marque par son attitude la reconnoissance avec laquelle il le reçoit.

In Parietinis Lateranensibus.

Le Pape & Charlemagne y sont représentez comme on les voit dans deux Monumens de leur temps rapportés par Alemannus, excepté qu'on n'a pas donné icy le Bonnet Impérial à Charlemagne, parce qu'il n'étoit pas encore alors Empereur. Mais on le represente avec une Couronne semblable à celle que son petit-fils Charles le Chauve porte dans un autre Monument de ces temps-là.

Ibid.

Le Pape paroît dans la Vignette, comme dans les deux Monumens, revêtu d'une longue tunique qui descendoit jusqu'aux piéds, & par-dessus d'une éspéce de Manteau, dont il est enveloppé, & puis d'une Etole marquée de croix, qui est

PRÉFACE.

ce qu'on appelle le *Pallium*. Il a la tête rafée de la même manière que la plûpart des Religieux l'ont aujourd'huy, n'ayant qu'une couronne de cheveux tout à l'entour. Il a la tête nuë, parce qu'alors on ne fe fervoit ni de Mître, ny de Thiare. Il a pour cortége des Prêtres revêtus d'une Aube, & fur l'Aube d'une Tunique, & fur la Tunique d'une Chafuble, qui ne couvroit pas feulement les épaules comme celles de ce temps, mais qui defcendoit tout le long des bras & au-delà des mains, & que le Prêtre étoit obligé de replier pour les avoir libres. Ils ont fur la Chafuble une Etole qui defcend prefqu'auffi bas que l'Aube. Cet habillement eft réprefenté dans une Eftampe de Charles le Chauve, que M. Baluze a fait graver dans fes Capitulaires, & dont l'Original eft dans la Bibliothéque de M. Colbert. Les autres Clercs n'ont que l'Aube; ces Clercs auffi-bien que les Prêtres ont la tête rafée de la même manière que le Pape, & felon l'ufage de ce temps-là.

Charlemagne a le Paludament attaché fur l'épaule droite. C'étoit l'habit de guerre des anciens Empereurs & Généraux Romains, & auquel fuccéda la Cottre-d'armes. Il a par-deffous une Tunique qui eft retrouffée jufqu'au deffus des genoux, & foûtenuë par une ceinture. Cette Tunique étoit l'habillement ordinaire, mais qu'on retrouffoit quand on marchoit en campagne, foit à cheval, foit à pied. Ses Gardes font habillez à peu prés de même; & on a tiré la figure de ceux-cy de l'autre Monument dont j'ay parlé, & qui repréfente Charles le Chauve affis dans fon Thrône.

L'Etendart qu'on porte derriére Charlemagne, eft l'Etendart de Rome, avec lequel il eft repréfenté dans les anciens Monumens. Les Papes felon nos Hiftoires luy envoyérent cet Etendart, & le faifoient porter devant luy dans les diverfes Entrées qu'il fit à Rome: c'étoit la marque de fa dignité de Patrice, & de l'autorité qu'il avoit dans la Ville.

La troifiéme Vignette eft à la tête de la troifiéme Race. Hugues Capet y eft repréfenté dans fon Thrône recevant l'hommage d'un de fes grands Vaffaux avec les Cérémonies dont nos Rois le reçoivent encore aujourd'huy, par exemple du Duc de Lorraine pour le Duché de Bar; la figure du Thrône & l'habillement du Prince font auffi tirez des anciens Monumens. Le Feudataire eft à genoux, ayant les mains jointes entre les mains du Roy, & étant fans éperons, fans ceinture, & fans chaperon. J'ay choifi ce deffein, perfuadé, fuivant la penfée de quelques Jurifconfultes, que le Droit féodal prit alors fa derniére forme, & qu'on doit fixer l'origine des Fiefs proprement dits, au temps de l'élévation de Hugues Capet fur le Thrône de France.

La preuve d'un fait de cette nature me méneroit trop loin. Je ferai feulement une réfléxion: c'eft qu'en lifant la fuite de l'Hiftoire, on ne peut douter qu'il n'y ait eû entre Hugues Capet & les Seigneurs François qui le mirent fur le Thrône, un Traité folemnel par lequel il les confirma tous dans les ufurpations, qu'eux ou leurs péres avoient faites de leurs Duchez, de leurs Comtez, & de certaines autres Terres que les Princes ne donnoient dans les premiers temps tout au plus qu'à vie, & que les poffeffeurs avoient depuis tranfmis à leurs defcendans. Hugues Capet confentit d'une manière authentique qu'ils paffaffent à la poftérité des poffeffeurs fous certaines conditions, & ceux-cy par l'Autorité Royale, d'ufurpateurs qu'ils étoient, devinrent maîtres légitimes de ces Domaines. Or ces certaines conditions ne purent être que les Loix du Droit féodal.

Plufieurs de ces Loix étoient déja en ufage long-temps auparavant: comme l'Hommage, le Serment de Fidélité du Vaffal, en tenant les mains jointes entre celles du Souverain, l'obligation du Service, & quelques autres. On y ajoûta apparemment alors, qu'au changement du Souverain, le Vaffal feroit un nouvel hommage, & que pareillement le nouveau Vaffal qui fuccéderoit à l'ancien, feroit hommage au Souverain; que le Vaffal n'entreroit en poffeffion de fon Fief qu'aprés l'hommage; que les Fiefs feroient confifquez au Souverain en cas de Félonie, &

PREFACE.

qu'ils feroient réünis à la Couronne au défaut d'Hoirs. On régla les Cérémonies avec lesquelles l'Hommage se rendroit. En un mot, s'il y a eû un temps auquel le Droit Féodal ait pris sa forme, comme il y en a eû sans doute, on n'en peut marquer aucun, où l'on puisse conjecturer plus vrai-semblablement qu'il l'ait prise, que dans la conjoncture de l'élévation de Hugues Capet sur le Thrône.

Les grands Feudataires s'étant soûmis à ces Loix à l'égard du Souverain, ils les imposérent aussi à leurs propres Vassaux, par rapport à eux-mêmes; & ainsi ce Droit fut uniforme par toute la France dans les points essentiels. On voit que vers ce temps-là les Seigneurs particuliers commencérent à se surnommer de leurs Terres, comme les Ducs & les Comtes faisoient depuis long-temps de leurs Duchez & de leurs Comtez. Cet usage suppose quelque changement en cette matiére, & quelque concession du Prince; & il me paroît fort vrai-semblable qu'en se soûmettant aux Loix du Droit Féodal, ces Seigneurs obtinrent la permission de prendre le nom de leurs Terres, comme pour marquer que le Prince leur en avoit confirmé la propriété par une nouvelle Investiture qui attachoit à perpetuité ces Terres à leurs Familles. J'ay été affermi dans cette pensée par la lecture de l'Histoire manuscrite de Touraine de feu M. Carreau tres-sçavant homme, qui cite divers Titres du commencement de la troisiéme Race, où les Seigneurs marquoient expressément qu'ils avoient été faits Propriétaires de telle & telle Terre, *indominicati*, terme opposé dans l'ancien Droit à celuy de *beneficiati*, que prenoient ceux qui n'avoient leurs Terres qu'à titre de Bénéfice : ils marquoient qu'ils les avoient par droit de succession „*jure hæreditario*, ce qui fait allusion à la remarque que je viens de faire.

C'est par ces raisons, que parmi les autres marques qui font connoître la Cérémonie dont il s'agit, j'ay mis le Code Féodal où étoient les Réglemens, qui sont venus jusqu'à nous par tradition, & le Cérémonial que l'on suivoit à la prestation du Serment, & à la Cérémonie de l'Hommage. Dans le Grouppe des Seigneurs Feudataires, qui occupent un côté de la Vignette, on voit des Prélats & des Abbez, parce qu'il y avoit plusieurs gens d'Eglise qui tenoient des Fiefs, & des Fiefs considérables du Souverain.

La quatriéme Vignette par où commence le second Volume de cette Histoire représente un des beaux endroits de la Vie de saint Loüis, dont le Regne est à l'entrée de ce second Volume. C'est le jugement arbitral que ce grand Prince rendit à Amiens sur les différends qui étoient entre Henry III. Roy d'Angleterre d'une part, & ses Barons de l'autre; aprés que les deux Partis également persuadez de l'équité de ce saint Prince, l'eurent choisi l'un & l'autre pour Juge par un compromis.

La cinquiéme & derniére Vignette, qui est au commencement du troisiéme Volume, & du Regne de François I. représente la Bataille de Marignan, la premiére & la plus belle action du Regne de ce Prince. Il y paroît à la tête de ses Troupes la Pique à la main, parce qu'effectivement ses Lansquenets ayant été poussez par les Suisses, qui s'emparérent de quatre piéces d'artillerie, & son avant-garde courant risque d'être défaite, il se mit à pied, prit la Pique d'un Soldat, s'avança au premier rang, & anima si-bien par son exemple ceux qui le suivoient, qu'il reprit son canon, & repoussa les Suisses hors du retranchement qu'ils avoient franchi.

Les Suisses y sont représentez avec les Clefs du Saint Siége sur leurs habits; parce que le Cardinal de Sion, le plus grand Ennemi que les François ayent jamais eû, leur avoit fait prendre ce symbole, en les flattant du Titre de Protecteurs du Saint Siége.

Plaise à Dieu que cet Ouvrage, dont la matiére est si intéressante, soit aussi tel pour la forme, qu'il puisse occuper utilement une infinité de jeunes gens, & les détourner de la lecture de tant de mauvais Livres que nôtre siécle a produits au préjudice de la Religion & des bonnes Mœurs. C'est la grace que j'ay souvent demandée à Dieu, en composant cette Histoire.

PRÉFACE HISTORIQUE
SUR
L'HISTOIRE DE FRANCE.

ES PARADOXES en matiére d'Histoire ne furent jamais de mon goût : mais je crois que l'on peut proposer les nouvelles pensées qui viennent quelquefois en méditant sur les anciens Auteurs, quand on les trouve bien appuyées. Celles que je vais exposer dans cette Préface Historique, me paroissent être telles, & mériter quelque attention. Je la partage en trois Articles ; dans le premier, je traiterai de la fondation de la Monarchie Françoise dans les Gaules. C'est un préliminaire essentiel à mon Histoire : car comme je prétens, contre le sentiment de tous nos Historiens, que c'est Clovis qui a fondé l'Empire François en deçà du Rhin, & qui y a établi & fixé la Nation, & que tous ses Prédécesseurs jusqu'à luy avoient toûjours été chassez des Gaules par les Romains, je ne puis me dispenser de rendre compte des raisons qui m'ont déterminé à m'écarter de la route ordinaire sur ce point, & à commencer l'Histoire de France par Clovis.

Dans le second Article j'examinerai un autre fait qui a précédé la fondation de la Monarchie dans les Gaules, supposé qu'il fût véritable, & que tous nos Historiens ont regardé comme tel. C'est la déposition du Roy Childéric pére de Clovis, & l'Election du Comte Giles Général de l'armée Romaine, pour être mis sur le Thrône par les François. J'espére montrer que cet épisode qu'on a inseré dans nôtre Histoire, est une pure fable.

Enfin dans le troisième Article, je proposerai une question importante, sçavoir si l'Empire François, dès qu'il fut établi dans les Gaules, fut un état héréditaire, & non électif. Je montrerai qu'il fut héréditaire & non électif sous la premiere race ; qu'il y eût du changement à cet égard sous la seconde ; mais qu'il redevint héréditaire sous la troisiéme, & que par conséquent ce droit de succession, dont les descendans de Hugues Capet joüissent depuis près de huit siécles, est aussi ancien que l'établissement de la Monarchie dans les Gaules.

ARTICLE PREMIER.
Du Fondateur de la Monarchie Françoise dans les Gaules.

Pour entrer d'abord en matière, j'appelle Fondateur de la Monarchie Françoise dans les Gaules, celui de nos Rois qui s'y est fait un Etat, qui n'en a point été chassé par les Romains, mais qui s'y est maintenu en possession de ses conquêtes, & les a laissées comme un héritage à sa postérité. Peu de nos Historiens ont attribué cette gloire à Pharamond. Nul de ceux qui ont écrit quelques siécles après Grégoire de Tours & Frédégaire, n'hésite à en faire honneur à Clodion son successeur. Tous parlent ensuite de Mérovée & de Childéric, comme de deux Princes déja établis dans les Gaules, qui n'ont fait qu'étendre les limites du Roïaume de France ; & nos Modernes les ont suivis aveuglément. Je crois pouvoir montrer que nul de ces Rois avant Clovis, n'est demeuré en possession d'aucune partie de ce qu'on appelle aujourd'hui le Royaume de France, & que Clovis a été non seulement le premier Roy Chrétien des François, mais encore le premier Roy des François dans les Gaules. C'est ce que j'espére rendre au moins très-vrai-semblable par les plus justes régles de la critique, à ceux qui liront sans prévention ce que je vais dire sur ce sujet.

J'établis ma proposition, premièrement sur le silence des Auteurs ou contemporains, ou presque contemporains, touchant l'établissement de ce nouvel état dans les Gaules avant Clovis. En second lieu, sur plusieurs témoignages de ces mêmes Auteurs, qui supposent mani-

Tome I. a

PREFACE HISTORIQUE.

festement le contraire de ce qui est devenu insensiblement le sentiment universel que je prétends combattre: & enfin sur la qualité des Ecrivains, qui dans les siécles suivans ont publié un fait de cette importance, dont on n'avoit point parlé avant eux.

Le silence des anciens Auteurs.

Ni Prosper, ni l'Evêque Idace, ni Apollinaire, ni Procope, ni Grégoire de Tours, ni Frédegaire, ni Marius de Lausane, ni aucun autre ancien n'ont fait mention d'un nouvel Etat fondé dans les Gaules par Pharamond, ou par Clodion, ou par Mérovée, ou par Childéric. Un Argument négatif de cette nature, qui consiste en une induction aussi étenduë que celle-ci, est d'une grande force en matière d'Histoire, quand on n'y peut opposer que l'autorité de quelques Ecrivains qui ont écrit trois ou quatre cens ans après le tems dont il s'agit, & dont la seule lecture persuade ceux qui les lisent, qu'ils ont parlé là-dessus sans discernement & sans nul égard à la vérité. Cette derniere-circonstance se prouvera en son lieu. Le reste de la proposition demeurera constant, tandis qu'on ne produira rien qui le détruise; de quoi je pense être sûr. Mais les reflexions que je vais faire sur la nature du fait dont il est question, doivent, ce me semble, faire une grande impression sur tout esprit libre de préjugé.

* Pharamond, Clodion, Mérovée, Childéric.

Car de quoy s'agit-il icy ? Il s'agit d'un Royaume qui s'étendoit depuis le Rhin jusqu'à la riviére de Somme au moins; (car il y en a qui l'étendent jusqu'à la Seine, & d'autres jusqu'à la Loire) d'un Etat gouverné successivement pendant plus de soixante ans par quatre Princes * qui étoient tous des Heros, qui avoient de nombreuses & de formidables armées, qui faisoient des siéges, prenoient des Villes considérables, gagnoient des batailles, qui étoient la terreur des Romains, à qui ils avoient enlevé tout ce grand Païs. Or qu'un démembrement de l'Empire, tel que celui-là ne soit point marqué dans l'Histoire de l'Empire, en tant d'autres, & de beaucoup moins considérables le sont en cent endroits: que les Auteurs de diverses nations, qui ont fait l'Histoire ou les Chroniques de ces soixante ans, n'ayent jamais parlé de ce nouvel Etat naissant ou se fortifiant au milieu des Terres de l'Empire, cela est hors du vrai-semblable.

D'abord que les Visigots se sont fixez au-delà de la Loire, & les Bourguignons dans les Villes du Rhosne & de la Saone, tous les Ecrivains contemporains tant Romains que Gaulois font en mille rencontres mention du Royaume des Visigots, & du Royaume de Bourgogne dans les Gaules: on n'oublie pas celuy des Suéves dans un coin de l'Espagne; & il n'est parlé nulle part de celuy des François en deçà du Rhin jusqu'au temps de Clovis. On raconte en plusieurs endroits leurs courses dans les Gaules ; mais on ne dit rien de leur établissement avant le Régne de ce Prince. Peut-on faire cette réflexion sans se convaincre que cet Etat dont on ne parloit point, n'étoit point encore ? & que s'il eût été sous des Rois du caractére dont on nous dépeint Clodion, Mérovée & Childéric, assurément il en eût été souvent fait mention pendant l'espace de plus de cinquante ans qu'il auroit duré sous leur gouvernement.

Si-tôt que Clovis est entré dans les Gaules, on le voit allié par des mariages, par des Traitez de ligue, tantôt avec les Bourguignons, tantôt avec les Gots : ces Traitez sont marquez dans les Histoires de ces nations, dans les Ecrivains de l'Empire, & dans les Ecrivains Gaulois ; & on n'y en verra pas un seul fait avec Pharamond, avec Clodion, avec Mérovée, avec Childéric : que cela veut-il dire?

Le fameux Sidoine Apollinaire dans une infinité de Lettres & de Piéces de vers que nous avons de luy, touche tous les plus considérables événemens de son temps : il y parle des affaires & des Guerres des Gots & des Bourguignons établis dès-lors dans les Gaules, de leurs Rois, de leurs combats ; il nous marque les excursions que les François faisoient de temps en temps en passant le Rhin, les represailles des Romains sur eux au-delà de cette riviére, & il ne nous dit pas un seul mot de ce prétendu Royaume, qui étoit déja si étendu, & si florissant, si nous en croyons nos Historiens des siécles suivans. Ce brave Mérovée qui assiégea & prit Paris, & fit tant d'autres Conquêtes, qui fut l'amour & l'admiration de ses peuples, a été le seul sur lequel Apollinaire n'ait pas daigné faire un vers, ni dire une seule parole. Nul Capitaine Romain ou Gaulois ne s'est signalé, ou en le battant, ou du moins en luy résistant, & n'a donné à ce Poëte qui écrivoit sur toutes sortes de sujets & à toutes les Personnes distinguées de son temps, nulle occasion de faire la moindre allusion aux Victoires ni aux déroutes de ce Prince, ni à ce nouvel Etat placé dans une des plus belles parties des Gaules. Mais allons par degrez, & de cet argument négatif que je viens de déduire, passons à un autre qui a quelque chose de plus.

Argument tiré de la Chronique de Prosper.

Prosper nous marque dans sa Chronique le Pays où Pharamond, Clodion & Mérovée régnerent, & il le marque d'une maniere à lever tout scrupule à quiconque ne veut pas chicaner dans une matiére telle qu'est celle que nous traitons. La vingt-sixiéme année d'Honorius, dit-il, Pharamond régne dans la France ; *Pharamondus regnat in Franciâ.*

La cinquiéme année du jeune Théodose, Clodion régne dans la France ; *Clodius regnat in Franciâ.*

La vingt-cinquiéme année du même Empereur, Mérovée régne dans la France ; *Meroveus regnat in Franciâ.*

Pour peu qu'on ait d'usage des Auteurs Latins qui ont écrit depuis que les François ont été connus des Romains, on sçait que le nom de *Francia* ne se donnoit pas au Pays qui le porte aujourd'huy, mais à celuy que les François habitoient le long des bords du Rhin de l'autre côté de ce fleuve. Il n'est pas besoin de raisonner pour le prouver, & on le peut voir à l'œil dans ce qu'on appelle les *Tables Peutingeriennes* imprimées à Ausbourg, au commencement du siécle précédent,

PREFACE HISTORIQUE.

par les soins du sçavant Monsieur Velser. Ce sont des espéces de Cartes Geographiques, où les chemins d'une Ville ou d'une Colonie à une autre, sont marquez depuis nôtre Océan, jusqu'aux Indes. Elles ont été faites, selon quelques-uns, dès le temps d'Ammien Marcellin, c'est-à-dire, sous l'Empire de Constance, ou de Valens; & selon d'autres, du temps de Théodose le jeune. On voit dans ces Cartes le bord du Rhin au-delà depuis son embouchure en remontant, inscrit de ce nom, *Francia*. Or je demande, si, supposé que Pharamond, Clodion ou Mérovée se fussent fait un Royaume dans les Gaules, où leur Capitale eût été ou Cambray, ou Amiens, si, dis-je, Prosper n'en eût pas parlé autrement, s'il n'eût pas plûtôt marqué qu'ils régnoient dans cette partie des Gaules, où leurs Successeurs ont régné depuis, & où eux-mêmes avoient, selon les Histoires des anciens Moines, choisi le siége de leur Empire, méprisant les Bourgades palissadées de leur France, en comparaison des Villes murées & fortifiées, dont ils s'étoient saisis dans les Gaules. Je ne sçay si je me flâte; mais cette preuve me paroit bien forte.

Mais examinons ce que les anciens Auteurs ont écrit en particulier de ces premiers Rois des François, & sur tout de Clodion, de Mérovée & de Childeric. Car pour ce qui est de Pharamond, il y en a très-peu, ainsi que je l'ay dit, qui luy fassent honneur de la fondation de la Monarchie dans les Gaules. Je vais d'abord me proposer en maniere d'objection, ce qui se dit là-dessus en faveur de Clodion; & on jugera si mes réponses ne sont pas de nouvelles preuves de mon sentiment.

Voicy donc l'objection que l'on peut faire. Le Roy Clodion, selon Grégoire de Tours qui l'appelle *Clogion*, s'empara de Cambray & du Pays d'alentour, jusqu'à la riviere de Somme. *Clogio autem missis exploratoribus ad Urbem Cameracum, perlustrata omnia ipse secutus, Romanos proterit, civitatem apprehendit, in quâ paucum tempus residens usque Sumnam fluvium occupavit.* J'ajoûte pour fortifier cette objection, que plusieurs Auteurs contemporains font mention, aussi-bien que Grégoire de Tours, de cette expédition; & entr'autres l'Evêque d'Auvergne Apollinaire, dans le Panégyrique de l'Empereur Majorien, auquel il parle de la sorte,

Arguments positifs.
L. 2. c. 9.

*Pugnastis pariter; Francus qua Cloio patentes
Atrebatum campos pervaserat.*

Prosper, * Cassiodore, * l'Evêque Idace * s'accordent sur ce point avec Grégoire de Tours & Apollinaire. Mais tous ajoûtent ce que Grégoire de Tours n'a pas ajoûté, qu'Aëtius Général de l'Armée Romaine, sous lequel Majorien servoit alors, défit Clodion, & reprit sur luy tout ce qu'il avoit enlevé à l'Empire Romain en deçà du Rhin. *Pars Galliarum*, dit Prosper, *propinqua Rheno quàm Franci possidendam occupaverant, Aëtii Comitis armis recepta.* Cassiodore en dit autant dans sa Chronique.

* In Chronico.
* In Chronico.
* In Chronico.

Aëtius remporta cette Victoire sous le Consulat de Felix & de Taurus, c'est-à-dire, l'an de nôtre Seigneur 428. & le premier du régne de Clodion. De sorte que ce Prince commença son régne par cette conquête; mais à peine la garda-t-il quelques mois.

L'Evêque Idace dit de plus, qu'Aëtius après avoir défait les François, leur accorda la Paix. *Superatis per Aëtium in certamine Francis, & in pace susceptis.*

* In Chronico.

Sçavoir maintenant si Apollinaire, Idace & Prosper parlent de la même expedition ou de plusieurs différentes, cela m'importe peu; puisque, quelque parti que l'on prenne sur ce point de Critique, on voit toûjours Clodion battu, chassé, demandant la Paix.

Surquoy donc pretend-t-on que Clodion se fit un Etat dans les Gaules. L'unique fondement de tous nos Historiens François a été ce qu'en a dit Grégoire de Tours, que ce Roy s'étoit rendu maître de Cambray & des Pays d'alentour. Il ne dit pas qu'il y soit demeuré; & les Auteurs contemporains disent expressément qu'il en a été chassé. Sur cela seul cependant, Adon plus de quatre cens ans après Prosper, & près de trois cens ans après Grégoire de Tours, fait Cambray la Capitale du Royaume de Clodion. Le Moine Roricon, que la seule lecture de son Histoire pleine de fables & de chimeres, & son stile même doivent faire regarder comme un homme tout à fait frivole, a jugé à propos de luy tenir sa Cour à Amiens. Mais Marianus Scotus Moine de l'Abbaye de Fulde en Allemagne, parlant de Clodion plus de six siécles après sa mort, est encore bien plus libéral envers luy; car il soûmet à son Empire une partie de ce que nous appellons aujourd'huy la Hollande, & toutes les belles & fertiles Provinces qui s'étendent depuis là jusqu'à la riviere de Loire, dont il luy donne les bords pour limites de son Royaume.
* La plûpart de nos Historiens modernes, par impatience de voir un Monarque François régner en-deçà du Rhin, ont donné, les uns plus, les autres moins dans ces contes, & n'ont pas hésité à reconnoître Clodion pour le Fondateur de la Monarchie Françoise dans les Gaules; on voit avec quel fondement. Passons à Mérovée.

* Cien se voit dans Marianus imprimé mais M. de Valois, dans les Additions au troisiéme Tome de l'Histoire de France, dit qu'Isace Vessius avoit un ancien manuscrit de cet Auteur, où il n'est nullement parlé des Victoires de Clodion.

Je dis encore que Mérovée n'a point régné en-deçà du Rhin. Nul Auteur n'a parlé de son entrée dans les Gaules pour s'y établir; & tout ce que nos Historiens François ont dit de luy à cet égard, suppose leur faux systême de l'établissement de Clodion.

Si Mérovée avoit régné en-deçà du Rhin, & que son Royaume eût eu pour bornes ou la Loire, ou la Seine, ou la Somme, Grégoire de Tours n'auroit-il pas été mieux instruit sur son chapitre qu'il ne l'étoit? Car parlant de luy, il ne dit que ce seul mot. Quelques-uns disent qu'il étoit de la Famille de Clodion: *De hujus stirpe quidam Meroveum Regem fuisse asserunt.* La plûpart prétendent qu'il étoit à la tête des François dans l'Armée d'Aëtius, à la fameuse & sanglante bataille que ce Général Romain, alors confederé avec les Gots & les autres Barbares, gagna sur

Tome I.
a ij

Attilla. Il y avoit sans doute à ce combat un Roy François. Grégoire de Tours le dit expressément. * Priscus, surnommé le Rhéteur, * raconte qu'une des raisons qui déterminérent Attila
à tourner ses Armes du côté de l'Occident, fut la mort du Roy des François, dont deux fils se
disputoient l'un à l'autre la possession du Royaume de leur pére; que l'aîné avoit appellé Attila
à son secours, & que le cadet s'étoit mis sous la protection des Romains; que luy-même l'avoit
vû à Rome, d'où l'Empereur avoit renvoyé ce jeune Prince comblé de présens & d'honneurs,
& qu'Aëtius l'avoit même adopté. Cette relation ne nommant ni l'un ni l'autre de ces deux Princes, doit nous empêcher de décider, comme font presque tous nos Historiens, ce qu'on ne peut
pas sçavoir d'ailleurs, si c'étoit Mérovée qui étoit dans l'Armée d'Aëtius, ou son frere qui luy
disputoit le Royaume; ou si peut-être Mérovée ne fut pas un troisième concurrent qui enleva
la Couronne aux deux fils de Clodion: car plusieurs anciens ont écrit que Mérovée n'étoit pas
fils de Clodion. Il paroît assez vrai-semblable qu'il fut la souche de cette nouvelle Lignée de
Rois, que nous appellons les Rois de la première Race, & que ce fut pour cela même qu'elle
fut appellée la Race Mérovingienne.

* L. 2. c. 7.
Histor. Byzantin.

Quoyqu'il en soit (car de quelque maniere que ce point se décide, le sujet que je traite en est
fort indépendant) Sidoine Apollinaire ne fait point venir de delà la Loire, ou de delà la Seine,
ou de delà la Somme, ni de Cambray, ni de la Gaule Belgique, les François qui se trouvérent à la
bataille d'Aëtius & d'Attila; mais il les fait venir de delà le Rhin. Ce n'est point dans la Forest
d'Ardennes, ou les François abattent des arbres pour faire des bâteaux à passer l'Escaut, ou la
Meuse, ou la Somme, c'est dans la Forest Hercynie qu'on les coupe, & au-delà du Rhin qu'on
fait les Vaisseaux, afin de passer ce Fleuve.

In Panegyrico
Aviti.
* Al. Vicer.

*Bructerus, Ulnosa, quem vel * Nicer abluit unda,*
Prorumpit Francus: cecidit cito secta Bipenni
Hercynia in Lintres, & Rhenum texuit alno.

Je demande ce que cela veut dire, & si ce que dit ici Apollinaire, suppose que les François
étoient établis dans les Gaules?

Le même Auteur, dans le même Panégyrique de l'Empereur Avitus, parle des courses que
les François & les Allemans, sous l'Empire de Maxime; & après la mort d'Aëtius, faisoient dans
la première Germanie, c'est-à-dire, vers Mayence, Spire, Wormes, Strasbourg; & dans la seconde Belgique, c'est-à-dire, vers Arras, Cambray, Tournay: & par cela même il nous fait entendre clairement que les François n'étoient encore maîtres ni de l'une ni de l'autre, & qu'ils passoient le Rhin pour faire leurs excursions dans ces frontiéres de l'Empire Romain; Voici comme
il s'exprime.

Francus Germanum primùm, Belgamque secundum
Sternebat; Rhenumque ferox Alemanne bibebas
Romanis ripis.

Ensuite il décrit, comme Avitus ayant le commandement de l'Armée de l'Empire, les repoussa au-delà du Rhin, jusqu'à la riviere d'Elbe, & les obligea d'envoyer des Ambassadeurs
pour demander la Paix.

Legas, qui veniam poscant Alemanne, furoris
Saxonis incursus cessat, Chattumque palustri
Alligat albis aqua.

Par ce mot de *Chattum*, il signifie les François dont les Cattes faisoient partie.

Selon cet Auteur qui nous fournit le plus de lumieres en cette matiére, le Vahal qui est un bras
du Rhin, & qui séparoit du Pays des Belges, l'Isle des Bataves nommée aujourd'huy l'Isle de Bétau,
étoit alors la frontiére de l'Empire & des Sicambres, c'est-à-dire, des François qui s'y étoient
postez. C'est ce qu'il exprime dans une Requête en vers qu'il présenta à l'Empereur Majorien.

Sic ripa duplicis tumore fracto
Detonsus Vahalim bibat Sicamber.

* In carmine
ad Consentium
Narbonensem.

Et dans une autre Piéce de vers écrite à un de ses amis, qu'il loüe entre autres choses, de sçavoir beaucoup de langues, & de l'estime que les Barbares mêmes avoient pour luy; de sorte,
luy dit-il, que par le respect qu'ils ont pour vôtre vertu, vous pourriez aller impunément & sans
crainte, très-avant dans leur Pays; dans cet endroit, dis-je, il nous marque où étoient encore
alors placez les François, & sur quels Fleuves ils demeuroient.

* Al. Vicrum, le
Vect. le Vahal, le
Veter. l'Elbe.

*Tu Tuncrum * & Vahalim, Visurgin, Albim,*
Francorum & penitissimas paludes
Intrares venerantibus Sicambris
Solis moribus inter arma tutus.

Tout cela regarde le temps de Mérovée. Il ne me reste plus qu'à parler de Childério.

Supposé que ce qu'on nous raconte de Childéric fils de Mérovée, & pére de Clovis soit véritable, ce fut un homme à grandes aventures, s'il en fut jamais. Etant encore enfant il fut enlevé par les Huns, & sauvé par un brave François nommé Viomade, des mains de ceux qui l'emmenoient en captivité. A peine fut-il monté sur le Thrône après la mort de son pére, qu'il en
fut renversé par ceux que ses grandes qualitez d'esprit & de corps luy avoient le plus étroitement attachez. Infiniment bien fait de sa Personne, & d'un cœur un peu trop tendre, il prenoit de l'amour aussi aisément qu'il en donnoit. Les principaux de la nation autant sensibles à

Greg. Turon.
l. 2.

PREFACE HISTORIQUE.

l'outrage, que leurs femmes l'avoient été à ses attraits & à ses poursuites, conspirérent contre luy; & il fallut céder à leur fureur. Il se retira chez Basin Roy de Turinge, où il ne devint bien-tôt que trop agréable à la Reine Basine. Les François élevérent sur le Thrône à sa place le Comte Giles Gouverneur des Gaules & Général des Armées de l'Empire. Ce choix bizarre fut un effet de l'adresse & de la politique de Viomade toûjours fidéle à Childéric, quoyque pour n'être pas suspect, il blamât hautement ses excez. Il prévoyoit ce qui arriva, que les François ne pourroient pas s'accommoder long-temps d'un Maître Romain: & il sçut si bien profiter du crédit qu'il s'étoit acquis sur l'esprit de ce nouveau Roy, qu'il l'engagea sans qu'il s'en apperçût, à se rendre insupportable aux François, par les tributs dont il les chargeoit, & par les mauvais traitemens qu'il leur faisoit; de maniere qu'ils commencérent à souhaiter leur ancien Prince & à le redemander.

Viomade ayant ainsi disposé toutes choses, envoya à Childéric la moitié d'une piéce d'or qu'ils avoient rompuë en deux, & dont ils avoient gardé chacun une moitié. C'étoit le signal dont ils étoient convenus, & qui faisoit connoître au Prince exilé qu'il étoit temps de paroître, & de se montrer à ses Sujets. Si-tôt qu'on le sçût sur les frontiéres, on alla en foule au-devant de luy; & en moins de rien il se trouva à la tête d'une Armée nombreuse qu'il mena contre le Comte Giles, qui s'avançoit pour dissiper ce commencement de sédition. Childéric le chargea si à propos & avec tant de vigueur, qu'il le défit entiérement, & se remit par cette seule Victoire en possession du Royaume, d'où il avoit été chassé huit ans auparavant.

La Reine de Turinge n'eût pas plûtôt appris l'heureux succez de ses affaires, que comme une nouvelle Héléne, elle quitta son mari pour suivre la fortune de son Amant, & le vint trouver en France. Childéric à qui des soins plus importans avoient fait oublier ses anciens attachemens, fut fort surpris de la voir arriver, & luy demanda ce qui l'amenoit. Elle ne luy répondit point autre chose, sinon que si elle connoissoit un plus grand Héros & un plus galand homme que luy, elle l'iroit chercher au bout du monde. Il n'en fallut pas davantage pour réveiller ses premiers feux, & pour le déterminer à l'épouser, comme il fit, apparemment sans trop consulter le Roy de Turinge, dont l'Histoire ne marque pas le ressentiment: & ce fut de ce mariage que nâquit le grand Clovis.

Cependant Childéric, pour tenir toûjours les François en haleine, pour se venger du Comte Giles, & pour luy ôter toute espérance de remonter sur le Thrône, qu'il avoit si long-temps possédé, pénétra bien avant dans les Gaules avec de nombreuses Troupes, & poussa, en les ravageant, jusqu'à la riviere de Loire. Il défit d'autres Barbares auprès d'Orleans, d'où il partit aussi-tôt pour venir attaquer Angers, qu'il prit & pilla. Ensuite s'étant joint avec Odoacre, qui commandoit une Armée de Saxons, ils firent la Guerre aux Allemans, qui s'étoient jettez sur un partie de l'Italie, & ils se rendirent maîtres de leur Pays. Après toutes ces expéditions Childéric mourut la vingt-quatriéme année de son régne, vers l'an 481.

An. 481.

C'est-là à peu près ce que raconte de ce Prince le premier de nos Historiens. Il fut enterré auprès de Tournay en un lieu qui est maintenant renfermé dans la Ville, où l'on trouva son tombeau l'an 1653. Voyons maintenant si de la narration de Grégoire de Tours, on peut conclure que Childéric ait régné en-deçà du Rhin.

Greg. Turon, l. 2.

En le voyant s'avancer jusqu'à Orleans & à Angers, il seroit assez naturel de croire que son Royaume étoit en-deçà du Rhin, si on en jugeoit de la manière dont on fait aujourd'huy la Guerre. Mais ce n'est pas sur ce pied qu'il faut juger des expéditions des François de ce temps-là, non plus que de celles des autres Barbares. Sans parler des Huns, des Alains, des Vandales, des Gépides, & des autres, dont les Armées innombrables ont parcouru une grande partie de l'Europe, il n'étoit point extraordinaire aux Peuples de la Germanie de faire des excursions à deux & trois cens lieuës de leur Pays; & l'Histoire Romaine nous apprend en plus d'un endroit, que les François forçant les passages du Rhin, se répandoient quelquefois jusqu'aux extrémitez des Gaules. On les avoit vûs sous l'Empire de Gallien aller porter la désolation jusqu'en Espagne: & telle fut l'expédition de Childéric, quand il alla jusqu'à Angers.

Aurel. Victor, &c.

Cet Odoacre Roy ou Duc des Saxons, que Gregoire de Tours dit s'être rencontré en même-temps que Childéric, à Orleans, & à Angers, n'est-il pas une preuve de ce que je dis? Avoit-il son Royaume en-deçà du Rhin? N'étoit-il pas venu de la Germanie? Garda-t-il ce qu'il avoit pris? Enfin ce qui confirme que ce n'étoit là qu'une excursion de Barbares, c'est que Childéric ne garda ni Orleans, ni Angers, ni aucune Place entre la Seine & la Loire, ni entre la Seine & la Somme; puisque selon ceux-là mêmes, qui supposent Childéric établi dans les Gaules, la premiere conquête de son fils Clovis, fut le Pays d'entre la Somme & la Seine. *In diebus illis*, dit Hincmar, *dilatavit Rex Clodovicus regnum suum usque sequanam*.

In Vitâ sancti Remigii.

Mais ce qu'il y a sur tout à remarquer ici, c'est qu'après le pillage d'Angers, Childéric & Odoacre repassérent le Rhin, & firent ensemble ligue contre les Allemans qui s'étoient jettez dans l'Italie, & les subjuguérent. *Odoacrius*, dit Grégoire de Tours, *cum Childerico fœdus iniit, Alamannosqué qui Italiam pervaserant, subjugavit*. Car il est manifeste que cela ne se fit pas en-deçà du Rhin. Childéric mourut aussi-tôt après. *His ita gestis mortuo Childerico, &c.*

L. 2, c. 19.

Ainsi donc le régne de Childéric dans les Gaules, n'est pas mieux prouvé que celuy de ses Prédécesseurs. On ne peut l'appuyer ni sur l'autorité d'aucun Historien contemporain, ni même sur celle de Grégoire de Tours, dont le texte étant bien examiné, fait plûtôt concevoir tout le

a iij

contraire. Il paroît donc vray qu'avant Clovis, nul Roy des François ne s'eſt établi dans les Gaules. C'eſt tout ce que j'ay prétendu conclure.

Autres Argumens poſitifs. Je vais appuyer toutes ces réflexions par les témoignages de quelques anciens Hiſtoriens, qui nous marquent aſſez clairement l'Epoque du régne des François dans les Gaules; ce ſeront les dernieres preuves de ma propoſition.

Le premier eſt Procope de Céſarée qui vivoit ſous l'Empire de Juſtinien, c'eſt-à-dire, peu d'années après Clovis : il étoit Sécretaire du Grand Béliſaire, qu'il accompagna dans ſes expeditions militaires, dont il a laiſſé l'Hiſtoire à la poſtérité. Ce que je vais dire eſt tiré du premier Livre de la Guerre des Gots.

Cap. 11.

„ Le Rhin, dit-il, ſe jette dans l'Océan. Il y a auſſi dans ces quartiers là beaucoup de Marais „ où les Germains demeuroient autre-fois : c'étoit une Nation barbare, & alors peu conſidéra- „ ble, *Et initio parum ſpectata*, ce ſont ceux à qui l'on donne aujourd'huy le nom de François, *qui* „ *Franci nunc vocitantur.*

(Cela s'accorde parfaitement avec ce que nous en a dit Sidonius, dans les Vers que j'ay déja citez.

Sic ripæ duplicis tumore fracto
Detonſus Vahalim bibat Sicamber ....
Francorum & penitiſſimas paludes
Intraves venerantibus Sicambris.)

„ Les Arboriques, continuë Procope, qui avec le reſte des Gaules, auſſi-bien que l'Eſpagne, „ étoient de l'Empire Romain, touchoient au Pays de ces Barbares : *His finitimi Arborichi Accolæ* „ *erant.*

(Cela nous apprend la demeure de ces Arboriques, qui occupoient le Pays ſitué entre la Meuſe & l'Eſcaut, & celuy qui eſt entre la Meuſe & le Vahal.)

„ Après ces Germains, vers l'Orient, ſont les Thoringiens autres Barbares, à qui Auguſte Céſar „ permit de s'habituer dans cet endroit. Aſſez près delà en tournant vers le Midy, étoit le Pays „ des Bourguignons, *Burgundiones.*

(Avant qu'ils fuſſent entrez dans les Gaules.)

„ Et puis les Suéves & les Allemans, Nations courageuſes & peuplées, tous gens libres, & „ qui demeurent depuis long-temps en ces lieux-là. Dans la ſuite du temps, les Viſigots ayant „ forcé les frontiéres de l'Empire Romain, ſe jettérent dans les Eſpagnes & dans la partie des „ Gaules, qui eſt au-delà du Rhoſne, & s'en rendirent les Maîtres. Il faut ſçavoir que les Arbo- „ riques combattoient alors pour les Romains. Les Germains, c'eſt-à-dire, les François vouloient „ ſe les aſſujettir, parce qu'à cauſe du voiſinage, ce Pays étoit à leur bien-ſéance, & que les habi- „ tans avoient quitté leur mœurs & leur coûtumes anciennes. Les François faiſoient continuelle- „ ment des courſes ſur eux, & les attaquoient même avec toutes leur forces : mais les Arbori- „ ques, gens braves & affectionnez aux Romains, ſe défendirent toûjours vigoureuſement, & ne „ pûrent jamais être forcez. *Cumque his vim inferre Germani non poſſent.*

(Voilà les excurſions des François ſous nos premiers Rois clairement marquées, & les tentatives qu'ils firent inutilement tant de fois pour s'emparer du Pays.)

„ Les Germains donc ne pouvant venir à bout de ces généreux voiſins par la force des armes, ils „ les priérent de vouloir bien les regarder comme leurs amis, & même que les deux Peuples puſ- „ ſent s'unir par des mariages. Les Arboriques acceptérent ces offres ſans beaucoup de peine. „ *Quas non inviti conditiones Arborichi mox accepere.*

(La raiſon que Procope va apporter de l'union des deux Peuples, marque évidemment le temps où elle ſe fit.)

„ Les Arboriques, dit-il, acceptérent volontiers ces conditions, parce que les uns & les autres „ étoient Chrétiens ; *Erant enim utrique Chriſtiani.*

Or les François, comme perſonne ne l'ignore, ne furent Chrétiens que ſous le régne de Clovis : donc cette union ne ſe fit que ſous le régne de Clovis. Juſqu'alors les Arboriques fidéles aux Romains, avoient arrêté les François, quand ils avoient voulu ſortir des marécages, où ils habitoient au-delà du Rhin, où, quand ils avoient forcé cette barriére, & fait quelques courſes dans le Pays, ils les avoient obligez à repaſſer bien-tôt après. Ce n'eſt donc que ſous Clovis, que les François unis de Religion & d'intereſt aux Arboriques, enlevérent ce qui reſtoit des Gaules aux Romains, ainſi que Procope le dira bien-tôt en termes exprès.

Une ſeule difficulté ſe preſente ici à réſoudre ; c'eſt que lorſque Clovis & les François paſſérent le Rhin & défirent l'Armée Romaine auprès de Soiſſons, ils n'étoient pas encore Chrétiens : cela eſt vray ; mais je réponds que quand Procope ſe ſeroit mépris dans une circonſtance d'une Hiſtoire, qu'il ne touche qu'en paſſant & par occaſion, cette mépriſe ne dévroit pas être tirée à conſéquence pour le reſte ; & qu'il ne ſeroit pas moins vrai pour cela que, ſelon luy, les François avant Clovis avoient toûjours été repouſſez des Gaules, toutes les fois qu'ils avoient tenté de s'en emparer. Mais on peut fort bien entendre Procope ſans luy attribuer cette faute. Clovis n'entra pas dans les Gaules par le Pays des Arboriques, mais vrai-ſemblablement par Cologne, où l'Hiſtoire nous apprend que Sigebert, Prince du Sang de Clovis régnoit de ſon temps ; & marchant entre le Rhin & la Meuſe, il vint au travers de la Foreſt d'Ardennes attaquer à Soiſſons Syagrius Général des Romains. Après l'avoir vaincu & s'être rendu maître du Pays,

PREFACE HISTORIQUE.

il se fit Chrétien avec la plus grande partie de son Peuple. Posté comme il étoit sur l'Escaut il tenoit les Arboriques enfermez entre luy & les autres François qui étoient au-delà du Vahal : il les coupoit, & leur rendoit très-difficile la communication avec les Romains. Ce fut alors que commencérent les Traitez entre les uns & les autres ; & aussi-tôt après suivit l'union des Nations qui les rendirent très-puissantes. *Eo pacto in unam coaliti gentem potentissimi evaserunt.*

De sorte, continuë Procope, que les Soldats Romains, qui étoient en garnison aux extré- « mitez de la Gaule, (c'est-à-dire, vers la Mer, le Rhin, & la Loire,) ne pouvant retourner à « Rome, & ne voulant point se réfugier chez les Ariens leurs ennemis ; (c'est-à-dire, en Italie, « dont Odoacre Roy des Erules Arien s'étoit emparé,) ils se rendirent avec leurs Etendards « & le reste du Pays, aux Arboriques, & aux François. *Seipsi cum signis & Regionem quam ante* « *servabant, Arborichis & Germanis permiserunt.* «

Voilà le premier établissement de la Monarchie Françoise dans les Gaules, très-nettement marqué sous le régne de Clovis.

Il faut faire attention à ce qui suit. Tandis que l'Empire Romain subsista, les Empereurs « furent Maîtres des Gaules jusqu'au Rhin, (c'est ainsi que Grotius à lû dans les manuscrits Grecs « dont il s'est servi pour sa traduction.) Mais si-tôt qu'Odoacre eût pris Rome, il céda aux Vi- « sigots la partie des Gaules, &c. (Or Odoacre ne fut maître de l'Italie que du temps de Childé- « ric, & cinq ou six ans avant le régne de Clovis ; donc au temps de Childéric les Romains te- noient les Gaules jusqu'au Rhin : & par conséquent les François n'étoient point en possession de ce qu'ils avoient pris sous Clodion en-deça)

Le second témoignage est de Grégoire de Tours, & me paroit convainquant. Il est tiré du premier Chapitre du cinquiéme Livre de son Histoire, où chagrin de la guerre civile extrême- ment allumée entre Sigebert & Chilpéric, tous deux petits fils de Clovis il leur parle de la sorte.

Plût à Dieu, Princes, que vous ne fissiez la guerre que comme vos Ancêtres, & qu'en en- « tretenant la Paix entre vous, vous vous rendissiez redoutables à vos Voisins. Souvenez-vous « de Clovis, celuy qui a commencé à conquerir ce que vous possédez : *Caput victoriarum vestra-* « *rum*, combien il a défait de Rois, dompté de Nations, subjugué de Pays ; & pour faire tout cela, « il n'avoit ni or ni argent ; au lieu que vous avez de grands thrésors ; *Et cum hoc faceres neque au-* « *rum, neque argentum, sicut nunc in thesauris vestris, habebat.......* Vous avez des magasins de « bled, de vin, d'huile, de l'or & de l'argent en abondance, &c. Sur cet endroit de Grégoire de « Tours, on peut faire les remarques suivantes.

Sigebert étoit Roy d'Austrasie, & avoit pour Capitale de son Royaume la Ville de Mets. Il possédoit les Pays des environs du Rhin, de la Moselle & de la Meuse. Chilpéric étoit Roy de Soissons, & avoit pour son partage ce qu'on appelle aujourd'huy la Picardie, une partie des Pays-Bas & de la Champagne : si la plus grande partie de ces Pays avoit été possédée, comme on le suppose, par Clodion, par Mérovée, par Childéric ; comment est-ce que Clovis auroit com- mencé à en faire la conquête, *Caput victoriarum vestrarum* ? Mais s'il avoit reçu tout cela, ou presque tout cela de ses Ancêtres, comment se peut-il faire qu'il n'eût ni or, ni argent, ni magasins ? N'avoir ni or, ni argent, ni magasins de bled & de vin, cela convient parfaitement à un Prince barbare, qui passe le Rhin pour venir s'établir dans les Gaules, & nullement à un Roy déja établi dans ce fertile Pays, que ses Ancêtres possédoient depuis cinquante ans ?

Enfin le troisiéme témoignage, par lequel je finis mes preuves, est celuy de Jonas disci- ple de saint Colomban, dans la vie de saint Jean fondateur de l'Abbaye de Montier-Saint-Jean. Il composoit cette vie sous Clotaire III. sur les Memoires d'un autre Auteur anonyme encore plus proche du temps de Clovis.

Roverius Hist. Monast. S. Joan. Reomaensis.

Il écrit donc que ce Saint étoit déja au monde dès le temps des Empereurs Valentinien & Marcien ; qu'il vécût jusqu'au régne de Justinien. Et parlant de ce qui arriva entre ces deux épo- ques, il dit ces paroles : *Quo etiam tempore Franci cum Clodoveo Rege, postposita Republica, militari manu terminos Romanorum irrumpentes Galliam invaserunt.* En ce temps-là les François méprisant la République Romaine franchirent les limites de l'Empire, se jetterent dans les Gaules, & les envahi- rent sous la conduite du Roy Clovis.

Ces paroles assurément ne supposent pas que Clovis fut déja dans les Gaules : & d'ailleurs on sçait que du temps des Empereurs que je viens de nommer, & même de tout temps les Epithétes ordinaires du Rhin, par rapport aux Peuples de la Germanie, étoient *Limes Gallicus, terminus Romanorum, Rheni limes, &c.*

Dans la même Histoire du Montier-Saint-Jean, il y a une autre chose remarquable, qui con- firme parfaitement ce que Procope nous a appris de l'union des Arboriques à l'Empire de Clovis si-tôt qu'il fut Chrétien, & de la capitulation que les Garnisons Romaines firent alors en se ren- dant à luy.

Clovis dans une donation qu'il fait de quelques Terres à ce Monastére, parle en ces termes : Le saint homme Jean mit ce Monastére sous nôtre protection : *Primo nostro suscepta Christiani- tatis anno, atque subjugationis Gallorum.* La premiere année de nôtre Christianisme, qui fut celle que les Gaulois furent subjuguez.

Je dis que cela s'accorde admirablement avec le témoignage de Procope : car on ne peut pas entendre ces derniéres paroles de l'entrée de Clovis dans les Gaules, parce qu'elle précéda son baptême de plusieurs années, ni des conquêtes qu'il fit sur les Visigots ou sur les Bourguignons, parce qu'elles ne se firent que long-temps après son baptême : mais cela s'entend très-bien de la reddition des Places que les garnisons Romaines luy remirent entre les mains, ainsi que le raconte Procope, & de la soûmission des Aboriques, qui se donnérent à luy si-tôt qu'il fut Chrétien. Clovis compta que la Gaule étoit subjuguée, quand les Romains & les Arboriques eurent mis bas les Armes. *Primo nostro suscepta Christianitatis anno, atque subjugationis Gallorum.*

Au reste cette donation de Clovis n'a rien qui puisse la faire passer pour une piéce suspecte. Le Pere Rovere Jesuite, qui a fait cette Histoire du Montier-Saint-Jean, a eû un scrupule, sur ce que ce Monastére étant dans le Diocése de Langres, & cette Ville étant alors du Royaume de Bourgogne, Clovis ne pouvoit pas luy avoir fait une donation des Terres qui ne luy appartenoient pas.

Cet Auteur ne se tire pas fort bien de cet embarras : mais c'est faute d'avoir fait une réflexion ; sçavoir que quoyque Montier-Saint-Jean fût du Diocése de Langres, il est cependant fort éloigné de cette Ville, & beaucoup plus près d'Auxerre qui étoit du Royaume de Clovis, comme on le voit par le premier Concile d'Orleans, où Theodose Evêque d'Auxerre assista du vivant du Roy Gondebaud, & dans le temps que ce Prince étoit rentré en possession de tout son Royaume de Bourgogne.

M. Pérard dans son Recueil de piéces pour l'Histoire de Bourgogne, nous assure que l'Original de cette donation est à la Chambre des Comptes de Dijon.

Il ne me reste plus ici que deux ou trois objections à résoudre, dont la solution ne me fera pas beaucoup de peine.

Objections & Réponses.

La premiere objection est la découverte que l'on fit en 1653. du tombeau de Childéric à Tournay. Une grande partie des précieux monumens qui s'y étoient conservez, se gardent aujourd'huy dans la Bibliothéque du Roy.

Ce sont entre autres choses quantité d'abeilles d'or, un style d'or avec des tablettes, un globe de cristal, la figure d'une tête de boeuf d'or, des médailles d'or & d'argent des Empereurs qui avoient gouverné l'Empire devant & pendant le régne de ce Prince, des anneaux d'or, sur un desquels on voit un cachet où sa figure est empreinte. Le visage en est beau & sans poil ; les cheveux, à la maniere des Rois des François de ce temps-là, sont longs, en tresse, séparez au front & rejettez derriere le dos ; autour de la figure se lit le nom de Childéric. Quelques ossemens qui se trouvérent assez entiers, marquoient une grande & haute taille d'environ six pieds, qui jointe à un beau visage & à un grand courage, a pû fournir à la fable de quoy embellir la vie de ce Roy, de tous les incidens Romanesques dont j'ay parlé.

On peut donc m'objecter que ce tombeau de Childéric trouvé à Tournay, est une marque que les François étoient dès-lors en possession de ce Pays-là.

Cette objection est foible : elle prouve seulement que Childéric est venu dans les Gaules, ce que je ne nie pas, & qu'il est mort dans une de ces expéditions, que luy & ses Prédécesseurs faisoient de temps en temps en-deçà du Rhin. Il fut surpris de la mort dans la Gaule Belgique, où ses Soldats l'enterrérent dans un grand chemin qui conduisoit à Tournay ; de même que le Grand Alaric, se retirant après le pillage de la Ville de Rome, fut enterré par son Armée à l'endroit même où il campoit : c'étoit la maniére ordinaire des Barbares.

L. 1. Flandriæ.

Quand je dis que Childéric fut enterré dans le grand chemin qui conduisoit à Tournay, je ne parle pas sans garand. Marchantius, le sçavant Monsieur Chifflet, dans l'Ouvrage qu'il a fait sur la découverte de ce tombeau, & Vendelin homme aussi très-habile dans les Antiquitez des Pays-Bas, nous assurent de cette circonstance.

Au reste je ne crois pas que ce fût au retour de l'excursion que Childéric avoit faite jusqu'au delà de la Loire, qu'il mourut : car nous avons vû qu'il avoit depuis repassé le Rhin, & que s'étant ligué avec le Roy des Saxons, ils firent ensemble la guerre aux Allemans. Il me paroît donc plus véritable qu'il revenoit dans les Gaules pour quelque nouvelle entreprise, lorsqu'il mourut auprès de Tournay.

La seconde objection paroîtra d'abord avoir plus de force : c'est que dès le temps que Clovis vint attaquer Syagrius Général de l'Armée Romaine, il y avoit dans les Gaules de petits Rois parens de Clovis ; & en particulier un certain Ranacaire Roy de Cambray, qui, comme dit Gré-

L. 2. c. 17.

goire de Tours, vint avec Clovis marquer le Champ de bataille, où les deux Armées en vinrent aux mains.

Quelques-uns de nos Historiens ont fort raisonné là-dessus, & ont crû que ce Ranacaire étoit un fils, ou un petit fils de Clodion, qui malgré la violence & l'usurpation de Mérovée, s'étoit conservé ce Pays, où il régnoit sur une partie des François. Si cela est ainsi, il est manifeste que Clodion s'étoit fixé dans les Gaules, & que Clovis n'est pas Fondateur de la Monarchie, comme je prétends qu'il l'a été.

Mais ceux qui raisonnent de la sorte, ne le font que sur le préjugé commun que je combats, & sur ce qu'ils supposent que Grégoire de Tours a dit ou a crû qu'avant Clovis, les Rois des François étoient établis dans les Gaules ; ce qu'il ne dit nulle part : car, comme j'ay déja remarqué, il ne fait mention que de leurs excursions, sans ajoûter ni qu'ils soient demeurez dans les Gaules, ni qu'ils s'en soient retirez.

Grégoire de Tours dit donc que Clovis s'approcha de Soissons, avec Ranacaire son parent,

qui

PRÉFACE HISTORIQUE.

qui étoit auſſi Roy, *qui & ipſe regnum tenebat*; Non pas qu'il fût dès-lors Roy de Cambray, comme il le fut depuis: l'Hiſtorien ne le dit point du tout; mais c'eſt qu'il l'étoit au-delà du Rhin.

Les François étoient compoſez de pluſieurs Peuples: on comprenoit ſous ce nom les Bructéres, les Cattes, les Camaves, les Anſivariens, & pluſieurs autres, dont les cantons, comme le remarque fort vrai-ſemblablement Vignier * étoient gouvernez chacun par leurs Chefs, ou leurs Rois, mais avec quelque dépendance d'un plus grand, qui portoit le nom de Roy de toute la Nation. * De Origine Francorum.

Un Poëte Saxon, en parlant de ſon Pays, du temps de Charlemagne, dit que ces Peuples de Germanie avoient autant de Rois, ou de Chefs, que de Cantons.

Sed variis diviſa modis plebs omnis habebat
Quot pagos, tot pænè duces.

Eumenius dans le Panégyrique de Conſtantin, parle des Rois des François au nombre pluriel: *Reges ipſos Franciæ non dubitaſti ultimis punire cruciatibus*. Nazarius auſſi, Ammien Marcellin, Claudien, Sulpice, &c. Ceux que Claudien appelle *Reges*; ſçavoir, Marcomire & Sunnon; Sulpice les appelle *Francorum Subregulos*; c'eſt-à-dire, des Rois ſubalternes. Mais je ſuis très-perſuadé que tous ces Rois des François, Marcomire, Sunnon, Ricomer, Théodémer, & les autres dont il eſt parlé dans ces anciens Auteurs, n'étoient pas tous d'une même Famille, & ne commandoient pas à la même partie de la Nation. L. 1. de Laud. Stiliconis.

Pour revenir à ceux dont il eſt fait mention dans Grégoire de Tours du temps de Clovis, ces petits Princes ſuivirent ce Roy dans les Gaules, à condition de s'y faire de petits Etats plus conſidérables que ceux qu'ils avoient au-delà du Rhin. Ranacaire ſe fit Roy de Cambray; & ſi nous en croyons Hincmar, dans la Vie de ſaint Remy, il ſemble donner à entendre, que ce ne fut qu'après le baptême de Clovis, que ce Prince demeurant toûjours attaché aux erreurs du Paganiſme, établit ſa demeure en ce quartier là, avec une partie des François de l'Armée, qui n'avoient pas jugé à propos de ſe convertir. *Multi denique de Francorum exercitu necdum ad fidem converſi cum Regis parente Raganario ultra ſumnam fluvium aliquamdiù degerunt, donec*, &c.

On voit encore un Sigebert ſurnommé *le Boiteux*, Roy de Cologne; un autre nommé Rénomer, Roy du Pays du Maine; un autre nommé Cararic, portant la même qualité, ſans que Grégoire de Tours nous diſe le quartier des Gaules, où étoit ſa demeure, comme il marque celuy où régnoient les autres. Cararic étoit à la bataille de Soiſſons, auſſi bien que Ranacaire.

Celuy-cy donc fut Roy de Cambray, comme Rénomer fut Roy du Maine, c'eſt-à-dire, après avoir paſſé le Rhin avec Clovis: car comment ce Rénomer qui régnoit dans le Maine, auroit-il pû s'y maintenir au milieu de toutes les Provinces qui appartenoient aux Romains, s'il y avoit été avant que Clovis eût pouſſé juſques-là ſes conquêtes? Cette ſeule réflexion montre la vérité de ce que je dis, que ces petits Rois ne furent Rois dans les Gaules, qu'après les conquêtes de Clovis.

Ainſi tous ces petits Rois ne m'embarraſſent point; ils ſont au contraire bien de la peine dans l'opinion commune; & ſi l'on y prend garde, on verra qu'ils ont donné lieu à mille vaines conjectures, qui n'ont fait qu'embroüiller nos Hiſtoires, & en multiplier les difficultez.

La troiſiéme objection, eſt fondée ſur un paſſage de Grégoire de Tours, *Livre 2. chapitre 9.* où après avoir rapporté ce qu'il pouvoit ſçavoir touchant les Rois des François, Prédéceſſeurs de Clovis, & avoir cité l'Hiſtoire de Sulpice, celle de Frigéridus & celle d'Oroſius; il ajoûte une eſpéce de tradition, ſelon laquelle les François étoient venus de la Pannonie: *Tradunt multi eoſdem de Pannoniâ fuiſſe digreſſos; & primum quidem littora Rheni amni incoluiſſe * dehinc tranſacto Rheno Turingiam tranſmeaſſe, ibique juxta pagos, vel civitates Reges crinitos ſuper ſe creaviſſe*. Pluſieurs, dit-il, racontent que les François ſont venus de la Pannonie; que d'abord ils s'arrêtérent ſur les rives du Rhin; qu'enſuite ayant paſſé ce fleuve, ils avoient été vers la Turinge, & que là ils s'étoient fait des Rois chévelus en divers cantons ou citez. * Al. Incubuiſſe.

Ce paſſage eſt embarraſſant; parce que pour venir de la Pannonie en Turinge, il ne faut point paſſer le Rhin, ce Pays étant entre la Pannonie & le Rhin. Eſt-ce, dit-on, que Grégoire de Tours étoit ſi ignorant dans la Geographie, qu'il pût tomber dans une telle faute? On a peine à en convenir.

Comme on étoit dans cet embaras, il ſe trouva un manuſcrit, qui, au lieu de *Toringiam*, avoit *Tungriam*. On crût par-là avoir trouvé le dénoûment. On ſoûtint donc, que, ſelon Grégoire de Tours, les François avoient d'abord paſſé de la Pannonie, ſur les bords du Rhin; qu'enſuite ils avoient paſſé le Rhin, & étoient venus établir leur Royaume dans la Tongrie, c'eſt-à-dire, dans le Pays de Tongres au Pays de Liége: & que c'étoit delà que Clodion étoit venu juſques dans l'Artois; qu'il avoit pouſſé ſes conquêtes juſqu'à la Somme, &c.

C'eſt-là le ſyſtême de Vignier, de Vendelin, du Pere Jourdan, & de pluſieurs autres, tout à fait contraire au mien, ſelon lequel je ſoûtiens que les Rois François ſont toûjours demeurez au-delà du Rhin juſqu'à Clovis.

C'eſt un thréſor pour un Docte, qu'une découverte de cette nature, quand elle fonde un

Tome I. b

nouveau systéme qui a quelque chose de specieux : mais il faudroit avant que de la soûtenir, en examiner la solidité, & il n'y en a ici aucune.

Premierement, c'est une pure tradition que Grégoire de Tours rapporte comme fort incertaine : *Tradunt multi, &c.* il n'en fait point son sentiment ; & il est clair que ce n'est pas celuy des Auteurs qu'il cite, selon lesquels, dans les textes qu'il en a rapporté, les François étoient toûjours au-delà du Rhin, d'où ils faisoient des irruptions dans les Gaules ; & chez qui les Généraux Romains alloient de temps en temps porter la guerre, en passant le Rhin ; & cela sous l'Empire d'Honorius : c'est-à-dire, du temps de Pharamond.

Ainsi, quand il seroit vrai que les François, un siécle ou deux auparavant, fussent venus de la Pannonie dans le Pays de Tongres, si depuis on ne les trouve qu'au-delà du Rhin ; si, selon tous ces Auteurs contemporains, on va attaquer & châtier leurs Ducs ou leurs Rois au-delà de ce fleuve ; si on ne voit pas dans ces mêmes Auteurs le moindre vestige du Royaume des François dans le Pays de Tongres ; quel fondement ces deux lignes de Grégoire de Tours donnent-elles au systéme d'un Royaume des François établis en-deçà du Rhin ?

Secondement, tout ce que j'ay rapporté d'Apollinaire, de Procope, de Grégoire de Tours, détruit entierement cette idée.

Troisiémement, *Tongria* est un mot qu'on n'a jamais lû dans les anciens Historiens. On y voit bien celuy de *Tongri*, mais *Tongria* ne se trouvera ni dans aucun autre endroit de Grégoire de Tours, ni dans les Auteurs qui l'ont précédé, ni dans ceux qui l'ont suivi ; au lieu que celuy de *Toringia* se voit par tout.

Mais oublions tous ces raisonnemens, & plusieurs autres que je pourrois faire ; laissons les argumens dont Monsieur de Valois a fortement réfuté ce systéme ; quoyqu'il tienne comme les autres, que Clodion & ses successeurs ont régné en-deçà du Rhin. Venons au fait du manuscrit.

Ce manuscrit l'emportera-t'il contre l'autorité de tant d'autres, où l'on voit tout le contraire ? Ceux qui ont fait valoir cette découverte, ont-ils fait une réflexion ? sçavoir que depuis plus de mille ans que Grégoire de Tours a écrit, on a toûjours lû *Toringiam* en cet endroit, & jamais *Tongriam*.

Frédégaire qui écrivoit peu de temps après Grégoire de Tours, dit, en se servant des paroles mêmes de cet Historien dont il fait l'Epitome, que Clodion demeuroit *in termino Toringorum.* L'Auteur du Livre, qui a pour titre, *Gesta Regum Francorum*, parle tout de même, & ajoûte expressément que Clodion passa le Rhin pour venir dans le Pays d'Artois. Le Moine Roricon, Hincmar dans la Vie de saint Remy, & tous les autres Copistes de Grégoire de Tours, employent le même terme. Ils ont donc lû dans les manuscrits qu'on avoit de cet Auteur, il y a mille ans, il y a huit cens ans, il y a six cens ans, de la même maniere qu'on lit aujourd'huy dans nos Livres imprimez.

Ainsi le manuscrit de Morel, où l'on voit *Tungriam*, n'a ce mot que par la correction de quelque demy Sçavant, que le passage de Grégoire de Tours embarassoit.

Mais, dira-t-on, peut-on croire que Grégoire de Tours n'ait pas sçû que pour venir de Pannonie en Turinge, il ne falloit pas passer le Rhin. Monsieur de Valois, pour éluder cette difficulté, fait une autre correction au passage, & dit qu'il faut lire dans Grégoire de Tours, *Dehinc transacta Mœno*, & non pas *Rheno*, après avoir passé le Mœin ; cela vaut mieux ; mais après tout, c'est deviner & contredire encore tous les manuscrits : Pour moy, voicy ma pensée là-dessus.

Je dis que Grégoire de Tours rapporte là une tradition sans l'examiner, ni sans sçavoir ce qu'il y avoit de vrai ou de faux ; & que cette tradition avoit quelque fondement, même en ce qu'elle avoit de faux.

Vignier, dans son Traité de l'origine des anciens François, rapporte une inscription trouvée dans les ruines de la vieille Bude en Pannonie, où il est dit qu'une légion de Sicambriens fonda en ce lieu là une Ville qu'elle appella Sicambrie de son nom.

*L. 4. Annal.

Il y avoit au rapport de Corneille Tacite, * des Sicambres dans ces quartiers-là au service de l'Empereur Tibere. Il y avoit des Bataves dans le même Pays au service de l'Empereur Hadrien, selon le témoignage de l'Historien Dion. On voit dans les anciens Géographes, un Peuple proche de là appellé *Brenci*. Les Sicambres & les Bataves étoient compris sous le nom de François, comme les Bructéres, les Camaves, & les autres qui habitoient le long des bords du bas Rhin & du Vahal. Le mot *Brenci* a beaucoup de rapport à *Franci*.

Voilà ce qui a pû être le fondement de la tradition qui faisoit venir les François de la Pannonie, toute fausse qu'elle étoit en ce point. La multitude des Nations barbares qui inonderent l'Empire au cinquiéme siécle de l'Eglise, la diversité, & la multiplicité de leurs noms, & l'obscurité de leur origine donnoient alors occasion à toutes ces conjectures que l'on faisoit sur leurs anciennes demeures.

Pour l'autre point, sçavoir que les François fussent venus vers la Turinge en passant le Rhin, c'est ce qui paroit difficile à comprendre ; & c'est pourtant ce qu'il y avoit de vray dans cette tradition ; & ce qui étoit arrivé trois cens ans avant que Grégoire de Tours écrivit son Histoire.

Eumenius dans le Panégyrique de Constance, & Zozime sur la fin du premier Livre de son

PREFACE HISTORIQUE.

Hiſtoire, racontent que l'Empereur Probus ayant vaincu les François, agréa la propoſition qu'ils luy firent de leur donner des terres pour habiter : qu'il leur en accorda ſur le bord du Pont-Euxin, où ils furent tranſportez ; qu'auſſi-tôt après leur arrivée s'étant révoltez, ils s'emparérent de quantité de Navires, qu'ils trouvérent au bord de la Mer ; que ces Aventuriers s'embarquérent, & ravagérent toutes les côtes d'Aſie, de Gréce, d'Afrique, de Sicile, prirent & pillérent Siracuſe, pénétrérent dans l'Ocean, & s'en revinrent enfin dans leur Pays.

Pour y rentrer, ils traverſérent les Gaules, vinrent ſe repoſer ſur les bords du Rhin, c'eſt ce que dit Grégoire de Tours, *Littora Rheni anni incubuiſſe* : & enſuite ils paſſérent vers la Turinge qui étoit la frontiere du Pays des François de ce côté-là. *Dehinc tranſacto Rheno Toringiam tranſmeaſſe.* C'eſt ainſi, ce me ſemble, que ſe doit entendre la tradition dont parle Grégoire de Tours, ſi toutefois elle vaut la peine d'être expliquée. Diſons un mot de ceux qui ont écrit depuis luy, & qui ont placé les François dans les Gaules avant Clovis.

Ce ſont ceux-là même qui trouvent l'origine de nôtre Nation dans la Ville de Troye ; & qui racontent ſérieuſement, qu'après la priſe de cette Ville par les Grecs, une partie des habitans paſſa en Italie ſous la conduite d'Enée, qu'une autre partie au nombre de douze mille, alla s'établir vers les Palus-Méotides, où elle bâtit une Ville appellée Sicambrie ; que les François demeurérent là juſqu'au regne de Valentinien ; & que ce fut du temps de cet Empereur, qu'ils s'approchérent du Rhin ; après quoy ſuit l'Hiſtoire de l'établiſſement de Clodion dans les Gaules.

De l'autorité des Ecrivains qui placent les François dans les Gaules avant Clovis.

Le commencement de cette Hiſtoire eſt une pure fable, & eſt plein d'abſurditez. Le temps du départ des François de Sicambrie, & de leur arrivée ſur le Rhin du temps de Valentinien, eſt une fauſſeté viſible ; l'Hiſtoire Romaine faiſant mention des François, comme d'habitans de la Germanie, dès le temps de l'Empereur Gallien. Peut-on après cela faire fond ſur ce qui ſuit de l'établiſſement de ces mêmes François dans les Gaules ſous Clodion, que l'Hiſtoire Romaine dit expreſſément en avoir été chaſſez par Aëtius Général de l'Armée de l'Empire.

En un mot tous ces Ecrivains ont gloſé ſur Grégoire de Tours, qui parle de l'entrée de Clodion dans les Gaules, & qui paſſant ſous ſilence la défaite de ce Prince par Aëtius, que nous apprenons par l'Hiſtoire de l'Empire, leur a donné lieu de croire, qu'il s'y étoit établi. A cette fauſſeté ces Ecrivains, pluſieurs ſiécles après Grégoire de Tours, en ont ajoûté une infinité d'autres dont tout le monde convient, & qui doivent faire compter pour rien leur autorité ſur le point dont il s'agit.

Au ſujet de mon nouveau ſyſtéme, il y a eu des gens qui ſe ſont imaginé que je retranchois quatre de nos Rois de la premiére Race, ſçavoir Pharamond, Clodion, Mérovée & Childéric, & ils ont preſque regardé ce retranchement comme un attentat. C'eſt ainſi que l'on prononce, quand on juge ſans avoir donné la moindre attention aux choſes dont on entreprend de juger. Je n'ay point ôté à la premiére Race les quatre Rois dont il s'agit ; mais je les fais régner dans la France au-delà du Rhin. Qu'ils ayent régné dans cette France, ou dans les Gaules, ils n'en ſont pas moins Rois des François, & n'appartiennent pas moins à la premiére Race. Si ceux qui, comme la plûpart de nos Hiſtoriens, font régner Pharamond ſur les François au-delà du Rhin, ne ſont pas cenſez l'ôter à la premiére Race, pourquoy m'accuſera-t-on de le luy ôter, parce que je le fais régner comme eux au-delà de ce fleuve auſſi-bien que ſes premiers Succeſſeurs ?

Voilà, ce me ſemble, mon opinion aſſez ſolidement établie, ſelon laquelle Clovis eſt le premier des Rois des François qui ait fixé la demeure de la Nation dans les Gaules, où tous ſes Prédéceſſeurs n'avoient fait que des excurſions, ſans pouvoir s'y établir, ayant toûjours été repouſſez par les Romains : & c'eſt la raiſon pourquoy en entreprenant d'écrire l'Hiſtoire de France depuis l'établiſſement de la Monarchie dans les Gaules, je la commence par Clovis.

Ceux qui ont trouvé mauvais que je ne commençaſſe pas mon Hiſtoire par Pharamond, comme ont fait les autres qui ont écrit avant moy l'Hiſtoire de France, auront encore de quoy ſe ſatisfaire ſur un point ; c'eſt que dans ce premier Article de ma Préface Hiſtorique, & dans le ſuivant, ils trouveront tout ce qu'il y a de plus conſidérable & de non fabuleux ſur les régnes de Pharamond, de Clodion, de Mérovée & de Childéric : car j'y ay touché tous les faits les plus importans & les plus ſeurs des régnes de ces quatres Princes ; & je n'y ay rien omis que les fables qui ne ſervent qu'à gâter une Hiſtoire.

PRÉFACE HISTORIQUE.

ARTICLE SECOND.

De la déposition du Roy Childéric pére de Clovis, & de l'Election du Comte Gilles Général de l'Armée Romaine, pour être mis en sa place sur le Throne des François.

L. 2. c. 12. „ Les François, dit Grégoire de Tours, après avoir chassé Childéric à cause de ses excessives „ débauches, élûrent d'un commun consentement le Comte Gilles pour leur Roy, c'étoit celuy „ qui commandoit l'Armée Romaine dans les Gaules.

Je n'ay presque contre ce fait que des conjectures & des argumens négatifs ; mais peut-être feront-ils sur l'esprit des Lecteurs, quand ils les auront examinez, le même effet qu'ils ont fait sur le mien, je les toucheray en deux mots.

On ne peut guéres voir rien de plus extraordinaire que cette élection d'un Général de l'Armée Romaine par des François, tels qu'étoient ceux dont je parle, Payens, jaloux de leur liberté & de la gloire de leur Nation, aussi différens des Romains par leurs mœurs, leur Police, leurs Coûtumes, que par leur Religion, leurs Ennemis déclarez, & qui ne cherchoient depuis long-temps qu'à leur enlever une partie des Gaules. Une telle élection considérée en elle-même paroit quelque chose à peu près d'aussi bizarre, que nous l'auroit paru, il y a quelques années, la conduite des Turcs, si après avoir déposé Mahomet IV. ils avoient élevé sur le Thrône d'Orient le Prince Charles de Lorraine, qui commandoit alors les Troupes de l'Empereur en Hongrie.

Priscus Rhetor. Idacius in Chronico.

Plus cet incident étoit singulier, & plus devoit-il être marqué dans l'Histoire de l'Empire : on n'y en dit pas néanmoins un seul mot. C'étoit dans un temps où l'on étoit à Rome dans des défiances continuelles des Généraux d'Armées, sur tout des Armées des Gaules. Toutes leurs démarches étoient suspectes. Aëtius Prédécesseur du Comte Gilles avoit été poignardé sur le soupçon de quelque intelligence qu'il avoit avec les Vandales. D'autres avant luy avoient eu un sort pareil pour de semblables raisons. Le Comte Gilles étoit Gaulois de nation, aimé des Peuples, & Capitaine expérimenté. Quel plus grand sujet de défiance eût pû donner ce Général, que d'unir en sa personne au commandement des Armées des Gaules, qu'on suppose qu'il garda toûjours, l'autorité Royale sur un Peuple belliqueux, redoutable depuis long-temps à l'Empire, & qui commandé & discipliné par un Chef de cette importance, seroit devenu invincible ? Le Tyran Magnence, qui avec le secours des Saxons & des François, avoit voulu envahir l'Empire du temps de l'Empereur Constance, étoit un exemple qu'on ne devoit pas avoir encore oublié.

Cette démarche étoit extrêmement délicate pour ce Comte, supposé qu'il voulût demeurer dans le devoir. C'étoit sous la tyrannie du Patrice Ricimer, qui créoit & faisoit périr les Empereurs les uns après les autres, selon qu'il s'en accommodoit, ou qu'il s'en ennuyoit. Et certainement au cas que le Comte Gilles eût été tenté de monter sur le Throne de l'Empire, il avoit par là la plus belle occasion du monde de se faire proclamer Empereur. Est-il donc possible qu'un évenement si surprenant & en même-temps si public qui devoit naturellement causer tant d'inquiétude, faire naître tant de soupçons, donner lieu à tant d'intrigues, tenir toute la Cour en suspens, eût échapé à tous ceux qui ont écrit l'Histoire de l'Empire de ce temps-là ?

Le régne de ce Général Romain fut un régne de huit ans, autre circonstance remarquable. Pendant ce temps-là il commanda toûjours les Armées de l'Empire. Enfin au bout de ces huit ans les François se révoltérent contre luy, l'abandonnérent ; & le voilà réduit à sa seule qualité de Général de l'Armée Romaine dans les Gaules. Voilà encore de grandes révolutions & des aventures bien extraordinaires, pour avoir été oubliées par tous les Historiens contemporains ou voisins de ce temps-là.

Ma seconde réflexion sur ce fait, c'est que le Comte Gilles n'est pas un homme obscur & inconnu aux Historiens : plusieurs en ont parlé ; mais ils ne l'ont jamais traité que de Comte ou de Général de l'Armée Romaine dans les Gaules ; & aucun d'eux n'a fait la moindre allusion à sa qualité de Roy.

L. 6.

Dans la Vie de saint Martin écrite en vers par Paulin, (qui n'est pas saint Paulin de Nole, comme quelques uns l'ont crû ; mais un autre de même nom & de même siécle,) on voit le Comte Gilles soûtenir avec courage le siége d'Arles contre Théodoric Roy des Visigots, & le luy faire lever après une vigoureuse sortie & une grande défaite. On n'en fait honneur ni aux François, ni au Roy des François.

L. 1. c. 12. Idacius in Chronico. Priscus Rhetor. An. 440.

Peut-être dira-t-on, ne l'étoit-il pas encore ; cette action ne s'étant faite qu'un an après que Childéric fut monté sur le Throne. Il est pourtant impossible sans cela, & même avec cela, de trouver les huit ans de régne que luy donne Grégoire de Tours : car Childéric commença à régner en 458. & le Comte Gilles mourut en 463. Mais il devoit être Roy au moins lorsqu'il accompagna l'Empereur Majorien en Espagne pour l'expédition d'Afrique, que l'incendie des Vaisseaux fit manquer. Cependant Sidoine Apollinaire faisant un long dénombrement des di-

PREFACE HISTORIQUE.

verses Nations que Majorien avoit alors dans son Armée, ne nomme ni les François, ni le Roy des François. On n'y voit ni le nom de *Franci*, ni ceux de *Bructeri*, de *Chatti*, de *Sicambri*, ni aucun des autres que cet Ecrivain & les Historiens de ce temp-là, ont coûtume de donner aux François.

Bastarna, Suevus,
Pannonius, Neurus, Chunus, Geta, Dacus, Alanus,
Bellonothus, Rugus, Burgundio, Vesus, Alites,
Bisalta, Ostrogothus, Procrustes, Sarmata, Moschus,
Post aquilas venere tuas.

Si le Comte Gilles étoit alors Roy, n'auroit-il pas eu une Armée entière de François sous son commandement ? Et auroit-il quitté son Royaume, sans amener avec luy les principaux Capitaines & les meilleures Troupes, dans un temps où il devoit tout appréhender de l'inconstance de la Nation ?

Prisque, le Rhêteur que j'ay déja cité en une autre occasion, où il nous apprend des parti- Priscus Rhetor. cularitez si importantes des enfans de Clodion que nul autre n'avoit rapportées, nous marque encore une chose bien considérable du Comte Gilles dont nous parlons ; il l'appelle en Grec Νιψίσιος, au lieu de Αιγίσιος. Il dit que ce Comte irrité contre les Romains d'Italie, c'est-à-dire, contre Ricimer qui avoit fait périr l'Empereur Majorien, leur donna de grandes inquiétudes : parce, dit-il, que ce Capitaine étoit à la tête d'une grosse Armée qui avoit suivi Majorien en Espagne, & dont il eût vengé la mort, si les Gots n'eussent fait diversion dans les Gaules, & ne l'eussent obligé à venir défendre la frontière de l'Empire contre eux, où ce Général fit des merveilles. On ne voit en tout cela qu'un Général Romain, & pas la moindre apparence d'un Roy des François : c'étoit cependant là un endroit tout propre à marquer cette circonstance.

Mais le Comte Gilles étoit Roy des François, si jamais il l'a été, lorsque, selon Idace, il In Chronico. remporta sur les Gots une grande Victoire dans la Province Armorique, où Frétéric frère de An. 462. Théodoric Roy des Visigots fut tué. Idace qui luy donne en cette occasion la qualité de Comte & de Général de l'une & de l'autre milice Romaine, & nous apprend avec cela que c'étoit un grand homme de bien, passe sous silence sa qualité de Roy. Il fait mention encore de ce Capitaine en deux autres endroits ; & enfin en rapportant sa mort, il en parle comme d'un homme dont la conduite & le courage servoient seuls de barriére aux Gots, pour les empêcher d'entrer dans les Terres de l'Empire. *Quo desistente mox Gothi regiones invadunt, quas Romano nomini tuebatur.*

Mais ce qui est remarquable, & ce qui passe l'argument négatif, c'est que selon l'Evêque Idace qui écrivoit ce qui se passoit de son temps, ce Comte meurt la troisiéme année de l'Empereur Sévére ; c'est-à-dire, cinq ans après que Childéric eût succédé au Royaume des François An. 463. par la mort de son pére Mérovée. Où trouver donc ces huit ans que Grégoire de Tours donne au régne du Comte Gilles ? Je ne sçay si je me trompe ; mais il me semble que cet assemblage de preuves que j'ay réünies icy, font une démonstration morale contre ce Paradoxe Historique, d'un Général Romain élû Roy par les François de ce temps-là.

Pour moy je me persuade que cette Histoire apocryphe n'a été reçuë jusqu'à présent sans contredit par nos Ecrivains de l'Histoire de France, que parce qu'elle servoit à égayer un peu la triste stérilité de ces premiers régnes, qu'on s'étoit mis en tête sans nul fondement raisonnable, de placer en-deçà du Rhin.

Ma pensée donc est que ce que Grégoire de Tours a écrit là-dessus, n'est point autre chose que l'extrait ou l'abrégé de quelque Roman qui couroit de son temps, & qu'il a pris pour une véritable Histoire du régne de Childéric, qui régnoit au-delà du Rhin près de cent cinquante ans avant qu'il écrivit la sienne.

Car si l'on y prend garde, tout est icy Romanesque ; Childéric encore enfant mené en captivité, & puis sauvé par Viomade, le caractére qu'on luy donne d'un Prince également brave & amoureux, sa retraite chez le Roy de Turinge, après avoir été chassé de son Thrône par ses Sujets, ses amours avec la Reine de Turinge, cette Reine, qui après le rétablissement de ce Prince, quitte son mari & son Royaume pour venir chercher son Amant, cette piéce d'or partagée en deux, dont Childéric avoit gardé une moitié, & dont l'autre moitié luy fut renvoyée par son fidéle Viomade, pour luy faire entendre qu'il étoit temps de revenir dans ses Etats, sans parler des visions qu'on prétend qu'il eût la première nuit de ses nôces, que ceux qui l'ont fait régner en-deçà du Rhin ont ajoutées au petit conte de Grégoire de Tours. Tout cela sans doute a tout l'air d'un Roman. Et je crois que bien des gens penseront comme moy là-dessus.

On pouvoit alors impunément embellir de ces sortes d'épisodes l'Histoire des François, par la raison qu'ils étoient encore dans la France, c'est-à-dire, au-delà du Rhin sans avoir que trespeu de commerce avec les Gaulois ; & on ne commença à sçavoir d'eux quelque chose de bien certain qu'après que Clovis se fut établi dans les Gaules. Alors on étoit instruit de ce qui se passoit parmi eux, comme on sçavoit ce qui se passoit chez les Bourguignons & chez les Visigots, les négociations de leurs Rois, leurs alliances, leurs mariages, leurs intérêts dans les grands mouvemens qui se faisoient par rapport à eux dans l'Empire, & dans les Gaules. Ce n'est que depuis ce temps-là que nôtre Histoire commence à se débroüiller, & à ouvrir une scéne digne de ceux qui veulent s'en instruire.

Ainsi les deux faits que je viens d'établir dans ces deux Articles se servent de preuve l'un à l'autre. L'ignorance profonde où l'on a été dans les Gaules touchant les affaires des François jusqu'au temps de Clovis, marque qu'ils n'y étoient pas établis avant ce temps-là; & par cette raison même qu'ils n'y étoient pas encore établis, on ne doit pas recevoir comme des véritez, des faits qui les regardent, aussi peu vrai-semblables que celuy que je viens de combattre. Ce fait d'ailleurs étoit si important, qu'il auroit dû être marqué par tout, & néanmoins il ne l'est nulle part que plus de cent cinquante ans après, qu'on prétend qu'il s'est passé. Enfin les Epoques ne s'accordent point du tout avec la Chronologie des Auteurs contemporains.

Je finis par une réfléxion que je suplie les Lecteurs de faire avec moy, que quand il s'agit de faits pareils à ceux que je viens de traiter, on doit moins régler son jugement sur la force de chaque preuve prise en particulier, que sur l'assemblage de toutes ces mêmes preuves. En des matiéres de cette nature les argumens pris séparément n'ont pour la plûpart que de la probabilité; mais tous ramassez ensemble, & soûtenus les uns par les autres font un autre effet sur l'esprit, & forment une démonstration morale, capable de convaincre ceux qui sans prévention cherchent la vérité de bonne foy, & sont bien aise de la voir, quand elle se présente.

ARTICLE TROISIE'ME.

Où l'on examine si le Royaume de France depuis l'établissement de la Monarchie dans les Gaules, a été un Etat héréditaire, ou un Etat électif.

Du Haillan, celuy des Auteurs de nôtre Histoire générale, qui au reçit des faits Historiques a le plus ajoûté de réfléxions, s'explique ainsi sur ce sujet. » Après la mort de Clodion le Chévelu » Mérovée fut élû Roy par les François, & faut noter que jusques à Hues Capet, tous les Rois » de France ont été élûs par les François, qui se réservérent cette puissance d'élire & bannir & » chasser leurs Rois. Et bien que les enfans ayent succédé quelquefois à leurs péres, & les fréres » à leurs fréres, ce n'a été par droit héréditaire, ains par l'élection & consentement des François, » qui se trouvant bien d'un Roy, ont voulu, en récompense des biens reçûs de luy, élire & recevoir pour Roy, son fils ou son frére.

P. 124.

» Et en un autre endroit, » par ces exemples & autres semblables dont l'Histoire de France est » pleine, on lira que les Rois François jadis étoient électifs, & non héréditaires, & encore depuis » qu'ils se sont attribué la possession héréditaire d'iceluy, rejettant l'élection que le Peuple en faisoit, » est demeuré une forme d'élection qui se fait à leur Sacre & Couronnement à Rheims, auquel » les Pairs de France au nom de l'Eglise, de la Noblesse, & du Peuple élisent le Roy là présent. » Mais cette forme d'élection n'est qu'une ombre de l'ancienne. C'est-là le sentiment de cet Historien sur ce sujet.

D'autres au contraire prétendent que l'Empire François étoit dès-lors héréditaire comme aujourd'huy; que les enfans des Rois, selon le droit de la Nation, succédoient à leurs péres; qu'au défaut des enfans mâles les fréres succédoient, & au défaut de ceux-là, que c'étoient les parens les plus proches. Je crois cette seconde opinion très-vraye, & celle de du Haillan très-fausse, au moins pour la premiére Race; car il me paroît qu'il y eût du changement pour la seconde.

1. Preuve.

L. 3. c. 1.
Defuncto igitur Clodoveo, quatuor filii ejus, Theodoricus, Clodomirus, Childebertus atque Clotarius regnum ejus accipiunt, & inter se æquâ lance dividunt.

La premiére preuve de ma proposition est la maniére dont nôtre ancien Historien s'exprime sur le partage que les enfans de Clovis firent de l'Empire François après sa mort. *Clovis étant mort*, dit Grégoire de Tours, *ses quatre fils Thierri, Clodomire, Childebert & Clotaire partagérent entre eux son Royaume*. Il n'y a là nulle mention d'élection; au contraire, il est expressément marqué que ce sont les enfans qui partagent eux-mêmes entre eux la succession de leur pére. Certainement rien n'est plus conforme à la succession héréditaire que ce partage; & rien ne paroît s'accorder moins avec une élection. Si l'élection y étoit intervenüe, elle auroit apparemment tombé sur un seul. C'est-là l'usage ordinaire des Etats électifs; mais supposons que les François comptant pour rien l'affoiblissement de la Monarchie, & plusieurs autres inconvéniens, eussent résolu de la partager, il auroit au moins fallu que d'abord les Seigneurs eussent fait eux-mêmes le partage de l'Etat en quatre Royaumes, & qu'ensuite chaque Royaume eût élû son Roy. Or il ne paroît dans l'Histoire nul vestige de cela, ni en cette occasion, ni en d'autres pareilles; & au contraire l'Historien dit expressément que ce furent les fils de Clovis qui firent eux-mêmes les partages entre eux.

2. Preuve.

Je tire une seconde preuve de la maniere dont se fit le partage du même empire François entre les fils de Clotaire. I. Ce Prince avoit réüni en sa personne toute la Monarchie Françoise, & laissa aussi quatre fils, Chilpéric le cadet se saisit de la Ville de Paris, prétendant s'assurer par là la partie du Royaume qu'on appelloit le Royaume de Paris. Mais, dit Grégoire de Tours, ses trois fréres unis ensemble le chassérent de Paris & en vinrent à un partage légitime qu'ils firent entre eux. *Inter se divisionem legitimam faciunt*: & le sort donna à Caribert le Royaume

PREFACE HISTORIQUE.

de Paris, *deditque sors Cariberto regnum Childeberti, sedemque habere Parisiis*; à Gontran le Royaume d'Orleans qui avoit été autrefois le partage de Clodomire ; à Chilpéric celuy de Soissons qui avoit appartenu à Clotaire son pére, & à Sigebert le Royaume de Thierri qui avoit pour Capitale la Ville de Mets. Outre cette maniére de partager, qui n'est, comme j'ay dit, nullement propre des élections faites par le Peuple, outre que ce sont encore les Princes eux-mêmes qui font ce partage entre eux ; il est icy marqué expressément qu'ils tirérent au sort ; peut-on rien voir qui ressente moins l'élection ?

Guntramno regnum Clodemeris ac tenere sedem Aurelianensem, Chilperico vero regnum Clotarii patris ejus, cathedramque Suessionum habere, Sigeberto quoque regnum Theodorici sedemque habere Metensem.

Troisiéme preuve. Gontran Roy de Bourgogne étant demeuré seul après la mort de ses trois fréres se saisit d'une partie du Royaume de Chilpéric & de quelque partie de celuy de Sigebert qu'il prétendoit luy appartenir en vertu d'un Traité qu'il avoit fait avec ces deux Princes ses fréres. Ce Prince n'avoit point d'enfans mâles, mais il avoit deux neveux, Childebert Roy d'Austrasie, fils de Sigebert, & Clotaire II. fils de Chilpéric. Il fit un Traité avec Childebert par lequel il le faisoit héritier de tous ses Etats, à quelque peu de chose près qu'il songeoit à laisser à Clotaire ; & en effet Childebert après sa mort se mit en possession du Royaume de Bourgogne ; est-ce là la conduite d'un Roy qui possède un Royaume électif ? Les Peuples ne se seroient-ils pas opposez à un Traité qui eût violé si ouvertement leurs droits. Et il ne faut pas dire que ce fut là une usurpation de Gontran : c'étoit un bon & saint Prince, qui n'étoit ni fort vaillant ni fort ambitieux, & dont le gouvernement même étoit foible.

3. Preuve.

La quatriéme preuve, est que les fils des Rois de la première Race étoient appellez Rois, même sans avoir été associez au Thrône par leur pére. Cela se voit en plusieurs endroits de nôtre Histoire ; & même dès leur naissance ils portoient le titre de Roy. C'est ce que nous apprend la 39. formule du 1. l. de Marculphe, dont le titre est, *Ut pro nativitate Regis, ingenui relaxentur*. Et dans cette formule le Roy ordonne que pour obtenir de Dieu une longue vie au Prince nouveau né, on donne la liberté à un certain nombre d'Esclaves des maisons Royales. Rien ne montre mieux que la naissance donnoit aux fils des Rois par elle-même, droit à la Royauté.

4. Preuve.

Une cinquiéme preuve, est, ce que dit l'Historien Agathias, en parlant de la mort de Theodebalde Roy de la France Austrasienne, qui n'avoit point laissé d'enfans mâles. Cet Auteur dit que la Loy *du Pays après la mort de Theodebalde appelloit à la Couronne Childebert & Clotaire ses deux grands oncles, comme ses plus proches parens*. C'étoit donc la Loy & la proximité du Sang, & non pas l'élection qui régloit alors la succession de l'Empire des François.

5. Preuve.

L. 1.

Mais il y a sur cela un préjugé qui me paroît fonder une démonstration dans une matiére telle qu'est celle dont il s'agit ; c'est que pendant plus de trois cens ans la Couronne s'est conservée dans la même Famille, tant au-delà qu'en deçà du Rhin. Car depuis Pharamond qui commença à régner vers l'an 420. jusqu'à l'an 751. ou 752. que Childéric III. fut déposé, & que Pepin Chef de la seconde race prit le titre de Roy, il y a 331. an. Que si suivant l'idée de du Haillan le Royaume avoit été purement électif, & que toutes les autres Familles illustres parmi les François eussent eu droit d'y prétendre, il est manifeste qu'elles n'eussent pas laissé celle-cy si long-temps en possession de cet avantage, & de cet honneur ; outre la prescription qui étoit à craindre, les interets particuliers de toutes ces Familles y étoient trop contraires.

C'est par cette raison qu'en Pologne qui est un Royaume électif nous avons vû de nos temps les Familles monter sur le Thrône les unes après les autres ; c'est ce qu'on a vû dans d'autres Etats d'Europe tandis qu'ils ont été électifs. Au contraire dans l'Empire François sous la premiére Race, non seulement on ne voit point de différentes Familles sur le Thrône ; mais ce qui est encore très-remarquable, on ne les voit point faire de tentative pour y monter. On trouve sous Thierri I. Roy d'Austrasie fils de Clovis, un Aventurier nommé Mondéric qui prend la qualité de Roy ; mais ce n'est que se disant fils de la Famille Royale. Un Gondebaud, du temps des petits fils de Clovis vient de Constantinople & se fait proclamer Roy à Brive-la-Gaillarde ; mais c'est en se disant fils de Clotaire I. Cet exemple montre que la seule naissance donnoit droit à la succession du Roy mort. Car si l'élection étoit nécessaire pour avoir droit à la Couronne, Gondebaud, quand même il auroit été certainement fils de Clotaire, n'y auroit pas eu même un droit apparent, puisqu'après la mort de Clotaire, on n'avoit eu nul égard à luy dans l'élection des successeurs de ce Prince.

Greg. Turon. l. 1. c. 4. l. 7. c. 10.

Un seul Grimoald Maire du Palais d'Austrasie, ose faire prendre le titre de Roy d'Austrasie à son fils : aussi-tôt il se fait un souleévement général contre tous les deux. On se saisit du pére & on l'envoye en prison à Paris où il mourut, le fils est chassé ou tué, & on remet ce Royaume dans la Famille Royale.

Si le Royaume de France avoit été électif ; qui auroit empêché les Maires du Palais de se faire élire ? Ils eurent sous plusieurs Rois la puissance toute entiére entre les mains, Maîtres des Armées, des Finances, des Charges, ils disposoient absolument de tout, il ne leur manquoit que le nom de Roy & la Couronne ? Que ne se faisoient-ils élire à la mort de quelqu'un de ces Rois, au lieu d'élever à leur place, comme ils faisoient, les fréres ou les enfans de ces Princes encore tout jeunes & incapables de gouverner.

6. Preuve.

Cette raison de leur incapacité à cause de leur âge, ne devoit-elle pas suffire pour les exclure d'un Thrône électif, vû principalement que la France avoit sur ses frontiéres tant de Peu-

PREFACE HISTORIQUE.

ples, ou ennemis, ou tributaires très-difficiles à contenir dans la soûmission.

On voit par la suite de l'Histoire les descendans de Pepin I. du nom, jusqu'à Pepin III. qui fut enfin Roy, prendre des mesures pour monter sur le Thrône, & cela pendant l'espace de plus de cent ans. Pourquoy tant de précautions, tant d'artifices, tant de modestie affectée? Rien ne leur étoit plus aisé, vû le grand nombre d'amis & de serviteurs qu'ils avoient, que de se faire élire Rois, si le Royaume avoit été électif.

Pepin pére de Charles Martel s'empara du Royaume d'Austrasie, & s'en fit Duc sans dépendance du Roy de France : mais il n'osa jamais prendre le titre de Roy. Charles-Martel son fils étant devenu Maître absolu de ce Duché, garda non seulement la même conduite ; mais même il fut obligé, pour s'accommoder à l'inclination des François Austrasiens, d'y rétablir un Roy de la race Mérovingienne, qui s'appelloit Clotaire, & cela après trente-sept ans d'interrégne dans cette partie de l'Empire François. Peut-on rien alléguer de plus convainquant, pour prouver que ces Princes avoient par leur naissance un droit incontestable à la Couronne?

Le même Charles-Martel après la mort de ce Clotaire, reconnut Thierri de Chelles, non seulement pour Roy de Neustrie & de Bourgogne, mais encore pour Roy d'Austrasie. Thierri étant mort, il ne jugea pas à propos de donner à la France, même un phantôme de Roy, comme il avoit fait jusqu'alors : mais aussi il se garda bien de prendre luy-même le titre de Roy, & de dater les Actes publics des années de son Gouvernement, comme faisoient les Rois de France. On a des Chartes de ce temps-là, & une entre autres de Charles-Martel même datée en ces termes: *La cinquiéme année d'après la mort du Roy Thierri* ; & c'est par ces sortes de Chartes que l'on prouve cet interrégne général dans tout l'Empire François, que le Pére Sirmond & le Pére Pétau ont découvert les premiers dans nôtre Histoire.

Pepin, fils de Charles-Martel fit mettre sur le Thrône Childéric III. C'est celuy qu'il déthrôna luy-même quelque temps après, en s'emparant de la Couronne. Que ne se faisoit-il élire d'abord, si le Royaume étoit électif?

7. Preuve.
L. 1. c. 9.

Mais non, les François depuis long-temps s'étoient volontairement soûmis à la Famille régnante. Grégoire de Tours nous le fait assez clairement entendre, quoyque sur une simple tradition, en ces termes. » Plusieurs disent que les François, après s'être établis sur les confins de » la Turinge, avoient créé pour les gouverner, des Rois chévelus de la premiére & de la plus » noble Famille qui fut parmi eux, de laquelle étoit Clovis. Et cela est si vray que tous les petits Rois François qui passèrent le Rhin avec luy étoient tous ses parens, & qu'on n'en nomme aucun qui ne le fût. Ranacaire Roy de Cambray, Reinomer Roy du Maine, Sigebert Roy de Cologne & Cararic, tous étoient de la Famille de Clovis, n'étant permis à personne qu'à ceux de cette Famille, depuis que la Nation s'y étoit soûmise, de prendre le nom de Roy. Ce que Grégoire de Tours ne rapporte que comme une tradition reçuë parmi les François ; Saint Grégoire le Grand le dit affirmativement. C'est la naissance, dit-il, qui fait les Rois chez les François aussi-bien que chez les Perses. *In Persarum Francorumque terrâ Reges ex genere prodeünt.* Ce saint Pape vivoit du temps des petits fils de Clovis.

Homil. Io. in Evangel.

Enfin ce que du Haillan avance, pour rendre son systême vrai-semblable, ne se peut pas soûtenir, sçavoir que cette succession continuë venoit de l'affection des Peuples qui reconnoissoient dans la personne des enfans les bienfaits qu'ils avoient reçus de leur pére. Car par exemple Clotaire II. qui fut reconnu pour Roy à l'âge de quatre ou cinq mois par les François du Royaume de Neustrie, étoit fils de Chilpéric I. & de Frédégonde tous deux infiniment haïs de leurs Sujets : de sorte que par la raison contraire à celle que du Haillan apporte, il devoit être entièrement exclu de la succession du Royaume qui luy fut néanmoins déféré. Toutes ces réfléxions me paroissent être des preuves invincibles de mon sentiment, & rendre l'autre insoûtenable.

Le défaut du raisonnement de l'Historien que je réfute, consiste principalement en ce qu'il prouve le droit que les Peuples avoient, selon luy, à l'élection de leurs Rois, par de certains faits très-peu propres à le prouver.

Le premier est la déposition chimérique de Childéric pére de Clovis, & l'élection du Comte Gilles Général de l'Armée Romaine en sa place : le second est l'offre que les François du Royaume de Soissons vinrent faire à Sigebert Roy d'Austrasie de se soûmettre à luy dans le temps qu'il tenoit son frére Chilpéric I. assiégé dans Tournay, sans aucune apparence qu'il pût luy échaper. Il ajoûte la déposition de Childéric III. & l'élévation de Pepin Chef de la seconde race, & puis l'élection de Hugues Capet Chef de la troisiéme, à la place de Charles Duc de la Basse-Lorraine. Tous ces faits & d'autres pareils, où dans la plûpart la violence est manifeste, ne prouvent en aucune maniére par eux-mêmes le droit des Peuples pour la déposition où l'élection de leurs Rois. Combien de fois les Peuples soulevez par les Grands, ou par les ennemis d'un Etat ont-ils exercé ces violences contre les Rois les plus légitimes & les plus incontestablement héréditaires ?

Ne seroit-ce pas très-mal raisonner que de conclure des deux fameux exemples d'Angleterre que nous avons vû dans nôtre siécle, & de plusieurs autres qui sont marquez dans l'Histoire de cette Isle, que le Royaume d'Angleterre n'est pas un Etat héréditaire, mais électif. Ceux que cet Historien rapporte pour prouver que la France sous la premiére race, étoit un Royaume électif, ne sont-ils pas très semblables à ceux-cy?

Je

PREFACE HISTORIQUE.

Je sçay bien que quelquefois nos anciens Historiens se servent à cette occasion du mot d'élection: par exemple le Continuateur de Frédégaire en parlant de Clovis troisième fils de Thierry, dit que les François l'élûrent pour Roy, tout enfant qu'il étoit, *Clodovæum filium ejus parvulum elegerunt in regnum*. Mais cette manière de parler ne signifie pas une élection, telle qu'elle se fait dans un Royaume électif par des suffrages dans les formes. Ce terme signifie tout au plus le consentement unanime des Seigneurs dans ces Assemblées publiques, où selon la coûtume de la nation, les Rois étoient proclamez, mais un consentement qui ne se refusoit jamais, & ne pouvoit se refuser, étant fondé sur la Loy, comme le dit Agathias, & sur le droit de la naissance comme parle saint Grégoire; c'étoit comme un renouvellement du choix que la nation avoit fait autrefois de la Maison Royale, pour en être gouvernée; & ce renouvellement se faisoit par un nouveau serment de fidélité.   Loc. cit.

Je confirme ce que je viens de dire à cet égard par un ancien Cérémonial des Sacres de nos Rois, composé, ainsi que le prétend Du Tillet, par le commandement de Loüis le Jeune père de Philippe Auguste, & qu'on a continué d'observer jusqu'à ces derniers temps. Dans une des Oraisons que recite l'Archevêque qui sacre le Roy, il y a ces paroles, * *Multiplie les dons de tes bénédictions sur cettui ton serviteur, lequel par humble dévotion nous élisons par ensemble au Royaume*: & néanmoins l'Archevêque dans la suite de la Cérémonie addressant la parole au Roy, ajoûte : *Sois stable, & retiens long-temps l'Etat lequel as tenu jusqu'à présent par la suggestion de ton père* DE DROIT HEREDITAIRE *délégué par l'autorité de Dieu tout-puissant, &c.* Ce qui montre que ce terme d'*Election* ne signifie en ces occasions, qu'une simple acceptation des Peuples, & rien d'opposé aux droits & à l'idée que nous avons d'une Couronne héréditaire. Il paroît donc constant que le Royaume de France ne fut point électif dans ces premiers temps; mais qu'il fut parfaitement héréditaire, & qu'il ne l'est aujourd'huy que conformément à la première institution.   * C'est la traduction de du Tillet.

Je n'en dis pas de même de la seconde Race, où presque tout ce que l'on voit donne l'idée d'un Royaume électif. Il est certain premièrement que Pépin Chef de cette lignée fut fait Roy par élection, & que par cette élection même, le droit des fils des Rois à la Couronne de leur père fut aboli; c'est-à-dire, que la Couronne cessa d'être héréditaire; & il est question de voir si elle le redevint depuis.

Secondement, un Royaume ne devient héréditaire qu'en deux manières. La première, lorsqu'un Peuple par un engagement solemnel se soûmet, non seulement à un Roy, mais à la Famille de ce Roy, pour en être gouverné. C'est ainsi que, selon Grégoire de Tours, *les François après s'être établis sur les confins de la Turinge, avoient créé, pour les gouverner, des Rois Chévelus de la première & de la plus noble Famille qui fut parmi eux, de laquelle étoit Clovis*. C'est ainsi que de nôtre temps en 1660. les Etats du Royaume de Danemarc asseurèrent cette Couronne à la postérité de Fridéric III. Or on ne voit point un pareil engagement des François à l'égard de la seconde Race. Pépin fut élû Roy; mais sans qu'il paroisse aucune obligation de la part des François de conserver la Couronne dans sa Maison : & pour peu qu'on réfléchisse sur ce qui se passa dans la suite, on trouvera le contraire.

Le Pape Estienne étant venu en France, pour demander du secours contre les Lombards, Pépin qui avoit déja été sacré par saint Boniface Evêque de Mayence, le fut de nouveau par ce Pape, qui donna ensuite l'Onction Royale à Charles & à Carloman enfans de Pépin. Après la Cérémonie Estienne harangua l'Assemblée; & en donnant sa bénédiction aux Seigneurs François, les exhorta, & les conjura au nom de saint Pierre, dont Dieu luy avoit confié l'autorité, de maintenir la Couronne dans la Famille de Pépin sous peine d'interdit & d'excommunication, d'autant que Pépin & ses enfans avoient été élevez sur le Throne par la divine miséricorde, & par l'intercession des Saints Apôtres : que leur élection avoit été confirmée, & qu'ils avoient été sacrez par le Vicaire de JESUS-CHRIST. Il n'est fait à nulle mention d'aucune promesse ou serment fait par les Seigneurs François d'attacher la Couronne à la Famille de Pépin; & s'il y en avoit eu, le Pape n'auroit pas manqué de le leur remettre devant les yeux. Il n'employe que la voye d'exhortation & les menaces des peines spirituelles appuyées sur l'assurance qu'il leur donnoit que telle étoit la volonté de Dieu, & des Apôtres saint Pierre & saint Paul.   Voyez la page 991. de Grég. de Tours de l'édition de Dom Ruinart.

Secondement, après la mort de Pépin, dit Eginart, la succession du Royaume échéoit à Charles & à Carloman par la volonté de Dieu, *Divino nutu*, qui avoit été déclarée par le Pape. Les François dans une Assemblée générale, les choisirent tous deux pour leurs Rois à ces conditions; que le Royaume seroit partagé en deux parties égales; que Charles auroit la partie que Pépin son père avoit gouvernée avant que d'être Roy, & que Carloman auroit celle que son oncle Carloman avoit administrée avant sa retraite du monde. Les conditions furent acceptées de part & d'autre, ajoûte Eginart.   In vita Caroli magni.

La succession de la Couronne vient à ces deux Princes par l'ordre de Dieu, au lieu que saint Grégoire parlant des Rois de la première Race dit, qu'elle leur venoit de naissance. *Reges ex genere prodeunt*. Ce sont, selon Grégoire de Tours, les quatre fils de Clovis qui partagent entre eux le Royaume; icy ce sont les Seigneurs François qui règlent les partages. Sous la première Race, les quatre fils de Clotaire conviennent des différens lots entre eux, & tirent au sort; icy tel & tel lot sont déterminez pour chacun, & on ne les reconnoît pour Rois, qu'à condition que

Tome I.   c

PREFACE HISTORIQUE.

chacun se contentera de ce qui luy est assigné.

Troisiémement, Pépin, Charlemagne, Loüis *le Débonnaire* s'associent leurs enfans, ou leur partagent leur Royaume de leur vivant avec le consentement des Assemblées ou Diétes de l'Etat, & ils veulent que ces partages soient approuvez par les Papes, pour qui ils avoient inspiré beaucoup de vénération à leurs Sujets. C'étoient autant de précautions qu'ils prenoient pour assûrer la Couronne à leurs Familles, & qu'ils n'auroient pas prises, si elle fût venuë de plein droit à leurs enfans.

Quatriémement, Carloman frére de Charlemagne étant mort, ce Prince est aussi-tôt élû pour Roy par les Sujets de Carloman qui avoit des enfans, lesquels se retirérent en Italie à la Cour du Roy des Lombards.

Cinquiémement, dans la Charte du partage que Charlemagne fit de son Etat à ses trois fils, où il tâcha de prévenir tous les inconvéniens qui pourroient troubler la paix entre eux, & où en cas qu'un des trois mourût, il marque comment les deux autres partageront ensemble l'Etat de leur frére mort, il ajoûte ces mots remarquables, *que si un des trois a un fils qui soit tel*, QUE LE PEUPLE VEUILLE BIEN L'ÉLIRE POUR SUCCEDER A L'ETAT DE SON PERE, *Nous voulons que ses deux oncles donnent leur consentement à l'Election, & qu'ils le laissent régner dans la partie de l'Etat que son pére avoit euë en partage.*

Sixiémement, après la mort & un régne fort court de Loüis *le Bégue* petit fils de Loüis *le Débonnaire*, le Duc Boson frére de l'Impératrice Richilde femme de Charles le Chauve se fit élire dans un Concile, Roy d'Arles & de Provence; & ce Royaume étoit d'une grande étenduë. Cet exemple peû de tems après fut imité par Rodolphe Duc de la Bourgogne Transjurane, & il y prit le nom de Roy. Il paroît par tous ces faits que l'Empire François, sous la seconde Race, n'étoit plus regardé comme héréditaire.

La seconde maniére par laquelle un Royaume devient héréditaire, est une fort longue possession, & une longue suite de Princes du même Sang, élevez les uns après les autres sur le Thrône, & qui marque un consentement unanime des Peuples pour perpétuer la Couronne dans une même Branche. Or cela ne se trouve point dans la race Carlovingienne. Car après cinq générations, c'est-à-dire, après Carloman fils de Loüis *le Bégue*, la Couronne fut transportée par Election à Charles *le Gros* Empereur, qui étoit de la Branche Germanique de Charlemagne, & aussi-tôt après à Eudes, & puis à Robert, & ensuite à Rodolphe, qui n'étoient point de la Race masculine de Pépin.

Chales *le Simple* reconnût luy-même Eudes pour Roy d'une partie de la France par un accommodement qui se fit entre eux: mais ce ne fut pas seulement en cette occasion, où l'on pourroit dire qu'il fut forcé de le faire. Il reconnût Eudes pour tel après la mort de ce Prince. Il luy donne le titre de Roy dans une Charte, *Odo Rex*, & ordonne qu'un anniversaire fondé par ledit *Roy*, se fasse dans l'Eglise de saint Corneille de Compiégne.

A la vérité après la mort de ces trois Rois Eudes, Robert & Rodolphe, on en revint à Loüis d'*Outremer* fils de Charles *le Simple*; & à Loüis d'*Outremer*, succédérent Lothaire son fils, & Loüis cinquiéme son petit fils: mais deux générations ne suffisent point pour ce titre de longue possession dont je parle. Il y en a bien plus aujourd'huy dans la Maison d'Autriche pour l'Empire, & cependant l'Empire n'y est pas encore regardé comme héréditaire.

On peut résoudre par ces réflexions une question, sçavoir si l'Election de Pépin, la déposition de Childéric, & l'exclusion du fils de ce Prince furent légitimes. Il n'auroit pas été sûr d'agiter cette question sous les régnes des Rois de la seconde Race: mais on y peut répondre maintenant sans conséquence, nos Rois n'ayant aujourd'huy nul intérêt à soûtenir la validité de cette Election. Au contraire cette validité supposeroit une maxime également fausse, pernicieuse & dangereuse pour les Souverains, sçavoir que les Peuples auroient droit de se soustraire à l'obéissance de leur Prince légitime & héréditaire, pour s'en choisir un autre. Supposé donc que le Royaume de France fut héréditaire, comme j'ay montré clairement qu'il l'étoit dans la premiére Race, on ne doit point hésiter à dire que Pépin n'y avoit nul droit, & qu'il l'avoit injustement envahi sur celuy que la naissance en avoit fait le juste & véritable possesseur.

On pourroit faire une pareille question au sujet de Hugues Capet, par rapport aux descendans de Charlemagne: mais il n'est pas difficile d'y satisfaire. Je dis donc premiérement, que quand il seroit vray que Hugues Capet auroit usurpé le Royaume sur le légitime Successeur du dernier Roy de la Race Carlovingienne, huit siécles de possession forment une préscription contre laquelle il n'y a pas à réclamer; & le consentement unanime des Peuples rectifieroit parfaitement ce que cette possession auroit eu d'abord de vicieux, d'autant plus qu'il n'y a plus au monde aucun descendant de Pépin Chef de la seconde Race. Il ne se trouve dans l'Europe, ni même dans tout le monde aucun Souverain qui puisse produire un si bon titre.

Je dis en second lieu qu'il y a beaucoup de différence à cet égard, entre Pépin & Hugues Capet. Car premiérement Pépin s'étoit emparé d'un Thrône qui étoit héréditaire, au moins depuis sa fondation dans les Gaules; & Hugues Capet s'y étoit fait élever par l'Election des Seigneurs, depuis que ce même Thrône étoit devenu électif, & n'étoit plus regardé comme héréditaire, bien que quelques Seigneurs, sur tout en Aquitaine, soûtinssent le contraire. Supposé ce préjugé, Hugues Capet pouvoit y prétendre avec d'autant plus de fondement, que Robert son ayeul, & Eudes son grand oncle avoient été sur le Thrône: mais secondement il y avoit encore une autre raison capable d'autoriser ses prétentions.

PREFACE HISTORIQUE.

Cette raison étoit qu'il y avoit lieu de contester à Charles le Simple, & par conséquent à ses trois descendans, le droit qu'il avoit prétendu avoir au Thrône par sa naissance. Loüis le Bégue dont-il étoit fils, s'étant révolté contre Charles le Chauve son pére, avoit épousé malgré ce Prince, Ansgarde fille d'un Seigneur Breton, de laquelle il eût Loüis & Carloman, qui régnérent après luy. Charles le Chauve l'obligea à la répudier, & lui fit épouser Adelaïde native d'Angleterre. Lorsque Loüis mourut, elle étoit enceinte de Charles le Simple. Si le premier mariage étoit valide, comme il paroit qu'il le fut, le second étoit nul, & Charles le Simple n'étoit pas légitime. D'où il s'ensuit que luy & ses descendans étoient incapables de succéder à la Couronne. Il paroit que ce mariage fut regardé comme illégitime à Rome; car Loüis le Bégue s'étant fait sacrer à Troye par le Pape Jean VIII. & l'ayant ensuite prié de Couronner de sa main la Reine Adelaïde, il ne le voulut jamais faire; & l'on n'en peut imaginer d'autre raison que celle de la nullité du mariage, dont on étoit persuadé à Rome.

Lors donc que Hugues Capet se fit élire Roy, premiérement l'élection avoit été introduite en France, & il y avoit plus de droit qu'aucun autre, étant petit-neveu & petit-fils de Roy. Secondement, il fit donner l'exclusion à Charles oncle de Loüis V. dont le droit pour la succession à la Couronne, étoit au moins douteux, à cause de la naissance de Charles le Simple, son ayeul; Il seroit donc injuste de traiter Hugues Capet d'usurpateur, comme quelques-uns ont fait, faute de réfléchir sur les choses remarquables que je viens d'exposer. Il y a une différence infinie entre les conjonctures où il monta sur le Thrône, & celles où Pépin s'en empara.

Il est très-vrai-semblable que Hugues Capet ayant confirmé les Ducs, les Comtes, & d'autres Seigneurs dans leurs usurpations, non seulement pour eux, mais encore pour leur postérité, obtint aussi d'eux le rétablissement du droit successif à la Couronne dans sa Maison : mais comme il se défioit toûjours de leurs caprices, il s'associa son fils Robert. Ce Prince en fit dans la suite autant pour son fils Henry, & l'usage de l'association dura jusqu'à Philippe Auguste, lequel jugeant le droit successif suffisamment rétabli par la succession de plusieurs Rois ses Prédécesseurs, qui succédérent de pére en fils à Hugues Capet, & dont les régnes, pour la plûpart furent fort longs, ne se mit pas en peine de s'associer Loüis VIII. son fils. L'expérience a montré qu'il en avoit bien jugé : car ce droit depuis près de huit cens ans, a été observé en France avec encore plus d'éxactitude qu'il ne l'avoit été sous la premiére Race où il fut institué.

APPROBATION.

J'Ay lû par ordre de Monseigneur le Chancelier, cette Histoire de France, composée par le R. P. DANIEL Jesuite, & conduite depuis Clovis, & jusqu'à Loüis XIII. exclusivement. J'y ay trouvé la fidélité, & l'exactitude au regard des faits joints à la clarté & à la netteté du style; & je ne doute pas que l'impression de cet Ouvrage ne soit très-agréable & très-utile au Public. Fait à Paris le 29. d'Avril 1707. SAURIN.

Permission du Révérend Pére C. DE LAISTRE, Provincial.

JE soussigné Provincial de la Compagnie de Jesus, dans la Province de France, suivant le pouvoir que j'ay reçû de N. R. P. Général, permets au Pére GABRIEL DANIEL, de faire imprimer un Ouvrage qu'il a composé, qui a pour titre, Histoire de France, &c. lequel a été lû & approuvé par trois Reviseurs de nôtre Compagnie. En foy & témoignage de quoy j'ay signé la présente Permission. A Roüen le 12. May 1708. C. DE LAISTRE.

PRIVILEGE DU ROY.

LOUIS PAR LA GRACE DE DIEU ROY DE FRANCE ET DE NAVARRE: A nos amez & féaux Conseillers les Gens tenans nos Cours de Parlement, Maître des Requetes ordinaires de nôtre Hôtel, grand Conseil, Prévost de Paris, Baillifs, Sénéchaux, leurs Lieutenans Civils & autres nos Justiciers, qu'il appartiendra; Salut. LE PERE GABRIEL DANIEL de la Compagnie de JESUS, Nous a fait remontrer qu'il desireroit donner au Public un Ouvrage de sa composition intitulé, Histoire de France, depuis l'établissement de la Monarchie Françoise dans les Gaules, avec des notes & des dissertations sur divers point de cette Histoire; s'il nous plaisoit luy accorder nos Lettres de Privilége, sur ce nécessaires; & comme la lecture de cet Ouvrage n'est pas moins utile que curieuse: Nous luy avons permis & accordé, permettons & accordons par ces présentes de faire imprimer ledit Livre, en telle forme, marge, caractére, & autant de volumes, & autant de fois que bon luy semblera, & de le faire vendre & debiter par tout nôtre Royaume, pendant le temps de vingt années consécutives, à compter du jour de la datte des Présentes : Faisons défenses à toutes personnes de quelque qualité & condition qu'elles puissent être d'en introduire d'impression étrangère dans aucun lieu de nôtre obéïssance; & à tous Imprimeurs, Libraires & autres, d'imprimer, faire imprimer, vendre, debiter, ni contrefaire ledit Livre en tout ou en partie, sans la permission expresse ou par écrit dudit Exposant, ou de ceux qui auront droit de luy; A peine de confiscation des Exemplaires contrefaits, de trois mil livres d'amende contre chacun des contrevenans, dont un tiers à Nous, un tiers à l'Hôtel-Dieu de Paris, l'autre tiers audit Exposant, & de tous dépens, dommages & intérests; à la charge que ces présentes seront enregistrées tout au long sur le Registre de la Communauté des Imprimeurs & Libraires de Paris, & ce dans trois mois de la datte d'icelles; que l'impression dudit Livre sera faite dans nôtre Royaume & non ailleurs, & ce en bon papier, & en beaux caractéres, conformément aux Réglemens de la Librairie ; & qu'avant que de l'exposer en vente, il en sera mis deux exemplaires dans nôtre Bibliothéque publique, un dans celle de nôtre Château du Louvre, & un dans celle de nôtre très-cher & féal Chevalier Chancelier de France le Sr Phelypeaux, Comte de Pontchartrain, Commandeur de nos Ordres ; le tout à peine de nullité des Présentes : Du contenu desquelles vous mandons & enjoignons de faire joüir l'Exposant ou ses ayans cause pleinement & paisiblement, sans souffrir qu'il leur soit fait aucun trouble ou empêchement. Voulons que la copie desdites Presentes qui sera imprimée au commencement ou à la fin dudit Livre, soit tenüe pour düement signifiée; & qu'aux copies collationnées par l'un de nos amez & féaux Conseillers Secretaires, foy soit ajoutée comme à l'Original ; COMMANDONS au premier nôtre Huissier ou Sergent de faire pour l'execution d'icelles tous Actes requis & nécessaires, sans demander autre permission, nonobstant Clameur de Haro, Charte Normande, & autres Lettres à ce contraires : Car tel est nôtre plaisir. DONNE' à Versailles le 13. jour d'Aoust, l'an de grace 1707. & de nôtre Régne le soixante-cinquième. Par le Roy en son Conseil, Signé, LE COMTE. Et scellé.

Il est ordonné par Edit de Sa Majesté de 1686. & Arrests de son Conseil, que les Livres, dont l'impression se permet par chacun des Priviléges, ne seront vendus que par un Libraire ou Imprimeur.

Registré sur le Registre N°. 2. de la Communauté des Libraires & Imprimeurs de Paris, page 140. N°. 506. conformément aux Réglemens, & notamment à l'Arrest du Conseil du 13. Aoust 1703. A Paris ce 19. Aoust 1707. Signé, GUERIN, Syndic.

J'ay cédé mon droit au present Privilége à Mr. DELESPINE, suivant l'accord fait entre nous, le neuviéme Janvier 1708. GABRIEL DANIEL, de la Compagnie de JESUS.

Registré sur le Registre de la Communauté des Libraires & Imprimeurs de Paris, page 512. ce 17. Septembre 1712. Signé L. JOSSE, Syndic.

J'ay Associé pour moitié dans le présent Privilége M. DENYS MARIETTE, suivant l'accord fait entre Nous. A Paris ce 11. Janvier 1708. Signé DELESPINE.

Registré sur le Registre de la Communauté des Libraires & Imprimeurs de Paris, page 512. ce 17. Septembre 1712. Signé L. JOSSE, Syndic.

CARTE OU L'ON MARQUE LA DIVISION DE LA MONARCHIE FRANÇOISE EN DIVERS ROYAUMES,
ET LES NOMS DE TOUS LES ROIS DE LA PREMIERE RACE QUI Y ONT REGNÉ.

J'AY déja remarqué dans ma Préface générale, que les Ecrivains de nôtre Histoire ne mettent qu'un certain nombre de Rois dans les listes qu'ils font des Rois de France de la premiere Race ; & j'ay montré que c'est sans raison qu'ils en usent ainsi. Je les mets tous dans cette Carte, où après avoir marqué les divers Royaumes qui compoſoient cette Monarchie, je mettray, 1°. La liste des Rois de France, telle qu'elle a été dreſsée par nos Historiens 2°. La liste des Rois d'Orleans & de Bourgogne. 3°. La liste des Rois d'Auſtraſie. 4°. Le nombre des Rois de chaque nom qui ont regné dans les divers Royaumes. J'ajoûteray une Table Généalogique de tous les Rois de la premiere Race.

DIVISION DE LA MONARCHIE FRANÇOISE EN DIVERS ROYAUMES.

LA Monarchie Françoiſe, après la mort de Clovis I. fut partagée en quatre Royaumes, ſçavoir, le Royaume de Paris, le Royaume de Soiſſons, le Royaume d'Orleans, le Royaume de Metz ou d'Auſtraſie. Quelque temps après le Royaume d'Orleans fut appellé le Royaume de Bourgogne ; le Royaume de Paris fut appellé le Royaume de Neuſtrie, celuy de Soiſſons fut démembré & confondu dans les autres Royaumes ; celuy d'Auſtraſie conſerva toûjours ſon nom ſous la premiere Race ; mais ſur la fin il fut démembré de la Monarchie par Pepin, d'Herſtal ou d'Heriſtal pere de Charles Martel, & devint Duché.

Liſte des Rois de la premiere Race, telle qu'elle a été dreſſée par tous nos Hiſtoriens.	Rois d'Orleans ou de Bourgogne.	Rois d'Auſtraſie.	ROIS DE MEESME NOM EN DIVERS ROYAUMES DE LA MONARCHIE FRANÇOISE.	
PHARAMOND.	CLODOMIR.	CLOVIS I. Roy de toute la Monarchie.	**Rois du nom de Chariberi.**	**Rois du nom de Clovis.**
CLODION.	CLOTAIRE I. en même-temps Roy de toute la Monarchie.	THIBERI.	CHARIBERT fils de Clotaire I. il fut Roy de Paris.	Il y en a eu trois de ce nom.
MEROVEE.	GONTRAN.	THEODEBERT.	CHARIBERT frere de Dagobert I. il fut Roy d'une partie de l'Aquitaine. On l'appelle plus communément Aribert.	CLOVIS premier Fondateur de la Monarchie dans les Gaules.
CHILDERIC.	CHILDEBERT, en même temps Roy de Bourgogne.	THEODEBALDE.		CLOVIS, dit communément Clovis II. fils de Dagobert I. Il fut Roy de Bourgogne & de Neuſtrie.
CLOVIS.	THIERRI.	CLOTAIRE I. Roy de toute la Monarchie.	**Rois du nom de Childebert.**	CLOVIS, dit communément Clovis III. petit fils du précédent. Il fut Roy de Neuſtrie & de Bourgogne.
CHILDEBERT.	SIGEBERT.	SIGEBERT.	Il y en a eu trois de ce nom.	
CLOTAIRE.	CLOTAIRE II. en même temps Roy de toute la Monarchie.	CHILDEBERT en même temps Roy de Bourgogne.	CHILDEBERT fils de Clovis I. fut Roy de Paris, & étendit ſon Royaume par la mort de Clodomir ſon frere.	**Rois du nom de Dagobert.**
CHARIBERT.	DAGOBERT Roy de toute la Monarchie.	CLOTAIRE II. Roy de toute la Monarchie.	CHILDEBERT fils de Sigebert Roy d'Auſtraſie & de Bruneſhaut : il fut Roy d'Auſtraſie & de Bourgogne.	Il y a eu trois Rois de ce nom.
CHILPERIC.	CLOVIS II.	DAGOBERT Roy de toute la Monarchie.	CHILDEBERT, dit communément Childebert II. fils de Thierri dit communément Thierri I. Il y eut un uſurpateur du Royaume d'Auſtraſie de même nom, mais qui fut auſſi-tôt déchaſſé.	DAGOBERT fils de Clotaire II. il fut Roy de toute la Monarchie.
CLOTAIRE II.	CLOTAIRE III.	SIGEBERT.		DAGOBERT II. fils Roy de Neuſtrie & de Bourgogne.
CHILDERIC II.	CHILDEBERT Roy de toute la Monarchie.	DAGOBERT Roy d'une partie d'Auſtraſie.		DAGOBERT fils de Sigebert Roy d'Auſtraſie. Il fut Roy d'une partie de l'Auſtraſie.
THIERRI.	THIBERI Roy d'une partie de la Monarchie.	CHILDERIC Roy de toute la Monarchie.	**Rois du nom de Childeric.**	GONTRAN fils de Clotaire I. & petit fils de Clovis I. a été l'unique de ce nom. Il fut Roy de Bourgogne.
CLOVIS III.	CLOVIS III.	THIERRI Roy de toute la Monarchie.	Il y en a eu trois de ce nom, en comptant Childeric pere du grand Clovis.	
CHILDEBERT II.	CHILDEBERT.		CHILDERIC pere de Clovis I. fut Roy de la France en-deçà du Rhin.	**Rois du nom de Sigebert.**
DAGOBERT II.	DAGOBERT.	**Ducs d'Auſtraſie.**	CHILDERIC, dit communément Childeric II. fils de Clovis II. il fut Roy de Bourgogne & de Neuſtrie.	Il y en a eu trois de ce nom.
CHILPERIC II.	CHILPERIC.	PEPIN D'HERISTAL.		SIGEBERT Roy d'Auſtraſie, fut fils de Clotaire I.
THIERRI II.	THIBERI DE CHELLES.	THEODOALD petit fils de Pepin.	CHILDERIC, dit communément Childeric III. dernier Roy de la premiere Race. Il fut Roy de Bourgogne & de Neuſtrie.	SIGEBERT Roy d'Auſtraſie, qui fut arriere petit fils du précédent, fut novofois il fut reconnu Roy.
INTERREGNE.	CHILDERIC dernier Roy de la premiere Race.	CHARLES MARTEL fils de Pepin.		SIGEBERT auſſi fils de Dagobert, fut fils de Dagobert I.
CHILDERIC III.		CARLOMAN fils de Charles Martel,	**Rois du nom de Chilperic.**	THEODEBALDE, unique de ce nom, fut Roy d'Auſtraſie : il étoit arriere petit fils de Clovis I.
De cette Liſte, où l'on a prétendu mettre les Rois qui ont poſſedé Paris, il faudroit retrancher Chilperic I. qui ne le poſſeda jamais entier, mais ſeulement en partie ; autrement il y faudroit auſſi mettre Gontran & Sigebert ſes freres, qui poſſedérent auſſi en même temps que Chilperic, chacun une partie de Paris par la ſucceſſion de Charibert leur frere.		Un Prince du Sang Royal, nommé Clotaire, entre ces deux derniers, porta pendant quelque temps le titre de Roy d'Auſtraſie.	Il y a eu deux Rois de ce nom.	
			CHILPERIC perit fils de Clovis. Il fut Roy de Soiſſons.	**Rois du nom de Theodebert.**
			CHILPERIC appellé auparavant Daniel. On croit qu'il étoit fils de Childeric II.	Il y en a eu deux de ce nom.
				THEODEBERT petit fils de Clovis I. Il fut Roy d'Auſtraſie.
			CLODOMIR, fils de Clovis I. a été l'unique de ce nom. Il fut Roy d'Orleans.	THEODEBERT fils de Chilperic Roy d'Auſtraſie. Il fut Roy d'Auſtraſie.
			Rois du nom de Clotaire.	**Rois du nom de Thierri.**
			Il y en a eu quatre de ce nom.	Il y en a eu quatre de ce nom.
			CLOTAIRE fils de Clovis I. Il fut d'abord Roy de Soiſſons, & puis de toute la Monarchie.	THIBERI Roy d'Auſtraſie, fils de Clovis.
			CLOTAIRE fils de Chilperic, & arriere petit fils de Clovis I. Il fut d'abord Roy de Soiſſons, & puis de toute la Monarchie Françoiſe.	THIBERI Roy de Bourgogne, & puis d'Auſtraſie, fils de Childebert Roy d'Auſtraſie, & petit-fils de Sigebert I. Roy d'Auſtraſie, & de Bruneſhaut.
			CLOTAIRE, dit communément Clotaire III. fils de Clovis II. Il fut Roy de Neuſtrie & de Bourgogne.	THIERRI, dit communément Thierri I. Roy de toute la Monarchie Françoiſe, fils de Clovis II. & frere de Clotaire III.
			CLOTAIRE Prince de la Famille Royale, mais dont on ignore le pere. Il fut fait Roy d'Auſtraſie par Charles Martel.	THIERRI ſurnommé DE CHELLES, dit communément Thierri II. fut Roy de toute la Monarchie. Pluſieurs le croient fils de Dagobert II.

CARTE GENEALOGIQUE DES ROIS DES FRANÇOIS

Dans la France sur le bord du Rhin au-delà de ce Fleuve.

PHARAMOND.   CLODION.   MEROVE'E.   CHILDERIC, père de Clovis.

CARTE GENEALOGIQUE DES ROIS DE FRANCE

Depuis l'établissement de la Monarchie dans les Gaules.

CLOVIS.

THIERRI Roy d'Austrasie.	CLODOMIR Roy d'Orleans.	CHILDEBERT Roy de Paris.	CLOTAIRE Roy de Soissons, & ensuite de toute la Monarchie.
THEODEBERT.			
THEODEBALDE.			

CHARIBERT Roy de Paris.	GONTRAN Roy d'Orleans ou de Bourgogne.	SIGIBERT Roy de Metz ou d'Austrasie.	CHILPERIC Roy de Soissons.	
		CHILDEBERT Roy d'Austrasie & de Bourgogne.		CLOTAIRE II. fils de Chilperic Roy de Soissons, & puis Roy de toute la Monarchie.
	THEODEBERT Roy d'Austrasie.	THIERRI Roy de Bourgogne.		
		SIGEBERT.		

DAGOBERT Roy de toute la Monarchie.		ARIBERT ou Charibert, Roy d'une partie de l'Aquitaine : il laissa un fils en bas âge nommé Childéric, qui mourut peu de tems après lui.

CLOVIS II. Roy de Neustrie & de Bourgogne.	SIGEBERT Roy d'Austrasie.	
	DAGOBERT Roy d'une partie d'Austrasie.	CHILDEBERT usurpateur du Royaume d'Austrasie sur Dagobert, regna peu, & fut tué.

CLOTAIRE III. Roy de Neustrie & de Bourgogne.
CHILPERIC I. ou II. Roy d'Austrasie, & puis de toute la Monarchie, frere de Clotaire III.
THIERRI frere de Clotaire & de Childéric, Roy de toute la Monarchie.
CLOVIS III. Roy de Neustrie & de Bourgogne.
CHILDEBERT II. frere de Clovis.
DAGOBERT II. fils de Childebert.
CHILPERIC II. fils de Childeric.
THIERRI, dit THIERRI DE CHELLES, Roy de toute la Monarchie.
Interregne dans la Monarchie Françoise.
CHILDERIC II. ou III. Roy de Neustrie & de Bourgogne, dernier Roy de la premiere Race.

LISTE DES ROIS FRANÇOIS DE LA SECONDE RACE.

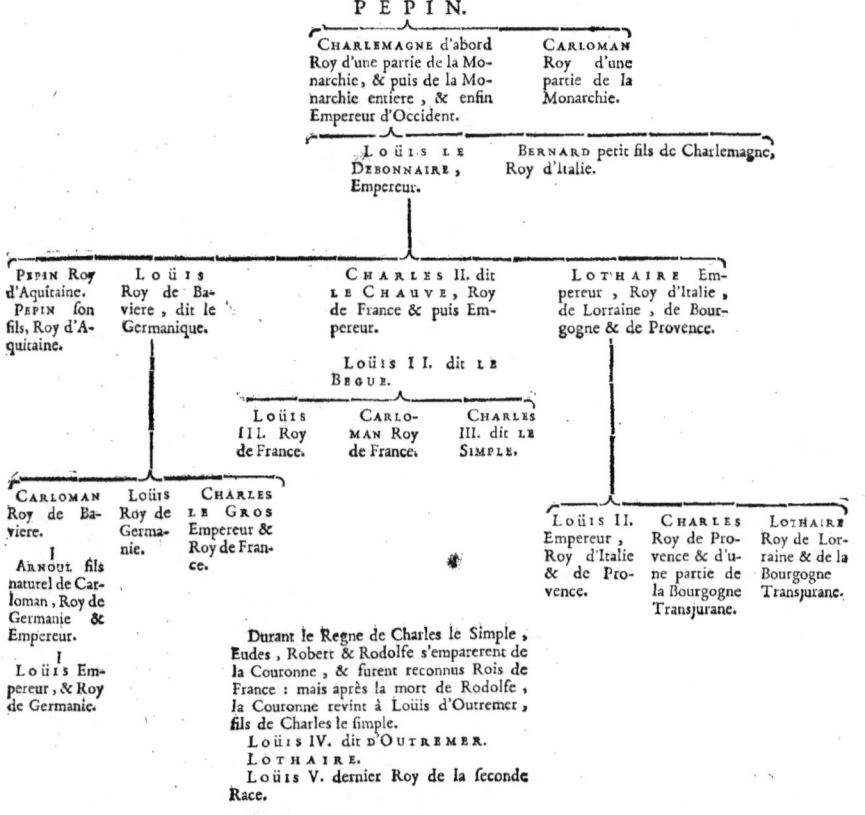

PEPIN.

CHARLEMAGNE d'abord Roy d'une partie de la Monarchie, & puis de la Monarchie entiere, & enfin Empereur d'Occident.

CARLOMAN Roy d'une partie de la Monarchie.

LOÜIS LE DEBONNAIRE, Empereur.

BERNARD petit fils de Charlemagne, Roy d'Italie.

PEPIN Roy d'Aquitaine. PEPIN fon fils, Roy d'Aquitaine.

LOÜIS Roy de Baviere, dit le Germanique.

CHARLES II. dit LE CHAUVE, Roy de France & puis Empereur.

LOTHAIRE Empereur, Roy d'Italie, de Lorraine, de Bourgogne & de Provence.

LOÜIS II. dit LE BEGUE.

LOÜIS III. Roy de France.

CARLOMAN Roy de France.

CHARLES III. dit LE SIMPLE.

CARLOMAN Roy de Baviere.
ARNOUL fils naturel de Carloman, Roy de Germanie & Empereur.
LOÜIS Empereur, & Roy de Germanie.

LOÜIS LE Roy de Germanie.

CHARLES LE GROS Empereur & Roy de France.

LOÜIS II. Empereur, Roy d'Italie & de Provence.

CHARLES Roy de Provence & d'une partie de la Bourgogne Transjurane.

LOTHAIRE Roy de Lorraine & de la Bourgogne Transjurane.

Durant le Regne de Charles le Simple, Eudes, Robert & Rodolfe s'emparerent de la Couronne, & furent reconnus Rois de France : mais après la mort de Rodolfe, la Couronne revint à Loüis d'Outremer, fils de Charles le fimple.
LOÜIS IV. dit D'OUTREMER.
LOTHAIRE.
LOÜIS V. dernier Roy de la feconde Race.

LISTE DES ROIS DE FRANCE DE LA TROISIÉME RACE, dont les Regnes font compris dans ce Volume.

HUGUES CAPET.
ROBERT.
HENRI I.
PHILIPPE I.
LOÜIS VI. dit LE GROS.
LOÜIS VII. dit LE JEUNE.
PHILIPPE II. dit AUGUSTE.
LOÜIS VIII.

Bataille de Soissons.

HISTOIRE DE FRANCE,
CLOVIS.

An. 486.

'EMPIRE Romain estoit A dans les Gaules : il est inutile de chercher ailleurs aux Barbares qui dé- & plus loin leur origine, aussi-bien que l'étymo- membroient à l'envi ce logie de leur nom par des conjectures pour la vaste corps ; & déja les plûpart tres frivoles, & qui ne nous conduisent Gaules, qui en faisoient à rien de certain.
une des plus considera- Sous le Regne de l'Empereur Honorius & de bles parties, après avoir ceux qui luy succederent jusqu'à la domination esté ravagées par tout, des Barbares en Italie, les François eurent pour avoient en plusieurs endroits changé de Maî- Rois dans la France Germanique Pharamond, tre : déja les Visigots & les Bourguignons y a- Clodion, Merovée & Childeric. Ils avoient fait voient fondé des Etats, & y estoient gouvernez en divers temps sous la conduite de ces Rois par des Rois de leur Nation, lorsque l'an qua- B plusieurs tentatives sur les Gaules ; mais toutes tre cens quatre-vingt-six les François s'estant leurs expeditions n'avoient presqu'esté que des assemblez de l'autre costé du Rhin, franchirent ravages & des saccagemens, après lesquels con- de nouveau cette barriere qu'ils avoient plu- tens du butin qu'ils avoient fait, ou repoussez sieurs fois forcée, & vinrent enfin jetter en de- par les Armées Romaines, ils se retiroient dans ça les fondemens de cette grande & florissante leur païs ; & ce ne fut que sous le Regne & sous Monarchie, à laquelle ils donnerent leur nom, la conduite du grand Clovis * qu'ils se rendirent & dont j'entreprens d'écrire l'Histoire. maistres pour toûjours de ces grandes & fertiles
Dès les temps des Empereurs Valerien & Gal- Provinces, qu'ils commencerent à y avoir une lien les François estoient un peuple de la Ger- demeure fixe & à y former un Royaume, dont manie entre l'Elbe, le Rhin & le Necre ; sous ce Prince transmit la possession à ses descendans. l'Empire de Theodose le Jeune ces François ha- Ce fut la cinquiéme année de son Regne & bitoient le bord du Rhin du costé de la Germa- C la vingtiéme de son âge qu'il entreprit l'execu- nie depuis Cologne jusques bien au dessous de tion de ce grand dessein. Mais comme les vi- Nimegue, & avoient mesme donné dèslors à ce ctoires de ce nouveau conquerant firent chan- canton le nom de France ; c'est tout ce qu'il y a ger de face à toutes les Gaules, qu'elles rendi- d'assuré là-dessus : les Historiens Romains con- rent attentifs à ses démarches divers Princes tinuent d'en parler de la même maniere jusqu'au qui occupoient les extremitez de ce beau païs, temps de ceux que nous allons voir sortir des & desquels il devint en peu de temps le voisin mesmes lieux, pour venir établir leur demeure par la rapidité de ses conquestes, qu'elles in- quieterent l'Italie, qu'elles firent même pren-

Prosperi Chronicon,

* *Voyez la Preface Historique.*

Gregor. Turon. l. 2. c. 27.

Tome I.

A

dre de nouvelles mesures aux Empereurs de Constantinople, qu'elles donneroient occasion à diverses alliances & à diverses ligues qui se firent contre luy; il est à propos pour la clarté de la narration, & pour conduire plus aisément les lecteurs dans toute la suite de cette Histoire, de faire icy briévement un plan de l'état où se trouvoit alors l'Europe, au moins dans ses principales parties.

Les Gaules en comprenant sous ce nom tous les païs situez entre le Rhin, l'Ocean, les Pyrenées & les Alpes, estoient alors partagées entre les Romains, les Visigots & les Bourguignons. Les Bretons de concert avec les Romains tâchoient de se maintenir dans une grande partie de la Province qui tire de leur nom celuy de Bretagne, qu'elle porte aujourd'huy. Le domaine des Romains s'étendoit le long du Rhin, & comprenoit encore presque toutes les Provinces renfermées entre ce Fleuve, l'Ocean & la Loire : Les Bourguignons s'estoient saisis des places d'entre la Saone & le Rhosne, & de plusieurs Villes des deux costez de ces Rivieres; ils possedoient la Ville de Lion, celle de Vienne, celle de Geneve, ils s'étendoient dans ce que nous appellons le Dauphiné, dans la Provence entre la Durance & le Rhosne, & dans la Savoye; car on donnoit deslors ce nom au païs des Allobroges; & les Visigots occupoient le reste du païs depuis la Riviere de Loire jusqu'aux Alpes & aux Pyrenées. Syagrius gouvernoit ce qui restoit à l'Empire dans les Gaules, & le gouvernoit presque en Souverain, parce que les Barbares estant maistres de l'Italie, ce General n'avoit de dépendance que de l'Empereur de Constantinople, qui ne pouvoit guéres avoir de communication avec luy ni par terre ni par la Mer Mediterranée, dont les Visigots occupoient les bords.

Ammian Marcellin. l. 15.

Le jeune Roy Alaric venoit de succeder à Evaric son pere au Royaume des Visigots, & les Rois des Bourguignons Gondebaud & Godegisile, après avoir fait perir leurs autres freres, estoient paisibles possesseurs de leurs Etats.

Odoacre Roy des Erules avoit enlevé l'Italie à l'Empereur, & regnoit impunément dans cette belle partie de l'Europe, qui avoit toûjours esté regardée comme le patrimoine des Empereurs Romains. Le grand Theodoric Roy des Ostrogots l'en chassa peu d'années après.

Zenon tenoit le siege de l'Empire à Constantinople, & eut pour successeur Anastase, qui haïssant moins les François, qu'il ne haïssoit Theodoric & les autres peuples qui avoient démembré l'Empire, rechercha dans la suite l'amitié de Clovis.

Enfin ce Prince dans sa France au delà du Rhin n'eut qu'un voisin qu'on sçache luy avoir fait de la peine, tandis qu'il estoit occupé en ça; ce fut le Roy de Turinge, dont l'Etat bornoit le sien entre le Septentrion & l'Orient. Les Predecesseurs de Clovis avoient jugé à propos, aussi-bien que luy, de se fortifier de ce costé-là; & toutes les autres Places où habitoient leurs Sujets, n'estant que de simples Bourgades palissadées, cette partie de leur frontiere estoit defenduë par un Fort plus considerable & plus ca-

Gregor. Turon. l. 2. Cap. 9.

pable de resistance nommé Dispargum. C'étoit comme la capitale & le boulevard de tout l'état.

Telle estoit la situation des affaires de l'Europe, & en particulier de celles des Gaules, quand le jeune Roy des François parut sur les bords du Rhin à la teste d'une Armée formidable à dessein d'exterminer pour jamais la Nation & le nom des Romains dans cette partie de l'Empire. Il avoit dans son Armée plusieurs Princes de sa famille, deux desquels nommez l'un Ragnachaire, & l'autre Cararic commandoient chacun un grand Corps de Troupes; un troisiéme nommé Sigebert avoit déja attaqué & pris la Ville de Cologne, & s'y estoit établi : ce fut vray-semblablement par là que Clovis passa le Rhin : delà il continua sa route par la grande forêt d'Ardennes, qui s'étendant alors du Septentrion au Midy entre l'Escaut, le Rhin & la Somme, & de l'Orient à l'Occident depuis Treves jusqu'à Châlons sur Marne, couvrit longtemps sa marche; & c'estoit à la faveur de cette forest, que le Roy Clodion estoit venu autrefois des quartiers du Rhin courir jusques dans le païs d'Artois.

Clovis vint droit à Soissons sans s'amuser à attaquer d'autres Places. C'estoit une des plus belles & des plus fortes du païs, le lieu de la residence ordinaire de Syagrius Gouverneur des Gaules, & General des Armées Romaines, qui sur l'avis du dessein & de la marche des François, s'estoit mis aussi-tost en devoir de leur faire teste, & avoit assemblé ses Troupes.

Cap. 17.

Clovis l'ayant trouvé ainsi préparé, l'envoya défier au combat, & chargea ceux qu'il luy députa de convenir avec luy du champ de bataille. Syagrius, soit qu'il crût qu'il y alloit de l'honneur de l'Empire de ne pas refuser le combat, soit qu'il ne se vist pas en état de soûtenir un siege dans Soissons, reçût le défy, quelque hazardeuse que dût estre cette journée pour les affaires & les interests des Romains. Les deux Chefs ne songerent donc plus qu'à se préparer à la bataille. Les Armées ne furent pas plûtost en presence, que les Trompettes donnerent de part & d'autre le signal du combat. Il commença à l'ordinaire par quelques escarmouches qui se firent de tous costez, excepté de celuy de Cararic, ce parent de Clovis dont j'ay déja parlé, qui s'estant un peu écarté du reste de l'Armée avec le Corps qu'il commandoit, regardoit sans rien faire quel tour les affaires prendroient pour se ranger du costé du plus fort. Clovis s'apperçut de la trahison, & prévoyant les fâcheuses suites qu'elle pourroit avoir, si le reste de ses Troupes venoit à en avoir connoissance, il prit sur le champ son parti, & ayant au plûtost chargé & fait charger les Romains l'épée & la hache à la main par toute son Armée, les poussa si vivement, qu'il les rompit, les mit par tout en déroute, & engagea par ce succez Cararic à faire son devoir aussi-bien que les autres; de sorte qu'il crut que Clovis n'avoit rien penetré de son dessein. Mais il connut long-temps après, lorsqu'il luy en coûta la vie, que ce jeune Prince, malgré l'ardeur de son temperament & de

Cap. 54.

Ibid.

CLOVIS.

son âge, sçavoit dès-lors diffimuler ses plus vifs reffentimens, quand la necessité de ses affaires le demandoit. Les François firent en peu de temps un si grand carnage des Romains, que Syagrius se trouvant presque seul, se vit obligé à prendre la fuite : il se sauva chez les Visigots, & alla à Toulouse se jetter entre les bras de leur Roy Alaric. Après cette défaite, Soissons ouvrit ses portes au vainqueur, qui profitant de sa victoire, soumit à son obeïssance plusieurs autres Places, dont les Habitans manquant ou de courage, ou de munitions, ou de Soldats, ne se crûrent pas en état de resister à une Armée victorieuse.

Cap. 27.

Cependant Clovis ne jugeant pas sa victoire assez complete, ni le parti des Romains entierement abattu, tandis qu'ils auroient encore un Chef capable de les rallier, & peut-estre de liguer contre luy, comme contre un ennemi commun, les autres Princes barbares qui regnoient dans diverses parties des Gaules ; ainsi qu'Aëtius avoit fait quelque temps auparavant contre Attila ; il s'informa curieusement de la route que Syagrius avoit tenüe dans sa fuite, & sçût qu'il s'estoit retiré chez le Roy des Visigots, où il se tenoit caché. Il envoya sans tarder quelques Officiers de son Armée à Alaric pour luy demander ce General, avec ordre en cas de refus, de luy declarer la guerre.

Cap. 27.

Une conduite si fiere donna commencement à la jalousie d'Alaric & à la haine qu'il eut toûjours depuis pour Clovis ; & ce fut là la premiere semence des differens qui éclaterent dans la suite entre ces deux jeunes Princes, & qui furent si funestes à Alaric. Mais ce Roy, soit par timidité, soit par prudence, aima mieux sacrifier le General Romain & l'abandonner à la discretion du vainqueur, que d'exposer ses états au peril d'une invasion & aux malheurs d'une dangereuse guerre. On livra Syagrius aux Envoyez de Clovis, qui après l'avoir tenu quelque temps en prison, luy fit secretement couper la teste, & par la mort de ce Capitaine, qui paroist avoir esté digne d'un plus heureux sort, il aneantit la Domination Romaine dans les Gaules. Ce fut environ 537. ans après que Jules Cesar en eut fait la conqueste par tant de sanglants combats & une guerre de dix années.

Ibid.

La mort de Syagrius détermina une partie des Villes qui ne s'estoient pas encore renduës, à reconnoistre Clovis pour leur Maistre, & tout le païs jusqu'à la Seine se soumit à son obeïssance. Il confia le Gouvernement de Melun poste alors tres-important sur le bord de cette Riviere à cause du voisinage des Bourguignons, à Aurelien Gaulois de Nation, qui s'estoit donné à luy, & dont apparemment il s'estoit utilement servi, pour engager les peuples à le recevoir. Enfin la Riviere de Loire qui estoit depuis plusieurs années une des bornes de l'Empire Romain, le fut aussi de cette conqueste de Clovis.

Afin que les François pussent s'établir dans les Gaules, il falloit ou en chasser les anciens Habitans, ou partager avec eux leurs terres. Il est certain qu'ils ne les chasserent pas : mais d'ailleurs l'Histoire ne nous dit point comment ils s'accommoderent pour les partages, qui certainement se firent. Nous n'avons, pour en conjecturer la maniere, que l'exemple des autres Nations, qui s'estoient établies dans les Gaules avant eux, sçavoir les Visigots & les Bourguignons.

Nous voyons par les Loix de ces deux Peuples que les terres qu'ils occuperent furent partagées en trois : que les vainqueurs en prirent deux parts pour eux, & laisserent la troisiéme aux vaincus.

Codex Legum.

Voicy ce que dit la Loy des Visigots dans l'Article *de la Division des Terres faite entre le Got & le Romain,* c'est-à-dire le Gaulois. *Que le Romain ne s'usurpe rien des deux parts du Got, & que le Got ne s'usurpe rien du tiers du Romain : mais que le partage qui a esté fait entre les parens & les voisins ne soit point changé par leurs heritiers.*

L. 10. Tit. 8.

Les Bourguignons en userent de mesme au regard des Gaulois, dont ils envahirent le païs. Theodoric Roy des Ostrogots avoit gardé la mesme regle en Italie entre les Ostrogots & les Originaires du païs. Ainsi ce n'est pas deviner que de dire, que Clovis suivant ces exemples, observa la mesme police, au moins à l'égard de ceux qu'il subjugua par les armes : car il y eut dans la suite d'autres parties des Gaules qui se soumirent à luy ; mais par Traité & en capitulant, & ceux-cy apparemment ne partagerent point leurs terres avec les François.

Lex Burgund. Tit. 5.
Cassiodor. L. 2. epist. 16.

Comme ce Prince n'estoit pas moins politique que vaillant, & qu'il vouloit diminuer dans l'esprit de ses nouveaux Sujets, Chrétiens pour la pluspart, la terreur que leur pouvoit causer l'idée d'un Maistre barbare & payen auquel ils se voyoient asservis, il fit après sa victoire tout ce qui dépendoit de luy pour moderer la licence & les excez de ses Soldats, qui n'avoient pas les mesmes veuës, & ne pensoient pas à avoir les mesmes égards que luy. Comme il ne pouvoit pas empêcher le ravage de la campagne, ni des petites Places mal fermées, ni le pillage des Eglises les plus exposées, il conservoit au moins les grandes Villes, campant ou passant sous leurs murailles sans y entrer : c'est ainsi qu'il en usa à l'égard de la Ville de Reims, le long de laquelle il marcha par le chemin qu'on appelloit encore pour cela du temps de l'Archevêque Hincmar, *le Chemin Barbare* ; & il arriva là une chose dont les suites & les circonstances furent assez singulieres, & que nul de nos Historiens n'a manqué de raconter.

Hincmar. in vitâ S. Remigii.

Quelques Soldats s'estant débandez & ayant trouvé moyen d'entrer dans la Ville, y pillerent une Eglise, en emporterent quantité de richesses & de Vases sacrez, entre lesquels il y en avoit un d'une grandeur & d'une beauté extraordinaire, auquel saint Remy, alors Evêque de cette Ville, eut un extrême regret. Il prit la liberté d'envoyer au Roy quelques-uns de ses Ecclesiastiques pour le ravoir. Clovis les reçut avec beaucoup de bonté, leur donna ordre de le suivre jusqu'à Soissons, où se devoit faire le partage du butin, leur promit de faire en sorte que ce Vase tombât dans son lot, & de le renvoyer à l'Evêque. Lorsque tout le butin fut ras-

Tome I.

HISTOIRE DE FRANCE.

semblé, & qu'on estoit sur le point de tirer au sort, selon la coûtume de la Nation, le Roy témoigna qu'on luy feroit plaisir de mettre ce Vase à part & de le luy donner. Tous le luy accorderent à l'instant, excepté un Soldat, qui levant sa francisque (c'estoit une espece de hache dont les François se servoient dans le combat) en déchargea un grand coup sur le Vase, en disant insolemment, que le Roy n'auroit rien que ce que le sort luy donneroit. Tout le monde fut surpris & choqué de cette brutalité. Il n'y eut que le Prince qui n'en parut pas ému : il se contenta de prendre le Vase & de le mettre entre les mains d'un des Ecclesiastiques de S. Remy pour le reporter à Reims.

Gregor. Tur. l. 2. c. 27.

Environ un an après, Clovis fit selon la coûtume la reveuë generale de ses Troupes dans le Champ de Mars, qu'on nommoit ainsi, non pas que ce fût le nom particulier de quelque champ, ces reveuës se faisant tantost en un endroit, tantost en un autre ; mais, ou à cause que Mars chez les Payens estoit le Dieu de la guerre, ou plûtost à cause que la reveuë se faisoit ordinairement à la fin du mois de Mars : d'où vient que dans la suite on l'appella le Champ de May ; parce que la coûtume estant venuë de se mettre plus tard en campagne, on ne faisoit la reveuë qu'au mois de May. Dans cette reveuë le Roy examinoit l'équipage de chaque Soldat, & voyoit si ses armes estoient en état, si elles n'estoient point rouillées, si le bouclier estoit bon, si la francisque estoit bien aiguisée. Estant venu sur la fin de la reveuë à ce Soldat, dont il trouva les armes mal en ordre, il l'en reprimanda, & luy ayant arraché sa francisque, il la jetta à terre. Le Soldat s'estant baissé aussi-tost pour la relever, le Roy prit la sienne & luy en fendit la teste, en luy disant : *Souviens-toy du Vase de Soissons*.

An 487.

Ibid.

Une action de cette nature & quelques autres semblables qui se rencontrent dans ces commencemens de nostre Histoire, peuvent nous choquer & nous paroistre indignes de ceux qui les font ; mais elles n'estoient peut-estre pas alors si condamnables. Les bienseances ne sont pas, & n'ont pas toûjours esté les mesmes dans tous les temps & dans tous les lieux. Clovis tout éloigné qu'il eût pû estre de faire ces executions sanguinaires de sa propre main, se trouvoit à la teste d'un peuple farouche, chez qui les procedures juridiques n'estoient pas en usage, comme elles sont parmi nous aujourd'huy : on y regardoit la punition d'un coupable comme un acte de justice, comme une chose honneste & legitime de quelque maniere qu'elle se fist. De sorte qu'une pareille action ayant attiré peu d'années auparavant le mépris & l'indignation des Romains à l'Empereur Valentinien qui tua de sa propre main Aëtius un de ses Generaux d'Armées, qu'il trouvoit trop fier & trop hautain à son égard : celle-cy au contraire ne fit, comme le dit l'Historien, qu'augmenter la soumission & le respect des François envers Clovis.

Ibid.

Mais cependant quelque rude que fust l'humeur de ses anciens Sujets, toute differente de celle des nouveaux, à qui le long commerce qu'ils avoient eu avec les Romains, avoit fait entierement perdre toute la barbarie Gauloise ; il crût qu'il ne seroit pas impossible de l'adoucir, & le jugea mesme necessaire pour affermir son nouvel état, & pour en asseurer la possession à ses descendans. C'est ce qui le fit penser serieusement à y établir des Loix, qui devant estre communes en plusieurs points aux vainqueurs & aux vaincus, les unissent ensemble, & n'en fissent plus qu'un peuple sous la conduite & le gouvernement d'un mesme Souverain.

Les Rois des Bourguignons & des Visigots qui en avoient usé de la sorte peu de temps après leur établissement dans les Gaules, servirent en cela de modele à Clovis ; les François suivirent sans peine l'exemple de ces deux peuples, & subirent volontiers comme eux ce nouveau joug pour la conservation & l'interest commun de la Nation.

Ce fut donc alors vray-semblablement que Clovis publia la fameuse Loy salique. Je sçay que plusieurs de nos Historiens en ont fait honneur à Pharamond ; mais j'écris icy conformément à la pensée d'un de nos plus habiles critiques : les raisons que j'en ay interromproient trop le fil de mon Histoire : je les rapporteray ailleurs, & quiconque prendra la peine de les lire, verra que ce n'est pas sans de bonnes preuves que je suppose la verité du fait que j'avance icy. En supposant mesme l'opinion contraire, qui attribuë à Pharamond l'institution de la Loy Salique, il paroistra au moins constant par mes reflexions sur cette Loy, que telle que nous l'avons aujourd'huy, elle fut l'ouvrage de Clovis, qui la publia dans les Gaules avant sa conversion au Christianisme, & qui la reforma depuis en divers Articles, où elle ne s'accommodoit pas assez avec la Religion Chrétienne.

Vide Hadu̇anum Valesium l. 3. rerum Francic.

Bien des gens parlent & entendent parler de la Loy salique sans trop sçavoir ce que c'est. Il y a là-dessus un préjugé populaire ; sçavoir que cette Loy ne regarde uniquement ou principalement que le droit de succession à la Couronne de France, en déterminant les qualitez de ceux qui y peuvent prétendre. Cette pensée est fausse en plusieurs points.

De soixante & onze Articles dont cette Loy est composée *, il n'y a que trois ou quatre lignes du soixante & deuxième qui ayent du rapport à ce sujet ; encore ne regardent-elles pas en particulier la succession des masles à la Couronne ; mais elles appartiennent generalement à toutes les familles nobles, dont elles reglent le droit à cet égard aussi-bien que celuy de la famille Royale ; en voici les termes. *Pour ce qui est de la Terre salique, que la femme n'ait nulle part à l'heritage, mais que tout aille aux masles*. On entendoit par le nom de *Terre salique* les terres des Nobles de la Nation, & mesme, selon plusieurs, toutes les terres de conqueste, telles qu'estoient presque toutes celles de la Monarchie Françoise en deça du Rhin.

In Editione Lidenbruchii & Pithaena.

* Il y a diverses éditions de la Loy salique qui en quelques differences entr'elles pour le nombre des articles, & pour quelques autres points.

Ce qui a principalement donné lieu à l'idée populaire sur ce sujet, a esté le grand different qu'il y eut autrefois touchant la succession au Royaume de France entre Philippe Comte de Valois & Edoüard troisième Roy

CLOVIS.

d'Angleterre après la mort de Charles le Bel.

Philippe estoit de tous les Princes du Sang le plus proche parent de Charles en ligne masculine, Edoüard estoit le plus proche par les femmes, & Philippe estoit plus reculé d'un degré qu'Edoüard. Les droits de l'un & de l'autre furent examinez dans une assemblée des Seigneurs de France, qui en vertu de cet article de la Loy salique, jugerent en faveur de Philippe de Valois, & le reconnûrent pour legitime successeur de Charles, & heritier de la Couronne, dont il fut mis aussi-tost en possession.

Outre ce fameux different, le peu d'usage qu'on fait maintenant du reste de cette Loy que nos Jurisconsultes ne s'avisent gueres de citer sur d'autres sujets, a encore esté cause de cette persuasion vulgaire qui la restreint si fort: mais en effet elle comprenoit une infinité d'autres reglemens sur toutes sortes de matieres : elle déterminoit les peines du larcin, des incendies, des malefices, & de toutes les autres violences; elle contenoit plusieurs points de police pour regler les differends & les procez, & pour entretenir la paix & la concorde entre les particuliers & entre tous les divers membres & les differents ordres de l'Etat.

Elle est écrite en fort méchant Latin plein de solecismes & de mots barbares latinisez dont on ne connoist souvent la force & la signification que par la suite du discours & par la ressemblance qu'ils ont avec des mots Allemands, Flamands ou François, dont quelques uns sont encore en usage dans le stile de pratique, dans les contrats, dans les baux, dans les ordonnances, ou dans de vieux livres écrits depuis long-temps; de sorte qu'il seroit tres-difficile de l'entendre sans les notes de plusieurs Sçavans, & en particulier sans celles du fameux Jerôme Bignon, qui fut au dernier siecle un des principaux ornemens d'une de ces heureuses & illustres familles, où la science, l'esprit, la probité semblent n'estre pas moins hereditaires que les grands emplois, & le talent de les soûtenir avec éclat & distinction.

Je croy que ce que nous avons de la Loy salique n'est qu'un extrait d'un plus grand Code, qu'on abregea exprés, afin que les peuples & les Juges pûssent en apprendre plus aisément la substance & ce qu'il y avoit de principal. Ce qui me le persuade, c'est que dans le Livre de la Loy salique que nous avons, on cite la Loy salique mesme & certaines formules, qu'on ne voit point dans tout cet écrit. De plus on cite les Malberges ou assemblées dans lesquelles les ordonnances avoient esté faites, & ces citations ne se font qu'en deux mots avec le nom du lieu où s'est tenu la Malberge, ou plûtost dans la plûpart, avec les paroles par où commençoit chaque ordonnance, qui sont tous des mots barbares; & c'est encore ce qui ne me laisse nul lieu de douter que cette Loy n'eust esté d'abord composée dans la langue des François, & qu'ensuite on n'en eust traduit en latin l'abregé en faveur des Gaulois, ausquels elle devoit estre commune en plusieurs Articles avec les François; c'est cet extrait ou abregé qui est venu jusqu'à nous.

Cette notion generale de la Loy salique n'a pas dû estre omise à l'entrée de l'Histoire d'une Monarchie dont cette Loy a esté le fondement, & à laquelle elle commença de donner la forme d'un état reglé. Les Gaulois eurent permission de vivre selon leurs Loix; c'est à dire selon les Loix Romaines : neanmoins tous tant François que Gaulois eurent la liberté de suivre ou la Loy de leur Nation ou la Loy salique : mais ils estoient obligez une fois pour toutes de passer leur declaration là-dessus devant témoins. Cette declaration estoit enregistrée, & il falloit s'y tenir, ainsi qu'on le voit en quelques endroits des Capitulaires de Charlemagne: de sorte que dans la mesme Province on suivoit diverses Loix : & comme dans la Bourgogne, après que les François s'en furent rendu maistres, il y avoit des Gaulois, des Bourguignons & des François, ces Loix de ces trois Nations y estoient en mesme temps en usage. Mais pour la punition des crimes par les amendes qui sont taxées dans la Loy salique, les Gaulois estoient obligez de s'y conformer.

Ordonnance de Clotaire II. T. 1. Concil. Gall.

Capitul. 1. anni incerti cap. 18.

Clovis eut soin d'entretenir la paix avec ses voisins pendant trois ou quatre ans après ses conquestes des Gaules; c'estoit pour s'y fortifier de plus en plus, & pour s'en assurer la possession. La publication de ces Loix estoit un des meilleurs moyens qu'il pust prendre pour cela.

Pendant qu'il donnoit ainsi toute son application au reglement politique de son Etat, & qu'il accoûtumoit peu à peu les François à la tranquillité que la paix & l'observation des Loix devoit y produire, la perfidie d'un de ses voisins l'obligea à reprendre les armes, & l'engagea à une nouvelle guerre.

Ce fut la dixiéme année de son regne, & la cinquiéme depuis son entrée dans les Gaules, qu'il apprit l'invasion subite que Basin Roy de Turinge venoit de faire sur les terres des François de delà le Rhin. Ce Roy profitant de l'eloignement de Clovis, & de celuy de la plûpart des meilleures troupes de la Nation qui l'avoient suivi, força sans peine les frontieres qu'il trouva presque toutes dégarnies, & fit le dégast dans une grande estenduë de païs. Ce fut une necessité à ceux qui s'estoient laissez surprendre de recevoir la loy du plus fort. On luy demanda la paix qu'il accorda à de rudes conditions, pour lesquelles il voulut avoir des ostages qu'on luy donna tels qu'il souhaitoit. Mais ce barbare qui n'avoit condescendu à faire ce traité que pour empêcher les François de prendre d'autres précautions, n'eut pas plûtost les ostages en son pouvoir, que contre le droit des Gens & contre toutes les loix de la guerre, il les fit inhumainement massacrer, & recommença ses hostilitez avec plus de furie qu'auparavant. Il mit de tous costez tout à feu & à sang, & satisfit à loisir son humeur sanguinaire par des cruautez inouïes, qu'il exerça principalement sur les jeunes gens de l'un & de l'autre sexe, & qui font horreur à lire & à raconter. Il fit déchiqueter les cuisses de plusieurs jeunes garçons & separer les nerfs de la chair, & ensuite les fit suspendre par ces nerfs aux branches des arbres, les laissant

An. 491. Gregor. Turo. l. 2. c. 17. vers l'an 491.

L. 3. c. 71

A iij

mourir lentement en cet état dans les plus horribles douleurs. Il fit attacher par les bras plus de deux cens filles au cou d'autant de chevaux, qui estant sans cesse piquez par des pointes qu'on leur avoit ajustées exprés aux flancs, les emportoient en courant de toutes leurs forces au travers des broussailles & des rochers & les déchiroient en mille pieces. On en coucha d'autres dans les ornieres des chemins battus, où les ayant attachez avec des pieux, on leur faisoit passer sur le ventre des charettes chargées, & on les laissoit ensuite dans le mesme lieu pour estre mangez des chiens & des oiseaux.

Ceux qui regardent le petit Roman de Childeric * comme une Histoire veritable, pourroient croire avec assez de vray-semblance que ces effroyables cruautez furent les effets de la vangeance du vieux Roy de Turinge qui n'avoit pû encore jusqu'alors avoir raison de l'affront que luy avoit fait Childeric en luy enlevant sa femme & en l'épousant malgré luy ; car ils prétendent que c'estoit la mere de Clovis. Mais quelle qu'eust esté la cause ou le prétexte de son irruption, il ne joüit pas long-temps du fruit d'une si cruelle victoire. L'Armée des François fut bien-tost rassemblée & repassa le Rhin. Clovis entra à son tour dans la Turinge, la ravagea, & la conquit toute entiere. C'est tout ce qu'on sçait de cette expedition dont les particularitez ne sont point venuës jusqu'à nous: mais soit que Clovis par un accommodement eust rendu depuis la Turinge en se contentant de luy imposer un tribut, ou qu'elle eust esté reprise pendant les guerres qu'il fit ou qu'il soutint dans les Gaules ; il est certain que les enfans de ce Roy de Turinge en estoient encore en possession du temps des successeurs de Clovis, & qu'ils eurent avec eux des démeslez dont il sera parlé dans la suite de cette Histoire.

Clovis devenu plus redoutable que jamais par cette nouvelle victoire qui avoit encore plus augmenté sa reputation que son Etat, & après avoir mis ordre à tout pour la sûreté de ses Sujets, revint dans les Gaules, où il pensa à s'allier par un mariage digne de luy, à la famille de quelqu'un des Princes qui y regnoient.

Depuis qu'il s'étoit établi en deça du Rhin, il avoit eû de frequentes negociations avec Gondebaud Roy des Bourguignons, auprès de qui il avoit presque toûjours un Ambassadeur. C'étoit leur interest commun qui les engageoit à entretenir cette correspondance ; ils avoient l'un & l'autre pour frontiere de leur Royaume celuy des Visigots, dont le Roy estoit beaucoup plus puissant qu'eux, parce qu'outre une grande & la plus belle partie des Gaules, il possedoit presque toutes les Espagnes. Les Bourguignons avoient eû jusqu'alors beaucoup de peine à se maintenir contre cette puissance, & en avoient de temps en temps esté dangereusement attaquez.

Gondebaud avoit alors à sa Cour une jeune Niece nommée Clotilde, dont la beauté & la vertu charmoient les Ambassadeurs de Clovis. Ils luy en parlerent plusieurs fois, & luy persuaderent enfin de se déterminer à cette alliance.

* Voyez la Preface Historique.

Gregor. Tur. L. 2. c. 27.

Gesta Regum Franc. c. 10.

Gregor. Tur. c. 28.

Il en fit faire la demande par Aurelien ce Seigneur Gaulois dont j'ay déja parlé, qu'il envoya exprés à Gondebaud pour negocier ce mariage.

Cette proposition inquieta & chagrina ce Prince, qui avoit les mesmes raisons de ne la pas écouter, que Clovis avoit eu apparemment de la faire. La principale estoit que Gondebaud avoit fait perir son frere Chilperic pere de Clotilde, & avoit envahi les Etats & les tresors qui luy estoient échûs en partage de la succession du Roy leur pere, & que de marier Clotilde à Clovis, c'estoit donner à un Prince vaillant & ambitieux des droits ou du moins des prétentions sur une partie de son Royaume tres-bien fondées, qui ne manqueroient pas de luy attirer dans quelque temps une dangereuse guerre.

Toutefois Gondebaud Prince tres-habile, & qui estoit regardé comme tel par tous les Princes ses voisins, dissimulant son chagrin, répondit à l'Ambassadeur, que quelque honorable que dust estre cette alliance à sa famille, l'affaire estoit d'assez grande importance pour ne la pas conclure sur le champ, & qu'il la proposeroit à son Conseil. Il le fit, & exposa les raisons qu'il avoit de ne pas consentir à ce mariage. Tous les comprirent & les approuverent fort : mais ils luy representerent en mesme temps les malheurs ausquels ce refus alloit exposer l'Etat, & que par la crainte d'une guerre qui ne se feroit pas sitost & à laquelle on pourroit se preparer à loisir, en cas qu'on ne pust pas l'éviter, on alloit incessamment en avoir une sur les bras, & que Clovis prendroit asûrément ce pretexte du mépris qu'on faisoit de sa personne, pour venir au plûtost avec une Armée fondre dans le Royaume.

Gondebaud fort incertain sur le parti qu'il devoit prendre, donna une nouvelle audience à Aurelien ; & entre diverses difficultez qu'il luy fit, il ne manqua pas de luy representer que Clotilde estant Chrétienne & bonne Chrétienne, elle ne pourroit pas se resoudre à épouser un Roy payen ; & que pour luy il ne la forceroit jamais ; sa repugnance fondée sur une telle raison estant trop honneste & trop juste. Aurelien qui avoit trouvé moyen de la voir, & de luy parler en particulier malgré la vigilance de ceux que son Oncle avoit mis auprès d'elle, répondit sur le champ : Seigneur, cet article, le plus important de ceux qui vous arrestent, ne vous doit faire nulle peine : J'ay déja le consentement de la Princesse, & elle n'attend que le vostre & vos ordres pour répondre aux vœux de mon Maistre.

Alors Gondebaud ne put s'empescher de faire éclater sa colere : il ne parla toutefois que contre la hardiesse & l'indiscretion de sa Niece, d'avoir osé écouter une proposition de cette importance sans sa participation : mais il ne donnoit point de réponse positive.

L'Ambassadeur avoit esté averti par Clotilde mesme, qu'on attendoit de jour à autre le retour d'un Seigneur nommé Aredius, que Gondebaud avoit envoyé en Ambassade à Constantinople ; que cet homme avoit tout pouvoir sur son esprit ; qu'il n'estoit nullement bien intentionné pour la maison de Chilperic son pere ; &

Fredegar. c. 18.

Gesta Reg. Franc. c. 12.

CLOVIS.

qu'il estoit capable luy seul de renverser tout ce qui auroit esté fait, si elle se trouvoit encore à son retour dans le Royaume de son Oncle ; c'est pourquoy Aurelien, voyant qu'il n'y avoit point de temps à perdre, parla au Roy de Bourgogne d'une maniere à luy faire comprendre, que Clovis n'estoit pas un Prince à souffrir un affront : que s'il vouloit entretenir la bonne intelligence qui avoit esté jusqu'alors entre les deux Etats, il ne falloit pas qu'il le renvoyast sans la Princesse, & qu'au reste il avoit ordre de partir au plûtost.

Cette declaration eut son effet; & Gondebaud n'osant plus reculer, dit à l'Ambassadeur qu'il pardonnoit à sa Niece en consideration du Roy des François, la faute qu'elle avoit faite; qu'il estimoit trop l'amitié de ce Prince pour ne la pas ménager par tous les moyens qui dépendroient de luy; qu'il esperoit que cette nouvelle alliance la feroit croistre, & qu'il alloit incessamment faire tout préparer pour le départ de Clotilde.

Fredegar. c. 18.

En effet, bientost après Gondebaud consentit que la Princesse fust épousée au nom de Clovis. Il ordonna les preparatifs pour son départ qui se firent fort promptement à Châlons sur Saone ; & ayant fait compter à l'Ambassadeur une grosse somme d'argent pour la dot de sa Niece, il la fit partir dans une espece de chariot qu'on appelloit une basterne *, escortée de quantité de François qui se trouverent alors à la Cour de Bourgogne.

Fredegar. c. 18.

* Cette voiture estoit tirée par des bœufs pour aller plus doucement.

Ils estoient encore assez éloignez des Frontieres du Royaume de Clovis, lorsque Clotilde reçut avis de l'arrivée d'Aredius auprès de Gondebaud : elle en fit part à Aurelien, & luy dit que s'il vouloit qu'elle arrivast au païs des François, il falloit quitter la basterne qui alloit trop lentement & monter à cheval, & que si on ne faisoit diligence, elle ne se croyoit point en sûreté. On prit ce parti, & ayant laissé une partie de l'escorte avec la basterne, on marcha à grandes journées jusqu'à ce qu'on eust gagné les Frontieres du Royaume. La suite montra combien cette précaution avoit esté prudente & necessaire. Car Aredius ayant appris à Marseille, où il avoit débarqué, tout ce qui s'estoit passé, estoit venu fort viste à la Cour, & avoit tourné tellement l'esprit du Roy par l'apprehension de la vangeance de Clotilde qui, disoit-il, n'oublieroit jamais le massacre de son pere Chilperic, qu'il luy fit prendre à l'instant la resolution de la faire arrester, & que pour cet effet il envoya après elle une grosse troupe de Cavaliers, avec ordre de la ramener. Les mieux montez allerent assez viste pour atteindre la basterne qu'ils investirent ; mais ils n'y trouverent plus Clotilde, & ils apprirent qu'elle estoit déja en lieu d'asseurance. Ils ne laisserent pas de se saisir de la basterne où estoient les plus precieux meubles & l'argent dont Aurelien n'avoit voulu emporter qu'une partie, de peur de se trop charger. C'est tout l'avantage que Gondebaud retira de son inconstance, qui luy coûta bien cher quelque temps après.

Fredegar. c. 19.

Gregor. Turon. L. 2, c. 18.

Toute cette negociation dont Gregoire de Tours ne rapporte que la substance, a esté mêlée par nos autres Historiens de tant de petits contes, de tant de circonstances si pueriles, & si peu vray-semblables, & que nos meilleurs critiques ont regardé comme telles, que je n'ay pas crû les devoir rapporter. J'ay seulement tâché de faire le discernement de ce qu'il pouvoit y avoir de vray dans ces differentes relations, qui toutes conviennent pour le fond.

Le peril que la Princesse avoit couru, augmenta encore la joye que Clovis & tous les François eurent de la voir heureusement arrivée. Sa presence ne diminua rien de l'idée qu'on en avoit donnée à ce Prince. Elle fit son entrée à Soissons, qui estoit encore alors la Capitale du Royaume. Elle y fut reçeuë avec toute la magnificence & toutes les marques d'honneur qui étoient alors en usage ; & la Ceremonie du Mariage se fit avec les acclamations & les applaudissemens de tout le Peuple.

Les Gaulois nouvellement soumis à l'Empire de Clovis, trouverent dans cette Feste & dans ce Mariage un sujet de joye tout particulier. Ils voyoient monter sur le Thrône de leur Païs une Reine Chrétienne ; ce qui diminuoit beaucoup la crainte où ils estoient, qu'avec le temps on ne pensast à les inquieter sur leur Religion ; mais ils remarquoient de plus dans cette Princesse toutes les qualitez necessaires pour gagner le cœur & s'attirer toute la confiance du Roy, & le retirer peut-estre des superstitions de l'Idolatrie. Au cas même qu'elle réussist en un si pieux dessein, ils se promettoient un avantage, dont les autres Peuples des Gaules conquis par les Barbares estoient privez. Tous les Barbares, c'est à dire, les Visigots & les Bourguignons estoient Chrétiens ; mais ils estoient en mesme temps infectez des erreurs d'Arius, & Clovis venant à se convertir par le moyen de Clotilde, devoit asseurément estre Catholique : car cette Princesse avoit le bonheur de l'estre, quoy qu'élevée au milieu de l'Arianisme : soit que son pere Chilperic l'eust esté aussi, ce qui n'est gueres croyable, toute la famille & toute la nation estant Arienne ; soit que durant une espece d'exil, où son Oncle Gondebaud l'avoit tenuë pendant son enfance, elle fust tombée entre les mains de quelque Catholique qui l'avoit instruite & affermie dans la vraye Religion ; & c'est ce qui me paroist de plus vray-semblable : & d'ailleurs il luy avoit esté aisé de s'y conserver, estant revenuë auprès de Gondebaud qui ne demeuroit luy-mesme Arien, & qui ne mourut dans cette Religion que par raison d'Etat.

Avitus Viennensis.

Quoy qu'il en soit, ce fut-là l'affaire à laquelle Clotilde pensa d'abord : & comme une autre Esther, persuadée que Dieu ne l'avoit retirée de sa captivité, & élevée si haut que pour servir d'instrument à sa gloire ; son principal soin fut de travailler aussi-tost à la conversion de son époux, & de profiter pour ce dessein de ses premieres tendresses.

Dans les entretiens qu'elle avoit avec luy, elle faisoit souvent tourner le discours sur la Religion : & selon le rapport de Gregoire de Tours, elle estoit assez habile & assez instruite de la

L. 2. c. 29.

Theologie des payens, pour en faire sentir à ce Prince le ridicule & l'extravagance, & en même temps pour le faire convenir de l'excellence de la Religion Chrétienne. Mais le moment que la providence & la misericorde de Dieu avoient marqué, pour faire de Clovis le premier Roy tres-Chrétien, n'estoit pas encore arrivé. Il falloit qu'une conversion qui devoit avoir tant de suites, se fist avec éclat, & avec des circonstances qui convainquissent les peuples, que c'étoit un coup du Ciel, & l'ouvrage de la main du Tres-haut. Il écoûtoit neanmoins assez volontiers ces discours qui luy inspiroient insensiblement de l'indifference pour le culte de ses Idoles, & diminuoient peu à peu l'éloignement qu'il pouvoit avoir pour la veritable Religion.

Cela parut quelque temps après, lorsque la Reine mit au monde un Prince, dont la naissance redoubla encore l'affection & l'attachement qu'il avoit eu jusqu'alors pour elle; car s'étant servie des témoignages qu'il luy en donna, comme d'une occasion favorable pour luy demander la permission de le faire baptiser, & de l'élever dans la Religion Chrétienne, il la luy accorda sans beaucoup de peine. La ceremonie du Baptême se fit avec pompe & magnificence. La Reine eut soin sur tout que l'Eglise fust bien parée, & que tout se passast avec le plus d'ordre & de respect qu'il seroit possible, afin que la maniere majestueuse & auguste dont cette action se feroit, fist impression sur l'esprit du Roy, & luy donnast une idée avantageuse de nos mysteres.

Gregor. Tur. l. 2. c. 29.

Le petit Prince fut nommé Ingomer sur les fonts de Baptême: mais Dieu, pour éprouver la foy & la constance de la sainte Princesse, permit qu'il mourut peu de temps après, ayant encore les habits blancs, dont on avoit coûtume en ce temps-là de revêtir les nouveaux baptisez, & qu'ils continuoient de porter encore quelques jours après leur Baptême.

Cette mort fit un tres-mauvais effet dans l'esprit du Roy, qui ne put s'empêcher d'en faire des reproches à la Reine, attribuant ce fâcheux accident à la colere de ses Dieux, & le regardant comme une suite funeste du Baptême, qu'il se repentoit d'avoir laissé donner à l'enfant. Mais la Reine employa tout son esprit & toute son adresse pour l'adoucir, & le rendit si raisonnable là-dessus, que l'année d'après estant encore accouchée d'un second fils, elle obtint la mesme permission de le faire baptiser, & il fut nommé Clodomir au Baptême.

Vers l'An 494.

Elle ne fut pas cependant sans allarme à cette occasion; car un accident tout semblable à celuy qui estoit arrivé à l'aîné, mit encore ce jeune Prince en danger de mort: mais les prieres ardentes qu'elle fit à Dieu, en le conjurant par l'interest de sa gloire; de ne pas donner lieu aux payens de blasphemer son saint Nom, obtinrent la santé de son fils, & dissiperent les nouvelles inquietudes & les nouveaux chagrins qui commençoient à s'emparer de l'esprit du Roy, dont la grace enfin vint aussi à bout à l'occasion & de la maniere que je vais dire.

Les Allemans qui n'avoient pas encore donné leur nom à toute cette grande étendüe de païs aujourd'huy si peuplée & si feconde en vaillans guerriers, faisoient un peuple à part qui habitoit la plus grande partie des terres situées entre le Mœin, le Rhin & le Danube. Ils estoient dès-lors fameux par leurs excursions dans les Gaules, par leurs victoires, & par leurs défaites. L'exemple des Visigots, des Bourguignons, & enfin des François, qu'ils voyoient tous si bien établis dans diverses parties de ce fertile païs, les animoit à tenter quelque entreprise semblable à la leur, mais il n'y avoit plus de place. Il falloit donc chasser quelqu'un de ces nouveaux venus qui avoient eux-mesmes chassé les Romains. Les Visigots & les Bourguignons s'étoient fortifiez à loisir dans les Etats qu'ils s'étoient faits chacun de leur costé: celuy des François ne faisoit que de naistre, & paroissoit le plus aisé à ébranler. Ce fut en effet de ce costé-là que les Allemans tournerent leurs desseins malgré les Traitez d'alliance, ou du moins les Traitez de paix qui avoient esté faits entre les deux Nations.

Ennodius in Panegyrico Theodorici.

Suivant donc ce projet, vers l'an quatre cens quatre-vingt quatorze & le quatorziéme du Regne de Clovis une armée nombreuse de ce Peuple belliqueux fortifiée d'un grand Corps de Sueves, se répandit sur les bords du Rhin du costé de Cologne. Elle estoit commandée par le Roy de la Nation: nos Historiens ne le nomment point, & l'on voit seulement dans la vie de S. Severin que vers ce temps-là les Allemans en eurent un nommé Gibulde.

An. 495.

Eugipius in vita S. Severini.

Clovis, quoique cette irruption ne se fist pas sur ses terres, mais seulement dans le voisinage & sur celles de Sigebert Roy de Cologne, vit bien qu'un torrent si gros & si impetueux ne pourroit pas demeurer resserré dans des bornes si étroites; & autant par le motif de son propre interest que celuy de son parent & de son allié, il se mit en devoir de s'y opposer. Il assembla promptement ses Troupes, & vint à leur teste joindre l'armée de Sigebert. Ils apprirent que les ennemis avoient passé le Rhin à quelques lieuës de Cologne, & ils les rencontrerent à Tolbiac (c'est aujourd'huy Zulc, autrement Zulpik ou Tulpik à quatre ou cinq lieuës du Rhin dans le Duché de Juliers.) Les deux armées qui se cherchoient l'une l'autre, en vinrent incontinent aux mains. Le choc terrible par la valeur des deux Nations & par le nombre des combattans. Sigebert soûtenant avec vigueur les premieres charges des Ennemis, reçut une blessure au genoüil qui le mit hors de combat, ce qui étonna si fort ses Troupes, qu'elles commencerent à plier. Le desordre & la terreur se communiquerent à celles de Clovis, obligées de soûtenir seules toute la furie des Allemans, dont le succez redoubloit l'ardeur. Tout sembloit desesperé: mais c'estoit là la conjoncture où Dieu avoit destiné de signaler sa puissance & sa misericorde en faveur de ce Prince, & d'exaucer les ferventes prieres de la sainte Reine.

Gregor. Tur. l. 2. c. 37.

Quelques-uns de nos Historiens écrivent que Clovis partant pour cette expedition, déja à demi

CLOVIS.

demi gagné par Clotilde, luy avoit promis de se faire Chrétien, si le Dieu qu'elle luy prêchoit l'en faisoit revenir victorieux. D'autres disent que ce fut Aurelien qui combattant à son ordinaire auprès de luy en cette journée, & voyant la déroute commencée & ce Prince dans le desespoir resolu à perir, luy fit ressouvenir du Dieu de Clotilde, de ce qu'elle luy avoit souvent dit de sa toute-puissance, & luy conseilla de l'invoquer dans cette grande extremité. L'un & l'autre peut estre veritable: ce qu'il y a de certain, c'est que ce Prince s'estant arresté tout à coup au milieu de la mêlée, leva les yeux & les mains au Ciel, & s'adressant au Dieu de sa sainte Epouse: *Seigneur*, luy dit-il, *dont on m'a cent fois relevé la puissance au-dessus de toutes les puissances de la terre, & de celle des Dieux que j'ay adorez jusqu'à maintenant, daignez m'en donner une marque dans l'extremité où je me trouve reduit: si vous me faites cette grace, je me fais baptiser au plûtost pour n'adorer plus désormais que vous.* A peine eut-il prononcé ces paroles qui furent entenduës d'un assez grand nombre de ses Officiers & de ses Soldats, qu'il se sentit animé d'un nouveau courage, & s'apperceût d'une semblable ardeur que le Dieu qu'il venoit d'invoquer avoit rallumée dans le cœur de tous ceux qui estoient autour de luy. Il les remit en ordre, marcha à l'instant à un gros d'Ennemis qui venoient à luy pour l'envelopper ou le rompre, & achever par-là la victoire qu'on ne leur disputoit presque plus ailleurs: il les chargea, & les enfonça, & il tomba ensuite sur d'autres Corps avec le même succès; ce changement subit étonna les Ennemis, & fist reprendre cœur aux François, qui se rallierent, & arresterent les Allemans en plusieurs endroits; le combat recommença & la victoire en moins de rien changea de parti. Ce qui l'asseûra aux François, fut la mort du Roy des Allemans qui fut tué dans une de ces dernieres charges; après quoy ils ne rendirent presque plus de combat. On ne voit gueres de batailles dans l'Histoire, où Dieu ait paru plus sensiblement aux armées que dans celle-cy par cette revolution inesperée, dont l'humble priere de Clovis fut si promptement suivie.

Ce Prince seûr du secours de celuy qui luy avoit donné une si signalée victoire, ne manqua pas d'en tirer tout l'avantage qu'il en pouvoit esperer. Il passa le Rhin & ensuite le Mœin, entra dans le païs des Allemans, dissipa tout ce qu'il trouva de rassemblé des Troupes de l'armée vaincuë, dont les débris s'estoient reünis en quelques endroits; les mena toûjours battant jusqu'aux Alpes, appellées autrefois les Alpes Rhetiques ou Rhetiennes, qui sont aujourd'huy les montagnes des Grisons; & enfin imposa le joug à une Nation jusqu'alors indomptable, dont les Romains n'avoient jamais pû venir à bout, & se la rendit Tributaire. Plusieurs croyent & il est fort vray-semblable que ce fut dans cette même expedition que les Bajoariens ou Bavarois voisins des Allemans furent soumis à l'Empire des François: au moins verrons-nous bien-tost les descendans de Clovis donner des Ducs à la Baviere: & la Préface des anciennes loix de ce païs nous apprend qu'elles furent reformées & mises en écrit par l'ordre de Thierri Roy d'Austrasie; marque visible du droit de Souverain que ce Prince, qui estoit un des fils de Clovis, exerçoit sur cette Nation.

Clovis n'ayant plus d'Ennemis à combattre, & voyant tout paisible & tout soumis dans ses nouvelles conquestes, ne songea plus qu'à retourner dans son Royaume pour y executer la promesse qu'il avoit faite au vray Dieu d'une maniere si solemnelle, de se faire instruire & baptiser au plûtost.

Il prit sa route par la Ville de Toul, où il trouva S. Vast qui vivoit alors dans un Monastere de ces quartiers-là en reputation de grande vertu. Il l'emmena avec luy, se fit son Cathecumene, & voulut qu'en chemin il commençast de l'instruire à fond des mysteres de la Religion Chrétienne. Car c'est une circonstance qu'il est à propos de remarquer icy, que Clovis ne differa si long-tems à quitter sa fausse Religion, que par la crainte qu'il avoit de faire une telle démarche, sans en rencontrer la veritable. *Ce Prince*, dit le S. Evêque de Tréves Nicete dans une lettre qu'il écrivoit à Clodosvinde petite fille de Clovis. *Ce Prince homme d'une prudence consommée, refusa toûjours de se vendre aux instances de la Reine son Epouse, jusqu'à ce qu'il se fût convaincu de la verité.* De sorte que le secours sensible qu'il avoit receu du Ciel à la bataille de Tolbiac, ayant achevé de le persuader de la sainteté de la Religion Chrétienne, toute son application fut depuis à s'en procurer une parfaite connoissance, pour s'y affermir de plus en plus.

Jamais nouvelle ne causa plus de joye à la Reine Clotilde que celle de la défaite des Allemans avec la circonstance de la conversion du Roy, & l'asseurance qu'on luy donna qu'il se faisoit déja instruire. Elle partit de Soissons & vint au devant de luy jusqu'à Reims; elle eût, en attendant qu'il arrivast, plusieurs conferences avec Remy Evêque de la Ville: ils prirent ensemble des mesures pour presser incessamment cette grande affaire, & pour engager le Roy à ne pas differer long-temps la ceremonie de son Baptême.

Cet Evêque estoit déja connu & consideré de Clovis qui, comme nous avons vû, luy donna dès son entrée dans les Gaules & incontinent après la défaite de Syagrius, des marques de l'estime qu'il faisoit de son merite & de sa pieté. Il estoit en effet & sçavant & saint. Sa sainteté le faisoit souvent comparer au saint Pape Sylvestre; & elle éclatoit jusqu'à faire des miracles & jusqu'à ressusciter des morts. Ces deux qualitez jointes à un grand talent d'éloquence luy avoient acquis dans l'esprit des peuples autant d'autorité que de reputation. Comme neanmoins cette affaire estoit délicate, qu'on n'estoit pas encore parfaitement informé des dispositions du Roy, & encore moins de celles de l'armée à cet égard; ce n'estoit qu'en secret que ces choses se traitoient, & sans faire paroistre aucun empressement en public.

Le Roy estant arrivé à Reims, & ayant esté receu avec les applaudissemens proportionnez à la grandeur de la victoire qu'il venoit de remporter & des conquestes qu'il avoit faites, le saint Evêque luy demanda une audiance particuliere qu'il obtint sans peine. Ce fut-là que se servant de toute l'ardeur de son zele & de toute la force de son éloquence, il conjura ce Prince de reconnoistre au plûtost les bontez de Dieu envers sa personne, de luy faire un hommage public de tout ce qu'il avoüoit tenir de luy, de sa vie, de sa couronne, de sa victoire, & enfin d'accomplir la promesse qu'il luy avoit faite si solemnellement de renoncer à l'idolatrie pour embrasser la veritable Religion.

Le Roy répondit qu'il ne déliberoit plus là-dessus, que c'estoit une chose concluë; mais qu'il avoit une armée & un peuple à ménager; qu'il avanceroit ou retarderoit de quelque temps son Baptême, selon qu'il verroit les esprits des François plus ou moins opposez à l'execution de ce grand dessein; & qu'il prenoit actuellement des mesures pour le leur faire agréer, & pour les engager même à suivre son exemple.

Gregor. Turon. liv. 2, c. 31.

En effet ayant au plûtost assemblé les Soldats & les plus considerables de la Nation Françoise, il leur remit devant les yeux ce qui s'estoit passé à la journée de Tolbiac; leur dit que cette revolution heureuse & subite, qui de vaincus qu'ils estoient, les avoit en un instant rendu vainqueurs, estoit un coup du Ciel, & la suite de la priere qu'il avoit faite au Dieu des Chrétiens, dont plusieurs de ceux qui l'écoutoient, & qui estoient auprès de luy dans la bataille, avoient esté les témoins; qu'un Dieu si puissant qui présidoit si visiblement à ces grands évenemens, qui disposoit si absolument & si promptement de la victoire, meritoit seul l'encens & l'adoration des hommes; que pour luy en particulier il estoit resolu d'adresser désormais à ce Dieu si grand & si puissant tous ses vœux & tous ses sacrifices; que son dessein en les assemblant, n'avoit été que de leur proposer de reconnoistre tous ensemble pour Maistre souverain ce Dieu des batailles, sans plus faire entrer en concurrence avec luy des Divinitez, dont ils avoient experimenté l'impuissance, & qui les abandonnoient au besoin.

Soit que la victoire de Tolbiac eût esté effectivement regardée par les Soldats comme un veritable prodige, ainsi qu'elle l'estoit en effet; soit que l'estime, le respect, l'amour qu'ils avoient pour leur Roy, & la maniere animée dont il leur parloit renouvellassent l'impression, qu'un évenement si surprenant devoit avoir fait sur l'esprit des plus incredules; soit que Clovis eust eu soin de gagner les plus accreditez des Chefs, & qu'ils le fussent placez exprès en divers endroits de l'assemblée, il s'éleva de tous costez des voix, & il se fit tout à coup des acclamations qui interrompirent le discours du Prince. La plus grande partie des Soldats commencerent à crier comme de concert; *Nous renonçons aux Dieux mortels, & nous ne voulons plus adorer que l'immortel: nous ne reconnoissons plus d'autre Dieu que celuy que le saint Evêque Remi nous prêche.*

Ibid.

Le Roy infiniment content de ce succés, s'estant fait faire silence, témoigna en peu de mots la joye extrême qu'il avoit d'un consentement si general de toute la Nation pour un dessein si saint & si juste: après quoy il renvoya cette grande assemblée; ayant en cette occasion, si j'ose m'exprimer ainsi, moins parlé en Roy des François qu'en Prédicateur & en Apostre de ce même peuple, avant même que de porter la qualité de Chrétien.

Rien donc n'empêchoit plus l'accomplissement des vœux de la Reine & du saint Prélat, à qui Clovis laissa le choix du temps & du lieu de son Baptême, aussi-bien que le soin de regler selon l'usage en de pareille ceremonies toutes les ceremonies & la pompe avec laquelle il se devoit faire. Le lieu fut l'Eglise de S. Martin hors des portes de Reims, & le jour fut celuy de Noël.

Nicetius in epist. ad Clodov.

L'Eglise & les ruës qui y conduisoient furent magnifiquement parées: on les tendit des plus belles tapisseries avec des courtines blanches, couleur fort en usage en de pareille ceremonies, comme pour marquer l'effet du Sacrement dans l'ame de ceux qui le reçoivent. Les cierges qui y brûloient en grand nombre estoient composez d'une cire mêlée d'essences précieuses qui s'exhaloient avec la flamme, & qui jointes au baume & aux autres matieres odoriferantes dont on avoit rempli l'Eglise, y répandoient une très-agreable odeur. L'Historien qui rapporte ce détail, ne dit rien de la marche du Roy depuis son Palais jusqu'à l'Eglise, ni de toute l'ordonnance de cette Feste, dont le spectacle dût estre aussi magnifique qu'il estoit nouveau & touchant. Car il est certain que le Roy avec toute sa famille y parut à la teste de plus de trois mille hommes choisis dans sa Cour & dans son Armée du grand nombre de ceux qui avoient demandé le baptême.

An 495. Avitus in epist. ad Clodov.

Gregor. Tur. l, 2. c. 31.

Ibid.

Le Roy en habit blanc, selon l'usage observé alors dans l'Eglise, s'avança avec la troupe des trois mille Cathecumenes vestus de même couleur, jusqu'aux fonts baptismaux. Il y trouva saint Remy accompagné des Ministres de l'Eglise en habits de ceremonie, & de plusieurs autres Evêques des Gaules. Le Saint Prélat l'y receut avec un discours qui marquoit sa joye & celle des peuples nouvellement soumis à l'Empire des François, & en mesme temps l'autorité spirituelle que luy donnoit sa qualité de Pasteur sur celuy qu'il recevoit au nombre de ses oüailles.

Avitus in epist. ad Clodov.

Ce fut avec ce ton d'autorité plus soûtenu encore par la sainteté de sa vie que par l'éminence de son caractere qu'il luy adressa ces paroles sur le point de le baptiser: *Humiliez-vous*, luy dit-il, *Prince, sous la toute-puissante main du Maistre de l'Univers; respectez maintenant ses Temples que vous reduisiez autrefois en cendre, &*

CLOVIS.

resolvez-vous à jetter au feu ces idoles que vous avez adoré si long-temps. Aussi-tost luy ayant fait faire sa profession de foy & confesser un Dieu tout-puissant en trois Personnes, il le baptisa au nom du Pere & du Fils & du S. Esprit. Il l'oignit en même temps du saint Chrême, en faisant le Signe de la Croix sur luy ; c'est-à-dire qu'il luy administra le Sacrement de Confirmation que l'on conferoit alors avec celuy du Baptême. Alboflede sœur de Clovis reçut après luy la grace du même Sacrement, dont elle profita si bien, qu'elle se consacra à Dieu, renonçant au mariage pour vivre en perpetuelle virginité. Elle ne fut pas long-temps sans en recevoir la récompense, car elle mourut un peu après. Sa mort causa une extrême douleur à Clovis, & saint Remy tâcha de l'en consoler par une Lettre que nos Historiens ont eu soin de nous conserver.

Epist. Remig. ad Clodov.

Lantilde autre sœur de Clovis s'estoit déja fait Chrétienne quelque-temps auparavant ; mais par malheur voulant se faire instruire, elle estoit tombée entre les mains d'un heretique, qui au lieu de luy communiquer les lumieres de la vray Foy, l'avoit infectée des erreurs d'Arius. Dieu luy fit la grace de l'éclairer ; elle abjura l'Arianisme, & entra dans le sein de l'Eglise Catholique par l'Onction du saint Chrême * qu'elle reçut en cette même occasion.

* Cette Onction de la Princesse Lantilde pourroit au moins faire douter, si ce que dit S. Gregoire Pape l. 9. epist. 61. est universellement vray, que la maniere de recevoir les Ariens à la Communion de l'Eglise Catholique estoit differente dans l'Eglise d'Orient & dans l'Eglise d'Occident, en ce que dans l'Orient ils estoient reconciliez par l'Onction du Saint Chrême & dans l'Occident par l'imposition des mains. La Reine Brunehaut femme de Sigebert Roy d'Austrasie, & la Reine Golsuinde femme du Roy Chilperic fussent aussi reconciliées par l'Onction comme Lantilde.

On ne fait point mention icy du Baptême du jeune Thierri fils aîné de Clovis, que ce Prince avoit eu avant que d'épouser Clotilde. Vray-semblablement il ne fut point baptisé alors pour quelque raison que rien ne peut nous aider à deviner. Il est certain qu'il le fut depuis, s'il ne l'avoit pas esté auparavant ; car il estoit Chrétien, lorsqu'après la mort son pere il partagea la succession avec les trois autres fils de Clovis & de Clotilde. Après le Baptême de la Famille Royale, les Seigneurs & tous les autres à qui on avoit fait l'honneur de les choisir pour estre consacrez à Dieu par le Sacrement comme les premices du peuple François, furent aussi baptisez. Ce bonheur s'estendit en peu de temps sur presque toute la Nation, qui suivit à l'envi l'exemple que luy donnoit son Prince, & dont peu demeurerent attachez au culte des Idoles, en comparaison de ceux qui se convertirent.

Entre autres actions de pieté dont Clovis voulut sanctifier cette heureuse journée, il donna la liberté à quantité de Captifs qu'il avoit pris dans toutes ses guerres, & dont la délivrance, dit un Evêque de ce temps-là, luy fit autant d'honneur devant les hommes, qu'elle luy acquist de merite auprès de Dieu.

Avitus Viennensis in ep. ad Clodov.

La nouvelle du Baptême du Roy & de la conversion du peuple François répandüe bientost par toute l'Europe, causa beaucoup de joye à ceux que leur zele pour la Religion Catholique rendoit sensibles à ses accroissemens. Le Pape Anastase qui venoit d'estre élevé à Rome sur le Siege Apostolique, luy écrivit pour l'en feliciter, & il luy marquoit dans sa Lettre l'esperance certaine qu'il avoit de rencontrer en sa personne & dans sa puissance un ferme appuy de l'Eglise Catholique.

C'estoit en effet l'unique Souverain sur lequel il pust compter seurement alors. Anastase Empereur de Constantinople suivoit & soutenoit avec opiniâtreté l'heresie d'Eutychez ; Theodoric Roy d'Italie, Alaric Roy des Visigots dans les Gaules & dans l'Espagne, Gondebaud Roy des Bourguignons, Thrasamond Roy des Vandales dans l'Afrique, les Sueves dans la Galice, les Lombards dans la Pannonie, les Gepides dans la Dacie, faisoient tous profession de l'Arianisme : les Rois des autres Nations estoient encore idolâtres. Le seul Clovis estoit Chrétien & Catholique, & pour cela même digne dès-lors de porter le nom de Très-Chrétien, dont luy & ses successeurs se sont toûjours fait & se font encore tant d'honneur. Il n'est pas vray cependant qu'ils l'ayent porté dès-lors, comme ils le portent aujourd'huy, c'est-à-dire, comme un titre spécial attaché à leur Couronne. Ce fut Loüis XI. qui le rendit propre à la personne de nos Rois de concert avec le Pape Paul II.

Avitus Evêque de Vienne, qui estoit alors du Royaume de Bourgogne, écrivit aussi à Clovis sur le même sujet. Il luy fit porter sa lettre par un jeune homme de qualité qui estoit ou prisonnier ou en ostage en Bourgogne, & dont Clovis, à la priere de l'Empereur Anastase, avoit fortement sollicité la délivrance. L'Evêque luy disoit qu'il avoit obtenu l'agrément du Roy Gondebaud pour le départ de ce jeune Seigneur ; mais sans doute qu'il ne le luy demanda pas pour écrire dans les termes dont il usa en cette rentre. Il y en a plusieurs dans la Lettre, qui pourroient peut-estre servir à justifier la défiance, que les Princes de ce temps-là conçurent des Evêques Catholiques de leurs Royaumes, comme des gens ausquels un interest de Religion donnoit trop de penchant pour un voisin, que leurs Souverains avoient sujet de craindre : mais nous apprenons par cette Lettre une autre circonstance considerable : c'est que dès-lors le Roy de Bourgogne s'estoit fait Vassal de Clovis, * & qu'en cette qualité il s'estoit obligé à luy fournir des Troupes, comme il le fit en effet dans la suite en une occasion importante.

L'Evêque de Vienne dans la même Lettre exhortoit Clovis à ne pas borner son zele à l'instruction de ses Sujets, & le conjuroit, puisque Dieu luy avoit fait la grace d'embrasser la Religion Chrétienne dans toute sa pureté, de vouloir bien rendre participans de ce bonheur tant de Nations voisines de son Royaume encore ensevelies dans les tenebres du paganisme. Il luy proposoit d'y envoyer des Ambassadeurs pour ce sujet, & l'asseuroit qu'elles seroient d'autant plus disposées à recevoir la verité, qu'on n'y avoit point encore semé la méchante doctrine, qui en avoit corrompu tant d'autres dans le même temps qu'on leur donnoit le Baptême, & le nom de Chrétien.

Les bonnes dispositions où Clovis se trouvoit alors ne nous permettent pas de douter qu'il n'écoutast volontiers de si sages conseils, & qu'il ne secondast de si saintes intentions. Il s'appli-

* Ut dirigi ad vos servi vestri Laurentii filium. PRINCIPALE ORACULO JUBERETIS. Quod apud dominum meum suæ quidem gentis Regem. Sed MILITUM VESTIMENTIS timuisse suggero.

qua neanmoins encore plus particulierement à avancer la conversion du reste de ses Sujets ; & ce fut dans cette veuë, & par l'estime qu'il avoit conceuë de la vertu de saint Vast, aussi-bien que par reconnoissance des instructions qu'il avoit receuës de luy, qu'il le destina de concert avec S. Remy pour le gouvernement de l'Eglise d'Arras. Saint Melaine se trouve sous le mesme Regne avoir esté Evêque de Rennes, & S. Godard Evêque de Roüen, & plusieurs autres que la voix du peuple, & le consentement de l'Eglise a honorez du mesme titre de Saints, furent élevez à de pareilles dignitez : on ne sçait pas si précisément le temps de leur promotion; mais on peut aisément conjecturer par la qualité des Pasteurs, combien les Eglises du Royaume de Clovis furent alors florissantes.

Cependant ces saintes occupations ausquelles il consacra une grande partie de l'hyver, ne l'empêchoient pas de penser aux autres affaires importantes de son Royaume, & sur tout à ce qu'il avoit à craindre du costé de la Loire, d'Alaric Roy des Gots ennemi couvert de sa personne autant que de la Nation. Ce jeune Prince n'avoit pas oublié la maniere haute dont Clovis, après la bataille de Soissons, l'avoit forcé de luy remettre entre les mains le General de l'Armée Romaine qui s'estoit refugié chez luy. La défaite des Allemans, & la conqueste que les François avoient faite de leur païs, avoient redoublé son inquietude & augmenté sa jalousie. D'ailleurs Clovis, dont les victoires faisoient croistre la confiance & la fierté, attendoit avec impatience qu'il se déclarast. Dans cette disposition d'esprit de part & d'autre, les moindres mécontentemens devoient produire une rupture ouverte. Ils prétendoient en avoir chacun de leur costé, quoique sur des sujets assez legers, ainsi que nous le disent en general sans rien specifier davantage, les lettres de Theodoric Roy des Ostrogots, dont l'autorité suspendit pour quelque-temps l'effet de ces animositez. La sagesse de ce Prince, son âge, sa reputation luy donnoient beaucoup de pouvoir sur l'esprit de ces deux jeunes Rois, jusques-là qu'en leur écrivant, il prenoit à leur égard le nom de pere, & leur donnoit celuy de fils. Ces qualitez, selon toutes les apparences, estoient fondées sur l'adoption par les armes, ceremonie assez ordinaire entre les Princes de ce temps-là; & Theodoric luy-mesme avoit esté ainsi adopté par l'Empereur Zenon.

La part que ce fameux Roy & Conquerant d'Italie prit alors, & continua toûjours depuis à prendre dans les affaires des Gaules; l'application qu'il eut tant qu'il vécut à balancer la puissance de Clovis, tantost par ses negociations, tantost en partageant avec luy ses conquestes, tantost en s'y opposant par ses armées, demandent que je le fasse connoistre icy un peu plus particulierement. Voici en peu de mots ce que l'histoire de l'Empire Romain & celle de la Nation des Gots nous en apprennent.

Theodoric fut fils naturel de Valamir, & selon d'autres de Theodemir; ces deux Princes avec leur troisiéme frere Videmir gouvernoient alors la nombreuse Nation des Ostrogots dans la Pannonie, portant tous trois la qualité de Roy chacun dans leur district. Ils la gouvernerent ainsi tandis qu'ils vécurent, & toûjours avec une union entre eux & une intelligence dont on voit peu d'exemples dans l'histoire. Mécontens de l'Empereur Martien sur la fin de son regne, ils luy firent la guerre & l'obligerent à leur demander la paix qu'il acheta d'eux par des présens considerables; à condition neanmoins que pour plus grande asseurance de leur parole, le jeune Theodoric seroit envoyé en ostage à la Cour de Constantinople : ce qui fut executé au commencement du regne de Leon, qui succeda à Martien peu de temps après la conclusion de ce traité.

Theodoric n'avoit alors que huit ans, & il en passa dix à Constantinople. Il profita si bien de ce séjour, & des soins qu'on y eut de son éducation, qu'il ne luy resta presque plus rien de barbare que le nom. Leon ne l'eût pas plûtost rendu à ses parens & à sa Nation, qu'il se signala par la défaite du Roy des Sarmates qu'il surprit, & qu'il tua. Il se déclara pour le parti de l'Empereur Zenon successeur de Leon, contre Basiliscus qui s'estoit emparé du Thrône de l'Empire, & il contribua beaucoup à son rétablissement.

Toutefois, soit que Zenon n'eust pas assez bien reconnu un si grand service, soit que les Ostrogots s'ennuyassent de la paix qui les appauvrissoit, ils recommencerent à diverses reprises leurs courses & leurs ravages sur les terres de l'Empire sous la conduite de Theodoric. Theodemir son pere ou son oncle estant mort le dernier des trois Rois des Ostrogots, toute la Nation entiere le reconnût pour son unique Roy. Zenon prit à tâche dans cette occasion de le gagner, & de se l'attacher tellement, qu'il n'eût plus rien à en apprehender pour le repos & la seureté de l'Empire. Il l'envoya feliciter de son élevation sur le Thrône des Ostrogots, & l'invita à venir le voir à Constantinople. Il l'y receut avec tous les honneurs qu'il pouvoit esperer : il l'honora de la qualité de Patrice; & pour l'engager à regarder deformais les interests de l'Empire comme les siens propres, il le crea Consul ordinaire, luy accorda l'honneur du triomphe, sans doute pour quelque victoire qu'il remporta alors sur les ennemis de l'Empire, & que les Historiens ne marquent point. Il luy fit élever une statuë équestre devant la porte du Palais Imperial de Constantinople; luy donna le commandement de la Milice Prétorienne, & pour derniere marque d'estime & d'amitié, il déclara son fils par une espece d'adoption militaire, qui ne luy donnoit pas à la verité droit de succession à l'Empire; mais qui en faisoit, si l'on peut s'exprimer ainsi, comme le fils honoraire de l'Empereur.

Cependant comme dans la suite Theodoric voulut quelque chose de plus solide; & que l'on differoit à luy rendre certaines terres, dont ceux

CLOVIS.

de sa Nation avoient esté autrefois en possession, il fit ou laissa faire à ses Ostrogots quelques désordres dans l'Illyrie & dans la Thrace jusqu'aux portes de la Ville Imperiale; ce qui obligea Zenon de luy abandonner une partie de la Dacie & de la basse Mœsie comme pour la deffendre contre les autres barbares. Il s'y établit & y demeura cinq ans; mais l'envie de regner avec plus d'éclat, & les défiances qu'il conceut de l'Empereur Grec qui commençoit aussi à le craindre plus que jamais, le déterminerent à luy proposer un dessein, dont ces mutuelles défiances firent bien-tost conclure & hâter l'execution.

Peu d'années auparavant un autre Barbare, nommé Odoacre à la teste d'une armée composée de Turcilingiens dont il estoit Roy, d'Erules & de quelques autres Troupes ramassées de divers païs, estoit venu des extremitez de la Pannonie fondre tout à coup dans l'Italie, s'en estoit emparé, avoit détrôné le jeune Empereur Romule plus connu sous le nom d'Augustule, & avoit pris le nom de Roy d'Italie, où il regnoit effectivement en Monarque absolu.

Jornandes c. 57.

Theodoric s'offrit a Zenon de l'en aller chasser. Vous n'avez, luy dit-il, qu'à me donner vos ordres, & sans qu'il en couste rien à vostre épargne, je feray incessamment marcher mes gens de ce costé-là. Il est de vostre gloire de delivrer l'Italie d'un joug si infame. Vous m'avez fait l'honneur de me donner le nom de vostre fils, ne vous sera-t-il pas plus glorieux que j'y regne moy mesme sous vostre nom & sous vostre autorité, supposé que Dieu benisse mon entreprise? & si je n'y réüssis pas, vous ne perdez & vous ne hazardez rien. Zenon accepta l'offre sur le champ, & fit sans peine un present d'une chose qui n'estoit plus à luy ; ravi d'ailleurs de voir Constantinople délivrée du voisinage d'une nation inquiete commandée par un Chef, dont l'ambition, la prudence & le courage luy faisoient tout appréhender.

Theodoric qui n'avoit fait cette proposition que du consentement des principaux Capitaines des Ostrogots, eut bien-tost mis son armée en état de partir. Il prit sa route par Syrmium, passa sur le ventre à une armée de Gepides, dont le Roy vouloit luy disputer le passage ; entra en Italie par les Alpes Juliennes ; gagna trois batailles de suite contre Odoacre, l'obligea à se renfermer dans Ravenne, & après un siege de trois ans le contraignit à capituler; ce qu'il fit à des conditions tolerables. Mais quelques jours après Theodoric le poignarda de sa propre main dans un festin, ne faisant en cela, à ce qu'il dit alors pour excuser une action si brutale, que prévenir un pareil dessein qu'Odoacre avoit formé contre sa personne. Les Ostrogots firent aussi-tost main-basse sur toute la famille & sur tous les Soldats d'Odoacre, qui furent presque tous taillez en pieces.

On peut dire que cet assassinat avec toutes ses suites, qui rendit Theodoric maistre paisible de toute l'Italie, fut plûtost un effet de son ambition que de son humeur ; tant il parut depuis éloigné de ces violences, & appliqué à faire quitter à ses Ostrogots leurs manieres & leurs coûtumes barbares ; tant il affecta de se distinguer dans toute la suite de son regne, par toutes les vertus qui avoient rendu recommandables les plus illustres des Empereurs Romains, c'est-à-dire, par la liberalité, par la magnificence, par la douceur, par son application au soulagement des peuples, & à rendre les Villes de son état plus belles & plus florissantes qu'elles n'avoient jamais esté. Il tint cette conduite jusqu'aux dernieres années de sa vie, dont le lustre fut encore terni alors par la prison du Pape Jean I. & par la mort de deux hommes des plus distinguez de leur temps par leur merite & par leur naissance. Ce furent Boece & Symmaque, qu'il fit mourir sur de simples soupçons. Enfin à cela près on peut dire avec verité, & en luy rendant justice, qu'il fut le modele des Princes de son temps, & qu'un peu de politesse qui se répandit alors dans les Cours des Rois des Gaules, chez les François, les Bourguignons, les Visigots, venoit de la sienne, & du commerce que ces Princes, qui l'admiroient tous, entretenoient avec luy.

Il fit mesme agréer à son armée qu'en prenant la qualité de Roy d'Italie, il prit aussi l'habillement des Romains. Il crût cependant ne devoir pas se donner ce titre sans l'agréement de Zénon ; mais comme il estoit sur le point de le luy envoyer demander, il apprit sa mort, & sans se mettre en peine de rendre la mesme civilité à Anastase qui avoit succedé à l'Empire, il se mit en possession tant de son nouvel état que du nom de Roy. Voilà quel estoit ce Theodoric qui fut toûjours depuis le plus ferme appuy des autres Princes de la Nation Gotique, comprenant sous ce nom les Visigots des Gaules & des Espagnes, qu'il empêcha tant qu'il vécut, ainsi que remarque l'ancien Auteur de l'Histoire des Gots, de succomber entierement sous la puissance des François.

Un des premiers traits de sa politique, fut de se faire dès-lors & dans la suite des alliances avec tous les Princes ses voisins. Il envoya une Ambassade à Clovis pour luy demander en mariage Audesiede sa sœur ; ce que ce Prince luy accorda avec joye. Il avoit eu avant que de venir en Italie, lorsqu'il demeuroit encore dans la Mœsie, deux filles naturelles ; il maria une à Alaric Roy des Visigots, & l'autre quelques années après à Sigismond fils de Gondebaud Roy de Bourgogne. Il fit aussi épouser sa sœur Amalfrede déja veuve d'un autre Prince à Thrasamond Roy des Vandales en Afrique, & Amalberge sa niéce & fille d'Amalfrede à Hermanfroy Roy de Turinge.

Gregor. Turon. l. j. c. 31.

Ayant ainsi bien établi sa famille & sa nation, se voyant maistre tranquille d'un fort grand état, qui s'étendoit bien au delà de l'Italie jusques dans la Pannonie & dans la Dalmatie, il ne songea plus qu'à joüir du fruit de ses travaux, & à faire aimer son gouvernement aux peuples qu'il avoit soumis à son obéïssance. La passion des conquestes cessa d'estre sa passion dominante; autant qu'il avoit aimé la guerre, tandis qu'elle luy avoit esté ou necessaire ou utile, autant s'appliquat-il à maintenir la paix non seulement dans ses états; mais encore entre les Princes ses voisins. On voit par ses Lettres que nous avons parmi celles de Cassiodore son Secretaire & son Ministre, que c'estoit-là un de ses principaux soins. Il se faisoit, autant qu'il pouvoit, le mediateur & l'arbitre des differens des Souverains qui regnoient dans les Gaules, dans les Espagnes, & dans la Germanie; sans prendre parti à moins qu'il n'y fut déterminé par quelque grand interest. Il les tenoit toûjours par-là dans une espece d'égalité entre eux, & de dépendance à son égard. Clovis fut celuy dont l'esprit luy fit le plus de peine à gouverner.

<small>Inter epist. Cassiod. l. 2. ep. 41.</small>

La premiere negociation de cette nature qu'ils eurent ensemble fut aussi-tost après la défaite des Allemans. Comme Clovis en poursuivoit les restes à toute outrance jusques sur les frontieres de Theodoric, ce Prince luy envoya deux Ambassadeurs avec une Lettre de compliment sur la grande victoire qu'il venoit de remporter; où il le prioit en même temps de ne point pousser davantage ces malheureux; de se contenter de la gloire d'avoir non seulement abattu, mais encore assujetti une Nation aussi fiere que celle qu'il venoit de dompter; il ajoûtoit que la mort de leur Roy qui avoit peri dans le combat avec l'élite de ses Troupes, devoit le satisfaire; qu'il estoit de sa clemence & de sa generosité de donner quartier & d'accorder la vie à ceux qui restoient & qui la luy demandoient; qu'au reste les terres des Gots où ils s'estoient refugiez, devoient leur servir d'azile; que ses Envoyez luy diroient de bouche le reste de ce qui concernoit cet article; & qu'ils avoient des choses importantes à luy communiquer sur ce sujet, dont la connoissance ne luy seroit pas inutile, pour tirer de sa victoire tous les avantages qu'il prétendoit.

<small>M. de Valois. Bussieres.</small>

Je ne sçay pourquoy quelques-uns de nos Historiens modernes veulent que Clovis se soit piqué de fierté en cette occasion; tout les obligeant à croire le contraire. Ce que Theodoric demandoit à Clovis estoit fort raisonnable. L'honneur des François n'y estoit nullement interessé. Enfin la guerre d'Allemagne finit avec cette premiere expedition sans avoir aucune autre suite; & on ne voit dans l'Histoire à cette occasion nul vestige de mécontentement entre les deux Rois.

Mais l'accommodement d'Alaric avec Clovis fut une affaire bien plus difficile à terminer. Ces Princes aigris par les raisons que j'ay touchées estoient tout disposez à rompre, & à se faire au pluftost l'un à l'autre une sanglante guerre. Theodoric instruit de l'état des choses, & qu'il y avoit dans les deux Cours certains esprits inquiets & ennuyez de la paix, qui faisoient tous leurs efforts pour engager les deux Rois à la rupture, leur envoya des Ambassadeurs pour leur offrir sa mediation. Il representa à Alaric, qui prétendoit estre l'offensé dans cette querelle, qu'il ne falloit pas entre Princes courir aux armes avec tant de precipitation; qu'il ne s'agissoit dans ce different ni de violence ouverte ni de sang répandu; qu'on ne luy avoit enlevé ni Province, ni Ville; que tout rouloit sur quelques mots choquans qu'il prétendoit qu'on avoit dit de luy ou de sa Nation; qu'il y devoit penser plus d'une fois avant que de s'engager à la guerre avec les François, qui depuis plusieurs années avoient toûjours les armes à la main, & qui estoient accoûtumez à vaincre; qu'au contraire les Visigots, tout vaillans qu'ils avoient esté autrefois, pourroient bien avoir perdu par une si longue paix, une partie de ce courage que le seul exercice nourrit & entretient dans toute sa vigueur; que les Visigots d'alors n'estoient point ceux qui avoient arresté Attila dans le cours de ses victoires; qu'il estoit de la moderation & de la prudence de ne pas refuser les voyes d'accommodement, supposé qu'il y en eust, & qu'il ne desesperoit pas d'en trouver; que ce luy seroit une chose bien fâcheuse de voir aux mains deux Princes qui le touchoient de si près, & dont peut-estre l'un des deux succomberoit. Qu'au reste il ne devoit nullement douter de la sincerité de ses intentions; qu'il faisoit son affaire de cet accommodement; que si le Roy des François ne se rendoit pas à la raison, il prendroit hautement le parti des Visigots; qu'il auroit soin de faire entrer encore d'autres Princes dans cette ligue qui étonneroit peut-estre Clovis. Enfin Theodoric conjuroit sur tout Alaric dans sa Lettre de ne rien precipiter, de luy donner le temps d'envoyer des Ambassadeurs au Roy des François; & de declarer ses intentions à ceux qui luy parleroient de sa part, afin qu'ils pussent regler sur sa réponse les démarches qu'ils devoient faire à la Cour de Bourgogne & dans les autres Cours, pour lesquelles ils avoient aussi leurs instructions sur cette affaire.

<small>Inter epist. Cassiod. l.3. epist. 1.</small>

Alaric avoit trop d'interest à ménager Theodoric: les propositions qu'on luy faisoit de sa part estoient trop judicieuses, & luy estoient en même temps trop avantageuses, pour refuser de les écouter. Ainsi les Ambassadeurs, sur la parole qu'il leur donna de remettre tous ses interests entre les mains de leur Maistre, continuerent leur route vers Gondebaud Roy des Bourguignons.

Ils estoient chargez d'engager ce Prince, dont Theodoric estimoit beaucoup la prudence, à se faire mediateur avec luy, à joindre son autorité avec la sienne pour arrester la fougue de ces deux jeunes Rois, qui estoient sur le point de causer bien du desordre, & à envoyer au Roy des François un homme sage, qui pust de concert avec ceux qu'il envoyeroit luy-même, & qu'il feroit venir de la part des autres Princes qui s'interesseroient à cette affaire, la terminer au plûtost. Les Ambassadeurs estoient chargez de luy faire de bouche d'autres propositions que la Lettre ne specifie point: c'estoit d'entrer dans la ligue que Theodoric meditoit de faire en cas que Clovis se

<small>Epist. Theodorici apud Cassiod.l.3. 46.</small>

montrast trop difficile, & qu'il refusast absolument d'entendre à la paix. On n'en peut pas douter en lisant la Lettre que les mêmes Ambassadeurs porterent au Roy des Thuringiens, au Roy des Erules, & au Roy des Varniens, peuples situez * sur les frontieres de la France Germanique. Cette Lettre à en juger par l'inscription, estoit écrite en commun à ces trois Princes.

Epist. III.

Vide Procop. l. 4. Goth. hist.

C'est là que Theodoric fait connoistre plus ouvertement ses veritables sentimens, & que l'on voit que tout neutre qu'il affectoit de paroistre dans cette negociation, il estoit en qualité de membre de la Nation Gothique, pour le moins autant jaloux & inquiet de l'aggrandissement des François & des progrès qu'ils pouvoient faire contre les Visigots, que zelé pour la paix des Gaules.

Après un exorde de quelques lignes, composé selon le stile de ce temps-là, de sentences plus belles pour le sens que pour l'expression ; il leur parloit de la sorte. » Je vous prie d'envoyer vos Ambassadeurs avec les miens & ceux » de nostre frere le Roy Gondebaud à Clovis » Roy des François, pour l'obliger, en luy representant l'équité de la demande qu'on luy en » fait, à quitter le dessein où il est de faire la » guerre aux Visigots, & à observer le droit des » Gens. Faisons-luy entendre que s'il refuse de » s'en rapporter à des arbitres tels que nous, il » nous aura tous sur les bras. Puisqu'on luy offre de luy faire justice, que veut-il davantage ? » Je vous diray franchement ce que je pense à » cet égard : un Prince qui veut agir ainsi par » autorité, & qui ne veut avoir nul égard au » droit, donne sujet de croire que son but est » de renverser les Etats de tous ses voisins. Il est » à propos de reprimer cette ambition dans ses » commencemens, nous le ferons sans beaucoup » de difficulté en nous y opposant tous ensemble, & il vous sera tres-difficile de la faire, s'il » vient vous attaquer tous en particulier. Souvenez-vous au reste de l'affection que le feu » Roy des Visigots Evaric a toûjours euë pour » vous ; combien vous en avez receû de graces, » combien de fois il a empeché vos voisins de » vous faire la guerre. Voilà une occasion de » marquer au fils la reconnoissance que vous conservez pour le pere. Ne doutez pas que si le » Roy des François vient à bout d'Alaric, il ne » tombe aussi-tost après sur vous. Ainsi quand » vostre Excellence aura receû le salut que je vous » presente dans ma Lettre, je vous prie d'écouter favorablement mes deux Ambassadeurs, & » de prester attention aux choses importantes » qu'ils ont ordre de vous communiquer ; afin » qu'en suivant mes vûës que vous verrez aisément estre tres-droites & tres-sinceres, vous » n'ayiez tous qu'un même sentiment, & que » vous vous determiniez à faire plûtost la guerre » hors de chez vous, qu'à vous voir obligez de » la soûtenir dans vos Provinces.

Les Ambassadeurs ayant trouvé ou mis le Roy de Bourgogne, & ces trois autres Princes dans les dispositions que leur Maistre souhaitoit, passerent suivant l'ordre qu'ils en avoient, à la Cour de Clovis, à qui ils presenterent aussi une Lettre de la part de Theodoric. Elle estoit pleine de marques d'estime, d'amitié & même de tendresse : il y paroit en pere commun, affectant beaucoup de desinteressement, & ne faisant paroistre nulle partialité. Il y employoit la plûpart des mêmes motifs dont il s'estoit servi en écrivant à Alaric. Il le prioit de considerer combien les sujets de leurs differents étoient legers, & combien il estoit facile de les accommoder ; les suites funestes de la guerre où ils alloient s'engager ; la bonne intelligence que leurs ancestres avoient toûjours conservée entr'eux ; qu'entre parens & alliez, comme ils estoient, il falloit tenter toutes les voyes de douceur avant que d'en venir à répandre tant de sang. » Enfin, ajoûtoit-il, que penseriez-vous de moy tous deux, si je ne prenois « part à ce qui vous regarde ? ce seroit une honte & un affront pour moy de vous voir aux « mains sans m'en inquieter. Ainsi trouvez bon « que comme vostre pere, & comme vostre ami, « je prenne la liberté de vous menacer l'un & « l'autre, & de vous declarer que celuy des deux « qui contre mon esperance ne voudra pas écouter la raison, m'aura pour ennemi ; & non seulement moy, mais encore tous nos amis communs qui veulent à quelque prix que ce soit « voir terminer cette querelle à l'amiable. Ecoutez donc, je vous prie, les personnes que « nous envoyons tous de concert vers vous sur « ce sujet, & suivez plûtost nos conseils que ceux « de quelques esprits broüillons ; en vous commettant l'un avec l'autre, ils ne cherchent « que leurs interests ; & moy en vous accommodant ensemble, je n'ay en veuë que les vôtres, & que ceux de vos deux Nations *.

Epistol. Theodor. ad Luduin Regem Franc. apud Cassiod. l. II. 41.

Ce furent là les démarches que fit Theodoric pour empêcher cette guerre. Elles ne furent pas inutiles au moins alors & pour un temps. Soit que Clovis apprehendast en effet d'estre attaqué tout à la fois par tant d'ennemis, soit que les conditions de l'accommodement, desquelles l'Histoire ne nous a point instruits en détail, fussent trop raisonnables ou trop avantageuses pour les refuser ; l'accord se fit, & la bonne intelligence fut ou parut estre rétablie entre les deux Rois.

* Voyez ici Notes Chronologiques à la fin du Volume, où je prouve que les Lettres de Theodoric sont écrites en cette occasion, & non immediatement devant la guerre, où Alaric perdit son Royaume & la vie.

Procop. l. 1. de bello Goth.

Clovis se fit un grand merite de sa complaisance auprès de Theodoric : mais apparemment une autre raison secrete, & plus forte que toutes celles-là luy fit prendre le parti de la paix, dont il avoit besoin pour venir plus facilement à bout d'une affaire, qui estoit de la derniere importance pour son nouvel état.

Les François à leur entrée dans les Gaules, ayant passé le Rhin à Cologne, s'estoient beaucoup étendus sur la gauche au-delà de la Moselle en tirant vers Strasbourg. Ils s'estoient rendus maistres de ce que nous appellons aujourd'huy le Duché de Lorraine & le Duché de Luxembourg. La Champagne jusqu'au Royaume des Bourguignons qui s'étendoit de ce costé-là au-delà de Langres, les païs qui portent maintenant les noms de Picardie, d'Ile de France, de Beauce, de Normandie, du

Maine, d'Anjou, tout cela avoit subi le joug de ces nouveaux vainqueurs des Romains. En passant entre la Meuse & la Moselle ils avoient laissé à droite cette partie de la Gaule Belgique, qui comprend maintenant le Brabant, le païs de Liege jusqu'au bras du Rhin appellé le Vahal, & une partie de la Flandre maritime. Après le Baptême de Clovis, Ranacaire, qui estoit un Prince de sa famille, n'ayant pas voulu se faire Chrétien, se retira & s'establit au païs de Cambray, où il fut suivi de quelques troupes de François qui demeurerent idolatres. Il y prit le nom de Roy, sans doute avec l'agréement de Clovis, à la suite duquel il n'avoit passé le Rhin qu'à condition d'estre dédommagé en deçà d'une espece de petit Royaume qu'il possedoit au-delà *. Tournay estoit aussi de la Domination Françoise; mais elle ne s'étendoit pas plus loin de ce costé-là.

Clovis avoit depuis long-temps des veuës sur tout ce païs, qui empêchoit l'union de ses conquestes avec les terres des François d'au-delà du Vahal. Le courage des peuples belliqueux qui occupoient ce petit espace, avoit esté de tout temps comme une digue qui couvroit l'Empire Romain, & qui avoit toûjours arrêté en cet endroit les irruptions des François. Pendant les troubles du regne de l'Empereur Honorius ces peuples avoient en quelque façon secoüé le joug des Romains dont ils n'étoient plus secourus, & qui les avoient abandonnez aux ravages des Barbares. Ils s'estoient mis comme en une espece de Republique indépendante de l'Empire, avec lequel cependant ils entretenoient toûjours quelque alliance, & se défendoient eux-mêmes contre leurs voisins.

Entre les divers peuples de cette contrée qui avoient chacun leur nom particulier, les plus considerables estoient les Arboriques. Ils estoient Chrétiens comme la plûpart des autres Gaulois, & fort attachez à leur Religion. Si-tost que Clovis eut reçû le baptême, comme il sçavoit que la difference de Religion estoit ce qui leur donnoit le plus d'aversion des François, & les éloignoit de tout commerce avec eux, il leur fit dire qu'il venoit de lever cet obstacle, & leur representa qu'il estoit étrange qu'eux qui étoient François d'origine, eussent une aversion si opiniatre de ce nom & de la Nation: qu'il ne songeoit point à les exterminer, ni à leur faire la guerre; qu'il ne tiendroit qu'eux de vivre avec luy en bonne intelligence; & que pour mieux l'entretenir, il falloit que les deux peuples s'alliassent par les mariages, & liassent un commerce libre & frequent entre eux. La negociation réüssit, la communication devint fort grande en peu de temps; & insensiblement de ces alliances particulieres on en vint, selon les intentions de Clovis, à proposer les moyens d'en faire une generale & publique. Elle se fit en effet: tous ces peuples reconnûrent Clovis pour leur Roy; & les deux Nations ainsi unies sous un même Chef firent un Etat tres-puissant, & redoutable à tous les autres *.

Les choses n'en demeurerent pas là. Les Romains, quoique coupez de tous costez, s'étoient toûjours conservé quelques Places & quelques Chasteaux vers les extrémitez de la Gaule, c'est à dire, vers la mer sur les bords du Rhin & de quelques autres Rivieres: leurs Garnisons s'y estoient maintenuës pendant plusieurs années; & c'estoient là toûjours des esperances & des ressources pour l'Empire Romain en cas de quelque heureuse revolution. Mais ces Soldats voyant les Arboriques unis si solemnellement aux François, & qu'il n'y avoit plus nul moyen de tenir ni de repasser en Italie dont les Barbares estoient les maistres, ils demanderent à capituler avec les François. Les conditions furent qu'on les laisseroit vivre tant eux que les habitans, selon leurs loix & leurs coûtumes particulieres; qu'ils s'habilleroient à leur mode; & que quand ils iroient à la guerre, ils auroient leurs drapeaux particuliers. Ces conditions furent aisément acceptées. Ils remirent leurs Places & leurs étendards entre les mains des Arboriques & des François; & ainsi tout le Rhin depuis son embouchure jusques bien au-dessus de Strasbourg, & tout le païs situé entre cette Riviere, la Mer, la Touraine, la Bretagne & le Royaume de Bourgogne fut entierement soumis à la Domination Françoise.

Ce fut, comme je croy, en ce même temps, & à cette occasion que se fit la Loy appellée communément *la Loy Ripuaire*, qui se trouve jointe à la Loy Salique dans les Collections de l'ancien Droit Germanique. Cette Loy Ripuaire tiroit son nom du nom même de ceux pour qui elle fut faite, que l'on nommoit en Latin *Ripuarii*, & que nos Auteurs appellent en François tantost Ripuaires, tantost Ribarols ou Rivarols du mot Latin *ripa*, qui signifie rivages; parce qu'ils estoient chargez particulierement de garder les rivages du Rhin, de quelques autres des principales Rivieres, & peut-estre de la mer même contre les descentes des Barbares; soit que ce nom fût particulier aux Soldats qui gardoient ces passages, soit qu'il fut commun aux Soldats & aux Peuples qui demeuroient le long des bords de la Mer & du Rhin, & peut-estre aux Arboriques mêmes.

Cette Loy en beaucoup de choses est semblable à la Loy salique; on y voit des vestiges de quelques coûtumes des Romains, que ces peuples jugerent à propos de retenir *. Le Ripuaire y est traité comme le François; au lieu que la Loy salique en quelques endroits condamne les autres Gaulois à de plus grosses peines que les François pour le même crime, afin de mettre de la difference entre les vaincus & les vainqueurs. La Loy Ripuaire a aussi beaucoup d'articles qui ont rapport à la Religion Chrétienne, & elle commence par ces paroles: *Au nom de Nostre-Seigneur Jesus-Christ*. Les lieux où elle s'observoit sont compris sous le nom de *Pagus Ripuarius*, le païs des Ripuaires, ou *Ducatus Ripuarius*, Duché des Ripuaires; ce qui semble marquer qu'ils avoient un Duc, c'est-à-dire, un Chef, un Capitaine, un Commandant particulier, qui les

les gouvernoit sous les ordres du Roy des François.

Cette union fut un coup de la derniere importance pour l'affermissement de l'Empire de Clovis. Par là il n'avoit plus derriere luy ni Romains, ni alliez des Romains, dont il pust se défier, & se trouvoit en état de ne plus apprehender beaucoup les ligues de ses voisins. Aussi ne s'en mist-il plus desormais en peine, comme l'experimenta un des principaux de ceux qui avoient esté sur le point de s'unir contre luy en faveur d'Alaric. C'estoit Gondebaud Roy de Bourgogne, qui tandis qu'il s'appliquoit à accommoder les affaires d'autruy, ne songeoit pas qu'on luy en préparoit de terribles chez luy. Pour mieux développer tout ce qui regarde ce nouvel évenement, d'où Clovis sçût tirer des avantages tres-considerables, il est besoin de reprendre les choses d'un peu plus haut.

Gundivic Roy des Bourguignons laissa en mourant quatre fils ; sçavoir Gondebaud, Gondegesile, Chilperic & Gondomar. Le partage des Etats de leur pere fut pour eux un sujet de division & de guerres continuelles où trois de ces Princes perirent. Les deux cadets Chilperic & Gondomar soutenus du secours des Allemans, declarerent la guerre aux deux autres & les défirent entierement auprès d'Autun. Les Princes vaincus échaperent, quoique le bruit de la mort de Gondebaud le plus redoutable des deux se répandist par tout. Les vainqueurs s'en allerent à Vienne sur le Rhône capitale du Royaume de Bourgogne pour le partager entre eux, & pleins de confiance renvoyerent les Allemans dans leur païs.

Cependant Gondebaud profitant du faux bruit de sa mort & de la negligence de ses freres ranima secretement les principaux chefs de son parti, qui rallierent ses Troupes, & vinrent de divers endroits investir Vienne, lorsque Chilperic & Gondomar y pensoient le moins. Ils furent encore plus surpris quand ils sçûrent que Gondebaud qu'ils avoient crû mort, estoit à leur teste. Il assiegea & força la Ville ; fit couper la teste à Chilperic & à ses deux fils, & la Reine fut jettée dans le Rhône avec une pierre au col. Il n'y eut de toute cette infortunée famille que deux filles qui échaperent, dont l'une estoit Clotilde depuis Epouse de Clovis. Gondomar qui s'estoit retranché dans une tour de la Ville, aima mieux s'y laisser brusler tout vif, que de se rendre à son barbare frere. De sorte que Gondebaud par ces horribles executions, se trouva maistre de tout le Royaume de Bourgogne. Il en fit une assez petite part à Gondegesile qui choisit Genéve pour en faire sa Ville Capitale.

Ces deux freres auparavant si unis, n'eurent pas plûtost pris en main chacun la conduite de leur Etat, qu'ils enterent en défiance l'un de l'autre, & la jalousie de Gondegesile alla si loin dans la suite, qu'il sollicita sous main Clovis de declarer la guerre à Gondebaud, & luy offrit de se faire son tributaire, s'il vouloit l'aider à se mettre en possession de tout le Royaume de Bourgogne.

Clovis avoit & des raisons de politique & des raisons de justice de ne pas refuser de telles offres. Outre l'honneur & l'avantage d'un tribut qu'on luy promettoit, les divisions d'un Royaume puissant & voisin du sien ne pouvoient gueres manquer de luy estre utiles pour son aggrandissement. La mort de son beau-pere Chilperic, & la destruction de presque toute la famille de ce malheureux Prince estoient des crimes demeurez jusqu'alors impunis, & dont la punition sembloit luy appartenir uniquement. Le droit que la Reine Clotilde avoit au moins à quelque partie de la succession de son pere, l'insulte que Gondebaud avoit faite quelques années auparavant aux François de l'escorte qui conduisoit cette Princesse hors de Bourgogne, en leur enlevant une partie de sa dot, & en voulant la faire enlever elle-même toute épousée qu'elle estoit déja au nom du Roy, la protection d'un Prince lezé dans le partage inégal que Gondebaud avoit fait par autorité & par violence des Etats de leur pere ; enfin le ressentiment que Clovis conservoit d'avoir vû ce Roy entrer si volontiers dans la ligue formée par Theodoric contre luy pour la défense du Roy des Visigots : tous ces motifs n'estoient que trop puissans pour le déterminer à ne pas manquer cette occasion. Aussi ne délibera-t-il pas, & il promit à Gondegesile d'aller bien-tost à son secours.

Une revolte des habitans de Verdun qui arriva vers ce temps-là, luy donna occasion d'assembler des Troupes, & de couvrir les mesures qu'il prenoit pour un plus grand dessein. La Ville fut bien-tost réduite aux abois ; & les habitans se voyant sur le point de subir le châtiment que meritoit leur rebellion, n'eurent point d'autre parti à prendre que celuy de la soumission. Ils envoyerent au Roy un saint Prétre nommé Euspice, qui s'estant jetté à ses pieds, le conjura par le nom & la qualité de Chrétien qu'il portoit, de pardonner à ces malheureux. Le Roy le fit avec une generosité & une bonté qui charma ses nouveaux Sujets & tous les peuples Catholiques de la Gaule, lesquels gemissoient sous le joug des Gots & des Bourguignons, dont les Princes Ariens les traitoient quelquefois avec beaucoup de dureté.

Gondebaud qui n'ignoroit pas cette inclination de ses Sujets Catholiques pour Clovis, non plus que l'ambition de ce Prince, voyant qu'il ne congedioit point ses Troupes après la reduction de Verdun, n'estoit pas sans inquietude ; & quoiqu'il n'eust pas le moindre soupçon du traité secret de son frere Gondegesile, il penetra le but de cet armement, & ne douta point qu'il ne le regardast. Clovis en effet luy déclara bien-tost la guerre.

Ce fut alors que plusieurs Evéques Catholiques s'estant assemblez pour la feste de saint Juste à Lion, dont Gondebaud avoit fait quelque temps auparavant sa Ville capitale, allerent le saluer. Ils avoient à leur teste Avitus Evéque de Vienne, & ce Prelat prit la liberté luy demander une conference avec les Evéques Ariens sur les points de Controverse, qui les séparoient des

Catholiques. Gondebaud luy répondit brusquement & avec chagrin sur cet article. *Si la Religion que vous professez est la vraye, d'où vient que les Evêques de vostre Communion n'empêchent pas le Roy des François de me faire la guerre, & de s'attacher comme il fait tous mes ennemis ? Comment s'accorde la veritable Religion avec cette ambition insatiable & cette soif du sang des peuples ? qu'il fasse voir par ses œuvres la verité de sa foy.* L'Evêque Avitus luy repliqua avec beaucoup de respect en ces termes : *Seigneur, nous ignorõns les desseins du Roy des François & les raisons qu'il prétend avoir de vous faire la guerre ; mais permettez-moy de vous dire que l'Ecriture nous apprend que le renversement des Royaumes est souvent la punition du violement de la Loy de Dieu, & qu'il suscite de toutes parts des ennemis à ceux qui se declarent les siens.*

Le Roy ne s'offença point de la liberté de cette réponse : il leur accorda la conference, & les Ariens y furent fort mal menez. Il permit qu'on en tint une seconde, où il fut luy-même indigné de leur ignorance aussi-bien que de leurs emportemens, & fort ébranlé; jusques là qu'il recommanda aux Evêques Catholiques de prier Dieu pour luy : mais la politique étouffa ces semences de grace, & le fit mourir Arien. Il ne put s'empescher encore en cette seconde occasion de se plaindre du Roy des François, qui sollicitoit, disoit-il, son propre frere contre luy.

Cependant il songeoit tout de bon à se mettre en défense, & à se précautionner contre son ennemi. Il envoya vers son frere Gondegesile pour luy representer la necessité qu'il y avoit de remettre à un autre temps la discussion des differends qu'ils avoient entre eux ; & qu'il falloit se réünir pour faire teste à l'ennemi commun qui venoit leur enlever leur bien en profitant de leurs divisions. Gondegesile reçut favorablement en apparence l'Ambassade de Gondebaud, & fit semblant d'entrer dans ses raisons & dans ses vuës, pour l'engager plus sûrement dans le piege qu'il luy tendoit. On convint du nombre de Troupes que l'on fourniroit de part & d'autre ; & si-tost que l'on sçut Clovis en campagne, les deux freres chacun à la teste de leur armée s'estant joints proche de Dijon, vinrent au devant de luy en bataille.

Le combat se donna sur le bord de l'Ousche petite riviere qui se jette dans la Saone. La victoire ne balança pas long-temps ; car Gondegesile, dés que l'affaire fut engagée, au lieu de soûtenir les Troupes de Gondebaud que Clovis fit charger avec une grande furie, les prit luy-mesme en flanc au mesme moment, & commença à faire un carnage horrible des Bourguignons. L'Armée de Gondebaud fut incontinent mise en déroute & presque toute taillée en pieces. Ce Prince ainsi trahi, fut obligé de prendre la fuite, & gagna Avignon, où il se renferma avec ce qu'il put ramasser de ses Troupes. Clovis poursuivant sa victoire, laissa Gondegesile aller se rendre maistre de diverses Places qui luy ouvrirent leurs portes, & vint mettre le siege devant Avignon.

Gondebaud s'y défendit quelque temps avec vigueur ; mais prévoyant que les vivres dont il n'avoit pas eu le loisir de fournir la Place pour un long siege, luy manqueroient bien-tost, il eut recours à l'artifice pour se tirer d'un si mauvais pas. Ce Prince, comme on le voit par toute la suite de son histoire, avoit le talent des ressources ; un esprit toujours present dans ses plus grands malheurs ; & autant de finesse & de politique que de cruauté & de courage. Aredius chef de son Conseil, homme de qualité, adroit & brave (c'est ainsi que nostre Historien en parle) s'estoit jetté avec luy dans Avignon. Ils convinrent que ce Seigneur feroit semblant de se refugier au camp ennemi, non pas comme desesperant du salut de la Ville, mais comme un homme mécontent de la Cour & de la conduite du Prince, dont il avoit sujet d'apprehender la colere ; qu'il tâcheroit de s'insinuer dans les bonnes graces de Clovis, & de le disposer adroitement par le motif de ses propres interests, à mettre l'affaire en negociation, & à la terminer par un accommodement, quel qu'il pust estre.

Il sortit donc de la Ville & alla se jetter aux pieds de Clovis : luy dit qu'il recouroit à sa clemence & à sa protection dans le malheur qu'il avoit eu d'encourir la disgrace de son Maistre: Que s'il luy faisoit l'honneur d'agréer ses services, il esperoit de meriter par sa fidelité & par son attachement quelque part dans son estime & dans ses bonnes graces.

Le Roy ravi de voir son ennemi privé du secours & des conseils du plus habile de ses Ministres, reçut fort agreablement Aredius & le retint auprés de sa Personne. Dans les entretiens qu'il avoit volontiers avec luy non seulement pour s'instruire de l'état de la Ville & des assiegez, mais encore pour se divertir : (car un des talens de cet homme estoit d'estre fort agreable dans la conversation,) il luy laissa entrevoir que la longueur du siege commencçoit à l'ennuyer, & c'estoit justement par là qu'Aredius avoit esperé de réüssir. Le Roy l'ayant remis une autrefois là-dessus, & luy ayant commandé de luy dire tout ce qu'il en pensoit, il luy parla de cette maniere.

Vous estes trop éclairé, Seigneur, pour avoir besoin des avis d'autruy, & vous n'avez pas encore eu le temps d'éprouver ma fidelité & le zéle que j'ay pour vostre gloire, pour devoir vous en rapporter à mes Conseils : il n'y a que l'ordre que vous m'en donnez qui puisse me faire prendre la liberté de vous dire ce que je pense sur ce sujet. Le ravage que vostre armée fait autour d'Avignon cause un grand dommage à vostre ennemi, vos troupes desolent la campagne, vous avez fait couper tous les Oliviers, arracher les vignes, tout le païs est ruiné, mais le siege n'avance pas beaucoup. La Ville est forte, les assiegez se défendent, & paroissent resolus de soûtenir les dernieres extremitez : l'armée cependant se fatigue, & les maladies sont à craindre : les choses sont encore en tel état que vous pouvez vous faire honneur de vostre clemence, en ne jettant pas un Roy malheureux dans le desespoir. Il y a un milieu

CLOVIS.

à prendre qui n'auroit rien que de tres-glorieux pour vous, c'est de luy offrir la paix & le pardon du passé à condition d'un tribut à perpetuité, S'il l'accepte, c'est une nouvelle victoire que vous remportez sur luy, & qui vous le soûmet pour la suite à fort peu près comme un Sujet à son Prince. S'il le refuse, vous serez en droit plus que jamais de le pousser à bout.

Cet avis fort conforme à l'inclination & à l'impatience du Roy & de ses François fut écouté : & ayant esté examiné dans le Conseil, il fut suivi. On envoya un Heraut aux assiegez pour leur proposer une conference. Gondebaud ne se rendit pas difficile à cette proposition. Il donna des ostages, & un des Officiers de Clovis fut reçû dans la Ville. Le traité fut fait & signé, par lequel Gondebaud non seulement se soûmit au tribut perpetuel, qu'il paya pour la premiere fois avant que l'armée se fut retirée de devant la Place ; mais encore il consentit que son frere Gondegesile demeurast en possession de plusieurs Places, dont il s'estoit rendu maistre après la déroute de l'Ousche, & en particulier de la Ville de Vienne. L'histoire ne marque pas que Clovis s'en fust reservé aucune pour luy. Apparemment il se contenta du grand butin que ses Soldats avoient fait dans la Bourgogne, & du tribut que les deux Rois s'estoient obligez de luy payer, Gondegesile par le traité qu'il avoit fait avant la guerre, & Gondebaud par celuy qu'il venoit de signer à Avignon.

An. 500.
Marii Chronic. Fredegar. c. 15.

Clovis après cette glorieuse expedition s'en retourna chez luy, laissant seulement à Gondegesile un Corps de cinq mille François, qui avec les autres Troupes que ce Prince avoit sur pied, estoit plus que suffisant pour le maintenir en possession de ses conquestes. Mais son peu de précaution, & l'activité de Gondebaud, qui malgré tous ses sermens & tous ses traitez, n'attendoit que le départ du Roy des François pour se relever de sa chûte, firent bien-tost changer de face aux affaires, & avant que l'année fust écoulée, il se fit une revolution entiere dans le Royaume de Bourgogne.

Gregor. Turon. A

Gondebaud ayant fait fort secretement à Lion tous les apprests necessaires pour un siege, vint tout à coup investir Gondegesile dans Vienne, qui n'en est qu'à cinq ou six lieuës, & l'y assiega. La Garnison estoit nombreuse, composée de bonnes troupes, dont la meilleure partie estoit des François laissez par Clovis à Gondegesile ; mais comme la Ville estoit peuplée, les vivres commencerent à manquer au petit peuple. Gondegesile voulant conserver ses magasins pour sa Garnison, prit l'expedient ordinaire, qui fut de mettre hors de la Ville toutes les bouches inutiles ; & ce fut là la cause de son malheur.

Gregot. Turon. l. 2. c. 33.

Parmi ceux qu'on avoit mis dehors, il se trouva un Fontenier qui avoit soin d'un Aqueduc par où l'eau venoit pour les fontaines de la Ville. Fasché qu'il estoit de ce qu'on l'avoit chassé avec les autres, il vint trouver Gondebaud, & luy proposa de surprendre la Place par l'Aqueduc, l'asseurant qu'il n'y avoit pour cet effet qu'à rompre une grosse pierre, qui le fermoit de ce costé-là. Gondebaud l'écouta, & ayant fait reconnoistre & visiter les lieux, il jugea la chose non seulement possible, mais encore aisée, parce que les assiegez ne s'étoient pas avisez de faire la garde en cet endroit. Il y envoya la nuit un de ses Capitaines avec des Soldats d'élite, qui s'estant coulez dans l'Aqueduc avec le Fontenier, rompirent une partie de la massonnerie ; & avec des leviers & d'autres instrumens renverserent la grosse pierre, qui fermoit l'Aqueduc. Cela se fit avec si peu de bruit, que nul des habitans & des soldats de la Garnison n'en entendit rien.

Les Troupes filerent dans la Ville, & s'emparerent de plusieurs postes. Gondebaud averti de l'état des choses, fit avancer quelques bataillons proche des murailles & des portes. Ceux de la Garnison qui estoient sur les remparts s'apperçûrent de ces mouvemens, & tirerent beaucoup de flèches sur les Troupes les plus avancées. Mais les soldats qui estoient entrez dans la Ville ayant tout d'un coup jetté de grands cris de joye & de victoire, & les Trompettes sonnant la charge de tous costez, l'effroi saisit la Garnison & les habitans qui ne sçavoient où courir, ni de quel costé se tourner dans cette surprise. Le carnage commença dans la Ville, tandis que Gondebaud faisoit rompre les portes à coups de haches, & s'en estant rendu maistre, il y fit entrer la plus grande partie de son armée. Ce ne fut point un combat, mais un massacre sans quartier des habitans & des soldats. Gondegesile au milieu de ce trouble & de cette confusion se sauva dans une Eglise, & fut tué au pied de l'Autel avec un de ces Evêques Ariens qui l'y avoit suivi. Ce fut là la troisième fois que le cruel Gondebaud soüilla ses mains du sang fraternel dans cette même Ville.

Ibid.

Tandis qu'on faisoit ainsi main basse sur tout ce qui se presentoit, les Soldats François s'étant ralliez entre eux, se saisirent d'une Tour pour y vendre leur vie bien cher, ou pour obtenir une capitulation tolerable. Gondebaud les fit sommer de se rendre en leur promettant la vie, mais à discretion pour tout le reste. Eux ne voyant nulle autre issuë pour sortir de cette extrémité, se rendirent. Le Roy défendit à ses Soldats de leur faire aucune insulte, & les envoya à Thoulouse, comme en present, & comme une glorieuse marque de sa victoire à Alaric : après quoy il fit mourir par divers supplices plusieurs Senateurs de Vienne & & quelques-uns des principaux Bourgeois qu'il crut avoir pris volontiers le parti de Gondegesile ; se fit reconnoistre pour unique Souverain de toute la Bourgogne, & declara à Clovis qu'il ne luy payeroit plus de Tribut.

An. 500.

Mais au milieu de cette severité dont il punissoit les principaux des rebelles, il affecta, pour regagner l'affection de ses autres Sujets, une conduite pleine de douceur & d'équité envers la Nation Gauloise dans toute l'étenduë du Royaume de Bourgogne. Car ce fut vers ce temps-là qu'il fit de nouvelles loix exprés pour moderer la dureté avec laquelle les Bourguignons en usoient à l'égard des Gaulois, parmi lesquels ils vivoient encore comme dans un païs de conqueste, & qu'ils continuoient de traiter comme un peuple vaincu & soumis à leur joug, & presque comme des esclaves.

Cependant Gondebaud devoit bien s'attendre que sa conduite envers Gondegesile, & la declaration qu'il avoit faite touchant le tribut, auroient extrêmement offensé Clovis, & il estoit trop prudent pour faire des démarches si hazardeuses, sans s'estre assuré auparavant du secours de ses voisins. Le present qu'il fit à Alaric des François faits prisonniers à la prise de Vienne est une marque évidente des liaisons qu'il avoit avec ce Prince ennemi personnel de Clovis. Il esperoit par son moyen mettre dans son parti Theodoric Roy d'Italie membre & protecteur declaré de la Nation Gotique : mais Clovis qui en sçavoit pour le moins autant que luy en matiere de politique, rompit toutes ses mesures.

Quelque zelé qu'eust paru Theodoric peu d'années auparavant pour entretenir la paix & la bonne intelligence entre les Princes qui regnoient dans les Gaules ; & quelque jalousie qu'il eust de l'aggrandissement des François, Clovis ne desespera pas de l'attirer dans son parti contre le Roy de Bourgogne. Il luy fit ses plaintes, luy representa combien son ressentiment estoit juste, & la necessité où Gondebaud le mettoit en luy manquant de parole, & en violant si ouvertement ses sermens, de recommencer la guerre. La mort indigne de trois freres que ce Prince cruel étouffant tous les sentimens de la nature, avoit immolez à son ambition, la violence & la trahison qu'il avoit faites au dernier contre la foy des traitez, furent vivement exposées par les Ambassadeurs de Clovis, & ils conclurent par luy proposer une ligue avec ce Prince contre Gondebaud. Ils luy firent voir les grands avantages que l'un & l'autre unis ensemble pourroient tirer de cette ligue, & que leurs interests se trouvoient joints à la justice de la cause ; que leurs Etats estant également frontieres du Royaume des Bourguignons, les Places de ce Royaume voisines des Alpes n'étoient pas moins à la bien-seance du Roy d'Italie, que celles de la Saone & du Rhône à la bien-seance du Roy des François.

Ce motif fut sans doute celuy qui fit le plus d'impression sur l'esprit de Theodoric, dont le dessein fut toûjours d'avancer autant qu'il luy seroit possible du costé des Gaules. De plus Gondebaud devenu seul maistre d'un si grand païs, alloit estre deformais pour luy un voisin redoutable, qu'il estoit utile d'affoiblir : peut-estre enfin qu'il apprehenda que Clovis avec sa vigueur & son bonheur ordinaire, ne fist tout seul ce qu'il luy offroit de faire de concert & conjointement avec luy.

Theodoric prit donc le parti de traiter avec Clovis. Les conditions furent qu'ils entreroient chacun de leur costé avec leur armée dans les Terres du Roy de Bourgogne ; qu'ils partageroient également les conquestes qu'ils pourroient faire, soit qu'ils les fissent ensemble, soit qu'ils les fissent separément. Que s'il arrivoit que les Ostrogots avant que d'estre joints par les François, défissent le Roy de Bourgogne, ils leur feroient part des fruits de la victoire ; mais à condition en ce cas que les François payeroient une certaine somme d'argent aux Ostrogots, & que pareillement les Ostrogots la payeroient aux François, si ceux-cy avant la jonction battoient les Bourguignons.

Ce traité embarassa fort Gondebaud, qui se vit non seulement deux puissans ennemis sur les bras, lorsqu'il pensoit n'en avoir qu'un ; mais qui par cette ligue fut encore privé du secours d'Alaric, sur qui il avoit compté, & qui n'avoit garde d'entrer dans un parti, contre lequel Theodoric se declaroit si ouvertement. Cependant la conduite que ce Prince tint d'abord dans l'execution du traité, fit connoistre que les bons Offices d'Alaric auprès de luy n'avoient pas esté inutiles à Gondebaud ; & peu s'en fallut qu'ils ne fussent tres-pernicieux aux François. Le procedé de Theodoric ne fut nullement sincere, mais plein de finesse & & d'artifice, plus propre à perdre son allié qu'à abbattre son ennemi ; & il parut par la maniere dont il se comporta qu'il souhaitoit encore plus de voir Clovis battu, que Gondebaud dépoüillé de ses Etats.

Immediatement après la conclusion du traité, Clovis assembla en peu de temps une nombreuse armée ; au lieu que Theodoric ne se disposa à cette expedition qu'avec beaucoup de lenteur, & donna tout le temps au Roy de Bourgogne de se préparer. Il differa ensuite autant qu'il le put sous divers prétextes le départ des Troupes qu'il devoit envoyer en Bourgogne. Car depuis qu'il s'estoit rendu paisible possesseur de l'Italie il commandoit rarement en personne ; mais occupé au dedans du gouvernement de son Royaume, il n'agissoit plus gueres au dehors que par ses Lieutenans.

Dès que Clovis sçût que les Ostrogots etoient en marche, il s'y mit aussi de son costé ; mais quand il arriva des païs ennemi, les Ostrogots en estoient encore bien loin. Les Generaux de Theodoric avoient ordre de marcher très-lentement, de laisser engager le Roy des François, de ne pas passer outre s'ils apprenoient en chemin qu'il eût esté battu ; & au contraire de se hâter, supposé qu'ils apprissent la défaite des Bourguignons.

Cependant Gondebaud alla avec toutes ses Troupes au devant de celles des François, & ne balança point à leur présenter la bataille, aimant mieux les combattre seuls que joints aux Ostrogots. Clovis ne le refusa point : on ne marque pas le lieu où elle se donna ; mais seulement que le combat fut sanglant, fort opiniâtre, le succès long-temps douteux ; & qu'enfin le Roy de Bourgogne ayant esté mis en déroute, jetta le reste de ses Troupes dans les plus fortes Places de son

CLOVIS.

Royaume, où il s'estoit préparé diverses retraites en cas de malheur, & dont Clovis conquit en peu de jours une grande partie.

Les Ostrogots ayant appris cette nouvelle, s'avancerent à grandes journées. Clovis se plaignit aux Generaux de leur peu de diligence & du danger où ils avoient exposé leur parti. Ils s'excuserent sur la difficulté des chemins & des passages des Alpes, & s'offrirent à payer la somme dont on estoit convenu, les choses se trouvant dans les conjonctures exprimées dans le traité.

Clovis qui penetroit assez les mauvaises intentions de Theodoric auroit peut-estre eu droit de le refuser, & de conserver tout ce qu'il avoit pris sans en faire part aux Ostrogots ; mais il aima mieux garder sa parole ; & sa generosité estoit pour le moins autant digne de la reflexion de l'ancien Historien qui nous a apris toutes ces particularitez, que la prudence artificieuse de Theodoric dont il fait l'éloge en cette occasion, sur ce que, sans répandre une seule goutte du sang de ses Sujets, & aux dépens seulement d'une modique somme d'argent, il s'acquit la possession d'un assez grand païs. Ces traits de politique ont leurs beaux & leurs mauvais costez ; & suivant les regles sur lesquelles on les examine, on leur donne le nom de prudence ou de finesse. Quoiqu'il en soit, la conduite que Clovis tint dans la suite, montre la verité de ce qu'ajoûte le mesme Historien ; qu'après avoir ainsi abbatu la puissance du Roy de Bourgogne, à qui il accorda la paix, il se mit fort peu en peine de ménager Theodoric ; & que, sans plus craindre ny ses menaces ny ses finesses, il mit enfin en execution le dessein qu'il méditoit depuis très-long-temps, de faire la guerre à Alaric Roy des Visigots. C'est une de celles qui luy acquirent le plus de gloire ; où il étendit le plus les bornes de sa domination ; & qui causa le plus de changement dans les Gaules.

Alaric estoit petit fils de Theodoric Roy des Visigots, qui fut tué au service des Romains à la bataille qu'Aëtius gagna contre Attila, & fils d'Evaric qui luy laissa un très-grand Royaume, s'estant servi des troubles dont l'Empire Romain fut agité durant son regne, pour conquerir dans les Gaules tout le païs depuis la Garonne jusqu'à la Loire, la partie Orientale & la partie Meridionale de la Provence, outre ce qu'il possedoit déja entre la Garonne & les Pyrennées, & en Espagne.

Alaric estoit monté sur le Thrône des Visigots presque en mesme-temps que Clovis fut élevé sur celuy des François. Ils estoient tous deux à-peu-près de mesme âge ; mais toute la suite de leur vie avoit esté jusqu'alors bien differente. Alaric avoit trouvé un bel état dans les Gaules tout conquis & tout soumis ; Clovis s'en estoit fait un luy-mesme l'épée à la main. L'un toûjours en paix, l'autre toûjours en guerre, ils s'estoient acquis la reputation, celuy-cy de grand Capitaine heureux & victorieux par tout ; celuy-là de Prince sage & moderé, qui tandis que les états de ses voisins estoient con-

Procop. Ibid.

Ibid.

Isidor. Hisp. de orig. Got.

tinuellement agitez de guerres ou civiles ou étrangeres, tenoit le sien en paix & en repos. Tous deux estoient aimez de leur Nation. Tous deux estoient nez artificieux, politiques, dissimulez ; & c'est ce qui les empêcha de rompre ensemble plûtost qu'ils ne firent. Alaric ne manquoit pas de courage, mais il avoit eu peu d'occasions de le signaler ; & il n'eût proprement que celle que luy fournit la valeur de son ennemi, de perir glorieusement, & il ne la refusa pas.

Les choses cependant n'éclaterent pas tout d'un coup ; & cette grande guerre fut precedée de toutes les apparences, d'un accommodement & de la plus solide paix. Alaric qui peu d'années auparavant avoit à peine pu estre arresté par les sages conseils de Theodoric Roy d'Italie, & qui sur quelques paroles de mépris qu'il prétendoit que le Roy des François avoit dites de luy, vouloit alors à toute force luy declarer la guerre, crût devoir dans les conjonctures présentes tenir une conduite toute opposée. Le bonheur constant de Clovis à qui tout réüssissoit, la grandeur de sa puissance au delà & au deça du Rhin, tous ses états unis les uns aux autres depuis que les peuples de l'extremité de la Gaule Belgique s'estoient soumis à luy de leur plein gré, & que les Garnisons Romaines luy avoient remis le peu de places qui leur restoient sur les Rivieres & sur la Mer ; les Troupes nombreuses aguerries & accoûtumées à vaincre qu'il luy voyoit, le Roy de Bourgogne tout recemment dompté & abbatu pour la seconde fois ; tout cela luy fit comprendre de quelle importance il luy estoit de n'avoir pas un tel ennemi sur les bras, & de luy oster tous les pretextes de l'attaquer.

Il sçavoit bien que Clovis n'en manquoit pas. Car sans parler des anciens differens, il y avoit des matieres de querelles plus recentes. Les étroites liaisons qu'Alaric avoit entretenuës avec le Roy des Bourguignons durant les dernieres guerres, & les François faits prisonniers à la prise de Vienne que ce Prince luy avoit envoyez comme à celuy qui prenoit le plus de part à sa victoire, paroissoient des sujets de rupture assez plausibles pour Clovis. C'est pourquoy Alaric jugea à propos de luy envoyer des Ambassadeurs pour s'asseurer de la disposition de son esprit, & luy fit mesme demander une entrevûë pour s'expliquer plus nettement l'un à l'autre, & pour rétablir entre eux une parfaite intelligence. Clovis le voulut bien. Ils se rendirent tous deux au temps marqué sur les bords de la Loire qui separoit les deux états, & les conferences se tinrent dans une Isle de cette riviere proche d'Amboise. On en a sçû peu de particularitez ; car celles que débitent nos Modernes sur l'autorité du Moine Roricon, pour en embellir leurs histoires : ces embuches dressées à Clovis par Alaric au lieu de la conference ; ces satisfactions ridicules proposées par Theodoric pour appaiser Clovis, ont un air de fables trop visible, & sont démenties par le témoignage exprès de l'Evêque de Tours, qui

Epist. Theodoric ad Alaric.

Gregor. Turon. l. 2 c: 35.

C iij

HISTOIRE DE FRANCE

dit formellement que tout se passa en cette occasion avec une satisfaction mutuelle: *Qu'après que les Rois eurent conferé, ils mangerent ensemble, & se retirerent en se promettant l'un à l'autre de vivre desormais en paix & en amitié.* De maniere que s'il y eut de la perfidie & de la fourbe du costé d'Alaric, ce ne fut que dans la suite & par les menées secretes, en se liguant avec son beau-pere Theodoric, & faisant sous main des preparatifs de guerre pour surprendre Clovis, tandis qu'il l'amusoit par les apparences d'une sincere reconciliation. C'est en effet ce que Clovis découvrit bien-tost par le moyen de son Ambassadeur nommé Paterne homme extremement adroit & clair-voyant qu'il avoit laissé auprés d'Alaric, & sur quoy il ne manqua pas avec sa promptitude ordinaire, de prévenir son ennemi.

Mais pour animer encore davantage ses Sujets à le seconder dans cette guerre, il voulut qu'ils la regardassent comme une guerre de Religion, où ils alloient, leur disoit-il, détruire l'Heresie Arienne, & exterminer les ennemis de la Divinité de JESUS-CHRIST. Ce beau motif qu'on eût grand soin de publier, eût encore un autre effet, qui fut d'augmenter dans l'esprit d'Alaric la défiance qu'il avoit de ses Sujets Gaulois, & le penchant que ceux-cy avoient pour le Roy des François.

J'ay déja remarqué que les Gaulois des autres Royaumes autant charmez des grandes qualitez de Clovis & de son attachement à la Religion Catholique, qu'ils avoient d'aversion pour l'Arianisme dont leurs Princes faisoient profession, souhaitoient de tout leur cœur l'avoir pour Maistre. C'estoit dans le païs d'au-delà de la Loire une suite de la cruelle persecution qu'Evaric pere d'Alaric avoit faite autrefois aux Catholiques, & sur tout aux Ecclesiastiques, dont il exila, emprisonna, & fit mourir un grand nombre; mais que cependant Alaric n'avoit pas continuée. Au contraire il paroist que sous son regne les Catholiques avoient une entiere liberté de conscience, & qu'à l'exemple & apparemment par les conseils de Theodoric Roy d'Italie, il laissoit assez en paix les Eglises de sa Domination. Les peuples y avoient la permission de choisir leurs Pasteurs, & y furent toûjours gouvernez par des Catholiques. Alaric voulut mesme que ces Evêques l'aidassent de leurs avis dans une nouvelle Edition qu'il fit faire du Code Theodosien, dans lequel il changea ou expliqua quelques articles pour les accommoder aux manieres & au genie de ses Sujets. Et deplus sur la fin de son regne, quelques mois avant que Clovis luy declarast la guerre, il leur accorda la permission de s'assembler en Concile à Agde Ville, & Evêché de la Province Narbonnoise, où ils firent quantité de tres-beaux Reglemens touchant la Discipline Ecclesiastique, & sur tout pour la regularité des Prestres & des autres Clercs.

Mais les défiances d'un peuple ne se dissipent pas aisément en matiere de Religion, ou du moins elles reviennent bien-tost, pour peu qu'il croye en avoir de nouveaux sujets; & les habitans de Tours crurent en avoir.

La Ville de Tours estoit une place des frontieres du Royaume d'Alaric; il &n'y avoit que la Riviere de Loire qui la séparoit des Terres des François. Quelques années auparavant Volusien Evêque de cette Ville & homme de qualité du païs, avoit esté relegué à Thoulouse où il estoit mort: son crime vray ou prétendu estoit, disoit on, une intelligence avec les François. Tout recemment & depuis que l'on recommençoit à parler de guerre, Verus successeur de Volusien avoit encore esté traité de mesme pour la mesme raison, ou sous le mesme pretexte. Le peuple donc qui aimoit ces deux Saints Evêques regardoit leur exil comme un renouvellement de persecution, & se confirmoit par-là dans la haine de la Domination Gotique, & dans l'inclination qu'ils avoient pour la Françoise *. De sorte que Clovis n'avoit que les Visigots à vaincre, & estoit déja seûr du cœur des originaires du païs.

Il profita des dispositions & de l'ardeur que ses François & ses autres Sujets avoient fait paroistre aux premiers bruits de cette guerre, & mit donc toute son application à luy donner tout l'air d'une guerre sainte. La Reine Clotilde luy avoit proposé autrefois de bâtir à Paris une Eglise à l'honneur des Apôtres Saint Pierre & Saint Paul; & pour attirer sur luy & sur son armée la protection de ces deux Saints, on commençast incessamment à la bâtir; c'est celle de Sainte Genevieve d'aujourd'huy. Il voulut avant que de partir, recevoir la benediction de S. Remy, qui luy fit esperer un heureux succés de son entreprise. Mais sur tout il songea à se rendre propice auprés de Dieu, le grand S. Martin de Tours dés-lors tres-honoré dans les Gaules, & Saint Hilaire Evêque de Poitiers, qui avoit esté durant sa vie de tous les Evêques Gaulois le plus persecuté par les Ariens, & celuy qui les avoit combattus par tout avec le plus de constance & de succés.

Pour cela, comme il devoit passer avec son armée sur les Terres dépendantes de l'Eglise de Tours, il fit défense en partant à tous ses Soldats sous peine de la vie de faire aucune violence en ces lieux-là à quiconque ce fut, & ordonna sous la mesme peine que dans le Territoire de l'Eglise de S. Martin, on prist rien sans payer, excepté l'eau & l'herbe pour les chevaux, cet ordre fut gardé avec tant de severité & de rigueur, qu'un Soldat ayant enlevé par force du foin à un païsan, sous pretexte que du foin, disoit-il pour une mauvaise plaisanterie, n'estoit que de l'herbe, Clovis le fit punir de mort sur le champ; & ce fut un exemple efficace pour toute l'armée, qui marcha sans commettre le moindre désordre.

Deplus Clovis, ayant passé la Loire sans aucune opposition, envoya des presens au tombeau de S. Martin proche de Tours, & ordonna à ceux qui les portoient d'estre attentifs aux paroles de l'Ecriture, que l'on chanteroit à l'Office, lorsqu'ils entreroient dans l'Eglise. C'estoit

CLOVIS.

alors la coûtume avant les grandes expeditions de tirer de-là quelque presage ; & l'on regardoit les paroles qu'on entendoit dans ce moment comme un Oracle, qui predifoit le bon ou le mauvais succès de l'entreprise. Il ne se pouvoit rien de plus heureux que ce qu'entendirent les Envoyez de Clovis. Le Chœur quand ils entrerent, chantoit à haute voix ce Verset du Pseaume dix-septième. *Vous m'avez donné des forces pour combattre, & vous avez mis sous mes pieds ceux qui s'élevent contre mey. Vous m'avez fait voir le dos de mes ennemis, & vous avez exterminé ceux qui me haïssoient.* Aussi-tost ils se mirent à genoux pour rendre graces à Dieu d'un si bon augure ; & après avoir fait leurs offrandes au Tombeau du Saint, ils s'en retournerent pleins de joye & d'esperance rendre compte au Roy de ce qu'ils avoient entendu.

Cependant Alaric campoit avec son armée sous les murailles de Poitiers resolu d'y attendre le secours que Theodoric luy envoyoit d'Italie par la Provence, & de ne point hazarder la bataille avec les François avant cette jonction. La mesme raison obligeoit Clovis à faire diligence, & à tâcher par toutes sortes de moyens de combattre Alaric, avant qu'il eut toutes ses Troupes.

Procop. l. 1. de bello Goth.

Pour aller à luy il falloit passer la Vienne, Riviere assez grande qui sépare la Touraine du Poitou, & qui va se jetter dans la Loire quelques lieuës au-dessus de Saumur. Le débordement subit de cette Riviere retarda le passage de l'armée Françoise, & embarassoit Clovis : mais un bonheur que plusieurs prirent pour un miracle, & que tous regarderent comme une faveur particuliere de la Divine Providence, le tira d'embarras.

Gregor. Tur. l. 2 c. 37.

Proche du camp de Clovis il y avoit un bois, d'où l'on vit sortir le matin une biche qui marcha vers la riviere, & découvrit un gué par où elle la passa sans nager. On en donna avis au Roy, qui ayant fait sonder la Vienne en cet endroit, y trouva en effet un assez grand gué pour faire passer son armée ; ce qu'il fit sans tarder, & marcha droit à Poitiers. Il y presenta la bataille à Alaric qui ne voulut point sortir de ses retranchemens. Clovis pour l'y obliger entra plus avant dans le païs, & y fit le degast. La chose luy réüssit ; car les Visigots de l'armée d'Alaric, fâchez de voir ainsi leurs Terres au pillage, commencerent à murmurer ; à dire assez haut qu'il avoit peur des François ; que puisque le secours de Theodoric tardoit si long-temps, il falloit s'en passer ; & qu'ils estoient assez forts & assez braves pour attaquer l'ennemi & le battre.

Procop. l. 1. de bello Goth.

Ce n'est pas le premier exemple, où l'on a veu le Prince ou le General entraîné au combat par les Soldats, & hazarder tout faute d'avoir assez de fermeté pour soûtenir des murmures & des reproches de cette nature. Ils estoient d'autant plus sensibles à Alaric, qu'un regne aussi paisible que le sien ne luy avoit pas donné lieu d'acquerir la reputation de valeur. Le dépit luy fit donc faire une démarche que la prudence luy défendoit. Il dit à ses Visigots qu'il alloit les mener à l'ennemi ; qu'ils se souvinssent seulement de faire aussi-bien qu'ils le promettoient ; que pour luy ils verroient qu'il feroit son devoir ; & qu'il n'avoit pas peur. Il marcha donc après Clovis, qui ayant esté informé de sa resolution, revint au devant de luy, & le rencontra dans la grande campagne de Voüillé, à quelques lieuës de Poitiers, où la vaste étenduë du terrain se trouva fort propre pour ranger aisément les deux armées.

Clovis avoit dans la sienne outre ses François, un Corps considerable de Bourguignons. Gondebaud s'estoit vrai-semblablement servi de cette conjoncture pour rentrer par un traité dans les Places que Clovis luy avoit enlevées durant la derniere guerre, & par force dans celles que Theodoric avoit euës pour sa part en la mesme occasion ; car il est certain que Gondebaud fut toûjours depuis en possession de tout son Royaume de Bourgogne, & que cet état ne fut uni pour toûjours à celuy des François que sous le regne des Enfans de Clovis. Ce fut sans doute en vertu d'un tel traité, que ce Roy joignit ses forces aux François contre les Gots. Clovis avoit aussi receu un bon nombre de Troupes de Sigebert Roy de Cologne, qui estoient commandées par Clodoric fils de ce Roy. L'armée d'Alaric estoit composée de Visigots qui en faisoient la plus grande partie, & de quelques Troupes Gauloises, où se trouvoient grand nombre de gens de qualité originaires du païs, sur tout beaucoup d'Auvergnacs, qui avoient à leur teste Apollinaire fils de ce fameux Sidoine Apollinaire mort depuis quelques années Evêque d'Auvergne, après avoir esté Gendre de l'Empereur Avitus, Gouverneur de Rome, Patrice, un des plus beaux esprits, un des plus vertueux & des plus honnestes hommes de son temps.

Isidor. hist. Gothor.

Marius Aventic. in Chronico.

Les deux armées s'estant avancées furent quelque temps en presence sans en venir aux mains ; mais après le signal du combat, les braves Visigots qui avoient contraint leur Roy malgré luy à combattre, soûtinrent à peine les premiers efforts de l'Armée Françoise, & ne furent pas long-temps sans lâcher le pied. Un incident cependant suspendit la déroute entiere pour quelques momens. Les deux Rois qui parcouroient les rangs pour animer leurs Soldats à bien faire, se trouverent à la teste des deux armées vis-à-vis l'un de l'autre & se reconnurent. Ils ne balancerent pas un moment à s'avancerent en piquant tous deux seuls l'un contre l'autre au milieu du champ de bataille.

Gregor. Turon. l. 2. loc. cit.

Tout s'arresta des deux costez dans l'attente de l'évenement d'un combat singulier qui sembloit devoir décider du sort des deux Nations. Ils se choquerent diverses fois, & se porterent plusieurs coups qu'ils parerent avec leurs boucliers : mais enfin Clovis ou plus fort, ou plus adroit, ou plus heureux, desarçonna Alaric, le renversa de dessus son cheval, & luy porta à l'instant un coup, dont il expira sur le champ. Au moment de cette chûte qui causa des mou-

Ibid.

vemens bien differens dans les deux armées, deux Cavaliers Visigots se détacherent & vinrent à toutes jambes fondre sur Clovis, qui avant que de pouvoir estre secouru des siens, fut atteint de deux coups de lance que luy porterent ces deux Cavaliers l'un au costé droit l'autre au costé gauche. La bonté de ses armes, la vigueur de son cheval, & sa force à soûtenir un si terrible assaut sans estre abbatu, luy sauverent la vie. Ayant piqué son cheval, & s'estant débarrassé il donna le loisir d'arriver à quelques-uns de ses gens qui tuerent les deux Visigots.

Ibid.

Tout cela fut fait en fort peu de temps; & il n'en fallut pas davantage pour mettre entierement en déroute une armée qui avoit déja commencé à fuir. Les seuls Auvergnacs firent ferme. Ils furent tous taillez en pieces, & Apollinaire avec la plus grande partie de la Noblesse qui l'avoit suivi, perit sur le champ de bataille, tandis que les Troupes que Clovis avoit débandées après les fuyards, firent un terrible carnage des Visigots.

Ibid.

Cette fameuse bataille se donna l'an de Nôtre-Seigneur cinq cent sept, la vingt-troisiéme année du regne d'Alaric, & la vingt-cinquiéme de celuy de Clovis. On la peut regarder presque comme la derniere de la Domination des Visigots dans les Gaules, d'autant qu'après cette défaite ils ne purent sauver qu'une petite partie de ce qu'ils y possedoient. Car Clovis à qui les victoires ne furent jamais inutiles, ayant perdu fort peu de monde & tué beaucoup d'ennemis, fit un grand détachement de son armée sous le commandement de Theodoric, ou Thierri son fils aîné ; & l'envoya porter la guerre dans tout le païs des Visigots, qui estoit entre la Dordogne, la Garonne & le Rhône.

An. 507.

C'est-là la premiere fois que l'histoire fait mention de ce jeune Heros, qui suivant les traces de son pere, se signala par la conqueste des païs d'Alby, de Roüergue, de l'Auvergne, & generalement de toutes les Places que les Visigots possedoient de ce costé-là, jusqu'aux frontieres du Royaume de Bourgogne. Il mit encore le siege devant Carcassonne Ville du Languedoc, & forte en ce temps-là. Mais Theodoric Roy d'Italie étant venu en personne au secours de la place avec une armée toute fraîche, & beaucoup plus nombreuse que celle de Thierry, ce Prince fut obligé de lever le siege. C'est de l'Historien Procope que nous apprenons ce siege, & le succès qu'il eut ; mais il se trompe grossierement, lorsqu'il dit que ce fut auprès de cette Ville qu'Alaric fut battu & tué par les François. Gregoire de Tours presque aussi proche de ce temps-là que Procope, & voisin de Poitiers & des campagnes de Voüillé, où il écrit qu'Alaric fut défait, n'a pû se méprendre sur cet article, & a esté suivi de tous les Historiens.

Gregor. Turon. loc. cit.

Procop.l. 1. de bello Goth.c, 12.

Pendant cette expedition du jeune Thierri, Clovis de son costé parcouroit en Conquerant, & soumist à son obéïssance presque sans tirer l'épée la Touraine, le Poitou, le Limousin, le Perigord, la Saintonge, l'Angoumois, excepté Angoulesme, où il y avoit une grosse garnison de Visigots, & où il ne jugea pas à propos de s'arrester par cette raison, de peur de ralentir l'ardeur de ses Troupes, & de donner le loisir à l'ennemi de revenir de sa consternation. Il finit sa campagne par la prise de Bourdeaux, où il passa l'hiver, & fit de nouveaux préparatifs pour se mettre en état d'en commencer de bonne heure une nouvelle.

Le repos que Clovis donna à ses Troupes ayant permis aux Visigots de se reconnoistre, ils mirent à leur teste, & se choisirent à Narbonne pour Roy Gesalic fils naturel d'Alaric, qui prit aussi-tost possession du peu qui leur restoit dans les Gaules. Ils le préférerent à Amalaric fils legitime d'Alaric ; parce que celuy-cy estant fort jeune, ils le crûrent moins capable d'empêcher la ruine entiere de la Nation dans les conjonctures fâcheuses où elle se trouvoit. Amalaric ne laissa pas d'avoir aussi son parti, à la faveur duquel, & apparemment avec le secours de Theodoric son grand-pere qui n'aimoit pas Gesalic, & qui le fit perir quelques années après, il s'empara au moins d'une partie de ce qu'Alaric avoit possedé en Espagne.

Procop. lb,

Ibid. hist. Goth.

Le Printemps estant venu, Clovis se mit en campagne, & commença par le siege de Thouloufe capitale du Royaume des Visigots, la prit & se saisit des thresors qu'Alaric y avoit amassez. Il repassa la Dordogne, & vint pour faire le siege d'Angoulesme, qu'il avoit laissée derriere luy l'année derniere pour la raison que j'ay dite. Ce Prince toûjours heureux, qui s'attendoit que cette Place luy coûteroit beaucoup de temps, n'eût que la peine de l'investir. Car au moment qu'il y arrivoit une grande partie de la muraille estant tombée, les Visigots qui se disposoient à se bien défendre, n'eurent point d'autre parti à prendre que de recevoir la loy du vainqueur.

Gregor. Turon. l. 2 c. 37.

Après cette perte les Visigots se trouverent reduits à se fortifier dans une partie du Languedoc & de la Provence. Clovis y envoya son armée : l'histoire ne dit point à qui il en confia la conduite ; & après avoir mis ordre à tout, il vint à Tours faire ses dévotions & ses offrandes à l'Eglise de S. Martin, à la protection duquel il attribuoit de si heureux succès. Une autre raison l'obligeoit encore à se rendre en cette Ville : c'estoit pour y recevoir les Ambassadeurs d'Anastase Empereur d'Orient venus pour luy faire un honneur qui marquoit la haute reputation où il estoit dans les païs les plus éloignez, & l'idée qu'on y avoit de sa personne.

Ibid.

L'Empereur luy envoyoit par ces Ambassadeurs les marques & les ornemens de la dignité de Patrice & de Consul, qualité dont les Princes de ce temps-là se tenoient fort honorez, & que Theodoric Roy d'Italie avoit receuë plusieurs années auparavant de l'Empereur Zenon. Non seulement Clovis accepta avec joye la Robe & le Manteau de pourpre que les Ambassadeurs luy presenterent ; mais encore il voulut

Chap. 38.

CLOVIS.

voulut qu'on fist une Feste à cette occasion. Il monta à cheval à la porte de l'Eglise de S. Martin revêtu des ornemens de sa nouvelle dignité, le Diadême en teste, & marcha ainsi comme en une espece de triomphe par toute la Ville, jettant de tous costez au peuple, qui estoit accouru en foule à ce spectacle, une grande quantité de pieces d'or & d'argent. Il prit dès-lors la qualité d'Auguste que quelques-uns de ses Successeurs se donnerent encore depuis, comme on le voit dans des medailles ou monnoyes d'or de Childebert & de Theodebert premiers de leur nom Rois de France. Ces titres donnez à Clovis, & en particulier celuy de Consul, ont fort exercé nos Critiques. Il est certain que Clovis ne fut point Consul *ordinaire*, comme ceux dont on mettoit les noms dans les Fastes, pour marquer les années. Il fut seulement Consul *honoraire*, de quoy l'on voit d'autres exemples dans l'Histoire. Il faut en dire à peu près de mesme de la qualité d'Auguste, & ne pas s'imaginer que ce fust une veritable association à l'Empire. Pour celle de Patrice elle avoit déja esté accordée à Odoacre & à Theodoric Rois d'Italie, & fut depuis donnée à Charlemagne avant qu'il fust Empereur.

Mais ces honneurs déferez par Anastase à Clovis n'estoient pas l'unique motif de cette Ambassade. Le principal estoit d'engager ce Prince à continuer vigoureusement la guerre contre les Gots, & à donner de l'occupation à Theodoric, pour l'obliger à laisser en paix l'Empire, où il avoit depuis peu fait une entreprise, qui avoit fort choqué l'Empereur.

Un Barbare nommé Mundon de la famille d'Attila, ayant ramassé au-delà du Danube un grand nombre de voleurs & de vagabonds, couroit tout le païs & y faisoit de grands ravages. Il s'estoit saisi de la Tour d'Herte poste avantageux sur le Danube, qui luy servoit de retraite, & où il mettoit tout son butin. Il eut mesme la hardiesse de prendre le nom de Roy, & commença à donner de l'inquietude au Comte Sabinien qui commandoit les Milices de la Province. Ce General marcha contre luy avec quelques Troupes, l'enveloppa & le serra de si près, qu'il ne pouvoit plus luy échaper. Mundon avoit eu recours à Theodoric, dès qu'il sçeut que l'on songeoit à venir l'attaquer; mais enfin voyant qu'il ne luy venoit aucun secours, il estoit sur le point de se rendre, lorsqu'un des Capitaines de Theodoric nommé Petza, arriva avec deux mille hommes de pied & cinq cens chevaux, & donna si à propos sur le Comte Sabinien, qu'il le défit, & délivra Mundon, qui se fit avec tous ses gens vassal de Theodoric, en gardant le Commandement du petit païs, qu'il avoit pris sur les Grecs. Anastase pour s'en vanger, envoya une flote sur les costes d'Italie assez forte pour pirater; mais trop foible pour y faire aucune entreprise considerable; & ce fut apparemment avec cette flote que vinrent les Ambassadeurs dont j'ay parlé, qui trouverent Clovis fort disposé à la continuation de la guerre,

que l'Empereur luy faisoit demander.

Après avoir congedié les Ambassadeurs de l'Empereur, il partit de Tours, & vint à Paris dont il fit cette année-là la capitale de son Royaume. Elle en estoit à peu près le centre dans les Gaules, estant presque également éloignée de l'embouchûre du Rhin & de Touloufe, qui en faisoient les deux extrémitez. Ce fut vrai-semblablement de cette Ville-là, & en ce temps-là, que Clovis écrivit aux Evêques des païs nouvellement conquis, une Lettre circulaire, où il voulut bien leur rendre compte de la conduite qu'il avoit tenuë dans la guerre contre les Visigots. Rien ne marque plus la pieté de ce Prince, & ne fut plus capable de confirmer ces Evêques dans l'esperance qu'ils avoient conçuë, que la Religion fleuriroit dans toutes les Gaules, si une fois il y regnoit seul.

Il se faisoit grand honneur dans cette Lettre des ordres qu'il avoit publiez dans son armée avant que d'entrer sur les Terres des Visigots, & qu'il avoit fait exactement observer touchant la seureté des Eglises & de tous leurs biens, des Couvents des Religieuses, des Maisons des Clercs, & generalement de toutes les personnes consacrées à Dieu. Il ajoûtoit que si par malheur ou autrement, quelques-uns des Officiers ou des Esclaves appartenants aux Eglises, se trouvoient au nombre des prisonniers que les François avoient faits, les Evêques n'avoient qu'à les reclamer, & qu'il leur seroient rendus; & mesme que si parmi les Captifs Laïques il y en avoit de distinguez par leur vertu & par leur bonne vie, il les feroit aussi rendre aux Evêques qui les luy demanderoient: il y avoit plusieurs autres choses également obligeantes.

On ne peut douter de l'effet que produisit cette Lettre du Roy, & combien elle luy attacha le cœur de ses nouveaux Sujets déja si prévenus depuis long-temps en sa faveur. Cependant l'Armée Françoise entra dans la Provence, tandis que Theodoric Roy d'Italie, qui soûtenoit de toutes ses forces les restes des Visigots, se disposoit aussi à faire un grand effort de ce costé-là; & il le faisoit non seulement en veuë de l'interest commun de toute la Nation Gotique, mais encore parce que le peu que les Visigots conservoient dans les Gaules du costé des Alpes, estoit comme une barriere qui couvroit l'Italie, dont il ne vouloit pas laisser approcher Clovis.

Les François qui n'avoient presque plus d'ennemis en campagne, s'avancerent jusqu'à Arles, & l'assiegerent. Cette Ville une des plus anciennes & des plus considerables des Gaules, forte par sa situation sur la Riviere du Rhône, peu éloignée de son embouchûre, & défenduë par une nombreuse Garnison, soûtint vaillamment & long-temps les efforts des François. Les Visigots devenus plus défians que jamais à l'égard des Catholiques, arresterent l'Evêque de la Ville S. Cesaire qu'ils soupçonnerent d'intelligence avec les assiegeans. Ce qui donna lieu à ce soupçon fut

Cyprianus in vita S. Cæsarii.

qu'un de ses Ecclesiastiques & son parent voyant la Ville fort pressée, & apprehendant d'y perir, trouva moyen de descendre la nuit dans les fossez, & s'alla rendre au Camp des François. On enferma donc l'Evêque dans le Palais, & on délibera si on le jetteroit dans le Rhône, ou si l'on se contenteroit de le tenir prisonnier. Les Juifs qui estoient dans Arles en grand nombre & tous ennemis declarez de l'Evêque, faisoient encore plus de bruit que les Visigots contre luy. Ce zele apparent des Juifs estoit non seulement l'effet de leur haine contre le saint Prélat, mais encore un artifice dont ils se servoient pour cacher le dessein qu'ils avoient eux-mesmes de livrer la Ville aux François. Un d'eux estant de garde la nuit sur les murailles, jetta du costé des assiegeans une pierre à laquelle estoit attachée une lettre, où il leur offroit de la part de ceux de sa Religion de les laisser monter sur le rempart de la Ville par le quartier dont ils avoient la garde, à condition que dans le pillage on épargneroit leurs biens & leurs personnes.

La lettre n'ayant pas esté jettée assez loin, fut ramassée le lendemain par quelqu'un de la Garnison, & portée au Gouverneur, lequel fit punir de mort le Juif qui l'avoit écrite. Peu s'en fallut qu'on ne fist main-basse sur tous les Juifs, & on leur osta la garde des postes qu'on leur avoit confiez.

Cassiod. l. 8. ep. 10.

Cependant le siege estoit poussé avec vigueur, & la resistance des assiegez n'eust pas encore esté longue, si le puissant secours que Theodoric leur avoit fait esperer, n'eust enfin paru. C'estoit une nombreuse armée commandée par le plus habile Capitaine des Ostrogots nommé Hibba. Les François virent bien qu'il falloit ou abandonner l'entreprise, ou en venir à une bataille, & se preparerent à la donner. Ils n'avoient pû encore s'emparer de la teste d'un pont de bois sur le Rhône qui faisoit la communication de la Ville avec la campagne du costé de l'Orient, & par où ils voyoient bien qu'on avoit dessein de jetter du monde dans la Place. Celuy qui commandoit l'Armée Françoise (j'ay déja dit que l'histoire ne le nomme point) resolut de faire un dernier effort pour chasser les ennemis de ce poste, & le fit attaquer avec toute la vigueur possible.

Ibid.

Le General des Ostrogots qui en connoissoit l'importance, fit marcher de ce costé-là une partie de ses Troupes sous la conduite d'un de ses plus braves Officiers nommé Tulus, auquel une partie de l'Armée Françoise fit teste, tandis qu'on donnoit l'assaut au Pont. La resistance fut grande de part & d'autre : de sorte que comme on envoyoit toûjours de nouvelles Troupes pour soûtenir celles qui avoient commencé le combat, l'action devint generale. Le choc fut rude, sur tout du costé du Pont, où Tulus luy-mesme fut dangereusement blessé en faisant tout ce qu'on peut attendre du courage d'un vaillant homme, & de la prudence d'un habile Commandant, c'est l'éloge que luy donna quelques années après

Ibid.

le Roy Athalaric en le créant Patrice. Enfin les François repoussez de l'attaque du Pont, & chargez furieusement de tous costez par les Ostrogots, & par les sorties que les Visigots firent en mesme temps de la Ville, commencerent à plier, & furent mis en déroute. La défaite fut entiere ; & si nous en croyons l'histoire des Gots, il y demeura trente mille François sur la place, sans compter les prisonniers dont le nombre fut grand, & envers lesquels S. Cesaire qui avoit esté remis en liberté après la découverte de la conspiration des Juifs, exerça sa charité, lorsque les Gots victorieux les eûrent amenez à Arles. Plusieurs d'entre eux, comme le remarque l'Auteur de la Vie de ce Saint, estoient encore Payens. Tel fut le succés du siege d'Arles, qu'on peut dire avoir esté le premier, & presque l'unique échec que Clovis ait reçû pendant tout son regne.

Jornandes.

Cyprianus in vita S. Cæsarii.

An. 508.

Aussi Theodoric en eust-il une joye extrême qu'il marqua dès-lors, & bien plus encore quelque temps après, lorsqu'ayant détroné Gesalic, il se fut rendu maistre de la Provence. Car pour reconnoistre la fidelité & le courage que les habitans d'Arles avoient fait paroistre en cette occasion, & en consideration des pertes qu'ils avoient souffertes durant le siege, il les exempta de tout tribut pendant quelque temps, leur envoya d'Italie quantité de bled, & employa des sommes considerables de son épargne à faire reparer leurs murailles, & relever leurs Tours.

Cassiod. l. 3. ep. 32. ep. 44.

La suite de cette victoire fut la perte de presque tout ce que les François avoient pris dans la Provence, & dans la Septimanie ou Languedoc. L'année suivante les Gots firent des courses sur les Terres de Clovis. L'état où la défaite d'Arles avoit mis ses affaires l'exposoit à cette insulte, que le Roy de Bourgogne toûjours constant dans son alliance, vangea en forçant & pillant la Ville de Narbonne. Mais enfin la paix se fit entre les deux Princes. Clovis du consentement de Theodoric demeura en possession de tout ce qu'il avoit pris, & qu'il tenoit encore : & Theodoric qui songeoit bien plus à aggrandir son Royaume qu'à secourir ses compatriotes les Visigots, trouva bien-tost après des pretextes pour se rendre maistre de la Provence & du Languedoc.

Marius in Chron.

An. 505.

Clovis poussa encore ses conquestes vers la partie Occidentale des Gaules dans la Bretagne Armorique. Il y a beaucoup d'apparence que ce fut ou immediatement après la défaite d'Alaric, ou ensuite de la paix qu'il fit avec Theodoric, qui ne se mit pas en peine de le traverser dans cette entreprise ; parce qu'elle se faisoit dans un païs fort éloigné de ses Estats.

Ce quartier des Gaules aussi-bien que les autres estoit habité en partie par les Gaulois, & en partie par d'autres Peuples qui y estoient venus d'ailleurs. Les Bretons habitoient celuy-cy, & c'est ce qui luy fit donner le nom de petite Bretagne, pour la distinguer de l'Isle, d'où cette Colonie avoit passé dans les Gaules.

CLOVIS.

Gildas Beda. l. 1.

Ils n'y estoient pas entrez en Conquerants, comme les Gots, les Bourguignons & les François dans les autres parties des Gaules; mais ayant esté chassez par les Anglois & par les Saxons peuples de Germanie, les Romains avec qui ils avoient esté long-temps en bonne intelligence, les y reçurent, & s'en servirent pour garder contre les Gots les bords de la riviere de Loire. Ils y vivoient selon leurs Loix, & y avoient un Chef à qui un ancien Auteur donné le nom de Roy. Comme ils estoient Chrétiens pour la plûpart, ils avoient aussi un Evêque qui estoit de leur Nation, & qu'on appelloit l'Evêque des Bretons, & qui n'avoit point de Jurisdiction sur les originaires du Païs.

Apollinaris Sidonius, l. 1. epist. 7.

Jornandes. cap. 45. Conciles de Tours de l'an 461. & 467.

Ils estoient sur ce pied-là dans le temps dont je parle, & lorsque Clovis porta ses armes en Bretagne. Cette expedition n'est point marquée dans nos Historiens parmi les autres de Clovis, excepté dans un endroit de Gregoire de Tours qui y a quelque rapport : mais il est certain qu'elle se fit : on le voit par d'autres Monumens qui ne permettent pas d'en douter. Il conquit Nantes, Rennes & Vannes, car les Evêques de ces Villes assisterent au Concile d'Orleans que ce Prince fit tenir la derniere année de son regne. Or c'estoit alors une coustume presque inviolable dans les Gaules, que les Evêques Sujets d'un Prince n'assistoient point aux Conciles qui se tenoient dans un autre Etat que le sien, tant à cause de la jalousie reciproque des Souverains, que parce qu'il ne s'y agissoit point communément de matieres de Foy, mais seulement de regler les points de Police Ecclesiastique pour le Royaume où le Concile s'assembloit. De plus saint Melaine Evêque de Rennes estoit un des Conseillers d'Etat de Clovis.

L. 1. de gloria Martyr. cap. 60.

Vita sancti Melanii.

Gregor. Tur. l. 5. c. 27. 30. 32.

On voit sous Chilperic qui estoit un des petits-fils de Clovis, que le Comte de Vannes Tributaire de la Couronne ; & les Bretons dans la guerre qu'ils eurent sous le regne de ce Prince contre les François, faisoient des courses sur les territoires de Rennes & de Vannes, qui par consequent appartenoient au Roy des François.

On trouve même Clovis estant entré en Bretagne, & s'estant emparé d'une partie du Païs, les Bretons eurent recours à sa clemence ; qu'il se fit un Traité par lequel les limites des deux Etats furent reglées, & que ce Prince se contentant d'une partie de la Bretagne, eut égard aux prieres des Bretons & leur laissa le reste. C'est ce que les Evêques dans un Concile de Tours du temps de Charles le Chauve l'an 849. marquerent dans une lettre qu'ils écrivirent à Nomenoy Duc des Bretons, à qui le Concile donne le nom de *Prieur de la Nation Bretonne*, & qui avoit reçû dans ses Etats un Seigneur revolté contre ce Prince. *Vous n'ignorez pas*, luy disent-ils, *que dès les premiers commencemens de la domination Françoise, certains Territoires dont les François s'estoient saisis, leur demeurerent, & qu'ils laisserent le reste aux Bretons, qui les en prierent.*

Priorem gentis Britannicæ.

Enfin, Gregoire de Tours dit expressément

L. 4. c. 4.

que depuis Clovis les Bretons furent sous la domination des François, & il ajoûte un article du Traité dont je viens de parler, qui fut que les Bretons dès-lors n'eurent plus de Rois, & que leurs Princes se contenterent de porter le titre de Comte. En effet, dans la suite jusqu'à un certain temps, on ne leur donne plus dans l'Histoire d'autre qualité que celle-là ou celle de Duc. A cela près ils demeurerent maîtres chez eux dans toute l'étenduë de ce qui leur avoit esté laissé par Clovis. Ils n'eurent d'ailleurs pour gouverneur que des Princes du Païs, qui se dépossedoient mesme souvent les uns les autres sans que les Rois François se meslassent toûjours de leurs differends : & il me paroist qu'ils estoient à peu près à l'égard de nos Rois comme les Bavarois, qui reconnoissant les Rois de France pour leurs Souverains, estoient néanmoins toûjours gouvernez par des Ducs de leur Nation, & vivoient selon leurs Loix particulieres.

Cette condition imposée aux Bretons par Clovis, de ne plus donner le titre de Roy à leurs Princes, estoit une suite de la resolution qu'il avoit prise de ne plus laisser prendre à aucun de ceux qui estoient soumis à son Empire, & de se le reserver pour luy seul. Il l'abolit parmi les Allemans dès qu'il les eut subjuguez, & ils n'eurent plus depuis ce temps-là que des Ducs. Il entreprit d'en faire de mesme au regard de quelques Princes François. Il en vint à bout, mais par des moyens qui ternirent beaucoup sa gloire.

De ce degré d'ambition qui contribuë à faire les Conquerants & les Heros, il y a peu de distance à celuy qui en fait d'injustes usurpateurs. C'est l'idée que le plus ancien de nos Historiens nous donne de Clovis en cet endroit de son Histoire. Il écrivoit sous le regne & dans les Etats des petits fils de ce Prince ; & nous avons aujourd'huy moins de raison de le flater que cet Historien n'en avoit alors.

Gregor. Turon. l. 2. c. 40. & seq.

J'ay dit que lorsqu'il se saisit des Gaules, il avoit plusieurs de ses parens avec luy, qui portoient le nom de Roy ; & que ces Princes pour se dédommager des petits états qu'ils possedoient au-delà du Rhin, s'en estoient fait en deça à peu près de mesme étenduë. Ces petits Royaumes estoient tous enclavez dans celuy de Clovis : & quoiqu'ils luy fussent beaucoup inferieurs en puissance, ils ne laissoient pas de luy donner de l'inquietude. Elle alla, dit Gregoire de Tours, jusqu'à luy faire apprehender qu'ils ne le détrônassent. Peut-estre craignoit-il plus pour ses enfans que pour luy-mesme. Mais ce seul mot de nostre Historien ne nous laisse nul lieu de douter, que la défaite de l'armée de Clovis devant Arles, & les autres avantages que Theodoric avoit remportez sur luy, n'eussent donné occasion à ces Princes de remuer, & de se liguer d'une maniere à luy faire tout craindre. Quoy qu'il en soit, il se défit de tous ces petits Rois les uns après les autres par des voyes bien violentes.

l. 2. c. 42.

Sigobert Roy de Cologne estoit le plus puis-

Tome I. D ij

fant de tous : Clodoric fon fils avoit toûjours eu beaucoup d'attachement pour Clovis ; il l'avoit fuivi dans fes expeditions militaires, & il fe trouva à la bataille de Poitiers où Alaric fut défait. Clovis voulant l'empêcher d'entrer dans les mauvais deffeins, dont il foupçonnoit Sigebert, luy fit reprefenter fous-main que ce Prince eftoit fort âgé & toûjours incommodé de la bleffure qu'il avoit receuë à la journée de Tolbiac ; qu'il ne pouvoit pas vivre encore long-temps ; & le fit affeûrer que s'il demeuroit toûjours dans fes interefts, il le maintiendroit après la mort de fon pere dans la poffeffion du Royaume de Cologne. Clodoric promit à Clovis de luy eftre fidele, & ne le fut que trop. Car peu de temps après, par le plus horrible de tous les crimes, il fit affaffiner fon propre pere, & donna auffi-toft avis à Clovis de cette mort, fans avoüer pourtant qu'il en fuft l'auteur.

Cap. 40.

Cette intelligence de Clovis avec Clodoric fuivie fi promptement de la mort de Sigebert & la maniere confufe dont il femble que l'Hiftorien affecte de la raconter, ont fait croire à plufieurs que cet affaffinat avoit efté concerté entre Clodoric & Clovis. La chofe me paroift au moins douteufe : mais ce qui eft certain, c'eft que pour s'emparer du païs de ce Prince parricide, Clovis le fit affaffiner luy-mefme par des gens qu'il envoya vers luy fous un autre pretexte. En effet, tandis que cela s'executoit il s'eftoit avancé fur l'Efcaut à portée d'entrer dans le païs de Cologne. Il s'y prefenta dès qu'il eut efté averti de la mort de Clodoric : & fit comprendre aux François du païs l'avantage qu'ils auroient de fe réunir au refte de la Nation, & de le reconnoiftre pour leur Roy. Il fcût fi bien leur perfuader qu'il n'avoit eû nulle part à la mort ni du pere ni du fils, qu'ils le reçurent avec joye ; & l'ayant élevé fur un Bouclier, ceremonie ordinaire chez les François dans le couronnement de leurs Rois, ils luy rendirent leurs hommages, & fe foumirent à fa Domination.

Clovis par la mort de Sigebert & de Clodoric eftoit venu à bout de ce qu'il y avoit de plus difficile dans l'execution de l'entreprife qu'il meditoit. Il marcha incontinent avec des Troupes vers Cararic (l'Hiftoire ne nous dit point l'endroit des Gaules où il regnoit) le furprit, fe le fit amener avec un fils qu'il avoit, & faute d'autre pretexte de le dépoüiller de fon bien, luy dit qu'il devoit fe fouvenir que vingt-cinq ans auparavant il avoit voulu le trahir à la bataille de Soiffons. Il leur accorda cependant la vie, à condition qu'ils fe feroient couper les cheveux ; c'eftoit une marque qu'un Prince François renonçoit au Thrône, & dont nous verrons bien des exemples dans la fuite de cette Hiftoire. Cararic fut auffi-toft ordonné Preftre, & fon fils Diacre. Mais comme quelque temps après le pere s'entretenoit avec fon fils de leur commun malheur, & gemiffoit les larmes aux yeux de l'abaiffement où il fe voyoit ; ce jeune Prince pour le confoler, luy répondit en ces termes. » Ces cheveux que l'on « m'a coupez ne font que des feüilles & des « branches d'un arbre verd, qui repoufferont « avec le temps ; & il ne tiendra pas à moy que « celuy qui nous a mis en cet état, ne periffe « bien-toft. Ces paroles prononcées avec trop « d'imprudence furent entenduës de quelque efpion de Clovis, & luy furent rapportées. Elles couterent la vie à ces deux malheureux Princes, à qui on envoya fur le champ couper la tefte.

Cette conduite de Clovis fit comprendre à Ranacaire Roy de Cambray ce qu'il devoit en attendre luy-mefme. Ce Prince eftoit toûjours demeuré Payen. Il s'eftoit rendu infupportable & odieux à fes Sujets par fes infames débauches, & par l'attachement qu'il avoit pour un favori nommé Faron auffi méchant & auffi débauché que luy. Il leva donc des Troupes pour fa feûreté en refolution de fe défendre, fi on venoit l'attaquer. Mais Clovis n'eut pas beaucoup de peine à trouver des traiftres parmi les Sujets de ce Prince, qui s'engagerent à le luy livrer. Comme Ranacaire eftoit dans fon camp où il avoit donné rendez-vous à fes Troupes qui luy venoient de divers endroits ; il fut averti qu'un grand Corps paroiffoit, & avançoit vers le camp. Il détacha quelques Officiers avec des Soldats pour l'aller reconnoiftre : ces Officiers eftoient du nombre de ceux qui le trahiffoient ; on luy rapporta que c'étoient de fes propres Troupes qui venoient le joindre. Mais c'eftoit Clovis en perfonne qui l'inveftit lorfqu'il y penfoit le moins. Comme il voulut s'enfuir, il fut arrefté par fes Soldats mefmes qui le menerent à Clovis, & le luy prefenterent lié & garotté avec un de fes freres nommé Richiaire. Clovis après leur avoir reproché leur lâcheté & leur mauvaife conduite, qui faifoit deshonneur à la Famille Royale, les tua de fa propre main. Il fit en mefme temps prefent aux traîtres de bracelets & de baudriers de faux or, qu'ils reçurent comme quelque chofe de fort précieux, & comme des affeûrances de la faveur d'un Prince qu'ils avoient fi utilement fervi. Mais s'eftant apperçûs de la tromperie, comme ils luy en firent leurs plaintes : » Allez, leur répondit-il, vous eftes des infames, qui meriteriez d'expirer au milieu des plus horribles tourmens, pour avoir ainfi trahi voftre Maiftre, retirez-vous. Réponfe qui auroit fait plus d'honneur à Clovis, s'il n'avoit autant participé à leur crime, qu'il en avoit profité.

Cap. 41.

Ibid.

Rénomer autre frere de ces malheureux Princes, & Roy du Maine, y fut affaffiné en mefme temps par des gens que Clovis avoit fubornez ; fans parler de quelques autres de mefme rang, qui eftoient tous fes parens, & qu'il facrifia pareillement à fes foupçons & aux interefts de fa famille, laquelle par ce moyen n'eut plus de concurrens.

Ibid.

Quand il feroit vray, comme quelques-uns l'ont penfé fort vray-femblablement, que tous ces Princes, nonobftant leur titre de Roy, avoient quelque dépendance de Clovis comme du Roy General, s'il est permis de parler ainsi, & comme du Souverain de toute la Nation Françoise ; il auroit fallu que leur fellonie eust esté bien averée pour les pouvoir traiter de la sorte. Mais en supposant mesme cela, on ne peut nier que ces executions n'ayent eu dans la maniere dont elles se firent, quelque chose de bien barbare & de bien cruel.

Acta sancti Fridolini.

Ce fut apparemment pour effacer ces affreuses idées, & pour satisfaire à la justice de Dieu, qu'il employa vers ce temps-là ses soins & ses finances à quantité de bonnes œuvres fort utiles à la Religion ; qu'il commença, ou acheva de bastir des Eglises, & entr'autres saint Hilaire de Poitiers ; de fonder des Monasteres, & sur tout qu'il songea à faire assembler un Concile de la plûpart des Evêques de son Royaume pour l'établissement de quantité de points importans à la Discipline Ecclesiastique, & au reglement des mœurs de ses Sujets.

Il choisit pour cela la Ville d'Orleans comme la plus commode ; parce qu'elle estoit située presque au milieu des autres Eglises. Ce fut l'année cinq cens onze au mois de Juillet que se tint ce Concile, où se trouverent trente-deux Prelats, parmi lesquels il y en avoit plusieurs que l'Eglise honora depuis du nom de Saint, comme S. Gildard ou Godard Evêque de Roüen, S. Melaine Evêque de Rennes, S. Quintien de Rhodez. Les Metropolitains de Bourdeaux, de Bourges, de Tours, d'Eufe ou d'Eause, dont le droit de Metropole a esté dans la suite transporté à la Ville d'Ausch en Gascogne, y assisterent. Entre plusieurs beaux Reglemens que fit le Concile, il y en avoit un touchant le droit d'azile ou de franchise, non seulement pour les Eglises, mais pour les parvis mesme des Eglises & pour les maisons des Evêques : c'estoit un point de police auquel les guerres avoient donné beaucoup d'atteinte, & à quoy il falloit accoûtumer les François. Par un autre Canon on regla la condescendance dont on devoit user à l'égard des Clercs heretiques qui paroissoient se convertir de bonne foy. Cela regardoit principalement les Ecclesiastiques Visigots qui renonçoient à l'Arianisme. Depuis que Clovis eut conquis les païs d'au-delà de la Loire, ce fut là le premier Concile qui fut tenu dans les Gaules & sous la Domination des François. Voicy la Lettre que les Evêques écrivirent au Roy avant que de se séparer.

An. 511.

Can. 1.2.3.

AU TRES-GLORIEUX ROY CLOVIS, Fils de l'Eglise Catholique & leur Seigneur, tous les Evêques qui par son ordre se sont trouvez au Concile.

« Comme c'est vostre zele pour la Religion Catholique & pour nostre sainte Foy, qui vous a inspiré de faire assembler ce Concile, afin que nous y déliberassions avec des intentions dignes de nostre caractere sur plusieurs choses necessaires au bien & au salut de nos Eglises ; nous vous envoyons les réponses que nous avons crû devoir faire sur tous les points que vous nous avez proposez ; afin que si vous les jugez dignes de vostre approbation, vous la leur donniez ; & que les décisions de tant de saints Evêques soient renduës plus efficaces par l'autorité & par les ordres d'un si grand Roy & si puissant Seigneur.

Concil. Gal. Sirmond Tom. I.

Les Evêques obtinrent de Clovis tout ce qu'ils souhaitoient là-dessus ; & la Religion par les mesures qu'il prenoit, alloit estre plus florissante que jamais dans son Royaume : mais la Providence de Dieu, ou peut-estre sa Justice l'enleva quelques mois après le Concile d'Orleans dans la vigueur de son âge, l'an de Nostre-Seigneur 511. au mois de Novembre en sa quarante-cinquiéme année, qui estoit la trentiéme de son regne. Il mourut à Paris, & fut enterré dans l'Eglise des Apostres S. Pierre & S. Paul : c'est celle, comme je l'ay déja dit, qui porte aujourd'huy le nom de Sainte Geneviéve. Il fut un des Princes de son siecle qui se signala le plus par sa valeur & par ses conquestes, grand Capitaine, heureux dans l'execution des projets qu'il formoit, réglé dans ses mœurs, au moins l'Histoire ne luy reproche-t-elle aucun desordre depuis sa conversion à la Religion Chrestienne, appliqué au reglement de son Etat, tant pour ce qui regardoit la police que pour ce qui concernoit la Religion. Prudent, politique, sçachant habilement profiter de toutes les conjonctures propres à augmenter sa puissance : mais d'une ambition qui ne se prescrivoit point de bornes, & qui passoit par-dessus toutes les regles. Le desir de se rendre seul & absolu Monarque de toutes les Gaules fut sa passion dominante : s'il avoit sçû la moderer, sa reputation auroit esté plus nette, la fin de sa vie plus innocente ; & l'on n'auroit point blâmé dans Clovis Chrestien des cruautez si opposées à la douceur & à l'humanité, qu'on avoit d'abord admirées dans Clovis encore Payen.

An. 511.

D iij

HISTOIRE DE FRANCE,

THIERRI. CLODOMIR. CHILDEBERT. CLOTAIRE.

An. 511.

LOVIS en mourant laiſſa quatre fils, ſçavoir Thierri, Clodomir, Childebert & Clotaire, qui partagerent entre eux ſon grand Royaume. Ce partage, & encore plus ceux qui ſe firent dans la ſuite, & la maniere dont ils ſe firent, montrent contre le ſentiment de quelques-uns de nos Hiſtoriens que le Royaume n'eſtoit point electif mais hereditaire ſous la premiere race. Thierri ou fils naturel de Clovis, ou fils d'une premiere femme qu'il repudia ou qui ne vécut pas long-temps, eut part à la ſucceſſion comme les autres, & fut meſme le plus avantagé de tous. Sa qualité d'aîné, ſon âge de vingt-ſix à vingt-ſept ans capable du maniement des affaires, la reputation qu'il s'eſtoit déja acquiſe dans la guerre fut ce qui détermina ou le Roy ſon pere avant que de mourir, ou ſes freres à luy laiſſer pour ſa part preſque toutes les frontieres du Royaume: ſçavoir premierement une grande partie de l'Aquitaine ; c'eſt-à-dire, le Roüergue, l'Auvergne, le Querci, l'Albigeois & tout le païs qui ſeparoit le Royaume des François de la Provence & du Languedoc poſſedez alors par les Gots ſous l'autorité de Theodoric Roy d'Italie. Toutefois il y a lieu de douter ſi cet article entra proprement dans le partage: car c'eſtoit une conqueſte que Thierri avoit faite luy-meſme après la défaite d'Alaric. De plus cette partie de ſon Domaine eſtoit ſi ſeparée du reſte qui luy fut aſſigné, qu'il ſemble qu'il ne l'euſt pas cuë, ſi elle ne luy euſt appartenu par un droit particulier; & il eſt fort vray-ſemblable qu'après qu'il l'euſt conquiſe, Clovis la luy avoit donnée comme en propre pour recompenſer & animer ſon courage.

Il eut en ſecond lieu tout le cours du Rhin depuis Baſle juſqu'à Cologne, & ce qui eſt de ce coſté-là entre le Rhin & la Moſelle, & entre le Rhin & la Meuſe ; il eut auſſi toute la France de delà le Rhin qui s'eſtendoit juſqu'à la Mer, & confinoit au Royaume de Turinge & à la Saxe, c'eſt-à-dire à la Veſtphalie, qui eſtoit de l'ancienne Saxe. Enfin outre cela on luy donna ce qu'on appelloit encore alors la premiere Belgique, où eſtoient les Villes de Treves, de Mets, de Toul, de Verdun; & une bonne partie de la ſeconde Belgique, ſçavoir, Reims, Châlons ſur Marne & les environs: de ſorte qu'il couvroit le reſte du Royaume des François du coſté du Midy contre les Gots, du coſté de l'Orient contre les Turingiens & contre les autres peuples de la Germanie, & entre l'Orient & le Midy contre les Bourguignons: il choiſit Mets pour la capitale de ſon État.

Fredegar, c. 30.

Les trois autres Princes, dont le plus âgé pouvoit avoir au plus ſeize à dix-ſept ans, eurent chacun une partie du reſte du Royaume. Clodomir fut Roy d'Orleans : Childebert de Paris, & Clotaire de Soiſſons. Les Hiſtoriens ne nous ont point marqué plus en particulier les limites de tous ces Etats ; le détail que j'ay fait de ceux de Thierri ſe connoiſt au moins en grande partie par la ſuite & par les circonſtances de l'Hiſtoire.

Ibid.

Le Royaume de Paris qui fut celuy de Childebert le troiſiéme des enfans de Clovis s'étendoit, ou du moins s'étendit avec le temps le long de la Mer depuis ce que nous appellons aujourd'huy la Picardie juſques aſſez près des Pyrenées. La baſſe-Bretagne n'en eſtoit pas, elle avoit ſon Souverain particulier, mais avec quelque dépendance du Roy de France. Ce Royaume avoit beaucoup moins d'étenduë en largeur qu'en longueur, Clotaire Roy de Soiſſons le bornant du coſté de la Picardie & de l'Artois, & Clodomir Roy d'Orleans occupant tout le milieu de la France ; c'eſt-à-dire, la Beauce, le Maine, l'Anjou, la Touraine, le Berri. Clotaire eſtoit le cadet de tous, & fut auſſi partagé en cadet ; car ſon Royaume ſe trouvoit reſſerré par le païs appellé depuis du nom de Normandie qui appartenoit au Roy de Paris, par la Champagne qui eſtoit du Royaume de Thierri, & par la Mer & l'Eſcaut.

* Bouchet dans ſes Annales d'Aquitaine fait ſans nulle preuve Clodomir maiſtre du païs qui poutoit alors ce nom. Seurement il ſe ſçait pas de l'Auvergne qui en faiſoit une partie ; car Gregoire de Tours, l. c. 2. nous apprend que Thierri la cinquiéme année après la mort de Clovis, fit Evêque d'Auvergne S. Quintien, que les Gots avoient chaſſé de ſon Evêché de Rodez. On voit encore dans le même endroit que Rodez qui eſtoit auſſi de l'Aquitaine avoit eſté dans le partage de Thierri. Nul Ancien ne donne rien à Clotaire dans le païs aujourd'huy appellé la Normandie, comme font quelques Modernes. La Vie de S Maſculphe qu'on appread que Childebert y eſtoit maiſtre du Cotentin &

Cette diviſion du Royaume François fut l'occaſion des nouveaux noms qu'on luy impoſa. On nomma Auſtrie ou Auſtraſie cette partie des Gaules Françoiſes qui eſt ſituée vers l'Orient entre le Rhin & la Meuſe. Ce nom venoit du mot *Oſt*, quoique corrompu par les

THIERRI. CLODOMIR. CHILDEBERT. CLOTAIRE.

du Bulletin. Fridegende qui écrivoit quatre vents après Clotaire, met Rouen dans le Domaine de ce Prince: mais il a suivi sur ce sujet des Memoires pleins de faussetez si visibles, que son autorité sur cela ne merite pas qu'on y ait aucun égard.

Epistol. Theodor. ad Gundeb.

Gregor. Turon. Nicetius in Epist. ad Clodos. vind.

François dans l'Ecriture, qui signifioit Oriental ; ainsi appelloit-on Ostrogots les Gots Orientaux; Thierri qui eut ce païs dans son partage, prit le titre de Roy d'Austrasie. Dans la suite aussi, on appella Neustrie les parties de la France les plus Occidentales qui sont entre la Meuse & la Loire : le reste garda son ancien nom d'Aquitaine & de Bourgogne.

Je ne doute point qu'on n'ait commencé aussi dès-lors à donner à tous ces païs le nom de France, & je ne feray nulle difficulté de les appeller desormais de ce nom. La partie de la Gaule conquise par les Bourguignons porta le nom de Bourgogne peu de temps après qu'ils y furent établis, sans parler des autres Provinces qui ne furent pas long-temps sans prendre le nom de leurs vainqueurs ; & il est au moins certain qu'avant la fin de ce sixième siecle la Gaule Françoise fut appellée France.

Le partage avantageux de Thierri d'un côté qui le rendoit infiniment supérieur en puissance, & de l'autre le jeune âge de ses trois freres qui ne ressentirent pas d'abord l'inégalité de ce partage, & qui dans la suite n'oserent pas entreprendre de s'en dédommager, empêcherent long-temps ces Princes de se faire la guerre les uns aux autres ; mais ce qui contribua le plus à leur union fut la prudence de la Reine Clotilde qui vêcut encore plusieurs années après Clovis.

Gregor. Turon. l. 3. c. 43.

Cette sainte Princesse qui après la mort du Roy son mary s'estoit retirée à Tours auprès du Tombeau de S. Martin, fut toûjours comme le nœud de la paix de la Famille Royale. S'il y eut quelques differends de temps en temps, ils furent promptement assoupis ; & l'on en vint rarement à une rupture entiere. Cette intelligence merveilleuse entre tant de Princes tous braves & guerriers causa de l'admiration à un Historien Grec de ces temps-là, qui fait leur éloge, où meslant quelques faussetez à ce qu'il nous raconte de la Nation Françoise qu'il ne connoissoit pas assez, & dont il touchoit l'Histoire en passant, il nous dit, ce qui fut presque toûjours vray pendant plusieurs années, qu'on ne voyoit point les Rois François en venir à des guerres civiles ; que dans les occasions de mécontentement qu'ils pouvoient se donner les uns aux autres, ils levoient quelquefois des armées ; mais que quand elles étoient en presence, c'estoit alors que les negociations commençoient, & qu'ils ne manquoient gueres de se reconcilier.

Agathias l. 1.

Mais je croy encore qu'une des raisons qui les maintinrent dans cette union, fut la crainte du redoutable ennemi que la Nation avoit dans la personne de Theodoric Roy d'Italie & des Ostrogots, qui après avoir fait perir Gesalic, s'estoit rendu maistre du Royaume des Visigots, c'est-à-dire du Languedoc, & de ce qu'ils possedoient en Provence & en Espagne, & y commandoit absolument au nom du jeune Amalaric fils de sa fille & fils legitime d'Alaric.

Gregor. Turon. l. 3. c. 2.

Cette réünion de toute la Nation Gotique l'avoit rendu le plus puissant Prince de l'Europe. Il le fit sentir aux François bientost après la

A mort de Clovis : car il se servit de cette conjoncture pour leur enlever quelques Places voisines du Languedoc, & en particulier la Ville de Rodez, d'où les Gots chasserent l'Evêque S. Quintien qu'ils croyoient trop affectionné aux François, & que Thierri fit quelque temps après pour cette raison sacrer Evêque d'Auvergne.

Vers l'An 512.

La guerre neanmoins ne dura pas fort long-temps ; & la paix se fit à condition que Theodoric garderoit les Places dont il s'estoit emparé ; de sorte que les Gaules ne furent jamais plus tranquilles qu'alors. Gondebaud Roy de

B Bourgogne vivoit encore, & lassé des vicissitudes de bonheur & de malheur, dont sa vie avoit esté étrangement meslée, il avoit pris le parti de gouverner ses Sujets en repos; & il le fit jusqu'à sa mort. Les François & les Gots se craignoient les uns les autres, & malgré la fierté que Theodoric avoit fait paroistre en rompant d'abord avec Thierri, & en l'obligeant à conclure avec luy un traité desavantageux, il n'aimoit point dans le fond à avoir affaire à la Nation Françoise.

Marius Aventic. in Chronic.

Cela parut manifestement dans la conduite qu'il garda avec un de ses propres Sujets, dont

C il n'estoit pas d'humeur à laisser l'audace impunie, & qu'il se résolut neanmoins de ménager principalement par ce motif.

Cet homme s'appelloit Theudis Ostrogot de Nation, & un des plus habiles Capitaines de Theodoric, qui luy avoit confié le Commandement de ses armées en Espagne & toute l'autorité du Gouvernement dans ce païs. Ce General y estoit amoureux d'une Espagnole fille d'un Seigneur riche & puissant en terres. Il l'épousa, & content d'un tel établissement & du pouvoir que luy donnoit sa Charge en attendant que la fortune luy presentast quelque

D chose de meilleur, il prit les mesures pour se conserver toûjours l'un & l'autre. Pour cela il leva deux mille Soldats Espagnols, & s'en fit des Gardes qui ne le quittoient jamais ; il s'attacha plusieurs Seigneurs Visigots, qui n'étoient pas contens du gouvernement de Theodoric, traita secretement avec les François, & s'asseûra de leur secours en cas de besoin. Theodoric s'apperceut bien-tost du dessein de Theudis, & ne fut pas long-temps sans estre instruit de tout le reste. Mais apprehendant une revolte de la part des Visigots, & craignant de s'engager dans une nouvelle guerre avec

Procop. l. 1. de bello Goth. c. 12.

ibid.

E les François, il prit le parti de dissimuler ; & declara Theudis Gouverneur perpetuel de l'Espagne jusqu'à ce que le jeune Amalaric fust en âge de la gouverner par luy-mesme. Theudis de son costé sauvoit toûjours les apparences ; executoit avec soin tous les ordres qu'il recevoit de Theodoric, ne détournoit rien des Tributs que l'Espagne payoit tous les ans à ce Prince, & les faisoit passer dans son épargne sans y manquer : mais de quelques pretextes qu'on se servist pour l'engager à s'éloigner de son Gouvernement, il ne voulut jamais en sortir, & entretint toûjours correspondance avec les François, qui d'ailleurs ne cherchoient

ibid.

pas eux-mesmes à rompre avec Theodoric.

Vers l'An 520.

La France joüissoit ainsi depuis sept ou huit années des douceurs de la paix, lorsqu'un nouvel ennemi, auquel on ne pensoit pas, vint la troubler. Une armée de Pirates Danois parut à l'improviste sur l'Ocean Germanique, & fit descente sur les Terres du Roy d'Austrasie. Elle entra par l'embouchcure de la Meuse, & porta le ravage & la desolation jusques dans le païs des Attuariens situé entre cette Riviere & le Rhin ; c'est aujourd'huy en partie le Duché de Gueldre.

Gesta Reg. Franc. c. 19.

Ibid.

Gregor. Tur. l. 3. c. 3.

Le nombre de ces Barbares estoit si grand, que Thierri fut obligé d'envoyer contre eux une armée considerable, à la teste de laquelle il mit Theodebert son fils jeune Prince d'environ dix-huit ans. Il fit aussi équiper promptement quelques vaisseaux pour les attaquer en mesme temps sur la mer & sur la terre. La flote des François & leur armée de terre joignirent les ennemis comme ils estoient sur le point de se retirer. Les Danois avoient déja chargé leurs vaisseaux d'un grand nombre de captifs & de quantité de butin, & leur Roy nommé Cochliac estoit encore à terre avec ses Troupes pour couvrir l'embarquement. Theodebert ne tarda pas à le charger, & le fit avec tant de vigueur & de succez, qu'il le défit, & le tua luy-mesme. Les vaisseaux François attaquerent en mesme temps la flote Danoise plus chargée de butin que munie de Soldats, & on la prit presque toute. Aprés quoy le jeune Prince ayant mis en liberté tous les François qu'on emmenoit captifs, & fait rendre aux habitans du païs ce qu'on leur avoit enlevé, s'en retourna comblé de gloire vers le Roy son pere. Nous le verrons dans la suite soûtenir ces beaux commencemens, & se rendre également redoutable aux Gots d'Italie & à l'Empereur d'Orient.

Vers l'An 520. ou 521.

Les préparatifs que le Roy d'Austrasie faisoit pour une guerre plus considerable furent apparemment cause qu'il ne marcha pas en personne contre les Danois. Il songeoit à entrer au plûtost avec une armée dans la Turinge, où l'ambition effrenée d'une femme mit tout en combustion. Cette femme estoit Amalberge niéce de Theodoric que ce Prince avoit mariée à Hermanfroy Souverain d'une partie de la Turinge, dont l'autre estoit possedée par Balderic frere d'Hermanfroy. Cette fiere Reine ne pouvoit s'accommoder de ce partage, & animoit sans cesse son mari à se rendre maistre de tout. Il avoit déja fait perir un autre de ses freres nommé Berthaire, & s'estoit saisi de ses Etats : mais il avoit peine à se resoudre à un nouveau crime, & laissoit regner Balderic en paix. Amalberge qui luy en faisoit de continuels reproches le voyant un jour fort ébranlé, acheva enfin de le déterminer par une espece d'insulte qu'elle luy fit; & qui marquoit autant l'ascendant qu'elle avoit pris sur son esprit, que la foiblesse de ce Prince & la condescendance aveugle qu'il avoit pour les passions de sa femme.

Gregor. Turon. l. 3. c. 4.

Elle donna ordre aux Officiers de la Table du Roy de ne la couvrir qu'à moitié. Le Roy venant pour dîner surpris de cette nouvelle maniere, en demanda la cause ; à quoy la Reine répondit fierement, qu'un Prince qui souffroit patiemment de se voir privé de la moitié d'un Royaume qu'il devoit posseder tout entier, ne devoit pas se choquer qu'on ne servist sa table qu'à demi. Là-dessus luy montrant la facilité de l'entreprise pour peu qu'il sçeût engager les François dans son parti, elle le fit enfin resoudre à déclarer la guerre à son frere.

Ibid.

Hermanfroy envoya donc au Roy d'Austrasie une personne de confiance pour traiter avec luy. Ce Prince qui ne demandoit pas mieux que d'augmenter ses Etats d'une partie de la Turinge dont ils estoient frontieres, écouta volontiers la proposition qu'on luy faisoit; & le traité fut conclu à condition de partager également entre eux le Domaine de Balderic. Thierri peu de temps aprés entra dans la Turinge avec son armée, & s'y joignit à Hermanfroy. Balderic qui avoit eû le temps de se mettre en défense, les combattit à la teste de la sienne; mais il fut défait & tué dans le combat. Tout se soûmit à Hermanfroy, qui pria le Roy d'Austrasie de trouver bon qu'il differaft l'execution du Traité, de peur d'aigrir les esprits des Turingiens ; & il fit si bien, qu'il luy persuada de retirer ses Troupes de la Turinge, en luy promettant avec serment de luy donner dans peu la part des conquestes qui luy estoit deûë.

Vers l'An 522.

Mais Amalberge n'avoit pas engagé son mari en cette guerre criminelle pour luy en voir partager le fruit avec un autre. Quand Hermanfroy se vit paisible possesseur de toute la Turinge il se moqua de son allié, qui selon le caractere que luy donne un ancien Historien, n'estant pas moins fin & moins politique, que vaillant & grand Capitaine dissimula son ressentiment tandis que Theodoric oncle de la Reine de Turinge vécut; mais il le fit éclater d'une maniere terrible aprés la mort de ce Prince, ainsi que je le diray bien-tost.

Vir actu & agilis animo, bello potens & astutus ingenio. Author vitæ Theodoric. Abb. Rhemensis.

Cependant Clodomir Roy d'Orleans, Childebert Roy de Paris, & Clotaire Roy de Soissons regardoient avec envie ces occasions que le Roy d'Austrasie leur frere & le jeune Theodebert leur neveu avoient eû de se signaler. Ces jeunes Princes estoient tous trois pleins de courage; mais ils n'avoient pas encore eû lieu de le faire paroistre pour les raisons que j'ay dites, dont la principale cessa vers ce temps-là; & leur laissa la liberté de faire une guerre qu'ils avoient grande envie & grand interest d'entreprendre.

Gondebaud Roy de Bourgogne estoit mort depuis cinq ou six ans. Ce Prince aprés son rétablissement dans ses Etats estoit toûjours demeuré attaché à Clovis, dont il redoutoit alors la puissance beaucoup plus que celle des Gots. Depuis la mort de Clovis il avoit fait sa paix avec Theodoric qui fut bien-aise de le détacher par-là d'avec les François, & de le voir au moins neutre. Sigismond fils aîné de Gondebaud luy ayant succedé suivit les veuës de

son

son pere en se ménageant avec les deux partis. L'alliance qu'il avoit contractée avec Theodoric dont il avoit épousé la fille, luy répondoit de la protection de ce Prince; & le rasseûroit contre les desseins & les entreprises des François. Mais la mort de la Reine son épouse, & le desordre de sa maison qui en fut une suite, le priva de cet appuy.

En épousant une seconde femme, dont la naissance & le nom nous sont inconnus, il mit le trouble dans sa famille. Il avoit un fils de sa premiere femme nommé Sigeric déja grand, & capable d'appercevoir & de ressentir la jalousie d'une belle-mere; mais incapable pour son malheur de dissimuler les chagrins qu'il en recevoit. Ils ne gardoient plus ensemble aucunes mesures: & comme un jour de ceremonie elle passoit devant luy vestuë à la Royale; il ne pût s'empêcher de dire tout haut avec indignation, qu'il estoit beau de la voir parée des pierreries de celle qui avoit esté sa Maistresse & sa Reine. Parole qui luy couta la vie. Car cette méchante femme qui avoit de longue main rempli d'ombrages l'esprit de son mari trop credule, fit si bien par des gens subornez qu'elle tenoit auprès de luy pour l'exécution de ses desseins, qu'à la fin elle vint à bout de luy persuader que Sigeric en vouloit à sa Couronne & à sa vie; & que s'il ne le prévenoit, il étoit perdu: de sorte que sans plus déliberer, & sans s'éclaircir davantage d'un crime que l'adresse des délateurs luy faisoit paroistre évident, il resolut sa mort, & le fit étrangler secretement après l'avoir fait enyvrer dans un festin.

Une execution si cruelle & si precipitée fit horreur: à peine fut-elle faite, que l'innocence du Prince fut reconnuë. Le pere par son desespoir & par les transports de sa douleur fit une réparation publique à la memoire de son fils. Il se retira au Monastere d'Agaune appellé aujourd'huy S. Maurice sur le Rhône entre le lac de Geneve & la Ville de Sion en Valais qu'il avoit fondé quelques années auparavant, & s'y abandonna pendant plusieurs mois aux pleurs & à la penitence.

Cependant les Rois François prévoyant bien que Theodoric outré de la mort indigne de son petit-fils, ne se mettroit plus fort en peine de proteger Sigismond, crûrent cette conjoncture favorable pour faire valoir les prétentions qu'ils avoient sur le Royaume de Bourgogne.

Il y a sujet de croire qu'elles estoient justes, puisque la Reine Clotilde anima elle-mesme ses enfans à cette guerre, les faisant souvenir de la maniere cruelle dont le Roy son pere, & la Reine sa mere avoient esté massacrez par Gondebaud pere de Sigismond. Elle vint pour cela à Paris où se trouverent Clodomir, Clotaire & Childebert. Thierri Roy d'Austrasie n'y vint pas, & n'entra point dans cette ligue; parce qu'il n'estoit pas fils de la Reine Clotilde, & que par consequent il n'avoit pas les mêmes raisons ni les mesmes droits que les trois autres sur une partie de la succession de Chil-

Tome I.

peric pere de Clotilde; outre que Sigismond prévoyant la tempeste, avoit pris de loin des mesures pour empêcher qu'il ne se declarast contre luy. Il y avoit réüssi en l'engageant dans son alliance par le mariage de sa fille qu'il luy fit épouser en secondes nopces; Thierri ayant perdu quelque temps auparavant sa premiere femme.

Par-là il s'ostoit de dessus les bras le plus puissant de ces quatre Princes: Mais Dieu qui vouloit faire un Saint de Sigismond plûtost qu'un Roy glorieux sur la terre, rendit ses précautions inutiles. Les trois freres entrerent en Bourgogne avec leurs armées jointes ensemble; livrerent la bataille à Sigismond & à son frere Godemar qui commandoit avec luy les Bourguignons; les défirent, les mirent en fuite. Godemar se sauva, & Sigismond leur auroit aussi échapé, si Clodomir ravageant tout dans la Bourgogne, n'eust obligé les Bourguignons, sous peine de voir leur païs entierement saccagé, à luy livrer eux-mesmes leur Roy.

Cet infortuné Prince fut non seulement abandonné; mais encore poursuivi par ses propres Sujets, dont un grand nombre se joignit aux François pour les conduire par tout où il pouvoit trouver quelque retraite. Il s'enfuit dans un lieu desert sur une montagne que l'Historien * appelle en Latin *Veresallis*, se coupa les cheveux, & s'y déguisa en Hermite. On l'y découvrit cependant: quelques Bourguignons l'y vinrent trouver; & faisant semblant d'être touchez de son malheur & de l'état pitoyable où ils le voyoient reduit, luy conseillerent de se retirer au Monastere de S. Maurice, où il pourroit demeurer caché, & où du moins il ne mourreroit pas de faim, & s'offrirent à l'y conduire seûrement eux-mesmes. Il s'abandonna à eux: mais il ne fut pas plûtost arrivé au Monastere, qu'il se vit investi par les Troupes ennemies. On se saisit de luy, & on le conduisit à Clodomir qui avoit déja en sa puissance la Reine de Bourgogne & deux jeunes Princes ses fils; l'un nommé Gisclade, & l'autre Gondebaud. Il les envoya tous prisonniers à Orleans, où il se rendit bien-tost après.

Les Rois François ne furent pas plûtost revenus chacun dans leur Royaume, que Godemar parut de nouveau à la teste de quelques Troupes qu'il avoit ramassées du débris de son armée; reconquit en moins de rien tout ce que les François avoient enlevé du Royaume de Bourgogne, & y prit mesme la qualité de Roy. Cette révolution si subite fut selon toutes les apparences l'effet de quelque mesintelligence entre les trois freres; au moins voyons-nous que Childebert & Clotaire abandonnerent le dessein de pousser davantage la guerre de Bourgogne, & que Clodomir fut le seul des trois qui marcha en campagne l'année d'après.

Le prélude en fut bien funeste: Car Clodomir avant que de partir pour cette expedition, apprehendant que ses prisonniers ne s'echapassent pendant son absence, prit la resolution de les faire mourir. En vain le saint homme Avitus Abbé de Mici auprès d'Orleans, luy de-

E

manda grace pour eux au nom de JESUS-CHRIST, luy promettant la victoire de la part de Dieu, s'il vouloit leur accorder la vie, & luy prédisant un funeste sort pour luy & pour les siens, s'il executoit un dessein si barbare; mais il ne put estre fléchi. Il prononça l'arrest de mort contre le pere, la mere & les enfans; l'arrest fut executé & les corps furent ensuite jettez dans un puis. * Ce fut une vengeance étudiée, pour rendre le destin de cette malheureuse famille plus semblable à celuy de la maison de la Reine Clotilde, dont le pere, la mere & les freres avoient esté aussi cruellement traitez par Gondebaud pere de Sigismond après qu'il les eut surpris dans la Ville de Vienne; ainsi que je l'ay raconté dans l'Histoire de Clovis.

* *C'estoit une vengeance assez ordinaire parmi les François de jetter leurs ennemis dans des puis. La Loy Salique ordonne des peines particulieres pour cette espece de crime. tit. 44. & en quelques autres endroits.*

Le lieu où cette execution se fit est appellé par le Moine Aimoin du nom de *Calomn. a;* & l'on prétend avec beaucoup de vray-semblance que c'est un Village proche d'Orleans nommé aujourd'huy Coulmiers, où il y a une Eglise dediée sous le nom de S. Sismond ou Sigismond, qui est un Prieuré dépendant de l'Abbaye de Mici appellée maintenant S. Mesmin.

Telle fut la fin de ce Prince, qui dans la ferveur de la penitence qu'il fit pour expier le peché qu'il avoit commis dans la mort de son fils, demandoit souvent à Dieu de luy faire la grace de l'en chastier en cette vie comme il le jugeroit à propos, & de ne pas attendre à l'en punir dans l'autre. Il fut exaucé. Sa vie à cela-près avoit toûjours esté tres sainte. Instruit par l'Evêque de Vienne Avitus, il avoit reconnu & abjuré publiquement les erreurs de l'Arianisme; ce que son pere Gondebaud n'avoit jamais osé faire, apprehendant la revolte de ses Sujets. Il fut après sa cheûte, comme un autre David, un parfait modele de penitence; & il reçût d'une maniere si chrétienne & si soumise aux ordres de Dieu, la mort qu'on luy fit souffrir, que la voix du peuple le mit depuis au nombre des Saints; & il a toûjours esté honoré dans l'Eglise de ce glorieux Titre.

Clodomir cependant se voyant abandonné de ses deux autres freres, & ne se croyant pas tout seul assez fort pour aller forcer Godemar dans la Bourgogne, avoit invité le Roy d'Austrasie à se joindre à luy, & l'y avoit enfin engagé. Mais ce Prince ayant appris la mort de Sigismond, dont j'ay dit qu'il avoit épousé la fille, protesta qu'à la verité il tiendroit la parole qu'il avoit donnée à son frere, & qu'il attaqueroit avec luy les Bourguignons; mais que cela ne l'empêcheroit pas de venger la mort de son beau-pere. Ils se mirent donc tous deux en campagne, & la jonction des armées se fit en un lieu nommé Veseronce assez près du Rhône & au-delà de la Ville de Vienne. Godemar y perdit encore la bataille & fut mis en fuite. Clodomir dans la chaleur de la poursuite emporté par son cheval se trouva engagé au milieu des fuyards, & s'apperçût qu'il n'avoit presque personne à sa suite. Il s'arresta pour attendre quelques-uns de ses gens. Quelques Bourguignons qui s'estoient ralliez, ayant re-

ibid.

connu ce Prince à sa longue chevelure & remarqué son embarras, luy firent signe comme s'ils avoient esté des François. Il avança vers eux: mais dès qu'il fut à portée il fut percé de plusieurs coups & tué sur la place.

ibid.

Godemar luy ayant fait couper la teste, la fit mettre au bout d'une lance, & marcha fierement aux François suivi de quelques bataillons qu'il avoit de nouveau formez, persuadé que cette veuë leur feroit tomber les armes des mains. Mais il en arriva tout autrement: la mort de leur Roy victorieux changea leur courage en fureur. Animez du desir de la venger, ils se jettent dans le moment sur ce reste de Bourguignons, les taillent en pieces, courent toute la Bourgogne, y mettent tout à feu & à sang, faisant passer au fil de l'épée, femmes, enfans, vieillards; & ils ne sortirent point de ce malheureux païs qu'après l'avoir entierement desolé.

An. 524.

La mort de Clodomir est rapportée par Gregoire de Tours de la maniere que je viens de la raconter. Fredegaire y ajoûte une circonstance, & prétend qu'il fut trahi par les gens du Roy d'Austrasie, qui l'abandonnerent dans la poursuite des ennemis. Cela s'accorde assez avec la parole que Thierri avoit lâchée en partant pour cette guerre, qu'il vengeroit la mort de son beau-pere.

Gesta Regum Fran. c. 12.

Quoy qu'il en soit, ce brave Prince à la fleur de l'âge qui ne pouvoit estre gueres de plus de trente ans, perit au milieu de sa victoire, laissant trois fils en bas âge. L'aîné nommé Theodebalde ou Thibaud, le second appellé Gunthaire, & le troisiéme Clodoalde, sur lesquels la prédiction du saint Abbé, qui avoit en vain demandé grace à Clodomir pour Sigismond, fut accomplie dans la suite d'une maniere encore plus tragique que sur leur pere mesme, dont la mort si prompte n'avoit déja que trop verifié cette prédiction.

Les Auteurs de nostre Histoire qui ne se sont jamais mis fort en peine d'en lier les évenemens, & encore moins de descendre dans le détail du gouvernement politique de ce temps-là, nous laissent à deviner ce qui arriva du Royaume d'Orleans après la mort de Clodomir. Ils nous disent bien que la Reine Clotilde se chargea de l'éducation des trois jeunes Princes; mais en mesme temps ils nous donnent assez à entendre qu'elle ne quitta pas pour cela sa vie privée; & il paroist qu'elle n'eût jamais la conduite ni la regence de leur Etat. Un Historien de l'Empire a écrit que les freres de Clodomir se saisirent chacun d'une partie de son Royaume; & c'est ce qu'il y a de plus vray-semblable, & ce qui donna lieu à Godemar de se relever encore une fois, tandis que ses ennemis estoient occupez à envahir ce qui estoit à leur bien-séance de la succession de leur frere.

Agathias.

Godemarus iterum regnum recepit.
Gregor. Turon. l. 3. c. 6.

Il reconquit son Royaume, c'est-à-dire, la plus grande partie de ce que les François avoient pris sur luy: car on y avoit fait en même temps une autre bréche qu'il ne fut pas en son pouvoir de réparer.

Theodoric Roy d'Italie voyant les François fondre sur la Bourgogne, jugea à propos d'envoyer une armée dans la partie de la Provence qui luy appartenoit, de peur qu'il ne leur prist envie, après avoir subjugué le Royaume de Bourgogne, de pousser leurs conqueftes jufques dans ſes Etats qui en eſtoient frontieres.

Le General de cette armée eſtoit ce brave Capitaine Tulus, qui ſe ſignala dans la bataille d'Arles contre les François ſous le regne de Clovis. Il ne fit aucun acte d'hoſtilité ſur les terres de Bourgogne; mais il fonda les eſprits des Provençaux d'entre la Durance & le Rhône ſujets de Sigiſmond; & leur perſuada qu'étant ſur le point de changer de maiſtre, ils trouveroient autant leur compte pour le moins à ſe ſoûmettre au Roy d'Italie qu'aux Princes François. De ſorte qu'après la priſe de Sigiſmond ils ſe donnerent à Tulus, qui ſans coup ferir, acquit à ſon Maiſtre les Villes de Cavaillon, d'Apt, de Carpentras, d'Orange, de Troifchaſteaux, de Gap, dont les Evêques qui avoient ſouſcrit l'an cinq cens dix-ſept au Concile d'Epaone convoqué par l'ordre de Sigiſmond, ſe trouvent depuis avoir ſouſcrit au quatriéme Concile d'Arles aſſemblé par la permiſſion & dans le Royaume de Theodoric l'année 524. qui fut celle de la mort de Clodomir.

Par les reflexions que l'on peut faire ſur l'Hiſtoire de ces temps-là, on voit que les guerres ne finiſſoient pas toûjours par des traitez de paix écrits & faits dans les formes. Souvent les deux partis laſſez de la guerre ſe tenoient en repos comme de concert, & demeuroient comme ils ſe trouvoient: & c'eſt ainſi que ſe termina celle-cy entre les Bourguignons & les François: Godemar ne pouvant mieux faire, ſe contenta de ce qui luy reſtoit après leur retraite, & laiſſa aux Gots ce qu'ils avoient pris entre le Rhône & la Durance. Ainſi les Gaules demeurerent aſſez tranquiles près de deux ans, à moins qu'on ne place dans cet intervalle les excurſions de quelques Barbares du Nort, dont il eſt parlé dans la Vie de ſaint Maur Abbé. Ces Barbares exercerent de grandes cruautez, principalement ſur les Terres de Clotaire; mais elles n'eurent point d'autres ſuites. Il eſt fait auſſi mention vers ce temps-là de quelques differends entre ce Prince & Childebert, qui ſe terminerent à quelques courſes & à quelques ravages que l'on fit de part & d'autre. Mais la mort du grand Theodoric Roy d'Italie qui arriva à Ravenne deux ans après celle de Clodomir, cauſa bien du changement dans les affaires des Gaules & d'Italie, & donna commencement à de grands mouvemens.

Jamais un Prince de ce caractere & de cette puiſſance ne meurt après un long regne, que la ſcene du monde ne change, à moins qu'il n'ait un ſucceſſeur capable de tenir toutes choſes en état, & d'étouffer d'abord toutes les ſemences de revolution; ce qui ne ſe trouva pas alors. Ce Prince avoit regné plus de trente-trois ans, gouvernant en maiſtre abſolu un tres-vaſte Empire, redouté de tous ſes voiſins, aimé & reſpecté de ſes Sujets. Il n'avoit point d'enfans mâles, mais ſeulement deux petits fils enfans de deux de ſes filles, l'une deſquelles nommée Amalazunthe avoit eſté mariée à Eutharic Prince de l'illuſtre famille des Amales dont Theodoric eſtoit luy-meſme, & l'autre appellée Theodecuſe qui avoit épouſé Alaric Roy des Viſigots. Ces deux Princes étoient morts du vivant de Theodoric. Le fils d'Alaric & de Theodecuſe eſtoit le jeune Amalaric, dont j'ay parlé à l'occaſion de la mort de ſon pere tué par Clovis à la bataille de Voüillé. Le fils d'Eutharic & d'Amalazunthe s'appelloit Athalaric. C'eſtoit à celuy-cy que Theodoric avoit toûjours deſtiné le Royaume d'Italie ou l'Empire des Oſtrogots: & il avoit conſervé à l'autre le Royaume des Viſigots, dont on ne pouvoit luy diſputer la poſſeſſion depuis la mort de ſon pere Alaric.

Le partage de cette ſucceſſion ſe fit à l'amiable. Athalaric avec l'Italie & tout ce qui en dépendoit du coſté de l'Empire d'Orient, eut la Provence dans les Gaules. Amalaric outre ce qui luy appartenoit au-delà des Pyrenées dans l'Eſpagne, eut en deça la Septimanie ou Languedoc, & établit le ſiege de ſon Empire à Narbonne. Quoiqu'Athalaric n'eût que neuf à dix ans, les Oſtrogots cependant ne firent nulle difficulté de le reconnoiſtre pour leur Roy, & conſentirent que pendant ſa minorité Amalazunthe eût la regence de l'Etat. Ce fut une des Princeſſes des plus habiles & des plus malheureuſes qui furent jamais, & qui malgré les furieuſes traverſes que luy cauſerent les plus puiſſans de la Cour & du Royaume, le maintint toûjours en paix pendant ſon gouvernement, dont la fin fut la ruine de toute la Nation Oſtrogotique.

Les deux plus grands ennemis qu'elle eut à craindre au dehors furent du coſté de l'Orient l'Empereur Juſtinien, qui ſucceda à ſon oncle l'Empereur Juſtin peu de temps après la mort de Theodoric, & du coſté de l'Occident Thierri Roy d'Auſtraſie. Le premier ne fut pas plûtoſt ſur le Thrône, qu'il ſongea à profiter de la minorité d'Athalaric, pour reconquerir l'Italie: & le ſecond crut que le temps eſtoit venu d'unir à l'Empire des François le peu qui reſtoit aux Gots dans les Gaules. Mais tous deux eurent des raiſons de ne ſe pas ſi-toſt declarer, & de ne pas attaquer d'abord directement les Oſtrogots.

Juſtinien jugea que dans le deſſein qu'il avoit formé de réünir à l'Empire ces grands & bons païs que les Barbares en avoient démembrez, il falloit commencer par l'Afrique, & tâcher d'y exterminer les Vandales avant que de venir aux Gots d'Italie. Il ſe contenta de fomenter les diviſions parmi ceux-cy, & pour cela il entretint toûjours des correſpondances avec Amalazunthe, & en meſme temps avec les plus grands ennemis du gouvernement de cette Princeſſe.

Pour Thierri avant que d'attaquer cette puiſſante Nation, il reſolut de détruire ou d'affoiblir les forces d'un Prince qui y avoit eſté extrémement attaché de tout temps, &

HISTOIRE DE FRANCE.

dont il auroit toûjours à craindre une diversion tres-incommode à l'extremité de ses Etats de la Germanie; c'estoit Hermanfroy Roy de Turinge. L'infidelité dont nous avons veû que ce Roy avoit usé à son égard quelques années auparavant, en refusant de luy faire part des conquestes qu'ils avoient faites ensemble sur Balderic frere de ce mesme Roy, estoit un sujet de guerre que Thierri avoit toûjours tout prest quand il voudroit s'en servir. Il attendit cependant avec patience une conjoncture propre pour le faire plus sûrement, & elle se presenta vers l'an 531. la mesintelligence estant alors extrême dans l'Italie entre Amalazunthe & les plus puissans Seigneurs Ostrogots: de sorte qu'elle n'avoit garde alors de se broüiller avec les François en faveur d'Hermanfroy.

An. 531.

Thierri engagea Clotaire Roy de Soissons à le seconder dans cette guerre, & à y venir en personne avec son armée. Ce Prince s'estant joint au-delà du Rhin aux Austrasiens dont Theodobert fils de Thierri commandoit une partie sous les ordres de son pere, ils marcherent tous trois vers la Turinge. Ils y trouverent Hermanfroy preparé, & qui paroissoit resolu à se bien défendre. Il avoit rangé son armée dans une vaste plaine, & laissé devant luy encore un tres-grand terrain capable de contenir celle des ennemis. Les François s'y rendirent, & s'y mirent en bataille, trouvant le lieu tres-propre à donner un combat décisif.

Gregor. Turon. l. 3. c. 7.

Hermanfroy qui connoissoit la puissance & la valeur de l'ennemi qui venoit à luy usa d'un stratageme. Il avoit fait faire pendant la nuit sur tout le front de son armée quantité de fosses d'espace en espace, & il avoit fait recouvrir de gazon, de maniere que le champ paroissoit tout uni.

Les François voyant qu'Hermanfroy ne s'ébranloit point pour venir à eux, marcherent droit à luy pour l'enfoncer. Les premiers Escadrons ne manquerent pas de donner dans le piege; quantité de chevaux & de Cavaliers furent culbutez dans les fosses, & écrasez les uns par les autres, ou tuez à coups de fléches par les Turingiens, ne pouvant dans cet embarras se servir de leurs boucliers. Mais le desordre ne dura pas long-temps. Les Princes François en ayant reconnu la cause, firent faire alte aux Troupes qui suivoient, & prirent sur le champ leurs précautions, sans differer pour cela le combat.

Les fosses n'estoient pas si proches les unes des autres, que quelques Cavaliers ne pûssent marcher de front entre-deux; & elles n'estoient pas si cachées qu'on ne pust s'en appercevoir en y prenant garde. Le Roy de Soissons, le Roy d'Austrasie & Theodebert ayant fait reconnoitre tout le champ chacun de leur costé, firent défiler de leur Cavalerie & de leur Infanterie entre toutes ces fosses en presence de l'armée des Turingiens, qui épouvantez de cette hardiesse, au lieu de profiter de leur avantage, commencerent à lâcher le pied. Hermanfroy s'enfuit des premiers; toute l'armée en déroute le suivit aussi-tost aprés; ce ne fut plus un combat, mais un carnage. Pour comble de malheur ils avoient derriere eux à quelque distance de là la Riviere d'Unstrud ou Unstrut qui n'estoit pas gueable. * Cet obstacle donna le temps aux François de joindre la foule des fuyards, qu'ils trouverent ramassez sur les bords de cette Riviere. Hermanfroy mesme y avoit fait un ralliement, & y fit ferme quelque temps; mais il fut encore rompu avec un massacre si horrible, que le lit de la Riviere fut rempli de corps morts, qui servirent de pont aux vainqueurs pour la passer.

*Ibid. * Cette Riviere est dans ce Canton d'Allemagne qu'on appelle aujourd'huy le païs d'Eichsfeld. Gesta Reg. Franc. c. 22.*

Suivant ce qui estoit fort ordinaire en ce temps-là, & principalement dans ces quartiers de delà le Rhin, où il y avoit tres-peu de Villes murées, la victoire rendit les vainqueurs maîtres de tout le païs. La Ville de Turinge * qui estoit la Capitale & donnoit le nom au Royaume, fut prise, mise au pillage, & reduite en cendres, & les habitans furent menez en esclavage. La Reine Amalberge dont l'ambition avoit esté la premiere source du malheur de son mari & de celuy de ses Sujets, se sauva avec ses enfans chez Theodat son frere qui fut depuis Roy des Ostrogots.

*An. 531. * Nous apprenons que la Capitale de cet Etat s'appelloit Turinge par une Lettre du Pape Gregoire II. qu'on conserve à S. T. 1. Concil. Gall. p. 514. gt. In Suppleм. Fortunati.*

Hermanfroy son mari n'eut pas un si heureux sort. Il demeura quelque temps caché; mais Thierri ayant appris où il estoit, luy fit dire qu'il pouvoit venir en asseûrance le trouver à Tolbiac en deça du Rhin, où il s'estoit rendu aprés avoir mis ordre à ses conquestes. Hermanfroy y vint & y fut bien reçû; mais comme quelques jours aprés ils se promenoient ensemble sur les murailles de la Ville, Thierri s'estant un peu écarté, quelqu'un poussa Hermanfroy, & le jetta du haut de la muraille dans le fossé, où il expira sur le champ.

Thierri eut bien de la peine à se disculper de cette mort, & on soupçonna toûjours avec beaucoup de vray-semblance que la chose s'estoit faite par ses ordres. Mais ce fut au moins en execution de ceux de la Justice de Dieu, qui vengea par la mort funeste de ce Prince celle de ses deux freres, ausquels il avoit osté les Etats & la vie pour satisfaire l'insatiable ambition de sa femme encore plus que la sienne. Ce ne fut pas là l'unique occasion où le Roy d'Austrasie fit paroistre de la cruauté & de la perfidie ensuite de sa victoire. Son frere le Roy de Soissons pensa perit dans un piege qu'il luy tendit, lorsqu'ils estoient encore ensemble dans la Turinge. L'histoire ne nous marque que le fait, sans nous en apprendre le motif.

Thierri fit entendre à Clotaire qu'il avoit quelque chose de secret à luy communiquer; & qu'il estoit necessaire qu'ils eûssent un entretien ensemble seul à seul. Clotaire qui ne se défioit de rien vint le trouver chez luy, mais dés la porte de la salle il apperçût les pieds de quelques Soldats armez qui estoient cachez derriere une tapisserie. Alors entrant en défiance sans paroistre cependant ni étonné, ni surpris, il fit signe à ses gens qui estoient demeurez dehors d'avancer & d'entrer avec luy. Thierri voyant par là son coup manqué, ne parut point non plus déconcerté, & entretint son frere de

Gregor. Turon. c. 7.

diverses choses touchant leurs interests communs. Il affecta mesme de luy marquer plus de cordialité que jamais, & luy fit present d'un fort beau baßin d'argent, qui estoit apparemment quelque piece du tresor du Roy de Turinge *. Clotaire le reçut & l'en remercia avec une égale dissimulation, prit congé de luy & s'en retourna à son camp, bien resolu de ne plus donner dans de pareilles embuscades.

Quelques-uns ont conjecturé, mais c'est une conjecture toute pure, qu'un dessein si criminel avoit esté l'effet d'une jalousie d'amour. Clotaire dans le pillage de la Turinge avoit fait mettre en asseûrance dans sa tente une niéce d'Hermanfroy encore toute jeune, mais infiniment belle, dont il fut charmé, & qu'il épousa en effet dés qu'elle fut en âge. Elle s'appelloit Radegonde; c'est elle que la qualité de Sainte a rendu beaucoup plus illustre encore que celle de Reine de France. A la verité il n'est pas impossible que Thierri eust esté pris de la mesme passion que Clotaire. Ces deux faits mesmes sont rapportez si proche l'un de l'autre dans nos anciens Auteurs, qu'ils pourroient, selon les regles, fonder l'Episode d'un Roman. Mais ce n'est pas une raison suffisante à un Historien pour les faire ainsi dépendre l'un de l'autre. Si j'avois quelque parti à prendre là-dessus, j'aimerois mieux attribuer un projet si noir à l'extrême passion de regner seul dans les Gaules, que tous ces Princes avoient heritée de Clovis leur pere. Cela paroist dans toute leur conduite. C'estoit l'unique source de la mauvaise foy dont ils userent tant de fois les uns avec les autres, & de cette cruauté inouïe dont nous verrons bien-tost encore de nouveaux exemples qui feroient horreur dans des Barbares les plus feroces, & qu'on est à plus forte raison surpris de trouver dans des Princes Chrétiens, qui ne vivoient plus dans les marais & dans les bois de la Germanie. Mais c'estoient des restes du genie barbare, que ni le climat ni le Christianisme n'avoient pû encore tout-à-fait adoucir. Cela n'estoit point particulier aux Rois des François, comme on le voit par tant d'exemples que j'ay rapportez en passant, des Rois des Gots, des Bourguignons & des Turingiens.

La Princesse Radegonde avoit encore un frere qui fut aussi amené avec elle en France, & qui fut assassiné quelques années aprés par l'ordre de Clotaire, dans le temps qu'il prenoit des mesures pour se retirer à la Cour de Constantinople auprés d'un cousin germain, qui s'y estoit sauvé aprés la bataille d'Unstrud, & que l'Empereur consideroit beaucoup.

Tandis que le Roy d'Austrasie soumettoit tout dans la Turinge, & qu'il étendoit de ce costé-là les bornes de son Empire, le bruit se répandit en Auvergne à l'autre bout de ses Etats qu'il avoit esté tué dans la bataille contre Hermanfroy. Il n'en fallut pas davantage à Childebert Roy de Paris pour se déterminer à fondre dans cette Province à dessein de s'en emparer. Il avoit alors une armée sur pied, & estoit déja en marche pour la raison que je vais dire.

Amalaric Roy des Visigots estant monté sur le Thrône incontinent aprés la mort de Theodoric son grand-pere & son tuteur, redoutoit la puissance des François qui avoit esté si funeste à Alaric son pere. Il songea d'abord à se les rendre amis; il fit pour cet effet demander en mariage à Childebert & à Clotaire la Princesse Clotilde leur sœur *, & ils la luy accorderent. La difference de Religion rompit bien-tost la bonne intelligence qui devoit estre entre le mari & son épouse. Clotilde estoit aussi bonne Catholique qu'Amalaric estoit obstiné Arien. Il fit tout ce qu'il put pour l'engager à changer de créance, & à communiquer avec ses Ariens; mais voyant qu'il n'y gagnoit rien par la douceur & par les caresses, il employa la rigueur & les moyens les plus violens, jusqu'à l'abandonner aux insultes & aux outrages de la populace. C'estoit principalement lorsque cette pieuse Princesse alloit à l'Eglise qu'elle se trouvoit exposée à ces insolences: on l'accabloit de maledictions & d'injures, & quelquefois de boüe & d'ordures comme une infame.

Sa patience & la bonté de la cause pour laquelle elle souffroit la soutinrent assez long-temps au milieu de cette persecution; mais enfin la brutalité d'Amalaric ayant esté jusqu'à la frapper & à la blesser, elle ne put s'empécher de faire des plaintes à ses freres des traitemens qu'on luy faisoit endurer. La maniere dont elle s'y prit ne pouvoit estre plus touchante. Elle envoya secretement à Childebert par un homme affidé un mouchoir teint de son sang avec une Lettre dans laquelle elle luy décrivoit l'état déplorable où elle estoit reduite.

Ce spectacle remplit Childebert d'horreur, & eut tout son effet: car il resolut sur le champ d'aller à la teste d'une armée enlever sa sœur à ces barbares Visigots, & de tirer une vengeance signalée de l'affront qu'ils faisoient à son sang & à toute la Nation Françoise. Il estoit en chemin pour le Languedoc; & passoit par le Berri dont il s'estoit saisi aprés la mort de Clodomir Roy d'Orleans, lorsqu'il luy apporta le faux avis de celle de son frere le Roy d'Austrasie. Il suspendit pour quelque temps l'ardeur de sa vengeance pour profiter de l'occasion; & tournant tout d'un coup à gauche il marcha droit à la Ville d'Auvergne, c'est celle qui porte aujourd'huy le nom de Clermont, & qui a laissé celuy d'Auvergne au païs dont elle est la Capitale.

C'estoit un homme de qualité nommé Arcade Senateur de la Ville qui avoit mandé à Childebert la mort de Thierri. Il l'avoit en mesme temps asseuré de son attachement & de son credit sur l'esprit des Bourgeois, & qu'il le rendroit maistre de la Place. Childebert en approcha à la faveur d'un broüillard tres-épais, & ayant trouvé les portes fermées il donna à Arcade le signal dont ils estoient convenus. Celuy-cy fit aussi-tost rompre la serrure d'une des portes, & y introduisit Childebert avec ses troupes.

Mais à peine ce Prince avoit reçû les hommages de ſes nouveaux Sujets, qu'il vint des nouvelles certaines de la victoire complete que Thierri avoit remportée ſur le Roy de Turinge, & qu'il avoit déja repaſſé le Rhin. Ce fut un coup de foudre pour Arcade & pour ſon parti, auſſi-bien que pour Childebert, qui prit ſur la champ la reſolution de ſe retirer & de continuer ſon voyage vers les Etats d'Amalaric, abandonnant cette malheureuſe Ville au reſſentiment de ſon Prince. J'en rapporteray les terribles effets, quand j'auray raconté la ſuite de l'expedition de Childebert, & ſes autres exploits de cette année.

Il conduiſit ſon armée en Languedoc, & non pas en Eſpagne, comme l'ont écrit quelques-uns trompez par le texte de Gregoire de Tours; ne ſçachant pas que la Septimanie ou le Languedoc s'appelloit quelquefois alors du nom d'Eſpagne; parce qu'il eſtoit ſous la domination d'un Prince qui eſtoit Roy d'Eſpagne, à peu près de meſme que la partie des Païs-bas qui appartient aujourd'huy au Roy d'Eſpagne, s'appelle la Flandre Eſpagnole *.

Amalaric averti de la marche des François, aſſembla auſſi une armée, & les attendit auprès de Narbonne ſa Capitale. Il fit cependant équiper quelques vaiſſeaux où il mit ce qu'il avoit de plus précieux, reſolu en cas de malheur de ſe jetter dedans & de paſſer en Eſpagne. Le combat ſe donna ſous les murailles de Narbonne. Il fut tres-opiniatré; mais enfin les François qui eſtoient alors en poſſeſſion de battre tous leurs ennemis, & de les battre par tout, remporterent la victoire, dont le fruit fut la priſe & le pillage de Narbonne, la délivrance de la Reine Clotilde, & la mort d'Amalaric de quelque maniere qu'elle ſoit arrivée: car tous les anciens Hiſtoriens convenant du fait, ne s'accordent ſur preſque aucune des circonſtances.

Les uns diſent qu'après la bataille perduë, Amalaric ayant gagné ſes vaiſſeaux, crut avoir encore aſſez de temps pour rentrer dans Narbonne, & en enlever une caſſette de pierreries qu'il y avoit oubliée; que cependant il avoit eſté coupé par un détachement de l'armée des François qui ſe ſaiſit du port avant qu'il euſt pû regagner ſon vaiſſeau; que ſe voyant perdu il courut vers une Egliſe de Catholiques pour y trouver un azile: mais que dans le chemin il fut atteint & tué ſur la place d'un coup de lance par un François qui le pourſuivoit. L'Hiſtorien Procope le fait mourir dans le combat meſme. Un autre Ecrivain de l'Hiſtoire des Gots dit qu'Amalaric ne fut pas tué à Narbonne, mais que s'eſtant ſauvé en Eſpagne, & ſa fuite l'y ayant rendu mépriſable aux ſiens, ils l'avoient tué eux-meſmes. C'eſt dans cette diverſité ce qui me paroiſt de plus vray-ſemblable, dautant que ce fait eſt rapporté par un Hiſtorien de la Nation, qui écrivoit en Eſpagne, & peu éloigné de ce temps-là. Il ajoûte dans la ſuite de ſon Hiſtoire une circonſtance de la mort du ſucceſſeur d'Amalaric, par laquelle il nous fait aſſez connoiſtre l'Auteur de celle de ce Prince meſme. Ce ſucceſſeur fut

A ce Theudis, dont j'ay déja parlé, qui après avoir regné en Eſpagne du temps de Theodoric ſous le nom de Gouverneur, conſerva une grande partie de ſon autorité ſous le regne d'Amalaric, & bien qu'il ne puſt pas ſe défendre de le reconnoiſtre pour ſon Souverain legitime, il euſt encore après la mort de ce Prince le credit & tous les amis neceſſaires pour ſe faire élire Roy des Viſigots. Or luy-meſme au bout de quelques années d'un gouvernement, où il imita fort la ſage conduite, & la moderation de ſon ancien maiſtre Theodoric, ayant eſté aſſaſſiné dans ſon Palais, il défendit à ſes Sujets en mourant de venger ſa mort ſur celuy qui l'avoit poignardé : *Parce*, dit-il, *que Dieu m'a fait ſouffrir par la main de cet aſſaſſin la peine du crime que j'ay commis autrefois, en tuant moy-meſme le Chef de ma Nation.* Paroles qui ſemblent ſignifier clairement que c'eſtoit luy qui avoit tué Amalaric.

Childebert après ſon expedition reprit la route de Paris avec la Reine ſa ſœur; mais cette Princeſſe ne goûta pas long-temps le plaiſir de la liberté. Elle mourut en chemin moins de la fatigue du voyage que de l'alteration qu'avoient cauſé dans ſon temperament les maux qu'elle avoit ſoufferts pour ſa Religion. De maniere qu'on la pourroit regarder comme une veritable Martyre. Son corps fut porté à Paris, & inhumé auprès de celuy de ſon pere le grand Clovis.

Du riche bûtin que l'Armée Françoiſe fit dans le Languedoc, le Roy ſe reſerva les dépouilles des Egliſes Ariennes, qui conſiſtoient en ſoixante Calices & quinze Patenes de pur or, & vingt Miſſels ou Livres d'Evangiles couverts de lames d'or & ornez de pierres precieuſes. Il en uſa en Prince fort Religieux, & voulut que tout cela demeuraſt en ſon entier pour eſtre employé à l'uſage des Autels dans diverſes Egliſes de ſon Royaume, auſquelles il en fit preſent.

Soit que Chidebert après ſa victoire eût abandonné le Languedoc, ſoit que Theudis ſucceſſeur d'Amalaric en euſt chaſſé les Garniſons Françoiſes, il eſt certain que cette Province fut encore long-temps depuis ſous la Domination des Viſigots, & que ce ne fut que ſous le Miniſtere de Charles Martel qu'elle fut unie à la Couronne Françoiſe. Mais Childebert fit peu de temps après une conqueſte plus durable, & contribua beaucoup à mettre pour toûjours la famille de Clovis en poſſeſſion d'un nouvel Etat qui luy eſtoit déja échapé pluſieurs fois, je veux dire le Royaume de Bourgogne.

Clotaire Roy de Soiſſons, Childebert Roy de Paris & Thierri Roy d'Auſtraſie, tout freres qu'ils eſtoient, n'avoient gueres alors d'autre union que celle que leur ambition leur inſpiroit; c'eſtoit l'unique raiſon qui les diviſoit, ou les reconcilioit entre eux, toûjours preſts dans l'eſperance de s'aggrandir, à ſe liguer contre un ennemi commun, mais à condition de devenir enſuite ennemis mortels.

Après l'expedition de Turinge, Clotaire & Childebert ſe trouverent plus unis que jamais par les défiances qu'ils avoient tous deux conçûes de Thierri, qui avoit voulu faire perir Clotaire, & que Childebert avoit offensé par son irruption dans l'Auvergne. Cette intelligence des deux Rois leur fit concevoir le dessein d'attaquer ensemble la Bourgogne. Mais se défiant de leur aîné, ou ne se croyant pas assez forts sans son secours, ils resolurent de se reconcilier avec luy, & luy proposer d'entrer dans leur ligue. Il les refusa, parce qu'il n'osoit luy-mesme se fier à eux: ils entreprirent de l'y contraindre en gagnant les principaux Officiers de son armée, & faisant répandre le bruit parmi ses Soldats que jamais conqueste n'avoit esté plus necessaire & plus à la bien-seance de la Nation, ni plus capable de les enrichir tous. La chose alla jusqu'à la sédition; de sorte que les Chefs de l'armée de Thierri luy declarerent que s'il ne vouloit marcher à leur teste avec les autres François, on ne laisseroit pas de les suivre, & qu'on marcheroit sans luy.

Gregor. Turon. l.3. c. 11.

Thierri fort surpris, mais neanmoins sans trop s'étonner, usa en mesme temps dans cette occasion de fermeté & de condescendance. Il répondit fierement à ceux qui luy porterent cette parole, que ce n'estoit pas aux Soldats à donner la loy à leur General & à leur Roy; qu'il voyoit bien ce qui les tenoit, qu'ils avoient pris goût au butin; que celuy qu'ils avoient fait en Turinge devoit les avoir contentez; qu'il ne refusoit pas de leur en fournir de nouveau; mais que ce ne seroit pas en les menant en Bourgogne; qu'il y en avoit ailleurs de tout prest qui les attendoit, sans qu'il dust leur coûter beaucoup de sang & de fatigues; qu'il avoit des Sujets mutins à châtier en Auvergne, & qu'il vouloit y conduire son armée pour l'y faire vivre à discretion. Il le fit en effet au plûtost; mais la rigueur dont il usa d'abord ayant irrité ce peuple naturellement altier & courageux, il se trouva plus difficile à dompter qu'il n'avoit esperé, & se vit obligé à faire une guerre & des sieges dans les formes, qui l'arresterent long-temps.

Childebert & Clotaire qui suscitoient apparemment & entretenoient sous-main ces soulevemens des Auvergnacs, prévirent bien que le Roy d'Austrasie auroit assez d'occupation chez luy pour ne les point troubler dans leurs desseins; ainsi malgré le refus qu'il avoit fait de se joindre à eux pour faire la guerre au Roy de Bourgogne, ils ne laisserent pas de l'entreprendre.

Godemar Roy de Bourgogne assez semblable à son pere par les vicissitudes de la bonne & de la mauvaise fortune, & par son adresse à réparer ses pertes, s'estoit non seulement remis en possession des Villes que les François luy avoient enlevées dans la derniere guerre, mais encore il s'estoit prudemment servi de l'occasion de la minorité du Roy Athalaric, pour se faire rendre celles dont les Ostrogots s'estoient emparez en Provence entre la Durance & le Rhône. Il representa à la Régente Amalazunthe l'injustice dont on avoit usé à son égard; que tandis qu'il estoit accablé par les François ennemis irreconciliables des Gots, Theodoric luy avoit débauché ses Sujets de Provence, & s'estoit saisi de ses Places sans qu'il luy eust donné le moindre sujet de mécontentement; que si on vouloit les luy rendre, il demeureroit éternellement attaché à la Nation Gotique, & toûjours prest à recevoir & à executer les ordres qu'on luy envoyeroit de la part de ceux qui la gouvernoient. Godemar representoit toutes ces choses les armes à la main, offrant neanmoins de congedier son armée pourveu qu'on le contentast.

Amalazunthe qui avoit en ce temps-là des affaires à démesler avec l'Empereur d'Orient, & à qui on en faisoit tous les jours chez elle en Italie, se fit un honneur de rendre justice à Godemar; & luy restitua la partie de la Provence dont il s'agissoit aux conditions qu'il luy avoit proposées. C'est de quoy le Senateur Cassiodore dont elle écoutoit fort les conseils, la loüe beaucoup dans une lettre qu'il écrivit au Senat pour le prier de remercier le Prince & cette Princesse de la grace qu'ils luy avoient faite en l'honorant de la Charge de Prefet du Pretoire. Ainsi Godemar estoit en possession de tout ou de presque tout ce que l'on appelloit le Royaume de Bourgogne, lors que Childebert & Clotaire vinrent l'attaquer.

L. 11. epist. 3.

Le sujet ou le pretexte de cette guerre, s'il y en eut, car alors il n'y en avoit pas toûjours, put bien estre cette nouvelle union du Roy de Bourgogne avec les Ostrogots, que l'on regardoit en France comme les plus dangereux ennemis de l'Estat. Les deux Rois François commencerent par le siege de la Ville d'Autun qu'ils emporterent, après avoir defait & mis en fuite le Roy de Bourgogne qui estoit venu au secours. La prise de cette Ville leur ayant ouvert le païs, ils s'avancerent jusqu'à Vienne * sur le Rhône & la prirent aussi. Ce furent-là les plus considerables conquestes de cette premiere campagne *, pendant laquelle le Roy d'Austrasie faisoit de son costé la guerre en Auvergne.

An. 532. Gregor. Turon. l.3. c. 11.

Si-tost qu'il fut entré dans la Province il mit au pillage tous les lieux par où son armée passoit, & la terreur se répandit par tout. Estant arrivé devant la Capitale, il la fit investir comme une Ville ennemie, & campa tout à l'entour. Elle avoit fermé ses portes, non pas pour resister; mais seulement pour empêcher que les Soldats n'y entrassent avant qu'elle eust imploré la misericorde du Prince. Cependant tout le peuple avec son saint Evêque Quintien prosterné devant les Autels, s'adressoit à Dieu en pleurant & en gemissant, pour le prier d'appaiser la colere de celuy dont il avoit le cœur entre les mains. Au lieu de gens armez sur les murailles de la Ville, on y voyoit du camp le saint Prelat à la teste de son troupeau marcher en procession, levant tantost les mains au Ciel, tantost les portant vers la tente du Prince que rien de tout cela ne touchoit, & qui avoit pris la resolution de raser les murailles de la Ville, & d'y faire entrer son ar-

* Gregoire de Tours ne parle que d'Autun, mais les souscriptions du second Concile d'Orleans tenu dans le domaine de Childebert en 533, l'année d'après, prouvent que la Ville de Vienne avoit aussi esté prise par le Roy de Bourgogne, puisque Julien Evêque de cette Ville souscrivit à ce Concile.

* C'est sans assez de raison que M. de Valois & quelques autres font finir la guerre de Bourgogne pas si-avant dans cette premiere campagne de l'an 533. car Marius Evêque de Lausanne dit expressément que le Royaume de Bourgogne ne fut entierement soumis qu'en l'an 534. De

HISTOIRE DE FRANCE.

plus dans le Concile d'Orleans tenu l'an 533. par les ordres de Childebert, on ne voit d'Evêques de Royaume de Bourgogne que celuy d'Autun & de Vienne : or si toute la Bourgogne eût esté subjuguée l'année precedente, il y en auroit eu beaucoup d'autres de ce Royaume.
Ibid.

mée par les bréches pour mettre tout à feu & à sang; mais Dieu écouta son saint Serviteur.

Comme le Roy dormoit la nuit, il eut une vision ou un songe qui l'épouventa de telle sorte, qu'il se leva tout hors de luy, & sortit de sa tente en courant sans sçavoir où il alloit. Un de ses principaux Officiers le suivit, & l'ayant fait revenir à luy, comme il eut appris le sujet de sa frayeur, il luy dit: Seigneur nous avons affaire à un Saint, & tous ces Martyrs dont les Eglises entourent cette Ville sont des murailles plus fortes que celles que vous prétendez renverser. Ces paroles firent tout l'effet qu'elles devoient sur l'esprit du Roy. Il resolut sur le champ de recevoir les satisfactions de cette pauvre Ville, quitta la resolution qu'il avoit prise d'en faire raser les murailles, & d'envoyer le saint Evêque Quintien en exil, & défendit à ses Soldats de faire aucun dégast à huit lieuës à la ronde.

An. 532.

Il fut reçû dans la Ville avec toutes les soumissions possibles & avec le respect d'un peuple consterné, qui se croyoit à la veille de sa ruine. Il voulut seulement punir le Senateur Arcade celuy qui avoit fait venir Childebert & l'avoit introduit dans la Ville; mais il s'étoit depuis long-temps mis en seûreté & s'étoit retiré à Bourges Ville du Domaine de Childebert. Sa mere & une sœur de son pere qui estoient demeurées dans la Ville furent chassées, & reléguées à Cahors & tous leurs biens confisquez. Quelques autres qui avoient esté de la mesme intelligence se jetterent dans les Places fortes en resolution d'y tenir contre l'armée du Roy.

Gregor. Turon. l. 3. c. 12.

Il marcha d'abord au Chasteau d'Outre *, où une partie des rebelles s'estoient retirez. Il y trouva tant de resistance, qu'il fut contraint de lever le siege, ou plûtost apparemment il en fit semblant pour mieux couvrir l'intelligence qu'il avoit dans la Place. Les assiegez voyant l'armée partie, ne songeoient plus qu'à se réjoüir sans plus faire de garde, lorsque le Roy estant revenu sur ses pas, se saisit d'une des portes, qui luy fut livrée par un domestique d'un Prestre nommé Procule Tresorier de l'Eglise d'Auvergne. Le Chasteau fut pillé; tout ce qui s'y trouva d'habitans ou de soldats fut passé au fil de l'épée ou fait esclave. Entre autres ce Prestre Procule homme fier & ambitieux, qui avoit esté grand persecuteur de son Evêque saint Quintien, & qui fort vray-semblablement ne s'estoit jetté dans cette Place que parce qu'il avoit eû part à la conjuration d'Arcade, s'estant sauvé dans l'Eglise, y fut assommé au pied de l'Autel.

* *Utrense Castrum, aujourd'hui Volore, Vales. in Not. Gall. Gregor. Turon. in vitis PP. c. 4.*

Delà, l'armée alla assieger le Fort de Meroliac *; c'estoit une Place que sa seule situation rendoit imprenable. Elle estoit bastie sur un roc élevé de cent pieds au-dessus de la plaine, & escarpé tout à l'entour: elle estoit d'une si grande étenduë, que dans l'enceinte des murailles on y labouroit, & on y recueilloit assez de bled pour nourrir les habitans & la Garnison; il y avoit un grand étang & des sources dont l'eau estoit fort bonne; de maniere que

* *M. de Valois dans sa Notice des Gaules croit que c'est ce qu'on appelle aujourd'huy Oliergue auprès de Tiern. Gregor. Turon. l. 3. c. 13.*

les assiegez à qui rien ne manquoit, regardoient avec mépris l'Armée Royale campée au pied de leur rocher. Ils firent sortir pendant la nuit un parti de cinquante hommes pour aller courir la campagne, & faire quelque butin sur les ennemis; & ce fut là la cause de leur perte. Le Roy en ayant esté averti détacha après eux quelques Cavaliers qui les couperent, les investirent & les prirent prisonniers. Il profita de ce petit avantage, & dans la difficulté qu'il voyoit à forcer une Place de cette nature, il usa d'un stratagême de guerre dont on s'est servi plusieurs fois.

Ibid.

Il fit lier ces prisonniers, & on les conduisit en cet état jusqu'au pied du roc, ayant chacun derriere eux un Soldat le sabre à la main, & il declara aux assiegez, que s'ils ne se rendoient sur le champ, il alloit faire couper la teste à tous ces malheureux. Ce spectacle les consterna, les uns ayant un frere, les autres un fils, les autres quelque parent ou quelque ami dans cette infortunée troupe. La chose réüssit au gré du Roy. La Garnison capitula & sortit la liberté & la vie sauve, & en payant une somme d'argent assez modique. Le Roy d'Austrasie crut avoir tout fait par la prise d'une Place de cette importance, & que personne dans le païs n'oseroit plus branler. Mais quand le peuple est une fois en mouvement, il faut du temps pour luy faire reprendre sa premiere assiete & le remettre dans son ancienne tranquillité. A peine Meroliac estoit-il rendu qu'on vint apporter au Roy la nouvelle d'un nouveau soulevement dans un autre endroit de l'Auvergne. Il estoit d'autant plus dangereux qu'il avoit un Chef d'importance: c'estoit un Seigneur nommé Munderic qui, étoit, ou du moins qui se disoit de la famille Royale de Clovis.

Aimoini l. 1. c. 8.

Les Troupes de Thierri avoient entierement ruiné la campagne; & les païsans reduits à la derniere necessité; ne songeoient de leur costé qu'à piller & à trouver de quoy vivre. Ce fut de ces sortes de gens dont Munderic fit un petit Corps d'armée avec laquelle il commença à courir l'Auvergne : il eut mesme la hardiesse de se donner le nom de Roy qui luy appartenoit, disoit-il, à plus juste titre qu'à celuy qui le portoit depuis si long-temps en traitant ses peuples avec tant de rigueur.

Thierri avant que de faire d'autres démarches avec un ennemi qu'il méprisoit, luy envoya un Heraut pour luy porter ordre de mettre bas les armes, & de venir incessamment le trouver, luy promettant seûreté, d'écouter ses prétentions & de le satisfaire, si elles estoient justes. Mais il n'eut point d'autre réponse de cet avanturier, sinon que c'estoit luy qui estoit Roy, & qu'il n'avoit garde de se mettre entre ses mains.

Gregor. Turon. c. 14.

Sur cette réponse le Roy fit un détachement de son armée sous un de ses Generaux pour aller forcer ce rebelle. Si-tost que Munderic sçût qu'on venoit à luy, comme il ne se fioit pas à ses Troupes pour une bataille, il se jetta avec ce qu'il avoit de meilleurs Soldats dans une

Place

Place forte dont il s'estoit rendu le maistre, nos Historiens l'appellent en Latin *Victoriacum*. C'est le nom qu'on donnoit autrefois à plusieurs petites Villes de France que l'on nomme aujourd'huy Vitry. Il n'en est point resté dans l'Auvergne, que je sçache, qui porte ce nom, & la memoire de cette Ville est entierement perduë.

On investit la Place, & le siege avoit déja duré sept jours, pendant lesquels Munderic fit de vigoureuses sorties. Celuy qui commandoit le siege dit au Roy que l'affaire estoit plus difficile qu'on n'avoit cru, & que cette Place défenduë par un homme aussi déterminé que Munderic dureroit long-temps ; c'est ce qui obligea Thierri à tenter de nouveau la voye de la negociation. Il appella un de ses domestiques nommé Aregisile homme aussi adroit que hardi & entreprenant : il luy dit qu'il attendoit de luy un service important ; qu'il estoit question d'engager Munderic à sortir de sa Place à quelque prix que ce fust ; qu'il falloit qu'il se servist de tout son esprit pour cela ; que pourveu qu'il en vinst à bout, quelque moyen qu'il prist, il seroit toûjours avoüé.

Aregisile luy ayant promis de faire son possible pour le satisfaire, partit aussi-tost, & fit demander permission à Munderic de l'aller trouver pour luy faire de nouvelles propositions de la part du Roy. Estant entré dans la Ville, il luy representa la temerité de son entreprise ; que quelque habile qu'il fust, tout ce qu'il pouvoit esperer estoit de faire durer le siege ; que le pis aller du Roy seroit, s'il ne pouvoit pas le forcer, de le reduire par la famine, & qu'estant maistre de la campagne & de tout le païs d'alentour, ce moyen luy estoit seûr & infaillible. Qu'il devoit donc songer à rentrer dans son devoir tandis qu'il y avoit encore lieu à la clemence, & à tâcher de meriter sa grace en épargnant au Roy la peine & la dépense d'une plus longue attaque.

Ce discours fit effet sur l'esprit de Munderic, qui avoit déja réfléchi sur le pas dangereux où il s'estoit engagé. Je voi bien, répondit-il à Aregisile, le peril où je suis ; mais il vaut mieux pour moy, pour mes enfans, & pour mes amis engagez par leur malheur dans mon parti, que nous perissions icy tous ensemble en combattant en gens de cœur, que par la main d'un bourreau. Car que pouvons-nous attendre autre chose d'un Prince qui ne pardonne à personne ?

J'ay ordre de sa part, reprit Aregisile, de vous asseûrer du pardon, pourveu que vous luy remettiez la place, & de vous jurer sur l'Autel, si vous l'exigez, que vous serez à la Cour sur le mesme pied que vous y estiez auparavant. Allons de ce pas à l'Eglise, & je vous en feray le serment. Munderic après avoir déliberé quelque temps accepta le parti, fit jurer sur l'Autel à Aregisile ce qu'il luy avoit promis, & sortit avec luy du Fort pour aller trouver le Roy.

En sortant il tenoit Aregisile par la main, & trouva à quelque distance du Chasteau une grande foule de peuple qui attendoit le succés de cette négociation : plusieurs Soldats s'y étoient meslez, qui regardoient tous fixement Munderic. Aregisile en s'approchant leur demanda comme en colere, s'ils n'avoient jamais vû Munderic ; qu'ils le regardoient si attentivement ? Cette parole estoit le signal qu'il leur avoit donné pour mettre Munderic en pieces. Ils vinrent donc incontinent fondre sur luy l'épée à la main ; mais ils ne le purent faire si promptement, qu'il n'eust le temps de se débarrasser d'Aregisile qui le voulut saisir, & de luy passer au travers du corps une espece de lance qu'il avoit à la main, en luy disant : *Parjure, tu me fais perir, mais tu periras devant moy* ; & aussi-tost tout furieux il se jetta avec quelques-uns de ses gens qui l'avoient suivi, au milieu de cette troupe de Soldats dont il estoit investi, où il ne cessa de tuer & d'abattre à ses pieds tous ceux qu'il pust joindre, jusqu'à tant que luy-mesme percé de plusieurs coups tomba par terre & expira. Sa mort fit perdre courage à ceux qui estoient dans le Fort. Ils se rendirent au Roy ; & par ce moyen l'Auvergne fut pacifiée, & entierement soumise. Cet avantage estoit considerable pour le Roy d'Austrasie ; mais il estoit le fruit d'un parjure & d'un sacrilege : chose dont nous verrons beaucoup d'exemples dans la suite.

Ainsi finit l'année 532. On vit dès le commencement de la suivante l'ambition de deux de nos Rois s'emporter jusqu'à l'action la plus cruelle & la plus barbare qui se puisse imaginer, & dont je voudrois épargner au Lecteur le recit affreux, si je le pouvois sans manquer contre les regles de l'Histoire.

J'ay dit que Clodomir Roy d'Orleans tué dans la guerre contre les Bourguignons avoit laissé trois fils presque au berceau, & que leur ayeule la Reine Clotilde élevoit à Tours. Son intention estoit, si elle l'eust pû, de les faire regner, & de partager entre eux le Royaume de leur pere. Elle ne fit que trop connoistre son dessein là-dessus ; & sa trop grande tendresse ne servit qu'à avancer leur perte.

Comme un jour elle estoit venuë à Paris avec les trois petits Princes, Childebert écrivit de cette Ville à Clotaire Roy de Soissons, que la Reine leur mere estoit arrivée avec ses petits-fils ; qu'il sçavoit avec certitude la passion qu'elle avoit de les voir sur le Thrône de leur pere ; qu'elle prenoit des mesures pour cela ; qu'il estoit à propos qu'il vinst incessamment à Paris, pour déliberer avec luy de ce qu'ils avoient à faire en cette conjoncture. Clotaire partit aussi-tost & se rendit à Paris.

Cependant Childebert faisoit semblant de n'avoir point d'autres veuës que celles de la Reine sa mere ; & fit courir le bruit que le voyage du Roy de Soissons n'estoit que pour regler de concert les uns avec les autres le partage de la succession du feu Roy Clodomir entre ses trois enfans.

Clotaire estant arrivé & s'estant abouché avec Childebert, ils envoyerent de leur part à la Reine Clotilde demander les jeunes Princes, afin, disoient-ils, de leur donner en céremonte la qualité de Roy, & de les faire reconnoître & saluer comme tels par le peuple de Paris, avant qu'ils allassent prendre possession chacun de leur Domaine.

La sainte Princesse ne pouvoit recevoir une plus agreable nouvelle. Elle les fit partir sans " déliberer; & leur dit en les embrassant : Allez, mes enfans, j'oublie en ce moment la mort " funeste de vostre pere, puisque je vais avoir la " consolation de vous voir regner en sa place.

Mais sa joye fut courte; car ils ne furent pas plûtost arrivez au Palais de Childebert, qu'on arresta leurs Gouverneurs & toute leur suite, & qu'on leur donna à eux-mesmes des Gardes dans un appartement separé, sans leur permettre d'avoir communication avec qui que ce fust.

La Reine reconnut alors, mais trop tard, la faute qu'elle avoit faite de les avoir amenez à Paris; & ce qui estoit de pis encore, de les avoir avec tant de credulité mis entre les mains de leurs oncles. Mais elle fut bien plus surprise, lorsque quelques jours après Arcade ce Senateur qui avoit livré la Ville d'Auvergne à Childebert, la vint trouver de la part des deux Rois, & luy presenta des ciseaux & une épée nuë, luy disant que le sort de ses petits-fils dépendoit du choix qu'elle feroit de l'une de ces deux choses. On luy faisoit entendre par là qu'il falloit que ces Princes consentissent à renoncer au Thrône en se faisant couper les cheveux, ou à mourir.

Cette proposition jetta la Reine dans une consternation extréme, & s'abandonnant aux reproches, & détestant la perfidie dont on usoit envers elle & envers ses petits-fils, il luy échapa dans le transport de sa douleur de dire qu'elle aimoit mieux les voir morts, que reduits à la condition de Sujets.

Arcade prenant cela pour sa réponse, va la porter à Childebert & à Clotaire en presence de deux de ces petits Princes, qu'on avoit avertis de l'alternative & de l'incertitude de leur sort. Clotaire sans tarder davantage, prend par le bras l'aîné âgé de dix ans, le jette par terre, & luy enfonce le poignard dans le cœur. L'autre qui n'avoit gueres que sept ou huit ans court tout effrayé en criant & en pleurant se jetter aux pieds de son oncle Childebert, & le prie en luy serrant les genoux de luy sauver la vie. Ce Prince tout dur qu'il étoit, fut attendri par les pleurs de ce pauvre enfant; & ne pouvant luy-mesme retenir ses larmes, conjura Clotaire de ne pas passer outre, & se mit entre luy & le petit Prince. Alors ce furieux levant le poignard sur Childebert, luy dit les yeux tout étincellans de colere : " C'est toy qui m'as engagé à commettre ce " crime, & tu recules; meurs toy-mesme, ou " laisse-moy achever ce que j'ay commencé; & " luy arrachant l'enfant des mesmes temps l'enfant, il l'égorge, & sort de la chambre pour en aller faire autant au troisiéme. Mais il avoit esté caché par des personnes à qui cette cruelle execution fit horreur; & ce fut apparemment par les gens de Childebert. Clotaire ne put jamais le découvrir; mais il acheva d'assouvir sa rage sur les gouverneurs & sur les domestiques de ces Princes qu'on avoit arrestez avec eux, & qui furent tous assommez par son ordre. Celuy qui avoit échapé estoit Clodoalde, qui prit le parti de se faire couper les cheveux, & d'entrer, quand il fut en âge, dans les Ordres sacrez. C'est son nom, quoique fort défiguré, que porte maintenant l'Eglise & le Village de S. Clou auprès de Paris, où il fut enterré, & où il est aujourd'huy honoré. Heureux de n'avoir pas esté Roy; puisque cela luy servit à se faire Saint.

Clotaire & Childebert s'estoient saisis chacun d'une partie du Royaume de Clodomir aussi-tost après sa mort * : & ainsi s'il y eust encore quelque accord ou quelque convention sur cela après le meurtre des jeunes Princes, ainsi que le dit Gregoire de Tours, ce ne fut que pour regler quelques points particuliers, ou quelques limites, ou pour quelques échanges qui accommodoient l'un & l'autre, que ce nouveau traité se fit.

Il eust esté assez naturel que Thierri Roy d'Austrasie eust ressenti la mort cruelle & injuste de ses neveux, & qu'il en eust tiré vengeance; mais sans avoir participé au crime, il joüissoit d'une partie du fruit, s'estant, après la mort de Clodomir, emparé de l'Anjou * ; & il n'estoit pas d'humeur à le rendre, comme il eust esté de son devoir de le faire, si Clodoalde fut rentré dans la succession de son pere. Ainsi loin de prendre en main la cause de ses neveux, il se reconcilia avec ses deux freres. Ils se donnerent mesme mutuellement en ostage Childebert & luy, plusieurs enfans de Senateurs de leur Royaume; mais s'estant de nouveau broüillez, ils firent esclaves chacun de leur costé la plûpart de ces jeunes gens, nonobstant leur qualité; mais plusieurs d'entre eux trouverent moyen de s'évader & de regagner leur patrie.

L'union de Thierri avec Clotaire ne fut gueres plus durable. Ils avoient fait ensemble une ligue pour reprendre les Places que les Ostrogots leur avoient enlevées après la mort de Clovis, & que Thierri luy-mesme se voyant le plus foible avoit depuis cedées par un traité à Theodoric. Clotaire, ainsi qu'il en estoit convenu avec Thierri, avoit envoyé une armée de ce costé-là sous la conduite de son fils aîné Gunthier; & Thierri en avoit pareillement envoyé une autre sous la conduite de son fils Theodebert.

Gunthier s'avança jusqu'à Rodez, & sans passer plus outre, s'en retourna : l'Histoire n'a point marqué la raison de cette retraite. Ainsi Theodebert demeura seul à faire la guerre. Il prit cette Place que les Catholiques, qui y estoient les plus forts, luy rendirent malgré les Visigots. Il en prit encore une autre auprès de Besiers nommée Deas, que les uns croyent estre Diou, & les autres Montadié. Il en envoya sommer une troisiéme de se rendre, appellée encore aujourd'huy Cabriere, menaçant de brûler tout le païs d'alentour, si on souffroit

THIERRI. CHILDEBERT. CLOTAIRE.

l'attaqua, & de faire esclaves tous ceux qui se trouveroient dans le Fort.

Ce Fort ou ce Chasteau appartenoit à une Dame de qualité nommée Deuterie de famille Gauloise, dont le mari s'estoit retiré à Besiers. Sur la sommation de Theodebert, elle luy envoya de ses gens pour le complimenter, & luy dire qu'on ne prétendoit point arrester son armée en défendant la Place contre un Prince invincible comme luy ; qu'il pouvoit y venir quand il le jugeroit à propos, & qu'on luy en presenteroit les clefs. Theodebert estant arrivé, Deuterie vint au devant de luy pour le recevoir, & fit par sa beauté une conqueste de son vainqueur. Ce Prince la retint depuis pendant plusieurs années auprès de luy comme sa femme ; quoiqu'elle eust encore son mari, & que luy-mesme fust marié depuis peu de mois avec la Princesse Wisigarde, fille de Vacon Roy des Lombards.

Jamais les desordres ne furent plus grands en cette matiere, qu'ils l'estoient alors dans les Cours de France ; & Theodebert ne faisoit en cela rien de pis que son oncle Clotaire, qui avoit épousé la femme de Clodomir son frere peu de temps après la mort de ce Prince ; quoy qu'il eust déja une autre femme, & il en eut trois pendant quelque temps, dont deux estoient sœurs. Ces mauvais exemples des Princes étoient suivis par les particuliers, & nous voyons dans le troisiéme & dans le quatriéme Concile d'Orleans des Canons faits exprès pour reprimer ces effroyables scandales.

Concil. Aurel. 3, c. 10. Concil. Aurel. 4, c. 17. & in Conc. Tull. ann. 550.

Theodebert après s'estre rendu maistre de toutes ces Places, entra en Provence, & se presenta devant la Ville d'Arles. Il y avoit tres-peu de Soldats, mais elle estoit forte ; de sorte que Theodebert n'osant l'attaquer, & les habitans apprehendant d'estre forcez, si on les attaquoit, on convint de part & d'autre que la Ville racheteroit le pillage de la campagne, & qu'elle donneroit des ostages. Les Ostrogots quelque temps après y jetterent du monde, & mesme supposé que Cassiodore ne flate point son Roy Athalaric dans l'éloge qu'il en fit au Senat de Rome, ils presenterent la bataille aux François, qui ne la voulurent point accepter.

Gregor. Turon. l. 3. c. 23.

Cassiod. l. 11. cp. 1.

Cette armée d'Ostrogots empescha les progrès de Theodebert, qui se retira en Auvergne pour y passer l'hyver. Thierri après avoir soûmis cette Province & puni sa revolte, en avoit confié le gouvernement à un Seigneur nommé Sigivalde. Celuy-cy qui estoit allié de la famille Royale abusant de son autorité, y avoit exercé mille violences, & par luy-mesme & par ses domestiques qui ne faisoient que tuer & piller. Convaincu de quantité de crimes atroces, Thierri le fit venir à Mets & luy fit couper la teste pour faire un exemple, & rendre justice à ce pauvre peuple, qui depuis deux ou trois ans s'estoit toûjours vû accablé de nouvelles miseres ; mais poussant la severité trop loin, il voulut envelopper Givalde fils de Sigivalde dans le malheur de son pere, & envoya ordre à Theodebert de l'arrester & de le faire aussi mourir.

Theodebert aimoit ce jeune Seigneur qu'il avoit tenu autrefois sur les fonts de baptesme ; il l'envoya querir secretement, & luy ayant lû l'ordre du Roy, il luy donna le temps de se mettre en lieu de seûreté, & luy conseilla de ne pas paroistre en France, tandis que le Roy vivroit. Givalde se jetta aux pieds du Prince, & après luy avoir marqué la reconnoissance que meritoit un si bon office, se retira à Arles chez les Gots, & delà en Italie. Mais son exil ne fut pas long. Thierri tout occupé des grands apprests qu'il faisoit pour la conqueste de la Provence, que l'état des affaires des Ostrogots luy eust rendu facile, tomba malade & mourut peu de temps après dans la Ville de Mets, la vingt-troisiéme année de son regne, n'ayant pas plus de cinquante ans.

Cassiod. l. 11. cp. 1.

Hermanus Contractus in Chron. An. 534.

Ce fut un de ces Princes en qui les vertus & les vices meslez ensemble meritent beaucoup de loüanges & beaucoup de blâme. Il avoit un esprit capable de gouverner avec autorité, comme il fit, un aussi grand Etat que le sien ; il aimoit la guerre, & la faisoit bien & heureusement ; mais sans s'embarasser de la justice ou de l'injustice de celles qu'il entreprenoit. Les Terres qu'il donna à l'Eglise de Reims & au saint Abbé Thierri, sont des marques de sa pieté ; mais qui coûtent beaucoup moins aux grands Princes que de moderer leurs convoitises. Il aima & honora plusieurs grands serviteurs de Dieu qui vêcurent de son temps ; & en particulier il eut toûjours beaucoup de respect pour saint Nicete Evêque de Treves, qu'il éleva à cette dignité par l'estime qu'il faisoit de sa vertu, & comme pour le recompenser de la franchise avec laquelle il le reprenoit quelquefois de ses dereglemens. Il fit faire une espece de corps ou de collection de Droit, qui contenoit les Loix des François, celles des Alemans, & celles des Bavarois ; car sa domination s'étendoit au-delà du Rhin sur tous ces peuples, & les Saxons mesme furent ses tributaires. Il changea dans ces Loix diverses choses pour les accommoder à certaines coûtumes établies parmi ces Sujets ; il y en ajoûta d'autres ; il en retrancha quelques-unes, principalement celles où il restoit encore quelque vestige de paganisme. Du reste ce fut un Prince ambitieux, violent, artificieux, fourbe & perfide à l'excès. En un mot, il eut plusieurs de ces qualitez qui font un grand Roy, & en mesme temps beaucoup de celles qui font un méchant homme.

In vita S. Theodorici Abbatis.

Gregor. Turon. in Libell. de vita Niceti.

Præfat. Leg. sal.

Gregor. Turon. l. 4. c. 4.

Lorsque la maladie de Thierri commença à paroistre dangereuse, on donna avis de la Cour à Theodebert qu'il y alloit de ses interests les plus essentiels d'y venir incessamment ; qu'on sçavoit que ses deux oncles le Roy de Paris & le Roy de Soissons cabaloient déja pour l'exclure du Royaume d'Austrasie & s'en saisir ; & que s'il ne venoit avant la mort du Roy, on ne répondoit pas de ce qui pourroit arriver.

Il faut avoüer que la conduite de ces Rois avoit quelque chose de surprenant. Il falloit qu'ils se crussent tout permis pour leur aggrandissement, ou bien que le droit des enfans des Rois à la succession de leur pere ne fust pas en-

Tome I.

core alors tellement établi, qu'il exclût à leur avantage les freres du Roy mort. Car après la mort de Clodomir, les Provinces qui composoient son Royaume, sans avoir égard à ses enfans, se donnerent pour la plûpart à Childebert ; quelques-unes à Thierri, comme l'Anjou tout-à-fait détaché de ses autres Etats ; & le Maine à Clotaire. Ainsi ces deux Princes voyant le Roy d'Austrasie malade, faisoient leurs brigues pour se faire reconnoître après sa mort par les Austrasiens. Et c'est de quoy ceux qui estoient dans les interests de Theodebert l'avertirent.

In Vita S. Constantini Abbatis.

C'estoit à Mets, comme je l'ay dit, que le Roy estoit malade, & Theodebert estoit toûjours en Auvergne occupé de ses nouvelles amours. Neanmoins l'importance de l'affaire dont il s'agissoit l'en fit partir promptement ; il y laissa sa Maistresse, & arrive à Mets quelques jours avant la mort du Roy. Il profita du peu de temps qui luy resta pour fortifier son parti ; de sorte que le Roy estant mort, les efforts & les intrigues de Childebert & de Clotaire n'eurent point d'effet. Les Seigneurs dont les biens relevoient immédiatement de la Couronne, & qui furent depuis appellez du nom de Barons *, firent serment de fidelité à Theodebert, & se mirent en devoir de le défendre contre quiconque l'attaqueroit. Les deux Rois que la difficulté de l'entreprise avoit déja fort rallentis, s'en désisterent. Theodebert fit tout ce qu'il pût de son costé pour gagner leur amitié ; il leur envoya de riches presens qu'ils accepterent, & leur promit sur tout de les seconder dans la guerre de Bourgogne ; ainsi la bonne intelligence fut parfaitement rétablie entre eux.

Gregor. Turon. l. 3. c. 13.

Gregor. Turon. l. 3. c. 14. A Leudibus suis deffensatus est.
Jérôme Bignon dans ses Notes sur les Formules du Moine Marculphe, p. 307 Leudes, dit-il, apud Gregorium Turonensem sic discuntur qui fideles regis sunt, & nulli præterquam Principi obnoxii sunt, quos sequens ætas Barones dixit, &c. la Note de ce sçavant Magistrat, & les preuves dont il l'appuye monstrent la fausseté de celle de Vendelin, in Glossario Salico, qui dit, que Leudes sunt homines unt honesiores plebei.

Childebert affecta mesme de convaincre Theodebert de la sincerité de sa reconciliation, par les manieres tendres & cordiales dont il usa depuis en son endroit. Il le pria de le venir voir à Paris, où il le reçut avec tous les honneurs possibles, & luy dit en l'embrassant que n'ayant point de fils, il vouloit desormais luy donner cette qualité, & le regarder comme tel : il luy fit present d'armes, de chevaux, & de divers meubles précieux. La suite montra qu'il n'y avoit rien en tout cela que de sincere, & l'union de ces deux Princes fut depuis beaucoup plus étroite, que Clotaire ne l'eust souhaité ; ainsi que je le diray bien-tost.

Vers l'An 534.

Cependant Theodebert qui fut un des Rois de la première race le plus accompli, commença un très-beau regne par une action bien honteuse & bien criminelle. Mais que ne fait point la passion quand elle s'est une fois emparée du cœur d'un jeune Prince ? Il fit venir Deuterie d'Auvergne, & l'épousa publiquement, laissant là Wisigarde son épouse legitime ; qui demeura cependant toûjours en France. Ce commerce scandaleux dura sept ans entiers, pendant lesquels le peuple ne pouvoit s'empescher d'en murmurer, & il ne finit que par le crime horrible que la jalousie fit commettre à Deuterie. Elle avoit une fille de son legitime mari qu'elle avoit toûjours tenuë à la Cour auprès d'elle. Cette fille estant devenuë grande

Cap. 27.

& assez belle pour effacer sa mere, elle devint sa rivale ; au moins Deuterie la regarda-t-elle ainsi. Sa jalousie alla jusqu'à la faire perir. Elle gagna le Cocher qui menoit quelquefois sa fille à la promenade ; & comme un jour il la conduisoit dans une Basterne * sur le pont de Verdun, il la fit verser dans la Meuse, où elle se noya. Le murmure des peuples qui augmentoit, & l'horreur de ce crime, acheverent de détacher Theodebert de cette infame ; il ne la vit plus, & redonna enfin à Wisigarde la place qui luy estoit deüë sur son Trône & dans son cœur.

Cap. 26. J'ay déja dit que c'est une espece de Chariot.

Un des moyens dont Theodebert s'estoit servi pour se reconcilier avec ses oncles avoit esté de leur promettre de se joindre à eux pour la conqueste entiere du Royaume de Bourgogne, que le Roy son pere n'avoit jamais voulu leur accorder. Il se mit aussi-tost en devoir d'executer sa promesse. Cette guerre avoit esté interrompuë, ou du moins poussée fort lentement l'année d'auparavant, dautant que Childebert estoit toûjours en défiance de Thierri, & que Thierri avoit engagé Clotaire à envoyer une partie de ses Troupes contre les Ostrogots. Godemar s'estoit servi à son ordinaire de cette conjoncture pour remettre sur pied une armée, & se trouvoit encore en état de tenir teste aux deux Rois. Mais la jonction de Theodebert rendit la partie trop inégale ; il fut attaqué par trop d'endroits & accablé ; & enfin après la perte d'une bataille, il fut pris & renfermé dans un Chasteau où il finit ses jours ; au moins l'Histoire n'en parle-t-elle plus depuis *.

Procop l. 2. de bello Goth. c. 13.

Les trois Princes François partagerent entre eux ce Royaume, ainsi qu'un Historien de la Nation mesme nous en asseûre ; & c'est sans assez de raison que deux de nos plus habiles Ecrivains ont crû ne pas le devoir suivre en cet endroit, persuadez que la guerre de Bourgogne avoit esté achevée, & la conqueste du Royaume faite dès la première année par Clotaire & Childebert, & partagée entre eux deux, sans que Thierri y eust eu aucune part. Car outre que cet Auteur estoit du païs, & proche de ce temps-là, nous avons une medaille de Theodebert frapée à Châlons * sur Saone qui estoit du Royaume de Bourgogne, preuve invincible qu'il en avoit eu sa part. De plus Fortunat Auteur contemporain, dans la Vie de S. Germain Evêque de Paris, écrit que ce Saint n'estant encore qu'Abbé, alla trouver Theodebert à Châlons sur Saone pour quelques Métairies qui dépendoient de l'Eglise d'Autun. Or Châlons sur Saone & Autun estoient du Royaume de Bourgogne. Enfin Theodebert quelques années après envoya dix mille Bourguignons en Italie au secours de Vitigez Roy des Ostrogots contre Belizaire ; ce qu'il n'eust pas pû faire, s'il n'eust esté maistre d'une partie de la Bourgogne.

Marius Aventic. in Chron. M. Valois & le Pere Jourdan.
L'Histoire Dupin dit que Godemar passa en Æsclim chez les Vandales, mais je ne sçay d'où il a tiré cette particularité.
Au Cabinet du Roy.
Procop. l. 2. de bello Goth. c. 11.

Ce fut donc en ce temps-là que le Royaume de Bourgogne fut uni à l'Empire de France près de cent ans après qu'il eust esté fondé dans les Gaules par la Nation Bourguignonne. Cette conqueste ajoûtoit au Domaine des Rois François

An. 534.

CHILDEBERT. CLOTAIRE. THEODEBERT.

non seulement presque tout ce qui porte aujourd'huy le nom de Comté & de Duché de Bourgogne, en y comprenant le Nivernois & quelques autres Villes de ce costé-là ; mais encore elle l'augmentoit de la Savoye & de ce que nous appellons le Dauphiné, de la partie de la Provence qui est entre le Rhône & la Durance, des bords du Rhin depuis Basle jusqu'au delà de Constance & de presque tout ce qui est entre le Rhône & le Rhin jusqu'aux Alpes.

Ce fut la quatriéme Puissance qui succomba sous l'effort des armes des François, & dont la destruction les rendit plus redoutables que jamais non seulement à leurs voisins, mais encore à l'Empire mesme, dont les maistres furent dans la suite obligez de les ménager plus qu'ils n'avoient jamais fait, & de tâcher toûjours de les mettre ou de les maintenir dans leurs interests.

Mais pour mieux entendre les grands & frequens rapports que les François commencerent à avoir peu de temps après cette expedition avec l'Empire & avec les Gots d'Italie appellez Ostrogots, il faut toucher en peu de mots la situation où se trouverent les affaires d'Italie & d'Orient dans le temps que Theodebert succeda au Roy Thierri son pere, qui mourut, comme j'ay dit, lorsqu'il se disposoit à conquerir la Provence & ce que les Ostrogots possedoient dans les Gaules jusqu'aux Alpes.

Quelque habile que fust la Princesse Amalazunte mere d'Athalaric & Regente du Royaume d'Italie, elle avoit bien de la peine à maintenir son autorité sur un peuple aussi indocile & encore aussi barbare qu'estoient les Ostrogots. Elle fut avertie d'une conspiration formée contre sa propre personne & conduite par trois Seigneurs des plus considerables de la Nation. Elle la dissipa en les envoyant tous trois aux extremitez du Royaume, sous pretexte que leur presence y estoit necessaire pour défendre les frontieres contre les entreprises des ennemis de l'Etat. Mais comme elle vit que malgré leur éloignement ils entretenoient toûjours commerce ensemble, & ne cessoient point de cabaler contre elle à la Cour par le moyen de leurs amis & de leurs parens ; elle resolut de les prévenir : mais elle voulut auparavant se ménager une ressource en cas qu'elle ne réussist pas dans un dessein où elle hazardoit tout. Elle écrivit à Justinien, & luy fit demander si elle pourroit trouver chez luy un azile contre la persecution de ses Sujets ; & si la fille du grand Theodoric pouvoit s'asseûrer de la protection de l'Empereur de Constantinople. Justinien fut ravi de cette proposition qui luy donnoit une si belle ouverture pour l'execution de ses desseins sur l'Italie. Non seulement il écrivit à Amalazunte qu'elle seroit reçûë à Constantinople avec tout l'honneur dû à son rang & à sa naissance ; mais mesme il l'exhorta à se mettre au plûtost en seûreté. Elle luy avoit fait demander pour n'estre point obligée de faire un si long voyage tout d'une traite, il trouvast bon qu'elle s'arrestast à Epidamne port du Golphe Adriatique à l'extremité de la Macedoine, appellé autrement Dyrrachium, & depuis Durazzo : Justinien donna ordre qu'on luy préparast là un Palais, & luy fit dire qu'elle y demeureroit autant qu'elle le jugeroit à propos, pour passer de là à Constantinople à sa commodité.

Sur cela elle fit équiper un gros Vaisseau, où elle mit une prodigieuse quantité d'or & d'argent, & tout ce qu'elle avoit de plus précieux. Elle en donna la conduite à un Capitaine homme de confiance, & luy ordonna d'aller à Epidamne, de ne rien mettre à terre, & d'attendre là ses ordres.

S'estant donc asseûrée cette retraite au cas qu'elle fust obligée de sortir d'Italie, ce qu'elle ne vouloit faire qu'à la derniere extrémité ; elle appella quelques hommes resolus qui luy avoient esté de tout temps attachez & fideles ; leur fit l'ouverture du dessein qu'elle avoit de se défaire de ces trois Chefs de mutins dont l'esprit broüillon alloit tout perdre ; leur dit qu'elle avoit jetté les yeux sur eux comme sur des personnes autant zelées pour son service que pour le bien de l'Etat ; & qu'elle mettoit toute son esperance & le salut de la patrie dans leur addresse & dans leur resolution. Ils accepterent la commission toute dangereuse qu'elle estoit, & executerent en effet leurs ordres avec toute la diligence & le succès que la Princesse pouvoit souhaiter. Si-tost qu'elle en eut eû des avis certains elle fit revenir son vaisseau, rentra dans Ravenne, & gouverna d'une maniere plus absoluë que jamais.

Mais elle eut peu de temps après de bien plus grands sujets d'inquietude. Elle avoit voulu élever à la maniere Romaine le jeune Roy Athalaric son fils, en luy donnant des Precepteurs habiles ; mais les Gots l'avoient obligée de les congedier sous prétexte que l'étude & les livres amolirioent le cœur du Prince : ce défaut d'éducation, l'oisiveté & la liberté où l'on le laissa vivre, firent que n'ayant encore que quatorze ou quinze ans, il se trouva tout corrompu de débauches, entierement gasté à force de boire, & il estoit déja tombé dans une espece de phtisie qui paroissoit mortelle.

Amalazunte ne pouvoit plus presque compter ni sur la vie de son fils, ni sur son affection ; parce que les compagnons des desordres de ce jeune Prince faisoient tous leurs efforts pour la luy rendre odieuse ; elle sçavoit d'ailleurs qu'elle estoit plus redoutée qu'aimée des Grands de la Nation ; parce qu'elle les tenoit dans le devoir : elle prévoyoit l'état fâcheux où elle se trouveroit en cas que le Roy vinst à mourir ; qu'il luy faudroit alors descendre du Trône, & se voir en butte à ses ennemis. Toutes ces considerations la firent resoudre à traiter de nouveau avec Justinien.

Cependant ce Prince inquiet des délais d'Amalazunte qu'il attendoit toûjours à Constantinople, & qui ne sçavoit pas encore qu'elle eust fait revenir son vaisseau d'Epidamne, avoit fait partir pour l'Italie Alexandre Senateur de Constantinople avec deux autres, sous prétexte d'aller faire des plaintes de quelques infractions faites au Traité de Paix des deux Nations; mais en effet pour s'instruire de l'état des choses & de la disposition d'esprit où estoit cette Princesse. Dans une audience secrette qu'elle donna à Alexandre, elle convint de nouveau avec luy de se retirer à Constantinople, & de livrer l'Italie à l'Empereur. Cependant cet Ambassadeur de concert avec elle fit ses plaintes dans le Conseil touchant le Fort de Lilybée en Sicile, soûtenant qu'il appartenoit à l'Empereur, & qu'il estoit injustement retenu par les Ostrogots. Il ajoûta plusieurs autres choses dont l'Empereur témoignoit estre fort mécontent. Amalazunte répondit avec fermeté en presence du Conseil, & y lut la Lettre qu'elle écrivoit à l'Empereur sur ce sujet, dont le contenu estoit; que les choses desquelles il se plaignoit estoient si peu importantes, qu'on voyoit bien qu'il cherchoit à faire querelle à un jeune Prince encore pupille; que pour le Fort de Lilybée on ne le rendroit pas; qu'il appartenoit à Athalaric, & que quand il ne luy appartiendroit pas, les bons Offices qu'il avoit rendus à l'Empereur pendant la guerre des Vandales meritoient qu'on le luy cedast.

Pendant que le Senateur Alexandre negocioit avec Amalazunte, ses deux Collegues Hypatius & Demetrius s'estoient abouchez secretement avec le Prince Theodat: il estoit fils d'une sœur du feu Roy Theodoric & Seigneur de presque toute la Toscane où il faisoit de grandes vexations. Ce Prince pour se vanger d'Amalazunte qu'il haïssoit, parce qu'elle se servoit de temps en temps de son autorité pour reprimer ses violences, s'offrit de vendre cette Province à l'Empereur, à condition d'estre reçû dans le Senat de Constantinople avec la liberté d'y vivre le reste de ses jours: ainsi tout conspiroit à faire réüssir les desseins de Justinien.

Il apprit avec bien de la joye de si heureuses nouvelles: & fit partir un fameux Avocat ou Orateur de Constantinople nommé Pierre homme d'un talent rare pour la negociation, avec ordre de ratifier en secret le Traité fait avec Amalazunte, & en mesme temps celuy qui avoit esté aussi conclu avec Theodat, couvrant encore son voyage du pretexte de redemander le Fort de Lilybée.

Mais la mort d'Athalaric arrivée sur ces entrefaites fit changer de face aux affaires. Amalazunte à qui cette mort plus prompte qu'on n'avoit crû, n'avoit pas donné le temps d'amener les choses au point où elle les vouloit conduire, fut obligée de prendre de nouvelles mesures: & voicy celles qu'elle prit.

Comme elle ne pouvoit se resoudre à quitter le gouvernement d'un Etat qu'elle n'auroit pû que difficilement retenir, elle se détermina à faire un Roy, à condition qu'il luy en laisseroit l'autorité & la puissance. Elle jetta pour cela les yeux sur Theodat, dont la meilleure qualité estoit de sçavoir bien le Latin & la Philosophie de Platon; mais qui ne sçavoit ce que c'estoit que la guerre & le gouvernement, & qu'elle connoissoit pour un homme fort lâche qui n'aimoit que l'oisiveté & l'argent.

L'ayant fait venir, elle luy dit que la mort du Roy son fils ne l'avoit point surprise, que les Medecins depuis long-temps l'avoient assûrée qu'il ne pouvoit pas aller loin; que depuis ce temps-là ayant eu dessein de conserver la Couronne dans la famille du grand Theodoric, dont luy seul restoit après la mort du Roy, sa seule crainte avoit toûjours esté qu'il ne s'en rendist indigne en s'attirant le mépris ou la haine des Ostrogots; que c'estoit dans cette veuë qu'elle avoit quelquefois employé la severité à son égard pour adoucir l'esprit de ceux qui se plaignoient de luy, & pour luy faire prendre une meilleure conduite; qu'elle y avoit réüssi, & que la moderation dont il usoit depuis quelque-temps l'avoit rendu moins desagreable à la Nation; qu'elle avoit assez d'autorité & de pouvoir pour se l'associer, & le faire reconnoistre Roy des Ostrogots; qu'elle avoit déja ménagé toutes choses pour cet effet; mais qu'elle exigeoit de luy une condition, sçavoir que comme il n'avoit pas encore assez d'habileté dans le gouvernement, ni d'experience dans les affaires, il luy en laissât le maniement sans le communiquer à des Ministres, & elle luy demanda son serment sur cet article. Il le fit aussi-tost en luy donnant toutes les marques possibles de reconnoissance pour un bienfait aussi grand que celuy-là, dont il luy estoit uniquement redevable.

Cette Princesse estoit trop habile pour compter beaucoup là-dessus; mais c'estoit tout ce qu'elle pouvoit faire de meilleur dans l'embarras où la mort trop prompte du Roy l'avoit jettée. Elle esperoit au moins par-là gagner du temps, & se donner le loisir, au cas qu'on ne luy tînt pas parole, d'executer le traité qu'elle avoit fait avec l'Empereur pour sa propre seûreté.

Mais Theodat ne luy laissa pas ce loisir. Se ressouvenant de la maniere haute dont elle l'avoit traité lorsqu'il estoit particulier, & estant animé par les parens de ces trois Seigneurs qu'elle avoit fait mourir peu d'années auparavant; il commença par condamner à la mort sous divers pretextes quelques-uns de ceux qui estoient le plus à elle; & enfin il la fit arrêter elle-mesme, & la relegua dans un Château de Toscane situé au milieu du lac Bolsene. Mais apprehendant de s'attirer par-là l'indignation de Justinien, dont il sçavoit bien qu'Amalazunte estoit fort consideree, il luy envoya une Ambassade de deux Senateurs Romains Liberius & Opilion ausquels il joignit encore quelques personnes considerables, leur donnant ordre d'asseûrer l'Empereur qu'il en usoit bien avec cette Princesse; & il la contraignit d'écrire elle-mesme à l'Empereur qu'elle estoit contente, & n'avoit aucun sujet de se plaindre.

Pierre l'Envoyé de Justinien avoit appris en chemin la mort d'Athalaric & l'élection de Theodat, par ceux qu'Amalazunte envoyoit à Constantinople pour en donner avis. Il avoit rencontré aussi quelque-temps après les Ambassadeurs de Theodat, avec lesquels il eût quelques entretiens sur l'état present des choses; & il jugea à propos de s'arrester à Aulon Ville maritime de Macedoine sur le Golphe Ionien, & d'y attendre de nouvelles instructions de son Maistre pour l'Italie.

Theodat ne fut pas servi par ses Ambassadeurs à Constantinople selon son intention. Tous, excepté Opilion, dirent à l'Empereur les choses comme elles estoient; & luy representerent qu'Amalazunte n'avoit rien fait qui meritast le traitement dont usoit à son égard celuy qu'elle avoit élevé sur le Throne. Surquoy Justinien envoya ordre à son Ambassadeur de continuer son voyage avec une lettre pour Amalazunte, par laquelle il l'asseûroit de sa protection, & l'Ambassadeur devoit dire à Theodat & declarer aux Ostrogots le contenu de cette lettre avec les intentions de son Maistre sur la liberté de la Princesse. Mais Amalazunte n'estoit plus en vie quand il arriva en Italie, Theodat l'ayant fait mourir à la sollicitation de ceux qui l'avoient engagé à la mettre en prison; de maniere que l'Envoyé de Justinien n'eût plus rien autre chose à faire qu'à informer Theodat de la colere de l'Empereur, & à le menacer d'une guerre qui l'alloit perdre. Ce lâche Prince en demeura si épouvanté, que son unique soin fut de tâcher de persuader à l'Ambassadeur qu'il n'estoit point l'auteur de cette mort, & qu'on l'avoit forcé d'y souscrire.

C'est Procope dans son Histoire de la guerre des Gots, qui nous apprend toutes ces choses : mais cet Historien ou mieux informé ou plus medisant dans son Histoire secrette, dit qu'Amalazunte n'estoit pas morte quand l'Ambassadeur arriva en Italie, & que ce fut luy qui engagea Theodat à la faire mourir : qu'il le fit à l'instigation de l'Imperatrice Theodora, qui connoissant les belles qualitez d'Amalazunte, fut jalouse de ce que Justinien avoit tant de passion de la voir à Constantinople, & apprehenda qu'elle n'occupast dans l'esprit & peut-estre dans le cœur de ce Prince, la place qu'elle-mesme y avoit tenuë jusqu'alors.

Quoy qu'il en soit l'occasion estoit trop belle, & Justinien tout fier de la conqueste que son armée sous la conduite de Belisaire venoit de faire de l'Afrique sur les Vandales, se trouvoit heureux d'avoir pour pretexte de porter ses armes en Italie, la vengeance de la mort injuste d'une Princesse innocente, à qui il avoit promis sa protection, & il s'y prepara avec toute la diligence possible.

C'est-là où en estoient les choses au commencement du regne de Theodebert, & l'année d'après la conqueste du Royaume de Bourgogne. Il faut maintenant que je raconte la part que ce Roy & ses oncles prirent dans cette querelle, & les avantages qu'ils en retirerent.

L'Empereur Justinien fut un Prince dont la politique contribua autant aux grands succez de ses armes que le courage & la conduite de ses Generaux. Il estoit neveu par sa mere de l'Empereur Justin, qui l'associa à l'Empire sur la fin de sa vie. Il avoit esté employé dans les armées sous le Regne de son Predecesseur, & lorsque ce Prince l'associa, il estoit actuellement Chef de la Milice Pretorienne : mais il paroit avoir esté moins distingué par les vertus militaires, que par l'art de regner. Il l'estudia avec plus d'application que jamais quand il fut sur le throne, & sans plus faire la guerre que par ses Lieutenans, il gouverna de son Cabinet ses grands Estats. Ce fut avec tant de succez, que peu d'Empereurs Chrestiens l'ont en cela surpassé ou mesme égalé : il reconquit l'Italie & l'Afrique que ses Predecesseurs avoient perduës, défendit heureusement ses frontieres contre les inondations des Barbares; & l'on peut dire qu'il fit autant d'honneur à l'Empire en le gouvernant, que les Peuples en avoient fait à sa maison, qui estoit tres-obscure, en y élevant son oncle, & luy après son oncle. Comme son dessein estoit de recouvrer l'Italie, il pensa à donner de l'occupation aux Ostrogots du costé de l'Occident, tandis qu'il les attaqueroit d'un autre costé avec toutes ses forces. La diversion la plus capable d'obliger les Ostrogots à partager leur attention & leurs Troupes, estoit de leur mettre les François sur les bras. Il envoya des Ambassadeurs aux trois Rois François pour leur faire part de la resolution qu'il avoit prise de faire la guerre aux Gots d'Italie, & des motifs qui l'y obligeoient, & pour les inviter à se joindre à luy. Les Ambassadeurs leur representerent que les Gots avoient esté de tout temps les ennemis ou couverts ou déclarés des François; & qu'outre l'interest commun que l'Empereur & la France avoient à les détruire, il estoit question d'abolir dans l'Italie l'heresie Arienne que ces barbares y avoient répanduë de tous costez, & qui y estoit depuis tant d'années la Religion dominante. Ils accompagnerent la lettre de l'Empereur de fort beaux presens qu'ils firent à ces Princes, & d'une grosse somme d'argent pour les frais de la guerre, leur en promettant beaucoup plus encore dés que l'Empereur les sçauroit en action.

Epist. Justinian. ad Reg. Franc. apud Procop. l. 1. de bello Gothic. 5.

Les presens, l'argent & les promesses furent acceptées, & la ligue aussi-tost conclue. Gregoire de Tours parle d'un Ambassadeur de France nommé Mummol envoyé par Theodebert à Constantinople, & qui estant tombé malade à Patras Ville d'Achaïe, y fut guery d'une maniere miraculeuse par Saint André : il est fort vray-semblable que ce traité fut le sujet de cette Ambassade, & que Mummol n'y alla que pour le ratifier ou le confirmer.

Vers l'An 535.

Lib. 1. Miracul.

Cependant Justinien avoit fait marcher une armée par l'Illyrie sous la conduite du General Mundus, pour entrer dans la Dalmatie, & commencer la campagne par le siege de Salone, tandis que les François attaqueroient la Provence, ou entreroient par les Alpes en Italie; & Belisaire qui avoit le commandement general des armées, estoit déja en mer avec une flote, où il y avoit sept mille hommes de débarquement, qui selon le bruit qu'on faisoit courir, n'estoient destinez que pour renforcer les Garnisons d'Afrique. Mais il avoit ordre de débarquer en Sicile, qui jusqu'alors avoit esté durant la guerre des Vandales comme un entrepos des flotes de l'Empereur, où elles s'arrestoient & prenoient des rafraîchissemens. Ce General devoit y reconnoître la disposition des habitans, s'informer de ce que les Gots y avoient de forces, & supposé qu'il crût l'entreprise facile, tâcher de s'en emparer; sinon de continuer sa route vers l'Afrique. La Sicile estoit si mal gardée, & les habitans si mécontens des Ostrogots, que Belisaire ne trouva presque de résistance qu'à Palerme qu'il força de se rendre, & en tres-peu de temps il fut maistre de toute l'Isle.

Le General Mundus de son costé batit les Ostrogots en Dalmatie & prit Salone. Mais son fils ayant esté tué dans un combat, & luy ensuite dans un autre, où les ennemis neanmoins furent défaits, ni les Ostrogots, ni les Romains n'oserent plus tenir la campagne. Les premiers se retirerent dans leurs Places fortes; les seconds ne se fiant pas aux habitans de Salone, abandonnerent la Ville, & n'ayant plus de General ni presque d'Officiers, se retirerent en desordre sur les Terres de l'Empire.

L'avis de la perte de la Sicile & de Salone estant venuë à Theodat le consterna tellement, qu'il declara à l'Ambassadeur de Justinien, qui estoit demeuré jusqu'alors auprès de luy, qu'il estoit prest de ceder l'Italie & tout son Royaume, pourveu qu'on luy permist de vivre en homme privé; & qu'on luy fist des conditions avantageuses. L'Ambassadeur estant allé à Constantinople porter de si bonnes nouvelles, fut renvoyé aussi-tost pour conclure entierement cette affaire, avec ordre à Belisaire d'entrer incessamment en Italie, & d'en prendre possession au nom de l'Empereur.

Mais la nouvelle de la mort de Mundus & du desordre de l'armée de l'Empereur en Dalmatie fit changer de resolution à Theodat, qui au retour des Ambassadeurs se moqua d'eux & leur fit insulte.

Cependant les Rois de France de leur costé assemblerent leur armée, comme ils en estoient convenus avec l'Empereur, & envoyerent declarer la guerre à Theodat pour avoir fait mourir aussi injustement que cruellement la Princesse Amalazunte leur cousine germaine. (Car elle estoit fille de la Sœur de Clovis que Theodoric avoit épousée quelque temps après s'estre établi en Italie.) Cette dénonciation étonna fort Theodat & son Conseil déja trop embarassez de la guerre qu'il falloit soûtenir contre l'Empereur. Il fut resolu de renforcer incessamment les Garnisons de Provence. Theodat y envoya ce qu'il avoit de meilleures troupes; & confia à Marcias bon Capitaine, la défense de toute cette frontiere. Comme on vit bien cependant que les troupes qu'on donnoit à Marcias n'estoient pas capables de tenir contre de si puissans ennemis, on prit le parti de la négociation. On se resolut d'acheter des François la paix à quelque prix que ce fust, & de leur offrir, outre une grande somme d'argent, tout ce que les Rois d'Italie possedoient dans les Gaules; pourveu qu'ils voulussent se joindre aux Ostrogots contre l'Empereur. Mais Theodat n'eût pas le temps de conclure ce traité.

Gregor. Turon. l. 3. c. 31.
An. 536.

Devenu méprisable & en mesme-temps suspect à ceux de sa Nation, par quelques soupçons qu'ils eurent qu'il traitoit avec l'Empereur, il fut declaré dans une assemblée des plus considerables d'entre les Gots, incapable de défendre l'état dans la perilleuse conjoncture où il se trouvoit; & aussi-tost ils éleverent à sa place Vitigez homme d'une naissance obscure, mais grand Capitaine. Il commença par se défaire de Theodat, qui fut pris comme il s'enfuïoit, & tué sur le champ la troisième année de son regne. C'estoit un Prince qui ne meritoit pas d'estre Roy, & qui ne l'eût jamais esté fait par Amalazunte s'il eust merité de l'estre.

Procop. l. 1. de Bel. Got. c. 11.

Vitigez marcha à Rome où il fit arrester & mettre en lieu de seureté Theudegesiscle fils de Theodat. Il y tint un grand Conseil de guerre, où il fit comprendre aux Ostrogots qui le pressoient de marcher contre Belisaire, qu'il n'estoit pas encore temps de le faire; qu'on devoit se donner la patience de réünir toutes les forces de la Nation; que les meilleures Troupes estoient occupées à garder la Provence contre les François; qu'il falloit avant toutes choses faire la paix avec cette Nation; & que quand tout seroit en seureté de ce costé-là, il ne seroit pas long-temps sans leur faire voir l'ennemi.

Ibid.

Il partit peu de temps après de Rome ayant tâché de faire comprendre au Pape Sylvere, au Senat & aux principaux du peuple qu'il avoit assemblez, l'interest qu'ils avoient eu à demeurer sous la domination des Ostrogots, & à ne pas retomber sous la puissance de l'Empereur d'Orient. Il y laissa une Garnison de quatre mille hommes, & prit avec luy plusieurs Senateurs pour servir d'ostages & de gages de la fidelité des autres. Il vint à Ravenne, où il épousa la Princesse Matazunte fille d'Amalazunte, pour se faire honneur de cette alliance, & regarder par les Ostrogots, comme adopté dans la famille du grand Theodoric si chere à toute la Nation. Il s'y fit joindre par toutes les troupes qui estoient dispersées en divers endroits, excepté par celles qui estoient sous le commandement de Marcias en Provence: pour veiller sur les desseins & les démarches des Princes François.

La proposition que Theodat avoit faite à ces Princes, avoit déja un peu rallenti l'ardeur que l'argent & les autres présens de l'Empereur leur avoient inspirée contre les Ostrogots, & les tenoit en balance. Le Comte André, estant venu sur ces entrefaites trouver Theodebert de la part de l'Empereur, le mit dans l'embarras. Entre autres nouveaux témoignages d'amitié qu'il luy apporta de la part de ce Prince, il luy apprit qu'il en avoit esté adopté. Cette adoption, comme j'ay déja dit, estoit une pure marque d'amitié & d'estime, qui ne donnoit aucun droit à la succession de l'Empereur qui adoptoit. L'Envoyé estoit chargé de luy demander trois

Ep. Theodeberti ad Justinian. apud du Chesne, p. 62.

trois mille hommes pour les faire marcher inceſſamment en Italie, afin d'y joindre Bregantinus un des Generaux de l'armée de l'Empereur. Theodebert récrivit à Juſtinien ; & parmi les titres qu'il luy donnoit au commencement de ſa réponſe, il ajoûtoit celuy de Pere en reconnoiſſance de ſon adoption : mais pour les trois mille hommes, il luy diſoit que deux raiſons l'avoient empêché de les faire partir. La premiere, que le Comte André n'eſtoit arrivé que le vingtiéme Septembre , & par conſequent trop tard pour faire paſſer les Alpes à ces troupes. Il ne marquoit point la ſeconde raiſon ; il diſoit ſeulement que le Comte la luy diroit de bouche. Il promettoit en general de donner toûjours des marques de l'attachement qu'il avoit pour l'Empire ; pourveu que l'Empereur de ſon coſté eut l'égard qu'il devoit avoir aux intereſts de ſes Alliez. Cela vouloit dire ſans doute, qu'il falloit que l'Empereur conſentît que les François euſſent quelque part aux conqueſtes que l'on feroit en Italie ; car, comme nous verrons dans la ſuite, ce fut toûjours le but de Theodebert de pouvoir y mettre le pied. Ainſi tout le ſervice que les François rendirent alors à l'Empereur contre les Oſtrogots, ſe réduiſit à attirer & à occuper de ce coſté-là une partie de leurs troupes, ſans faire aucune entrepriſe conſiderable.

Vitigez cependant averti des négociations de l'Empereur avec les François fut d'avis de pourſuivre le deſſein de Theodat ; & fit conſentir les Oſtrogots, quelque repugnance qu'ils y euſſent, à leur ceder la Provence, & toutes les autres Villes qu'ils poſſedoient dans les Gaules, veu l'impoſſibilité qu'il y avoit à ſouſtenir en meſme-temps les deux guerres ; & il les aſſeura que quand il auroit une fois chaſſé les Grecs d'Italie, il trouveroit bien moyen de reprendre ce que la néceſſité l'obligeoit d'abandonner.

Cette reſolution eſtant priſe on députa vers les trois Princes François, pour leur faire les meſmes propoſitions que Theodat leur avoit déja faites. Ils les accepterent , & promirent d'envoyer du ſecours aux Oſtrogots, non pas ouvertement, mais ſous-main, à cauſe du traité contraire qu'ils avoient fait avec l'Empereur ; & dirent que pour la meſme raiſon ce ne ſeroit pas des François qu'ils envoyeroient, mais des troupes levées chez les autres peuples qui leur eſtoient ſoûmis.

Le traité eſtant ſigné de part & d'autre, Marcias qui commandoit pour les Oſtrogots en deçà des Alpes, retira toutes les troupes tant de Provence que des autres lieux cedez, pour aller joindre Vitigez : Et les Rois François partagerent entre eux l'argent que le Prince leur avoit envoyé & tant de belles Villes qui leur avoient couſté ſi peu.

Quelques médailles de ce temps-là, & quelques autres anciens monumens * nous apprennent que Childebert eût Arles dans ſon partage ; & que Marſeille fut dans celuy de Clotaire. L'hiſtoire ne nous dit rien plus en détail de cette augmentation de l'Empire des François, qui s'étendit par-là juſqu'aux Alpes maritimes, & juſqu'à la Mer Méditerranée.

Theodebert fit encore une nouvelle acquiſition en cette rencontre. Il s'aviſa de faire valoir un droit qu'il prétendoit avoir ſur une partie des Alpes Rhetiques, aujourd'huy les montagnes des Griſons , ou du moins ſur les peuples qui les habitoient. Ce droit eſtoit que Clovis ſon ayeul, après la bataille de Tolbiac s'eſtant rendu maiſtre de tout le païs des Allemans, qui demeuroient entre le Rhin, le Moein & le Danube, une partie de cette Nation s'eſtoit refugiée dans ces montagnes, où Theodoric Roy des Gots les receut, & obtint de Clovis qu'il les laiſſeroit en repos. Ils y eſtoient demeurez juſques à ce temps-là. Theodebert prétendit qu'eſtant Souverain du reſte de la Nation, ceux-cy devoient auſſi le reconnoiſtre pour leur Roy. Les Oſtrogots qui vouloient la paix avec luy à quelque prix que ce fuſt, luy paſſerent encore cet article , & luy abandonnerent ce païs *. Ainſi la politique , qui a toûjours beaucoup plus en veuë l'utile que l'honneſte, ſe fait une loy de tirer tous les avantages poſſibles de la diſgrace des malheureux.

Pendant que Vitigez ſe preparoit ainſi à la guerre , Beliſaire la faiſoit actuellement avec beaucoup de ſuccés. Un peu avant la mort de Theodat il avoit pris Naples, où la garniſon avoit eſté paſſée au fil de l'épée, & la ville de Cumes, qui eſtoient les deux uniques places fortifiées pour la défenſe de la Campagne d'Italie. Enſuite par le moyen des intelligences qu'il avoit dans Rome avec le Pape Sylvere, & quelques autres des principaux habitans, il y fut receu ſans coup ferir : la garniſon que Vitigez y avoit miſe après ſon élection , ne ſe trouvant pas aſſez nombreuſe pour réſiſter en meſme-temps à une armée , & contenir le peuple déterminé à recevoir les troupes de l'Empereur ; de ſorte qu'elle capitula pour ſe retirer en ſeureté.

Ainſi Rome, ſoixante ans après qu'Odoacre Roy des Erules s'en fut rendu maiſtre, revint ſous la domination de l'Empereur d'Orient le neuviéme de Decembre de l'année 536. qui fut la diziéme du regne de Juſtinien. * Le Samnium, la Calabre , la Pouille, & preſque tous les bords de la mer s'eſtoient rendus à l'approche de l'armée Imperiale : Beliſaire avoit auſſi envoyé quelques détachemens dans la Toſcane ; mais ſa principale application eſtoit à mettre Rome en eſtat de ſouſtenir un ſiege, préroyant bien que Vitigez feroit de ce coſté-là ſes premiers efforts dès qu'il auroit raſſemblé toutes ſes forces.

Ce fut en effet le parti que prit ce nouveau Roy des Oſtrogots , qui après avoir fait de nouvelles levées, tiré une partie des garniſons des Villes les moins expoſées, receu celles des quartiers d'Italie les plus éloignez qu'il ne pouvoit pas garder, rappellé celles de Provence, ſe trouva à la teſte d'une armée de cent cinquante mille hommes, avec laquelle il alla mettre le ſiege devant Rome, qui fut ſouſtenu un an entier par Beliſaire, & enfin levé. Ce ſiege eſt une des plus belles parties de l'hiſtoire

Romaine de ce temps-là. On y voit tout ce que peuvent produire de beau en une occasion de cette importance, la vaillance, la prudence, la fermeté, la constance, l'habileté dans l'art militaire, qualitez que Belisaire enfermé dans la place pour la deffendre, possedoit au souverain degré, & qui n'estoient gueres moindres dans le Roy des Gots qui l'attaquoit. Les particularitez en sont rapportées par l'Historien Procope, qui y estoit auprès de Belisaire; mais ce détail m'écarteroit trop de mon sujet, qui ne m'oblige, ou plustost, qui ne me permet de toucher cette guerre qu'autant qu'il en est besoin, pour marquer la part que les François y eurent dans ses commencemens, & dans tout le temps qu'elle dura.

Ils en eurent beaucoup dans un grand échec que receurent les Romains, qui consola un peu Vitigez de la levée du siege de Rome, & des autres malheurs qui la suivirent. Quelque temps avant qu'il le levât, Dacius Evêque de Milan & les principaux citoyens de cette grande Ville encore plus considerable en ce temps-là qu'elle ne l'est aujourd'huy, voulurent à l'exemple des Romains secoüer le joug des Barbares & de l'Arianisme. Ils firent dire à Belisaire, que pour peu qu'il leur envoyast de secours, ils estoient en estat de mettre leur Ville en liberté, & de chasser les Ostrogots de toute la Ligurie. Belisaire leur promit de leur en envoyer le plustost qu'il luy seroit possible; & il le fit sitost que les Ostrogots se furent retirez de devant Rome.

Il détacha mille hommes sous la conduite du General Mundilas, qui après avoir débarqué à Genes, passé le Pô auprès de Pavie, mis en déroute un corps de Gots qui estoit sorti de cette Ville pour le charger, entra dans Milan sans resistance; & y receut au nom de l'Empereur les hommages de tout le Païs.

Vitigez ressentit vivement cette perte; mais il ne desespera pas de la réparer. Il fit avancer un assez grand nombre de troupes sous le commandement d'un de ses Generaux nommé Vraya fils de sa sœur; & luy ordonna de joindre incessamment dix mille Bourguignons que le Roy Theodebert envoyoit à son secours, & qui devoient se rendre aux environs de Milan. Theodebert satisfaisoit par-là au traité que luy & ses oncles avoient fait avec Vitigez pour la Provence, & prétendoit ne pas contrevenir à celuy qu'il avoit fait avec l'Empereur, avec qui il estoit convenu que les François ne se joindroient point aux Gots contre luy : les Bourguignons n'estant pas réputez François ; & de plus, pour sauver encore mieux les apparences, non seulement ils ne marchoient point sous les étendards de France; mais même ils n'en avoient aucun; allant par troupes & débandez, faisant semblant d'aller d'eux-mesmes en Italie & sans aveu de leur Prince. Cela servit encore à couvrir leur marche ; & Mundilas fut fort surpris de se voir tout d'un coup assiegé dans Milan par tant de troupes, qui arrivoient de tous costez au camp des Gots.

Il en fut d'autant plus inquiet, qu'il y avoit tres-peu de vivres dans la Ville, n'ayant pas eu le temps de la ravitailler, & qu'il s'y trouva renfermé avec trois cens soldats seulement, ayant distribué le reste dans Bergame, Come, Novare & quelques autres places qu'il avoit trouvées sans garnison, & qui s'estoient données à luy. De sorte que les habitans de Milan furent obligez de partager les gardes & les autres travaux militaires avec les soldats.

Ce siege fut commencé au milieu de l'hyver, & continué malgré la rigueur de la saison. Belisaire n'eût pas plustost avis du danger où Milan estoit, qu'il détacha deux de ses Lieutenans, l'un nommé Martin, & l'autre Uliaris, avec un fort gros corps de troupes pour aller au secours de la place. Ils marcherent & se camperent sur le Pô à une journée du camp ennemi, pour déliberer s'ils hazarderoient le passage ou non, & laisserent couler plusieurs jours dans cette incertitude. Mundilas ayant sceu leur arrivée leur envoya un brave soldat qui passa au travers du camp des Gots, parvint jusques au bord de la riviere, & la traversa à la nage malgré le froid qu'il faisoit alors.

Estant arrivé au camp des Romains, il exposa à Martin & à Uliaris l'extremité où Milan & les soldats de l'Empereur estoient réduits avec leur General ; de quelle importance il estoit de ne pas laisser prendre cette place la plus considerable d'Italie après Rome, & le boulevard de l'Empire contre les François. Après l'avoir écouté ils le renvoyerent avec promesse de le suivre au plustost. L'asseurance qu'il en donna de leur part aux habitans de Milan, les remplit de joye & d'esperance.

Mais on ne leur tint pas parole. L'armée refusa de passer la riviere : au moins Martin l'un des Commandans l'écrivit-il ainsi à Belisaire, en luy representant en mesmes-temps qu'en effet la partie n'estoit pas égale, & que l'armée des Gots augmentée de celle des Bourguignons estoit devenuë si forte, qu'ils ne pouvoient les attaquer sans témerité avec le peu de monde qu'ils avoient. Ce retardement, & quelques autres obstacles qui survinrent, furent la cause de la perte de cette malheureuse Ville.

La disette de vivres avoit déja reduit la garnison & les habitans à manger les chiens, les rats & les autres choses dont on auroit horreur hors de la nécessité de mourir de faim. Les assiegeans qui en estoient parfaitement informez, firent proposer à Mundilas de se rendre, luy promettant de ne luy faire ny à ses soldats aucune violence. Il demanda la mesme capitulation pour les habitans; mais on la luy refusa.

Sur quoy ayant assemblé ses soldats, il leur proposa un expédient pour se tirer des mains des Ostrogots & des Bourguignons; mais qui estoit fort dangereux. " Pourrons-nous, leur dit-il, nous resoudre à nous rendre prisonniers de guerre entre les mains de ces Barbares, & à voir égorger à nos yeux tous ces pauvres citoyens, qui ne sont réduits à cette ex-

"tremité que par l'amour & la fidelité qu'ils ont eû pour nous. Mon avis, continua-t-il, est que nous fassions tous une sortie sur les ennemis qui ne s'attendent à rien moins ; & que sans songer à rentrer dans la Ville, nous nous fassions l'épée à la main un passage au travers de leur camp. Peut-estre y réüssirons-nous : mais nostre pis aller sera de périr glorieusement ; ce qui selon moy est préférable à une dure & honteuse captivité."

Les soldats abattus & affoiblis de fatigues & de faim ne se sentirent pas autant de grandeur d'ame que leur Capitaine, & l'obligerent à recevoir les offres des ennemis. La Ville fut donc renduë à discrétion, excepté qu'on accordoit la vie au Commandant & aux Soldats pour demeurer prisonniers de guerre. Les vainqueurs userent de tout leur droit : non seulement ils pillerent la Ville ; mais encore ils massacrerent tout ce qui s'y trouva d'hommes & d'enfans masles, dont le nombre monta jusqu'à trois cens mille ; toutes les femmes & les filles furent faites esclaves, & on les donna aux Bourguignons pour recompense du service qu'ils avoient rendu au siege. Reparatus Préfet du Prétoire fut mis en pieces, & ses membres déchirez furent jettez aux chiens. La Ville fut rasée & réduite en cendres. Ensuite toutes les autres Villes voisines se rendirent par composition ; & toute la Ligurie retourna sous la puissance des Gots.

Quelques services que les Bourguignons eussent rendus à Vitigez au siege de Milan, & dans la réduction de toute la Ligurie, ils commirent tant de violences, & parurent si peu capables de discipline, qu'il aima mieux les congédier que les retenir. Il avoit mesme experimenté si peu de droiture dans la conduite des Princes François pour l'exécution du traité, qu'il resolut de se passer d'eux, & il les pria seulement de demeurer neutres dans les affaires d'Italie sans se liguer avec l'Empereur. Il fit sonder le Roy de la Nation des Lombards dans la Pannonie ; mais il le trouva tout à fait dans les interests de son ennemi. Il eût enfin recours à Chosroez Roy de Perse qu'il trouva assez disposé à rompre avec l'Empire. Justinien en ayant esté informé pensa à finir au plustost la guerre d'Italie : & comme durant le siege de Rome, où il y eût pour quelque-temps une suspension d'armes, Vitigez avoit envoyé à Constantinople des Ambassadeurs pour faire des propositions de paix ; Justinien commença à les écouter plus favorablement, & en les luy renvoyant il promit de nommer des Plenipotentiaires qui se rendroient incessamment à Ravenne pour traiter avec luy. Desorte que le reste de cette année se passa presque tout en négociations, qui furent pourtant sans effet.

Mais l'année suivante la guerre se ralluma plus fortement que jamais, & Theodebert fit en Italie un personnage, à quoy ni Belisaire ni Vitigez asseurément ne s'attendoient pas.

Ravenne estoit la capitale du Royaume des Ostrogots, belle & grande Ville, peuplée, forte, munie de tout. C'estoit-là qu'estoient tous les thresors de Vitigez ; les autres places, dont celle-cy estoit entourée, n'estoient pour la plupart que de petites Villes fortifiées pour la couvrir. C'estoit à la prendre que tendoient tous les projets de Belisaire, comme à une conqueste décisive qui devoit le rendre maistre de toute l'Italie : mais il falloit auparavant se saisir de deux postes tres-difficiles à forcer. L'un estoit Fiesoli à l'extremité de la Toscane entre Rome & Ravenne ; & l'autre la ville d'Osme dans la Marche d'Ancone, toutes deux bien fortifiées & deffenduës par une forte garnison : & Vitigez avoit dit à celuy qui commandoit dans Osme, qu'en luy confiant cette place il luy mettoit entre les mains les clefs de son Estat. Belisaire se resolut à attaquer en même-temps ces deux Villes. Il chargea du siege de Fiesoli deux de ses Lieutenans, Justin & Cyprien, & fit en personne le siege d'Osme. Il posta un autre corps à Dertone, appellée aujourd'huy Tortone en deçà du Pô proche de cette riviere, pour observer les ennemis qui avoient leur armée aux environs de Milan, & les empêcher de passer le Pô, & en cas qu'on ne pust pas leur fermer le passage, c'estoit pour les suivre & les costoyer toûjours, & les harceler dans leur marche.

Les choses estant ainsi disposées, & les deux sieges formez qui durerent long-temps, & où il y eût bien du sang répandu par la vigoureuse & opiniâtre résistance des assiegez, Urayas qui commandoit l'armée des Gots du costé de Milan s'approcha de Pavie, passa ensuite le Pô, & vint se camper assez près du corps d'armée que Belisaire avoit postée à Tortone. Chacun en cet endroit se tint dans son camp sans vouloir combattre : les Generaux Romains se contentant de couvrir les deux sieges ; & le General des Ostrogots n'osant hazarder une bataille, dont le mauvais succés auroit esté suivi de la perte du reste de l'Italie. Ils avoient passé ainsi quelques mois, lorsque la nouvelle vint aux Gots qu'une grosse armée de François estoit entrée en Italie.

Ils en furent autant surpris que réjoüis, ne doutant pas que les François ayant appris l'extremité où estoit reduit Vitigez leur allié, ne se fussent resolus à venir à son secours, pour luy aider à chasser les Grecs d'Italie. Mais ce n'estoit pas là tout à fait l'intention de Theodebert. Il avoit laissé jusqu'alors ces deux Nations se battre l'une contre l'autre, sans se mettre fort en peine d'executer les traitez de ligue qu'il avoit faits avec les deux partis ; & les sçachant tous deux fort affoiblis par les combats & par les sieges, il crut que survenant là-dessus il pourroit au moins avoir sa part du païs, qui faisoit le sujet de leur querelle, & peut-estre donner la loy à tous les deux. Il se mit à la teste de cent mille hommes presque toute infanterie, prit son chemin par Suse, entra dans ce qu'on appelle aujourd'huy le Piémont, & s'avança jusqu'à Pavie sans faire aucun desordre, & marchant comme ami dans le païs de ses Alliez.

L'Historien Procope fait icy une description

des armes de l'Infanterie Françoise de ce temps-là, & de leur maniere de combattre, qui a assez de rapport à celle que Sidoine Appollinaire en avoit faite plusieurs années auparavant, en décrivant l'irruption qu'ils firent dans les Gaules sous Clodion. Ils n'ont, dit Procope, ni arc, ni fleche; mais un bouclier à une main & une hache en l'autre, dont le fer est fort gros & à deux tranchants; le manche est de bois & fort court; au premier signal du combat, dés qu'ils sont à portée, chacun lance sa hache contre le bouclier de celuy qu'il attaque, le casse, & alors mettant l'épée à la main il se jette sur luy & le tuë.

Sidon. Carm. 5. Procop. c. 25.

Les François estant donc arrivez auprès de Pavie, les Gots les receurent avec de grandes démonstrations d'amitié & de reconnoissance, comme un secours qui leur venoit le plus à propos du monde; & les troupes de cette Nation qui gardoient un pont du Pô que les Romains avoient fait bastir autrefois assez près de cette Ville-là, les laisserent passer. Mais les François ayant fait en cet endroit main-basse sur la garde du pont, se rendirent maistres du passage. Ce qui pût échaper d'Ostrogots se sauva à Pavie. Les François allerent de ce pas droit à l'armée des Gots, qui estoit campée assez près de-là. Urayas qui la commandoit, & qui estoit dans la mesme persuasion que les autres Gots, les laissa approcher & se ranger dans la plaine à mesure que les bataillons arrivoient. Mais il fut bien étonné de les voir marcher à luy en bataille, & charger ses gens de tous costez. La surprise fut si grande, & la fuite si précipitée, que la plus grande partie se sauva au travers du camp des Romains, qui estoient, comme j'ay dit, postez à Tortone pour observer l'armée de Urayas.

Cela fit croire aux Romains que Belisaire estoit venu fondre sur le camp des Gots, & qu'il les avoit mis en déroute: de sorte qu'ils se disposoient à s'aller joindre, & donnoient déja sur les fuyards. Mais ils se virent eux-mesmes un moment après chargez avec tant de furie par les François, qu'abandonnant leur camp & jettant leurs armes dans la campagne, ils s'enfuirent à toutes jambes jusques dans la Toscane, d'où les Generaux donnerent avis à Belisaire de ce qui leur estoit arrivé.

Appendix ad Marcel. Chronic.

Les François se répandirent dans la Ligurie & dans l'Emilie, où ils ravagerent tout; & ayant forcé la ville de Genes, la saccagerent & la ruinerent. Ces nouvelles inquieterent fort Belisaire qui apprehenda d'avoir bientost luy-mesme cette armée victorieuse sur les bras, & encore plus qu'elle n'allast tomber sur celle qui assiegeoit Fiesoli. Il prist ses précautions contre un incident si imprevû, & cependant écrivit à Theodebert la lettre suivante.

Epist. Belisar. ad Theodebert. apud Procop. loc. cit.

„ Il me semble, illustre Theodebert, que la mauvaise foy est un vice bien indigne d'un Prince aussi courageux & aussi puissant que vous estes: mais de violer des traitez écrits & confirmez par serment, tout homme, ne fût-il pas Prince, devroit en avoir honte & horreur. Vous ne pouvez pas nier que vous ne ternissiez voſtre gloire & voſtre réputation par une action de cette nature. Vous avez fait une ligue offensive avec mon Maistre contre les Ostrogots: vous vous estes depuis contenté de garder la neutralité; & maintenant vous venez nous attaquer avec une armée. Souvenez-vous, Prince, de la qualité de celuy que vous outragez par ce procedé; qu'un Empereur puissant sera bien-tost en estat de s'en venger; contentez-vous de ce que vous possedez, & en envahissant le bien d'autruy ne vous exposez pas à perdre peut-estre le vostre.

Cette lettre, selon toutes les apparences, auroit fait peu d'impression sur l'esprit de Theodebert Prince infiniment fier, & qui affecta sur tout de l'estre toûjours à l'égard de l'Empereur de Constantinople: Mais un motif plus puissant l'obligea malgré qu'il en eust de retourner sur ses pas.

En entrant en Italie il la trouva toute ruinée par les marches des armées, & par les courses continuelles des deux partis; de sorte que le pain commença à luy manquer. Les bestiaux, dont la campagne n'estoit pas encore entierement dépeuplée, & dont il faisoit venir des convois de France, suppléoient en quelque façon à cette disette; mais une telle nourriture toute seule, les soldats ne beuvant avec cela que de l'eau, causa une dissenterie dans l'armée qui faisoit mourir beaucoup de monde. Après qu'ils eurent défait les Gots & les Romains, ils s'emparerent de leurs magasins & de leurs provisions; mais tout cela fut bientost consumé, de maniere que le Roy jugea à propos de ramener son armée, qui toute chargée de richesses qu'elle estoit, commençoit à murmurer, & dont le tiers avoit peri quand elle rentra en France.

Il laissa cependant un de ses Capitaines nommé Bucelin à la garde de quelques postes au delà des Alpes; & ce Capitaine continua à faire des courses dans l'Italie, d'où il faisoit de temps en temps passer quantité de butin en France.

Paulus Longobard. l. 2. cap. 1. Gregor. Turon. l. 3. cap. 32.

C'est-là à quoy aboutit toute cette expedition, dont Theodebert cependant se fit un grand honneur à cause de la victoire remportée sur l'armée des Gots & sur celle des Romains, & de la prise de Genes. Car il me paroist presque certain que ce sont ces victoires qui sont marquées sur les médailles que nous avons de ce Prince, qui ont tant exercé les conjectures des sçavans de nostre temps; & sur lesquelles j'espere dire ailleurs quelque chose de plus solide & de plus vray que les autres. Ce départ subit & inesperé rasseura Belisaire, qui auroit sans cela esté obligé de lever les deux sieges qu'il avoit entrepris.

D'autre part Vitigez se servit de cet incident pour s'excuser auprès de la Garnison d'Osme, qui souffroit beaucoup & qui le pressoit de la secourir. Il luy fit dire que sans l'irruption de Theodebert il auroit déja tenté le secours, & que les François s'estant retirez, il ne tarderoit pas à marcher de ce costé-là. Il ne le fit pas cependant, ne voyant point d'apparence d'y réüssir: ainsi & Osme & Fiesoli se rendi-

Procop. l. c. 16.

rent par capitulation : après quoy Belisaire ayant réüni ses deux armées marcha droit à Ravenne pour l'assieger.

Vitigez s'y estoit renfermé resolu de s'y deffendre jusqu'à l'extrémité. Car c'estoit-là la derniere ressource. Belisaire prit toutes les mesures possibles pour empêcher qu'il ne luy échapast. Il ordonna au Capitaine Magnus de se poster sur le Pô du costé de Ravenne pour couper tous les convois qui pourroient venir aux Ostrogots par cette riviere, & Vitalius qu'il avoit fait venir de Dalmatie avec quelques troupes, eût ordre de demeurer de l'autre costé de la riviere pour le mesme dessein. Vitigez qui avoit bien préveu que Belisaire commenceroit par - là, avoit songé à le prévenir; & ayant fait ramasser une tres-grande quantité de bled dans la Ligurie avec toutes sortes d'autres munitions, il avoit fait transporter tout cela dans des batteaux qu'il avoit en grand nombre sur le Pô. Ils estoient en chemin pour venir à Ravenne, & ils y seroient arrivez avant que les détachemens de Belisaire se fussent rendus maistres des bords de cette riviere, lorsqu'un malheur que la prudence humaine ne pouvoit ni prévoir ni parer, le priva d'un secours si necessaire.

Tout d'un coup le Pô baissa si prodigieusement, qu'il cessa d'estre navigable; ce qui n'avoit point esté veû de memoire d'homme. Les ennemis survenant là-dessus se saisirent des batteaux; & peu de jours après le fleuve croissant tout de nouveau, & se remettant en son premier estat, en facilita le transport jusque dans le camp des Romains. Ainsi Vitigez qui ne pouvoit non plus rien attendre du costé de la Mer, dont Belisaire estoit aussi le maistre, se trouva en peu de temps réduit à la derniere extrémité; & regarda cette espece de prodige, comme une marque que le Ciel estoit prest de l'abandonner entierement à sa mauvaise fortune.

Les Rois de France avertis de l'état fâcheux où estoit Vitigez, espererent encore pouvoir en tirer quelque avantage. Ils firent marcher une nouvelle armée du costé des Alpes; & dépécherent vers ce Roy pour luy offrir du secours. Ceux qu'ils envoyerent trouverent moyen de passer au travers du camp des assiegeans, & de se couler dans Ravenne. Belisaire en fut averti, & pour traverser une négociation dont il prevoyoit les fâcheuses suites, il fit luy-mesme demander une conférence à Vitigez, qui l'accepta, & permit à Theodose Intendant de la Maison de ce General, d'entrer dans la Ville.

Les Envoyez de France asseûrerent Vitigez que leurs maistres estoient entierement dans ses interests, & luy dirent que l'état où ils sçavoient qu'il estoit, leur donnoit beaucoup d'inquietude; qu'ils venoient de leur part avec ordre de luy faire offre de toutes les forces des trois Royaumes de France pour le tirer de cette extrémité; qu'il pouvoit compter sur cinq cens mille hommes; que de peur que le retardement n'empirast les affaires, ils avoient toûjours fait marcher les troupes; & qu'une armée nombreuse estoit sur le point de passer les Alpes : qu'il estoit temps qu'il songeast à éviter la servitude où il estoit prest de tomber; qu'à moins que de vouloir périr, c'estoit pour luy une necessité ou de s'accommoder avec l'Empereur, ou de recevoir le secours des François; Que l'état où il estoit réduit ne luy permettoit d'esperer que des conditions fort dures du costé de l'Empereur; que peut-estre mesme on ne les exécuteroit pas; & qu'au contraire, pour peu qu'il voulust faire part de l'Italie aux François, il se verroit bien-tost en liberté, & en état d'en chasser ces ennemis insolents, qui n'oseroient paroistre devant luy quand il seroit uni aux François; qu'au reste les Rois leurs Maistres ne voyoient pas volontiers l'Empereur se rapprocher si fort des Gaules; que si les Ostrogots prenoient le parti de se réünir avec luy, ils regarderoient cette démarche comme une déclaration de guerre, & qu'ils le prioient de ne pas prendre une résolution qui seroit infailliblement funeste à toute la Nation Gotique.

Vitigez ayant écouté tout ce discours, remercia les Envoyez de la bonne volonté de leurs Maistres, leur promit d'examiner les propositions qu'ils venoient de luy faire, & d'y répondre au plutost.

Il donna ensuite audience à Theodose Deputé de Belisaire, à qui il exposa les offres que les Rois de France luy faisoient, le grand & prompt secours qu'il en devoit attendre, & la necessité où il esperoit que les troupes de l'Empereur seroient bien-tost de lever le siege, & d'abandonner l'Italie.

Theodose employa toute son industrie & toute son éloquence à luy montrer le peu de seûreté qu'il y avoit pour luy à traiter avec les François, & qu'il estoit de son avantage & de celuy de toute sa Nation de continuer les negociations commencées avec l'Empereur, dont les Envoyez estoient en chemin & arriveroient bien-tost. Il luy représenta qu'il avoit affaire à un General dont l'habileté suppléeroit au nombre des troupes, comme les Gots l'avoient assez connu par leur propre experience; que l'Empire estoit plus grand & plus peuplé que la France, & qu'il ne tenoit qu'à l'Empereur d'avoir sur pied vingt fois plus de troupes qu'il n'en avoit; que les cinq cens mille François dont on le flatoit estoient autant destinez à sa ruine qu'à celle de ses ennemis; que Belisaire sçauroit s'en garantir s'ils passoient les Alpes; mais que les Gots en seroient infailliblement opprimez; qu'il devoit se souvenir du Royaume de Turinge & de celuy de Bourgogne, que les François avoient détruits depuis peu d'années & soûmis à leur domination; & qu'ils avoient les mesmes desseins sur la Nation des Gots. Je voudrois bien sçavoir, continua-t-il, par quel serment & au nom de quel Dieu ils asseûreront le traité qu'ils vous proposent. N'avoient-ils pas fait alliance avec vous au commencement de cette guerre? Ne l'avoient-ils pas jurée par tout ce qu'il y a de plus sacré? Et cependant quel secours en avez-vous tiré? Avez-vous deja oublié la perfidie dont ils userent il y a quelques mois envers vous & envers nous? lorsque ces traistres chargerent auprès du Pô vostre armée & la nostre au moment que vous & nous y penfions le moins, & que vous les regardiez comme des amis qui venoient vous fecourir. Ils ne prennent pas mesme aujourd'huy la précaution de cacher leur deffein. Ils vous demandent pour prix de leur fecours une partie de l'Italie. Ils s'en faifiront comme ils ont fait de la Provence que vous leur avez cédée, & vous abandonneront enfuite; ou pluftoft vous voyant auffi foible que vous eftes maintenant, ils vous accableront.

Vitigez touché de cette remontrance que la conduite paffée des François, & des faits récents & manifeftes rendoient plufque plaufible, affembla fon Confeil & fes principaux Officiers, & les pria de l'aider à fe déterminer dans une conjoncture auffi dangereufe que celle où fe trouvoit la Nation. Après avoir tout balancé, la derniere entreprife de Theodebert qu'ils avoient encore trop préfente à l'efprit leur fit voir fi peu de feûreté dans la parole des François, qu'ils ne voulurent rien conclure avec eux, & il fut réfolu de continuer à traiter avec l'Empereur.

A en juger par le fuccès, Vitigez prit mal fon parti: & en s'appuyant des François, il ne luy auroit pû arriver de pis que ce qui luy arriva de la part des Romains. Après le départ des Envoyez de France, il y eut de fréquentes négociations, par lefquelles Belifaire amufoit Vitigez, tandis qu'eftant maiftre de la campagne il s'emparoit de toutes les Places des Gots par fes Lieutenans. Il s'appliqua plus que jamais à empefcher que rien n'entraft dans Ravenne; & par une intelligence qu'il eut dans la Place avec un des habitans, & mefme, comme on le crut alors, avec la Reine Matazunte que Vitigez avoit époufée malgré elle, il fit mettre le feu à un grand Magafin de bled que ce Prince réfervoit pour les dernieres néceffitez de la Ville & de la Garnifon. Belifaire gagna encore quelques Gots commandans de plufieurs poftes importans dans les Alpes qui féparent la Provence de la Ligurie, & s'en mit en poffeffion; & ce qui augmentoit l'importance de ces poftes, c'eft qu'il fermoit par ce moyen l'Italie aux Troupes Françoifes de ce cofté-là. A la fin Vitigez fe rendit prifonnier; & fon regne finit avec le fiege. Belifaire le mena luy-mefme à Conftantinople; c'eft le fecond Roy captif dont il fit prefent à l'Empereur fon Maiftre, luy ayant quelques années auparavant amené Gilimer Roy des Wandales après la conquefte de l'Afrique. Vitigez paffa là le refte de fes jours avec la qualité de Patrice & une fortune capable de fatisfaire l'ambition d'un particulier, qui n'auroit pas efté Roy auparavant.

La prompte reddition de Ravenne & de Vitigez, les poftes que Belifaire avoit occupez dans les Alpes, la difficulté de faire fubfifter une armée au-delà de ces montagnes fans eftre maiftre des Rivieres & de quelques Villes confiderables, ainfi que Theodebert l'avoit déja experimenté, empefcherent les François d'entrer une feconde fois en Italie. De forte que pendant quelque temps ils ne fe meflerent point des guerres qui continuerent entre les Grecs & les Oftrogots après le départ de Vitigez.

Mais il eftoit difficile alors & plus qu'aujourd'huy encore de fixer les efprits inquiets d'une Nation belliqueufe, qui ne fouffre la paix qu'après avoir efté bien laffée de la guerre. N'en ayant donc plus au dehors, ils en commencerent une au dedans du Royaume. Childebert & Clotaire fe broüillerent enfemble pour des raifons, dont il n'a pas plû aux Hiftoriens de nous inftruire, & Clotaire entra fi avant dans le Païs de fon frere en le ravageant, qu'il vint prefque jufqu'à l'embouchure de la Seine, vis-à-vis du Païs de Caux. Childebert l'y laiffa engager, & s'eftant fait joindre par l'armée de fon neveu Theodebert qu'il tenoit attaché à fon parti, vint l'y enfermer. Clotaire beaucoup moins fort que fes ennemis n'ofa hazarder la bataille, & fe retrancha dans une foreft que l'Auteur *des faits des Rois de France* appelle *Aurelaunum*, aujourd'huy la foreft de Bretone ou de Routot *, proche de la Riviere de Seine à l'oppofite de Caudebec. Il fit abattre tout au tour de fon camp quantité d'arbres pour en embaraffer les approches, réfolu de s'y deffendre & d'y périr fi on entreprenoit de l'y forcer. Il y euft péri en effet tant les forces eftoient inégales, fi le Ciel ne fe fuft déclaré pour luy par une efpece de prodige.

Childebert & Theodebert avoient tout preparé pour l'affaut, lors qu'après le lever du Soleil du jour deftiné à cette action, il furvint la plus horrible tempefte qu'on euft jamais veûë. C'eftoit à tous momens des éclairs & des tonneres épouventables, une pluye meflée de grefle & mefme de pierres, fi nous en croyons Gregoire de Tours, inondoit tout; les tentes furent renverfées & emportées par le vent & par les torrents, les Cavaliers enlevez de deffus leurs chevaux, qui tout effarez s'échapoient dans la campagne; les Soldats confternez ne fçachant où fe mettre fe couvroient la tefte de leurs boucliers pour n'eftre pas affommez par la grefle qui eftoit d'une groffeur extraordinaire. Enfin il y eut en cela quelque chofe de fi fingulier, que les deux Rois y reconnurent la main de Dieu, & luy demanderent pardon fur le champ du deffein qu'ils avoient formé de faire périr l'un fon frere, & l'autre fon oncle. Ce qui fut de furprenant, & ce qui confirma les Princes dans la créance que Dieu combattoit pour Clotaire, c'eft que l'orage ne paffa point leur camp, & que tout eftoit tranquille dans l'autre.

L'orage eftant paffé, comme on fut un peu revenu de fa frayeur, Childebert & Theodebert envoyerent faire des propofitions de paix à Clotaire, qui les accepta, & fe réconcilia avec eux. Tous nos Hiftoriens ont regardé cet évenement comme un miracle obtenu par les prieres de la Sainte Reine Clotilde, qui voyant l'animofité de fes fils l'un contre l'autre, & la fureur avec laquelle Childebert marchoit contre Clotaire, ne fortoit point d'auprès le tombeau de S. Martin, où elle conjuroit ce Saint

An. 539.

Gregor. Turon. l. 3. c. 28. Gefta Franc. c. 25.

* Valois in notitia Galliarum. Vita fancti Audoëni.

Gregor. Turon. l. 3. cap. 28.

CHILDEBERT. CLOTAIRE. THEODEBERT.

Vers l'An 540.

Protecteur de la France de faire voir son pouvoir auprès de Dieu pour la réconciliation de ses enfans. Elle eut le plaisir d'apprendre bientost que Dieu avoit exaucé ses prieres en recevant les nouvelles de la Paix.

Une autre marque encore que cette Paix estoit un present singulier du Ciel, c'est qu'elle fut constante, & qu'on ne voit pas que ces Princes se soient jamais broüillez ensemble depuis ce temps-là jusqu'à la mort de Theodebert. L'Eglise & l'Etat sentirent les effets de cette bonne intelligence. Il se tint l'année suivante un Concile à Orleans; ce fut le quatriéme assemblé en cette Ville depuis Clovis. Il *An. 541.* estoit composé d'un grand nombre d'Evêques de l'Etat de Childebert dont Orleans faisoit partie alors, & de celuy de Theodebert. On voit par ce Concile qu'il y avoit encore en ce temps-là en France quelques restes de paganisme. Le seiziéme Canon est contre certains Chrétiens qui faisoient leurs sermens en tenant les mains sur la teste de quelque beste, & en invoquant dans cette ridicule ceremonie les noms de quelques Divinitez Payennes.

Le quinziéme est contre d'autres qui après le Baptesme mangeoient de la chair des animaux immolez aux Idoles. Ce qui fait voir de plus, que non seulement il y avoit encore alors des François Payens meslez parmi les Chrétiens; mais mesme que ces sacrifices criminels n'estoient pas entierement abolis; & c'est peut-estre sans raison que quelques-uns de nos Auteurs modernes se sont fâchez contre l'Historien Procope, de ce qu'il a écrit que les François dans l'expedition d'Italie que j'ay racontée, userent au passage du Pô de certaines ceremonies aussi superstitieuses & aussi payennes que cruelles. Est-il après tout fort surprenant que quarante-trois ans après la conversion de Clovis à la Religion Chrétienne, qui ne fut pas embrassée universellement de toute la Nation, il se trouvast encore des Payens qui suivissent les superstitions de leurs ancestres!

Præfat. Leg. Sal. Epilog. Leg. Sal.

Ce fut apparemment en ce mesme temps que Childebert fit une revision de la Loy Salique, & qu'il l'augmenta de certains Articles que Clotaire receut aussi dans son Royaume, & ausquels il en ajoûta luy-mesme d'autres depuis.

Rien ne marque plus la sincerité de la réconciliation de ces deux Princes que cette communication de Loix, & d'Ordonnances qui passoient du Royaume de Paris en celuy de Soissons. Mais autant que cette union fut utile à la France, autant fut-elle fatale aux Visigots du Languedoc & de l'Espagne, contre lesquels Clotaire & Childebert se liguerent peu de temps après.

Comme la Nation Gotique estoit voisine de la Françoise & du costé des Alpes & du costé des Pyrénées, & l'unique dont la puissance pust donner de l'ombrage à nos Rois, toute leur politique alloit à l'abbatre autant qu'il leur estoit possible. Il semble par toute la suite de l'Histoire de ce temps-là qu'ils avoient comme partagé ce soin entre eux; que Theodebert Roy d'Austrasie s'estoit particulierement chargé de profiter des occasions de ruiner les Gots d'Italie, & Childebert Roy de Paris ceux d'Espagne. Pour Clotaire Roy de Soissons, il n'entroit dans ces desseins que par un interest commun de famille ou de Nation; ses Etats estant extrémement éloignez des Frontieres des Ostrogots d'Italie & des Visigots d'Espagne.

Childebert qui avoit douze ans auparavant remporté tant de gloire à la bataille de Narbonne contre Amalaric, & fait un si riche butin dans le Languedoc, forma le dessein d'aller se signaler encore en Espagne contre la mesme Nation, & de faire au delà des Pyrénées quelque chose de semblable à ce que son neveu Theodebert avoit fait depuis peu d'années au delà des Alpes.

Vers l'An 543. Isidor. Hisp. Chron. Appendix ad Chronic. Victoris Tunuensis

Il entra en Espagne avec une armée formidable vers l'an 543. Cette armée estoit conduite par cinq Rois François, dit un Auteur de ce Païs-là, c'est à dire, qu'outre Childebert & Clotaire qui y estoient en personne; trois jeunes Princes fils de ce dernier, s'y trouverent aussi. Car en ce temps-là on donnoit souvent le nom de Roy aux enfans des Rois. * Ils prirent Pampelune; se répandirent dans l'Espagne Tarragonoise, qui comprenoit près des deux tiers de l'Espagne d'aujourd'huy; & en particulier la Biscaye, l'Arragon & la Catalogne. Ils la ravagerent presque toute entiere, & vinrent mettre le Siege devant Sarragoce.

* Il n'est pas extraordinaire aux auteurs de ce temps-là de donner le nom de Roy des Rois, aussi Sigismond fils de Gondebaud Roy de Bourgogne, est appellé Roy du vivant de son pere, comme on le voit dans Avitus, Joannnes Martius de Lausanne, & en plusieurs autres exemples.

Cette Ville sans garnison se voyant à la veille d'estre saccagée comme les autres, eut recours au Ciel & à la Protection de S. Vincent Martyr son Patron. Le Peuple sous le cilice & sous la cendre après un jeûne universel fit en procession tout le tour de la Ville sur les murailles; le Clergé portant en ceremonie la Tunique du Saint qu'ils invoquoient: Les femme y estoient en deüil, les cheveux épars, comme si elles eussent assisté aux funerailles de leurs maris. Ce spectacle surprit les François, qui ne distinguant pas assez de loin la disposition de cette Ceremonie, ne la prirent pas pour une Procession, mais pour une assemblée confuse de peuple qui preparoit quelque malefice ou quelque charme contre ceux qui les assiegeoient: Un Païsan estant sorti de la Ville tomba entre les mains des François; ils l'interrogerent sur l'estat de la Place, & en particulier sur ce que faisoit ce Peuple qu'ils voyoient marcher en foule sur les murailles. Il leur répondit qu'ils portoient en procession une Relique de saint Vincent, en la puissance duquel ils se confioient beaucoup. Les François, dit nôtre Historien, eurent peur & se retirerent.

Gregor. Turon. l. 3. c. 29. Isid. Hisp. in Chron.

Mais l'Historien Got nous apprend qu'une autre cause de cette peur fut une armée de Visigots, que Theudis Roy de cette Nation envoya au secours de la Place sous le commandement du General Theudiscle, qui ayant donné sur l'armée Françoise la défit à platte couture. Il se saisit en mesme temps de tous les Cols des Pyrénées par où les François pouvoient retourner chez eux; & mit les Rois & tout ce qu'ils purent rassembler de leur défaite dans la nécessité de périr ; ce qui fust infailliblement arrivé, si l'avarice du General Visigot ne leur eust facilité la retraite. Car moyennant une grande somme d'argent qu'on luy compta, il convint avec Childebert de retirer ses Troupes de quelques-uns des passages, & de les laisser libres pendant un jour & une nuit. Le reste des François qui ne purent s'échapper dans cet intervalle de temps, fut passé au fil de l'épée. C'est à quoy se termina cette expédition *.

Mais les François eûrent l'année d'après en Languedoc leur revenche de la honteuse déroute d'Espagne. Ils attaquerent & prirent la petite Ville de Sette, située sur le Cap de mesme nom, & de laquelle on voit encore aujourd'huy les ruines.

*Les Visigots y ayant fait aussi-tost transporter par mer leur armée, reprirent la Place ; mais comme le Dimanche qui suivit cette reprise ils ne faisoient point les gardes accoustumées autour de leur camp, parce que les Soldats pour s'exempter de cette peine, disoient que d'estre sous les armes, c'estoit violer la sainteté de ce jour, les François les y surprirent ; & d'autant que dans cette attaque ils se trouverent serrez entre l'armée ennemie & la mer, le carnage en fut si grand & si universel, que pas un seul n'échapa, tout fut pris ou tué. Et c'est cette victoire que nous voyons marquée sur diverses Medailles de Clotaire frappées à Marseille, dans l'une desquelles est d'un costé la teste de ce Prince, & sur le Revers *Victoria Gothica*. La gloire d'avoir vaincu fut presque l'unique avantage que les François en retirerent, battus en Espagne & vainqueurs en Languedoc, les deux Rois se raccommoderent avec les Visigots, & les laisserent en paix.

Cependant les troubles d'Italie continuoient. La fin du regne de Vitigez ne fut pas la fin de la guerre ; mais le départ de Belisaire fut celle des prosperitez & des victoires de l'Empereur en ces païs-là. L'avarice des Generaux qui y resterent pour commander ; & leurs jalousies mutuelles non-seulement les empêcherent de détruire entierement ce qui restoit de puissance des Ostrogots que Belisaire avoit mis sur le penchant de sa ruine ; mais encore elles luy donnerent le temps de se rafermir, & de devenir tout de nouveau redoutable à l'Empire.

Les Ostrogots en profiterent mal d'abord ; & leurs divisions seules suffisoient pour les perdre. Ils eûrent trois Rois les uns apres les autres en moins de dix-huit mois, dont les deux premiers furent assassinez ; mais enfin ils s'en tinrent au troisiéme & avec raison. C'estoit le fameux Totila, que quelques-uns ont appellé Baduila, l'unique successeur de Theodoric qui luy ait ressemblé en équité, en moderation, en prudence, en bonheur, en courage & en habileté dans la guerre.

En tres-peu de temps il reprit sur les Romains quantité de Villes & plusieurs Provinces, gagna des batailles, & se rendit maistre de Rome, qu'il abandonna après l'avoir pillée, & en avoir abbatu une grande partie des murailles.

Il en amena avec luy les Senateurs, en fit sortir tous les habitans, & la laissa en cet estat à Belisaire, que l'Empereur avoit esté obligé de renvoyer en Italie pour arrester la rapidité des victoires de ce nouveau Conquerant. Ce fut dans cette conjoncture que Justinien & Totila tâcherent encore chacun de leur costé d'attirer les François dans leur parti, ou au moins de les empêcher d'entrer dans le parti contraire.

Quelque cession que les Ostrogots eussent faite de la Provence aux François, l'Empereur avoit toûjours des prétentions sur ce Païs ; parce que, selon luy, ceux qui en avoient ainsi disposé, n'en estoient pas les légitimes maistres, mais des usurpateurs qui l'avoient injustement enlevée à l'Empire Romain ; de sorte qu'en toutes les rencontres où il pouvoit exercer quelque acte de Jurisdiction & de Domaine à cet égard, il ne manquoit pas de le faire. C'est dont nous avons un exemple manifeste dans deux Lettres du Pape Vigile à Auxane Archevêque d'Arles. Ce Prelat si-tost qu'il fut élevé sur la Chaire de cette Eglise à la place de saint Cesaire, envoya au Pape un Prêtre & un Diacre avec une Lettre pour luy donner avis de son Ordination, & luy demander en mesme-temps le *Pallium*, & quelques autres choses entre lesquelles estoit la qualité de Vicaire ou Legat du Saint Siege dans les Gaules.

Le Pape luy répondit par des complimens sur son exaltation à l'Episcopat, & l'exhorta à suivre les traces de son saint Prédecesseur ; mais pour le *Pallium*, luy disoit-il, & les autres choses que vous me demandez, quoy-que je fusse ravi de vous les accorder dès maintenant, je ne puis le faire sans en avoir informé l'Empereur & obtenu son consentement, ainsi que la raison, la fidelité & le respect que je luy dois le demandent.

Ce ne fut en effet que dix-huit mois après avoir receû la Lettre de l'Archevêque qu'il luy accorda sur la permission de l'Empereur, le *Pallium* & les autres graces, en l'exhortant à prier Dieu pour la prosperité de ce Prince & de l'Imperatrice ; & sur tout à faire tout possible pour entretenir la paix entre le *tres-glorieux Roy Childebert* & le *tres-Clement Empereur Justinien*. Cela, sans doute, fait voir que cet Empereur tâchoit de se conserver encore quelque autorité sur la Provence.

Mais soit que les François eussent alors fait demander à l'Empereur une cession entiere & dans les formes des droits qu'il pouvoit prétendre sur ce pays, ainsi que le dit l'Historien Procope ; soit que l'Empereur se déterminast de son propre mouvement à la leur faire pour se les attacher, elle se fit.

Je ne sçache pas que depuis ce temps-là les Papes ayent demandé à Justinien ou à ses Successeurs la permission d'envoyer le *Pallium* aux Evêques d'Arles : mais Saint Gregoire le Grand la demanda à l'Empereur Maurice pour l'envoyer à Syagrius Evêque d'Autun par une raison semblable. C'est que le Royaume de Bourgogne où estoit cette Ville, avoit esté cedé par les Empereurs aux Rois des Bourguignons que

CHILDEBERT. CLOTAIRE. THEODEBERT.

les François dépoſſederent, & que ces Rois Bourguignons en faiſoient une eſpece d'hommage aux Empereurs, comme on le voit par les Lettres du Roy Sigiſmond. Ainſi quoy que les François en fuſſent les maiſtres, les Empereurs avoient toûjours leurs prétenſions ſur ce pays, & obligeoient les Papes à ne point donner ſans leur permiſſion, le *Pallium* aux Evêques.

Après la ceſſion de la Provence Juſtinien conſentit encore que les Rois François préſidaſſent à Arles aux Jeux du Cirque comme faiſoient les Empereurs ou les Gouverneurs de la Province qui les repreſentoient, & de plus que la monnoye d'or marquée au coin des Rois de France & empreinte de leur Image fuſt reçûë dans le commerce par tout l'Empire ; privilege, qui n'avoit eſté juſqu'alors accordé à aucun Prince, non pas meſme aux Rois de Perſe. *

Tandis que l'Empereur Juſtinien faiſoit tout ſon poſſible pour n'avoir point les François contre luy, Totila leur fit une propoſition, qui dans le floriſſant eſtat où il avoit mis les affaires des Oſtrogots, ſembloit ne devoir pas eſtre rejettée. Il envoya demander au Roy de France ſa fille en mariage ; on ne dit point auquel des trois ; mais je croy que c'eſtoit Theodebert qui eſtoit le plus puiſſant & le plus connu en Italie & à Conſtantinople. Comme les Ambaſſadeurs en expoſant leurs ordres, avoient donné à leur Maiſtre le nom de Roy d'Italie, Theodebert répondit qu'il ne reconnoiſſoit point pour Roy d'Italie, celuy qui ayant pris Rome, ne l'avoit pû garder ; & que ſa Fille ne pouvant eſtre deſtinée qu'à un Roy, il ne la luy donneroit pas. Les Ambaſſadeurs s'en retournerent avec cette ſeche réponſe, qui piqua ſi vivement Totila, qu'il s'empara de nouveau de Rome, en fit réparer les bréches, & rétablir les maiſons, y remena les Senateurs, y donna des Spectacles, & la remit dans toute ſa ſplendeur que la miſere de ſes habitans tant de fois aſſiegez, pris & pillez pût le permettre.

Mais ce n'eſtoit pas-là la principale raiſon qui détermina Theodebert à ce refus. Il vouloit ſuivant ſon ancien deſſein profiter du deſordre des Oſtrogots, & de l'embarras où eſtoient les Romains par les deux guerres qu'ils avoient à ſoûtenir en même-temps, en Italie, & du coſté de la Perſe. Il prit pour cela des meſures plus juſtes qu'il n'avoit fait dans ſa premiere expédition d'Italie.

Il y fit entrer une armée ſous la conduite du General Bucelin, qui tandis que les Oſtrogots & les Romains ſe battoient, ſe ſaiſit de quelques Places de la Ligurie, & de pluſieurs autres juſque dans le Païs de Veniſe, qui ſéparoient celles que les Romains tenoient ſur le bord de la mer, d'avec Breſſe, Verone & les autres dont les Oſtrogots eſtoient maiſtres du coſté des terres.

Totila ſurpris de ces conqueſtes qui furent fort promptes, s'en ſervit comme d'un motif pour engager l'Empereur à faire la paix, luy repreſentant que les François s'eſtoient déja ſaiſis d'une partie conſiderable de l'Italie ; que le reſte eſtoit déſolé & ruiné, & qu'il eſtoit temps de ceſſer de ſe détruire les uns les autres. Mais l'Empereur avoit réſolu d'exterminer les Oſtrogots en Italie à quelque prix que ce fuſt, eſpérant d'en chaſſer enſuite aiſément les François, c'eſt ce qui obligea Totila à traiter de nouveau avec eux. On convint que chacun demeureroit en poſſeſſion de ce qu'il avoit au delà des Alpes ; qu'on ne ſe regarderoit plus comme ennemis, & que ſi Totila venoit à bout de pouſſer les Romains hors de l'Italie, il accommoderoit les François de ce qui ſeroit le plus à leur bienſéance, pour eſtablir entre eux & les Oſtrogots une paix ſincere & durable. C'eſtoit-là le point où les François avoient toûjours prétendu amener les Gots, & ce qui leur avoit toûjours eſté refuſé. Theodebert conſentit volontiers à ce Traité, ſur lequel il fondoit de grandes eſpérances de s'aggrandir de plus en plus en Italie. Un des articles de l'accommodement fut, que les François romproient enfin ouvertement avec l'Empereur ; & qu'outre le ſecours qu'ils envoyeroient aux Oſtrogots en Italie, ils feroient une grande diverſion du coſté du Danube.

Le prétexte de cette rupture fut tres-ſpecieux, & euſt fait de terribles affaires à l'Empereur, ſi Theodebert euſt eû le loiſir de le faire valoir. Il ſçavoit que Juſtinien parmi les titres qu'il prenoit dans ſes Edits & dans d'autres actes ſemblables, mettoit celuy de *Francique*, donnant à entendre par-là qu'il eſtoit le domteur & le Vainqueur des François, auſſibien que des Vvandales & des autres Peuples dont il ſe ſurnommoit. Il demanda raiſon de cette injure, & entreprit d'obliger Juſtinien à renoncer à ce titre. Il ſe prépara pour cela à porter la guerre juſques dans la Thrace & dans l'Illyrie. Comme il eſtoit maiſtre de la Baviere, & même d'une partie de la Pannonie, ainſi qu'il le dit luy-même dans une Lettre à l'Empereur Juſtinien, ce deſſein n'avoit rien de fort chimérique. Mais pour en rendre l'exécution plus facile, il ſongea à faire ſa cauſe commune avec les Rois des Gepides & des Lombards qui occupoient des Terres de l'Empire de ce coſté-là. Il tâcha de les piquer d'honneur, & leur envoya des Ambaſſadeurs pour leur demander, s'ils étoient réſolus de diſſimuler toûjours les inſultes publiques que Juſtinien faiſoit à tant de vaillantes Nations, en prenant par tout les titres de *Gépidique*, & de *Longobardique*, avec autant de faſte, de vanité & de fauſſeté, que celui d'*Alémannique*, & de *Francique* ? Il leur fiſt dire qu'en ce qui le regardoit en particulier, il eſtoit réſolu de ne pas ſouffrir plus long-temps cet affront ; mais qu'il les prioit d'unir leurs forces avec les ſiennes dans une querelle qui ne les regardoit pas moins que luy.

Les choſes en eſtoient là, lorſqu'un accident auſſi imprévû que funeſte luy cauſa la mort au milieu de ces grands préparatifs. Eſtant un jour à la chaſſe, il vit venir à luy un Buffle ou Taureau ſauvage d'une grandeur ex-

HISTOIRE DE FRANCE.

traordinaire ; il s'arresta pour l'attendre & le percer de son javelot ; le Buffle estant tout proche de luy se détourna, & alla heurter de la teste un arbre qui n'estoit pas fort gros, & le rompit. Dans la cheûte de l'arbre une des branches donna rudement sur la teste du Roy, l'abbatit & le blessa si dangereusement, qu'il en mourut le mesme jour. C'est ainsi que l'Historien qui nous a appris les circonstances des projets de ce Prince contre l'Empire, nous raconte sa mort. Gregoire de Tours ne convient pas que cette mort eust esté si prompte, & sans nous en marquer la cause, il dit seulement qu'il fut long-temps malade, & que les Medecins employerent en vain tout leur art pour le guérir.

Agath. l. 1.

Ce fut en l'an 548. que mourut ce Prince entre quarante-cinq & cinquante ans, après en avoir regné quatorze, digne de vivre & de regner plus long-temps. Les Historiens François ou Gaulois & ceux de l'Empire, les Profanes & les Ecclesiastiques concourent à faire son éloge. Personne, dit un Historien de l'Empire, ne fut plus hardi, ni plus intrépide dans les plus grands périls. Jamais Prince de ceux que les Romains & les Grecs appelloient barbares, n'avoit jusqu'alors soûtenu la dignité de sa Couronne & son rang comme luy. Toûjours recherché & toûjours craint de ses voisins, & sur tout de l'Empereur, à qui il estoit sur le point d'aller faire mériter ou perdre le surnom de Francique qui luy avoit esté donné par ses flateurs. Plus la puissance de cet Empereur estoit redoutable, plus Theodebert affectoit de la mépriser, & ce mépris alloit presque jusqu'à une espece d'insulte. Car non seulement il se faisoit graver dans ses Médailles avec tous les ornemens des Empereurs, mais encore avec les titres qui jusqu'alors leur avoient esté propres dans ces sortes de monumens, & qui les distinguoient de tous les autres Princes. J'en ay vû une * entre autres qui est d'or & d'un volume beaucoup plus grand que celles qui nous restent de nos anciens Rois ; il y est representé de la maniere que je viens de dire, cette inscription, qui estoit celles des Empereurs, *Dominus Noster THEVDEBERTVS AVGustus.* Comme pour faire entendre à Justinien, qu'il prenoit cette qualité d'Auguste avec autant & plus de droit, que cet Empereur s'attribuoit celle de Francique. Marius Evêque de Lausane, qui vivoit peu de temps après luy, l'appelle le grand Roy des François. Dès le vivant de son pere Thierri, à l'occasion de la victoire qu'il remporta sur les Danois, tout jeune qu'il estoit alors, on luy donnoit le nom de Prince utile, qui vouloit dire, selon le Latin barbare de ce temps-là, un Prince brave & capable des plus grandes entreprises : aussi vaillant que son ayeul Clovis, que son pere & ses oncles, il n'eut rien de cette férocité qui leur fit commettre à tous des actions cruelles : au contraire il estoit bien-faisant & humain envers tout le monde, jusqu'à racheter de son propre argent les prisonniers que ses Soldats avoient faits à la guerre, pour leur ren-

An. 548.

Agathias, loc. cit.

* Elle est dans le Médaillé du College de Louis le Grand.

In Chron.

dre leur liberté. Il avoit gagné le cœur de tous ses Sujets, & il estoit tres-sensible à leur misere, comme il le fit paroistre à l'égard des habitans de Verdun. Didier Evêque de cette Ville qui avoit esté fort persecuté & envoyé en exil par le Roy Thierri, ayant esté rappellé par Theodebert, trouva à son retour sa Ville entierement ruinée, & les habitans tres-pauvres. Il présenta une Requeste au Roy, pour le supplier de vouloir bien tirer de son thrésor quelque somme d'argent, & la donner à interest à la Ville de Verdun. Il luy envoya sept mille sous d'or, somme alors tres-considerable en France, qui furent distribuez aux principaux Marchands de la Ville, pour les faire profiter par le commerce : ce qui ayant relevé la fortune de plusieurs, & remis la Ville en meilleur estat, l'Evêque alla pour rendre cette somme au Roy avec les interests. Ce Prince ne la voulut point reprendre, & luy dit cette belle parole : Nous sommes heureux tous deux, vous de m'avoir fourni l'occasion de secourir des pauvres, & moy de ne l'avoir pas manquée. Sa pieté, son respect pour S. Maur, & l'estime qu'il faisoit de son Ordre luy firent demander que son nom fust écrit avec celuy des Moines dans le Catalogue du Monastere que ce Saint bâtit en Anjou sur le bord de la riviere de Loire. La passion qu'il eut pour sa maistresse Deuterie fut une tache de sa jeunesse, qu'une vie plus réguliere effaça dans la suite. L'Empereur Justinien se plaignit plus d'une fois de son peu de fidélité à observer les Traitez. Il est difficile de le défendre de ce reproche : mais c'est un vice dont peu de Rois belliqueux se trouvent exempts. Plusieurs en paroissent moins coupables par la raison qu'ils l'ont sçeû mieux cacher que luy.

Gregor. Turon. l. 3. c. 34.

ibid.

Il ne laissa point en mourant d'autres enfans mâles que Theodebalde ou Thibaut qu'il avoit eu de Deuterie, auquel ni Childebert, ni Clotaire n'entreprirent point de disputer le Royaume d'Austrasie. Theodebert à qui l'experience avoit fait prévoir ce que son fils devoit apprehender de ces deux Princes, avoit pris ses précautions. Il avoit eû long-temps pour ses Ministres trois personnes également habiles dans le gouvernement & dans la guerre ; le premier s'appelloit le Comte Condon, dont Fortunat Evêque de Poitiers de ce temps-là nous a laissé un bel éloge en Vers parmi ses autres Ouvrages : les deux autres estoient Bucelin, dont j'ay déja parlé, & Leutharis, tous deux freres Allemans de Nation, parfaitement attachez à la famille de Theodebert. Ces trois Ministres firent reconnoistre le jeune Prince âgé au plus de treize ans* ; & maintinrent le peuple dans le devoir ; il n'y eut qu'une sédition, où un nommé Parthénius qu'on regardoit comme l'auteur de quelques nouveaux impôsts, fut lapidé par la populace dans la Ville de Tréves : à cela près tout fut parfaitement paisible.

Agathias l. 1. Fortunat. l. 7. c. 16.

* Theodebert épousa Deuterie au commencement de son regne, selon Gregoire de Tours. Ce regne ne fut que de quatorze ans selon le mesme Auteur. Theodebald ne pouvoit donc avoir que 13. ans, & n'é-

La mort de Theodebert fut suivie bien-tost après de celle de la sainte Reine Clotilde. Elle mourut à Tours, où elle avoit presque toûjours vêcu depuis près de quarante ans. Ce fut une

Princesse aussi recommandable par sa patience que par sa pieté & par son zele, & que les rudes épreuves dont le Ciel purifia sa vertu en divers temps de sa vie, sanctifierent autant que les grandes choses qu'elle fit pour la gloire de Dieu. Son corps fut porté à Paris, & enterré à costé de Clovis. Clotaire y vint de Soissons pour rendre avec son frere Childebert les derniers devoirs à une Mere, à qui leurs haines mutuelles, leur ambition & leurs fureurs avoient causé bien des larmes.

L'Empereur ayant appris la mort de Theodebert, non seulement fut délivré de l'inquietude que luy donnoient ses grands apprests de guerre, & les ligues qu'il formoit contre luy; mais encore il espera ramener le jeune Roy d'Austrasie à son parti, & mesme se faire ceder ce qui avoit esté pris par les François en Italie, où un de leurs Generaux nommé Lantachaire avoit esté défait & pris dans le combat depuis la mort de Theodebert.

Ce fut donc dans cette esperance & dans ces veuës que l'Empereur envoya en France le Senateur Leontius, dont toutes les propositions se reduisirent en effet à ces deux points; sçavoir que le Roy s'unist avec l'Empereur contre les Ostrogots, & luy restituât les Places de la Ligurie & du païs de Venise, dont Theodebert s'estoit emparé durant une guerre, ou disoit-il, l'Empereur ne s'estoit si fort engagé qu'après s'estre creu asseuré du secours des François, & d'un secours qu'il avoit acheté par de tres-grosses sommes d'argent.

Le Roy répondit à l'Ambassadeur, qu'il avoit depuis long-temps des liaisons trop étroites entre la France & les Ostrogots, pour se déclarer contre eux; que pour ce qui estoit des Places d'Italie, on ne les avoit pas enlevées aux Romains, mais que Totila les avoit cedées aux François; que le peu d'argent que le feu Roy avoit laissé dans son épargne, marquoit bien qu'il ne s'estoit pas fort enrichi des dépouilles de ses voisins; qu'au reste il ne refusoit pas de conferer sur les prétentions qu'on pourroit de part & d'autre, & qu'il envoyeroit pour le sujet des Ambassadeurs à l'Empereur. En effet peu de temps après le départ de Leontius, le Roy choisit Leudard Seigneur François, avec trois autres personnes pour les envoyer en Ambassade à Constantinople; ce qui ayant esté sçeu en Italie, le Clergé Catholique de ce païs-là pria le Roy de vouloir bien donner ordre à ses Ambassadeurs d'entrer dans une affaire, qui se traitoit actuellement à Constantinople, où il s'agissoit de l'interest de l'Eglise Universelle, de l'honneur & de la vie mesme du Pape, & de plusieurs autres Prélats & Ecclesiastiques, ausquels on faisoit les traitemens les plus indignes.

Cette grande affaire estoit la contestation touchant les trois Chapitres, si fameuse dans l'Histoire Ecclesiastique du sixième siécle, & qui causa de si grands mouvemens dans l'Eglise. Sans m'arrester à parler icy des intrigues & des ressorts qui produisirent toutes ces brouïlleries, dont l'histoire m'écarteroit trop de mon sujet; je diray seulement en deux mots de quoy il estoit question: car la chose dans la suite fit du bruit en France, jusqu'à y faire soupçonner les Papes d'avoir prévariqué & trahi la cause de l'Eglise, ce qui fit qu'on leur demanda des éclaircissemens touchant leur conduite & la sincerité de leur foy.

Il s'agissoit donc si l'on devoit condamner ou non quelques écrits de Theodoret autrefois Evêque de Cyr, qu'il avoit composez plus de cent ans auparavant contre S. Cyrille d'Alexandrie en faveur de Nestorius; une Lettre d'Ibas Evêque d'Edesse écrite aussi contre le mesme Saint dans le mesme temps; & enfin la personne & les écrits de Theodore Evêque de Mopsueste qu'on prétendoit avoir esté la source empoisonnée, où Nestorius avoit puisé ses erreurs. Ce sont ces trois points qui faisoient la matiere de la contestation,& qu'on a toûjours appellez depuis dans l'histoire, les trois Chapitres, *tria Capitula*.

Ce qui faisoit la difficulté estoit que les deux Evêques Theodoret & Ibas, dont on avoit leû les écrits, & examiné le procés dans le Concile de Calcédoine, y avoient esté reconnus pour Orthodoxes, & rétablis dans leurs Eglises; & pour ce qui estoit de Theodore de Mopsueste, on regardoit comme une chose inouïe de luy faire son procés si long-temps après sa mort; veû qu'il avoit fini sa vie dans le sein de l'Eglise comme un de ses enfans. La plus grande partie des Catholiques s'opposoit à cette condamnation, comme préjudiciable au respect que l'on devoit au Concile de Calcédoine, où Ibas & Theodoret avoient esté absous. Ceux qui pressoient la condamnation des trois Chapitres estoient pour la plûpart des Eutychiens, qui sous pretexte de réünir tous les partis, prétendoient par cette condamnation ôter toute autorité à ce Concile, où Eutyches & ses erreurs avoient esté anathématisez. L'Imperatrice Theodora qui favorisoit ces heretiques, avoit engagé Justinien sous cet appas de la paix de l'Eglise, à demander au Pape & à tous les Patriarches, la condamnation des trois Chapitres, à quoy il se trouvoit beaucoup d'opposition. C'est-là dequoy on disputoit actuellement à Constantinople.

Les bruits de ces disputes estoient déja venus jusqu'en France, mais d'une maniere assez confuse. On y sçavoit seulement en general que les Nestoriens & les Eutychiens entroient dans cette affaire, & que ces deux sectes avoient en veuë de tirer tout l'avantage qu'ils pourroient de ces divisions. Car si les trois Chapitres étoient condamnez, les Eutychiens regarderoient cette condamnation comme celle du Concile de Calcedoine. Que s'ils ne l'estoient pas, les Nestoriens prendroient le refus de condamnation comme une approbation tacite de leur doctrine, que Theodoret & Ibas paroissoient au moins approuver dans leurs écrits, & que Theodore de Mopsueste avoit tres-expressément enseignée.

Sur ces bruits les Evêques de France dans le

cinquiéme Concile d'Orleans tenu par l'ordre de Childebert, avoient tout récemment condamné ces deux héréfies & leurs auteurs mêmes. C'eſtoit ſeulement pour montrer l'horreur qu'on en avoit en France, & la conformité des Egliſes des Gaules en matiere de Foy avec l'Egliſe Univerſelle ; car il n'y avoit en ce Royaume ni Neſtoriens ni Eutychiens.

An. 549.

Enſuite de ce Concile Aurelien Evêque d'Arles qui y avoit aſſiſté, écrivit à Conſtantinople au Pape Vigile, pour s'informer s'il eſtoit vray, comme on le diſoit, qu'il eût condamné les trois Chapitres. Le Pape ne répondit pas tout-à-fait directement à ſa demande ; parce qu'on ne luy permit pas à Conſtantinople de développer les choſes dans ſa réponſe, comme il l'auroit voulu : mais il le pria ſeulement de ne point ajoûter foy à tous les faux bruits, & à certains écrits ſuppoſez qu'on faiſoit courir en France; & l'aſſeûra qu'il n'avoit rien fait dans tout ce qui s'eſtoit paſſé juſqu'alors, qui pût préjudicier à aucun des Conciles Generaux, ou aux Decrets des Papes ſes Predeceſſeurs, ou qui pût bleſſer l'honneur de ceux qui avoient ſouſcrit aux définitions de foy; qu'il avoit ſeulement anathematiſé tous les écrits contraires à la Foy, & ceux qui avoient traité d'impie la doctrine de S. Cyrille. Il le prioit auſſi de voir le Roy Childebert; de le ſupplier de ſa part de ne point abandonner l'Egliſe & le Saint Siege dans les conjonctures fâcheuſes, où l'un & l'autre ſe trouvoient ; & de l'engager à écrire au Roy des Oſtrogots, pour l'exhorter à ne point permettre qu'on excitaſt aucun trouble dans l'Egliſe de Rome. Enfin le Pape prioit l'Evêque d'Arles de communiquer ſa lettre à tous les Evêques de France.

Epiſt. Vigilii ad Aurel.

An. 550.

Ce fut quelque-temps après ces lettres reçûës, que Leontius cet Ambaſſadeur de l'Empereur dont j'ay parlé, arriva à la Cour de Theodebalde Roy d'Auſtraſie, & que les Ambaſſadeurs de France ſe diſpoſerent à partir pour Conſtantinople. Les memoires que le Clergé d'Italie leur adreſſa comme ils eſtoient ſur le point de partir, leur expliquoient tout ce qui s'eſtoit paſſé dans l'affaire des trois Chapitres depuis que le Pape avoit eſté forcé par Juſtinien d'aller à Conſtantinople, toutes les diverſes démarches de ce Pontife, toutes les violences qu'on luy avoit faites auſſi-bien qu'à Dacius Evêque de Milan, & comment ce Prélat avoit déclaré que ſi les Evêques Grecs ſouſcrivoient à certains Edits de l'Empereur qui donnoient atteinte au Concile de Calcédoine, ils pouvoient s'aſſeûrer que les Evêques de France, de Bourgogne, d'Eſpagne, des Provinces de Ligurie, d'Emilie & de Veniſe ſe ſepareroient de leur Communion. De plus le Clergé d'Italie dans cette lettre prioit les Ambaſſadeurs de prévenir là-deſſus tous les Evêques de France, auſquels ils ſçavoient bien qu'on envoyoit de Conſtantinople de fauſſes relations, de faire en ſorte qu'ils écriviſſent au Pape & à l'Evêque de Milan pour les conſoler & les fortifier dans la réſolution où ils eſtoient de ne point ſouffrir qu'on fiſt aucune innovation. Enfin ils conjuroient

Epiſt. Cler. Ital. ad Legatos Francię.

les Ambaſſadeurs de ſe ſervir du crédit que donneroit leur caractere à la Cour de l'Empereur, pour y ſoûtenir la cauſe de Dieu; & d'y procurer ſur tout le retour de l'Evêque de Milan extrémement neceſſaire à ſon Egliſe après une abſence de pluſieurs années.

Le détail de ce qui ſe paſſa dans cette négociation à Conſtantinople n'eſt point venu juſqu'à nous. Un Hiſtorien contemporain eſtoit à la Cour de Juſtinien nous dit ſeulement en général, que les Ambaſſadeurs y conclurent les affaires pour leſquelles ils eſtoient venus ; c'eſt à dire qu'ils firent la paix avec l'Empereur, & que les François demeurerent en poſſeſſion de ce qu'ils avoient en Italie, ainſi qu'on le voit par la ſuite de l'hiſtoire. Il eſt encore certain que ce fût vers le temps que les Ambaſſadeurs arriverent à Conſtantinople, qu'on commença à traiter le Pape tout d'une autre maniere qu'on n'avoit fait juſqu'alors ; que Theodore Evêque de Ceſarée le chef de toute la faction Eutychienne luy demanda pardon; & qu'enfin l'Empereur caſſa les Edits qu'il avoit faits pour la condamnation des trois Chapitres, remettant, comme il le devoit, la déciſion de cette affaire au Jugement d'un Concile General. Deſorte que ce n'eſt pas ſans une grande vraye-ſemblance que nous regarderons cette converſion ſubite de la Cour & de l'Egliſe de Conſtantinople, comme un effet des inſtances que les Ambaſſadeurs François y firent en faveur du Pape.

Procop. l. 4. de bello Goth. c. 14.

Cap. 16.

Ann. 552.

Quoy qu'il en ſoit, la paix entre l'Empire & la France ne fut pas de longue durée. La ſeule ſituation des Villes que les François avoient en Italie devoit fournir mille occaſions de rupture, tandis que l'Empereur & les Oſtrogots y ſeroient en guerre. Les troupes des deux partis ne pouvoient marcher les unes contre les autres ſans paſſer ſous les murailles des Villes Françoiſes, à moins qu'elles ne priſſent de grands détours; & ce fut en effet ce qui commença à broüiller les François avec les Imperiaux.

L'Empereur eſtoit ennuyé de la guerre d'Italie, où dès que Totila ſe fuſt mis à la teſte de ſa Nation, & en euſt rétabli les affaires, ce n'eſtoit plus qu'une viciſſitude de bons & de mauvais ſuccés, qui ne décidoient rien. Depuis que Béliſaire en euſt eſté rappellé une ſeconde fois, & que le General Germain qu'on luy avoit donné pour ſucceſſeur fut mort, il n'y avoit plus perſonne en qui les Troupes euſſent aſſez de confiance, & qui eût ſur elles autant d'autorité qu'il en falloit pour les maintenir dans la diſcipline & dans une parfaite obéiſſance. L'Empereur réſolut donc d'y envoyer le fameux Narſez, un des plus ſages, des plus vaillans, des plus habiles & des plus honneſtes hommes de ſon temps, aimé & eſtimé du Soldat, & ſeul capable de remplacer, pour ne pas dire de ſurpaſſer Beliſaire. Il luy donna la plus belle & la plus nombreuſe armée qu'il eût encore envoyée en Italie, & avec cela beaucoup d'argent pour la ſubſiſtance des Troupes, & pour faire revenir de l'armée de Totila quantité de déſerteurs, qui s'y eſtoient jettez faute de paye.

Narsez ayant fait passer son armée de Salone en Italie par le Golphe, & l'ayant fait reposer quelque temps vers Aquilée, résolut de la conduire droit à Ravenne, où il y avoit Garnison Imperiale; & de porter delà la guerre dans cette partie de l'Italie qui se retrecit entre les deux Mers. J'ay déja dit que l'Empereur estoit maistre des Places situées sur le bord du Golphe de Venise; que les Gots occupoient celles qui sont à la mesme hauteur du costé des Terres, & que les François s'estoient emparez de celles qui estoient entre-deux. Ainsi Narsez ne pouvoit venir à Ravenne que par deux chemins, sçavoir par le bord de la Mer, ou bien prenant à droite par le pays que les François occupoient.

Celuy-cy estoit sans comparaison le plus aisé. Car quoique les Romains eussent toûjours marché sur leurs Terres en costoyant la Mer, il leur eust fallu passer grand nombre de Rivieres à leur embouchûre, & entr'autres le Pô; à quoy il y avoit beaucoup de difficultez & de temps à perdre, sur tout à faire des Ponts. Narsez se détermina en effet au premier, & envoya demander aux François permission de passer avec son armée sur leurs Terres en vertu de l'alliance, qu'on venoit tout récemment de renouveller à Constantinople.

Les François qui appréhendoient plus les progrez des Imperiaux en Italie que les avantages des Ostrogots, s'estoient campez sur la Riviere d'Adige assez près de Vérone. Les Deputez de Narsez les y trouverent bien résolus à disputer le passage à l'Armée Imperiale en cas qu'elle prist son chemin de ce costé-là. Toutefois le General Hamming qui les commandoit, répondit assez civilement aux Envoyez, que si l'armée de Narsez n'estoit composée que des Troupes de l'Empereur, il luy donneroit volontiers passage; mais qu'il avoit avec luy quantité de barbares qui ravageoient tous les païs par où ils passoient, & entr'autres un Corps nombreux de Lombards, Nation ennemie des François; qu'ils ne pouvoient se résoudre à les voir chez eux; & qu'ainsi on prioit le General Romain de prendre un autre chemin. Comme les Envoyez de Narsez faisoient instance, & qu'ils userent mesme de quelques menaces, Hamming le prit aussi d'un ton plus haut, & leur dit qu'on attendroit leur armée de pied ferme; qu'on estoit prest à la bien recevoir; & que pour luy, tandis qu'il auroit un bras pour lancer un javelot, il montreroit aux Romains qu'il sçavoit s'en servir.

Comme Narsez déliberoit sur cette réponse & sur le parti qu'il avoit à prendre, on luy representa que quand les François luy accorderoient le passage, ou qu'il le forceroit, il luy seroit impossible de pousser jusqu'à Ravenne; parce que Totila ayant préveu son dessein, & appréhendé que les François ne se laissassent gagner, avoit envoyé un de ses Capitaines nommé Teïas à Vérone, avec ordre de se retrancher de ce costé-là; qu'il y étoit déja arrivé; qu'il rompoit & embarassoit tous les chemins qui conduisoient au Pô; qu'il faudroit avant toutes choses faire le siege de Verone, & ensuite forcer Teïas dans ses retranchemens; que c'estoit une affaire fort hazardeuse, & qui mettroit l'armée hors d'estat de rien entreprendre de plus, le reste de la campagne. Tout cela estoit vray: de sorte que Narsez prit la résolution d'aller par le bord de la mer.

S'estant donc asseuré que la plus grande partie des forces de Totila estoit du costé de Vérone, il commanda qu'on fist partir en toute diligence un grand nombre de chaloupes de l'armée navale avec quelques vaisseaux. Il marcha luy-mesme avec beaucoup de promtitude; se servit des chaloupes pour faire ses ponts, & des vaisseaux pour transporter une partie des troupes; & de cette maniere en tres-peu de temps l'armée arriva à Ravenne.

Totila surpris de cette diligence s'avança jusqu'à Rome; s'y fit joindre par toutes les troupes de Teïas, excepté deux mille chevaux qui n'avoient pû arriver assez tost, ausquels il envoya ordre de suivre le plus promptement qu'ils pourroient. Il apprit en chemin que Narsez avoit forcé le pont de Rimini, où le Gouverneur de la Place qui estoit sorti pour luy en disputer le passage, avoit esté tué. Il partit peu de temps après de Rome à la teste de son armée pour s'avancer du costé de l'ennemi; il traversa toute la Toscane, & vint camper dans les montagnes de l'Appennin, où Narsez arriva aussi peu de temps après.

Ce General avant que d'engager davantage les choses, envoya un de ses Officiers à Totila pour l'exhorter à faire sa paix avec l'Empereur, & luy représenter qu'il n'estoit pas en état de soutenir toutes les forces qui alloient fondre sur luy. A quoy Totila ayant répondu fierement qu'il falloit qu'une bataille décidast de l'Empire d'Italie; choisissez donc le jour, reprit l'Officier selon l'ordre qu'il en avoit de Narsez. Dans huit jours au plûtard, répondit le champ Totila, & dés le jour suivant il marcha droit au camp des Romains, esperant les surprendre; mais il les trouva sur leurs gardes.

On escarmoucha le reste de la journée. Narsez pendant la nuit fit occuper une hauteur qui commandoit le champ de bataille, & Totila fit en vain tous ses efforts le lendemain pour la reprendre. Il rangea tout de nouveau son armée en bataille devant son camp, continuant à escarmoucher sans trop s'engager, quelque semblant qu'il fit de vouloir combattre; parce qu'il attendoit les deux mille chevaux, qui n'avoient pû le joindre quand il partit de Rome.

La matinée s'estant passée en ces escarmouches, il envoya dire à Narsez qu'il estoit prest d'écouter les propositions qu'on luy avoit voulu faire peu de jours auparavant. Narsez luy répondit froidement qu'il n'estoit plus question de paix, quand deux armées estoient rangées en bataille pour finir la guerre par la Victoire. Sur ces entrefaites les deux mille chevaux que Totila attendoit, arriverent au Camp.

Il y fit rentrer ses troupes, comme s'il eût voulu s'y retrancher; les fit repaistre, & leur ayant aussi-tost fait reprendre leurs armes, les remit tout de nouveau en bataille. Narsez à qui tous ces stratagêmes n'imposoient point, fit aussi manger ses soldats; mais sans permettre qu'ils quittassent ni leurs armes, ni leurs rangs. Enfin Totila se détermina au combat fatal, où il périt, tué selon quelques-uns dans le combat mesme, & selon d'autres dans la déroute de son armée, qui fut taillée en pieces.

An. 552.

Avec ce Prince tomba l'Empire des Ostrogots, qui ne firent plus depuis que quelques vains efforts pour se relever. Rome & plusieurs autres Villes se rendirent au vainqueur. Valerien un des Lieutenans de Narsez mit le siege devant Vérone : la garnison consternée commençoit à capituler ; lorsque les François ne voulant pas avoir les Romains si près d'eux envoyerent dire à ce Capitaine, que s'il entreprenoit de faire des conquestes de ce costé-là, il auroit affaire au Roy de France qui avoit des prétentions sur Vérone ; ce qui l'empêcha de passer outre. Car Narsez apprehendoit toûjours que les François ne vinssent le troubler dans sa Victoire.

Cap. 33.

Cette démarche des François encouragea les Gots, dont les débris ayant passé le Pô, & s'estant rassemblez auprès de Pavie, éleûrent Teïas pour leur Roy, qui trouva dans cette Ville quantité d'argent que Totila y avoit amassé, & offrit de grandes sommes aux Commandants François pour les engager à se déclarer entierement pour luy. Ils luy répondirent qu'ils n'avoient point d'ordre sur cela, & qu'il envoyast à la Cour pour le leur faire donner. Il le fit au pluftost ; mais quelques instances que fissent les Ambassadeurs, ils ne purent rien obtenir; le jeune Roy d'Austrasie Theodebalde Prince d'une complexion foible, ne voulant s'engager qu'à la derniere extrémité dans une guerre contre l'Empereur.

Cap. 34.

Neanmoins l'élection de Teïas dont les Ostrogots estimoient infiniment la valeur, & l'espérance qu'ils concerent du secours de France arresterent la rapidité des conquestes de Narsez. Plusieurs Gouverneurs de Places qui songeoient à se rendre, & entre autres celuy de Tarente qui avoit déja capitulé, apprenant que Teïas avoit envoyé des Ambassadeurs à la Cour de France, tinrent ferme contre les menaces & les sollicitations des Romains. Ce nouveau Roy de son costé ayant ramassé le plus de troupes qu'il luy fut possible, & marché par des chemins écartez avec une prodigieuse diligence, parut dans la Campagne d'Italie lors qu'on l'y attendoit le moins. Narsez qui estoit à Rome pour donner ordre aux affaires & au rétablissement de cette Capitale, en fut extrémement surpris ; & ayant rappellé la pluspart des détachemens qu'il avoit faits pour aller se saisir de diverses places, il marcha luy-mesme vers l'ennemi.

Ils se camperent tous deux assez près du Mont Vesuve, & si proche l'un de l'autre, que les Soldats d'un camp tuoient à coups de fléches les Soldats de l'autre camp. Il n'y avoit entre-deux qu'un petit ruisseau appellé le Dragon fort étroit & peu profond ; mais dont les bords estoient si hauts & si escarpez, qu'ils servoient aux deux camps de retranchemens inaccessibles. Ils demeurerent ainsi deux mois entiers en présence, les Gots ayant aisément des vivres par la Mer, sur le bord de laquelle ils avoient encore en cet endroit quelques Places à eux. Mais la trahison de celuy qui commandoit leur flote, & qui la livra toute entiere à Narsez, les déconcerta absolument. Les Romains maistres de la Mer, leur couperent les vivres, & les réduisirent à l'extrémité. Les Ostrogots s'éloignerent un peu de la Mer, & se retirerent sur une montagne voisine, où Narsez ne jugea pas à propos de les suivre, prévoyant bien que la mesme raison qui les avoit obligez de décamper du bord de la Mer, ne leur permettroit pas de demeurer long-temps en ce lieu.

Draco.

En effet la disette de vivres les obligea bien-tost à le quitter ; mais ne sçachant de quel costé tourner ils prirent le parti que le désespoir leur inspira, qui fut d'aller fondre sur le camp des Romains, plustost dans l'esperance de mourir en gens de cœur, que de vaincre. Ils le firent, & si subitement, que Narsez malgré sa prévoyance ordinaire se trouva surpris;& ce fut-là une de ces occasions où la valeur du Soldat sauva la réputation du General. Chacun combatit d'abord au lieu où il se trouva par hazard, & prit & deffendit son poste avec toute la vigueur possible sans attendre d'ordre. Les Ostrogots combattoient tous à pied, la Cavalerie ayant quitté ses chevaux, & les Cavaliers ayant esté distribuez parmy les Fantassins. Narsez fit aussi mettre toute sa Cavalerie à pied, & rangea ses Troupes sur plusieurs lignes dans la mesme disposition, que Teïas avoit rangé les siennes.

Il n'y eût jamais de combat plus opiniastré. Teïas à la teste d'un petit bataillon composé des plus déterminez de son armée parût au premier rang, & y fit des prodiges de valeur. Il avoit pris exprés des armes qui le faisoient reconnoistre de l'armée ennemie & de la sienne; pour ce qu'il estoit ; & ce fut aussi contre luy que les Romains firent les plus grands efforts, persuadez que sa mort seroit la fin du combat. Il fit & soutint des charges terribles. Il fut obligé souvent de changer de bouclier, ceux dont il se servoit estant en moins de rien percez & couverts de fléches. Il fut assailli plusieurs fois par les plus hardis des ennemis qui vinrent fondre sur luy l'épée à la main ; mais pas un de ceux qui l'approcherent, ne retourna. Le combat avoit commencé dès le grand matin & Teïas avoit combattu de la sorte pendant plusieurs heures; lorsque ne pouvant plus remuer son bouclier chargé de douze javelots qu'il y avoit reçûs, il appella son Ecuyer pour luy en apporter un autre ; & au moment qu'il le prenoit, il fut frappé d'une fléche dans la poitrine, & il expira sur le champ. On luy coupa la teste, & Narsez l'ayant fait mettre au bout d'une pique, la fit voir

Cap. 35.

CHILDEBERT. CLOTAIRE. THEODEBALDE.

aux deux armées. Les Gots n'en furent que plus animez ; la nuit seule termina le combat, ou plustost l'interrompit ; car il recommença le lendemain dès la pointe du jour, & dura encore jusqu'à la nuit suivante, parce qu'on ne recula ni de part ni d'autre.

Alors ce qui restoit des plus considerables des Ostrogots se voyant eux & leurs Soldats épuisez de forces, & lassez de lutter plus long-temps contre leur mauvaise fortune, envoyerent dire à Narsez qu'ils estoient tous déterminez à périr plustost que de se rendre prisonniers aux Romains ; mais qu'ils le prioient de leur permettre de se retirer où ils voudroient avec ce qu'ils pourroient emporter de leurs biens, après avoir rendu les Villes à leurs vainqueurs.

Narsez ne voulut pas pousser à bout de si braves gens, & considerant qu'il avoit par leur retraite tout ce qu'il pretendoit, il leur accorda leur demande, à condition qu'ils sortiroient au plustost d'Italie, & ne reprendroient jamais les armes contre l'Empereur. Le traité fut signé de part & d'autre, excepté que durant qu'on capituloit, un Capitaine Got nommé Indulphe ne voulant point entendre parler de capitulation, sortit du camp avec environ mille hommes, gagna le Pô, & s'alla jetter dans Pavie ; où ayant ranimé les restes de sa Nation qui demeuroient le long des bords de cette Riviere, il envoya de nouveau en France demander du secours contre les Romains.

Agathias l. 2. Ces Envoyez firent au Roy Theodebalde l'exposition de l'estat pitoyable où leur Nation estoit réduite, & des forces & de la fierté des vainqueurs ; ils ajoûterent que si on les abandonnoit, leur ruine seroit un acheminement à la perte non seulement des Villes que les François possedoient en Italie ; mais peut-estre encore de ce qu'ils possedoient dans les Gaules, sur lesquelles les Imperiaux feroient bien-tost valoir leurs anciennes pretentions, comme ils avoient fait pour l'Italie ; quoy qu'ils l'eussent autrefois cedée dans toutes les formes au Roy Theodoric. Le Roy soit pour tenir parole à l'Empereur, *Ogt?* soit que sa santé qui estoit toûjours mauvaise, le détournât de se charger des soins d'une guerre de cette importance ; leur répondit *Ibid.* qu'il n'avoit pas dessein de s'y engager. Mais ses deux Ministres Bucelin & Leutharis, leur dirent en particulier comme ils estoient sur leur départ, qu'ils ne perdissent pas courage, & que, quoy que le Roy leur eût dit, ils les suivroient de bien prés eux-mesmes à la teste d'une armée, qui feroit bien-tost changer de face aux affaires d'Italie.

Cette réponse des Ministres si opposée à celle du Roy avoit esté vray-semblablement concertée, & sert à confirmer ce que j'ay deja remarqué, & ce qu'a pensé l'Historien Procope à l'occasion de l'Ambassade que Teïas avoit envoyée quelques mois auparavant en cette Cour, où l'on luy avoit refusé le secours, faute duquel il perit. Il dit que dans les diffe- *Procop.* *l. 4. c. 34.* rens personnages que les François avoient faits dans tout le cours de cette guerre, ils n'avoient

A jamais eû en veüe de faire plaisir ni aux Ostrogots, ni aux Romains ; mais que leur but avoit toûjours esté de se rendre maistres de l'Italie ; de laisser pour cela affoiblir les deux partis, afin, que quand un des deux seroit entierement abbatu, ils pussent faire la guerre à l'autre par eux-mesmes, & non point comme alliez des Ostrogots ou des Romains. C'est ce qu'ils firent en effet aussi-tost aprés de la maniere que je vais dire.

Les Ostrogots ne paroissoient plus en campagne, & ce qui restoit de ceux qui n'avoient pas capitulé avec Narsez, estoit renfermé dans quelques places fortes, où l'esperance du secours que les François avoient promis, soûtenoit. Narsez apprit effectivement bien-tost *Agathias* *l. 2.* que l'armée de France estoit en marche au nombre de soixante & quinze mille hommes, partie François, partie Allemans, commandez par Bucelin & Leutharis, qui ne se promettoient pas moins que de subjuguer toute l'Italie & la Sicile. Cette nouvelle l'obligea de presser plus que jamais une entreprise dont il eût esté bien-aise de venir à bout avant que les François eussent passé les Alpes ; c'estoit le siege de Cumes dans la Campagne d'Italie. *Vers l'An 547.*

Il avoit esté formé avant la défaite de Teïas. Aligerne frere cadet de ce Roy s'estoit jetté dedans pour la deffendre comme le meilleur *Ibid.* poste qui restast de ce costé-là aux Gots, & situé sur un rocher de tres-difficile accés. Totila & Teïas y avoient mis la plus grande partie de leurs thrésors, & tout ce qui leur estoit écheû de plus precieux dans le butin d'Italie. La garnison y estoit nombreuse & bien pourveüe de toutes les choses necessaires pour une longue deffense.

Narsez y alla luy-mesme afin de haster par sa presence, le siege où l'on n'omettoit rien de part & d'autre pour bien attaquer & pour le bien deffendre. Aligerne s'y signaloit sur tout non seulement par son courage ; mais encore par son adresse & par sa force qui estoit telle, que les Soldats Romains distinguoient les fléches qu'il tiroit, par leur vitesse, par le bruit qu'elles faisoient en fendant l'air & par les fractures, & les blessures qu'elles causoient par tout où elles donnoient. Pallade un des Lieutenans Generaux de Narsez en fit une funeste experience. Aligerne le démesla comme il donnoit quelques ordres assez prés de la muraille couvert de son bouclier & d'une tres-forte cuirasse. Il luy tira une fléche qui ayant traversé le bouclier & la cuirasse, luy passa au travers du corps.

Narsez voyant l'obstination des assiegez, que l'esperance du secours ou d'une diversion encourageoit, ne sçavoit quel parti prendre. Il avoit remarqué en reconnoissant la Place une grande caverne qu'on pretendoit estre celle où autrefois la Sybille Cumée prononçoit ses Oracles, & qui s'estendoit sous le rocher sur lequel la Ville estoit bâtie ; Il espera qu'en faisant saper certains endroits du roc sur lesquels une partie des murailles portoit, il les pourroit renverser, & faire par ce moyen une breche à la

Place. Malgré la difficulté de cette entreprise il y fit travailler, & en vint à bout. A mesure que le travail avançoit, il faisoit soûtenir la voute par de gros bois plantez debout, qui se trouverent à la fin porter seuls tout le poids du rocher & des murailles qui y répondoient. C'estoit alors la maniere de faire les mines. Dans tout le temps qu'on fut occupé à cet ouvrage il fit donner de ce costé-là quantité de faux assauts, & faire toûjours un grand bruit pour empêcher qu'on n'entendit les travailleurs.

Les choses estant ainsi disposées, il fit jetter tout à l'entour de ces estançons quantité de matieres combustibles où l'on mit le feu, & fit tenir ses gens tout prests à monter à l'assaut. Quand les bois furent consumez la voute de la carriere creva, & en mesme-temps une grande partie des murailles & plusieurs des Tours de la Ville s'écroulerent avec un fracas épouventable. Mais le roc estoit si haut & si escarpé, qu'après la chûte de la muraille, le chemin pour aller à la bréche demeura tres-roide, & tres-difficile à monter. Narsez nonobstant cela hazarda l'assaut ; mais il fut repoussé deux fois avec grande perte.

Cependant il apprit que l'armée Françoise avoit passé les Alpes Rhétiques, & s'avançoit vers le Pô ; & cette nouvelle le détermina à quitter le siege de Cumes. Il laissa quelques Troupes pour le continuer, donna une grande partie de son armée à Fulcaris Commandant des Erules, pour aller se poster le long du Pô, s'emparer des défilez & de tous les postes, d'où il pourroit embarasser la marche des ennemis, avec ordre de le retarder le plus qu'il pourroit : luy avec le reste de l'armée prit sa route par la Toscane, où Florence, Pise & quelques autres Places se rendirent à luy.

La seule Ville de Luques qui avoit receu des Commandans François l'arresta ; elle capitula neanmoins, & promit de se rendre, si dans trente jours elle ne recevoit un secours capable non seulement de la deffendre de dessus ses murailles ; mais encore de faire des sorties sur les assiegeans. Les Commandans ne doutoient point que l'armée de France n'arrivast avant ce terme ; mais elle ne parut point, & Narsez somma la Ville de se rendre. Ils se mocquerent de la sommation, persuadez que le secours ne pouvoit pas beaucoup tarder.

Plusieurs des Officiers de Narsez luy conseillerent de faire couper la teste aux Ostages qu'on luy avoit donnez pour l'asseûrance du traité : mais ce Général qui estoit naturellement humain, ne pût se résoudre à punir l'infidelité des parjures par la mort des innocens, & se contenta d'user d'un stratagême qui luy réussit avec le temps & la patience.

Il fit avancer les Ostages vers les murailles de la Ville les mains liées derriere le dos & la teste courbée dans la posture de gens prests à recevoir le coup de la mort. Chacun d'eux avoit son Soldat derriere luy le sabre haut prest à frapper. Narsez fit encore sommer une fois les assiegez de se rendre, leur disant que s'ils disferoient, il alloit sur le champ faire massacrer ces malheureux. Ce spectacle toucha les assiegez ; car il y avoit parmy ces Ostages plusieurs personnes de consideration ; mais il ne put les obliger à livrer la place. Alors Narsez cria aux Soldats de frapper ; ce qu'ils firent, & les abbatirent tous à leurs pieds, sans leur faire cependant grand mal. Car on leur avoit mis par ordre du General des bastons, qui leur prenoient depuis l'entre-deux des épaules jusqu'à la teste, & qu'on avoit envelopez de linges, qui empêcherent que le sabre ne les blessast. Eux-mesmes avoient commandement de faire bien les morts : & ils firent en effet si bien leur personnage que les assiegez ne douterent pas qu'ils ne le fussent. Les murailles retentirent des cris lugubres des parens & des amis de ceux qu'on croyoit morts : leurs filles & leurs femmes parurent échevelées se déchirant le visage avec les ongles, & vomissant mille injures contre le Général Romain.

Alors Narsez fit dire aux habitans qu'ils ne devoient pas luy imputer la mort de ces miserables ; que c'estoit eux-mesmes qui les avoient fait périr par leur perfidie : mais que s'ils vouloient encore se rendre, ils les verroient bien-tost ressuscitez. Ils crurent d'abord qu'on insultoit à leur douleur. Mais comme on le leur repeta plusieurs fois fort serieusement, ils voulurent voir ce que l'on prétendoit par cette bizarre proposition, & consentirent à rendre la Ville, si on leur rendoit en vie ceux qu'ils avoient veû assommer à coups de sabre, & qu'ils voyoient étendus sur la place. Narsez commanda aussi-tost à tous ces Ostages de se lever, les fit approcher des murailles & reconnoître par leurs amis, qui à peine s'en rapportoient à leurs yeux, tant ils estoient surpris d'une chose si inesperée. Plusieurs à ce moment crierent qu'il falloit se rendre, & ne pas pousser plus loin la patience d'un ennemi si humain. Mais la faction Françoise l'emporta.

Sur cela Narsez fit délier les Ostages, les renvoya libres dans la Ville, sans exiger d'eux ni rançon, ni promesse ; & montrant son épée nuë aux assiegez : ce sera cette épée, leur dit-il, qui vous fera rendre malgré vous ; & je luy prepare d'autres victimes que celles que vous luy avez abandonnées. Il fit aussi-tost éloigner ses Soldats pour se disposer à recommencer l'attaque.

Cependant les François estoient arrivez sur le Pô, mais sans passer outre ; tant pour se reposer, qu'à cause du corps d'armée envoyé par Narsez de costé-là sous le commandement de Fulcaris Général des Erules, qui s'estoit saisi des passages, & posté si avantageusement, qu'il estoit difficile de le forcer, ou de passer en sa présence. Cette commission de garder des passages n'estoit gueres conforme au genie de Fulcaris homme vif & boüillant, hardi jusqu'à la témérité, capable des plus vigoureuses entreprises pourveû qu'elles fussent subites ; mais qu'un campement sans action fatiguoit & rebutoit. Il garda d'abord exactement les ordres de Narsez de ne rien hazarder, de ne pas envoyer

ses

ses partis trop loin, de les faire toûjours marcher en gros sans permettre que personne se débandast. Mais enfin il s'ennuya d'une maniere de guerre si réguliere. Son plaisir estoit d'aller luy-mesme en parti comme un simple Capitaine; d'estre toûjours à la teste de ceux qui alloient à la petite guerre; & d'en venir aux mains avec quiconque vouloit l'attendre. Bucelin Général de l'armée de France ne désespera pas que cet aventurier ne luy fournist bien-tost quelque favorable occasion de le battre. Il l'attendit avec patience; & elle se présenta enfin.

La Ville de Parme que les Gots tenoient encore depuis la mort de Teïas, avoit ouvert ses portes aux François si-tost qu'ils eûrent paru sur les bords du Pô. Bucelin y avoit mis garnison & campoit assez près de-là. Fulcaris entreprit de faire une excursion de ce costé-là, & d'aller avec toute son armée ravager le païs jusques sous les murailles de la Ville. Il se mit donc à la teste de ses Erules & des Legions Romaines qu'il commandoit, & marcha avec plus de promptitude que d'ordre dans l'espérance de surprendre l'ennemi.

Bucelin qui avoit esté averti de son dessein & de sa marche, prit de meilleures mesures pour se deffendre, que Fulcaris n'en avoit pris pour l'attaquer. Il y avoit proche de la Ville de Parme un amphitheatre, où l'on avoit coûtume de donner au peuple le plaisir de voir combatre des hommes contre des bestes, reste des cruels divertissemens des Payens que le Christianisme n'avoit point encore aboli; & ce lieu estoit tres-spacieux. Le Général des François y fit cacher un grand nombre de ses meilleurs Soldats, & disposa encore d'autres embuscades dans tout le païs d'alentour, se tenant prest à sortir luy-méme de la Ville, si-tôt qu'il verroit les ennemis engagez.

Fulcaris vint étourdiment donner dans le piege, & ne voyant point paroistre d'ennemis en campagne avança avec ses Erules jusqu'auprès de la Ville, où ils commencerent à se débander pour aller au Pillage. Alors le signal ayant esté donné aux François embusquez, ils sortirent de divers endroits, & vinrent en bon ordre donner sur les Erules, dont ils firent un tres-grand carnage. Le reste de l'armée contre laquelle Bucelin fit en mesme-temps marcher une grande partie de la sienne, fut mise en détoute. La fuite sauva la plûpart des Legions, & Fulcaris demeura presque seul avec ses Gardes & quelques-uns de ses Officiers à soûtenir le choc des François.

Il se jetta avec sa Troupe dans un endroit serré, où il avoit à dos un vieux sepulchre fort élevé, en sorte qu'il ne pouvoit estre envelopé. Il fit ferme en ce lieu-là, & y resta long-temps, tantost repoussant les ennemis qui luy donnerent plusieurs assauts, tantost s'avançant & chargeant luy-mesme. Enfin comme quelques-uns de ses gens qui voyoient que la partie estoit trop inégale & qu'il estoit impossible de résister davantage, luy eûrent représenté qu'ils avoient assez fait pour leur honneur, & qu'il estoit temps de songer à la re-

traite qui n'estoit pas encore impossible: Moy m'enfuïr, reprit-il, & essuyer le reproche que Narsez me fera de ma folle temerité, & d'avoir perdu son armée, je ne puis m'y résoudre: je périray icy, & je vendray ma vie le plus cher que je pourray. En effet il combatit jusqu'à l'extrémité, & jusqu'à ce qu'ayant esté forcé & accablé par la multitude, percé déja de plusieurs coups de fléches, il fut abattu d'un coup de hache dont on luy fendit la teste: ceux qui estoient demeurez avec luy furent aussi taillez en piéces.

Ce premier succés enfla beaucoup le cœur des François, & mit en un danger extrême les affaires des Romains. Tous les Gots qui avec la permission de Narsez après la défaite de Teïas, s'estoient déja retirez en grand nombre dans la Ligurie & dans l'Emilie, oubliant les sermens qu'ils avoient faits de ne plus porter les armes contre l'Empereur, vinrent grossir l'armée de Bucelin. Toutes les Villes de ces Provinces que Narsez n'avoit encore pû soûmettre, receûrent garnison Françoise. Enfin Arrabane & Jean que Narsez avoit donnez pour Lieutenants à Fulcaris, se voyant investis de tous costez de grosses garnisons ennemies qui leur tomboient par tout sur les bras, se retirerent à Faënza, pour tâcher de gagner Ravenne.

Cette nouvelle portée à Narsez qui continuoit le siege de Luques, l'affligea; mais elle ne l'abbatit pas, quelque consternation qu'il vit dans son armée. Il eût besoin de toute son addresse, de toute sa fermeté, & de toute son autorité pour la resseurer. Il en assembla les principaux Officiers, & leut représenta que cet accident ne devoit pas les décourager; qu'accoûtumez à toûjours vaincre un malheur les estonnoit; mais qu'il falloit songer à le réparer; que la plûpart de ceux qui estoient demeurez au combat de Parme estoient des Barbares, qui avoient porté la peine de leur imprudence; que les François avoient à la verité une armée formidable par le nombre, mais nullement comparable par la bonté des Troupes à l'armée Romaine; qu'ils s'avançoient dans un païs, où ils n'avoient point de Magazins, & où il leur seroit impossible de subsister; que luy au contraire avoit pourveû à tout; qu'en cas que les François approchassent & l'obligeassent à lever le siege, il avoit derriere luy des Places où il mettroit ses Troupes en seureté; mais qu'il n'en estoit pas reduit-là, & qu'il esperoit bien, avant qu'il fut peu, se rendre maistre de Luques.

Ce discours remit un peu les esprits; mais Narsez avoit plus d'inquietude qu'il n'en faisoit paroistre. Il estoit extrémement choqué contre les Commandans, qui après le combat de Parme avoient mené les Troupes à Faënza, en abandonnant les passages aux François. Il avoit compté sur elles pour arrester l'ennemi, esperant les aller joindre après qu'il se seroit assuré de toute la Toscane par la prise de Luques; & son armée demeuroit par leur retraite entierement découverte, & exposée à la premiere furie des François.

I

Il envoya donc aux deux Généraux un Officier nommé Eſtienne, pour leur donner ordre de retourner ſur leurs pas, & de ſe remettre au plûtoſt dans leurs anciens poſtes du coſté de Parme. Eſtienne partit avec deux cent Cavaliers choiſis, & ne marcha preſque que la nuit; parce que les François s'eſtoient répandus dans le plat-païs, & faiſoient des courſes de tous coſtez. Ils entendoient en paſſant les cris des Païſans que l'on pilloit, & dont on amenoit tous les beſtiaux au camp ennemi. Enfin après bien des périls & des fatigues ils arriverent au camp de Faënza, où cet Officier expoſa aux Commandans les ordres de Narſez.

Ceux-cy revenus de leur premiere frayeur, & honteux de leur retraite précipitée, en rejetterent la faute ſur le Munitionaire, qui les avoit laiſſé manquer de vivres, & ſur ce que les Soldats n'avoient point eſté payez depuis long-temps. Eſtienne pour leur oſter toute excuſe & tout pretexte de differer leur départ, s'en alla delà à Ravenne, d'où il leur fit fournir tous leurs beſoins, & les vit partir. Il reçeut un peu après avis qu'ils s'eſtoient de nouveau ſaiſis des paſſages, & retourna en porter la nouvelle à Narſez.

Les François firent une faute capitale de n'avoir pas marché droit à Luques, où ils euſſent au moins fait lever le ſiege; & en firent encore une plus grande d'avoir laiſſé revenir les Romains dans leur premier camp. Narſez en profita, & commença à preſſer le ſiege plus vivement que jamais, à battre les murailles avec toutes ſortes de machines, à faire jetter quantité de fléches enflammées dans la Ville pour y mettre le feu; & il fit bréche en divers endroits.

Cependant ceux qui avoient eſté en oſtage dans le camp, & que ce Général avoit traitez avec tant d'humanité & d'indulgence, le ſervoient efficacement dans la Ville, en gagnant les habitans, & leur perſuadant de ſe rendre. Les Commandans François n'y vouloient point entendre; & redoubloient de leur coſté leurs efforts pour éloigner les Romains des murailles. Ils firent pluſieurs ſorties avec beaucoup de courage, & elles leur auroient mieux réuſſi, ſi les habitans les avoient ſecondez: mais ceux-cy dans le déſeſpoir d'eſtre ſecourus, dans l'eſperance d'une capitulation favorable jointe aux ſollicitations ſecretes qu'on leur faiſoit, voulurent abſolument ſe rendre. Il fallut enfin que les François cédaſſent. On demanda de nouveau à capituler; & ſur l'aſſeurance que Narſez donna d'oublier les infidelitez paſſées, on luy rendit la Place après trois mois de ſiege, que l'armée de France perdit partie à butiner, partie à s'emparer de quelques autres Places, dont la priſe eſtoit de beaucoup moindre importance, que la délivrance de celle-cy qui leur ouvroit toute la Toſcane. Narſez fit Gouverneur de Luques un Officier nommé Bonus, homme prudent auſſi habile à manier les affaires civiles que les militaires, & il luy laiſſa un nombre de Troupes ſuffiſant pour tenir en bride les Oſtrogots, s'il leur prenoit envie de remuer de nouveau. De-là il s'en alla à Ravenne; & mit ſon armée en quartier dans toutes les Places d'alentour juſqu'au Printemps prochain.

Il euſt pû demeurer encore quelque-temps en campagne; & il eſtoit meſme en eſtat d'aller préſenter la bataille aux François. Il ne le fit pas cependant; parce qu'il ſçavoit que le froid d'Italie leur eſtoit bien moins incommode que les chaleurs; & que leurs Troupes eſtoient beaucoup plus en diſpoſition de combatre ſur la fin de l'Automne, où l'on eſtoit alors, que pendant l'Eſté. Mais il faut avoüer que le bonheur de ce Général égaloit ſa prudence.

J'ay dit que l'arrivée des François en Italie l'avoit obligé de quitter le ſiege de Cumes, pour aller leur fermer l'entrée de la Toſcane. Il y avoit laiſſé des Troupes pluſtoſt pour en former le blocus, que pour en pouſſer le ſiege. Il y avoit un an que le brave Aligerne frere de Tëias la deffendoit. Les François ne ſe promettoient pas moins que de pénétrer juſques-là, malgré Rome & les autres Places de l'Empereur qui ſe trouvoient entre-deux. Il y avoit en ce lieu-là ſeul plus de richeſſes ramaſſées qu'en tout le reſte du païs dont ils s'eſtoient ſaiſis; & c'eſtoit ce qu'ils cherchoient plus que toute autre choſe. Aligerne à qui la grande armée des François avoit fait eſperer une revolution qui pourroit luy eſtre favorable, fit dans la ſuite d'autres reflexions. Il vit que les Oſtrogots eſtoient tellement affoiblis, qu'ils ne pouvoient pas faire un corps d'armée; qu'ils avoient mis toutes leurs Places entre les mains des François; que ceux qu'ils avoient appellez à leur ſecours eſtoient devenus leurs maiſtres; & que tout l'avantage qu'ils pouvoient eſperer, eſtoit d'eſtre déſormais ſujets de la France pluſtoſt que de l'Empereur. Sur cela il ſe réſolut de traiter avec Narſez, dont il connoiſſoit la généroſité, & de ſe rendre indépendant des François, dont il appréhendoit la perfidie.

Il fit demander à celuy qui commandoit au ſiege, un Paſſeport pour aller trouver luy-meſme Narſez: ce qui luy fut accordé. On le conduiſit au Port de Ravenne, où ce Général eſtoit, & il luy remit entre les mains les Clefs de la Ville de Cumes. Narſez reçeut ce préſent avec toute la joye qu'on peut s'imaginer, & promit à celuy qui le luy faiſoit de ne luy pas donner lieu de s'en repentir. Après avoir tout reglé ſur cet article, & mis garniſon dans la Place, il pria Aligerne de s'en aller à Ceſenne, Ville à quelques lieuës de Ravenne, de s'y faire voir & de paroiſtre ſur les murailles lorſque l'armée Françoiſe qu'il ſçavoit devoir bien-toſt paſſer par-là, s'en approcheroit. Il y alla; s'y montra aux François, & les railla ſur l'expedition de Cumes dont ils s'eſtoient aviſez trop tard. Ils répondirent à ſes railleries par les injures qu'ils luy dirent: mais cette reddition déconcerta tellement leurs deſſeins, qu'ils délibérerent s'ils s'engageroient plus avant. Ils ſe réſolurent cependant à pourſuivre leur entrepriſe. L'armée paſſa Ceſenne, & marcha juſqu'aſſez près de Rimini, où Narſez eſtoit arrivé pour recevoir un Regiment de Varniens qui estoient auparavant au service des Ostrogots, & estoient venus avec leur Commandant nommé Theodebalde pour prendre parti dans ses Troupes. Les Généraux François s'estant arrestez à quelque distance de la Ville, détacherent deux mille hommes tant Cavalerie qu'Infanterie pour aller faire le dégast. Ils le firent aux yeux de Narsez, qui les voyoit mettre le feu par tout, amener les bestiaux, ravager la campagne. Il ne put souffrir cette insulte. Il fit monter à cheval trois cents Cavaliers, & sortit avec eux pour donner sur les plus avancez qui s'écarteroient. Dès que les François les virent venir à eux en bon ordre, ils se retirent à leur gros, & se mirent en bataille, l'infanterie entre deux aîles de Cavalerie.

Les Romains s'avancerent jusqu'à la portée de l'arc, n'osant pas enfoncer des gens qui faisoient si bonne contenance, & qui estoient en bien plus grand nombre qu'eux. Ils se contenterent de leur tirer quantité de flèches, mais sans effet ; parce que s'estant fort serrez, & se couvrant de leurs boucliers qui se touchoient les uns les autres, (c'est ce qui s'appelloit faire la tortuë,) les flèches ne les portoient point. Outre qu'estant sur un fort grand front à l'entrée d'un bois la plus-part des flèches tomboient sur les arbres, & perdoient toute leur force.

Narsez eust bien voulu les obliger à quitter ce poste ; & il s'avisa pour les y engager, d'un stratagême plus ordinaire aux Huns & aux autres Barbares, qu'aux Romains. Il ordonna à ses gens de faire semblant de lâcher le pied, de fuir vers la Ville, & de se rallier promptement à un certain signal qu'il leur donneroit. Ils executerent ces ordres. Les François commencerent à les suivre avec d'autant plus d'ardeur, qu'ils avoient reconnu Narsez pendant l'escarmouche, & qu'ils esperoient le prendre vif ou mort. Une partie de la Cavalerie se débanda la premiere après les Romains, & ensuite une partie de l'Infanterie autant qu'elle pût suivre. Quand Narsez les vit fort éloignez du bois en pleine campagne & en désordre, il donna le signal dont on estoit convenu, ses Troupes où estoient la plus-part de ses gardes, se rallierent en un moment, & se partagerent en plusieurs Escadrons, vinrent fondre sur les François tout dispersez & sans ordre qui commencerent à fuir à leur tour. Ils furent poursuivis jusqu'à la forest, & une partie de l'Infanterie fut coupée. Il en resta plus de neuf cents sur la place : le reste sans s'arrester gagna le gros de l'armée. Ce fut-là la derniere action de cette campagne.

An. 554.

Le Printemps ne fut pas plustost revenu, que les François qui avoient hyverné dans toute cette partie de l'Italie, qui est entre les Alpes & le mont Appennin, & tout le long du Pô depuis sa source jusqu'à son embouchëure, se mirent en Campagne, traverserent l'Appennin marchant lentement & toûjours en bataille ; mais ravageant & ruinant entierement tous

An. 555.

les lieux par où ils passoient. Ils s'avancerent jusqu'à Rome faisant toûjours les mesmes désordres, & occupant par leur marche tout ce travers de l'Italie qui est entre les deux-mers, la mer de Toscane d'un costé & le Golphe de Venise de l'autre.

Les deux Généraux de l'armée Bucelin & Leutharis marcherent toûjours ensemble jusqu'au Samnium bien au de-là de Rome. Là ils se separerent en deux corps. Bucelin avec la plus grande & la meilleure partie de l'armée prit à droite le long de la mer de Toscane appellée aussi encore en ce temps-là la mer Thyrrene, & se répandit, en pillant toûjours, dans la Campagne, la Lucanie, le Païs des Brutiens jusqu'au détroit qui sépare le continent d'Italie & la Sicile. Leutharis prit à gauche le long du Golphe de Venise, courut toute la Poüille & la Calabre jusqu'à Hydrus, aujourd'huy Otrante, Ville maritime située à l'extrémité de l'Italie à l'opposite de la Macedoine.

Dans cet effroyable ravage de la plus belle partie de l'Italie, l'Histoire distingue fort les François Chrétiens d'avec les Allemans Payens qui composoient la mesme armée. Les Chrétiens malgré la licence que la guerre inspire au soldat, avoient beaucoup de respect pour les Eglises ; mais les autres firent les plus horribles profanations renversant les Autels, enlevant & profanant les Vases sacrez, abbatant & brulant les Eglises mesmes, y tuant sans misericorde ceux qui s'y estoient retirez. Aussi la vengeance de Dieu ne tarda gueres à se faire sentir à ces troupes sacrileges.

Agathias l. 2. p. 36.

Après le Printemps comme les chaleurs commençoient à devenir violentes, Leutharis fut d'avis qu'on s'en retournast dans les quartiers du Pô, pour mettre en seureté le butin qu'on avoit fait, & envoya à Bucelin pour luy proposer sa pensée. Mais il ne la suivit pas, disant qu'il s'estoit obligé par serment aux Ostrogots de livrer bataille à Narsez. Cela estoit vray ; mais il n'ajoûtoit pas qu'il avoit fait ce serment sur l'esperance qu'ils luy avoient donnée de le faire leur Roy. C'estoit à son ambition que cet Alleman sacrifioit les troupes & les interests de son Maître.

Il consentit toutefois que Leutharis s'en retournast avec son corps d'armée, & qu'après avoir transporté dans les Villes au de-là du Pô toutes les dépoüilles qu'il amenoit avec luy, il y demeurast pour empêcher que les ennemis ne fissent de ce costé-là quelque entreprise ; mais à condition qu'il luy renvoyeroit la plus grande partie de ses Troupes rejoindre la principale armée.

Leutharis se mit donc en chemin, & arriva dans la marche d'Ancone, sans avoir receu dans toute sa route le moindre échec. Il campa auprès de la Ville de Fano, & de-là, avant que de continuer sa route, il envoya de ses Coureurs pour battre la campagne, & fit marcher un corps de trois mille hommes pour écarter & dissiper les partis ennemis, qui pourroient incommoder l'armée. Il avoit raison de prendre ces précautions plus que jamais ; parce

HISTOIRE DE FRANCE.

qu'il y avoit proche de-là à Pesaro un gros camp d'ennemis composé en partie de Legions Romaines & en partie de Huns, les légions estoient commandées par Artabane, & les Huns par Uldaque leur General.

Ces deux Capitaines avoient disposé par tout des embuscades pour harceler l'armée Françoise dans son passage, & ayant fait reconnoistre les trois mille hommes qui s'avançoient entre la mer & les rochers dont elle est bordée en ce quartier-là, ils sortirent de la Ville, & les vinrent charger avec tant de furie qu'en moins de rien ils les défirent & en tuerent beaucoup : d'autres voulant se sauver sur les rochers tomberent dans des précipices; le reste s'enfuit vers le camp, y porta la nouvelle de leur défaite, & que les ennemis venoient l'attaquer.

Leutharis rangea aussi-tost son armée en bataille, & s'avança pour les combattre : mais Artabane & Uldaque jugeant la partie trop inégale se retirerent. Leutharis retourna dans son camp, qu'il ne retrouva pas dans l'état où il l'avoit laissé. Il amenoit en captivité un tres-grand nombre de prisonniers pris dans les excursions qu'il avoit faites jusqu'aux extremitez de l'Italie : ces prisonniers voyant l'armée assez éloignée, se souleverent contre la garde du camp qui n'estoit pas forte, la mirent en fuite; & non-seulement se sauverent pour la plûpart ; mais encore pillerent une grande partie du butin de Leutharis, & se retirerent avec ce qu'ils en purent emporter, dans les Villes & dans les Forts les plus proches qui appartenoient aux Romains.

Cette perte mit Leutharis au désespoir, & l'obligea à haster sa marche, de peur de quelque nouvel accident. Il laissa le bord de la mer, gagna l'Apennin, passa enfin le Pô beaucoup moins content du butin qui luy estoit resté, qu'affligé de la perte de celuy qu'on luy avoit enlevé. Mais ses Soldats estant là à couvert & en asseurance contre les entreprises de leurs ennemis, ne l'estoient pas contre la Justice divine, résolüe d'exterminer ces sacrileges Profanateurs de ses Autels. Ils n'y furent pas plustost-arrivez que la peste causée par les chaleurs excessives, & par les grandes fatigues de cette expedition, se mit dans l'armée, & d'une maniere si terrible, qu'en tres-peu de temps elle périt presque toute. Leutharis en fut frappé comme les autres, & saisi d'un furieux délire mourut en se mordant & se déchirant luy-mesme.

P. 38.

Cependant les Troupes de Narsez avoient esté extrémement diminuées tant par la longueur des sieges de la derniere campagne, que par le grand nombre des garnisons qu'il n'avoit pû se dispenser de mettre dans diverses places, ou qu'il n'avoit pû retirer des endroits où les armées ennemies faisoient leurs courses. Il estoit obligé malgré luy de souffrir les ravages qu'il ne pouvoit empêcher, esperant seulement réparer par quelque action avantageuse aux affaires de l'Empereur, des pertes irreparables pour les peuples. Presque tout l'Esté s'estoit passé à empêcher que les ennemis ne se saisissent de quelque poste important, qui leur donnast lieu de s'establir au delà de Rome du costé de la mer aussi-bien qu'ils s'estoient establis du costé des Alpes. Mais quand il vit Leutharis retourné au delà du Pô, il assembla son armée auprès de Rome, & Bucelin en ayant eu avis se prépara à le combattre.

Une raison entre autres l'obligeoit de se haster; c'estoit que Narsez depuis quelque-temps luy coupoit les vivres, de sorte que les Soldats manquans souvent de pain, donnoient sur les raisins qui commençoient à estre meurs, & dont il y a dans ces quartiers-là une tres-grande abondance. Cela causa dans l'armée une violente dissenterie qui emporta beaucoup de Soldats; ainsi Bucelin voyant diminuer ses Troupes à veüe d'œil résolut d'en venir aux mains avec Narsez. Mais il auroit fort souhaité d'estre rejoint auparavant par les Troupes de Leutharis. Il s'avança dans la Campagne, & se campa à quelques lieües de Capoüe sur le Casilin, Riviere qui sort des montagnes de l'Apennin, coule en serpentant beaucoup vers la mer de Toscane, & se jette avant que d'y arriver, dans le Vulturne. Il se retrancha en ce lieu-là. Il avoit le fleuve à sa droite qui le couvroit suffisamment de ce costé-là. A sa gauche & à la teste de son camp il se fit avec les roües des chariots dont il avoit un prodigieux nombre, une autre espece de retranchement, les ayant fait enfoncer dans la terre jusqu'au moyeu, outre plusieurs rangs de pallissades qui le rendoient inaccessible, & le fermoient de toutes parts excepté en un endroit, où il avoit laissé un passage assez étroit pour faire défiler ses Troupes, quand il voudroit les faire sortir hors du camp. Il s'estoit aussi saisi d'un Pont qui estoit sur la Riviere à quelque distance de-là, & y avoit fait élever une Tour de bois, où il avoit mis des Soldats pour garder ce Passage. Par toutes ces précautions il avoit prétendu se mettre en estat de n'estre point forcé à combattre, & de le faire quand il le jugeroit à propos, & à la premiere occasion favorable qui se présenteroit.

Ibid.

Il n'avoit cependant aucune nouvelle des Troupes de son frere Leutharis; ce qui l'inquietoit : mais il se croioit sans en estre plus en estat de battre l'ennemi, dont l'armée estoit moins nombreuse que la sienne de près de la moitié : car il avoit encore trente mille hommes effectifs, & Narsez n'en avoit pas dix-huit mille.

Narsez de son costé malgré l'inégalité du nombre, se confiant en la bonté de ses Troupes, partit de Rome, & vint se camper fort près du camp des François. Quelques jours se passerent sans aucune action considérable, chacun songeant plustost à se précautionner contre la surprise, qu'à attaquer son ennemi ; tandis que toute l'Italie estoit en suspens, & dans l'attente de l'évenement d'une bataille, qui sembloit devoir luy asseurer un maistre.

Pag. 42.

Apparemment on n'en fut pas venu là sitost ; parce que le Général François attendoit

CHILDEBERT. CLOTAIRE. THEODEBALDE.

toûjours le détachement que son frere devoit luy envoyer des quartiers du Pô, & d'ailleurs Narsez n'estoit pas assez fort pour l'attaquer dans son camp : Mais comme il arrive quelquefois à la guerre, que peu de chose engage une grande affaire, un petit choc qu'il y eût hors des retranchemens entre deux partis, & qui ne devoit pas naturellement avoir de suite, mit insensiblement les armées aux mains. Voicy le détail de cette journée, tel que nous le fait avec beaucoup d'exactitude un Historien de l'Empire.

Agathias l. 2.

Narsez donna ordre à un Officier Armenien nommé Chanarangez homme de cœur & de conduite, d'attaquer un Convoi qui venoit au camp des François. Il le fit, & fort brusquement ; & quoi qu'il n'eût qu'un tres-petit nombre de Soldats la plûspart Cavalerie, il défit l'escorte du Convoi, & enleva une grande quantité de Chariots. Il poursuivit les François jusqu'au Pont, où ils avoient dressé la Tour de bois dont j'ay parlé, pour la garde du passage; & profitant de leur désordre, il fit mettre le feu à un des Chariots chargez de foin qu'il avoit pris, le fit pousser contre la Tour de bois, où le feu s'estant mis, les François furent obligez de l'abandonner, & de se retirer au-delà du Pont. Les Imperiaux continuant de les poursuivre, se rendirent maîtres du Pont & du passage.

Ce poste estoit de la derniere conséquence pour la seureté de l'armée Françoise, pour la commodité des fourages & le transport des vivres. Sa perte causa une grande alarme dans le Camp, & fit résoudre Bucelin à donner bataille dès ce jour-là-mesme. Il y avoit quelques Allemans qui s'y opposoient sur les mauvais pronostiques de leurs devins ; mais ils ne furent point écoutez.

Ibid.

Narsez ayant appris les mouvemens & le dessein des François, sortit de son Camp à la teste de son armée. Comme il mettoit ses Troupes en bataille, on luy vint dire qu'un Officier considérable des Erules, dont il avoit un assez grand corps dans son armée, venoit de commettre une action tres-brutale en tuant de sa main un de ses domestiques pour un sujet fort leger. Ce Général qui faisoit observer une discipline tres-exacte à ses Soldats, & qui s'estoit mis en possession de tenir ces Barbares dans l'ordre aussi-bien que tous les autres, dit tout haut qu'il n'en falloit pas d'avantage pour attirer la colere de Dieu sur son armée, & qu'il vouloit avant toutes choses faire justice de ce crime. Il se fit amener le coupable, qui au lieu de luy témoigner du regret de son emportement & demander grace, luy parla insolemment, disant qu'il estoit maistre de ses gens, & qu'il luy estoit libre de les traiter comme il le jugeroit à propos. Narsez sans déliberer le fit tuer sur le champ.

Ce châtiment irrita les Erules qui firent mine de vouloir quitter l'armée, & se retirerent au camp. Narsez sans paroistre s'en mettre en peine acheva de disposer tout pour la bataille, & marcha pour s'approcher de l'ennemi. Ce-

Ibid.

pendant le Général des Erules faisant reflexion sur la demarche qu'il avoit faite, & sur les conséquences qu'elle pourroit avoir, représenta à ses gens que leur désertion dans la conjoncture présente avoit quelque chose de honteux, & qu'on ne manqueroit pas de dire qu'ils avoient pris ce pretexte pour éviter de se trouver à la bataille. De sorte qu'il les fit revenir, & envoya prier Narsez de l'attendre. Narsez luy répondit qu'il ne l'attendroit point ; mais que s'il venoit, on luy donneroit son poste comme aux autres.

Ce Général rangea son armée en Phalange, c'est le terme dont se sert l'Historien Grec, & qui veut dire-là, ainsi qu'il l'explique luy-même, qu'il mit toute son Infanterie dans le milieu & toute sa Cavalerie aux deux aîles. A la teste de toute l'Infanterie estoit un tres-gros bataillon de gens armez de pied en cap, couverts de grosses cuirasses & de casques tres-forts qui faisoient la tortue *, ainsi qu'on parloit alors ; c'est à dire, comme je l'ay déja expliqué en une autre occasion, qu'estant fort serrez & joignant leurs boucliers les uns aux autres, ceux du premier rang & des costez s'en couvroient tout le corps, & ceux de l'interieur du bataillon les mettoient sur leur teste quand il en estoit besoin pour recevoir les fléches : ils servoient ainsi à toute l'armée comme d'une muraille tres-difficile à renverser. Derriere ce gros estoit rangé le reste de l'Infanterie sur deux lignes jusqu'à une vaste campagne qu'elle avoit à dos : un autre petit corps d'Infanterie armée seulement de l'arc & de la fronde estoit encore au-delà, destiné à attacher l'escarmouche, & à commencer le combat ; & devoit, selon l'ordinaire, venir à la débandade par les intervalles des bataillons à la teste de toute l'armée, faire quelques décharges de fléches & de pierres. Dans le milieu de toute l'Infanterie on avoit laissé une Place vuide pour les Erules au cas qu'ils jugeassent à propos de venir. Narsez se mit à la teste de la Cavalerie de l'aîle droite avec ses gardes & toute sa maison, & posta derriere deux petits bois assez épais qui flanquoient ses deux aîles, deux gros de Cavalerie que l'ennemi ne pouvoit pas voir, commandez l'un par Artabane, & l'autre par Valerien deux Officiers également braves & experimentez. Telle estoit la disposition de l'armée de Narsez.

* φάλαγζα

* *Cavalerietort, Testudinem.*

Les François que la prise du Pont dont j'ay parlé, avoit déja fait résoudre à la bataille, furent confirmez dans leur résolution par l'arrivée de deux Erules qui avoient déserté dans le moment que leurs compatriotes se séparoient de l'armée de Narsez, & qui estant venus à Bucelin Général de l'armée Françoise luy apprirent cette mesintelligence, & exaggererent extrémement le trouble qu'elle causoit dans l'armée Imperiale, asseûrant que tout y estoit dans la consternation.

Agathias Ibid.

Cette nouvelle augmenta l'ardeur des François jusqu'à la précipitation. Leur Général cependant qui estoit sage & habile se donna le temps de les ranger. Ayant observé la disposi-

I iij

HISTOIRE DE FRANCE.

tion de l'armée Impériale, il partagea en trois corps la sienne qui n'estoit que d'Infanterie, Leutharis ayant emmené avec luy presque toute la Cavalerie. Le corps du milieu que Bucelin opposa à la tortuë de Narsez, estoit composé de plusieurs bataillons qui faisoient un triangle, dont les costez estoient égaux ; maniere dont les anciens Romains, & ceux mesme de ce temps-là se servoient quelquefois. Ils donnoient à ce triangle le nom de teste de Porc, parce qu'il approchoit de cette figure, ou le nom de Coin * ; parce que sa pointe estant tournée du costé de l'ennemi, son usage estoit de le fendre pour ainsi dire & de le rompre.

Ibid.
* Cuneus.

Ce corps de bataille des François estoit comme flanqué de deux autres, qui sembloient d'abord deux colomnes presque parallèles à ses deux costez ; mais qui s'en éloignoient insensiblement & se trouvoient à la fin fort courbées à droite & à gauche : de maniere qu'elles occupoient une tres grande largeur de terrain, & laissoient par derriere de chaque costé une espace vuide entre-elles & la bataille.

Après que les François eûrent essuyé une gresle de fléches & de pierres, par où commença le combat, ils s'avancerent avec furie en jettant des cris & des hurlemens épouvantables. Quand ils furent tout proche de la tortuë des Impériaux ils lancerent, selon leur coûtume, leurs haches contre les boucliers du premier rang pour les casser ; & mettant à l'instant l'épée à la main, l'enfoncerent, & culbutant tout ce qui se présenta devant eux arriverent jusqu'à la premiere ligne, à l'endroit qu'on avoit laissé vuide pour poster les Erules, qui n'estoient pas encore arrivez. De-là ils passerent jusqu'à la seconde ligne qu'ils rompirent en quelques endroits. De sorte qu'une partie des François, sans s'embarrasser de ce qu'ils laissoient derriere, marcherent droit vers le camp des Impériaux pour le piller.

Cette furie avec laquelle les François commençoient un combat, & à quoy rien ne se trouvoit capable de résister, estoit ce qui les rendoit invincibles, à moins que la prudence du Général ne suppléast au désordre que causoit ce premier assaut par la terreur qu'il répandoit par tout.

Narsez qui connoissoit l'ennemi qu'il avoit à combattre, s'estoit attendu à cette brusque attaque : ses troupes qui estoient tres-aguerries, n'en furent point ébranlées, & toutes, hormis celles qui furent rompuës d'abord, demeurerent fermes dans leurs postes. Il fit cependant étendre sa Cavalerie à droite & à gauche, & courber insensiblement les deux aisles de son armée. Artabane & Valerien ayant fait chacun de leur costé le tour du bois, trouverent derriere les ennemis, qui ne songeoient qu'à avancer, &, qui, lors qu'ils y pensoient le moins, eûrent en flanc & à dos la plus grande partie de la Cavalerie Impériale. Parmi cette Cavalerie il y avoit des escadrons armées de diverses manieres, les uns de fléches & d'autres de javelots : il y en avoit même qui avoient de longues piques, & tout cela par rapport à l'ennemi qu'ils attaquoient, lequel ne combattant que de près, perdoit tout son avantage contre ces armes qui l'atteignoient de loin.

Les François qui en rompant la tortuë s'étoient eux-mesmes mis en désordre, se trouverent ainsi attaquez à coups de fléches de tous costez par la Cavalerie, & principalement par Artabane & Valerien ; qui s'estant avancez dans les intervales que j'ay dit qui se trouvoient par derriere entre le corps de bataille & les deux aisles repliées des François, les tiroient à coup seûr : car les François n'avoient alors pour toutes armes deffensives que leurs boucliers, qui ne les couvroient que par devant. Ils n'avoient ni cuirasse ni casque pour la plûpart ; la coûtume n'estant point parmi eux de se charger de cette sorte d'armûre.

Ibid. p. 40.

Cependant ceux des François, qui s'estoient d'abord ouvert un passage au travers de l'armée ennemie, & qui couroient au camp Impérial pour le piller, furent rencontrez par Sindual Général des Erules. Ce Général en bataille prendre la place qu'on luy avoit destinée dans l'armée de Narsez, & tombant sur cette troupe qui marchoit en tumulte, & qui croyoit mesme sur la foy des deux déserteurs dont j'ay parlé, que les Erules se joindroient à eux contre les Impériaux, la tailla toute en pieces ; & de là vint joindre Narsez & achever la déroute des François. Il en fut fait un si horrible carnage, que de toute leur armée composée de près de trente mille hommes effectifs, il ne se sauva que cinq Soldats : tout le reste fut pris ou tué. Ce qui est de plus surprenant, c'est qu'il n'y eust du costé des Romains que quatre-vingts hommes de tuez, & presque tous à la premiere charge : le reste de l'action n'ayant pas tant esté un combat, qu'un massacre de gens entourez & comme pris dans des filets sans se pouvoir débarasser.

An. 555.
Ibid.

Cette Victoire fut pour le moins autant l'effet de la prudence du Général & de ses Lieutenans, que du courage de ses Soldats. Le brave Got Aligerne, dont j'ay déja parlé, s'y signala entre tous les autres. Les Erules qui avoient eû tant de part à la défaite des François meriterent par-là & obtinrent aisément leur pardon de Narsez. Cette Victoire, une des plus entieres & des moins sanglantes pour les vainqueurs qu'on eust jamais veuë, rendit ce Capitaine le plus illustre homme de guerre de son temps, & le fit mettre au dessus de Bélisaire mesme. On en fit dans le camp des Romains des réjouissances extraordinaires que le Général fut obligé de moderer ; les Soldats s'abandonnant à la joye, & regardant cette Victoire comme le dernier de leurs travaux.

L'Historien Agathias rapporte une Epigramme Grecque gravée sur le bord du Casilin, comme un monument éternel de cette grande journée. On y congratule ce fleuve d'avoir roulé avec ses flots jusques dans la mer Thyrrene les cadavres des François, que Bucelin

CHILDEBERT. CLOTAIRE. THEODEBALDE.

avoit conduits en Italie; & on luy dit que c'est pour luy une espece de trophée bien glorieux d'avoir esté long-temps rougi du sang de ces Barbares. C'est le nom que les Romains & les Grecs donnoient encore aux François.

La joye fut beaucoup augmentée dans le camp Impérial par la nouvelle qu'on receût en mesme-temps de la ruine de l'autre armée des François sur le Pô par les maladies, & de la mort du Général Leutharis. Peu de temps après Hamming autre Commandant François dont j'ay fait mention au commencement de cette guerre, ayant rassemblé quelques Troupes tirées des garnisons, fut encore taillé en pièces par Narsez; & toutes les Places que les François avoient occupées dans le païs des Venitiens, & dans la Ligurie se rendirent. * Un seul Barbare nommé Regnarés Hun de nation, osa encore se mettre à la teste de sept mille Gots, & se jetta dans une Place forte appellée Campsas, où les Grecs l'assiegerent en vain pendant plusieurs mois. Enfin s'estant résolu à capituler, il eût en personne un pourparler avec Narsez entre le camp & la Place. Ce Barbare y traita Narsez avec une fierté qui fit rompre la conférence. On le renvoya avec indignation & mépris sans vouloir l'écouter davantage. Ce traitement qu'il méritoit, l'irrita, & après avoir avancé quelques pas du costé de la Place, il banda son arc & se tournant tout à coup vers Narsez luy tira une flèche qui par bonheur ne porta point. Alors les gardes du Général coururent sur le Barbare, & le tuerent luy-mesme; après quoy la Place se rendit. Ainsi tout tournoit à l'avantage de cet heureux Capitaine, qui par ses Victoires redoublées se rendit maistre absolu de toute l'Italie au delà des Alpes, où les François ne retournerent de long-temps.

Sur ces entrefaites il se fit un grand changement en France par la mort de Theodebalde Roy d'Austrasie, qui tandis que ses deux Généraux faisoient la guerre hors du Royaume, languissoit depuis long-temps d'une paralysie dont il mourut la septième année de son regne, ne laissant point d'autres heritiers que ses deux grands oncles Childebert & Clotaire.

C'est icy que nous voyons pour la premiere fois marquées expressement dans l'Histoire deux choses tres-considerables touchant le droit de succession à la Couronne de France. La premiere que ce droit estoit dans la Famille Royale de Clovis; la seconde que les seuls masles pouvoient y prétendre, & que ces deux points estoient deslors passez en Loy. *La Loy du païs*, dit le Continuateur de l'Histoire de l'Empereur Justinien, qui écrivoit sous le successeur de ce Prince, *la Loy du païs après la mort de Theodebalde appelloit à la Couronne d'Austrasie Childebert & Clotaire comme ses plus proches parens.... Childebert n'avoit point d'enfans males qui pussent succeder à sa Couronne après sa mort; mais Clotaire en avoit quatre tous vigoureux & braves.* Nos Jurisconsultes François ont eû soin dans les occasions de faire valoir ce monument Historique autant qu'il vaut.

Comme les enfans masles des Rois devoient alors partager entre eux la succession de leurs Peres; aussi Childebert & Clotaire en heritant de leur petit Neveu Theodebalde, devoient avoir chacun une partie du Royaume d'Austrasie. C'estoit-là, ce semble, un droit établi en ce temps-là; mais en ce temps-là aussi-bien qu'en celuy-cy le droit cedoit souvent à l'artifice & à la violence.

Lorsque Theodebalde mourut Childebert se trouva extrémement malade. Clotaire se servit habilement de la conjoncture pour faire entendre aux peuples d'Austrasie l'interest qu'ils avoient de le reconnoistre seul pour leur Roy; que ces partages & ces fréquents changemens estoient à charge à la Nation & contre le bien de l'Etat; que quand son frere releveroit de sa maladie, il ne pourroit pas encore durer long-temps; qu'il n'avoit que des filles, & que pour luy il avoit des fils dont on connoissoit déja le mérite; & que, quoy qu'il arrivast, dans peu toute la Monarchie Françoise tomberoit dans sa famille.

Nul des Seigneurs de la France Austrasienne n'osa s'opposer à celuy à qui il estoit seur d'avoir un jour pour maistre; & chacun se fit un mérite de son empressement à le reconnoistre. Il fallut que Childebert agreast luy-mesme ces mauvaises raisons. Le chagrin qu'il en eust ne l'empêcha point de se faire en public honneur de sa moderation forcée, en faisant à son frere une cession authentique de tous les droits qu'il avoit sur le Royaume d'Austrasie. Mais la conduite qu'il tint dans la suite à son égard, & l'application qu'il eust à le chagriner & à luy susciter des affaires en toute occasion, firent assez connoistre par quel principe il avoit agi en celle-cy.

Clotaire avoit toûjours gouverné son petit Royaume de Soissons avec beaucoup d'autorité, & tenu ses sujets & ses enfans dans une soumission parfaite. Il trouva bien-tost par sa propre experience que les Princes en devenant plus puissants, ne deviennent pas toûjours ni plus absolus, ni plus heureux. Les Saxons qui depuis le regne de Thierri estoient Tributaires de la Nation Françoise, secouerent le joug; & ayant engagé la Turinge dans leur revolte formerent une grosse armée, avec laquelle ils ravagerent une partie de la France Germanique. Clotaire marcha contre eux en personne, donna bataille, remporta la Victoire, mais en perdant beaucoup de monde, soumit les rebelles, & mit ensuite tout à feu & à sang dans la Turinge.

Cette défaite dompta les Saxons pour quelques mois. Mais ce peuple fier qui donna toûjours beaucoup d'exercice aux Rois de France, ne fut pas plustost revenu de sa consternation, qu'il se souleva de nouveau, & obligea le Roy à revenir l'année d'après avec une armée pour le châtier. Il les serra de si près qu'ils les contraignit de recourir à sa misericorde : ils luy demanderent pardon, luy promirent de payer exactement les tributs qu'ils avoient payez à ses predecesseurs & de plus grands s'il le leur ordonnoit, pourveû qu'il leur fist grace.

Le Roy se laissa toucher au regret qu'ils faisoient paroistre de leur faute ; mais l'armée s'y opposa disant que c'estoient des fourbes & des perfides qui recommenceroient dés qu'ils verroient jusqu'à prier qu'on leur laissast seulement la vie & la liberté ; mais en vain. Les Soldats commencerent à crier de tous costez point de quartier, point de quartier. La chose alla si loin que le Roy qu'on n'écoutoit plus, & contre lequel la sédition commençoit à se tourner, renvoya les députez malgré qu'il en eust, & mena ses furieux attaquer le camp des Saxons. La fureur d'un costé & le desespoir de l'autre firent que ce combat fut des plus sanglants, & le carnage fut égal à l'acharnement avec lequel on se battoit. Mais enfin les François furent repoussez, & avec une perte qui ne leur permit pas de revenir à un second assaut. Le Roy fut obligé d'entendre à un accommodement, dont les Saxons firent eux-mesmes les conditions ; aprés quoy il s'en retourna en France avec le reste de son armée. Mais il ne fut pas plustost de retour qu'on luy apporta la nouvelle d'une autre revolte, qui eust beaucoup plus de suite, & qui luy causa d'autant plus de chagrin, qu'elle estoit excitée par un de ses propres enfans, & par celuy qu'il avoit le plus tendrement aimé de tous.

De sept Princes qu'il avoit eûs de diverses femmes, il luy en restoit encore cinq ; un desquels extrémement bienfait, courageux, prudent, & adroit au possible, s'estoit attiré par tant de belles qualitez son cœur & sa confiance. Il s'appelloit Cramne, nom qui ne fut donné depuis à aucun Prince de la maison Royale, peut-estre en execration de celuy qui le porta le premier, & dont la perfidie le fit alors comparer à Absalon.

Le Roy son Pere luy avoit confié le gouvernement de l'Auvergne, & d'une grande partie des païs de delà la Loire, apparemment comme Clovis avoit fait au Prince Thierry : car le voisinage des Visigots du Languedoc obligeoit les Rois de France à y tenir toûjours des Troupes & un chef d'importance pour les commander. Il luy avoit donné pour son conseil un Seigneur du païs nommé Ascovinde homme de bien & homme d'honneur, & d'une sagesse proportionnée à l'employ dont son maistre l'avoit honoré. Mais le jeune Prince ne put souffrir long-temps personne, dont les conseils ne luy plaisoient pas toûjours, & qui sembloit prendre encore à son égard l'autorité de Gouverneur.

Il se livra au contraire à un méchant homme nommé Leon de Poitiers, décrié & odieux par son libertinage, par ses débauches & par sa cruauté. Ce méchant favori l'engagea dans toutes sortes de désordres. Sa Cour n'estoit composée que d'une jeunesse débordée. Ce n'estoit ni par la naissance, ni par le mérite qu'on y acqueroit du rang & du credit : Son conseil n'estoit composé que de ceux qui estoient de ses plaisirs : Il n'avoit nul ménagement pour les gens de qualité, & leur faisoit souvent des insultes & des violences. Il contraignoit les Senateurs du païs à donner leurs filles en mariage à des gens de néant, & ensuite il les enlevoit luy-mesme à leurs maris.

Le Roy sur les frequentes plaintes qu'on luy en faisoit, le rappella auprés de luy. Mais il n'obéit pas, & épousa mesme, sans attendre les ordres de son pere, la fille d'un homme de qualité de son gouvernement. Ce fut pour luy une necessité de soûtenir sa désobeïssance, de peur de subir le châtiment qu'elle méritoit. Il commença par lever des Troupes ; & comme il connoissoit la disposition de son oncle le Roy de Paris à l'égard de Clotaire, il ne manqua pas d'avoir recours à sa protection. Ils traiterent secretement ensemble par des gens affidez ; & Childebert luy promit de le secourir de toutes ses forces. Le Prince ayant receû cette asseûrance à Poitiers, où il attendoit la conclusion du traité, en partit aussi-tost, s'asseura de plusieurs Places par où les Troupes de Clotaire pouvoient venir à luy, entre autres de Limoge, bloqua la Ville de Clermont en Auvergne, qui n'avoit pas voulu se déclarer en sa faveur, & commença à faire des courses de toutes parts.

Le Roy de Paris de son costé, sans se déclarer encore ouvertement, négotioit sous-main avec les Saxons pour les engager à une nouvelle revolte ; & il y réüssit. Clotaire dans l'embarras où toutes ces méchantes nouvelles le jettoient, marcha en personne contre les Saxons, & envoya contre son fils rebelle deux autres de ses enfans, sçavoir Charibert & Gontran ou Gunthacram ; car c'est ainsi qu'il est nommé sur une de ses Médailles. Ces deux Princes entrerent avec leur armée en Auvergne, & ayant fait lever le blocus de Clermont, prirent la route du Limousin, où estoit l'armée des rebelles, pour les aller combattre.

Estant arrivez en un lieu appelé par Gregoire de Tours la montagne noire, ils s'y camperent ; & envoyerent delà sommer leur frere de mettre les armes bas, & de remettre au Roy tout le païs dont il s'estoit emparé. Il répondit qu'il conservoit pour le Roy tout le respect qu'il luy devoit ; qu'il ne prétendoit pas se soûstraire à son obéïssance : mais que l'état où l'on l'avoit reduit en le poussant comme on avoit fait, l'obligeoit à prendre ses seûretez. Les Envoyez de Charibert & de Gontran luy dirent qu'en cas qu'il refusast de se soûmettre, ces Princes avoient ordre de luy livrer bataille. Il l'accepta sans balancer ; & on commença des deux costez à se préparer au combat. Les deux armées marcherent aussi-tost l'une contre l'autre ; mais comme on estoit prest d'en venir aux mains, il fit un si mauvais temps, que les uns & les autres comme de concert se retirerent chacun dans leur camp.

Le Prince rebelle, ou ne se croyant pas assez fort, ou ne se fiant pas assez à ses Troupes, ou ne voulant pas abandonner la décision de son sort au hazard d'une bataille, se contenta d'avoir d'avoir fait paroiftre à l'ennemi qu'il ne le craignoit pas, & ufa de ftratagême pour l'éloigner. Il fuppofa aux deux Princes un Courier, qui feignit d'arriver de Germanie, & de venir avec empreffement leur apprendre que le Roy leur Pere avoit efté tué en Saxe. Cette nouvelle les déconcerta; & fans en examiner davantage la vérité, ils prirent en grande hafte le chemin de Bourgogne. Chramne les y fuivit, affiégea & prit Chalons fur Saone; & s'approcha de Dijon, qui refufa de luy ouvrir fes portes, fans le traiter du refte en ennemi.

Soit que ce Prince eûft efté l'auteur du faux bruit de la mort de Clotaire; foit qu'il fe fut feulement fervi de celuy qui en couroit déja, cette nouvelle fe répandit par tout. Elle vint auffi à Paris, & fut cruë volontiers par Childebert, qui tandis que les Saxons occupoient l'armée de Clotaire, & qu'ils faifoient leurs ravages jufqu'au Rhin, eftoit entré dans la Champagne, faifoit le dégaft du cofté de Reims, & ne défefpéroit pas de fe mettre bien-toft en poffeffion d'une partie du Royaume d'Auftrafie.

Nos anciens Hiftoriens rapportent tout cela d'une maniere fi confufe, & femblent fi peu s'accorder pour la Chronologie de deux ou trois années, qu'il eft impoffible de deviner en quel temps précifément chaque chofe fe paffa durant cette guerre, qui dura au moins trois ou quatre ans. Ils ne difent mefme rien du fuccés de la guerre de Clotaire contre les Saxons, ni de ce que devint l'armée de Caribert & de Gontran. Ce fut apparemment pendant l'hyver qui fuivit la premiere campagne, que Chramne fit le voyage de Paris dont parle Gregoire de Tours, où il s'aboucha avec fon oncle, & où ils s'engagerent par ferment l'un à l'autre à ne point faire de paix avec Clotaire, & de rejetter toutes les propofitions qu'il en feroit. On ne fçait rien non plus de ce qui fe fit dans la campagne fuivante qui fut celle de l'an 557. ou 558. Nous apprenons par la Chronique de Marius de Laufane que les François perdirent encore en l'an 556. quelque chofe en Italie de ce que Theodebert y avoit conquis: c'eftoit fans doute quelques Places dans les Alpes que l'on avoit confervées après la déroute du Cafilin. Mais au défaut de ce détail de guerre, quelques monumens de l'Hiftoire Ecclefiaftique de ce temps-là, nous apprennent une chofe qui fe paffa au commencement de ces troubles, & qui mérite bien d'avoir fa place dans l'Hiftoire de France; veu qu'un des deux Rois y prift grande part.

L'année 553. l'Empereur Juftinien voulant voir la fin de l'affaire des trois Chapitres qui troubloit l'Eglife depuis fi long-temps, fit tenir à Conftantinople le cinquiéme Concile général malgré le Pape Vigile. Les trois Chapitres y furent enfin condamnez; & le Pape qui refufa de foufcrire à cette condamnation, fut envoyé en exil par l'Empereur. Narfez qui lui eftoit favorable obtint fon retour l'année d'après; mais ce Pontife mourut en Sicile comme il revenoit à Rome.

Il eûft pour Succeffeur Pelage Archidiacre de l'Eglife Romaine, homme que l'Empereur Juftinien favorifoit beaucoup, jufques-là qu'il avoit offert aux Romains de le faire Pape, mefme du vivant de Vigile. Pelage auffi-toft qu'il euft efté élû, avoit foufcrit au Concile & à la condamnation des trois Chapitres. Ce qui l'avoit rendu tellement fufpect & odieux aux Occidentaux, que quand il fuft queftion de fe faire facrer à Rome, il ne fe trouva que deux Evêques, celuy de Peroufe & celuy de Ferenti qui vouluffent le faire, & l'on prit à la place du troifiéme, qui devoit eftre l'Evêque d'Oftie, un Prêtre de cette mefme Eglife pour fervir de fecond Affiftant dans la Cérémonie du Sacre. Le bruit mefme avoit couru qu'il avoit avancé la mort de fon Prédéceffeur; & ce bruit joint à la foufcription dont je viens de parler, fut caufe que malgré le credit & l'autorité de Narfez, quantité de perfonnes de qualité, de Religieux, & d'autres des plus diftinguez par leur probité dans l'Italie, refuferent de communiquer avec luy.

Anaftafius Bibliothec. In Pelagio

Les Eglifes où il trouva le plus de réfiftance, furent celles qui avoient efté fous la domination de la France pendant la guerre des Gots; c'eft à dire, celles du Païs de Venife & de la Ligurie. Les mauvais traitemens que l'on faifoit à Conftantinople au Pape Vigile, & à quelques autres Perfonnes des plus confiderables de l'Eglife d'Occident, eftoient des motifs bien plaufibles que les François avoient fait valoir alors conformément à leurs interefts, pour donner à ces Peuples de l'averfion du Gouvernement auffi-bien que de la perfonne de l'Empereur Juftinien, & de fa conduite dans cette affaire qui eftoit tres-odieufe, & que l'on envifageoit ordinairement par fes plus méchans endroits.

Baron. ad ann. 556.

Mais les François n'agiffoient pas feulement en cela par des veuës politiques; ils fuivoient leurs propres préjugez qui eftoient tres-conformes à ceux des Catholiques d'Italie. L'attachement & le refpect que la Nation Françoife avoit pour les quatre premiers Conciles Généraux, qu'on luy avoit propofez comme des regles de Foy infaillibles quelques années auparavant dans le temps de fa converfion au Chriftianifme, l'horreur qu'on luy avoit deflors infpirée de toute forte d'innovation en matiere de Religion, comme du caractère le plus fenfible de l'erreur, & dont on s'eftoit le plus fervi pour la précautionner contre le venin de l'Arianifme; tout cela faifoit parler en France de la foufcription du Pape comme d'un attentat commis contre le Concile de Calcedoine; & la difcuffion qu'il falloit faire pour le juftifier fur un point fi délicat, eftoit une chofe où il eftoit difficile de faire entrer des gens fort prévenus.

Ce Pape engagea Narfez, malgré la répugnance qu'il y avoit, à ufer de contrainte à l'égard des Evêques d'Italie pour les réünir à leur Chef. Mais cela mefme ne faifoit pas un bon effet en France, où les ennemis du Pape avoient extrémement animé Childebert & les Evêques contre luy, en le faisant passer pour un prévaricateur, qui par complaisance pour l'Empereur Justinien avoit trahi la cause de l'Eglise & de la Religion Catholique; c'est ce qui fit résoudre Childebert qui vouloit voir plus clair dans cette affaire, à luy envoyer un homme de sa Cour nommé Rufin, pour luy demander premierement un éclaircissement sur les bruits qui couroient dans le monde touchant sa conduite dans la souscription à la condamnation des trois Chapitres; & secondement sa Profession de Foy; afin qu'on pust estre assuré en France que celuy qu'on y reconnoitroit pour le Chef visible de l'Eglise, n'estoit pas un hérétique.

Rufin estant arrivé à Rome exposa au Pape les choses dont il estoit chargé; & le pria de satisfaire le Roy son Maître sur les deux points qu'il luy marquoit. Le Pape ne différa pas beaucoup à répondre sur le premier, sur lequel il écrivit au Roy la Lettre suivante.

A MONSEIGNEUR ET FILS
LE TRES-GLORIEUX ET TRES-EXCELLENT
CHILDEBERT ROY.

Pelage Evêque.

Tom. I.
Conc. Gall.

NOUS avons appris par l'illustre Seigneur Rufin Envoyé de vostre Excellence, que dans les Provinces des Gaules il y a des gens qui sement des bruits scandaleux, & qui nous accusent (ce que Dieu ne permette jamais) d'avoir fait quelque chose contre les interests de la Religion Catholique. Vous sçaurez donc que depuis la mort de l'Impératrice Theodora l'Eglise a esté délivrée de la frayeur où elle estoit, en voyant agiter en Orient des questions sur les matieres de la Foy; & que les choses qu'on y a traitées depuis ce temps-là n'y ont nul rapport. Il seroit trop long de vous marquer en détail dans une Lettre les points dont il s'agissoit. Nous vous dirons seulement en deux mots, selon vos intentions que nous avons connuës par vôtre Envoyé, ce qui suffit pour vous tirer d'inquietude, & pour lever les mauvais soupçons que nos freres les Evêques des Gaules pourroient avoir conceus de nous. C'est que nous anathématisons & jugeons indignes d'entrer dans la vie éternelle tous ceux qui s'éloignent le moins du monde de la Foy que le Pape Leon d'heureuse mémoire a enseignée dans ses Lettres; & que le Concile de Calcédoine suivant la doctrine de ce saint Pasteur, a receuë dans la Définition de Foy qu'il a faite; Nous anathématisons, dis-je, tous ceux qui s'en écartent ou dans le sens, ou dans une parole, ou dans une seule syllabe. Cela seul doit empêcher vostre Grandeur, & nos freres les Evêques, d'avoir aucun égard aux fables répanduës par certaines personnes que le scandale réjoüit; Et voicy la source de tout le mal. Vostre Pere le tres-clement Empereur ayant exterminé toutes les Hérésies qui avoient eû à Constantinople jusqu'au temps de son regne, des Eglises avec de grands revenus, & toutes sortes d'ornemens; & leur ayant osté tout cela pour le donner aux Catholiques, les sectateurs obstinez de ces differentes Hérésies se sont réunis comme en un seul Party, & font tous leurs efforts pour mettre le schisme & le trouble dans l'Eglise. Ce sont ceux qui dans le temps que nous estions à Constantinople, envoyoient des écrits en Italie comme en nostre nom, & nous y faisoient dire que la Foy Catholique avoit esté corrompuë; & ceux-là mesmes qui en envoyent encore icy d'autres sans nom contre nous, ayant grand soin de se cacher. Ce sont de certains faux Chrétiens de Constantinople, la plûpart Nestoriens, qui sous prétexte que Nestorius a admis dans Jesus-Christ deux natures séparées & sans union, se vantent malicieusement de n'estre pas fort éloignez de la doctrine du Concile de Calcédoine & du Pape Leon; quoiqu'il soit constant que Nestorius a esté condamné par ce saint Pape pour cela mesme; c'est à dire, pour avoir enseigné que les deux natures sont divisées en Jesus-Christ. C'est-là tout ce que nous avons jugé à propos de faire entendre en peu de paroles à vostre Excellence; afin que conformément à l'ardeur de vostre foy, & à l'amour que vous avez pour l'union & la paix de l'Eglise, vous ne permettiez pas que dans vostre Royaume on fasse aucun fond sur des contes & sur de vains écrits. Car icy mesme ils ont entesté de telle sorte certains Evêques simples & ignorans dans les dogmes de la Foy, qu'ils ne sont plus capables d'entendre raison, ny de comprendre quel grand bien c'est de ne jamais s'écarter de la Foy Chatholique, & de refuter les calomnies dont les Hérétiques tachent de noircir l'Eglise. Car seroit-il supportable qu'on crut que Nestorius est dans des sentimens orthodoxes, parce qu'il dit que les deux natures en Jesus-Christ sont séparées, c'est à dire sans union. Mais la raison pourquoy nous avons tant souffert de persécutions à Constantinople, est celle que nous avons touchée d'abord; sçavoir, que du vivant de l'Impératrice tout nous estoit suspect dans toutes les questions qu'on agitoit sur les matieres Ecclesiastiques. Car pour le tres-clement Empereur vostre Pere, il ne permettra jamais qu'on fasse rien contre le Decret du Pape Leon & contre la foy du Concile de Calcédoine. Pour ce qui est des Reliques tant des saints Apostres, que des saints Martyrs, nous vous les avons déja envoyées par les serviteurs de Dieu du Monastere de Lerins. Nous avons aussi fait partir celles que vos Ambassadeurs nous ont demandées : un Soûdiacre de nostre Eglise nommé Homobone, les portera jusqu'à Arles, pour les remettre entre les mains de nostre frere l'Evêque Sapaude.

Le III. devant les Ides de Décembre, la quinziéme année d'après le Consulat de Basile, par Rufin vôtre Envoyé.

PELAGE par la misericorde de Dieu Evêque de l'Eglise Catholique de la Ville de Rome, j'ay signé cet exemplaire de nostre Lettre.

Le Pape eût bien voulu que le Roy se fust contenté de cette Lettre pour asseurance de la pureté de sa Foy : mais l'Envoyé de France, selon ses instructions, fit toûjours instance pour avoir de luy une profession de Foy moins générale & plus expresse que celle qu'il avoit faite dans sa Lettre. Le Pape y consentit enfin. Il écrivit de nouveau au Roy, & ajoûta à sa Lettre une Formule de Foy fort ample, qui commence par ces paroles, *Je croy en un seul Dieu, le Pere, le Fils, & le Saint Esprit, &c.* & contient toute la doctrine opposée aux Hérésies d'Arius, de Sabellius, de Nestorius, d'Eutichez, & de quelques autres Hérétiques. Il finit en conjurant le Roy par le zele qu'il avoit toûjours eû pour la Religion, de travailler de tout son pouvoir à procuter & à maintenir la paix de l'Eglise, de reprimer l'audace & l'insolence des Esprits broüillons, & de luy marquer par là qu'il luy tient compte de la condescendance qu'il a eûë de luy envoyer sa Profession de Foy, & de le satisfaire en tout ce qu'il a souhaité de luy.

Ces Lettres furent efficaces pour empêcher les Evêques de France d'entrer dans le Schisme, où demeurerent encore long-temps ceux d'Afrique, plusieurs en Italie dans la Ligurie, dans le païs de Venise, dans la Toscane, sans parler de ceux d'Hybernie. Il y eût cependant toûjours en France un Parti secret contre le Pape; & saint Gregoire le Grand trente ans après écrivit encore à la Reine Brunehaut sur ce sujet, la priant de faire tout son possible pour ramener à l'Eglise Romaine ceux qui en demeuroient separez, sous le vain pretexte qu'on n'y avoit pas pour le Concile de Calcédoine tout le respect & toute la soumission qu'on luy devoit.

L. 7. epist.

Cette application que Childebert avoit aux choses de la Religion, ne l'empêchoit pas de pousser toûjours la guerre contre le Roy son frere, & de fomenter la rebellion de son Neveu. Ce qui l'animoit estoit l'esperance de se dédommager du tort qu'on luy avoit fait en l'excluant du partage du Royaume d'Austrasie. Mais sa mort finit cette querelle. Elle arriva l'an 558. qui fut le quarante-septiéme de son regne.

Marius in Chronico.
An. 558.

Il fut enterré dans l'Eglise de saint Vincent qu'il avoit fait bâtir; c'est aujourd'huy le Monastere de saint Germain des Prez. La France est pleine de semblables marques de sa pieté; on y voit encore des Monasteres en divers endroits, des Hôpitaux, des Eglises qu'il y a fondées & bâties, entre lesquelles quelques-uns sans assez de fondement comptent l'Eglise de Nostre-Dame de Paris: Il l'orna, il l'enrichit, & y fit faire des fenêtres de verre, chose tres-rare en ce temps-là, & ce fut la premiere Eglise de Paris qui eût cet ornement; mais il ne la bâtit pas.

Fortunat. l. 1. Carm. 11.

Quatre Conciles tenus à Orleans, un à Arles, & deux à Paris sous son regne & par ses ordres, font connoître combien il avoit à cœur les choses de la Religion & le reglement des mœurs de ses Peuples. Il estoit naturellement bon, moderé, sage, équitable, affable & éloquent, aimé de ses Sujets: & Paris ressentit sa mort avec beaucoup de douleur. Quelque part qu'il eût eû au crime de la mort des enfans de Clodomir ses neveux, nous avons veû qu'il fit tout ce qu'il pût pour empêcher Clotaire de l'achever. L'ambition l'y avoit fait résoudre; mais la tendresse & la compassion ne luy permirent pas de le soutenir jusqu'au bout. Enfin la guerre qu'il porta jusqu'au milieu des Espagnes, la conqueste de la Bourgogne, la Bataille de Narbonne qu'il gagna contre Amalaric sont des marques insignes du courage de ce Prince, qui rendent encore plus loüables les soins qu'il prit de maintenir autant qu'il le pût, ses Etats en paix pendant un regne aussi long que le sien.

Fortunat. l. 6. Carm. 4. & 8.

Clotaire par cette mort se vit unique maître de tout l'Empire François, beaucoup plus étendu encore que du vivant de Clovis, par la conqueste du Royaume de Bourgogne & de celuy de Turinge, & par la cession que les Gots avoient faite quelques années auparavant de ce qu'ils possedoient en Provence. La guerre civile finit en mesme-temps, & Chramne ayant perdu son appuy, fut obligé d'avoir recours à la misericorde de son pere, qui luy pardonna.

Mais cet esprit inquiet & broüillon s'engageant dans de nouvelles intrigues, irrita de nouveau le Roy contre luy. La disgrace de la Reine *femme du feu Roy Childebert, qui fut envoyée en exil avec ses deux filles en ce temps-là, me fait conjecturer que c'estoit avec elle que le jeune Prince, prenoit des mesures pour faire une seconde revolte. Quoy qu'il en soit, comme on pensoit à l'arrester, il s'échappa de la Cour avec sa femme & ses filles, se retira chez le Comte de Bretagne, & y demeura quelque-temps caché. Il fit si-bien qu'il l'engagea à prendre hautement son parti, & à lever une armée capable de résister à celle du Roy, s'il entreprenoit de venir l'attaquer. Ce Comte s'appelloit Conomor ou Conobert. Il n'estoit pas Comte de Bretagne, si nous en croyons l'Ecrivain moderne de l'Histoire de ce Pays; mais seulement Comte de Rennes & de Nantes, qui, selon luy, sous le foible regne d'Alain premier du nom, & huitiéme Roy de Bretagne, s'estoit rendu maître indépendant & absolu de ce Canton. Il y a de fortes raisons qui m'empêchent de suivre ce sentiment.

Gregor. Tur. l. 4. c. 10.
Elle s'appelloit Ultrogothe.
Ibid.
Argentrés.

Premierement, Gregoire de Tours Auteur contemporain, luy donne cette qualité de Comte de Bretagne. En second lieu, ce que j'ay dit sur la fin du regne de Clovis, touchant son expédition de Bretagne, prouve clairement que Rennes & Nantes estoient du Royaume de France. Enfin il n'est guéres vray-semblable qu'un Comte de Rennes & de Nantes pust mettre sur pied une Armée assez nombreuse pour opposer aux forces d'un Monarque aussi puissant que l'estoit alors Clotaire. Ce Conobert estoit donc sans doute Comte Souverain de toute la Bretagne, excepté de la partie qui appartenoit aux Rois de France.

Clotaire suivi de son fils Chilperic entra en Bretagne avec une armée, & y trouva son fils rebelle & Conobert à la teste de la leur, résolus de ne pas refuser la bataille, s'ils la leur présentoit. Les deux armées se trouverent en présence proche de la mer dans une vaste campagne que l'Histoire ne nomme point. On se mit en bataille des deux costez; mais la nuit qui estoit proche fit remettre la partie au lendemain.

Fortunat. l. 6. Carm 1.
Gregor. Turon. l. 4. c 10.

Dans cet intervalle le Comte de Bretagne tout déterminé qu'il estoit à ne pas abandonner le jeune Prince dans son malheur, fut effrayé de l'idée de ce qui se devoit voir le lendemain, un fils à la teste d'une armée & les armes à la main contre son Pere. Il alla le trouver, & luy avoüa sa peine, Epargnez-vous un crime, luy dit-il, que tout le monde détestera, & abandonnez-moy vos interests; demeurez

Ibid.

icy ; je connois le païs ; laissez-moy éxécuter tout seul le dessein que j'ay d'attaquer à la faveur des ténebres le camp du Roy ; je suis seûr de le défaire.

Le Prince rejetta cette proposition, disant qu'il ne vouloit pas charger un autre de tout le péril dans une affaire qui n'estoit proprement que la sienne, & fit consentir de nouveau le Comte à la décider par un combat en plein jour. Dès le grand matin les deux armées furent rangées, & ne demeurerent pas long-temps sans en venir aux mains. L'Histoire dit que le Roy en commençant le combat s'addressa à Dieu, & s'écria. *Seigneur soyez le Juge de ma cause & secourez David contre Absalon.* Dieu l'écouta; les Bretons furent mis en déroute, & le Comte luy-mesme y périt. Chramne voyant tout perdu ne songeoit plus qu'à gagner les vaisseaux qu'il avoit tout prests au bord de la mer ; mais ayant voulu dégager sa femme & ses filles qui furent investies par quelque Troupes du Roy, il fut luy-mesme pris & enfermé avec elles dans la chaumine d'une pauvre Paysane, où par un ordre du Roy trop précipité & trop cruel on mit le feu, au milieu duquel ce malheureux Prince périt avec toute sa famille. Le texte de l'Historien obscur en cet endroit laisse entrevoir une circonstance qui diminuë quelque chose de la cruauté de cette éxécution : car il semble dire que le Prince ayant esté lié sur un banc, on l'étrangla avec son mouchoir avant qu'on mist le feu à la maison. Genre de mort encore moins infame que le crime qui la causoit, & qui a rendu éxécrable à toute la posterité un Prince dont les belles qualitez en auroient sans cela fait un Héros.

An. 560.

Le Roy après cette funeste Victoire s'en retourna en France, passa par Tours où il fit de grands présens au Tombeau de S. Martin; & l'année d'après comme il commençoit à joüir de la tranquillité qu'il avoit rétablie dans tout son Empire, il fut pris de la fiévre estant à la chasse dans la Forest de Cuise *. Il fut de-là porté à Compiegne, où il mourut en la cinquante & uniéme année de son regne, & le lendemain de l'année accomplie depuis la bataille de Bretagne. Un peu avant que de mourir il dit ces paroles qu'il luy auroit peut-estre esté plus utile de méditer pendant sa vie, que d'attendre à les prononcer à ce moment terrible. *Combien grande*, s'écria-t-il en gemissant, *doit estre la puissance de ce Roy du Ciel qui fait ainsi mourir quand il luy plaist, les plus grands Rois de la terre.*

Au retour de son expédition de Bretagne, en faisant ses dévotions dans l'Eglise de saint Martin, il avoit fait paroistre une vive contrition des pechez de sa vie passée, priant ce grand Saint de luy obtenir de Dieu misericorde. Il en avoit grand besoin. Jamais Prince sur le Trône de France ne fut plus débordé que luy, & n'eût moins de honte de ses désordres ; adultere public, il eût à la fois deux ou trois femmes à qui il donnoit également la qualité de Reine & d'épouse ; fourbe, cruel & sanguinaire ; n'ayant presque rien de bon que la valeur, l'intrepidité, & le talent pour la guerre, héritage commun à tous les fils de Clovis. Il fut heureux dans ses entreprises ; & de cadet qu'il estoit avec un tres-petit état, il devint maistre unique de la France & de tous les païs qui en dépendoient. Il fut enterré à Soissons dans l'Eglise qu'il avoit commencé à y faire bâtir en l'honneur de S. Médard. Il laissa quatre fils qui luy restoient d'un plus grand nombre qu'il avoit eû de toutes ses femmes : leurs noms estoient Chilperic, Caribert, Gontran & Sigebert.

Gregor. Turon. l. 4. c. 21.

Vers l'An 562.

* Cette silva qui est mot Latin dont se sert Gregoire de Tours, est la Forest de Cuise, qui faisoit partie de celle de Compiegne.

HISTOIRE DE FRANCE,

CARIBERT. GONTRAN. CHILPERIC. SIGEBERT.

Ann. 562.

Gregor. Turon. l. 4. c. 22.
Fortunat. l. 6. c. 4.

Toute la puissance de la Monarchie Françoise réunie dans le seul Clovis, ensuite partagée entre ses quatre successeurs, & depuis réunie une seconde fois dans la personne de Clotaire, se voit encore divisée par un partage tout semblable au premier.

Le sort donna à Caribert l'aîné des quatre Princes fils de Clotaire le Royaume de Paris; à Gontran celuy d'Orleans: Chilperic eût celuy de Soissons, & Sigebert le cadet de tous celuy d'Austrasie.

Ces quatre Royaumes n'eurent pas les mêmes limites qu'ils avoient eû d'abord, la Monarchie s'estant augmentée depuis en deça du Rhin de tout le Royaume de Bourgogne & de la Provence, & au delà du Rhin de toute la Turinge, sans parler de divers Peuples de la Germanie, qui sous les derniers regnes s'estoient fait tributaires de la France. Gontran avec le Royaume d'Orleans eût celuy de Bourgogne qui s'étendoit, comme j'ay dit auparavant, du costé du Rhosne & de la Saone, comprenoit une partie de la Provence, & ce que nous appellons aujourd'huy le Dauphiné, la Savoye, la Franche-Comté, presque tout le Duché de Bourgogne, le Nivernois & une partie de la Champagne. Orleans mesme cessa d'estre la Capitale de son Etat, & Chalons sur Saone devint la Ville Royale. Ce Prince ne fut point nommé Roy d'Orleans; mais Roy de Bourgogne, & tous ses Sujets furent compris sous le nom de Bourguignons, lorsqu'on vouloit les distinguer des autres François.

D'un autre costé on détacha du Royaume d'Orleans la Touraine *, pour la donner au Roy de Paris, aussi-bien que l'Albigeois qui avoit appartenu jusqu'alors aux Rois d'Austrasie & qui leur fut rendu depuis; Marseille fut aussi du Royaume de Paris *, & le Sénonois qui avoit appartenu aux Rois d'Austrasie, fut pareillement cédé à Gontran Roy de Bourgogne.

Si Tournay n'avoit pas esté jusqu'alors du Royaume de Soissons, on l'y ajoûta dans ce nouveau partage.

Pour le Royaume de Metz ou d'Austrasie il n'y eût point d'autres changemens que ceux que je viens de dire en parlant des autres, excepté qu'il se trouvoit augmenté dans la Germanie de toute la Turinge.

Chilperic par une espece de pressentiment que le sort ne luy seroit pas favorable dans le partage de la succession du Roy son Pere, avoit pris des mesures pour en prévenir la décision. Le Royaume de Paris estoit celuy des quatre parties de la Monarchie Françoise qui luy agréoit le plus. Si-tost que Clotaire eût expiré il partit promptement de Compiegne, & vint s'emparer de Braine en Champagne Maison de plaisance sur la petite Riviere de Vesle, où estoit le trésor du feu Roy Clotaire. Il s'en saisit, & en ayant fait largesse aux plus considerables de la Nation, il vint à leur teste à Paris, s'y assit sur le Trône de son oncle Childebert, & s'y fit reconnoistre pour Roy: mais peu de temps après ses trois freres vinrent ensemble avec des Troupes pour l'y assieger, l'obligerent d'en sortir, de tirer au sort, & de se contenter du Royaume de Soissons qui luy écheût.

Si les deux Cadets Chilperic & Sigebert avoient esté de l'humeur des deux aînez, la France auroit esté tranquille & heureuse sous leur gouvernement. Caribert Roy de Paris fut un Prince pacifique, sans ambition, occupé à maintenir son Royaume en repos sans songer à l'étendre. Il le gouverna de cette maniere pendant tout son Regne qui fut au moins de près de six ans. Il a eû le malheur que nostre ancien Historien n'a publié que ses vices, & sur tout son incontinence qui fut extrême, & qui le fit excommunier par S. Germain Evêque de Paris, après un second & un troisième mariage contractez du vivant de son Epouse légitime. Et c'est tout ce que nous en sçaurions, si un autre Evêque contemporain n'avoit eû soin de son costé de nous marquer ses bonnes qualitez. C'estoit selon luy un Prince sage, moderé, équitable, zelé pour l'observation de la Justice & des Loix, dont il avoit une par-

elle fut assemblé avec la permission de ce Prince, ainsi que l'Epitre le marque, juxta connivientiam gloriosissimi Domini Chariberti Regis.

* Plusieurs Médailles ou monnoyes de Charibert, frappées à Marseille n'ont laissé aucun lieu de douter que cette Ville ne luy ait appartenu.

Gregor. Turon, l. 4. c. 45.

Gregor. Turon, l. 4. c. 22.

Gregor. Turon, l. 4. c. 26.

Fortunat. l. 6. Carm. 4.

* On prouve par le Concile de Tours de l'année 567 que Tours estoit du Royaume de Caribert. Car, 1°. la date de ce Concile est prise du regne de ce Prince, Chariberti Regis anno sexto. 2°. Le Con-

K iij

faite connoissance, liberal, honneste, d'un visage & d'un air qui gagnoit ceux qui l'approchoient, d'un esprit vif & pénétrant, que ses Ministres écoûtoient dans son Conseil comme un oracle, & qui faisoit principalement paroistre sa prudence dans les instructions qu'il donnoit à ses Ambassadeurs pour les Cours des Princes où il les envoyoit. Il aimoit les belles Lettres, il sçavoit le Latin & le parloit aussi facilement que le françois.

Un Roy de ce caractere estoit en ce temps-là quelque chose de plus rare qu'un Roy guerrier, les vertus militaires ayant beaucoup moins d'opposition avec quelque barbarie qui restoit encore dans l'esprit françois, que toutes ces qualitez & toutes ces vertus civiles & politiques.

Son second frere Gontran Roy d'Orleans & de Bourgogne plus réglé que luy dans ses mœurs, luy estoit beaucoup inférieur en esprit & en habileté dans le Gouvernement, mais il aimoit la paix comme luy. Il ne fit jamais la guerre qu'il n'y fust contraint ou par les insultes de ses voisins, ou par les broüilleries de ses freres qui l'y entraînérent souvent malgré qu'il en eust, toûjours prest à les accommoder ensemble, & à s'accommoder avec eux.

Sigebert & Chilperic au contraire eurent l'humeur trop martiale pour le repos de leurs sujets. Mais Chilperic qui fut presque toûjours l'aggresseur dans les differens qu'ils eurent entre eux, est celuy qu'on doit regarder comme la cause principale de tous les malheurs & de toutes les guerres civiles dont la France fut *Gesta Franc.* désolée sous ces regnes funestes. Une femme *Cap. 31.* qu'il éleva sur le trône malgré la bassesse de sa naissance, s'estant emparée de son esprit déja par luy-mesme trop inquiet, trop violent & trop ambitieux, luy fit tout oser & tout entreprendre; c'estoit Fredegonde Reine autant célebre dans nostre histoire que nos Rois les plus fameux: Elle trouva dans Brunehaut Reine d'Austrasie femme de Sigebert une ennemie qui avoit autant d'esprit, autant d'intrigue, & selon quelques-uns autant de méchanceté qu'elle. Il en coûta la vie aux deux Rois & à plusieurs Princes de la Maison Royale, sans que les désordres finissent; parce que ces deux ambitieuses Reines survécurent à leurs maris. Ce sont là en gros les choses qui concernent les Regnes de ces quatre petits Fils du grand Clovis, & que je vais tâcher de débroüiller & de tirer du cahos de nos anciennes histoires, qui continuënt d'estre toûjours extrémement confuses.

La nouvelle de la mort de Clotaire & de l'entreprise de Chilperic sur le Royaume de Paris, ne fut pas plustost portée au delà du Rhin *Il s'appelloit Ca-* qu'elle passa jusqu'à un Prince barbare * qui *gan, nom* aprés avoir rendu de grands services à l'Empe-*commun* reur Justinien contre d'autres Barbares ennemis *aux Rois de cette Na-* de l'Empire, s'estoit de son consentement esta-*tion.* bli avec sa Nation sur les bords du Danube; c'estoit un reste de celle des Huns qui portoit encore ce nom, mais plus communément celuy d'Abares.

J'ay remarqué ailleurs, en parlant de l'ir-ruption d'Attila dans les Gaules, que ce qui détermina alors ce Prince à tourner du costé de l'Empire d'Occident avec cette armée innombrable de Huns qui désola tant de pays, fut la querelle des deux Fils du Roy Clodion *Priscus Rhe-* pour la succession du Royaume de leur Pere *tor.* dans la France Germanique; celuy dont je parle ici qui se regardoit comme successeur d'At-*Paul. Dia-* tila, fut poussé par un motif semblable à se *con. li. 1. c. 10.* jetter sur les terres des François au delà du Rhin, se proposant aussi de les envahir, ou du moins de les piller à la faveur des divisions qu'il voyoit entre les Princes François: mais ces conjonctu-*Gregor.* res ne furent pas les mesmes pour le reste. *Turon. l. 4. c. 25.*

Comme Chilperic fut obligé d'abandonner son entreprise de Paris par l'union de ses trois freres, ce commencement de guerre civile n'eût point de suite. C'est pourquoy Sigebert ayant appris les courses du Roy des Abares dans ses Estats se trouva bien-tost en estat de l'arrester. Il alla au devant de luy dans la Turinge, dont les Peuples révoltez s'estoient joints à ce nouvel ennemi de la Nation Françoise. Il en fallut venir à une bataille. Le Barbare fier des victoires qu'il avoit remportées en combattant pour l'Empire, & qui l'avoient rendu redou-*Fortunat.* table à Justinien mesme, l'accepta sans déli-*l. 6. c. 3.* berer.

La seule figure de ces Huns avoit de quoy épouvanter des gens moins intrépides que les François. Ils estoient pour la plûpart d'une taille qui approchoit de la Gigantesque, d'un regard farouche, & d'une laideur à faire peur. Ils avoient de grands cheveux rejettez en derriere, séparez avec des cordons & par tresses, qui rendoient leurs testes assez semblables à celles de ces furies qu'on nous dépeint toutes hérissées de serpens. Quand leurs Ambassadeurs parurent pour la premiere fois à Constantinople venant offrir leurs services à Justinien, le Peuple en fut effrayé, & on couroit les voir comme des bestes sauvages que l'on promene par le monde & que l'on donne en spectacle dans les foires. Sigebert alors âgé de 26. à 27. ans, jugeant que de ce premier coup dépendoit la réputation & l'autorité dont il avoit besoin pour maintenir dans la soumission ses Sujets de la Germanie toûjours inquiets & mutins, se mit à pied aux premiers rangs, & marchant la hache à la main fit donner le signal pour charger de tous costez. Les François animez par un tel exemple le firent avec tant de résolution, que l'ennemi enfoncé & renversé de toutes parts lâcha le pied, on l'accula sur le bord de la Riviere d'Elbe, d'où il envoya demander la paix, que Sigebert luy accorda.

Cependant Chilperic Roy de Soissons ne manqua pas une occasion si favorable de se *Vers l'An* vanger de celuy qui avoit le plus contribué *563.* à luy faire lâcher prise, & dont le voisinage l'incommodoit le plus.

En effet la Ville de Soissons Capitale du Royaume, à qui elle donnoit son nom, estoit située de la maniere du monde la plus désagréable pour son Souverain. Du costé de l'Occident Compiegne qui appartenoit au Roy de Paris,

CARIBERT. GONTRAN. CHILPERIC. SIGEBERT.

<small>Gregor. Turon. l. 4. c. 23.</small>

Reims du costé de l'Orient, Laon du costé du Nord, qui estoient toutes deux du Royaume d'Austrasie, bloquoient en quelque façon cette Capitale. Si-tost donc qu'il vit Sigebert occupé au delà du Rhin, il alla mettre le siege devant Reims. Il le prit avec quelques autres Places voisines, & fit le dégast dans toute la Champagne.

<small>Vers l'An 564.</small>

Sigebert que cette nouvelle obligea de conclure plus promptement la paix avec le Roy des Abares, repassa le Rhin. Sa présence rassûra sa frontiere, & il vint à son tour mettre le siege devant Soissons, où Chilperic qui tenoit la campagne, avoit laissé son fils Theodebert pour commander en son absence. La Ville fut emportée, Theodebert pris & envoyé prisonnier à Pontyon Maison de plaisance des Rois d'Austrasie dans le Pertois du costé de Vitry le Bruslé. Ensuite Sigebert défit Chilperic dans une bataille & reconquit Reims & toutes les autres Places qui luy avoient esté enlevées.

<small>Gregor. Turon. l. 4. c. 23.</small>

Cette guerre ne fut pas non plus de longue durée. La paix se fit par la médiation des deux autres Rois qui menacérent de se déclarer contre celuy qui refuseroit la paix. Sigebert rendit Soissons à Chilperic, relâcha son fils Theodebert qu'il avoit traité avec beaucoup de bonté pendant sa prison, & qu'il chargea de présens en le renvoyant. Il luy fit seulement promettre qu'il ne porteroit jamais les armes contre luy.

Ce serment exigé de Theodebert montre assez qu'il n'estoit plus alors enfant, & que par conséquent Chilperic avoit esté marié long-temps avant la mort du Roy son Pere. Caribert & Gontran qui estoient les deux aînez l'avoient aussi esté sans doute, & peut-estre plus d'une fois, eû egard au nombre des femmes que les Historiens leur donnent dès le commencement de leur regne. Je fais cette reflexion pour avoir lieu d'en ajoûter une autre tres-importante dans la suite de mon Histoire.

<small>Gregor. Turon. l. 4. & alibi.</small>

A voir la maniere dont parlent nos anciens Historiens, on diroit que nos Rois de ce temps-là auroient eû une espéce de serrail, & qu'ils changeoient de femmes aussi aisément que de domestiques. On ne peut pas disconvenir que les désordres de Clotaire Premier, de Caribert & de Chilperic n'ayent esté excessifs en cette matiere, & infiniment scandaleux : Il ne faut pas cependant s'imaginer qu'ils ayent toûjours eû en mesme-temps toutes les femmes que les Historiens joignent dans la liste qu'ils en font.

Mais ce qui est surprenant, c'est que Gregoire de Tours en faisant l'éloge de la vertu de Gontran, qui en effet a toûjours esté regardé comme un saint Roy, & en disant que c'estoit un homme de bien, ajoûte dans la mesme ligne *qu'il eût une Concubine nommée Venerande.* Cette difficulté là mesme a toûjours causé de l'embarras dans l'Histoire de Charlemagne à qui les Historiens contemporains donnent en mesme-temps beaucoup de pieté & de vertu & des concubines.

<small>Gontrannus Rex bonus primo Venerandam pro concubinâ thoro subjunxit, c. 25.</small>

Afin de lever cette difficulté qui se présente quelquefois, il faut sçavoir que ce nom de concubine devenu infâme avec le temps par l'unique signification que l'usage y a attachée, ne l'a pas toûjours esté ; il a signifié pendant quelques siecles non seulement ce qu'il signifie aujourd'huy, mais encore une femme veritablement mariée ; mais sans les solemnitez & les cérémonies des nôces, laquelle communément faute de dot ou du moins par la bassesse de sa naissance, ne pouvoit selon les Loix Romaines contracter mariage avec des personnes d'un certain rang, & qui pour cela n'estoit pas regardée dans la famille sur le mesme pied qu'une épouse mariée publiquement & d'une condition égale à celle de son mari. C'est donc en ce sens qu'il faut quelquefois entendre nos anciens Historiens, lorsqu'ils parlent des concubines de nos Rois & sur tout à l'égard de Gontran.

Cependant ce Prince tout réglé qu'il estoit se laissoit plus conduire dans ses mariages par les inclinations de son cœur que par les Loix de la bien-séance, & deshonoroit par là aussi-bien que deux de ses autres freres & son rang & son sang. La chose parut indigne à Sigebert le plus jeune & le plus généreux de tous, & il résolut de ne s'allier que dans une Maison Royale.

<small>Gregor. Turon. l. 4. c. 27.</small>

Athanagilde Roy des Wisigoths regnoit alors en Espagne ; il avoit deux filles dont la cadete nommée Brunehaut estoit d'une rare beauté, & passoit pour une des plus accomplies Princesses de l'Europe. Sigebert la fit demander en mariage. Il envoya pour cela en Espagne Gogon Maire du Palais, dignité qui avoit assez de ressemblance avec celle de Préfet du Prétoire dans l'Empire, & qui fut dans la suite si funeste à la Puissance Royale.

<small>Ibid.</small>

<small>Fortunat. l. 7. c. 1. Fredegar. c. 58.</small>

Le Roy d'Espagne écouta volontiers cette proposition qui fut accompagnée de riches présens, & l'affaire fut conclue. La Princesse partit avec un grand équipage & beaucoup d'argent pour le Roy son Epoux : Elle fut receuë avec toute la magnificence & toute la joye possible, & ce qui en fut le comble, c'est que cette Princesse qui estoit Arrienne, s'estant fait instruire sur les instances de le Roy luy en fit, embrassa peu de temps après la Religion Catholique.

<small>Vers l'An 565.</small>

<small>Gregor. Turon. l. 4. c. 27.</small>

Chilperic touché de l'exemple de son frere songea à se détacher de ses indignes amours, & fit demander au Roy d'Espagne sa fille aînée appellée Galsuinde. La négociation ne fut pas sans difficulté. Les débauches de ce Roy estoient si publiques qu'on les sçavoit dans les Pays étrangers. Le Roy d'Espagne témoigna la peine qu'il avoit à exposer sa fille aux caprices d'un Prince extrémement inconstant, & peut-estre aux insultes & aux outrages d'une infinité de Maîstresses qui le possedoient tour à tour.

<small>Gregor. Turon. l. 4. c. 28.</small>

<small>An. 567.</small>

Les Ambassadeurs répondirent que leur Maître s'estoit bien attendu qu'on luy feroit cette difficulté ; mais qu'ils avoient ordre d'engager sa parole Royale là-dessus, & d'asseûrer le Roy d'Espagne que s'il luy accordoit sa demande, il éloigneroit de sa Cour toutes les

<small>Fortunat. l. 6. c. 7.</small>

personnes qui pourroient donner le moindre ombrage à la Princesse, & que seule désormais elle possederoit son cœur. Sur cette promesse, malgré les oppositions de la Reine & les gémissemens de la Princesse la plus interessée, & comme c'est l'ordinaire en ces sortes d'affaires, la moins écoutée, il fallut qu'elle partit.

Ibid.

Elle quitta donc Tolede avec bien des larmes, & vint à Narbonne qui estoit comme les autres Villes de Languedoc, du Domaine du Roy son Pere; elle continua sa route par Poitiers, où elle eust le bonheur d'entretenir sainte Radegonde qui vivoit encore dans le Monastere qu'elle avoit fondé après sa retraite de la Cour. L'expérience que cette sainte Reine autrefois Epouse de Clotaire avoit fait elle-mesme des dégoûts & des chagrins que cause à une personne de ce rang, la conduite d'un Prince dominé par ses passions, la rendoit capable d'instruire & de fortifier la jeune Princesse exposée à un sort pareil. Delà passant par la Touraine elle prit son chemin vers Roüen où Chilperic l'attendoit. Ce fut dans cette Ville que les nôces se firent; elle y receut le serment de fidélité de ses nouveaux Sujets, soit que ce fut ainsi la coûtume d'en user ainsi en pareille rencontre, soit qu'Athanagilde eust exigé cela de Chilperic pour attacher davantage les François à sa fille, & obliger ce Prince à ne point donner à autre qu'à elle, le nom & le rang de Reine.

Ibid.

An. 567.

De plus Chilperic en l'épousant luy assura une dot ou une espece d'appannage *, & luy donna en propre Bordeaux, Limoge, Cahors, Bigorre & la Ville de Bearn, aujourd'huy appellée Lescar. Il avoit eu tout récemment ces Places & plusieurs autres de la succession de Caribert Roy de Paris qui estoit mort dans sa Ville capitale avant que la Princesse fut arrivée. Elle se fit peu de temps après Catholique à l'exemple de sa sœur la Reine d'Austrasie qui avoit beaucoup contribué à ce mariage par le désir de l'avoir plus près d'elle. Elle sçut d'abord gagner Chilperic, il l'aimoit tendrement & avoit du respect pour sa vertu : mais cette affection & cette estime ne furent pas de longue durée. Ce Prince inconstant malgré toutes ses promesses & tous ses sermens laissa rallumer dans son cœur ses anciens feux, & s'abandonna tout de nouveau à un amour criminel, qui jusqu'à son mariage avec la Princesse d'Espagne n'avoit causé que du scandale, mais qui fut ensuite la source de bien des crimes & de bien des malheurs.

* Cette espece de dot ou d'appannage que le mari assignoit à son épouse est appellé par Gregoire de Tours l. 9. Cap. 20. matrimonialis dos, & dans le françois de ce temps-là morganegiba ou morganegias, & dans les Loix des Lombards morgingap. On convenoit par contract de cette dot avant le mariage, comme on le voit par la quinzieme formule de Marculphe. Mais la donation ne se faisoit en cérémonie que le premier matin d'après les nôces, & c'est pour cela que Grégoire de Tours l'appelle matutinale donum voyez sur cela le glossaire du Cange sur ce mot morgangheba. Ibid.

Gregor. Turon. l. 4. c. 19.

Fredegonde cette femme trop distinguée par son esprit, & mesme par son courage, qualitez qu'elle avoit receuës de la nature en un souverain degré, & dont elle fit rarement un bon usage, s'estoit renduë à diverses reprises maistresse du cœur & de l'esprit du Prince, toûjours aimée, mais non pas toûjours avec une égale ardeur. Son crédit avoit diminué quelquefois, mais il n'avoit jamais esté entièrement perdu. Une première femme légitime appellée Audouere, & qui porte dans l'Histoire la qua-

lité de Reine, avoit long-temps partagé au moins les inclinations du Roy. Trois Princes qu'elle avoit mis au monde l'un après l'autre estoient le noëud de cette union qui paroissoit devoir durer.

Fredegonde cependant estoit venuë à bout de la perdre, & s'estoit servie pour cela d'une voye qui ne pouvoit avoir esté imaginée que par un esprit aussi artificieux & aussi fourbe que le sien. Chilperic incontinent après la paix faite avec Sigebert, l'avoit accompagné au delà du Rhin contre les Saxons qui s'estoient revoltez. Pendant cette expédition militaire la Reine Audouere estoit accouchée d'une fille qu'on différa de baptiser jusqu'à ce qu'elle fust relevée : comme tout estoit prest pour la cérémonie du baptême, celle qui estoit destinée pour estre la maraine tarda à venir, & la Reine parut s'impatienter. Fredegonde qui estoit présente luy dit ; qui vous oblige, Madame, d'attendre plus long-temps ? faites l'honneur à vôtre fille de la tenir vous-mesme sur les fonds. La Reine le fit & donna dans le piège, sans que l'Evêque qui baptisa l'enfant, apparemment gagné par Fredegonde, s'y opposât.

Gesta Franc. Cap. 31.

Dès-lors selon la coûtume de l'Eglise cette cérémonie de tenir un enfant sur les fonds faisoit contracter entre celle qui le faisoit & le pere de l'enfant une alliance spirituelle qui empêchoit le mariage entre ces deux personnes, & qui en rendoit l'usage illicite supposé qu'il fust déja contracté. Fredegonde pour qui l'abus des choses les plus saintes n'estoit pas un crime qui l'épouvantât, bien contente d'avoir engagé la Reine dans ce mauvais pas, n'en dit mot jusqu'au retour du Roy. Elle alla au devant de luy, & après l'avoir salué elle luy dit en riant qu'il n'avoit plus de femme, & luy raconta ce qui estoit arrivé.

Le Roy repris de sa premiere passion dans cet entretien va trouver la Reine, & contrefaisant l'homme consterné luy représente la faute qu'elle a faite & l'estat où elle s'est mise, envoye en exil l'Evêque qui avoit fait le Baptême, & fait entendre à Audouere qu'elle n'avoit point d'autre parti à suivre que de se retirer dans un Couvent, & d'y prendre le voile. Il fallut bien s'y résoudre. Elle choisit un Monastere dans le pays du Maine. Le Roy en la quittant pour luy marquer sa tendresse & son regret, luy fit présent de plusieurs terres dont elle joüit le reste de sa vie, & peu de temps après il déclara Fredegonde Reine de Soissons.

Elle fut bien-tost dégradée par le mariage qu'il contracta avec la Princesse d'Espagne ; mais aussi ce fut à faire périr cette Princesse qu'elle employa tous ses soins & tous ses attraits. Chilperic ne pouvoit si bien cacher à la Reine l'attachement qu'il continuoit d'avoir pour Fredegonde, qu'elle ne s'en apperceut. Elle s'en plaignit & luy marqua à elle-mesme dans les occasions la peine qu'elle avoit à le souffrir. Cette femme impérieuse & insolente seûre de son pouvoir sur l'esprit du Roy, loin de paroistre inquiete de l'aversion de la Reine, s'en faisoit honneur, luy manquoit continuellement de

Gregor. Turon. l. 4. c. 28.

de respect & s'appliquoit à la chagriner en toute occasion. Les choses allerent si loin que cette pauvre Princesse toute désolée pria le Roy de luy permettre de retourner en Espagne, luy offrant de laisser en France tout ce qu'elle y avoit apporté.

Le Roy neanmoins faisoit tout ce qu'il pouvoit pour l'adoucir, & à la tendresse près il avoit pour elle tous les égards, toute l'honnesteté, & au moins en apparence toute la douceur possible; mais enfin peu de temps après on la trouva morte dans son lit.

Cette mort fit beaucoup parler: quelques miracles mesme qui se firent à son tombeau augmenterent la veneration qu'on avoit euë pour elle pendant sa vie, & l'horreur qu'on avoit conceuë contre ceux qu'on soupçonnoit de l'avoir fait mourir. Le Roy la pleura; mais quand on le vit peu de temps après redonner le nom & le rang de Reine à Fredegonde, le public les chargea l'un & l'autre de cet attentat, & le bruit constant fut que la Princesse avoit esté étranglée.

On en fut tres-persuadé en Espagne & en Austrasie. Brunehaut sœur de la Princesse envoya aux autres Rois François demander justice de cet assassinat, & anima Sigebert son mari à en tirer vangeance. Ses plaintes furent trouvées si justes, que les Rois se liguérent contre Chilperic & luy firent une rude guerre. Ils s'étoient déja emparez de la plus grande partie de ses Estats; lorsque la paix se fit assez brusquement à condition que Chilperic cederoit à la Reine d'Austrasie pour l'appaiser, les Villes qu'il avoit données comme en appanage à Galsuinde en l'épousant. Cet avantage tint lieu de vangeance à la Reine d'Austrasie, & l'interest mit fin à une guerre que la douleur & la haine avoient fait commencer. Ce fut Gontran qui fit cet accord. Ainsi la punition du crime de Chilperic fut la perte d'une partie considerable des Domaines qu'il avoit heritez de Caribert.

Gregor. Turon. l. 9. c. 20.

Le partage de la succession de ce Prince s'estoit fait tranquillement entre ses trois freres. Gontran eust dans sa part la forte Ville de Melun, Xaintes, Agen, Perigueux, & leurs dependances. Sigebert eust Meaux, Châteaudun, Vendôme, une partie du pays d'Estampes, & du pays Chartrain, Avranches, Tours, Poitiers, Alby, Aire, Conserans. Chilperic eust les Villes dont j'ay déja parlé & quelques autres. Ces partages estoient si bizarres, & sont si peu exactement marquez dans les anciens Auteurs, qu'il est difficile de les déterminer bien juste.

Gesta Reg. Franc. c. 31.

Gregor. Turon. l. 4. c. 40.

L. 6. c. 12.

On vit mesme qu'en ce partage ces Princes possederent des Villes par moitié, ou en partie, comme Senlis & Marseille; & parce qu'ils pretendoient tous avoir Paris dans leur lot, on convint de partager cette Ville-là en trois, & que nul d'eux ne pourroit y entrer sans le consentement des deux autres sous peine de perdre la part qu'il y avoit, & tout ce qui luy estoit écheu de la succession de leur frere. Ils prirent à témoin de ce Traité S. Polieucte, saint Hilaire, & S. Martin les priant de donner leur malediction à celuy qui y contreviendroit. C'est ainsi qu'après la mort de Caribert les choses avoient esté réglées ou plustot confonduës.

Peu de temps après la paix faite entre les Rois, Sigebert fut obligé de soûtenir une nouvelle guerre contre le Roy des Abares qui suivant sa premiere politique prit encore ce temps-là pour faire des courses sur les terres des François au delà du Rhin. Sigebert y accourut pour les repousser; mais il ne fut pas si heureux que la premiere fois: l'Histoire dit que les deux armées estant en presence quelques Magiciens de la Nation des Abares firent des invocations & des enchantemens qui épouvanterent les François; de sorte que l'armée prit la fuite. Le Roy fit en vain tous ses efforts pour arrester les fuyards, & il n'en put venir à bout; mais ce qu'il y eust de plus fâcheux, c'est que se battant en retraite avec quelques braves soldats qu'il avoit ramassez autour de luy, il fut investi & enfin pris. Il fut conduit à la tente du vainqueur, où soûtenant dans son malheur son caractere & sa dignité de Roy, non-seulement il ne fit paroistre aucune foiblesse, nul étonnement, nul chagrin, mais beaucoup de fermeté, de presence d'esprit & de liberté. Comme il estoit beau & bien-fait, & qu'il avoit affaire à un ennemi genereux, il le charma par son seul abord. Le Roy des Abares empécha qu'on ne pillast ses equipages, & les luy fit rendre. Sigebert y trouva de quoy faire des presens à ce Prince, & sceut si bien le gagner qu'il en obtint sa liberté; & ils firent ensemble une paix & une amitié qu'ils conserverent toûjours. Sigebert eust peu de jours après occasion de faire paroistre sa reconnoissance & sa fidelité dans ses promesses. Car les Abares ayant disette de vivres dans leur retraite, il leur envoya aussi-tost qu'il le sceut, un grand nombre de bœufs, de moutons, & grande quantité de farines, & eut grand soin que rien ne leur manquast jusqu'à ce qu'ils fussent arrivez en leur pays.

Gregor. Turon. l. 4. c. 29.

Vers l'An 568.

Ibid.

Menander protector.

Tandis que les Abares occupoient ainsi le Roy d'Austrasie au delà du Rhin, un nouvel ennemi que la France n'avoit point encore veu paroistre sur ses frontieres, attaqua le Roy de Bourgogne; & cette guerre fut à l'égard des François la premiere suite de la subite revolution qui avenoit de se faire en Italie: en voicy en peu de mots la cause & les progrès qui engagerent tout de nouveau les François à prendre part aux affaires de delà les Alpes, & à y porter de temps en temps la guerre, comme ils avoient fait du temps des Ostrogots.

An. 568. ou 569.

Le fameux Narsez après avoir exterminé ces barbares & chassé les François d'Italie, la gouvernoit en paix avec une grande autorité, craint & respecté des Peuples & chéri de son Maitre l'Empereur Justinien. Ce Prince estant mort après un long & glorieux regne l'an de Nôtre Seigneur 566, Justin son Successeur n'eust pas pour Narsez les mesmes égards. L'Imperatrice Sophie qui haïssoit ce grand Capitaine, ayant rempli l'esprit de l'Empereur de soupçons contre luy, il songea à le rappeller, & envoya

HISTOIRE DE FRANCE.

pour prendre sa place, le Général Longin; & l'Imperatrice ajoûtant l'insulte à la digrace luy écrivit en ces termes. Un Eunuque comme vous "ne devoit pas estre si long-temps absent du Pa- "lais. Il y a trop d'années qu'on vous attend dans "l'appartement des femmes pour filer avec elles. On dit que Narsez piqué au vif de cette sanglante raillerie, luy répondit qu'il alloit luy ourdir une trame dont elle ne verroit jamais le bout. En effet s'estant retiré à Naples il envoya secretement au Roy des Lombards pour le soliciter de venir s'emparer de l'Italie, l'asseurant qu'il en trouveroit les passages ouverts & la conqueste facile.

Paul. Diac., l. 2. c. 5.

Cette Nation avoit autrefois servi utilement en Italie sous Narsez contre les Ostrogots, & avoit sa demeure dans la Pannonie. Leur Roy s'appelloit Alboin grand homme de guerre qui avoit épousé en premieres nôces Clodosvinde fille de Clotaire I. & sœur des Rois actuellement regnants en France. Cette Princesse à la sollicitation de S. Nicete Evêque de Tréves avoit fait tout ses efforts pour convertir son époux qui estoit payen; mais elle mourut sans pouvoir venir à bout d'une si sainte entreprise.

Epist. Nicet. ad Clodos- vin.

Alboin ne délibéra pas sur la proposition de Narsez. Il envoya en Germanie inviter les Saxons à le seconder dans sa conqueste: vingt mille avec leurs femmes & leurs enfans prirent peu de temps aprés le chemin d'Italie, & furent suivis de plusieurs autres. Sigebert Roy d'Austrasie dont ils estoient tributaires ne s'opposa point à leur départ, ce détachement affoiblissant une Nation qu'il avoit de la peine à contenir dans le devoir: & comme les terres qu'ils quittoient estoient bonnes, il les fit occuper par une Colonie de Suéves autres Peuples de son Domaine qui demeuroient vers le Danube.

Paul. diac. Ibid.

Les Lombards partirent donc de leur païs l'année 568. entrerent en Italie, s'emparerent de la Ligurie, excepté des Villes de cette Province qui sont sur le bord de la mer, se rendirent maistres de Milan, prirent Pavie aprés un siége de trois ans: Enfin en trois ans & demi Alboin courut toute l'Italie, & la conquit à la reserve de Rome & de Ravenne.

Dans cet intervale Narsez mourut à Rome apparemment plus chagrin que content du trop grand succés de sa vangeance; car il avoit toûjours paru bon chrétien & homme de bien. Son corps fut porté à Constantinople où sa mémoire ne receut aucune flétrissure, ce qui marque que ses intrigues avec les Lombards estoient demeurées secretes, & quelques-uns mesme l'en disculpent par cette raison. L'Italie n'eust pas plustost ces nouveaux Maistres qu'on s'en apperceut en France. Depuis que Justinien avoit reconquis cette partie de son Empire, il avoit toûjours ménagé les François. Vers la fin de son regne, ou vers le commencement de celuy de Justin son Successeur il y avoit eu des démêlez pour quelques postes du costé des Alpes Rhetiques, où le Royaume d'Austrasie touchoit aux terres de l'Empire. On voit quelques vestiges de ces differens dans les Auteurs contemporains ou voisins de ce temps-là, qui ne disent les choses qu'en général. Mais Sigebert avoit depuis fait ou renouvellé un traité par des Ambassadeurs qu'il avoit envoyez à Constantinople *: Et l'on estoit en paix avec l'Empereur, lorsque les Lombards entrerent en Italie.

Gregor. Turon. l. 4. c. 33.

* Gregoire de Tours dit que ce fut à Justinien que Sigebert envoya ces Ambassadeurs, c'est une faute de copiste. Il faut substituer au lieu de Justinien le nom de Justin, comme le démontre ce qui ne seroit aucunement à douter, c'est que Fredegaire Chap. 64. le copiant & abregeant cet endroit de Gregoire de Tours, dit que ce fut à Justin & non pas à Justinien que les Ambassadeurs furent envoyez.

Si-tost que ces Barbares eurent pénétré dans la Ligurie & passé le Pô, il s'en fit un détachement qui vint fondre dans le Royaume de Bourgogne. La Savoye & ce qui s'appelle aujourd'huy le Dauphiné qui en estoient les frontieres, se trouverent exposées à la fureur de ces Barbares. Le Patrice Amé y accourut avec des Troupes pour les empécher de pénétrer dans le Païs, & on en vint aux mains. Les Bourguignons furent défaits & presque tous passez au fil de l'épée. Le Général mesme y périt. Les Lombards devenus maistres de la Campagne par cette défaite y commirent de grands excés, & repasserent les Alpes chargez de butin avec une multitude infinie de prisonniers qu'ils firent esclaves. C'est ce qui obligea le Roy de Bourgogne à donner le commandement de son armée de ce costé-là au plus grand homme de guerre qu'il y eust alors dans l'Empire François nommé Mummol. Ce Capitaine n'eust pas plustost ramassé les débris des Troupes qui furent fortifiées de quelques autres, que les Lombards revinrent faire une nouvelle irruption dans le Dauphiné aux environs d'Ambrun. Mummol s'approcha avec son armée; mais marchant lentement il leur donna le temps de s'engager dans les montagnes & dans les forests, dont il fit brusquement occuper tous les défilez, & en embarassa les issuës de quantité d'arbres qu'il fit abbattre. De sorte que les Lombards se trouverent investis de tous costez & estoient assommez à mesure qu'ils paroissoient. La plus grande partie y laissa la vie, quelques-uns furent pris & envoyez au Roy par le Général. Ils furent dispersez dans diverses prisons du Royaume, & tres-peu échapperent pour aller porter à leurs compatriotes la nouvelle de cette défaite.

Marius, in Chron. Gregor. l. 4. c. 36.

Ibid. Cap. 36.

On vit dans cette armée de Mummol & dans ce combat le premier exemple que je sçache, d'une chose qui se fit quelques autres fois depuis en France, & qui devint mesme tres-ordinaire du temps de Charles Martel: Deux Evêques le casque en teste & le sabre à la main y combatirent & chargerent eux-mesmes l'ennemi avec toute la vigueur possible; c'estoit l'Evêque d'Ambrun & l'Evêque de Gap, l'un nommé Salone & l'autre Sagittaire. Ils estoient tous deux freres qui vivoient l'un & l'autre dans leur Evêché comme des bandits, ils avoient esté déposez dans un Concile de Lyon pour des violences, des meurtres, des adulteres, & ensuite rétablis par ordre du Pape Jean III. auquel ils avoient imposé. Ils furent plusieurs années aprés déposez une seconde fois dans un Concile de Chaalons sur Saône pour de nouveaux crimes, & mis dans une prison d'où ils se sauverent, sans qu'on sçache ce que Salone

Ibid. Cap. 37.

Gregor. Turon. l. 4. c. 43.

Sirmond Tome 1. Concil.

devint depuis : car pour Sagittaire nous le reverrons encore dans quelques années l'épée & la fronde à la main combattre contre son Prince, & périr d'une maniere digne de son crime & de sa vie scandaleuse.

Ce ne fut pas là la derniere alarme qui fut donnée à ces Provinces voisines des Alpes. J'ai raconté comment une armée entiere de Saxons invitez par les Lombards avoient quitté leur païs & s'estoient joints à eux dans l'Italie. Ces Saxons forcerent à leur tour ces passages des Alpes, entrerent par Ambrun & par Nice dans la Provence, pénétrerent jusqu'à Riez & se camperent auprès d'Establon ou Stoblon, d'où ils firent des courses de tous costez dans le païs.

Gregor. Ibid. l. 4. c. 27.

Mummol avec sa vigilance & sa promptitude ordinaire les surprit, lorsqu'ils le croyoient bien loin, les chargea, en tua un tres-grand nombre sur la place, & les auroit tous taillez en pieces sans la nuit qui survint & qui l'obligea à se retirer. Les Saxons malgré l'échec qu'ils avoient déja receu parurent le lendemain matin en bataille prests à recommencer le combat. Cependant comme on estoit sur le point d'en venir aux mains, les Généraux de part & d'autre comme de concert proposerent de faire la paix. Les Saxons d'un costé jugeant leur perte entiere inévitable s'ils perdoient la bataille, & Mummol voyant tout le païs à la discrétion de ces Barbares s'il luy arrivoit d'être défait, il se prévalut néanmoins de l'avantage du jour précedent, & ne leur accorda la paix qu'à deux conditions. La premiere qu'ils laisseroient tout le butin qu'ils avoient fait & remettroient en liberté tous les Captifs, & la seconde que comme ils estoient Sujets nez des Rois de France, ils ne porteroient plus les armes contre la Nation, & qu'ils feroient tout leur possible pour se dégager d'avec les Lombards, afin de rentrer dans le service de France.

Ibid. Gregor. c. 37.

Paul. Diac. L. 3. c. 6.

Cette seconde paix fit bien moins de peine aux Saxons que la premiere ; parce que les Lombards qui les avoient fait venir, au lieu de les associer à leurs conquestes, comme ils le leur avoient promis, les traitoient plustost en sujets qu'en alliez. Ayant donc repassé les Alpes ils leur firent agréer qu'ils se retirassent dans leur païs avec leurs femmes, leurs enfans & leurs meubles.

Gregor. c. 37.

L'hyver estant passé ils se disposerent à leur retour en Saxe ; ils se partagerent en deux corps & rentrerent en France par les mesmes endroits par où ils estoient venus faire leur irruption l'année d'auparavant, c'est à dire par Ambrun & par Nice, & se rejoignirent auprès d'Avignon. C'estoit alors le temps de la moisson, & les Laboureurs n'avoient encore rien retiré dans leurs granges. Les Saxons s'accommoderent dans tout leur chemin de ce qu'ils trouverent de fourage & de bled dans la campagne en remontant le Rhosne, & vinrent enfin pour le passer vers Lyon. C'estoit à ce passage que le Général Mummol les attendoit. Il les avoit toûjours costoyez dans leur marche, & il avoit esté témoin des désordres qu'ils avoient faits dans la campagne. Quand il fut question de traverser le Rhosne il se trouva posté sur l'autre bord, & leur déclara que s'ils entreprenoient de passer, il les chargeroit. Ils luy représenterent qu'ils ne faisoient qu'executer le traité qu'ils avoient fait l'année précédente, de repasser dans la Germanie pour se soumettre de nouveau au Roy d'Austrasie.

Oüi, leur dit-il, mais c'est après avoir ruiné le païs du Roy mon maistre ; vous en avez enlevé les bleds, pillé les bestiaux, brulé les métairies, coupé les vignes & les oliviers. Je vous déclare que vous n'en sortirez point, que vous n'ayez dédommagé les interessez, & que si vous ne le faites incessamment, je ferai main basse sur vous, sur vos femmes, & sur vos enfans, & que je vous ferai tous périr. Il fallut obéïr & payer les désordres commis dans leur marche, d'une grande partie de l'or monnoyé qu'ils avoient gagné en Italie. Après quoy on leur donna des quartiers d'hyver en Auvergne, où ayant séjourné jusqu'au printemps, & trompé en partant les Auvergnacs à qui ils donnerent quantité de fort beau cuivre doré pour de l'or, le Roy Sigebert les fit conduire dans leurs anciennes demeures. Il fallut s'y battre avec les Sueves qui s'en estoient mis en possession ; mais enfin ils s'accommoderent & convinrent d'y vivre en bonne intelligence les uns avec les autres.

An. 570.

Ibid.

La réputation du Général Mummol qui s'étoit rendu formidable aux Lombards, les tint quelque-temps en respect, & les empêcha de revenir si-tost sur les terres du Roy de Bourgogne : maisce Prince en finissant cette guerre se trouva embarqué dans une autre.

Sigebert à son retour de la guerre des Abares voulut faire usage des troupes qu'il avoit sur pied, & voyant son frere occupé à repousser les Lombards & les Saxons, prit cette occasion de faire valoir des prétentions qu'il avoit sur la Villes d'Arles. Il envoya ordre au Comte Firmin Gouverneur d'Auvergne d'aller en Provence avec tout ce qu'il pourroit y conduire de Troupes de son Gouvernement, & il y en fit encore marcher d'autres sous la conduite d'un autre de ses Capitaines nommé Eudouard. Ces deux corps s'estant joints auprès d'Arles surprirent les habitans qui ne s'attendoient à rien moins & les obligerent à faire serment de fidelité au Roy d'Austrasie.

Le Roy de Bourgogne averti de cette insulte envoya de ce costé-là le Patrice Celse. Ce nom de Patrice me paroit avoir esté alors affecté aux Gouverneurs de Bourgogne & à ceux de Provence : il venoit apparemment d'Italie, dont ces deux Gouvernemens estoient frontieres, & où les Empereurs de Constantinople envoyoient autrefois des Généraux honorez de cette qualité. Mais en France elle ne donnoit rien au dessus de celle de Duc ou de Gouverneur commandant les armées.

Ibid. Cap. 30.

Celse pour faire diversion attaqua d'abord & prit Avignon, & delà avec beaucoup de promptitude alla investir dans Arles mesme les Troupes Austrasiennes, dont les

HISTOIRE DE FRANCE.

Chefs se trouverent fort embarassez.

L'impossibilité de demeurer enfermez dans la place faute de provisions les fit resoudre à en sortir & à donner bataille à une armée plus forte que la leur. Ils firent promettre à l'Evêque de la Ville qu'il les recevroit en cas qu'ils fussent repoussez par l'ennemi, & sur sa parole ils allerent attaquer Celse. L'entreprise ne leur réussit pas, ils furent mis en déroute & vinrent pour se réfugier dans la Ville; mais ils en trouverent les portes fermées & les habitans sur les murailles qui les accabloient à coups de pierres, tandis que l'armée ennemie les perçoit par derriere à coups de javelots; ainsi pressez de tous costez la plûpart se jetterent dans le Rhosne se servant de leurs boucliers pour se soûtenir sur l'eau & gagner l'autre bord: un grand nombre se noya; & ceux qui se sauverent ayant perdu leurs chevaux & leurs équipages ne remporterent chez eux de cette expédition, que de la honte. Les Auvergnacs y périrent presque tous, & les deux Géneraux ne se rendirent aprés avoir bien combattu, qu'à condition qu'on leur laisseroit la vie & la liberté. Le Roy de Bourgogne content de cet avantage & d'avoir repris sa Ville d'Arles ne poussa pas les choses plus loin, & avec sa bonté ordinaire & suivant son humeur pacifique il rendit la Ville d'Avignon à son frere & fit la paix avec luy.

Vers l'An 570.

Chilperic cependant de son costé pensa à profiter de la division de ses deux freres. Ce Prince d'ailleurs ennemi du repos estoit toûjours animé par Frédégonde contre le Roy & la Reine d'Austrasie; car depuis la mort de la Reine Galsuinde ces deux Princesses furent irréconciliables & ne cesserent jamais d'inspirer leur haine à leurs maris. Chilperic déclara donc la guerre à Sigebert, & envoya son fils Clovis à la teste d'une armée dans la Touraine & dans le Poitou. Il estoit difficile à Sigebert de secourir ces Provinces détachées du reste de ses Estats, & qui d'ailleurs estoient fort à la bien-séance de Chilperic. En effet le jeune Prince emporta les deux capitales, Tours & Poitiers & se rendit maistre de presque tout le païs.

Chilperic n'avoit pas compté que la paix se fit si aisément & si-tost entre ses deux freres: elle s'estoit faite neanmoins & une des conditions avoit esté que Gontran donneroit à Sigebert le Géneral Mummol pour commander ses Troupes contre celles de Chilperic, & qu'il y joindroit une partie des siennes. Le Roy de Bourgogne qui avoit appris que les Lombards avoient perdu leur Roy, & qu'ils avoient assez d'affaires chez eux pour ne pas venir de long-temps l'inquieter dans la Provence, n'eust pas de peine à accorder à Sigebert cet article. Il fit donc partir ce Capitaine avec la meilleure partie de ses Troupes, & Sigebert luy donna aussi le commandement des siennes.

Cap. 41.

Il marcha droit à Tours, & Clovis n'ayant osé l'attendre, il reprit cette Ville & fit faire de nouveau le serment de fidelité par les habitans au Roy d'Austrasie; delà il marcha à Poi-

An. 572.

tiers dont il se rendit aussi le maistre, après avoir défait quelques Troupes du païs; de sorte que le Prince fut obligé de se retirer vers Bourdeaux, où un des Géneraux de Sigebert nommé Sigulphe le poursuivit. Comme presque toute son armée avoit esté dissipée par l'arrivée & par les succés de Mummol, il fut encore obligé de se sauver delà toûjours pressé par Sigulphe, auquel il échappa neanmoins, & en traversant l'Anjou presque seul il vint rejoindre son pere Chilperic.

Les affaires de ce Roy alloient mal, si la mesintelligence qui se mit de nouveau entre Gontran & Sigebert ne luy eust donné le temps de se reconnoistre & de se remettre en estat de reparer ses pertes. Le sujet en fut assez leger. L'Evêque de Reims entreprit d'ériger un Evêché à Chasteaudun qui estoit du Domaine de Sigebert, & en consacra Evêque un Prêtre du Diocése de Chartres nommé Promote. La Ville de Chartres appartenoit à Gontran, Chasteaudun estoit de ce Diocése, & l'Evêque porta ses plaintes au Roy contre l'entreprise de l'Evêque de Reims qui n'avoit nul droit de faire une telle érection dans le Diocése d'autruy. Gontran fut pour l'Evêque de Chartres, & Sigebert soûtint l'Evêque de Reims. Gontran proposa à Sigebert de s'en rapporter à une assemblée d'Evêques, il y consentit & on tint ce sujet le quatriéme Concile de Paris où se trouverent plus de trente Evêques, la plûpart du Royaume de Gontran. L'Evêque de Chartres & celui de Reims n'y assisterent point. Le premier y fit presenter sa Requeste, sur laquelle il gagna son procés, & le Concile écrivit à l'Evêque de Reims pour l'obliger à se désister de sa prétention, & luy déclarer que si le Prestre Sacré Evêque entreprenoit de faire aucune fonction Episcopale & ne se soûmettoit à son Evêque Diocésain on l'excommunieroit, de quelque puissance qu'il fust soûtenu.

l'An 573.

Tom. 1. Concil. Gall.

Le Concile écrivit aussi au Roy d'Austrasie, pour le supplier de ne point se faire le protecteur d'une si mauvaise cause: mais malgré le Concile, Promote fut soûtenu & demeura Evêque. Toutefois cette broüillerie n'alla pas jusqu'à la Guerre entre le Roy de Bourgogne & le Roy d'Austrasie: mais elle empescha qu'on ne parlât de paix entre Sigebert & Chilperic contre ce que le Concile avoit esperé, & elle donna lieu à Chilperic en dés-unissant ses deux freres, de faire la guerre encore plus vivement qu'il n'avoit fait jusqu'alors.

Il avoit envoyé dans la derniere campagne son second fils Clovis à la teste de ses troupes; parce qu'il n'avoit pas voulu obliger son aîné Theodebert à violer le serment qu'il avoit fait à son oncle Sigebert de ne plus porter les armes contre lui, lorsqu'il luy donna la liberté aprés l'avoir pris au siége de Soissons: mais il crut que la conjoncture de ses affaires le devoit faire passer par-dessus cette considération, & il engagea ce jeune Prince plein de courage, & qui souffroit une grande violence dans l'observation de son serment, à prendre l'année suivante la conduite de l'armée.

GONTRAN. CHILPERIC. SIGEBERT.

Il marcha donc au Printemps en Touraine & en Poitou, qui estoient alors le théatre de la guerre. Il tailla en pieces auprès de Poitiers l'Armée de Sigebert commandée par le Général Gondebaud qui venoit au secours de la Place, il la prit, ravagea toute la Touraine, & se rendit maistre de presque toutes les Places voisines de la Loire qui estoient de la domination de Sigebert, & qui y estoient fort attachées. Il passa de là dans le Limosin & dans le Quercy où il porta le ravage & la désolation, sans épargner ni Eglises ni Monastéres, faisant tout tuer hommes, femmes, Prestres; de sorte que l'Historien compare les traitemens qu'on fit alors aux Sujets du Roy d'Austrasie avec la persécution que les Chrétiens souffrirent sous l'Empire de Dioclétien. Sigebert au desespoir de voir son Armée défaite & ses Sujets traitez avec tant de cruauté, eut recours à un expédient dont il avoit jusqu'alors fait scrupule de se servir dans les guerres qu'il avoit euës contre ses fréres, & qui mit une autre partie de la France dans le mesme état où Theodebert avoit déja mis les Provinces de delà la Loire.

Gregor. Turon. l. cit. c. 42.

Jusques-là Sigebert avoit fait la guerre avec des Troupes la plupart levées en deça du Rhin, n'ayant jamais voulu faire entrer en France des Corps considérables des Nations qui luy étoient sujettes au delà de ce Fleuve. Il s'y resolut cette fois-là, & commença à faire une Armée entiére composée d'Allemans, de Suéves, de Bavarois, de Turingiens, de Saxons, pour la faire passer en France.

Cap. 44.

Cette nouvelle consterna Chilperic, qui envoya aussi-tost des Ambassadeurs au Roy de Bourgogne, pour luy représenter la désolation prochaine de la France, l'interest qu'il avoit à se joindre à luy pour l'empescher, & que si une fois il le laissoit succomber, il seroit bien-tost luy-mesme la victime de l'ambition & de la cruauté du Roy d'Austrasie.

Gontran conçut la grandeur du péril, il en envisagea les suites, & malgré la résolution qu'il avoit faite de demeurer neutre, il jugea que dans les circonstances présentes il falloit arrester Sigebert, & conclut une Ligue défensive avec Chilperic. Cependant Sigebert ayant receu son Armée de Germanie la joignit avec ses autres Troupes, & marcha à leur teste jusques sur le bord de la riviére de Seine. Il falloit la passer, & Chilperic de l'autre costé estoit bien résolu d'en disputer le passage, qui estoit en effet impossible en présence d'une Armée ennemie. Sigebert dans cet embarras envoya déclarer à Gontran que s'il ne luy donnoit passage sur ses Terres, il alloit faire tomber sur son Royaume de Bourgogne tout le mal qu'il avoit préparé à Chilperic. Cette menace luy réüssit si bien, que Gontran intimidé luy livra un des Ponts qu'il avoit sur la Seine; ce que Chilperic ayant sçû, il fut obligé de quitter les bords de ce Fleuve, se retira dans le païs Chartrain, & se retrancha auprès du Bourg d'Alluye. *

Vers l'An 574.

Ibid.

* Avallocium.

Sigebert l'y suivit, & se mit en disposition de l'y forcer dans son Camp. Alors Chilperic se voyant perdu sans ressource si son Camp é-toit forcé, luy envoya faire des propositions de Paix. Ce Prince aussi humain que vaillant, touché des malheurs que ces guerres civiles causoient à la France, & fasché des désordres que ses Troupes Germaniques faisoient par tout, entendit volontiers à un accommodement, qui fut que Chilperic feroit revenir son fils Theodebert en deça de la Loire, & qu'il rendroit toutes les Places prises au-delà. Chilperic y ajoûta une condition, sçavoir, que Sigebert ne tireroit nulle vengeance des Peuples qui avoient reçû la Loy de Theodebert, & dont il avoit exigé le serment de fidélité; vû qu'ils ne l'avoient fait que par force & par contrainte. Sigebert s'y accorda.

Mais ce n'estoit pas là ce que les Soldats des Troupes Germaniques s'estoient promis. Ils avoient compté en entrant en France, au moins sur le ravage du Royaume de Soissons, & en particulier sur le pillage du Camp de Chilperic. Ils commençoient à se mutiner, murmurant de ce qu'on les avoit empeschez de combattre, lorsqu'ils estoient sur le point de recüeillir le fruit de leurs fatigues & d'une si longue marche. Mais Sigebert estant aussi-tost monté à cheval alla droit aux mutins, que sa présence déconcerta. Il fit prendre les plus insolens & les fit lapider à la veuë de l'Armée; c'est l'unique exemple que je trouve dans nostre Histoire de cette espèce de chastiment pour des Soldats. Il ne put empescher cependant que ces Troupes barbares & mal disciplinées ne pillassent quantité de Bourgs, & n'en brûlassent plusieurs dans le voisinage de Paris, & qu'ils ne fissent beaucoup d'esclaves qu'il n'entreprit pas de leur faire rendre.

Cette Paix ne dura qu'une année que Chilperic employa à faire secretement des préparatifs de guerre, & à engager de nouveau le Roy de Bourgogne dans ses interests en l'animant contre le Roy d'Austrasie. Il le pria de luy accorder une entreveuë touchant leurs interests communs, & il le flatta si bien, & luy exagera tellement la maniére haute dont Sigebert l'avoit obligé de luy livrer un Pont sur la Seine, qu'il l'engagea à renouveller la Ligue que la peur qu'il avoit euë de l'Armée de Sigebert, luy avoit fait rompre. Ce Traité ne fut pas plustost conclu que Chilperic entra subitement en Champagne, & mit tout à feu & à sang jusqu'à Reims. Sigebert surpris & infiniment offensé de ce procedé fait revenir les Troupes de la Germanie, s'avance jusqu'à Paris, & envoye ordre aux Milices de Chasteaudun & de Touraine de se joindre ensemble pour aller contre le Prince Theodebert, qui tandis que son pere désoloit la Champagne, se disposoit à passer la Loire pour rentrer dans la Touraine.

An. 575.

Ni les Habitans du Canton de Chasteaudun, ni ceux de Touraine n'oférent prendre les armes comme le Roy d'Austrasie le leur avoit ordonné, craignant de voir encore leur païs ravagé par les Troupes de Theodebert; c'est ce qui obligea Sigebert d'y envoyer une Armée sous le commandement de deux de ses Généraux Godegesile & Gontran-Boson.

L iij

HISTOIRE DE FRANCE.

Le Prince Theodebert marcha au devant d'eux sans déliberer ; mais ou par lâcheté ou par trahison la plus grande partie de son Armée déserta pendant la marche. Le parti le plus seûr pour luy eust esté de se retirer ; mais il le regarda comme honteux, & accepta la bataille avec un nombre de troupes très-inferieur à celuy des ennemis. Quelques efforts de valeur qu'il pust faire il succomba, accablé par la multitude, il y fut tué & trouvé mort après la bataille au milieu de plusieurs Seigneurs qui avoient péri avec luy. Son corps dépoüillé comme les autres & couvert de blessures fut reconnu par un Seigneur nommé Aunolphe qui le fit laver, le revêtit d'un habit précieux, & le fit transporter à Angoulesme où il fut enterré.

Ibid. Cap. 51.

Cette perte consterna Chilperic ; mais il fut bien plus inquiet encore de la nouvelle qu'il reçut que le Roy de Bourgogne que la peur avoit repris après cette defaite, l'abandonnoit & faisoit de nouveau sa paix avec Sigebert. Il n'osa plus tenir la Campagne, & se retira avec la Reine & ses enfans dans Tournay, où il se fortifia résolu d'y soûtenir le Siège si on venoit l'y assieger. Sigebert maistre de la Campagne s'empara de toutes les Villes des environs de Paris, & poussa jusqu'à Roüen. Il avoit résolu pour s'asseûrer mieux de toutes ces Places, d'en chasser les habitans & d'y établir comme des Colonies de ses Soldats de la France Germanique ; mais il en fut détourné par les plus moderez de son Conseil. De Roüen il vint à Paris où il fut reçû avec grande joye des habitans de la partie de cette Ville qui luy appartenoit, & avec crainte des autres qui estoient sujets des Rois de Bourgogne & de Soissons, ausquels il ne fit néanmoins aucun mauvais traitement.

Ibid.

Les nouvelles de tous ces avantages portées à Metz à la Reine d'Austrasie la réjoüirent beaucoup : elle se voyoit à la veille d'avoir à discretion Chilperic & Frédégonde, & de pouvoir adoucir en immolant l'un & l'autre à sa vengeance, le regret qu'elle conservoit toûjours de la mort funeste & indigne de la Reine Galsuinde sa sœur. Elle vint trouver à Paris le Roy son mary, & y amena ses trois enfans, sçavoir le petit Prince Childebert qui n'avoit que cinq ans, Ingunde & Clodosvinde ses filles.

Comme S. Germain Evêque de Paris sçavoit que cette Princesse avoit beaucoup de pouvoir sur l'esprit du Roy son mari, & que la haine qu'elle portoit à Frédégonde avoit toûjours eu grande part dans la guerre qui n'avoit jamais esté plus allumée entre les Rois François, il envoya au devant d'elle un de ses Ecclesiastiques nommé Gondulphe avec une Lettre extrêmement touchante sur les miseres du Royaume déchiré par les guerres & desolé par tout, mais principalement aux environs de Paris. Il l'y conjuroit de prendre les sentimens de la Reine Esther pour son Peuple, & de mériter comme elle la loüange de l'avoir sauvé. Il luy représentoit l'enormité du peché des Princes qui

Tom. I. Concil. Gall.

sont les causes des guerres & de la ruine des peuples. Il luy disoit avec franchise que le bruit estoit par tout que c'estoit elle qui animoit le Roy à la guerre ; qu'il avoit peine à se le persuader ; mais qu'elle devoit pour son honneur s'appliquer à convaincre le monde de la fausseté de ces bruits en portant efficacement le Roy à donner la paix à son frere.

Mais les instances du S. Prélat furent inutiles auprès de la Reine aussi-bien que celles qu'il fit immédiatement au Roy. La haine que ce Prince avoit conçuë contre son frere depuis les derniers ravages qu'il avoit faits dans ses Etats, alloit jusqu'à vouloir le faire périr & exterminer toute sa famille, & il ne le dissimula point au saint Evêque, qui luy dit en gémissant : » Seigneur, Dieu est un grand Maistre « qui ne peut approuver ces haines & ces ven- « geances, & si outre la victoire vous cherchez « à répandre le sang de vostre frere, vous devez « apprehender la colére du Tout-puissant. La « sainte Religieuse Radegonde écrivit aussi de son Monastére de Poitiers aux deux Rois pour les engager à mettre bas les armes : mais tout cela fut inutile, & Sigebert ne voulut rien écouter.

Vita Radegundis.

Plus la fortune rit aux Princes, & moins ils sont capables de ces salutaires avis. Tout plioit devant Sigebert : car sur ces entrefaites plusieurs Villes du Royaume de Paris & du Royaume de Soissons luy envoyerent des Députez pour donner à luy, déclarant qu'ils ne reconnoitroient plus désormais d'autre maistre.

Gregor. l. 4. c. 51.

Sigebert ayant reçû ces agréables nouvelles, envoya incessamment investir Tournay, & partit peu de temps après pour aller recevoir les hommages de ses nouveaux Sujets au milieu du Royaume de Chilperic. Il s'avança jusqu'à Vitri, Bourg qui subsiste encore entre Arras & Doüay, & cé fut là que tous les Seigneurs du Royaume de Soissons vinrent le reconnoistre. L'Histoire en remarque un seul nommé Ansoalde, qui malgré un exemple si universel demeura toûjours ferme dans la fidelité qu'il devoit à son maistre.

Les choses en estoient là, & Chilperic assiegé dans Tournay se voyoit sans aucune ressource ; lorsque Frédégonde à qui les crimes ne coûtoient rien, crut necessaire celuy qui seul pouvoit la tirer de cette extrémité. Elle appelle deux scélerats natifs de Téroüanne ; car elle en avoit toûjours de tels auprès de sa personne, & leur mettant en main deux espéces de bayonnettes empoisonnées, leur dit : » Voilà « l'unique moyen de sauver vostre Roy & vostre « Reine, & vous-mesmes, dont la fortune est « attachée à la mienne ; il faut tout risquer, & à « quelque prix que ce soit me défaire du Roy « d'Austrasie. Si vous venez heureusement à bout « de cette entreprise, il n'y a point de fortune « trop haute pour vous, & je vous permets d'as- « pirer à tout après un service si important. Si « vostre malheur veut que vous perissiez vous- « mesmes dans l'execution, songez que c'est en « servant vostre Prince, & qu'au moins j'en mar- « queray ma reconnoissance à vos familles.

An. 575.

Gesta Reg. Franc. c.31.

GONTRAN. CHILPERIC. CHILDEBERT.

Sur cela ces deux déterminez animez de ces belles espérances sortent de Tournay & se rendent à Vitry, se ménagent une Audiance du Roy, & lors qu'il y pensoit le moins, attentif aux choses importantes qu'ils faisoient semblant de commencer à luy dire, ils luy enfoncérent chacun leur bayonnette dans les flancs, & il expira sur le champ. Deux de ses Courtisans qui estoient dans la Chambre voulurent se saisir de ces assassins; mais l'un de ces deux Seigneurs qui estoit Chambellan fut luy-mesme tué & l'autre fort blessé. Les Soldats cependant accourus au bruit de cette sanglante boucherie, se jettérent sur ces scélérats & les mirent en piéces.

An. 575. Ainsi mourut Sigebert Roy d'Austrasie au plus haut point de sa prospérité à l'âge de quarante ans, après quatorze ans de regne, Prince le plus accompli de son temps & pour les qualitez du corps & pour celles de l'ame. Nul de ses fréres ne luy fut comparable ; ce que nous luy avons vû faire dans les guerres qui l'occupérent presque pendant tout son regne, la maniére dont il se comporta estant pris par le Roy des Abares, & celle avec laquelle il se tira de ses mains, la Paix qu'il accorda auprès de Chartres à Chilperic après l'avoir réduit à la derniére extrémité, l'horreur qu'il eut des débauches de ses fréres, l'exemple qu'il leur donna là-dessus, nous doivent convaincre que

Fortunatus l. 7. les loüanges qui luy sont données par un Evêque de son temps ne sont pas des traits outrez de Panégyriste, mais de véritables éloges de ses vertus, de son intrépidité dans les plus grands dangers, de sa grandeur d'ame, de sa sagesse, de son humeur bienfaisante, du talent qu'il avoit de gagner les cœurs, & sur tout de sa continence, vertu très-rare dans les Princes de ce temps-là. La fureur qui l'animoit à perdre son frére, toute criminelle qu'elle estoit, ne venoit après tout que d'une patience lassée & poussée à bout, & d'une trop grande complaisance pour une femme ambitieuse & vindicative par qui il se laissoit trop gouverner, le châtiment en fut prompt & terrible.

Cet accident fit en un moment changer de face aux affaires. Le Siége de Tournay fut levé, & les Sujets de Chilperic rentrérent dans le devoir. Il vint luy-mesme à un Bourg nommé Lambre, où il fit ensevelir le corps de son frére, qui fut depuis transporté à Soissons dans l'Eglise de S. Médard auprès de celuy de son pere Clotaire: mais son plus grand soin fut de prendre ses mesures pour se rendre maistre du Royaume d'Austrasie.

Frédégonde n'eut pas plustost reçû la nouvelle de la mort de Sigebert, qu'elle envoya des Couriers à Paris pour l'annoncer à ceux de sa faction, qui dans la consternation où elle mit le parti des Austrasiens se rendirent maistres de la Ville, & arrestérent, suivant les ordres qu'ils en avoient reçûs, la Reine d'Austrasie avec ses enfans. C'estoit là le coup de partie pour Chilperic & le moyen seûr de se faire reconnoistre au plustost Roy d'Austrasie. Sigulphe un des Capitaines de Sigebert s'estoit déja donné à luy. Le Referendaire * du Royaume

*Referendarius. * Qui annulum Regis.*

d'Austrasie, c'est à dire, celuy qui gardoit le Sceau du Roy & scelloit les Ordonnances, nommé Sigon, en avoit fait autant, à condition qu'il auroit la mesme Charge à la Cour de Chilperic. D'autres avoient suivi leur exemple; mais un habile & fidele serviteur de Sigebert rompit tous leurs projets par son adresse & par sa résolution.

Ce fut Gondebaud un des Généraux de l'Armée d'Austrasie, qui ayant gagné ou trompé les Gardes de la prison où la Reine Brunehaut & ses enfans estoient renfermez, trouva moyen d'en tirer le petit Prince Childebert, & le fit descendre par une fenestre dans un sac, dans lequel on le fit sortir hors des portes de Paris. De-là Gondebaud marchant à grandes journées par des chemins écartez, l'emmena heureusement à Metz, où il le fit reconnoistre pour Roy & saluer comme tel le jour de Noël, ce Prince ayant à peine cinq ans.

Sigeberti Referenda, dit Gregoire de Tours, & la Charge de cet Officier estoit de sceller les Ordonnances des Roiss ainsi qu'on le voit dans la Vie de S. Authert Evêque de Roüen, & par plusieurs anciens Monumens.

Gregor. Turon. l. 5. c. 1. Fredegar. Cap. 57.

An. 575.

Cependant Chilperic & Frédégonde arrivérent à Paris, où ils se saisirent de toutes les finances de Sigebert & de Brunehaut. Cette Princesse fut envoyée à Roüen, où on luy donna des Gardes, n'ayant point néanmoins d'autre prison que la Ville mesme, traitement beaucoup moins rude que celuy qu'elle devoit attendre, ce semble, de Frédégonde: mais elle eut la douleur de se voir enlever ses deux filles qui furent releguées à Meaux.

Chilperic sans perdre de temps fit partir un de ses Généraux nommé Rocoléne, luy ordonna de prendre dans le Maine toutes les troupes qu'il y trouveroit, & d'aller se saisir de Tours. Il envoya en mesme temps le Prince Mérovée son troisiéme fils pour se rendre maistre du Poitou.

Gregor. Turon. l. 5. c. 1. c. 2.

Le premier s'estant avancé jusqu'à la riviére de Loire se campa sur le bord vis-à-vis de Tours, & envoya sommer la Ville de se rendre. Les Habitans qui n'avoient ni Garnison ni munitions, députérent vers le Général pour se soûmettre en obtenant des conditions tolérables. » La premiére condition, leur dit-il, que « je vous demande de la part du Roy c'est que « vous me livriez sur le champ Gontran-Boson: « c'estoit des un Capitaines qui commandoient l'Armée de Sigebert à la bataille où le « Prince Theodebert fut tué, & qui par malheur « pour luy se trouva alors à Tours. La maniére dont Chilperic continua toûjours de pousser ce Capitaine ne nous permet pas de douter qu'il n'eust tué de sa main le Prince Theodebert dans le combat, ou qu'il ne l'eust fait tuer, ou du moins qu'il ne l'eust traité après sa mort d'une maniére indigne. Les Députez répondirent, « qu'il leur demandoit une chose impossible, « que cet homme voyant bien qu'il estoit perdu « s'il tomboit entre les mains du Roy, estoit sorti de la Ville & s'estoit sauvé dans l'Eglise de « S. Martin ; que c'estoit un asile inviolable, que « ce seroit irriter le Saint qui y faisoit tous les « jours des miracles, & qui le jour d'auparavant « avoit encore guéri un Paralytique, & que s'il « entreprenoit de profaner le lieu saint que les « Visigots tout Hérétiques qu'ils estoient avoient «

An. 576.

" toûjours refpecté, lors qu'ils eftoient maiftres moins dangereufe que l'extrémité oppofée
" de Tours, il attireroit la malédiction de Dieu dont tant de gens fe font honneur aujour-
" fur luy & peut-eftre fur le Roy mefme. d'huy, peut-on douter qu'il ne paroiffe quelque

Ce droit d'afile dans les Eglifes eftoit alors chofe de fort furprenant dans ce que je viens
un droit très-facré, dont les Conciles des Gau- de rapporter, eu égard à toutes les circon-
les recommandoient fort l'obfervation. Il s'é- tances ? & oferoit-on révoquer en doute
tendoit jufqu'au Parvis des Eglifes & aux Mai- un fait raconté par un Saint Evêque, dont il a
fons des Evêques & à tous les lieux renfermez efté luy-mefme témoin, & qu'il publioit à la
dans leurs enceintes. Cette extenfion s'eftoit veuë de toute une grande Ville où la chofe s'e-
faite pour ne pas obliger les refugiez à demeu- toit paffée.
rer toûjours dans l'Eglife, où plufieurs chofes Quoy qu'il en foit, cet accident caufa bien
néceffaires à la vie, comme de dormir & de moins de chagrin & d'inquiétude à Chilperic
manger, n'euffent pas pû fe faire avec bien- que la conduite du Prince Mérovée, à qui il a-
féance. Ils avoient la permiffion de faire venir voit confié l'expédition du Poitou, mais dont
des vivres dans leur afile, & ç'auroit efté violer l'efprit eftoit occupé de penfées bien éloignées
l'immunité Eccléfiaftique que de l'empefcher. de la guerre.

Conc. t. Aurelian. Can. 1.
On ne pouvoit les tirer ou les obliger à for- La Reine d'Auftrafie eftoit devenuë veuve
tir de là fans une affeûrance juridique de la vie affez jeune, & n'avoit encore rien perdu des
& de la rémiffion entiére du crime qu'ils avoient attraits qui l'avoient fait préférer à fon aînée
commis, & fans qu'ils fuffent fujets à aucune pei- par le feu Roy Sigebert. Fortunat affeûrément
ne. Ce privilege dans la fuite donnant occafion n'eftoit pas encore Evêque de Poitiers, quand il
à quantité de mauvaifes actions par l'efpérance donna carriére à fa Mufe fur la beauté de cette
de l'impunité, a efté infenfiblement aboli en Princeffe, dont il fait une autre Venus par la *L. 6. Carm.*
certains païs & beaucoup modéré dans les au- bouche de Venus mefme qu'il fait parler dans *8.*
tres, où il fubfifte encore, comme en Italie. fon Poëme fur ce fujet, & qu'il fait defcendre
L'afile le plus refpecté de tout l'Empire Fran- dans un grand détail.
çois eftoit l'Eglife de S. Martin aux portes de Mérovée l'avoit veuë à Paris dans fa prifon,
Tours, & on n'auroit ofé le forcer fans fe ren- & s'en eftoit laiffé charmer; elle de fon cofté
dre coupable d'un facrilége très-fcandaleux. ne parut pas infenfible à la paffion du Prince,
C'eftoit fur cela que les Tourangeaux tout con- qui dans le mauvais état de fes affaires pouvoit
fternez qu'ils eftoient de l'approche des Trou- luy devenir utile. Il fe pourroit bien faire que
pes de Chilperic, repréfentérent au Général cet amour naiffant fut ce qui détermina Chil-
l'impoffibilité qu'il y avoit à luy livrer le crimi- peric à les éloigner l'un de l'autre, à envoyer
nel qu'il leur demandoit. Mérovée faire la guerre en Poitou & Brunehaut
Le Général répondit qu'il ne s'embarraffoit en exil à Roüen. Mais un tel remede n'eft pas
point de toutes ces dévotions-là, que fi on n'e- toûjours efficace. Le Prince vint à Tours pen-
xécutoit inceffamment fes ordres, il alloit ra- dant les Feftes de Pafques avec des Troupes
vager tout le païs & faire mettre le feu à la Vil- qui firent de grands défordres dans le Païs.
le, & fur le champ il commença à faire abattre Les liaifons qu'il eut dans la fuite avec Bofon
la maifon où il s'eftoit logé au-delà de la riviè- qui eftoit toûjours demeuré dans l'Eglife de S.
re, & qui appartenoit à l'Eglife de S. Martin. Martin, ne laiffent nul lieu de douter que dès-
Les Manfeaux qui faifoient la meilleure partie lors ils n'euffent pris enfemble quelques mefu-
de fes Troupes la pillérent & fe mirent à rava- res. De Tours il fit femblant d'aller au païs du
ger tout le païs d'alentour. Maine pour y voir fa mere la Reine Audouere
Gregoire qui eftoit alors Evêque de Tours & qui s'y eftoit retirée dans un Couvent depuis
de la part de qui on faifoit ces remontrances, que Chilperic l'avoit répudiée : mais on fut
L. 5. c. 4. nous affeûre que Dieu vengea fur le champ l'in- bien furpris quelques jours après d'apprendre
jure faite à S. Martin, & que dans le moment qu'il eftoit arrivé à Roüen. Et on le fut encore
du pillage ce Général fut frappé du mal caduc. bien plus à la Cour, lors que l'on fçut que Bru- *Gregor.*
Comme cet homme avoit très-peu de religion, nehaut ayant fecretement difpofé toutes cho- *Turon. l. 5.*
ce châtiment qu'il ne regardoit pas comme tel, fes en attendant l'arrivée du Prince, l'Evêque *c. 2.*
ne l'étonna point; il fit continuer le ravage & Pretextat les avoit auffi-toft mariez en face *An. 576.*
enfin paffa la riviére, entra dans la Ville, mar- d'Eglife.
cha à cheval à l'Eglife pour exécuter luy-mê- Chilperic fur cette nouvelle dont il fut ex-
me ce que les Habitans de Tours avoient refu- trêmement irrité, partit auffi-toft de Soiffons
fé de faire par fon ordre : mais en entrant dans pour venir à Roüen, appréhendant tout des in-
ce faint lieu il fut faifi d'une efpéce de frayeur trigues de Brunehaut, & jugeant que ni le Prince
qui l'obligea à en fortir, & qui le mit dans un Mérovée ni elle n'auroient pas fait une démar-
tel état qu'il ne put rien prendre de toute la che fi hardie fans qu'ils fe fuffent ménagé de
journée : il fe fit tranfporter de là à Poitiers où quoy le foûtenir. Et certainement, quoique nos
il mourut peu de jours après. Hiftoriens qui oublient beaucoup d'autres cho-
Je fçay que Gregoire de Tours paffe pour un fes ne faffent mention d'aucun parti formé a-
Auteur fort crédule en matiére de miracles. lors en fon faveur dans le Royaume de Chil-
Mais en fuppofant ce qui eft vray, qu'en ce peric, & que Gregoire de Tours mefme foû-
temps-là & dans les fiécles fuivans il y eut un tienne que ce qu'on objecta là-deffus à l'Evê-
excès de fimplicité & de crédulité toûjours bien que de Roüen dans un Concile eftoit faux,

cependant

GONTRAN. CHILPERIC. CHILDEBERT.

cependant il nous reste un monument de ce temps-là, sur lequel on peut supposer assez vray-semblablement que Mérovée estoit résolu de se faire proclamer Roy si on luy en eust laissé le temps. Ce monument est une petite piece de monnoye d'or où l'on voit le nom & l'image de ce Prince avec le diadéme en teste, marques visibles de la Royauté, que d'ailleurs il n'eust nulle autre occasion de s'attribuer pendant le reste de sa vie.

Ibid.

Chilperic estant donc arrivé à Roüen bien plustost qu'on ne l'y attendoit, surprit ces deux Amans, qui n'eurent point d'autre voye d'éviter les effets de sa colére, que de se sauver dans l'Eglise de S. Martin bastie sur les murailles de la Ville. Telle estoit la dévotion & le respect qu'on avoit pour ce grand Saint, non seulement à Tours dont il avoit esté Evêque, & où il avoit esté enterré, mais encore par toute la France. C'estoit un asile inviolable, & que Chilperic respecta tout emporté & tout impie qu'il estoit. Il usa de mille artifices pour les engager à le venir trouver; mais en vain. Ils ne voulurent jamais sortir de ce lieu saint, qu'il n'eust fait serment non seulement de ne leur faire aucun mal, mais mesme de confirmer leur mariage, supposé qu'il se trouvast légitime; ce que Chilperic se résolut de faire d'autant plus volontiers, qu'il sçavoit qu'un mariage tel que celuy-là estoit contre les Canons, qui défendoient au neveu d'épouser la veuve de son oncle.

Concil. E-paon. Can. 30.

Après le serment ils quitterent l'Eglise de S. Martin & vinrent trouver le Roy qui les reçut avec toutes sortes de marques de bonté, les embrassa, les fit manger avec luy; mais peu de jours après il commanda au Prince de le suivre à Soissons, & il fallut obéir. Depuis ce temps-là il estoit veillé de fort près; & on le gardoit presque à veuë. Cet incident détermina aussi Chilperic à finir une negociation qu'il avoit tirée en longueur jusqu'alors.

Le jeune Roy d'Austrasie Childebert l'avoit fait prier plusieurs fois de luy rendre sa mere & ses sœurs; sans avoir pû rien obtenir. Ces trois Princesses estoient comme des ôtages qu'il gardoit pour empescher les Austrasiens & le Roy de Bourgogne de se liguer contre luy: mais il se persuada enfin que Brunehaut pourroit avec le temps luy causer plus de peine en demeurant dans son Royaume, que quand elle seroit retournée chez elle; & pour la séparer entiérement de son fils, il consentit à sa délivrance & la renvoya à Metz avec ses deux filles. Selon toutes les apparences Tours dont Chilperic estoit déja maistre & qu'il continua de posseder, luy fut cédé pour la rançon de cette Reine.

An. 576.

Brunehaut eut moins de joye de sa liberté, que de chagrin de la disposition où elle vit la Cour de son fils en y arrivant. Un Conseil composé des principaux Seigneurs du Royaume s'estoit saisi de toute l'autorité pour gouverner pendant la minorité du Prince, & elle les trouva bien résolus de ne luy en faire aucune part. Il fallut dissimuler; mais au défaut de ce qui

pouvoit contenter son ambition, elle eut au moins assez de crédit pour engager le Conseil à seconder sa vengeance & son animosité contre Frédégonde, par la guerre qu'elle fit déclarer à Chilperic qui commença dès-lors à douter s'il avoit bienfait de la laisser aller. Deux des plus considérables Seigneurs d'Austrasie qui s'estoient donnez à luy après la mort de Sigebert, l'abandonnérent, un desquels estoit Sigon Référendaire ou Garde des Sceaux dont j'ay parlé; l'autre appellé Godin ayant donné avis à la Cour qu'il s'estoit aussi échapé & qu'il estoit sur les Terres d'Austrasie les plus proches de Soissons, reçut ordre de se mettre à la teste des Troupes de Champagne, & de marcher droit à Soissons pour y surprendre Frédégonde qui y estoit. Cette prise auroit dédommagé Brunehaut de tous ces malheurs passez; mais Frédégonde fut avertie & sortit promptement avec le Prince Clovis. Mérovée jugea à propos d'y demeurer, & il ne souhaitoit rien davantage que d'y estre pris par les Troupes d'Austrasie. Chilperic sur cette nouvelle envoya vers le Général Austrasien pour sçavoir le sujet qu'on avoit de recommencer la guerre, & pour luy en représenter les suites.

Gregor. Turon. l. cit. c. 3.

Comme on ne répondoit que par de nouvelles hostilitez & que l'on commençoit à former le Siége de Soissons, il s'avança avec une Armée, attaqua celle de Champagne, la défit & entra victorieux dans sa Capitale. Ensuite persuadé que ces nouveaux mouvemens n'avoient point d'autre cause, que les intrigues & les correspondances qui continuoient entre le Prince Mérovée & la Reine d'Austrasie, que ce Prince n'estoit demeuré à Soissons que pour s'y laisser prendre par les Troupes de la Place, il luy donna des Gardes, luy fit oster toutes ses armes sans le mettre cependant en prison, indéterminé encore sur ce qu'il en devoit faire.

Il envoya aussi-tost le Prince Clovis en Touraine, qui ayant assemblé une Armée sur les confins de cette Province & de l'Anjou, courut tout le païs, & porta la désolation jusqu'à Xaintes, tandis qu'une autre Armée sous le commandement du Général Didier s'avançoit vers Limoge.

Cependant le Roy d'Austrasie avoit engagé dans son parti son oncle le Roy de Bourgogne, qui envoya de ce mesme costé-là le Patrice Mummol avec de nombreuses Troupes. Il présenta la bataille à Didier qui l'accepta, fut extrémement opiniastrée & sanglante. L'Armée de Chilperic fut défaite: il en demeura vingt-cinq mille hommes sur la place, & cinq mille de celle de Mummol, qui sans pousser plus loin sa victoire s'en retourna par l'Auvergne en Bourgogne.

Cap. 14.

An. 576.

Cette perte irrita furieusement Chilperic contre le Prince Mérovée qu'il rendoit responsable de tous les mauvais succès; parce qu'il le regardoit comme l'auteur de cette guerre, & Frédégonde qui fondoit déja de grands desseins pour l'élévation de ses propres enfans sur la perte de ce jeune Prince, ne manquoit pas de profiter de cette disposition & de tous ces soupçons du Roy : Enfin Chilperic à sa persuasion en vint jusqu'à le desheriter. Il le fit mettre en prison, luy fit couper les cheveux, le fit ordonner Prestre, & malgré qu'il en eut le fit revestir de l'habit clérical. Ensuite il l'envoya avec une escorte au Monastére d'Anille * autrement dit S. Calais dans le païs du Maine.

Ibid.
* Aninsula.

Il est aisé de s'imaginer la consternation & le desespoir, où un tel traitement jetta ce jeune Prince destiné au Trône par sa naissance. Son malheur néanmoins ne fut pas tout-à-fait sans ressource. Comme il approchoit du païs du Maine, Gontran-Boson, ce Général qui s'estoit retiré & demeuroit toûjours dans l'Eglise de S. Martin, luy envoya secretement un Soudiacre nommé Riculphe, qui ayant trouvé moyen de luy parler luy conseilla de sa part de tascher à quelque prix que ce fust, de s'échapper des mains de ceux qui le conduisoient avant que d'arriver au Monastére, de gagner la Touraine, & s'il pouvoit, de venir se réfugier avec luy, afin de prendre des mesures ensemble pour leur seûreté & leur liberté. Mérovée remercia le Soudiacre du bon service qu'il luy rendoit, le pria d'aller trouver de sa part un de ses domestiques nommé Gaulen, & de concerter avec luy les moyens de le sauver. L'affaire réüssit ; Gaulen vint avec des hommes résolus & bien armez donner sur l'escorte qui n'estoit pas fort nombreuse, & après l'avoir dissipée, enleva le Prince, luy donna un habit de Cavalier, & le conduisit jusqu'à l'Eglise de S. Martin aux portes de Tours. Mérovée s'y coula pendant qu'on disoit la grande Messe, & après qu'elle fut dite se présenta devant l'Evêque Gregoire & Ragnemode Evêque de Paris qui se trouva là pour lors, & les pria de luy présenter des Eulogies, c'est à dire du Pain-benit, ou de ce qui restoit des pains offerts & non consacrez, comme à tous les autres qui avoient assisté à la Messe.

An. 577.

Les deux Evêques fort surpris de cette venuë & fort embarassez, apprehendant la colére du Roy & de la Reine luy refuserent le Pain-benit. Alors le Prince prenant un ton menaçant leur demanda pourquoy ils le traitoient en excommunié, & dit qu'il alloit faire faire main-basse par ses gens sur tous ceux qui sortiroient de l'Eglise. Les deux Prélats intimidez & pour éviter le mal le plus pressant, accordérent au Prince ce qu'il demandoit. Cette condescendance coûta bien cher depuis à la Touraine.

Dans ce mesme temps un homme de qualité du païs nommé Nicéte qui avoit épousé la niéce de l'Evêque, estoit sur le point d'aller à la Cour pour ses affaires particuliéres. L'Evêque y envoya avec luy un de ses Diacres & le fit porteur de la nouvelle de l'évasion de Mérovée & de sa retraite dans l'Eglise de S. Martin. Frédégonde ayant appris d'eux tout le détail de cet incident, fort en colére contre l'Evêque qui avoit reçû le Prince à sa Communion, persuada au Roy que le neveu & le Diacre de cet Evêque n'estoient que des espions qui venoient s'instruire de la situation de la Cour, pour en rendre compte à Mérovée. On les mit en prison & ensuite on les mena en exil.

Aussi-tost on envoya ordre à l'Evêque de Tours de faire sortir de l'Eglise de S. Martin de quelque maniere que ce fust le Prince Mérovée, par la raison que c'estoit un Apostat qui avoit abandonné l'état Ecclesiastique après l'avoir embrassé, & qui estoit indigne de joüir du droit d'asile dans l'Eglise. L'Evêque répondit ce qu'il avoit déja répondu d'autres fois à de semblables ordres, que ce seroit un scandale horrible, si on voyoit un Evêque violer luy-mesme des franchises jusqu'alors inviolables, & qu'il prioit le Roy de trouver bon qu'il ne fist rien en cela d'indigne de son caractére ; & cependant pour déterminer le Prince à se retirer de l'Eglise & du païs, il luy donna avis que le Roy estoit sur le point de venir luy-mesme à Tours pour se saisir de sa personne sans avoir égard au privilége de l'asile.

L'avis estoit véritable ; mais comme le Roy sçavoit son fils avoit beaucoup de partisans dans la Touraine qui estoit toûjours affectionnée à son légitime Maistre le Roy d'Austrasie, & qu'il y avoit aux environs de la Ville un assez grand nombre de gens armez, il ne se pressa pas de partir, qu'il n'eust assemblé quelques Troupes pour entrer avec elles en Touraine : ce qui donna le temps à Mérovée de traiter avec Boson pour leur retraite.

Ils ne crurent point en trouver de plus seûre que dans le Royaume d'Austrasie, où le Prince ne doutoit pas que la Reine ne le reçust avec joye. Tandis qu'il se disposoit à l'execution de ce dessein il faisoit sans cesse des présens au Tombeau de S. Martin. Il y veilloit, il y prioit, & l'objet de toutes ses prieres estoit de demander au Saint qu'il le secourust dans l'extrémité où il se trouvoit, & sur tout qu'il luy fist la grace de n'estre pas exclus de la succession d'un Royaume qui luy devoit écheoir au moins en partie par le droit de sa naissance.

Chilperic de son costé s'adressoit aussi à saint Martin, & apprehendant d'une part de s'attirer son indignation en violant le droit d'asile attaché à ses Eglises, & en mesme temps souhaitant fort d'en enlever ceux qui s'y estoient refugiez, il s'avisa d'un expédient qui nous fait connoistre les idées que les gens de Cour de ce temps-là avoient en matiere de Religion, & la simplicité ou plustost la témérité de leur foy.

Chilperic écrivit une Lettre à S. Martin, ou il luy proposoit cette question en forme de cas de conscience, sçavoir si c'estoit un péché d'entreprendre de retirer de l'Eglise par force Gontran-Boson, & le prioit de luy récrire là-dessus. Il envoya exprés un Diacre, qui mit la lettre sur le Tombeau du Saint avec un autre papier blanc, où il esperoit que S. Martin écriroit sa réponse. Le Diacre laissa la lettre & le papier sur le Tombeau, où retournant trois jours après, il trouva l'un & l'autre comme il les avoit laissez, & le papier sans réponse & sans écriture. En ayant rendu compte à Chilperic, ce Prince envoya à Boson pour tirer serment

GONTRAN. CHILPERIC. CHILDEBERT.

de luy qu'il ne fortiroit point de l'afile fans fa permiffion. Bofon eftoit un Capitaine de réputation, & c'eftoit pour l'empefcher de fuivre la fortune de Mérovée que le Roy vouloit tirer de luy cette parole : il jura tenant la nappe de l'Autel qu'il ne fortiroit point fans ordre du Roy.

Cependant Mérovée & luy toûjours inquiets de leur fort n'épargnoient rien pour en découvrir le myftére & s'inftruire de l'avenir. Bofon s'adreffa à une fameufe Magicienne (car de tout temps les hommes & fur tout les Grands, ont efté les dupes de ces fortes de fourbes,) & il prétendoit que quelques années auparavant celle-ci avoit prédit précifément l'année, le jour, & jufqu'à l'heure mefme de la mort du feu Roy Caribert. Il l'envoya donc confulter fur fa deftinée & fur celle du Prince Mérovée. Elle luy répondit que le Roy Chilperic ne pafferoit pas l'année ; que Mérovée feroit bien-toft maiftre de tout le Royaume ; qu'il mettroit fes fréres en prifon ; que pour luy il feroit pendant cinq ans Lieutenant Général de l'Etat ; que la fixiéme année une Ville fituée fur la Loire le demanderoit pour fon Evêque ; qu'il le feroit, & qu'après l'avoir gouverné long-temps il mourroit dans une heureufe vieilleffe.

Il n'eut pas pluftoft reçû cette réponfe, qu'il vint trouver l'Evêque de Tours pour luy en faire confidence, & fe réjoüir avec luy de cette belle deftinée, en l'affeûrant fur tout fans héfiter, que dans cinq ou fix ans il feroit fon fucceffeur. L'Evêque fe moqua de luy, & luy dit qu'il eftoit bien fimple d'efpérer d'apprendre la verité de la bouche du pere du menfonge. Mais ce que ce faint Evêque ajoûte & écrit de luy-mefme à cette occafion eft digne de remarque. Il dit que quelques jours après avoir entendu ces folles prédictions, comme il dormoit dans fon lit, ayant paffé une partie de cette nuit-là en priéres à l'Eglife de S. Martin, il avoit vû en fonge un Ange volant en l'air, & qui en paffant fur cette mefme Eglife s'eftoit écrié d'une voix terrible & lamentable : » Hélas, hélas, la main de Dieu s'eft appefantie » fur Chilperic & fur tous fes fils : nul de ceux » qui vivent aujourd'huy ne montera fur fon » Trône. Soit que ce fuft un fonge, foit que ce fuft une vifion, la chofe arriva. Chilperic avoit alors quatre fils que nous verrons tous mourir les uns après les autres.

Tandis que le Prince Mérovée fut en Touraine il ne s'éloigna jamais beaucoup de l'Eglife de S. Martin, ayant toûjours fon monde alerte & fur les avenues pour n'eftre point furpris : il alloit feulement quelquefois à la chaffe ou à la promenade aux environs de la Ville de Tours. On ne laiffa pas de luy tendre plufieurs piéges qu'il eut toûjours le bonheur d'éviter. Leudafte Gouverneur de Tours qui eftoit entiérement dans les interefts de Frédégonde, n'omit rien pour le furprendre, & luy maffacra un jour une partie de fes domeftiques qu'il avoit inveftis dans un Village, croyant que le Prince y eftoit auffi : dequoy Mérovée fit auffitoft reprefailles fur le premier Médecin du

Tome I.

Roy qu'il enleva comme il revenoit de la Cour : il fit piller fon bagage, & y trouva beaucoup d'or & d'argent dont il avoit grand befoin.

Mais le plus grand péril qu'il courut fut celuy où le jetta fon Confident mefme Gontran-Bofon, homme fourbe & perfide. Frédégonde dans le temps qu'elle fembloit le pouffer plus vivement par complaifance pour Chilperic, entretenoit fecretement commerce de lettres avec luy, & n'attendoit que le moment favorable pour demander fa grace. Elle luy fit fçavoir, que le moyen le plus court pour cela, eftoit d'engager le jeune Prince à quelque partie de Chaffe, où des gens qu'elle auroit tout preft dans le païs, puffent à coup feûr l'affaffiner. Il le fit & le mena à une Maifon de plaifance fur la riviére de Cher nommée Joüay pour y voler la perdrix : mais le Prince qui eftoit toûjours dans la défiance, n'ayant pris exprès qu'un habit de Chaffe fort fimple & fans aucune marque qui le diftinguaft du commun de fes gens, ne puft eftre démeflé par les affaffins, qui craignant de prendre un autre pour luy, n'oférent rien entreprendre.

Bofon qui fçavoit que Frédégonde ne récompenfoit les crimes qu'elle ordonnoit, que quand l'exécution en eftoit heureufe, jugea qu'après avoir manqué un coup de cette importance, il ne devoit pas déformais faire grand fond fur fa faveur, & prit le parti de fe refugier avec Mérovée en Auftrafie. Ils partirent de Touraine avec environ cinq cens hommes. Ils marchérent en remontant la Loire fans beaucoup de danger, & ne s'en éloignérent que pour couper par Auxerre : cette Ville étoit du Domaine du Roy de Bourgogne. Le Gouverneur ayant eu des nouvelles de la marche du Prince, luy dreffa une embufcade à fon paffage, chargea fes gens & le prit prifonnier. Le Prince fut encore affez heureux pour fe fauver de fa prifon, & vint fe refugier dans l'Eglife de S. Germain.

Le Gouverneur donna auffi-toft avis de la chofe au Roy Gontran fon Maiftre, qui luy répondit qu'il avoit très-mal fait ; qu'il devoit laiffer paffer fon neveu, & faire femblant d'ignorer fon paffage ; que fuppofé qu'il euft fait cette première faute, il ne devoit pas faire une feconde en le laiffant échaper & fe refugier dans l'Eglife de S. Germain ; mais qu'il avoit dû le luy envoyer bien efcorté. Sur les plaintes que Chilperic luy fit de cette évafion, il ofta le Gouvernement de l'Auxerrois au Gouverneur, & le condamna à une groffe amende. Le Prince ayant efté deux mois fans cet afile fe fauva & gagna le Royaume d'Auftrafie.

Quand il y fut entré, il en fit donner avis à la Reine Brunehaut qui en eut & beaucoup de joye & beaucoup d'inquiétude. Elle luy permit de venir fecretement à la Cour où elle l'entretint, & le conjura par leur ancienne tendreffe de ne le pas abandonner dans fa difgrace. Elle y eftoit très-portée d'elle-mefme, car elle l'aimoit toûjours ; mais elle n'eftoit pas encore alors la Maiftreffe du Gouvernement, comme elle le fut quelques années après ; & il y avoit, ainfi que

An. 577.

M ij

je l'ay déja dit, un Conseil composé de plusieurs Seigneurs qui avoient toûjours la Régence de l'Etat durant la minorité du jeune Childebert.

Elle fit part à ces Seigneurs de l'arrivée du Prince dans le Royaume, & de l'état où sa mauvaise fortune l'avoit réduit. On n'ignoroit pas les raisons qu'elle avoit de prendre en main sa défense, & de luy procurer la protection du Roy son fils : mais une partie de ces mesmes raisons faisoit conclure aux Seigneurs à ne le pas recevoir.

Le mariage de ce Prince avec la Reine le leur faisoit regarder comme un nouveau Roy qu'ils admettroient dans le Royaume, & dont les interests seroient bien differens des interests de celuy dont ils estoient les tuteurs. Ils consideroient que cette démarche alloit attirer à l'Etat une guerre cruelle & opiniastre; qu'un Prince du caractére de Mérovée ne seroit pas d'humeur à suivre leurs impressions & à se gouverner par leurs avis; que s'ils entroient une fois dans sa querelle, ils ne pourroient pas luy refuser le commandement des Armées qu'il faudroit avoir sur pied pour la soûtenir; que Brunehaut dont ils connoissoient l'ambition, ne manqueroit pas une si belle occasion de se rendre Maistresse des affaires & de s'attirer toute la puissance, après quoy de Gouverneurs du Royaume & de Tuteurs du Roy, ils deviendroient les esclaves de la Reine.

Par toutes ces raisons ils luy déclarérent qu'il n'estoit ni du bien de l'Etat, ni de l'avantage du Roy de retenir Mérovée dans le Royaume, & qu'il falloit qu'il en sortist au pluftost. On s'en tint là, & le Prince fut contraint de se retirer.

Gregor. Turon. loc. citat. an. 577.

Cependant les Troupes que Chilperic avoit fait marcher vers la Touraine y arriverent, & en y vivant à discrétion punirent cruellement les peuples d'une faute dont ils estoient fort innocens. Mais de peur que Mérovée ne vinst encore se refugier dans l'Eglise de S. Martin, comme le bruit couroit qu'il en avoit le dessein, le Commandant de ces Troupes mit des Corps de Gardes à toutes les portes, & on n'en ouvroit qu'une petite, par où on laissoit passer quelques Clercs les uns après les autres, seulement pour chanter l'Office. Chilperic envoya aussi des Troupes en Champagne où il croyoit que le Prince se fust caché, avec défense néanmoins de faire aucun acte d'hostilité; mais seulement pour tâcher de découvrir sa retraite. Il s'estoit en effet retiré du costé de Reims, où il s'arresta quelque temps sans estre reconnu.

Ibid.

Cap. 19.

Gregor. Turon, c. 9.

Tandis que Chilperic servant la passion de Frédégonde, poursuivoit ainsi son fils à toute outrance, on procédoit juridiquement contre ceux qui avoient eu le plus de liaison avec luy. Prétextat Evêque de Roüen qui avoit fait le mariage du Prince avec la Reine d'Austrasie, paroissoit un des plus coupables. C'estoit un bon & saint Prélat, mais un peu trop simple, qui se laissa engager dans cette mauvaise affaire par les caresses de Brunehaut, & par sa tendresse pour Mérovée qu'il avoit tenu autrefois sur les Fonts de Baptême. Quoi qu'en dise l'Evêque de Tours pour le défendre, il y avoit de fâcheuses présomptions contre luy, & à en juger mesme par le rapport qu'il fait du procés, l'injustice de Chilperic n'estoit pas si visible qu'il le prétend.

Après que la Reine Brunehaut fut partie de Roüen, & qu'elle fut retournée dans ses Etats d'Austrasie, Chilperic fut averti que Prétextat faisoit de grandes largesses à bien des gens, & on luy fit entendre que c'estoit pour les gagner en faveur de Mérovée. Sur ces avis le Roy l'appella à la Cour, & dans l'examen qu'il y subit, il avoüa que Brunehaut luy avoit laissé entre les mains quantité de meubles. Le Roy les envoya saisir, & fit arrester l'Evêque jusqu'au Concile qu'il vouloit assembler pour l'y faire juger. Ce Concile s'assembla en effet quelque temps après à Paris, & se tint dans l'Eglise de S. Pierre qui est aujourd'huy sainte Genevieve. On y accusa l'Evêque de Roüen premierement d'avoir marié contre la volonté du Roy le Prince Mérovée son fils rebelle, & de l'avoir marié avec la veuve de son oncle; ce qui estoit manifestement contre les Canons : ce fait estoit incontestable, & l'Evêque n'eut rien à y répondre.

Ibid.

An. 577.

Secondement, qu'il avoit conspiré avec le jeune Prince contre la vie du Roy, qu'il avoit fait des présens à diverses personnes pour les engager dans la conspiration, qu'il avoit distribué de l'argent à la populace de Roüen pour la débaucher, la faire déclarer en faveur de Mérovée, & le faire Roy. Ce second chef d'accusation ayant esté rapporté au peuple qui étoit hors de l'Eglise, y excita tant d'indignation contre l'Evêque, que peu s'en fallut qu'on ne rompist les portes, tous criant qu'on le leur mist entre les mains afin de le lapider & de le mettre en pieces : mais le Roy appaisa le peuple en luy promettant de faire justice.

L'Evêque nia cet article. Aussi-tost on luy produisit des témoins, qui tenant en main une partie des présens qu'il leur avoit faits, voilà, luy dirent-ils, ce que vous nous avez donné en nous sollicitant d'entrer dans le parti de Mérovée. Il avoüa qu'il leur avoit fait ces présens; mais il nia que ce fust pour les soulever contre le Roy. Il ajoûta qu'ils luy avoient euxmesme donné de très-beaux chevaux & diverses autres choses, & que c'estoit par pure reconnoissance qu'il leur avoit fait à son tour ces liberalitez. On n'alla pas plus loin dans cette premiére séance, & le Roy qui y estoit présent se leva.

Après qu'il se fut retiré, comme les Evêques s'entretenoient ensemble dans la Sacristie, l'Archidiacre de l'Eglise de Paris entra; & leur demanda un moment d'audiance de la part du Clergé. Il leur dit en peu de mots qu'il estoit chargé de leur représenter l'importance de l'affaire dont il s'agissoit; qu'ils se trouvoient dans une conjoncture très-délicate; que leur résolution & leur fermeté leur feroient beaucoup d'honneur en cette occasion; mais que s'ils abandonnoient leur Confrére aux violences de la Cour qui vouloit le perdre, on ne les regarderoit plus désormais comme des Prestres du

Ibid.

Seigneur; mais comme des gens qui ne sçavoient pas soûtenir leur rang & leur dignité.

Ce compliment fut écouté; mais personne ne vouloit y répondre. Chacun craignoit de s'attirer la persécution de Frédégonde qui estoit le premier mobile de toute cette intrigue, & qui déchargeoit sur l'Evesque ami de la Reine d'Austrasie, une partie de la haine qu'elle portoit à cette Princesse. Le seul Gregoire Evesque de Tours osa parler, & s'adressant à toute l'assemblée leur dit: nous sommes Evesques, nous avons tous droit d'inspirer au Roy des sentimens de douceur & de bénignité; mais c'est à vous, ajoûta-t'il en regardant quelques-uns des Evesques en particulier, c'est à vous qui avez plus de part que les autres aux bonnes graces du Roy à luy représenter qu'en voulant faire périr un Ministre du Seigneur, il doit craindre de s'attirer la vangeance du Ciel & de perdre son Royaume & sa gloire.

Tout le monde gardant encore la mesme contenance sans rien dire, l'Evesque de Tours continua de parler sur le mesme sujet & concluoit toûjours à sauver l'Evesque accusé: mais ny luy ny l'Archidiacre n'eûrent aucune réponse. Chacun se retira & deux des Evesques allerent aussi-tost faire leur cour aux dépens de celuy de Tours, asseûrant le Roy que ce Prélat avoit parlé hautement contre ses intentions, & que c'estoit un adversaire déclaré qu'il avoit dans le Concile.

Le Roy sur le champ l'envoya chercher. L'Evesque étant arrivé peu de temps après au Camp, car Chilperic ne demeuroit pas dans Paris; mais il campoit auprès de cette Ville avec quelques Troupes, il le trouva avec l'Evesque de Bourdeaux & l'Evesque de Paris, le premier à sa droite & l'autre à sa gauche, ayant devant luy une table sur laquelle il y avoit une collation. S'estant approché, le Roy luy dit d'un ton un peu animé : » Quoi, vous Evesque, » qui en cette qualité devez rendre justice à tout » le monde, j'apprens que vous voulez me la re- » fuser à moy-mesme? Seigneur, répondit l'E- » vesque avec beaucoup de liberté, si quelqu'un » de nous péche contre la justice, vous avez le » pouvoir de nous en punir; mais si vous vous » en écartez vous-mesme, à qui est-ce de pren- » dre la liberté de vous en avertir, sinon aux » Evesques? Nous prenons celle de vous par- » ler, vous nous écoutez si vous le jugez à pro- » pos. Si vous n'avez nul égard à nos avis per- » sonne de nous ne vous condamnera; mais vous » aurez à répondre à celuy qui a dit qu'il estoit » la justice mesme.

Le Roy offensé ou faisant semblant de l'estre de ce qu'il venoit de luy dire, luy fit pour l'intimider quelques menaces; mais il n'en eust point d'autre réponse, sinon que Dieu connoissoit le fond de son cœur; qu'il y avoit des Canons dans l'Eglise, selon lesquels tout Roy qu'il estoit, il devoit juger; & que s'il entreprenoit de les violer, il en rendroit compte à Dieu. Le Roy se radoucissant tout d'un coup luy présenta la main en luy disant; je jure par le Dieu tout puissant que je ne ferai rien dans cette affaire contre les Canons. Il invita en mesme-temps l'Evesque à faire collation, & le renvoya avec beaucoup de marques d'estime & de bonté pour luy.

Mais ce Prélat eust encore un autre assaut à soûtenir. La nuit suivante estant rentré chez luy après Matines, il receut une visite de la part de Frédégonde. C'estoit un des confidens de cette Princesse qui vint luy représenter la part qu'elle prenoit dans ce procés, & luy dire qu'elle le prioit de ne luy estre point contraire; qu'elle estoit déja asseurée des suffrages de tous les autres; qu'il iroit en vain contre le torrent, & en mesme temps il luy présenta une bourse pleine d'une grosse somme d'argent, l'asseurant que la Reine luy donneroit d'autres marques de sa bien-veillance, s'il avoit quelque complaisance pour elle en cette occasion. Il refusa l'argent, & luy dit seulement en général, qu'il ne s'éloigneroit en aucune maniere du sentiment de ses confreres tandis qu'ils jugeroient selon les Canons.

Le lendemain quelques Evesques vinrent encore le trouver de la part de Frédégonde pour le solliciter de nouveau; mais ils n'en pûrent point tirer d'autre réponse.

On se rassembla dans l'Eglise de S. Pierre en présence du Roy pour continuer l'instruction du procés. On accusa l'Evesque de Roüen d'avoir dérobé au Roy de l'or, & divers meubles qu'on avoit trouvez chez luy dans des ballots, que le Roy avoit montrez quelques jours auparavant aux Evesques, outre des étoffes de drap d'or dont quelques personnes s'estoient trouvées saisies les ayant receuës de l'Evesque.

Pretextat répondit que ces ballots luy avoient esté confiez par la Reine d'Austrasie lorsqu'elle partit de Roüen; qu'elle luy avoit depuis envoyé de ses gens pour les emporter; qu'il n'avoit point voulu les leur livrer sans le consentement du Roy, que le Roy luy-mesme luy avoit permis de les leur remettre entre les mains; parce que cela ne valoit pas la peine de se broüiller de nouveau avec le Roy d'Austrasie, que sur cette permission du Roy, il en avoit déja livré une partie, qu'il attendoit tous les jours qu'on vint querir le reste: & que pour ce qui estoit des étofes d'or dont il avoit fait présent à quelques personnes qu'on luy avoit déja confrontées, elles appartenoient au Prince Mérovée, qu'il en avoit disposé sçachant qu'il ne le trouveroit pas mauvais, que c'estoit son fils spirituel; qu'il l'avoit tenu sur les fonds de Baptême, & qu'il avoit crû pouvoir en user avec cette liberté: mais qu'il estoit absolument faux qu'il se fust servi de ces présens pour débaucher les Sujets du Roy, & qu'on ne le convaincroit jamais de cette perfidie.

Gregoire de Tours nous asseûre que ceux qui l'avoient chargé de ce dernier crime estoient de faux témoins, & on ne voit pas en effet que l'on eût fait grand fond sur leur déposition. En exceptant cependant cet article on ne pouvoit convaincre Pretextat d'aucun crime qui méritât la déposition selon les Canons. Ainsi finit la seconde séance; après laquelle Chilperic

M iij

ayant appellé quelques-uns de ſes plus zélez confidens leur dit, qu'il voyoit bien que l'Evêque de Roüen n'eſtoit pas ſi criminel qu'on vouloit qu'il le fuſt, que cela le jettoit dans l'embarras, que la Reine eſtoit ſans ceſſe à le tourmenter pour faire dépoſer ce Prélat, qu'il avoit peine à la chagriner, & qu'il falloit trouver quelque expédient pour terminer cette affaire d'une maniere dont elle fuſt contente. Telle eſtoit la foibleſſe de ce Prince, de ſe faire ainſi le Miniſtre de la fureur de cette femme.

Voicy donc le parti que l'on prit. Ces meſmes Courtiſans vinrent trouver l'Evêque de Roüen, luy parlerent comme des perſonnes convaincuës de ſon innocence & touchées de ſon malheur, l'aſſeurant cependant qu'ils ſçavoient de bonne part que ſa perte eſtoit concluë, qu'il n'y avoit qu'un ſeul moyen de ſe ſauver, & qu'ils le prioient par l'amitié qu'ils avoient pour luy, de s'en ſervir. Le Roy, luy dirent-ils, eſt trop
„ engagé pour reculer : il s'eſt déclaré voſtre par-
„ tie, & il n'en aura pas le démenti. Tous les Evê-
„ ques, excepté celuy de Tours ſont gagnez, &
„ ſon ſuffrage ſeul n'eſt pas capable de vous ſau-
„ ver. Ayez recours à la miſericorde du Roy.
„ Avoüez vous coupable & demandez luy par-
„ don. Voſtre innocence eſt aſſez connuë, &
„ le public comprendra aiſément le myſtere de
„ voſtre aveu. Les Eveſques & nous, nous-nous
„ jetterons aux piéds du Roy pour demander
„ voſtre grace, & nous vous répondons de l'obte-
„ nir : prenez cette voye unique & ſeure de vous tirer de cette méchante affaire.

Le Prélat fut aſſez ſimple pour donner dans ce piege, & dès le lendemain matin, comme on euſt aſſemblé les Eveſques pour la troiſiéme fois, le Roy entrant au Concile, Pretextat ſe jetta à ſes pieds, luy demanda pardon, confeſſa que l'amitié qu'il avoit euë pour le Prince Merovée luy avoit fait violer ſes devoirs les plus eſſentiels & la fidelité qu'il devoit à ſon Roy, qu'il eſtoit coupable des crimes dont on l'avoit accuſé, & qu'il mettoit toute ſon eſperance dans ſa miſericorde.

Auſſi-toſt Chilperic ſe proſternant au milieu de l'Egliſe & ſe tournant vers les Eveſques :
„ vous avez entendu, leur dit-il, l'aveu du cri-
„ me de la bouche du coupable meſme ; c'eſt à
„ vous à me faire juſtice. En meſme temps tous les Eveſques ſortirent de leur place & vinrent relever le Roy, qui commanda auſſi-toſt à ſes Gardes de conduire l'Eveſque hors de l'Egliſe : après quoi s'en eſtant retourné à ſon camp il leur envoya un Code de Canons, ſelon quelques-uns deſquels un Eveſque convaincu de parjure ou d'adultere ou d'homicide, devoit eſtre dépoſé. Le Roy fit demander aux Eveſques que la robe de Pretextat fuſt déchirée en plein Concile, & qu'on récitaſt ſur luy les malédictions contenuës dans le Pſeaume cent huitiéme comme ſur un nouveau Judas, ou que du moins on l'excommuniaſt pour toûjours. Gregoire de Tours ſouſcrivit avec les autres à la condamnation ; mais il s'oppoſa à ces manieres nouvelles d'éxécration que le Roy de-

mandoit, & on ne s'en ſervit point. L'Eveſque ſe ſauva de ſa priſon ; mais il fut repris auſſi-toſt & fort maltraité & envoyé en exil à une de ces Iſles du Cotantin que l'on appelle aujourd'huy Jarſay & Greneſay. Il ne revint que pluſieurs années après à ſon Egliſe, où il expérimenta les plus horribles effets de la haîne de Frédégonde.

Sur ces entrefaites on euſt quelques avis à Teroüenne, Ville où Frédégonde trouvoit toûjours de zelez miniſtres de ſa fureur, que le Prince Merovée eſtoit aux environs de Reims, & la choſe ſe trouva véritable.

Sur cela les principaux de Téroüenne s'eſtant aſſemblez envoyerent quelques-uns d'entre eux à Merovée, leſquels après luy avoir témoigné le regret qu'ils avoient de voir le fils de leur Roy, & qui devoit un jour l'eſtre luy-meſme, ainſi perſécuté & pourſuivi par tout, luy offrirent retraite dans leur païs & les clefs de leur Ville, l'aſſeurerent que ſi-toſt qu'il y ſeroit arrivé, ils ſe déclareroient hautement & donneroient l'exemple à beaucoup d'autres Villes fort mécontentes du gouvernement préſent, d'en faire autant.

Une reſſource auſſi peu attenduë que celle-là remplit le Prince de joye & d'eſperance : il congédia incontinent ces Envoyez, les pria de confirmer les habitans de Teroüenne dans leur bonne réſolution & de les aſſeurer qu'il ſeroit toute ſa vie reconnoiſſant du ſecours qu'ils luy donnoient dans un ſi preſſant beſoin. Il fit en meſme temps avertir tous ceux qui avoient ſuivi ſa fortune & qui avoient la pluſpart eſté diſſipez à la déroute d'Auxerre, & s'achemina vers Téroüenne accompagné de quelque peu des plus réſolus qui l'avoient rejoint ſur cet avis. Mais s'eſtant arreſté en chemin pour ſe repoſer dans une maiſon au milieu de la campagne, il fut bien ſurpris de ſe voir inveſti de tous coſtez par une troupe conduite par ceux-là meſmes qui s'eſtoient venus offrir à luy. Ils forcerent la maiſon, ſe ſaiſirent de ſa perſonne, & envoyerent en meſme temps donner avis au Roy qu'il eſtoit entre leurs mains. Chilperic n'en euſt pas pluſtoſt appris la nouvelle qu'il monta à cheval, & vint luy-meſme à grande haſte pour empêcher que le priſonnier ne s'échappaſt encore une fois : mais en arrivant il le trouva mort d'un coup d'épée au travers du corps.

An. 577.

Le bruit fut que ce malheureux Prince ſe voyant perdu ſans reſſource, & regardant la mort comme un mal moindre que les inſultes de ſes ennemis, ſe l'eſtoit procurée luy-meſme & qu'il avoit obligé ce meſme domeſtique par qui il avoit eſté ſauvé quelque temps auparavant des mains de ceux qui le menoient au Monaſtere d'Anille, à luy oſter la vie : mais bien des gens crurent & publierent qu'il avoit eſté tué dans cette maiſon par un aſſaſin que Frédégonde avoit envoyé exprès, & qui s'eſtoit meſlé dans la troupe de ceux qui l'arreſterent, & que le bruit dont je viens de parler, n'eſtoit qu'une adreſſe de cette Reine artificieuſe pour cacher au public ſa cruauté. On ajoûtoit que

GONTRAN. CHILPERIC. CHILDEBERT.

Gontran-Boson avec qui elle entretenoit toûjours des intelligences secretes, estoit entré dans la trahison des habitans de Teroüenne aussi-bien que Gilles Evesque de Reims, qui quoique Sujet du Roy d'Austrasie estoit fort avant dans les bonnes graces de cette Princesse.

Cette mort fut regardée par Chilperic comme celle d'un ennemi & non pas comme celle d'un fils: mais Frédégonde dont elle avançoit fort les desseins, eust besoin de moderer la joye qu'elle en eust, pour ne la pas faire trop éclater. Sa prétention estoit de voir un jour sur le trône ou en état d'y monter quelqu'un de ses enfans, & pour cela il falloit exterminer tous ceux que Chilperic avoit eûs de la Reine Audoüere. Le Prince Theodebert l'aisné de tous avoit esté tué à la bataille qu'il perdit en Touraine contre les Généraux d'Austrasie; Merovée venoit d'estre sacrifié, disoit-on, à la seureté du Roy; il ne restoit plus que le Prince Clovis, Prince toûjours docile & soumis aux ordres de son pere; il eust esté difficile de l'engager dans un piege pareil, & il falloit ménager sa perte à loisir.

On le fit & une conspiration qu'on découvrit quelque temps après contre la personne du Roy, contre celles de la Reine & de leurs enfans en faveur de ce Prince, quoyque sans sa participation, fut au moins une premiere disposition & un acheminement à l'éxécution de ce dessein.

Gregor. Turon. l. 5. c. 49.

Il y avoit eû à Tours peu de temps auparavant un Comte ou un Gouverneur nommé Leudaste homme de très-basse naissance, mais qui par son esprit & par son adresse s'estoit poussé, & avoit obtenu ce Gouvernement sous le regne du Roy Caribert. Après la mort de ce Prince, Sigebert Roy d'Austrasie ayant eû la Ville de Tours dans le partage de la succession, y mit un autre Gouverneur, ce qui obligea Leudaste à se retirer à la Cour de Chilperic. Pendant la guerre que ces deux Rois se firent, Tours ayant esté reprise par le Prince Theodebert à qui il s'estoit attaché, on le remit en possession de ce Gouvernement: Sigebert s'en estant encore rendu maistre, Leudaste s'estoit retiré en Bretagne & y estoit demeuré jusqu'après la mort de ce Prince: la mesme Ville étant encore retombée sous la puissance de Chilperic, il la confia de nouveau à Leudaste; mais il l'en retira quelque temps après, sur les grandes plaintes qu'on luy fit de ses violences & principalement sur les Memoires que l'Evesque de Tours avoit presentées contre luy.

Leudaste connoissant le pouvoir que Frédégonde avoit dans le Gouvernement de l'Estat, s'estoit de tout temps devoüé absolument à elle, & il n'avoit rien omis par cette raison pour surprendre & pour faire périr Merovée dans le temps qu'il estoit réfugié dans l'Eglise de S. Martin. Quand il se vit dépoüillé de son Gouvernement & abandonné par la Reine en cette occasion, il tourna ses veües du costé du Prince Clovis, & songea à se l'acquerir par quelque service signalé. Il sçavoit sa haine pour Frédégonde, & que le chemin asseuré pour parvenir à ses bonnes graces estoit de la perdre. Il osa concevoir ce dessein & s'en ouvrit à deux Ecclesiastiques de l'Eglise de Tours ses confidens, gens intriguans, hardis, ambitieux, capables de tout en matiere de calomnie & ennemis de l'Evesque qu'il vouloit perdre avec la Reine. Ces Ecclesiastiques s'appelloient tous deux Riculphe, l'un estoit Prestre & l'autre Sousdiacre, la recompense du Prestre devoit estre l'Evesché de Tours, & celle du Sousdiacre devoit estre l'Archidiaconé de cette mesme Ville.

Ils convinrent que Leudaste iroit au plûtost à la Cour, qu'il prendroit son temps pour asseurer le Roy que l'Evesque de Tours (c'estoit toûjours Gregoire l'Ecrivain de l'Histoire de France) avoit des intelligences avec le Roy d'Austrasie, & pensoit à luy livrer la Ville de Tours, & de plus qu'il s'estoit vanté de sçavoir de bonne part que Bertrand Evesque de Bourdeaux avoit un commerce criminel avec la Reine.

Pour donner plus de couleur au premier article de l'accusation, ils s'aviserent d'un artifice. Le Sousdiacre Riculphe s'estoit jetté dans le parti du Gouverneur contre l'Evesque, il fit semblant de revenir à luy après quelque mois, & l'Evesque eust la bonté de le recevoir: aussitost après ce fourbe luy faisant une fausse confidence, luy dit qu'à la persuasion de Leudaste il avoit imprudemment tenu certains discours qui ne manqueroient pas d'estre rapportez au Roy, qu'il en appréhendoit de fâcheuses suites, & qu'il le prioit de luy procurer par le credit qu'il avoit auprès des Rois Childebert & Gontran une retraite dans le Royaume d'un de ces deux Princes. Gregoire luy répondit qu'il se tirast comme il pourroit de cet embarras, qu'il ne feroit aucune démarche auprès du Roy d'Austrasie ny auprès du Roy de Bourgogne en sa faveur, qu'il connoissoit l'esprit soupçonneux du Roy, & que la moindre chose de cette nature estant sçeuë à la Cour, suffiroit pour l'y rendre suspect & criminel d'Estat.

Cap. 49.

C'estoit en effet ce qu'avoit prétendu Riculphe au cas que l'Evesque eust esté assez imprudent pour donner dans le piege qu'il luy tendoit. Cependant ce calomniateur se trouva à la Cour en mesme temps que Leudaste, qui sans tarder alla accuser l'Evesque au Roy, ajoûtant au crime de trahison qu'il luy imputoit, que ce Prélat parloit de la Reine d'une maniere insolente & scandaleuse; & publioit que l'Evesque de Bourdeaux estoit son amant. Soit que le Roy se trouvast alors de mauvaise humeur, soit que Leudaste se fust exprimé sur ce second point d'une maniere un peu trop cruë, ou qu'en rapportant les paroles qu'il attribuoit à l'Evesque, il eust voulu luy-mesme augmenter le soupçon qu'elles pouvoient faire naistre dans l'esprit du Roy, il en fut très-mal receu, traité d'insolent & envoyé sur le champ en prison. On arresta aussi en mesme temps le Sousdiacre Riculphe que l'on mit aux fers.

Toutefois le Roy jugea à propos d'apre-

HISTOIRE DE FRANCE.

fondir l'affaire, & ayant fait mettre hors de prison Leudaste, on arresta sur sa déposition l'Archidiacre de Tours nommé Platon & un ami de l'Evesque nommé Gallien en présence desquels, disoit Leudaste, l'Evesque avoit mal parlé de la Reine. On les envoya à cette Princesse, & après qu'ils eurent subi l'interrogatoire, on leur fit deffense de s'éloigner de la Cour.

Ibid.

On crût ne devoir pas user de la mesme violence envers l'Evesque pour ne pas causer de scandale. Mais sous pretexte d'un bruit que l'on fit courir exprès, que le Roy de Bourgogne avoit quelque dessein sur la Ville de Tours, on y envoya des Troupes sous le commandement d'un Duc nommé Berulfe & l'on mit des Corps de Gardes aux portes. C'estoit, disoit-on, pour prévenir les mauvais desseins des ennemis du Roy sur la Ville; mais c'estoit en effet pour empêcher que l'Evesque n'en sortist & ne s'échappast. On eust la malice de luy faire conseiller par quelques faux amis de se retirer en Auvergne avec ce qu'il pourroit emporter avec luy sans embaras; afin que cette fuite où l'on s'asseûroit bien de le surprendre fust une preuve du crime qu'on luy imputoit: apparemment il s'en défia, ou du moins seûr de son innocence, il ne suivit pas ce conseil.

Ibid.

La Cour estoit alors à Soissons. Le Roy y manda les Evesques de son Royaume, & Gregoire de Tours eust aussi ordre de s'y rendre. Il proteste avoir esté témoin luy-mesme d'un miracle qui se fit à cette occasion. Un Artisan nommé Modeste ayant rencontré le Soûdiacre Riculphe qu'on avoit eu en liberté, luy dit " ces paroles avec zele & indignation : vous " estes un malheureux de vous faire ainsi l'ac- " cusateur de vostre Evesque ; vous devriez enfin " vous taire, ou plustost vous aller jetter à ses pieds pour luy demander pardon. Sur le champ Riculfe appelle des témoins, crie que cet homme est envoyé pour le corrompre & l'empêcher de parler, que c'est un ennemi de la Reine, & qui s'oppose à la justification de son innocence. Peu de temps après l'Artisan fut arresté on luy donna la question & on le mit en prison. Comme il y estoit la nuit entre deux Gardes qui dormoient, il s'adressa à Dieu en luy représentant son innocence, implora le secours de S. Martin & de S. Médard, & tout d'un coup ses chaisnes tomberent, la porte de la prison s'ouvrit; & nous fûmes bien surpris, ajoûte Gregoire de Tours, de le voir arriver dans l'Eglise de S. Médard, où nous faisions cette nuit là une veille.

Ibid.

Les Evesques estant pour la pluspart arrivez à Soissons, le Roy leur dit qu'il vouloit que le Concile se tinst à Brenne ; c'estoit comme j'ay dit une Maison Royale sur la petite riviere de Vesle à quelques lieuës de Reims. Sitost que le Roy y fut arrivé on s'assembla. L'Evesque de Bourdeaux accusa en plein Concile celuy de Tours d'avoir chargé la Reine & luy d'un crime aussi faux qu'il estoit énorme, & il en demanda justice. Gregoire de Tours nia le fait, & protesta que jamais telle calomnie ne luy estoit échappée.

Le Roy voyant la fermeté avec laquelle il se deffendoit, & estant d'ailleurs bien prévenu en faveur de sa probité, dit en peu de mots au Concile : " Le crime qu'on reproche à la Reine " retombe sur moy, & ne peut estre véritable sans " me couvrir de confusion, cependant je vous " laisse libres ou de faire parler les témoins que " nous avons icy & d'écouter leurs dépositions " contre l'Evesque de Tours, ou de vous en rap- " porter à son serment. Tout le monde fut surpris de la modération du Roy en une telle occasion ; on le loüa hautement & le Concile l'en remercia. Dès ce moment l'affaire commença à prendre un bon tour pour l'Evesque ; on alla aux avis, qui furent que l'Evesque de Tours diroit trois Messes à trois differens Autels, & qu'après les avoir dites il feroit serment que jamais il n'avoit parlé de la Reine en mauvaise part sur l'article dont il estoit question. Gregoire de Tours acquiesça à ce jugement, & après l'avoir mis en exécution ; il fut déclaré innocent. Pour l'autre point qui regardoit l'intelligence avec le Roy d'Austrasie, Chilperic ne voulut jamais le croire, & on n'en parla point dans le Concile. Les Evesques voyant leur confrere disculpé, demanderent au Roy justice contre les accusateurs.

An. 49.

Leudaste s'estoit déja évadé. Le Soûdiacre Riculfe fut condamné à la mort : Gregoire obtint du Roy qu'on n'exécuteroit pas cet Arrest ; mais il ne put empêcher qu'il ne fust mis à une horrible question, où il découvrit enfin ce qu'on n'attendoit pas. Sçavoir que toute cette intrigue avoit esté tramée pour perdre la Reine, quoique l'accusation eust esté faite exprés directement contre l'Evesque de Tours ; qu'on avoit compté que cette accusation jointe à la faveur dont la Reine honoroit l'Evesque de Bourdeaux, suffiroit pour donner au moins des inquietudes & des soupçons au Roy; qu'on avoit espéré de la ruiner ensuite entièrement dans son esprit, & de la faire chasser de la Cour; que la résolution avoit esté prise d'assassiner le Roy & les Princes qu'il avoit eûs de la Reine pour élever le Prince Clovis sur le trône, sous lequel Leudaste espéroit avoir tout pouvoir & estre fait Duc.

Frédégonde auroit eû beaucoup plus de joye de la découverte de cette conspiration, si le Prince Clovis y avoit eû quelque part : mais il n'y eust aucune déposition contre luy. Il n'eust que le malheur de voir son élévation & ses interests confondus par les Conjurez mêmes avec leurs propres avantages ; malheur qui n'est pas un crime ; mais qui en tient souvent lieu en ces sortes de conjonctures, & qui fait toûjours au moins une fâcheuse impression sur l'esprit des Princes. Frédégonde estoit bien résolue de mettre cet accident à profit quand l'occasion s'en présenteroit : mais Dieu sembla au moins pour quelque tems vouloir confondre les pernicieux projets de cette ame noire, & la punir par les endroits qui luy estoient les plus sensibles & qui l'engageoient à tant de crimes.

Elle avoit de Chilperic trois enfans vivans, le premier nommé Clodobert âgé de treize à quatorze

GONTRAN. CHILPERIC. CHILDEBERT.

quatorze ans, un autre nommé Samson qu'elle mit au monde dans le temps que Sigebert Roy d'Austrasie la tenoit assiégée dans Tournay avec Chilperic, & le troisiéme presque encore au berceau nommé Dagobert. C'estoit pour l'élévation de ces trois enfans au préjudice de ceux du premier lit, qu'elle n'épargnoit ni soins ni crimes, ni vexations des peuples; mais par un juste jugement de Dieu, ils luy furent tous trois enlevez presque en mesme temps.

Jamais le Ciel n'avoit paru plus en colere contre la France que vers les années 579. & 580. Ce ne furent en divers endroits que tremblemens de terre, qu'inondations de rivieres, qu'incendies, & autres semblables malheurs publics, qui furent suivis d'une dissenterie très-contagieuse accompagnée d'accidens qui mettoient la Médecine à bout.

Chilperic en fut attaqué, il en réchappa; mais les trois jeunes Princes en moururent. Lorsque Frédégonde en vit un mort & les deux autres à l'extrémité, elle reconnut la main de Dieu qui la frappoit. Elle alla trouver le Roy son mari, & pénétrée de douleur & de componction, elle luy parla de la sorte:

Gregor. Turon l. 5. c. 35.

» Il y a déja long-temps que nous abusons de
» la bonté & de la patience de Dieu; depuis quel-
» que temps il nous châtie & nous n'en devenons
» pas meilleurs, nous sommes sur le point de per-
» dre nos autres enfans; ce sont les larmes des
» pauvres, les soupirs des veuves & des orphe-
» lins que nous avons opprimez, qui attirent sur
» nous ces fleaux. Nous regorgeons de richesses,
» nos coffres sont pleins d'or, d'argent, de pier-
» reries; à quoi tout cela nous sert-il, si le Ciel
» nous enléve ce que nous avons de plus précieux?
» Tâchons de fléchir la colere de Dieu par quel-
» que moyen: le meilleur & qui dépend entiére-
» ment de nous est le soulagement des peuples.
» Contentons-nous de ce qui suffisoit au feu Roy
» Clotaire. A quoi-bon tous ces imposts & tou-
» tes ces nouvelles charges qui accablent nos
» Sujets? Je vous prie déchirons tous ces nou-
» veaux Edits, & qu'il n'en soit plus parlé.

Chilperic qui prenoit toutes les impressions que cette femme impérieuse entreprenoit de luy donner, fut touché de ces paroles, & se faisant apporter plusieurs Régîtres qui contenoient les revenus de son épargne, il en fit jetter une grande partie au feu, & envoya par toutes les Provinces ordre à ses Officiers de ne plus lever ny établir de nouveaux imposts, fit de grandes largesses aux Eglises & aux pauvres; mais cela n'empêcha pas que les deux petits Princes ne mourussent.

Dagobert le cadet fut transporté de Brenne, où il avoit esté malade, à Paris & enterré dans l'Eglise de S. Denis. Clodobert qui estoit malade à Soissons expira dans l'Eglise de S. Médard auprès du Sepulchre du Saint, où on l'avoit porté dans l'espérance d'obtenir sa guérison. Il fut enterré dans l'Eglise des Saints Crespin &, Crespinien. Fortunat Evesque de Poitiers leur fit à chacun une Epitaphe que nous avons encore parmi ses autres Poësies.

L. 9. Carm. 4 & 5.

Mais Frédégonde semblable à Pharaon qui ne reconnoissoit Dieu, que dans les seuls momens où il ressentoit la pesanteur de son bras, ne fut pas long-temps dans ses sentimens de pénitence que le danger de ses enfans luy avoit inspirez: sa fureur se ralluma contre le Prince Clovis, & enragée de ce que la maladie populaire qui avoit enlevé ses enfans, l'avoit épargné à Brenne, où elle l'avoit fait venir exprès pour luy faire prendre le mal, elle résolut de nouveau sa perte, & elle en vint à bout.

Gregor. Turon. l. 5. c. 40.

Il y eust de la faute & de l'indiscrétion du costé de ce Prince. Il n'avoit jamais ignoré les mauvaises intentions de Frédégonde, & le dessein qu'elle avoit toûjours eû d'élever ses enfans sur le trône à l'exclusion de ceux du premier lit dont il estoit. Cette injure ne pouvoit pas manquer de luy estre infiniment sensible; & il estoit difficile de contenir des ressentimens qui paroissoient si justes: mais la prudence & la politique demandoient qu'il les modérast. Il ne pût gagner sur luy de se faire cette violence. Se voyant si près du trône il prit des maniéres conformes à sa future grandeur, & commença à parler en maistre & à ne plus trop se ménager avec ceux qui luy déplaisoient. Estant à Chelles où le Roy l'avoit fait venir de Brenne, il luy échappa quelques paroles qui marquoient du ressentiment & le dessein où il estoit de se venger un jour de ceux qui en avoient jusqu'alors mal usé à son égard; mais sur tout il parla de la Reine en quelques occasions d'une maniére à faire connoistre qu'il la comptoit au nombre de ses ennemis.

Elle avoit des espions par tout, & elle n'avoit garde de manquer d'en avoir parmi les confidens de Clovis, qui luy rapportoient tout ce qu'il disoit d'elle, & elle ne l'apprenoit qu'avec beaucoup de crainte & d'inquietude.

Comme elle estoit dans cette agitation d'esprit une de ces pestes du genre humain, dont la Cour ne manque jamais, vint luy faire contre le Prince la plus horrible calomnie qui pût estre inventée; mais qui fut pourtant écoutée, parce qu'elle donnoit occasion à Frédégonde d'assouvir sa vengeance & sa fureur. Ce calomniateur que l'Histoire ne nomme point l'asseura que ses trois fils qu'elle avoit perdus en si peu de jours avoient esté empoisonnez par l'ordre de Clovis; que ce Prince estant devenu amoureux d'une des filles du Palais, & cette fille ayant répondu à son inclination, ils avoient concerté ce crime l'un avec l'autre, & que c'estoit la mere de la fille qui l'avoit exécuté.

Sur une si étrange accusation Frédégonde toute furieuse envoye enlever cette fille, la fait maltraiter cruellement, & luy fait couper les cheveux qu'on alla attacher par son ordre à la porte de l'appartement de Clovis. Elle fait aussi saisir la mere, & l'ayant sur le champ fait mettre à la question, elle l'obligea par la force des tourmens à confesser un crime qu'elle n'avoit point commis. Ensuite ayant présenté cette déposition au Roy comme il revenoit de la chasse, & y ayant joint encore beaucoup d'au-

Tome I.

tres accusations, le Prince fut arresté, & trois jours après transporté par l'ordre de Frédégonde au delà de la Marne au Chasteau de Noisy, où il fut poignardé. On fit accroire au Roy qu'il s'estoit donné la mort luy-mesme, & qu'on avoit trouvé le poignard auprès de luy.

Ce Roy comme ensorcelé par sa femme qui ne laissoit approcher de luy que des gens qu'elle avoit corrompus, & qui luy estoient tout dévoüez, donnoit aveuglement dans tous ces pièges grossiers & ne témoigna pas la moindre douleur de la mort de son fils. Tous les domestiques du Prince furent écartez, & son Intendant n'évita le supplice qu'à la prière des Evesques qui demandèrent sa grace. Mais Frédégonde n'en demeura pas là; elle accusa comme complice de ce prétendu crime, la Reine Audouère mere de Clovis, qui s'estoit retirée dans un Monastere du Maine; mais qu'elle regardoit toûjours comme sa rivale, & on l'y fit mourir par ses ordres. Une jeune Princesse sœur de Clovis fut confinée dans un Monastere. Enfin cette sanglante tragédie finit par le supplice public de cette malheureuse femme qu'on avoit accusée d'avoir empoisonné les trois jeunes Princes, & qui avoit à la question accusé le Prince Clovis : elle fut brûlée toute vive protestant de son innocence aussi-bien que de celle du Prince, & demandant pardon au public de la foiblesse qu'elle avoit eüe d'avoüer dans les tourmens, un crime que ny elle ny le Prince n'avoient point commis.

An. 580.

C'est ainsi que Chilperic devenoit luy-mesme son propre bourreau en exterminant toute sa famille, & qu'il sembloit par de nouveaux crimes, vouloir vanger le ciel de tant d'autres que Frédégonde luy avoit fait commettre dans toute la suite de son regne.

Vers l'an 581.

Cette mort du Prince Clovis n'arriva que vers l'an 581. environ trois ans après celle de Mérovée. Il faut maintenant que je touche les autres choses les plus importantes qui se passèrent en divers endroits de la France pendant cette désolation de la Maison Royale où l'on vit dans cet espace de temps, cinq Princes périr malheureusement ou par la fureur ou en punition de la fureur de Frédégonde.

Le Conseil qui gouvernoit l'Austrasie sous l'autorité & au nom de Childebert, songea toûjours à appuyer la puissance de ce jeune Prince, de celle d'un de ses deux oncles contre les entreprises de l'autre, & eux de leur costé estoient ravis de l'avoir dans leur parti quoique par des veües différentes. Gontran Roy de Bourgogne vouloit l'avoir dans le sien, pour entretenir la paix & mettre des bornes aux desseins ambitieux de son frere. Au contraire Chilperic ne tâchoit de s'attacher les Austrasiens, qu'afin de faire la guerre à Gontran avec plus d'avantage.

An. 577. Cap. 18.

Si-tost que Gontran se vit sans héritiers, ce qui arriva par la mort de ses deux fils vers l'an 577. il écrivit à son neveu pour luy proposer une entreveüe, & pour faire entre eux une alliance sincère & durable. Ils se rencontrèrent à Pont-pierre aujourd'huy petit Village sur la Meuse entre la Mothe & Neu-chastel. Gontran embrassant Childebert & le serrant tendrement luy dit ces paroles : « Dieu pour punir mes péchez m'a enlevé mes fils ; mais je veux que désormais vous teniez leur place. Et aussi-tost il le fit asseoir dans la chaise où il estoit assis luy-mesme, lorsque Childebert estoit entré : « Mon Royaume, continua-t'il, est à vous ; il faut que mes intérests soient les vostres, qu'un mesme bouclier nous couvre, & que les mesmes armes nous défendent : si par hazard Dieu me donne encore des enfans, je ne vous en aimerai pas moins, & je vous regarderai toûjours comme un d'eux, afin qu'il y ait entre vous & moy & nos deux familles une concorde éternelle. Je prends Dieu à témoin de ce que je vous promets maintenant. »

Childebert qui n'avoit alors au plus que sept à huit ans, répondit à cette tendresse par toutes les marques de reconnoissance dont il estoit capable, & ses Ministres promirent pour luy au Roy de Bourgogne de ne manquer à rien de leur costé, pour entretenir une parfaite correspondance entre les deux Royaumes. Les deux Rois se firent l'un à l'autre de magnifiques présens, & après avoir mangé ensemble se séparèrent.

Ibid. c. 13.

Les Austrasiens ainsi unis avec le Roy de Bourgogne, crurent qu'ils estoient en estat de se faire craindre de Chilperic, qui venoit tout recemment de s'emparer de Poitiers. Ils luy envoyèrent un Ambassadeur de la part de leur Prince pour le sommer de rendre ce qu'il avoit usurpé du Royaume d'Austrasie, avec ordre en cas de refus, de luy déclarer la guerre. Chilperic receut cette Ambassade, & la menace de l'Ambassadeur avec beaucoup de fierté & de mépris, néanmoins on ne passa pas outre.

Chilperic ne rendit point Poitiers, & on ne luy fit point la guerre : apparemment le Roy de Bourgogne toûjours porté à la paix ne voulut point s'engager dans cette affaire, & les Austrasiens n'osèrent seuls attaquer Chilperic.

Mais ce n'est pas conjecturer vainement, ce me semble, que de dire que ce fut à leur sollicitation, qu'un nouvel ennemi se déclara en ce temps-là contre Chilperic du costé du Poitou. Ce fut le Comte de Bretagne qui quoique d'une puissance bien inférieure à la sienne, ne laissa pas de luy donner beaucoup d'inquiétude. Les Brétons avoient eû aussi leurs guerres civiles causées par le partage de la domination. Deux Princes l'un nommé Maclou * & l'autre Bodic, portant l'un & l'autre la qualité de Comte de Bretagne, avoient gouverné ce païs en paix pendant quelques années chacun dans leur canton, & avoient fait serment l'un à l'autre, que celuy des deux qui survivroit, auroit pour les enfans de l'autre des sentimens & une conduite de pere. Bodic estoit mort le premier & avoit laissé un fils nommé Theodoric, dont le Comte Maclou malgré son serment, envahit la Principauté. Ce jeune Prince après avoir erré & demeuré caché quelque temps, parut tout d'un coup à la teste de quelques Troupes Brétonnes, surprit son ennemi, le tüa avec un de ses fils, & reprit ce qui luy avoit esté enlevé. Un autre fils du Comte Maclou nommé Waroc ou Gue-

Cap. 16.
* Maclia vus.

Gregor. Turon. l. 5. c. 16.

GONTRAN. CHILPERIC. CHILDEBERT.

reth se mit en possession de l'Etat que son pere avoit possedé légitimement sans entreprendre de disputer le reste qui ne luy appartenoit pas. Il avoit Vannes dans son partage, & apparemment tout le reste de la Coste méridionale de Bretagne en tirant vers l'Occident.

Cap. 17.

L'hommage qu'il estoit obligé de rendre au Roy de France au moins pour une partie de ses terres, le chagrinoit. Il refusa de s'y soûmettre, & ne se mit pas en peine de payer le tribut qu'il devoit pour la Ville de Vannes, se servant de l'occasion des troubles domestiques de la famille Royale & de la des-union des Princes François, pour s'affranchir de cette sujettion.

Chilperic pour le mettre à la raison, envoya ordre aussi-tost à toutes ses Provinces frontieres de Bretagne, à la Touraine, à l'Anjou, au Maine, au territoire de Bayeux, de faire entrer leurs Troupes sur les terres du Comte de Bretagne. Cet ordre & quelques autres semblables qu'on a déja pû remarquer dans la suite de cette Histoire, nous montrent que les armées de France estoient alors composées de divers Corps de Troupes que fournissoit chaque Province, à peu près comme nous voyons aujourd'huy les armées de l'Empire composées des Troupes des cercles qui fournissent chacun leur Contingent ; le choix du Général dépendoit du Roy qui leur en envoyoit un ou plusieurs selon qu'il le jugeoit à propos.

Ann. 578.
Cap. 27.

Les François estant entrées en Bretagne y trouverent le Comte Waroc campé sur la riviére de Vilaine, & se posterent vis-à-vis de luy à l'autre bord. Le Comte ayant reconnu le camp des François, comme il sçavoit parfaitement le païs, prit la nuit une partie de son armée, & ayant passé à un gué de la riviére vint donner brusquement sur le quartier des Troupes de Bayeux, l'enleva & fit un très-grand carnage sur tout des Saxons * de Bayeux ; c'est ainsi que nostre ancien Historien les appelle : c'estoient des descendans de ces Saxons qui sous l'Empire d'Honorius, de Valentinien & des derniers Empereurs d'Occident, faisoient continuellement des descentes dans les païs Maritimes des Gaules, entroient quelquefois fort avant dans les terres & y laissoient des espéces de colonies.

* Saxones Bajocasss̃nos Vide & l. 10. c. 9. Gregor. Turon.

Il y en avoit qui s'estoient establis dans le territoire de Nantes, & qui après avoir demeuré long-temps dans les superstitions du Paganisme, embrasserent enfin la Religion Chrétienne par les soins de Felix Evesque de Nantes, peu de temps avant cette guerre de Bretagne. Et pour ce qui est des Saxons de Bayeux dont il s'agit icy, nous voyons par les Capitulaires de Charles le Chauve petit fils de Charlemagne, que plus de deux cens cinquante ans après le temps dont nous parlons, il y avoit encore un canton voisin du Cotentin, du païs d'Avranches & du territoire de Bayeux, appellé Saxe, & qui est nommé en latin *Ot lingua Saxonia*.

Cap.
* Nu. nos.
Fortunat. l. 3. Carm. 7.

Malgré cet avantage que le Comte de Bretagne avoit remporté sur les François, il jugea à propos de demander la paix qu'il conclut

Tome I.

trois jours après, avec les Generaux de l'armée à ces conditions : qu'il feroit serment au Roy de luy estre fidéle, que pour plus grande asseurance il donneroit son fils en ostage, qu'il remettroit aux Troupes du Roy la Ville de Vannes, & que si le Roy vouloit bien luy en redonner le Gouvernement & la joüissance, il ne manqueroit jamais de luy payer tous les ans un tribut & les autres redevances qui y estoient attachées, sans attendre qu'on le sommast de le faire. Incontinent après qu'on eust signé ce traité de part & d'autre, les Troupes Françoises sortirent de Bretagne.

Le Roy dans le ban qu'il avoit fait publier en Touraine & sur les autres frontieres de Bretagne, y avoit compris les pauvres & les jeunes Clercs des Eglises, mesme de celle de Tours, qui estoient en âge de porter les armes. Cet ordre estoit contre leurs priviléges aussi-bien que contre la coûtume, & ils n'avoient pas obéï. Ce Roy qui n'admettoit point de raison contre ses ordres, leur fit payer l'amande * à laquelle on condamnoit ceux qui manquoient de marcher en ces sortes d'occasions, ainsi qu'on le voit dans les Capitulaires de Charlemagne * & dans ceux de Charle le Chauve.

" Le mot de *bannus* signifie l'ordre du Roy, par lequel il estoit commandé de prendre les armes pour aller à l'armée ou pour venir aux assemblées que le Roy convoquoit pour les affaires publiques. Gregoire de Tours la prend en cet endroit pour l'amende qu'on estoit obligé de payer, quand on n'obéïssoit pas à ces sortes de bans. *De paupéribus jussit bannos exigi*. Ce mot est souvent pris en ce sens dans les Capitulaires.

Mais les impôsts extraordinaires dont Chilperic chargea ses peuples l'année d'après causérent beaucoup plus de désordres. Ils parurent si excessifs, que plusieurs habitans des Villes & de la Campagne déserterent, & aimerent mieux quitter le Royaume en abandonnant leurs biens, que de se voir plus long-temps exposez aux vexations de ceux qui estoient préposez pour lever ces espéces de tailles que l'on avoit mises sur toutes les terres ; une de ces charges entre autres estoit de payer par chaque arpent de vigne une certaine quantité de vin : on payoit aussi tant pour chaque esclave qu'on avoit à son service : rien n'estoit franc & exempt de tribut. Ce n'est pas que ces tributs fussent tous injustement imposez ; car les revenus de nos Rois de ces temps-là & encore long-temps après consistoient pour la pluspart en denrées, & se levoient à peu près comme on leve aujourd'huy les dixmes : mais c'est que Chilperic les avoit excessivement augmentez.

* L. 6. cap. 96 titul. 29. c. 4.

An. 579.
Gregor. Turon. l. 5. c 19.

Il se fit à cette occasion une grande sédition à Limoge, où celuy qui estoit chargé de lever ces tributs eust perdu la vie sans l'autorité de l'Evesque Ferreol qui le tira des mains des révoltez. Le peuple pilla les Doüannes, les livres des comptes & les Edits furent jettez au feu. L'insolence des révoltez alla jusqu'aux plus grands excés. Tout aboutit à attirer dans le païs des Troupes qui y vécurent à discrétion. Plusieurs furent punis du dernier supplice. Quelques Abbez & quelques Prestres qu'on avoit accusez d'avoir beaucoup contribué à ces troubles, furent fort maltraitez, & enfin on redoubla les impôsts sous le nom d'amende en punition de la révolte.

Le Comte de Bretagne profitant de ces troubles n'eust pas plustost veû les Troupes Françoises hors de ses Estats, & remis les siennes dans Vannes, qu'il fit naistre des difficultez sur le traité. Il envoya l'Evesque de cette

N ij

Ville nommé Eonc à la Cour de France, pour prier le Roy d'adoucir quelques-unes des conditions. Ce procédé irrita ce Prince de telle maniere, qu'après avoir fort mal receû l'Evefque, il l'envoya en exil.

Le Comte de Bretagne pour se venger du traitement que l'on faifoit à son Envoyé, entra à main armée dans le païs de Rennes, y mit tout à feu & à sang, fit quantité de prisonniers, & porta le ravage jufques bien au delà de Rennes. Le Roy un peu revenu de sa colére rappella l'Evefque du lieu où il l'avoit relegué, luy affigna pour sa demeure la Ville d'Angers où il le faifoit défrayer; mais avec défense de retourner à son Evefché, qui ne perdoit rien à l'abfence d'un Pafteur auffi fcandaleux que l'eftoit celuy-là par son extrême intemperance. Cependant le Roy ayant appaifé les troubles du Limofin, fit rentrer des Troupes en Bretagne où elles firent ce que le Comte avoit fait sur les terres de France.

C'eftoit à qui feroit le plus de mal des deux coftez. Les Bretons recommencérent leurs ravages du cofté de Rennes, & en firent encore de plus grands dans le territoire de Nantes. En vain l'Evefque de cette Ville fit repréfenter au Comte de Bretagne, que cette maniére de faire la guerre eftoit contraire à toutes les loix du Chriftianifme & indigne d'un Prince Chrétien. On fit semblant d'écouter ses remontrances; mais on ne laiffa pas de continuer comme auparavant. L'Histoire ne nous dit point quand ny comment ce différent fut terminé. Si les Miniftres du Roy d'Auftrafie l'avoient fait naître, comme j'ay dit qu'on pouvoit affez probablement le conjecturer, peut-eftre s'appliquérent-ils auffi à le finir par une nouvelle raison d'eftat que je vais dire.

L'alliance étroite qu'ils avoient faite avec le Roy de Bourgogne ne leur produifoit aucun avantage. Chilperic demeuroit toûjours maiftre de Poitiers, l'efpérance de la fucceffion au Royaume de Bourgogne eftoit à la vérité un grand intéreft pour le jeune Roy; mais outre que c'eftoit un bien encore fort éloigné, & que Chilperic au cas qu'il furvécut à Gontran, ne manqueroit pas de luy difputer, cette raifon n'eftoit plus pour luy un motif de préferer l'alliance de Gontran à celle de Chilperic: parce que celuy-cy ayant auffi perdu tous fes fils, il eftoit en eftat auffi-bien que Gontran d'adopter Childebert & de luy affeûrer sa fucceffion. Enfin une injure qu'il prétendoit avoir receûe de Gontran, luy servit au moins d'un prétexte fort fpecieux pour rompre avec luy, & se réunir avec Chilperic.

J'ay déja remarqué qu'après la mort de Caribert Roy de Paris, fes trois fréres avoient partagé son Eftat entre eux d'une maniére à produire tous les fujets de guerre, y ayant plufieurs Villes dont un tenoit la moitié & un autre l'autre moitié; ainfi Marseille eftoit en partie du Domaine de Gontran, & en partie du Domaine de Sigebert pere de Childebert. Après la mort funefte de ce Prince, Gontran avoit demandé à son neveu qu'il luy cédaft la partie de cette Ville, qui eftoit du Royaume d'Auftrafie. Le Confeil du jeune Roy apprehendant d'irriter Gontran dans un temps où à peine on pouvoit réfifter aux forces de Chilperic, crût qu'il falloit s'accommoder aux conjonctures & ne pas refufer à Gontran ce qu'il pouvoit enlever impunément de force. C'eft sur cela que le Roy d'Auftrafie fit une querelle à son oncle le Roy de Bourgogne, prétendant se relever de cette tranfaction, & sur quoy il rompit avec luy pour se réünir avec Chilperic.

Chilperic eftoit alors celuy des trois Rois François qui eftoit le plus redouté; c'eftoit auffi le plus confidéré par les Princes étrangers. Il avoit chez eux & avec raifon la réputation de vaillant & de guerrier. Il eftoit magnifique jufqu'à faire des Cirques à Paris & à Soiffons pour donner des fpectacles aux peuples à la maniere des Romains; il entretenoit grande correfpondance par ses Ambaffadeurs avec Leuvigilde Roy d'Efpagne, & avec Tybére Empereur de Conftantinople qui avoit fuccédé à Juftin II. Grégoire de Tours raconte que dans le temps dont je parle, il se trouva à la Cour qui eftoit à Nogent, Bourg appellé aujourd'huy faint Clou, lorfque les Ambaffadeurs que Chilperic avoit envoyez trois ans auparavant à Conftantinople, y arrivérent en fort mauvais équipage. Comme ils n'avoient ofé prendre terre à Marfeille à cause de la mes-intelligence qui eftoit entre leur Maftre & le Roy de Bourgogne à qui elle appartenoit; ils avoient efté obligez de gagner le Port d'Agde qui eftoit du Domaine des Vifigoths d'Efpagne. Dans ce trajet le vent ayant pouffé leur vaiffeau contre les terres, il s'y eftoit brifé; une partie de l'équipage y avoit peri, & les Ambaffadeurs avoient eû beaucoup de peine à se sauver avec ce qu'ils avoient apporté de plus précieux de la part de l'Empereur pour le Roy. Il y avoit entre autres chofes plufieurs Médailles d'or pefant chacune une livre, où l'on voyoit d'un cofté la tefte de l'Empereur avec cette Légende: TIBERIUS CONSTANTINUS PERPETUUS AUGUSTUS: & au revers eftoit reprefenté un char de triomphe tiré par quatre chevaux avec cette infcription: GLORIA ROMANORUM. Le Roy montra auffi à l'Evefque de Tours un grand baffin d'or maffif enrichi de pierreries & qui pefoit cinquante livres. C'eftoit une piéce qu'il avoit fait faire exprés, voulant, difoit-il, faire voir aux Etrangers que les François ne cédoient ny en richeffes, ny en magnificence, mefme aux Empereurs.

Ce fut donc en ce temps-là que les Ambaffadeurs du Roy d'Auftrafie arrivérent à Nogent * pour la negociation dont j'ay parlé. Gilles Evêque de Reims eftoit le chef de l'Ambaffade, & avoit avec luy les Seigneurs les plus confidérables du Royaume d'Auftrafie: car c'eftoit la coûtume en ce temps-là, & cette coûtume dura très-long-temps en France, d'envoyer enfemble plufieurs Ambaffadeurs qui compofoient comme une efpece de Confeil. La propofition qu'ils firent à Chilperic de se déclarer contre le Roy de Bourgogne, & de l'obliger à restituer la moitié de Marseille au Roy d'Austrasie, fut très-favorablement écoutée: mais il éluda celle qu'ils luy firent aussi de rendre la Ville de Poitiers, en leur disant qu'il regardoit le Roy d'Austrasie comme son fils & son heritier, & que luy le devoit réciproquement regarder comme son pere; que Poitiers luy reviendroit tost ou tard, & que sans se faire de procés l'un à l'autre, il falloit laisser les choses dans l'état où elles se trouvoient. Les Ambassadeurs ne firent plus d'instance sur ce point-là, signérent le Traité d'alliance, & s'en retournerent comblez d'honneurs & de présens. Aussi-tost aprés Chilperic fit partir l'Evêque Leudeuvalde avec quelques autres Seigneurs pour aller en Austrasie confirmer le Traité de Nogent * & en recevoir la ratification du jeune Prince.

S. Clou.

L. 6. c. 11.

Ce Traité ne fut pas plustost conclu, que le Roy d'Austrasie envoya demander au Roy de Bourgogne la partie de Marseille qu'il prétendoit luy appartenir, le menaçant en cas de refus, d'attaquer plusieurs autres Places qui le dédommageroient bien de la partie de celle qu'on luy retenoit.

Cependant on n'avoit point encore d'Armée sur pied ni de part ni d'autre; mais le Roy d'Austrasie commença les hostilitez par la surprise de cette partie de Marseille qui faisoit le sujet de la querelle, & dont un de ses Capitaines nommé Gendulphe s'empara. Depuis ce temps-là le Roy de Bourgogne & celuy d'Austrasie ne garderent plus de mesures ensemble, & commencerent à en user par tout l'un avec l'autre comme ennemis.

Chilperic n'avoit garde de manquer de profiter d'une si belle occasion. Il fit marcher une Armée sous la conduite du Général Didier, pour aller assiéger Perigueux qu'il emporta aussi-bien que la Ville d'Agen, aprés avoir défait le Duc Reginualde qui commandoit dans ces quartiers-là pour le Roy de Bourgogne; les autres Places moins considérables ne tinrent point, & se rendirent au Vainqueur.

Gregor. Turon. l. 6. c. 12.

Le Roy de Bourgogne voulut faire une diversion du costé de Tours, & y fit marcher les Milices du Berri; mais le Duc Berulfe qui commandoit en Touraine pour Chilperic se posta avec ce qu'il put ramasser de Troupes sur la Frontiére de cette Province, & arresta celles de Bourgogne; qui ne purent faire autre chose que quelques ravages sur cette Frontiére. De sorte que tout réüssissoit à Chilperic. Seulement un de ses Ducs fut défait par les Gascons, dont il avoit voulu empescher les courses en deçà des Pyrenées. Cette défaite suppose que ce Prince avoit là encore quelque Territoire de son Domaine, nonobstant la cession qu'il avoit faite de Bourdeaux quelques années auparavant à la Reine d'Austrasie.

Les affaires de Bourgogne prenoient un très-mauvais tour; & si Childebert eust agi aussi vivement que Chilperic, Gontran couroit risque de perdre son Etat: mais une espece de guerre civile qui s'alluma dans le Royaume d'Austrasie empescha ce Prince d'estre accablé par ses ennemis.

Lupus Duc de Champagne, c'est à dire, Gouverneur & Commandant les Armées dans la partie de Champagne, qui obéïssoit au Roy d'Austrasie, estoit un homme fort considérable dans ce Royaume où il avoit eu de grands emplois sous le feu Roy Sigebert; il avoit esté son Ministre d'Etat, Général de ses Armées, Gouverneur de Marseille & de tout ce qui luy appartenoit dans la Gaule Narbonnoise. Aprés la mort de Sigebert il demeura fort attaché à la Reine Brunehaut, & peut-estre par là mesme devint-il odieux au Conseil qui avoit le Gouvernement de l'Etat: car ce Conseil tenoit toûjours pour maxime de ne donner aucune part dans le Gouvernement à cette Princesse dont ils redoutoient l'esprit hautain & impérieux.

Fortunat. l. 7. c. 7. 8. 9.

Gregor. Turon. l. 1. c. 41. & 2. libi.

L'Evêque de Reims dont j'ay déja parlé, un des plus puissans de ce Conseil, estoit l'ennemi déclaré de ce Seigneur, & n'oublia rien pour le perdre. Ce Duc recevoit mille désagrémens, on luy ostoit peu à peu tous ses Emplois, & enfin le Prélat entreprit de luy faire quitter son Gouvernement de Champagne. Jusques-là Lupus avoit cedé à la puissance de ses ennemis; mais il ne put se résoudre à perdre ce qui luy restoit, & entreprit de s'y maintenir malgré la Cour. Sur cela on le fait déclarer ennemi de l'Etat, & on vint le forcer avec une Armée, qu'il attendit avec des forces très-inégales.

Gregor. l. 9. c. 12.

L. 6. c. 4.

An. 581.

Ce fut alors que la Reine Brunehaut fit paroistre d'une maniére bien éclatante la considération & l'amitié qu'elle avoit pour luy, & en mesme temps une intrépidité au dessus de son sexe. Elle prit un habit de guerre *, monta à cheval, vint à toutes jambes au Champ de bataille, se mit entre les deux Armées sur le point qu'elles estoient d'en venir aux mains, & conjura les Chefs d'épargner le sang de tant de braves hommes, qu'ils alloient sacrifier par le désir d'en faire périr un seul. Un des Généraux de l'Armée de la Cour eut l'insolence de luy dire en l'abordant tout en colére: « Princesse, retirez vous, de quoy vous meslez-vous? vous avez assez gouverné du temps du feu Roy vôtre mari. C'est maintenant le Roy vostre fils qui regne, le soin du Royaume nous est confié & non pas à vous. Si vous ne vous retirez, je vais vous faire passer mes Escadrons sur le corps. »

Virilites se praecin- gens.

Ibid.

La Reine sans s'étonner de cette menace continua ses instances, & fit tant par sa fermeté, par son adresse & par le talent qu'elle avoit de persuader, qu'elle empescha le combat, donna le temps au Duc Lupus de mettre sa femme en sûreté dans la Ville de Laon, & l'obligea enfin à ceder pour un temps à la mauvaise fortune. Il se retira dans le Royaume de Bourgogne, où Gontran qui connoissoit son mérite & luy haïssoit fort l'Evêque de Reims, le traita avec beaucoup de bonté, tandis que ses ennemis profitoient de ses dépoüilles. Ses biens furent confisquez au profit du Roy, disoit-on, mais en effet au profit de ceux qui l'en dépoüilloient, & qui firent porter dans leurs maisons tout ce qui se trouva chez luy d'argent & de meubles précieux.

L. 9. c. 14.

L. 6. c. 14.

HISTOIRE DE FRANCE.

Ces troubles domestiques du Royaume d'Austrasie, donnerent le temps au Roy de Bourgogne de se reconnoistre, & il se servit de cette conjoncture pour faire sa paix avec Chilperic, en le laissant en possession de toutes les Villes qu'il avoit prises.

Chilperic alla en personne voir ses nouvelles Conquestes, y mit des Gouverneurs, se fit instruire en détail des revenus que ces Villes avoient produit jusqu'alors au Roy de Bourgogne, & fit porter à son Epargne tout l'argent qui se trouva dans les coffres publics. Il échappoit de temps en temps à ce Prince de certaines actions de bonté & d'humanité, qui font croire qu'il n'avoit pas le fonds tout-à-fait mauvais, & qu'il auroit esté beaucoup meilleur Prince, s'il n'avoit pas esté mari de Frédégonde: en voici un exemple.

Le Comte ou Gouverneur de Limoge intercepta une lettre de l'Evêque de Perigueux, où il parloit de Chilperic d'une maniere fort outrageante, & disoit entre autres choses, que depuis qu'il avoit changé de Maistre, il luy sembloit avoir passé du Paradis en Enfer. Cette lettre ayant esté envoyée au Roy, il fait venir l'Evêque, luy montre la lettre, & luy demande si elle est de luy. L'Evêque sans balancer le nie, on luy produit son Diacre qu'on avoit aussi arresté, qui luy soûtient qu'il la luy avoit dictée mot à mot. L'Evêque recuse le témoignage de son Diacre, comme d'un homme qui avoit depuis long-temps, disoit-il, de mauvais desseins contre luy, & qui cherchoit toutes les occasions de luy faire perdre son Evesché. Le Diacre soutenant toûjours son accusation, & embarrassant fort l'Evêque, le Roy les interrompit, & adressant la parole au Prélat: Pardonnez, luy dit-il, à vostre Diacre. Je vous pardonne moy, & après l'avoir traité en présence de sa Cour avec beaucoup d'honnesteté, il le renvoya à son Evesché.

Mais le zéle indiscret d'un Officier de guerre de Bourgogne broüilla de nouveau les deux Rois qui furent sur le point d'en venir encore à une guerre ouverte. Ces deux Princes nonobstant la Paix estoient dans une défiance mutuelle comme deux ennemis particuliers, dont l'un en voudroit à la vie de l'autre. Ils prenoient à cause de cela de grandes précautions chacun de leur costé. Il y avoit des Gardes sur tous les Ponts des Riviéres & à tous les passages, où l'on examinoit avec soin tous ceux qui entroient d'un Royaume dans l'autre. Chilperic en avoit fait mettre depuis peu auprès de Paris sur une riviére que nostre ancien Historien appelle en Latin *Urbia*, & qu'un de nos plus habiles Critiques croit fort vray-semblablement estre la petite riviére d'Orge qui passe par Savigni & par Juvisi, où selon luy, ces Gardes estoient postez sur le Pont, *ad Pontem Urbiensem*. Le Domaine de Gontran s'estendoit jusqu'à Etampes, & ce fut apparemment de cette Ville, que cet Officier nommé Asclepius vint pendant la nuict insulter le Corps-de-garde qu'il tailla en piéces; après quoy il fit une course dans la Campagne prochaine & la pilla.

Cap. 19.
Valesius in notit. Gall.

An. 582.

La nouvelle n'en fut pas plustost portée à Chilperic, qu'il dépescha des Couriers à tous ses Comtes & à tous ses Ducs des Frontiéres pour leur donner ordre d'assembler incessamment leurs Troupes, afin d'entrer sur les Terres du Roy de Bourgogne: mais les plus moderez de son Conseil luy representerent les suites fâcheuses d'une résolution si brusque, & luy conseillerent de se faire honneur d'un peu de patience en cette occasion, & avant que de porter les choses à l'extrêmité, de s'informer du Roy de Bourgogne son frére, si c'estoit par ses ordres que cette insulte s'estoit faite: Que s'il vouloit la soûtenir & refusoit de luy en faire satisfaction, alors sa modération luy seroit aussi glorieuse, que la trahison des Bourguignons les rendroit odieuse. Chilperic suivit ce conseil, & avant que d'en venir aux hostilitez, il fit partir un Envoyé pour le Royaume de Bourgogne chargé de demander satisfaction ou de déclarer la guerre. Le Roy de Bourgogne répondit que la chose s'estoit faite sans ses ordres & contre son intention, & qu'il offroit au Roy son frére toute la satisfaction qu'il pouvoit souhaiter. Chilperic fut content de cette réponse, & les peuples furent délivrez de la crainte d'une nouvelle guerre.

Mais ce qui acheva de combler de joye Chilperic au milieu de ses prospéritez, fut la naissance d'un fils qui luy fit oublier la perte de tous les autres. Il en fut si réjoüi qu'aux autres marques publiques qu'il donna de sa joye, il fit ouvrir toutes les prisons, * donna la liberté à tous ceux qui y estoient renfermez, & remit toutes les dettes de ceux qui se trouverent estre encore ses redevables pour les tributs ou imposts de cette année-là. Il le fit baptiser à Paris, & tenir sur les Fonts par l'Evêque Ragnemode le jour de Pasques l'an 583. Il y fut nommé Theodoric ou Thiery: mais comme Chilperic voulut estre de la feste, & que d'ailleurs selon le Traité fait pour le partage de la succession du feu Roy Caribert, il n'estoit permis à aucun des Rois d'entrer dans Paris sans le consentement des deux autres, sous peine de la malédiction de S. Polieucte, de S. Martin & de S. Hilaire, & de perdre le droit sur le partage qu'on avoit eu dans la succession, cela luy causa quelque embarras. La supériorité qu'il avoit prise sur son frére le Roy de Bourgogne & sur son neveu le Roy d'Austrasie, faisoit qu'il n'apprehendoit rien de leur costé; mais il craignoit la malédiction des Saints qui avoient esté choisis comme garands du Traité: il s'avisa donc d'un expédient pour se délivrer de ce scrupule. Il entra dans Paris comme en procession, faisant porter devant luy les Reliques de quantité de Saints. Ce Prince bizarre à son ordinaire dans sa dévotion qu'il rapportoit toûjours à ses intérests, se figuroit que l'intercession de ces Saints pourroit luy rendre propices les autres Saints qu'il offensoit, ou du moins contrebalancer en sa faveur leur crédit auprès de Dieu.

Cependant Diname Gouverneur de Marseille pour le Roy de Bourgogne avoit toûjours

Cap. 13.
An. 582.

Paroist les Formules de Marculphe la trenti-neuviéme & quarantiéme du premier Livre, *Un peu curieuses par l'ingenieux extenture. Que pour la naissance du Roy, c'est à dire du fils du Roy. On devroit dés deux costez demaisons de Cinq pagne du legs, cela se voit dans la quarantiéme du cinquiéme Livre. l'ordre estoit adressé aux tendans des Maisonsroyales.*

An. 583.

GONTRAN. CHILPERIC. CHILDEBERT.

sur le cœur l'affront qu'on luy avoit fait en surprenant sa Place, & en l'obligeant à en céder la moitié aux Austrasiens ; il épia long-temps l'occasion de s'en saisir de nouveau, & enfin il en vint à bout.

Le Conseil d'Austrasie en ayant reçû la nouvelle, ne manqua pas d'en donner avis à Chilperic : & l'Evêque de Reims estant venu le trouver, l'engagea à recommencer la guerre contre le Roy de Bourgogne. Chilperic n'étoit pas difficile à ébranler là-dessus : mais ce qu'il y eut d'admirable en cette conférence, est que voulant fortifier luy-mesme les motifs que l'Evêque luy apportoit de faire la guerre à son frére, il luy dit : vous oubliez la meilleure raison de toutes, c'est que si mon neveu le Roy d'Austrasie veut un peu examiner les circonstances de la mort du feu Roy son pere, & bien creuser cette affaire, il trouvera qu'elle a esté l'effet des intrigues du Roy de Bourgogne. C'estoit là une de ces hardies calomnies de l'invention de Frédégonde, qui par la hardiesse avec laquelle elle les disoit & les faisoit répandre parmi le peuple, se disculpoit en partie des crimes qu'elle avoit le plus publiquement commis : mais si l'Evêque de Reims fit semblant par complaisance de croire celle-là, le public n'en fut pas la dupe, & il a toûjours fait justice sur ce point-là à Gontran & à Frédégonde.

La Ligue ayant donc esté renouvellée, le Traité signé avec serment, & des ôtages donnez de part & d'autre, Chilperic se mit aussi-tost en campagne avec son Armée, & marcha vers Paris, où il fit le dégast sur les terres de Gontran. Le Duc Berulfe ayant aussi reçû les ordres de Chilperic pour armer, conduisit les Troupes de Touraine, du Poitou, de l'Anjou, & celles du païs Nantois du costé du Berri. Deux autres de ses Ducs ou Généraux Didier & Bladaste s'approcherent par d'autres endroits de la mesme Province ; tandis que le Roy en personne ayant fait passer son Armée au travers de Paris, s'avança jusqu'à Melun, mettant tout à feu & à sang. Il y fut joint par les Généraux Austrasiens ; mais ils luy amenerent peu de Troupes, ayant laissé l'Armée avec le jeune Roy sur les Frontiéres d'Austrasie.

Le Roy de Bourgogne de son costé assembloit deux Armées, l'une dans le Berri, & l'autre en Bourgogne. Les ennemis luy tenoient en échec deux Places considérables Melun & Bourges. Il mit Bourges en état de faire une longue & vigoureuse résistance, il donna ordre à l'Armée de Berri forte de quinze mille hommes de marcher vers Melun, & luy-mesme prit la mesme route à la teste de celle de Bourgogne. Si-tost que Chilperic eut esté informé de cette marche, il envoya ordre à tous ses Généraux qui estoient restez sur les Frontiéres du Berri, d'entrer dans cette Province, & de mettre le Siége devant Bourges, ce qu'ils éxécutérent. Il envoya le Général Didier au-devant de l'Armée qui venoit du Berri, la rencontre se fit auprès de Melun, & le combat fut sanglant : il y eut sept mille hommes tuez sur la place de part & d'autre, sans qu'aucun des deux partis s'avouäst vaincu, & pust se dire pleinement victorieux.

Le Roy de Bourgogne marcha contre Chilperic, & s'estant campé fort près de luy, il fit attaquer son Camp un soir fort tard, luy enleva quelques quartiers, & luy tua beaucoup de monde. Chilperic étonné de ces mauvais succès, & Gontran voulant toûjours la Paix, ils entrerent dès le lendemain matin en négociation, convinrent d'une tréve, & de remettre leurs interests au jugement de quelques Seigneurs & de quelques Evêques qu'on choisiroit dans les deux partis, pour terminer tous ces différens à l'amiable.

Pendant que tout cela se passoit auprès de Melun, le jeune Roy d'Austrasie estoit dans son Camp encore sur ses Terres. Quand on y entendit les mauvaises nouvelles de la défaite des Troupes de Chilperic & du Traité de tréve signé sans y comprendre les Austrasiens, il s'y fit une sédition contre les Ministres qui trahissoient, disoit-on, les intérests du Roy, qui vendoient son Royaume, laissant Chilperic en possession de Poitiers, pour satisfaire la haine qu'ils avoient contre le Roy de Bourgogne. Les Soldats s'animant ainsi les uns les autres coururent en armes à la Tente du Roy pour y égorger les Ministres qui furent obligez de se sauver. L'Evêque de Reims monta au plus viste à cheval, & passa au travers de la gresle des pierres qu'on faisoit voler après luy, & les chevaux de ceux de ses gens qui le suivirent, ayant crevé dans la route, il arriva seul à Reims tout effrayé & en très-mauvais équipage.

La tréve estant signée entre les deux Rois, Chilperic envoya ordre à ceux qui assiégeoient Bourges de lever le Siége. Tout ce que produisit cette guerre fut la désolation entière de tous les païs où les Troupes passèrent. Jamais il n'y eut plus de désordre & moins de discipline dans ces Armées. On pilloit également amis & ennemis, Maisons, Granges, Eglises. Les Officiers aussi-bien que les Soldats enlevoient tout ce qui se trouvoit sous leur main : de sorte que Chilperic pour faire un exemple qui donnast de la terreur, tua de sa propre main le Comte ou Gouverneur de Roüen, qu'il surprit faisant de pareilles violences. Ce ravage fut suivi d'une telle mortalité sur les bestes, qu'à peine voyoit-on en France dans l'espace de plusieurs lieuës un Cheval ou une Vache. Enfin après tant de maux publics la Paix générale se fit l'an 584. Le Roy de Bourgogne nonobstant les avantages qu'il avoit remportez dans la derniére Campagne, céda de nouveau dans les formes au Roy d'Austrasie, la partie de Marseille qui avoit esté cause de la guerre. Ainsi souvent les guerres produisent peu davantage aux Princes, & causent toûjours bien du mal aux peuples.

En ce mesme-temps-là le mariage de la Princesse Rigunthe fille de Chilperic fut conclu avec le Prince Recarede fils cadet du Roy d'Espagne, après une longue négociation qui souffrit de grandes difficultez pour les raisons que je vais dire.

L'Espagne aussi-bien que la France, estoit alors agitée de guerres civiles, & le sort de la Famille de Levigilde qui y régnoit, avoit quelque chose d'assez semblable à celuy de la Maison Royale de France. Ce Roy un des plus illustres que l'Espagne ait eu, avoit épousé en secondes nôces Gosvinde femme d'Athanagilde son prédécesseur; elle luy tint lieu d'une autre Frédégonde, & l'arma contre son propre fils jusqu'à le faire périr. Ce fils estoit le Prince Hermenigilde qu'il avoit associé à son Royaume aussi-bien que son cadet le Prince Recarede, & luy avoit donné Seville, ou selon d'autres, Merida pour y tenir sa Cour séparée de la sienne qu'il tenoit à Toléde. Hermenigilde avoit épousé la Princesse Ingonde niéce de Chilperic, fille de Brunehaut & sœur du jeune Roy d'Austrasie Childebert. Cette alliance sur laquelle Levigilde avoit beaucoup compté pour établir solidement sa puissance & celle de sa Maison dans toutes les Espagnes, fut ce qui luy donna le plus d'inquiétude depuis que son fils se fut broüillé avec luy: un faux zéle de Religion fut cause de cette rupture.

Gosvinde entestée de l'Arianisme n'oublia rien pour pervertir la Princesse Ingonde, & tandis qu'elle l'eut auprès d'elle, elle y employa toutes les caresses possibles & toute l'autorité que luy donnoit sur elle la qualité d'ayeule; car Gosvinde estoit mere de Brunehaut, mais elle ne gagna rien. La Princesse refusa toûjours de renoncer à sa Religion, & souffrit constamment les plus mauvais traitemens qui succedérent aux amitiez & aux caresses. Et c'est une chose très-remarquable, que dans le commencement de la Monarchie & du Christianisme des François, deux Princesses du Sang de France ayant esté mariées à deux Princes d'Espagne, & deux Princesses Espagnoles ayant esté mariées à deux Rois François, les unes ayent tenu une conduite si opposée à celle des autres en matiére de Religion: car les deux Espagnoles Ariennes de Religion, sçavoir Brunehaut qui épousa Sigebert Roy d'Austrasie, & sa sœur Galsuinde qui épousa Chilperic, ne furent pas plûtost en France, qu'elles se convertirent à la Religion Catholique de leur plein gré: & au contraire les deux Princesses Françoises, sçavoir Ingonde dont je parle, qui avoit épousé Hermenigilde, & sa tante Clotilde qui avoit épousé Amalaric, tinrent toûjours ferme dans leur foy, & souffrirent généreusement une espéce de martyre par les mauvais traitemens qu'on leur fit sans pouvoir estre ébranlées.

Ingonde fit plus encore, car elle convertit son mari Hermenigilde, qui sans rien ménager abjura hautement l'Arianisme, & se fit Catholique. Gosvinde ne manqua pas une si belle occasion de le perdre en irritant le Roy son pere contre luy. Les suites de ces pernicieuses intrigues furent funestes. Hermenigilde s'engagea insensiblement à une révolte ouverte contre son pere, & elle a esté blâmée avec raison par Gregoire de Tours mesme. Pour la soûtenir il eut recours aux Grecs qui possédoient encore quelque partie de l'Espagne, & puis à A-riamire Roy de Galice, & celuy-ci prit sa défense si fort à cœur, qu'il envoya en France un Ambassadeur exprès au Roy de Bourgogne, pour le soliciter de protéger aussi ce Prince de toutes ses forces.

Leuvigilde qui apprehendoit fort une telle Ligue, tâchoit par toutes sortes de moyens d'entretenir Chilperic dans son parti. C'estoit celuy qu'il craignoit le plus; parce qu'il estoit plus guerrier que le Roy de Bourgogne, & que Childebert estoit encore tout jeune. Il luy envoya plusieurs fois des Ambassadeurs sur ce sujet, & pour se l'attacher davantage, il luy demanda la Princesse Rigunthe sa fille en mariage pour son second fils le Prince Recarede. Chilperic affecta de faire beaucoup de difficultez sur cette proposition, à cause de la maniére dont sa niéce Ingonde avoit esté traitée par la Reine Gosvinde. Mais enfin il y consentit, le mariage fut conclu, & dans cet intervalle Chilperic se déclara si hautement pour le Roy d'Espagne, qu'il arresta les Ambassadeurs du Roy de Galice, lorsqu'ils passoient sur ses Terres pour aller de la part de leur Maistre trouver le Roy de Bourgogne, & rompit par là toutes les mesures d'Hermenigilde, qui succomba & fut pris par son pere & mis en prison. Cap. 43.

Mais cette année-là mesme fut fatale à Chilperic: il vit mourir ce fils dont j'ay parlé, & dont la naissance luy avoit causé tant de joye; la réunion subite du Roy d'Austrasie avec celuy de Bourgogne & la guerre qu'ils luy déclarérent de concert le mirent dans le mesme danger où il avoit mis le Roy de Bourgogne l'année d'auparavant; il fut obligé à se tenir sur la défensive, à se retirer avec tous ses trésors à Cambray; il ordonna à tous ses Comtes & à tous ses Ducs d'en faire autant chacun dans leurs places; il se montra seulement de temps en temps à la teste d'une armée, luy fit faire divers mouvemens sans rien entreprendre, & se cantonna sur ses Terres, luy qui jusqu'alors avoit presque toûjours esté l'assaillant.

Enfin ces fâcheux revers furent comme les avant-coureurs de sa mort funeste. Il estoit venu à Chelles Maison de plaisance où il alloit souvent. Un soir au retour de la Chasse comme il descendoit de cheval, s'appuyant de la main sur l'épaule d'un de ses Courtisans, un assassin qui s'estoit meslé dans la troupe, luy donna deux coups de poignard, l'un sous une des aisselles, & l'autre dans le ventre, dont il expira sur le champ, sans qu'on pust arrester ce scélérat qui se sauva à la faveur des ténébres, & qui seul auroit pû pressé par la rigueur des tourmens découvrir l'auteur de cet attentat.

Gregoire de Tours ou ne le sçavoit pas, ou n'a osé le dire dans son Histoire. On en chargea dans la suite la Reine d'Austrasie; mais ce fut dans le temps de son malheur, où l'on entreprenoit de la rendre responsable de tout ce qui s'estoit fait de mal dans les trois Royaumes de France, & où on luy imposa alors plusieurs crimes dont asseurément elle estoit très-innocente. Fredegaire qui écrivoit quelque temps après

après Gregoire de Tours, a suivi ce sentiment, & il dit expressément que ce fut un nommé Faucon envoyé par Brunehaut, qui assassina Chilperic. Il n'y avoit rien en cela qui fust trop contre la vray-semblance. Ce Roy passoit constamment pour avoir esté l'auteur de la mort de sa femme la Reine Galsuine sœur de Brunehaut. Frédégonde femme de Chilperic avoit fait assassiner le Roy d'Austrasie mari de Brunehaut. Actuellement Chilperic estoit en guerre avec Childebert fils de cette Reine. Leur haine mutuelle estoit publique & paroissoit irréconciliable. Il n'en faut pas tant pour donner cours à un bruit de cette nature.

Gesta Reg. Franc. c. 35.

L'Auteur du Livre intitulé *Les faits des Rois de France* attribuë ce crime à Frédégonde mesme, & circonstancie ainsi ce fait. Le Roy, dit-il, estant à Chelles sur le point de monter à cheval pour aller à la Chasse du costé de Paris, entra dans l'appartement de la Reine, où il la trouva se lavant le visage. Il luy donna par derriere en badinant, un petit coup d'une baguette qu'il avoit à la main. Elle pensant que c'estoit un Seigneur de la Cour nommé Landri, qui depuis quelque temps estoit fort libre avec elle, répondit à cette caresse d'une maniere, qui fit comprendre au Roy jusqu'à quel point alloit cette familiarité. Il se retira brusquement en laissant assez appercevoir sur son visage à Frédégonde l'impression que cette parole avoit fait sur son esprit. Le Roy ne fut pas plustost parti pour la Chasse qu'elle fait venir Landri, & luy expose ce qui venoit d'arriver, & le danger où ils estoient, l'un & l'autre. Le parti qu'ils prirent fut de prévenir le Roy, & de le faire périr avant qu'il pust les faire périr luy-mesme; & aussi-tost ils donnerent le soin de l'éxécution à ce scélerat qui s'en acquitta de la maniere que j'ay dite. Des gens apostez par Frédégonde publierent que cet assassin avoit esté envoyé par Childebert Roy d'Austrasie, qui s'estoit un peu auparavant ligué avec le Roy de Bourgogne contre luy. C'est ainsi que l'Auteur que j'ay cité raconte la chose.

C'est là un de ces faits dont la vérité n'a jamais esté parfaitement éclaircie: mais il n'est pas difficile de justifier la Providence à cet égard, après la patience avec laquelle elle avoit si long-temps souffert les désordres & les crimes de ce Prince. L'Evêque de Tours dit nettement que ce fut le Neron * & l'Herode de son temps. C'est par la cruauté qu'il prétend que Chilperic ressembloit à ces Princes, & fut tout au second, à cause du carnage qu'il fit dans sa Famille, en faisant perir deux de ses propres enfans: mais ce vice estoit peut-estre moins de son fond, que l'effet de l'ascendant qu'il avoit laissé prendre sur son esprit à Frédégonde, qui le gouvernoit absolument & le faisoit servir à toutes ses passions. Ses vices propres furent une ambition démésurée qui mit toute la France en combustion, un cœur impitoyable envers ses peuples qu'il accabla d'impôts, & qu'il épuisa, aimant l'argent & les meubles précieux, & affectant beaucoup de magnificence, une incontinence extrême, au

Nero nostri temporis & Herodes.

L. 6. c. 46.

moins jusqu'au temps que Frédégonde ayant esté déclarée Reine, sembla fixer sa passion, qui auparavant n'avoit point de bornes, une impieté scandaleuse, excepté lors que la crainte d'irriter contre luy S. Martin, le portoit jusqu'à la superstition. Son plus grand plaisir estoit de railler les Evêques, d'en médire & de se déchaîner contre leur trop grande puissance, ne pouvant souffrir qu'on fist aucune largesse aux Eglises, vain & présomptueux à l'excés il se disoit sans façon le plus sage Prince de son temps. Il entreprenoit de juger des affaires de Religion; & un jour à l'occasion des disputes de l'Arianisme il concerta un Edit, par lequel il ordonnoit que désormais en parlant de Dieu, on ne se serviroit plus du terme de Trinité ni de celuy de personnes, mais seulement de celuy de Dieu, disant que les noms de personnes dont on use en parlant des hommes, estoit indigne de Dieu: & cet Edit eust esté publié, si l'Evêque de Tours & Salvius Evêque d'Albi ne luy eussent fait là-dessus de fortes remontrances. Il se piquoit beaucoup d'esprit & de politesse. Il composa deux ou trois Volumes, où entre autres ouvrages il y avoit de fort méchans Vers, ainsi que nous en asseûre le mesme Evesque de Tours, & qui devoient estre bien méchans, s'ils estoient pires que les Vers qu'on estimoit beaucoup en ce temps-là, comme ceux de Fortunat & de quelques autres. Il ajoûta quatre lettres à l'Alphabet Gaulois, & ordonna dans toutes les Provinces non seulement de les inserer dans les livres où l'on apprenoit à lire aux enfans; mais encore d'effacer avec de la pierreponce les endroits des anciens livres où ces lettres eussent dû avoir place, si elles avoient esté inventées lors qu'on les avoit écrits, & de les corriger suivant cette sorte d'ortographe. Cette Ordonnance selon toutes les apparences n'eut pas d'éxécution. *

Ibid.

L. 5. c. 45.

On examinera dans une Dissertation particuliere ce que c'estoit que ces lettres ajoûtées à l'Alphabet. Fortunat. l. 9. Carm li. 2. 3.

C'est là le portrait que l'Evêque de Tours nous a laissé de Chilperic. L'Eloge qu'en fait celuy de Poitiers dans quelques Piéces de Vers qu'il adresse à ce Prince mesme, est si général & si vague, que l'idée qu'en donne le Poëte, ne suffit pas pour détruire celle qu'en donne l'Historien. Il n'eut pas plustost expiré que toute la Cour partit de Chelles, & le corps de ce malheureux Prince demeura là abandonné, sans que personne songeast seulement à l'enseveler. Le seul Malulphe Evêque de Senlis touché de compassion luy rendit ce dernier devoir, & après avoir prié Dieu auprés de luy toute la nuit, le fit transporter dans un batteau, & conduire par eau jusqu'à Paris, où il fut enterré au Fauxbourg dans l'Eglise de saint Vincent aujourd'huy saint Germain des Prez.

Si la mort de Chilperic fut le crime de Frédégonde, il fallut qu'elle le jugeast absolument nécessaire à sa propre seûreté, veû l'estat où cette mort la reduisoit. Elle estoit en horreur à ses Sujets pour ses cruautez, pour son avarice, & ses violences; en éxécration au Roy & à la Reine d'Austrasie qui regardoient dans sa personne, l'un la meurtriere de son pere, & l'autre de son mari & de sa sœur, de la qu'elle elle avoit envahi la place sur le trône, haïe ou du moins appréhendée du Roy de Bourgogne, qui ayant veu dans l'assassinat de deux Rois ses freres violer le caractére sacré de la Royauté si respecté de tout temps par les François, lors mesme qu'ils estoient encore barbares, estoit dans une continuelle inquiétude qu'il ne dissimuloit pas, peu asseûrée de la bonne volonté des Grands qui l'avoient toûjours servie beaucoup plus par crainte que par affection, n'ayant pour toute ressource & pour tout soûtien de sa fortune chancelante qu'un fils de quatre mois : telle estoit la situation où se trouva Frédégonde aprés la mort de Chilperic.

Gregor. Turon. l.7. c. 4.

Estant venuë de Chelles à Paris, elle implora la protection de Ragnemode Evesque de cette Ville. Il la receût dans sa Cathédrale comme dans un refuge contre ce qu'elle pouvoit appréhender soit du peuple, soit des deux Rois, & elle y mit en seûreté tous les trésors qu'elle avoit amassez & qu'elle tenoit en reserve depuis long-temps dans cette Capitale. Il n'en arriva pas ainsi des autres trésors que le feu Roy avoit amassez à Chelles : car si-tost que ceux qui en avoient la garde le virent mort, ils les enlevérent & les portérent au Roy d'Austrasie qui se trouva alors à Meaux. Parmi les piéces précieuses de ce trésor estoit ce beau bassin d'or enrichi de pierreries, dont j'ai parlé, que Chilperic prenoit plaisir à montrer pour faire paroistre sa magnificence.

Mais l'embarras de Frédégonde dans son azile estoit sur les mesures qu'elle avoit à prendre pour en sortir, pour se ménager une retraite seûre & honorable, & pour conserver à son fils, s'il y avoit moyen, au moins une partie du Royaume de son pere : car elle s'attendoit bien que le Roy de Bourgogne & celuy d'Austrasie seroient bien-tost à Paris avec leurs armées, pour se saisir de la partie de cette Ville qui avoit appartenu à Chilperic, & pour s'emparer ensuite de tout le reste du Royaume.

Gregor. Turon. l.7. c. 5.

Elle consulta ceux qui l'avoient suivie dans cette révolution subite de sa fortune, pour déliberer sur ce qu'il y avoit à faire. On convint qu'il n'y avoit pour elle nulle seûreté à traiter avec le Roy ni avec la Reine d'Austrasie, dont la haine irréconciliable ne luy permettoit pas d'espérer rien de favorable, & l'on résolut de se jetter entre les bras du Roy de Bourgogne dont on connoissoit la bonté & la douceur, & qui n'avoit pas de si violens motifs de haine contre la Maison de Chilperic.

Frédégonde envoya donc promptement vers ce Prince quelques-uns de ceux à qui elle se fioit le plus. Ils luy firent un détail touchant la mort déplorable de leur Roy, & luy dirent, Seigneur, nous venons de la part de la Reine vous offrir le Royaume qui n'a plus de Maître ; elle vous prie de venir à Paris, afin qu'elle puisse remettre entre vos bras un petit Prince de quatre mois qu'elle n'ose confier à d'autre ; pour elle, elle ne songe plus à régner, mais seulement à se mettre au nombre de vos Sujets.

Le Roy de Bourgogne touché de ce discours, ne put s'empescher de verser des larmes. Il renvoya les Ambassadeurs avec de bonnes espérances, & leur dit qu'il les suivroit incessamment à la teste de son Armée. Il arriva en effet bien-tost aprés eux à Paris où il fut receû, & dans le moment qu'il y entroit, le Roy d'Austrasie se présenta de l'autre costé de la Ville pour y entrer aussi. Mais Frédégonde par ses Emissaires avoit tellement tourné l'esprit des Parisiens, qu'ils luy fermérent les Portes, & ne voulurent point luy en permettre l'entrée. *Ibid.*

Jamais cette Reine ne fit plus d'usage de son esprit & de son adresse qu'en cette occasion. Elle sçut si bien gagner le Roy de Bourgogne, & luy fit si bien comprendre qu'il estoit de sa clémence, de son honneur & de son avantage de se déclarer protecteur du petit Prince qui avoit recours à luy comme au seul qui pouvoit & qui devoit luy tenir lieu de pere, qu'elle le mit entiérement dans ses intérests, & l'anima contre le Roy d'Austrasie jusqu'à le faire rompre ouvertement avec luy.

Childebert se voyant exclus de Paris, avoit seulement obtenu que quelques-uns de ses Ministres entrassent pour aller de sa part trouver le Roy de Bourgogne ; mais ils en furent trèsmal receûs. Cela ne les empescha pas de luy représenter les injures & les insultes que luy & le Roy d'Austrasie avoient si souvent receûës de Chilperic, & comment ce Prince faisoit tout de hauteur sans avoir nul égard au droit & à la justice. Souvenez-vous, Seigneur, ajoûterent-ils, des marques de tendresse que vous donnastes au Roy nostre Maistre aprés la mort funeste du Roy son pere, de tant de Traitez que vous avez faits depuis avec luy, & de celuy que vous avez encore signé cette année, par lequel vous vous estes réciproquement engagez à ne vous séparer jamais l'un de l'autre. *Cap. 6.*

A cette dernière parole le Roy de Bourgogne les regardant d'un œil plein d'indignation : Vous estes, leur dit-il, des misérables & des perfides, & tirant en mesme temps des papiers que Frédégonde luy avoit mis en main : Voyez, continua-t-il, & reconnoissez ses signatures ; (c'estoit l'original d'un Traité qu'ils avoient signé tout récemment avec Chilperic, pour renverser le Roy de Bourgogne de son Trône, & partager ses Etats entre les deux Rois,) & aprés cela vous avez le front de me demander que je me déclare en faveur de mon neveu dont vous séduisez la jeunesse, & que vous avez rendu mon ennemi.

Les Ambassadeurs tout confus, & n'ayant rien à alléguer pour justifier leur propre conduite, ne laissérent pas de luy repliquer, que quand il croiroit le Roy leur Maistre indigne de sa bien-veillance & de ses faveurs, il ne pouvoit au moins se dispenser de luy faire justice sur ses prétentions légitimes : Que représentant le feu Roy son pere, il devoit avoir part à la succession de son oncle le Roy Caribert, que par ce titre il avoit droit à une partie de Paris & à plusieurs autres Places, dont on s'estoit déja saisi contre toutes sortes d'équité. *Ibid.*

GONTRAN. CHILDEBERT. CLOTAIRE.

» Je sçay, reprit le Roy de Bourgogne, ce que
» la justice me permet là-dessus, & je veux bien
» vous en rendre compte. Souvenez-vous que
» dans le partage qui fut fait entre mes deux fre-
» res & moy, nous fîmes un serment, & mîmes
» une condition qu'il n'y avoit qu'à bien garder
» pour établir entre nous une Paix parfaite, ainsi
» que je le souhaitois; nous jurâmes qu'aucun de
» nous n'entreroit dans Paris sans le consente-
» ment des deux autres ; nous prîmes à témoin
» les saints Martyrs Polieucte, Hilaire & Martin,
» & nous les fîmes garants de ce Traité : Mon
» frere le feu Roy d'Austrasie le viola le premier
» en cet article, & je crains fort que sa mort fu-
» neste n'ait esté la punition de son parjure. Chil-
» peric l'imita depuis dans cette mesme faute, &
» le Ciel s'en est vengé d'une maniere toute sem-
» blable. Par le Traité toute la succession de mon
» frere le Roy Caribert m'est dévoluë : car ou-
» tre le serment que nous avions fait, la peine de
» celuy qui le violeroit estoit que par la seule in-
» fraction il seroit privé de tout droit sur la suc-
» cession. Ils estoient donc décheus de ce droit
» l'un & l'autre, & la succession n'appartient à
» personne qu'à moy, & je trouveray moyen de
» la bien garder. Après avoir parlé de la sorte il
commanda aux Ambassadeurs de se retirer &
d'aller porter sa réponse à leur Maistre.

Cap. 7.

A peine ces Ambassadeurs eurent-ils rendu
compte au Roy d'Austrasie du mauvais succès
de leur négociation, qu'il en renvoya d'autres.
Ils obtinrent encore une Audiance, où ils ne
firent qu'invectiver contre Fredegonde, & leur
conclusion fut que la cause de cette méchante femme devoit estre separée de celle de son
fils ; que le Roy de Bourgogne estoit loüable de
la générosité qu'il faisoit paroistre en prenant
la protection de ce jeune Prince ; mais qu'il é-
toit de sa justice d'abandonner un monstre tel
que Fredegonde aux supplices qu'elle meritoit;
que leur Maistre le conjuroit d'avoir égard aux
justes ressentimens que devoit produire la mort
d'un pere, celles d'une tante, d'un oncle, de
deux cousins germains que cette barbare avoit
fait perir, & qu'il esperoit qu'on la luy livreroit, pour exercer sur elle la vengeance que
tant & de si horribles crimes meritoient.

Le Roy de Bourgogne ne fit point d'autre réponse à cette vehemente déclamation, sinon
qu'il ne croyoit pas qu'il luy convinst dans les
conjonctures présentes d'agir en maistre absolu; qu'il avoit un Conseil composé en partie
de ses Ministres & en partie de ceux du jeune
Prince, qu'asseurément une telle proposition
n'y seroit pas bien receuë, & qu'il falloit remettre à un autre temps la discussion de toutes ces
accusations.

Cette conduite du Roy de Bourgogne, qui
non seulement prenoit hautement la défense
de Fredegonde, mais encore s'étudioit à luy
donner & en public & en particulier tant de
marques de consideration, fit un grand effet
sur l'esprit des François en faveur de cette Princesse. Les Seigneurs du Royaume & entre autres un nommé Ansoualde qui estoit un des
plus considerables, vinrent se rendre auprès

Ibid.
L. 7, c. 7.

Tome I.

d'elle & de son fils & grossir leur Cour. Le Roy
de Bourgogne donna dès-lors le nom de Clotaire au jeune Prince, mesme avant qu'il fust
baptisé. On fit prester en son nom & au nom
de Gontran le serment de fidelité par toutes
les Villes du Domaine de Chilperic. On songea à soulager les peuples, & sur les plaintes
que plusieurs particuliers firent des dommages
qu'ils avoient soufferts sous le Régne précédent par l'injustice de quelques Officiers de la
Cour qui abusoient de l'autorité Royale, on
les dédommagea en leur faisant restituer les
biens qu'on leur avoit injustement enlevez. Les
Eglises rentrérent en possession des droits & des
biens dont on les avoit dépoüillées. Enfin la liberalité de Gontran, sa bonté, sa douceur, sa
charité envers les pauvres, luy firent donner
mille bénédictions.

An. 584.

Cela n'empeschoit pas qu'il ne fust toûjours
sur ses gardes, sçachant qu'il y avoit à la Cour
bien des gens dont il devoit se défier. Il ne paroissoit jamais en public, & n'alloit ni à la promenade ni à l'Eglise sans estre accompagné de
Gardes bien armez, & un jour durant l'Office divin après que le Diacre eut fait faire silence, & averti le peuple qu'on alloit commencer la Messe, il harangua toute l'Assemblée. Il
représenta l'application qu'il apportoit au reglement & au soulagement du Royaume; qu'il
n'avoit en veuë que le bien public; qu'il n'a-
voit point d'enfans, mais seulement ses neveux
qu'il avoit adoptez pour en faire ses successeurs ; qu'il ne prenoit le Gouvernement du
Royaume de son neveu Clotaire que pour quelques années, afin d'y rétablir l'ordre & l'usage
des Loix ; qu'il esperoit que pendant ce temps-
là il y trouveroit de la fidelité & de la seûreté
pour sa personne ; que les parricides commis
dans celle de ses deux freres seroient pour luy
de grands sujets d'inquietude, s'il n'estoit bien
persuadé que tout le monde en avoit horreur ;
& qu'enfin ils devoient juger par tout ce qu'il
avoit fait jusqu'à présent, que le bonheur de la
France estoit attaché à la conservation de sa
propre personne, & qu'il leur demandoit leur
affection.

Cette harangue fut suivie de l'applaudissement & des acclamations de tous ceux qui l'entendirent, & tout le peuple comme de concert commença à faire des vœux & à prier
Dieu tout haut pour la conservation du Prince.

Ibid.
Cap. 8.

Cependant il avoit envoyé plusieurs de ses
Comtes en diverses Provinces, non seulement
pour s'asseûrer des Places qui avoient esté possedées par Chilperic, mais encore de toutes celles que le Roy d'Austrasie Sigebert avoit euës
de la succession du Roy Caribert, car estant
pour la plufpart éloignées de l'Austrasie & enclavées dans les deux autres Royaumes François, elles ne pouvoient estre secouruës par les
Austrasiens.

Les Tourangeaux & les Poitevins qui avoient
eu pendant quelque temps Sigebert pour Maitre, avoient une extrême envie de se remettre
sous la domination de son fils Childebert : mais
le Roy de Bourgogne sur l'avis qu'il eut des me-

O ij

fures que la Ville de Tours prenoit pour cela, fit marcher promptement les Milices du Berri de ce costé-là, pour y faire le dégast.

Cap. 12. Les Tourangeaux fautes de forces capables d'empescher la ruine entiére de leur païs, se soûmirent & envoyerent témoigner au Roy d'Austrasie le regret qu'ils avoient de se voir contraints de s'abandonner à un autre Maistre; mais qu'ils estoient obligez de subir pour un temps la Loy du plus fort.

Gararic un des Ducs ou Généraux du Roy d'Austrasie s'estoit saisi de Limoge au nom de ce Prince aussi-tost après la mort de Chilperic, & de là estant venu à Poitiers il y avoit esté reçû avec joye des Habitans : comme il avoit eu avis que Tours songeoit aussi à se soumettre à Childebert, il avoit envoyé un de ses Officiers pour conserver les Bourgeois dans leur bonne volonté ; mais il trouva la Ville renduë au Général de Bourgogne ; & Gregoire de Tours qui sçavoit l'état des choses, écrivit en mesme temps à l'Evêque de Poitiers & aux Habitans, qu'il leur conseilloit de prendre le parti que les Tourangeaux avoient pris, de ceder à la force; que leur résistance attireroit le ravage de la Province ; que cette querelle entre l'oncle & le neveu ne seroit pas d'une longue durée, & que le Roy de Bourgogne estoit regardé comme le pere & le tuteur de ses deux neveux, & comme le Chef de tout l'Empire François, presque comme Clotaire I. l'avoit esté après la mort de tous ses freres.

Cap. 13. Ils ne suivirent pas ce conseil retenus par l'autorité de Gararic, qui après les avoir fortifiez dans la résolution de demeurer attachez au Roy d'Austrasie, partit pour aller assembler quelques Troupes à dessein de venir les soûtenir. Il laissa pour commander dans la Place le Chambellan de Childebert nommé Evron * ; * Eberonem. mais le Comte d'Orleans qui s'estoit rendu maistre de Tours, ayant fait avancer en Poitou son Armée composée des Troupes du Berri & de Touraine, n'eut pas plustost fait mettre le feu à quelques maisons des Fauxbourgs de Poitiers, que des Députez vinrent le trouver, & le prierent de sursëoir ces exécutions militaires, jusqu'à ce qu'on sçût le résultat d'une nouvelle conférence que le Roy d'Austrasie estoit sur le point d'avoir avec le Roy de Bourgogne. Le Comte ayant répondu qu'il avoit ordre d'obliger la Ville à se soumettre par quelque moyen que ce fust, & qu'il l'alloit exécuter; il fallut capituler sans délay, & se rendre : les gens du Roy d'Austrasie furent obligez de se retirer, & les Bourgeois firent au Roy de Bourgogne le serment de fidélité qu'ils ne garderent pas long-temps.

Cap. 14. Il y eut en effet, nonobstant toutes ces hostilitez, encore une conférence à Paris entre le Roy de Bourgogne & les Ministres d'Austrasie, qui estant fort désagréables à ce Prince, *An. 584.* ne firent rien autre chose que de l'aigrir de plus en plus. Il reçut fort mal le compliment de l'Evêque de Reims, auquel il ne répondit que par des reproches de son peu de sincérité, de ses parjures & des violences qu'il avoit fait exer-

cer sur ses Sujets. Ce qui obligea ce Prélat à se taire & à laisser parler ses autres Collégues. Ils firent encore les mesmes propositions qu'ils avoient faites l'autre fois touchant la restitution des Places, dont le feu Roy d'Austrasie Sigebert avoit esté mis en possession après la mort de Caribert, & demanderent de nouveau qu'on leur livrast Frédégonde.

Sur le premier article le Roy de Bourgogne répondit comme la première fois, que ces Places luy appartenoient par le Traité passé entre luy & ses freres après la mort de Caribert : Et sur ce qui concernoit Frédégonde, il ne leur dit rien autre chose, sinon qu'il ne la croyoit pas coupable de tous les crimes dont on l'accusoit, & qu'ayant un fils Roy, on ne pouvoit pas la livrer au Roy d'Austrasie.

Gontran-Boson ce Général Austrasien, dont j'ay parlé en racontant le triste sort du Prince Mérovée, estoit du nombre des Ambassadeurs. Il voulut s'approcher du Roy comme pour luy dire quelque chose à l'oreille. Le Roy le prévint, & luy dit tout en colére : je vous trouve bien hardi d'oser seulement paroistre devant moy, vous qui m'avez esté chercher un ennemi jusqu'à Constantinople, & qui l'avez fait venir en France exprés pour me faire la guerre. Il parloit d'un certain Gondebaud, dont je rapporteray bien-tost les avantures fort extraordinaires, & qui en effet estoit actuellement à la teste de quelques Troupes, & avoit fait soûlever plusieurs Villes en sa faveur contre le Roy de Bourgogne.

Boson défendit de reproche, & s'offrit au Roy de prouver son innocence dans un combat singulier contre quiconque il luy plairoit de nommer pour soûtenir cette accusation. Ensuite perdant le respect, il commença à railler sur ce sujet d'une manière qui fit rire l'Assemblée.

Un autre des Ambassadeurs encore plus insolent, ayant pris la parole & l'adressant au Roy, luy dit : Seigneur, nous perdons icy le temps ; vous estes déterminé à refuser la justice que le Roy nostre Maistre vous demande; nous nous en allons, en vous asseûrant que l'on sçait bien où sont encore les poignards qui ont percé le flanc de vos deux freres ; on les verra teints de vostre sang plustost que vous ne pensez, & aussi-tost il sortit avec les autres.

Cette brutale & horrible menace outra le Roy, & peu s'en fallut qu'il ne les fist massacrer ; mais il se contenta de les chasser avec infamie de son Palais. Ils furent poursuivis par le peuple, qui les chargea d'injures & de boüe, & qui les auroit mis en pièces s'ils n'avoient esté très-prompts à se retirer.

Il estoit impossible que toutes ces divisions & un changement de domination si subit & si tumultueux ne causast bien du désordre dans toute la France. Il y avoit eu quelques semaines auparavant une petite guerre entre les Or- *Cap. 7.* leanois joints à ceux du païs Blesois & à ceux de Chasteaudun : les premiers avoient esté les aggresseurs, & avoient ravagé tous les environs de cette Place. Les Habitans de Chasteaudun

GONTRAN. CHILDEBERT. CLOTAIRE.

ayant fait venir à leur secours ceux du païs Chartrain, avoient fait de sanglantes represailles sur leurs ennemis, & la querelle auroit eu plus de suite sans la prudence des Comtes ou Gouverneurs du païs qui se firent mediateurs, & accommoderent les differends.

Prétextat Evêque de Roüen prit aussi cette conjoncture pour revenir de son exil à son Evêché. Il vint se jetter aux pieds du Roy, pour le prier de faire faire la révision de son procès dans un Concile. Comme le Roy estoit sur le point de luy accorder ce qu'il luy demandoit, Frédégonde s'y opposa, disant qu'il avoit esté jugé canoniquement & condamné par quarante-cinq Evêques. Le Roy touché de compassion pour ce Prélat, qui estoit relégué depuis sept ans, & ne voulant pas aussi aller directement contre la décision des Evêques, demanda à l'Evêque de Paris qui se trouva présent, quel avoit esté le jugement du Concile ? l'Evêque répondit, que le Concile ne l'avoit point déposé, mais seulement mis en penitence; & que celle qu'il avoit faite avoit esté longue & rude. Sur cela le Roy luy accorda sa grace, le traita avec bonté, & le renvoya à son Evêché, où il estoit extrêmement souhaité; ce qui déplut fort à Frédégonde.

Cap. 16.

Elle reçut encore une nouvelle qui ne luy causa pas moins de chagrin; en voicy l'occasion. Chilperic quelques semaines avant sa mort avoit fait partir pour l'Espagne la Princesse Ringonthe sa fille, destinée au Prince Recarede. Il fallut le poids de l'autorité paternelle & Royale pour l'obliger à ce voyage; le souvenir de la persecution qu'on avoit fait en Espagne à sa tante Clotilde & à sa cousine germaine Ingonde, pour leur faire quitter leur Religion, luy estoit toûjours présent à l'esprit, & elle se regardoit comme une nouvelle victime qu'on immoloit encore aux interests de l'Etat; on luy donna une escorte de quatre mille hommes, à cause des divisions qu'il y avoit entre le Roy son pere & les Rois de Bourgogne & d'Austrasie, qui n'approuvoient point ce mariage. Cette marche ruina presque tout le païs par où elle se fit, la licence des Troupes estant alors extrême. Enfin la Princesse arriva à Toulouse où elle voulut séjourner quelques jours, différant tant qu'elle pouvoit de passer les Pyrenées.

L. 6. c. 45.

L. 7. c. 9.

Elle prit pour prétexte de son retardement le désordre de son Equipage; que les habits des gens de sa suite s'estoient la plufpart gastez dans la route, & qu'il falloit leur en faire faire d'autres, de peur que les Espagnols les voyant arriver si mal équipez, n'eussent pas l'idée qu'ils devroient avoir de la magnificence de la Nation. Ce fut pendant ce séjour à Toulouse qu'arriva la nouvelle de la mort de Chilperic. Cet accident fit suspendre le voyage, & rompit dans la suite le mariage mesme; mais il jetta la Princesse dans de grandes allarmes, & luy attira de fort mauvais traitemens.

Didier un des Généraux François que Chilperic avoit le plus employé dans les guerres qu'il avoit euës contre ses freres, commandoit en ce païs-là. Il estoit mécontent de Frédégonde, & il prit cette occasion de luy faire insulte dans la personne de la Princesse sa fille. Cette Reine qui aimoit éperduëment ses enfans, & qui vouloit adoucir par toutes sortes de moyens le chagrin que ce mariage causoit à la jeune Princesse, luy avoit en partant fait des présens magnifiques. Outre les sommes immenses d'or & d'argent monnoyé qu'elle luy donna, elle fit charger pour emmener avec elle, cinquante grands Chariots de nipes & de meubles très-précieux; de sorte que le Roy luy-mesme tout étonné crut qu'on avoit épuisé le Trésor Royal & enlevé les meubles de toutes ses Maisons; mais Frédégonde luy dit, qu'il n'y avoit rien là qu'il ne fust à elle; que c'estoit le fruit de son ménage & de ses épargnes, & qu'elle n'avoit touché ni au Trésor Royal ni aux meubles du Roy.

Le Duc Didier ayant donc appris la mort du Roy, entra dans Toulouse avec des Soldats, se saisit de tous les trésors de la Princesse, les fit renfermer dans une maison de la Ville, y mit le scellé & une bonne garde. Il fit régler la dépense qu'elle devoit faire par jour, qui fut très-modique, & toûjours sur le mesme pied jusqu'à ce qu'elle s'en retournast à Paris. Elle reçut bien-tost ordre d'y revenir de la part de sa mere & du Roy Gontran, contre qui ce Duc Didier & quelques autres esprits broüillons avoient depuis quelque temps tramé une très-dangereuse conspiration.

Cap. 9.

La dureté du Gouvernement de Chilperic, le peu de fermeté de celuy de Gontran, & la minorité du Roy d'Austrasie, avoient fait naistre la pensée à divers Seigneurs des trois Royaumes de se donner un nouveau Maistre pour le gouverner pluftost que pour en estre gouvernez. Le plus considérable des conjurez du Royaume de Chilperic estoit ce Duc Didier Gouverneur du païs de Toulouse; le fameux Duc Mummol estoit à la teste de ceux de Bourgogne, le Duc Boson se fit le Chef de ceux d'Austrasie de concert avec une partie du Conseil du jeune Roy, & par leurs intrigues un nouveau Roy parut en France lors qu'on y pensoit le moins.

C'estoit un homme qui prétendoit se faire reconnoistre pour fils du feu Roy Clotaire I. & par conséquent entrer au moins en partage du Royaume avec les autres Princes François. Il s'appelloit Gondebaud; ce n'estoit point un de ces fourbes, qui à la faveur de quelque ressemblance de visage ont eu quelquefois la hardiesse de s'attribuer la qualité de Prince, de quoy l'Histoire nous fournit des exemples en temps des exemples. Celuy dont je parle passoit assez constamment pour estre fils de Clotaire, & voici ses avantures.

Sa mere le fit très-bien élever, & luy laissa croistre sa chevelure, qu'elle luy entretenoit toûjours fort longue à la façon des enfans de la Maison Royale. Elle fut disgraciée; & après sa disgrace elle se retira dans le Royaume du Roy de Paris Childebert I. Un jour elle vint trouver ce Prince avec son fils, & luy dit en le

L. 6. c. 14.

O iij

HISTOIRE DE FRANCE.

luy préfentant : « Seigneur, voilà un enfant » qui a l'honneur d'eftre voftre neveu. J'ay eu le » malheur d'encourir la difgrace du Roy fon pe- » re, il en porte la peine, & ce Prince ne peut le » fouffrir. Je le mets fous voftre protection, c'eft » voftre fang, & vous ne pouvez le méconnoî- » tre. Childebert qui n'avoit point d'enfans le re- çut, le prit en amitié & le retint à fa Cour.

Clotaire que cette efpéce d'adoption n'accommodoit point, & qui avoit des veuës fur la fucceffion de Childebert en faveur de fes autres enfans, luy envoya faire de grandes plaintes fur ce qu'il regardoit comme fon neveu un enfant qui ne l'eftoit point, & il le preffa fi fort de le luy mettre entre les mains, qu'enfin il le luy envoya. Il ne fut pas pluftoft arrivé que Clotaire déclara qu'il n'eftoit point fon fils, & luy fit couper les cheveux, fans luy faire néanmoins d'autre mal.

ibid.

Après la mort de Clotaire il trouva encore accès auprès de Caribert Roy de Paris, qui n'ayant point non plus de fils, le reçut comme avoit fait Childebert, (ce qui marque au moins que les préfomptions eftoient grandes en faveur de cet enfant) mais Sigebert Roy d'Auftrafie & frere de Caribert, par le mefme intereft qui avoit fait agir Clotaire I. obtint à force de prières que fon frere le luy remift entre les mains; il luy fit de nouveau couper les cheveux, & le relégua à Cologne. Eftant devenu grand il s'échappa de cette Ville, fe retira en Italie auprès de Narfez qui y commandoit pour l'Empereur; il y laiffa croiftre fes cheveux, y reprit la qualité de fils du Roy de France, s'y maria, eut des enfans, & eftant de-là paffé à la Cour de Conftantinople, il y fut bien reçû, & s'y fit confidérer.

Plufieurs années fe pafferent, pendant lefquelles la France fut prefque toûjours troublée de guerres civiles, & par ces fanglantes tragédies qui défolerent les Familles Royales d'Auftrafie & de Soiffons. Vers l'an 581. le jeune Roy d'Auftrafie Childebert ayant rompu avec le Roy de Bourgogne, luy débaucha Mummol, qu'il fit Gouverneur d'Avignon. Ce fut là que ce Duc concerta avec Gontran-Bofon & avec le Duc Didier d'engager Gondebaud à venir de Conftantinople en France, & à faire valoir fes prétentions fur la fucceffion du feu Roy Clotaire.

Vers l'An 581.
Cap. 1.
L. 7. c. 9.

Bofon fe chargea d'aller faire à Conftantinople cette propofition à Gondebaud, qui l'écouta. Car l'éclat d'une Couronne brille toûjours d'une maniére dont on fe laiffe volontiers ébloüir. Il renvoya Bofon avec affeûrance de le fuivre bien-toft, & après avoir amaffé tout ce qu'il put d'argent, s'embarqua & vint prendre terre à Marfeille. L'Evêque Théodore l'y reçut, l'y logea, & luy fournit des chevaux pour aller joindre le Duc Mummol à Avignon.

l. 6. c. 16.

Cap. 24.

ibid.

Le Duc Bofon le plus grand fourbe qui fut jamais, & qui dans noftre Hiftoire, où il eft fouvent fait mention de luy, paroift toûjours avec ce caractére, tenté à la veuë de la prodigieufe quantité d'or & d'argent que Gondebaud avoit laiffée à Marfeille, le trahit; il fit arrefter l'Evêque comme un criminel d'Etat, qui avoit introduit dans le Royaume un Etranger venu, difoit-il, en France pour y broüiller en faveur de l'Empereur de Conftantinople. L'Evêque furpris de cette conduite, protefta qu'il n'avoit rien fait en cela que par l'ordre de ceux aufquels il devoit obéir, & produifit pour fa juftification une Lettre fignée des plus confidérables du Confeil du Roy d'Auftrafie, qui l'autorifoient à faire tout ce qu'il avoit fait. Bofon fans s'embarraffer de tout cela partagea avec le Gouverneur de Marfeille le tréfor de Gondebaud. Celuy-ci fort confterné de cette trahifon, fe retira dans une des Ifles qui font proche de Marfeille, pour voir de là quel tour les chofes prendroient, s'il y auroit lieu de pourfuivre fon entreprife, ou s'il s'en retourneroit à Conftantinople.

Le Duc Bofon après cette perfidie, partit pour la Ville d'Auvergne où eftoit le Roy d'Auftrafie, dont il eftoit Sujet. Ce Prince fembloit ne point entrer dans toutes ces affaires, & délibéroit cependant avec fon Confeil de l'ufage qu'on pourroit faire de Gondebaud contre le Roy de Bourgogne; car ces deux Rois continuoient d'eftre mal enfemble : mais il ne fçavoit pas qu'une partie de ceux de fon Confeil le trahiffoit luy-mefme, & penfoit à mettre Gondebaud en fa place. Bofon reprit quelque temps après le chemin de Provence : ce qui ayant efté fçû du Roy de Bourgogne, il luy fit dreffer une embufcade fur le chemin, dans laquelle il tomba, & fut pris avec fa femme & fes enfans.

Cap. 16.
An. 583.

Le Roy de Bourgogne l'ayant fait venir en fa préfence, luy dit qu'il n'avoit qu'à fe préparer à fubir la peine que fes crimes méritoient; qu'il eftoit très-bien informé de tout; que c'étoit luy qui avoit fait venir Gondebaud en France pour troubler fon Royaume; que c'étoit le motif du voyage qu'il avoit fait deux ans auparavant à Conftantinople, & qu'il luy en coûteroit la tefte. Le Duc nia tout, fe défendit par la conduite qu'il avoit tenuë à l'égard de Gondebaud & de l'Evêque Théodore qu'il avoit luy-même arrêté & livré au Gouverneur de Marfeille, pour avoir reçû cet Etranger; que c'eftoit le Duc Mummol qui eftoit feul coupable de toute cette intrigue; que pour luy il n'y avoit eu nulle part.

Toutes ces raifons & toutes ces défenfes ne l'auroient pas fauvé, s'il n'euft fait au Roy de Bourgogne une autre propofition, qui fut de s'engager à luy mettre entre les mains le Duc Mummol : « Seigneur, luy dit-il, c'eft voftre » Sujet que vous avez comblé de biens & d'honneurs, & qui par la plus noire des ingratitudes » s'eft jetté dans le parti de vos ennemis. Je me » fais fort de vous le livrer; retenez mon fils auprès de vous pour gage de ma parole & de la » fidélité que je prétens avoir à vous fervir en » cette occafion. «

Le Roy qui haïffoit & craignoit Mummol beaucoup plus que Bofon, écouta cette propofition, & après avoir concerté les moyens dont il faudroit fe fervir pour éxécuter ce deffein.

il le laissa aller en retenant son fils en ôtage. Boson pour mieux couvrir sa trahison ne prit avec luy que des Auvergnacs & quelques Soldats du Velay tous Sujets du Roy d'Austrasie, sous la protection duquel Mummol s'estoit mis, & il s'avança avec eux jusqu'au bord du Rhône à l'opposite d'Avignon.

Mummol qui avoit eu avis où qui se doutoit de cette trahison, tendit un autre piége à son ennemi. Il fit attacher au rivage du Rhône plusieurs batteaux, dont les planches de la plûpart qui paroissoient fort bien jointes, n'étoient cependant attachées les unes aux autres que par des chevilles très-foibles. Boson y entra avec ses gens; mais le mouvement & la rapidité du Fleuve & le poids de la charge faisant incontinent entr'ouvrir le fonds & les costez des batteaux, ils coulerent à fonds : plusieurs des gens de Boson furent noyez, d'autres se sauverent à la nage, le batteau seul qui le portoit luy-mesme se trouva plus fort, & il arriva à l'autre bord avec ceux qu'il avoit avec luy.

Boson s'estant approché de la Ville, Mummol parut sur les murailles, & luy envoya demander s'il venoit comme ami ou comme ennemi. Il répondit qu'il n'avoit aucun mauvais dessein; mais qu'il le prioit de sortir, & qu'il avoit une affaire de conséquence à luy communiquer. Avignon est dans le conflans du Rhône & de la petite riviére de Sorgue. Mummol pour rendre la Ville plus inaccessible avoit fait creuser un fossé de communication entre ces deux riviéres, de sorte qu'Avignon estoit alors tout entouré d'eau. Ce fossé pouvoit se passer à cheval en plusieurs endroits; mais Mummol y avoit fait faire exprès d'espace en espace des fosses très-profondes : il parut à l'autre bord, & consentit que Boson passast avec un de ses gens. Ils entrerent tous deux dans le fossé ; mais ils n'eurent pas avancé trois pas, qu'ils tomberent dans une des fosses. Celuy que Boson menoit avec luy, chargé du poids de ses armes, enfonça d'abord, & ne parut plus. Boson eut assez de forces pour se soûtenir quelque temps sur l'eau, & donner le loisir à un autre de ses gens de venir à son secours, & de le tirer du péril. Après ces trahisons ainsi découvertes de part & d'autre, on ne parla plus de conférence, & on se retira en se disant beaucoup d'injures les uns aux autres.

Boson estant retourné à la Cour de Bourgogne, persuada au Roy de luy donner des troupes pour forcer Mummol dans Avignon : il l'y assiégea ; mais le Roy d'Austrasie ayant fait marcher promptement au secours un de ses Généraux, le Siège fut levé.

Tout cela arriva sur la fin du Régne de Chilperic, dont la mort, comme on l'a vû, broüilla extrémement le Roy d'Austrasie avec le Roy de Bourgogne & avec Frédégonde, & donna à celui-ci une grande supériorité. Cette mesintelligence fut cause du rétablissement des affaires de Gondebaud, & le remit sur la Scène : car les partisans qu'il avoit dans le Conseil d'Austrasie ayant fait entendre au jeune Roy, que Gondebaud avoit plusieurs intelligences dans le Royaume de Gontran & dans celui de Frédégonde, & que sa seule présence y susciteroit bien des affaires à l'un & à l'autre, il fut résolu qu'on luy donneroit des Troupes.

On le fit venir en Auvergne, & on le mit à la teste d'une Armée que Mummol commandoit sous luy. Il entra dans le Limosin, & s'y fit proclamer Roy à Brive-la-gaillarde, où selon la manière ordinaire des François, il fut élevé sur un Bouclier par les Soldats, qui luy firent faire trois fois le tour du Camp. On dit qu'à la troisiéme il tomba de dessus le Bouclier; ce qui fut regardé comme un sinistre présage. Le Poitou s'estant alors révolté contre le Roy de Bourgogne, Gondebaud marcha de ce côté-là; mais il apprit en chemin qu'il avoit esté prévenu; & que l'Armée de Bourgogne avoit soumis les rebelles. Il tourna donc du costé des autres Villes qui avoient esté du Royaume de Chilperic, & presque toutes luy ouvrirent leurs portes. Celles qui avoient esté autrefois du Royaume d'Austrasie, faisoient serment de fidélité au nom de Childebert, ainsi qu'on en estoit convenu; les autres au nom de Gondebaud mesme, qui se faisoit reconnoître comme légitime héritier de Chilperic. Entre plusieurs Places dont il prit possession, les plus considérables furent Angoulesme, Perigueux, Cahors, Bourdeaux, Toulouse, où quelques Seigneurs des plus puissans & plusieurs Evêques prirent ouvertement son parti, & parmi ceux-ci fut Sagittaire, cet Evêque de Gap que nous avons déja vû combattre dans l'Armée de France contre les Lombards, & qui avoit parole de Gondebaud & de Mummol, d'estre fait Evêque de Toulouse.

Ce nouveau Roy à qui les succès & la promptitude de ses conquestes faisoient croître les espérances, osa envoyer des Ambassadeurs au Roy de Bourgogne, pour luy proposer un accommodement, & luy demander la cession de toutes les Villes qui avoient esté du Royaume de Chilperic. Il leur fit donner des baguettes ou des cannes benites : c'estoit comme une espéce de sauve-garde inviolable en France, & qui donnoit entrée libre dans le païs ennemi à ceux qui les portoient. Ils eurent assez peu de discrétion pour s'ouvrir à d'autres sur le sujet de leur députation avant que d'avoir vû le Roy, qui en ayant esté averti, les fit surprendre lors qu'ils n'avoient pas en main leurs cannes benites, & se les fit amener chargez de chaînes. Ils luy avoüerent qu'ils avoient esté envoyez par Gondebaud, pour le sommer de luy remettre entre les mains la part qu'il prétendoit luy estre dûë du Royaume du feu Roy Clotaire son pere, & que si on ne luy donnoit la satisfaction qu'il demandoit, on le verroit bien-tost entrer dans le Royaume de Bourgogne avec une Armée, & que tout ce qu'il y avoit de plus braves gens & de meilleures Troupes au-delà de la Dordogne jusqu'aux Pyrenées s'estoient déclarées pour luy.

Le Roy de Bourgogne estoit informé de tout ce détail ; mais pour tirer d'eux de plus grandes lumières, il les fit appliquer à la question, dans laquelle ils confesserent que le sujet du voyage que Boson avoit fait à Constantinople quelque temps auparavant, avoit esté pour traiter avec Gondebaud, & que c'estoit luy qui l'avoit engagé à venir en France se mettre à la teste du parti que luy & quelques autres Ducs avoient formé; & qu'enfin il songeoit non seulement à se saisir du Royaume du feu Roy Chilperic, mais encore qu'il avoit des intelligences avec plusieurs Seigneurs d'Austrasie qui souhaitoient l'avoir pour Roy.

Ce dernier article de la déposition estoit le plus important, & le Roy de Bourgogne ne manqua pas d'en tirer avantage. Il écrivit à son neveu le jeune Roy d'Austrasie le conjurant de le venir trouver sans retardement, qu'il avoit des choses de la derniére conséquence à luy communiquer; qu'il n'eust aucun égard aux différens qu'ils avoient ensemble; qu'il se fiast à sa parole, & qu'il auroit tout sujet d'estre content de luy.

Le Roy d'Austrasie connoissant la bonté & la droiture de son oncle, ne fit nulle difficulté de l'aller trouver, & n'écouta point ceux qui pour des interests particuliers voulurent empécher cette entrevûë. Le Roy de Bourgogne luy exposa tout ce qu'il avoit appris, & voulut qu'il entendist de la propre bouche des prisonniers ce qu'il venoit de luy dire. On les fit comparoistre, ils confirmerent leur déposition, & ajoûterent mesme que cette conspiration estoit connuë à la plûpart des Seigneurs d'Austrasie. Aussi y en eut-il plusieurs, qui se doutans bien de quoy il s'agissoit, s'excuserent de suivre le Roy, dans la crainte d'estre arrestez.

Alors Gontran à la veuë de toute sa Cour renouvella à Childebert les protestations d'amitié qu'il luy avoit faites autrefois, luy mit en main son Javelot qui luy servoit de Sceptre, en l'asseûrant qu'il seroit son unique héritier, & qu'il luy faisoit dés maintenant donation de tout son Royaume à l'exclusion de tout autre, & que pour luy donner un témoignage effectif de sa bonne volonté, il luy cedoit en présence de tout le monde toutes les Places qui avoient esté du Royaume d'Austrasie du temps de Sigebert, & qu'il pouvoit quand il voudroit en aller prendre possession.

Ensuite il luy parla en particulier, & luy fit concevoir combien il estoit de son interest de demeurer toûjours bien uni avec luy; qu'on s'appliquoit à les broüiller ensemble, dans la seule veuë de les perdre tous deux: l'avertit qu'il avoit auprés de luy des Ministres qui le trahissoient; que l'Evêque de Reims estoit le plus dangereux de tous; que c'estoit un homme sans conscience & connu pour tel par le feu Roy Sigebert. Il luy marqua tous ceux dont il devoit se donner de garde; ceux qu'il devoit éloigner; ceux qu'il devoit approcher de sa personne, & mettre dans les principaux Emplois: Qu'il devoit se défier de la Reine Brunehaut sa mere autant que d'aucun autre; que cette femme ambitieuse, ennuyée de n'avoir point de part aux affaires, prenoit toutes les occasions qui se présentoient de broüiller; qu'elle entretenoit intelligence avec Gondebaud. Il le conjura de n'avoir aucun commerce avec cet homme ennemi de la Famille Royale: mais sur tout de tenir très-secret l'entretien qu'ils venoient d'avoir ensemble.

Ce jeune Prince estoit dans sa quinziéme année, déja capable de connoistre ses véritables interests, ayant beaucoup d'esprit & de sagesse; il reçût ces avis comme il devoit, & sçût en profiter.

Le Roy de Bourgogne aprés cet entretien le mena à son Armée, le fit voir à ses Soldats & à ses Généraux: » C'est là mon fils, leur dit-il, « qui n'est plus un enfant; c'est luy que je vous « destine pour Roy, j'entens que vous le regardiez désormais comme tel, & qu'un choix aussi « sage que celuy que je fais, mette fin aux inquiétudes & aux intrigues de certains esprits « broüillons qui ne me sont pas inconnus. Ils « passerent ainsi trois jours ensemble en festins & en divertissemens, aprés lesquels ils se separerent parfaitement contens l'un de l'autre.

Cette union de Gontran & de Childebert déconcerta fort les affaires de Gondebaud, qui ne pouvoit plus compter sur une diversion de la part des Austrasiens, ni sur les intrigues des Seigneurs de ce Royaume, ni mesme sur une grande partie de ses Troupes, qui luy ayant esté données par le Roy d'Austrasie, le quitterent quand ils eurent appris l'accommodement des deux Rois. Le Duc Didier qui l'avoit rendu maistre de Toulouse, abandonna son parti, & fit sa paix avec le Roy de Bourgogne, & ce Prince fit marcher aussi-tost une grande Armée vers la Garonne.

Sur la nouvelle de cette marche, Gondebaud qui estoit campé en deça de cette riviére, la passa avec ses Troupes pour s'approcher des Pyrenées, & se saisit de la Ville de Comminge, résolu d'y attendre l'ennemi, & d'y tenir ferme s'il entreprenoit de l'assiéger. Ce fut au commencement du Caresme de l'an 585. Cette Ville estoit forte par sa situation sur le sommet d'une montagne, & nullement commandée. On descendoit par un chemin creusé sous terre au dedans de la montagne, jusqu'à la riviére qui passoit au pied, sans qu'on pust empescher cette communication. Il remplit la Ville de vivres & de toutes sortes de munitions, & de tout ce qui estoit nécessaire pour faire une longue résistance.

Pour le tirer de là, ou du moins pour tâcher d'avoir quelques lumiéres sur ses desseins & sur ses intrigues, le Roy de Bourgogne fit contrefaire des Lettres, & les luy fit rendre comme venant de la Reine d'Austrasie. On luy conseilloit dans ces Lettres de séparer son Armée, de la mettre dans des Quartiers, & de venir luy-mesme prendre le sien à Bourdeaux.

Il reconnut apparemment le stratagême, & sans répondre, il persista dans la resolution qu'il avoit prise. Mais comme il appréhendoit que les vivres, quelque quantité qu'il en eust, ne vinssent à luy manquer avec le temps, si on s'obstinoit à l'assiéger ou à le bloquer dans cette Place, il convint avec l'Evêque d'en faire sortir

tir les Bourgeois, fous prétexte d'une Revuë, & dès qu'ils en furent dehors, il fit fermer les portes. Il se trouva dans les maisons des particuliers tant de bled & de vin, qu'avec ce qu'on y avoit fait entrer auparavant pour la subsistance de la Garnison, il y avoit de quoy soûtenir un Siége de plusieurs années.

Cependant l'Armée de Gontran qui s'estoit arrestée sur la riviére de Dordogne pour voir quelle route prendroit celle de Gondebaud, s'avança jusqu'à la Garonne. Le Duc Leudegisile qui la commandoit, & croyoit trouver les ennemis campez à l'autre bord, fut bien surpris de ne voir rien paroistre. Il fit passer quelque Cavalerie à la nage pour aller à la découverte; elle ne découvrit rien que des bagages, des chameaux & des chevaux chargez qui n'avoient pû suivre, & qu'on avoit abandonnez. Quantité d'argent qu'ils y trouverent parmi ces bagages estoit une marque de la précipitation, avec laquelle s'estoit fait cette retraite. On sçut donc que Gondebaud s'estoit jeté dans Comminge avec Sagittaire, autrefois Evêque de Gap, Mummol & quelques autres Seigneurs du Royaume de Chilperic. On fit de grands ravages du païs d'alentour, dont les habitans retirez dans les montagnes se vangeoient en tuant tous les Soldats qui s'écartoient du Camp, & enfin on forma le Siége de la Place.

Le Duc Leudegisile, qui prévoyoit de grandes difficultez dans ce Siége, usoit de toutes sortes d'artifices pour gagner la Garnison. Des Soldats par son ordre se coulant le long de la montagne, s'approchoient à couvert des retranchemens, & là disoient mille injures à Gondebaud, qu'ils appelloient Ballomer (c'estoit le nom qu'on luy donnoit dans Beaucoup) luy reprochoient qu'il estoit fils d'un misérable Artisan de la Cour de Clotaire, & l'insolence qu'il avoit de se dire Prince de la Famille Royale. Ils railloient de la simplicité de braves gens, d'exposer leur vie pour un fourbe & un avanturier, & les exhortoient à s'en défaire eux-mesmes au pluftost.

Gondebaud n'ayant point d'autre voye pour oster aux Soldats des deux partis, des impressions qui luy estoient si desavantageuses, entroit quelquefois luy-mesme en conversation avec ceux qui luy disoient ces injures, & leur racontoit toute son Histoire. Il leur disoit qu'il y avoit à la Cour grand nombre de personnes, qui pouvoient témoigner qu'il estoit fils du Roy Clotaire; que la Reine Radegonde qui vivoit encore dans le Monastére de Poitiers & Ingeltrude dans celuy de Tours, sçavoient la vérité de ce fait, & qu'on pouvoit les en croire; qu'il ne pensoit à rien moins qu'à revenir en France, lorsque le Duc Boson estoit venu exprès à Constantinople pour l'en soliciter, en luy disant que la Famille de Clovis estoit sur le point d'estre éteinte, que Caribert estoit mort sans enfans masles, que Gontran & Chilperic n'en avoient point non plus, que Sigebert Roy d'Austrasie avoit esté assassiné, & n'avoit laissé qu'un fils tout jeune & incapable de maintenir le Royaume dans la Famille de Clovis, au cas que ses oncles vinssent à manquer; qu'il avoit esté appellé par tous les Seigneurs d'Austrasie qui l'avoient reconnu pour fils de Clotaire; qu'il n'avoit suivi le Duc Boson en France, qu'après s'estre asseuré de tout ce qu'il luy disoit de la part des Seigneurs François, en luy faisant faire serment dans douze Eglises de Constantinople; que si le Roy de Bourgogne vouloit le reconnoistre pour son frere, il s'accommoderoit volontiers avec luy, & que si les François assemblez ordonnoient qu'il sortist du Royaume, il s'en retourneroit à Constantinople, & ne s'obstineroit pas à entretenir la guerre civile en France.

Mais le sort de Gondebaud dépendoit plus d'une vigoureuse résistance, que de ces Apologies. Il y avoit déja quinze jours que la Place estoit assiégée, pendant lesquels Leudegisile avoit fait avancer auprès des murailles les machines alors en usage pour les battre. Le peu qu'en dit ici nostre Historien, donne assez à entendre qu'elles estoient semblables à celles des Romains; que les François se servoient comme eux de Tortuës ou de Galleries couvertes pour faire joüer contre les murailles, cette longue & grosse poutre ferrée par le bout, à qui on avoit donné le nom de Belier, & qui par le moyen des cables où elle estoit suspenduë, estoit poussée contre la muraille pour la rompre & l'abbatre.

Leudegisile fit donc avancer ces machines, & après avoir comblé une partie du Fossé, commença à battre la muraille, mais avec peu de succès. Les assiégez ayant fait un amas de grosses pierres sur les remparts, en firent tomber une si grande quantité sur la Tortuë, qu'ils la rompirent; ils jetterent en mesme temps beaucoup de feux d'artifice qui y mirent le feu en divers endroits; de sorte que la nuit estant survenuë, les assiégeans furent obligez de se retirer après avoir inutilement perdu beaucoup de monde.

Le lendemain Leudegisile entreprit de combler avec des fascines un grand creux, qui servoit comme de fossé à la Ville du costé de l'Orient; mais ce travail ne luy réüssit pas non plus, & il fut encore obligé de quitter cette attaque: les ennemis paroissoient toûjours sur les murailles avec beaucoup de résolution, & entre autres l'Evêque de Gap ne les quittoit presque jamais; il estoit toûjours sous les armes, & se servoit de la fronde avec beaucoup d'adresse contre les assiégeans.

La force de la Place auroit fait échoüer cette entreprise & maintenu le parti de Gondebaud, s'il n'avoit point eu avec luy des traîtres; Le Duc Bladaste un de ceux qui s'estoient enfermez dans la Place déserta, & s'alla rendre au Camp de Leudegisile.

Il le fit de concert avec Mummol & les autres Seigneurs du mesme parti; car aussi-tost après ils firent entrer en cachette dans la Ville des gens du Camp, qui traiterent avec eux de la part de Leudegisile pour luy livrer Gondebaud, Sagittaire, Mummol & tous les plus considérables estoient de cette conspiration. Mummol le plus coupable de tous & le plus haï du Roy de Bourgogne, qui l'avoit autrefois comblé d'honneurs en le faisant Patrice ou Duc de Provence & Général de ses Armées, fit jurer Leudegisile qu'il employeroit tout son crédit pour luy obtenir sa grace, & qu'au cas qu'il ne pust pas en venir à bout, il luy procureroit une retraite. Après avoir pris cette précaution, il alla avec les autres trouver Gondebaud.

» » Vous sçavez, luy dit-il, combien nous
» avons eu jusqu'à présent d'attachement pour
» vostre personne & à vos intérets ; c'est avec
» le mesme zéle que nous vous donnons un
» conseil qui nous paroist le meilleur pour
» vous & pour nous dans les conjonctures où
» nous nous trouvons. Vous avez plusieurs fois
» souhaité d'avoir une entrevuë avec vostre frere
» le Roy de Bourgogne ; nous sçavons par le Général qui nous assiége que ce Prince ne veut
» pas vous perdre, nous croyons que vous devez
» vous accommoder avec luy, nous avons déja
» bien avancé cette négociation ; & nostre pensée est de rendre la Ville sans attendre à la derniere extrémité.

On peut juger de la consternation où une telle proposition mit Gondebaud ; il eut beau leur représenter que c'estoient eux qui l'avoient appellé en France ; qu'il s'estoit fié sur leur parole ; qu'il avoit attaché sa fortune à la leur ; & qu'il n'avoit pas eu plus d'envie de régner, que de les faire grands eux-mesmes, & de reconnoistre par ses libéralitez & ses récompenses, les services qu'ils luy auroient rendus. Ils luy répondirent que c'estoit une affaire concluë, & que les plus grands Seigneurs du Camp du Roy de Bourgogne l'attendoient à la porte de la Ville pour le recevoir ; qu'au reste ils luy juroient par tout ce qu'il y avoit de plus sacré, qu'on ne luy feroit aucun mal. Il fallut céder ; car il vit bien que les gens à qui il avoit affaire en viendroient à la violence. Comme il estoit sur le point de sortir de la Ville, Mummol eut la brutalité de luy redemander un fort beau baudrier en broderie d'or, & une très-belle épée dont il luy avoit fait présent luy-mesme, & que ce Prince portoit actuellement, & l'obligea à les luy rendre. Ils trouverent à la porte de la Ville le Comte de Berri nommé Ollon & le Duc Boson, qui estoit demeuré jusqu'alors au service du Roy de Bourgogne ; & Mummol leur ayant remis Gondebaud entre les mains, rentra dans la Ville.

Cap. 38.

A quelque distance des murailles, comme ils marchoient en descendant la montagne par un chemin assez roide, le Comte de Berri poussa si rudement Gondebaud, qu'il le fit tomber, & se mit aussi-tost à crier : voilà Ballomer par terre, qui se dit le frere du Roy, & en mesme temps fondit sur luy avec la lance qu'il tenoit à la main. Une Cotte de maille dont Gondebaud s'estoit armé, l'empescha d'estre percé du coup. Il se releva & se sauva vers la Ville ; mais le Duc Boson l'atteignit d'une grosse pierre, qui l'ayant frappé à la teste, le fit tomber mort sur le champ : les Soldats coururent aussi-tost sur luy & le percerent de plusieurs coups, luy arracherent les cheveux, qui étoient la marque de sa naissance Royale, firent mille insultes à son corps, & luy ayant attaché une corde aux pieds, le traînerent par tout le Camp. Ainsi finit l'infortuné Gondebaud, après avoir fait pendant deux ou trois ans le personnage de Roy. La maniere dont il conduisoit ses affaires pendant cet intervalle de temps, fait voir qu'il ne manquoit ni de courage ni de prudence, & que s'il n'avoit eu affaire à des perfides, il auroit esté un ennemi très-redoutable pour le Roy de Bourgogne.

Après cette trahison, Mummol & les autres Chefs se saisirent pendant la nuit de tout l'or & de tout l'argent qu'on avoit amassé pour la subsistance des Troupes, & le lendemain matin ils introduisirent dans la Ville l'Armée de Leudegisile, comme ils en estoient convenus avec luy. Ils abandonnerent la Place à la fureur du Soldat, tout fut mis au pillage, la Garnison passée au fil de l'épée, & toutes les maisons & les Eglises furent tellement rasées, que ce n'estoit plus que des monceaux de pierres & des poutres à demi bruslées sans autre apparence de Ville.

Ensuite Leudegisile revint à son Camp, où il régala Mummol, l'Evêque de Gap & tous ceux à qui il avoit obligation de la prise de Comminge ; ce qui ne l'empescha pas en donnant avis au Roy de Bourgogne son Maistre de tout ce qui s'estoit passé, de luy demander ses ordres touchant ceux qui s'estoient rendus à luy. Le Roy luy répondit, qu'il falloit au plustost se défaire de ces scélérats, qui tandis qu'ils seroient au monde, ne cesseroient de broüiller & de cabaler dans son Etat. Deux d'entre eux, l'un nommé Waddon, & l'autre Cariulfe plus défians que les autres, aussi-tost après la reddition de la Place, avoient pris congé de Leudegisile, en luy laissant cependant comme en ôtage & pour asseurance de la fidélité qu'ils vouloient garder au Roy de Bourgogne, chacun un de leurs fils.

Cap. 39.

Si-tost que Leudegisile eut eu réponse du Roy, il fit sous main soulever quelques Soldats contre Mummol, qui après s'estre long-temps défendu en desespéré dans une maison où il s'estoit jetté, fut tué de deux coups de lance au moment qu'il en sortoit pour se faire passage au travers de ceux qui l'attaquoient. L'Evêque de Gap tâchant de gagner la Forest pour s'y cacher, fut poursuivi par un Soldat qui luy coupa la teste d'un coup de sabre. Une chose en tout cela paroist surprenante, que tous ces Seigneurs qui n'avoient à en juger par leur conduite, ni conscience ni honneur, fissent un si grand fond pour leur seûreté, sur les sermens qu'ils obligeoient leurs ennemis à faire sur les Autels, eux qui les violoient à tout moment, & qui les voyoient violer sans difficulté à tous leurs semblables.

Ces éxécutions rétablirent la tranquillité dans les Etats de Gontran. Il estoit retourné quelque temps auparavant à Châlons sur Saone ; mais avant qu'il partit de Paris, il fit deux choſes qui mortifièrent beaucoup Frédégonde. Premièrement il luy donna un Conſeil compoſé des principaux Seigneurs du Royaume, pour gouverner avec elle pendant la minorité de ſon fils. En ſecond lieu, il l'obligea à quitter Paris pour les meſmes raiſons, pour leſquelles il n'y voyoit pas volontiers autrefois Chilperic. Et ces raiſons eſtoient que Paris luy appartenoit en partie, & qu'il appréhendoit que Frédégonde ne s'acquit trop de crédit dans cette Capitale de l'Empire François. Elle ſe retira au Vaudreüil, Maiſon Royale à quatre lieuës de Roüen vers l'embouchéure de la rivière d'Eure dans la Seine. Elle y fut ſuivie des plus conſidérables Seigneurs de la Cour du feu Roy Chilperic: Ils l'y laiſſérent avec l'Evêque Melaine, qu'elle avoit fait élire par le peuple de Roüen à la place de Prétextat, & qui au retour de ce Prélat exilé fut obligé de luy rendre ſon Egliſe. Elle leur recommanda quand ils prirent congé d'elle, d'avoir grand ſoin du petit Prince Clotaire ſon fils, qui eut permiſſion de demeurer encore quelque temps à Paris: mais triſte & outrée de ce qu'on luy oſtoit ainſi une partie de l'autorité qu'elle prétendoit avoir toute entiére dans le Gouvernement de l'Etat, & ſoupçonnant la Reine d'Auſtraſie d'avoir fait ſuggerer ce deſſein au Roy de Bourgogne, elle réſolut de s'en venger.

Cap. 10.

Sa vengeance alloit ordinairement à la mort de ſes ennemis, ſur quoy elle n'avoit guéres coûtume de beaucoup délibérer: elle engagea un de ſes domeſtiques à ſe charger de celle de la Reine d'Auſtraſie; mais la conſpiration fut découverte.

Cependant Gontran eſtant à Châlons jugea à propos de faire recherche des Auteurs de la mort de Chilperic. Il preſſa Frédégonde de luy communiquer là-deſſus ce qu'elle pouvoit avoir de lumiéres. Elle luy accuſa le Duc Herulfe qui eſtoit Chambellan de Chilperic quand ce Prince fut tué. Soit que cette accuſation fuſt véritable, ſoit qu'elle ne le fuſt pas, il y avoit de la vengeance du coſté de Frédégonde.

Cap. 11.

Incontinent après la mort de Chilperic elle avoit prié ce Duc de demeurer dans ſon parti, & de ne la point abandonner; mais luy la croyant perduë, la quitta. Elle ſoûtint ſon accuſation, & ajoûta de plus que ce Duc avoit emporté avec luy en Touraine beaucoup d'argent appartenant à ſon Maiſtre. Le Duc n'entreprit point de ſe défendre, & ſe retira au plus viſte dans l'Egliſe de S. Martin de Tours, de laquelle il fut tiré par adreſſe, enſuite maſſacré & tous ſes biens furent confiſquez.

La conduite de ce Duc, le ſilence de Gregoire de Tours qui n'accuſe point Frédégonde de ce crime, quoiqu'il en raconte pluſieurs autres d'elle avec beaucoup de liberté, le grand intéreſt qu'elle avoit à la conſervation du Roy ſon mari, ſont des preuves qui me paroiſſent la diſculper ſuffiſamment contre le témoignage de l'Auteur dont j'ay parlé; cet Auteur n'écrivoit que deux cens ans après, & c'eſt le premier qui raconte ſes intrigues & ſes amours avec Landri. Gontran ne la crut jamais coupable de

Geſta Regum Francor.

Tome I.

A ce parricide, quelque effort que fit Childebert pour le luy perſuader. Nous verrons un jour Clotaire II. fils de Frédégonde en charger à ſon tour Brunéhaut mere de Childebert. C'eſtoient des récriminations continuelles de part & d'autre, & ces deux femmes eſtoient ſi décriées par leur ambition, que rien ne paroiſſoit incroyable aux peuples auſquels leurs ennemis vouloient les rendre odieuſes.

Si la guerre qui ſe faiſoit pendant ce temps-là au-delà de la Garonne contre Gondebaud avoit eu une autre iſſuë, Frédégonde eſtoit bien réſoluë de s'en ſervir pour ſecoüer le joug du Roy de Bourgogne, dont l'autorité qu'elle avoit eſté obligée de luy laiſſer prendre d'abord, la gêſnoit beaucoup. La Princeſſe Rigunthe ſa fille qui eſtoit demeurée à Toulouſe, & qu'on ne parloit plus de marier avec le Prince d'Eſpagne, luy fut un prétexte plauſible d'envoyer en ce païs-là un de ſes Confidens, qui ſous prétexte d'aller querir la Princeſſe pour la ramener auprès de ſa mere, euſt chargé de parler ou de faire parler à Gondebaud afin de l'attirer dans ſon parti, & l'engager par des propoſitions très-avantageuſes à ſe rendre auprès d'elle; mais il le trouva aſſiégé dans Comminge, & ſes affaires en très-mauvais état. Sa mort qui arriva peu de temps après, ne laiſſa nul lieu d'agir de ce coſté-là. Ainſi Frédégonde faute de prétextes & de moyens de remuer, fut obligée de ſe tenir en repos dans ſa retraite du Vaudreüil, & de tâcher de ſe maintenir dans l'eſprit du Roy de Bourgogne.

Un des moyens qu'elle employa pour gagner ce bon Prince, fut de le prier de vouloir bien tenir ſon fils ſur les Fonts de Baptême. Il n'y avoit guéres alors de lien plus fort que celuy-là, & de plus capable d'attacher ſur tout un Roy auſſi religieux que Gontran, à la protection du petit Prince. On avoit d'abord propoſé de faire cette cérémonie le jour de Noël de l'année 584. & puis on la remit à Pâques: enfin elle fut remiſe encore vers la Feſte de ſaint Jean, & on convint qu'elle ſe feroit à Paris.

Grégoi. Turon. L. 8. c. b 2. 9.

Le Roy de Bourgogne s'y en lit, & il eut le plaiſir pendant ſon voyage de ſe voir reçû par tout avec la joye & l'applaudiſſement des peuples, principalement à Orleans; où il gagna tout le monde par ſes maniéres populaires & pleines de bonté. Pluſieurs Evêques & Seigneurs qui avoient ſuivi le parti de Gondebaud, prirent cette occaſion pour venir ſe jetter à ſes pieds, & luy demander leur grace; il l'accorda à la plûpart, & à quelques-uns à la priére de Gregoire de Tours, pour qui il avoit beaucoup de conſidération: mais en arrivant à Paris, il n'y trouva point le petit Prince. Apparemment Frédégonde & les Seigneurs qui eſtoient chargez de la tutelle, eurent quelque nouvelle raiſon de défiance, & d'appréhender que le Roy de Bourgogne ne vouluſt ſe ſaiſir de l'enfant: il s'en offença fort. » Je voy bien, dit-il, pourquoy l'on me cache le fils de Frédégonde; on a peur que je ne connoiſſe qu'il n'eſt pas fils de mon frere Chilperic; mais de quelque Seigneur François: je déclare donc que je ne le regarde

Cap. 9.

HISTOIRE DE FRANCE.

« point pour mon neveu, à moins qu'on ne m'en
« donne des preuves indubitables.

Ces paroles rapportées à Frédégonde luy donnérent d'étranges inquiétudes. Elle vint trouver le Roy, pour le prier de ne point se laisser aller à des soupçons si injurieux & si honteux pour elle, & l'asseûra qu'elle luy donneroit les plus sages & les plus gens de bien du Royaume, pour caution de la fidélité qu'elle avoit toûjours euë pour son mari. » Je les veux voir ces témoins, repartit le Roy, & avoir leur serment sur ce que vous m'asseûrez, & dequoy vostre conduite me donne tant de sujet de douter. Elle le luy promit, & engagea trois Evêques & trois cens des plus irréprochables personnes du Royaume à jurer en présence de ce Prince, qu'ils n'avoient jamais eu lieu de soupçonner d'elle ce que ses ennemis luy imputoient pour la perdre. Le Roy s'en contenta, & agréa les raisons ou les prétextes qu'on luy apporta de différer le Baptême qui ne se fit que six ans après. Mais il fit alors une autre recherche qui ne dut estre guere agréable à Frédégonde.

Depuis qu'il estoit à Paris, il avoit souvent parlé de la mort désastreuse de ses deux neveux les Princes Mérovée & Clovis, dont il paroissoit fort touché, & on luy avoit souvent oüi dire, que ce seroit pour luy une grande consolation de sçavoir où l'on avoit enterré leurs corps, pour leur rendre au moins les honneurs dûs à leur naissance. Sur cela un Pescheur de la riviére de Marne luy fut présenté, & luy dit que pourvû qu'il fust seûr d'estre à couvert de la haine de Frédégonde, il apprendroit au Roy ce qu'il souhaitoit sçavoir du corps du Prince Clovis. Le Roy luy promit & sa protection & une bonne récompense. Il luy apprit donc que le corps de ce Prince avoit esté d'abord enterré à Noisy sous la piscine d'une Chapelle, mais que Frédégonde l'avoit fait déterrer & jetter dans la Marne ; que le courant de l'eau l'avoit porté dans un filet qu'il avoit tendu pour prendre du poisson ; qu'il l'avoit reconnu à sa grande chevelure, & qu'il l'avoit enterré sur le bord de la riviére en un endroit qu'il marqua.

Le Roy sous prétexte d'aller à la Chasse de ce côté-là, arriva au lieu qu'on luy avoit désigné, y trouva en effet le corps du Prince, & ce qui est surprenant, il estoit entier & sans corruption, excepté qu'une partie de sa chevelure sur laquelle la teste estoit appuyée, s'en estoit détachée, & le reste des cheveux ne laissoit nul lieu de douter que ce ne fust le corps de ce Prince. Aussi-tost le Roy ordonna à l'Évêque de Paris qu'on préparast de magnifiques funérailles, & tout le Clergé avec les cérémonies ordinaires, & avec une très-grande affluence de peuple, transporta le corps à l'Eglise de S. Vincent. * L'Evêque de Chartres fut chargé de faire venir aussi de Champagne le corps du Prince Mérovée qu'on enterra avec la mesme pompe à costé de son frere.

Gontran retourna peu de temps après à Châlons, & donna de là ses ordres pour assembler le second Concile de Mascon, & y faire condamner quelques-uns des Evêques qui avoient favorisé le parti de Gondebaud, & entre autres Théodore Evêque de Marseille, qui l'avoit reçû chez luy à son débarquement, & luy avoit donné des chevaux pour le conduire à Avignon, où le Duc Mummol le Chef principal des conjurez l'attendoit.

Cet Evêque, selon Gregoire de Tours, estoit un Saint, jusqu'à faire des miracles. Il s'estoit trouvé fort meslé dans les différens du Roy de Bourgogne & du Roy d'Austrasie touchant la Ville de Marseille ; mais toûjours en faveur du second, qui estoit son Maistre, & à cause de cela il avoit esté fort persécuté par les Gouverneurs ou Ducs qui demeuroient dans la Place de la part du Roy de Bourgogne : Car il paroist que dans ce partage de la Ville, le Roy de Bourgogne avoit le droit d'y nommer le Gouverneur, & le Roy d'Austrasie celuy d'y nommer l'Evêque.

On estoit convenu avec le Roy d'Austrasie qu'il envoyeroit les Evêques de son Royaume à ce Concile. Nul d'eux cependant n'y paroissoit. C'est ce qui obligea le Roy de Bourgogne d'envoyer à Coblentz où le Roy d'Austrasie demeuroit alors, pour s'informer des causes de ce retardement, & pour découvrir s'il n'y avoit point quelques esprits broüillons auprès de luy qui tâchassent de semer la discorde entre les deux Cours.

L'Envoyé de Gontran nommé Felix ayant présenté la Lettre de son Maistre, & exposé le sujet de son voyage, le Roy fut quelque temps sans dire mot, & puis ayant tiré à part l'Envoyé, il luy dit que son intention estoit de vivre en bonne intelligence avec le Roy de Bourgogne son oncle, qu'il regardoit comme son pere ; mais aussi qu'il le prioit de ne rien faire de son costé qui deust l'obliger à rompre avec luy ; que l'Evêque de Marseille estoit son Sujet & un homme fort attaché à luy, pour qui il avoit beaucoup de considération ; qu'on le tenoit prisonnier à la Cour de Bourgogne, & qu'on se disposoit à le faire juger par un Concile ; qu'il ne pouvoit pas luy refuser sa protection, & que si on le maltraitoit, il ne pourroit s'empescher de prendre hautement sa défense.

L'Envoyé après luy avoir encore entretenu sur quelques autres affaires dont il estoit chargé, prit congé de luy & s'en retourna à Mascon, où le Concile se tint, sans que les Evêques d'Austrasie s'y rendissent : car excepté un ou deux dont on pourroit douter, un Député de l'Evêque d'Avignon, & Théodore de Marseille, qu'on y conduisit de la Cour de Bourgogne, on n'en voit dans les souscriptions aucun qui fust du Domaine de Childebert.

On n'y parla point de faire le procès à cet Evêque, qui fut mis en liberté, & y eut sa place avec les autres : mais Ursicin Evêque de Cahors, qui fut accusé & convaincu d'avoir reçû Gondebaud dans sa Ville, fut excommunié & condamné à une pénitence de trois ans, pendant lesquels il eut défense de se faire raser la barbe & couper les cheveux, de boire du vin

---

G. 8. c. 10.

ibid.

* Aujourd'huy saint Germain des Prez.

Cap. 14.

& de manger de la viande, d'ordonner des Clercs, de donner les eulogies, qui estoient une espéce de pain-benit, de benir le saint Crême, de consacrer les Eglises, & de célébrer la Messe; & c'estoit particuliérement en ce dernier point que consistoit son excommunication: car il eut ordre non seulement de demeurer dans son Diocése, mais encore d'y faire ses fonctions ordinaires, excepté dans les points marquez, & mesme il souscrivit en son rang à ce Concile; ce qui paroist fort extraordinaire.

Quatre autres Evêques furent encore déférez au Concile; Faustinien Evêque d'Acqs, Bertrand Evêque de Bourdeaux, Pallade Evêque de Xaintes, & un autre nommé Orestus; dont le Siége n'est point marqué; mais que je crois estre le mesme qu'Oreste de Bazas, dont on voit la souscription avec celles des autres Evêques de ce Concile. Faustinien avoit esté pourvû de l'Evêché d'Acqs par Gondebaud, & sacré par l'Evêque de Bourdeaux, par celuy de Xaintes, & par celuy de Bazas; il fut déposé, & Nicete qui avoit esté nommé par Chilperic fort peu avant sa mort, fut mis à sa place. On fit cependant la grace à Faustinien de le regarder comme Evêque, & il souscrivit au Concile après tous les autres avec deux Prélats qui n'avoient point de Siége: Bertrand de Bourdeaux, Pallade de Xaintes, & Oreste de Bazas furent condamnez à luy fournir pour son entretien durant sa vie une pension de cent écus d'or, qu'ils devoient luy payer tous les ans chacun à leur tour. C'est là tout ce qui se traita dans le Concile par rapport aux affaires d'Etat: car on y fit plusieurs autres Reglemens, & il y a peu de Conciles des Gaules dont les Canons nous fassent connoistre tant d'usages & de pratiques de l'Eglise de ce temps-là.

Cap. 20. La douceur dont on usa dans le Concile à l'égard des Evêques coupables d'intelligence avec Gondebaud, fut en partie l'effet d'une dangereuse maladie où le Roy de Bourgogne tomba vers ce temps-là; & cette maladie, selon Gregoire de Tours, estoit la punition du dessein qu'il avoit conçû d'envoyer plusieurs de ces Prélats en exil. Il y avoit alors des Saints parmi les Evêques de France; mais il s'en falloit beaucoup qu'ils ne le fussent tous: & la sainteté de leur caractére plustost que celle de leurs personnes, fut presque toûjours à ce bon Prince une raison de les ménager, mesme dans leurs plus grandes fautes. Tout ceci se passa vers la fin de l'année 585. La suivante vit une rude guerre s'allumer entre la France & l'Espagne; en voici le sujet.

Tom. I. Conc. Gall.

An. 585.

Le Prince Hermenigilde, comme j'ay déja dit, avoit esté pris après sa défaite & mis en prison; quelque temps après on luy coupa la teste par l'ordre de son père, pour n'avoir pas voulu recevoir le jour de Pâques de cette mesme année, la Communion de la main d'un Evêque Arien; & il avoit ainsi expié par un glorieux martyre le crime de sa révolte. La Princesse Ingunde avec son fils tout jeune nommé Athanagilde, avoit esté mise d'abord entre les mains des Généraux de l'Empereur en Espagne, ou pour sa propre seûreté, ou comme un ôtage de la fidélité & de l'attachement d'Hermenigilde à leur parti, & elle y estoit demeurée après la mort de son mari.

Le Roy de Bourgogne qui dès le commencement de ces troubles d'Espagne, avoit esté sollicité de prendre la protection d'Hermenigilde, n'avoit osé le faire, par la crainte de Chilperic que Leuvigilde sçût toûjours maintenir dans ses interests: mais le voyant mort, & ayant fait une alliance étroite avec son neveu le Roy d'Austrasie, il reprit aisément le dessein de cette guerre. Ce fut à la sollicitation de la Reine d'Austrasie, qui vouloit venger la mort de son gendre, & les mauvais traitemens dont on avoit usé à l'égard de la Princesse Ingunde sa fille; vengeance qu'elle n'avoit pû encore prendre jusqu'alors, n'estant pas maistresse des affaires; mais elle le devint cette année-là par la mort de Vendelin, qui estoit comme le premier Ministre de Childebert. Elle s'empara alors de l'esprit de ce jeune Prince, & luy persuada de casser le Conseil, qui avoit eu l'administration de l'Etat durant sa minorité; luy disant qu'estant âgé de quinze ans, & qu'ayant beaucoup d'esprit & de sagesse, il pouvoit désormais, aidé des lumiéres d'une mere qui le cherissoit, gouverner seul son Etat.

Cap. 12.

Les Austrasiens extrémement éloignez des Frontiéres d'Espagne, ne pouvoient pas aisément par eux-mesmes y faire la guerre, & d'ailleurs ils estoient pressez par l'Empereur Maurice de la porter en Italie contre les Lombards. Ces deux guerres furent pendant long-temps les principales ou presque les uniques affaires importantes de l'Empire François. Celle d'Espagne continua pendant plusieurs années. Celle d'Italie se fit à diverses reprises. Je vais raconter ce qui regarde la première, & je dirai ensuite les divers événemens de l'autre.

Cap. 18.

Le Roy de Bourgogne se chargea donc de la guerre d'Espagne, où il ne fut aidé du costé d'Austrasie, que de quelques Troupes d'Auvergne. Le Roy des Gots en estant averti, songea à se mettre en état de la soûtenir ou à l'éviter: Il sçavoit que Frédégonde estoit toûjours dans les mesmes dispositions à l'égard de la Reine d'Austrasie, & qu'il la trouveroit toute preste à se servir contre cette ennemie. Il entretenoit intelligence avec Amelius Evêque de Bigorre & avec une Dame de qualité nommée Leuba belle-mere du Duc Bladaste, un de ceux qui avoient soûtenu le siége de Comminge avec Gondebaud, & qui avoit obtenu depuis peu sa grace du Roy de Bourgogne par le crédit de l'Evêque de Tours. Il se servit de ces deux personnes pour faire passer ses Envoyez jusqu'à la Cour de Frédégonde.

Leurs Instructions se réduisoient à deux articles; le premier à engager cette Princesse à se défaire au plustost du Roy d'Austrasie & de la Reine Brunehaut sa mere; le second, à luy persuader de faire tous ses efforts pour porter le Roy de Bourgogne à la Paix. Ils l'asseûrérent que l'argent ne luy manqueroit point, & que le Roy leur Maistre luy en

ibid.

fourniroit autant qu'il en seroit nécessaire.

Cap. 29.

Le premier expédient estoit le plus court & le plus conforme au génie de Frédégonde: elle avoit toûjours des gens propres à l'exécution de ces horribles desseins; mais les deux qu'elle choisit pour celuy-ci, furent surpris comme ils estoient déja en chemin, & arrestez à l'occasion d'une Lettre du Roy d'Espagne, qui fut interceptée & portée au Roy de Bourgogne : & ce Prince au Printemps de l'an 585. fit marcher ses Troupes vers les Terres d'Espagne.

An. 585.
Gregor. Turon. l. 8. c. 30.

Elles estoient si nombreuses, qu'il ne se promettoit pas moins que d'enlever tout le Languedoc aux Gots dans cette première expédition. Il y fit entrer trois Corps d'Armée par trois différens endroits. Les Troupes des Provinces situées sur les bords de la Seine, de la Saone & du Rhône avec toutes les autres du Royaume de Bourgogne, marcherent le long de ces deux dernières rivières, & s'avancerent en ravageant tout le païs jusqu'à Nismes. Celles du Berri, de la Xaintonge & de l'Angoumois en firent autant à l'autre bout de la Province jusqu'à Carcassonne, qui leur ouvrit ses portes: mais les habitans qui avoient espéré par cette reddition volontaire, éviter le pillage de leur Ville, voyant qu'on les traitoit comme des gens pris par force, coururent aux armes, donnerent sur les Soldats, qui ne pensoient qu'à piller, les chasserent, tuerent le Général nommé Terentiole, qui avoit esté quelque temps auparavant Comte de Limoge, & luy couperent la teste, qu'ils porterent en triomphe sur leurs murailles.

Nicete Duc d'Auvergne, qui avec son Armée avoit pris sa route par le Rouergue, & avoit ordre de faire des Siéges tandis que les deux autres Armées feroient le ravage, investit diverses Places, mais en vain; car il les trouva toutes en bon état, bien fortifiées & bien munies. Il ne put prendre qu'un seul Fort qui capitula, & qui fut pillé contre les articles de la Capitulation.

Après cela il fallut penser à se retirer avant la my-Aoust, le païs entièrement désolé ne pouvant fournir des vivres pour la subsistance des Armées. Ce fut alors que les Gots, qui n'ayant pas encore assez de monde pour tenir la Campagne, s'estoient renfermez dans leurs Villes, en sortirent pour harceler les François durant leur retraite. Ils avoient des partis & des embuscades par tout. Ceux mesme des quartiers de Toulouse, Ville qui estoit de la dépendance de Clotaire fils de Frédégonde, irritez de ce qu'on les avoit pillez en passant aussi-bien que les ennemis, donnerent sur les Bourguignons; de sorte que cette seule retraite coûta plus de cinq mille hommes au Roy de Bourgogne.

Les François n'avoient pas esté plus heureux sur la Mer que sur la Terre. Tandis qu'ils entroient en Languedoc avec leurs trois Armées, ils avoient envoyé des Vaisseaux sur les Costes du Royaume de Galice, duquel Leuvigilde s'estoit rendu maistre depuis un an après avoir subjugué les Suéves qui y avoient regné jusqu'alors. Cette Flote fut surprise par celle de ce Prince, presque tous les Vaisseaux furent pris, & tout ce qui estoit dessus passé au fil de l'épée: peu de Soldats & de Matelots se sauverent dans des Chaloupes, & gagnerent avec peine les Costes de France pour y venir annoncer ce nouveau malheur. Les Armées estant rentrées sur les Terres de France, ils y continuerent leur pillages comme dans le païs ennemi. Ce n'estoit par tout que meurtres, que brigandages, qu'incendies. Les Eglises furent pillées comme les maisons particulières. En un mot, les excès furent si horribles, que Gontran indigné & du mauvais succès de l'entreprise & de la licence des Soldats, résolut de faire faire le procès aux Généraux mesmes, qui se refugierent à Autun dans l'Eglise de S. Symphorien.

Le Roy y vint pour la Feste de ce Saint, qui se célébroit le 22. d'Aoust. Il y nomma quatre Evêques pour Commissaires, & quelques Seigneurs des plus sages de sa Cour, pour faire rendre compte aux Généraux de leur conduite. Ils estoient sortis de leur asile, sur la sommation qu'on leur en avoit fait de la part du Roy; mais à condition qu'on les entendroit & qu'ils auroient la liberté entière de parler pour se justifier.

Ibid.

Le Roy quand ils parurent devant luy, leur fit de grands reproches sur tous les désordres que les Troupes avoient commis, mais principalement sur les incendies & le pillage des Eglises, sur la manière indigne dont on avoit traité les Reliques des saints Martyrs en quelques endroits pour emporter l'or, l'argent & les pierres précieuses de leurs Chasses, sur les mauvais traitemens qu'on avoit faits aux Prêtres & aux autres Ecclésiastiques : »Faut-il s'é- « tonner, ajoûta-t-il, si nos guerres ont des suc- « cès malheureux, elles sont plus contre Dieu « que contre les ennemis de l'Etat. Nous brû- « lons les Eglises que nos Ancestres ont basties, « nous trempons nos mains dans le sang des Mi- « nistres de l'Autel, pour lesquels ils avoient tant « de respect & de vénération. Je suis responsa- « ble à Dieu de tous ces désordres, & pour en « détourner le chastiment de dessus ma teste, as- « seûrément je n'épargneray pas les vostres. «

Après ce discours, celuy des Généraux qui estoit chargé de répondre pour tous les autres, ayant eu permission de parler, commença par loüer les sentimens de piété que le Roy faisoit paroistre, son zéle pour la conservation des Eglises & des personnes consacrées à Dieu; sa compassion & sa libéralité envers les pauvres; sa juste indignation à l'occasion des désordres commis dans la dernière Campagne; mais il montra en mesme temps que ce n'estoit point la faute des Généraux; que depuis long-temps il n'y avoit nulle discipline dans les Armées; que le Soldat estoit en possession de mépriser les ordres des Ducs & des Comtes qui défendoient le pillage dans les marches; que si un Seigneur * commandant ses Vassaux se mettoit en devoir de les contenir, il n'estoit pas en seûreté de sa vie; que si l'on entreprenoit de faire quelques exemples de sévérité, aussi-tost on voyoit des séditions dans le Camp; & qu'enfin

Ibid.

* Senior

GONTRAN. CHILDEBERT. CLOTAIRE.

ce qui empefchoit que les Généraux ne fuffent maiftres de leurs Troupes à cet égard, & en état de fe faire craindre, c'eftoit qu'on ne craignoit pas le Roy luy-mefme, & que les peuples abufoient de fa trop grande bonté.

Il y avoit de la verité dans cette défenfe; car la vigueur manquoit affeûrément au Gouvernement de Gontran. Ce que nous avons vû jufqu'à prefent de la conduite des grands Seigneurs de cet Etat, le montre autant que la licence des Soldats. L'iffuë de ce jugement en fut encore une marque. Quelque colére & quelque févérité que ce Prince eut affecté de faire paroiftre en le commençant, tout aboutit à des ordres généraux de tenir la main à l'exécution des Ordonnances qu'il avoit faites pour la difcipline des Troupes, & à déclarer que dans la fuite il ne pardonneroit ni aux Chefs ni aux particuliers. Mais une autre raifon l'obligea encore à ufer en cette occafion de ménagement envers ces Seigneurs; ce fut la nouvelle qui luy vint, comme il eftoit actuellement au Confeil à déliberer fur cette affaire, que les Gots avoient fait une irruption fur fes Terres.

L. 8. c. 37. 38. & 45.

Gregoire de Tours parle à diverfes reprifes de quelques Ambaffades que Leuvigilde Roy d'Efpagne envoya vers ce temps-là en France, & qui furent fans effet, foit que ce Prince, qui eftoit un des plus habiles hommes de fon temps, vouluft fincerement la paix, foit qu'il en fit femblant, pour amufer les François, afin de les furprendre; & il les furprit en effet. Car aprés qu'ils fe furent retirez du Languedoc fans y avoir fait aucun progrés, & tandis que le Roy de Bourgogne, ne fongeant à rien moins, tenoit à Autun l'Affemblée dont je viens de parler, le Prince Recarede fils du Roy d'Efpagne paffa les Pyrenées avec une Armée, fe rendit maiftre de diverfes Places, partie par compofition, partie par force, & entre autres d'une qui portoit alors le nom de *Tefte de Belier*. Il ravagea tout aux environs de Toulouse, vint enfuite mettre le Siége devant Ugerne, Place très-forte fur le bord du Rhône (quelques-uns croyent que c'eft Beaucaire) & il l'emporta aprés une vigoureufe attaque.

Joan. Biclar. in Chronic. Gregot. Turon. c. 30. Ifid. Hifp. in Chron.

Ce furent ces fâcheufes nouvelles que le Roy de Bourgogne reçut à Autun au mois d'Aouft de l'année 585. Sur cela il fit partir promptement le Duc Leudegifile, celuy qui avoit pris Gondebaud & la Ville de Comminge, & luy donna le commandement des Troupes dans tout le Territoire d'Arles à la place du Duc Aigilane qui y avoit commandé pendant l'expedition du Languedoc. Le Duc Nicéte Gouverneur d'Auvergne fit auffi avancer de ce cofté-là les Troupes qu'il avoit fous fes ordres. Leur préfence raffeûra les peuples, & arrefta les courfes des Gots Efpagnols. Le Prince Recarede fe retira à Nifmes, & de-là repaffa en Efpagne, où peu de temps aprés il monta fur le Trône, le Roy Leuvigilde fon pere eftant mort cette mefme année-là.

An. 585.

Recarede, Prince auffi fage, auffi brave & auffi heureux que fon pere, fe mit en état de foûtenir la guerre de France avec autant de fuc-

cès qu'il avoit commencée, au cas qu'il ne puft pas faire la paix avec honneur. Il fouhaitoit la conclure pour exécuter avec moins d'inquiétude le deffein qu'il avoit formé dès le vivant de fon prédéceffeur, de fe faire Catholique, & d'engager toute fa Nation à renoncer à l'Arianifme. Il envoya des Ambaffadeurs en France fur ce fujet peu de temps aprés la mort de fon pere; mais on ne put convenir de rien; ce qui l'obligea de venir à Narbonne au mois de Décembre; & de faire encore des courfes fur les Terres de France, aprés quoy il s'en retourna en Efpagne, où il abjura publiquement l'héréfie Arienne avec l'applaudiffement de fes Sujets, qui fuivirent prefque tous fon exemple.

Gregor. Turon. l. 8. c. 38.

Concil. Tolet. 3.

Cependant Frédégonde entretenoit toûjours de fecretes correfpondances avec luy, au moins l'en foupçonnoit-on fort à la Cour de Bourgogne. On arrefta mefme quelque temps aprés Pallade, cet Evêque de Xaintes, accufé au Concile de Mafcon d'avoir favorifé Gondebaud, & qu'on difoit avoir reçû chez luy & fait paffer à la Cour de Frédégonde quelques perfonnes envoyées de la part du Roy d'Efpagne pour traiter avec elle. Néanmoins foit qu'il fuft coupable ou qu'il ne le fuft pas, il ne put eftre convaincu par celuy qui l'accufoit. Mais un affaffin envoyé par Frédégonde, qui fut furpris dans la Chapelle du Roy de Bourgogne, lorfque ce Prince y entroit pour entendre Matines, fit connoiftre les mauvais deffeins de cette méchante femme, & ne laiffa nul lieu de douter qu'elle n'euft encore alors des intelligences avec fes ennemis.

Gregor. Turon. c. 43.

Quoique la guerre duraft entre la France & l'Efpagne, les négociations pour la Paix ne laiffoient pas de continuer, & il y eut prefque toûjours pendant ce temps-là des Ambaffadeurs d'Efpagne à la Cour de France, qui fe fuccédoient les uns aux autres, pour faire de nouvelles propofitions, mais toûjours en vain. La fource de la guerre & le prétexte de s'y opiniâtrer eftoient les mauvais traitemens qu'on avoit fait en Efpagne à la Princeffe Ingunde, & la mort du Prince Hermenigilde fon mari. Mais il paroift que la véritable caufe eftoit l'envie que le Roy de Bourgogne avoit de chaffer les Vifigots hors des Gaules, & de donner à la France les Pyrenées pour limites.

Dans cette veuë dès le commencement de la Campagne, il fit entrer en Languedoc le Général Didier, fameux Capitaine dont j'ay déja parlé diverfes fois, qui aprés avoir commandé plufieurs Armées fous le régne de Chilperic, avoit embraffé le parti de Gondebaud, étoit enfuite rentré des premiers dans fon devoir, & commandoit alors pour le Roy de Bourgogne dans le païs d'Albi. Cette Ville avoit efté de tout temps du Domaine des Rois d'Auftrafie, & Gontran voulut bien la ceder de nouveau cette année à fon neveu Childebert. Didier ne s'y crut pas en feûreté; il fçavoit qu'il eftoit haï de ce Prince & des Auftrafiens, dont il avoit autrefois défait l'Armée du temps du feu Roy Sigebert dans ce mefme païs-là. Il paffa avec toute fa famille & tout ce qu'il put em-

Gregor. Turon. l. 8. c. 30.

Ann. 587.

porter de ſes biens, dans le Territoire de Touloufe, & ce fut comme pour le dédommager, que le Roy de Bourgogne l'honora du commandement de l'Armée de Languedoc, luy donnant pour Lieutenent le Comte Auſtrovalde.

Didier s'avança vers Carcaſſonne, d'où les Gots ſortirent pour le combattre. Il les attaqua & les défit; mais dans la chaleur de la pourſuite, s'eſtant trop écarté avec un aſſez petit nombre de Cavaliers des mieux montez, que le reſte de la Cavalerie n'avoit pû ſuivre; il fut enveloppé par un Corps de Troupes qui s'eſtoient ralliées, & tué ſur la place avec preſque tous ſes gens.

Le Roy d'Eſpagne qui ſoûtenoit bien cette guerre, mais qui la ſoûtenoit ſur ſes Terres, ſans pouvoir en eſpérer aucun avantage conſidérable, continuoit de demander toûjours la Paix, qu'on luy refuſoit auſſi toûjours. Il s'aviſa de faire une nouvelle tentative, & réſolut de traiter non ſeulement avec le Roy de Bourgogne, mais encore avec celuy d'Auſtraſie.

Une des choſes qui marque le plus la prudence & la modération de ce Prince, eſt l'union qu'il avoit avec la Reine Goſwinde ſa bellemere. Elle eſtoit Arienne, & par deſſus tout cela infiniment impérieuſe. Cependant il la conſidéra toûjours beaucoup, & la traitoit comme ſa propre mere. Ce fut par ſon Conſeil qu'il envoya des Ambaſſadeurs en Auſtraſie. Goſwinde eſtoit mere de la Reine Brunehaut, mais fort broüillée avec elle, à cauſe d'Ingunde & d'Hermenigilde dont elle avoit cauſé la perte.

La mort d'Ingunde qui mourut en Afrique dans le temps qu'on l'envoyoit à Conſtantinople par l'ordre de l'Empereur Maurice, avoit encore aigri les eſprits; cependant Goſwinde faiſant les premières démarches pour la réconciliation auprès de ſa fille, il y eut lieu d'eſpérer qu'elle ſe pourroit faire, & l'on ne fut pas trompé.

On fit donc partir des Ambaſſadeurs pour les deux Cours. Ceux qui eſtoient deſtinez pour la Cour de Bourgogne eurent ordre de Gontran d'aller à Maſcon, & de luy envoyer de là les nouvelles propoſitions qu'ils avoient à luy faire. Ils le firent; mais toute la réponſe fut, qu'ils n'avoient qu'à retourner en Eſpagne, & qu'on ne les écouteroit pas davantage. Cette conduite irrita furieuſement le Roy d'Eſpagne, & les deux Rois s'animerent tellement l'un contre l'autre, que quelque reſte de commerce qui eſtoit encore entre le Languedoc & les Etats de Gontran fut entierement défendu de part & d'autre.

La négociation des autres Ambaſſadeurs réüſſit mieux à la Cour d'Auſtraſie. Ils firent entendre d'abord que le Roy leur Maiſtre les envoyoit pour le diſculper de la mort de la Princeſſe Ingunde, à laquelle il n'avoit eu nulle part, non plus qu'en tout ce qui avoit précédé ou ſuivi ſon enlevement d'Eſpagne; qu'ils eſtoient chargez d'en faire ſerment en ſon nom, & d'en donner telle autre preuve qu'il plairoit au Roy d'Auſtraſie; & ils accompagnerent leur compliment du préſent d'une groſſe ſomme d'or.

Le Roy d'Auſtraſie & la Reine ſa mere témoignerent aux Ambaſſadeurs, qu'ils eſtoient ſatisfaits de la proteſtation qu'ils leur faiſoient de la part du Roy leur Maiſtre; qu'ils vouloient oublier tout le paſſé, & vivre déſormais avec luy comme avec leur ami & leur allié. Ce qui facilita cette Paix, & ce qui fit meſme que le Roy de Bourgogne n'en ſçut pas ſi mauvais gré à ſon neveu, fut la guerre que les Auſtraſiens faiſoient alors en Italie, dont je parleray bientoſt, où ils eurent beſoin de toutes leurs Troupes.

Les Ambaſſadeurs voyant un ſi heureux ſuccès de leur négociation, crurent pouvoir faire encore une autre propoſition, ſelon l'ordre qu'ils en avoient, au cas qu'ils viſſent quelque apparence à la faire recevoir. Ils ajoûterent donc que le Roy d'Eſpagne leur avoit ordonné de demander pour luy en mariage la Princeſſe Clodoſinde ſœur du Roy; que leur Maiſtre eſtoit maintenant Catholique, & qu'il n'y avoit plus lieu de craindre les diviſions & les déſordres que la diverſité de Réligion avoit cauſez juſqu'alors entre les Princes d'Eſpagne & les Princeſſes Françoiſes leurs épouſes; que leur Maiſtre ſouhaitoit avec paſſion leur alliance, & que ce ſeroit le gage d'une parfaite réconciliation entre les deux Familles & les deux Etats.

Le Roy répondit, qu'il n'avoit de ſon côté aucune répugnance à ſatisfaire le Roy d'Eſpagne ſur cet article, & que dès maintenant il y conſentoit; mais qu'il ne pouvoit rien conclure ſans la participation de ſon oncle le Roy de Bourgogne à qui il avoit de très-grandes obligations, avec qui il eſtoit convenu de luy faire part de toutes les affaires importantes de ſon Etat, & qu'il traiteroit au pluſtoſt de celle-là avec luy, pour en rendre compte au Roy d'Eſpagne. Les Ambaſſadeurs ayant reçu cette réponſe & des préſens du Roy & de la Reine-Mere, retournerent en Eſpagne. En effet le Roy d'Auſtraſie peu de temps après fit propoſer ce mariage au Roy de Bourgogne, & en fit un des articles d'une négociation importante, que la Reine Brunehaut avoit commencée l'année d'auparavant en perſonne avec ce Prince. En voici l'occaſion & le ſujet.

Le Roy de Bourgogne après la mort de ſes trois freres, dont l'aîné n'avoit point laiſſé de fils, & les deux autres n'en avoient laiſſé que chacun un en bas âge, fut toûjours conſidéré en quelque façon comme le Monarque univerſel de l'Empire François, ou du moins comme le tuteur des deux jeunes Princes. Ce qui n'empeſchoit pas toutefois les Seigneurs d'Auſtraſie, de maintenir dans l'obéïſſance de Childebert la plus grande partie des Villes qui avoient obéï à Sigebert ſon pere. Les Seigneurs du Royaume de Soiſſons & du reſte du païs où Chilperic avoit régné, en faiſoient autant en faveur de ſon fils le petit Prince Clotaire. Mais on avoit de grands égards, ou du moins on faiſoit toûjours ſemblant d'en avoir beaucoup pour les volontez de Gontran, & s'il arrivoit qu'il ſe trouvaſt choqué de quelque choſe, on avoit grand ſoin de l'appaiſer.

Les

Les Auſtraſiens qui en avoient ſouvent mal uſé à ſon égard du vivant de Chilperic, s'appliquerent plus que jamais à le gagner, quand ils virent après la mort de ce Roy, qu'il prenoit la protection de Frédégonde & de ſon fils Clotaire, appréhendant qu'il ne fiſt ce petit Prince ſon héritier au préjudice de Childebert. Gontran par cette habile démarche, à laquelle il ſe détermina malgré l'averſion qu'il avoit pour Frédégonde, tint toûjours en reſpect les deux jeunes Princes & leurs meres, & il continua dans la ſuite d'uſer de cette politique, malgré les nouveaux & les grands ſujets de haine que luy donna Frédégonde, par les mauvais deſſeins qu'elle forma pluſieurs fois contre ſa perſonne. On voyoit bien néanmoins que ſon inclination eſtoit pour Childebert, dont les belles qualitez & la reconnoiſſance le charmoient.

On avoit marié ce jeune Prince de très-bonne heure, & il paroiſt par toute la ſuite de l'Hiſtoire que c'eſtoit la coûtume d'en uſer ainſi alors dans la Famille Royale. De ſorte qu'à dix-ſept ans il avoit déja deux fils; l'un qu'on nomma Théodebert, & l'autre Thiery. Gontran en eut une joye extréme, & il envoya à cette occaſion des Ambaſſadeurs & des préſens à Childebert, & dit publiquement que ces enfans étoient des dons de Dieu, qui vouloit perpétuer la lignée de Clovis. La Reine Brunehaut prit cette agréable conjoncture pour propoſer le Traité dont je parle.

Gregor. Turon. l. 8. c. 37.

Il fut fait principalement pour aſſeûrer la ſucceſſion de Gontran à Childebert, & pour oſter tous les ſujets de broüilleries que la mort précipitée de Chilperic avoit cauſez, moins pour le partage de la ſucceſſion de ce Prince, que pour celle de ſes deux autres freres morts avant luy. Chacun en avoit enlevé de ſon coſté ce qu'il avoit pû, & s'en eſtoit mis en poſſeſſion, ſelon qu'il eſtoit plus ou moins fort en divers endroits de la France. Ce qui fut réglé par ce Traité peut ſe réduire à dix ou onze articles.

L. 9. c. 20.

On convint I. que Gontran demeureroit en poſſeſſion de la partie de la Ville & du Territoire de Paris, que Sigebert Roy d'Auſtraſie avoit poſſedez après la mort du Roy Caribert; que Chaſteaudun & Vendoſme luy reſteroient avec la partie du païs d'Etampes & du païs Chartrain que Sigebert avoit auſſi poſſedez, & qu'on ne luy diſputeroit rien de tout ce qu'il avoit eu de la ſucceſſion de Caribert du vivant du feu Roy Sigebert.

II. Que Childebert ſeroit mis ou demeureroit en poſſeſſion de Meaux, de Tours, de Poitiers, d'Avranches, d'Aire, de Conſerans, de Bayonne, d'Albi, & de deux portions de Senlis.

III. Que celuy de ces deux Princes qui mourroit ſans enfans maſles, feroit l'autre l'héritier unique de ſon Etat.

IV. Que Childebert venant à ſurvivre à ſon oncle Gontran, la Princeſſe Clotilde ſa couſine & fille de Gontran, joüiroit paiſiblement de tous les biens que ſon pere luy avoit donnez, & qu'il pourroit encore luy donner dans la ſuite; qu'elle auroit liberté entiere d'en diſpoſer comme elle le jugeroit à propos, ſans que les donations qu'elle en feroit, puſſent eſtre ni caſſées ni revoquées; qu'il la protégeroit & prendroit en main ſes intéreſts.

V. Qu'en cas que Childebert mouruſt le premier, Gontran regarderoit Théodebert & Thiery, & les autres enfans que Childebert pourroit avoir dans la ſuite, comme ſes propres enfans; qu'il ne démembreroit rien de leur Etat; qu'il protégeroit la Reine Brunehaut comme ſa propre ſœur, & la Princeſſe Clodoſvinde ſœur de Childebert, & la Reine Faileube ſa femme, comme ſes propres filles; qu'elles joüiroient en paix de tous leurs revenus, & qu'elles pourroient en diſpoſer à leur volonté.

VI. Les Villes de Bordeaux, de Limoges, de Cahors, de Bearn (c'eſt à dire la Ville de Leſcar) & Bigorre avoient eſté données comme en dot ou en appanage à la Princeſſe Goſvinde ſœur de Brunehaut, lorſqu'elle épouſa Chilperic, & eſtoient dévoluës après la mort de cette Princeſſe à Brunehaut, par un jugement de Gontran meſme qui fut pris pour arbitre de cette affaire; mais il eſtoit ſurvenu des difficultez là-deſſus. Par cet article du Traité on convint que Brunehaut joüiroit de Cahors & de ſes dépendances; que Gontran ſa vie durant auroit la poſſeſſion pleine & entiere des quatre autres Villes, & qu'après ſa mort elles retourneroient à Brunehaut & à ſes héritiers.

VII. Que Senlis ſeroit tout entier à Childebert, & qu'il dédommageroit Gontran, à qui appartenoit la troiſiéme partie de cette Ville, en luy faiſant la ceſſion d'une troiſiéme partie qu'il poſſedoit de la Ville de Roſſon. Il y a vers Soiſſons un Bourg nommé Roſſon le long, & un autre vers Beauvais appellé Roſſon ſur Aronde; c'eſtoit apparemment un de ces deux Bourgs qui eſtoit alors une Ville, dont il s'agiſſoit dans cet Article.

VIII. Que les Vaſſaux de Gontran, qui depuis la mort de Clotaire ſon pere eſtoient paſſez dans le Royaume d'Auſtraſie ſans ſa permiſſion, ſeroient contraints d'y revenir; & que pareillement ceux de Childebert qui auroient paſſé dans celuy de Gontran, retourneroient ſous leur ancien Prince.

IX. Que les donations faites par les deux Rois aux Egliſes ou à leurs Vaſſaux, qui par cet accord changeroient de Maiſtre en quelques endroits, ſeroient confirmées.

Greg. Turon. l. 9.

X. Que les Sujets de Gontran pourroient ſans eſtre inquiétez, joüir des biens qu'ils auroient legitimement acquis dans le Royaume de Childebert, & que pareillement les Sujets de Childebert joüiroient de ceux qu'ils poſſederoient à juſte titre dans celuy de Gontran; & que ſi l'on avoit fait quelque tort à quelques-uns d'eux durant les troubles du Royaume, on écouteroit leurs plaintes & qu'on les ſatisferoit.

XI. Que les Sujets de l'un auroient liberté d'entrer dans le Royaume de l'autre, ſoit pour y traiter des affaires publiques, ſoit pour leurs affaires particulieres, ſans aucun empeſchement; mais que ni de part ni d'autre on ne ſolliciteroit point les Vassaux pour les engager à quitter leur légitime Prince; qu'on ne les recevroit point, & qu'on les luy renvoyeroit, supposé qu'ils le quittassent sans sa permission.

On voit à la fin de ce Traité le serment que les deux Rois firent de l'observer fidellement. Gregoire de Tours fut chargé avec un autre Evêque nommé Felix, de le porter au Roy de Bourgogne, pour y mettre la derniére main. Ils arriverent à Châlons sur Saone, & eurent audience du Prince, qui ne les reçut pas fort bien.

Car l'Evêque de Tours luy ayant fait son compliment de la part de son Maistre, principalement sur les grandes obligations qu'il luy avoit. " Et moy, reprit le Roy de Bourgogne, " je ne luy suis gueres obligé : vous venez me de-" mander la ratification d'un Traité que vostre " Maistre a déja violé. On ne m'a point encore " dédommagé de la cession que j'ay faite de mes " droits sur Senlis. J'avois de plus souhaité qu'on " en fist sortir certaines gens qui me déplaisoient, " & on ne l'a pas fait.

L'Evêque répondit que c'estoit l'intention de son Maistre, que tout ce qui avoit esté réglé s'exécutast ; qu'on n'attendoit que les Députez de Bourgogne pour expédier l'affaire de Senlis ; & que pour ce qui regardoit les personnes qu'il vouloit qu'on en chassast, il n'avoit qu'à envoyer leurs noms, & qu'on suivroit sur cela les ordres qu'il donneroit. Le Roy de Bourgogne satisfait de cette réponse se fit lire le Traité, le signa, & fit serment de l'observer avec toute l'exactitude possible.

Quand cette affaire fut achevée, le Roy continuant de s'entretenir avec les Ambassadeurs, " dit en raillant à l'Evêque Felix : " Où en est " maintenant la négociation dont vous vous estes " chargé ? La réconciliation est-elle faite entre " la Reine d'Austrasie vostre Maistresse & Frédé-" gonde ? car ce Prince n'appréhendoit rien tant que l'union de ces deux dangereux esprits, qui luy auroient fait bien des affaires si elles a-voient jamais pû se réünir.

L'Evêque répondit, qu'il ne s'en estoit jamais meslé, & que le Roy ne devoit avoir de luy aucun soupçon là-dessus. L'Evêque de Tours prit la parole, & dit qu'il avoit des preuves certaines que jamais elles n'avoient esté " plus mal ensemble qu'elles estoient alors. " Mais, " Seigneur, ajoûta-t-il, je ne sçay si le Roy mon " Maistre n'auroit pas sujet de se plaindre sur " ce point-là mesme : car à en juger par la ma-" niére dont vous recevez ceux qui vous vien-" nent de la part de la Reine Frédegonde, & par " celle dont nous avons esté reçûs, on croiroit " qu'elle a beaucoup plus de part que le Roy mon " Maistre dans vos bonnes graces. Il n'ignore " pas non plus le dessein que vous avez de don-" ner dans vostre Testament au petit Prince Clo-" taire quelques Places de vostre Etat ; ce sont " là des marques que vous ne haïssez ni la mere " ni le fils.

Sur cela ce bon Prince soûrit aux Ambassadeurs, & leur parla d'une maniére tout-à-fait cordiale sur le chapitre de son neveu Childe-bert. Il leur dit qu'il ne devoit prendre aucun ombrage de la maniére dont il usoit envers Frédégonde ; qu'il se croyoit obligé de la ménager en certaines choses ; qu'on devoit bien penser qu'une Princesse qui avoit voulu attenter plus d'une fois à sa vie, ne seroit jamais l'objet de sa tendresse ; qu'il estoit vray qu'il donnoit par son Testament quelques Places à son neveu Clotaire ; mais qu'il ne luy en donnoit que deux ou trois, & seulement pour marquer qu'il ne l'avoit pas entièrement deshérité ; qu'enfin son cœur & ses bienfaits ne seroient jamais guéres partagés.

Ibid.

L'Evêque Felix voyant le Roy dans ces bonnes dispositions, luy dit qu'il avoit ordre de luy faire encore deux propositions ; la première, de luy demander du secours pour la guerre d'Italie contre les Lombards que le Roy leur Maistre allié dans cette guerre avec l'Empereur, prétendoit chasser des Places qui y avoient appartenu au feu Roy Sigebert ; la seconde, de trouver bon qu'on accordast au Roy d'Espagne la Princesse Clodosinde, qu'il faisoit demander en mariage, & que le Roy d'Austrasie avoit différé à répondre sur cet article, jusqu'à ce qu'il eust sçû ses intentions.

Le Roy de Bourgogne répondit sur la première demande, qu'il n'en feroit rien, & qu'il ne pouvoit se résoudre à envoyer des Troupes en Italie, pour les faire périr par la peste qui y ravageoit tout. Pour le second point, il dit que ce mariage n'estoit point de son goust ; qu'il estoit de l'honneur de la France & en particulier de celuy du Roy d'Austrasie de venger la mort de la Princesse Ingunde ; mais qu'après tout il laissoit la chose à la disposition de son neveu ; que s'il croyoit ce mariage avantageux pour luy, il ne trouveroit pas mauvais qu'il le conclust. Les Ambassadeurs après avoir terminé encore quelques autres affaires moins importantes, après avoir esté régalez & avoir reçû du Roy de beaux présens & de grandes marques de sa bonté, s'en retournerent. Ce Traité fut appelé le Traité d'Andelau, du lieu où il avoit esté projetté entre la Reine Brunehaut & le Roy de Bourgogne l'an 587. au mois de Novembre ; c'est apparemment Andelot en Champagne, ou Andlau en Alsace, autrefois Ville Impériale : mais la destinée de Recarede n'estoit point de s'allier avec la Famille Royale de France.

La Princesse Ringunthe fille de Chilperic luy avoit esté promise il y avoit quelques années, & elle étoit déja en chemin pour l'Espagne, comme nous avons vû, lorsque la mort de Chilperic qui survint, fit prendre d'autres mesures ; & pour ce qui est de Clodosinde, le mariage ne se fit point non plus, & l'on voulut apparemment avoir cette complaisance pour le Roy de Bourgogne. Cette Princesse fut promise à deux Rois, à Recarede Roy d'Espagne, & à Autharis Roy des Lombards, sans épouser ni l'un ni l'autre, * & l'Histoire ne nous apprend point ce qu'elle devint. Au reste, il y a lieu de douter si dans cette occasion le Roy d'Austrasie ne ménagea point une tréve entre les Rois d'Es-

* Herman & Sigebert disent que le mariage de Recarede & de Clodosinde se fit : mais

GONTRAN. CHILDEBERT. CLOTAIRE.

pagne & de Bourgogne. Jean Evêque de Gironne, autrement dit l'Abbé de Biclare, Auteur Espagnol & contemporain, qui nous a laissé une Chronique assez exacte, où il marque par années les guerres des François avec les Espagnols, ne marque aucun acte d'hostilité entre les deux Nations pendant la seconde année de Recarede, qui répond à peu près à l'an de Nôtre Seigneur 588. à la vingt-septiéme année du Régne du Roy de Bourgogne, & à la treiziéme de celuy de Childebert ; mais la suivante fut très-funeste aux François dans le Languedoc.

Le Duc Didier ayant esté tué à la journée de Carcassonne, le Comte Austrevalde qui commandoit sous luy en cette occasion fut fait Duc en sa place, & envoyé avec une Armée en Languedoc dès le commencement de la Campagne suivante. Il y entra, s'y rendit Maître de Carcassonne, & obligea les peuples de la dépendance de cette Ville à faire serment de fidélité au Roy de Bourgogne : il fut suivi d'une plus grande Armée commandée par le Duc Boson, différent de celuy dont j'ay parlé tant de fois, & il avoit le Commandement général. Celuy-ci jaloux des succés du Duc Austrevalde, le maltraita en arrivant, sur ce qu'il estoit entré dans Carcassonne sans ses ordres, & avant qu'il fust arrivé. Il campa assez près de cette Ville avec son Corps d'Armée, composée de Troupes de la Xaintonge, du Perigord, de Bourdeaux, d'Agen & de Toulouse, avec lesquelles il se disposoit à attaquer les principales Places du Languedoc. Cette mesintelligence des Chefs vint à la connoissance des ennemis, qui beaucoup moins forts que les François, eurent recours au stratagême. Claude Duc de Lusitanie estoit à la teste de quelques Troupes Espagnoles, pour tascher de s'opposer aux premiers efforts des François. Il sçeut qu'enflez de leur premier avantage, & que se fiant sur leur grand nombre, ils se divertissoient dans leur Camp, & y faisoient grande chere. Il espéra pouvoir les y surprendre, & y arriva en effet lorsqu'on l'y attendoit le moins : il donna avec beaucoup de résolution, enleva quelques Quartiers ; mais enfin le Duc Boson ayant promptement rangé quelques Troupes, vint l'attaquer. Claude fit ferme quelque temps, puis il commença à se battre en retraite.

Le Duc Boson dont les Troupes augmentoient à chaque moment, le suivit, & comptoit déja sur la défaite de ce petit Corps, lorsqu'engagé dans l'embuscade où le Général Espagnol l'avoit attiré, il se vit chargé de tous costez & pris en flanc par des Troupes fraîches qui mirent son Armée en déroute. Il en demeura cinq mille hommes sur la place, & trois mille furent faits prisonniers. Deux Historiens Espagnols disent que l'Armée Françoise estoit de soixante mille hommes ; l'un des deux ne donne que trois cens hommes au Duc de Lusitanie, ce qui doit s'entendre de ceux qui donnerent sur le Camp, & qui furent secondez par un beaucoup plus grand nombre d'autres que le Général François n'avoit pas crû estre si proche. L'autre ajoûte, que ce fut la plus belle victoire qui eust jamais esté remportée par ceux de son païs ; & les Visigots Catholiques la regarderent comme une récompense de la conversion de leur Prince à la véritable Religion, & de l'application qu'il avoit à l'étendre dans tout son Etat.

La nouvelle de cette défaite chagrina extraordinairement le Roy de Bourgogne, dont les Généraux pour se disculper, luy remplirent l'esprit de soupçons contre le Roy d'Austrasie & contre la Reine Brunehaut. Il s'imagina qu'ils l'avoient trahi, & qu'ils avoient fait avorter tous ses desseins par les avis donnez aux Espagnols ; que la jalousie qu'ils avoient de sa puissance, leur avoit fait faire la Paix avec eux ; qu'ils n'appréhendoient rien tant que de luy voir chasser les Espagnols du Languedoc, & de l'en voir le Maistre, & qu'ils avoient empesché par leurs intrigues, que les autres Villes ne se rendissent à la vuë de ses grandes forces, comme avoit fait Carcassonne.

Ces soupçons furent augmentez par une autre nouvelle qu'il apprit. La Ville de Soissons autrefois la Capitale & la demeure ordinaire de Chilperic, voyant que Frédégonde avec le petit Prince Clotaire son fils continuoit toûjours de demeurer au Vaudreüil ou à Roüen, résolut de se donner au Roy d'Austrasie, & les Habitans luy envoyerent demander le Prince Théodebert son fils âgé de trois ou quatre ans pour le faire leur Roy, en l'asseûrant qu'ils n'en auroient jamais d'autre. Childebert reçut ces Envoyez à Strasbourg avec ceux de Meaux, qui estoit déja à luy, & ne balança pas à accepter leur offre ; il fit incontinent la Maison du petit Prince, luy donna un Gouverneur, tous les Officiers d'un Roy, des Comtes, des Maires, & l'envoya à Soissons, où il fut reçû avec tous les honneurs qu'on rend à un Roy. Gontran se fut fort peu embarassé de l'affaire de Soissons par rapport aux intérests de Frédégonde ; mais il s'imagina, & cette Reine n'eut pas beaucoup de peine à le luy persuader, qu'on vouloit par là approcher Théodebert de Paris ; que le dessein de son pere & de Brunehaut estoit de l'y faire déclarer Roy, de se saisir de cette Ville, & de se frayer ainsi un chemin à la Monarchie universelle de l'Empire François. On luy persuada encore que la Reine Brunehaut entretenoit des correspondances à Constantinople avec un des fils de Gondebaud, & qu'elle le faisoit solliciter de venir en France pour se marier avec luy.

Le Roy de Bourgogne agité de ces inquiétudes, envoya des Troupes sur toutes ses Frontiéres, il mit des Gardes à tous les passages ; pour empescher que personne du Royaume d'Austrasie n'entrast dans celuy de Bourgogne, & rompist tout commerce avec les Austrasiens. Il convoqua un Concile le premier jour de Novembre, afin de s'y plaindre en présence des Evêques, de la conduite de son neveu & de la Reine Brunehaut, & pour y prendre avec eux des mesures pour sa seûreté & celle de son Etat.

La Reine Brunehaut qui ne pensoit à rien moins qu'à tout ce que s'imaginoit le Roy de

Bourgogne, avoit fait faire peu auparavant un fort beau Bouclier couvert de lames d'or & orné de pierres précieuses, & deux vases d'un bois fort rare, enrichis aussi de pierreries, qu'elle destinoit au Roy d'Espagne, comme au futur époux de sa fille Clodosinde. Elle envoya ces présens par un Seigneur de sa Cour nommé Ebregesile, qui avoit esté souvent en Ambassade en Espagne. Comme il passoit par les Terres de l'Etat de Bourgogne, on en donna avis au Roy, & on luy fit entendre que ces présens estoient destinez au fils de Gondebaud. Le Roy fit arrester Ebregesile, qui luy expliqua le sujet & le but de son voyage, l'asseûrant que ni le Roy ni la Reine d'Austrasie n'avoient nulle mauvaise intention, après quoy il eut permission de le continuer.

Le Roy d'Austrasie n'eut pas plustost appris les mauvaises impressions que l'on donnoit à son oncle contre luy, qu'il s'empressa de les luy oster. Il n'eut pas beaucoup de peine, ce bon Prince quittant ses soupçons aussi aisément qu'il les prenoit. Il crut Childebert sur sa parole, & Brunehaut sur son serment touchant les points qui l'inquiétoient.

Une grande partie des Evêques qui estoient déja en chemin pour se rendre à l'Assemblée, où l'on devoit traiter de ces affaires, s'en retournerent à leur Diocese, & le commerce fut rétabli entre les deux Royaumes.

Enfin les mauvais succès de la derniere Campagne obligerent le Roy de Bourgogne à s'accommoder avec le Roy d'Espagne, & la Paix fut aisément concluë avec ce Prince qui la souhaitoit depuis long-temps.

Le Concile de Narbonne qu'il fit tenir au mois de Novembre de cette année, & l'Evêque de Carcassonne souscrivit, est une marque que ce Prince estoit rentré en possession de cette Ville, soit par le Traité, soit par la défaite des François dont je viens de parler. En un mot, il n'est plus fait mention de cette guerre. Je viens à celle d'Italie, qui occupoit déja depuis quelques années les François Austrasiens contre les Lombards. Ces deux Nations eurent en divers temps des démeslez l'une avec l'autre dont je n'ay point parlé, pour ne point interrompre le fil des autres affaires. Je vais les reprendre ici, & les mettre tout de suite.

J'ay déja raconté comment dans les premiéres années du Régne de Gontran, ces barbares sous la conduite de leur Roy Alboin, subjuguerent en moins de quatre ans presque toute l'Italie, & y firent succéder leur domination à celle des Ostrogots. La mort de ce Prince arresta leur progrès, & elle arriva d'une maniere qu'il ne devoit pas attendre au milieu d'une Nation qui le cherissoit, l'estimoit & le respectoit infiniment. Estant à Veronne, & y donnant un grand repas aux principaux de ses Capitaines, il commanda dans la chaleur de la débauche, qu'on luy apportast une Coupe faite du crâne du Roy des Gépides, qu'il avoit autrefois vaincu en bataille, & tué de sa propre main. Il y but le premier, & ensuite il y présenta à boire à la Reine Rosimonde sa femme & fille de ce Roy.

La veuë de cet objet ranima tous les sentimens de vengeance que le temps n'avoit que rallentis dans le cœur de cette Princesse. Elle se posséda néanmoins assez pour n'en faire rien paroistre : mais la journée ne se passa pas qu'elle n'engageast un Officier de l'Armée à la venger par la mort de son mari, ce qu'elle fit en se prostituant à luy. Le lendemain après dîné, comme ce Prince dormoit dans sa Chambre, elle fit défendre à tout le monde d'en approcher, de peur qu'on ne le réveillast. Elle avoit cependant, sans qu'il s'en fust apperçû, trouvé moyen de lier la garde de son épée avec le fourreau d'une maniere qu'il estoit impossible de la tirer. Elle introduisit l'Officier dans la Chambre, & cela ne se put faire sans que le bruit de la porte réveillast le Roy, qui voyant venir sur luy cet Officier l'épée à la main, se jetta aussi-tost sur la sienne, & n'ayant pû la tirer du fourreau, Il se saisit d'une chaise dont il se défendit quelque temps : mais enfin il fut percé de plusieurs coups, & tué sur la place. Rosimonde eut permission de Longin Général de l'Empereur, de se retirer à Ravennes avec de grandes richesses, accompagnée du Capitaine des Gardes d'Alboin, qui avoit de concert avec elle, introduit l'assassin qu'elle épousa pour récompense de son crime.

Quelque temps après ayant empoisonné ce second mari, qui s'en apperçut en prenant la liqueur empoisonnée, & qui l'obligea le poignard à la main à boire le reste de la Coupe, elle mourut & luy aussi, se servant ainsi de bourreau l'un à l'autre en punition du parricide qui leur avoit esté commun à tous deux.

Les Lombards après la mort d'Alboin, mirent sur le Trône un homme des plus qualifiez de la Nation nommé Clébe ; mais s'estant rendu odieux par sa cruauté, il fut tué par un de ses domestiques après dix-huit mois de Régne. Ensuite il y eut une espéce d'Anarchie, les Gouverneurs des principales Places au nombre de trente-cinq, s'estans rendus maistres chacun de leur Canton.

Cette nouvelle forme du Gouvernement n'avoit pas esté plustost établie, que cinq de ces Gouverneurs ou Ducs s'estoient liguez ensemble pour faire une nouvelle irruption en France. Trois y entrerent du costé d'Ambrun & de Gap avec des Troupes si nombreuses, qu'après avoir ruiné tout le païs, pris ou ravagé quelques Villes qui n'estoient pas en état de défense, ils vinrent en mesme temps mettre le Siége devant Grenoble & devant Valence : mais le brave Mummol qu'on ne manqua pas de leur opposer, comme on avoit fait dans leurs autres excursions, ayant promptement assemblé une Armée, vint tomber sur eux, les obligea à lever les deux Siéges, les ataqua, les défit ; les contraignit d'abandonner presque tout leur butin, & de repasser promptement les Alpes avant que les neiges en eussent fermé les avenuës. Les deux autres Ducs Lombards eurent un sort tout semblable : ils estoient entrez par le

GONTRAN. CHILDEBERT. CLOTAIRE.

Fredegar. cap. 68. Marius in Chronico.

Val d'Aoste, & s'estoient avancez vers le Lac de Genéve, où après avoir fait de grands ravages, ils furent taillez en piéces par l'Armée de Bourgogne.

Ces défaites osterent l'envie aux Lombards de rentrer sur les Terres de France, & on ne les y vit plus depuis. Mais on jugea à propos de les aller chastier jusques chez eux. Les François d'Austrasie entrerent en Italie du costé de Trente, y prirent une Place forte nommée Anagnin, qu'ils abandonnerent après l'avoir pillée, battirent un Corps de Lombards, se saisirent de la Ville de Trente; mais le Duc de ce Canton ayant surpris le Général François, le défit à son tour, reprit la Ville, & enleva aux François tout le butin qu'ils avoient fait.

Fredeg. Chronic. cap. 45.

Gontran de son costé avoit fait entrer une Armée dans le Val d'Aoste & le pais de Suze, que les Lombards avoient depuis peu enlevé aux Romains, & les pressa si vivement, qu'ils luy demanderent la Paix en luy cedant ces deux Villes avec leurs Territoires, dont il demeura en possession. Le Pape Pelage porta fort impatiemment cette Paix; car ces succès des François luy avoient fait esperer qu'ils pourroient chasser d'Italie les Lombards qui y exerçoient une cruelle tyrannie. Il en marqua son chagrin dans une Lettre à Aunachaire Evêque d'Auxerre, à qui il reprochoit aussi-bien qu'aux autres Evêques de France, leur peu de zéle pour la Religion, de n'oser détourner leurs Princes du Traité qu'ils avoient fait avec ces Barbares: mais il ne gagna rien, l'Empereur Tibére ne faisant pas de son costé d'assez grands efforts pour engager les François à le seconder.

Paul Longob. l. 3. c. 16.

Tom. I. Concil. Gall.

L'Anarchie des Lombards sous les trente-cinq Ducs dura dix ans, après lesquels voyant que l'Empereur Maurice pensoit tout de bon à reconquerir l'Italie, ils convinrent tous entre eux de se créer un Roy, & éleurent Autharis fils de leur dernier Prince. Tous les Ducs se cottiserent pour luy assigner un revenu, avec lequel il pust soûtenir son rang de Roy, & luy donnerent chacun la moitié des Terres & des biens qu'ils possedoient. Ils ajoûterent à son nom celuy de Flavius, pour le rendre plus auguste & plus respectable. C'estoit le nom de la Famille du grand Constantin, & tous les successeurs d'Autharis le prirent aussi dans la suite.

Ce choix estoit très-prudent. Autharis fut un homme d'ordre & de conduite, & un Prince sage, brave, appliqué à établir & à maintenir le repos & la seûreté de ses Sujets. Il le falloit tel dans la conjoncture où se trouvoit alors la Nation.

Depuis l'entrée & les conquestes des Lombards en cette partie de l'Italie, tout ce que les Romains avoient pû faire, avoit esté de s'y conserver Rome & Ravenne, qui enfin eussent succombé, si l'Empereur Maurice plus guerrier que Justin & Tybére ses deux prédecesseurs, ne se fust mis au plustost en devoir de les secourir.

Depuis long-temps le Patrice Longin en succedant à Narsez dans le Gouvernement d'Italie, avoit établi sa demeure à Ravenne, & y avoit pris le nouveau titre d'Exarque, que ses successeurs garderent depuis. L'Empereur commença par mettre en sa place le Patrice Smaragde, habile Capitaine, & capable de r'animer les peuples par l'espérance d'un Gouvernement plus heureux sous un nouveau Général, & ensuite il prit pour ruiner les Lombards en Italie les mesmes mesures que Justinien avoit prises pour détruire le Royaume des Gots, & qui luy avoient si bien réüssi.

Premièrement, il travailla à les diviser, & l'Exarque trouva moyen dans la suite d'attirer dans son parti un des trente-cinq Ducs nommé Droctulfe, qui estoit maistre de la Ville de Berselle, située sur le Pô, & peu éloignée de Parme. Ce Duc n'estoit pas Lombard naturel, mais de la Nation des Suéves, & servit depuis utilement les Romains. Secondement, l'Empereur envoya en France des Ambassadeurs au Roy d'Austrasie, pour l'engager à une diversion en sa faveur du costé des Alpes, & luy fit présent d'une grosse somme d'argent pour les frais de cette entreprise. Ce furent ces raisons qui obligerent les Lombards à se réünir sous un seul Souverain, & à élire Autharis pour leur Roy.

Paul Longob. l. 3. c. 18.

Gregor. Turon. l. 6. c. 42.

Childebert * conclut une Ligue avec l'Empereur, & luy fit sçavoir peu de temps après qu'il faisoit déja marcher quelques Troupes en Italie pour joindre à celles de l'Exarque, il l'asseûra que si-tost que la saison le permettroit il feroit passer les Alpes à une puissante Armée, & le pria de donner ordre à l'Exarque de se mettre au plustost en état d'agir de son costé contre les Lombards avec toute la vigueur possible.

Epist. Childeberti ad Patriarcham.

* La bonne intelligence de Maurice avec nos Rois nous est marquée par une Médaille d'or, qui luy frappée à Vienne à l'honneur de cet Empereur. D'un costé est la teste de Maurice avec cette legende, Dominus Noster MAURICIUS Perpetuus AUgustus, au revers est le Laborum avec l'A & l'Ω & avec cette Inscription: VIENNA DE OFFICINA LAURENTI. C'estoit le nom du Monetaire.

An. 584.

Childebert qui n'avoit alors que quatorze à quinze ans, mais qui estoit déja d'un esprit meur, & d'ailleurs grand & robuste pour son âge, voulut marcher luy-mesme au Printemps à la teste de son Armée en Italie. Il n'y eut pas plustost paru, que les Lombards songerent à conjurer la tempeste qui les alloit perdre. Ils luy envoyerent demander la Paix, luy firent toutes les soûmissions possibles, l'assseûrerent qu'ils ne feroient jamais rien contre ses intérests, & qu'ils seroient à luy contre tous ses ennemis: Ils ajoûterent à cela tant d'argent & tant de présens, & se rendirent si faciles à toutes les demandes qu'il leur fit, qu'il se laissa gagner, & fit payer la Paix aux Lombards d'Italie à plus haut prix qu'il n'avoit vendu son secours à l'Empereur. Il s'en retourna après s'estre seulement montré au-delà des Alpes, & envoya une partie de son Armée à son oncle Gontran pour la guerre d'Espagne. Cette retraite eut de fâcheuses suites pour l'Exarque, qui avoit compté sur la diversion des François. Autharis aussi-tost après alla assiéger Berselle, où le Duc Droctulfe se défendit long-temps avec beaucoup de courage; mais enfin il fallut se rendre. Il capitula, & eut permission de se retirer à Ravenne. Autharis fit raser les murailles de Berselle, & ensuite pour avoir le moyen de mieux établir l'autorité de son nouveau regne, il fit une tréve de deux ou trois ans avec l'Exarque.

Paul Longob. c. 17.

Cap. 18.

L'Empereur fort mécontent de cette infidélité de Childebert, luy écrivit pour luy en faire des reproches, & pour luy redemander l'argent qu'on ne luy avoit donné qu'à des conditions qu'il n'avoit point exécutées ; ce Prince n'ayant point de raisons qu'il puît honnestement luy alléguer pour se défendre de ces reproches, & d'ailleurs ne se mettant gueres en peine de la colére de l'Empereur, ne luy fit point de réponse.

Malgré ce mépris choquant, l'Empereur qui avoit toûjours en teste son dessein d'Italie, qu'il luy estoit impossible d'exécuter sans le secours des François, envoya durant la trêve des Ambassadeurs au Roy d'Austrasie, pour le solliciter de nouveau à prendre son parti contre les Lombards. * Les affaires d'Espagne luy avoient fourni un moyen de renoüer cette négociation ; & la Princesse Ingunde sœur de Childebert & niéce de Gontran, laquelle avoit esté l'occasion de la guerre d'Espagne, fut aussi au moins pendant quelque temps un des motifs de celle d'Italie.

Si-tost que l'Empereur eut sçû la mort du Prince d'Espagne Hermenigilde, il envoya ordre qu'on fit transporter à Constantinople cette Princesse que ses Généraux avoient entre leurs mains : elle fut en effet embarquée ; mais elle mourut en chemin, ainsi que je l'ay dit. On cela quelque temps cette mort, & on fit courir le bruit qu'Ingunde estoit arrivée à la Cour de Constantinople. Les Ambassadeurs de Maurice, soit qu'ils sçussent la faussetè de ce fait, soit qu'ils l'ignorassent, agirent toûjours à la Cour d'Austrasie, en supposant que la Princesse estoit au pouvoir de l'Empereur, & se servirent de ce motif auprès de Brunehaut & de Childebert, pour les engager à tenir parole à leur Maistre. La chose leur réüssit. Brunehaut qui aimoit tendrement sa fille, détermina Childebert à rompre avec les Lombards, & si-tost que la trève que l'Exarque avoit faite avec Autharis fut expirée, il fit passer les Alpes à une nombreuse Armée de François & d'Allemans ses Sujets, qui avoient chacun un Général de leur Nation.

Autharis vint au devant d'eux avec la sienne : mais il n'eut pas la peine de les combattre ; la jalousie des Généraux & des deux Nations dont cette Armée estoit composée, la tint dans l'inaction, & après s'estre bien fatiguée, elle rentra en France sans avoir fait la moindre entreprise.

Tandis que les choses alloient si mal en Italie, on reçut des nouvelles certaines en France que la Princesse Ingunde estoit morte à Carthage, & qu'on avoit transporté le petit Prince Athanagilde son fils à Constantinople. * Peu de temps après l'Empereur Maurice écrivit à Childebert ; pour se plaindre son ordinaire du peu d'avantage qu'il retiroit de l'alliance des François, & des dépenses qu'il faisoit en vain pour l'entretenir. Il exhortoit ce Prince à tenir sa parole, & à faire voir par les effets qu'il avoit à cœur les affaires de l'Empire. Cette Lettre n'empescha pas qu'on ne reçut les Ambassadeurs des Lombards à la Cour d'Austrasie, & qu'on n'écoutast leurs propositions. Car quelque peu de succès que les François eussent en Italie, c'estoit toûjours une fâcheuse diversion pour le Roy des Lombards : ainsi malgré les avantages qu'il avoit remportez par ses Lieutenans sur l'Empereur, à qui il venoit d'enlever encore quelques Places, il voulut à quelque prix que ce fust se réünir avec les François. Il envoya donc à Childebert une magnifique Ambassade avec de beaux présens, pour le prier que les deux Nations vécussent en paix l'une avec l'autre, & que pour rendre cette paix plus solide, il voulust bien luy donner en mariage la Princesse Clodosinde sa sœur. Childebert consentit à tout, & luy promit la Princesse.

Ce fut apparemment contre le conseil & contre l'inclination de la Reine Brunehaut qu'il fit ce Traité ; il ne prenoit pas autant d'interest qu'elle aux malheurs du petit Prince Athanagilde ; mais elle fit si bien, que ce Traité fut presque aussi-tost rompu que conclu. Les Ambassadeurs d'Espagne dont j'ay parlé auparavant, estoient arrivez pour faire une semblable proposition de la part de Recarede ; ils détruisirent tout ce qu'avoient fait les Lombards, & Clodosinde fut accordée à Recarede.

Après ce manque de foy, il n'y eut plus rien à ménager avec les Lombards. Childebert fit sçavoir à l'Empereur qu'il alloit tout de bon se mettre en action, & entrer en Italie pour les attaquer. Il le fit : mais Autharis estant venu au devant des François, & leur ayant livré bataille, ils furent taillez en piéces. La défaite fut si sanglante, que nostre Historien sans entrer dans le détail, dit en général que ce fut une des plus grandes que la Nation ait jamais souffertes, elle arriva l'an 588. la treiziéme année du Régne de Childebert.

Autharis profitant de cette heureuse conjoncture, pensa à susciter des affaires au Roy d'Austrasie, pour l'empescher de revenir l'attaquer au moins avec de si grandes forces, & pour se venger en mesme temps de l'affront qu'on luy avoit fait en luy préferant le Roy d'Espagne pour le mariage de la Princesse Clodosinde. Il envoya secretement des Ambassadeurs à Garibalde Duc de Baviére, pour l'engager à secoüer le joug des François, & luy demander à cette condition sa fille Theodelinde en mariage. Cette Princesse avoit esté peu d'années auparavant promise à Childebert ; mais la Reine Brunehaut, je ne sçay par quelle raison, avoit empesché ce mariage. Le Duc de Baviére, qui apparemment en avoit encore le chagrin sur le cœur, consentit sans balancer aux propositions qu'on luy fit de la part d'Autharis. Si-tost que ce Prince en eut eu avis, il destina vers le Duc de Baviére une nouvelle Ambassade, composée de quelques-uns de ses confidens, & s'étant déguisé, il partit luy-mesme avec eux. Il donna au plus qualifié le titre de Chef ou d'Ancien * de l'Ambassade, & ne prit pour luy que la qualité de second Ambassadeur. Estant arrivez à la Cour de Baviére, quand le premier Ambassadeur eut fait au Duc son compliment de la part de son Maistre, Autharis s'avança, & luy dit, que le Roy luy avoit donné en particulier ordre de voir la Princesse Theodelinde, afin qu'il pust luy rendre exactement compte des belles qualitez que la renommée luy attribuoit. Le Duc la fit venir, & après quelques momens d'entretien, Autharis le remerciant luy dit, qu'il répondoit que le Roy des Lombards seroit content d'une telle épouse, & le Peuple d'une telle Reine. Il ajoûta qu'il y avoit une coûtume parmi les Lombards, que la Reine estant à table avec les Seigneurs, elle leur presentoit la coupe après avoir bû, & qu'il le prioit qu'elle voulust bien commencer dès ce moment à leur faire cet honneur.

Le Duc ayant fait apporter à boire, la Princesse présenta la coupe au Chef de l'Ambassade, & ensuite à Autharis, qui en la luy rendant luy toucha la main sans qu'aucun autre s'en fust apperçû : mais elle vit bien que cela s'estoit fait à dessein, d'autant plus qu'Autharis baisa aussi-tost sa main aprés avoir touché celle de la Princesse. Elle en rougit; sans néanmoins en dire mot, sinon qu'elle en fit aussi-tost après confidence à sa Gouvernante : celle-ci soupçonna ce que ce pouvoit estre, & luy conseilla toutefois de n'en rien dire au Duc son pere. Vous estes heureuse, luy dit-elle, si ma conjecture est vraye, d'avoir pour époux un Prince qui paroist aussi accompli que celuy-là. On ne fut pas long-temps sans en estre asseuré : car ayant pris congé du Duc, si-tost qu'il eut atteint la Frontière, il dit aux Bavarois qui l'accompagnoient, qu'ils prissent garde à ce qu'il alloit faire. Alors se levant sur ses étriers, il lança avec beaucoup d'adresse & de force une petite hache qu'il avoit à la main contre un arbre, où elle s'enfonça fort avant. Dites, ajoûta-t-il, en se tournant vers les Bavarois, au Duc & à la Princesse ce que vous venez de voir, c'est la manière dont Autharis sçait se servir de ses armes, & en mesme temps il piqua, les laissant fort asseûrez que ce galant Ambassadeur estoit le Prince luy-mesme.

Mais peu s'en fallut que les belles espérances d'un mariage qui fut très-heureux dans la suite, ne s'évanoüissent. Le Roy d'Austrasie informé de toutes ces menées, donna secretement ordre à ses Troupes de Germanie de se tenir prestes à marcher, & vint brusquement fondre dans la Bavière, lorsque le Duc s'y attendoit le moins. Il y fit de grands ravages, & pensa prendre la Princesse Theodelinde, elle échapa néanmoins avec Gondoalde son frere, qui la conduisit en Italie, où elle épousa Autharis dès qu'elle y fut arrivée.

Cependant la défaite des François n'avoit fait que les animer davantage contre les Lombards. Ils n'entrerent pas toutefois en Italie l'année suivante, qui se passa à traiter avec l'Empereur, & à faire de nouveaux préparatifs. Le Roy d'Austrasie attendoit avec impatience le retour des Ambassadeurs qu'il avoit envoyez à Constantinople, pour convenir des moyens de faire une Campagne plus heureuse. Ils avoient en allant relâché à Carthage, où ils avoient reçû une grande insulte. Car pendant le séjour qu'ils y firent pour attendre le vent favorable, un de leurs domestiques ayant enlevé à un Marchand une piéce de je ne sçay quelle Marchandise, & estant pressé par ce Marchand de la luy rendre, il le tua d'un coup d'épée, & se retira dans le quartier des Ambassadeurs, sans rien dire de ce qui luy estoit arrivé. Le Gouverneur averti de cet homicide vient avec des Soldats investir la maison, & demander qu'on luy mist le criminel entre les mains. Les Ambassadeurs surpris de cette émeute, demanderent qu'il leur fust permis de s'instruire du fait, & de parler au Gouverneur. On leur envoya asseûrance qu'on ne leur feroit aucun mal ; mais deux d'entre eux ne furent pas plustost hors de leur logis, que la populace les massacra. Le troisième nommé le Duc Grippon, voyant cette violence, se mit en armes avec ses domestiques, resolu de vendre sa vie bien cher si on venoit le forcer. Il envoya dire au Gouverneur qu'il seroit responsable de ce qui s'estoit déja passé, & de ce qui estoit sur le point d'arriver ; qu'il sçavoit bien qu'il estoit envoyé de la part du Roy de France pour négocier avec les Romains, & le grand interest qu'ils avoient à ménager l'amitié de son Maistre ; que la violence qui venoit de se commettre contre ses Collégues, alloit allumer une guerre funeste à la République, & qu'on en auroit raison.

Le Gouverneur fort inquiet vint luy-mesme trouver l'Ambassadeur, fit tout ce qu'il put pour l'appaiser, & aprés luy avoir fait comprendre que c'estoit l'effet subit d'une émeute populaire qu'il n'avoit pas pû prévoir, il le pria de ne pas le charger à Constantinople d'un crime qu'il détestoit, & dont il n'estoit point coupable.

L'Ambassadeur après avoir fait rendre les derniers devoirs à ses morts, partit pour la Cour de l'Empereur, où il commença par se plaindre de l'assassinat de Carthage. L'Empereur luy en témoigna un extrême chagrin, & luy promit de faire faire au Roy son Maistre une satisfaction dont il seroit content. Il présenta à l'Empereur des Lettres du Roy d'Austrasie & de la Reine Brunehaut, qui écrivoient aussi au pere de l'Empereur, à l'Impératrice, à l'Evêque de Constantinople, & aux principaux du Conseil Imperial. Nous avons toutes ces Lettres dans les Recüeils de Messieurs du Chesne. Ce ne sont guéres que des Lettres de créance, qui marquent en général que l'Ambassadeur est envoyé pour faire alliance avec l'Empereur, & luy proposer diverses choses pour l'utilité des deux Etats. L'Ambassadeur porta aussi des Lettres du Roy & de la Reine Brunehaut au jeune Prince Athanagilde, où en luy marquant l'un & l'autre beaucoup de tendresse, ils l'asseuroient que l'Ambassadeur estoit chargé de traiter avec l'Empereur sur ce qui le regardoit. On ne sçait pourtant ce que devint à la fin ce jeune Prince ; mais la Ligue se renouvella entre l'Empire & la France.

L'Ambassadeur revenu à la Cour d'Austrafie, rendit compte au Roy de tout ce qui s'étoit passé, & peu de jours après arriverent de la part de l'Empereur des Envoyez, qui amenoient avec eux douze hommes de ceux que l'on avoit crû les plus coupables dans l'affaire de Carthage. Ils les presenterent pieds & mains liez au Roy, luy disant, selon l'ordre qu'ils en avoient de l'Empereur, qu'il en feroit telle justice qu'il voudroit, & qu'il pouvoit les condamner à la mort ou à une amende pecuniaire au profit de son Epargne, s'il le jugeoit à propos. Le Roy répondit qu'il ne connoissoit point les gens qu'on luy envoyoit ; qu'on avoit peut-estre substitué de miserables esclaves à la place de ceux qui avoient commis le crime ; qu'il vouloit qu'on informast des coupables sur les lieux en presence de ceux qu'il députeroit pour cela ; que si le Gouverneur l'estoit luy-mesme, il falloit qu'on en fist justice, & qu'il envoyeroit à Constantinople declarer à l'Empereur ses intentions sur cette affaire. Il remit ces douze hommes entre les mains des Ambassadeurs Grecs, & ne laissa pas de se disposer à faire vigoureusement la guerre en Italie, tandis que l'Empereur y feroit entrer ses Troupes du costé de l'Orient.

Ibid.
Paul. Longob. c. 32.

En effet, Childebert fit passer au pluftost les Alpes à une nombreuse Armée commandée par vingt Officiers Generaux choisis, dont trois nommez Audoualde, Olon & Cedin furent mis à la teste pour commander les divers Corps qui devoient agir en mesme temps en differens endroits.

An. 590.

Gregor. Turon. l. 10. c. 3.

Ces Troupes avant que de sortir du Royaume, y commirent à leur ordinaire bien des désordres, sur tout du costé de Metz, qui se trouva sur la route de celles de Champagne que conduisoit le Duc Audoualde. L'Armée passa le Rhin, & prit sa route vers les Alpes Rhetiques, aujourd'huy les Montagnes des Grisons. Quand on fut à l'entrée d'Italie, le Duc Audoualde prit à droite, s'avança jusqu'à Milan, & campa auprès de cette Ville. Le General Olon s'estant approché d'une Place forte appellée par les Historiens Biltion, soit pour la reconnoistre, soit pour la sommer de se rendre, reçut un coup de flesche sous une des mammelles, & fut tué sur la place. C'est apparemment ce Duc Olon que j'ay nommé auparavant au nombre des assassins du malheureux Gondebaud, qui perirent presque tous de mort violente.

Paul. Longob. c. 32.

Autharis ne se voyant point en état de tenir la Campagne contre de si grandes forces, avoit mis ses Troupes dans toutes les Places fortes de son Etat, & s'estoit luy-mesme enfermé dans Pavie, se contentant de fatiguer l'ennemi par les partis qu'il envoyoit de tous costez qui coupoient les Convois, & tomboient à tous momens sur les François lorsqu'ils s'écartoient du Camp.

Néanmoins Audoualde après avoir campé quelques jours auprès de Milan, sçut qu'un assez gros Corps de Troupes ennemies paroissoit peu loin de son Camp, & qu'il estoit retranché sur le bord d'un étang, d'où sortoit un petit ruisseau très-profond qui les couvroit.

Il fit avancer une partie de son Armée pour les attaquer ; mais il fut arresté par le ruisseau. Tandis qu'il cherchoit un endroit commode à le passer, il parut sur l'autre bord un Lombard armé de pied en cap, tenant à sa main une espéce de Sponton, qui faisant le brave, & défiant les François au combat, cria tout haut que le jour estoit venu où l'on verroit à laquelle des deux Nations Dieu accorderoit la victoire. Sur quoy quelques Soldats François se détacherent, passerent le ruisseau à la nage, allerent investir le Lombard, qui s'estant mis en défense, fut tué.

Gregor. Turon. l. 10. c. 3.

Cependant le General faisoit défiler l'Armée par des guez qu'on avoit trouvez ; mais les Lombards ne l'attendirent pas. Dès qu'ils s'étoient apperçûs qu'on venoit à eux, ils avoient fait marcher leurs bagages, qu'ils suivirent sans tarder : de sorte que les François ne trouverent que la place de leur Camp entierement vuide, sans pouvoir faire aucun butin ni aucun prisonnier.

Audoualde estant retourné à son premier Camp, y reçut des Envoyez de l'Exarque de Ravenne, dont il attendoit des nouvelles avec impatience, afin d'agir de concert avec luy. Ces Envoyez l'asseûrerent que dans trois jours l'Armée de l'Empereur se trouveroit en un endroit qu'ils luy marquerent, éloigné de quelques lieuës du Camp des François ; que si-tost qu'ils y seroient arrivez, on en donneroit avis par un signal qui seroit l'incendie de quelques chaumines d'une montagne, au pied de laquelle on avoit marqué le Camp de l'Armée Imperiale : mais trois jours se passerent, & encore trois autres après, sans que l'on vist le feu, & qu'on pust rien apprendre de la marche de l'Exarque, qui de son costé avoit pris Modene, Mantouë & Altino, & qui peut-estre ne vouloit pas estre secouru avec de si grandes forces qui luy rendoient ses alliez formidables à luy-mesme.

Ibid.

Cela chagrinoit beaucoup le General François, qui n'estoit pas assez fort pour entreprendre le siége de Milan ou de quelque autre Place considerable, Autharis ayant par tout des Garnisons très-nombreuses.

Néanmoins l'autre Corps d'Armée commandé par le Duc Cedin, & qui n'avoit pas ordre d'attendre les Troupes de l'Exarque pour agir, n'estoit pas oisif. Il avoit pris un peu plus sur la gauche, s'estoit avancé jusqu'à Plaisance, & de-là remontant au travers du païs ennemi en le ravageant, estoit venu jusqu'à Verone, s'estoit jetté dans le païs de Trente, où il emporta neuf ou dix Places fortes, dont les noms pour la pluspart sont aujourd'huy fort inconnus, & mesme diversement marquez dans les Livres imprimez & dans les anciens Manuscrits. L'Ecrivain de l'Histoire des Lombards les nomme en Latin Tesana, Moletum, Semiana, Appianum, Sagitana, Cimbra, Vitianum, Brentonicum, Volenés, Ennemasé, sans parler de deux autres Places qu'il ne nomme point, une dans le Territoire de Vérone, & l'autre dans un autre Territoire appellé Alsuca. Toutes

Ortelius in thesauro Geograph.

Paul. Longob. l. 3. c. 32.

GONTRAN. CHILDEBERT. CLOTAIRE.

Mirei Geograph. Ecclesiast.

Toutes ces Places furent pillées & rasées, & les Habitans emmenez captifs. L'Evêque de Sabiona, dont le Siége a été transporté depuis à Brixen, & l'Evêque de Trente, obtinrent quartier pour le Fort de Ferrage, que M. de Valois croit être celuy que Cassiodore appelle Verruca sur la riviére d'Adige, & les Habitans au nombre de six cens se rachetérent à un sou d'or par tête. L'Isle de saint Julien où le Duc Minulfe commandoit pour le Roy des Lombards, se rendit aussi. Le successeur d'Autharis luy fit quelque temps après couper la tête pour ce sujet. Enfin les affaires des Lombards alloient très-mal, si les ennemis ordinaires des Armées Françoises en Italie, je veux dire la chaleur excessive & la dyssenterie qui se mit dans les Troupes, n'eussent combattu pour eux.

Paul. Longobard.

Elles réduisirent l'Armée Françoise en un pitoyable état : il en mourut un grand nombre, le reste étoit tout languissant, & n'eût pas été en état de regagner la France, si les vents & les pluyes de l'Automne ayant rafraîchi l'air, ne les eussent un peu remis. Cette Campagne fut de trois mois, après lesquels comme il n'y avoit pas moyen d'attirer les Lombards à une bataille, & qu'ils se tenoient toûjours dans leur Places, on résolut de repasser les Monts ; mais avant que de quitter le païs, on fit faire serment de fidélité au nom de Childebert aux Villes qu'on avoit conservées dans le païs de Trente, & qui avoient autrefois appartenu au feu Roy d'Austrasie Sigebert, & même les Généraux avant que de partir, firent avec Autharis une trévé de dix mois. Après cela les Troupes chargées de butin rentrérent en France ; ce qui n'empêcha pas que le défaut de vivres ne les affoiblît encore beaucoup dans le retour. Le grand nombre de captifs qu'ils avoient avec eux contribuoit à augmenter ce mal ; mais ces captifs dont ils faisoient des esclaves en France, étoient une grande partie des richesses des vainqueurs qu'ils vouloient conserver.

Epist. Exarchæ ad Childebert.

Ann. 590.

L'Exarque après le départ des François ne laissa pas de continuer à profiter du désordre des Lombards pendant le reste de l'Automne. Il reprit encore sur eux Plaisance, Parme, & Rhegio, dont les Ducs ou Gouverneurs firent serment de fidélité entre ses mains à l'Empereur.

Epistol'a Romani Exarchæ ad Childebertum.

Il écrivit à la fin de la Campagne au Roy d'Austrasie une Lettre qui n'étoit pas tout-à-fait conforme aux relations que firent les Généraux François à leur retour, & sur lesquelles apparemment nos Auteurs contemporains écrivirent ce que j'en ay raconté : car il dit au Roy qu'après avoir emporté Mantouë, Altino & Modéne pour attirer de ce côté-là une partie des Troupes des Lombards, il avoit envoyé au Général François qui commandoit un Corps de vingt mille hommes auprès de Verone, pour le prier de convenir d'un lieu où ils pûssent se parler, & prendre ensemble pour le reste de la Campagne ; qu'il n'avoit pas voulu le faire, mais qu'il luy avoit seulement envoyé quelques-uns de ses Officiers, tandis que

Tome I.

ce Général, comme il l'avoit sçû de bonne part, négocioit luy-même avec Autharis ; que cela ne l'avoit pas empêché de bien recevoir dans son Camp les Envoyez du Général ; qu'il leur avoit proposé de faire de concert, & chacun avec ses Troupes le siége de Pavie, où Autharis s'étoit renfermé ; que c'étoit là le coup de partie, & que la prise de ce Prince étoit la perte de la Nation des Lombards ; que si après cela on eût jugé à propos d'en venir à quelque négociation, il leur avoit engagé sa parole que rien ne se seroit fait qu'avec leur agrément ; qu'on n'eût rien conclu avant que d'avoir sçû les intentions du Roy, & qu'enfin leur trop prompt départ avoit relevé le courage aux Lombards qui succomboient. Que vos Généraux, ajoûte-t-il, produisent les Lettres que je leur ay écrites sur ce sujet, & vous verrez si tout ce que je dis n'est pas véritable. Il finit sa Lettre en priant le Roy de trois choses. La première de commencer de bonne heure la Campagne prochaine, & avant que les Lombards pûssent avoir fait la récolte. La seconde, de confier son Armée à des Généraux mieux intentionnez & plus zélez pour la gloire de leur Prince. Et la troisiéme, de leur ordonner d'épargner les Sujets de l'Empereur, que les François avoient traitez par tout en ennemis, & de relâcher ceux qu'ils avoient emmenez en captivité. Il étoit aussi rare en ce temps-là qu'aujourd'huy, de voir des Alliez agir parfaitement de concert ; mais jusqu'alors les François & l'Empire ne l'avoient jamais fait en Italie contre les Barbares. Childebert Roy d'Austrasie se conduisoit avec l'Empereur Maurice contre les Lombards sur les mêmes principes de politique & dans les mêmes vûës, que Théodebert avoit agi autrefois avec l'Empereur Justinien contre les Gots. Les François ne vouloient point voir l'Empereur paisible possesseur de l'Italie ; c'étoit un voisin trop puissant pour eux, & ils vouloient au moins la partager avec luy. Ils étoient bien aise d'affoiblir les Lombards, mais non pas de les ruiner entiérement au profit de l'Empereur.

Le Roy d'Austrasie ayant reçû la Lettre de l'Exarque, affecta de faire paroître du mécontentement de ses Ducs, & en disgracia quelques-uns, ainsi qu'on le voit par une autre Lettre de l'Exarque à ce Prince, où il luy rend compte des nouvelles conquêtes qu'il avoit faites dans l'Italie sur les Lombards, & luy renouvelle les mêmes priéres : mais tout cela n'aboutit à rien. Car les Lombards que les pertes de cette campagne avoient jettez dans la consternation, n'oubliérent rien pour obtenir la Paix avec la France.

Altera Epistola Exarchæ ad Childebertum.

Ils sçavoient l'autorité que le Roy de Bourgogne avoit dans tout l'Empire François, & en particulier sur l'esprit du Roy d'Austrasie, & que c'étoit un Prince débonnaire, humain, pieux, & pacifique. Ils eurent recours à sa médiation ; & Autharis luy envoya des Ambassadeurs, qui luy parlérent avec toute la soumission possible. Ils luy représentérent que depuis plusieurs années, que les Lombards avoient fait la Paix avec

*R

la France, ils n'avoient jamais violé le Traité ; qu'ils n'avoient fait que se défendre, estant toûjours attaquez les premiers par les François; que de tout temps leurs ancestres avoient esté en bonne intelligence, & avoient entretenu l'alliance entre les deux Nations ; qu'ils le supplioient de faire ensorte que cette amitié mutuelle se rétablist, & que les deux Peuples se secourussent l'un l'autre contre les entreprises d'un ennemi commun, qui ne cherchoit à les diviser, que pour les perdre l'un après l'autre.

Le Roy de Bourgogne les écouta favorablement, & après leur avoir promis de contribuer de tout son pouvoir à la Paix, il les envoya au Roy d'Austrasie, à qui ils firent les mêmes protestations, les mêmes soumissions & les mêmes demandes.

Mais sur ces entrefaites vinrent d'autres Ambassadeurs, qui apporterent à Gontran la nouvelle de la mort de leur Roy Autharis arrivée à Pavie. Il les renvoya comme les autres au Roy d'Austrasie, qui les congedia avec les premiers en leur donnant de bonnes espérances. La Paix se fit en effet peu de temps après avec Agilulphe successeur d'Autharis, à condition d'un tribut de douze mille sous d'or, auquel les Lombards se soumirent, & qu'ils racheterent depuis par une plus grande somme une fois payée sous le régne de Clotaire II. L'Evêque de Trente étant venu aussi-tôt en France de la part du Roy des Lombards, en ramena quantité de captifs, dont la Reine Brunehaut par une compassion digne d'une Princesse chrétienne, en avoit racheté plusieurs de son propre argent. La Baviére rentra dans son devoir ; & soit que le Duc pere de la Reine des Lombards qui s'étoit révolté contre Childebert, fût mort, soit qu'il eût été obligé d'abandonner ses Etats, le Roy d'Austrasie en créa un autre nommé Tassillon. Nous le verrons plus de cent ans après encore un du même nom succeder à ce Duché toûjours avec la même dépendance des Rois de France.

Durant le cours de ces deux guerres d'Espagne & d'Italie que je viens de raconter, il se passa diverses choses dans les trois Royaumes de France, qui bien que pour la plûpart moins importantes par rapport à l'Etat, méritent toutefois d'avoir icy leur place.

La première, est l'horrible attentat de Frédégonde, qui n'ayant jamais pardonné à Prétextat Evêque de Roüen, la liberté avec laquelle il avoit demandé justice au Roy de Bourgogne, & d'être rétabli dans son Evêché, le fit poignarder dans le chœur de son Eglise un Dimanche au milieu de l'Office. Quelque surprise & quelque affliction qu'elle affectât de faire paroître de cette mort, on eut contre elle des préjugez si forts & des convictions si manifestes, qu'on n'en soupçonna jamais aucune autre personne.

Un des plus puissans Seigneurs de la Cour osa dire en sa présence, que c'étoit pousser trop loin la fureur, & qu'enfin on se résoudroit à prendre des mesures efficaces pour arrêter ces horribles excés : mais elle s'en défit dès la même journée en le faisant empoisonner. Leudovalde Evêque de Bayeux après avoir pris l'avis de plusieurs autres Evêques, sans se mettre en peine de l'indignation de Frédégonde, fit fermer toutes les Eglises de Roüen, & défendit qu'on y célébrât l'Office & les saints Mystéres, jusqu'à ce qu'on eût découvert l'auteur de cet effroyable sacrilége. Je croy que c'est là le premier exemple que nous ayons dans l'antiquité de cette espéce d'interdit général.

Le Roy de Bourgogne n'eut pas plûtôt reçû la nouvelle de la mort du saint Prélat, qu'il envoya à Roüen trois Evêques, Arthemius de Sens, Veranus de Châlons sur Saône, & Agreeius de Troye. Ils avoient ordre de conférer avec les Seigneurs du Conseil du jeune Roy, de s'informer de l'auteur du crime, & de le faire amener quel qu'il fût, à la Cour de Bourgogne : mais Frédégonde qui étoit maîtresse de ce Conseil, représenta à ces Seigneurs, qu'il n'y avoit que trop long-temps que le Roy de Bourgogne se donnoit la liberté de commander dans un Etat qui ne luy appartenoit point; que plus on luy souffroit de ces sortes d'entreprises sur l'autorité du Roy son fils & sur celle de son Conseil, plus il en faisoit, & que c'étoit à eux de faire voir en cette occasion, s'ils étoient Sujets du Roy de Bourgogne ou du fils de Chilperic.

Ces Seigneurs qui ne supportoient qu'avec peine depuis long-temps cette conduite du Roy de Bourgogne, ayant entendu les trois Evêques, leur répondirent conformément aux intentions de Frédégonde ; qu'en effet le crime qui avoit été commis en la personne de l'Evêque de Roüen, étoit horrible ; qu'ils étoient dans la résolution de ne le pas laisser impuni ; mais qu'on n'avoit pas besoin pour cela du Tribunal de Bourgogne, & qu'ils avoient un Roy dont l'autorité suffiroit pour faire justice.

Les trois Evêques repartirent avec menaces, que si on ne leur livroit la personne qu'on sçavoit qui avoit fait poignarder l'Evêque, & empoisonner le Seigneur François, on verroit dans peu de temps le Roy leur Maître venir avec une Armée ravager tout le païs, & enlever par force celle qu'on refusoit de luy remettre entre les mains : mais ils ne pûrent rien obtenir, & Frédégonde eut encore le crédit de faire mettre à la place de Prétextat Melaine ou Melantius, * celuy qu'elle y avoit déja mis, lorsque le saint Evêque fut rétabli, & qu'on soupçonnoit sur de bonnes preuves d'avoir été complice de l'assassinat.

Gontran n'envoya pas d'Armée à Roüen, comme il en avoit menacé ; il avoit alors affaire de toutes ses Troupes contre les Espagnols en Languedoc : mais il se vengea de Frédégonde d'une autre manière. Elle avoit eu à sa Cour un Duc nommé Beppolen, homme d'un esprit droit & ferme, qu'elle n'avoit jamais pû gagner, & qu'elle trouvoit toûjours contraire à ses violens desseins ; elle luy faisoit tous les jours des affaires, & le chagrinoit en tout ce qu'elle pouvoit, de sorte qu'elle l'obligea à se retirer, & dans la conjoncture dont je viens

GONTRAN. CHILDEBERT. CLOTAIRE.

Marg. Geograph. Ecclesiast.

Toutes ces Places furent pillées & rasées, & les Habitans emmenez captifs. L'Evêque de Sabiona, dont le Siége a esté transporté depuis à Brixen, & l'Evêque de Trente, obtinrent quartier pour le Fort de Fetrage, que M. de Valois croit estre celuy que Cassiodore appelle Verruca sur la rivière d'Adige, & les Habitans au nombre de six cens se racheterent à un sou d'or par teste. L'Isle de saint Julien où le Duc Minulfe commandoit pour le Roy des Lombards, se rendit aussi. Le successeur d'Autharis luy fit quelque temps après couper la teste pour ce sujet. Enfin les affaires des Lombards alloient très-mal, si les ennemis ordinaires des Armées Françoises en Italie, je veux dire la chaleur excessive & la dissenterie qui se mit dans les Troupes, n'eussent combatu pour eux.

Paul. Longobard.

Elles réduisirent l'Armée Françoise en un pitoyable état: il en mourut un grand nombre, le reste estoit tout languissant, & n'eust esté en état de regagner la France, si les vents & les pluyes de l'Automne ayant rafraîchi l'air, ne les eussent un peu remis. Cette Campagne fut de trois mois, après lesquels comme il n'y avoit pas moyen d'attirer les Lombards à une bataille, & qu'ils se tenoient toûjours dans leur Places, on résolut de repasser les Monts; mais avant que de quitter le païs, on fit faire serment de fidélité au nom de Childebert aux Villes qu'on avoit conservées dans le païs de Trente, & qui avoient autrefois appartenu au feu Roy d'Austrasie Sigebert, & mesme les Généraux avant que de partir, firent avec Autharis une trève de dix mois. Après cela les Troupes chargées de butin rentrerent en France; ce qui n'empescha pas que le défaut de vivres ne les affoiblist encore beaucoup dans le retour. Le grand nombre de captifs qu'ils avoient avec eux contribuoient à augmenter ce mal; mais ces captifs dont ils faisoient des esclaves en France, estoient une grande partie des richesses des vainqueurs qu'ils vouloient conserver.

Epist. Exarchæ ad Childebert.

An. 590.

L'Exarque après le départ des François ne laissa pas de continüer à profiter du désordre des Lombards pendant le reste de l'Automne. Il reprit encore sur eux Plaisance, Parme, & Rhegio, dont les Ducs ou Gouverneurs firent serment de fidélité entre ses mains à l'Empereur. Il écrivit à la fin de la Campagne au Roy d'Austrasie une Lettre qui n'estoit pas tout-à-fait conforme aux relations que firent les Généraux François à leur retour, & sur lesquelles apparemment nos Auteurs contemporains écrivirent ce que j'en ay raconté: car il dit au Roy qu'après avoir emporté Mantoüe, Altino & Modéne pour attirer de ce costé-là une partie des Troupes des Lombards, il avoit envoyé au Général François qui commandoit un Corps de vingt mille hommes auprès de Verone, pour le prier de convenir d'un lieu où ils pûssent se parler, & prendre ensemble les mesures pour le reste de la Campagne; qu'il n'avoit pas voulu le faire, mais qu'il luy avoit seulement envoyé quelques-uns de ses Officiers, tandis que

Epistola Romani Exarchæ ad Childebertum.

Tome I.

le Général, comme il l'avoit sçû de bonne part, négocioit luy-mesme avec Autharis; que cela ne l'avoit pas empesché de bien recevoir dans son Camp les Envoyez du Général; qu'il leur avoit proposé de faire de concert, & chacun avec ses Troupes le siége de Pavie, où Autharis s'estoit renfermé; que c'estoit là le coup de partie, & que la prise de ce Prince estoit la perte de la Nation des Lombards; que si après cela on eust jugé à propos d'en venir à quelque négociation, il leur avoit engagé sa parole que rien ne seroit fait qu'avec leur agréement, qu'on n'eust rien conclu avant que d'avoir sçû les intentions du Roy, & qu'enfin leur trop prompt départ avoit relevé le courage aux Lombards qui succomboient. Que vos Généraux, ajoute-t-il, produisent les Lettres que je leur ay écrites sur ce sujet, & vous verrez si tout ce que je dis n'est pas véritable. Il finit sa Lettre en priant le Roy de trois choses. La première de commencer de bonne heure la Campagne prochaine, & avant que les Lombards pûssent avoir fait la récolte. La seconde, de confier son Armée à des Généraux mieux intentionnez & plus zélez pour la gloire de leur Prince. Et la troisième, de leur ordonner d'épargner les Sujets de l'Empereur, que les François avoient traitez par tout en ennemis,& de relascher ceux qu'ils avoient emmenez en captivité. Il estoit aussi rare en ce temps-là qu'aujourd'huy, de voir des Alliez agir parfaitement de concert; mais jusqu'alors les François & l'Empire ne l'avoient jamais fait en Italie contre les Barbares. Childebert Roy d'Austrasie se conduisoit avec l'Empereur Maurice contre les Lombards sur les mesmes principes de politique & dans les mesmes vûës, que Théodebert avoit agi autrefois avec l'Empereur Justinien contre les Gots. Les François ne vouloient point voir l'Empereur paisible possesseur de l'Italie; c'estoit un voisin trop puissant pour eux, & ils vouloient au moins la partager avec luy. Ils estoient bien aises d'affoiblir les Lombards, mais non pas de les ruiner entiérement au profit de l'Empereur.

Le Roy d'Austrasie ayant reçû la Lettre de l'Exarque, affecta de faire paroistre du mécontentement de ses Ducs, & en disgracia quelques-uns, ainsi qu'on le voit par une autre Lettre de l'Exarque à ce Prince, où il luy rend compte des nouvelles conquestes qu'il avoit faites dans l'Italie sur les Lombards, & luy renouvelle les mesmes priéres; mais tout cela n'aboutit à rien. Car les Lombards que les pertes de cette Campagne avoient jettez dans la consternation, n'oublierent rien pour obtenir la Paix avec la France.

Altera Epistola Exarchæ ad Childebertum.

Ils sçavoient l'autorité que le Roy de Bourgogne avoit dans tout l'Empire François, & en particulier sur l'esprit du Roy d'Austrasie,& que c'estoit un Prince débonnaire, humain, pieux, & pacifique. Ils eurent recours à sa médiation, & Autharis luy envoya des Ambassadeurs, qui luy parlerent avec toute la soumission possible. Ils luy représenterent que depuis plusieurs années,que les Lombards avoient fait la Paix avec

R

la France, ils n'avoient jamais violé le Traité; qu'ils n'avoient fait que se défendre, estant toûjours attaquez les premiers par les François; que de tout temps leurs ancestres avoient esté en bonne intelligence, & avoient entretenu alliance entre les deux Nations; qu'ils le supplioient de faire ensorte que cette amitié mutuelle se rétablist, & que les deux Peuples se secourussent l'un l'autre contre les entreprises d'un ennemi commun, qui ne cherchoit à les diviser, que pour les perdre l'un après l'autre.

Le Roy de Bourgogne les écouta favorablement, & après leur avoir promis de contribuer de tout son pouvoir à la Paix, il les envoya au Roy d'Austrasie, à qui ils firent les mesmes protestations, les mesmes soumissions & les mesmes demandes.

Mais sur ces entrefaites vinrent d'autres Ambassadeurs, qui apporterent à Gontran la nouvelle de la mort de leur Roy Autharis, arrivée à Pavie. Il les congédia comme les autres au Roy d'Austrasie, qui les congedia avec les premiers en leur donnant de bonnes esperances. La Paix se fit en effet peu de temps après avec Agilulphe successeur d'Autharis, à condition d'un tribut de douze mille sous d'or, auquel les Lombards se soumirent, & qu'ils rachetérent depuis par une plus grande somme sous le régne de Clotaire II. L'Evêque de Trente estant venu aussi-tost en France de la part du Roy des Lombards, en ramena quantité de captifs, dont la Reine Brunehaut par une compassion digne d'une Princesse chrétienne, en avoit racheté plusieurs de son propre argent. La Baviére rentra dans son devoir, & soit que le Duc pere de la Reine des Lombards, qui s'étoit révolté contre Childebert, fust mort, soit qu'il eust esté obligé d'abandonner ses Etats, le Roy d'Austrasie en créa un autre nommé Tassillon. Nous en verrons plus de cent ans après encore un du mesme nom gouverner ce Duché toûjours avec la mesme dépendance des Rois de France.

Durant le cours de ces deux guerres d'Espagne & d'Italie que je viens de raconter, il se passa diverses choses dans les trois Royaumes de France, qui bien que pour la plûpart moins importantes par rapport à l'Etat, méritent toutefois d'avoir ici leur place.

La première, est l'horrible attentat de Frédégonde, qui n'ayant jamais pardonné à Prétextat Evêque de Roüen, la liberté avec laquelle il avoit demandé justice au Roy de Bourgogne, & d'estre rétabli dans son Evêché, le fit poignarder dans le chœur de son Eglise un Dimanche au milieu de l'Office. Quelque surprise & quelque affliction qu'elle affectast de faire paroistre de cette mort, on eut contre elle des préjugez si forts & des convictions si manifestes, qu'on n'en soupçonna jamais aucune autre personne.

Un des plus puissans Seigneurs de la Cour osa dire en sa présence que c'estoit pousser trop loin la fureur, & qu'enfin on se résoudroit à prendre des mesures efficaces pour arrester ces horribles excès: mais elle s'en défit dès la mê-

me journée en le faisant empoisonner. Leudoualde Evêque de Bayeux après avoir pris l'avis de plusieurs autres Evêques, sans se mettre en peine de l'indignation de Frédégonde, fit fermer toutes les Eglises de Roüen, & défendit qu'on y célébrast l'Office & les saints Mystéres, jusqu'à ce qu'on eust découvert l'auteur de cet effroyable sacrilége. Je croy que c'est là le premier exemple que nous ayons dans l'antiquité de cette espéce d'interdit général.

Le Roy de Bourgogne n'eut pas plustost reçû la nouvelle de la mort du saint Prélat, qu'il envoya à Roüen trois Evêques, Arthemius de Sens, Veranus de Châlons sur Saone, & Agrecius de Troye. Ils avoient ordre de conférer avec les Seigneurs du Conseil du jeune Roy, de s'informer de l'auteur du crime, & de le faire amener quel qu'il fust à la Cour de Bourgogne: mais Frédégonde qui estoit maistresse de ce Conseil, représenta à ces Seigneurs, qu'il n'y avoit que trop long-temps que le Roy de Bourgogne se donnoit la liberté de commander dans un Etat qui ne luy appartenoit point; que plus on luy souffriroit de ces sortes d'entreprises sur l'autorité du Roy son fils & sur celle de son Conseil, plus il en faisoit, & que c'estoit à eux de faire voir en cette occasion, s'ils estoient Sujets du Roy de Bourgogne ou du fils de Chilperic.

Ces Seigneurs qui ne supportoient qu'avec peine depuis long-temps cette conduite du Roy de Bourgogne, ayant entendu les trois Evêques, leur répondirent conformément aux intentions de Frédégonde; qu'en effet le crime qui avoit esté commis en la personne de l'Evêque de Roüen, estoit horrible; qu'ils estoient dans la résolution de ne le pas laisser impuni; mais qu'on n'avoit pas besoin pour cela du Tribunal de Bourgogne, & qu'ils avoient un Roy dont l'autorité suffiroit pour faire justice.

Les trois Evêques repartirent avec menaces, que si on ne leur livroit la personne qu'on sçavoit qui avoit fait poignarder l'Evêque, & empoisonner le Seigneur François, on verroit dans peu de temps le Roy leur Maistre venir avec une Armée ravager tout le païs, & enlever par force celle qu'on refusoit de luy remettre entre les mains: mais ils ne pûrent rien obtenir, & Frédégonde eut encore le crédit de faire mettre à la place de Prétextat Melaine ou Melantius, celuy qu'elle y avoit déja mis, lorsque le saint Evêque fut exilé, & qu'on soupçonnoit sur de bonnes preuves d'avoir esté complice de l'assassinat.

Gontran n'envoya pas d'Armée à Roüen, comme il en avoit menacé; il avoit alors affaire de toutes ses Troupes contre les Espagnols en Languedoc: mais il se vengea de Frédégonde d'une autre maniére. Elle avoit eu à sa Cour un Duc nommé Beppolen, homme d'un esprit droit & ferme, qu'elle n'avoit jamais pû gagner, & qu'elle trouvoit toûjours contraire à ses violens desseins; elle luy faisoit tous les jours des affaires, & le chagrinoit en tout ce qu'elle pouvoit, de sorte qu'elle l'obligea à se retirer, & dans la conjoncture dont je viens de parler, il se réfugia auprès du Roy de Bourgogne. Ce Prince l'employa d'une manière à faire connoistre à Frédégonde, qu'il prétendoit avoir sur tout l'Empire François le droit & l'autorité qu'elle luy disputoit. Il le déclara comme le Lieutenant de tout l'Etat du jeune Roy Clotaire, & l'envoya avec des Troupes pour se mettre en possession de cette dignité. Quelques Villes le reçurent, d'autres refuserent de le reconnoistre, & de ce nombre furent Angers & Rennes. Il laissa son fils auprès de celle-cy comme pour la bloquer; les Habitans firent une sortie sur luy, qu'il soûtint courageusement; mais il y fut tué avec plusieurs personnes considérables.

Les Comtes de Bretagne Waroc & Widimacle prirent occasion de ces brouïlleries, pour faire des courses dans le Territoire de Nantes. Ce qui obligea Gontran à y envoyer des Troupes; mais il les fit devancer par Namatius Evêque d'Orleans, & Bertrand Evêque du Mans, & par quelques-uns de ses Comtes, pour demander satisfaction de ces hostilitez. L'affaire fut mise en négociation, & Frédégonde y envoya aussi des Députez au nom du Roy son fils. Les Comtes Bretons consentirent à réparer le dommage qu'ils avoient fait, renouvellerent leurs hommages aux Députez du jeune Roy Clotaire, & s'engagerent à luy payer une somme d'argent aussi-bien qu'au Roy de Bourgogne. Mais le Comte Waroc n'eut pas plustost esté asseuré qu'on avoit congédié les Troupes, qu'il revint sur les Terres des Nantois au temps de la vendange, & fit emporter à Vannes tout le vin qu'ils avoient fait. Le Roy de Bourgogne furieusement irrité, rassembla une seconde fois son Armée; mais on se raccommoda encore.

La guerre d'Espagne dont Gontran estoit tout occupé, rendoit ces accommodemens faciles, & par la mesme raison les païs voisins des Pyrenées souffrirent beaucoup des courses des Gascons qui demeuroient encore au-delà de ces Montagnes, & qui firent impunément de grands ravages dans les Plaines en deça. Le Duc Austroualde les obligea de repasser les Monts, mais sans leur faire beaucoup de mal.

Le Royaume d'Austrasie eut aussi ses mouvemens particuliers. Il s'y fit deux conjurations, l'une & l'autre contre le Roy & la Reine sa mere. La première fut tramée par Frédégonde & par les Seigneurs du Royaume du jeune Clotaire avec trois des plus considérables Ducs de celuy de Childebert. Un de ces trois Ducs nommé Raucingue homme puissant, riche, & d'une ambition insatiable, ayant eu ordre de traiter avec des Députez du jeune Clotaire pour quelques differens survenus entre les deux Rois, se servit de cette confiance que son Maistre avoit en luy, pour prendre des mesures avec ses ennemis contre sa vie & son Etat. La partie fut liée dans cette conférence de la manière que je vais dire.

Le Duc Raucingue se chargea de faire assassiner Childebert. Et quand cela seroit fait, on devoit se saisir des deux petits Princes ses fils. Raucingue devoit emmener avec luy Theodebert, l'aîné des deux, le déclarer Roy d'Austrasie, & gouverner son Etat pendant sa minorité. Le bruit qu'il affecta de faire courir quelque temps auparavant qu'il estoit fils naturel du Roy Clotaire I. fit assez comprendre qu'il prétendoit luy-mesme au Trône.

Les deux autres Ducs l'un nommé Ursion, & l'autre Bertefrede, devoient enlever le Prince Thiery, qui estoit le cadet, déclarer la guerre au Roy de Bourgogne, le chasser s'ils pouvoient de son Royaume avec le secours de Frédégonde, proclamer Thiery Roy de Bourgogne, & s'en faire les Tuteurs & les Ministres. Pour la Reine Brunehaut, elle devoit estre éloignée de tout maniment des affaires, comme elle l'avoit esté pendant les premières années de son veuvage & de la minorité de son fils.

Comme le Duc Raucingue retournoit à la Cour, afin de disposer les choses pour l'exécution de son méchant dessein, le Roy de Bourgogne fut averti de tout; il pria Childebert de le venir voir sans tarder pour une affaire de la derniere importance, & de trouver quelque prétexte pour empescher qu'on ne soupçonnast du mystere dans leur entrevûë. Ils se virent, & convinrent des moyens de prévenir les Conjurez. Si-tost que Childebert fut retourné, il envoya des gens affidez dans toutes les maisons de Raucingue pour se saisir de ses papiers, & luy manda en mesme temps de le venir trouver. Le Duc y alla ne se défiant de rien, le Roy luy parla de diverses affaires, & ensuite le congédia.

A peine fut-il hors de la Chambre, que les Gardes, selon l'ordre qu'ils en avoient, le tuérent à coups d'épées, & le jetterent par les fenestres. On trouva dans ses maisons plus d'or & d'argent qu'il n'y en avoit dans le Trésor Royal, où toutes ces richesses furent apportées.

Cependant les Ducs Ursion & Berthefrede ne doutant point du succès du détestable dessein de ce perfide, avoient déja secretement fait assez de Troupes pour en composer une Armée, lorsqu'ils apprirent que tout estoit découvert; voyant bien qu'ils estoient perdus, ils assemblerent le plus promptement qu'ils purent les gens de leur parti, & vinrent se retrancher du costé de Vaivre * entre la Meuse & la Moselle, où estoient les Terres du Duc Ursion.

La Reine Brunehaut aimoit Berthefrede, & elle avoit tenu depuis peu un de ses enfans sur les Fonts de Baptesme. Elle luy dépescha un Courier, pour luy dire qu'elle luy promettoit sa grace, s'il vouloit rentrer dans son devoir, & abandonner le parti d'Ursion, qu'elle avoit toûjours fort haï. Il répondit qu'il avoit mérité de périr, & qu'il y estoit résolu.

Le Roy d'Austrasie ayant joint l'Armée de son oncle, marcha en personne de ce costé-là. Aux approches des Troupes du Roy, celles des Conjurez se dissiperent pour la pluspart. Les deux Chefs avec leurs Familles & les plus déterminez de leurs amis se posterent sur le haut d'une Colline dans les Terres d'Ursion, sur la-

ibid.
* Vabrensis castrum.

Tome I.
R ij

quelle il avoit fait autrefois bastir une petite Eglise à l'honneur de S. Martin. Ce lieu estoit de fort difficile accés, & avoit esté fortifié.

Childebert en confia l'attaque au Duc Godegesile, gendre de ce Duc Lupus, qu'Ursion & Berthefrede avec l'Evêque de Reims avoient étrangement persécuté durant leur ministère. Quand ils se virent prests d'estre forcez, & que les Soldats de Godegesile commençoient à se rendre maistres de la Colline, ils se réfugièrent dans la Chapelle. Godegesile les y investit, & y fit mettre le feu. Alors Ursion dans la nécessité de périr sort l'épée à la main, tua tous ceux qu'il rencontra en son chemin, & entre autres un des Comtes du Palais nommé Trudulfe, jusqu'à ce qu'ayant reçû une blessure à la cuisse qui le fit tomber, il fut percé de plusieurs coups. Godegesile le voyant mort, commanda qu'on fit quartier au reste, & selon l'ordre qu'il en avoit de la Reine Brunehaut, il fit dire au Duc Berthefrede qu'il pouvoit se retirer en seûreté. Celuy-ci sans tarder monte à cheval, tandis que les Soldats étoient occupez au pillage, gagne au plustost Verdun, & va se réfugier dans la Chapelle de l'Evêché : mais le Roy ayant sçû qu'on l'avoit laissé échaper, dit tout irrité à Godegesile qu'il y alloit de sa teste, s'il ne luy apportoit celle de Berthefrede. Ce Général marcha à Verdun ; & assiégea Berthefrede dans son asile, & comme l'Evêque luy en refusoit l'entrée, il fit monter des Soldats sur le toit de la maison, qui l'ayant découvert, tuèrent ce malheureux à coups de tuiles dans la Chapelle même. Après cette exécution, plusieurs qui avoient eu quelque part à cette méchante intrigue, se sauvèrent hors du Royaume. Le Roy osta les Gouvernemens à quelques Ducs suspects, & en mit d'autres en leur place.

Il y avoit eu dans la suite de cette affaire de fâcheuses présomptions contre Giles Evêque de Rheims ; mais ce Prélat aussi habile Courtisan que grand fourbe & grand broüillon, s'estoit tiré d'intrigue en se réconciliant avec le Duc Lupus qui avoit beaucoup de crédit sur l'esprit du Roy, & en faisant de magnifiques présens au Roy mesme. Cette réconciliation de l'Evêque avec Lupus déplut fort au Roy de Bourgogne, qui avoit reçû ce Duc dans le temps de sa disgrace, & lorsque l'Evêque de Reims pendant la minorité de Childebert, l'avoit poussé à bout. Ce Duc luy avoit promis en retournant à la Cour, que jamais il ne rentreroit en liaison avec l'Evêque, dont ce Prince connoissoit le méchant esprit. Mais une seconde conspiration ayant esté découverte, un des complices chargea si fort ce Prélat, que le Roy d'Austrasie fut obligé de luy faire faire son procès ; & c'est ce qui donna lieu de le convaincre de tant de crimes, que malgré l'envie que ses Juges eurent de le sauver, il succomba.

Cette seconde conspiration fut étouffée avec moins de sang que la première. Le Connestable * nommé Sunegisile & le grand Référendaire Gallus en estoient les Chefs. Septimine

Gouvernante des petits Princes en estoit aussi : elle devoit tascher par le crédit qu'elle avoit sur l'esprit du Roy d'Austrasie, de l'engager à répudier la Reine sa femme, & à éloigner sa mère de la Cour ; afin que ces deux Seigneurs fussent seuls chargez de la conduite des affaires ; & en cas qu'elle ne pust pas y réüssir, cette misérable devoit empoisonner le Roy mesme.

Elle avoit déja empoisonné son mari pour épouser le Gouverneur des Princes nommé Droctulfe, avec lequel elle avoit un commerce criminel, & qu'elle engagea aussi dans la conspiration. La Reine estant en couche d'un enfant qui mourut peu de jours après sa naissance, entendit quelques paroles qui luy donnèrent du soupçon, elle en avertit le Roy. Il fit aussi-tost arrester la Gouvernante & le Gouverneur, qui dans la question avoüerent leur crime & toutes les circonstances. Le Roy d'Austrasie néanmoins ne voulant plus répandre de sang, se contenta de leur oster à tous leurs Emplois & leurs appointemens, & de les envoyer en exil. Fâcheuse condition des Princes ou trop jeunes ou incapables de gouverner par eux-mesmes ! chacun tâche de s'emparer de leur esprit & de leur autorité, souvent ils sont le joüet, & quelquefois la victime de l'ambition de ceux qui ne les servent que pour les dominer.

Le Connestable dans la question avoit accusé l'Evêque de Reims d'avoir conspiré contre la vie du Roy avec les trois Ducs Raucingue, Ursion & Berthefrede, dont on venoit de faire justice. Sur cette déposition le Roy envoya à Reims enlever l'Evêque, qui ne faisoit que de sortir d'une longue maladie, & le fit transporter à Metz, où il fut mis en prison. Le Roy convoqua aussi-tost un Concile des Evêques de son Royaume à Verdun pour le mois d'Octobre, afin d'y faire juger l'accusé.

Plusieurs Evêques écrivirent au Roy, pour se plaindre de ce que sur la simple déposition d'un Laïque, il avoit ainsi fait enlever avec scandale un Evêque au milieu de sa Ville Episcopale, sans avoir fait d'autres informations, & sans l'avoir oüi. Sur quoy le Roy qui avoit beaucoup de vénération pour les personnes de ce rang, le renvoya à Reims, & différa le Concile jusqu'au mois de Novembre : mais quelques difficultez qu'ils fissent ensuite, de s'assembler pour un tel sujet, alléguant la rigueur de la saison qui estoit très-rude, les mauvais chemins, les inondations des rivières, il fallut obéïr & se rendre à Metz, où l'on tint le Concile qu'on avoit d'abord résolu de tenir à Verdun.

Le Roy commit pour cette affaire le Duc Ennode. Il interrogea l'Evêque dans le Concile, & d'abord luy objecta les grandes liaisons qu'il avoit eües avec Chilperic l'ennemi déclaré de son Maistre, qui avoit fait assassiner Sigebert, arresté Brunehaut, & envahi les Places d'Austrasie, & de ce qu'il avoit reçû ce Prince, des Terres dépendantes de ces mesmes Villes qu'il avoit envahies. Il répondit qu'il ne pouvoit pas nier que Chilperic n'eust eu beaucoup de bonté & de considération pour luy, mais qu'il n'en avoit jamais abusé contre les intérests de son Maistre; que pour les Terres dont on luy parloit, il les avoit reçûës avec l'agrément & par l'autorité du Roy, & produisit en mesme temps les Actes de la donation que le Roy luy en avoit faite. Ces Actes ayant esté portez au Roy, il protesta qu'il n'avoit point fait ces donations: on les porta au Chancelier Othon pour y reconnoistre son seing qu'on y voyoit; il dit que ces Lettres n'avoient jamais esté signées de luy, & l'Evêque fut convaincu d'une falsification manifeste.

On produisit en second lieu contre luy des Lettres qu'il écrivoit à Chilperic, & d'autres que Chilperic luy avoit écrites: elles estoient pleines les unes & les autres de choses atroces contre la Reine Brunehaut, & entre autres on lisoit ces mots dans une de ces Lettres. *Si l'on ne coupe la racine, nous ne viendrons pas à bout de faire sécher le rejetton.* Ces paroles n'estoient pas trop obscures, elles vouloient dire qu'il estoit difficile de faire périr le jeune Roy Childebert, tandis que la Reine Brunehaut sa mere seroit en vie. L'Evêque nia qu'il eust écrit ces Lettres, ou que le Roy Chilperic luy en eust écrit de telles: mais on luy confronta un de ses domestiques qui luy en représenta les originaux, ce qui luy osta tout moyen de se défendre sur cet article.

En troisiéme lieu, on produisit un Traité de Ligue, par lequel Chilperic & Childebert s'unissoient contre le Roy Gontran, pour le détrôner & partager entre eux son Etat. Childebert protesta en présence de ce Concile que ce Traité ne luy avoit point esté communiqué du tout, & adressant la parole à l'Evêque.

» Quoi, malheureux, luy dit-il, est-ce ainsi
» que vous abusiez de vostre ministére, de ma
» jeunesse & de mon nom pour mettre la dissen-
» tion & allumer la guerre entre mes oncles? C'est
» donc vous qui estes coupable de tous les désor-
» dres & de tous les ravages que le Berri, le païs
» d'Estampes, celuy de Melun souffrirent dans
» cette funeste & cruelle guerre. Vous estes res-
» ponsable à Dieu de tant de sang répandu, &
» il vous demandera compte de la vie de tant de
» malheureux qui ont péri, & que vous avez sa-
» crifiez à vostre ambition & à vostre avarice.

Il n'eut rien à dire à cette accusation; car on luy montroit l'original mesme du Traité qui se trouva à Chelles parmi les papiers de Chilperic, lors qu'il y fut tué. Tout cela estoit confirmé par la confession d'Epiphane Abbé de saint Remy, autrefois son confident, qui devoit estre aussi jugé dans ce Concile, & qui avoüa que l'Evêque avoit au temps de ce Traité reçû de l'argent & d'autres présens de Chilperic, marquant les lieux où il les avoit reçûs, la personne qui les luy avoit apportez, & toutes les circonstances de cette négociation. Une partie de ceux qui avoient esté ses associez dans l'Ambassade, où il traita avec Chilperic sur ce sujet, se trouverent là présens, & déposerent qu'après avoir conclu d'autres affaires pour lesquelles ils avoient esté envoyez, l'Evêque estoit demeuré long-temps seul avec le Roy Chilperic sans leur rien communiquer de ce qu'il avoit traité avec luy, & que n'ayant eu nulle participation de cet article, ils furent surpris de voir la guerre s'allumer entre les trois Royaumes. Tout cela estoit vray, & l'Evêque l'avoüa.

Les Prélats du Concile surpris de voir le coupable convaincu de tant de crimes, demanderent au Roy en grace qu'il leur fust permis d'examiner seulement pendant trois jours la vérité de ces accusations, qui malgré l'aveu du coupable, leur paroissoient presque incroyables, & ils l'obtinrent. Ils esperoient que l'Evêque dans cet intervalle revenant à luy, trouveroit quelque moyen de défense pour diminuer au moins l'atrocité des choses dont on l'accusoit; mais l'Evêque de Reims, soit par un véritable sentiment de confusion de ses crimes, soit par l'impossibilité de les déguiser, soit pour attendrir le Roy sur son malheur, leur dit en paroissant de nouveau devant le Concile: *Pourquoy différez-vous davantage à prononcer l'Arrest à un coupable criminel de Leze-Majesté. J'avoüe que j'ay esté infidéle au Roy mon Maitre, & que c'est moy qui ay mis tout l'Empire François en combustion par les guerres que j'y ay suscitées ou entretenuës.*

Les Evêques du Concile voyant qu'après un tel aveu réiteré tant de fois, il n'y avoit pas moyen de le sauver, se jetterent aux pieds du Roy, implorant sa miséricorde, & le priant d'accorder la vie à ce malheureux qu'ils alloient punir selon les Canons, en le déposant de l'Episcopat. Le Roy se laissa fléchir, & aussi-tost les Evêques après avoir fait lire les Canons qui pouvoient avoir du rapport au procès dont il s'agissoit, le déposerent. Ensuite il fut relegué à Strasbourg, qu'on luy assigna pour le lieu de son exil: une partie de ses biens qui estoient grands, fut confisquée au profit du Roy, & l'autre qu'on sçavoit estre des revenus de son Eglise, fut laissée à la disposition de son successeur. L'Abbé de S. Remy fut aussi déposé comme son confident & son complice.

Le danger que les deux Rois avoient couru dans cette conspiration, ne servit qu'à les unir encore davantage, & ce fut en ce temps-là que le Roy de Bourgogne remit Brunehaut en possession de Cahors, qui luy appartenoit par un ancien Traité fait du temps de Chilperic, & qui fut confirmé à cet égard par celuy d'Andelau dont j'ay parlé.

La pluspart de ces choses se passerent durant les guerres d'Espagne & d'Italie, & ce fut encore vers ce mesme temps-là que la France perdit deux Reines veuves de deux Rois, & qui toutes deux avoient vécu & moururent en reputation de grande sainteté. L'une fut Ingoberge, femme du Roy Caribert, âgée d'environ 70. ans, qui fut assistée à la mort par Gregoire de Tours, grande aumônière, & depuis sa viduité toûjours dans les exercices de la pénitence; elle ne laissa qu'une fille mariée depuis long-temps au fils d'un Roy de Kent dans la partie Orientale de l'Isle de la grande

HISTOIRE DE FRANCE.

Bretagne, dont la Ville Capitale estoit Cantorberi.

L'autre Reine fut sainte Radegonde, qui s'estoit retirée à Poitiers dès le vivant de son mari Clotaire I. Elle y mourut le treiziéme d'Aoust de l'an 587. dans le Monastére qu'elle avoit fondé & reglé selon les Constitutions faites par saint Cesaire Evêque d'Arles pour le Monastére de sainte Cesarie sa sœur: elle en fit confirmer l'établissement par les quatre Rois regnans fils de Clotaire, & par le second Concile de Tours tenu en l'année 567. vingt ans avant sa mort; elle avoit vécu comme une Religieuse à la Cour, & dans le Monastére elle parvint à un si haut degré de sainteté, que l'Eglise l'a mise depuis au nombre des Saints, dont elle fait une mémoire particuliére.

Tom. I.
Conc. Gall.
p. 349.

Cependant Frédégonde toûjours la mesme, entretenoit ses intelligences avec les ennemis du Roy de Bourgogne. Waroc Comte de Bretagne, homme inquiet, ne pouvoit se tenir en repos, & dès qu'il voyoit les Rois de France occupez de quelques guerres ou de quelques troubles domestiques, il ne manquoit guéres de secoüer le joug, & de tâcher de s'affranchir de la domination Françoise. Il prit le temps de ces conspirations & de ces guerres civiles pour courir sur les Terres de France du costé de Rennes & de Nantes. Le Roy de Bourgogne y envoya des Troupes commandées par deux Ducs, l'un estoit le Duc Beppolen, l'autre s'appelloit Elvachaire. Le premier estoit l'homme du monde que Frédégonde haïssoit le plus par les raisons que j'ay déja touchées: ce motif suffisoit pour luy faire sacrifier tous les intérests de la France, & mesme ceux de son propre fils, à qui Rennes & Nantes appartenoient, quoique le Roy de Bourgogne s'y conservast toûjours cette autorité qu'il prétendoit avoir sur tout l'Empire François.

L. 10. c. 9.
An. 589.

Elle convint donc avec le Comte de Bretagne de perdre ce Général, & profita de la jalousie du Duc Elvachaire, pour le faire concourir à ce dessein; elle fit en sorte qu'un grand nombre de ces Saxons établis auprés de Bayeux, & qui estoient ses Sujets, allassent grossir les Troupes du Comte de Bretagne, & afin qu'on ne les y reconnust pas, elle leur ordonna de se couper les cheveux à la maniére des Bretons, & de s'habiller comme eux. Le Duc Elvachaire de son costé se broüilla ouvertement avec Beppolen. Ils passerent néanmoins ensemble la riviére de Vilaine, firent le dégast au-delà, jetterent plusieurs Ponts sur la riviére d'Oude, qui entre vers Rhedon dans la Vilaine, & passe par Josselin & Malestroit. Là les deux Généraux se separerent; le Duc Elvachaire prit à gauche pour marcher vers la Ville de Vannes, & Beppolen entra plus avant du costé où estoit l'Armée du Comte de Bretagne.

Ibid.

Ayant fait quelques lieües dans le païs, il trouva un Prestre apposté pour le trahir, qui s'offrit à luy servir de guide, & à le conduire droit au Camp du Comte de Bretagne pour l'y surprendre. Son malheur, ou plustost son imprudence, luy fit accepter les offres de ce traî- tre. Il fit deux jours de marche, pendant lesquels il eut plusieurs avantages sur divers partis de Bretons qu'il défit: mais le troisiéme jour ayant esté engagé par son guide dans un païs plein de défilez & de marécages, le Comte de Bretagne tomba sur luy tout à coup avec son Armée, l'investit & le tailla en piéces. Le Duc blessé d'un coup de lance se defendit jusqu'à la mort, & demeura sur la place avec presque tous ceux qui l'avoient suivi.

Le Comte de Bretagne après cette victoire envoya demander la paix au Duc Elvachaire, qui ayant reçû de luy de grands présens, des ôtages & de nouvelles asseurances, de garder mieux dans la suite les Traitez faits avec les Rois de France, la luy accorda. Il fit de nouveau prester le serment de fidélité à l'Evêque de Vannes & aux Habitans du païs, qui eussent bien voulu estre réünis à l'Empire de France, l'inquiétude du Comte de Bretagne les exposant éternellement aux pillages & aux represailles des François.

L'Armée Françoise ne se fut pas plustost éloignée de Vannes, que le Comte de Bretagne oubliant à son ordinaire tous ses sermens, & le péril où il exposoit ses ôtages, du nombre desquels estoit son propre neveu, détacha son fils avec un Corps de Troupes, pour aller charger les François, qu'il sçeût estre fort embarrassez à passer la riviére de Vilaine auprés de son emboucheuré.

Le Prince Breton ayant trouvé une partie de l'Armée qui n'estoit pas encore passée, l'attaqua, & en fit un grand carnage, plusieurs voulant se sauver à la nage furent emportez dans la Mer par le courant de l'eau, d'autres furent emmenez prisonniers, dont la Comtesse de Bretagne obtint quelque temps après la délivrance.

Le Duc Elvachaire soit par trahison, soit par impuissance de se venger de cette insulte, à cause du mauvais état de ses Troupes, ne songea qu'à continuer sa marche. Il n'osa s'en retourner par le païs de Rennes, à cause des ravages qu'il y avoit faits en entrant en Bretagne: il marcha droit à Angers, & alla gagner audessus le Pont de la riviére de Mayene, où les Païsans, qui à son approche s'estoient mis sous les armes, pillerent les bagages de l'Armée, & luy tuerent plusieurs Soldats; il se dédommagea par les pillages qu'il fit en passant par la Touraine, où l'on n'estoit pas sur ses gardes: mais ce qu'il y eut de pis pour luy, fut que plusieurs Officiers de l'Armée s'estant détachez, prévinrent son arrivée à la Cour de Bourgogne, l'y accuserent de s'estre laissé corrompre par l'argent du Comte de Bretagne, & de n'avoir par son avarice fait périr l'Armée; de sorte que le Roy après l'avoir fort mal reçû, luy ordonna de se retirer & de ne plus paroistre à la Cour.

Cette guerre fut la derniére du régne du Roy de Bourgogne: la France fut tranquille & au dehors & au dedans pendant quatre ans qu'il vécut encore; seulement le Roy d'Austrasie pensa périr encore une fois par la main d'un des assassins de Frédégonde, & elle-mesme eut bien de la peine à se sauver dans une sedition

Cap. 17.

GONTRAN. CHILDEBERT. CLOTAIRE.

de la Ville de Tournay, où elle avoit fait tuer dans un festin trois personnes considérables de la Ville qu'elle y avoit invitez. Si les Troupes de Champagne que Childebert avoit commandées pour soûtenir la révolte des Tournésiens avoit fait assez de diligence, elle ne luy eust pas échappé.

Elle se vit encore à deux doigts de sa perte par la maladie du petit Prince son fils, qui fut désesperé des Médecins. Sur cette nouvelle le Roy de Bourgogne estoit parti de Châlons, & estoit déja à Sens pour venir à Paris, lorsqu'il apprit qu'il estoit hors de danger, ce qui l'empescha de continuer son chemin. Toute méchante qu'estoit cette Reine, il n'y en eut jamais de plus dévote en ces sortes d'occasions. Elle envoya de grosses sommes d'argent au Tombeau de saint Martin, pour obtenir de ce Saint la guérison du Prince ; elle dépescha au Comte de Bretagne des Couriers, pour le prier de donner la liberté aux prisonniers François qu'il avoit faits dans la derniére guerre, & cette charité confirma tout le monde dans le soupçon qu'on avoit eu, que c'estoit par ses intrigues que le Général Beppolen avoit péri avec son Armée dans l'expédition de Bretagne.

Un peu après la guérison du jeune Roy, elle envoya des Ambassadeurs au Roy de Bourgogne, pour le prier de vouloir bien le tenir sur les Fonts de Baptesme ; ainsi qu'il avoit promis de le faire quelques années auparavant. Il falloit estre aussi bon que l'estoit ce Roy, pour donner encore cette marque de bonté à une Reine qui l'avoit voulu perdre tant de fois. Il le fit cependant, & donna ordre à quelques Evêques de se transporter à Paris, afin de préparer tout pour la Cérémonie ; il les suivit quelque temps après avec toute sa Cour, voulant luy-mesme en faire toute la dépense. Il se logea à Ruel, & ordonna que le Baptesme se fît à Nanterre.

Le Roy d'Austrasie, à qui cette réconciliation de Frédégonde avec Gontran ne plaisoit pas, & qui appréhendoit toûjours l'adresse de cette Reine, fit tout ce qu'il put pour traverser cette affaire. Il fit faire par son Ambassadeur de grandes plaintes à Gontran, de ce qu'il s'oublioit si aisément de ses promesses ; qu'il luy avoit promis de n'avoir jamais de commerce avec Frédégonde leur commune ennemie ; mais qu'il voyoit bien par ses démarches, qu'il vouloit faire Clotaire Roy de Paris.

A cela le Roy de Bourgogne répondit, comme il avoit déja fait une autre fois ; que le Roy d'Austrasie ne devoit point s'inquiéter de cette marque de bonté qu'il donnoit au Prince Clotaire ; qu'estant prié de le tenir sur les Fonts de Baptesme, il avoit crû devoir accorder une chose qu'un bon Chrestien ne peut refuser sans scandale ; que c'estoit de peur d'offenser Dieu qu'il en usoit de la sorte ; qu'un Maistre invité par son domestique à faire cet honneur à un de ses enfans, ne le refusoit point, & que luy à plus forte raison ne devoit pas le refuser à son neveu ; que cette complaisance seroit tout-à-fait sans conséquence ; & que pourvû que luy-mesme continuast à garder les paroles qu'il luy avoit données, il n'auroit jamais sujet de se plaindre qu'il manquast aux siennes.

Le petit Prince fut baptisé, on luy donna au Baptesme le nom de Clotaire, qu'il avoit déja porté par avance, & Gontran le recevant entre ses mains, dit ces paroles : « Plaise à Dieu de conserver la vie à cet enfant, de luy faire la grace de bien soûtenir le nom qu'il porte, & de le rendre aussi puissant que celuy qui l'a porté le premier. Il l'invita ensuite à manger à sa table, luy fit des présens, & après en avoir aussi reçû de sa part, il s'en retourna dans ses Etats.

Ce Baptesme se fit en l'an 591. la seiziéme année du régne de Childebert, & la trentiéme de celuy de Gontran, où Gregoire de Tours finit son Histoire. Ce Prince mourut deux ans après le 28. de Mars, âgé de plus de soixante ans, sans qu'il se fust rien passé de mémorable pendant ces deux derniéres années de son régne. C'estoit un Prince naturellement bon & pacifique, d'une conscience très tendre, libéral envers les pauvres & envers les Eglises, d'une vie austére & véritablement Chrestien. Il pleura la mort de son mauvais frere Chilperic, comme David celle de son fils Absalon, & il pardonna à Frédégonde tous les attentats qu'elle avoit commis contre sa personne. Si nous en croyons une Lettre de Hugues Abbé de Cluny à Philippe Auguste, Gontran se fit Moine à la fin de sa vie. Ce fait y est rapporté comme certain ; mais la distance de plus de cinq cens ans qu'il y a entre le temps de Gontran & celuy de cet Abbé, jointe au silence de toutes nos Histoires, me le rend au moins très-douteux. Gregoire de Tours luy attribuë des miracles mesme dés son vivant, & l'Eglise l'a mis au nombre des Saints. Mais du reste ce fut un médiocre Prince, qui gouverna toûjours avec peu d'autorité, mal servi par ceux qu'il mettoit à la teste de ses Armées, dont la licence qu'il n'avoit pas la force de réprimer, causa de temps en temps à quelques Provinces de France, de grands maux qu'il ressentoit vivement, parce qu'il aimoit ses Sujets comme il en estoit aimé.

La mort du Roy de Bourgogne ne pouvoit pas manquer d'apporter de grands changemens dans l'Empire François : son amour pour la paix, l'autorité qu'il s'estoit donnée sur les deux jeunes Rois ses neveux, l'interest qu'ils avoient à le ménager, & le contrepoids de sa puissance, qui auroit entraîné la ruine de celuy des deux contre lequel il se seroit déclaré ; tout cela avoit suspendu les effets que dévoient naturellement produire la haine & la jalousie mutuelle des deux Reines du caractére de Frédégonde & de Brunehaut, qui estoient maîtresses des affaires chacune dans l'Etat de leur fils : mais l'une & l'autre n'ayant plus ce frein qui les contenoit, il estoit difficile que les choses demeurassent long-temps tranquilles.

Childebert Roy d'Austrasie désigné depuis long-temps par son oncle pour le successeur de ses Etats, en prit possession, sans que personne n'entreprit de s'y opposer, & joignit le Royaume de Bourgogne à celuy d'Austrasie. Sous ce nom de Royaume de Bourgogne, outre la Bourgogne mesme & ses anciennes dépendances, estoit compris tout ce que Gontran avoit possedé, sçavoir le Royaume d'Orleans, & depuis la mort de Caribert une grande partie du Royaume de Paris, Arles & quelques autres Villes de Provence.

D'autre part le jeune Roy Clotaire semble aussi avoir esté remis en possession de tout ce qui estoit proprement & incontestablement du Royaume de son pere Chilperic. Ce fut sans doute suivant la volonté du feu Roy de Bourgogne, qui comme il l'avoit dit luy-mesme, en ratifiant le Traité d'Andelau si favorable à Childebert, ne vouloit pas paroistre desheriter absolument ce pupille fils de son frere. Une chose est ici certaine, c'est que Soissons qui avoit choisi pour son Roy l'aîné des deux enfans de Childebert, retourna malgré cette élection sous l'Empire de Clotaire & de Fredegonde après la mort du Roy de Bourgogne.

Gesta Reg. Franc. c. 36.

Mais si ce partage se fit à l'amiable, la bonne intelligence entre les deux Etats, ou plustost la dissimulation entre les personnes qui les gouvernoient, ne fut pas de longue durée. Childebert le plus puissant, animé par Brunehaut, avoit trop d'envie, trop d'interest, & comme il le croyoit, trop de raisons d'opprimer Clotaire, pour le laisser si long-temps en repos.

On luy rappella le souvenir de la mort de son pere assassiné par les émissaires de Fredegonde, le péril qu'il avoit luy-mesme couru, lorsque dans cette funeste conjoncture n'ayant encore que cinq ans, il fut mis en prison avec la Reine sa mere, les embusches tenduës encore depuis peu à l'un & à l'autre par cette ennemie obstinée, & toûjours attentive aux occasions de les perdre: plusieurs autres crimes de cette Princesse jusqu'alors impunis, & enfin le doute où le feu Roy de Bourgogne mesme avoit esté, si Clotaire estoit véritablement fils de Chilperic. Des raisons beaucoup moins fortes que celles-là eussent esté suffisantes pour animer un jeune Prince ambitieux, à tascher de se rendre unique Monarque de l'Empire François par la conqueste du peu qui luy restoit à soûmettre.

Il leva donc une grosse Armée, composée des Troupes du Royaume de Bourgogne & de celles du Royaume d'Austrasie, mit à leur teste deux de ses Ducs, l'un nommé Gondebaud, qui estoit apparemment celuy-là mesme qui l'avoit autrefois sauvé de sa prison de Paris, & l'autre appelé Vintrion, un de ceux qui avoient commandé l'Armée d'Italie dans la dernière guerre contre les Lombards: ils entrerent par la Champagne dans le païs de Soissons, & y firent de grands ravages.

An. 593.

Gesta Reg. Franc. cap. 36.

Fredegonde que la grandeur du péril ne déconcertoit point, ayant aussi de son costé par la promptitude du Duc Landri & des autres Seigneurs de son Royaume, assemblé une Armée, en fit la reveuë auprès de Brenne, où courant elle-mesme par les rangs, elle anima les Soldats à bien faire leur devoir pour la défense de leur Roy, & leur fit avant que de les mettre en marche, distribuer beaucoup d'argent. Elle marcha avec l'Armée, ayant le jeune Roy Clotaire avec elle, non pas entre ses bras, comme l'ont écrit plusieurs de nos Modernes sur la foy de l'ancien Auteur qui rapporte ce détail, mais qui se méprend en cette occasion; car Clotaire avoit alors neuf à dix ans, ceci s'estant passé en l'an 593. & son pere estant mort en 584.

Ibid.

Sçachant que l'Armée ennemie estoit beaucoup plus nombreuse que la sienne, elle crut qu'il falloit user de stratagême, & elle en inventa un, qui suppose qu'en ce temps-là les François dans leurs guerres se servoient peu d'Espions.

C'estoit la coûtume de la Cavalerie Françoise, si-tost que l'Armée estoit campée, d'abandonner ses chevaux, & de les laisser aller paistre dans les Prairies, dans les Campagnes & dans les Bois d'alentour du Camp, en leur attachant à chacun une sonnette au cou pour les retrouver plus aisément en cas qu'ils s'écartassent. C'est sur cela que Fredegonde avoit imaginé le stratagême qu'elle proposa dans le Conseil de guerre, & qui fut approuvé. Elle ordonna qu'on décampast la nuit pour marcher droit au Camp ennemi, & y arriver avant le jour; elle fit attacher des sonnettes au cou de tous les chevaux, & fit prendre à tous les Cavaliers des branches d'arbres verds les plus grosses & les plus fortes qu'ils purent porter. Ils marcherent dans cet équipage, & l'Infanterie suivit. Ils arriverent avant le point du jour proche de Troucy, Bourg situé sur la petite riviere de Delette, où l'Armée ennemie estoit campée à quelques lieuës de Soissons; on fit faire un très-grand front à une partie de la Cavalerie, derriere laquelle on rangeoit l'Infanterie à mesure qu'elle arrivoit, & selon l'ordre qu'elle devoit garder à l'attaque du Camp.

Dès la petite pointe du jour, qu'on ne pouvoit point encore assez distinguer les objets éloignez, un Soldat du Camp d'une garde avancée dit à ses camarades tout étonné, que vois-je là sur les hauteurs? il m'y paroist comme un bois taillis, & il me semble qu'hier au soir je ne voyois de ce costé-là *qu'un païs découvert.* Les autres se moquerent de luy, & luy dirent qu'apparemment ayant un peu bû le soir précédent, il avoit mal reconnu le païs, & vû ce qui n'estoit point. *N'entendez-vous point,* disoient-ils, *les sonnettes * de nos chevaux qui paissent le long de cette petite forest?* Mais fort peu de temps après, la forest commença à s'ébranler, & les trompettes sonnant tout à coup de toutes parts, la Cavalerie s'estant ouverte, l'Infanterie vint avec de grands cris donner l'assaut au Camp de tous costez. Comme rien n'estoit prest pour la défense, & que la pluspart des Soldats estoient encore endormis, ce ne fut qu'une déroute sans combat; & la Cavalerie estant entrée après l'Infanterie, il se fit un massacre effroyable. Neanmoins le Duc Vintrion un des Generaux d'Austrasie, ayant malgré ce désordre remis ensemble quelques Troupes, revint à la charge, & donnant à son tour sur les Soldats de Fredegonde, occupez à piller, il en fit un grand carnage; mais il fut enfin repoussé & obligé de fuir avec les autres. Il y eut trente mille hommes

* *Je remets Queray à ce sujet ce qui est dans le 29. Titre de la Loy Salique de diverses furnis que si quelqu'un est convaincu d'avoir osté la sonnette du cou d'un cheval, il est condamné à quinze sous d'or. Si quis Skellam de caballo furaverit CXX. denariis, qui faciunt solidos XV. culpabilis judicetur.* *Fredegar. c. 14.*

Paul. Diac. l. 4. c. 4.

CHILDEBERT. CLOTAIRE.

mes sur la place de part & d'autre ; mais la grande perte fut du côté des Austrasiens & des Bourguignons.

An. 593.

Dès le mesme jour Frédégonde marchant toûjours à la teste de l'Armée, luy fit prendre sa marche vers la Champagne, la conduisit jusqu'à la veuë de Reims, mit tout à feu & à sang dans le païs, & s'en revint triomphante à Soissons avec toutes ses Troupes chargées d'un butin infini.

Une action si bien conduite, & avec autant de vigueur & de résolution, fait connoistre le génie & le caractère de Frédégonde, & fait paroistre moins surprenante cette autorité qu'elle s'estoit acquise, & qu'elle avoit sçû se conserver sur les Grands & sur les Peuples de son Etat dans des conjonctures aussi délicates, que celles où elle s'estoit trouvée depuis la mort de Chilperic, haïe à mort par deux puissans Rois, Régente d'un Royaume très-affoibli & comme assiégé de toutes parts, & enfin tutrice d'un fils que plusieurs soupçonnoient n'estre pas fils du Roy son mari.

La déroute de Trouci jointe à deux diversions ménagées par Frédégonde, obligea Childebert à la laisser en repos, & à luy donner le temps d'affermir la domination de son fils. Elle continuoit d'entretenir correspondance avec Waroc Comte de Bretagne, qui estoit toûjours prest à rompre avec les François, & elle l'engagea à le faire de nouveau. Il entra sur les Terres de Childebert l'année suivante, & ce fut probablement du costé de la Touraine. Car nos Historiens ne marquent point l'endroit, ils disent seulement qu'il se donna une sanglante bataille entre les Bretons & les François, & qu'il y eut bien du sang répandu des deux costez, sans nous apprendre rien de plus.

An. 594.

L. 4. de bel. Got. c. 20.

An. 595.

La seconde diversion fut faite à l'autre extrémité du Royaume de Childebert par les Varnes. C'estoit un Peuple qui estoit demeuré jusqu'alors fort paisible. L'Historien Procope nous en marque la demeure au bord de l'Ocean à l'emboucheûre du Rhin du costé du Nord : ce fleuve les separoit de l'Empire François par celuy de ses bras, qui du temps de Cornelie Tacite estoit fort rapide, & portoit son nom & ses eaux jusques dans l'Ocean ; mais aujourd'huy affoibli par les canaux qui luy en ostent une grande partie, il se perd dans les sables de Hollande au-delà de Leyde avant que d'arriver à la Mer.

Annal. l. 20.

Epist. Theodoric. apud Cassiod.

Ces Peuples avoient leur Roy particulier du temps de Clovis, & ce fut un de ceux ausquels Theodoric Roy d'Italie écrivit, pour l'engager à entrer dans la Ligue qu'il méditoit de faire contre ce Prince en faveur d'Alaric. Après que les François se furent rendus tout-puissans dans les Gaules par la destruction du Royaume d'Alaric, les Rois des Varnes regarderent comme un point essentiel de leur politique de ne se les pas rendre ennemis, & d'avoir toûjours une étroite alliance avec eux. Ce fut dans cette veuë qu'Hermegiscle un de leurs Rois épousa en secondes nôces une fille de Thieri Roy d'Austrasie, & sœur de Theodebert I. & ce fut cette

Tome I.

mesme raison de politique qui donna lieu à un incident rapporté aussi par Procope, & qui n'est pas indigne d'avoir ici sa place.

Procop. l. 4. de bel. Got. c. 20.

Ce Roy Hermegiscle avoit un fils de sa premiere femme nommé Radiger, lorsqu'il épousa la sœur de Théodebert. Il traita quelque temps après du mariage de son fils avec une sœur d'un Roy des Anglois établi dans la grande Bretagne, en cet endroit de l'Isle qu'on appelle le Duché de Nortfolk, & l'affaire fut concluë ; mais avant que cette Princesse passât la mer, Hermegiscle tomba malade de la maladie dont il mourut. Dès qu'il s'estoit vû sans espérance de guérison, il avoit fait assembler les plus considérables de la Nation, ausquels il parla de la sorte : » J'ay toûjours tâché de « faire ensorte que mes peuples jouïssent d'une « grande paix, & c'est le motif qui m'a obligé à « prendre ma seconde femme dans la Famille des « Rois François ; je n'en ay point eu d'enfans, mais « je laisse un fils de ma premiere femme sur le « mariage duquel voicy ma pensée, que vous examinerez après ma mort : je l'ay promis à une des « Rois des Anglois pour sa sœur ; mais cette alliance me paroist beaucoup moins avantageuse « à la Nation que celle des François : ceux-ci « sont vos voisins, il n'y a que le Rhin entre vous « & eux, & les Anglois sont séparez de vous par « la mer. Les François sont puissans, & peuvent « beaucoup vous nuire ou vous protéger utilement ; vous ne sçauriez vous les attacher par « trop de liens, & celuy du mariage est le plus « fort de tous. Sans cela, & peut-estre encore avec « cela, ils trouveront des prétextes de vous faire « la guerre & de vous anéantir ; c'est pourquoy « je vous engagez les uns & les autres par tous les « moyens possibles. Je suis donc d'avis que vous « fassiez agréer au Roy des Anglois les raisons « que vous imaginerez de ne point marier mon « fils avec sa sœur, & que vous le mariez au plûtost avec la Reine sa belle-mere, ce qui n'a rien « de contraire aux Loix de cet Etat. La chose « se fit après la mort de ce Prince, comme il l'avoir proposé, & le Roy Radiger épousa sa belle-mere sœur de Theodebert.

Ibid.

La Princesse Angloise furieusement irritée de cette préférence, ne respiroit que la vengeance d'un affront qui estoit alors parmi les Anglois le dernier outrage : elle envoya néanmoins à ce Roy de sa part, pour sçavoir les motifs qu'il avoit eu de la traiter si indignement. Comme on ne luy rapporta que des raisons peu satisfaisantes, elle obtint du Roy son frere des Troupes avec des Vaisseaux, pour aller attaquer le Roy des Varnes ; elle voulut estre du voyage, & passa la mer avec un autre de ses freres qui commandoit l'Armée.

Elle aborda au païs des Varnes, la descente se fit sans résistance ; parce que les Varnes furent surpris. Les Anglois se camperent à l'emboucheûre du Rhin : elle demeura dans le Camp bien retranché avec une partie de l'Armée, & le Prince son frere avec le reste entra dans le païs ; il y donna bataille, défit les Varnes, dont un grand nombre demeura sur la place, le reste avec le Roy Radiger se sauva dans les

Ibid.

S

bois & dans les marais : comme les Anglois n'avoient point de Cavalerie, ils n'avancerent point dans le païs, & après avoir poursuivi quelque temps les fuyards, le Prince victorieux revint au Camp avec ses Troupes chargées de dépoüilles.

La Princesse le voyant arriver, luy demanda où estoit le Roy Radiger, ou du moins sa teste. Il répondit qu'il leur avoit échappé. Elle repliqua que ce n'estoit pas pour piller qu'ils estoient venus ; mais pour se venger sur la personne du perfide mesme, & elle pria les Soldats de ne se point rebuter, & de poursuivre leur victoire. Ils obéïrent & firent tant, qu'ils trouverent Radiger qui s'estoit réfugié dans un bois, & l'amenerent : on le luy présenta chargé de chaînes ; elle luy reprocha sa perfidie, & luy demanda quelle raison il avoit eüe d'en user de la sorte ? il répondit qu'il y avoit esté obligé par les ordres de son pere & par les prieres des principaux de sa Nation ; qu'il l'avoit fait malgré luy, & qu'elle pouvoit le punir de son crime.

Ibid.

La punition que j'ordonne, dit-elle, *c'est que vous chassiez incessamment ma rivale, & que vous me donniez dans vostre cœur & sur vostre Trône la place qui m'est düe.* Ce Prince pour sauver sa vie accepta l'offre, & renvoya sa femme à Théodebert. L'Histoire a passé sous silence les suites de l'aventure de cette Princesse Françoise qu'elle ne nomme point.

Soit donc que cette Nation eust continué depuis d'avoir ses Rois, soit qu'elle eust esté subjuguée par les François, & qu'à l'occasion de la déroute des Troupes de Childebert, ou que sollicitée par Frédégonde elle se fust révoltée comme nostre ancien Historien le donne à entendre, il fallut que le Prince y envoyast une Armée. Non seulement il soumit ce Peuple, mais il l'extermina de telle maniere, qu'il n'en échappa presque personne, & le nom depuis ce temps-là n'en a plus paru dans nostre Histoire.

Fredegar. cap. 15.

Childebert ne vécut pas long-temps après cette victoire : il mourut l'année suivante qui estoit la vingt-sixiéme de son âge & après vingt ans de régne. Ce jeune Prince promettoit beaucoup. La Reine sa femme le suivit de bien près. Ces deux morts si promptes qui remirent le Gouvernement entier du Royaume entre les mains de la Reine Brunehaut, ayant eu un effet si conforme à l'ambition de cette Princesse, l'ont fait soupçonner par quelques-uns de nos Historiens, de les avoir procurées par le poison. Nos plus anciens Escrivains, qui d'ailleurs se déchaînent volontiers contre elle, n'en disent rien. Un autre Historien assez près de ce temps-là parle de ce soupçon de poison, mais sans le faire tomber sur Brunehaut. Une preuve manifeste de son innocence à cet égard, est que ceux qui la firent périr quelques années après, & qui luy reprocherent plusieurs crimes, dont au moins quelques-uns estoient certainement faux, ne l'accuserent jamais de celuy-là.

An. 596.

Paul Diac. l. 4. c. 12.

Fredeg. Chronic. cap. 16.

Théodebert l'aîné des deux fils de Childebert fut couronné Roy d'Austrasie second du nom, & Thiéri le cadet eut pour son partage le Royaume de Bourgogne. On y ajoûta l'Alsace qu'on détacha du Royaume d'Austrasie, suivant la volonté du feu Roy, qui souhaita que son fils Thiéri eust ce païs dans son partage ; parce qu'il l'y avoit fait élever en sa Maison de plaisance appellée Marley, & que les Habitans le souhaitoient pour cette raison. Il eut de plus encore le Suntgau où sont aujourd'huy les Villes de Ferrette, de Bedfort & de Mulhausen, le Turgau où est l'Abbaye de S. Gal, & enfin une partie de la Champagne. La Tutelle des deux Princes & la Régence de leurs Etats fut confiée à leur ayeule la Reine Brunehaut qui choisit sa demeure dans le Royaume de Bourgogne des Ministres dont elle estoit seûre, & qui furent toûjours tout à elle, c'estoit Syagre Evêque d'Autun, & Garnier Maire du Palais. Théodebert avoit dix à onze ans, & Thiéri neuf à dix. Ce Prince fit de nouveau Orleans la Capitale de son Royaume, le nom de Royaume d'Orleans demeurant néanmoins toûjours aboli. Ainsi tout l'Empire François se trouva alors gouverné par deux femmes, mais qui égaloient les plus grands Rois par leur habileté & par leur courage.

Fredegar. cap. 37.

Frédégonde ne manqua pas de se prévaloir de cette conjoncture ; si-tost qu'elle sçut la mort de Childebert, elle assembla des Troupes, & vint avec son fils Clotaire se saisir de Paris & de plusieurs autres Villes sur le bord de la Seine. Brunehaut de son costé envoya au secours une Armée qui fut défaite à plate-couture par celle de Frédégonde dans un lieu appellé alors Latofao, & qu'on ne connoist plus. Mais enfin Frédégonde au plus haut point de sa prosperité mourut. Ce fut la plus ambitieuse Princesse, la plus vindicative, la plus cruelle qu'on eût vûë de long-temps, & la plus digne de la haine de tout le genre humain ; mais la plus habile à s'attirer l'amitié, l'estime & le respect de ceux dont elle avoit besoin pour se maintenir. Elle régna trente ans sous le nom de son mari & de son fils ; elle fit périr un Roy, deux Reines, deux fils de Roy, & une infinité de personnes de condition, dont elle crût la perte nécessaire à sa grandeur ou à sa seûreté. Deux batailles gagnées en personne, son fils élevé & affermi sur le Trône, de grandes & de promptes conquestes avoient presque effacé l'idée de ses crimes, pour ne laisser plus penser qu'à sa gloire : digne en mesme temps & de l'éxécration & de l'admiration de la posterité. Elle fut enterrée à S. Vincent auprès de son mari Chilperic.

Paul. Diac. l. 4. c. 11.

An. 596.

An. 597.

* Il y a dans le Chœur de S. Germain des Prez, à gauche en entrant, un Tombeau, sur lequel on voit la figure plate d'une Reine, d'un ouvrage à la Mosaïque. On prétend que c'est la figure de Frédégonde, & l'inscription le dit. Il y a beaucoup d'apparence que cette figure est originale, & que ce n'est point un ouvrage fait plusieurs sié-

Sa mort fut une heureuse nouvelle pour Brunehaut, & luy donna lieu d'espérer de pouvoir établir tranquillement & à loisir son autorité. Son premier soin fut de finir toutes les guerres, & d'en lever tous les prétextes. Elle s'ôta d'abord de dessus les bras des ennemis fâcheux à l'extrémité de l'Etat d'Austrasie ; c'estoit la Nation des Abares, qui suivant l'exemple que leur avoient donné leurs Ancestres au temps que Clotaire I. mourut, vinrent faire après la mort de Childebert des courses dans la France Germanique. Elle s'accommoda avec eux, & moyennant une grosse somme d'argent qu'elle leur fit donner, ils se retirerent. Elle confirma aussi avec le Roy des Lombards, la Paix que ce Prince avoit concluë quelques années auparavant avec Childebert. Le Pape Pelage s'estoit autrefois opposé à celle que la France avoit faite avec ce Peuple encore en partie Arien & en partie Payen. Mais S. Gregoire le Grand qui luy avoit succedé, n'eut garde d'estre mécontent du renouvellement de ce Traité, parce que le Roy des Lombards Agilulphe s'estoit déja fait Catholique avec la plus grande partie de cette Nation à la persuasion de la Reine Theodelinde, par le moyen de laquelle ce saint Pape avoit procuré la Paix à l'Italie.

Les Lettres de ce grand Pontife à la Reine Brunehaut, aux deux Rois petits fils de cette Princesse, à Childebert leur pere, aux Evêques de France, à quelques Seigneurs François, font un des Monumens de l'antiquité, dont nous devons faire le plus de cas. C'est dans une de celles qu'il écrivit au Roy Childebert que l'on voit cet Eloge si glorieux à la France: *Qu'autant que la dignité de Roy éleve au-dessus des autres hommes celuy qui la possede, autant la qualité de Roy de France élevoit au-dessus des autres Rois ceux qui en estoient honorez.* Cet Eloge qui ne parle que des Rois, sans y renfermer les Maistres de l'Empire encore très-puissans alors, n'estoit pas vain. Le Royaume François estoit en ce temps-là le plus grand, le plus puissant & le plus florissant qu'il y eust en Europe. Celuy des Visigots en Espagne, celuy des Lombards en Italie les mieux établis & les plus étendus après le Royaume de France, ne luy estoient pas comparables.

Il y avoit encore quelques semences de division entre la France & l'Empire. Quelques Places que les François possedoient en Italie du côté de Trente, le Val d'Aoste & le païs de Suze, dont le feu Roy Gontran avoit augmenté le Royaume de Bourgogne, estoient des occasions continuelles de se broüiller avec l'Empereur ou avec les Lombards sur le sujet des limites, les Terres de tous ces differens Princes se trouvant en certains endroits enclavées les unes dans les autres. La Reine Brunehaut envoya au Pape de la part de son petit fils Thieri Roy de Bourgogne, deux Ambassadeurs, pour le prier d'accommoder leurs differens; & il s'en chargea d'autant plus volontiers, qu'il conçut l'importance de cet accommodement pour maintenir en Italie une Paix qui estoit son ouvrage, & que ses divers interests pouvoient troubler à tous momens.

La maniere dont le Pape écrivoit à cette occasion & sur d'autres sujets à cette Princesse, montre clairement la verité que j'ay avancée, qu'elle eut la Régence des Etats de ses deux petits fils, & sur tout du Royaume de Bourgogne, quoy qu'elle demeurast d'abord en celuy d'Austrasie: & c'est en vain qu'un de nos plus sçavans Historiens en a voulu douter. Non seulement le Pape luy donne le titre de Reine des François à la teste de sa Lettre; mais encore il luy rend compte de toute cette négociation, & de plusieurs autres points qui concernoient les affaires de France. Il dit qu'il a conferé avec ses Ambassadeurs; qu'il leur a donné audience, & qu'ils l'ont informé de toutes les choses dont elle les avoit chargez dans leurs instructions. Il s'adresse à elle dans plusieurs Lettres sur tout ce qui regarde les Eglises de France & les interêts du S. Siege, & il luy parle comme à celle qui disposoit de tout dans l'Etat. Il écrivit aussi au jeune Roy de Bourgogne, au sujet de ce qui se passoit en Italie, mais d'une maniere générale, & tout le détail des affaires est dans la Lettre qu'il adressa à la Reine.

Une des plus importantes qui soit traitée dans ces diverses Lettres dont je parle, est celle de la conversion d'un des Royaumes d'Angleterre au Christianisme, sur laquelle saint Gregoire écrivit à la Reine Brunehaut, aux trois Rois François, & aux plus considérables des Evêques de France; & cette Reine y contribua tellement, qu'elle merita de ce saint Pape ce bel éloge: *Qu'après Dieu c'estoit à elle que l'Angleterre estoit redevable de ce bonheur*. Mais ce qui est encore de plus remarquable, c'est que la personne qui travailla le plus immédiatement à cette conversion en Angleterre même, fut une Princesse Françoise.

Cette Princesse s'appelloit Berthe, & estoit fille du Roy Caribert, cousine germaine de Clotaire Roy de Soissons, & du feu Roy d'Austrasie Childebert pere de ces deux Princes actuellement régnans en Bourgogne & en Austrasie; elle avoit esté mariée en Angleterre à Edilbert Roy du Royaume de Kent, dont la Capitale qui s'appelloit alors Doroverne, se nomme aujourd'huy Cantorberi: Une des conditions du Traité de mariage avoit esté qu'on luy laisseroit une entiere liberté de conscience, l'exercice de sa Religion, & un Evêque avec elle pour l'y entretenir: cet Evêque s'appelloit Lieudard; elle avoit aussi une Eglise à son usage dédiée à S. Martin, hors de la Ville de Cantorberi: cette Eglise avoit esté bastie lorsque les Romains estoient encore maistres de la grande Bretagne.

La pieté & la regularité de la Princesse, & les entretiens que l'Evêque avoit avec les Anglois sur la Religion, fit venir à plusieurs d'entre eux la pensée de se faire instruire. Le Pape le sçut, & voyant, comme il le dit, que les Evêques François, que ce soin regardoit plus que les autres à cause du voisinage, ne songeoient point à profiter de ces bonnes dispositions, il y pensa efficacement luy-mesme, & y destina des Missionnaires: ce furent de saints Moines, à la teste desquels il mit le saint Abbé Augustin, depuis Evêque de Cantorberi.

Le Pape donna avis de leur départ à toutes les Cours de France, afin qu'ils fussent reçûs dans les trois Royaumes avec charité, & qu'on leur y fournist des lumieres & des expediens pour faciliter l'execution d'un si saint & si loüable dessein. On répondit parfaitement aux bonnes intentions du saint Pontife, & sur tout on leur donna pour les accompagner quelques François qui sçavoient l'Anglois, afin qu'ils puſſent leur ſervir d'Interprétes. Ils paſſerent donc dans le Royaume de Kent, & avec un peu de patience dont ils eurent beſoin pour diſſiper quelques ſoupçons mal fondez que le Roy des Anglois avoit conçûs de ce voyage, ils eurent permiſſion de preſcher & d'inſtruire ceux qui voudroient les écouter ; & enfin la Reine avec le temps fit ſi bien auprès du Roy, que luy-même embraſſa le Chriſtianiſme, & fut imité de preſque tous ſes Sujets.

Beda, c. 25.

Brunehaut ne put maintenir que deux ou trois ans dans le Royaume d'Auſtraſie, la tranquillité qu'elle luy avoit procurée auſſi-bien qu'au Royaume de Bourgogne. L'inquiétude des Grands qui portoient impatiemment de ſe voir gouvernez par une femme, la troubla bien-toſt : la ſuite, ou peut-eſtre la cauſe de ces mouvemens fut la mort du Duc Vintrion, un des plus conſidérables Seigneurs de ce Royaume, dont la Reine ne s'accommodoit pas, & dont elle jugea à propos de ſe défaire. Les choſes en vinrent juſqu'à la révolte, & les Seigneurs s'eſtant rendus maiſtres de la perſonne, & enſuite de l'eſprit du jeune Roy Théodebert, l'engagerent à conſentir à l'exil de ſa mere. Cette Princeſſe craignant pour ſa vie, fut obligée de s'enfuir ſecretement de la Cour, & abandonnée de tous ſes gens, elle ſe ſauva dans la petite Ville d'Arci-ſur-Aube, aux Frontières de Champagne du coſté du Royaume de Bourgogne.

Fredeg. in Chronic. c. 19.

Fredegaire dit que celuy qui conduiſit Brunehaut à la Cour de Bourgogne, eſtoit un pauvre qu'elle trouva par hazard, & à qui elle fit donner en récompenſe l'Eveché d'Auxerre. Cette circonſtance d'un gueux fait Evêque d'Auxerre pour un tel ſujet, à quelque choſe de bizarre. Mais la Relation que j'ay faite de cet incident eſt appuyée ſur l'Hiſtoire des Eveques d'Auxerre, rapportée au premier Tome de la nouvelle Bibliotheque des Manuſcrits du P. Labbe, ſelon laquelle Didier qui ſuccéda à l'Eveché d'Auxerre, mort vers ce temps-là, eſtoit, comme j'ay dit, parent de la Reine Brunehaut, & le plus riche Prélat qu'il y eut en France. Cujus ſecularis dignitas tanta extitit, ne ei mimo tempore, quamvis potentiſſimi, ex aquo ſe conferre potuerit. *Hiſtor. Epiſcop. Autiſſiodor.*

An. 600.
Fredegar. cap. 10. Geſta Regum Francor. c. 37.

Ex vitâ S. Bertharii Epiſc. Carnot.

Y eſtant arrivée toute ſeule, elle y trouva un homme de qualité nommé Didier natif d'Aquitaine, & allié à la Famille Royale, qui s'y eſtoit rendu déguiſé en pauvre * de concert avec elle, pour la conduire depuis là juſqu'à la Cour de Bourgogne. Elle y arriva ſans courir aucun riſque. Son arrivée ſurprit agréablement le Roy qui l'aimoit tendrement, & qui ſçachant la révolte des Auſtraſiens, eſtoit fort en peine d'elle. Il la reçut d'une manière capable de la conſoler de ſon malheur, & pour première marque de ſa tendreſſe, l'Evêché d'Auxerre eſtant venu à vaquer quelque temps après, il le donna ſur la prière qu'elle luy en fit, au guide fidéle, à qui elle eſtoit obligée de ſa liberté, & peut-eſtre de ſa vie. Cependant la guerre ſe ralluma plus vivement que jamais entre les Princes François.

Clotaire Roy de Soiſſons né en 584. l'année meſme de la mort de ſon pere Chilperic, avoit alors ſeize ans ; il eſtoit demeuré en poſſeſſion de pluſieurs Villes ſur la rivière de Seine dont la conqueſte fut la ſuite de la victoire qu'il avoit remportée l'année d'auparavant ſur les deux Rois ſes couſins. Ces deux Princes tout jeunes, quoi qu'ils n'avoient que treize à quatorze ans, vinrent l'un & l'autre à la teſte d'une puiſſante Armée, pour avoir leur revanche. Ce fut par le conſeil de Brunehaut que le jeune Thièri Roy de Bourgogne entreprit cette expédition. Elle engagea Recarede Roy des Gots à luy envoyer un ſecours de Soldats, & Théodebert outre les Troupes Françoiſes qui compoſoient ſon Armée, la fortifia de celles des Nations de delà le Rhin.

Clotaire ſans s'étonner vint au-devant d'eux juſques dans le Royaume de Bourgogne, & les rencontra dans le Senonois ſur la petite rivière d'Ouaine * qui ſe jette dans le Loin au-deſſus de Moret ; la bataille ſe donna auprès du Village de Dormeille, elle fut infiniment ſanglante de part & d'autre ; mais la victoire demeura aux deux Rois. Clotaire entièrement défait, gagna Melun avec beaucoup de peine, & delà vint ſe réfugier à Paris, & meſme ſelon quelques-uns, il s'enfuit juſqu'à Arelaune aujourd'huy la Foreſt de Bretonne, vers l'embocheûre de la Seine.

Aroanna, Valeſius Notit. Gall.

Les deux Rois pourſuivant leur victoire, reprirent la pluſpart des Villes ſituées ſur cette rivière, qui s'eſtoient ſoumiſes à Clotaire l'année précédente. Elles furent pillées, & un grand nombre des Habitans du païs menez en eſclavage : Chartres fut auſſi priſe & abandonnée à la fureur du Soldat. Enfin comme l'Armée victorieuſe continuoit ſes progrès par tout ſans réſiſtance, le Roy de Soiſſons fut contraint de demander la Paix, qu'il n'obtint qu'à des conditions très-rudes ; ſçavoir, qu'il céderoit au Roy de Bourgogne tout ce qu'il poſſedoit de Villes entre la Seine, la Loire, l'Ocean & les Frontières de Bretagne, & au Roy d'Auſtraſie une grande partie du païs d'entre la Seine, l'Oiſe, & la mer qu'on appelloit alors le Duché de Dentelenus, * nom qu'il tiroit apparemment de quelque Duc qui l'avoit gouverné ; de ſorte que le Royaume de Soiſſons fut preſque réduit à rien. C'eſt ainſi que finit en France le ſixième ſiécle, & la cent quatorzième année depuis l'établiſſement de la Monarchie dans les Gaules.

Ex vitâ S. Berthari.

Fredegar. cap. 10.

Je croy que c'eſt de ce nom, mais corrompu, qu'une partie de ce païs s'appelloit du temps de Charles le Chauve & ſous les premiers Rois de la troiſième Race, le Dentelou ou de Talou. On comprenoit alors ſous ce nom Dieppe, Arques, la Ville d'Eu, & les environs de ces Places.

Ces victoires encouragerent les deux jeunes Princes qui laiſſerent Clotaire en repos après l'avoir mis hors d'état de leur nuire, & ſongerent à pouſſer plus loin les bornes de l'Empire François, à l'exemple de leurs anceſtres.

An. 600.

Le Roy d'Auſtraſie * envoya une Ambaſſade à Conſtantinople, pour offrir à l'Empereur Maurice de faire avec luy une Ligue offenſive contre les Abares, qui incommodoient fort l'Empire du coſté du Danube par leurs excurſions, l'aſſeûrant qu'il les attaqueroit avec toutes les forces de ſon Etat, pourvû que l'Empereur vouluſt luy payer une bonne penſion : le mot Grec ſignifie un tribut * ; mais j'ay peine à croire que les François euſſent oſé le demander ſous ce nom à l'Empereur. En effet, ce Prince le reçeut avec trop d'honneſteté, pour laiſſer croire qu'ils luy euſſent fait une demande ſi incivile. Il leur fit meſme des préſens ; mais jugeant par le peu de ſecours que luy & ſes prédéceſſeurs avoient reçû d'eux dans les guerres d'Italie, où les François avoient toûjours bien moins agi pour l'Empire que pour leurs intéreſts propres, il n'accepta point leur propoſition. Il voulut néanmoins les piquer d'honneur, en leur diſant qu'une Nation auſſi généreuſe que la Françoiſe devoit faire paroiſtre plus de deſintereſſement ; qu'il leur ſeroit très-obligé s'ils vouloient bien attaquer les Abares de leur coſté, tandis qu'il les attaqueroit du

Je ſay que Theophylacte Simocatte en ſon Hiſtoire de l'Empereur Maurice, pû en faire certiſon de l'Ambaſſade, dit qu'elle fut envoyée par Thièri Roy des François ; mais ſans doute il s'eſt méprit, & pris Thièri pour Theodebert, & cette méprit n'eſt pas fort extraordinaire aux Auteurs Grecs, pendant des Rois temps là, Thièri ne pouvoit faire la guerre aux Abares, dont l'eſtoit très-éloigné, mais s'eſtoit Theodebert Roy d'Auſtraſie dont les Etats en Germanie, & les Peuples les plus voiſins du Danube qui luy eſtoient

* Theophylact. L. 6. c. 3. φορèν.

CLOTAIRE. THEODEBERT. THIERI.

foumis, souffrirent beaucoup des incursions de ces Bochares fous son regne & sous celuy de Childebert son pere.
Fredegar. cap. 10.

An. 602.
Hist. de Bearn. l. 1. cap. 24.
Valef. tom. 2 Histor. Franc.

An. 602.

Fredegar. cap. 33.

Fredegar. cap. 34.

rien, mais qu'il ne vouloit pas acheter si cher cette diversion ; de sorte que la chose n'eut aucune suite.

Theodebert voyant qu'il n'y avoit rien à faire de ce costé-là, proposa au Roy de Bourgogne d'aller subjuguer les Gascons. Cette brave Nation ne s'estoit pas encore établie en deçà des Pyrenées, dans le païs auquel elle a depuis donné son nom, & il est impossible de marquer bien seûrement le temps où cet établissement s'est fait. M. de Marca & quelques-uns de nos plus sçavans Ecrivains, le mettent vers l'an 586. peu de temps après la mort de Chilperic, fondez sur un passage de Gregoire de Tours, qui ne prouve rien. Il n'y est fait mention que des excursions des Gascons, qui descendirent des Pyrenées pour venir piller dans la Plaine, & nullement de la perte d'aucune des Villes que les François y possedoient, sans quoy les Gascons ne pouvoient pas demeurer dans le païs. Ainsi l'expedition des deux Rois ne fut point pour reconquerir cette partie de la France que leurs predecesseurs n'avoient pas perduë ; mais pour faire une nouvelle conqueste de ce qu'on appelloit alors la Gascogne ou la Vascogne au-delà des Pyrenées, c'est-à-dire, Pampelune, Calahorre, & les païs qui en dependoient. Ils défirent & subjuguerent les Gascons, les firent leurs Tributaires, & leur donnerent un Duc nommé Genialis, qui les maintint dans la soûmission tandis qu'il les gouverna. C'est là au moins la seconde fois que cette ancienne Gascogne fut sous l'obeïssance de la France : car si nous en croyons un de nos anciens Auteurs, non seulement les Gascons, mais encore les Cantabres leurs voisins avoient eu autrefois un Duc François, qui faisoit porter les tributs levez sur ces Peuples, à l'Epargne des Rois de France.

Cette humeur martiale & cette ardeur pour le gloire, que le jeune Thieri faisoit paroistre pour la gloire, retraçoit à ses Sujets l'idée de son ayeul Sigebert ; qui environ au mesme âge que luy, s'estoit signalé par plusieurs Victoires à la teste de ses Armées ; mais il luy estoit fort peu semblable par un autre endroit : je veux dire par son incontinence. Il avoit déja à l'âge de dix-huit ans trois fils naturels d'une ou de plusieurs Maîtresses, & c'estoit la malheureuse politique de la Reine Brunehaut, qui le plongeoit & l'entretenoit dans ces débauches. Cette Princesse jusqu'à sa retraite dans le Royaume de Bourgogne, paroist d'ordinaire dans nos Histoires avec un caractere de sagesse, & mesme de probité & de pieté, qui luy fait beaucoup d'honneur ; mais elle changea dès son ambition & une autre passion plus indigne d'une Reine, commencerent à la dominer.

Se voyant excluë de la Régence du Royaume d'Austrasie, & reduite à celuy du Royaume de Bourgogne, elle se regarda comme dépouillée d'un Etat qui luy appartenoit, & qu'elle devoit un jour reconquerir ; elle apprehenda que celuy qu'elle tenoit encore ne luy échappast ; elle n'oublia ni crimes ni artifices pour se maintenir dans l'un, & pour rentrer dans l'autre.

Ce dessein formé & toûjours conduit par cette Princesse, fut la source de bien des maux que je développeray dans la suite ; mais il fut principalement la cause de celuy dont je parle, je veux dire des débauches du jeune Roy son petit-fils.

Elle craignit que si ce Prince s'engageoit dans un mariage légitime en épousant une Princesse de la Famille de quelqu'un des Rois voisins de la France, il ne perdist l'attachement & le respect qu'il avoit eû jusqu'alors pour elle, & qu'une Reine qui se rendroit maistresse de son esprit, ne l'empeschast elle-mesme de l'estre toûjours des affaires. C'est pour cela qu'elle fit en sorte tant qu'elle pût, qu'il n'écoutast aucune proposition sur ce sujet. Le saint Abbé Columban, ayant quelquefois parlé au Roy avec liberté là-dessus, elle ne cessa point de le persécuter depuis, & l'obligea à sortir de France, & enfin toute son application fut à fournir toûjours à ce jeune Prince de nouveaux objets capables d'occuper sa passion.

La Charge de Maire du Palais, dont le pouvoir s'éleva dans la suite au-dessus de celuy des Souverains mesmes, donnoit dès ce temps-là beaucoup d'autorité dans les trois Royaumes à ceux qui la possedoient. Le Maire du Palais de Bourgogne estoit alors un Seigneur nommé Bertoalde, d'un grand merite, sage, prudent, moderé, habile dans la guerre, homme droit, incapable de trahir son devoir, & par consequent peu propre à entrer dans les veües de la Reine Brunehaut ; c'est pourquoy elle resolut de le perdre. Elle en vint à bout, & mit en sa place un homme tout devoüé à ses interests ; il s'appelloit Protade de Famille Gauloise ; son habileté & plusieurs autres belles qualitez d'esprit & de corps l'avoient rendu très-considerable à la Cour, & trop aimable à cette Princesse.

Pour luy frayer le chemin à ce haut employ, elle le fit Patrice ou Duc de la Bourgogne. Transjurane, c'est-à-dire, de cette partie du Royaume qui estoit au-delà du Mont Jura, aujourd'huy appellé communément le Mont S. Claude, d'où dependoit le Gouvernement de Geneve, de Lauzane, & de plusieurs autres Places jusqu'aux Alpes & jusqu'aux Frontieres du Royaume d'Austrasie ; & dès-lors elle commença à travailler de concert avec luy à la perte de Bertoalde. Elle sçut que Clotaire Roy de Soissons revenu de sa premiere consternation, pensoit à reconquerir une partie de ce qu'un Traité de Paix forcé luy avoit fait perdre, & sur tout qu'il prenoit des mesures pour se remettre en possession des Villes de la Seine : elle fit entendre au Roy de Bourgogne qu'il estoit à propos qu'un homme de poids & d'autorité comme Bertoalde fist la visite de ces Places, pour y régler beaucoup de choses, les mettre en défense, & voir en détail ce que ces nouvelles conquestes pouvoient produire à son Epargne. Le Roy approuva son avis, & donna ordre à Bertoalde de partir avec une escorte de trois cens hommes. Il fit la visite des Places

Fredegar. cap. 36.

Ibid.

Cap. 14.

Cap. 24. & cap. 27.

Cap. 25.

jusqu'à la mer, & s'arresta à une maison de plaisance du Roy dans la Forest de Bretonne.

Ce fut durant ce voyage que Clotaire fit faire subitement une irruption dans le païs d'entre la Seine & la Loire, ainsi que Brunehaut l'avoit prévû. Son armée estoit commandée par son Maire du Palais le Duc Landri : ce Duc menoit avec luy le petit Prince Merovée qui ne pouvoit pas avoir plus de cinq ou six ans, son pere Clotaire né en 584. n'en ayant que vingt & un ou vingt-deux. Il semble que c'estoit la coûtume d'en user ainsi en ce temps-là. Car nous avons vû que Frédégonde avoit avec elle à la journée de Troucy Clotaire luy-mesme qui n'avoit alors que neuf à dix ans ; & que dans l'autre victoire qu'elle remporta sur Thieri Roy de Bourgogne & sur Theodebert Roy d'Austrasie l'année d'après la mort de leur pere Childebert, ces deux Princes se trouverent aussi dans l'armée qui fut défaite n'ayant que dix à onze ans: & leur pere Childebert à l'âge de quatorze ans avoit marché en Italie avec ses troupes. Soit que cela se fist pour faire prendre à ces jeunes Princes l'esprit guerrier dès leur plus tendre enfance, soit qu'on voulust par là engager les soldats & les Capitaines à faire mieux leur devoir, en les rendant responsables du risque que couroient avec eux les heritiers de la Couronne.

Landri s'estant donc saisi de quelques Places entre la Seine & la Loire, marcha droit vers la Forest de Bretonne pour y surprendre & enlever le Maire du Palais de Bourgogne. Celuy-cy ayant eû avis de sa marche & deviné son dessein, & ne voyant nulle apparence de tenir contre une armée avec trois cens hommes, ordonne à ses gens de se débander, & il fit si bien qu'il gagna Orleans où il se mit en seûreté contre l'attente de Brunehaut.

Le Duc Landri dont il estoit ennemi personnel vint l'investir, & demanda à luy parler. Bertoalde parut sur le rampart, & Landri s'avança jusques sur le bord du fossé. Bertoalde au sujet du reproche que luy fit Landri d'avoir fui, répondit qu'il avoit mauvaise grâce de luy faire ce reproche, qu'il avoit fui seul devant une Armée ; mais qu'il ne fuiroit jamais devant luy lorsque les forces seroient moins inégales, & que s'il vouloit à l'heure mesme ils vuideroient leurs différens seul à seul entre la Ville & le Camp. Landri ne voulut pas accepter cette offre. Peu de temps après Bertoalde luy envoya faire un second défi, & luy fit dire, que soit qu'il fit toutes ces hostilitez pour satisfaire sa propre haine, soit qu'il les fist par ordre de son maistre, il ne pouvoit pas douter que le Roy de Bourgogne ne regardast cette conduite comme une declaration de guerre ; que les Armées des deux partis se verroient bien-tost en campagne ; qu'alors il leur seroit facile de se joindre ; qu'il luy promettoit qu'au jour de la bataille il paroistroit au premier rang habillé d'écarlate, afin qu'il le reconnust, & que s'il vouloit paroistre de son costé dans le mesme équipage, ils auroient lieu de se satisfaire l'un l'autre. Landri le luy promit, & tous deux s'engagèrent à ce Duel par serment.

Cependant Thieri Roy de Bourgogne assembla une armée pour venir au secours d'Orleans. Landri en leva le siege à son approche, & se retira vers Etampes où il joignit un corps de troupes qui l'y attendoit. Thieri l'y suivit accompagné de Bertoalde, & les deux armées se trouverent en présence le jour de Noël prestes à en venir aux mains. Il n'y avoit qu'un petit ruisseau & un défilé entre-deux que le Roy de Bourgogne commença à faire passer à son armée.

A peine l'avant-garde estoit-elle passée, ayant Bertoalde à sa teste, qu'elle fut chargée par l'armée de Landri qui profitoit dautant plus volontiers de cet avantage, que son armée estoit moins nombreuse que celle du Roy de Bourgogne. Bertoalde habillé d'écarlate comme il l'avoit promis à Landri, parut aux premiers rangs & soutint bravement ce premier chocq, cherchant des yeux & appellant Landri qui ne parut point. Bertoalde en avoit assez fait à cet égard pour son honneur ; mais le chagrin le fit passer outre. Il avoit appris à l'arrivée du Roy de Bourgogne que la Reine avoit si fortement sollicité ce Prince, qu'il luy avoit enfin promis de donner à Protade la Charge de Maire du Palais. Cet affront fut si sensible à Bertoalde qu'il ne pût se resoudre à y survivre ; de sorte qu'ayant donné par le temps par sa résistance au reste de l'armée de passer le ruisseau & de se ranger, il se jetta au milieu des ennemis suivi d'une troupe de braves gens qu'il avoit avec luy, & il fut tué après avoir fait des prodiges de valeur ; ainsi périt ce brave homme, victime de l'infame passion de la Reine, & comme martyr de la vertu qui le luy avoit rendu odieux & redoutable.

Toute l'armée ayant passé le ruisseau & le défilé, le Roy de Bourgogne fit charger de tous costez celle de Clotaire, qui fit peu de résistance à cause de l'inégalité des forces. Il en resta une grande partie sur la place, & dans le desordre de la fuite le petit Prince Merovée fils de Clotaire, que Landri avoit avec luy, ayant esté investi par les Bourguignons, fut pris & selon un de nos Historiens massacré par l'ordre de Brunehaut, du moins on le luy reprocha quelques années après. Le Roy de Bourgogne sans tarder prit le chemin de Paris, & y fut reçû avec soumission des habitans, à qui les guerres civiles faisoient de temps en temps changer de maistre.

Tandis que le Roy de Bourgogne estoit venu attaquer le Duc Landri du costé d'Estampes, Theodebert Roy d'Austrasie s'avançoit aussi avec la sienne, contre Clotaire qui estoit à la teste d'un autre corps du costé de Compiegne. On estoit là aussi sur le point de donner bataille, lorsque la nouvelle de la défaite de Landri auprès d'Estampes arriva. Apparemment ce nouveau succès du Roy de Bourgogne donna de la jalousie au Roy d'Austrasie qui commença à le craindre. Au lieu de donner sur l'armée ennemie déja consternée, il écouta les propositions de paix que Clotaire luy fit faire, & se reconcilia avec luy. L'accommodement se fit pareillement quelque temps après avec le Roy de Bourgogne, mais les articles n'en sont pas marquez dans l'histoire.

Après cette campagne, qui ne finit que bien avant dans l'hyver, les troupes estant congediées & les Rois retournez chez eux, Thieri declara Protade Maire du Palais de Bourgogne. Il ne fut pas plutost élevé à cette dignité, que suivant les impressions qu'il recevoit de la Reine, il entreprit deux choses : la premiere, d'écarter la pluspart des Seigneurs qui avoient jusqu'alors eû part au gouvernement, & ne laissoient pas à Brunehaut toute l'étenduë d'autorité qu'elle prétendoit avoir.

Cap. 27.

La seconde fut de satisfaire la vengeance de cette Princesse, qui ayant toûjours sur le cœur l'affront qu'on luy avoit fait en la chassant du Royaume d'Austrasie, n'avoit pû jusqu'alors en tirer raison, & avoit en vain fait tous ses efforts pour rompre la bonne intelligence qui estoit entre les deux Rois.

Protade loüé dans l'histoire pour son esprit & pour son adresse, n'omit rien pour aigrir le Roy contre son frere Theodebert. La paix de Compiegne faite sans son consentement & contre ses interests, estoit un sujet de mécontentement tres-propre à l'irriter; & puis les Ministres des Princes manquent-ils jamais de raisons pour les faire donner dans leurs desseins? Quand Protade l'eût ébranlé, la Reine vint elle-mesme à la charge. Elle luy dit qu'elle avoit à luy faire confidence d'un secret qu'elle avoit appris de bonne part depuis qu'elle estoit sortie du Royaume d'Austrasie.

" Celuy que vous regardez, luy dit-elle, comme vostre frere ne l'est pas, il n'est pas fils du
" feu Roy Childebert, on trompa ce Prince &
" on luy supposa cet enfant qu'il a toûjours crû
" faussement estre son fils. Il est fils d'un miserable Jardinier. Nous ne sçavons point les raisons dont elle se servit pour rendre sa supposition croyable : mais le droit qu'elle donnoit au Prince sur le Royaume d'Austrasie les luy fit trouver bonnes; & Protade qui estoit present à cet entretien les ayant fortement appuyées, on conclut à la guerre, & elle fut aussi-tost declarée au Roy d'Austrasie qui ne s'attendoit à rien moins.

Cap. 27.

Il estoit alors occupé de deux autres affaires, l'une estoit la punition de la revolte d'une partie des Saxons, contre lesquels il avoit envoyé une armée qui ne s'en soumit qu'après avoir tué & perdu aussi beaucoup de monde: & l'autre estoit un Traité avec Agilulfe Roy des Lombards, qui ayant fait reconnoistre à Milan son fils Adaloalde pour Roy à l'âge d'un an & quelques mois en présence des Ambassadeurs du Roy d'Austrasie, voulut aussi renouveller la paix avec luy, & l'affermir par le mariage de son fils avec la fille de ce Prince; elle estoit encore au berceau aussi-bien qu'Adaloalde; & ce mariage fut conclu.

Paul. Diac. l. 4. cap. 31. & 32.

La guerre ne fut pas plûtost declarée entre les deux freres, que les armées se mirent en campagne, & se trouverent campées fort près l'une de l'autre en un lieu nommé en latin *Caraciacum*, sans doute sur les frontieres du Royaume d'Austrasie & de celuy de Bourgogne. Ce lieu est aujourd'huy inconnu.

Comme cette guerre avoit esté conclue & entreprise sans appeller au Conseil d'autres personnes que la Reine & le Maire du Palais, les Seigneurs de Bourgogne commencerent à en murmurer entre-eux, & y marcherent fort contre leur gré. Quand ils se virent tous ensemble dans le camp les armes à la main, ils parlerent plus hardiment. On disoit tout haut dans l'armée, qu'il estoit étrange que l'inquietude d'un seul homme & l'ambition d'une femme missent le desordre dans la famille Royale, dont l'union avoit esté jusqu'alors si avantageuse aux deux Etats; qu'on estoit sur le point de s'entre-égorger les uns les autres sans sçavoir pourquoy; & qu'il falloit avant que de se battre, deliberer si on ne pourroit pas faire quelque accommodement.

Les principaux de l'armée s'estant abouchez là-dessus députerent au Roy quelques-uns d'entre-eux pour luy representer les suites fâcheuses de cette division entre les deux Royaumes, & le prier de voir si on ne pourroit point trouver quelque moyen de pacifier les choses.

Fredegar. cap. 27.

Cependant grand nombre de soldats investirent la tente où Protade joüoit actuellement aux * échets avec le premier Medecin du Roy, & disoient tout haut, qu'il valoit mieux sacrifier ce boutefeu à la haine publique, que des armées entieres à ses entestemens. Le Roy surpris de ce concert des soldats & des Generaux, répondit avec fermeté à ceux-cy, que quand son Ministre seroit tiré du peril où les mutins l'avoient mis, il écouteroit les avis qu'ils avoient à luy donner; & aussi-tost commanda à un des Seigneurs nommé Uncelenus d'aller porter ordre de sa part aux soldats qui avoient investi Protade, de se retirer chacun à son quartier. Uncelenus partit sur le champ comme pour executer les ordres du Roy: mais estant un de ceux qui haïssoient le plus Protade, au lieu de faire retirer les Soldats, il leur dit qu'il venoit de la part du Roy leur declarer qu'il ne prétendoit pas se faire le garant de la conduite de Protade, & qu'ils en fissent ce qu'ils voudroient. A peine eut-il lâché la parole, qu'ils entrerent dans la tente & y mirent en piece ce miserable, qui ne joüit que peu de mois d'un honneur qu'il avoit acheté par plusieurs crimes.

Ad tabulam cum Architecto.

Thieri vit bien par cette execution qu'il n'estoit pas luy-mesme en seûreté, & jugea à propos d'user de condescendance. On mit les differens des deux Rois en negociation. La necessité fit que tout s'accommoda assez aisément, & les deux armées s'en-retournerent sans combattre.

An. 605.

La place de Protade fut remplie par un Seigneur nommé Claude, Gaulois d'origine comme luy, homme prudent, affable, qui avoit beaucoup d'esprit, d'habileté pour les affaires & mesme de la science, en reputation de valeur, zelé pour l'interest de la nation,

Ann. 606.

en un mot agréable à tout le monde. A la verité il ne pût empêcher que la Reine ne vengeât avec le temps la mort de Protade, & qu'il n'en coûtât la vie à quelques Seigneurs ; mais il fit en mesme-temps prendre au Roy une resolution toute contraire aux desseins de cette Reine, qui fut de demander en mariage la Princesse Ermenberge fille de Bottoric ou Vitteric Roy d'Espagne.

An. 607.

Il envoya pour ce sujet trois personnes considérables en Espagne, sçavoir Aridius Evêque de Lion, Eborin son Connestable, & un autre Seigneur nommé Rogon. Le Roy d'Espagne consentit à cette alliance, après avoir tiré serment des Ambassadeurs au nom de leur maître, que la Princesse sa fille ne seroit point dégradée du rang de Reine où ce mariage l'élevoit. C'estoit une précaution que la conduite du feu Roy Chilperic, de Theodebert I. Roy d'Austrasie, & les amours mesmes de Thieri obligeoient de prendre. Les Ambassadeurs amenerent la Princesse au Roy à Châlons sur Saône où il la reçut avec de grands honneurs & des marques particuliéres d'affection & de tendresse. Mais Brunehaut, qui n'avoit pû venir à bout d'empescher cette négociation, trouva moyen d'en empescher l'effet dans un temps où toute autre qu'elle eût crû la chose entiérement impossible. Elle fit d'abord naître des incidens qui retardérent la cérémonie des nopces ; ensuite ayant gagné la sœur du Roy nommée Theudelane qui avoit du credit sur l'esprit de son frere, elle s'en servit pour le dégouter de la Princesse. Soit donc que cette Espagnole n'eût pas de beauté, & qu'elle eût quelque autre défaut de corps ou d'esprit qu'on exageroit sans cesse, Brunehaut & Theudelane tournérent tellement l'esprit du Roy à son égard, qu'il differa un an entier à l'épouser, & qu'enfin il ne pût plus la souffrir ; de sorte qu'il la renvoya en Espagne ; & ce qu'il y eût encore de plus indigne, c'est qu'on ne luy rendit pas sa dot.

Fredegar. in Chronico Cap. 30.

Ibid.

Une conduite si injuste pensa perdre le Roy de Bourgogne, car le Roy d'Espagne irrité d'un tel outrage envoya des Ambassadeurs à Clotaire Roy de Soissons pour l'engager à la guerre contre Thieri, à quoy il le trouva tres-disposé. De Soissons les Ambassadeurs d'Espagne accompagnez de ceux de Clotaire passerent à la Cour du Roy d'Austrasie qu'ils firent entrer dans la ligue, & enfin ils allerent de là en Italie. Theodebert y envoya aussi ses Ambassadeurs ; ils prierent tous ensemble Agilulfe Roy des Lombards de s'unir avec leurs maîtres, & il y consentit. Ces trois Princes assemblerent chacun leurs troupes, & se mirent en marche pour venir fondre de tous costez dans les Etats du Roy de Bourgogne : mais ce terrible orage soit par l'adresse de Brunehaut, soit par quelque autre incident que l'histoire n'a pas marqué, se dissipa sans nul effet, & le Roy d'Espagne ne fut point vengé.

C'est ainsi que Brunehaut abusoit de l'autorité qu'elle avoit prise sur l'esprit du Roy son petit fils, & qu'elle sacrifioit l'honneur, la reputation, la conscience de ce Prince & la sienne pour regner : mais enfin le temps de la vengeance arriva, & toute cette malheureuse branche de la Maison Royale où l'ambition, l'impureté, l'injustice estoient si publiquement autorisées, abandonnée & maudite de Dieu perit en peu de temps toute entiere comme celle de Jesabel & d'Achab, à laquelle elle fut tout à fait semblable.

Cette désolation funeste commença par la division qui se mit de nouveau entre les deux freres Theodebert Roy d'Austrasie, & Thieri Roy de Bourgogne, dont voici le sujet.

J'ay dit, en parlant du partage qui fut fait entre ces deux Princes de la succession du Roy leur pere, que l'Alsace, le Suntgau, le Turgau, & une partie de la Champagne avoient esté démembrez du Royaume d'Austrasie & ajoutez à celuy de Bourgogne. Theodebert dans la suite porta fort impatiemment cet avantage que le Roy son pere avoit fait à son cadet, & ayant toûjours eû dessein de rejoindre ces païs à son Royaume d'Austrasie, il avoit esté long-tems sans oser l'entreprendre : mais enfin l'an six cens dix comme le Roy de Bourgogne y pensoit le moins, il se jetta avec une armée dans l'Alsace & s'en empara.

An. 610.

Aussi-tost le Roy de Bourgogne se mit en devoir de tirer raison de cette injure, & demanda du secours à Clotaire Roy de Soissons. Theodebert luy envoya aussi des Ambassadeurs pour l'attirer à son parti. Rien n'estoit plus avantageux à Clotaire, que la division de ces deux Princes. Il ne se trouvoit jamais plus en asseûrance, que lors qu'ils estoient en armes l'un contre l'autre, & il ne pouvoit guere esperer de conserver son petit Estat qu'à la faveur de ces broüilleries. Il avoit alors à sa Cour saint Colomban qui fuyoit la persecution de Brunehaut. Il luy communiqua les propositions que ses deux cousins luy faisoient. Ce Saint après avoir consulté Dieu luy dit d'un air & d'un ton prophetique : Seigneur, ne vous meslez point de ces différens, Dieu a des vûës bien opposées sur vous & sur ces Princes : je vous prédis que devant qu'il soit trois ans vous serez le maître paisible des Estats de l'un & de l'autre. Clotaire suivit le Conseil du Saint, & declara aux Ambassadeurs qu'il vouloit demeurer neutre. Mais enfin on mit l'affaire en negociation, & on convint de faire une assemblée de plusieurs Seigneurs François des deux Royaumes pour décider cette querelle. On choisit la Ville de Seltz sur le Rhin pour le lieu de la Conference.

Jonas in vitâ S. Columbani.

Le Roy de Bourgogne y vint avec dix mille hommes ; mais Theodebert contre la foy donnée fit avancer promptement de tous costez une grosse armée, qui s'estant séparée en plusieurs corps investit le Roy de Bourgogne & le serra de si près, que pour pouvoir se tirer du danger où il estoit, il signa tout ce qu'on voulut, & consentit que l'Alsace & tous les autres territoires qui avoient esté démembrez du Royaume d'Austrasie y fussent réünis. Tandis que

Fredegar. Cap. 37.

CLOTAIRE. THEODEBERT. THIERI.

que Theodebert faifoit ainfi la loy à son frere en Alsace, il avoit donné aux Allemans d'entrer dans les terres de Bourgogne au-delà du Mont Saint Claude, où ils firent de grands ravages, défirent deux Comtes Bourguignons qui voulurent leur réfifter, & emmenerent quantité de perfonnes en esclavage.

Le Roy de Bourgogne ne fe fût pas plûtoft tiré des mains de fon frere, qu'il prit des mefures pour fe remettre au plûtoft en poffeffion de ce qu'on l'avoit obligé de ceder par force.

An. 611. Il fit des préparatifs pendant toute l'année fuivante, & voulut avant que d'attaquer le Roy d'Auftrafie, s'affeûrer fi Clotaire continuëroit à demeurer neutre. Il luy offrit pour l'y engager de ne point faire de paix avec Theodebert, fans obliger ce Prince à luy rendre le Duché de Dentelenus entre l'Oife & la Seine, qu'il avoit efté obligé de luy abandonner après fa défaite quelques années auparavant. Clotaire luy promit de demeurer neutre à cette condition.

An. 612. L'année 612. dès le mois de May Thieri donna rendez-vous auprès de Langres à toutes les troupes, que devoient luy fournir les Provinces *Fredegar. Cap. 38. Valef.notit. Gall.* de fon Eftat; & après en avoir fait la revuë, les conduifit par Andelot à une place forte nommée Nafi, qu'on croit eftre le petit Nanci. Il la prit, & delà s'avança jufqu'à Toul. Ce fut dans la campagne voifine où le Roy d'Auftrafie vint l'attaquer, & que fe donna une fanglante bataille. Les Auftrafiens y furent défaits avec grand carnage, & Theodebert obligé de prendre la fuite. Il gagna Metz fa Capitale, & ne s'y trouvant pas affez en feûreté il paffa jufqu'à Cologne.

Le Roy de Bourgogne le fuivit avec fon armée; mais il ne jugea pas à propos de paffer le Rhin, au-delà duquel Theodebert en fit bien-toft une autre compofée pour la plûpart des peuples de Germanie, dont ces Princes, comme j'ay déja remarqué, ne fe fervoient en deçà du Rhin que dans les grandes neceffitez de leur Eftat, à caufe des ravages que ces Troupes avoient coûtume de faire tant dans le païs ennemi, que dans celuy de leur Roy mefme, lorfqu'elles y entroient.

Fredegar. ibid. Thieri ayant fait paffer la Foreft d'Ardennes à fon armée, vint camper à Tolbiac lieu déja fameux par la grande victoire de Clovis fur les Allemans, & de là il portoit la défolation dans toute la France Auftrafienne, lors qu'il eût avis que Theodebert venoit fondre fur luy avec fon armée compofée de Saxons, de Thuringiens, & des autres Nations de la France Germanique. Il l'y attendit de pied ferme & accepta la bataille qu'il gagna encore. Noftre Hiftorien dit qu'il n'y en avoit jamais eû jufqu'alors, où l'on fe fût battu avec plus d'acharnement; que la meflée dura tres-longtemps fans qu'on reculaft ni de part ni d'autre; qu'après la défaite on voyoit des bataillons entiers de corps morts gardant encore leurs rangs, & fi ferrez les uns contre les autres, que plufieurs eftoient demeurez debout, comme s'ils avoient efté encore vivans: mais il en perit

Tome I.

pour le moins autant dans la fuite que dans le combat. Depuis Tolbiac jufqu'à Cologne dans l'efpace de plufieurs lieuës, la terre eftoit toute couverte de morts. Le vainqueur pourfuivit jufqu'à cette Ville là fa victoire, & il y fut reçû. Il détacha Bertaire fon Chambellan après Theodebert qui fuyoit au-delà du Rhin; il l'atteignit, le prit & l'amena à Cologne, où Thieri luy fit ofter toutes les marques de la dignité Royale, & jufqu'à fon baudrier, & à fon épée, dont il fit préfent à Bertaire auffi-bien que du cheval fur lequel le Roy avoit efté pris; enfuite il envoya ce Prince prifonnier à Châlons fur Saône.

An. 612. Jufques-là Thieri n'avoit terni l'éclat de fa victoire, que par beaucoup de dureté dont il avoit ufé à l'égard du Roy d'Auftrafie fon frere; mais il alla jufqu'à la cruauté en faifant tuer le fils de ce Prince nommé Merovée encore enfant. Brunehaut fit couper les cheveux à Theodebert, pour luy ofter toute efpérance *Jonas in vitâ S. Columbani.* de remonter fur le trône: ainfi elle fut pleinement vengée de l'affront qu'il luy avoit fait autrefois de la chaffer de fon Royaume d'Auftrafie. Apparemment elle ne feroit demeurée là; mais elle appréhenda qu'il ne s'échappaft de fa prifon, & que la guerre que Thieri fe difpofoit à faire au Roy de Soiffons, ne donnât *Fredegar. cap. 37.* lieu à quelques mouvemens dans le Royaume d'Auftrafie en faveur du Roy captif. Ce fut vray-femblablement la raifon qui la déterminâ à faire maffacrer peu de temps après cet infortuné Prince auffi brave, mais auffi débordé & auffi cruel que fon frere; car il avoit tué de fa propre main peu de temps avant fa difgrace, la Reine Belechilde qui de fa maîtreffe eftoit devenuë fon époufe. Il n'avoit qu'environ vingt-fept ans. Par cette mort le Royaume d'Auftrafie fut uni à celuy de Bourgogne dans la perfonne de Thieri.

La grande puiffance où il fe voyoit élevé, luy fit oublier la promeffe qu'il avoit faite à Clotaire Roy de Soiffons, de le faire rentrer en poffeffion du païs d'entre la Seine & l'Oife, comme ils en eftoient convenus avant cette guerre.

Clotaire qui connoiffoit fon humeur, voyant Theodebert perdu fans reffource après la défaite de Tolbiac, avoit jugé à propos de ne pas attendre ce préfent de la main du Roy de Bourgogne, & s'en eftoit faifi dans cette favorable conjoncture. Thieri luy envoya des Ambaffadeurs pour le fommer d'en retirer fes troupes, & fur fon refus luy declarer la guerre. Clotaire tint ferme, réfolu à tout plûtoft que de renoncer à un droit auffi-bien acquis que celuy-là. Le printemps ne fut pas plûtoft venu que le Roy de Bourgogne fe mit en campagne avec une nombreufe armée, pour venir fondre dans le Royaume de Soiffons: mais en paffant par la Ville de Metz il y fut attaqué d'une diffenterie dont il mourut en peu de jours dans la vingt-fixiéme année de fon âge, & *An. 613.* dans la dix-feptiéme de fon regne.

Il femble que la divine Providence voulut vérifier fur ce Prince & fur fon frere, la menace qu'il fait aux impies dans ses Ecritures, qu'ils seront enlevez dans le milieu de leur course, & qu'ils ne rempliront pas la moitié des jours qui leur estoient destinez, s'ils avoient vécu dans la crainte de Dieu & dans l'innocence. Toute l'histoire de leur regne dans nos Historiens n'est presque qu'un tissu de guerres civiles, de violences, de débauches, d'injustices. Je dis dans nos Historiens, qui assurément ne nous ont pas tout dit. Car Mariana dans son Histoire d'Espagne marque une chose tres-considerable qu'ils ont omise : sçavoir, que les Gots d'Espagne qui avoient toûjours tenu teste aux François mesme en deça des Pyrenées dans le Languedoc depuis la grande défaite de l'armée de Clovis devant Arles, furent tributaires des Rois François du temps que Gondemar regnoit en Espagne. Mariana ajoûte que cela se prouve par les Lettres d'un Comte de ce temps-là appelé Bulgaran Gouverneur de la Gaule Gothique, & que ces Lettres sont dans les Archives à Alcala & à Oviedo : or ce Roy Gondemar qui regna en Espagne & en Languedoc depuis six cens dix jusqu'à six cens treize, ne peut avoir esté soumis au tribut que par ces deux Princes dont le regne répond à ces années-là. Mais quoiqu'il en soit il auroit fallu un grand nombre d'actions glorieuses, pour effacer ou mesme diminuer l'infamie & l'horreur d'un si funeste gouvernement.

Mariana l. 6. cap. 2.

Cette mort du Roy de Bourgogne, dont quelques-uns contre toute sorte de vray-semblance ont accusé la Reine Brunehaut, fit bien changer de face aux affaires. Clotaire sur le point d'estre accablé par un si puissant ennemi, se vit tout d'un coup délivré du danger par la retraite de l'armée qui venoit fondre sur luy. Brunehaut qui estoit alors à Metz avec les quatre fils de Thieri, dont Sigebert le plus âgé n'avoit que dix à onze ans, se trouva dans un étrange embarras & dans une grande incertitude sur les intentions des Seigneurs & des peuples des deux Royaumes. Elle commença à prendre des mesures, pour faire déclarer Sigebert successeur de son pere dans les deux Royaumes d'Austrasie & de Bourgogne : mais Clotaire qui avoit aussi ses prétentions & une bonne armée, travailloit tres-efficacement de son costé à se faire un fort parti dans les deux Royaumes. Plusieurs Seigneurs Austrasiens se déclarérent pour luy, ayant à leur teste deux des plus considerables de cet Estat, l'un nommé Arnoul & l'autre Pepin. Il fut reçu par leurs brigues dans plusieurs Villes, & il s'avança jusqu'à Andernac place forte sur le Rhin, entre Bonne & Coblentz, & s'en saisit.

Fredegar. cap. 40.

Brunehaut avec les quatre jeunes Princes s'estoit retirée à Wormes, d'où elle envoya deux Seigneurs à Clotaire, pour le prier de ne pas envahir un Estat qui ne luy appartenoit point, que le Roy en mourant avoit laissé aux Princes ses fils, & d'en retirer ses troupes. Clotaire répondit qu'il ne prétendoit point employer la force & la violence pour soûtenir ses droits, qu'il estoit question de faire une assem- A blée des Seigneurs de la Nation pour en juger, & qu'il s'en rapporteroit à leur décision.

La Reine cependant qui s'attendoit bien à quelque réponse de cette nature, fit partir le jeune Prince Sigebert avec Garnier Maire du Palais d'Austrasie, Alboin & d'autres Seigneurs pour la Thuringe. Son dessein estoit d'attirer à son parti par le moyen de ces Seigneurs, tous les divers peuples de la Germanie sujets ou tributaires du Royaume d'Austrasie, & d'en faire promptement une armée pour opposer à celle de Clotaire.

Ibid.

Ils ne furent pas plûtost partis, qu'elle eût B avis que Garnier entroit secrettement dans le parti de Clotaire, & songeoit à se declarer bientost pour luy. Sur cet avis elle envoya un Courier à Alboin avec une Lettre, où luy marquant la confiance qu'elle avoit en luy, elle luy écrivoit ce qu'elle avoit appris des desseins de Garnier ; qu'il estoit de la derniere importance de se défaire au plûtost de ce traitre, & qu'elle attendoit de sa fidélité cet important service. Alboin ayant reçû la Lettre la déchira en plusieurs petits morceaux qu'il eût l'imprudence de jetter à terre. Un des gens de Garnier qui estoit présent, estant demeuré sur le lieu ramassa, quand Alboin se fut C retiré, tous les morceaux de la Lettre, & les ayant réünis vit dequoy il s'y agissoit, & l'alla aussi-tost porter à son maistre. Garnier instruit de ce qu'on machinoit contre sa vie, se tint sur ses gardes sans faire semblant de s'appercevoir de rien ; & soit qu'il eût déja pris la résolution de favoriser Clotaire, ou que cette défiance qu'on avoit de sa fidélité, & le dessein qu'on avoit formé contre luy, l'engageassent à le faire, il ne songea plus qu'à perdre Brunehaut & ses enfans ; & travaillant en apparence avec beaucoup de zele à leur attacher les Nations Germaniques avec lesquelles il traita, il s'appliqua à les gagner pour Clotaire.

Alboin n'ayant pû exécuter l'ordre qu'il avoit reçû de faire périr Garnier, revint avec luy auprès de Brunehaut, qui croyant que la chose estoit demeurée entre Alboin & elle, & jugeant par la conduite extérieure que Garnier avoit tenuë dans ses négociations de Germanie, que le soupçon qu'on luy avoit voulu donner de luy estoit faux, le prit encore avec elle pour s'en servir en Bourgogne. Elle y alla avec les petits Princes, afin de s'attacher les E Bourguignons, tandis que plusieurs de ses Capitaines amassoient des troupes de tous costez dans la Germanie & dans les endroits du Royaume d'Austrasie qui suivoient son parti. Mais Garnier la servit en Bourgogne de la mesme maniere qu'il avoit fait en Germanie ; & trouvant la plûpart des Grands & des Evesques fort animez contre elle, à cause que sous le regne de Thieri elle les avoit tenus extrémement bas, il convint avec eux de la faire incessamment périr & ses quatre petits fils, & de reconnoître Clotaire pour Roy.

Cap. 41.

Ce Prince à qui les choses devenoient tous les jours plus faciles pour l'execution de ses

CLOTAIRE.

Cap. 41. desseins, s'avança avec son armée dans la Champagne, passa la riviere d'Aisne & marcha jusqu'auprés de Châlons sur Marne. Il avoit déja dans ses Troupes grand nombre d'Austrasiens declarez pour luy, & estoit seûr de plusieurs Ducs de celle du jeune Sigebert qui vint au-devant de luy pour le combattre. En effet sur le point qu'on estoit d'en venir aux mains, les Generaux de l'Armée de Sigebert qui le trahissoient, firent sonner la retraite, & en mesme-temps les Soldats commencérent à fuïr.

Clotaire, ainsi qu'il en estoit convenu avec Garnier & les autres, arresta ses Troupes pour les empescher de se débander sur les fuyards, mais il les suivit marchant toûjours en bataille *Cap. 42.* à petites journées, laissant ainsi l'armée ennemie se dissiper partie d'elle-mesme, comme il arrive dans une fuite, partie par la collusion des Chefs. Il marcha de cette sorte jusqu'à la Riviere de Saône. Brunehaut se sauva dans la partie du Royaume de Bourgogne qui estoit au-delà du Mont Jura. Un des petits Princes nommé Childebert, & qui dans le rang qu'on luy donne en le nommant parmi ses freres, paroist avoir esté le second, fut aussi sauvé sans qu'il parust jamais depuis. Les trois autres ou trahis par les conjurez, ou n'ayant pû trouver moyen de passer la Saône furent pris & conduits à Clotaire, qui fit tuer l'aîné Sigebert & un des deux autres nommé Corbus. Le quatriéme nommé Merovée que Clotaire avoit tenu luy-mesme sur les fonds de Baptême luy fit compassion. Il le fit secrettement tirer des mains de ceux qui vouloient le traiter comme ses autres freres, le recommanda à un Comte qui l'éleva dans la Neustrie, & il y vécut assez longtemps en homme de condition privée. Enfin Brunehaut ne pût pas non plus trouver d'asile assûré.

Garnier fit si bien qu'il découvrit sa retraite, & elle fut arrestée avec la Princesse Theudelane sœur du feu Roy Thieri par Erpon Connestable d'Austrasie, dans Orbe Ville entre le Lac de Geneve & le Mont Jura, & elle fut conduite jusqu'à un lieu appellé alors Rionava sur la Navigenne petite Riviere qui se jette dans la Saône, jusqu'où Clotaire s'estoit avancé avec son armée.

Elle fut là presentée à ce Prince fils de Fredegonde, heritier des sentimens de sa mere, & par conséquent l'ennemi le plus animé que Brunehaut pût avoir sur la terre. Ce fut en ce lieu là mesme où sa mauvaise destinée en fit un des plus funestes, des plus pitoyables & des plus horribles exemples qu'on eût jamais vû de l'inconstance des choses humaines, & de ces malheurs où les Princes quelques criminels qu'ils soient tombent rarement, mais où l'on en a vû tomber quelquefois. Elle avoit fait assez de crimes pour meriter d'estre immolée à la haine publique: mais on luy en imputa qu'elle n'avoit jamais commis, afin d'empescher qu'on ne la plaignist dans les plus cruels supplices, soû l'on avoit résolu de la faire expirer. Clotaire luy reprocha la mort de dix Rois,

comprenant dans ce nombre non seulement ceux qui avoient porté le Sceptre, mais encore les fils de Rois, à qui l'on donnoit quelquefois ce nom. Il les luy nomma tous, sçavoir Sigebert son mari, le Prince Merovée fils de Chilperic : le premier, parce qu'elle l'avoit engagé dans la guerre où il périt ; le second, parce qu'elle l'avoit fait révolter contre son propre pere, Chilperic de quoy néanmoins Fredegonde ne l'accusa jamais, Merovée fils de Clotaire mesme, pris à la bataille d'Estampes, & ensuite tué, Théodebert II. Roy d'Austrasie & un des fils de ce Prince, Thieri mort en dernier lieu Roy de Bourgogne, & ses trois enfans qu'on venoit de massacrer. Il la rendoit ainsi responsable de tous les crimes ausquels il prétendoit que son ambition avoit donné lieu par les guerres qu'elle avoit excitées dans tout l'Empire François. Sur cela il la livra aux Bourreaux, qui luy firent souffrir pendant trois jours toutes sortes de supplices. Ensuite on la fit monter sur un Chameau, & promener par tout son Camp, où les Soldats luy firent mille insultes & mille indignitez. Enfin on l'attacha par les cheveux, par un pied & par un bras à la queuë d'un cheval indompté, qui la traînant en courant de tous costez dans le Camp, la mit en piéces, & finit son infamie & ses tourmens. Son corps fut jetté au feu par la populace & reduit en cendres. Immediatement aprés cette narration qui fait horreur, l'Historien fait le portrait du Roy Clotaire, où entre autres traits, il fait entrer ceux-ci, que ce Prince estoit patient, humain, débonnaire, & fort craignant Dieu.

Un de nos célebres Historiens modernes * entreprit il y a quelques années de faire l'Apologie de cette malheureuse Princesse, qui avoit déja esté faite par le Jesuite Mariana dans son Histoire d'Espagne en faveur de son païs, où elle avoit pris naissance. M. de Valois le plus habile de nos Historiens sans contredit, avoit depuis refuté l'Auteur Espagnol d'une maniere solide, & que la replique de celuy dont je parle, ne me paroist pas assez détruire. Pour moy je croy qu'à cet égard, comme en toute autre matiere, on doit se donner de garde des extrémitez. Il faut ici à mon avis rabattre des exagérations de nos anciens Historiens, qui écrivoient sous les descendans de Clotaire, & sur les Memoires des Escrivains Contemporains de ce Prince, sous lequel on affecta de rendre infiniment odieuse cette infortunée Reine, & de la faire passer pour la plus detestable femme qui eust jamais esté. Par là on tâchoit à diminuer un peu l'horreur & l'affreuse idée que donnoit le traitement cruel, dont on avoit usé à son égard, & dont on ne devoit jamais user envers une personne du caractére & du rang dont elle estoit. Mais aussi vouloir en faveur de cette Reine revoquer en doute sur de foibles conjectures & par des raisonnemens generaux, des faits rapportez par les plus anciens Historiens que nous ayons, & dont ils conviennent entre eux pour la plûpart, c'est agir contre tous les principes de l'Histoire.

Appendix ad Marcelli Chronic.

An. 613.

Fredegar. cap. 42.

* *Cordemoy tom. 2. Hist. Franc.*

Hist. Hisp. l. 5. c. 10.

Il faut de plus distinguer ici les divers temps de sa vie, ainsi que je l'ay déja remarqué en passant; car la conduite de cette Princesse ne fut pas toûjours la mesme. Fortunat Evêque de Poitiers, en dit beaucoup de bien; mais c'estoit du vivant de son mari Sigebert & de son fils Childebert. Gregoire de Tours n'en dit point de mal; mais son Histoire finit avant la Régence de cette Reine, & ce ne fut que quelque temps après qu'elle eut pris goût au Gouvernement & à l'autorité souveraine, qu'elle se laissa emporter à son ambition, & qu'elle n'épargna aucun crime pour s'asseûrer la puissance absoluë dans les Etats de ses deux petits-fils.

Le Pape saint Gregoire le Grand luy écrivit plusieurs Lettres, où l'on voit les loüanges de sa pieté, de sa charité, de sa sagesse dans le Gouvernement; mais elle survécut neuf ou dix ans à ce saint Pape, & c'est principalement dans cet espace de temps, que les Historiens nous la représentent toute autre qu'elle n'avoit esté dans les années précédentes. Et puis saint Gregoire qui avoit besoin de son autorité pour seconder les Missionnaires d'Angleterre, & pour se conserver en Provence le petit patrimoine de l'Eglise Romaine, ainsi qu'il l'appelle, luy faisoit sa cour, en loüant ce qu'elle faisoit de bien, sans toucher à certaines actions particuliéres, ou qu'il ignoroit ou qu'il jugeoit à propos de dissimuler; il se contentoit de luy marquer certains desordres répandus dans les Eglises de France, comme par exemple, la simonie & le mauvais choix des sujets qu'on élevoit à l'Episcopat. Enfin plusieurs bonnes œuvres dont l'Histoire luy rend témoignage, comme d'avoir basti des Monastéres, des Hôpitaux, racheté des Captifs, contribué à la conversion d'Angleterre, ne sont point incompatibles avec une ambition démesurée, avec les meurtres de plusieurs Evêques, avec la persécution de quelques saints personnages, & avec une politique aussi criminelle que celle, dont on luy reproche d'avoir usé pour se conserver toûjours l'autorité absoluë. On a veû cent fois les Princes, & mesme des particuliers, joindre des extrémitez aussi opposées que celles-là, faire en mesme temps des œuvres du plus parfait Christianisme, & s'abandonner en Payens aux plus grands excès que leur passion dominante leur inspiroit.

Au reste, la fin déplorable de cette Princesse, & tant de mauvais endroits de sa vie, ne doivent pas faire oublier plusieurs de ses bonnes qualitez qu'on a pû remarquer dans la suite de cette Histoire, le grand talent qu'elle avoit pour gouverner, son courage, sa fermeté, sa grandeur d'ame, sa liberalité, sa magnificence. Il n'y a eu ni Roy ni Reine en France dont la memoire se conserve comme la sienne dans plusieurs ouvrages publics. Car sans répeter ce que j'ay dit des Eglises, des Monastéres, des Hôpitaux qu'elle bastit, dont quelques-uns subsistent encore, ou dont il est fait mention dans les Conciles, & dans quelques autres Monumens historiques de ce temps-là; sans parler de plusieurs Chasteaux qui portoient son nom, & qui estoient encore sur pied, ou dont on voyoit des restes quelques siécles après, il y a sur les confins du Querci qu'elle posseda plusieurs années comme en appanage, un Chasteau qui s'appelle le Chasteau de Brunehaut. Auprès de Tournay sur le chemin du Bavay, il y a de vieilles ruines qu'on appelle les Cailloux de Brunehaut. Mais les plus illustres Monumens de la magnificence de cette Princesse sont certains grands Chemins ou Chaussées de la Gaule Belgique faites autrefois par les Romains, & détruites dans la suite des temps, qu'elle fit rétablir, & qui s'appellent encore aujourd'huy les Chaussées de Brunehaut, une desquelles va de Cambray à Arras, d'Arras à Teroüane, & de Teroüane à la Mer. Il y a de plus en Bourgogne des restes d'autres grands Chemins ou de Chaussées pavées si hautes, qu'on leur a donné le nom de Levées, & qui se nomment aussi les Levées de Brunehaut. Enfin le Moine Aimoin dit qu'il restoit de son temps tant de semblables ouvrages de cette Princesse, qu'on s'étonnoit de ce seule Reine, & qui ne régna que dans une partie de la France, en eust pû tant faire pendant sa Régence & en tant de différens endroits.

Ce fut sur la fin de l'année 613. qu'arriva cette extermination de la Famille & de la Branche de Sigebert premier du Nom Roy d'Austrasie; par là Clotaire II. fut mis en possession de tout l'Empire François, la trentiéme année de son Régne, à compter depuis la mort de son pere Chilperic, & à la trentiéme ou trenteuniéme de son âge; car il n'avoit que quatre mois quand il perdit son pere.

Aimoin. Præfat. in Hist. Franc.

Malbrank de Morinis, l. 1. c. 11.

An. 613.

HISTOIRE DE FRANCE

CLOTAIRE II.

Lotaire fut le troisiéme Roy depuis l'établissement de la Monarchie dans les Gaules, qui se vit le Monarque universel de tout l'Empire François, & le second de mesme nom à qui ce bonheur arriva, & qui par une destinée attachée à ce nom, aprés avoir eu pour partage le Royaume de Soissons, le moins considérable des Royaumes François, y réünit tous les autres, comme avoit fait Clotaire I. son ayeul.

Le commencement du Régne de ce Prince sur tous les François & sur toutes les autres Nations soûmises à cet Empire, peut estre consideré comme le commencement de la tranquillité de la France, qui depuis la fondation de la Monarchie n'avoit presque jamais esté sans guerre, ou civile ou étrangere.

Du temps de Clovis, plusieurs petits Rois, dont les Etats se trouvoient enclavez dans son Domaine, le Royaume de Bourgogne & celuy de Thuringe qui subsistoient encore, celuy des Ostrogots d'Italie, & celuy des Visigots d'Espagne, que l'union de leurs Rois rendoit trés-puissans, furent toûjours pour luy ou des objets d'ambition ou des sujets d'inquietude.

Sous ses quatre fils les conquestes de Bourgogne & de Thuringe, les guerres d'Italie, celles d'Espagne, & enfin les jalousies mutuelles de ces Princes tinrent toûjours les François en mouvement. Clotaire I. fut peu de temps seul Maistre de tout l'Empire François, & eut presque toûjours durant cet intervalle de fâcheuses guerres à soûtenir. Que de funestes & de sanglans spectacles nous ont fourni jusqu'à present l'ambition, la jalousie, la haine, la cruauté de ses successeurs ! La derniere scene que nous venons de voir en a esté une des plus horribles.

Mais enfin Clotaire II. resté seul sur le Trône de la Race de Clovis si nombreuse & si féconde en Souverains, y établit une Paix durable, estant redouté de ses voisins trop foibles pour oser la troubler, & assez exempt d'ambition pour vouloir bien la maintenir avec eux.

D'ailleurs il se fit aimer de ses Sujets, qu'il s'appliqua à gouverner avec douceur & avec équité, sans manquer néanmoins de mettre de temps en temps en usage la sévérité pour réprimer l'audace des Grands Seigneurs, dont la licence, pour ne pas dire la ferocité, avoit donné souvent occasion à beaucoup de desordres & à de grands troubles sous les Régnes précédens.

Dés qu'il eut esté reconnu Roy par les Bourguignons & les Austrasiens, il fit Garnier Maire du Palais du Royaume de Bourgogne, Radon Maire du Palais d'Austrasie, & Gondelande Maire du Palais de Neustrie. * Garnier avoit déja cet Employ sous le feu Roy Thieri, & ce ne fut qu'à condition qu'on l'y confirmeroit pour le reste de sa vie, qu'il se déclara en faveur de Clotaire.

Ce Prince fit Duc de la Bourgogne Transjurane, qui estoit un des plus considérables Gouvernemens de France, un Seigneur nommé Herpon ou Herpin à la place de Theudelane qui y commandoit auparavant. Si dans Fredegaire le nom de Theudelane signifie en cet endroit, la mesme personne qu'il a signifié quelques lignes auparavant, nous y trouvons une chose particuliére, & jusqu'alors inouïe parmi les François ; sçavoir, une femme Gouvernante de Province, & que nos Historiens modernes ont prise pour un Duc. Car cette Theudelane * estoit la Princesse dont j'ay déja parlé deux fois, sœur du feu Roy Thieri Roy de Bourgogne, qui avoit tant de crédit sur son esprit, & dont Brunehaut se servit pour persuader à ce Prince de renvoyer la Princesse Ermanberge en Espagne. Il est au moins certain qu'elle se trouva dans la Bourgogne Transjurane, lorsque l'Armée trahit les enfans de Brunehaut, & les livra à Clotaire ; que Brunehaut se refugia chez elle, & que ces deux Princesses furent amenées ensemble de ce Païs-là à Clotaire aprés la trahison de l'Armée. Au reste, Brunehaut ayant gouverné trés-long-temps en qualité de Régente, estant encore toute-puissante dans le Royaume de Bourgogne, & Theudelane tendrement aimée de son frere, il n'est pas trop surprenant qu'on eust passé par dessus la coûtume en sa faveur.

Fredegar. cap. 43.

* C'est vers ce temps-là que l'on commence à voir dans nos Histoires le nom de Neustrie, pour designer le païs d'entre la Meuse & la Loire : mais dans la suite elle eut des bornes tantost plus étenduës, & tantost plus étroites.
Fredegar. cap. 43.

*Theudelane estoit un nom de femme. Cela est confirmé par une Charte rapportée par Dom Mabillon, De Re Diplomaticâ pag. 464. qui commence ainsi : Placuit atque convenit inter viro illustri Landegesilo, qui ad vicem illustre matronæ Theudelane, &c.

T iij

HISTOIRE DE FRANCE.

Clotaire ayant ainsi disposé des principales Charges de son Etat, s'appliqua à le régler dans toutes ses parties. Il assembla dans cette veuë un Concile à Paris, qui fut le cinquiéme tenu en cette Ville-là, & le quatriéme depuis l'établissement de la Monarchie dans les Gaules : ce fut le plus nombreux qui eust encore esté tenu en France. Soixante-dix-neuf Evêques y assisterent avec plusieurs Seigneurs & Vassaux du Prince, de ceux qu'on appelloit *Fideles* : de sorte que c'estoit une de ces Assemblées qui furent depuis si fréquentes sous les Rois suivans, & où sous Charlemagne & sous ses successeurs se faisoient des Ordonnances pour tout le Royaume, appellées Capitulaires. Entre plusieurs Decrets importans, on en fit un pour régler une chose que le Pape S. Gregoire le Grand avoit tant de fois recommandée dans ses Lettres à la Reine Brunehaut, & aux Rois Théodebert & Thieri. Ce fut touchant l'élection Canonique des Evêques, qui souvent auparavant se faisoient à prix d'argent, sans avoir nul égard aux mœurs & à la condition de celuy qu'on élevoit à cette dignité ; c'estoit quelquefois un Laïque qui l'achetoit, & que l'on sacroit sans avoir fait encore aucune fonction des Ordres inférieurs.

On ordonna donc par un Canon, selon la pratique de l'Eglise, & selon l'ancienne discipline, que déformais incontinent après la mort d'un Evêque, le Metropolitain assembleroit ceux de sa Province, & que le Clergé & le Peuple de la Ville avec le Concile Provincial, procéderoient à l'élection d'un nouveau Pasteur, sans que ni l'argent ni la veuë de quelque interêt temporel y eussent aucune part, & que si la chose se faisoit par autorité ou autrement que par le choix du Metropolitain & le consentement du peuple & du Clergé, l'ordination seroit censée nulle suivant les anciens Canons.

Le Roy confirma les Statuts du Concile par un Edit donné à Paris le 18. d'Octobre, mais avec quelques modifications : car au Canon qui regarde l'élection de l'Evêque par le Clergé & par le Peuple, & l'Ordination par le Metropolitain, il ajoûte qu'avant que de l'ordonner il faut un ordre du Prince.

Au troisiéme Canon qui défend aux Clercs, quelque rang qu'ils tiennent, de se prévaloir contre leur Evêque de l'autorité des Grands, & mesme du Prince, le Roy insera dans son Edit, que si un Clerc a recours au Roy pour quelque cause que ce soit & que le Roy le renvoye à l'Evêque avec une lettre de sa part, l'Evêque le recevra en grace & luy pardonnera.

Par ce mesme Edit il abolit tous les nouveaux imposts, & déclare que sa volonté est à cet égard, qu'on s'en tienne à ce qui estoit en usage sous les Rois Gontran, Chilperic & Sigebert ; que ceux qu'on établit Juges dans les Provinces, soient de la Province mesme où ils doivent exercer cet Employ, afin que s'ils font quelque injustice, les biens qu'ils auront dans le lieu mesme de leur Jurisdiction, puissent servir à dédommager ceux à qui ils auroient fait quelque tort. Il ajoûta encore une clause en faveur de ceux qu'ils appelloient *Leudes* & *Fideles*, lesquels, ce me semble, estoient des Vassaux nobles, qui s'attachoient à la personne du Prince par un serment particulier : cette clause portoit que ceux d'entre eux qui auroient perdu de leurs biens en servant avec fidélité le Roy leur Maistre pendant l'interregne, c'est-à-dire pendant les troubles des dernieres guerres civiles, seroient remis en possession de ce qui leur auroit esté enlevé à cette occasion. Cet Edit est, je croy, le plus ancien que nous ayons, où avec la souscription du Roy on trouve celle du Chancelier ou Référendaire, ou de quelque autre Officier semblable préposé pour l'expédition de ces sortes d'Actes publics émanez du Conseil du Prince.

Quelque douce & quelque agréable que fust la domination de Clotaire aux peuples de Bourgogne, qui s'estoient d'eux-mesmes donnez à luy, il ne laissa pas de trouver, comme c'est l'ordinaire dans ces commencemens de Gouvernement, des esprits broüillons, qui ne s'en accommoderent pas. Un nommé Alethée, homme considérable pour sa naissance, car il estoit descendu de la Famille des anciens Rois Bourguignons, avoit eû du chagrin de voir qu'on luy eust préféré le Duc Herpin pour le Gouvernement de la Bourgogne Transjurane, auquel il prétendoit : comme ce Duc estoit homme d'ordre, & qui aimoit la justice, il entreprit de réprimer l'audace de quelques Seigneurs, dont l'autorité avoit prévalu durant les Guerres civiles, & qui en abusoient pour opprimer les autres. Cela les irrita, ils se soûleverent, & dans la sédition le Duc fut tué. Le Roy estoit alors à Marley, Maison de plaisance en Alsace avec la Reine Bertrude ; il envoya de là des Troupes pour punir les séditieux, dont on luy amena les principaux Chefs qu'il fit punir de mort. Et cependant Alethée fit si bien par ses intrigues à la Cour, qu'il obtint la place du Duc qui avoit esté tué, luy qui méritoit plus qu'aucun autre d'estre puni pour cette sédition : car quoiqu'il n'y eust paru en aucune maniere, c'estoit à sa sollicitation & par les artifices de Leudemond Evêque de Sion en Valais son confident, qu'elle avoit esté excitée, pour y faire périr le Duc.

Si-tost qu'il se vit en possession de ce grand Employ, il osa porter ses veuës plus haut, & soit qu'il fust amoureux de la Reine, ou seulement de la Couronne, il luy fit faire par l'Evêque de Sion la proposition la plus hardie & la plus insolente qu'un Sujet puisse faire à une Reine. Cet Evêque alla trouver cette Princesse, & luy demanda la permission de luy faire une confidence de la derniere importance. Il luy dit qu'il y avoit une révélation certaine que le Roy ne passeroit pas l'année, qu'il luy conseilloit de prendre ses mesures sur cela, de faire mettre en lieu de seûreté ses trésors, & le plus qu'elle pourroit amasser d'argent & de pierreries ; qu'il luy offroit pour cet effet sa Ville Episcopale ; qu'il estoit seûr du Patrice Alethée son ami qui commandoit dans le païs ; qu'il estoit chargé de sa part de la faire souve-

CLOTAIRE II.

nir que ce Seigneur eſtoit du Sang Royal de Bourgogne, de luy dire qu'il s'offroit à l'épouſer après la mort du Roy, & à la maintenir ſur le Trône, auquel ſa naiſſance luy permettoit à luy-même d'aſpirer, & où il avoit des moyens infaillibles de parvenir ; & que ſuppoſé qu'elle acceptaſt ſon offre, ce ne ſeroit pas une affaire pour luy de répudier ſa femme.

La ſimplicité de la Reine Bertrude, ſur laquelle ce Prélat imprudent avoit compté pour la ſéduire, fut ce qui le déconcerta. Car cette Princeſſe qui aimoit tendrement le Roy ſon mari, preſque convaincuë de la vérité de la Prophétie que l'Evêque luy avoit racontée d'une maniére fort circonſtanciée, s'abandonna ſur le champ à la douleur & aux larmes, & ſans luy rien répondre, courut dans ſon Appartement pour y pleurer ce malheur du Roy. L'Evêque fort étonné, vit bien qu'il eſtoit perdu : il s'enfuit au pluſtoſt à Sion, & de là fort ſecretement à l'Abbaye de Luxeüil, dont il pria l'Abbé Euſtaſe de luy ménager ſon pardon auprés du Roy, ce qu'il fit avec le temps : mais Clotaire ayant appris de la Reine cette conſpiration, envoya promptement ordre d'arreſter le Patrice Alethée, qui ayant eſté convaincu de ces criminels & chimériques projets, eut la teſte coupée à Maſſolac Maiſon Royale dans le Royaume de Bourgogne, où il le fit juger par une Aſſemblée des Seigneurs de ſa Cour.

Le Roy tenoit ſouvent de ces Aſſemblées, & de ces eſpéces de Parlemens ambulatoires qu'on appelloit du nom de *Placita*, d'où eſt venu le mot de Plaids, qui eſt encore aujourd'huy en uſage, pour ſignifier certaines ſéances que tiennent les Seigneurs particuliers dans leurs Terres, où ils reçoivent les hommages de leurs Vaſſaux. C'eſtoit pour l'ordinaire dans les Maiſons Royales que ces Parlemens s'aſſembloient. Il s'en tint entre autres un fort nombreux à Bonneüil * ſur la Marne, où aſſiſta Garnier Maire du Palais, tous les Evêques de Bourgogne & tous les Farons, c'eſt-à-dire les Seigneurs qu'on a depuis appellez Barons. Ces différens ordres de l'Etat ayant repréſenté au Roy ce qu'ils croyoient eſtre utile & avantageux au bien du païs, il accorda toutes les demandes qui luy parurent juſtes.

L'année d'aprés il reçut une Ambaſſade de la part d'Adaloalde Roy des Lombards, qui le pria de vouloir bien qu'il rachetât un tribut de douze mille ſous d'or, que ceux de ſa Nation payoient tous les ans à la France depuis le Régne du feu Roy Gontran, de qui elle avoit acheté la Paix à cette condition. Il y conſentit, & ce tribut fut racheté au prix de trente cinq mille ſous d'or une fois payez ; c'eſtoit un bon marché pour les Lombards, & l'effet de l'extrême deſir qu'avoit Clotaire de vivre en paix avec tous ſes voiſins : l'Hiſtorien en apporte encore une autre cauſe, qui fut que Garnier & ſes autres Miniſtres furent auſſi trés-bien payez en ſecret du conſeil qu'ils donnerent à leur Maître conformément aux intentions du Roy des Lombards.

Clotaire toûjours dans les mêmes veües de maintenir & d'affermir la Paix dans tout l'Empire de France, voulut ſe décharger du Gouvernement d'une partie aſſez conſidérable de ſes Etats, ſçavoir du Royaume d'Auſtraſie & de toute la Germanie, qu'il donna à ſon fils aîné, avec le titre de Roy. * C'eſt le premier exemple que nous ayons en France de la communication de cet auguſte titre. Ce Prince s'appelloit Dagobert : il eſtoit encore fort jeune, & eſtoit fils de la premiére des trois femmes de Clotaire. Il luy donna pour Miniſtres deux perſonnes recommandables pour leur ſageſſe & leur pieté, Arnoul Evêque de Metz, & Pepin Maire du Palais d'Auſtraſie, qui rendirent ſon Gouvernement ſi aimable, que les Barbares meſmes voiſins de la France Germanique ſouhaitoient de l'avoir pour leur Roy. Clotaire dans cette eſpéce de démembrement de ſon Empire ſe réſervoit toûjours l'autorité de pere ſur ſon fils, & une eſpéce de ſouveraineté ſur l'Etat même qu'il luy abandonnoit : mais outre cela il ſe retint quelques païs en deçà du Rhin, ſçavoir la Foreſt d'Ardennes & les Monts de Voge avec toutes les Villes que ces païs renferment, & de plus l'Auvergne, Tours, Poitiers, & pluſieurs autres Villes & Territoires de delà la Loire & en Provence, qui tout détachez qu'ils eſtoient du reſte, avoient néanmoins eſté preſque toûjours dans le partage des Rois d'Auſtraſie.

Ce jeune Prince ayant gouverné ſon Etat pendant quatre ans auſſi ſagement & auſſi heureuſement que je viens de le dire, Clotaire ſongea à luy donner une épouſe, qui fut Gomatrude ſœur de la Reine Sichilde actuellement régnante. La cérémonie des nôces ſe fit à Clichi * Maiſon de plaiſance auprés de Paris, où Clotaire voulut que Dagobert parût avec toutes les marques de la Royauté, & avec un équipage & une ſuite digne de ce rang : mais trois jours aprés peu s'en fallut que le pere & le fils ne ſe broüillaſſent enſemble.

Dagobert oubliant qu'il ne régnoit que par la bonté toute pure de ſon pere, regardoit depuis quelque temps le démembrement qu'on avoit fait d'une partie du Royaume d'Auſtraſie comme une injuſtice : il s'en plaignit, & demanda comme un bien qui luy appartenoit ce qui en avoit eſté détaché, & qu'on luy retenoit injuſtement. Le Roy fort choqué de cette maniére d'agir, luy déclara nettement qu'il ne l'auroit pas. Les choſes commençoient à s'aigrir ; & ce différend euſt eu peut-eſtre de fâcheuſes ſuites, ſi les mieux intentionnez des Evêques & des Seigneurs n'avoient tâché de les prévenir. Les deux Rois à leur perſuaſion convinrent de douze d'entre eux pour terminer l'affaire.

Le ſaint Evêque de Metz Arnoul eſtoit du nombre. On prit un milieu qu'on pria fortement le Roy d'agréer pour le bien de la Paix. Ce fut d'accorder au jeune Prince le païs d'Ardennes & le païs de Voge qui eſtoient le plus à ſa bien-ſéance, à condition qu'il ne formeroit déſormais nulle prétention ſur le reſte, ſçavoir ſur les Villes & les Territoires de delà la

Tome I.   * T iiij

HISTOIRE DE FRANCE.

Loire & de la Provence, que les Rois d'Aus- trasie ses prédécesseurs avoient possedez. Le Roy voulut bien avoir cette condescendance, & la bonne intelligence fut parfaitement rétablie entre les deux Rois.

Ibid. Cap. 14.
An. 626.

Cette longue tranquilité du Gouvernement de Clotaire fut un peu troublée par la révolte des Gascons & par celle des Saxons. La premiére n'eut point de suite. Senoc Evêque d'Eause, Evêché qui n'est plus, fut envoyé en exil aussi-bien que son pere Pallade, comme coupables d'intelligence avec les révoltez: mais il fallut en venir à la guerre avec les Saxons.

Leur Duc nommé Bertoalde, à qui l'Auteur de la Vie de S. Faron Evêque de Meaux donne la qualité de Roy, à cause que ce Duché étoit héréditaire & que les Ducs étoient Souverains, quoique Tributaires de la France, tenta comme ses prédécesseurs de secoüer le joug des François. L'humeur pacifique des deux Rois les luy rendit moins redoutables, & il s'imagina que sous un tel Régne, les Saxons pourroient aisément recouvrer leur ancienne liberté, eux que les François sous leurs Rois les plus belliqueux, avoient toûjours eu tant de peine à soûmettre & à contenir. Il engagea dans son parti plusieurs Nations barbares, & envoya déclarer à Clotaire qu'il ne payeroit plus de tribut. Ce Prince fut sur le point de faire mourir ceux qui vinrent luy faire cette insolente dénonciation; mais S. Faron qui les avoit convertis au Christianisme dans la prison où ils avoient été mis, obtint leur grace. Bertoalde étoit cependant entré avec de nombreuses Troupes sur les Terres de Dagobert, qui sur l'avis qu'il eut de ces mouvemens, assembla une Armée en deçà du Rhin, la passa promptement pour joindre celle de Germanie, laissant Clotaire derriére luy qui le suivoit avec la sienne.

Gesta Reg. Franc. cap. 42.

Avant qu'il pust estre joint par son pere, l'Armée ennemie tomba sur luy, le combat fut rude & désavantageux aux François. Dagobert y eut son Casque fendu d'un coup de sabre. Il leur abandonna le Champ de bataille, & se retira avec une partie de son Armée, avec laquelle il se fortifia dans son Camp. Il dépescha son Ecuyer * vers Clotaire en grande haste, pour le prier de presser sa marche: mais pour luy marquer qu'il avoit fait son devoir, & qu'il s'étoit trouvé à la meslée, il luy envoya les morceaux de son Casque avec les cheveux que le coup de sabre luy avoit coupez. L'Ecuyer trouva Clotaire qui passoit la Forest d'Ardennes avec son Armée, & qui inquiet de la fâcheuse nouvelle qu'il luy apprenoit, décampa dés la nuit mesme, & s'avança à grandes journées pour joindre Dagobert.

Armigerum.

Il trouva les deux Armées postées sur les bords de la riviére de Vezer vis-à-vis l'une de l'autre. Son arrivée causa une joie extrême aux Austrasiens, & ils le témoignerent par des cris de joie qui furent entendus jusques dans le Camp ennemi. Le Duc des Saxons n'en voulut rien croire mesme sur le rapport de ses Espions; parce qu'il s'estoit répandu depuis quelques jours une nouvelle de la mort de Clotaire, qu'il a- voit crûë trop volontiers: mais s'estant avancé sur le bord de la riviére au moment que le Roy estoit sur l'autre bord, ce Prince l'ayant apperçû, osta son Casque, & luy fit voir sa longue chevelure dés-lors meslée de beaucoup de cheveux blancs. Le Duc le reconnut à cette marque, & s'emporta jusqu'à luy dire des injures. Le Roy outré de cette impudence, pique son cheval, entre dans la riviére, & la passe à la nage suivi de ceux qui l'accompagnoient; ce qui obligea l'Armée sur le champ de marcher & de passer de mesme, quoiqu'avec beaucoup de peine & de danger. Le Roy s'avançant toûjours avec sa petite Troupe, courut au Saxon, qui perdant beaucoup de sa fierté à la veüe de cette bravoure, sembla balancer s'il attendroit le Roy, ou s'il fuïroit, & luy cria mesme qu'il s'exposoit trop. Le Roy tout chargé du poids de ses armes & de l'eau dont ses habits & ses bottes s'estoient remplies, l'attaque, le renverse & le tuë, & luy ayant coupé la teste, la fait mettre au bout d'une lance. Pendant ce temps-là l'Armée passoit fort inquiete du danger où le Roy s'estoit engagé; mais ayant appris l'action qu'il venoit de faire, & vû la teste du Duc, animée par un si grand exemple, elle donna avec furie sur les Saxons qu'elle tailla en piéces.

La chose n'en demeura pas là. On fit un grand carnage, non seulement de tous ceux qui se trouverent les armes à la main dans le Champ de bataille, mais encore dans toute l'étendue du païs. L'Ancien Historien ajoûte une circonstance fort singuliére, & qui a paru à quelques-uns n'avoir pas assez de vrai-semblance; il dit que le Roy ordonna qu'on prist la mesure de son épée, & que tous ceux qui se trouveroient au-dessus de cette mesure fussent massacrez sans quartier, & que cela fut exécuté.

Gesta Reg. Franc. cap. 41.

Ce fut là le dernier exploit de ce Prince, qui mourut quelques mois aprés en la quarante-cinquiéme année de sa vie & de son régne. Sa valeur, dont cette derniére action est une grande preuve, aussi-bien que la résolution avec laquelle il soûtint les attaques des Rois de Bourgogne & d'Austrasie, fut d'autant plus estimable, qu'il sçeut la modérer: car cette belle vertu est pour l'ordinaire l'instrument de l'ambition des Princes, & la cause des guerres, & des désordres & des crimes qui les suivent.

An. 628.

Clotaire la fit toûjours céder aux interests, à la tranquilité & à la prospérité de ses Sujets. Quelque tour que les Historiens & les Moines Auteurs des Vies des Saints de son temps donnent au récit de la mort de la Reine Brunehaut & de la destruction de cette Famille Royale, il est impossible de n'y pas voir beaucoup de cruauté. C'est l'unique mauvais endroit de la vie de ce Prince, qui voulut par là s'asseûrer la possession de tout l'Empire François. Il effaça cette tache par la douceur de son Gouvernement, par une piété singuliére, par sa charité envers les pauvres, par sa libéralité envers les Eglises, par la vénération particuliére

CLOTAIRE II.

ticuliére qu'il eut toûjours pour les serviteurs de Dieu, par son zéle pour l'observation des Canons de l'Eglise, par sa constance dans le bien & dans la vertu pendant treize à quatorze ans qu'il régna seul en France. Il estoit adoré de ses Peuples, dont il sçavoit admirablement manier les esprits, ce qui parut particuliérement après la mort de Garnier Maire du Palais de Bourgogne. Il fit une Assemblée des Seigneurs du païs, & leur demanda s'ils vouloient élire un nouveau Maire. L'autorité de cette Charge estoit déja grande, particuliérement de la maniére dont Garnier l'avoit exercée, c'est-à-dire presque comme Viceroy perpetuel de ce Royaume. Clotaire avoit envie de la supprimer, & il ne vouloit pas toutefois le faire de hauteur.

Il fit aux Seigneurs la proposition que je viens de dire ; mais d'une maniére à leur faire connoistre son inclination. Ils la suivirent avec une complaisance qui dut beaucoup luy plaire, en luy disant que pourveû qu'il voulust bien les asseûrer de la continuation de ses bontez envers eux, ce leur seroit une chose très-agréable de se voir gouvernez immédiatement par luy-mesme. Ce fut encore un des Rois de la premiére Race, sous lequel il y eut plus de gens de bien à la Cour & un plus grand nombre de Saints dans le Royaume. On n'y vit guéres les Comtes & les Ducs s'emporter à des excès, à des brutalitez, à des violences, ou à des révoltes, dont nos Historiens semblent avoir pris plaisir à grossir l'Histoire des Régnes de ses prédécesseurs : tout estoit dans l'ordre. Trois ou quatre exemples qu'il fit, & la fermeté avec laquelle il agissoit en pareilles occasions, retinrent les autres dans le devoir. Un jour dans une Assemblée générale qu'il fit à Clichi de tous les Seigneurs & des Evêques de ses Royaumes de Bourgogne & de Neustrie, les domestiques d'un Duc nommé Egina, ayant tué le Gouverneur du Palais du Prince Aribert son second fils, presque toute la Cour se trouva comme partagée en deux factions, & chacun courut aux armes. Le jeune Prince secondé de son oncle maternel Brunulfe, se mit à la teste d'une très-grosse Troupe, pour donner sur le Duc, qui avoit aussi avec luy un très-grand nombre d'amis armez pour le défendre. Le Roy averti de ce désordre, accourut pour l'arrêter. Il commanda au Duc de se retirer avec son monde sur la Montagne de Mercure ou Montmartre,* Le Duc obéit : mais comme Brunulfe faisoit mine de vouloir l'y attaquer, le Roy ayant appellé auprès de sa personne un grand nombre de Seigneurs, & principalement de Barons de Bourgogne, leur ordonna de se tenir prests à charger celuy des deux partis qui refuseroit de s'en rapporter à son jugement, & aussi-tost ils mirent les armes bas. Il sçavoit les belles Lettres, la Reine Frédégonde sa mere ayant eu soin de luy donner de bons Maistres ; & c'est luy qui dans une Assemblée de trente-trois Evêques, de trente-quatre Ducs, & de soixante-douze Comtes, fit mettre par écrit & en Code les Loix des Allemans. * Enfin dans quelques anciens Monumens il est appellé tantost Clotaire le Grand, tantost Clotaire le Débonnaire.

On luy reprochoit deux choses ; la premiére, qu'il aimoit trop la Chasse ; la seconde, qu'il avoit trop de complaisance pour les Dames, & qu'il estoit trop susceptible des impressions qu'on luy donnoit par luy moyen. Il fut enterré à Paris dans l'Eglise de S. Vincent * auprès de son pere Chilperic & de sa mere Frédégonde ausquels il eut le bonheur & la gloire de ne pas ressembler.

*On appelloit cette Montagne tantost Mons Mercurii, tantost Mons Martis, sans doute à cause des temples qu'on y avoit bastis autrefois à l'henneur de Mercure & de Mars. Fredegar. cap. 55.

* Leg. Alamann. Venationum ferarum nimium assiduus usus, & mulierum & puellarum suggestionibus nimium annuens, ob hoc blasphematus est à Leudibus.

* Aujourd'huy saint Germain des Prez.

Tome I. V.

HISTOIRE DE FRANCE.

DAGOBERT. ARIBERT.

An. 628.

Dans le Fredegaire imprimé par M. du Chêne, il y a que Dagobert envoya en Bourgogne & en Austrasie, in Auster. La suite de l'Histoire fait voir que ce fut en Neustrie qu'il envoya, & non pas en Austrasie. C'est ainsi que je l'ay mis dans mon Histoire: & je l'ay fait conformement à un excellent Manuscrit que le P. Sirmond nous a laissé au College de Paris, où il y a tres-distinctement in Neuster. Fredegar. cap. 56.

Si-tost que Dagobert Roy d'Austrasie eut appris la mort du Roy son pere, il fit sans tarder partir pour la Bourgogne & pour la Neustrie * des personnes de sa Cour les plus capables de manier les esprits, pour engager les Grands & les Peuples de ces deux Royaumes à le reconnoître pour leur Roy, à l'exclusion d'Aribert son frere, & s'avança en mesme temps avec une Armée jusqu'à Reims. La reputation que ce Prince s'estoit faite dans la guerre & dans le Gouvernement, & peut-estre encore plus la crainte de l'Armée qu'il avoit sur pied, emporta presque tous les suffrages en sa faveur. Tous les Evêques & les plus considerables du Royaume de Bourgogne, vinrent à Reims luy rendre hommage, & le reconnoistre pour leur Maistre.

La pluspart des Evêques & des Seigneurs de Neustrie luy firent aussi sçavoir qu'ils estoient à luy. Son cadet le Prince Aribert ne laissa pas d'avoir son parti, à la teste duquel estoit Brunulfe frere de la Reine sa mere; mais ses intrigues furent inutiles, & tout se soumit au plus fort. Néanmoins Dagobert par l'avis des plus sages de son Conseil, n'exclut pas entierement son frere de la succession. Il luy laissa une partie assez considerable de l'Aquitaine, c'est-à-dire, des païs d'au-delà de la Loire, Toulouse, l'Agennois, le Querci, la Xaintonge, le Perigord, ce qu'aujourd'huy nous appellons la Gascogne, toutes les Places des Pyrenées & toute cette Frontiere d'Espagne jusqu'à l'ancienne Gascogne qui estoit au-delà, & tout cela à condition que ce Prince renonceroit, comme il fit, à toutes les prétentions qu'il pourroit avoir sur tout le reste de l'Empire François. Aribert à l'exemple des anciens Rois Visigots, fit Toulouse la Capitale de son Etat, qu'il étendit trois ans après en subjuguant les Gascons, qui avoient secoüé le joug de la France.

Dagobert paisible possesseur de son grand Royaume, pensa à y faire fleurir les Loix & la Justice, à y maintenir, & mesme à y augmenter le bon ordre que son predecesseur y avoit établi. Il se fit voir dans les principales Places du Royaume de Bourgogne, à Langres, à Dijon, à S. Jean de Lône, à Châlons sur Saone, à Autun, à Auxerre, & par tout dans ce voyage il s'appliqua à rendre la justice avec tant d'integrité, de droiture, d'exactitude, sans distinction du riche & du pauvre, du Noble & du Roturier, qu'il gagna les cœurs des Peuples, & se fit redouter de tous les Grands, toûjours occupé des affaires publiques, sans prendre le moindre divertissement, se donnant à peine le temps necessaire pour prendre ses repas. Tout retentissoit de ses loüanges, & l'on disoit hautement par tout que c'estoit le plus grand Roy qui eust jamais gouverné en France. En chemin faisant il fit arrester Brunulfe, qu'il surprit comme il tâschoit de broüiller encore en faveur d'Aribert, & le fit mourir.

Ibid. Cap. 58.

Il continua sa route d'Auxerre à Sens, & vint à Paris, dont il fit sa Capitale à l'exemple de ses predecesseurs. Estant à Rumilly Maison de plaisance proche de Paris, il y repudia Gomatrude, qu'il avoit épousée à Clichi quelques années auparavant. Il en usa ainsi par l'avis de son Conseil; parce qu'elle estoit sterile, & il épousa en mesme temps une des Filles d'honneur de cette Reine. * Cette fille s'appelloit Nantilde.

An. 628.

Unam ne puellis de ministeriis, & non pas une Religieuse tirée de son Monastere, & Monasterio comme quelques-uns ont écrit.

Tandis qu'Arnoul Evêque de Metz fut dans le ministére, Dagobert soûtint toûjours ce caractére d'un grand Roy digne du Trône qu'il occupoit. Ce saint Evêque luy demanda permission de se retirer, & de quitter son Evêché pour vivre en solitude, & ne penser plus qu'à son salut, qu'il avoit toûjours mesme à la Cour, regardé comme sa plus importante affaire; il obtint son congé après de fortes instances reïterées plusieurs fois. Pepin Maire du Palais & Cunibert Evêque de Cologne, dont les maximes & les veües étoient aussi Chrestiennes que celles de S. Arnoul, maintinrent encore quelque temps l'esprit du Prince dans cette heureuse situation; mais enfin son cœur fut seduit par l'amour comme celuy de Salomon.

En faisant la visite des principales Places de son Royaume d'Austrasie, pour y rendre la justice, ainsi qu'il avoit fait dans celles du Royaume de Bourgogne, il prit de l'amour pour une

Cap. 59.

DAGOBERT. ARIBERT.

An. 629. belle & jeune personne nommée Ranetrude, dont il eut un fils, à qui l'on donna le nom de Sigebert. Ses désordres allerent depuis toûjours croissant jusqu'à surpasser les plus débordez de ses ancestres; tant il est vray qu'il est plus facile d'éviter la débauche, que de la modérer, quand une fois on a commencé à s'y abandonner.

Cap. 60. Il eut en mesme temps trois femmes qui portoient le nom de Reine, & avoient le rang de légitimes épouses, des Maistresses sans nombre & de tous costez. Comme il ne trouvoit pas dans son Epargne & dans ses revenus assez de quoy assouvir l'ambition, la vanité & l'avarice ordinaire à ces sortes de personnes, qui ne manquent pas de tirer tout l'avantage qu'elles peuvent de la foiblesse d'un Prince, il fallut charger ses Sujets de nouveaux impofts, faire des confiscations, usurper les biens des Eglises.

Ces confiscations furent imputées aux mauvais conseils du Ministre qui en estoit très-innocent, & qui employoit inutilement tous les moyens possibles pour ramener son Maistre au bon chemin. La haine des Austrasiens envers

Cap. 61. Pepin alla si loin, qu'ils conspirerent contre sa vie, & firent ce qu'ils pûrent pour le rendre odieux au Roy mesme, afin qu'il l'abandonnast à leur fureur: mais ce Ministre dont la prudence égaloit la pieté & les autres vertus, sçût se maintenir, & rendre inutiles les mauvais desseins de ses ennemis.

Ce fut vers ce temps-là que revinrent de Constantinople, des Ambassadeurs que Dagobert avoit envoyez à l'Empereur Heraclius, pour renouveller l'alliance des deux Empires: ce qui fut fait, & l'année d'après Aribert Roy d'Aquitaine estant mort aussi-bien que le petit Prince Chilperic son fils, qui le suivit de fort

An. 630. près, Dagobert se mit en possession de cet Etat & de la Gascogne ultramontaine conquise par Aribert; & ainsi toute la Monarchie Françoise se trouva pour la quatriéme fois réünie sous la puissance d'un seul Prince. La passion qu'on sçavoit que Dagobert avoit toûjours euë de régner seul en France, & l'interêt qu'il avoit à la mort du petit Prince, le fit soupçonner d'y avoir contribué: mais ce sont là de ces raisons générales qui suffisent à la malignité des hommes pour médire des Princes, & sur lesquelles quand elles sont seules, il n'est ni de la prudence, ni de l'équité d'appuyer beaucoup.

Pendant que Dagobert estoit occupé à recüeillir cette succession, & à faire transporter à Paris d'assez grands trésors qui s'estoient trou-
An. 630. vez après la mort du Roy d'Aquitaine, il s'alluma une guerre à l'autre extrémité de ses Etats dans la Germanie, qui pour le peu de temps qu'elle dura, coûta beaucoup de sang à la France. Elle suppose une avanture assez rare arrivée sous le Régne de Clotaire II. & qui mérite d'avoir place dans nostre Histoire.

* Ex pago Senonago. * Les Manuscrits varient sur ce mot. Un Marchant nommé Samon, natif du Territoire de Sens, selon quelques-uns, * & selon d'autres, du Brabant ou de Sennegaw, * païs ainsi nommé de la petite riviére de Senne, qui passe par Bruxelles, partit de chez luy en compagnie de plusieurs autres, pour aller trafiquer chez les Esclavons. Ces Peuples fort nombreux n'occupoient pas seulement alors le païs qui porte encore aujourd'huy leur nom entre le Save, le Drave, le Danube, la Stirie & la Carniole. L'Esclavonie dans les anciens Auteurs comprend encore la Bosnie, la Dalmatie, la Croatie, & mesme il semble par les circonstances de l'Histoire que sous le Régne dont nous parlons, ils s'estoient répandus bien en deçà du Danube jusques dans la Boheme; puisque nous verrons dans la suite qu'ils faisoient des courses sur les Terres des François dans la Thuringe.

Outre leur nom commun d'Esclavons ils en avoient de particuliers, selon les différens Cantons, à la maniére de plusieurs autres Peuples. Ceux dont il s'agit ici s'appelloient Vinides, & avoient donné leur nom au Golphe Venadique, à l'emboucheûre de la Vistule, * où ils avoyent eu autrefois leur demeure; ils s'estoient avancez jusqu'au Danube & au-delà. Les Abares autres Barbares, qui faisoient de temps en temps de la peine aux François, avoient subjugué ces Esclavons Vinides, dont la condition estoit la plus misérable qui se puisse imaginer. Car premierement les Abares dans leurs guerres, lors qu'il en falloit venir au combat, se tenant rangez en bataille à la teste de leur Camp, faisoient avancer les Esclavons pour soûtenir le premier effort de l'ennemi; si ceux-ci estoient victorieux, les Abares pilloient le Camp & ses bagages des vaincus sans en faire part aux Esclavons; quand les Esclavons estoient poussez par l'ennemi, ils les soûtenoient, & les obligeoient de retourner au combat, & les tailloient en piéces, s'ils continuoient de reculer. En second lieu, quand après la Campagne on s'en alloit en quartier d'hyver, les Abares estoient en droit d'enlever aux Esclavons leurs femmes & leurs filles, & par dessus tout cela ils leur faisoient payer de très-gros tributs. Les enfans nez de ces adultéres ou de ces concubinages, quoiqu'ils fussent fils de peres Abares, passoient pour Esclavons, & estoient traitez de mesme. Ces Esclavons Vinides ne pouvant plus supporter un si rude joug, se révolterent contre les Abares: les autres Esclavons se joignirent à eux; & lorsque Samon ce Marchand François arriva dans leur païs, il y trouva la guerre civile fort allumée.

* Cette embouchûre s'appelloit Venedicus Sinus de leur nom.

La conjoncture n'estant pas favorable pour le négoce, Samon invité par les Esclavons se joignit à eux avec ses compagnons, & fit de si belles actions, se comporta par tout avec tant de conduite, que ces Peuples le prierent de vouloir bien estre leur Roy. Il accepta l'offre, & les gouverna & défendit contre leurs ennemis pendant trente-cinq ans, fit avec eux heureusement la guerre, & mourut de sa mort naturelle; mais après avoir vécu plustost en Payen qu'en Chrétien: car la polygamie estant en usage parmi ce Peuple, il épousa jusqu'à douze femmes de la Nation, & en eut vingt-deux fils & quinze filles. C'est là un de ces exemples extraordinaires de la bizarrerie de la fortune, ou pour parler plus chrétiennement & plus juste,

Fredegar. cap. 68.

un de ces traits singuliers de la Providence d'un Dieu qui fait des hommes ce qu'il veut, & leur montre sa puissance, tantost en détrônant les Rois, & tantost en tirant des hommes obscurs de la poussiere, pour les élever sur le Trône.

C'estoit ce Marchand devenu Roy, qui osa soûtenir la guerre contre les François secondez du secours des Lombards leurs Alliez, & qui en sortit avec honneur. L'occasion de la rupture fut que des Marchands François trafiquant selon leur coûtume chez les Esclavons, en furent insultez: on leur enleva toutes leurs Marchandises, & plusieurs furent tuez.

Dagobert fort offensé de cette inhumanité, envoya de sa part un nommé Sichaire à Samon, pour luy demander justice & une prompte satisfaction. Cet Envoyé eut beau faire, il ne put obtenir audience de Samon, qui prévoyoit bien qu'on luy demanderoit la teste de ceux qui avoient commis le crime, & qu'il n'eust osé livrer, de peur d'irriter toute la Nation contre luy. L'Envoyé ne voulant pas retourner en France sans s'estre acquitté de sa commission, s'avisa de s'habiller en Esclavon, & à la faveur de cet habillement, pénétra jusqu'au Roy, & luy dit tout ce qu'il avoit à luy dire de la part de son Maistre.

Samon après l'avoir entendu, luy répondit qu'il estoit fasché de ce qui estoit arrivé; que volontiers il traiteroit avec le Roy de France, pour régler les différends qui estoient survenus, & pour empescher dans la suite ces sortes de violences; mais qu'au regard du passé, il falloit l'oublier de part & d'autre sans parler ni de dédommagement, ni de satisfaction. L'Envoyé fort imprudent & fort brutal, ainsi que l'Historien le qualifie en cet endroit, s'emporta à des injures & à des menaces, qu'il n'avoit pas eu ordre de faire, & dit entre autres choses que Samon & ses Sujets seroient trop honorez, si le Roy de France vouloit bien les regarder comme ses serviteurs.

Samon, quoique fort piqué de ces discours outrageux, répondit cependant avec beaucoup de modération, que luy & son Peuple prendroient volontiers cette qualité à l'égard du Roy de France; pourveû que de son costé il ne voulust pas rompre l'amitié qui avoit esté jusqu'alors entre les deux Nations.

» L'amitié, reprit l'Envoyé; hé! peut-il y en
» avoir encore des Chrestiens serviteurs du vray
» Dieu tels que sont les François, & des chiens
» de Payens comme vous autres?

» Vous estes, dites-vous, repliqua Samon, les
» serviteurs de Dieu, & nous nous sommes ses
» chiens; puisqu'ainsi est, & que vous le servez
» si mal, & que nous sçavons que vous nous outra-
» gez si insolemment tous les jours par vostre
» mauvaise conduite, nous avons le droit de vous
» mordre, & nous nous en servirons. Et aussi-tost
» il fit chasser l'Envoyé de sa présence, avec dé-
» fense néanmoins de luy faire aucun mal.

Estant revenu en France, & ayant raconté au Roy le traitement qu'il avoit reçû, on ne songea plus qu'aux moyens de chastier l'insolence de ces Barbares. On fit marcher contre eux une Armée d'Allemans, une autre de François d'Austrasie, & une de Lombards, que le Roy de cette Nation allié de Dagobert avoit fait descendre d'Italie par la Stirie ou par la Carniole dans le païs des Esclavons. Ces Barbares ainsi attaquez par trois endroits, partagerent aussi leurs forces.

Les Allemans sous la conduite de leur Duc Clodobert, attaquerent vigoureusement les Vinides, & les défirent. Les Lombards firent aussi parfaitement bien dans leur attaque, ils tuerent un grand nombre des ennemis, firent beaucoup de prisonniers & de butin: mais les Austrasiens n'eurent pas le mesme succès. On leur avoit opposé les principales forces de la Nation, & sans doute que Samon estoit à leur teste. Les Vinides s'estoient retranchez dans leur Camp auprès d'un Fort appellé Vocatisbourg. Les François les y investirent, y donnerent l'assaut, & en furent vigoureusement repoussez; ils recommencerent le lendemain & puis le troisième jour, & trouverent une pareille résistance. Ces trois sanglantes attaques affoiblirent tellement leur Armée, qu'apprehendant d'estre bien-tost attaquez eux-mesmes dans leur Camp par les ennemis, ils l'abandonnerent, & se retirerent en désordre, laissant leur tentes & leurs bagages. Quelque bravoure qu'eussent fait paroistre les Esclavons en cette occasion, on tint alors pour certain qu'ils furent redevables de leur victoire en partie à la haine que les Austrasiens avoient conçûë du Gouvernement de Dagobert, qui les accabloit de tributs, & qui les dépoüilloit de leurs biens sous divers prétextes. Cette haine empescha plusieurs des Chefs de faire leur devoir dans l'espérance d'estre plus ménagez après ce mauvais succès, qu'ils ne l'avoient esté durant la prosperité de l'Etat.

Les suites que l'on sçait de ce grand échec, furent premièrement la désertion d'un Duc des Urbiens * Esclavon nommé Dervan, qui s'estoit autrefois soumis à l'Empire François avec ceux de son Canton, & qui aussi-tost après cette victoire, embrasa le parti du vainqueur, & se réünit aux Vinides; & en second lieu, il se fit plusieurs excursions par les Esclavons dans la Thuringe & dans quelques autres endroits de la Germanie Françoise, qui en fut fort incommodée pendant quelques années, & dont je parleray encore dans la suite.

Cette disgrace néanmoins ne diminua rien de l'autorité, que la puissance & l'étendüe de l'Empire François donnoit à Dagobert chez tous ses voisins. On en vit cette mesme année des marques en Espagne & parmi les Barbares mesmes.

Pour commencer par ceux-ci, le Roy des Abares estant mort, les Bulgares qui ne faisoient qu'un Peuple avec eux, voulurent avoir sur le Trône un Roy de leur Nation, les Abares prétendirent en avoir toûjours un de la leur: la guerre civile s'alluma, & après plusieurs combats les Bulgares succomberent. Neuf mille échapperent à la fureur des vainqueurs, & ne trouvant plus de seûreté dans la Pannonie, vin-

* Les Urbiens dont parle la Fredegaire, sont apparemment les mesmes que les Serabiens dont parle Sigebert, qui estoient voisins des Thuringiens.

Fredegar. cap. 72.

DAGOBERT.

rent se refugier sur les Terres des François, comme dans un afile où l'on n'oseroit les poursuivre, & envoyerent prier le Roy de leur permettre d'y demeurer. Il leur répondit qu'il leur permettroit de passer l'hyver dans la Bavière, & que pendant ce temps-là il délibéreroit avec son Conseil sur leur Requeste. L'affaire parut assez importante au Roy, pour la faire examiner dans une Assemblée des plus considérables Seigneurs de la Nation Françoise. Il s'agissoit de recevoir dans son Estat une Armée entière de Barbares, gens indociles, Payens, accoûtumez au pillage, & capables, si l'occasion se présentoit, de se rendre maistres du païs où ils cherchoient leur refuge. Ces raisons & beaucoup d'autres furent exposées, & sur tout l'exemple de l'Empire, à qui ces Nations ainsi transplantées avoit toûjours fait & faisoient encore tous les jours beaucoup de peine. Le résultat fut qu'il estoit de l'interest de l'Etat de ne point garder ces nouveaux hostes. Le moyen dont on se servit pour s'en défaire fut violent: mais apparemment leur conduite pendant le quartier d'hyver y donna lieu, ou bien on ne crut pas pouvoir les déloger sans résistance, eu égard à leur grand nombre. Ainsi on envoya un ordre secret à tous les Bavarois, dans les Terres & dans les Maisons desquels ils estoient logez, de faire main-basse sur eux une certaine nuit qu'on leur marqua. Le secret fut gardé, & l'exécution suivit de telle manière, que de neuf mille qu'ils estoient entrez en Bavière, il n'en échappa que sept cens, qui sous la conduite d'un de leurs Capitaines nommé Alcioc, se retirerent chez les Vinides.

An. 630.

L'affaire d'Espagne fut d'une autre nature. Il y avoit près de cinq ans que le Roy Suintila gouvernoit la Nation des Visigots avec beaucoup de prudence & de gloire: il avoit dompté les Gascons, & chassé entièrement les Romains d'Espagne, où ils s'estoient toûjours maintenus jusqu'alors à la faveur des secours qu'ils recevoient d'Afrique. La tendresse qu'il avoit pour son fils nommé Recimer, luy fit faire une démarche qui déplut à la Nation. Il se l'associa, & le fit reconnoistre pour Roy tout enfant qu'il estoit. Les Grands de la Nation regarderent cette association comme une entreprise qui estoit contre leurs privileges. Car quoiqu'on eust déja veû plusieurs fois depuis l'établissement de la Monarchie Gothique les enfans des Rois Visigots succéder à la Couronne de leur pere, c'estoit toûjours par une espèce d'élection, & rien n'estoit plus opposé à ce droit d'élection, que cette élévation anticipée du jeune Prince sur le Trône. Depuis ce temps-là il y eut toûjours des factions & des partis dans le Royaume, qui aboutirent enfin cinq ans après à une révolte déclarée.

An. 630.

Mariana. L. 6. c. 4.

Un Seigneur nommé Sisenande, des plus illustres de la Nation, homme puissant & riche, & d'une grande réputation dans la guerre, osa prétendre à la Couronne, & pensa se servir de l'aversion que les Peuples témoignoient avoir du Gouvernement présent, comme d'une conjoncture propre à faire réüssir son dessein: il forma secretement un parti où entrerent plusieurs Seigneurs, & de concert avec eux il partit pour la Cour de France, afin d'engager le Roy à les appuyer: il y réüssit. Le Roy mit sur pied en Bourgogne une Armée assez forte, & ordonna aux Ducs Abundantius & Venerandus qui commandoient dans le païs de Toulouse, de passer les Pyrenées avec les Troupes qu'ils avoient dans leur Gouvernement, en attendant que celles de Bourgogne arrivassent.

Sisenande avoit si bien préparé toutes choses, & tellement disposé les esprits des Peuples par la haine qu'il leur avoit inspirée pour Suintila, que jamais révolution ne fut plus subite. Les deux Ducs François s'estant avancez jusqu'à Saragosse, & ayant répandu le bruit qu'ils devoient estre incessamment suivis de l'Armée de Bourgogne, toute celle de Suintila se déclara pour Sisenande, & le proclama Roy. Suintila obligé de s'enfuir, ne trouva pas la moindre ressource, ne moins de rien tout fut si tranquile dans l'Etat, que le nouveau Roy congédia les François après leur avoir fait quantité de présens, & l'Armée de Bourgogne qui estoit en marche fut contremandée.

Fredegar. cap. 73.

An. 630.

Une des conditions du Traité que Sisenande avoit fait avec Dagobert, estoit qu'il luy donneroit pour mettre dans son Trésor, un grand Bassin d'or, dont Aëtius Général des Romains, autrefois si fameux dans les Gaules, avoit fait présent à Torisimond Roy des Gots: il pesoit cinq cens livres, & on le conservoit parmi les meubles des Rois Gots comme une des plus précieuses & des plus rares piéces en ce genre qui fust au monde. Sisenande le mit entre les mains des deux Ambassadeurs que Dagobert luy avoit envoyez pour le luy demander. Mais les Gots ne pouvant souffrir qu'on les privast d'un si beau monument, dresserent une embuscade aux Ambassadeurs comme ils s'en retournoient, & le leur enleverent.

Ibid.

Cette violence pensa causer la guerre entre la France & l'Espagne; mais on s'accommoda, & après plusieurs Ambassades réciproques, on convint que le Bassin d'or demeureroit en Espagne, & qu'on payeroit à Dagobert en dédommagement, la somme de deux cens mille sous d'or, qui faisoient environ seize cens mille livres de nostre monnoye d'aujourd'huy.

An. 631.

Cependant Samon ce Roy des Esclavons Vinides, continuoit toûjours de donner de l'inquiétude à Dagobert, & immédiatement après l'expédition d'Espagne dont je viens de parler, il entra avec une Armée dans la Thuringe pour la ravager. Dagobert ayant assemblé la sienne à Metz, composée des meilleures Troupes d'Austrasie, de Neustrie & de Bourgogne, s'avança par la Forest d'Ardennes jusqu'à Mayence pour y passer le Rhin. Il trouva là des Envoyez du Duc des Saxons, qui vinrent luy offrir de défendre avec les seules Troupes du païs, la Frontière de l'Empire François contre les Vinides, pourvû qu'il voulust bien les exempter d'un tribut que Clotaire I. son bisaïeul leur avoit imposé, de cinq cens vaches qu'ils devoient fournir tous les ans à la Maison du Roy. Le

Cap. 74.

An. 631.

V iij

Roy accepta cette offre, qui luy épargnoit bien de la dépense & bien de la fatigue à ses Troupes d'en deçà du Rhin. Les Saxons selon leur coûtume, ayant juré sur leurs armes d'exécuter fidellement le Traité, se mirent en campagne ; mais avec peu de succés. Cette guerre qui réüssissoit si mal, chagrinoit beaucoup Dagobert, & c'est ce qui luy fit prendre la résolution, suivant l'exemple de son pere, de faire Roy d'Austrasie son fils Sigebert, afin que les Austrasiens qui souhaitoient toûjours avoir leur Roy particulier, prissent plus à cœur la défense de leurs Frontiéres, & que les ordres qu'il falloit donner pour cela, vinssent de plus prés.

Cap. 75.
An. 632.

Le Roy en usa ainsi aprés avoir pris l'avis de plusieurs Evêques & de plusieurs Seigneurs qu'il avoit assemblez à Metz. Le Prince Sigebert né en l'an 630. n'avoit pas trois ans accomplis. Il luy donna pour Ministre Cunibert Evêque de Cologne, dont il avoit éprouvé luy-mesme depuis plusieurs années la fidélité & la prudence, & Adalgise qu'il fit Duc du Palais d'Austrasie, qualité qui paroist ici distinguée de celle de Maire du Palais : car Pepin que Dagobert retint auprés de luy, avoit cette dignité, & l'eut encore depuis.

An. 633.

Il leur confia la conduite du Prince, & le Gouvernement du Royaume d'Austrasie, assigna des revenus & des fonds suffisans pour les dépenses nécessaires au jeune Roy, soit pour soûtenir la guerre contre les Vinides, soit pour l'entretien de sa Maison d'une maniére digne de son rang, & confirma cette cession du Royaume & les autres dons qu'il luy faisoit, par des Actes autentiques.

Tout cela eut l'effet qu'il prétendoit ; car les Austrasiens se firent un honneur de défendre la Germanie Françoise contre les Vinides, qui n'oserent plus rien entreprendre depuis, ou qui furent toûjours repoussez.

Cap. 76.

Ce que les Austrasiens avoient beaucoup souhaité, d'avoir un Roy particulier, les Neustriens & les Bourguignons le souhaitoient aussi : c'est pourquoy estant né depuis un second fils à Dagobert de la Reine Nantilde, qui fut nommé Clovis, les Evêques & les Seigneurs de ces deux Royaumes prierent le Roy, non pas de donner au Prince nouveau né la qualité de Roy de Neustrie & de Bourgogne, mais de convenir avec les Austrasiens, que leur Roy se contenteroit du Royaume d'Austrasie, & que Clovis seroit déclaré successeur des deux autres Royaumes ; afin qu'en cas que le Roy vinst à manquer, les Peuples ne fussent point exposez aux miséres des guerres civiles, comme il étoit déja arrivé tant de fois depuis l'établissement de la Monarchie. Le Traité fut donc dressé, par lequel Sigebert estoit déclaré successeur du Roy son pere, non seulement pour ce qu'il possédoit du Royaume d'Austrasie entre la Meuse & au-delà du Rhin, mais encore de tout ce qui avoit appartenu de tout temps aux Rois d'Austrasie, comme de la plus grande partie de l'Aquitaine ou des païs de delà la Loire, d'une partie de la Champa-

gne, des Villes & des païs d'Ardennes & de Voge ; on excepta nommément le païs d'entre la Seine & l'Oise, appellé le Duché de Dentelenus ; parce qu'il avoit esté détaché autrefois du Royaume de Neustrie, & attaché injustement par Théodebert II. au Royaume d'Austrasie.

Les Austrasiens qui eussent esté bien aises que leur Roy fust devenu avec le temps le maistre de toute la Monarchie, eurent peine à consentir à ce Traité, & sur tout à l'article du démembrement du Duché de Dentelenus ; mais Dagobert les y contraignit, & il fallut en passer par là.

An. 634.

C'estoit beaucoup pour les Gascons d'avoir passé quelques années sans remuer, & il n'estoit pas moins surprenant que les Bretons autrefois si inquiets, eussent laissé en repos les Frontiéres de France durant le Régne de Clotaire II. & pendant une grande partie de celuy de Dagobert : mais ils recommencerent alors les uns & les autres comme de concert à faire leurs ravages & leurs courses. Les Gascons se jetterent dans la Novempopulanie, qui est la Gascogne d'aujourd'huy, & y firent un grand butin : de sorte que le Roy fut obligé d'y envoyer une tres-nombreuse Armée de son Royaume de Bourgogne, où se trouverent quantité de Ducs & de Comtes, qui avoient à leur teste le Referendaire Adoinde comme Généralissime, homme fameux dans la guerre, & dont l'expérience & la valeur avoient beaucoup contribué aux victoires de Thieri dernier Roy de Bourgogne.

An. 635.

Si-tost que l'Armée fut arrivée dans les Montagnes, on la sépara en divers petits Corps pour attaquer les Gascons de tous costez. On les vit sortir de leurs vallées en divers endroits, mais à peine les chargeoit-on, que sans presque soûtenir le choc, ils se retiroient dans les défilez & sur le haut de leurs rochers, on les y suivit, & ils y furent forcez presque par-tout. On mit le feu à leurs maisons, on fit quantité de prisonniers, & on leur enleva tout le butin qu'ils avoient amassé dans les guerres passées.

Fredegar. cap. 78.

Enfin ils demanderent quartier, & on le leur accorda, à condition qu'ils députeroient des principaux de la Nation, pour venir se jetter aux pieds du Roy & implorer sa clémence, & se soumettre à tout ce qu'il exigéroit d'eux. L'Armée s'en retourna sans avoir reçû aucun échec, sinon que le Duc Arimbert un des plus considérables de l'Armée n'estant pas assez sur ses gardes, se laissa surprendre dans la Vallée de Soule, où il fut tué avec un grand nombre de noblesse qu'il avoit sous son Commandement.

Le Roy estoit à Clichi lorsqu'il apprit l'heureux succés de cette entreprise, & il manda de là sur le champ à Judicaël Prince de Bretagne, que s'il ne luy donnoit incessamment satisfaction pour les dommages que les Bretons avoient causez par leurs courses sur la Frontiére de France, & s'il ne luy rendoit les hommages qu'il luy devoit, la mesme Armée qui venoit de dompter les Gascons, passeroit en Bretagne, & y mettroit tout-à-feu & à sang. Celuy que le Roy chargea d'aller faire cette déclaration au Prince Breton fut saint Eloy, qui estoit alors à la Cour, & qui fut depuis Evêque de Noyon. Il présenta d'abord à ce Prince les Concordats faits entre les Rois de France & les Comtes de Bretagne, & par son honnesteté, sa douceur, son adresse, il sçeût si bien entrer dans son esprit, qu'il l'amena où il voulut, se fit donner un ôtage pour la seûreté du nouveau Traité, & enfin l'engagea à venir luy-mesme en personne trouver le Roy auprès de Paris, où il arriva avec une grande suite & de magnifiques présens. Tout se passa avec une satisfaction réciproque. Le Prince de Bretagne se soumit à tout ce que le Roy exigea de luy, & luy promit de le reconnoistre toûjours comme son Roy & son Seigneur. *

Audoenus in vita S. Eligii.

Semper se subjectum ditioni Dagoberti promisit.

J'ay parlé sous le Règne de Clovis de ces Concordats dont il est fait ici mention, passez entre la France & la Bretagne, & dont un des articles estoit que les Princes de Bretagne ne prendroient plus le nom de Roy, & se contenteroient de celuy de Comte. Il y a beaucoup d'apparence que Judicaël avoit violé cet article (car l'Histoire en quelques endroits luy donne le nom de Roy,) & qu'il y renonça par ce nouveau Traité. Nous verrons dans la suite quelques-uns de ses successeurs s'opiniastrer à le reprendre, & ce fut là de temps en temps un sujet de guerre entre les deux Estats.

Judicaël estoit d'ailleurs un Prince très-religieux. Il le fit paroistre alors d'une manière, par laquelle il n'auroit pas bien fait sa Cour, si l'opinion qu'on avoit de sa pieté ne l'eust renduë excusable. Dagobert l'invita à manger à sa table, il l'en remercia, & le pria de l'en dispenser, disant qu'il y avoit un Saint à la Cour chez qui il s'estoit engagé à disner, & qu'il prioit le Roy de trouver bon qu'il ne se privast pas d'un si grand avantage. Ce Saint estoit Dadon, plus connu sous le nom de saint Oüen, qui avoit alors la dignité de Référendaire ou de Chancelier. Le Roy ne se tint point offensé de la préférence, & le renvoya ensuite en Bretagne après luy avoir donné beaucoup de marques de sa bonté & de sa magnificence.

Exode cap. V.

Quelque temps après les Gascons parurent aussi pour implorer la clémence du Roy. Leur Duc avec les plus considérables du païs furent obligez de se rendre à la Cour; & comme on ne les avoit reçûs qu'à discrétion après leur dernière défaite sans leur rien promettre, sinon ce que la miséricorde du Roy voudroit leur accorder, ils ne furent pas plustost arrivez auprès de Paris, qu'ils se jetterent dans l'Eglise de S. Denis pour y trouver un asile. Le Roy

An. 636.

leur accorda la vie & à tous ceux du païs, à condition qu'ils luy seroient désormais fidèles & à ses successeurs. Ils le promirent & le jurerent, ce qui ne les empescha pas de recommencer bientost leur révolte & leurs brigandages.

Dagobert ne joüit pas long-temps de cette Paix qu'il avoit procurée à tout son Estat. Il tomba malade sur la fin de l'année suivante, & mourut d'une dissenterie le dix-neuviéme de Janvier de l'an 638. à Epinay, Maison de plaisance sur la rivière de Seine auprès de Paris. Il fut enterré à l'Abbaye de S. Denis, qu'il avoit enrichie pendant son Régne de quantité de Terres, & ornée de présens magnifiques, dont on en voit encore quelques-uns aujourd'huy dans le Trésor de cette Abbaye. Il n'avoit au plus que trente-cinq à trente six ans. Il fut d'abord adoré de ses Sujets, ensuite les imposts dont il les chargea pour fournir à ses dépenses & à ses débauches excessives l'en firent haïr, il en fut néanmoins regretté & pleuré après sa mort. Il travailla & fit travailler à l'exemple de ses prédécesseurs, à la correction des Loix des diverses Nations soumises à l'Empire de France. Les grandes aumônes qu'il faisoit mesme au milieu de ses dérèglemens, me paroissent un plus solide fondement de croire que Dieu luy fit miséricorde, que les visions dont parle le Moine Anonime de S. Denis, qui ne vécut & n'écrivit que long-temps après.

An. 638.

Tom. 3. p. 128.

Gesta Dagoberti Regis. c. 45.

La datte de la mort de Dagobert fixée par nostre ancien Historien à la seiziéme année de son Régne, rend ici fort incertaine la Chronologie de l'Histoire de France. La raison de cette incertitude & des différens qu'elle a causez entre les Sçavans, * est que Dagobert ayant esté fait Roy d'Austrasie du vivant de son pere Clotaire, on doute si cette seiziéme année doit se compter depuis le commencement de son Régne en Austrasie, ou depuis la mort de Clotaire, lorsqu'il fut reconnu pour Roy de presque tout l'Empire François. Il y a de fortes raisons de part & d'autre qui ont fait le sujet de plusieurs Dissertations, dont les uns mettent la mort de Dagobert six ans plus tard que les autres, parce qu'il régna six ans en Austrasie du vivant de son pere. Je suis la supputation de ceux qui comptent les seize ans à commencer depuis qu'il fut fait Roy d'Austrasie, & qui ne luy en donnent que dix depuis la mort de Clotaire son pere & son prédécesseur. Ce sentiment me paroist assez bien établi, & c'est en le suivant que je place en 638. la première année de Clovis II. son successeur dans le Royaume de Neustrie & dans celuy de Bourgogne, & pareillement la sixiéme de Sigebert dans le Royaume d'Austrasie, où son pere Dagobert l'avoit fait proclamer Roy dès l'an 632.

Henschenius de tribus Dagobertis. Chifflet de annis Dagoberti. Mabillon in sæcul. Benedict.

HISTOIRE DE FRANCE

CLOVIS II. SIGEBERT II.

A France comme tous les autres Etats a eu ses vicissitudes, ses périodes d'élevation & ses décadences. Sous les deux Régnes précédens elle se vit à un point de grandeur & de puissance où elle n'avoit jamais esté jusqu'alors, tranquille au dedans, redoutée au dehors & dans l'affluence de toutes sortes de biens. Rien n'estoit plus brillant que les Cours de Clotaire & de Dagobert. L'or & les pierres précieuses y estoient en abondance, & l'on ne parle dans les Histoires de ce temps-là que de la magnificence, pour ne pas dire du luxe de la Cour de France. Saint Eloy qui n'y vint qu'avec la qualité d'Orfévre & d'excellent ouvrier en or & en argent, y portoit, avant que de se donner entiérement à Dieu, des ceintures d'or garnies de pierreries. Il fit à Clotaire un fauteüil d'or massif; & Dagobert dans une Assemblée générale des Seigneurs de son Etat qu'il tint dans une de ses Maisons de plaisance, * estoit assis sur un Trône d'or. Dans nos Histoires Ecclesiastiques Il est fait mention de Temples magnifiques, & de Monastéres bastis alors par les Rois & par les particuliers & en très-grand nombre. Tout cela supposoit de grandes richesses & dans le Trésor du Prince & dans tout l'Etat.

Mais cet éclat d'une si florissante Monarchie va commencer insensiblement à s'obscurcir par la foiblesse des Princes que nous allons voir sur le Trône, qui laissérent prendre trop d'autorité à ceux qui les gouvernoient, & qui gouvernoient en mesme temps leur Etat, en ne leur laissant que le nom de Roy. De-là on vit renaistre les guerres civiles & les révoltes des Frontiéres: il se fit des démembremens de Provinces entiéres, qui secoüerent le joug, & tout cela aboutit enfin avec le temps à une révolution, où la Couronne enlevée de dessus la teste du Souverain fut mise sur celle d'un Sujet assez ambitieux pour la recevoir, d'un assez grand mérite pour la porter avec dignité, assez heureux pour la conserver sans envie, & pour la rendre héréditaire dans sa Maison à une longue posterité.

Les Maires du Palais furent ceux dont le pouvoir parvint jusqu'à ce point au préjudice de l'autorité Royale. Le nom de cette Charge ne paroist point dans l'Histoire de Gregoire de Tours sous le Régne de Clovis, ni sous les Régnes de ses fils, mais seulement sous celuy de ses petits-fils. Il me semble néanmoins qu'elle n'est guéres moins ancienne, que l'établissement de la Monarchie dans les Gaules. Quand il en est fait mention sous le Régne de Sigebert Roy d'Austrasie & petit-fils de Clovis, ce n'est point pour en marquer l'institution; mais il y en est parlé comme d'une Charge déja établie, que l'on songeoit à remplir d'un Sujet qui le méritast, & elle estoit dans le Royaume de Bourgogne dès le temps du Roy Gondebaud, c'est-à-dire au temps de Clovis mesme.

Le pouvoir du Maire du Palais ne fut pas toûjours le mesme, mais il augmenta avec le temps. Sous Clotaire II. & sous ses cousins les Rois de Bourgogne & d'Austrasie petits-fils de Brunehaut, on commence à les voir à la teste des Armées. Aprés la mort de Dagobert ils gouvernerent en Neustrie & en Austrasie durant la minorité des deux fils de ce Prince, & depuis ce temps-là le Ministére demeura attaché à cette dignité. Ils eurent ensuite assez de crédit pour la rendre comme héréditaire dans leurs familles. Enfin ils gouvernerent seuls, fournissant aux Princes des plaisirs pour les occuper, tandis qu'ils s'attiroient toutes les affaires de l'Etat, à peu près comme nous avons vû de nos jours les Grands Visirs à Constantinople gouverner sous le nom de quelques Empereurs Turcs, qui n'avoient presque nulle connoissance des affaires de leur Empire, & cette autorité des Maires dura jusqu'au temps que l'un d'eux estant monté sur le Trône, se gâbla bien de laisser prendre à ses Ministres, une autorité dont il connoissoit par expérience les dangereuses suites. Voilà ce que c'estoit que ces Maires du Palais, dont nous allons souvent faire mention dans la suite de cette Histoire jusqu'à la fin de la premiére Race des Rois François.

Dagobert avant que de mourir avoit fait venir à Epinay un de ses Ministres nommé Æga, dont il avoit depuis long-temps éprouvé la prudence, la fidélité & l'attachement pour la Famille Royale. Il luy recommanda la Reine Nantilde & le Prince Clovis son fils, & le chargea du

CLOVIS II. SIGEBERT II.

du Gouvernement des Royaumes de Neustrie & de Bourgogne conjointement avec la Reine pendant la minorité de ce Prince, qui n'avoit alors que six à sept ans. Æga, s'il n'estoit pas dès-lors Maire du Palais, le fut peu de temps après. Il convoqua aussi-tost les Seigneurs du Royaume de Neustrie & de celuy de Bourgogne à Masolac, Maison de plaisance du Royaume de Bourgogne, où Clovis II. du nom fut salué Roy des deux Royaumes. Plusieurs de ses Sujets luy présenterent là des Requestes pour rentrer dans leurs biens, qu'ils prétendoient que le feu Roy avoit injustement usurpez ou confisquez. Le Maire du Palais qui jugea qu'il falloit dans ce commencement de Régne, contenter tout le monde autant qu'il seroit possible, les en remit en possession.

Cap. 80.

Le Duc Pepin estoit Maire du Palais d'Austrasie, & Dagobert l'avoit toûjours retenu pendant son Régne auprès de luy en Neustrie, aussi-bien que plusieurs autres Ducs d'Austrasie; soit qu'il les crust utiles dans son Conseil, soit qu'il appréhendast la trop grande autorité qu'ils avoient en leur païs. Ce Duc & les autres, ne virent pas plustost le Roy mort, qu'ils retournerent en Austrasie, & rendirent tous hommage à Sigebert fils aîné de Dagobert Austrasie que son pere l'avoit mis en possession depuis quelques années. Pepin avoit toûjours esté fort uni d'intérest avec Cunibert Evêque de Cologne, que Dagobert avoit donné pour Ministre au jeune Roy Sigebert; de sorte qu'il fut admis au Gouvernement de l'Etat conjointement avec l'Evêque & aux fonctions de sa Charge de Maire du Palais d'Austrasie, qui semble avoir esté jusqu'alors exercée comme par Commission par le Duc Adalgise. Sigebert avoit alors environ onze ans.

Peu de temps après des Ambassadeurs d'Austrasie vinrent à la Cour de Clovis, pour luy demander & à la Reine Nantilde, la part qui appartenoit à leur Maistre, des biens meubles & des Trésors que le feu Roy avoit laissez en mourant: c'estoit apparemment suivant la disposition qu'il en avoit faite dans son Testament; car les Ministres de Clovis regarderent cette demande comme juste, & l'on convint de part & d'autre d'une conférence sur ce sujet: elle se tint à Compiégne. L'Evêque de Cologne & Pepin s'y trouverent avec plusieurs Seigneurs Austrasiens. Les lots furent faits: la troisiéme partie de ce que Dagobert avoit mis dans ses Trésors depuis son mariage avec Nantilde, fut accordé à cette Princesse. Le reste fut partagé en deux parts égales, & ce qui appartenoit au Roy d'Austrasie fut conduit à Metz.

Gesta Dagoberti c. 47.

Pepin mourut l'année suivante, regretté de tous les François Austrasiens, à cause de sa douceur & de son équité. C'est ce Pepin qu'on appelle ordinairement Pepin le vieux, pour le distinguer de son petit-fils dit Pepin le jeune pere de Charles-Martel, & ayeul d'un troisiéme Pepin Roy de France, qui fut la Souche de la seconde Lignée de nos Rois. On appelle encore celuy dont je parle Pepin de Landen, du nom d'un Bourg situé sur les confins du Brabant & du païs de Liége, devenu fameux de nos jours par la sanglante Bataille appellée autrement en France la Bataille de Nerwinde, & par la victoire signalée, que l'Armée du Roy commandée par le Maréchal Duc de Luxembourg y remporta sur l'Armée du Prince d'Orange & des autres Alliez. Pepin dont il s'agit ici, après un ministére heureux sous deux Rois, où il trouva le secret par sa rare prudence de contenter en mesme temps ses Maistres & les Peuples qui leur estoient soumis, mérita encore par ses vertus chrétiennes, d'estre révéré comme un Saint depuis sa mort. On l'honore comme tel à Nivelle en Brabant, où il est enterré. Il eut aussi deux filles Saintes, sainte Begge & sainte Gertrude; & ce qui est beaucoup plus surprenant, deux Collegues dans le Ministére pareillement Saints, saint Arnoul Evêque de Metz, & saint Cunibert Evêque de Cologne: & enfin Sigebert II. Roy d'Austrasie dont j'écris le Régne, profitant des leçons que Pepin luy fit tandis qu'il fut auprès de luy, s'acquit aussi cet glorieux titre de Saint. Un Saint à la Cour est rare; un Ministre Saint l'est encore plus, & l'on trouvera peu d'exemples d'aucune Cour qui en ait tant produit en mesme temps.

An. 640. Fredegar. cap. 85.

Martyrol. Gallic.

Pepin laissa un fils nommé Grimoald, héritier de plusieurs de ses grandes qualitez, mais non pas de sa sainteté. Son mérite & son ambition joints aux longs services de son pere, luy firent regarder la Charge de Maire du Palais, comme un rang qui luy estoit dû. Il s'appuya pour y parvenir du crédit de l'Evêque de Cologne qui l'aimoit. Il eut un concurrent nommé Othon, homme aussi ambitieux que luy, dont le pere avoit esté Gouverneur du Roy. Ce différend & leurs brigues partagerent long-temps toute la Cour, & Grimoald ne l'emporta que par la mort de son adversaire, qui fut tué par Leuthaire Duc des Allemans, un des plus zélez pour son parti contre Othon.

Fredegar. cap. 86.

Cap. 88.

Mais sur ces entrefaites arriva la nouvelle de la révolte du Duc de Turinge, qui pensa un des premiers à profiter de la foiblesse du Gouvernement de Sigebert. Ce Duc s'appelloit Radulfe: Dagobert luy avoit confié le Gouvernement de la Turinge, pour la défendre contre les Esclavons Vinides qui y avoient fait plusieurs ravages. Il s'acquita parfaitement bien de cet employ, repoussa & défit plusieurs fois les Esclavons, & rétablit la tranquillité dans le païs. Si-tost que Dagobert eut déclaré Roy d'Austrasie son fils Sigebert à l'âge de quatre ou cinq ans, Radulfe se broüilla avec le Duc Adalgise, que Dagobert avoit joint à l'Evêque de Cologne, pour gouverner l'Austrasie, & prit ses mesures pour se maintenir en possession de son Gouvernement, en cas que l'on pensast à luy donner un successeur. Il se rendit si redoutable, qu'on n'osa tenter de l'en tirer du vivant du Roy Dagobert: après la mort de ce Prince, comme apparemment on parla de le rappeller, il leva le masque, & se prépara ouvertement à la guerre.

Sigebert & ses Ministres prévoyant les suites

Tome I.   X

d'un tel exemple, firent publier le Ban par tout le Royaume d'Austrasie, & donnerent ordre à toutes les Provinces de faire marcher au plustost les Troupes, qu'elles estoient obligées de fournir toutes les fois qu'il estoit question de faire la guerre. Ce Prince après avoir assemblé celles d'en deçà du Rhin, passa ce fleuve, se fit joindre par les Troupes de Germanie, & marcha vers la Turinge.

Fredegar. cap. 87.

Radulfe avoit dans son parti un homme de qualité nommé Fare, Bavarois d'origine & de l'illustre Famille des Agilolfingiens, dans laquelle le Duché de Baviere estoit héréditaire, quoiqu'avec dépendance des Rois de France. C'estoit un homme dont il estoit seûr, connoissant la haine qu'il avoit contre la Maison de France; & le sujet de cette haine estoit, que son pere nommé Crodoalde avoit esté tué autrefois par l'ordre de Dagobert; quoique le Roy Clotaire pere de ce Prince luy eust demandé sa grace, & qu'il luy eust promise. Radulfe pour cette raison, luy confia la conduite de l'Armée qu'il avoit levée pour sa défense, & le posta au-delà de la Forest appellée Buconie, sur les confins de la Turinge, tandis que luy avec d'autres Troupes rentra plus avant dans le païs pour contenir les peuples, & les maintenir dans ses intérests. Ainsi le premier effort de l'Armée du Roy tomba sur celle de Fare, qui fut défaite, & luy-mesme y fut tué.

Ibid.

Après ce premier succès, Sigebert assembla ses Généraux, & les fit jurer tous de luy estre fidéles dans la suite de cette entreprise, & qu'aucun d'eux ne feroit quartier à Radulfe: Après cela ils passerent la Forest Buconie, & entrerent dans la Turinge. Radulfe ayant appris la défaite entiere de son Armée, n'osant plus tenir la Campagne, se retrancha sur une colline au bord de la riviere d'Unstrut. Il y avoit là un très-bon Fort, où il mit sa femme & ses enfans: il se campa sur le penchant de la colline avec un assez grand nombre de Troupes, & embarrassa les avenuës de son Camp avec quantité d'arbres qu'il fit abattre.

L'Armée du Roy ne fut pas plustost arrivée, qu'elle investit le Fort. Le Roy ayant assemblé les Généraux, on délibera si on l'attaqueroit sur le champ, ou si on en différeroit l'attaque jusqu'au lendemain. Les avis furent partagez, & ce partage mist la dissension entre les Chefs, chacun se faisant honneur de soûtenir son avis.

On s'emporta de part & d'autre sans nul respect pour le Roy, & Grimoald & le Duc Adalgise en appréhenderent de si fâcheuses suites, qu'ils firent retirer ce jeune Prince, & posterent une grosse garde autour de sa tente. Le parti que l'on prit, fut que ceux des Chefs qui estoient pour attaquer le Camp de Radulfe dès le jour mesme, iroient avec leurs Troupes faire l'attaque, & que les autres la feroient le lendemain avec les leurs, en cas que les premiers ne l'eussent pas emporté. Ainsi le Duc Bobon qui commandoit les Milices d'Auvergne, le Comte Enoual qui conduisoit celles du Suntgau ou d'Alsace, furent chargez du premier assaut: on y joignit les autres Milices dont les Chefs avoient esté du mesme avis, & le Duc Adalgise, qui avec une partie des siennes demeura à la garde du Roy, donna le reste au Duc d'Auvergne pour soûtenir les Assaillants.

Ibid.

Cette mesintelligence estoit un effet des intrigues de Radulfe, & des liaisons secretes qu'il avoit avec quelques Ducs de l'Armée, qui nonobstant le serment que le Roy leur avoit fait faire un peu auparavant, ne vouloient pas perdre ce rebelle.

Le Gouverneur d'Auvergne & le Comte de Suntgau ayant mis leurs Troupes en bataille, marcherent vers les retranchemens de Radulfe. Ce Duc voyant qu'il n'avoit affaire qu'à une partie de l'Armée, ainsi qu'il l'avoit bien prévû, luy épargna la moitié du chemin, & sortant de son Fort où l'on croyoit qu'il attendroit l'assaut, vint fierement en bataille au devant de luy. Radulfe avoit des Soldats tous frais & bien reposez, & avoit à combattre des gens qui respiroient à peine après une longue marche. Il les fit charger rudement de toutes parts, ayant encore sur eux l'avantage de la descente de la colline, les repoussa, les rompit, & en fit un grand carnage. Les Troupes de Mayence qui estoient de cette attaque, lâcherent le pied les premieres, & on soupçonna leurs Chefs d'intelligence avec Radulfe.

Il y demeura sur la place un très-grand nombre de Soldats des Troupes du Roy. Le Duc ou Gouverneur d'Auvergne, le Comte de Suntgau & presque toute la Noblesse qui combattoit dans ces deux corps, y périrent. Le Grand Maistre d'Hostel * de la Maison du Roy nommé Fredulfe y fut aussi tué, & ne fut pas plaint; parce qu'on avoit aussi quelque défiance de sa fidélité. Tout cela se passa sous les yeux du jeune Roy, qu'on avoit placé sur une éminence pour voir le combat.

* *Domesticus.*

An. 640.

Néanmoins malgré ce désavantage, on demeura campé avec le reste de l'Armée à la vûë du Fort, & le lendemain on tint Conseil de guerre, où ceux qui avoient dissuadé l'attaque du jour précédent ravis de ce mauvais succès, firent extrémement valoir leur prévoyance & l'imprudence de ceux qui ne s'estoient pas rendus à leurs avis. Comme plusieurs d'entre eux estoient dans les intérests de Radulfe ils proposerent au Roy de mettre l'affaire en négociation. Ce parti prévalut & le Roy fut obligé de le suivre. Radulfe envoya de ses gens pour traiter d'accord. Ils protesterent de sa part qu'il reconnoissoit & reconnoistroit toûjours le Roy pour son Maistre; mais qu'il le supplioit de ne le point dépoüiller d'un Gouvernement qu'il avoit mérité par de longs services, & qu'il avoit si bien défendu contre les ennemis de l'Etat. On luy accorda sa demande; & depuis se contentant de garder seulement quelques bienféances & des manieres respectueuses envers son légitime Maistre, il se comporta toûjours en effet en Roy de Turinge, faisant des alliances avec les Esclavons Vinides & avec les autres Nations voisines, pour

CLOVIS II. SIGEBERT II.

s'appuyer de leurs secours en cas de besoin. Le Roy fit repasser le Rhin à son Armée d'Austrasie, & retourna dans ses Etats d'en-deçà de cette riviére.

C'est là l'unique expédition mémorable, qui se soit faite sous le Régne de ce Prince, plus occupé d'œuvres chrétiennes & religieuses, que d'actions militaires ou d'affaires politiques. On compte jusqu'à douze Monastéres bâtis & fondez par ses ordres & à ses frais dans le Royaume d'Austrasie. Celuy de S. Martin auprès de Metz estoit un de ces Monastéres. Il y fut enterré; & lorsqu'au siécle passé François Duc de Guise le fit abattre à l'occasion du Siége qu'il se préparoit à soûtenir contre la formidable Armée de l'Empereur Charles V. on transporta à Nancy les Reliques de Sigebert, qui avoient esté jusqu'alors honorées dans ce Monastére.

Le Régne de son frere Clovis II. ne fut pas plus éclatant. Après la mort d'Æga Maire du Palais, à qui Dagobert l'avoit recommandé en mourant, & qui mourut la troisième année de sa Régence, on luy en donna un autre nommé Erchinoald, aussi prudent, aussi modéré, aussi humain, & moins avare que son prédécesseur, & qui comme luy ne fut que Maire du Palais de Neustrie. Les Bourguignons qui avoient consenti à n'en point avoir sous le Régne de Clotaire II. voulurent rentrer dans leur droit d'en élire un pour la Bourgogne, comme il y en avoit un pour la Neustrie. La Reine Nantilde vint exprés en Bourgogne avec le Roy son fils, où ayant assemblé les Grands & les Evêques du Royaume pour cette élection, elle la fit tomber sur Flavade * qui luy estoit fort attaché, & à qui elle fit épouser sa niéce nommée Ranoberge. Elle fit ensorte, qu'il vécut toûjours en bonne intelligence avec le Maire du Palais de Neustrie.

Fredegar. cap. 89.

* *C'est ainsi que l'appelle S. Didier de Cahors dans une de ses Lettres, & S. Oüen dans la Vie de S. Eloy, d'autres le nomment Flaocat.*

Ces deux Rois moururent assez près l'un de l'autre, autant qu'on le peut conjecturer dans l'embarras de nostre Chronologie, qui devient encore plus grand sous ces Régnes; Mais Sigebert mourut le premier. Les Ecrivains la pluspart Moines, qui ont parlé de Clovis, en disent les uns beaucoup de mal, & les autres beaucoup de bien. Selon les uns c'estoit un Prince abandonné à toutes sortes de débauches, à l'impureté, à l'yvrognerie, brutal & sans cœur: selon d'autres il avoit de la sagesse, de belles inclinations, du courage, de l'équité & de la pieté. Je ne trouve aucune regle assez seûre pour prendre parti là-dessus. Il laissa trois fils, Clotaire III. du nom, Childeric & Thieri.

Vers l'an 654. 655. 656.

Pour Sigebert Roy d'Austrasie, ce fut, comme j'ay dit, & selon tous les Historiens, un bon Prince, grand serviteur de Dieu, mais fort mauvais politique, si nous ne le jugeons par ses faits mesmes que rapporte le Moine Sigebert, pluftost que par les grands éloges qu'il luy donne en reconnoissance des grands bien-faits dont il avoit comblé son Ordre.

Apud du Chesne. Tom. 1.

J'ay déja remarqué que ce fut sous ces deux Régnes, que les Maires du Palais commencerent à s'emparer de l'autorité du Gouvernement, pour ne plus gueres laisser désormais, que le vain titre de Roy au reste des descendans du Grand Clovis: Mais on peut dire avec autant de vérité, que ce fut sous Sigebert que l'on commença à voir jusqu'où ces Maires portoient leurs prétentions, & que leur ambition n'avoit un moindre objet que le Trône mesme. Sigebert se laissa tellement enchanter par les artifices de Grimoald, qui possédoit cette Charge dans son Royaume, qu'il luy promit, en cas qu'il n'eust pas d'enfans, d'adopter son fils. C'estoit tout ce qu'auroit pû faire ce Prince s'il s'estoit vû à l'âge de quatre-vingt ans, sans nulle espérance d'avoir un héritier de sa Couronne. Mais les grands projets du Maire furent vains, le Roy ayant eu un fils à qui on donna le nom de son ayeul Dagobert. Cet enfant n'avoit au plus que sept ou huit ans quand son pere mourut; & la conduite du Maire du Palais après la mort du Roy, pourroit raisonnablement faire soupçonner, qu'il l'auroit avancée luy-mesme, pour faire réüssir ses premiers desseins. Ce Prince en mourant luy recommanda son fils & son héritier, ne faisant pas réflexion que cet homme ayant eû une fois l'espérance de voir entrer la Couronne dans sa famille, se laisseroit aisément tenter par l'occasion de s'en emparer, pour peu qu'il la trouvast favorable. Luy mettre le jeune Prince entre les mains, c'estoit le rendre maistre du principal obstacle de son ambition; & en effet il ne se fit pas long-temps violence pour la contenir.

Vita sancti Sigeberti apud Henschenium.

Il gagna une partie des Seigneurs du Royaume, dont il corrompit la fidélité à force de bien-faits, & forma une faction pour élever son fils sur le Trône. Avant que de venir là, il falloit déposseder ou faire périr celuy, qui en estoit incontestablement l'heritier. Voici le moyen dont il se servit. N'ayant pas assez de cruauté pour attenter sur sa vie, il se contenta de luy faire couper les cheveux, & de luy oster par là, la marque de Prince de la Famille Royale. Didon Evêque de Poitiers qui avoit luy-mesme l'honneur d'estre du Sang de Clovis, n'eut point de honte de contribuer à l'opprobre de sa Maison, & de se livrer à l'ambition & à l'injustice du Tyran. Ce fut luy dont Grimoald se servit, pour enlever ce Prince hors du Royaume. Il le conduisit luy-mesme en Ecosse, * où il le laissa, l'abandonnant à sa mauvaise fortune. Après son départ qu'on tint fort secret, on fit courir le bruit par tout le Royaume que le jeune Prince estoit mort, & l'on en fit publiquement les Funérailles. Il estoit aisé au Maire du Palais, qui n'avoit laissé approcher du Prince que des gens affidez, de conduire & de faire réüssir toute cette Comédie. En mesme temps on fit valoir l'adoption prétenduë faite par le feu Roy Sigebert en faveur du fils de Grimoald. La faction des Seigneurs déja gagnez applaudit à ce choix, & le Peuple, comme c'est son ordinaire de suivre la première impression qu'on luy donne, le reconnut pour son Roy avec de grandes acclamations. Cet usurpateur porta le nom de Childebert, & je ne crois pas faire une conjecture

Vita sancti Vuilfridi.

* *Je sçay bien que l'Hibernie, qu'on appelloit l'Isle des Escossois, estoit autrefois comprise sous le nom de Scotie: mais il semble selon la Vie de saint Vuilfrid, que Dagobert n'avoit esté envoyé à voir esté en Escosse.*

frivole, en difant que ce nom luy fut donné feulement alors : car je remarque dans toute la fuite de noftre Hiftoire que ces noms que porterent nos Rois de la première Race, ne furent gueres donnez qu'à ceux de la Maifon Royale deftinez à monter fur le Trône.

Mais quelques juftes mefures que le Maire du Palais euft prifes pour affeûrer la Couronne à fon fils, il ne put empefcher qu'il ne fe formaft un parti contre luy en faveur, non pas du jeune Prince exilé que l'on croyoit mort, mais des autres Princes de la Maifon Royale, je veux dire de Clovis II. & de fes enfans. Ce parti devint fi nombreux, & l'affaire fut fi bien conduite, que Grimoald fuccomba : fon fils fut détrôné, & luy-mefme pris & conduit à Paris, où il mourut en prifon. Clovis eftant mort fur ces entrefaites, Childeric fon fecond fils fut mis fur le Trône d'Auftrafie, Clotaire l'aîné eut pour fon partage les deux autres Royaumes de Neuftrie & de Bourgogne. Thieri qui eftoit le troifiéme n'eut point alors de part à la fucceffion.

In Collect. Duchefnianis. Tom. 1. p. 782.

HISTOIRE DE FRANCE.

CLOTAIRE. III. CHILDERIC.

An. 656.
* Voyez les Mélanges curieux du P. Labbe p. 426. & le P. Mabillon In de Re Diplomat. touchant cette Epoque, & Tom. 3. Analect.

Paul Longob. l. 4. c. 53.

Vers l'An 663.

LOTAIRE III. régna felon les uns quatre ans, felon d'autres fept. Il y en a qui prolongent fon Régne jufqu'à dix ans, & quelques-uns jufqu'à quinze & à feize. Ce Régne ne fournit rien de mémorable, finon un feul événement marqué dans l'Hiftoire des Lombards, auquel la France prit quelque part. Aribert Roy de cette Nation eftant mort, laiffa deux enfans Pertarite & Godebert. Celuy-ci pour fortifier fon parti contre celuy de fon frere, implora le fecours de Grimoald Duc de Benevent, qui à l'exemple de l'autre Grimoald d'Auftrafie dont je viens de parler, fe défit de ce legitime heritier en faifant femblant de le venir fecourir, s'empara de fon Etat, & obligea Pertarite à s'enfuir chez le Roy des Abares. Non content de fe voir le Maître de tout le Royaume des Lombards, il écrivit au Roy des Abares, que s'il vouloit entretenir la Paix avec luy, il falloit qu'il fift fortir Pertarite de fes Etats.

Le Roy des Abares eut pour luy cette condefcendance, & le jeune Prince ne fçachant où fe refugier, prit la réfolution de venir fe livrer à la difcretion du Tyran, qui l'avoit chaffé de fon Trône. Grimoald le reçut bien, & luy promit avec ferment, que puifqu'il s'eftoit fié à luy, il ne luy feroit aucun mal. Il luy fit préparer un Palais dans Pavie, & luy affigna des revenus confidérables pour fon entretien.

Pertarite ne fut pas pluftoft logé dans fon Palais, que la curiofité y attira beaucoup de peuple ; & mefme plufieurs des plus confidérables Habitans vinrent luy rendre leurs civilitez, & fembloient luy faire leur Cour. Sur cela on remplit de foupçons l'efprit du Tyran, qui réfolut par l'avis de fon Confeil de fe défaire de Pertarite. L'affaire ne fut pas differée plus loin qu'au lendemain ; & afin qu'on le trouvaft au lit pour l'y affaffiner, Grimoald luy envoya ce foir-là grande compagnie, & de quoy faire un grand feftin, & fur tout des vins trèsdélicats, & donna ordre à ceux qui feroient du repas, de tafcher de l'enyvrer. Un des Maîtres d'Hoftel qui le fervoit en ce feftin, & qui avoit efté au feu Roy fon pere, faifant femblant de luy parler en riant, luy dit à l'oreille : Prince, prenez garde à vous, on doit vous affaffiner demain. Il reçut cet avis avec beaucoup de préfence d'efprit, & fans changer de vifage : au contraire, faifant bonne contenance, il répondoit à toutes les fantez du Roy qu'on luy portoit à chaque moment ; mais ce n'eftoit qu'avec de l'eau qu'on luy fervoit dans une Coupe d'argent couverte, felon la mode de la Nation. Il joüa le perfonnage jufqu'au bout, & contrefit enfin l'homme yvre.

Tout le monde s'eftant retiré, il penfa aux moyens de fe fauver. Il avoit avec luy deux perfonnes qui ne l'avoient jamais abandonné, & qui ayant fuivi fa mauvaife fortune jufques chez les Abares, eftoient revenus avec luy en Italie. L'un eftoit un Seigneur nommé Hunulfe, & l'autre un Valet-de-chambre. Il s'ouvrit à eux deux fur le danger où il eftoit. La difficulté avant toutes chofes, eftoit de s'évader de la maifon, qui fe trouva inveftie de Soldats envoyez par Grimoald pour en occuper les avenuës, & enfuite de fortir de la Ville, dont les portes eftoient fermées & bien gardées.

CLOTAIRE III. CHILDERIC.

On convint que le Valet-de-chambre demeureroit dans la Chambre, tandis que son Maître, s'il pouvoit, se sauveroit, & voici ce qu'ils imaginerent. Hunulfe fit prendre à Pertarite des habits tous déchirez, & tels que les pouvoit porter un des plus bas Officiers du Palais, & ensuite faisant semblant d'estre en colere contre luy, il commence à le poursuivre jusques dans la ruë, en luy disant mille injures, luy donnant des coups de bâton, le jettant par terre; sur quoy quelques Soldats s'estant approchez, & demandant à Hunulfe ce qui le mettoit si fort en colere : Je sors, leur dit-il, de la Chambre de cet yvrogne de Pertarite, qui ronfle là-haut noyé dans son vin, après m'avoir dit cent sottises & fait cent insultes : & ce maraut que voilà, veut que je passe la nuit ici, & refuse de m'ouvrir la porte : alors recommençant à frapper plus fort qu'auparavant, Pertarite s'enfuit, sans que les Soldats songeassent à l'arrester. De-là ils allerent chez quelques amis affidez, & par leur moyen on descendit Pertarite avec une corde dans le Fossé. Quelques-uns se joignirent à luy pour l'accompagner : ils prirent des chevaux qui étoient au pasturage dans la Prairie, arriverent à Aste dés la mesme nuit, suivirent la route de Turin, & gagnerent enfin la France. Grimoald ainsi trompé eut la générosité de pardonner à Hunulfe & au Valet-de-chambre, en faisant l'éloge de leur fidélité, leur offrit de les recevoir à son service, & sur la priere qu'ils luy firent de leur permettre d'aller joindre leur Maître, il le leur accorda.

Pertarite estant arrivé en France y exposa aux Princes qui y regnoient & à ceux qui y gouvernoient, sa mauvaise fortune, l'injustice & la cruauté de l'usurpateur, qui après luy avoir enlevé la Couronne, en vouloit encore à sa vie, & les conjura de ne pas l'abandonner dans son malheur. Il parla & negocia si efficacement, que peu de temps après une Armée eut ordre de s'assembler en Provence, & de porter la guerre chez les Lombards au-delà des Alpes. L'Histoire ne dit point si cette Armée estoit composée des Troupes des trois Royaumes François, ni qui estoient les Commandans.

L'Armée entra en Italie, & Grimoald vint à sa rencontre avec la sienne. Il se campa tout proche des François à quelque distance d'Aste, ayant dans son Camp une abondance extrême de toutes sortes de vivres, & sur tout quantité de vin. Après quelques jours, contrefaisant une terreur panique, il décampa à la haste & en désordre, abandonnant le Camp & tout ce qui estoit dedans. Les François donnerent dans le piége, entrerent dans le Camp, le pillerent, & les Soldats bûrent du vin qu'ils y trouverent, avec tant d'excés, que la plûpart s'enyvrerent. Grimoald qui l'avoit bien prévû, ayant esté averti par ses Espions de l'état des choses, vint pendant la nuit donner sur les François, qui n'estoient gueres en état de se battre, & en fit un si grand carnage, que très-peu se sauverent.

Après cette défaite on ne songea plus à rétablir Pertarite. Grimoald quelques années après fit un nouveau Traité avec le Roy de France. Si l'Historien Lombard ne s'est pas trompé, ce Roy estoit Dagobert II. Roy d'Austrasie, dont je parleray bien-tost. Pertarite fut obligé de passer en Angleterre, ne se croyant pas en seûreté en France, & enfin après neuf ou dix ans de disgrace, Grimoald estant mort, les Lombards le firent remonter sur le Trône de son pere.

La Reine Batilde mere de Clotaire III. gouverna le Royaume avec Ebroin Maire du Palais pendant une grande partie du Régne de ce Prince. Cette Reine estoit Saxone née dans la grande Bretagne : elle en avoit esté enlevée estant encore enfant, & venduë comme esclave en France au Maire du Palais Erchinoald prédécesseur d'Ebroin. Sa beauté dont Clovis II. fut charmé, l'éleva sur le Trône, & sa vertu & sa prudence l'y firent respecter mesme après la mort du Roy son mari. Ce fut par son adresse que l'usurpateur d'Austrasie fût détrôné, & elle sçeut si bien ménager l'esprit des Seigneurs Austrasiens, qu'elle les engagea à donner la Couronne à son second fils Childeric. Après quelques années de Gouvernement, dont elle partageoit l'autorité avec le Maire du Palais, elle voulut se retirer au Monastére de Chelles, dont elle augmenta le terrain & les Bastimens : mais les Seigneurs François s'opposerent à sa retraite, jusqu'à ce que quelques uns d'entre eux commencerent à apprehender la sévérité, avec laquelle ils virent qu'elle se disposoit à les chastier de leurs violences. Ils consentirent alors à l'exécution de son pieux dessein, qu'elle accomplit. Elle vécut dans le Monastére avec une piété & une humilité exemplaires, & y mourut quelques années après en reputation de sainteté.

La fermeté de cette Princesse, tandis qu'elle gouverna, fut un frein au genie violent d'Ebroin Maire du Palais. C'estoit un de ces hommes nez ambitieux & insolens, qui s'attirent l'autorité autant par leur hardiesse que par leur esprit, qui la poussent aussi loin qu'elle peut aller, & qui en usent sans nul ménagement. Celle d'Ebroin augmenta beaucoup par la retraite de la Reine, & il s'en servit en tyran. On n'avoit accés auprés de luy qu'à prix d'argent. Il vendoit également la justice & l'injustice. Le Peuple estoit accablé, la Noblesse maltraitée, les moindres fautes coûtoient la vie aux plus qualifiez. Il osta aux Seigneurs de Bourgogne la liberté de venir à la Cour, & nul d'eux n'osoit y paroistre sans un ordre ou une permission expresse de sa part.

Sur ces entrefaites arriva la mort du Roy Clotaire qui ne laissa aucuns enfans mâles. La Couronne regardoit naturellement ou Childeric Roy d'Austrasie l'aîné des deux freres du feu Roy, ou le Prince Thieri le cadet, qui n'avoit eu aucune part à la succession de Clovis II. son pere. Les Peuples de Neustrie & de Bourgogne estant bien aises d'avoir leur Roy particulier aussi-bien que les Austrasiens, avoient plus d'inclination pour Thieri. C'estoit là aussi le dessein du Maire du Palais, qui le fit en effet proclamer Roy; mais sans assembler la Noblesse pour cette proclamation, contre la coûtume. Il fit plus; car plusieurs Seigneurs s'estant depuis joints ensemble pour venir rendre leurs respects au nouveau Roy, il leur envoya ordre de se séparer, & de retourner chez eux.

Jusqu'alors les Maires s'estoient attiré & conservé l'autorité absoluë en gagnant l'affection des Grands, en les menageant beaucoup, en leur faisant des graces; & ceux-ci baisoient volontiers la main d'où elles leur venoient immediatement, sans s'embarrasser fort du reste; mais il leur parut indigne d'estre gourmandez & maltraitez par celuy, qui n'avoit pas le droit de les gouverner, & qui avoit l'insolence de les tyranniser. Ils se liguerent, & le dernier refus qu'on leur fit de les admettre à la présence du Roy, les ayant infiniment offensez, ils leverent le masque, & crierent aux armes de toutes parts. Le Royaume de Bourgogne & celuy de Neustrie se souleverent en mesme temps comme de concert. Quiconque refusoit de se déclarer contre le Ministre, estoit obligé de s'enfuïr ou en danger d'estre brûlé dans sa maison. La sédition fut si universelle, qu'Ebroin se voyant abandonné tout d'un coup de tout le monde, n'eut point d'autre ressource, que de se refugier dans une Eglise. Tous ses trésors qui estoient grands, furent pillez. Tout ce que purent faire quelques Evêques qui se trouverent alors à la Cour, & entre autres S. Leger Evêque d'Autun, fut d'empescher qu'on n'arrachast de l'Autel ce malheureux, pour en faire la victime publique. Et il n'évita la mort, qu'à condition qu'on luy couperoit les cheveux, pour estre confiné dans un Monastére. On choisit celuy de Luxeüil * en Bourgogne, où il fut renfermé.

*Aujourd'huy petite Ville de la Franche-Comté.

La haine du Ministre rejaillit sur le Prince. Thieri fut arresté, on luy donna des Gardes, tandis qu'on proclamoit Roy de Neustrie & de Bourgogne Childeric son frere, qui l'estoit déja d'Austrasie. Childeric ne refusa pas un si beau présent, & vint aussi-tost prendre possession de ses nouveaux Etats. Quelques-uns des Seigneurs les plus empressez à faire leur Cour au nouveau Roy, firent couper les cheveux à Thieri, qui luy fut presenté en cet état. Il luy fit pitié. Childeric pour le consoler, luy dit qu'il pouvoit luy demander ce qu'il souhaiteroit, pour pouvoir adoucir son malheur. Je ne vous demande rien, luy répondit-il; mais j'attends de Dieu la vengeance de l'injustice que l'on me fait. Childeric ordonna qu'on luy préparast un logement au Monastére de S. Denis, & le pria d'y demeurer jusqu'à tant que ses cheveux fussent revenus.

Avant que l'Assemblée des Seigneurs François se séparast, ils présenterent une Requeste au Roy, qui contenoit les quatre articles suivans. 1. Qu'il cassast plusieurs Ordonnances qui avoient esté faites depuis quelques années dans les trois Royaumes, contraires à leurs Loix & à leurs Coûtumes. 2. Que les Comtes & les

Cap. 4.

Juges suivissent dans leurs jugemens, les anciennes Loix & les anciennes Coûtumes de chacun des trois Royaumes. 3. Que les Gouverneurs d'une Province ne passassent point au Gouvernement d'une autre, c'est-à-dire, autant que je le puis conjecturer, que les Gouvernemens du Royaume d'Austrasie ne fussent point donnez à d'autres qu'à des Austrasiens, ceux de Neustrie à d'autres qu'aux Neustriens, & ceux de Bourgogne à d'autres qu'à des Bourguignons. 4. Que le Roy ne mit pas entre les mains d'un seul toute l'autorité & tout le gouvernement de l'Etat, comme il avoit esté entre les mains d'Ebroin; afin que les Seigneurs n'eussent pas le chagrin de se voir sous les pieds d'un de leurs égaux, & que chacun eut part aux honneurs, où sa naissance luy donnoit droit d'aspirer.

Cet article n'alloit pas à la suppression de la Charge de Maire du Palais: car ils choisirent pour cet Employ le Duc Vulfoalde dans le Royaume d'Austrasie, mais seulement à la moderation de son pouvoir; & c'estoit là la plus belle occasion que le Prince pust avoir, de se tirer luy-mesme de servitude, s'il eut esté capable de le faire.

Le Roy reçut favorablement leur Requeste, & leur promit de les satisfaire sur tous ces points. Il y eut lieu d'esperer qu'il tiendroit sa promesse, lors qu'on luy vit choisir pour son principal Ministre, & selon quelques-uns, pour Maire du Palais de Neustrie & de Bourgogne, Leger Evêque d'Autun, homme de qualité, allié à la Famille Royale, d'une capacité, d'une vertu, & d'un mérite universellement reconnus: mais ces belles espérances d'un heureux Gouvernement ne durerent pas long-temps. Le Roy admit à sa confidence certains esprits broüillons, emportez, gens presque sans religion, qui luy firent bien-tost perdre toute la confiance qu'il avoit en son sage Ministre. Ils empoisonnoient & auprès du Roy & auprès du Peuple, tout ce que faisoit le saint Prélat. On le rendoit responsable de tout le mal, & on le faisoit auteur de tous les ordres du Prince, pour peu qu'ils fussent désagreables aux Peuples ou aux Grands.

Ibid. Cap. 4.

L'Evêque néanmoins sans s'embarrasser & sans trop ménager ses adversaires, suivoit les régles de son devoir & de sa conscience, prenoit la liberté de donner au Roy certains avis quelquefois peu agréables, mais qu'il croyoit utiles à l'Etat ou au Roy mesme. Il luy représenta particulièrement deux choses; la premiere, que par complaisance pour ses favoris, il ne gardoit pas la promesse qu'il avoit faite à son Couronnement, de ne point violer certaines Loix établies de tout temps dans le Royaume; & la seconde, que contre les Loix du Christianisme, il avoit pris pour femme sa cousine germaine. Ceux qui avoient intérêt à introduire ou à autoriser de semblables désordres, irriterent tellement l'esprit du Prince à cette occasion contre l'Evêque d'Autun, qu'il ne chercha plus que les moyens & quelque prétexte de le faire périr.

On en trouva un, ou pluſtoſt on le ſuppoſa; car la choſe eſtoit meſme ſans apparence. Le Roy vint à Autun avec le Prélat paſſer les Fêtes de Pâques, & en meſme temps le Patrice ou Gouverneur de Marſeille nommé Hector, homme autant diſtingué par ſa ſageſſe que par ſa naiſſance & par ſon employ y arriva; il étoit intime ami de l'Evêque Leger, & vint loger chez luy, ayant quelques graces à demander, qu'il prétendoit obtenir par ſon moyen. Les ennemis de l'un & de l'autre firent entendre au Roy, qui ſe le perſuada volontiers, que le voyage du Patrice Hector à Autun n'eſtoit pas ſans miſtére, & qu'il y avoit du complot: mais avant que de deſcendre plus dans le détail de l'accuſation, ils firent entrer dans leur conſpiration, le Maire du Palais Vulfoalde, & un certain Moine nommé Marcolme de l'Abbaye de S. Symphorien, que le Roy écoûtoit comme un Prophete, & qui eſtoit en effet un de ces fourbes qui font ſervir leur retraite & l'auſtérité de leur vie à leur vanité & à leur intérêt, & on s'eſtoit déja ſouvent ſervi de luy pour inſpirer des ſoupçons au Roy contre le ſaint Prélat. Ils compoſerent donc tous enſemble la fable, & y donnerent toutes les apparences de vérité. Le Roy ſur leurs témoignages & ſur leurs prétenduës preuves, fut convaincu que l'Evêque & le Patrice prenoient enſemble des meſures pour broüiller l'Etat. Il fut ſur le point de tuer de ſa propre main le ſaint Prélat, qui l'eſtoit venu ſaluer le jour du Vendredy-Saint. La défiance de Childeric l'empêcha d'aller le lendemain à la Cathedrale pour la nuit de Pâques, pendant laquelle les Chrétiens de ce temps-là s'occupoient à la priere; mais il la paſſa dans l'Egliſe de l'Abbaye de S. Symphorien où il communia, & où il tint encore Conſeil avec ſon Moine hipocrite & quelques-uns de la cabale qui l'avoient accompagné.

Dès le matin après un grand déjeuner, d'où il ſortit à demi-yvre, il alla à la Cathedrale, & en y entrant, appella tout haut d'une voix menaçante l'Evêque par ſon nom, à deſſein de l'obliger de s'enfuir, & après d'attribuer ſa fuite aux reproches de ſa mauvaiſe conſcience. S'eſtant approché des Fonts Baptiſmaux où étoit l'Evêque, il l'appella de noûveau: l'Evêque répondit & ſe leva ſans s'étonner. Le Roy ſurpris de ſa fermeté, & frappé de la ſainteté des Cérémonies que l'on faiſoit alors, paſſa comme s'il ne l'euſt pas vû, & s'en alla à l'Evêché dans l'appartement qu'on luy avoit preparé. L'Evêque acheva l'Office, & enſuite monta à l'appartement du Roy avec une intrépidité, qui étonna ſes ennemis & le Roy meſme. Il le pria avec ſa tranquillité & ſa douceur ordinaire de luy dire, pourquoy il n'eſtoit pas venu à l'Egliſe pour les Veilles, & le ſujet de l'émotion où il paroiſſoit eſtre en un ſi ſaint jour? Le Roy tout troublé & ſe poſſédant à peine, luy répondit: c'eſt que vous m'eſtes ſuſpect, que je ne puis me fier à vous, ni me croire en ſeûreté dans les lieux où vous eſtes.

A cette parole l'Evêque ſe retira ſans rien dire davantage, tant pour épargner un crime au Roy, en un jour auſſi ſaint que celuy de Pâques, que pour ſauver auſſi la vie au Gouverneur de Marſeille, qu'on ne vouloit perdre qu'à cauſe de luy; & il ſortit de la Ville. Mais il fut arreſté & ramené à Autun, où l'on commença à luy faire ſon procès dans une Aſſemblée de Seigneurs & de quelques Evêques. Le Roy un peu revenu de ſa première fureur, parut ne plus avoir de deſſein de le faire mourir. On conclut donc à le renfermer pour le reſte de ſes jours dans le Monaſtére de Luxeüil. Les Evêques qui apprehendoient pour luy quelque choſe de pis, ſouſcrivirent volontiers à cet avis, & le ſaint Prélat fut conduit à ce Monaſtére.

Il y trouva Ebroin avec l'habit & la tonſure de Moine, qui en l'embraſſant luy jura une amitié éternelle, & content, diſoit-il, de l'état où la providence de Dieu l'avoit mis, le pria de contribuer à ſon bonheur, en répondant à ſon amitié par une ſincére bien-veillance. C'eſt ainſi que la diſgrace réünit quelquefois ceux, que la concurrence dans la proſpérité avoit rendus ennemis mortels. Mais la mort violente du Prince, laquelle arriva peu de temps après, mit bien-toſt en liberté ces deux Miniſtres, & réveilla l'ambition d'Ebroin.

Childeric privé des conſeils d'un homme auſſi modéré & auſſi ſage, que l'eſtoit le ſaint Evêque d'Autun, n'avoit plus d'autre guide que ſes paſſions ou ceux qui les flattoient. Il eſtoit naturellement très-emporté, & un jour s'eſtant mis en grande colere contre un homme de qualité nommé Bodilon, il le fit traiter comme un eſclave, l'ayant fait attacher à un poteau, où il luy fit donner mille coups. Cet homme outré de ce traitement, conſpira contre luy avec quelques-uns de ſes amis, & peu de jours après luy dreſſa une embuſcade dans la Foreſt appellée Luconie par nos anciens Auteurs, & que quelques-uns croyent eſtre la Foreſt de Livri auprès de Chelles. Le Roy y fut tué avec la Reine Bilichilde qui eſtoit enceinte. Ils avoient deux fils, l'un nommé Dagobert encore tout jeune, qui fut auſſi maſſacré dans la meſme occaſion, ou du moins qui ne vécut pas long-temps après: car les Tombeaux de Childeric & de Bilichilde ayant eſté par hazard découverts de nos jours dans l'Egliſe de ſaint Germain des Prez, on trouva ſur celuy de cette Reine un petit coffre de pierre, où eſtoit le corps d'un enfant, qui ſans doute eſtoit celuy du petit Prince Dagobert. On y trouva auſſi des reſtes des ornemens Royaux, avec leſquels ils avoient eſté enterrez, & entre autres un Diadême d'or dont la teſte du Roy eſtoit ceinte.

L'autre fils de Childeric échappa, & demeura renfermé pendant pluſieurs années dans un Monaſtére, d'où il ſortit néanmoins avec le temps, pour monter ſur le Trône de ſes ancêtres. Childeric quand il mourut avoit environ vingt-quatre ans: c'eſtoit un Prince ſans conduite & ſans courage, incapable de gouverner & de ſe laiſſer gouverner par ceux dont la prudence eust pû suppléer à ses défauts.

Sur la fin de son Régne parut tout à coup en France, & lors qu'on s'y attendoit le moins, un Prince de la Maison Royale. C'estoit le jeune Dagobert fils de Sigebert Roy d'Austrasie, celuy que nous avons vû reléguer au-delà de la Mer par son perfide Maire du Palais Grimoald. Laissé en Ecosse ou en Irlande en un âge encore tendre par l'Evêque de Poitiers, qui l'y avoit conduit, il erra long-temps sans secours, exposé à mille dangers & à toutes sortes de miséres. Il y demeura quelques années sans oser rentrer en France, où il sçavoit bien qu'il n'y avoit aucune seûreté pour sa personne, & peut-estre encore cachoit-il aux gens du païs ce qu'il estoit, de peur que si on entendoit parler de luy en France, on n'envoyast des assassins pour le tuer.

Dans ce misérable état, il trouva un Anglois homme de qualité appellé Wilfrid, avec qui il fit connoissance, & à qui il crut pouvoir faire confidence de sa mauvaise fortune. L'Anglois touché de compassion le retint auprès de luy, l'amena en Angleterre, & quelque temps après le fit conduire seûrement en Austrasie. Childeric qui avoit beaucoup de considération pour Innichilde mere de Dagobert, consentit qu'il régnast au moins en Alsace & aux environs du Rhin.

Ce jeune Prince qui avoit disparu en France pendant plusieurs années, a aussi long-temps disparu dans nostre Histoire, par la négligence de nos Historiens des derniers siécles peu versez pour la plupart dans l'antiquité. Il est redevable de cette espéce de renaissance * au Sçavant Henschenius, qui à l'occasion de la Vie de S. Wilfrid, l'Ange Tutélaire de ce Prince abandonné, a débroüillé ce point important de nostre ancienne Histoire.

La mort de Childeric fut suivie d'une espéce d'Anarchie ou d'interrégne, qui dura au moins quelques semaines, pendant lesquelles ceux qui avoient esté ou arrestez ou exilez sous le Régne précédent, remplirent la France de meurtres & de brigandages. Les Gouverneurs des Provinces à qui il appartenoit d'arrester ces violences, s'abandonnoient eux-mesmes à leurs animositez particuliéres, & se faisoient une guerre très-cruelle les uns aux autres, de sorte que jamais la Monarchie Françoise ne fut en une pareille confusion.

Quelques jours avant la mort du Roy, deux Ducs ennemis de l'Evêque d'Autun l'avoient tiré par force du Monastére de Luxeüil à dessein de le faire mourir: mais dans le temps qu'ils l'eurent en leur pouvoir, il sçeut tellement les gagner par sa douceur, & leur inspira tant de respect pour sa vertu, qu'ils quittérent leur mauvais dessein, & devinrent ses protecteurs. Si-tost qu'ils eurent appris la nouvelle de la mort du Roy, ils conduisirent l'Evêque à Autun, accompagnez de tous leurs amis, & trouverent en chemin Ebroin faisant la mesme route. Il estoit sorti du Monastére sur cette mesme nouvelle, & marchoit à la teste d'une infinité de mécontens & de scélérats, dans l'espérance de se remettre en possession de son ancienne dignité. Dès qu'il vit l'Evêque en état de redevenir son concurrent, il oublia l'amitié qu'il luy avoit jurée, il résolut de le faire assassiner, & l'eut fait dès-lors, si Genése Evêque de Lion qui avoit embrassé son parti & estoit de sa confidence, ne l'en eut détourné. Il continua de se contrefaire, & entra à Autun avec l'Evêque Léger.

Ils y furent reçûs avec toutes les marques de joie, dont un Peuple est capable en ces sortes d'occasions. C'estoit principalement en considération de l'Evêque que se faisoient toutes ces réjoüissances: mais la haine du dernier Gouvernement qui avoit fait oublier les anciennes violences d'Ebroin, faisoit qu'on le voyoit volontiers luy-mesme revenir de son exil.

In vita S. Vuilfridi.

* M. de Valois prétend aussi à l'honneur de cette découverte. Acta Sanctorum T. 7 & lib. de tribus Dagobertis.

Vita sancti Leodegarii. c. 7.

Cap. 8.

HISTOIRE DE FRANCE

THIERI II.

CEPENDANT Thieri, dont les cheveux avoient eû le loifir de croiftre pendant fa retraite de Saint Denis, reprit la qualité de Roy, & avoit déja une groffe Cour à Nogent, qui eft aujourd'huy S. Cloud. C'eftoit pour fortifier le parti de ce Prince, que l'Evêque d'Autun conduifoit ceux qu'il avoit raffemblez auprès de luy. Ebroin fembloit marcher vers Paris avec le mefme deffein; mais cet homme ambitieux ne vouloit point avoir de maiftre qui ne fuft fon efclave. Il prévit d'abord que l'Evêque eftant tres-agréable au peuple, auquel il eftoit luy-mefme tres-odieux, Thieri ne balanceroit pas à luy donner la première place dans le Confeil & dans le Gouvernement. C'eft pourquoy il forma fecretement un parti, & commença une intrigue, à laquelle on ne fe fuft jamais attendu.

Il avoit beaucoup d'amis dans le Royaume d'Auftrafie, qui agiffoient de concert avec luy. Il tourna tout d'un coup de ce cofté là, & l'Evêque d'Autun fut fort furpris de le voir difparoiftre avec fa troupe, lors qu'il y penfoit le moins, ayant crû qu'il venoit avec luy, rendre fes hommages au nouveau Roy.

Ebroin ne fut pas pluftoft arrivé en Auftrafie, que par le moyen de fes émiffaires, il répandit le bruit par tout ce Royaume, que Thieri auffi-toft après avoir repris la qualité de Roy, eftoit mort: & en mefme-temps il fit paroiftre un jeune enfant qu'il appella Clovis, publia qu'il eftoit fils du feu Roy Clotaire III. & il eut affez de crédit pour le faire proclamer Roy de France. Didier Evêque de Châlons fur Saône, & Bobon Evêque de Valence, l'un & l'autre du Royaume de Bourgogne, & dépofez pour leurs crimes, appuyérent ces chimères & cette faction; de forte qu'en moins de rien Ebroin avec fon nouveau Roy, fe trouva à la tefte d'une groffe Armée en état d'entrer dans le Royaume de Neuftrie, pour obliger le refte des François à reconnoiftre le Roy qu'il avoit fait.

Il s'avança jufqu'auprès de Paris, où il penfa furprendre Thieri, ravagea tous les environs, & enrichit fon Armée des dépoüilles des Eglifes & des biens de tous ceux qui refufoient de fe déclarer pour luy. L'Evêque Leger eftoit retourné quelques jours auparavant à Autun. Il y fut invefti par des Troupes, que l'Evêque de Châlons conduifoit en perfonne. Le faint Prelat, pour empefcher la ruine de la Ville, fe livra malgré fon peuple entre les mains des ennemis; l'Evêque de Châlons eut la cruauté de luy faire crever les yeux, & le mit à la garde de Vaymer un des Chefs du mefme parti, dont il fut traité avec affez d'humanité.

Ebroin devenu redoutable à Thieri, l'obligea de s'accommoder avec luy, & le contraignit de le faire Maire du Palais, au préjudice de Leudefie qui avoit déja efté pourvû de cette dignité; après quoy il abandonna fon phantôme de Roy, qu'il n'avoit fait que pour en venir là. Le premier Edit qu'il publia, portoit que pour mettre fin à toutes les diffenfions, & prévenir les procès, on ne rechercheroit perfonne pour tout ce qui avoit efté commis pendant les défordres de la guerre civile; ceux de fon parti avoient fans doute plus de befoin que tous autres de cette amniftie. Mais faifant enfuite l'homme zelé pour la juftice & pour le refpect deû à la dignité & à la perfonne Royale, il commença à faire la recherche de ceux, qui avoient eu quelque part à l'affaffinat du feu Roy Childeric, & fous ce prétexte il fit périr plufieurs Seigneurs qui luy eftoient ou contraires ou fufpects. Il employa le mefme artifice quelques années après contre le faint Evêque d'Autun, qu'il tint long-temps renfermé dans le Monaftere de Fefcamp, & à qui enfin il fit couper la tefte.

Il paroift affez vray-femblable que Dagobert, qui regnoit comme je l'ay dit, dans une partie de l'Auftrafie, profita de ces broüilleries, pour fe mettre en poffeffion du refte de cet Etat qui luy appartenoit par le droit de fa naiffance.

Quelques années après fon rétabliffement, il eût occafion de faire paroiftre la reconnoiffance qu'il confervoit pour fon bien-faiteur. Saint Wilfrid avoit efté fait Evêque d'York: Egfrid Roy de cette partie d'Angleterre, l'avoit toujours fort honoré & fort écouté; mais la Reine Ermenburge, dont le faint Evêque

Henfchenius de tribus Dagobertis l. 2.

HISTOIRE DE FRANCE.

In vitâ S. Vvilfridi.

reprenoit quelquefois la conduite avec beaucoup de liberté, le luy rendit odieux, l'engagea à le chasser de son Église, & à le persecuter avec tant d'acharnement, qu'il fut obligé de se sauver au-delà de la mer. Il n'y fut pas en seûreté; car le Roy d'Angleterre envoya des Ambassadeurs à la Cour de Thieri avec de grands presens, pour engager Ebroin à ne pas laisser passer Wilfrid qui vouloit se refugier à Rome, & à le faire assassiner en chemin : mais le Saint n'aborda pas en Neustrie, les vents l'ayant poussé en Frise alors gouvernée par Adalgise Duc des Frisons. Ebroin écrivit au Duc suivant les intentions du Roy d'Angleterre : mais ce Prince, tout Payen qu'il estoit, & qui dés-lors apparemment avoit secoüé le joug de la domination Françoise, eût horreur du crime qu'on luy proposoit, jetta la lettre au feu, & renvoya sans autre réponse ceux qui la luy avoient apportée. Le Saint prit sa route par le Royaume d'Austrasie, & vint à la Cour de Dagobert. Ce Prince qui luy devoit tout, le receut avec tous les honneurs & toute la tendresse possible, fit tout ce qu'il put pour l'arrester dans ses Etats, luy offrit des maisons, des terres, & enfin l'Evêché de Strasbourg. Il refusa toutes ces offres, & continua son voyage vers Rome, toûjours défrayé & honoré dans tout l'Etat de Dagobert. Ce Prince écrivit à toutes les Villes de sa domination, qu'il vouloit qu'on y receust Wilfrid comme celuy qui luy avoit sauvé la vie, & à qui il estoit redevable de sa Couronne.

In vita S. Salabergæ.
Vers l'An 679
Quand Saint Vvilfrid revenant du Concile de Rome repassa par les Etats de Dagobert qui venoit d'estre assassiné, il pensa luy-mesme estre tué par les mesmes assassins, qui luy disoient en le menaçant, que c'estoit luy qui leur avoit ramené d'Ecosse Dagobert qu'ils avoient chassé du Royaume Jn vita S. Vvilfridi, cap. 4. De plus Pepin d'Heristal estoit fils de la sœur de Grimoald, qui avoit relegué Dagobert, & il estoit vers ce temps-là tout-puissant en Austrasie. Toute cela verifie la circonstance que j'y marquee, que Dagobert avoit esté tué par un reste de la faction du Maire Grimoald. Chronic. Fredegar. continuat. cap. 97. Fredegar. c. 97.

Dagobert, après un regne de sept à huit ans, la guerre s'estant allumée entre Thieri & luy, fut assassiné à la chasse dans la Forest de Vaivre par une troupe de factieux, du nombre de ceux qui composoient le parti qu'Ebroin avoit toûjours fomenté dans ce Royaume là. C'estoit un reste de la faction du Maire Grimoald * par qui ce Prince avoit esté autrefois relegué en Écosse.

Quelques anciens monumens donnent à ce Dagobert un fils nommé Sigebert, que l'on suppose avoir esté tué avec luy, & ainsi le trône d'Austrasie demeura vacant. Le Duc Pepin & le Duc Martin cousins germains, qui estoient de la famille du feu Maire Grimoald, furent declarez Ducs ou Gouverneurs du Royaume par les Austrasiens ; & la crainte de tomber sous la tyrannie d'Ebroin, fit que ces peuples ne voulurent point reconnoistre Thieri pour Roy d'Austrasie.

Ce fut là une dangereuse atteinte que l'on donna aux droits de la Famille Royale, en démembrant de la Monarchie, une partie aussi considerable que celle-là. La guerre à cette occasion s'alluma entre les deux Etats. D'abord les Ducs ou Gouverneurs furent défaits, & Martin y perit par la perfidie d'Ebroin. Pepin par la mort de Martin devint l'unique Duc ou Gouverneur d'Austrasie, & employa dans la suite à ruiner l'autorité Royale, tous les grands talens d'esprit, de prudence, d'adresse, de courage, qu'il possedoit au souverain degré. Ce ne fut pas par l'avantage de sa taille qu'il sçut imposer aux François. Il estoit fort replet, d'où luy vint le surnom de Pepin le Gros : on l'appella aussi Pepin d'Heristal, du nom d'un Palais qui luy appartenoit, & que porte encore aujourd'huy le Bourg, où estoit ce Palais sur le bord de la Meuse à une lieuë au-dessus de Liége ; on l'appelle aussi quelquefois dans l'Histoire Pepin le Jeune, par rapport à son ayeul autrefois Maire du Palais d'Austrasie, & quelquefois Pepin le Vieux, par rapport à son petit-fils qui fut enfin Roy.

Pepin d'Heristal le fut luy-mesme en effet, & sans en vouloir porter le nom, il en eut toute l'autorité, non seulement en Austrasie, mais avec le temps dans tout l'Empire François. Il s'en attira tout le pouvoir, non pas comme Ebroin par la terreur & par une conduite tyrannique, mais par la douceur & sous le nom de Pere des Peuples. Pour arriver jusques-là, la fortune luy presenta des conjonctures heureuses dont il profita.

Vers l'An 683. *Continuat. Fredeg. 98.*

Le Maire du Palais Ebroin, après avoir pendant plus de vingt-cinq ans maistrisé la France, eût enfin le sort ordinaire aux hommes de ce caractere qui abusent de leur autorité ; il fut assassiné par un Seigneur nommé Ermenfroy qu'il persecutoit, & qui le prévint. Après sa mort Thieri eût en peu d'années plusieurs Maires du Palais les uns après les autres, un desquels nommé Gislemar fit à diverses reprises la guerre au Duc Pepin ; & la maniere dont ce Duc la soûtint, ne servit qu'à affermir son autorité en Austrasie : luy-mesme peu de temps après prit la resolution d'aller attaquer ses ennemis ; il eust une raison de le faire qu'il crust bonne, ou du moins qui luy servit d'un pretexte fort plausible.

Cap. 99.

La persecution qu'Ebroin avoit faite aux Grands de l'Etat en avoit obligé plusieurs à se refugier, en Austrasie. Dans l'élection du dernier Maire nommé Bertaire, les suffrages avoient esté fort partagez, & la brigue plustost que le merite l'avoit emporté. Quelques-uns de ceux qui s'estoient opposez à l'élection de Bertaire, apprehendant sa vengeance, s'estoient aussi venus jetter entre les bras de Pepin. Tous ces exilez, qui ne pouvoient esperer de changement dans leur fortune, que par celuy du Gouvernement, sollicitoient continuellement Pepin de faire la guerre à Thieri. Il se rendit enfin à leurs instances tant de fois réiterées, & leur promit de leur faire faire justice par les armes, si on refusoit de la leur faire autrement. Il envoya une Ambassade à Thieri, le priant de recevoir en grace ceux que la persecution d'Ebroin avoit obligez à quitter leur patrie, & de les remettre en possession des biens qu'on leur avoit injustement enlevez. Ce Roy, par le conseil de Bertaire reçût fort mal ces Envoyez, & leur répondit avec hauteur, que Pepin eut un peu de patience ; qu'il n'auroit pas la peine de renvoyer les rebelles, dont il se declaroit si hautement le Protecteur ; que devant qu'il fust peu de temps on iroit les luy demander &, les prendre jusques chez luy.

Annales Metenses ad an. 689.

Les Envoyez revenus en Austrasie, ayant rendu compte à Pepin de la réponse de Thieri, ce

Duc fit une assemblée des principaux Seigneurs de l'Etat, leur exposa la conduite qu'il avoit tenuë dans cette affaire, la fierté & les menaces des Neustriens, l'oppression où se trouvoient tant de personnes de qualité par l'insolence & par la dureté des Maires du Palais, & enfin le péril d'une invasion où se trouvoit l'Austrasie, si on ne prévenoit l'ennemi. Les Seigneurs ayant déliberé sur l'exposé du Duc, conclurent à la guerre, & qu'il estoit plus à propos de la porter dans le païs ennemi, que de l'attendre en Austrasie.

Pepin ravi de cette résolution fort conforme à ses grands desseins, eût bien-tost assemblé une grosse Armée, à la teste de laquelle il marcha jusqu'à la Forest Charbonniére, qui séparoit le Domaine de Thieri d'avec l'Austrasie. J'ay dit ailleurs, que cette Forest estoit une partie de la Forest d'Ardennes entre la Meuse & l'Escaut, dont le Bois de Soignies dans le Brabant est encore un reste. Estant arrivé là il assembla les principaux Officiers de son Armée en pleine campagne; toutes les troupes estant sous les armes, il leur protesta tout de nouveau que ce n'estoit point l'ambition qui luy faisoit entreprendre cette guerre; qu'il y estoit sollicité non seulement par les plus grands Seigneurs de Bourgogne & de Neustrie, qu'ils voyoient parmi eux, & qui avoient esté obligez de s'enfuir & d'abandonner leur patrie & leurs biens pour sauver leur vie; mais encore par les Evêques & par le Clergé de ces deux Royaumes, dont on avoit dépoüillé les Eglises, pillé les terres & les maisons, sans qu'ils eussent pû jusqu'alors obtenir justice; qu'ils alloient combattre pour la défense de plusieurs innocens, & en faveur de plusieurs Saints, qui attireroient sur eux la protection du Ciel. Il fit en mesme-temps faire une priére publique, pour invoquer le secours du Dieu tout-puissant, & se mit en marche pour passer la Forest. Quand ils l'eûrent passée, sans que l'ennemi parust pour leur disputer l'entrée dans le païs, l'Armée s'y répandit de tous costez, fit par tout le ravage, s'avança jusqu'à la Riviére de Somme, & se campa à Testri * Village entre S. Quentin & Peronne sur la petite Riviére de Daumignon.

Thieri s'estoit déja avancé jusqu'à la Somme avec une Armée beaucoup plus nombreuse que celle de Pepin, & pour ne pas laisser entrer les Austrasiens plus avant, il avoit passé cette Riviére. Il se vint poster vis à vis d'eux sur l'autre bord de la Riviére de Daumignon, qui toute petite qu'elle est, estoit difficile à passer à Testri. Les Austrasiens estoient campez sur le bord du costé du Nort, & les Neustriens sur le rivage opposé.

Pepin pour paroistre avoir mis Thieri entiérement dans son tort, luy envoya encore demander la paix; mais toûjours à condition que l'on satisferoit les Evêques, & qu'on rétabliroit dans ses biens la Noblesse exilée. Il luy fit mesme offrir une grosse somme d'argent pour les frais de la guerre, & pour le dommage causé par ses Troupes: prest, disoit-il, à se retirer pour épargner à la France une guerre civile, & le sang de tant de braves gens d'une mesme Nation, qui estoient sur le point de s'égorger les uns les autres.

Il s'attendoit bien à estre refusé, connoissant Bertaire Maire du Palais homme fier & inflexible, qui ne manqueroit pas de tourner cette proposition à son avantage. En effet Thieri ayant mis l'affaire en déliberation, Bertaire soûtint qu'il n'estoit ni de l'honneur du Roy, ni du bien de l'Etat de l'écouter; que c'estoit une insolence à Pepin de prendre en main les interests des rebelles contre leur Souverain legitime; que luy-mesme estoit coupable du crime de félonnie par son usurpation du Royaume d'Austrasie; qu'il avoit peur sur le point de s'en voir châtié; qu'engagé dans un mauvais pas il vouloit reculer en arriére; qu'on avoit sur luy l'avantage du nombre, & que ce seroit trahir l'Etat que de le laisser échaper. Ce sentiment fut suivi, & l'on renvoya avec fierté les Deputez des Austrasiens. Ainsi l'on ne songea plus de part & d'autre qu'à se préparer à la bataille.

Pepin ayant esté reconnoistre le terrain, résolut de se saisir d'une colline qui estoit au-delà de la Riviére, à la droite & du costé des ennemis, & d'y ranger son Armée. Ce poste estoit d'assez difficile accès, & avantageux pour attendre l'attaque comme il prétendoit le faire, à moins que le succès du stratagême qu'il préparoit, ne luy fist changer de dessein. Il fit décamper pendant la nuit son Armée sans trompette, la mena en remontant la Riviére à un gué par où il la fit passer. Il laissa dans le Camp quelques Troupes jusqu'à la fin de la nuit, pour entretenir les feux, & leur ordonna qu'en décampant pour venir joindre le reste de l'Armée, ils missent le feu à quelques tentes, à quelques chariots, & à de méchans bagages qu'on avoit laissez-là exprès.

Dès le grand matin, vers le temps qu'on laissoit éteindre les feux, les Espions de Thieri s'estant approchez du Camp, n'y entendirent aucun bruit; & s'estant avancez ne virent personne, mais seulement des chariots qui brûloient. Ils retournérent aussi-tost dire maistre de ce qu'ils avoient vû, & dirent que les Austrasiens s'estoient retirez pendant la nuit, & avec tant de précipitation, qu'ils avoient abandonné une partie de leurs bagages, où ils avoient mis le feu.

Sur cela on fait lever le Camp avec beaucoup de précipitation, pour faire passer la Riviére à l'Armée, & se mettre aux trousses de l'ennemi. La chose s'exécutoit avec tres-peu d'ordre, par la trop grande ardeur des Soldats & des Généraux, qui craignoient que leur proye ne leur échapast; lors que l'on commença à voir paroistre sur le haut de la colline les premieres Troupes des Austrasiens, qui s'avançoient en bataille, & qui en mesme-temps occuperent toute l'étenduë du terrain en descendant. Cette vûë surprit Bertaire, qui envoya aussi-tost ordre à ceux qui avoient passé la Riviére, de la repasser promptement. Mais Pepin profitant de la confusion, vint sur le champ charger les en-

HISTOIRE DE FRANCE.

nemis avec tant de furie & de succès, qu'après quelque résistance, il les mit entièrement en déroute. Quantité de Seigneurs des Royaumes de Neustrie & de Bourgogne qui firent ferme au premier choc, demeurerent sur la place; on fit un grand carnage des Soldats, & tout le reste s'abandonna à la fuite. Bertaire fut tué par des Soldats mesmes de son Armée. Pepin suivant toûjours, & dissipant tout ce qui se ralloit, vint se presenter devant Paris, qui luy ouvrit ses portes: les Bourgeois luy livrerent le Roy mesme & toutes ses finances, & Pepin maistre de la personne du Roy, le devint de tout l'Etat.

Annales Metenses. L'ancien Auteur de qui nous apprenons ce détail, ne fait point de difficulté d'attribuer dès-lors à Pepin la qualité de Prince, & luy tient grand compte de ce qu'il voulut bien laisser à Thieri, le nom de Roy : c'estoit sans doute plûtost un effet de sa politique, que de sa modestie.

Erchambertus. Un autre ajoûte, que depuis ce temps-là les Rois Merovingiens ne conservèrent pas mesme avec le nom de Roy les honneurs qui estoient dûs à ce rang. Du temps du premier Pepin, nom fatal à la famille de Clovis, toute l'autorité Royale passa aux Maires du Palais; ce qui n'empeschoit pas que tout ne se fist au nom des Rois. Ils recevoient les Ambassadeurs des autres Rois, ils assistoient au Conseil d'Etat, les Grands du Royaume leur faisoient encore la cour. Ces Princes alloient encore à la teste des Armées: mais depuis la victoire de ce second Pepin, Thieri ne tira plus guere d'autre avantage de son nom & de sa qualité de Roy, qu'une bonne table, une oisiveté & un repos apparemment aussi conforme à son naturel, qu'indigne de son rang & de sa naissance. *Ibid.* Depuis luy les Rois ne parurent plus en public, que certains jours de l'année traisnez dans un chariot attelé de bœufs pour aller plus doucement. Ils eûrent des Gardes moins par honneur, que pour empescher, que personne n'approchât d'eux sans la permission du Maire du Palais. Enfin Pepin à la faveur de sa victoire, & de l'attachement que les Austrasiens avoient pour luy, & par sa douceur & par ses manières engageantes, par le zele qu'il fit dès-lors paroistre pour le bien de l'Etat & de l'Eglise, accoûtuma les François à un joug, qu'ils avoient regardé jusqu'alors comme indigne d'eux.

Après qu'il eût tiré un fruit si important de sa victoire, il se fit grand honneur de sa moderation dans tout le reste. Il se réserva peu de choses du grand butin qui avoit esté fait après la bataille, & en fit liberalement la distribution à toute l'Armée. Un grand nombre d'ennemis s'estoient refugiez en divers asiles, & surtout à S. Quentin dans l'Eglise dediée à ce Saint, & à Peronne dans celle de S. Fourci. Les Abbez de ces lieux vinrent luy demander grace pour tous ces refugiez. Il la leur accorda avec bonté, & mesme, après leur avoir fait faire à tous serment de ne jamais rien faire contre ses interests, il les remit en possession de leurs biens.

Ibid. Quand il vit tout soumis, il entra avec beaucoup d'application dans le détail du Gouvernement & de la Police du Royaume, mit de l'ordre dans les finances, & de la discipline parmi les Troupes, & reforma quantité d'abus dans tous les differens Etats. En peu de temps la France changea de face, & on n'y vit jamais plus d'ordre & plus de tranquillité.

Tant de belles choses faites en si peu de temps luy attirerent l'admiration & le respect de tous les François, & les benedictions des peuples opprimez depuis tant d'années par les Maires du Palais, vexez par les Gouverneurs des Villes & des Provinces, exposez au pillage pour les querelles particuliéres, que les Seigneurs avoient sans cesse les uns contre les autres : mais il vit bien qu'il falloit quelque chose de plus vif & de plus éclatant, pour entretenir & augmenter l'estime qu'on avoit de luy par-tout, pour occuper les esprits inquiets de la Nation, & leur oster le loisir de faire certaines reflexions dangereuses à une nouvelle domination telle que la sienne.

Depuis le regne de Clovis II. en Neustrie & en Bourgogne, & celuy de Sigebert en Austrasie, une grande partie des Nations frontieres de la France soumises de tout temps au Tribut & à l'Hommage, avoient secoüé le joug, & prenant occasion de la foiblesse du Gouvernement, s'estoient remises en possession de leur liberté toute entière. C'est qu'avoient fait les Saxons, les Frisons, les Allemans, les Sueves, les Bavarois, les Bretons, & sur-tout les Gascons, qui s'estoient emparez d'une partie de l'Aquitaine.

Tandis que Pepin n'estoit encore que Duc d'Austrasie, il avoit dompté les Saxons, les Bavarois, & les Sueves: mais il n'avoit pû encore venir à bout des autres sur cette frontiere. Il représenta fortement aux Seigneurs François le des-honneur que cela faisoit à la Nation, & leur déclara que son dessein estoit d'aller au pluftost soumettre ces rebelles. On applaudit fort à ce projet, qu'il ne différa pas d'exécuter.

Il laissa auprès de Thieri un homme dont il estoit seûr, nommé Nortbert, à qui il donna toute autorité : il emporta avec luy en Austrasie presque tout l'argent qu'il avoit trouvé dans le trésor Royal, & donna ordre à toutes les Troupes de Bourgogne & de Neustrie, de se trouver au temps & au lieu qu'il leur marqua, dans le Royaume d'Austrasie. La première expédition qu'il leur proposa, & qu'ils agréerent fort, fut d'aller soumettre Radbode Duc des Frisons, dont le pere Adalgise s'estoit rendu indépendant de la France il y avoit déja plusieurs années. On marcha contre ce Duc, qui estant venu au devant des François, fut mis en fuite après avoir perdu une grande partie de son Armée : il demanda quartier, se soumit tout de nouveau au Tribut, & donna des ôtages pour seûreté de sa parole. *Gesta Reg Franc. cap. 48.*

Annales Metenses ad an. 692. C'est tout ce qui se fit en cette campagne, après laquelle Pepin ayant distribué les Troupes en quartier d'hyver, il fit assembler un Concile pour régler les affaires de l'Eglise. Il s'y fit quantité de beaux Reglemens, sur-tout pour le soulagement des pauvres, pour la protection des pupilles, des veuves & des orphelins.

Il rétablit une ancienne coûtume, que les derniers Maires du Palais avoient presque abolie, & qui fit grand plaisir aux principaux de la Nation. Cette coûtume estoit de convoquer les Etats du Royaume tous les ans au premier jour de Mars. Les Evêques y eurent alors leur place aussi-bien que la Noblesse. Car je doute fort qu'avant ce temps-là ils eussent ce Privilege, au moins de la maniére & dans l'étenduë qu'ils l'eurent depuis. Il paroist certain qu'ils ne l'avoient point suivant le premier plan du Gouvernement de la Monarchie dans les Gaules, les Evêques n'estant point alors François, mais tous Gaulois, ou d'autre Nation que de la Françoise. Ce fut une nouvelle adresse de Pepin, pour s'attacher le Corps Ecclesiastique, qui avoit beaucoup de crédit sur les peuples. C'est dans ces sortes d'assemblées sous Charlemagne, & sous ses successeurs, que furent faits tous ces Decrets connus sous le nom de Capitulaires, dont cet Empereur, Loüis le Débonnaire son fils, & Charles le Chauve son petit fils, firent faire des collections que nous avons, & qui font la plus belle & la plus entiére partie de nostre ancien Droit François. Ceux qui se firent dans l'Assemblée dont je parle, regardoient principalement la paix des Eglises, la protection que les Gouverneurs des Provinces devoient leur donner, aussi-bien qu'aux veuves & aux pupilles, le rapt ou l'enlévement des filles & des femmes, & le châtiment des incendiaires. Sur ce que Pepin représenta, que les Ducs ou Gouverneurs des Provinces n'estoient pas quelquefois assez diligens à envoyer les Troupes, que leurs Gouvernemens devoient fournir en temps de guerre, & que cela faisoit manquer des occasions avantageuses, il fut ordonné au nom du Roy, que les Ducs, si-tost qu'ils auroient reçû l'ordre du Duc Pepin, tiendroient leurs Troupes toutes prestes à se mettre en marche, & que sur le second ordre qui seroit apporté de sa part pour les faire partir, ils les conduiroient sans aucun retardement, au rendez-vous de l'armée.

Il ne manquoit pas de faire paroistre Thieri dans toutes ces Assemblées sur un thrône, comme s'il y eût présidé, & que tout se fust réglé par ses ordres. Mais dès que l'Assemblée estoit séparée, après beaucoup de marques de respect & de grands témoignages de soumission qu'il luy faisoit rendre par les Etats, il le faisoit reconduire à Maumaques ou Momarques Maison de plaisance sur la Riviére d'Oise entre Compiegne & Noyon, d'où il ne sortoit que pour de pareilles cérémonies.

La réputation de Pepin se répandit par toute l'Europe, où il passoit pour un des plus habiles hommes qui eussent jamais gouverné : c'est pourquoy non seulement les Nations barbares voisines de l'Austrasie, comme les Esclavons & les Huns, mais encore les Empereurs de Constantinople, les Rois Lombards d'Italie, les Sarazins mesmes luy envoyoient des Ambassadeurs avec des présens, & beaucoup de marques d'estime : il leur en envoyoit aussi, faisoit avec eux des traitez, des alliances, & entretenoit tout le commerce, qu'un Prince souverain a coûtume d'entretenir avec les autres Souverains.

La mort du Roy Thieri, qui arriva trois ans après la grande victoire de Pepin, ne changea rien dans les affaires de France, & n'eût pas plus de suite que celle d'un particulier. Il en fut presque toûjours de mesme de celle de ses successeurs, tandis que la Famille de Clovis subsista. Le Duc Pepin fit proclamer Roy à sa place l'aisné des fils de ce Prince encore tout jeune : il s'apelloit Clovis ; & ce jeune Prince estant mort au bout de cinq ans, Childebert son cadet prit sa place.

HISTOIRE DE FRANCE.

CLOVIS III. CHILDEBERT III. DAGOBERT II.

Ous les régnes de Clovis III. & de Childebert III. Pepin continua de chaftier les Nations qui s'eftoient révoltées, ou qui se révoltoient encore de temps en temps contre la France. Il dompta une seconde fois le Duc de Frise, & le défit auprès de Doroftat aujourd'huy Batembourg dans la Gueldre. Il battit & soûmit trois fois les Allemans. Il n'y eût presque point d'année qu'il ne signalât par quelque victoire semblable ; & l'année 713. s'estant passée sans aucune expédition, l'Histoire la distingue par là des autres années, comme l'Histoire Romaine diftinguoit celles, où le Temple de Janus eftoit fermé en signe d'une paix universelle ; mais après la mort de Clovis III. il pensa plus que jamais à l'établissement de sa propre famille.

Il avoit alors deux fils, l'un nommé Drogon, qui estoit l'aîsné, & l'autre appellé Grimoald. Il fit l'aîsné Duc de Bourgogne, & le cadet Maire du Palais de Childebert III. Mais il eut la douleur de les voir mourir tous deux avant luy. L'aîsné mourut le premier : Grimoald son frere luy succeda dans sa Principauté de Bourgogne, pour me servir du terme dont use l'Auteur des Annales de Metz, & qui fait assez entendre que ce Duché par rapport aux deux fils de Pepin, n'estoit pas un simple Gouvernement, comme les autres Duchez de ce temps-là. Childebert mourut aussi après seize ou dix-sept années de Régne. Il fut enterré à Choisi sur la Rivière d'Aisne, & Dagobert II. du nom son fils monta sur le thrône, pour y faire le mesme personnage que ses predecesseurs.

Annales Metenfes, ad an. 711.

Ibid. ad an. 714.

Quelque autorité que Pepin se fust acquise dans tout l'Etat & sur l'esprit des François, des usurpations aussi hardies, que celles qu'on luy voyoit faire sur la famille Royale, déplaisoient beaucoup à plusieurs Grands du Royaume. On le vit bien dans une dangereuse maladie, qui le mit en danger de mort à Jupil une de ses maisons de campagne auprès de Liege vis-à-vis d'Heristal. Car dans l'espérance que ceux qui ne l'aimoient pas eûrent qu'il en mourroit, ils résolurent ensemble de faire périr son fils Grimoald Duc de Bourgogne ; afin que la mort du fils arrivant en mesme-temps que celle du pere, l'usurpation finit, & que le Gouvernement revint à son ancienne forme. Un nommé Rangaire fut chargé de se défaire de Grimoald, & il le tua à Liege comme il prioit Dieu dans l'Eglise de S. Lambert. Mais Pepin estant revenu de cette maladie, & ayant fait arrester ceux qui estoient de la conspiration, il les fit tous mourir, & fit Theodald son petit-fils encore enfant, Maire du Palais de Dagobert : autre entreprise extraordinaire de cet homme hardi, qui faisoit en France tout ce qu'il vouloit. Car il faisoit ainsi hereditaire dans sa maison en la personne d'un enfant, une Charge qui n'estoit remplie autrefois que par l'élection des Seigneurs, & par la confirmation du Prince, & dont les fonctions estoient de gouverner le Palais, & à laquelle avoit esté attaché dans la suite, le Gouvernement de l'Etat, pendant la minorité des Rois pupiles. De plus il faisoit Maire du Palais de Neustrie, un Austrasien contre la coûtume, selon laquelle les Maires du Palais de Neustrie devoient estre Neustriens, ceux d'Austrasie Austrasiens, & ceux de Bourgogne Bourguignons.

Mais enfin sa vie ne fut pas assez longue, pour mettre la derniere main à tous ses grands projets. Il retomba quelques mois après dans la mesme maladie, & mourut à Jupil le seiziéme de Decembre de l'année sept cens quatorze, après vingt-sept ans & six mois de gouvernement : homme d'une ambition extrême, mais également heureuse & compassée, qui alla aussi loin qu'elle pût aller, mais qui ne l'emporta jamais ; entreprenant & osant tout, mais toûjours à coup seûr : utile à l'Empire François, où il rétablit l'ordre, la justice & la tranquillité, mais aux dépens du Prince, dont il anéantit tous les droits : toûjours les armes à la main, & l'esprit occupé de projets de guerre, mais trouvant du loisir pour entrer dans le plus grand détail de la police de l'Etat, & mesme des progrès de la Religion, qu'il fit prescher aux Frisons & à quelques autres peuples des frontieres demeurez jusqu'alors dans les ténébres du Paganisme, & qui se convertirent par ses soins. Ce fut cette étenduë d'esprit, cette hardiesse, à tout

Annales Metenses, ad an. 714.

Quo nihil unquampotuit esse audacius.

Vvarnefrid. de Epifc. Metenfis Ecclef.

Vir mitæ audaciæ. Idem l. 6. Hift. Bedf.

DAGOBERT II.

entreprendre, cette application, ce bonheur continuel dans ses entreprises, cette habileté à ménager & à occuper sans cesse les esprits d'un peuple aussi inquiet, que celuy qu'il gouvernoit, qui luy acquirent l'autorité absoluë, avec laquelle il régna tant d'années dans tout l'Empire François. Autorité dont l'impression, si l'on peut s'exprimer ainsi, dura mesme après sa mort, & sauva sa maison dans des conjonctures, où la division qui s'y mit, devoit naturellement la faire entièrement décheoir de ce point de puissance, jusqu'où il l'avoit élevée.

Peu de mois avant sa mort, ainsi que je l'ay dit, il avoit fait son petit-fils Theodald Maire du Palais de Dagobert. Comme alors il faisoit tout, & suppléoit à tout luy-mesme, on souffroit par complaisance que Theodald portât ce Titre, quelque peu proportionné qu'il fut à son âge. Mais il estoit fort surprenant que Pepin estant mort, les François le conservassent à cet enfant, & qu'ils trouvassent bon, que son ayeule fist les fonctions qui y estoient attachées. Cela se fit néanmoins, & l'on souffrit que le Roy Dagobert retiré dans une maison de plaisance comme ses prédécesseurs, fust sous la tutelle d'un enfant & d'une femme qui n'estoit ni sa mere, ni Reine, ni Regente du Royaume.

Annales Metenses, ad an. 714.

Cette femme s'appelloit Plectrude, qui pour réünir dans la personne de son petit-fils toute la puissance de son mari, commença par faire arrester Charles, dit depuis Charles Martel. Il estoit fils de Pepin, mais d'une autre femme nommée Alpaïde, qu'il avoit épousée après avoir répudié Plectrude : quelques-uns ne donnent point à Alpaïde d'autre qualité, que celle de Maistresse de Pepin. Quoiqu'il en soit, elle estoit morte ou disgraciée la dernière année de la vie de Pepin. Les avantages qu'il fit à Theodald, & le rang que tint depuis Plectrude, montrent bien qu'elle avoit été rappellée, & qu'elle estoit bien dans l'esprit de son mary, lorsqu'il mourut. Ainsi Charles estant prisonnier, Theodald non seulement estoit Maire du Palais de Dagobert, c'est à dire, Maire du Palais de Neustrie & de Bourgogne, mais encore Duc souverain d'Austrasie, comme Pepin l'avoit esté.

Après tout cette disposition de Gouvernement en France estoit trop bizarre, & trop peu naturelle, pour pouvoir durer. Plectrude, toute habile qu'elle estoit, ne pût y accoûtumer tous les esprits. Plusieurs Seigneurs commencérent à s'émanciper : elle voulut les réprimer, & il en coûta la vie à quelques-uns. Ces exécutions irritérent les autres, qui se révoltérent ouvertement. La guerre civile commença. Plectrude fut obligée de faire venir une Armée d'Austrasie pour se soûtenir dans la Neustrie. Les Neustriens, l'attaquérent dans la Forest de Cuise, c'est ainsi qu'on appelloit dèslors une partie de la Forest de Compiegne, & les Austrasiens furent défaits.

Theodald pût à peine échaper par la fuite avec peu de ses gens, sans nulle espérance de pouvoir rentrer dans sa Charge de Maire du Palais, & mourut peu de temps après. Elle fut aussi-tost remplie par l'élection que les Neustriens firent d'un Seigneur nommé Rainfroy, qui commença par porter la guerre dans l'Austrasie : Il fit le ravage jusqu'à la Meuse, & engagea le Duc de Frise à se révolter de nouveau contre les Austrasiens. Les Saxons en firent autant à sa persuasion, & vinrent faire des courses jusques dans la Province des Hattuariens, qui estoit en partie le Duché de Gueldre d'aujourd'huy.

Ibid. ad an 716.

Pendant ces troubles Charles trouva moyen de se sauver de sa prison. Il n'eût pas plûtost paru en Austrasie, que les peuples le reçûrent comme un Ange envoyé du Ciel à leur secours, & avec autant de joye, dit nostre ancien Historien, que si c'eût esté Pepin luy-mesme qui fust ressuscité, pour venir prendre leur défense contre leurs ennemis. En effet Charles luy ressembloit beaucoup, & par ses plus beaux endroits. Il fut reconnu Duc d'Austrasie en l'année 716. & la deuxième depuis la mort du Duc Pepin son pere.

Ibid.

An. 715. ou 716.

Charles trouvant les affaires d'Austrasie en si mauvais état, s'appliqua à y mettre l'ordre. La mort du Roy Dagobert, qui arriva vers ce temps-là après cinq ans de régne, luy en donna le temps, en suspendant les efforts du Maire Rainfroy, qui estoit en estat de l'opprimer. Il fallut faire un nouveau Roy. On l'alla chercher dans un Monastére où il estoit en habit de Clerc. Il s'appelloit Daniel, & estoit fils de Childeric. Il avoit échapé à la fureur des assassins de son pere, ainsi que je l'ay dit en rapportant la mort funeste de ce malheureux Prince. Il fut préféré au fils de Dagobert nommé Thieri, qui n'estoit encore qu'au berceau, & qui fut par cette raison, ou sous ce prétexte, exclus de la succession de son pere en faveur de la branche de Childeric. *

*Annales Metenses, ad an. 716. * Le P. Labbe dans ses Mélanges curieux cap. 5. § 2. rapporte une Charte de ce Daniel, nommé depuis Chilperic II. où ce Prince appelle Clotaire son oncle, Bathilde sa grand-mere, & Childeric son pere.*

HISTOIRE DE FRANCE.

CHILPERIC II.

Annal. Metenses ad an 716.

LEs Seigneurs François, en élevant Daniel sur le Thrône, le nommérent Chilperic; ils obligérent le Maire du Palais Rainfroy à luy donner communication des affaires, & à le mettre à leur teste dans les Armées: Et c'est à tort que ce Prince est mis par nos Historiens dans la liste des Rois appellez communément *les Rois Fainéans*; car il se comporta toûjours en Prince brave & actif, jusqu'à ce que son malheur & la violence de son ennemi luy eussent osté la liberté d'agir.

Rainfroy cependant entretenoit toûjours le Duc de Frise dans son parti, & ce Duc y trouvoit aussi fort son avantage, dans le dessein où il estoit & qu'il avoit tenté d'exécuter plusieurs fois, de secoüer entiérement le joug des François d'Austrasie. La Frise avoit alors ses bornes beaucoup plus avancées en-deçà, qu'elles ne le sont aujourd'huy; elle est maintenant terminée par le Golfe du Zuider-zée, qui la sépare de la Hollande. *L.4.cap.19.* Nous apprenons par Eghinart contemporain de Charlemagne, qu'elle s'étendoit le long de la mer jusqu'à l'embouchéure de l'Escaut; & par la Vie de S. Eloy encore plus ancienne, nous sçavons que les Frisons estoient frontiéres des Antuerpiens, c'est à dire, du païs d'Anvers; leurs Ducs possedérent au moins quelque temps la Ville d'Utrecht, & une partie de l'Isle de Betau. Ces païs avancez s'appelloient la Frise citérieure, d'où Pepin pere de Charles avoit chassé ce Duc de Frise Radbode dont je parle, lequel pensoit à les reprendre pendant ces Guerres civiles des François.

An. 716. Gesta Reg. Franc. cap. 52. Annales Metenses, Chronic. Fontanell.

Ce fut donc de concert avec le Maire du Palais Rainfroy, que ce Duc résolut d'attaquer Charles de ce costé-là, tandis que les Troupes du Roy l'attaqueroient du costé de la Forest d'Ardenne. Le Duc de Frise commença, & s'avança par le Rhin jusqu'assez près de Cologne. Charles alla au-devant de luy & luy livra bataille. Charles fut battu selon quelques-uns, selon d'autres il y eût bien du sang répandu de part & d'autre, & la nuit ayant terminé le combat, en laissant la victoire incertaine, chacun se retira de son costé, pour réparer sa perte par de nouvelles levées de Troupes.

Dans la situation des affaires de Charles, tout desavantage estoit tres-dangereux pour luy. Chilperic avec le Maire du Palais Rainfroy, alloit entrer en Austrasie; & d'ailleurs Plectrude faisoit encore un parti contre Charles, & estoit Maistresse de Cologne, où estoient tous les thresors du feu Duc Pepin, qui en avoit fait durant son Gouvernement, la Capitale de l'Etat au lieu de Mets. Il falloit en mesme-temps parer les coups de ces deux ennemis, & il ne pouvoit guere se laisser entamer par l'un, sans devenir la proye de l'autre.

Tandis qu'il fortifioit son Armée de tout ce qu'il pouvoit ramasser de Soldats dans le païs, qui tenoit pour luy au-delà du Rhin; Chilperic entra dans l'Austrasie par la Forest d'Ardenne avec une nombreuse Armée, où il trouva le Duc de Frise qui l'attendoit au-delà. Tous deux unis ensemble ne trouvant point d'ennemis en état de leur résister, ravagérent tout le païs depuis la Forest jusqu'au Rhin, & s'avancérent jusqu'à Cologne. Ils n'osérent attaquer cette Place, que Plectrude refusa de leur remettre entre les mains, bien résoluë de la défendre; mais ils s'accommodérent avec elle, & moyennant une grosse somme d'argent qu'elle leur donna, ils retirérent leurs Armées des environs, & quittérent mesme l'Austrasie, où le dégât qu'ils avoient fait, ne leur permettoit pas de subsister aisément.

Fredegar. continuat. cap. 106.

Charles durant tous ces ravages, qu'il ne pouvoit empêcher, revint en-deçà du Rhin, & rentra dans l'Austrasie avec une Armée, mais qui estoit beaucoup inférieure en nombre à celle de ses ennemis, & il luy fallut suppléer par l'adresse à cette inégalité de forces.

Il partagea les siennes en quantité de petits corps, pour harceler les ennemis pendant leur retour dans un païs fort coupé de bois, & luy-mesme se jetta avec cinq cens hommes seulement dans la Forest d'Ardenne, pour attendre quelque occasion favorable d'agir, & de se dédommager par quelque avantage.

Annales Metenses ad an. 716.

Il y avoit assez près de l'Abbaye de Stavelo, qui subsiste encore aujourd'huy entre Limbourg &

CHILPERIC II.

& la Roche en Ardenne, une Maison Royale appellée Amblef sur une petite riviére de même nom, jusqu'où Chilperic s'estoit avancé en repassant la Forest. Charles ayant prévû ce campement, s'approcha de là à la faveur des bois, & s'y mit en embuscade. Quand les ennemis furent campez, il monta sur la colline, sur laquelle le Palais d'Amblef estoit basti, & considéra de là à loisir toute la disposition de leur Camp, qui estoit au pied. Il fut surpris de trouver l'Armée encore si nombreuse; mais bien aise de voir la négligence & le désordre avec lequel elle campoit; le Roy, les Officiers & les Soldats estoient presque tous retirez dans leurs tentes, où ils dînoient ou se reposoient à cause de la grande chaleur qu'il faisoit, sans faire de garde, & sans envoyer de partis à la Campagne, dans la pensée où ils estoient, que l'ennemi estoit bien loin.

Ibid.

Comme il songeoit aux moyens de profiter d'une si favorable conjoncture, un Soldat de sa Troupe vint s'offrir à luy de passer au travers du Camp ennemi, & d'y répandre par tout l'allarme, en semant le bruit dans tous les quartiers, que toute l'Armée ennemie venoit par divers endroits de la Forest fondre sur le Camp. Charles soit qu'il trouvast la ruse un peu grossiére, soit qu'il se défiast de la résolution & de l'adresse du Soldat, eut peine à accepter cette offre: mais après quelques réfléxions il luy dit de faire ce qu'il proposoit, & il fit en mesme temps avancer ses cinq cens hommes le plus près du Camp qu'il put, afin de donner en même temps par plusieurs endroits, s'il voyoit de la disposition à réüssir.

Le Soldat ou contrefaisant le déserteur ou autrement, traverse le Camp ennemi, & répand de tous costez la nouvelle de l'approche de l'Armée de Charles. Quand il fut bien loin au bout du Camp, il met l'épée à la main, & fondant sur quelques-uns qu'il trouva écartez & sans armes, il les tua, criant de toute sa force que Charles alloit donner sur le Camp. Quelque inquiétude que cette fausse allarme causast parmi les Soldats, elle n'empescha pas que plusieurs ne courussent sur cet avanturier pour le tuer: mais s'estant acquité de sa commission, il s'enfuit d'une grande vitesse dans le bois, où il alla rendre compte à Charles de la peur, où il avoit laissé les ennemis.

Charles qui de la hauteur d'Amblef avoit esté témoin oculaire des mouvemens, que ce stratagême avoit produits parmi eux, dont plusieurs fuyoient déja, fit tout à coup sonner la charge, & entrer ses Soldats par divers endroits dans le Camp avec de grands cris. Il n'en fallut pas davantage pour renverser l'esprit des ennemis déja troublez, & changer leur crainte en consternation & en terreur. Une poignée de gens avec cette prévention, leur parut une Armée toute entiére. Chacun songe à fuïr de tous costez, tous abandonnent le Camp; & le Roy, le Maire du Palais, Généraux, Officiers, Soldats, ne cesserent de courir à toutes jambes, jusqu'à ce qu'ils fussent sortis de la Forest d'Ardenne. Quelques-uns se refugierent

Gesta Regum Francor. c. 53.

dans l'Eglise d'Amblef, où Charles ne voulut pas qu'on leur fist aucun mal, & les laissa même aller en liberté rejoindre leur Armée. Un de ceux qui s'estoient jettez dans l'Eglise se trouvant avoir eu le pied coupé d'un coup de sabre, & se plaignant de ce qu'on avoit violé le droit d'asile à son égard, Charles fit venir le Soldat que le blessé accusoit, & comme il l'en réprimandoit, le Soldat répondit qu'il ne l'avoit point blessé dans l'Eglise; que c'estoit la faute de cet homme de n'avoir pas fuy assez vîte; qu'il luy avoit à la verité coupé le pied d'un coup de sabre au moment qu'il se jettoit dans l'Eglise, mais qu'il avoit encore la jambe dehors, lors qu'il luy avoit donné le coup, & qu'ainsi il n'avoit point violé le droit d'asile. Cette subtilité de la réponse du Soldat fit rire Charles, qui ne jugea pas à propos d'examiner le fait plus à fond. Les vainqueurs firent un prodigieux butin, & s'en retournerent en Austrasie. Ainsi finit la Campagne de l'année sept cens seize.

Annal. Metenses

An. 716.

Cette victoire acquit beaucoup de réputation à Charles, ranima le courage des Austrasiens, qui vinrent en foule grossir son Armée, & il se trouva en état au commencement de la Campagne suivante, de porter la guerre dans le Royaume de Chilperic. Il passa la Forest Charbonniére, & mit tout le païs au pillage jusqu'à Cambray, où Chilperic vint au devant de luy. Ils se trouverent campez fort près l'un de l'autre en un lieu nommé Vinci, qui est peut-estre le Village appellé aujourd'huy Inchi à trois lieuës de Cambray entre Arras & cette Ville. Charles envoya un Héraut à Chilperic pour luy proposer la Paix, à condition qu'on le remettroit en possession du rang & des emplois, que le Duc Pepin son pere avoit eûs dans le Royaume de Neustrie, qu'il avoit gouverné avec tant de bonheur, de sagesse & d'approbation de toute la Nation.

An. 717.

Chilperic & le Maire du Palais Rainfroy reçûrent ces propositions avec indignation, & luy répondirent qu'on n'en estoit pas là, que s'il vouloit la Paix, il falloit qu'il rendist l'Austrasie que son pere avoit usurpée sur la Famille Royale de Clovis, & que devant qu'il fust vingt-quatre heures, on esperoit le mettre en état de n'avoir plus de si hautes prétentions.

Annales Metenses ad an. 717.

Chilperic parloit de la sorte; parce qu'il avoit une Armée trés-supérieure en nombre à celle d'Austrasie: mais Charles, selon la maxime de son pere, comptoit moins sur le nombre, que sur la bonté de ses Troupes dont il estoit seûr; car il n'avoit pris avec luy pour cette expédition que l'élite de ses Soldats, sans se charger d'une multitude peu disciplinée & plus propre à piller qu'à combattre. Ainsi le lendemain qui estoit un Dimanche de Caresme & le dix-neuviéme de Mars, la bataille se donna auprès de Cambray. Elle fut & trés-opiniastre & trés-sanglante: mais enfin la victoire demeura à Charles, qui après un grand carnage des ennemis, alla ravager jusqu'à Paris; & de là retournant sur ses pas, marcha droit à Cologne, pour y assiéger Plectrude sa belle-mere, & l'obliger à luy remettre entre les mains cette Capitale d'Austrasie.

La réputation que Charles venoit de s'acquerir par cette seconde victoire, & l'ardeur d'une Armée victorieuse qui ne demandoit qu'à combattre, déconcerta Plectrude. Elle proposa de s'accommoder, & Charles le voulut bien. Il fut admis dans la Place avec quelques Troupes : mais durant qu'on traitoit, soit par hazard, soit par les ordres secrets de Charles, ses Soldats y exciterent une sédition, pendant laquelle s'estant rendus Maistres de la Ville, il fallut que Plectrude la luy cedast avec tous les Trésors du feu Duc Pepin : après quoy il fut proclamé de nouveau Duc d'Austrasie, & prit ainsi le rang & le titre possedez par son pere, avec le Gouvernement de tout le Royaume. Néanmoins par politique, ayant apparemment connu l'inclination des Seigneurs Austrasiens, & pour avoir le temps d'affermir son autorité, il leur proposa luy-mesme de faire un Roy d'Austrasie, & éleva sur le Trône un Prince de la Famille Mérovingienne, dont les anciens Historiens ne marquent point le pere, ni en quel degré de parenté il touchoit aux derniers Rois d'Austrasie. Il s'appelloit Clotaire. Ce rétablissement se fit après trente-sept ans d'interregne, à compter depuis la mort de Dagobert, que nous avons vû régner quelque temps en Austrasie, depuis son retour d'Ecosse ou d'Hibernie.

La conduite que le Duc Charles avoit tenuë jusqu'alors, la prudence & le courage avec lequel il avoit surmonté sa mauvaise fortune, fit comprendre à Chilperic & au Maire du Palais quel dangereux ennemi ils avoient dans sa personne : car n'ayant pû venir à bout de luy avec toutes les forces des Royaumes de Neustrie & de Bourgogne, tandis qu'ils estoient secourus de celles de Frise, & lors mesme qu'il n'estoit pas encore reconnu solemnellement Duc d'Austrasie, ils conçurent bien qu'estant devenu maistre paisible de tout cet État, ce seroit tout ce qu'ils pourroient faire que de luy résister. Ils ne pouvoient plus faire fond sur le secours du Duc de Frise, obligé désormais à vivre en paix avec Charles, dont il avoit tout à craindre, à cause du voisinage, & contre lequel on ne voit pas en effet qu'il eust repris les armes depuis la victoire d'Amblef. Ils songerent donc à luy susciter un autre ennemi, qu'ils avoient eux-mesmes jusqu'alors consideré comme tel à leur égard. Mais on a vû des Souverains dans tous les siécles oublier les plus sensibles injures, pour en venger d'autres, qui ne leur paroissoient plus grandes, que parce qu'elles étoient plus nouvelles.

Sous les Régnes précédens, les Gascons quittant leurs Montagnes, & ne se contentant plus de faire des courses sur les Terres de France, s'estoient rendus maistres du païs & des Villes entre la Mer, la Garonne & les Pyrenées. Ce païs s'appelloit auparavant la Novempopulanie, à cause de neuf Peuples ou neuf Cantons qu'il renfermoit. Il a porté depuis le nom de Gascogne, du nom de ses vainqueurs, & ce n'est que vers le temps dont je parle, que nôtre Histoire commence à l'appeller ainsi. Les Gascons avoient alors à leur teste un Duc nommé Eude, que les uns font François, & les autres Espagnol. Quel qu'il fut, c'estoit un très-habile homme, qui avoit profité des guerres civiles de France, & du mauvais état du Gouvernement, pour se faire non seulement Duc des Gascons, absolu & indépendant, mais-mesme Duc d'Aquitaine, c'est-à-dire, d'une très-grande partie des païs de de-là la Loire : car nos anciens Historiens luy donnent cette qualité. Il poussa ses conquestes jusques dans le Berri du temps du Duc Pepin, & se rendit maistre de Bourges. Il posseda le Poitou, la Xaintonge, le Limousin, l'Albigeois, l'Auvergne, & excepté Tours, il laissa très-peu de chose aux François au-delà de la Loire.

Ce fut donc à ce rebelle & à cet usurpateur du Domaine des Rois de France, que Chilperic & le Maire du Palais Rainfroy eurent recours, pour l'opposer au Roy d'Austrasie & au Duc Charles. Ils luy envoyerent une Ambassade avec des présens, & luy offrirent de le reconnoistre pour Seigneur du païs dont il s'étoit emparé, s'il vouloit venir avec une Armée joindre celle de France contre les Austrasiens.

Eude écouta avec plaisir cette proposition, qui luy estoit en mesme temps & si avantageuse & si glorieuse, & ne manqua pas dès que la saison le permit, de venir trouver Chilperic avec de nombreuses Troupes, & aussi-tost ils marcherent ensemble vers l'Austrasie : mais le Duc Charles leur épargna une grande partie du chemin. Il vint au devant d'eux jusqu'en deçà de Reims, dont l'Evêque luy refusa l'entrée, & ils furent fort surpris d'apprendre, qu'il étoit campé entre cette Ville-là & Soissons. Cette nouvelle consterna leur Armée, & à peine Charles parut avec ses Troupes, que sans rendre presque de combat, elle se débanda. Il ne manqua pas de profiter de cette terreur : il les poursuivit jusqu'à la Seine, & Chilperic ne se croyant pas en seûreté à Paris, en partit, avec ce qu'il put emporter de ses Trésors, & se sauva avec Eude au-delà de la Loire.

Charles passa la Seine sans opposition, tout fuyant devant luy, & s'avança jusqu'à Orleans. De là il envoya au Duc Eude, luy dire que s'il ne luy remettoit le Roy entre les mains, il iroit chercher jusques dans l'Aquitaine & dans la Gascogne, & y mettroit tout à feu & à sang. Eude n'ayant point de meilleur parti à prendre que celuy de la Paix, répondit aux Envoyez de Charles, qu'il le prioit de ne point entrer plus avant dans le païs, & qu'il estoit résolu de luy donner toute la satisfaction qu'il souhaiteroit. En effet, après quelques délais & quelques négociations, Eude au commencement de l'année suivante remit Chilperic entre les mains de Charles avec toutes les richesses, que ce Prince avoit emportées de Paris dans sa fuite, & acheta à ce prix l'amitié de ce redoutable ennemi & la Paix. Charles se trouva par là à peu près dans le même état & avec la même puissance, que le Duc Pepin son pere avoit

Gesta Reg. Franc. cap. 53.

Annales Metenses. Liber miracul. S. Austrege. sil.

Continuat. Fredegar. cap. 107.

Vers l'An 718.

Vita sancti Rigoberti.

Gesta Reg. Franc. cap. 57.

An. 719.

CHILPERIC II.

eüe dans sa plus haute élévation. Le Maire du Palais Rainfroy ne laissa pas d'avoir encore pendant quatre ou cinq ans, un parti assez considérable pour luy : mais enfin Charles l'ayant assiégé dans Angers, l'obligea à capituler, & à se contenter du Comté d'Angers, qu'il luy laissa pour le reste de sa vie. Charles traita Chilperic avec beaucoup d'honnesteté & de respect, & toûjours en Roy de France, mais à condition que luy-mesme auroit toute l'autorité du Gouvernement, qu'il avoit regardée auparavant comme un heritage, & qu'il regardoit alors comme une conqueste.

Sur ces entrefaites, Clotaire qui faisoit le personnage de Roy d'Austrasie, mourut : & Chilperic estant aussi mort à Noyon quelque temps après, Charles mit en leur place encore ce de la Maison Royale, appellé Thieri de Chelles; parce qu'il avoit esté élevé en ce lieu-là. Deux Chartes anciennes faites au nom de ce Prince, l'une à Heristal, & l'autre à Zulpic dans le Royaume d'Austrasie, montrent que Charles-Martel reconnut Thieri non seulement pour Roy de Bourgogne & de Neustrie, mais encore pour Roy d'Austrasie. Une autre Charte de l'Abbaye de S. Bertin fait Thieri fils de Dagobert II. Il estoit encore au berçeau quand son pere mourut, & ainsi après la mort de Chilperic, qui ne régna que cinq ou six ans, il n'en pouvoit pas avoir plus de sept ou huit.

Vers l'an 721. Labbe Mélanges curieux, pag. 439.

HISTOIRE DE FRANCE

THIERI III.

CHARLES devenu Maistre de toute la France, s'appliqua principalement à deux choses, suivant la politique du Duc Pepin son pere ; la premiere, à remettre sous l'Empire de France les Nations Germaniques qui en avoient secoüé le joug ; & la seconde, à faire prescher la Religion Chrétienne à ces mesmes Peuples & aux autres Peuples soumis à cet Empire, qui ne l'avoient pas encore embrassée. Par la premiere, il occupoit la vivacité des François, & les victoires qu'il remportoit continuellement, luy attiroient de plus en plus leur estime & leur admiration ; moyens seûrs pour les contenir, & pour leur oster la pensée de rien innover dans le Gouvernement : Par l'autre, outre la gloire qui luy en revenoit, & le salut des ames qu'on peut presumer qu'il avoit aussi en veuë, il prétendoit rendre ces mesmes Nations plus dociles, & s'attirer l'affection des gens de bien, Evêques, des Abbez, des Moines & de tous les gens d'Eglise, dont le nombre & le credit estoient dès-lors fort grands en France; ce qui n'empescha pas, qu'ayant dans la suite touché à leurs droits & à leurs biens en faveur des gens de guerre, quelques-uns ne l'ayent traité d'excommunié après sa mort, & mesme de damné, selon certaines visions, que l'on a regardé depuis avec raison comme apocriphes.

Il attaqua donc les Saxons, leur imposa de nouveau le tribut, & reconquit tout le païs jusqu'à la riviére du Vezer. Quelques années après il chastia les Allemans qui estoient encore alors, & qui furent encore long-temps un Peuple particulier de la Germanie. Il les remit sous l'obéissance de la France, & porta ses armes jusqu'au-delà du Danube, d'où son Armée revint chargée de butin. Il fit les années suivantes diverses expéditions dans ces mesmes quartiers-là, & toûjours avec le mesme succès. En un mot, toutes ces Nations Germaniques furent pour luy de fréquentes occasions de triomphe, toûjours prestes à se révolter, & toûjours battuës.

Gregoire II. estoit alors assis sur la Chaire de S. Pierre ; Ce Pape vers l'année sept cens vingt-trois envoya l'Evêque Boniface prescher l'Evangile aux Turingiens & aux autres Peuples idolatres de la Germanie. C'estoit de concert avec le Duc Charles : nous avons une des Lettres qu'il luy écrivit sur ce sujet, dont l'inscription est : A Charles Duc & Maire du Palais de France, *Ad Carolum Ducem majorem Domûs Regiæ Francorum*. Il luy donne la qualité de Patrice dans une autre Lettre à l'Evêque Boniface. Charles, selon la priere que luy en avoit fait le Pape, prit cet Evêque sous sa protection, & seconda avec plaisir & très-efficacement ses bonnes intentions. Cela se voit par une Lettre circulaire qu'il écrivit en faveur de ce Missionnaire à tous les Evêques, Ducs, Comtes, Lieutenans, Officiers du Roy, par tout l'Empire de France, pour ordonner qu'on luy laissast

An. 725.

Tom. 1. Concil. Gall. ad an 723.

Ibid.

Annales Metenses ad an. 719. 723.

Tome I.

Z ij

HISTOIRE DE FRANCE.

toute liberté de prescher la Religion Chrétienne, qu'on le protegeast, & qu'on l'aidast en tous ses besoins. Dans le mesme temps saint Villebrard à la faveur de la mesme protection, instruisit la Nation des Frisons, & S. Hubert Evêque de Maëstric, après avoir converti ce qui restoit encore de Payens dans le païs des Ardennes, du Brabant, & de la Toxandrie (c'est ainsi qu'on appelloit un Canton de la Gaule Belgique, nommé aujourd'huy la Campine entre Liege & Bolduc) fit ruïner toutes les idoles, & abattre tout ce qui estoit resté en ces quartiers-là, de Temples & d'autres marques de la superstition Payenne. C'est ainsi que le Duc Charles étendoit en mesme temps les bornes de l'Etat & le Christianisme; lors que vers l'an sept cens trente-un Eude Duc d'Aquitaine s'avisa de rompre la Paix, qu'il avoit faite douze ou treize ans auparavant avec la France.

An. 731.

Charles fut bien-tost à luy, & après l'avoir défait en deux batailles au-delà de la Loire, il fit le dégast dans tout le païs, enrichit son Armée du butin qu'elle y fit, & contraignit le Duc d'avoir recours à sa clémence. Mais pendant qu'il affectoit ces apparences de soumission, il trama pour se venger, une conspiration contre la France, qui pensa la perdre, & l'enveloper luy-mesme dans la ruïne de ce Royaume.

Ce fut avec les Sarrasins, barbares sortis d'Afrique qu'Eude traita. Ceux qui n'ont pas lû l'ancienne Histoire d'Espagne seront surpris de voir tout à coup cette Nation dans le Poitou & sur les bords de la riviere de Loire. C'est pourquoy je vais dire en peu de mots, à quelle occasion ils passerent en Europe, & comme ils se trouverent du temps de Charles, en état de venir porter la guerre jusques dans le cœur de l'Empire François.

Depuis Dagobert I. dont la puissance obligea les Visigots à reconnoistre pour Roy, celuy dont il appuyoit le parti, ainsi que je l'ay raconté dans l'Histoire du Régne de ce Prince, nos Rois ne se meslérent plus gueres des affaires d'Espagne. Les Maires du Palais songeoient beaucoup plus à affermir leur propre autorité dans le Royaume, qu'à augmenter ou à entretenir celle de leurs Princes dans les Cours étrangéres. Je trouve seulement que sous Childeric, le Languedoc s'estant revolté contre Vamba alors Roy d'Espagne, les François appuyerent cette révolte, & qu'après la déroute du parti rebelle, ce Prince traita avec beaucoup d'humanité plusieurs François & Saxons de qualité qui y furent pris, & les renvoya sans rançon, & mesme avec des présens dans leur païs; ne voulant pas rompre la Paix avec la France, quelque sujet qu'il eust de s'en plaindre en cette occasion.

Vers l'an 676.

Roderic. Tolet. l. 7.

Si nous en croyons l'Historien Espagnol, Rodez & Albi estoient alors sous la domination de ce Prince, sans que l'on sçache comment elles avoient esté détachées de la Couronne de France. Il y eut encore quelques différens & quelques hostilitez, & mesme quelques combats entre Egica Roy des Visigots & les François, sous le Régne de Thieri II. de ce nom Roy de Neustrie & de Bourgogne, mais sans d'autres suites.

Cap. 11.

Concil. Tolet. 17.

Le Roy Vitiza & Roderic ou Rodrigue successeurs d'Egica ne paroissent pas avoir rompu avec les François. Ce Roderic fut le dernier Roy de la Nation, & donna lieu par son incontinence, à la révolution qui se fit peu de temps après son élévation sur le Trône d'Espagne: voici ce que les plus anciens Ecrivains Espagnols & les Arabes nous en apprennent.

Roderic. l. 3. cap. 16.

Roderic avoit à sa Cour un homme de qualité nommé Julien son parent & son Capitaine des Gardes, homme d'esprit & qui sçavoit la guerre. Il l'envoya Ambassadeur en Afrique chez les Sarrazins, qui depuis plusieurs années s'en estoient rendus maistres. Durant l'absence de Julien, Rodrigue devenu amoureux de la fille, les autres disent de la femme de ce Comte, luy fit violence. Le Comte de retour de son Ambassade, ayant sçû ce qui s'estoit passé, dissimula son chagrin, rendit compte de sa négociation au Roy, & se retira pendant l'hyver à Septa, aujourd'huy Ceüta Ville en Afrique, qui appartenoit aux Gots, & dont il estoit Gouverneur. Il fit aussi ensorte, que sa fille qui estoit à la Cour vinst le rejoindre, sans que le Roy eust aucun soupçon de sa fidélité. Valid estoit alors Prince des Sarrazins, & tenoit sa Cour à Damas en Syrie. Il gouvernoit l'Afrique par un de ses Emires, c'est ainsi qu'ils appelloient leurs Gouverneurs, celui-ci se nommoit Muça. Le Comte Julien fit demander une entrevüe à cet Emire, dans laquelle luy marquant le désir qu'il avoit de satisfaire sa vengeance, il luy offrit, s'il vouloit l'asseürer d'un puissant secours, de luy livrer toute l'Espagne. Muça ne manqua pas de communiquer cette proposition à Valid, qui répondit que l'affaire luy paroissoit aussi dangereuse qu'avantageuse à la Nation, & luy permit seulement de hazarder quatre ou cinq cens hommes au plus sur la parole du Comte. L'Emire donna donc cent chevaux & quatre cens hommes de pied à Julien avec un Officier nommé Taric, pour les commander. Ils passerent sur quatre Vaisseaux, & vinrent faire descente à l'Isle d'Algesire qui est à la hauteur de Ceüta & d'Algaçar. Plusieurs de ses parens & quelques autres mécontens vinrent l'y joindre. Il pilla l'Isle & quelques endroits du continent les plus proches, & s'en retourna en Afrique trouver l'Emire, qui n'ayant pas de sujet de se défier de luy après une telle démarche, luy donna douze mille hommes, qu'il fit descendre à Gibraltar. Il fut secondé par les autres conjurez, qui commencerent à ravager le païs, & s'emparerent de quelques Places dans l'Andalousie. Le Roy Rodrigue envoya contre eux une Armée, qui fut taillée en piéces, & le Général qui la commandoit, y fut tué.

Ces succés engagerent les Sarrazins à augmenter leurs forces, & Rodrigue à marcher contre eux à la teste de toutes les siennes. Son Armée estoit de cent mille hommes. Ils se rencontrerent sur la riviére de Guadalette entre Tarife & Seville. Il n'y eut que combats pendant huit jours, où les Sarrazins furent mal menez, & perdirent près de seize mille hommes : mais le Comte Julien avec les Visigots rebelles qui l'avoient joint, soûtint bravement dans son Camp tous les assauts de la grande Armée de Rodrigue, attendant toûjours une action générale, pour faire plus seûrement réüssir les intelligences qu'il avoit dans l'Armée du Roy. Ce Prince avoit avec luy les deux fils de son prédécesseur, dont il eust dû prudemment se défier. Il leur avoit toutefois confié le commandement des deux aisles de l'Armée. On prétend que tous deux pendant la nuit qui précéda la bataille, convinrent avec le Général des Sarrazins, de laisser engager le Roy bien avant dans le combat, & puis de lâcher le pied avec leurs Troupes, ce qui se fit en effet. Le Roy périt dans la meslée, sans que l'on pust jamais reconnoistre son corps après sa mort.

Vitiza prédécesseur de Rodrigue, ayant eu durant son Régne, sujet d'apprehender les révoltes des Gouverneurs, avoit fait démanteler presque toutes les Villes d'Espagne; de sorte qu'après la bataille perduë, les Sarrazins se répandirent de tous costez. Il se donna néanmoins encore plusieurs combats. Quelques Villes qui se trouverent en état de défense, resisterent ; mais enfin après quatorze mois, les Sarrazins furent maistres de presque toute l'Espagne. Ainsi finit le Régne des Visigots au-delà des Pyrenées plus de trois cens ans après qu'il y eut commencé ; & il finit par une destruction presque générale de toute la Nation: suite funeste & monument éternel du crime du Roy qui en fut l'occasion, & de la vengeance d'un seul particulier, qui en fut la cause.

Comme les Gots possédoient encore quelques Domaines dans les Gaules, les Sarrazins pousserent aussi leurs conquestes jusqu'au-delà des Pyrenées, & les Villes des Gaules qui dépendoient alors de l'Espagne, reçurent les vainqueurs sans résistance. Selon un des plus anciens & des plus judicieux Historiens d'Espagne, la révolution arriva en l'an sept cens cinquante-deux de l'Ere Espagnole, qui répond à l'an sept cens quatorze de Nôtre Seigneur, c'est-à-dire à l'année que Pepin pere de Charles mourut : mais apparemment les Sarrazins n'entrerent dans les Gaules que l'année d'après.

Eude Duc d'Aquitaine, dont l'Estat bornoit l'Espagne, se voyoit sur le point d'être accablé par cette formidable puissance. Il se ménagea le mieux qu'il put pendant huit ou neuf années avec ces dangereux voisins; mais enfin on vint l'attaquer, & après plusieurs petits combats, l'Emire Zama vint mettre le Siége devant Toulouse. Eude à qui l'on voit par là que cette Ville appartenoit, alla au secours, lorsque l'Emire la pressoit vivement : il le contraignit d'en venir à la bataille, le défit avec grand carnage, le tua luy-mesme, & le Siége fut levé. Les Sarrazins après cette déroute qui fut très-grande, en attendant les ordres du Calife Iesid leur Prince, choisirent pour leur Commandant Abdérame, Capitai-

Cap. 11.

Roderic. l. 3. c. 11.

ne d'une grande réputation, qui fit la Paix. Eude pour la maintenir, maria sa fille avec le Gouverneur de Cerdagne nommé Mugnoz, homme puissant & très-accredité parmi les Sarrazins. Seûr de cet appui qui l'empeschoit de rien craindre du costé des Sarrazins, il eut la hardiesse de rompre avec la France, & le malheur que j'ay dit, de se faire battre deux fois coup sur coup au-delà de la Loire. Ce fut alors qu'il appella à son secours ces Barbares, qui n'attendoient qu'une pareille occasion, pour se répandre dans la France, comme ils avoient fait dans l'Espagne : mais les mesures du Duc d'Aquitaine furent rompuës, & l'expédition des Barbares en France différée par la révolte & la mort de Mugnoz. Ce Gouverneur de Cerdagne qui estoit natif de Mauritanie, indigné des mauvais traitemens que les Sarrazins faisoient en Afrique à ceux de son païs, résolut de s'en venger, & se révolta contre l'Emire Abdérame. Il se fit un gros parti dans l'étenduë de son Gouvernement, ne comptant pas moins sur l'alliance qu'il avoit faite avec le Duc d'Aquitaine, pour se soûtenir contre les Sarrazins, que le Duc avoit compté sur la sienne, pour agir contre les François : mais Abdérame l'ayant investi avec une extréme promptitude dans une de ses Places, & luy ayant coupé les eaux, le réduisit à l'extrémité. Il trouva cependant moyen de s'évader; mais ayant esté poursuivi dans les Montagnes, & ne pouvant plus éviter d'estre pris, il se précipita du haut d'un Rocher, & se tua. Sa femme fille du Duc d'Aquitaine fut prise & envoyée à Damas au Serrail du Calife, où l'on porta aussi la teste de son mari.

Roderic. Hist. Arabum. c. 13.

Abdérame passa les Pyrenées, non plus pour secourir le Duc d'Aquitaine contre les François ; mais pour le punir de l'intelligence qu'il avoit euë avec Mugnoz, & pour envahir toutes les Gaules. Cependant une partie de ses Troupes courut la Bourgogne & la Provence, & se saisit d'Arles, où les François reçurent un grand échec. Il traversa toute la nouvelle Gascogne en la ravageant, prit Bordeaux, passa la Garonne & la Dordogne, & trouva Eude campé au-delà de cette riviere. Ce Duc accepta la bataille que le Sarrazin luy présenta : mais l'inégalité des forces fit que la victoire ne balança pas long-temps ; l'Armée du Duc d'Aquitaine fut taillée en piéces, & peu de ses Soldats échaperent à la fureur des Barbares, qui ne leur firent aucun quartier. Il s'enfuit presque seul, & malgré la haine qu'il portoit à Charles Martel, il fut obligé d'avoir recours à luy, & de se jetter entre ses bras.

Isidorus.

Charles que la ruïne de l'Espagne & la désolation de l'Aquitaine avertissoient de ce qu'il devoit apprehender pour l'Empire François, avoit pensé à se mettre en état d'arrester ce torrent à qui rien ne résistoit. Il avoit assemblé une Armée composée non seulement des Troupes d'en-deçà du Rhin, mais encore de ses Sujets de la Germanie, à qui, comme j'ay déja remarqué ailleurs, on ne faisoit jamais passer cette riviere, que dans les pressantes né-

Roderic. Hist. Arab. cap. 14.

Z iij

cessitez de l'Etat. Il s'estoit avancé vers la Loire pour en défendre le passage, & le Duc d'Aquitaine de son costé, avec le débris de son Armée & quelques autres Troupes qu'il avoit ramassées, & dont il avoit fait un Camp volant, devoit agir de concert avec luy dans les occasions qui se présenteroient de donner sur les Sarrazins.

Abdérame qui avoit réüni toutes ses forces, profitant de la consternation des Peuples, continua sa marche par la Xaintonge & le Périgord, où tout plioit. Il prit Poitiers, pilla & brûla toutes les Eglises du païs & plusieurs petites Villes, & s'empara de la plupart de celles du Rhône & de la Saône. Il vint jusqu'à Sens qu'il assiégea, & qu'il ne put prendre, & marcha vers Tours, pour s'en rendre maistre. Ce fut entre cette Ville-là & Poitiers, & plus près de Poitiers que de Tours, que Charles vint à sa rencontre. Les deux Armées furent en présence sept jours durant, pendant lesquels il se fit de continuelles & de grosses escarmouches : enfin l'on en vint à une bataille générale, qui devoit décider du sort de la France.

Eginart. in vitaCar. Magni.

Les deux Chefs estoient les plus grands Capitaines qui fussent alors en Europe. Ils avoient chacun une Armée accoûtumée à vaincre, & qui les ayant à leur teste, se croyoient l'une & l'autre invincibles.

Paul. Longob. l. 6. cap. 46.

L'Armée d'Abdérame surpassoit infiniment en nombre celle de Charles. Cet Arabe, qui fier de ses victoires passées, croyoit s'emparer de la France encore plus aisément que de l'Espagne, avoit passé les Pyrenées avec plus de quatre cens mille ames en comptant les femmes, les enfans & les esclaves qui faisoient une grande partie de cette multitude. Son dessein estoit d'en peupler la France & de les y établir, après avoir exterminé la plûpart des Habitans du païs. Quelques-uns de nos Historiens ont déployé leur éloquence, pour faire une description pompeuse de cette bataille. On y voit l'ordonnance & la disposition de ces deux Armées. Ils font faire aux Généraux de belles harangues, pour animer leurs Soldats, & dans le dessein de divertir leurs Lecteurs, ils ont fourni de leur propre fond, une infinité de circonstances qu'on ne voit point ailleurs. Voici ce que je trouve dans les Auteurs François & Espagnols les plus anciens, qui ayent parlé de cette Journée.

Le combat commença de part & d'autre avec grande furie & une égale résolution. Les Sarrazins ne doutant pas qu'ils ne dûssent passer sur le ventre au petit nombre des ennemis qu'ils avoient en teste; & les François, mais sur tout les Soldats de Germanie, la plûpart d'une très-haute taille, regardant avec mépris les Arabes, qui ne paroissoient devant eux, que comme des Pygmées. En effet dès la première charge les François Austrasiens & les Germains faisant leur usage ordinaire de la hache & du sabre, renverserent & taillerent en piéces les premiers rangs des Sarrazins, qui ne soûtinrent en aucun endroit ce premier effort : mais comme ils se ralioient aisément à la manière de tous les Africains, & qu'Abdérame qui se

Roderic. Hist. Arab. cap. 14.

trouvoit par tout, lassoit au moins les François, en leur opposant toûjours des Troupes fraîches, le carnage des Sarrazins, quelque grand qu'il fust, ne mettoit point leur Armée en déroute. D'ailleurs Charles de peur d'estre envelopé, estoit obligé de se conserver toûjours l'avantage du terrain, & empeschoit ses Troupes de trop s'abandonner. Le combat dura ainsi plusieurs heures; lorsque tout d'un coup il s'éleva un grand bruit, & de grands cris du costé du Camp des Sarrazins, d'où l'on vit fuïr une infinité de gens vers le lieu où l'on se battoit, & dans toutes les Campagnes d'alentour. C'estoit Eude Duc d'Aquitaine, qui avec son Camp volant, ainsi qu'il en estoit convenu avec Charles, vint donner brusquement sur le Camp des Sarrazins, le força & tailla en piéces tout ce qu'il y trouva, Soldats, femmes & enfans qui y estoient en très-grand nombre. Il n'en fallut pas davantage pour mettre en consternation dans l'Armée Sarrazine : Abdérame l'arresta cependant, & il tint toûjours ferme malgré l'horrible carnage que les François faisoient de tous costez de ses Escadrons & de ses Bataillons, jusqu'à ce qu'il fust tué sur la fin du combat; & alors la nuit permit au reste des Sarrazins de se retirer dans leur Camp, sans estre poursuivis.

Paul Longob. l. 6. cap. 46.

Eude en estoit sorti, pour mettre en seûreté sa petite Troupe; & le reste de l'Armée Sarrazine y arrivant avec une infinité de blessez, fut effrayée du meurtre horrible qu'on y avoit fait de leurs femmes & de leurs enfans, dont ils voyoient toutes les Campagnes couvertes. Les Généraux tinrent Conseil : il fut résolu de déloger sans bruit pendant la nuit, & afin d'avoir plus de temps pour la retraite, d'abandonner tout le bagage, & de laisser toutes les tentes dressées pour tromper les François, qui les croyant encore campez, ne penseroient pas si tost à les poursuivre.

En effet, le lendemain matin, les François voyant les tentes des ennemis à peu près dans le mesme ordre qu'à l'ordinaire, crûrent qu'ils y estoient encore, & qu'ils vouloient revenir au combat : mais les espions que Charles envoya pour reconnoistre l'état des choses, estant entrez dans le Camp sans y trouver personne, vinrent luy faire leur rapport, & l'asseûrer de la fuite des Sarrazins. Charles après s'estre précautionné contre toutes les surprises, & s'estre asseûré que les Sarrazins estoient très-loin, fuyant en désordre vers le Languedoc, pour s'y refugier, abandonna le Camp ennemi au pillage, & ses Troupes y firent un inestimable butin. Cette journée ne luy coûta que quinze cens hommes tuez dans le combat, & si nous en croyons Paul Diacre, qui écrivoit sous le Régne de Charlemagne, petit-fils de Charles-Martel, il y périt trois cens soixante & quinze mille Sarrazins; chose qui paroist un peu difficile à croire, quand mesme on compteroit dans ce nombre les femmes & les enfans, qui furent tuez dans le Camp par le Duc d'Aquitaine. Cela nous donne au moins à entendre que la défaite des Sarrazins fut effroyable. On prétend que ce fut de cette victoire, que Charles

Isidor.

An. 732.

tira son nom de Martel, pour avoir comme un marteau, écrasé les Sarrazins. On ne voit point cependant que ce nom luy soit donné par les Auteurs contemporains, & on ne le trouve que dans d'autres, qui ont vécu plus de cent ans après luy. Il y a auprés de Tours une Eglise appellée S. Martin le Bel; la tradition est, que c'est une corruption de ce mot Latin, *de Bello*, qui avoit esté donné comme un surnom à cette Eglise, & qui signifie S. Martin de la guerre ou de la bataille, parce qu'elle avoit esté bastie en memoire & en action de graces de la grande victoire remportée par Charles-Martel sur les Sarrazins au mesme lieu. Selon d'autres ce nom luy vient de celle que les Tourangeaux remporterent sur les Normans cent cinquante ans après. L'un n'est guéres plus asseuré, que l'autre. Il y en a mesme qui prétendent que cette défaite des Sarrazins entre Tours & Poitiers, est différente de celle, où ils perdirent trois cens soixante & quinze mille hommes.

Quoy qu'il en soit, comme toute l'Europe estoit dans l'attente, toute la Chrétienté dans l'inquiétude, & toute la France dans la frayeur sur le succés d'une guerre qui devoit avoir tant de suites, il est aisé d'imaginer la gloire & la réputation, que la victoire de Charles-Martel luy acquit par toute la Terre, & combien elle augmenta son autorité dans l'Etat, qui luy étoit redevable de son salut, & qui avoit plus de besoin de luy que jamais, pour sa conservation contre des ennemis si redoutables.

Les Sarrazins dont la puissance occupoit une grande partie de l'Asie & de l'Afrique, à qui le passage en Europe estoit devenu libre & aisé par la conqueste de l'Espagne, estoient toûjours en état d'inonder la France par des Armées formidables: & la Provence où ils avoient déja quelques Places qu'ils avoient enlevées au commencement de cette sanglante Guerre, estoit exposée à leurs descentes, sans qu'ils fussent obligez d'aller prendre un plus grand détour par le Détroit de Gibraltar & par l'Espagne.

Les Gascons & le Duc d'Aquitaine, qui pendant les guerres civiles des François, s'estoient emparez de plusieurs Provinces de-là la Loire, estoient de mauvais exemples pour certains Seigneurs Provençaux, dont on avoit sujet de se défier; parce qu'outre l'appuy des Sarrazins, ils pouvoient estre encore soûtenus des Lombards d'Italie; & l'on sçavoit que le Duc d'Aquitaine toûjours inquiet & remuant, ennemi personnel de Charles, estoit très-disposé à se liguer contre la France, dès qu'il trouveroit quelque seûreté à traiter avec les Sarrazins: tout cela tenoit la France dans une situation très-dangereuse. Pour peu qu'il se fist de mouvement entre les Alpes & les Pyrenées, les Places qui restoient aux François au-delà de la Loire & du Rhône, couroient risque de se perdre. Ces deux rivières estoient encore de bonnes barriéres, mais de très-difficile garde, à cause de leur grande étenduë.

Annales Metenses a dan. 733.

Ce fut donc de ce costé-là que Charles-Martel tourna ses principaux soins. Il alla dans le Royaume de Bourgogne avec une Armée, quelques mois après la défaite des Sarrazins, y soûmit & punit quelques séditieux, confia le Gouvernement des Villes principales, & en particulier celuy de Lyon à ses *fidéles*, * qualité que ces Gouverneurs ne portoient pas seulement à cause de leur fidélité & de leur attachement aux interests de Charles; mais encore parce qu'ils luy faisoient un serment particulier de fidélité, & luy rendoient certains autres hommages en qualité de ses Vassaux. De-là rappellé en Frise par une nouvelle révolte de ces Peuples toûjours mutins, il les défit & en fit passer par le fil de l'épée un très-grand nombre, le reste demanda quartier, & donna des ôtages.

Continuat. Fredegar. c. 109

* Fidelibus.

An. 734.

La mort d'Eude Duc d'Aquitaine, qui arriva vers ce mesme temps-là, fut une conjoncture que Charles ne perdit pas. Il passa la Loire avec une Armée, alla mettre le siége devant Bordeaux, que ce Duc avoit reprise après la déroute des Sarrazins, & la prit; il soûmit aussi la Ville de Blaye, & généralement tout ce qui s'appelloit alors le Duché d'Aquitaine, dont il est difficile de dire précisément l'étenduë.

An. 735.

Eude avoit laissé un fils nommé Henalde ou Henauld, à qui Charles voulut bien accorder la plus grande partie du Domaine de son pere, mais comme à un Vassal, après luy avoir fait prester le serment de fidélité, qu'il fit non seulement à luy, mais encore pour l'avenir à Pepin & à Carloman ses deux fils; car Charles se croyoit alors tout permis, & recommençoit à suivre les veuës de son pere & de ses ancestres, de faire entrer insensiblement le Royaume dans sa famille.

Il fit plus: car le Roy Thieri dont on n'avoit fait nulle mention dans le serment de fidélité, estant mort aussi-tost après cette expédition d'Aquitaine, & après avoir porté le nom de Roy pendant dix-sept ans, Charles ne se mit point en peine de remplir au moins d'une ombre de Roy, le Trône vacant, & continua de gouverner comme auparavant, avec la qualité de Duc des François. Il le fit jusqu'à sa mort, toûjours selon la méthode & la politique de Pepin son pere, en signalant presque toutes les années de son Gouvernement par quelque expédition mémorable, & fournissant toûjours quelque nouvelle guerre au feu & à l'inquiétude des François.

Cette année fut célèbre par la victoire qu'il remporta sur les Frizons, à qui il semble que Charles ait toûjours voulu laisser assez de forces, pour suivre le penchant qu'ils avoient à la rebellion, & toûjours trop peu, pour résister à celles qu'il employoit à les chastier. Celuy qui les gouvernoit alors estoit le Duc Popon, aussi fier, aussi inquiet, & aussi attaché au Paganisme, que le Duc Radbode son prédécesseur.

Annales Metenses. An. 736.

Jusqu'alors, autant qu'on le peut conjecturer par la manière, dont nos anciens Historiens racontent ces guerres de Frise, Charles n'avoit attaqué les Frisons que du costé des Terres, & par les endroits où la Frise touchoit la Germanie ou la Gaule Belgique. Il jugea à

HISTOIRE DE FRANCE.

propos de les attaquer cette fois-là du costé de la Mer, & de porter la guerre jusques dans le cœur du païs. Dès-lors, ce que nous appellons la Frise Occidentale ou l'Westfrise entre Groningue & la Mer, estoit subdivisée comme aujourd'huy, en deux Cantons, appellez l'un Ostrogou, qui est le Canton le plus Oriental, & l'autre Ouestrogou, qui est le Canton le plus Occidental. Nos anciens Auteurs donnent le nom d'Isle à ces deux parties de l'Ouest-frise, non pas qu'ils soient separez du Continent par la Mer, mais parce que les rivières & les marais en font avec la Mer qui les borde, comme des presqu'Isles.

Charles fit descente dans l'une & dans l'autre, & vint se camper sur la rivière de Burdion qui les sépare. Le Duc de Frise accepta la bataille, qu'il perdit. Il y fut tué de la main de Charles, & son Armée entièrement défaite. Tout le païs fut ravagé, les Temples des Idoles pillez, brûlez, ou abattus, & toute la Frise réunie à la Couronne; c'est-à-dire, que déformais elle n'eut plus de Ducs de la Nation Frisonne comme auparavant, ainsi que les Bavarois, les Bretons, les Gascons, les Saxons en avoient tous de la leur.

La Frise eut donc depuis des Ducs ou Gouverneurs François, comme les autres Provinces de France; & Charles les retiroit ou conservoit dans cette dignité, selon qu'il luy plaisoit.

Charles après cette victoire, vint à la teste d'une Armée avec sa promptitude ordinaire dans le Royaume de Bourgogne, où les Sarrazins d'intelligence avec quelques mutins du païs, s'estoient saisis de Lion: car quelque credit & quelque autorité que les victoires de Charles luy eussent acquis dans l'Empire François, il luy estoit impossible de tenir tous les Grands dans ses intérests & dans la soumission. Il n'y avoit de Roy en France, & par conséquent plus d'obligation d'obéir, que celle que les bien-faits ou la crainte imposoient. Les Gouvernements, & mesme les biens des Eglises dont Charles fit des largesses, luy attachoient ceux qui pouvoient luy nuire le plus, ou le mieux servir. Mais le désir de croistre en puissance est un mal que les bien-faits ne guérissent point, & que la crainte ne sçauroit arrester, quand elle n'est pas plus grande que l'espérance.

Mabillon. De Re Diplomat. P. 651. Chronic. Fontanellense.

Il est fait mention dans quelques anciens Monumens d'une conspiration contre Charles, dont estoit Widon Abbé de Fontenelle, aujourd'huy S. Vandrille, à qui il fit couper la teste, & de celle d'un nommé Geoffroy Comte de Paris, qui obligea Charles d'en sortir, & maltraita pendant ce temps-là les Moines de S. Denis. Mais il se fit un autre soûlevement qui eut plus de suites.

Annales Metensess ad an. 736.

Il y avoit sur les Frontières de Provence un Duc ou Gouverneur nommé Moronte, apparemment un de ceux que Charles y avoit mis, comme un homme dont il se croyoit seûr. Moronte se laissa tenter de l'envie, de se faire un Etat de son Gouvernement, comme Eudes s'en é-

toit fait un dans l'Aquitaine. Il traita dans ce dessein avec les Sarrazins. Et quoique l'Histoire ne dise pas expressément que ce fut luy qui révolta Lion contre Charles, la suite des affaires ne laisse guéres lieu d'en douter.

Ce fut donc sur cette nouvelle que Charles termina promptement les affaires de Frise, & il arriva en Bourgogne bien pluftost qu'on ne l'y attendoit. Son arrivée déconcerta ses ennemis. Il fit sommer Lion, qui tout fortifié qu'il estoit, se soumit à son obéissance. Il entra avec son Armée dans la Provence, prit Arles & Marseille, mit des Gouverneurs fidéles dans ces Places, & dissipa le parti des factieux.

Après tout, ces affaires de Provence l'inquiétoient beaucoup, dautant qu'il appréhendoit que les Lombards d'Italie n'entrassent dans le parti des rebelles; c'est pourquoy il n'omit rien pour gagner leur Roy Luitprand, homme ambitieux & guerrier, & par conséquent redoutable & à ménager dans les conjonctures, où l'on se trouvoit alors. Il luy avoit envoyé l'année d'auparavant son fils aîné Pepin, afin qu'il l'adoptast. C'estoit une cérémonie différente de celle de l'adoption par les Armes, qui se faisoit entre les Princes, & Paul Diacre en marque une particularité à cette occasion. C'est que le Pere adoptant coupoit quelque partie de la chevelûre de celuy qu'il adoptoit, & ces cheveux coupez qu'on luy présentoit, estoient comme le gage de l'adoption & de l'union, qui devoit estre dans la suite entre le pére & le fils. Cette adoption se faisoit encore d'une autre manière, sçavoir en touchant la barbe de celuy qui estoit adopté, quand il en avoit déja. Il y a beaucoup d'apparence, que dès-lors Charles fit alliance avec ce Prince, pour en estre secouru contre les Sarrazins, en cas qu'ils l'attaquassent.

L. 6, c. 53.

Cependant Athime Général de ces Barbares, dans le Languedoc surprit Avignon, par le moyen du Duc Moronte & de quelques autres Seigneurs Provençaux, & s'empara de tout le Territoire qui en dépendoit. Charles ne l'eut pas pluftost appris, qu'il se mit en campagne avec une Armée, envoya devant avec une partie de ses Troupes, le Duc Childebrand son frere, qui est nommé dans l'Histoire pour la première fois au sujet de cette Guerre. Il investit la Place des deux costez du Rhône, fit attaquer les Fauxbourgs, & s'y logea. Charles y estant arrivé avec toutes les machines dont on se servoit alors dans les Siéges, commença à battre la Ville, & ayant fait bréche, y fit donner l'assaut. Il l'emporta malgré la vigoureuse résistance des assiégez, y fit passer au fil de l'épée une grande partie des Habitans, & réduisit en cendres presque toute cette malheureuse Ville.

Continuat. Fredegar. cap. 109.

An. 737.

Après la prise d'Avignon, ayant esté joint par un corps de Lombards que Luitprand luy avoit envoyé, il passa le Rhône, traversa une grande partie du Languedoc en le ravageant, & vint mettre le Siége devant Narbonne, où le Général Athime s'estoit renfermé avec de bonnes & de nombreuses Troupes. Charles prévoyant bien que le Siége seroit long, & que

Paul. Longob. c. 54.

les

les Sarazins feroient tous leurs efforts pour sauver cette Capitale, fit de profondes lignes de circonvallation des deux costez de la Riviére d'Aude, sur laquelle cette Ville est située, fortifia tout à l'entour ces lignes, de bonnes redoutes en forme de teste de bellier, & les rendit inaccessibles au secours. Il n'a pas plû à nos anciens Historiens de nous faire le détail de ce Siege, qui fut un des plus mémorables, qu'on eût fait depuis longtemps dans les Gaules : ce qui est certain, c'est que le Général Athimé se défendit bien, & donna le temps aux Sarazins d'assembler leur Armée en Espagne, & de venir par Mer le secourir. Ils descendirent entre Narbonne & Leucate, à l'embouchûre de la Riviére de Berre, qui se jette dans la Mer par le Val de Corbiére, où les Rois Visigoths avoient eû un Palais ou une Maison de plaisance.

<small>Continuat. Fredegar. cap. 109.</small>

Charles ayant eû avis de leur arrivée, fit sortir les Troupes de ses lignes, & ne laissa au Siege, qu'autant de monde qu'il en falloit pour garder les travaux. Il marcha en bataille vers la Riviére de Berre, où il trouva les Sarazins campez. Ils estoient commandez par un Général nommé Amor, qui estant venu exprés pour faire lever le siege de Narbonne, n'hésita point à donner la bataille. Il y fut défait & tué. Les Sarazins en déroute coururent à leurs Vaisseaux, pour s'y sauver. Les François, qui les poursuivoient l'épée dans les reins, se jettérent avec eux dans quelques-uns des Vaisseaux, s'en emparérent, s'en servirent pour arrester les fuyards, dont un tres-grand nombre fut assommé à coups de rames, ou percez à coups de javelots, lors qu'ils tâchoient de gagner les autres Vaisseaux à la nage.

<small>Ibid.</small>

<small>An. 737.</small>

Nonobstant cette victoire, le Gouverneur de Narbonne refusant de se rendre, Charles laissa une partie de ses Troupes pour continuer le Siege, & alla se saisir de Nismes, de Beziers, d'Agde & de toutes les Places fortes du païs, en ruina une partie, & les démantela toutes, afin que les Sarazins ne pussent plus y demeurer. Quelques Historiens ajoûtent à toutes ces victoires, la prise de Narbonne ; mais les Anciens nous laissent en suspens sur le succés de ce Siege, dont ils ne disent rien. Il paroist au moins certain, que s'il resta quelques Places du Languedoc aux Sarazins, ce ne furent que celles qui estoient les plus voisines des Pyrenées.

Les Saxons profitérent de cet éloignement de Charles, pour se revolter. Il fut aussi-tost à eux, les défit, leur imposa le Tribut dont Dagobert I. les avoit dechargez, & les obligea à luy donner des ôtages. Mais durant cette expedition, les Rebelles de Provence reprirent Avignon. Il fallut que Charles retournât de ce côté là. La Ville se rendit à son arrivée. Il poursuivit le Duc Moronte jusques dans les Montagnes, où il s'estoit refugié, l'en chassa, & l'obligea de quitter le païs ; aprés quoy il retourna en France comblé de gloire.

<small>An. 738.</small>

<small>An. 739.</small>

L'année sept cens quarante Charles joüit en paix du fruit de tant de travaux & de tant de

<small>An. 740.</small>

Tome I.

victoires, sans qu'il se fit aucun mouvement ni au dedans de l'Etat, ni sur les frontiéres, soit dans la Germanie, soit du costé des Pyrenées. Les Saxons, les Frizons, les Allemans, les Bretons, les Gascons, tout estoit dans la soumission, les Sarazins dans la crainte, le Royaume augmenté de tout, ou de presque tout le Languedoc. Ainsi Charles donnoit tranquilement toute son application au Réglement de l'Etat, & à reparer les désordres causez par les guerres civiles, & par la longue durée des étrangéres : lorsqu'il luy vint l'année suivante, une Ambassade de la part du Pape Gregoire III. qui luy ouvroit une nouvelle & ample carriére, pour signaler sa valeur.

<small>Annales Meteníes, an. 741.</small>

Ce Pontife & son prédecesseur Gregoire II. ont esté les premiers des Papes, qui se soient meslez bien directement & ouvertement des interests des Princes. Leurs démarches & leurs exemples en cette matiére, eûrent de tresgrandes suites avec le temps. La plus importante fut le commencement de la Souveraineté temporelle des Papes sous Pepin fils de Charles-Martel. Voicy la premiére occasion, que les Empereurs de Constantinople y donnérent, & qui engagea, par les suites qu'elle eût, le Pape Gregoire II. & ensuite Gregoire III. à implorer le secours de Charles-Martel.

L'Empereur Leon l'Isaurien estant devenu non seulement hérétique, mais encore Hérésiarque, Auteur de l'Hérésie des Iconoclastes ou Brise-Images, fit publier un Edit, par lequel il ordonnoit, qu'on eust à ôter par tout les Images des Eglises, & à les briser comme des Idoles. Cet Edit fit horreur à tous les Chrétiens, causa de grands désordres à Constantinople, & des soulévemens en Italie. L'Armée se mutina à Ravenne & dans le païs de Venise, & sans les remontrances du Saint Pape Gregoire II. les Soldats auroient sur le champ proclamé un autre Empereur. La nouvelle de cet Edit estant venuë en France par quelques-uns de la Nation, qui estoient à Constantinople, lors qu'on l'y publia, on renversa & on brisa dans le Royaume les Images de l'Empereur, qui s'y trouvérent en quelques endroits, pour venger sur ses statuës, les injures qu'il faisoit à celles des Saints. Mais Luitprand Roy des Lombards se servant de la disposition, où cette nouveauté sacrilege avoit mis les peuples, vint se présenter devant Ravenne avec une Armée, & y fut reçû.

<small>Epist. Gregor. II. ad Imperator. Leonem.</small>

Gregoire assembla un Concile à Rome, où il condamna cette erreur. Il écrivit à l'Empereur une Lettre tres-forte, pour le prier de rentrer en luy-mesme, & de suspendre une entreprise si contraire & si funeste à la Religion. Il luy disoit, qu'il ne craignoit point les menaces qu'on luy faisoit de le faire enlever, pour l'amener à Constantinople ; qu'il seroit ravi de défendre la Foy de l'Eglise au prix de sa vie, comme quelques-uns de ses Prédecesseurs l'avoient fait, estant persecutez par des Empereurs hérétiques : mais qu'en cas qu'il jugeât à propos de se mettre en seûreté, il trouveroit à trois ou quatre mille de Rome, un asi-

<small>Ibid.</small>

le hors des Terres de l'Empire, tout l'Occident prest à défendre l'honneur de S. Pierre; dont on menaçoit avec impiété, de renverser les Statuës; & que pour peu qu'il voulust écouter les offres qu'on luy faisoit, il se trouveroit assez de forces en Occident, pour venger les injures que l'on faisoit aux Saints en Orient. Il luy représentoit les suites d'un tel contre-temps, que les Lombards, dont les terres touchoient presque à Rome, enleveroient cette Ville quand ils voudroient, comme ils s'estoient déja saisis de Ravenne, & que l'Empereur se faisant des ennemis de ses Peuples & de ses Voisins, ce qui restoit à l'Empire en Italie alloit se perdre.

Cette Lettre fut sans effet, comme il paroist par une seconde, que Gregoire luy écrivit encore peu de temps après sur le mesme sujet. L'Empereur irrité contre le Pape, à qui il attribuoit les révoltes qui se faisoient en Italie, envoya ordre à l'Exarque, & à quelques autres de ses Officiers de se saisir de luy. Ils tentérent plusieurs fois de le faire. L'Armée se révolta en faveur du Pape, & le Roy des Lombards prit hautement son parti, qu'il quitta néanmoins après, mais sans vouloir livrer le Pape, comme il l'eust pû. Enfin Gregoire envoya en France à Charles-Martel, pour le prier de prendre sa protection, & de ne pas abandonner la cause de l'Eglise en cette occasion; & en mesme-temps il empescha que les Tributs qu'on levoit à Rome, ne passassent de ses mains dans l'Epargne de l'Empereur.

Les choses estant en cet état, le Pape mourut. On mit aussi-tost après en sa place Gregoire III. du nom, homme d'une fermeté égale à celle de son Prédécesseur, qui garda la mesme méthode, & prit les mesmes mesures que luy. Il écrivit à l'Empereur, & assembla un Concile à Rome, où il condamna de nouveau l'erreur des Brise-Images. L'Empereur de son costé confisca les revenus que le Pape avoit en Sicile, & envoya une Flotte en Italie pour remettre Rome dans le devoir; mais, cette Flotte périt presque toute par la tempete: ainsi le Pape demeura comme maître de Rome. L'Exarque, quoique remis en possession de Ravenne, qui avoit esté reprise par le secours des Venitiens, estoit trop foible, pour venir forcer Rome, & appréhendoit que les Lombards & les François ne se joignissent au Pape pour chasser entiérement les Grecs d'Italie.

Le Pape en seûreté contre l'Empereur & contre l'Exarque, n'estoit pas sans inquiétude du costé des Lombards. Leur Roy Luitprand faisoit la guerre au Duc de Spoléte & au Duc de Bénevent, tous deux membres de la Nation, comme à des révoltez. L'un & l'autre s'estoient réfugiez à Rome, & estoient soûtenus par le Pape & par les Romains, parce qu'ils avoient paru avoir beaucoup d'attachement pour l'Eglise & pour le S. Siege. Luitprand, pour s'en venger, avoit confisqué tout ce qui appartenoit au Pape dans le Territoire de Ravenne, faisoit faire des courses dans tous les environs de la Ville, & y faisoit ruiner toutes les maisons & toutes les terres qui appartenoient à l'Eglise Romaine. Le Pape eut recours à Charles-Martel; mais Charles avoit trop de liaisons avec le Roy des Lombards, pour rompre si aisément avec lui. Le secours qu'il en avoit reçu contre les Sarazins & contre les rebelles de Provence, & ce qu'il pouvoit appréhender de ce Prince, s'il se joignoit à ses ennemis, estoient des raisons qui empeschoient la négociation du Pape de réüssir. Ce fut sur ce refus qu'il faisoit de se déclarer pour luy, que Gregoire luy écrivit la Lettre suivante.

Epist. Greg. III. ad Carolum.

A MONSEIGNEUR
ET TRES-EXCELLENT FILS
CHARLES, VICEROY.* *Subregulo.*

*N*OUS sommes agitez de beaucoup de tribulations; mais les larmes coulent nuit & jour de nos yeux, quand nous voyons l'Eglise abandonnée de toutes parts par ceux de ses enfans, dont elle espéroit le plus de défense & de protection. Pouvons-nous voir sans gémir, & sans avoir le cœur serré de douleur, le peu qui nous restoit dans le territoire de Ravenne, pour le secours & la nourriture des pauvres, & pour l'entretien du luminaire de l'Eglise, abandonné au pillage, ou reduit en cendres par les Rois des Lombards Luitprand & Hildebrand. Ils en ont usé avec autant de cruauté dans le voisinage de Rome, où ils ont envoyé des Armées, qui ont fait & font encore les mesmes exécutions, & détruisent les maisons données à S. Pierre, après en avoir emporté tout ce qu'ils y ont trouvé. Et au milieu de toutes ces afflictions nous n'avons reçu de vous jusqu'à présent, nostre tres-excellent Fils, aucune consolation : mais je vois bien pourquoy vous avez laissé faire impunément tous ces désordres à ces deux Princes; c'est que vous avez plus écouté les faussetez qu'ils vous ont fait dire, que les véritez qu'on vous a dites de nostre part, & Dieu veüille que vous n'en portiez pas le peché. Mais je voudrois que vous pussiez entendre les reproches qu'ils nous font, & les discours insultans qu'ils nous tiennent, & qui nous couvrent de confusion. Où est, disent-ils, ce Charles dont vous avez imploré la protection ? Où sont ses Armées de François ? Qu'ils viennent donc, & qu'ils vous tirent de nos mains. Quelle douleur pour nous, de voir les enfans de l'Eglise si peu zelez pour sa défense ! Mon cher Fils, le Prince des Apostres, par la puissance que Dieu luy a donnée, est assez fort pour défendre sa maison & son peuple, & pour les venger de leurs ennemis : mais il reconnoist en ces occasions ceux qui sont ses enfans fidéles. Ne vous laissez point surprendre aux artifices & aux faux rapports des Rois Lombards. Ils se plaignent éternellement des Ducs de Spoléte & de Bénevent. Ils les accusent d'avoir commis de grandes fautes contre eux, mais ce sont tous mensonges. Car croyez-nous, tout leur crime est de n'avoir pas voulu l'année passée, venir faire des courses sur les terres de Rome, ni comme eux détruire les biens des Saints Apostres, & le peuple qui leur appartient; c'est d'avoir déclaré qu'ils ne feroient point la guerre à l'Eglise de Dieu ni à son peuple, qu'ils avoient fait al-

INTERREGNE.

liance avec luy, & que c'estoit de cette Eglise, qu'ils avoient reçû la Foy. Car ces Ducs en tout le reste sont prests de rendre obéissance aux Rois des Lombards, selon les loix & la coûtume de la Nation : mais on prend les prétextes que j'ay dits, pour les détruire & nous aussi. On veut les dégrader, les chasser de leurs Duchez, mettre d'autres Ducs à leur place, subjuguer l'Eglise, enlever les biens du Prince des Apostres, faire esclave son peuple. C'est pour cela qu'on vous dit tous les jours tant de faussetez : mais afin que vous, nostre tres-Chrestien Fils, soyez parfaitement instruit de la vérité, après que ces Rois se seront retirez chez eux, envoyez-nous quelque personne fidelle, qui ne se laisse point corrompre par les présens ; afin qu'il voye de ses propres yeux nos tribulations, & l'humiliation de l'Eglise de Dieu, la ruïne de tout ce qui luy appartient, les larmes des Pelerins, & qu'il vous en rende compte. Nous exhortons donc vostre bonté, nostre tres-Chrestien Fils, en présence du Seigneur, & dans la vuë de son terrible Jugement, pour l'amour de luy & pour le salut de vostre ame, de secourir l'Eglise de Saint Pierre & son Peuple, de repousser au plustost ces Rois, de les faire éloigner de nous, & de leur ordonner de se retirer sur leurs terres. Je vous conjure par Dieu vivant & véritable, par ces Clefs sacrées de la Confession de Saint Pierre, que je vous envoye, de ne pas préferer l'amitié du Roy des Lombards, à l'amour que vous devez au Prince des Apostres. Faites-nous ressentir tres-promptement après Dieu, un peu de consolation en hâtant vostre secours. Faites connoistre vostre foy, & augmentez par là vostre reputation dans toutes les Nations du monde, afin que nous puissions dire avec le Prophete : Que le Seigneur vous écoute au jour de vostre tribulation, & que le nom du Dieu de Jacob vous protege. Ancard, un de nos Vassaux, qui est le porteur de cette Lettre, dira de vive voix à vostre Excellence ce qu'il a vû de ses yeux, & ce que nous luy avons ordonné de vous dire. Je conjure tout de nouveau vostre bonté devant Dieu, qui est témoin de ce que je dis, & qui sera nostre Juge, de vous haster d'adoucir nos douleurs, & de nous envoyer au plustost une réponse qui nous réjoüisse, afin qu'avec joie nuit & jour nous priions Dieu pour vous & pour vos sujets devant les Tombeaux * des Saints Apostres Saint Pierre & Saint Paul.

On voit par cette Lettre, qu'en mesme temps que le Pape faisoit tous ses efforts pour attirer Charles-Martel dans son parti, les Lombards de leur costé faisoient tout leur possible, pour l'obliger à demeurer neutre dans ces différens. Ils en vinrent à bout ; quelque pressante que fût la Lettre du Pape, Charles ne voulut point se broüiller avec les Lombards : Le Pape s'en plaignit par une seconde Lettre qu'il luy écrivit peu de temps après. Elle estoit plus courte, mais également touchante.

Cependant il ne se rebuta point, & il comprit que pour remuer Charles, il falloit luy apporter d'autres motifs ; c'est pourquoy, comme il se voyoit sans cesse exposé aux embusches de l'Exarque, aussi-bien qu'aux violences des Lombards, il se détermina l'an 741. à envoyer une Ambassade dans les formes à Charles-Martel (chose , disent deux de nos anciens Histo-

Tome I.

riens, qu'on n'avoit point encore vûë en France) Les Ambassadeurs, outre les Clefs du Tombeau de Saint Pierre, & quelques parties des chaînes de ce Saint Apostre, apporterent plusieurs autres beaux présens, qu'ils présenterent à Charles au nom du Pape & des Seigneurs de Rome. Ils luy firent en mesme-temps une offre la plus capable de flatter son ambition. Ce fut, que pourvû qu'il les asseûrât de sa protection, & d'un prompt & puissant secours, ils le proclameroient Consul de Rome, en renonçant hautement à la domination de l'Empereur de Constantinople, hérétique public, & persécuteur des Catholiques.

Charles écouta avec plaisir ces propositions, renvoya les Ambassadeurs avec de magnifiques présens & de grandes espérances, & leur promit d'envoyer incessamment à Rome, pour travailler à ce Traité. En effet, peu de temps après il fit partir Grimon Abbé de Corbie, & Sigebert Moine de Saint Denis avec des Lettres pour le Pape, qui contenoient ses réponses & ses intentions. Mais la destinée de la Famille de Charles estoit de monter sur le Throne de France, avant que d'estre illustrée par la Couronne de l'Empire d'Occident. Ce grand projet fut rompu par la mort des trois personnes qui y estoient le plus interessées, sçavoir le Pape, l'Empereur & Charles-Martel, qui moururent tous trois cette mesme année ; le premier après s'estre rendu maistre dans Rome, & avoir formé le dessein du démembrement de l'Empire d'Occident d'avec celuy d'Orient ; dessein qui fut exécuté dans la suite par les mesmes raisons, & de la mesme maniére qu'il l'avoit projetté. Le second après avoir mis tout l'Empire en combustion par son impieté, & par un entestement qui ne luy convenoit en aucune maniére. Le troisieme après s'estre rendu l'homme le plus illustre, & sur le point de se voir le plus puissant Prince de son temps. L'Empereur mourut le premier, le dix-huitiéme de Juin, Charles le vingt-deuxiéme d'Octobre, & le Pape le vingt-huitiéme de Novembre.

Charles-Martel ne vêcut guére plus de cinquante ans ; & à compter depuis l'an 716. qu'il échapa de sa prison prés de deux ans aprés la mort de son pere ; il régna en Austrasie pendant vingt-six ans, & vingt-cinq ans dans tout l'Empire François ; c'est à dire, depuis la bataille de Vinci auprés de Cambray, où il défit Chilperic & Rainfroy Maire du Palais de Neustrie. Il mourut en sa maison de plaisance de Quiersi * sur l'Oise, d'où son corps fut transporté à S. Denis.

En repassant sur la vie de ce Heros, on n'en trouvera guére, qui luy soient comparables. Mis en prison incontinent aprés la mort de son pere, défait dans la premiere bataille qu'il donna, aprés avoir recouvert sa liberté, il se soûtint contre sa mauvaise fortune, & se mit dans la suite si fort au-dessus, qu'il ne fut jamais battu, & qu'il pouvoit au contraire compter plus de victoires remportées & de batailles gagnées, que d'années d'un fort long gouvernement. Il en estoit redevable à sa conduite & à son activité, à sa prévoyance, à son intrépidité & à son habileté dans le meslier de la guerre, où il excella, suppléant souvent par là dans les occasions les plus importantes, au petit nombre & à l'inégalité de ses forces. Ayant trouvé l'Empire François tres-diminué par les révoltes des Nations, qui luy estoient autrefois soumises en-deçà & au-delà du Rhin, du costé des Alpes & des Pyrenées, il les soumit de nouveau, & réduisit à son obéïssance presque tout le Languedoc, qui n'avoit jamais esté François.

Il accoûtuma les François, non seulement à cette puissance absoluë qu'il s'estoit acquise sur eux, mais encore à se passer de Roy, & mesme d'un phantôme de Roy, qui leur avoit jusqu'alors servi au moins à se flatter, qu'ils n'estoient soumis qu'aux descendans de Clovis; & il arriva là sans meurtres, sans assassinats, sans exils, du moins l'Histoire ne luy reproche rien de semblable. Dans une espéce de Lettre circulaire qu'il écrivit aux Ducs, aux Comtes, & aux autres Commandans ou Juges du Royaume, en faveur de l'Evêque Boniface Missionnaire Apostolique dans la Germanie, il ne prend que la qualité de Maire du Palais avec celle de *Vir illustris*, d'homme illustre, que nos Rois de la premiére lignée joignoient ordinairement dans les Actes publics au nom du Roy. Il souffroit que les Princes étrangers luy donnassent la qualité de Lieutenant du Royaume, *Subregulus*. Les Historiens l'appellent tantost du nom de Duc des François, tantost de celuy de Prince des François, de Consul des François, de Patrice. Son Epitaphe luy donne la qualité de Roy: mais il ne prit jamais ce dernier Titre. Il paroist constant, que pendant l'interregne, qui dura depuis la mort du Roy Thieri jusqu'à la sienne &, au-delà, certains Actes publics, qui selon la coûtume des François se dattoient de l'année du Regne des Rois regnans, ne prenoient point leur datte de l'année de son Gouvernement. On a une Chartre de Robert Comte d'Hesbay du septiéme d'Avril, & une autre de Charles-Martel luy-mesme du dixsept Septembre, par laquelle il donne Clichi à S. Denis, dont la datte est *la cinquiéme année d'après le trépas du Roy Thieri*. Et c'est par ces sortes de Chartres que l'on prouve cet Interregne, que le Pere Sirmond & le Pere Petau ont découvert les premiers dans nostre Histoire.

<small>Sirmond. T.1.Conc. Gall.p.160.</small>

C'estoit une modestie qui luy coûtoit peu, & que la politique luy faisoit juger necessaire. Le Pape Gregoire III. écrivant à Saint Boniface, fait l'honneur à Charles-Martel, de dire qu'il a contribué par son autorité & par ses soins à la conversion de plus de cent mille ames. Un Concile tenu après sa mort témoigne, qu'il faisoit payer de grosses amendes à ceux qu'on surprenoit faisant encore quelque acte de Paganisme: mais le mesme Saint Boniface écrivant au successeur de Gregoire, déplore étrangement les désordres de l'Eglise de France d'alors, où les déréglemens & le relâchement de la discipline estoient extrêmes. Il est certain que son regne ne fut favorable ni aux Evêques ni aux Moines. Dans quelques Vies de Saints de ce temps-là on voit des révélations, selon lesquelles Charles-Martel est damné, pour avoir donné des biens des Eglises à des gens de guerre. Ces révélations refutées par Baronius, sont quelque chose de moins solide, que la pensée de plusieurs Jurisconsultes, qui regardent cette largesse que Charles fit aux gens de guerre, de plusieurs biens d'Eglise, comme l'origine des Dixmes inféodées tenuës comme en Fief, par les Seigneurs ou autres personnes Laïques, & dont il fut souvent question dans les Conciles des Gaules tenus sous Pepin & sous Charlemagne successeurs de Charles-Martel.

Ces biens, qu'on enlevoit aux Eglises, pour les donner aux Laïques, furent sans doute la raison pourquoy l'on vit alors des Evêques, des Abbez, des Moines & d'autres Ecclesiastiques aller à la guerre. Le motif de conserver les biens des Eglises & des Monasteres coloré du zele de la Religion qu'on défendoit contre les Sarazins & les autres Infideles, autorisa cet usage bizarre, & le libertinage de ceux qui le suivoient. Quelques enfans naturels que Charles laissa, montrent qu'avec les vertus des Heros, il eût aussi le vice qui ne leur est que trop ordinaire. La pluspart de ces traits, que nous trouvons tres-marquez dans les anciens Historiens, nous y peignent par-tout Charles-Martel comme un grand homme, comme un grand Prince, comme un grand guerrier, comme un grand politique: mais nous y en trouvons peu, qui nous le représentent comme un Prince fort Chrestien.

Cette mort devoit naturellement causer un grand changement dans les affaires de France, & elle l'eût fait sans doute, si pour le malheur de la Famille Royale, celle de Charles toûjours féconde en grands Hommes, ne luy eût substitué des successeurs d'un tres-grand mérite, & sur-tout un Cadet aussi brave, aussi sage, aussi heureux, & encore plus entreprenant que luy. Celuy-cy mit la derniere main au grand ouvrage que ses Ancestres avoient commencé, & que son pere avoit si fort avancé, qui estoit de faire passer dans leur Maison la Couronne & le nom de Roy, après en avoir depuis long-temps envahi la puissance. Ce fils fut Pepin, depuis surnommé le Bref comme son Ayeul à cause de sa petite taille, on l'appella aussi Pepin le jeune, pour le distinguer des deux autres de mesme nom ses prédécesseurs: mais il n'en vint pas là d'abord & tout d'un coup. Ses grandes actions, & les conjonctures heureuses dont il sçût habilement se servir, furent les degrez, par lesquels il monta insensiblement sur un Thrône, où sa naissance ne luy donnoit aucun droit, mais dont ses grandes qualitez le firent paroistre digne quand il eût eû la hardiesse de s'y asseoir.

Charles-Martel frappé de la maladie dont il mourut, qui fut longue, & qu'il jugea mortelle, pensa à partager entre ses enfans, l'Etat qu'il avoit si glorieusement gouverné, & qui joüissoit alors d'une paix profonde. Il convoqua à Verberie, maison de plaisance proche de

<small>Annales Metenses, ad an. 741.</small>

Compiegne, une assemblée des Seigneurs du Royaume, & leur proposa son dessein. Soit respect, soit crainte, soit attachement pour sa personne & pour sa famille, ils consentirent à ce partage. Charles avoit esté marié deux fois. Il avoit de sa première femme nommée Crotrude deux fils, Carloman & Pepin: & de la seconde appellée Sonnechilde niéce d'Odilon Duc de Baviére, il en avoit un troisiéme nommé Grippon ou Grifon. Outre cela il avoit trois fils naturels, Remi, Jerôme & Bernard. Ceux-cy n'eûrent aucune part dans le partage de l'Etat. Remi le plus âgé fut Evêque de Roüen. Il donna à Carloman l'aisné des legitimes, l'Austrasie & la France Germanique avec toutes les Nations qui en dépendoient: & à Pepin la Neustrie, la Bourgogne & la Provence, pour les gouverner en qualité de Ducs ou de Maires du Palais. Grippon fils de Sonnechilde fut exclus de la succession dans ce partage. Il est difficile d'en deviner la raison. Quelques-uns l'ont fait passer pour bâtard, & traité sa mere de concubine; mais Eginard le compte au nombre des fils legitimes de Charles, & la qualité de sa mere Sonnechilde, qui estoit de la famille des Ducs de Baviére, confirme cette opinion.

Il y avoit une femme de ce nom qui estoit de la conjuration contre Charles, dont je n'ay dit qu'un mot en passant, parce que les anciens Monumens ne nous en disent pas davantage. Cette femme estoit à la teste de la conjuration avec un Comte de Paris, & est mesme nommée devant luy; ce qui ne peut guére convenir qu'à une personne de ce rang, & je croy que c'estoit elle-mesme. La haine de Sonnechilde contre les enfans du premier lit, que Charles aimoit & consideroit beaucoup pour leur grand mérite, & le desir qu'elle avoit que son fils leur fust préferé, suffisoient pour allumer la passion d'une femme aussi intrigante & aussi entreprenante que celle-là, & il n'en falloit pas davantage pour l'engager à une conjuration contre son mary. Les choses s'estoient accommodées, elle obtint son pardon; mais son fils, dont l'élévation avoit esté le motif de sa révolte, en porta la peine, & fut exclus de la succession: C'est la plus solide conjecture qu'on puisse faire sur ce sujet; mais Sonnechilde n'en demeura pas là.

Fredeg. Chronic. cap. 110.

Charles incontinent après les partages faits, envoya Pepin en Bourgogne à la teste d'une Armée, pour y prendre possession, & soumettre quelques rebelles, à qui la disposition qu'il avoit faite de l'Etat ne plaisoit pas. Pendant cette expédition de Pepin, où Childebrand son oncle l'accompagna, Sonnechilde agit si efficacement par elle-mesme & par ses partisans auprès de Charles, qu'il fit un démembrement de quelques Villes & de quelques Territoires de l'Austrasie, de la Neustrie & de la Bourgogne, qu'il donna à Grippon. Ces Païs qu'il luy assigna, estoient au milieu de la France, afin de l'empêcher luy & sa mere Sonnechilde, de s'appuyer des forces des Princes étrangers pour brouiller dans l'Etat: mais cette pré-

Annales Metenses, ad an. 741.

caution fut inutile, & ce changement fut dans la suite cause de plusieurs guerres.

Charles n'eust pas plustost expiré, que les Grands du Royaume animez par Carloman & Pepin, se déclarérent hautement contre la donation faite à Grippon par les intrigues, disoient-ils, d'une femme méchante & inquiete, contre la premiere disposition qui avoit esté agréée de tous les membres de l'Assemblée de Verberie. Carloman & Pepin se mettent aussi-tost à leur teste, & marchent vers les Places dont Grippon s'estoit emparé. Celuy-cy surpris de ce soulevement imprévu, & n'ayant pas de quoy tenir la Campagne, se jetta dans la Ville de Laon avec sa mere. Carloman & Pepin vinrent les y assieger, & pressérent le Siege si vivement, qu'ils furent contraints de se rendre à discrétion la vie sauve. Carloman envoya Grippon prisonnier dans un Chasteau des Ardennes nommé encore aujourd'huy Neufchastel, & fit renfermer Sonnechilde dans le Monastere de Chelles.

Ibid.

Les Allemans, les Bavarois, les Gascons, selon leur coûtume de se révolter aux changemens de Gouvernement, ne manquérent pas de le faire en cette occasion. Les Gascons commencérent sous la conduite de Hunalde Duc d'Aquitaine, malgré le serment qu'il avoit fait à Charles de luy estre soumis & fidéle aussi-bien qu'à ses enfans.

Ibid. an. 742.

Carloman & Pepin, qui avoient bien prévû tous ses mouvemens, avoient d'abord regardé comme le point fixe de leur politique, & comme le principe de leur conservation, de vivre en bonne intelligence, & d'agir toûjours de concert. Ils ne s'en écartérent en effet jamais. Ils passérent ensemble la Loire à Orleans, défirent les Milices du Berri, les poursuivirent jusqu'à Bourges, dont ils brûlérent les Faux-bourgs, ravagérent tout le païs d'alentour; & comme le Duc Hunalde battoit toûjours en retraite devant eux, ils prirent d'assaut Loches, alors Ville tres-forte, où ils accordérent la vie à ceux qui la défendoient; mais ils les firent esclaves, & razérent la Place.

Continuati Fredegar. cap. 110.

Pendant cette expédition mesme, s'estant arrestez en un lieu appellé Vieux-Poitiers, entre la Vienne & le Clain, assez près de Chastelleraut, ils réglérent une affaire de la derniére importance. Nonobstant le partage que Charles-Martel avoit fait entre eux, ils avoient jusqu'alors gouverné l'Etat en commun. Ils convinrent de ce qui leur appartenoit, déterminérent les limites de leurs Etats, pour ne laisser aucunes semences de guerre & de division; & sur la fin de l'Esté, ayant obligé le Duc d'Aquitaine à se soumettre aux anciens Hommages qu'il devoit à la France, ils repassérent la Loire. Carloman sans s'arrester, marcha avec ses Troupes au-delà du Rhin, & les Allemans le voyant arrivé sur le Danube, demandérent aussi quartier, donnérent des ôtages, & luy jurérent obéïssance, comme ils avoient fait à Charles son pere.

Eginard. in Annal.

An. 741.

Après ces expéditions militaires, les deux Ducs des François s'appliquérent pendant

Aa iij

l'Hyver suivant au Reglement du dedans de l'Etat. Pepin, soit de luy-mesme par politique, soit à l'instance des Seigneurs François, qui avoient encore de l'attachement pour la Famille Royale, mit fin à l'Interregne, qui avoit duré depuis la mort de Thieri II. & éleva sur le Throne Childeric, qui fut le troisiéme du nom, à compter depuis le pere de Clovis, & second du nom depuis l'établissement de la Monarchie dans les Gaules. Les uns le font fils de Thieri II. les autres de Chilperic II. les autres de ce Clotaire que Charles Martel fit Roy d'Austrasie. Il est certain qu'il estoit de la Famille Royale; mais c'est tout ce qu'on en peut sçavoir bien asseurément. Cette exaltation fit si peu de changement & de bruit dans l'Etat, que les Historiens contemporains & voisins de ce temps-là l'ont oubliée dans leurs Histoires, & sans quelques anciennes Chartres qui concernent les Abbayes de l'Ordre de S. Benoist, & les Préfaces ou Inscriptions de quelques Conciles des Gaules, qui font mention des années du regne de ce Prince, on auroit ignoré qu'il eust jamais esté au monde.

Vers l'an 745.

HISTOIRE DE FRANCE.

CHILDERIC II.

CHILDERIC fut créé Roy, non pas de tout l'Empire François, mais seulement de cette partie que Pepin gouvernoit, sçavoir de la Neustrie, de la Bourgogne & de la Provence, & nullement d'Austrasie, qui comme du temps de Pepin pere de Charles-Martel, fut une Principauté séparée du reste de l'Empire François.

Carloman de son costé fit assembler un Concile aux Estines Palais des Rois d'Austrasie, dont on voit encore les ruines auprès de Binche en Hainaut. On connoist par les Actes de ce Concile, & par les Lettres que le Pape Zacharie écrivit à cette occasion à Boniface Evêque de Mayence, & par celles de cet Evêque au mesme Pape, l'estat pitoyable où l'Eglise de France se trouvoit alors, le déréglement extrême des Evêques, du Clergé & des Monasteres, & que la discipline estoit presque entiérement abolie par tout: on y voit le zele de ce saint Prelat, & l'érection qu'il fit de trois Evêchez, dont il n'y en a plus qu'un qui subsiste, sçavoir celuy de Wirtzbourg. On sût & on confirma dans ce Concile les Actes d'un autre, qui avoit esté tenu l'année d'auparavant, sans qu'on sçache le nom du lieu, où il fut assemblé. Voicy comme Carloman y parle dans "la Preface. " Au nom de Nostre Seigneur Je-"sus-Christ, moy Carloman Duc & Prince des "François, l'année sept cens quarante-deux de-"puis l'Incarnation du Seigneur, l'onziéme des "Kalendes de May, avec le conseil des Servi-"teurs de Dieu, & celuy de ma Noblesse, j'ay assemblé les Evêques qui sont dans mon Etat, avec les Prêtres, &c. * J'ay dû faire faire icy reflexion à cette Préface; premierement parce qu'on y voit Carloman parler en Souverain & en Maître absolu du Royaume d'Austrasie: En second lieu, parce que c'est le premier Concile des Gaules où l'on voye l'Époque ou la maniere de compter les années depuis l'Incarnation de Nostre-Seigneur; au lieu que dans les autres Conciles precedens, on datte de l'année du regne du Roy regnant: Et enfin, parce que Carloman prend le Titre de Duc & de Prince des François, & que c'est le premier Monument où cela se voye.

On voit aussi dans le Concile des Estines, ce que fit Carloman, pour adoucir le chagrin des gens d'Eglise, dont les biens avoient esté envahis par la Noblesse du temps de Charles-Martel. Il déclara que la guerre d'Aquitaine l'empêchoit de faire encore restituer ces biens aux Eglises: mais il ordonna, que ceux qui les possedoient, reconnussent qu'ils les tenoient des Eglises; que pour chaque Métairie ils payassent tous les ans un sou d'or à l'Eglise ou au Monastere dont elle dépendoit, & qu'à la mort du possesseur l'Eglise ou le Monastere rentrât en possession de son bien, pourvû que les mesmes nécessitez de l'Etat ne continuassent pas: car en ce cas il se réservoit le pouvoir de faire durer ces possessions Bénéficiaires, & mesme d'en créer de nouvelles. Cependant une autre guerre s'alluma du costé de la Germanie.

La pluspart des révoltes de ces Nations Germaniques contre les Rois ou les Ducs des François, n'estoient guére que des effets de leur in-

* La Preface du Concile qui fut tenu dans celuy des Estines, prouve évidemment la Souveraineté de Carloman en Austrasie, sur-tout si on la compare avec celle du Concile de Soissons assemblé par Pepin l'année d'après. Dans celle-cy la date est prise de l'année du regne de Childeric Roy des François, & Pepin n'y porte point comme de son propre Etat, & conseil de mes Nobles, Optimatum meorum, j'ay assemblé les Evêques de mes Etats.

T. 1 Concil. Gall.

quiétude naturelle, & de leur génie impétueux, que la moindre occasion déterminoit à courir aux armes, sans prendre d'autres mesures. Ainsi pour l'ordinaire il n'en coutoit aux Princes François, que la peine de passer le Rhin avec une Armée pour les châtier. En voicy une plus concertée, & dont les suites auroient esté plus fâcheuses, si la promptitude des deux Ducs n'avoit d'abord remedié à ce qu'elle avoit de plus dangereux.

Sonnechilde, aussi-tost après la mort de Charles-Martel, prévoyant bien que le changement qu'elle avoit fait faire au partage de la succession en faveur de son fils, luy attireroit bien-tost la guerre du costé de Pepin & de Carloman, avoit pris des liaisons secretes avec Odilon Duc de Baviere, dont elle estoit niéce. Ce Duc avoit obligation de son Duché à Charles-Martel, qui l'avoit préféré aux autres Seigneurs de la Famille Agilolfingienne, dans laquelle, selon un Traité fait depuis tres-long-temps avec les Rois des François, ils estoient obligez de prendre les Ducs de Baviere. Celuy-cy, à l'exemple de ses Prédécesseurs, avoit grande envie de se tirer de la dépendance de la France. On connoist par les anciennes Loix Bavaroises faites par nos Rois mesmes, en quoy consistoit cette dépendance. On y voit que c'estoit le Roy de France qui creoit le Duc, ou qui agréoit celuy que le peuple avoit élu. On y voit que le Roy avoit droit de condamner à la mort les Sujets du Duc, & que le Duc devoit soûtenir ceux qui estoient chargez de la part du Roy de faire de semblables exécutions ; & de plus, que le Duc, sous peine de déposition, estoit obligé de se soûmettre à certains Edits, que les Rois de France jugeoient à propos de faire publier dans le païs. La soumission leur estoit devenuë d'autant plus difficile, que ce n'estoit plus aux Rois qu'ils estoient soumis, mais aux Ducs d'Austrasie, qui avoient usurpé cette souveraineté, sans avoir la qualité de Roy.

Sonnechilde, que l'honneur de la Famille Agilolfingienne, aussi-bien que les interests de son fils, faisoit entrer aisément dans les vûës du Duc Odilon son oncle, avoit préparé dans la personne de ce Duc, un ennemi à Pepin & à Carloman, pour les occuper, tandis qu'elle s'asseureroit de la partie de la succession, dont Charles-Martel avoit avantagé son fils. On ne luy en donna pas le loisir ; mais après qu'elle eust esté renfermée à Chelles, les correspondances qu'elle avoit euës avec le Duc de Baviere, ne laissèrent pas d'avoir leur effet.

Hiltrude sœur de Carloman & de Pepin, s'estoit attachée à Sonnechilde ; & à sa persuasion, & peut-estre dans l'appréhension qu'elle avoit qu'on ne la fist Abbesse ou Religieuse, comme c'estoit alors assez souvent le sort des filles de nos Rois & de nos Ducs des François, elle estoit convenuë de se marier au Duc de Baviere qui le souhaitoit. Voyant donc Sonnechilde & Grippon arrestez, elle se cacha, trouva moyen de se faire conduire jusqu'au Rhin, le passa, & se sauva à la Cour de Baviere. Pepin & Carloman la redemandérent en vain.

Le Duc de Baviere ne la voulut point rendre & l'épousa. La guerre d'Aquitaine, dont j'ay parlé, suspendit celle que les deux Ducs résolurent sur le champ de faire au Duc de Baviere : mais après avoir dompté le Duc d'Aquitaine, que la necessité obligea de se soûmettre, ils tournérent leurs desseins de ce costé là ; mais la révolte & le châtiment des Allemans en suspendirent encore l'exécution pour quelque temps.

Le Duc de Baviere se servit de cet intervale, pour fortifier son parti. Il envoya au Duc d'Aquitaine proposer une ligue offensive & défensive, qu'il signa malgré ses nouveaux sermens. De plus le Duc de Baviere engagea encore dans une nouvelle révolte, Theobalde Duc des Allemans, aussi-bien que Theodoric Duc des Saxons : il eust aussi recours aux Esclavons, qui luy fournirent un grand corps de troupes ; de sorte que les Ducs François se virent obligez d'employer toutes leurs forces contre un si formidable ennemi.

Le Duc s'avança jusques sur le bord de la Riviére de Lech qui sépare la Suabe de la Baviere, pour luy disputer l'entrée de son païs. Les François vinrent se camper de l'autre costé. On se retrancha de part & d'autre, & l'on fut ainsi quinze jours en présence, la Riviére entre-deux. C'estoit aux François à passer pour aller attaquer les Bavarois, qui ne prétendoient estre que sur la défensive, & soûtenir leur rébellion dans leur propre païs. L'impossibilité du passage à la vûë d'une grande Armée bien retranchée, le retardement & l'indétermination des François rendoient les Bavarois infiniment fiers. Il en venoit tous les jours sur le bord de la Riviére, qui défioient les François au combat, faisant des insultes & des railleries que les Soldats souffroient avec une extrême impatience, tout prests à passer la Riviére à la nage, si leurs Chefs avoient voulu les conduire à l'ennemi.

Cependant les deux Ducs ne demeuroient pas aussi oisifs, qu'ils paroissoient l'estre. Ils envoyoient secretement tous les jours au-dessus & au-dessous de leur Camp pour sonder la Riviére, & tascher de découvrir des guez éloignez des Ponts, qui estoient soigneusement gardez par les ennemis. On en trouva ; mais on ne pouvoit y aller qu'au travers des bois, & par des marécages tres-difficiles à passer. Les Ducs se résolurent néanmoins à vaincre ces chemins, & après s'estre bien instruits des difficultez, ils firent partir leur Armée à l'entrée de la nuit. Carloman en prit une partie, & Pepin l'autre. L'un marcha en descendant vers le Danube où le Lech se jette, & l'autre en remontant au-dessus du Camp. Ils passérent la Riviére avec beaucoup de peine, mais sans opposition, les ennemis n'ayant point de Troupes dans ces endroits là, qu'ils croyoient impraticables. Les François s'approchérent fort près des deux costez du Camp des Bavarois, sans que ceux-ci s'en apperçussent, & dès la pointe du jour marchérent à l'assaut. Le Duc de Baviere surpris mit ses Troupes en bataille, & soûtint quelque temps le choc : mais la consternation, effet ordinaire de la surprise, est un mal contre lequel il n'y a guére de remede, quand elle s'est une fois repanduë dans une Armée. La plufpart ne fongerent qu'à fe fauver, & le Duc de Baviere, après avoir perdu prefque tous ceux qu'il avoit menez au combat, fut obligé de s'enfuir luy-mefme avec tres-peu de Cavaliers, & ne s'arrefta point, qu'il n'euft mis entre les François & luy deux ou trois Riviéres, & gagné celle qui eft encore aujourd'huy appellée Inn, fur laquelle eft la Ville d'Infpruch.

An. 743. Les François ne laifférent pas de perdre auffi du monde à l'affaut du Camp, & dans la rude marche qu'ils avoient faite pour y arriver, où plufieurs périrent dans les marais & dans la riviére.

Theobalde Duc des Allemans, & Theodoric Duc des Saxons fe fauvérent chacun dans leur païs. On fit grand nombre de prifonniers, parmi lefquels fe trouva le Preftre Serge, qui eftoit un Envoyé du Pape auprès du Duc de Baviere. Ce Prêtre s'eftant laiffé gagner par le Duc, eftoit allé trouver les Ducs François le jour de devant le combat, & feignant d'avoir un ordre du Pape pour faire finir la guerre, il le leur fignifia, & leur fit défenfe de la part du fouverain Pontife & de Saint Pierre de la continuer. Ce fait eft encore un de ces points qui doivent eftre remarquez dans l'Hiftoire : car c'eft le premier exemple qu'on y trouve d'une conduite des Envoyez des Papes à l'égard des Princes, qu'on n'avoit point encore vûë jufqu'alors.

Ce Prêtre eftant donc amené aux deux Ducs après le combat, Pepin luy dit ces paroles en riant : » Seigneur Sergius, nous avons appris » par expérience : que vous neftes pas l'Apoftre » S. Pierre, & que vous n'eftes pas véritablement » fon Legat : car vous nous dites hier, que le » Pape, par l'autorité de ce Saint, & par la fien- » ne, nous défendoit de faire la guerre au Duc » de Baviere ; & nous vous répondîmes, que nous » ne pouvions croire que S. Pierre ou le Pape » vous euffent chargé de cet ordre. Vous voyez » bien maintenant, que fi S. Pierre n'avoit pas » crû que noftre caufe fuft jufte, il ne nous euft » pas aujourd'huy affiftez dans la bataille, com- » me il a fait. Soyez donc convaincu, que c'eft » par l'interceffion de S. Pierre le Prince des A- » poftres, & par le jugement de Dieu, auquel » nous nous fommes rapportez, que la Bavie- » re & les Bavarois font foumis à l'Empire de » France.

Après cette importante victoire les vainqueurs parcoururent toute la Baviere en la ravageant, & y féjournérent cinquante-deux jours. Enfuite Carloman prit une partie de l'Armée, avec laquelle il entra dans la Saxe. Il y affiegea une Place appellée Hochfigbourg, où le Duc Theodoric, qui s'y eftoit retiré, fe rendit à luy : Carloman luy fit grace, & luy rendit fon Duché, après avoir exigé de luy un nouveau Serment de fidélité. Nos Rois & nos Ducs François furent toûjours fort embaraffez à gouverner ces Peuples de Germanie, que la feule crainte retenoit dans la foumiffion. Ce qui paroift

An. 743.

de plus furprenant, c'eft que le châtiment des révoltes tomboit toûjours fur les peuples, & que pour l'ordinaire on faifoit grace aux Chefs, qu'on laiffoit en poffeffion de leur Duché : Apparemment on n'efpéroit pas trouver plus de fidélité dans d'autres, quand on euft mis en leur place, ou bien c'eftoit la confidération qu'on avoit pour les Familles regnantes, dans lefquelles nos premiers Rois, en recevant ces Nations au nombre de leurs Sujets, ou de leurs Tributaires, s'eftoient engagez à conferver toûjours le titre & le pouvoir de Duc.

Tandis que Carloman fubjuguoit ainfi les Saxons, Pepin avec l'autre partie de l'Armée avoit paffé le Rhin, pour aller repouffer un autre ennemi, qui défoloit la France entre la Loire & Paris. C'eftoit Hunalde Duc d'Aquitaine, qui conformément au Traité fecret qu'il avoit fait avec le Duc de Baviere, ne fçût pas pluftoft Pepin & Carloman engagez dans la Germanie, qu'il paffa la Loire, & mit en-deçà tout à feu & à fang. On avoit trop compté fur les paroles qu'il avoit données, d'eftre déformais fidele à la France : de forte que le païs fe trouva fort dégarni, quand il y entra. Il vint jufqu'à Chartres, qu'il affiégea & qu'il prit, & il ne l'abandonna qu'après y avoir mis le feu, qui confuma prefque toute la Ville, avec l'Eglife Cathédrale dédiée à la Sainte Vierge. Si-toft qu'il fçût que l'Armée Françoife approchoit, il repaffa la Loire ; & la fatigue des Troupes, & l'hyver qui eftoit proche, ne permirent pas à Pepin de le pourfuivre. Hunalde fut châtié l'année d'après dès le commencement de la Campagne, qui fe paffa, auffi-bien que celles des deux années fuivantes, tantoft à réprimer les révoltes des Allemans, tantoft celles des Saxons, & des autres Nations Germaniques ; les deux Ducs agiffant toûjours de concert, & avec une union qui les rendoit par-tout invincibles.

Ce fut au milieu de toutes ces victoires, que Carloman conçût un deffein, dont il s'ouvrit à fon frere fept cens quarante-cinq, peu de temps après avoir dompté & pris une feconde fois Theodoric Duc des Saxons, & ce deffein furprit toute la France. Carloman fut un tresvaillant & tres-habile Capitaine, comme tant de victoires remportées fur les ennemis du Royaume le font affez connoître ; mais il avoit en mefme-temps beaucoup de Religion, beaucoup de vertu & de crainte de Dieu. Touché vivement du defir de faire fon falut, à quoy il trouvoit de grands obftacles dans la place où il fe voyoit élevé, il penfa férieufement à quitter le monde, & à renoncer à fes Etats. On n'avoit point en ce temps-là d'autre idée de retraite, que celle du Monaftére, & l'Etat Monaftique eftoit alors en tres-grande vénération. Carloman avoit réfolu de l'embraffer. Cette démarche n'eftoit pas fans exemple. Un Roy des Merciens * en Angleterre, & un Roy de Nortumberland * dans la mefme Ifle, avoient peu d'années auparavant pris ce parti. Hunalde Duc d'Aquitaine, qui brufla la Cathedrale de Chartres, & qui peu de temps après avoit fait affaffiner

An. 745. Eginard. in Annal.

* Coenred,
* Crodulfe,

CHILDERIC II.

assassiner cruellement son frere, venoit par esprit de pénitence, d'embrasser le mesme genre de vie. Carloman déclara donc son dessein à Pepin, qui n'y fit pas, à ce qu'il paroist, beaucoup d'opposition. Il ne voulut pas cependant qu'il partist pour Rome, où il avoit résolu de se retirer, sans un équipage digne de son rang, & afin qu'on eust le temps de le luy préparer, il l'obligea à différer son départ de quelques mois, & mesme plus d'un an entier, si nous voulons accorder nos anciens Auteurs entre eux touchant la Chronologie.

Continuat. Fredegar. cap. 110.

Carloman avant que de partir, remit entre les mains de Pepin le Gouvernement de son Etat, & luy recommanda les intérests de son fils aîné nommé Drogon. Selon de très-anciennes Annales il en avoit encore d'autres, dont il n'est point fait mention, non plus que des conditions ausquelles il céda son Etat à son frere, ni des avantages qu'il faisoit à ses enfans.

Eginard in Annal. an. 746. Annales Metenses.

Il partit pour Rome sur la fin de l'an sept cens quarante-six, accompagné de quantité de Seigneurs & d'une grande suite de domestiques. Il fit de très-riches présens au Pape en son nom, & de la part de Pepin. Peu de temps après il se fit couper les cheveux, & prit l'habit Clérical. Il fit bastir un Monastère sur le Mont Soracte,

An. 746. 747.

à quelques lieuës de Rome, appellé aujourd'huy le Mont S. Oreste, & le Mont S. Silvestre. Après y avoir demeuré quelque temps, il le quitta par le conseil du Pape; & pour éviter les visites de tous les François qui alloient à Rome, il se retira au Monastére du Mont Cassin, de l'Ordre de S. Benoist, où il prit l'habit de Moine, & se soumit pour le reste de sa vie aux pratiques de l'obéïssance religieuse sous la conduite de l'Abbé Optat. Il y vécut très-saintement, & y donna de grands exemples de vertu.

Pepin devenu maistre de tout l'Empire François & Duc Souverain d'Austrasie, se voyoit plus près que jamais du Trône, où il aspiroit, & il s'appliqua plus qu'il n'avoit fait encore à faire aimer son Gouvernement. Grippon son frere cadet estoit demeuré jusqu'alors renfermé à

Annales Metenses ad an. 747.

Neufchastel dans les Ardennes; il le tira de sa prison, le fit venir à sa Cour, le logea dans son Palais, où il le traitoit avec beaucoup d'honneur & d'amitié, & luy donna plusieurs Comtez & d'autres Terres, qui luy faisoient un revenu très-considérable. Il assembla un Concile

Vers l'An 747.

à Duren, où il avoit un Palais, & qui maintenant une Ville entre Aix-la-Chapelle & Cologne. Il y fit faire quantité de Réglemens en faveur des pauvres, des veuves & des orphelins, pour le rétablissement des Eglises ou négligées ou ruinées pendant les guerres, établit des Tribunaux pour faire rendre justice dans les Provinces, aux personnes opprimées & indéfenduës: mais il ne fut pas long-temps sans se repentir de la liberté, qu'il avoit donnée à son frere Grippon, dont l'esprit remuant & inquiet l'engagea dans de nouvelles guerres.

Eginard in Annal.

Ce jeune homme, dont après tout, les prétentions estoient fondées sur les derniéres volontez de son pere Charles-Martel, ne s'ennuyoit guéres moins du Palais de Pepin, que de sa prison de Neufchastel. La retraite de Carloman luy fit naistre l'envie de se faire Duc d'Austrasie; il commença à faire ses intrigues dans cette veuë: & il entra si bien dans l'esprit de plusieurs Seigneurs de la Nation, qu'il les mit dans ses intérests. Il gagna quantité de jeunes gens de la Cour & de la Noblesse, & fit demander aux Saxons une retraite dans leur païs: puis ayant tout d'un coup disparu, lorsqu'on y pensoit le moins, il s'y refugia, & fut suivi d'un grand nombre de ces jeunes Cavaliers qui s'estoient dévoüez à luy, & qui luy menerent des Soldats. On apprit peu de temps après qu'il estoit à la teste d'une Armée, & qu'il faisoit des courses dans la Turinge.

Pepin eut bien-tost passé le Rhin; il entra dans la Turinge, pour la défendre avec une Armée de François, tandis que les Esclavons Vinides, qui avoient autrefois fait tant de peine à Dagobert I. & que Pepin avoit engagez à le servir dans cette guerre, entrerent dans le païs des Saxons avec une Armée de cent mille hommes, & se joignirent à luy. Les Saxons appellez Nordsquaves, qui ne s'estoient pas attendus à estre attaquez de ce costé-là, mirent les armes bas, demanderent quartier, & promirent de se faire Chrétiens, si on leur pardonnoit. Pepin leur accorda la vie; mais il fit raser tous leurs Forts, & fit vivre son Armée à discrétion pendant quarante jours dans leur païs, où plusieurs en effet embrasserent la Religion Chrétienne. Theodoric Duc des Saxons fut pris une troisième fois dans la Forteresse d'Hocsibourg, & apparemment il luy en couta la vie, car il n'en est plus fait mention depuis.

Annales Metenses.

Grippon ne laissa pas de faire bonne contenance avec son Armée, se retrancha sur le bord d'une riviére qu'Eginard appelle Missaca, en un lieu nommé Schaningen. Pepin vint à luy

Eginard in Annal.

pour le combattre; mais sur le point qu'on étoit d'en venir aux mains, on fit des propositions de Paix, & les deux Armées s'éloignerent l'une de l'autre, sans en venir à la bataille. Ce pour-parler & cette espéce de tréve n'eut point d'effet. Grippon ne l'avoit proposée, que pour se tirer du danger où il estoit, & des mains des Saxons, dont il ne commençoit à se défier. Il luy venoit tous les jours des Troupes de France, envoyées par le parti qu'il y avoit. Ce fut apparemment ce qui empescha Pepin de pousser plus loin ses victoires en Germanie, & ce qui l'obligea de repasser le Rhin, de peur que ce parti ne se fortifiast pendant son absence.

Mais Grippon ne manqua pas de profiter de cette retraite, & d'une conjoncture favorable qui se présenta de faire une conqueste importante, qu'il regardoit comme un établissement, ou du moins comme un moyen plus facile, de se soûtenir contre la puissance de Pepin.

Durant cette Campagne, Odilon Duc de Baviére mourut, ne laissant qu'un fils fort jeune nommé Tassillon, qu'il avoit eu de Hiltrude, cette sœur de Pepin, qui après la mort de Charles-Martel, s'estoit évadée & refugiée en Baviére, où elle avoit épousé le Duc malgré ses deux

Tome I.   B b

freres. Au temps de sa fuite elle estoit dans les intérests de Grippon, & Grippon dans les siens; mais ces intérests devinrent contraires. Grippon avec ses François & un secours du Duc des Allemans, marcha en Bavière, s'y fit joindre par un Seigneur François nommé Suger, qui luy amenoit un nouveau Corps de Troupes de France, surprit la Duchesse & son fils, les prit, & se fit proclamer Duc de Bavière. Ce qui luy facilita cette conqueste, c'est qu'il étoit fils d'une Bavaroise, sçavoir de Sonnechilde nièce du dernier Duc.

Si Pepin avoit pû espérer autant de soumission de son frere, que du jeune Duc Tassillon son neveu, peut-estre l'auroit-il laissé en possession de ce qu'il avoit pris, en luy pardonnant la manière dont il s'en estoit saisi: mais la connoissance qu'il avoit de son ambition, & des Ligues qu'il avoit faites avec les Saxons & les Allemans, luy fit comprendre qu'il n'en demeureroit jamais là, & que la Bavière sous un tel Duc, seroit comme la Place d'Armes de toutes les Nations Germaniques ennemies ou mécontentes de la France, pour l'attaquer en toute occasion. Il se résolut donc de l'en chasser. Grippon s'y attendoit bien, & se prépara à se défendre; mais il tenta en mesme temps une autre voye plus douce & plus seûre, pour se maintenir dans son nouvel Etat.

Il envoya en Italie un de ses Confidens à Optat Abbé du Mont Cassin, & à Carloman qui demeuroit dans ce Monastère, & les engagea à prier le Pape de se faire médiateur entre luy & Pepin. Le Pape le voulut bien. Il est vrai-semblable qu'il en écrivit immédiatement à Pepin; mais nous n'avons que la Lettre qu'il écrivit aux Evêques de France sur ce sujet, pour les exhorter à employer tout leur crédit & toute leur autorité, pour ménager la Paix. Optat & Carloman y exhortèrent aussi Pepin; mais ils ne pûrent rien gagner sur luy.

Pendant l'hiver de l'année sept cens quarante-sept & le commencement de sept cens quarante-huit, il prit des mesures pour n'avoir rien à craindre au dedans du Royaume; & le printemps ne fut pas plustost arrivé, qu'avec une promptitude extrême il se rendit en Bavière, y poussa si vivement Grippon, qu'il le prit avec la plus grande partie des mécontens qui avoient suivi son parti. Après avoir rétabli le jeune Duc Tassillon qu'il laissa sous la conduite de sa mere, il rentra en France, où il amena Grippon, & au lieu de le faire punir, comme il le pouvoit, il le traita avec beaucoup de bonté, le conjurant de ne plus mettre sa patience à l'épreuve, de ne plus s'abandonner aux conseils violens de personnes qui ne cherchoient qu'à mettre la division dans leur famille & dans l'Etat, & non seulement il le mit en liberté; mais encore il luy donna la Ville du Mans pour y demeurer, & une espéce d'appanage de douze Comtez dans le Royaume de Neustrie, sur lesquels il le préposa avec le titre de Duc.

Cette condition estoit au moins tolérable pour un homme, à qui ses révoltes & ses malheurs devoient en faire attendre une toute différente: mais il demeuroit Sujet de Pepin, & c'estoit à quoy il ne pouvoit se résoudre. Le chagrin le détermina encore une fois à quitter la France dès la mesme année, & à se jetter entre les bras du Duc d'Aquitaine, qu'il alla trouver en Gascogne. Il en fut reçû avec joye, comme un homme qui pourroit luy estre utile avec le temps contre la France. Pepin ne s'embarrassa pas fort de cette retraite. Tout estoit soumis au dedans & au dehors du Royaume, & ses victoires l'avoient rendu redoutable à tous ses ennemis. La douceur de son Gouvernement luy avoit attaché le cœur des Peuples, & les Grands l'aimoient & le craignoient. Enfin il crut estre en état de faire ce que ni son pere, tout puissant & tout redouté qu'il estoit, ni aucun de ses ancestres, excepté son oncle Grimoald, qui n'y réüssit pas, n'avoient osé tenter, quelque passion qu'ils en eussent: ce fut de prendre le titre de Roy, & de monter sur le Trône à la place de l'idole qui l'occupoit. Il en vint à bout par son adresse & par sa politique, avec beaucoup plus de facilité, que la grandeur de l'entreprise ne devoit luy faire espérer. C'est ce que je raconteray dans l'Histoire de la seconde Race de nos Rois, à laquelle Pepin, en s'emparant de la Couronne, donna commencement.

Donation de l'Exarcat de Ravennes &c. au St. Siege par Charlemagne.

HISTOIRE DE FRANCE

SECONDE · RACE.
PEPIN.

A Couronne est le plus brillant objet de l'ambition, & le plus haut rang, où elle puisse prétendre. Peu en sont tentez; parce que peu sont à portée d'y atteindre, tant est grande la distance qu'il y a entre le Trône & l'Etat de Sujet, quel qu'il puisse estre. Comme donc dans l'idée des hommes, c'est là le plus grand & le plus précieux de tous les biens, la pluspart des Peuples ont voulu que Dieu seul en fut le dispensateur, & qu'il le fist tomber, par le bonheur de la naissance, à qui il luy plairoit de le donner. Tout conspire à en exclure ceux à qui ce titre manque, & à en conserver la possession à celuy qui le possede par ce droit. La haine, l'envie, la jalousie, les interests particuliers s'unissent d'ordinaire, & agissent de concert avec la justice, contre quiconque penseroit à s'en emparer. Le crime qui en vient à bout malgré tous ces obstacles, est regardé toûjours avec horreur; mais par la bizarrerie des mesmes hommes qui le détestent d'abord, si ce crime est heureux, & qu'il se soûtienne, il est adoré, & souvent regardé, comme le prodige de la politique, de la prudence, du courage, & comme le chef-d'œuvre de l'esprit humain.

C'est une pareille entreprise qui réüssit à Pepin, & à quoy la flaterie donna les plus belles couleurs pendant la vie de ce Prince, & sous le Régne de ses descendans. L'injustice en fut effacée par mille belles qualitez qui reluisoient dans sa personne; & enfin l'éloignement des temps, en luy ostant le nom odieux d'usurpateur, ne nous permet plus de le regarder, que comme un des plus grands Rois, qui ait jamais porté la Couronne de France.

Ce fut luy qui exécuta le dessein d'élever sa Famille sur le Trône: mais, comme on l'a pû remarquer dans la suite de cette Histoire, ce ne fut pas luy qui le forma le premier. Grimoald fils de Pepin premier du Nom, entreprit de faire couronner son fils Roy de la France Austrasienne. Il luy en coûta, aussi-bien qu'à ce fils, la liberté & la vie. Pepin II. petit-fils du premier par sa mere, & neveu de Grimoald, s'empara du Royaume d'Austrasie; mais il n'osa toucher à la Couronne, ni prendre le nom de Roy, se contentant de celuy de Duc ou de Prince des François. Charles-Martel fils de Pepin II. malgré l'estime & le crédit qu'il s'estoit acquis parmi les François par ses grandes victoires, ne put se conserver le rang de son pere, il fut obligé de faire un Roy d'Austrasie, & de reprendre au moins le nom de Sujet. Vers les dernieres années de sa vie, le Roy Thieri,

Tome I.

B b ij

HISTOIRE DE FRANCE.

dit communément Thieri de Chelles, estant mort, il ne luy donna point de successeur, & gouverna toute la Monarchie Françoise, non plus à l'ombre d'une vaine autorité Royale, mais comme un Souverain & comme le Maître, à la Couronne près. Ses enfans après sa mort partagerent l'Empire François comme leur patrimoine. Carloman eut l'Austrasie, avec la qualité de Prince des François, & sans y reconnoistre de Roy. Pepin III. du Nom, qui est celuy dont je parle maintenant, eut la Bourgogne & la Neustrie ; mais il fut encore obligé à y rétablir la Royauté, & il mit sur le Trône Childeric II. Ensuite estant devenu Duc d'Austrasie par la retraite de son frere Carloman, il commença à penser efficacement aux moyens de se faire donner par les François, un nom dont ils accordoient depuis long-temps à sa famille & à sa personne tous les avantages réels & toutes les prérogatives, & à faire mettre sur sa teste une Couronne, dont il portoit seul tout le poids, & soûtenoit si dignement la splendeur. Il considéra attentivement les difficultez qu'il avoit à vaincre, & il ne les crut pas insurmontables, comptant beaucoup sur son adresse & sur son courage. Voici comme il s'y prit.

La réputation qu'il s'estoit faite dans la guerre, le grand ordre qu'il avoit mis dans l'Etat, la douceur de son Gouvernement, ses manières agréables & engageantes luy avoient attiré l'admiration, le respect, l'amour, l'attachement de la Nation, & de la pluspart des Grands. Le zele qu'il avoit fait paroistre pour l'établissement & la propagation de la Foy, & pour faire rentrer les Eglises & les Monastéres dans leurs biens & dans leurs droits, luy avoient attaché le Corps des Evêques & des Ecclesiastiques, dont son pere Charles-Martel avoit encouru la haine, par les impositions à quoy la guerre & les nécessitez de l'Etat l'avoient contraint. Le mépris où les Rois estoient depuis si long-temps, s'augmentoit tous les jours, autant que l'estime de la famille des Maires du Palais qui gouvernoit, & où depuis un siécle on ne voyoit qu'une succession continuelle de grands Hommes & de Héros également habiles dans le Gouvernement & dans la Guerre. La comparaison odieuse des derniers descendans de Clovis avec les descendans de Pepin I. que les Historiens de son Régne & de ses premiers successeurs font à toute occasion dans leurs Histoires, se faisoit dès-lors sans crainte & fort publiquement ; elle passoit pour une justice qu'on rendoit au mérite & à la vertu, plustost que pour une flaterie ou pour un moyen de faire sa Cour ; enfin on disoit tout haut que Pepin méritoit d'estre Roy ; qu'il l'estoit en effet ; mais un autre estoit en possession du titre, & on regardoit toûjours comme un crime de l'en dépoüiller.

Pepin pour franchir cette barriere, où tous ses prédécesseurs s'estoient arrestez, & pour faciliter à la Nation une démarche où elle n'avoit pû encore estre engagée, crut que l'intervention du Pape pourroit luy estre utile. Il s'agissoit, non pas de s'acquerir un droit à la Couronne, que la seule naissance donnoit, mais de s'y faire un chemin sans embarras, non pas d'emporter par raison le suffrage des Peuples, mais de diminuer leur scrupule, de les surprendre, de leur imposer, & de les éblouïr.

Depuis la conversion des François à la Religion Chrétienne, les Papes avoient toûjours eû quelque commerce avec nos Rois, les uns plus, les autres moins, selon que les occurrences leur avoient rendu ce commerce ou nécessaire ou facile, & la subordination des Evêques de France au Souverain Pontife s'estoit toûjours conservée à peu près telle qu'elle étoit, lorsque les François entrerent dans les Gaules. Saint Gregoire le Grand ayant esté élevé sur la Chaire de S. Pierre, eut soin d'entretenir beaucoup de correspondance avec les Rois qui régnoient de son temps en France & avec la Reine Brunehaut, tandis qu'elle fut Régente du Royaume d'Austrasie & du Royaume de Bourgogne. Il s'acquit beaucoup de considération dans les Cours de ces Princes ; l'entreprise de la conversion des Anglois donna lieu à quantité de Lettres qu'il écrivit à nos Rois, à nos Reines, & aux Evêques de ce Royaume, & le mérite de ce grand Pape augmenta de beaucoup le respect & la déférence des François envers le S. Siége. Gregoire II. Gregoire III. & Zacarie sous le Gouvernement de Charles-Martel, & sous le commencement de celuy de Pepin, s'y attirerent aussi une grande vénération, par le zéle qu'ils firent paroistre pour la conversion des Peuples de la Germanie, & pour la réformation des mœurs dans l'Eglise de France.

Pepin contracta une étroite amitié avec ce dernier Pape. Il seconda avec empressement ses grands desseins pour le bien de l'Eglise, il s'appliqua beaucoup à faire valoir l'autorité de ses Decrets en France, il le consultoit sur tous les points importans de discipline Ecclesiastique qui regardoient les Evêques, les Prestres, les Moines, les Religieuses. Il faisoit lire ses réponses dans les Conciles, & on les y suivoit avec respect & soumission.

Cette docilité des François pour le Pape auroit esté fort inutile à Pepin, qui la leur avoit inspirée, s'il n'avoit en mesme temps trouvé le moyen de le faire parler selon son intention. C'est en cela qu'il se servit habilement des conjonctures, qui ne pouvoient pas luy estre plus favorables.

Constantin Copronyme Empereur, suivant les traces de son pere Leon l'Isaurien, soûtenoit, protégeoit, & étendoit de tout son pouvoir l'Hérésie des Brise-images, odieux par conséquent aux Romains & à Zacarie, qui à l'exemple de ses prédécesseurs, détestoit publiquement cette Hérésie, & la fureur avec laquelle on la répandoit par tout. D'autre part, les Lombards toûjours aux portes de Rome, la menaçoient à tous momens d'une désolation prochaine. Le Pape ne cessoit point de donner avis à l'Empereur de l'extrémité, où les Romains se trouvoient réduits : mais au fond il n'appré-

Tom. I.
Concil.
Gall.

PEPIN.

hendoit gueres moins son secours, que les courses & l'invasion des Lombards. Gregoire III. dont il avoit pris la place, s'estant trouvé dans le mesme embarras, n'avoit point imaginé d'autre ressource, que la puissance de l'Empire François. Il traitoit avec Charles-Martel pour le faire entrer en Italie, lorsque la mort les surprit tous deux. Zacarie avoit les mesmes vûës, & Pepin ne l'ignoroit pas. Ce fut dans cette conjoncture qu'il résolut de s'ouvrir à ce Pape sur le dessein, qu'il avoit formé de se faire déclarer Roy des François, & sur ce qu'il attendoit de luy, pour en faciliter l'exécution.

Ibid.

Saint Boniface Evêque de Mayence, continuoit alors de travailler avec grand zéle à la conversion des Peuples de la Germanie. Pepin l'avoit toûjours secondé dans cette sainte entreprise avec une application, une bonté, & une liberalité qui l'avoient entiérement gagné. Ce saint Prélat avoit toute la confiance du Pape, & l'avoit méritée par son humilité, par sa soûmission, par son obeïssance aveugle aux ordres du S. Siege, & par le grand succès de ses travaux Apostoliques. Pepin ne pouvoit faire au Pape une proposition de cette nature par un homme, qui en dust estre mieux écouté.

Epistolæ Bonifacii ad Zacariam.

Toutes ces grandes affaires ont toûjours deux faces, & de tout temps on a vû, mesme jusques dans les Schismes de l'Eglise, des Saints prendre différens partis, selon les diverses maniéres dont ils envisageoient les choses. Le danger où Rome estoit de succomber sous la puissance des Lombards, qui estoient Ariens, le déchaînement de l'Empereur de Constantinople contre la Religion Catholique, les Sarrazins maistres de l'Espagne, & sur la Frontière de France, où Charles-Martel les avoit arrestez, les Eglises de Germanie exposées de toutes parts aux incursions des Nations voisines, qui estoient encore idolatres, la puissance & la réputation de Pepin, qui seul pouvoit éloigner ou prévenir tant de maux, dont l'Eglise estoit menacée, les suites fâcheuses de son mécontentement, les grands biens que produiroit encore dans la suite, la bonne intelligence entre luy & le S. Siége, le peu qu'on ostoit à un Roy, indigne de l'estre, & à une Famille, qui depuis près de cent ans n'en possédoit plus que le nom, tout cela representé au saint Prélat d'une manière aussi forte & aussi persuasive, que celle dont Pepin sçavoit se servir quand il le vouloit, l'ébranla & le mit dans son parti. Il crut y voir par toutes ces raisons, le bien de l'Eglise, celuy de l'Etat, & la plus grande gloire de Dieu.

Il s'engagea donc à proposer l'affaire au Pape, & luy envoya pour ce sujet un Prestre nommé Lulle, qu'il chargea d'une Lettre contenant diverses difficultez, qui concernoient son ministére, & où il luy disoit que le porteur de cette Lettre avoit des affaires secretes à luy communiquer de vive voix & à luy seul. Il le prioit de luy répondre sur tout cela comme de la part & avec l'autorité de S. Pierre; afin qu'il pût estre seûr de la volonté de Dieu dans la conduite qu'il auroit à tenir. Il y a beaucoup d'apparence que ces affaires secretes estoient celles dont il s'agit. Le temps où ces Lettres furent envoyées, la manière mysterieuse dont elles estoient écrites, & qui ne pouvoit estre que pour des choses de cette nature, & enfin la part que l'Evêque eut dans l'exécution, font justement présumer, que c'estoit là l'article secret.

Epist. Bonif. ad Zacariam.

Le Pape luy fit réponse par le mesme Prestre, il résout dans sa Lettre les difficultez qu'il luy avoit proposées, & luy marque qu'il a répondu de bouche aux autres choses dont Lulle luy avoit parlé de sa part, & que luy-mesme l'instruira de ce qui luy a esté dit là-dessus.

Epist. 13. Zacariæ ad Bonifacium.

La suite montra que cette réponse estoit conforme aux intentions de Pepin, & que ce fut sur cela qu'on régla toutes les démarches qui se firent depuis. Pepin fit partir pour Rome Burcard Evêque de Virsbourg, & Fulrade Abbé de S. Denis, Maistre de sa Chapelle. Leur commission estoit de proposer au Pape en forme de cas de conscience, si eu égard à la situation présente de l'Europe, il estoit à propos que dans l'Empire François, qui estoit en état de défendre la Religion, la qualité de Roy fust séparée de la puissance Royale; sçavoir si cette puissance estant dans la Famille de Pepin depuis cent ans, devoit estre rejointe au nom de Roy, dans un Sujet aussi incapable que l'estoit Childeric, ou si le nom de Roy devoit estre réüni à la puissance Royale dans la personne de Pepin, si capable de bien soûtenir, & de la rendre si utile à l'Eglise & à l'Etat. Le cas fut examiné, & l'avis du Pape fut, que vû l'état des choses, celuy qui avoit l'autorité en main, pouvoit y joindre le nom de Roy.

Anast. Regnard. in annal. ad an. 750.

Les Envoyez estant de retour avec la décision du cas; telle qu'on la souhaitoit, Pepin qui s'estoit déja asseuré de la pluspart des Seigneurs, convoqua une Assemblée des Etats du Royaume à Soissons. On y fit valoir les grands services que la Famille des Pepins avoit rendus à l'Etat depuis tant d'années, & sous tant de Régnes, le voisinage & la puissance formidable des Sarrazins, toûjours en disposition & dans la volonté d'envahir la France, comme ils avoient envahi l'Espagne, les révoltes continuelles des Peuples tributaires de l'Etat, les démembremens qui s'en estoient faits au-delà de la Loire, suite funeste, disoit-on, du manque de respect & de soûmission pour des Princes, qui ne sçavoient se faire ni respecter ni craindre, & l'on conclut, que pour remédier à ces désordres, & prévenir les maux dont l'Etat estoit menacé, l'unique moyen estoit d'unir au mérite & à la puissance déja si établie par le consentement des Peuples, ce qui y manquoit, pour la rendre aussi efficace & aussi respectable, qu'elle le devoit estre, de prier le Duc des François de laisser forcer sa modestie, vertu qui n'estoit pas moins héréditaire dans sa Famille, que le courage, la prudence, le zéle pour le bien de l'Etat, & en un mot, de souffrir qu'on changeast sa qualité de Duc en celle de Roy. On ajoûta aussi-tost, qu'avant que de proposer un

Ibid.

Bb iij

HISTOIRE DE FRANCE.

Consilio Domini Papa Zachariæ. Vita Caroli M. per Monac. Engolism.

tel expédient, on l'avoit examiné, non seulement selon tous les principes de la politique la plus conforme aux intérêts de l'Empire François, mais encore sur les régles de la conscience; qu'on avoit consulté le Souverain Pontife, le pere commun des Sujets & des Princes, qu'il avoit jugé que l'avantage de l'Eglise se trouvoit joint en cette rencontre avec le bien du Royaume de France, & que c'estoit par son avis, qu'on avoit fait l'Assemblée des Seigneurs & du Peuple, pour y faire cette proposition.

Ceux qui avoient le secret & qui estoient du complot, applaudirent hautement & tous ensemble à ce discours; les autres n'eurent pas le temps de délibérer, & furent emportez par le torrent. Pepin fut sur le champ proclamé Roy, & mis sur le Trône avec sa femme Bertrade. On répandit dans le Royaume, & l'on fit valoir parmi le Peuple, les spécieux motifs de ce changement avec les éloges de Pepin; & l'on eut soin de publier par-tout la réponse du Pape. Childeric le seul intéressé n'avoit personne qui fust à luy, & vray-semblablement il ne sçut rien de tout ce qui se passoit, que lorsqu'on alla luy signifier sa déposition. On luy déclara qu'il falloit se laisser couper les cheveux, & aprés cette dégradation, on le conduisit au Monastére de Sithieu au Diocese de Terouenne, c'est aujourd'huy l'Abbaye de S. Bertin à saint Omer. Il y fut reçu Moine par l'Abbé Nanthaire, & y mourut trois ou quatre ans aprés. Il avoit un fils qui fut aussi rasé, & qu'on trouve avoir vécu depuis dans le Monastére de Fontenelle, aujourd'huy S. Vandrille en Normandie.

Iperius in Chronico Sithiu. Chronic. Fontanell. Chronic. Fredegar. Continuat. cap. 117.

Ainsi finit l'illustre Race de Clovis & de Mérovée, aprés plus de deux cens soixante ans de Régne dans les Gaules. Outre la leçon si commune de l'inconstance & de la décadence des choses humaines qu'on peut apprendre par-tout, on en trouve icy une importante qui regarde en particulier les Princes; c'est que l'oisiveté, l'inapplication, la lâcheté, l'amour du plaisir & du repos, ne furent jamais les fruits & les avantages légitimes d'une Couronne; qu'ils en ternissent toûjours l'éclat, & que si les vertus opposées ne la soûtiennent, elle n'est jamais hors du danger d'estre ébranlée & de tomber.

Pepin cependant n'omit rien de tout ce que la politique luy put suggérer, pour autoriser son élection, & pour la faire regarder par les Peuples comme un ordre du Ciel. Il sçavoit en quelle réputation de sainteté estoit l'Evêque Boniface l'Apostre de la Germanie, & qui fut depuis martyr : il voulut qu'il le sacrast luy-mesme, & recevoir de sa main l'onction sainte, comme David l'avoit reçûë de Samuel, lorsqu'il fut choisi de Dieu à la place de Saül. Cette comparaison luy plaisoit, & on s'en servit souvent alors, pour luy faire sa Cour. La cérémonie se fit à Soissons, où s'estoit tenuë l'Assemblée. C'est le premier Sacre de Roy, qui soit marqué dans nostre Histoire par des Ecrivains dignes de foy, & s'il fut en effet le premier, comme on le croit assez communément,

Eginard. in Annal. ad an. 750.

ce ne fut pas une des moindres adresses dont Pepin se servit, pour rendre sa personne plus auguste & plus vénérable à toute la Nation.

Pepin sur le Trône ne fut pas plus oisif, que lorsqu'il pensoit à y monter, & il jugea la guerre & les victoires aussi utiles pour s'y maintenir, qu'il les avoit crû nécessaires pour y arriver.

Pendant que tout estoit en France dans la soumission & dans le respect, son frere Grippon refugié depuis plus d'un an chez le Duc d'Aquitaine, employoit tout ce que sa haine & sa mauvaise fortune luy inspiroient de moyens, d'artifices, d'intrigues pour luy susciter des ennemis. Pepin entreprit de se le faire mettre entre les mains : il envoya un Héraut au Duc d'Aquitaine, pour le luy demander. Ce Duc se défendit de le livrer. Pepin sur ce refus se mit en chemin, pour passer la Loire. Sa seule approche épouventa l'ennemi, & Grippon voyant son protecteur consterné, jugea bien qu'il ne seroit pas en seûreté dans ses Terres; il en sortit au pluftost, & aprés avoir esté quelque temps caché ou errant en divers endroits, il rassembla ce qu'il put de Troupes, & prit avec elles la route d'Italie, pour s'aller jetter entre les bras d'Astolphe Roy des Lombards.

Annales Metenses, ad an. 751.

Pepin qui s'estoit bien douté, qu'il prendroit ce parti, & qui sçavoit que le nouvel ennemi qu'il pensoit à luy susciter, estoit plus puissant que le Duc d'Aquitaine, envoya promptement ordre à Theodon Comte ou Gouverneur de Vienne, & à Frederic qui commandoit dans la Bourgogne Transjurane, de se mettre en campagne, & d'empescher à quelque prix que ce fust, le passage de Grippon. Celuy-ci prit sa route par la Savoye, & ce fut là qu'il trouva les deux Comtes avec des Troupes, pour luy disputer le passage dans la Vallée de Morienne. Il se mit au devant, & le combat fut si sanglant, que les trois Chefs des deux costez, c'est-à-dire, Grippon & les deux Comtes, demeurerent sur la place. Ce fut une importante victoire pour Pepin, qui par la mort de Grippon, terminoit la guerre civile.

Ibid. Continuat. Fredegar. cap. 118.

Il apprit cette nouvelle à Bonne sur le Rhin, à son retour de Saxe, où il venoit de défaire les Saxons, & de leur imposer un nouveau tribut, pour chastiment de leur révolte, aprés leur avoir fait promettre de plus, qu'ils souffriroient qu'on preschast l'Evangile dans tout leur païs, & qu'ils luy répondroient de la vie de ceux qu'on y envoyeroit, pour y exercer cette fonction. Il chastia aussi les Bretons, qui avoient fait quelques désordres sur les Terres de France. Il prit le Chasteau de Vannes, & obligea le Comte de Bretagne à se soûmettre.

Ces chastimens de Peuples révoltez, tantost à une extrémité du Royaume, tantost à l'autre, estoient depuis long-temps les occupations ordinaires de Pepin & de ses prédécesseurs : ils les prenoient volontiers, & elles estoient nécessaires pour leur réputation. Le succés qui ne manquoit guéres d'estre heureux, montre que ces sortes de guerres n'estoient pas difficiles. Il étendit encore vers ce-temps-là, les limites de l'Empire François: ce fut du costé du Languedoc, où il fut appellé à l'occasion que je vais dire.

Après la destruction de l'Empire des Gots en Espagne par les Sarrazins, & que Charles-Martel eut rasé plusieurs Places du Languedoc, qu'il prit sur ces nouveaux Conquérans, un Seigneur Got nommé Ansimonde, ramassa quelques restes du débris de sa Nation, & s'empara de Nismes, de Magalone, d'Agde & de Besiers, & ayant relevé les murailles de ces Villes, s'en fit un petit Etat, qu'il conserva malgré le voisinage & la puissance des Sarrazins. Il vit bien cependant qu'il faudroit à la fin succomber: c'est pourquoi il fit sçavoir à Pepin pendant la guerre de Saxe, ou un peu auparavant, qu'il vouloit se soûmettre à son Empire, & le reconnoistre pour son Souverain. Pepin reçut avec joye cette offre, qui ajoûtoit à l'Empire François les quatre Villes que j'ay nommées. Cette acquisition luy donna lieu d'agir contre les Sarrazins. Il fit faire des courses sur leurs Terres, & assiégea Narbonne. La force de la Place l'obligea, à l'exemple de son pere Charles-Martel, de changer ce siége en blocus, & il ne la réduisit que trois ans après. Pendant ce temps-là, un des Ducs Sarrazins appellé Solinoan, qui commandoit dans la Catalogne, se fit aussi son Vassal, & se soumit à luy avec les Villes de Barcelonne & de Gironne, dont ce Duc estoit le maistre.

Annales Metenses ad an. 751.

Tandis que la terreur du nom de Pepin se répandoit au-delà des Pyrenées, il portoit ses armes avec encore plus de succés au-delà des Alpes.

Le Pape Zacarie n'avoit pas vécu long-temps après le couronnement de Pepin. Il avoit eu pour successeur Estienne II. qui ne fut Pape que trois ou quatre jours; & Estienne III. étoit alors sur la Chaire de S. Pierre.

Après la retraite de Rachis Roy des Lombards, qui se fit Moine du Mont Cassin, Astolphe son frere avoit esté élevé sur le Trône de cette Nation. Ce Prince plein d'ambition & de courage, voyant que l'Empereur Constantin Copronyme, occupé des affaires d'Orient, abandonnoit presque entierement celles d'Italie, crut que le temps estoit venu d'en achever la conqueste. Il vint avec une grande Armée assiéger dans Ravenne, l'Exarque Eutychius, qui après une assez vigoureuse défense fut obligé de se rendre, faute de secours; & en luy finit cette espéce de Gouvernement, qu'on appelloit l'Exarcat, environ 185. ans après qu'il eut esté établi. Il se retira en Grece, n'ayant point de quoy défendre les Villes de la Pentapole, qui dépendoient de l'Exarcat, & qui se rendirent aussi aux Lombards.

An. 752.

Astolphe n'avoit plus guéres que Rome à subjuguer, pour se rendre bien-tost maistre absolu de l'Italie. Comme l'autorité des Exarques s'estoit toûjours étenduë sur cette Ville, il prétendit qu'estant maistre de Ravenne, Rome devoit aussi estre de sa dépendance, & le reconnoistre pour son Roy; & comme on refusa de luy en faire hommage, il fit faire des courses dans tout le Territoire, ravager le païs, enlever les habitans, exiger des contributions, & au siége près, qu'il ne fit pas, c'estoit une guerre ouverte.

Anastasius Bibliothecarius.

Le Pape Estienne fit tout ce qu'il put, pour le fléchir & l'engager à avoir quelque égard pour la Chaire de S. Pierre. Il luy envoya le Diacre Paul son frere avec des présens, afin de ménager avec luy quelque accommodement. Il réussit, & on signa une Paix ou une Tréve de quarante ans: mais au bout de quatre mois les Lombards la rompirent, & voulurent obliger les Romains à leur payer un tribut d'un sou d'or par teste, & de plus que Rome avec tout son Territoire, reconnust le Roy des Lombards comme son Souverain.

Le Pape envoya de nouveau vers ce Prince les Abbez des Monastéres de S. Vincent & de S. Benoist, pour le faire ressouvenir de ses promesses & de son serment. Il les reçut mal, les traita avec beaucoup de mépris, & leur ordonna de se retirer chacun à leur Monastére, avec défense de rentrer dans Rome.

Sur ces entrefaites arriva à Rome un Envoyé de l'Empereur, nommé Jean, portant ordre au Pape d'agir de concert avec luy, & de faire ensorte qu'Astolphe envoyast quelqu'un de sa part à Constantinople, avec qui l'on pust traiter. L'Officier de l'Empereur & le frere du Pape allerent trouver Astolphe, qui consentit enfin d'envoyer une personne à Constantinople, pour entendre les propositions de l'Empereur.

Le Pape joignit aussi un de ses gens à l'Envoyé d'Astolphe, pour faire comprendre à Constantin que le Roy des Lombards ne pensoit qu'à l'amuser, que s'il vouloit sauver Rome & le peu qui luy restoit en Italie, il falloit au plûtost y faire passer une bonne Armée, & que sans cela tout estoit perdu.

Cette négociation n'empeschoit point les Lombards de continuer leurs ravages; & le Pape de son costé, destitué de tout secours, s'adressoit à Dieu avec son Peuple, faisoit des prieres publiques la cendre sur la teste, les pieds nuds, implorant le secours du Sauveur, dont il portoit en procession par la Ville, une image miraculeuse, & au haut de la croix qui marchoit devant la procession, il avoit attaché le Traité de Paix que le Roy des Lombards avoit signé, & depuis tant de fois violé. Mais le Pape en recourant à Dieu, crut qu'il estoit de la prudence, de ne pas négliger les moyens humains.

Il connoissoit la Cour de Constantinople, & n'en attendoit ni accommodement ni secours; & c'est ce qui le détermina enfin à demander du secours au Roy de France, à l'exemple de ses prédecesseurs.

Il écrivit donc à Pepin, & comme il prévoyoit bien que les Lombards ne laisseroient jamais passer qui que ce fust, s'ils sçavoient qu'il allast de sa part en France, il donna ses Lettres à un homme qui estoit venu par dévotion faire un pelerinage à Rome, & que les Lombards qui ne s'en défioient point, n'arresterent pas.

An. 753.

Dans ces Lettres, le Pape après avoir fait l'exposition de l'état déplorable où se trouvoit Rome, prioit le Roy de luy envoyer quelqu'un de sa part, qui l'invitaft à passer en France, & qui sous son autorité que les Lombards craignoient, puft l'y amener sans danger.

Pepin n'eut pas pluftoft lû les Lettres du Pape, qu'il fit partir un Evêque nommé Rodigange, pour asseûrer de sa protection, & fit suivre l'Evêque peu de jours après par un Seigneur de sa Cour nommé Antaire, avec ordre de faire enforte, que le Pape fut conduit hors d'Italie en toute seûreté.

Cependant Aftolphe fit bloquer Rome, & assiéger les plus forts Chafteaux d'alentour, & c'eftoit dans cette extrémité, où les Envoyez de France trouverent le Pape & Rome, quand ils y arriverent. Presque en mefme temps revinrent auffi de Conftantinople, cet Officier de l'Empereur dont j'ay parlé, l'Envoyé du Pape, & celuy du Roy des Lombards, sans avoir rien conclu. L'Officier de l'Empereur apportoit seulement ordre au Pape, d'aller trouver luy-même le Roy des Lombards, pour luy demander de sa part la reftitution de Ravenne & des autres Villes de l'Exarcat, dont il s'eftoit emparé. Le Pape prévoyoit bien que ces demandes seroient fort inutiles: mais il voulut obéir. Il envoya donc prier Aftolphe de luy accorder des Paffeports & feûreté pour sa personne, & pour ceux qu'il meneroit avec luy à cette entreveüe.

Aftolphe luy ayant promis la seûreté qu'il demandoit, il partit de Rome pour se rendre à Pavie, où ce Prince devoit luy donner audience. L'Envoyé de l'Empereur Conftantin & les deux Envoyez de France, se joignirent à luy, & le Duc Antaire ayant pris les devants, prévint son arrivée à Pavie, pour faire entendre au Roy des Lombards la part que son Maître prendroit au traitement, qu'on feroit au Pape.

Quand Aftolphe fçut que le Pape eftoit proche, il luy envoya dire que dans l'Audience qu'il luy donneroit, il prift bien garde à ne pas luy dire un seul mot touchant la reftitution de Ravenne & de toutes les autres Places de l'Exarcat. Le Pape ne répondit rien autre chofe à l'Envoyé, finon qu'il ne craignoit rien, & que rien ne l'empefcheroit de s'acquitter de sa commiffion. En effet, après avoir fait les premiers complimens à Aftolphe, & luy avoir offert quelques présens qu'il avoit apportez, non seulement il luy expofa ce qu'il avoit ordre de luy dire de la part de l'Empereur: mais encore il le conjura les larmes aux yeux, de remettre les chofes dans l'état, où elles eftoient avant ses nouvelles entreprifes, & de rendre à l'Eglife de Rome tout ce qu'il luy avoit enlevé.

Aftolphe réfolu à tout refufer fur cet article, ne se laiffa toucher ni par les larmes, ni par les préfens du Pape. L'Envoyé de l'Empereur qui luy préfenta des Lettres de la part de son Maiftre, ne fut pas plus favorablement écouté. Sur quoy les Envoyez de France dirent à Aftolphe, qu'ils avoient ordre de leur Maiftre de le prier, de ne pas s'opposer au deffein que le Pape avoit pris de se retirer en France, ne pouvant plus demeurer avec seûreté ni avec bien-féance à Rome.

Cette proposition embarraffa le Roy des Lombards, & luy donna de l'inquiétude: il tira le Pape à quartier, & luy demanda s'il avoit pris en effet cette réfolution. Le Pape luy répondit nettement qu'oüi. Aftolphe fit ce qu'il put pour l'en détourner, & les jours suivans il luy envoya fecretement plusieurs de ses confidens, pour tafcher de luy ofter cette penfée, l'affeûrant qu'il n'avoit rien à craindre de luy,& qu'il le traiteroit toûjours avec le respect & les égards dûs au Chef de l'Eglife: mais rien ne fut capable de faire changer le Pape. Enfin Aftolphe diffimulant son chagrin, luy demanda encore une autrefois en préfence de l'Evêque Envoyé de Pepin, s'il eftoit entierement déterminé à se retirer en France. Le Pape luy ayant répondu qu'il eftoit toûjours dans cette penfée, & qu'il l'exécuteroit, pourvû qu'on ne luy en oftaft pas la liberté. Je vous la donne toute entiere, répondit le Roy des Lombards.

C'eftoit bien contre son fentiment qu'il parloit ainfi. On fçavoit avec quelle colere il s'étoit exprimé plufieurs fois là-deffus, & ce qu'il avoit à appréhender de ce voyage: mais arrefter le Pape contre la foy publique, & refufer aux Envoyez de France la permiffion qu'ils luy demandoient, de l'amener avec eux, comme il le souhaitoit, ç'euft efté quelque chofe de trop violent.

Le Pape partit donc de Pavie le quatriéme de Novembre avec les deux Envoyez, quelques Evêques, & d'autres personnes de son Clergé. Il fçut qu'on devoit luy fufciter de nouveaux obftacles pendant le chemin: c'eft pourquoy il fit grande diligence jufqu'aux paffages des Alpes, qui feparoient les Terres de France d'avec celles des Lombards. Il arriva sans aucune fafcheufe rencontre au Monaftére de S. Maurice fur le Rhône, au-deffus du Lac de Géneve; il s'y repofa quelques jours, durant lefquels l'Abbé Fulrade & le Duc Rotalde arriverent de la Cour, pour le complimenter de la part de Pepin, l'affeûrer qu'il feroit reçû en France d'une maniere digne d'un Souverain Pontife, & qu'on feroit enforte, qu'il ne la regardaft pas comme un lieu d'exil.

Pepin qui eftoit à Thionville, ayant fçû que le Pape eftoit parti du Monaftére de S. Maurice, luy envoya le Prince Charles son fils, & s'avança jufqu'à Pont-Yon, Maifon Royale, dont le nom fubfifte encore aujourd'huy dans ce Bourg du Pertois. Il alla une lieuë au devant de luy, accompagné de la Reine, de ses fils, & d'un grand nombre de Seigneurs. Il defcendit de cheval pour faluer le Pape, & fans luy vouloir permettre de descendre luy-mefme, il l'accompagna marchant à pied pendant quelque temps. Cette réception se fit le fixiéme de Janvier jour des Rois de l'année 754. De-là ils vinrent enfemble à Paris; enfuite le Pape alla à l'Abbaye de S. Denis, où le Roy luy avoit fait préparer son logement.

Continuat. Fredeg. c. 119.

Anaftafius.

An. 754.

I i

Il y demeura pendant l'hyver, & y tomba dans une grande maladie, dont la guérison subite fut attribuée au S. Martyr Patron de cette Abbaye & de la France. Quelque temps après il vint trouver le Roy à Chierſi, Maiſon Royale ſur la riviére d'Oiſe, à ſix ou ſept lieuës de Noyon, pour luy propoſer de faire la guerre au Roy des Lombards, en ſe déclarant le défenſeur & le protecteur de l'Egliſe Romaine, contre les uſurpations de ce Prince. Le Roy luy dit qu'il acceptoit avec joye ces qualitez; qu'il s'en faiſoit honneur, & qu'il taſcheroit de les ſoûtenir avec dignité.

Cependant Aſtolphe prévoyant bien que le voyage du Pape aboutiroit-là, penſa ſérieuſement à détourner ce coup qu'il appréhendoit, & n'omit rien pour l'éviter. Il crut qu'il ne voit rien oppoſer de plus efficace aux inſtances du Pape, que les priéres du frere de Pepin meſme. Ce frere eſtoit Carloman, autrefois Duc d'Auſtraſie, & qui après avoir gouverné pluſieurs années la France avec luy, dans une union & une concorde admirable, avoit renoncé au monde, comme je l'ay raconté, & s'étoit fait Moine du Mont Caſſin. Aſtolphe le fit venir avec ſon Abbé, leur repréſenta les ſuites funeſtes de la guerre que le Pape avoit deſſein d'attirer en Italie, leur fit entendre qu'il avoit dequoy ſe bien défendre, & que s'il demeuroit vainqueur, comme il l'eſperoit, il ſe ſouviendroit de ceux qui l'auroient ſervi, ou qui auroient eſté indifférens pour ſes intéreſts; qu'il vouloit les en charger en cette occaſion, & faire épreuve de leur zéle; qu'il falloit que Carloman partiſt inceſſamment pour la Cour de France, afin d'y maintenir le Roy dans la bonne intelligence, qui eſtoit depuis long-temps entre les François & les Lombards, & d'y rompre les meſures que le Pape prenoit, pour luy faire déclarer la guerre. L'Abbé ne put pas ſe diſpenſer d'obéir au Roy, ni Carloman à ſon Abbé. Il ſe mit en chemin, & arriva à Chierſi auprès du Roy ſon frere, dans le temps que le Pape y eſtoit.

Eginard, in Annal.

Ses remontrances furent inutiles; ſoit qu'il les fit mollement, comme il y a bien de l'apparence; ſoit que Pepin trouvaſt trop d'avantage & ſa gloire dans cette guerre. Carloman quelque temps après reprit la route d'Italie, & mourut en chemin, eſtant encore ſur les Terres de France.

Pepin néanmoins avant que d'en venir aux armes, crut devoir employer la voye de la négociation. Il envoya juſqu'à trois diverſes fois au Roy des Lombards, pour luy faire des propoſitions d'accommodement; mais comme on y mettoit pour condition eſſentielle, la reſtitution de Ravenne & des autres Places de l'Exarcat, avec la liberté & l'indépendance de Rome, ces propoſitions ne furent point acceptées.

Anaſtaſius.

Le Roy des Lombards ſe rendoit d'autant plus difficile, qu'il eſtoit bien informé de la répugnance, que les plus conſidérables du Conſeil de Pepin, & des Seigneurs François, avoient pour ces expéditions d'Italie, qui depuis l'établiſſement de la Monarchie, avoient eſté pour la pluſpart fort funeſtes aux Armées Françoiſes, ſouvent peu glorieuſes, & preſque toûjours fort inutiles. Pluſieurs Seigneurs allerent juſqu'à dire à Pepin, que quelque attachement qu'ils euſſent pour ſa perſonne, ils ne le ſuivroient pas dans cette entrepriſe. Il uſa de toute ſon adreſſe pour les ramener, & il en vint à bout: ainſi de part & d'autre on ſe prépara à la guerre.

Eginard, in vita Car. M.

Tandis qu'on en faiſoit les préparatifs en France, Pepin combloit le Pape d'honneurs, & le Peuple luy rendoit par tout des reſpects, & avoit pour luy la vénération que meritoit ſa qualité de Vicaire de Jeſus-Chriſt. Ce Prince qui mettoit tout à profit, crut pouvoir tirer quelque avantage de cette impreſſion, que la préſence du Souverain Pontife faiſoit ſur l'eſprit des François. Il avoit eſté ſacré Roy par S. Boniface Evêque de Mayence: il voulut l'être de nouveau par les mains du Pape, qui y conſentit volontiers. La cérémonie ſe fit dans l'Egliſe de l'Abbaye de S. Denis: la Reine Bertrade & les deux Princes Charles & Carloman fils de Pepin, reçûrent auſſi l'onction Royale de la main du Pape. Ce Pontife en donnant ſa bénédiction aux Seigneurs François, les conjura au nom de S. Pierre, dont le Seigneur luy avoit confié l'autorité, de maintenir la Couronne dans la Famille de Pepin, que Dieu par une providence toute particuliére, avoit choiſi & exalté pour la défenſe de l'Egliſe & du S. Siége Apoſtolique. Pepin de ſon coſté promit ſolemnellement au Pape, & les deux Princes ſes fils le promirent auſſi, d'eſtre les défenſeurs du S. Siége, & de regarder comme leurs ennemis, tous ceux qui le ſeroient du Pape & de ſes légitimes ſucceſſeurs.

Eginard. Anaſtaſius.

Anaſtaſius.

Au ſortir de cette cérémonie, le Roy tint à Paris une Aſſemblée des principaux Seigneurs de l'état, où il leur déclara de nouveau la réſolution qu'il avoit priſe de faire la guerre au Roy des Lombards, pour la reſtitution de l'Egliſe & la reſtitution de l'Exarcat de Ravenne. Tous y applaudirent, & quelque temps après, on marcha en corps d'Armée par Lion & par Vienne vers les Alpes, & on fut en état de paſſer au commencement de Septembre.

Le Pape avec le conſentement du Roy, écrivit durant cette marche au Roy des Lombards, pour l'engager à prendre des ſentimens de Paix, le conjurant d'écouter la juſtice, & d'empêcher, tandis qu'il eſtoit encore en ſon pouvoir, l'effuſion de tant de ſang qu'on alloit répandre. Le Roy fit porter les Lettres du Pape par un Envoyé, qui avoit ordre de faire les mêmes remontrances de ſa part. Aſtolphe reçut & les Lettres & les remontrances avec une fierté, qui fit connoiſtre à l'Envoyé, qu'il n'y avoit plus rien à ménager.

An. 754.

Sur l'avis que Pepin en eut, & ſur ce qu'il apprit en meſme temps qu'Aſtolphe venoit au devant de luy, afin de luy diſputer le paſſage des Alpes, il détacha un Corps de Troupes choiſies, pour aller ſe ſaiſir du Pas de Suze, ou pour empeſcher au moins qu'Aſtolphe ne le paſſaſt.

Tome I.

Ces Troupes marcherent assez promptement pour pouvoir empescher le passage d'Astolphe, & pour s'emparer du défilé du costé de France; mais il s'en estoit déja rendu maistre du costé qui regarde l'Italie. Le Roy continuoit cependant sa marche par le Val de Maurienne avec de grandes difficultez. Il se donna un grand combat au Pas de Suze, rapporté diversement par les anciens Historiens. Les uns disent qu'Astolphe fit attaquer le détachement de l'Armée Françoise, qui gardoit le passage, avant que le reste de l'Armée eut joint ce détachement; d'autres que ce furent les François qui attaquerent les Lombards. Mais tous conviennent que les Troupes Françoises y firent des prodiges de valeur; qu'un assez grand nombre de Soldats ayant grimpé sur des rochers escarpez, en se poussant les uns les autres, vinrent prendre les ennemis par derriere; que l'Armée des Lombards fut défaite par les Troupes de France, moins nombreuses que les leurs, & qu'Astolphe fut contraint de se jetter dans Pavie, où Pepin alla aussi-tost l'assiéger.

Anastasius. continuat. Fredegar. Epist. Stephani Papæ ad Pipinum.

Aprés quelques jours de Siége, le Pape pria le Roy de faire encore une tentative pour la Paix, & le Roy le voulut bien. Il fit faire à Astolphe les mesmes propositions qu'on luy avoit déja faites tant de fois, s'offrit de lever le Siége, & de sortir d'Italie; pourvû qu'il voulust quitter Ravennes & les autres Places de l'Exarcat, & ne plus inquiéter le Pape dans Rome.

Astolphe s'estimant heureux d'échapper à ce prix, signa tout ce qu'on voulut, promit avec serment, & les Seigneurs Lombards aussi, de rendre au pluftost Ravennes, donna pour seûreté de sa parole quarante ôtages, & consentit que le Pape se mist dès-lors en possession de la Ville de Narni.

Epist. Stephan. ad Pipinum.

Pepin fit plus; car comme c'estoit à luy, & non pas à l'Empereur, que cette cession se faisoit, & que l'Exarcat devenoit par là sa conqueste, dont il prétendoit avoir droit de disposer, il en fit une donation dans les formes & par écrit au Pape & à l'Eglise Romaine: aprés quoy il fit conduire le Pape à Rome par l'Abbé Fulrade avec un assez bon nombre de Troupes, sous le Commandement de Jerôme, fils naturel de Charles-Martel, & ensuite il repassa en France avec son Armée.

Annales Fuld. ad an. 756. Anastasius.

Astolphe tiré du mauvais pas, où il s'estoit trouvé engagé, jugea qu'on avoit mis sa liberté à trop haut prix. Il commença à user de délais, & à différer sous divers prétextes, la restitution de Ravennes & des autres Places: il fit sous main ses préparatifs, pour se mettre en état de résister aux François, dont il prévoyoit bien le retour, & fit tout de nouveau des courses dans le Territoire de Rome. Le Pape fit partir l'Abbé Fulrade, pour en donner avis à Pepin, & pour le prier de ne se point laisser gagner par les prieres & par les artifices de ce Prince violateur de ses sermens, de se souvenir que c'estoit à S. Pierre qu'il avoit fait la donation de l'Exarcat, & qu'il estoit de son honneur & de sa piété de la soûtenir, & d'en procurer l'execution.

Epist. Stephan. ad Pipinum.

Mais le Pape fut encore plus consterné, lorsque le premier jour de Janvier il vit Rome investie par l'Armée d'Astolphe, qui s'étant partagée en différens corps, s'empara de tous les postes des environs, & de tous les chemins qui conduisoient à la Ville. La première chose que fit ce Prince, fut de sommer les Romains de luy livrer le Pape, de luy ouvrir leurs portes, avec promesse de ne leur faire aucun mauvais traitement, les menaçant, s'ils se mettoient en devoir de se défendre, de renverser leurs murailles, & de les faire tous passer sans quartier au fil de l'épée.

Epist. Stephan. ad Pipinum.

Sur le refus qu'on fit de se rendre, il abandonna à ses Soldats tous les environs de Rome, où ils firent des ravages, & exercerent des cruautez sans exemple. Enfin, il commença le siége & les attaques avec toutes sortes de machines.

Les Romains animez par les exhortations du Pape, & par l'exemple des Soldats François que Pepin luy avoit laissez, se défendirent avec vigueur. On se servit de toutes sortes de moyens, pour faire sortir quelqu'un de la Ville, afin d'aller donner avis au Roy de France de l'état des choses; mais les passages estoient si bien gardez, & la Ville si serrée, que rien ne passoit. Le cinquante-cinquième jour du siége, le Pape eut avis, qu'un Vaisseau en un endroit de la côte, estoit prest de faire voile en France; & comme le costé de la Mer n'estoit pas si bien gardé par les Lombards, un Evêque nommé George, l'Abbé Garnier, & le Comte Homaric, furent assez heureux, pour s'échaper par là, & passerent en France avec une Lettre du Pape.

Cette Lettre estoit écrite au nom de tous les Romains, adressée non seulement au Roy, mais encore à ses deux fils Charles & Carloman, à qui il donne aussi la qualité de Rois & de Patrices Romains, aux Evêques, aux Abbez, aux Prestres, aux Moines, aux Ducs, aux Comtes & à toute l'Armée Françoise, pour les conjurer de ne pas abandonner l'Eglise Romaine dans une si fascheuse conjoncture, & de contribuer de tout leur pouvoir, à la délivrer des mains de ceux qui la vouloient exterminer. Le Pape joignit une autre Lettre à celle-ci, où il fait parler S. Pierre, comme s'il écrivoit luy-mesme au Roy & à tous les François. Rien n'estoit plus pressant, plus pathétique & plus glorieux à la Nation.

Pepin n'avoit pas attendu ces Lettres du Pape, pour se préparer à le secourir: car dès qu'il sçut que le Roy des Lombards différoit l'exécution du Traité de Pavie, il avoit pris la résolution & les moyens de l'y contraindre; de sorte que quand les Lettres arriverent, il estoit prest à se mettre en marche. Il se rendit donc promptement en Provence, & se disposa à passer une seconde fois les Alpes.

Mais sur ces entrefaites, arriverent en Italie des Envoyez de l'Empereur de Constantinople, qui sur la nouvelle qu'on y avoit euë de la guerre que Pepin avoit déclarée aux Lombards, & des grands avantages qu'il avoit remportez, venoient le féliciter, le remercier de la part qu'il prenoit aux intérests de l'Em-

Anastasius.

PEPIN.

pire, & le prier de continuer la guerre.

Ils furent surpris de trouver Rome assiégée par Astolphe, & luy demanderent permission d'y entrer, pour parler au Pape. Il la leur accorda volontiers, voyant bien que les intérests du Pape n'estoient plus ceux de l'Empire, & espérant que l'arrivée de ces Envoyez luy causeroit de l'embarras. Le Pape leur apprit l'état des choses, la nécessité où il avoit esté d'avoir recours à la France, se trouvant entièrement abandonné de l'Empereur, & que l'Armée des François estoit encore sur le point de passer les Alpes, pour venir faire lever le siége de Rome.

Ils eurent peine à croire ce dernier article: ils se persuaderent ou que le Pape se flatoit, ou qu'il affectoit de paroistre seur de ce secours, pour les intimider & les empescher de faire trop valoir l'autorité de l'Empereur, qu'on ne reconnoissoit plus dans Rome. Ils luy déclarerent l'ordre qu'ils avoient de passer en France. Il leur dit qu'ils arriveroient trop tard, & qu'avant qu'ils y débarquassent, le Roy seroit en Italie. Ils ne laisserent pas de partir avec un nouvel Envoyé. En arrivant à Marseille, ils apprirent, comme on le leur avoit prédit, que le Roy avoit déja passé les Monts. Cela les chagrina; & sçachant que l'Envoyé du Pape avoit dessein d'aller joindre le Roy au pluftost, ils firent tout ce qu'ils pûrent, pour l'en empescher. N'ayant pû en venir à bout, ils firent prendre les devants à l'un d'eux nommé Gregoire, qui arriva auprès du Roy, comme il estoit déja assez près de Pavie.

Il luy fit ses complimens & des remercîmens au nom de l'Empereur, & enfin le pria, qu'en cas qu'il puft obliger le Roy des Lombards à ceder Ravennes & les autres Places de l'Exarcat, il voulust bien permettre qu'elles retournassent sous l'obeïssance de l'Empereur leur ancien & légitime Maistre. L'Ambassadeur accompagna sa requeste de plusieurs présens fort magnifiques.

Le Roy répondit, qu'il estoit bien fâché d'avoir un engagement indispensable contraire à ce qu'il souhaitoit de luy; que l'Empereur ne luy avoit jamais proposé de faire la guerre au Roy des Lombards; que ce n'estoit ni l'ambition, ni l'interest, ni aucun autre motif humain, qui la luy avoient fait entreprendre; qu'il n'avoit en veüe que le bien & l'honneur de l'Eglise Romaine; que cette guerre estoit la guerre de S. Pierre; qu'il ne la faisoit que pour la gloire de ce Saint, qui en auroit tout l'honneur, & les Papes ses successeurs tout le profit; qu'il s'y estoit engagé par serment; que rien ne le feroit changer, & que ce n'estoit point à l'Empereur qu'il enlevoit Ravennes; mais au Roy des Lombards.

L'Envoyé de l'Empereur se retira avec cette désagréable réponse, & le Roy, qu'Astolphe avoit crû devoir tourner du costé de Rome, alla une seconde fois mettre le siége devant Pavie. Cette diversion eut tout l'effet que Pepin en avoit attendu. Astolphe qui trouva beaucoup plus de difficulté à forcer Rome qu'il ne s'estoit imaginé, apprit en mesme temps que Pavie estoit aux abois, & prévit qu'après la prise de cette Place, il seroit en danger de perdre tous ses Etats: c'est pourquoy il envoya demander la Paix à Pepin. Ce Prince répondit qu'il seroit toûjours prest à la faire, pourvû qu'on executast le Traité de Pavie, & qu'on y ajoûtast encore la Ville de Comachio, pour la peine qu'on luy avoit donnée de passer une seconde fois les Alpes, une grosse somme d'argent pour les frais de son armement, & le tribut annuel de douze mille sous d'or, que les Lombards payoient autrefois à la France, & qu'ils avoient racheté du temps de Clotaire II. Astolphe tout fier & tout hautain qu'il estoit naturellement, voyant le mal sans ressource, accorda tout, & en passa par où l'on voulut. Il confirma le Traité de l'année précédente, avec l'addition de Comachio & les autres conditions. La donation de toutes ces Places à l'Eglise Romaine, au Pape & à tous ses successeurs, fut faite & mise de nouveau par écrit. *Et nous avons*, dit Anastase, Bibliothequaire de l'Eglise Romaine, de qui j'ay tiré toute cette relation, *nous avons, dans nos Archives cette donation bien conservée jusqu'à maintenant.* Il vivoit environ cent ans après le temps dont je parle. L'affaire estant concluë, le Roy alla faire ses dévotions à Rome. Il y demeura peu, pour ne point augmenter la jalousie des Grecs, & prit la route de France.

Mais de peur qu'Astolphe ne retombast dans ses infidélitez ordinaires, il voulut avant que de sortir d'Italie, qu'on en vinst à l'exécution du Traité. Il envoya l'Abbé Fulrade, accompagné des Officiers Lombards, pour prendre possession de Ravennes & des autres Places cédées. Cet Abbé prit des ôtages de toutes ces Villes, se fit suivre par les plus considérables habitans jusqu'à Rome, & mit les clefs de toutes ces Places sur le Tombeau de S. Pierre, comme pour l'en mettre en possession, aussi-bien que tous ses successeurs. C'est là proprement le commencement de la domination temporelle des Papes, qui ajoûta un grand relief à leur Pontificat.

Jusqu'au temps du grand Constantin, l'apanage le plus ordinaire des successeurs de S. Pierre estoient les persécutions, & souvent le martyre; l'oppression & l'humiliation où le Paganisme régnant les tenoit, ne les empeschoit pas d'estre reconnus par les Catholiques de toutes les Nations de la Terre, pour Vicaires de Jesus-Christ, pour Chefs visibles de l'Eglise universelle, avec cette préeminence à l'égard de tous les Evêques du monde, qu'on ne peut leur contester, sans devenir Schismatique & Hérétique. Constantin estant monté sur le Trône, honora dans sa personne, Jesus-Christ qu'il reconnoissoit publiquement pour l'auteur de ses victoires; & dès-lors furent ajoûtez à leur dignité & à leur autorité spirituelle, tant d'éclat & tant de biens temporels, qu'Ammien Marcellin Auteur Payen, qui vivoit sous le regne des enfans de Constantin, écrit en termes de Payen, que cette Place estoit dès-lors devenuë un objet digne de la plus noble ambition.

Il y eut néanmoins de la vicissitude à cet égard sous les Règnes suivans, selon que les Empereurs estoient plus ou moins zélez pour l'honneur de l'Eglise, selon qu'ils estoient Catholiques ou Hérétiques, selon qu'ils se déclaroient contre les Hérétiques, ou qu'ils les soûtenoient. Les Eutychiens & les Monothélites attirerent bien de mauvais traitemens aux Papes; les Erules, les Ostrogots, les Lombards, partie Ariens, partie Payens, qui s'emparerent les uns après les autres de l'Italie, les firent beaucoup souffrir, & au lieu de cette magnificence, dont parle l'Auteur que je viens de citer, on vit du temps de Theodoric Roy des Ostrogots, le saint Pape Jean premier, obligé de faire le voyage de Constantinople sur un cheval d'emprunt.

Depuis l'établissement de l'Exarcat de Ravennes, les Gouverneurs d'Italie pour l'Empereur, ayant établi leur siége dans cette Ville, l'autorité des Papes fut plus grande dans Rome; mais cette Capitale du monde estoit toûjours sous la domination des Empereurs, & dépendante de l'Exarcat, & l'Empereur ou l'Exarque y envoyoient des Ducs pour la gouverner. L'Héréfie des Brife-images, qui rendit l'Empereur Leon l'Isaurien infiniment odieux aux Romains, en fut une occasion aux Papes, de se souftraire presque entierement à son obéïssance. Enfin la persecution des Rois Lombards leur attira la protection de Pepin, à qui, comme nous venons de le voir, ils sont redevables de cette domination temporelle, qui s'est encore depuis beaucoup étenduë.

Astolphe néanmoins, quelque temps après le départ de Pepin, songea de nouveau aux moyens de se relever du Traité de Pavie, & de la perte qu'il avoit faite en le signant. Ravennes & plusieurs autres Places cédées estoient entre les mains du Pape; mais elles n'y estoient pas toutes. Faenza & Ferrare estoient du nombre de celles qui n'avoient pas encore esté livrées, & Astolphe faisoit tous les jours naître de nouveaux incidens, pour en retarder la restitution. Selon toutes les apparences, il en fust venu à une nouvelle guerre; mais sa mort arrivée par un accident subit, ne le luy permit pas. Il tomba de cheval à la chasse; & mourut peu de jours après de cette chûte, sans laisser d'enfans pour luy succéder.

Annales Metenses. An. 756. Eginar.

Cette mort mit la division parmi les Lombards. Un de ses Généraux nommé Didier, qui se trouva fort à propos pour luy, à la teste d'un Corps d'Armée dans la Toscane, fut un des prétendans au Trône. La pluspart des grands Seigneurs du païs se déclarerent contre luy, & résolurent entre eux de luy opposer Rachis frere du feu Roy. Ce Rachis avoit déja régné avant Astolphe : mais ayant esté touché d'un entretien qu'il eut avec le Pape Zacarie, sur l'état de sa conscience, & sur les grandes veritez du salut, il avoit renoncé au Trône, l'avoit cédé à son frere Astolphe, & s'estoit fait Moine au Mont Cassin. Jamais aucun siécle ne produisit plus de ces sortes d'exemples, & Rachis avoit eu pour modeles de cette retraite, Carloman frere de Pepin, & Hunaud Duc d'Aquitaine. Quelques Seigneurs Lombards vinrent le trouver de la part des autres, pour le prier de reprendre le Gouvernement de la Nation, qui se trouvoit sans chef, luy remontrerent qu'elle estoit sur le point de se voir ruïner par les guerres civiles, que Didier avoit une Armée à luy; mais qu'eux ne pouvant se résoudre à le reconnoistre, en alloient lever une de leur costé, & que le Roy des François n'attendoit que cette division, pour les subjuguer, & pour se rendre maistre de l'Italie, où il n'estoit déja que trop puissant.

Rachis ou touché de ces motifs, ou ennuyé du Couvent, se laissa tenter par cette proposition, & l'écoûta. Aussi-tost par son ordre les Seigneurs Lombards commencerent à faire de grandes levées de Troupes pour le mettre à leur teste, & aller combatre Didier.

Anastasius.

Ce Général sur cette nouvelle, prit le parti qu'il devoit prendre pour réüssir; il écrivit au Pape, pour le supplier de se déclarer en sa faveur, & de luy procurer la protection du Roy de France, luy promettant que si-tost qu'il seroit sur le Trône des Lombards, la premiere chose qu'il feroit, seroit d'exécuter entierement & de bonne foy le Traité de Pavie, & que de plus il luy donneroit la Ville de Bologne avec tout son Territoire.

Epist. Stephan. ad Pipinum.

Dès-lors le Pape commença à s'appercevoir qu'il estoit Prince, & qu'il alloit faire désormais en Italie, une toute autre figure que ses prédécesseurs. Il n'avoit garde de rien promettre sans l'avis de l'Abbé Fulrade, qui estoit demeuré auprès de luy de la part de Pepin. L'Abbé n'hésita pas sur la proposition de Didier. Il voulut luy-mesme se charger de cette négociation, & partit avec Paul frere du Pape, & une autre personne de son Conseil, pour se rendre en Toscane auprès de Didier. On fut bientost d'accord sur les conditions du Traité, qui furent de remettre au pluftost entre les mains du Pape toutes les Places cédées par le Traité de Pavie, & d'y ajoûter Bologne & ses dépendances; & on commença par prendre possession de Faënza & de tout le Duché de Ferrare.

Anastasius.

En mesme temps le Pape envoya à Rachis un Prestre de son Eglise nommé Estienne, pour luy représenter le sacrilége qu'il alloit faire, en quittant l'état qu'il avoit embrassé, & luy ordonner de sa part de rentrer dans son Monastére. Il traita ensuite avec les Seigneurs Lombards, leur fit concevoir que le Pape & la France se déclarant pour Didier, leurs efforts seroient vains, & n'aboutiroient qu'à leur ruine. Il agit si efficacement, que chacun se retira chez soy, & Rachis dans son Monastére : les Troupes furent congédiées, & Didier reconnu pour Roy de toute la Nation.

Les Villes de Spolete & de Benevent, qui avoient toûjours esté du Royaume des Lombards, prirent cette occasion de s'en détacher, & sans que Didier s'y opposast, elles se mirent sous la protection de la France & de l'Eglise Romaine, & élûrent chacune leur Duc. C'est ce que nous apprend la Lettre, que le Pape écri-

Epist. Stephan. ad Pipinum.

vit à Pepin sur la conclusion de cette grande affaire, où après mille loüanges & des actions de graces, des protestations de reconnoissance exprimées dans les termes les plus touchans, il le prie d'approuver tout ce qui avoit esté fait, & d'accorder son amitié au nouveau Roy des Lombards.

Tandis que tout cela se passoit en Italie, les Envoyez de l'Empereur estoient à la Cour de France, & continuoient de faire tous leurs efforts auprès du Roy, pour l'engager à avoir quelque égard aux interests de leur Maistre, qu'on dépoüilloit de son Domaine, sous pretexte qu'on l'enlevoit aux Lombards qui l'avoient envahi. Le Pape de son costé sollicitoit le Roy de demander aux Envoyez de l'Empereur la main-levée de quelques Terres de l'Eglise Romaine, qu'on luy avoit confisquées dans la Sicile, que ce Prince fist cesser la persecution qu'il faisoit aux Catholiques, & qu'il se soumist aux décisions de l'Eglise touchant le culte des Images. La suite & le tour que les affaires commencerent à prendre, montrent bien que le Pape étoit plus écouté, que l'Empereur.

Ibid.

Pepin du milieu de la France donnoit ainsi le branle aux affaires d'Italie, & se servoit avantageusement de l'admiration que les Peuples avoient de son courage & de sa sagesse, pour affermir de plus en plus sa puissance, & asseürer la Couronne à sa posterité.

Il tint au printemps à Compiégne une de ces Diétes ou Assemblées générales des François, qu'on avoit appellées autrefois le Champ de Mars, & qui s'appellerent depuis le Champ de May, parce qu'il en changea le mois, & les fit tenir au premier de May, au lieu qu'auparavant on les tenoit ordinairement au premier de Mars. On voit néanmoins par la suite de l'Histoire qu'on ne s'astreignoit pas si exactement au jour & au mois.

La principale chose qui se fit dans celle dont je parle, fut l'hommage que Tassillon Duc de Baviére & neveu de Pepin, luy rendit pour son Duché, en présence des principaux Seigneurs Bavarois, & le serment de fidelité qu'eux & le Duc luy firent, & qu'ils renouvellerent par ses ordres après l'Assemblée, sur les corps de S. Denis, de S. Germain, & de S. Martin. Il voulut qu'ils fissent cet hommage & ce serment, non seulement à luy, mais encore à ses deux fils Charles & Carloman, comme à ses successeurs, qui avoient déja reçû l'onction de la main du Pape Estienne.

Ce fut durant cette Assemblée, qu'il arriva de nouveaux Ambassadeurs de Constantinople, qui entre autres présens qu'ils firent à Pepin de la part de l'Empereur, luy présenterent un Orgue, Instrument inconnu jusqu'alors en France.

Annales Metenses. ad an. 757.

C'estoit toûjours les affaires d'Italie, qui obligeoient alors l'Empereur à avoir des Ambassadeurs à la Cour de France. Pepin en avoit aussi à la Cour de Constantinople; mais il répondoit plus aux honnestetez de l'Empereur par des civilitez réciproques, qu'au désir que ce Prince avoit, de rentrer en possession de Ravennes & des Villes de la Pentapole cedées au Pape Estienne.

An. 757.

La mort de ce Pape qui arriva le 26. d'Avril de cette mesme année, ne changea rien dans les affaires: son frere Paul, Diacre de l'Eglise Romaine, fut mis en sa place. Ce fut le premier Pape de ce nom. Il fit part aussi-tost de son exaltation au Roy, l'asseûrant de sa fidelité & de son attachement, & luy demandant sa protection & la continuation de ses bontez envers l'Eglise de Rome: le Roy les luy promit, & il ne fut pas long-temps, sans en avoir besoin.

Epist. 1. Pauli Papæ adPipinum in Codice Carolin.

Le repos du Pape dépendoit de celuy de la France, & il pouvoit s'asseûrer que l'Empereur & le Roy des Lombards ne manqueroient aucune occasion de l'inquieter, quand ils la trouveroient. Il se fit en l'an 758. une révolte générale des Saxons. Pepin fut obligé de conduire contre eux une grande Armée, de donner plusieurs combats dans le païs, & d'y forcer des Places. Il les dompta enfin, & leur imposa en punition de leur révolte, un nouveau tribut de trois cens chevaux, qu'ils seroient obligez de luy amener tous les ans, quand il tiendroit l'Assemblée générale ou le Champ de May. Le Roy des Esclavons à cette occasion se soumit aussi à luy, le reconnut pour Souverain, & se fit son Tributaire.

Eginar. ad an. 758.

Les Lombards n'eurent pas plustost appris que Pepin avoit de ce costé-là beaucoup d'occupation, qu'ils s'en prévalurent. Didier qui avoit tout promis au feu Pape, pour estre Roy, eut crû cesser de l'estre, si pour tenir sa parole, il cust cedé toutes les Places qu'on luy redemandoit. Loin de cela, il commença à faire des hostilitez, & à ravager la Pentapole. Il surprit Spolete & le Duc Albin, qu'il mit dans les fers, comme un deserteur, qui s'estoit détaché du Royaume des Lombards, pour se donner au Pape, & il y créa un autre Duc nommé Argis. Il surprit aussi Benevent, dont le Duc s'échapa, & se sauva à Otrante. Didier ensuite de ces entreprises, toûjours inquiet de ce qu'il devoit apprehender du costé de la France, pensa à se faire un appuy. L'Empereur de Constantinople, dont les dépoüilles faisoient le sujet de la querelle, regardoit & le Pape & le Roy des Lombards, & le Roy de France comme ses ennemis, mais qu'il s'embarrassoient peu de son inimitié. Le point capital pour luy, eut esté de détacher le Roy de France des interests du Pape, il taschoit en vain de le faire depuis plusieurs années, & il avoit perdu toute espérance d'y réüssir. Comme il estoit dans cet embarras, le Roy des Lombards luy fit une proposition, qui devoit beaucoup luy plaire; ce fut de faire une Ligue entre eux, & d'unir leurs forces pour reprendre Ravennes & Otrante, à condition que la premiére de ces deux Places demeureroit aux Lombards, & que néanmoins l'Empereur se pourroit venger sur tous ceux de la Ville, dont il seroit le plus mécontent; pareillement qu'Otrante seroit pour les Grecs, qui pouvoient aisément l'attaquer avec l'Armée de Mer qu'ils avoient en Sicile, tandis que les Lombards en feroient le siége par terre; & qu'en cas qu'elle fut prise, le Duc de Benevent, qui s'y estoit réfugié, seroit li-

Epist. Pauli adPipinum in Cod. Carolin.

vré aux Lombards, pour en faire justice. George un des Envoyez de l'Empereur à la Cour de France, & qui estoit alors à Naples, vint trouver le Roy des Lombards à Pavie. Il s'aboucha avec luy sur ce sujet, & ils écrivirent tous deux à l'Empereur, pour le faire consentir à ce Traité.

Aussi-tost après, le Roy des Lombards s'approcha de Rome, & pour mieux amuser le Pape, il eut une conférence avec luy, où il luy protesta qu'il ne souhaitoit rien plus que la Paix. Le Pape le somma d'exécuter ses promesses, & en particulier de luy remettre au plûtost Imola, Bologne, Osme & Ancone; mais il éluda cette demande sous divers prétextes. Il se plaignit de ce qu'après avoir rendu déja plusieurs Places, on luy retenoit toûjours ses ôtages en France, & dit que si le Pape vouloit les luy faire rendre, il le trouveroit toûjours parfaitement disposé à entretenir une parfaite concorde.

Ibid.

Tout cela se faisoit en Italie, sans que Pepin pust en avoir des nouvelles; parce que les Lombards gardoient tellement tous les chemins, qu'on estoit infailliblement arresté au passage des Alpes, pour peu que l'on fust soupçonné d'aller en France de la part du Pape.

Epist. 2. Pauli ad Pipinum in Cod. Carolin.

Didier avoit ses Envoyez à la Cour de France, qui asseûroient le Roy de la sincérité de ses intentions, le priant de luy donner le temps de ménager l'esprit de la Nation, à qui ces démembremens déplaisoient fort; qu'il avoit déja exécuté le Traité en grande partie; qu'il feroit le reste peu à peu; que le Pape se choquoit de tout; qu'il exageroit les moindres désordres, & faisoit passer les violences de quelques particuliers sans aveu, pour des déclarations de guerre.

In Codice Carolin. ibid.

Les Envoyez de Constantinople de leur côté usoient de mille artifices, pour décrier dans l'esprit du Roy, la conduite du Pape, & sa maniére d'agir envers l'Empereur: mais le Roy estoit toûjours sur ses gardes à cet égard, & ne voulut rien résoudre, sans avoir entendu les deux parties. Le Pape qui se doutoit de toutes ces menées, écrivit au Roy, pour le prier de ne se point laisser prévenir par le Roy des Lombards, & de se souvenir toûjours, qu'il étoit le Protecteur de l'Eglise. Il luy marquoit en détail les ravages, qu'ils avoient faits dans la Champagne de Rome & à Senigaglia, les violences dont Didier avoit usé envers les Ducs de Spolete & de Benevent, & ce qu'on avoit sçû du projet d'un Traité de Ligue entre ce Prince & l'Empereur: mais comme il se doutoit que ses Lettres estoient la plûspart interceptées, il s'avisa d'un expédient, pour faire tenir seûrement celle dont je parle. Le Roy des Lombards l'avoit sollicité plusieurs fois, de luy faire rendre ses ôtages par le Roy de France, quoy qu'il ne pust pas l'exiger avant l'entiére exécution du Traité de Pavie: quelque peu raisonnable que parut cette proposition, le Pape fit semblant de l'écouter.

Il luy promit donc ses bons offices à la Cour de France, supposé qu'on luy donnast un sauf-conduit, pour y faire passer ses Envoyez. Le Roy des Lombards s'y accorda, & lut les Lettres que le Pape écrivoit à Pepin, pour le prier de renvoyer les ôtages en Italie: mais le Pape, *ibid.* en donna de secretes à ses Envoyez, par lesquelles il le prioit du contraire, luy exposoit toutes les infractions faites au Traité de Pavie par Didier, ses intrigues à la Cour de Constantinople, le peu de seûreté qu'il y avoit à traiter avec luy, & les autres choses que je viens de dire. Enfin il le conjuroit de prendre des moyens efficaces de réduire ce Prince, qui ne gardoit aucune de ses promesses, & violoit tous ses sermens.

Les Envoyez arrivérent heureusement en France. Ils firent au Roy de magnifiques présens de la part du Pape, dont les Lettres & ce que les Envoyez y ajoûterent d'éclaircissemens, l'instruisirent parfaitement de l'état des affaires d'Italie.

Epist. 16. & 17. in Codice Carolin.

Pepin répondit au Pape en l'asseûrant de sa protection, & après divers voyages de ses Envoyez & de ceux du Pape, que le Roy des Lombards n'osa empescher, il fit enfin partir Remi Evêque de Roüen, qui estoit son frere, & fils naturel de Charles-Martel, & le Duc Antcaire, qui déclarerent de sa part au Roy des Lombards, que s'il ne faisoit justice au Pape, il le verroit bien-tost en Italie avec une Armée. Le Roy des Lombards étonné de ces menaces, & ne pouvant compter sur le secours de l'Empereur, dissimula son chagrin, & prit le parti de s'accommoder avec le Saint Siége. Il luy restitua ce qu'il avoit usurpé de nouveau du Patrimoine de S. Pierre, le dédommagea, au moins en partie des ravages qu'il avoit faits sur les Terres de l'Eglise, luy remit entre les mains encore quelques Terres cedées par le Traité de Pavie, & promit de livrer tout le reste avant la fin du mois d'Avril de cette année 760.

Codex Carolin. Epist. 21.

Cependant l'Empereur approuva fort le Traité de Ligue que le Roy des Lombards avoit proposé, & l'asseûra qu'avant peu de temps, il verroit arriver de Grece en Italie, trois cens Navires, sans y comprendre la Flote de Sicile, pour mettre le Pape à la raison; & qu'il envoyeroit pour cette Flote six Patrices, qui iroient en France en qualité d'Ambassadeurs, afin d'y negocier avec le Roy pour l'accommodement des affaires d'Italie. Il n'en fallut pas davantage au Roy des Lombards, pour recommencer ses hostilitez, & refuser de nouveau l'entier accomplissement du Traité de Pavie. Cette Flote ne parut point néanmoins, & Didier estoit en danger de voir fondre sur luy toutes les forces de France, sans une diversion, peut-estre ménagée par luy-mesme ou par l'Empereur, laquelle donna de la peine à Pepin pendant quelques années; mais les suites en furent aussi heureuses pour la France, que glorieuses pour ce Prince.

An. 760. Epist. 14. in Codice Carolin.

Vaifar Duc d'Aquitaine, fils de Hunalde, qui s'estoit fait Moine, avoit envahi des biens de quelques Eglises qui estoient sous la protection de la France. Pepin luy envoya des Ambassadeurs, pour en procurer la restitution, &

Eginart. in Annal. ad an 760.

PEPIN.

sur le refus que ce Duc luy fit de les rendre, il passa la Loire avec une Armée, & s'avança jusqu'à Doüé en Anjou. La présence de l'Armée eut plus d'effet, que les raisons des Ambassadeurs. Vaifar se soûmit, donna des ôtages pour seûreté de sa parole, & Pepin satisfait se retira.

An. 761.

Continuat. Fredegar. cap. 125.

L'Année d'après, lorsqu'on s'y attendoit le moins, le Duc d'Aquitaine ayant assemblé secretement quelques Troupes, mit à leur teste Humbert Comte de Bourges, & Blandin Comte d'Auvergne, qui par son ordre firent une irruption dans la Bourgogne, ravagerent le païs depuis Autun jusqu'à Châlons sur Saône, brûlerent les Fauxbourgs de cette derniére Place, & enleverent un grand butin.

Pepin tenoit actuellement l'Assemblée ordinaire ou le Champ de May à Duren au païs de Juliers, lorsqu'il reçut cette nouvelle. Il envoye sans tarder, ordre de toutes parts aux Troupes de se tenir prestes à marcher, il en fit la revûë à Troye, & de-là les conduisit à Nevers, où il passa la riviére de Loire. Il mit d'abord le siége devant le Chasteau de Bourbon, le prit & le brûla, il enleva ensuite Chantelle & Clermont en Auvergne. Il tailla en piéces un Corps d'Armée de Gascons, nom dont les Historiens de ce temps-là se servent quelquefois, pour signifier tous les Peuples d'Aquitaine ou de de-là la Loire. Il prit le Comte d'Auvergne qui commandoit ce Corps, & aprés avoir désolé tout le Plat-païs jusqu'à Limoge, rasé tous les Chasteaux d'Auvergne qui pouvoient résister, il repassa la Loire, & mit ses Troupes en quartier d'hiver.

An. 662.

Continuat. Fredegar. cap. 126. Eginar. ad an. 761.

Soit que Vaifar demeurast obstiné à refuser la satisfaction qu'on demandoit de luy, soit que Pepin exigeast des conditions trop dures, la guerre continua entre les deux Etats. Pepin dés que la saison le luy permit, passa la Loire pour la troisiéme fois, & commença la Campagne par le siége de Bourges. La Place estoit trés-forte & bien défenduë par le Comte Humbert, & par une nombreuse Garnison ; aprés une longue résistance, où grand nombre de Soldats furent tuez de part & d'autre, le Bellier ayant fait bréche à la muraille, il fallut se rendre : la Garnison capitula, & eut permission de se retirer dans les Places voisines : le Comte ou Gouverneur, soit qu'on ne l'eust pas voulu comprendre dans la capitulation, ou qu'il trouvast son avantage à changer de Maître, fit serment de fidélité au Roy avec quelques autres Gascons, & fut envoyé en France. Pepin fit réparer promptement les murailles de Bourges, y mit Garnison & des Comtes pour la commander, & s'en alla de-là mettre le siége devant Touars sur les confins du Poitou. Nonobstant la force de la Place, elle fut attaquée avec tant de vigueur, qu'elle fut emportée en trés-peu de jours, & ensuite brûlée & rasée.

Tandis que Pepin estoit occupé à ces siéges, le Duc d'Aquitaine qui ne se trouvoit pas assez fort pour le venir attaquer, ne demeuroit pas cependant oisif. Il fit divers détachemens pour faire des courses sur les Terres de France, & il envoya du costé de Narbonne, le Comte Maucion son parent. Pepin qui n'avoit pas la Paix avec les Sarrazins, mais aussi qui ne leur faisoit pas une guerre fort vive, leur avoit enlevé cette Place quelques années auparavant par un blocus de trois ans. Il y entretenoit une grosse Garnison, aussi-bien que dans quelques postes des environs. L'ordre & le dessein du Comte Maucion estoient d'enlever ce qu'il pourroit de ces Garnisons, & de ravager le païs. Il arriva dans le voisinage, sans qu'on en eut avis. Deux Comtes qui commandoient dans ce païs-là, retournant ensemble dans leur quartier, donnerent dans une embuscade qu'il leur dressa, & furent chargez par les Gascons avec beaucoup de furie. Quoique surpris, ils ne se perdirent point, ils soûtinrent l'attaque, repousserent les ennemis, en tuerent & en prirent beaucoup, & le Comte Maucion luy-mesme y fut tué.

Continuat. Fredegar. cap. 127.

Le Comte d'Auvergne avec un plus grand Corps, s'estoit jetté dans le Lionnois pour le piller, le Comte Adalard, qui commandoit dans Cavaillon pour Pepin, s'estant fait joindre par un autre Comte, alla au devant de luy, le défit & le tua. Le Comte de Poitiers n'eut pas un plus heureux sort, s'estant avancé jusqu'auprés de Tours, pour en piller les environs, l'Abbé du Monastére de S. Martin envoya contre luy les Troupes qu'il estoit obligé d'entretenir en temps de guerre, composées de ses Vassaux : elles le battirent, & il y fut aussi tué.

Tous ces désavantages mirent les affaires du Duc d'Aquitaine en trés-mauvais état, jusques-là qu'un de ses oncles nommé Remistain, désperant du salut de l'Aquitaine, vint trouver Pepin, le pria de le recevoir sous sa protection & au nombre de ses serviteurs. Il en fut bien reçû, caressé, honoré. Ce Prince luy fit présent d'armes & de chevaux, & l'asseûra qu'il ne se repentiroit pas de s'estre donné à luy.

Le Duc d'Aquitaine estoit perdu, & encore une Campagne semblable aux deux précédentes, luy auroit enlevé le reste de ses Etats. Pepin se le promettoit bien, & ayant assemblé de bonne heure son Armée à Nevers l'année 763. il passa la Loire, & commença par faire des courses du costé de Cahors, où il mit tout à feu & à sang : mais ou le bonheur du Duc, ou peut-estre ses intrigues, susciterent à Pepin un nouvel ennemi, auquel il ne s'attendoit pas.

An. 763.

Le jeune Tassilon Duc de Baviére, estoit neveu de Pepin & fils de sa sœur. Depuis l'hommage qu'il luy avoit fait en pleine Assemblée des Seigneurs François à Compiégne, il estoit demeuré à la Cour de France, & avoit suivi son oncle dans la plûpart de ses expéditions. Il estoit encore de celle-cy : mais ayant feint une maladie, il quitta le Camp assez brusquement, & ne fut pas plustost arrivé en Baviére, qu'il leva le masque, & déclara qu'il ne paroistroit jamais devant son oncle, pour luy faire hommage de ses Etats. Pepin sur cette nouvelle repassa la Loire, & aprés avoir ravagé en revenant le Limousin, il mit son Armée en quartier. Tassilon, selon l'Histoire de Baviére,

Eginar. ad an. 763.

épousa vers ce temps-là Luitberge, fille du Roy des Lombards: cette alliance ne pouvoit pas manquer d'estre suspecte à Pepin, & luy faisoit au moins conjecturer une Ligue secrette entre ce Roy, le Duc d'Aquitaine & le Duc de Baviére.

Comme il avoit autant de prudence que de valeur, il voulut voir où ces nouveaux mouvemens aboutiroient. Il crut sa présence nécessaire dans l'Etat. Il n'en sortit point, n'en fit point sortir ses Troupes: il se contenta de mettre ordre à la conservation des Places qu'il avoit prises sur le Duc d'Aquitaine, il les fortifia & les mit hors d'insulte. Il vint tenir l'Assemblée de May à Vormes sur les bords du Rhin, pour veiller sur les démarches du Duc de Baviére, & tint ainsi en échec ces deux Ducs pendant toute la Campagne, sans qu'ils osassent rien entreprendre.

Il en usa de mesme pour les mesmes raisons l'année suivante, sans pourtant conclure ni Paix ni Tréve avec le Duc d'Aquitaine; mais l'année d'après, la guerre recommença de ce costé-là.

An. 764.
An. 765.
An. 766.

Depuis qu'Eude premier Duc d'Aquitaine & grand pere de celuy dont nous parlons, eut enlevé à la Couronne de France la pluspart des païs de de-là la Loire, pour lesquels cependant il avoit consenti de faire hommage aux Rois François, il y eut souvent des démeslez entre ces Ducs & nos Rois: c'estoit tantost à cause des courses faites sur les Terres de France, & tantost à cause du refus de l'hommage dû à la Couronne. Les François ne manquoient guéres dans ces occasions de passer la Loire, pour aller chastier ces insultes & ces révoltes. Mais toutes les expéditions que l'on faisoit de ce costé-là, aussi-bien que contre les Nations de la Germanie, consistoient à faire le dégast, à piller, à amener des Esclaves, à brûler quelques Villes de peu de défense, sans faire presque jamais de siéges, & sans garder aucune des Places conquises. Les Maires du Palais pensoient plustost à conserver ce qu'ils avoient déja, & à maintenir le Peuple dans la soumission, qu'à faire de nouvelles conquestes, ou à réünir à la Couronne ce qui en avoit esté détaché. Pepin tint une autre conduite, & se proposa dans cette guerre de réünir l'Aquitaine au Royaume de France, dont elle avoit fait sous nos premiers Rois, une des plus belles parties. Ainsi non content de ravager le païs selon la coûtume de ses prédécesseurs, il mit le siége devant Bourges, comme je l'ay raconté, & après l'avoir prise, aussi-bien que Clermont & quelques autres Places, il les garda.

Le Duc d'Aquitaine, que cette nouvelle maniére de luy faire la guerre inquiétoit, & qui voyoit que les François par le moyen de ces Postes importans, demeuroient dans le païs, & portoient mesme pendant l'hiver, la désolation jusqu'aux extrémitez de son Etat, eut recours à un remede un peu violent: car pour empescher que les François ne s'établissent de plus en plus dans le païs, il en fit démanteler les Villes les plus considérables, résolu de se défendre seulement dans des Places & dans des Chasteaux situez sur des montagnes & sur des rochers de difficile accès. Il fit donc abattre les murailles d'Argenton en Berri, de Poitiers, de Limoges, de Xaintes, de Périgueux, d'Angoulesme & de plusieurs autres Villes.

Continuat. Fredegar. cap. 129.

Pepin le laissa faire; mais aussi-tost après il marcha pour se saisir de ces Places, & passa presque toute cette Campagne de l'année 766. à en relever les murailles & les tours. Ce fut une grande conqueste, qui ne luy coûta que de l'argent. Le Duc d'Aquitaine en fut au desespoir, & fit pour réparer cette perte, ce qu'il n'avoit encore osé faire depuis le commencement de la guerre. Il vint avec une nombreuse Armée, composée principalement de Gascons, présenter la bataille à Pepin, qui l'accepta & le défit à plate-coûture. Le Duc pensa estre pris, & c'eust esté la fin de la guerre: mais il échappa à la faveur de la nuit.

An. 766.
Continuat. Fredegar. cap. 130.

Après cette grande défaite, le Duc d'Aquitaine, dont la fierté n'avoit pû jusqu'alors estre domptée par les mauvais succès, envoya enfin demander la Paix au Roy, le priant de luy rendre Bourges & les autres Villes prises, luy promettant de luy estre desormais fidéle, de rendre l'hommage, & de payer tous les tributs ausquels luy & ses prédécesseurs s'estoient soumis. Le Roy ayant mis l'affaire en délibération dans son Conseil, ces propositions furent rejettées; & le Duc de Baviére intimidé par la rigueur dont on usoit envers le Duc d'Aquitaine, fit sa Paix par l'entremise du Pape.

In Codice Carolin. Epist. 4.

Cependant l'Empereur ne cessoit point de faire solliciter le Roy par ses Ambassadeurs, d'abandonner la protection du Pape, & de ne point s'opposer au recouvrement, qu'il prétendoit faire de Ravennes & des autres Places qui luy avoient esté enlevées par les Lombards, & ensuite cedées au Saint Siege.

Dès l'année 765. les Troupes & la Flote que ce Prince avoit en Sicile & dans les parties de l'Italie voisines de cette Isle, qui luy obéïssoient encore, avoient fait quelques mouvemens qui avoient fort inquiété le Pape. Il avoit écrit au Roy, que le dessein de l'Empereur estoit d'assieger Ravennes; & comme il sçavoit que Pepin avoit besoin de ses Troupes contre le Duc d'Aquitaine, & pour se faire craindre du Duc de Baviére, il l'avoit prié, non pas d'envoyer une Armée en Italie, mais d'ordonner aux Villes de Spolete & de Benevent de luy donner du secours en cas de besoin, & d'engager le Roy des Lombards à se déclarer contre l'Empereur, dont ce Roy avoit sujet d'estre mécontent; parce qu'il ne luy avoit pas tenu parole touchant le Traité de Ligue dont j'ay parlé.

Epist. 34. in Codice Carolin.

Pepin agit selon les intentions du Pape, & l'Empereur ne put pas, ou n'osa pas assieger Ravennes. Ses Ambassadeurs cependant ne se rebutoient point du refus, que le Roy faisoit de se détacher des intérests du Pape. Ils luy proposerent le mariage du Prince Leon fils de l'Empereur avec la Princesse Gisele sa fille: mais rien ne fut capable de l'ébranler; il demeura ferme

In Codice Carolino. Epist. 45.

PEPIN.

ferme fur fes deux réponfes. La premiere, qu'il n'avoit point pris l'Exarcat de Ravenne fur l'Empereur; mais qu'il l'avoit enlevé aux Lombards, que c'eftoit fa conquefte, & qu'il luy avoit efté libre d'en faire un don au Pape. La feconde, que l'Empereur s'eftant déclaré fi hautement contre l'Eglife, & pour l'Héréfie des Brife-Images, c'eftoit concourir à perdre la Religion, que de prendre en main fes intérêts, & de s'allier avec luy. Sur ce fecond point là les Ambaffadeurs foûtinrent, que leur Maître, auffi-bien que fon prédéceffeur, n'eftoient point hérétiques, ni fauteurs d'hérétiques; qu'ils avoient efté animez d'un vray zele pour la Religion, & pour l'honneur de Dieu; que l'ufage des Images eftoit un abus, qui s'eftoit introduit dans l'Eglife; qu'ils avoient entrepris d'abolir cet abus, & que depuis deux ans 338. Evêques affemblez à Conftantinople l'avoient condamné; qu'on faifoit au Roy de fauffes relations de ce qui fe paffoit en Orient; que le Pape eftoit ravi d'avoir ce prétexte de fecoüer le joug de fon légitime Souverain; que s'il vouloit bien qu'on traitât en fa préfence de ce point de Religion, il pourroit s'inftruire de la vérité par luy-même, & qu'ils le prioient de leur accorder cette grace.

Le Roy crut ne devoir pas leur refufer ce dernier point là; & foit par curiofité de s'inftruire fur un point de controverfe, qui faifoit tant de bruit dans le monde depuis plufieurs années; foit pour ne pas fembler vouloir tout refufer à *Eginard. ad an. 767.* l'Empereur, il confentit à une Affemblée d'Evêques fur cet article. Elle fe tint à Gentilli à une *Ado in Chronic.* lieuë de Paris, où il y avoit une Maifon Royale. Les Envoyez de l'Empereur, & ceux du Pape s'y trouverent. On y traita la queftion du culte des Images, & fi on devoit les fouffrir foit peintes, foit en fculpture dans les Eglifes. Les Grecs y propoferent encore un autre point, qui regardoit la Proceffion du S. Efprit, fçavoir s'il procede du Fils & du Pere, ou du Pere feul; & blâmerent fort l'Eglife d'Occident, d'avoir ajoûté à l'article du Symbole, qui contient ce myftere, le mot *Filioque*; en déterminant par ce terme, qu'il procedoit du Pere & du Fils. Le détail de ce qui fe paffa dans ce Concile n'eft point venu jufqu'à nous: mais il eft hors de doute, que les Grecs n'y trouverent pas les François difpofez à fuivre leurs erreurs.

Eginard ad an 767. Ce Concile fe tint avant Noël; & après la Fefte, Pepin malgré la rigueur de la faifon, partit pour l'Aquitaine, affiega & prit Touloufe, fe rendit maître de tout le païs d'Albi & du Gévaudan. Delà il vint paffer la Fefte de Pâque à Vienne, y fit repofer fon Armée pendant une partie de l'efté, & après avoir fait à Bourges une Affemblée de Seigneurs, il fe remit en campagne au mois d'Aouft, & s'approcha de la Garonne, emporta tous les Forts où fes ennemis s'eftoient retranchez; & rabatant vers le Berri, il prit Turenne, Scoraille Château fitué fur une montagne proche de Mauriac en Auvergne, & un autre appellé par Eginart *Petrocia*, qui eft peut-eftre le Château de Peirace, auffi dans la haute Auvergne.

Tome I.

Durant cette campagne Remiftain, cet oncle du Duc d'Aquitaine qui s'eftoit venu rendre au Roy, quitta fon parti, & fe jetta de nouveau dans celuy du Duc. Il ne fut pas plûtoft revenu auprès de luy, qu'il commença, pour expier la lâcheté de fa première défertion, à fe déclarer l'ennemi irréconciliable des François. Il vint faire des courfes dans le Berri & dans le Limoufin, en ravageant tout fans faire quartier à perfonne. Le Roy fit quantité de petits détachemens fous divers Comtes, qu'il fit avancer dans le païs ennemi, pour fe venger des ravages de Remiftain, & avec ordre de ne rien omettre, pour tâcher de le prendre. Son malheur en effet voulut qu'il fut pris. On l'amena au Roy, qui après luy avoir reproché fa double perfidie, l'ingratitude dont il avoit ufé à fon égard, les cruautez qu'il avoit commifes dans le Berri & dans le Limoufin, le fit pendre. *Continuat. Fredegar.*

Le Roy s'eftant mis, quelque temps après, luy-mefme en campagne, s'avança jufqu'à la Garonne, où les Gafcons fur le point d'eftre forcez, & fans efpérance de fecours, luy envoyerent des Députez, pour le prier d'épargner le païs, & pour fe foumettre à fa domination: il les reçût, prit d'eux des ôtages, leur fit faire ferment de fidélité, & jurer qu'ils ne reconnoîtroient jamais d'autre Souverain que luy & fes enfans Charles & Carloman. La plufpart des autres Villes du Domaine de Vaifar en firent autant. Ce malheureux Prince fe voyant ainfi abandonné, fe fauva avec peu de gens vers la Saintonge, & fut tué dans fa fuite par fes Soldats mefmes. Ainfi périt ce Prince mutin & inquiet, ennemi juré des François, & avec luy finit la Principauté d'Aquitaine, qui fut réünie par Pepin à la Couronne de France, quarante à cinquante ans après qu'elle en eut efté démembrée par Eude ayeul de ce dernier Duc. *An. 768.*

Des Ambaffadeurs que Pepin avoit envoyez en Afie deux ou trois ans auparavant au Califfe des Sarazins, revinrent un peu avant la fin de cette guerre. Le Califfe les renvoyant fit partir avec eux les fiens, pour aller de fa part trouver Pepin. Noftre Hiftoire ne nous dit point le fujet ni le motif de cette Ambaffade, & il me paroift impoffible de le deviner. Je reviens aux affaires d'Italie, où la mort du Pape Paul I. arrivée fur ces entrefaites, caufa beaucoup de broüilleries, principalement dans Rome. *Continuat. Fredegar.*

La puiffance temporelle, le Domaine de l'Exarcat, de plufieurs autres Territoires, & de quantité de Villes confidérables attachées depuis peu à la Dignité Pontificale, eftoient un nouveau motif d'ambition capable de piquer ceux mefmes pour qui la puiffance fpirituelle, & des honneurs fans domination, n'auroient pas eu feuls beaucoup d'attraits. Le Pape eftant à l'extrémité, Toton Duc de Nepi petite Ville du Patrimoine de S. Pierre, vint à Rome avec trois de fes freres, accompagné d'un grand nombre d'amis; il y fit entrer quantité de gens armez, partie habitans de Nepi, partie de quel- *Anaftafius.*

Dd

HISTOIRE DE FRANCE.

ques autres Villes de Toscane, où il avoit grand crédit, & de plus une troupe de païsans, qui s'y rendirent de divers costez; tout cela faisoit une espece d'Armée toute preste à se déclarer pour luy quand il en seroit temps. Ce qui rendit cette faction encore plus puissante, fut qu'elle estoit appuyée, & mesme suscitée par le Roy des Lombards. Ce Prince vouloit avoir un Pape qui luy fust obligé de son exaltation, & conséquemment plus attaché à luy que ses Prédecesseurs, qui avoient toûjours esté dans une dépendance entiere de la France.

Epistola Adriani Papæ.

Le Pape n'eut pas plûtost expiré, que toute cette troupe de gens armez, qui s'estoient postez tout à l'entour de la maison du Duc Toton, proclamérent Pape Constantin un de ses trois freres, encore laïque. De là ils le conduisirent au Palais de Latran, & obligérent George Evêque de Palestrine, malgré qu'il en eust, à luy donner les petits Ordres de Cléricature; le lendemain il fut fait Sou-Diacre, & Diacre par le mesme Evêque, qu'on y contraignit par une semblable violence; on engagea le mesme jour le Peuple à luy faire serment de fidélité, & le Dimanche d'après les Evêques de Porto & d'Albano, conjointement avec l'Evêque de Palestrine, le sacrérent.

Jamais Antipape ne fut plus visiblement intrus que celuy-là. Il vit bien, que tout soûtenu qu'il estoit du Roy des Lombards, sa Tiare seroit toûjours chancellante, s'il ne trouvoit moyen d'obtenir l'agréement du Roy de France, & de le mettre dans ses interests. C'est pour cette raison, qu'après avoir bien flatté deux Envoyez de France, qui se trouvérent à Rome à son Exaltation, il les fit partir aussi-tost, & les chargea d'une Lettre de mesme stile, que celles de ses Prédecesseurs, où loüant la providence de Dieu, d'avoir élevé sur le trône de France, un Prince d'un si grand mérite, pour en faire un défenseur de son Eglise, il le prioit de continuer à la défendre; de ne luy pas refuser à luy en particulier la protection, qu'il avoit toûjours accordée à ses Prédecesseurs, & la mesme bonté dont il les avoit honorez. Il luy disoit, qu'après Dieu il estoit le seul dans qui il mettoit toute sa confiance; que rien ne seroit jamais capable de le détacher des interests de la France, & de l'amitié qu'il avoit pour sa personne; qu'au reste il avoit esté fait Pape contre son espérance, & contre son inclination; que le Peuple de Rome, & des Villes voisines, l'avoient élevé à cette haute dignité, malgré la résistance qu'il y avoit faite. Il finissoit, en souhaitant au Roy & à la Reine, & aux Princes leurs fils, toutes sortes de bénédictions, & pour ce monde, & pour l'autre.

Epist. 98. in codice Carolino.

Peu de temps après il envoya en France deux autres personnes, qui apportérent encore une Lettre au Roy, où après les mesmes protestations d'attachement, & les mesmes prieres qu'il luy faisoit de luy accorder sa protection, il le conjuroit de ne pas écouter certains faux rapports, qu'il sçavoit qu'on luy avoit faits de sa personne & de son élection; l'asseurant, qu'il

Epist. 99. in codice Carolino.

verroit par expérience, que jamais aucun de ses Prédecesseurs n'avoit esté plus à luy. Ensuite il luy faisoit sa cour, en luy rendant compte de l'état de l'Eglise d'Orient, & de ce qui s'y passoit touchant la défense du culte des Images; & par un Billet inséré dans la Lettre, il le prioit de luy renvoyer au plûtost un Evêque & un Prêtre, que son Prédecesseur luy avoit députez. Le prétexte de la demande, qu'il faisoit du retour de ces Envoyez, estoit le desir de leurs parens, & les besoins de l'Eglise d'un des deux qui estoit Evêque: mais sa vuë estoit, de sçavoir les sentimens de la Cour de France sur son élection, & de faire connoistre par là à Rome le crédit qu'il avoit auprès du Roy, & le commerce qu'il entretenoit avec luy. On ne peut pas voir une Lettre écrite d'une maniére plus sainte, & plus remplie de sentimens de Religion; tant l'hypocrisie a quelquefois de ressemblance avec la véritable pieté.

Lorsque Pepin reçut ces Lettres, il estoit encore occupé de la guerre d'Aquitaine; & voulant voir plus clair dans toute cette affaire, il ne déclara ni ses sentimens, ni ses intentions: mais peu de temps après les choses changérent bien à Rome.

Le plus considérable *homme du Clergé, nommé Christophle, qui avoit esté du conseil du feu Pape, n'avoit jamais voulu souscrire à l'élection de Constantin. Il conspira contre luy avec son fils nommé Serge, alors Trésorier de l'Eglise Romaine. Ils allérent le trouver, & le priérent de leur permettre de se retirer de Rome, luy disant, qu'ils avoient résolu de se donner à Dieu, & d'embrasser l'Etat Monastique. Constantin ravi d'estre délivré d'un de ses plus grands ennemis, consentit tres-volontiers à leur départ, après le serment qu'ils luy firent, qu'ils n'avoient point d'autre dessein, que de se faire Moines. Mais au lieu d'aller au Monastere, où ils avoient eu permission de se retirer, ils marchérent droit à Spolete, où ils conjurérent le Duc Theodose de leur donner moyen de gagner seurement & promptement le Pô, pour aller trouver le Roy des Lombards, & luy communiquer des affaires importantes pour le bien de l'Eglise de Rome.

*Primarius & consiliarius.

Anastasius.

Le Duc leur accorda ce qu'ils demandoient, & les fit accompagner jusqu'à Pavie, où ils s'ouvrirent à Didier sur le dessein qu'ils avoient de délivrer Rome du Tyran qui s'en estoit emparé, & de faire élire canoniquement un Pape. Ce Prince, qui avoit contribué à l'invasion de Constantin, dans l'espérance de l'avoir à sa dévotion; mais qui avoit sçû, que depuis son exaltation, il avoit écrit au Roy de France, pour se mettre sous sa protection, à l'exemple de ses Prédecesseurs, ne fut pas trop fâché de voir qu'on pensoit à le détrôner. Il leur répondit, qu'ils fissent ce qui leur plairoit, qu'il ne s'opposeroit point à leur dessein, & qu'il ne prenoit nul intérest à la conservation de Constantin.

Ils n'en souhaittoient pas davantage. Ils retournérent à Rome avec plusieurs Lombards, prirent avec eux en passant dans le Duché de

Spolete & à Rieti de nouveaux conjurez, donnerent avis de leur approche à ceux qu'ils avoient déja dans Rome, & y arriverent le soir du vingt-huitiéme jour d'Aoust. Ils demeurerent dehors jusqu'au lendemain, qu'ils se partagerent, pour se rendre maîtres de diverses Portes de la Ville. Serge, un des deux chefs de la conjuration, s'approcha de la Porte de S. Pancrace, dont quelques-uns de ses parens & des conjurez avoient la garde. Au signal qu'il fit on la luy ouvrit, & il s'en empara. Le Duc Toton, frere du prétendu Pape, qui estoit fort alerte, ayant eu quelque soupçon de ce qui se passoit, accourut à cette porte avec un autre de ses freres nommé Passif, & quelques-uns de ses amis, ou qu'il croyoit tels. Si-tost qu'il y parut, il fut attaqué par un Lombard nommé Racipert, contre lequel il se défendit si bien, qu'il le tua. La mort du Lombard étonna les autres conjurez : mais deux de ceux, qui estoient venus avec Toton, comme pour l'escorter, & qui estoient de la conspiration, le percerent par derriere de deux coups de lance, & le firent tomber mort sur la place ; on se saisit de l'autre frere de Constantin, & enfin de Constantin mesme, qui fut mis en prison, où il paya bien cher la courte gloire d'une année de Papauté.

Sur le champ quelques Romains, ayant à leur teste un Prêtre nommé Vaudepert, coururent au Monastere de S. Vite, y prirent le Moine Philippe, qu'ils proclamerent Pape, & le conduisirent au Palais de Latran. Christophle & Serge, les deux chefs de la conspiration, furent fort surpris de cette nouvelle élection, & protesterent que ni eux, ni les Soldats qu'ils avoient amenez, ne sortiroient point de Rome, que Philippe ne fust rentré dans son Monastere, pour laisser la liberté entiere de faire une élection dans les formes. Ils estoient les plus forts, & Philippe fut obligé de céder. Le lendemain Christophle & Serge firent une Assemblée du Clergé, des principaux Citoyens Romains, & des plus considérables Officiers de la Milice, & aussi-tost on procéda à l'élection libre d'un Pape. L'élection tomba sur un Prêtre de l'Eglise de Sainte Cecile nommé Estienne, homme sçavant, & d'une vertu reconnuë ; tous les partis se réünirent, & consentirent à ce choix. Il estoit le quatriéme de ce nom, plusieurs néanmoins l'appellent Estienne III. parce qu'ils ne comptent pas Estienne II. qui ne fut Pape que quatre jours.

Anastasius. Le Prêtre Vaudepert, en faisant Pape le Moine Philippe, avoit agi selon les ordres du Roy des Lombards ; il estoit Lombard luy-mesme, & devoit, avec le secours de Theodose Duc de Spolete, livrer Rome à ce Prince. Son dessein fut découvert, on l'arrêta, & on luy creva les yeux, dequoy il mourut.

Le Pape Estienne au contraire, suivant ses véritables interests, & l'exemple de ses prédécesseurs, ne fut pas plûtost élu, qu'il écrivit à Pepin, & luy députa Serge ce Tresorier de l'Eglise Romaine, à qui il estoit redevable de son Pontificat. Il avoit ordre, non seulement de demander au Roy la protection qu'il avoit toûjours accordée aux Papes, mais encore de le prier d'envoyer à Rome les plus habiles des Evêques de France dans la science des Canons, afin d'y tenir un Concile, où l'on condamnât l'attentat impie de l'Antipape Constantin, & où l'on réglât, pour la suite, les conditions essentiellement requises à l'élection canonique des Papes ; la puissance temporelle, qu'on avoit ajoûtée à la spirituelle, ne devant rien changer à cet égard. Mais en arrivant en France ils apprirent la mort de Pepin.

Ce Prince ayant glorieusement terminé la guerre d'Aquitaine, qui dura près de neuf ans, revint à Xaintes, où il fut pris de la fiévre, & après y avoir esté quelques jours malade, il se fit transporter à Tours au Tombeau de S. Martin, & delà à S. Denis, où il mourut d'une hydropisie, âgé de 54. ans, le vingt-troisiéme jour de Septembre de l'an 768. la dix-septiéme année de son Regne, & la vingtiéme de son gouvernement. Il fut enterré à S. Denis, où l'on lit sur son Tombeau, pour toute Epitaphe, *Pepin pere de Charlemagne.* Celuy qui fit cette inscription vers le temps de S. Loüis, auroit pû ajoûter, fils de Charles-Martel, digne fils de l'un, & digne pere de l'autre, fidèle imitateur de son pere, & grand exemple pour son fils. Un marbre, qu'on dit estre à Ravenne, contenoit un plus long éloge. On y voit encore ces mots : *Pipinus pius primus amplificandæ Ecclesiæ viam aperuit & Exarchatum Ravennæ cum amplissimis...* : c'est à dire, Pepin est celuy qui a donné les premiers accroissemens à la puissance de l'Eglise, en luy donnant l'Exarcat de Ravenne, & d'autres Domaines tres-étendus. Le reste est effacé. L'Abbé Suger dit, qu'il voulut estre enterré à la porte de l'Eglise, dans la situation que les pénitens avoient coûtume d'y avoir dans le temps de leur pénitence, le visage contre terre ; & qu'il l'ordonna ainsi, pour expier en quelque façon les entreprises que Charles-Martel son pere avoit faites contre les privileges des Eglises.

Le courage, la prudence, le bonheur, toûtes les grandes qualitez de l'esprit & du cœur, n'avoient concouru dans aucun des prédécesseurs de Pepin sur le Trône de France, comme dans sa personne, pour en faire un Prince accompli. Le talent de se faire estimer, respecter, aimer & craindre, qui suppose toutes les vertus civiles & militaires, fut dans luy au souverain degré. Il ne luy manqua, que de naître Prince de la Maison Royale ; il y suppléa par son adresse & par son ambition.

De toutes les voies qui peuvent conduire au Trône un homme que la naissance n'y a pas élevé, il choisit les moins odieuses. Il fit si bien par sa conduite, que le peuple se persuada enfin, qu'il n'y estoit monté que par l'ordre de Dieu, & par une disposition particuliere de sa providence pour le bien de l'Eglise Catholique, du Christianisme & de l'Etat. Ses victoires & ses conquestes sur les Sarazins, ses expéditions entreprises pour la défense de l'Eglise, les soins qu'il apportoit à étendre la

Eginart, in vita Caroli magni.

An. 768.

Foy, parmi les Nations de la Germanie, confirmèrent les peuples dans cette idée. Les liaisons étroites, qu'il entretint toûjours avec les Papes, la protection continuelle qu'il leur donna, & dont il se fit un point d'honneur, & un point de politique ; les Lettres que ces Papes écrivoient aux Evêques, aux Seigneurs François, aux Assemblées de la Nation, & à luy-mesme, qui faisoient toûjours mention des desseins de Dieu sur sa personne, pour l'honneur de l'Eglise, & pour l'affermissement de la vraye Foy; tout cela le rendit si respectable à ses Sujets, & leur fit tellement oublier qu'il avoit usurpé le Trône, qu'il n'est pas fait mention, dans tout son regne, de la moindre faction contre son autorité. Cette autorité fut toûjours absoluë, & d'autant plus, qu'il affecta de la faire paroistre moins indépendante, par les Assemblées fréquentes de la Nation, ausquelles il communiquoit tous ses grands desseins, & les plus importantes affaires de l'Etat; chose dangereuse s'il n'y eust pas esté seur de son pouvoir; mais il n'y fut jamais contredit, & sa volonté y estoit toûjours la regle des suffrages. L'opinion qu'on avoit conçuë de sa prudence produisoit cet effet : on en avoit une si haute idée, qu'elle avoit passé comme en proverbe ; & quand on vouloit loüer quelqu'un par cet endroit : Il est, disoit-on, prudent comme Pepin. La grande part que les Seigneurs François eurent alors dans le Gouvernement de l'Etat, fut ou l'effet de sa politique, pour se les tenir plus attachez, ou peut-estre une condition sous laquelle il fut élevé sur le Trône : car c'estoit-là la maniere de l'ancien Gouvernement de tous les peuples de la Germanie. Clovis l'avoit changée, après avoir fait périr tous ces petits Rois François, dont il est parlé dans l'histoire de son Regne. Il avoit rendu son Empire entierement Monarchique, & le Gouvernement de ses premiers successeurs paroist avoir esté tel au moins jusqu'au Regne de Clotaire II. sous lequel on voit, qu'il se faisoit de plus fréquentes assemblées des Grands de l'Etat, mais elles le furent beaucoup plus sous Pepin, sous Charlemagne, & sous tous les Rois de la seconde Race.

La petite & grosse taille de Pepin, qui luy fit donner les surnoms de Bref & de Gros, ne diminuoit rien du respect que son grand mérite luy attiroit. Il avoit dans cette courte grosseur un certain air & une certaine fierté, qu'il faisoit quand il le vouloit suppléer à la majesté du port; & il avoit de plus tant de force, qu'il n'y avoit point de bras dans tout son Etat comparable au sien, ce qui n'estoit pas en ce temps-là une des moindres qualitez requises pour faire un Heros. Le Moine de S. Gal rapporte un exemple de cette force extraordinaire de Pepin, dans l'Histoire de Charlemagne. Il dit, que Pepin ayant appris que quelques-uns des plus considérables de son Armée, avoient raillé en secret de sa figure, les invita au divertissement du combat d'un taureau avec un lyon à Ferrieres dans le Senonois; que le lyon ayant saisi le taureau par le cou, l'avoit terrassé, & qu'acharné sur luy il commençoit à l'étrangler; qu'alors le Roy dit à toute sa Cour : Qui de vous autres aura assez de courage, pour aller faire lâcher prise à ce lyon, ou pour le tuer. Chacun se tut, & personne ne se voulut charger d'une si dangereuse commission : alors le Roy tirant son sabre; ce sera donc moy, dit-il, & en mesme-temps il descend dans l'arene, va droit au lyon, & luy coupe la teste du premier coup; puis revenant froidement prendre sa place, & en passant devant ceux à qui il vouloit se faire entendre : *David estoit petit, & terrassa Goliat; Alexandre estoit petit, mais il avoit plus de force & de cœur que plusieurs de ses Capitaines plus grands & mieux faits que luy.* Ceux qui se sentoient coupables l'entendirent fort bien, & se tinrent pour bien avertis d'estre une autre fois plus discrets.

L'Histoire luy reproche peu de défauts. On y voit seulement qu'il eut quelques enfans naturels; qu'il fut tenté de répudier la Reine Bertrade, pour mettre à sa place une autre personne qu'il aimoit. Mais le Pape Estienne III. luy ayant fait là-dessus des remontrances paternelles, il fit céder sa passion à la crainte du scandale. Enfin, Pepin ayant passé en mérite tous ses prédécesseurs, n'eut dans toute sa lignée Royale, dont il fut le Chef, aucun Prince qui l'égalast, sinon son fils Charlemagne, dont le glorieux Regne va faire la matiere de la suite de cette Histoire.

In codice Carolino.

Lib. 1. cap. 13.

Epist. 45. in Codice Carolino, Chronic. Besvense.

HISTOIRE DE FRANCE

CHARLEMAGNE.

Eginart. in vita Caroli magni.

E Royaume des François parvenu au plus haut point de puissance où il ait jamais esté ; une grande partie de l'Espagne, & presque toute l'Italie conquise ; les Sarazins domptez ; les bornes de la domination Françoise, & celles du Christianisme poussées bien au-delà du Danube & de la Theisse ; la Dacie, la Dalmatie, l'Istrie soumises ; les Nations barbares jusqu'à la Vistule, renduës tributaires ; l'Empire d'Occident, avec toutes ses prerogatives, transferé dans la Maison de France ; un Etat de cette étenduë gouverné avec application & autorité, & policé par les plus belles Loix tant Civiles qu'Ecclesiastiques ; enfin une suite continuelle de victoires & de conquestes pendant l'espace de quarante-six ans, c'est là la carriere que m'ouvre le glorieux Regne de Charlemagne.

Pepin se sentant frappé de la maladie mortelle qu'il prit en Xaintonge en achevant la conqueste de l'Aquitaine, songea à partager son Empire entre ses enfans. Il en avoit eu sept legitimes, trois filles & quatre fils : des trois filles deux moururent toutes jeunes, la troisiéme nommée Gisele entra en Religion. Des quatre fils le cadet nommé Giles se fit pareillement Religieux au Monastere de S. Sylvestre, où son oncle Carloman s'estoit d'abord retiré en renonçant à son Etat ; les trois autres furent Charles, Carloman, & Pepin, ce dernier mourut à l'âge de trois ans ; Charles & Carloman furent les heritiers de l'Etat du Roy leur pere, & ce fut entre eux deux qu'il le partagea.

Continuat. Fredegar.

Ce partage est rapporté fort negligemment & fort obscurément par nos anciens Historiens. Selon un d'eux Charles l'aîné eut le Royaume d'Austrasie, & Carloman le cadet eut celuy de Bourgogne, la Provence, la Gothie où Languedoc, l'Alsace & l'Allemagne, soit qu'on entende par ce nom le païs des Allemans au-delà du Rhin, entre ce Fleuve, le Mein & le Danube ; soit qu'on entende une partie du Royaume de Bourgogne au-delà du Mont-Jura vers Zuric, entre la Riviére d'Aar & le Rhin, à qui l'on donnoit aussi alors le nom d'Allemagne. L'Aquitaine, qui venoit d'estre conquise, fut partagée en deux, & ces deux Princes en eurent chacun une partie. Dans ce partage on ne parle point du Royaume de Neustrie, qui s'étendoit depuis la Meuse jusqu'à la Riviére de Loire, & qui estoit une des plus belles & des meilleures parties de l'Empire François.

Quoiqu'il en soit ce partage ne subsista point, soit que l'un des deux Princes, soit que tous les deux ne s'en accommodassent pas, & la chose fut reglée autrement dans une Assemblée des Seigneurs du Royaume. Il y fut résolu, qu'on s'en tiendroit à celuy qui avoit esté fait autrefois entre leur pere Pepin & Carloman leur oncle ; que Charles auroit pour sa part ce qui estoit échû à Pepin, sçavoir la Neustrie & la Bourgogne, & que Carloman auroit ce qu'avoit eu son oncle de mesme nom que luy, c'est à dire, le Royaume d'Austrasie entre la Meuse & le Rhin, & outre cela la France Germanique au delà du Rhin. L'Aquitaine fut aussi dans le lot de Charles. Quoique cet accommodement se fust fait d'une maniere si solennelle & si autentique, il y eut encore du changement, de quelque façon & par quelque voye qu'il se fit. Charles se mit ou fut mis en possession d'une partie de l'Austrasie dès la mesme année. A cette occasion les deux freres se broüillerent, & se réconcilierent peu de temps aprés.

Ce partage, qui affoiblissoit la puissance de l'Empire François, le changement de Gouvernement, la mesintelligence des deux Rois, réveillerent les ennemis de ce grand Etat. Ils faisoient volontiers la comparaison d'un Prince expérimenté, tel qu'avoit esté Pepin, & devenu infiniment habile dans l'art de regner par une longue & florissante domination, d'un grand Capitaine, qui avoit vieilli dans la conduite des Armées, & que sa seule réputation avoit mis en possession de toûjours vaincre ; en un mot d'un Roy consommé dans la politique & dans le métier de la guerre, avec deux jeunes Princes à qui tous ces avantages manquoient.

Didier en Italie se trouva moins disposé que jamais à l'entiere exécution du Traité de Pavie :

Vvalfridus Strabo apud Valef. in notit. Gall.

Eginar. in vita Caroli magni.

Idem in Annal.

Hadriani I. Epist. 47. in cod. Carolin.

Dd iij

le Duc de Baviere, toûjours fier & inquiet, commença à intriguer secretement avec ce Prince, dont il estoit gendre : enfin un nouvel ennemi, auquel on ne devoit pas penser, parut tout à coup en Aquitaine à dessein de la reconquérir : & Charles, âgé alors de vingt-deux ans, fut obligé de s'essayer d'abord contre luy.

Cet ennemi estoit Hunalde pere du dernier Duc : il avoit cédé vingt-trois ou vingt-quatre ans auparavant son Duché à son fils, pour se faire Moine. Le voyant mort, & son Etat en proye aux François, il se laissa emporter à l'espérance de remonter sur le trône. C'est le second * Prince devenu Moine, que nous avons vû dans l'espace de quelques années succomber à cette tentation ; tant il est vray, que quelque difficile que soit la démarche de quitter un trône, elle est peut-estre encore plus aisée à faire qu'à soûtenir. Hunalde ayant donc quitté son Monastère, & s'estant mis à la teste de quelques Troupes, souleva le païs, & excita des révoltes en plusieurs endroits.

*L'autre est Rachis Roy des Lombards après la mort d'Astolphe son frere.

Charles à qui on ne donnoit pas encore le nom de Charlemagne, c'est à dire, Charles le Grand, mais à qui je le donnerai desormais, parce qu'on y est accoûtumé, se mit en devoir d'étouffer ces soulevemens dans leur naissance, & invita son frere Carloman à joindre ses Troupes aux siennes. Il y consentit, mais en ayant esté détourné par quelques esprits broüillons de son Conseil, il refusa de le faire ; & aussi-tost après une entrevuë qu'il eut avec son frere, sans avoir pû convenir de rien, il s'en retourna dans ses Etats avec son Armée. Charlemagne avoit donné rendez-vous à la sienne à Angoulesme, & elle s'y trouva assez peu nombreuse ; ce qui ne l'empêcha pas de marcher contre Hunalde, qu'il mit en fuite, & qui ne luy échapa que par la connoissance parfaite qu'il avoit du païs. Il fut néanmoins obligé de se sauver en Gascogne, & de s'abandonner à la discrétion du Duc des Gascons nommé Lupus, qui dans le desordre des affaires d'Aquitaine sous le feu Duc, s'estoit érigé en Souverain des Villes & des Territoires d'entre la Garonne & les Pyrennées.

Annales Loiseliani.

Eginart in Annal. ad an. 769.

Le Roy ayant sçû qu'il avoit reçû Hunalde, luy envoya demander, avec menaces d'entrer en Gascogne, s'il refusoit de le luy livrer : le Duc obéit, & soûmit luy-mesme son Duché à la domination de Charlemagne. Hunalde fut mené prisonnier en France, & Charlemagne imitant la méthode du Roy son pere, fit bâtir sur la Dordogne le Fort ou Château de Fronsac, & y mit une bonne garnison pour asseurer ses conquestes, & tenir tous ces peuples dans la soûmission.

In vita Caroli magni.

An. 769.

Cette expédition si heureuse, si prompte, & qui ne laissoit plus d'ennemi à craindre de ce costé-là à Charlemagne, fit comprendre au Roy des Lombards & au Duc de Baviere, que le fils ne leur seroit gueres moins redoutable que le pere l'avoit esté. C'est ce qui détermina le Duc à se tenir en repos dans ses Etats, & le Roy des Lombards à faire tous ses efforts pour s'attacher ce jeune Roy, en attendant l'occasion de le détacher, s'il pouvoit, des intérests des Papes.

Le Roy des Lombards, outre sa fille Lutberge, qu'il avoit mariée au Duc de Baviere, avoit encore un fils & une autre fille. Il proposa de marier son fils avec la Princesse Giselle sœur de Charlemagne, & de marier sa fille avec ce Prince ou avec son frere Carloman. Il ne paroist pas qu'il y eust de difficulté pour le mariage de Giselle avec le Prince Lombard ; il ne se fit point néanmoins, c'estoit là la destinée de cette Princesse, qui avoit esté déja demandée en vain par l'Empereur Constantin pour son fils ; elle ne fut enfin ni Imperatrice, ni Reine, mais Religieuse.

Pour ce qui est du mariage de la fille du Roy des Lombards avec Charlemagne, ou avec son frere, il y avoit un grand obstacle ; c'est que ces Princes estoient tous deux mariez. Cela n'empêcha pas pourtant, que l'on n'écoûtast cette proposition. La Reine Bertrade, mere des deux Rois, la receut avec joye. Elle voyoit avec beaucoup d'inquiétude ses deux fils aigris l'un contre l'autre, & estoit persuadée que la réconciliation, qui s'estoit faite depuis peu, n'estoit pas sincére, au moins du costé de Carloman. Elle sçavoit que le Roy des Lombards, & le Duc de Baviere allumoient le feu sous-main, & animoient sans cesse ce jeune Prince, mécontent de son partage, à se dédommager par la voye des armes ; que tous deux avoient toûjours pour but d'exciter une guerre civile en France, le Duc de Baviere, pour secoüer le joug François, comme luy & ses prédécesseurs avoient souvent tâché de faire ; & l'autre, pour vivre plus facilement à bout du Pape, & reprendre sur luy tout ce qu'il avoit esté obligé de céder en vertu du Traité de Pavie.

La Reine Bertrade crut donc, que ce mariage, que le Roy des Lombards souhaittoit passionnément, seroit un moyen de rompre les liaisons qu'il avoit avec le Duc de Baviere contre la France ; que par l'alliance de sa fille avec Charlemagne, il se détacheroit aussi des intérests de Carloman ; & que celuy-cy n'ayant plus cet appuy, seroit obligé de se tenir en repos, & se trouveroit hors d'estat de troubler la tranquillité de la France.

Cette négociation ne put estre si secrette, que le Pape n'en fust informé. C'estoit Estienne III. Il en prévit les conséquences, & crut que la suite du mariage, dont il s'agissoit, seroit l'union étroite du Roy des Lombards avec la France ; qu'une des conditions du Traité seroit au moins quelques tempéramens, & quelques explications des Articles de celuy de Pavie en faveur des Lombards, & qu'au lieu de l'entiere exécution que les Papes pressoient en vain depuis longtemps, il avoit à craindre de le voir casser ou modifier aux dépens des avantages extrêmes que l'Eglise de Rome en avoit tirez jusqu'alors, & qu'elle en espéroit encore.

Ces réflexions importantes, qui n'estoient pas sans un grand fondement, déterminerent le Pape à envoyer incessamment deux Légats en France aux deux Rois, & de leur écrire une

Epist. 45 in codice Carolino.

CHARLEMAGNE.

Lettre dont le contenu estoit, qu'il avoit appris avec bien de la douleur, qu'on n'eust pas rejetté sans déliberer les propositions faites par le Roy des Lombards touchant le mariage de sa fille avec un des deux Rois, & celuy de son fils avec la Princesse Giselle ; qu'il ne comprenoit pas comment estant tous deux déja mariez, on pouvoit écoûter une telle proposition ; que les François n'estoient plus Payens, & que le divorce, pour s'engager dans un autre mariage, estoit un crime énorme parmi les Chrétiens ; que le feu Roy Pepin ayant eu quelque dessein de répudier la Reine leur mere, le Pape Estienne II. luy avoit fait concevoir la grandeur de ce péché, & l'en avoit détourné ; que ces Alliances avec les ennemis de l'Eglise estoient évidemment contre la volonté de Dieu ; que le Roy leur pere, par ce motif, n'avoit jamais voulu consentir au mariage de la Princesse Giselle avec le fils de l'Empereur, & qu'il seroit fort surprenant, qu'après l'avoir refusée au premier Prince du monde, on l'accordât à un Lombard ; que la Famille où l'on vouloit la faire entrer, estoit une Famille maudite de Dieu ; que cette malediction estoit visible par la lepre dont quelques-uns de cette Maison estoient frappez. Enfin il leur représentoit les interêts de l'Eglise, & les menaçoit de la colere du Prince des Apostres, dont ils ne pourroient éviter la haine & l'anatheme, & ensuite la damnation éternelle, qui y est attachée.

Ni ces raisons, dont quelques-unes estoient sans doute d'un tres-grand poids, ni les instances des Envoyez du Pape, n'empêcherent point la Reine Mere d'entreprendre le voyage d'Italie, pour négocier ce mariage, & pour dissiper toutes les animositez, les semences de guerre, & les dispositions qu'elle y voyoit dans l'esprit de son cadet, dans la Cour de Baviere, & dans celle des Lombards ; & elle estoit absolument résoluë d'user de cet expédient, si elle le jugeoit nécessaire à l'établissement de la Paix.

Elle partit dans le temps que Charlemagne tenoit l'Assemblée générale ou le Champ de May à Vormes. Elle s'aboucha d'abord avec son fils Carloman en un lieu nommé *Salossa* ou *Polossa*, où elle tâcha de le disposer à une paix stable & sincere entre son frere & luy. Delà elle alla à la Cour de Baviere pour inspirer au Duc de semblables sentimens, & enfin elle passa en Italie. Elle fut receuë à Rome avec des honneurs extraordinaires, comme la veuve de Pepin, & la mere des deux Rois François ; & ce fut là qu'elle déclara au Pape le dessein qu'elle avoit de conclure le mariage de la fille du Roy des Lombards avec son fils Charlemagne.

Pour adoucir le chagrin du Pape, elle agit si efficacement auprès de Didier, qu'il restitua au S. Siege plusieurs Places, dont il s'estoit emparé. Ce ne fut qu'à cette condition, qui fut éxecutée avant son départ, que le Contrat de Mariage fut signé ; & après que le Roy des Lombards l'eut assurée de laisser l'Eglise Romaine en repos. Elle partit avec la fille de ce Prince, que Charlemagne épousa si-tost qu'elle fut arrivée en France. Ainsi, estant devenu par ce mariage gendre du Roy des Lombards, & beau-frere du Duc de Baviere, qui avoit épousé une autre fille du même Roy, tous les esprits parurent réünis, & la paix bien assurée.

Pour faire ce mariage il falut que Charlemagne répudiât sa femme Himiltrude, qui estoit fille d'un Seigneur François, & il le fit. C'estoit un grand desordre, que ces sortes de divorces, dont on ne voit que trop d'exemples en ce siecle-là. Il s'estoit tenu quelques années auparavant un Concile à Verberies, Maison Royale auprès de Compiegne, où il se fit par les Evêques assemblez des décisions de cas de conscience en cette matiere fort surprenantes, qui donnent de grandes atteintes à l'indissolubilité du mariage, & qui sont d'une morale fort relâchée sur un point si important.

Malgré les soins de la Reine mere des deux Rois, l'esprit jaloux, inquiet & brouillon de Carloman, animé sans cesse par des gens de mesme génie, n'auroit pas laissé longtemps la France en paix, s'il eust vécu : mais il mourut un an après le mariage de Charlemagne.

Carloman né en 751. n'avoit guéres alors que vingt ans : il laissa deux fils en bas âge ; & la Reine surprise de la mort imprévuë de son mari, & dans l'appréhension que Charlemagne ne se saisist de sa personne & de celle de ses enfans, pour les faire raser, & les confiner dans un Monastere, s'enfuit avec eux & avec tout ce qu'elle put emporter chez le Roy des Lombards. Quelques-uns des principaux Seigneurs de son Etat, & les Auteurs de la mesintelligence, qui avoit recommencé entre les deux freres, s'y refugierent aussi, craignant le ressentiment de Charles. Ce Prince apprit cette nouvelle à Valenciennes, où il avoit tenu une Diette ; & soit sincerement, soit par politique, il fit paroistre beaucoup de chagrin & d'indignation de cette fuite de la Reine, n'ayant pas, disoit-il, mérité d'estre craint de la sorte. Il s'avança néanmoins sur les frontieres de l'Etat de son frere, ou plusieurs Evêques & plusieurs Seigneurs estant venus se donner à luy, & luy offrir un Royaume abandonné, il l'accepta & s'en mit en possession, sans trouver aucune résistance.

Ce Prince n'ayant plus de guerre civile à craindre, & voyant tout tranquille & parfaitement soûmis au dedans de son Etat, voulut asseurer le repos de ses frontieres. Il n'avoit rien à appréhender du costé des Alpes. Le Roy des Lombards n'avoit ni le pouvoir ni la volonté d'attaquer la France ; & ce Prince eust souhaitté d'estre assuré que Charlemagne estoit dans la mesme disposition à son égard. Les Pyrennées, depuis la conquête de l'Aquitaine & de la Gascogne, estoient comme autrefois les barrieres de la France de ce costé là ; la foiblesse & les divisions des Sarazins d'Espagne, ne leur permettoient pas de former de nouveaux projets contre l'Empire François. La seule France Germanique au-delà du Rhin, avoit des voisins incommodes, cent fois châtiez, mais ja-

---

Marginal notes:

Conc. Vermeriensi Tomo I. Conc. Gall.

Eginard. in vita Caroli magni.

An. 771.

An. 770.

Eginard. in Annal. ad an. 770. Monach. Engolism. in vita Caroli magni.

Annal. Franc. & vita Caroli magni.

Annal. Franc. Petaviani & alii.

Eginard. in Annal. ad an. 771.

mais bien domptez, presque toûjours battus & jamais parfaitement soûmis ; c'est des Saxons dont je parle.

An. 772.

Charlemagne, dans son Parlement ou Assemblée generale qu'il tint à Vormes, résolut de leur faire la guerre, & il s'y proposa deux fins ; la premiere, de les affoiblir tellement, qu'ils fussent entiérement hors d'état de remuer ; & la seconde, qui estoit le meilleur moyen qu'il pust prendre pour les rendre dociles, fut d'y détruire l'Idolatrie, & d'y établir le Christianisme. Il n'en vint à bout, qu'après trente-trois ans de guerre presque sans interruption ; mais d'une guerre, dit l'Auteur de la Vie de ce Prince, la plus rude & la plus fatiguante que la France eust jamais euë. La longueur & le succès de cette guerre, & la fréquente mention que je seray obligé d'en faire, m'engagent à donner icy une idée de la situation du Païs, de la Religion, du Gouvernement de ces Peuples, avec un peu plus de détail, que je n'ay fait dans l'Histoire des Régnes précédens, où par la disette des Mémoires je n'ay guéres touché qu'en passant ce qui les concernoit.

Eginar. in vita Caroli magni.

On donnoit en ce temps-là le nom de Saxe à presque toute cette largeur de l'Allemagne d'aujourd'huy, qui est entre l'Ocean Germanique du costé de l'Occident, & la Boheme du costé de l'Orient : elle alloit jusqu'à la Mer du costé du Nord, & du costé du Midy jusqu'à la France Germanique, qui s'étendoit le long du bas Rhin, & depuis l'Issel jusqu'au delà de Mayence. La Saxe estoit distinguée en trois parties.

Poëta Saxo. lib. 1.

Sa partie la plus Occidentale & la plus proche de l'Ocean Germanique, s'appelloit Vestphalie, ancien nom qui est encore commun aujourd'huy à un assez grand païs de l'Allemagne de ce costé-là. Celle qui luy estoit opposée du costé de l'Orient, en tirant vers la Boheme, s'appelloit Ostphalie, & les Saxons qui l'habitoient s'appelloient Ostphaliens ou Osterlingues. Ils estoient voisins des Esclavons, qui s'estoient emparez de la Boheme. Les autres Saxons, qui estoient dans le milieu entre les Vestphales & les Ostphales, s'appelloient Angariens, & confinoient du costé du Midy à la France Germanique, & du costé du Nord à la Mer Septentrionale. C'est à dire, que cette troisiéme partie de la Saxe comprenoit les païs qu'on appelle aujourd'huy le Duché de Brunswik, celuy de Lunebourg, Brandebourg, Meklebourg, & une partie de la Pomeranie.

Poëta Saxonicus.

Les Saxons estoient Payens, & entr'autres Idoles ils en adoroient une qu'ils nommoient Irminsul, nom sous lequel selon quelques-uns ils adoroient le Dieu Mars, selon d'autres Mercure, & selon d'autres Junon ; il y en a qui ont crû que cette Idole representoit Arminius ce fameux Défenseur de la liberté Germanique contre les Romains, qui fit perir leurs Légions commandées par Varus du temps d'Auguste, que cette nouvelle pensa faire mourir de chagrin ; quelques-uns ont pensé, que cet Irminsul estoit une de ces Idoles appellées Pantheon en termes d'Antiquaires & de Médaillistes, c'est à dire, un Dieu dont la figure & les symboles qu'on luy donnoit representoient tous les Dieux ou plusieurs Dieux. Il avoit en effet de fort differens symboles : il estoit élevé sur une colomne, armé de toutes pieces, tenant à sa main droite un espece d'étendart où estoit peinte une rose : de la gauche il tenoit une balance ; on voyoit la figure d'un Ours sur sa poitrine, & celle d'un Lyon sur son bouclier. C'estoit, si nous en croyons les Auteurs qui ont traité des Antiquitez de la Saxe, le Dieu Tutelaire de toute la Nation.

Monumenta Paderborn. Krantzius.

Tout ce grand païs, qu'occupoient les Saxons, estoit partagé en une infinité de petits Cantons, qui avoient chacun leur Duc independant de tous les autres. Quand ils s'unissoient néanmoins pour faire la guerre à la France, pour secoüer le joug, & ne pas payer le Tribut qu'elle leur avoit imposé, ils élisoient un Général, qui les commandoit tous, & qui, selon quelques-uns de nos anciens Historiens, portoit alors le nom de Roy : mais après la guerre son autorité ne subsistoit plus.

Poëta Saxo. de gestis Car. M. Vita Sancti Faronis Episc. Meldensis.

Veu l'inquietude & la férocité de ces Peuples, il estoit difficile que les Rois François les pussent contenir longtemps dans la soûmission. Ils estoient frontiéres de la France Germanique, selon toute son étendüe, depuis l'Issel jusqu'au Mein. Dans presque toute cette largeur de païs, il n'y avoit point de grandes Riviéres qui separassent les deux Etats ; ainsi, quand il prenoit envie à quelque Duc Saxon de venir faire des courses sur les Terres de France, rien ne l'en empeschoit, & cela arrivoit souvent. Dans les endroits où il y avoit des Forests & des Montagnes, les Saxons avoient continuellement des partis de voleurs, & des embuscades pour surprendre les François qui s'écartoient, & pour les emmener en captivité. Ces courses, ces embuscades, le refus de payer le Tribut, c'est ce qu'on appelle souvent dans nos anciennes Histoires les révoltes des Saxons, & la cause des ravages qu'on alloit faire dans leur païs en maniere de represailles. Ils s'unissoient alors pour se défendre ; & comme tout ce qui estoit compris sous le nom de Saxon composoit un Peuple tres-nombreux, c'est ce qui rendoit ces guerres plus difficiles ; & le grand nombre de Ducs, parmi lesquels il y en avoit toûjours quelques mutins, estoit ce qui les rendoit fréquentes.

Eginard.

Charlemagne pensa donc plus sérieusement qu'aucun de ses predecesseurs aux moyens de mettre ses sujets de delà le Rhin à couvert des insultes de ces Barbares. De nouvelles courses, qu'ils avoient faites sur les Terres des François, furent le sujet de la guerre qu'il leur déclara. Il assembla son Armée à Vormes, y passa le Rhin, & entra dans la Saxe, où il porta par tout la terreur & le ravage.

Les Saxons, dès le temps de Pepin, avoient bâti des Forts à de certains passages tant des Riviéres que des bois & des défilez, pour arrester plus aisément la premiere furie des François, & pour avoir le temps, dans les irruptions subites,

subites de mettre à couvert leurs femmes, leurs enfans & leurs biens. Pepin dans la derniere guerre qu'il leur fit, perdit beaucoup de monde à l'attaque de ces Forts, & pour forcer ces passages. Il abbatit tous ces retranchemens & rasa tous les Forts. Mais les Saxons les avoient relevez depuis.

_{Monachus Engolism. In vita Carol. M. Annal. Franc. ad an. 772.}

Le plus fameux & un des mieux fortifiez se nommoit Eresbourg vers Paderborne ; c'estoit dans ce Fort qu'estoit adoré l'Idole Irminsul : on y voyoit un Temple basti en son honneur, où il y avoit beaucoup de richesses. Charlemagne l'assiégea, le prit, enleva tout l'or & l'argent du Temple, & employa trois jours à le raser de fond en comble.

Une circonstance de cette expédition marquée par tous les anciens Historiens, doit nous convaincre que cette Place n'estoit située ni sur le Veser, comme quelques-uns l'ont écrit, ni sur quelque autre grosse riviere, à moins que ce ne fust tres-proche de sa source. C'est que le temps fut alors si sec & si chaud, que toutes les sources & toutes les petites rivieres ayant tari, l'Armée de Charlemagne souffrit beaucoup par la disette d'eau durant ce siege, particulièrement pendant les deux premiers jours de la démolition du Temple de l'Idole. Mais ce qui encouragea le Soldat, & luy fit aisément oublier ses fatigues passées, fut une espéce de miracle qui se fit en cette rencontre. Tout d'un coup, lorsqu'on s'y attendoit le moins, sur le midy du second jour, les Soldats estant à se reposer pendant la chaleur, il sortit d'une montagne voisine du Camp, par une ouverture qui s'y fit, un torrent d'eau si gros, & qui se répandit si abondamment dans la Campagne & dans les Vallées, qu'il y eut de quoy rafraîchir toute l'Armée & abreuver les chevaux. Quoique cette naissance subite d'un torrent ne soit pas sans exemple, & que les Historiens de Germanie parlent de celuy qu'on appelloit le Torrent de Bullerbon vers ces quartiers-là, qui sortoit ainsi de la terre tout à coup, & tarissoit presque aussi-tost, néanmoins eu égard à la conjoncture, la chose fut regardée comme miraculeuse.

_{Eginar. in Annal. ad an. 772.}

D'Eresbourg après la destruction du Temple de l'Idole, le Roy s'avança avec son Armée jusqu'au Veser, où les Saxons vinrent implorer sa miséricorde ; il leur pardonna, & prit douze ôtages pour seûreté de leur parole. Ils s'estimerent trop heureux de sauver le reste du païs à ces conditions, qu'ils n'observerent que jusqu'à ce qu'ils virent Charlemagne éloigné d'eux par les affaires d'Italie, qui devinrent plus importantes que celles de Saxe : je vais en reprendre la suite d'un peu plus haut.

Peu de temps après que le Pape Estienne IV. eut esté élû l'an 768. il avoit écrit en France, pour demander la protection des deux Rois, & pour les prier, ainsi que je l'ay dit, qu'on envoyast à Rome les Evêques les plus habiles du Royaume, afin d'assister au Concile qu'il vouloit convoquer, pour faire casser les Actes de l'Anti-pape Constantin, pour prendre des précautions contre ces invasions violentes du S.

_{Anastasius in Stephano.}

Siege, & pour confirmer la Doctrine Catholique touchant le culte des Images. Douze Evêques de France avoient esté députez à Rome pour ce sujet, le Concile s'estoit assemblé, & on y avoit agi sur tous ces points, conformément aux intentions du Pape.

Après le Concile, les Evêques estoient revenus en France, ayant laissé Rome assez tranquille, sans néanmoins que le Pape eust encore pû amener le Roy des Lombards à l'entier accomplissement du Traité de Pavie, fait depuis plus de quatorze ans. Ce Roy reculoit toûjours dans l'espérance de trouver avec le temps, quelque moyen de broüiller la France avec le Pape, qui auroit esté après cela à sa discrétion. C'estoit là uniquement à quoy il visoit. C'estoit dans cette veuë qu'il avoit traité cette année-là mesme du mariage de sa fille avec Charlemagne. Mais il usa encore d'une autre ruse.

Le Pape avoit toûjours pour Ministres ces deux hommes Christophle & Serge, à qui il estoit redevable de son exaltation. Il n'agissoit que par leurs conseils, & il s'en trouvoit bien ; mais ils luy faisoient sur tout comprendre, de quelle importance il luy estoit d'estre toûjours appuyé de l'autorité du Roy de France, avec qui eux-mesmes avoient soin d'entretenir toûjours une grande correspondance. Le Roy des Lombards vit bien que tandis qu'ils gouverneroient ainsi le Pape, il ne viendroit jamais à bout de son dessein. Il résolut de les faire périr à quelque prix que ce fust.

_{Anastasius.}

Le Pape avoit alors pour Camerier * un nommé Paul Afinete, fort jaloux du crédit & du grand pouvoir de ces deux Favoris. Ce fut avec luy que Didier concerta la maniére de les perdre. Il fit dire au Pape qu'il avoit dessein de venir par dévotion visiter l'Eglise de saint Pierre, qui estoit alors hors de la Ville. Christophle & Serge qui soupçonnerent que ce pélerinage couvroit quelque autre dessein, conseillerent au Pape de prendre ses précautions. Ils firent venir des Milices de Toscane, de la Champagne, du Duché de Perouse, les firent entrer dans Rome, dont ils armerent aussi une partie des Habitans. Ils firent mesme murer promptement quelques-unes des Portes de Rome, & en firent faire de plus petites & plus aisées à garder.

_{* Cubicularius.}

Leur prévoyance estoit à propos. Le Roy des Lombards vint faire ses dévotions à S. Pierre, mais accompagné d'une Armée entiére, résolu d'entrer dans Rome, s'il l'eust trouvée moins bien gardée. Comme il vit ses mesures rompuës, il envoya saluer le Pape de sa part, & le pria de venir le voir dans l'Eglise de S. Pierre. Le Pape le voulut bien, quoique Christophle & Serge l'en dissuadassent. L'entreveuë se passa dans des plaintes mutuelles : Didier se plaignant de la défiance du Pape, & le Pape de ce qu'il n'exécutoit point le Traité de Pavie. Mais tandis qu'ils s'entretenoient ainsi, on vint dire au Pape qu'il y avoit dans la Ville un commencement de sédition contre ses deux Ministres ; c'estoit le Camérier, qui sous-main avoit sou-

_{Ibid.}

Tome I.   E e

levé contre eux une partie du Peuple, sous prétexte qu'ils empeschoient la Paix & la bonne intelligence entre le Pape & le Roy des Lombards, & qu'ils estoient cause par là des ravages que ce Prince faisoit à l'entour de Rome. Le Pape quitta sur le champ la conférence, & rentra dans Rome, où Christophle & Serge ayant fait prendre les armes aux Troupes qu'ils y avoient, arresterent les mutins; mais ils firent plus.

Chagrins de ce que le Pape contre leur conseil estoit sorti de Rome pour aller trouver le Roy des Lombards, ils voulurent luy faire peur à luy-mesme, & entrerent avec des gens armez dans le Palais de Latran, où ils luy firent & des reproches & des menaces sur la conduite qu'il tenoit avec un Prince qui le trompoit. Cela se faisoit de concert avec Dodon, Envoyé de Carloman, qui vivoit encore, & avec quelques autres François, à qui ce commerce du Pape avec le Roy des Lombards, déplaisoit fort.

Epist. 46. in Codice Carolino.

Cette manière d'agir irrita beaucoup le Pape, qui dès le lendemain alla voir le Roy des Lombards, & eut dans l'Eglise de S. Pierre une nouvelle conférence avec luy touchant leurs mutuelles prétentions, & les moyens de s'accommoder : mais elle se passa tout autrement que celle du jour précédent. Si-tost que le Pape fut entré dans l'Eglise de S. Pierre avec tous ceux qui l'accompagnoient, Didier en fit fermer les portes, & déclara qu'aucun des gens du Pape n'en sortiroit, qu'on ne luy eust livré ses deux ennemis Christophle & Serge, disant que c'estoient deux boute-feux qui ne faisoient que remplir de soupçons l'esprit du Pape, & entretenir leur mesintelligence, qu'elle ne finiroit jamais, tandis qu'il les auroit auprès de luy, & qu'il vouloit au moins que, sur le champ ils sortissent de Rome.

Le Pape irrité de l'insulte que Christophle & Serge luy avoient faite le jour précédent, ne se récria pas fort contre cette violence, & envoya de concert avec le Roy des Lombards, Jourdan Evéque de Porto, & André Evéque de Palestrine, à la porte de la Ville la plus proche de S. Pierre, où il sçavoit que Christophle & Serge l'attendoient. Ils leur dirent le danger où estoit le Pape, & celuy où ils estoient eux-mesmes, s'ils ne prenoient un des deux partis qu'ils venoient leur proposer de sa part; l'un de se retirer incessamment dans quelque Monastére pour n'en plus sortir; l'autre de venir à l'Eglise de S. Pierre trouver le Pape & le Roy des Lombards, pour se justifier des choses dont on les accusoit.

Christophle & Serge, que la retraite dans un Monastére n'accommodoit pas, & qui d'ailleurs n'osoient se fier au Roy des Lombards, répondirent que s'ils avoient à estre mis en piéces, ils aimoient mieux que ce fust par les mains de leurs Concitoyens, que par celles des Lombards, & aussi-tost ils entrerent dans Rome afin de déliberer de ce qu'ils avoient à faire pour leur seûreté avec leurs amis; mais ils en trouverent peu de reste, si-tost que la nouvelle se fut répanduë dans la Ville, que le Pape les abandonnoit aux Roy des Lombards. Un Seigneur Romain entre autres nommé Gratiosus, parent de Serge, ayant la nuit suivante rassemblé la pluspart de ceux qu'il avoit amenez à Rome, en fit rompre une des portes; alla trouver le Pape, & luy dit en l'abordant, que c'estoit de luy seul qu'il vouloit recevoir ses ordres.

Serge ne sçachant que devenir, se fit dès la mesme nuit descendre des murailles dans le fossé, Christophle en fit autant, ils vouloient aller se jetter aux pieds du Pape, mais ils furent arrestez par les Gardes Lombards, qui les conduisirent à leur Roy. Il les renvoya au Pape, qui leur fit entendre que pour sauver leur vie, il falloit se résoudre à se faire Moines. Ils le promirent, & on s'asseûra d'eux. Le Roy des Lombards fort content du peu qu'il avoit fait, mais dont il espéroit des suites plus importantes, prit dès le lendemain congé du Pape, avec mille sermens qu'il luy fit de le satisfaire au pluftost sur ses prétentions. Cependant le Camérier Paul de concert avec ce Prince & avec plusieurs Lombards qui estoient à Rome, enleva dès ce mesme jour Christophle & Serge de l'Eglise de saint Pierre, & leur fit crever les yeux; Christophle en mourut trois jours après, & Serge fut enfermé dans un Monastére, d'où il ne fut tiré quelque temps après, que pour estre cruellement mis à mort.

Anastasius in Hadriano.

Estienne après avoir ainsi abandonné ses deux Ministres & ses deux bienfaiteurs à la rage de leurs ennemis, continua de presser le Roy des Lombards de luy tenir parole, & de luy restituer enfin le reste des Places qu'il luy retenoit, comme il le luy avoit promis par de nouveaux sermens dans l'Eglise de S. Pierre. Mais ce fut alors que ce Pape trop crédule, reconnut la maligne politique du Roy Lombard. Didier répondit que le Pape luy estoit fort obligé de l'avoir délivré de deux Tyrans qui le gouvernoient en maistres; que ce bon office méritoit bien d'estre reconnu, & qu'il ne luy parlast plus de la restitution des Places; qu'il falloit que désormais il songeast seulement à ménager ses bonnes graces; que bon gré malgré il auroit bien-tost recours à luy; que le traitement qu'on avoit fait à Christophle & à Serge qui estoient sous la protection des Rois François, & qui agissoient par leurs ordres, avoit irrité ces Princes; que Carloman sur tout en estoit fort en colére, & qu'on le verroit bien-tost en Italie avec une Armée pour s'en venger; que le Pape pour éviter sa perte, n'avoit point d'autre parti à prendre que des'allier avec les Lombards; qu'il luy offroit sa protection, & qu'il luy conseilloit fort de ne la pas refuser.

Ibid.

Estienne dans un furieux embarras écrivit à Charlemagne & à la Reine-Mere Bertrade, pour suspendre l'effet des Lettres que Dodon Envoyé de France à Rome ne manqua pas d'écrire contre luy, sur les cruels traitemens ausquels il avoit abandonné Christophle & Serge, tous deux si attachez à la France, & sur le commerce qu'il entretenoit avec le Roy des Lombards, nonobstant les remontrances qu'on luy

Epist. 46. in Codice Carolino.

avoit faites, pour l'empescher de s'aboucher avec ce Prince. Le Pape dans sa Lettre asseûroit le Roy & la Reine que cet Envoyé par une conduite indigne de son caractére, avoit cabalé contre luy avec ses ennemis, jusqu'à vouloir attenter à sa vie; qu'il estoit venu avec eux les armes à la main jusques dans son Palais; qu'ils luy avoient refusé l'entrée de la Ville de Rome; que ce qui estoit arrivé à Christophle & à Serge estoit un effet de la fureur du Peuple, qu'il n'avoit pû empescher; qu'il esperoit qu'on luy feroit justice de la mauvaise conduite de l'Envoyé, qui avoit agi en cette occasion contre les intentions du Roy son Maître: qu'au reste le Roy des Lombards en usoit parfaitement bien avec l'Eglise de Rome, & qu'on avoit tout sujet d'estre content de luy.

On ne sçait point comment cette Apologie du Pape fut reçûë de Charlemagne: mais la mort de Carloman & celle du Pape mesme, qui arriva trois mois après celle de Carloman, changerent beaucoup la face des affaires.

An. 771. 772.

Charlemagne maistre de tout l'Empire François par la mort de Carloman, n'ayant plus de guerre civile à craindre, commença à regarder comme fort inutile l'alliance du Roy des Lombards. Le scrupule sur son divorce, ou son antipathie pour sa nouvelle épouse augmenterent de sorte, que sans beaucoup déliberer, & contre l'avis de la Reine-mere, dont ce mariage avoit esté l'ouvrage, il la répudia, & la renvoya en Lombardie un an après l'avoir épousée: apparemment la premiere femme de ce Prince estoit morte cette année-là; car peu de temps après son second divorce, il épousa Hildegarde qui estoit d'une très-noble Famille de la Nation des Sueves.

Eginar. in vita Caroli Mt

Didier indigné du traitement qu'on avoit fait à sa fille, songea à s'en venger. Il avoit à sa Cour la Reine femme de Carloman, avec ses enfans & les Seigneurs qui l'avoient suivie dans sa fuite, & se faisant grand honneur d'estre le refuge d'une Reine persecutée, & des Princes ses fils dépoüillez de leurs Etats, il resolut de prendre en main leurs intérests, de tascher de leur faire un parti en France, & d'y occuper Charlemagne, qui peut-estre sans cela se laisseroit tenter de la conqueste d'Italie.

Pour en venir plus aisément à bout, & donner plus de relief à son entreprise, il crut qu'un des meilleurs moyens estoit de faire entrer le nouveau Pape dans cette cause, & que le plus grand engagement qu'il pust luy faire prendre, estoit de l'obliger à sacrer les deux fils de Carloman comme Rois du Royaume du feu Roy leur pere.

Rien n'estoit mieux pensé, & cela n'eust pas peut-estre esté fort difficile à exécuter sous le Pontificat d'Estienne, que ce Prince adroit étoit venu à bout de broüiller avec les François, & de rendre par là mesme très-dépendant de ses volontez: mais le successeur d'Estienne eut d'autres veûës. Ce successeur fut Hadrien I. homme d'une prudence & d'une fermeté égale à sa vertu, qui reprenant les maximes de ses autres prédécesseurs, ne fut pas plustost élû,

An. 772.

qu'il pensa tout de bon à agir de concert avec la France, & à secoüer le joug du Roy Lombard.

Il commença par obliger Paul Affinette, auteur des dernieres broüilleries, à sortir de Rome. Il rappella tous ceux que ce chef du parti Lombard contre celuy des François avoit fait exiler, & tira des prisons quelques autres qu'il y avoit mis. Il reçut toutefois avec beaucoup d'honnesteté les Envoyez du Roy des Lombards, & sur la proposition qu'ils luy firent de renouveller l'alliance avec leur Maître, il répondit qu'en qualité de Pere commun il vouloit bien vivre avec tout le monde, & qu'il estoit résolu d'entretenir la paix & l'union entre les François, les Lombards, & les Romains, pourvû qu'elle fust sincere de la part du Roy des Lombards: mais comment me fier, ajoûta-t-il, à un Prince qui a violé tant de sermens faits à mon prédécesseur? Les Envoyez le prierent de la part de leur Maistre d'oublier tout le passé, & l'asseûrerent qu'il seroit content pour l'avenir.

Anastasius in Hadriano.

Le Pape qui ne pouvoit pas se dispenser de répondre à ces honnestetez par quelques démarches semblables, congédia les Envoyez, en leur promettant qu'il contribuëroit de son côté de tout son pouvoir à entretenir une bonne intelligence entre les deux Etats, & fit partir avec eux deux personnes de sa Maison, pour aller faire ses complimens au Roy des Lombards, & pour traiter avec luy, leur ordonnant de demander avant que d'entrer plus avant en négociation, la restitution de Faenza, de Comachio & du Duché de Ferrare, dont les Lombards s'estoient saisis sous le Pontificat précédent.

Didier leur fit les plus belles promesses du monde à son ordinaire: mais il ne se passa pas deux mois que les Lombards commencerent à faire des courses dans l'Exarcat de Ravennes; à se saisir de plusieurs Chasteaux, & à couper les vivres à la Capitale, qu'il réduisit à l'extrémité.

Le Pape touché de la misere du Peuple de Ravennes, & à la priere de l'Archevêque, écrivit au Roy des Lombards, pour le prier de se souvenir des promesses qu'il luy avoit faites de vivre en paix avec l'Eglise de Rome, & le conjurer de faire cesser des hostilitez aussi injustes qu'indignes d'un Roy Chrétien. Didier répondit aux Envoyez, qu'il vouloit que le Pape le vinst trouver luy-mesme, & leur ordonna de luy dire, qu'il n'auroit son amitié ni la paix avec luy qu'à une condition; sçavoir, qu'il donnast en sa présence l'Onction Royale aux deux fils du Roy Carloman, qui estoient à sa Cour, dépoüillez de leurs Etats contre toute justice. Paul Affinette, qui s'estoit retiré auprès de ce Prince, brûloit d'envie de se venger du Pape. Il s'offrit d'aller secretement à Rome pour y ranimer sa faction, & de si bien faire, qu'il luy ameneroit le Pape pieds & poings liez. Didier accepta son offre; mais le Pape ayant esté averti de son départ & de son dessein, envoya secretement ordre à l'Archevê-

Tome I.

E e ij

que de Ravennes de l'arrester ou à Rimini ou à Ravennes, par où il sçavoit qu'il devoit passer: L'Archevêque ainsi averti le surprit, & le mit en prison, où il le fit mourir quelque temps après contre les ordres exprès du Pape, mais pour le bien & le repos de l'Italie.

Cette mort irrita furieusement le Roy des Lombards, qui pour s'en venger entra avec une Armée dans l'Umbrie, où elle vécut à discrétion, & fit mille désordres ; ses Troupes coururent jusqu'aux portes de Rome, & y exercerent de grandes cruautez. Il envoya encore demander une entreveuë au Pape, qui luy promit de faire ce qu'il souhaiteroit, & de l'aller trouver s'il vouloit jusqu'à Pavie, ou bien de se rendre, s'il le jugeoit à propos, à Ravennes ou à Pérouse, ou de l'attendre à Rome pour sçavoir ce qu'il désiroit de luy ; mais qu'avant cela il falloit qu'il exécutast luy-mesme ses anciennes promesses tant de fois renouvellées, & qu'il rendist les Villes & les Territoires qui appartenoient à l'Eglise de Rome ; que si ensuite il manquoit de l'aller trouver, alors le Roy des Lombards seroit en droit & auroit toute la facilité possible de reprendre toutes ces Places, & de les garder toûjours, sans que l'on pust désormais les luy redemander.

Le Pape faisoit toutes ces propositions plûtost pour tirer les choses en longueur, que par aucune espérance d'obtenir ce qu'il demandoit ; car il appréhendoit que Didier ne vinst assiéger Rome, avant qu'il pust recevoir du secours de Charlemagne. Il écrivit à ce Prince, pour l'informer de l'oppression où estoit l'Eglise Romaine, par l'injustice du Roy des Lombards, qui avoit envahi la pluspart des Places que le S. Siege tenoit de la liberalité du Roy Pepin, & pour le prier de se souvenir de la promesse qu'il avoit faite à celuy de ses prédécesseurs qui l'avoit sacré Roy du vivant mesme de Pepin, de ne jamais abandonner la protection des Papes, & la défense de l'Eglise.

Les Lombards estant maistres de toutes les avenuës de Rome & de tous les passages des Alpes, le Pape fit aller par Mer son Envoyé, qui ayant débarqué à Marseille, vint trouver Charlemagne à Thionville, où il avoit passé le quartier d'hiver, après avoir dompté les Saxons.

Eginart. ad an 773.

L'Envoyé luy exposa l'état des affaires d'Italie, les efforts qu'avoit fait le Roy des Lombards, pour engager le Pape à donner l'onction Royale aux fils de Carloman, & les desseins qu'il fondoit sur cette onction. Il luy apprit de plus que le vieux Duc d'Aquitaine échapé de sa prison, s'estoit rendu à la Cout de Pavie ; qu'il promettoit au Roy Lombard une diversion du costé d'Aquitaine, s'il vouloit déclarer la guerre à la France en faveur des fils de Carloman, & qu'en un mot, le Pape ne souffroit tant de persécutions de la part du Roy des Lombards, que parce qu'il paroissoit à ce Prince entierement dévouë aux intérests de la France.

Le Roy chargea l'Envoyé d'exhorter de sa part le Pape à ne pas perdre courage, l'asseûra d'un prompt secours, & qu'il ne se repentiroit pas d'avoir esté fidéle à la France. En effet, considérant les grands avantages qui luy pouvoient revenir de la guerre contre les Lombards, la bonté de la cause & l'état présent de ses propres affaires, qui luy permettoient de former de plus grands desseins sur l'Italie que ceux que son père y avoit exécutez, il ne balança pas. Il envoya promptement ordre de tous costez à ses Troupes de marcher, & leur marqua pour rendez-vous général la Ville de Geneve. Il tint là plusieurs conseils de guerre ; il partagea son Armée en deux Corps, il donna le commandement de l'un au Duc Bernard, frere du feu Roy Pepin, & fils naturel de Charles-Martel, qui prit sa marche vers l'Italie par le Mont-Jou, autrement appellé le Grand saint Bernard, & luy avec l'autre marcha au Mont-Cenis.

Ibid.

Tandis que les Envoyez d'Hadrien sollicitoient en France le secours dont il avoit si grand besoin, le Roy des Lombards desesperant de l'engager à venir se mettre entre ses mains, ou de l'obliger à sacrer les fils de Carloman, résolut de le surprendre. Il fit marcher très-secretement des Troupes vers Rome par différens endroits, & partant brusquement de Pavie avec le Prince Adalgise son fils, les Princes fils de Carloman & la Reine Gerberge leur mere, il se trouva à la teste d'une Armée assez près de Rome, avant que le Pape en eust eu avis : mais il n'en fut pas plustost averti, qu'il fit entrer dans la Place des Milices de la Champagne, de la Toscane, & du Duché de Pérouse, & encouragea si bien le Peuple, qu'il le mit en résolution de se bien défendre en attendant le secours de France : il fit deux oster de l'Eglise de S. Pierre qui estoit hors de la Ville, tout ce qu'il y avoit de capable de tenter l'avarice du Soldat Lombard, & en fit barricader les portes par dedans avec de fortes barrieres de fer, afin qu'on ne pust y entrer sans les rompre, & se rendre par là coupable d'un sacrilege très-énorme & très-scandaleux. Le Roy des Lombards envoya un de ses Officiers au Pape, pour luy donner avis de son arrivée, & luy faire la proposition d'une entreveuë, & celle de sacrer les deux fils de Carloman.

Anastasius.

Le Pape répondit que si le Roy n'avoit pas envie avant toutes choses, de restituer au S. Siege toutes les Villes qu'il luy avoit enlevées, & celles qu'il luy retenoit, c'estoit en vain qu'il se donneroit la peine de venir jusqu'à Rome, & que c'estoit là un préliminaire dont il ne se départiroit jamais.

Le Roy des Lombards ne laissa pas de s'avancer toûjours avec son Armée : ce que le Pape ayant sçû, il écrivit sur le champ une Formule d'anathême, par laquelle il conjuroit ce Prince par tout ce qu'il y a de plus saint, de ne pas entrer sur les Terres de l'Eglise, le menaçant, & tous ceux qui le suivoient, de la colére de Dieu, s'il le faisoit, ou s'il y commettoit le moindre désordre. Cette dénonciation luy fut portée de la part du Pape par les Evêques d'Albano, de Palestrine & de Tivoli. Elle l'étonna tellement, qu'il ne paſſa pas Viterbe, & retourna ſur ſes pas.

Alors arriverent à Rome trois Envoyez de France, un Evêque nommé George, l'Abbé Wilfrade, & un Seigneur François nommé Albin. Charlemagne avant que de paſſer les Monts, les avoit fait partir pour eſtre inſtruit plus à fonds des differens du Pape avec le Roy des Lombards: car ce Prince ayant ſçû les préparatifs de guerre qu'on faiſoit en France ſur les inſtances du Pape, avoit auſſi envoyé des Ambaſſadeurs au Roy, pour l'aſſeûrer que ce n'eſtoit point luy qui troubloit la Paix, mais le Pape, dont l'ambition eſtoit inſatiable. On n'eut pas de peine à convaincre les trois Envoyez, que le Roy des Lombards loin d'avoir exécuté l'ancien Traité de Pavie, le violoit tous les jours, & qu'au lieu d'avoir mis l'Egliſe Romaine en poſſeſſion de toutes les Places qu'il eſtoit obligé de luy remettre par ce Traité, il s'eſtoit emparé de quelques autres que ſon prédeceſſeur avoit reſtituées.

Ces Envoyez après avoir eſté témoins oculaires de l'état des choſes, reprirent le chemin de France: mais ils paſſerent, comme ils en avoient ordre, par la Cour de Lombardie, où ils prierent le Roy de la part de Charlemagne de rendre au Pape les Places qu'il luy retenoit. Il ne put s'y réſoudre, & répondit fierement que ſi on luy faiſoit la guerre, il ſçauroit bien la ſoûtenir.

Ibid.

Charlemagne ayant appris la réponſe du Roy des Lombards, luy envoya de nouveaux Ambaſſadeurs, qui luy repréſenterent encore une fois la juſtice des demandes du Pape, l'obligation que les Rois de France avoient de maintenir le Traité de Pavie, & de ſoûtenir les donations faites par Pepin à l'Egliſe de Rome, les ſuites funeſtes de la guerre qui alloit s'allumer en Italie, l'intereſt que les Lombards avoient de ne pas rompre avec la France, & que pour montrer que le Roy leur Maiſtre n'entreprenoit cette guerre qu'avec peine, luy-meſme s'offroit à dédommager les Lombards à ſes propres dépens, des frais qu'ils avoient faits pour leurs nouveaux préparatifs, pourvû qu'ils vouluſſent exécuter de bonne foy le Traité de Pavie dans tous ſes articles, & reſtituer au Pape toutes les Places dont il y étoit fait mention.

Toutes ces remontrances furent ſans effet. Rien n'eſt plus dur à un Prince que la contrainte en de pareilles conjonctures, & on aime mieux quelquefois expoſer tout, que de rien abandonner par cette voye. Ainſi Charlemagne pourſuivit ſon chemin avec ſon Armée, & arriva aux défilez des Alpes, gardez par les Lombards à l'entrée des Plaines du Piémont: il les y trouva fortement retranchez, & bien réſolus à les défendre.

La difficulté de l'attaque & la répugnance que les Seigneurs François faiſoient paroiſtre à leur ordinaire pour ces guerres d'Italie, firent que Charlemagne tenta encore la voye d'accommodement. Il fit faire de nouveau les mêmes propoſitions de dédommagement que Didier rejetta comme auparavant; enfin il luy fit dire, que s'il avoit de la peine à faire ſi promptement la reſtitution qu'on luy demandoit, on luy accorderoit du temps, pourvû qu'il donnaſt trois ôtages, qui fuſſent fils de trois des plus conſiderables Seigneurs de ſa Cour; afin qu'on puſt compter ſur ſa parole plus ſeûrement qu'on n'avoit fait juſqu'alors. Qu'avec cette aſſeûrance l'Armée de France ſe retireroit ſans faire aucune hoſtilité.

Le Roy des Lombards jugeant par ces démarches que le Roy de France ſentoit la difficulté de ſon entrepriſe, tint ferme, & ne voulut rien écouter. Il raiſonnoit bien: car les Généraux François, après avoir bien reconnu & examiné la maniere dont les Lombards étoient poſtez dans les défilez des montagnes, jugeoient preſque tous que c'eſtoit témérité d'entreprendre de les y forcer, & pluſieurs opinerent à décamper le jour ſuivant: mais pendant la nuit il ſe répandit, on ne ſçait par quelle raiſon, une terreur panique dans le Camp des Lombards, qui eut d'étranges ſuites. Les Soldats commencerent à fuir, abandonnant leurs tentes & leurs bagages, & obligerent leurs Officiers malgré qu'ils en euſſent à les ſuivre. Le Roy & le Prince Adalgiſe ſon fils, dans l'impoſſibilité de remédier à ce déſordre imprévû, allerent promptement ſe jetter, le premier dans Pavie, & le ſecond dans Vérone, avec les enfans de Carloman, la Reine leur mere, & un Seigneur François nommé Antcaire, le plus conſiderable de ceux qui avoient abandonné la France pour ſuivre ces petits Princes.

Ibid.

Le lendemain matin les François voyant le chemin ouvert, comme par une eſpece de miracle, entrerent dans la Plaine, le Roy détacha après les Lombards quantité de partis, qui en tuerent beaucoup, & s'en alla ſans s'arreſter ailleurs, aſſieger Didier dans Pavie. La Place eſtoit très-forte; car c'eſtoit comme le boulevard des Lombards:& les meilleures Troupes & un grand nombre d'Officiers s'y eſtoient renfermez avec leur Roy, & Hunaud Duc d'Aquitaine. Il y avoit de gros magazins de vivres & une grande abondance de toutes les choſes néceſſaires pour une vigoureuſe défenſe: la préſence d'un Roy guerrier, qui combattoit pour ſa Couronne, pour ſa liberté & pour celle de toute la Nation, animoit & les Soldats & les Habitans à ſoûtenir les dernieres extrémitez, l'hiver qui n'eſtoit pas éloigné, l'impatience naturelle des François, l'air d'Italie qui leur eſtoit fort contraire, eſtoient autant de motifs d'eſpérance pour le Roy des Lombards, & autant de très-grandes difficultez pour Charlemagne: il pourſuivit néanmoins l'entrepriſe. Sa conſtance & celle de ſes François dans un ſiége de ſix mois, & le plus long que la Nation eut jamais fait, ſont de toutes les belles choſes qui ſe paſſerent en ce ſiége, preſque les ſeules dont nos anciens Hiſtoriens ayent conſervé le ſouvenir.

Anaſtaſius.

La rigueur de l'hyver ne rebuta point les Troupes, on continua le Siége pendant les mois de Novembre, de Decembre, de Janvier, de Février, de Mars. Mais ce n'estoit pas là l'unique occupation de Charlemagne ; il parcourut en Conquerant, pendant ce temps-là, les païs d'en-deçà du Po, c'est à dire, le Milanès, le Bressan, le Mantoüan, dont la pluspart des Villes se soûmirent à son obeïssance. Il se presenta devant Verone, & somma le Prince Adalgise de luy remettre entre les mains la Reine Gerberge & ses enfans fils de Carloman, supposé que cette Princesse le voulût bien : & elle y consentit, esperant trouver desormais plus de ressource dans la clemence de son beaufrere, que dans la puissance des Lombards, qu'elle voyoit sur le penchant de leur ruine. Car outre les conquestes d'en-deçà du Po, qui faisoient une grande partie du Royaume des Lombards, plusieurs Villes du costé de Rome voyant le desordre des affaires de Didier, avoient deputé au Pape pour se donner à l'Eglise Romaine. Rieti, Spolete, & les autres Villes de ce Duché & de la Marche d'Ancone, estoient de ce nombre ; & pour montrer que c'estoit sincerement & pour toûjours, les Habitans de ces Villes quitterent les modes des Lombards, & se firent faire les cheveux à la façon des Romains. Le Pape nomma un Duc de Spolete, & donna ce titre & ce Gouvernement à Hildebrand homme de qualité, qui avoit esté un des premiers à se venir rendre. Ainsi le Pape rentra sans resistance dans la pluspart du Domaine que le S. Siege avoit reçû de Pepin.

An. 774. Charlemagne retourna de Verone au Siege de Pavie, avec les fils de Carloman, & la Reine leur mere. La Feste de Pâque estant proche, il voulut l'aller passer à Rome. Il partit du Camp avec grand nombre d'Evêques & d'Abbez, qui l'avoient suivi en Italie, prit avec luy plusieurs Officiers & d'autres personnes de qualité de son Armée, & s'avança avec quelques Troupes, vers Rome par la Toscane.

Le Pape, à qui il n'avoit pas fait sçavoir son dessein, en ayant esté averti, envoya au-devant de luy à trente mille de Rome, les Juges ou Chefs de la Ville, portant des Etendarts, marques de leur Dignité, pour le complimenter, & luy faire cortege pendant le reste du voyage. Il trouva à un mille de Rome toute la Milice de la Ville sous les armes, & une troupe d'enfans choisis portant à la main des rameaux d'oliviers, chantant les loüanges du Roy des François, qui n'estoient interrompuës que par les frequentes acclamations du Peuple, sorti en foule pour assister à cette espece de triomphe. A quelque distance de la parurent les Croix, qu'on avoit coûtume de porter devant les Exarques, quand il y en avoit encore en Italie, & devant les Patrices Romains, qualité que les Rois François avoient depuis plusieurs années. D'aussi loin que Charlemagne apperçût les Croix, il mit pied à terre avec toute sa suite, & marcha à pied jusqu'à l'Eglise de S. Pierre, où le Pape avec tout son Clergé l'attendoit.

Estant arrivé aux degrez de l'Eglise il se mit à genoux, ce qu'il fit à chacun des degrez, & & les baisa tous les uns après les autres. Le Pape en habits Pontificaux le reçût à l'entrée de l'Eglise ; ils s'embrasserent tendrement l'un l'autre, & le Roy prenant de la main gauche la main droite du Pape, ils entrerent ensemble dans l'Eglise, tout le Clergé & tout le Peuple chantant à haute voix ces paroles de l'Evangile : *Beni soit celuy qui vient au nom du Seigneur.* Ce jour là estoit le Samedy Saint de l'année 774. An. 774.

Le Pape conduisit le Roy à la Confession de S. Pierre, c'est à dire, au Tombeau de ce Saint Apostre, où ils se prosternerent, pour remercier le Prince des Apostres des grands avantages qu'ils avoient remportez sur leurs ennemis par son intercession.

Ensuite Charlemagne entra dans Rome avec le Pape, pour y satisfaire sa devotion dans les principales Eglises ; & après qu'ils se furent juré l'un à l'autre, sur le Corps de S. Pierre, une amitié sincere, & qu'ils eurent fait faire le même serment aux Seigneurs François & aux Seigneurs Romains, ils entrerent ensemble dans la Ville ; ils allerent d'abord à la Basilique du Sauveur, & puis au Palais de Latran, où le Pape fit la cerémonie du Baptême des Catechumenes. Le jour de Pâques, & les deux Festes suivantes se passerent en de pareilles devotions dans diverses Eglises. Le Mécredy ils eurent ensemble une conference dans l'Eglise de S. Pierre, où le Pape conjura le Roy de se souvenir de la promesse que le feu Roy Pepin & luy-mesme avoient faite au feu Pape Estienne lorsqu'il alla en France, de mettre l'Eglise Romaine en possession des Villes & des Territoires de ce qu'on appelloit la Province d'Italie, & d'en asseurer le Domaine à luy & à tous ses successeurs dans la Chaire de S. Pierre à perpetuité.

Le Roy s'estant fait lire le Traité qui en avoit esté fait autrefois à Chiersi, le confirma, & en fit faire une nouvelle copie par son Chapelain, où pour prévenir tous les differens, il ajoûter les limites de ce nouvel Estat, auquel Anastase le Bibliothecaire donne une grande étenduë, y comprenant l'Isle de Corse, les Provinces de Venise & d'Istrie, Parme, Mantouë, Regio, & quelques autres Places, dont les autres Historiens ne conviennent pas. Je croy qu'il faut s'en tenir aux Lettres du Pape Hadrien même, & de ses predecesseurs, qui ne font mention que de l'Exarcat de Ravenne, de la Pentapole, de la Sabine, de Terracine, In Codice des Duchez de Spolete & de Benevent, de la Carolin. Marche d'Ancone, du Duché de Ferrare, de Bologne, & de quelques autres Patrimoines dans l'Isle de Corse, dans la Toscane, dans le Territoire de Naples, & dans l'Istrie.

Non seulement le Roy signa cette donation, mais encore il y fit souscrire les Evêques, les Abbez, & tous les Seigneurs de sa suite. Elle fut d'abord mise sur l'Autel de S. Pierre, & ensuite dans son Tombeau, sur lequel le Pape & le Roy renouvellerent leurs Sermens. On en fit plusieurs exemplaires, dont celuy qui

CHARLEMAGNE.

avoit esté écrit par le Chapelain Ithier servant alors de Secretaire au Roy, fut mis par le Roy même, après qu'il l'eut baisé avec beaucoup de respect, sur le Corps du Prince des Apostres ; & ce même Secretaire, par ordre du Roy, prit avec luy quelques-unes des autres copies écrites de la main de celuy, qui avoit la Charge des Archives de l'Eglise de Saint Pierre.

Le Roy, peu de jours après, partit de Rome avec les acclamations & les bénédictions de tout le Peuple, & reprit le chemin de Pavie, dont le Siége fut poussé avec plus de vigueur, qu'il n'avoit esté pendant l'hyver.

Quelque vigoureuse que fust l'attaque des François, ce n'estoit pas ce que le Roy des Lombards avoit le plus à craindre. C'estoit les maladies, qui défoloient la Ville, & la dépeuploient étrangement ; les Habitans & les Soldats y mouroient tous les jours en tres-grand nombre ; on croyoit tout haut qu'il faloit se rendre, & le Duc d'Aquitaine, qui s'y opposoit de peur de tomber entre les mains des François, fut tué à coups de pierres dans une sédition.

Le Roy des Lombards fut forcé par la garnison & par les Bourgeois à capituler. Il ne put obtenir de capitulation que pour sa vie. Il se rendit, & cette reddition fut comme le signal à toutes les autres Villes, qui tenoient encore pour luy, de subir la Loy du vainqueur. Le Prince Adalgise, désesperant de défendre Verone, l'abandonna, & se sauva par Mer à Constantinople, où l'Empereur Constantin le reçut bien, & luy donna la qualité de Patrice, dont il jouït jusqu'à la fin de sa vie. Ainsi finit le régne des Princes Lombards en Italie, deux cens six ans après que le fameux Conquerant Alboin y eut donné commencement.

Eginar. in annalibus ad an. 774.

Charlemagne, après sa victoire, mit le Pape en possession de ce que Pepin & luy avoient donné à l'Eglise Romaine, & nomma des Gouverneurs dans les Villes principales de ses nouvelles conquestes : elles estoient d'une grande étenduë des deux costez du Po. Ce que nous appelons aujourd'hui le Piémont, le Montferrat, la Riviére de Genes, le Parmesan, le Modenois, la Toscane, le Milanès, le Breslan, le païs de Vérone, le Frioul, & enfin ce qu'il abandonnoit au Pape, le tout faisant près des deux tiers de l'Italie, furent le fruit de son voyage de-là les Monts : le reste au-delà de Rome entre les deux Mers appartenoit encore à l'Empereur de Constantinople, aussi-bien que la Sicile.

Le Roy mit dans la Toscane & à Pavie des Gouverneurs François, & des garnisons Françoises ; il laissa en plusieurs endroits des Ducs ou Gouverneurs Lombards ; parce qu'ils s'étoient rendus volontairement, & à condition que leurs Gouvernemens leur seroient conservez. Ainsi le Duc Rotgaude fut confirmé dans le Gouvernement de Frioul ; le Duc Aragise, quoiqu'il eust épousé une fille de Didier, demeura Duc de Bénevent ; mais le Roy prit ses enfans en ôtage. Le Gouvernement d'Yvrée, dans le Piémont, fut aussi confié à un Lombard. Hildebrand resta Duc de Spolete. Ce sont là les principales particularitez marquées dans l'Histoire, de la disposition que Charlemagne fit de son nouvel Etat.

Il est certain que le Roy détrôné fut amené en France, sans qu'aucun Auteur contemporain nous dise ce qu'il devint ; quelques-uns ont écrit qu'il fut relegué à Liége, & qu'il mourut depuis dans le Monastére de Corbie.

Anselmus Leodiensis, Sigebertus.

Depuis ce temps-là Charlemagne joignit au Titre de Roy des François, celuy de Roy des Lombards. Les Papes le luy donnoient dans les Lettres qu'ils luy écrivoient. Il le prenoit dans les Actes publics, & on le voit sur quelques-unes de ses monoyes. Ce qui joint à la maniére dont il en usa envers les Seigneurs Lombards, qu'il laissa dans leurs Gouvernemens, me fait faire une réflexion, que quoique la prise de Pavie finisse le régne des Princes Lombards, le Royaume des Lombards ne finit pas pour cela ; & que les principaux de cette Nation voyant que leur Roy estoit pris, sans espérance de ressource, ne firent point autre chose que de reconnoistre Charlemagne à sa place, pour en estre gouvernez selon leurs Loix. En effet, nous avons encore le Code de leurs Loix particuliéres, selon lesquelles Charlemagne & ses successeurs les gouvernérent, & où l'on voit plusieurs des Capitulaires de ce Prince inserez en divers endroits.

In Codice Carolin.

Charlemagne, après avoir réglé les affaires d'Italie, & y avoir établi la domination Françoise d'une maniére stable, en partit au mois d'Aoust, & repassa promptement en France. Ce qui luy fit hâter son retour fut la révolte des Saxons, ménagée peut-estre par le Roy des Lombards pour faire une diversion, ou renouvellée par la seule inquiétude, & la férocité naturelle de cette Nation. Ils ne sceurent pas plustost Charlemagne en Italie occupé au Siége de Pavie, qu'ils s'assemblérent en grand nombre, & vinrent faire le dégât dans tout le païs de Hesse, ruinérent Buriabourg sur l'Eder, prirent & pillérent Deventer sur la Riviére d'Issel, reprirent le Fort d'Eresbourg & le raférent. Ils vinrent pour forcer Fritflar où Saint Boniface Martyr, & l'Apostre de la Germanie sous le régne de Pepin, avoit bâti une Eglise. Une terreur panique, qu'on attribua à la protection du Saint, les saisit & leur fit abandonner cette entreprise.

An. 774.

Annal. Francor. Alfridus in vita S.Ludgeri.

Charlemagne marcha avec tant de diligence, qu'il arriva à Ingelheim sur le Rhin avant que les Saxons en eussent eu aucun avis, & fit entrer dans le païs par trois endroits, ses Troupes qui les surprirent, en taillérent en pieces grand nombre, & revinrent chargées de butin.

Eginar ad an. 775.

L'Assemblée de May s'estant tenuë à Duren au païs de Juliers, où se fit aussi la revuë de l'Armée, on y reprit le dessein que la Campagne d'Italie avoit interrompu, de pousser les Saxons à toute outrance. Charles passa le Rhin, attaqua & prit le Château de Sigebourg, qui fut bien défendu par les Saxons. La situation d'Eresbourg, qu'ils avoient rasé pendant la derniere Campagne, luy paroissant avantageuse pour les contenir, il le fit relever, & y mit une forte garnison : de là il s'approcha du Veser, & le passa malgré la résistance des Saxons, qu'il défit avec grand carnage : mais ils eurent leur revanche par la négligence ou par la trop grande confiance des François.

Charlemagne, en s'avançant dans la Saxe au-delà du Veser, avoit laissé sur le bord de cette Rivière une partie de son Armée pour en garder le passage, & empêcher qu'on ne le coupât au retour. Les Saxons n'osérent pas attaquer ce Camp à force ouverte & en plein jour : mais un soir comme un assez grand corps de François revenoit du fourage, une troupe de Saxons déterminez se mesla avec eux, & ils se contrefirent si bien, que pas un ne fut reconnu ; ils entrérent dans le Camp des François, & s'y disperférent de tous côtez. A l'heure de la nuit, dont ils estoient convenus, comme la garde se faisoit fort négligemment, & que presque tout le monde estoit endormi, ils commencérent à entrer dans les tentes, & à passer au fil de l'épée tout ce qui s'y trouvoit. Ils tuérent un tres-grand nombre d'hommes avant que d'estre découverts ; mais enfin la résistance qui se fit en divers endroits, ayant répandu l'allarme par tout le Camp, les Saxons pensérent à se retirer : ils se rassemblérent à l'endroit qu'ils avoient marqué pour faire retraite, & s'estant reconnus les uns les autres à certaines marques, ils sortirent du Camp sans grande perte. Mais le Roy, qui n'estoit pas campé loin de là, estant accouru sur la nouvelle qu'on luy porta de ce desordre, suivit avec sa Cavalerie ces avanturiers, & les ayant joint en tua beaucoup. Les Saxons, après avoir vû ravager leur païs, & y répandre bien du sang, vinrent à leur ordinaire demander pardon. Il en vint des trois quartiers de la Saxe, c'est à dire, des Saxons Orientaux appellez Ostphaliens, & des Saxons Occidentaux appellez Vestphaliens, & de ceux du milieu du païs appellez Angriens.

Le Roy voyoit bien, par la connoissance qu'il avoit du passé, que ces soûmissions forcées des Saxons n'estoient que pour l'éloigner de leur païs, & qu'ils ne les faisoient que pour se préparer à une nouvelle guerre si-tost qu'il en seroit sorti. Il estoit bien résolu de ne pas se laisser tromper davantage, & d'exécuter la résolution prise dans les deux derniéres Assemblées de May, où l'on avoit traité de cette guerre ; c'estoit de ne plus leur faire de quartier, ou de les obliger à recevoir la Religion Chrétienne. Mais les nouvelles, qu'il recevoit d'Italie, où il prévoyoit que sa présence seroit bien-tost nécessaire, le déterminérent à accepter encore leurs soûmissions, & à recevoir les ôtages qu'ils luy offrirent, pour l'asseurance de leur parole & de leur obéïssance.

En effet, quelque bon ordre que Charlemagne eût mis en Italie, il estoit difficile que d'abord tout y fust parfaitement tranquille. Une nouvelle domination n'est jamais sans quelques mouvemens : la révolution estoit encore trop récente, le Conquérant trop éloigné, & ses ennemis trop à portée de luy susciter des affaires, pour en manquer aucune occasion. Adalgise, fils du Roy détrôné, s'estoit retiré à Constantinople dans l'espérance d'engager l'Empereur à prendre sa protection contre une puissance, qui devenoit tous les jours plus formidable à l'Empire. Il trouva dans cette Cour une tres-grande disposition à seconder ses desseins, mais en même temps de grandes difficultez à trouver des moyens bien sûrs de les faire réüssir. On luy promit tout néanmoins, une Flotte & une Armée ; pourvû qu'il pust se faire un parti parmi les anciens Sujets de son pere, & engager quelques Seigneurs puissans à le soûtenir.

Il jetta pour cela les yeux sur Rotgaude Duc de Frioul ; il sçavoit, qu'il estoit bien intentionné pour sa Famille, & qu'il ne s'estoit donné à la France que par la seule impuissance de luy résister. Il luy fit proposer ses vûës, & celles de l'Empereur de Constantinople, par quelqu'un des Gouverneurs des Villes que les Grecs avoient encore en Italie. Ce Duc luy promit son service, & celuy de ses amis. Il tint sa parole, & forma en peu de temps son parti. Le Pape, soit sans dessein, soit sur quelques avis qu'il eust reçû touchant ces intrigues, dépêcha un de ses Officiers à Hildebrand Duc de Spolete. Le motif ou le prétexte de ce voyage estoit quelque différend que ce Duc avoit avec le Pape. Cet Officier en arrivant à Spolete y trouva des Envoyez du Duc de Frioul, du Duc de Bénevent, du Duc ou Gouverneur de Cluse, qui est apparemment aujourd'huy la petite Ville de Chiusi sur les confins de Toscane proche de la source du Tibre, ou Chiusa dans le Frioul sur les frontiéres d'Allemagne.

Sur le soupçon qu'il eut que ce rendez-vous n'estoit pas sans quelque mystére, il s'appliqua secrettement à le découvrir. Il apprit que tous ces Ducs avoient commerce avec Adalgise & avec l'Empereur de Constantinople ; qu'au mois de Mars prochain une Flotte devoit aborder en Italie, & qu'une Armée de Grecs joints aux Troupes des Ducs, devoit venir surprendre Rome, enlever le Pape, & mettre Adalgise sur le Trône de son pere. C'est au moins ce qu'écrivit le Pape Hadrien à Charlemagne.

Il y avoit encore outre cela d'autres broüilleries en Italie. Quoique le Pape fust en possession de toutes ces Villes & de tous ces Territoires, que Pepin & Charlemagne avoient donnez à l'Eglise Romaine ; néanmoins il n'avoit ni Soldats, ni Citadelles pour contenir les Peuples, presque nulle autorité sur les Grands du païs, & moins encore sur les Ducs ou Gouverneurs. Une puissance Ecclesiastique inspiroit peu de crainte à des Guerriers, & la soûmission leur paroissoit rude sous cette nouvelle espece de Gouvernement auquel ils n'estoient pas encore faits.

Hildebrand Duc de Spolete, quoiqu'honoré de ce Gouvernement par Charlemagne à la recommandation du Pape, n'estoit pas plus soûmis que les autres ; mais il y avoit un Archevéque

CHARLEMAGNE.

vêque à Ravenne, qui luy donnoit plus d'exercice encore que tous ces Ducs. Il prétendoit, que puifque le Domaine temporel du Territoire de Rome, avoit efté ajugé au Pape, le Domaine temporel de l'Exarcat de Ravenne luy appartenoit auffi, en qualité d'Archevêque de la Capitale de l'Exarcat, & qu'il entroit par ce titre dans tous les droits dont avoient joüi les Exarques. L'Archevêque avoit fur cela préfenté quelques Requeftes à Charlemagne ; & fur la réponfe que ce Prince luy avoit faite, & qu'il crut favorable à fes prétentions, il empêchoit quantité de Villes, qui avoient efté fous le Gouvernement des Exarques, de reconnoiftre le Pape pour leur Seigneur, maltraitoit les Officiers que le S. Siege y envoyoit, les faifoit enlever & mettre en prifon, fans vouloir déferer fur cela aux ordres du Pape, ni aux remontrances qu'il luy faifoit.

Epift. Adriani ad Carolum 51. in codice Car.

Sur tous ces avis reçus de la part du Pape, mais principalement fur la nouvelle de la conjuration des Ducs Lombards, Charlemagne réfolut de repafter en Italie. Mais pour avoir des nouvelles plus certaines de ce qui s'y paffoit, il y envoya un Evêque nommé Poffefleur, & un Abbé nommé Rabigaud, avec ordre de s'aboucher avec les Ducs de Spolete & de Benevent, avant que d'aller à Rome : foit que ce fuft pour s'affeurer fi ces deux Ducs eftoient véritablement de la conjuration, foit pour les détacher des autres, fuppofé qu'ils en fuffent.

Epift. 58. in Codice Carolin.

Cette conduite donna du chagrin & de l'inquiétude au Pape, dont le Roy fembloit fe défier, & ne pas affez croire les avis, ou ne pas vouloir prendre affez hautement les interefts contre ces Ducs. Il en écrivit aux Envoyez, & au Roy mefme. Les Envoyez ne laifférent pas d'exécuter leurs ordres. Les deux Ducs fçachant que le Roy eftoit informé de tout, & qu'il eftoit en chemin pour l'Italie, fe gardérent bien de fe déclarer pour Adalgife, & l'on voulut bien les en croire fur la proteftation qu'ils firent de leur fidélité & de leur innocence.

Il n'en fut pas ainfi du Duc de Frioul, qui avoit fait des démarches trop éclatantes, pour pouvoir déformais s'en dédire. Il avoit des Troupes fur pied, il avoit fait déja révolter des Villes ; & foit au défaut d'Adalgife, dont la mort de l'Empereur de Conftantinople, arrivée fur ces entrefaites, avoit rompu toutes les mefures, foit emporté par fa propre ambition, ce n'eftoit plus pour ce Prince, mais pour luy-mefme qu'il faifoit la guerre, refolu de fe faire Roy des Lombards.

Charlemagne ayant reçu ces nouvelles, partit fur le champ, & ne menant avec luy que l'élite de fes Troupes, il entra en Italie avant que le Duc de Frioul en fuft averti. La diligence & la préfence de ce Prince diffiperent en peu de jours ce foible parti. Le Duc de Frioul fut pris, & eut la tefte tranchée. Trévife, où Stabilinien beau-pere du Duc commandoit, fut livrée au Roy par un Prêtre Italien, qui eut pour fa récompenfe l'Evêché de Verdun ; & les autres Villes révoltées fe rendirent. Le Roy

Eginard. in Annal. ad an. 776. Annales Metenfes. Chronicon Virdunenfe.

mit dans toutes ces Places des Gouverneurs François ; & après avoir paffé la Fefte de Pâque à Trévife, & reglé les différens du Pape & de l'Archevêque de Ravenne, apparemment en faveur de l'Eglife Romaine, il retourna fur les frontières de Germanie avec la même promptitude, qu'il avoit paffé les Alpes : car les Saxons ne l'avoient pas pluftoft fçû éloigné de leurs frontières, qu'ils avoient recommencé la guerre.

Il apprit en entrant en Italie, qu'ils avoient repris le Fort d'Erefbourg. Ils avoient auffi attaqué celuy de Sigibourg ; mais la garnifon ayant fait une grande fortie fur eux, lorfqu'ils n'eftoient pas fur leurs gardes, en tua un grand nombre, & obligea les autres à lever le Siége ; les François les chargérent en queuë, & les pourfuivirent jufqu'aux fources de la Rivière de Lipe.

Ce fut en cet endroit que Charlemagne, qui n'avoit pas employé plus de quatre mois dans fon expédition d'Italie, & dans fon retour à Vormes, vint les furprendre. Ils eurent peine à croire que ce fuft luy. Quand on les en eut affeurez, la confternation fe mit dans le Camp, ils demandérent miféricorde & le baptême : ce n'eftoit qu'une feinte, & qu'une hypocrifie toute pure ; mais elle eftoit conforme aux fouhaits de Charlemagne, qui penfoit depuis long-temps à adoucir la férocité de cette Nation par le Chriftianifme. Il en fit donc baptifer plufieurs, prit de nouveaux ôtages, fit relever le Fort d'Erefbourg, en bâtit encore un autre fur la Lipe, mit dedans de fortes garnifons, & alla paffer l'hyver à Heriftal au païs de Liége.

Eginard. loco cit.

Dans une de ces expéditions fur les Saxons, il s'eftoit emparé de la Ville de Paderborne en Veftphalie. Il deftina cette Ville pour y tenir au Printemps l'Affemblée des Seigneurs François, & pour y prendre des mefures plus efficaces que par le paffé contre les révoltes continuelles des Saxons.

Avant que de tenir l'Affemblée il entra avec une grande Armée bien avant dans la Saxe, & contraignit les plus confidérables des Saxons de venir à Paderborne, pour s'y obliger par un Serment plus authentique que tous ceux qu'ils avoient jamais faits, à luy eftre fidéles, & à ne plus retourner à leurs brigandages.

Eginard. ad an. 777.

Ils y vinrent tous excepté Vitikinde, un des plus fameux Capitaines des Saxons Veftphaliens : c'eftoit un homme infiniment zélé pour la liberté de fon païs, & fon courage & fa prudence luy avoient acquis beaucoup d'autorité. Il eftoit ennemi juré des François, & n'avoit jamais voulu entrer en commerce avec eux. Ce Capitaine fe fentant coupable de la plufpart des infractions des Traitez de Paix, & de quantité d'excés & de violences commifes fur les Terres de France, appréhenda de fe mettre en la puiffance du Roy. Il aima mieux fe retirer chez le Roy de Danemarc. Les autres Capitaines firent dans l'Affemblée le ferment au nom de toute la Nation, & on leur y fit ajoûter cette claufe, que s'ils fe révoltoient jamais en violant le Traité dont ils juroient l'obfervation, ils confentoient qu'on les réduifit à l'ef-clavage, & qu'on les chaffaft hors de leur patrie. Plufieurs pour mieux tromper les François reçurent le baptefme & firent hautement profeffion du Chriftianifme : mais ce ne fut pas là la chofe la plus mémorable qui fe paffa dans cette Affemblée, & peut-eftre que Charlemagne la tint exprès à Paderborne, pour faire voir aux Saxons jufqu'où s'étendoit la reputation de fon nom & de fa valeur, & qu'après avoir porté la terreur de fes armes bien au-delà des Alpes, les Nations d'au-delà des Pyrenées fe trouvoient heureufes d'en pouvoir implorer la protection.

Ce fut donc là que le vint trouver un Emire des Sarrazins d'Efpagne nommé Ibinalarabi, pour fe donner à luy avec toutes les Villes de fon Gouvernement, dont il avoit déja perdu une partie depuis fa révolte contre Abderame, qui s'eftant fouftrait à l'obéiffance du Califé, s'eftoit fait un Etat en Efpagne.

Ibid.

L'Efpagne eftoit depuis long-temps dans un étrange défordre, non feulement par cette inondation des Sarrazins qui y avoient établi leur domination ; mais encore par les guerres que les Sarrazins mefmes avoient fouvent entre eux, fans compter celles qu'ils avoient continuellement avec quelques Chrétiens retirez dans les Montagnes & dans quelques Forts où ils fe maintinrent toûjours : & c'eft de-là que fortirent avec le temps les reftaurateurs du Chriftianifme dans l'Efpagne, & les Fondateurs Chrétiens & Catholiques des Royaumes de Leon, d'Aragon, & des autres qui compofent aujourd'huy la Monarchie d'Efpagne.

L'Empire des Sarrazins en Afie, en Afrique & dans les Efpagnes, uni fous un mefme Chef pendant quelques années, ne fut pas long-temps fans eftre démembré, & il s'en forma trois Monarchies indépendantes les unes des autres dans les trois différentes parties du Monde.

Conftantinus Imperat. libro de adminiftrando Imperio, cap. 25.

Celle d'Efpagne fut formée par l'Emire Abderame ou Abderamene vers l'an 736. & il établit le fiége de fon Empire à Cordouë, où il eut des fucceffeurs pendant plufieurs fiécles : Quelques Emires particuliers mécontens de fon Gouvernement, fecoüerent le joug de temps en temps, & fe rendirent indépendans, ou fe mirent fous la protection de France : tel fut l'Emire Solinoan, qui fe foumit à Pepin avec les Villes de Girone & de Barcellone dont il eftoit maiftre, & tel fut cet autre Emire Ibinalarabi, dont je parle, qui vint à Paderborne demander la protection de Charlemagne, pour eftre remis en poffeffion de Sarragoffe & de quelques autres Places dont Abderame l'avoit chaffé.

La propofition faifoit trop d'honneur à Charlemagne, pour n'eftre pas écoûtée. Il rentra en France pour fe préparer à cette expédition. Il paffa en Aquitaine avant Pafques, & affembla fon Armée à Caffeneüil, Maifon Royale dans l'Agenois : il la partagea en deux pour la faire entrer en Efpagne par deux endroits différens ; un des deux Corps compofé des Troupes le-

An. 778.

Monach. Engolifm.

vées en Auftrafie, en Baviére, en Bourgogne, en Lombardie, en Provence, en Languedoc, marcha du cofté de Narbonne, pour entrer par le Rouffillon, l'Hiftoire ne nous dit point le nom de celuy qui le commandoit. L'autre conduit par le Roy mefme, entra par la Gafcogne du cofté de la Navarre. Toute l'Efpagne trembla à cette nouvelle : Pampelune fut d'abord affiégée, & elle fe rendit par capitulation. De-là les François pafferent l'Ebre & marcherent à Sarragoffe, la plus grande & la plus forte Ville de ce quartier-là d'Efpagne. Les deux Armées fe joignirent devant cette Ville ; elles en formerent le fiege, que les Sarrazins ne foûtinrent pas long-temps : ils capitulerent, & le Roy y rétablit l'Emire Ibinalarabi.

Annales Metenfes ad an. 778.

Un autre Emire mit auffi Huefca, Jacca & quelques autres Places de fon Gouvernement fous la protection de Charlemagne. Barcellone & Gironne renouvellerent leurs hommages & le ferment de fidélité qu'elles avoient fait il y avoit plufieurs années au feu Roy Pepin. Nul ennemi ne paroiffoit en campagne, & jamais l'Efpagne ne fut plus à la veille de fe voir délivrée de la tyrannie des Sarrazins. Mais foit que Charlemagne appréhendaft que les chaleurs de l'été exceffives dans ces païs-là ne ruïnaffent fon Armée par les maladies, foit qu'il ne trouvaft pas affez de feûreté dans les Emires qui s'eftoient foumis à luy, ou qu'il s'apperçuft mefme que les Princes Chrétiens ne le voyoient pas volontiers fi près de leurs petits Etats & de leurs rochers fortifiez, il ne paffa pas outre, & content d'avoir fubjugué cette grande étenduë de païs qui eft entre les Pyrenées & la riviére d'Ebre, il revint fur fes pas & rentra en France.

Chronic. Moyffiac.

Pour s'affeûrer de la fidélité & de l'obéiffance de l'Emire Ibinalarabi & des autres, il les obligea à luy donner des ôtages : de plus il fit à fon retour rafer les murailles de Pampelune qui luy avoit beaucoup coûté à prendre, & dont il voyoit les habitans fort portez à la révolte, & enfin il établit des Comtes fur toutes ces Frontiéres pour les défendre, & veiller fur les démarches des Sarrazins. Il ramena toute fon Armée par l'endroit des Pyrenées par où il en avoit luy-mefme conduit une grande partie en allant, fçavoir par le chemin qui va de la Navarre dans la Gafcogne.

Ce chemin eftoit difficile, à caufe des bois & des cols ou défilez ; mais il ne le crut pas plus dangereux au retour qu'à fon paffage en Efpagne. Il fe trompa néanmoins. Les Gafcons montagnards Sujets alors & Tributaires de la France, mais que Charles avoit chaftiez pour leurs brigandages, fe mirent en embufcade dans le haut d'un bois, au travers duquel il falloit paffer entre deux hautes montagnes & laifferent défiler l'Armée fans branler : les bagages eftoient à l'arriére-garde & à l'extrémité peu efcortez, fi-toft qu'ils les virent paroiftre, ils donnerent deffus, défirent le peu de Troupes qui les couvroit, & commencerent à piller. Le Roy eftoit à l'avant-garde déja bien loin, & ne

Eginar. in Annal. ad an. 778.

CHARLEMAGNE.

fut averti du défordre qu'après la retraite des Gafcons, qui eurent bien-toft après le pillage, regagné leurs hauteurs, où il eftoit impoffible de les fuivre. Plufieurs Officiers Généraux qui eftoient accourus pour obliger les Soldats à faire ferme, ne pûrent les rafleûrer, ni les engager à combattre dans des lieux auffi défavantageux que ceux-là, où ils eftoient attaquez de toutes parts, fans pouvoir fe défendre. Prefque tous ces Généraux y périrent, & entre autres le fameux Roland, fi renommé dans les Contes de l'Archevefque Turpin, quoique dans les Hiftoires véritables il ne foit parlé de luy qu'à cette feule occafion, où on luy donne la qualité de Gouverneur de la Marche ou Frontiére de Bretagne.

<small>Eginard. in vita Car. M.</small>

Les mefmes Romans nous difent que le lieu de cette défaite de l'arriére-garde de Charlemagne fut la Vallée de Roncevaux : & il me paroift par une Relation manufcrite des Antiquitez de ce quartier-là * qui vient de me tomber entre les mains, que cette circonftance n'eft pas fans fondement.

<small>* Elle eft écrite à M. le Prefident de la Moignon, & datrée du 15. de Decembre 1707.</small>

Il y a, felon cette Relation qui paroift eftre d'un homme exact & entendu, il y a, dis-je, à trois cens pas de l'Eglife de l'Abbaye de Roncevaux une Chapelle baftie en quarré-long. Elle a en longueur en dehors foixante pieds, quarante-cinq de large, & un peu plus en hauteur depuis le rez-de-chauffée. Au milieu de cette Chapelle eft une ouverture large de deux pieds & demy, & longue de trois, qui fert à defcendre dans une cave, profonde d'environ trente pieds, bien voûtée, dont la capacité eft égale à celle de la Chapelle. L'Auteur de la Relation dit qu'avec un flambeau il vit au fond quelques offemens.

Autour de la Chapelle en dehors il y a un Cloiftre ceintré, bafti fous une efpece d'Apentis. Ce Cloiftre n'a du jour que par de petits trous, pratiquez dans les Arcades, par où l'on voit au dehors trente Tombeaux fort grands & fort fimples. Ils font élevez de la hauteur de quatre pieds, & ne font faits que de grandes pierres fans aucune Infcription.

Le mur extérieur de la Chapelle à la hauteur des Tombeaux eft peint à frefque, & la Peinture repréfente la Journée de Roncevaux. On y voit quelques Infcriptions, & entre autres celles-ci, *Thierry d'Ardennes*, *Riol du Mas*, *Guy de Bourgogne*, *Olivier*, *Roland*. Parmi les preuves que l'on pourroit rapporter, pour montrer que cette peinture n'eft pas du temps de Charlemagne, ces Infcriptions qui y font meflées le démontrent : car en ce temps-là les Seigneurs François ne fe furnommoient pas encore de leurs Terres ni de leurs Comtez ou Duchez, qui n'eftoient point héréditaires, & eftoient tout au plus & très-rarement à vie. Mais pour ce qui eft de la Chapelle, de la Cave & des Tombeaux, la Tradition du Païs paroift fort vray-femblable ; fçavoir, que la Cave eft l'endroit où Charlemagne fit enterrer les corps de fes Soldats tuez en ce combat ; que ces Tombeaux font une efpece de Maufolée, où il fit mettre les corps des plus confidérables Sei-

Tome I.

gneurs, & qu'il baftit & fonda la Chapelle, afin qu'on y priaft Dieu, pour le repos des ames de tous ces morts. Ces fortes de Traditions font quelquefois fauffes, mais elles font fouvent véritables. Celle-ci peut-eftre confirmée par un ufage immémorial, qui eft qu'on n'enterre dans le Cloiftre d'autour de la Chapelle, que les Soldats François qui meurent dans l'Hôpital de cette Abbaye, & que les gens du païs ne permettent jamais qu'on y enterre aucun de leurs parens : de plus on ne voit point par l'Hiftoire de Navarre qu'aucun Roy du païs ait fait conftruire ce Monument qui eft très-ancien. D'ailleurs cet ouvrage eft digne de la pieté de Charlemagne : & on luy en attribuë un tout femblable en France. Il y a à la Chambre des Comptes de Paris un enregiftrement fait le 3. d'Octobre 1578. de la confirmation des privileges du Bourg de la Parroiffe de Benais en Poitou, accordez, dit-on, par Charlemagne, *qui y fit conftruire une Eglife Parroiffiale, & y fonda un Service annuel, pour le repos des ames des Rois de France, qu'autres Princes & Seigneurs du Royaume, que gens de guerre morts en la Bataille & Victoire remportées fur la riviére de Charente proche dudit Benais, fur les marches de Guyenne, où il défit fes ennemis, & perdit beaucoup de fes gens de guerre qu'il fit enterrer en ladite Parroiffe en beaux Tombeaux de pierre blanche qui font encore audit lieu.*

<small>Memorial F F F. fol. 484.</small>

Quoiqu'il en foit de toutes ces Antiquitez, fur quoy il n'eft pas de la prudence de prononcer trop hardiment, la déroute des Pyrenées, ainfi que noftre Hiftorien le remarque, donna plus de chagrin à Charlemagne, que les victoires d'Efpagne ne luy avoient donné de joye. Il penfa cependant à affermir fes conqueftes, & pour foûtenir de plus près les Comtes qu'il avoit laiffez avec des Troupes au-delà des Pyrenées, il en créa de nouveaux en deçà dans toute l'Aquitaine.

<small>Eginar. in vita Caroli M.</small>

Depuis la derniére guerre qui luy avoit affeuré la poffeffion de ce grand païs, il y avoit fait peu de changement, plufieurs Villes étoient demeurées fans Gouverneurs, quelques autres en avoient, mais c'eftoient des gens du païs, aufquels il ne fe fioit pas beaucoup. Il en nomma d'autres, tous François, dont un Auteur de la Vie de Loüis le Débonnaire fils de Charlemagne nous a laiffé la lifte. Humbert fut fait Gouverneur de Bourges, Abbon de Poitiers, Vibalde de Perigueux, Ithier d'Auvergne, Bulle du Velay, Corfon de Toulouse, Seguin de Bordeaux, Aimon d'Albi & Rotgaire ou Roger de Limoges. Quelques-uns de ces noms auffi-bien que celuy de Roland, n'ont pas manqué d'avoir leur place dans nos vieux Romans.

<small>Vita Ludovici Pii.</small>

Charlemagne s'appliqua, en paffant par l'Aquitaine, à gagner les Evêques du païs par fes honneftetez, par fes careffes, & par fes liberalitez ; il mit des Abbez François dans certaines Abbayes, dont la Jurifdiction temporelle eftoit grande, & que leur Fondation obligeoit à fournir en temps de guerre des Soldats au Souverain. Il confifqua certaines Terres qui

F f ij

n'avoient plus de Maiſtres, ou dont les Seigneurs eſtoient morts les armes à la main contre luy, ou eſtoient en fuite pour quelque autre crime, & les donna en benefice, ainſi qu'on parloit alors, à des Fidéles, appellez autrement Vaſſaux ou Vaſſeurs ou Vavaſſeurs; c'étoient ordinairement des Officiers d'Armées qui tenoient ces ſortes de Terres à foy & hommage, avec obligation d'aller à la guerre quand ils eſtoient commandez, & d'y mener leurs propres Vaſſaux, c'eſt-à-dire, ceux qui habitoient ces Terres, ou qui les faiſoient valoir, & leur en faiſoient à eux-meſmes hommage. Dans la diſtribution de toutes ces récompenſes il choiſit des gens ſages, prudens, braves, en un mot, capables de gagner & de contenir les Peuples du païs, qui eſtoient ou Gaulois d'origine, ou Gots, ou Gaſcons, ou meſme François, mais qui avec le temps avoient oublié qu'ils l'eſtoient.

Cette conduite & cette politique auroit eſté très-utile à Charlemagne dans la Saxe, & il s'en ſeroit ſervi ſans doute, ſi la qualité du païs l'avoit comporté; mais il falloit pour cela qu'il y euſt des Villes en nombre pour y mettre des Comtes, & il y en avoit alors peu dans la Saxe. Il euſt fallu que les Terres euſſent eſté défrichées & cultivées, & tout eſtoit plein de Foreſts, de Marécages, & la pluſpart des Terres eſtoient en friche, les Saxons n'en cultivant guéres plus qu'il ne leur en falloit pour la nourriture de leurs familles; de ſorte qu'il n'y avoit point d'autre moyen de les tenir dans la ſoûmiſſion que la crainte du ravage de leur païs, que la premiére eſperance du butin à faire ſur les Terres des François leur faiſoit oublier auſſi-toſt, ainſi qu'il arriva encore cette meſme année-là, avant que Charlemagne euſt eu le loiſir de prendre un peu de repos, après une ſi fatiguante expédition.

Ce fut à Auxerre qu'il apprit ce nouveau ſoûlevement. Vitikinde qui s'eſtoit retiré en Dannemarc, pour ne pas aſſiſter à l'Aſſemblée de Paderborne, & ne pas jurer fidélité à Charlemagne, eſtoit revenu dans le païs, & ne ceſſoit d'exciter ſes compatriotes à une nouvelle révolte. L'éloignement du Roy eſtoit pour eux le motif ordinaire de s'y réſoudre, en oubliant tous leurs ſermens. Ils firent donc un Corps d'Armée, & vinrent en pillant & en ravageant juſqu'au Rhin. Ils n'oſerent pas le paſſer; mais depuis Duirz, qui eſt vis-à-vis de Cologne juſqu'à Coblents, ils firent tout paſſer au fil de l'épée ou par le feu, ſans diſtinction d'âge ni de ſexe. Ils pillerent auſſi la Ville de Verde & la déſolerent entierement. L'amour du butin animoit le Soldat; mais Vitikinde leur inſpiroit celuy de la vengeance, qui les portoit aux plus horribles cruautez.

Les Troupes du Roy eſtoient étrangement fatiguées: c'eſt pourquoy nonobſtant l'avis quil avoit reçû de ces ravages, il en mit la pluſpart en quartier, il en fit ſeulement marcher une petite partie en Germanie, pour les y faire joindre par les Milices Françoiſes d'Auſtraſie, & par celles des Allemans, à qui il envoya ordre de ſe mettre promptement en Campagne. Après qu'elles ſe furent aſſemblées, elles marcherent à grandes journées vers l'ennemi pour le couper, avant qu'il ſe fuſt retiré: mais les Saxons n'eurent pas pluſtoſt appris qu'on alloit à eux, qu'ils firent retraite. Les François & les Allemans les ſuivirent néanmoins toûjours, & ſi vivement qu'ils les joignirent dans la Heſſe, en un lieu nommé Liheü ſur le bord de la riviére d'Eider. On les attaqua lorſqu'ils commençoient à paſſer cette riviére, ils tournerent teſte avec beaucoup de réſolution, le combat devint furieux: mais les Saxons obligez enfin de plier, furent tellement défaits, que très-peu échapperent. Preſque tous furent tuez ſans quartier, en punition des excès qu'ils avoient commis ſur le Rhin. C'eſt ainſi que l'année 778. qui avoit commencé par les victoires d'Eſpagne, finit par celle de Germanie.

La guerre de Saxe quand elle eſtoit ſeule, ne fut jamais regardée par Charlemagne comme une affaire fort importante. En attendant que la ſaiſon permit d'aller chaſtier les mutins, il tint au mois de Mars en ſon Palais d'Heriſtal une de ces Aſſemblées d'Evêques, d'Abbez & de Seigneurs, où il ſe faiſoit des Reglemens qu'on appelloit du nom de Capitulaires. Il s'en fit dans celle-cy d'aſſez importans pour la police tant Eccleſiaſtique que Seculiére.

Un des plus remarquables fut celuy qui ſe fit touchant les Franchiſes des Egliſes. On voit dans noſtre Hiſtoire que c'eſtoient des droits ſi ſacrez, que nos Rois les moins religieux les obſerverent toûjours avec ſcrupule: mais l'abus qu'on en faiſoit eſtoit venu juſqu'à un tel point, que Charlemagne crut qu'il falloit le modérer. Les Evêques en eſtoient extrêmement jaloux, & il falloit l'autorité d'un Roy auſſi abſolu que luy, pour pouvoir y donner impunément quelque atteinte.

Ce Prince voyant donc que cette immunité donnoit lieu à une infinité d'horribles crimes; que dans l'aſſeûrance qu'on avoit de l'impunité en ſe ſauvant dans une Egliſe après un meurtre commis, il s'en faiſoit tous les jours; il ordonna dans cette Aſſemblée, que tout homicide & tout coupable d'un crime qui meriteroit la mort ſelon les Loix, ſeroit exclus du privilege de l'immunité Eccleſiaſtique. Mais afin qu'on ne manquaſt pas au reſpect dû au lieu Saint, en faiſant violence au criminel pour l'en retirer, quand il s'y ſeroit ſauvé, on ſe contenta de défendre de luy porter à manger. Une telle défenſe avoit paſſé juſqu'alors pour un violement de la Franchiſe: mais on ne laiſſa pas de la faire, & ce fut depuis un moyen d'obliger le coupable à ſe remettre entre les mains de la Juſtice, pour y ſubir l'examen de ſon crime.

Charlemagne ſi-toſt que la ſaiſon le luy permit, aſſembla ſon Armée à Duren, aujourd'hui Ville du Duché de Juliers. Il paſſa le Rhin, s'avança juſqu'à la riviére de Lippe, défit quelques Troupes de Saxons, s'approcha du Veſer, où les Députez de la Nation vinrent de nouveau luy demander pardon. Il le leur accorda;

mais entre autres conditions, il exigea qu'au temps de la Campagne prochaine, il se tiendroit une Diéte de toute la Nation sur la riviére d'Onacre, où il se trouveroit en personne, afin de convenir avec les principaux Chefs des moyens efficaces d'empescher toutes ces révoltes. Cette Diéte se tint en effet l'année d'après, où quantité de Saxons se firent baptiser. Il marcha avec son Armée jusqu'à la riviére d'Elbe, pour y tenir aussi une Assemblée de la Nation Esclavone, & regler plusieurs choses qui la concernoient, & il laissa en Saxe & en Esclavonie des Evêques, des Prestres & des Abbez, qui convertirent & baptiserent plusieurs Payens.

An. 780.

Chronic. Moissiac.

Un nouveau voyage d'Italie que ce Prince avoit résolu de faire cette mesme année-là, estoit ce qui l'obligeoit à ménager ainsi les Saxons, & à tascher encore par la voye de la douceur, de les maintenir au moins quelque temps en paix aussi-bien que les autres Peuples de la Germanie ses tributaires. C'estoit sur les pressantes instances du Pape qu'il entreprenoit ce voyage, & sur les avis qu'il luy avoit donnez des nouvelles brouïlleries d'Italie.

Epistola Adriani 64. in Codice Carol.

Le Gouverneur de Naples pour les Grecs arrestoit depuis long-temps les revenus de quelques patrimoines de saint Pierre, qui estoient dans son Gouvernement, & le Pape par represailles s'estoit saisi de la Ville de Terracine. Le Gouverneur de Naples aux dernieres Festes de Pasques luy avoit envoyé un de ses Officiers pour traiter d'un accommodement. On estoit convenu que le Pape rendroit Terracine, & que pour asseurance des revenus du Territoire de Naples, on luy donneroit en ôtages quatre enfans des plus considérables Citoyens de cette Ville-là, mais que pour cet article on demanderoit l'agrément du Gouverneur de Sicile, qu'on s'engageoit à obtenir: dans cet intervalle les Grecs avoient surpris Terracine, & on ne parloit plus ni de donner des ôtages au Pape, ni de luy payer ses revenus: mais ce qu'il y avoit de plus important, estoit que, selon les Lettres du Pape, Arige Duc de Benevent entretenoit toûjours intelligence avec les Grecs & avec le Prince Adalgise pour le rétablir sur le Trône des Lombards.

Le Pape de peur de surprise prioit le Roy de luy envoyer pour le mois d'Aoust un de ses Généraux, avec ordre de faire une Armée des Milices de Toscane, du Duché de Spolete & de celuy de Benevent, afin de reprendre Terracine, & s'il le jugeoit à propos, d'attaquer Naples mesme & Gaiette.

Charlemagne crût que sa seule présence avec quelques Troupes, suffiroit pour dissiper tous les mauvais desseins des ennemis & des mécontens, s'il y en avoit, & pour faire rendre justice au Pape. Il luy écrivit qu'il viendroit en Italie avant la fin de l'année. Il partit en effet à son retour de Germanie avec la Reine Hildegarde, deja mere de trois Princes, dont les noms estoient Charles, qui estoit l'aîné, Carloman & Loüis. Les deux cadets furent du voyage. Le Roy avec toute sa Cour

An. 780.

Eginard.

arriva en Italie sur la fin de l'automne. Il passa l'hiver à Pavie, & alla célébrer la Feste de Pâques à Rome. Ce fut durant cette Feste que le petit Prince Carloman, dont on avoit différé exprès le Baptesme, fut baptisé par le Pape, qui changea son nom sur les Fonts en celuy de Pepin, quoique le fils aîné de Charlemagne de sa premiere femme portast déja ce nom.

An. 781.

Ce n'estoit pas sans dessein que Charlemagne avoit mené ces jeunes Princes en Italie tout petits qu'ils estoient: car Loüis n'avoit gueres que trois ans, la Reine Hildegarde l'ayant mis au monde à Chasseneüil en Aquitaine pendant l'expédition d'Espagne. Le dessein estoit de leur faire donner à tous deux l'onction Royale par le Pape. Il la leur donna, & en mesme temps Charlemagne fit proclamer Pepin Roy de Lombardie, & Loüis Roy d'Aquitaine.

Par là premierement il asseûroit à chacun de ses cadets une partie de sa succession, dont les aînez, ausquels les Royaumes de Neustrie, d'Austrasie & de Bourgogne devoient écheoir, auroient pû les frustrer entierement, en cas que luy-mesme mourust avant qu'il fussent en âge de défendre leurs droits. Secondement, il donnoit à chacun de ces deux Peuples nouvellement conquis un Roy particulier, ce qu'ils souhaitoient fort, portant impatiemment de se voir réduits en Provinces annexées pour toûjours à la Couronne de France. Il fixoit par ce moyen l'inquietude des Lombards, qui avoient eû toûjours jusqu'alors le cœur & les yeux tournez du costé de leur Prince Adalgise. Il s'attachoit l'affection des Peuples d'Aquitaine par l'honneur qu'il leur faisoit d'ériger en Royaume leur païs, qui ne portoit auparavant que le titre de Duché, toûjours tributaire de la Couronne de France. Enfin ces deux Etats estoient naturellement séparez du reste de la France, l'un par les Alpes, & l'autre par la riviere de Loire, & ces deux barrieres si naturelles, sembloient ne laisser aucun lieu à ces differends, que l'ambition des Princes fait naistre si aisément sur le sujet des limites, & qui ne se terminent guéres que par la désolation des Frontiéres, & la ruïne des Peuples.

L'espérance que conçût Charlemagne de mettre fin par cette politique aux intrigues des Ducs Lombards, luy fit dissimuler les sujets de mécontentement qu'il pouvoit avoir d'eux, & en particulier du Duc de Spolete, & de celuy de Benevent, dont le Pape se plaignoit le plus. Il mit le Pape en possession du Territoire de Sabine, & pour ce qui est des différends du Pape avec le Gouverneur de Naples, ils furent réglez à l'amiable.

Epist. 60. In Codice Carolin.

Quoique ce dernier article ne soit pas distinctement marqué dans l'Histoire, on n'en peut pas douter, en y lisant les démarches que la Cour de Constantinople fit alors pour entretenir la paix avec Charlemagne.

Il s'estoit fait depuis peu de temps un grand changement dans cette Cour: Constantin Copronyme mort en l'an 776. avoit eû pour successeur Leon IV. son fils, entesté comme luy,

F f iij

de l'Heresie des Brise-Images. Leon estoit auſ-
si mort après quatre ans de Regne, & avoit
laiſſé l'Empire à son fils Constantin, qui n'a-
voit que dix ans sous la tutelle de l'Imperatrice Iréne.

Cette Princeſſe qui fut la plus habile femme
de son temps, se soûtint au milieu des conjurations qui se firent contre elle & contre son
fils, envoya en exil plusieurs des conjurez, o-
bligea ses beaux-freres, qui prétendoient au
Trône, à se faire Prestres, fit la Paix avec les
Arabes, qui s'estoient jettez sur les Terres de
l'Empire, obligea Helpide Gouverneur de Sicile, qui s'estoit revolté, à quitter cette Iſle &
à s'enfuir en Afrique : mais une de ses plus
grandes inquiétudes estoit que Charlemagne
se trouvoit alors en Italie, & que le Pape le preſſoit de déclarer la guerre aux Grecs,
& d'aſſiéger Naples. S'il l'euſt fait, il les euſt
chaſſés immanquablement d'Italie, tant l'Imperatrice avoit alors d'affaires sur les bras, &
contre les rebelles & contre les ennemis de
l'Empire du côté de l'Orient.

Theopha-
nes in
Chrono-
graphia.

Iréne pour empeſcher que Charlemagne ne
se laiſſaſt tenter par la facilité d'une si belle
conqueſte, luy envoya une célèbre Ambaſſade, dont le Chef estoit Constantin, son grand
Tresorier. Il luy propoſa le mariage de l'Empereur Constantin avec la Princeſſe Rotrude;
c'estoit la fille aînée de Charlemagne, & l'on
propoſoit ce mariage comme devant estre le
lien d'une éternelle Paix entre les deux plus
puiſſans Princes de l'Europe.

Charles écoûta avec plaisir cette proposition, & le Contrat de mariage fut signé de part
& d'autre. Comme l'Empereur n'avoit que dix
ans, & que la Princeſſe en avoit encore moins,
elle demeura en France; mais on mit auprès
d'elle de la part de l'Empereur un Eunuque du
Palais Imperial, nommé Eliſée, pour luy apprendre la Langue Grecque, & pour l'instruire de toutes les manières de la Cour de Constantinople.

Cette alliance aſſeûroit le Roy que cette
Cour ne se meſleroit plus de soûtenir les prétentions d'Adalgiſe sur le Royaume des Lombards, & luy répondoit de la tranquillité de
l'Italie. Mais comme il souhaitoit extrêmement de joüir enfin dans un parfait repos de
cette grande puiſſance, où sa prudence autant
que son courage l'avoit élevé, il voulut encore finir par la médiation du Pape, une autre
affaire, dont il eut pû venir aiſément à bout
par la voye des armes.

Il y avoit plus de vingt ans que le feu Roy
Pepin avoit obligé Thaſſilon Duc de Bavière à
luy faire hommage de ses Etats dans l'Aſſemblée générale de Compiégne de l'an 757. Ce
Duc l'avoit fait non seulement à Pepin, mais
encore à ses enfans Charles & Carloman, &
leur avoit preſté serment de fidélité. Cinq ans
après, ainſi que je l'ay raconté, durant la guerre d'Aquitaine, où il accompagnoit Pepin, il
avoit quitté le camp sous prétexte d'une maladie, & estant rentré dans ses Etats, il avoit
juré que jamais on ne l'y verroit faire une telle démarche, & que de sa vie il ne paroistroit
en qualité de Vaſſal en préſence du Roy de
France. Depuis ce temps-là il avoit toûjours eû
des liaisons avec les ennemis de la France, &
fut tout avec Didier Roy des Lombards son
beau-pere.

Charlemagne depuis la mort de Pepin s'é-
tant toûjours trouvé occupé des guerres d'A-
quitaine, de Saxe & d'Italie, avoit prudemment diſſimulé son reſſentiment : mais voyant
alors tout parfaitement soûmis à sa puiſſance,
il penſa à obliger ce Prince de rentrer dans
son devoir. Il pria le Pape avant que de partir
de Rome, d'envoyer au Duc des Ambaſſadeurs sur ce sujet, & de l'avertir qu'il verroit
dans peu toutes les forces de France fondre
dans la Bavière, s'il ne venoit en personne rendre hommage à son Souverain, & luy renouveller son serment de fidélité. Le Pape fit inceſſamment partir deux Evêques pour la Bavière, auſquels le Roy joignit Ebrard son grand
Echanſon, pour faire entendre au Duc ses intentions.

Eginar. in
Annal. ad
an. 781.

De Rome Charlemagne retourna en France
par la Lombardie, où il laiſſa son fils Pepin a-
vec d'habiles Ministres pour le gouverner. Pour
ce qui est du jeune Roy d'Aquitaine, il repaſſa les Alpes avec le Roy son pere. Dès qu'il fut
arrivé à Orleans, on luy fit faire un habillement de guerre & des armes proportionnées à
son âge & à sa taille, on le fit monter à cheval
& conduire dans cet équipage en Aquitaine;
il y fut salué Roy par les Peuples, & reçût les
hommages des Grands. Son pere luy donna
pour Ministre & pour Gouverneur un Seigneur
nommé Arnolde, luy fit une Maiſon convenable à son rang, & voulut qu'il demeuraſt dans
ce nouveau Royaume quatre ans de suite ſans
en ſortir, afin d'y apprendre la Langue & les
manières du païs, & que les Peuples priſſent
inſenſiblement pour luy de l'inclination & de
l'attachement.

Charlemagne ne fut pas long-temps après
son arrivée en France sans recevoir des nouvelles de Bavière. Les Ambaſſadeurs parlerent
si fortement au Duc, qu'il se réſolut à venir
trouver le Roy, pourvû qu'on luy donnaſt toutes les seûretez qu'il demandoit pour sa perſonne, & on les luy donna; il vint auſſi-toſt à Vormes, où il fit son serment entre les mains du
Roy, & donna douze ôtages, qu'on exigea pour
plus grande aſſeûrance de sa fidélité.

Cette affaire estant terminée, Charlemagne penſa à celles de Saxe. Dans la réſolution
où il estoit toûjours, de prendre tous les moyens
possibles pour rendre les Saxons dociles, il
croyoit qu'un des meilleurs seroit de se faire
voir de temps en temps à eux, de paroiſtre tous
les ans dans leur païs, à la teſte d'une Armée,
& d'aſſembler souvent leurs Ducs, pour traiter avec eux des affaires de la Nation, comme
il faisoit en France dans les Aſſemblées qu'il
y tenoit des Seigneurs François.

Si-toſt qu'il y eut aſſez de fourage dans la
Campagne, il paſſa le Rhin à Cologne, & s'a-
vança avec son Armée jusqu'aux sources de la

CHARLEMAGNE

Ibid.
An. 782.

riviere de Lippe. Il campa là plusieurs jours, & y tint l'Assemblée des Saxons. Les Princes du Nord luy envoyerent des Ambassadeurs pour le complimenter. Il y en vint de la part de Sigefroy Roy des Danois, appellez autrement dès-lors du nom de Normands, & de la part des Rois des Huns ou Abares. Ils luy demanderent la paix & son amitié, & il les leur promit, à condition qu'ils ne feroient aucun tort à ses Sujets.

Mais il ne fut pas plustost rentré en France, qu'il apprit que les Sorabes, Peuple qui faisoit partie des Esclavons, & qui avoit sa demeure entre les rivieres d'Elbe & de Sala, avoient fait des courses dans la Turinge & dans le païs des Saxons, voisins du leur. Sa maxime estoit de ne rien souffrir de tous ces barbares, & de les punir sur le champ de leurs désobéïssances & de leurs brigandages. Il fit donc partir sans tarder trois de ses Generaux, sçavoir Adalgise son Chambellan, Geilon son Connétable, qualité qui n'estoit pas alors si considerable qu'elle a esté dans ces derniers temps, & Vorade Comte du Palais. Ils eurent ordre de prendre toutes les Milices d'Austrasie, de passer le Rhin avec elles, de se faire joindre par celles de Saxe, & d'entrer dans l'Esclavonie, pour y chastier sévérement les Esclavons : mais ils furent bien surpris, lors qu'approchant de la Saxe par où ils devoient passer, ils apprirent que les Saxons eux-mesmes étoient en armes, prests à faire irruption sur les Terres de France.

Vitikinde à l'arrivée de Charlemagne dans la Saxe s'estoit retiré chez les Normands ou Danois, comme il avoit fait six ans auparavant pendant l'Assemblée de Paderborne. Et il n'eut pas plustost appris le départ de ce Prince, qu'il revint dans le païs, où par l'autorité qu'il y avoit, & par la disposition qu'il trouvoit toûjours dans les esprits à la rebellion, il n'eut pas beaucoup de peine à les y engager de nouveau. Comme il sçavoit que des moyens dont Charlemagne se servoit le plus utilement pour affermir sa domination dans la Saxe, estoit d'y établir la Religion chrétienne, il fit concevoir à ses compatriotes que par cette Religion on leur imposoit un joug insupportable, qu'on prétendoit anéantir celle de leurs ancestres, abolir toutes leurs coûtumes, & qu'il falloit s'opposer à cet établissement.

Anscharius in vita S. Villehadi.

La populace animée par ces discours séditieux, court aux armes, va droit à quelques Eglises basties par les Chrétiens, fait main-basse sur quelques-uns des Missionnaires qu'ils trouverent en leur chemin, & saint Villehaud qui gouvernoit alors l'Eglise naissante de Breme, fut obligé de s'enfuïr, & de gagner le bord de la Mer, où il trouva un Vaisseau qui le porta en Frise.

Les trois Generaux François ayant appris l'état des choses, ne penserent plus à aller aux Esclavons ; mais ils jugerent qu'il falloit commencer par dissiper ce commencement de révolte des Saxons, & marcherent droit où ils sçavoient qu'ils assembloient leurs Troupes.

Charlemagne ayant eu avis de ces mouvemens depuis le départ de ces Generaux, avoit envoyé de nouveaux ordres au Comte Teuderic, qui estoit un Seigneur François allié de la Famille Royale, de prendre dans le païs Ripuaire le long des rives du Rhin en deçà, tout ce qu'il pourroit assembler de Troupes, & d'entrer incessamment dans la Saxe. Ce Comte avec le Corps qu'il conduisoit, rencontra l'Armée des trois Generaux, & ils tinrent tous ensemble conseil de guerre sur ce qu'il y avoit de meilleur à faire dans les conjonctures présentes.

Avant que de passer plus outre, ils envoyerent des partis à la Campagne & des Espions, pour reconnoistre les forces des Saxons & la situation de leur Camp, & conclurent à l'attaquer, pour peu qu'il y eust espérance de le forcer. Sur les avis qu'ils eurent des ennemis, ils décamperent & s'avancerent jusqu'à une Montagne nommée Sontal proche du Veser.

Les Saxons estoient campez au pied de cette Montagne, du costé du Nord : Teuderic demeura en deçà du Veser, les autres Generaux le passerent, & se camperent sur l'autre bord à dessein de faire le tour de la Montagne pour aller surprendre les Saxons. Ils estoient convenus que l'un ne tenter l'attaque sans en donner avis à Teuderic, qui devoit sur cet avis passer aussi la riviere, & aller par l'autre costé de la Montagne donner en mesme temps sur le Camp ennemi. Mais la jalousie fit en cette occasion ce qu'elle a fait en tant d'autres pareilles. Teuderic estoit un Capitaine de grande réputation, & avoit outre cela l'honneur d'estre allié du Prince : les trois Generaux crurent que s'il estoit de l'action, ils travailleroient moins pour leur gloire propre que pour la sienne, & qu'on luy attribueroit tout l'honneur de la victoire.

Sur cela ils résolurent entre eux de donner sans l'avertir & sans l'attendre, ils leverent le Camp avec précipitation, & s'avancerent vers les Saxons avec assez peu d'ordre, comme pour aller attaquer des gens, qui dans les Campagnes passées n'avoient pas tenu devant eux, & qui lâcheroient le pied si-tost qu'ils paroistroient : mais ils furent bien surpris de trouver les Saxons rangez en bataille devant leur Camp, ayant Vitikinde à leur teste qui les attendoient & faisoient bonne contenance. Ils ne laisserent pas de les attaquer, les Saxons soûtinrent vigoureusement le premier choc, durant lequel s'estant étendus promptement à droit & à gauche, ils prirent les François en flanc, & les rompirent de tous costez. Il en demeura sur la place un très-grand nombre. Il y perit quantité d'Officiers, & entre autres deux des Generaux ; sçavoir, le Connétable & le Chambellan, quatre Comtes, & vingt autres personnes de marque, ausquels plusieurs braves gens s'estoient attachez, & qui perirent aussi tous en vendant leur vie bien cher ; n'ayant point voulu de quartier : le peu qui se sauva gagna le Camp de Teuderic en deçà du Veser. Ce General s'y tint bien retranché, &

Poëta Saxo.

Eginard. ad an. 782.

fit sçavoir au plustost cette défaite au Roy. Ce Prince peu accoûtumé à recevoir de ces sortes de nouvelles, en fut fort chagrin : mais sans perdre de temps il marcha à la teste d'un nouveau Corps, & entra dans la Saxe ; où le seul bruit de son approche avoit déja dissipé toute cette Armée victorieuse.

Il envoya ordre aux plus considérables des Saxons de le venir trouver. Ils y vinrent en tremblant, & demanderent pardon, jettant toute la faute sur Vitikinde, qu'ils chargerent tous d'avoir excité la sédition. Le Roy demanda qu'on le luy mist entre les mains, ils répondirent qu'il ne leur estoit pas possible de le faire, & qu'incontinent après la défaite de l'Armée Françoise, il s'estoit retiré en Dannemark. Il s'est sauvé, répondit le Roy ; mais ceux qui ont participé à son crime sont encore ici, & j'en feray un exemple, que j'ay trop différé de faire. Alors il donna le signal à ses Troupes pour investir cette multitude de Saxons, les fit désarmer, en fit compter quatre mille cinq cens de ceux qui avoient assisté au combat de Sontal, & les ayant fait conduire sur la riviere d'Alre, qui se décharge dans le Veser, il leur fit à tous couper la teste.

Eginard.

Après ce chastiment terrible fait en pleine Campagne, où le nombre des corps morts representoit plustost une sanglante défaite, que l'exécution de l'Arrest d'un Prince prononcé contre des coupables, Charles s'en alla passer l'hyver à Thionville, où il perdit la Reine Hildegarde, Princesse également cherie & du Roy & de toute la Nation.

Le premier effet que produisit ce carnage épouventable, fut une consternation générale qui se répandit dans tout le païs, mais qui se changea bien-tost en rage & en désespoir. Vitikinde avec un autre Duc nommé Albion courut pendant l'hyver tous les Cantons de la Saxe, animant les Peuples par le recit de ce massacre, à se venger de l'exterminateur de leur Nation, quoiqu'il en dust coûter. Il fut écouté, & Charlemagne apprit bientost la nouvelle du soûlevement général de toute la Saxe depuis la Frontière de la France Germanique, où touchoient les Saxons Vestphaliens jusqu'aux extrémitez du Nort.

An. 783. 784.

Cet effort ne leur réüssit pas mieux que les autres pendant deux ans que dura cette revolte générale. Charlemagne les défit dans trois sanglantes batailles, & porta le ravage jusqu'à la riviere d'Elbe : & afin de ne leur pas laisser le temps de respirer, il se résolut de passer l'hyver de l'année 785. dans le Fort d'Eresbourg.

An. 785.

Il y fit venir ses deux fils aînez & la Reine Fastrade fille d'un Comte François, qu'il avoit épousée quelques mois après la mort de la Reine Hildegarde. Il fit aux Saxons une guerre continuelle pendant une saison où ils avoient coûtume de se remettre des pertes soufferres durant l'esté, & de se ranimer les uns les autres par l'esperance de quelque succès plus heureux. Ce ne fut durant tout cet hyver que courses des François dans la Saxe, qu'incendies, que ravages.

Le Roy courut alors un grand danger, par une conjuration qui se fit contre sa personne, dont les Auteurs estoient quelques Seigneurs de Turinge : la chose ayant esté découverte, les uns furent envoyez en exil, & les autres furent condamnez à avoir les yeux crevez, & elle n'eut point d'autres suites.

Cependant le Roy ennuyé de cette guerre qui luy coûtoit bien du sang, bien des fatigues, & bien de la dépense, eut bien voulu la voir finir. Il crut que tant de pertes & tant de maux pourroient avoir rendu ce Peuple un peu plus traitable, & que leurs Chefs qui les leur avoient attirez en seroient eux-mesmes ou touchez ou rebutez. Il sçût que Vitikinde & Albion estoient dans la Saxe Septentrionale, au delà de l'Elbe. Il choisit parmi les Saxons qu'il avoit fait prisonniers quelques-uns des plus moderez, & les leur envoya pour leur représenter les malheurs que leur obstination dans la revolte avoit causez à leur patrie ; qu'il ne vouloit pas les exterminer ; que la rigueur dont il avoit usé depuis trois ans, n'estoit que pour les contraindre à se soûmettre & à rentrer dans leur devoir ; que s'ils vouloient eux-mesmes le venir trouver sur sa parole Royale, il leur donneroit des marques de sa bonté, & leur feroit des conditions avantageuses pour eux & pour leur Nation.

Ils se sentoient si coupables, qu'ils eurent peine à se persuader que le Roy les ayant une fois en sa puissance, pust se résoudre à leur pardonner. Ils consentent néanmoins à se rendre auprès de luy, pourvû qu'il voulust donner quelques ôtages pour leur seûreté. Les Saxons estant revenus apporter cette réponse, Charles les renvoya pour leur dire qu'il vouloit bien avoir pour eux cette condescendance ; que pour marquer qu'il aimoit encore les Saxons, nonobstant toutes les perfidies réiterées, il alloit faire cesser tous les actes d'hostilité, & se retirer luy-mesme de la Saxe, & qu'il leur envoyeroit incessamment des ôtages. En effet, il reprit le chemin de la France, & envoya au-delà de l'Elbe une personne de sa Cour nommé Amalvin, pour y conduire les ôtages, & en amener Vitikinde & Albion.

Amalvin leur ayant livré les ôtages, & renouvellé de la part du Roy les asseûrances qu'ils avoient demandées, revint avec ces deux Chefs en France, & les conduisit à Attigni sur la riviere d'Aisne, où le Roy estoit avec toute la Cour. Il les y reçut avec une bonté qui les charma, & non seulement il les gagna, mais encore il en fit une conqueste à la Religion. Car ayant consenti à se faire instruire, ils furent baptisez quelque temps après, & estant retournez dans leur païs, ils y vécurent en Chrétiens, dans la fidelité qu'ils avoient promise, & maintinrent au moins pendant quelques années les Peuples dans la soûmission.

Annal. Poëtæ Saxonici. l 2 ad an. 785.

Lorsque Charlemagne estoit encore en Germanie, il donna un spectacle à sa Cour & à son Armée, qui leur fut assez agréable. Il y avoit quatre ans que le jeune Louis estoit dans ses Etats d'Aquitaine sans en estre encore sorti.

Eginard. in vita Ludovici Pii.

Le

CHARLEMAGNE.

Le Roy voulut le voir, & s'asseûrer par luy-mê-me, si ses Gouverneurs & ses Maistres en l'élevant dans les manieres du païs, avoient soin de luy inspirer en mesme-temps une certaine politesse dont ce Prince se piquoit fort, & qui en effet distinguoit sa Cour de celles de tous ses prédecesseurs.

Vita Ludovici Pii.

Il donna ordre au Duc Arnolde, qui estoit chargé de tout le Gouvernement du Royaume d'Aquitaine, de luy amener le petit Prince, après avoir mis en seûreté toutes les Frontiéres, & avoir établi par tout des Marquis; * c'est le terme qui estoit alors en usage, pour signifier les Commandans des Milices, qui devoient veiller à la garde des Marches, c'est-à-dire, des Frontieres, & c'est de ce nom de Marche, que quelques Cantons de la France portent encore, qu'est venu celuy de Marquis aujourd'huy si commun.

* Marchiones.

Le jeune Roy qui avoit alors sept ans, vint trouver le Roy son pere à Paderborne, & y fit son entrée à cheval, vetu à la maniere des Gascons, portant un petit manteau rond, les manches de la chemise fort amples, des bottines où les éperons n'estoient pas liez avec des courroies, mais enfoncez dans le haut du talon de la bottine, & un javelot à la main. Il estoit accompagné dans cette cavalcade de quantité de jeunes gens de qualité du païs, de mesme âge, habillez comme luy, & tous aussi à cheval. Le Roy prit plaisir à voir l'air guerrier de ce jeune Prince, & après l'avoir tenu quelque temps auprès de luy, il le renvoya en Aquitaine à la fin de l'automne.

Tout estoit soumis & en repos, excepté que les Bretons s'aviserent de faire quelque difficulté de payer le tribut qu'ils devoient à la France. Ils furent domptez & punis. Leurs Princes furent obligez de venir en personne faire leurs soumissions au Roy, & ils luy rendirent leurs hommages à Vormes dans un Concile.

An. 786. Regino.

La tranquillité de toutes ces Nations différentes, qui faisoit tant d'honneur au Souverain, luy permit de faire un nouveau voyage au-delà des Alpes. C'estoit le quatriéme depuis le commencement de son Regne, qui n'avoit esté jusqu'alors qu'une suite de voyages & d'expéditions, qu'il ne fit guéres inutilement. Dans celuy-ci il réprima l'insolence du Duc de Benevent, qui estoit toûjours ce mesme Aragise Lombard, qu'il avoit confirmé dans ce Duché après la prise du Roy Didier. C'estoit un homme inquiet & remuant, qui se broüilloit tantost avec le Pape, tantost avec les Gouverneurs Grecs, & dont l'humeur entreprenante auroit esté à craindre sous un autre Regne. Néanmoins Charlemagne qui vouloit se faire aimer en Italie, luy pardonna, & se contenta de prendre quelques ôtages, du nombre desquels furent les deux fils de ce Duc, dont il luy rendit toutefois l'aîné. Les Ambassadeurs de l'Empereur vinrent le complimenter, & l'asseûrerent de sa constance dans la résolution d'épouser la Princesse Rotrude, quand ils seroient tous deux en âge.

Comme il estoit encore à Rome, arriverent les Envoyez du Duc de Baviere, pour prier le Pape de s'entremettre auprès du Roy en faveur de leur Maistre, qui depuis l'hommage qu'il avoit rendu à Vormes six ans auparavant, s'estoit rendu suspect, à cause de quelques liaisons qu'il entretenoit avec certaines Nations Frontiéres de l'Empire François au-delà du Rhin. Le Pape parla de cette affaire à Charlemagne, qui luy témoigna qu'il estoit disposé à rendre ses bonnes graces au Duc, pourvû que de son costé il ne fit rien qui l'en rendist indigne. Et en mesme temps se tournant vers les Ambassadeurs, il leur demanda quelles asseûrances ils prétendoient luy donner de la conduite de leur Maistre pour l'avenir, & quelle satisfaction ils avoient à luy faire pour le passé. Ils répondirent qu'ils n'estoient chargez de rien à cet égard: mais qu'ils avoient seulement ordre de rapporter à leur Maistre la réponse qu'on leur feroit, touchant l'entremise du Pape, qu'ils avoient proposée. Le Pape choqué de ces paroles, qui luy faisoient entrevoir la mauvaise foy du Duc, se mit en colere, menaça de l'excommunier & tous ceux de son Conseil, s'ils violoient jamais la fidélité qu'ils devoient au Roy, & les renvoya sans autre réponse.

An. 787.

Annales François.

Le Roy à son retour de Rome passa par Pavie, y assembla les Seigneurs Lombards, & en obligea quelques-uns, dont il se défioit, de le suivre en France.

Comme il vit bien qu'il falloit au moins faire peur au Duc de Baviere, pour le réduire à son devoir; il ordonna à son fils Pepin Roy de Lombardie, de tenir des Troupes prestes pour le Printemps, & il envoya ordre à celles d'Austrasie & de Saxe de se préparer à marcher aussi-tost que la saison le permettroit. Ensuite estant retourné en France, il tint une Diéte à Vormes. Il y exposa les sujets de plainte qu'il avoit du Duc de Baviere, les soupçons qu'on luy donnoit de sa fidélité, & il y fut résolu de l'aller forcer par les armes à rendre hommage, & à renouveller son serment de fidélité.

Sur la fin de May, le jeune Roy des Lombards ne manqua pas de faire filer des Troupes vers la Baviere par la Vallée de Trente, une Armée de François Austrasiens & de Saxons s'assembla sur le bord du Danube, & le Roy marcha en personne avec une autre Armée jusqu'à la riviere de Lech, qui séparoit le païs des Allemans d'avec celuy des Bavarois, & se campa aux Fauxbourgs de la Ville d'Ausbourg. Le Duc Thassilon vit bien qu'il estoit perdu, & à la veille d'estre dépoüillé de son Duché, comme le Duc d'Aquitaine l'avoit esté du sien, & Didier de son Royaume; il eut recours à la clémence du Roy, vint se jetter à ses pieds, sans demander aucune seûreté, & le pria de luy pardonner tout le passé. Le Roy se laissa fléchir, il l'obligea seulement à luy donner son fils aîné en ôtage, & quelques autres personnes qu'il luy marqua, & après luy avoir fait rendre hommage, & receû de nouveau son serment de fidélité, il le renvoya dans ses Etats: mais toutes ces soûmissions forcées ne faisoient qu'ai-

Eginard.

grir de plus en plus l'esprit d'un Prince fier & indomptable, qui regardoit la dépendance comme le plus grand & le plus honteux de tous les maux.

Eginard.

Il ne fut pas plustost retourné en Baviere, qu'il continua ses pratiques avec les ennemis de la France. Il traita secretement avec Aragise Duc de Benevent & avec l'Imperatrice Irene, pour faire soûlever l'Italie, il engagea les Huns à venir faire une irruption dans la Germanie, tandis que luy entreroit de son costé avec une Armée sur les Terres de France. La Duchesse Luitberge sa femme, fille de Didier, & belle-sœur du Duc de Benevent avoit toûjours espérance de voir son frere Adalgise remonter sur le Trône de son pere, par le secours de l'Empereur : elle n'omettoit rien pour acheminer les affaires à ce but, & c'estoit elle qui animoit le plus son mari aux dangereuses démarches qu'il faisoit contre la France.

Le Roy fut informé de toutes ces menées, & reçut plusieurs avis là dessus par les Bavarois mesmes, que l'inquietude de leur Duc exposoit à une guerre funeste, & à tous les maux qu'elle entraine avec elle. Lassé donc de toutes ces infidelitez, il résolut d'y mettre fin. Il fit semblant d'ignorer les intrigues dont je viens de parler, & convoqua une Assemblée à Ingelheim, où le Duc de Baviere & tous les autres Vassaux de l'Empire François furent appellez. Le Duc y vint sans se défier de rien. Mais il n'y fut pas plustost arrivé, qu'on l'arresta, en luy déclarant que c'estoit pour luy faire son procès.

Ayant comparu devant l'Assemblée des Seigneurs qui devoient estre ses Juges; il fut bien surpris de voir que ses accusateurs estoient ses propres Sujets, qui le chargerent de plusieurs crimes de Leze-Majesté, & en particulier d'avoir traité avec les Huns, pour les engager à faire la guerre à la France. On luy produisit des preuves si fortes & si évidentes sur cet article & sur quelques autres, qu'il ne put se défendre; & sur ces preuves il fut condamné par l'Assemblée comme coupable de felonie à avoir la teste tranchée.

An. 788.

Le Roy néanmoins ne pouvant se résoudre à verser le sang de son cousin germain par la main d'un boureau, commua la peine, & luy fit dire qu'il luy donnoit la permission & à ses deux fils de se retirer dans un Monastere pour le reste de leur vie. Il accepta cette offre, en demandant en grace qu'on ne le fist pas paroistre dans l'Assemblée, ni en présence du Peuple avec les cheveux coupez, & qu'on attendist à le raser jusqu'à ce qu'il fust dans le Monastere. On luy accorda sa demande : il fut d'abord relegué au Monastere de S. Goar, sur le bord du Rhin, au Diocese de Tréves, tout proche de la petite Ville de Rhinsfeld ; ensuite il passa à celuy de Lauresheim : son fils aîné Theudon fut mis dans celuy de S. Maximin à Tréves, & Theudebert le cadet dans un autre que l'Histoire ne nomme point. La Duchesse Luitberge eut apparemment un sort pareil; elle avoit deux filles, une des deux prit le voile à Chelles, dont Gisele sœur de Charlemagne é-

Regino.

toit Abbesse, & l'autre à Nostre-Dame de Soissons. Plusieurs Seigneurs Bavarois, qui avoient esté plus avant dans la confidence & dans les desseins du Duc, furent exilez en divers lieux. Telle fut la fin de Thassilon Duc de Baviere, semblable à celle de Didier Roy des Lombards. L'un & l'autre pour n'avoir pas assez sçû se ménager avec un Prince dont il estoit dangereux de devenir ennemi, passerent du Trône dans un lieu de pénitence, qui les déroba à la vûe & presque à la connoissance & au souvenir des hommes. Alors la Baviere cessa d'estre un Etat séparé du Royaume de Charlemagne ; elle n'eut plus désormais de Duc Souverain, & fut gouvernée comme les autres Provinces de France, par les Comtes que le Roy y envoyoit.

Eginart, in vita Caroli magni.

Cependant la punition du Duc de Baviere n'empescha pas l'effet de ses intrigues d'éclater par deux grandes guerres, que Charlemagne se vit tout à coup sur les bras. Les Huns ou Abares, ainsi qu'ils en estoient convenus avec ce Duc, entrerent en mesme temps avec deux nombreuses Armées sur les Terres de France : l'une fit irruption du costé d'Italie dans le Duché de Frioul, & l'autre dans la Baviere. Ces deux Armées furent défaites à plate-couture par les Généraux François. Une troisiéme plus nombreuse vint fondre de nouveau en Baviere, où elle eut le mesme sort, les Bavarois s'étant piquez en cette occasion, de donner des preuves de leur courage & de leur fidélité au Roy; un très-grand nombre d'Abares demeura sur la place dans le combat, & plusieurs en fuyant se noyerent dans le Danube. Cette défaite finit les affaires de ce costé-là; mais celles que les Grecs susciterent à Charlemagne en Italie n'occuperent pas moins son attention.

Eginard, in Annal. ad an. 788.

L'Imperatrice Irêne, nonobstant l'alliance qu'elle avoit contractée avec ce Prince, & le gage mutuel qu'ils s'en estoient donné l'un à l'autre par les fiançailles de la Princesse Rotrude avec le jeune Empereur Constantin, avoit beaucoup plus d'envie de rentrer en possession des Provinces d'Italie enlevées à l'Empire, que de marier son fils avec la Princesse Françoise. La Ligue du Duc de Baviere avec les Huns contre la France, & les asseûrances que luy donnoit en mesme temps Aragise Duc de Benevent d'un soûlevement général des Lombards en Italie, luy firent concevoir une grande espérance de venir à bout de son dessein. Le mariage de la Princesse & de l'Empereur fut rompu. Si nous en croyons un Auteur Grec contemporain, ce fut Irêne qui le rompit : si nous en croyons le Secretaire de Charlemagne, ce fut ce Prince luy-mesme. Ils avoient l'un & l'autre assez de raisons ou de prétextes de rompre.

Theophanes.

Eginard ad an. 788.

Quoiqu'il en soit, il est certain que le Roy n'estoit pas encore hors d'Italie, à son retour du dernier voyage qu'il y fit, que le Duc de Benevent, malgré tous ses sermens, recommença ses négociations avec les Grecs : c'est ce que le Pape écrivit depuis au Roy, après que ce Prince fut retourné en France, & ce qu'il avoit appris, lorsqu'il fit faire serment de fidélité aux Habitans de Capouë fur le Tombeau de S. Pierre, au nom de ce faint Apoftre, en fon nom, & au nom du Roy de France. Ce fut en vertu de ce ferment, qu'un Preftre nommé Gregoire, qui le fit avec les autres, fe crut obligé en confcience de découvrir au Pape ce qu'il fçavoit fur cette affaire. Il dit que le Duc de Benevent auffi-toft après que le Roy fut forti de Capouë, où il luy avoit accordé fon pardon, avoit envoyé fecretement à l'Empereur, pour luy demander un fecours de Troupes qui devoit eftre conduit par le Prince Adalgife fils de Didier, l'afleurant que fi-toft que l'Armée paroiftroit en Italie, il fe déclareroit en fa faveur, & que pour montrer qu'il ne vouloit deformais plus rien ménager avec la France, mais fe dévoüer entierement à l'Empereur, il prendroit dès-lors l'habit des Grecs, & fe feroit faire les cheveux à leur maniere. Qu'il ne demandoit pour cela outre le fecours, que deux conditions; la premiere, qu'on le fit Patrice, & de la feconde, qu'on luy donnaft la qualité & le pouvoir de Duc de Naples. Le Preftre ajoûtoit, que l'Empereur fur cette propofition avoit fait partir promptement deux de fes Gardes pour la Sicile, portant avec eux la Robe brochée d'or & l'épée, pour conferer à Aragife la dignité de Patrice; que la propofition qu'Aragife avoit faite de s'habiller à la Grecque, & de fe faire faire les cheveux à la maniere des Grecs, avoit efté fi agréable à l'Empereur, qu'il avoit joint à fes autres préfens des cifeaux & un peigne, afin qu'Aragife s'en fervift à luy donner cette marque de dévoüement à fon fervice, & de foumiffion à l'Empire; qu'on luy demandoit pour affeurance de fa fidélité fon fils Romualde, & qu'après cela Adalgife ne tarderoit pas à venir en Italie avec une Armée, & d'aborder ou du cofté de Ravennes, ou du cofté de Trente. Telles eftoient les mefures que l'Empereur & le Duc de Benevent prenoient enfemble pour chaffer les François d'Italie: mais elles furent rompuës par le feul bonheur de Charlemagne, fans qu'il s'en meflaft. Le Duc de Benevent & fon fils mourirent tous deux dans l'efpace d'un mois avant l'arrivée des Envoyez de l'Empereur, qui furent obligez de s'en retourner fans rien faire pour les interefts de leur Maiftre.

Ce Duc de Benevent, fi nous en croyons les Hiftoriens de fa Nation, eftoit un homme d'un grand mérite, bien-fait, éloquent, adroit, populaire, toûjours extrémement attaché à fes anciens Maiftres, que Charlemagne, en le comblant de biens & de faveurs, ne put jamais gagner, & qui luy paraoit de groffes affaires en Italie, s'il euft vécu.

Cependant la mort du Duc ne mit pas fin à toutes ces intrigues. Adelberge fa femme, fille de Didier, & fœur du Prince Adalgife, entretenoit les Peuples dans l'averfion que fon mari leur avoit infpirée contre la France, & traitoit toûjours avec les Grecs: elle s'eftoit retirée à Salerne, où Theodofe Gouverneur de Sicile, vint s'aboucher avec elle & avec quelques Seigneurs du Duché de Benevent; on prétendit mefme qu'il s'eftoit fait là une conjuration contre les Envoyez de France, qui avoient fuivi Adelberge à Salerne, pour veiller fur toutes fes démarches: quelques Seigneurs Beneventins devoient les engager à une partie de divertiffement hors de Salerne, & ne les y laiffer retourner que la nuit; des Soldats de Naples, d'Amalfi & de Surrento devoient fe mettre en embufcade proche de la Ville, & fous prétexte de donner fur les Beneventins, avec lefquels ils eftoient fouvent en querelle, ils devoient fe défaire des Envoyez & de tous leurs gens: mais ce deffein ne reüffit point, les Envoyez avertis de la trahifon, s'eftant échapez de Salerne.

Les Beneventins & Adelberge fe plaignirent fort de cette fuite & de cette défiance des Envoyez. Elle avoit une raifon particuliere de ne pas rompre fi-toft avec Charlemagne, & mefme intérêft de luy perfuader, fi elle le pouvoit, qu'elle n'eftoit point entrée dans tous les deffeins de fon mari.

Cette raifon eftoit, que fon fils Grimoald eftoit en ôtage en France, & qu'elle vouloit obtenir pour luy l'inveftiture de ce Duché, fort perfuadée qu'elle l'engageroit fans peine quand il en feroit en poffeffion, à fuivre les veuës de fon pere.

Ce jeune Seigneur s'eftoit rendu fort aimable à Charlemagne, & il fçut fi bien le gagner, que nonobftant toutes fes remontrances du Pape, malgré les fâcheux préjugez de la conduite de fon pere & de fa mere, & les préparatifs que faifoient les Grecs en Italie, il luy accorda, ce femble, contre toutes les raifons de politique, l'inveftiture qu'il demandoit, & le laiffa aller à Benevent, fur la feule promeffe qu'il luy fit de luy eftre fidéle, & de s'oppofer de toutes fes forces aux entreprifes des Grecs, & que pour marque de fa dépendance de la France & de fon attachement, il feroit mettre fur fes Monoyes le nom du Roy, auffi-bien que dans les Actes publics, & de plus, que les Lombards fes Sujets fe raferoient à la Françoife. C'eftoit la plus fouhaitable nouvelle que put recevoir Adelberge & tous fes Confederez. Le Gouverneur de Sicile vint à Gaiete, pour eftre plus près des endroits où l'Armée Grecque devoit agir, il fit fortifier cette Place & Terracine. Les Beneventins commencerent à folliciter les Habitans de la Champagne de Rome à fe révolter contre le S. Siege. Grimoald mefme qui avoit fçû combien le Pape eftoit oppofé aux bonnes intentions que le Roy avoit pour luy, commença par le chagriner en diverfes rencontres, comme de concert avec les Grecs & les Beneventins; mais quand fe vint à la décifion, il montra bien qu'il avoit de l'honneur & de la générofité, & que Charlemagne avoit eu raifon de compter fur luy.

Adalgife, que l'Hiftoire Grecque appelle en cette occafion Theodote, nom Grec qu'il avoit pris, pour faire mieux fa Cour à l'Empereur, eftoit arrivé en Italie avec une Armée, commandée par un Général nommé Jean, & au lieu de venir vers Ravennes ou vers le Trevifan, felon le premier projet, ils avoient pris leur marche par la Calabre, ayant derriere eux toute cette extrêmité de l'Italie, qui appartenoit encore aux Grecs. Sur cet avis Vinigife Général François, qui avoit suivi le nouveau Duc de Benevent en Italie avec des Troupes de France, s'avança vers Benevent, où ayant esté joint par le Duc & par Hildebrand Duc de Spolete, ils marcherent à la rencontre de l'Armée Grecque. Le Général Jean & Adalgife estoient toûjours persuadez que le Duc de Benevent, aussi-bien que celuy de Spolete, continuoient d'estre dans leurs intérêts; mais que craignant les Troupes Françoises, ils n'avoient osé se déclarer, & ils espererent au moins que dans le combat, pour peu que les Grecs eussent d'avantage, ils seroient aisément déterminez à abandonner le Général François, ainsi ils n'hesiterent pas à donner bataille.

Eginard, in Annal. ad an. 788.

Elle commença avec beaucoup d'ardeur de part & d'autre : mais Vinigife & les deux Ducs chargerent les Grecs si vivement de toutes parts, que la victoire ne balança guéres. L'Armée Grecque fut entierement défaite sans beaucoup de perte du costé des François : il demeura un très-grand nombre de Grecs sur le champ de bataille, & l'on fit beaucoup de prisonniers, du nombre desquels fut le Général, que les Ducs firent mourir cruellement après la bataille, comme pour donner aux François, qui les laisserent faire, une preuve plus certaine de leur fidélité. Adaigise se retira à Constantinople, & ne parut plus depuis en Italie.

Ce fut là une des plus heureuses années du Regne de Charlemagne : quatre batailles gagnées par ses Généraux ; sçavoir trois contre les Abares, & celle-cy contre les Grecs, sa puissance affermie mieux que jamais en Italie, son Empire augmenté de tout le Duché de Baviere, & la terreur de son nom répanduë au-delà des extrêmitez de la Germanie, furent les evenemens qui la signalerent. Ce Prince pendant que tout cela se passoit en Italie, estoit en Baviere, où il donnoit par-tout ses ordres, afin de s'asseûrer cette nouvelle conqueste.

Il en partit vers le commencement de l'hyver pour aller à Aix-la-Chapelle, où selon sa coûtume, il fit quantité de beaux reglemens pour établir ou maintenir le bon ordre dans son Etat. Car en suivant l'Histoire de ce grand Prince, on voit qu'il partageoit ses soins & son application entre deux sortes d'affaires, selon les divers temps de l'année : l'esté & l'automne estoient occupez à ses expéditions militaires ou à quelques voyages sur les Frontieres, l'hyver & le printemps destinez aux Assemblées de ses Vassaux, où l'on traitoit de la guerre & du gouvernement civil de l'Etat, ou bien à des Assemblées Ecclesiastiques, où l'on regloit ce qui concernoit la police de l'Eglise, par les avis des Evêques & des Abbez ; si toutefois l'on doit toûjours distinguer ces deux sortes d'Assemblées, dont les membres estoient souvent les mesmes : car la plufpart des Evêques & des Abbez estoient Vassaux de la Couronne, à cause des biens que les Rois avoient donnez à leurs Eglises ou à leurs Monasteres : par cette raison-là mesme plusieurs estoient obligez de fournir des Troupes au Roy ; & ainsi ils assistoient aux conférences, où il s'agissoit de la guerre, de la marche des Troupes, du lieu où elles devoient se rendre pour la revûë avant que de se mettre en Campagne. De mesme les Seigneurs estoient assez souvent présens aux Assemblées, où l'on regloit la Police Ecclesiastique, quand ces affaires se traitoient en mesme temps & en mesme lieu que les autres, comme il paroist par la Préface * des Reglemens qui furent faits dans celle-cy dont je vais parler.

* Considerans... uná cum Sacerdotibus & consiliariis nostris.

Ce fut donc une Assemblée de cette espece que Charlemagne tint à Aix-la-Chapelle le 23. de Mars de l'année 789. sur la fin du quartier d'hyver, où il fit regler un très-grand nombre de Points de Discipline par les Canons & les Decrets des anciens Conciles.

An. 789.

Depuis le dernier voyage qu'il avoit fait à Rome, le Pape luy avoit fait présent d'un Code ou d'une Collection des Canons des Eglises d'Orient & des Eglises d'Afrique à l'usage de l'Eglise d'Occident, & c'est de ce Code qu'étoient tirez les Canons qui servirent de regle dans les matieres dont on traita en cette Assemblée d'Aix-la-Chapelle.

Tom. II. Concil. Gall.

Il y descendit dans de certains détails qui pourroient paroistre des minuties dans le temps où nous sommes ; mais qui luy semblerent avec raison, très-importans, eu égard à la barbarie & à l'ignorance qui avoient esté en France jusqu'alors, & il y recommanda deux Evêques deux choses entre autres qu'il eut toûjours fort à cœur, mesme au milieu de ses plus grandes affaires. La premiere dont il avoit parlé au Pape à Rome, & qui marquoit sa pieté & son zéle, regardoit le culte divin & le chant de l'Eglise, qui en fait la plus considérable partie. Le feu Roy Pepin pour mettre sur cet article de l'uniformité dans les Eglises de France, & en signe de l'union & de la concorde qu'il vouloit que ces Eglises eussent avec l'Eglise de Rome, avoit ordonné qu'on établist dans tous les Monasteres & dans toutes les Eglises le Chant Grégorien, c'est à dire, le Chant Romain réformé, selon la méthode du Pape S. Grégoire le Grand. Le Clergé avoit eu peine à obéir à cet ordre, & on ne l'observoit pas dans quantité d'Eglises ; on y estoit jaloux des anciennes coûtumes, & on s'y piquoit de chanter aussi-bien qu'à Rome. Dans le voyage dont je viens de parler, Charlemagne avoit esté témoin de cette jalousie : car pendant les Festes de Pasques les Chantres de sa Chapelle ayant assisté au Service de l'Eglise de Rome, se moquerent des Chantres Romains, & ceux-cy ayant entendu chanter ceux du Roy, en raillerent à leur tour. Charlemagne prit cette occasion pour les engager à un défi, & s'estant fait le Juge du combat, il prononça en faveur des Romains. Il obtint du Pape des Antiphonaires notez à la maniere Grégorienne, & deux Maistres de Chant : il en établit un à Mets, & l'autre à Soissons, pour y tenir des

Ibid. In Capitul. Aquigran.

Monachus Engolism. in vita Caroli M.

CHARLEMAGNE.

Ecoles, où l'on apprist à chanter, & où l'on corrigeât tous les Livres d'Eglise.

L'autre chose concernoit l'éducation de la jeunesse de son Etat. La science y avoit esté rare jusqu'alors, & tout Roy & tout Conquérant qu'il estoit, toûjours beaucoup plus occupé de la guerre que de l'étude, ce qu'il avoit appris pendant sa jeunesse le faisoit regarder comme un des plus sçavans hommes de son Royaume. Le goust qu'il avoit pris pour les belles Lettres, toutes informes qu'elles estoient en ce temps-là, luy fit souhaiter de les voir fleurir en France. Ce fut aussi à Rome, qu'il prit des Maîtres de Grammaire & des Maîtres d'Arithmétique, qu'il amena avec luy, & qu'il plaça en diverses Villes; & ce fut pour l'exécution de ce dessein qu'il fut ordonné dans un des Capitulaires de cette Assemblée d'Aix-la-Chapelle, que dans tous les Monastéres, & dans toutes les Maisons Episcopales, on establiroit des Ecoles où les enfans devoient apprendre la Grammaire, l'Arithmétique & le Chant de l'Eglise. Il écrivit aussi des Lettres Circulaires aux Evêques & aux Abbez, pour les exhorter à animer leurs Ecclésiastiques & leurs Moines à l'étude de l'Ecriture Sainte.

Cap. 72.
Tom. 2. Conc. Gall. ad an. 788.

Il avoit fait venir d'Angleterre le fameux Alcuin, & il le retint auprès de luy, par les bienfaits dont il le combla, & par les marques d'amitié dont il l'honora. Il établit par son conseil une espece d'Académie, dont il voulut estre luy-mesme, & qui estoit composée des plus beaux esprits, & des plus sçavans de la Cour. Dans ces Conférences Académiques chacun rendoit compte des anciens Auteurs qu'il avoit lûs; & mesme ceux qui en estoient prirent chacun un nom de quelque Auteur ancien, qui estoit le plus à son goust, ou de quelque homme fameux dans l'Antiquité. Alcuin, dont les Lettres nous apprennent ces particularitez, prit celuy de Flaccus, qui estoit le surnom d'Horace; un jeune Seigneur, nommé Angilbert, prit celuy d'Homere; Adelard, Abbé de Corbie, s'appella Augustin; Riculfe, Evêque de Mayence, se nomma Dametas; le Roy luy-même prit le nom de David. Tant Charlemagne estoit persuadé, qu'il est d'un grand Prince d'étendre ses vûës & ses soins à tout, de ne rien négliger de ce qui peut contribuer au bien de ses Sujets, & à la gloire de son Régne; & tant il est vray, que l'amour des Sciences, quelque peu de rapport qu'il semble avoir avec les idées militaires des Héros, a pourtant presque toûjours esté une des passions des Rois les plus illustres & les plus belliqueux.

Charlemagne fit faire des copies des Decrets qui avoient esté faits dans cette Assemblée d'Aix-la-Chapelle, ausquels il donne en Latin le nom d'*Edictum Legationis*, c'est à dire, Edit envoyé ou qui doit estre envoyé. Il les adressa aux Evêques, aux Gouverneurs, & aux Juges des Villes & des Provinces; les personnes qui le porteront estoient du nombre de ceux qu'on appelloit Envoyez du Prince*; c'estoit comme des Commissaires députez pour faire exécuter ses ordres de concert avec les Evêques, les

Missi Dominici.

Comtes, & les autres Magistrats, chacun en ce qui les regardoit, & qui à leur retour luy rendoient compte de l'état des Provinces, de la maniére dont la Justice y estoit administrée, & de tous les abus qui pouvoient s'estre glissez dans le Gouvernement de l'Etat & de l'Eglise. Telles estoient, pendant l'hyver, comme j'ay déja dit, les occupations de ce Prince, dont l'application continuelle au Gouvernement de son Empire, estoit ce qui le luy maintenoit dans une paix & dans une soumission parfaite. Le Printemps ne luy eut pas plûtost permis de se mettre en campagne, qu'une nouvelle expédition porta sa réputation plus loin qu'elle n'avoit encore esté.

Entre l'Elbe & l'Eider, sur les bords de la Mer Baltique, étoient les Vilses ou Velefabes, Peuple tres nombreux, qui faisoient partie de la Nation des anciens Esclavons. Du costé de l'Occident ils estoient voisins d'autres Peuples nommez Abodrites, qui habitoient le païs appellé aujourd'huy Mekelbourg. Ces Abodrites étoient alors ou Alliez ou Sujets Tributaires de la France; ils recevoient mille insultes des Vilses, qui faisoient de grands ravages dans leur païs. Ils s'en plaignirent à Charlemagne, qui leur promit de mettre ces fâcheux voisins à la raison.

An. 789.

En effet, ayant assemblé une tres-nombreuse Armée, il passa le Rhin à Cologne, marcha par la Saxe, où il se fit joindre par un grand corps de Saxons, fit jetter deux Ponts sur l'Elbe, qu'il fortifia aux deux bouts par de bons retranchemens; il y laissa des Troupes, pour asseurer son retour, car il se défioit toûjours des Saxons, dont la plûpart ne le suivirent qu'à regret dans cette guerre; de-là il commença par faire faire des courses dans le païs des Vilses, où les gros partis qu'il envoya mirent de tous costez tout à feu & à sang, & battirent les Troupes qui voulurent s'opposer à eux. Ce seul prélude de la guerre les étonna, & leur fit comprendre quel estoit l'ennemi qu'ils alloient avoir sur les bras. La consternation se répandit partout; le Roy n'eut pas plûtost paru dans le païs, à la teste de son Armée bien moins nombreuse que la leur, que leur Duc & les principaux Chefs luy demanderent la paix, luy firent hommage de tous leurs Terres, & tous les Ducs ou petits Rois Esclavons en firent autant. Il prit des ôtages des Vilses & leur pardonna, content d'avoir en se montrant seulement, étendu sa domination jusqu'à la Mer Baltique. Il repassa l'Elbe avec les ôtages, donna en passant divers ordres dans la Saxe, & rentra en France.

Eginard, ad an. 789.

L'année suivante fut sans guerre, mais non pas sans semence de guerre. A mesure que Charlemagne avançoit ses conquestes, il donnoit de nouvelles frontiéres à son Etat, & trouvoit de nouveaux voisins, qui par jalousie de sa puissance, & par l'inquiétude qu'elle leur donnoit, devenoient ses ennemis. La conqueste de la Baviere l'approchoit d'une Nation puissante & nombreuse, & jusqu'alors également redoutable à l'Empire du côté de l'Orient, & à la Germanie du côté de l'Occident. C'estoit

Eginard. an. 790.

Gg iij

HISTOIRE DE FRANCE.

la Nation des Huns, autrement appellez Abares, dont j'ay déja parlé plusieurs fois dans cette Histoire. Un de leurs Rois avoit pris autrefois Sigebert I. Roy d'Austrasie, & nos Rois avoient tâché jusqu'alors d'entretenir la paix avec eux.

Dès le temps de l'Empereur Justinien, à qui ils avoient rendu de grands services, mais qui les craignoit, ils s'établirent des deux côtez du Danube, dans les païs que nous appellons aujourd'huy l'Autriche & la Hongrie, qui faisoient partie de cette grande Province connuë dans les anciennes Histoires sous le nom de Pannonie. La Rivière d'Ens, qui se jette dans le Danube, quelques lieuës au dessous de la Ville de Lints, separoit leur païs de la Bavière. Quand les François eurent uni ce Duché à leur Empire, il y eut des contestations entre eux & les Abares touchant les limites. Ils envoyérent sur ce sujet des Ambassadeurs à Charlemagne, qui leur donna audience à Vormes. Il en envoya aussi luy-mesme à leur Roy ou à leur Kam *, (c'est le nom que tous les Souverains de cette Nation portoient) afin de voir sur les lieux de quoy il s'agissoit, & de regler les limites des deux Etats à l'amiable.

* Caganus.

On ne put convenir, chacun tenant ferme sur ses prétentions, sans vouloir se relâcher : ainsi des deux côtez on se prépara à la guerre.

En ce temps-là la Nation des Abares estoit divisée en neuf Cantons, ou en neuf Cercles. Ces Cantons s'appelloient du nom de Cercles *, parce que, quelque grande étenduë qu'ils eussent, le plus grand de tous ayant de tour vingt lieuës de Germanie, ils estoient separez les uns des autres par une espéce de levée & de palissades, qui les entouroient, & servoient comme d'un rempart aux Bourgs & aux Villes contenuës dans cette enceinte. Entre ces Cercles il y avoit des communications par des chemins pratiquez dans de petits bois taillis fort bas, & plantez exprés. Les Villes estoient entourées de bonnes murailles, & n'avoient que de tres-petites portes ; & il y avoit si peu de distance entre ces Villes, entre les Bourgs & les Villages, qu'un homme en criant pouvoit se faire entendre de l'un à l'autre ; de mesme les levées, qui renfermoient chacun des Cercles, étoient si peu éloignées, que d'un Cercle à l'autre on se donnoit le signal avec la trompette, & ils estoient convenus de certains signaux, qui marquoient ou l'arrivée de l'ennemi ; ou le nombre de ses Troupes, ou le Cercle qui estoit attaqué, ou quelques autres choses semblables, ce qui empêchoit toutes les surprises. Il y avoit plus de deux cens ans que cette Republique subsistoit, augmentant tous les jours ses richesses, qui estoient immenses, par les courses qu'elle faisoit, tantost du côté d'Occident, & tantost du côté de l'Empire. C'est là l'ennemi que Charlemagne se prépara à attaquer en personne en l'année 791.

* Circuli.

An. 791.

Eginard. an. 791.

Il leva pour cela dans tous ses Etats la plus grande Armée qu'il eust encore mise sur pied, & fit un amas prodigieux de vivres, de munitions & de toutes les choses necessaires pour une telle entreprise. Toutes les Troupes se rendirent à Ratisbonne au temps marqué. Louis Roy d'Aquitaine, âgé d'environ quatorze ans, y conduisit les siennes ; & ce fut en cette occasion, que le Roy son pere luy ceignit l'épée en cérémonie, ce qu'on appella depuis faire Chevalier, manière dont il est assez vray-semblable que Charlemagne fut l'Instituteur en France.

Vita Ludovici Pii.

Il partagea son Armée en trois. Il en fit marcher une partie composée de Saxons & de Frisons, le long du rivage septentrional du Danube, sous les ordres de deux de ses Generaux, dont l'un estoit le Comte Theuderic dont j'ay déja parlé à l'occasion de la guerre de Saxe, & l'autre estoit le Grand-Chambellan nommé Meginfroy. Le Roy à la teste d'une autre partie de l'Armée, côttoya aussi le Danube sur l'autre bord. La troisiéme partie, composée des seuls Bavarois, monta sur un nombre infini de batteaux faits exprés pour cette expédition, & descendit ainsi la Rivière, conduisant les munitions & les vivres.

Eginard.

On marcha dans cet ordre jusqu'à l'embouchure de la Rivière d'Ens, où j'ay dit qu'estoient les limites de la Bavière & du païs des Abares, environ à quarante lieuës au dessous de Ratisbonne. Le Roy fit reposer là son Armée pendant quelques jours. Et comme il estoit persuadé, que le succés de ces sortes d'expéditions dépend plus de Dieu, que de la force des Armées, & de la prudence humaine, il voulut avant que d'entrer dans le païs ennemi, attirer sur ses Troupes les bénédictions du Ciel par des bonnes œuvres qui fussent communes à tous.

Il fit faire pendant trois jours, sçavoir, le cinquiéme, le sixiéme, & le septiéme de Septembre, des Processions dans le Camp, où le Clergé marchoit pieds nuds en chantant les Litanies. Il ordonna, par le conseil des Evêques, qui estoient à sa suite, une abstinence de chair & de vin pendant tout ce temps-là : ceux à qui leur peu de santé, ou leur âge, ne permettoient pas cette abstinence, estoient obligez d'y suppléer par leurs aumônes ; & on commanda à tous les Prêtres de dire la Messe, & au reste du Clergé de réciter chacun cinquante Pseaumes pour l'heureux succés de cette guerre. Il envoya de là ordre à la Reine, qui estoit demeurée à Ratisbonne, d'y faire aussi faire des prieres publiques pour la prospérité de ses Armes. Ensuite il passa la Rivière d'Ens avec son Armée, pour entrer dans le païs des Abares. Avant ce passage & ce campement il s'estoit déja passé une action importante au-delà du Danube. Les Troupes que Pepin Roy d'Italie avoit eu ordre d'envoyer à cette Armée, en faisoient l'avant-garde, & se trouvérent le vingt-troisiéme d'Aoust campées tout proche d'un de ces grands retranchemens qui entouroient chacun des neuf Cantons des Abares. Elles avoient à leur teste le Duc d'Istrie Province voisine du Frioul, qui avoit de tout temps esté du Domaine de l'Empire, & qui ne pouvoit s'estre donnée que depuis fort peu de temps au Roy d'I-

Litteræ Caroli ad Fastradam de Victoria Avarica. T. 1. Concil. Gall.

Ibid.

talie, sans qu'on en sçache ni la raison, ni la manière ; les autres Commandans de cette avant-garde estoient un Evêque, un Comte & un autre Duc qu'on ne nomme point.

Ils trouvérent ce retranchement bordé d'un grand nombre de Soldats, qui faisoient bonne contenance. Il fut attaqué avec un courage, dont le Roy fait l'éloge dans la Lettre qu'il en écrivit à la Reine, & emporté d'assaut ; on fit main basse sans quartier sur tout ce qui se rencontra d'ennemis, & le carnage en fut si grand, que depuis long-temps les Abares n'avoient fait une si grande perte à la guerre : on donna la vie seulement à cent cinquante, pour en faire ce que le Roy jugeroit à propos. On pilla une grande partie du Canton, & après avoir campé au dedans du retranchement la nuit suivante & une partie du jour d'après, les Troupes en sortirent riches du grand butin qu'elles y avoient fait.

Cette défaite jetta une telle consternation, & une si grande confusion par tout, que les Habitans au lieu de se défendre dans leurs Villes & dans leurs Fortifications, dont le païs estoit plein, ne songèrent qu'à se sauver, & à mettre en seureté tout ce qu'ils purent emporter de leurs richesses dans les bois & dans les montagnes les plus reculées. Ainsi le Roy avançant avec son Armée, ne trouva point d'ennemis, mais tout le païs abandonné. Il entra sans résistance dans Vienne & dans toutes les autres Places, qu'il fit piller ; il en fit renverser les murailles & tous les retranchemens. Il trouva un peu au-dessous de Vienne, sur la montagne de Cumelberg, proche de la petite Ville de Haimbourg, un Fort de tres-difficile accès, où il y avoit garnison ; ce Fort fut emporté & rasé. L'autre Armée emporta de la même manière un Forteresse sur la Riviére de Kam, qui a sa source vers les confins de la Boheme, & se va rendre dans le Danube au-dessus de Vienne ; on la réduisit en cendres. Enfin le Roy marcha jusqu'à l'embouchure du Raab dans le Danube, où l'Armée se reposa quelques jours, après lesquels les ennemis ne paroissant point, il reprit la route de Baviére, & suivit le chemin par lequel il estoit venu.

Eginard, in Annal. ad an. 791.

L'Armée du Comte Theuderic, & du Grand-Chambellan retourna aussi par la Boheme. Cette expédition se fit avec tant d'ordre, l'abondance fut toûjours si grande dans le Camp, le transport des vivres & les marches de l'Armée furent toûjours si bien compassées, que les Soldats ne souffrirent jamais moins. Il en mourut tres-peu ; il n'y eut qu'un accident fâcheux dans l'Armée du Roy, où il se mit une espèce de peste parmi les chevaux, dont il périt un si grand nombre, qu'à peine il en estoit resté la dixième partie, lorsque ce Prince arriva à Ratisbonne, où il vint passer l'hyver.

La joye de tant de succès si heureux & si glorieux, fut tempérée par des sujets de chagrin, que les Princes ne peuvent pas plus éviter, que les autres hommes, & qu'ils ressentent souvent plus vivement, parce qu'ils y sont moins accoûtumez. Charlemagne avoit des enfans de trois mariages, sçavoir, Pepin fils de la Reine Himiltrude, trois d'Hildegarde, sçavoir, Charles, Carloman, appellé depuis Pepin, & Loüis. Il n'eut que des filles de Fastrade alors actuellement regnante.

Pepin, le second fils d'Hildegarde, avoit esté fait Roy d'Italie, Loüis Roy d'Aquitaine ; Charles, l'aîné de ces trois Princes, avoit esté fait depuis un an Duc du Maine, sans doute avec asseurance de succeder, après la mort de son pere, au Royaume de Neustrie, où ce Duché estoit situé. Le seul Pepin, fils d'Himiltrude, estoit sans aucun commandement, & sans employ, soit, comme il est assez vray-semblable, que le Roy le destinât à luy succeder au Royaume d'Austrasie, où de son vivant il ne vouloit point avoir de Lieutenant comme dans les autres parties de son Empire, parce qu'ordinairement il y faisoit sa demeure, soit qu'il eût dessein de l'exclure de sa succession, & que l'aversion qu'il avoit euë pour la Reine Himiltrude, qu'il répudia, luy rendît ce fils moins aimable ; d'ailleurs il estoit fort contrefait, n'ayant de beau que la seule chevelure.

Annales Metenses.

Ce jeune Prince ennuyé de la condition privée où on le laissoit, tandis que l'on élevoit ses cadets sur le Thrône, conçut contre son pere un dessein pareil à celuy d'Absalon, & résolut de le faire périr. Le prétexte dont il devoit colorer sa révolte, estoit les mauvais traitemens, qu'il prétendoit que la Reine luy faisoit où luy attiroit ; elle gouvernoit absolument, disoit-il, le Roy son pere, & l'animoit sans cesse contre luy.

Eginar. in Annal. an. 791.

Un Prince, qui se déclare mécontent, trouve toûjours d'autres mécontens, & des esprits brouillons, que la seule idée du changement de l'Etat réveille & luy attache. Pepin n'en trouva que trop, qui flattérent son chagrin, relevérent ses espérances, & luy voüérent avec un zéle empressé leurs services. Il se rendit à Ratisbonne avec les conjurez, qu'il assembloit la nuit pour concerter ensemble leur méchant dessein. Une nuit ils se trouvérent dans une Eglise, pour y prendre leurs derniéres mesures. La providence de Dieu voulut, qu'un Prêtre de cette Eglise, qui s'y estoit endormi dans un coin où il demeura caché pendant la conférence, entendit tout le secret ; & il ne fut apperçû par quelqu'un d'entre eux que sur le point qu'ils se retiroient. Le premier avis fut, qu'il falloit s'en défaire, & ce crime ne devoit pas faire beaucoup de peine à des gens qui en méditoient un beaucoup plus horrible. Néanmoins je ne sçay par quelle raison ils l'épargnérent, & se contentérent de luy faire faire serment sur l'Autel, de leur garder le secret. Il fit le serment ; mais il ne fut pas plûtost échappé de leurs mains, qu'il courut au Palais du Roy, & demanda à luy parler, disant, qu'il avoit une affaire de la derniére importance à luy communiquer. Le Roy estoit couché. Ce Prêtre estoit un homme d'assez petite mine & mal habillé. On le rebuta d'abord. Il fit instance, asseurant que la chose ne souffroit point de retardement. Le bruit que causa cette contestation, assez près

Annales Francori.

HISTOIRE DE FRANCE.

de la Chambre du Roy, le réveilla. Ayant sçû ce qui causoit ce bruit, il ordonna qu'on fist entrer le Prêtre, qui luy raconta les choses dont il venoit d'estre témoin. Il luy promit une grande récompense, & le fit en effet peu de temps après Abbé de S. Denis ; ce Prêtre s'appelloit Ardulfe, & estoit Lombard de Nation.

Eginard.

Le Roy envoya sur le champ arrester Pepin & tous ses complices, qui furent confrontez avec le Prêtre, & ensuite dans une Assemblée de Seigneurs, condamnez à la mort. Le Roy donna la vie à Pepin, & se contenta de le releguer dans le Monastère de Pruin en Ardennes, aimant mieux le voir vivre en pénitent, que mourir en parricide.

Chronic. Moissiac.

Le Roy d'Italie & le Roy d'Aquitaine, qui s'estoient joints ensemble, pour châtier une révolte des Béneventins, vinrent après avoir dompté ce Peuple mutin, trouver le Roy à Ratisbonne, sur la nouvelle qu'ils avoient euë de la conjuration de Pepin. Ils trouvérent tout tranquille par le châtiment des criminels. Le Roy d'Italie retourna peu de temps après dans ses Etats, où sa présence estoit nécessaire, à cause du voisinage des Grecs, toûjours attentifs aux occasions de rentrer dans leur ancien Domaine. Loüis demeura à Ratisbonne auprès du Roy jusqu'au Printemps de l'année suivante, dans l'espérance de l'accompagner dans une seconde expédition, que l'on méditoit contre les Abares, mais qui fut empêchée par deux fâcheuses nouvelles qu'on reçeut sur le point qu'on estoit de se mettre en campagne, & qui causérent un nouveau chagrin à Charlemagne.

Vita Ludovici Pii.

Après la retraite des François, les Abares estoient rentrez dans leurs Villes & dans leurs Bourgs désolez ; & au lieu d'envoyer des Ambassadeurs à Charlemagne, pour demander la Paix, comme on avoit eu lieu de l'espérer, les Chefs de cette fière Nation s'estoient occupez pendant tout l'Hyver à relever leurs fortifications, résolus de soûtenir la guerre plus courageusement qu'ils n'avoient fait, si on venoit les attaquer de nouveau. La révolte du Duché de Bénévent, dont je viens de parler, où les Troupes d'Italie & d'Aquitaine furent employées, avoit suspendu le dessein que Charlemagne avoit fait de pousser cette guerre, où il avoit besoin de toutes ses forces, ce qui donna tout le loisir aux Abares de se remettre.

Pendant ce temps-là ce Prince faisoit aussi ses préparatifs, & tout se disposoit pour la marche des Armées, qui dévoient tenir la mesme route que dans la première Campagne. Le Comte Theuderic devoit encore commander une Armée composée de Saxons & de Frisons. Il estoit allé en Frise, pour y assembler les Troupes du païs, & les conduisoit en Saxe pour les y joindre aux Troupes Saxones, lorsque sans avoir eu la moindre connoissance, ni le moindre soupçon de la trahison des Saxons, il en fut attaqué à Rustringen proche du Veser, & entièrement défait. Soit que les Abares eussent engagé les Saxons à cette trahison, soit que d'eux-mesmes ils l'eussent concertée, la révolte fut générale dans toute la Saxe.

An. 793.

Eginar. in Annal.

Charles reçut quelque temps après un autre avis aussi désagréable, c'est que les Sarazins d'Espagne avoient surpris Barcelone, forcé les passages des Pyrenées, & donné si brusquement sur les Troupes, qui les gardoient, sous le commandement de plusieurs Comtes, qu'ils les avoient taillées en pieces, ils avoient ensuite fait des courses dans le Languedoc, & brûlé les Fauxbourgs de Narbonne. Ce furent ces deux nouvelles, & ces deux diversions, qui obligérent le Roy à différer encore l'expédition contre les Abares ; & mesme, comme tous les Cantons de la Saxe, sans en excepter un seul, avoient pris les armes, & que d'ailleurs il vouloit voir si les mouvemens des Sarazins auroient des suites, il ne crut pas devoir s'engager si-tost dans la Saxe ; seulement il assembla son Armée, recueillit les débris de celle du Comte Theuderic, se mit en état de repousser l'ennemi de ce costé-là, s'il osoit tenter de faire quelques nouveaux ravages, envoya ses ordres pour la garde des passages des Pyrenées, & cependant il ne laissa pas oisives les Troupes qu'il avoit avec luy.

Annales Bertiniani.

Chronic. Moissiac.

Il avoit depuis quelque temps formé un assez grand projet, qui estoit de faire un Canal de communication entre le Rhin & le Danube, & de joindre par ce moyen l'Ocean au Pont-Euxin, pour la commodité des Peuples, & pour le commerce & le transport des denrées. Le dessein qu'il avoit de pousser ses conquestes en descendant le Danube, & en particulier de subjuguer les Abares, estoit un des principaux motifs qui l'engageoient à cette importante entreprise. Le Canal devoit estre tiré depuis la Rivière de Rednitz, dont la source est vers Veissembourg, jusqu'à la Rivière d'Altmul ; la première de ces Rivières se jette dans le Mein vers Bamberg, & le Mein dans le Rhin à Mayence ; la Rivière d'Altmul se jette dans le Danube entre Ingolstat & Ratisbone. Depuis Veissembourg, où se devoit commencer le Canal, jusqu'à la Rivière d'Altmul, il n'y a pas deux lieuës ; on prétendoit donner à ce Canal trois cens pieds de large.

Ibid.

On sonda le terrain dans toute la longueur de cet espace, on n'y trouva que peu de roc, mais c'estoit presque par tout une terre si molle & si marécageuse, qu'il estoit difficile de luy donner de la consistance. De sorte que le temps estant alors fort pluvieux, tous les travaux qu'on faisoit pendant le jour s'affaissoient & s'ébouloient pendant la nuit. On n'avoit pas alors plusieurs inventions, que nous avons aujourd'huy pour faire écouler les eaux, & soûtenir les terres ; ainsi ayant poussé le travail à la longueur de deux mille pas, on le quitta par le désespoir d'y réüssir.

Cependant l'inquiétude que la désolation du Languedoc avoit donné à Charlemagne, cessa par la nouvelle qu'il reçut de la grande victoire qu'Alfonse surnommé le Chaste, Roy de Léon & des Asturies, avoit remporté sur les Sarazins, qui s'estoient venu attaquer dans ses montagnes. Il estoit resté sur la place soixante & dix mille de ces Infideles, ce qui obligea Issem Caliphe,

Rodericus Toletanus.

CHARLEMAGNE.

Calife ou Roy de Cordouë, de rappeller les Troupes qu'il avoit envoyées en Languedoc, où l'on reprit cœur, & où l'on se mit en état de ne se plus laisser surprendre. Ainsi Charlemagne ne sortit point de la Germanie, & y passa l'Hyver en se disposant à la guerre de Saxe ; mais avant cette expédition il tint au commencement de l'Esté de cette année 794. ce Concile si fameux dans nos Histoires, appellé le Concile de Francfort, du lieu où il fut assemblé, & qui alors n'estoit qu'une Maison Royale. Je vais en raconter le sujet & les principales choses qui s'y passèrent.

Eginar. an. 794.

L'Hérésie de Nestorius, qui mettoit deux personnes distinctes en JESUS-CHRIST, avoit esté foudroyée à Ephese il y avoit plus de 360. ans. L'Eglise de France l'avoit aussi anathématisée sous le régne de Childebert I. dans quelques Conciles. Cette hérésie estoit demeurée presque dans le seul Orient, & n'avoit point passé jusques dans ces parties les plus éloignées de l'Occident. L'an 792. l'Evêque d'Urgel en Espagne, nommé Félix, soit par ignorance, soit plûtost par un de ces vains rafinemens Theologiques, dont les inventeurs s'entêtent, s'avisa de la renouveller sous de nouveaux termes ; mais qui l'exprimoient presque aussi clairement, que ceux de Nestorius mesme.

Ce qui luy en donna occasion, fut une Lettre que luy écrivit Elipande Evêque de Tolede, pour luy faire cette question ; sçavoir, si Nostre Seigneur JESUS-CHRIST en tant qu'homme estoit proprement fils de Dieu, & si ce n'estoit pas assez que de le dire fils adoptif de Dieu. Il répondit, que JESUS-CHRIST en tant qu'homme n'estoit que fils adoptif de Dieu. C'estoit à supposer qu'il y avoit deux fils de Dieu en JESUS-CHRIST, un propre fils de Dieu, & un fils adoptif, & par conséquent deux personnes ; au lieu que la foy nous apprend, qu'il n'y a qu'une personne en JESUS-CHRIST, sçavoir, la personne du Verbe fils de Dieu par nature, & Dieu & homme tout ensemble ; qu'il y a deux natures en luy, mais un seul fils comme une seule personne.

Eginard. in Annal.

Félix ne se contenta pas d'avoir fait cette réponse hérétique, mais il la soûtint, & tâcha de l'établir encore dans d'autres Lettres. Le Roy en ayant esté averti, apprehenda avec raison les suites d'une nouveauté si dangereuse.

Elipande estoit un vieillard de quatre-vingt ans, Evêque du premier Siége d'Espagne, & en réputation de sainteté. Félix avoit une pareille estime dans le monde ; & de l'aveu même de ses adversaires, c'estoit un Prélat tres-régulier, & d'une vertu distinguée ; ce qui les mesme tous deux estoient capables de donner grande vogue à l'erreur.

Alcuinus in Præfat. ad lib. adversus Elipandum.

Félix estoit sous la domination de France : Charlemagne le fit venir à Ratisbone, le fit convaincre par les Evêques, qu'il y avoit assemblez, l'obligea de rétracter, & delà l'envoya à Rome au Pape, qui estoit encore Hadrien I. il y confessa & détesta de nouveau son hérésie. Comme sa rétractation parut sincère, il fut renvoyé à son Evêché : mais dans toute l'Histoire Ecclé-

Alcuinus lib. 1. adversus Elipandum.

Tome I.

siastique, combien compte-t'on peu d'Hérésiarques qui ayent renoncé de bonne foy à leurs erreurs ?

L'Evêque de Tolede commença à répandre son hérésie dans les Asturies & dans la Galice, & Félix de son costé, nonobstant sa rétractation, en infecta plusieurs personnes en Languedoc. Charlemagne crut, que pour empêcher les progrès de cette erreur, l'autorité d'un Concile National estoit nécessaire. Il le convoqua à Francfort, où se trouvèrent les Evêques des Gaules, d'Italie & de Germanie en tres-grand nombre. Il y fit venir même quelques Ecclésiastiques habiles d'Angleterre : les Evêques Theophilacte & Estienne y présidèrent comme Légats du Pape, & le Roy voulut y assister en personne.

Jonas Aurelian. lib. adversus Claudium Taurin.

Epist. Caroli magni ad Episcop.

L'hérésie de Félix, qui n'y vint pas, fut la première affaire qu'on y traita. Le Roy avoit reçû quelque temps auparavant un Ecrit de l'Evêque de Tolede, où il tâchoit d'établir, par l'autorité des Peres, & par des raisons Theologiques son nouveau paradoxe touchant l'adoption de JESUS-CHRIST ; & cet Evêque estoit si convaincu de la vérité de son opinion, qu'il espéroit l'emporter les suffrages de tout le Concile, pourvû que les Evêques eussent la liberté d'y dire leurs sentimens. C'est pourquoy il avoit prié le Roy de deux choses ; la première, qu'on lût son Ecrit dans le Concile avant que de déliberer sur le parti qu'on avoit à prendre ; & la seconde, que le Roy voulût bien estre présent à cette lecture, & aux délibérations des Evêques, afin d'empêcher que rien ne se fist par brigue & par passion.

Can. 1.

Ibid.

Ces deux demandes luy furent accordées : le Roy fut présent au Concile, & on y fit la lecture de l'Ecrit, qui fut condamné tout d'une voix, avec l'hérésie qu'il contenoit. Le Roy voulut bien rendre compte luy-même à cet Evêque, de la manière dont tout s'estoit passé dans le Concile, & du consentement unanime des Evêques des diverses Nations dans l'anathême prononcé contre sa doctrine, & il l'exhorta à se réünir avec les autres Evêques Espagnols à l'Eglise Romaine, aux Eglises des Gaules, de la Germanie & de l'Italie.

Can. 2.

Pour le convaincre de ce consentement universel, il luy envoya les Actes du Concile, une Lettre Synodale de tous les Evêques assemblez, qu'il joignit à la sienne, un Ecrit séparé composé par Paulin Evêque d'Aquilée, & signé de tous les Evêques d'Italie, qui avoient assisté au Concile, & une Lettre du Pape aux Evêques d'Espagne sur le mesme sujet. Le Concile ne procéda point à la déposition des deux Prélats, espérant les ramener à leur devoir par la seule crainte de l'excommunication dont on les menaça en cas qu'ils s'obstinassent à soûtenir leurs erreurs. Mais l'autorité du Roy, non plus que les menaces du Concile, ne purent ébranler l'Evêque de Tolede, ni celuy d'Urgel, & plusieurs années se passèrent encore depuis ce Concile, avant que ces contestations finissent.

Tomo II. Conc. Gall.

La seconde chose importante dont on traita

Hh

dans le Concile de Francfort, avoit déja fait depuis longtemps beaucoup plus de bruit encore dans le monde. Il s'agissoit des Images des Saints, & des Decrets faits en faveur du culte qu'on leur doit, par un Concile tenu sept ans auparavant à Nicée en Bithynie, que l'Eglise a mis au nombre des Oecuméniques : mais il s'en fallut bien que le Concile de Francfort le regardât comme tel.

Le culte des Images estoit un de ces articles de la Religion, qu'on n'avoit pas parfaitement approfondi avant la naissance de l'erreur, qui le combattoit alors. Il est certain que dans le commencement de l'Eglise l'usage des Images n'estoit pas fréquent comme aujourd'huy. Elle fut composée d'abord de Juifs & de Gentils nouvellement convertis. Les Juifs se fussent scandalisez d'une chose que leur Loy sembloit condamner, & les Gentils auroient pû aisément confondre les idées qu'ils auroient dû avoir des Images, avec celles qu'ils avoient eu jusqu'alors de leurs Idoles. Il est encore certain néanmoins, qu'on voit l'usage des Images sur les Vases sacrez dès les premiers temps de l'Eglise ; que le culte en est visiblement supposé légitime par des Peres du troisiéme siecle, & que cette supposition, avec les circonstances que les Theologiens y font remarquer aux hérétiques, établit solidement la tradition du dogme de la maniere dont le Concile de Trente en a renouvellé la décision.

Sess. 25. cap. 2.

Mais jusqu'au huitiéme siecle, vers le commencement duquel éclata la fureur des Brise-Images, l'Eglise n'avoit point encore prononcé sur ce sujet. Il y avoit dans les Eglises & dans les maisons des Images du Sauveur, de la sainte Vierge, des Martyrs & de quelques autres Saints, des Histoires de l'Ecriture, ou de quelques Martyres dépeintes. On avoit du respect pour ces sortes de monumens, sans qu'on eût encore bien déterminé les bornes de la vénération qu'on devoit ou qu'on pouvoit leur rendre.

L'hérésie qui s'emporta jusqu'à briser ces saints ornemens des Eglises, donna lieu, comme c'est l'ordinaire, à éclaircir les fondemens & les principes de l'usage qu'elle attaquoit. Les Papes Grégoire II. Grégoire III. & Estienne III. tinrent des Conciles à Rome sur cette matiére, où l'on décida non seulement qu'on ne devoit point abolir l'usage des Images; mais encore qu'on devoit leur rendre un culte proportionné aux Saints qu'elles représentoient, & qu'on honoroit dans ces Images.

Toutes ces décisions, quelques authentiques qu'elles fussent, n'estoient point encore regardées dans les Gaules par plusieurs Evêques, comme des jugemens en dernier ressort. Les Ambassadeurs de Constantin Copronyme, qui furent si longtemps en France sous le regne de Pepin, y mirent cette controverse en vogue ; on l'agita dans le Concile de Gentilli, dont on n'a pas les Actes. Les sentimens sous Charlemagne se trouvérent partagez. Tous convenoient qu'il ne falloit point abolir l'usage des Images, que c'estoit un crime de les briser :

mais plusieurs estoient d'avis, qu'elles ne devoient servir qu'à exciter en nous le souvenir, ou du mystére de nostre Rédemption, ou des exemples des Saints, pour nous engager à les imiter ; & qu'il ne falloit point leur rendre de culte, ni les baiser par dévotion, ni user à leur égard d'autres semblables marques de respect & de pieté. Ce qui rendoit ce sentiment plausible, estoit l'abus que l'on pouvoit appréhender du sentiment opposé. Le Peuple de France estoit alors fort grossier & fort ignorant ; ceux de la Germanie se convertissoient tous les jours, en abandonnant le culte des Idoles ; on estoit à cet égard dans le même cas qu'au commencement de l'Eglise ; il y avoit sujet de craindre, que ces nouveaux convertis ne s'imaginassent trouver dans la Religion Chrestienne, un culte approchant de celuy dont on leur avoit donné horreur, en prêchant contre les superstitions du Paganisme, ou qu'ils ne se portassent à rendre aux Images les mesmes honneurs, qu'ils rendoient auparavant aux Idoles. Ce parti, qui tenoit le milieu entre l'adoration & l'abolition des Images, paroist avoir esté celuy de la plus grande partie des Sçavans de France & de la Cour. Ils s'autorisoient fort d'une Lettre de Saint Grégoire le Grand à Sérene Evêque de Marseille, qui même avant l'éclat que fit l'Empereur Leon l'Isaurien en Orient, s'estoit emporté jusqu'à renverser les Images de son Eglise ; parce que le Peuple se laissoit aller en ce point à des excès qu'il ne pouvoit souffrir. Saint Grégoire blâma fort son emportement. Je vous loüe, luy disoit-il, de ce que vous avez défendu d'adorer les Images ; mais je vous reprens de les avoir brisées. Il ne faut, ajoûtoit-il plus bas, adorer que la seule sainte & toute-puissante Trinité. Ce terme d'*adorer*, qui a toûjours esté équivoque en cette matiére, devoit selon ces Theologiens dont je parle, estre entendu dans l'Ecriture & dans S. Grégoire, de toute sorte de culte, & par conséquent selon eux on ne devoit en rendre aucun aux Images.

Agobardus.

L. 9. epist. 9. Quia eas adorare vetuisses, on frenino laudavimus, fregisse vero reprehendimus.

C'est avec ce préjugé qu'après la condamnation de l'Hérésie d'Elipande de Tolede & de Félix d'Urgel, on traita dans le Concile de la créance des Grecs touchant les Images. On y rapporta la décision qu'on prétendoit qu'ils avoient faite sur ce sujet à Nicée ; mais on l'y rapporta d'une maniere également fausse & odieuse ; on y faisoit dire par les Grecs, anatheme à quiconque *ne rendroit pas aux Images des Saints le culte & l'adoration qu'on rend à la divine Trinité*. Rien n'estoit plus différent de la véritable décision du Concile qui déclare dans sa Formule de Foy, que selon la Tradition de l'Eglise, on ne doit point refuser aux Images le salut ni une adoration honoraire, ainsi qu'ils l'appellent ; mais qu'on ne leur rend pas un culte de latrie qui appartient à Dieu seul. * C'est sur ce faux exposé que les Evêques de Francfort firent leur second Canon en ces termes.

*Can. 2. Ut qui imaginibus Sanctorum ita ut Deificæ Trinitati servitium aut adorationem non impenderent, anathema judicarentur, Honorariam adorationem. Actione 7. * Non eamen ad veram latriam, quæ solam naturam deitatis impertiendam. * Il avoit commencé ce à Con-*

« On a traité de nouveau Concile des Grecs tenu à Constantinople * touchant l'adoration des Images, où l'on disoit anatheme à ceux

CHARLEMAGNE.

stantino-» qui ne rendoient pas aux Images le culte & ple, mais » l'adoration comme à la divine Trinité. Nos il fut transfe-» très-faints Peres (du Concile de Francfort) ré aussi-» ont rejetté d'un commun consentement ce cul-teft à Ni-» te & cette adoration.
cée.

Cette conduite & ce Decret du Concile de Francfort a fait la matiere de bien des Differtations, & exercé la critique de bien des Sçavans; ce n'est pas ici le lieu d'examiner ce qu'il y a de faux ou de solide dans leurs opinions, je me contenteray de ranger seulement ici en Historien les réflexions & les conjectures que j'ay faites sur ce sujet, en lisant les Mémoires de ce temps-là.

L'Impératrice Iréne, & l'Empereur Constantin son fils, ayant fait assembler un grand Concile à Nicée contre l'Hérésie des Brise-Images, y avoient fait annuller tous les Actes du Conciliabule de Constantinople, tenu sous Constantin Copronyme, & conformément aux définitions du Concile de Nicée, il avoit esté ordonné qu'on rétabliroit les Images dans toutes les Eglises de l'Empire où l'on les avoit abattuës. Les Evêques que la crainte ou la faveur de la Cour avoit engagez dans l'Hérésie, y demanderent pardon de leur lâcheté. On y détermina que non seulement il n'estoit pas permis de détruire les Images des Saints dans les lieux où la dévotion des fidéles les avoit élevées; mais encore que c'estoit selon les principes du Christianisme & la Tradition de l'Eglise qu'on les honoroit; que ce culte ne s'adressoit pas précisément aux Images, mais à la personnes des Saints qu'on honoroit dans ces Images, comme les amis de Dieu; & qu'enfin ce culte estoit bien différent de celuy qu'on rend à Dieu mesme. Les Légats du Pape présiderent & souscrivirent à ce Concile, qui fut confirmé par le S. Siege.

L'année que l'Impératrice Iréne tint ce Concile, elle estoit en parfaite intelligence avec Charlemagne, & l'Empereur Constantin ayant esté vers ce mesme temps-là accordé avec la Princesse Rotrude fille de Charlemagne, les François ne trouverent alors rien à redire aux Decrets qu'on y avoit faits. Les affaires ayant changé de face, le mariage ayant esté rompu, l'Impératrice s'estant brouillée avec Charlemagne, on jugea à propos trois ans après en France, de faire la révision des Decrets de ce Concile, & d'examiner tout ce qui s'y estoit passé; cet examen fut fait quatre ans après au Concile de Francfort. Il se fit alors en France un Ouvrage Theologique, qui estoit une ample réfutation de la doctrine du Concile de Nicée; c'estoit un volume assez gros, qui contenoit quatre Livres, & ce qui est de plus surprenant, c'est que Charlemagne adopta cet Ouvrage, il s'en déclara l'Auteur, & il y parle en premiere personne, comme s'il l'avoit en effet composé luy-mesme, & c'est pour cela qu'on appellé encore aujourd'huy ces quatre Livres *les Livres Carolins*.

L. 1. p. 91.

Dans cet Ouvrage, le Concile de Nicée tenu contre les Brise-Images, est représenté comme un objet d'éxécration, sur ce qu'il décide qu'on doit adorer les Images. L'Impératrice Iréne & l'Empereur Constantin y sont aussi nommément attaquez & maltraitez. C'est partout dans ce Livre une chicane continuelle, une vaine parade d'érudition, une affectation de tourner en ridicule toutes les preuves du dogme touchant l'honneur dû aux Images, & on y déclare que c'est en vain que les Grecs donnent à ce Concile le titre d'Oecuménique; puisqu'il ne s'est pas fait par l'autorité de toutes les Eglises.

Il est hors de doute que ce Livre fut composé sur des Actes falsifiez du Concile de Nicée, envoyez en France exprès par des Hérétiques Iconoclastes, qui pour rendre les Catholiques odieux, leur attribuoient par tout des sentimens outrez sur le culte des Images: ils prévoyoient bien l'effet que ces Actes produiroient en France, où le Roy estoit mécontent de l'Impératrice, & où ils sçavoient qu'une grande partie des Theologiens n'estoient point pour l'adoration des Images, & ils ne se tromperent pas.

Il est encore certain que ces Actes sur lesquels ce Livre fut fait, estoient différens de ceux que le Pape Hadrien I. envoya au Roy, pour estre approuvez au Concile de Francfort: car l'endroit odieux où l'on supposoit que le Concile de Nicée avoit défini qu'il falloit honorer les Images comme la sainte Trinité, & le suffrage de Constantin Evêque de Constance en Chypre, où il paroist dire quelque chose d'approchant, ne sont point dans les Actes Latins envoyez par le Pape Hadrien: tout le contraire s'y trouve, & le Pape qui avoit les Actes originaux, n'auroit eu garde de laisser inférer dans la Traduction Latine qu'il envoyoit en France, de pareils blasphêmes.

Ce Livre ou ces Livres Carolins ayant esté composez trois ans après le Concile de Nicée, ne furent pas apparemment rendus fort publics; car on ne voit pas qu'ils eussent fait beaucoup de bruit en France jusqu'au Concile de Francfort. Mais quand il fut question de faire recevoir le Concile de Nicée par celuy de Francfort, & que les Actes envoyez par le Pape furent presentez, alors on s'opposa à cette approbation. Premierement, parce qu'on donnoit à ce Concile le nom d'Oecuménique, & qu'en France on prétendoit qu'il ne l'estoit pas, comme on le voit par les Livres Carolins mesmes. Secondement, parce qu'il se décidoit en faveur de l'adoration des Images, ce qui estoit contre le sentiment des plus habiles Evêques & Theologiens de France. Et en troisième lieu, par un intérest de Nation, & pour faire sa Cour au Prince, qui estoit mal avec l'Impératrice.

Cela fut cause qu'on contesta la vérité des Actes envoyez de Rome, & qu'on y opposa l'autorité de ceux qu'on avoit reçûs de Constantinople, sur lesquels avoient esté faits les Livres Carolins; & cela se fit ainsi, non seulement par les raisons que je viens de dire, mais encore parce que ces Actes de Constantinople estoient le fondement de cet Ouvrage, qui paroissoit sous le nom de l'Empereur, lequel s'en

Tome I.   H h ij déclaroit Auteur, & qu'on n'avoit garde de condamner; c'est pourquoy le Concile prononçant sur ces Actes envoyez de Constantinople, se déclara dans son second Canon contre le Concile de Nicée, en luy attribuant des erreurs qui estoient fort éloignées de ses décisions. C'est là ce qui me paroist de plus vraysemblable sur ce sujet & de mieux fondé.

Que si nous voulons entrer dans les veuës politiques, que Charlemagne devoit assez naturellement avoir, nous trouverons encore de grandes raisons de la conduite de ce Prince & de ses Evêques à l'égard du Concile de Nicée, & de l'Empereur & de l'Impératrice.

L'Hérésie des Brise-Images, dont les Empereurs de Constantinople avoient esté les auteurs & les fauteurs, estoit ce qui avoit mis en si mauvais estat les affaires des Grecs en Italie, & donné lieu à Pepin & à Charlemagne d'y étendre leur domination. Constantin à qui Irène avoit fait prendre tout le contrepied de ses prédécesseurs, s'y faisoit regarder non seulement comme un Prince Catholique, mais encore comme le Protecteur déclaré & le Défenseur de la vraye Religion. Il n'estoit pas de l'intérest de la France que l'Empereur eust en Italie une réputation si belle & si saine ; car les Lombards sur tout, & en particulier les Béneventins, supportoient avec peine le joug de la domination Françoise, & avoient beaucoup de penchant à se donner à l'Empire, pour peu qu'ils en eussent une occasion favorable.

La guerre s'estoit faite par les François jusqu'alors en Italie avec succès contre les Grecs. Charlemagne avoit poussé ses conquestes jusques dans la Pannonie, & jusqu'à la Mer Baltique, plusieurs Empereurs d'Occident avoient porté cet illustre titre avec une moindre puissance & une domination moins étenduë que la sienne: si l'Empereur de Constantinople avoit continué dans l'Hérésie comme ses prédécesseurs, Charlemagne auroit pû prendre dès-lors impunément, & mesme avec applaudissement ce grand titre, & la conversion de l'Empereur pour luy un contre-temps incommode. On le voit de concert avec ses Evêques s'appliquer à rendre par-tout la Religion de ce Prince suspecte. Il estoit de son interest de tenir ses intentions très-secretes: mais les choses semblent parler assez d'elles-mesmes, & ce qui suivit le Concile de Francfort tendoit encore à ce but.

Car peu de temps après le Concile, le Roy envoya les Livres Carolins, ou du moins de fort longs extraits de ces Livres au Pape & sa Confession de Foy sur l'article des Images, afin qu'il les approuvast. Il les luy fit porter par Engilbert un de ses Secretaires, homme de beaucoup d'esprit, élevé à la Cour, où il s'estoit fait distinguer par son sçavoir, & estoit devenu un de ses Favoris. Il avoit ordre, comme on le voit par la réponse du Pape, de le solliciter de déclarer l'Empereur Hérétique.

Le Pape se trouva dans un grand embarras: il avoit approuvé le Concile de Nicée, que les Livres Carolins contredisoient en tout. Il ne laissa pas de donner une favorable audience à l'Abbé Engilbert ; mais au lieu d'approuver ces Livres ou ce Capitulaire, ainsi qu'il les appelle, il fit un grand écrit pour la défense du Concile de Nicée, où il les réfutoit.

Il envoya cet écrit à Charlemagne. Il l'asseûroit dans la Préface, qu'en entreprenant la défense du Concile de Nicée, il n'avoit point en veuë de soûtenir les intérests d'aucune personne (il vouloit dire ceux de l'Empereur & de l'Impératrice) mais seulement de défendre l'ancienne tradition & l'ancien usage de la sainte Eglise Catholique, Apostolique & Romaine, & que ce qu'il enseignoit dans cet écrit estoit la pure doctrine de tous ses prédécesseurs dans la Chaire de saint Pierre. Il répondoit ensuite dans tout l'écrit à la pluspart des choses que les Livres Carolins reprochoient au Concile de Nicée, sans en oublier mesme quelques-unes qui touchoient la conduite de l'Empereur & de l'Impératrice, & en particulier ce qu'on avoit trouvé fort à redire, qu'elle eust assisté elle-mesme au Concile. Le Pape la défendoit sur ce point là par l'exemple d'Helene mere de Constantin, qu'il disoit avoir assisté à Rome avec son fils à une conférence de Religion entre les Juifs & les Chrétiens, & par l'exemple de l'Impératrice Pulcherie, qui assista au Concile de Calcédoine avec l'Empereur Marcien.

Le Pape s'appliquoit sur tout à faire connoistre au Roy quel avoit esté le véritable sentiment de saint Grégoire Pape sur le culte des Images; il répondoit au Passage qu'on avoit cité de la Lettre de ce Saint, qui sembloit favoriser l'opinion du Concile de Francfort, & montroit par d'autres Lettres de ce mesme Pape, qu'il avoit véritablement admis le culte des Images, en réprouvant seulement les abus qui pouvoient s'y estre glissez. Enfin sur les plaintes que l'Ambassadeur de France luy avoit faites d'avoir reçu le Concile de Nicée sur les Images, il disoit qu'il n'avoit pû s'empécher de l'approuver, non seulement parce qu'on y avoit établi une Doctrine Orthodoxe; mais encore parce que s'il eust fait difficulté de le recevoir, il eust eu la douleur de voir tout l'Orient retomber dans l'hérésie ; que son attachement aux interests de la France n'auroit pas esté pour luy au Tribunal de la Justice Divine une excuse suffisante, d'avoir esté cause d'un si grand mal, & de la perte de tant d'ames; que cependant quoiqu'il eust reçu le Concile, il n'avoit point encore fait sur ce sujet aucune réponse aux Lettres qu'il avoit reçuës de Constantinople depuis sept ans que le Concile avoit esté tenu ; que tout content qu'il estoit de l'Empereur sur l'article des Images, il avoit sujet d'en estre fort peu satisfait sur un autre point ; c'estoit que nonobstant ses instances & ses prieres réiterées, ce Prince ne luy avoit point fait restituer plusieurs Patrimoines de S. Pierre, situez dans les Terres de l'Empire; qu'en cas que le Roy ne le trouvast pas mauvais, sa pensée seroit d'écrire à l'Empereur, pour le congratuler de ce qu'il avoit fait contre l'Hérésie des Brise-Images, & en mesme temps pour luy parler fortement de la

Epist. Hadriani ad Carolum M.

restitution des Patrimoines, de telle maniere que s'il refusoit d'y satisfaire, il le declareroit Hérétique. *

* J'ay traduit fidellement ces dernieres paroles de la Lettre du Pape; mais je croy ce Texte corrompu, & quiconque lira ce qui suit, en jugera comme moy.

Cet article de la réponse du Pape suppose manifestement, ainsi que je l'ay déja dit, que l'Ambassadeur avoit ordre de le solliciter d'excommunier l'Empereur, en le déclarant Hérétique, & confirme ce que j'ay avancé des intentions de Charlemagne dans toute cette affaire. Le Pape finissoit en disant à ce Prince, qu'il se tenoit seûr de son attachement à la vraye Religion, & que cette asseûrance faisoit qu'il n'appréhendoit rien des mauvais conseils que pourroient luy donner des personnes mal intentionnées.

Au reste, Charlemagne en envoyant les Livres Carolins au Pape, ne voulut pas paroistre rien décider sur l'adoration des Images. Cela se voit par la Profession de Foy qu'il y joignit, où il faisoit assez connoistre qu'il suspendoit son jugement sur cet article. La voici:
" Que le Souverain Pontife nostre Pere
" & toute l'Eglise Romaine, sçachent que sui-
" vant la Doctrine contenuë dans la Lettre du
" Pape saint Grégoire à Serene Evêque de Mar-
" seille, nous permettons l'usage des Images tant
" dans les Eglises qu'ailleurs, pour l'amour de
" Dieu & des Saints; pour ce qui est de les ado-
" rer, nous n'y contraignons personne de ceux
" qui refusent de le faire; mais aussi nous ne per-
" mettons pas de les briser ou de les abattre. Et
" nous disons hautement que le sentiment de S.
" Grégoire dans sa Lettre est conforme au sen-
" timent de l'Eglise universelle.

Ce fut donc là le milieu que prirent les Evêques de Francfort, pour marquer qu'ils avoient en horreur l'Hérésie des Brise-Images, & pour s'éloigner de l'erreur prétenduë du Concile de Nicée, qui enseignoit, comme ils vouloient se le persuader, qu'il falloit adorer les Images des Saints de mesme que la sainte Trinité. Ils ne voulurent pas comprendre l'explication nette que le Concile de Nicée donnoit de la différence du culte qu'on rendoit aux Saints, comme à des amis de Dieu, qui estoit un simple culte religieux, d'avec celuy qu'on rend à Dieu, comme au Maistre & au Créateur Souverain de toutes choses, qui est le culte qu'on appelle de Latrie. Ils ne voulurent pas, dis-je, comprendre ni voir cette explication dans le Concile de Nicée, eux qui estoient obligez d'en employer une toute semblable dans leur propre Theologie: Car il est à remarquer que les Evêques de Francfort qui rejettoient le culte des Images, admettoient celuy de la Croix & des Reliques des Saints, qui ne pouvoit estre fondé que sur le rapport que la Croix peut avoir avec Jesus-Christ; & les Reliques des Saints à l'ame des Saints mesmes, avec laquelle elles ont esté autrefois unies.

La droiture du Pape l'empescha de s'engager à rien faire contre l'Empereur, de ce que la France vouloit luy faire faire, & sa fermeté suspendit pour quelque temps les vastes desseins de Charlemagne; mais elle ne fit pas changer d'avis aux Evêques François sur le Chapi-
tre des Images. Il se contenta aussi de publier sa réfutation des Livres Carolins, pour prévenir le mal qu'ils pourroient faire; mais il ne pressa point le Roy de recevoir le Concile de Nicée, ni de faire révoquer ce qui s'estoit fait à Francfort contre ce Concile, attendant avec prudence une conjoncture plus favorable, qui ne se présenta pas néanmoins avant sa mort.

Outre la condamnation des erreurs des Evêques d'Espagne, & la dispute sur les Images, il se passa encore dans ce Concile une chose assez remarquable. On y fit paroistre en habit de Moine Thassilon, autrefois Duc de Baviere, & on l'y obligea à demander pardon de ses révoltes & de ses infidélitez envers Pepin & envers Charlemagne. Il le fit; mais apparemment cette satisfaction & cette pénitence publique n'estoit pas le principal motif pour lequel on l'avoit fait sortir de son Monastere. On exigea de luy une autre chose plus importante, qui fut une renonciation dans les formes à tous les droits que luy & ses enfans pouvoient avoir sur la Baviere. Il fut contraint de la faire, & de déclarer qu'il cédoit absolument tout son Duché sans reserve, & qu'il recommandoit seulement ses enfans à la bonté du Roy. On fit trois exemplaires de cette cession, on en laissa un à Thassilon, on en mit un autre dans les Archives du Palais, & le troisiéme dans la Chapelle du Palais. Le Roy asseûra une pension à ce Prince dépouillé, qui se retira avec ses fils, au Monastére de Jumiege sur la Seine, à quelques lieuës de Roüen, où ils passerent le reste de leur vie.

Tom. II. Concil. Gall.

Ce fut vers le temps de ce Concile que mourut la Reine Fastrade, Princesse fiere, hautaine, cruelle, redoutée & haïe des François, qui s'estoit attiré l'aversion des Seigneurs du Royaume, jusqu'à mettre le Roy mesme en danger. Car cette aversion fut la cause de la conjuration de Ratisbone & de celle de Turinge, & ce fut, ainsi que nous l'apprend le Secretaire mesme de Charlemagne, l'espérance & le desir de se venger des injures receuës de cette Reine, qui attirerent plusieurs Seigneurs dans le parti de Pepin, pour l'exécution du détestable dessein qu'il avoit conçû contre la vie du Roy son pere.

Eginard ad an. 794.

Tout ce que je viens de raconter se passa au commencement de l'esté, & n'empescha pas Charlemagne d'assembler ses Troupes, pour aller chastier les Saxons, de la trahison qu'ils avoient faite au Comte Theuderic & à l'Armée Françoise l'année d'auparavant. Il partagea son Armée en deux Corps, & il entra dans la Saxe avec celuy qu'il commandoit en personne par la Turinge du costé du Midi: le Prince Charles son fils aîné ayant passé le Rhin à Cologne avec les Troupes des Gaules, s'avança dans le païs ennemi du costé de l'Occident. Les Saxons avoient assemblé leurs Troupes dans la Campagne de Sontfelts au Diocese de Paderborne, & paroissoient résolus d'éprouver le sort d'une bataille; mais la présence d'un Prince tant de fois leur vainqueur, & qu'ils voyoient par-tout invincible, leur fit tomber les armes des mains, & ils luy envoyerent de-

Eginard.

Chronic. Moissiac.

H h iij

mander pardon. Il reçut leurs Députez à Eresbourg, & leur répondit qu'il leur pardonneroit à deux conditions. La premiere, qu'ils recevroient de nouveau les Prestres Chrétiens qu'ils avoient chassez de leur païs. La seconde, que dans leur Armée rangée en bataille, il en choisiroit le tiers, & ceux qu'il sçauroit estre les plus séditieux, pour les transporter hors d'un païs où ils ne pouvoient se tenir en repos. Cette condition toute rude qu'elle estoit, fut acceptée aussi-bien que la premiere, & ensuite éxecutée.

<small>Annal. Fuldenses.</small>

Ce n'est pas la derniere fois que nous verrons Charlemagne chastier les Saxons de cette maniere. On ne dit point quel fut l'employ de ces Troupes ainsi transplantées: selon toutes les apparences, il les envoya à l'autre extrémité de son Etat, & s'en servit à un usage assez semblable à celuy auquel nous avons veu une partie des Milices de ce Royaume destinées dans nos dernieres guerres. Car un des Auteurs de la vie de Charlemagne écrit, que ce Prince attentif à tout, aussi-bien que celuy qui nous gouverne aujourd'huy, vouloit que pendant les expéditions où les voyages qu'il faisoit au-delà des Alpes ou au-delà du Rhin & du Danube, toutes ses Frontieres fussent parfaitement hors d'insulte. Dès-lors les Danois ou Normans avec des Flotes qu'ils équipoient dans leur païs, estoient sans cesse à roder sur les côtes de Germanie & de France; c'est pourquoy il fit faire quantité de Vaisseaux, où des Soldats bien armez faisoient toûjours la garde aux embouche ûres de toutes les rivieres, par où l'on pouvoit entrer dans le païs François, & il entretenoit des Milices sur toutes les côtes, dans les endroits où l'on pouvoit faire descente. Les Sarazins d'Afrique & d'Espagne n'estoient pas moins redoutables aux côtes de la Méditerranée: il fit faire la mesme garde de ce costé-là: & depuis les Pyrenées sur toutes les côtes du Languedoc, de Provence, de Genes, & jusqu'à Rome, il y avoit des Vaisseaux & des Troupes à la garde de cette grande étenduë de païs. Cette garde se faisoit si exactement, que depuis qu'il eut pris cette méthode, les Normans & les Sarazins ne réüssirent qu'une seule fois chacun dans toutes les descentes qu'ils tenterent. Les Sarazins en prenant par trahison la Ville qu'on appelle aujourd'huy Civita-Vechia, qu'ils pillerent, & les Normans dans une irruption qu'ils firent dans quelques Isles de la Frise, d'où ils enleverent beaucoup de butin.

<small>Eginard in vita Caroli magni.</small>

Il me paroist donc fort vray-semblable que Charlemagne, pour depaïser les Saxons dont je parle, & leur ôter l'envie & l'espérance de retourner dans leur païs, les envoya sur les côtes de la Méditerranée, n'ayant garde d'ailleurs de les retenir dans son Armée de Germanie, qui ne luy servoit guéres que contre leurs compatriotes.

Charlemagne avoit auprès de luy dans cette expédition le jeune Roy d'Aquitaine, âgé de seize à dix-sept ans, qu'il aimoit tendrement. Il étoit venu en Baviere sur le bruit de la conspiration de Pepin, & ne l'avoit point quitté depuis ce temps-là. Après avoir passé l'hyver à Aix-la-Chapelle, comme il estoit sur le point de retourner en Aquitaine, le Roy son pere luy donna quelques avis sur le Gouvernement de son Etat. « Vous n'estes plus un enfant, luy dit-il, il est temps de commencer à prendre de l'autorité sur vos Sujets, sur vos Ministres, & sur les Seigneurs de vostre Royaume. Vous estes venu ici avec l'équipage d'un particulier, & non pas avec celuy d'un Roy. J'ay mesme sçû que quand vous avez voulu me faire quelque présent, vous avez esté obligé d'emprunter des gens de vostre suite de quoy le faire. C'est là le vray moyen de vous rendre non pas aimable, mais méprisable à vos Sujets, la chose du monde la plus à craindre & la plus à éviter pour un Souverain. »

<small>An. 795.</small>
<small>Vita Ludovici Pii.</small>

Ce jeune Prince, dans qui l'on voyoit dèslors ce caractere de bonté & de douceur un peu trop grande, qui luy acquit le nom de Loüis le Débonnaire, avoüa franchement au Roy ce qu'il sçavoit déja bien, que ses Ministres & les Seigneurs d'Aquitaine n'avoient pas pour luy toute la considération qu'ils devoient; que chacun pensoit à ses intérests, & peu à ceux du Prince & à ceux du Public; que ses coffres estoient vuides, & que pendant son enfance on luy avoit fait dissiper une grande partie de son Domaine, en luy faisant faire de trop grandes libéralitez, sous prétexte de gagner l'affection des principaux de la Nation. Le Roy luy dit qu'il falloit au plustost remédier à ce desordre, & fit partir avec luy deux personnes habiles, l'un nommé Vilbert, qui fut depuis Archevêque de Roüen, & un Comte nommé Richard, qui estoit Intendant de toutes les Maisons Royales de France, & leur donna ordre de reünir au Domaine tout ce qui en avoit esté détaché; & l'ordre fut exécuté.

Nous apprenons à cette occasion une chose digne de remarque, touchant les revenus de ces Princes, l'entretien de leur Maison, & ces Maisons Royales dont il est si souvent fait mention dans nostre Histoire. Les Rois y demeuroient presque toûjours, & ne séjournoient presque jamais dans les Villes: Ainsi avons-nous toûjours vû Pepin demeurer à Heristal ou à Jopil au païs de Liege, ou à Chiersi sur la riviere d'Oise; ainsi voyons-nous Charlemagne passer le quartier d'hyver à Aix-la-Chapelle, à Francfort, & en d'autres lieux qui n'estoient pas encore des Villes comme aujourd'huy, mais seulement des Maisons de plaisance: ces Maisons avoient de grandes Terres qui en dépendoient, & qui fournissoient aux Princes non seulement les plaisirs de la Chasse, mais encore pendant tout le temps qu'ils y demeuroient les vivres, le fourage, & tout ce qui estoit nécessaire pour l'entretien de tous ceux qui étoient à leur suite. Voici comme les choses furent reglées en Aquitaine à cet égard.

Vilbert & le Comte Richard ayant retiré toutes les Terres qui dépendoient de quatre Maisons Royales appartenantes à Loüis Roy d'Aquitaine, ce Prince s'imposa une Loy dont il avertit les Intendans ou Gouverneurs de ses Palais, qui fut que deformais il passeroit le quartier d'hyver dans chacune de ces Maisons successivement, une année dans l'une, l'année suivante dans une autre, ensorte que chacune ne seroit chargée que de quatre ans en quatre ans de l'entretien de la Maison du Roy, & que durant trois ans les revenus bien administrez & mis en réserve, fourniroient aisément pendant l'année aux autres dépenses que le Roy auroit à faire. Ce quartier d'hyver duroit ordinairement depuis la fin de la Campagne ou des voyages de ces Princes en divers endroits du Royaume, jusqu'après Pasques, & jusqu'au commencement d'une nouvelle Campagne, ou d'un nouveau voyage. Durant ces voyages les Habitans des lieux par où ils passoient, estoient obligez de les défrayer; cela s'appelloit droit de giste, & il y en a encore dans les Registres de la Chambre des Comptes de Paris, plusieurs Titres qui font mention de ce droit Royal. Quantité d'amendes qu'on imposoit dans les jugemens des procès au profit du Roy, & plusieurs impôts, dont j'ay fait mention ailleurs, faisoient le reste de ses revenus.

Le Roy d'Aquitaine après cet ordre mis dans son Etat, se trouva si riche, qu'il résolut de délivrer à ses propres dépens, ses Sujets d'une charge qui leur estoit fort rude. Le menu Peuple des Villes & de la Campagne estoit obligé de fournir aux Soldats le fourage & les vivres. Les gens de guerre exigeoient ce droit avec beaucoup de violence, & souvent avec cruauté, les Soldats en venoient quelquefois aux mains avec le Peuple à cette occasion, & il y avoit souvent du sang répandu : le Roy d'Aquitaine fit un Edit, par lequel il déchargeoit le Peuple de cette obligation, & en chargeoit son Epargne. Cette conduite luy gagna le cœur de tous ses Sujets, Charlemagne en eut une extréme joye, & pour faire encore valoir davantage la conduite de son fils, il établit la même chose en France, déclarant qu'il le faisoit ainsi, animé par l'exemple de ce jeune Prince.

Quoique les Saxons, depuis l'exil de leurs compatriotes, fussent demeurez dans la soûmission, Charlemagne ne laissa pas de paroistre dans la Saxe avec une Armée, où elle ne luy fut pas inutile; il s'avança jusqu'aux bords de l'Elbe, pour y donner audience aux Envoyez des Esclavons & au Roy des Abodrites. Ce Prince appellé Wiltzan, qui avoit toûjours esté fort attaché à la France, & pour cela mesme haï des Saxons, venant à l'Armée du Roy, tomba dans une embuscade qu'ils luy tendirent au passage de l'Elbe, & y fut tué. Il leur en coûta le ravage de tout le Canton que Charlemagne abandonna à ses Soldats, en punition de ce crime.

Après cette expédition, s'estant retiré à Aix-la-Chapelle, pour y passer l'hyver, il apprit au commencement de l'année 796. la mort du Pape Hadrien I. arrivée à Rome sur la fin du mois de Décembre. Il avoit pour ce Pontife non seulement les sentimens de respect que doit avoir un Prince Chrétien pour le Vicaire de Jesus-Christ, & le Pere commun de

tous les Fidéles; mais encore toute l'amitié d'un ami le plus tendre : il pleura cette mort comme celle d'un frere ou d'un fils qu'il auroit le plus ardemment aimé, ce sont les termes de nostre Historien : & il fit faire par-tout des prieres & de grandes aumônes pour le repos de son ame. Il envoya mesme à cette intention des présens considérables à diverses Eglises de la grande Bretagne, ainsi que nous l'apprenons par l'extrait d'une de ses Lettres à Offanes, alors Roy des Merciens dans cette Isle : il voulut soulager sa douleur, & en laisser des marques à la posterité, par une Epitaphe qu'il composa luy-mesme en Vers exametres & pentametres, qui se voit encore aujourd'hui à Rome auprès de la porte de l'Eglise du Vatican. On y lit entre autres Vers, ceux-ci beaucoup plus tendres qu'élegans.

Post Patrem lacrymans Carolus hæc carmina scripsi
Tu mihi dulcis amor : te modo plango Pater.
Nomina jungo simul titulis clariss. me nostra
Hadrianus, Carolus, Rex ego tuque Pater.

Cela veut dire ; J'ay composé moy-mesme ces Vers en vous pleurant, mon cher Pere & mon cher ami, je veux que les noms de Charles & d'Hadrien soient ici éternellement joints ensemble, aussi-bien que nos Titres, je suis Roy, mais vous estes Pere.

Le jour mesme qu'Hadrien expira, on élut à Rome pour son successeur Leon III. du nom. La réputation de sa vertu le fit choisir tout d'une voix, & ce consentement universel sembloit estre un présage d'un Pontificat beaucoup plus heureux qu'il ne fut en effet. Aussitost après son exaltation il écrivit à Charlemagne, pour luy en faire part, luy envoya les clefs de la Confession de S. Pierre, l'étendart de la Ville de Rome, avec d'autres présens, & le pria de députer quelqu'un des Seigneurs de sa Cour, pour recevoir le serment de fidélité du Peuple Romain. *

Le Roy ne manqua pas de répondre à cette Lettre, & voici en quels termes il commençoit la sienne. » La lecture de vos Lettres, dit ce Prince, nous a rempli de joie, en nous apprenant que vous avez esté élû avec le consentement unanime de tout le monde, & en nous asseûrant de vostre obéïssance & de vostre fidélité. * Il l'exhorte de plus à convenir avec son Envoyé des moyens d'étendre & d'élever l'Eglise Romaine, d'établir l'honneur & la gloire du S. Siege, & d'affermir l'autorité que la qualité de Patrice des Romains donnoit au Roy de France : il l'avertit de s'attacher à l'observation des Canons, de bien édifier l'Eglise par ses bons exemples, & il l'asseûre que de son costé il est résolu d'exécuter les Traitez qu'il a faits avec son prédécesseur, d'entretenir avec luy une grande union, & de protéger toûjours l'Eglise Romaine.

Le Titre de Patrice des Romains, dont il est parlé dans cette Lettre, avoit esté porté par les Exarques de Ravennes, qui commandoient en Italie pour l'Empereur, & qui avoient toute autorité dans Rome dont ils nommoient le Duc ou le Gouverneur. Après que le Gouvernement des Exarques fut aboli, & que Pepin au temps

---

Vita Ludovici Pii.

Eginard.

An. 796.

Eginard. in vita Caroli M.

Tom. II. Concil. Gall.

Eginar. ad an. 796.
* *qui populum Romanum ad suam fidem atque subjectionem per sacramenta firmavit.*

Tom. II. Concil. Gall.

* *Valde fateor, gavisi sumus seu in electionis unanimitate, seu in humilitatis vestræ observantia & in promissionis ad nos fidelitate. M.*

du Pape Estienne III. eut obligé les Rois des Lombards à céder tout l'Exarcat à l'Eglise Romaine, la qualité de Patrice des Romains fut confirmée à ce Prince & à ses enfans : car le Pape Estienne la leur avoit déja donnée, quand il les sacra à S. Denis. Charlemagne la prit toûjours dans ses Titres, & les Papes ne manquerent jamais de la luy donner dans les Lettres qu'ils luy écrivoient. Il paroist évident qu'elle ne donnoit pas à ces Princes une moindre autorité qu'aux Exarques, & que c'estoit un Titre en vertu duquel les Romains estoient soûmis aux Rois de France, & leur faisoient serment de fidélité aussi-bien que les Ducs de Spolete, de Benevent, de Frioul & les autres. Les Peuples soûmis au S. Siege par nos Rois faisoient le serment en mesme temps à saint Pierre, au Pape & au Roy. « Nous avons fait » faire le serment à ceux de Capouë, dit le Pa- » pe Hadrien, dans une Lettre qu'il écrivoit à » Charlemagne, & ils l'ont fait au S. Apostre, à » nous & à vostre royale Puissance. L'Exarcat & quelques autres Duchez ou Territoires avoient esté donnez au S. Siege, & le Pape legitimement élû en estoit en possession : il en percevoit les revenus, en recevoit les tributs & les hommages, y envoyoit des Juges pour rendre la Justice. Mais le Roy de France s'y estoit réservé le droit d'hommage, celuy de faire marcher les Ducs à la guerre, quand il jugeoit à propos de les commander. Les Sujets de l'Exarcat estoient en mesme temps les hommes & les fidéles du Pape & du Roy. La qualité de Patrice des Romains donnoit au Roy autorité dans Rome, quand il y estoit, & mesme celle d'y envoyer des Commissaires ou Intendans, pour y rendre la Justice : il n'y a rien en tout ce que j'avance ici, que la suite de l'Histoire & les Lettres des Papes ne démontrent.

Celle de Charlemagne, de laquelle je parle, fut portée par Angilbert, Favori de ce Prince & un de ses Secretaires d'Etat.* Il porta aussi au Pape de la part du Roy plusieurs présens qui avoient esté destinez pour son predecesseur. Les instructions de cet Envoyé, que nous avons parmi les Lettres d'Alcuin, sont remarquables par la piété que Charlemagne y fait paroistre, & par l'autorité qu'il y prend dans les avis qu'il ordonne à cet Envoyé de donner au Pape de sa part, elles estoient conçuës en ces termes :

» « Avertissez le Pape de l'obligation qu'il a » de vivre avec grande édification, sur tout d'ê- » tre grand observateur des Canons, & de faire » paroistre beaucoup de piété dans le Gouver- » nement de l'Eglise : faites-le souvent ressou- » venir que l'honneur où il a esté élevé durera » peu d'années, mais que la récompense qu'il se » méritera, en remplissant bien les devoirs de » son ministére, durera toûjours. Parlez-luy sou- » vent d'empescher la simonie, & de détruire » entierement ce mal qui devient très-commun » dans l'Eglise. Dites-luy tout ce que nous avons » dit souvent dans les entretiens que j'ay eu a- » vec vous sur ce sujet, en déplorant ce mal- » heur. Parlez-luy touchant le dessein que j'a-

Apud du Chesne. T. 3. p 802.

Fideles nostri & vexatri, Duces nostri, & vestri,homines nostri & vestri, Diverses Lettres du Pape Hadrien à Charlemagne.

* Auricularium. Manualem.

Epist. 83.

vois concerté avec son predecesseur, de bâtir un Monastére auprès de l'Eglise de S. Paul, & qu'il me fasse là-dessus une réponse positive. Dieu vous conduise.... que vostre voyage soit heureux..... revenez avec joye, mon cher Homere. C'est le nom que j'ay dit que portoit Angilbert en qualité d'Académicien, ou de membre de l'Académie instituée par Charlemagne.

Les présens qu'Angilbert porta au Pape pour l'Eglise de S. Pierre, estoient quelques piéces rares & précieuses, du butin que les François avoient fait dans la Pannonie, après une victoire qu'ils venoient de remporter sur les Abares. Car Charlemagne avoit toûjours suivi le dessein qu'il avoit formé, de subjuguer ces Peuples, & de les convertir à la Religion Chrétienne. La premiere expédition qu'il avoit faite dans leur païs, y avoit causé de la division. Un des plus considerables de la Nation nommé Theudon, soit de luy-mesme, soit gagné par les promesses de Charlemagne, luy avoit envoyé l'année précédente quelques personnes de sa part, pour traiter avec luy, & ils le trouverent en Saxe à la teste de son Armée, campé sur la riviere d'Elbe: il luy avoit fait faire offre de ses services, & promis de se faire Chrétien. On apprit de ces Envoyez l'état des choses, & on profita fort des lumieres qu'ils donnerent. Les continuelles révoltes des Saxons demandoient la présence de Charles, toûjours occupé à les chastier, & l'empescherent d'aller en personne en Pannonie : mais il donna ordre à Henri Duc de Frioul d'y marcher avec une Armée. L'expédition fut très-heureuse. Henri força la Ville Capitale appellée Ringa, en fit enlever toutes les richesses qui estoient grandes, il envoya ce qu'il y avoit trouvé de plus précieux au Roy, qui en fit part au Pape, & grande largesse aux principaux Seigneurs de sa Cour.

L'Armée du Duc de Frioul fut suivie peu de temps après d'une autre, composée des Troupes d'Italie & de celles de Baviere, & commandées par Pepin Roy d'Italie, qui trouvant déja la consternation répandue dans le païs, & la guerre civile allumée, fortifia la faction de ceux, qui vouloient se soûmettre à la domination Françoise. Le Cham ou Prince des Abares fut tué, ceux qui suivoient son parti furent défaits, & poussez par Pepin jusqu'audelà de la Theisse, & ce Prince rasa entierement la Capitale que le Duc de Frioul avoit déja pillée.

On peut regarder cette victoire comme la fin de la guerre des Abares. Ils subirent alors le joug de la France, & ne firent plus dans la suite que quelques foibles révoltes, qui furent aisément arrestées : on peut même dire que ce fut la destruction de cette Nation, jusqu'alors si nombreuse, si puissante & si riche; mais on en fit cette année-là un si horrible carnage, qu'elle fut presque toute exterminée ; jamais les Soldats François ne firent un si prodigieux butin, & ne furent si riches, qu'ils le furent après le pillage du païs des Abares, qui depuis deux ou trois siecles avoient amassé par leurs brigandages

Eginard. ad an. 796.

Eginard. ibid.

Annales Fuldenses.

Eginard. ad an. 796.

CHARLEMAGNE.

brigandages sur toutes sortes de Nations, des richesses immenses.

Eginard. Annal. Fuldenses.

Après de si heureux succès Charlemagne se rendit à Aix-la-Chapelle avec la Reine Lutgarde, qu'il avoit épousée depuis peu en cinquiémes nôces. Son fils Pepin vint l'y trouver avec plusieurs de ses Ducs & de ses Comtes, qui s'estoient signalez dans la conqueste de la Pannonie. Ce fut comme une espece de triomphe, le jeune Prince & toute sa troupe portant sur leurs habits quelques marques de leur victoire. Il présenta au Roy ce Prince Abare dont j'ay parlé nommé Theudon, qui s'estoit déclaré pour les François, & qui venoit faire hommage à Charlemagne, pour sa personne & pour le Canton dont il estoit le Chef. Charlemagne luy donna beaucoup de témoignages d'affection & d'estime, & peu de temps après il fut baptisé avec tous ceux de sa suite.

On reçut sur ces entrefaites des nouvelles d'Espagne, qui augmentérent la joye de la Cour. Il y avoit toûjours sur cette frontiére-là au-delà des Pyrennées une espece de petite guerre continuelle entre les François & les Sarazins; je l'appelle petite; parce qu'il ne s'y passoit point de grandes actions, mais il y avoit seulement de legers combats, & quelques surprises de Places, qui changeoient souvent de maîtres. Barcelone entre autres estoit tantost aux François, & tantost aux Sarazins. Alphonse le Chaste, Roy des Asturies & de Galice, devenu redoutable aux Sarazins, occupoit leurs principales forces. Les guerres civiles, qui les divisoient entre-eux depuis longtemps, & sur tout depuis deux ans qu'Isem Roy de Cordoüe estoit mort, empêchoient qu'ils ne chassassent les François du païs d'en deçà de la Riviére d'Ebre: ce qu'ils auroient pû faire aisément sans cela, vû le peu de Troupes, que le Roy d'Aquitaine entretenoit au-delà des Pyrénées.

Eginard. ad an. 797.

On apprit donc à la Cour, que les troubles d'Espagne augmentoient tous les jours; qu'un Emire Sarazin nommé Zata, qui s'estoit rendu maître de Barcelone, & de tout ce Territoire, estoit résolu de se soûmettre avec cette Ville à la domination Françoise, & qu'il devoit dans peu de temps venir en personne trouver Charlemagne, pour luy faire hommage, & se déclarer son Vassal. L'Emire arriva en effet à Aix-la-Chapelle au commencement de l'Esté; il fut bien reçû de Charlemagne, qui sur les avis qu'il luy donna du desordre des Sarazins, ordonna au Roy d'Aquitaine de passer les Pyrénées avec une Armée du costé d'Arragon, & de mettre le siége devant Huesca. Les Historiens ne disent point le succès de ce siége, qui peut-estre mesme ne se fit pas. Car nostre Histoire, toûjours fort confuse sur les affaires d'Espagne, nous laisse entrevoir, que le Duc Sarazin, qui commandoit dans les montagnes d'Aquitaine, c'est à dire, dans les montagnes des païs dependans d'Aquitaine, demanda la paix, & se soûmit, & ce Duc estoit apparemment le Gouverneur de Huesca. Néanmoins Loüis, avant que de repasser les Pyrénées, fit

Eginard. ad an. 797.

Vita Ludovici Pii.

relever les murailles d'Auxone, de Cardone, & de quelques autres Places, dont il donna le commandement à un Comte nommé Burel, avec des Troupes suffisantes pour se maintenir dans ces Places.

Charlemagne après un voyage qu'il fit dans la Saxe, où il se faisoit toûjours de nouveaux mouvemens, trouva à son retour à Aix-la-Chapelle, Abdalla oncle de Alhaca nouveau Roy de Cordoüe, contre lequel il luy demanda sa protection & son secours. Le dernier Calife Isem, qui estoit son frere, l'avoit privé de la partie qu'il prétendoit luy estre dûë; & depuis la mort d'Isem, Abdalla s'estoit fait un parti pour soûtenir ses droits, & venoit prier Charlemagne de l'appuyer.

Ce Prince luy donna de bonnes espérances, & le mena avec luy en Saxe, où il retourna pour y faire prendre des quartiers d'hyver à ses Troupes. Le Roy d'Aquitaine, après son expédition d'Espagne vint l'y trouver, & partit peu de temps après avec Abdalla, pour le conduire en Espagne, & y soûtenir le parti de ce Prince Sarazin.

Charlemagne eut sans doute beaucoup plus profité des guerres civiles des Sarazins tant pour la Religion, que pour l'étendüe de son Empire, s'il n'en eust esté empêché par l'obstination & la fierté des Saxons, que ni les ravages, ni les défaites ne pouvoient dompter, & tout cela ne servoit qu'à augmenter la haine implacable qu'ils avoient conçûë de la domination Françoise. Sa seule présence les maintenoit dans le devoir. Il résolut de passer l'hyver de cette année-là dans le païs; il vint camper sur le Veser, il y fortifia son Camp, y fit bâtir des maisons, & en fit comme une Ville, à laquelle il donna le nom d'Héristal, qui estoit celuy d'une Maison Royale, qu'il avoit en Austrasie dans le païs de Liége. Il en fit sa Place d'Armes, & distribua ses Troupes en divers quartiers entre le Veser & l'Elbe. Il reçut en ce lieu diverses Ambassades. Les Princes Huns ou Abares devenus ses Tributaires, y vinrent de la Pannonie luy rendre leurs hommages. Alphonse le Chaste Roy des Asturies, avec qui il eut toûjours beaucoup de liaison, y envoya aussi des Ambassadeurs, pour luy faire part des grands avantages qu'il avoit remportez sur les Sarazins, & pour luy faire des présens. C'est ainsi que Charlemagne, comme l'Arbitre général des affaires de l'Europe, estoit recherché de presque tous les Princes tant Chrétiens qu'infidéles, respecté & redouté par tout.

Annales Fuldenses.

Les seuls Saxons, qui avoient expérimenté tant de fois les effets tantost de sa clémence, & tantost de sa colere, ne pouvoient prendre à son égard les sentimens des autres Nations. Ceux d'entre l'Elbe & le Veser n'avoient osé branler pendant l'hyver, estant de tous costez investis des Troupes Françoises, qui s'estoient logées dans tous les Forts, & saisis de tous les passages: mais les Saxons Septentrionaux au-delà de l'Elbe, n'ayant pas ce frein, s'abandonnérent de nouveau à leur fureur. Charlemagne sur la fin de l'hyver leur avoit envoyé quel-

Eginard. ad an. 798.

Tome I.

ques-uns de ses Officiers pour porter certains ordres dans le païs, rendre justice à ceux qui la demandoient, punir les coupables, recevoir les hommages au nom du Prince. A peine eurent-ils commencé à faire quelques fonctions de leurs Charges, que la sédition s'éleva contre eux comme contre des violateurs de la liberté Saxone, & la plûpart furent massacrez.

Durant cette émeute un Seigneur François nommé Godescalc, que le Roy avoit envoyé en Ambassade à Sigefroy Roy de Danemarc, retournoit à la Cour : il fut attaqué par ces séditieux comme il estoit sur le point de passer l'Elbe, & fut tué avec tous ceux de sa suite. Le Roy ayant appris ces nouvelles, assembla au plûtost ses Troupes, & mit à feu & à sang tout le païs d'entre le Veser & l'Elbe, persuadé que les Saxons d'au-delà de l'Elbe n'avoient agi que de concert avec ceux d'en-deçà.

Eginard. Ce châtiment ne fit qu'irriter les Saxons Septentrionaux, à qui l'on donne aussi en cet endroit-là le nom de Normans, aussi-bien qu'aux Danois ; & ne pouvant s'en venger sur les François, ils se jetterent dans le païs de Meklebourg toûjours fidéle & soûmis à la France, & y firent de grands ravages. Le Duc Trasicon, qui y commandoit pour Charlemagne depuis la mort du Roy Viltzen tué en trahison par les Saxons, assembla au plûtost les Milices du païs, & vint attaquer les ennemis ; il les tailla en pieces, & quatre mille demeurerent sur la place. Cette perte au-delà de l'Elbe, les ravages que le Roy avoit fait faire entre cette Riviere & le Veser, les Troupes qu'il logea en divers postes, pour tenir tout le païs en bride, mirent les Saxons hors d'état de remuer si-tost, & le Roy retourna à Aix-la-Chapelle, où il donna audience aux Ambassadeurs de l'Impératrice Irene, qui estoient venus pour le prévenir, & justifier cette Princesse sur un point, sur lequel assurément il estoit difficile de bien faire son Apologie.

Irene avoit gouverné l'Empire pendant la jeunesse de son fils Constantin, avec une prudence & une conduite, qui luy avoient attiré l'admiration de tout l'Univers, & elle avoit eu la gloire de rétablir en peu de temps la vraye Religion, qui gémissoit depuis soixante années sous la domination tyrannique des Empereurs Brise-Images. La passion la plus naturelle à un génie aussi grand & aussi élevé que le sien, est celle de gouverner, & elle n'en fut que trop possédée. Constantin son fils, déja parvenu à l'âge de vingt ans, ne faisoit rien que par ses ordres. Le Patrice Staurace, sous l'autorité de l'Impératrice, ordonnoit de tout, disposoit de toutes les Charges, faisoit toutes les graces, & s'attiroit par là une Cour beaucoup plus grosse, que n'estoit celle de l'Empereur.

Theophanes in Chronico. Ce jeune Prince ressentoit vivement cette indignité, & avoit peine à la dissimuler ; mais c'estoit un mal dont il estoit dangereux pour luy de se plaindre, & il estoit encore plus difficile d'y apporter remède. Il s'ouvrit néanmoins sur ce sujet à trois ou quatre Seigneurs de sa Cour, dont il se croyoit seûr par la haine qu'ils avoient contre Staurace. Ils luy promirent de le servir de tout le crédit qu'ils avoient dans Constantinople & dans l'Armée, & convinrent, que quand ils auroient leur parti formé, l'Empereur déclareroit en plein Sénat, qu'il vouloit désormais gouverner par luy-mesme, & qu'estant en âge de le faire, l'Empire n'avoit plus besoin des soins de la Régente. Immédiatement après cette déclaration l'Empereur devoit ôter à l'Impératrice toute autorité, ne luy donner aucune communication des affaires, & sans attendre longtemps, la reléguer en Sicile, pour l'empêcher de broüiller.

Le Patrice Staurace, qui avoit des espions par tout, & qui veilloit sur toutes les démarches de l'Empereur, & de tous ceux qui l'approchoient, eut bien-tost pénétré le mystére, & déconcerté tout ce dessein. L'Impératrice fit arrêter tous ces Seigneurs, en envoya quelques-uns en éxil, mit les autres en prison, gagna l'Armée en sa faveur par ses liberalitez, jusqu'à faire jurer les Officiers & les Soldats, que tant qu'elle vivroit, ils luy conserveroient toute l'autorité qu'elle avoit euë jusqu'alors, qu'ils ne reconnoîtroient point d'autre maistre qu'elle, & mesme que son nom dans les Edits & dans les autres Actes publics seroit désormais placé devant celuy de l'Empereur. *Ibid.*

Ce serment fut fait au printemps par l'Armée en l'absence des Troupes d'Arménie, qui ayant rejoint les autres au mois de Septembre, furent invitées à le faire aussi. La jeune Impératrice, épouse de Constantin, estoit Arménienne. Soit par cette seule raison, soit par quelque autre motif encore, l'Armée d'Arménie refusa de faire le serment, disant, qu'il estoit contre toute sorte d'équité, & contre l'honneur de l'Empire, que le nom d'une femme fust mis dans les Edits avant celuy de l'Empereur, & qu'une telle nouveauté n'estoit ni de l'utilité, ni de la gloire de l'Empire. Irene envoya pour gagner ces Troupes, un Officier de ses Gardes nommé Aléxis, qui gagné luy-mesme secretement pour le parti de l'Empereur, se mit à leur teste, après avoir fait arrester le Duc Nicéphore qui les commandoit.

Cet incident étonna la Cour, & fit bruit dans l'Armée ; on commença à y faire diverses réflexions ; quelques-uns loüerent la fermeté & la générosité des Troupes Arméniennes ; plusieurs Officiers, qui estoient affectionnez à l'Empereur, mais qui n'avoient osé se déclarer, se servirent de cette conjoncture pour faire remarquer aux Soldats combien estoit peu reguliere la démarche où l'on les avoit engagez : on eut honte d'avoir fait un serment si injuste & si contraire à celuy qu'on avoit fait solemnellement à l'Empereur, lorsque Leon son pere l'avoit associé à l'Empire à la priére des Peuples & des Armées. Enfin, quelque effort que pussent faire les partisans de l'Impératrice, toute l'Armée se joignit aux Arméniens, & on cria par tout le Camp, vive l'Empereur.

Les Soldats de la garde de ce Prince, suivirent l'exemple des autres ; il vint se mettre à la teste de l'Armée, luy marqua, & sur tout aux

Arméniens, sa reconnoissance. Il entra au mois de Décembre comme en triomphe à Constantinople, dégrada le Patrice Staurace, & l'envoya en exil en Arménie, écarta tous les confidens & tous les Eunuques de l'Impératrice, & la fit renfermer elle-mesme dans un Palais, où il luy promit, qu'elle seroit en seûreté, & qu'on l'y traiteroit toûjours en Impératrice & en mere de l'Empereur.

Ce Prince voulant montrer aux Peuples & aux Soldats, qu'il estoit digne du throne où ils l'avoient rétabli, fit diverses entreprises militaires, mais qui luy réüssirent mal. Ce mauvais succès donna lieu à quelques personnes de son Conseil, qui estoient dans les intérêts d'Irene, de parler à l'Empereur de l'utilité qu'il pourroit tirer des conseils de sa mere, s'il se réconcilioit avec elle; & ils firent si bien, qu'avec le temps ils l'engagérent à la tirer de sa prison, à luy redonner part aux affaires, & enfin à la faire proclamer tout de nouveau Impératrice. C'estoit reprendre insensiblement le joug qu'il avoit eu tant de peine à secoüer.

En effet, Irene ne fut pas longtemps à la Cour sans se rendre maîtresse absoluë de l'esprit de son fils, à qui elle persuada peu de temps après de rappeller le Patrice Staurace. L'une & l'autre s'appliquérent à luy ôter tous ses amis, & à luy faire persécuter ceux qui l'avoient le plus fidellement servi. Ils luy persuadérent, que cet Alexis, à qui il estoit redevable de sa liberté, pensoit à se faire luy-mesme Empereur, & il luy fit crever les yeux. Les Troupes Arméniennes qu'Alexis commandoit, & qui l'aimoient, en furent extrêmement irritées, & se révoltérent. Il envoya une Armée pour les châtier. On donna quelques combats, & enfin les Arméniens trahis par plusieurs de leurs Officiers, furent presque tous pris, & traitez avec beaucoup de rigueur & d'ignominie.

Irene n'en demeura pas là. Comme la jeune Impératrice nommée Marie estoit Arméniene, & que c'estoit en sa considération, que les Arméniens avoient pris le parti de l'Empereur, elle fut enveloppée dans la disgrace de sa Nation. Constantin, avant que d'épouser cette Princesse, avoit fait tous ses efforts pour obtenir de sa mere d'épouser la fille de Charlemagne, avec laquelle il avoit d'abord esté accordé. Et quand se vint à conclure le mariage avec l'Arméniene, il falut faire violence à ce jeune Prince, pour l'y faire consentir. Le service qu'elle luy avoit rendu en faisant déclarer les Arméniens pour luy quand tous les autres l'abandonnoient, le luy avoit entièrement gagné. Mais il ne fut pas difficile à Irene de réveiller ses premières aversions; elle vint à bout de la luy faire répudier, & confiner dans un Monastére. Il épousa, quelques mois après, une jeune fille de qualité nommée Theodote, sans qu'Irene s'y opposât.

Ce mariage illégitime causa un grand scandale; un Abbé nommé Platon, qui estoit en grande réputation de vertu, se sépara publiquement de la Communion de Taraise Patriarche de Constantinople, parce qu'il avoit consenti au divorce de l'Empereur, & permis qu'il épousât Theodote. Ses Moines suivirent son exemple. L'Empereur fit mettre l'Abbé en prison, & relégua tous les Moines à Thessalonique avec les neveux de l'Abbé.

Irene, qui avoit engagé son fils à faire toutes ces démarches criminelles, pour le rendre odieux à tout le monde, fut la première à le blâmer de la rigueur dont il usoit envers l'Abbé Platon & envers ses Moines, & affectoit en toutes occasions de prendre leur parti, & de loüer leur vertu.

Il se fit alors à la Cour une partie de divertissement, & l'Empereur avec sa mere passa le Détroit, pour aller prendre les bains de Pruse en Bithynie. L'Empereur reçut là la nouvelle, que l'Impératrice Theodote estoit accouchée d'un fils. Il en eut tant de joye, qu'il repassa aussi-tost le Détroit avec tres-peu de suite, & laissa l'Impératrice à Pruse avec presque toute la Cour.

Elle prit ce temps pour avancer ses intrigues, & sçut si bien gagner tous les Généraux, & les principaux Officiers des Armées, qu'ils luy promirent non seulement de luy restituer le premier rang, qu'ils luy avoient autrefois donné dans l'Empire, mais encore de déposer l'Empereur, pour la faire régner toute seule : on convint du temps, de la manière, & de toutes les mesures qu'il falloit prendre pour exécuter un dessein aussi inoüi que celuy-là, & dont on n'avoit jamais vû d'exemple.

On ne se pressa point cependant, & le mois de Mars de l'année 797. l'Empereur partit à la tête d'une Armée de vingt mille hommes, pour aller faire la guerre aux Arabes, qui avoient fait des courses sur les terres de l'Empire. Le Patrice Staurace estoit de cette expédition avec plusieurs autres Généraux tous dévoüez à Irene.

Les Troupes de l'Empereur estoient tres-belles, & il y paroissoit une ardeur qui déplut à Staurace, parce qu'elle luy sembloit répondre de la victoire. Il tint Conseil avec les conjurez, & leur représenta, que si le combat se donnoit, infailliblement les Arabes seroient battus; que cette victoire acquerant de la gloire & de la réputation à l'Empereur, il n'en faudroit pas davantage pour ruiner leurs desseins : tous conclurent à empêcher, que le combat ne se donnât; & Staurace ayant corrompu les espions, qui devoient aller reconnoître le Camp des Arabes campez à quelques lieuës de l'Armée, ils rapportérent suivant ses ordres, que les Arabes épouvantez de l'approche de l'Empereur, s'estoient retirez, & qu'il ne paroissoit plus d'ennemi en campagne. L'Empereur eut un chagrin extrême de cette nouvelle, & d'avoir perdu une occasion d'où il espéroit tirer beaucoup de gloire, & de quoy s'attirer l'estime de ses Sujets, de laquelle il sçavoit bien qu'il avoit besoin pour affermir son autorité.

Estant de retour à Constantinople, il promit au Peuple de luy donner le spectacle d'un combat à cheval dans le Cirque au dix-septiéme de Juin. L'Impératrice & les conjurez prirent ce jour-là mesme pour éxecuter leur dessein. Comme l'Empereur revenoit du Cirque plusieurs de ses Officiers d'Armée, avec leurs Soldats, vinrent au-devant luy, & il s'apperçut que ces Soldats s'étendoient à droit & à gauche, comme s'ils avoient voulu l'investir. Ce soupçon, qui n'estoit que trop bien fondé, luy fit prendre son parti sur le champ ; il piqua son cheval vers le Port, où il fut suivi par plusieurs de ceux qui l'avoient accompagné au Cirque, se jetta dans un batteau, & passa le Détroit, pour aller se réfugier à l'Armée d'Orient, dont il connoissoit la fidélité.

Irene au désespoir de voir ainsi son coup manqué, assembla aussi-tost ses confidens, leur fit connoistre le danger où elle estoit aussi-bien qu'eux ; que si une fois l'Empereur pouvoit joindre l'Armée d'Orient, il en seroit infailliblement reçû ; qu'on ne pouvoit pas compter sur une grande partie de celle d'Occident ; que le Peuple paroissoit ému, & vouloir prendre les armes pour luy ; que pour elle son dessein estoit de luy envoyer au plûtost quelques Evêques pour l'adoucir, & pour luy faire dire, que pourvû qu'il voulust luy promettre la vie, elle estoit résoluë à quitter la Cour, & à mener désormais une vie privée, sans plus rien prétendre au Gouvernemet de l'Empire.

Ceux qu'elle avoit assemblez ne purent imaginer de meilleur expédient, pour la tirer d'un si mauvais pas ; mais avant que d'y avoir recours, elle en tenta un autre, qui luy réüssit. Plusieurs de ceux qui avoient passé le Détroit avec l'Empereur, estoient de la conjuration ; elle leur écrivit, qu'ils n'ignoroient pas les moyens qu'elle avoit de les perdre tous, qu'elle estoit résoluë de périr avec eux : mais que peut-estre si elle le vouloit, ils périroient sans qu'elle fut enveloppée dans leur malheur, & qu'il falloit qu'ils concertassent ensemble tous les moyens possibles pour se saisir de l'Empereur, & le ramener à Constantinople.

Ils s'assemblérent sur cette Lettre, & résolurent de tout hazarder. Ils vinrent à bout de leur dessein, ils tinrent tout prest un Vaisseau sur le bord de la Mer, surprirent l'Empereur comme il faisoit ses prieres sans se défier d'eux, les croyant tous dans son parti, l'emmenérent à Constantinople, & là ils luy créverent les yeux, de quoy il mourut peu de temps après.

Irene, après cette cruelle éxecution, fut proclamée Impératrice ; & ce qui ne s'estoit point encore vû, l'Empire tomba en quenoüille dans sa personne ; car elle regna alors & plusieurs années depuis en son propre nom, non plus comme Régente, mais comme maîtresse absoluë de l'Empire.

Eginard. in Annal. ad an 798.
Annales Fuldenses.
Zonaras.

Ce fut donc pour prévenir Charlemagne en sa faveur sur une entreprise aussi extraordinaire que celle-là, qu'Irene luy envoya des Ambassadeurs, qui pour diminuer l'horreur d'un si grand crime, noircirent par mille calomnies la vie & la conduite du jeune Empereur. Ils priérent le Roy d'entretenir la paix avec l'Impératrice : mais il y a bien de l'apparence, que pour empêcher Charlemagne de se prévaloir des troubles de l'Empire, & de penser à conquérir le reste de l'Italie à la faveur de ces desordres, elle luy fit faire dès-lors ouverture du dessein qu'elle avoit, ou qu'elle fit au moins semblant d'avoir depuis, c'estoit de l'épouser, afin de le faire Empereur. Ce qui est certain, c'est que les Ambassadeurs furent bien reçûs, & que sur la priére qu'ils firent au Roy de la part de l'Impératrice, de leur rendre le frere du Patriarche de Constantinople, qui avoit esté pris dans les guerres d'Italie ; il le leur rendit.

L'affaire de Felix Evêque d'Urgel, fut encore une de celles qui l'occupérent dans son quartier d'hyver à Aix-la-Chapelle. Il comprenoit trop le danger qu'il y avoit à laisser prendre pied à l'hérésie dans un Etat, pour ne pas suivre cette affaire. L'Evêque convaincu d'erreur dans l'Assemblée de Ratisbonne, obligé de se rétracter à Rome devant le Pape, condamné encore depuis à Francfort par presque tous les Evêques de l'Empire François ; mais toûjours gouverné par l'Evêque de Tolede, ne pouvoit revenir de ses égaremens. Le Roy avoit commandé au docte Alcuin de luy écrire, & d'écrire aussi à l'Evêque de Tolede, pour tâcher de les ramener à la doctrine de l'Eglise, mais ce fut en vain. Felix avoit répondu à la lettre d'Alcuin par un Livre où il s'abîmoit de plus en plus dans l'erreur par de nouveaux blasphêmes, auquel Alcuin fut obligé de repliquer par un grand Ouvrage.

Alcuin lib. 1. contra Felicem Urgelit.

La Lettre qu'il écrivit à l'Evêque de Tolede fut suivie d'une réponse telle qu'on la devoit attendre d'un homme qui passoit pour Saint, qui croyoit l'estre, & qui se voyoit à la teste d'un parti condamné, qu'il avoit résolu de soûtenir. Sa réputation l'autorisoit à tout dire, son orgueil & l'intérest de sa faction l'obligeoient à ne rien oublier de ce qui pouvoit rendre ses adversaires odieux ; les injures les plus atroces, la récrimination d'hérésie, le nom de nouvel Arrius, d'ennemi de S. Augustin, de S. Ambroise, & de tous les Saints Peres, celuy de faux Prophete, d'ennemi de Dieu, de persécuteur des gens de bien, d'homme qui marche par la voye large, qui empoisonne l'esprit du Prince, qui scandalise la Cour par son faste, & cent autres reproches de cette nature faisoient une grande partie de sa réponse à Alcuin, spécieuse du reste par les autoritez des Peres dont il abusoit. Il finissoit sa Lettre, en exhortant aigrement Alcuin, par le motif de sa conscience, à tâcher d'adoucir luy-même l'indignation du Prince contre Felix, afin de ne le pas rendre coupable du sang de ce Saint Evêque, qui alors, comme cette mesme Lettre nous l'apprend, avoit esté obligé de quitter son Eglise, & de demeurer caché.

Epist. Elipandi ad Alcuin.

Le Roy voyant cette obstination, & les progrès que faisoit l'hérésie du costé des Pyrenées, pria le Pape Leon d'assembler à Rome un nouveau Concile, pour y confirmer la condamnation que son Prédécesseur & les Evêques de France avoient faite de ces dogmes pernicieux, & d'y condamner nommément la réponse de

Tom. II. Concil. Gall. Concill. fidei Felicis Urgelit.

CHARLEMAGNE.

Felix à la Lettre qu'Alcuin luy avoit écrite. Le Pape le fit, & à la teste de cinquante-sept Evêques déclara Felix anathématisé, s'il ne renonçoit pas sincérement à son impieté.

Quand on eut reçû en France les Actes de cette condamnation, le Roy donna ordre à Leidrade Evêque de Lion, à Nefride Evêque de Narbonne, & à quelques autres Evêques & Abbez de delà la Loire, d'aller tenir un Concile à Urgel, d'y citer Felix, de luy lire la Sentence prononcée nouvellement contre luy à Rome, & de le déposer s'il continuoit dans son erreur.

Les Evêques estant arrivez à Urgel, firent venir Felix du lieu où il estoit caché, luy déclarerent les ordres du Roy, & la condamnation du Pape, & l'exhortèrent à se reconnoistre. Il demanda d'estre conduit au Roy, leur promettant de luy donner toute sorte de satisfaction. Il fut donc amené à Aix-la-Chapelle. Il pria le Roy de luy permettre d'exposer encore une fois ses difficultez en sa présence, & devant quelques Evêques, protestant qu'il ne demandoit qu'à connoistre la vérité, qu'il l'embrasseroit si on la luy montroit, & qu'il le feroit d'une maniére à faire connoistre à tout le monde, que la violence n'avoit eu nulle part à sa conversion.

Le Roy luy accorda ce qu'il demandoit; on disputa en sa présence, & Felix se rendit; & pour montrer que c'estoit sincérement, il pu- *Confess. fidei Felic. Urgelit. apud Alcuin.* blia sa Confession de Foy, où il exposa les motifs de sa rétractation, protesta qu'il estoit sincére, & qu'ayant fait les autres seulement en apparence, il prenoit Dieu à témoin, que celle-cy partoit d'un cœur véritablement converti. Il adressa aux Prêtres & aux autres Ecclésiastiques de son Clergé, que son exemple, ses écrits & son autorité avoient pervertis, en les exhortant à l'imiter dans la satisfaction qu'il faisoit à l'Eglise. Le Roy envoya de nouveau l'Evêque de Lion, & celuy de Narbonne à *Alcuin. in præfat. A-gobardus lib. contra Felicem.* Urgel, afin qu'ils tirassent tout le fruit possible de la rétractation de l'Evêque, pour la destruction de l'hérésie. La suite montra, que Felix continuoit d'estre ou un fourbe, ou un incon- *Ado in Chronico.* stant; il retourna quelque temps après à ses erreurs, il fut déposé de son Evêché, & mourut à Lion exilé, endurci, désobéissant à l'Eglise & à son Roy. Ainsi finissent ordinairement ces prétendus Saints héresiarques.

L'Evêque de Tolede ne survêcut pas longtemps, quelques-uns le font mourir converti. Leur hérésie, par les soins de Charlemagne, fut bien-tost éteinte, & la paix rétablie dans les Eglises de France & d'Espagne. Mais de grands troubles agiterent celle de Rome, quelques mois après que le Pape Leon eut tenu le Concile contre Felix, & causerent à Charlemagne beaucoup de douleur.

Deux neveux du Pape dernier mort occupoient les premiéres places du Clergé de Rome, l'un s'appelloit Pascal, & l'autre Campule: mais ils avoient perdu beaucoup du pouvoir & du crédit, qu'ils avoient sous le régne de leur oncle. La promptitude avec laquelle se fit l'élection du Pape Leon, le mesme jour de la mort d'Hadrien I. avec le consentement universel de tous les Ordres de Rome, est une marque que ces deux hommes non seulement ne s'étoient pas opposez à son élevation; mais qu'ils y avoient contribué de toute leur autorité & de tous leurs amis : ils trouvérent dans la suite, qu'un aussi grand service que celuy-là n'estoit pas récompensé par autant de confiance & de considération, qu'ils en avoient esperé. Ils résolurent de se défaire du Pape, & d'en avoir un autre.

Ils choisirent, pour éxécuter leur dessein, un jour célebre ; ce fut le vingt-cinquiéme d'A- *Anastasius. Eginard. Ado.* vril Feste de S. Marc, auquel on avoit coûtume d'aller en Procession en chantant les Litanies des Saints. Le Pape estant sorti de S. Jean de Latran à cheval, pour se rendre à S. Laurent, où l'on devoit s'assembler pour la Procession, Pascal vint le saluer dans le chemin. Le Pape fut surpris de le voir sans son habit d'Eglise. Pascal luy fit excuse, sur ce qu'il se trouvoit incommodé, & le pria de ne pas trouver mauvais, qu'il n'assistât pas à la Procession. Campule parut un moment après, & vint aussi saluer le Pape, qu'il entretint pendant le chemin avec Pascal, l'un & l'autre paroissant faire leur cour avec plus d'empressement que jamais.

Quand ils furent proche du Monastére de S. Estienne, que le Pape avoit fondé depuis peu, une troupe de gens armez sortit des maisons voisines avec de grands cris, & vint fondre sur le Peuple, qui estoit à l'entour du Pape, la peur ayant bien-tost dissipé toute cette multitude, le Pape demeuré seul fut saisi par ces assassins, renversé de son cheval, foulé aux pieds, chargé de coups, & traîné dans l'Eglise du Monastére.

Anastase le Bibliothecaire dit, qu'on acheva là devant l'Autel de luy crever les yeux, & de luy arracher la langue, ce qu'ils n'avoient pas eu le loisir de faire entiérement dans la ruë, appréhendant que le Peuple ne vint au secours du Pape. Il est certain qu'il eut dans la suite l'u- *Eginard, ad an. 799.* sage des yeux & de la langue : l'Auteur, que je viens de citer, prétend que l'un & l'autre luy furent rendus par miracle. Theophane Auteur contemporain dit, qu'il fit compassion à ses propres ennemis, & qu'ils n'exécuterent qu'à demi leur méchant dessein.

Quoy qu'il en soit Albin son Camerlingue, de concert avec l'Abbé Virade Envoyé de France, gagna l'Abbé du Monastére de Saint Erasme, où on avoit mis le Pape en prison; on l'en tira pardessus les murailles, & on le porta hors de la Ville dans l'Eglise de S. Pierre. Vinigise Duc de Spolete, qui avoit esté averti de ce desordre, vint promptement, & emmena le Pape avec luy dans sa Ville. De là le Pape fit sçavoir à Charlemagne toute la suite de cet attentat, & le pria de luy procurer le moyen de passer en France avec seureté. Ce Prince envoya des ordres très-prompts, de sorte que le Pape fut bien-tost dans le Royaume.

Quand le Roy apprit ces nouvelles, il estoit

sur le point de partir pour aller en Saxe. Le Pape vint le trouver à Paderborne où il estoit campé. Il luy fit un exposé de l'état des affaires de Rome, & de toutes les circonstances du crime commis contre sa personne. On prit des mesures pour son retour & pour sa seureté ; dèslors le voyage que le Roy fit à Rome l'année d'après, fut résolu, & peut-estre aussi les choses importantes qui s'y passerent. Le Pape retourna à Rome accompagné de plusieurs Evêques François, & de quelques Comtes, que le Roy luy donna pour l'escorter, & pour luy servir de Conseil. Il y fut reçû avec autant d'honneur, qu'il y avoit esté traité quelques mois auparavant avec opprobre. Les assassins du Pape furent arrestez, & examinez par les Evêques & par les Comtes de Charlemagne, qui les luy envoyérent en France.

Le Roy estoit toûjours campé à Paderborne, d'où il avoit envoyé Charles son fils jusqu'à l'Elbe, avec une partie de son Armée, pour regler des différens qui concernoient les Vilses & les Abodrites habitans du Mexlebourg. Avant que de retourner en France, il reçut l'Envoyé du Gouverneur de Sicile, qui vint traiter de quelques affaires de la part de l'Impératrice. Il reçut encore au mesme lieu la nouvelle de la parfaite soûmission des Abares, & que la guerre estoit terminée par la prudence de Henri Duc de Frioul, & de Gerolte Gouverneur de Baviere, & par la vigueur avec laquelle ils avoient poussé le reste des ennemis pendant la Campagne.

Estant de retour à Aix-la-Chapelle, il apprit encore les heureux succès de quelques entreprises dont il avoit chargé ses Généraux. Guy Gouverneur de la Marche Bretone, sur le refus que firent les Bretons des hommages dûs au Roy, entra dans le Comté de Bretagne avec tous les Comtes de son Gouvernement, la parcourut toute entiere, fit mettre par tout les Armes bas aux Bretons, & prit celles des plus considérables de leurs Commandans, les fit inscrire de leurs noms, & les envoya à Aix-la-Chapelle comme pour en élever un trophée à la gloire de Charlemagne.

Eginard. in Annal. ed an. 799.

Les Habitans des Isles de Majorque & de Minorque luy avoient envoyé demander du secours contre les Maures ou Sarazins, qui couroient la Méditerranée, & faisoient de fréquentes descentes dans ces Isles. Ce secours y avoit heureusement débarqué, & avoit ensuite chargé & défait les Sarazins ; on luy apporta encore la nouvelle de cette victoire, & quantité d'Etendarts pris sur ces Infideles.

Dans le mesme temps arriverent des Envoyez d'Azan Emire ou Gouverneur d'Huesca en Espagne, qui luy apporterent de sa part les clefs de cette Ville, non seulement pour luy en faire hommage, mais encore avec protestation de la luy remettre entre les mains, si-tost qu'il le pourroit faire avec seureté.

Enfin la réputation de Charlemagne portée au-delà des Mers dans les Païs les plus éloignez, fit que les Chrétiens de la Palestine eurent recours à sa protection. Le Patriarche de Jérusalem luy envoya plusieurs présens de dévotion par un Moine du Païs. Ce Religieux fut congédié quelque temps après, & comblé des honnestetez & des présens du Prince. Un Prestre nommé Zacharie l'accompagna aux Saints Lieux de la part du Roy, afin de s'informer de ce qui s'y pourroit faire en faveur de la Religion. Il trouva en arrivant, qu'on n'y pouvoit faire rien de plus que ce qui s'y estoit déja fait. Le Roy de Perse estoit alors maistre de Jérusalem. Ce Roy s'appelloit Aaron Rasiid, qui estoit en quelque façon en Orient ce que Charlemagne estoit en Occident, Conquérant & grand Capitaine comme luy, ayant gagné huit batailles rangées en personne, toûjours occupé de voyages & d'expéditions militaires comme luy, grand politique & gouvernant ses Peuples avec autorité comme luy, aimant les Lettres & les Sçavans comme luy, zelé pour sa Religion comme Charlemagne l'estoit pour la sienne. Il avoit conçu une si haute idée de ce Prince, qu'il le distinguoit entre tous les Souverains de l'Univers, & c'estoit presque le seul pour qui il daignast avoir de la considération. Non seulement il entretenoit commerce de Lettres avec luy, non seulement il luy faisoit de magnifiques présens ; mais encore, (ce qui paroistra fort extraordinaire) ayant sçû l'intérest qu'il prenoit aux Saints Lieux, il les luy céda, & luy en fit une donation. Les ordres avoient déja esté envoyez à Jérusalem sur cela, lorsque le Prestre Zacharie y arriva ; & ce fut en vertu de cette donation, que ce Prestre revenant de Jérusalem l'année suivante, luy en apporta les clefs, avec un Etendart, pour marquer la possession qu'on en avoit prise en son nom. Cet Etendart & ces clefs est ce qui a donné occasion à la fable du voyage de Charlemagne à la Terre Sainte, à sa conqueste de Jérusalem sur les Sarazins, & à quelques autres contes de cette nature, dont on a pris plaisir d'orner la vie d'un Prince duquel on croyoit ne pouvoir rien penser ni dire de trop grand.

El-Macin Historia Saracen. lib. 6. c. 6.

Eginard. in Vita Caroli M.

Ce fut à Rome qu'il reçut ces présens du Roy de Perse : les broüilleries de cette Ville, & l'humeur inquiéte de Grimoald Duc de Bénevent, qui ayant changé de conduite, & oublié les bien-faits de Charlemagne, n'avoit guéres moins d'aversion que son pere pour la domination Françoise, furent des raisons suffisantes pour luy faire entreprendre le voyage d'Italie, supposé mesme qu'il n'en eust pas eu de secretes encore plus importantes.

Avant que de partir de France, il voulut donner luy-mesme les ordres pour la seureté des lieux les plus exposez aux insultes des ennemis. La Saxe estoit tranquille, & il prévoyoit qu'il n'en auroit rien à craindre, au moins cette année-là. Les divisions des Sarazins ne leur permettoient pas de faire d'entreprises considérables du costé des Pyrénées. La défaite de leurs Pirates dans l'Isle de Majorque, les avoit mis hors d'état de faire des descentes en Languedoc ou en Provence, & les Normands qui couroient tout l'Ocean avec des Flotes nom-

CHARLEMAGNE.

breuses le long des côtes de Germanie & de France, estoient les seuls à craindre.

An. 800. Le Roy partit d'Aix-la-Chapelle au mois de Mars l'an 800. pour se rendre sur ces côtes. Il y fit venir une Flote, qui eut ordre de ne point s'en éloigner pendant son absence, & mit de fortes Garnisons dans tous les lieux où l'ennemi pourroit aborder. Ensuite il vint passer la Seine à Roüen, & de-là il alla faire ses dévotions à saint Martin de Tours, où les Comtes & les Ducs de Bretagne vinrent le saluer, & luy faire des présens. La maladie & la mort de la Reine Lutgarde sa cinquiéme femme, l'y retinrent quelques jours. Il revint par Orleans & par Paris à Aix-la-Chapelle, & au mois d'Août il tint l'Assemblée générale des Etats à Mayence. Il y déclara la résolution qu'il avoit prise de faire le voyage de Rome, & peu de jours après il se mit en marche.

Eginard, in Annal. ad an. 800. L'Histoire nous le fait voir tout d'un coup avec son Armée à Ravennes, sans nous marquer la route qu'il tint pour aller en Italie. Après avoir demeuré quelques jours en cette Ville-là, il marcha en cottoyant la mer jusqu'à Ancone : delà il détacha son fils Pepin Roy d'Italie avec la plus grande partie de l'Armée, pour entrer dans le Duché de Bénevent, où tout se soûmit sans résistance, soit que le Duc Grimoald se fust retiré sur les Terres des Grecs, soit qu'il eust eu luy-mesme recours à la clémence du Roy.

Charlemagne après avoir fait ce détachement, s'avança avec le reste de son Armée vers Rome. Le Pape vint au devant de luy jusqu'à Noviento, autrefois Ville Episcopale dans la Sabine, ils y mangerent ensemble; & après le repas & quelque entretien sur diverses affaires, le Pape retourna à Rome, où le Roy arriva le lendemain vingt-quatriéme de Novembre.

An. 800. Eginard. Le Pape l'attendoit hors la Ville avec plusieurs Evêques & tout son Clergé sur les grez de la Basilique de S. Pierre. Charlemagne descendit là de cheval, & monta dans la Basilique avec les acclamations de tout le Peuple, le Clergé chantant les loüanges de Dieu en action de grace de son heureuse arrivée.

Il passa sept jours à se faire instruire de l'état de Rome & de la situation des affaires d'Italie, & à examiner les informations qu'on avoit faites sur l'attentat commis contre la personne du Pape. Au bout de ce temps-là il fit assembler dans l'Eglise de S. Pierre les Evêques, les Abbez, les principaux de la Noblesse *Anastasius.* tant Françoise que Romaine. Le Pape & le Roy s'estant assis à costé l'un de l'autre, ils firent aussi asseoir les Prélats & les Abbez & tous les Seigneurs, le reste du Clergé estant debout derriere.

Le Roy parla, & dit que le principal sujet pour lequel il estoit venu en Italie, estoit celuy pourquoy il avoit assemblé devant l'Autel de S. Pierre ce qu'il y avoit de plus illustre à Rome dans l'Etat Ecclesiastique & dans l'Etat Séculier; que l'attentat commis contre la personne du Vicaire de Jesus-Christ l'avoit rempli d'horreur; que les auteurs de cet assassinat n'avoient pû se défendre qu'en chargeant le Pape des plus horribles crimes; que le Pape pour l'honneur de l'Eglise, la réputation de la Chaire de S. Pierre, & l'édification de tous les Chrétiens, vouloit bien qu'on fist un examen juridique de tout ce qu'on luy reprochoit, & que s'il y avoit quelqu'un dans l'Assemblée qui voulust se porter pour accusateur, & prouver quelqu'une des charges, on l'écoûteroit.

Il ne se trouva personne qui osast, ou qui voulust l'entreprendre, & tous les Archevêques, Evêques & Abbez dirent tout d'une voix qu'il ne leur appartenoit pas de juger le Pape. *Eginard. Anastasius.*

Cette conduite respectueuse envers le Pape nous a empesché de sçavoir le détail des choses dont ses ennemis l'avoient accusé. Il prit la parole, & dit qu'il se justifieroit au plustost de la maniere dont ses predecesseurs l'avoient fait en pareilles occasions, sur cela l'Assemblée se leva & se sépara.

Le lendemain non seulement les Evêques, les Abbez, les Seigneurs, le Clergé, mais encore une grande foule de Peuple ayant rempli l'Eglise de S. Pierre, le Pape monta dans une Chaire fort élevée, * & tenant le Livre des Evangiles entre ses mains, protesta publiquement, en faisant serment sur le saint Evangile qu'il n'estoit en aucune maniere coupable des crimes dont on l'accusoit. La Formule de ce serment s'est conservée à Rome. En voicy les termes. *Ambonem ascendit.*

« Tout le monde sçait, mes très-chers freres, que plusieurs méchans hommes se sont déclarez mes ennemis, & ont entrepris de noircir ma réputation, en me chargeant des plus horribles crimes. C'est pour s'instruire de la vérité ou de la fausseté de ces accusations que le très-clément & très-sérénissime Roy Charles est venu en cette Ville avec ses Evêques & les Seigneurs de son Etat. C'est pourquoy moy Leon, Pontife de la sainte Eglise Romaine, sans avoir esté jugé ni contraint par personne; mais de mon plein gré je declare en vostre présence devant Dieu, qui connoist ma conscience, devant ses Anges, devant S. Pierre le Prince des Apostres, que je n'ay point commis ni fait commettre les crimes dont on m'accuse. J'en prens à témoin Dieu qui nous doit juger, & qui nous voit ici assemblez; & ce que je fais ici, je le fais sans y estre obligé par aucune Loy, & déclarant que je ne prétens point que ma conduite en cette occasion passe en coûtume dans la sainte Eglise, ni imposer par mon exemple à mes successeurs ou à mes freres les Evêques une obligation d'en faire jamais autant. Je n'en use ainsi que pour vous oster tous les injustes soupçons que vous pourriez avoir conçus faussement de moy. » *Baronius ad an. 800.*

Cette protestation fut suivie des acclamations du Peuple, & aussi-tost après tout le Clergé entonna les Litanies en action de graces du rétablissement de la Paix & de la tranquillité renduë à l'Eglise & à la Ville de Rome.

Campule & Pascal auteurs de l'assassinat du Pape, furent traitez plus doucement qu'ils ne méritoient. Le Pape pria Charlemagne de leur *Eginard in Annal.*

HISTOIRE DE FRANCE.

accorder la vie. Il le fit, & d'autant plus volontiers, qu'ils estoient neveux du Pape Hadrien, qu'il avoit tendrement aimé, & il se contenta de les envoyer en éxil avec leurs complices.

Mais ce qui se passa à Rome un mois après que cette affaire eut esté vuidée, fut bien d'un autre éclat, par le grand interest que devoient y prendre l'Empire d'Orient & la France, les deux plus grands Etats du monde Chrétien. Ce fut l'élevation de Charlemagne à l'Empire, appellée communément la Translation de l'Empire à la Famille de Charlemagne, expression qui n'est pas tout-à-fait juste ; puisqu'en donnant à Charlemagne la qualité d'Empereur, on ne prétendit pas l'oster, & on ne l'osta pas en effet aux Princes qui monterent depuis sur le Trône de Constantinople : ce ne fut qu'une communication de cette dignité telle qu'elle s'estoit faite autrefois si souvent, lorsque le monde se partageoit entre deux Empereurs, dont l'un estoit Empereur d'Orient, & l'autre Empereur d'Occident, & Charlemagne en effet ne prétendit jamais à d'autre titre qu'à celuy d'Empereur d'Occident. Voici comme la chose se fit, selon nos anciens Historiens, qui n'en font qu'une Relation fort courte & fort simple.

Eginard. ad an. 801.

Charlemagne estant allé le jour de Noël à la Basilique de S. Pierre, pour y assister à la Messe, comme il estoit à genoux devant l'Autel, le Pape s'approcha de luy, & luy mit une Couronne sur la teste. Aussi-tost tout le Peuple commença à crier, *Vive Charles Auguste, couronné de la main de Dieu, vie & victoire au grand & pacifique Empereur des Romains.* Pendant ces acclamations, ce Prince s'estant assis dans une espéce de Trône qu'on luy avoit preparé, le Pape vint luy rendre les respects, & luy faire les reverences que les Souverains Pontifes avoient coûtume de faire aux Empereurs, quand ils les saluoient à Rome en cette qualité. Et il luy déclara en le saluant, que deformais au lieu du titre de Patrice des Romains qu'il avoit porté jusqu'alors, on luy donneroit celuy d'Empereur & d'Auguste. Il luy presenta l'habit Imperial dont il se revestit, & avec lequel il retourna de l'Eglise à son Palais avec l'applaudissement de tout le Peuple de Rome. Eginard Secretaire de Charlemagne, nous dit une circonstance de cette affaire, qui me paroistroit difficile à croire, sans le témoignage d'un Ecrivain de cette autorité. Il suppose que ce Prince ne sçavoit rien du tout du dessein du Pape touchant son couronnement, & il ajoûte que quand il se vit salué du nom d'Empereur & d'Auguste, il en fut si chagrin, qu'il protesta que s'il avoit prévû la chose, il ne seroit pas venu à l'Eglise, nonobstant la celebrité d'un jour aussi saint que celuy de Noël.

Theophanes in Chronic.

Si cette protestation fut sincere, elle fut l'effet & la marque d'une grande modestie : mais Charlemagne aimoit beaucoup la gloire, & estoit fort politique ; & si ces titres luy furent donnez malgré luy, il parut dans la suite les retenir fort volontiers. Il eut très-peu d'é-gard au ressentiment qu'en firent paroistre les Empereurs Grecs, qui s'en plaignirent souvent, comme d'une usurpation insoutenable, & qu'il appaisa en quelque façon par les Ambassades fréquentes qu'il leur envoya sur ce sujet, avec des Lettres pleines d'honnestetez, mais où il prenoit & où il leur donnoit toûjours la qualité *ibid.* de frere, traitant avec eux d'égal à égal. Les réflexions que j'ay faites à l'occasion du Concile de Francfort, & des suites de ce Concile sur certaines circonstances de la conduite de Charlemagne, peuvent encore contribuer à augmenter le doute qui vient assez naturellement sur la sincerité de cette moderation.

Quoiqu'il en soit, les conjonctures furent fort heureuses pour autoriser & pour justifier cette élection. La principale estoit, qu'il n'y avoit plus d'Empereur dans l'Empire, & que le Gouvernement en estoit entre les mains d'une femme, qui l'avoit tyranniquement usurpé, choses inoüies jusqu'alors. Cette seule raison suffisoit aux Romains & à l'Occident, pour rentrer dans le droit qu'ils avoient eu autrefois, aussi-bien que l'Orient, de se choisir un Empereur. Charlemagne en avoit toute la puissance & en Italie, & dans les Gaules, & au-de-là du Rhin. Le seul titre luy en fut donné avec la Couronne. C'est ainsi que la chose se passa, & ce fut en cela que consista la fameuse Translation de l'Empire aux Rois François. Ils en conserverent la possession cent ans, & c'est par eux que cet honneur & cet avantage dont l'Occident joüit encore aujourd'huy, luy fut rendu trois cens cinquante ans après la déposition de Romule surnommé Augustule, le dernier Empereur d'Occident. Ce grand espace eut esté rempli par les Regnes des Erules, des Ostrogots, des Lombards, des François en Italie jusqu'à cette année, que Charlemagne reçut cet auguste titre d'Empereur d'Occident, qu'il soûtint avec tant de gloire.

Ce fut un peu avant le Couronnement de Charlemagne, en qualité d'Empereur, que fut faite une Mosaïque, * qui s'est conservée, où S. Pierre est representé assis dans un Trône en habits Pontificaux, & ayant trois clefs sur ses genoux. A droite est le Pape Leon à genoux, à qui S. Pierre donne le Pallium, & à gauche est Charlemagne, à qui S. Pierre présente l'Etendart de Rome. Au dessus de la teste du Pape & à costé de luy font écrits ces mots : SCISSIMUS D.N. LEO P.P. c'est à dire, SanctISSIMUS Dominus Noster LEO Papa. Sur la teste de Charlemagne & à costé de luy on lit ces mots : Domino Nostro CARULO REGI.

* Elle est rapportée par Allemannus in parietinis Lateran.

Depuis l'élevation de Charlemagne à l'Empire, on batit des Monnoyes * à Rome en son nom & au nom de ses successeurs ; leur nom estoit d'un costé, & de l'autre le nom du Pape ou la figure de S. Pierre.

Ces Monnoyes prouvent l'autorité des Empereurs François dans Rome, aussi-bien que la puissance temporelle des Papes. L'une & l'autre est aussi prouvée par la Mosaïque, où le titre de *Dominus Noster* est donné au Pape & à Charlemagne

* Ces Monnoyes sont rapportées par M. le Blanc dans sa Dissertation, sur quelques Monnoyes de Charlemagne, &c.

Charlemagne. Les Auteurs d'au-delà des Monts & ceux d'en-deçà ne conviennent pas sur la subordination & sur le tempérament de ces deux puissances. L'Histoire n'admet point ces sortes de Dissertations. Elle se contente de raconter les faits, & les Lecteurs pourront régler leur jugement sur cette matiere par ceux que j'ay rapportez dans l'Histoire de ce Regne, & par d'autres que je rapporteray dans celle des Regnes suivans.

CHARLEMAGNE EMPEREUR.

Anastasius.

CHARLEMAGNE passa tout l'hyver à Rome ; il y signala sa magnificence & sa pieté par les riches présens qu'il fit à l'Eglise de S. Pierre & aux autres Eglises de Rome, de Vases, de Couronnes, de Calices d'or, & de plusieurs autres choses semblables à l'usage des Autels.

Eginard.

Il fit des Reglemens, & donna des ordres pour le bon Gouvernement de la Ville de Rome & de l'Italie, pour la seûreté du Pape, & pour luy faire rendre le respect & l'obéïssance qui luy estoient dûs, fit vuider quantité d'affaires particulieres, tant Séculieres qu'Ecclesiastiques, & commença dès-lors à marquer dans les Actes publics l'année de son Empire & de son Consulat, selon l'ancien usage des Empereurs. Il envoya des Troupes dans le Duché de Bénevent, pour chastier encore quelque reste de mutins. Ensuite il partit de Rome avec son fils Pepin le vingt-cinquiéme d'Avril, & vint à Pavie, où il fit quelques additions aux Loix des Lombards, cette Nation continuant toûjours d'estre gouvernée par ses Loix particulieres.

An. 801.

Leges Longobard.

Ce fut là qu'il apprit que des Ambassadeurs du Roy de Perse estoient arrivez au Port de Pise ; il envoya au devant d'eux quelques personnes de sa Cour, leur donna audience dans son Camp entre Verceil & Yvrée. Ils luy apprirent la mort de deux de ses Ambassadeurs qu'il avoit envoyez en Perse trois ou quatre ans auparavant, & luy dirent qu'ils ramenoient avec eux le troisiéme, qui estoit un Juif nommé Isaac, avec divers présens dont leur Maistre l'avoit chargé, afin de les luy présenter de sa part. Entre autres raretez il y avoit un Eléphant, que le Roy de Perse le prioit de recevoir comme une chose qu'il sçavoit bien estre très-rare dans l'Occident ; cet Ambassadeur dont le Vaisseau avoit esté écarté par la tempeste, n'arriva qu'au mois d'Octobre à Porto-Venere, d'où l'on transporta l'Elephant en France avec beaucoup de précautions ; c'estoit apparemment la premiere fois qu'on y en avoit vû depuis que les François regnoient dans les Gaules.

Les Ambassadeurs de Perse estoient venus par l'Afrique ; un des plus puissans Emires nommé Abraham, qui s'estoit rendu Maistre d'une grande partie des Païs Maritimes vis à vis de l'Italie, voulut à l'exemple, ou par l'ordre du Roy de Perse, dont il estoit ou Tributaire ou allié, joindre un Ambassadeur à ceux de ce Prince, pour aller de sa part faire aussi des présens à Charlemagne. Ces Ambassadeurs suivirent l'Empereur en France, & y demeurerent plusieurs mois.

Charlemagne ne fut pas plustost hors d'Italie, que la Ville de Rieti dans le voisinage des Terres des Grecs, se révolta. Pepin y alla avec des Troupes, & la prit avec tous les Forts d'alentour qui la couvroient : le Gouverneur fut mis aux fers, & on la réduisit en cendres pour contenir les autres par cet exemple.

Les Armes des François ne furent pas moins heureuses pendant ce mesme esté au-delà des Pyrénées. Zata cet Emire, qui estoit venu quatre ans auparavant faire hommage à Charlemagne pour la Ville & le Territoire de Barcelone, n'estoit pas demeuré long-temps fidéle. Luy, le Gouverneur d'Huesca, & quelques autres qui s'estoient chacun rendus maistres de leurs Places, ne pensoient qu'à se les conserver, & n'avoient recours à la protection des François, & ne leur faisoient hommage que de peur qu'ils ne les en dépoüillassent.

Le Roy d'Aquitaine en 799. estoit entré en Espagne avec une Armée, dans le dessein d'assieger Lérida sur les Sarrazins. Il avoit pris sa route par Barcelone : l'Emire avoit esté au devant de luy, pour luy rendre ses respects, comme un Vassal à son Prince ; mais Loüis luy ayant témoigné qu'il vouloit entrer dans Barcelone, il s'excusa de le recevoir, & sur les instances qu'on luy en fit, il le refusa absolument, & y rentra luy-mesme aussi-tost pour la défendre, si on entreprenoit de la forcer. Loüis ne se crut pas en état de la faire, ainsi il passa auprès avec son Armée sans y entrer, & alla faire le siege de Lérida qu'il prit. Il en rasa les murailles, abandonna à ses Soldats toutes les petites Places des environs, s'en retourna par le païs que nous appellons aujourd'huy la Navarre, fit à l'entour d'Huesca le mesme ravage qu'il avoit fait auprès de Lérida, fit couper & brusler les bleds qui estoient encore sur la terre, & il en usa ainsi, parce qu'Asam n'avoit pas voulu non plus luy remettre sa Place. Mais pour ce qui est de Barcelone, n'ayant pas assez de forces pour l'assiéger dans les formes, il en forma le blocus, qu'il continua durant deux ans, c'est à dire, jusqu'à l'année 801. où nous sommes. Ce blocus fatiguoit extrémement la Ville, & avoit réduit les Habitans & la Garnison à de grandes extrémitez. Un homme de la Cour, auquel l'Emire de Barcelone avoit de la confiance, & qu'il regardoit comme son ami, luy conseilla de venir trouver le Roy d'Aquitaine à Narbonne, luy faisant espérer de faire sa paix. L'Emire le crut, & partit déguisé sans avoir pris de sauf-conduit : mais soit qu'il eust esté trahi par son ami prétendu, soit que le Roy eust eu avis d'ailleurs qu'il estoit à Narbonne, il fut arresté & conduit à l'Empereur à Aix-la-Chapel-

Vita Ludovici Pii.

Vita Ludovici Pii.

Tome I.

Eginard. le. Il parut en sa présence avec le Gouverneur de Rieti, tous deux coupables d'infidélité, & l'un & l'autre furent envoyez en exil.

Le Roy d'Aquitaine ne douta pas que l'Emire n'estant plus à la teste de sa Garnison, très-affoiblie par les maladies & par la disette, Barcelone ne se rendist bien-tost, & il marcha de ce costé-là avec de nouvelles Troupes, dont il envoya une partie commandée par Rosting Comte de Girone, joindre celles qui estoient *Vita Ludo-* déja au siége. On le poussa avec plus de vi-*vici Pii.* gueur que jamais, & en peu de jours la famine fut telle, que les habitans estoient obligez à manger le cuir & les autres choses les moins capables de rassasier la faim, & les plus propres à avancer la mort; il y en avoit qui aimant mieux mourir promptement que de souffrir ces miseres & les douleurs d'une mort languissante, se tuoient eux-mesmes en se précipitant du haut des murailles. La Garnison avoit mis à la place de Zata un de ses parens nommé Hamar, homme de cœur & d'autorité, qui soûtenoit le courage des Soldats par l'attente d'un prompt secours que le Roy de Cordouë leur avoit fait espérer.

Ce Prince avoit rétabli la Paix dans ses Etats par la victoire qu'il avoit remportée sur ses deux oncles, qui prétendoient à une partie de son Royaume. Il avoit fait dire aux assiégez qu'il estoit en marche pour les secourir, & ce secours avoit obligé le Roy d'Aquitaine à partager en trois l'Armée qu'il avoit menée au-delà des Pyrenées, pour couvrir celle qui faisoit le siége. Il en posta une partie au voisinage de Barcelone, pour s'opposer au secours, & il demeura avec le reste dans le Roussillon, pour estre à portée ou de fortifier les Troupes du siége, ou le Camp qui le couvroit. Il sçut que le Calife s'estoit avancé jusqu'à Sarragosse avec son Armée, toûjours à dessein de faire lever le siége de Barcelone. Mais ce Roy Sarrazin ayant appris la disposition des Armées Françoises, & qu'il luy falloit gagner une bataille avant que d'arriver aux lignes des assiégeans, quitta l'entreprise, & tournant tout à coup vers les Asturies, y fit de grands ravages sur les Terres du Roy Alfonse, d'où il fut repoussé avec beaucoup de perte.

L'avis de la retraite du Calife ayant esté porté à l'Armée des François destinée pour s'opposer au secours, elle quitta son Camp, & alla joindre les Troupes qui assiégeoient la Place. On fit sçavoir aux assiégez qu'il n'y avoit plus pour eux aucune ressource. Ils ne laisserent pas de s'obstiner à se défendre toûjours; l'hyver estoit proche, & ils espéroient que la rigueur de la saison feroit lever le siége, ou le feroit changer au moins en blocus: mais le Roy d'Aquitaine avoit résolu d'emporter la Place à quelque prix que ce fust. On bastit par son ordre autour de la Ville un grand nombre de Casernes, & c'est ce qui fit concevoir aux assiégez qu'on estoit résolu de continuer le siége pendant l'hyver.

On sçut dans le Camp par des transfuges, que cette résolution avoit fait perdre cœur aux Habitans. On en donna avis au Roy, & on luy conseilla de se rendre avec le reste de ses Troupes devant la Place. Il y vint, & incontinent après son arrivée, on recommença les attaques avec plus de vigueur que jamais; de sorte qu'après six semaines depuis son arrivée, la Garnison demanda à capituler: le Commandant par la Capitulation fut livré au Roy à discrétion, & tous les Soldats eurent la liberté de se retirer où ils voudroient.

La Garnison sortit dans un état pitoyable, c'estoient des squelletes tout décharnez. Le Roy fit entrer quelques Troupes dans la Ville; mais il ne voulut point y entrer luy-mesme, qu'il n'eust ordonné la maniere dont il rendroit graces à Dieu pour une conqueste si importante. Le lendemain il rangea son Armée en bataille devant la Ville, & tout ce qu'il avoit de Prêtres & de Clercs dans son Camp, fut mis à la teste. On défila dans cet ordre vers la Ville en chantant des Hymnes & des Pseaumes, & on marcha ainsi en Procession jusqu'à l'Eglise de Sainte-Croix, où le Roy rendit à Dieu les actions de graces que méritoient de si heureux succès.

La résistance des Assiégez & le secours que le Calife préparoit, avoit donné de grandes inquiétudes à l'Empereur, & il avoit ordonné à son fils aîné le Prince Charles, d'assembler au pluftost ce qu'il pourroit de Troupes pour aller se joindre au Roy d'Aquitaine. Charles étoit à Lion avec son Armée, prest à se mettre en marche, lorsqu'il reçût nouvelle de la part de son frere que la Ville s'estoit renduë. Le Roy d'Aquitaine donna le Gouvernement de Barcelone au Comte Bera, & luy laissa une grosse Garnison, composée des Troupes de Languedoc, & après avoir mis ordre à tout, il vint trouver l'Empereur à Aix-la-Chapelle, qui l'y reçut avec une joye extrême.

Depuis l'arrivée des Ambassadeurs de Perse à Aix-la-Chapelle, ce n'estoit que festes & que spectacles de toutes façons à la Cour, l'Empereur voulant qu'ils remportassent en leur pais une grande idée de la magnificence & de la politesse Françoise. Les jours de Dimanches les Processions passoient sous les fenestres du Palais, tout le Clergé y assistoit, & les Evêques, *Monachus* les Prestres, les Diacres y estoient revestus des *Sangall.* plus beaux & des plus riches ornemens: les *de rebus* autres jours on faisoit dans la Place la revûë *Caroli M.* des Troupes, qu'on avoit eu soin d'habiller magnifiquement; de sorte que les Ambassadeurs disoient que jusqu'alors ils n'avoient vû que des hommes de terre; mais que ceux qu'ils voyoient dans ces occasions leur paroissoient des hommes d'or. * Les tables pendant tout ce *Prius tera-* temps furent toûjours servies avec profusion; *reos tan-* ce qu'il y avoit de plus illustres Seigneurs *tum homi-* dans toutes les parties de l'Empire d'Occident, *mus, nunc* estoient alors à la Cour richement vestus, *autem au-* chacun à la maniere de sa Nation, & l'Empereur prenoit plaisir dans tous les repas de faire voir cette belle variété aux Ambassadeurs.

Ce Prince leur donna un autre divertissement qui leur fut moins agréable, parce qu'il estoit d'angereux, & qu'il pensa luy estre funeste à luy-mesme. Il les mena à la chasse des Bufles ou Bœufs sauvages, dont les Forests de Germanie estoient pleines, & où il y en avoit d'une prodigieuse grandeur. Les premiers qui furent lancez, en passant auprès des Ambassadeurs, les épouventerent si fort, qu'ils commencerent à fuïr. L'Empereur pour les rasseûrer, piqua son cheval qui estoit fort vite, vers un de ces furieux animaux, & ayant tiré son sabre, luy en déchargea un grand coup sur la teste: le Busle rendu furieux par ce coup, se tourna vers luy, & vint teste baissée, pour crever son cheval. L'Empereur ne put l'éviter si promptement, qu'il ne luy emportast une partie de sa botte, en luy effleurant la jambe, & le péril auroit esté plus grand, sans qu'un Seigneur nommé Isambard, alors disgracié, mais qui se trouva en cet endroit-là par hazard, ayant sur le champ lancé son javelot contre la beste, luy donna droit dans le cœur, & l'abattit sur la place.

Charlemagne ne fit pas semblant d'avoir remarqué celuy qui avoit fait ce coup, & comme chacun s'empressoit à voir si la playe de la jambe n'estoit point dangereuse, & à luy tirer sa botte déchirée, non, dit-il, je veux paroistre en cet équipage devant la Reine Hermengarde, c'estoit la Reine d'Aquitaine sa bru, qu'il aimoit tendrement. Estant de retour il fait venir cette Princesse, luy montre la teste & les cornes de cet effroyable Busle, & en mesme temps le coup qu'il en avoit reçû à la jambe: elle en fut effrayée, & s'écria en pleurant & en le blâmant de s'exposer à de si grands périls. He bien, luy dit-il, que merite celuy qui m'a tiré d'un tel danger? Ce qu'il merite, repartit-elle, il merite tout ce que vous pouvez luy donner; elle demanda qui c'estoit, on luy dit que c'estoit Isambard, aussi-tost elle se jetta aux pieds de l'Empereur, le priant de le remettre dans ses bonnes graces; & ce Prince prit plaisir à luy accorder ce qu'il estoit assez porté à faire de luy-mesme. Tous ses biens qui avoient esté confisquez luy furent rendus. L'Empereur le combla de nouveaux bien-faits, & la Princesse elle-mesme luy fit sur le champ des présens.

Les Ambassadeurs Persans dans leur route depuis l'Italie jusqu'à Aix-la-Chapelle, n'ayant pas toûjours esté à la suite de l'Empereur, n'avoient pas esté par-tout également bien reçûs, & en quelques endroits mesme avoient esté méprisez. Ils avoient toûjours cet affront sur le cœur, & cherchoient l'occasion favorable d'en faire leurs plaintes. Un jour que ce Prince leur parloit avec beaucoup de familiarité, & les pressoit de luy dire franchement ce qu'ils pensoient de sa Puissance, & s'ils avoient assez remarqué l'attachement que ses Sujets avoient pour sa personne.

Seigneur, luy dit un d'eux, vostre puissance est asseûrément très-grande: mais l'autorité que vous avez sur vos Sujets est moindre, que la renommée ne la fait dans les païs éloignez de la France. L'Empereur choqué de cette réponse, mais faisant semblant de ne l'estre pas, luy demanda en riant quelle raison il avoit de penser & de parler de la sorte.

Seigneur, continua-t-il, les conquestes que vous avez faites en Italie & en Pannonie, vous ont rendu infiniment redoutable aux Grecs: la Macedoine & l'Achaie tremblent, & croyent que vous estes sur le point de les aller subjuguer. Les Habitans des Isles de la Mer Méditeranée, où nous avons pris terre pour ravitailler nos Vaisseaux, ne parlent de vous qu'avec admiration, & ayant sçû que nous allions en Ambassade à vostre Cour, c'a esté par-tout un empressement à nous honorer, & à nous fournir avec abondance toutes les choses dont nous avions besoin. De sorte que nous avons crû que ceux qui commandent dans ces Isles avoient tous esté élevez à vostre Cour, & comblez de vos bien-faits. Mais si-tost que nous avons eu pris terre en France, nous avons vû en bien des endroits une conduite toute contraire à nostre égard. Nous avons remarqué que nostre caractère & l'honneur que nous avons d'estre députez vers vous, touchoient peu beaucoup de vos premiers Officiers. Nous avons esté surpris ensuite de les voir si respectueux en vostre présence, si empressez à vous faire leur Cour & à vous servir; mais nous avons conclu qu'il y avoit dans leur conduite beaucoup d'affectation, & dans leur cœur très-peu de véritable zéle, & de sincére attachement pour vostre Personne. Alors il marqua à l'Empereur certains faits particuliers & certaines occasions où l'on en avoit mal usé à leur égard, & luy nomma des Comtes, des Abbez, des Evêques qui estoient actuellement à la Cour, desquels ils avoient le plus de sujet de se plaindre.

L'Empereur dit aux Ambassadeurs qu'ils luy faisoient plaisir de luy parler ainsi avec franchise, & qu'ils seroient contens de luy. En effet, s'estant asseûré de la vérité de ces plaintes, il disgracia ceux dont on se plaignoit le plus, cassa ces Gouverneurs, & condamna quelques-uns de ces Evêques à une très-grosse amende.

Cette plainte obligea l'Empereur à donner des ordres très-forts pour la réception de ces Ambassadeurs dans toutes les Villes où ils passeroient à leur retour. En les congédiant il leur fit quantité de beaux présens pour le Roy de Perse: il leur donna entre autres de fort beaux chevaux, des mulets d'Espagne, des étoffes de toutes couleurs faites en Frise, qui estoit alors l'endroit de l'Europe où l'on les travailloit le mieux, & des chiens d'une grandeur extraordinaire, dressez pour la chasse des bestes les plus féroces. Il les fit accompagner par ses Ambassadeurs, qu'il envoya au Roy de Perse, qui charmé de ce qu'on luy rapporta des grandes qualitez de ce Prince, dit aux Envoyez François, qu'il cédoit à leur Maistre toute son autorité dans la Terre-Sainte; que si elle n'estoit pas si éloignée de la France, il le prieroit d'en venir prendre possession luy-mesme; mais que desormais il ne vouloit plus la gouverner que comme Viceroy au nom de l'Empereur des François. Telle estoit par toute la Terre la réputation de Charlemagne, le plus renommé, ou pour mieux dire le seul renommé des Princes Chrétiens, & le seul qui meritast alors de l'estre.

Charlemagne devenu Empereur d'Occident, pensa à conquerir le reste de l'Italie, laquelle avoit toûjours esté dans le partage de ceux qui avoient autrefois porté cet auguste Titre. Il ne manquoit pas d'ailleurs de sujets de déclarer la guerre à Iréne, parce que Grimoald Duc de Bénévent recommençoit à toute occasion ses révoltes, & ne s'y soûtenoit que par le secours des Grecs. Le Roy d'Italie prit cette année sur luy quelques Places, & entre autres Nocera; mais le Duc la reprit peu de temps après. Le moyen le plus infaillible de rendre l'Italie paisible, & d'en exclure pour toûjours les Grecs, estoit de se rendre maistre de la Sicile: c'estoit là qu'estoient leurs Magazins, & leurs Flotes, & depuis la perte de l'Exarcat de Ravennes, c'estoit de cette Isle que le Commandant général donnoit les ordres pour le reste de la domination de l'Empire Grec en Italie; ce fut donc de ce costé-là que Charlemagne résolut de porter ses armes.

L'Impératrice Iréne en eut avis, & pensa serieusement à conjurer cette tempeste; elle estoit d'autant plus dangereuse pour elle, qu'une guerre de cette importance demandoit un Empereur, & qu'on disoit assez haut à Constantinople, que d'opposer une femme à Charlemagne, c'estoit rendre l'Empire ridicule.

Cette femme qui n'avoit pû souffrir son fils pour collegue, estoit bien éloignée de souhaiter d'avoir Charlemagne pour mari: mais dans des conjonctures aussi délicates que celles où elle se trouvoit, c'estoit beaucoup que d'éloigner le péril, & de pouvoir fonder sur le temps & sur les délais quelque espérance de ressource. Le parti donc qu'elle prit, fut de proposer à Charlemagne de l'épouser.

Elle envoya en France pour ce sujet Leon son Capitaine des Gardes, qui en fit la proposition.

Charles la trouva très-avantageuse; c'estoit sans combattre unir dans sa personne les deux Empires, & s'asseûrer du consentement de tout le monde, une dignité que tout l'Orient luy contestoit. Il renvoya l'Ambassadeur avec une réponse conforme aux intentions de l'Impératrice, & fit partir avec luy pour Constantinople Jessé Evêque d'Amiens, & un Comte nommé Helingaude. Ils avoient ordre de ménager cette affaire, de tascher de bien pénétrer les véritables intentions d'Iréne, & de s'instruire parfaitement de la situation de cette Cour. Le Pape à qui l'Empereur fit part de cette négociation, y entra volontiers, & joignit aux Ambassadeurs de France un Apocrisaire, que nous appellons aujourd'huy un Nonce, pour travailler à faire réüssir cette affaire.

Il y avoit déja plus de quatre ans qu'Iréne gouvernoit l'Empire, aimée du Peuple qu'elle chargeoit peu, & à qui elle faisoit de temps en temps des remises d'imposts, qui la luy rendoient infiniment agréable: les Grands estoient soûmis, mais attentifs cependant à toutes les occasions qui pourroient se présenter de quelque changement, plusieurs d'entre eux prétendant à une place qu'ils croyoient leur convenir beaucoup mieux qu'à une femme.

Elle avoit deux Ministres d'Etat qui faisoient tout sous son autorité; l'un estoit le Patrice Staurace, dont j'ay déja parlé auparavant, & l'autre estoit un Eunuque nommé Aëtius, qui avoit aussi esté honoré de la qualité de Patrice. Un peu avant que les Ambassadeurs de France arrivassent à Constantinople, ces deux Ministres s'estoient broüillez ensemble. Aëtius avoit mis l'Impératrice dans son parti, en luy persuadant que Staurace pensoit à se faire Empereur, & ces differens auroient éclaté par une guerre civile, si l'Impératrice n'eust arresté par son autorité une grande partie des Troupes, qui estoient sur le point d'aller joindre Staurace.

Ce Patrice peu de jours après mourut d'un vomissement de sang. Il s'estoit fait en sa faveur une sédition dans la Cappadoce; mais sa mort en empescha les suites, & permit à Aëtius d'en punir les auteurs.

Cet Eunuque qui ne pouvoit pas prétendre à l'Empire, avoit un autre dessein caché; c'estoit d'y élever Leon son frere, à qui il avoit fait dans cette vûë tomber le Gouvernement de la Thrace & de la Macédoine avec le commandement des Troupes de ces deux Provinces. Il avoit luy-mesme à sa dévotion une grande partie de celles d'Asie, & se tenoit seûr de réüssir dans son dessein, soit qu'il voulust attendre la mort de l'Impératrice avant que de l'exécuter, soit qu'il se résolut à la prévenir.

L'arrivée des Ambassadeurs François, & le sujet de leur Ambassade renversoit tous ses desseins. Il estoit alors l'unique Ministre: l'Impératrice ne luy avoit rien communiqué de ce qu'elle avoit fait proposer à Charlemagne, & les Ambassadeurs parlerent comme si ce Prince eust fait luy-mesme le premier la proposition du mariage. Toute l'application d'Aëtius fut de rompre ce coup. Il fit tous ses efforts pour persuader à l'Impératrice, qu'elle ne pouvoit rien faire qui fust plus desagréable à tout l'Empire d'Orient, que de luy donner un Maistre étranger; qu'elle alloit voir toute l'Asie se révolter à cette nouvelle; qu'elle se rendroit odieuse à tous les Grands de l'Etat, plusieurs espéroient monter après sa mort à une place, qu'ils luy laissoient volontiers occuper pendant sa vie; & qu'enfin de Maistresse de l'Empire, elle alloit se voir l'esclave d'un François, accoûtumé à commander tout seul, & qui ne luy donneroit nulle part dans le Gouvernement.

C'estoit là l'endroit sensible de cette Princesse, & il estoit aisé de la tenir dans l'indétermination sur un point, sur lequel elle estoit bien résolüe de ne se déterminer qu'à la derniere extrémité: on commença donc à traîner les négociations en longueur, ce qui n'estoit pas difficile, veû l'importance de l'affaire & les grandes précautions qu'il falloit prendre pour l'éxécution.

Cependant plusieurs Seigneurs de la Cour, à qui ce mariage déplaisoit fort, par l'exclusion qu'il leur donnoit, & qui d'ailleurs n'ignoroient pas les desseins du Ministre en faveur de son frere Leon, s'assemblérent secretement, & résolurent de prévenir & les desseins de l'Impératrice, & ceux du Ministre, qu'ils haïssoient à mort pour ses hauteurs & pour sa fierté. Ils s'accordérent entre eux de faire Empereur le Patrice Nicéphore, qui accepta avec joye le présent qu'ils luy faisoient de l'Empire. La chose fut concluë, & les mesures prises pour l'exécution, qui se fit le trentiéme d'Octobre sur les dix heures du soir.

Ils gagnérent les Soldats qui estoient de garde à l'entrée de ce qu'on appelloit le grand Palais; c'estoit un grand édifice basti par Constantin, où néanmoins l'Impératrice ne demeuroit pas, mais où il y avoit toûjours une espece de garnison: ils firent entendre aux Soldats, que l'Impératrice pressée & intimidée par l'Eunuque Aëtius, ne pouvoit plus se dispenser de nommer un Empereur; qu'elle estoit sur le point de se voir contrainte de nommer Leon frere de cet Eunuque, qui par ses intrigues l'avoit mise dans cette nécessité; qu'en choisissant Leon, c'estoit faire Empereur Aëtius luy-mesme, dont l'insolence croîtroit encore plus que le pouvoir; que pour prévenir ce malheur, qu'elle appréhendoit plus que sa personne, elle avoit jetté les yeux sur le Patrice Nicéphore, homme agréable au Peuple, & propre à le gouverner avec douceur. Elle-mesme, ajoûterent ils, nous a chargez en secret de l'éxécution de cette importante affaire. Il faut pour cela, que vous nous mettiez en possession du grand Palais, & que vous y entriez avec nous pour y saluër Nicéphore en qualité de nostre Empereur.

L'autorité de ceux qui parloient, la haine qu'on avoit pour Aëtius, l'amitié & l'estime que le public avoit pour Nicéphore, le plaisir de contribuer au changement du Gouvernement, ne permirent pas aux Officiers & aux Soldats de balancer. Ils entrerent avec les Seigneurs dans le Palais, où ils reconnurent Nicéphore pour Empereur; aussi-tost on envoya dans tous les endroits de la Ville des gens qui répandirent la nouvelle de l'élection. De sorte qu'avant minuit toute la Ville le sçavoit, sans que l'Impératrice Iréne, qui demeuroit au Palais appellé le Palais d'Eleuthere, en eust eu le moindre avis. Car pour empêcher qu'on y en portât aucun de ce qui se passoit, les Conjurez avoient mis des corps de gardes à toutes les avenuës, qui arrestoient & écartoient tous ceux qui paroissoient de ce costé-là.

Dès le point du jour le Palais de l'Impératrice fut investi de Soldats, & Nicéphore fut conduit à sainte Sophie, où il fut couronné. Plusieurs autres personnes des plus considérables de l'Empire, qui n'avoient point esté du complot, voyant l'Impératrice assiégée, & les Troupes de la Ville déclarées contre elle, vinrent grossir la nouvelle Cour, & s'empressérent à rendre leurs respects à Nicéphore.

Personne cependant ne put ou n'osa sortir du Palais, où l'Impératrice enfermée & sans secours, ne sçavoit quel parti prendre. On la laissa ainsi tout le jour dans l'incertitude de son sort.

Le lendemain Nicéphore, accompagné de plusieurs Patrices, se fit ouvrir le Palais; & après avoir fait poster des Gardes à toutes les portes & dans les appartemens, il alla à celuy de l'Impératrice, il la saluä avec beaucoup de respect, luy dit qu'on l'avoit forcé d'accepter l'Empire, ainsi que ceux qui l'accompagnoient en estoient témoins; qu'elle le voyoit sans avoir encore pris l'habit & les marques d'Empereur; qu'il ne vouloit les prendre qu'avec son consentement; qu'il la prioit de les luy donner, & de le mettre en possession du Thrésor de l'Empire.

Iréne luy répondit, sans paroistre consternée, que c'estoit Dieu qui l'avoit élevée au rang qu'elle avoit tenu jusqu'alors, pour l'utilité de l'Empire, & le soulagement des Peuples; que c'estoit sa Providence qui s'en faisoit descendre; qu'elle l'adoroit dans sa chûte comme dans son élévation, & qu'elle n'attendoit qu'une grace, qu'elle esperoit qu'on ne luy refuseroit pas, qui estoit qu'on luy permist de vivre en personne particuliere dans le Palais où elle estoit, & qu'elle avoit fait bâtir elle-mesme. Pour obtenir de vous cette grace, ajoûta-t'elle, je vous reconnois dès maintenant sans peine pour Empereur, & je vais vous mettre entre les mains le Thrésor de l'Empire, que vous me demandez. Nicéphore luy fit aussi-tost serment de luy accorder ce qu'elle souhaitoit; mais sitost qu'il se vit maître absolu de Constantinople, comme il connoissoit parfaitement l'esprit adroit & artificieux de cette femme, & le nombre des partisans qu'elle avoit dans la Ville & à la Cour, il la fit transporter dans l'Isle de Lesbos, appellée aujourd'huy l'Isle de Metelin, où elle fut toûjours gardée très-étroitement, & où elle mourut l'année suivante: ce fut une Princesse d'un génie tout-à-fait au-dessus de son sexe, d'une ambition égale à son esprit, très-loüable d'avoir rétabli la véritable Religion dans la Ville Impériale, juste objet d'exécration, pour avoir fait périr son fils afin de regner; digne du Thrône par son mérite, plus digne encore par son crime du malheureux sort qui l'en renversa. Tout cela se passoit à la vûë des Ambassadeurs de France, qui dans la surprise où les mettoit une si subite révolution, demeurérent renfermez dans leurs maisons. Nicéphore les fit venir au Palais, où il tâcha de leur justifier sa conduite, en leur représentant, qu'il avoit esté élû par les plus Grands de l'Empire, qui avoient honte d'avoir souffert pendant plus de quatre ans une femme sur le Thrône Impérial, qu'elle avoit tyranniquement usurpé en faisant périr son propre fils; que le mariage, qu'elle avoit proposé à Charles, estoit un de ces artifices qu'elle avoit toûjours prests au besoin; qu'elle n'avoit jamais eu dessein de l'accomplir; que dans l'inquiétude où la met-

Kk iij

HISTOIRE DE FRANCE.

toient les plaintes publiques, de ce que l'Empire demeuroit si longtemps sans Empereur, elle avoit résolu, en cas qu'elle fust obligée d'en choisir un, de faire tomber son choix sur Leon frere de l'Eunuque Aëtius; que pour prévenir une élection, qui alloit au renversement de l'Empire, les Patrices avoient pris leur parti, & que luy n'avoit pas crû devoir s'opposer à l'honneur qu'ils luy faisoient.

Il les assûra, qu'il estoit bien résolu d'entretenir toûjours une amitié très-sincere avec leur Maître, qu'il les prioit d'y contribuer, en luy rendant compte de ses sentimens, & qu'il alloit nommer des Ambassadeurs, pour aller avec eux à la Cour de France.

Vita Ælfridi Regis Anglo-Saxonum.

Tandis qu'on renversoit du Thrône une Impératrice à Constantinople, on en faisoit autant dans la Grande-Bretagne à une Reine, qui vint se réfugier en France. La Grande-Bretagne estoit encore alors partagée en plusieurs petits Etats, qui avoient chacun leur Roy. Le Royaume des Merciens estoit & le plus puissant, & le plus étendu; il estoit borné par l'Ocean du costé de l'Orient, & s'étendoit fort avant dans les Terres, touchant d'un costé au païs de Galles, & de l'autre à l'Ecosse. Il avoit esté gouverné, pendant ces dernieres années, par un Roy nommé Offa, qui s'estoit rendu redoutable à tous ses voisins, mais qui avoit toûjours fort ménagé Charlemagne; & à quelques petits différens près, qui n'eurent point d'autres suites, que l'interruption du commerce pendant peu de temps, ils vécurent en bonne intelligence. Ce Roy des Merciens avoit une fille nommée Edburge, qu'il maria à Beortricht Roy des Saxons Occidentaux dans la Grande-Bretagne. C'estoit une Princesse fiere, hautaine, sanguinaire, qui abusoit de la tendresse du Roy son mari, pour faire périr tous ceux qu'elle haïssoit; il luy en coûta la vie à luy-mesme, quoique contre l'intention de sa femme, ayant bû par mégarde d'une liqueur empoisonnée, qu'elle avoit destinée à un jeune homme de la Cour qui luy déplaisoit.

Après la mort de son mari, s'estant renduë insupportable à ses Sujets, elle fut contrainte de quitter le païs, & se sauva en France avec de grands thresors qu'elle avoit eu soin d'amasser. Elle fit en arrivant de grands présens à Charlemagne, & donna à entendre dans la suite, qu'elle acheteroit volontiers au prix de toutes ses richesses, l'honneur d'estre Reine de France. Charlemagne, qui estoit alors veuf, soit qu'il regardast ce mariage comme avantageux ou à luy ou à son fils aîné Charles, soit qu'il voulust seulement se divertir, demanda un jour dans la conversation à cette Princesse, lequel des deux elle aimeroit mieux, ou de luy ou de son fils; elle sans délibérer, & sans dissimuler son inclination, répondit, que si on luy laissoit le choix libre, elle aimeroit mieux le Prince Charles, parce qu'il estoit jeune. Charlemagne luy répondit: Si vous m'aviez choisi, je vous aurois donné mon fils; mais parce que vous me l'avez préféré, vous n'aurez ni luy ni moy.

Voyant qu'il n'y avoit plus rien à prétendre pour elle à la Cour, elle pria Charlemagne de luy assigner quelque retraite où elle pût passer sa vie en repos: il la fit Abbesse d'un Monastere, dont l'Histoire ne dit point le nom. Elle ne garda pas longtemps son Abbaye; car s'estant laissée honteusement débaucher par un homme de sa Nation, elle fut obligée de quitter la France, & se retira à Pavie, où elle mourut quelque temps après dans la misére & dans la pauvreté.

Celuy en faveur de qui les Sujets de cette Reine s'estoient déclarez contre elle, estoit un Prince nommé Egbert, qui avoit toûjours prétendu avoir des Droits très-bien fondez sur le Royaume. Quand il fut exclus par Beortricht, il s'estoit retiré en France, où il s'estoit extrémement distingué à la Cour & dans les Armées. Il se servit fort à propos de l'aversion que les Saxons avoient contre leur Reine, pour se faire proclamer Roy. Il montra bien par la suite, qu'il avoit esté élevé dans une bonne école; non seulement il gagna le cœur de ses Sujets par la douceur de son Gouvernement, mais encore il imita Charlemagne dans la qualité de Conquérant. Il se rendit maître de presque tous les Royaumes de la Grande-Bretagne, & les réünit en un seul sous sa puissance; & ce fut alors que ce Royaume commença à s'appeller le Royaume d'Angleterre.

Sur ces entrefaites arriverent les Ambassadeurs que Charlemagne avoit envoyez à Constantinople. Ils le trouverent en Germanie dans son Palais de Seltz: ils luy apprirent les changemens qui s'estoient faits dans l'Empire d'Orient, ce qu'ils avoient pû pénetrer de la disposition de cette Cour, & que les Ambassadeurs du nouvel Empereur, qui estoient venus avec eux, estoient chargez de faire des propositions de Paix entre les deux Empires.

Eginard. ali 805.

Pour donner à ces Ambassadeurs de Constantinople une idée de la magnificence Françoise, & leur montrer que celuy qui portoit depuis peu en France la qualité d'Empereur, sçavoit y soûtenir la Majesté de l'Empire, on les introduisit à l'audience du Prince d'une maniére qui les surprit. Avant que de les faire arriver à l'endroit où ils devoient saluer l'Empereur, on les fit passer par quatre sales magnifiquement parées, dans lesquelles estoient partagez tous les Officiers de la Maison du Prince, ayant à leur teste l'Officier de la Couronne dont ils dépendoient.

Monachus Sangallensis de rebus bellicis Caroli magni.

Dans la premiére sale ils trouvérent celuy qui portoit le nom de Connestable*, avec tous les Officiers de l'Ecurie, & tous ceux qui avoient quelque rapport à sa dignité, richement vêtus, dans une contenance respectueuse, & debout tout à l'entour de ce Seigneur, qui estoit assis dans une espece de Thrône. Les Ambassadeurs, ainsi qu'on le prétendoit, ne manquerent pas de le prendre pour l'Empereur, & voulurent se prosterner devant luy; mais ceux qui les conduisoient les arresterent, & leur dirent, que ce n'estoit qu'un des Officiers de la Couronne.

* *Comes stabuli.*

Ils passérent dans une seconde sale, où ils

CHARLEMAGNE EMPEREUR.

trouvérent le Comte du Palais, entouré d'un cortege encore plus leste, & ils le prirent de nouveau pour l'Empereur. Dans la troisiéme ils trouvérent celuy qu'on appelloit le Maistre de la Table du Roy *. Dans la quatriéme le Grand-Chambellan, l'un & l'autre chacun avec leur Cour, plus brillante encore que celles des sales où ils avoient déja passé, ce qui augmentoit toûjours leur embarras, & donnoit lieu à de nouvelles méprises, qu'on leur laissoit faire à demi, pour avoir le plaisir de leur dire, que ce n'estoit que les Sujets du Prince, & qu'ils verroient tout autre chose quand ils auroient l'honneur de le saluër.

* Magi-strum Mensæ Regiæ. C'est celuy qu'on appelle depuis le Maistre d'Hostel.

Ils arrivérent enfin à l'appartement où l'Empereur les attendoit. Deux Seigneurs vinrent les prendre dans l'antichambre, & les introduisirent. Ils trouvérent l'Empereur, non point sur un Thrône, mais debout auprès d'une fenestre, s'entretenant familiérement avec ses Courtisans, la main appuyée sur l'épaule de l'Evêque Hetton, qui avoit esté quelque temps auparavant en Ambassade à Constantinople, où il avoit esté traité avec assez de mépris, & que l'Empereur affecta par cette raison de distinguer en présence des Ambassadeurs. Ce Prince estoit tout brillant d'or & de pierreries. Il avoit à ses costez les trois Princes ses fils, aussi très-superbement vétus, & un très-grand nombre de Ducs & d'autres Seigneurs, qui n'avoient rien oublié pour paroître avec distinction dans une telle cérémonie, & quantité d'Evêques. Les Princesses ses filles, parées en personnes de leur rang, faisoient avec leur suite une autre Cour dans la mesme sale.

Les Ambassadeurs, en approchant de l'Empereur, se prosternérent à ses pieds tout tremblans. Il les releva avec beaucoup de douceur; & ayant apperçû dans leur contenance & dans leur compliment, que la présence de l'Evêque Hetton, & la bonté qu'il faisoit paroistre pour luy, leur donnoit quelque crainte, il les rassura, en leur disant, qu'il oublioit la maniére dont on avoit traité ce Prelat à Constantinople, & que luy-mesme l'oublieroit aussi. Ils eurent ensuite plusieurs audiences particulieres de l'Empereur, où la Paix entre les deux Empires fut concluë. Et comme la révolte de Grimoald Duc de Bénevent, cessa en ce temps-là, il est fort vray-semblable, qu'une des conditions de la Paix fut, que les Grecs ne le soûtiendroient plus, & que privé de secours il demeura parfaitement soûmis pendant plusieurs années.

Les autres points dont on traita avec les Ambassadeurs, n'estoient pas moins importans. Il s'agissoit d'examiner si l'Empereur Grec reconnoistroit Charlemagne pour son Collégue & en qualité d'Empereur d'Occident, secondement, si Charlemagne luy-mesme, qui avoit esté proclamé Empereur par les Romains pendant que le Thrône Impérial estoit vacant, devoit reconnoître Nicéphore, vû qu'il avoit esté élû sans son consentement; enfin il estoit question de convenir des limites des deux Empires.

Il est certain, que le premier & le second article firent beaucoup de peine, & causérent bien des inquiétudes aux Empereurs Nicéphore, Michel Rangabé, & Leon l'Arménien, qui regnérent en Orient du temps de Charlemagne. Non seulement ces Princes portoient fort impatiemment, que Charlemagne eut pris la qualité d'Empereur: mais encore ils apprehendoient, qu'il ne voulût la posséder seul, & pousser ses conquestes jusques dans l'Orient; & alors cette maxime ou ce proverbe y devint très-commun, qu'il estoit fort avantageux d'avoir les François pour amis, & fâcheux de les avoir pour voisins *. Il est encore certain, que Charlemagne reconnut Nicéphore & ses successeurs pour Empereurs; & la Paix que Nicéphore & ses deux successeurs demandérent à Charlemagne avec tant d'instance, ne laisse aucun lieu de douter, qu'ils n'eussent reconnu de leur costé Charlemagne pour leur Collegue.

Eginart. in vita Caroli magni.

* Τὸν Φρέγκον φίλον ἔχεις, γείτονα οὐκ ἔχεις. Ibid.

Pour ce qui est du Reglement des limites des deux Empires, nous apprenons par le Secretaire de Charlemagne, que son Etat en Italie ne s'étendoit point au-delà du Duché de Bénevent, & que le reste de la partie Orientale de l'Italie, qui est entre les deux Mers, demeura à l'Empire d'Orient; & de plus, soit dans cette Paix, soit dans un autre Traité postérieur, les deux Empereurs convinrent, que l'Istrie, la Croatie, & la Dalmatie seroient de l'Empire d'Occident, excepté les Villes Maritimes, que Charlemagne céda à l'Empereur Grec.

Eginard. In vita Caroli magni.

Les choses estant ainsi réglées, & la tranquillité affermie dans l'Italie par cette Paix, Charlemagne tourna ses soins du costé de la Germanie & de la Pannonie. Le païs des Abares ayant esté presque entiérement désolé par la guerre, & la plus grande partie de la Nation exterminée, il y envoya pour le repeupler des Colonies tirées de la Baviére & des Provinces voisines, & chargea Arnon Evêque de Salsbourg d'y prescher la Foy, d'instruire ce qui restoit d'Idolatres, d'y bâtir des Eglises, & il y établit des Comtes ou Gouverneurs en divers endroits; & pour se délivrer enfin des inquiétudes que les Saxons luy avoient causées pendant tant d'années, & qu'ils luy causoient encore tous les jours, il alla au-delà de l'Elbe avec une grande Armée, & obligea dix mille familles des Saxons du Nort à quitter leur païs. Tous furent conduits sur les Terres de France, où il les dispersa, & leur donna des champs à cultiver. Il fit venir du païs des Abodrites *, qui luy avoient toûjours esté fort fidéles, des Colonies, & en peupla toute cette grande contrée dont il avoit fait sortir les Saxons. Ceux de la Nation Saxone, qui demeurérent dans le païs, n'obtinrent cette grace, qu'à une condition bien dure, qui fut, que les enfans à la mort de leurs parens, n'auroient point droit à la succession, & que l'Empereur en disposeroit selon sa volonté. Il donna en effet plusieurs de ces héritages aux Abodrites, qu'il avoit transplantez en Saxe, & ne les accorda désormais qu'aux enfans Saxons dont les parens l'avoient contenté. Cela tenoit toute la Nation dans une

Historia de conversione Boiorum.

Eginard. an. 804.

* Païs de Mekleboug.

Vita Ludovici Pii.

grande dépendance. Cette politique, dont il avoit déja usé en Frise quelques années auparavant, luy avoit extrêmement bien réüssi, & c'est ce qui le détermina à s'en servir aussi en Saxe.

C'est de ces Colonies Saxones, aussi-bien que de quelques autres, qui s'estoient établies dans les Gaules sous la première Race, qu'on prétend que certains Bourgs, Villages & Territoires en divers endroits de France, tirent leurs noms, parcequ'ils ont quelque rapport à celuy de Saxe.

Si nous en croyons l'Historien Meyer, il y avoit du temps de Philippe de Valois une tradition en Flandre, que Charlemagne y avoit placé quantité de ces Saxons, & qu'ils avoient transmis à leurs descendans cet esprit de révolte dont ils furent toûjours animez; & c'estoit alors un proverbe en France, que par le partage des Saxons, Charlemagne d'un diable en avoit fait deux, dont l'un étoit demeuré en Saxe, & l'autre avoit passé en Flandre.

Anastase le Bibliothequaire dit, qu'une autre partie de ces Saxons fut envoyée à Rome, & qu'on leur donna un terrain pour habiter hors la Ville vers l'Eglise de S. Pierre, qui fut appellé le Bourg des Saxons, & cet endroit est encore appellé aujourd'huy Saxia.

Ce remede fut violent, mais il fut efficace. Depuis ce temps-là il n'y eut plus de révolte en Saxe, & la Religion Chrétienne s'y établit bientost sans résistance.

Ce fut pendant cette expédition, que Charlemagne donna un Roy aux Esclavons, qu'il reçut les hommages de toutes les Nations d'au-delà & d'alentour de l'Elbe; & qu'il traita avec Godefroy Roy des Danois. Ce Prince, ou pour soûtenir les Saxons qu'il avoit presque toûjours protegez, ou pour empêcher Charlemagne d'approcher si près du Danemarc, s'estoit avancé sur la frontiére de ses Etats avec une nombreuse Cavalerie, cotoyée d'une Flote aussi fort nombreuse. Il ne se fit néanmoins aucune hostilité. Il avoit promis à Charlemagne de le venir trouver en personne, mais il changea d'avis. Il y eut seulement quelques pour-parlers par des Envoyez, dont on ne nous a pas appris le sujet, ni le succès. Ensuite Charlemagne repassa le Rhin, & vint à Reims recevoir le Pape, qui luy avoit demandé permission de venir en France, pour avoir la satisfaction de l'y voir; au moins ne trouve-t'on point d'autre motif de ce voyage.

Cependant les Colonies qu'on avoit envoyées en Pannonie pour repeupler le païs des Abares, ne les avoit pas assez fortifiées pour les mettre en état de résister aux insultes de leurs ennemis; eux qui auparavant estoient la terreur de toutes les Nations circonvoisines. Un Prince Esclavon nommé Lechus, estoit alors maistre de la Bohême, & n'avoit point encore subi le joug de la France, comme avoit fait la plus grande partie de la Nation. Il estoit sans cesse sur les Terres des Abares, & se vengeoit par les ravages continuels qu'il y faisoit, des pertes que cette Nation abattuë avoit autrefois causées à la sienne. Le Cham des Abares, qui s'estoit fait Chrétien, & qui demeuroit toûjours fidéle à la France, envoya prier Charlemagne de luy donner la Ville de Sabarie, aujourd'hui Sarwar dans la Hongrie sur le Raab, & celle de Carnuntum qui n'est plus, pour y estre plus en seureté contre les insultes des Esclavons de Bohême. Non seulement on luy accorda ce qu'il demandoit, mais encore on luy promit, que dans peu de temps on réduiroit ses ennemis en tel état, qu'ils ne pourroient plus luy nuire. Il ne vit pas l'exécution de cette promesse, parce qu'il mourut peu de temps après. Mais la mesme année celuy qui luy succeda avec l'agrément de Charlemagne, ayant demandé le mesme secours, le Prince Charles fut envoyé en Bohême avec une Armée, & défit les Esclavons dans un combat, où leur Prince fut tué. Le pillage & la soûmission de la Bohême, & la tranquillité de la Pannonie, furent les fruits de la victoire.

Eginard. ad an. 805.

Charlemagne estoit dans sa soixante & quatriéme année, mais d'une santé égale à sa prospérité. Toutefois songeant qu'il estoit homme, & que la mort pouvoit le surprendre, il voulut par un Testament public, & ratifié par ses Sujets mesmes, prévenir autant qu'il luy seroit possible, tous les malheurs que sa mort pourroit sans cela causer dans sa famille & dans toute l'Europe.

Anno 806.

C'est à quoy il pensa sérieusement en l'année 806. & ce fut le principal sujet pour lequel il convoqua cette année-là les plus considérables Seigneurs de France à Thionville. En attendant qu'ils y fussent tous arrivez, il donna audience à des Envoyez de Dalmatie, du nombre desquels estoit le Duc ou Gouverneur de la Ville de Zara. Deux autres Ducs, à qui l'ancien Historien donne le nom de Ducs de Venise, y vinrent avec eux. Le sujet qui amenoit les Venitiens, estoit les divisions & les broüilleries, qui estoient entre ceux qui gouvernoient alors le païs, ou qui prétendoient au Gouvernement. Rien n'est moins débroüillé dans l'Histoire, que ce qui regarde l'Etat & le Gouvernement des Venitiens d'alors. La plûpart des Ecrivains de l'Histoire de cette République soûtiennent, que dès le temps de Charlemagne, & mesme plusieurs siecles auparavant, elle estoit libre & indépendante de tout Souverain. Il est difficile d'en trouver des preuves bien nettes dans les Monumens de l'Antiquité. Les termes dont use nostre Historien dans l'occasion dont je parle, ne sont pas favorables à ces prétentions; car, sans nous marquer rien en détail, elle nous dit seulement, que Charlemagne donna ses ordres sur tout ce qui regardoit les Ducs & les Peuples de Venise & de Dalmatie. Cette expression paroist marquer l'autorité d'un Maître qui regle les différens de ses sujets, tels qu'estoient seulement ceux de Dalmatie, & sur ce pied ceux des Païs de Venise l'auroient esté aussi.

Eginard, in Annal. an. 806.

Facta est ibi ordinatio ab Imperatore de Ducibus & Populistam Venetiæ quam Dalmatiæ Eginard, in Annal.

Mais voicy ce qui me paroist de plus vray-semblable sur ce sujet, parce que la suite de l'Histoire semble le supposer. Sous le nom de païs

CHARLEMAGNE EMPEREUR.

païs de Venife eftoit compris un Canton de la Terre-ferme fur le bord Septentrional du Golfe & les Ifles qui bordent ce Continent. Par le Traité fait entre les deux Empires pour le Reglement des Limites, nous voyons que la Terre-ferme de Dalmatie fut cédée à l'Empire d'Occident, & les Villes Maritimes à celuy d'Orient. Il en faut juger de mefme du païs de Venife, dont la Terre-ferme demeura auffi à l'Empire d'Occident, & les Ifles furent de l'Empire d'Orient. L'éloignement des Grecs donnoit lieu à ces Infulaires de vivre dans une efpece d'indépendance, & de fe gouverner à leur fantaifie; d'où vinrent les changemens de Gouvernement, & les guerres civiles, qui fe firent alors dans ces Ifles, les plus puiffans & les plus hardis fuivant chacun leur intereft, les uns penchant du cofté du Roy d'Italie, & les autres du cofté de l'Empereur Grec.

Zara Ville maritime de Dalmatie penfa à fe réünir aux Villes de la Terre-ferme fous l'Empire d'Occident; quelques-unes des Ifles de Venife prirent le mefme deffein, & ce fut pour ce fujet là, que leurs Envoyez vinrent enfemble trouver Charlemagne. Comme l'Empereur d'Orient envoya quelque temps après une Flote pour reprendre les Villes de Dalmatie, il paroift manifeftement, qu'elles s'eftoient révoltées: mais apparemment Charlemagne, pour ne point rompre la paix entre les deux Empires, n'avoit point reçû les offres qu'elles luy firent de fe mettre fous fa protection; les Ifles de Venife fur ce refus ne firent point de nouvel éclat, & demeurérent comme auparavant fujettes en apparence à l'Empire d'Orient, mais indépendantes en effet. Je feray remarquer dans les occafions que j'auray de toucher ce fujet, la vérité du fentiment que je propofe icy.

Adelmus in Chronico.

Les Seigneurs de France s'eftant rendus à Thionville en grand nombre, l'Affemblée fe tint. L'Empereur y parut avec le Sceptre, & les autres marques de fa Dignité, fur un Throne élevé, d'où il leur parla fur le fujet pour lequel il les avoit affemblez. Il leur dit, qu'il s'agiffoit d'un point très-important pour l'Etat, & d'y établir une tranquillité durable; qu'il avoit trois fils, tous trois dignes de régner, par les preuves qu'ils avoient données jufqu'alors de leur prudence & de leur valeur. Qu'il connoiffoit l'affection qu'ils avoient pour les Peuples, & celle que les Peuples avoient pour eux: mais que nonobftant ces heureufes difpofitions, le partage d'un Empire auffi étendu que le fien, qui comprenoit tant de Nations différentes, s'il fe faifoit après fa mort, feroit une occafion trop certaine de guerres civiles; l'unique mal à appréhender deformais pour la Monarchie Françoife. Que les vûës de la prudence humaine eftoient trop courtes, pour prévenir généralement tous les malheurs qui avoient coûtume d'arriver aux changemens de régne; mais qu'il eftoit de fon devoir, & de la tendreffe qu'il avoit pour fon Peuple, & pour fa famille, d'aller au-devant de tous ceux qu'il pouvoit prévoir; que le moyen, qu'il avoit crû le plus efficace, eftoit de faire de bonne heure fon Teftament, & un partage de fes Etats entre fes trois fils, & de les faire ratifier par les Seigneurs du Royaume, afin que quand il plairoit à Dieu de difpofer de luy, toutes chofes fe trouvaffent reglées; & que ceux qui auroient approuvé & figné cet Acte aux yeux de tout le Royaume, fuffent engagez à en procurer & à en maintenir l'éxécution. Il produifit en mefme-temps ce Teftament, & le fit lire à haute voix; voicy ce qu'il contenoit de plus remarquable.

Il commence par ces paroles: » Au nom du Pere, & du Fils, & du S. Efprit. Charles Empereur, Céfar très-invincible, Roy des François, pieux, heureux, triomphant, toûjours Augufte; à tous les Fidéles de la fainte Eglife de Dieu, & à tout le Peuple Catholique préfent & à venir, à toutes les Nations qui font foûmifes à fon Empire.

« *Charta divifionis Imperii Francorum apud Goldaft. T. 1. p. 145.*

Enfuite il dit: » Que Dieu luy ayant donné trois fils, & luy eftant mortel, il vouloit prévenir tous les troubles, qui pourroient arriver après fa mort, à l'occafion des partages de fon Etat, & que c'eftoit pour cela, qu'il les vouloit faire luy-mefme. Voilà, ajoûte-t-il, comme je l'ay fait, & comme je fouhaite qu'il s'éxécute. Je donne à Loüis mon cher fils, toute l'Aquitaine & la Gafcogne. J'excepte de l'Aquitaine Tours avec fon Territoire. A cela près, tout ce qui eft depuis la Riviére de Loire du cofté de l'Occident, & tout le païs qui s'étend jufqu'aux Pyrénées & au-delà en Efpagne; pareillement tout ce qui fe trouve en tirant une ligne depuis Nevers jufqu'au Rhin, en renfermant l'Alface, le Territoire d'Avallon, de Châlons-fur-Saône, de Mafcon, le Lionois, la Savoye, la Morienne, la Tarentaife, le Mont-Cenis, le Val de Suze, & depuis là tout le long des Alpes jufqu'à la Mer, & tout le long de la Mer jufqu'en Efpagne par la Provence & le Languedoc, tout cela fera de fa domination.... «

Le Partage de Pepin dans ce Teftament comprenoit tout ce que Charlemagne poffédoit en Italie; de plus la plus grande partie de la Baviére, la partie du païs des Allemans, qui eftoit fur la Rive méridionale du Danube, & tout ce qui eft depuis le Danube jufqu'au Rhin, & depuis le Rhin jufqu'aux Alpes vers l'Orient & le Midy, & outre cela le Duché de Coire au païs des Grifons, & le Turgau.

Le partage de Charles fut tout le refte, c'eft à dire, la France en-deçà de la Loire, avec la Touraine, le Royaume de Bourgogne, excepté ce qui en avoit efté mis dans le partage de Loüis, le païs des Allemans excepté ce qui eftoit marqué dans le partage de Pepin, la Neuftrie, l'Auftrafie, la Turinge, une partie de la Baviére appellée Nortgaw, où fe trouve Ingolftad & quelques autres Places, la Saxe & la Frife, qui s'étendoit alors au moins jufqu'à l'embouchûre de l'Efcaut.

Ces partages eftoient tellement ménagez, comme il eft marqué dans le Teftament, que Charles & Loüis pouvoient entrer en Italie, en cas que Pepin y euft befoin de leur fecours, Charles par le Val d'Aoft, qui eftoit de fon partage, & Loüis par le Val de Sufe. Pareille-

Tome I.

L l

ment on y reservoit à Pepin des passages dans les Alpes Noriques, pour entrer en Germanie par le Tirol & la Carinthie.

„ En cas que mon fils Charles vint à mourir
„ devant ses deux freres, ajoûte Charlemagne,
„ Loüis & Pepin partageront entre eux sa succes-
„ sion ; en sorte que dans ce partage ils suivent
„ celuy qui fut fait entre mon frere Carloman &
„ moy, & que Loüis ait ce qui me fut alors assigné,
„ & Pepin ce qui échut à Carloman.

Il régla à proportion la maniere dont se devroit faire le partage entre Pepin & Charles, si Loüis mouroit avant eux, & entre Loüis & Charles, s'ils survivoient à Pepin.

Que si quelqu'un, ou quelques-uns des trois laissoient un fils, il veut que les oncles de cet enfant le laissent en possession de la succession de son pere, supposé que le Peuple du païs le choisisse pour Roy.

Charlemagne ajoûta encore quelques Reglemens pour maintenir la paix entre ses fils apres
„ sa mort. „ Qu'aucun d'eux ne recevra le Vas-
„ sal ou Sujet de son frere, qui voudroit se re-
„ tirer dans son Royaume, pour quelque crime,
„ ou sous quelque autre prétexte. Que les Sujets
„ ou Vassaux d'un des trois Royaumes n'acquer-
„ ront point de Bénéfices * dans les deux autres
„ Royaumes : Tout homme libre cependant,
„ apres la mort de son Roy, pourra passer, s'il
„ le juge à propos, dans un des deux autres Etats,
„ & choisir un des deux autres Princes qui sur-
„ vivront, pour son Souverain.

„ Que nul des trois freres Rois ne pourra rien
„ acquerir de qui que ce soit des biens immeu-
„ bles du Royaume de ses freres.

„ Que les femmes d'un Royaume qui se seront
„ mariées dans un des deux autres, demeureront
„ dans le Royaume dont sera leur mari : ce qui
„ ne les empeschera point d'avoir la disposition
„ libre de leurs biens dans le Royaume où elles
„ auront pris naissance.

„ Que les ôtages qui estoient actuellement gar-
„ dez dans l'Empire François en divers lieux,
„ pour s'asseûrer de la fidélité des Vassaux, ou
„ des Peuples tributaires de la Couronne, ne
„ pourront estre renvoyez par le Roy du lieu où
„ ils sont, sans l'agrément du Roy dont ils sont
„ nez Sujets, & que sur cet article des ôta-
„ ges, quand il s'agira d'en recevoir, les trois
„ Princes agiront toûjours de concert : & qu'il
„ sera des éxilez pour les crimes comme des
„ ôtages.

„ Que s'il arrivoit quelques contestations entre
„ les trois Princes pour les limites de leurs Royau-
„ mes, & qu'elles ne pûssent estre décidées par des
„ témoignages ou par un jugement juridique,
„ on n'en viendroit ni à la bataille, ni mesme à
„ la preuve du duel; mais qu'on s'en rapporte-
„ roit au jugement de la Croix, *Judicio Crucis*,
„ pour connoistre la volonté de Dieu & la véri-
„ té de la chose.

Ce jugement de la Croix consistoit en ce que les deux parties choisissoient chacun un homme, qu'on conduisoit devant la Croix de l'Autel pendant la Messe ou pendant l'Office de l'Eglise : ces deux hommes tenoient les bras étendus & immobiles tant qu'ils le pouvoient. Celuy qui lassé de cette posture laissoit le premier tomber ses bras, estoit censé condamné par le jugement de Dieu, & perdoit sa cause. Toute bizarre & incertaine que fust cette sorte de preuve, on en voit plusieurs exemples dans l'Histoire.

Dans la suite du Testament, Charlemagne recommande à ses fils le soin & la défense de l'Eglise, la protection de leurs sœurs ; d'avoir de la bonté pour les enfans des uns des autres, & il finit par ces paroles „ toutes ces disposi-
„ tions que nous faisons de nos Etats, n'empê-
„ chent point que tant qu'il plaira à Dieu nous
„ conserver la vie, nous n'ayons toûjours une
„ pleine puissance sur les Royaumes & sur l'Em-
„ pire qu'il nous a donnez, comme nous l'avons
„ eüe jusqu'à présent ; afin que nos fils bien-ai-
„ mez & nostre Peuple chéri de Dieu, nous ren-
„ dent l'obéissance, que les enfans doivent à leur
„ pere, & les Sujets à leur Roy & à leur Em-
„ pereur.

Apres cette lecture tout le monde applaudit & donna des loüanges à la sagesse du Prince, & à la tendresse qu'il faisoit paroistre pour ses Peuples. Charlemagne présenta cet Acte signé de sa main à tous les Seigneurs, qui y souscrivirent, & confirmerent leur signature par serment. On fit encore quelques nouveaux Réglemens qu'on crut utiles pour établir la concorde entre les trois Princes, & aussi-tost apres l'Assemblée, l'Empereur fit partir Eginard, pour porter au Pape le Testament & les autres Actes, estant bien-aise qu'il les signast aussi ; & il le fit avec beaucoup de joye.

Dans cette disposition Testamentaire, Charlemagne ne destine à aucun des trois la qualité d'Empereur : sa raison fut sans doute qu'elle regardoit Pepin plustost que les autres, parce qu'il estoit Roy d'Italie, & que d'ailleurs Charles estant l'aîné, auroit eu raison de se choquer de cette Préference : ainsi il differa à prendre son parti dans un autre temps, & selon les conjonctures : mais la mort de ces deux Princes, qui arriva avant la sienne, luy causa beaucoup plus de douleur, que cette concurrence ne luy eust donné d'embarras.

Il n'y est point fait non plus mention de la Pannonie, de l'Esclavonie, des Abodrites, & de quelques autres Peuples subjugez par Charlemagne ; parce que ces Peuples estoient seulement Tributaires, & obligez à certains hommages envers la France : ils avoient leurs Princes & leurs Ducs du Païs, quoique toûjours dépendamment de la Cour & de son agrément. Ainsi celuy ou ceux des trois Princes qui avoient de ce costé là les Frontieres de leur Etat, avoient naturellement droit de recevoir les tributs & les hommages de ces Peuples.

Enfin l'on voit que le Duché de Spolete n'étoit point alors du Domaine du Pape, quoiqu'il semble qu'il eust esté compris dans les donations faites au S. Siege par Pepin & par Charlemagne, & il est vray-semblable qu'il avoit esté retiré du Domaine du S. Siege par quelque échange.

*Ces Benefices n'estoient pas de Fiefs; mais quelque chose d'approchant.

Vide Glossar. du Cange verbo, Crux.

Après que toutes les affaires furent terminées, & que l'Assemblée se fut séparée, le Roy d'Italie & le Roy d'Aquitaine prirent congé de l'Empereur, pour retourner dans leurs Etats, où leur présence estoit nécessaire.

Eginard ad an. 806.

Les Sarazins avoient fait descente dans l'Isle de Corse, & y faisoient de grands ravages : Pepin fit équiper promptement une Flote pour les en aller chasser ; mais ils ne l'attendirent pas, & se rembarquerent avant qu'il eust pû les joindre. Il n'y eut que Hadumar Comte ou Gouverneur de Genes, qui s'estant engagé témérairement avec son Vaisseau dans la Flote des Sarazins, en fut investi, & y fut tué.

Il se fit encore cette année-là une expédition fort heureuse dans la Bohême : le Prince Charles y défit dans une bataille les Esclavons, qui s'estoient révoltez, & le Duc de ces rebelles y périt.

Enfin le Roy d'Aquitaine de son costé se signala au-delà des Pyrénées contre les Sarazins, qui avoient pris les armes, pour faire des courses sur les Terres de France.

Vita Ludovici Pii.

Il vint à Barcelone avec son Armée, & s'avança jusqu'à Tarragone, où il dissipa tout ce qu'il rencontra d'ennemis : il prit & brûla tous les Forts & toutes les petites Places des environs de Tortose, & s'avança jusqu'à cette Ville-là avec une partie de son Armée, en ravageant toute la Campagne. Il fit un détachement sous la conduite du Comte Bera, Gouverneur de Barcelone, & de trois autres Comtes, & leur ordonna de marcher le plus secretement qu'ils pourroient en remontant la riviere d'Ebre ; ils marcherent pendant six journées, & plus la nuit que le jour, se couvrant pendant le jour de Forests, derriere lesquelles ils campoient pour dérober leur marche aux Habitans du païs. Le septiéme jour ils arriverent à l'endroit où la riviere de Cinca se jette dans la Segre, ils passerent de deux rivieres à la nage, & parurent tout à coup dans un païs où on ne les attendoit point du tout. La surprise & la consternation des Habitans laissa aux François la liberté de tout piller, & ils s'emparerent de Villa-Rubia, Place forte des Sarazins, les fuyards répandirent l'allarme de tous costez, on courut aux armes, & avant que les François eussent eu le temps de se retirer, il s'assembla un Corps assez nombreux de Maures & de Sarazins pour les couper au retour.

Vallis Ibana.

Les François les trouverent à un défilé qu'ils appelloient le Val d'Iban ou d'Iban. S'ils se fussent engagez dans cette Vallée, qui estoit le chemin le plus court pour s'en retourner, ils estoient perdus : elle estoit très-profonde & entourée de hauts rochers, dont les ennemis s'estoient saisis, & d'où en faisant rouler seulement des pierres, ils les auroient assommez. Les Généraux ayant esté avertis par leurs Coureurs du dessein des Sarazins, & de la disposition de leurs Troupes, changerent de route, & faisant le tour de la Montagne, gagnerent la Plaine.

Les Sarazins trompez, ne quitterent pas pour cela le dessein de les attaquer, & attribuerent le changement de leur marche moins à la prudence des Chefs, qu'à la crainte & au desir d'éviter le combat. Ils descendirent des Montagnes, & s'estant mis en bataille, commencerent à les suivre pour donner sur leur arriere-garde.

Les Généraux François firent alte, & ordonnerent à tous les Soldats de se décharger de leur butin, qu'ils mirent en un lieu de difficile accès, où l'on posta quelques Troupes pour le garder. Aussi-tost on tourna teste à l'ennemi, & on le chargea avec tant de résolution, qu'on le mit en déroute : on fit un grand nombre de prisonniers, qu'on fit passer au fil de l'épée, pour s'épargner l'embarras de les garder dans la retraite qui se fit heureusement jusqu'au Camp du Roy, où les Troupes victorieuses arriverent vingt jours après qu'elles en estoient parties, chargées de butin & de gloire.

Loüis n'en demeura pas là ; après avoir ruiné tous les environs de Tortose, il prit le chemin de la Navarre * ayant toûjours l'Ebre à sa gauche, & arriva devant Pampelune, qui se rendit : cette Ville avoit esté long-temps entre les mains des Sarazins. C'est par là qu'il finit cette glorieuse Campagne. Tout réüssissoit à ces trois jeunes Princes, ausquels Charlemagne sembloit avoir partagé sa fortune aussi-bien que ses Etats.

L'Empereur s'estant à son ordinaire retiré à Aix-la-Chapelle, pour y passer l'hyver, y reçut une nouvelle Ambassade d'Aaron Roy de Perse. Les Ambassadeurs estoient arrivez à Trevise sur la fin de l'Automne, les Vaisseaux qui les portoient s'estoient trouvez vers les côtes de Dalmatie au milieu de la Flote, dont j'ay déja parlé, que commandoit Nicétas pour l'Empereur d'Orient : ce Général sçachant qu'ils alloient à la Cour de Charlemagne, les laissa passer sans leur faire aucune peine ; ce qui marque que nonobstant la révolte des Villes Maritimes de Dalmatie, il n'y avoit point de guerre entre les deux Empereurs, & que si Charlemagne, ainsi que je l'ay remarqué, n'avoit pas empesché les Places de secoüer le joug de l'Empereur d'Orient, il n'avoit pas accepté l'offre qu'elles luy avoient faite de se donner à la France.

Ces Ambassadeurs arriverent à Aix-la-Chapelle pendant l'hyver, ils remercierent l'Empereur de la part de leur Maistre, des présens qu'il luy avoit envoyez quatre ans auparavant, & luy en firent de nouveaux, dont le détail que nos anciens Ecrivains ont fait dans leur Histoire, ne me paroist pas indigne d'avoir sa place dans celle-ci. Sans parler des riches vestes, des étoffes précieuses, des parfums, des baumes, des bois aromatiques, & des autres choses de cette nature, il y avoit deux pièces très-remarquables.

La premiere estoit une Tente d'une hauteur & d'une étenduë prodigieuse, où se trouvoient toutes les pièces d'un Appartement complet, & qui avoit en dedans par sa grandeur & par sa disposition, plus l'air d'une Maison que d'une Tente. Elle estoit d'une très-belle toile de

* Je croy que c'est la premiere fois que l'on voit dans nostre ancienne Histoire le nom de Navarre, pour marquer les Peuples qui habitent le païs, que l'on a appellé depuis Navarre. C'est dans les Annales d'Eginard sous l'an 806. Eginard, in Annal.

An. 807. Eginard. Monachus Sangallensis.

Eginard. in Annal. Poëta Saxon. l. 4.

Tome I. L l ij

lin, & les cordes qui la tenoient tenduë, étoient de diverses couleurs.

L'autre piéce peu estimable aujourd'huy, mais très-rare & très-précieuse alors, estoit un Horloge à ressort * & à rouës fort juste, qui marquoit & qui sonnoit les heures. Il sonnoit par le moyen de plusieurs petites boules d'airain, dont un certain nombre, & autant qu'il en falloit, tomboit au bout de chaque heure sur un tambour d'airain placé au fonds de l'Horloge. Pour servir de montre, il y avoit à l'extérieur de l'Horloge douze petites portes, dont une s'ouvroit à chaque heure qui sonnoit; de sorte qu'une porte s'ouvroit à une heure, & demeuroit ouverte; à deux heures il s'en ouvroit une seconde; à trois heures une troisiéme, & ainsi du reste jusqu'à la douziéme. Quand douze heures estoient sonnées, il sortoit par ces douzes portes autant de petits Cavaliers, qui en sortant fermoient chacun la leur, & ensuite une nouvelle révolution commençoit: divers autres petits jeux ou artifices semblables paroissoient fort admirables à nos François, qui n'avoient encore rien vû de pareil en ce genre.

* Arte Mechanica compositum

On voulut toutefois faire connoistre aux Persans que les Mathématiques n'estoient pas une science inconnuë en France, & on fit à Aix-la-Chapelle durant qu'ils y estoient, des observations d'Eclipses & du cours des Planetes. Il y eut trois Eclipses de Lune & une du Soleil dans l'espace d'un an: il arriva que Jupiter fut aussi caché par la Lune, & Mercure fut observé pendant huit jours entre le Soleil & la Terre, paroissant dans le corps du Soleil comme une tache noire. Ce dernier article ne sera pas conforme aux observations de nos Astronomes d'aujourd'huy non plus qu'à la vérité. Il est impossible que Mercure demeure à beaucoup près si long-temps entre le disque du Soleil & nous, & il faut qu'en ce point-là Eginard n'ait pas rapporté fidélement les observations des Astronomes de la Cour.

Ces Eclipses fréquentes & ces autres phénomenes qui paroissoient fort extraordinaires à tous ceux qui n'estoient pas versez dans ces matiéres, ayant esté publiées, furent regardées par le Peuple comme des pronostiques de quelque accident funeste, & ensuite l'imagination de quelques-uns leur fit voir dans le Ciel deux Armées qui se battoient l'une contre l'autre.

S'il estoit arrivé cette année-là quelque malheur à la France, on n'auroit pas manqué de dire, que tous ses prétendus prodiges en étoient les présages; mais tout luy réüssit heureusement comme les années précédentes. Les Maures ayant voulu faire une descente dans l'Isle de Sardaigne, y furent repoussez avec perte de trois mille hommes, & estant venus ensuite pour en tenter une autre dans l'Isle de Corse, le Connestable Burchard envoyé par Charlemagne avec une Flote, pour la défense de ces Isles, leur livra la bataille, où ils furent défaits & mis en fuite, ayant eu treize de leurs Vaisseaux pris ou coulez à fonds. Le Patrice Nicétas qui estoit venu dans le Golfe avec une Flote de l'Empereur d'Orient, demeura dans un Port des Venitiens sans rien faire, & ayant appris la victoire du Connestable, il fit une Tréve jusqu'au mois d'Aoust suivant avec le Roy d'Italie, qui apparemment appuyoit dans les Isles de Venise un parti contraire à celuy de l'Empereur, & ce Commandant s'en retourna à Constantinople. Les Ambassadeurs de Perse qui avoient appréhendé que ces différens ne retardassent leur retour, & qui en attendoient en effet la décision, s'embarquerent aussi pour reprendre le chemin de leur païs.

Eginard, in Annal.

Ce ne fut pas seulement sur les côtes d'Italie que les François combattirent les Maures. Ils firent encore une autre expédition en Espagne, que les Généraux conduisirent avec bien de la prudence, & où les Troupes firent paroistre beaucoup de valeur. Le Roy d'Aquitaine avoit résolu d'y marcher en personne, mais il en fut empesché par les avis qu'il reçut de l'Empereur son pere, qui l'avertit qu'une Flote de Normans avoit passé dans la Manche, & faisoit voile vers les côtes d'Aquitaine pour y faire quelque descente. Il envoya promptement ses ordres sur toutes les côtes, afin qu'on se tinst sur ses gardes, principalement aux embouchûres des rivieres. Il fit encore bastir de nouveaux Vaisseaux pour garder l'embouchûre de la Garonne & de quelques autres Fleuves, & fit cependant entrer son Armée en Espagne, sous la conduite d'Ingobert que l'Empereur luy avoit envoyé pour la commander.

Vita Ludovici Pii.

L'Armée estant arrivée à Barcelone, on y tint conseil de guerre, sur les moyens de passer l'Ebre, le long duquel les ennemis s'estoient campez pour couvrir Tortose & le reste du païs. On trouva que c'estoit une entreprise impossible de passer cette riviere en présence d'une Armée aussi nombreuse que celle des Maures, & qu'à moins de quelque stratagême on ne pourroit ni les surprendre ni les forcer.

Il fut résolu que le Général marcheroit avec la plus grande partie de l'Armée vers l'embouchûre de l'Ebre du costé de Tortose, afin d'attirer de ce costé-là toutes les forces & toute l'attention des ennemis, qu'on feroit partir la nuit le reste, pour aller tenter le passage de la riviere plus haut, en un endroit éloigné de trois journées de marche. On donna le commandement de ce Corps au Comte Ademar & au Comte Bera Gouverneur de Barcelone. Ils marcherent sans chariots & sans tentes pour ne point embarrasser leur marche. On avoit fait faire secretement à Barcelone un assez grand nombre de batteaux qui se démontoient & se séparoient en quatre piéces, chaque piéce pouvoit estre portée par un mulet, & ces batteaux estoient destinez à passer l'Infanterie. Ces Troupes, comme dans la précédente expédition, ne marchoient que la nuit, & pendant le jour elles se cachoient dans les bois, dont les bords de l'Ebre estoient presque tout couverts, & il y avoit défense, sous peine de la vie, de faire du feu, de peur que la fumée

CHARLEMAGNE EMPEREUR.

ne donnast lieu à quelque allarme. Ils arrivent heureusement au lieu destiné, & passerent la riviere dans leurs batteaux, sans que personne s'y opposast, & l'on fit passer les chevaux à la nage. Jusques-là les ennemis ne s'étoient apperçûs de rien, & ces Troupes commençoient à marcher pour venir surprendre le Camp des Maures du costé qu'il n'estoit nullement retranché ni gardé, quand un hazard les découvrit.

Comme le Général des Sarazins Gouverneur de Tortose nommé Abaïdon, estoit campé sur le bord de l'Ebre vers son embouchûre, des Soldats Maures se baignoient souvent dans ce fleuve : un d'entre eux vit en se baignant vers le milieu de la riviere, un assez grande quantité de fiente de cheval, que la riviere emportoit à la mer ; que veut dire cela, dit-il, à ses camarades ? ce n'est point là de la fiente d'ânes sauvages ni d'autres bestes fauves, il faut qu'il y ait de la Cavalerie au haut de la riviere, & puis ayant éxaminé de plus près la chose, il trouva dans cette fiente des grains d'avoine, qui luy osterent tout doute là-dessus. Il alla trouver son Général, à qui il donna cet avis. Il en profita, & fit sur le champ monter deux de ses gens sur deux chevaux très-vîtes, pour aller à la découverte.

Ils ne furent pas fort loin sans rencontrer les Troupes Françoises, qui s'avançoient à grands pas vers le Camp. Ils retournerent à toutes jambes en donner avis au Général, qui voulut mettre son Armée en bataille, pour faire teste aux François; mais cette nouvelle répandit une telle frayeur dans tout le Camp, que les Soldats, sans écouter ni les menaces ni les ordres des Officiers, commencerent à fuir, abandonnant les bagages & les munitions; de sorte que le Général fut contraint de se retirer luy-mesme. Les François en arrivant au Camp furent fort surpris de n'y point rencontrer d'ennemis, profiterent de tout ce qu'ils y trouverent, & passerent la nuit dans les Tentes des Sarazins.

Vita Ludovici Pii.

Cependant l'Emire Abaïdon rallia sa plus grande partie de ses Soldats revenus de leur terreur, & s'avança dès le lendemain vers le Camp, pour y surprendre les François, qu'il croyoit trouver occupez au pillage : mais il se trompa, il les trouva en bataille, résolus de l'attendre, & postez avantageusement pour suppléer à leur petit nombre. Il les attaqua avec vigueur; mais il fut repoussé & mis en déroute avec un très-grand carnage. Ce succès fit espérer au Général Ingobert d'emporter Tortose, & il en forma le siege; mais après y avoir consumé inutilement plusieurs jours, il le leva.

An. 808.

Loüis l'assiégea en personne l'année suivante, la prit par capitulation après quarante jours de siége, & en envoya les clefs à l'Empereur son pere, alors occupé d'une nouvelle guerre du costé du Nord.

Les Conquérans en poussant leurs conquestes, & en subjuguant leurs ennemis, s'en font toûjours de nouveaux. Charlemagne avoit enfin parfaitement soûmis les Saxons, & s'estoit rendu maistre paisible dans leur païs, tant en-deçà qu'au-delà de l'Elbe. En avançant vers le Nord à droite, dans le païs aujourd'huy appellé Meklebourg, estoient les Abodrites, Peuples jusqu'alors fidéles à la France. Plus à gauche dans cette langue de Terre, qui s'avance entre la Mer Baltique & l'Ocean Germanique, estoient les Normands ou Danois. Nos anciens Historiens donnent ces deux noms aux Peuples du Dannemarc, quoiqu'à parler proprement, les Normands dont le nom signifie homme du Nord, fussent Habitans de la Norvege. Mais soit que les Danois fussent une Colonie de ces Normands ou Norvégiens, soit qu'ils fissent ensemble leurs courses sur les Terres de France, on désigne dans l'Histoire les uns & les autres par le nom de Normands, & je suivray aussi cet usage dans la mienne.

Ces Danois estoient gouvernez par un Roy nommé Godefroy, dont j'ay déja parlé, Prince puissant par le nombre d'hommes dont son païs estoit peuplé, & par la multitude de ses Vaisseaux, qui tenoient toûjours en allarmes toutes les côtes de Germanie, de France, d'Angleterre & d'Ecosse. D'ailleurs homme vaillant, & bien résolu à ne pas laisser prendre pied aux François dans ses Etats. Il eut mesme la hardiesse de leur déclarer la guerre, & ce fut en se jettant dans le païs des Abodrites, d'où il chassa le Duc Thrasicon, que Charlemagne y avoit établi peu d'années auparavant. Il fit prendre un autre Duc nommé Godalaibe, qui avoit voulu s'opposer à son passage, & contraignit une grande partie du païs à le reconnoistre pour Roy, & à luy payer tribut. Cette conqueste luy coûta beaucoup de monde & des plus considérables de son Armée, entre autres un de ses neveux qui fut tué à l'attaque d'une petite Place qu'on ne nomme point.

L'Empereur sur les nouvelles de cette irruption, & apprehendant que ce Roy ne voulust passer l'Elbe, fit partir aussi-tost le Prince Charles avec une Armée, ce Prince estant arrivé sur l'Elbe, y fit bastir un Pont, & l'ayant fait passer à ses Troupes, entra dans les païs qui s'estoient soûmis à l'ennemi, & y porta par-tout la désolation.

Godefroy ayant appris la marche du Prince Charles, retourna sur ses pas. Il fit raser un Port appellé Reric, qu'il avoit sur l'Ocean Germanique, pour n'estre pas obligé de le défendre contre l'Armée Françoise, & en transporta tous les Marchands & tous les Magazins à Sliestorff, aujourd'huy Sleswic dans le Jutland. Mais pour plus grande seûreté, & pour fermer entierement l'entrée de ses Etats aux François, il fit élever une haute muraille, qu'il fortifia de bonnes Tours sur la rive Septentrionale de l'Eider en-deçà de Sleswic, & qui occupoit tout l'espace de cette langue de Terre, qui est entre la Mer Baltique & l'Ocean Germanique; & afin que cette muraille pust estre plus aisément gardée, il n'y fit faire qu'une seule Porte pour le passage des Chariots, & pour tout ce qu'il voudroit faire sortir de son Royaume

Eginard in Annal.

HISTOIRE DE FRANCE.

ou y laisser entrer. Il fit tracer tous ces travaux en sa présence, partagea ses Troupes pour y travailler & pour couvrir les travailleurs, en cas que les François voulussent les inquiéter, & l'ouvrage fut fait en peu de temps. Charles ne voyant plus d'ennemis en Campagne s'en retourna après avoir fait construire deux Forts sur l'Elbe, pour arrester les courses des Normands & des Vilses qui s'estoient joints à eux dans cette guerre.

Ce fut durant cette expédition qu'Eadulfe Roy de Nortumberland dans la grande Bretagne, détrôné & chassé de son Royaume par ses Sujets, vint se jetter entre les bras de Charlemagne, qui le reçut à Nimégue, & luy conseilla de faire le voyage de Rome, pour engager le Pape à ménager conjointement avec luy son retour, & la chose luy réüssit. Le Pape qui estoit toûjours Leon III. joignit son autorité à celle de l'Empereur, & les Envoyez de l'un & de l'autre agirent si efficacement, que dès la mesme année Eadulfe fut rétabli.

Eginard, in Annal.

Cependant les broüilleries & les divisions des Venitiens duroient toûjours, & la Tréve que le General Nicétas avoit faite avec le Roy d'Italie estant expirée, on recommençoit les actes d'hostilité de part & d'autre : la Flote Grecque estoit revenuë dans les Isles des Venitiens, sous la conduite d'un nouveau General nommé Paul, qui en fit un détachement pour venir attaquer Comachio, Ville située dans une Baye vers l'embouchûre du Pô, à quelques lieuës de Ravennes. Les Grecs ne furent pas plustost descendus pour en former le siege, que la Garnison qui estoit nombreuse ayant fait une grande sortie, les mit en déroute, & les obligea à regagner promptement leurs Vaisseaux, & à se retirer dans les Isles de Venise.

Eginard, ad an. 809.

Ce desavantage fit résoudre le General Paul à faire des propositions de Paix au Roy d'Italie, l'asseurant qu'il avoit ordre de son Maistre de les faire. Pepin voulut bien les écouter : mais deux des plus considerables Venitiens Vilhaire & Beot, à qui l'Histoire donne la qualité de Ducs, qui ne vouloient pas que la Paix se fist entre les deux Empires, firent tout leur possible pour la traverser : si bien que Paul s'étant persuadé qu'ils en vouloient à sa vie, sortit promptement des Isles sans rien conclure. Ces deux Ducs estoient les Chefs du parti François, & ceux-là mesmes qui estoient venus trois ans auparavant trouver Charlemagne avec les Envoyez de Dalmatie, pour se mettre sous sa protection, en secoüant le joug de l'Empereur d'Orient. Les Grecs se dédommagerent de la déroute de Comachio, en pillant la Ville de Populonia, située sur la Mer de Toscane. Cette Ville n'est plus : les uns ont crû que c'estoit celle qu'on appelle aujourd'huy Piombino, d'autres Porto Ferrato, d'autres Porto Baratto. Les Maures d'Espagne profitant de ces divisions des Princes Chrétiens, firent une descente dans l'Isle de Corse, y surprirent la Ville d'Aleria le Samedy-Saint, & en enleverent tous les Habitans pour les faire esclaves, excepté l'Evéque & quelques vieillards dont ils ne voulurent pas se charger. C'est là tout ce qui se passa cette année-là en Italie au regard des François.

Les affaires d'Espagne ne leur furent pas plus heureuses, & ils s'estoient laissez surprendre dans Tortose durant l'hyver. Le Roy d'Aquitaine voulut la reprendre dans cette Campagne, il l'assiégea ; mais desespérant de la pouvoir emporter, il leva le siege, & revint en Aquitaine sans avoir rien fait de mémorable. Le siege de la Ville d'Huesca tant de fois prise, & tant de fois perduë, ne réüssit pas mieux, le Comte Héribert en leva aussi le siege, & déchargea son chagrin sur tout le pais d'alentour, qu'il ravagea entierement avant que de repasser les Pyrénées.

Vita Ludovici Pii.

Du costé du Nord le Roy de Dannemarc tout fortifié & tout retranché qu'il estoit dans son Royaume, entouré de la Mer & de la forte muraille qu'il avoit élevée entre les deux Mers, pensa néanmoins à appaiser Charlemagne. Il sçavoit que la maxime constante de ce Prince à l'égard des Peuples de Germanie, avoit toûjours esté de ne laisser jamais impunies les moindres insultes qu'il auroit reçuës, soit de ses Vassaux, soit de ses voisins. Il ne doutoit pas que si-tost que les affaires d'Italie & d'Espagne permettroient aux François d'en retirer une partie de leurs Troupes, il ne les eust sur les bras, & n'en fust attaqué par Mer & par Terre. Il fit donc dire à Charlemagne par quelques Marchands François, qui trafiquoient avec les Danois, qu'il avoit appris qu'on estoit fasché contre luy à la Cour de France, de ce qu'il estoit entré avec une Armée dans le païs des Abodrites ; que ce qu'il avoit fait n'estoit que des represailles, & qu'ils l'avoient insulté les premiers ; qu'il estoit bien aise de convaincre l'Empereur que ce n'estoit pas luy qui avoit rompu la Paix, & qu'il le prioit de consentir à une conference sur la Frontiere des deux Etats. Ils y envoyerent en effet chacun leurs Députez, qui s'assemblerent à Badonfliet, au-delà de l'Elbe ; mais ce fut en vain : tout se termina à faire des plaintes de part & d'autre, & le Roy de Dannemarc ayant refusé de faire aucune satisfaction, on se retira chacun chez soy sans rien conclure.

Eginard in Annal. ad an. 809.

Aussi-tost les hostilitez recommencerent : Trasicon Duc des Abodrites, suivant les ordres de Charlemagne, s'estant fait joindre par un grand nombre de Saxons, entra dans le païs des Vilses & des Esclavons, appellez Smeldinges, qui s'estoient joints l'année d'auparavant au Roy de Dannemarc, & porta par-tout le ravage. Il prit & ruïna la principale Ville des Smeldinges, & reconquit tout le païs qui s'estoit soûmis par force à ce Prince. Trasicon fut tué quelque temps après en trahison à Reric par les Danois.

Le Roy Normand aussi fier que prudent, inquiétoit Charlemagne ; ce Prince estoit averti des vastes desseins qu'il méditoit ; qu'il ne prétendoit pas moins que de venir conquérir la Saxe & la Frise, & se rendre ensuite maistre de toute la Germanie, & qu'il avoit eu la hardiesse de dire qu'on le verroit en peu de temps à la teste de ses Normands devant Aix-la-Chapelle, défier au combat le fameux Roy des François.

Charlemagne qui n'avoit point encore eu d'ennemis aussi hardi que celuy-là, le jugea assez redoutable pour prendre contre luy des précautions extraordinaires. Il le prévint, & ayant fait marcher au-delà de l'Elbe une grande Armée, sous la conduite du Comte Egbert, comme s'il eust voulu la faire entrer en Dannemarc. Il ordonna à ce Général de se saisir de certains passages, pour empescher les Danois de s'avancer vers l'Elbe, & d'employer son Armée pendant toute la Campagne à bastir une Forteresse sur la riviere de Sturie, en un lieu nommé Essesfelt. L'ordre fut exécuté, & la Forteresse fut en état de défense au mois de Mars suivant. Cette précaution ôta l'envie au Roy des Normands de passer l'Elbe pour entrer dans la Saxe, & il porta ailleurs ses entreprises, comme je le diray bien-tost.

Ces soins militaires dont les affaires de Germanie, d'Espagne & d'Italie occupoient Charlemagne, ne l'empeschoient point de veiller au repos de l'Eglise, & de prévenir les différends qui pouvoient le troubler. Il s'éleva alors en France une dispute sur un point qui fit encore plus de bruit quelques siecles après ; c'estoit touchant ce qu'on appelle en Theologie la Procession du S. Esprit, sçavoir s'il procede du Pere & du Fils, ou seulement du Pere.

Les Peres des quatre premiers siecles avoient parlé communément d'une maniere qui supposoit ce dogme. Theodoret au contraire, l'Eglise ne s'estant pas encore expliquée nettement sur ce sujet, osa le traiter de dogme impie, suivant l'opinion de son Maistre Theodore de Mopsueste, si fameux par ses erreurs, & dont le Symbole qui contient cela-là, fut condamné au Concile d'Ephése, mais pour d'autres raisons. Le premier Concile de Constantinople tenu contre les Ariens & les Macedoniens, avoit ajouté au Symbole de Nicée, que le S. Esprit procédoit du Pere, *qui ex Patre procedit* : mais sans décider s'il procédoit aussi du Fils. Au cinquiéme & au sixiéme siecle, les Eglises d'Espagne sçachant par quelques Lettres des Papes quel estoit le sentiment de l'Eglise Romaine sur cet article, ajoûterent au Symbole de Nicée & de Constantinople ce mot *Filioque, qui ex Patre Filioque procedit*, qui exprime distinctement cette vérité, que le S. Esprit procéde du Pere & du Fils.

La Formule de Foy que Grégoire de Tours a mis à la teste de son Histoire, où ce dogme est en termes exprès, montre que c'estoit dés-lors la Doctrine des Eglises des Gaules. En l'année 767. sous le Regne de Pepin on traita de cette matiere dans le Concile de Gentilli, dont les Actes se sont perdus. Enfin sous Charlemagne on n'estoit guéres partagé là-dessus, jusqu'à ce qu'un Moine de Jérusalem nommé Jean, qui estoit du sentiment contraire, eut proposé ses doutes, & attiré dans son parti plusieurs Theologiens. Soit que ce Moine fust venu en France, soit que le commerce que les François avoient alors à Jérusalem à la faveur du Roy de Perse, eust fait de la passer cette Theologie dans le Royaume, on commença à remuer cette question, sçavoir, si c'estoit une chose très-constante que le S. Esprit procédast du Pere & du Fils.

Charlemagne la crut assez importante pour mériter d'estre examinée par un Concile : il le convoqua à Aix-la-Chapelle, & ordonna qu'on y proposast ce qui se pouvoit dire de part & d'autre. La question se réduisoit à deux points. Le premier, si en effet il estoit de la Foy que le S. Esprit procédast du Pere & du Fils, ou seulement du Pere. Le second, si supposé que ce fust là la créance Catholique, les Eglises de France & d'Espagne avoient eu droit de l'inférer au Symbole de Constantinople, en y ajoûtant cette parole *Filioque*, & s'il estoit à propos pour l'uniformité, de faire chanter ce Symbole dans toutes les Eglises de l'Empire François avec cette addition. Chacun dit ses raisons dans le Concile, & l'Empereur qui y assista trouva la chose si difficile à décider, tant pour la créance que pour l'usage, qu'il ne voulut pas qu'on prononçast avant que d'avoir pris l'avis du Pape.

Il envoya donc à Rome pour faire vuider cette question, Bernard Evêque de Vorms, Jessé Evêque d'Amiens & Adelar Abbé de Corbie. Le Pape Leon III. eut avec eux diverses conférences sur ce sujet, où ces Prélats qui étoient du sentiment receu communément en France, luy proposerent d'abord les passages de l'Ecriture & des Peres, qui prouvoient que le S. Esprit procéde du Pere & du Fils, & les difficultez que l'on pouvoit faire contre ce sentiment.

Le Pape leur répondit, qu'il estoit si persuadé que le sentiment des Eglises de France estoit le véritable, & qu'il estoit de la Foy que le S. Esprit procédoit du Pere & du Fils ; qu'il separeroit de sa Communion quiconque entreprendroit de soutenir le contraire.

Après cette réponse ils luy firent cette autre question. Puisque vous estes persuadé que c'est là un article de Foy, ne sommes-nous pas obligez d'en instruire les Peuples. Sans doute, répliqua le Pape.

Puisqu'ainsi est, reprirent les Prélats, que pensez-vous d'un autre point qui regarde l'usage & la pratique des Eglises de France. Dans plusieurs de nos Eglises on chante le Symbole de Constantinople avec l'addition du mot *Filioque*, qui exprime nettement ce dogme. Il y en a quelques autres où cette addition n'a pas encore esté faite. Trouverez-vous qu'il y ait quelque inconvenient à faire chanter par-tout ce Symbole avec cette addition ?

Ce n'est pas mon avis, repartit le Pape. Il ne faut rien innover : le second Concile Général n'a point mis ce mot dans sa Formule ; d'ailleurs le Concile de Calcédoine & les autres ont fait des défenses expresses de rien ajoûter aux Formules de Foy. Il faut s'en tenir à ce qu'ils ont prescrit, & il est à propos qu'on efface cette addition dans les Missels des Eglises où elle a esté faite.

Sur cette réponse ils représenterent au Pape que ce retranchement pourroit causer du scandale, & que s'il le faisoit, les Peuples bien loin de regarder cet article comme un article de Foy, tel qu'il estoit, cela leur donneroit lieu de se persuader que la créance de l'Eglise y étoit contraire ; puisqu'on le retranchoit du Symbole, c'est à dire, de la regle de leur créance.

Le Pape leur dit, que l'inconvenient qu'ils luy proposoient, méritoit qu'on y fist attention, & après avoir raisonné sur cela quelque temps avec eux, il trouva un tempérament qui fut, non pas de faire effacer avec éclat cette addition dans les Eglises où elle estoit en usage, mais de cesser d'abord de s'en servir dans la Chapelle du Roy, lorsqu'on y chanteroit le Symbole, & de dire qu'on en usoit ainsi pour se conformer à l'Eglise de Rome, où cette addition n'estoit point en usage, & qu'ensuite insensiblement les autres Eglises se conformeroient à l'usage de la Chapelle Royale, & ôteroient de leur Symbole une parole, qui toute véritable qu'elle estoit, y avoit esté ajoûtée sans autorité.

Le Pape fit plus, car pour montrer le respect qu'il avoit pour les Conciles Généraux, & en particulier sur ce point là. Il fit faire deux Tables d'argent, & par son ordre on grava le Symbole en Grec sur l'une, & en Latin sur l'autre, sans l'addition *Filioque*, & on les plaça dans l'Eglise de S. Pierre auprès du Tombeau de ce Saint.

Anastasius in Leone.

L'Histoire ne marque point, si suivant l'avis du Pape, on retrancha l'addition dans la Chapelle Royale : mais les Eglises de France, aussi-bien que celles de Germanie & d'Espagne, demeurerent dans leur pratique. Le Schisme de l'Eglise Grecque, dont le Patriarche Photius fut l'Auteur quelque temps après, donna lieu de disputer de nouveau & sur le dogme & sur l'usage de l'addition. L'Eglise Romaine dans l'onzième siécle se conforma elle-mesme sur ce point-là aux autres Eglises. Enfin le dogme fut décidé autentiquement dans le Concile de Florence, & l'usage de l'addition justifié & autorisé.

Le Concile d'Aix-la-Chapelle fut tenu sur la fin de l'année 809. La suivante vit la guerre s'allumer plus vivement que jamais dans toutes les Frontiéres de l'Empire François, en Espagne, en Italie, en Germanie, par Mer & par Terre.

Eginard. in Annal. ad an. 810.

Aureole Comte ou Gouverneur pour la France de la Frontiére d'Espagne, appellée communément la Marche Espagnole, mourut sur la fin de l'année. Amaroz qui commandoit pour le Roy de Cordouë dans Sarragosse & dans Huesca, prit cette occasion pour s'emparer de toute cette Frontiére, mieux gardée jusqu'alors par la vigilance d'Aureole, que par les Troupes qui y estoient en petit nombre. Amaroz après s'estre saisi de la pluspart des Places de défense, y mit Garnison. Ce n'estoit pas pour augmenter la domination du Calife

qu'il avoit fait cette entreprise, c'estoit au contraire pour secoüer le joug de ce Prince, & se faire un petit Etat composé des Villes de Sarragosse, d'Huesca & des autres Places & Territoires qui en dépendoient, & de ce qu'il venoit d'enlever à la France. Mais comme il luy eust esté impossible de se soûtenir, contre deux ennemis aussi puissans que les deux Princes qu'il avoit si insolemment offensez en mesme temps par ce procédé, il envoya sur le champ un de ses confidens à Charlemagne, pour le prier de ne luy point sçavoir mauvais gré de ce qu'il avoit fait ; qu'il ne s'estoit saisi du Gouvernement d'Aureole que pour y unir celuy de Sarragosse, d'Huesca & des autres Places dont il estoit Maistre, & soûmettre toutes ces Villes à la domination de France, de laquelle il vouloit desormais estre Vassal, & dépendre entierement ; il supplioit l'Empereur d'approuver sa conduite, & d'agréer les hommages & l'obeïssance qu'il prétendoit luy rendre avec toute la fidélité possible.

Peu de temps après le Roy d'Aquitaine fut averti que les Gascons faisoient des cabales dans leurs Montagnes, & qu'une grande partie estoit résolue de secoüer le joug des François.

An. 810. Vita Ludovici Pii.

Les nouvelles d'Italie n'estoient pas moins fascheuses. Le parti des Grecs avoit prévalu dans le païs de Venise, & on s'y estoit déclaré en faveur de l'Empereur d'Orient contre le Roy d'Italie. Pepin résolu de s'en venger, assembla le plus de Troupes qu'il luy fut possible, & fit venir la meilleure partie de celles qu'il avoit dans la Sardaigne & dans l'Isle de Corse : ce qui ayant esté sçû en Espagne, les Sarrazins ne manquerent pas de se mettre en Mer avec leur Flote, & de venir faire une descente en Sardaigne, d'où après quelque pillage, ils s'en allerent à l'Isle de Corse qu'ils subjuguerent presque toute entiere.

Enfin, Charlemagne estant encore à Aix-la-Chapelle, où il faisoit ses préparatifs pour la guerre qu'il vouloit faire au Roy des Normands, apprit qu'il en avoit esté prévenu, & que l'Armée de ce Prince estoit déja dans la Frise. Je vais raconter par ordre la suite de tous ces divers mouvemens. Je commence par ceux d'Espagne.

Charlemagne après avoir écouté l'Envoyé de l'Emire Amaroz, le luy renvoya avec un homme de sa part, chargé de luy proposer les conditions ausquelles on vouloit bien dissimuler l'insolence de son entreprise, & le recevoir en qualité de Vassal de la Couronne de France. L'Emire ne trouva pas ces conditions aussi avantageuses qu'il l'auroit souhaité, & pria Charlemagne d'agréer qu'il traitast de cette affaire avec les Comtes préposez à la garde de la Frontiére de France, qui connoissoient par eux-mesmes l'état du païs & des affaires : Charlemagne y consentit. On ne put rien conclure après bien des conférences, cet homme cherchant à n'avoir qu'une dépendance apparente à la France, & qu'autant qu'il luy seroit nécessaire pour obtenir du secours, & se rendre redoutable au Calife ; mais

Eginard. in Annal.

ce

ce Prince ayant luy-mesme envoyé des Ambassadeurs à Charlemagne, & fait la Paix avec luy, pressa vigoureusement le rebelle, & l'obligea à se renfermer dans Huesca, tandis que les François se remirent en possession de ce qui leur avoit esté enlevé. On ne dit pas ce que devint Amaroz.

Vita Ludovici Pii.

Sur les mesmes Frontiéres d'Espagne, le Roy d'Aquitaine s'avança jusqu'à Dax, & envoya ordre aux Chefs des Gascons Montagnards de l'y venir trouver. Comme ils virent bien en recevant cet ordre que leurs menées avoient esté découvertes, ils refuserent d'obéir, prévoyant qu'on ne les appelloit que pour les punir, ainsi le Roy fut obligé d'entrer dans les Montagnes, où il fit ravager tout le païs. Ces Montagnards espéroient bien se venger sur l'Armée quand elle repasseroit les Monts, & avoient disposé par-tout des embuscades. Mais le Roy donna ses ordres pour marcher avec toute la précaution possible.

La premiere Troupe de Gascons qui parut fut dissipée, & on ne put en prendre qu'un seul, qui fut pendu sur le champ: on fit en mesme temps sçavoir aux autres qu'on traiteroit de mesme sans aucun quartier, tous ceux qu'on prendroit: on se saisit aussi de plusieurs de leurs femmes & de leurs enfans pour servir d'ôtages pendant la marche; de sorte que l'on repassa sans aucune perte. Mais la guerre d'Italie fut beaucoup plus vive.

Eginard.

Pepin attaqua les Venitiens par Terre & par Mer, les battit par-tout, & obligea leurs Ducs à demander quartier, & à se soûmettre à sa domination. Ensuite il envoya sa Flote sur les côtes de Dalmatie: mais Paul Gouverneur de l'Isle de Cephalonie pour l'Empereur d'Orient, ayant paru avec la sienne beaucoup plus forte, celle de Pepin se retira sans rien entreprendre davantage. Cette guerre finit cette mesme année par un Traité de Paix conclu à Aix-la-Chapelle, où l'Empereur Nicéphore avoit envoyé des Ambassadeurs à Charlemagne. Par ce Traité Venise fut rendu à l'Empereur d'Orient.

De toutes ces guerres Charlemagne fut obligé de soûtenir en mesme temps cette année, la plus pressante, la plus dangereuse, & qui l'inquiétoit le plus, estoit celle que luy faisoit dans la Germanie Godefroy Roy des Normands. Ce Prince s'estoit de nouveau ligué avec les Vilses, qui faisoient, comme j'ay dit, partie de la Nation Esclavonne, & qui habitoient au-delà de l'Elbe. Le Fort que Charlemagne avoit fait bastir l'année précedente sur le bord de l'Elbe, l'avoit empesché de tenter le passage de cette riviere, & d'éxécuter le dessein qu'il avoit eu de faire irruption dans le milieu de la Saxe. Les Vilses eurent cependant ordre de tenir de ce costé-là les François en échec, & luy se campa avec une Armée sur les Frontiéres de son Etat, comme pour marcher vers l'embouchûre de l'Elbe; mais la largeur de la riviere, & les François campez sur l'autre bord, luy en rendoient le passage impossible: ce n'estoit pas là aussi où ce Roy vouloit faire tomber le fort de la guerre.

Tome I.

Il avoit une infinité de Vaisseaux en Mer qui couroient impunément sur les Vaisseaux de presque toutes les autres Nations. Il leur commanda de se rassembler tous au temps qu'il leur marqua, dans les Ports de Normandie, c'est ainsi que nostre ancien Historien appelle le Dannemarc.

Eginard. in Annal. ad an. 810.

Il les remplist de Troupes avec beaucoup de promptitude, & les fit partir subitement au nombre de deux cens. Cette Armée fit voile vers la Frise, s'empara des Isles qui la bordent, & profitant de la consternation où cette attaque imprevûë jetta les Peuples, elle passa dans le continent. Les Frisons & les François ayant fait un Corps d'Armée à la hâte, allerent au devant des Normands: mais ils furent défaits, plusieurs Places se rendirent, & se soûmirent au tribut qu'on les obligea de payer sur le champ pour la premiere fois. Les Vilses de leur costé attaquerent le Fort de Hobucchi sur l'Elbe, que quelques-uns croyent estre Hambourg, & l'emporterent, il estoit défendu par les Saxons Orientaux, sous le commandement du Comte Odon.

De si fâcheuses nouvelles obligerent l'Empereur d'envoyer des ordres pressans, pour faire avancer ses Vaisseaux & ses Troupes de Terre. Il alla attendre celles-cy en un lieu nommé Lippenheim, au-delà du Rhin. Si-tost qu'elles y furent assemblées, il s'avança vers l'ennemi, & se posta aux conflans de la riviere d'Alre & du Veser, attendant l'arrivée du Roy des Normands, qui s'estoit vanté de faire tout son possible pour en venir aux mains avec Charlemagne en personne: Mais l'Empereur fut bien surpris d'apprendre que l'Armée ennemie s'estoit rembarquée, & que la Flote avoit fait voile vers le Dannemarc: la cause de cette prompte retraite fut que le Roy de Dannemarc avoit esté assassiné par un de ses Gardes. Cette mort finit la guerre: car Hemminge fils de ce Prince luy ayant succédé, voulut avant toutes choses faire la Paix avec l'Empereur, & la fit sans rien prétendre sur les nouvelles conquestes que son pere venoit de faire.

Charlemagne fut ravi de cette Paix: car de tous les ennemis de l'Empire François, il regarda toûjours les Normands comme les plus dangereux. Un ancien Auteur de sa vie raconte à ce sujet, que comme ce Prince estoit un jour dans une Ville Maritime du Languedoc, on vit paroistre pendant son dîner quelques Vaisseaux qui envoyoient leurs Chaloupes à terre en divers endroits, comme pour reconnoistre le païs. Chacun disoit ses pensées sur ces Vaisseaux, les uns les prenoient pour des Vaisseaux Marchands d'Afrique, les autres pour des Marchands Anglois, les autres pour des Juifs. L'Empereur seul connut à la structure des Vaisseaux & à l'adresse de la manœuvre, que c'estoit des Pirates Normands, & dit que ces Navires estoient plus remplis d'ennemis que de Marchandises, on en fut assuré par quelques Barques qu'on fit sortir du Port pour les voir de plus prés.

Monachus Sangallensis. l. 2. c. 22.

Les Normands voyant tant de mouvemens

M m

HISTOIRE DE FRANCE.

sur le rivage, & quantité de Troupes qui se répandoient de tous costez, jugerent que l'Empereur estoit là, & au lieu de faire descente, prirent le large. * Ce Prince estant toûjours à la fenestre pour les considerer, laissa couler quelques larmes, dont ses Courtisans furent surpris, sans qu'ils osassent luy en demander la cause. Il la leur découvrit luy-mesme, si ces gens-là, leur dit-il en soûpirant, osent menacer les côtes de France de mon vivant, que feront-ils après ma mort ? Sa prediction ne fut que trop véritable, & nous la verrons accomplir d'une manière bien funeste à la France.

Le Moine de S. Gal. remarque à cette occasion que les Normands donnoient à Charlemagne le nom de Charles-Martel. C'estoit à cause de la vigueur avec laquelle il domtoit ses ennemis & de la force de son bras.

Mais il eut des sujets présens de larmes en cette mesme année 810. dont je raconte l'Histoire, qui luy en firent verser en bien plus grande abondance. Il perdit dans l'espace d'un mois deux de ses enfans, sçavoir, la Princesse Rotrude, c'est celle qui avoit esté autrefois destinée pour épouse à l'Empereur Constantin. Il la pleuroit encore, lorsqu'on vint luy apporter la nouvelle de celle de son fils Pepin Roy d'Italie, qui mourut à l'âge de trente-trois ans. Ces morts l'affligerent d'une maniere qui auroit diminué l'idée qu'on avoit de sa fermeté & de la force de son esprit, si la bonté de son cœur n'avoit un peu servi à l'excuser. Pepin estoit un Prince dont l'Histoire ne nous marque aucun défaut, & nous fait remarquer le grand respect & extrême attachement qu'il avoit pour l'Empereur son pere, avec beaucoup de courage & d'habileté dans la guerre.

Eginard in Annal. ad an. 810. & in vita Caroli M.

Thegatius cap. 5.

Il laissa six enfans, un fils & cinq filles. Charlemagne fit ce jeune Prince nommé Bernard Roy d'Italie: les cinq filles furent amenées en France, où il les fit élever à sa Cour avec beaucoup de soin.

Charlemagne après avoir conclu la Paix avec Arsace Ambassadeur de l'Empereur Nicéphore, fit partir peu de temps après ses Ambassadeurs pour en aller faire signer & ratifier le Traité à Constantinople. Ces Ambassadeurs furent Hatton Evêque de Basle, Hugue Comte de Tours, Aion Lombard Comte de Frioul: il fit aller avec eux un Seigneur Sicilien nommé Leon, qui dix ans auparavant estoit tombé dans la disgrace de l'Impératrice Iréne, & s'estoit retiré à Rome auprès de Charlemagne: ce Prince à l'occasion de la Paix demandoit sa grace & son retour à l'Empereur Nicéphore: il luy envoya aussi Withaire Duc de Venise, pour en faire ce qu'il jugeroit à propos. Cet homme avoit d'abord pris le parti des François dans cette République contre l'Empereur d'Orient, & depuis il avoit trahi les François, & fait mille intrigues pour entretenir la discorde entre les deux Empires: Pepin l'avoit fait prisonnier dans son expédition des Isles de Venise, & l'avoit relegué en France.

Les Ambassadeurs arriverent à Constantinople, & y apprirent peu de temps après leur arrivée, la deplorable fin de l'Empereur Nicéphore. Ce Prince avoit déclaré la guerre aux Bulgares, païs qui est aujourd'huy sous la domination du Turc, & dont Sophie est la Capitale. Il poussoit cette guerre avec beaucoup d'animosité, & le Roy des Bulgares nommé Crume se voyant accablé, luy demandoit la Paix avec toute la soûmission possible, prest à subir toutes sortes de conditions, pourvû qu'on ne le dépoüillast pas entierement, & qu'on luy laissast les Tresors qu'il avoit dans son Palais.

An. 811.

Nicéphore naturellement dur & avare ne vouloit rien écouter. Le desespoir fit résoudre ce Roy à perir au moins d'une maniere glorieuse. Il ramassa une assez petite Troupe de ses Soldats, & vint la nuit donner sur le Camp de Nicéphore, qui n'ayant plus d'ennemi en Campagne, n'estoit nullement sur ses gardes.

Au premier bruit de cette attaque imprévûë le desordre se mit dans l'Armée. Le Roy Bulgare marche droit à la Tente de l'Empereur, l'y surprend & l'y tuë. Staurace fils de Nicéphore fut fort blessé, & ce fut une déroute entiere, qui rétablit les affaires des Bulgares.

Theophanes, Zonare.

Staurace fut salüé Empereur; mais aussi-tost après depossedé par Michel surnommé Rangabé son beau-frere, & mis dans un Monastere. Michel ratifia le Traité de Paix fait entre Nicéphore & la France, & envoya quelques temps après des Ambassadeurs à Charlemagne pour le confirmer.

La Paix qui avoit aussi esté faite sur la fin de la Campagne avec Hemming nouveau Roy des Normands, n'avoit esté conclue qu'en general pour la cessation des hostilitez, en faisant seulement de part & d'autre serment sur les armes, ancienne coûtume des Peuples de la Germanie qui s'observoit encore: mais la rigueur de l'hyver qui fut extrême cette année, avoit empesché les conferences pour le détail des conditions. Le Printemps ne fut pas pluftost venu, qu'on s'assembla sur la riviere d'Eider, qui sépare le Holstein d'avec le Jutland. Douze Seigneurs François d'un costé & autant de Seigneurs Normands de l'autre, conférerent ensemble, & tout se termina à la satisfaction des deux Partis.

Eginard in Annal.

Charlemagne tenoit en mesme temps l'Assemblée generale à Aix-la-Chapelle, d'où il envoya trois Armées en trois differens endroits de son Etat, une au-delà de l'Elbe, où elle chastia les Heilinons, qui estoient apparemment un Canton des Esclavons, & rétablit le Fort que les Vilses avoient forcé & rasé l'année d'auparavant: une autre Armée fut envoyée en Pannonie, avec ordre à celuy qui la commandoit, de terminer des differens qui estoient sur le point d'allumer la guerre entre les Huns ou Abares & les Esclavons leurs voisins. La troisiéme Armée fut envoyée en Bretagne pour soûmettre les Bretons, qui avoient depuis peu fait quelques révoltes: tous ces ordres furent executez avec exactitude & avec succès.

Durant ce temps-là l'Empereur alla sur les côtes, que nous appellons aujourd'huy les côtes de Picardie & les côtes de Flandre, voir à Boulogne & à Gand quantité de Vaisseaux qu'il avoit fait bastir depuis l'année précédente, à dessein d'augmenter les Flotes qu'il pré-

CHARLEMAGNE EMPEREUR.

tendoit oppofer aux Normands. Il fit rétablir à Boulogne une ancienne Tour qu'on croit eftre celle qu'on appelle aujourd'huy la Tour d'ordre, pour fervir de phare aux Vaiffeaux qui entroient la nuit dans le Port, & ordonna que le Fanal y fuft toûjours allumé. Delà eftant revenu à Aix-la-Chapelle, il eut encore la douleur d'apprendre la mort de fon fils aîné le Prince Charles. L'Hiftoire ne nous dit rien ni du lieu ni de la manière de cette mort, non plus que du caractére de ce Prince. Nous l'avons vû à la tefte des Armées gagner des Batailles, & toûjours fort foûmis aux ordres de l'Empereur fon pere. C'eft tout ce que nous en fçavons. Ainfi de trois Princes fils de Reines (car il en avoit quelques autres) tous trois en état de régner, il ne reftoit plus à Charlemagne de fes fils, qu'il deftinoit au Thrône, que le feul Loüis Roy d'Aquitaine, Prince dont la conduite fage & foûmife luy donnoit beaucoup de confolation, mais en mefme temps par la crainte de le perdre comme les autres, il luy eftoit un grand fujet d'inquiétude.

Eginard, in Annal. ad an. 812.

Quelques mois après la mort du Prince Charles, arrivèrent les Ambaffadeurs de l'Empereur Michel, pour confirmer le Traité de Paix. Ils firent à Charlemagne leur compliment en Grec, felon la coûtume, où ils affecterent de luy donner plufieurs fois le titre, qui dans leur langue répondoit à celuy d'Empereur; ce que les prédéceffeurs de Michel évitoient de faire autant qu'ils pouvoient. * Ils luy demandèrent une de fes filles ou une de fes petites filles en mariage pour le Prince Theophylacte, fils de Michel, qu'il avoit affocié à l'Empire; mais cette propofition fut fans effet, & l'on ne fçait point la raifon de ce refus. Charlemagne leur mit en main le Traité de Paix avec une Lettre pour l'Empereur leur Maître. Ils prirent leur route par Rome, où ils reçûrent auffi de la main du Pape une autre copie du mefme Traité; de forte que la qualité d'Empereur d'Occident fut poffedée deformais par Charlemagne d'une maniére inconteftable.

* *Les Empereurs d'Orient donnoient volontiers, à nos Empereurs François le titre de PHX Rex; mais ce ne fut que par contrainte qu'ils leur donnerent celuy de Bafileus.*

Après le départ des Ambaffadeurs, Charlemagne tint fon Parlement à Aix-la-Chapelle, où il fit reconnoître le jeune Prince Bernard, fils de Pepin pour Roy d'Italie, & le fit partir avec le Comte Vallon ou Vala, proche parent de ce jeune Prince du cofté de fa mere. C'étoit fur l'avis qu'une Flote des Sarazins d'Afrique jointe à ceux d'Efpagne, qui par la violoient le Traité de Paix fait deux ans auparavant avec la France, eftoit prefte à fe mettre en Mer, pour venir faire defcente en Sardaigne & dans l'Ifle de Corfe. Les Troupes Sarazines qui defcendirent en Sardaigne furent entierement défaites. Cette déroute ôta l'envie aux autres de defcendre dans l'Ifle de Corfe, où ils virent bien qu'on les attendoit, & fut fuivie d'un autre Traité de Paix avec les Infidéles.

Grimoald Duc de Bénévent avoit auffi pris l'occafion de la mort de Pepin pour fe révolter de nouveau; il fut obligé par la promptitude avec laquelle le Comte Vallon marcha contre luy, à fe foûmettre, & n'obtint la Paix qu'à condition d'un tribut de vingt-cinq mille fous d'or, qui faifoient près de deux cent mille livres de noftre monnoye d'aujourd'huy.

Enfin, cette mefme année-là les Villes au delà de l'Elbe furent encore domptés, & les deux Rois de Dannemarc qui avoient fuccédé à Hemminge leur parent mort après une année de régne, envoyerent auffi demander à l'Empereur la confirmation du Traité de Paix fait avec leur Prédéceffeur: de forte que de tous coftez tout fut tranquille dans l'Empire François.

Le grand âge de Charlemagne, fes incommoditez qui devenoient de jour en jour plus fréquentes, l'exemple de plufieurs Empereurs, la tendreffe qu'il avoit pour fon fils, luy firent prendre la réfolution de l'affocier à l'Empire, & de joindre au titre de Roy qu'il luy avoit déja donné depuis long-temps, celuy d'Empereur d'Occident. Une violente attaque de goute dont il fut pris eftant à la chaffe dans la Foreft d'Ardenne, luy fit hafter l'exécution de ce deffein.

Eginard, in Annal. ad an. 813.

Loüis continuoit de fe faire adorer dans l'Aquitaine par la douceur de fon Gouvernement. Il joignoit à cette bonté qui luy eftoit naturelle & à la valeur dont il avoit donné plufieurs preuves dans les guerres d'Efpagne & de Germanie, une très-grande pieté & un très-grand zéle, qui luy firent principalement entreprendre la réforme du Clergé d'Aquitaine, jufqu'alors très-déréglé, & il en vint à bout. Il fit baftir quantité de Monaftéres, & mefme penfa à imiter l'exemple de fon oncle Carloman, qui avoit renoncé au monde pour fe fanctifier plus fûrement dans la retraite. L'Empereur fon pere loüa ce deffein. Mais il s'y oppofa efficacement, luy faifant comprendre qu'il valloit beaucoup mieux fe fanctifier dans l'état où la Providence l'avoit mis, que de le quitter. Loüis avoit deftiné trois jours la femaine à donner audience à fes Sujets, & à faire juger tous les procès en fa préfence; ce qui fe faifoit avec tant d'équité, qu'à peine entendoit-on la moindre plainte dans tout l'Etat contre le Prince. Archambaud un des Secretaires d'Etat de l'Empire ayant efté envoyé en Aquitaine par l'Empereur pour quelques affaires, fut furpris de l'ordre qu'il vit dans tout ce Royaume. Le récit qu'il en fit à Charlemagne le charma fi fort, qu'il en pleura de joye, & dit à fes Courtifans, rendons graces à Dieu, & nous réjoüiffons de ce que ce jeune homme eft encore plus fage & plus habile que nous.

Vita Ludovici Pii.

Loüis fut donc appellé à Aix-la-Chapelle, où Charlemagne avoit fait l'Affemblée générale des Evêques, des Abbez, des Ducs, des Comtes & des autres Seigneurs & principaux Officiers de fon Etat. Il leur déclara le deffein qu'il avoit d'affocier fon fils à l'Empire, & leur demanda à chacun en particulier s'ils ne l'approuvoient pas? tous univerfellement applaudirent, & s'écrièrent qu'il venoit d'une infpiration de Dieu.

Cette Affemblée fe tint au mois de Septembre, & l'on prit un Dimanche pour la céré-

Theganus de geftis Ludovici Pii cap. 6. Chronic. Moiffiac.

monie du Couronnement. Elle se fit avec autant de magnificence que de piété. Tous les Evêques, les Abbez, les Ducs & les Comtes marcherent en rang vers la belle Eglise ou Chapelle que Charlemagne avoit fait bastir plusieurs années auparavant, & d'où est venu le nom d'Aix-la-Chapelle, que cette Ville porte encore aujourd'huy. L'Empereur suivoit revêtu de ses ornemens Royaux, la Couronne d'or sur la teste, & s'appuyant sur son fils. Estant arrivez à l'Eglise, ils s'approcherent l'un & l'autre du grand Autel richement paré, sur lequel l'Empereur fit mettre une autre Couronne d'or. Après avoir tous deux prié Dieu assez long-temps à genoux, l'Empereur se leva, & ayant fait faire silence, il parla de la sorte à Loüis.

Theganus. « Le rang où Dieu vous éléve aujourd'huy, mon fils, vous oblige plus que jamais à respecter sa puissance, à l'aimer, à le craindre, & à vous rendre un observateur fidéle de ses Commandemens. En devenant Empereur, vous devenez le protecteur des Eglises, & c'est à vous de faire ensorte qu'elles soient bien gouvernées : vous devez les défendre contre la violence des méchans & des impies, vous avez des sœurs, vous avez des freres en bas âge, vous avez des neveux & d'autres parens, vous estes dans l'obligation de les traiter comme tels, de les aimer, & de leur faire toutes les graces qu'ils peuvent attendre de leur Prince, qui est leur Maistre, mais en mesme temps leur frere, leur oncle, leur parent. Honorez les Evêques comme vos peres, aimez vos Peuples comme vos enfans. Pour les méchans & les indociles, ne craignez point d'employer l'autorité & la force pour les contraindre malgré qu'ils en ayent, à rentrer dans la voye de leur salut. Que les Monastéres & les pauvres trouvent dans vostre bonté leur refuge & leur consolation. Choisissez des Juges & des Gouverneurs craignans Dieu, & incapables de se laisser corrompre par les présens. Ceux que vous aurez honoré de quelque dignité, ne les en dépoüillez jamais sans un grand sujet, & vous-mesme rendez-vous irrépréhensible devant Dieu & devant les hommes. »

L'Empereur finit son discours en demandant à son fils s'il estoit résolu de gouverner ses Etats, suivant les regles qu'il venoit de luy prescrire. Le Prince répondit qu'il se feroit toûjours un plaisir de luy obéir, & qu'il espéroit que Dieu luy feroit la grace de ne pas s'écarter de la conduite qu'il venoit de luy marquer.

Alors l'Empereur luy ordonna de prendre luy-mesme la Couronne d'or qu'on avoit mise sur l'Autel, faisant entendre par là qu'il la tenoit de Dieu seul, & de se la mettre luy-mesme sur la teste, ce qu'il fit. Ensuite on célébra les divins Mystéres avec une solemnité & un appareil digne de la grandeur de cette cérémonie, & après la Messe on retourna au Palais dans le mesme ordre qu'on en estoit venu. Quelques jours après les deux Empereurs se séparerent en s'embrassant tendrement & avec larmes, comme s'ils eussent pressenti que c'estoit pour la derniere fois. Loüis retourna en Aquitaine, où les Peuples le reçurent d'une maniére conforme à sa nouvelle dignité, qui augmenta de beaucoup leur respect & l'autorité du Prince.

Charlemagne dans la suite s'appliqua plus que jamais à faire fleurir la piété & la discipline Ecclésiastique dans le Royaume. Il fit tenir cette mesme année-là pendant l'été plusieurs Conciles à Arles, à Reims, à Mayence, à Tours & à Châlons sur Saône, dans lesquels par son ordre il fut recommandé, que dans toutes les Eglises on priast Dieu pour luy & pour le nouvel Empereur. Il renouvella la Paix avec les deux Rois des Normands, à qui leurs guerres civiles ne permettoient pas de la rompre, quand ils l'auroient voulu faire. Mais les Sarazins d'Espagne perdoient trop à l'entretenir avec la France pour la bien observer si long-temps.

Les Pirates de cette Nation regarderent la minorité du jeune Roy d'Italie, comme un temps propre à renouveller le pillage des Isles de la Méditerranée, qui leur avoient rarement réüssi sous le Roy Pepin. Ils firent une irruption dans l'Isle de Corse lorsqu'on y pensoit le moins, & enleverent un très-grand butin, & quantité de captifs. Le Comte Hermangare Gouverneur du Lampourdan estoit alors en Mer avec une Flote qu'il commandoit ; il fut averti de cette perfidie, & se mit en embuscade dans un Port de l'Isle de Majorque pour les attaquer à leur retour : il le fit avec succès, & leur prit huit Vaisseaux, où il trouva près de cinq cens Chrétiens qu'ils emmenoient en esclavage. Par ces hostilitez la guerre fut de nouveau rallumée entre les deux Nations, & quelque temps après les Mahométans eurent leur revanche, ayant surpris Civita-vechia, qu'ils pillerent. Ensuite ils vinrent à Nice en Provence, qu'ils surprirent pareillement, & qu'ils désolerent, & puis ils retournerent sur les côtes d'Italie, & firent descente en Sardaigne. Comme les Habitans avertis de se tenir sur leurs gardes par le malheur de ces deux Villes, estoient alerte, ils laisserent faire la descente aux Sarazins ; mais ils ne les virent pas plustost à terre, qu'estant venus donner sur eux tout à coup, ils les défirent & les taillerent en piéces.

Sur ces entrefaites il arriva un nouveau changement dans l'Empire d'Orient. L'Empereur Michel, Prince simple & peu ferme, déconcerté par les mauvais succès qu'il avoit eu contre les Bulgares, & devenu par là méprisable à ses Sujets, fut dépossédé par un de ses Généraux nommé Leon, natif d'Arménie, & appellé communément dans l'Histoire Leon l'Arménien, qui non content de le voir retiré dans un Monastére, le relégua ensuite dans une Isle du Péloponese. Les Ambassadeurs que Charlemagne avoit envoyez à Constantinople n'arriverent qu'après la déposition de Michel, & traiterent avec Leon, qui en les congédiant, les fit accompagner par les siens qu'il envoya à Charlemagne ; mais ces Ambassadeurs en arrivant, trouverent que l'Empire

CHARLEMAGNE EMPEREUR.

d'Occident avoit aussi changé de Maistre.

Eginard, in Annal. an. 814.

Charlemagne sur la fin de Janvier de l'année 814. en sortant du bain, fut pris de la fiévre, & ensuite d'une pleurésie qui l'emporta en huit jours. Comme il voyoit son mal croistre, & ses forces s'affoiblir de moment en moment, il se *Theganus, cap. 7.* fit apporter le saint Viatique & l'Extrême-On- *Monachus Engolism. cap. 14.* ction par l'Evêque Hildebode, Maistre de sa Chapelle, & redoubla en cette extrémité la ferveur & la pieté qu'il avoit fait paroistre durant toute sa maladie. Il tomba le vingt-septiéme de Janvier dans une espéce d'agonie, qui dura le reste de ce jour-là & la nuit suivante. Le vingt-huitiéme se sentant entierement défaillir, il fit avec peine le signe de la Croix sur son front & puis sur son cœur, ferma les yeux, prononça encore ces paroles du Psalmiste: *Seigneur, je recommande mon esprit entre vos mains*, & dans ce moment il expira en *Eginard, in Annal.* la soixante-onziéme année de son âge, la quarante-septiéme de son Régne, la quarante-troisiéme depuis la conqueste de l'Italie, & la quatorziéme depuis qu'il avoit esté couronné Empereur.

Non seulement nous avons les Annales du Régne de Charlemagne écrites par Eginard son Secretaire, témoin oculaire de la pluspart des choses qu'il raconte; mais encore nous avons de la mesme main les traits les plus distinctifs *Eginard. in vita Caroli M.* de son caractére dans un Ouvrage particulier composé après la mort de ce Prince, dont je vais donner ici le précis, en y ajoûtant ce que quelques autres Ecrivains peu éloignez de son temps, nous en ont aussi marqué.

Tout ce qui peut contribuer à former un grand homme se rencontra dans ce Prince, un grand esprit, un grand cœur, une grande ame, avec un extérieur & toutes les qualitez requises pour faire valoir tout le mérite d'un si beau & si riche fond. L'étenduë de son Empire entouré de tous costez d'ennemis ou de jaloux de sa puissance, composé d'une infinité de Nations différentes, la pluspart difficiles à contenir dans le devoir, ne l'embarrassa jamais, quoiqu'il eust souvent plusieurs guerres en mesme temps sur les bras, en Italie, en Espagne, en Germanie, sur la Mer. Ses soins & sa vigilance s'étendoient à tout & par-tout, & ne manquoient guéres de le rendre victorieux: réglant au milieu de toutes ces guerres son Etat & l'Eglise, y faisant fleurir la pieté & les Lettres, comme s'il avoit joüi de la plus profonde Paix: descendant dans le détail de tout, voyant tout par luy-mesme, toûjours en voyage ou en expédition militaire, tandis que son âge & sa santé le luy permirent, également admirable à la teste d'une Armée, d'un Conseil, d'un Concile, & mesme d'une Académie de Sçavans.

Il fortifia toutes ses frontiéres & toutes ses côtes, bastit pour cela des Villes jusqu'au-delà de l'Elbe, mit en Mer de nombreuses Flotes, rendit la France inaccessible aux Peuples du Nord, qui infestoient l'Ocean, de maniere que ses ennemis ne purent que très-rarement l'entamer, soit par Mer, soit par Terre.

Constant & ferme dans ses entreprises, il sçavoit les soûtenir jusqu'à ce qu'il en fust venu à bout; c'est ce qu'on vit dès le commencement de son Régne, lorsqu'abandonné par son frere Carloman dans la guerre d'Aquitaine; il ne la quitta point qu'il ne se fust rendu Maistre paisible de tout cet Etat. Il poussa pendant trente-trois ans celle des Saxons, jusqu'à ce qu'il les eust abattus à ne s'en plus relever; traversé à diverses reprises dans la conqueste de la Pannonie ou du païs des Abares, il la reprit toûjours, & les subjugua enfin entierement, & se rendit par là Tributaires toutes les Nations depuis le Rhin jusqu'à la Vistule.

Il prenoit ses mesures si justes, qu'il ne manqua presque jamais aucune entreprise, soit qu'il la conduisist en personne, soit qu'il la fist éxecuter par ses Généraux, dont il connoissoit parfaitement les talents & la capacité. C'est ce qui luy fit cette grande réputation par toute la Terre, & jusques dans les païs de l'Asie les plus reculez, redouté de tous ses voisins, recherché des Rois de Perse & de ceux d'Afrique, admiré & chéri de ses Sujets, & sur tout obeï constamment par les trois Princes ses fils; obeïssance qui suppose dans le pere pour le moins autant de prudence & d'autres grandes qualitez, qu'elle en marque de bonnes dans les enfans.

Sa bonté, sa patience, sa modération, son humeur bien-faisante & généreuse, ses maniéres aimables contribuoient beaucoup à luy attacher ceux que sa qualité de Roy, de Vainqueur ou de Pere luy avoit soûmis. Il souffrit patiemment pendant plus de deux ans que son frere Carloman régna avec luy, la bizarrerie de ce Prince envieux de ses succès, & toûjours prest à prendre des liaisons, qu'il sçavoit luy estre desagréables & contraires à ses intérêts. Sur le point d'accabler Argise Duc de Bénevent, qu'il avoit contraint d'abandonner son Etat à sa discrétion, & de luy envoyer ses deux fils en ôtage, & qu'il vouloit obliger à luy venir demander luy-mesme sa grace, ce Duc refusant obstinément par fierté de se soûmettre à ce dernier article, il cessa de l'éxiger, luy renvoya son fils aîné, & après sa mort donna l'investiture du Duché à son cadet. Deux conjurations s'estant faites en Germanie contre sa personne, il se contenta de punir les conjurez de l'éxil, il n'y en eut que trois à qui il en coûta la vie, & qui furent tuez s'estant mis en défense, lorsqu'il les *Eginard. in vita Caroli M.* envoya arrester. Il pleura la mort du Pape Adrien I. comme il auroit fait celle de son frere, & c'est une des loüanges que luy donne l'Auteur de sa vie à cette occasion, qu'il n'y eut jamais de meilleur & de plus constant amy que luy.

Il charmoit ses Courtisans par son humeur honneste & aisée, & son Peuple par ses maniéres populaires. Il admettoit à son lever non seulement les gens de sa Cour, mais encore s'il y avoit quelque différent ou quelque procès que le Comte du Palais fust embarrassé à décider entre les Officiers du Palais, il les faisoit

M m iij

venir en ce temps-là, les écoûtoit durant qu'on l'habilloit, & terminoit l'affaire.

L'application qu'il avoit au Gouvernement ne paroissoit pas seulement dans les Conseils fréquens qu'il tenoit, dans les Assemblées des Seigneurs, & dans les Conciles qu'il convoquoit ; mais dans l'employ ordinaire de son temps : presque tout le jour se passoit à donner des ordres, à écoûter les Couriers qui luy venoient de divers endroits, & à conférer avec ses Ministres. On a des détails qu'il faisoit mettre par écrit sur les choses qu'il devoit proposer dans les Assemblées touchant les devoirs des Evêques, des Abbez, des Comtes ; on y voit les motifs qu'il devoit leur apporter, pour les engager à faire chacun leur devoir, à ne point empieter sur la jurisdiction les uns des autres, & à ne se point chicaner dans les fonctions de leurs Emplois.

J'ay remarqué en parlant de ses guerres de Germanie, qu'il avoit pour maxime de ne jamais laisser impunie aucune insulte de ses voisins de ce costé-là, ni aucune révolte de ses Tributaires, persuadé que la seule crainte contenoit dans le devoir ces Peuples encore féroces. Il estoit plus indulgent pour ceux d'Italie, peut-estre à cause du voisinage des Grecs, toûjours attentifs à profiter du mécontentement de ceux qui auroient voulu se réünir à l'Empire d'Orient.

Monachus Engolism. lib. 1.

Il avoit encore une maxime en matiére de récompenses, c'estoit de les répandre sur le plus de personnes qu'il pouvoit : il ne donnoit jamais plusieurs Comtez à un seul Comte, excepté à ceux des Frontiéres, jugeant qu'il falloit que ceux-ci eussent plus d'autorité & de puissance & plus de facilité à assembler un plus grand nombre de Troupes contre les ennemis dans l'occasion. Mais il ne donnoit jamais ou que très-rarement d'Abbaies aux Evêques, ni d'autres Bénéfices de Fondation Royale. Sa raison estoit, qu'en partageant ainsi ses graces, il se faisoit plus de serviteurs, & s'attachoit plus de personnes, que s'il eust mis beaucoup de Charges & d'honneurs sur une seule teste.

La maniére dont il se comportoit dans son domestique, pouvoit servir de modéle à tous ses Sujets : il eut pour la Reine Bertrade sa mere tout le respect, toute la tendresse, & toute la complaisance possible. Il ne la chagrina jamais, excepté à une seule occasion : ce fut lors qu'il répudia la fille de Didier Roy des Lombards, dont elle avoit négocié le mariage elle-mesme, qu'elle regardoit comme son ouvrage.

Il apportoit beaucoup d'application à l'éducation de ses enfans. Il leur choisit toûjours de très-habiles Précepteurs, pour leur apprendre les belles Lettres. Dès qu'il les voyoit assez forts pour soûtenir la fatigue du cheval, de la chasse, de la guerre, il les occupoit de ces exercices, & les y endurcissoit. Il s'appliqua sur tout à former Loüis le cadet de tous, comme par une espéce de pressentiment qu'il devoit estre un jour son successeur. Aprés qu'il l'eut fait Roy d'Aquitaine à l'âge de trois ans, il le faisoit venir de temps en temps à sa

Eginard. in vita Caroli magni.

Cour, pour s'asseurer par luy-mesme des progrez qu'il faisoit, & de l'application de ses Gouverneurs, & pour empescher qu'en prenant ce qu'il y avoit de bon dans les maniéres du païs où il régnoit, il n'en prist aussi les défauts.

Pour les Princesses ses filles, il avoit grand soin de les avertir d'éviter une certaine oisiveté, qui rend aux personnes de ce rang, la vie ou ennuyeuse ou trop molle & trop voluptueuse, & il vouloit que hors de ces temps destinez à leurs divertissemens, elles travaillassent & s'occupassent d'ouvrages propres de leur sexe ; un peu plus de fermeté à leur faire pratiquer les sages avis qu'il leur donnoit, les leur auroit rendus plus utiles. Les grands progrès que la Religion fit à la faveur de ses armes, jusques dans la Suéde, si nous en croyons l'Auteur de l'Histoire Ecclésiastique de ce païs, la protection qu'il donna à l'Eglise Romaine, les grandes donations qu'il luy fit, son zéle pour l'observation des Canons, pour la discipline Ecclésiastique, pour le réglement & la célébration du Service divin, sa piété dont il donnoit un très-grand exemple, par la maniére dont il assistoit aux divins Mystéres, par les lectures qu'il faisoit faire à sa table, par la vénération qu'il avoit pour les saints Livres, & pour ceux des Saints Peres, des jeûnes réglez & d'autres mortifications très-grandes qu'il pratiquoit, le soin qu'il avoit de faire rendre justice aux pauvres, aux veuves, aux orphelins, qui paroist dans tous ses Capitulaires, les Eglises & les Monastéres qu'il bastit & qu'il fonda, le zéle qu'il eut pour les lieux Saints de la Palestine, pour l'extinction des Hérésies, une infinité d'autres bonnes œuvres, qui ne peuvent partir que d'un grand fond de piété, tout cela luy a mérité le nom de Saint, comme ses grands exploits luy ont fait donner celuy de grand ; & quoique l'Eglise Romaine n'ait jamais souscrit à sa Canonisation faite par un Antipape du temps de l'Empereur Frédéric Barberousse, on l'honore cependant comme Saint en quelques Eglises particuliéres d'Allemagne, des Païs-bas, de France & d'Espagne. Une seule chose incompatible avec la sainteté, peut luy faire contester ce glorieux titre, c'est son incontinence, en cas qu'elle fust aussi-bien avérée que plusieurs le prétendent. On attaque la réputation de ce Prince sur ce point-là par des argumens plus spécieux, ce me semble, que solides. Ce que j'ay dit ailleurs, en parlant d'un autre de nos Rois *, sur le nom de concubine, qui signifioit alors une femme mariée, mais sans certaines formalitez, & qui n'avoit pas certaines prérogatives, à cause de l'inégalité de la condition & le défaut de dot, suffit pour disculper ce grand Roy : & aprés avoir bien pesé tout ce qui se dit sur ce sujet pour & contre, la vérité me paroist estre du costé de ceux qui le défendent.

Gontrand

Il avoit une passion extrême pour les belles Lettres, & n'omit rien pour faire fleurir toutes sortes de Sciences dans son Etat. Il fit venir de sçavans Hommes de divers endroits, &

entre autres le fameux Alcuin, qu'il obtint d'Offa Roy des Merciens en Angleterre. Il en fit son Favori, le combla de bien-faits, concerta avec luy les moyens de bannir l'ignorance & la barbarie de son Royaume & de sa Cour, & de rendre ses Sujets aussi sçavans & aussi polis, qu'on l'estoit à Rome & à Constantinople. Sous son Régne la science fut le moyen le plus seûr pour arriver aux dignitez Ecclésiastiques, & un titre pour mériter la faveur du Prince. Il parloit bien & fort aisément Latin & sçavoit le Grec; de sorte qu'il n'avoit que faire d'Interprète pour entendre les Ambassadeurs des Empereurs de Constantinople. La Grammaire, la Rhétorique, la Logique, la Theologie n'étoient pas pour luy des Sciences inconnuës. Il dévora les difficultez de l'Arithmétique, se fit instruire de ce qui se disoit alors de plus curieux en matière d'Astronomie, & assistoit avec plaisir aux observations que faisoient les Astronomes par son ordre. Il fit faire de nouvelles éditions des Loix des Lombards, des Bavarois, & des autres Nations soûmises à son Empire; & une des quatre Evangélistes sur les meilleurs Manuscrits Grecs, Latins & Syriaques: il avoit une très-belle & très-nombreuse Bibliotheque, se plaisoit fort à lire les Ouvrages de S. Augustin, & en particulier les Livres de la Cité de Dieu, & s'en faisoit faire la lecture quelquefois pendant qu'il estoit à table, aussi-bien que de diverses Histoires des grands Princes & des grands Hommes de l'Antiquité. Nonobstant toute sa doctrine, on a dit de luy qu'il ne sçavoit pas écrire, & cela sur un endroit d'Eginard son Historiographe: mais je croy que l'on a mal pris la pensée de cet Auteur, & qu'il n'a point voulu dire autre chose, sinon que ce Prince sur la fin de sa vie, voulut apprendre à imiter les beaux caractéres des curieux Manuscrits qu'il avoit dans sa Bibliotheque, & que s'y étant pris trop tard, il ne put y réüssir.

Il parloit sur le champ de toutes sortes de sujets avec beaucoup de facilité & de grace; car il estoit naturellement disert & éloquent, & fort agréable dans la conversation, il l'aimoit sur tout avec les personnes sçavantes; c'estoit un de ses divertissemens, les autres étoient la chasse & la course des chevaux, exercice où il excelloit aussi-bien que dans l'art de nager, en quoy aucun homme de son temps ne l'égaloit.

Ces éxercices avec une grande sobriété luy tenoient lieu de tous les remédes, ayant une horreur extrême de tous les régimes de Médecine, qui alloit presque jusqu'à ne pouvoir souffrir la présence d'un Médecin. Sa grande santé fit qu'il s'en passa aisément jusqu'aux derniéres années de sa vie. Il estoit d'un témperamment fort & robuste, d'une taille héroïque, plus grand que le commun des hommes; mais d'une grosseur proportionnée, excepté qu'il avoit le cou un peu court: à cela près, tout estoit grand & majestueux dans sa personne: il avoit un air masle & agréable, une démarche ferme, un visage ouvert, une belle teste, des yeux grands, vifs & gracieux, mais dont les seuls regards, quand il vouloit, contenoient dans le respect & dans la crainte ceux qui l'approchoient, il avoit une voix claire, mais foible, & d'un son peu proportionné à la grandeur de sa taille.

Il eut ses défauts comme les autres hommes, mais en petit nombre, & l'on peut dire qu'ils avoient pour principe ses bonnes qualitez mêmes, & sur tout la bonté de son cœur. La trop grande complaisance qu'il eut pour la Reine Fastrade, femme impérieuse & cruelle, fit qu'il dissimula certaines violences ausquelles elle s'emporta quelquefois, & qui irriterent les esprits de plusieurs Seigneurs, jusqu'à les faire penser à la révolte, & à conjurer mesme contre luy.

La tendresse qu'il eut pour ses filles l'empêcha de les marier, afin, disoit-il, de les avoir toûjours auprés de luy; ce qui causa quelques désordres dans sa Famille, & delà, dit Eginard, tout heureux qu'estoit d'ailleurs ce Prince, luy venoient de grands sujets de chagrin. Il sçut, ajoûte-t-il, les dissimuler, comme s'il eust été persuadé qu'on n'en parloit point dans le monde, & comme s'il n'y eust pas eu le moindre soupçon désavantageux à l'honneur de sa Famille & de ses filles. C'est tout ce que dit sur ce sujet cet Auteur, qui selon quelques Histoires, eut luy-mesme beaucoup de part à ces intrigues peu honorables à la Maison Royale.

Supposé la fausseté du reproche de l'incontinence de ce Prince, ce sont là les foibles les plus considérables dont on l'accuse dans l'Histoire, & qui ne sont pas capables de le dégrader & de le rendre indigne du rang que nous luy donnons parmi les plus grands Hommes de l'antiquité: je ne sçay mesme s'il y en a jamais eu tant de vertus avec si peu de défauts.

Comme c'estoit presque l'unique grand homme au monde, toutes les Nations concoururent à luy rendre propre le nom de Grand. L'idée populaire fut que sa mort avoit esté marquée clairement par quantité d'accidens extraordinaires qui la précéderent: de fréquentes éclypses de Lune & de Soleil, & d'autres phénomenes qui parurent dans ces temps-là, estoient, disoit-on, des signes trop visibles de sa prochaine défaillance. Un grand Portique qu'il avoit basti avec beaucoup de dépense, pour faire la communication entre l'Eglise & son Palais d'Aix-la-Chapelle, s'écroula tout à coup le jour de l'Ascension d'un bout à l'autre, comme si on l'eut sappé par les fondemens, le Pont de Mayence qu'il avoit esté dix ans à faire bastir, & qui passoit pour un prodige en cette matière, fut bruslé en trois heures, sans qu'il en restast rien que ce qui estoit dans le fond de l'eau. Comme il marchoit à la teste de son Armée contre Godefroy Roy des Normands, un peu avant le lever du Soleil, le Ciel estant fort serain, on vit comme une flamme tomber d'enhaut, qui passa de sa droite à sa gauche, & au même moment son cheval tomba mort sur la teste, & le jetta fort loin & fort rudement, de sorte que l'agraphe de son saye, & la boucle de son

HISTOIRE DE FRANCE.

baudrier se rompirent, & le javelot qu'il tenoit à sa main luy ayant échappé, fut porté par cette secousse à plus de vingt pieds de luy. On s'imagina souvent sentir une espéce de tremblement dans le Palais d'Aix-la-Chapelle, le tonnerre tomba sur l'Eglise, & abattit une grosse boule d'or, qu'il avoit fait placer au sommet. Il y avoit dans la mesme Eglise une inscription où estoient marquez le temps de la Fondation de l'Eglise & le nom du Fondateur, *Carolus Princeps*, elle estoit au-dessous d'une Corniche qui régnoit à l'entour de l'Eglise, & séparoit les deux rangs d'Arcades; on remarqua peu de mois avant la mort du Prince, que les lettres qui composoient le mot *Princeps* étoient tellement effacées, qu'elles ne paroissoient plus du tout. Il n'ignoroit pas les réfléxions qu'on faisoit sur toutes ces choses parmi le Peuple & à la Cour; mais il affecta toûjours de n'en paroistre ni ému ni inquiet, parlant de tous ces accidens comme de plusieurs autres qui n'avoient nul rapport à luy.

Son grand âge, & les infirmitez ausquelles il estoit sujet depuis quatre ans, l'avertissoient d'une manière plus persuasive de sa mort peu éloignée, & firent qu'il s'y prépara plus sérieusement que jamais, par le renouvellement de sa dévotion. Il fit un testament particulier de ses meubles, dont il fit le partage entre les enfans qu'il avoit eu des Reines, & ceux qu'il avoit eus de ses autres femmes. Il en fit aussi part aux principales Eglises Métropolitaines de son Etat, qui estoient désignées dans son Testament; sçavoir, celles de Rome, de Ravennes, de Milan, de Forli, de Grado, de Cologne, de Mayence, de Saltzbourg, de Tréves, de Sens, de Besançon, de Lion, de Roüen, de Reims, d'Arles, de Vienne, de Tarantaise, d'Ambrun, de Bourdeaux, de Tours & de Bourges.

Il n'avoit rien déterminé dans son Testament touchant sa sépulture, & on délibéra du lieu où l'on l'enterreroit. Mais l'on convint que son corps ne pouvoit reposer plus honorablement, que dans la belle Eglise d'Aix-la-Chapelle, qu'il avoit fait bastir à l'honneur de Jesus-Christ, sous le nom de la Sainte Vierge.

Son corps embaumé & revêtu de ses habits Impériaux, fut assis sur un Trône d'or, l'épée au costé, la couronne en teste, avec une relique de la Croix, tenant entre ses mains & sur ses genoux le Livre des Evangiles; devant le corps estoit son sceptre & son bouclier d'or, que le Pape Leon avoit beni. On l'avoit revêtu immédiatement sur la chair du cilice, qu'il portoit souvent pendant sa vie, & par dessus ses habits Impériaux, on luy avoit mis une grande bourse de Pelerin, qu'il porta toûjours dans tous les voyages qu'il fit à Rome.

Après que le corps eut esté exposé quelques heures de cette manière, on l'enterra le même jour, & on éleva sur son Tombeau un espéce d'Arc de Triomphe, que l'on dora depuis le haut jusqu'en bas, on y mit cette Epitaphe en Latin.

Sub hoc conditorio situm est corpus Karoli Magni, atque Orthodoxi Imperatoris, qui regnum Francorum nobiliter ampliavit & per annos XLVII. feliciter Rexit. Decessit septuagenarius * anno ab incarnatione Domini DCCC XIV. Indictione VII. V. Calend. Februarias.

Cy gist le corps de Charles le Grand & le Catholique Empereur, qui étendit avec beaucoup de gloire les bornes du Royaume de France, & le gouverna heureusement pendant quarante-sept ans. Il est mort septuagenaire, l'an de Nostre-Seigneur huit cens quatorze, Indiction septiéme, le vingt-huitiéme de Janvier.

---

* Il est surprenant que du vivant de Charlemagne on ne fut pas parfaitement instruit de l'âge de ce Prince. Il est dit dans son Epitaphe qu'il mourut septuagenaire, sans que l'on marque précisément s'il estoit dans la soixante & diziéme année, ou s'il l'avoit achevée. C'est Eginard qui rapporte cette Epitaphe, & qui dit néanmoins quelques lignes auparavant, que ce Prince mourut dans sa soixante & douziéme année, c'est dans la Vie de Charlemagne qu'il parle de la sorte, & au contraire dans ses Annales il dit seulement qu'il avoit environ soixante & onze ans.

HISTOIRE DE FRANCE.

LOUIS LE DEBONNAIRE EMPEREUR.

Eginard, in Annal. ad an. 814.

LORSQUE Charlemagne mourut, Loüis eſtoit en Aquitaine, & tenoit actuellement l'Aſſemblée générale de ſon Etat à Doüé ſur les confins du Poitou & de l'Anjou. Les principaux Seigneurs qui ſe trouverent alors à Aix-la-Chapelle dépeſcherent, dès que le Prince eut expiré, un d'entre eux nommé Rampon, pour porter cette nouvelle à Loüis, & pour l'aſſeûrer de leur fidélité & de leur attachement à ſon ſervice. Ce Seigneur fit grande diligence, & arriva à Orleans, d'où il partit ſans s'ouvrir à Theodulfe Evêque de cette Ville ſur le ſujet de ſon voyage. Ce Prélat homme habile & Courtiſan, avoit ſçû la maladie de Charlemagne; il devina ce qu'on affectoit de luy cacher, & envoya ſecretement un Courier, qui prévint l'arrivée de Rampon, & par lequel il avertiſſoit Loüis qu'il avoit des choſes importantes à luy communiquer, dont il devoit eſtre inſtruit avant que d'arriver à Aix-la-Chapelle, & le prioit de luy envoyer ſes ordres, & de luy mander s'il jugeoit à propos qu'il l'attendiſt à Orleans à ſon paſſage, ou s'il agréoit qu'il allaſt au devant de luy ſur la route. Loüis qui ſçavoit que Theodulfe avoit eſté fort conſideré de Charlemagne, & qu'il avoit eu grande part dans ſa confiance, luy manda qu'il luy feroit plaiſir de le venir trouver en chemin.

Ce Prince ayant terminé fort promptement les affaires pour leſquelles il avoit convoqué l'Aſſemblée, la congédia, & partit cinq jours après l'arrivée de Rampon. Il rencontra l'Evêque d'Orleans, avec qui il eut quelques conférences ſecretes, qui roulerent ſur la diſpoſition préſente de la Cour, & principalement ſur la défiance qu'il devoit avoir de Valon ou Vala, proche parent de Bernard Roy d'Italie. L'Evêque luy fit faire réflexion que ce Seigneur avoit toûjours eu un grand crédit ſur l'eſprit de Charlemagne; que c'eſtoit luy qui l'avoit engagé à donner cette belle partie de l'Empire François à Bernard; qu'eſtant & parent & Miniſtre de ce jeune Prince, & mis par Charlemagne auprès de luy, quand il l'envoya prendre poſſeſſion de cet Etat, il ne pouvoit manquer d'eſtre entièrement dévoüé à ſes intereſts, & que ſi le Roy d'Italie oſoit avoir quelques prétentions au-delà de ce qui luy avoit eſté donné du vivant de Charlemagne, ce ne ſeroit que par le conſeil de Vala qu'il entreprendroit de les ſoûtenir, & que par ſon adreſſe qu'il pourroit y réüſſir.

C'eſtoient en effet les ſoupçons qu'on avoit de ce Seigneur aſſez communément à la Cour, & il y eſtoit regardé comme l'unique perſonne capable de cauſer de l'embarras à l'Empereur. On y eſtoit dans l'impatience de voir comment il ſe comporteroit à l'arrivée du Prince, & pluſieurs attendoient à régler leurs démarches ſur les ſiennes; mais il fut le premier à aller au devant de Loüis, à l'aſſeûrer de ſa fidélité, de ſa ſoûmiſſion, de ſon dévoüement à ſon ſervice, & il luy promit de contribuer de tout le pouvoir qu'il avoit ſur l'eſprit du jeune Roy Bernard, à entretenir la bonne intelligence dans la Famille Royale. Ses promeſſes & ſes ſentimens eſtoient apparemment plus ſincères, que les careſſes & les démonſtrations de confiance avec leſquelles Loüis le reçut ; au moins cette confiance dura-t-elle peu. Preſque tous les autres Seigneurs imiterent à l'envi l'exemple de Vala, & Loüis fut reconnu tout de nouveau à Aix-la-Chapelle, & par un conſentement unanime, pour Empereur & pour Roy de toute la Nation Françoiſe.

Ce Prince avoit déja fait paroiſtre dans toute ſa conduite beaucoup de bonnes qualitez, qui le rendoient digne du rang où ſa naiſſance l'élevoit ; beaucoup de valeur, de la prudence, de la modération, de la bonté, de la pieté. Il avoit avec cela un viſage & un extérieur agréable, ſa taille, quoique médiocre, eſtoit proportionnée, & il eſtoit d'une force de corps extraordinaire, & d'une adreſſe merveilleuſe au maniement des armes.

La premiere choſe qu'il fit, fut de ſe faire apporter le Teſtament de l'Empereur ſon pere. Il fit exécuter toutes les diſpoſitions qui y étoient faites en faveur des Egliſes, des pauvres, des Officiers de la Maiſon du Prince, des Princeſſes, & des fils que le feu Roy avoit eus de ſes dernieres femmes qui n'eſtoient pas Rei-

Vita Ludovici Pii.

Ibid.

Ibid.

Theganus, cap. 19.

Vita Ludovici Pii.

nes, & cela fut accompli avec toute l'éxactitude possible. Il suppléa mesme avec libéralité à certains articles en faveur de quelques-unes de ses sœurs, dont il trouvoit les partages trop foibles. Mais il leur fit entendre en mesme temps qu'il estoit résolu de ne pas souffrir le scandale que quelques-unes d'elles avoient donné jusqu'alors.

Il avoit esté averti, soit par l'Evêque d'Orleans, soit par celuy qui luy apporta la nouvelle de la mort de l'Empereur son pere, que ces Princesses le connoissant d'humeur à les gêner, auroient peine à demeurer à sa Cour, & qu'elles prenoient des mesures pour se faire enlever au pluftost par leurs Amans, à l'exemple de leur grande tante Chiltrude sœur de Pepin, de laquelle j'ay parlé en faisant l'Histoire de ce temps-là, qui ne s'accommodant ni du célibat, ni de la qualité d'Abbesse, où elle prévoyoit qu'on la destinoit, s'échappa aussi-tost après la mort de son pere, gagna le Rhin, où des gens d'Odilon Duc de Baviere l'attendoient, & d'où elle fut menée à ce Prince, qui en estoit amoureux, & qui l'épousa.

L'Empereur pour prévenir l'éxécution de ces scandaleux projets, avoit ordonné à Vala, au Comte Garnier, au Comte Lambert, & à quelques autres d'arriver devant luy à Aix-la-Chapelle, & d'y arrester ceux qui trempoient dans ce complot. Quelques-uns d'eux qui avoient esté avertis de cet ordre, & qui connoissoient la bonté de l'Empereur, estoient déja en chemin pour venir se jetter à ses pieds, & demander leur grace, qu'il leur accorda en effet : d'autres furent arrestez ; mais un des plus considérables nommé Hedoin, qui sçavoit que l'Empereur ne l'aimoit pas, s'estant mis en défense, tua Garnier, blessa le Comte Lambert, & fut luy-mesme tué.

Ces Princesses du vivant de leur pere demeuroient toutes dans le Palais, l'avoient rempli de filles & de femmes qu'elles avoient à leur *Eginard. in vita Caroli magni.* service ou à leur Cour. L'Empereur leur ordonna à toutes, & à ses sœurs mesmes d'en sortir, & assigna à chacune de ces Princesses leur demeure dans des Monastéres, en leur donnant de bons avis pour leur conduite. De huit filles que Charlemagne avoit eu de divers lits, il en restoit encore sept, sans parler des cinq sœurs de Bernard Roy d'Italie, ses petites-filles, encore toutes jeunes, qu'il élevoit aussi dans son Palais à Aix-la-Chapelle.

Nitardus. l. 1. Il y avoit outre cela trois garçons que Charlemagne avoit eu de ses deux dernieres femmes. Ils eurent, comme les filles, part au Testament, mais sans nul droit & nulle prétention à la Couronne. Ils s'appelloient Drogon, Hugue & Thieri. Ils estoient encore en bas âge; Loüis les retint dans son Palais, les fit élever selon leur qualité, & les faisoit toûjours manger à sa table. Ces soins & ces réglemens domestiques occuperent les premiers jours de son nouveau Régne, & ne l'empescherent pas de commencer aussi à s'instruire à fond de tout ce qui concernoit ce grand & vaste Etat dont il estoit devenu le Maistre.

Charlemagne l'avoit reçû déja très-étendu de *Eginard.* Pepin son pere. Il comprenoit dès-lors tout le *In vita Caroli magni.* païs d'entre le Rhin, la Loire & l'Ocean, le païs d'entre le Rhône & les Alpes, & dans la Germanie, ce qui est entre le Rhin & le Danube, & de plus tout cet espace qui est entre le Rhin, le Danube, la riviere de Sala & la Saxe : car la Saxe estoit dès-lors tributaire de la France; mais à cela près, elle en estoit encore indépendante du vivant de Pepin.

Charlemagne avoit ajoûté à son Empire premierement l'Aquitaine & la Gascogne depuis la Loire jusqu'aux Pyrenées, & au-delà des Pyrenées toute cette largeur de l'Espagne jusqu'à l'Ebre, qui comprend aujourd'huy la Navarre, l'Arragon & la Catalogne. Secondement, toute l'Italie depuis la Ville d'Aost jusqu'au Duché de Bénévent. Car quoique Pepin eust fait des conquestes en Italie, les Grecs & les Lombards les luy disputerent toûjours : mais Charlemagne conquit le Royaume des Lombards, & obligea les Grecs de convenir des limites, & à luy céder dans les formes, & par un Traité, presque tout le continent d'Italie avec plusieurs Isles. Troisiémement, au-delà du Rhin il avoit augmenté son Empire de toute la Saxe, qui faisoit une grande partie de la Germanie, & le double de ce qu'on appelloit la France Germanique. En quatriéme lieu, la haute & la basse Pannonie, la Dacie sur le bord Septentrional du Danube, l'Istrie, la Croatie, la Dalmatie, hormis les Villes Maritimes, qu'il avoit cédées aux Grecs. Enfin il s'estoit rendu Tributaires presque toutes les Nations qui habitoient les païs situez entre le Rhin, le Danube, l'Ocean & la Vistule, jusqu'au païs que nous appellons aujourd'huy le Royaume de Pologne.

C'estoit ce grand Empire dont Loüis entroit *Eginard. in* en possession par la mort de son pere, excepté *Annal.* l'Italie, qui appartenoit à Bernard, fils de son frere le feu Roy Pepin : & c'estoit aussi à tenir dans la soûmission un si vaste païs, à l'exemple de son Prédécesseur, qu'il luy falloit employer toute son application.

Il commença par donner audience à divers Envoyez, dont les principaux estoient ceux de l'Empereur Leon l'Arménien, avec qui il renouvella les anciens Traitez, & à qui aussi-tost après il envoya luy-mesme des Ambassadeurs. Ils avoient interest l'un & l'autre à se ménager mutuellement, Loüis afin de se confirmer dans la possession du titre d'Empereur d'Occident, que les Empereurs Grecs avoient eu beaucoup de peine à accorder à Charlemagne, & Leon qui avoit enlevé l'Empire à Michel Rangabé, souhaitant fort d'estre reconnu pour Empereur légitime d'Orient par celuy d'Occident.

Ensuite Loüis convoqua une Assemblée générale des Seigneurs à Aix-la-Chapelle, pour s'instruire de l'estat des Provinces, & fit partir après l'Assemblée pour divers endroits du Royaume plusieurs personnes de sa Cour, avec la qualité d'Envoyez du Prince, * pour rendre * *Missi* la justice, réformer les anciens desordres qui *Dominici.*

LOUIS LE DEBONNAIRE EMPEREUR.

Thegan. cap. 10.

pouvoient s'eftre inrroduits, & prévenir ceux que le changement de Gouvernement pouvoit caufer. Il confirma tous les Priviléges des E-glifes & toutes les Donations que fes Prédéceffeurs leur avoient faites, & les figna de fa main. Beaucoup de Familles Espagnoles qui s'étoient retirées en Languedoc du vivant de Charlemagne, pour éviter la tyrannie des Sarazins, y avoient eflé opprimées & réduites à l'efclavage; Loüis fit en leur faveur un refcrit, par lequel il les délivroit de fervitude, & les établiffoit dans les mefmes droits & dans les mefmes priviléges que les anciens Habitans du Royaume. Il fit venir d'Italie fon neveu le Roy Bernard, qui luy fit hommage de fon Royaume & ferment de fidélité. Il confirma le Traité fait par Charlemagne avec le Duc de Bénévent, pour l'hommage que ce Duc devoit rendre, & pour le tribut qu il devoit payer, & qui fut réduit à fept mille fous d'or, au lieu de vingt-cinq mille qu'il payoit auparavant.

Ex Archivis Eccle-fiæ Narbonenfis apud Pithoeum.

Theganus. cap. 10.

Vita Ludovici Pii.

Loüis avoit alors trente-fix ans, & avoit eu trois fils du vivant de Charlemagne, fçavoir, Lothaire, Pepin & Loüis qui eftoit encore tout jeune. Il envoya Lothaire en Baviére, & Pepin en Aquitaine, avec des Miniftres de confiance, pour gouverner ces deux Etats.

Sur ces entrefaites arriva à la Cour Heriolte, un des prétendans au Royaume de Dannemarc, qui ayant eflé défait dans une bataille par les fils du feu Roy Godefroy, venoit demander du fecours à l'Empereur pour rétablir fon parti.

On avoit trop d'intereft en France à entretenir les guerres civiles des Normands; lefquelles continuoient depuis quelques années, pour ne pas foûtenir la faction la plus foible, & qui eftoit prefte de fuccomber. L'Empereur reçut Heriolte avec beaucoup de bonté, luy ordonna d'aller en Saxe, & d'attendre là le temps propre à rentrer dans le Dannemarc, l'affeûrant du fecours qu'il luy demandoit. En effet, il envoya au pluftoft ordre aux Saxons & aux Abodrites de fe tenir prefts à marcher pour cette expédition au premier commandement.

Afin d'engager les Saxons à faire leur devoir en cette occafion, il leur accorda auffibien qu'aux Frifons, une grace qu'ils luy avoient fait demander avec beaucoup d'inftance à fon avenement à l'Empire; ce fut de les remettre en poffeffion du droit d'hériter de leurs parens, duquel Charlemagne les avoit privez en punition de leurs fréquentes révoltes. Cette

Vita Ludovici Pii.

conceffion fut approuvée de plufieurs, & blâmée de beaucoup d'autres: les uns loüoient en cela la bonté de l'Empereur, les autres l'accufoient d'imprudence, de s'ofter un moyen fi feûr de tenir dans le devoir ces Nations inquiétes, & l'unique qui avoit réüffi à Charlemagne pour cet effet. Le fuccés juftifia le Prince: car dans la fuite ces Peuples gagnez par cette condefcendance, luy furent toûjours trés-attachez & trés-fidéles.

Tout eftoit tranquille dans l'Etat, excepté du cofté d'Efpagne, où l'on eftoit toûjours en guerre avec les Sarazins. Leur Roy Abulas envoya des Ambaffadeurs à l'Empereur pour traiter de la Paix: elle fe fit, mais elle dura peu.

Cependant les Troupes des Saxons & des Abodrites s'eftoient affemblées pendant l'hyver. Heriolte n'attendoit que l'occafion de paffer l'Elbe à la faveur des glaces. Il tâcha de le faire à deux diverfes reprifes: mais le dégel ayant furvenu toutes les deux fois, il fallut remettre l'expédition à un autre temps, & on la fit au mois de May.

An. 815.

Les Troupes Saxones & Abodrites conduites par le Duc Baudri, à qui l'Empereur en confia le commandement, paffèrent l'Elbe, & enfuite l'Eider. Elles entrerent en Dannemarc par la partie Méridionale du Jutland, & après fept jours de marche, elles fe camperent fur le bord de la Mer, où ils demeurerent trois jours.

Les Rois Normands s'eftoient avancez vers eux avec une grande Armée & une Flote de deux cens voiles, & s'eftoient poftez dans une Ifle éloignée d'une lieuë du continent, où ils pouvoient aifément paffer avec leur Flote, réfolus de ne point hazarder le combat, mais de couper l'ennemi, s'il s'engageoit plus avant dans l'Ifthme du Dannemarc.

Le Général François pénétra leur deffein, & voyant qu'il n'y avoit pas moyen de les attirer à une bataille, fe contenta de piller & de brûler toute la Frontière: il en amena quarante ôtages, & vint avec Heriolte & une partie des Troupes trouver l'Empereur à Paderborne, où il tenoit une Affemblée générale. Ce fut là que Loüis reçut les Ambaffades & les hommages des Efclavons & des autres Nations tributaires de la France, dont les Envoyez venoient auffi pour voir ce qu'il y avoit à craindre ou à attendre du nouveau Gouvernement.

L'Empereur avant que de partir d'Aix-la-Chapelle pour Paderborne, avoit reçû des nouvelles d'Italie, qui le chagrinoient. La faction des parens du feu Pape Adrien, qui avoient outragé fi étrangement le Pape Leon au commencement de fon Pontificat, avoit eflé punie par Charlemagne, & ce chaftiment avoit procuré au Pape un Pontificat heureux & paifible. Mais cette haine réprimée & non pas éteinte, éclata incontinent après la mort de ce Prince. Il fe fit une confpiration entre les plus confidérables de Rome contre la vie du Pape, qui en ayant efté averti, les fit arrefter, & le crime ayant efté prouvé, il les fit tous mourir.

Eginard. in Annal. ad an. 815.

Vita Ludovici Pii.

Cette conduite févére du Pape déplut à l'Empereur, qui eftant retourné à Francfort après l'Affemblée de Paderborne, où fon neveu le Roy d'Italie l'avoit fuivi, fit partir ce Prince pour Rome, afin de s'inftruire fur les lieux de toute cette affaire. Le Roy d'Italie après avoir fait faire toutes les informations, les envoya en France, l'Empereur les ayant lües, & ayant entendu les Envoyez de Leon, qui vinrent le trouver de fa part, parut fatisfait de la conduite du Pape, & la chofe en demeura là. Quelques mois après le Pape eftant tombé dans la maladie dont il mourut, il fe fit de nouvelles féditions à Rome, où le Roy d'Italie envoya Vinigife Duc de Spolete, qui en empefcha les

An. 816.

Tome I.

Nn ij

HISTOIRE DE FRANCE.

suites. Estienne, Diacre de l'Eglise Romaine, après la mort de Leon, fut mis en sa place.*

* Estienne estoit le cinquième Pape de ce nom ; mais on le compte communément le IV. parce qu'un de ses prédécesseurs de ce nom ne vécut que peu de jours, & je suivrai désormais cet usage.

La premiere chose qu'il fit après son exaltation, fut de faire prester le serment de fidélité aux Romains au nom de l'Empereur, & de luy envoyer des Ambassadeurs, pour luy rendre compte de son élection. Il le pria de trouver bon qu'il fist un voyage en France, pour conférer avec luy sur les affaires de Rome; & qu'il eut la satisfaction de le sacrer luy-mesme. L'Empereur luy répondit qu'il le verroit avec plaisir.

Si-tost qu'il sçut que le Pape avoit passé les Alpes, il envoya des Seigneurs de sa Cour pour le recevoir, & luy-mesme s'avança au devant de luy jusqu'à Reims, où il luy fit toutes sortes d'honneurs : car estant sorti hors de la Ville, il descendit de cheval dès qu'il l'apperçut, le Pape ayant aussi mis pied à terre, l'Empereur s'avança & se prosterna trois fois devant luy; ensuite ils s'embrasserent & se baiserent avec de tendres témoignages d'amitié. Le Dimanche suivant le Pape sacra l'Empereur, & le couronna avec l'Impératrice Hermengarde. Ils eurent de fréquentes conférences touchant les affaires de l'Eglise & le Gouvernement de Rome, & quelques jours après, le Pape reprit le chemin d'Italie, accompagné de quelques Seigneurs de la Cour, qui suivant l'ordre qu'ils en avoient de l'Empereur, le firent recevoir partout avec de grands honneurs, & défrayer dans tout le voyage.

Excepté quelques mouvemens des Gascons & des Esclavons-Sorabes, qui furent bien-tost appaisez par les chastimens qu'on en fit, la paix & la tranquillité continuoient dans l'Empire François, & l'Empereur prit ce temps-là pour travailler à la réforme de la discipline Ecclésiastique dans toute la France, comme il avoit fait en Aquitaine. Soit que ce fust la pieté des Princes qui leur inspirast ce dessein, soit que l'Etat Ecclésiastique, qui devenoit de jour en jour plus nombreux, commençast à estre regardé comme une des plus considérables parties de l'Etat, soit que le désordre s'y mist aisément, & que l'autorité Royale fust nécessaire pour le remettre dans l'ordre, il est certain que depuis le Régne de Pepin, c'estoit un des points auquel les Rois donnoient le plus d'application, & que dans les Assemblées des Seigneurs & des Evêques, on en traitoit presque toûjours.

En celle-ci l'Empereur fit lire un Livre composé par Amalaire Diacre de l'Eglise de Mets, suivant les ordres qu'il en avoit eû de ce Prince. Ce n'estoit que la pluspart que des Passages des Peres, touchant la dignité & les devoirs des Evêques & des Prestres, avec les Régles des Chanoines, lesquelles supposent que ceux-ci vivoient en Communauté comme les Religieux d'aujourd'huy. On y lut aussi les Régles des Religieuses, & il paroist par là que ces Régles estoient les mesmes dans tous les Monastéres. Il en estoit de mesme des Régles des Religieux, tous les Monastéres d'hommes ayant esté soûmis à la Régle de S. Benoist. On y fit

Tom. II. Concil. Gall.

encore plusieurs Statuts touchant la conservation des biens des Eglises, & sur diverses autres matiéres Ecclésiastiques. L'Empereur y fit aussi recommander la modestie aux Evêques & aux autres Ecclésiastiques, il leur y fit interdire l'usage des étoffes précieuses, & sur tout des ceintures d'or, des coûteaux enrichis de pierreries qu'ils portoient à ces ceintures, & la mode profane de porter des éperons, qui estoit alors celle des gens de la Cour. Il fit publier ces Statuts par-tout, & asseûra l'Assemblée qu'au mois de Septembre il envoyeroit dans toutes les Provinces des Officiers de sa part, pour voir si on les exécutoit, & luy rendre compte si les Chanoines, les Religieux, les Religieuses, les Evêques & les autres Ecclésiastiques se conformoient exactement à ces Régles.

Vita Ludovici Pii.

Tandis qu'il tenoit cette Assemblée à Aix-la-Chapelle, il arriva des Ambassadeurs de divers Princes, qui venoient tous luy demander son amitié. Ceux d'Abulas Roy des Sarasins, furent retenus long-temps sans réponse, & dans l'incertitude de celle qu'on leur feroit, à cause de quelques infractions du dernier Traité de Paix, qui leur faisoient apprehender qu'on ne leur déclarast la guerre; mais enfin on reçut leurs excuses, & ils furent congédiez, avec menace que s'ils n'observoient plus exactement les Traitez, on les y contraindroit par les armes.

Eginard, ad an. 816.

Il en vint encore de la part de l'Empereur d'Orient, pour confirmer les anciens Traitez, & pour faire régler quelques différens touchant les limites du costé de la Dalmatie. Mais comme ce second article ne pouvoit se traiter que sur les lieux, l'Empereur députa un Commissaire pour cette affaire, qu'il fit partir avec un des Ambassadeurs Grecs. Ils se transporterent en Dalmatie, & après quelques conférences avec le Gouverneur François de ce païs-là & les Envoyez des Esclavons Vinides, qui avoient aussi part à ce différent, à cause du voisinage, tout fut terminé à l'amiable.

An. 817.

Les Ambassadeurs des Rois Normands ne réüssirent pas si bien dans leur négociation. Ils les avoient envoyez pour engager l'Empereur à abandonner la protection d'Heriolte leur parent & leur compétiteur : on écouta leurs propositions, mais on y trouva peu de seûreté & de sincérité, ainsi on les renvoya sans réponse : on résolut de continuer à soûtenir le parti d'Heriolte, & d'entretenir parmi eux tant qu'on pourroit, cette guerre civile, qui affoiblissoit un dangereux ennemi, & délivroit les costes de France de ses insultes.

L'Empereur cependant méditoit un important dessein sur l'exemple de Charlemagne son pere; c'estoit d'associer un de ses enfans à l'Empire, & de donner aux deux autres chacun un Royaume. Les circonstances n'estoient pas les mesmes. Charlemagne avoit une autorité beaucoup plus établie que Loüis, & de quoy la conserver toute entiere sur ceux-mesmes, ausquels il communiquoit sa qualité de Souverain. Loüis estoit autant aimé que luy de ses Sujets & de ses enfans, mais il en estoit moins redouté. De plus Charlemagne n'associa son fils à l'Empire qu'après la mort des deux autres, & c'estoit la crainte de causer de la jalousie entre eux, qui luy avoit fait differer cette association. Au contraire, Loüis outre ses trois fils vivans, dont deux ressentiroient infailliblement la preference de celuy qui seroit associé, avoit encore son neveu Bernard Roy d'Italie, qui representoit Pepin son pere, fils aîné de Charlemagne, & qui en qualité de Maistre de l'Italie, Siege naturel, pour ainsi dire, de l'Empire d'Occident, sembloit avoir un droit particulier de prétendre à ce Titre. Cette diversité de circonstances mettoit beaucoup de difference entre la conduite de Charlemagne & celle de Loüis : aussi les suites en furent-elles tres-differentes.

Loüis sans avoir égard à ces raisons, communiqua son dessein à l'Assemblée generale qu'il tint à Aix-la-Chapelle en l'année 817. & sans dire dans la premiere Séance sur lequel de ses trois fils il feroit tomber son choix, il ordonna un jeûne de trois jours, pour obtenir les lumieres du Ciel dans une affaire si importante.

An. 817. Epist. Agobardi ad Ludovicum. Chronic. Moissiac.

Après ces trois jours, il déclara que c'estoit Lothaire son fils aîné, qu'il associoit à l'Empire, qu'il créoit Roy d'Aquitaine Pepin son second fils, & Loüis son troisiéme fils Roy de Baviere. Ce choix fut approuvé, & l'Acte en fut envoyé au Pape par l'Empereur. La ceremonie du Couronnement des trois Princes se fit avec beaucoup de solemnité, & les deux Rois partirent aussi-tost pour aller se faire reconnoistre chacun dans leur Royaume.

Eginard. In Annal. an. 817. Vita Ludovici Pii.

Chronic. Moissiac.

Cette nouvelle ne fut pas plustost portée au Roy d'Italie, qu'il en fit paroistre son chagrin, & déclama publiquement contre ce choix comme contre une injure qu'on luy faisoit, donnant à entendre que la succession à l'Empire le regardoit plus qu'aucun autre en qualité de Roy d'Italie. Ce fut pour luy un nouveau motif de se révolter, & le pretexte plausible qu'il prit de faire éclater la resolution où il estoit, de secoüer le joug, de se soustraire à la dépendance qu'il avoit de la France, & de refuser l'hommage auquel on l'avoit soûmis.

En effet, cette resolution de se revolter n'estoit pas si brusque qu'elle le parut. Bernard avoit déja un parti en France, formé secretement par plusieurs Courtisans de la vieille Cour, qui avoient déchû sous le nouveau Regne, du credit qu'ils avoient sous le précedent. Ceux qui avoient le plus de part dans les bonnes graces de Charlemagne sur la fin de sa vie, étoient Engilbert Abbé de saint Riquier, Vala dont j'ay parlé un peu auparavant, proche parent de Bernard par la mere de ce Prince, Adelard Abbé de Corbie, Rainier Comte du Palais, Reginard grand Chambellan, & Theodulphe Evêque d'Orleans. Engilbert estoit mort peu de temps après son Maistre, Adelard avoit esté disgracié, & obligé de quitter son Abbaye pour aller demeurer en l'Isle de Nermoutier en Poitou, Vala eut ordre dans le même temps de se retirer de la Cour, & se fit Moine de Corbie, soit par devotion, soit par l'esperance de revenir un jour par cette voye à la Cour : car alors la qualité de Moine, quand elle estoit jointe à beaucoup de merite, estoit un moyen presque seûr pour y avoir entrée, & y acquerir de la consideration : l'Evêque d'Orleans de quelque addresse dont il eust usé, & quelques mesures qu'il eust prises pour s'emparer de l'esprit du nouvel Empereur dans les entretiens importans qu'il eut avec luy, lorsque ce Prince vint d'Aquitaine à Aix-la-Chapelle, n'avoit pas reüssi, & estoit peu consideré. Les autres que j'ay nommez ne l'estoient pas plus que luy.

Tous ces gens-là, excepté Vala & Adelard, qui ne se mesloient plus de rien, estoient d'intelligence avec le Roy d'Italie, & avoient attiré à leur faction beaucoup d'autres personnes de qualité, & mesme du Clergé, à qui la reforme que l'Empereur avoit faite l'année d'auparavant dans les Capitulaires de l'Assemblée d'Aix-la-Chapelle déplaisoit fort. On y avoit inseré un article qui regardoit nommément les Evêques de Lombardie, accusez d'exiger de l'argent pour les Ordinations, & on les avoit menacez de la deposition pour ce sujet. Anselme Archevêque de Milan avoit ressenti vivement cet affront, & cela n'avoit servi qu'à le faire entrer plus volontiers dans les intrigues du Roy d'Italie, Wifode Evêque de Crémone y paroissoit aussi des plus zelez.

Vita Ludovici Pii.

C'estoit en comptant sur l'adresse & sur le chagrin de tous ces mécontens, que Bernard leva le masque. Il anima toutes les Villes d'Italie, tant celles qui relevoient immediatement de luy, que les autres, à se soûlever contre l'Empereur, & vint avec des Troupes se saisir de tous les passages des Alpes.

Ratalde Evêque de Véronne, & Suppon Comte de Bresse, soit qu'ils eussent en apparence suivi le torrent, ou qu'ils eussent ouvertement refusé d'entrer dans les desseins de Bernard, furent ceux qui donnerent les premiers avis à l'Empereur de cette conjuration. Ce Prince voulant éteindre l'incendie dans sa naissance, assembla une Armée composée des Troupes qu'il avoit en Germanie, & de celles qu'il leva en deçà du Rhin, & marcha promptement vers les Alpes. La nouvelle de son arrivée à Châlons sur Saône commença à faire trembler les ennemis, & partie par la terreur, partie par les promesses que l'Empereur fit faire secretement aux Officiers des Troupes de Bernard, la desertion se mit de telle sorte dans l'Armée de ce Prince, qu'en peu de jours il se trouva presque seul.

Dans le desespoir où cette desertion le jetta, il crut ne pouvoir trouver de ressource plus seûre, que la bonté de celuy qu'il avoit offensé. Il passa les Alpes, accompagné des principaux de son Armée, & vint avec eux demander pardon à l'Empereur, en mettant ses armes à ses pieds.

L'Empereur les reçût avec un air & un visage severe, & reprocha à Bernard sa perfidie & son ingratitude, le faisant ressouvenir que c'estoit à luy qu'il estoit redevable de son

Vita Ludovici Pii.

N n iij

Royaume d'Italie, & qu'après la mort de Pepin, luy-mesme luy avoit ménagé ce partage, & déterminé l'Empereur son pere à le faire couronner. Il ajoûta qu'avant que de parler de grace pour un crime qui méritoit la plus cruelle mort, il vouloit en sçavoir tous les complices. Bernard ne se laissa pas presser sur cet article, & sur le champ les nomma tous, sçavoir, Theodulfe Evêque d'Orleans, & les autres mécontens dont j'ay parlé.

Après cet aveu, l'Empereur leur dit qu'il ne vouloit pas estre seul Juge de cette affaire, & qu'il en renvoyoit l'éxamen à l'Assemblée generale de la Nation, qui devoit bien-tost se tenir à Aix-la-Chapelle. Il donna ordre cependant d'arrester tous ceux qui venoient d'être accusez, & les fit conduire avec Bernard à Aix-la-Chapelle. On leur y fit leur procès quelques mois après, & tous par le consentement unanime des Seigneurs, furent condamnez à la mort.

L'Empereur modéra la rigueur de cette Sentence, quelques remontrances que luy fissent les Seigneurs. Il ordonna que la peine de mort fut commuée en un supplice qui estoit devenu assez ordinaire en France depuis plusieurs années, & dont l'usage estoit venu de l'Empire d'Orient, où il estoit fort commun. C'estoit de crever les yeux aux criminels. Il ordonna que Bernard & tous ses complices Laïques subissent ce supplice: pour les Evêques après les avoir fait déposer, selon les formes Canoniques par un Concile, il envoya les uns en éxil, & relégua les autres en divers Monastéres, pour y vivre en pénitence. Bernard mourut trois jours après ou de chagrin, ou du mal qu'on luy avoit fait en luy crévant les yeux: on dit qu'on voit encore à Milan, où il fut enterré, son Epitaphe en ces termes: *Bernard, fils de Pepin, de sainte memoire, Prince admirable pour son honnesteté, & illustre par ses autres vertus, repose dans ce Tombeau; il régna quatre ans & cinq mois, il mourut le dix-septiême d'Avril.* Ainsi fut dissipée cette révolte, & par là le Royaume d'Italie fut réüni à la Couronne de France.

Pour prévenir de semblables factions, l'Empereur fit couper les cheveux à ses trois jeunes freres Drogon, Thieri & Hugue, les mit chacun dans un Monastére, & leur fit prendre l'état de Cléricature.

Presque au mesme temps que l'Empereur reçut la nouvelle de la révolte du Roy d'Italie, il apprit celle que Sclaomir Duc des Abodrites au-delà de l'Elbe, jusqu'alors toûjours très-attachez & très-fidéles à la France, venoit de former, pour en secoüer le joug. Elle fut encore causée par un changement fait dans le Gouvernement du Païs par ordre de la Cour, depuis la mort de Charlemagne: tant il est vrai que les innovations sont toûjours dangereuses au commencement des nouveaux Régnes.

Eginard. in ann. ad an. 817.

Sclaomir avoit esté fait par Charlemagne Duc des Abodrites, après la mort de ce Duc Thrasicon, que le Roy des Normands avoit fait assassiner, pour se venger de l'attachement qu'il faisoit paroître en toute occasion pour la France & pour Charlemagne. Thrasicon avoit laissé un fils nommé Ceudrague, qui fit ressouvenir l'Empereur des services de son pere, & de la maniére dont les Normands l'avoient immolé à leur haine contre la France: le suppliant par ces considerations de luy donner quelque part dans le Gouvernement de sa Nation.

L'Empereur luy accorda sa demande, & ordonna à Sclaomir de partager avec luy sa qualité de Duc & le commandement qui y estoit attaché. Cet ordre irrita tellement ce Duc, qu'il jura que de sa vie il ne passeroit la riviere d'Elbe, pour aller au Palais d'Aix-la-Chapelle faire sa Cour ou rendre ses hommages. Il apprit alors que l'Empereur avoit refusé la Paix que les Rois Normands luy avoient demandée: il traita secretement avec eux, & en vertu de ce Traité peu de temps après l'Armée des Normands vint fondre dans le païs, leur Flote monta par l'embouchûre de l'Elbe : jusqu'au Fort d'Essesfeld, basti par l'ordre de Charlemagne, & l'assiégea conjointement avec l'Armée de Terre.

Les Comtes chargez de la défense des Frontiéres & des bords de l'Elbe sur l'avis des mouvemens des Normands & des Abodrites, se mirent en état de leur résister, & jetterent promptement des Troupes dans Essesfeld. Elles le défendirent si bien, que les ennemis furent obligez de lever le Siege, & de se retirer après avoir fait seulement quelques ravages dans les environs.

Eginard. in an. ad an. 817.

Les Bretons ou sollicitez par les Normands & par la faction du Roy d'Italie, ou d'eux-mesmes par leur inquiétude naturelle, crûrent ces conjonctures favorables pour tascher aussi de se mettre en liberté. Morman à la teste des Bretons avoit commencé sa révolte par prendre le nom de Roy, titre que les Comtes ou Princes des Bretons avoient toûjours eu grande passion de porter. L'Empereur marcha en personne avec une nombreuse Armée, & tint une Assemblée generale à Vannes, dont il s'empara, ou qui plus vray-semblablement avoit déja esté réünie à l'Empire François par Charlemagne, après une révolte que les Bretons firent en ce temps. De-là il entra dans le païs,& y prit ou força toutes les Places capables de résistance. Les Bretons battus par-tout, déchargerent leur coiére sur leur nouveau Roy, le tuerent eux-mesmes, & obtinrent par là le pardon qu'ils demanderent à l'Empereur.

An. 818.

Un Seigneur du païs nommé Nomenoi ou Nomenon, n'avoit jamais voulu consentir à la révolte, & estoit toûjours demeuré fidéle avec un nombre considerable de Bretons, qui s'étoient attachez à luy. L'Empereur en reconnoissance de sa fidélité, le fit Comte, ou comme il est appelé dans l'Histoire, Juge de la Province de Bretagne, ou bien comme on l'appelle encore ailleurs * Prieur de la Nation Bretonne. C'estoit un homme d'un grand mérite, également habile dans le métier de la guerre, & dans le maniement des affaires. Les successeurs de Loüis ne s'en apperçûrent que trop,

M. S. Monasterii Rothonensis.

* In Concilio Turonensi.

LOUIS LE DEBONNAIRE EMPEREUR.

ainsi que nous le verrons dans la suite de cette Histoire.

L'Empereur après avoir pacifié les troubles de Bretagne, reglé toutes les affaires, & choisi autant d'otages qu'il voulut en prendre, revint par Angers, où il avoit laissé malade l'Impératrice Hermengarde qui y mourut deux jours après son arrivée. Delà il continua sa marche par Roüen, par Amiens jusqu'à Heristal, où il trouva des Ambassadeurs de diverses Nations qui attendoient son arrivée. Les Envoyez de Sigon nouveau Duc de Bénevent, luy firent de magnifiques présens de la part de leur Maistre, & le justifièrent si bien de l'assassinat de Grimoalde son prédécesseur dont il estoit soupçonné, que son élection faite par les Béneventins fut confirmée, & son hommage reçû.

Eginard. in Annal.

Les Ambassadeurs des Gudusciens & des Timotiens peuples voisins des Bulgares, & depuis long-temps leurs Alliez ou leurs Tributaires, furent admis à l'Audience de l'Empereur: ils le priérent d'agréer qu'ils renonçassent à la protection des Bulgares pour se mettre sous la sienne, & de les unir au Gouvernement de Dalmatie. L'Empereur leur marqua que le choix qu'ils faisoient de sa protection, luy estoit très-agréable. Il reçut leur hommage & consentit à l'union qu'ils luy demandoient.

Enfin il écouta & reçut mal ceux de Liuduit Duc de la basse Pannonie, qui lui vinrent faire des plaintes de la conduite de Cadolac Comte de Frioul un des Commandans de cette Marche. Ce Duc ne cherchoit que des prétextes de rompre avec la France, & de se révolter comme il le fit bien-tôt après. L'Empereur, après avoir congédié tous ces divers Envoyez, alla passer l'hyver à Aix-la-Chapelle.

Ibid.

An. 818.

Les Bretons n'étoient pas les seuls qui eussent pensé à se prévaloir pour leur liberté, des troubles de l'Italie & de delà l'Elbe. Les Gascons n'avoient pas manqué une si belle occasion ayant à leur tête Lupus leur Duc. L'Empereur fit marcher contre eux Pepin son fils Roy d'Aquitaine & les Comtes d'Auvergne & de Toulouse avec les milices de ces deux territoires. Lupus eut la hardiesse de recevoir la bataille que ces Généraux luy présentèrent. Il y fut défait & pris & conduit à Aix-la-Chapelle, ou l'Empereur luy fit grace de la vie, & se contenta de l'envoyer en exil. Il punit de la même peine Sclaomir ce Duc des Abodrites qui s'étoit ligué avec les Normands, & qui fut aussi pris dans un combat par les Commandans de la Marche Saxone.

Ainsi Loüis victorieux de tous côtez ou par luy-même ou par ses Généraux, s'occupa pendant l'hyver comme faisoit Charlemagne, à tenir des assemblées pour maintenir l'ordre dans l'Empire, & les Reglemens de discipline qu'il avoit envoyez les années précédentes aux Eglises & aux Monastères.

Vita Ludovici Pii.

Comme il avoit perdu l'Impératrice Hermengarde, on le pressoit de se remarier, d'autant plus qu'on voyoit en luy assez de piété pour apprehender qu'il ne pensât de nouveau à quitter sa Couronne, afin de vivre plus chrétiennement dans la retraite. Les Seigneurs qui avoient des filles à marier n'oubliérent rien pour faire pencher les inclinations du Prince du côté de leur famille. Le Duc Guelfe emporta l'honneur de la préférence pour sa fille Judit. L'Empereur dans ce mariage eut autant d'égard à la noblesse de l'épouse qu'il choisissoit, qu'à sa beauté : elle étoit du côté de son pere de la plus noble maison du Royaume de Bavière, & du côté de sa mere du plus illustre sang de toute la Saxe; mais avec tous ses avantages sa destinée fut d'être en France dans la suite ou la cause ou l'occasion de bien des malheurs.

Theganus & alii.

Jusqu'alors tous les soulevemens qui s'étoient faits, soit au delà des Alpes, soit du côté des Pyrennées, soit en deça du Rhin, soit au delà de l'Elbe n'avoient servi qu'à affermir la puissance du Prince par une prompte défaite, & qu'à le rendre redoutable : mais il s'éleva cette même année un nouveau rebelle digne par sa bravoure, par son habileté dans la guerre, par son addresse, par ses intrigues d'être regardé par les François comme un ennemi dangereux, qui sçut par sa résistance & en les attaquant avec succès, interrompre cette suite de victoires, à laquelle ils estoient accoûtumez, jusque-là qu'il fut plus souvent victorieux que vaincu.

Ce fut ce Liuduit dont les Envoyez estoient venus l'année précédente trouver l'Empereur à Aix-la-Chapelle. Il estoit Duc de la basse Pannonie, c'est à dire, des Païs où sont aujourd'huy les Villes de Bude, de Gran, d'Albe-Royale : il descendoit de ces Huns ou Abares autrefois si puissans, & si redoutables à tous les peuples des environs du Danube : Charlemagne les avoit subjuguez & tellement exterminez, qu'on ne les regardoit presque plus comme un peuple particulier. Depuis qu'ils se furent entièrement soumis, on leur donnoit pour les gouverner des Chefs de leur Nation avec la qualité de Duc, mais toûjours tributaires de la France & obligez à l'hommage. *

Liuduit avoit cette qualité dans la basse Pannonie, & crut qu'elle luy donneroit assez de pouvoir & assez d'autorité pour se révolter impunément contre l'Empereur. Il commença par se broüiller avec Cadolac Gouverneur de Frioul, qui partageoit, ce semble, avec le Gouverneur de Dalmatie, une espece de Commandement ou d'Intendance qu'ils avoient sur toutes les Nations de ces quartiers-là, le long de la Drave, de la Save, & du Danube. Ce fut sur les différens qu'il avoit avec luy qu'il envoya à Aix-la-Chapelle faire ses plaintes, qui n'ayant pas eu grand effet comme il s'y étoit bien attendu, luy serviront de prétexte pour se révolter & tâcher de se rendre indépendant de la France : il engagea dans son party les Esclavons d'entre la Save, la Drave & la Carinthie.

Si-tôt que l'Empereur en eut esté averti, il envoya ordre aux Troupes d'Italie de marcher de ce côté-là pour le soûmettre. Le Gouverneur de Frioul les y conduisit. Liuduit se retrancha à l'entrée du Païs & l'y attendit, & prit si bien ses mesures, qu'il l'empêcha de for-

* *Thegan appelle ce Liuduit Duc des Esclavons, parce que les Esclavons avoient été long-temps meslez parmi les Abares: cet a certainement la basse Pannonie estoit le païs des Abares.*

Eginard. in Annal. ad an. 819. Vita Ludovici Pii.

Theganus.

cer aucun passage, & l'obligea à s'en retourner sans avoir rien fait que de légères excursions, ou les Troupes impériales reçûrent quelques dommages.

Ce premier succès enfla le cœur de Liuduit. Il fit partir de nouveaux Envoyez pour la Cour de l'Empereur, à qui il proposa d'adoucir les conditions ausquelles sa Nation & les Esclavons avoient esté jusqu'alors soûmises à la France, & pourvû qu'on voulut avoir cet égard pour les deux Nations, il promettoit à l'Empereur de faire ensorte, qu'elles continuassent de luy être fidélles. L'Empereur rejetta ces propositions, & cependant luy en fit d'autres selon lesquelles il se relâchoit sur certains points, supposé qu'il mist les armes bas.

Liuduit ne s'en accommoda pas, & comme il prévit bien que ce refus luy alloit attirer sur les bras de grandes forces il pensa à interesser dans son parti les Nations voisines, & envoya par tout en deça, & au delà du Danube des gens, pour engager les peuples de ces quartiers-là à un soulevement general.

Il leur fit représenter qu'ayant esté libres jusqu'au temps de Charlemagne, on les avoit injustement asservis; qu'il leur estoit honteux d'avoir esté tant d'années sans penser efficacement à recouvrer leur liberté; qu'ils estoient depuis trop long-temps exposez au caprice & à la cruauté des Gouverneurs de Frioul & de la Dalmatie; que les plaintes qu'il avoit portées à la Cour contre le Gouverneur de Frioul n'avoient pas esté écoutées; qu'il venoit de demander à l'Empereur quelque adoucissement de l'esclavage où gémissoit sa Nation aneantie par les carnages qu'en avoient fait les François, sans pouvoir rien obtenir; qu'au reste ce regne n'estoit pas si terrible que le precedent, & qu'il y avoit bien de la difference entre Loüis & Charlemagne; qu'avant que de rien proposer de ses desseins il avoit voulu tenter le péril luy-même, & que si luy seul à la tête des Abares & des Esclavons avoit cette année repoussé les François, que ne devoit-il point espérer quand il seroit secondé des Troupes de tant de braves Nations confédérées pour l'interest de leur gloire & de leur liberté?

Ces remontrances ébranlérent plusieurs Nations; mais elles ne leur firent prendre aucune résolution: il n'y eut que les Timotiens, ceux-là même qui l'année d'auparavant avoient envoyé leurs Ambassadeurs à Aix-la-Chapelle pour se soûmettre à l'Empire François en renonçant à l'alliance des Bulgares, il n'y eut, dis-je, que ceux-là qui se laissérent débaucher par Liuduit, & qui se joignirent à luy.

Eginard. in Annal. ad an. 819.

Cadolac Gouverneur de Frioul estant mort au retour de son expédition de Pannonie qui ne luy avoit pas réüssi, l'Empereur mit à sa place le Duc Baudri, Capitaine d'expérience qui commandoit quatre ans auparavant l'armée envoyée en Dannemarc pour soustenir le parti d'Heriolte contre les Rois Normans. Ce General n'eût pas plûtôt pris possession de son Gouvernement, qu'il apprit que Liuduit s'estoit avancé jusque dans la Carinthie qui en faisoit une partie, & y mettoit tout à feu & à sang. Baudri sur ces avis ramassa tout ce qu'il put de Troupes, & vint dans la Carinthie avec une armée peu nombreuse, pour arrester les ravages de l'ennemi. Il le joignit dans sa retraite sur le bord du Drave, & donnant sur son arriere-garde, il luy tua beaucoup de monde: malgré cet échec Liuduit ne laissa pas de passer encore la Save pour continuer ses ravages.

D'un autre costé le Duc Borna Gouverneur de Dalmatie s'estoit mis en campagne avec une grande armée, pour tascher de l'enfermer entre luy & celle de Frioul. Ce Duc avoit dans ses Troupes un grand corps de Gudusciens, c'estoit cette autre Nation dont les Envoyez étoient venus avec ceux des Timotiens pour se soûmettre à l'Empire de France, & que Liuduit n'avoit pu d'abord engager à prendre les armes contre les François.

Le General François le rencontra sur la riviere de Culp qui se jette dans la Save. Liuduit ne balança pas à recevoir la bataille. Et il avoit raison de le faire ayant une secrete intelligence avec les Gudusciens, qui dès le commencement du combat lascherent le pied, & le reste des Troupes fut bien-tôt entraîné par un si méchant exemple. Dragomose beau-pere de Liuduit, qui desapprouvant la révolte de son gendre s'estoit retiré en Dalmatie, & combattoit dans l'armée Françoise, y fut tué, & le General pressé de tous costez ne pouvoit guéres éviter le même malheur. Mais sa bravoure & son expérience suppléerent en cette occasion à tout le reste. Il fit un gros escadron de ses gardes, avec lequel il se retira en présence de toute l'armée ennemie, & se battant toûjours en retraite, sans que jamais Liuduit qui luy fit donner plusieurs assauts, eut jamais pû l'enfoncer ny le rompre. Liuduit ne manqua pas de profiter de cette défaite, & il mena sans tarder son armée victorieuse en Dalmatie où il mit tout au pillage. Borna n'estant pas en estat de luy résister en pleine campagne; fit promptement retirer tout ce qu'il put dans les Villes fortes, y jetta des garnisons capables de résister, & luy avec un petit camp volant de Troupes choisies se mit à cotoyer l'armée ennemie, & à la harceler tombant nuit & jour sur Liuduit, & l'attaquant tantost en queuë, tantost en flanc, tantost luy enlevant des quartiers, tantost luy coupant les vivres, & le fatigua de telle sorte, qu'il l'obligea à sortir bien-tôt de la Province après luy avoir tué plus de trois mille hommes, enlevé plus de trois cens chevaux, & une partie du butin qu'il avoit fait.

Ibid.

L'Empereur que la défaite de Borna avoit fort inquieté, reçût ces dernieres nouvelles avec beaucoup de joye, aussi-bien que celles qui luy vinrent des Pyrenées ou Pepin son fils Roy d'Aquitaine, dompta tellement les Gascons qui s'estoient de nouveau révoltez, que jamais la Gascogne ne parut ny plus tranquille ny plus soûmise.

Les succès ne furent pas moins heureux du costé du Nort. Heriolte que l'Empereur soustenoit toûjours contre les quatre Rois Normans

tous

tous fils du Roy Godefroy, entra par mer en Dannemarc avec le secours des Abodrites. La conjoncture estoit avantageuse. La dissension s'estoit mise entre les freres, & Heriolte s'estant offert à soustenir un des partis contre l'autre, son offre fut acceptée : les deux Princes chefs de la faction contraire furent obligez de quitter le Dannemarc. Et Heriolte s'accommoda avec les deux autres avec lesquels il partagea le Royaume.

La révolte de Liuduit & les moyens de le soûmettre firent la principale matiere des déliberations de l'assemblée générale, que l'Empereur tint à Aix-la-Chapelle pendant le quartier d'hyver. Le Duc de Dalmatie s'y rendit par ordre de l'Empereur, afin que dans les Conseils de guerre il pust plus aisément communiquer les connoissances qu'il avoit prises sur les lieux, des forces de l'ennemi, des endroits par ou l'on pourroit l'attaquer avec plus d'avantage, & des moyens de faire subsister les Troupes. Il fut résolu qu'on entreroit dans le païs avec trois armées par trois endroits différens, & on les fit marcher dès qu'il y eut du fourage à la campagne.

Deux de ces armées sortirent d'Italie, l'une par les Alpes Noriques, laissant à droite le Comté de Tirol & l'Evêché de Saltzbourg, & à gauche la Carinthie; l'autre marcha par la Carinthie, & la troisiéme assemblée au delà du Rhin prit sa route par la Baviere & par la haute Pannonie, c'est à dire, par Vienne en descendant vers l'embouchûre de la Drave. Il y avoit peu de François d'en deça du Rhin, dans ces armées composées pour la plûpart de Troupes Saxones, Allemandes, Bavaroises, & de la France Germanique. Liuduit averti de la tempeste qui alloit fondre sur luy, fit avancer des Troupes vers la Carinthie pour arrester l'armée qui venoit par cette Province : il en posta d'autres, quoiqu'en assez petit nombre, aux destroits des montagnes entre Saltzbourg & la Carinthie par ou devoit passer l'autre armée, & pour luy il se retrancha dans la basse Pannonie au centre de son païs, dans une place située sur le haut d'une montagne, où il avoit retiré ce qu'il avoit de plus précieux, & mis des vivres en abondance, pour y attendre de pied ferme la troisiéme armée qui venoit le long du Danube, & se défendre contre toutes les trois en cas que les deux premieres forçassent les passages.

Celle qui marcha entre Saltzbourg & la Carinthie, alla fort lentement, estant continuellement arrestée aux passages des montagnes qu'il luy falloit forcer, & harcelée par une infinité de petits partis qui l'incommodoient. Celle qui alloit le long du Danube mit aussi beaucoup de temps dans sa marche, à cause du long chemin qu'elle avoit pris, & des difficultez qu'elle trouva au passage de la Drave vers son embouchûre. L'armée qui avoit pris au travers de la Carinthie trouva plus d'ennemis que les deux autres, & il luy fallut donner trois combats de suite où elle fut toûjours victorieuse; mais comme elle avoit moins de chemin à faire, elle arriva la premiére nonobstant ces obstacles, dans le païs de Liuduit.

Les Généraux François ne doutoient point que quand il les verroit joints tous ensemble au milieu de ses terres, il ne leur envoyast demander quartier ; mais il n'en fit rien, & ne daigna pas mesme entrer avec eux en négotiation. Les Généraux déliberérent s'ils l'iroient attaquer dans ses retranchemens : mais ils les trouvérent si inaccessibles, qu'ils ne crurent pas devoir l'entreprendre. Ainsi ils se contenterent de ravager le païs, où ils mirent le feu par tout. Seulement au retour les Généraux des deux armées d'Italie sommérent les habitans de la Carniole de se rendre, aussi-bien que ceux d'une partie de la Carinthie, qui s'estoient déclarez pour Liuduit, & ce fut pour eux une nécessité de le faire. Pour la troisiéme armée, elle s'en retourna en très-mauvais estat, les méchantes eaux tandis qu'elle campoit sur la Drave, y ayant causé la dissenterie qui fit mourir un grand nombre de soldats.

Après la retraite des armées Liuduit s'appliqua pendant tout le temps qu'on le laissa en repos, à fortifier ses places, & à se mettre en estat de soustenir les efforts qu'il s'attendoit bien qu'on feroit contre luy la Campagne prochaine, & comme il n'avoit point dans le païs de gens assez entendus dans ces sortes de travaux, il avoit depuis quelque-temps trouvé moyen d'en avoir d'ailleurs.

Il entretenoit pour cela correspondance avec Fortunat Evêque de Grade Ville du Golfe de Venise, & aujourd'huy du Domaine de cette République, qu'il sçavoit estre mal affectionné à la France, & qui faisoit passer secretement des Ingenieurs en Pannonie, pour exécuter & conduire ces travaux. L'Empereur ne fut averti de cette intelligence, que l'année d'après cette derniere Campagne, par un Prêtre de Grade. L'Evêque fut appellé à la Cour. Mais comme il se douta du sujet pour lequel on l'appelloit, il passa à Zara en Dalmatie, où il s'ouvrit au Gouverneur sur la cause de sa retraite. Le Gouverneur qui sçavoit que cet Evêque avoit toûjours eu beaucoup d'envie que la Ville de Grade retournast sous la domination des Empereurs d'Orient, luy donna un vaisseau qui le conduisit à Constantinople où il fut en sûreté.

L'adresse de Liuduit qui avoit des correspondances jusqu'en Italie, ne laisse pas lieu de douter qu'il ne ménageast toutes les diversions, qu'il croyoit propres à diminuer les forces qu'on pouvoit envoyer contre luy. Ainsi les excursions Maritimes des Normans sur les costes de France qui recommencérent cette année-là, furent sans doute un effet de ses intrigues auprès des Rois de Dannemarc.

Une flote de treize navires Normans courut toutes les costes de France. Ils parurent d'abord sur celle de Flandre, d'où ils furent repoussez par les vaisseaux & par les garnisons qu'on y tenoit pour les garder : ces Pirates firent seulement une descente en un endroit qui se trouva mal gardé ; ils en enlevérent quelques bestiaux, & mirent le feu à quel-

HISTOIRE DE FRANCE.

Eginard.

ques chaumines, n'ayant pas eu le loisir de faire plus de mal. Delà ils allérent tenter une descente à l'embouchûre de la Seine, d'où ils furent aussi repoussez. Ils furent plus heureux en Aquitaine, où ils pillérent le Bourg appellé *Bunt-* *Valesius Notitia Gall.* *dium* par Eginard & par d'autres Buin, & ailleurs Burn. C'est sans doute celuy qui s'appelle aujourd'huy dans le Medoc au delà de la Garonne, S. Paul de Born. Ils firent en cet endroit & dans tout le Païs voisin beaucoup de désordre, & en emportérent un grand butin. Les Sarasins violant à leur ordinaire le traité de Paix qu'ils venoient de signer à Aix-la-Chapelle, causérent aussi quelques dommages aux François dans les Mers de Sardaigne, dont on se vengea sur eux par les ravages qu'on fit en Espagne.

An. 821.

On se prépara de nouveau pendant l'hyver, à attaquer Liuduit avec trois armées comme on avoit fait la Campagne précédente. Avant cette expédition l'Empereur tint une assemblée à Nimégue où il fit relire l'acte d'association de son fils Lothaire à l'Empire, & de la cession qu'il avoit faite aux deux autres, du Royaume de Baviere & de celuy d'Aquitaine, le fit souscrire par les Seigneurs, & confirmer par leur serment.

Tom. 1. Conc. Gall.

Il y reçût les Envoyez du Pape Pascal qui avoit succedé trois ans auparavant au Pape Estienne IV. & confirma la donation des Villes, & des territoires que ses Prédécesseurs avoient faite à l'Eglise Romaine, & y en ajoûta encore quelques autres. Il y tint un dernier Conseil de guerre avec les Généraux qui devoient commander les trois armées de Pannonie, & qui les y conduiroient au mois de May. Liuduit garda la même méthode que l'année précédente, s'enferma dans ses retranchemens, mit toutes ses Troupes dans les places de défence, & abandonna le plat païs aux François, qui après l'avoir pillé, s'en retournérent sans avoir pû faire autre chose ny obliger ce rebelle à faire aucunes propositions.

Ils arrivérent au mois d'Octobre à Thionville, ou l'Empereur fit épouser à Lothaire son fils aîné Irmingarde fille du Comte Hugues. Les Seigneurs & les Evêques qui avoient esté complices de la conjuration de Bernard Roy d'Italie, prirent la conjonctûre de cette fête pour demander leur grace à l'Empereur, & se servirent pour cela de l'Abbé Adelard, qui depuis peu estoit revenu à la Cour par l'adresse de ses amis de la maniere que je vais dire, & y estoit plus puissant que jamais.

Radbert. in vita Adelhardi.

Cet Abbé estoit un homme de grand mérite, & de la famille Royale; son pere estant cousin issu de germain de l'Empereur. Ceux qui s'étoient emparez de l'esprit du nouveau Maistre, ainsi que je l'ay déja raconté, l'y avoient détruit, mais avec le temps le parti de ses ennemis cessa de prévaloir si fort, & ceux qui avoient interest à son rétablissement ne perdirent aucune occasion de faire ressouvenir l'Empereur de ses anciens services. Un jour entre autres deux Prélats dont l'Histoire ne dit ny le nom, ny le Diocése estant de retour de sa solitude de Nermoutier où ils l'estoient allé voir, parlérent avec tant d'éloge de sa vertu à l'Empereur, & de la joye qu'il faisoit paroistre de se trouver hors de l'embarras du monde, qu'ils le touchérent, & luy firent naistre des remords d'avoir persécuté un homme de ce mérite & de cette pieté : enfin après sept ans d'exil il luy permit de retourner à Corbie, & presque aussi-tost après il le rapprocha de sa personne, & luy donna plus d'autorité & plus de part que jamais dans les affaires de l'estat.

Ce fut donc de luy que se servirent les Seigneurs & les Evêques exilez à cause de la conspiration du Roy d'Italie, pour demander leur grace à l'occasion des nôces du jeune Empereur Lothaire avec Irmingarde, & ils l'obtinrent. Non seulement l'Empereur leur permit de revenir de leur exil, mais encore il leur rendit tous leurs biens qu'il avoit confisquez. La chose alla plus loin, & ce Prince à la persuasion de son nouveau Ministre, donna un exemple de pieté & d'humilité chrétienne qui édifia infiniment l'Eglise, mais que la politique & la prudence sans doute luy défendoient.

Quoique la révolte de Bernard Roy d'Italie, & sa conjuration contre la vie mesme du Prince fut un crime notoire, Loüis cependant n'avoit pas voulu en juger luy-mesme : le criminel avoit esté condamné à la mort par l'assemblée générale des Seigneurs, & l'Empereur avoit commué la peine de mort & adouci l'Arrest. Cependant quatre ans après dans une assemblée tenuë dans le Palais d'Attigni sur la Riviere d'Aisne, ce Prince dont la facilité & la tendresse de conscience estoient extrêmes, se laissa persuader qu'il avoit commis en cela un grand peché. Il accusa & condamna luy-même sa propre conduite, & en fit une confession publique comme d'un crime infiniment scandaleux, & qui meritoit une telle réparation.

Eginard. in Annal. ad an. 822.

Vita Ludovici Pii. Theganus.

Ce qu'il y eut encore de singulier, fut que dans cette confession publique entrérent les fautes qu'il avoit commises contre le Ministre nouvellement rétabli, aussi-bien que la disgrace de Vala.

Cette conduite, pouvoit avoir de fort mauvais effets, & elle n'en eut que de trop funestes dans la suite. C'estoit rendre le Gouvernement méprisable, que d'en faire ainsi connoistre publiquement les défauts, c'estoit trop l'exposer à la censure des sujets, & donner matiere & des prétextes plausibles aux factions & aux révoltes. Enfin c'estoit rendre en quelque façon le peuple juge de son souverain. La pénitence imposée par Saint Ambroise à Théodose, avec laquelle on compara celle de Loüis, estoit pour un peché beaucoup plus grief, tout y estoit édifiant, mais il n'y avoit rien de dangereux.

Loüis fit dans la mesme assemblée d'Attigni, un autre aveu qui n'avoit rien que de loüable, c'estoit que contre les intentions & les derniéres volontez du feu Empereur son pere, il avoit fait couper les cheveux à ses trois freres cadets, & les avoir reléguez dans des Monastéres, chose qui de plus estoit contre les Canons, par lesquels il estoit défendu d'obliger personne à

LOUIS LE DEBONNAIRE EMPEREUR.

Eginard. ad an. 812.

se renfermer dans le cloître, à moins qu'il n'eut fait quelque crime qui méritast cette pénitence. Il leur envoya demander pardon, & leur laissa le choix libre, ou bien de demeurer dans l'état où l'on les avoit engagez, ou de revenir à la Cour. Ces trois Princes firent alors par choix & par vertu ce qu'ils avoient d'abord fait par force, & préférérent la retraite aux espérances dont le monde pouvoit les flater.

Radbertus. In vita Adelhardi.

Tandis que l'Empereur s'occupoit à Attigni de ces œuvres de pieté, ses Généraux poussoient Liuduit plus vivement, & avec plus de succés qu'on n'avoit fait dans les Campagnes précédentes. A leur entrée dans la Pannonie, il leur abandonna Sisseg Ville à quelque distance de la Save qui subsiste encore aujourd'huy, & autrefois fameuse dans l'Histoire de l'Empire sous le nom de Siscia. Ils le suivirent & le serrérent de si prés, qu'il fut obligé de sortir de son Païs, pour se sauver chez les Sorabes.

Il y a dans nostre Histoire deux peuples de ce nom, les uns habitoient entre la Riviére d'Elbe & celle de Sala, les autres estoient dans une partie de la Dalmatie que l'on croit estre aujourd'huy le païs appellé la Servie. Ce fut chez ces derniers que Liuduit se réfugia. Il fut reçû par un de leurs Ducs dans sa Ville: mais par la plus noire perfidie il tua en trahison celuy-là mesme qui l'avoit reçû, se rendit maistre de la place, & envoya delà aux Généraux François leur dire que si on vouloit luy promettre seureté, & luy faire des conditions raisonnables, il estoit prest d'aller se jetter aux pieds de l'Empereur pour luy demander pardon de ses révoltes. On estoit à la fin de la Campagne, & les Troupes se trouvoient fatiguées par les marches continuelles qu'on leur avoit fait faire dans la poursuite de Liuduit: les Généraux sçavoient que l'Empereur estoit ennuyé de la longueur de cette guerre, de sorte qu'ils luy promirent de rendre compte à l'Empereur de ses propositions & ramenérent l'armée en Italie.

Eginard. in Annal.

Ibid.

Il se fit en ce mesme temps-là quelques autres expéditions en divers endroits. Les Saxons par ordre de l'Empereur passérent l'Elbe, & chassérent les Esclavons de quelques postes dont ils s'estoient emparez sur les terres de France.

Mariana.

Du costé des Pyrenées les Comtes de la Marche Espagnole envoyérent des Troupes au delà de la Segre, y firent le dégast & mirent le feu par tout. Selon l'Histoire d'Espagne Abdérame nouveau Roy de Cordouë, après la mort de son prédécesseur avoit surpris Barcelonne sur les François, & cette irruption dont je parle se fit par représailles.

On châtia aussi les Bretons qui s'estoient révoltez: après quoy l'Empereur envoya son fils aisné Lothaire en Italie, dont il luy avoit destiné le Gouvernement depuis la mort de Bernard. Il luy donna pour Conseil le Moine Vala & Geronge Capitaine des Gardes de la Porte, de sorte que les deux freres Vala & l'Abbé Adelard estoient les Maistres dans les deux Cours. Il fit aussi partir Pepin pour son Royaume d'Aquitaine, après luy avoir fait épouser la fille de Thibert Comte de Matrie ou Ma-

drie: ce païs dans les Capitulaires de Charlemagne est placé entre Roüen & Evreux, & s'estendoit, ce semble, jusque vers Vernon & la Seine, entre les petites Rivieres d'Eure, d'Aure & d'Itton.

Vers la fin de l'Automne, l'Empereur assembla à Francfort les plus grands Seigneurs de France qui s'y estoient rendus par son ordre, & y conféra avec eux sur l'estat de la Germanie & sur les moyens d'y maintenir la Paix. Il y donna Audience aux Envoyez des Princes Normans, & à ceux des Abares, & reçût les hommages des Abodrites, des Bohemiens, des Sorabes, des Vilses & de presque toutes les autres Nations soumises à l'Empire François.

Cette Diéte qui se tint pendant l'hyver fut suivie d'une autre au mois de May, mais qui fut seulement composée des Seigneurs de la France Orientale, c'est à dire, des peuples voisins du Rhin, de ceux de la Saxe, de la Baviere, de la Bourgogne Transjurane & de l'Allemagne, nom qu'on ne donnoit encore alors qu'au païs situé entre le Rhin, le Mœin, le Necre, & le Danube.

Eginard in Annal. ad an. 843.

Dans cette assemblée ou se traitérent diverses affaires qui concernoient toutes ces Nations, se vuida aussi un de ces différens dont l'ancienne Rome & les premiers Empereurs se faisoient grand honneur d'estre les Juges, par le droit que ces jugemens leur donnoient de se qualifier Maistres des Rois.

Les Vilses dont j'ay déja parlé plusieurs fois, estoient un peuple qui faisoit partie de la nombreuse Nation des Esclavons, & qui occupoit les bords de la Mer Baltique entre l'Elbe & la Vistule, presque en égale distance de ces deux Riviéres. Quoique tributaires de l'Empire François, ils estoient gouvernez par des Rois de leur Nation & d'une famille où le Trône étoit héréditaire. Le Roy du païs ayant esté tué dans un combat contre les Abodrites, son fils aîné fut élevé sur le Trône, mais ne s'estant pas rendu agréable à sa Nation, elle le détrôna & mit à sa place son cadet. La Guérre civile estoit preste de s'allumer dans le païs, mais enfin les deux Princes s'en rapportérent au jugement de l'Empereur, & mirent leur fortune & leur Couronne entre ses mains. La qualité d'aîné & la possession faisoit le droit de l'un, & la faveur de la Nation faisoit celuy de l'autre. Chacun plaida sa cause: mais l'Empereur prononça en faveur du cadet, pour contenter le peuple qui le demandoit tout d'une voix. Il tâcha de consoler l'aîné par les caresses & les honneurs qu'il luy fit, & le renvoya tous deux chargez de présens en leur païs, après leur avoir fait prester serment de fidélité comme à ses Vassaux.

Eginard in Annal.

Peu de temps après la séparation de la Diéte, l'Empereur reçût une nouvelle qui ne dut pas luy estre desagréable, ce fut celle de la mort de Liuduit. Cet esprit inquiet ne se trouvant plus en seureté chez les Sorabes, ny en estat de garder la Ville dont il s'estoit emparé par l'assassinat du Gouverneur, vint se jetter entre les bras d'un Seigneur de Dalmatie, pour faire

Tome I.

O o ij

par son moyen sa Paix avec l'Empereur : mais celuy qu'il avoit choisi pour son Protecteur, ou se défiant de luy ou se ressouvenant des injures qu'il en avoit reçûës, par les ravages & le pillage de la Dalmatie, durant la guerre, le fit assassiner lorsqu'il y pensoit le moins, & vengea par un crime & par une trahison, les crimes & les trahisons de ce perfide. Cette mort finit la guerre de ce costé là, & délivra l'Empereur d'un ennemi aussi incommode que dangereux.

Cependant le jeune Empereur Lothaire suivant les ordres que Loüis luy en avoit donnez, travailloit à rétablir la justice, & l'observation des loix dans les Villes d'Italie, & à punir les violences de certains particuliers, commises dans le temps de la révolte de Bernard. Le Pape Pascal n'eut pas plustost appris l'arrivée de ce jeune Prince en Italie, qu'il luy écrivit pour le prier de luy donner la satisfaction de le couronner dans Rome en qualité d'Empereur. Lothaire y alla, y fut reçû avec beaucoup d'honneur, & la cérémonie du couronnement se fit le jour de Pasques.

Eginard ad an. 823.

C'estoit à qui feroit mieux sa cour au jeune Empereur. Il y avoit toûjours deux partis à Rome, celuy du Pape & celuy de quelques Seigneurs Romains opposez au Pape. Ce second parti estoit pour l'ordinaire composé, de ceux dont les familles avoient prétendu mettre la Papauté dans leur maison, & qui n'y avoient pas réüssi. L'un & l'autre se faisoient un mérite d'estre attachez à l'Empereur & aux intérests de la France, & s'efforçoient de rendre leurs adversaires suspects sur ce sujet. Deux des plus considérables de la Ville, Theodore & Leon faisoient beaucoup de peine au Pape, & luy suscitoient tous les jours des embarras dans le gouvernement de Rome. Ils furent arrestez, & après qu'on leur eut crevé les yeux, dans l'enceinte mesme du Palais du Pape à S. Jean de Latran, ils eurent la teste tranchée.

Les Partisans de ces deux Seigneurs ne manquérent pas d'instruire la Cour de France de cette affaire, & de persuader à l'Empereur que le principal motif de la haine du Pape contre eux, & la cause de leur mort n'avoit point esté autre, que l'attachement qu'ils avoient toûjours fait paroistre pour le jeune Empereur. Loüis fut fort choqué de cette conduite du Pape : il donna ordre à Adelunge Abbé de S. Vast d'Arras & à Humfroy Comte ou Gouverneur de Coire de partir au plustost, pour aller s'informer de la vérité du fait sur les lieux.

Eginard in Annal. ad an. 823.

Le Pape avoit bien prévû qu'on luy rendroit ce mauvais office, & avoit fait partir promptement Jean Evêque de la Forest-Blanche, Evêché uni depuis à celuy de Porto, & Benoist Archidiacre de l'Eglise de Rome, qui arrivérent avant le départ de l'Abbé de S. Vast & du Comte Humfroy. Ils priérent l'Empereur de ne point se laisser prévenir sur cette affaire, & l'assurérent que le Pape n'y avoit eu aucune part. L'Abbé de S. Vast ne laissa pas de partir avec son Collégue, & eut ordre de faire les informations.

Ces deux Commissaires trouvérent les témoignages de ceux qu'ils interrogérent si différens, & si opposez qu'ils ne sçavoient qu'en penser : de sorte que le Pape s'estant offert avec trente-quatre Evêques, à faire serment qu'il estoit innocent des choses dont ses adversaires le chargeoient, & d'ailleurs soûtenant avec fermeté que les deux hommes dont il s'agissoit, étoient coupables de Leze-Majesté, on reçût son serment & celuy des trente-quatre Evêques. Cette maniére de s'en rapporter au serment du Pape, avoit esté déja mise en usage du temps de Charlemagne, au sujet des crimes dont les ennemis du Pape Leon III. avoient tâché de le noircir auprès de ce Prince.

Theganus Cap. 30.

Les Envoyez de France après ces procédures, partirent pour en venir rendre compte à Loüis. Le Pape les fit accompagner de l'Evêque de la Forest-Blanche, & de trois autres Envoyez, pour appuyer sa défense auprès de l'Empereur. Ce Prince après avoir tout écouté, ne voyoit pas trop clair dans le procès; mais il ne voulut pas l'approfondir davantage : il crut qu'il falloit croire le Pape sur son serment, & luy fit dire par l'Evêque de la Forest-Blanche, qu'il estoit satisfait là-dessus.

Pascal mourut l'année d'après, & eut pour successeur Eugene II. qui ne fut pas plustost élû que Lothaire alla à Rome, où ce Prince luy parla fortement sur les désordres qui s'étoient passez sous le dernier Pontificat, sur le peu d'égard qu'on y avoit pour les François, sur ce que sans consulter l'Empereur, on avoit fait mourir des personnes tres-dévoüez à son service; que c'estoit assez que d'y faire paroistre du zéle & de l'affection envers la France, pour estre insulté & persecuté; que le peu d'application des Papes au gouvernement, & l'insatiable avarice des Juges, estoient causes d'une infinité d'injustices & de violences, qui se commettoient impunément, & luy dit qu'il estoit résolu d'y apporter remede. Il fit en effet rendre justice, & restituer les biens à diverses personnes qui avoient esté dépoüillées & opprimées injustement. Il rétablit l'ancienne coûtume, qui estoit que les Empereurs envoyoient de temps en temps à Rome des espéces d'Intendans, pour voir si on rendoit bien la justice, pour écouter les plaintes des peuples, & vuider eux-mesmes certains procès importans, quand le Prince l'ordonnoit ainsi.

An. 824.

Vita Ludovici Pii.

Ce fut à Compiegne ou l'Empereur tenoit son Parlement au mois de Novembre, qu'il termina l'affaire du Pape Pascal. Ce fut-là aussi ou Heriolte un des Rois Normans qu'il avoit toûjours protégé, vint le trouver pour luy demander de nouveau justice, & sa protection contre ses Collegues qui le ménaçoient de le détrôner. Il falloit que l'Empereur se fust acquis une grande autorité sur ces Princes, puisque sur les plaintes d'Heriolte, il envoya en Dannemarc deux de ses Comtes pour s'informer de ces différens, & fit en mesme temps partir avec eux Ebbon Archevêque de Reims, pour voir s'il n'y auroit point quelque disposition parmi ces peuples à recevoir la Religion Chrétien-

Ibid. Eginard.

ne. Il les trouva plus dociles qu'il n'avoit espéré. Les Rois Normans ne s'opposérent point à son zéle. Il instruisit & convertit plusieurs Payens qu'il baptisa. Heriolte luy-mesme se convertit quelque temps après, & si le secours de la France l'avoit pû soûtenir contre les efforts de ses ennemis, une grande partie de ce Royaume auroit dès lors embrassé la Religion Chrétienne.

Vita Ludovici Pii.

Deux autres événemens donnérent l'un du chagrin & l'autre de la joye à l'Empereur. Le premier fut la défaite de deux Comtes François, qui s'estant avancez jusqu'à Pampelune, pour faire le dégast sur les terres des Sarazins, furent attaquez à leur retour par les Gascons Montagnards, qui les envelopérent dans les détroits des Pyrenées, & prirent ou taillérent en piéces toutes leurs Troupes. Les Gascons avoient esté sollicitez de prendre les armes contre les François par le Roy de Cordouë, auquel ils envoyérent l'un de ces Comtes nommé Ebbe. Et ils relâcherent l'autre nommé Asnar, parce qu'il étoit Gascon.

L'autre nouvelle qui réjoüit fort l'Empereur, fut la naissance d'un fils dont l'Impératrice Judith accoucha au mois de Juin; on donna au petit Prince le nom de Charles. Un tremblement de terre, & quelques autres accidens extraordinaires qui arrivérent cette année-là, inquiétérent fort l'Empereur: la défaite d'Espagne fut regardée comme l'accomplissement de ces présages: mais supposé que le Ciel eût voulu prédire par-là quelque chose de funeste à la France, c'estoit la naissance du Prince que ces mauvais augures regardoient, tant elle eut de fâcheuses suites, par la desunion qu'elle mit dans la Maison Royale. Mais les choses n'éclatérent que quelques années après.

L'Empereur voyant tout tranquile au delà du Rhin, en deça & au delà du Danube par la mort de Liuduit, & n'ayant rien à craindre du costé du Nord, à cause des broüilleries qui continuoient en Dannemarc, ennuyé d'ailleurs des révoltes continuelles des Bretons, résolut de les chastier d'une maniére qui leur ostast l'envie de se soûlever désormais. La famine qui affligea la France cette année-là, l'empêcha d'entreprendre si-tost qu'il l'auroit souhaité, l'expédition qu'il méditoit de ce costé-là, & l'obligea de la différer jusqu'au commencement de l'Automne. Il marcha en ce temps-là avec une puissante armée, & vint camper sous les murailles de Rennes.

Eginard in Annal. ad an. 824.

Il partagea là ses Troupes en trois, en donna une partie à Pepin Roy d'Aquitaine, une autre à Loüis Roy de Bavierre, & se mit à la teste de la troisième, ils entrérent ainsi dans le païs par trois endroits. Viomarque qui estoit le Chef des révoltez n'osa paroistre devant de si grandes forces, tout plia & se rendit à discrétion; & le païs fut abandonné au soldat. L'armée y séjourna quarante jours, & le ravagea. L'Empereur en retournant prit des ostages, ordonna aux Seigneurs du païs, de venir le trouver à Aix-la-Chapelle l'année d'après au temps qu'il leur marqua, & prit la route de Roüen

où l'Impératrice l'attendoit, & où il arriva vers le milieu du mois de Novembre. Il y trouva aussi les Ambassadeurs de l'Empereur d'Orient, qui s'y estoient rendus, & dont l'arrivée & les ordres qu'ils avoient pour la Cour de France y ranimerent aussi-bien qu'à Rome, les anciennes disputes touchant le culte des Images.

L'Empereur Leon l'Arménien, successeur de Michel dit Rangabé, avoit régné sept ans, & avoit repris la protection de l'Hérésie des Brise-Images avec une fureur extrême. Il fut assassiné l'an huit cens vingt, le jour de Noël dans l'Eglise au milieu de l'Office, par les amis de Michel dit le Begue, qui luy succéda.

Celuy-ci estoit actuellement dans un cachot, pour avoir conspiré contre la vie de Leon, attendant à toute heure l'éxecution de la Sentence qui l'avoit condamné à estre bruslé tout vif: on rompit à coups de haches les portes de son cachot, dont Leon avoit luy-mesme serré la clef, & il fut bien surpris de se voir élevé sur le Trône, au moment qu'il croyoit qu'on venoit le querir pour le mener au supplice. Moins brave & moins habile que son Prédécesseur, il ne l'imita que dans son impieté & dans son hérésie. Après avoir persécuté durant trois ou quatre ans les Catholiques, il sembla vouloir faire quelques démarches pour se réunir à la Communion de Rome & de l'Empire d'Occident. La perte de l'Isle de Créte, appellée aujourd'huy Candie, que les Sarazins luy enlevérent, le rendit odieux & méprisable à ses Sujets, & luy fit apprehender que le zéle qu'il sçavoit que l'Empereur d'Occident avoit pour la Religion, ne se tournast enfin contre luy, & qu'il ne luy en coûtast au moins ce qu'il possédoit encore en Italie.

Il envoya donc des Ambassadeurs à ce Prince, pour le prier de continuer à observer les Traitez de Paix faits sous le Régne de Charlemagne entre les deux Empires, & de contribuer, s'il y avoit moyen, à réünir toutes les Eglises dans un mesme sentiment sur l'article des Images: les Ambassadeurs luy présentérent une Lettre au nom de Michel & de Theophile son fils, qu'il avoit associé à l'Empire.

Eginard. in Annal. ad an. 824.

Dans cette Lettre les Empereurs s'excusoient, premierement de ce qu'ils ne luy avoient pas donné pluftost avis de leur élévation à l'Empire, sur ce qu'ils avoient esté occupez long-temps à éteindre une guerre civile, excitée par un rebelle imposteur, qui avoit séduit les Peuples, en disant qu'il estoit l'Empereur Constantin, fils de l'Impératrice Irêne. Secondement, ils demandoient à Loüis son amitié. Troisièmement, ils luy rendoient compte de leur foy, en exagérant beaucoup les abus vrais ou prétendus, ausquels le Peuple s'abandonnoit à Constantinople à l'égard des Images. En quatrième lieu, ils le prioient de faire en sorte que leurs Ambassadeurs passassent seûrement à Rome, où ils portoient des présens au Pape pour l'Eglise de saint Pierre, & une Lettre pour l'engager à travailler à la réünion des Eglises sur les points contestez. Enfin, ils demandoient à l'Empereur qu'il donnast ses ordres, pour que l'on

Epist. Imp. ad Ludovic. apud Baron. ad an. 824.

O o iij

chassast de Rome certains esprits broüillons, qui décrioient l'Eglise Grecque, & fomentoient la discorde.

Quand ces Ambassadeurs arriverent à Aix-la-Chapelle, l'Empereur ne faisoit que de partir pour son expédition de Bretagne, & en luy faisant sçavoir leur arrivée, ils l'avoient prié de la part de leurs Maistres, d'ordonner que quelques Evêques & quelques Theologiens de France, s'assemblassent pour examiner la pratique & la doctrine des Grecs sur le fait des Images, afin de commencer à disposer les choses à la réünion.

Epist. Synodi Patisiensis ad Ludovic. & Lothar.

La conduite que tint Loüis à cet égard, est une grande marque de sa Religion & de son zéle sincére pour la paix de l'Eglise. Car premierement avant que d'ordonner les conférences des Evêques que luy demandoient les Ambassadeurs, il voulut consulter le Pape, & sçavoir de luy s'il jugeoit à propos, & s'il estoit du bien de la Religion que l'on tinst ces conférences: & en second lieu, il dissimula une chose qui devoit naturellement luy déplaire beaucoup. Quoique les Empereurs Grecs dans l'inscription mesme & dans la suite de la Lettre le traitassent de frere, qualité que les Empereurs ne donnoient point ou ne donnoient guéres qu'à leurs Collegues à l'Empire, toutefois l'inscription estoit conçûë d'une maniére choquante en ces termes: Michel & Theophile.... Empereurs des Romains, à leur cher & honoré frere Loüis glorieux Roy des François & des Lombards, *& qui se d t leur Empereur.* * Cette Formule estoit contre les Traitez faits entre Charlemagne & les Prédécesseurs de Michel, qui l'avoient reconnu pour légitime Empereur, & ces Traitez avoient esté confirmez à l'égard de la personne de Loüis par Leon l'Arménien, auquel Michel venoit de succéder. Mais l'espérance de la réünion des deux Eglises le fit passer sur un point si offensant.

* *Michaël & Theophilus... Imperatores Romanorum dilecto & honorabili fratri Ludovico glorioso Regi Francorum & Longobardorum & vocato eorum Imperatori.*

Freculfe Evêque de Lisieux, qui avoit esté envoyé à Rome, en estant de retour avec l'agréement du Pape pour les Conférences, l'Empereur envoya de Bretagne ordre à plusieurs Evêques de s'assembler à Paris, pour conférer ensemble sur le dogme des Images.

Les Empereurs Grecs dans le dessein qu'ils avoient de donner du crédit à leur erreur, ne pouvoient s'y prendre plus adroitement qu'ils faisoient, en consultant sur ce sujet les Evêques de France. Ils sçavoient ce qui s'estoit passé au Concile de Francfort trente-deux ans auparavant, où à la vérité on avoit condamné ceux qui brisoient les Images; mais on y avoit aussi condamné ceux qui les adoroient. Ils avoient vû les Livres Carolins publiez sous le nom de Charlemagne, & envoyez au Pape Adrien I. où l'on paroist conformement aux décisions du Concile de Francfort. Ils se doutoient bien que la pluspart des Evêques de France seroient encore dans les mêmes sentimens. Ils affecterent dans leur Lettre de paroistre se rapprocher de ce milieu qu'avoient tenu les François, de conserver les Images dans les Eglises, mais sans leur rendre aucun culte. Ils protestoient qu'ils adoroient la Croix, comme les Evêques de France soutenoient qu'il le falloit faire, qu'ils avoient fait abattre les Images dans les Eglises qui estoient placées à une certaine hauteur, pour ôter par là l'occasion du culte superstitieux; mais qu'ils avoient laissé celles qui estoient dans les lieux hauts, dans la pensée que les Images estoient bonnes pour tenir lieu de Livres au Peuple, & luy servir d'une instruction qui luy frappoit les sens, en luy représentant les bonnes actions des Saints.

Epistola Impp. ad Ludovic.

Les Grecs ne furent pas trompez dans leur attente, les Evêques de la Conférence de Paris se trouverent encore dans les mesmes idées. Ils firent une collection de quantité de Passages des Peres, par lesquels ils prétendoient prouver qu'il ne falloit point adorer les Images des Saints, & en l'envoyant à l'Empereur, selon l'ordre qu'il leur en avoit donné, ils luy écrivirent une Lettre, où ils parloient avec beaucoup de mépris de celle que le Pape Adrien I. avoit écrite quelques années auparavant à l'Impératrice Irène & à l'Empereur Constantin, sur le zéle avec lequel ils avoient rétabli les Images & le culte qui leur est dû. Ils ne traitoient pas mieux le second Concile de Nicée, & l'ouvrage que le mesme Pape avoit fait pour le défendre contre les Livres Carolins. Ils envoyerent mesme à l'Empereur le projet de la Lettre qu'il devoit écrire au Pape, & le projet de celle qu'ils prétendoient que le Pape devoit écrire aux Empereurs d'Orient, dont la substance estoit qu'il ne falloit ni abattre les Images ni leur rendre de culte. L'Empereur & le Pape ne suivirent point ces beaux projets, & apparemment l'Empereur n'envoya pas à Rome le modéle de la Lettre qu'on prétendoit que le Pape écrivist aux Empereurs Grecs, tant elle estoit indigne du Pape, & injurieuse à ses Prédécesseurs & au Concile de Nicée.

Il est surprenant de voir combien depuis quelque temps, les Evêques de France s'estoient éloignez du respect que l'Eglise Gallicane avoit toûjours eû pour le S. Siége. Ce qui paroist encore de plus étrange, c'est qu'ils en usassent ainsi après l'éxemple du Prince, qui avoit porté ses égards pour le Pape jusqu'à ne vouloir point consentir à cette Conférence, qu'il ne l'eut trouvé bon.

Comme ces Evêques avoient pris pour modéle l'Auteur des Livres Carolins, ils raisonnoient aussi peu conséquemment que luy dans l'écrit qu'ils envoyerent à l'Empereur, soûtenant qu'on devoit adorer la Croix, quoiqu'une partie des raisons & des autoritez sur lesquelles ils se fondoient contre le culte des Images, eust pû servir à combattre aussi l'adoration de la Croix mesme.

Cependant l'Empereur se laissa presque autant prévenir par les Evêques de la Conférence de Paris, que Charlemagne par ceux de Francfort, comme il paroist par les Instructions de Jérémie Evêque de Sens, & de Jonas Evêque d'Orléans, qu'il envoya à Rome pour traiter de cette affaire avec le Pape Eugene. Il leur ordonna d'agir dans cette négociation avec toute la sagesse & toute l'adresse possible, de relire ensemble les Actes de la Conférence de Paris, & d'en faire des Extraits bien choisis, & qui fussent essentiels au sujet dont ils agissoit, & tels que ni le Pape ni son Conseil ne pussent pas raisonnablement les rejetter, d'avoir de la patience, & d'affecter une grande modération dans les entretiens qu'ils auroient avec le Pape sur cette matiere, de ne point luy résister ouvertement; mais de tascher par leur complaisance & par leur condescendance de l'amener au point où ils croyoient qu'il falloit s'en tenir, & à ce milieu qui évitoit les deux extrêmitez sur l'article des Images; que s'ils ne pouvoient rien gagner, au moins qu'ils n'empirassent pas les affaires. Que si, ajoûtoit-il, vous pouvez venir à bout de l'entestement de Rome, & convenir de quelque chose avec le Pape, & qu'il consente à envoyer des Agens à Constantinople, demandez-luy s'il veut bien que je les y fasse accompagner par mes Ambassadeurs. S'il y consent, faites-le moy sçavoir sur le champ, & marquez-moy dans vos lettres précisément le temps que vous arriverez auprès de moy, afin que vous y trouviez Halitgaire & Amalaire (le premier estoit Evêque de Cambray, & l'autre Archevêque de Tréves, qu'il destinoit à l'Ambassade de Constantinople) Enfin, faites-moy sçavoir quand & en quel endroit, le Pape souhaitera que mes Ambassadeurs s'embarquent avec ses Envoyez.

L'Empereur envoyoit par les deux Evêques une Lettre à Eugene, dont le stile estoit assez conforme à leurs instructions, & où il écrivoit au Pape avec autant de ménagement, qu'il leur avoit recommandé d'en garder en traitant avec luy. Il luy disoit que les Ambassadeurs des Empereurs d'Orient, arrivez depuis quelque temps à sa Cour, luy avoient déclaré qu'ils avoient ordre d'aller à Rome, pour y traiter des affaires de l'Eglise de Constantinople; que dans le dessein qu'il avoit de contribuer à la réünion des Eglises, il avoit pensé à assembler quelques Evêques de France, pour trouver des moyens d'accommodement sur l'article des Images dans l'Eglise Grecque & l'Eglise Romaine; qu'il n'avoit pas voulu faire cette Assemblée sans qu'il le trouvast bon; qu'il luy en envoyoit les Actes, afin qu'il les examinast; que les deux Evêques qui en estoient porteurs, estoient des personnes très-habiles, & fort capables de traiter avec luy de cette controverse; qu'ils avoient ordre de le prier d'envoyer quelque Agent de la part du S. Siége à Constantinople sur un sujet si important; qu'au reste, il ne luy envoyoit pas ces deux Evêques, ni les Actes de la Conférence de Paris, comme pour luy prescrire la doctrine qu'il devoit tenir, & que pour l'offre qu'ils luy feroient de joindre les Ambassadeurs de France avec ses Agens, dans leur voyage de Constantinople, ce n'estoit pas qu'on se défiast de la prudence de ceux qu'il choisira pour cette fonction; mais que tout cela n'estoit que pour luy marquer combien on estoit disposé en France à concourir avec luy dans une affaire aussi considérable que celle-là, & qu'il le prioit instamment de faire cesser, s'il y avoit moyen, cette division de l'Eglise sur les Images, & de trouver un expédient pour cela, dont ni les Orientaux ni les Occidentaux n'eussent aucun sujet de se plaindre.

Les deux Evêques ne trouverent pas le Pape disposé à prendre ce milieu qu'on luy proposoit, & que le Pape Adrien avoit si fort rejetté. Ils retournerent en France sans avoir rien fait. Les Ambassadeurs Grecs ne laisserent pas de faire le voyage de Rome, qui leur fut aussi inutile. En partant de Compiegne ils présenterent à l'Empereur les Livres de S. Denis Aréopagite, autre sujet de dispute, mais moins importante que la controverse sur les Images. Ils porterent à Constantinople le Systême des Evêques François, qui ne plut ni aux Brise-Images ni aux Catholiques, & la persécution y recommença plus vivement que jamais. Le Pape à l'égard de la France garda la conduite d'Adrien I. il dissimula sans entreprendre de condamner la Conférence de Paris, ni les écrits qui y avoient esté faits, tout injurieux qu'ils estoient au S. Siége & à l'Eglise. Il ne parla point non plus d'y faire recevoir le deuxième Concile de Nicée, tout œcuménique qu'il estoit. C'estoit un grand embarras pour le Pape de voir l'Héresie dominante en Orient, la Foy sur le mesme point fort alterée en France, & les Evêques les plus considérables à la teste d'un parti, sur lequel ils avoient fortement prévenu l'Empereur par les beaux prétextes de la Paix, de la réunion des Eglises, & d'éviter les extrémitez. C'estoit la conduite la plus sage qu'Eugene pouvoit tenir dans des conjonctures si délicates.

Cependant on commença à s'échauffer en France sur ces matieres. Claude Evêque de Turin; non seulement se déclara contre le culte des Images, mais il devint Brise-Image, & entreprit de les faire abattre dans les Eglises de son Diocese. Jonas Evêque d'Orleans, un des deux qui avoient esté envoyez au Pape par l'Empereur, écrivit contre Claude, mais en demeurant d'accord qu'il ne falloit pas adorer les Images. Cependant nonobstant un si puissant parti, la vérité prévalut, & avec le temps l'on recommença à penser en France sur ce sujet, comme on y avoit pensé au commencement du Régne de Charlemagne, lorsque les douze Evêques au nom du Clergé des Gaules, déciderent avec Estienne III. en faveur du culte des Images, & on fut d'accord sur ce point à Rome & en France quelques années après sous le Pontificat du Pape Adrien II.

Presque au mesme temps que les Ambassadeurs des Empereurs d'Orient arriverent en France, Loüis reçut avis qu'il luy venoit des Ambassadeurs de la part du Roy des Bulgares nommé Omorgat. Cette nouvelle le surprit, n'y ayant jamais eu aucun commerce entre les François & cette Nation. Les Lettres contenoient des complimens & des propositions générales & confuses, où l'on ne voyoit pas clair

C'est pourquoy l'Empereur en congédiant les Ambassadeurs, donna ordre à Miquelin Seigneur Bavarois, de partir avec eux pour s'instruire plus en détail des intentions de leur Prince : ils se remirent en chemin après Noël pour revenir en France ; mais on leur envoya ordre de demeurer en Bavière, où l'on leur donna audience. Tout ce qu'ils y firent fut de se plaindre des Abodrites, comme les Abodrites se plaignoient d'eux sur l'article des limites des deux Nations. Ces Abodrites qui étoient aussi Sujets de la France, s'appelloient Prédénecentins, & estoient différens de ceux qui demeuroient entre l'Elbe & la Mer Baltique. Il y eut les années suivantes diverses Ambassades de part & d'autre, & ensuite des hostilitez, dont nos anciens Historiens marquent peu de chose, selon leur coûtume, de ne toucher qu'en passant la pluspart des affaires qui regardent ces Peuples éloignez du centre de l'Empire François.

Vers ce mesme temps-là les Seigneurs Bretons encore consternez, du ravage que les Armées Françoises avoient fait dans leur païs l'année précédente, ne manquerent pas de se trouver au printemps à Aix-la-Chapelle, selon l'ordre que l'Empereur leur en avoit donné. Ils y estoient presque tous. Il n'y eut pas jusqu'à Viomarque le Chef de la révolte, qui vint se jetter aux pieds de l'Empereur, & implorer sa miséricorde. Ce Prince toûjours porté à la clémence le reçut avec bonté, & le traita, non pas comme un coupable, mais comme un homme qu'il vouloit gagner & s'attacher, le combla d'honnestetez & de présens : & après estre convenu avec luy & avec les autres Seigneurs sur les prétentions qu'on avoit de part & d'autre, & sur les moyens de tenir les Peuples en paix & dans la soûmission, il leur donna permission de s'en retourner chez eux.

Eginar. ad an. 825.

Viomarque en partant luy fit mille protestations d'attachement & de fidélité ; mais à peine fut-il arrivé en Bretagne, qu'oubliant ses promesses & ses sermens, il engagea de nouveau les Bretons à se révolter, il recommença ses courses sur les Terres de France, pillant & bruslant tout sur la Frontiére, jusqu'à ce que le Comte Lambert, un de ceux qui commandoient les Troupes dans la Marche de Bretagne, le surprit un jour : il fut investi dans sa propre maison par un gros parti des gens de ce Comte, & tué après s'estre défendu en desespéré. Sa mort rétablit le calme dans la Province ; mais il ne dura qu'autant de temps que la tranquillité de la France put tenir les Bretons en crainte : une autre révolte qui arriva peu de temps après du costé des Pyrénées, donna beaucoup plus d'inquiétude & de peine à l'Empereur.

Abdérame II. du nom régnoit à Cordoüe, & sous son Régne les Sarazins & les François estoient comme auparavant tantost en paix, tantost en guerre, & toûjours en défiance les uns des autres. Il faisoit de temps en temps sonder les Comtes François, qui commandoient sur la Frontiére ou Marche d'Espagne,

pour voir si quelque mécontentement reçû de la Cour ne les engageroit point à changer de parti, & à se mettre sous sa protection, comme nous avons vû du temps de Pepin & du temps de Charlemagne, quelques Sarazins se mettre sous celle de France. C'est ainsi qu'il avoit cinq ou six ans auparavant débauché le Comte Bera Gouverneur de Barcelone, bon Capitaine, & qui avoit fait de belles actions pour le service de l'Etat : du moins ce Comte fut-il accusé en pleine Assemblée à Aix-la-Chapelle, d'avoir eu intelligence avec les Sarazins, & obligé de prouver son innocence dans un combat particulier à cheval contre son accusateur, où ayant eu du dessous, & estant par conséquent demeuré convaincu, selon l'idée de ce temps-là, il fut envoyé en éxil à Roüen.

Vita Ludo- vici Pii.

Cette affaire avoit donné lieu à une nouvelle rupture entre les Sarazins & les François, & selon l'Histoire d'Espagne, Tarragone, Lérida, Tortose, que Loüis avoit conquises sous le Régne de Charlemagne, avoient esté reprises par les Sarazins, & ce furent ces désavantages qui réveillerent la faction de Bera, que l'éxil de ce Comte avoit irritée, & non pas entierement dissipée. Aizon, Seigneur Got, (c'est à dire Catalan, parce qu'en Catalogne on suivoit encore alors les Loix des Gots) s'enfuit du Palais d'Aix-la-Chapelle, soit qu'il y eut quelque Charge, soit qu'il y fust prisonnier comme complice de la conspiration de Bera, ainsi que le peuvent faire conjecturer les liaisons qu'il eut avec un des fils de ce Comte, & marchant à grandes journées, arriva en Catalogne, où il se mit à la teste d'un Parti, qui n'attendoit que son arrivée pour se déclarer. Il entra dans Ausone, Ville aujourd'huy ruinée, peu éloignée du Ter, où les Habitans le reçurent, supposant, comme il le leur fit entendre, qu'il venoit de la part de l'Empereur & pour son service.

Ibid.

An. 826.

Il se rendit maistre de cette Ville, & s'en estant asseûré, il marcha à Rose, qu'il surprit & ruïna après l'avoir pillée ; diverses petites Places fortes où il avoit des partisans, se déclarerent pour luy. Il s'y fortifia, & envoya son frere à Abdérame, pour luy demander du secours, & ce Roy luy fournit toutes les Troupes & tout l'argent qu'il luy demanda.

Vita Ludo- vici Pii.

L'Empereur estoit à Seltz, Maison Royale au-delà du Rhin, où il tenoit l'Assemblée des Seigneurs de Germanie, lorsqu'on vint luy apprendre la fuite d'Aizon, & quelque temps après le soûlevement de Catalogne. Tout ceci arriva sur la fin de l'année 826.

Eginard. ad an. 826.

Ces nouvelles chagrinerent fort l'Empereur, qui après avoir pris l'avis de son Conseil, résolut de travailler à ramener les rebelles par la douceur, & de tenter la voye de la négociation avant celle des armes, au moins pour les amuser, en attendant qu'il pust faire avancer une Armée de ce costé-là, où il avoit très-peu de Troupes.

Il fit partir en diligence Helisacar Abbé de S. Riquier & les Comtes Hildebrand & Donat,

An. 827.

nat, qui trouvérent à leur arrivée les choses en fort mauvais état; Aizon avec les Troupes qu'Abderame luy avoit envoyées, ayant diffipé toutes celles des Comtes de la Frontiére, & enlevé plufieurs Places.

Villemonde fils du Comte Bera vint joindre Aizon, avec une groffe Troupe de fes amis & de tous ceux qui avoient porté impatiemment la difgrace de fon pere. Enfuite fecondé par les Sarazins, il mit tout à feu & à fang dans la Cerdagne & aux environs.

Toutefois la préfence de l'Abbé Helifacar & des Comtes envoyez de la Cour, raffûra un peu les efprits: & les ordres qu'ils donnerent en divers endroits avec beaucoup de prudence, arreftérent les progrès des rebelles. Bernard Comte de Barcelonne, qui avoit efté reprife quelque temps auparavant fur les Sarazins, maintint les Peuples de fon Gouvernement dans la foûmiffion, rompit toutes les mefures d'Aizon, & rendit fes premiers efforts inutiles: mais ce rebelle qui ne voulut écouter aucune propofition de la part des Envoyez de l'Empereur, fut bien-toft en état d'obliger le Gouverneur de Barcelone à fe renfermer dans fa Place.

Abderame avoit affemblé auprès de Sarragoffe une groffe Armée, dont il avoit donné le commandement à Abumarvan un de fes parens. Sans ce fecours Aizon n'auroit pas pû foûtenir fa révolte: car l'Empereur faifoit de fon cofté marcher de nombreufes Troupes vers les Pyrenées. A la tefte de ces Troupes eftoit Pepin Roy d'Aquitaine, qui avoit fous luy plufieurs Généraux, fur lefquels il ne fçut prendre affez d'autorité, & les différens qui furvinrent entre eux, retardérent la marche de l'Armée de plufieurs jours.

Eginard. in Annal.

Cependant Aizon, fur l'avis de cette marche, hafta celle des Sarazins, qui arrivérent les premiers dans les Comtez de Barcelone & de Girone, où ne trouvant perfonne qui puft leur réfifter, ils défolérent tout le païs, & après s'eftre enrichis d'un butin infini, & avoir bruflé tout ce qu'ils n'avoient pû emporter, s'en retournérent à Sarragoffe.

L'Armée Françoife arriva après leur retraite, & ne trouvant plus ni ennemi, ni de quoy vivre dans un païs entierement défolé, elle fut obligée de rentrer en France fans avoir rien fait.

L'Empereur fort en colére de ce mauvais fuccès, envoya de nouveaux Commandans fur la Frontiére d'Efpagne, & dans une Affemblée qu'il tint au mois de Février fuivant à Aix-la-Chapelle, il fit faire le procès à ceux qui avoient commandé la derniere Campagne, & leur ofta leur Employ.

An. 828.

Il traita de la mefme maniére Baudri Duc de Frioul, qui s'eftoit laiffé furprendre par les Bulgares: car ceux-ci avoient rompu avec la France au fujet des limites des Abodrites, dont j'ay parlé, ils avoient faccagé toute la haute Pannonie, & ayant remonté la Drave avec un grand nombre de Vaiffeaux armez, ils chafférent tous les Ducs François du païs des Efclavons.

Les affaires qui occupoient le plus ces Affemblées que l'Empereur convoquoit fouvent, eftoient celles qui regardoient les Peuples de la Germanie & du Nort, & ceux des environs du Danube, dont tous les différens, principalement ceux de leurs Princes, venoient au Tribunal de l'Empereur. Il continuoit de foûtenir le parti d'Hériolte Roy d'une partie du Dannemarc, contre ceux qui avoient partagé ce Royaume avec luy. Ce Prince s'eftant converti à la Religion Chrétienne avec fa femme & un grand nombre de fes Sujets, s'attacha par là l'Empereur plus fortement que jamais, & ce Prince pour luy marquer combien fa converfion luy avoit efté agréable, luy donna la Souveraineté d'un païs appellé le Comté de Riuftri dans la Frife, qui pouvoit luy fervir d'une retraite fûre & honnefte, en cas que la Ligue de fes ennemis l'obligeaft à abandonner la partie du Dannemarc qui luy avoit efté cédée.

Il naiffoit tous les jours de nouvelles querelles entre ces Princes, que l'Empereur accommodoit: mais enfin Hériolte homme d'un efprit inquiet, ayant inconfidérément rompu la Paix, & fait quelques dégafts fur les Terres des autres Princes Normands, ils unirent toutes leurs forces, & s'eftant avancez avec une grande promptitude jufques fur la riviere d'Eider, ils la pafférent, & furprirent les Troupes d'Hériolte & les François, qu'ils taillérent en piéces, & fe rendirent maiftres de leur Camp.

Après cette action, ils envoyérent à l'Empereur, pour luy rendre compte des raifons qu'ils avoient eûes d'en ufer de la forte, proteftant que ce n'eftoit que pour fe défendre contre leur ennemi; qu'Heriolte avoit commencé les Hoftilitez; qu'au refte ils prioient l'Empereur de leur pardonner cet effet de leur reffentiment, & qu'ils eftoient toûjours prefts à obferver les Traitez fignez par fon ordre avec Hériolte. L'Empereur qui avoit affez d'autres affaires du cofté d'Efpagne & du cofté du Danube, reçut volontiers les excufes des Princes Normands.

Ibid.

Dans le temps que cela fe paffoit du cofté du Nort, le jeune Empereur Lothaire & fon frere Pepin eftoient à la tefte de l'Armée deftinée pour entrer en Efpagne. Elle s'eftoit affemblée à Lion, où ces deux Princes fe trouvérent. Ils avoient ordre de fe tenir fur la défenfive, & de couvrir feulement les païs de l'obéïffance de France au-delà des Pyrenées: les défavantages de l'année précédente, & les Frontiéres menacées de tous coftez le demandoient ainfi. C'eft pourquoy Lothaire qui avoit le principal commandement, ne voulut point donner à fes Troupes la fatigue de paffer les Montagnes, avant que de s'eftre affûré des deffeins des ennemis. Par les avis qu'il reçut il apprit qu'ils ne faifoient aucun mouvement, foit par crainte de l'Armée qu'ils fçavoient eftre proche, foit par quelque autre raifon. Ainfi toute la Campagne fe paffa à fe précautionner les uns contre les autres fans rien entreprendre.

Tome I.

HISTOIRE DE FRANCE.

Tandis que les Sarazins d'Espagne donnoient ainsi de l'inquiétude à l'Empereur d'Occident, ceux d'Afrique remportoient de bien plus grands avantages sur celuy d'Orient. La cause de ce mal fut la folle passion d'un Officier des Troupes de Sicile, pour une Religieuse qu'il enleva de son Monastére. Les freres de cette Religieuse en porterent leurs plaintes à l'Empereur de Constantinople, qui envoya ordre au Gouverneur de Sicile d'arrester l'Officier & de le chastier pour un crime, dont cet Empereur luy-mesme luy avoit donné l'éxemple, ayant aussi tiré d'un Monastére peu de temps auparavant, une Religieuse qu'il épousa.

Joannes Curopalata.

Cet Officier s'appelloit Euphemius, qui ayant esté averti de l'ordre de l'Empereur, gagna à son parti plusieurs autres Officiers des Troupes, & par leur moyen les Troupes mêmes; de sorte que le Gouverneur estant venu pour le faire arrester, & s'estant mis en devoir de le forcer, il fut repoussé. Euphemius après cette révolte, fit comprendre à ceux qu'il y avoit engagez, la nécessité de la soûtenir: & dans l'impuissance où ils estoient de le faire sans un secours étranger, il fut résolu qu'Euphemius passeroit en Afrique, pour implorer la protection des Sarazins.

Il fit à l'Emire d'Afrique l'offre de luy livrer la Sicile; à condition qu'il l'aideroit à se faire proclamer Empereur. La condition fut acceptée; on luy donna une Flote avec des Troupes nombreuses; il aborda en Sicile, où il fut reçû par les révoltez, & salué Empereur. En tres-peu de temps presque toutes les Villes de l'Isle le reconnurent; Siracuse fit quelque difficulté de le recevoir; & il fallut entrer en négociation avec les Habitans. Il s'avança seul pour cela assez près des murailles. Deux Habitans sortirent de la Ville, comme pour traiter avec luy, & en l'abordant ils luy donnerent la qualité d'Empereur; mais s'estant approché d'eux pour les embrasser, un des deux le saisit aux cheveux, & l'autre en mesme temps luy abattit la teste d'un coup de sabre.

Sa mort ne sauva pas la Sicile. Les Sarazins qui estoient les plus forts se rendirent maistres de toutes les Villes: & ils y établirent si bien leur domination, qu'on ne put les en chasser. Ils pousserent mesme dans la suite leurs conquestes jusques dans le continent d'Italie, qui fut exposé pendant un grand nombre d'années aux excursions & aux cruautez de ces Infidéles.

Eginardi ad an. 818.

Si-tost qu'on eut sçû à Naples les pernicieux desseins d'Euphemius, les Napolitains prévoyant ce qui arriva, députerent promptement à Loüis, pour luy représenter le danger & les maux où l'Italie alloit estre exposée, s'il n'y envoyoit un prompt secours, qu'on ne pouvoit espérer de l'Empereur d'Orient. Mais l'état de ses affaires ne luy permit pas de faire les efforts nécessaires pour détourner cet extrême malheur, & la promptitude des Sarazins rompit toutes les mesures qu'on auroit pû prendre. Tout ce que ce Prince put faire, fut d'équiper promptement une Flote, dont il donna le commandement au Comte Boniface, Gouverneur de l'Isle de Corse, qui prit avec luy quelques Comtes dans la Toscane avec les Troupes de toutes ces côtes: il fit avec cette Flote le tour de son Isle & de l'Isle de Sardaigne, pour découvrir les Vaisseaux que les Sarazins pouvoient avoir en Mer, & s'asseûrer qu'il n'y avoit rien à craindre pour ces deux Isles. Il ne trouva aucun Vaisseau ennemi, & faisant voile tout à coup vers l'Afrique, pour faire diversion, il mit toutes ses Troupes à terre entre Utique & Cartage.

Durant la descente, l'allarme s'estant répanduë par-tout, les Sarazins s'assemblerent en grand nombre, & vinrent attaquer les François, qui les reçûrent avec beaucoup de bravoure, les repousserent, & demeurerent maîtres du Champ de bataille. Mais ils ne pouvoient presque faire un pas dans le païs, qu'ils ne trouvassent des Armées à combattre. Ils en défirent jusqu'à cinq, & tuerent un tres-grand nombre de Sarazins. La perte fut peu considérable du costé des Troupes Françoises. Quelques avanturiers qui s'estoient imprudemment engagez dans le païs, y furent assommez, le reste remonta sur les Vaisseaux, & repassa en Europe. Cette expédition remplit l'Afrique de la crainte des armes des François: mais elle ne fut pas capable de faire abandonner aux Sarazins l'entreprise de Sicile.

L'Empereur fut mesme obligé de laisser les affaires d'Espagne dans l'état où elles se trouverent alors. Aïson demeura sous la protection d'Abdérame en possession d'Ausone, de Rose, de Manrese, de Cordouë, de Solsone, & de tous les autres Territoires voisins, dont il s'estoit emparé. Des troubles domestiques dont les semences avoient esté jettées depuis long-temps, commencerent à éclater, & causerent à l'Empereur trop d'embarras pour luy laisser le temps & les moyens de réparer ces pertes, & de secourir plus efficacement l'Italie. Je vais reprendre la chose d'un peu plus haut, pour faire mieux comprendre la suite de toutes ces funestes intrigues, qu'on peut regarder comme les premieres sources de la décadence de l'Empire François.

L'Empereur après la mort de l'Impératrice Hermengarde, se trouva dans un grand embarras, qu'il s'estoit causé luy-mesme, par le partage qu'il s'estoit trop pressé de faire de ses Etats entre ses trois fils. Il voyoit qu'en se remariant il faudroit démembrer de ces partages, de quoy faire ceux qu'il voudroit donner aux enfans qui naistroient du second lit, chose fâcheuse pour ceux du premier. Cependant sollicité par les Seigneurs François, dont plusieurs prétendoient à l'honneur d'estre gendres de l'Empereur, il se remaria à Judith fille du Comte Guelfe, ainsi que je l'ay déja dit.

J'ay dit encore qu'il luy nâquit un fils de ce second mariage; ce fils fut nommé Charles, & il est appellé communément dans nos Histoires Charles-le-Chauve: ce fut l'an 823. le troisiéme de Juin. Cette naissance qui luy causa beaucoup de joye, le jetta en mesme temps dans

LOUIS LE DEBONNAIRE EMPEREUR.

l'inquiétude. Car le premier soin de l'Impératrice fut de penser à la fortune & à la sûreté de son fils, & de faire concevoir à l'Empereur l'état où cet enfant & elle se trouveroient réduits, si par malheur il arrivoit qu'il vînt à leur manquer, avant qu'il eust pourvû à son établissement.

Le plus intéressé des premiers fils de l'Empereur dans cette affaire, estoit Lothaire : les deux autres avoient leurs partages déterminez. Pepin avoit esté fait Roy d'Aquitaine, & Loüis Roy de Baviére : ces deux Royaumes considérables en comparaison du reste de l'Empire François, avoient leurs limites marquées, & l'Empereur ne pensoit pas à en rien détacher de considérable. Lothaire avoit esté associé à l'Empire, désigné successeur de tout le reste des Etats de son pere, & mesme de sa Souveraineté sur ses autres freres, & c'estoit dans son partage que devoit se prendre celuy du jeune Charles.

Theganus num. 11.

L'Empereur peu de temps après la naissance de ce petit Prince, avoit proposé à ses trois fils la résolution où il estoit de le faire entrer en partage avec eux. Il les avoit trouvez fort difficiles là-dessus : mais enfin s'estant appliqué à gagner Lothaire, & l'Impératrice employant tous les moyens possibles, toutes les caresses, toute l'adresse dont elle estoit capable pour le mettre dans ses intérests, on vint à bout de le faire consentir à ce qu'on désiroit de luy. L'Impératrice luy protesta qu'elle vouloit que sa fortune & celle de son fils fussent toûjours attachées à la sienne ; que s'il arrivoit jamais, comme on le prévoyoit, que le Roy d'Aquitaine & le Roy de Baviére, peu contens de leur partage, se liguassent après la mort de l'Empereur, pour faire valoir leurs prétentions, elle le serviroit de tout son pouvoir, de tous ses amis, & de tous ses trésors ; qu'elle n'auroit jamais d'autre parti que le sien ; que sa Famille fort puissante & en France & en Saxe, luy seroit absolument dévoüée : qu'en un mot, son fils luy seroit soûmis comme à son pere, & elle le pria de vouloir bien mesme du vivant de l'Empereur, prendre la qualité de tuteur du petit Prince. Elle avoit eu l'adresse quand Charles fut baptisé de le faire tenir sur les Fonts de baptesme par Lothaire. C'estoit là alors en France, ainsi que je l'ay déja remarqué ailleurs, un des liens les plus sacrez, par lesquels on pust attacher un Prince à la protection de celuy dont il se faisoit le parrain.

Nithard. lib. 1.

Cette adroite Princesse sçut si bien flatter Lothaire, qu'après avoir obtenu son consentement pour le démembrement d'une partie de l'Empire François en faveur de son fils, elle l'engagea de concert avec l'Empereur, à faire le serment attaché à la qualité de tuteur, par lequel il jura de prendre la défense de Charles envers & contre tous, & de luy asseûrer la possession de ce que l'Empereur voudroit luy assigner pour sa part dans sa succession.

Ibid.

Mais ce Prince ne fut pas long-temps sans se repentir de cet engagement, qui pouvoit luy estre d'autant plus préjudiciable, qu'il estoit plus général ; car il n'y avoit rien de spécifié, & il dépendoit de l'Empereur de donner à Charles une part aussi grande qu'il le jugeroit à propos.

Lothaire dissimula toutefois son repentir : mais les Princes sont étudiez de trop près & par trop de gens, pour ne pas se laisser pénétrer : on devina aisément ses sentimens par la conformité qu'ils devoient avoir naturellement avec ses intérests, & dès-lors certains esprits broüillons conçûrent & une grande espérance de voir du changement dans l'Etat, & le dessein d'y contribuer de tout leur pouvoir.

Trois ou quatre ans néanmoins se passerent sans que rien parut. Les malheureux succès d'Espagne, & l'invasion de la Pannonie par les Bulgares firent deux méchans effets : le premier, de donner lieu aux plaintes contre le Gouvernement présent, & aux comparaisons odieuses qu'on en faisoit avec celuy de Charlemagne : le second, d'irriter ceux qu'on en rendit responsables, & qui furent à cette occasion privez de leurs Emplois. De ce nombre estoit le Comte Matfride grand Capitaine, & qui jusqu'alors avoit tenu le premier rang parmi les Ministres de l'Empereur, & le Comte Hugues, dont Lothaire avoit épousé la fille, & qui pour se venger de cet affront, n'omirent rien pour animer ce Prince contre l'Empereur son pere, & pour l'engager à retracter la parole qu'il luy avoit donnée, de trouver bon tout ce qu'il feroit en faveur du Prince Charles, & à faire casser ce Traité dans une Assemblée des Seigneurs du Royaume.

Vita Ludovici Pii. Agobardi Epist. ad Matafridum. Nitardus. l. 1.

Dès-lors les mécontens commencerent à agir tous de concert, à solliciter la Noblesse & les gens d'Eglise de demander à l'Empereur la réforme de l'Etat, & à cabaler de tous côtez en faveur de Lothaire, pour maintenir le partage de l'Empire de la maniere qu'il avoit esté fait & agréé dans l'Assemblée de l'an 817.

Comme l'Empereur estoit un Prince fort pieux, & d'une conscience très-tendre, on l'attaqua par cet endroit, & on entreprit de le faire convenir à luy-mesme, que sa conduite n'estoit pas bonne. On parloit par-tout de prodiges, par lesquels le Ciel menaçoit l'Etat, & on en racontoit de si ridicules, qu'on voyoit bien qu'ils estoient uniquement inventez pour échauffer l'imagination des Peuples. Tantost c'estoit une possedée, qui dans les exorcismes avoit dit, que tous les maux de l'Empire estoient le chastiment des crimes qu'on négligeoit de punir ; que la mortalité & la famine qui l'affligeoient depuis quelque temps, estoient causez par le démon, à qui Dieu l'avoit abandonné pour le chastier ; tantost c'estoit un aveugle guéri miraculeusement, qui avoit eu révélation, qu'afin d'éviter les derniers malheurs dont l'Empereur estoit menacé, il falloit qu'il changeast beaucoup de choses dans le Gouvernement.

L'Empereur estoit autant frappé de ces prodiges, qu'il estoit touché des maladies populaires, qui désoloient alors la France, & c'est ce qui le détermina à envoyer en divers en-

Tome I.   P p ij

droits de l'Empire ces espéces de Commissaires, dont j'ay déja parlé à quelque autre occasion qui avoient la qualité d'*Envoyez du Prince*, * avec ordre de s'informer exactement des plus grands désordres qui régnoient dans l'Etat.

*Missi Dominici.

Adelard Abbé de Corbie, un des principaux Ministres de l'Empereur, estoit mort deux ou trois ans auparavant. Vala son frere qui avoit esté si puissant sous Charlemagne, depuis disgracié au commencement du Régne de Loüis, & qui s'estoit retiré dans le Monastére de Corbie, en estoit alors Abbé, & avoit grand crédit à la Cour: son esprit, sa prudence & son expérience dans le maniement des affaires, & la réputation de sa vertu luy attiroient cette considération. Il fut un de ceux qui furent envoyez pour reconnoistre les désordres de l'Empire, & à son retour il en rendit compte à l'Empereur dans une Assemblée générale des Evêques & des Seigneurs à Aix-la-Chapelle.

Vita VValæ Abbatis sæculo 4. Benedictinal. 2.

Il y exagera fort les dérég'emens qui régnoient dans toutes les parties de l'Etat, il parla avec beaucoup de liberté des devoirs du Prince, & de ceux des Prélats qui se mesloient trop des affaires temporelles, il déplora le malheur des Provinces, dont les Gouverneurs & les Juges ne mettoient nulles bornes à leur avarice & à leurs violences, & puis adressant la parole à l'Empereur mesme, c'est vous, Seigneur, luy dit-il, que tous ces désordres doivent toucher plus que personne, vous devez en répondre à Dieu, & si vous n'y remédiez pas, vous pouvez vous attendre à en estre puni plus sévérement qu'aucun autre.

Ensuite descendant dans le détail, il insista principalement sur le choix des Evêques, où l'on violoit à toute occasion la forme Canonique, & sur les usurpations des biens des Eglises dont les Laïques s'emparoient impunément. Il recommençoit de temps en temps ses apostrophes à l'Empereur, & osa prendre à témoin tous ceux de l'Assemblée, que ce Prince estoit le plus coupable de tous en cette matiere. Cette hardiesse d'un homme qui avoit la réputation de Saint, & dont les invectives en cette rencontre estoient très-capables de rendre le Gouvernement odieux, plut beaucoup à plusieurs séditieux dont l'Assemblée estoit remplie.

J'ay raconté que l'Empereur peu d'années auparavant à la persuasion de quelques Evêques & de quelques Abbez, avoit poussé sa dévotion jusqu'à faire une pénitence publique d'avoir puni des rebelles, qui avoient conspiré contre sa vie & contre son Etat, & ce fut à cette occasion que Vala déja Moine de Corbie, & dont la disgrace avoit aussi esté un des sujets de la pénitence publique, fut rappellé à la Cour, & envoyé en Italie avec Lothaire, pour estre le Chef de son Conseil dans le réglement de cet Etat. Il avoit depuis ce temps-là pris un grand ascendant sur l'esprit de l'Empereur, & ce Prince se crut obligé dans la conjoncture dont je parle, de prendre en bonne part ses avis tout libres & tout publics qu'ils estoient.

L'humilité chrétienne est une vertu très-rare dans les Princes: mais il est encore plus mal-aisé à ceux en qui elle se rencontre, de l'allier avec cette fermeté & avec cet air de Majesté qui leur sont nécessaires, pour contenir les Sujets dans le devoir, & pour maintenir la tranquilité d'un Etat. Loüis le Débonnaire ne trouva pas ce secret: sa modestie, sa bonté, sa douceur, le rendirent d'abord très-aimable à ses Sujets: mais faute de soûtenir ces vertus par une vigueur égale, rien ne contribua plus dans la suite à le rendre méprisable, & c'est ce qui causa tous les malheurs de l'Empire François.

Il défera donc entierement aux avis, ou plûtost aux réprimandes de l'Abbé Vala, & agissant toûjours par les principes d'une piété & d'une humilité mal réglée, il soûmit de luy-mesme sa conduite passée à de nouveaux Censeurs, comme s'il eust pris à tasche de ruiner absolument son autorité.

Non content des rapports de ses Envoyez, touchant les désordres qu'ils avoient remarquez dans les Provinces, & dont l'Abbé Vala luy avoit fait une si ample exposition, il ordonna qu'on assemblast incessamment quatre Conciles, un à Mayence, un autre à Paris, un troisiéme à Lion, & le quatriéme à Toulouse, afin que les Evêques assemblez dans ces Conciles, convinssent non seulement des choses qu'il falloit réformer dans l'ordre du Clergé & dans les autres ordres de l'Etat, mais mesme dans sa propre personne & dans celle des Princes ses enfans. C'est le précis de la Lettre circulaire qu'il envoya dans toutes les Provinces, pour faire connoistre à tout le monde ses intentions sur ce sujet.

Tom. II, Concil. Gall.

Les Conciles se tinrent selon ses ordres: nous n'avons les Actes que de celuy de Paris, où il y a de très-beaux Réglemens pour la conduite des Evêques & des Ecclésiastiques, plusieurs choses sur la conduite des Rois, mais des choses générales; ces Prélats, pour ménager l'Empereur, ou pour avoir lieu de s'assembler encore quelque autre fois, ayant différé, ainsi qu'ils le disent, de descendre plus en détail dans ce qui concernoit le Réglement de l'Etat.

Cependant l'Impératrice fit comprendre à l'Empereur par la maniere dont on avoit parlé dans l'Assemblée d'Aix-la-Chapelle, qu'il y avoit de la cabale, & qu'on tramoit contre luy quelque mauvais dessein. Elle avoit sçû que le Comte Matfride & le Comte Hugues beau-pere de Lothaire, continuoient de faire tous leurs efforts pour broüiller ce Prince avec l'Empereur son pere; qu'il les écoûtoit, & que quoiqu'il ne parut encore rien faire contre le respect & la soûmission, il traitoit en secret avec les principaux Seigneurs, pour empescher qu'on ne souffrist un nouveau partage en faveur du Prince Charles.

Vita Ludovici Pii.

Nithardus, lib. 1.

Sur ces connoissances, l'Empereur résolut premierement d'éloigner Lothaire, & l'obligea de partir pour l'Italie, sous prétexte que sa présence y estoit nécessaire, afin de la rasseûrer contre les entreprises des Sarazins, & en second lieu, commençant à se défier de l'Abbé Vala & de ses autres Ministres, il fit venir au-

Vita Ludovici Pii ad an. 829.

LOUIS LE DÉBONNAIRE EMPEREUR.

près de luy, Bernard Duc de Languedoc & Gouverneur de Barcelone, pour se servir de ses Conseils. Bernard estoit beau-frere de Vala, celuy-cy ayant autrefois épousé sa sœur avant que de se faire Moine de Corbie. Mais il estoit aussi filleul de l'Empereur & son Parent. Bernard estoit un homme de résolution, grand Capitaine, habile & de bon conseil, mais méchant homme si nous en croyons l'Auteur de la vie de l'Abbé Vala : cet Ecrivain estoit l'amy & le confrere de l'Abbé, & son stile toûjours véhément lorsqu'il parle de ce Comte pourroit faire apprehender, qu'il n'y eust un peu de prevention ou d'animosité, contre un homme chef du party opposé à celuy de l'Abbé.

Paschasius Radbertus in vita Valæ.

Si-tost que le Comte fut arrivé à la Cour, sa seule presence étonna & déconcerta la faction qui estoit sur le point d'éclater ; de sorte que les Partisans de Lothaire résolurent de differer à un autre temps la proposition qu'ils vouloient faire à l'Empereur, de confirmer le partage fait entre ses trois fils du premier lit sans innover rien sur cet article : c'estoit-là le point essentiel dont il s'agissoit, & l'endroit par lequel les factieux attachoient Lothaire à leur parti.

Le sentiment de Bernard estoit que l'Empereur prononçast au pluftost là-dessus suivant son second projet, & l'Impératrice sollicitoit cette déclaration avec un empressement extrême. L'Empereur pressé par l'un & par l'autre, fit à Vormes un Edit, par lequel il donnoit au Prince Charles fils de l'Impératrice Judith ; premierement le Païs des Allemans, c'est à dire, ce qui est entre le Rhin, le Moein, le Necre & le Danube. En second lieu la Rhétie, c'est ce que nous appellons aujourd'huy le Païs des Grisons, & enfin une partie du Royaume de Bourgogne, sçavoir la Bourgogne appellée Transjurane au delà du Mont-Jura qui est aujourd'huy le Païs de Genève & des Suisses.

Theganus cap. 35.

Quand cela se fit Lothaire estoit déja revenu d'Italie où il demeura le moins qu'il put, & se trouva à la Cour avec son frere Loüis Roy de Baviere, lorsque l'Edit fut publié ; ils en furent très-mortifiez. Plusieurs Seigneurs & Prélats en murmurérent hautement. Il en couta à quelques-uns leurs emplois, & d'estre éloignez de la Cour, & les Partisans de l'Impératrice furent mis en leur place.

Le nombre des mécontens s'augmenta parlà notablement, & c'estoit par tout un déchainement extrême contre le nouveau Ministre. Les exilez & d'autres qui se retirérent de leur plein gré dans leurs Terres, ne parloient que de sa Tyrannie & de ses violences, de la division qu'il mettoit dans la famille Royale entre l'Empereur & les Princes, de la persecution qu'il suscitoit contre les Evêques, & contre les plus honnestes gens de la Cour, pour leur substituer des scélerats & des hommes dévoüez à son ambition, & l'on disoit qu'il n'y avoit plus d'Empereur sur le Trône, mais un esclave du Ministre & de l'Impératrice.

Vita Valæ Abbatis.

On porta les choses plus loin : on répandit le bruit par tout l'Empire, que cette grande intelligence qui paroissoit entre l'Impératrice, & le Comte Bernard avoit encore un autre principe que leur ambition, & l'on publioit hardiment qu'il y avoit entre eux un honteux commerce. Les Historiens du Parti opposé à Bernard, ont parlé fort affirmativement sur ce point. Mais les autres ne l'en accusent point.

Ibid. Theganus cap. 38.

Ce qui donna lieu à ce soupçon ou à cette calomnie fut non seulement l'attachement de Bernard aux interests de l'Impératrice, mais encore l'exercice d'une charge que l'Empereur luy donna lorsqu'il l'appella à la Cour. Il le fit son Camerier* ou Chambellan, dont les fonctions estoient bien differentes de celles du Chambellan d'aujourd'huy. C'estoit alors l'Impératrice qui avoit non seulement l'Intendance de la Garderobe, mais encore de la partie des Finances destinée à la paye des armées, soit pour la solde des soldats, soit pour les vivres, & elle avoit sous elle le Chambellan pour exécuter ses ordres. De plus une des fonctions du Chambellan estoit d'introduire les Ambassadeurs, de recevoir les présens qu'ils faisoient au Prince, ou de leur en presenter de sa part, & c'estoit un usage assez ordinaire que le Chambellan réglast de concert avec l'Impératrice, la qualité & le nombre des présens qu'on devoit faire aux Ambassadeurs des Princes Etrangers. De sorte que le Comte Bernard estant obligé par ces raisons de voir souvent l'Impératrice, la malignité de ses ennemis trouva dans cette fréquentation dequoy appuyer la calomnie ; mais soit que cette accusation fût fausse, soit qu'elle fût fondée, elle fut reçue par une infinité de gens qui avoient interest à la croire.

Camerarius.

Hincmar. de ordine Palatii. cap. 22.

Bernard cependant alloit son chemin sans s'embarasser beaucoup de ces clameurs populaires qui passent, & qui cédent à l'autorité du gouvernement, pourvû qu'on sçache d'ailleurs la soûtenir, & c'estoit à quoy il donnoit toute son application. En effet quelque nombreux que fût le parti des mécontens, personne n'osoit s'en déclarer le Chef. Les trois Princes ou par respect pour l'Empereur leur pere, ou par crainte qu'il ne les desheritast, ou par la défiance qu'ils avoient les uns des autres ne vouloient point faire de démarche qui les engageast, & laissoient aller les choses pour voir à loisir quel tour elles prendroient.

L'Abbé Vala estoit alors malade dans son Monastere de Corbie, toûjours estimé & consideré de l'Empereur, mais sans avoir autant de part au gouvernement qu'il en avoit auparavant. Sa sagesse & sa vertu devoient faire beaucoup d'honneur, & donner grand crédit au parti des mécontens en cas qu'il s'y rangeast, & c'estoit dequoy on le sollicitoit éternellement. Les plus grands Seigneurs du Palais l'alloient trouver, & estoient sans cesse à luy representer la situation fâcheuse de l'estat, les progrès des Sarazins en Italie & du costé des Pyrenées, les insultes des Bulgares du costé du Danube, les désordres des Eglises, les dissensions de la famille Royale, le scandale que causoient les mauvais bruits, qui couroient sur la conduite de l'Impératrice, & combien il estoit

Vita Valæ.

Rp iij

de la gloire de Dieu, de l'honneur de l'Empereur, du bien de l'Eglise & des Peuples, de faire tous les efforts possibles pour remédier à tant de maux ; que l'Empereur avoit eu sur cela les meilleures intentions du monde; qu'il avoit commencé à les mettre en exécution, mais que depuis qu'il se gouvernoit par les seuls conseils du Comte Bernard, il paroissoit comme ensorcelé, & sans mouvement sur les malheurs de l'Empire, & sur les désordres qui y estoient extrêmes. Il n'y a que vous, ajoûterent-ils, qui puissiez arrester le cours de tant de malheurs. Vous estes beau-frere du Comte, l'Empereur vous honore & respecte vostre vertu ; rien ne peut vous dispenser d'employer tout vôtre crédit en une occasion si importante : il faut aller au plustost à la Cour, & dire librement vos sentimens à l'Empereur & à son Ministre, sur l'estat miserable où vous sçavez que les choses sont aujourd'huy.

Ibid.

L'Abbé de Corbie flaté ou touché de ce discours alla à la Cour, & il parla à l'Empereur & au Comte Bernard. Mais ses avis furent mal reçûs, & il s'en retourna à son Monastére sans avoir rien fait. C'estoit à quoy s'estoient bien attendus ceux qui vouloient par-là l'obliger à se déclarer pour leur parti. Il refusa cependant de le faire encore, jusqu'à ce que plusieurs Seigneurs qu'il avoit toûjours crû gens d'honneur & de probité, vinrent l'assurer que non seulement le Comte Bernard renversoit toute la Cour & tout l'Empire, mais qu'il avoit conjuré contre la vie de l'Empereur & de ses trois fils, pour les faire tous périr & mettre sur le Trône le seul fils de l'Impératrice.

C'est-là encore un des crimes imposez à Bernard par les seuls Partisans de l'Abbé Vala, que le silence des autres Historiens, & la conduite que l'Empereur tint depuis envers ce Comte réfutent assez. L'Abbé le crut, & l'horreur de cet attentat jointe au zéle du bien public, & à la compassion qu'il avoit de tant de personnes de qualité qui passoient pour estre injustement persécutées, ne luy permit pas de délibérer plus longtemps, ny de différer à se déclarer contre le Ministre en faveur, disoit-on, du Prince mesme dont on se faisoit honneur de soûtenir les véritables intérests, en prenant les armes contre luy : ce n'est là ny le premier ny le dernier exemple de ce zéle bisarre.

Dès que l'Abbé de Corbie se fut déclaré, Hilduin Abbé de S. Denis, Bernard Evêque de Vienne, Agobard Evêque de Lion, Jessé Evêque d'Amiens tous gens en réputation de probité, de sagesse & de doctrine, embrassérent aussi ce parti, & furent suivis de plusieurs autres dont le mérite donnoit beaucoup de crédit à la faction.

Theganus. an. 36.

Ces Evêques & ces Abbez s'assemblérent & protestérent, qu'ils tiendroient pour rebelle à Dieu & à l'Eglise, quiconque ne les seconderoit pas dans le dessein qu'ils avoient de rétablir l'ordre dans l'estat, de procurer la seureté des Peuples, & de pourvoir à celle de l'Empereur & de toute la famille Royale. On fit courir le bruit, que la Cour avoit fait les plus grandes offres à l'Abbé de Corbie, pour l'engager à s'unir avec le Comte Bernard; mais qu'ayant horreur de ses crimes & des désordres qu'il causoit dans l'Etat, il n'avoit jamais voulu y entendre; qu'il sacrifioit sa vie & tous ses intérests au bien des Peuples & de l'Eglise, & qu'il estoit résolu de tout hazarder pour satisfaire en cette occasion, à ce qu'il devoit à sa conscience & à sa patrie. Tout cela fut reçû avec applaudissement, & jamais l'Abbé Vala ne fut un plus grand Saint, que quand il leva l'étendart de la rebellion contre son Souverain.

Les trois fils de l'Empereur ne paroissoient point dans tout ce complot, & quoy qu'il fust certain que l'origine de tous ces troubles, estoit le chagrin qu'ils avoient de voir entrer le Prince Charles en partage avec eux; que l'Empereur ne s'estoit si fort attaché au Comte Bernard, que parce que tous ses autres Ministres luy estoient devenus suspects; & que la pluspart de ceux qui avoient esté exilez de la Cour n'avoient esté chastiez de la sorte, que parce qu'on sçavoit les liaisons & les intrigues qu'ils avoient avec les trois Princes; cependant comme c'est l'ordinaire, on exposoit & on exageroit aux Peuples la rigueur de ces mauvais traitemens, & les désordres publics dont on leur cachoit les véritables causes.

Le parti estant ainsi formé & les peuples mis en mouvement, par l'autorité de ces Evêques & de ces Abbez, on fit dire aux Princes qu'il estoit temps de se venir mettre à leur teste. Une nouvelle révolte des Bretons leur donna lieu de le faire.

La nouvelle de ce soulevement estant venuë à l'Empereur, le Comte Bernard fut d'avis qu'il marchast luy-mesme en Bretagne, & qu'il ordonnast à Pepin de l'y venir joindre avec ses Troupes du Royaume d'Aquitaine. C'estoit un piége qu'on tendoit à ce jeune Prince que Bernard avoit dessein de faire arrester dans le chemin.

L'Empereur convoqua une Diéte à Aix-la-Chapelle sur le sujet de l'expédition de Bretagne, & la chose ayant esté résoluë, il commanda aux Troupes de marcher le Mécredy des Cendres; mais il commença déslors à connoistre le péril où il estoit, & le progrès qu'avoient déja fait les intrigues secretes des factieux. Une grande partie des Troupes refusa d'obéir, s'excusant sur la difficulté des chemins qui estoient encore trop mauvais. L'Empereur qui ne se trouva pas en estat de réduire ces mutins par la force & qui ne se voyoit pas là en seureté, partit avec le reste des Troupes, quoy qu'il eust actuellement la goute, & prit fort inquiet sa route par les costes de la Mer, ayant avec luy Loüis son fils Roy de Baviére.

Vita Valæ.

Annales Bertuniani

An. 830.

Lothaire que son pere avoit une seconde fois envoyé en Italie pour l'éloigner des factieux de la Cour, rentra en France, & Pepin selon l'ordre qu'il en avoit reçû, venoit avec les Troupes d'Aquitaine, non pas pour faire la guerre en Bretagne, mais pour la déclarer à son pere. Estant arrivé à Orleans il en chassa le Comte Odon, que l'Empereur en avoit fait Gouverneur,

& mit à sa place le Comte Matfride un des Principaux Chefs des mécontens, & continua sa marche avec son armée.

En mesme temps le Roy de Baviére qui s'apperçût qu'on le gardoit presque à vûë à la Cour, s'échapa, & vint à Corbie trouver l'Abbé Vala & quelques-uns des Evêques de la faction: il luy confirma tout ce qui luy avoit esté dit touchant le mauvais commerce de l'Impératrice & du Comte, la conspiration tramée contre la famille Royale, le dessein formé pour le renversement de l'Etat: il luy ajoûta que la Cour de l'Empereur estoit un lieu d'abomination par les crimes de toutes les espéces qui s'y commettoient, qu'on n'y voyoit que magie, que sortiléges, que maléfices, qu'on y renouvelloit jusqu'aux superstitions du Paganisme, qu'on y consultoit le vol des oyseaux & les entrailles des bestes pour y découvrir l'avenir, que l'ascendant de l'Impératrice estoit tel sur l'esprit de l'Empereur, qu'il ne voyoit que par ses yeux, ne recevoit personne que de sa part, qu'il se défioit de tous ceux dont elle ne luy répondoit pas, & que cela alloit à un point, qu'on ne doutoit pas qu'elle n'eust usé à son égard de quelque enchantement, sans quoy il estoit impossible qu'elle se fust renduë ainsi absolument Maistresse de son esprit. On fit aussi-tost part au peuple de tous ces détails qui firent tout leur effet.

Vita Valæ.

Cependant les Troupes mutinées d'Aix-la-Chapelle en partirent conduites par leurs Chefs, & vinrent à Paris joindre Pepin. Les Abbez de son parti arrivérent aussi avec les leurs; car ils avoient alors pour la plusspart des vassaux & des Troupes qui dépendoient d'eux, & Pepin marcha avec toutes ces Troupes vers les costes de la Mer au devant de celles de l'Empereur son Pere. De telles nouvelles apportées à ce Prince, & la désertion de quelques Seigneurs qui s'enfuirent de son armée, luy firent comprendre le péril où il estoit.

Il délibéra avec l'Impératrice & avec le Comte sur le parti qu'il y avoit à prendre en de si fâcheuses conjonctures. Il estoit difficile de bien choisir. Mais enfin comme il sçavoit que la haine qu'on avoit pour l'Impératrice & pour le Comte estoit le principal motif de la révolte, il espéra qu'en les éloignant l'un & l'autre il pourroit adoucir les esprits. Il craignoit d'ailleurs que s'ils tomboient entre les mains de leurs ennemis il ne leur en coustast la vie par les plus cruels supplices. Ces deux raisons le déterminérent à les faire partir. Il envoya Bernard à son Gouvernement de Barcelone, & l'Impératrice à Laon dans le Monastére de Sainte Marie, & vint avec ses Troupes camper auprés de Compiégne.

Vita Ludovici Pii.

Pepin ayant appris la Marche de l'Empereur s'avança du mesme costé, & vint se poster à Verberie à trois lieuës de Compiégne. Delà il détacha quelques Troupes sous la conduite des Comtes Varin & Lambert qui allérent se présenter devant Laon, dont les portes leur ayant esté ouvertes, ils enlevérent l'Impératrice & l'amenérent au camp de Pepin.

Quand elle y fut arrivée, Pepin aprés luy avoir reproché les désordres qu'elle avoit causez dans la famille Royale, sa conduite scandaleuse, les mauvais desseins qu'elle avoit conceus contre luy & contre ses freres, luy déclara qu'elle n'avoit qu'un seul moyen d'éviter la mort, sçavoir que dans une entrevûë qu'il luy permettroit d'avoir avec l'Empereur son mari, elle ménageast deux choses, la premiere qu'elle obtint de luy son consentement pour prendre le voile de Religieuse, la seconde qu'elle luy persuadast de mettre bas les armes, de se faire couper les cheveux & de se retirer dans un Monastére pour le reste de ses jours. Elle luy promit tout ce qu'il voulut.

Ibid.

En effet il la fit passer au Camp de l'Empereur, & l'y fit accompagner d'une escorte qui devoit la ramener aussi-tost aprés cette entrevûë. Elle pria l'Empereur que pour éviter la mort dont on la menaçoit, il luy fust permis de prendre le voile, & il y consentit: mais sur l'autre point il répondit, qu'en quelque danger qu'il se trouvast par la trahison de ses Sujets & de ses enfans, il estoit trop important pour n'en pas délibérer plus à loisir, & qu'il vouloit sur cela avoir l'avis des Seigneurs & des Evêques.

L'Impératrice retourna au Camp de Pepin avec cette réponse, & aussi-tost aprés il la fit partir pour Poitiers ou on la voila dans le Monastére de Sainte Radegonde. Il consentit à l'assemblée que l'Empereur avoit proposée, & elle se tint dans le Palais de Compiégne.

L'Empereur entra dans la sale avec un air consterné & ne voulut point s'asseoir sur son Trône. Il y parla d'une maniére aussi touchante que peu digne de son rang. Mais jusqu'où ne descend-t-on point quand il s'agit de se conserver une Couronne. Il avoüa les fautes qu'il avoit commises au Gouvernement de l'Empire, la trop grande complaisance qu'il avoit euë pour sa femme, & ratifia la permission qu'il luy avoit donnée de prendre le voile: il loüa le zéle de ceux qui l'obligeoient à corriger sa conduite & promit que si on luy laissoit sa Couronne, il gouverneroit désormais suivant les conseils de ses bons & fidéles Sujet. Ce discours toucha tellement l'assemblée, que la plusspart se levérent, vinrent à luy & le forcérent de s'asseoir dans le Trône qu'on luy avoit préparé.

Vita Valæ.

Ce n'estoit pas là la conclusion que Pepin attendoit, non plus que l'Abbé de Corbie, au moins comme plusieurs le crurent & le publiérent contre ce qu'en racontoient depuis ses Apologistes. On ne passa pas néanmoins plus outre, & Pepin resta dans son Camp jusqu'à l'arrivée de Lothaire, qui vint le joindre avec d'autres Troupes.

Celuy-cy estoit l'aîné, c'estoit à son occasion que la conspiration s'estoit formée, & c'estoit luy que les Rébelles prétendoient mettre sur le Trône de son Pere. Son arrivée ne fut pas plutost sçûë dans le Camp de l'Empereur, que les intelligences qu'il y avoit commencérent à éclater nonobstant tout ce qui venoit de se faire. Les Soldats & les Officiers désertoient par troupes, & en peu de temps l'Empereur aban-

Ibid.

HISTOIRE DE FRANCE.

Ibid.

donné de toute son armée, ne voyant aucune seureté à fuïr, se livra avec son fils Charles à la discrétion des Rébelles.

Lothaire néanmoins le traita avec respect, & sans parler de le déposer, il approuva tout ce qui avoit esté fait par Pepin. Il témoigna à l'Abbé de Corbie, à l'Abbé de Saint Denis & aux Evéques de son parti combien il estoit satisfait de leur conduite & de leur zéle pour le bien de l'Etat. Il fit arrester Hérbert frere du Comte Bernard, & luy fit crever les yeux, malgré les priéres que luy fit l'Empereur pour obtenir sa grace. Il fit dégrader Odon Gouverneur d'Orleans & cousin germain du mesme Comte, en luy faisant oster ses armes avec ignominie & l'envoya en exil. Il confina aussi dans un Monastére Conrad & Rodolphe freres de l'Impératrice.

Nithardus Lib. 1.

Le reste de l'esté se passa assez tranquillement. Lothaire ordonnant de tout, & ne laissant à son Pere que le vain nom d'Empereur qu'il ne vouloit pas luy oster; mais qu'il auroit bien voulu luy voir quitter. Il gagna mesme pour cela quelques Moines que l'Empereur voyoit volontiers, afin qu'ils luy inspirassent du dégoût, pour l'embarras des affaires, & tâchassent de luy faire revenir l'envie de se retirer dans un Cloître laquelle il avoit eüe autrefois, n'estant encore que Roy d'Aquitaine du vivant de Charlemagne, mais ils n'en vinrent pas à bout.

Les choses ne pouvoient pas demeurer long-temps dans cette situation : l'Automne approchoit, & les Seigneurs qui estoient la plupart dans les intérêts de Lothaire, demandoient qu'on tint au plustost une assemblée de la Nation, pour mettre fin à la Guerre Civile par la nouvelle forme de Gouvernement qu'on y establiroit. Et c'estoit dans une telle assemblée où l'Empereur avoit tout à craindre pour sa Couronne & pour sa liberté.

Cependant comme c'est l'ordinaire, le premier feu de la révolte estant passé, plusieurs firent de sérieuses réflexions sur la maniére indigne dont on en usoit avec le Prince, & quand les Chefs voulurent faire leur brigue pour conclure sa déposition dans la Diéte prochaine, il s'en trouva plusieurs opposez à ce dessein.

Nithardus Lib. 1.

Les Moines dont j'ay parlé que Lothaire croyoit avoir gagnez, ne le servirent pas bien: car voyant que l'Empereur n'avoit point du tout d'envie de renoncer à l'Empire, ils luy firent offre de leurs services auprès de leurs amis, pourveu qu'il leur promit de mettre ordre à certains points particuliers qu'ils luy marquérent. Il leur engagea sa parole sur tout ce qu'ils souhaitérent de luy. Après quoy d'espions qu'ils estoient, ils devinrent ses Conseillers & ses confidens.

Le point capital estoit de desunir les trois Princes. Gombaut un de ces Moines homme adroit & ambitieux se chargea de cette commission, & alla trouver de la part de l'Empereur, le Roy de Baviére & le Roy d'Aquitaine. Outre les raisons de conscience & de bienséance qu'il ne manqua pas de faire valoir, il leur demanda s'ils faisoient assez d'attention au changement qui s'alloit faire, qu'au lieu d'un pere doux, facile, plein de bonté pour eux, ils alloient avoir leur frere aîné pour Maistre, qui n'avoit que ses propres intérêts en vüe, & qui oublieroit bien-tost l'obligation qu'il leur auroit de son élévation; que leur puissance diminuëroit au lieu de croître; que le Prince Charles seroit exclus de la succession, mais que ce ne seroit pas à leur profit; & qu'enfin l'Empereur s'engageoit à augmenter leurs partages en cas qu'ils se comportassent en cette occasion, comme des fils devoient faire à l'égard d'un Pere qui les avoit toûjours tendrement aimez.

Ces réflexions que ces deux Princes avoient apparemment déja faites eux-mesmes, soustenuës par l'espérance de leur avantage particulier, firent sur leur esprit toute l'impression que l'Empereur pouvoit souhaiter, ils se rendirent aux remontrances de Gombaud : ils vinrent trouver l'Empereur avec lequel ils se reconciliérent, & luy promirent de ne jamais se départir de leur devoir.

Ibid.

Leur réconciliation consterna Lothaire & le reste des factieux, néanmoins ils espérérent toûjours que dans la Diéte leur parti prévaudroit. Il estoit question avant toutes choses de déterminer le lieu où elle se tiendroit. Cette circonstance estoit de la derniére importance pour l'Empereur. De tout temps les François d'en deça du Rhin, & ceux de la Germanie avoient entre-eux une espéce de jalousie, qui les mettoit aisément dans des intérêts opposez. Depuis le grand Clovis ils avoient esté souvent gouvernez par différens Princes, eux-mêmes jaloux les uns des autres : delà estoient venuës les Guerres, & ensuite l'antipathie des Peuples.

Le parti des mécontens estoit principalement composé des Seigneurs François des Gaules, & il ne falloit pas d'autre raison pour engager les François de la Germanie à estre favorables à l'Empereur. Il s'agissoit donc de déterminer si la Diéte se tiendroit en France ou dans quelque Ville de la Germanie. Lothaire vouloit que ce fust en France, & l'Empereur que ce fust en Germanie sans pourtant faire paroistre son inclination; mais il agissoit secretement pour faire tourner les suffrages de ce costé-là, & il en vint à bout. Après diverses contestations il fut résolu que la Diéte se tiendroit à Nimégue.

Vita Ludovici Pii.

L'Empereur depuis la réünion de ses deux fils, agissoit & parloit plus en Maistre qu'auparavant. Il donna ordre au Comte Lambert Gouverneur de Nantes & un des plus séditieux, d'aller au plustost à son Gouvernement pour arrester les courses des Bretons qui continuoient leur révolte, & luy joignit l'Abbé Helisacar pour rendre la justice dans toute la Marche ou Frontiére Bretonne. De plus pour diminuer les forces & l'autorité de ses ennemis, il ordonna sous prétexte de la tranquillité publique, que tous ceux qui viendroient à la Diéte de Nimégue, n'y amenassent que les gens nécessaires pour les servir & point d'autres : & sous main il fit avertir les Seigneurs de Germanie d'yvenir

Ibid.

nir en très-grand nombre: ils n'y manquérent pas, & s'y trouvérent presque tous bien résolus de le défendre.

L'Empereur se voyant si bien soûtenu n'appréhenda plus rien, & avant l'ouverture de la Diéte ayant sçû que Hilduin Abbé de S. Denis estoit arrivé à Nimégue accompagné contre son ordre de quantité de gens armez, il le fit venir & luy demanda en colére, s'il venoit pour assister à la Diéte ou pour faire la Guerre. L'Abbé ne sçachant que répondre, l'Empereur luy commanda de sortir incessamment du Palais & de la Ville, de renvoyer tout son monde & d'aller attendre ses ordres à Paderborne avec ses seuls Domestiques, & de n'en pas sortir de tout l'hyver. Il fit venir aussi l'Abbé Vala, luy commanda de s'en retourner à Corbie, d'y vivre en Religieux, d'y gouverner ses Moines selon sa Régle sans se mesler désormais des affaires d'Etat: il fallut obéïr & se retirer.

Ces coups d'autorité firent connoistre aux factieux qu'ils ne seroient pas les plus forts; & désespérez de se voir ainsi dupez, ils s'assemblérent dès la nuit suivante, & allérent trouver Lothaire dans sa tente pour luy représenter le péril où ils estoient, eux & luy; tous luy conseillérent de deux choses l'une, ou de prendre promptement les armes, & d'aller brusquement sur le champ enlever l'Empereur qui ne seroit peut-estre pas sur ses gardes, ou bien de se retirer, en se mettant à leur teste.

Toute la nuit se passa en déliberations sans pouvoir rien conclure, parce que ces deux expédiens paroissoient extrémement violens & dangereux. L'Empereur ayant esté averti de ce qui se passoit & de l'incertitude où ils estoient, envoya dès la pointe du jour prier Lothaire de le venir trouver, luy promettant toute sorte de seureté & de le contenter. Cette proposition augmenta son embarras. Tous le dissuadérent de se mettre ainsi à la discrétion de l'Empereur, qu'il ne devoit pas dans la conjoncture présente regarder comme son pere, mais comme son ennemi; néanmoins après y avoir bien pensé & envisagé les suites de son refus dans un temps & dans un lieu où il n'estoit pas le plus fort, prévoyant du plus que ses freres profiteroient immanquablement de son opiniatreté dans sa révolte & contribuëroient à le perdre, il se résolut, quoy qu'on luy pust dire, d'aller trouver l'Empereur sur sa parole.

Il en fut reçû avec bonté, l'Empereur l'embrassa, & après avoir asseuré qu'il n'avoit rien perdu de la tendresse qu'il avoit toûjours eüe pour luy, il luy reprocha doucement sa conduite passée, la trop grande confiance qu'il avoit en de mauvais amis qui n'avoient rien moins en vûë que ses véritables interests; que la desunion de la Maison Royale estoit sa ruine aussi-bien que celle de l'Etat; qu'il l'avoit associé à l'Empire, & admis au Gouvernement; qu'il n'avoit au dessus de luy la qualité de pere; que la révolte où les méchans conseils l'avoient engagé le rendoient odieux à toute la terre, & qu'il falloit qu'une prompte & sincére réconciliation réparast au pluftost sa faute & la mauvaise réputation qu'il s'estoit faite. Enfin l'Empereur parla en cette occasion d'une maniére si tendre & si touchante, qu'il ralluma les sentimens de la nature dans le cœur de Lothaire qui se jetta à ses pieds, & luy demanda pardon tout baigné de ses larmes, & luy promit de ne se départir jamais de l'obeïssance & du respect qu'il luy devoit.

Durant cette entrevûë du pere & du fils qui tenoit tout le monde en suspens, chacun songea à se précautionner, & les deux partis se mirent sous les armes. Les Rebelles paroissoient les plus animez, & répandoient le bruit qu'on retenoit Lothaire prisonnier. Ils disoient hautement qu'ils estoient très-résolus de se le faire rendre de gré ou de force, qu'au lieu d'une assemblée où l'on avoit promis de faire trouver la fin des troubles, on n'avoit eu dessein que de tendre un piége aux personnes bien intentionnées; qu'on avoit déja chassé les plus gens de bien afin d'avoir la liberté d'exercer toutes sortes de violences; qu'il n'y avoit plus rien à ménager, puisque l'Empereur ne gardoit plus ny fidelité ny aucunes mesures, & qu'il falloit se défendre, puisqu'on en vouloit à leur vie & à leur liberté.

De ces plaintes on en vint aux reproches mutuels des deux costez; & l'on n'eust pas tardé à en venir aussi aux mains, si l'Empereur n'eust paru subitement, & Lothaire avec luy tout deux d'un air qui faisoit paroistre leur union & leur intelligence. La présence des Souverains arresta la fougue du soldat, & l'Empereur ayant déclaré hautement que Lothaire & ses deux freres estoient pleinement satisfaits, personne n'osa plus branler.

L'Empereur n'en demeura pas là néanmoins. Car peu de jours après il fit arrester les Chefs de la Rébellion, & les fit comparoistre dans l'assemblée pour y estre jugez, & il y présida avec ses trois fils. On produisit les loix selon lesquelles ils furent déclarez coupables de Leze-Majesté & condamnez à la mort. Toutefois l'Empereur soit à la priére de ses fils soit de luy-mesme, pour leur épargner le chagrin de voir périr ceux qui les avoient servis, adoucit la Sentence. Il les relégua pour la pluspart tant Laïques qu'Ecclésiastiques en divers Monastéres. Il fit déposer par un Concile, Jessé Evêque d'Amiens un des plus emportez des factieux, & la tranquillité parut rétablie.

Après la Diéte de Nimégue l'Empereur retourna à Aix-la-Chapelle où il retint ses trois fils auprès de luy, & pensa à tirer l'Impératrice du Monastére de Poitiers; mais comme elle avoit pris le voile, qui ne se prenoit qu'en se consacrant à Dieu par un engagement perpétuel, il crut qu'il ne devoit pas la faire revenir sans consulter le Pape & les Evêques. Le Pape qui estoit alors Grégoire IV. & les Evêques jugérent que l'Impératrice n'ayant esté engagée à la Profession Religieuse, que par une violence manifeste, cet engagement estoit nul. Ainsi elle retourna à la Cour.

L'Empereur l'y reçût avec beaucoup de joye; mais il crut qu'il estoit de l'honneur de cette

HISTOIRE DE FRANCE.

Vita Ludovici Pii an. 831.

Princesse & du sien propre, qu'elle fust juridiquement disculpée des crimes atroces dont on l'avoit chargée avec un si grand scandale. Elle comparut devant des Commissaires le jour de la Purification ; & personne n'ayant osé se porter pour accusateur, elle fut reçuë à faire serment sur son innocence, & ensuite déclarée tout à fait exempte des crimes dont on l'accusoit.

Elle ne fut pas long-temps à la Cour sans que ses ennemis s'en apperçussent. Vala estoit disgracié, mais il estoit demeuré à Corbie avec sa qualité d'Abbé, l'Empereur ayant toûjours du respect pour sa vertu. L'Impératrice fit comprendre à l'Empereur qu'il n'estoit ny de la justice ny de la politique, de laisser sans punition un homme, dont la seule réputation avoit esté capable d'autoriser & d'animer la révolte de tout l'Empire contre son Souverain, & qui avoit donné le mouvement à tout. Il fut relegué dans un Château sur un Rocher escarpé au bord du Lac de Genéve, avec défense à ceux qui le gardoient, de le laisser parler à qui que ce fust.

Vita Valæ

D'autres personnes de la Cour furent encore exilez. Mais ce qui fit le plus d'éclat, c'est que Lothaire qui avoit esté depuis tant d'années associé à l'Empire, fut déclaré déchû de cette association, tous les Sujets de l'Empire dispensez du serment qu'ils luy avoient fait en qualité d'Empereur, & son nom qu'on mettoit dans tous les Actes publics avec celuy de son pere, n'y fut plus mis désormais. On luy laissa seulement la qualité de Roy d'Italie, à condition qu'il n'y feroit rien d'important, qu'avec le consentement de l'Empereur son Pere.

Nitardus Lib. 1.

Cette dégradation du Prince déplut à beaucoup de gens, & Agobard Evêque de Lion en écrivit à l'Empereur pour luy en faire scrupule : mais l'Impératrice & ses Ministres eurent soin de le rasseurer là-dessus.

Pour ce qui est de Pepin Roy d'Aquitaine & de Loüis Roy de Baviére, l'Empereur leur tint la promesse qu'il leur avoit faite lorsqu'ils passérent dans son parti : il augmenta leurs Royaumes de quelques Villes & de quelques territoires. Cette libéralité estoit une nouvelle punition pour Lothaire, dont il diminuoit d'autant le partage en augmentant celuy de ses freres. Tout cela estant fait, l'Empereur leur permit à tous trois d'aller chacun dans leurs Royaumes.

Vita Ludovici Pii.

Ces punitions estoient autant de violences que se faisoit l'Empereur, & il estoit incapable de soustenir long-temps une conduite un peu sévére. Quelques Evêques luy firent apparemment scrupule de la punition de tant d'exilez, parmy lesquels on comptoit plusieurs personnes qui passoient pour gens de bien, & on luy fit entendre que la douceur & la bonté estoient les moyens les plus efficaces de se les attacher. Il accorda donc quelques mois aprés malgré l'Impératrice, une aministie générale & permission à tous ceux qui avoient esté reléguez dans les Monastéres d'en sortir s'ils le vouloient, & leur rendit à tous leurs biens qui avoient esté confisquez.

Il ne voulut pas que Vala fust excepté de ce pardon général, mais il souhaita qu'il reconnust sa faute avant qu'on finist sa peine, & pour l'obliger à faire cet aveu, il se servit de Pascase Radbert homme d'esprit & de mérite, qui fut luy-mesme quelque-temps aprés Abbé de Corbie. Il estoit ami intime de Vala, & c'est luy qui a écrit sa vie en Dialogue, où les intrigues de la révolte que je viens de raconter sont rapportées. Les principaux Acteurs y sont marquez sous des noms feints. L'Empereur y porte celuy de Justinien, l'Impératrice celuy de Justine, Lothaire celuy d'Honorius, Loüis de Baviére celuy de Gratien, Pepin Roy d'Aquitaine celuy de Mélanius, le Comte Bernard celuy de Nason & d'Amisar, Vala celuy d'Arséne : mais la clef de ces Mystéres, a esté aisée à trouver par les autres monumens de l'Histoire de ce temps-là.

L'Empereur envoya donc le Moine Pascase du costé de Genéve, sous prétexte de régler les affaires de quelques Eglises, & luy permit de voir Vala. Dans l'entretien Pascase luy dit qu'il sçavoit les sentimens de l'Empereur à son égard, & qu'il conservoit toûjours de l'estime, & de l'amitié pour luy ; qu'il souhaitoit de le rappeller de son éxil ; qu'il attendoit qu'on l'en priast ; qu'il y avoit des gens à la Cour, qui luy rendroient volontiers ce bon office ; mais que l'Empereur éxigeoit de luy deux choses, la premiere qu'il avoüast sa faute, & qu'il luy en témoignast du repentir. La seconde qu'il souscrivist au partage fait en faveur du Prince Charles.

Vita Valæ.

Vala estoit un de ces esprits entiers, & indomptables, & un de ces prétendus Saints qui s'entestent sans retour, prests à tout souffrir plustost que d'avoüer qu'ils ont failli. Vous devriez mieux me connoistre, dit-il à Pascase, & si vous me connoissiez mieux, vous me donneriez d'autres conseils. Je n'ay point fait de faute, & je n'en puis avoüer aucune sans me calomnier moy-mesme. Encouragez-moy à souffrir pour la justice, & ne me parlez pas d'autre chose : ces paroles prononcées d'un ton dévot & ferme ne laissérent plus rien à dire à Pascase.

Il en rendit compte à l'Empereur, qui conceut par-là ce qu'il avoit à craindre d'un homme de ce caractére. La prison de Vala n'estoit pas éloignée d'Italie. Il appréhenda que Lothaire ne trouvast moyen d'avoir commerce avec luy, & peut-estre de l'enlever ; c'est pourquoy il le fit transporter à l'Abbaye de Nermoutier : une pareille raison fit changer encore le lieu de son éxil, sur les soupçons qu'on eut que Pepin vouloit avoir quelque liaison avec luy, & il fut envoyé dans un Monastere de Germanie. On eut depuis les mesmes défiances de Loüis de Baviére que des deux autres, ce qui fit enfin renvoyer Vala à son Abbaye de Corbie ; mais sans luy laisser les fonctions & la dignité d'Abbé. On crut qu'il estoit là moins à craindre, parce qu'on pourroit aisément l'observer de prés.

Ibid.

L'Empereur qui avoit tant de bonté pour ses ennemis, n'eut garde d'oublier son favori le Comte Bernard qu'il avoit relegué par force

LOUIS LE DEBONNAIRE EMPEREUR.

à son Gouvernement de Barcelone, & il le fit revenir à la Cour.

Ce retour y remit le trouble : le Moine Gombaud y estoit devenu fort considérable & fort agréable à l'Empereur par le grand service qu'il luy avoit rendu, en luy réconciliant le Roy de Baviere & le Roy d'Aquitaine, après quoy Lothaire avoit esté obligé de se soûmettre. Gombaud crut que la premiere place dans le Conseil de l'Empereur luy estoit dûë, par un service de cette importance. Bernard à son retour trouva ce concurrent déja très-bien estably, & en estat de luy disputer le poste qu'il vouloit reprendre.

D'ailleurs le Roy de Baviére & le Roy d'Aquitaine formoient un troisiéme party : ils ne vouloient ny de Gombaud ny de Bernard, prétendant que si quelqu'un devoit gouverner sous l'Empereur, cela les regardoit plustost que des Estrangers, qu'ils avoient & l'âge & l'expérience, & les talens nécessaires pour aider à l'Empereur à soustenir le poids du Gouvernement.

Gombaud l'emporta, & soit que l'Impératrice regardast Bernard comme un homme déja trop odieux aux peuples, soit qu'elle appréhendast de donner de nouveau occasion aux mauvais bruits, qui luy avoient fait à elle-même tant de tort par tout l'Empire, elle l'abandonna.

Bernard outré de cette préférence ne pensa qu'à s'en venger & à en faire repentir l'Empereur. Il prit des liaisons secretes avec le Roy d'Aquitaine, résolu de l'engager à une nouvelle révolte, qui estoit d'autant plus dangereuse, que Bernard estoit Duc ou Gouverneur de Languedoc, & Comte ou Gouverneur de Barcelone, & que ces deux Gouvernemens estoient sur les confins du Royaume d'Aquitaine ; ainsi il estoit aisé à Pepin & à luy de se soustenir mutuellement de toutes leurs forces.

L'Empereur vers ce temps-là convoqua une Diéte à Thionville, où des Ambassadeurs de Dannemarc, & ceux des Sarasins d'Afrique vinrent demander la Paix, qu'on leur accorda volontiers. Bernard y demanda aussi qu'on luy fit justice sur les crimes horribles dont on avoit noirci sa réputation, & s'offrit à soustenir son innocence dans un duel, contre quiconque voudroit l'accuser : le défi fut publié, & personne ne se présenta pour l'accepter. Ainsi selon la Coûtume de la Nation, il fut cru & absous sur son serment. Ce fut dans cette Diéte que l'Empereur commença à s'appercevoir, qu'on essayoit de luy débaucher le Roy d'Aquitaine.

L'Empereur luy avoit donné ordre de s'y trouver, & sur quelques difficultez qu'il fit, il luy avoit envoyé courriers sur courriers pour luy réiterer cet ordre. Il n'y obéït pas & n'arriva à Thionville qu'après la fin de la Diéte. L'Empereur à son arrivée luy témoigna son mécontentement, & le Prince luy répondit d'une maniere qui le choqua. Sa fierté croissoit tous les jours, & il sembloit par ses maniéres peu respectueuses vouloir s'attirer un ordre de sortir de la Cour. L'Empereur ayant pénétré ses intentions loin de luy donner cet ordre, l'obligea contre son gré à le suivre à Aix-la-Chapelle où il devoit passer l'hyver. Pepin l'y suivit, mais dans l'appréhension d'estre arresté, s'il y demeuroit plus long-temps, il s'évada secretement la nuit de devant la Fête des Innocens, & s'enfuit avec quelques-uns de ses gens en Aquitaine.

L'Empereur estoit bien résolu d'aller l'y soûmettre, si-tost que la saison luy permettroit de se mettre en campagne ; c'est pourquoy il convoqua une Diéte à Orleans pour le commencement du Printemps, afin d'estre plus à portée de mettre ordre aux affaires d'Aquitaine en cas que le Prince osast y soustenir sa révolte. Il envoya ordre en Italie à Lothaire & à Loüis en Baviere, de se rendre à Aix-la-Chapelle vers la fin de l'hyver, afin de venir avec luy à l'Assemblée d'Orleans. Mais Pepin pendant l'hyver agit auprès de Lothaire, pour l'engager dans son party. Ce n'estoit pas une chose fort difficile ; Lothaire outré de l'affront qu'on luy avoit fait de luy oster le titre d'Empereur, n'attendoit que l'occasion de s'en venger. Non seulement il promit au Roy d'Aquitaine de se déclarer pour luy, mais encore de faire en sorte que le Roy de Baviere entrast dans leur ligue, & il y réüssit.

Cette ligue se négocia fort secretement, & l'Empereur fut bien surpris, lorsqu'au Printems comme il disposoit tout pour l'expédition d'Aquitaine, il luy vint avis que toute la Baviere estoit en armes ; que Loüis à la teste d'une Armée de ses Sujets, prest à estre joint par un grand corps d'Esclavons, estoit sur le point d'entrer dans le Païs des Allemans pour l'enlever au Prince Charles, & que les Peuples estoient fort disposez à le recevoir ; qu'après l'avoir conquis, son dessein estoit de passer le Rhin & de s'emparer de toutes les Places qui voudroient le recevoir ou qu'il pourroit forcer ; qu'il avoit avec luy la pluspart des anciens mécontens que l'Empereur avoit rétablis dans leurs biens, & entre autres le Comte Matfride, qui s'estoit fait fort de faire révolter toute la Saxe & toute la France Germanique.

Cette nouvelle estonna beaucoup l'Empereur : il quitta sur le champ le dessein d'assembler la Diéte à Orleans, pour la tenir à Mayence où il envoya ordre à toutes les Provinces de France, de faire marcher promptement leurs milices ; il envoya les mesmes ordres en Saxe, & dans toute la France Germanique. Le jour de l'ouverture de cette Diéte, & auquel toutes les Troupes devoient camper sous Mayence, estoit le dix-huitiéme d'Avril.

Tous s'y rendirent avec une promptitude & un zéle qui fit beaucoup de plaisir à l'Empereur. La Diéte ne dura qu'un jour, & l'Empereur incontinent après ayant passé le Rhin & le Moein à la tête d'une nombreuse Armée composée de Troupes Françoises & Saxones, vint camper au milieu du Païs des Allemans en un lieu nommé Tiburi, c'est, je croy, aujourd'huy Rotembourg sur le Tauber. Sa présence dissipa ou estonna tous les séditieux & tout parut dans la soûmission.

Vita Ludovici Pii.

Ibid.

Annal. Bertiniani.

Theganus. Cap. 38.

Annal. Bertiniani.

An. 832.

Tome I.   Q q ij

Le Roy de Bavière eſtoit alors campé à Langhardeim proche de Vormes, attendant toûjours, comme on l'en avoit flatté, que les François de delà le Rhin & les Saxons vinſſent ſe rendre à luy, en quittant l'Armée de l'Empereur ; mais il les attendit en vain. Les uns & les autres demeurerent fidéles, ainſi n'oſant paroiſtre devant l'Armée de l'Empereur avec la ſienne, qui eſtoit beaucoup plus foible, il reprit le chemin de la Bavière. La conſternation où il parut, luy fit perdre beaucoup de ſoldats, qui deſerterent durant la marche pour s'aller rendre à l'Empereur.

Ibid.

Sur la nouvelle de la retraite du Roy de Bavière, l'Empereur ſe mit auſſi en marche pour le ſuivre, mais lentement, pluſtoſt pour l'intimider que pour le joindre & le combattre. Par tout où il paſſa, il vit avec douleur les effroyables ravages que l'Armée de Bavière avoit faits. Il arriva à Auſbourg, d'où il envoya ordre à ſon fils de le venir trouver.

Ibid.

Loüis ſentant ſa foibleſſe, & connoiſſant la bonté de l'Empereur, crut que le meilleur parti qu'il puſt prendre eſtoit d'obéir. Il vint à Auſbourg, où il ſe jetta aux pieds de ſon pere, qui luy pardonna une ſeconde fois, & ſe contenta de tirer ſerment de luy, que jamais il ne retomberoit dans une telle faute, & refuſeroit tout ſecours à quiconque entreprendroit de troubler le repos de l'Eſtat. Après ce ſerment il luy fut permis de retourner dans ſes Etats.

Theganus. cap. 40.

Dès que l'Empereur eut repris le chemin de Mayence, Lothaire qui avoit toûjours différé de ſe déclarer ouvertement, vint au devant de luy à Francfort, & fit tout ſon poſſible pour luy perſuader qu'il n'avoit eu nulle part à la révolte de ſon cadet, & l'Empereur le crut plus par inclination que par raiſon.

Vita Ludovici Pii ad an. 832.

Il n'y avoit plus que l'Aquitaine à pacifier, & Pepin à ſoûmettre. L'Empereur reprit ſon premier deſſein, de tenir une Diète à Orleans. Il l'y tint le premier jour de Septembre, & delà il alla à Joac, Maiſon Royale dans le Limoûſin, d'où il envoya commander à Pepin de le venir trouver : la néceſſité l'obligea comme les autres à avoir recours à la ſoûmiſſion. Le Comte Bernard dont l'Empereur ſoupçonnoit, non ſans raiſon, qu'il ſuivoit les conſeils, eut auſſi commandement d'y venir. On leur fit là à tous deux leur procès. Pepin fut convaincu ſans peine d'une révolte qui avoit eſté publique. On n'eut pas des preuves ſi évidentes contre Bernard, & ſur la demande qu'il fit de prouver encore ſon innocence par le duel, perſonne n'oſa entreprendre de le convaincre par cette voye. Mais l'Empereur ſans s'embarraſſer de ces formalitez, luy oſta ſes Charges & ſes Gouvernemens.

Pour ce qui eſt de Pepin, il trouva encore un aſyle dans la clémence d'un pere, toûjours preſt à pardonner à ſes enfans. Néanmoins après une ſévére réprimande, il luy ordonna d'aller à Tréves, qu'il luy donnoit pour priſon, avec ordre d'y demeurer juſqu'à ce qu'il luy permiſt de retourner dans ſes Etats d'Aquitaine.

Pepin luy dit qu'il recevoit avec reſpect ce chaſtiment, & que ſon obéïſſance dans l'exécution de cet ordre, ſeroit une preuve de la réſolution où il eſtoit, de tenir à l'avenir une conduite toute différente de celle qu'il avoit tenüé : mais il n'y avoit rien de ſincére dans cette ſoûmiſſion forcée. Pepin partit pour Tréves avec une eſcorte que ſon pere luy donna pour l'y conduire : mais comme on le gardoit d'autant plus négligemment, qu'il paroiſſoit aller de luy-meſme où l'on l'envoyoit, il fut enlevé une nuit dans le chemin par quelques-uns de ſes gens, à qui il avoit fait ſçavoir ſes intentions. Il erra pendant quelques jours, ſans s'arrêter en aucun lieu, & avec très-peu de ſuite, & cependant il envoya ordre en divers endroits d'Aquitaine à ceux de la Nobleſſe qui luy étoient les plus dévoüez, de prendre les armes, & d'aſſembler des Troupes, pour empeſcher que l'Empereur ne puſt hyverner dans le païs.

Ibid.

L'Empereur reprenoit déja le chemin d'Aix-la-Chapelle, quand on luy vint apporter la nouvelle de cette fuite : elle l'obligea de s'arreſter pour s'aſſeûrer de la route que Pepin avoit priſe : l'ayant ſçûë, il envoya prier de le venir trouver, luy promettant toute ſorte de ſeûreté, & qu'il écoûteroit volontiers les nouveaux ſujets de chagrin, qui luy avoient fait prendre de ſi mauvaiſes réſolutions : mais il refuſa toûjours de ſe rendre à la Cour.

L'hyver eſtoit proche, & Pepin eſpéroit pendant ce temps-là ranimer ſa faction, & prendre de nouvelles meſures avec ſes freres, qu'il ſçavoit eſtre très-diſpoſez à recommencer la guerre : toute ſon appréhenſion eſtoit que l'Empereur ne donnaſt des quartiers à ſon Armée dans l'Aquitaine ; mais il n'eut pas long-temps cette inquiétude : les Peuples ſur les ordres qu'il leur en avoit envoyez, avoient pris les armes, & donnoient de la crainte à l'Empereur meſme, dont ils harceloient l'Armée à toute heure & en tous lieux, & les pluyes de l'automne l'avoient extrêmement haraſſée. La gelée qui avoit ſuivi avoit gaſté les pieds de la pluſpart des chevaux, qu'on ne pouvoit faire ferrer dans un païs devenu tout d'un coup ennemi, lorſqu'on y penſoit le moins : de ſorte que preſque toute la Cavalerie eſtoit à pied, & on étoit obligé d'abandonner les équipages faute de chevaux. Enfin l'Empereur repaſſa la Loire avec aſſez de peine & de peril, & arriva au Mans un peu devant Noël, d'où il reprit la route d'Aix-la-Chapelle. Il n'y fut pas long-temps ſans apprendre la nouvelle Ligue de ſes trois fils contre luy. Elle eut encore de plus grandes & de plus faſcheuſes ſuites que la premiere, & elle en auroit peut-eſtre eu moins, ſans la réſolution qu'il prit de punir ſévérement la révolte de Pepin.

Cette bonté exceſſive & tous ces ménagemens que l'Empereur avoit pour ſes enfans ne luy eſtoient pas inſpirez par l'Impératrice, qui auroit ſouhaité tirer de ces fréquentes révoltes quelque avantage en faveur du Prince Charles ſon fils. Elle trouva l'eſprit de l'Empereur plus diſpoſé qu'il n'avoit eſté juſqu'alors à l'écoûter après son retour ou sa fuite d'Aquitaine, & la ruine de son Armée : elle luy parla si fortement sur cet affront & sur cette nouvelle insulte, qu'il résolut de ne la pas laisser impunie. Il desherita Pepin, & donna le Royaume d'Aquitaine au Prince Charles âgé alors d'environ neuf ans. Quelques-uns des principaux Seigneurs de ce Royaume qui n'avoient pas voulu entrer dans la révolte de Pepin, firent au jeune Prince serment de fidélité, & le reconnurent pour leur Roy.

Nitardus, l. 1. an. 833.

Un coup de cet éclat ne pouvoit manquer de produire un grand effet, en rendant l'Empereur redoutable à ses enfans, ou ses enfans irréconciliables avec luy, en pacifiant l'Empire, ou en y allumant de tous costez la guerre civile. La disposition des esprits se trouva telle, que ce nouveau changement fut presque généralement desapprouvé. Lothaire & le Roy de Bavière prirent hautement la défense de Pepin, & l'on courut aux armes de tous costez.

Lothaire estoit alors en Italie, où il commença par lever une Armée pour aller à son secours : mais il fortifia son parti encore d'une autre manière. Ce Prince aussi adroit & politique qu'il estoit vif & ambitieux, crut que s'il pouvoit engager le Pape dans ses interests, il osteroit à sa révolte tout ce qu'elle avoit de plus odieux, & qu'ayant le Souverain Pontife pour appuy, il pourroit avec beaucoup moins de scandale avoir son propre pere pour ennemi. Le Pape estoit alors Gregoire IV. Lothaire l'alla trouver, & luy fit une peinture affreuse du Gouvernement & de l'estat où se trouvoit la France. Il rappella & confirma tous les bruits qui avoient couru de la conduite scandaleuse de l'Imperatrice, des broüilleries que son ambition causoit dans la Famille Imperiale, les persecutions qu'elle avoit suscitées à tous les gens de bien, & qu'elle avoit renouvellées depuis son rappel à la Cour. Mais il insista principalement sur l'abus qu'elle faisoit de l'autorité de l'Empereur, & de l'ascendant qu'elle avoit pris sur son esprit, pour luy faire casser les Actes les plus autentiquement passez & confirmez par les sermens les plus solemnels : il representa que luy-mesme avoit esté la première victime de l'Imperatrice ; que toute la Noblesse de France estoit indignée de voir qu'après avoir esté associé à l'Empire avec le consentement de toute la Nation, & couronné à Rome par le Pape Paschal, il avoit esté honteusement dégradé ; que malgré l'opposition qu'on avoit faite à un nouveau partage de l'Empire François, dont on prévoyoit les fascheuses suites, ce nouveau partage s'estoit fait. Qu'en vain l'Evêque de Lion * qui estoit un Saint, en avoit sur cela appelé à la conscience de l'Empereur, en le faisant ressouvenir de ses sermens ; que ses remontrances avoient esté inutiles, & que tout récemment Pepin son frere venoit d'estre dépoüillé de son Royaume, dont on avoit aussi-tost donné l'investiture au fils de l'Imperatrice. Qu'une conduite si dure & si injuste obligeoit ses freres & luy à prendre les armes, pour ne pas se laisser entierement oppri-

Vita Ludovici Pii.

* Agobard.

mer ; que si sa Sainteté estoit touchée de leur malheur, & trouvoit leurs plaintes justes, ils la prioient de vouloir bien interposer son autorité pour les remettre dans les bonnes graces de l'Empereur leur pere, & faire cesser ces étranges persecutions ; que sa presence seule pourroit produire cet effet, & qu'ils le prioient de se transporter pour cela en France.

Le Pape ravi d'avoir une si belle occasion de faire valoir l'autorité du Saint Siége, ne la manqua pas, & dit à Lothaire qu'il estoit prest à l'accompagner en France. Ils partirent ensemble d'Italie. Lothaire fut obligé de forcer les passages des Alpes, que l'Empereur faisoit garder, avec ordre non seulement de ne laisser passer aucunes Troupes, mais mesme aucun particulier, sans luy en donner avis.

Vita Valæ.

L'Empereur de son costé se mit en état de dompter les rebelles, ou du moins de se défendre. Il vint passer les Festes de Pasques & de la Pentecoste à Vormes, & y assembla son Armée, parce qu'il avoit sçû que le rendez-vous des Princes devoit estre dans ces quartiers du Rhin. Il souhaitoit toûjours de faire la Paix ; mais il estoit résolu d'agir avec vigueur, si on refusoit de se soûmettre.

Une des choses qui l'inquietoit le plus, estoit la presence du Pape dans l'Armée de Lothaire, cela seul autorisoit beaucoup ce parti dans l'esprit des Peuples. Lothaire faisoit courir le bruit que le Pape estoit entierement dans ses interests ; qu'il reconnoissoit la justice de la cause & des armes des Princes, & qu'il estoit venu exprés d'Italie pour excommunier l'Empereur & les Evêques de son parti, en cas qu'il ne voulust pas en passer par ce qu'il ordonneroit, conformément aux pretentions des trois Princes.

Sur ces bruits, l'Empereur, si-tost qu'il eut sçû que le Pape estoit entré en France, avoit écrit une Lettre circulaire aux Evêques, pour les faire souvenir de la fidélité qu'ils devoient & à luy & à l'Etat : & il donna ordre à quelques uns, & entre autres à Agobard, Evêque de Lion, d'écrire contre la conduite que tenoit le Pape. Ce Prélat estoit un des plus illustres de l'Eglise de France & des plus renommez pour son esprit, pour sa doctrine & pour sa vertu ; mais très-prévenu contre l'Imperatrice & contre les Ministres de l'Empereur en faveur de Lothaire.

Agobardus de comparat. utriusq; regiminis.

Comme on se défioit beaucoup de luy, l'Empereur dans la Lettre dont je viens de parler, luy commandoit de se rendre à la Cour, sous prétexte qu'on vouloit prendre son avis touchant la manière dont on devoit en user à l'égard du Pape dans les conjonctures presentes : il n'obéit pas ; & il répondit seulement à l'Empereur, en l'exhortant d'avoir toûjours un grand respect pour le Pape, & de ne se point broüiller avec luy. Il ajoûtoit, que si le Pape venoit à la teste d'une Armée pour combattre contre la France, il falloit se mettre en état de se défendre & de le repousser : mais que puisqu'il venoit seulement pour procurer la paix & la tranquillité de l'Etat, il ne falloit pas

Ibid.

Qq iij

luy résister, mais luy obéïr : qu'il sçavoit certainement que son dessein en venant en France, estoit uniquement de contribuer de son autorité au rétablissement & à l'observation d'un Acte solemnel passé & signé dans une Assemblée generale des Etats de l'Empire, dont l'Empereur luy-mesme estoit l'auteur, & qu'il avoit de son propre mouvement fait mettre entre les mains du Pape; qu'un Acte de cette nature devoit subsister, & que l'Empereur ne pouvoit le casser en conscience. Cet Acte dont il parloit estoit celuy par lequel Lothaire avoit esté associé à l'Empire, & les Royaumes d'Aquitaine & de Baviére avoient esté donnez à Pepin & à Loüis.

Cette Lettre fit comprendre à l'Empereur plus que toute autre chose, combien le Pape estoit dans les interests de Lothaire, ce qu'il avoit à apprehender de cette union; qu'il ne devoit pas compter sur la fidélité de tous les Evêques de France, & que les bruits qui couroient de l'excommunication n'estoient pas sans fondement.

Ce n'estoit pas peut-estre là tout-à-fait l'intention du Pape, mais sa conduite donnoit lieu de tout soupçonner. Il estoit venu en France sans le consentement de l'Empereur contre la coûtume de ses prédecesseurs, il étoit dans l'Armée de ses ennemis, & ne luy donnoit aucun avis, ni aucun éclaircissement sur le dessein qui l'avoit fait venir, & cependant il écrivoit par-tout aux Evêques pour les exhorter à ordonner des jeûnes & des prieres dans leurs Eglises, afin d'obtenir du Ciel les lumieres necessaires pour travailler efficacement au grand ouvrage de la Paix. Ces Lettres faisoient encore de fascheux effets dans l'esprit des Peuples, en leur faisant concevoir que c'estoit l'Empereur qui estoit la cause de toutes les dissensions.

Cependant les trois Princes vinrent avec leurs Troupes en Alsace, & se camperent à Rotfelt entre Basle & Colmar, & l'Empereur vint se poster entre Strasbourg & leur Camp. Les Princes appellerent auprés d'eux les plus considerables & les plus accreditez de ceux qui avoient esté disgraciez au sujet des dernieres broüilleries, entre autres le Comte Matfride & Elisacar Abbé de Saint Riquier. Ils engagerent le Pape à y faire venir aussi Vala, asseûrant que c'estoit un Saint qui luy diroit la vérité, & qui l'instruiroit à fonds des desordres du Gouvernement. C'est ainsi que la politique profite de tout, & que tres-souvent elle fait servir au crime, la vertu mesme.

Paschasius in vita Valæ.

Le Pape envoya ordre à Vala de le venir trouver, & Lothaire ordonna aux Officiers de l'escorte qui accompagna les Envoyez à Corbie, de l'enlever de force, s'il refusoit de les suivre. Vala eut peine à se résoudre à ce voyage : mais le commandement du Pape, les prieres des Religieux de Corbie, qui apprehendoient qu'on ne pillast le Monastere, & les menaces des Soldats l'obligerent à partir. Il fut accompagné par son confident Paschase, & aprés bien des dangers qu'ils coururent (l'Im-

Ibid.

peratrice ayant fait tout son possible pour les faire enlever sur la route) ils arriverent au Camp de Rotfelt, où Vala fut reçû avec grand applaudissement, tandis que bien des gens en France disoient, que s'il estoit aussi Saint qu'on le publioit, il devoit demeurer dans sa solitude, & laisser là les affaires d'Etat, qui n'étoient point conformes à sa profession, & dont il ne s'estoit jusqu'alors que trop meslé.

Ibid.

Les Evêques du parti de l'Empereur, pour s'opposer à toutes ces intrigues, s'assemblerent, & écrivirent une Lettre au Pape où ils ne se mirent nullement en peine de le ménager. * Ils luy disoient, qu'ayant appris son arrivée en France, ils auroient esté le saluer, si l'Empereur le leur avoit voulu permettre, & qu'il avoit eu raison de le leur défendre, si ce qu'on disoit estoit vray, qu'il estoit venu exprés d'Italie pour l'excommunier; qu'ils le prioient d'y penser plus d'une fois avant que de faire cette démarche, & que s'il entreprenoit d'excommunier l'Empereur, il pourroit bien luy-mesme s'en retourner à Rome excommunié ; qu'en deshonorant ainsi la dignité Imperiale, c'estoit en mesme temps exposer & trop commettre l'autorité Pontificale; qu'il trouveroit plus de résistance qu'il ne pensoit dans les Eglises de France & de Germanie, & qu'en un tel cas les Evêques ne permettroient pas qu'on y reconnust son autorité; qu'il devoit se souvenir du serment de fidélité, qu'il avoit fait à l'Empereur aprés son exaltation; que les choses pourroient tourner d'une maniere, qu'on en viendroit peut-estre jusqu'à le déposer du Pontificat, pour estre venu en France avec les ennemis de l'Empereur, & sans sa permission, & que si on commençoit par ordre du Prince à faire le procés des Evêques François, qui suivoient le parti des rebelles, la Sentence qu'on prononceroit contre eux seroit sans retour.

* On n'a pas la Lettre des Evêques, mais on a la réponse du Pape, où ces particularitez sont marquées.

In Epist. Gregor. IV. Papæ ad Episcopos Francorum.

Vita Valæ, Ibid.

Cette Lettre étonna & inquieta le Pape : il l'avoit reçûë le jour de devant l'arrivée de Vala & de Paschase, qui luy firent parfaitement bien leur cour à cette occasion. Ils firent promptement une compilation de quelques passages des Peres & des Papes prédécesseurs de Gregoire, par lesquels ils s'efforcerent de prouver que le Pape ayant en main le pouvoir de Dieu & de S. Pierre, il avoit droit de s'en servir non seulement pour envoyer prescher par-tout l'Evangile ; mais encore pour soûtenir en tous lieux la vérité, & qu'il luy appartenoit de juger de toutes sortes de differens, sans pouvoir estre jugé de personne.

Le Pape fut fort content de cet écrit, & il fit une réponse aux Evêques d'un stile qui ne fut jamais ni celuy de S. Leon, ni celuy de S. Gregoire. Il commençoit par leur reprocher qu'ils luy donnoient dans leur Lettre la qualité de frere & celle de Pape en mesme temps; que ces Titres estoient opposez, & qu'il falloit s'en tenir au dernier, qui signifie pere, & qui est plus respectueux que le premier. Il les y traitoit de flateurs, de trompeurs, de parjures. Il leur disoit qu'ils devoient avoir eu plus d'égard à ses ordres qu'à ceux de l'Empereur; que

Epist. Gregorii IV. Papæ apud Agobard.

l'autorité Pontificale est préférable à l'Impériale ; que de mériter une excommunication deshonoroit plus un Empereur, que l'excommunication mesme, & qu'il estoit contre leur devoir de flater ce Prince dans ses égaremens, au lieu de l'en reprendre. Que le serment qu'il avoit fait à l'Empereur, si toutefois il luy en a fait, l'obligeoit à luy parler librement sur tout ce qu'il faisoit contre l'unité & la paix de l'Eglise & de son Etat, & qu'eux-mesmes violoient leur serment, en tenant une conduite contraire ; que ce qu'ils disoient pour éxcuser ce Prince sur les changemens qu'il avoit faits dans le premier partage de son Etat, à l'occasion de certaines conjonctures arrivées depuis, estoit faussement & témérairement avancé, puisque l'expérience avoit montré que ces changemens avoient esté la source d'une infinité de maux, & qu'enfin la menace qu'ils luy faisoient de souftraire à son autorité les Eglises des Gaules & de Germanie, estoit une chose au-dessus de leur pouvoir, aussi-bien que cette Sentence sans retour, dont ils vouloient faire peur aux Evêques qui estoient auprès de luy.

L'Empereur ayant lû cette Lettre, vit bien que tout le manége des Princes, qui engageoient le Pape à de si étranges démarches, & qui remplissoient leur Camp d'Evêques, de Moines & d'Abbez mécontens, ne tendoit qu'à autoriser de plus en plus leur parti, & à décréditer le sien. Il résolut de décider l'affaire par une bataille, & partit de son Camp à la teste de son Armée dans ce dessein. Les Princes ayant eu avis de sa marche, se préparérent à le recevoir dans leurs retranchemens, & y mirent leurs Troupes en bataille : mais soit que par un subit remord de conscience l'affreuse pensée d'en venir aux mains avec leur pere, les frappât plus vivement au moment de l'éxécution, soit plustost par des vûës politiques qui leur réüssirent, ils allerent au Pape, & luy dirent qu'ils consentoient qu'il allast trouver l'Empereur, & qu'il vist avec luy si l'on pourroit parvenir à quelque accommodement.

Le Pape partit sur le champ, & fit donner avis à l'Empereur de sa venuë. Ce Prince le reçut à la teste de son Armée, mais fort froidement, & luy parla mesme avec assez de hauteur, luy reprochant qu'il abusoit de l'autorité que son caractére luy donnoit, pour soûtenir des fils rebelles contre leur propre pere ; qu'il estoit venu en France sans luy demander son consentement, ce qu'aucun de ses prédécesseurs n'avoit osé faire, & que la Lettre qu'il avoit écrite, montroit trop clairement combien il estoit partial.

Le Pape tascha de l'adoucir, en luy protestant qu'en tout ce qu'il avoit fait jusqu'alors, ses intentions estoient très-droites & que l'unique motif de son voyage en France, avoit esté de rétablir la paix dans la Famille Impériale.

L'Empereur se contraignant, pour ne pas perdre un moyen qui se présentoit de faire la Paix, le fit conduire à son quartier, & eut avec luy plusieurs conférences sur les moyens de parvenir à un accommodement durable entre luy & ses enfans, tandis que Bernard Archevêque de Vienne, qu'il avoit envoyé aux Princes depuis l'arrivée du Pape, traitoit aussi de sa part avec eux.

Après avoir retenu le Pape pendant quelques jours, il le renvoya sur la promesse qu'il luy fit de négocier de bonne foy avec les Princes, & de revenir au pluftost luy en rendre compte.

Il y a lieu de croire que le procédé du Pape en cette occasion fut sincére ; mais celuy des Princes estoit évidemment plein d'artifice & de tromperie. Ils se servirent de la proximité des deux Camps, du temps & de la liberté que leur donnoit la négociation d'avoir quelque commerce dans l'Armée de l'Empereur, pour luy débaucher toutes ses Troupes, & ils employerent secretement les présens, les promesses, les menaces, pour les engager à changer de parti. Ils en vinrent à bout, de telle sorte que la désertion fut encore plus prompte & plus générale, qu'elle n'avoit esté trois ans auparavant à Compiegne ; expérience funeste qui devoit avoir appris à l'Empereur à se précautionner dans cette seconde rencontre, toute semblable à la premiere.

La nuit d'après le départ du Pape, qui prit congé de l'Empereur le jour de S. Pierre, presque toute l'Armée vint se rendre à Lothaire, & l'Empereur se trouva presque seul dans son Camp avec l'Impératrice & le Prince Charles. Drogon son frere Evêque de Metz, quelques autres Evêques, quelques Abbez, & peu de Seigneurs demeurerent fidéles : une partie de ceux-là mesme se retirerent ailleurs par l'ordre ou avec la permission de l'Empereur, qui ne voulut pas les éxposer à la fureur des Princes dont il sçavoit qu'ils estoient mortellement haïs. Dès le mesme jour une grande partie de ces déserteurs vinrent investir l'Empereur dans son Camp, le menaçant de l'enlever, s'il s'obstinoit à ne se pas rendre aux Princes.

L'Empereur dans cette éxtremité envoya demander à ses fils, s'ils avoient résolu de le laisser mettre en pieces par cette populace qui l'assiégeoit dans sa Tente. Ils luy firent réponse, qu'il ne luy arriveroit aucun mal ; qu'ils le prioient de venir avec l'escorte qu'ils luy envoyoient, & qu'eux-mesmes alloient monter à cheval pour aller au devant de luy.

Il partit de son Camp sur cette asseûrance, & à quelque distance de là il les rencontra : dès qu'ils l'eurent apperçû, ils descendirent de cheval, & vinrent le saluer avec beaucoup de respect. Il les reçut avec assez de fermeté. Dans l'état où mon malheur m'a mis, leur dit-il, je suis fort tranquille sur ce qui me regarde ; mais puis-je espérer l'éxécution des paroles que vous m'avez tant de fois données en faveur de l'Impératrice & du Prince Charles vostre frere, les voilà entre vos mains, souvenez-vous au moins de ce que vous devez à leur rang & à leur sang. Ils luy répondirent que ni l'Impératrice, ni le Prince Charles ne devoient rien craindre, & qu'ils estoient résolus d'observer les Traitez qu'ils avoient signez.

Sur cela l'Empereur se força jusqu'à les embrasser tous trois, & marcha ensuite avec eux jusqu'à leur Camp.

ibid.

Il n'y fut pas plustost arrivé, que les effets luy apprirent qu'on ne luy donnoit que de vaines paroles. On commença par separer de luy l'Impératrice, que l'on conduisit dans la Tente du Roy de Baviére, où l'on mit des Gardes, & luy avec le Prince Charles fut mené à la Tente de Lothaire, où l'on les laissa avec peu de personnes, dont Lothaire estoit bien seûr, & moins pour luy tenir compagnie que pour le garder.

Vita Valæ.

Aussi-tost après il se fit une Assemblée tumultuaire des Principaux de l'Armée, où Vala fut appellé : on y décida tout d'une voix, que l'Empereur ayant merité par son mauvais gouvernement d'estre déposé, le Trône estoit vacant, & qu'il falloit incessamment le remplir. Tous sur le champ défererent l'Empire à Lothaire, & sur ce qu'il affecta de faire quelque difficulté de l'accepter, on luy déclara que s'il le refusoit, on en choisiroit un autre, surquoy il se rendit, & fut proclamé Empereur.

Ainsi se firent en un moment deux affaires aussi importantes que l'estoient la déposition d'un Empereur, & l'élection de son successeur, sans garder aucunes formalitez, & sans prendre aucunes mesures pour le Gouvernement futur. Les infidélitez & les trahisons qui se commirent dans toute la suite de cette affaire, toutes les tromperies dont on usa pour engager l'Empereur dans les pièges qu'on luy tendoit, firent donner au lieu où les deux Armées camperent, le nom de Champ du mensonge.*

* Campus mentitus.

Lothaire n'estoit pas le seul qui dust joüir des fruits de son crime, il fallut en faire part à Pepin & à Loüis. Leurs Domaines furent augmentez : mais l'Histoire ne marque point les Villes ni les Provinces qui leur furent cédées, sans doute que le Royaume de Baviére fut augmenté du païs des Allemans, qui estoit le partage du Prince Charles, qu'il avoit déja voulu envahir, & apparemment on unit à celuy d'Aquitaine quelques Provinces de delà la Loire. On porta le projet de ce Traité à Vala, afin qu'il l'approuvast ou qu'il dist s'il jugeoit qu'on y dust faire quelque changement avant qu'on le signast : il le lut, & leur dit en le leur rendant, tout est ici admirablement réglé, vous avez eu soin de tout, excepté des intérests de Dieu, & de ce qui pourroit faire plaisir aux gens de bien ; leur marquant par là qu'ils ne songeoient qu'à satisfaire leur ambition, sans faire paroistre aucune inquietude pour tous les maux qui désoloient l'Empire. Il se retira ensuite avec la permission de Lothaire, bien triste de voir tant de désordres & toutes choses dans une si grande confusion.

Vita Ludovici Pii.

Le Pape s'en retourna aussi à Rome, fort mortifié d'avoir, contre son intention, presté son nom & son autorité à un parti de factieux, qui portoient tout à l'extrémité, & qui l'avoient faussement flaté d'estre le médiateur d'une Paix dont il auroit eu beaucoup de gloire, s'il l'avoit faite. L'Impératrice fut conduite en éxil à Tortone dans le Milanez. Pepin s'en retourna en Aquitaine, & Loüis en Baviére. Lothaire prit la route de Marley, Maison Royale en Alsace, faisant conduire son pere avec luy : delà il vint à Metz, & enfin à Soissons, où il le mit en prison dans le Monastere de S. Médard, & l'y fit garder avec grand soin. Il luy osta le Petit Prince Charles, & le fit conduire à l'Abbaye de Prum dans la Forest d'Ardennes, sans néanmoins luy faire couper les cheveux, & quelque temps après il alla à Compiegne tenir une Diéte qu'il y avoit convoquée pour le premier jour d'Octobre.

La crainte qu'il avoit qu'on ne luy enlevast l'Empereur, fit qu'il le mena avec luy à Compiégne, où vinrent les Ambassadeurs de Theophile Empereur d'Orient, qui avoit succedé à Michel le Begue son pere. Ces Ambassadeurs qui ne venoient que pour faire des présens, & renouveller la Paix entre les deux Empires, traiterent avec celuy qu'ils trouverent sur le Trône, sans s'embarrasser d'autre chose.

Theganus, cap. 43. Vita Ludovici Pii.

Le dessein de Lothaire dans cette Diéte étoit de s'y faire asseûrer l'Empire d'une maniére plus autentique, qu'il ne luy avoit esté déferé dans le Camp de Rotfelt. Il sçavoit que parmi les membres qui composoient cette Assemblée, il y en avoit beaucoup qui n'approuvoient ni son élection, ni la déposition de l'Empereur, & qui pensoient aux moyens de faire casser l'une & l'autre. Il les fit accuser par ses partisans comme des perturbateurs du repos public, & comme des ennemis du Gouvernement établi par le consentement de toute la Nation. Le parti de ces personnes bien intentionnées n'estoit pas encore formé, & ils n'avoient pas eu le loisir de concerter leur dessein entre eux. La crainte de n'estre pas soûtenus les obligea à nier le fait dont on les chargeoit, quelques-uns furent crus sur leur parole; on éxigea le serment des autres, ainsi tous concourûrent à confirmer l'élection du nouvel Empereur : après tout cependant, Lothaire ayant toutes les voix, estoit toûjours inquiet du partage des esprits & des cœurs, & il cherchoit avec ses confidens tous les moyens imaginables, de s'asseûrer un Trône qu'il avoit si indignement usurpé.

Les deux principaux Ministres de l'ambition & de l'iniquité de ce Prince estoient le Comte Matfride & le Comte Lambert. Ils avoient à leur dévotion la pluspart des Evêques. Ces Prélats leur suggererent un expédient, qu'ils crurent bien seûr pour exclure absolument du Trône l'Empereur déposé. Ce fut de le faire accuser devant une Assemblée d'Evêques, d'Abbez & de Seigneurs d'avoir commis plusieurs péchez contre les intérests de l'Eglise & de l'Etat, ensuite de quoy on le soûmettroit à la penitence publique & canonique pour le reste de sa vie. Selon les Canons, pendant le temps de cette penitence, il n'estoit pas permis à celuy qui la faisoit de porter les armes, ni de se mesler des affaires publiques. C'est pour cette raison que nul Souverain n'avoit esté soûmis jusqu'alors à cette penitence Canonique,

Theganus.

Vita Ludovici Pii.

LOUIS LE DEBONNAIRE EMPEREUR.

que, excepté un Roy d'Espagne nommé Wambra, dont on raconte quelque chose d'assez semblable ; mais c'estoit pour cette raison-là mesme qu'on y prétendoit soûmettre l'Empereur & pour toûjours, afin que le rendant incapable de ces deux fonctions essentielles à la Souveraineté, il demeurast aussi incapable de porter le titre de Souverain, & d'en tenir le rang.

Theganus cap. 44. Cet expédient fut agréé & les Evêques s'assemblerent avec les Abbez & les Seigneurs. Ils eurent à leur teste dans cette Assemblée, un homme à qui un des Historiens contemporains donne deux qualitez bien indignes du caractere Episcopal dont il avoit esté honoré ; sçavoir celle d'impudique & de brutal jusqu'à la cruauté. C'estoit Ebbon Evêque de Reims, homme que l'Empereur avoit tiré de la lie du Peuple, & comblé d'honneurs. Ce fut sans doute en qualité de Métropolitain, qu'il présida à cette Assemblée qui se tenoit dans un lieu dépendant de sa Métropole. Apres avoir parlé en général sur le pouvoir de lier & de délier donné aux Evêques par Jesus-Christ, de l'obligation qu'ils avoient de prévenir & de corriger les désordres, & d'exercer leur ministere sans respect humain & sans craindre les Puissances de la Terre, ce Prélat descendit dans le détail des maux que le gouvernement de l'Empereur avoit causez dans l'Empire ; il en fit une très-odieuse peinture, justifia la conduite de l'Armée dans la déposition de ce Prince & dans l'élection de son fils, & dist qu'il estoit du devoir de tous les Evêques présens à l'Assemblée, d'avoir soin du salut de l'Empereur déposé, & de faire ensorte que la punition qu'il s'estoit attirée par sa mauvaise conduite, ne luy fust pas inutile pour l'expiation de ses péchez passez : sur cela il conclut qu'il falloit le mettre en pénitence, & l'engager à subir toutes les rigueurs de cet état, selon la forme prescrite par les Canons. En mesme temps il présenta ou se fit présenter un Mémoire, contenant huit chefs principaux d'accusation contre ce Prince, & qui fut lû tout haut.

Acta exauctorationis Ludovici Pii. Le premier estoit, que contre la promesse solemnelle qu'il avoit faite au défunt Empereur Charlemagne son pere, il avoit fait violence à ses freres en les reléguant dans des Monasteres, & qu'il avoit permis, pouvant l'empescher, qu'on fist mourir son neveu Bernard Roy d'Italie.

Le second, qu'il avoit annullé l'Acte du partage de son Etat, fait authentiquement entre les trois Princes ses fils, avec le consentement de l'Assemblée générale du Royaume, signé & confirmé par serment de tous ceux qui y avoient assisté, & qu'il avoit depuis fait faire un serment contraire à ses Sujets; qu'il avoit esté par là l'auteur d'une infinité de parjures, dont toute l'horreur se trouvoit réünie dans celuy qu'il avoit commis luy-mesme.

Le troisiéme, qu'il avoit sans nécessité & par le conseil de gens impies, fait marcher une Armée en Caresme jusqu'aux Frontiéres de l'Etat, & tenu une Diéte le jour mesme du Jeudy Saint, ce qui avoit scandalisé & fait murmurer tous les gens de bien, & détourné les Evêques de leurs ministéres dans un temps aussi saint que celuy-là.

Le quatriéme, que quelques-uns de ses plus fideles Sujets luy ayant représenté avec respect les désordres de l'Etat, & les embûches que leurs ennemis leur tendoient, en le priant d'apporter remede à tous ces maux, il les avoit maltraitez, en avoit exilé quelques-uns, & condamné d'autres à la mort; qu'il avoit condamné à l'exil & à la mort des Evêques & des Moines, sans les avoir fait juger selon les Canons, & que par tout cela il estoit coupable d'homicide & d'infraction des Loix divines & humaines.

Le cinquiéme, l'accusoit de parjures commis par son ordre dans plusieurs jugemens injustes, & sur tout de ceux qui s'estoient faits en faveur de l'Impératrice, pour la faire absoudre des crimes dont tout le Royaume l'avoit chargée.

Le sixiéme, estoit sur diverses expéditions militaires, faites inutilement & mal à propos, qui n'avoient point eu d'autre effet, que l'incommodité & l'oppression des Peuples, des homicides, des adulteres, des sacrileges, des incendies, & toutes sortes d'autres crimes, que le Soldat mal discipliné & mal conduit a coûtume de commettre.

Le septiéme, qu'il avoit engagé les Peuples par serment à combattre contre les Princes ses fils comme contre des ennemis de l'Etat, au lieu de tâcher de les ramener par la douceur & par d'autres voyes moins violentes.

Enfin le huitiéme, qu'il avoit tout nouvellement engagé ses Sujets dans une guerre civile, qui avoit bouleversé tout l'Etat, au lieu de ménager la Paix par divers moyens, qu'il auroit dû prendre pour prévenir ces nouveaux malheurs.

Vita Ludovici Pii. Ce furent là les crimes dont on accusa l'Empereur, & dont on prétendit l'avoir convaincu sans l'entendre, & sur lesquels on conclut à la pluralité des voix, (car quelques-uns, mais peu s'y opposerent,) qu'il falloit le mettre en pénitence pour le reste de sa vie, & tout cela se fit en présence de Lothaire, qui l'approuva.

On députa aussi-tost à l'Empereur quelques Evêques, pour luy notifier sa condamnation, & pour l'exhorter à reconnoistre avec humilité ses péchez, & à profiter de ce malheur temporel pour sa sanctification. Il parut le recevoir dans cet esprit, & incontinent aprés on le transporta de Compiégne au Monastére de S. Médard de Soissons, lieu destiné à faire subir publiquement à ce bon Prince, la honte & la confusion de la plus humiliante cérémonie qu'on puisse s'imaginer. *Agobardus in Cartula.*

Peu de jours aprés tous les Evêques se transporterent à Soissons, & se rendirent à l'Abbaye de saint Médard. L'Empereur ayant paru en leur présence, on luy fit une grande exhortation sur les péchez qu'il avoit commis, sur le scandale qu'il avoit donné à tout son Empire, & sur l'obligation qu'il

Tome I.

avoit de le réparer par une vie pénitente. Ce Prince qui avoit toûjours eu un grand fond de pieté & de crainte de Dieu, à qui l'éxagération continuelle qu'on luy faisoit de ses péchez, donnoit de véritables remords, & que l'impuissance où il estoit de sortir de cet état d'abaissement, rendoit plus capable d'en profiter, reçut avec beaucoup d'humilité cette correction, & dit qu'il estoit prest à suivre les conseils salutaires qu'on luy donnoit. Il ajoûta que voulant tout de bon faire à Dieu un sacrifice qui luy fust agreable, il falloit qu'il n'y eust rien dans son cœur qui luy pust déplaire, qu'il vouloit voir & embrasser son fils Lothaire, & se réconcilier parfaitement avec luy.

*Acta exau-
ctorationis
Ludovici
Pii.*

On n'osa luy refuser ce qu'il demandoit, & on le luy accorda d'autant plus volontiers, que c'estoit là comme une marque d'une cession volontaire qu'il faisoit de l'Empire. Lothaire parut, & soûtint le moins mal qu'il luy fut possible, une entrevûë & des embrassemens de cette nature. Mais il eut besoin de toute sa dureté pour estre témoin de tout ce qui se passa aussi-tost après.

Le Clergé s'estant assemblé dans l'Eglise de saint Médard, en présence d'un peuple nombreux, Lothaire environné de quantité de Seigneurs, ayant pris sa place sur une espéce de Trône, l'Empereur fut amené devant l'Autel, sur lequel on avoit mis les Reliques de S. Médard & de S. Sebastien, & là s'estant prosterné sur un grand cilice, qu'on avoit étendu exprés à terre, il fut obligé de s'accuser publiquement d'avoir mal usé du Gouvernement que Dieu luy avoit mis en main, d'avoir scandalisé l'Eglise, & engagé son Peuple par sa négligence dans de grands malheurs; que pour l'expiation de tous ces péchez, il demandoit qu'on luy accordast la grace de la pénitence Canonique, afin de mériter de recevoir un jour l'absolution par le ministére des Evêques, qui avoient la puissance de lier & de délier les pécheurs.

Après cette humble priére, les Evêques luy donnerent divers avis sur les sentimens qu'il devoit prendre dans l'éxécution de sa pénitence, & l'avertirent sur tout d'agir sincérement avec Dieu, & plus sincérement qu'il n'avoit agi dans l'autre pénitence publique, qu'il avoit faite peu d'années auparavant, & qui n'avoit servi qu'à irriter davantage la colére divine contre luy.

Il répondit que c'estoit son cœur qui parloit encore plus que sa bouche, & qu'il se reconnoissoit coupable de tous les péchez qui étoient compris dans le papier que eux-mesmes avoient écrit : il le tenoit à sa main, & il le leur présenta. C'estoit ce Mémoire dont j'ay deja parlé, qui contenoit les huit chefs d'accusation dont on l'avoit chargé dans l'Assemblée de Compiégne.

Ce Prince en entrant dans l'Eglise avoit l'épée au costé & ses habits ordinaires. Les Evêques luy déclarerent que s'estant soûmis à la pénitence Canonique, il falloit quitter l'épée, & prendre l'habit de pénitent. Il osta luy-mesme son baudrier, & le jetta avec son épée au pied de l'Autel. Alors l'Evêque de Reims luy mit sur les épaules une espéce de sac ou de cilice, & en cet équipage on le conduisit en cérémonie dans une petite cellule du Monastére, pour y vivre en pénitence le reste de ses jours.

C'est ainsi que ces Evêques se joüerent de la Majesté Impériale, sous prétexte du zéle spécieux de l'observation des Canons & du salut de cet infortuné Prince, le moins digne d'être traité de la sorte par des personnes de ce caractére. Car jamais Prince n'honora plus que luy la dignité & la personne des Evêques, ne prit plus volontiers & plus souvent leurs conseils, ne déféra plus à leur autorité. Mais en y déférant beaucoup, il n'eut pas assez de soin de la sienne. C'est un défaut qui régna toûjours dans sa conduite, & qui fut la source de tous ses malheurs.

Le Peuple spectateur de cette étrange catastrophe en fut touché, & sortit de l'Eglise dans un silence morne & triste, qui ne dust pas estre agreable à Lothaire : mais il s'en mit peu en peine, se tenant asseûré des Seigneurs & des Evêques. Pour obliger ces Prélats à ne s'en pas dédire, il éxigea de chacun d'eux en particulier, qu'ils luy fissent une relation du détail de cette cérémonie, & qu'ils la luy présentassent signée de leur main. Nous avons encore celle d'Agobard Evêque de Lion, qu'on ne peut lire sans indignation.

*Vita Ludovici Pii.
Acta exau-
ctorationis
Ludovici
Pii.*

Cet Evêque & Vala furent les deux instrumens dont la politique de Lothaire se servit le plus, pour imposer aux Peuples, & après que l'Empereur eut esté mis en l'état où nous venons de le voir réduit, Lothaire voulut que ce Prélat fist un Manifeste qui fut répandu par tout l'Empire sous ce titre scandaleux : *Apologie des fils de Loüis le Débonnaire Empereur, contre leur pere.* L'Impératrice y estoit déchirée d'une maniére cruelle, l'Empereur trés-maltraité, la révolte des Princes justifiée par les crimes imputez à l'Impératrice & aux Ministres de l'Empereur, & par cette seule raison que ce Prince avoit voulu faire entrer en partage le Prince Charles avec ses autres fils. Rien n'étoit plus foible que cette piéce, aussi s'en fallut-il beaucoup, qu'elle n'eust tout l'effet qu'on en avoit esperé.

Dans ces sortes de révolutions extraordinaires, les premiers succés ne se soûtiennent pas toûjours. L'impétuosité des Peuples se ralentit bientost, tous ceux qui contribuent le plus à ces changemens, ont des espérances qui les font agir, peu obtiennent ce qu'ils espérent, parce qu'il y a trop de concurrens dans les mesmes prétentions, par là les intérests changent, & de-là vient l'indifférence, & ensuite l'aversion pour un parti qui n'a plus d'attrait, & qu'on n'envisage plus, que parce qu'il a de criminel & de honteux. A peine la nouvelle du traitement qu'on avoit fait à l'Empereur fut répanduë dans l'Empire François, qu'on s'apperçut du repentir & de l'indignation qu'elle causoit dans les esprits des Peuples, & qu'il parut de tous costez des gens portez à profiter de

LOUIS LE DEBONNAIRE EMPEREUR.

cette disposition en faveur de ce Prince. On avoit grand soin de luy cacher ces choses, & on affectoit de luy dire des nouvelles qui luy devoient faire penser tout le contraire.

Conquestio Ludovici Imperat.

On luy faisoit dire que les Seigneurs François, pour couper pied à tous les troubles, avoient obligé l'Impératrice à se faire Religieuse dans le Monastère de Tortone, où elle avoit esté reléguée, & qu'incontinent après elle y étoit morte ; que par l'ordre des mesmes Seigneurs on avoit coupé les cheveux au Prince Charles, & qu'on l'avoit obligé à se faire Moine. L'Empereur gardé à vûë dans le Monastère de S. Médard de Soissons, ne voyoit que les Religieux, & seulement en passant, lorsqu'on luy permettoit d'aller à l'Eglise toûjours bien accompagné de ses Gardes ; & quand il passoit auprès d'eux, il leur recommandoit de prier Dieu pour le repos de l'ame de l'Impératrice, sans pouvoir jamais parler à aucun en particulier.

Quelques-uns de ces Religieux touchez de compassion de l'état où ils voyoient un Prince, qui avoit toûjours eu pour eux & pour leur Maison beaucoup de bonté, résolurent entre eux de le tirer de l'inquiétude & du chagrin où le plongeoient les fausses nouvelles qu'on luy avoit dites de l'Impératrice & du Prince Charles, & de luy donner l'espérance de quelque heureux changement.

Ibid.

De ce nombre fut un Moine nommé Hardoüin ; c'estoit celuy qui luy disoit tous les jours la Messe dans une Chapelle particulière, mais en présence de ses Gardes. Comme un jour l'Empereur luy présentoit, selon la coûtume de ce temps-là, l'Hostie dont il devoit le communier, pour l'offrir & la consacrer avec celle du Sacrifice : car on luy permettoit de communier malgré son état de pénitence, ce Religieux luy serra la main, & luy dit tout bas, comme s'il eust récité quelque prière : *ramassez après la Messe ce que vous trouverez à costé de l'Autel.*

L'Empereur après la Messe demeura au pied de l'Autel où il avoit communié, & y pria Dieu long-temps. Le Moine Hardoüin s'estant retiré, & ses Gardes estant sortis pour causer à la porte de la Chapelle, l'Empereur ramassa le Billet, & le lut quand il fut retiré dans sa Cellule. On l'y asseûroit que l'Impératrice n'estoit point Religieuse ; qu'elle estoit vivante ; que plusieurs Seigneurs se repentoient d'avoir contribué à la déposition de leur Souverain, & qu'en divers endroits on sollicitoit les Provinces à se révolter contre Lothaire. Ces nouvelles luy causerent une grande joye, qu'il eut grand soin de dissimuler.

Vita Ludovici Pii.

Lothaire toûjours en défiance, estant obligé de quitter Soissons, fit partir son pere avec luy, & le mena à Aix-la-Chapelle, où il vouloit passer l'hyver. Il l'y tint toûjours aussi serré qu'il avoit fait à Soissons. Ce nouvel Empereur au commencement d'un Régne comme le sien, auroit eu besoin de Ministres moins intéressez que ceux qu'il choisit, plus unis entre eux, & moins jaloux l'un de l'autre. Ceux qui gouvernoient tout sous son autorité estoient le Comte Matfride & le Comte Lambert, tous deux gens de teste & de main, & qui avoient conduit jusqu'alors merveilleusement ses affaires : mais parvenant au point où ils vouloient les amener, toute leur application se tourna à se détruire l'un l'autre. C'estoit assez que l'un ouvrit un avis dans le Conseil, pour que l'autre prit le parti contraire. Celuy qui l'emportoit estoit traversé par l'autre dans l'exécution. Ces differens causoient tantost une indétermination du Prince, préjudiciable aux affaires, qui dans les conjonctures où il se trouvoit, demandoient de promptes résolutions, tantost des ordres contraires aux Commandans des Provinces, qui les embarrassoient, & faisoient sentir au Peuple les défauts du nouveau Gouvernement.

Nithard, lib. 1.

Le Roy d'Aquitaine & le Roy de Baviére trouverent que Lothaire agissoit trop en Maître, parce qu'il n'avoit pas pour eux toutes les complaisances & tous les égards qu'ils avoient espéré. L'ambition mal satisfaite permit aux remords de conscience de renaistre aussi-bien qu'aux sentimens de la nature, & ils commencerent à avoir honte de la conduite qu'ils avoient tenuë envers un pere, qui les avoit toûjours tendrement aimez. Ceux qui avoient esté entraînez malgré eux dans cette conspiration, voyant les Peuples revenir d'eux-mesmes, ne cessoient point de les animer secretement à mériter par un prompt retour, le pardon de leur faute : ce ne furent pendant tout l'hyver en France, en Bourgogne, en Aquitaine, en Germanie, qu'assemblées secretes, que murmures contre le nouvel Empereur & contre les Chefs de la révolte. En France le Comte Egbert & Guillaume grand Ecuyer *, en Bourgogne les Comtes Bernard & Varin se déclaroient presque ouvertement, sollicitoient les Villes, faisoient faire en particulier serment de rétablir l'Empereur à ceux qu'ils sçavoient estre les plus accreditez. Drogon Evêque de Metz, & frere de l'Empereur, avec plusieurs autres de son parti, qui s'estoient retirez en Baviére, agit si bien auprès du Roy de Baviére, qu'il le fit résoudre à prendre les armes pour tirer l'Empereur de sa prison, & il envoya en Aquitaine l'Abbé Hugues, pour engager Pepin à s'unir au Roy de Baviére.

Nithardus l. 1.

Vita Ludovici Pii.
* Il y a dans le Texte Latin *Connestabuli*, qui signifie Connestable, comme il se marque, signifioit ce que nous appellons aujourd'huy le Grand Ecuyer.

Il fut néanmoins résolu qu'on commenceroit par les voyes de douceur, & par prier Lothaire de faire cesser les mauvais traitemens qu'on faisoit à l'Empereur ; car on ne les luy épargnoit point, pour l'obliger à embrasser la profession Religieuse, à quoy il ne voulut jamais consentir.

Annales Bertiniani.

Loüis de Baviére se transporta à Francfort, & envoya de-là l'Abbé Gozbalde & Morard Comte de son Palais à Lothaire, pour le prier qu'on donnast un peu plus de liberté à l'Empereur, & qu'on modérast la rigueur de sa prison & de sa pénitence. Cette Ambassade du Roy de Baviére fut mal reçuë, & une autre fois on refusa à un Seigneur qu'il envoya, pour saluer l'Empereur de sa part, la permission de le voir : mais Lothaire dit qu'il se rendroit dans

Theganus cap. 45.

Tome I. R r ij

quelques jours à Mayence, où il pourroit avoir une entrevûë avec le Roy de Baviére, s'il le souhaitoit. Ils se virent, mais inutilement & sans rien conclure.

Le Roy de Baviére ne se rebuta point. Cette conduite luy faisoit honneur dans le monde & rendoit Lothaire odieux. Il fit partir encore le lendemain des Rois pour Aix-la-Chapelle, l'Abbé Grimold & le Duc Gebhard qui prièrent de nouveau Lothaire de leur permettre de voir l'Empereur, parce que leur Maître estoit bien-aise d'estre instruit de l'estat de sa santé, & luy représentèrent qu'on estoit fort scandalisé dans tout l'Empire, d'apprendre qu'on eust déja refusé tant de fois une demande de cette nature.

Lothaire que ces Ambassades réitérées embarrassoient, qui sçavoit que le Roy de Baviére assembloit une Armée, & qu'il n'attendoit plus qu'un nouveau refus pour luy déclarer la guerre, dit aux Envoyez qu'il n'avoit refusé jusqu'à présent ce qu'on lui demandoit, que parce qu'il sçavoit les intrigues que leur Maître formoit contre luy, & ce qu'il prétendoit par cette inquiétude affectée sur l'estat ou estoit son pere ; qu'il trouveroit bien moyen de dissiper tous les mauvais desseins de ses ennemis; qu'il leur accordoit ce qu'ils luy demandoient : mais qu'ils ne verroient l'Empereur qu'en présence de personnes qui pussent luy rendre un compte fidéle de ce qui se seroit passé dans cette entrevûë. Les Ambassadeurs répondirent qu'ils n'avoient point d'autre ordre, que de s'asseurer de l'estat de la santé de l'Empereur, & qu'ils n'estoient point chargez de luy rien dire davantage.

Lothaire les fit conduire à l'appartement de l'Empereur, & leur donna pour les y accompagner l'Evêque Otgar & un Seigneur nommé Richard, gens dont il estoit seur. Les Ambassadeurs si-tost qu'ils parurent en présence de l'Empereur, se jettèrent à ses pieds, & lui firent leurs complimens de la part du Roy de Baviére sans luy dire rien autre chose : mais leur seule contenance luy fit assez comprendre ce que les paroles ne luy exprimoient pas : il se contenta aussi de leur répondre, qu'il estoit obligé au Roy de Baviére de la tendresse qu'il luy témoignoit, & que pour luy il aimoit toûjours ses enfans. Après ces complimens qui furent fort courts de part & d'autre, les Ambassadeurs se retirèrent, & prirent congé de Lothaire qui eut avis en mesme temps que toute la Germanie estoit en armes ; que les Saxons & les Allemans venoient joindre les Bavarois, & que les Austrasiens mesmes d'en deçà du Rhin estoient d'intelligence avec le Roy de Baviére. C'est pourquoy il partit promptement d'Aix-la-Chapelle avec son pere. Il se fit amener aussi le Prince Charles de l'Abbaye de Prum en Ardenne, & vint en France où la Noblesse & le Peuple avoient toûjours esté plus attachez à luy & contraires à l'Empereur. Il arriva à Compiégne & convoqua une Diéte de tous les Seigneurs François, à qui il donna ordre de se rendre à Paris où il avoit résolu de la tenir.

Le Roy de Baviere dont le dessein avoit esté de surprendre Lothaire à Aix-la-Chapelle ayant sçû qu'il en estoit parti, se hasta d'aller après luy, & envoya donner avis de tout ce qui se passoit à Pepin, que l'Abbé Hugue avoit aussi gagné pour l'Empereur. Il passa le Rhin & marcha vers Compiégne avec une partie de son Armée & donna ordre au reste de le suivre.

Lothaire averti quitta son Camp de Compiégne pour venir à Paris. Il rencontra sur la route le Comte Egbard, qui avec le Comte Guillaume Grand-Ecuyer s'estoit déclaré pour le Roy, & estoit à la teste d'un petit corps d'armée. Le Comte se mit en devoir d'attaquer Lothaire qui se prépara aussi à le recevoir ; mais ce Prince qui dans cette subite révolution se voyoit tant d'ennemis sur les bras, dit à l'Empereur son pere qu'il n'estoit point nécessaire de répandre de sang ; qu'il n'avoit accepté l'Empire que parce qu'on l'y avoit forcé ; qu'il falloit traiter à l'amiable, & qu'il estoit prest d'en passer par tout ce qui se résoudroit dans une Assemblée générale des Seigneurs de l'Empire.

L'Empereur trop heureux de voir les choses revenuës à ce point-là envoya au Comte Egbard, pour le prier de suspendre pour quelque temps l'ardeur de son zéle, dont il espéroit estre bien-tost en estat de luy tenir compte ; que les choses paroissoient disposées à un accommodement, que l'amour qu'il avoit pour ses Sujets luy feroit toûjours préférer à tout autre parti, & qu'il luy feroit plaisir de s'éloigner de quelque lieuës, pour éviter que les deux Armez n'en vinssent aux mains : le Comte obéit, mais en mesme temps Lothaire apprit l'arrivée du Roy d'Aquitaine avec de grosses Troupes sur le bord de la Seine.

Il l'avoit bien prévû, c'est pourquoy il avoit fait rompre tous les Ponts & enfoncer tous les bateaux, mais de plus la saison augmentoit la difficulté du passage ; on n'estoit qu'au mois de Février, & la Seine aussi-bien que plusieurs des autres Riviéres qui se jettent dans ce grand fleuve, estoient extrêmement débordées. Ce fut la mesme raison qui empêcha que les Comtes Bernard & Varin qui venoient du costé de Bourgogne avec de grandes forces, ne joignissent le Comte Egbard & le Grand-Ecuyer : le débordement de la Marne & la rigueur du froid les obligea de s'arrester à Bonneüil, & de faire cantonner leurs Troupes dans les Villages d'alentour : mais ils envoyérent à Lothaire l'Abbé Rebalde & le Comte Gotzelin pour luy demander la liberté de l'Empereur, en luy offrant leurs bons offices auprès de luy pour sa réconciliation, & luy déclarérent en mesme temps qu'ils regarderoient comme leur ennemi, quiconque luy seroit de l'Empereur.

Lothaire leur répondit qu'il estoit surpris de ce qu'ils le vouloient rendre responsable de la prison de son pere, que eux-mesmes estoient trahi & abandonné des premiers ; que sa déposition ne devoit point luy estre imputée, puisque tout s'estoit fait dans la Diéte de Compiégne avec le consentement des Rois ses frères, & par un Jugement Canonique des Evêques assemblez en grand nombre ; qu'il ne s'op-

LOUIS LE DEBONNAIRE EMPEREUR.

posoit point cependant à un nouvel accommodement ; qu'on luy envoyast les Comtes Varin & Eudes, & les Abbez Hugues & Fouques pour en faire avec luy le projet, & qu'il ne tiendroit pas à luy que la Guerre Civile ne finist.

Cette réponse luy servit à cacher le dessein qu'il avoit de se retirer au Royaume de Bourgogne, pour n'estre point envelopé de tant d'ennemis qui s'approchoient de toutes parts, & pour empêcher qu'on ne le suivist, il abandonna l'Empereur & le Prince Charles. Il les envoya tous deux à l'Abbaye de S. Denis, & prenant sa route entre la Marne & la Riviére d'Aisne, il gagna le Royaume de Bourgogne & vint camper avec son Armée à Vienne. Il avoit dans ces quartiers-là grand nombre de Partisans & en particulier l'Evêque de Lion qui l'avoit jusqu'alors si bien servi, & il n'estoit pas loin de son Royaume d'Italie, de sorte qu'il résolut de demeurer là quelque temps, pour voir quel tour les choses prendroient.

Si-tost qu'on sçût la retraite de Lothaire & que l'Empereur estoit en liberté à S. Denis, on y accourut de tous costez en foule, peuple, Seigneurs, Evêques, chacun s'empressant à luy marquer sa joye & son désir de le revoir sur le Trône. Ses anciens Serviteurs & ceux qui avoient le plus contribué à sa liberté le pressérent de reprendre sans tarder le sceptre, & toutes les marques de sa dignité. Il ne jugea pas à propos de le faire, & quoique l'Assemblée des Evêques qui l'avoient mis en pénitence fust visiblement un conciliabule de factieux, il souhaita d'estre absous, & tiré de cet estat par une autre Assemblée d'Evêques. Elle se tint dans l'Eglise de S. Denis. On y condamna le Conciliabule de Compiégne, on y annula tout ce qui s'y estoit résolu, les Evêques luy présentérent son épée & sa Couronne qu'il reçut de leurs mains & il fut remis sur le Trône avec des acclamations de tout le Peuple, telles qu'on n'en avoit jamais vû de pareilles. Le Ciel sembla avoüer & autoriser ce rétablissement par la sérénité subite qui y parut. Depuis très-long-temps il n'y avoit eu que des pluyes, des vents, des tempestes, & ce jour-là fut extrêmement beau & calme, & le commencement d'un Printemps très-agréable.

L'Empereur après cette cérémonie ayant assemblé son Conseil, plusieurs furent d'avis qu'avec son Armée qui grossissoit tous les jours, il poursuivist Lothaire dans sa retraite, dont il dissiperoit aisément les Troupes consternées : mais il ne le voulut point, espérant toujours qu'il reviendroit de luy-mesme, & que le désordre de ses affaires l'obligeroit à rentrer dans son devoir. Il alla à sa Maison Royale de Chiersi sur Loise, où Pepin, Loüis de Baviere & les Comtes qui estoient au delà de la Marne, vinrent le joindre avec leurs Armées. Après les réjoüissance que méritoit une si heureuse réconciliation des enfans avec leur pere, & des Sujets avec leur Prince, l'Empereur renvoya Pepin dans son Royaume d'Aquitaine dont il l'investit de nouveau ; car j'ay dit qu'il l'en avoit dépouillé pour le punir de sa révolte, & qu'il l'avoit donné au Prince Charles. Le Roy de Baviére le suivit à Aix-la-Chapelle, où ils passérent ensemble les Fêtes de Pâques.

L'Empereur fit publier dans toutes les Provinces une amnistie générale ; mais on arresta l'Evêque de Reims qui avoit présidé à l'Assemblée de Compiégne, où le Prince avoit esté traité si indignement, & on le mist en prison. Il envoya aussi solliciter Lothaire de mettre bas les armes, & de se rendre auprès de luy en l'assûrant de son pardon : mais ce Prince ou n'osant se fier à cette promesse, ou espérant encore relever son parti, ne voulut rien écouter.

Theganor, cap. 48. 49.

La nouvelle du rétablissement de l'Empereur estant portée en Italie, ceux qui gardoient l'Impératrice à Tortone se firent un mérite auprès d'elle, & auprès de l'Empereur de se déclarer ses défenseurs & la ramenérent eux-mesmes à Aix-la-Chapelle. L'Empereur avant que de la recevoir dans le Palais, voulut encore qu'elle prouvast son innocence par un serment public. Elle le fit accompagnée de tous ses parens, qui jurérent aussi en sa faveur en présence de tout le peuple, sans que personne osast se présenter pour l'accuser d'aucun crime. Cette procédure avoit esté en usage de tout temps en France quand les Accusateurs se désistoient, ou que personne ne se présentoit pour soustenir l'accusation dans un duel ; & on la voit marquée dans les anciennes loix de quelques-uns des peuples soûmis alors à la France.

Tout réüssissoit selon les désirs de l'Empereur. Il n'y avoit plus que Lothaire à soûmettre, ce qui ne paroissoit pas difficile à faire. On ne tenoit plus pour luy en France qu'en deux endroits ; sçavoir dans le Royaume de Bourgogne où il estoit Maistre de Vienne & de quelques autres Places, qu'il retenoit dans ses interests par sa présence & par la crainte de ses Troupes, & sur les Frontieres de Bretagne desquelles le Comte Lambert qui avoit pris son parti avoit le Gouvernement, & où le Comte Matfride attaché à ce Prince dès le commencement des premiers troubles de France, s'estoit aussi réfugié.

L'Empereur toûjours pere persistoit à ne point vouloir envoyer d'armée contre son fils, & il espéra que s'il abattoit entiérement son parti du costé de la Bretagne, il l'obligeroit à luy demander la Paix. Dans cette vûë il fit marcher vers cette Province, une grosse Armée sous la conduite du Comte Odon Gouverneur d'Orleans. Matfride & Lambert avoient esté jusqu'alors très-mal ensemble, & nous avons vû que leur mesintelligence avoit esté en partie cause de la ruine du parti de Lothaire ; mais quand ils se virent sur le point d'estre accablez par l'ennemi qui venoit tomber sur eux, ils oubliérent leurs querelles particulieres pour se réünir & agir de concert. C'estoient deux des plus habiles Capitaines qui fussent alors en France. Ils avoient très-peu de Troupes en comparaison de ceux qui venoient les attaquer, & ceux-cy par cette raison estoient moins sur leurs gardes.

Vita Ludovici Pii.

Odon persuadé que les ennemis n'oseroient paroistre devant luy, marchoit avec très-peu de

R r iij

précaution: Matfride & Lambert profitérent de cette négligence, & ayant couvert adroitement leur marche, vinrent fondre fur luy au moment qu'il les croyoit bien éloignez. La vigueur avec laquelle ils l'attaquérent fupléa au petit nombre de leurs Troupes, & la furprife ofta au Comte Odon l'avantage que luy donnoit le grand nombre des fiennes, à peine firent-elles quelque réfiftance. Odon avec fon frere le Comte Guillaume, & prefque tous les Officiers Généraux ayant efté abandonnez, furent tuez, & toute l'Armée mife en déroute & diffipée.

Matfride & Lambert donnérent auffi-toft avis de leur victoire à Lothaire: mais ils l'avertirent en mefme temps que s'il ne venoit à leur fecours, ou s'il ne faifoit pas une grande diverfion, ils ne pourroient tenir contre les forces qui les attaquoient. Le premier eftoit impoffible, à caufe que tout le Païs d'entre la Bretagne & le Rhofne eftoit déclaré pour l'Empereur: ainfi Lothaire leur promit faute au pluftoft la diverfion qu'ils luy demandoient & d'attirer fur luy les Troupes de l'Empereur.

Ibid.

En effet il affembla promptement fes Troupes pour faire quelque entreprife d'éclat. Le Comte Varin un de ceux qui avoit le plus contribué au rétabliffement de l'Empereur commandoit dans le Païs du Rhofne & de la Saone. Il pénétra le deffein de Lothaire qui eftoit de venir affiéger Châlons fur Saone; il fe jetta dedans avec les Comtes Gorzelin, & Sanila & un Seigneur du Païs nommé Maladelme, & fit quelques retranchemens autour de la Place.

Ibid.

Lothaire vint l'y affiéger peu de temps après. Varin fit pendant cinq jours de vigoureufes forties, & fi nombreufes que ce furent autant de combats: mais obligé par les pertes qu'il fouffroit dans ces attaques à fe renfermer dans la Ville, il fallut enfin fe rendre & à difcrétion. Lothaire entra dans la Ville, où le feu s'eftant pris par malheur, elle fut toute réduite en cendre, excepté l'Eglife de S. George qui échapa aux flammes dont elle fut entourée de toutes parts: ce qui fut regardé comme un miracle de la protection de ce Saint. Les Comtes Varin, Gotzelin, Sanila & Maladelme vinrent au pouvoir du vainqueur qui fit couper la tefte aux trois derniers. Varin racheta fa vie par une lâcheté qui flétrit la gloire qu'il avoit acquife dans la défenfe de la Place & dans beaucoup d'autres occafions. Il paffa pour éviter la mort dans le parti de Lothaire, & luy fit ferment de fidélité. Ce prince fit luy-mefme en cette occafion une action bien indigne de luy.

Il trouva à Châlons dans un Monaftére, Gerberge fœur du Duc Bernard. Il vengea fur elle les injures qu'il prétendoit avoir reçûes de cet ancien Miniftre de fon pere, & oubliant qu'elle avoit efté femme de l'Abbé Vala à qui il avoit de fi grandes obligations, il la fit noyer dans la Saone après l'avoir fait condamner à ce fupplice comme une Magicienne.

Sur la nouvelle des mouvemens de Lothaire, l'Empereur s'eftoit avancé jufqu'à Langres avec le Roy de Baviere. Il y apprit la prife de Châlons, & qu'Autun avoit auffi ouvert fes portes aux ennemis. Il demeura-là encore quelques jours pour voir de quel cofté Lothaire porteroit fes Armes. Il fçût qu'il prenoit la route d'Orleans. L'Empereur tourna de ce cofté-là, mais Lothaire le prévint & fut reçû dans la Place. Lothaire marcha delà vers le Maine à deffein de fe joindre aux Comtes Lambert & Matfride, qui de leur cofté ayant fait grande diligence, arrivérent avant que l'Empereur puft fe mettre entre deux.

Lothaire fortifié des Troupes de ces deux Comtes s'arrefta, & vint fe camper fort près de l'Armée de l'Empereur. On demeura ainfi campé quelques jours, pendant lefquels il y eut plufieurs négotiations que Lothaire entretenoit volontiers, dans l'efperance de débaucher durant ce temps-là les François de l'Armée de l'Empereur, comme il avoit fait au Camp de Rotfelt en Alface; mais il n'y réüffit pas, de forte que la nuit d'après le quatriéme jour du campement, il s'éloigna fans bruit pour s'approcher de la Loire.

L'Armée Impériale le fuivit toûjours en le cotoyant jufqu'auprès de Blois, où le Roy d'Aquitaine ayant joint l'Empereur avec un nouveau corps d'Armée, Lothaire fe trouva fort embarraffé eftant beaucoup inférieur en Troupes. L'Empereur qui différoit toûjours d'en venir aux extrêmitez, crut cette conjoncture favorable pour vaincre l'obftination de fon fils. Il luy envoya Buradade Evêque de Paderborne, le Duc Gebhard, & Bérenger fon parent homme qui avoit mérité par fa conduite le furnom de fage; il leur donna ordre non pas de prier Lothaire de penfer à la Paix; mais de luy commander de fa part de fe rendre auprès de luy, en l'affeurant que c'eftoit la derniere démarche de pere qu'il feroit à fon égard.

Theganus cap. 54.

L'Evêque qui porta la parole s'aquita parfaitement bien de fa commiffion, & prenant le ton de Prophete, il joignit à l'ordre de l'Empereur l'autorité de Dieu & des Saints, par laquelle il luy commanda de fe feparer au pluftoft de fes mauvais Confeillers, qui l'entretenoient toûjours dans la haine d'un pere, dont il eftoit encore tendrement aimé, le menaçant de la colére du Ciel, & des derniers malheurs, s'il continuoit dans fa révolte.

Ce début furprit Lothaire & l'ébranla: enfuite il donna Audience aux deux Ducs qui parlérent plus de fang froid, & luy firent comprendre le péril où il s'expofoit, s'il laiffoit paffer cette derniere occafion de rentrer en grace.

Les ayant écoutez, il les pria de fe retirer pour un moment. Il délibéra avec fes confidens entre lefquels eftoit Vala, qui voyant déformais que la partie n'eftoit pas tenable, luy confeillérent d'obéïr, pourvû qu'il y euft feureté pour luy & pour ceux qui avoient fuivi fon parti.

Ibid. Vita Valæ.

Il fit rentrer les Ambaffadeurs, & les pria de luy donner confeil eux-mêmes dans une conjoncture fi délicate. Ils luy dirent qu'il n'y avoit pas à balancer; qu'il falloit qu'il vint fe jetter aux pieds de l'Empereur avec les plus considérables de son Armée, luy demander grace pour luy & pour eux, & qu'ils l'asseuroient d'une composition honneste dont luy & ses amis auroient sujet d'estre contens.

Lothaire répondit aux Ambassadeurs qu'il suivroit le conseil qu'ils luy donnoient, & les pria de disposer l'esprit de l'Empereur à luy accorder le pardon qu'il alloit luy demander. Il les suivit presque aussi-tost & entra dans le Camp de l'Empereur à la teste d'une grande suite d'Officiers, ayant à sa droite le Comte Matfride le plus criminel de tous & le Comte Hugues son beau-pere. Ils trouvérent l'Empereur dans sa tente qui estoit ouverte & placée sur une hauteur, afin que toute l'Armée rangée par escadrons & par bataillons des deux costez de la tente fust témoin de ce qui alloit se passer.

Lothaire se prosterna aux pieds de l'Empereur avec toute sa Troupe, & luy demanda pardon de tout le passé pour luy & pour tous ceux qui avoient eu le malheur de le suivre.

L'Empereur le reçût d'un air grave ; mais qui laissoit moins entrevoir de colére que de joye, de voir son fils rentrer dans le devoir aprés un si long égarement. Il se contenta de luy faire une assez courte réprimande sur sa conduite passée, & luy demanda si luy & tous ses gens estoient prests de luy faire un nouveau serment de fidélité, & résolus à le garder. Il répondit qu'oüy. Il le luy fit faire sur le champ & à tous les plus considérables de sa suite.

Theganus cap. 54.

Je vous pardonne, reprit l'Empereur, je rends à tous ceux qui vous accompagnent leurs terres & leurs biens que j'avois justement confisquez. Je vous rends à vous l'Italie & je vous permets d'y aller ; mais à cette condition que si vous osez repasser en France sans mes ordres, il n'y aura jamais de pardon pour vous.

Lothaire & tous les autres surpris d'une si excessive bonté se jetterent de nouveau à ses pieds, & renouvellérent leurs protestations de fidélité, en luy donnant des marques de la plus vive reconnoissance.

La Paix ayant esté publiée entre les deux Armées, Lothaire demeura quelques jours auprés de son pere, & alla ensuite en Italie, dont l'Empereur dés-lors fit saisir & garder exactement les passages, avec deffense de laisser passer qui que ce fust en France, sans qu'on sçût ce qu'il y venoit faire. Matfride mourut quelques jours aprés, & ne fut guéres regreté de l'Empereur, qui connoissant sa vaillance & son habileté dans la Guerre & dans la conduite des affaires, l'avoit toûjours regardé comme son plus dangereux ennemi. Pepin retourna en mesme temps en Aquitaine, & Loüis ayant accompagné l'Empereur jusqu'à Orleans reprit la route de Baviére. Ainsi la Paix fut rétablie, c'est à dire, que la Guerre Civile finit. Car pour les désordres qui accompagnent ces sortes de Guerres, ne cessent pas d'abord par la Paix.

On ne voyoit par tout que brigandages : il se commettoit dans les Provinces mille violences par la Noblesse, & le Clergé & les Monastéres estoient tombez dans un effroyable relâchement. L'Empereur tint à Attigni une Diéte sur les moyens de remédier à tous ces désordres, & il envoya pour cela des Intendans ou Commissaires dans toutes les Provinces ; mais estant allé un peu avant Noël à Thionville, il y convoqua une autre assemblée pour un sujet qui le regardoit personnellement.

Vita Lodovici Pii.

Il y fit ses plaintes & y demanda justice contre les Evêques qui l'avoient déposé à Compiégne & traité d'une maniére si indigne de son rang. La plufpart s'estoient sauvez en Italie : le seul Ebbon Evêque de Reims avoit esté arresté & comparut devant l'Assemblée de Thionville. Il refusa d'abord de répondre sur ce que sa cause ne devoit point estre séparée de celle de tant d'autres, qui estoient tous complices du crime qu'on luy imputoit ; mais enfin aprés quelques delais, le parti qu'il prit par le conseil de ses amis fut de s'avoüer coupable, & de se déposer luy-mesme en se déclarant, pour les crimes qu'il avoit commis, indigne du Sacerdoce & du Siége qu'il occupoit. Il présenta sa démission par écrit à l'Empereur & aux Evêques, & on luy donna l'Abbé Fouques pour Successeur. Aprés cela on cita l'Archevêque * de Lyon, qui n'ayant pas comparu aprés toutes les formalitez qu'on garda, & les trois citations canoniques, fut aussi déposé. On en usa de mesme à l'égard de plusieurs autres, & on déclara nul tout ce qui s'estoit fait à Compiégne. Cela se passa à Thionville la semaine de la Sexagésime.

An. 835.

Ibid.

* Agobard. * Vers ce temps-là on voit dans les Conciles des Gaules qu'on donnoit, tantost la qualité d'Evêque, tantost celle d'Archevêque à ceux qui ont eu depuis ce dernier titre.

Ibid.

Le Dimanche suivant la séance de l'Assemblée se tint à Metz, ou tout ce qui s'estoit fait à Thionville fut confirmé de nouveau. Drogon Evêque de Metz avant que de célebrer la Messe, monta en Chaire, & lut en présence de tout le Peuple, l'Acte du rétablissement de l'Empereur. Aprés cette lecture sept Archevêques tenant les mains sur la teste de ce Prince, lurent les Oraisons destinées pour la réconciliation des Pénitens, & prenant la Couronne Impériale qu'on avoit mise sur l'Autel, la luy mirent sur la teste, tout le Peuple témoignant sa joye par de fréquentes acclamations.

Annal. Bertiniani.

On obligea ensuite l'Evêque de Reims déposé de monter à la Tribune, & d'y lire à haute voix l'Acte qui avoit esté fait à Thionville pour casser celuy de la déposition de l'Empereur. Ce fut la derniere confusion publique que l'on fit à ce Prélat, dont l'ingratitude, l'audace & les crimes méritoient bien d'autres châtimens.

Hincmar adversus Gotescal. cap. 36.

Il est assez surprenant que les Nations ennemies de la France n'eussent pas beaucoup profité des troubles qui l'agitoient, les Sarazins du costé des Pyrenées, & les Grecs du costé de l'Italie ne firent aucunes entreprises. Les Normans débarquérent seulement deux fois en Frise où ils firent de grands ravages ; mais ces descentes n'eurent point d'autres suites.

Annal. Bertiniani.

Quoique l'Impératrice se fut remise en possession de tout ancien crédit, elle n'estoit pas sans inquiétude pour l'avenir. La santé de l'Empereur commençoit à s'affoiblir, les fatigues des Guerres, la dureté & le chagrin de sa prison l'avoit beaucoup alterée, & cette Princesse voyoit bien que s'il venoit à manquer, elle retomberoit dans de plus grands dangers & dans les derniers malheurs; qu'en ce cas les trois Princes quelques jaloux qu'ils fussent les uns des autres, s'uniroient pour le perdre, & qu'il ne leur seroit pas difficile de l'accabler avec le Prince Charles, encore trop jeune pour se défendre par luy-mesme.

Ces réflexions n'estoient que trop solides & trop véritables : mais la difficulté estoit de trouver un appuy sur lequel elle pust compter. Elle ne le pouvoit trouver que dans quelqu'un des trois Princes, dont les interests ne s'accordoient guéres avec les siens : elle ne désespéra pas néanmoins de réüssir du costé de Lothaire. Il estoit comme éxilé en Italie, décheu du droit qu'il avoit eu à l'Empire, ses deux freres en l'abandonnant s'estoient bien remis dans l'esprit de l'Empereur, & il avoit tout sujet de craindre, qu'il ne se les associast l'un & l'autre ou l'un ou l'autre. Luy asseurer au moins une partie de ce qu'il avoit perdu, c'estoit luy rendre un service infiniment important, & qu'il n'eust jamais dû espérer de la part de l'Impératrice. C'est par là que cette prudente Princesse songea à le mettre dans son parti.

Vita Ludovici Pii.

Son dessein fut fort approuvé de ses confidens quand elle le leur proposa. Mais elle ne voulut faire aucunes avances sans la participation de l'Empereur, qu'elle sçavoit avoir toûjours pour elle & pour le Prince Charles une tendresse extrême.

L'Empereur entra fort dans ses vûës, & envoya des personnes affidées en Italie pour négocier cette réconciliation, & cette espece d'alliance entre Lothaire & l'Impératrice & le Prince Charles. Lothaire écouta volontiers des propositions qui luy rouvroient le chemin de la Cour & du Trône Impérial, & s'estant contenté de marquer aux Envoyez de l'Empereur la disposition où il estoit de faire tout ce qu'il souhaiteroit, il fit partir aussi-tost après ses Agens pour conclure le traité de sa part, & asseurer l'Empereur de son obéïssance, en attendant qu'il receut luy-mesme l'ordre de venir à la Cour.

Ibid.
Vita Valæ.

Du nombre de ces Agens fut Vala, qui après la Guerre Civile s'estoit retiré en Italie au Monastére de Bobio entre Gennes & Plaisance, dont Lothaire l'avoit fait Abbé. Cet homme ne devoit estre guéres agréable à l'Impératrice : mais à la Cour plus qu'ailleurs encore, l'interest est le grand principe des réconciliations. On avoit besoin de Lothaire, dont l'Abbé possedoit l'esprit : il fut receu avec tous les honneurs & toutes les caresses possibles, & l'Empereur voulut estre luy-mesme le Médiateur de la Paix entre l'Impératrice & l'Abbé.

Vita Ludovici Pii. ad an. 835.

L'Impératrice l'asseura qu'elle oublieroit tout le passé, pourveu qu'il attachast fortement le Prince à ses interests. Il le luy promit, & aussi-tost l'Empereur envoya ordre à Lothaire de se rendre auprès de luy : mais une grande & longue maladie arresta ce Prince en Italie, Vala mourut aussi en son Monastére dans cet intervale, ce qui suspendit assez long-temps la conclusion de cet important Traité.

La conduite mesme de Lothaire après sa maladie fit perdre l'espérance de le conclure. Il faisoit plusieurs choses en Italie contraires à ce qu'il avoit promis à l'Empereur, & entre autres il en usoit fort mal avec le Pape : il éxerçoit de grandes violences sur les Terres de l'Eglise, & ne pouvoit se résoudre à rendre les biens à ceux qui avoient contribué à tirer l'Impératrice du Monastére de Tortone : de sorte que l'Empereur luy fit dire que s'il continuoit à en user si mal, il auroit sujet de s'en repentir. Il prit mesme la résolution de passer en Italie, & envoya ordre à Lothaire de faire tenir tout prest dans les lieux de son passage, & de faire préparer les fourrages & les vivres nécessaires pour l'entretien des Troupes qu'il devoit mener avec luy : mais soit que le projet de ce voyage ne fust que pour intimider Lothaire, & pour le retenir dans le devoir, soit qu'une nouvelle invasion des Normans dans la Frise, qui eut peu de suite aussi-bien que quelques mouvemens qui se firent en Bretagne, y eussent mis obstacle, ce voyage ne se fit point; & cependant Lothaire n'osa venir en France, après avoir causé ces nouveaux mécontentemens à l'Empereur, ou la permission qu'on luy avoit donnée d'y venir, fut révoquée.

Ibid.

Plus d'un an se passa sans qu'on parlast d'aucun nouveau changement pour le partage de la succession entre les Princes : mais l'Impératrice suivoit toûjours ses desseins. Enfin l'an huit cens trente-sept, elle fit résoudre l'Empereur en présence de ses Ministres & de son Conseil secret à donner au Prince Charles, outre le païs des Allemans qu'il avoit déja, tout le Royaume de Neustrie, c'est à dire, tout le païs renfermé entre la Meuse, la Seine, la Loire & l'Océan, & avec cela les Territoires de Toul, de Bar, d'Auxerre, de Sens & quelques autres.

An. 836. 837.

Cette disposition ne put estre tenuë si secrete, que les trois Princes interessez n'en fussent avertis. Sur l'avis qu'ils en eurent, ils se donnérent un rendez-vous, où ils délibérerent s'ils recommenceroient la guerre. Mais les passages des Alpes estoient toûjours si bien gardez, qu'il estoit impossible à Lothaire de pouvoir entrer en France : les Estats de Pepin & de Loüis estoient si éloignez l'un de l'autre, & leurs Peuples aussi-bien que le reste des François si lassez des Guerres Civiles, qu'ils ne crurent pas qu'il fust en leur pouvoir de les y engager de nouveau. Ainsi ils prirent la résolution de dissimuler, jusqu'à ce que quelque favorable occasion se présentast.

Ibid.

Cependant toute l'application de l'Empereur, de l'Impératrice & de leurs Ministres fut à gagner la Noblesse du Royaume de Neustrie, & l'Empereur après s'en estre asseuré, convoqua au mois de Septembre une Diéte générale à Chiersi sur Loise, où il déclara qu'il avoit résolu, de faire Roy de Neustrie le Prince Charles, comme Lothaire l'estoit d'Italie, Pepin d'Aquitaine & Loüis de Baviére, & pria tous les Seigneurs de souscrire à cette déclaration.

Les plus considérables des Députez dont on s'étoit asseuré, y applaudirent & entrainérent tous les autres. L'Empereur fit aussi-tost paroistre le le jeune Prince âgé alors de quatorze ans, & en présence de toute l'Assemblée luy mit l'épée au costé & la Couronne sur la teste. Tous les Seigneurs qui estoient présens luy firent serment de fidélité. Loüis de Baviere estoit à cette Diéte, & ne put pas se défendre de souscrire à ce qui venoit de se faire, comme l'Empereur l'exigea de luy, aussi-bien que des Députez du Roy d'Aquitaine. L'Empereur donna avis de tout à Pepin & à Lothaire, qui prirent le parti de la dissimulation de mesme que Loüis de Baviere ; mais ils estoient bien résolus à ne s'en pas tenir-là.

An. 838.

La mort du Roy d'Aquitaine qui arriva quelques mois après, fut un nouvel incident qui donna lieu à l'Impératrice de reprendre la négotiation commencée deux ans auparavant avec Lothaire. Elle n'avoit jamais entièrement quitté cette pensée, parce que les raisons qui la luy avoient fait prendre estoient toûjours les mesmes, & qu'elle concevoit parfaitement combien il luy estoit important d'empêcher que ce Prince ne se liguat avec ses freres contre son fils après la mort de l'Empereur.

Si-tost qu'on eut appris la mort de Pepin, on délibéra dans le Conseil sur trois choses, la premiére si l'Aquitaine demeureroit aux enfans de Pepin qui laissoit deux fils, l'aîné de mesme nom que luy & le Cadet nommé Charles. La seconde, supposé qu'il fust de l'interest de l'Empire d'exclure les enfans de Pepin de la succession de ce Royaume, si l'Empereur le donneroit à quelqu'un des trois Princes ses fils, & la troisiéme, en cas qu'il le voulust donner à quelqu'un des trois, auquel il le donneroit.

On ne balança guéres sur le premier article. Les deux petits Princes Pupilles n'avoient nul appuy dans le Conseil & les ennemis de leur pere, & l'Impératrice sur tout ne manquerent pas de rappeller tous les sujets de mécontentement qu'il avoit donnez à l'Empereur, la derniere entrevuë avec ses deux freres pour renouveller la Guerre Civile, & enfin les inconveniens de ces partages, sources ordinaires d'une infinité de guerres, & qui affoiblissoient trop la puissance de l'Empire François.

Les deux autres points estoient plus embarrassans. Les Peuples d'Aquitaine depuis long-temps estoient en possession d'avoir un Roy particulier, & c'estoit un secret dont Charlemagne s'estoit avisé pour contenir ces Peuples naturellement mutins, & un moyen de les accoûtumer de plus en plus à la domination Françoise ; mais aussi la jalousie des prétendans, & le mauvais effet que produiroit la préférence, faisoit balancer l'Empereur.

L'Impératrice ou plustost quelqu'un de ceux qui luy estoient le plus dévoüez, ouvrit un avis qui ne pouvoit estre plus conforme aux vastes desseins de cette Princesse. Ce fut que Loüis Roy de Baviere ayant déja son partage au delà du Rhin extrêmement éloigné de l'Aquitaine, il ne falloit pas penser à luy ; qu'il falloit faire un nouveau partage de tout le reste de l'Empire François entre Lothaire & le Prince Charles, qu'on appelloit dès lors Roy de Neustrie ;

que ce partage se faisant à l'amiable entre ces deux Princes du vivant de l'Empereur, & rétablissant Lothaire dans une grande partie des droits dont il avoit esté dépoüillé à cause de ses révoltes, le reconcilieroit avec l'Impératrice & avec le Roy de Neustrie ; qu'on luy feroit entendre que c'estoit à elle à qui il en auroit obligation ; qu'on l'engageroit par serment à ne se jamais départir de l'Alliance de l'Impératrice & de son fils, & de ne jamais appuyer les mauvais desseins de Loüis de Baviere, supposé qu'il en conceust jamais de tels, & que par ce moyen l'Empire demeureroit tranquille, Loüis Roy de Baviere tout seul estant trop foible pour le troubler.

Cet avis fut suivi, & on envoya ordre à Lothaire de se rendre à Vormes où il trouveroit la Cour, afin d'y conclure sans tarder une affaire qui luy estoit si avantageuse. Il s'y rendit, & fut receu de l'Empereur d'une maniere qui dût l'asseurer qu'il avoit oublié tout le passé. On luy exposa plus en détail le projet dont les Envoyez luy avoient parlé en Italie. L'Empereur luy dit que son dessein estoit de le faire le Tuteur & le Protecteur du Prince Charles, & qu'afin qu'il fust content, il luy donnoit l'option ou de faire luy-mesme les deux lots, ou de choisir celuy qui luy agréeroit le plus, quand ils auroient esté faits par des gens entendus, & capables de les égaler autant qu'il seroit possible.

Vita Ludovici Pii.

Lothaire après avoir témoigné sa reconnoissance pour les bontez de son pere, dit qu'il s'en tiendroit à tout ce qu'il résoudroit. Mais l'Empereur l'obligea à se déterminer & à faire lesdits. On luy donna trois jours pour cela, au bout desquels se trouvant fort embarrassé, parce qu'il n'avoit pas assez de connoissance de la qualité, de l'étenduë & de la situation des Provinces, il pria l'Empereur de vouloir bien prendre la peine de faire luy-mesme le partage. Il y consentit, & fit de la Meuse la borne des deux Etats, & l'on tira depuis sa source une ligne jusqu'au Rhosne par le Comté de Bourgogne d'aujourd'huy. L'estat de Charles fut renfermé entre la Meuse, le païs des Suisses, le Rhosne & l'Ocean, & outre cela il eut ce que la France possedoit encore au delà des Pyrénées. Lothaire eut le reste excepté le Royaume de Baviere. J'ai déja dit ailleurs que pour ce qui estoit des Peuples Tributaires du costé de l'Elbe & du Danube, ils n'entroient point dans ces partages : mais que vray-semblablement ils payoient leurs tributs, & rendoient les hommages à celuy des Princes François dont ils bornoient le Païs, si ce n'est peut-estre que depuis que la qualité d'Empereur d'Occident fut cédée aux François, ces Peuples reconnoissoient pour Souverain celuy des Princes qui portoit cette qualité.

Nitardus lib. 1.

La conclusion de ce Traité qui répandit la joye dans la Cour de l'Empereur, causa un chagrin mortel au Roy de Baviere : il ne le dissimula pas plus long-temps & se mit en campagne pour s'emparer de toute la France Germanique au delà du Rhin. Mais l'Empereur sans tarder vint à Mayence avec une partie de ses Troupes, ayant donné ordre aux autres de le suivre.

Vita Ludovici Pii.

An. 839.

Sa feule préfence empêcha les Peuples de fe déclarer pour le Roy de Baviere, qui fut contraint de venir luy demander pardon, mais toûjours bien réfolu de ne tenir les promeffes qu'il luy fit de demeurer en repos, que jufqu'à ce qu'il put les violer impunément.

A peine l'Empereur eftoit de retour de Mayence, qu'Ebroin Evêque de Poitiers arriva à la Cour, & l'informa des divifions qui commençoient à naiftre en Aquitaine. Que luy & la plufpart des Seigneurs eftoient parfaitement difpofez à fuivre fes volontez: mais qu'il eftoit abfolument néceffaire que luy-mefme y vint pour gagner ou intimider par fa préfence quelques mutins, qui animoient les Peuples à fe foulever en faveur du jeune Pepin fils du feu Roy.

Ibid.

L'Empereur le remercia du zele qu'il faifoit paroiftre pour fon fervice, luy promit d'aller en Aquitaine, & convoqua une Diéte à Châlons fur Saone où il ordonna aux Seigneurs d'Aquitaine de fe trouver. Il s'y rendit avec une armée, après avoir envoyé faire à Loüis une nouvelle défence de forir de la Baviere durant tout ce voyage. Il y fut accompagné de l'Impératrice & du Prince Charles. Il expofa à l'Affemblée les raifons qu'il avoit euës de donner le Royaume d'Aquitaine à ce Prince, & promit d'avoir foin de l'éducation & de l'establiffement des enfans du feu Roy. Il fit faire par tous les membres de la Diéte le ferment de fidélité à Charles, & força en divers endroits quelques Chafteaux, où les Partifans de Pepin s'eftoient retranchez. Il en fit punir quelques-uns, fans pourtant pouvoir obtenir des autres, qu'on luy remit le jeune Pepin entre les mains, & vers le mois de Decembre fon armée s'eftant fort fatiguée à diffiper dans les Montagnes les révoltez qui s'y attroupoient de tous coftez, il vint à Poitiers paffer les Feftes de Noël.

Annales Bertiniani.

Il continuoit de donner fes ordres pour pacifier l'Aquitaine, lorfque vers la Fefte de la Purification de la Vierge on luy vint apporter la nouvelle que le Roy de Baviere s'eftoit revolté de nouveau, & qu'à la tefte d'un corps de Saxons & d'un autre de Turingiens qu'il avoit joints à fes Bavarois, il eftoit entré dans le Païs des Allemans. * Il partit fur le champ, laiffant une partie de fon Armée à l'Impératrice & au Prince Charles, & marcha avec l'autre vers la Germanie. Après avoir célébré la Fefte de Pâques à Aix-la-Chapelle, il paffa le Rhin, entra en Turinge & diffipa par tout les ennemis, de forte que Loüis fut contraint de s'enfuïr en Baviere.

Vita Ludovici Pii.
Annal. Bertiniani. ad an. 840.

* In Alemannia.

La mauvaife fanté de l'Empereur & la crainte de vaincre fon fils, qu'il ne vouloit pas pouffer à bout, l'empêcherent de le pourfuivre. Les fatigues du voyage d'Aquitaine l'avoient extrêmement incommodé, & quand il partit fur la nouvelle des troubles de Baviere, il avoit un gros rhume, que la rigueur de la faifon augmenta pendant fa marche. Il appréhenda d'être furpris dans ce renouvellement de broüilleries, & de laiffer mourant fes enfans en guerre l'un contre l'autre; il convoqua une Diéte à Vormes, où il manda Lothaire dans le deffein

Vita Ludovici Pii.

d'y prendre toutes les mefures néceffaires, pour eftablir par tout une Paix durable: mais Dieu ne permit pas qu'il euft cette fatisfaction.

Quelques jours avant le temps deftiné à la Diéte de Vormes, il fe trouva beaucoup plus mal qu'il n'avoit encore efté. Il fe fit tranfporter dans une Ifle proche de Mayence vis-à-vis d'Ingelheim, dans la penfée que l'air de ce lieu luy feroit bon: mais fon mal s'augmenta de telle forte qu'on défefpéra de fa vie. Son plus grand regret eftoit de mourir eftant actuellement en guerre avec un de fes enfans. Il eut auprès de luy pendant toute fa maladie l'Evêque de Tréves, celuy de Mayence & Drogon Evêque de Metz fon frere, qui eftoit auffi fon Confeffeur.

Pendant plus de fix femaines que fa maladie l'arrefta, il fe confeffa & communia tous les jours, avec des fentimens conformes à la piété qu'il avoit toûjours fait paroiftre. Quelques jours avant fa mort il fe fit apporter quantité de meubles prétieux dont il fit faire l'inventaire. Il en deftina une partie aux pauvres, une autre à diverfes Eglifes, & le refte à fes deux fils Charles & Lothaire. Il mit à part pour Lothaire une Couronne, une épée & un fceptre d'or enrichi de pierres prétieufes, & ordonna à un de fes Officiers de mettre ces trois piéces entre les mains du Prince. C'eftoit le déclarer Empereur, que de luy adreffer ces marques de l'Empire; mais il donna ordre à celuy qu'il chargeoit de les luy porter, de luy dire qu'il luy faifoit ces préfens, à condition qu'il garderoit fa parole au Prince Charles & à l'Imperatrice, & qu'il ne leur feroit aucune peine fur la partie de la fucceffion qu'il leur avoit cédée en confirmant cette ceffion par ferment.

L'Evêque de Metz & les autres Prélats voyant qu'en cette occafion il ne faifoit aucune mention de fon troifiéme fils le Roy de Baviere, appréhenderent qu'il n'euft dans le cœur de l'aigreur & de la haine contre luy, à caufe de fes dernieres révoltes, & le priérent de faire connoiftre fes fentimens fur ce fujet, en luy difant que Dieu vouloit que l'on pardonnaft tout, & à tous.

Le Prince leur répondit qu'il ne pouvoit pas s'empêcher de fentir quelque amertume en penfant à la conduite de fon fils; mais qu'il luy pardonnoit de tout fon cœur, & qu'il l'embrafferoit avec tendreffe s'il eftoit préfent. C'eft pourtant à vous autres, ajoufta-t-il, lorfque vous le verrez, de l'avertir que nonobftant le pardon que je luy accorde, il doit penfer à demander pardon à Dieu, fe fouvenir qu'il eft en partie caufe de ma mort, & que felon l'expreffion de l'Ecriture, il a conduit ma vieilleffe avec douleur dans le tombeau.

Ce fut dans ces fentimens de piété Chrétienne, que l'Empereur expira le 20. de Juin de l'an huit cens quarante dans fa foixante & deuxiéme année, & la vingt-feptiéme de fon Empire. Il fut enterré à Metz auprès de la Reine Hildegarde fa mere dans l'Eglife de S. Arnoul. Ce Prince eftoit né avec le plus beau naturel & les plus belles inclinations, libéral, bien-faifant, ennemi de la violence, porté à rendre

An. 840. *Vita Ludovici Pii.*

ses Sujets heureux, & capable de le faire s'il l'avoit moins souhaité. Par la passion qu'il eut de s'en faire aimer, il ne s'en fit pas assez craindre, & sa trop grande douceur fut l'occasion d'une infinité de désordres & de révoltes qui désolerent tout son Estat. A force de pardonner il rendit le crime audacieux. A force de se trop communiquer, & de trop déferer aux Evêques & aux Abbez, dont sa Cour estoit toûjours pleine, il leur devint méprisable, & se trouva ensuite exposé aux indignitez qu'ils luy firent souffrir à la persuasion des Factieux. On luy reproche d'avoir élevé à la Prélature quantité de gens de basse naissance que cette élévation rendit insolens, & qui luy firent porter à luy-mesme la peine de son mauvais choix.

Theganus Cap. 20.

Il eut beaucoup de pieté, mais avec autant de petitesse d'esprit, passionné pour le chant de l'Eglise & pour la lecture des Saints Livres, jusqu'à négliger le soin des affaires qu'il abandonnoit trop à ses Ministres, & à l'Impératrice Judit qui le gouvernoit absolument. Charlemagne luy avoit fait apprendre les belles Lettres; il entendoit la langue Grecque, ce qui luy estoit nécessaire à cause des Ambassades assez fréquentes qu'on recevoit alors de Constantinople à la Cour de France. Il parloit latin avec autant de facilité que sa langue naturelle; mais il s'estoit fait comme un point de conscience d'oublier tous les vers profanes qu'il avoit appris pendant sa jeunesse: il ne pouvoit souffrir qu'on luy récitast aucune pièce de cette nature, tout son plaisir estoit d'étudier, & de se faire expliquer les difficultez & les divers sens de l'Ecriture Sainte. Il fut chaste, sobre, modeste, sans faste, serieux jusques dans les spectacles & les divertissemens publics. En un mot ce fut un très-bon Prince, un trop bon pere, un très-mauvais politique, un très-vertueux, & très-médiocre Empereur. Quelques-uns ont cru que le surnom de Débonnaire qu'on luy donna estoit plustost un surnom de mépris qu'un éloge; mais on le voit dans une de ses Monnoyes *Ludovicus Pius*, ce qui prouve invinciblement que c'estoit un titre honorable; outre que plusieurs Empereurs Romains, se faisoient un honneur de le prendre dans les monumens publics.

Ibid.

HISTOIRE DE FRANCE.

CHARLES LE CHAUVE.

An. 840.

LA domination Françoise estoit encore alors presque aussi étenduë que du temps de Charlemagne, excepté du costé du Danube, où quelques Nations secouërent le joug sous l'Empire de Loüis le Débonnaire durant les dissentions de la Famille Impériale, sans qu'il paroisse qu'elles eussent esté depuis remises sous son obeïssance. Mais cette domination toute étenduë qu'elle estoit, se trouva trop partagée pour conserver tout son lustre, & pour se maintenir dans cette grande Puissance, qui la rendoit redoutable à toutes les Nations de l'Europe. La France qui estoit depuis si long-temps en possession de porter la guerre jusques à la Mer Baltique, & jusques dans la Pannonie, de faire la loy à tous ces Peuples éloignez, de décider de leurs différens, de leur donner des Rois & des Ducs, va se trouver exposée aux insultes des Nations du Nort, en estre pillée & saccagée de toutes parts; effets funestes non seulement des partages de ce grand Estat entre plusieurs Princes; mais encore plus des dissentions continuelles de ces Princes entre eux, qui les occupérent autant qu'elles les affoiblirent.

Nithardus Lib. 1.

Lothaire dont l'inquiétude & l'ambition faisoient depuis si long-temps le malheur des François, ne vit pas plustost son pere mort, qu'il conçut le dessein de se rendre le seul Monarque de tout l'Empire François. Il prétendit faire revivre le droit qu'il y avoit eu autrefois, lorsqu'il fut associé par son pere à l'Empire. Et en effet s'il estoit demeuré dans ce droit, & qu'il eust succedé à l'Empire selon cette premiere disposition, le Royaume d'Aquitaine qui avoit esté donné à Pepin son frere, & celuy de Baviere qui avoit esté donné à Loüis son autre frere, auroient relevé de luy en qualité de Roy de France, au moins si nous en jugeons par ce qui arriva après la mort de Charlemagne : car Bernard petit-fils de ce Prince se trouvant alors Roy d'Italie, comme Pepin son pere l'avoit esté, fit serment de fidélité & hommage de son Royaume à Loüis le Débonnaire, & en fut privé quelque-temps après pour crime de fellonie. L'Italie, la Baviere, l'Aquitaine avoient esté unies au Royaume de France par Charlemagne, & quand il érigea ces Etats en Royaume, il en fit comme des fiefs mouvants de la Couronne de France. Ses enfans ausquels il en donna l'investiture le reconnoissoient comme leur Souverain. * Ce fut aux mémes conditions que Loüis le Débonnaire en investit aussi ses trois fils. De sorte que si Lothaire avoit esté Roy de France selon le premier projet de son pere, il auroit eu les mémes droits à l'égard de ses freres, que Loüis avoit eus & avoit exercés à l'égard de Bernard Roy d'Italie. Mais les choses avoient entiérement changé d'estat & de nature. Lothaire n'étoit point Roy de France; c'estoit Charles qui seul avoit ce titre, parce qu'il possedoit ce qui s'appelloit proprement le Royaume de France; sçavoir tous les Païs entre la Meuse, le Rhône, la Loire & l'Ocean, Lothaire en qualité de Roy d'Italie auroit plustost relevé de la France, que la France de luy. Mais Loüis le Débonnaire en luy donnant la Couronne & la qualité d'Empereur luy soustrait à cette dépendance : & il est hors de doute qu'il rendit aussi le Royaume de Baviere indépendant de la France, pour oster le plus qu'il pourroit tout sujet de dissention & de querelle.

Testament. Car. M.
* Regum vassalli erant filii eorum. Vita Vald.

La prétention de Lothaire estoit donc de faire revivre la premiere disposition que l'Empereur son pere avoit faite en sa faveur, en l'associant d'abord à l'Empire, l'an huit cent dix-sept dans l'Assemblée générale d'Aix-la-Chapelle. Il envoya secrettement diverses personnes par tout l'Empire François; mais principalement en France à plusieurs Seigneurs, pour leur déclarer ses intentions, leur promettant d'augmenter leurs Privileges, & de leur faire de grands avantages s'ils vouloient le reconnoistre pour leur Souverain, & leur donna en mesme temps ordre sous peine de la vie, de le venir joindre aussi-tost qu'il auroit passé les Alpes.

Nithardus Lib. 1.

Tandis qu'il tâchoit ainsi sous-main de débaucher les Sujets de ses freres, il tenoit en public une conduite toute différente, sur tout à l'égard de Charles. Il envoya des Ambassadeurs à ce Prince qui estoit alors en Aquitaine, où il s'appliquoit à dissiper le reste des partisans du jeune Pepin. Il l'asseuroit par ces Ambassadeurs du désir qu'il avoit de vivre avec luy en parfaite intelligence, selon les intentions de l'Empereur leur pere, comme un Parrain devoit faire avec son Filleul & un frere avec son frere ; mais il le prioit en mesme temps de ne point pousser à bout leur commun neveu Pepin, & de cesser de le poursuivre, jusqu'à ce qu'on eust examiné les prétentions que ce jeune Prince pouvoit avoir sur l'Aquitaine, & il demandoit pour cela une entrevuë à Charles.

La protection qu'il donnoit à Pepin tendoit à fortifier le parti de ce Prince en Aquitaine, & à y augmenter les troubles & l'embarras de Charles : son dessein estoit de commencer par attaquer le Roy de Baviére, dont il espéroit venir aisément à bout n'ayant affaire qu'à luy seul. Il ne se pressoit pas néanmoins de sortir d'Italie, & marchoit seulement vers les Alpes, voulant s'asseurer de la disposition où ses Emissaires auroient trouvé ou mis les esprits des François. Ayant sceu que ses intrigues réüssissoient, il passa ces montagnes & vint par les Suisses en Alsace, où un grand nombre de François se joignirent à luy. Il vint camper auprès de Vormes, dont Louïs s'estoit emparé depuis qu'il avoit esté informé de ses desseins. Ce Prince avoit résolu de l'y attendre ; mais ayant eu avis que les Saxons gagnez par Lothaire, se disposoient à faire des courses dans la Baviére, il estoit retourné sur ses pas pour les repousser.

La garnison de Vormes estant trop foible pour résister à l'Armée de Lothaire, luy abandonna la place. Aussi-tost il passe le Rhin résolu d'avancer le plus loin & le plus promtement qu'il pourroit, pour surprendre le Roy de Baviére. Mais ce Prince après avoir repoussé les Saxons, retournoit déja sur ses pas, & ils se rencontrérent auprès de Francfort.

Peu s'en fallut qu'à la premiere rencontre on n'en vint aux mains, mais auparavant on voulut s'éclaircir de part & d'autre des prétentions & des desseins que chacun avoit. Les deux Princes se virent & firent tous deux semblant d'estre fort portez à entretenir la Paix. Les deux Armées s'éloignérent ; l'une demeura à Francfort & l'autre se retira vers Mayence. Enfin après diverses conférences, on convint qu'on se retrouveroit au mesme lieu l'onziéme de Novembre, pour terminer les différens par une négotiation ou par une bataille rangée.

Lothaire estoit venu le moins pour combattre, que pour voir quel effet sa présence produiroit, & si les intelligences qu'il avoit dans l'Armée de son frere seroient assez puissantes pour la faire passer de son costé. C'estoit là la conduite ordinaire de ce Prince artificieux ; elle luy avoit réüssi contre son pere, mais elle fut sans effet en cette occasion. Son dessein, en convenant comme il fit d'une tréve avec le Roy de Baviére jusqu'au mois de Novembre, estoit encore de tomber dans cet intervalle sur Charles, & de le surprendre.

Charles tenoit en ce temps-là les Etats d'Aquitaine à Bourges, où le jeune Pepin avoit promis de se trouver pour traiter de quelque accommodement avec luy : mais il n'y vint pas, espérant que la guerre qui estoit preste de s'allumer entre les trois freres luy feroit immanquablement naistre des conjonctures favorables pour se mettre en possession de l'Aquitaine. Charles le comprit bien aussi, & l'appréhenda, quand on vint luy donner avis que Lothaire venoit en France à la teste d'une armée.

Pour tâcher de conjurer ou du moins de suspendre cette tempeste, il luy députa sur le champ Nithard & Adelgaire. Nithard estoit fils d'Angelbert, & de Berthe fille de Charlemagne, & par conséquent cousin germain par sa mere de Charles, de Lothaire & de Louïs. Il est aussi l'Auteur des anciens Mémoires que nous avons sur les différens & les dissentions de ces trois Princes, & le guide le plus seur que nous puissions suivre dans cette partie de nostre Histoire.

Ces deux Envoyez priérent Lothaire avec beaucoup de soumission de la part de leur Maistre, de se souvenir des promesses & des sermens, par lesquels on avoit assuré le Traité fait en présence de l'Empereur leur pere pour le partage de l'Etat. Ils luy dirent que Charles n'auroit jamais nulle prétention sur ce qui avoit esté cédé à ses freres par ce Traité ; mais qu'il le prioit aussi de le laisser joüir en paix de ce qui luy appartenoit : qu'il le conjuroit de prendre à son égard des sentimens de frere : que luy de son costé auroit toûjours pour sa personne, le respect qu'un cadet doit avoir pour son aîné, & un filleul pour son Parrain, & qu'il luy seroit toûjours non seulement fidéle ; mais soûmis en tout.

Lothaire receut les Envoyez avec honnesteté ; il affecta de leur marquer beaucoup de tendresse pour Charles, & leur promit de luy envoyer des Ambassadeurs, pour convenir avec luy des moyens d'establir & d'entretenir entre eux une solide paix.

Il avançoit pourtant toûjours, & faisoit connoistre trop clairement ses intentions par les violences qu'il exerçoit sur les Frontieres, contre ceux des Seigneurs François, qui avoient refusé de se venir rendre à luy, leur enlevant leurs biens, & les privant de sa propre autorité, & comme s'il avoit esté leur Roy, des titres d'honneur qu'ils avoient receus du deffunt Empereur en récompense de leurs services.

Cependant les Peuples d'entre la Meuse & la Seine, qui voyoient une Armée preste à fondre dans leur Païs, envoyoient incessamment au Roy pour le prier de venir au pluftost se mettre à leur teste, l'asseurant de leur fidélité, & que pourveu qu'il se hastast, il auroit bien-tost une Armée capable de résister à son ennemi.

Il vit bien qu'il n'y avoit point de temps à perdre ; il laissa l'Impératrice sa mere à Bourges avec les Troupes qu'il y avoit sur pied, & vint promptement suivi de peu de monde à Chierfi sur la riviére d'Oise, où il receut les Seigneurs qui luy venoient de tous costez faire offre de leur service, accompagnez de leurs vassaux, dont il composa une Armée.

Comme le jeune Pepin agissoit de concert avec Lothaire, si-tost qu'il sçut le Roy parti de

Sf iij

Bourges, il assembla ce qu'il avoit de Troupes, & s'estant mis à leur teste, marcha de ce côté-là pour enlever l'Impératrice.

Le Roy sur cette nouvelle se trouva fort embarrassé, sa présence n'estant guéres moins nécessaire en Neustrie qu'en Aquitaine ; mais il se fioit moins aux Troupes qu'il avoit laissez à l'Impératrice, qu'à celles qu'il avoit assemblées en Neustrie, ainsi il résolut de retourner à Bourges. Avant son départ il envoya de nouveaux Ambassadeurs à Lothaire, pour le prier de ne pas passer plus avant, & de s'en tenir aux anciens Traitez & à ses sermens. Il tint Conseil de guerre avec les Seigneurs de Neustrie, ausquels il donna ordre de livrer bataille à Lothaire, s'il passoit la Meuse ; après quoy il se rendit sans tarder en Aquitaine.

Si-tost qu'il y fut arrivé, il marcha droit à Pepin, qui n'ayant que de méchantes Troupes, composées de vagabonds & de gens ramassez, ne tint pas devant luy : mais sur ces entrefaites, Lothaire passa la Meuse, & plusieurs Seigneurs du païs d'Ardennes, gagnez par un nommé Odulfe, qui estoit partisan de ce Prince, se déclarerent pour luy. A mesure qu'il avançoit, ses Troupes grossissoient par la jonction de plusieurs Seigneurs de Neustrie ; de sorte que les Généraux de Charles n'oserent hazarder la bataille, soit à cause que leurs Troupes estoient beaucoup inférieures à celles de Lothaire, soit à cause qu'ils craignoient une trahison, & qu'il ne se fist quelque désertion durant le combat. C'est pourquoy Lothaire, sans trouver de résistance, marcha droit à Paris, où Hilduin Abbé de S. Denis, qui avoit toûjours esté à luy, mesme contre les interests du défunt Empereur, se déclara aussi pour son parti. Autant en fit Gérard Comte ou Gouverneur de Paris, & Pepin fils de Bernard autrefois Roy d'Italie.

Ebbon Evêque de Reims avoit aussi levé l'étendart pour luy dans la Champagne ; car sitost que ce Prélat déposé l'eut sçû de retour en France, il sortit du lieu où il se tenoit caché, & vint le trouver, pour le faire souvenir qu'il s'estoit sacrifié autrefois pour ses interests, & le prier de le rétablir dans son Siège. Lothaire ne balança pas à luy donner cette marque de sa reconnoissance. Il le fit absoudre par vingt Evêques dans le Palais d'Ingelheim auprès de Vormes, & conduire à Reims, où ce Prélat fut remis en possession de l'Evêché par un Edit Impérial, daté du 23. de Juin, & *de la premiere année de Lothaire régnant en France*. Ce sont les termes de la souscription. Lothaire se sçut bon gré d'avoir dans son parti cet esprit hardi, & entreprenant, & comptoit d'autant plus sur luy, qu'il le regardoit comme l'ennemi mortel & irréconciliable de Charles & de l'Impératrice auteurs de sa disgrace. Ainsi entre la Meuse & la Seine tout plioit sous Lothaire, sans qu'il tirast l'épée.

Profitant de ces succès, il ne fit point de difficulté de passer la Seine ; mais il ne le fit qu'après avoir à son ordinaire, fait sonder les esprits, & avoir tâché secretement d'attirer à luy plusieurs des plus considérables de la Noblesse. Il y réüssit aussi-bien qu'entre la Meuse & la Seine : grand nombre de Seigneurs se déclarerent en sa faveur, & deux entre autres, l'un nommé Theodart, & l'autre Eric, très-puissans dans le païs, prirent son parti, & vinrent le joindre avec de grosses Troupes, après quoy il continua sa marche vers la Loire.

Charles consterné de ces fâcheuses nouvelles, apprit encore en mesme temps que les Bretons, ou d'eux-mesmes, ou vray-semblablement suscitez par Lothaire & par Pepin, avoient pris les armes pour entrer sur les Terres de France. Dans cet embarras il assembla tous les Seigneurs qui le suivoient & les principaux Officiers de son Armée, pour prendre leur avis. Ils le dirent d'une maniere qui dut luy estre bien agréable ; qu'il falloit aller à l'ennemi, qu'ils suppléeroient par leur courage à leur petit nombre, & qu'ils vouloient tous mourir les armes à la main, pour le venger des traîtres qui l'avoient abandonné.

Le Roy après leur avoir marqué combien il estoit sensible à des sentimens si généreux, & les avoir asseûrez de la résolution où il estoit, de périr avec eux luy-mesme, marche à leur teste au devant de Lothaire, & vient se camper sous Orleans, à six lieuës du Camp ennemi. Là Lothaire luy envoya des Ambassadeurs sous prétexte de traiter de Paix ; mais en effet à dessein de luy débaucher le reste de son Armée. Il n'en put venir à bout ; car les bonnes qualitez que les gens de guerre remarquoient tous les jours dans ce jeune Prince, les luy avoient fortement attachez.

Charles toutefois après y avoir bien pensé, crut que dans le désordre de ses affaires, une Paix quelque desavantageuse qu'elle pust estre, estoit préférable à une guerre qui l'alloit accabler. De sorte qu'il ne rejetta point les dures propositions de Lothaire, & les fit agréer aux Seigneurs de son Armée. Elles se réduisoient à celles-cy. Que Charles demeureroit en possession de l'Aquitaine & du Languedoc ; que Lothaire luy céderoit la Provence, & qu'il auroit de plus dix Comtez entre la Loire & la Seine ; que tout le reste seroit cédé à Lothaire ; qu'on tiendroit au mois de May suivant une Assemblée à Attigni, où les deux Princes se trouveroient, afin de régler toutes choses à l'avantage de l'Etat, & pour établir une Paix constante ; qu'enfin, durant ce temps-là Lothaire laisseroit régner son frere sans l'inquiéter, & sans solliciter ses Sujets à la révolte contre luy, & qu'il ne feroit point non plus la guerre au Roy de Baviere. Ces conditions furent acceptées de part & d'autre : les sermens furent faits par les deux Rois & par les principaux de leur parti ; & ceux du parti de Charles déclarerent que si l'on violoit ce Traité en un seul article, ils se tiendroient dès-là entierement quittes de leurs sermens.

Ils n'en furent pas long-temps embarrassez ; car avant que de sortir de la maison où se tint la Conférence, Lothaire fit ce qu'il put pour

CHARLES LE CHAUVE.

gagner quelques-uns de ceux qui y avoient assisté au nom de Charles. Il envoya dès le lendemain des gens dans les Provinces qu'il cédoit à son frere, pour les détourner de se soûmettre à luy, & continua ses hostilitez & ses intrigues contre le Roy de Baviére.

L'application de Charles pendant cette espéce de Tréve, fut à s'asseûrer de la fidélité des Seigneurs de son Etat. Plusieurs vinrent de la partie du Royaume de Bourgogne qui luy appartenoit, luy faire avec empressement offre de leurs services : & il les reçut à Orleans. Il y avoit déja long-temps qu'il travailloit à enlever au jeune Pepin, un Seigneur dont l'habileté soûtenoit presque seule le parti de ce Prince. C'estoit Bernard Duc de Septimanie ou Languedoc, homme qui depuis long-temps avoit esté de toutes les intrigues de la Cour dans le temps des révolutions de l'Etat, élevé par sa naissance & par son mérite aux plus considérables Emplois de l'Empire, à la teste de tout pendant un temps sous le feu Empereur, ensuite renversé par ses ennemis, négligé par l'Impératrice, qui luy avoit des obligations extrêmes, engagé par ce mépris dans le parti des enfans contre le pere, dépoüillé de ses Gouvernemens, & puis rétabli. Estant encore alors Gouverneur de Languedoc, il estoit à portée de détruire ou de fomenter le parti du jeune Pepin en Aquitaine, & il résolut de l'appuyer tant par haine contre l'Impératrice, que pour estre Chef de Parti.

Il avoit promis à Charles de se rendre à Nevers, pour prendre des mesures avec luy ; mais il manqua au rendez-vous. L'excuse qu'il en apporta, fut que Pepin & luy s'estoient fait serment l'un à l'autre de ne traiter avec le Roy que conjointement : il ajoûta dans sa Lettre, qu'il luy promettoit de se rendre dans peu à Bourges, & que de deux choses l'une, ou bien qu'il engageroit Pepin à venir avec luy, ou bien qu'il retireroit la parole qu'il luy avoit donnée. Le Roy se rendit à Bourges au jour marqué : Bernard y vint, mais sans y amener Pepin, ni sans avoir rompu avec luy, comme il l'avoit promis : de quoy Charles estant fort choqué, & voyant ce qu'il avoit à craindre de cet esprit artificieux, il résolut de le faire arrester à Bourges. Bernard en fut averti, quoique tard, & s'évada dans le moment qu'on l'investissoit pour le prendre avec tous ses gens, dont plusieurs furent tuez. Toutefois peu de temps après il revint de luy-mesme ; le Roy le reçut bien, & luy fit mesme des graces, & pour luy marquer sa confiance, il le chargea de traiter de sa part avec Pepin.

Du Berri le Roy alla au Mans, où le Comte Lambert, Gouverneur de la Frontiére de Bretagne, vint luy promettre de ne jamais abandonner ses intérests. De-là il envoya à Nomenoy Duc de Bretagne (il me semble que c'est là la premiere fois que l'on donne dans nostre Histoire le titre de Duc au Prince des Bretons.) Charles vouloit sçavoir la disposition de ce Prince. Le Duc luy promit d'estre tout à luy, & luy rendre pour la Bretagne tous les hommages qui luy estoient dûs en qualité de Roy de France.

Le Roy s'asseûra ainsi, autant qu'il le put alors, de la fidélité de ceux dont le crédit & l'autorité pouvoient luy estre ou plus utiles, ou plus à craindre. Il pensa aux mesures qu'il avoit à prendre pour la Conférence d'Attigni, dont le temps approchoit. Il résolut avec son Conseil, quoiqu'il pust arriver, de s'y rendre, afin de mettre Lothaire entierement dans son tort. Mais en mesme temps il jugea à propos pour sa seûreté de ne pas s'engager au-delà de la Seine, sans avoir une bonne Armée.

Il avoit encore un autre dessein. Ses intérests estoient devenus communs avec ceux du Roy de Baviére, par l'ambition démesurée de Lothaire, qui faisoit ouvertement tous ses efforts pour les déposséder & les perdre tous deux. Lothaire qui s'estoit rendu maistre des païs d'entre la Seine & la Meuse, empeschoit ces deux Princes d'avoir aucun commerce l'un avec l'autre : mais Charles passant la Seine avec une Armée, sous prétexte de la Conférence d'Attigni, ne desesperoit pas de se pouvoir joindre au Roy de Baviére, qui devoit de son costé s'avancer pour faciliter cette jonction.

Charles dans cette vûë assembla ses Troupes, & prit les devans vers la Seine avec un assez grand Corps. Il laissa l'Impératrice pour recevoir les autres Troupes d'Aquitaine, & celles qui luy venoient de Bourgogne, afin qu'elle les luy envoyast si-tost qu'elles se seroient jointes.

C'estoit bien l'intention de Lothaire de tenir la Conférence d'Attigni, & d'y engager Charles ; mais il vouloit y estre le plus fort, & ne prétendoit pas que ce Prince passast la Seine avec de si grandes forces. Il avoit posté beaucoup de Troupes le long de cette riviere, avec ordre d'en permettre le passage à Charles & aux Seigneurs de sa suite, mais non pas à son Armée.

Quand Charles arriva sur le bord de la Seine, plusieurs lieuës au-dessus de Paris, il en trouva le rivage opposé tout couvert de Troupes, & de plus les eaux extrêmement enflées. On avoit par-tout brisé ou coulé à fond tous les batteaux, & Gerard Gouverneur de Paris avoit fait rompre tous les Ponts. Cela s'estoit fait avec beaucoup de promptitude, dès qu'on eut sçû l'approche de Charles.

Ce Prince attentif à tous les moyens de faire réüssir son entreprise, quelque difficile qu'elle parust, profita d'un avis que luy donnerent des Marchands ; ce fut de marcher vers Roüen, où il y avoit moins de Troupes ; parce que la riviere estant là fort large, on n'avoit pas crû qu'il entreprist de la passer si bas. Ils l'avoient asseûré que quantité de Vaisseaux Marchands estoient sur le point d'entrer dans la Seine, & que dès qu'ils y seroient entrez, ils monteroient jusqu'à Roüen à la faveur de la Marée ; que s'il se trouvoit alors vis-à-vis de Roüen, il luy seroit facile de se saisir de ces Vaisseaux pour faire passer ses Troupes.

Ce conseil fut suivi. Charles marcha à gran-

HISTOIRE DE FRANCE.

des journées vers Roüen, & y trouva en effet les Vaiſſeaux Marchands, qui ne faiſoient que d'arriver, & qui eſtoient à l'ancre dans le milieu & aux bords de la riviere. Il ſe ſaiſit de vingt-huit de ces Vaiſſeaux, & les remplit de Soldats; mais avant que de tenter le paſſage, il envoya à l'autre bord publier une amniſtie pour tous ceux qui voudroient favoriſer ſa deſcente, avec de grandes menaces à quiconque oſeroit s'y oppoſer.

Cette publication fit peu d'effet, & les Milices du païs parurent ſur le bord rangées en bataille, pour diſputer la deſcente. Charles ne laiſſa pas de faire avancer ſes Vaiſſeaux: Il fit élever ſur la proüe des premiers une grande Croix, pour faire reſſouvenir ces Milices rebelles du ſerment de fidélité qu'ils luy avoient fait peu de temps auparavant, en tenant les mains ſur la Croix, & luy-meſme ſe fit voir à la teſte de cette Flote. Ce ſpectacle fit impreſſion ſur les eſprits, & la fermeté & l'alegreſſe que les Troupes de Charles faiſoient paroiſtre, étonnerent les Milices. Si-toſt qu'elles virent les Chaloupes pleines de Soldats approcher du rivage, elles lâcherent le pied, & les laiſſerent deſcendre ſans aucune réſiſtance.

Charles ſans les pourſuivre, mit ſon Infanterie à terre, & ſe haſta de faire paſſer ſa Cavalerie. Il prit auſſi-toſt après la route de Paris: il rendit graces à Dieu de ces heureux commencemens dans les Egliſes de S. Denis & de ſaint Germain: ayant appris en cet endroit là, que les Comtes Arnoul & Gerard avoient joint leurs Troupes, pour tâcher de couper le Comte Varin, qui luy en amenoit de Bourgogne, il marcha toute la nuit, & arriva au point du jour au lieu où la petite riviere de Loing ſe jette dans la Seine vers Melun, & il y joignit le Comte Varin. Ils allerent enſemble à Sens, qui leur ouvrit ſes portes. De-là il partit la nuit pour aller ſurprendre le Camp du Comte Gerard, qui eſtoit campé dans la Foreſt d'Otte. Il avoit tellement diſpoſé la marche de ſes Troupes, qu'il ne pouvoit pas luy échaper, pour peu qu'il differaſt à ſe retirer: mais Gerard ayant eſté averti par ſes eſpions, ſe ſauva promptement & en deſordre. Charles fit tout ce voyage pendant le Careme, & voyant ſes Troupes fort fatiguées, il les fit repoſer autour de Troyes, où il paſſa les Feſtes de Paſques.

Nithard.
l. 2.

Il luy arriva là une choſe qui produiſit un heureux effet ſur l'eſprit du Peuple, à qui le hazard paroiſt aiſément un prodige. C'eſtoit la coûtume que les Rois dans ces grandes Feſtes paruſſent à l'Egliſe avec leurs ornemens Royaux, la couronne ſur la teſte, le ſceptre à la main, & reveſtus du manteau royal. Charles n'avoit pris avec luy que peu de bagage, pour marcher avec moins d'embarras, & n'avoit que ſes habits de Campagne. Le Samedy-Saint, comme il ſortoit du bain, on luy apprit l'arrivée de ceux qui luy apportoient la couronne & ſes autres habits de cérémonie, & qui malgré les dangers des chemins remplis de voleurs & d'ennemis, eſtoient heureuſement arrivez ſi à propos & ſi juſte pour la Feſte. L'Ar-

Ibid.
ad an. 842.

mée regarda cela comme un bon augure, qui marquoit que l'intention du Ciel eſtoit que ce Prince portaſt la couronne, & régnaſt dans la Neuſtrie malgré tous les efforts de ſes ennemis.

Tandis que Charles paſſoit la Seine, & s'avançoit dans la Neuſtrie, Lothaire qui avoit trop compté ſur l'impoſſibilité du paſſage, eſtoit occupé en Germanie contre le Roy de Baviére. Il avoit paſſé le Rhin avec une Armée nombreuſe, précédé, ſelon ſa coûtume, de ſes Emiſſaires ſecrets dont il ſe ſervoit ſi utilement pour épouvanter, ou pour attirer les Peuples. La terreur répanduë par leur moyen, & les promeſſes dont ils corrompirent quelques Officiers de l'Armée de Loüis, eurent leur effet. Une partie des Troupes de Loüis déſerta pour paſſer du coſté de Lothaire, & le reſte effrayé l'abandonna pour s'enfuir en Baviére, où il fut obligé de ſe retirer luy-meſme. Mais il ne fut pas pourſuivi par Lothaire, que la nouvelle du paſſage de la Seine par l'Armée de Charles, attira de ce coſté-là.

Ibid.

Lothaire laiſſa ſur le Rhin des Troupes ſous la conduite d'Adelbert Comte de Metz & Duc d'Auſtraſie, auquel il ſe fioit beaucoup, comme à un homme des plus prudents de ce temps-là, & qui outre cela avoit pour quelques querelles particulieres, une haine irréconciliable contre Loüis. Il luy recommanda ſur tout d'empeſcher que ce Prince ne paſſaſt le Rhin pour ſe venir joindre à Charles, & auſſi-toſt il prit ſa route vers Aix-la-Chapelle.

Il envoya de-là des Ambaſſadeurs à Charles, pour ſe plaindre de ce qu'il eſtoit entré en ennemi dans la Neuſtrie, après la luy avoir cédée l'année d'auparavant par un Traité ſolemnel, & pour le prier de ne pas avancer davantage, à moins qu'il ne fuſt réſolu rompre entierement avec luy.

Charles reçut avec beaucoup d'honneſteté les Ambaſſadeurs de Lothaire, & après avoir entendu leurs plaintes, il leur fit les ſiennes ſur la conduite de leur Maiſtre, qui avoit violé le Traité en tous ſes articles, en continuant de luy débaucher ſes Sujets, en exerçant toutes ſortes de violences contre ceux qu'il n'avoit pû détourner de leur devoir, & en faiſant la guerre au Roy de Baviére; il leur dit cependant que malgré toutes ces infractions, il n'avoit rien plus à cœur que la Paix; qu'il alloit à Attigni, ainſi qu'on en eſtoit convenu, pour y contribuer de tout ſon pouvoir, bien réſolu néanmoins avec le ſecours & par le conſeil de ſes bons Sujets, de bien défendre ſes droits, meſme par la voye des armes, ſi on entreprenoit d'y donner quelque atteinte. Il ſe rendit en effet à Attigni deux jours avant celuy dont on eſtoit convenu.

Ibid.

Lothaire ne ſe preſſa pas d'y venir. Charles y recevoit tous les jours des Envoyez de ſa part, qui venoient faire de nouvelles plaintes, & demander certains préliminaires qu'il prévoyoit bien qu'on ne luy accorderoit pas, tâchant de gagner du temps pour groſſir ſon Armée, & ſe mettre en état de réſiſter à celle de ſon ennemi.

Sur

Sur ces entrefaites arriverent des Envoyez du Roy de Baviére, qui venoient offrir à Charles du secours contre Lothaire. Il les renvoya; en les priant de dire à leur Maistre, qu'il ne pouvoit luy faire d'offre qui pust luy estre plus agréable & plus utile dans la conjoncture présente, & que le plustost que ce secours pourroit le joindre, ce seroit le mieux pour leurs interests communs.

Après que Charles eut attendu en vain plusieurs jours Lothaire à Attigni, il tint Conseil, pour se résoudre sur le parti qu'il devoit prendre. L'Impératrice luy amenoit d'Aquitaine de nouvelles Troupes, & elle avoit pour arriver jusqu'à luy, un grand païs à passer, où elle pouvoit estre attaquée par les Partisans de Lothaire. Plusieurs estoient d'avis que Charles partist d'Attigni pour aller au devant d'elle, & asseûrer sa marche. D'autres estoient d'un avis contraire, & disoient que si on voyoit rebrousser chemin au Roy, Lothaire profiteroit de cette démarche, & ne manqueroit pas de répandre par-tout le bruit, qu'il fuyoit; que dans l'ébranlement & dans l'incertitude où paroissoient les Peuples, cette opinion feroit un très-méchant effet; qu'il valloit mieux marcher droit à Lothaire, pour luy présenter la bataille, ou du-moins l'attendre encore quelque temps à Attigni.

Le premier avis prévalut, & l'on s'avança jusqu'à Châlons sur Saône, où le Roy reçut sa mere avec les Troupes d'Aquitaine. On vint là luy apprendre une heureuse nouvelle. C'étoit que le Roy de Baviére avoit défait à plate-coûture Adelbert Duc d'Austrasie, qui luy avoit voulu disputer le passage du Rhin : que ce Prince avoit passé cette riviere, & qu'il s'avançoit à grandes journées pour le venir joindre. La chose s'estant répanduë dans le Camp, y causa une joye & une ardeur extrême, & il fut résolu sur le champ d'aller au devant du Roy de Baviére.

Autant que cette nouvelle fit de plaisir à Charles, autant donna-t-elle d'inquietude à Lothaire, qui la cacha aussi long-temps qu'il le put, & ne manqua pas, comme on l'avoit prévû, de faire publier par-tout que Charles avoit pris la fuite; il le suivit sur la route de Châlons, résolu, disoit-il, de ne le pas laisser échaper, & de le défaire dans sa retraite. Ce faux bruit grossit son parti, & arresta grand nombre de ceux qui pensoient à le quitter.

Une marche que fit Charles du costé que Lothaire venoit à luy, ne laissa pas long-temps les Peuples de Neustrie dans l'erreur. Son dessein estoit de le combattre, s'il osoit l'attendre, ou de passer outre vers l'Alsace, pour aller au devant du Roy de Baviére, si Lothaire ne vouloit pas accepter le combat. Les deux Armées se trouverent fort proche l'une de l'autre sur le chemin de Châlons vers l'Alsace. Les deux Camps estoient de très-difficile accés, à cause des marécages dont ils estoient entourez. Mais Charles offrit à Lothaire de sortir du sien, & de décider leurs différends par une bataille rangée.

Lothaire ne refusa pas absolument l'offre qu'on luy faisoit; mais il persuada aux siens de laisser passer deux jours pour faire reposer la Cavalerie fatiguée par de longues marches, tâchant toûjours d'amuser son ennemi par diverses propositions, & par des conférences qui n'aboutissoient à rien. Dans cet intervalle le Roy de Baviére arriva, & la jonction des deux Armées se fit à la vûë de Lothaire, sans qu'il pust l'empescher. Charles & le Roy de Baviére confererent ensemble dès le mesme jour, & puis encore le lendemain, sur ce qu'ils avoient à faire, pour se soûtenir contre les ambitieux desseins de leur frere, & luy députerent ensuite quelques Evêques & quelques Seigneurs, pour le prier de leur part, premierement, de s'en tenir au partage que l'Empereur leur pere avoit fait de ses Etats entre eux, que luy-mesme avoit agréé, & qu'il avoit confirmé par tant de serments solemnels; Secondement, de leur accorder la Paix; & enfin de taxer luy-mesme les sommes qu'il souhaiteroit qu'on luy payast, pour le dédommager des frais qu'il avoit faits pour cette guerre, & dont on vouloit bien le dédommager; mais Lothaire reçut mal ces Envoyez, & rejetta leurs propositions.

Cependant la jonction des deux Princes, devenus par là plus forts que luy, l'obligeoit à éviter le combat, jusqu'à ce qu'il eust reçû le secours que le jeune Pepin luy amenoit d'Aquitaine, & qui n'estoit pas loin. Pour s'en approcher il décampa, & marcha vers Auxerre. Les deux Rois le suivirent, quoique leurs Troupes fussent très-fatiguées, & que leur Cavalerie fust en très-mauvais état; mais ils estoient résolus de finir l'affaire, quoiqu'il leur en coûtast. La promptitude avec laquelle ils marcherent surprit Lothaire, qui ne se trouvant pas campé dans un poste assez avantageux, apprehenda d'y estre attaqué, & s'éloigna de trois lieuës du Camp ennemi & de la Ville d'Auxerre, mettant entre luy & ses freres un bois & un marais.

Dans cette situation des deux Camps, il étoit impossible d'en venir à une bataille, sans que ceux qui entreprendroient de passer le bois & le marais ne s'exposassent à un danger visible de se faire battre en les passant. C'est pourquoy dès le point du jour suivant, les deux Rois envoyerent à Lothaire, pour luy dire que s'il ne vouloit point faire la Paix aux conditions proposées, & s'il s'obstinoit à vouloir, comme il le leur avoit témoigné, que le sort des armes décidast de leur droit, il falloit terminer au plustost leur différend par le combat; qu'ils ne pouvoient prudemment & dans les régles de la guerre, aller à luy; mais qu'ils luy offroient de le laisser venir à eux, & laisser le bois & le marais sans l'attaquer, afin qu'il pust choisir tel Champ de bataille qu'il jugeroit à propos; que s'il ne le vouloit pas, il leur permist à eux-mesmes de passer, qu'ils ne luy demandoient pour asseûrance que son serment, & qu'il s'écartast de quelque distance.

Il ne répondit autre chose aux Envoyez, sinon qu'il les feroit suivre incontinent par les

HISTOIRE DE FRANCE.

siens, qui porteroient sa résolution aux deux Rois: mais au lieu de répondre, il décampa, & alla se poster en un lieu nommé Fontenay Bourg de l'Auxerrrois, ayant toûjours en vûë de se faciliter la jonction des Troupes du jeune Pepin.

Les deux Rois n'eurent pas plustost sçû ce mouvement, qu'eux-mesmes marcherent, & vinrent se camper en un lieu que nostre ancienne Histoire appelle en Latin *Tauriacus*, tout proche de Fontenay. Les deux Camps estoient si près l'un de l'autre, que le lendemain jour qui fut pris pour le combat, les uns & les autres convinrent de s'éloigner un peu pour pouvoir ranger plus commodément leurs Armées.

Nithardus. l 2. ad an. 842.

Tout estoit prest pour la bataille, lorsque Charles & Loüis envoyerent encore faire des propositions de Paix à Lothaire. D'abord on luy fit celle qui luy avoit déja esté faite, de se contenter qu'on le dédommageast des frais de la guerre; mais il la rejetta. On luy en fit une seconde, qui fut que Charles luy céderoit quelques Places & quelques Territoires vers la Forest Charbonniere, qui faisoit une partie de la Forest d'Ardennes du costé de la Neustrie, & que Loüis de Baviére luy abandonneroit quelques Villes & quelques païs au-delà du Rhin. Il refusa encore cette condition. Enfin, on luy proposa de faire un nouveau partage, & qu'on laisseroit à son choix, de prendre la part qui luy agréeroit le plus.

Sur cette proposition, Lothaire répondit qu'elle méritoit qu'on l'éxaminast, & demanda quelques jours pour y penser. Son dessein estoit toûjours de gagner du temps, pour donner le loisir au jeune Pepin d'arriver avec ses Troupes. Les deux Rois toutefois qui souhaitoient la Paix avec passion, luy accorderent un délay de trois jours, & la Tréve fut jurée.

Pepin dans cet intervalle arriva au Camp de Lothaire, qui ayant par là tout ce qu'il prétendoit, rendit réponse aux deux Rois, mais seulement en termes generaux; sçavoir, que portant la qualité d'Empereur, il devoit avoir comme ses Prédecesseurs, dequoy le soûtenir, & une puissance proportionnée à ce grand titre. Les deux Princes demanderent aux Envoyez, s'ils n'avoient rien de plus précis à leur dire de la part de leur Maistre, & s'il acceptoit ou rejettoit la proposition du nouveau partage. Ils répondirent qu'ils n'avoient rien à ajoûter à ce qu'ils venoient de dire. Les deux Rois les renvoyerent, & leur ordonnerent de dire à Lothaire, que s'il n'acceptoit dans le lendemain quelqu'une des propositions d'accommodement qu'on luy avoit faites, ils s'en rapporteroient au jugement de Dieu, qui leur feroit justice, comme ils l'espéroient, & que l'Empereur luy rendroit compte du sang qui se répandroit dans une bataille, qu'ils avoient tâché d'empescher par toutes sortes de moyens.

ibid.

ibid.

Le lendemain dès la pointe du jour, les deux Rois avec environ la troisiéme partie de leur Armée, se saisirent d'une éminence voisine du Camp de Lothaire, où ils se mirent en bataille: le reste des Troupes les suivit, & furent rangées à droit & à gauche, faisant un très-grand front vis à vis du Camp de Lothaire, & en cette situation ils attendirent pendant une heure sa derniere réponse. Mais au lieu de répondre, il rangea aussi ses Troupes en bataille, & s'estant mis à la teste du Corps opposé à celuy du Roy de Baviére posté en un lieu nommé Brittas, il s'avança avec beaucoup de résolution pour le charger. Le Roy de Baviére luy épargna la moitié du chemin, & les Troupes se choquerent en cet endroit d'une maniere furieuse.

Charles avoit son poste en un lieu nommé Fagit, ou pour ne pas perdre l'avantage du terrain, il attendit de pied-ferme l'ennemi, qui vint pour l'enfoncer. Le jeune Pepin son concurrent pour le Royaume d'Aquitaine estoit à la teste de cette Troupe. Charles la reçut avec tant de fermeté, qu'il la mit en désordre, & la repoussa avec un grand carnage.

La troisiéme partie de l'Armée des deux Rois estoit commandée par le Général Adelard, qui soûtint aussi très-vigoureusement le choc en un lieu nommé Solennat.

On combattoit par-tout avec une extréme opiniastreté, & par-tout le succès estoit douteux. Il n'y avoit que Charles qui conservoit son premier avantage, poussant toûjours les ennemis: mais il n'estoit pas encore assez superieur, pour envoyer de ses Troupes au secours du Roy de Baviére ou d'Adelard. Celuy-ci se trouvoit très-pressé & sur le point d'estre mis en déroute, si Nithard, Auteur de l'Histoire de cette guerre, qui avoit du commandement dans cette Armée, n'eust soûtenu à propos quelques escadrons déja ébranlez, & rétabli le combat, en arrestant l'ennemi. Mais c'estoit au poste de Brittas où combattoient Lothaire & le Roy de Baviére que se faisoient de part & d'autre les plus grands efforts.

Lib. IV

Après plusieurs heures d'un sanglant combat, soûtenu sans reculer des deux costez avec une bravoure & une opiniastreté surprenante, enfin Lothaire faisant un nouvel effort, renversa quelques escadrons du Roy de Baviére, & les ayant dissipez, continuoit d'enfoncer tout ce qu'il avoit devant luy; de sorte que Loüis pendant quelques momens se crut entierement perdu. Mais le Duc Warin qui commandoit les Milices de Provence & de Toulouse, leur ayant fait faire un mouvement fort à propos, qui luy donna lieu de prendre en flanc Lothaire, il le chargea si rudement, qu'il l'arresta & le rompit. Les Troupes de Baviére reprirent cœur, & Charles ayant entierement défait le jeune Pepin, vint pour envelopper les Troupes de Lothaire, qui commencerent à fuir de toutes parts.

Chronic. Ademari.

Les Troupes opposées à celles du Duc Adelard, dès qu'elles virent de loin la déroute de leur parti, jetterent leurs armes pour demander quartier, ou pour s'enfuïr avec plus de vîtesse. Ainsi le Champ de bataille & la victoire complette demeurerent aux deux Rois. Le Comte Warin, qui dans nos Histoires est appellé tantost Comte, tantost Duc, tantost Marquis, selon les divers Emplois qu'il eut

Chronique de la Bibliotheque de M. de Mesme.

sous ce Régne & sous le précédent, eut la plus grande part à la victoire.

Vide Sirmond. in Notis ad capitula Caroli Calvi.

Dans la premiere ardeur de la poursuite il se fit un grand carnage des ennemis ; mais les deux Rois par un mouvement de générosité chrétienne & de tendresse pour leur patrie, sentimens rares dans les guerres civiles, firent sonner la retraite, & commanderent aux Soldats de faire quartier par-tout à ceux qui le demanderoient. Lothaire gagna en fuyant Aix-la-Chapelle, où il arriva, suivi de fort peu de ses gens.

Nithardus. l. 2. ad an. 842.

Cette bataille se donna le vingt-cinq de Juin de l'an 842. & fut infiniment sanglante pour les vaincus & pour les vainqueurs ; mais je ne trouve point dans les Auteurs contemporains ce que d'autres plus récents ont écrit, qu'il y avoit péri cent mille hommes. Selon les anciennes coûtumes de Champagne, le ventre, c'est à dire la mere, annoblit les enfans, quoique le pere soit roturier, & l'on prétend que cette Coûtume a tiré son origine de cette bataille, où il périt tant de Noblesse de cette Province, qu'il n'en restoit presque plus pour perpétuer les Familles Nobles, & que ce fut pour y suppléer & remplir le Corps de la Noblesse, que ce privilege fut accordé aux femmes nobles. Cette tradition & ce privilege duquel tous les Jurisconsultes ne conviennent pas, servent au moins à confirmer qu'il se fit en cette occasion un horrible carnage. George Evêque de Ravennes, que le Pape Gregoire IV. avoit envoyé en France, pour tâcher de faire la Paix entre tous ces Princes, s'estant trouvé dans le Camp de Lothaire, y fut pris, ou plustost il fut délivré d'une espéce de captivité où Lothaire l'avoit retenu, sans vouloir luy permettre d'aller trouver les deux Rois : ces Princes le traiterent avec beaucoup d'honnesteté, mais sans accepter sa médiation, qui n'estoit plus de saison après une telle victoire.

Ibid.

Les deux Princes, persuadez qu'ils estoient, que c'estoit de Dieu seul qu'ils la tenoient, continuerent d'en user d'une maniere très-chrétienne. Ils ordonnerent qu'on enterrast avec les cérémonies de l'Eglise tous les corps, soit de leurs Soldats, soit des ennemis ; que l'on pensast avec beaucoup de soin les blessez de l'un & de l'autre parti, & firent publier une amnistie pour tous ceux de leurs Sujets qui voudroient rentrer dans leur devoir. Ils assemblerent mesme les Evêques, & se soûmirent à leur jugement, pour sçavoir par leur bouche, comme par l'Oracle de Dieu, si ni eux ni leur Conseil, ni leurs Soldats n'estoient point coupables devant la divine Majesté, du sang répandu dans cette bataille. Les Evêques répondirent que la justice de leur cause, & tous les efforts qu'ils avoient faits pour n'en pas venir à cette extrémité, les disculpoient parfaitement ; qu'il falloit seulement que chacun sondast son cœur, pour voir si la colere, la haine, la vaine gloire n'estoient point entrez dans le motif de leur guerre & des actions qu'ils avoient faites dans la bataille, & qu'en ce cas il falloit avoir recours à la Confession secrete de leurs péchez, pour en avoir l'absolution. Enfin, on intima un jeûne de trois jours pour le repos des ames de ceux qui estoient morts dans le combat.

On devoit bien s'attendre que les ennemis de la France se prévaudroient de tous ces désordres. Nomenoy Duc de Bretagne, un des plus habiles Princes qui ayent gouverné cette Principauté, prenoit dès-lors des mesures pour secoüer le joug de la France, & se mettoit en état de se faire craindre ou rechercher des deux partis. Mais les Normands, quoique beaucoup plus éloignez, que les Bretons, estoient bien plus à appréhender pour la France. Ils y avoient déja fait les années passées diverses courses ; mais ils commencerent dès celle-ci des horribles ravages, par lesquels ils la désolerent si souvent depuis.

Ils entrerent par l'embouchûre de la Seine, & poussez par la Marée, ils oserent monter jusqu'à Roüen, surprirent cette Ville, la pillerent aussi-bien que tous les Monastéres & tout le païs des environs, & après avoir chargé leur Flote d'un butin infini, s'en retournerent sans estre attaquez ou poursuivis.

Annales Bertiniani.

Les trois Souverains François estoient trop éloignez de ce païs-là pour le secourir. L'Empereur Lothaire après la bataille de Fontenay, s'estoit retiré à Aix-la-Chapelle. Le Roy de Baviére avoit repassé le Rhin, & Charles étoit allé en Aquitaine, pour y dissiper les restes du parti du jeune Pepin. Il auroit peut-estre mieux fait de s'asseûrer des Peuples de Neustrie, qui n'auroient pas balancé à se donner à luy, s'ils l'avoient vû à la teste d'une Armée victorieuse : mais ce qui le détermina à aller en Aquitaine, fut le Duc Bernard, qui continuoit toûjours à garder une espéce de neutralité entre les deux partis, pour se donner à celuy qui auroit le dessus.

Nithardus l. 3.

Ce Duc s'estoit avancé avec les Troupes de son Duché de Languedoc jusqu'à trois lieuës de Fontenay, sans avoir voulu se joindre ni au jeune Pepin, ni à Charles. Il les laissa se battre, & si-tost qu'il eut appris la défaite de Pepin & de Lothaire, il envoya son fils Guillaume à Charles, pour le complimenter sur sa victoire. Après ce compliment, Guillaume le pria de vouloir bien luy asseûrer la possession de certaines Terres que son pere possédoit en Bourgogne, & tenoit *en bénéfice* de ce Prince ; qu'à cette condition tous deux se donneroient à luy, & que son pere feroit ensorte que Pepin renonçast à ses prétentions sur l'Aquitaine.

Charles accepta sans hésiter cette offre, accorda à Guillaume tout ce qu'il luy demanda, & sur l'asseûrance que Bernard luy donna de travailler efficacement à l'entiere soûmission de l'Aquitaine, il marcha vers la Loire avec l'Impératrice sa mere, & donna ordre au Duc Adelard de parcourir la Neustrie, & d'y ménager les esprits des Seigneurs & des Peuples en sa faveur.

Cependant ses Troupes, sans sa permission, soit par impuissance de subsister, soit pour se remettre des fatigues d'une Campagne qui avoit esté très-rude, se séparerent pour la plusspart ; de sorte qu'il passa la Loire avec fort peu de monde. Pepin qui par l'avis de Bernard devoit venir trouver le Roy pour traiter avec luy, ayant sçû qu'il estoit entré en Aquitaine avec si peu de forces, éluda sous divers prétextes, les propositions qu'on luy fit de sa part, & refusa la conférence ; & ainsi le voyage d'Aquitaine aboutit seulement à détacher quelques Seigneurs du parti de Pepin, mais non pas à le ruiner entierement.

D'autre part, Lothaire par ses artifices ordinaires tint en suspens les esprits des Peuples de Neustrie, d'ailleurs assez portez pour Charles. Il fit répandre comme une nouvelle constante, que Charles avoit esté tué à la bataille de Fontenay, & le Roy de Baviére dangereusement blessé : & lorsqu'Adelard se fut avancé jusqu'à Chiersi sur Loise avec quelques Troupes, il y trouva les esprits si prévenus de ces faux bruits, qu'on ne vouloit pas seulement l'écouter. Plusieurs luy écrivoient ou luy disoient, que s'ils estoient asseurez que Charles fust vivant, ils se déclareroient sans tarder pour luy ; mais que dans l'incertitude où ils étoient là-dessus, ce seroit une grande témérité à eux de s'exposer à l'indignation & à la fureur de Lothaire, qui assembloit une nouvelle Armée sur la Frontiére, pour rentrer dans la Neustrie ; que si le Roy estoit vivant, il devoit venir se montrer à ceux qu'il sçavoit bien luy estre affectionnez pour la plusspart, & qu'ils ne comprenoient pas pourquoy il ne leur envoyoit qu'un Général, pour se remettre en possession de la plus belle partie de son Estat.

Lothaire avoit encore son parti dans la Neustrie, soûtenu par un Seigneur nommé Gombault, qui à la teste d'un Corps de Troupes, parcouroit tout le païs, pour le maintenir dans l'obéïssance de ce Prince, & cherchoit toutes les occasions de donner sur Adelard.

Ce Général voyant les choses en cet état, écrivit à Charles qu'il estoit de la derniere importance, qu'il se fist voir en Neustrie, & au plustost, & qu'il alloit l'attendre à Paris, où il feroit reposer ses Troupes. Cette Capitale s'étoit remise sous l'obéïssance de ce Prince : mais l'Histoire ne marque point la maniere dont cela se fit. Sur cet avis Charles partit d'Aquitaine, & vint s'aboucher avec Adelard à Espone, Bourg proche de Mante. Ils estoient convenus le Roy de Baviére & luy de se trouver à Langres au premier jour de Septembre, pour y conférer ensemble sur leurs affaires communes. Charles se hasta de s'y rendre ; & afin de faire sçavoir dans toute la Neustrie, que les bruits qui avoient couru de sa mort estoient faux, il prit son chemin par Beauvais, par Compiégne, par Soissons, par Châlons sur Marne. Il fut reçû dans toutes ces Villes, qui n'estoient point en état de défense ; mais très-peu de Seigneurs vinrent l'y voir. Les partisans de Lothaire avoient par-tout pris le dessus, & Charles avoit si peu de monde, que soit par mépris pour luy, soit par crainte de Lothaire, il ne se fit aucun mouvement en sa faveur.

Alors Charles reconnut que son voyage d'Aquitaine & la séparation de son Armée luy avoient fait perdre tout le fruit de sa victoire ; & estant à Reims, il reçut un Courier de la part du Roy de Baviére, qui luy mandoit qu'il ne pouvoit pas se rendre à Langres ; parce que Lothaire estoit sur le point d'entrer dans son païs.

En effet, ce Prince qui avoit promptement levé une nouvelle Armée, estoit devenu redoutable à ses vainqueurs. Pour retenir les Saxons dans ses intérests, il leur fit une proposition bien indigne d'un Prince Chrétien ; mais tout céde à l'ambition dans un cœur qu'elle posséde. Les Saxons avoient dès le temps de Charlemagne embrassé la Religion Chrétienne, plus par crainte, que par une sincére conversion, & plusieurs d'entre eux conservoient toûjours beaucoup de penchant pour l'idolatrie ; Lothaire fit publier une Déclaration, par laquelle il accordoit à tous ceux du païs une pleine liberté de conscience, & permission de suivre telle Religion qu'ils voudroient. Cette offre fut acceptée avec joye ; la plusspart retournerent aux superstitions du Paganisme, & prirent les armes pour Lothaire. De plus Loüis le Débonnaire avoit donné à Hériolde Roy d'une partie des Normands, un Duché dans la Frise. Lothaire le gagna, & le fit déclarer pour luy, en ajoûtant encore quelque Territoire à son Duché, & grossit par là son Armée de quelques Troupes de Normands. Avec ces forces il marcha du costé du Rhin, pour entrer sur les Terres du Roy de Baviére.

Annal. Bertin.

Ce Prince donna avis à Charles du danger où il estoit, & le prioit de faire quelque diversion, pour empescher que Lothaire ne vinst l'accabler. Charles qui reçut à Reims ces nouvelles, assembla ce qu'il put de Troupes, & leur donna rendez-vous à S. Quentin. Avec cette Armée qui n'estoit pas fort nombreuse, il marcha du costé de Mastric, & entra sur les Terres de Lothaire.

La diversion réüssit. L'Empereur quitta le dessein d'attaquer le Roy de Baviére, & revint sur ses pas, dans l'espérance de surprendre Charles : mais ce Prince ayant fait ce qu'il prétendoit, & jugeant que la saison avancée ne permettroit pas à Lothaire de retourner contre le Roy de Baviére, se retira. Néanmoins comme il eut appris que Lothaire estoit arrivé à Thionville, il luy envoya le Duc Adelard, le Comte Gilbert, & l'Abbé Hugues, pour luy faire de nouveau des propositions de Paix. Mais pour oster au Roy de Baviére les soupçons qu'il pourroit prendre de cette démarche, il luy dépescha un Seigneur nommé Rabanon, pour l'asseûrer de son attachement, & qu'il ne concluëroit jamais rien à son préjudice. C'estoit en effet plustost pour amuser Lothaire, que pour autre dessein, que ce Prince en usoit ainsi, & la suite de sa vie nous fera voir qu'il ne fut ni guéres moins habile, ni guéres moins artificieux, que son frere aîné.

Comme Lothaire ne faisoit que des réponses générales à ces propositions, Charles se re-

Nithardus. L 3.

tira à Paris avec ses Troupes. Il y avoit convoqué une Diéte de tous les Seigneurs ses vassaux, & le Roy de Baviére devoit aussi s'y rendre, supposé que Lothaire cessast de l'inquiéter du costé du Rhin.

Lothaire suivit Charles, & résolut de porter à son tour la Guerre au delà de la Seine, avec son Armée composée de François Austrasiens, de Saxons, d'Allemans & de Turingiens, qui faisoient par tout des désordres effroyables. Il s'avança jusqu'à S. Denis où il se saisit d'environ vingt bateaux, avec lesquels il faisoit mine de vouloir forcer le passage de la Riviére.

Charles prist tous les moyens possibles pour empêcher ce passage. Il laissa une forte garnison dans Paris. Il en mist aussi une nombreuse à Melun : posta des Troupes à tous les Guez de la Seine qui estoit alors fort basse ; il alla avec son Armée camper à S. Clou, pour estre à portée de secourir toutes les Troupes qu'il avoit laissées à la garde des Guez, & il convint avec les Commandans de tous ces postes, de certains signaux qui devoient venir jusqu'à luy de Corps de Garde en Corps de Garde, toutes les fois que les ennemis voudroient tenter le passage. Ses inquiétudes furent beaucoup diminuées par les pluyes qui survinrent avec une telle abondance, que la Seine s'enfla tout d'un coup, & ne se trouva presque plus guéable en aucun endroit.

Lothaire voyant par-là tous ses projets évanoüis, envoya faire à son tour des propositions de Paix : qui estoient qu'outre les Païs d'au delà de la Seine, il céderoit à Charles ceux d'en deçà du costé de la Mer, à condition qu'il renonçast à l'Alliance qu'il avoit faite avec le Roy de Baviére, & que luy de son costé luy abandonneroit le jeune Pepin.

Charles luy répondit qu'il ne pouvoit avec honneur renoncer à l'Alliance, qu'il avoit jurée avec le Roy de Baviére ; que tout le Païs depuis la Meuse jusqu'à la Loire luy appartenoit suivant le partage fait par l'Empereur son pere, & qu'il étoit d'autant plus résolu à s'y maintenir, qu'il ne pouvoit abandonner quantité de Noblesse de ces Païs-là, qui depuis peu s'estoit venuë donner à luy & le reconnoistre pour son légitime Maistre : qu'il estoit prest de signer une Tréve pour tout l'hyver qui approchoit, à condition que chacun demeureroit pendant ce temps-là, en possession de ce qu'il tenoit ; qu'au Printemps on pourroit convenir d'un lieu pour y traiter de la Paix ou d'un Champ de bataille, afin de terminer par les armes & par un combat décisif, des differends qui causoient la ruïne universelle de l'Etat.

Lothaire peu satisfait de cette réponse décampa de S. Denis & vint vers Sens, où le jeune Pepin le joignit avec des Troupes d'Aquitaine ; & Charles receut sur ces entrefaites une fâcheuse nouvelle.

Il apprist que sa sœur Hildegarde gagnée par Lothaire avoit fait révolter la Ville de Laon. La chose luy parut importante & très-dangereuse dans les conjonctures présentes. Il choisit parmi ses Troupes ce qu'il avoit de meilleure Cavalerie & de plus leste Infanterie, partit de Paris avec elles, & marcha nuit & jour nonostbant un très-grand froid, & arriva à Laon, lorsqu'on l'y attendoit le moins. Sa présence estonna la Princesse & les Habitans, qui se rendirent & il leur pardonna. Après une si heureuse expédition il revint à Paris.

Cette conduite sage & vigoureuse avec laquelle il avoit fait avorter tous les desseins de son ennemi, luy rendoit les Seigneurs de Neustrie de jour en jour plus favorables. Au contraire Lothaire y voyoit son crédit beaucoup diminué par ses mauvais succès. C'est pourquoy il résolut d'y rétablir sa réputation par quelque action d'éclat.

Il sçut que Charles avoit envoyé une partie de ses Troupes dans le Perche en quartier d'hyver. Il espéra les surprendre, & marcha de ce costé-là avec beaucoup de promptitude accompagné de Pepin. Mais il trouva des gens sur leur garde, & ne put les entamer en aucune maniére. Il entra dans la Touraine, d'où il envoya solliciter Nomenoy Duc de Bretagne de se déclarer pour luy, & de le reconnoistre pour son Souverain en luy rendant hommage : mais le Duc qui s'estoit réconcilié avec Charles, rejetta cette proposition avec hauteur.

Toutes ces entreprises de Lothaire qui ne réüssissoient point, chagrinérent Pepin. Il s'en retourna fort mécontent en Aquitaine, & Lothaire avec son Armée toute ruinée, alla à Aix-la-Chapelle, pour y passer le reste de l'hyver.

Ce qui l'obligea encore à haster son retour, fut l'avis qu'il eut, que le Roy de Baviere se préparoit à passer bien-tost le Rhin, pour venir en France se joindre à Charles.

Lothaire en s'éloignant d'Aix-la-Chapelle, pour venir du costé de Paris, avoit laissé un corps d'Armée à Otgar Evêque de Mayence, à dessein de l'opposer au Roy de Baviere, en cas qu'il voulust faire quelque entreprise. Ce Prélat ayant appris qu'il s'approchoit du Rhin pour le passer, mit cette Armée en Campagne à la fin de Décembre, & l'ayant fait cantonner le long des bords de ce fleuve, en rendoit le passage impossible ou très-hazardeux. Charles fit dire au Roy de Baviere qu'il ne se rebutast point, & qu'il l'asseuroit de luy faciliter le passage. En effet il partit de Paris au commencement de Janvier avec une partie de ses Troupes, & marcha à grandes journées vers Toul, & de là dans l'Alsace, & alla camper à Saverne.

L'Archevêque de Mayence n'estant pas assez fort pour résister à tous les deux, & craignant d'estre enveloppé, rompit son Armée, & donna par sa retraite, la liberté du passage au Roy de Baviere.

C'estoit-là une de ces Guerres, où l'addresse & la conduite des Généraux, avoit autant de part, que la bravoure des Soldats, & où chacun estoit appliqué à profiter de toutes les fausses démarches de son ennemi. Le quatorziéme de Février de l'an huit cens quarante-trois, les deux Rois se virent à Strasbourg, où ils renouvellérent leur alliance. Il estoit de leur intérest, que non seulement leurs ennemis ; mais

An. 842.

An. 843.

T t iij

encore les Peuples de leur parti fussent perſuadez qu'elle eſtoit ſincere : peu de gens le croyoient à cauſe de tout ce qui s'eſtoit paſſé du vivant de l'Empereur leur pere, & de la haine extrême que l'Impératrice mere de Charles avoit toûjours fait paroiſtre pour Loüis de Baviere, & de celle que ce Prince avoit euë de tout temps pour l'Impératrice. C'eſt pourquoy ces deux Princes affectérent de ſe donner l'un à l'autre les marques les plus publiques & les plus convainquantes de la plus parfaite union & de la plus tendre amitié. Ils ſe faiſoient continuellement des préſens ; ils mangeoient preſque toûjours enſemble, ils logeoient dans la même maiſon : ils avoient dans les Conſeils l'un pour l'autre toute la déférence poſſible. Il ne s'y faiſoit jamais de propoſitions ambiguës, captieuſes, intéreſſées. On voyoit dans toute leur conduite, de la droiture, de la franchiſe, & un déſir ſincere du bien commun. Ils ſe trouvoient enſemble aux revûës & à tous les exercices qu'on faiſoit faire aux Soldats. Ils ſe mettoient quelquefois chacun à la teſte de leurs Troupes, leur faiſoient faire eux-meſmes l'exercice, & les faiſoient marcher les uns contre les autres comme dans un combat.

Ces deux Princes quoique d'une taille médiocre, eſtoient au reſte beaux & bien-faits, & tres-adroits à l'exercice des armes. Ces manieres populaires & cordiales leur gagnoient le cœur de toutes les Nations qui compoſoient leurs Armées, où il y avoit outre les François, quantité de Saxons, de Gaſcons & de Bretons. Mais ils ne ſe contentérent pas de cela.

Ils voulurent faire un ſerment ſolemnel en préſence des deux Armées, de ne jamais s'abandonner l'un l'autre. Ils les mirent toutes deux en bataille dans une vaſte Campagne à la vûë de la Ville de Straſbourg, & les haranguérent chacun en leur langue. Charles en Roman, c'eſt à dire en un latin fort corrompu qui eſtoit la langue la plus en uſage dans la Neuſtrie ; & Loüis en langue Tudeſque ou Germanique que l'on parloit au delà du Rhin. Nithard qui y eſtoit préſent, rapporte la harangue de Loüis, qui comme l'aîné parla le premier en ces termes.

„ C'eſt une choſe qui vous eſt connuë à tous,
„ que l'ambition de l'Empereur Lothaire, auſſi-
„ bien que la fureur avec laquelle il nous à per-
„ ſecutez, le Roy Charles mon frere & moy de-
„ puis la mort de l'Empereur noſtre pere. Il
„ a mis tout en œuvre, pour nous faire périr tous
„ deux. Ny le motif du Sang, ny celuy de la
„ Religion, ny celuy de la juſtice n'ont pu l'en-
„ gager à nous accorder la Paix que nous luy de-
„ mandions. Nous avons eſté contraints de nous
„ en rapporter au jugement de Dieu, qui a pro-
„ noncé en noſtre faveur dans la bataille de Fon-
„ tenay où nous avons gagnée. Vous eſtes té-
„ moins de la maniere dont nous uſames de la
„ victoire. Nous ne voulumes pas pourſuivre un
„ ennemi auſſi animé qu'il l'eſt à noſtre perte,
„ parce que nous nous ſouvinmes qu'il eſtoit nô-
„ tre frere. Nous arreſtames l'ardeur de nos Sol-
„ dats pour empêcher le carnage. Nous l'avons

encore depuis conjuré tout vainqueurs que nous « eſtions, de nous faire juſtice, mais plus acharné « que jamais à noſtre ruine ; il n'a point ceſſé de « nous faire une cruelle guerre, & de remplir « tout l'Empire François d'incendies, de meur- « tres & de brigandages. C'eſt pour faire finir « tous ces déſordres que le Roy mon frere & moy « nous nous ſommes rendus icy ; & parce que nous « ſçavons que pluſieurs de vous ne peuvent ſe per- « ſuader que luy & moy agiſſions de bonne foy « l'un avec l'autre, & que nous puiſſions demeu- « rer long-temps unis, nous vous avons aſſem- « blez pour entendre nos ſermens, où nous allons « prendre Dieu à témoin, que ce n'eſt ny l'am- « bition, ny aucune prétention injuſte, mais le « ſeul déſir de la Paix & du bien public qui nous « fait agir ; c'eſt dont nous eſpérons convaincre « tout l'Empire François avec le ſecours que nous « donnera voſtre zéle, voſtre fidélité & voſtre « courage. Et pour vous perſuader de la ſincéri- « té du ſerment que je vais faire, je déclare que « ſi je le viole jamais au préjudice du Roy Char- « les mon frere, dès là je vous permets de vous « ſouſtraire à l'obéïſſance que vous me devez, & « que je vous tiens quitte du ſerment de fidéli- « té que vous m'avez fait. «

Ce fut là le diſcours que fit Loüis Roy de Baviere à toute ſon Armée, & qui fut entendu des plus conſidérables Officiers & Seigneurs qui s'eſtoient rendus auprés de luy. Aprés qu'il eut achevé de parler, Charles harangua ſes Troupes à peu prés de la meſme maniere, & enſuite ils s'avancérent tous deux entre les deux Armées, & Loüis commença à prononcer le ſerment non pas en Tudeſque, mais en Roman, afin que ceux de l'Armée de Charles l'entendiſſent ; il le fit en ces termes.

* Pour l'amour de Dieu, & pour le bien du Peuple Chrétien, & pour noſtre commune ſeureté, je jure d'employer déſormais toutes mes forces autant que Dieu m'en donnera le pouvoir, à défendre le Roy Charles mon frere en tout & par tout, comme un frere doit défendre ſon frere, & comme je voudrois qu'il le fit luy-meſme pour moy ; & je jure de plus de ne faire jamais avec Lothaire aucun Traité, que je cruſſe en conſcience pouvoir eſtre préjudiciable au Roy Charles mon frere.

Charles fit auſſi-toſt le meſme ſerment, & le fit en Tudeſque, afin que ceux de l'Armée de Loüis l'entendiſſent. On fit enſuite faire un nouveau ſerment aux deux Armées, par lequel elles s'obligeoient à rendre obéïſſance aux deux Princes, & à leur eſtre fidéles contre Lothaire, & à abandonner celuy qui des deux rompoit l'union. Cette cérémonie finit par de grandes acclamations, & avec une ſatisfaction mutuelle des Princes & des Armées.

Les deux Rois aprés avoir encore paſſé quelques jours à Straſbourg, allérent enſemble à Mayence, où Carloman fils de Loüis arriva avec de nouvelles levées de Bavarois & d'Allemans. Un Seigneur nommé Bardou qu'ils avoient envoyé en Saxe pour attirer ces Peuples dans leur parti, vint auſſi les aſſeurer que les Saxons eſtoient pour la pluſpart bien intentio-

CHARLES LE CHAUVE.

nez pour eux, & que les ordres que Lothaire y avoit envoyez pour lever des Troupes, n'avoient eu aucun effet.

Quoique les deux Rois vissent de tous costez tout si bien disposé en leur faveur, ils voulurent toutefois encore essayer d'amener Lothaire à un accommodement. Ils luy envoyèrent pour cela des Ambassadeurs ; mais il les renvoya sans les écouter. Ce qui ayant esté rapporté aux deux Princes, & publié dans l'Armée, ce fut une indignation universelle ; & les Soldats demandèrent avec empressement qu'on les fit marcher contre ce Prince obstiné, qui estoit la cause de tous les malheurs de la France.

Les Princes pour ne pas laisser rallentir l'ardeur du Soldat, résolurent d'aller au plustost attaquer Lothaire qui estoit à Sinsic sur le Rhin entre Bonne & Andernac, & partirent de Mayence le dix-septième de Mars. Ils se séparèrent en trois corps. Le Roy de Bavière prist son chemin le long du Rhin par Bingen, & fit descendre son Infanterie jusqu'à Coblents dans des bateaux ; Carloman fils du Roy de Bavière, & Charles prirent plus à gauche, & se rendirent aussi le lendemain à Coblents.

An. 843.

Otgard Evêque de Mayence avec d'autres Généraux de Lothaire, s'estoit campé le long de la Moselle pour en deffendre le passage ; mais dès que les Troupes des Princes parurent dans des bateaux rangez en ordre pour le forcer, l'épouvante se mit dans son Armée, & elle abandonna le rivage sans faire aucune résistance. Ainsi tout passa en peu de temps.

L'avis de cette déroute ne fut pas plustost porté à Lothaire, qu'il quitta Sinsic & se retira à Aix-la-Chapelle. Mais n'osant y attendre les ennemis, il en enleva tous les trésors, & même ce qu'il y avoit de plus prétieux dans l'Eglise de Sainte Marie. Il mit en piéces pour l'emporter, une grande table d'argent faite du temps de Charlemagne, où estoient représentez en bas relief, le Globe terrestre & le Globe céleste, avec toutes les dimensions & divisions Géographiques & Astronomiques, Ouvrage très-prétieux, & infiniment estimable pour ce temps-là. Il fit de grandes largesses à ceux qui l'accompagnoient & aux Troupes qui l'avoient suivi. Ce qui n'empêcha pas que dans la suite la pluspart ne désertassent. Il alla à Chaalons sur Marne, & delà à Troye, ou trouvant le Païs en partie déclaré contre luy, & le reste peu disposé à prendre sa querelle, il fuit jusqu'à Lion, pour avoir en cas de nécessité une retraite seure dans son Royaume d'Italie.

Annal. Bertiniani.

Quand les deux Rois eurent passé la Moselle, ils marchèrent droit à Aix-la-Chapelle, qui estoit depuis Charlemagne comme le Siége de l'Empire. Ils furent fort surpris de trouver cette place abandonnée, qu'il ne paroissoit aucun ennemi en Campagne, & que tout se soûmettoit à eux sans résistance.

Ayant appris la fuite de Lothaire, ils prirent la résolution de le pousser à bout, & de le faire déclarer authentiquement déchu de tous les droits qu'il pourroit avoir, ou qu'il prétendroit avoir sur tous le Païs d'en deça des Alpes & d'au delà du Rhin.

L'autorité des Evêques ne fut jamais plus grande en France, que durant les Guerres Civiles qui avoient divisé la Famille de Loüis le Débonnaire, soit du vivant de cet Empereur, soit après sa mort.

Les Princes flattoient volontiers l'ambition de ces Prélats, pourveu qu'elle servist à satisfaire la leur propre, & les faisoient sans peine dispensateurs des Couronnes, pourveu qu'ils les leur missent sur la teste.

Ils assemblèrent donc à Aix-la-Chapelle plusieurs Evêques, & les prièrent de décider & de déclarer aux Peuples de la part de Dieu que la conduite de Lothaire, soit à l'égard de ses frères, soit à l'égard de tant de Provinces de France, qu'il avoit ruinées par la guerre, méritoit qu'on le privast de la part, que le deffunt Empereur luy avoit donnée dans ce Royaume par son Testament.

Nithardus L. 4.

Les Evêques délibérèrent sur un point si important, & après avoir rappellé la mémoire des Guerres que Lothaire avoit faites à son propre pere, de tant de sermens violez à l'égard de ses freres ; après avoir exagéré son ambition, les homicides, les adulteres, les incendies, & généralement tous les désordres dont elle avoit esté la cause, son mauvais gouvernement, sa conduite injuste & violente, ils conclurent que c'estoit par un juste jugement de Dieu qu'il avoit esté défait à la bataille de Fontenay, & qu'il venoit récemment d'abandonner ses Etats par une honteuse fuite ; que c'estoit la main de Dieu qui l'avoit chassé de son Trône, pour y placer ses freres plus dignes & plus capables de regner que luy : mais ils déclarèrent en mesme temps aux deux Princes, qu'ils ne leur permettroient point de s'en mettre en possession, avant qu'ils eussent répondu en présence de tout le Peuple à une demande qu'ils avoient à leur faire, qui regardoit le bien public.

Cette demande qu'ils leur firent publiquement fut, s'ils estoient résolus de ne point imiter Lothaire dans leur manière de gouverner l'Etat ; mais de se régler dans leur Gouvernement selon la loy & les ordres de Dieu. A cette question générale, les deux Princes firent aussi une réponse générale, que leur intention estoit de gouverner de la manière qu'ils croiroient la plus conforme aux loix & aux volontez de Dieu. Surquoy le Président de l'Assemblée leur dist au nom de tous ces Prélats. « Recevez le Royaume par l'autorité de Dieu, & gouvernez-le selon la divine volonté ; nous vous en avertissons, nous vous y exhortons, nous vous le commandons. »

Ibid.

Après ces paroles d'autorité ausquelles le Peuple applaudit, les deux Rois choisirent chacun douze personnes, pour faire le partage de tout l'Etat en deux ; & l'Historien Nithard dit qu'il fut luy-mesme un de ceux que Charles choisit.

Le partage se fit fort paisiblement ; ceux qui le firent ayant égard à ce qui pouvoit estre le plus convenable & le plus à la bien-séance des deux Rois ; Loüis avoit déja la Baviere par l'ancien partage, & une partie du reste de la Germanie. On y ajouta la Frise, qui outre le Païs qui porte ce nom, comprenoit encore alors la Hollande & la Zélande. Il eut toute la Germanie, & tout ce qui est entre la Meuse & le Rhin. Charles eut tout le reste jusqu'aux Alpes & à l'Ocean, outre l'Aquitaine & tout ce qui estoit de l'Empire François en deça & au delà des Pyrenées dont il avoit déja pris possession. *

*En cet endroit du partage il y a une Lacune dans le Texte de Nithard qui a esté remplie par un Auteur Moderne, de la maniere que je l'ay dit: mais on voit par la suite de l'Histoire, que cet Auteur Moderne a judicieusement suppléé à ce qui manque dans le Texte de l'ancien.

Les deux Rois partageoient icy un estat dont ils n'estoient pas entiérement les Maistres; car Lothaire avoit un gros parti dans les quartiers du Rhone, & Loüis sçavoit qu'une grande partie des Saxons s'estoit depuis peu déclaré pour Lothaire. Ils se séparérent tous deux pour aller mettre ordre chacun dans son Etat. Loüis s'en alla à Cologne, & Charles passa la Meuse pour venir en Neustrie, & par le bon ordre qu'il y mit, il osta toute espérance à Lothaire d'y pouvoir relever son parti; de sorte que ce Prince tout fier qu'il estoit, fut obligé de faire les premiéres avances pour une Paix, qu'il avoit toûjours si opiniâtrement refusée. Il leur fit témoigner que s'ils vouloient entendre à quelque accommodement, il s'y rendroit plus facile qu'il ne leur avoit paru jusqu'alors. Ils luy répondirent qu'ils ne souhaitoient rien tant que la Paix & leur réunion avec luy, pourveu qu'ils eussent des asseurances de la sincérité de sa conduite.

Il leur envoya trois Seigneurs de sa Cour, Joseph, Eberard & Egbert, qui les trouvérent à Milly en Gatinois, où Loüis estoit revenu joindre Charles, & leur parlérent de sa part avec beaucoup de modestie, & d'un air bien différent de celuy, que ses Ambassadeurs avoient toûjours affecté de prendre. Ils proposerent une alternative aux deux Rois; qui estoit ou d'exécuter la proposition qu'ils avoient faite eux-mesmes à Lothaire quelque temps auparavant, d'ajouster quelques places, & quelques territoires du costé du Rhin & de la Meuse, au partage qui luy estoit échu par le Testament de son pere, afin qu'il pust soustenir avec plus de dignité son titre d'Empereur: ou bien que s'ils avoient changé de pensée là-dessus, on fit un nouveau partage, & que sans y faire entrer l'Italie, la Baviere, l'Aquitaine qu'ils ne s'estoient jamais contestées les uns aux autres, on divisast le reste de l'Empire François en trois parties égales, pour prendre chacun la leur d'un commun consentement, & couper pied à tous les sujets de querelle.

Ces Princes estoient si ennuyez de la guerre, qu'après avoir pris l'avis de la pluspart des mêmes Evêques qui avoient quelque temps auparavant ordonné la déposition de Lothaire, ils résolurent de le satisfaire, & après avoir conferé quatre jours avec les Ambassadeurs, ils convinrent de luy céder tout le Païs d'entre le Rhin & la Meuse jusqu'à sa source, & depuis la source de la Meuse jusqu'à la Saone & au confians de cette riviere & du Rhone; & depuis le Rhone jusqu'à la Mer Méditerranée avec tous les Evêchez, les Abbayes, les Comtez & tout le Domaine des Païs qui se trouvent dans cet espace en deça des Alpes. En mesme temps ils luy firent dire que c'estoit par le seul désir de la Paix, & de la tranquillité de la France, qu'ils luy faisoient des offres si avantageuses, & nullement par la crainte de sa puissance, & qu'ils estoient si éloignez de le craindre, que s'il ne s'accommodoit pas de ce qu'ils luy offroient, ils estoient prests s'il le vouloit, de remettre encore la décision de leurs différends au sort d'une bataille.

Conrad frere de l'Impératrice Judith, Abbon & Adelard portérent ces propositions à Lothaire de la part des deux Rois. Leur grande facilité à faire ces offres le rendit plus difficile à les accepter. Il se plaignit de ce qu'il n'y avoit pas de proportion entre ce que ses freres luy offroient, & ce qu'ils gardoient pour eux, & qu'il n'y trouveroit pas dequoy dédommager les Seigneurs de Neustrie & de Germanie qui avoient suivi son parti, & s'estoient donnez à luy. Les Ambassadeurs pour tâcher de le contenter, ajoûtérent quoique sans ordre, qu'ils feroient consentir leurs Maistres à luy céder encore le Païs d'en deça de la Meuse jusqu'à la Forest Charbonniere. Il rejetta encore cette proposition, & persista à demander qu'on fist un nouveau partage à l'exception de l'Italie, de l'Aquitaine & de la Baviere.

Il falloit que les deux Rois eussent un extrème désir de la Paix, pour ne se pas rebuter de l'aheurtement de Lothaire, & que luy-mème en fust bien persuadé pour tenir une telle conduite. Ils consentirent néanmoins encore à cette proposition. Au mois de Juin ils se rendirent tous trois auprès de Mascon, pour traiter ensemble en personne. Ils laissérent leurs Armées sur les deux rivages, & passérent avec un nombre de gens dont ils convinrent, dans l'Isle d'Ancile. Il se fit là une réconciliation qui parut estre sincére. Ils se promirent les uns aux autres avec serment de ne plus faire aucun Acte d'hostilité, & d'envoyer chacun leurs Ministres, pour faire les partages au premier jour d'Octobre. Mets fut la place dont on convint pour tenir la conférences.

An. 843.

Loüis durant cette Tréve passa en Saxe où les deux partis, dont l'un tenoit pour Lothaire, & l'autre pour le Roy de Baviere, se faisoient une cruelle Guerre. Il y avoit chez les Saxons trois Ordres différents, qui faisoient comme les trois membres de l'Etat; sçavoir les Nobles appellez en Saxon Edhilinges, les Serfs ou Esclaves appellez Lazzes, les Ingenus ou Libres qui composoient un ordre mitoyen entre les Nobles & les Lazzes, & qui portoient le nom de Frilinges. Les Nobles s'estoient déja partagez en deux factions, l'une avoit pris le parti de Lothaire, & l'autre celuy de Loüis; & Lothaire pour s'attacher les Frilinges & les Lazzes avoit fait cette criminelle Ordonnance dont j'ay parlé, par laquelle il permettoit à tous ceux qui le voudroient, de retourner aux anciennes superstitions du Paganisme. C'est ce qui les luy avoit rendus favorables pour la pluspart, & ce qui causa apparemment la division des Nobles, dont

Nithardus, L. 4.

CHARLES LE CHAUVE.

dont les uns furent contens, & les autres choquez de cette Ordonnance. Quoy qu'il en soit, les Lazzes à l'occasion de ces changemens & de ces troubles, firent une conspiration presque générale contre leurs Maistres qui ne s'accordoient pas bien entre eux, & ils prévalurent tellement, qu'ils les obligérent pour la pluspart à quitter le Païs.

Les Normands que Lothaire avoit appellez à son secours, venoient aussi de faire des courses dans la Germanie, & y avoient pillé quelques places; & Loüis apprehenda que ces Peuples & les Esclavons toûjours prests à profiter des dissensions des François, ne se joignissent à eux. Tous ces mouvemens & ces dispositions de la Germanie à la révolte, demandoient la présence de Loüis. Il en fit sentir les effets aux Saxons révoltez qui s'estoient donné un nouveau nom de faction, en s'appellant Stellinges.

[marg.: Ann. Bertiniani.]

Son arrivée subite avec de bonnes Troupes dissipa celles de ces Esclaves rebelles. Il fit couper la teste à cent quarante, & en fit pendre quatorze des plus coupables, Il fit couper le nez, ou les oreilles, où les mains à plusieurs autres, selon qu'ils avoient eu part à la rebellion. Il en exila quelques-uns, & fit revenir ceux qui avoient soûtenu son parti. Ces exécutions rétablirent parfaitement son autorité dans tout le Païs, & l'y firent craindre.

Ce que Loüis faisoit en Saxe, Charles tâchoit de le faire en Aquitaine, & y poussoit à toute outrance les Partisans du jeune Pepin. Quelques-uns furent pris, le reste fut dissipé, & Pepin se cacha. Pour Lothaire, il retourna à Aix-la-Chapelle, & fit sentir son indignation à plusieurs Seigneurs de la Forest d'Ardennes, qui avoient suivi le parti de ses freres.

[marg.: An. 843.]

Loüis & Charles se trouvérent à Vormes sur la fin de Septembre, & Lothaire vint à Thionville, pour y demeurer pendant les conférences de Metz. Par-là Lothaire contrevenoit à un des articles préliminaires qui estoit, que luy & ses deux freres se tiendroient également éloignez du lieu des conférences, afin que tout y fust réglé avec pleine liberté par les Députez de la Nation Françoise. Les deux Rois luy envoyérent représenter les suites fâcheuses de cette infraction; & après plusieurs difficultez qu'ils se firent les uns aux autres, il fut résolu qu'on ne s'assembleroit point à Metz, mais à Coblents. Les Députez des trois Princes s'y trouvérent au nombre de cent dix; & commencérent leur conférence le dix-neuviéme d'Octobre. Pour éviter les occasions de querelles entre les divers partis, on convint que les Députez de Charles & de Loüis demeureroient au delà du Rhin, & ceux de Lothaire en deçà, d'où ils venoient tous les jours à Coblents, & s'assembloient dans l'Eglise de S. Castor.

Les moyens de faire les partages à peu près égaux, faisoient tout le sujet & toute la difficulté des conférences. Il ne se trouvoit personne qui eût une connoissance assez exacte de la qualité des Provinces, des limites, des territoires, des revenus que produisoient les divers Etats, du nombre des Habitans, & de plusieurs autres particularitez, dont il faut estre instruit en pareilles occasions, pour l'avantage du Prince dont on doit ménager les interests. Après plusieurs projets que l'on fit sur ce sujet, Lothaire pressant fort la conclusion, parce que c'estoit à luy à choisir tel lot qu'il voudroit, il fut résolu du consentement de tous les trois partis, de remettre le partage à la S. Jean de l'année suivante & de prolonger la Tréve; & la prolongation en fut signée à Thionville, où tous les Députez se rendirent.

Il paroist que durant cet intervalle Charles demeura Maistre de la Neustrie, Lothaire de l'Austrasie, Loüis de toute la Germanie. Car Loüis aussi-tost après que la continuation de la Tréve fut signée, entra avec son Armée en Saxe, où les Esclaves s'estoient de nouveau révoltez contre leurs Maistres, punit ces rebelles, & en fit un carnage horrible. Pour Charles, il estoit demeuré à Chiersi sur Oise, & prit ce temps-là, pour épouser Hermentrude niéce du Duc Adelard.

[marg.: Nitardus Lib. 4.]

Ce mariage se fit autant par politique que par inclination. Adelard avoit esté très-puissant sous l'Empire de Loüis le Débonnaire, & s'étoit rendu extrémement agréable aux Seigneurs François; mais aux dépens de son Maistre par le grand nombre de Priviléges dont il les avoit fait gratifier; Priviléges qui augmentoient autant la puissance & l'indépendance des Seigneurs particuliers, qu'elle diminuoit l'autorité du Prince. Le crédit qu'Adelard s'estoit acquis par cette condescendance duroit encore, & estoit d'un grand poids pour le parti, en faveur duquel il se déclareroit. Ce fut la raison qui engagea Charles à épouser la niéce de ce Seigneur. Le mariage se fit au mois de Décembre à S. Quentin. Il y passa la Feste de Noël, & delà il alla à Valenciennes, où il partagea à plusieurs de ses Capitaines les postes importants d'entre la Seine & la Meuse; & alla passer le reste de l'hyver en Aquitaine, pour étouffer toutes les semences des révoltes que le jeune Pepin tâchoit toûjours d'y fomenter: mais dans l'estat chancellant où estoit alors l'Empire François, il s'en faisoit tout à coup de nouvelles, lorsqu'on s'y attendoit le moins, & il s'en fit alors une fâcheuse.

[marg.: Ibid.]

Le Comte Lambert autrefois Gouverneur de la Marche ou Frontiere de Bretagne, avoit toûjours suivi hautement le parti de Lothaire. Quelque-temps avant la bataille de Fontenay il avoit obligé de se soûmettre à Charles, le Duc de Bretagne n'ayant pas voulu se déclarer contre ce Prince. Charles receut Lambert avec beaucoup de bonté, lorsqu'il vint le saluer au Mans: mais son Gouvernement luy fut osté, & il fut donné au Duc Renaud natif d'Aquitaine.

[marg.: Registrum Monasterii Sancti Sergii Andegav.]

[marg.: An. 843.]

Lambert chagrin de se voir ainsi dépouillé, & persuadé qu'il feroit plaisir à Lothaire, entreprit de faire déclarer le Duc de Bretagne contre Charles. Ce Duc estoit Nomenoy que l'Empereur Loüis le Débonnaire avoit choisi, pour gouverner les Bretons à la place de Morvan qui avoit pris en se révoltant la qualité de Roy.

Tome I.   V u

Lambert vint à bout de ce qu'il avoit entrepris. Nomenoy se soûleva, & estant aussi-tost après tombé malade, il mit son fils Hérispée à la teste d'une Armée, qu'il envoya ravager le territoire de Rennes: Renaud vint au secours, & rencontra les Bretons à Messac proche de la Rivière de Villaine au-dessus de Rennes. Il les attaqua & les défit; Lambert avec d'autres Troupes suivoit de près le fils du Duc de Bretagne, & arriva dans le temps de la déroute. Il trouva les François en désordre, & débandez après les ennemis qu'ils poursuivoient, & il les chargea si vivement, & si à propos que tout vainqueurs qu'ils estoient, ils furent obligez de fuïr à leur tour. Beaucoup demeurérent sur la place, & entre autres le Duc Renaud. Le fruit de cette victoire fut la prise de Nantes, dont Lambert fut fait Gouverneur par le Duc de Bretagne.

1616.

A peine fut il en possession de ce Gouvernement, qu'il se broüilla avec le Duc qui le luy osta. Mais il ne fut pas long-temps sans s'en venger. * Il sçût qu'une grosse flote de Normans estoit sur les costes d'Aquitaine. Il les alla trouver, & leur offrit de leur faire surprendre & piller Nantes. Ils le suivirent, & un vent d'Occident fort propre pour entrer dans la Loire s'estant élevé, ils arrivérent inopinément à Nantes qu'ils prirent par escalades, & où ils mirent tout à feu & à sang. Ils firent des détachemens qui ravagérent l'Anjou & la Touraine. Ils emmenérent avec eux une infinité de prisonniers & un butin inestimable. Delà ils allérent faire descente en Guienne où ils firent de pareils désordres; & s'estant emparez d'une Isle que l'Histoire ne nomme point, ils firent ce qu'ils n'avoient encore osé faire sur les costes de France. Ils s'y arrestérent & y construisirent des barraques pour y passer l'hyver, tristes & funestes effets d'une Guerre Civile, qui contribuérent pourtant à avancer la Paix; car les trois Princes s'estant sur ces entrefaites rendus à Verdun où se devoit faire le nouveau partage, il se fit tranquillement, & de cette sorte. Loüis eut tous les Païs dépendans de l'Empire François au delà du Rhin, & de plus, les Villes & territoires de Spire, de Vormes & de Mayence, & par cette raison nous ne l'appellerons plus désormais Roy de Baviére, mais avec les anciens Auteurs, Roy de Germanie. Lothaire outre l'Italie & sa qualité d'Empereur eut tout le Païs d'entre le Rhin & l'Escaut, le Haynaut, le Cambresis, & quelques autres Comtez d'en deça de la Meuse, & depuis la source de cette Rivière jusqu'au conflant de la Saone & du Rhone, & depuis le conflant tout le Rhone jusqu'à la Mer avec les Comtez d'en deça, & d'au delà. Charles eut tout le reste de la France, & porta le nom de Roy de France. Les Princes se retirérent fort satisfaits, & se firent réciproquement de grands sermens de contribuer de tout leur possible à entretenir une bonne Paix.

L'Impératrice Judith n'eût pas la satisfaction de voir cette réconciliation; elle estoit morte à Tours le 19. d'Avril de cette mesme année.

* En cet endroit l'ancien Auteur du Manuscrit de S. Serge appelle le Païs Nantois, nouvelle Bretagne, marque que ce Païs-là ne fut compris sous le nom de Bretagne, que depuis que Nomenoy s'en fut emparé. Je croirois volontiers la mesme chose de Rennes, qui depuis le commencement de la Monarchie passa toûjours pour une Ville de France.

Regino in Chrnic.
Annal. Bertiniani.

Ce fut une Princesse d'un grand esprit & d'une grande habileté. L'autorité qu'elle se donna dans le Gouvernement luy attira du vivant de l'Empereur son mari, bien des ennemis & de grandes persécutions dont elle triompha toûjours. Ses envieux la chargérent de bien des crimes. L'Empereur Loüis le Débonnaire l'en crut, ou parut toûjours l'en croire très-innocente. La Cour est un Païs où la calomnie ose tout, & où la politique dissimule tout; c'est ce qui y rend tout de mystéres impénétrables.

Le Comte Bernard dont la faveur & la familiarité firent le plus de tort à la réputation de cette Princesse, ne luy survécut pas long-temps. Soit que par sa mort il eust perdu l'appuy qui le soustenoit encore, soit qu'il eust laissé trop découvrir les mauvais desseins que la conduite ambiguë qu'il avoit tenuë jusqu'alors, faisoit déja soupçonner, il fut arresté comme criminel d'Etat l'année d'après. Il estoit encore alors un des Gouverneurs de la Marche ou Frontiere Espagnole, & Duc de Languedoc. Le Comte Aizon dont j'ay parlé, qui à la faveur des Sarasins d'Espagne s'estoit fait un Etat indépendant de la France au delà des Pyrénées, qu'il avoit laissé en mourant à son frere Sanche comme un héritage de famille, fut un exemple, qui le tenta & le fit penser à se faire une Souveraineté de ses Gouvernemens. Mais le Roy le surprit en Aquitaine, & par le jugement d'une Assemblée des Seigneurs François, il eut la teste tranchée.

Annal. Bertiniani.

Cette mort loin de finir les troubles de l'Aquitaine les augmenta beaucoup: car Guillaume fils de Bernard s'estant emparé de Toulouse, fit révolter en faveur du jeune Pepin tout le Païs voisin des Pyrénées, & se croyant tout permis, pour venger la mort de son pere, il traita avec Abderame Roy de Cordouë pour en estre secouru. Ce Prince suivant sa politique & celle de ses prédécesseurs luy envoya des Troupes, qui en servant Guillaume désolérent tout le Languedoc.

Epist. Eulogii. Cordub. ad Viliesindum.

Le Roy alla mettre le siége devant Toulouse, * & voulant au pluftost venir à bout de cette entreprise, il envoya ordre à la plus grande partie des Troupes de son Etat, de le venir joindre à ce siége. Le jeune Pepin alla au devant de ce renfort, le rencontra dans l'Angoumois & l'attaqua si brusquement, qu'après très-peu de résistance, il le mit en déroute presque sans rien perdre. Les Chefs abandonnez de leurs Soldats périrent presque tous dans le premier choc. Le nombre des prisonniers fut très-grand. Pepin en relâcha plusieurs, après les avoir fait jurer qu'ils ne porteroient jamais les armes contre luy, & il garda les autres.

* Cette expedition de Toulouse est marquée dans les capitulaires le Chauve, p. 18. édit. Sirmondi.

L'Abbé Hugues fils de Charlemagne, & oncle du Roy fut tué aussi-bien que l'Abbé Rikbole fils d'une fille de Charlemagne, & cousin germain du Roy. Loup ce fameux Abbé de Ferrieres, Ebroïn Evêque de Poitiers, Ragenaire Evêque d'Amiens furent pris; on voit par là que durant ces Guerres Civiles, c'estoit plus la mode que jamais, que les Abbez & les Evêques allassent à la Guerre. Plusieurs Com-

Ann. Bertiniani. ad an. 844.

CHARLES LE CHAUVE.

tes & quantité de Nobleſſe eurent le meſme ſort que ces Abbez & ces Evêques. Ainſi le Roy fut obligé de lever le ſiege de Toulouſe.

Annal. Bertiniani.

Le Comte Lambert qui s'eſtoit raccommodé avec le Duc de Bretagne, ne donnoit pas de moindres inquiétudes à ce Prince. Ce Comte avoit ſurpris les Marquis du Mayne, c'eſt à dire les Comtes ou les Généraux qui commandoient dans la Marche ou Frontiere du Mayne du coſté de la Bretagne, & les avoit taillez en piéces aprés avoir forcé le Pont de la Riviére de Mayenne. Le Duc de Bretagne revint encore quelque temps aprés dans ce même Païs, il y miſt tout à feu & à ſang; & s'y ſeroit eſtabli ſans doute, ſi les avis qu'il receut que les Normans ménaçoient ſes coſtes, ne l'euſſent obligé de retourner chez luy.

*Annal. Fuldens. *Aujourd'huy le Mexlebourg.*

Le Roy de Germanie agiſſoit au delà du Rhin & de l'Elbe, avec plus de bonheur que Charles. Il dompta les Abodrites * qui s'eſtoient fait un Roy en ſe révoltant. Ce Roy fut tué dans un combat, & les rebelles contraints de recevoir les Ducs que Loüis leur donna pour les gouverner. Il ramena partie par force, partie par adreſſe, la pluſpart de ces Nations Germaniques qui avoient ſecoüé le joug, & les ſoûmit de nouveau à l'Empire François.

Pour l'Empereur Lothaire que ſes vaſtes deſſeins, & l'eſperance d'envahir les Royaumes de ſes freres avoient toûjours retenu en France, il commença à penſer aux affaires d'Italie qu'il avoit aſſez négligées juſqu'alors.

An. 844.

Le Pape Grégoire IV. eſtoit mort ſur la fin de l'année 843. & avoit eu pour Succeſſeur Serge II. qui fut élû le dixiéme de Février de l'année ſuivante. Si-toſt que Lothaire eut appris cette élection, il fit partir pour l'Italie le Prince Loüis ſon fils aiſné avec une Armée. Les motifs de ce voyage furent de faire couronner le jeune Prince Roy de Lombardie par le nouveau Pape, d'exiger l'hommage, & le ſerment de fidélité des Romains, ainſi qu'il ſe pratiquoit d'ordinaire à la création des nouveaux Papes; de maintenir à Rome les autres droits de l'Empereur, & de faire payer le tribut qui luy eſtoit dû par le Duché de Beneveñt, où il eſtoit arrivé de grands changements depuis la mort de Loüis le Débonnaire.

L'Armée de Loüis fit beaucoup de déſordres dans ſa route, principalement dans le territoire de Boulogne. Si-toſt que le Pape le ſçût arrivé à une mille de Rome, il en fit ſortir toute la Bourgeoiſie ſous les armes, pour aller au devant de luy, l'envoya complimenter de ſa part, & fit avancer une partie du Clergé avec la Croix & les Etendars de Rome. C'eſtoit la maniere dont avoit couſtume de recevoir alors les Empereurs. Le Pape l'attendit hors de la Ville ſur les degrez de l'Egliſe de S. Pierre. Ils s'embraſſerent l'un & l'autre & entrerent enſemble dans le veſtibule de l'Egliſe, le Prince tenant la main droite du Pape. Dans ce moment on ferma les portes de l'Egliſe par ordre du Pape, qui ſe tournant vers Loüis luy parla d'un air tout différent de celuy, dont ſes Prédéceſſeurs avoient juſqu'alors accouſtumé de parler aux Rois & aux Empereurs François. Si vous venez icy en bon Prince, luy dit-il, pour le bien des Peuples, les portes de cette Egliſe vous ſeront ouvertes ; que ſi vous avez quelque méchant deſſein, elles vous ſeront fermées à vous & à toute voſtre ſuite. Ces paroles du Pape à l'Empereur eſtoient l'effet de ſa défiance, de ſon chagrin pour les ravages que faiſoit l'Armée Françoiſe, & de ſon génie naturellement hautain.

Anaſtaſius.

Loüis répondit qu'il n'avoit aucune mauvaiſe intention. Et ſur cette aſſeurance le Pape fit ouvrir les portes de l'Egliſe. Ils y entrerent tous deux ſuivis d'un grand nombre d'Evêques, d'Abbez & de Peuple avec de grandes acclamations. On chanta quelques prieres, & aprés que le Pape eut donné ſa bénédiction à toute l'Aſſemblée, Loüis ſe retira à ſon Camp.

Le Pape toûjours dans la défiance avoit donné ordre que les portes de Rome demeuraſſent fermées, & pluſieurs Seigneurs luy ayant fait témoigner qu'ils auroient ſouhaité d'y entrer & d'y loger, il le leur refuſa. Loüis luy diſt que le principal ſujet de ſon voyage, eſtoit d'être ſacré par ſes mains Roy de Lombardie, & luy expoſa là-deſſus les intentions de l'Empereur ſon pere : le Pape luy témoigna qu'il le feroit avec joye, & le Dimanche ſuivant qui eſtoit le ſecond d'aprés la Pentecoſte, la cérémonie ſe fit avec beaucoup de pompe.

Quelques démonſtrations d'amitié & de reſpect qu'on affectaſt de ſe donner de part & d'autre, on y entrevoyoit de la défiance & du mécontentement. Cette fermeté avec laquelle le Pape parloit & agiſſoit, déplaiſoit à Loüis, qui de ſon coſté laiſſoit vivre ſes Troupes aux environs de Rome avec auſſi peu de diſcipline, qu'elles avoient fait dans le Boulonnois.

Les François eſtoient choquez du refus qu'on leur avoit fait de les admettre dans la Ville. Drogon Archevêque de Metz, * grand oncle de Loüis qui l'avoit ſuivi avec pluſieurs Evêques & Abbez de France par l'ordre de l'Empereur, eſtoit ſans ceſſe en conteſtation avec le Pape, & il naiſſoit à toute occaſion de nouveaux ſujets de querelle.

*Ibid.
* Quoique Metz n'ait jamais eſté qu'Evêché, on donne cependant dans noſtre Hiſtoire le titre d'Archevêque à Drogon à cauſe de la grande autorité que les Papes en conſideration de ſa naiſſance & de ſon mérite luy avoient donnée dans l'Egliſe de France. Il fit néanmoinspeu d'uſage de cette autorité, parce que les Evêques de France s'y oppoſerent Hincmar. Epiſt. 4.*

Depuis la mort de Charlemagne les Papes n'avoient pas toûjours pour ſes Succeſſeurs la meſme déférence qu'ils avoient eüe pour luy. Et Grégoire IV. eſtant venu en France ſans la permiſſion de Loüis le Débonnaire, en avoit uſé avec beaucoup de hauteur envers cet Empereur, & envers les Evêques du Royaume, qui de leur coſté en uſerent de meſme à l'égard de ce Pape.

Lothaire néanmoins n'eſtant que Roy de Lombardie du vivant de ſon pere, avoit aſſez fait valoir en pluſieurs rencontres l'autorité Impériale à Rome; & dés qu'il ſe fut accommodé avec ſes freres, il penſa à l'y maintenir : ce fut comme j'ay dit, un des motifs qui le déterminérent à y envoyer ſon fils avec une Armée. Une des plus grandes marques de cette autorité que ces Princes prenoient à Rome, eſtoit d'écouter les accuſations que l'on faiſoit contre les Papes, & de juger de leurs deffenſes. Ainſi

Tome I.

HISTOIRE DE FRANCE.

Eginard. in Annal.

fit Charlemagne pour les crimes qu'on imposoit au Pape Leon III. Ainsi avoit fait Loüis le Débonnaire qui envoya des Commissaires à Rome, pour connoistre de ceux dont on accusoit le Pape Pascal. L'Archevêque de Metz crut qu'il ne pouvoit rien faire de plus agréable à l'Empereur & à son fils, que d'obliger ainsi le Pape à leur rendre raison de sa conduite. Un très-grand nombre de Prélats d'Italie s'estoient rendus au Camp du Prince pour luy faire leur cour; & l'Archevêque les anima secretement à faire leurs plaintes contre le Pape, les asseurant qu'on les écouteroit.

L'Archevêque de Ravenne dont les Predecesseurs avoient eu divers différends avec les Papes, & l'Archevêque de Milan estoient à la teste de tous ces Prélats. Ils eurent pour celuy de Metz la complaisance qu'il demandoit d'eux. Ils présentérent des Requestes contre le Pape, & proposérent divers griefs. Le Pape répondit à tous avec une fermeté, une présence d'esprit, & une prudence qui confondit tous ses adversaires. Les Annales de S. Bertin, *Anastasius.* disent que dans l'Assemblée du Peuple & des Seigneurs Romains, l'Empereur fit déclarer que *An. 844.* son intention estoit, que désormais le Pape venant à mourir, on suspendist l'ordination de son Successeur, jusqu'à ce qu'on luy eust donné avis de la vacance du Siége, & qu'il eust envoyé des gens de sa part, pour y estre présents. Les désordres qui arrivoient, & les brigues qui se faisoient par les Seigneurs Romains dans les Elections, pouvoient estre un motif raisonnable pour ce Prince, de souhaiter que la chose se fit ainsi, & selon les mesmes Annales cette Ordonnance passa, mesme avant le couronnement du Prince Loüis.

L'Archevêque de Metz fit encore une autre proposition au Pape; qui fut que tous les Seigneurs Romains fissent serment de fidelité entre les mains du nouveau Roy de Lombardie. Le Pape répondit qu'il ne le permettroit pas; que ny luy, ny la Noblesse Romaine n'y consentiroient jamais, & que ce serment n'estoit dû *Anastasius.* qu'au seul Empereur auquel on ne refusoit pas de le faire. On n'insista pas davantage sur cet article. Les Seigneurs Romains en présence du Pape, du Roy de Lombardie & de tous les Evêques & Abbez, firent le serment dans l'Eglise de S. Pierre, & on le receut au seul nom de l'Empereur.

Le Pape refusa avec une égale fermeté le rétablissement d'Ebbon Archevêque de Rheims, que l'Archevêque de Metz luy demandoit de la part de l'Empereur. J'ai raconté comment Ebbon, déposé pour avoir esté à la teste des factieux qui avoient détrôné l'Empereur Loüis le Débonnaire, s'estoit fait rétablir après la mort de cet Empereur par Lothaire dans une Assemblée d'Evêques tenuë à Ingelheim sur le Rhin; mais quand le parti de Charles eut prévalu dans la Neustrie, il s'enfuït de Rheims, & après avoir esté long-temps caché, il alla à Rome avec le Prince Loüis, espérant obtenir son rétablissement par l'autorité du S. Siége, à la recom-
Anastasius. mandation de l'Empereur. Mais le Pape opposant les Canons à la sollicitation qu'on luy faisoit, déclara qu'il ne rétabliroit point un Evêque déposé par un Concile, & convaincu de plusieurs grands crimes. Il ne voulut pas même luy accorder de communier avec les Clercs, & il luy permit seulement de communier avec les Laïques. Cet Archevêque déposé fit encore dans la suite diverses tentatives, qui ne luy réüssirent pas mieux. Nonobstant ces refus, l'Archevêque de Metz se sépara assez content d'avec le Pape qui le fit avant son départ, son Vicaire dans toutes les Eglises des Gaules & de la Germanie.

Annal. Bertiniani. ad an. 844.

La derniére affaire que Loüis avoit à terminer en Italie, regardoit le Duc de Benevent. Ces Ducs estoient tributaires de la France depuis long-temps, & estoient fort puissants. Ils possédoient outre Benevent plusieurs autres Villes, & entre autres Salerne & Barri, & avoient eu de tout temps beaucoup de répugnance à se soûmettre au tribut. Grimoald que Charlemagne avoit investi de ce Duché, ayant esté tué par le Comte de Campso l'an 818. les Beneventins mirent en sa place un Seigneur nommé Sigon, sans attendre l'agrément de l'Empereur Loüis le Débonnaire alors regnant; néanmoins ce Duc fit si bien, qu'à force de présens & de soûmissions, il obtint sa confirmation de l'Empereur.

Sigon qui vécut peu, avoit eu Sicard pour Successeur. Celuy-cy ayant esté tué dans une sédition, laissa ce Duché en proye à l'ambition de divers Seigneurs qui prétendoient se faire élire Ducs. Adalgise & Siconulfe frere de Sicard, estoient les deux plus puissants des prétendants, & c'estoit durant les Guerres Civiles des trois Princes François, que ces désordres arrivérent. La seule autorité d'un Empereur qui n'eust pas esté occupé ailleurs, auroit fini ces différends; mais Lothaire avoit alors trop d'affaires en France, pour porter efficacement ses soins jusqu'aux extrémitez de l'Italie. Les Sarazins d'Afrique qui s'estoient rendus Maistres de la Sicile n'attendoient qu'une occasion de passer en Italie, & ce différend la fit naistre. Adalgise pour fortifier son parti, les appella, & Siconulfe se voyant sur le point d'estre accablé, eut recours aux Sarazins d'Espagne, qui en passant firent descente en Provence, où ils ravagérent tous les environs de la Ville d'Arles.

Les Sarazins d'Afrique se rendirent Maistres de Barri, Ville considérable sur le bord du Golfe de Venise, & Siconulfe fit entrer ceux d'Espagne dans Benevent, & dans la plusparts des autres Places de ce Duché. Le parti de Siconulfe prit le dessus, & il trouva moyen de faire sortir les Sarazins Espagnols de Benevent, tandis que les Africquains se conservoient toûjours la possession de Barri. C'estoit-là l'estat de ce Duché, lorsque Loüis vint avec son Armée en Italie.

Siconulfe ayant sçû les grandes forces qu'il *Anastasius.* avoit avec luy, vint le trouver auprès de Rome avec son Armée, fit hommage, reconnut l'Em- *Annal.* pereur pour son Souverain, & s'obligea de luy *Bertiniani.*

payer un tribut de cent mille sous d'or. La plûpart de ceux du païs qui tenoient encore contre Siconulfe, le voyant réüni avec la France, revinrent à luy, & prirent dès-lors la résolution de chasser les Sarazins de tout leur Duché; mais la chose estoit difficile, & l'Italie se vit long-temps depuis exposée aux cruautez de ces Infidéles, qui demeurerent en possession de Barri. Loüis après avoir mis ainsi ordre à tout, prit congé du Pape, & vint tenir sa Cour à Pavie, à l'éxemple des anciens Rois des Lombards.

Cependant les trois Princes revenus de ces animositez, qui leur faisoient compter pour rien tous les désordres & le bouleversement entier de l'Etat, aussi-bien que les insultes continuelles des Bretons, des Normands, & des autres Nations de la Germanie & du Nord, prirent sérieusement & de concert la résolution d'y mettre ordre. Après plusieurs Ambassades qu'ils s'envoyerent les uns aux autres, & une Assemblée de Seigneurs & de Prélats que Charles tint à Couleines * au païs du Maine. Ils se trouverent au mois d'Octobre à Juds * proche de Thionville, & y ayant renouvellé leurs anciennes protestations d'amitié, s'estant promis mutuellement de ne point se livrer à certains esprits broüillons & ennemis de la Paix, qui avoient fomenté trop long-temps leurs mesintelligences, de rétablir les affaires de l'Eglise dans leur premiere splendeur, de ne point donner les biens Ecclésiastiques à des Séculiers, ils envoyerent au jeûne Pepin, au Duc de Bretagne, & au Comte Lambert, ordre de se mettre à leur devoir, & de reconnoistre Charles comme Roy de France & leur Souverain, & les menacerent que s'ils ne le faisoient au pluftost, ils iroient tous trois avec leurs Troupes unies, les punir de tout le passé. La suite montra que ces menaces ne les étonnerent pas beaucoup. Mais durant que les Conférences se tenoient, les Normands firent de nouvelles descentes dans l'Empire François, qui chagrinerent fort ces Princes.

Colonia vide primam notam Sirmondi ad Capitula Caroli Calvi.
Judicium. Capitula Caroli Calvi. Vide Notam Sirmondi.

An. 844.
Annales Bertiniani.

Jamais cette Nation ne s'estoit renduë plus redoutable que cette année-là. L'Angleterre, la France & l'Espagne éprouverent sa fureur. Ils descendirent d'abord en Angleterre, où dans un combat qui dura trois jours, ils défirent les Anglois-Saxons; ils remporterent un très-grand butin de cette Isle, & y firent un horrible massacre des Habitans. Ce fut après cette expédition qu'ils revinrent en France. Ils entrerent dans la Garonne, monterent jusqu'à Toulouse, & en désolerent tous les environs. Ils furent moins heureux en Espagne; ils en furent repoussez en divers endroits, & battus dans les descentes qu'ils tenterent, & à leur retour une tempeste dont ils furent accüeillis, les fit presque tous périr avec leur butin: cela n'empescha pas cette Nation infiniment nombreuse, de mettre encore en Mer l'année suivante des Flotes plus grosses & plus fournies d'hommes, qu'elle n'avoit encore fait.

An. 845.
Annal. Bertiniani. Annal. Metens.

Leur Roy Héric attaqua en personne le Roy de Germanie, & ayant remonté l'Elbe avec six cens Voiles, força Hambourg, qu'il pilla, & ne fut repoussé qu'après avoir fait bien du dégast. Ils entrerent dans la Frise, où ils furent d'abord battus; mais ils eurent leur revanche, & gagnerent deux Batailles sur les Troupes Germaniques, dont ils firent un grand carnage.

Ils firent encore diverses tentatives sur les costes de Flandres & en Aquitaine: mais la plus considérable éxpedition fut celle d'un des Généraux de cette Nation nommé Regnier, qui estant entré dans la Seine avec six-vingt Vaisseaux, répandit la terreur par toute la France. Il monta jusqu'à Roüen, dont les Habitans faute de cœur ou de forces, n'oserent s'opposer à son passage, & luy ouvrirent leurs portes. Il profita de la consternation où il vit tout le païs, & s'avança jusqu'à Paris, qu'il trouva abandonné. Il entra la veille de Pasques dans cette Ville, & la mit au pillage aussi-bien que tout le païs d'alentour.

Annal. Bertiniani ad an. 845. Aimoinus, In Libro Miracul. S. Germani.

Le Roy estoit cependant retranché avec quelques Troupes à S. Denis, où il résolut d'aller présenter la bataille aux Normands; mais il en fut détourné par ceux de son Conseil, qui luy firent comprendre les conséquences de sa défaite, si elle arrivoit, & que tout le Royaume seroit perdu.

Le Général des Normands n'osant pas s'engager plus avant, & apprehendant mesme d'estre coupé à son retour, envoya proposer au Roy un Traité de Paix. Il demandoit qu'on le laissast se retirer avec tout son monde, tous ses Vaisseaux, & tout son butin sans le poursuivre; qu'on luy donnast pour luy & ses Soldats une somme d'argent, & à ces conditions il promettoit de ne plus entrer en France en ennemi & contre la volonté du Roy. La proposition de donner de l'argent parut honteuse au Roy, & il eut peine à s'y résoudre; mais la grandeur du péril & la désolation du Royaume luy furent représentez si fortement, qu'il y consentit.

Le Général Normand vint le saluer avec ses principaux Officiers. On leur fit délivrer sept mille livres pesant d'argent, & ils jurerent sur leurs Dieux & sur leurs armes, qu'ils ne reviendroient jamais dans le Royaume, que quand ils y seroient appellez pour le défendre contre ses ennemis.

Ibid.

Regnier estant retourné en Dannemarc, fit exposer devant le Roy Héric tout l'or & l'argent qu'il avoit apporté de France; luy raconta le pillage de Paris, & comme il avoit obligé le Roy de France à luy payer tribut. Il luy présenta les sept mille livres d'argent & la partie d'une poutre du Monastére de S. Germain des Prez, qu'il avoit fait scier exprès pour l'emporter, comme un monument de sa victoire. Il luy fit l'éloge de la richesse & de la fertilité du païs où il estoit entré, & luy dit en mesme temps que ce païs estoit habité par les hommes du monde les plus lâches; que le seul nom des Normands les avoit mis en fuite & leur avoit fait abandonner leurs plus belles Villes. Il ajoûtoit en raillant, qu'il avoit trouvé plus de résistance dans les morts que dans les vivans; que tout avoient fui, & qu'un seul vieillard mort avoit

HISTOIRE DE FRANCE.

fait sentir la pesanteur de son bras à quelques-uns de ses gens qui avoient pillé sa maison. Il parloit de S. Germain & de l'Eglise de ce Saint, où quelques-uns de ceux qui y estoient entrez pour la piller, furent punis de mort subite.

Au moment que Regnier faisoit cette raillerie, il tomba par terre, & commença à crier tout tremblant, qu'il voyoit S. Germain qui l'assommoit à coups de baston. Dans l'instant son corps s'enfla d'une maniere surprenante, & peu de jours après il expira parmi les plus horribles douleurs. Je ne voudrois pas cautionner universellement la vérité de je ne sçay combien de prodiges de cette nature racontez par nos anciens Auteurs ; mais Aimoin, Moine de S. Germain, plus ancien que l'Auteur de mesme nom dont nous avons une Histoire de France, proteste qu'il avoit appris celuy-là d'un Seigneur nommé Kobbon, Ambassadeur du Roy de Germanie auprès du Roy des Normands, que ce Seigneur estoit présent lorsque la chose arriva, & que le Général Normand luy avoit promis à luy-mesme, que s'il réchapoit de la maladie dont il estoit frappé, il se feroit Chrétien.

L. 1. Mirac. S. Germ.

Jamais la France n'avoit esté réduite à un si pitoyable état. Les Bretons paroissoient plus fiers & plus intraitables que jamais. La famine désoloit tout le Royaume. Guillaume fils du Duc Bernard, qui estoit maistre de Toulouse, soûtenoit toûjours le parti du jeune Pepin, & couroit avec les Sarazins qu'il avoit fait venir à son secours, sur les Terres de l'obeïssance du Roy. Il avoit fait une Ligue offensive avec le Comte Sanche, successeur d'Aison ce rebelle qui du temps de Loüis le Débonnaire, s'estoit saisi d'une partie de la Catalogne, & le Roy ne pouvoit pas estre secouru par ses freres. Loüis Roy de Germanie avoit besoin de toutes ses Troupes contre les Normands. La Provence s'estoit révoltée contre l'Empereur Lothaire, & le Duc Fulcrade qui l'avoit fait soûlever, vouloit s'en faire Souverain. Dans cette extrémité, Charles résolut de s'accommoder avec le jeune Pepin. Ils s'aboucherent à l'Abbaye de Fleuri sur la rivière de Loire entre Orleans & Blois. Pepin ennuyé d'un sort aussi incertain que le sien l'avoit esté jusqu'alors, ne se rendit pas difficile. Charles luy céda l'Aquitaine, à la réserve des Villes & des Territoires de Poitiers, de Xaintes & d'Angoulesme à charge d'hommage pour le reste, & il le fit jurer qu'il luy seroit désormais fidéle, comme un neveu devoit l'estre à son oncle, & qu'il luy fourniroit des Troupes, & viendroit à son secours toutes les fois qu'il seroit mandé. Après ce Traité, les Seigneurs qui s'estoient déclarez pour l'un ou pour l'autre parti, revinrent chacun dans leurs Terres ; ceux qui estoient de Touraine, de Poitiers, de Xaintes & d'Angoulesme entrerent au service du Roy, & les autres se soûmirent à Pepin.

Epist. Eulogii ad Vilfienfindum.

Annal. Bertiniani.

Ibid.

Charles délivré d'inquietude du costé d'Aquitaine, ne différa pas à porter ses armes en Bretagne contre le Duc Nomenoy, qui profitant des troubles de France, faisoit des courses dans le Maine, & avoit fort méprisé les menaces qu'on luy avoit faites de la part des Princes François. Ce Duc néanmoins n'estoit non plus tout-à-fait Maistre chez luy. Plusieurs Seigneurs de la Nation Bretonne s'opposoient au dessein qu'il avoit formé de se rendre entierement indépendant de la France : & ce fut ce parti qui obligea le Roy à haster cette éxpédition, par l'asseûrance que ces Seigneurs Bretons luy donnerent, qu'ils n'attendoient que son arrivée pour se joindre à luy, & l'aider à faire rentrer le Duc dans son devoir.

Annales Bertiniani. Lupus Ferrar. Epist. 31. 32. 33.

Sur cet avis, le Roy partit de l'Abbaye de Fleuri avec assez peu de Troupes : le Duc de Bretagne en ayant esté averti, vint au devant de luy, & le surprit dans le temps qu'il passoit des marécages sur les confins de Bretagne & du Maine, avec beaucoup de difficulté & d'embarras. Cette attaque imprévûë dans une telle circonstance, étonna les Soldats, & leur fit perdre cœur. Le Roy pensa y périr, & le bruit se répandit en France qu'il y avoit esté tué. Il se retira dans le Maine, pour y rassembler une nouvelle Armée.

L'Empereur fut plus heureux dans la Provence, qu'il remit presque toute entiere sous son obeïssance par la déroute des rebelles, & la Bohéme embrassant de son plein gré le Christianisme, donna au Roy de Germanie la plus grande asseûrance de sa fidélité, qu'il eust pû souhaiter. Le Roy des Bulgares qui avoit pris une pareille résolution luy envoya demander son amitié, & fit alliance avec luy.

Annales Bertiniani.

Ce furent là les principaux évenemens de l'année 845. L'année d'après, le Duc de Bretagne voyant entrer Charles avec une grosse Armée dans son païs, demanda la Paix & se soûmit. Les Normands firent encore des ravages vers Bourdeaux & vers Xaintes & dans la Frise. Leurs descentes estoient si subites, leurs courses si promptes, & leurs victoires si rapides, qu'on les voyoit presque en mesme temps en divers endroits, & qu'on les appréhendoit partout où ils ne voyoit pas,

An. 846.

Les Pirates Sarazins à l'exemple des Normands, harceloient aussi continuellement l'Empire François. Ils entrerent dans le Tybre, & vinrent piller l'Eglise de S. Pierre aux portes de Rome. Ils battirent quelques Troupes de l'Empereur, qui voulurent s'opposer à eux, & quelque temps après le jeune Roy de Lombardie estant venu les attaquer, fut entierement défait, & eut beaucoup de peine à gagner Rome, où il se sauva.

Annales Bertiniani.

Tous ces mauvais succès affoiblissoient extrémement l'autorité que les Princes François devoient avoir sur leurs Sujets, pour bien gouverner leurs Royaumes. Charles estoit le moins absolu des trois. Les deux plus considérables Corps de son Etat, celuy des Evêques & celuy de la Noblesse luy faisoient beaucoup de peine. Dès qu'il y avoit un moment de tranquilité, les Evêques s'assembloient aussi-tost en Concile, & le résultat estoit toûjours de demander au Roy la restitution des biens Ecclésiastiques envahis par la Noblesse, ou qui luy avoient esté abandonnez par le Prince mesme durant les guerres. La Noblesse ne s'accommodoit point de ce zéle des Evêques, & eut souhaité qu'on eust commencé la réforme de l'Etat & de l'Eglise Gallicane par d'autres points. Les uns & les autres murmuroient hautement quand on ne les écoûtoit pas. Les Evêques qui depuis Loüis le Débonnaire, s'estoient mis en possession de déposer leurs Souverains & de les rétablir comme ils le jugeoient à propos, sous prétexte de la prééminence de la puissance spirituelle au-dessus de la temporelle, estoient devenus par là redoutables ; & d'autre part, sans la Noblesse qui faisoit toute la force des Armées, le Roy eust esté le joüet de ses ennemis, & la victime de l'ambition de ses freres.

Dans cette opposition il considéra que les Evêques sans la Noblesse luy seroient fort inutiles, & qu'ayant la Noblesse pour luy, il n'avoit pas beaucoup à craindre des Evêques ; c'est pourquoy déférant aux instances des Seigneurs, il convoqua une Assemblée générale à Espernay sur la Marne pour le mois de Juin. Il s'y trouva grand nombre d'Evêques & de Seigneurs. Les Evêques ne manquerent pas de présenter à l'Assemblée les Canons ou Statuts qu'ils avoient faits dans divers Conciles ; & principalement dans celuy de Meaux l'année précédente, où s'estoient trouvez Venilon Archevêque de Sens avec ses Suffragans, Hincmar, qui de Moine de S. Denis avoit esté fait Archevêque de Reims, & plusieurs autres Prélats.

Les Seigneurs s'opposerent à la reception de ces Statuts, & sur tout à ceux qui ordonnoient la restitution des biens dépendans des Eglises, que plusieurs d'entre eux tenoient en bénéfice des Eglises mesmes, à charge de quelque redevance, & qui leur avoient esté donnez par le Roy sous cette condition. Leur raison estoit que toutes leurs Terres ayant esté ruinées par les guerres civiles, & le Roy estant luy-mesme dans l'impuissance de leur fournir d'autres moyens de subsister & de faire le service, ils ne pouvoient pas se dessaisir de ces biens sans l'abandonner ; qu'ils exposoient tous les jours leur vie pour le bien de l'Etat & de l'Eglise, & que l'un & l'autre sans eux seroient à la merci, non seulement des ennemis de la France, mais des idolatres mesmes, qui après avoir déja fait tant de descentes & de ravages, trouveroient enfin moyen de s'en emparer, & d'y établir le Paganisme sur les ruïnes de la Religion Chrétienne.

Ils dirent qu'ils ne prétendoient pas oster aux Evêques le pouvoir de faire des Réglemens dans leurs Synodes pour la réforme des mœurs ; mais qu'il n'estoit pas à propos que sous ce prétexte, ils se rendissent les seuls arbitres de l'Etat ; que les Seigneurs en estant le Corps le plus illustre & le plus utile, ils avoient droit d'examiner les Statuts des Evêques qui regardoient la Police & le Gouvernement, & qu'ils n'étoient pas obligez de se soûmettre aveuglément à toutes leurs décisions.

Ils firent ensuite une demande au Roy : sçavoir, qu'il leur fust permis d'examiner certains points sur lesquels le Concile de Meaux avoit prononcé, & qu'afin qu'ils le pussent faire avec plus de liberté, il ordonnast aux Evêques de sortir du lieu de l'Assemblée. Cette demande offença extrêmement les Evêques, & elle estoit en effet extraordinaire, & contre l'usage des Assemblées ; mais le Roy soit pour s'attacher la Noblesse, soit pour abbaisser les Evêques qui portoient trop loin leur autorité, & en avoient abusé plusieurs fois, accorda aux Seigneurs ce qu'ils demandoient, & les Evêques furent obligez de se retirer.

Alors les Seigneurs délibererent entre eux sur les Statuts du Concile de Meaux. Ils en choisirent dix-neuf, qui n'avoient rien de fort incommode pour eux, & leur donnerent l'autorité qu'avoient les autres Statuts qu'on lit encore aujourd'huy dans ce qu'on appelle les Capitulaires de Charlemagne, de Loüis le Débonnaire & de Charles le Chauve.

Quelque temps après cette Assemblée, l'union des Princes François qui leur estoit plus nécessaire que jamais, pensa estre rompuë pour deux sujets, dont l'un fut une chose fort offençante pour l'Empereur Lothaire, & l'autre estoit aussi un point d'honneur, sur lequel il estoit fort vif. Un Seigneur Vassal de Charles, nommé Gilbert, eut la hardiesse d'enlever une des filles de l'Empereur. J'ay déja remarqué que ces Princesses estoient assez ordinairement obligées de vivre dans le célibat, pourvûës de quelque Abbaye dont on les partageoit, ce qui les engageoit quelquefois, pour se mettre en liberté, à prendre des voyes indignes de leur rang. C'est ce que fit celle-ci, à l'exemple de quelques autres dont j'ay parlé dans les Régnes précédens. Ce Seigneur se retira en Aquitaine sur les Terres de Pepin, où il épousa la Princesse. L'Empereur crut que cette insulte ne luy avoit pas esté faite sans le consentement du Roy son frere, & en fut fort irrité. Mais Charles dans une entrevûë qu'il eut avec luy en présence du Roy de Germanie, luy ayant protesté qu'il n'y avoit eu nulle part ; il parut satisfait.

L'autre point estoit le rétablissement d'Ebbon dans l'Archevêché de Reims. Les tentatives de ce Prélat dépôsé avoient esté jusqu'alors inutiles. Reims estoit dans le Royaume de Charles, qui estoit aussi irrité contre Ebbon, que Lothaire, dont ce Prélat avoit toûjours suivi le parti, luy estoit affectionné.

Lothaire avoit obtenu du Pape Serge que l'affaire d'Ebbon fust de nouveau examinée, & que l'examen se fit dans un Concile qui se tiendroit à Tréves. Cette circonstance estoit avantageuse pour Ebbon, parce que Tréves estoit du Domaine de l'Empereur. Mais par malheur pour luy, le Pape mourut cette année-là mesme. Je ne sçay par quelle raison Ebbon n'osa comparoistre en ce Concile ; mais les Evêques assemblez à Paris, luy firent défense de faire aucune fonction Episcopale dans le Diocése de Reims ; & Hincmar sur la recommandation de Charles, obtint de Leon IV. successeur de Serge, d'estre confirmé dans la possession de l'Archevêché de Reims, avec le Pallium & toutes les autres prérogatives qu'il pouvoit souhaiter.

Ces choses réveilloient les anciennes animositez de Lothaire contre Charles; mais ces Princes avoient connu par trop d'expériences l'intérest qu'ils avoient à ne se plus ruiner les uns les autres, afin de pouvoir résister à leurs communs ennemis. Ainsi le Roy de Germanie les engagea tous deux à une nouvelle entrevûë, où il se trouva à Mersen sur la Meuse auprès de Maftric. Ils y furent accompagnez de quantité de Seigneurs des trois Royaumes, devant lesquels ils promirent de ne jamais se séparer les uns des autres, convaincus qu'ils estoient, que leur union estoit absolument nécessaire pour la conservation de l'Empire François.

Conventus ad Mariinain. Capitula Caroli Calvi. Vide Aubert. Miræum Codice Donation. Piarum, cap. 15.

Ils firent là de concert divers Réglemens, dont le plus remarquable est le neuvième, par lequel ils réglerent qu'après leur mort, leurs enfans seroient leurs successeurs dans leurs Etats; qu'ils auroient chacun le partage que leur pere leur auroit assigné, & que leurs oncles n'y auroient aucune prétention; à condition néanmoins que les fils du Roy mort auroient pour eux le respect & les égards, que la qualité de neveu les obligeoit d'avoir.

Cet article exactement observé, devoit empescher dans la suite bien des guerres. On faisoit passer comme en Loy, un point sur lequel plusieurs faits depuis l'établissement de la Monarchie, donnoient lieu de douter. La question estoit, si quand il y avoit plusieurs Rois de la Maison de France, un d'eux venant à mourir, celuy ou ceux qui restoient actuellement régnans, n'avoient pas droit sur le Trône vacant au préjudice des enfans du Roy mort, au moins quand ces enfans estoient en bas âge. Jusqu'alors il n'y avoit rien eu de réglé là-dessus, & c'estoit toûjours le plus fort qui l'avoit emporté. L'exemple de Charlemagne rendoit litigieux ce droit des enfans; car après la mort de son frere Carloman, il s'estoit saisi de son Royaume, & en avoit frustré les enfans de ce Roy: & mesme dans le partage qu'il fit de son Etat entre ses trois fils, il sembloit avoir remis la décision de ce différend à la discrétion & au jugement des Peuples par cette clause. *Que si quelqu'un de mes trois enfans laisse en mourant un fils, & que le Peuple le choisisse pour succéder à son pere, je veux que ses oncles y donnent leur consentement, & qu'ils le laissent régner dans l'Etat de son pere.*

Charta divisionis Imperii Carol. M.

Les enfans de Lothaire se trouverent les premiers dans ce cas quelques années après, & joüirent sans opposition du bénéfice de la Loy.

Les trois Princes avant que de se séparer, envoyerent des Ambassadeurs au Duc de Bretagne, & au Roy des Normands, pour les exhorter à entretenir la paix avec la France, & leur déclarer qu'ils les auroient tous trois pour ennemis, à la premiere hostilité qu'ils feroient sur leurs Terres. Le Duc de Bretagne qui fut battu trois fois cette année par les Normands, se fit un mérite auprès des Princes François de vivre en paix avec Charles. Mais

Annales Bertiniani ad an. 847.

les Normands firent comme auparavant: ils descendirent en Aquitaine, ravagerent toute la coste, & assiégerent Bourdeaux, tandis que d'autres de la mesme Nation se jetterent sur le Domaine de l'Empereur du costé du Rhin, & s'emparerent de l'Isle de Betau.

Les Princes François nonobstant leurs menaces, ne purent s'unir contre ces ennemis communs, qui les attaquant de tous costez, les tenoient chacun chez eux toûjours en haleine & en inquiétude. Le Roy de Germanie avoit outre cela une grosse guerre avec les Esclavons, desquels il avoit reçu l'année d'auparavant un grand échec: mais il eut sa revanche celle-ci, en défaisant leur Armée, & reprenant ce qu'ils avoient pris sur luy. A peine Lothaire pouvoit-il envoyer en Italie assez de Troupes, pour empescher les courses des Sarazins, qui vinrent encore jusqu'à Bénevent, & jusqu'aux portes de Rome, porter la désolation. Ceux d'Espagne cependant ayant perdu une grande bataille contre Ramire Roy de Leon, demanderent la Paix à Charles, qui reçut à Reims une Ambassade de la part de leur Roy Abdérame, & leur accorda volontiers ce qu'ils luy demandoient.

Ibid.

Cette Paix facilita à Charles l'expédition d'Aquitaine, où les Normands continuoient avec obstination d'assiéger Bourdeaux. Il surprit neuf de leurs Vaisseaux dans la Dordogne, & s'en rendit Maistre, il fit passer au fil de l'épée tous ceux qui estoient dedans, & obligea les autres à lever le siége; mais à peine fut-il sorti d'Aquitaine, qu'ils attaquerent de nouveau cette Place, la prirent par la trahison des Juifs, & la bruslerent après l'avoir pillée.

Chronic. Fontanell.

Bourdeaux n'estoient pas alors au Roy, mais à Pepin, en faveur de qui ce Prince avoit marché en Aquitaine. Les Seigneurs du païs attribuerent cette perte ou au peu d'application, ou à la lascheté de Pepin, & suivant leur inconstance ordinaire, ils résolurent par un consentement presque général de se donner au Roy de France. Ils le vinrent trouver à Orleans, où ils le saluerent comme leur Roy; le prierent de vouloir bien qu'on l'oignist & qu'on le sacrast en qualité de Roy d'Aquitaine. Il y consentit sans peine, il fut remis de cette maniere en possession de presque tout ce Royaume, & Pepin fut obligé de nouveau de se cacher, & d'errer, comme il avoit fait pendant plusieurs années. Quelque temps après, Gilbert qui s'estoit retiré dans ce païs-là après avoir enlevé la fille de l'Empereur, obtint de luy son pardon, & par la médiation de Charles & du Roy de Germanie, son mariage fut agréé de ce Prince.

An. 848.

Guillaume fils du Comte Bernard suivit toûjours le parti de Pepin, & s'empara par adresse de Barcelone & d'Empuries, Ville considérable de Catalogne sur le bord de la Mer, qui subsistoit encore, & qui fut depuis ruïnée par les Normands, & de nouveau long-temps après, par l'Armée de Philippe III. Roy de France. On n'entendoit alors parler de tous costez que de ces expéditions subites. Des Pirates de Grece vinrent

vinrent piller Marseille; les Sarazins en firent autant à Bénevent: Les Esclavons firent irruption sur les Terres du Roy de Germanie, & en furent repoussez: on eust dit que toutes les Nations conjurées contre l'Empire François pensoient à le piller & à le démembrer, comme les Barbares, quatre cens ans auparavant, avoient fait de l'Empire Romain. Lothaire nonobstant tout cela, continuant de s'abandonner à son esprit inquiet, faisoit sous-main tout ce qu'il pouvoit, pour engager le Roy de Germanie à se liguer avec luy contre Charles, & pour rompre, malgré tant de Traitez & de réconciliations, cette union, qui seule soûtenoit encore la France sur le penchant de sa ruine. Mais le Roy de Germanie ne voulut jamais l'écouter là-dessus, & l'obligea à renouveller encore l'alliance qu'il avoit tant de fois jurée avec Charles.

Annales Fuldens.

An. 849.

Parmi tant de maux dont la France estoit accablée, on avoit esté jusqu'alors en paix sur les matiéres de Religion; car la dispute touchant le culte des Images avoit esté assoupie, & malgré les désordres & la confusion qui régnoient dans l'Eglise Gallicane, l'Hérésie n'y avoit point eu d'accès: Un Moine entesté entreprit d'y en introduire une très-dangereuse, qui auroit esté une nouvelle source de division & de troubles, si la vigilance du Roy & le zéle des Prélats ne l'eussent étouffée dans sa naissance, & n'en avoient mis l'Auteur hors d'état de faire tout le mal dont il estoit capable.

Annales Bertiniani.

Ce Moine s'appelloit Gotescalc, & il estoit du Monastére d'Orbay au Diocèse de Soissons. Il se piquoit d'esprit, & n'en manquoit pas, il faisoit des Vers, & avoit grand commerce avec les Sçavans de ce temps-là, un desquels luy donne le nom de Fulgence, en récompense des loüanges qu'il en avoit receües luy-mesme. Il le flattoit par là, en faisant entendre qu'il estoit un zélé Disciple de saint Augustin, qualité dont ce Religieux se faisoit grand honneur; c'estoit d'ailleurs un homme hautain, inquiet, à charge à son Abbé & à ses Freres, par son esprit inconstant & volage, & qui donnoit en matiere de Religion dans toutes les nouveautez.

Vualfrid. Strabo.

Hincmar. Epist. 17. ad Nicol.

Ces nouveautez avoient quelque rapport à celles, que Luther & Calvin entreprirent de prescher dans le seiziéme siécle, & que nous avons vû encore renaistre de nos temps. Gotescalc n'en estoit pas le premier Auteur; car comme le remarque Hincmar Archevêque de Reims, en rendant compte au Pape Nicolas I. de la conduite qu'il avoit tenuë à l'égard de ce Moine, c'estoit en partie la mesme Hérésie que celle des Prédestinatiens, née en Afrique du temps de S. Augustin; quelques Sçavans en glissoient alors de pareilles erreurs dans leurs écrits & dans leurs entretiens, avant que Gotescalc eust levé le masque, & pris de là l'occasion de faire parler de luy dans le monde.

Epist. Synod. Conc. Mogunt.

Son Hérésie consistoit en général & principalement à dire, que Dieu nous prédestinoit au mal comme au bien, & qu'en vertu de cette prédestination au mal, il y avoit des hommes qui ne pouvoient empescher leur damnation; parce qu'ils ne pouvoient amender leur vie, ni se corriger de leurs erreurs & de leurs péchez; que Dieu n'avoit pas la volonté de sauver tous les hommes; que Jesus-Christ n'étoit pas mort pour tous, & que nul de ceux qui avoient esté rachetez du Sang de Jesus-Christ ne pouvoit périr. On luy imputoit encore d'autres erreurs sur le Mystére de la Trinité.

Hincmar. Epist. ad Nicol. I.

Il luy prit envie de faire le voyage d'Italie. Il s'arresta en passant chez le Comte Eberard Duc de Frioul, & beau-frere des trois Princes François, dont il avoit épousé la sœur nommée Gisele. Ce Seigneur faisoit profession de vertu, & d'exercer sur tout l'hospitalité envers les Moines. Gotescalc commença à dogmatiser dans la maison du Comte, & dans tout le païs. Notinge Evêque de Vérone en donna avis à Raban Archevêque de Mayence, ami particulier du Comte Eberard; l'Archevêque en écrivit fortement à ce Seigneur, & l'avertit du scandale qu'il causoit, en laissant prescher chez luy des erreurs, & en protégeant celuy qui les preschoit. Le Comte dont les intentions étoient fort droites, n'eut pas plustost esté instruit par l'Archevêque du caractére de ce Prédicateur & de sa mauvaise Doctrine, qu'il le chassa. Il fut obligé de sortir d'Italie, & s'en alla de là sans Mission prescher en Pannonie, en Dalmatie, & dans les quartiers de Germanie voisins des Alpes.

Amolo Lugdun. ad Gotescalc.

Annales Bertiniani.

L'Archevêque de Mayence ayant sçû que cet homme non seulement répandoit par-tout ses erreurs, mais encore qu'il écrivoit de tous costez aux personnes les plus distinguées de ce temps-là par leur doctrine, pour s'en faire des protecteurs & des partisans, crut qu'il falloit aller au devant du mal. Il le cita à un Concile qu'il assembla à Mayence, où il fut convaincu d'hérésie, & condamné comme Hérétique en présence du Roy de Germanie. Ce Prince & l'Archevêque jugerent qu'il falloit le renvoyer à son Metropolitain, qu'on instruisit par une Lettre de tout ce qui s'estoit passé, & de la Sentence prononcée dans le Concile, afin qu'il vist ce qu'il y avoit de mieux à faire pour la seûreté de la Religion, & pour la conversion de cet Hérétique.

Epist. Rabani ad Hincmar.

Ce Métropolitain estoit Hincmar Archevêque de Reims, qui l'ayant fait comparoistre à Chiersi, dans le Concile qu'il y assembla en présence du Roy Charles, le convainquit de nouveau d'Hérésie. Il y fut condamné à estre fustigé, & à une prison perpétuelle, & à jetter luy-mesme ses écrits au feu. De cette maniére on empescha l'Hérésie de se répandre.

Annales Bertiniani ad an. 849.

Néanmoins comme Gotescalc dans sa prison trouva moyen d'écrire des lettres à diverses personnes, qu'il rendit sensibles à son malheur, & que plusieurs Evêques du Domaine de Lothaire, n'avoient pas une affection plus sincére pour les Evêques du Royaume de Charles & de celuy de Loüis de Germanie, que leur Maistre en avoit pour ces Princes mesmes, les disputes s'échaufferent entre les Sçavants sur ce

Annales Bertiniani ad an. 849.

sujet. On écrivit en faveur de Gotefcalc contre les Archevêques de Mayence & de Reims. Il se tint dans le Royaume de Lothaire quelques Assemblées d'Evêques, qui attaquerent les décisions du Concile de Chiersi, & quoiqu'au fonds tous convinssent de l'essentiel des dogmes; on s'appliquoit de part & d'autre à donner aux expressions de ses adversaires, le plus mauvais sens dont elles estoient susceptibles. Ces anciennes querelles & l'affectation de ces Evêques à se contredire ainsi les uns les autres, ont donné lieu de nostre temps à une question, sur laquelle il n'y avoit jamais eu deux sentimens dans l'Eglise Catholique, depuis que ces disputes furent finies; sçavoir si Gotefcalc avoit esté Hérétique, ou si ce n'estoit pas la Doctrine de S. Augustin, pour laquelle il avoit souffert persécution. Un sçavant Protestant a entrepris de justifier Gotefcalc. D'autres Docteurs, à qui il n'est pas fort honorable, d'avoir en tant de rencontres, des Protestans pour guides ou pour approbateurs en matière de Doctrine, ont pris avec grande ardeur ce parti. Ce n'est pas à un Historien à entrer en ces sortes de controverses. J'ay rapporté simplement les faits comme je les ay trouvez dans les anciens Auteurs. Je feray seulement une réfléxion propre de mon Histoire. C'est que dans toute la suite de cette affaire, je n'ay apperçû aucun intérêt qui obligeast Raban Archevêque de Mayence & Hincmar Archevêque de Reims, & plusieurs autres Prélats qui assistèrent aux Conciles de Mayence & de Chiersi, à persécuter injustement le Moine Gotefcalc, & que d'ailleurs ces deux Prélats estant des plus habiles, des plus sçavans, & des plus grands esprits de leur temps, il n'y a guéres de raison de se persuader, qu'ils se soient trompez dans le jugement qu'ils porterent de sa Doctrine, en présence l'un du Roy de Germanie, & l'autre du Roy de France : car ces deux Princes qui regarderent le progrès de ces nouveautez comme très-dangereux à leur Etat, voulurent assister en personne aux Conciles, où cette cause fut jugée, & en appuyérent les décisions.

Usserius.

Tandis que le Roy de France & celuy de Germanie assembloient des Conciles dans leurs Royaumes pour le bien de la Religion & la tranquillité de l'Etat, Nomenoy Duc de Bretagne en tenoit aussi dans son Duché; mais dans des vûës toutes différentes, & d'une maniére extrêmement irrégulière.

Dans le dernier Traité de Paix qu'il avoit fait avec la France, il avoit souhaité que le Roy reçût en grace le Comte Lambert, en luy pardonnant toutes ses révoltes. Il connoissoit l'habileté de cet homme dans la guerre & dans les affaires, & il le craignoit luy-mesme; ainsi sous prétexte de mieux entretenir la paix que l'inquiétude de Lambert pourroit rompre, il convint avec le Roy, qu'au lieu du Gouvernement de la Marche-Bretonne que ce Comte avoit long-temps possédé, on luy en donneroit un autre ailleurs, & cela se fit ainsi. Lambert dont l'esprit remuant ne s'accommodoit

Epist. Concil. Turon.

guéres d'une vie tranquille, entra dans quelque nouvelle intrigue qui fut découverte; de sorte qu'il fut encore obligé de quitter le Royaume, & chercha à son ordinaire un refuge chez le Duc de Bretagne, qui estoit presque aussi inquiet que luy, & qu'il n'eut pas de peine à engager de nouveau à faire la guerre à la France.

Il l'entreprit, & la poussa avec plus d'avantage que jamais. Il se rendit Maistre de Nantes & de Rennes, se saisit de l'Anjou & du Maine jusqu'à la riviere de Mayenne, & remit le Comte Lambert en possession de son ancien Gouvernement dans la Marche-Bretonne, après que ce Seigneur luy eut juré un parfait dévoüement à ses intérêts. Ce succès enfla tellement le courage du Duc de Bretagne, que secoüant absolument le joug & la dépendance de la France, il pensa tout de bon à exécuter le dessein qu'il avoit depuis long-temps, de prendre le titre de Roy. Il prévit des obstacles à ses prétentions du costé des Evêques de Bretagne, dont il s'estoit attiré la haine par les véxations fréquentes qu'il faisoit aux Eglises. Il résolut de s'en défaire, & un de ses Ministres luy en suggéra un moyen qui luy plût, tout violent qu'il estoit. Ce fut de leur faire entendre qu'on les accusoit de beaucoup de crimes; que le Duc avoit fait venir exprès d'ailleurs des Evêques, devant lesquels on porteroit les accusations, & qu'on alloit leur faire leur procès; que s'ils se trouvoient coupables, il leur feroit couper la teste sans remission; mais que s'ils avoüoient leurs crimes, il leur pardonneroit.

Capitula Car. Calvi. Chronic. Fontanell.

Ces Evêques estoient ceux de Vannes, d'Alet, aujourd'huy S. Malo, de Quimper, & de Leon. Ils furent fort consternez de ce dessein du Duc, dont le Ministre luy-mesme leur fit une fausse confidence, & ils promirent de faire tout ce qu'on souhaiteroit d'eux. Le Duc assembla les Evêques qu'il avoit fait venir; l'Histoire ne dit point qui ils estoient. Ce fut dans le Monastére de S. Sauveur de Dol que se tint ce prétendu Concile. Plusieurs faux témoins déposerent contre les Evêques Bretons, qui n'osant se défendre, demeurerent convaincus de Simonie, d'avoir obtenu leur Evêché à force de présens, d'avoir conféré les Ordres pour de l'argent, & de tous les autres crimes dont on voulut les charger. Les Evêques Juges les déposerent, & leur osterent leurs anneaux & les autres marques de leur dignité. On leur laissa la liberté de se retirer en France, où ils vinrent se jetter entre les bras du Roy.

Le Duc nomma d'autres Evêques à leur place, par lesquels il se fit sacrer Roy; mais comme il estoit bien persuadé que l'Archevêque de Tours Metropolitain de Bretagne refuseroit de les consacrer, il fit ériger par le Concile trois nouveaux Evêchez; celuy de S. Brieu, celuy de Tréguier, & celuy de Dol, dont l'Evêque fut fait Archevêque & Métropolitain de Bretagne. A la fin de ce Concile, le Duc fut sacré Roy de Bretagne par les Evêques.

Chronic. Nannetens. dans la nouvelle Histoire de Bretagne. T. 1.

Ceux qui furent déposez n'avoient pas eu

CHARLES LE CHAUVE.

Epist. Leon. IV. ad Epist. Britann.

plustost avis du dessein que le Duc formoit contre eux, qu'ils avoient écrit à Rome au Pape Leon IV. pour le consulter sur deux points. Le premier, de quelle peine il falloit user envers les Evêques accusez de Simonie; & le second, par qui ils devoient estre jugez, & combien il falloit de témoins pour les condamner. Leur dessein estoit d'avoir une réponse du Pape, & de la présenter au Duc, afin qu'on gardast à leur égard les procédures prescrites par les Canons, pour la condamnation des Evêques. Mais la Lettre du Pape n'arriva qu'après leur déposition.

Le Duc avoit pareillement écrit au Pape, & le Pape luy récrivit aussi; mais se doutant ou ayant esté averti qu'il y avoit dans la Lettre du Pape quelque chose qui ne luy plairoit pas, ou plustost choqué de ce que le Pape avoit adressé sa Lettre non pas à luy immédiatement, mais aux Evêques de France, pour la luy envoyer, il refusa de la recevoir.

Concil. Turon. 4.

Les Evêques de France assemblez à Tours luy écrivirent, pour luy représenter l'injustice de sa conduite, les violences qu'il avoit exercées contre les Eglises, & son infidélité envers le Roy, en recevant dans ses Etats le Comte Lambert rebelle & ennemi de l'Etat. Ils luy déclaroient que si Lambert ne rentroit au plustost dans son devoir, ils alloient excommunier, & tous ceux de la Nation Bretonne qui voudroient le soûtenir. Ils offrirent au Duc leur médiation pour faire sa paix avec le Roy, luy promettant de faire asseûrer à ses enfans la possession du Duché de Bretagne: mais le Duc se moqua de toutes ces menaces & de toutes ses promesses.

Les mouvemens d'Aquitaine ne permettoient pas de mettre les Bretons à la raison, & les entreprises des Bretons empeschoient qu'on ne vinst entièrement à bout des rebelles d'Aquitaine. La Ville de Toulouse se révolta de nouveau, ce qui obligea le Roy d'y conduire luy-mesme une Armée qui la soûmit. Le Duc Guillaume fils du Comte Bernard, toûjours partisan de Pepin, avoit, ainsi que je l'ay déja dit, surpris Barcelone. Mais ayant esté peu de temps après battu par les François, & s'estant sauvé dans cette Ville-là, il s'y fit une sédition excitée par quelques Habitans attachez au parti de France, & il y fut tué.

Chronic. Fontanell.

Ce fut une grande perte pour Pepin. Il en fit encore une autre dans le mesme temps, par la prise de son frere Charles, qui estant en chemin pour l'aller joindre, fut enlevé & conduit au Roy. Ce jeune Prince, dont l'Histoire jusqu'alors n'avoit rien dit, accepta pour sauver sa vie, la condition qu'on luy proposa, de se faire d'Eglise. On luy fit faire dans une Assemblée que le Roy tint à Chartres, une renonciation entière à toutes ses prétentions sur l'Aquitaine; il déclara que c'estoit de son propre mouvement qu'il embrassoit l'état Ecclésiastique. Sur cette déclaration, on luy coupa les cheveux, les Evêques sur le champ le benirent, & on luy donna les ordres.

Ces heureux succés d'Aquitaine, où il ne

paroissoit presque plus d'ennemis, n'empescherent pas les Normands de prendre & de piller Perigueux, d'où ils retournerent rejoindre leurs Vaisseaux, sans que personne dans un si long espace de chemin, osast entreprendre de les couper.

Annales Bertiniani. ad an. 849.

Loüis de Germanie reçut aussi un grand échec des Esclavons, contre lesquels il avoit envoyé une Armée, qui fut défaite à plate-couture: mais ce qui se passa dans le Domaine de l'Empereur Lothaire, quoiqu'en son absence, mérite d'estre raconté avec plus de détail.

ibid.

Les Sarazins toûjours maistres de la Sicile & de la Ville de Barri, dans le continent d'Italie, y faisoient leurs ravages ordinaires, & tenoient toutes les costes dans de perpétuelles allarmes. Ils pillerent cette année-là la Ville de Lune en Toscane, & toute la coste, jusqu'en Provence. Mais ils avoient de plus grands desseins.

An. 849.

Le Pape Leon IV. avoit quelque temps auparavant fait relever les murailles de Rome; où il y avoit plusieurs bréches, & l'avoit mise en état de n'estre pas insultée. Il avoit fortifié les portes, & ajoûté quinze Tours dans tout le circuit de la Ville. Il en avoit fait élever deux très-fortes sur les deux bords du Tybre du costé de la Mer, & avoit fermé en cet endroit-là l'entrée de la Ville avec des chaînes; de sorte que le moindre Vaisseau ne pouvoit passer sans permission. Ces sages précautions ne luy furent pas inutiles; car le véritable dessein des Sarazins, qui avoient pillé les costes de la Ligurie, estoit de venir forcer Rome avec leur Flote.

Anastasius.

Le Pape s'en doûta, & en donna avis à l'Empereur, qui appréhendoit trop une semblable déscente en Provence, pour donner aux Romains un grand secours; mais il leur en vint un qu'ils n'attendoient pas. Les Villes de Naples, d'Amalphi & de Gayete, pour n'estre pas surprises, avoient équipé chacune une Flote, sur le bruit de l'approche de celle des Sarazins, & ayant eu depuis des avis certains que les Sarazins en vouloient à Rome, les trois Flotes se joignirent, & vinrent à l'embouchûre du Tybre s'offrir aux Romains pour les défendre.

Fragmenta Epist. apud Gratian.

Leur arrivée surprit le Pape, & luy donna mesme de la défiance, ces Villes depuis longtemps n'estant pas fort amies des Romains; mais elles regardoient moins en cela l'intérest de ceux-ci, que le leur propre, prévoyant le danger où elles seroient, si Rome succomboit.

Dés qu'ils eurent donné avis de leur arrivée, le Pape inquiet & flotant entre la joye & la crainte, envoya saluer les Généraux, & les pria de luy députer quelqu'un de leur part, pour l'asseûrer plus particulièrement des bonnes intentions qu'ils paroissoient avoir, & pour prendre les mesures sur la manière de résister aux Sarazins, en cas qu'ils en voulussent à Rome.

Cesaire fils du Généralissime de la Flote, vint trouver le Pape, & l'asseûra que l'unique dessein qui les amenoit, estoit de défendre

Rome contre les Sarazins, qu'on sçavoit devoir incessamment arriver à l'embouchûre du Tybre, & que tout ce qu'il y avoit de Soldats sur la Flote estoient résolus à donner leur vie pour la défense de l'Eglise des Saints Apôtres.

Anastasius. Le Pape sur cette asseûrance, partit luy-mesme de Rome, & vint à Ostia, accompagné d'un assez grand nombre de Troupes. Il y fut reçû avec toutes les marques de respect qu'il eust pû souhaiter. Les Généraux luy baiserent les pieds, & luy réiterérent les protestations qu'on luy avoit déja faites de leur part, de répandre jusqu'à la derniere goute de leur sang pour la défense de l'Eglise Romaine. Il leur en témoigna une extrême reconnoissance, loüa leur zéle, & les exhorta à se préparer au combat par la Confession de leurs péchez & par la Communion. Ils luy obéïrent. Le Pape célébra la Messe à Ostie, & il communia de sa main presque toute l'Armée.

Le jour d'après cette cérémonie, le Pape estant retourné à Rome, la Flote Sarazine parut. Les Chrétiens rangerent aussi-tost la leur en bataille, & allerent affronter l'ennemi, qui après quelque résistance, fut rompu. Ils commençoient à poursuivre vivement leur victoire, lorsqu'il s'éleva un vent violent qui fit finir le combat. La Flote Chrétienne se retira dans le Port d'Ostie, & la Sarazine qui n'avoit point de lieu de refuge, demeura exposée à une des plus violentes tempestes, qu'on eust vûë depuis long-temps sur cette Mer.

Cet événement fut regardé comme un coup du Ciel, qui voulut perdre ces ennemis du Christianisme, sans qu'il en coûtast presque rien aux Chrétiens. La plus grande partie de la Flote des Sarazins fut brisée contre la coste, quelques Vaisseaux échoüerent aux Isles voisines, où l'on fit main-basse sur tous ceux qui s'y sauverent. Un grand nombre d'autres furent pris & amenez à Rome, où l'on en fit pendre une partie : on mit le reste à la chaîne, & on s'en servit pour un travail que le Pape méditoit depuis long-temps, qui estoit de faire une enceinte à l'Eglise de S. Pierre, & de la joindre à la Ville par des murailles de communication. C'estoit un dessein que Leon III. avoit commencé d'exécuter plus de quarante ans auparavant, ayant déja fait jetter des fondemens en divers endroits. Le Pape en faisant part à l'Empereur de la défaite des Sarazins, luy communiqua ce projet. Non seulement il l'agréa; mais il exhorta fort le Pape à l'exécuter, & malgré le mauvais état des affaires de France, luy & les Rois ses freres y contribuerent de leur épargne. Cet ouvrage fut achevé en quatre ans. Ce grand espace fut bien-tost rempli de maisons, & c'est cette partie de la Ville de Rome, qu'on appelle encore aujourd'huy du nom de son Fondateur, la Ville Leonine.

An. 850. *Annales Bertiniani.* L'année d'après la déroute dont je viens de parler, les Sarazins se vangerent sur la Provence, où ils mirent tout à feu & à sang, & pillérent la Ville d'Arles, & Lothaire fut aussi obligé d'abandonner aux Normands l'Isle de Betau, n'ayant pû les en chasser.

Les Bretons & le Comte Lambert, qui pendant l'hyver avoient fait la Paix ou une Tréve avec la France, & avoient rendu Nantes & Rennes, recommencerent la guerre au printemps, & reprirent ces deux Places. Enfin la mort du Duc de Bretagne délivra la France d'un des plus dangereux & des plus opiniastres ennemis qu'elle eust eu jusqu'alors. Il laissa la Principauté de Bretagne augmentée des Villes de Rennes & de Nantes à son fils Hérispée, qui n'eut pas moins de courage & d'ambition que luy. La mort du Comte Lambert tué quelque temps après par un de ses ennemis, vangea aussi le Roy des révoltes & des perfidies de ce Comte, qui avoit esté d'abord le premier Ministre de l'Empereur Loüis le Débonnaire, & celuy sur lequel ce Prince se reposoit de la plus grande partie des soins du Gouvernement ; mais qui ayant vû sa place occupée par le Comte Bernard, s'employa pendant tout le reste de sa vie, à broüiller continuellement dans l'Etat, & fut par là un de ceux qui contribuerent le plus à la ruïne de l'Empire François. *Chronic. Fontanell.* *An. 851.*

La mort du Duc de Bretagne fit espérer au Roy, qu'il trouveroit désormais plus de facilité à soûmettre la Nation, & à la contenir dans le devoir. C'est pourquoy après avoir renouvellé à Mersen auprès de Mastric, le Traité d'alliance avec l'Empereur & le Roy de Germanie, il conduisit une Armée en Bretagne contre Hérispée. Ce Duc reçut les François avec une résolution, à laquelle on ne s'attendoit pas. La bataille se donna, & fut très-sanglante. Les François furent défaits avec grand carnage, beaucoup de Seigneurs, de Ducs, de Comtes furent faits prisonniers, & le Roy contraint de prendre la fuite, se retira en Anjou. On parla de Paix. Le Duc vint trouver le Roy à Angers, où elle fut concluë à des conditions fort glorieuses au Duc. On luy céda Rennes, Nantes & Rets, Villes dont il estoit déja en possession. Le Roy consentit qu'il portast le Diadême & les autres marques de la dignité Royale, à condition cependant de l'hommage, que ses prédécesseurs avoient toûjours rendu à la France. Ce Prince & son successeur ont esté les deux seuls que la France ait reconnus authentiquement pour Rois, à l'aveu mesme de l'Historien de Bretagne si zélé pour asseûrer ce titre à ceux, qui ont gouverné ce païs sous la premiere Race de nos Rois. On ne trouve plus dans l'Histoire après ces deux Princes, que des Comtes & des Ducs de Bretagne, & vingt-six ans après cette Paix, Charles le Chauve devenu Empereur, fit à Chiersi un Decret en ces termes : » Pour ce qui est du Titre de Royaume accordé aux Bretons par nécessité, & confirmé par serment, que nos fidéles ne le reconnoissent plus ; parce qu'il n'y a plus de descendans de ceux à qui il fut accordé. *Secundus Conventus ad Mersnam. In Capitul. Car. Calvi.* *Chronic. Fontanell.* *Annales Bertiniani. Regino.* *D'Argentré.* *Capitula Caroli Calvi apud Catisiacum.*

Le Prince de Bretagne fut redevable d'un Traité si avantageux, non seulement à sa valeur ; mais encore aux diversions ordinaires que les Normands faisoient dans le Royaume. Ils pillerent Gand, ils entrerent dans la Seine, *Annales Bertiniani. Chronic. Fontanell.*

& vinrent de nouveau saccager Roüen, d'où ils eurent la hardiesse d'aller par terre jusqu'à Beauvais; mais au retour ils furent surpris par les François & entierement défaits. Ceux qui se sauvérent se cachérent dans les bois & regagnérent ensuite la Seine, & remontérent sur leurs vaisseaux pour retourner en leurs Païs.

An. 852.

Vide Notas Sirmond ad cap. Car. Cal. p. 16.

L'année suivante également funeste à l'Empire François, par les descentes & les pillages réïterez de ces pirates & du costé de la Seine, & du costé de l'Escaut fut au moins heureuse en un point pour le Roy, ce fut par la prise de Pepin, qui depuis tant d'années entretenoit toûjours la révolte dans l'Aquitaine. Il fut pris par Sanche Comte de Gascogne, & livré au Roy. Ce Prince luy fit couper les cheveux, & le renferma dans le Monastere de S. Médard de Soissons: mais la joye qu'il eut de cette prise fut bien temperée par la perte de Barcelone, qui fut livrée aux Sarazins par la trahison des Juifs, & ou tous les Chrétiens furent passez au fil de l'épée. Il ne tint qu'à Loüis Roy de Lombardie, que Lothaire son pere avoit associé à l'Empire deux ou trois ans auparavant en l'an 849. d'avoir sa revanche sur les Sarazins; mais l'amour de l'argent fut un obstacle à sa victoire, & luy enleva une conqueste, qui luy auroit acquis une gloire infinie dans toute l'Europe. Voicy comme la chose se passa.

Annales Bertiniani Mabillon. in diplomat. pag. 436. & 440.

Ibid.

Les Sarazins s'estoient rendus Maistres de Benevent, & l'estoient toûjours de la Ville de Barri: Loüis qui avoit une Armée assez considérable en Italie, eut ordre de l'Empereur son pere d'assiéger cette place. Il le fit, poussa le Siége avec toute la vigueur possible, & se prepara à y donner l'assaut par une très-grande breche, que les machines avoient faites à la muraille.

Il avoit tout disposé pour l'attaque, qui se devoit faire sur le soir. On estoit sur le point de donner, lorsque quelqu'un luy representa que cette Ville-là estoit le magasin des Sarazins, & le lieu où ils avoient retiré la plus grande partie du butin qu'ils avoient fait depuis quelques années dans l'Italie; que la place estant emportée d'assaut, on ne seroit pas Maistre du Soldat qui la brusleroit, & pilleroit tout pendant la nuit; qu'on avoit besoin d'argent pour le payement des Troupes; qu'il falloit sauver la meilleure partie de celuy qui estoit dans la Ville; que les Sarazins se voyant prests d'estre emportez, se résoudroient à capituler, & qu'il falloit au moins differer l'assaut jusqu'au lendemain matin. Ce jeune Prince se rendit à ses remontrances, & fit retirer les Troupes.

Les Sarazins agreablement surpris de cette retraite ne perdirent pas le temps, & firent de si prodigieux travaux pendant la nuit, embarrassérent la breche de telle maniere avec des pallisades & des poutres mises en travers, & firent de si forts retranchemens, que le lendemain l'assaut parut impossible, & la résistance qu'ils firent depuis fut si opiniâtre, qu'il fallut se résoudre à lever le Siége.

Cependant les ravages continuoient toûjours dans le Royaume de France. Nantes, la Touraine, Angers, Blois, tous ces beaux Païs de la Riviére de Loire estoient en proye aux Normans, & les Souverains François au lieu d'exécuter tant de Traitez faits entre eux pour se secourir les uns les autres, se broüillérent de nouveau. Les Mécontens d'Aquitaine dont le parti n'avoit pû encore estre entierement abbatu, profiterent de l'éloignement de Charles occupé dans la Neustrie à appaiser les dissentions des Evêques, & à tenir des Conciles: & ce parti qui avoit à sa teste les parens d'un Seigneur nommé Gausbert que le Roy avoit fait mourir, prévalut tellement, qu'il se fit une révolte presque générale. Les Seigneurs du Païs dans une Assemblée qu'ils tinrent, résolurent de déposer leur Souverain; & ils députérent des principaux de leur corps vers le Roy de Germanie, afin de luy demander le Prince Loüis son fils, pour le faire leur Roy.

An. 853. 854.

Ils prévirent bien que le Roy de Germanie, quand mesme il auroit envie de leur accorder leur demande, ne manqueroit pas de leur faire de la difficulté sur leur inconstance, & de vouloir prendre des précautions pour la seureté de son fils. C'est pourquoy ils joignirent à leurs Députez, des ostages qui devoient demeurer en Germanie, jusqu'à ce que le Prince fut paisible possesseur de la Couronne d'Aquitaine. Ils ajoutérent que s'il leur refusoit son fils, il les obligeroit à se donner ou aux Normans, ou aux Sarazins.

Annal. Fuldens.

Ils prirent parfaitement bien leur temps. Le Roy de France & celuy de Germanie, estoient broüillez depuis peu sur quelques contraventions faites aux anciens Traitez. De sorte que les Députez trouvérent le Roy de Germanie très-facile à leur accorder ce qu'ils luy demandoient. Le jeune Prince partit avec eux, & arriva en Aquitaine, où il fut receu avec l'applaudissement de presque toute la Nation, qui ne fut pas long-temps sans s'en repentir; car le Roy ayant passé la Loire avec une Armée vers le commencement du Caresme, mist tout à feu & à sang dans une grande partie du Païs. Alors le Roy de France & le Roy de Germanie firent tous leurs efforts, pour engager l'Empereur leur frere chacun dans son parti, ou du moins pour qu'il demeurât neutre. Il les tint toute cette année dans de continuelles inquietudes, soit par politique, soit par son inconstance naturelle, paroissant tantost pencher d'un costé, & tantost d'un autre.

Annal. Bertinian.

An. 854.

Un nouvel incident augmenta les troubles d'Aquitaine. Pepin qui s'estoit fait malgré luy Moine de S. Médard à Soissons, ayant eu nouvelle de la révolution, trouva moyen de s'enfuir du Monastere, & parut tout à coup en Aquitaine, où la plus grande partie de la Nation se déclara pour luy.

Loüis soustenu de la puissance de son pere estoit plus à craindre pour le Roy que Pepin. C'est pourquoy sans s'embarrasser de celuy-cy, qui n'avoit point d'autre ressource ny d'autre appuy que le caprice d'un Peuple inconstant, il s'attacha uniquement à ruiner le parti du jeune Prince, & marcha droit à luy pour le combattre.

Pepin qui connoissoit la haine que les Aquitains avoient pour Charles, à cause des derniers ravages dont il les avoit punis, crut aussi que Loüis estoit son plus dangereux concurrent, & s'attacha pareillement à le perdre; de sorte que ce jeune Prince attaqué de tous côtez, & n'estant presque soustenu que de ceux qui prenoient intérest à la famille de Gausbert, fut contraint de quitter la partie, & de retourner en Germanie, suivant l'ordre qu'il en reçût de son pere. Ce Prince voyoit que les affaires tournoient mal, & d'ailleurs sollicité sans cesse par Charles & par l'Empereur, de ne point recommencer la Guerre Civile en France, il fut bien-aise de se faire honneur de sa modération.

Il estoit luy-mesme obligé d'avoir toûjours les armes à la main contre les Nations d'au delà de l'Elbe & des quartiers du Danube, de la Save, & de la Drave, tantost victorieux & tantost battu.

Annal. Bertiniani.

La situation des affaires d'Italie ne donnoit pas moins d'inquiétude à l'Empereur, que celle d'Aquitaine & de Germanie en causoit à ses deux freres. La levée du Siége de Barri qui redonnoit aux Sarazins la liberté de faire leurs courses ordinaires, & d'emmener une infinité de personnes en Esclavage avoit beaucoup chagriné les Romains. Ils faisoient hautement des plaintes du Gouvernement, & de ce qu'on abandonnoit leurs biens, & tout leur Païs au pillage. Ce mécontentement estoit d'autant plus dangereux, que Michel III. Empereur d'Orient en témoignoit aussi beaucoup de son costé; le sujet estoit que depuis long-temps sa fille estoit fiancée avec le jeune Empereur Loüis, & que ce Prince sembloit néanmoins ne plus penser à ce mariage par les délais continuels qu'il affectoit. Il y avoit tout lieu d'appréhender que l'Empereur d'Orient ayant un prétexte si plausible de rompre avec la France, ne se servist de la disposition où estoient les Romains, pour les attirer à son parti, & les reünir à l'Empire d'Orient.

Ce soupçon fut confirmé par un Seigneur Romain nommé Daniel, qui avoit du Commandement dans l'Armée d'Italie, & qui estant venu trouver le jeune Empereur, accusa un autre Officier de même rang que luy, nommé Gratien, d'avoir des liaisons avec les Grecs, & de former à Rome un parti en leur faveur contre la France.

Anastasius.

Ce Prince sur cette accusation partit brusquement de Pavie, & arriva à Rome sans en avoir donné aucun avis au Pape ny au Sénat. On tint sur cela une Assemblée des Seigneurs Romains & des Seigneurs François, ou Daniel soustint son accusation; mais Gratien s'en défendit si bien & avec tant de fermeté, & tous les Seigneurs Romains rendirent de si bons témoignages de sa fidélité, que l'accusateur fut convaincu de calomnie.

L'Empereur qui l'aimoit, ne put néanmoins refuser justice à l'accusé; il le luy livra pour en tirer telle vengeance qu'il jugeroit à propos, en luy marquant toutefois qu'il luy feroit plaisir de luy pardonner. Gratien, partie par générosité, partie pour faire sa Cour au Prince, accorda la grace qu'il luy demandoit. Ainsi les choses en demeurérent là. Les Romains continuérent dans la fidélité qu'ils avoient euë jusqu'alors pour l'Empereur Lothaire, & la rupture du mariage proposé n'eut aucune suite pour l'Italie; de sorte que ne craignant plus rien de la part des Grecs, il fit un voyage dans ses Etats en deça des Alpes.

Au milieu de tous ces mouvemens, de tous ces troubles, de tous ces malheurs de l'Empire François, dont nous avons veu que l'ambition de Lothaire avoit esté la première, & la principale cause, ce Prince arriva au moment fatal, où il devoit en rendre un rigoureux compte au Maistre Souverain des Rois & des Empereurs. Il fut frappé d'une maladie mortelle, & la terreur des Jugemens de Dieu le saisit. Il se fit transporter à l'Abbaye de Prum dans les Ardennes, y renonça à l'Empire & à tous ses Etats, se fist couper les cheveux, & prist l'habit de Moine, plustost apparemment pour mourir en cet estat, que pour y vivre en pénitent; car sa maladie estoit sans remede, & il expira six jours après, le 29. de Septembre de l'année 855. la quinziéme de son regne & la soixantiéme de son âge : Prince ambitieux, inquiet, broüillon, artificieux, fourbe; toûjours prest à violer ses promesses & ses sermens les plus solemnels, persécuteur de son propre pere, pendant long-temps ennemi déclaré, & depuis toûjours ennemi couvert de ses freres, toûjours appliqué à troubler leurs Etats, sans avoir esté assez habile pour régler & pacifier les siens. Il avoit commencé à ébranler l'Empire François per ses révoltes du vivant de son pere. Il en vit & en avança fort la décadence, dés qu'il fut sur le Trône Impérial. Il ne manqua ny de courage ny de fermeté, ny de constance dans ses entreprises; mais elles estoient presque toûjours funestes à sa patrie, & furent certainement la source de tous les malheurs, dont elle fut accablée depuis, & de tous les troubles dont elle continua d'estre agitée, jusqu'à l'extinction de la race de Charlemagne.

Annal. Bertiniani, Epitaph. Lotharii, an. 855.

L'Empire François estoit déja très-affoibli par le partage qu'en avoient fait entre eux les trois fils de Loüis le Débonnaire. Il le fut encore plus par la nouvelle division qui se fit entre les enfans de l'Empereur Lothaire, de cette partie qu'il avoit possédée. Il laissoit aussi trois fils légitimes, Loüis, Lothaire, & Charles. Loüis Roy d'Italie & Empereur avoit déja sa part. Lothaire eut pour partage le Royaume d'Austrasie, c'est à dire le Païs compris entre le Rhin, & la Meuse, excepté Mayence, Spire, Vormes & quelques autres Villes sur le bord du Rhin, cédées auparavant à Loüis de Germanie, qui avoit voulu les avoir, à cause des vignobles, pour fournir ses Etats de vin. Il eut de plus tout ce que possédoit son pere entre la Meuse & l'Escaut, les Comtez des environs de la Meuse, le Haynaut, le Cambresis & tout le Païs en descendant vers la Bourgogne le long de la Meuse jusqu'au conflant du Rhosne &

la Saone, & jusqu'aux Montagnes qui séparent les Suisses de ce qu'on appelle aujourd'huy la Franche-Comté. On voit par la suite de l'Histoire qu'il eût aussi dans son partage Genéve, Lausanne, & Sion en Valais. Cette étenduë de Païs fut appellée le Royaume de Lothaire, en latin *Lotharingia*, & depuis en François Lorraine; ainsi ce nom qui se donne à présent à un Etat moins étendu, tire son origine du nom de ce Prince.

Tome II.
Miscell.
Balusii.
p. 149.

Charles le cadet de tous eut Lion, la Provence, ce qu'on appelle le Dauphiné, & une grande partie de la Bourgogne Trans-Jurane, c'est à dire ce qui estoit de l'ancien Royaume de Bourgogne au delà du Mont-Jura. Nos anciens Historiens donne à ce partage le nom de Provence ou Royaume de Provence; parce que le Païs qui porte ce nom en estoit la plus considérable partie.

Annal.
Bertiniani.

Le Roy de France & le Roy de Germanie, oncles de ces Princes, ne s'opposérent point à ce partage, & en laissérent prendre paisiblement possession à leurs neveus, observant fidellement le neuviéme article de l'Assemblée de Mersen sur la Meuse, où ils estoient convenus avec le deffunt Empereur, que quand quelqu'un d'eux mourroit, ses enfans hériteroient de son Etat, sans que leurs oncles y pussent rien prétendre.

Si-tost que Lothaire eut esté saluë Roy par les Seigneurs du Païs, il alla à Francfort accompagné d'une partie de ces mesmes Seigneurs, rendre visite à son oncle le Roy de Germanie. C'estoit celuy dont il devoit le plus craindre la Puissance, & le plus ménager l'autorité; quoy que ce Prince se trouvast luymesme alors fort embarrassé à réprimer les révoltes continuelles des Esclavons.

Annal.
Fuldenses.

Annal.
Bertiniani.
ad an. 855.

Celles d'Aquitaine devenoient moins fréquentes, soit par la crainte des Normans qui pillérent encore Bourdeaux cette année-là, soit par le changement que produisit dans les esprits, le dessein que prit le Roy de France, de déclarer Roy d'Aquitaine son fils de mesme nom que luy. La cérémonie s'en fist à Limoges avec un applaudissement général. Cette joye fut bien-tost troublée par la nouvelle qu'on receut de l'arrivée des Normans dans la Loire, & de la descente qu'ils avoient faite du costé du Poitou. Les Aquitains néanmoins ne perdirent point courage, & sous les auspices du nouveau Roy, s'éstant assemblez en corps d'Armée, ils allérent rencontrer les Normans sur le chemin de Poitiers, & les chargérent avec tant de valeur qu'ils les défirent entiérement; & à peine s'en échapa-t-il trois cens, qui avec beaucoup de dangers regagnerent leurs vaisseaux.

Annal.
Bertiniani.

Le couronnement du jeune Charles faisoit un sixiéme Roy dans l'Empire François. Cette multitude de Souverains, dont trois portoient le nom de Charles, & deux celuy de Loüis, peut faire autant de confusion dans l'Histoire, qu'elle pouvoit alors causer de broüilleries dans l'Etat: cela m'oblige pour éviter cette confusion, à les distinguer le plus qu'il me sera possible. C'est pourquoy déformais je désigneray Charles Roy de France, qui regnoit en Neustrie & à Paris, par son surnom de Charles le Chauve, surnom qu'il porte dans l'Histoire depuis long-temps, quoique je sois très-persuadé qu'on ne luy donnoit pas publiquement de son vivant. J'ajousteray au nom de Charles Roy d'Aquitaine, & de Charles Roy de Provence en les nommant, le nom de leur Royaume. J'appelleray aussi Lothaire Roy de Lorraine. Pour les deux Loüis, le Roy d'Italie sera assez distingué de Loüis de Germanie par sa qualité d'Empereur.

Un peu avant que cet Empereur succedast au Thrône Impérial, le Pape Leon IV. estoit mort. Si-tost qu'il eut expiré, le Peuple, le Senat, les Seigneurs Romains s'estant assemblez, avoient élu pour son Successeur un Saint Prêtre de l'Eglise Romaine nommé Benoist. C'étoit une ancienne coustume d'envoyer à l'Empereur le décret de l'élection signé de la main de ceux qui avoient droit de suffrage, & l'on suspendoit la cérémonie du Couronnement ou du Sacre du Pape, jusqu'à ce que l'Empereur eust jugé que l'Election s'estoit faite dans les formes. On dressa & l'on signa ce décret, & l'on choisit Nicolas Evêque d'Anagnie & Mercure Chef de la Milice Romaine, pour le porter à l'Empereur Lothaire, & à Loüis Roy d'Italie son fils, qui apparemment estoit en ce temps-là en France. L'Historien luy donne le nom d'Auguste aussi-bien qu'à son pere, parce qu'il avoit esté dès lors associé à l'Empire.

Anastasius.

Anastasius.

Arsene Evêque de Gubio dans le Duché d'Urbin ennemi de Benoist vint trouver les Députez de Rome lorsqu'ils estoient en chemin, & il leur tourna si-bien l'esprit, qu'il les engagea à faire ensorte, que l'Empereur n'agréat point l'Election du Prêtre élu, & qu'on en mist en sa place un autre nommé Anastase qui avoit esté déposé par le défunt Pape, parce qu'il ne résidoit pas en son Eglise.

Les Ambassadeurs n'arrivérent qu'après la mort de l'Empereur Lothaire, ou du moins pendant sa dernière maladie: car ce fut Loüis, à qui le décret de l'Election du Pape fut présenté par les Députez Romains, & à qui ils firent comprendre, qu'il estoit de son intérêt & de son autorité de donner de sa main un Pape aux Romains, en excluant Benoist du Pontificat. Il convint avec eux de la manière dont on s'y prendroit pour faire réüssir ce dessein, & les fit suivre d'assez près par ses Envoyez, qui devoient assister à la Consécration du Pape. L'Evêque d'Anagnie & Mercure arrivérent à Rome, & présentérent à Benoist les Lettres de l'Empereur qui ne disoient rien autre chose, sinon qu'il avoit fait partir ses Envoyez, & qu'ils ne seroient pas long-temps sans arriver à Rome.

Ibid.

Tandis qu'ils approchoient, ces deux hommes faisoient secretement leurs brigues, & grossissoient le parti d'Anastase. Ils parloient éternellement de la venuë des Envoyez de France, & disoient qu'il falloit que pour faire honneur au nouvel Empereur, le Peuple allast en foule au devant d'eux; cela estoit nécessaire pour l'exécution de leur dessein. Peu de temps après on eut nouvelle, que les Envoyez estoient arrivez à Orta qui est environ à quarante mille de Rome. L'Evêque d'Anagnie & Mercure s'y rendirent, & gagnérent en chemin plusieurs Seigneurs en faveur d'Anastase. L'Evêque de Porto & celuy de Todi qui s'estoient évadez de Rome secretement, se jettérent aussi dans ce parti.

La conspiration ne put estre si secrete, que Benoist n'en fust averti. C'est ce qui l'obligea à envoyer au devant des Commissaires de l'Empereur, deux Evêques dont il estoit seur, pour leur raconter la maniére canonique & paisible dont il avoit esté élû, & l'injustice des prétentions de ses ennemis: mais on arresta ces deux Evêques à leur arrivée, & on leur donna des Gardes. Nonobstant cette extrême violence, quelques Seigneurs Romains voulurent bien encore se charger d'aller trouver les Envoyez de l'Empereur de la part du Pape: on les arresta aussi, & on s'avançoit toûjours vers Rome.

Quand les Envoyez furent assez près de la Ville, ils firent avertir le Peuple & le Clergé, qu'ils approchoient, afin qu'on leur rendist les honneurs dûs à leur caractére. Le Peuple & le Clergé sortirent & vinrent les recevoir.

Comme il n'y avoit presque plus personne dans Rome, Anastase escorté de ses Partisans s'empara sans opposition de l'Eglise de S. Pierre, & en prit possession. De là il alla au Palais de Latran. Il y trouva Benoist assis dans le Trône Pontifical, revestu des habits de Souverain Pontife, qui attendoit avec beaucoup de fermeté, à quoy se terminéroient toutes ces violences. Anastase le fit tirer de dessus son Trône, on le dépoüilla des habits Pontificaux, & on le mit en prison.

A cette nouvelle tout Rome parut consterné: en vain les Partisans d'Anastase tâchoient d'attirer à leur parti les plus accrédités parmi le Peuple, afin de le diviser, & d'avoir au moins quelque lieu de dire qu'Anastase avoit esté élû par le Peuple Romain. Ils ne réüssissoient pas mieux dans le Clergé, dont la pluspart tant Evêques que Prêtres, & Diacres se prosternoient aux pieds des Autels, pour implorer la justice de Dieu contre les ennemis de son Eglise. Cela déconcerta les Envoyez de l'Empereur, qui firent le lendemain une nouvelle tentative.

Le Peuple & la pluspart du Clergé estant assemblez dans l'Eglise de Sainte Æmiliene, ils y vinrent avec toute leur suite & quantité de gens armez, entrérent dans le cœur, & dirent tout haut au Clergé qu'il falloit reconnoistre Anastase pour Pape, ou qu'on les feroit tous passer au fil de l'épée. Ils répondirent qu'ils périroient plustost que de se separer de leur Pasteur légitime pour reconnoistre un excommunié. Les Envoyez eurent beau les presser & les menacer, ils ne purent rien obtenir & se retirérent fort en colere, mais sans faire aucune violence.

Ils entrérent dans une maison près de l'Eglise, d'où ils envoyérent querir l'Evêque d'Ostie & l'Evêque d'Albano, pour sacrer Anastase.

Ils refusérent d'y aller, mais on les y mena par force. On n'oublia ny promesses, ny menaces, ny priéres pour les engager à faire ce que l'on souhaitoit d'eux. Ils tinrent ferme, & parlérent eux-mesmes si fortement aux Envoyez, qu'ils les adoucirent beaucoup.

Le jour d'après les Envoyez estant entrez dans l'Eglise de S. Sauveur, le Peuple commença à crier tout d'une voix qu'on leur rendist leur Pasteur, & qu'ils n'auroient jamais d'autre Pape que Benoist. Ce tumulte estonna les Envoyez: ils appellérent quelques-uns des Evêques qui estoient présens, & leur proposérent de tenir avec eux une conférence sur ce sujet. Ils y consentirent, & cette résolution ayant esté rapportée au Peuple, l'appaisa.

Les offres que les Ambassadeurs firent dans cette conférence furent aussi inutiles que les précédentes. Ils virent bien l'impossibilité qu'il y avoit, à trouver dequoy faire en faveur d'Anastase, une faction assez nombreuse pour mériter le nom de parti. Ils comprirent qu'ils n'avoient point d'autres moyens pour soustenir cet Intrus, qu'une violence ouverte & infiniment odieuse, qui ne pouvoit manquer d'avoir de très-fâcheuses suites, dont ils devoient craindre, que l'empereur ne les rendist responsables; ainsi ils revinrent peu à peu: & après avoir fait examiner toutes les procédures de l'Election de Benoist, ils avoüérent qu'il n'y avoit rien de défectueux: néanmoins pour sauver en quelque façon leur honneur, ils demandérent un délai de trois jours, pendant lesquels on ordonneroit un jeûne pour obtenir les lumieres du Ciel. Le jeûne fut ordonné, & après les trois jours ils consentirent à la consécration de Benoist, & abandonnérent Anastase.

La cérémonie se fit avec beaucoup de tranquilité & de pompe en présence des Ambassadeurs. Le Pape pardonna à ceux qui s'estoient déclarez contre luy: ils luy baisérent les pieds, & il leur donna sa bénédiction. Le seul Evêque de Porto fut privé de l'honneur qui luy appartenoit par la prérogative de son Siége, de sacrer le Pape, estant contre la bien-séance, qu'un homme qui venoit d'estre l'Auteur d'un Schisme si visiblement injuste, fist une telle fonction. Les Ambassadeurs avant la cérémonie du Sacre avoient eu un entretien secret avec le Pape, dont eux & luy parurent fort contens: ainsi tout fut pacifié.

Anastasius,

Cette affaire quelque importante qu'elle parust à l'Empereur, pour augmenter son autorité à Rome, en se rendant Maistre de l'Election des Papes, n'estoit pourtant pas celle qu'il avoit le plus à cœur. Il regardoit comme une injustice, que l'Empereur son pere ne luy eust donné aucune part dans le partage qu'il avoit fait un peu avant sa mort, de ses Etats des Gaules: Il prétendoit qu'en l'excluant de cette partie de sa succession, il ne luy avoit rien donné, disant que son ayeul Loüis le Débonnaire luy avoit de son vivant substitué l'Italie, & qu'ainsi ce n'estoit point à son pere qu'il en estoit redevable. Il faisoit valoir à son exemple, sa dignité d'Empereur, & se plaignoit qu'avec cette qualité

Annal. Bertinian.

qualité laquelle donnoit autrefois à celuy qui la portoit; autorité sur tout l'Occident, il voyoit son Empire borné par les Alpes, & resserré dans un fort petit espace de Païs : & ce fut par ces raisons qu'il sollicita ses oncles Charles le Chauve & Loüis de Germanie, de ne point trouver mauvais, qu'il ne s'en tint point au Testament de son pere, & qu'il obligeast ses freres par les armes, à luy faire part des Etats qu'ils avoient en France. Mais il ne trouva pas ses oncles disposez à l'écouter. La France n'estoit déja que trop miserable, sans en augmenter les malheurs par de nouvelles Guerres.

Ce fut principalement le Roy de Germanie dont l'autorité arresta la fougue de ce jeune Empereur, Charles ayant trop d'affaires chez luy pour se mesler de celles des autres. Les Aquitains, le plus inconstant Peuple du monde ne s'accommodérent pas long-temps de leur jeune Roy Charles, ou plustost de ceux qui gouvernoient sous son nom : ils se révoltérent de nouveau & se donnerent encore une fois à Pepin, & puis quelques mois après s'en estant lassez, ils envoyérent au Roy de Germanie pour luy offrir la Couronne d'Aquitaine. Comme il se trouva occupé des Guerres qu'il avoit sans cesse avec les Esclavons & les autres Peuples des quartiers du Danube & dans la Dalmatie, & qu'il ne leur faisoit que des promesses générales, sans leur envoyer des Troupes, ils revinrent à Charles le Chauve, & remirent une seconde fois sur le Throne d'Aquitaine son fils le petit Prince Charles. Mais les révoltes recommencérent aussi-tost, & ce qu'il y eut de plus fâcheux & de plus dangereux, fust que l'inquietude des Peuples d'au delà de la Loire se communiqua à ceux d'en deça dans la Neustrie.

Charles le Chauve qui dans le commencement de son regne avoit esté obligé de ramper pour ainsi dire devant la Noblesse de Neustrie, afin de l'engager dans son parti contre l'Empereur Lothaire, & qui luy avoit toute l'obligation de n'avoir pas succombé; n'avoit pû reprendre cette autorité, dont un Prince a besoin pour gouverner ses Sujets, & les maintenir dans l'ordre & dans la soûmission, d'où dépend la tranquillité d'un Etat. Les Seigneurs le reconnoissoient pour Roy, mais à condition d'une espéce d'indépendance dans laquelle ils se maintenoient & se croyoient tout permis. Ils appelloient tyrannie, les exemples de sévérité & de justice, qu'il faisoit quelque fois pour reprimer leurs violences. C'estoit un Prince injuste & un ingrat, quand il refusoit leurs demandes les plus déraisonnables : rejetter leurs plaintes les plus mal fondées, c'estoit n'avoir nul égard, nulle bonté, & nulle condescendance pour des Sujets, qui avoient tant de fois exposé leur vie, & donné leur sang pour luy. Ils s'éloignoient de la Cour & de l'Armée sous prétexte de n'y estre pas en seureté contre l'indignation du Roy, & contre les artifices qu'il employoit pour les perdre. On ne voyoit par tout que mécontens; ce n'estoit dans toutes les Provinces que murmures contre le Gouvernement. Enfin les Seigneurs d'en deça de la Loire, suivant l'exemple & les impressions de ceux d'Aquitaine prirent la résolution de le détrôner, & de se donner au Roy de Germanie.

La chose auroit éclaté sans aucune ressource pour Charles le Chauve, si le Roy de Germanie n'avoit esté battu par les Esclavons qui luy tuérent beaucoup de monde. Car ce Prince avoit toute l'inclination possible à seconder la révolte des Sujets de son frere, & convainquit par-là toute la terre, que c'estoit par le seul motif de son propre intérest, qu'il estoit demeuré si long-temps uni avec luy contre l'Empereur Lothaire.

Charles profita du temps que luy donna la diversion des Esclavons, pour conjurer cette terrible tempeste. Il tint au mois de Juillet à Chiersi sur Loise une assemblée d'Evêques & d'Abbez & de quelques-uns de ses Vassaux Laïques, où l'on traita de la réforme de l'Etat, & des moyens d'empêcher les suites de cette révolte presque universelle. On écrivit ensuite au nom de toute l'Assemblée, une Lettre circulaire aux plus considérables Seigneurs tant d'Aquitaine que de Neustrie. Le contenu de cette Lettre est rapporté parmi les Capitulaires de Charles le Chauve. Je vais en transcrire icy les principaux points, parce qu'ils nous apprennent les choses dont on traita dans cette Assemblée, & en mesme-temps la situation fâcheuse des affaires de ce Prince, aussi-bien que la foiblesse de son Gouvernement. Les voicy.

Que le Roy ayant appris de Rodolphe son oncle (frere de la feu Impératrice Judit) que la Nation Françoise souhaitoit une Conférence, où des Députez de la part du Roy écoutassent les plaintes qu'on avoit à faire, & où eux-mêmes proposassent ce qu'il y avoit à corriger dans le Gouvernement, il vouloit bien qu'on tint cette Conférence, & qu'il y envoyeroit des Députez.

Que si quelqu'un de ses Sujets se plaignoit justement d'avoir receu quelque injure de quelque manière que ce pust estre, & que pour cela il se fut retiré de la Cour & du service, il pourroit venir faire ses plaintes à l'Assemblée avec toute liberté, & que le Roy consentiroit que l'injure fut réparée selon qu'on en seroit convenu.

Que si quelqu'un de ses Sujets avoit manqué à son devoir, & reconnoissoit sa faute de bonne foy, il estoit disposé à luy pardonner, & qu'il ne doutast point que cette amnistie qu'il luy donneroit, ne fut sincére.

Que si quelqu'un apportoit pour excuse de sa révolte, qu'il s'estoit ruiné dans le Service sans avoir receu aucune récompense, & que la nécessité l'avoit obligé de prendre parti ailleurs, il declaroit que si les Députez trouvoient que la plainte fut juste, & qu'il y eut de la faute du Roy, il estoit tout prest à luy donner la satisfaction raisonnable qu'il souhaiteroit, & qu'on n'avoit à craindre sur cela aucun ressentiment de son costé : mais que les Députez auroient droit de faire aussi leurs plaintes de la part du Roy, sur ce qui avoit esté commis contre ses intérests, contre l'obéissance & le respect qui luy estoient dus, afin que dans la sui-

Annal. Bertiniani.

Annal. Bertiniani. ad an. 856.

Missa ad Francos & Aquitanos de Carisiaco.

An. 856.

Tome I.

Y y

te on ne tombaſt plus en de ſemblables fautes.

Que ſi après des propoſitions ſi raiſonnables quelqu'un perſiſtoit encore dans ſa révolte & dans ſa mauvaiſe conduite, l'intention du Roy eſtoit qu'on déclaraſt ce perturbateur du repos public, ennemi de l'Etat, & qu'on le chaſſaſt du Royaume: comme auſſi il conſentoit qu'on l'avertit luy-meſme des fautes qu'il feroit dans le Gouvernement, ſoit contre les Loix, ſoit contre la Juſtice dûë aux particuliers de ſon Etat, & que ſi en eſtant averti, il ne s'en corrigeoit pas, il ne trouveroit pas mauvais que les Evêques & les Abbez s'uniſſent entre eux, & avec le reſte de ſes Sujets Laïques, pour ſoûtenir les intéreſts des Particuliers léſez, & pour l'obſervation des Loix de l'Etat.

Que le Roy pour confirmer tous ces articles, & recevoir en grace ceux qui l'avoient offensé, avoit réſolu de tenir une Aſſemblée générale à Verberie au mois de Juillet. Que ſi quelqu'un ne ſe fiant pas à la parole du Roy avoit de la peine à y venir, les Evêques & tout le Clergé s'engageroient à luy procurer toute ſorte de ſeureté, & qu'en un mot quelque aſſeurance qu'on demandaſt, pourveu qu'elle ne fut point contre la raiſon, on la luy donneroit; qu'enfin ſi quelqu'un ne s'accommodoit pas du Service, & qu'il eut réſolu de paſſer ſous une autre domination, il pourroit ſe déclarer avec toute liberté, & que le Roy luy donneroit la permiſſion de ſe retirer, à condition qu'en ſe retirant il ne cauſeroit aucun tort aux Sujets de l'Etat.

C'eſtoient là à peu près les choſes contenuës dans les articles dreſſez à Chierſi par les Evêques, par les Abbez & par quelques autres qui ſe trouvérent à cette Aſſemblée. Le Prince par cet aviliſſement de ſon autorité ſe procura une tranquillité de quelques mois. L'Aſſemblée de Verberie ſe tint, où les Sujets & le Souverain firent ſemblant de ſe reconcilier, & les Seigneurs d'Aquitaine renouvellerent leurs proteſtations de fidélité.

Durant ce petit intervalle, ou du moins cette meſme-année Charles maria ſa fille Judit à Edilulfe Roy des Anglois Occidentaux. La cérémonie du mariage ſe fit à Reims par l'Archevêque Hincmar, au retour du voyage que ce Prince Anglois venoit de faire à Rome. La Princeſſe fut couronnée Reine contre la coûtume des Anglois, chez qui l'uſage n'eſtoit pas de faire porter le Diadême aux épouſes de leurs Rois; & ce fut ſans doute une condition que Charles exigea, pour l'honneur tant de ſa fille, que de la France meſme. *Annal. Bertiniani.*

Il projetta auſſi le mariage de Loüis ſon fils avec la fille d'Heriſpée Roy de Bretagne, & dans cette vûë il donna à Loüis le Duché du Maine. Il eſpéroit par ce mariage s'oſter de deſſus les bras des ennemis auſſi incommodes que l'eſtoient les Bretons; ce projet toutefois ne fut point exécuté. Tout ſembloit tendre à la Paix; mais il y avoit par tout des ſemences de Guerres. Les trois nouveaux Rois François fils du deffunt Empereur, s'aſſemblérent à Orbe Ville de la Bourgogne Trans-Jurane, comme pour terminer tous leurs différens ſur la ſucceſſion de l'Empereur leur pere: mais Loüis Roy d'Italie avoit des prétentions ſi contraires aux intéreſts de ſes freres, que dans la chaleur des Conférences peu s'en fallut, qu'on n'en vint aux mains. Il avoit toutefois comploté avec Lothaire Roy de Lorraine, pour contraindre Charles leur cadet qui eſtoit fort infirme, à renoncer à ſes Etats & à ſe faire d'Egliſe en leur cedant la Provence, le Lionnois & les autres Païs qu'il avoit eus en partage par le Teſtament de ſon pere. Mais les principaux de la Nobleſſe de ces Provinces ayant eſté avertis de ce deſſein, le tirérent des mains du Roy de Lorraine qui s'eſtoit déja ſaiſi de luy. De cette ſorte les Conférences furent rompuës, & chacun ſe retira fort mécontent. Durant ce temps-là, l'Empereur tout occupé du déſir d'envahir le bien de ſes freres, laiſſoit les Sarazins s'emparer impunément de Benevent, & courir de là dans toute cette contrée d'Italie, ou ayant ſurpris Naples, ils la ravagérent & la renverſérent de fond en comble. *Ibid.*

L'année ſuivante fut encore plus fatale à la France par la réſolution que prit Pepin, dès qu'il ſe vit abandonné des Peuples d'Aquitaine. Ce fut de s'unir avec les Normans, & de ſeconder ces Pirates dans le deſſein qu'ils avoient non ſeulement de piller la France, mais encore de s'y eſtablir. Il traita avec eux, & fortifiant leurs Troupes des ſiennes, il les accompagna en pluſieurs des expéditions qu'ils firent dans ce Royaume. Il les conduiſit à Poitiers qu'il priſt & pilla, & fit de grands ravages en divers endroits d'Aquitaine, tandis que d'autres Troupes de cette Nation, vinrent par la Seine juſqu'à Paris, en ruinérent tous les environs, brûlérent l'Egliſe de Sainte Geneviéve, & n'eparnérent S. Germain des Prez & S. Denis, que pour une groſſe ſomme d'argent que ces Abbayes leur payérent; ils prirent encore Chartres, & pillérent l'Iſle de Betau. *An. 857.* *Annal. Bertiniani.*

Cette Iſle appartenoit au Roy de Lorraine, & eſtoit tenuë à foy & hommage par un Seigneur Normand nommé Roric, à qui le deffunt Empereur avoit eſté contraint de la céder; il offrit au Roy de Lorraine d'équiper une flote à ſes dépens, & d'aller faire deſcente en Danemarc, par repreſailles pour le pillage de l'Iſle de Betau, & ce Prince y conſentit ſans peine. Roric exécuta ce qu'il avoit projetté, & obligea le Roy de Dannemarc qui s'appelloit auſſi Roric, de luy céder les terres dont il s'empara entre la Mer & la Riviére d'Eider; mais cette diverſion ne fit pas revenir de France les autres Normans qui s'y eſtoient fortifiez ſur la Seine dans l'Iſle d'Oiſſel vis-à-vis du Bourg d'Oiſſel, à quelques lieuës au-deſſus de Roüen. *Annal. Fuldenſ.* *Annal. Bertiniani.*

Ils y avoient paſſé l'hyver, & en avoient fait comme une Place d'armes, & un lieu de retraite, d'où ils couroient impunément de tous coſtez. Ils s'y eſtoient fortifiez, y avoient mis des munitions en abondance, & ſe trouvoient en eſtat de s'y deffendre ſi on venoit les attaquer. Bernon Chef de ces Pirates vint à Verberies trouver le Roy, & luy offrit de luy faire hommage du canton dont il s'estoit saisi. Charles receut cet hommage ne pouvant alors faire rien de mieux: mais soit que Bernon eut recommencé ses courses, soit que Charles eust compris de quelle importance il luy estoit de ne pas souffrir qu'un tel ennemi s'establist au cœur de la France, il résolut de l'en chasser. Ainsi malgré les soupçons qu'il avoit des mauvais desseins du Roy de Germanie, qui entretenoit toûjours des intelligences en Aquitaine & dans les Païs d'en deça de la Loire, depuis que les Peuples s'estoient offerts de se donner à luy, il fit ses préparatifs pour assiéger Oissel.

Annal. Bertiniani.

Dans la défiance que ces deux freres avoient l'un de l'autre, ils avoient attiré dans leur parti chacun un de leur neveux, qui estoient entre eux dans des dispositions fort semblables. Charles le Chauve s'estoit ligué avec Lothaire Roy de Lorraine, & le Roy de Germanie avec l'Empereur.

Le Roy de Lorraine promit du secours à Charles pour le Siége d'Oissel, que ce Prince commença au mois de Juillet. Son fils Charles Roy d'Aquitaine vint l'y joindre, avec quelques Troupes, & mesme avec Pepin qui ou lassé des Normans, ou s'en voyant méprisé, s'estoit retiré d'avec eux, & avoit demandé la Paix au Roy d'Aquitaine, à condition qu'on luy cédast quelques Comtez, & le revenu de quelques Monastéres du Païs. Charles le Chauve content de cette proposition, dans un temps où il tâchoit par toutes sortes de moyens de diminuer le nombre de ses ennemis, consentit à ce Traité, & le ratifia.

An. 858.

Lothaire arriva au Siége avec des Troupes, quelques temps après que Charles le Chauve l'eut formé avec les siennes, la Place fut fortement attaquée; & encore plus vigoureusement deffenduë; de sorte qu'au vingt-huitiéme de Septembre après deux mois de Siége, le succès estoit encore fort incertain; mais il fallut abandonner cette entreprise sur une nouvelle qui déconcerta étrangement Charles le Chauve.

Ibid.

Les mécontens le voyant occupé à cette expédition avec toutes ses Troupes, prirent ce temps-là pour l'exécution du dessein que quelques uns d'eux méditoient depuis cinq ans, & qu'ils avoient tâché en vain d'exécuter deux ans auparavant, c'estoit de rendre le Roy de Germanie Maistre de la France, & de détroner Charles le Chauve.

Annal. Fuldens.

Le Roy de Germanie avoit alors trois Armées sur pied qu'il avoit levées pour aller châtier les Esclavons, les Sorabes & les Abodrites sur les Frontieres de ses Etats aux quartiers du Nord & du Danube. Une de ses Armées estoit commandée par Carloman son fils aîné, l'autre par Loüis son cadet, & la troisiéme par un de ses Généraux nommé Triculfe. Elles commençoient déja à se mettre en marche vers les lieux où elles estoient destinées, lorsque l'Abbé Adelard & le Comte Othon arrivérent de la part des factieux de France.

Ils furent admis à l'Audience du Prince; ils luy firent le récit du misérable estat où la France se trouvoit, pillée de tous costez par les Payens, qui renversoient par tout les Eglises, emmenoient les François en Esclavage, saccageoient les Villes, brusloient ce qu'ils ne pouvoient pas emporter: & puis tombant sur la conduite de leur Souverain, ils dirent que ce n'estoit pas là encore le comble du malheur des François, qu'ils avoient un Roy, qui au lieu de les deffendre contre les Pirates, sembloit estre de concert avec eux pour ruiner ses Sujets; qu'on leur enlevoit par les ordres de ce Prince le peu que les ennemis leur avoient laissé; que toute son application estoit à trouver des secrets & des prétextes de les dépoüiller de tous leurs biens; que c'estoit un Prince à qui l'on n'avoit plus nulle confiance; qu'on ne pouvoit compter sur ses paroles ny sur ses sermens, & que loin de pouvoir posséder son bien en repos sous un tel regne, personne n'estoit en seureté de sa vie, à cause des soupçons & des ombrages qu'il prenoit aussi aisément, qu'il les quittoit difficilement. Nous venons, ajoustèrent-ils, au nom de la plus grande & de la plus saine partie de la Nation nous jetter entre vos bras, dans l'espérance de trouver en vostre personne un Roy, qui par son courage & par sa sagesse nous protegera contre les Payens, & nous tirera de l'extrémité de la misere où nous sommes réduits.

Le Roy de Germanie paroissant fort touché de ce discours des Députez, leur répondit que la proposition qu'ils luy faisoient le jettoit dans un grand embarras; qu'estant François il ne pouvoit pas n'estre point touché des extrêmes malheurs de sa Nation; mais que le Roy de France estoit son frere, & qu'il ne pourroit sans violer les droits du sang, prendre les armes contre luy; que la chose auroit un méchant air dans le monde; qu'on interpreteroit mal ses intentions, & qu'on ne manqueroit pas d'attribuer à son ambition & au désir d'étendre sa domination, toutes les démarches qu'il feroit en faveur d'un Peuple opprimé; que dans une affaire de cette importance, où il voyoit de part & d'autre de grands inconvéniens qui le tenoient en balance, il ne vouloit point décider luy-mesme; mais qu'il suivroit sur cela les avis de son conseil.

Les Députez furent fort contens de cette réponse, ayant déja apparemment pris leurs mesures du costé des Ministres, & ne doutant pas que ceux qui seroient consultez connoissant bien le penchant secret du Prince, ne donnassent de ce costé-là, & ne l'obligeassent à faire ce qu'on sçavoit bien qu'il souhaitoit de tout son cœur depuis fort long-temps.

En effet tous conclurent à prendre les intérests d'un Royaume entier pour le tirer de l'oppression, pour y sauver la Religion, pour l'empêcher de tomber sous le joug des Payens; que le Roy en cette occasion ne faisoit point autre chose que de secourir des malheureux, & des Peuples abandonnez qui avoient recours à sa puissance, & recevoir des gens qui de leur plein gré, & sans en estre sollicitez se donnoient à luy.

Ce fut ainsi qu'on leva le scrupule du Prince.

On contremanda aussi-tost les trois Armées, & on les fit passer le Rhin à Vormes. Le Roy de Germanie à leur teste entra en France & marcha jusqu'à Pontyon Maison Royale dans le Pertois proche de Vitri le Brûlé. Presque tout ce qu'il y avoit de Seigneurs en France, excepté ceux qui estoient au Siége d'Oissel, vinrent là le joindre, & luy faire serment de fidélité.

Annal. Bertiniani.

Ces rebelles pour fortifier leur parti, engagérent les Bretons à déclarer la guerre au Prince Loüis, que son pere Charles le Chauve avoit fait Duc du Mayne, ainsi que je l'ay dit. Ils chassérent ce jeune Prince de son Etat, & l'obligérent à se sauver au delà de la Seine, où il vint se rendre auprés du Roy son pere, & firent dire au Roy de Germanie que dés qu'ils le sçauroient entré plus avant en France, ils viendroient s'unir à luy pour luy faciliter la Conqueste du reste de l'Etat. Le Roy de Germanie devinoit aisément le motif qui leur inspiroit ce zéle pour sa gloire, & qu'il en cousteroit au moins à la France le Duché du Mayne qu'ils avoient envahi : mais ce démembrement n'estoit rien pour luy, en comparaison de la Conqueste de tout le Royaume qui luy paroissoit asseurée.

Libellus proclamationi adversus Venilonem. Tome II. Concil. Gall.

Il s'avança jusqu'à Sens dont l'Archevêque nommé Venilon estoit dans son parti. Ce Prélat avoit suivi le Roy au Siége d'Oissel avec quelques Troupes qu'il estoit obligé de luy fournir. Si-tost qu'il sçût que le Roy de Germanie estoit prest à passer le Rhin, il contrefit le malade, & sous ce prétexte revint à Sens avec une partie de ceux qui l'avoient suivi au Siége, & donna l'exemple de la désertion qui augmenta de jour en jour dans le camp du Roy.

Le Roy de Germanie campé auprés de Sens envoya prier l'Archevêque de luy venir parler. Le devoir de ce Prélat, ainsi qu'on le luy reprocha depuis quand on luy fit son procés, auroit esté de refuser cette entrevüe avant que d'avoir eu de son Souverain la permission de l'accepter; mais les Loix il n'en estoit plus à se scrupule. Il alla trouver le Roy de Germanie, & convint avec luy de faire au plustost une Assemblée d'Evêques pour déposer Charles le Chauve, absoudre ses Sujets du serment de fidélité, & déclarer la Couronne de France dévolüe au Roy de Germanie. Charles qui avoit prévû ce coup, avoit assemblé luy-mesme les Evêques qui luy estoient fidelles, & les avoit engagez à excommunier tous ceux qui avoient passé du costé de Loüis de Germanie. Il en avoit donné avis à l'Archevêque de Sens, & luy avoit envoyé les Lettres du Concile avec la Sentence d'excommunication contre les déserteurs. Venilon se moqua de cette excommunication, & présida dans Attigny qui n'estoit point de son Diocése, à l'assemblée de ces excommuniez où se fit la déposition de Charles, & où l'on prit aussi des mesures pour séparer de luy le Roy de Lorraine son neveu.

Ibid.

Le prix de la perfidie de Venilon fut l'Abbaye de Sainte Colombe de Sens, & l'Evêché de Bayeux pour un de ses parens nommé Tortolde homme hardi & intriguant, & tout pro-

Concil. apud Saponarias.

pre à exciter & à entretenir la révolte dans cet Evêché.

Aprés l'Assemblée d'Attigny le Roy de Germanie s'avança jusques dans l'Orleannois, y receut de nouvelles Troupes des révoltez d'Aquitaine & de ceux de Bretagne : & puis il revint en Champagne. Cependant le Roy sur ces avis fâcheux de l'invasion de son frere avoit levé le Siége d'Oissel, & estoit parti des bords de la Seine, estant à peine guéri d'une maladie dont il avoit esté attaqué pendant ce Siége, & vint avec son Armée au devant du Roy de Germanie. Il remonta la Seine & puis la Marne, arriva à Chaalons, & vint camper à Brienne, où quelques Troupes de Bourgogne conduites par des Seigneurs du Païs vinrent le joindre.

Ibid.

Les Armées furent trois jours en présence, pendant lesquels se firent plusieurs négociations, mais toutes sans effet. Le Roy de Germanie étoit le plus fort, & Charles ne pouvoit se résoudre à abandonner son bien : mais la trahison termina l'affaire.

Annal. Bertiniani.

Les Troupes de Charles furent débauchées par les Emissaires de Loüis. La désertion fut telle, que Charles épouvanté se sauva avec peu de monde en Bourgogne. Aprés son départ les plus attachez à sa personne se laissérent emporter au torrent, & presque tous rendirent hommage au Roy de Germanie.

Si ce Prince eut sçû profiter de cet avantage, & de l'ardeur de ses Troupes pour suivre le Roy fugitif, comme plusieurs le luy conseilloient, il eut vray-semblablement fini la Guerre, & eut obligé Charles ou de sortir du Royaume, ou de se rendre à discrétion : mais il jugea qu'il luy estoit plus expédient de s'asseurer la possession de ce qu'il avoit déja conquis. Il vint à Troye où il fit de grandes largesses aux Chefs des factieux, & partagea entre eux les Gouvernemens, les Abbayes & les autres Dignitez du Royaume.

Il retourna ensuite à Attigny, d'où il envoya ordre à tous les Evêques de France de se trouver à Reims au vingt-cinquième de Novembre, pour y délibérer avec luy touchant le bon Gouvernement de l'Etat, & le rétablissement de la discipline.

Epist. Episcoporum Tome III. Concil. Gall. pag. 117.

Les Evêques de la Province de Roüen & ceux de la Province de Reims, s'assemblérent entre eux à Chiersi sur la Riviére d'Oise, pour convenir de la réponse qu'ils pourroient faire. Ils luy députérent Venilon Archevêque de Roüen, & Erchanrade Evêque de Chaalons sur Marne, qu'ils chargérent de luy éxposer plus en détail les raisons marquées dans la Lettre que le Concile luy écrivoit, pour lesquelles ils ne pouvoient obéir à ses ordres.

Ces raisons estoient, qu'il y avoit trop peu de temps jusqu'au jour marqué, pour que tous les Evêques pûssent se trouver à Reims; qu'il estoit impossible dans un si petit éspace de temps de convoquer & de tenir les Assemblées particuliéres des Provinces, qui devoient, selon les Canons, précéder la générale ; que Reims estant trés-éloigné de la pluspart des autres Villes Episcopales du Royaume, cette Vil-

Ibid.

CHARLES LE CHAUVE.

le eſtoit fort peu commode pour un Concile National, & qu'il ſeroit impoſſible à pluſieurs Evêques de s'y rendre ; qu'un temps de trouble & de confuſion comme celuy où l'on eſtoit alors, n'eſtoit point propre à aſſembler un tel Concile ; que le peu d'état que le Roy de Germanie avoit fait juſques-là des avertiſſemens & des remontrances des Evêques, ne leur laiſſoit nul lieu d'eſpérer qu'il vouluſt avoir égard à leurs avis. Ils le prioient de conſulter avant toutes choſes ſa propre conſcience, qui luy diroit l'eſſentiel de ce que les Evêques pourroient luy repréſenter, d'examiner ſi ſon entrepriſe & l'irruption qu'il venoit de faire dans les Etats de ſon frere, eſtoient juſtes, & de faire cet examen, en ſe conſidérant luy-meſme au moment fatal de la mort, où Dieu luy fera rendre compte de toute ſa conduite, afin de juger ſainement des conſeils de ceux qui l'avoient engagé à cette guerre, & des remontrances de ceux qui le conjuroient de la finir ; de faire réflexion ſur les déſordres & ſur les impiétez effroyables que ſes Troupes Germaniques commettoient par-tout ; & s'il n'eſtoit pas plus d'un Prince Chrétien de tourner ſes armes contre les Payens en faveur de ſon frere, qui en eſtoit accablé, que de l'attaquer luy-meſme dans le temps qu'il eſtoit occupé à les combattre.

C'eſtoient là les choſes principales contenuës dans la Lettre de l'Aſſemblée de Chierſi. Cette députation ne produiſit aucun effet. L'Archevêque de Sens réüſſit mieux dans celle dont le Roy de Germanie l'avoit chargé, ce fut d'aller trouver du parti de Lorraine, pour le détacher du parti de France ; il en vint à bout, & l'amena à Attigni, où il ſe réconcilia au moins en apparence avec ſon oncle, & retourna de là dans ſes Etats, abandonnant ſon autre oncle à ſa mauvaiſe fortune : mais ce Prince ne s'abandonna pas tout-à-fait luy-meſme, & ſçut profiter d'une fauſſe démarche que ſon ennemi fit peu de temps après.

Annal. Bertiniani.

Le Roy de Germanie eſtant allé paſſer les Feſtes de Noël à Saint Quentin, les Seigneurs François luy repréſenterent la difficulté qu'il y avoit à faire ſubſiſter en France toutes les Troupes qu'il avoit amenées de Germanie ; que les déſordres qu'elles faiſoient par-tout, ne ſerviroient qu'à luy attirer l'averſion des Peuples, & que ces Troupes luy eſtoient déſormais inutiles, vû qu'il pouvoit compter ſur l'affection de celles de tout le païs qui s'eſtoit donné à luy, & dont toute la Nobleſſe eſtoit preſte de verſer ſon ſang pour l'y maintenir.

Annales Fuldenſ.

Ce Prince trop crédule, donna dans ce piége que luy tendoient une partie de ceux qui luy parloient avec tant de zéle pour ſon ſervice. De ce nombre eſtoient deux Seigneurs, Conrad & Velfe fils du Comte Conrad, & neveux de la feuë Impératrice Judit, & par là couſins germains de Charles. Ils avoient quitté ſon parti de concert avec luy, & s'eſtoient rendus auprès du Roy de Germanie. Ils ſçurent ſi bien ſe contrefaire & entrer dans ſon eſprit, qu'ils devinrent ſes plus intimes confi-

An. 859.

dens ; juſques-là qu'il les envoya vers Charles, afin que ſous prétexte de luy propoſer quelques moyens d'accommodement, ils tâchaſſent de reconnoiſtre l'état des affaires de ce Prince, & de prendre de nouvelles liaiſons avec les mécontens de ſon parti, s'il y en avoit qui ne ſe fuſſent pas encore déclarez.

1142.

Ils arriverent à la Cour de Charles, l'avertirent du départ des Troupes de Germanie, du repentir de pluſieurs de ceux qui avoient pris les armes contre luy, & l'aſſeûrerent que s'il faiſoit diligence, & qu'avec les Troupes qui luy reſtoient, il fiſt paroiſtre de la réſolution, en venant attaquer le Roy de Germanie qui ne s'y attendoit point du tout, il ſe feroit ſans doute une révolution.

Charles le Chauve ſuivit ce conſeil, & ayant marché à grandes journées avec toutes ſes Troupes, malgré la rigueur de la ſaiſon, il parut tout à coup à la vûë de celles du Roy de Germanie. Par bonheur pour Charles, il venoit d'arriver nouvelle au Camp ennemi, que les Sorabes, qui faiſoient une partie des Eſclavons, avoient tué leur Duc, & alloient faire une dangereuſe révolte, ſi le Roy de Germanie ne paroiſſoit promptement ſur la Frontiére pour les diſſiper. La préſence de Charles, l'irréſolution de Loüis, incertain s'il retourneroit en Germanie, ou s'il demeureroit pour ſoûtenir ſes conquêtes de France, le penchant qu'un grand nombre de François avoient à retourner ſous leur ancien Roy, dont ils n'avoient quitté le parti au Camp de Brienne, que quand il les eut abandonnez luy-meſme, la crainte qu'eurent les autres de la retraite du Roy de Germanie, qui les laiſſeroit ſans Chef expoſez au juſte reſſentiment de leur légitime Souverain ; tout cela cauſa beaucoup de confuſion dans le Camp du Roy de Germanie, qui en pénétra aiſément la cauſe, & ſe repentit, mais trop tard, d'avoir renvoyé ſes Troupes Germaniques. En un mot, n'oſant ſe fier à ſon Armée, dont une partie commençoit à déſerter, il fut obligé à ſon tour de s'enfuïr promptement dans ſes Etats. Il ne fut pas plûtoſt parti, que Charles trouva tout facile, il ne rencontra plus aucune réſiſtance, & reconquit en moins de rien ſans coup-férir, tout le païs qui luy avoit eſté enlevé ; l'inconſtance du Peuple François faiſant depuis long-temps alternativement le bonheur & le malheur de ce Prince.

An. 859.

Annales Fuldenſ.

Lorſque le Roy de Lorraine eut appris le rétabliſſement de Charles dans ſes Etats, il vint le trouver à Arches, Maiſon Royale proche de la Meuſe, & ſe ligua de nouveau avec luy contre le Roy de Germanie, dont il redoutoit toûjours l'ambition, & qui eſtoit le ſeul en état de luy nuire. Ce retour de Lothaire fit plaiſir à Charles, & luy eſtoit de très-grande importance contre leur commun ennemi ; mais il penſa à d'autres moyens qu'il crut encore plus efficaces, pour empêcher une nouvelle entrepriſe ſur ſes Etats.

J'ay déja remarqué que les Evêques de France s'eſtoient mis en poſſeſſion de décider des

Y y iij

HISTOIRE DE FRANCE.

droits des Princes, & de donner & d'ôter les Couronnes. Ces étranges entreprises estoient l'effet de la foiblesse du Gouvernement, & du pitoyable état où les guerres civiles & les ravages des Normands avoient réduit le Royaume. On voit ces Prélats en diverses Lettres Synodales s'attribuer cette autorité, comme attachée à leur caractére & à leur qualité de Lieutenans de Dieu sur la Terre, & Charles le Chauve dans la conjoncture où il se trouvoit alors, poussa sa complaisance pour ces Prélats, jusqu'à dire dans un Acte qu'il publia contre l'Archevêque de Sens, que cet Archevêque » n'avoit pas pû le déposer, » au moins, disoit-
» il, avant que j'eusse comparu devant les Evê-
» ques qui m'avoient sacré Roy, & avec lesquels
» il m'avoit sacré luy-mesme; il falloit aupara-
» vant, que j'eusse subi le jugement de ces Pré-
» lats, qui sont appellez les Thrônes de Dieu,
» dans lesquels Dieu est assis, & par lesquels il
» prononce ses Arrests, ayant toûjours esté prest
» de me soûmettre à leurs corrections paternel-
» les & aux chastimens qu'ils voudroient m'im-
» poser, comme je m'y soûmets encore actuel-
» lement.

Libellus proclamationis adversus Venilonem.

Il crut donc qu'une des plus seûr esprécautions qu'il pust prendre contre les desseins ambitieux de son frere, estoit de faire agir ces Evêques, & de les engager à déclarer au Roy de Germanie, qu'il avoit encouru l'éxcommunication pour l'irruption injuste qu'il avoit faite dans le Royaume de son frere, & qu'il demeureroit excommunié, tandis qu'il persevereroit dans ses mauvaises intentions.

Il convint avec le Roy de Lorraine d'assembler à Metz un Concile, qui se tint vers la fin de May sur ce sujet. Ce Concile députa vers le Roy de Germanie Hincmar Archevêque de Reims, Venilon Archevêque de Roüen, & Gonthier Archevêque de Cologne, avec quelques autres Evêques, dont les instructions étoient telles.

An. 859. Tom. III. Concil. Gall.

Premierement, dès vostre premiere Audience vous exhorterez le Roy de Germanie à reconnoistre les péchez qu'il a commis, & les maux qu'il a causez en entrant en France avec son Armée, & vous luy conseillerez d'en demander pardon à Dieu.

Secondement, vous l'éxhorterez à la confession de ses péchez.

En troisiéme lieu, à réparer les dommages qu'il a causez.

En quatriéme lieu, s'il s'engage à cette satisfaction, vous luy ferez promettre d'avoir une entrevûë avec le Roy son frere, & avec le Roy de Lorraine son neveu.

Cinquiémement, de ne plus écouter les avis des mauvais conseillers & des esprits broüillons, qui luy ont fait entreprendre une si funeste guerre.

Sixiémement, d'obliger les Vassaux du Roy Charles, qui se sont refugiez en Germanie, à venir se presenter devant leur légitime Souverain, à condition que si leurs plaintes sont justes, on les satisfera, & que si elles ne le sont pas, le Roy de Germanie priant le Roy Charles de leur pardonner, il leur pardonnera: que si le Roy de Germanie continuë de vouloir soûtenir ces rebelles, vous luy déclarerez qu'il est luy-mesme excommunié; parce qu'il communique avec des gens qui sont éxcommuniez.

Septiémement, s'il écoute ces propositions, il faut qu'il vous promette de contribuer de tout son pouvoir à la tranquillité de l'Eglise, tant dans son Etat que dans la France, de remettre les Eccléfiastiques en possession de leurs privilèges & de leur autorité, & de faire rendre une éxacte justice aux Peuples, après leur avoir donné la Paix; & si ensuite il vous demande l'absolution, en ce cas donnez-la luy par l'autorité de la puissance Apostolique, selon les formes Canoniques, & accordez-luy le pardon de tous les maux qu'il a commis, ou qui ont esté commis à son occasion dans nos Diocéses. Réconciliez-le avec l'Eglise, & levez l'éxcommunication qu'il a encouruë pour avoir communiqué avec des éxcommuniez.

Huitiémement enfin, s'il refuse de vous écoûter, gardez-vous bien de l'absoudre; ce seroit vous lier vous-mesmes, & vous rendre participans de ses péchez, & vous seriez desavoüez par le Concile qui vous envoye.

Il parut fort extraordinaire que des Evêques envoyassent déclarer à un Prince Souverain, qu'il estoit tombé en excommunication, & pour luy offrir l'absolution, n'ayant sur luy ni Jurisdiction temporelle, ni spirituelle. Aussi cette députation n'eut-elle pas grand effet à cet égard. Les Députez furent reçûs à Vormes par le Roy de Germanie, & ils luy présenterent une Lettre de la part du Concile, où estoient contenuës la pluspart des choses dont je viens de parler. Il la lut, & il ne leur dit rien autre chose, sinon qu'il les prioit d'oublier le passé, & d'estre ses amis comme auparavant.

Hincmar Archevêque de Reims répliqua, qu'il ne leur demandoit que ce qu'ils venoient luy offrir d'eux-mesmes, & que pour luy en particulier, dont l'Archevêché avoit esté un des plus pillez, il ne conservoit dans son cœur aucun ressentiment; mais qu'il luy conseilloit de satisfaire à Dieu en réparant les dommages causez aux Eglises par son Armée. Gonthier Archevêque de Cologne luy parla aussi sur ce mesme sujet.

Le Roy leur fit de son costé quelques reproches dont ils se défendirent; mais touchant ce qui s'estoit résolu dans leur Concile de Metz, il leur dit qu'il estoit fort surpris de la maniére dont ils en avoient usé; qu'ils avoient traité de choses qui le regardoient personnellement sans l'en avoir averti; qu'ils avoient décidé sur ses propres affaires à leur fantaisie, & qu'après luy avoir fait son procès, ils venoient luy apporter leurs décisions; qu'il n'avoit rien fait que par le conseil de ses Evêques; qu'il les assembleroit à son tour; qu'il verroit avec eux ce qu'il auroit à faire dans la suite, & qu'il n'avoit rien autre chose à leur répondre.

Les Evêques de France de peur de l'aigrir, n'oserent le presser davantage sur les satisfa-

CHARLES LE CHAUVE.

ctions qu'ils demandoient. Ils luy proposerent seulement une entrevûë entre leur Maistre & luy, pour tascher de conclure une Paix durable. Il y consentit, & quelque temps après il se trouva avec le Roy de France & le Roy de Lorraine dans une Isle du Rhin, entre Andernac & Coblens. Ils n'y purent convenir de rien, le Roy de Germanie voulant avant toutes choses, qu'on luy promist que ceux des François qui avoient pris son parti, seroient rétablis dans leurs biens & dans les Charges & Dignitez qu'ils possédoient auparavant, & Charles tenant toûjours ferme, sans vouloir se relascher sur ce point-là : on convint neanmoins de part & d'autre de tenir une autre Conférence en Automne auprès de Basle ; mais elle ne se tint point, parce que le Roy de Lorraine ayant eu quelque raison de n'y pas venir, Charles qui estoit déja en chemin pour s'y rendre, ne voulut pas y aller sans luy.

Annales Fuldens.

Cependant le Roy de Germanie pour convaincre le monde qu'il ne tenoit pas à luy que la Paix ne se fist, & pour se justifier sur l'irruption qu'il avoit faite dans le Royaume de son frere, envoya Thioton Abbé de Fuldes à l'Empereur & au Pape Nicolas I. qui avoit succédé l'année précédente à Benoist III. plus par l'autorité de l'Empereur que par la faveur du Clergé. L'Envoyé fit si bien, que l'Empereur & le Pape parurent contens, & le Pape en témoigna au Roy de Germanie par une Lettre qu'il luy écrivit.

Ibid. Annales Bertiniani.

Tandis que les Députez du Concile de Metz estoient occupez à leurs négociations de Vormes, il se tint un autre Concile à Savonieres dans le Territoire de Toul, où se trouverent le Roy de France, le Roy de Lorraine, & Charles Roy de Provence. On y traita encore des moyens de rétablir la Paix entre le Roy de France & le Roy de Germanie. Le Traité d'alliance entre le Roy de France & le Roy de Lorraine y fut renouvellé, & le Roy de Provence y entra. Cette triple alliance estoit pour obliger le Roy de Germanie à se tenir en repos. Ce fut apparemment pour empescher que l'Empereur Loüis ne se liguast avec luy, que le Roy de Lorraine son frere luy céda la mesme année quelques Places au-delà du Mont-Jura, sçavoir Genève, Lausane, Sion en Valais, & quelques autres Territoires.

Can. 1.

Can. 3.

An. 859.

Annales Bertiniani. Can. 2.

Les Evêques ne s'oublierent pas non plus dans ce Concile. Ils firent un Decret, par lequel ils s'obligerent à demeurer très-unis entre eux pour corriger les Rois, les grands Seigneurs du Royaume François, & le Peuple dont ils étoient chargez, ce sont les termes du Decret. Ils ordonnerent pour cela, que deformais on tiendroit de fréquens Conciles pour le rétablissement de l'ordre & de la discipline Ecclesiastique, & obtinrent des trois Rois qui étoient présens, leur consentement pour la validité de ce Decret.

Ce fut dans ce Concile, que Charles le Chauve présenta aux Evêques un Mémoire contenant l'accusation de Venilon Archevêque de Sens, qui s'estoit jetté dans le parti du Roy de Germanie. Il y fit l'histoire & le détail de la désertion de ce Prélat, pour obtenir des Evêques qu'ils le déposassent, selon les formes Canoniques, afin qu'il pust estre ensuite puni en criminel de léze-Majesté.

Sur cette espéce de Requeste présentée au Concile par le Roy, les Evêques écrivirent à Venilon, & le sommerent de comparoistre dans trente jours devant les Commissaires établis par le Concile pour luy faire son procès ; ces Commissaires estoient Remi Archevêque de Lion, Venilon Archevêque de Roüen, Herard Archevêque de Tours, & Rodolfe Archevêque de Bourges. L'affaire néanmoins n'eut point de suite, & l'Archevêque de Sens, soit par le crédit des autres Evêques, qui ne souscrivoient pas volontiers à la condamnation d'un de leurs Confreres, soit à la priere des autres Princes François, obtint son pardon, & fut reçû en grace peu de temps après.

Ibid.

Une autre affaire importante fut traitée dans ce Concile. Elle regardoit la Bretagne, où il estoit arrivé beaucoup de changement. Durant le Régne d'Herispée, un Seigneur nommé Salomon son parent, s'estoit soulevé contre luy, & avoit demandé à Charles le Chauve d'estre confirmé dans la possession d'une partie de la Bretagne dont il s'estoit emparé. On avoit trop d'intérest en France à voir des broüilleries en Bretagne, pour luy refuser ce qu'il demandoit : le Roy le luy avoit accordé, & quelque temps après, Herispée avoit esté tué par ce concurrent, qui s'empara de la Souveraineté de Bretagne.

Ibid.

Si-tost qu'il s'estoit vû Maistre du païs, il avoit fait comme ses prédécesseurs. Il s'estoit servi des embarras où se trouvoit Charles le Chauve, pour secoüer le joug de la France, & avoit pris le nom de Roy. Ce fut luy qui envoya des Troupes au Roy de Germanie, pour attaquer la France, & en l'année 859. où nous sommes, Pepin ayant perdu tout son crédit en Aquitaine, se refugia chez luy.

Comme le prédécesseur de Salomon n'avoit obtenu des Rois de France que par un Traité forcé, qu'on luy laissast porter le nom de Roy, & que Salomon n'estoit pas son fils, on ne crut pas devoir continuer de luy donner ce titre, & le Concile dont je parle, ne le traite ni de Roy, ni de Duc, ni de Comte, mais on le nomme simplement sans aucun titre, ou avec une périphrase affectée, *celuy qui gouverne la Bretagne ou qui commande en Bretagne.* * Le Concile de Soissons, tenu quelques années après, luy donne la qualité de Duc.

* *Qui Britannorum tenet regimen.*

De plus on avoit laissé durant le Régne d'Herispée l'affaire des Evêques de Bretagne, sans la pousser que foiblement. Nomenoy son pere, ainsi que je l'ay raconté, avoit chassé les Evêques du païs, qui s'opposoient à ses violences, en avoit mis d'autres en leur place, avoit érigé l'Evêché de Dol en Metropole, & par là avoit soustrait à l'Archevêché de Tours les Evêques de Bretagne, qui en estoient Suffragans, afin de rompre tout commerce entre ses Sujets & la France, & faire ensorte qu'ils n'en eussent aucune dépendance, tant pour le temporel que pour le spirituel.

Tom. III. Concil. Gall.

Salomon estoit encore Payen, quand il s'empara de la Souveraineté de Bretagne, ainsi qu'on le voit par une Lettre que le Pape luy écrivit en l'an 865. Il se fit Chrétien si-tost qu'il fut sur le Trône, & ce fut sans doute cette raison qui fit que ce Pape ne luy écrivit pas d'abord sur le sujet des Évêques de Bretagne ; mais les Évêques de France ne se crurent pas obligez à tant de ménagemens : ils écrivirent aux Évêques de Bretagne, qui avoient succedé à quelques-uns de ceux que le Duc Nomenoy avoit fait élire ; ils les avertirent de reconnoistre l'Archevêque de Tours pour Métropolitain, & de ne point communiquer avec les autres Évêques, qui avoient esté excommuniez par les Papes Leon IV. & Benoist III. à cause de leur usurpation, ni avec plusieurs révoltez François que l'Archevêque de Tours avoit aussi excommuniez pour leur révolte, & ils menaçoient ces Évêques de les excommunier eux-mesmes, s'ils continuoient à ne pas reconnoistre leur ancien & légitime Métropolitain.

Ils leur envoyerent mesme un Mémoire des choses qu'ils leur ordonnoient par l'autorité du Concile, de représenter fortement à Salomon. Le premier article estoit la réünion des Évêques de Bretagne avec l'Archevêque de Tours, comme avec leur Métropolitain. Le second, qu'il falloit qu'il cessast de s'approprier les biens des Églises & ceux des particuliers. Le troisiéme, qu'il reconnust le Roy de France comme son Seigneur, & se souvinst que la Nation Bretonne avoit esté de tout temps tributaire de la France : & enfin, qu'il ne communiquast point avec ceux qui avoient esté excommuniez, sous peine d'encourir devant Dieu la peine des excommuniez mesmes.

Ils écrivirent aussi aux rebelles excommuniez, pour les exhorter à rentrer dans leur devoir, & à se remettre bien avec Dieu & avec le Roy, par une salutaire pénitence. Mais tout cela fut sans effet ; l'affaire des Évêques ne fut terminée que plusieurs années après, & les rebelles, non plus que Salomon, ne s'embarrasserent guéres des exhortations du Concile. Une bonne Armée que Charles eust conduite en Bretagne auroit esté plus efficace, pour remédier à tant de désordres ; mais il en avoit encore plus besoin ailleurs.

Annal. Bertiniani.

Les Normands continuoient d'attaquer de tous costez l'Empire François. Après avoir esté repoussé de la Saxe par les Troupes du Roy de Germanie, & fait de grands ravages du costé de l'Escaut, ceux qui s'estoient établis à Oissel sur la Seine, firent une irruption dans le païs d'entre cette riviere & la Loire, où ils trouverent plus de résistance qu'ils n'avoient esperé. Une de leurs Flotes passa dans la Méditerranée, entra dans le Rhône, & après avoir ravagé bien du païs, ils se saisirent de l'Isle de Camargues à l'embouchûre de cette riviere, & s'y fortifierent. D'autres firent descente dans l'Isle de Betau ; & enfin ceux de la Seine firent encore un détachement, qui vint piller S. Valery, Amiens, & tout le païs des environs ; & quelque temps après, ayant surpris Noyon pendant la nuit, ils en enleverent l'Évêque Immon avec plusieurs personnes considérables du païs, & quelques Ecclésiastiques : & comme ces captifs les embarrassoient dans leur retraite, ou ils apprehendoient d'estre chargez, ils les massacrerent. Ils en avoient fait autant à l'Évêque de Beauvais deux mois auparavant, & l'année précédente à celuy de Bayeux.

Parmi tous ces ravages & toutes ces insultes, Charles toûjours fort embarrassé, écouta une proposition que luy firent une Troupe de Normands, qui s'estoient fortifiez sur la Somme. Ils s'offrirent à luy d'aller chasser les Normands de la Seine, & de le remettre en possession d'Oissel, pourvû qu'il voulust leur donner d'avance trois mille livres pesant d'argent, en recevant les ostages qu'ils luy donneroient pour seûreté de leur parole. Charles pour trouver cette somme s'adressa aux Eglises, aux Marchands, & jusqu'aux plus pauvres, afin qu'ils y contribuassent : mais n'ayant pû les y obliger, ou n'ayant pû faire la somme entiere, le Traité ne fut point exécuté. Les Normands retirerent leurs ostages, & allerent chercher fortune ailleurs. Ils firent descente en Angleterre, où ils furent battus. Ceux qui s'estoient établis à Camargues réüssirent mieux. Ils monterent le Rhône, & ravagerent tout jusques à Valence.

Annales Bertiniani.

Après cette expédition, s'estant remis en Mer, ils firent voile en Italie, surprirent & pillerent la Ville de Pise, & quelques autres Places, tandis que l'Empereur Loüis estoit occupé à appaiser la révolte des Béneventins, qu'il chastia avec beaucoup de rigueur.

L'unique moyen de délivrer l'Empire François de tous ces malheurs, auroit esté la concorde des Princes. Ils le voyoient bien eux-mêmes, & faisoient de temps en temps des projets de Paix & d'accommodement. Cette année-là le Roy de Germanie, le Roy de France & le Roy de Lorraine eurent une entrevûë, & se réünirent ; mais ce ne fut que pour quelques mois. Le Roy de Lorraine rentra en soupçon contre Charles le Chauve, se ligua avec l'Empereur, & luy céda l'Alsace. La suite de l'Histoire nous fait conjecturer une raison de la rupture de Lothaire avec son oncle Charles, & de la cession qu'il fit de l'Alsace à l'Empereur. C'estoit une malheureuse passion à laquelle il sacrifioit tout ; la chose fit un très-grand éclat, & les suites en furent très-funestes pour ce Prince : voici dequoy il s'agissoit.

An. 860. Capitula Caroli Calvi.

Lothaire avoit épousé Theotberge, sœur d'un Seigneur appellé Hubert, Duc d'une grande partie de la Bourgogne Transjurane. Les débauches excessives où Lothaire s'abandonna, luy inspirerent l'aversion pour cette Princesse, & dès l'an 857. il l'éloigna. Tout le Royaume en fut scandalisé, & les parens de la Reine, qui estoient puissans, engagerent les plus considérables des Seigneurs à représenter au Roy l'injustice & la dureté de cette conduite ; de sorte que pour ne les pas irriter dans

Annales Bertiniani & Hincmar. de divortio Lothar. & Theotbergæ.

un

un temps où les François n'avoient pas pour leurs Rois une fort grande soûmission, il la rappella à la Cour; mais sans vouloir la voir, & mesme il luy donna des Gardes.

Résolu qu'il estoit de la répudier, pour mettre à sa place une de ses Maistresses, nommée Valdrade, qu'il avoit toûjours aimée, mesme avant son mariage, & du vivant de l'Empereur son pere, il songea aux moyens dont il pourroit se servir, pour faire déclarer juridiquement son mariage nul. Il luy suscita des accusateurs, qui l'accuserent d'avoir commis avant son mariage un inceste avec son frere le Duc Hubert. On la fit comparoistre dans une Assemblée de quelques Seigneurs qu'on luy avoit donnez pour Juges, où elle nia cet horrible fait avec beaucoup de fermeté. Comme on ne pouvoit la convaincre par aucuns témoins, on consulta quelques Evêques sur la maniere dont les Juges pourroient se comporter dans une affaire, où le crime estoit très-douteux; mais qui tout douteux qu'il estoit, deshonoroit le Roy.

Les Evêques furent d'avis qu'on eust recours à la preuve de l'eau boüillante, qui consistoit, en ce que l'accusé, pour prouver son innocence, enfonçoit sa main dans un bassin plein d'eau boüillante pour en tirer un anneau qu'on y avoit mis, s'il retiroit sa main avec l'anneau sans qu'elle fust bruslée, il estoit déclaré innocent, si la main se trouvoit bruslée, il demeuroit convaincu.

C'est là une de ces choses qui paroissent inconcevables dans l'Histoire; il y a tant de faits & si marquez de cette nature en différens Historiens, & en des Historiens contemporains, qu'on ne peut nier que cette sorte de preuve & d'autres semblables, ne fussent en usage, & qu'on n'en vist l'effet, tantost d'une façon & tantost d'une autre. D'ailleurs il paroist de la témérité à attendre de Dieu un miracle de cette nature, pour la justification d'un innocent, ou pour la conviction d'un coupable, & en même temps il semble qu'il estoit si difficile d'imposer aux Juges par de certaines fourbes contre lesquelles ils devoient estre en garde, & sur tout dans une occasion pareille à celle dont il s'agit ici, où l'on vouloit perdre absolument cette Reine. Toutefois la chose luy réüssit.

Son rang & sa qualité la dispenserent de faire elle-mesme la preuve. Elle choisit un homme pour la faire en son nom, qui ou par zéle pour la vie & pour l'honneur de cette Princesse, ou pour l'argent, consentit à mettre sa main dans l'eau boüillante. Il le fit, & la retira sans aucun mal.

Le Roy à la vûë de ce prodige, n'eut plus rien à dire: elle fut déclarée innocente, reçûë à la table du Roy, & rétablie dans toutes ses prérogatives de Reine & d'épouse. Mais que sert l'innocence la mieux prouvée contre des passions aussi violentes, que l'amour & la haine unies ensemble pour la perdre, & soûtenuës d'une autorité suprême? Lothaire fit un voyage en Italie, où il eut une entrevûë avec l'Empereur son frere, & à son retour il déclara qu'il avoit de nouvelles preuves contre la Reine.

Tome I.

On fit entendre à cette Princesse qu'il y alloit de sa vie, si elle ne contribuoit elle-mesme de tout son pouvoir au divorce que le Roy souhaitoit; que ce divorce ne pouvoit se faire dans les formes, qu'ensuite de l'aveu qu'elle feroit du crime dont on l'accusoit, & qu'il falloit qu'elle le confessast.

L'Archevêque Hincmar en parlant de cette affaire, nous laisse en doute, si l'inceste qu'on luy reprocha alors, estoit celuy-là mesme dont elle s'estoit déja défenduë, ou si on l'accusa cette seconde fois d'avoir commis le même crime depuis son mariage. Quoy qu'il en soit de cette circonstance, Lothaire après l'avoir intimidée, & obligée à promettre de faire cet aveu, fit venir quelques Prélats à Aix-la-Chapelle au mois de Janvier; sçavoir, Gonthier Archevêque de Cologne, Teutgaud Archevêque de Tréves, deux autres Evêques & deux Abbez. Il leur parla en particulier, leur exposa l'embarras où il estoit, & leur demanda s'il pouvoit en conscience regarder comme son épouse une personne capable d'un aussi grand crime, que celuy dont la Reine estoit accusée, & pour lequel elle commençoit déja d'estre diffamée par-tout: qu'il l'avoit volontiers reçûë après la preuve de l'eau boüillante; mais que cette voye de prouver son innocence estoit devenuë suspecte par des circonstances particulieres, qui y faisoient soupçonner de la fourbe; qu'au reste elle s'estoit accusée elle-mesme à luy-mesme, en luy disant en général qu'elle estoit indigne d'estre son épouse, & qu'elle le supplioit instamment de luy permettre de se retirer dans un Monastére, pour y prendre le voile. C'est pour avoir vos avis sur une affaire si délicate, ajoûta le Roy, que je vous ay assemblez ici: mais avant que de me répondre, il faut que vous voyez la Reine.

Ils estoient encore avec le Roy, lorsqu'elle leur envoya un de ses Officiers, pour les prier de sa part d'entrer dans son appartement. Elle se jetta à leurs pieds, & les supplia les larmes aux yeux de recevoir sa Confession d'un grand crime qu'elle avoit commis. Ces Prélats luy dirent, qu'avant qu'elle fist cette Confession, elle prist bien garde à ne rien dire contre sa conscience, & que ni la crainte ni aucun autre motif ne luy fissent rien avancer contre la vérité.

Non, dit-elle, je prens Dieu à témoin que j'ay commis le crime dont on m'accuse, & j'en appelle au témoignage de mon Confesseur que voilà (c'estoit l'Archevêque de Cologne) l'Archevêque luy dit, qu'il estoit bon qu'elle exposast elle-mesme la chose, afin que ses Confreres pussent en juger avec luy plus sûrement.

Après qu'elle l'eut fait, les deux Prélats luy demanderent, si elle n'avoit point quelque plainte à faire, ou quelques moyens de défense à apporter? si cette Confession estoit sincére, & si elle ne cachoit point quelque artifice? Elle protesta de nouveau qu'elle agissoit sans aucun déguisement. Les Prélats se retirerent, luy promettant de consulter entre eux sur ce qui seroit le plus utile pour le bien de son ame, &

Hincmar. de divortio Lothar. & Theutberg.

Ibid.

Ibid.

An. 860.

Ibid.

Ibid.

HISTOIRE DE FRANCE.

dirent au Roy que la Reine estant convaincuë d'adultere, il ne pouvoit pas en conscience la retenir comme son épouse.

Le mois suivant on tint à Aix-la-Chapelle une grande Diéte, pendant laquelle les Evêques qui y assistoient, s'estant assemblez en Concile, on y fit le rapport de la Confession de la Reine. Sur ce rapport elle fut encore déclarée coupable & convaincuë du crime qu'elle avoit confessé, & l'on conclut qu'il falloit la mettre en penitence publique: mais cette conclusion fut sans effet; car la Reine s'échapa de la Cour, & se sauva en France auprès de son frere, qui s'y estoit aussi retiré, & de-là elle écrivit ou fit écrire au Pape, qui s'attira la connoissance de cette affaire: & ce fut apparemment cette retraite que Charles le Chauve donna à Theutberge dans son Royaume, qui le broüilla avec le Roy de Lorraine.

Annales Bertiniani.

Epist. Episcop. ad Nicol. Papam.

Il est surprenant que tant d'Evêques, qui ne preschoient alors à toute occasion, que le rétablissement de la discipline dans l'Eglise de France, se fussent ainsi faits les Ministres de l'injuste & honteuse passion d'un Prince, qui ne vouloit perdre la Reine sa femme, que pour satisfaire une inclination criminelle. Un de nos anciens Annalistes nous découvre sur cette affaire l'infame intrigue de Gonthier Archevêque de Cologne, Confesseur de la Reine & Grand Maistre de la Chapelle du Roy de Lorraine. Il dit que Lothaire l'engagea, & par luy-mesme & par ses Confidens à la perte de cette Princesse, en luy faisant esperer de prendre pour épouse, & de mettre sur le Trône à la place de la Reine, la niéce de ce Prélat, s'il pouvoit faire ensorte par son credit, qu'un Concile déclarast son mariage nul; que Gonthier ayant esté gagné par cet appas, aida luy-mesme le Roy à corrompre l'Archevêque de Tréves, qui estoit un homme simple & ignorant, en luy citant divers Passages de l'Ancien & du Nouveau Testament, & des Canons de Conciles, qui selon qu'il luy fit entendre, autorisoient ou permettoient cette espéce de divorce.

Annal. Metens.

Cependant Hincmar Archevêque de Reims, ayant receû les premieres procédures faites par ces Evêques au mois de Janvier à Aix-la-Chapelle, les trouva si irrégulieres, & les crut si contraires à la vérité, qu'il ne pouvoit se persuader qu'elles eussent esté faites de la sorte. La suite de l'affaire fit bien voir que la Reine estoit innocente, & que tout ce qu'elle faisoit & disoit n'estoit que pour sauver sa vie, & pour attendre l'occasion de s'échaper des mains de ceux qui estoient résolus à la perdre.

De divortio Lothar. & Theutberg.

An. 860.

Les Evêques surpris de sa fuite, & ayant sceû que le Pape avoit esté informé de tout, luy écrivirent, pour le prier de ne se point laisser prévenir par les personnes que leurs ennemis & ceux du Roy leur Maistre avoient envoyez à Rome, pour décrier auprès de sa Sainteté leur conduite aussi-bien que celle du Prince; qu'ils n'avoient agi que sur la Confession que la Reinemesme leur avoit faite de son péché, & qu'au reste jusqu'à present ils n'avoient fait autre chose que de la mettre en penitence; que depuis elle s'estoit sauvée en France, & qu'il apprendroit tout le détail de ce qui s'estoit passé par Theudgaud Archevêque de Tréves, & Atton Evêque de Verdun, qui alloient le trouver de la part du Roy & de la part du Concile tenu à Aix-la-Chapelle. Ces deux Prélats ne réüssirent pas dans leur Ambassade, ainsi que je le diray, en racontant les suites de cette affaire, qui dura plusieurs années.

Tom. III. Concil. Gall.

Charles le Chauve apprenoit avec plaisir l'embarras de Lothaire, & les Evêques de France ne contribuerent pas peu à l'augmenter; mais celuy de Charles n'estoit pas moindre. Il avoit toûjours les Normands au milieu de son Etat, & les Bretons sur ses Frontieres, qui le tenoient dans de continuelles allarmes. Il se donna cette mesme année entre ceux-ci & les François une grande bataille, dont voici l'occasion & quelque détail.

Annales Metens.

Un Seigneur François nommé Lambert, étoit Duc & Gouverneur du païs d'entre la Seine & la Loire. Il eut un démeslé avec un autre Seigneur très-puissant de ce païs-là nommé Vivien, & il le tua en trahison. Un autre nommé Gobert, ami ou parent de Vivien, vangea sa mort, & tua le Duc Lambert, & fit mainbasse sur plusieurs de ceux du mesme parti. Le Roy fit arrester Gobert, & luy fit couper la teste. Cette espéce de guerre civile entre les Seigneurs avoit mis tout le païs en désordre, & les querelles des particuliers leur faisoient oublier les soins qu'ils devoient à l'Etat pour la garde des Frontieres.

Salomon Duc de Bretagne ne manqua pas cette occasion, il passa la Loire, & vint faire le dégast jusqu'à Poitiers, mettant tout à feu & à sang, & s'en retourna avec ses Troupes chargées d'un très-grand butin.

Le Roy indigné de cette insulte, entra peu de temps après en Bretagne avec une assez grande Armée. Le Duc de Bretagne vint au devant des François à la teste de la sienne, & accepta la bataille qu'on luy présenta.

Charles avoit dans son Armée beaucoup de Cavalerie Saxone, que son frere Loüis de Germanie, quoiqu'ils ne fussent pas fort bien ensemble, luy avoit venduë pour quelque temps. Il mit cette Cavalerie sur une ligne devant le reste de son Armée, pour soûtenir les premiers efforts de la Cavalerie Bretonne, que les derniers Souverains de Bretagne avoient exercée à se battre d'une maniere, qui avoit quelque chose de semblable à celle des anciens Parthes. Les Cavaliers estoient armez de javelots; ils venoient par petits pelotons caracoler autour de l'ennemi, & sans en venir aux mains, lançoient leurs javelots d'assez loin, puis ils se retiroient au gros de l'Armée avec beaucoup de vitesse. S'ils estoient poursuivis, ils lançoient, mesme en fuyant, leurs javelots, & avec tant d'adresse, qu'ils ne manquoient guéres leur coup.

Ibid.

A la premiere charge que les Bretons firent avec leurs javelots, les Saxons plierent; ils furent poursuivis jusqu'à l'Infanterie de l'Armée,

CHARLES LE CHAUVE.

& se sauverent derriere elle par les intervalles des bataillons.

Les Bretons animez par ce succès, donnerent sur l'Infanterie & sur la Cavalerie Françoise, mais sans tenir ferme, & tournant bride après avoir jetté le javelot.

Cette maniere de combattre incommodoit fort les François, qui ne se servoient que de javelots plus pesans, qu'on ne pouvoit pas jetter de si loin, ou du sabre qui leur estoit inutile contre des gens qui n'approchoient point, qui ne faisoient que caracoller, & tantost s'arrestoient, & tantost fuïoient, & combatoient mesme en fuyant. Il demeura d'abord beaucoup de Saxons & de François sur la place, & les Bretons ne perdirent presque personne; enfin, les deux Armées après ces rudes escarmouches, en vinrent aux mains: le combat s'échauffa, & ne fut terminé que par la nuit, sans aucune décision; mais la perte des François fut incomparablement plus grande que celle des Bretons.

La bataille recommença le lendemain, & l'on se battit encore plus furieusement que le jour d'auparavant, sans que l'on fuist ni de part ni d'autre, & cet acharnement ne finit encore qu'avec le jour.

Le Roy voyant que malgré la bravoure de ses gens, il avoit perdu la plus grande partie de son Armée, & qu'il ne pourroit pas soutenir un troisième combat, se retira secretement pendant la nuit avec peu de suite. Sa retraite ayant esté sçûë le matin dans le Camp, la consternation s'y mit, & on n'y pensa plus qu'à se sauver. On abandonna aux Bretons tout le bagage, toutes les tentes, & toutes les machines de guerre, quantité de François furent encore tuez dans la fuite, & un grand nombre faits prisonniers.

Le Duc de Bretagne avoit à la teste de ses Armées le Comte Robert, qui fut depuis surnommé le Fort. Il avoit suivi presque toûjours le parti de Pepin Roy d'Aquitaine, & s'estoit retiré avec luy en Bretagne. Les Seigneurs François firent comprendre au Roy de quelle importance il estoit d'oster aux ennemis un Général de ce mérite. Le Roy luy fit offrir sa grace & amnistie pour tout le passé, avec promesse d'un Duché ou Gouvernement considérable. Robert fut ravi de rentrer dans son devoir à de si bonnes conditions. Il vint trouver le Roy à Meun sur la riviere de Loire, où il fut reçû en grace, & pourvû sur le champ du Duché ou Gouvernement du païs d'entre la Seine & la Loire sur la Frontiére de Bretagne. * Ce qu'il y eut de bizarre en cette rencontre, c'est qu'après le retour du Comte Robert, deux Seigneurs François, Geofroy & Godefroy, qui avoient esté ses médiateurs auprès du Roy, se jetterent dans le parti du Duc de Bretagne, jaloux & irritez de ce qu'on leur avoit préferé Robert pour ce Gouvernement.

La perte que le Roy avoit faite en Bretagne, augmentoit l'inquiétude que luy donnoit depuis long-temps l'établissement des Normands, qui s'estoient postez à Oissel au-dessus de Roüen: il les y avoit en vain assiégez, & ils s'y maintenoient toûjours.

Ces Pirates n'avoient pas tellement en vûë l'intérest commun de leur Nation, que leur avantage particulier ne prédominast souvent. Par la maniere dont nostre Histoire en parle, en appellant les uns les Normands de la Seine, les autres les Normands de la Somme, les autres les Normands de la Loire, il semble qu'ils avoient comme partagé entre eux les rivieres de France, où chacun avoit, pour ainsi dire, son district pour le pillage & pour les courses. Charles crut ne pouvoir rien faire de meilleur ni de plus utile pour son Etat, que de détruire ces dangereux ennemis les uns par les autres.

Dès l'année précédente il avoit commencé un Traité avec Veeland Chef des Normands de la Somme, pour s'en servir contre ceux de la Seine, & reprendre Oissel. Ce Traité, comme j'ay dit, n'avoit point esté exécuté, le Roy n'ayant pû fournir la somme d'argent dont on estoit convenu. Veeland après avoir esté faire des descentes en Angleterre, estoit revenu dans la Somme passer l'hyver sur les bords de cette riviere, où le Roy le souffroit, parce qu'il ne pouvoit pas l'en chasser. A son retour il avoit encore pillé le païs de Teroüenne; mais c'estoit une necessité de dissimuler, & Charles ne laissa pas de luy proposer le dessein de l'année précédente, de chasser les Normands d'Oissel.

Au lieu de trois mille livres pesant d'argent qu'ils avoient demandé alors pour cette expédition, ils en voulurent avoir cinq mille, & demanderent outre cela qu'on leur fournist les vivres & le fourage. Le Roy s'y accorda, & trouva, quoiqu'avec assez de peine, de quoy faire cette dépense.

Veeland entra donc dans la Seine avec deux cens Voiles, & vint assiéger ses compatriotes dans l'Isle d'Oissel. Peu de temps après il fut encore joint par une autre Troupe de Normands, qui arriverent sur soixante Vaisseaux. Les attaques & la défense furent également vigoureuses; le siège fut très-long, mais enfin les vivres manquant aux assiégez, ils furent obligez de se rendre, après avoir souffert longtemps la faim & les plus extrêmes miseres. Ils capitulerent, & rachterent leur vie par six mille livres pesant d'or & d'argent, à condition que les Normands vainqueurs les recevroient parmi eux, ou pour retourner en leur païs, ou pour aller ensemble chercher fortune ailleurs: ainsi Oissel fut remis entre les mains du Roy.

Toute cette grande Flote descendit la Seine pour se mettre en Mer; mais la saison estoit déja si avancée, & la Mer si grosse, qu'ils ne voulurent pas s'y engager; de sorte qu'ils remonterent la Seine: le Roy fut contraint de leur accorder des quatiers d'hyver sur le bord de cette riviere, & Veeland prit le sien avec ses gens aux environs de Melun.

Le danger où Charles voyoit son Royaume par cette Armée de Normands réünis & maîtres de la plus grande partie des bords de la

Seine, où ils avoient étendu leurs quartiers, ne fut pas capable d'arrester son ambition, & de l'empescher de former des desseins sur le Royaume du jeune Charles son neveu Roy de Provence.

Ce Prince estoit d'une très-foible compléxion, & prévoyoit bien qu'il n'avoit pas long-temps à vivre, estant toûjours malade. Il avoit fait dès l'an 857. un Traité avec son frere le Roy de Lorraine, par lequel ce Roy luy cédoit les Evêchez & les Territoires de Bellai & de Tarentaise, & luy de son costé, en cas qu'il vinst à mourir avant que d'estre marié, & d'avoir eu des enfans, le déclaroit héritier de ses Etats.

Annales Bertiniani au an. 861.

Un tel Traité ne pouvoit estre que très-désagréable à Charles le Chauve & aux autres Princes de la Maison Royale, qui avoient tous des prétentions sur cette succession. Quelques esprits broüillons du Royaume de Provence n'ignorant pas cette disposition des Princes à l'égard de leur Roy, écrivirent à Charles le Chauve, sous prétexte de le prier de venir les secourir contre les Normands, qui s'estoient saisis de l'Isle de Camargues, & couroient toute la Provence ; mais en effet, comme ils le luy firent entendre, c'estoit pour se donner à luy, & faire déclarer la Provence en sa faveur contre son Roy légitime, si-tost que l'Armée Françoise paroistroit.

Charles n'hésita pas, & ayant rassemblé quelques Troupes, il nomma son fils Loüis pour Lieutenant Général dans son Royaume, & sous luy le Duc Adelard, oncle de la Reine Irmintrude, & partit avec cette Princesse pour la Provence. Il s'avança jusqu'à Mâcon : mais ou bien les affaires avoient changé de situation, ou les conjurez furent prévenus. Il ne se fit aucun mouvement, & Charles fut obligé de retourner sur ses pas, avec la confusion d'avoir ainsi fait paroistre à tout l'Empire François ses mauvais desseins sur les Etats de son neveu.

A son arrivé à Pontion Maison Royale sur les Frontiéres de Champagne, il trouva des Envoyez de son frere le Roy de Germanie & de son neveu le Roy de Lorraine, qui estoient venus pour se plaindre de sa conduite de la part de leurs Maistres. Il la justifia du mieux qu'il luy fut possible, & la chose n'eut point de suite.

Annales Bertiniani.

Cependant les Normands qui avoient pris leurs quartiers sur les rivages de la Seine au-dessus de Paris, & avoient promis au Roy d'y vivre paisiblement sans exercer aucune violence, formoient nonobstant toutes ces belles promesses, des desseins sur les païs des environs de la Seine, de la Marne & de l'Oise. Le Roy le sçut, & prit des mesures pour s'opposer à leurs entreprises. Il convoqua pour ce sujet à Senlis une Assemblée des Comtes & des Seigneurs de tous ces Cantons, afin de leur donner ordre de se mettre sous les armes, & d'assembler leurs Vassaux. Il se rendit à Senlis ;

An. 861.

mais comme les Normands avoient rompu tous les Ponts de la Seine & de la Marne, & que depuis peu prévoyant le dessein du Roy, ils s'estoient saisis de tous les batteaux qui estoient sur ces deux rivieres, il fut impossible aux Seigneurs François qui estoient au-delà, de se rendre à l'Assemblée de Senlis.

Dans le temps que le Roy délibéroit en cette Ville-là avec les autres, sur les mesures qu'il y avoit à prendre pour leur conservation, il eut avis que ceux des Normands qui avoient leurs logemens dans l'Abbaye de S. Maur des Fossez & aux environs, avoient composé un Corps de leurs meilleurs hommes, pour surprendre la Ville de Meaux, & qu'ils s'estoient embarquez dans quantité de petits batteaux sur la riviere de Marne pour cet effet.

Sur cet avis il partit sur le champ de Senlis avec ce qu'il avoit de Troupes, & vint se saisir d'un Pont à demi rompu, entre Meaux & S. Maur, le fit raccommoder avec beaucoup de diligence, borda de Soldats les deux costez de la Marne, & s'empara de plusieurs postes, d'où il pouvoit aisément charger les Normands, soit qu'ils prissent le parti d'avancer ou celuy de se retirer.

Les Normands ayant appris la marche du Roy, laissérent leur entreprise de Meaux, & penserent à leur retraite ; mais ils furent coupez & enveloppez de toutes parts. Il fallut capituler : les conditions furent, qu'ils rendroient sur le champ tous les prisonniers qu'ils avoient faits en entrant dans la Marne, & qu'au plûtost eux & les autres Normands de la Seine s'embarqueroient sur cette riviere, pour gagner la Mer & sortir du Royaume, ou que si quelques-uns d'entre eux se trouveroient bien en France, ils s'enrolleroient dans les Troupes du Roy, pour y obéir & y servir comme les autres Soldats François. Ce fut une nécessité pour les Normands d'accepter ces conditions, & ils donnerent dix ostages, que le Roy choisit tels qu'il voulut.

Vingt jours après, Veeland le plus considérable des Généraux Normands, & celuy qui avoit pris Oissel, vint trouver le Roy, luy fit serment avec ses gens ne jamais porter les armes contre luy, & ensuite il alla faire embarquer toutes ses Troupes, qui descendirent jusqu'à Jumiege, bien au-dessous de Roüen, où ils s'arresterent pour y radouber leurs Vaisseaux. Ils en partirent à la fin de Mars ; & quand ils furent à l'embouchûre de la Seine, la Flote se partagea ; car j'ay déja remarqué qu'ils avoient divers Chefs indépendans les uns des autres. Chacun prit sa route comme il voulut : mais la plus grande partie alla offrir son service à Salomon Duc de Bretagne, & une autre Troupe du mesme païs, qui avoit esté pirater sur les costes d'Espagne, vint aussi au retour se donner à luy.

Néanmoins le Comte Robert, qui commandoit entre la Seine & la Loire, ayant sçû le dessein des Normands, & que le Duc de Bretagne avec ce secours l'accableroit infailliblement, envoya promptement vers ceux qu'on appelloit les Normands de la Seine, & les pria ne point s'engager avec le Duc. Ensuite leur ayant promis de leur faire payer au pluîtost six mille livres pesant d'argent, il fit ligue avec cette partie de la Nation contre le Duc de Bretagne, & mesme le Général Veeland, qui pendant qu'il avoit esté en France, s'estoit fait instruire de la Religion Chrétienne, prit la résolution de l'embrasser. Il vint avec sa femme & ses fils trouver le Roy, qui le reçût parfaitement bien, & luy permit de demeurer en France, où il fut baptisé avec toute sa famille, & tous ceux qui l'avoient suivi.

Le Duc de Bretagne ne fut pas long-temps sans se servir des Normans qu'il avoit pris à sa solde. Il remplit de Troupes douze de leurs Vaisseaux qu'il fit entrer dans la Riviére de Loire, pour faire des courses sur les Terres de France : mais le Comte Robert les surprit, se rendit Maistre de toute cette flote, & fit passer au fil de l'épée tout ce qui s'y trouva.

Le Roy trop heureux d'avoir mis si aisément cette partie des Normands hors de France, convoqua une Diéte à Piste qui estoit une Maison Royale près de cet endroit, où la petite Riviére d'Andele d'un costé, & la Riviére d'Eure de l'autre, se jettent dans la Seine à trois lieuës au dessus de Roüen. Il fit comprendre à la Diéte l'importance qu'il y avoit d'empêcher que cette terrible Nation ne rentrast en France, au moins aussi avant qu'elle avoit fait : & il fut résolu d'un commun avis de fortifier & de fermer la Seine en cet endroit.

Annal. Bertiniani.

Si le Roy avoit pû prendre de semblables précautions dans toutes ses principales Riviéres, & avoir des vaisseaux bien fournis de Soldats à toutes leurs embouchûres, & des Corps de garde aux endroits où les descentes se pouvoient faire avec le plus de facilité, pour avertir la Milice du Païs de prendre les armes aux approches des Pirates, il se seroit mis à couvert de leurs insultes. C'estoit le moyen dont Charlemagne avoit usé autrefois. Depuis l'Occean Germanique jusqu'à l'Ebre au delà des Pyrenées, & depuis Barcelone jusqu'au delà de Rome, tout estoit par-là en seureté. Charles le Chauve n'avoit pas un si grand terrain à garder ; la Somme, la Seine, la Loire & la Garonne, estoient les endroits ordinaires par où les Normans entroient dans ses Etats. C'estoit par asseurer l'embouchûre de ces Riviéres qu'il falloit commencer ; mais ou faute d'application, ou faute d'argent, ou faute d'autorité, rien de tout cela ne se faisoit, l'esprit d'indépendance estoit répandu par tout ; il passa de ses Sujets jusques dans sa propre famille, & le chagrin que luy causérent cette mesme année trois de ses enfans, ne luy laissa guéres goûter le plaisir de sa victoire sur les Normans.

Ann. Bertiniani.

J'ay dit que sa fille Judit avoit épousé Edilulfe Roy des Saxons Occidentaux en Angleterre. Ce Roy mourut dès l'année 858. laissant plusieurs fils d'un autre mariage, dont l'aisné appellé Adalbolde ou Ethelbolde, après la mort de son pere, épousa cette Princesse qui estoit sa belle-mere. Ce mariage scandaleux dura deux ans, au bout desquels Ethelbolde mourut, & la Princesse revint en France avec beaucoup d'argent qu'elle avoit amassé de la vente de quantité de Terres que les deux Rois ses époux luy avoient données. Le Roy son pere luy assigna Senlis pour sa demeure, & recommanda à l'Evêque d'avoir soin de sa conscience, & de sa conduite.

Elle estoit jeune, car à peine estoit elle en âge nubile quand elle passa en Angleterre où elle ne fut que six ou sept ans. Elle vivoit à Senlis en Reine, & les Seigneurs y venoient de temps en temps faire leur Cour. Baudoüin Comte de Flandres en devint amoureux, & s'apperceut qu'elle répondoit à ses inclinations. Il s'en ouvrit à Loüis frere de la Princesse, lequel luy promit de le servir. Apparemment le Roy n'écouta pas volontiers la proposition : & cela détermina le Prince & le Comte à l'enlevement de la Princesse qui y consentit sans peine. Elle se déguisa, sortit de son Palais & fut emmenée dans les Etats du Roy de Lorraine par les gens du Comte.

Ibid.

Le Roy extrêmement choqué de cette audace leur fit faire leur procès, & assembla aussi-tost un Concile d'Evêques, qui selon les Canons excommuniérent & Baudoüin & Judit. Il punit le Prince Loüis, en luy otant l'Abbaye de S. Martin de Tours, qu'il luy avoit donné comme en appanage, & la donna au Comte Humbert frere de la Reine Teutberge, quoiqu'il fut marié. Car le désordre estoit extrême dans l'Eglise de France, en cette matiére comme en plusieurs autres.

Ibid.

Le Prince Loüis irrité de ce châtiment ne manqua pas de trouver des gens qui l'aigrirent encore. Geofroy & Godefroy qui s'estoient refugiez chez le Duc de Bretagne depuis le rétablissement du Comte Robert profitérent de son chagrin, & luy firent offrir de la part du Duc de Bretagne toutes les forces de ce Duché, pour se dédommager avantageusement du bien qu'on luy avoit ôté. Il les écouta, & se retira à la Cour du Duc de Bretagne.

Il n'y fut pas plustost arrivé, qu'il se mit à la teste d'une Armée de Bretons & entra en Anjou, où il fit de grands ravages. Mais il fut attaqué à son retour par le Comte Robert, qui luy tailla son Armée en piéces. Plus de deux cens Seigneurs Bretons des plus considérables y demeurérent sur la Place, & tout le butin fut repris.

Le Prince peu de temps aprés rentra en Anjou avec de nouvelles Troupes : il y fut encore mis en déroute, & peu s'en fallut qu'il ne fust pris luy-mesme.

Si-tost qu'il fut retourné en Bretagne, soit pour chagriner le Roy son pere, soit pour contenter sa passion, il épousa contre la defense qui luy en fut faite, Ansgarde fille d'un Comte nommé Hardoüin, & sœur d'un autre appellé Odon qui estoit son favori. Ce mariage causa depuis bien de l'embarras pour la succession à la Couronne aprés la mort de ce Prince.

Ibid.

Ce ne furent pas là les seuls chagrins de cette nature que le Roy eut cette année-là. Charles son autre fils qu'il avoit fait Roy d'Aquitaine, & qui n'avoit pas encore quinze ans accomplis, épousa aussi sans le consulter la veuve du Comte Humbert. Le Roy luy envoya ordre de le

Ibid.

venir trouver à Meun sur la Loire pour luy rendre compte de sa conduite. Il ne voulut y venir qu'après que le Roy l'eut asseuré par serment qu'on ne l'y arresteroit pas : avec cette asseurance il s'y rendit, il répondit avec une fierté extrême, aux reproches que le Roy luy fit sur son mariage, & ils se séparérent l'un de l'autre également mécontents.

On ne peut estre Roy avec moins d'agrément que l'estoit alors Charles le Chauve, qui ne trouvoit de soûmission ny dans ses Sujets, ny dans ses enfans. Toutefois Loüis rentra dans son devoir : quelque temps après il quitta les Bretons, demanda pardon au Roy son pere & aux Evêques dans un Concile, & s'obligea par de nouveaux sermens à une conduite plus soûmise. Le Roy luy donna le Comté de Meaux avec l'Abbaye de S. Crespin, & luy permit aussi-bien qu'à Ansgarde de venir auprès de luy.

Ibid. ad an. 862.

Loüis Roy de Germanie, quoique plus absolu que Charles dans ses Etats, n'avoit pas moins de chagrin & d'inquietude de son fils aîné Carloman jeune Prince courageux, mais qui aimoit le Commandement & l'indépendance.

Le Roy son pere l'avoit mis à la teste de ses Armées dans la Carinthie & dans toute la Frontiere de la Pannonie soûmise à l'Empire François. Ce Prince sur la fin de l'année 861. cassa de sa propre autorité tous les Ducs & tous les Comtes de ces quartiers là, & en mit partout d'autres à leurs places, qui estoient tous à luy.

Annal. Fuldens.

Le Roy son pere en fut fort irrité, se persuadant aisément que son fils avoit quelque mauvais dessein, & qu'il pensoit à se rendre Maistre de cette Frontiere. Il ne se trompoit pas. Ce jeune Prince n'avoit fait un coup si hardi, qu'après s'estre asseuré du secours du Prince des Esclavons Vinides nommé Restice, qui depuis plusieurs années donnoit par ses courses continuelles sur les Terres des François, beaucoup de peine au Roy de Germanie. Ces Vinides habitoient les environs de la Save. Avec ce secours Carloman s'empara de toute la Frontiere jusqu'à la Riviére d'Inn, c'est à dire de tout le Païs qui est entre cette Riviére, le Danube & la Drave, ou bien de ce qui est entre le Danube & la Riviére d'Inn ; car l'ancien Auteur ne s'explique pas nettement là-dessus.

Annal. Bertiniani.

Le Roy soupçonnant que le beau-pere de Carloman nommé Arnuste, entroit dans les desseins de son gendre, & estoit son espion à la Cour, le chassa avec toute sa famille. Il vint se refugier en France, où il fut parfaitement bien reçû de Charles, qui luy donna des charges considérables aussi-bien qu'à Adelard, que le Roy de Lorraine obligea aussi en même temps de quitter sa Cour à la persuasion du Roy de Germanie ; parce qu'il estoit parent d'Arnuste. Charles affecta de faire Adelard un de ses premiers Ministres, ayant en vûë par cette conduite de chagriner son frere le Roy de Germanie & son neveu le Roy de Lorraine, dont la trop grande union luy déplaisoit autantqu'il la craignoit.

Les soupçons du Roy de Germanie tombérent aussi apparemment sur plusieurs Seigneurs du Royaume de France, qui pendant la Guerre des deux Rois avoient suivi son parti, & depuis ce temps-là estoient demeurez à son service. Soit qu'ils fussent dans l'intelligence de Carloman, où qu'ils n'y fussent pas, ils prirent cette occasion de demander leur grace à Charles, qui par le mesme désir de faire des choses désagréables au Roy de Germanie, les reçût, les rétablit dans leurs biens, & leur donna des Emplois.

Le Roy de Germanie, vers le commencement de l'an 862. vint à Ratisbone, & envoya ordre à son fils de l'y venir trouver, en luy promettant toute sorte de seureté. Carloman y vint & se défendit le mieux qu'il luy fut possible. On ne fit pas de grands efforts pour le convaincre des fautes dont on l'accusoit ; on voulut bien mesme laisser croire au Peuple, que les soupçons que l'on avoit pris de sa fidelité, estoient mal fondez. Le Roy le laissa en possession du Païs dont il s'estoit saisi, à condition qu'il le gouvernast sous son autorité, & qu'il ne fit point de nouvelles entreprises. La réconciliation s'estant faite au moins en apparence, Carloman retourna avec ses gens dans son Gouvernement, & le Roy alla au delà de l'Elbe à la teste de son Armée châtier le Duc des Abodrites qui s'estoit révolté, & qu'il obligea de luy donner son fils pour gage de sa fidelité.

An. 862.

Annal. Fuldens. & Bertiniani.

Après cette expédition il reçût divers avis, que son fils malgré toutes ses promesses, entretenoit un commerce secret avec le Duc des Esclavons Vinides le plus dangereux & le plus opiniâtre ennemi du nom François dans ces quartiers-là, & il le manda sous quelque autre prétexte. Carloman croyant ses intrigues fort secretes obéit ; mais comme il approchoit de la Cour, il fut averti d'une parole que le Roy avoit dite en colere fort imprudemment en présence de beaucoup de monde, & qui faisoit connoistre qu'il estoit instruit de tout, & la resolution où il estoit de l'arrester, & de ne luy donner désormais aucune part dans le Gouvernement.

Ibid.

Il n'en fallut pas davantage pour le faire retourner sur ses pas, & il se retira en Carinthie ou pour s'y défendre, ou pour temporiser jusqu'à ce que la colere du Roy fut adoucie.

Le Roy cependant vouloit estre obéi ; mais d'autre part, il cherchoit à éviter la violence & l'effusion du sang. Il fit semblant de différer à un autre temps le châtiment, que meritoit la désobéïssance du Prince. Il fit courir le bruit qu'il avoit fait une ligue offensive avec le Roy des Bulgares contre le Duc des Esclavons, de qui les François avoient reçû un échec considérable l'année d'auparavant, & que ce Roy estoit déja en marche avec son Armée, pour entrer de son costé sur les Terres du Duc, afin que les François pussent l'attaquer avec plus d'avantage du costé de leurs Frontiéres.

Il entra donc en Campagne avec ses Troupes ; mais quittant le chemin de la Frontiére d'Esclavonie, il rabâtit tout à coup dans la Carinthie, où il ne surprit pas cependant le Prince, qui avoit eu quelque soupçon du stratagême, & il l'y trouva à la teste d'une Armée, qui auroit esté capable de résister à la sienne, s'il n'avoit pas pris d'autres précautions.

Carloman avoit sous luy un Général nommé Gondachaire, que le Roy avoit gagné en luy promettant le Gouvernement de la Carinthie, s'il vouloit abandonner le Prince. L'offre estoit capable de tenter, & il est aisé de succomber à la tentation en ces occasions, ou trahir son parti, est la mesme chose que de rentrer dans son devoir, en se soûmettant à son Souverain légitime.

Ce Général avoit ordre du jeune Prince de garder le passage d'une Rivière qu'il eust esté très-dangereux au Roy de passer en présence d'une Armée composée des meilleures Troupes du Païs. Si-tost que le Roy parut sur l'autre bord, le Général se saisit de tous les Guez, non pas pour en disputer le passage, mais pour passer luy-mesme la Rivière avec toutes les Troupes qu'il conduisit au Camp du Roy, & se joignit à luy.

Annal. Bertiniani.

Aussi-tost après cette désertion, le Roy envoya sommer son fils de se rendre, luy promettant de luy pardonner, & l'asseurant par serment, qu'il le recevroit avec bonté. Les Envoyez du Roy luy firent entendre qu'on s'estoit saisi de tous les passages, par lesquels il auroit pû se refugier chez le Duc des Esclavons, & que mesme ce Roy avoit esté prevenu par le Roy de Germanie, & luy avoit promis de ne point donner de retraite dans son Etat, à un fils rebelle qui avoit pris les armes contre son pere.

La surprise & l'asseurance du pardon ne le laissèrent pas balancer long-temps. Il obéit, & vint se jetter aux pieds du Roy qui le reçût bien ; mais depuis il ne luy permit plus de s'éloigner de sa personne, & fit veiller sur sa conduite par des personnes affidez qu'il tenoit auprès de luy.

Annal. Bertiniani.

Après avoir fini une si importante affaire, il envoya les Troupes Saxonnes qui faisoient une partie de son Armée, contre les Normans, qui depuis qu'ils s'estoient accommodez avec le Roy de France, se dédommageoient sur le Royaume de Germanie, & sur celuy de Lorraine. Ils avoient fait l'année d'auparavant des descentes en différents endroits de la Germanie, & celle-cy, ils s'estoient montez par le Rhin jusqu'à Nuis, au dessous de Cologne. Mais si-tost que les Troupes de Lorraine d'un costé, & celles de Germanie de l'autre parurent, ces Pirates firent retraite avec beaucoup de précipitation.

An. 863.

Le soin qui occupoit le plus alors le Roy de Lorraine, n'estoit pas d'empêcher les descentes des Normans sur ses Terres. Les obstacles que le Pape & les Evêques de France apportoient à son divorce avec la Reine Theutberge, faisoient le sujet de ses plus grandes inquiétudes. Les Archevêques de Tréves & de Cologne & l'Evêque de Verdun, estoient revenus de Rome, sans avoir pû tirer d'autre réponse du Pape, sinon qu'il falloit examiner cette affaire. Hincmar Archevêque de Reims, soustenoit qu'un cas de conscience de cette importance n'avoit pû estre décidé dans un Concile particulier, & qu'il auroit fallu en traiter dans un Concile général de toutes les Eglises de l'Empire François. Adon Archevêque de Vienne, qui estoit du Royaume de Provence, avoit aussi écrit au Pape touchant ce divorce scandaleux : il en avoit reçû une réponse qui l'autorisoit à s'y opposer : & Lothaire luy-mesme s'estoit offert au Pape de subir le jugement d'un Concile national.

De divortio Lotharii & Theutberg.

Tome III. Concil. Gall.

Toutefois il n'en demeura pas là, & après avoir déja engagé ses Evêques à déclarer, qu'il ne pouvoit pas en conscience regarder désormais la Reine comme son épouse, il espéra pouvoir les amener jusqu'à décider qu'il estoit en liberté d'en épouser une autre. Il les assembla pour ce sujet à Aix-la-Chapelle le 29. d'Avril, sçavoir Gonthier Archevêque de Cologne, l'Archevêque de Tréves, l'Evêque de Metz, celuy de Verdun, ceux de Tongre, d'Utrecht, & de Strasbourg. Il ne fut pas trompé dans son espérance. Ces Evêques prétendirent avoir trouvé des Canons & des passages des Peres, pour condescendre à la foiblesse du Prince, qui à l'âge où il estoit, seroit, disoient-ils, exposé au danger de la débauche, si on l'obligeoit à demeurer sans femme ; on déclara que dans le cas du désordre de la femme, le mari avoit non seulement droit de se séparer de corps d'avec elle, mais mesme de se marier avec une autre, & ainsi le Concile accorda au Roy la permission de contracter un nouveau mariage.

An. 862.

Sur cela Lothaire dépêcha à Rome deux Comtes, pour porter au Pape la décision du Concile & le prier de la confirmer, promettant de s'en rapporter à son jugement. Le Pape répondit qu'il envoyeroit des Légats en France sur ce sujet ; que l'affaire estoit assez importante pour estre examinée avec soin, & qu'il prioit le Roy de ne rien précipiter. Mais Lothaire qui prévit bien qu'il seroit traversé dans ses desseins par le Pape, puisque ses Ambassadeurs n'avoient pû obtenir qu'il confirmast la Sentence du Concile d'Aix-la-Chapelle, passa outre, & se maria publiquement avec Valdrade. Il luy donna le titre de Reine, & luy fit une maison magnifique.

Epist. 58. Nicol. Pap.

Annal. Bertiniani.

Ce mariage scandaleux fut blâmé & détesté dans tout l'Empire François, & le bruit qu'on en fit partout inquiéta Lothaire. Il estoit toûjours bien uni avec son oncle le Roy de Germanie, à qui il avoit cédé l'Alsace ; mais il appréhendoit que Charles n'animast le Pape & les Evêques contre luy, & il pria le Roy de Germanie de faire en sorte, qu'ils pussent se voir tous trois ensemble.

Le Roy de Germanie en fit la proposition à Charles, & le pria de se trouver à Sablonieres auprès de Toul pour ce sujet. Charles luy répondit qu'il vouloit dire ses pensées à luy-mesme sur les affaires présentes, avant que de voir Lothaire. Il assembla plusieurs Evêques de son Royaume, avec lesquels il délibéra sur ce sujet. Ensuite il fit mettre par écrit les raisons qu'il avoit de n'avoir aucune communication avec Lothaire, & les fit voir au Roy de Germanie, & aux Evêques de cet estat. Les deux principales estoient celles-cy; la première que Lothaire avoit reçû dans son Royaume le Comte Baudoüin & la Princesse Judit tous deux excommuniez; & la seconde estoit son mariage scandaleux: que cependant, pourvû qu'il promit de se soûmettre à un jugement légitime sur ces deux articles, il se résoudroit à le voir. Cette condition fut acceptée, & la Conférence fut tenuë à Sablonieres auprès de Toul; mais Charles ayant affecté de parler, & de faire parler publiquement dans ses Etats contre le mariage de Lothaire, les esprits s'aigrirent de nouveau, & plus que jamais.

Capit. Caroli Cal. Tit. 30.

Durant ce temps-là le Pape pensoit sérieusement à faire juger cette affaire, qui luy avoit esté dévoluë par le consentement de Lothaire. Il vouloit que le jugement se fit dans un Concile où ses Légats & des Evêques des différentes parties de l'Empire François assistéroient, & qu'on y fit venir la Reine Theutberge, après qu'on auroit obtenu un sauf-conduit de Lothaire pour la seureté de cette Princesse.

Epist. 22. Nicol. Pap. Tome III. Concil. Gall.

La Ville de Metz fut celle que l'on choisit pour tenir ce Concile. Le Pape écrivit à Charles le Chauve, afin qu'il nommast au moins deux Evêques de son Royaume pour y assister; & en mesme temps il le pria par une autre Lettre, de pardonner au Comte Baudoüin l'enlevement de la Princesse Judith, & d'agréer leur mariage. Ce Comte estoit allé à Rome, afin d'engager le Pape à employer sa médiation, pour faire sa Paix avec le Roy. Une des raisons qui firent que le Pape prit cette affaire plus à cœur, fut qu'il appréhenda que ce Comte par désespoir n'appellast les Normans dans son Gouvernement, & ne se joignist à eux pour faire la Guerre à la France. C'est un des motifs que le Pape apportoit au Roy, pour l'engager à accorder le pardon qu'il luy demandoit. Il écrivit aussi à la Reine Irmintrude, afin qu'elle joignist ses prieres aux siennes, & il chargea Hincmar de présenter la Princesse Judith au Roy, supposé qu'il voulust bien luy pardonner sa faute.

Epist. 20. Nicol. Pap.

Flodoard. L. 3. c. 12.

La chose réüssit comme le Pape l'avoit souhaité. Le mariage & les nôces se firent à Auxerre, avec les cérémonies ordinaires, & dans toutes les formes; & le Roy en considération du Pape, rétablit Baudoüin dans son Comté de Flandre. Ce Baudoüin appellé communément bras de fer, soit à cause de sa force éxtraordinaire, soit à cause qu'il estoit presque toûjours armé, peut estre regardé comme le premier des anciens Comtes Souverains de Flandres, si long-temps feudataires, & de temps en temps ennemis redoutables de la France. Il paroist certain que Baudoüin second Comte de Flandres son fils en estoit Souverain. Il épousa une fille d'un Roy d'Angleterre, qui ne la luy auroit pas donnée, s'il n'avoit esté qu'un simple Gouverneur, comme l'estoient les Comtes sous la premiere race; & son fils Arnoul I. luy succéda, aussi-bien que ses autres descendans, pendant une longue suite d'années.

Pour revenir au Concile de Metz, le Pape écrivit une Lettre Circulaire à tous les Evêques des Gaules & de Germanie, où il les exhortoit à se trouver en grand nombre à ce Concile, les asseurant que si le Roy de Lorraine ne se soûmettoit à leur Jugement, il l'excommunieroit. Il nomma deux Légats, Rodoalde Evêque de Porto, & Jean Evêque de Cervia, pour présider de sa part au Concile. Le premier de ces deux Evêques estoit nouvellement revenu de Constantinople, où il avoit esté envoyé pour une affaire importante, & qui donna lieu au Grand Schisme de l'Eglise Greque. Ce Légat lassé des mauvais traitemens qu'il recevoit de l'Empereur d'Orient, & dans la crainte de quelque chose de pis avoit trahi son ministere. A son retour il avoit sçû tellement déguiser les choses de concert avec son Collegue Zacharie Evêque d'Anagnie, que le Pape suspendit au moins le jugement qu'il devoit porter de leur conduite, & confia ensuite à Rodoalde la Légation de France, touchant le mariage du Roy de Lorraine.

An. 263.

Tome III. Concil. Gall.

Rodoalde & Jean Evêque de Cervia que le Pape luy avoit donné pour adjoint, estoient porteurs des Lettres dont je viens de parler, & devoient en présenter une autre au Concile, par laquelle le Pape exhortoit les Evêques à agir dans ce jugement selon leur conscience, & sans aucun respect humain: il leur ordonnoit qu'après qu'ils auroient porté leur Sentence, ils luy envoyassent les Actes du Concile, afin de les confirmer, s'il trouvoit que tout se fust fait selon les Loix de l'équité, ou d'en faire faire la révision dans un autre Concile, s'il y avoit quelque chose qui fut contre l'ordre & la justice.

L'instruction des Légats sur l'article du divorce, nous apprend que Lothaire employoit auprès du Pape d'autres moyens de défense, que ceux dont il avoit usé jusqu'alors en France. Car dans les Conciles d'Aix-la-Chapelle, il avoit fort appuyé sur le crime d'inceste & d'adultere commis par la Reine; & à Rome il avoit fait entendre que dès le temps du jeune Empereur son pere, il avoit esté marié avec Valdrade, & qu'ayant ensuite malgré luy épousé Teutberge sœur du Comte Hubert, ce second mariage estoit nul.

Ibid.

Les Légats avoient ordre de faire d'abord examiner ce point là, & de ne point passer outre qu'il ne fut éclairci, de se faire produire le Traité de mariage, les témoins & tout ce qui estoit nécessaire pour s'asseurer, si Valdrade avoit esté en effet mariée à Lothaire par le feu Empereur.

Que si ce mariage estoit un fait faux, ils devoient procéder à l'examen des accusations intentées à la Reine. Il les avertissoit que cette Princesse avoit eu recours jusqu'à trois fois au Saint Siége, pour les violences qu'on luy faisoit, & pour celles dont on la menaçoit; qu'avant qu'elle eut fait la confession du crime dont elle s'estoit accusée elle-mesme en présence de

quelques

quelques Evêques du Royaume de Lorraine, elle avoit envoyé à Rome sa protestation, par laquelle elle déclaroit qu'on la contraignoit à s'imposer elle-mesme des crimes qu'elle n'avoit point commis, & que tout ce qu'elle confesseroit, elle le déclaroit faux & extorqué par violence; qu'ainsi il falloit bien examiner tout ce qui s'estoit fait à cet égard; & que si la Reine se trouvoit innocente, on devoit obliger le Roy à la reprendre, & à luy rendre le rang qu'elle possedoit auparavant, & qui luy estoit dû. C'est là ce qui estoit contenu dans les Instructions des Légats pour le Concile de Metz.

On n'ignoroit pas à la Cour de France, que Valdrade avoit eu un mauvais commerce avec Lothaire sous le Regne du défunt Empereur; mais ce prétendu mariage estoit une pure fable, dont on n'avoit jamais parlé dans le Royaume, & Lothaire voyoit bien que le point là & l'autre qui regardoit les crimes de la Reine, s'ils étoient examinez dans les formes, seroient insoustenables. Il n'avoit plus d'autres voyes pour sortir d'intrigue, que de corrompre les Légats du Pape; car pour ses Evêques, il avoit déja éprouvé ce qu'ils estoient capables de faire en sa faveur; de sorte que tout consistoit à gagner les Légats. C'est à quoy Lothaire s'appliqua, & il en vint à bout à force d'argent & de présens. *Regino* Rodoalde estoit d'autant plus accessible par cet endroit, qu'il prévoyoit que si-tost que le Pape seroit instruit de sa prévarication de Constantinople, il le condamneroit à un exil où il n'auroit pas dequoy subsister.

Avant que les Légats arrivassent à la Cour de Charles le Chauve qui les reçût à Soissons, Lothaire avoit obtenu d'eux, qu'ils ne donneroient point à ce Prince la Lettre, par laquelle le Pape le prioit de députer au Concile de Metz deux Evêques de son Royaume; & ils luy donnérent seulement celle, où le Pape luy demandoit la grace du Comte Baudoüin. Il leur *Annal.* fit aussi supprimer la Lettre Circulaire adressée *Bertiniani.* aux Evêques de France, aux Evêques de Germanie, & aux Evêques du Royaume de Pro- *Epist. 18.* vence, par laquelle le Pape les exhortoit à as- *Nicol. Pap.* sister en grand nombre au Concile de Metz. De sorte que les seuls Evêques du Royaume de Lorraine avec les Légats, composoient le Concile. Et on ne parla point d'y faire comparoistre la Reine.

Les Légats ne suivirent point non plus leurs Instructions touchant l'examen du mariage prétendu de Lothaire avec Valdrade; mais ils se firent seulement représenter les Actes des Conciles d'Aix-la-Chapelle avec la confession de la Reine, & après avoir encore entendu quelques témoins subornez contre cette Princesse, tout *Nid.* fut confirmé. Un seul Evêque, dont le nom n'est point marqué, dit avec liberté son sentiment, qui estoit qu'il ne falloit rien conclure définitivement sans avoir l'avis du Pape, & l'écrivit à son rang parmi les autres souscriptions des Evêques; mais les Archevêques de Cologne & de Tréves, effacérent avec un canif, tout ce que l'Evêque avoit écrit, excepté son nom, & écrivirent à la place ce qu'ils voulurent.

Tome I.

L'embaras estoit de tromper jusqu'au bout le Pape qui avoit ordonné aux Légats de luy envoyer les Actes, & toutes les procedures qui se feroient au Concile de Metz. Après avoir long-temps délibéré entre eux & avec Lothaire sur ce point le plus délicat de tous, ils résolurent que l'Archevêque de Cologne & l'Archevêque de Tréves iroient une seconde fois à Rome comme Députez du Concile, afin d'y rendre compte de tout ce qui s'estoit fait à Metz, & de donner à cette affaire le meilleur tour qu'il seroit possible.

L'Archevêque de Cologne & celuy de Tréves ne furent pas plustost arrivez, qu'ils eurent Audience du Pape. Il avoit esté avèrti par Charles le Chauve & par les Evêques de France, de la conduite qui avoit esté tenuë au Concile de Metz. Il en assembla un à Rome, où les deux Députez furent convaincus par les pieces mesmes qu'ils produisirent, d'avoir opprimé l'innocence d'une Princesse malheureuse, dont leur caractere les obligeoit à prendre la protection. Le Concile cassa le jugement de celuy de Metz, déclara cette Assemblée d'Evêques *Conseil* un conciliabule, & un brigandage, déposa les *Romain.* deux Archevêques, & menaça les autres Evêques qui avoient esté du mesme complot, de les déposer aussi, s'ils entreprenoient de soustenir leurs Députez, s'ils ne demandoient pardon & ne faisoient satisfaction à l'Eglise du scandale qu'ils luy avoient donné.

Les Archevêques de Cologne & de Tréves *Annal.* se voyant traitez d'une si terrible maniere, sor- *Metensest* tirent de Rome, & allérent à Benevent trouver l'Empereur, à qui ils exagérérent l'indignité de l'entreprise du Pape, qui offensoit, disoient-ils, non seulement la personne du Roy de Lorraine son frere; mais encore toute la Famille Royale: que c'estoit faire injure à toute l'Eglise, & violer les Canons les plus autorisez; que jamais on n'avoit vû déposer un Métropolitain sans la volonté du Prince, ou sans le consentement des autres Métropolitains; & ils l'a- *Annal.* nimérent tellement, qu'il vint à Rome avec des *Bertiniani.* Troupes, dans la résolution d'obliger le Pape *An. 864.* à rétablir les deux Prélats déposez, & de l'enlever luy-mesme de Rome pour le mettre en prison.

Le Pape ayant esté averti de la résolution de l'Empereur, se contenta d'ordonner au Peuple des jeûnes & des Processions, pour implorer le secours du Ciel. Ces Processions se firent pendant plusieurs jours, & l'Empereur entrant dans Rome trouva le Peuple dans cet exercice de dévotion.

Ce Prince crut que c'estoit-là un artifice du Pape, pour émouvoir le Peuple à une sédition, & donna ordre à ses Soldats de mettre l'épée à la main, & de dissiper cette populace. Ce commandement fut exécuté, bien des gens furent blessez, les Croix & les Bannieres rompuës, déchirées, foulées aux pieds. Le Pape ayant appris au Palais de Latran ce qui se passoit, en sortit secretement, se mist sur le Tybre, & vint se refugier dans l'Eglise de S. Pierre, où il demeura enfermé deux jours sans boire & sans manger.

A a a

HISTOIRE DE FRANCE.

Dans cet intervalle, l'Empereur fut attaqué de la fièvre, & on luy vint apprendre la mort subite d'un de ceux qui dans le tumulte dont je viens de parler, avoient brisé une Croix que Sainte Helene mere du Grand Constantin avoit autrefois donnée à l'Eglise de Rome, & où elle avoit fait enchasser de la vraye Croix. Cet accident l'effraya. Il envoya l'Impératrice au Pape, pour luy dire qu'il pouvoit sortir en seureté de l'Eglise de S. Pierre, & pour le prier de le venir trouver. L'effet de cette entrevûë fut que l'Empereur donna ordre aux deux Prélats de s'en retourner en France, & de sortir au plustost d'Italie.

Durant toutes ces broüilleries, Charles Roy de Provence, mourut dans un accés d'epilepsie, mal auquel il estoit fort sujet, & ne laissa point d'enfans. Lothaire par un Traité dont j'ay parlé, qu'il avoit fait avec luy, devoit estre son heritier. Mais l'Empereur ne prétendoit pas s'en tenir à ce Traité. Il vint en Provence, où il mit dans ses interests plusieurs Seigneurs du Païs. Lothaire s'y rendit aussi, & s'y fit pareillement un gros parti: mais dans la conjoncture où il se trouvoit, il ne vouloit pas augmenter le nombre de ses ennemis, & il avoit besoin de l'Empereur auprès du Pape ou contre le Pape; de sorte qu'on n'en vint point aux armes. On convint que chacun se retireroit chez soy sans prendre possession de cet Etat, & qu'on traiteroit dans quelque temps de cette affaire à l'amiable. En effet il se fit un partage peu de temps après. L'Empereur eut au moins une partie de la Bourgogne Trans-Jurane la plus proche de l'Italie, & une grande partie de la Provence. Le reste demeura à Lothaire.

Annal. Bertiniani.

Charles le Chauve occupé de quelques révoltes qui se firent du costé de Toulouse, & se trouvant alors dans le Maine, pour l'hommage qu'il prétendoit se faire rendre par Salomon Duc de Bretagne, ne parut point pour disputer à ses neveux le Royaume de Provence, sur lequel il avoit fait en vain une tentative quelques années auparavant. Il eut ce qu'il prétendoit du Duc de Bretagne, qui vint le reconnoistre comme son Souverain, & luy faire serment de fidélité. Les Seigneurs Bretons qui l'accompagnoient le firent aussi, & payerent le tribut ordinaire. Charles fut si content de l'obéissance & de la soumission du Duc, qu'il luy donna en bénéfice, ainsi que l'on parloit alors, l'Abbaye de S. Aubin d'Angers, & une partie du Païs appellé le Païs d'entre les deux eaux: c'estoit assez vray-semblablement le Païs d'entre la Mayenne & la Sarte, où sont aujourd'huy Sablé & Château-Gontier, & de plus à la priere du Duc, il reçût en grace plusieurs Seigneurs François qui s'estoient révoltez, & jettez dans les Troupes de Bretagne.

Les Normans estant chassez du Royaume de France, & les Bretons soûmis, Charles le Chauve commença à pouvoir espérer un Regne plus tranquille, qu'il n'avoit eu jusqu'alors, & fût en estat d'aller en Aquitaine mettre à la raison son fils Charles Roy de cet Etat, qui s'estoit marié malgré luy, & avoit soûtenu cette mauvaise action, avec une fierté extraordinaire, dans l'entrevûë de Meun sur la Loire. Le Roy s'avança jusqu'à Nevers, d'où il luy envoya ordre de le venir trouver. Il obeït & se soûmit à toutes les volontez de son pere, qui reçut ses hommages, & les sermens de fidélité des Seigneurs d'Aquitaine.

Le Roy avant que de retourner dans son Royaume, donna ses ordres pour assembler une Armée contre les Normands qui prétendoient n'avoir pas fait la Paix qu'avec luy, & non pas avec son fils le Roy d'Aquitaine. Ils estoient venus tout recemment piller le Poitou, & avoient brulé l'Eglise de S. Hilaire. Ils pénétrerent cette année jusqu'à Clermont en Auvergne, ayant à leur teste Pepin, qui s'estoit remis avec eux, & qui pour leur estre plus agréable, s'habilloit à leur mode, & mesme comme la maniere de parler de l'Historien le laisse conjecturer, s'estoit fait Payen comme eux. Mais nonobstant l'Armée Françoise, ils firent leur retraite au travers d'une tres-grande étendüe de Païs jusqu'à leurs vaisseaux, avant qu'on les eust pû joindre. Pepin quelque temps après ayant en vain assiégé Toulouse avec ces infidelles, fut pris dans une embuscade, & mis en une étroite prison au Château de Senlis.

An. 864.

Annal. Bertiniani, M. S.

Le Roy au sortir d'Aquitaine vint avec son fils Charles à Compiégne, où il arriva à ce jeune Prince un accident tres-funeste. Comme il revenoit de la chasse le soir fort tard, il voulut faire peur à un jeune Seigneur, & vint à luy au sortir de la Forest avec quelques autres jeunes gens de sa troupe en criant, tuë, tuë. Ce jeune Seigneur nommé Albuin croyant que c'estoit ou des voleurs ou de ses ennemis, se mit en défense, & s'attachant au Roy d'Aquitaine, que les ténèbres ne luy permettoient pas de reconnoistre, luy déchargea sur la teste un grand coup de sabre dont il l'abatit, & le blessa de plusieurs autres coups, avant qu'il se fust fait connoistre. Le Prince ne guérit jamais bien de cette blessure, & en mourut deux ans après.

Annal. Bertiniani.

La tranquillité des Etats François plus grande qu'elle n'avoit esté depuis long-temps faisoit regarder les affaires de Rome, & la déposition des deux Archevêques dont j'ay parlé, comme tres-importantes.

Le Pape Nicolas I. estoit un des plus habiles hommes qui eussent jusqu'à ce temps-là Gouverné l'Eglise, & qui poussa le plus loin l'autorité Pontificale. Mais on estoit alors en France aussi zelé qu'on l'ait jamais esté, pour les libertez de l'Eglise Gallicane, pour l'observation des Canons, & pour l'autorité des Evêques, & des Métropolitains. Hincmar Archevêque de Reims, homme sçavant, entreprenant & hautain, avoit déja eu des affaires avec les Papes, & en avoit encore une actuellement à l'occasion de Rothade Evêque de Soissons un de ses suffragans qu'il avoit fait déposer dans un Concile, & qui en avoit appellé à Rome.

Regino.

Du caractere dont il estoit, il n'eut pas porté patiemment la déposition de l'Archevêque de Cologne & de l'Archevêque de Tréves, faite par le Pape de sa pleine autorité, sans consulter les Evêques des Gaules & de Germanie, non plus que la satisfaction que l'on exigeoit de tous les autres Prélats qui avoient assisté au Concile de Metz, sous peine pour ceux qui n'auroient pas recours à la miséricorde du Saint Siége, d'estre déposez comme les deux Archevêques : mais Hincmar avoit des raisons qui l'empêchoient de s'intéresser dans leur cause. Le Roy son Maistre desaprouvoit hautement la conduite & le mariage scandaleux du Roy de Lorraine ; le Concile de Metz estoit en exécration par tout ; on avoit agi dans toute la suite de l'affaire du divorce contre les sentimens de ce Prélat. Il n'estoit pas déja fort bien avec le Pape, & il appréhendoit de perdre son procès contre l'Evêque Rothade, comme il le perdit en effet quelque temps après.

Tom. VIII. Concil. app. Ep. 13.

Le Pape qui connoissoit la disposition de la Cour de France à cet égard, ne laissa pas d'écrire sur cette affaire à l'Archevêque de Reims, & à Rodolfe Archevêque de Bourges. Il rendoit compte à celuy-cy dans sa Lettre, de la conduite qu'il avoit tenuë envers les deux Prélats déposez, l'avertissoit aussi-bien que Hincmar, de ne pas communiquer avec eux, de ne pas entrer dans leurs sentimens & dans leurs intérests, & il finissoit en les menaçant de les excommunier eux-mesmes, s'ils prenoient un autre parti.

Il écrivit aussi à l'Archevêque d'Arles pour l'exhorter à demeurer attaché aux Décrets du Saint Siége ; & pour l'y engager, il le faisoit dans la mesme Lettre, son Vicaire par tout le Royaume de Provence.

Cette conduite réüssit au Pape. Nul de ces Prélats n'osa s'opposer à la déposition des deux Archevêques. Il reçut peu de temps après des Lettres d'Avence Evêque de Metz, & de Francon Evêque de Tongres, qui avoient assisté au Concile de Metz, par lesquelles, il luy demandoient grace pour la faute qu'ils avoient commise, & mesme l'Evêque de Metz, quoy que sujet de Lothaire, employa le crédit de Charles le Chauve auprès du Pape, à qui ce Prince écrivit une Lettre très-pressante en sa faveur. L'Archevêque de Tréves mesme ne s'opposa point à la Sentence du Pape. Il consentit quelque temps après à sa déposition, & déclara qu'il ne feroit aucunes fonctions Episcopales. Le seul Archevêque de Cologne éclata d'une manière terrible.

Tome III. Concil. Gall.

Aprés s'estre éloigné de Rome suivant l'ordre de l'Empereur, il y retourna, & composa un écrit qu'il envoya aux Evêques du Royaume de Lothaire, pour les exhorter à ne se point étonner de tout ce qu'avoit fait *Nicolas, qui se dit Pape, & qui se veut faire le Maistre, & l'Empereur de tout le monde ; qu'on sçait bien à qui il a voulu plaire par une conduite aussi folle & aussi emportée, que celle qu'il a tenuë dans cette affaire,* (ce sont les termes outrageux de la Lettre de l'Archevêque, qui marquoit par là que le Pape avoit prétendu faire plaisir à Charles le Chauve, en maltraitant le Roy de Lorraine, &

Tome I.

les Prélats qui estoient pour luy.) Il les exhortoit à prendre courage, à demeurer toûjours fermes, & bien unis entre eux ; à voir souvent le Roy, & à le fortifier de leurs conseils ; à ne rien omettre pour maintenir le Roy de Germanie dans leurs intérests, & à prendre garde que ce Prince ne se laissast point prévenir par les artifices & par les clameurs de leurs adversaires.

C'estoit-là le contenu de la Lettre qui faisoit comme la préface de l'écrit, dans lequel il adressoit la parole au Pape mesme ; luy reprochoit la manière irréguliere & violente dont il soustenoit qu'il avoit agi dans cette affaire, où il avoit, disoit-il, violé les plus Saints Canons, en le condamnant luy & ses confreres, sans les avoir entendus, sans avoir eu aucunes preuves contre eux, sans avoir consulté les Métropolitains & les Evêques de France. Il concluoit en déclarant qu'il se séparoit de la Communion du Pape ; mais non de celle de l'Eglise, & en soustenant que Valdrade estoit la femme légitime du Roy de Lorraine.

Il envoya une copie de cet écrit aux Evêques du Royaume de Lorraine, & en mit une autre entre les mains de son frere nommé Hilduin, qu'il chargea de la donner luy-mesme au Pape, & en cas qu'il ne voulust pas la recevoir, de la mettre sur le tombeau de Saint Pierre.

Hilduin s'acquita de sa commission. Il alla avec une Troupe de gens armez à l'Eglise de S. Pierre lors que le Pape y estoit : & les gens du Pape ayant voulu l'empêcher d'entrer, ils fit charger par ses Soldats qui en tuérent un, & maltraitérent fort les autres, & après les avoir ainsi forcez, il passa au travers de l'Eglise l'épée à la main, & porta l'écrit sur le tombeau de S. Pierre.

Aprés cette action sacrilége, l'Archevêque sortit de Rome, cabala avec quelques Evêques d'Italie contre le Pape, & revint à Cologne, où sans s'embarrasser ny de son excommunication ny de sa déposition, il célébra la Messe Pontificalement le jour du Jeudy Saint, fit la consécration du Saint Chrême, & tout ce qui appartient au Ministére Archiepiscopal. Il fit bien plus encore.

Epistola Nicol. 58.

Il sçavoit les broüilleries qui estoient depuis quelques années dans l'Eglise de Constantinople causées par Photius, cet homme si fameux par son esprit, par sa science, par ses fourbes, & par le Schisme déplorable de l'Eglise Greque, duquel il fust l'Auteur.

Les choses estoient plus aigries que jamais entre Rome & Constantinople, lorsque le Pape déposa l'Archevêque de Cologne, & ce Prélat crut ne pouvoir mieux se venger, qu'en liant commerce avec le faux Patriarche de Constantinople, & en faisant avec luy comme une espéce de ligue offensive contre le Pape. C'est pourquoy il luy envoya l'écrit scandaleux dont j'ay parlé, en luy demandant sa Communion & celle des autres Evêques de l'Eglise Greque révoltez contre le Pape.

Photius lut cet écrit avec grand plaisir, & l'envoya par tout, pour faire entendre que ce

Ex codice Vallicelli.

A a a ij

no apud Baronium.
n'eſtoit pas ſans raiſon, qu'on s'eſtoit ſéparé en Orient de la Communion d'un Pape, dont la tyrannie, diſoit-il, eſtoit inſuportable meſme en Occident. Mais ce méchant libelle cauſa plus de ſcandale & de mal dans l'Egliſe de Conſtantinople, & dans les autres qui avoient ſuivi le Schiſme de Photius, qu'il n'en fit en France.

Annal. Bertiniani.
Tous les Evêques qui avoient aſſiſté au Concile de Metz, écrivirent à l'envi au Pape pour condamner ou pour excuſer leur conduite. Le Pape reçût aiſément leurs excuſes, à condition qu'ils renonceroient à la Communion de l'Archevêque de Cologne, & qu'ils ne ménageroient le Roy de Lorraine en aucune maniére dans ſon déſordre. Il y a dans la Lettre du Pape à l'Evêque de Metz certaines expreſſions ſur ce ſujet, qui dans le temps ou nous ſommes ne ſeroient bien reçûës dans aucune Cour de l'Europe. Quoy qu'il en ſoit, les Evêques donnérent au Pape toute la ſatisfaction qu'il ſouhaitoit, & engagérent meſme le Roy de Lorraine à luy écrire.

Tome III. Concil. Gall.

Ce Prince dans ſa Lettre ſe plaignoit au Pape de ce qu'on avoit eſté ſi viſte dans une affaire de cette importance, & de ce qu'on s'étoit trop aiſément laiſſé prévenir contre luy par des gens intereſſez à broüiller ſon Etat, & trop diſpoſez à l'envahir, s'ils en trouvoient l'occaſion. Il luy diſoit qu'il avoit eſté fort ſurpris, lorſqu'eſtant occupé à défendre ſon Royaume contre des Barbares & des Payens, on luy avoit fait ſçavoir la dépoſition de l'Archevêque de Tréves & de celuy de Cologne; qu'il avoit voulu néanmoins dans cette occaſion faire paroître ſon reſpect pour tout ce que faiſoit le Pape; que c'eſtoit contre ſes intentions que l'Archevêque de Cologne avoit dit la Meſſe, & ne s'eſtoit pas interdit les fonctions Archiepiſcopales; que pour luy il n'avoit voulu avoir aucune communication avec ce Prélat depuis ce temps-là, & qu'il l'avoit traité partout en excommunié; qu'il avoit au contraire fort approuvé la modération & l'humilité de l'Archevêque de Tréves, qui avoit déféré à la Sentence que le Pape avoit portée contre luy; qu'en envoyant ces deux Prélats à Rome, il ne leur avoit point commandé d'agir, ny de parler d'une maniére qui puſt leur attirer une excommunication: qu'au reſte il eſtoit preſt de ſe ſoûmettre au jugement du Pape, touchant ſon divorce & ſon mariage, & d'aller luy-meſme à Rome pour ce ſujet, en cas que les affaires de ſon Royaume luy permiſſent de s'en abſenter. Rotolde Evêque de Strasbourg fut porteur de cette Lettre.

Annal. Bertiniani.

Le Roy pour adoucir le Pape, fit encore une autre démarche; ce fut d'abandonner entiérement l'Archevêque de Cologne, & de ratifier la Sentence de ſa dépoſition, juſques-là qu'il luy donna un Succeſſeur, ſçavoir Hugues couſin germain de Charles le Chauve, & neveu de l'Impératrice Judit.

Dés que l'Archevêque eut ſçû cette nomination de Hugues en ſa place, il vint à Cologne, enleva tout ce qu'il trouva d'or & d'argent dans le tréſor de l'Egliſe, & s'en alla à Rome pour faire au Pape un ſincere aveu de ſa faute, & luy découvrir les fourbes & les injuſtices qu'on avoit faites dans toute la ſuite de l'affaire du divorce de Lothaire avec la Reine Theutberge, & du mariage de ce Prince avec Valdrade. L'Archevêque de Tréves y alla auſſi, l'un & l'autre dans l'eſpérance que l'Empereur feroit leur Paix auprès du Pape, qui ſe laiſſeroit peut-eſtre fléchir par une confeſſion ſi humiliante pour eux.

Durant que cette grande affaire ſe traitoit à Rome, Theutberge qui y avoit plus d'intereſt qu'aucun autre, eſtoit en Valais ſur les Terres de l'Empereur avec le Comte Hubert ſon frere. Ce Comte malgré l'Empereur, à qui il avoit ceſſé d'eſtre agréable depuis les liaiſons que ce Prince avoit priſes avec Lothaire, ſe maintenoit en poſſeſſion de la fameuſe Abbaye de S. Maurice au deſſus du Lac de Genéve, & de quelques autres Terres de ces quartiers-là, dont il avoit eſté gratifié autrefois. Il porta la peine de ſa témérité, ayant eſté tué par un des vaſſaux de l'Empereur dont il ſe trouvoit inveſti de tous coſtez, & contre leſquels il eſtoit obligé d'eſtre continuellement ſur ſes gardes. Cet accident obligea Theutberge de ſe refugier une ſeconde fois dans le Royaume de Charles le Chauve, qui l'y reçût, luy donna l'Abbaye d'Avenai en Champagne, c'eſt à dire, le revenu de ce Monaſtere; car rien n'eſtoit plus commun alors que de voir des Abbeſſes & des Abbez ſéculiers & mariez.

La Lettre que le Roy de Lorraine avoit écrite au Pape promettoit bien plus qu'il ne vouloit tenir. Il s'eſtoit à la verité ſeparé pendant quelque temps de Valdrade: elle meſme avoit témoigné vouloir s'en rapporter au jugement du Saint Siége touchant ſon mariage, & vouloit aller à Rome. Mais ſon ambition, & la paſſion de Lothaire ne s'accommodoient ny de cette ſeparation ny de ce voyage. Ils ſe menageoient des rendez-vous ſecrets, qu'il leur eſtoit cependant impoſſible de cacher, & Valdrade, meſme durant ſon abſence, eſtoit tellement Maiſtreſſe de l'eſprit du Roy, que l'Etat n'eſtoit gouverné que par ſes conſeils. Elle demeuroit en poſſeſſion de toutes les Terres que Lothaire luy avoit données; & ce qui eſtoit le plus ſcandaleux, elle poſſedoit les revenus, & avoit le Gouvernement de pluſieurs Abbayes de Religieuſes.

Epiſt. Nicolai, 11;

Ibid.

On aſſeuroit le Pape, que bien loin de penſer à ſe convertir, elle eſtoit uniquement occupée du deſſein de perdre la Reine à quelque prix que ce fut, & qu'elle luy tendoit par tout des pièges pour la faire périr. C'eſt ce qui le fit réſoudre à excommunier publiquement cette femme: mais il ſuſpendit quelque temps l'effet de cette réſolution. Il agiſſoit neanmoins toûjours auprès de Charles le Chauve & du Roy de Germanie, afin d'engager par leur moyen Lothaire à lever le ſcandale, & à donner ſatisfaction à l'Egliſe. Ces deux Princes eurent ſur cela une conférence à Donzi entre Sedan & Mouſon, d'où ils députerent deux Evêques à Lothaire pour le prier de contenter le Pape, d'abandonner Valdrade & de reprendre la Reine-

Annal. Bertiniani.

An. 865.

ne, que sans cela son voyage de Rome, dont il faisoit courir le bruit depuis si long-temps, luy seroit inutile.

Cette conférence luy donna de l'inquiétude, & luy fit appréhender, que ce zéle de ses oncles ne couvrist leurs mauvais desseins contre son Etat. C'est pourquoy il envoya promptement en Italie Luitfrid son oncle frere de sa mere, à l'Empereur, avec qui il estoit toûjours très-uni, afin de l'instruire des raisons qu'il avoit de se défier des Rois de France & de Germanie, au sujet de leurs prétentions sur la succession du feu Roy de Provence; & il le pria d'obtenir du Pape qu'il écrivist à ces deux Princes, pour les empescher de luy faire la guerre.

L'Empereur le fit d'autant plus volontiers, que l'affaire de la succession le regardoit autant que Lothaire. Le Pape écrivit en effet à Charles, & l'exhorta à ne point rompre avec l'Empereur, & à ne point l'inquiéter dans la possession d'un héritage qui luy appartenoit si incontestablement: mais par d'autres Lettres qu'il écrivit vers le mesme temps à ces deux Princes, il les sollicita de presser Lothaire de prendre enfin son parti, & de luy dire qu'il ne songeast pas au voyage de Rome, qu'auparavant il n'eut renvoyé Valdrade & repris avec luy la Reine Theutberge, à moins que tous deux d'un commun consentement, ne s'accordassent à demeurer séparez sans se remarier.

Tom. III. Concil. Gall.

Les copies de cette Lettre furent portées aux deux Princes par un Courier particulier, en attendant qu'Arsene Evêque d'Orta, Légat du Pape, pust aller seurement les leur porter luy-mesme en original.

Annal. Bertiniani.

Ce Légat estant arrivé quelque temps après, & s'estant abouché à Francfort avec le Roy de Germanie, alla de-là trouver Lothaire, à qui il donna communication de ce que contenoient les Lettres que le Pape écrivoit aux Rois de France & de Germanie, pour les empescher de porter la guerre en Lorraine, & luy déclara en mesme temps en présence de quantité d'Evêques & de Seigneurs, que s'il n'éloignoit Valdrade, & ne reprenoit la Reine, il le retrancheroit de la Communion des Fidéles.

Annales Bertiniani ad an. 865.

Nostre ancien Annaliste remarque encore à cette occasion, que ces Lettres n'estoient pas écrites du stile & de la maniere dont les Papes écrivoient autrefois aux Rois de France; qu'il n'y avoit jamais alors rien que de civil & d'honneste dans leurs Lettres, au lieu que celles-ci estoient pleines de hauteur & de menaces, & il est vray qu'il y eut à cet égard beaucoup de changement.

Lothaire par la crainte de l'éxcommunication, & pour ne pas choquer l'Empereur son frere, qui luy avoit écrit sur ce sujet à la sollicitation du Pape, promit au Légat tout ce qu'il *Epist. 18.* voulut, c'est-à-dire, d'éloigner Valdrade, & *Nicolai Papæ.* de reprendre avec luy Theutberge. Il en fit serment, & le fit faire en son nom par douze des plus illustres Comtes de sa Cour. Le Légat fort satisfait du succès de ses négociations, passa à la Cour de Charles, qui estoit alors à Attigni. Il luy rendit les Lettres du Pape: elles estoient conformes à celles qu'il écrivoit au Roy de Germanie, & il les y exhortoit l'un & l'autre à la Paix avec l'Empereur & avec le Roy de Lorraine.

Le Légat Arsene estoit écouté avec d'autant plus de respect & de déférence, que le Pape avoit déclaré à tous ces Princes qu'il l'a- *Annales* voit revestu de toute son autorité & de toute *Meteuf.* sa puissance; qu'il tenoit sa place en tout & par-tout, & qu'ils ne devoient mettre nulle différence entre luy & sa propre Personne. Après qu'il se fut bien asseûré des bonnes intentions du Roy de France & du Roy de Germanie, pour le rétablissement de la Reine Theutberge, il proposa à Charles une entrevûë avec *Annales* Lothaire qui la souhaitoit, pour faire un nou- *Bertiniani.* veau Traité de Paix. La Reine de France Irmintrude se joignit au Légat pour ce sujet, & le Roy y consentit.

Lothaire se rendit à Attigni, où tout se passa, en ce qui regardoit la Paix, selon qu'il l'avoit souhaité; mais le Légat avoit aussi ses vûës en ménageant cette Conférence. C'estoit d'obliger Lothaire à reprendre Theutberge, en présence mesme du Roy de France, & d'un grand nombre d'Evêques qui estoient alors auprès de luy, afin que cette réconciliation fut très-authentique: c'est pour cela qu'il la fit venir en ce mesme temps-là à la Cour.

Dès que le Traité de Paix fut signé, le Légat assembla tous les Evêques, & alla à leur teste trouver Lothaire, menant Theutberge avec luy. Il luy déclara qu'il venoit de la part du Pape luy présenter cette Princesse sa légitime épouse, & le conjurer de la rétablir sur le Thrône: que s'il refusoit de la reprendre, ou si l'ayant reprise, il retournoit à ses anciens désordres, & recommençoit les persécutions qu'il luy avoit faites si injustement, il le déclaroit éxcommunié, non seulement en ce monde, mais encore en l'autre, où Dieu éxerceroit contre luy un jugement terrible, où il seroit accusé par le Prince des Apostres pour sa désobéïssance au S. Siége, & condamné aux flammes éternelles.

Lothaire avoit pris son parti, & malgré l'aversion qu'il avoit pour la Reine, malgré l'attachement qu'il conservoit toûjours pour Valdrade, malgré l'indignation que la hauteur du Légat éxcitoit dans son cœur, il fit bonne contenance: il asseûra le Légat de sa déférence & de sa soûmission au jugement du Pape, & présenta la main à la Reine. Le Légat demanda que pour réparer plus authentiquement le scandale que la séparation du Roy & de la Reine avoit causé, leur réconciliation parust dans une cérémonie publique. Lothaire y consentit, & le jour de l'Assomption de la Vierge fut destiné pour cette réparation publique du scandale passé.

Tout plioit sous les ordres du Légat, qui continuant à faire valoir l'autorité du Pape, fulmina deux autres éxcommunications au milieu de la Cour; la premiere contre une Dame de qualité nommée Ingeltrude, femme du Comte

Boson, qui avoit quitté son mari depuis plusieurs années, & s'estoit refugiée dans le Royaume de Lothaire, où elle demeuroit avec celuy qui l'avoit enlevée : l'autre fut contre certaines gens, qui quelques années auparavant avoient volé le Légat, & luy avoient enlevé une grosse somme d'argent. L'anathême fut prononcé avec des malédictions terribles contre les coupables, s'ils ne faisoient incessamment satisfaction.

Il demanda aussi au Roy Charles la restitution d'une Terre que Loüis le Débonnaire avoit donnée autrefois au S. Siége, & dont un Seigneur de la Cour estoit en possession depuis fort long-temps. Le Roy ordonna qu'on rendist la Terre, & que le Légat en prist de nouveau possession au nom du Pape.

Enfin il présenta au Roy, Rothalde Evêque de Soissons, que Hincmar son Métropolitain avoit déposé de son Evêché, & que le Pape venoit de rétablir. Hincmar fut contraint de se soûmettre malgré son humeur roide & inflexible, & nonobstant les raisons qu'il croyoit avoir de soûtenir l'autorité d'un Concile Provincial contre la Sentence du Pape, qu'il prétendoit n'avoir pas suivi dans ce jugement, les procédures marquées dans les Canons.

Après que toutes ces affaires eurent esté expédiées, le Légat partit d'Attigni en compagnie de Lothaire, pour s'en aller à Gondreville, Maison Royale de ce Prince sur la Moselle, à une lieuë au-dessous de Toul. Theutberge les y attendoit : ce fut là que le jour de l'Assomption le Légat dit la Messe Pontificalement, & le Roy & la Reine y assistérent tous deux avec les habits Royaux & la Couronne sur la teste. La Reine ne pouvoit souhaiter une satisfaction plus authentique. Mais le Légat n'en demeura pas là.

Pour s'asseûrer de la constance de Lothaire dans ses bonnes résolutions, il voulut que Valdrade vint à Rome, pour demander au Pape l'absolution du scandale qu'elle avoit donné à toute la France, & Lothaire eut la mortification de voir Valdrade venir à Gondreville joindre le Légat, qui luy avoit marqué ce rendezvous, & partir de-là avec luy pour le voyage d'Italie. Ingeltrude cette femme du Comte Boson, dont j'ay parlé, fut obligée d'en faire autant, pour aller demander au Pape l'absolution de son éxcommunication, Lothaire refusant de luy donner désormais refuge dans ses Etats. Mais elle ne joignit le Légat qu'à Vormes, où il alla s'aboucher avec le Roy de Germanie, & elle fit avant que de partir, serment entre ses mains, de se soûmettre au jugement du Pape en tout ce qui la regardoit.

Il partit donc en compagnie de ces deux Pénitentes, & prit son chemin par la Baviére ; mais il ne les conduisit pas jusqu'au terme du voyage. Ingeltrude oubliant son serment plus aisément que sa passion, le quitta brusquement, lorsqu'elle estoit sur le point de passer le Danube, & retourna en France. Le Légat renouvella tous les anathêmes qu'il avoit déja lancez contre elle, & défendit à tous les Evêques sous peine d'excommunication de la recevoir dans leurs Diocéses.

Pour Valdrade, elle alla jusqu'en Italie ; mais redoutant le Tribunal du Pape, de qui elle ne pouvoit attendre que des reprimandes, & une sévére pénitence, elle s'arrestoit par-tout, & trouvoit mille prétextes pour retarder son voyage, espérant toûjours de recevoir quelques nouvelles de la Cour, qui la tirassent de l'embarras où elle se trouvoit.

Elle ne fut pas trompée dans son espérance. Ses amis & ceux qui estoient interessez à luy conserver la possession de l'esprit & du cœur du Prince, eurent bien-tost ranimé une passion qui n'avoit jamais esté éteinte, & qui se ralluma avec d'autant plus de force, qu'elle avoit esté plus violentée.

On ne manqua pas d'éxagérer au Prince la maniére indigne dont le Légat l'avoit traité, & à faire la comparaison de la conduite du Pape avec celle dont les anciens Papes en avoient toûjours usé envers ses ancestres, le plaisir que le Roy de France avoit eu de le voir humilié & confondu en sa présence & à la vûë de toute sa Cour & de tous ces Evêques. Tous ces affronts dont il ressentoit encore l'amertume, estoient pour luy de nouveaux motifs d'aversion, de haine & de fureur contre la Reine, qu'il ne vit jamais depuis le départ du Légat. Au contraire, Valdrade occupoit incessamment son esprit ; & le regret de l'avoir ainsi abandonnée à la discrétion du Légat, luy causoit un chagrin mortel. Il luy fit donc porter secretement l'ordre de revenir dans ses Etats, & elle le reçut dans le temps qu'elle se mettoit en chemin vers Pavie, pour continuer sa route. Elle y obéït avec toute la joye qu'une telle nouvelle pouvoit donner à une femme de ce caractére, & se rapprocha de la Cour, sans y venir néanmoins, le Prince se dérobant seulement quelquefois pour la voir.

Sur les avis que le Pape eut de son retour en Lorraine, & de la continuation de ses désordres, il écrivit une nouvelle Lettre à tous les Evêques des Gaules & de Germanie, par laquelle il les avertissoit, que sur les rechûtes criminelles de Valdrade, il l'avoit éxcommuniée, que désormais ils devoient la regarder & la traiter eux-mesmes comme telle, & publier cette excommunication dans tous leurs Diocéses.

Il n'éxcommunia pas néanmoins le Roy, & il disoit en général aux Evêques dans sa Lettre, qu'il avoit des raisons qui l'empeschoient de le faire, dequoy le S. Siége, ajoûtoit-il, n'est obligé de rendre compte à personne.

Cependant Lothaire recommença à faire publier de nouveau les vieilles calomnies, pour lesquelles il avoit tasché autrefois de flétrir l'honneur de la Reine. Il déclara une seconde fois que Valdrade estoit sa légitime épouse, & qu'il l'avoit épousée avant qu'on l'eust contraint à prendre Theutberge. Que si Theutberge continuoit à vouloir se défendre contre les jugemens que les Conciles d'Aix-la-Chapelle & de Metz avoient prononcez, il ne refusoit pas encore de luy accorder un nouveau moyen de défense; qu'elle choisist un Champion pour soûtenir sa cause; qu'il en nommeroit un de son costé; que la mort de l'un ou de l'autre dans le combat feroit connoistre la vérité; & il fit proposer au Pape qu'on s'en tinst de part & d'autre à cette preuve du combat singulier.

La Reine voyant recommencer la tempeste, & apprehendant la fureur du Prince capable de se porter aux dernieres extrémitez, se sauva de la Cour, & vint encore se refugier en France, où le Roy la reçut. Lassée néanmoins de lutter si long-temps contre sa mauvaise fortune, elle écrivit au Pape, pour le prier de luy permettre de renoncer à sa qualité de Reine, & de se séparer absolument d'avec Lothaire, l'asseûrant qu'elle prenoit ce parti sans répugnance, & qu'il devoit avoir d'autant moins de peine à y consentir, que son inclination depuis long-temps la portoit à la retraite. Elle alla jusqu'à prendre dans sa Lettre la défense de Valdrade contre elle-mesme, & entreprit de prouver au Pape que Valdrade avoit en effet épousé Lothaire avant elle. Enfin elle le suppioit de vouloir bien luy donner une retraite à Rome, où elle pust passer en repos le reste de sa vie.

Une telle Lettre & un tel aveu auroient esté capables d'ébranler un Pape moins ferme que Nicolas I. que rien ne faisoit mollir, & que la difficulté des affaires n'empescha jamais de les soûtenir.

Il écrivit à la Reine, qu'il pourroit la croire sur le témoignage qu'elle portoit contre elle-mesme, si celuy des plus distinguez & des plus religieux personnages de France & de Germanie ne le luy rendoit pas suspect; que la crainte des persecutions qu'elle souffroit, luy faisoit trahir sa propre cause; qu'elle devoit avoir plus de courage, & préferer la mort mesme à la perte de sa réputation; qu'elle n'en estoit pas la maistresse, & qu'il falloit tout souffrir pour les interests de son honneur & de la vérité; qu'il n'y avoit point de seûreté pour elle dans le voyage de Rome; qu'il falloit que Valdrade y fust elle-mesme avant elle, comme pour servir d'ostage contre les mauvais desseins du Roy & de ses autres ennemis; & qu'enfin quand il luy accorderoit de se séparer de Lothaire, il ne pourroit pas pour cela permettre à ce Prince d'épouser Valdrade; qu'elle prist courage, & qu'elle se consolast par ces paroles du Seigneur: *heureux sont ceux qui souffrent pour la justice.*

Quoique le Pape fust toûjours dans ces mêmes dispositions, on faisoit exprès courir le bruit dans le Royaume de Lorraine qu'il s'étoit beaucoup adouci, & qu'il avoit mesme permis à Valdrade d'y revenir. On y ignoroit l'excommunication de cette femme, & les Evêques bien loin de publier les Lettres du Pape qui la déclaroient excommuniée, avoient refusé de les recevoir.

Le Pape en fut averti, & leur en écrivit d'autres, par lesquelles il leur déclaroit qu'il n'avoit point permis à Valdrade de retourner en Lorraine; qu'il l'avoit excommuniée publiquement pour la troisiéme fois; leur représentoit leur lascheté, de ne l'avoir pas secondé dans le dessein qu'il avoit toûjours eu de retirer le Roy du désordre; que pour peu de fermeté qu'ils eussent eu en cette occasion, ce Prince auroit satisfait l'Eglise, & réparé le scandale qu'il avoit causé, & qu'il estoit honteux à des gens de leur caractére d'avoir molli en une occasion si importante par une lasche politique, & par la crainte de perdre leurs Bénéfices: qu'ils devoient se ressouvenir des conditions, ausquelles il leur avoit pardonné la prévarication qu'ils avoient commise dans le Conciliabule de Metz, en y autorisant un adultere public, & que s'ils retomboient dans la mesme faute, ils l'obligeroient à se servir contre eux des mesmes punitions.

Ce qui inquiétoit alors davantage le Pape, estoit ce qu'il avoit appris d'une entrevuë que le Roy de France avoit euë avec Lothaire auprès de S. Quentin, où avoient fait un Traité dont on ne publioit point les articles. On sçavoit seulement que Lothaire avoit cédé à Charles l'Abbaye de S. Vast d'Arras avec tout ses revenus: c'est ce qui faisoit appréhender au Pape que Charles ne se fust laissé gagner; & ce qui l'obligea à luy écrire une Lettre pleine de prudence & d'adresse, où en luy laissant entrevoir ses soupçons, il affectoit de le convaincre qu'il avoit en luy pour l'affaire de Lorraine une confiance entiere. Car après l'avoir beaucoup loué de la générosité, avec laquelle il avoit jusqu'alors pris la protection d'une Reine-persecutée, & l'avoir exhorté à la luy continuer; après luy avoir remontré combien la conduite du Roy de Lorraine estoit injuste & irréguliere, de vouloir remettre à l'incertitude d'un combat particulier la décision d'une affaire de cette importance, & d'une affaire décidée au Tribunal du S. Siége, au jugement duquel luy & la Reine s'estoient soûmis de leur plein gré, après l'avoir asseûré que jamais il ne consentiroit au mariage de Lothaire avec Valdrade, il le conjuroit de trouver bon qu'il luy adressast la Lettre qu'il écrivoit à ce Prince, & celles qu'il écrivoit aux Evêques Lorrains, de faire accompagner la premiere des conseils & des remontrances de quelque personne sage de sa Cour, à qui il le prioit de la confier pour la présenter au Roy de Lorraine, afin qu'elle eust plus de force, de garder sans en parler à personne la copie de cette Lettre, qui estoit jointe avec l'original, afin de la rendre publique, en cas que Lothaire n'écoûtast pas ses conseils, & enfin de faire en sorte que non seulement ses Lettres fussent renduës à tous ses Evêques, sans en excepter aucun; mais encore que le Public fust informé qu'elles leur avoient esté renduës.

On voit bien par la Lettre du Pape au Roy de Lorraine, que ce Prince avoit fait grand fond sur celle de Theutberge, où elle demandoit sa séparation, & sur ce qu'elle y avoit confessé que Valdrade avoit esté avant elle, mariée avec luy. On y voit que Lothaire en vertu de cet aveu avoit fait presser le Pape de consentir à son divorce, & puis à son mariage avec Valdrade : mais l'artifice estoit trop grossier, & le Pape trop instruit. Il l'asseûra qu'il ne consentiroit jamais ni à l'un ni à l'autre : il luy repéta que Valdrade estoit excommuniée, & que luy-mesme le seroit bien-tost, s'il ne faisoit cesser le scandale.

Le Pape néanmoins résolu de tout tenter avant que d'en venir à cette extrémité, continuoit de solliciter par ses Lettres tous les Souverains de la Maison de France à agir auprès de Lothaire, pour ramener ce Prince au bon chemin.

Nicolai Epist. 53. Epist. 55.

Le Roy de Germanie après avoir reçû la Lettre du Pape, eut une Conférence avec Charles le Chauve sur ce sujet, & Charles alla ensuite sur les Frontiéres de Lorraine, où il s'aboucha avec Lothaire, & le conjura de donner au Pape, à l'Eglise, & à toute la Maison Royale, la satisfaction de voir cesser un scandale qui duroit depuis si long-temps, & qui vray-semblablement auroit des suites funestes pour ceux qui en estoient les auteurs.

Lothaire qui apprehendoit ces suites, mais que sa passion dominoit toûjours, faisoit tout son possible pour justifier sa conduite auprès des deux Rois ses oncles, leur disant que le Pape le pressoit trop, que depuis que le Légat Arsene estoit venu en France, Valdrade n'avoit point approché de la Cour, & qu'il ne la verroit jamais; que cette conduite qu'il avoit tenuë en forçant si long-temps son inclination, devoit contenter le Pape, & le luy rendre favorable, & que puisque Theutberge protestoit elle-mesme au Pape son mariage estoit nul, & qu'elle estoit preste de renoncer à la qualité de Reine, & de quitter le monde, c'estoit le traiter avec trop de dureté, que de ne pas accepter cette voye d'accommodement : qu'enfin il estoit résolu d'aller à Rome au plûtost, pour traiter par luy-mesme avec le Pape, & tascher de le fléchir.

Les deux Rois firent sçavoir au Pape cette réponse de Lothaire, & la résolution où il étoit d'aller à Rome en personne, & qu'ils regardoient ce voyage comme le moyen le plus prompt pour finir les affaires. Mais ils furent assez surpris de la réponse que le Pape leur fit là-dessus : il les prioit d'empescher Lothaire de venir à Rome, leur disant que s'il y venoit, il seroit mal content de la reception qu'on luy feroit; qu'il falloit avant toutes choses qu'il rétablist Theutberge dans tous ses droits d'épouse & de Reine, & qu'il rompist absolument avec Valdrade; qu'il sçavoit de bonne part qu'on ne cherchoit qu'à l'amuser; que quoique Valdrade fust éloignée de la Cour, le Roy entretenoit secretement un commerce fréquent de Lettres avec elle, toute excommuniée qu'elle estoit; que le Royaume & la Cour de Lorraine ne se gouvernoient que par les conseils de cette femme; qu'on n'avoit accès auprès du Prince qu'à sa recommandation; qu'on y disgracioit plusieurs personnes à son occasion, qu'elle y estoit comme auparavant, l'arbitre de

Ibid.

la fortune, & la maistresse de toutes les graces; qu'il n'agréeroit point que Lothaire vinst à Rome qu'à trois conditions. La premiere, que Valdrade s'y rendist elle-mesme avant luy; la seconde, qu'on n'y sçust, à n'en plus pouvoir douter, que Theutberge estoit traitée par le Roy en Reine & en légitime épouse; la troisiéme, qu'on n'eust rempli la place des deux Archevêques déposez de Cologne & de Tréves, & cela par une élection Canonique, & non point par une intrigue de gens dévoüez à Valdrade. Cette troisiéme condition suppose que le choix que Lothaire avoit fait de Hugues, parent de Charles le Chauve pour l'Archevêché de Cologne, n'avoit point eu de suite, apparemment à cause de l'incapacité du sujet, dont les mœurs n'estoient pas fort régulières. Ces conditions rendoient l'affaire infiniment difficile, d'autant plus que le Roy de Germanie un des deux médiateurs, demandoit instamment au Pape la grace & le rétablissement des deux Archevêques. Tous les Evêques de Germanie, selon l'intention de leur Roy, avoient aussi écrit fortement au Pape, pour luy faire la mesme priere : mais le Pape n'écoûtoit sur cela ni les remontrances du Roy, ni les prieres des Evêques.

Epist. 56. Nicolai Papæ & 58.

Les choses en estoient là, lorsque le Pape mourut au mois de Decembre de l'année 867. Adrien II. son successeur prit aussi-tost connoissance de cette grande affaire, dont je diray la fin & le dénouëment funeste, après avoir repris en peu de mots la suite des autres affaires de France que j'ay laissées, pour ne pas interrompre tant de fois le fil de la narration de celle-ci.

Annales Bertiniani.

Les descentes & les courses des Normands sont les plus remarquables, par les allarmes continuelles & par les désordres extrêmes qu'ils causoient par-tout, soit dans le Royaume de Lorraine, soit dans celuy de France, soit dans celuy d'Aquitaine, soit dans celuy de Germanie.

Ils entrerent à diverses reprises dans la Loire, & firent des descentes de ce costé-là. Le Comte Robert, à qui l'on donne en cet endroit le titre de Comte d'Anjou, les défit dans une rencontre, & fut blessé dans un autre, où il fut attaqué par un Corps beaucoup supérieur en nombre à ses Troupes. Il fit en cette occasion une belle retraite, & perdit peu de Soldats. Quelque temps après ils passerent jusqu'à Orleans, qu'ils prirent & bruslerent. Ils en firent autant au Monastére de S. Benoist sur Loire, & à la Ville de Poitiers, & furent encore défaits au retour par le Comte Robert, qui sans avoir perdu un seul Soldat, tua cinq cens Normands sur la place, & leur prit beaucoup d'armes & de drapeaux, qu'il envoya au Roy pour marque de sa victoire.

Annales Bertiniani ad an. 864 & 865. Gesta Normann.

Ensuite d'autres Normands entrerent dans la Seine, & malgré les Fortifications & les Retranchemens que le Roy avoit fait faire sur les rivages, mais qui n'estoient pas bien gardez, un gros parti de leurs Troupes vint assez près de Paris, & ils détacherent deux cens hommes

Annales Bertiniani.

mes pour en piller les environs : ils le firent impunément ; mais cinq cens autres s'eſtant avancez juſques dans le païs Chartrain, furent repouſſez avec perte.

D'autres s'eſtant joints à une Troupe de Bretons, vinrent piller ſans réſiſtance le païs du Maine ; quelques autres entrerent en Aquitaine, où ils furent battus, & laiſſerent quatre cens des leurs tuez ſur la place.

An. 866. L'année d'après ils forcerent encore les paſſages de Piſte ſur la Seine, & monterent avec leurs Vaiſſeaux juſqu'à Melun, où ils trouverent les François en bataille ſur les deux bords de la riviere, pour les empeſcher de deſcendre. Ils ne laiſſerent pas de ſe préparer à le faire, & s'avancerent avec tant de fierté du côté où eſtoit le Corps des François le plus nombreux commandé par les Comtes Robert & Odon, que leur ſeule contenance effraya les Troupes Françoiſes, dont les Chefs ne purent empeſcher la fuite. Les Normands maiſtres de la Campagne y firent un très-grand butin, & en remplirent leurs Vaiſſeaux ; mais ce n'eſtoit pas ce qu'il y avoit de plus faſcheux.

Ils reprirent leur ancien deſſein de s'établir ſur la riviere de Seine, ou du moins ils en firent ſemblant, & le Roy en eut tant de peur, que pour les en empeſcher, il fit avec eux un Traité encore plus honteux que celuy qu'il avoit fait un peu auparavant. Ce fut premierement de leur donner quatre mille livres peſant d'argent ; & pour trouver cette ſomme, il fallut faire une Capitation par-tout le Royaume. Secondement, les Normands éxigerent que quelques-uns des priſonniers qu'ils avoient faits, & qui s'eſtoient échapez de leurs mains depuis le Traité, leurs fuſſent rendus, ou qu'on les rachetaſt : & enfin comme quelques Soldats Normands s'eſtant écartez de leurs Vaiſſeaux ou de leur Camp avoient eſté aſſommez par les gens de la Campagne, ils obligerent le Roy à les dédommager, & à leur faire payer une certaine ſomme pour chacun de ceux qui avoient eſté tuez.

A ces conditions, les Pirates deſcendirent la Seine avec leurs Vaiſſeaux juſqu'à Jumieges, où ils avoient coûtume de les faire radouber, & y demeurerent juſqu'à l'entiere éxécution du Traité. Le Roy de ſon coſté pour leur fermer le paſſage de Piſte, y alla luy-meſme, & y fit faire de nouvelles Fortifications ſur les rivages & dans les Iſles.

An. 866. 867. A la fin de la meſme année, ou au commencement de la ſuivante, une autre Troupe de Normands au nombre de quatre cens ſeulement ; mais ſoûtenus de quelques Troupes Bretonnes avec de la Cavallerie, ſurprirent la Ville du Mans, & la pillerent.

Le Comte Robert ſur cette nouvelle, aſſembla promptement ſes Milices, & s'eſtant fait joindre par trois autres Généraux Ranulfe, Godefroy & Hervé, il marcha droit aux Normands, pour les charger dans leur retraite, & taſcher de les envelopper, & il les joignit en un lieu nommé Brieſarte ſur la riviere de Sarte en Anjou.

Les Normands & les Bretons ſe voyant ainſi preſſez par de nombreuſes Troupes, ſe jetterent dans un Village, où ils ſe retrancherent à la haſte, réſolus de vendre leur vie bien cher. Il ſe trouva dans ce Village une grande Egliſe bien baſtie de fortes pierres. Ils s'en ſaiſirent, & leur Chef nommé Haſting s'y logea avec la pluſpart de ſes gens.

Le Comte Robert eſtant arrivé, fit attaquer le Village, força les retranchemens, & fit paſſer au fil de l'épée tous ceux qui ne purent pas gagner l'Egliſe.

Après ce premier avantage, le Comte voyant la difficulté qu'il y auroit à forcer l'Egliſe, fit retirer ſes Troupes, ſe contentant de l'inveſtir pour l'attaquer le lendemain. Il mit des Corps-de-Gardes à tous les endroits par où les ennemis pourroient s'échaper, & ſe retira à ſa Tente vers le coucher du Soleil. Il faiſoit grand chaud, & pour ſe ſoulager, il quitta ſon caſque & ſa cuiraſſe.

Peu de temps après, on entendit un grand bruit dans le Camp. C'eſtoit le Général Normand, qui dans l'eſpérance de franchir le paſſage & de ſe ſauver à la faveur de la nuit, eſtoit ſorti de ſon Fort, & commençoit à forcer le quartier meſme du Comte Robert. Ce Comte ſort auſſi-toſt, ſans ſe donner le loiſir de prendre ſon caſque & ſa cuiraſſe, & s'eſtant mis à la teſte de ceux qu'il trouva auprès de ſa Tente, ſoûtint l'effort des Normands. En meſme temps les autres Généraux accoururent à ſon ſecours. Les Normands accablez du nombre, furent obligez de reculer & de regagner l'Egliſe toûjours en combattant.

Robert les pourſuivit le ſabre à la main juſqu'à la porte de l'Egliſe, eſpérant profiter du déſordre, & y entrer avec les fuyards : mais s'eſtant ainſi meſlé au milieu des ennemis, n'ayant ni caſque ni cuiraſſe, il fut tué ſur la place devant la porte de l'Egliſe. Les Normands l'ayant appris, reprirent cœur, & repouſſerent les François conſternez de la mort de leur Général, dont le corps fut emporté dans l'Egliſe. Preſque au meſme moment le Duc Ranulfe fut bleſſé mortellement d'un coup de fléche qu'on luy tira d'une des feneſtres. Le meſme malheur arriva au Comte Hervé ; de ſorte que les François ayant perdu preſque tous leurs Chefs, abandonnerent l'attaque.

Ce fut ainſi que périt Robert le Fort, le plus grand Capitaine qu'il y eut alors en France. Il eſtoit du Sang Royal de France, ainſi qu'on le conjecture par certaines circonſtances de l'Hiſtoire, ou du moins allié de fort près à la Famille Royale, & ſa poſtérité monta depuis ſur le Trône dans la perſonne de Hugues Capet. La perte de trois Généraux dans une ſi petite occaſion, n'auroit pas eſté bien compenſée par la victoire meſme ; mais du moins elle auroit eſté vengée, ſi la conſternation ne ſe fuſt pas miſe dans le Camp. Elle fut telle, que le Comte Godefroy reſté ſeul des quatre Commandans, ſe viſt obligé de lever le Siège. Les Normands & les Bretons trop glorieux de s'eſtre tirez d'un ſi mauvais pas par la réſolution de leur Chef, regagnerent promptement les uns leurs Vaiſſeaux &

Tome I. B b b

les autres la Bretagne, & ne revinrent que deux ans après dans la Loire piller de nouveau les environs d'Orleans.

Durant tous ces ravages, les Evêques ne laissoient pas de tenir des Conciles, & de se faire de temps en temps les uns aux autres une espéce de guerre, où l'on faisoit entrer le Roy. Il auroit mieux fait de donner tous ses soins à la seûreté de son Etat ; mais l'ascendant que les Evêques avoient pris sur luy & sur son prédécesseur, l'obligeoit à s'intéresser dans toutes ces affaires, dont il estoit moins l'arbitre ou le médiateur, que le simple témoin & l'exécuteur des ordres, que le Pape envoyoit en France sur ces sortes de différends, dans lesquels les Evêques mesmes prenoient quelquefois ce Prince à partie.

Annal. Bertiniani. Concil. Suession.

A la fin du troisiéme Concile de Soissons, qui se tint en 866. & où se traiterent divers points de police Ecclesiastique, Hérard Archevêque de Tours proposa de la part du Roy, le Couronnement & le Sacre de la Reine Irmintrude ; cette Princesse n'avoit point encore reçû l'onction Royale, qu'on avoit faite à quelques-unes des Reines de France. Le motif qui obligea le Roy à demander que cette cérémonie se fist, est exprimé dans le Concile de Soissons & dans le discours que prononcerent les Evêques qui la couronnerent ; c'est, dirent-ils, que le Roy ayant eu plusieurs enfans de cette Princesse, les uns estoient morts fort jeunes, d'autres avoient des infirmitez qui les rendoient peu propres au Gouvernement, & qu'il espéroit attirer par les prieres que les Evêques feroient sur la Reine en cette occasion, les bénédictions du Ciel, & obtenir des enfans capables de succéder au Thrône.

Apud Hincmair. Tom. I.

Le Couronnement se fit dans l'Eglise de S. Médard de Soissons, & les Evêques composerent exprés des Oraisons, qu'ils récitérent sur la Reine.

Ce motif du Couronnement de la Reine ne devoit pas estre fort agréable au Prince Loüis. Le Roy vouloit peut-estre le tenir par là dans le devoir, & l'empescher de renoüer le commerce qu'il avoit eu autrefois avec le Duc de Bretagne & avec les autres ennemis de l'Etat. Depuis sa révolte on l'avoit toûjours tenu assez bas : mais Charles son frere Roy d'Aquitaine, estant venu à mourir d'un mal causé par la blessure qu'il reçut la nuit au retour de la chasse dans la Forest de Compiégne, ainsi que je l'ay raconté un peu auparavant ; le Roy son pere luy donna de nouvelles marques de sa bonté, en le faisant couronner Roy d'Aquitaine.

Annales Bertiniani an. 857.

Ce bien-fait attacha ce jeune Prince pour toûjours à son devoir & à ses véritables intérests, & osta à Salomon Duc de Bretagne le moyen le plus propre qu'il eust eu jusqu'alors, de causer des broüilleries en France ; mais ce Duc à l'exemple de ses prédécesseurs, se rendoit toûjours difficile, quand il s'agissoit de faire quelque Acte de Vasselage à l'égard du Roy de France ; il falloit pour l'y résoudre, ou la crainte d'une guerre, ou l'espérance de quelque avantage nouveau.

Sur certaines difficultez qu'il fit pour s'éxempter de se soûmettre à ce devoir, il y eut une négociation à Compiégne. Le Roy qui à quelque prix que ce fust vouloit la Paix, dont il n'avoit presque point encore goûté les douceurs depuis vingt-six ou vingt-sept ans de Régne, luy accorda l'union du Comté de Cotentin au Duché de Bretagne, se réservant seulement la nomination à l'Evêché, & par ce mesme Traité le Duc de Bretagne non seulement reconnut de nouveau la dépendance que son Duché avoit de la Couronne de France ; mais encore il s'obligea, & obligea ses successeurs à fournir au Roy un secours considérable de Troupes toutes les fois qu'il en auroit besoin. Ainsi le Duché de Bretagne, qui du temps de Charlemagne & de Loüis le Débonnaire ne comprenoit ni Rennes, ni le païs Nantois, s'étendoit alors jusques dans le Maine, dans l'Anjou & dans ce qui s'appella depuis la Normandie ; & cela partie par les invasions ou par les conquestes des Ducs, partie par les cessions que nos Rois leur faisoient pour s'épargner des guerres, & qui marquoient plus leur foiblesse que leur libéralité.

Annales Bertiniani, 858.

Les autres parties de l'Empire François furent alors assez tranquilles : il n'y eut que quelques insultes des Normands, quelques mouvemens des Esclavons Vinides du costé de Germanie, & des Sarazins en Italie, qui n'eurent pas de grandes suites. Carloman & Loüis fils du Roy de Germanie luy firent aussi quelque peine ; mais ce Roy qui avoit beaucoup de sagesse, arresta par sa diligence, par sa modération & par sa fermeté la fougue de ces deux jeunes Princes, & les remit dans le devoir.

Le Roy de Lorraine n'eut point non plus d'autres ennemis que les Normands, & point d'autre guerre à soûtenir, que les descentes subites de ces Pirates, contre lesquels il auroit esté plus en garde, si sa passion pour Valdrade, la peine & l'inquiétude que Rome luy causoit sur cet article, luy eussent permis de donner plus d'application au Gouvernement de son Etat. Je vais raconter la suite de cette affaire, & quel en fut enfin l'événement.

La mort du Pape Nicolas I. fit concevoir à Lothaire quelque espérance de réüssir dans une négociation, dont le succès avoit paru desespéré jusqu'alors, & que sa seule passion l'empéchoit de regarder comme impossible. Il écrivit à Hadrien successeur de Nicolas en ces termes.

» J'ay appris la fascheuse nouvelle de la mort « du Pape Nicolas, d'heureuse mémoire. Je suis « persuadé que Dieu l'a mis au nombre de ses « Saints. Tout ce qu'il y a de Chrétiens au mon- « de doivent ressentir la douleur de cette perte, « & il doit estre principalement regretté par tout « l'Ordre Ecclésiastique, & je le pleure moy-mê- « me. Je luy avois remis mes intérests entre les « mains, & j'avois eu recours à sa justice contre « les plaintes & les calomnies de mes ennemis, « qui avoient cependant trouvé moyen de le pré- « venir contre moy, & de l'empescher par leurs « artifices de vouloir recevoir mes justes défen- « ses. Je l'avois supplié de vouloir bien m'enten- «

Reginoad an. 868.

CHARLES LE CHAUVE.

» dre moy-mesme en présence de mes accusa-
» teurs, de trouver bon que j'allasse à Rome me
» justifier des crimes que l'on m'imposoit, & ja-
» mais il n'a voulu m'accorder une demande si
» juste... Mais puisque Dieu par sa toute-puis-
» sance vous a élevé en sa place, j'ay lieu de croi-
» re que vous ne vous opposerez pas au désir ar-
» dent que j'ay de vous voir & de vous entre-
» tenir... J'espére de vous une réponse favora-
» ble à ma Lettre & que vous ne refuserez pas
» à un Fils aussi soûmis que moy, cette marque
» d'une bonté paternelle, que je me flate de trou-
» ver en vous.

Ibid.

Le Pape luy répondit, qu'il trouveroit toûjours dans les successeurs de S. Pierre toute la
justice que les Loix divines & humaines ordonnoient ; qu'il n'avoit qu'à venir à Rome,
supposé qu'il se sentist innocent des choses
dont on l'accusoit, & que quand mesme il s'en
trouveroit coupable, rien ne devoit l'empêcher d'y venir ; pourvû qu'il fust résolu de reconnoistre sa faute, & d'en faire une pénitence édifiante.

Lothaire parut satisfait de cette Lettre, quoique son voyage de Rome dust le jetter dans
de grands embarras, si on y éxaminoit son procès dans les formes ; mais il faisoit grand fond
sur la tendresse & sur l'attachement que le Pape avoit pour l'Empereur Loüis : car Lothaire
se tenoit asseuré que ce Prince estoit dans ses
intérests, principalement depuis la mort de
Charles Roy de Provence leur frere ; & c'estoit
l'étroite union qu'ils voyoient entre les Rois de
France & de Germanie leurs oncles, qui les
obligeoit à se tenir eux-mesmes parfaitement
unis entre eux ; sur ce que le Roy de France & le
Roy de Germanie avoient toûjours laissé entrevoir les desseins qu'ils avoient formez sur le
Royaume de Lothaire, en cas que le Pape l'eust
éxcommunié.

Ce qui attachoit si fort le Pape à l'Empereur,
estoit le zéle que ce Prince depuis deux ou
trois ans faisoit paroistre pour chasser les Sarazins d'Italie ; les fatigues & les périls ausquels
il s'exposoit dans la guerre qu'il leur avoit déclarée, où il les avoit souvent battus, chassez
des Villes dont ils s'estoient rendus les maistres,
& réduits dans celle de Barri, qu'il assiégea
deux fois, mais sans la prendre. De plus il a-
voit donné depuis peu au Pape deux grandes
marques de la considération qu'il avoit pour
luy ; la premiere estoit, qu'ayant esté sollicité
par Michel Empereur de Constantinople, de
l'aider à mettre des bornes à la puissance Pontificale, qui devenoit de jour en jour plus redoutable aux Princes, & mesme de chasser le
Pape hors de Rome, il n'avoit voulu rien faire
d'indigne d'un Prince Catholique, & avoit affecté plus que jamais de donner au Saint Siége toutes les marques du respect filial qu'il luy
devoit. Le Pape luy en sçut d'autant plus de
gré, que Michel offroit à ce Prince de le reconnoistre par un Acte public pour son Collegue
à l'Empire, s'il vouloit agir selon ses intentions : car les Empereurs Grecs prétendoient
toûjours que le Titre d'Empereur avoit esté in-

Nicetas in Vita sancti Ignatii. P. C.

Tome I.

justement usurpé par Charlemagne, quoiqu'ils
eussent en diverses occasions reconnu ce Prince pour légitime Empereur.

La seconde chose qui avoit fait un extrême
plaisir au Pape, estoit que quand il fut élû, les
Ambassadeurs de l'Empereur Loüis, qu'on n'a-
voit pas attendus pour cette élection, ayant
fait beaucoup de bruit, & menaçans de la faire
déclarer nulle, ce Prince écoûta les raisons que
le Pape apporta pour excuser la promptitude
de son élection, & luy témoigna qu'il estoit
content. Tout cela avoit gagné le cœur du
Pape, qui ne pouvoit se lasser de loüer ce Prince, & de luy marquer en toute occasion sa tendresse & sa déférence pour tout ce qu'il souhaitoit de luy. Lothaire espéra donc que par
l'entremise de l'Empereur son frere, il trouveroit dans Hadrien un Juge plus accessible &
moins roide que dans son prédécesseur.

Epist. 10. Hadriani.

En effet, ce Pape avoit quelque chose de
plus doux, & estoit plus susceptible de compassion. Il ne fut pas plustost sur le Thrône
Pontifical, qu'il fit grace à plusieurs de ceux
que le Pape Nicolas avoit excommuniez, &
mesme à la premiere Messe qu'il célébra Pontificalement, il donna de sa main la Communion à l'Archevêque de Tréves, touché qu'il
fut de sa soûmission & de sa pénitence. Cette
condescendance donna de grandes espérances
à Lothaire, d'autant plus qu'il obtint du Pape
que Theutberge allast à Rome, chose que le
Pape Nicolas avoit toûjours constamment refusée.

Continuat. Anast. in Bibliothec. in Hadria-no.

Si-tost qu'elle y fut arrivée, elle entretint le
Pape du sujet de son voyage, & persistant toûjours dans son dessein, de se retirer de la Cour
pour mettre fin aux persécutions quelle y souffroit, elle luy dit que son mariage avec Lothaire n'estoit point légitime, & luy apporta
quelques autres raisons particulieres, qui pouvoient rendre sa séparation facile, & mesme
la faire paroistre nécessaire.

Epist. 6. Hadriani.

Le Pape pénétra aisément le mystére de toute cette conduite de la Reine. Il luy dit qu'il
ne vouloit pas décider sur le champ un point
de cette importance, & qu'il assembleroit un
Concile dont il prendroit l'avis. Il la pria de
retourner en France, & luy promit d'écrire en
sa faveur au Roy son mari. Il le fit, & rendit
compte à ce Prince dans sa Lettre de l'entretien qu'il avoit eu avec elle, & du dessein où
il estoit d'assembler un Concile, pour y éxa-
miner l'affaire tout de nouveau, luy faisant néanmoins assez entendre, qu'il n'estoit pas à
surprendre sur une chose de cette nature. Il
le pria de recevoir la Reine à sa Cour & dans
son Palais, ou du moins en cas qu'elle ne voulust pas y retourner si-tost, de luy asseûrer les
revenus qui luy avoient esté assignez sur diverses Abbayes, afin qu'elle pust avoir dequoy soûtenir sa dignité & son rang.

Ibid.

La Reine prit le parti de demeurer éloignée
de la Cour & du Roy, & peu de temps après
son départ, le Pape fit une démarche qui
marquoit qu'il avoit envie d'accorder à l'Empereur en faveur de Lothaire, tout ce qu'il

Bbb ij

HISTOIRE DE FRANCE.

Epift. 7. Hadriani.

pourroit abſolument ne luy pas refuſer.

A la priere de l'Empereur, & ſur l'aſſeûrance qu'il luy donna que Valdrade n'avoit plus aucun commerce avec Lothaire, & qu'elle vouloit abſolument ſe retirer, il leva l'excommunication que le défunt Pape avoit lancée contre elle. Il luy écrivit luy-meſme, pour l'avertir de l'abſolution qu'il luy avoit donnée, & pour l'exhorter à vivre déſormais ſans ſcandale:

Epift. 8.

Il écrivit une Lettre aux Evêques de Germanie ſur ce ſujet, où il leur diſoit qu'ils pouvoient luy permettre l'entrée de l'Egliſe, luy parler, & la traiter comme une perſonne rétablie dans la Communion des Fidéles.

Cette conduite du Pape envers le Roy de Lorraine, ne plaiſoit point aux Rois de France & de Germanie, qui n'avoient attendu juſqu'alors que l'excommunication de ce Prince, pour fondre dans ſes Etats avec toutes leurs forces.

Capitula Caroli Calvi. Tit. 33.

Ils eurent une entrevûë au Fauxbourg de Metz, ſans doute du conſentement de Lothaire même, à qui cette Ville appartenoit; mais qui aſſeurément ne prétendoit pas qu'on y traitaſt du partage de ſes Etats, comme on fit en préſence d'Hincmar Archevêque de Reims, & de quelques autres Prélats de France & de Germanie. Ces deux Princes ſe promirent l'un à l'autre, qu'en cas que la Providence les miſt jamais en poſſeſſion des Etats de leurs neveux, ils s'en rapporteroient pour l'égalité des partages, à ceux de leurs Vaſſaux, qu'ils choiſiroient d'un commun conſentement pour arbitres de leurs différends. Ils ſe promirent auſſi mutuellement de prendre en main la défenſe de l'Egliſe Romaine, pourvû que les Papes les traitaſſent avec autant d'honneur & d'égard, que les anciens Papes traitoient autrefois les Rois de France & de Germanie.

Soit que l'Empereur & le Roy de Lorraine euſſent ſçû ce qui s'eſtoit paſſé dans cette entrevûë, ſoit qu'ils euſſent eu d'ailleurs quelque connoiſſance des deſſeins des deux Rois de France & de Germanie, ils en parlerent au Pape, & le prierent d'interpoſer ſon autorité pour en empêcher l'éxécution.

Epift. 10. Hadriani.

Le Pape écrivit au Roy de Germanie une Lettre ſur ce ſujet, où il l'exhortoit à demeurer en paix avec ſes neveux, & le prioit non ſeulement de ne point attaquer l'Empereur, mais de ne former aucune prétention ſur les Etats de Lothaire, l'Empereur eſtant réſolu de regarder tout ce qui ſe feroit contre ce Prince, comme s'il eſtoit fait contre luy-meſme. Il ajoûtoit que s'il en uſoit autrement, il devoit s'attendre à voir les armes ſpirituelles de S. Pierre ſe joindre aux armes Impériales, & qu'il s'expoſeroit à expérimenter combien ces armes ainſi unies eſtoient redoutables.

Annales Bertiniani.

Le Roy de France reçut auſſi une Lettre toute ſemblable, qui luy fut apportée de Rome par l'Evêque de Metz, & renduë par ce Prélat l'avant-veille de l'Aſcenſion. Mais malgré toutes ces Lettres & toutes ces menaces du Pape, Lothaire eſtoit toûjours en inquiétude, appréhendant que pendant le voyage de Rome qu'il eſtoit réſolu de faire, ſes deux oncles ne portaſſent la guerre chez luy. Il ſe défioit toutefois beaucoup plus de la ſincérité du Roy de France, que de celle du Roy de Germanie; ſur lequel il croyoit pouvoir faire plus de fond, ſi une fois ce Prince luy engageoit ſa parole. Il alla voir pluſieurs fois, & affectant d'avoir pour luy toute la confiance qu'un neveu devoit avoir pour un oncle qu'il regardoit comme ſon pere, il luy repréſenta la ſituation faſcheuſe où il ſe trouvoit, la maniere dont le défunt Pape l'avoit pouſſé, en éxcommuniant tous ceux qui eſtoient dans ſes intereſts, & en le menaçant de l'excommunier luy-meſme; qu'il avoit tout à craindre de l'ambition du Roy de France pendant ſon voyage de Rome; mais que néanmoins il mettroit ſi bon ordre à tout avant que de partir, qu'il eſperoit que tous ſes efforts ſeroient inutiles, pourvû qu'il fuſt aſſeûré du côté de la Germanie; qu'il le conjuroit de ne point ſe joindre à ſes ennemis pour le perdre, & de ſe ſouvenir des promeſſes qu'il luy avoit faites dans un Traité qu'ils avoient ſigné à Francfort.

Ibid.

Par ce Traité le Roy de Germanie avoit rendu l'Alſace à Lothaire, qui la luy avoit cédée ſix ou ſept ans auparavant; il avoit de plus conſenti que Hugues encore tout jeune, fils de Lothaire & de Valdrade, fuſt pourvû de ce Duché. On ne dit point à quelles conditions l'Alſace revint à Lothaire; mais le Roy de Germanie promit alors de ſe faire le protecteur de cet enfant, tandis que ſon pere ſeroit en Italie, où il devoit aller dès ce temps-là, ſi le Pape Nicolas qui vivoit encore ne ſe fuſt pas oppoſé à ce voyage.

Lothaire eſtant donc ſur le point de l'entreprendre, afin d'agir immédiatement par luy-meſme auprès du Pape Hadrien, conjura de nouveau ce Prince de ne luy eſtre point contraire, & fit tant qu'il l'obligea à luy faire ſerment, non ſeulement de ne rien entreprendre contre ſes Etats pendant ſon abſence, mais encore de conſentir à ſon mariage avec Valdrade, ſuppoſé qu'il en puſt obtenir la permiſſion du Pape. Après cela il alla trouver Charles le Chauve, pluſtoſt par cérémonie que dans l'eſperance de le gagner, comme il avoit gagné le Roy de Germanie, & enſuite il ſe mit en chemin pour Rome. Il donna ordre à Theutberge qui en eſtoit revenuë, d'y faire un ſecond voyage, & de partir quelques jours après luy.

Annal. Bertiniani.

An. 869.

Ibid.

Le deſſein de Lothaire eſtoit de s'aboucher avec l'Empereur ſon frere avant que d'aller à Rome, & de l'engager à employer ſon crédit auprès du Pape, pour faire caſſer ſon mariage avec Theutberge, & pour obtenir la permiſſion d'épouſer Valdrade. Il arriva à Ravennes au mois de Juin, & en fit donner avis à l'Empereur, qui aſſiégeoit actuellement la Ville de Barri, où les Sarazins ſe défendoient avec beaucoup de vigueur. L'Empereur luy répondit par ceux qu'il luy envoya pour le complimenter, qu'il ne pouvoit pas quitter le ſiége où ſa préſence eſtoit abſolument néceſſaire: qu'il attendoit de jour à autre une Flote de deux cens Vaiſſeaux, que l'Empereur d'Orient luy envoyoit, pour fermer le Port de Barri & empêcher les secours que les Sarazins recevoient continuellement d'Afrique; qu'il ne pouvoit pas se dispenser de recevoir luy-mesme les Généraux de cette flote quand elle arriveroit; que s'il quittoit le Camp, aussi-tost après leur arrivée, ils pourroient s'en choquer ; qu'ainsi il luy étoit impossible de se rendre si-tost à Ravennes ou à Rome ; qu'il luy conseilloit de ne rien précipiter, de retourner dans ses Etats pour quelques mois, & de remettre leur entrevûë après la Campagne.

Lothaire qui s'ennuyoit extrèmement de la longueur de cette affaire, ne suivit pas ce conseil & continua son chemin : mais sans aller à Rome il s'avança jusqu'à Benevent qui n'étoit qu'à deux ou trois journées de Barri. Il y trouva l'Impératrice Ingelberge à qui il fit de beaux présens, & avec laquelle il délibéra sur ce qu'il avoit à traiter avec le Pape.

L'Empereur avoit écrit au Pape, pour le prier de bien recevoir Lothaire, & l'entrevûë devoit se faire au Mont-Cassin, où Lothaire engagea l'Impératrice à l'accompagner.

Quelque crédit que l'Empereur eust sur l'esprit du Pape, & quelques efforts que fit l'Impératrice, jamais il ne voulut écouter la proposition du divorce, & s'en tint toûjours à dire que tout ce qu'il pouvoit faire, estoit que l'on fist en sa présence un nouvel éxamen de tout ce procès, sans avoir égard aux dépositions forcées que Theutberge faisoit contre elle-mesme, & que jamais il ne se relâcheroit en chose de cette importance jusqu'à faire quoy que ce fut qui pust blesser la justice, où causer du scandale dans la Religion. L'Impératrice obtint seulement que le Pape ne traiteroit pas Lothaire en excommunié ; que pour faire connoître par tout, qu'il ne le regardoit pas comme tel, il célébreroit pontificalement la Messe en sa présence, & luy donneroit la Communion ; & à tous ceux de sa suite.

Le Pape eut peine à accorder ce dernier article, & n'y consentit qu'à une condition, qui fut que Lothaire protesteroit, que depuis que Valdrade avoit esté éxcommuniée par son Prédecesseur, il n'avoit eu aucun commerce avec elle. Surquoy Lothaire dit, qu'il estoit prest de jurer qu'il n'en avoit eu aucun depuis ce temps-là.

Sur cette asseurance le Pape promit de faire ce que l'Impératrice souhaitoit de luy, & chacun se prépara à approcher des Saints Mystères.

Le lendemain le Pape dit la Messe publiquement & Pontificalement dans l'Eglise du Mont-Cassin ; (d'autres disent que ce fut à Rome :) à la fin de la Messe, il invita le Prince à s'approcher de la Sainte Table, & puis prenant en main le Saint Sacrement, il l'apostropha en ces termes.

Prince, si vous ne vous sentez pas coupable de l'adultere que mon Prédécesseur vous avoit défendu de commettre, & si vous estes dans une résolution ferme de n'y jamais tomber dans la suite, approchez avec confiance de ce Sacrement de la vie éternelle, & *recevez-le pour la rémission de vos pechez. Que si vostre conscience vous reproche d'avoir commis ce péché depuis le temps que je vous ay marqué, où si vous n'estes pas résolu d'y renoncer absolument & pour toûjours, gardez-vous bien de toucher au corps de vostre Sauveur, & de recevoir pour vostre condamnation, ce que sa divine providence a préparé comme un remede pour les pechez des hommes.*

Lothaire trop avancé pour reculer, malgré les remords de sa conscience qui l'accusoit du crime que sa bouche desavoüoit, & malgré l'attachement criminel qu'il conservoit dans son cœur pour Valdrade, reçut la Communion de la main du Pape. Quand il se fut retiré de la Sainte Table, les gens qui l'accompagnoient s'en approchérent pour communier, & le Pape en présentant à chacun d'eux l'Hostie, leur disoit ces paroles. *Si vous n'avez ny contribué, ny consenti au péché du Roy Lothaire vostre Maistre & à celuy de Valdrade, & que vous n'ayez point communiqué avec ceux qui estoient excommuniez par le Saint Siége Apostolique, que le Corps & le Sang de nostre Seigneur Jesus-Christ vous profite pour la vie éternelle.* Il y en eut quelques-uns, mais peu que ces paroles épouventérent, & qui se retirérent de la Table de Communion.

Parmi les personnes qui accompagnoient l'Empereur à cette Messe, se trouva Gonthier Archevêque de Cologne, que le Pape avoit aussi absous de son éxcommunication, mais en luy accordant seulement de communier avec les Laïques, & sur le point de recevoir la Communion, il présenta, ainsi qu'on en estoit convenu, un papier que le Pape fit lire tout haut avant que de la luy donner, & qui contenoit ce qui suit.

« Moy Gonthier, en présence de Dieu & de « tous les Saints, je vous jure, à vous, Monseigneur Hadrien Souverain Pontife & Pape universel, à tous les vénérables Evêques qui vous sont soûmis & à toute cette Assemblée, que je ne desapprouve point le jugement de ma déposition porté canoniquement contre moy par le Pape Nicolas, & que je m'y soûmets humblement ; que désormais je ne m'ingereray point aux Sacrez Ministéres, à moins que par vostre miséricorde, vous ne me rétablissiez dans mon ancienne dignité ; que dans la suite je ne causeray aucun scandale, & n'entreray dans aucun complot contre la Sainte Eglise Romaine, ny contre le Souverain Pontife ; mais que je seray toûjours dévoté & obéissant à la Sainte Eglise ma Mere, & au Pape qui la gouverne. Moy Gonthier j'ay signé de ma propre main cette promesse le premier de Juillet, Indiction II. dans l'Eglise de S. Sauveur du Monastere de S. Benoist du Mont-Cassin. »

Après cette lecture le Pape le communia en luy disant ; *Et moy je vous accorde la Communion Laïque, à condition que vous garderez toute vostre vie la promesse que vous venez de faire.*

Dès le lendemain de cette cérémonie, dont on vit que les circonstances furent très-singulieres, l'Impératrice s'en retourna vers l'Empereur au Siége de Barri, & le Pape à Rome.

Lothaire l'y suivit, mais il fut extrèmement

HISTOIRE DE FRANCE.

surpris de voir que personne ne venoit audevant de luy, & qu'en entrant dans l'Eglise de S. Pierre, nul Clerc de cette Eglise ne se présentoit pour le recevoir. Ayant fait prier le Pape qu'on chantast la Messe en sa présence le lendemain de son arrivée qui estoit un Dimanche, il le luy refusa, & il sembloit que par tout aux environs de Rome, on le traitast en excommunié.

Ibid.

Le Pape en usoit de la sorte pour ne pas choquer les Romains, parmi lesquels on disoit hautement qu'il affectoit de prendre tout le contrepied de son Prédécesseur, en rappellant d'éxil ceux qu'il avoit éxilez, & en rétablissant ceux qu'il avoit dégradez ou excommuniez. Lothaire qui qui sçavoit les raisons du Pape, ne s'en formalisa pas beaucoup. Il entra le lendemain à Rome, où il l'entretint encore, & mangea avec luy. Ils se firent divers présens l'un à l'autre, & parmi ceux que le Pape, fit à Lothaire, il y avoit une espece de saye ou de manteau, une palme, & un baston pastoral.

Continuator. Anastasii.

Annal. Bertiniani.

Soit que le Pape eust fait naistre à Lothaire dans les entretiens particuliers qu'il eust avec luy, quelque esperance de se laisser fléchir; soit que ce Prince en comparant la différente conduite qu'il avoit tenuë en public à son égard au Mont-Cassin & à Rome, se persuadast qu'il ne cherchoit qu'à sauver les apparences prest à contenter l'Empereur & luy, pourvû que l'on pust empêcher le scandale; soit plustost que l'ardeur qu'il avoit de contenter sa passion, luy fist tout interpreter en sa faveur, il imagina du Mystere dans ces présens du Pape, dont j'ay parlé, & ses confidens donnérent ou firent semblant de donner dans sa pensée.

Ibid.

Après avoir bien raisonné là-dessus, ils prétendirent que le Pape principalement par cette palme qu'il avoit meslée parmi ses présens, faisoit entendre à Lothaire qu'il remporteroit la victoire sur ses envieux, & que malgré les intrigues de ses oncles, il viendroit à bout de faire dissoudre son mariage avec Theutberge. Il partit de Rome assez content de son voyage, & l'esprit agréablement occupé de ces chimeres, fort éloignées des desseins du Pape, qui envoya en France l'Evêque Formose, & un autre Evêque avec ordre d'assembler le plus qu'ils pourroient d'Evêques de France, de Germanie & de Lorraine, pour examiner de nouveau sur les lieux toute l'affaire du divorce. Il ordonna à ces deux Légats de ne rien décider; mais de faire députer après l'instruction du procès, quatre Evêques de Germanie & quelques autres du Royaume de Lorraine, pour venir à Rome en faire le rapport dans un Concile qu'il convoqua dès lors pour le premier jour de Mars de l'année 870. & où la Sentence décisive devoit estre prononcée; mais Dieu mit fin luy-mesme à cette affaire d'une maniere que le Pape & le Roy de Lorraine n'avoient pas prévuë.

Jamais péché ne fut puni plus visiblement de Dieu, que le sacrilege commis par Lothaire, & par ses Courtisans lorsqu'ils reçurent la Communion de la main du Pape, en faisant en présence de leur Dieu qu'ils alloient recevoir, des protestations fausses & contraires à ce que leur conscience leur reprochoit actuellement. Ils périrent tous, excepté ceux qui effrayez des menaces de la punition de Dieu que leur fit le Pape, s'estoient retirez de la Sainte Table.

Lothaire & ceux de sa suite en arrivant à Luques, furent frapez d'une fiévre maligne qui emporta tous ceux qui avoient commis le sacrilége, & dont il mourut luy-mesme le sixiéme d'Aoust à Plaisance, où il s'estoit fait transporter. Telle fut la fin de ce Prince qui ne manquoit pas de bonnes qualitez; mais qui pour s'estre livré à une malheureuse passion dont il suivit trop les mouvemens, n'eut qu'un Regne plein de scandales, & en mesme temps d'inquiétudes, de crainte, de soupçons, de chagrins, & ce Regne fut terminé par une mort qui fait connoistre aux plus grands Princes de la terre, qu'ils ont un Maistre & un Juge au-dessus d'eux. Il seroit à souhaiter qu'un tel exemple le leur rendist plus redoutable.

Lotharii Gesta Rom. Tome III. Concil. Gall.

Annal. Bertiniani. ad an. 869.

La Reine Theutberge qui suivoit ce Prince, arriva à Plaisance un peu après sa mort. Elle le pleura, & fit faire ses obseques dans un Monastére proche de la Ville. Estant revenuë en France, elle se retira dans un Couvent à Metz, où elle finist sa vie. Valdrade prit un parti semblable, & se renferma dans le Monastére de Remiremont, ou pour faire pénitence, ou par chagrin de voir toutes ses esperances ruinées, & toute sa grandeur anéantie.

Ex vita Sanch Desi deri. Vita ianda Glo defindit.

Lothaire estant mort sans enfans légitimes, sa succession fut un nouveau sujet de discorde entre l'Empereur son frere & ses oncles les Rois de France & de Germanie. Elle arriva dans des conjonctures fort favorables à Charles le Chauve. Il estoit en paix avec Salomon Duc de Bretagne, & ce Duc luy avoit mandé qu'il ne se mit point en peine des Normans de la Loire, & qu'il luy promettoit de les réduire pour peu qu'il luy envoyast de secours. Charles fit partir aussi-tost son fils Carloman avec quelques Troupes, & le fit précéder par Engelram qui estoit une des personnes les plus considérables de la Cour, & qui fit présent au Duc de la part du Roy d'une Couronne fort riche, & de tous les ornemens Royaux. Il y a beaucoup d'apparence que Charles par ce présent accordoit au Duc Salomon la qualité de Roy, que son Prédécesseur Hérispere avoit extorquée de la France. Néanmoins l'Historien continué de donner à ce Prince le nom de Duc de Bretagne, sans luy donner jamais celuy de Roy. Quoy qu'il en soit, on voit par là que le Duc de Bretagne fut toûjours un voisin fort incommode, & un ennemi fort redoutable à la France.

Charles estant asseuré de ce costé-là, vit en mesme temps qu'il n'avoit pas beaucoup à craindre du costé de son frere le Roy de Germanie; parce que ce Prince avoit depuis deux ans une grosse Guerre à soustenir contre les Esclavons Vinides qui l'avoient battu en plusieurs occasions, & que de plus estant tombé fort malade à Ratisbone au retour de la derniere Campagne, il ne seroit pas si-tost en estat de se mettre à la teste d'une Armée.

Annal. Bertiniani

Regino.

Enfin l'Empereur, celuy des trois qui avoit le droit le plus apparent sur le Royaume de Lorraine, en qualité de frere du feu Roy, estoit engagé dans la Guerre contre les Sarazins, & continuoit depuis trois ans le Siége de Barri qu'il n'emporta que l'année d'après.

Charles n'avoit aucun de ces embarras, & estoit à Presles sur la Seine à quelques licuës de Roüen, quand il apprit la mort de Lothaire. Il en partit sur le champ, & vint à Attigni.

Les Lorrains, cependant n'estoient pas tous d'un mesme avis touchant le Successeur de leur défunt Roy. L'Empereur quoique le mieux fondé de tous, n'avoit point, où n'avoit que très-peu de Partisans parmi eux. L'éloignement de l'Italie qu'il avoit choisie pour le Siége de son Empire, & pour le lieu de sa résidence, en estoit cause, les Peuples aimant naturellement la présence de leur Souverain; ainsi presque tous les Seigneurs estoient partagez entre le Roy de France & le Roy de Germanie.

Annal. Bertiniani.

Les Evêques & les Seigneurs qui estoient dans les interests du Roy de Germanie, ayant appris que Charles estoit en chemin pour venir en Lorraine, luy députérent quelques personnes de leur faction pour le prier de ne point entrer dans le Royaume de Lorraine avec une Armée, & de ne point prendre possession d'aucunes Places, avant que d'estre convenu avec le Roy de Germanie de la maniere dont ils partageroient ensemble cet Etat, suivant les Traitez qu'ils avoient faits depuis peu l'un avec l'autre là-dessus. Ils luy proposérent de se rendre à Ingelheim, pour envoyer de là inviter le Roy de Germanie à une entrevuë, afin de traiter ensemble, sans en venir à une Guerre qui ne pouvoit manquer d'estre très-funeste à leur nouvel Etat.

Au contraire le parti de Charles, à la teste duquel estoit Avence Evêque de Metz de tout temps dévoüé à ce Prince, luy fit dire qu'il vint au plustost droit à Metz, & que le moindre retardement pourroit nuire à ses affaires. Il suivit ce conseil, il s'avança jusqu'à Verdun où quantité de Seigneurs du Païs vinrent le recevoir. Hatton Evêque de cette mesme Ville, & Arnoul Evêque de Toul l'y saluërent comme leur Maistre. De là, accompagné de ces Prélats & des Seigneurs qui l'avoient déja reconnu, il prist la route de Metz où il arriva le cinquiéme de Septembre, & y fut reçû par Avence Evêque de la Ville, & par François Evêque de Tongres, & par la plusvart de la Noblesse. Il y fut résolu de faire une Assemblée générale des Seigneurs & des Evêques qui s'estoient déclarez pour luy. Elle fut assignée au neuviéme du mesme mois de Septembre, & elle se tint dans l'Eglise de S. Estienne.

An. 869.

L'Evêque de Metz y présida, & tout vieux qu'il estoit il fit une harangue à la loüange de Charles, où après avoir déploré les malheurs du Regne précédent, il déclara que Dieu leur ayant osté leur Prince, il croyoit parler de la part de sa divine Majesté, en déclarant à toute l'Assemblée, & au Peuple qui estoit présent, qu'il reconnoissoit & qu'il falloit reconnoistre pour légitime héritier de la Couronne de Lorraine Charles Roy de France; que ce Prince estoit prest de son costé à s'engager par serment comme un Prince Chrétien, à gouverner son nouveau Peuple selon les Loix, à protéger les Eglises & ceux qui en estoient les Pasteurs, & à travailler au repos & à l'avantage de toute la Nation.

Tome III. Concil. Gall. & Annal. Bertiniani.

Cette harangue ayant esté reçûë avec applaudissement, le Roy remercia l'Assemblée, fit les sermens ordinaires de gouverner les Peuples selon les Loix, & de protéger les Eglises: il promit aux Seigneurs de les maintenir dans leur rang & dans leurs Charges, & leur demanda que de leur costé ils luy fussent fidelles & toûjours disposez à luy obéir & à servir l'Etat. Ensuite Hincmar Archevêque de Reims fut invité par l'Evêque de Metz & par les autres Evêques de la Province de Tréves à parler sur le sujet de l'Assemblée. Il se leva & commença par dire, que quoy qu'il fut Métropolitain d'une autre Province, & que la sienne ne fut point du Royaume de Lorraine, néanmoins il ne faisoit rien contre les Canons en parlant dans cette Assemblée, à cause de la grande union qui avoit toûjours esté entre la Province de Reims & la Province de Tréves, qui s'étoient toûjours regardées comme deux sœurs; que les Evêques de ces deux Provinces avoient souvent tenu des Synodes ensemble, & que depuis fort long-temps les Archevêques de Tréves & de Reims gardoient entre eux une coûtume, que celuy des deux qui estoit le plus ancien dans l'Archiépiscopat avoit le pas devant l'autre, qu'il y avoit une raison particuliére qui luy donnoit droit de parler en cette occasion, c'estoit que la Province de Tréves n'avoit point actuellement de Métropolitain, l'Archevêque ayant esté déposé par le Pape sans qu'on luy eut encore donné de Successeur, & que les Evêques de cette Province l'avoient prié de leur tenir lieu de Chef pendant la vacance du Siége. Il se tourna vers eux & leur demanda s'ils ne convenoient pas de ce qu'il disoit. Ils répondirent qu'oüy.

Ibid.

Il continua & dit à peu près les mesmes choses que l'Evêque de Metz, s'estendant sur les loüanges du Prince & sur le droit qu'il avoit à la succession de Lothaire, sans le prouver plus solidemment que ne l'avoit fait l'Evêque, disant seulement comme luy, que la volonté & l'inspiration de Dieu estoit indubitable là-dessus. Il conclut en proposant à l'Assemblée, non seulement de reconnoistre le Roy Charles pour leur Souverain, en luy faisant serment de fidélité; mais encore de le couronner solemnellement, & de le sacrer Roy du Royaume de Lorraine par une nouvelle onction Royale. Si ma proposition vous agrée, ajoûta-t-il, faites le paroistre par vos acclamations.

Aussi-tost toute l'Eglise retentit de cris de joye, & on chanta sur le champ le *Te Deum*. Le Sacre se fit avec beaucoup de solemnité. Il y avoit là sept Prélats. Hincmar Archevêque de Reims, un autre Hincmar neveu de celuy-cy, & qui estoit Evêque de Laon, Aven-

HISTOIRE DE FRANCE.

ce Evêque de Metz, Odon de Beauvais, Hatton de Verdun, Francon de Tongres, Arnoul de Toul. Ils réciterent chacun une Oraison sur le Roy; mais ce fut l'Archevêque de Reims qui le sacra, & qui l'oignit avec le Saint Chresme au front, au haut de la teste, & aux deux temples, en prononçant une Oraison qui commençoit par ces paroles. *Coronet te Dominus.* Durant qu'on récitoit l'Oraison, une partie des Evêques luy mirent la couronne sur la teste, & deux d'entre eux luy présenterent l'un une palme, & l'autre un sceptre. La cérémonie finit par la Messe dont toutes les Oraisons furent pour le Roy. Aussi-tost après ce Prince partit de Metz pour aller prendre possession du Palais d'Aix-la Chapelle, où depuis Charlemagne les Princes qui estoient Maistres du Royaume d'Austrasie, avoient establi leur Siége. Ce Prince quelques jours après, sur un faux bruit qui courut que le Roy de Germanie estoit mort de sa maladie à Ratisbone, s'avança jusqu'en Alsace avec des Troupes; mais ayant appris que la chose n'estoit pas véritable, il retourna sur ses pas à Aix-la-Chapelle.

Hincmar. Coronationes Regiæ. Tom 1.

La nouvelle de cette prise de possession & du couronnement, causa beaucoup de chagrin au Roy de Germanie qui estoit toûjours malade à Ratisbone. Il pensa à faire promptement la Paix avec les Esclavons Vinides, & envoya des Ambassadeurs à Charles, pour se plaindre à luy de cette invasion du Royaume de Lorraine, & pour le prier de se souvenir des Traitez qu'ils avoient faits ensemble sur cette succession, & de ne point agir en Souverain dans cet Etat, jusqu'à tant qu'ils fussent convenus entre eux sur le partage. Charles répondit aux Ambassadeurs qu'il s'en tiendroit aux Traitez, & que ce qu'il avoit fait ne préjudicieroit en rien aux droits de leur Maistre.

Regino. Annal. Bertiniani.

Cependant Charles nomma Bertulfe neveu de l'Evêque de Metz à l'Archevêché de Tréves, prétendant par là reconnoistre les obligations qu'il avoit à ce Prélat, & résolut de faire Archevêque de Cologne Hilduin frere de Gonthier, qui avoit esté déposé de cet Archevêché, & dans cette vûë il le fit ordonner Prêtre par l'Evêque de Tongres à Aix-la-Chapelle.

Regino.

Ces nouvelles entreprises inquiéterent de plus en plus le Roy de Germanie; car ces deux Archevêques les plus considérables & les plus puissans du Royaume de Lorraine estoient deux créatures que Charles s'acqueroit, & dont il fortifieroit extrêmement son parti. C'est pourquoy la promotion de Bertulfe à l'Archevêché de Tréves estant déja faite, il pensa à traverser celle de Hilduin à l'Archevêché de Cologne, dans l'intervalle du temps qui luy estoit nécessaire pour prendre les Ordres.

Dans ce dessein, il envoya secretement à Cologne Luidpert Archevêque de Mayence son sujet, pour engager les Habitans & le Clergé à prévenir par l'Election de quelqu'un des Prêtres de l'Eglise de Cologne, la nomination du Roy de France. Ce Prélat donna rendez-vous à quelques autres Evêques de Germanie à Duits

Ibid.

qui est au delà du Rhin vis-à-vis de Cologne, & comme un Fauxbourg de la Ville, & il s'y rendit luy-mesme.

Quand il y fut arrivé, il ne voulut pas passer le Rhin n'y entrer dans la Ville, de peur que si on découvroit son dessein, on ne l'y arrestast par ordre de Charles; mais il fit prier les plus considérables du Clergé & des Bourgeois de le venir voir à Duits. Il leur dist qu'il venoit de la part du Roy de Germanie pour les exhorter à faire au pluftost l'Election d'un Archevêque & à user du droit qu'ils avoient de le prendre chez eux dans leur Clergé; que s'ils vouloient le faire, il le sacreroit sur le champ, ayant avec luy d'autres Evêques, & tout ce qui estoit nécessaire selon les Canons pour une telle cérémonie; qu'eux estant les Principaux de l'Eglise & du Peuple de Cologne, ils avoient tout pouvoir pour cette Election, & il les exhorta à la faire sur le champ.

Cette proposition les embarrassa. Ils répondirent que le Roy de France avoit déja nommé Hilduin à l'Archevêché de Cologne, qu'il venoit tout récemment de le faire ordonner Prêtre pour le mettre en estat de recevoir au plûtost l'Ordre Episcopal, & qu'ils estoient trop engagez avec ce Prince pour reculer.

L'Evêque reprit en leur disant que le Roy de Germanie prétendoit que Cologne estoit à luy, & qu'il la soûmettroit bien-tost par les armes, si elle refusoit de le reconnoistre; que les Habitans devoient sçavoir gré à ce Prince de ce qu'il les rendoit Maistres de l'Election de leur Archevêque; que s'ils ne la faisoient pas sur le champ, on en nommeroit un qui peut-estre ne leur seroit pas agréable, & que le moindre mal qui pust arriver à la Ville de Cologne par cette nomination, seroit une Guerre Civile qui la désoleroit. En un mot le Prélat homme très-adroit, fit tant & mania si-bien les esprits, qu'il les engagea à faire l'Election qui tomba sur un Prestre homme de mérite nommé Gilbert que l'Archevêque de Mayence sacra sur le champ malgré luy. Ensuite se tenant sûr des Bourgeois par la démarche qu'il venoit de leur faire faire, il passa le Rhin avec tous ceux de l'Assemblée, conduisit Gilbert à la Cathédrale, le plaça sur le Siége Episcopal, & repassa au plus viste à Duits, & de là en Baviére, pour rendre compte au Roy son Maistre de l'exécution de ses Ordres.

Ibid.

Le Roy de France apprit cette Election à Aix-la-Chapelle, où Hilduin estoit aussi attendant le jour de son Sacre. Ce Prince fort irrité de ce qui s'estoit fait à Duits, partit sur le champ pour Cologne, où il ne trouva ny le nouvel Archevêque ny aucun de ceux qui l'avoient élû; tous avoient pris la fuite. Ainsi ne sçachant sur qui décharger sa colére, il s'en retourna à Aix-la-Chapelle, où presque en mème-temps arrivérent de nouveaux Ambassadeurs de la part du Roy de Germanie. L'Archevêque de Mayence en estoit un. Ce Prélat luy déclara la Guerre de la part du Roy son Maistre, en cas qu'il refusast de le satisfaire sur les prétentions qu'il avoit au Royaume de Lorraine,

Ibid.

CHARLES LE CHAUVE

Lorraine, & d'exécuter les Traitez qu'ils avoient faits ensemble touchant cet article.

Charles qui ne vouloit point de guerre, & à qui l'ambition du Duc de Bretagne, aussi-bien que la crainte des entreprises des Normans, rendoient la Paix nécessaire, répondit qu'il n'avoit jamais prétendu se broüiller avec le Roy son frere, ny violer les Traitez, ny luy faire aucune injustice; qu'il s'estoit saisi du Royaume de Lorraine, pour empêcher que la faction de l'Empereur ne s'y fortifiast, & qu'il estoit tout prest de partager la succession du défunt Roy Lothaire avec le Roy de Germanie; qu'il falloit pour cela qu'ils s'abbouchassent, & que se seroit quand il le voudroit. Il convint avec les Ambassadeurs que l'entrevûë se feroit à Mersen sur la Meuse, lieu fameux dans nostre Histoire par plusieurs pour-parlers & Traitez de cette nature. On estoit sur la fin de l'année 869. & la conférence fut arrestée pour le commencement de l'année suivante.

An. 869.

Les Ambassadeurs remercierent le Roy, le loüerent de l'équité & de la franchise qu'il faisoit paroistre en cette occasion, & luy firent une nouvelle demande, sçavoir que puisqu'il avoit des intentions si droites, & un désir sincere de bien vivre avec le Roy leur Maistre, il voulust bien pour lever tout soupçon, retirer ses Troupes du Royaume de Lorraine, & retourner dans ses Etats.

Ibid.

Cette proposition fit beaucoup de peine à Charles : mais l'Archevêque se servit de toute son adresse pour la luy faire gouster en faveur de la Paix, & il en vint à bout.

Ces menaces du Roy de Germanie n'estoient pas le seul embarras de Charles. Le Pape prit en main, & hautement les interests de l'Empereur Loüis, avec d'autant plus de zéle, que ce Prince qu'il aimoit, estoit trop éloigné des Etats de Lorraine, pour pouvoir y soustenir ses droits par les armes, & qu'il estoit encore occupé au Siége de Barri, où il avoit tout recemment fait une perte considérable. Il tenoit cette Place assiégée ou plustost bloquée depuis quatre ans; il y venoit tous les ans, pour tascher de la forcer, & n'y pouvant réüssir, il changeoit le Siége en blocus. Cette année, comme il se retiroit avec son Armée, les Sarazins firent une vigoureuse sortie, luy défirent son arriere-garde, & luy enlevérent près de deux mille chevaux, dont ils se servirent pour faire des courses dans les Païs d'alentour, & pour piller entre autres la fameuse Chapelle de S. Michel sur le Mont-Gargan.

Annal. Bertiniani.

Le Pape appréhendoit que ce Prince ennuyé d'une si longue résistance, n'abandonnast enfin cette entreprise, & ne fit marcher ses Troupes en France : il luy promist donc de se servir de toute son autorité, & de n'épargner ny menaces ny excommunications, pour luy faire rendre justice par ses oncles.

En effet il n'eust pas plustost appris que Charles se préparoit à entrer en Lorraine, qu'il fit partir deux Evêques avec des Lettres qu'il écrivoit à ce Prince, aux Evêques de Lorraine, à ceux de France, & aux Seigneurs des deux Royaumes, pour représenter l'injustice de cette invasion, & menacer d'excommunication, tous ceux qui feroient quelque chose, ou qui soûtiendroient ce qu'ils auroient fait contre les droits de l'Empereur. Il fondoit non seulement le droit de ce Prince sur ce qu'il estoit le frere du défunt Roy de Lorraine, mais encore sur des dispositions testamentaires de l'Empereur Lothaire pere de ces deux Princes, par lesquelles il prétendoit prouver, qu'on ne pouvoit sans une extrême injustice, priver ce Prince du Royaume de Lorraine : mais ce n'est pas d'aujourd'huy, que tout autre droit céde à celuy que le plus fort s'attribuë par les armes.

Annal. Bertiniani. Epist. Hadriani. Tome III. Concil. Gall.

Charles, dont la dissimulation estoit un des principaux talents, reçût bien les Légats du Pape, & l'Envoyé de l'Empereur nommé Boderade : il leur dist que quelques démarches qu'il fist dans cette affaire, il prendroit toûjours volontiers le Pape pour médiateur entre l'Empereur & luy; qu'il avoit eu des raisons de se conduire comme il avoit fait, sauf dans la suite à discuter les droits des uns & des autres, & qu'il écriroit au Pape d'une maniere qui le satisferoit. Avec ces réponses générales, il renvoya les Légats qui ne purent en avoir d'autres.

Epist. Hadriani. ad Carolum.

Les Evêques & les Seigneurs de Lorraine, qui avoient eux-mesmes pour la plusparta appellé Charles à la Couronne, ne s'émûrent pas fort des Lettres du Pape. Hincmar Archevêque de Reims à qui ce Pontife avoit écrit en particulier, pour l'exhorter à détourner le Roy de l'invasion de la Lorraine, mais qui l'avoit sacré luy-mesme assisté des Evêques de sa Province & de plusieurs autres Prélats de France, estoit trop engagé aussi-bien que ses Collegues, pour reculer. Les Seigneurs François avoient en vûë la gloire & l'utilité de la Nation, & ne se croyoient point obligez à un examen si exact des droits des parties intéressées. Ainsi les menaces du Pape n'estant point soustenues d'une Armée de l'Empereur pour les faire valoir, furent inutiles.

Celles du Roy de Germanie, par la raison contraire eurent plus d'effet. Les deux Rois envoyérent d'abord quelques Seigneurs & quelques Evêques à Aix-la-Chapelle, afin de convenir de certains préliminaires du partage, & du lieu, & de la maniere de leur entrevûë. Le Comte Engelram Grand-Chambellan de Charles, estoit le Chef des Députez François, & le Comte Leutfrid l'estoit de ceux du Roy de Germanie. Cette conférence se tint au commencement de Mars, & le Comte Engelram y fit ce serment au nom de son Maistre.

Regino. An. 870.

Vide Aubert Miræumin codice donation. piarum. cap. 19.

» Je promets de la part de Monseigneur Charles Roy, qu'il consentira que le Roy Loüis ait du Royaume du Roy Lothaire, la partie que leurs communs Fidéles, dans les conférences qu'ils auront ensemble, trouveront qu'il sera juste de luy accorder; & que pourvû que le Roy Loüis luy tienne parole tant qu'il vivra, Monseigneur le Roy Charles luy gardera aussi sa parole avec la mesme fidélité sans tromperie, & sans donner contre luy de mauvais conseils, tant pour ce qui regarde la partie qu'il luy ce-

Capit. Caroli Calvi Tit. 26.

HISTOIRE DE FRANCE.

» dera du Royaume, que pour tout le reste de ses autres Etats.

Le Comte Leutfrid fit le mesme serment, & en mesmes termes au nom du Roy de Germanie. Un autre Comte du costé de Charles, & un autre aussi du costé de Loüis, jurérent de la mesme maniere en présence de Leutbert Archevêque de Mayence, d'Alfrit Evêque d'Hildesheim témoins pour le Roy de Germanie, & d'Odon Evêque de Beauvais pour le Roy de France.

Aimoinus. l. 5. c. 15. Pour dresser les articles du Traité, & faire le projet du partage, on prit jusqu'au mois de May, qui ne fut pas plustost arrivé, que le Roy de Germanie envoya à Charles une Ambassade à Attigni, où ce Prince estoit alors. Elle estoit de douze personnes, qui luy présentérent un plan du partage du Royaume de Lorraine, & sur quelques difficultez qu'on luy fit, ils parlérent avec beaucoup plus de fierté encore, que n'avoient fait ceux qui estoient venus sur la fin de l'année précédente faire la premiere proposition de ce partage.

Ibid. Il y avoit deux raisons de ces manieres hautes. La premiere estoit le rétablissement de la santé du Roy de Germanie, & la seconde étoit le grand avantage que son Armée avoit remporté sur les Esclavons, dont le Prince nommé Restice, qui depuis long-temps estoit un ennemi opiniâtre & redoutable de la Nation Françoise, avoit esté pris dans une embuscade, & amené prisonnier au Roy de Germanie. Cette prise & la soumission de ces Peuples qui en avoit esté une suite, asseuroient ses Frontiéres de ce costé-là, & luy permettoient d'en retirer une Armée nombreuse, pour la faire venir en Lorraine, si on refusoit de luy faire raison sur ses prétentions.

Soit que Charles eut peine à lâcher ce qu'il avoit pris, soit qu'il n'eust pas encore reglé avec ses Ministres le projet du partage, l'affaire ne fut concluë qu'au mois d'Aoust suivant, après bien des négotiations & des conférences.

Capitula Caroli Calvi. Tit. 37.

An. 870.
Aimoinus. l. 5. c. 15.
Vide Goldast. Tit. 3. pag. 28.

Les deux Rois se rendirent sur la Meuse le 28. de Juillet : Charles à Herstal, & Loüis à Mersen. Dans les conférences qu'ils eurent ensemble, en un lieu également éloigné de ces deux Maisons Royales, ils estoient accompagnez chacun de quatre Evêques & de trente de leurs Vassaux. Les négotiations durérent jusqu'au huitiéme d'Aoust, & les choses furent réglées de cette sorte.

Loüis Roy de Germanie eut dans son partage les Villes de Cologne, d'Utrecht, de Strasbourg, & de Basle & leurs dépendances. Il avoit déja Vormes, Spire, Mayence, & ainsi il eut tout le cours du Rhin, depuis le Païs des Suisses jusqu'à son embouchûre; Tréves & Metz, luy furent pareillement cédées avec les territoires dépendans de ces deux Villes, & tout ce qui estoit compris entre les Riviéres d'Ourt & de Meuse. Il eut aussi Aix-la-Chapelle & presque tout ce qui est de ce costé-là entre le Rhin & la Meuse.

Les Places les plus considérables que Charles eut pour sa part furent Lion, Besançon, Vienne, Tongres, Toul, Verdun, Cambray, Viviers, Usetz; il eut outre cela le Haynaut & le tiers de la Frise qui s'étendoit alors encore jusqu'à l'embouchûre de l'Escaut, & je crois que par ce tiers il faut entendre au moins la Zélande, & la Province de Hollande d'aujourd'huy. Ainsi Charles accrut son Domaine de presque toute la haute Lorraine, d'une partie considérable des Païs-bas, de la Bourgogne, du Dauphiné, & de la partie du Languedoc qui est la plus proche du Rhosne.

Les deux Rois se séparérent avec beaucoup de marques d'amitié. Loüis s'en alla à Aix-la-Chapelle, & Charles à la Maison Royale de l'Estine avec Richilde qu'il avoit épousée en secondes nôces, la Reine Irmentrude estant morte depuis un an. Le mariage qu'il contracta d'abord avec Richilde fut de cette espéce de mariages dont j'ay parlé ailleurs à l'occasion du Roy Gontran & des femmes de Charlemagne. C'estoit un vray-mariage ; mais qui se faisoit sans solemnitez, par lequel la femme ne portoit que le nom de concubine & non pas celuy d'épouse, faute de dot ou de naissance : mais quelques jours avant les conférences pour les partages, elle avoit esté déclarée épouse & Reine.

Annal. Bertiniani.

Annal. Bertiniani.

Cependant le Pape avant que d'estre informé de toutes ces conventions, avoit toûjours espéré que le Roy de Germanie par jalousie, & que pour ne point laisser accroître la puissance de Charles le Chauve, se déclareroit contre luy, & que pour le chasser du Royaume de Lorraine, il s'uniroit avec l'Empereur. C'est dans cette vûë qu'il luy écrivit une Lettre, pour le féliciter de ce que plus équitable que le Roy de France, il n'avoit pas envahi comme luy, des Etats qui appartenoient manifestement à l'Empereur leur neveu. Il y renouvelloit ses menaces d'excommunication contre Charles. Il ajoustoit néanmoins qu'il estoit un peu surpris de la conduite que le Roy de Germanie avoit tenüe à l'égard de l'Eglise de Cologne, & de ce qu'il avoit donné son consentement à l'Election d'un nouvel Archevêque ; que la cause de Gonthier déposé par le Pape Nicolas, n'estoit pas encore tout à fait terminée ; que le Saint Siége avoit promis qu'on l'examineroit de nouveau avant qu'on luy donnast un Successeur ; que les défenses de ce Prélat seroient encore écoûtées à Rome, & qu'on n'y confirmeroit jamais l'Election du nouvel Archevêque, qu'il n'y comparust pour y faire examiner sa cause. Le Pape finissoit en recommandant au Roy de Germanie de bien recevoir ses deux Legats, & en luy disant qu'ils avoient des choses à luy communiquer de bouche, qu'il n'avoit pas jugé à propos de mettre par écrit.

Tome III. Concil. Gall.

Il est aisé de deviner dequoy il s'agissoit. C'étoit sans doute d'engager le Roy de Germanie à prendre le parti de l'Empereur, & à chasser Charles du Royaume de Lorraine.

Ces Lettres datées du vingt-septiéme de Juin, n'arrivérent que dans le temps, que le partage des Etats de Lorraine estoit fait, ou sur le point de se faire entre les deux Rois, & c'é-

CHARLES LE CHAUVE.

toit trop tard pour les desseins du Pape.

An. 870.

Il y avoit d'autres Lettres de mesme date pour Charles le Chauve remplies de plaintes, de reproches & de menaces : & entre autres choses, il l'y faisoit ressouvenir des Lettres qu'il avoit écrites autrefois luy-mesme au Saint Siége, lorsque le Roy de Germanie l'avoit dépoüillé de son Royaume ; il luy en envoyoit un extrait, où ce „ Prince prioit le Pape de ce temps-là, „ d'avoir „ pitié de luy, de prendre en main sa défense , „ & de ne pas laisser impunie l'injustice de son „ frere, qui contre les Traitez faits entre eux , „ luy enlevoit ses Etats ; surquoy le Pape luy reprochoit qu'il faisoit actuellement ce que faisoit alors le Roy de Germanie, & qu'il trouvoit dans ses propres Lettres dequoy establir le droit qu'il avoit de le punir, s'il demeuroit obstiné dans ses injustices. Exemple qui montre avec beaucoup d'autres, que les variations que l'on voit dans la conduite des Empereurs & des Rois à l'égard des Papes, tantost pour faire valoir l'autorité du Saint Siége , & tantost pour s'y opposer, a d'ordinaire esté réglée par leurs interests présents, & que les faits particuliers en cette matiere, soit en faveur des Papes, soit à l'avantage des Souverains, sont pour la pluspart d'assez foibles preuves, pour appuyer ou pour défendre les droits qu'ils prétendent au desavantage les uns des autres.

Le Pape écrivit encore par les mesmes Légats, à tous ceux à qui il avoit écrit aussi-tost après la mort de Lothaire, je veux dire aux Evêques & aux Seigneurs de France, & en particulier à Hincmar Archevêque de Reims, se plaignant avec indignation de ce qu'ils n'avoient pas daigné répondre à ses premieres Lettres , reprochant aux Evêques qu'ils trahissoient leur ministere, & aux Seigneurs qu'ils faisoient contre leur conscience, en ne représentant pas au Roy le grand peché qu'il y avoit, à envahir le bien d'un Prince actuellement occupé dans une Guerre sainte contre les Sarazins. Il ajoustoit dans la Lettre aux Evêques, que si le Roy ne changeoit de conduite, & si on ne luy remontroit efficacement son devoir, luy-mesme viendroit en France avec le secours & le pouvoir de Jesus-Christ, & qu'il y feroit sentir ce que pouvoit l'autorité Pontificale. Il y avoit déja long-temps que ces manieres d'écrire dont usoit le Pape, déplaisoient fort aux François & au Roy. Nous avons une

Apud. Hincmar. Tome II. Epist. 42.

Lettre de ce Prince écrite à ce Pontife vers ce temps-là sur un autre sujet, où il luy témoigne combien il en estoit choqué, & où il le prie de se souvenir qu'il parloit à un Roy, & de quelle maniere les Papes ses Prédécesseurs avoient coustume d'écrire aux Empereurs & aux Rois. Et ce fut là sans doute la raison pour laquelle ny le Roy, ny les Seigneurs, ny les Evêques ne répondirent point aux premieres Lettres que le Pape leur avoit écrites touchant le Royaume de Lorraine, & pourquoy encore le Roy laissa sans réponses les secondes Lettres, où les mots de parjure, de tyrannie, & d'autres termes offensants sont employez.

Néanmoins le Roy jugea à propos qu'Hincmar

Tome I.

Epist. 41.

à qui le Pape avoit écrit deux fois des Lettres particulieres, luy répondit. Il le fit par une fort longue Lettre dont le contenu estoit, qu'il avoit exécuté la plus grande partie des ordres que le Pape luy avoit donnez touchant l'affaire du Royaume de Lorraine ; qu'il les avoit lûs au Roy, aux Evêques, aux Seigneurs du Royaume de France & de Lorraine, & qu'il leur avoit fait tenir les Lettres que sa Sainteté leur écrivoit ; qu'il avoit lû non seulement au Roy son Maistre, mais encore au Roy de Germanie, la protestation que le Pape faisoit en faveur de l'Empereur, par laquelle il déclaroit que la succession de la Lorraine appartenoit à ce Prince, & que si quelqu'un osoit s'en emparer à son préjudice, il l'excommunieroit. Que sur cette lecture, qui avoit fait connoistre que luy Archevêque de Reims estoit chargé par le Pape, d'avertir les deux Princes de ne point trop se livrer aux mouvemens de leur avarice, & de leur ambition, ils avoient dit qu'ils estoient les légitimes héritiers du défunt Roy ; qu'ils avoient eu droit de faire le Traité par lequel ils avoient partagé entre eux cette succession, & que tous disoient que ce Traité des deux Rois estoit le salut de la France ; que s'ils ne l'avoient pas fait, on estoit sur le point de voir dans cet Etat, ce que l'on avoit vû après la mort de Loüis le Débonnaire, tout l'Empire François en combustion, des Guerres Civiles, des séditions des Peuples, le Païs à la merci des Normands, & une infinité de maux sans remede. Que pour luy, il n'avoit pas crû devoir en décider de son chef, & qu'il avoit mieux aimé que le Pape s'en meslast immédiatement luy-mesme. Que le Roy Charles prétendoit avoir des droits sur le Royaume de Lorraine très-bien fondez ; qu'il disoit que cet Etat luy avoit esté autrefois donné par son pere Loüis le Débonnaire avec le consentement de tous les Evêques & de tous les Seigneurs ; & que l'Empereur Lothaire pere de l'Empereur regnant, avoit signé luy-mesme cette donation. Etoit-ce à moy, continuë Hincmar, à me faire l'accusateur & le juge d'un Roy que personne ne défere à mon tribunal ? & devois-je l'excommunier & le traiter avec plus de rigueur, que je ne pourrois faire un particulier, qui ne peut estre excommunié avant qu'on ait fait contre luy toutes les procédures juridiques ? Ainsi je vous diray, avec le respect que je dois à vostre Sainteté, que je ne suis ny l'auteur ny le complice de ce que vous appellez tyrannie. Ceux qui vous ont écrit pour me décrier auprès de vous, ne prouveront jamais rien de semblable contre moy. Vous m'ordonnez de me séparer de communion d'avec le Roy, & vous me défendez même de le saluër, si après mes avis il persiste à retenir le Royaume de Lorraine, & que si je ne le fais, je ne suis plus dans vostre Communion. Un homme qui a soustenu aussi hautement que moy les interests du Saint Siége, ne meriteroit point cette menace ; mais comme je n'ay pû empêcher que ce que vous m'écriviez ne devint public, je vais vous rendre compte de ce que les Ecclesiastiques & les Laï-

C c c ij

ques pensent & disent à cette occasion. Ils disent que jamais aucun de mes Prédécesseurs n'a reçû du Saint Siége un ordre de cette nature, quoy que de leur temps on ait vû quelquefois en France les Rois liguez les uns contre les autres, les fils armez contre les peres, & les freres contre les freres. On dit tous les jours au Roy que vostre conduite à cet égard est sans exemple ; que dans l'affaire du feu Roy Lothaire, quoy que son adultere fut public, & qu'il eust esté déféré pour cela au Saint Siége, vostre Prédécesseur n'avoit jamais ordonné à aucun Evêque de se séparer de la Communion de ce Prince, sous peine d'estre séparé luy-mesme de la Communion de Rome ; que les Papes n'avoient jamais refusé certains devoirs d'honnesteté aux Empereurs & aux Rois mesme hérétiques & schismatiques, tels qu'estoient l'Empereur Constantius obstiné Arrien, Julien l'Apostat, le Tyran Maxime, & que malgré leur hérésie, leur apostasie & la qualité de Tyran, ils avoient toûjours eu avec eux un commerce de civilité, quand l'occasion s'en estoit présentée; que le Roy Charles se plaignoit hautement de ce qu'on osoit le traiter de parjure & d'usurpateur ; qu'il n'estoit ny hérétique, ny schismatique ; qu'il consentoit que l'on jugeast de ses prétentions, & de ses droits par les Loix & par les Canons, estant prest à les soustenir contre ceux qui les luy disputeroient ; qu'on disoit en France qu'on ne ménageoit pas assez la Majesté Royale ; qu'il falloit que les Papes se souvinssent de la conduite de leurs Prédécesseurs du temps des Rois Pepin & Charlemagne ; que nonobstant la protection que Pepin donnoit au Pape Estienne III. & qu'il combatist pour luy contre Astolfe Roy des Lombards, cependant ce Roy n'avoit point esté subjugué par Pepin, en vertu d'une excommunication, mais par les armes ; que ce n'est point par les excommunications, mais par les victoires que les Princes augmentent leur Domaine, & que le Seigneur a dit que c'estoit de luy que les Rois tenoient leur puissance. Et quand je dis aux Seigneurs, continuë Hincmar, que Dieu a communiqué à S. Pierre & à ses Successeurs le pouvoir de lier & de délier : puisqu'ainsi est, me répondent-ils, servez vous donc de vos armes spirituelles contre les ennemis de l'Etat : défendez-vous par vos Oraisons contre les Normans, & n'implorez point le secours de nos armes : mais si vous voulez que nous vous défendions, laissez nous en possession de nos droits, & priez le Pape que puisqu'il ne peut pas estre en mesme temps Roy & Evêque, & que ses Prédécesseurs se sont appliquez à gouverner l'Ordre Ecclesiastique, sans se mesler du Gouvernement de l'Etat des Princes, il ne s'ingere point à nous obliger de prendre un Roy de sa main, & un Roy qui estant fort éloigné de nous, ne peut pas se mettre à nostre teste, pour repousser les attaques subites des Payens qui font descente dans nostre Païs, ni ne prétende pas ainsi nous soûmettre à sa domination, parce que ses Prédécesseurs n'ont jamais entrepris de nous imposer un tel joug, que nous ne pouvons pas supporter : nous sommes autorisez par les Saints Livres mesmes à défendre nostre liberté & nostre héritage aux dépens de nostre propre vie. Si un Evêque viole la loy en excommuniant un Chrétien, dès-là il se prive luy-mesme de la puissance de lier ; il ne peut oster à personne le droit que chacun a à la vie éternelle ; il n'y a que nos pechez qui nous l'ostent. Il ne convient point à un Evêque de priver du nom de Chrétien, une personne qui n'est point incorrigible, & pour un Royaume temporel. C'est pourquoy si le Saint Pere aime la Paix, qu'il ne cause point de nouveaux troubles dans cet Etat, & qu'il se persuade que nous ne le croirons point, quand il nous dira que nous n'arriverons point au Royaume éternel, si nous ne recevons pour Roy celuy qu'il veut nous donner. Nos François, ajouste-t-il, disent sur ces termes de parjure & de tyrannie dont vous usez, beaucoup d'autres choses qu'il n'est pas à propos de vous faire sçavoir en détail. Ainsi jugez par là de l'embarras où je suis, & à quoy les ordres que vous me donnez m'exposent. Je vois d'ailleurs le Roy très-résolu à soustenir ses prétentions, & à ne se relâcher sur rien, de quelque censure qu'on le menace.

C'estoient-là les choses principales contenuës dans la Lettre, que Hincmar écrivit au Pape Hadrien II. dont les Légats arrivérent quelque temps après en France avec des Envoyez de l'Empereur.

Ces Légats vinrent trouver le Roy à S. Denis le jour mesme de la Feste de ce Saint ; & au milieu de la Messe qu'il entendoit dans l'Eglise de l'Abbaye, ils luy firent défense de la part du Pape de se mesler désormais en aucune maniére du Royaume de Lorraine, parce qu'il appartenoit uniquement à l'Empereur.

Annal. Bertiniani.

An. 870.

Le Roy reçût cette dénonciation des Légats avec colére & indignation, & ils furent obligez de se retirer. Cependant on s'adoucit de part & d'autre, & soit que les Légats n'eussent pas ordre de pousser les choses plus loin sinon au cas que le Roy parust épouvanté de leurs menaces, soit qu'ils vissent les Evêques, les Seigneurs & les Peuples choquez de leur conduite, ils eurent dans la suite avec le Roy des entretiens plus modérez. Luy de son costé, qui estoit bien-aise de ne se point broüiller davantage avec le Pape, leur fit l'exposition de ses droits, & les traita avec honneur. Il leur accorda mesme la grace & la liberté du Prince Carloman son fils, dont la mauvaise conduite l'avoit obligé de le faire arrester quelque temps auparavant, & de le tenir en prison à Senlis. Il luy permit à la priere des Légats de revenir à la Cour. Quelque temps après il écrivit au Pape, luy envoya sa Lettre par l'Abbé Ansegise avec deux couronnes d'or enrichies de pierres précieuses, & d'autres présens pour l'Autel de S. Pierre.

Le Pape ne paroist pas avoir depuis ce temps-là insisté davantage sur la restitution de la Lorraine. Herard Comte de Vienne, qui avoit voulu conserver cette place à l'Empereur, fut contraint cette mefme année de la rendre à Charles ; de forte que les chofes fubfifterent felon le Traité fait entre le Roy de France & celuy de Germanie. Pour l'Empereur, il fut obligé de fe confoler de cette perte par la gloire qu'il acquit cette année-là, en fe rendant maiftre de la Ville de Barri fur les Sarazins, après quatre ans de fiége & de blocus.

L'accroiffement de la puiffance de Charles par l'acquifition de la moitié du Royaume de Lorraine, & la bonne intelligence qu'il entretenoit avec le Roy de Germanie, rendoient fon Régne plus abfolu & plus tranquille qu'il n'avoit encore efté. Il y avoit long-temps que les Sarazins ne paroiffoient plus fur les coftes de France. Les courfes des Normands eftoient moins fréquentes & moins dommageables, par l'attention qu'on avoit à fe précautionner contre leurs entreprifes, principalement du cofté de la Loire & de l'Anjou, où ils s'eftoient rendus maiftres d'Angers : mais c'eftoit le deftin de ce Prince de n'eftre jamais fans de grands chagrins & fans de grands fujets d'inquiétude, qui naiffoient dans fa Famille, quand les ennemis étrangers ceffoient de luy en donner.

Charles avoit eu quatre fils de la Reine Irmentrude fa premiere femme ; fçavoir, Loüis, Charles, Carloman, & Lothaire. De ces quatre il avoit deftiné les deux derniers à l'Eglife, afin qu'après fa mort fon Royaume ne fuft point tant partagé. Lothaire eftoit mort tout jeune, portant deja la qualité d'Abbé. Charles, que fon pere avoit fait Roy d'Aquitaine, eftoit auffi mort par l'accident que j'ay raconté. Il ne reftoit que Loüis, qui depuis la mort de fon frere Charles, avoit efté fait Roy d'Aquitaine, & Carloman, qui avoit déja l'Ordre de Diacre, qu'il fe repentoit fort d'avoir pris. Le Roy fon pere luy avoit donné plufieurs Abbayes, qu'il luy ofta en punition de fa révolte, lorfqu'il l'envoya prifonnier à Senlis ; & quand il l'euft reçû en grace à la priere des Légats du Pape, il ne les luy avoit pas renduës, & il le retenoit auprès de luy à la Cour d'une maniere, qui ne paroiffoit à ce jeune Prince guéres moins gênante, que la prifon dont on l'avoit tiré.

Il ne put fouffrir long-temps cette gêne, & quelques femaines après le départ des Légats, comme le Roy fon pere le menoit avec luy au fiége de Vienne, il fe fauva de Lion, où la Cour s'eftoit arreftée avant que de commencer le fiége. Il vint dans la Gaule Belgique, où s'eftant mis à la tefte d'une infinité de bandis & de fcélérats, qui vinrent fe joindre à luy, il fit mille défordres dans le païs d'entre la Meufe & la Seine, pillant, faccageant, ruïnant & défolant tous les lieux où l'efpérance du butin l'attiroit.

An. 871. Immédiatement après le fiége de Vienne, le Roy revint avec fes Troupes par Sens & Auxerre ; & Carloman fur cette nouvelle, fe retira du cofté de Moufon, & le pilla avec tout le païs d'alentour. De-là il envoya au Roy quatre de fes gens, pour luy demander pardon en fon nom, l'affeûrant qu'il eftoit preft de venir fe jetter à fes pieds, fans éxiger aucune feûreté, pourvû feulement qu'il luy promift de pardonner à tous ceux qui l'avoient fuivi.

Le Roy retint deux des quatre Envoyez, & renvoya les deux autres avec l'Abbé Gauflin & Baudoüin Comte de Flandres fon gendre, pour affeûrer Carloman qu'il pouvoit venir en toute feûreté & fans rien craindre.

Carloman qui n'avoit pas tant d'envie de rentrer dans fon devoir, qu'il en faifoit paroiftre, & qui ne s'attendoit pas à trouver tant de facilité & de bonté dans le Roy, luy dépefcha d'autres perfonnes, pour luy faire quelques nouvelles propofitions ; mais qui eftoient fi hors de raifon, qu'il prévoyoit bien qu'elles feroient rejettées, & luy cependant fe retira du cofté de Toul.

Sur cela, le Roy voulant joindre l'autorité Ecclésiaftique à l'autorité Royale, fit éxcommunier par plufieurs Evêques ceux qui avoient engagé fon fils dans la révolte, & ceux qui l'y foûtenoient. La Cenfure fut envoyée à tous les Evêques de France, afin qu'ils s'y conformaffent. Hincmar Evêque de Laon refufa de la figner, & fit croire par là qu'il eftoit d'intelligence avec le Prince rebelle. Cet Evêque donna toûjours par fon efprit inquiet, & par fes emportemens beaucoup de peine à Charles le Chauve, & contribua beaucoup à le broüiller avec le Pape. Enfuite on fit le procès à tous les rebelles, on les condamna à la mort, & on confifqua tous leurs biens. De plus, comme Carloman eftoit Diacre, & attaché par fon ordination à l'Eglife de Meaux, le Roy fit affembler un Concile des Evêques de la Province de Sens, pour l'y faire juger, & il y fut excommunié.

Ces procédures juridiques aufquelles le Roy s'aftreignoit, foit par refpect pour la difcipline de l'Eglife, foit par complaifance pour les Evêques, ne l'empefchoient pas de faire pourfuivre Carloman par fes Troupes, qui l'obligerent à fe retirer au-delà du Mont-Jura, où fes Soldats firent les mefmes défordres qu'ils avoient faits en France. Mais le Roy fut bien furpris de recevoir quelques mois après des Lettres très-défagréables de la part du Pape, qui toûjours chagrin de n'avoir point efté écouté en faveur de l'Empereur fur la fucceffion du Royaume de Lorraine, ne perdoit aucune occafion d'en faire paroiftre fon reffentiment contre Charles.

Carloman fe voyant vivement pouffé par les Troupes Françoifes, & ayant appris qu'on l'avoit éxcommunié avec tous fes gens, écrivit au Pape, pour implorer fa protection, & le faire juge des différends qu'il avoit avec le Roy fon pere.

Le Pape reçut volontiers fa Requefte & fes plaintes, & promit à fes Envoyez d'écrire au Roy en fa faveur. Il le fit, mais de la maniere du monde la plus choquante & la plus outrageante. Il y traitoit le Roy de pere dénaturé, & l'y comparoit aux beftes les plus féroces, qui épargnent au moins leurs petits ; au lieu que luy non feulement refufoit fon amitié à fon propre fils, mais encore il le dépoüilloit de tous ſes biens, l'obligeoit à s'enfuir hors de ſon Royaume, & par deſſus tout cela, le faiſoit éxcommunier par ſes Evêques. Il luy déclaroit que Carloman avoit eu recours au Saint Siége, & il luy ordonnoit de ceſſer de le perſécuter, de luy rendre ſon amitié, de le rétablir dans les Bénéfices & dans les Charges qu'il poſſédoit auparavant, & ajoûtoit, que quand tout cela ſeroit fait, il envoyeroit des Légats en France pour régler ces différends.

Ibid.

Le Pape pouſſa la choſe encore plus loin. Il écrivit une Lettre commune aux Seigneurs de France & de Lorraine, où il leur défendoit à tous, ſous peine d'éxcommunication, de prendre les armes contre Carloman. Enfin il écrivit auſſi aux Evêques des deux Etats, pour leur déclarer que toutes les éxcommunications qu'ils porteroient contre Carloman, ſeroient nulles, juſqu'à ce que l'on fuſt informé à Rome de l'état & du fond de cette affaire.

Epiſt. 28. & 29. Hadriani Papæ II.

Ces Lettres du Pape n'eurent point d'autre effet, que de luy attirer une réponſe qui ne luy plut pas, & par laquelle Charles luy fit comprendre, qu'il n'eſtoit pas d'humeur à ſouffrir qu'on luy en écriviſt déſormais de pareilles.

Le Pape connut par ces Lettres du Roy, & par le peu d'impreſſion que les ſiennes avoient fait ſur l'eſprit des Evêques & des Seigneurs dans cette affaire, & dans celle de la ſucceſſion du Royaume de Lorraine, que l'autorité de Charles eſtoit en France toute autre, qu'elle n'avoit eſté quelques années auparavant, lorſqu'accablé d'un coſté par les Normands, & de l'autre pourſuivi par l'Armée de Germanie au milieu de ſes propres Etats, abandonné de la pluſpart des Grands du Royaume, gourmandé par ceux qui eſtoient reſtez auprès de luy, il n'eut guéres d'autre reſſource, que d'implorer la protection du Saint Siége, & le ſecours des Cenſures des Evêques contre ſon propre frere, qui eſtoit ſur le point de le déthrôner : c'eſt ce que le Pape luy avoit reproché encore l'année d'auparavant dans une de ſes Lettres.

Epiſt. 28. Hadriani II.

Cette réflexion fit prendre au Pape une autre conduite. L'Empereur n'avoit point de fils, & s'il venoit à manquer, Charles eſtoit en état de ſoûtenir les prétentions qu'il auroit ſur la qualité d'Empereur & ſur le Royaume d'Italie. Le Pape avoit des parens qu'il aimoit, qui pourroient après ſa mort éprouver la colére de ce Prince, & porter la peine de ces manieres choquantes, que les Souverains n'ont guéres coûtume d'oublier. De ſorte que le Pape peu de temps après écrivit au Roy deux Lettres d'un ſtile bien différent des précédentes ; car toutes deux eſtoient pleines des loüanges de ce Prince.

Epiſt. 28. & 29.

Une des deux qui fut ſecrete, comme le Pape le ſouhaita, ajoûtoit aux loüanges, des excuſes ſur les autres Lettres, & ce qui eſtoit encore bien plus conſidérable, il y promettoit au Roy de ne jamais ſe départir de ſes intérêts, & qu'en cas que l'Empereur vint à mourir, il n'épargneroit rien pour luy faire tomber l'Empire & le Royaume d'Italie. Il luy recomman-doit en meſme temps ſes parens & ſes amis; pour leſquels il eſpéroit qu'il auroit autant de bonté, qu'il en avoit fait paroiſtre pour ceux de ſon prédéceſſeur Nicolas I.

Epiſt. 29.

Ainſi le Pape abandonna la protection du Prince Carloman. Un autre différend que le Roy avoit avec le S. Siége, au ſujet de Hincmar Evêque de Laon dépoſé par un Concile, fut peu de temps après terminé à la ſatisfaction du Prince, qui après que la dépoſition eut eſté confirmée à Rome, punit ſévérement ce Prélat rebelle, & très-mal intentionné pour ſon Souverain.

Carloman voyant qu'il n'y avoit plus rien à eſpérer pour luy du coſté de Rome, eut recours au Roy de Germanie ſon oncle pour obtenir ſa grace. La conjoncture ſe trouva aſſez favorable pour luy.

Le Roy de Germanie non plus que le Roy de France ſon frere, ne trouvoit pas dans ſa Famille toute la douceur ni toute la ſoûmiſſion qu'il auroit ſouhaité. Il avoit trois fils, Carloman l'aîné, Loüis & Charles. Carloman eſtoit un Prince d'un grand mérite, qui à la vérité, quelques années auparavant, s'eſtoit révolté pluſieurs fois contre ſon pere ; mais après quelques fautes de cette nature, il avoit tout-à-fait changé de conduite, & fait pluſieurs belles actions contre les Peuples voiſins des Terres des François dans la Germanie.

La Reine ſa mere avoit beaucoup plus d'amitié pour luy que pour les deux autres, qui ſe doutoient bien qu'elle employeroit tout le crédit qu'elle avoit ſur l'eſprit du Roy, pour luy procurer tous les avantages poſſibles dans la ſucceſſion du Royaume.

Annales Bertiniani ad an. 871.

Le chagrin de cette préference où ils avoient tous deux le meſme intérêt, ſuffit pour les unir. Ils ſe révolterent dans le deſſein d'obliger le Roy à leur aſſeûrer un partage égal à celuy de leur frere aîné, & s'eſtant mis à la teſte de quelques Troupes de mécontens, ils commencerent à faire des courſes & des ravages en diverſes parties du Royaume de Germanie.

Il y eut des négociations pour les faire rentrer dans l'obéïſſance. On conſentit meſme de part & d'autre à une Tréve qui fut obſervée. Mais quand elle fut expirée, on ne put convenir de rien, & les deux Princes preſſez par les Troupes du Roy leur pere, prirent le parti de venir trouver le Roy de France leur oncle, pour le prier de faire leur accommodement. Ils vinrent à Douſi, Maiſon Royale entre Mouſon & Sedan, où ſe tenoit le Concile qui condamna l'Evêque de Laon.

Le Roy leur promit ſa médiation, comme le Roy de Germanie avoit promis la ſienne à Carloman. Les deux Rois s'aboucherent auprès de Maſtric. Charles accorda le pardon à Carloman, à condition que dans la ſuite il tiendroit une meilleure conduite ; mais ce Prince ne ſe fiant pas à la parole de ſon pere, ou prétendant quelque choſe de plus qu'on ne luy offroit, refuſa de venir à la Cour, & continua ſes brigandages.

Le Roy de Germanie de ſon coſté promit d'autant plus facilement de contenter ses deux fils, qu'il reçut avis de la défaite d'une partie de ses Troupes par les Esclavons Vinides; ce qui l'obligea d'aller au plustost à Ratisbonne pour en empescher les suites : mais une autre nouvelle bien plus importante fut apportée à Charles, & elle le mit en grand mouvement.

Il reçut divers Couriers d'Italie, par lesquels on l'asseûroit que l'Empereur avoit esté tué à Benevent par les Habitans de cette Ville-là, qui s'estoient révoltez contre luy, & que l'Impératrice avec sa fille avoient aussi malheureusement péri en cette occasion.

Charles ne délibéra pas, & partit incessamment avec des Troupes, pour seconder les partisans qu'il avoit en Italie, & sur tout pour engager le Pape à tenir la parole qu'il luy avoit donnée peu de temps auparavant, de le faire déclarer & couronner Empereur, à l'exclusion de tout autre, en cas que l'Empereur Loüis vint à mourir.

Il prit la route par la Bourgogne, & arriva à Besançon. Cette marche brusque produisit un effet auquel Charles ne s'estoit pas attendu. Carloman qui s'estoit retiré vers ses quartiers-là avec ses gens, & qui ne sçavoit point le motif du voyage du Roy, crut qu'il venoit pour le surprendre, & se voyant en danger d'estre enveloppé, il prit le parti de venir se jetter à ses pieds. Le Roy le reçut moins mal qu'il ne devoit espérer, luy ordonna de demeurer auprès de luy, & luy fit entendre qu'il avoit dessein de luy faire du bien, si-tost qu'il seroit de retour en France.

Le Roy de Germanie, à qui la nouvelle de la mort de l'Empereur avoit aussi esté portée, ne manqua pas de se mettre en estat de disputer l'Empire à son frère. Il fit d'abord avancer son fils Charles au-delà du Mont-Jura dans quelques Territoires qui luy appartenoient, pour y assembler ses Vassaux, & gagner les Peuples qui estoient Sujets de l'Empire, ou qui se trouvoient sur le passage d'Italie, résolu de suivre bien-tost en personne avec une Armée.

Les choses n'estoient pas encore plus engagées, lorsqu'on reçut avis certain que l'Empereur estoit en vie & qu'il avoit seulement couru un grand danger : ce fut à l'occasion que je vais dire.

L'Empereur de Constantinople Michel III. avoit associé à l'Empire Basile, homme de peu de naissance, mais d'un grand mérite. Comme leurs humeurs & leurs inclinations estoient fort différentes, ils ne furent pas long-temps sans se broüiller ensemble. Michel pensa à se défaire de son Collegue; mais il en fut prévenu, & il fut luy-mesme assassiné un jour qu'il estoit yvre. Basile se voyant seul Empereur, s'appliqua avec succès au Gouvernement, commença par déthrôner le faux Patriarche Photius, rétablit S. Ignace après neuf ans d'éxil, envoya des Ambassadeurs au Pape, pour faire finir le Schisme, & enfin il pensa à chasser les Sarazins d'Italie & de la Sicile.

Il ne pouvoit faire que de concert avec l'Empereur d'Occident, qui assiégeoit Barri depuis long-temps. Il luy promit de l'aider à le prendre avec une nombreuse Flote & des Troupes qu'il luy envoyeroit. La Flote Grecque étant arrivée, & beaucoup de Soldats ayant esté mis à terre, on poussa l'attaque plus vivement qu'on n'avoit encore fait.

Peu de temps après, l'Empereur Loüis ayant appris qu'un Corps nombreux de Sarazins sous le commandement de trois Emires, faisoit des courses dans la Calabre, fit un détachement de ses Troupes, qui tomberent sur les Sarazins, les mirent en déroute, en tuerent un très-grand nombre, & osterent à la Garnison par cette défaite, l'espérance d'estre secouruë par terre.

Cependant le Patrice Nicétas qui commandoit la Flote, estoit chargé de demander à Loüis sa fille en mariage pour Basile. De la maniere mesme dont l'Historien s'exprime, il semble qu'elle luy avoit déja esté promise & fiancée, & que le Patrice demandoit qu'on la luy mist entre les mains pour la conduire à Constantinople. On ne sçait pas les raisons qui obligerent Loüis à refuser un parti si avantageux, & dans une telle conjoncture. Il le refusa cependant, & le Patrice en fut si choqué, qu'il parla à l'Empereur avec beaucoup d'insolence, fit remonter ses Soldats sur la Flote, leva l'ancre, & se retira à Corinthe.

Loüis n'abandonna pas pour cela l'entreprise de Barri, & la prit quelque temps après, comme je l'ay dit.

Depuis ce temps-là, quoiqu'il n'y eut point de guerre déclarée entre les deux Empereurs, néanmoins il se fit beaucoup d'hostilitez de part & d'autre. Le Patrice enleva plusieurs Vaisseaux à des Marchands d'Esclavonie, qui estoient Sujets ou sous la protection de l'Empereur d'Occident. Il mit des Troupes à terre, & les envoya ravager le païs des mesmes Esclavons.

Loüis pareillement envoya de ses Troupes dans le Territoire de Naples, où ils couperent les arbres & bruslerent les moissons, soit que ce fust par représailles, soit que ce fust, ainsi que Loüis l'écrivit luy-mesme depuis à Basile, pour punir les Napolitains, qui fournissoient des vivres aux Sarazins, les recevoient dans leurs Villes, lorsque les partis François les poursuivoient, & leur prestoient mesme ou leur loüoient des Vaisseaux, dont ils se servoient à venir faire des descentes sur les costes d'Italie sujettes aux François.

Ces éxécutions militaires, qui se faisoient assez fréquemment, furent suivies des plaintes mutuelles des deux Souverains. Basile écrivit une Lettre à Loüis, dans laquelle il se plaignoit de ce que quand sa Flote estoit arrivée devant Barri, il n'avoit trouvé au Siége qu'une poignée de François. Il se plaignoit en second lieu des ravages faits sur les Terres du Gouvernement de Naples, & de plus des violences que les Ambassadeurs de Loüis avoient faites sur leur route en retournant de Constantinople, les accusant d'avoir tué plusieurs hommes sur les Terres de l'Empire d'Orient. Mais ce qu'il y avoit de plus remarquable dans cette Lettre, c'est que Basile y demandoit à Loüis, par quel droit il portoit le nom d'Empereur, & pourquoy en luy écrivant il prenoit la qualité de βασιλεὺς, *Basileus* (ce mot Grec signifie Souverain de l'Empire) puisqu'il n'avoit qu'un fort petit Etat, & que mesme il n'estoit pas maistre de tout le païs soûmis à la Nation Françoise : que néanmoins il ne s'opposeroit point à ses prétentions, s'il vouloit se qualifier d'Empereur des François ; mais qu'il ne devoit pas se dire Empereur des Romains, & qu'enfin il devoit luy laisser à luy seul ce titre, & se contenter de celuy de Roy.

C'est par la réponse que Loüis fit à la Lettre de Basile, que nous apprenons ce que ce Prince luy avoit écrit. Il luy répondit sur tous ces articles. Premierement, sur celuy du petit nombre des François qui s'estoit trouvé devant Barri à l'arrivée de la Flote ; que c'estoit la faute des Grecs d'avoir tant tardé ; que ce retardement l'avoit obligé à retirer la pluspart de ses Troupes, & qu'il n'avoit pas voulu faire presser le siége avant que la Flote fust sur les costes ; & que ce qui estoit resté devant Barri, n'estoit que pour en continuer le blocus ; mais que le Commandant de la Flote pouvoit luy rendre témoignage de la bravoure, avec laquelle ce petit nombre de François se comporta, si-tost qu'ils se virent soûtenus, & que si les Grecs les avoient secondez, Barri auroit esté bien-tost emporté.

Secondement, sur les plaintes que Basile faisoit des Ambassadeurs François, Loüis répondoit, que s'ils s'estoient conduits de la maniere qu'on le disoit, c'estoit fort contre ses intentions ; qu'ils nioient que la chose fut ainsi ; que pour luy, on luy feroit plaisir de l'éclaircir sur cette affaire ; qu'il en feroit justice ; mais qu'il n'avoit garde de punir des gens de qualité, sans les voir convaincus du crime dont on les accusoit.

En troisiéme lieu, il convenoit qu'on avoit chastié les Napolitains ; mais que c'estoient des represailles, à cause du secours & de la protection qu'ils donnoient aux Sarazins, & qu'on n'en avoit usé de la sorte à leur égard, qu'après plusieurs avertissemens & plusieurs menaces dont ils s'estoient mocquez.

Basileus. Enfin, touchant le titre de *Basileus*, & celuy d'Empereur que Basile prétendoit luy disputer, il disoit pour le premier, qu'il ne sçavoit pas surquoy il fondoit sa prétention d'avoir ce titre à luy seul, vû que de tout temps il avoit esté commun à une infinité de Souverains de toutes les Nations ; que dans l'Ecriture il est donné non seulement aux Souverains du Peuple de Dieu, comme à David ; mais encore aux Princes des Assyriens, des Egyptiens, des Moabites, & à une infinité d'autres : que les Ecrivains Grecs le donnoient aux Princes des Perses, des Parthes, des Armeniens, des Vandales, des Goths, des Ethiopiens, des Sarazins, & aux Souverains de presque toutes les Nations. Qu'il tenoit celuy d'Empereur de ses ancestres depuis son bisayeul Charlemagne ; que dans la Famille Impériale de France, ils avoient cet avantage sur les Empereurs d'autrefois, qu'ils estoient sacrez par le Souverain Pontife de Jesus-Christ, & qu'aucun de la Famille Impériale de France n'avoit porté ce titre sans avoir reçû l'onction sainte ; qu'il n'estoit pas seulement Empereur des François, mais Empereur des Romains, Dieu luy ayant mis en main le Gouvernement de la Ville de Rome & du Peuple Romain, & l'ayant chargé de la défense & de la gloire de l'Eglise Romaine, la mere de toutes les Eglises, & que c'estoit par l'onction sacrée que le nom de Roy & ensuite celuy d'Empereur estoit entré dans la Famille de Pepin, dont il descendoit.

Que si les Empereurs Grecs entreprenoient d'accuser le Pape, comme s'il avoit fait un crime, en transferant le titre d'Empereur des Romains à la Nation Françoise, on avoit dequoy luy répondre ; qu'il n'avoit qu'à se souvenir combien les Souverains Pontifes avoient souffert de persecutions des Empereurs d'Orient, bien loin d'en estre défendus, soûtenus & honorez ; mais que ce n'estoient pas ces mauvais traitemens qui les avoient engagez à chercher un autre appuy ; que c'estoit le danger éminent de la Religion & les entreprises sacriléges des Empereurs Hérétiques, qui les avoient obligez à jetter les yeux sur une Nation véritablement Chrétienne & Catholique, telle qu'étoit la Françoise ; qu'il n'estoit pas plus surprenant de voir l'Empire entre les mains d'un François, qu'il ne l'avoit esté autrefois de le voir entre les mains d'un Espagnol dans la personne de l'Empereur Theodose, qui l'avoit transmis à sa posterité, de mesme que Charlemagne l'avoit fait passer à la sienne.

Ensuite Loüis faisoit ses plaintes à son tour, touchant la maniere peu respectueuse dont le Patrice Nicétas, qui commandoit la Flote Greque, luy avoit parlé ; du départ précipité de ce Général de devant Barri ; des insultes qu'il avoit faites sur Mer & sur Terre aux Sujets de l'Empire d'Occident, insultes qui ne demeureroient pas impunies, si on ne luy en faisoit satisfaction. Il représentoit encore à l'Empereur le peu de soin qu'il avoit eu, de faire escorter les Légats du Pape à leur retour par Mer de Constantinople ; que leur Vaisseau avoit esté pillé par les Pirates, & qu'après avoir demandé au Pape avec tant d'empressement ces Légats, qui estoient gens de mérite, il devoit avoir témoigné plus de consideration pour eux, en leur procurant une plus grande seûreté.

Loüis finissoit sa Lettre, en apprenant à Basile que la prise de Barri avoit jetté la consternation dans les esprits des Sarazins ; que cette prise les affoiblissoit beaucoup, & faisoit trembler Tarente & les autres Places qu'ils avoient encore dans la Calabre ; que si on pouvoit venir à bout de leur couper les vivres & les secours qu'ils recevoient par la Mer, soit de Palerme, soit d'Afrique, leurs affaires seroient ruinées sans ressource. Qu'il ne falloit pour cela qu'une bonne Flote, qu'avec ce secours il luy répondroit

pondroit d'exterminer les Sarazins en Italie, & d'aller après cela de concert avec luy les chasser aussi de la Sicile.

Ibid. Cette Lettre fut portée par un Seigneur François nommé Autprand, chargé de faire de bouche quelques autres propositions à l'Empereur de Constantinople, que Loüis prioit de ne pas retenir cet Ambassadeur plus de huit jours, les affaires pour lesquelles il l'envoyoit, demandant une prompte éxécution. Elles regardoient sans doute la guerre contre les Sarazins. Mais l'Empereur Grec avoit d'autres vûës, & songeoit beaucoup plus à perdre Loüis, qu'à reconquérir la Sicile.

Annales Bertiniani. Adalgise Duc de Benévent, puissant par le nombre des Villes qu'il possédoit, estoit toûjours Vassal de l'Empereur d'Occident, mais toûjours difficile à contenir dans son devoir, à l'éxemple de ses prédécesseurs. Le voisinage des Grecs dont il s'asseûroit d'estre toûjours bien reçû, quand il voudroit changer de Maître, estoit ce qui le rendoit fier, & ce qui obligeoit l'Empereur à le ménager. Il estoit extrêmement broüillé avec l'Impératrice Ingelberge, tous deux se haïssoient également, & cette Princesse qui animoit sans cesse l'Empereur contre luy, n'attendoit que quelque occasion favorable de le surprendre, pour l'envoyer en éxil hors d'Italie.

Annales Metens. Les Grecs attentifs à tout ce qui se passoit à cet égard, eurent connoissance du dessein de l'Impératrice, ils ne manquérent pas d'en informer le Duc, & l'engagérent aisément par ce motif à tout faire pour se venger. Il fit soûlever sous-main, & sans paroistre y avoir aucune part, la plus grande partie des Villes de son Duché, celles de l'Abruzze, celles du Territoire, qu'on appelle aujourd'huy la Basilicate, & quelques-unes de la Champagne d'Italie. Toutes ces Villes de concert leverent l'étendart de la rebellion, & se donnérent aux Grecs.

L'Empereur à cette nouvelle assembla promptement ses Troupes, & se doutant bien que cette révolte estoit l'ouvrage d'Adalgise, il marcha droit avec son Armée à Benévent. Le Duc surpris de voir la tempeste tomber d'abord sur luy, & n'estant pas encore en état de résister, eut recours à l'adresse & à la soûmission. Il alla au devant de l'Empereur, luy protesta avec serment qu'il n'avoit nulle part à la rebellion des Villes liguées, & l'en persuada si bien, qu'il partit aussi-tost des environs de Benévent, & fit marcher ses Troupes, les unes vers les Villes de la Champagne, & les autres vers celles de la Lucanie, dont la Basilicate d'aujourd'huy est une partie.

La promptitude de l'Empereur dissipa tous les projets des Villes rebelles, qui se soûmirent, éxcepté Capoüe, qu'il fallut assiéger dans les formes. Après quelques jours de siége, elle fut réduite à l'extrémité faute de vivres. Le Peuple dans le désespoir de pouvoir obtenir sa grace, s'avisa d'un éxpédient qui luy réüssit. Il obligea l'Evêque de la Ville de le conduire en Procession vers le Camp de l'Empereur, faisant porter à la teste de la Procession le Corps de S. Germain Evêque de Capoüe, & de demander pardon à l'Empereur pour toute la Ville au nom de ce Saint.

L'Empereur qui avoit beaucoup de piété fut touché de ce spectacle. Il pardonna à la Ville, d'où l'on chassa les Grecs, & l'Empereur retourna avec son Armée vers Benévent.

Dans cette éxpédition, les marches longues & précipitées avoient fort fatigué les Troupes; les Milices de chaque Province demandoient qu'on leur permist de se retirer chacunes chez elles, & plusieurs Soldats desertoient. Adalgise estant venu saluer l'Empereur, luy conseilla de licentier ses Troupes, qui ne faisoient plus que luy estre à charge, & ruïner le païs. L'Empereur le fit, & n'en retint que très-peu auprès de luy. C'estoit ce qu'Adalgise attendoit pour éxecuter sa perfidie.

L'Empereur logeoit dans un Chasteau proche de la Ville, avec l'Impératrice & avec sa fille, sans se mettre en peine de faire faire une garde fort éxacte. Adalgise assembla la nuit dans la Ville un très-grand nombre de Soldats, sortit à leur teste, & vint investir l'Empereur & l'Impératrice dans le Chasteau. Le bruit qui se fit par la résistance de quelques Gardes, & par les coups de levier dont on enfonçoit les portes du Chasteau, ayant réveillé l'Empereur, il prit ses armes, & avec ce qu'il put ramasser de gens de sa Maison, il vint à la porte du Chasteau, & en repoussa les assaillans. Mais voyant bien que ce poste n'estoit pas tenable, il l'abandonna, & se retira avec son monde & avec l'Impératrice dans une Tour du Chasteau, où il soûtint l'attaque durant trois jours. *Annales Bertiniani & Metens.*

Adalgise désespéré de cette résistance, & appréhendant de se voir sur les bras les Troupes Françoises, que le péril de l'Empereur auroit bien-tost rassemblées, le somma de se rendre, & comme il vit qu'il n'en vouloit rien faire, il fit tout préparer pour mettre le feu au Château & à la Tour.

L'Empereur dans cette extrémité, offrit toutes sortes de conditions, pourvû qu'on ne le fit pas prisonnier.

Adalgise fut effrayé luy-mesme de l'horreur de l'attentat qu'il préparoit contre son Souverain, & consentit à capituler. Les conditions furent que de sa vie l'Empereur ne mettroit le pied dans le Duché de Benévent; qu'il n'y envoyeroit point de Troupes, & ne tireroit aucune vengeance du Duc ni des Benéventins pour tout ce qui s'estoit passé en cette occasion. L'Empereur promit l'un & l'autre, & le jura sur les Reliques des Saints, qu'on fit apporter exprès au Chasteau. L'Impératrice & sa fille firent le mesme serment, après quoy on leur laissa la liberté de se retirer.

L'Empereur prit la route de Ravenne par Spolete, & envoya prier le Pape de le venir trouver en chemin pour l'absoudre du serment qu'il avoit fait, contraint par une si injuste violence. C'estoit ce grand péril que l'Empereur avoit couru, qui avoit fait répandre par tout la nouvelle de sa mort, sur laquelle le Roy de

France & celuy de Germanie s'estoient mis tous deux en Campagne.

Il vit bien par cet empressement que quoiqu'il fut beaucoup plus jeune que ses oncles, ils se regardoient comme ses héritiers, & il résolut de se servir de cela mesme, pour tâcher de retirer par la négociation au moins quelque partie du Royaume de Lorraine, qu'il n'estoit pas en état de leur enlever par les armes.

L'Impératrice Ingelberge fit proposer une entrevûë au Roy de Germanie, & il promit de se trouver à Trente au mois de May. Elle fit proposer la mesme chose à Charles le Chauve, qui luy donna rendez-vous à l'Abbaye de saint Maurice sur le Rhône, au-dessus du Lac de Genéve : mais comme il estoit en chemin, il apprit qu'elle devoit aussi quelques jours après traiter avec le Roy de Germanie, & cela le choqua. Il avoit crû que l'Impératrice ne vouloit négocier qu'avec luy ; & ayant déja le Pape dans ses interests, par la promesse qu'il luy avoit faite de ne reconnoistre jamais d'autre que luy pour Empereur, en cas que Loüis vinst à mourir, il s'estoit imaginé que l'Impératrice ne venoit que pour luy faire les mesmes offres, & qu'au prix d'une partie de la succession de la Lorraine qu'il luy céderoit, il s'asseûreroit l'Empire. Il rebroussa chemin de dépit, & fit dire à l'Impératrice qu'il avoit des raisons qui l'empeschoient de se rendre à S. Maurice.

Le Roy de Germanie ne fut pas si délicat, & se trouva à Trente, où après divers entretiens qu'il eut avec cette Princesse, il fit cession à l'Empereur de la partie du Royaume de Lorraine, dont il estoit maistre. On ne publia point ce que l'Impératrice luy avoit promis en dédommagement ; mais Charles le devina aisément, & vit bien que la promesse d'asseûrer au Roy de Germanie la succession à l'Empire pour luy ou pour quelqu'un de ses enfans, estoit l'article secret du Traité. Il fit de grandes plaintes de ce que contre les engagements qu'ils avoient pris ensemble, il avoit fait cette cession sans luy en parler, & sans faire une Assemblée des Seigneurs de Lorraine, qui étoient tous interessez dans cette Transaction. La jalousie devint plus grande que jamais entre ces deux Princes. L'Impératrice qui appréhendoit Charles, eust bien voulu luy parler, dans l'espérance de le gagner & de l'engager comme le Roy de Germanie, à céder aussi sa part du Royaume de Lorraine. Elle le fit prier de nouveau de s'avancer jusqu'au Rhône, pour s'aboucher avec elle ; mais il refusa toûjours de le faire. Il luy envoya seulement quelques personnes de sa part, qui ne purent rien conclure.

Tandis que l'Impératrice négocioit si heureusement sur les Frontiéres d'Italie, on projettoit de la perdre à la Cour. Quelques Seigneurs qui ne voyoient qu'avec peine la grande part qu'elle avoit dans les affaires, & qui depuis long-temps souffroient avec chagrin son humeur impérieuse, firent tous leurs efforts pour la ruiner dans l'esprit de l'Empereur, & taschèrent d'inspirer à ce Prince de l'amour pour la fille d'un Seigneur nommé Vinigise. Ils ne prétendoient pas moins que de faire répudier l'Impératrice pour mettre cette fille en sa place, flattant l'Empereur de l'espérance qu'elle luy donneroit des héritiers.

Ce Prince après s'estre fait absoudre par le Pape, du serment qu'il avoit esté contraint de faire aux Benéventins, & s'estre fait couronner tout de nouveau par le Souverain Pontife, apparemment en qualité de Roy de Lorraine, avoit marché avec une Armée vers Benévent, pour en ravager les environs, & ce fut en cet endroit-là que les Seigneurs dont je viens de parler, formérent leur intrigue contre l'Impératrice. Ils y réüssirent si bien, que l'Empereur envoya ordre à cette Princesse de demeurer en Lombardie, jusqu'à ce qu'il vinst l'y trouver, après qu'il auroit chastié les Benéventins. Cependant elle estoit bien informée par ses partisans de ce qui se tramoit contre elle à la Cour, & elle devina bien la raison de ce nouvel ordre ; mais comme elle avoit l'expérience de son pouvoir sur l'esprit du Prince, & qu'elle jugea qu'une plus longue absence ne serviroit qu'à fortifier le parti de ses ennemis, elle partit sur le champ, nonobstant l'ordre ; elle arriva au Camp, lorsqu'on l'y attendoit le moins, étonna par sa seule présence ses plus hardis adversaires, renversa tous leurs desseins, & se rendit plus puissante que jamais.

Toutefois pour ne rien omettre des précautions qu'elle avoit à prendre dans des conjonctures si délicates, au moment qu'elle estoit partie pour aller trouver l'Empereur, elle avoit depesché vers le Roy de France un Evêque nommé Vibaud, pour luy demander son amitié, dont elle auroit eu grand besoin, en cas que les ennemis eussent prévalu contre elle. Ce Prélat trouva le Roy en Bourgogne, & luy parla de la part de l'Impératrice, supposant, comme il le croyoit, & que l'Impératrice le croyoit aussi, qu'il ne sçavoit point ce qu'elle avoit promis à Trente au Roy de Germanie. On dissimula de part & d'autre, & l'Evêque retourna avec des complimens aussi peu sincéres, que ceux qu'il estoit venu faire.

Sur ces entrefaites le Pape Hadrien II. mourut le premier jour de Novembre, & quelques jours après Jean VIII. du nom fut mis en sa place. L'Empereur aussi-tost après l'éxaltation de Jean se rendit à Rome, y tint une Assemblée de l'Empire d'Italie, où le Pape assista ; il y exposa la felonie du Duc de Benévent, & demanda de nouveau au Pape en présence de toute l'Assemblée, s'il estoit obligé à garder le serment qu'il avoit fait aux Benéventins. Le Pape luy en donna publiquement l'absolution au nom de Dieu & de S. Pierre, le déclarant nul, à cause de la nécessité éxtrême où il s'estoit trouvé contraint de le faire pour sauver sa vie, & parce qu'il estoit contre le bien de la République. Le Sénat sur les remontrances de l'Empereur, déclara aussi le Duc de Benévent tyran & ennemi de l'Empire, & il fut résolu de luy faire la guerre.

Néanmoins l'Empereur ayant toûjours du scrupule sur ses sermens, ne voulut pas con-

An. 872.
Annal. Bertiniani.

Ibid.

Ibid.

Ibid.

Annales Fuldens.

duire l'Armée. Il la fit commander par ses Lieutenans, sous les ordres de l'Impératrice, qui marcha en personne dans le Duché de Bénévent, & épouventa tellement le Duc, qu'il s'enfuit de ses Etats, & se sauva dans l'Isle de Corse. Mais dans la suite la guerre fut plus difficile à soûtenir, qu'elle n'avoit esté à commencer.

Adalgise prévoyant bien qu'il auroit bientost toutes les forces de l'Empereur sur les bras, avoit fait dire à l'Empereur d'Orient dès l'année précédente, qu'il vouloit estre désormais son Vassal, & luy payer le tribut qu'il avoit payé jusqu'alors aux Empereurs François. Sur cette promesse, Basile ayant fait équiper sa Flote, la chargea d'un grand nombre de Troupes, & elle arriva au Port d'Otrante, dans le temps que les Bénéventins intimidez par l'Armée de l'Impératrice, pensoient à se rendre.

L'arrivée de cette Flote les rasseûra autant qu'elle donna d'inquiétude à l'Empereur. Il étoit à Capouë. Il engagea le Pape à l'y venir voir, & luy proposa de se faire médiateur entre luy & le Duc de Bénévent, le priant d'agir en cela comme de son propre mouvement, & de telle maniere, que l'on crust que la proposition d'accommodement venoit de luy.

Le Pape fit ce que l'Empereur souhaitoit. Il ne trouva pas le Duc de Bénévent fort difficile. Il n'avoit eu recours aux Grecs que dans le desespoir de se pouvoir soûtenir contre son Souverain. Les choses furent remises sur le mesme pied qu'auparavant : Adalgise, dont le crime demeura impuni, se moqua des Grecs, & devint plus redoutable que jamais à Loüis.

An. 873.

Tandis qu'un Vassal rebelle donnoit de la peine à l'Empereur en Italie, des fils désobeïssans n'en donnoient pas moins au Roy de France & au Roy de Germanie. Celuy-ci néanmoins, Prince toûjours sage & moderé, regagna les deux cadets par la douceur, & pour les contenter, non seulement il leur donna plus de part aux affaires qu'ils n'y en avoient eu jusqu'alors, mais encore il leur détermina la part que chacun d'eux auroit à sa succession après sa mort. Il fit en mesme temps la Paix avec les Esclavons, ausquels il faisoit depuis longtemps la guerre avec des succès fort divers. La pluspart des Princes Normands luy demandérent aussi la Paix, qu'il leur accorda, & il rendit aussi par-tout la tranquillité à son Etat. Mais le Roy de France fut obligé de tenir une conduite toute contraire, tant à l'égard des Normands, qu'à l'égard de son fils Carloman, toûjours obstiné dans sa révolte. Le sort de ce Prince fut enfin d'estre pris & d'estre condamné à la mort par les Juges que le Roy son pere luy donna. Sa peine fut commuée en celle qui estoit alors ordinaire, sçavoir d'avoir les yeux crevez, pour estre mis ensuite dans une prison pour le reste de sa vie. Il trouva pourtant tout aveugle qu'il estoit, le moyen de s'en échaper, & de se retirer chez son oncle le Roy de Germanie ; mais il mourut peu de temps après dans l'Abbaye d'Epternac, que

Annales Fuldens.

Annales Fuldens.

ce Prince luy avoit donnée pour sa subsistance.

C'est un grand malheur pour un pere d'avoir autant de sujet de se réjoüir de la mort de son fils, que Charles le Chauve en trouvoit dans celle de Carloman. Délivré de cette inquiétude, il crut qu'il ne pouvoit rien faire de mieux pour la seûreté de son Etat, que d'y exterminer s'il pouvoit, les Normands, qui s'y maintenoient depuis long-temps dans les quartiers de la Loire.

Il n'y avoit, pour ainsi dire, ni paix ni guerre entre les deux Nations ; mais les occasions de querelles estoient si fréquentes, qu'il se donnoit souvent de petits combats. Quelque temps auparavant l'Abbé de S. Martin de Tours & le Comte Gosfrid s'estant mis à la teste des Milices d'entre la Seine & la Loire, avoient voulu reprendre une Isle de ce Fleuve, dont les Normands s'estoient emparez ; mais ils avoient esté repoussez avec une assez grande perte. Le Roy occupé d'affaires plus importantes, avoit dissimulé cet affront & tous les ravages que les Normands firent ensuite. Il avoit depuis traité avec un Chef d'autres Normands nommé Roric, qui eust pû fortifier de son secours ceux de la Loire, & il l'avoit engagé par serment à ne point porter les armes contre luy. La faction de Carloman estoit dissipée par la mort de ce Prince. Ainsi rien n'empeschoit Charles d'exécuter le dessein qu'il avoit formé depuis longtemps d'assiéger la Ville d'Angers, qui estoit comme la Place d'Armes des Normands de la Loire.

Annal. Bertiniani.

Le Duc de Bretagne après s'estre servi d'eux contre la France en diverses rencontres, en avoit trouvé depuis le voisinage fort incommode ; de sorte qu'il agit volontiers de concert avec le Roy pour les chasser de l'Anjou. Mais pour le faire plus seûrement, & empescher qu'ils ne se jettassent dans quelques postes, d'où il eust esté plus difficile de les forcer que dans Angers, le Roy & le Duc de Bretagne userent de stratagême.

On fit courir le bruit par toute la France, que le Roy mécontent du Duc de Bretagne alloit luy déclarer la guerre ; le Duc aussi affecta de paroistre allarmé de ce bruit, & sous ce prétexte on assembla des Troupes des deux côtez. Quand les préparatifs furent faits, le Roy prit la route de Bretagne, comme pour entrer dans cette Province, & le Duc s'avança sur la Frontiére, comme pour en empescher l'entrée aux François. Les Normands estoient persuadez que le Roy alloit en Bretagne ; mais toutefois pour plus grande seûreté, ils jetterent dans Angers tout ce qu'ils avoient de bonnes Troupes. C'estoit ce que le Roy souhaitoit, & ils ne s'y furent pas pluftost renfermez, que la Place fut investie de tous coftez, & entourée en peu de jours d'une très-forte circonvallation. Le Duc de Bretagne s'avança avec son Armée sur le bord de la Mayenne, qui se joint à la riviere de Sarte, un peu au-dessus d'Angers, & établit de cofté-là son quartier. Sitost qu'il y fut arrivé, il envoya Vigon son fils avec les plus grands Seigneurs de son Armée,

Ibid. ad an. 873.

Ibid.

non seulement pour saluer le Roy, mais encore pour luy rendre hommage, & luy faire serment de fidélité.

Le Roy n'avoit pas encore esté long-temps devant la Place, lorsqu'on luy vint apporter la nouvelle que Rodolphe Général Normand, qui s'estoit rendu redoutable en France, & avoit fait encore depuis peu au Roy de fort insolentes propositions, avoit esté défait & tué par les Troupes du Roy de Germanie dans la Frise, où il s'estoit jetté pour la ravager.

Cette nouvelle le réjoüit fort, parce qu'il appréhendoit toûjours quelque diversion de ce Capitaine. On le fit sçavoir aux assiégez que l'on pressoit, & que l'on attaquoit avec beaucoup de vigueur, mais qui se défendoient de mesme. La Ville estoit très-forte par sa situation, & quoiqu'on l'attaquast avec toutes les machines qui estoient alors en usage, on n'avançoit guéres. Il se donnoit tous les jours de sanglans combats avec différens succès. Le siége avoit déja duré depuis le commencement de l'été jusqu'au mois de Septembre, & on estoit en danger de le lever, lorsque le Duc de Bretagne s'avisa d'un expédient de très-difficile éxécution, mais qui luy réüssit. Les Normands avoient leurs Vaisseaux sur la Mayenne le long des murailles de la Ville, qui ne s'étendoit pas au-delà de cette riviere comme aujourd'huy. Ces Vaisseaux estoient une derniere ressource pour les Normands, qui lorsqu'ils se verroient réduits à l'extrémité, esperoient se mettre dedans avec ce qu'ils auroient de plus précieux, pour entrer dans la Loire, & se refugier dans quelqu'une des Isles ; car la riviere de Mayenne estoit toûjours ouverte, les François n'ayant pas crû qu'il fust nécessaire de la fermer par un Pont, ou n'ayant pas peut-estre ce qu'il falloit pour le faire. Le Duc de Bretagne devinant aisément l'intention des Normands, entreprit de détourner la riviere de Mayenne, pour se rendre ensuite maistre des Vaisseaux.

Dans cette pensée il fit creuser par ses Soldats une grande tranchée très-profonde, qui alloit prendre le canal de la riviere au-dessus de la Ville, & le rejoignoit au-dessous.

Les assiégez ayant compris le dessein du Duc, virent bien qu'ils estoient perdus, & sans tarder davantage, demanderent à capituler. Un peu de patience du costé des François auroit fait rendre les Normands à discrétion. Mais la maladie qui s'estoit mise dans le Camp, la difficulté d'avoir des vivres, & une grande somme d'argent que les Normands offrirent, déterminérent le Roy à les écoûter.

Les principaux Officiers des Normands vinrent au Camp. Ils consentirent à rendre la Ville, & à payer l'argent qu'ils avoient offert d'abord. Ils firent de plus serment au nom de tous ceux qui estoient dans la Place, de ne faire jamais de course en France, tandis que le Roy vivroit, & consentirent d'en sortir, pourvû qu'on leur laissast leurs Vaisseaux & leurs meubles. Ils demandérent qu'il leur fust permis de se retirer dans une Isle de la Loire, que l'Hi-

Annal. Metens.

Annales Bertiniani.

stoire ne nomme point, d'y demeurer jusqu'au mois de Février, & pendant ce temps-là d'avoir commerce avec les François ; de plus que ceux d'entre eux qui s'estoient fait baptiser, & qui voudroient persévérer dans le Christianisme, eussent la liberté de rester en France : & que si quelques-uns dans cet intervalle vouloient se faire baptiser, on les reçust au Baptesme avec l'agrément du Roy. On leur accorda tous ces articles, à condition qu'au mois de Février tout le reste sortiroit du Royaume. La Ville fut remise entre les mains du Roy. Les Normands avec leurs Vaisseaux descendirent vers la Loire, entrérent dans l'Isle qu'on leur avoit cédée jusqu'au mois de Février. Mais quand il fut question de la quitter, & de partir au temps marqué, ils refuserent de le faire. On ne put faute de Vaisseaux les aller forcer, & ils continuerent leurs courses & leurs ravages à l'ordinaire.

Salomon Duc de Bretagne eut sans doute toute la gloire du succès du siége d'Angers ; mais il ne la goûta pas long-temps ; car durant ce siége mesme, il se forma contre luy une conspiration de plusieurs Seigneurs du païs & de quelques François, qui à son retour se saisirent de sa personne. On luy creva les yeux dont il mourut le lendemain. Sa mort fut regardée comme la punition du crime qu'il avoit commis autrefois, en tuant de sa propre main son prédécesseur, son proche parent & son Souverain, au pied de l'Autel d'une Eglise où il s'estoit refugié : mais il en avoit depuis fait pénitence, & avoit vécu si exemplairement, qu'il est regardé en Bretagne comme un Saint. Vigon son fils fut mis en prison. Un des principaux conjurez nommé Pasfwiten gendre de Salomon, & Gurvand se firent aussi-tost la guerre l'un à l'autre pour le Duché de Bretagne. Tous deux moururent dans l'espace d'un an. Ensuite s'élevérent d'autres prétendans, & enfin après bien des combats & beaucoup de sang répandu, Alain frere de Pasfwiten demeura paisible possesseur de la Bretagne, & fut reconnu pour Souverain de ce Duché. Mais la mort de l'Empereur Loüis II. qui arriva en Italie au mois d'Aoust durant ces troubles de Bretagne, fut un incident bien plus important, & où nos Souverains François ne pouvoient manquer de prendre beaucoup de part.

Ce Prince estoit fils de l'Empereur Lothaire, qui estoit le frere aîné du Roy de Germanie & du Roy de France. Comme il n'avoit point d'enfans masles, son Etat par sa mort devoit revenir à ses deux oncles ou à un des deux. Pour la qualité d'Empereur, elle ne pouvoit estre partagée, il falloit qu'estant donnée à l'un des deux, l'autre en fut exclus. Le Roy de Germanie estoit l'aîné de Charles, & son droit sur la succession de son neveu estoit fortifié par ce titre. L'un & l'autre depuis long-temps faisoient leurs brigues, pour s'attirer cette succession, en cas que l'Empereur vinst à mourir : mais depuis le mauvais état de la santé de l'Empereur, les intrigues avoient redoublé.

An. 873.

An. 874. Annales Bertiniani & Metens.

An. 875.

CHARLES LE CHAUVE.

Le Roy de Germanie avoit eu diverses entrevûës avec l'Impératrice, qui n'estant pas agréable à la Cour de son mari, avoit besoin d'un appuy en le perdant. Elle le croyoit trouver plus solide dans la personne du Roy de Germanie, que dans le Roy de France.

Le Roy de Germanie répondit volontiers à ces démarches de l'Impératrice, & faisoit grand fond sur l'adresse & l'habileté de cette Princesse, pour se rendre maistre de l'Italie, & se faire donner la qualité d'Empereur. Il avoit fait encore tout récemment un voyage au delà des Alpes, où il s'estoit abouché avec le Pape & avec l'Empereur mesme auprès de Véronc. Basile Empereur de Constantinople paroist aussi estre entré dans cette intrigue en faveur du Roy de Germanie; au moins est-il certain qu'il avoit grand commerce avec luy, & que quelque temps avant la mort de l'Empereur, ces Princes s'envoyérent l'un à l'autre plusieurs Ambassades.

Charles voyoit bien où tout cela tendoit, & prenoit aussi des mesures, mais plus secretement que le Roy de Germanie. Ni l'Empereur ni l'Impératrice ne l'aimoient, & il n'avoit rien à espérer d'eux : mais il entretenoit sous-main un parti qu'il avoit en Italie, composé apparemment de ceux qui en vouloient à l'Impératrice, & qui l'avoient déja appellé une fois, sur le faux bruit qui courut de la mort de l'Empereur dans la conspiration de Bénévent. Il estoit aussi en fort bonne intelligence avec le Pape Jean VIII. dont le suffrage devoit estre d'un très-grand poids en cette occasion ; mais sur tout il estoit fort attentif à tout ce qui se passoit : & depuis la maladie de l'Empereur, il se tenoit toûjours prest à marcher dés le premier avis qu'il recevroit de sa mort.

Il le reçut à Dousi-les-Prez, Maison de plaisance vers Mouson. Il en partit aussi-tost, & commanda à ses Vassaux les plus proches d'assembler incessamment leurs Troupes, & de le venir joindre à Pontion, autre Maison de plaisance vers Vitri-le-bruslé. Il envoya ordre aux plus éloignez de se rendre à Langres, où estoit le rendez-vous général. Tandis qu'ils s'y assembloient, il pourvut à la seûreté des Frontiéres, qui seroient les plus exposées pendant son absence, & sur tout à celuy du Royaume de Lorraine, où il envoya le Prince Loüis son fils, pour le défendre contre les entreprises du Roy de Germanie. Tout cela se fit avec tant de promptitude, que l'Empereur estant mort au commencement d'Aoust, & Charles n'en ayant eu la nouvelle que plusieurs jours après, il fut en état de marcher avec son Armée au premier de Septembre.

Il prit sa route par S. Maurice sur le Rhône au-dessus de Genève, & entra en Italie par le Mont-Cénis, où il fut bien-tost joint par une grande partie des principaux Seigneurs du païs.

Le Roy de Germanie surpris de cette diligence, fit partir aussi une Armée commandée par son fils le Prince Charles ; mais ces Troupes trop foibles pour résister à celles du Roy, en furent d'abord poussées, & contraintes de sortir d'Italie. Il y fit aussi-tost rentrer son fils aîné Carloman, qui avoit commandé plusieurs fois les Armées de Germanie avec succès. Ce Prince força les passages des Alpes, malgré la résistance des François ; mais Charles estant venu au devant de luy avec de bien plus grandes forces, il n'osa avancer.

Charles plus habile en négociation qu'à la guerre, luy fit proposer une entrevûë, qu'il accepta volontiers, se trouvant beaucoup inférieur en Troupes. Charles y fit mille caresses à ce jeune Prince, & n'épargna ni promesses ni présens pour le corrompre. Il luy offrit de le faire régner seul en Germanie après la mort de son pere, à l'exclusion de ses deux autres freres, s'il vouloit s'entendre avec luy en cette occasion, & le laisser sans opposition se rendre maistre de l'Italie.

Carloman rejetta ces indignes propositions ; ce qui obligea Charles à luy en faire de plus raisonnables.

Il luy proposa de se retirer d'Italie, pourvû qu'il en sortist luy-mesme, afin de s'accommoder ensuite avec le Roy de Germanie, comme ils avoient fait pour le Royaume de Lorraine.

Rien ne pouvoit estre plus avantageux pour le Roy de Germanie que cette proposition, & Carloman l'accepta de tout son cœur. On jura de part & d'autre de s'en tenir là. Carloman commença aussi-tost après à faire défiler ses Troupes, & Charles fit semblant de se retirer aussi. Il avoit cependant envoyé secretement à Rome, pour sçavoir en quelle disposition le Pape estoit à son égard, & pour l'engager par les offres les plus avantageuses à luy estre favorable. Non seulement le Pape l'asseûra qu'il seroit le bien venu ; mais encore il l'exhorta à venir au pluftost, & luy députa quatre Evêques pour hafter sa marche. Sur cela, comme Carloman le croyoit en chemin pour rentrer en France, Charles prend sa marche vers Rome avec une diligence extrême. Il y fut reçû avec tous les applaudissemens qu'il pouvoit souhaiter, & couronné Empereur peu de jours après par le Pape dans l'Eglise de S. Pierre, le jour de Noël, jour auquel Charlemagne avoit reçû la Couronne Impériale dans la mesme Eglise.

Le Pape profita de l'empressement que Charles avoit eu pour la Couronne Impériale, & on peut dire qu'elle coûta fort cher à ce Prince : car en la recevant, si l'on en croit un Auteur Lombard, il céda au Pape la Souveraineté du Duché de Benévent, luy soûmit tout le Duché de Spolete avec ses dépendances, & luy donna toute autorité sur le Duc mesme, qui auparavant estoit comme le Lieutenant de l'Empereur à l'égard des Romains. Il renonça aux droits que les Empereurs prétendoient avoir de présider par leurs Ambassadeurs aux élections des Papes, aussi-bien qu'à celuy d'envoyer à Rome des Intendans de Justice, & à toutes les autres prérogatives de Souverain : mais ni nos Histoires, dont le silence est un grand préjugé contre l'Auteur Lombard, ni

HISTOIRE DE FRANCE.

les Lettres du Pape Jean, ne nous difent rien de toutes ces particularitez.

Charles après avoir tout concerté avec le Pape pour l'affermissement de son autorité & de celle du S. Siége, partit de Rome au commencement de Janvier pour aller à Pavie, où il reçut dans une Diéte les hommages des Evêques & des Seigneurs d'Italie: ils le reconnurent pour Empereur, & luy firent serment de fidélité en ces termes:

An. 876. Annal. Bertiniani.

Tom. III. Concil. Gall.

» A très-glorieux, grand & pacifique Empereur, que Dieu a couronné, Charles nostre
» Seigneur, perpétuel Auguste, Nous tous Evê-
» ques, Abbez, Comtes, & tous les Seigneurs
» d'Italie, qui sommes ici assemblez, & qui a-
» vons souscrit à cet Acte, souhaitons une pros-
» périté & une Paix perpétuelle. Puisque la divi-
» ne Bonté, par l'intercession des Princes des A-
» postres S. Pierre & S. Paul, & par le ministére
» de leur Vicaire Jean, Souverain Pontife & Pa-
» pe universel nostre Pere spirituel, vous a ap-
» pellé pour le bien de l'Eglise de Dieu & pour
» le nostre, & vous a élevé par l'autorité du S.
» Esprit sur le Throne Impérial, nous vous choi-
» sissions d'un commun consentement pour Pro-
» tecteur, Seigneur & Défenseur de tous tant
» que nous sommes. Nous nous soumettons à
» vous avec joye & de tout nostre cœur, & nous
» promettons d'observer, avec l'aide de Nostre
» Seigneur, de commun accord & d'une volon-
» té prompte à vous obéir, tout ce que vous ré-
» soudrez & ordonnerez pour l'avantage de la
» sainte Eglise de Dieu, & pour le salut de nous
» tous.

L'Archevêque de Milan signa le premier cet Acte, & ensuite plusieurs autres Prélats; après eux un seul Abbé nommé Raginer, au nom de tous les autres Abbez; & après luy le Duc Boson avec la qualité d'Archiminiftre du Palais de l'Empereur, & enfin plusieurs Comtes.

On fit ensuite dans cette Assemblée divers Réglemens, qui regardoient le respect & la soumission qu'on devoit avoir pour le Pape & pour l'Empereur, & pour empescher l'oppression des Provinces & des Eglises.

L'Empereur Charles en quitant l'Italie, laissa pour y commander en sa place le Duc Boson frere de l'Impératrice sa femme, luy donnant avec la qualité de Duc la Couronne Ducale, * marque d'honneur & d'autorité que l'on voit, je croy, en cet endroit pour la premiere fois dans nostre Histoire. Il repassa promptement en France où sa présence estoit nécessaire; car le Roy de Germanie son frere, extrêmement chagrin d'avoir esté ainsi prévenu, ne manquoit pas de décharger sa colére sur ce Royaume. Le Pape qui l'avoit bien prévû, avoit fait ce qui dépendoit de luy pour l'empescher; & avant l'arrivée mesme de Charles à Rome, il avoit tenu un Concile, où il avoit esté résolu d'envoyer incessamment Odon Evêque de Beauvais au Roy de Germanie, pour le prier de la part du Pape de ne rien entreprendre sur le Royaume de France, jusqu'à ce que chacun eust exposé ses droits au S. Siége touchant le Royaume d'Italie. Mais on ne voulut

* On voit sur une Médaille de Grimald Duc de Benévent, ce que c'est que cette Couronne Ducale, & sans doute que le Duc Boson la prit avec la qualité de Lieutenant Général de l'Empereur, que les Ducs Benéventins avoient euë jusqu'alors.

Act. Concil. Pontigon.

point écouter l'Evêque de Beauvais, ni recevoir les Lettres du Pape & du Concile, ni celles qu'apporterent encore d'autres Légats, qui suivirent de près l'Evêque de Beauvais. Le Roy de Germanie entra en France avec son fils Loüis à la teste d'une nombreuse Armée, & y fut joint par plusieurs mécontens, dont le Chef estoit Engelram. C'estoit un Seigneur qui ayant esté quelques années auparavant un des plus considérables, & des plus puissans de la Cour de France, avoit esté disgracié à la persuasion de la Reine qui le haïssoit. Il prit cette occasion de se venger, & donna beaucoup d'inquiétude à cette Princesse & au Prince Loüis le Begue, que l'Empereur avoit déclarez Régens du Royaume durant son absence; mais à qui il n'avoit laissé que très-peu de forces, ayant emmené avec luy les meilleures Troupes de l'Etat.

Ils en assemblérent autant qu'il leur fut possible. Hincmar Archevêque de Reims, dont la réputation & l'autorité estoient grandes en France, écrivit une Lettre aux Evêques ses Suffragans & aux Seigneurs du Royaume, pour leur représenter les conséquences d'une guerre civile, & que dans la conjoncture où l'on ne pouvoit pas éviter d'estre ravagez par l'Armée du Roy de Germanie, il falloit se souvenir de ce qu'ils devoient à leur Prince, quoiqu'il les eust abandonnez en quelque façon à la discrétion des ennemis, & qu'il s'agissoit de l'aider non seulement de prieres auprès de Dieu; mais encore de Troupes, & de tout ce qui seroit nécessaire, pour détourner la ruïne dont l'Etat étoit menacé.

Tout cela n'empescha pas que le Roy de Germanie ne pénétrast bien avant dans le Royaume, & ne vinst jusqu'à Attigni en Champagne, ruïnant & désolant tout. Mais il ne passa pas plus avant; & sur les avis du prompt retour de Charles, il repassa le Rhin beaucoup plustost qu'on ne l'avoit espéré.

La nouvelle de cette retraite réjoüit beaucoup le nouvel Empereur, dont la Majesté relevée par ce grand titre & par les ornemens Impériaux, avec lesquels il paroissoit quelquefois dans les cérémonies publiques, augmentoit le respect des Sujets, & l'autorité du Souverain.

Peu de temps après son retour en France, il convoqua à Pontion un Concile, qui se tint aux mois de Juin & de Juillet. Il s'y trouva avec les Légats du Pape, qui y firent beaucoup valoir leur autorité & celle de leur Maistre, au grand mécontentement des Evêques de France: mais les Légats estoient appuyez par l'Empereur, qui prenoit volontiers cette occasion de marquer sa reconnoissance au Pape, des grandes obligations qu'il luy avoit.

A la seconde Séance furent lûës les Lettres que le Pape écrivoit aux Seigneurs François, pour les informer de l'élection de Charles à l'Empire. On y lut aussi la Relation de ce qui s'estoit passé à Rome & à Pavie sur ce sujet, & les Actes en furent confirmez dans cette Assemblée.

CHARLES LE CHAUVE EMPEREUR.

La quatriéme Séance fut deſtinée à donner audience aux Ambaſſadeurs du Roy de Germanie, qui demandoient au nom de leur Maître la part qui luy eſtoit dûë de la ſucceſſion du défunt Empereur, ſuivant la promeſſe que Charles avoit faite en Italie au Prince Carloman, pour l'obliger à ſe retirer avec ſes Troupes, & en vertu du Traité qui avoit eſté alors ſigné de part & d'autre avec ſerment. Mais Charles n'eſtoit pas d'humeur à rendre ſi aiſément ce qu'il tenoit. Il prétendit que le Roy de Germanie luy devoit de bien plus grands dédommagemens pour les ravages qu'il avoit faits en France l'année d'auparavant. L'Archevêque de Cologne, qui eſtoit le Chef de cette Ambaſſade, eut encore le chagrin de voir lire par les Légats en plein Concile, la Lettre que le Pape écrivoit aux Evêques Sujets du Roy de Germanie, où il les blâmoit beaucoup de ne s'eſtre pas oppoſez à l'irruption que ce Prince avoit faite en France durant l'abſence de Charles; & après que les Légats eurent lû cette Lettre, ils obligerent l'Archevêque à en recevoir une copie, avec ordre de la communiquer à tous ſes Collégues.

Les Légats eſtoient auſſi chargez d'autres Lettres pour les Comtes & Seigneurs de Germanie ſur le meſme ſujet, où le Pape leur reprochoit les violences qu'ils avoient faites ſur les Terres de France, le peu d'égard qu'ils avoient eu pour les Lettres qu'il avoit écrites en Germanie, afin d'empeſcher qu'on ne fiſt la guerre au Roy de France. Il finiſſoit en menaçant d'excommunier ceux qui ne voudroient pas remettre leurs intereſts entre les mains de ſes Légats, & s'en rapporter à leur jugement.

On rendit auſſi publiques diverſes Lettres du Pape aux Seigneurs & aux Evêques François, dont les unes contenoient l'éloge de ceux qui eſtoient demeurez fidéles à Charles, & les autres des réprimandes & des menaces pour ceux qui avoient favoriſé ou qui favoriſeroient déſormais les deſſeins du Roy de Germanie. Tant il eſtoit en ce temps-là avantageux aux Princes d'avoir de leur coſté les Papes, qui d'ailleurs depuis Loüis le Débonnaire, entroient fort volontiers dans ces ſortes de querelles, & s'en ſervoient habilement, pour augmenter & affermir leur autorité en France, ſoit pour le Temporel, ſoit pour le Spirituel.

Deux jours après la Séance dont je viens de parler, on en tint une autre, où l'on reçût de nouveaux Légats, dont l'un appellé Leon éſtoit neveu du Pape. Il fit en plein Concile les complimens du Pape à l'Empereur & à l'Impératrice, & le lendemain dans une nouvelle Audience publique, il préſenta à l'Empereur un Sceptre & un bâton d'or, & fit divers préſens à l'Impératrice.

Enfin le quinziéme de Juillet dernier jour du Concile, fut deſtiné au Couronnement de l'Impératrice, ou pluſtoſt à la ſaluer publiquement pour la premiere fois en cette qualité. Les Légats intimérent cette derniere Séance au nom & de la part du Pape. Les Evêques s'aſſemblerent de grand matin, & firent la réviſion de tous les Actes du Concile. Sur les neuf heures l'Empereur la Couronne ſur la teſte, reveſtu des ornemens Impériaux, tout ſemblables à ceux dont les Empereurs d'Orient ſe ſervoient, entra dans le lieu où ſe tenoit le Concile (c'eſtoit apparemment la Chapelle du Palais.) Il eſtoit accompagné des Légats en habits de cérémonie, tels qu'ils les portoient à Rome dans les plus grandes ſolemnitez. L'Empereur en arrivant ſe mit à genoux devant l'Autel; & après que les Evêques eurent chanté les Priéres ordinaires, il ſe leva & alla prendre ſa place dans ſon Thrône, vis-à-vis duquel ſur une eſpéce de pupitre eſtoit le Livre des ſaints Evangiles. Enſuite Jean Evêque d'Arezzo un des Légats, lut un papier, & après luy Odon Evêque de Beauvais en lut un autre, contenant des choſes dont le Concile n'avoit eu aucune participation. Cet Evêque eſtoit tout au Pape & tout au Roy, qui vouloit contenter le Pape malgré le Concile. Celuy qui en recueillit les Actes, & qui eſtoit apparemment un des Evêques, ſe récria fort contre ces deux écrits, c'eſt tout ce que dit ſa Relation, ſans nous apprendre ce qu'ils contenoient: mais il s'agiſſoit ſans doute de confirmer la Primatie d'Anſegiſe Evêque de Sens, que le Pape faiſoit ſon Légat en France & en Germanie, en luy donnant de grandes prérogatives au-deſſus des autres Prélats. C'eſtoit la premiere choſe qui avoit eſté propoſée dans le Concile, & à laquelle preſque tous les Evêques s'eſtoient fortement oppoſez. Ils refuſerent encore tout de nouveau d'y donner leur conſentement; mais malgré cette réſiſtance, on voit dans les Actes du Concile, la ſouſcription d'Anſegiſe immédiatement après celle d'un des deux Légats qui ſouſcrivirent, & avant celle de Hincmar Archevêque de Reims. L'autorité que cette Primatie donna à Anſegiſe, fit qu'on l'appella en France & en Germanie *le ſecond Pape.*

Après ces conteſtations, deux des Légats ſortirent de la Chapelle, & allérent à la Chambre de l'Empereur, où l'Impératrice Richilde les attendoit. Ils l'amenérent au Concile: elle eſtoit auſſi reveſtuë des habits d'Impératrice avec la Couronne ſur la teſte. Elle ſe plaça dans un Thrône à coſté de celuy de l'Empereur. Elle reçut les complimens des Légats & des Evêques, qui la ſaluérent Impératrice. On fit ſon éloge, celuy du Pape & celuy de l'Empereur. L'Evêque Leon neveu du Pape récita les Oraiſons accoûtumées, & le Concile finit par là.

Dans cette derniere Séance du Concile ou un peu après, on obligea l'Archevêque de Reims à faire une choſe qui luy fut très-déſagréable. Ce fut un nouveau ſerment de fidélité que l'Empereur éxigea de luy. Il fit tout ce qu'il put pour s'en défendre. Il repréſenta que c'eſtoit contre la coûtume; que depuis tant d'années qu'il eſtoit Archevêque, on ne luy avoit jamais rien demandé de ſemblable; qu'on ne l'avoit pas meſme éxigé d'Ebbon ſon prédéceſſeur, quoiqu'il euſt eſté l'auteur de la dépoſition de l'Empereur Loüis le Débonnaire; qu'il y avoit trente-ſix ans qu'il ſervoit ſon Prince

HISTOIRE DE FRANCE.

Libellus Hincmar. ad Carol. Imp.

avec toute la fidélité possible : qu'il avoit eu pendant huit ans toute la confiance & tous les secrets de l'Empereur Loüis le Débonnaire, & qu'il luy estoit bien rude de voir flétrir sa vieillesse par des soupçons aussi honteux, que ceux qu'on sembloit avoir conçûs de sa fidélité, & qui n'estoient que l'effet de la malice de quelques envieux. Mais il fallut obéir. L'Empereur le punissoit par là de la résistance qu'il avoit faite dans le Concile de Pontion aux ordres du Pape, touchant la Primatie de l'Evêque de Sens. De plus certains termes ambigus dont il avoit usé dans la Lettre qu'il écrivit aux Evêques ses Suffragans & aux Seigneurs du Royaume, lorsque le Roy de Germanie étoit entré l'année d'auparavant en France avec son Armée, avoient extrêmement déplû à l'Empereur ; car en termes couverts, mais que l'on entendoit bien, il l'y taxoit d'imprudence & d'ambition, & quoiqu'il exhortast les Evêques & les Seigneurs à secourir l'Etat & de leurs prières & des autres secours qu'ils pourroient fournir, néanmoins il faisoit assez entendre, que plustost que de se laisser ruïner, il falloit recevoir pour Maistre celuy qui se trouveroit le plus fort.

Enfin l'on voit par la conduite que l'Empereur tint durant tout ce Concile, que son intention en faisant plaisir au Pape, à qui il étoit redevable de l'Empire, estoit de commencer à abaisser la puissance des Evêques, qui pendant son Régne & celuy de son pere, avoient pris un grand ascendant, & s'estoient attiré une grande autorité dans le gouvernement de l'Etat. Il se voyoit Empereur, maistre

Annales Fuldens.

de l'Italie, beaucoup plus puissant que son frere le Roy de Germanie. Il estoit seûr du Pape, dont la puissance spirituelle, quand il voudroit la faire valoir, seroit toûjours un frein pour celle des Evêques François, qu'il voyoit volontiers broüillez avec les Légats, à l'occasion de la Primatie du Métropolitain de Sens. Ce furent là les motifs qui obligérent Charles à humilier & à rendre souple l'Archevêque de Reims, le plus habile, mais en mesme temps le plus fier & le plus hautain de tous les Prélats de France.

Annal. Bertiniani.

Quelque supériorité néanmoins que Charles eust alors, il crut devoir ménager le Roy de Germanie, & résolut de faire la paix avec luy, pourvû qu'il ne fust pas obligé de luy rien rendre de ce qu'il avoit pris, & que ce Prince voulust le reconnoistre pour Empereur. Dans ce dessein, il luy envoya vers la mi-Aoust deux Légats du Pape qui estoient restez à sa Cour, Odon Evêque de Beauvais, & quelques autres, pour traiter avec luy, avec ses enfans & avec les Evêques & les Seigneurs de Germanie. Mais comme ils estoient en chemin, ils apprirent la nouvelle de la mort de ce Prince, arrivée le vingt-huitième d'Aoust à Francfort. Cette nouvelle tira Charles d'inquiétude ; car il sçavoit qu'il faisoit de grands apprests de guerre, pour soûtenir ses droits sur la succession de l'Empereur Loüis II. son neveu, & sur la qualité d'Empereur mesme, dont il estoit autant di-

Annales Fuldenf.

gne pour le moins que Charles. Un Auteur contemporain nous fait un éloge de Loüis Roy de Germanie, que le reste de l'Histoire ne dément point ; il y paroist par-tout avec beaucoup de courage, de sagesse & de modération. Charlemagne son ayeul, luy voyant lorsqu'il n'avoit encore que six ans, beaucoup d'esprit, & des manieres très-nobles, prédit qu'il seroit un jour un grand Prince. En effet, tandis que la France en deçà du Rhin & de la Meuse fut agitée de troubles continuels & de guerres civiles, il maintint toûjours ses Sujets de la France Austrasienne & Germanique en paix & dans la soumission. Il fut très-souvent en guerre avec les Barbares des environs du Danube, qui voulurent secoüer le joug de la France ; mais il les tint soumis au tribut & aux hommages qu'ils luy devoient. Il eut trois fils, qui estant devenus grands, luy firent de la peine ; mais il les réduisit & les ramena toûjours autant par son adresse que par sa fermeté. Il pouvoit regarder la peine que luy firent ses enfans comme la punition de celle qu'il avoit luy-mesme causée à son pere Loüis le Débonnaire, dont la mort luy fut imputée, parce que ce Prince prit le mal dont il mourut, en marchant avec une Armée dans un temps très-rude pour chastier sa révolte. Après la mort de son pere, il suivit moins son antipathie que ses véritables intérests, en s'unissant avec Charles son cadet contre leur aîné, qui vouloit les perdre tous deux. Délivrez de cet ennemi commun, ils furent ensemble tantost bien, tantost mal ; tantost en paix, tantost broüillez ; mais il porta toûjours la guerre dans le païs ennemi, & ne l'eut jamais chez luy. On le loüe de beaucoup de pieté, & on ne luy reproche nulle part aucune débauche. Il estoit bien fait, de belle taille, d'un air masle, mais affable, de belle humeur, de beaucoup d'esprit, bien-faisant, punissant avec peine & répugnance les plus grandes fautes, & rarement par la mort des coupables. Tel estoit Loüis, dit d'abord dans l'Histoire Loüis de Bavière, & depuis Loüis de Germanie. Sous ce nom estoit compris un fort grand païs ; sçavoir, l'ancienne France au-delà du Rhin, la Saxe, la Turinge, la Bavière, la Pannonie, le païs des Grisons, sans ce qui estoit en deçà du Rhin, & la partie du Royaume de Lorraine qu'il avoit héritée de son neveu Pepin fils de l'Empereur Lothaire, & qu'il avoit cédée depuis à Loüis II. Empereur son neveu : mais soit que ce Traité n'eust pas esté exécuté, soit qu'après la mort de l'Empereur il s'en fust rendu maistre de nouveau, il le possédoit quand il mourut.

Monachus Sangall. L. 2. c. 15. & 16.

Ibid.

Ses trois fils Carloman, Loüis & Charles entrérent par sa mort chacun en possession de la partie de son Etat, qu'il leur avoit assignée quatre ans auparavant dans la Diéte de Forcheim. Carloman l'aîné eut la Bavière, la Bohême, la Carinthie, l'Esclavonie, & tous les païs dépendans de l'Empire de France en descendant le Danube ; c'est-à-dire, l'Autriche d'aujourd'hui, & une partie de la Hongrie. Loüis eut la Franconie, la Saxe, la Frise, la Turinge & la basse Lorraine,

Annales Fuldenf.

Annales Metenf.

CHARLES LE CHAUVE EMPEREUR.

raine, Cologne & quelques autres Villes sur le bord du Rhin. Charles appellé dans l'Histoire Charles le Gros ou Charles le Gras eut l'Allemagne, & sous ce nom estoit compris tout ce qui est au-delà du Mœin jusqu'aux Alpes, & avec cela quelques Villes qui avoient esté autrefois du Royaume de Lorraine, mais qu'on ne nomme point. J'appelleray desormais Carloman Roy de Bavière, Loüis Roy de Germanie, & Charles Roy d'Allemagne, jusqu'à ce qu'il soit parvenu à l'Empire, où il fut élevé quelque temps après.

Ce partage avoit esté si bien réglé par le feu Roy de Germanie, qu'il n'y eut aucune contestation entre les trois Princes. Mais l'Empereur dont l'ambition croissoit à proportion de sa puissance, voulut aussi avoir part à la succession, & rentrer en possession de la partie du Royaume de Lorraine, dont les Peuples de cet Etat l'avoient rendu Maistre autrefois, & que le Roy de Germanie l'avoit obligé de luy céder. Son dessein estoit aussi de s'emparer de Mayence, de Vormes, de Spire, & de toutes les Places qui sont sur le bord du Rhin du côté de France. Il n'eut donc pas plustost appris la mort de ce Prince, qu'il partit de Chiersi où il estoit, & alla à Metz. Il envoya devant luy diverses personnes, pour gagner par argent & par promesses les plus considérables du païs en sa faveur, & les engager à le reconnoistre pour leur Souverain, comme ils avoient fait autrefois. Il changea néanmoins de pensée, & au lieu d'aller à Metz, il prit à gauche, & marcha à Aix-la-Chapelle, & de-là à Cologne, ayant toûjours avec luy les Légats du Pape.

Annales Bertiniani.

Il reçut là une nouvelle fascheuse, qui l'inquiéta beaucoup. C'est qu'une Flote de Normands de près de cent voiles estoit entrée dans la Seine. Il n'abandonna pas toutefois pour cela son entreprise, dans l'espérance que les Seigneurs & le Peuple du païs ne seroient pas long-temps sans se donner à luy. Mais Loüis de Germanie parut aussi-tost vis-à-vis de Cologne de l'autre costé du Rhin avec une Armée de Saxons, de Turingiens & de François de la France Germanique, pour tenir au moins les esprits en suspens; & ce fut aussi par la mesme raison qu'il envoya à l'Empereur des Ambassadeurs, pour le prier de ne point envahir un païs qui ne luy appartenoit point, & d'en user avec luy comme un oncle avec un neveu, qui l'honoroit fort; mais ils ne purent rien obtenir.

Alors le Roy de Germanie ordonna dans son Camp des prieres, des jeûnes, & d'autres semblables exercices publics de piété, pour attirer le secours de Dieu sur son parti. On en railla dans le Camp de l'Empereur, où l'on apprit cependant bien-tost après avec quelque surprise, que l'Armée Germanique avoit passé le Rhin vers Andernac; ce qui marquoit que cette dévotion du Roy de Germanie n'estoit rien moins que l'effet de la crainte.

Quand ce Prince eut passé le Rhin, il fit cantonner sa Cavalerie en divers quartiers sépa-

rez pour la commodité des fourages, & envoya de nouveau demander la Paix à l'Empereur.

Charles reçut mieux les Ambassadeurs, qu'il n'avoit fait la premiere fois. Il leur fit entendre qu'il traiteroit volontiers avec son neveu, & qu'incessamment il luy envoyeroit les propositions qu'il avoit à luy faire.

C'estoit un artifice pour l'amuser & pour le surprendre: car dès la mesme nuit il partit sans bruit, & fit marcher ses Troupes partagées en quantité de petits Corps par des chemins écartez & très-difficiles pour tomber sur le Roy de Germanie, lorsqu'il y penseroit le moins, & par les endroits où il ne devoit pas l'attendre.

Si-tost qu'on s'apperçut à Cologne du mouvement de l'Armée qui campoit sous les murailles, Vilbert qui en estoit Archevêque vint trouver l'Empereur, pour luy représenter les suites du dessein qu'il prenoit, & le conjurer de prendre des pensées de Paix; mais il ne fut pas écouté, & l'Armée se mit en marche.

L'Archevêque rentra dans la Ville, & fit partir sur le champ un Prestre qui connoissoit parfaitement le païs, pour donner avis à Loüis de la marche & du dessein de l'Armée Françoise. Ce Prestre arriva heureusement au Camp du Roy de Germanie, qui ramassa promptement le plus de Troupes qu'il luy fut possible, & envoya ordre aux plus éloignées de s'avancer, & de le venir joindre en diligence. L'Armée de l'Empereur estoit de plus de cinquante mille hommes, celle du Roy de Germanie estoit moins nombreuse, & il n'en avoit alors avec luy qu'une partie. Il résolut cependant d'attendre l'ennemi, & de suppléer au petit nombre par l'avantage des postes dont il se saisit, & il recommanda à tous ses gens de mettre sur leur habit quelque chose de blanc, pour se reconnoistre dans la meslée.

Annales Bertiniani. Fuldens. Metens.

L'Empereur en arrivant fut bien surpris de voir qu'on l'attendoit; cela ne l'empescha pas de commencer l'attaque au Bourg de Megen.

Les Saxons défendoient ce poste, & s'y maintinrent quelque temps: mais enfin accablez par le nombre, ils commencérent à plier; le Roy de Germanie estant accouru à cet endroit, fit avancer les Troupes Germaniques, qui prirent les François en flanc, & les enfoncérent. Le Comte Reginar qui portoit l'Etendart Impérial, fut tué dès la premiere charge avec plusieurs autres des plus considérables Officiers, & il se fit là un grand carnage des François.

Ce mauvais succés rebuta les Troupes Impériales, à qui on avoit promis une victoire asseurée, & le pillage d'un Camp surpris qui ne résisteroit point. La marche avoit esté longue & rude par des chemins très-difficiles & par une pluye continuelle. Les chevaux estoient lassez & rebutez, & ne sentoient plus l'éperon. Au contraire, ce premier avantage avoit animé les Troupes de Germanie, qui grossissoient à tous momens, & que leur Roy qui avoit pris à loisir son plan de défense, rangeoit en bataille à mesure qu'elles arrivoient.

Tome I.   E e e

Tout estoit en ordre d'un costé, & de l'autre c'estoient les conjonctures embarrassantes où tout en desordre.

Le Roy de Germanie pour ne pas laisser rallentir l'ardeur de ses Soldats, fit charger de tous costez les François, qui plièrent par-tout. L'horreur des ténèbres dans un païs inconnu augmentoit la consternation: en peu de temps toute l'Armée Françoise fut en déroute, & l'Empereur obligé de prendre la fuite pour n'estre pas enveloppé.

Les Vivandiers de l'Armée & tout le bagage qui avoit suivi, embarrassant les défilez, arrestoient les fuyards, & donnèrent aux ennemis tout le temps de les joindre, & ils en firent un horrible massacre. On fit un grand nombre de prisonniers; les Païsans s'estant attroupez de toutes parts tuoient ou dépoüilloient tous ceux qui s'estoient écartez des grands chemins pour se sauver dans les bois & dans la campagne. Tout le bagage fut pris & pillé, & l'Empereur arriva presque seul au Monastére de S. Lambert sur la Meuse. Ce Combat se donna à la fin de la nuit du huitiéme d'Octobre de l'an 876. & tel fut le succès d'une entreprise d'abord assez bien concertée & assez bien conduite, mais qui ayant esté l'effet de beaucoup de mauvaise foy, ne devoit pas estre plus heureuse. Le fruit de la victoire du Roy de Germanie fut la gloire d'avoir vaincu un ennemi beaucoup plus fort que luy; d'avoir maintenu la plus grande partie de ses Sujets dans l'obéïssance, & de s'estre conservé cette partie du Royaume de Lorraine qu'on vouloit luy enlever. Le jour de devant la bataille l'Empereur avoit envoyé à Héristal sur la Meuse l'Impératrice, qui l'avoit suivi à l'Armée, & qui estoit enceinte. Elle ne s'y crut pas en seûreté après la défaite, & voulut gagner Ecternac au païs appelé aujourd'huy Luxembourg. La frayeur la fit accoucher en chemin d'un fils qui mourut peu de temps après, & qui tout nouvellement né qu'il estoit, fut porté avec l'Impératrice jusqu'au lieu que je viens de dire. L'Empereur l'y trouver pour la rasseûrer; & ensuite il convoqua une Diéte pour le quinziéme jour d'après la S. Martin à Saumouci, Maison Royale proche de Laon, afin d'y délibérer sur la situation présente des affaires, qui luy causoit beaucoup d'embarras.

Une bataille perduë & une grande Armée taillée en piéces, l'union très-étroite des Rois de Germanie, de Bavière & d'Allemagne, une nombreuse Flote de Normands dans la Seine, qui avoient pris Roüen, & par-dessus tout cela les Lettres pressantes que luy & l'Impératrice recevoient de la part du Pape touchant le désordre des affaires d'Italie, où les Sarazins faisoient des ravages continuels, où le Duc de Benévent & les Grecs entretenoient des intelligences secretes avec les Infidéles, la défiance qu'on devoit avoir de plusieurs Seigneurs du Païs, sans parler des raisons qu'on avoit d'appréhender que le Roy de Bavière ne formast quelque dessein sur l'Italie, pour faire diversion en faveur du Roy Loüis son frere,

c'estoient les conjonctures embarrassantes où se trouvoit l'Empereur.

On ne délibéra néanmoins à Saumouci que sur ce qui estoit le plus pressé; sçavoir sur les moyens d'écarter les Normands. L'Empereur leur envoya un Seigneur nommé Conrad & quelques autres, pour les engager à la Paix; & cependant on fit marcher beaucoup de Troupes de ce costé-là, qui les obligérent à se retirer, ou du moins qui empeschérent leurs courses. On remit les autres points à un autre temps. Une pleurésie dangereuse dont l'Empereur fut attaqué quelque temps après, & dont on crut qu'il mourroit, fit encore différer le remede de tant de maux pressans, & ce retardement les empira beaucoup.

La maladie de ce Prince donna de grandes inquiétudes au Pape; mais quand il le sçut guéri, il ne se passoit point de mois qu'il ne luy écrivist de nouvelles Lettres, & qu'il ne fist partir de nouveaux Envoyez, pour presser son départ; car l'Empereur luy avoit promis d'aller bien-tost luy-mesme en Italie avec une Armée.

Pour l'engager à le faire plus volontiers, il assembla un Concile à Rome au mois de Février, où il fit confirmer de nouveau l'élection de ce Prince, & son élévation à l'Empire, anathématisant tous ceux qui oseroient encore s'y opposer: & il luy envoya une Palme bénite, comme une marque anticipée de la victoire qu'il devoit remporter sur les ennemis de Dieu & de l'Eglise, s'il se hastoit de venir les combattre.

L'Empereur sur ces instances réitérées du Pape, résolut enfin de passer en Italie, & de conduire une Armée à Rome, pour réduire les Sarazins & le Duc de Benévent. Il tint pour cela une Diéte générale à Chiersi le premier de Juillet, dont le sujet principal fut la seûreté du Royaume pendant son absence, tant contre les entreprises des Rois ses neveux, que contre les broüilleries qui pourroient arriver au dedans mesme du Royaume, soit durant son voyage, soit après sa mort, en cas qu'il vint à mourir en Italie, & il pria fortement les Seigneurs & les Evêques de n'en pas croire aisément la nouvelle, sur les bruits que ses ennemis ou quelques esprits broüillons pourroient exprès en faire courir. Il nomma de plus divers Seigneurs, Evêques & Abbez, pour composer le Conseil de Loüis son fils pendant son absence. On voit clairement par les Actes de cette Diéte, combien l'autorité du Prince estoit alors partagée entre luy, les Evêques & les Seigneurs. Après la lecture de tous ces Actes, il congédia l'Assemblée, & se disposa à partir incessamment pour l'Italie.

L'Impératrice fut du voyage, & elle marcha avec un équipage magnifique. L'Empereur porta avec luy beaucoup d'argent; mais il menoit peu de Troupes, ayant seulement donné ordre à ses Généraux de le suivre à petites journées avec le gros de l'Armée. En arrivant à Orbe au-delà du Mont-Jura, il rencontra l'Evêque Adalgaire qu'il avoit envoyé à Rome. Il reçut de cet Evêque une copie des Actes du

Concile, où son élection à l'Empire avoit esté confirmée, & ayant appris que le Pape devoit s'avancer au devant de luy jusqu'à Pavie, il y envoya un de ses principaux Officiers, afin de donner ordre à tout ce qui seroit nécessaire pour le logement & la seûreté du Pape ; mais l'Empereur & le Pape se rencontrérent à Verceil, & de-là ils allérent ensemble à Pavie.

Ils n'y furent pas plustost arrivez, qu'ils eurent avis, que Carloman Roy de Baviére entroit en Italie avec une nombreuse Armée.

L'Empereur qui avoit peu de Troupes avec luy, fut tellement épouventé de cette nouvelle, qu'il partit aussi-tost, repassa le Pô, & se retira à Tortone avec le Pape qui y couronna l'Impératrice, & cette Princesse après la cérémonie, se retira à Morienne.

L'Empereur & le Pape passérent quelques jours à Tortone, en attendant les Troupes qui avoient ordre de s'y rendre sous le commandement du Duc Boson, de l'Abbé Hugues, de Bernard Comte d'Auvergne, & de Bernard Marquis de Languedoc ; mais c'estoit en vain qu'on les attendoit.

L'Empereur ne fut pas plustost hors de France, que ces quatre Seigneurs avec plusieurs autres conspirérent contre luy, soit qu'ils desapprouvassent l'expédition d'Italie, qui dégarnissoit la France, & luy ostoit toutes ses meilleures Troupes, la laissant exposée aux courses des Normands & des Armées de Germanie ; soit qu'ils eussent quelques intérests particuliers en vûë, comme la suite le fit voir, au moins au regard du Duc Boson, qui estoit beau-frere de l'Empereur, & que ce Prince avoit trop élevé & rendu trop puissant. Quoiqu'il en soit, & quels que fussent leurs motifs, ils demeurérent en France avec les Troupes ; ce qui ayant beaucoup augmenté la frayeur de l'Empereur & du Pape, l'un s'enfuit au plus vîte à Rome, & l'autre se retira vers Morienne, où l'Impératrice estoit déja arrivée.

Ce qu'il y eut en cela de bizarre, fut que tandis que l'Empereur fuyoit vers la France, sur la nouvelle de l'approche de l'Armée de Carloman, ce Roy luy-mesme reprit la route de Baviére avec précipitation, sur un faux bruit que l'Armée Françoise avec tous ses Généraux avoit joint l'Empereur, & que ce Prince avec le Pape venoit tomber sur luy, chacun se faisant peur l'un à l'autre, se donnant mutuellement, & prenant en mesme temps l'allarme.

Le sort de ces deux Princes fut encore semblable en un point ; c'est que dans leur fuite ils tombérent tous deux malades à la mort ; mais avec cette différence, que Carloman en réchapa, & que Charles mourut. Sa maladie n'estoit qu'une fiévre, dont le danger n'ôtoit pas toute espérance ; mais un Médecin perfide Juif de nation, nommé Sédécias, en qui il avoit toute sa confiance, l'empoisonna par une poudre qu'il luy fit prendre comme un reméde souverain contre son mal. Ce fut dans le chemin au passage du Mont-Cénis qu'il prit ce poison, & il en fut si mal quelques heures après, qu'il fut obligé de s'arrester en un Bourg nommé Brios dans une chaumine de Païsan. L'Impératrice s'y rendit de Morienne, & il y expira onze jours après avoir pris la potion empoisonnée, c'est-à-dire, le sixiéme d'Octobre, la seconde année de son Empire, la trente-huitiéme de son Régne & à l'âge de cinquante-quatre ans.

Ce fut un Prince que tantost son malheur, & tantost son peu de conduite mirent plusieurs fois à deux doigts de sa perte. Tout prest à succomber à sa mauvaise fortune, & n'ayant pas les qualitez nécessaires pour la surmonter, certaines conjonctures aussi heureuses qu'imprévûës, le tiroient des mauvais pas où il s'estoit engagé. Il estoit moins brave qu'artificieux, d'un genie ambitieux & entreprenant, mais peu capable de bien soûtenir ses entreprises. Il ne se fit ni assez aimer, ni assez craindre de ses Sujets, dont les uns le méprisoient, les autres par compassion pour luy & par jalousie pour leurs égaux prenoient son parti. Son Régne aussi-bien que celuy de son pere fut le Régne des Evéques, qu'il commençoit cependant à ne plus tant ménager, depuis qu'il se vit Empereur. L'audace ou plustost la tyrannie des Seigneurs particuliers, dont les Comtez ou Gouvernemens devinrent héréditaires, augmenta beaucoup sous un si foible Régne. On le loüe d'avoir aimé les Lettres & les Sçavans, & d'en avoir fait venir en France des païs les plus éloignez, par les avantages qu'il leur faisoit. On le préfére mesme en cela à son ayeul Charlemagne ; mais c'est dans un Panégyrique qu'on luy adresse à luy-mesme. C'est apparemment à ces Sçavans qu'il favorisoit, qu'il est redevable du nom de Grand, qu'on luy donne en divers anciens Monumens. Il survécut à tous ses freres & à plusieurs de ses neveux. Il fut le plus puissant de tous ces Princes, si l'on mesure sa puissance par la grandeur de ses Etats, & depuis luy, nul de la lignée de Charlemagne en France n'eut une domination aussi étenduë. Il auroit pû par ce moyen rétablir la splendeur & la dignité de cette branche de la Maison Impériale, s'il avoit eu le loisir de le faire, & en mesme temps assez de courage, une fermeté, & une prudence proportionnées à la grandeur de son Empire.

Après sa mort on embauma son corps dans le dessein de le transporter à S. Denis ; mais le poison y avoit causé une telle corruption, qu'on fut obligé de le mettre en terre à Nantua, Monastére du Diocése de Lion dans la Bresse. Quelque temps après on transporta ses os à S. Denis ; on voit au moins son Tombeau au milieu du cœur de cette noble & fameuse Abbaye ; mais on convient que ce Tombeau n'est pas de ce temps-là.

Charles avant que de mourir, avoit mis entre les mains de l'Impératrice un Acte scellé de son Sceau, par lequel il déclaroit son successeur Loüis son fils, qui luy estoit resté seul de tous ses enfans masles. Il joignit à cet Acte l'épée qu'on appelloit l'épée de S. Pierre, sans doute parce qu'elle avoit esté bénite & donnée par le Pape, & il ordonna qu'on la ceignit au Prince son fils, lorsqu'on le déclareroit Roy ; soit que ce fut une coûtume déja établie d'en user ainsi, soit que ce fut une dévotion particuliere de Charles envers saint Pierre & envers le S. Siége. Outre cette épée il confia encore à l'Impératrice le Manteau Royal, la Couronne & le Sceptre, en luy donnant ordre de retourner en France si-tost qu'elle l'auroit vû éxpirer, & de mettre incessamment son fils en possession de toutes ces marques de la dignité Royale.

HISTOIRE DE FRANCE.

LOUIS LE BEGUE.

LA conspiration des grands Seigneurs de l'Etat un peu avant la mort de Charles le Chauve, & la conduite qu'ils tinrent immédiatement après à l'égard du Prince Loüis, montrérent assez clairement deux choses. La premiere, qu'ils vouloient asseûrer à leur famille le Domaine des Villes, des Comtez, des Duchez dont ils estoient en possession : & la seconde, qu'ils avoient dessein de diminuer autant qu'il leur seroit possible l'autorité du Souverain, pour ne luy en laisser presque plus que le vain titre.

Les principaux de ces Seigneurs estoient Boson frere de l'Impératrice, Duc ou Viceroy d'Italie, qui avoit encore d'autres Gouvernemens en France, & en particulier celuy de Vienne. Après Boson, un des plus considérables estoit Hugues, toûjours nommé par les Historiens de ce temps-là Hugues l'Abbé. * Il estoit fils de Conrad dont il est parlé quelquefois dans nostre Histoire, & qui estoit frere de l'Impératrice Judit mere de Charles le Chauve. Hugues avoit toûjours esté très-puissant & très-consideré dans l'Etat, comme un homme d'une prudence singuliere. Le fameux Abbé Loup de Ferriere luy donne en luy écrivant la qualité de premier des Abbez de France *. Il avoit esté nommé à l'Archevêché de Cologne, sans estre encore ni Prestre ni Diacre ; mais l'épée & le casque luy convenoient mieux que la crosse & la mitre. Il succéda à Robert le Fort dans le Gouvernement des païs d'entre la Seine & la Loire, pour les défendre contre les Normands, & fut depuis ce temps-là un des plus fameux Généraux des Armées de France. La qualité d'Abbé n'estoit point alors incompatible avec cet employ.

Enfin, deux autres Seigneurs sont encore nommez dans l'Histoire à la teste de ceux qui avoient conspiré contre Charles le Chauve, & qui refusérent de mener leurs Troupes en Italie ; sçavoir, Bernard Comte d'Auvergne, & un autre Bernard Marquis de Gothie, c'est-à-dire, Gouverneur du Languedoc, auquel on donnoit encore le nom de Gothie, à cause qu'il avoit esté long-temps possédé par les Visigots.

Ce nom se donnoit aussi par la mesme raison à la Marche ou Frontiére d'Espagne, & à ce que nous appellons aujourd'huy la Catalogne ; mais c'estoit du Languedoc que ce Bernard dont il s'agit, estoit Marquis, c'est-à-dire, Gouverneur de cette Marche ou Frontiére de France.

L'Impératrice Richilde, quoiqu'elle n'eut pas esté de la conjuration contre l'Empereur, s'unit cependant après la mort de ce Prince avec ces Seigneurs. Le Prince Loüis n'estoit pas son fils, mais il l'estoit d'Irmintrude premiere femme de Charles le Chauve, & il fut heureux de ce que Richilde femme très-habile & très-intriguante, avoit perdu le fils dont elle accoucha après la défaite d'Andernac : car elle luy auroit sans doute fait tomber la Couronne, & elle en seroit venüe à bout, d'autant plus aisément, que Loüis estoit très-infirme ; qu'il n'avoit aucunes belles qualitez qui le rendissent recommandable, & qu'un défaut de langue qui luy fit donner le surnom de Begue, le rendoit assez méprisable aux Seigneurs François. Elle avoit déja pris de bonnes mesures pour cela, ayant fait Boson son frere le plus puissant Seigneur de France, non seulement par les grands Emplois qu'elle luy avoit fait donner, mais encore par le mariage qu'elle luy fit contracter avec Hermengarde fille de l'Empereur Loüis II. Ce mariage attachoit aux intérêts de Boson & aux siens tous ceux qui avoient quelque liaison avec cette Famille Impériale, & principalement l'Impératrice doüairiere Ingelberge, dont j'ay déja fait connoistre l'esprit & l'habileté. Au défaut du fils de Ri-

Hugo Abbas.

Annal. Metens. Epist. 38.

* Abbatum summo-

Annal. Bertinian. Regino.

childe, Boson profita de ces avantages, & ne crut rien de trop grand pour luy, non pas même une Couronne, & son ambition fut assez heureuse, pour parvenir jusques-là avec le temps.

L'Impératrice estant rentrée en France, se joignit à son frere & aux autres Seigneurs, qui pour se rendre redoutables à Loüis, s'estoient confederez, & commettoient de grands désordres. Ils s'estoient avancez jusqu'en Champagne, & tinrent une Assemblée avec l'Impératrice en un lieu appellé Mont-Vitmar.*

Annal. Bertiniani.
* Mons-Vvitmati.

Loüis cependant si-tost qu'il eut sçû la mort de son pere, partit d'Orreville, Maison de plaisance entre Arras & Amiens vers la riviere d'Aulthie où il estoit alors, & prit le chemin de S. Denis, où l'on luy avoit mandé d'abord, qu'on apporteroit le corps de l'Empereur, & que l'Impératrice & les principaux Seigneurs s'y devoient rendre. Il fit avant que de partir & pendant la route, de grandes libéralitez à ceux qui se trouvérent auprès de sa Personne, donnant aux uns des Abbayes, aux autres des Gouvernemens, aux autres des Terres, afin de se les attacher.

Il n'estoit pas encore fort avancé, lorsqu'on luy vint dire qu'on avoit changé de résolution pour la sépulture du Roy, & qu'il estoit déja enterré à Nantua : mais il fut bien surpris d'apprendre la mauvaise disposition des Seigneurs & de l'Impératrice à son égard, & qu'ils luy faisoient un crime de la disposition qu'il avoit faite de plusieurs Abbayes & Gouvernemens sans leur participation. Cet avis luy fit quitter sa route, & il se retira à Compiègne.

Il y fut quelque temps. Il y apprit que l'Impératrice & les Seigneurs estoient assemblez à Mont-Vitmar, d'où il vit aussi-tost après arriver des Envoyez. On ne dit point quelles propositions ils luy firent. Il les renvoya avec quelques personnes de son Conseil, pour traiter avec l'Impératrice. Apparemment elle ne vit pas encore les choses disposées à réüssir en faveur de son frere. Elle se défia peut-estre de la sincérité, & de l'intention des Seigneurs confédérez ; de sorte qu'elle & eux de commun accord résolurent d'aller trouver Loüis à Compiègne, & de continuer leur Assemblée à Chêne, * Maison Royale dans la Forest voisine.

* Casnus.
Ibid.

La résolution y fut prise de reconnoistre Loüis pour Roy. Chacun fit ses demandes, que Loüis accorda. Le jour de S. André l'Impératrice luy mit entre les mains l'Acte, par lequel l'Empereur son pere le déclaroit son successeur à la Couronne de France. Elle luy donna l'Épée de S. Pierre, la Couronne, le Sceptre, le Manteau Royal, & il fut sacré & couronné à Compiègne au commencement de Décembre par Hincmar Archevêque de Reims. Les Evêques, les Abbez, les Seigneurs, tous les Vassaux de la Couronne luy firent serment de fidélité, & il jura pareillement de conserver leurs priviléges dans leur entier, & de ne manquer à rien de ce qu'il leur avoit promis.

An. 877.

Comme les affaires d'Italie dépendoient beaucoup de celles de France, la mort imprévûë de l'Empereur, & les suites qu'elle eut dans le Royaume, jettérent le Pape dans de grandes inquiétudes. Il avoit compté sur une Armée de François, pour éloigner de Rome les Sarazins, & pour réprimer les violences des Ducs & des Comtes voisins de Rome, & à la veille de recevoir ce secours, il s'estoit vû hors d'espérance de l'obtenir. Cette conjoncture fâcheuse redoubla l'audace des Sarazins & des esprits broüillons ; les Sarazins vinrent jusqu'aux portes de Rome, & le Pape fut obligé de traiter avec eux, & de se soûmettre à un tribut, pour les empescher de ruïner entierement les environs de la Ville, & peut-estre de se saisir de la Ville mesme. Mais il n'avoit pas moins à craindre des Seigneurs Chrétiens d'Italie, que des Sarazins mesme.

Epist. variæ Joann. Papæ.

Ces Seigneurs estoient pour la pluspart des descendans de ces Ducs Lombards, que Charlemagne avoit laissez en possession de leurs Duchez, lorsqu'il s'empara du Royaume de Lombardie. Lambert Duc de Spolete, & Adalbert Marquis de Toscane estoient les plus mutins de tous après Adalgise Duc de Benévent, qui venoit d'estre assassiné par ses parens mesmes. Lambert portoit son ambition jusqu'à prétendre à l'Empire ; & dès qu'il sçut l'extrémité de la maladie de l'Empereur, il pensa à se saisir de Rome. Le Marquis de Toscane le soûtenoit de toutes ses forces, & ils avoient envoyé à Tarente demander du secours aux Sarazins, pour les aider dans ce dessein.

Ibid.

D'autre part Carloman Roy de Bavière avoit aussi ses prétentions sur la Couronne Impériale & sur le Royaume d'Italie. Il y avoit un parti considérable, plusieurs Seigneurs luy ayant voüé leur service, lorsqu'il parut sur la Frontiére avec son Armée un peu avant la mort de Charles le Chauve. Si-tost qu'il l'eut apprise, il écrivit au Pape, pour luy recommander ses intérests, & luy demander s'il ne seroit pas bien reçû à Rome, en cas qu'il y allast.

Ibid.

Lambert devoit peu espérer de l'emporter à force ouverte sur un tel concurrent. C'est pourquoy il eut recours à l'artifice, & se déclara hautement pour Carloman mesme. Il assembla une Armée : il y reçut tous les factieux, tous les éxilez, tous les ennemis du Pape, & marcha droit à Rome.

Le Pape ne vouloit ni de Carloman ni de Lambert, & tout son penchant estoit pour le Roy de France, qu'il avoit conjuré de passer au pluftost en Italie avec une Armée : mais ni la santé de ce Prince, ni l'état de ses affaires, ne luy permettoient pas de sortir du Royaume.

Ibid.

Dans cette extrémité, le Pape dénué de tout secours & de tout ce qui eust esté nécessaire pour soûtenir un siége, n'osa refuser l'entrée de Rome au Duc de Spolete, qui y commit mille désordres. Le Pape mesme fut arresté & étroitement gardé ; & enfin ce Duc voyant qu'il n'avançoit rien par ses mauvais traitemens, & que le Pape ne se résoudroit jamais à luy déférer la Couronne Impériale, il agit conformément au dessein qu'il n'avoit eu jusqu'alors qu'en apparence ; & il résolut de le

Eee iij

faire réüssir, ne pouvant faire mieux : c'estoit de faire tomber la Couronne Impériale au Roy de Baviére. Il éxigea au nom de ce Prince le serment de fidélité des Seigneurs Romains. Après cela il sortit de Rome, & luy ou les autres partisans de Carloman soûmirent à ce Prince le Royaume de Lombardie. L'Histoire parle fort obscurément sur ce fait ; mais plusieurs Lettres du Pape à Carloman, & d'autres Monumens de ce temps-là le supposent, & ne laissent aucun lieu d'en douter.

Epist. 171.
Chronic. Casaurien-se, &c.

Si Carloman fut entré en Italie dans ces conjonctures avec une bonne Armée, il auroit obligé le Pape à le couronner Empereur ; mais il n'estoit pas encore rétabli de la grande maladie, dont il avoit esté attaqué presque en même temps que le feu Empereur. Il avoit de plus toûjours de l'occupation du costé du Danube & de la Bohême, à cause des révoltes continuelles des Esclavons ; de sorte qu'il se contenta d'envoyer des Ambassadeurs au Pape, pour tascher de le mettre dans ses interests. Le Pape fit une réponse assez favorable, & dit qu'il seroit toûjours très-attaché à ce Prince. Il fit mesme entendre aux Ambassadeurs que son dessein estoit de se réfugier dans les Etats de leur Maistre, en cas que la persecution du Duc de Spolete l'y obligeast. Mais il paroist que son inclination estoit toûjours du costé de la France, & de faire Loüis le Begue Empereur.

Il y avoit déja long-temps qu'il cherchoit l'occasion de s'évader de Rome, & de gagner les Etats de ce Prince. Mais le Duc de Spolete & le Marquis de Toscane gardoient si bien tous les passages, qu'il luy eust esté impossible de passer par terre. Il résolut de faire le voyage par mer, & s'estant asseuré d'un Vaisseau, il écrivit au Duc de Spolete qu'il estoit prest à partir pour la France ; qu'il iroit de-là s'aboucher avec le Roy Carloman ; qu'il se donnast bien de garde de rien entreprendre pendant son absence contre les interests de l'Eglise Romaine, ni de faire aucuns ravages sur les terres qui en dépendoient ; & que s'il le faisoit, il seroit aussi-tost éxcommunié.

Le Pape avant que de partir, envoya partout une espéce de Manifeste, où il décrivoit les violences commises par le Duc de Spolete contre sa personne & contre les Sujets de l'Eglise. Il écrivit aussi à Loüis le Begue, pour l'avertir du dessein qu'il avoit pris de se réfugier en France, & d'y tenir un Concile, où il inviteroit les trois Rois de Germanie, pour lesquels il luy adressoit aussi des Lettres sur ce sujet.

An. 878.

Il aborda à Genes, & écrivit de-là au Roy de Baviére, pour le prier de ne pas trouver mauvais de ce qu'il ne se retiroit pas dans ses Etats, comme il l'avoit d'abord projetté, n'ayant pû le faire, dautant que tous les passages luy avoient esté fermez par ses ennemis. Il l'invitoit dans sa Lettre à se trouver avec les Rois ses freres au Concile qui devoit bientost s'assembler à Troyes, afin de délibérer ensemble sur les moyens de délivrer l'Eglise de

Ibid.

l'oppression où elle estoit, & Rome du danger où elle se trouvoit de tomber entre les mains des Sarazins.

De Genes le Pape vint débarquer à Arles, d'où le Duc Boson avec son épouse Hermengarde, le conduisit à Lion. Il s'y arresta, & envoya donner avis de son arrivée au Roy, que les Envoyez trouvérent malade à Tours. Ce Prince fit partir aussi-tost quelques Evêques pour aller saluer le Pape de sa part, & le défrayer dans sa route. Ils le conduisirent à Troye, & à la priére qu'ils luy en firent de la part du Roy, il y fit l'ouverture du Concile peu de temps après.

Annal. Bertiniani.

Ce fut le treiziéme d'Aoust, & le Pape commença par y renouveller l'éxcommunication qu'il avoit déja fulminée contre Lambert Duc de Spolete, & contre Adalbert Marquis de Toscane. Les Evêques y souscrivirent ; mais ce fut à condition que le Pape éxcommunieroit généralement tous les usurpateurs des biens des Eglises : ces usurpations estoient alors un mal commun par-tout. Il se fit divers Canons en faveur des Evêques dans ce Concile, & le premier est remarquable.

An. 878.

Il y est ordonné sous peine d'éxcommunication, à toutes les Puissances du monde, non seulement de rendre aux Evêques l'honneur qui leur est dû ; mais encore il est fait défense à quiconque, de s'asseoir en leur présence, qu'ils ne commandent de le faire. Il n'y a guéres d'apparence que ce Canon ait esté éxecuté dans toute son étenduë.

Tome III. Concil. Gall.
Can. 1.

Nonobstant l'empressement que le Pape avoit de voir à ce Concile les Evêques & les trois Rois François de Germanie, ni les uns ni les autres n'y parurent. Il y avoit toûjours peu d'intelligence entre la branche des Rois de France & celle des Rois de Germanie, & Carloman plus encore que ses deux freres, voyoit le Pape en France avec chagrin, ayant espéré de l'avoir en Baviére, & de l'y engager à le couronner Empereur.

Le Roy peu rétabli de sa maladie ne se trouva au Concile qu'au commencement de Septembre, & s'y fit sacrer de la main du Pape. Quelques-uns de nos Historiens modernes sans avoir assez éxaminé la chose, ont dit hardiment que Loüis le Begue fut en cette occasion couronné Empereur par le Pape, & le mettent par cette raison au nombre des Empereurs ; mais ils se sont trompez. Il fut seulement couronné Roy de France, à l'éxemple de Pepin son trisayeul, qui après avoir reçû l'onction & la Couronne Royale de S. Boniface Archevêque de Mayence, voulut encore recevoir l'un & l'autre de la main du Pape Etienne III. La chose est certaine par les Lettres que le Pape écrivit à Loüis le Begue après cette cérémonie : il ne luy donne dans ces Lettres que le nom de Roy ; & dans une autre qu'il écrivit à Loüis & à Carloman, tous deux fils de Loüis le Begue ; il donnoit à Charles le Chauve leur ayeul la qualité d'Empereur, & à Loüis leur pere celle de Roy seulement. L'Archevêque Hincmar dans plusieurs de ses Lettres n'appelle ces deux

An. 878.

Joan. Papa VIII. Epist. 47. & aliis.
Epist. 71. Hincmar. apud Flodoard.
L. 3. c. 19. apud Sirmond. in notis ad Concil. Gall. Tom. III.

LOUIS LE BEGUE.

Princes que les fils du Roy Loüis, & non pas de l'Empereur Loüis. Enfin Loüis le Begue luy-mefme dans une Chartre en faveur de l'Eglife de Nevers, datée du quatriéme des Ides de Septembre, c'eft-à-dire, trois jours après la cérémonie de fon Couronnement, ne prend que la qualité de Loüis Roy par la miféricorde de Dieu, & non celle d'Empereur. Il eft donc certain qu'en cette occafion il ne reçut ni la dignité ni la Couronne Impériale, & qu'il ne fut jamais Empereur.

Le Pape n'avoit garde de luy donner en France la Couronne de l'Empire. Il auroit voulu qu'il la fut venu prendre à Rome, & l'y attirer par ce moyen avec une Armée. Il fit mefme paroiftre en plus d'une occafion dans ce Concile, le peu de confidération qu'il avoit pour ce Prince, dont il voyoit la foibleffe de fes propres yeux. Loüis le pria de confirmer par fon autorité Pontificale, l'Acte par lequel le feu Empereur fon pere l'avoit déclaré fucceffeur au Royaume de France. Volontiers, luy répondit le Pape ; mais à condition que vous confirmerez auffi la donation & l'union que l'Empereur voftre pere a faite de l'Abbaye de S. Denis à l'Eglife Romaine ; & comme le Roy le refufa, il refufa auffi le Roy. Plufieurs crurent que cette prétenduë donation de l'Abbaye de S. Denis avoit efté fabriquée par quelques Evêques & par quelques-uns des Miniftres du Roy, chagrins de ce que ce Prince l'avoit donnée à l'Abbé Gauflin, auffi-toft après qu'il eut reçu la nouvelle de la mort de l'Empereur; & que par jaloufie contre cet Abbé, & à deffein de faire leur Cour au Pape, dont le Duc Bofon entre autres ménageoit fort les bonnes graces, ils vouloient la faire unir à l'Eglife de Rome. Le Pape refufa encore au Roy une autre chofe, dont le refus dut luy eftre extrêmement fenfible.

Après la cérémonie du Couronnement, le Roy invita le Pape à le venir voir en une Maifon Royale qu'il avoit auprès de Troye. Il l'y régala magnifiquement, luy fit tous les honneurs imaginables, & luy auffi-bien qu'Adelaïde fon époufe, le comblerent d'amitiez & d'honneftetez, & luy firent de magnifiques préfens.

Quand il fut retourné à Troye, le Roy luy envoya un Seigneur de fa Cour, pour le prier de vouloir bien prendre un jour pour facrer & couronner de fa main la Reine Adelaïde. Le Pape s'en défendit, & pria le Roy de ne le point preffer là-deffus. L'Hiftoire ne marque point en cet endroit la caufe de la difficulté que faifoit le Pape : mais il eft hors de doute que c'eftoit celle que je vais dire.

Lorfque Loüis le Begue vers l'an huit cens foixante-deux fe fut révolté contre le Roy fon pere, & qu'il fe fut réfugié en Bretagne, il époufa Anfgarde, dont il eut deux fils, Loüis & Carloman. Ce mariage s'eftoit fait contre la volonté du Roy, qui dans la fuite obligea ce Prince à répudier Anfgarde, & à époufer Adelaïde. Ce fecond mariage fut regardé par le Pape comme illégitime ; apparemment Anf-garde vivoit encore au temps dont je parle. Loüis & Carloman fortis de ce premier lit, avoient leur parti à la Cour ; ils prétendoient au Thrône, & ils y parvinrent en effet. C'eft là ce qui empefcha le Pape de couronner Adelaïde.

Le Duc Bofon dont le crédit avoit efté fi grand fous le Régne de Charles le Chauve par le moyen de l'Impératrice Richilde fœur de ce Duc, n'eftoit pas moins puiffant fur l'efprit de Loüis le Begue. Frere d'une Impératrice, gendre de l'Empereur Loüis II. il vouloit auffi eftre beau-pere d'un Roy. Il avoit déja affeûrance qu'une de fes filles épouferoit Carloman un des deux fils du Roy, & leur mariage fe fit en effet à Troye le jour d'après la fin du Concile. Ce Duc & fa femme Hermengarde étoient très-bien dans l'efprit du Pape. Le refus du Couronnement d'Adelaïde fut apparemment l'effet de leur intrigue. Néanmoins le Pape pour adoucir ce refus, & pour paroiftre entrer beaucoup dans les intérefts du Roy, éxcommunia quelques Seigneurs rebelles, qui faifoient de grands défordres dans le Royaume, & entre autres Hugues, fils de Lothaire mort depuis long-temps Roy de Lorraine, qui l'avoit eu de Valdrade fa Maiftreffe, & qui avoit caufé de tant de maux fous le Régne de ce Prince.

Un autre rebelle, c'eftoit Bernard Marquis du Languedoc, fut auffi déclaré ennemi de l'Etat, & fes Gouvernemens furent donnez à divers Seigneurs. Un frere de ce Marquis quelques mois auparavant s'eftoit faifi d'Evreux, & faifoit de-là des ravages dans tout le païs. D'un autre cofté le Comte du Mans nommé Gosfrid, faifoit faire impunément des courfes par fes enfans, auffi féditieux que luy, dans les Provinces voifines de fon Gouvernement, où ils s'eftoient emparez de plufieurs Chafteaux : mais par l'appuy qu'il avoit à la Cour & dans le Confeil, il en fut quitte pour venir demander pardon au Roy, avec qui il eftoit convenu de luy remettre entre les mains les Places dont il s'eftoit faifi ; mais à condition que le Roy les luy rendroit, pour les tenir déformais à foy & hommage. Les courfes des Normands qui recommencérent alors entre la Seine & la Loire, & l'appréhenfion qu'on eût de la révolte des Bretons, obligeoient à avoir ces condefcendances. Ce dernier motif fut une raifon particuliere pour laiffer le crime de Gosfrid impuni. Il avoit beaucoup de crédit en Bretagne. Il promit de faire enforte que les Bretons ne rompiffent pas la Paix. Il le fit en effet, & les arrefta pendant quelque temps ; mais & luy & eux oublierent bien-toft leur promeffe.

Le Pape termina le Concile de Troye par un difcours, où il exhorta les Prélats François à luy procurer un prompt fecours contre les Sarazins & contre les autres ennemis du S. Siége en Italie. Il adreffa auffi la parole au Roy fur ce fujet, & le pria de luy dire franchement, s'il eftoit en état ou non, de luy accorder ce qu'il luy demandoit.

On ne dit point ce que le Roy répondit ;

mais le Pape vit bien par la connoissance qu'il eut de l'état des affaires en France, qu'il n'avoit rien à attendre de ce costé-là.

Annales Bertiniani ad an. 878. Epist. Joan. VIII.

Il partit, & fut reconduit en Italie par le Duc Boson & par Hermengarde jusqu'à Pavie avec de grandes précautions, à cause des embuscades que le Duc de Spolete luy tendoit, & ils n'omirent rien pour augmenter l'amitié & l'attachement que ce Pontife avoit pour eux. Sous un Roy plus éclairé ou plus absolu que n'estoit Loüis le Begue, cette application du Duc à mettre le Pape dans ses interests, auroit esté suspecte, & auroit peut-estre esté punie. Mais quand le Prince craint ses Sujets, il cesse d'en estre craint luy-mesme. Il n'ose plus rien, & eux osent tout. Pendant le voyage le Pape & le Duc prirent des mesures pour exclure le Roy de Bavière du Royaume d'Italie, & le Pape promit au Duc de se servir de toute son autorité, pour l'en mettre en possession.

Annales Fuldens.

Cependant le Conseil du Roy voyant que les Normands recommençoient leurs descentes; que les Bretons pensoient à secoüer le joug, & se défiant de la fidélité de plusieurs Comtes & Seigneurs puissans dans l'Etat, luy persuada de faire une Paix solide & durable avec les Rois de Germanie, Carloman, Charles & Loüis ses cousins; & comme Loüis estoit celuy des trois avec qui il avoit le plus d'affaires à démesler, à cause des anciennes contestations sur le Royaume de Lorraine, il luy envoya des Ambassadeurs, pour luy proposer de faire entre eux un accord sur les prétentions qu'on pourroit avoir de part & d'autre.

Ces Ambassadeurs revinrent quelque temps après le départ du Pape, & asseûrerent le Roy qu'ils avoient trouvé le Roy de Germanie très-disposé à la Paix, & ce Prince le luy témoigna luy-mesme par la Lettre suivante, qui estoit pleine de cordialité.

Annal. Bertiniani.

Formulæ Antiquæ Alsaticæ.
* Loüis le Begue est appellé Roy d'Espagne, à cause qu'il étoit Maistre du Languedoc, que l'on appelloit encore quelquefois du nom d'Espagne, parce qu'il avoit esté possedé long-temps par les Visigots d'Espagne.
* Loüis de Germanie s'intitule Roy des François, parce qu'il estoit Maistre de la France Orientale.

A Mon très-cher frere & intime ami le très-glorieux Roy des Gaules, d'Aquitaine & d'Espagne Loüis Roy des François. *Que la Grace, la Paix & la Victoire vous soient accordées par le Ciel. Mon très-cher frere, qui estes du mesme Sang que moy, qui portez le mesme nom que moy, & qui estes une partie de mon ame, je vous conjure, que sans avoir nul égard aux querelles & à l'inimitié que des hommes intéressez & méchans fomentoient entre vostre pere & le mien, nous nous aimions d'une amitié chrétienne, & telle qu'elle doit estre entre des personnes si proches; qu'en temps de paix & en temps de guerre on nous trouve toûjours unis & fideles l'un à l'autre, & qu'on ne nous regarde jamais comme deux Princes, mais comme un seul. Par là nous osterons à nos Vassaux l'occasion de s'élever & de s'agrandir par nos dissensions & nos pertes, & à nos ennemis & aux Etrangers le sujet de triompher de la ruine de nos Royaumes. Afin d'affermir cette alliance entre nous, je vous envoye pour gage de mon amitié, un cheval plus estimable par sa force & par sa vitesse; que par sa taille & sa beauté: la selle même celle dont je me sers; & tout le présent vous fera connoistre, que je préfere le bon & l'utile au luxe & à la splendeur. Je vous envoye aussi un fort beau Pavillon; lorsque vous l'aurez fait tendre dans vostre Palais, sa seule vüe, dans le temps que vous tiendrez vostre Conseil, arrestera les langues malignes des Conseillers mal intentionnez, qui ayant devant les yeux ce que je vous offre, & dont vous paroistrez faire estime, ils feront convaincus de mon attachement pour vous, & de vostre affection pour moy. Enfin, comme vostre vie m'est chere, je vous envoye des Aromats, diverses compositions, & des remedes: leur odeur, leur saveur, leur usage pourront vous faire quelque plaisir, contribuer à prolonger vos jours, & vous engager à m'aimer constamment, comme je le méritéray par mon amitié réciproque.*

Loüis le Begue sur le rapport des Ambassadeurs, & sur la Lettre du Roy de Germanie, partit de Compiegne; & se rendit à Heristal sur la Meuse, & de-là à Mersen sur la mesme riviere, où les deux Rois se virent le premier jour de Novembre. Ils se trouverent tous deux avec la mesme inclination pour la Paix, & conclurent ensemble un Traité, dont voici les principaux Articles, qui furent signez à Foron ou Friconi, autre Maison Royale entre Mastric & Aix-la-Chapelle.

Apud Goldast. T. 3. pag. 387.

On consentit de part & d'autre que pour le Royaume de Lorraine, on s'en tiendroit au partage que Charles le Chauve & son frere Loüis Roy de Germanie en avoient fait entre eux; que Loüis le Begue auroit la partie de cet Etat qui avoit esté cédée à son pere, & que l'autre demeureroit à Loüis de Germanie.

Cette seconde portion du Royaume de Lorraine estoit déja entre les mains des trois Princes de Germanie, & ils avoient fait sur cela entre eux divers Traitez. D'abord elle échut à Loüis, & puis elle fut cédée à Carloman. Elle estoit retournée à Loüis, & tout récemment il en avoit cédé une partie à Charles son autre frere. Ainsi Loüis à cet égard traitoit avec Loüis le Begue en son nom & au nom de ses freres.

Secondement, pour ce qui est du Royaume d'Italie, il fut réglé qu'on laisseroit les choses en l'état où elles estoient, jusqu'à une autre Assemblée, que les quatre Souverains de la Maison de Charlemagne tiendroient dans quelque temps: & cependant Loüis le Begue voulut qu'on mist par écrit la protestation qu'il faisoit, de ne pas renoncer à cet Etat, dont il prétendoit avoir sa part.

Troisiémement, les deux Rois se promirent mutuellement que l'un des deux venant à mourir, celuy qui survivroit prendroit la protection des enfans de l'autre, pour leur conserver les Etats de leur pere.

En quatriéme lieu, qu'ils envoyeroient des Ambassadeurs aux Rois Carloman & Charles, pour les inviter à l'Assemblée qu'ils avoient résolu de faire au mois de Février prochain, afin de conclure une Paix générale, lever toutes les difficultez, & étouffer toutes les semences de querelles: que si ces Princes refusoient de s'y trouver, eux-deux feroient ensemble une alliance très-étroite, pour ne s'en départir jamais.

Ils réglérent encore quelques autres points moins

moins importans, qui tendoient tous à affermir la Paix entre les deux Couronnes; mais l'Assemblée qu'ils avoient assignée au mois de Février suivant, ne se tint point.

Ce qui l'empescha, fut la révolte de Bernard, Marquis de Languedoc, qui sans s'embarrasser de l'excommunication qu'on avoit lancée contre luy au Concile de Troye, ni de la Sentence, par laquelle le Roy l'avoit dépoüillé de tous ses Gouvernemens & de toutes les Terres, avoit des Troupes sur pied, avec lesquelles il prétendoit se maintenir en possession du Languedoc & de toutes les Places qu'il occupoit. Le Roy marcha de ce costé-là, prenant sa route par la Bourgogne, où il avoit donné rendez-vous à ses Troupes sous les murailles d'Autun. Mais quand il fut arrivé à Troye, il y retomba dans la mesme maladie dont il avoit esté attaqué l'année d'auparavant, & en peu de jours il fut à l'extrémité.

Se voyant en cet état, il recommanda son fils Loüis à Bernard Comte d'Auvergne, & l'envoya à Autun, l'y faisant accompagner par ce Seigneur, par Hugues l'Abbé, par le Duc Boson, & par son Grand Chambellan nommé Thierri, à qui il avoit donné une partie de la dépoüille du Marquis de Languedoc & le Comté d'Autun. Ensuite il se fit porter à Compiégne, où se voyant près de mourir, il ordonna à Odon Evêque de Beauvais & au Comte Albuin, de porter la Couronne & l'Epée, & toutes les autres marques de la Royauté à son fils aîné Loüis, leur recommandant de le faire au pluftost sacrer & couronner Roy. Il mourut le dixiéme d'Avril jour du Vendredy-Saint de l'an 879. après un an & six mois de Régne; Prince foible & surnommé dans l'Histoire *le Faineant*, parce que pendant son Gouvernement il ne se passa rien de mémorable, & qu'il fut presque toûjours malade. Outre ses deux fils Loüis & Carloman, qu'il avoit eu d'Ansgarde sa premiere femme, la Reine Adelaïde quand il mourut, estoit grosse d'un Prince, qui fut nommé Charles, & depuis surnommé *le Simple*; surnom aussi peu honorable que ceux qu'on avoit donnez à son pere. Nous le verrons néanmoins monter sur le Thrône; mais après bien des troubles & des révolutions de l'Etat, qui se préparoient dès le vivant du Roy, & qui commencerent incontinent après sa mort.

La jeunesse du Prince ordinairement fatale aux Peuples, l'est encore plus lorsqu'elle trouve l'Etat déja ébranlé, & que l'autorité Royale presque anéantie, passe en des mains entierement incapables de la soûtenir. Telle étoit la situation des choses après la mort de Loüis le Begue. L'indépendance des Grands déja trop établie sous le Régne de ce Prince, leur ambition, les divisions qui régnoient entre eux, leurs animositez, leurs jalousies leur ostoient toute vûë du bien public. C'estoit à qui profiteroit du débris de l'Etat, chacun voulant en avoir sa part; ne refusant pas à la vérité pour la pluspart, d'avoir un Maistre; mais pensant à augmenter tellement leur puissance, qu'ils luy fussent redoutables, sans avoir rien à craindre de luy.

Je dis que la pluspart ne refusoient pas d'avoir un Maistre; car le Duc Boson portoit ses desseins plus haut. Hermengarde sa femme, fille de l'Empereur Loüis II. estoit sans cesse à luy demander, quand enfin la fille d'un Empereur cesseroit d'estre sujette, & si après avoir esté autrefois destinée pour épouse à l'Empereur d'Orient, * elle ne se verroit pas au moins un jour Reine?

Alors chacun fit valoir ses droits & ses prétentions sur le Royaume de France. Loüis de Germanie par un des articles du dernier Traité de Mersen, devoit estre le protecteur des enfans de Loüis le Begue, & les maintenir dans la possession du Royaume de leur pere, sans permettre qu'on en détachast rien; mais luy-mesme commença à former des desseins sur la partie du Royaume de Lorraine, qui avoit esté réünie à la Couronne de France par Charles le Chauve.

Hugues fils de Valdrade & de Lothaire Roy de Lorraine, quoique notoirement illégitime, protesta contre l'invasion injuste de Charles le Chauve, & soûtint que le Royaume de Lorraine devoit luy revenir; que la qualité de fils légitime estoit disputée à Loüis & à Carloman que les François plaçoient néanmoins sur le Thrône, & qu'elle ne leur appartenoit pas plus incontestablement qu'à luy.

Si le Royaume avoit esté tranquile & bien uni au dedans, ces deux ennemis auroient esté peu à craindre: mais on ne voyoit par-tout que divisions & partialitez. Il y avoit deux factions principales dans l'Etat. Les Chefs de l'une étoient Boson, Hugues l'Abbé, Thierri Grand Chambellan, & Bernard Comte d'Auvergne. L'autre faction avoit pour Chef l'Abbé Goslin, tout puissant sous Charles le Chauve, & contre lequel la faction contraire avoit tout fait, pour le renverser sous le dernier Régne. Il fortifia son parti de Conrad Comte de Paris, homme ambitieux & vain, qu'il flata des plus hautes espérances, & à qui il fit un plan de ses intrigues & de ses ressources qui le charma.

La premiere faction avoit un grand avantage sur l'autre: c'est que le Roy avant que de mourir, ainsi que je l'ay dit, avoit recommandé aux quatre Seigneurs que j'ay nommez, le soin de l'Etat & le Prince Loüis, & leur avoit envoyé par Odon Evêque de Beauvais & par le Comte Albuin, l'épée, la couronne, & tout ce qui devoit servir à la cérémonie du Couronnement du jeune Prince, en les priant, si-tost qu'ils auroient appris sa mort, de le faire couronner.

En effet, Odon & Albuin sur le premier avis certain qu'ils eurent de la mort du Roy, remirent entre les mains du grand Chambellan la Couronne & l'Epée, & aussi-tost tous les Seigneurs qui estoient vers Autun avec Loüis, envoyérent ordre à toute la Noblesse des Provinces voisines, de s'assembler à Meaux, & d'y attendre le Prince, pour délibérer sur les nécessitez & sur les dangers de l'Etat. Avant que de partir d'Autun, le Grand Chambellan & Boſon furent ſur le point de ſe broüiller enſemble. J'ay déja dit que le feu Roy avoit donné au Grand Chambellan le Comté d'Autun ; Boſon eut fort ſouhaité l'avoir, & ce Comté luy auroit eſté fort commode pour faire réüſſir ſes deſſeins. Il pria le Grand Chambellan de le luy céder. Celuy-ci s'en défendit d'abord ; mais Hugues l'Abbé s'eſtant entremis de cette affaire, il les accommoda. Boſon avoit dans le Comté d'Autun pluſieurs Abbayes, dont les deux derniers Rois luy avoient donné les revenus. Il les céda toutes au Chambellan, qui luy céda pareillement le Comté.

L'Abbé Goſlin de ſon coſté, & Conrad Comte de Paris convoquérent de leur propre autorité une Aſſemblée à Creil, à l'embouchûre de la petite riviere du Terin dans l'Oiſe ; pluſieurs Evêques, Abbez & Seigneurs s'y trouverent, ayant autant de droit, diſoient-ils, d'y traiter du bien de l'Etat après la mort du Roy, que ceux qui s'aſſembloient à Meaux. Mais l'Abbé Goſlin n'avoit rien moins que cela en vûë.

Depuis qu'il avoit eſté fait priſonnier à la journée d'Andernac, ſur la fin du Régne de Charles le Chauve, il avoit toûjours entretenu de grandes liaiſons avec Loüis de Germanie. Ce Prince l'avoit traité avec beaucoup d'honneſteté durant ſa priſon, qui ne fut pas longue, & l'avoit renvoyé ſans rançon à Charles le Chauve.

Se croyant ſeûr de la faveur de ce Prince, il réſolut de l'appeler en France, & de l'y faire reconnoiſtre pour Roy. Il avoit communiqué d'abord ſon deſſein au Comte de Paris, qui l'approuva, & après s'eſtre aſſeûré encore du ſuffrage de pluſieurs Seigneurs, il ne fit point de difficulté de le propoſer à l'Aſſemblée de Creil. L'incapacité des enfans de Loüis le Begue, qui eſtoient tout jeunes & ſans expérience ; le défaut de leur naiſſance, eſtant nez d'une femme répudiée, & qui n'avoit jamais eu la qualité de Reine, la ſageſſe, la valeur, la douceur du Gouvernement de Loüis de Germanie, la grandeur de ſa puiſſance, qui le mettoit en pouvoir quand il auroit uni ſes Etats avec le Royaume de France, non ſeulement de réſiſter aux Normands, mais encore de les chaſſer entiérement du Royaume, les avantages particuliers que tous ceux qui auroient contribué à l'élévation de ce Prince, auroient droit d'en eſpérer, l'abaiſſement de ceux qui ne s'eſtoient rendus maiſtres des fils du feu Roy, que pour continuer à l'eſtre du Gouvernement, & pour abuſer de leur autorité, comme ils avoient fait ſous le Régne précédent, tous ces motifs furent employez pour engager l'Aſſemblée à ſe déclarer en faveur de Loüis de Germanie.

Elle ſe déclara en effet pour ce Prince, & on luy envoya ſur le champ des Ambaſſadeurs pour luy offrir la Couronne de France. On le pria de s'avancer juſqu'à Metz, & de profiter des intelligences qu'on avoit parmi les Seigneurs, les Evêques & les Abbez de ce païs-là, pour ſe rendre maiſtre de cette partie du Royaume de Lorraine.

Loüis de Germanie eſtoit modéré, mais non pas juſqu'à refuſer une Couronne. L'acceptation de l'offre qu'on luy en faiſoit au nom de la Nation Françoiſe, luy parut n'eſtre pas contre le ſerment qu'il avoit fait de ne la pas enlever aux enfans du défunt Roy. Ainſi ſans s'arreſter trop au ſcrupule, il vint à Metz, & y fut reçû avec applaudiſſement. Si-toſt que l'Abbé Goſlin & le Comte de Paris le ſçûrent en marche, ils s'avancérent eux-meſmes avec ceux de leur parti juſqu'à Verdun, où le Roy de Germanie vint les joindre, & reçut leurs hommages & la qualité qu'ils luy donnérent de Roy de France.

Ces nouvelles portées aux Seigneurs de l'Aſſemblée de Meaux, leur cauſérent de grandes inquiétudes. Ils n'eſtoient point en état de réſiſter à l'Armée du Roy de Germanie, & jugerent que les efforts qu'ils feroient pour s'y oppoſer, ne ſerviroient qu'à allumer une guerre civile des plus cruelles dans toute la France : ils réſolurent pour ne pas perdre entiérement l'Etat, d'en abandonner une partie.

Ils envoyérent au pluſtoſt vers le Roy de Germanie Wullaire Evêque d'Orleans & deux Comtes, pour le prier de ne pas paſſer outre, & pour luy dire, que pourvû qu'il vouluſt bien laiſſer le Royaume en paix, & retirer ſon Armée, on luy céderoit la partie du Royaume de Lorraine, qui eſtoit échûë en partage à Charles le Chauve. Loüis écoûta cette propoſition, & crut qu'il eſtoit & de la prudence & de ſon intereſt d'entrer en poſſeſſion, ſans coup-férir, d'une très-grande étenduë de païs, pluſtoſt que de s'expoſer aux ſuccès incertains d'une guerre, qu'il eſtoit d'ailleurs difficile de bien juſtifier. Son Empire par cette ceſſion s'augmentoit d'une grande partie des Païs-Bas, de Toul, de Metz, de Verdun, & de tous les Territoires & dépendances de ces Villes-là, & de pluſieurs autres Places. Le Traité fut bientoſt conclu. Loüis reprit le chemin de ſes Etats avec ſes Troupes, & l'Abbé Goſlin, le Comte de Paris, & tous ceux qui avoient ſuivi leur parti ſe trouverent abandonnez.

Le Comte & l'Abbé ne croyant pas qu'il y euſt pour eux de ſeûreté en France, ſe ſauvérent au-delà du Rhin, & allerent trouver la Reine Lutgarde, femme de Loüis de Germanie, pour luy demander retraite, & ſe plaindre à elle de ce que le Roy les avoit ainſi laiſſez à la merci de leurs ennemis, & de ce qu'il avoit manqué une occaſion ſi favorable de ſe faire le plus puiſſant Prince de la Maiſon de Charlemagne.

La Reine femme ambitieuſe, entra fort dans leurs ſentimens, & dit hautement, que ſi elle avoit eſté de l'expédition du Roy, il ſeroit actuellement Roy de France ; elle luy en fit meſme revenir l'envie, de ſorte qu'on accorda au Comte & à l'Abbé un ſecours de Troupes, avec lequel eſtant rentrez en France, ils y firent de grands ravages, & ce Prince leur donna des ôtages, pour les aſſeûrer qu'ils ſeroient soûtenus & puissamment secourus. Ces nouvelles ranimerent leur parti & le grossirent; mais un avis que le Roy de Germanie reçut en mesme temps, mit de grands obstacles à leurs projets.

Il apprit que son frere aîné Carloman Roy de Baviére estoit tombé en apopléxie; qu'il étoit en danger de mort, & qu'Arnolfe fils naturel de ce Prince s'estoit déja emparé d'une partie de l'Etat. Loüis partit aussi-tost, il entra en Baviére avec quelques Troupes, & eut bien-tost dissipé en chemin faisant la faction d'Arnolfe. Il arriva à la Cour de Carloman, & le trouva accablé d'une paralysie qui luy ostoit l'usage de la parole, quoiqu'aprés l'attaque d'apopléxie il fust revenu à luy. Carloman témoigna beaucoup de joye de voir le Roy son frere, & luy fit entendre par écrit qu'il luy recommandoit son Royaume, la Reine sa femme & son fils.

Loüis demeura là quelque temps, donna ordre à tout, pour tenir les Peuples en paix & dans la soûmission, & mettre les Frontiéres en seûreté dans une conjoncture, dont les ennemis & les séditieux pourroient profiter. Aprés quoy il revint avec la Reine sa femme dans les Etats de Lorraine, où il trouva un nouvel ennemi.

Hugues, dont j'ay déja parlé, fils naturel de Lothaire Roy de Lorraine & de Valdrade, estoit venu se présenter aux Peuples du Royaume de Lorraine, dans l'espérance de s'y faire reconnoistre pour Roy. Sous la premiere Race la chose n'eust rien eu d'extraordinaire, la qualité de fils naturel n'estant point alors un obstacle à la succession de la Couronne. Mais depuis que la seconde estoit sur le Trône, l'usage avoit esté contraire; aprés tout, la chose la plus nécessaire qui luy manquoit, estoit la puissance & la force. Il avoit quelques Troupes; mais ce n'estoit qu'un ramas de brigands sans discipline, qui n'estoient bons qu'à piller & à ravager, & ils le faisoient d'une maniere cruelle.

Annales Fuldens.

Loüis de Germanie en arrivant à Verdun, trouva tout le païs dans la consternation, Hugues s'estant rendu Maistre d'un Chasteau fort proche de la Ville, où il avoit laissé une Garnison qui désoloit tous les environs. Le Roy fit un détachement de son Armée pour aller attaquer Hugues; mais on ne le put joindre, & le détachement fut employé au siége du Chasteau. La Place fut emportée & rasée; une partie de la Garnison passée au fil de l'épée, & le reste pris. Mais ce retour du Roy de Germanie en Lorraine, & le bruit que l'Abbé Goslin, & le Comte de Paris répandoient par-tout, que ce Prince venoit à leur secours avec une grande Armée, causoient de grandes allarmes aux Chefs du parti contraire, qui avoient avec eux les deux jeunes Princes Loüis & Carloman.

An. 879.

Quoique Loüis le Begue n'eust désigné pour son successeur en mourant que Loüis l'aîné des deux, & qu'il l'eust fait sacrer de son vivant, cependant les Seigneurs fidéles avoient résolu de les mettre l'un & l'autre sur le Trône, & de partager entre eux-deux l'Etat, selon la coûtume de la Nation; & en particulier le Duc Boson, dont Carloman venoit d'épouser une fille, n'auroit eu garde d'abandonner ainsi les intérests de son gendre, & de manquer de faire sa fille Reine. Ce partage estoit ce qui embarrassoit, & ce qui faisoit différer le Couronnement des Princes. Mais dès qu'on sçut que Loüis de Germanie revenoit en Lorraine, Hugues l'Abbé & les autres Chefs résolurent de les faire couronner incessamment, pour contenir les Peuples, qui se voyant sans Souverain, auroient pû dans cette espéce d'interrégne, estre plus aisément tentez de se donner au Roy de Germanie. Ainsi ils firent partir les Princes pour l'Abbaye de Ferrieres dans le Senonois, & envoyerent avec eux Ansegise Archevêque de Sens, & d'autres Evêques pour les sacrer & les couronner.

Annales Bertiniani.

HISTOIRE DE FRANCE.

LOUIS III. CARLOMAN.

LEs deux Princes avoient alors au moins quinze ou seize ans, puisque Carloman le plus jeune venoit d'épouser la fille du Comte Boson ; car l'Histoire donne à ce Seigneur aussi-bien qu'à quelques autres, tantost la qualité de Comte, & tantost celle de Duc : mais il fut honoré de celle de Roy cette année-là mesme.

Boson estoit un homme de grande qualité & puissant ; mais nous ne voyons pas par aucun endroit de l'Histoire, qu'il fut de la Maison Royale. C'estoit un esprit infiniment adroit & accort, qui eut le talent de se faire aimer de tout le monde, excepté de sa premiere femme nommée Ingeltrude, qui le quitta scandaleusement pour s'attacher à un autre Seigneur, par qui elle se fit enlever, & qu'elle suivit pendant plusieurs années en divers endroits de la France, malgré les éxcommunications que le Pape Nicolas I. lança contre l'un & contre l'autre. Elle mourut enfin empoisonnée, selon quelques-uns, par son mari. Boson eut ensuite l'avantage de voir épouser sa sœur en secondes nôces par Charles le Chauve, femme aussi habile que son frere, & qui employa pour l'élever, tout le pouvoir qu'elle avoit sur l'esprit du Roy son mari. Lorsque ce Prince de concert avec le Roy de Germanie son frere, se fut emparé d'une partie du Royaume de Lorraine après la mort de Lothaire, il confia le Comté ou le Gouvernement de Vienne à Boson, à qui il avoit déja donné de grands biens, & estant devenu Empereur, il le fit son Lieutenant Général en Italie. Ce fut là que Boson sçut gagner entierement le Pape Jean VIII. & qu'il épousa Hermengarde, fille de l'Empereur Louïs II. Après la mort de Charles le Chauve, l'Impératrice doüairiere Ingelberge belle-mere de Boson, agit fortement auprès du Pape, pour l'engager à procurer à son gendre une fortune au-dessus de celle de Sujet ; c'est ce qu'on voit par une Lettre du Pape à cette Princesse, & il semble qu'alors le Pape pensoit à le faire élire Roy d'Italie. Mais le parti de Carloman Roy de Baviére prévalut ; car il est certain par la suite de nostre ancienne Histoire, que ce Prince s'empara du Royaume de Lombardie. Il fallut donc que Boson portast son ambition ailleurs, comme il fit à l'occasion des troubles de France après la mort de Loüis le Begue.

Il s'estoit rendu très-agréable dans son Gouvernement de Vienne, sur tout aux Evêques, & avoit aussi-bien réüssi à se les attacher, qu'à gagner les bonnes graces du Pape. Tandis qu'à l'extrémité de la France du costé de la Lorraine tout estoit en confusion, que les uns vouloient avoir pour Roy Loüis de Germanie, & les autres les deux fils de Loüis le Begue, la femme & la belle-mere de Boson, & peut-estre le Pape avec elles, agirent si bien sous-main, qu'ils persuadérent aux Evêques de Provence, & d'une partie de la Bourgogne, de n'entrer ni dans l'un ni dans l'autre parti, & d'en former plustost un troisiéme, de se détacher de la Couronne de France, & de se choïsir un Roy pour les gouverner selon leurs Loix particulieres. On leur fit comprendre en mesme temps qu'ils ne pouvoient jetter les yeux sur une personne, qui en fust plus digne que Boson, dont ils connoissoient depuis long-temps la prudence, la valeur, l'honnesteté, la douceur, qui estoit beau-frere d'un Empereur, & gendre d'un autre Empereur, & celuy de tous les Seigneurs de France que ses grands Emplois avoient rendu le plus illustre. On n'ajoûta point néanmoins ce qui fut dit depuis, & qu'un Historien contemporain ayant entendu dire, a mis dans son Histoire contre toute sorte de vray-semblance, sçavoir, que Charles le Chauve dans son dernier voyage d'Italie avoit fait Boson Roy de Provence.

Les Evêques ainsi disposez, après avoir conféré avec divers Seigneurs du païs, s'assemblerent à Mante, Bourg entre Vienne & Tournon, à l'occasion ou sous prétexte de quelques affaires Ecclésiastiques. Celuy des Prélats qui fut chargé de proposer l'affaire pour laquelle on s'estoit principalement assemblé, dit en déplorant les miséres des Peuples & la désolation des Eglises, que depuis long-temps le païs étoit abandonné aux ravages des ennemis & aux violences de quantité de scélérats & de brigands du païs mesme ; que personne n'y

Annales Fuldens.

Annal. Fuldens.

Regino & Conventus Valentinus Concil. Mantal. Tom. III. Concil. Gall.

mettoit ordre, sur tout depuis la mort du dernier Roy ; que sur cela les Evêques s'estoient adressez à Dieu, pour le prier de leur inspirer à qui ils pourroient avoir recours, & qu'il étoit question dans ce Concile de voir quelles lumieres chacun en particulier avoit reçûës d'enhaut sur ce sujet.

Ce sont là de ces occasions, où l'inspiration du Ciel est toûjours ce qu'on a résolu de faire. Chacun dit son avis, & tous unanimement conclurent qu'on ne pouvoit se dispenser d'élire un Roy pour gouverner le païs, & qu'il falloit s'arrester au Comte Boson, dont tous firent l'éloge, en s'étendant principalement sur l'estime & la considération que Charles le Chauve & le Pape avoient toûjours eu pour son mérite.

L'élection ayant esté ainsi faite tout d'une voix, le Concile nomma des Députez, pour aller de sa part & de la part des Seigneurs, prier le Comte d'accepter une Couronne, qu'on luy présentoit avec les vœux & les hommages de tout le Peuple. La Lettre du Concile estoit conçûë en ces termes.

« Le sacré Concile de Mante au Territoire » de Vienne, assemblé au nom de Nostre Sei- » gneur, & par l'inspiration de sa divine Majes- » té, avec la Noblesse du païs, s'adresse à vô- » tre prudence, & vous demande avec un sin- » cére dévoüement, Prince très-illustre, de » quelle maniere vous estes résolu de vous com- » porter dans le gouvernement d'un Royaume, » où nous souhaitons par la divine Miséricorde » vous élever, & si vous n'estes pas dans le dessein » de faire ensorte que Dieu & son Eglise soient » honorez, aimez & exaltez par les Peuples » dans la Foy Catholique, si vous n'avez pas la » volonté, à l'éxemple de tant de bons Princes » qui ont régné avant vous, de rendre la justice » à tout le monde, & de nous gouverner avec » douceur, modération & bonté, aidé de la grace » de Dieu, d'estre d'un accès facile, d'écouter » les bons conseils, de ne vous point abandon- » ner à l'avarice, à l'orgüeil, à la dureté, de pro- » téger l'innocence, & de vous comporter de tel- » le sorte, que le saint Concile & les Seigneurs » ne soient point blâmez du choix qu'ils font de » vous pour en estre gouvernez. Le saint Concile » des Evêques & les Seigneurs vos Vassaux fidé- » les, prient Dieu que par vostre prudence vous » conserviez toûjours vostre Famille en sainteté » & en honneur.

Boson reçut cette députation avec de grands témoignages de reconnoissance, & répondit au Concile & aux Seigneurs par une Lettre pleine de sentimens de piété, & mesme d'humilité chrétienne, en leur promettant tout ce qu'ils demandoient de luy, & en les asseûrant qu'il ne les gouverneroit que par les régles qu'ils luy avoient proposées.

Aussi-tost que cette Lettre par laquelle Boson acceptoit l'honneur qu'on luy faisoit, eut esté rendüe au Concile, on y ratifia de nouveau l'élection, & elle fut signée par vingt-trois Evêques, dont les Siéges nous font connoistre l'étendüe du nouveau Royaume de Boson. On y voit les souscriptions de l'Archevêque de Vienne, de l'Archevêque de Lion, de l'Archevêque de Tarentaise, de l'Archevêque d'Aix en Provence, des Evêques de Valence, de Grenoble, de Vaison, de Die, de Maurienne, de Gap, de Toulon, de Châlons sur Saône, de Lausanne, d'Agde, de Mâcon, de l'Archevêque d'Arles, de celuy de Besançon, des Evêques de Viviers, de Marseille, d'Orange, d'Avignon, d'Usès & de Riès.

On connoist par ces souscriptions que le Royaume de Boson comprenoit la Provence, le Lionnois, ce que nous appelons aujourd'huy le Dauphiné, la Savoye, la Franche-Comté, une partie du Duché de Bourgogne, & qu'il s'étendoit jusques dans le Languedoc, & au-delà du Lac de Genêve ; c'est ce Royaume qui est appellé quelquefois dans nostre Histoire le Royaume d'Arles, parce que le Siége du Prince fut établi à Arles, ou bien le Royaume de Provence, ainsi qu'il avoit déja esté nommé, lorsqu'il avoit pour Roy un des fils de l'Empereur Lothaire. Ainsi le Royaume de France dès l'avenement de Loüis & de Carloman à la Couronne, se trouva diminué de deux grands païs du costé du Rhin & de la Moselle & du côté des Alpes. Cette érection ou rétablissement du Royaume de Provence se fit au mois d'Octobre de l'an 879.

An. 879.

Au commencement de l'année suivante, le Roy de Germanie rentra en France, suivant la promesse qu'il en avoit faite à l'Abbé Gosselin & au Comte de Paris. Il s'avança jusques dans le milieu de la Champagne, où ces Chefs des rebelles devoient le joindre avec tous ceux de son parti. Mais ils y vinrent avec très-peu de monde, la plûpart ayant fait leur accommodement avec les deux Rois, si-tost qu'ils furent couronnez : de sorte que ces deux Princes ayant en mesme temps fait demander une entrevûë au Roy de Germanie, il la leur accorda volontiers. Ils en avoient déja eu une avec Charles le Gros à Orbe, au-delà du Lac de Genêve, & au retour ils avoient défait sur la riviere de Vienne un grand Corps de Normands, dont la plûpart furent passez au fil de l'épée, ou se noyerent dans la riviere. Ce succès fit beaucoup d'honneur à ces jeunes Princes, qui trouverent le Roy de Germanie fort disposé à écouter leurs propositions. La Paix fut conclûë ; on renouvella le Traité fait avec ce Prince par les Seigneurs François, touchant la partie du Royaume de Lorraine, qui luy avoit esté cédée, & dont il fut mis en pleine & paisible possession. C'est ce qui luy donna le moyen de mener aussi son Armée contre les Normands, dont il fut attaqué en même temps en deux endroits de ses Etats.

Annales Bertiniani.

An. 880.

An. 880.

Une Armée de cette Nation avoit fait descente sur les costes de Flandro, & ayant pénétré en ravageant tout, jusqu'à cette partie de la Forest d'Ardennes, qu'on appelloit la Forest Charbonniere, entre l'Escaut & le Rhin, retournoit sur ses pas pour regagner ses Vaisseaux. Le Roy de Germanie suivit ces Pirates, & les ayant joints, les fit charger auprès d'un

Fff iij

HISTOIRE DE FRANCE.

Annal. Metenf.

lieu nommé Thin, qui eftoit une Maifon Roya- A le. Il le fit fi brufquement & avec tant de vigueur, qu'il les mit en déroute, & il en demeura un très-grand nombre fur la place; mais une partie fe jetta dans Thin, & s'y retrancha pour fe défendre jufqu'à l'éxtrémité. Il les y fit attaquer, & dans cette attaque, Hugues fon fils naturel fut dangereufement bleffé & pris, & éxpira auffi-toft après.

Le Roy ayant fçû la prife de fon fils, mais ne fçachant pas encore fa mort, fit fonner la retraite & ceffer l'affaut, dans l'efpérance de le retirer des mains des Normands, en leur faifant une bonne compofition. Il fit rentrer B l'Armée dans fon Camp, & envoya demander des nouvelles de fon fils, & offrit aux ennemis une Capitulation raifonnable, pourvû qu'on le luy rendift.

La nuit eftant furvenuë, les Généraux Normands tandis qu'ils amufoient les Envoyez du Roy de Germanie, firent débander leurs Soldats par petites Troupes, qui s'évaderent avec ce qu'ils purent emporter de leur butin, & puis ils les fuivirent. Le lendemain le corps de Hugues fut trouvé dans les retranchemens des ennemis, d'où le Roy le fit tranfporter au Monaftére de Laureishem.

Annales Fuldenf. Metenf.

Mais ce fut bien pis dans la Saxe, où les Normands avoient fait l'autre defcente. Les Troupes du Roy de Germanie y furent taillées en piéces. Deux Evêques y furent tuez avec dix-

An. 880.

huit Officiers de la Maifon du Roy, & douze Comtes, parmi lefquels eftoit Bruno frere de la Reine Général de l'Armée. Il y eut des prifonniers fans nombre, & le païs fut au pillage. Les Efclavons & les autres Peuples Tributaires de la France ayant appris cette déroute, voulurent en profiter. Ils fe révolterent, & firent des courfes fur les Terres des Rois François. Mais on alla promptement à eux, on les diffi- D pa, & la tranquillité fut entierement rétablie dans cette Frontiére.

An. 880.

Sur ces entrefaites, Carloman Roy de Baviére ayant traîné quelque temps depuis fon attaque d'apopléxie, mourut le vingt-deuxiéme de Mars.

Regino.

L'Hiftoire de ce temps-là nous fait un trèsbeau caractére de ce Prince. Il eftoit bel homme, d'une taille & d'une mine avantageufe, d'un corps robufte, fçavant, honnefte, équitable, fort zélé pour la Religion, grand homme de guerre, & s'eftoit rendu terrible aux Barbares voifins de fes Etats, par les grandes victoires qu'il avoit remportées fur eux du vi- E vant de fon pere, & depuis qu'il fut luy-même fur le Trône. Il avoit autant de talent que d'application pour le Gouvernement, & il eftoit tombé malade eftant fur le point de fe faire Empereur. Le puiffant parti qu'il avoit en Italie, qui avoit déja pris poffeffion de la Lombardie en fon nom, auroit obligé le Pape à y confentir, dès qu'il y auroit paru avec une Armée; mais Dieu qui difpofe des Rois comme des autres hommes, l'arrefta au milieu d'une fi belle courfe.

Annales Fuldenf.

La fucceffion de ce Prince qui ne laiffoit aucun fils légitime, devoit naturellement caufer de grands troubles dans la Germanie entre fes deux freres Loüis & Charles le Gros; mais elle n'eut aucune fuite à cet égard. Les Seigneurs de Baviére & des autres Etats de Carloman, fi-toft qu'ils le virent attaqué d'apopléxie fans aucune efpérance qu'il en revinft, réfolurent entre eux de reconnoiftre Loüis Roy de Germanie pour Roy de Baviére & pour fucceffeur unique de Carloman; & Loüis en mefme temps pour dédommager Charles le Gros, renonça à toutes les prétentions qu'il pouvoit avoir fur le Royaume de Lombardie, & fur le titre d'Empereur, & luy promit que loin de le traverfer dans la pourfuite de fes droits fur la Lombardie & fur l'Empire, il l'y feconderoit de toutes fes forces.

Pour contenter Arnolfe fils naturel de Carloman, il luy céda la Carinthie. Ainfi Loüis eftant venu à Ratifbonne, y fut d'un confentement unanime couronné Roy de Baviére, de Pannonie, d'Efclavonie & de Bohême; l'union de ces grands païs à la Franconie, à la Saxe, à la Turinge, & à ce qu'il poffédoit fur le bord du Rhin & en deçà de ce Fleuve, le rendit trèspuiffant.

Charles le Gros, mefme avant la mort de C Carloman, & avec le confentement du Roy de Germanie, eftoit entré en Italie à la tefte d'une Armée, & s'eftoit faifi du Royaume de Lombardie fans oppofition. C'eftoit là déja un grand acheminement à l'Empire, dont le principal Domaine confiftoit alors dans le Royaume de Lombardie.

La chofe déplut fort au Pape, qui prétendoit *Epift. 197.* difpofer de cette Couronne, & que celuy qui *Joan. VIII.* l'obtiendroit, luy en euft l'obligation. Il l'avoit offerte à Loüis de Germanie, pourvû qu'il vouluft luy amener une Armée, qui fuft employée contre les Sarazins; mais ce Prince ne parut pas avoir beaucoup d'empreffement pour cette entreprife. Le Pape voyoit bien depuis quelque temps que de tous les prétendans au Royaume d'Italie & à l'Empire, il n'y avoit que Carloman & Charles fur lefquels le choix puft tomber. Il ne s'eftoit déclaré ni pour l'un ni pour l'autre, & ordonnoit aux Nonces qu'il envoyoit en Germanie, de compaffer tellement leurs démarches, qu'ils laiffaffent toûjours efpérer ces deux Princes fans les affeûrer de rien. Il les *Variæ E-* exhortoit l'un & l'autre à venir au fecours de *pift. Joan.* l'Italie, & leur faifoit affez comprendre que la *VIII.* récompenfe du fecours feroit la Couronne Impériale. Il tint toûjours ainfi les chofes en balance, jufqu'à tant qu'il fçut que la fanté de Carloman eftoit défefpérée, & qu'il vit Charles en Italie. Alors il luy écrivit, pour le preffer de venir prendre la Couronne Impériale à Rome, & s'avança mefme jufqu'à Ravennes *Epift. 216.* au devant de luy. Mais Charles ne paffa pas plus avant, ayant efté rappellé pour d'autres affaires en deçà des Alpes, & ce ne fut que quelques mois après qu'il alla à Rome. *Epift. 243.*

Quoique Loüis & Carloman euffent efté reconnus pour Rois de France, néanmoins le partage de l'Etat n'avoit pas encore efté fait entre eux; mais dès que le Traité entre le Roy

LOUIS III. CARLOMAN.

de Germanie & les deux Rois eut esté signé, & que le parti du Comte de Paris & de l'Abbé Goslin eut esté abatu par là sans ressource; les deux Princes allerent à Amiens, où en presence d'une Assemblée de Seigneurs François, on fit le partage. Carloman eut l'Aquitaine & la Bourgogne, & je l'appelleray desormais Roy d'Aquitaine. Loüis l'aîné eut la France & la Neustrie, c'est-à-dire, tout le païs qui est compris entre la riviere de Loire, l'Ocean, la Bourgogne & le Royaume de Lorraine qui s'estendoit entre le Rhin, la Moselle & la Meuse, & renfermoit une grande partie des Païs-Bas. Les Seigneurs des deux Etats leur firent hommage & serment de fidelité. On n'eut alors nul égard à Charles fils de la Reine Adelaïde, dont elle estoit enceinte quand Loüis le Begue mourut. Elle n'eut pas assez de credit pour luy faire un parti, & d'ailleurs la Monarchie Françoise en deçà du Rhin estoit déja si diminuée par les usurpations, qu'on n'avoit garde d'en multiplier les partages.

Dans la derniere entrevûë du Roy de Germanie & des deux Rois de France, on estoit convenu que tous les Rois de la Famille de Charlemagne, c'est-à-dire, Loüis Roy de Germanie, Charles le Gros Roy d'Allemagne & d'Italie, Loüis Roy de France & de Neustrie, & Carloman Roy de Bourgogne & d'Aquitaine, se trouveroient ensemble à Gondreville * au mois de Juin, pour deliberer des interests communs, & rendre à la France son ancienne splendeur. Les deux jeunes Rois s'y rendirent. Charles le Gros revint exprés d'Italie pour s'y trouver. Le Roy de Germanie estant dans cet intervalle tombé malade, n'y put venir; mais il y envoya des Deputez pour y assister en son nom.

En cette Conference les deux Rois François confirmerent la cession qu'ils avoient faite de la Lorraine au Roy de Germanie, renoncerent en faveur de Charles le Gros aux droits qu'ils pouvoient pretendre sur l'Italie, & il fut resolu d'un commun consentement qu'on s'aideroit les uns les autres contre les ennemis de l'Etat & de la Maison Royale, c'est-à-dire, principalement contre les Normands, contre Boson usurpateur de la Provence & d'une grande partie du Royaume de Bourgogne, & contre Hugues le Bâtard, fils du Roy Lothaire & de Valdrade.

Ce Traité fut mis aussi-tost en exécution. Le Roy de Germanie avoit une Armée toute preste à marcher. On la donna aux deux jeunes Rois, qui d'abord la conduisirent contre Hugues le Bâtard dans le Royaume de Lorraine. Hugues qui faisoit plustost la guerre en voleur qu'en Prince genereux, sçachant que des Troupes réglées marchoient contre luy, quitta la Campagne pour se retirer dans les bois. Il laissa seulement ce qu'il avoit de meilleures Troupes à Theobalde frere de sa femme, pour harceler l'Armée ennemie; mais celuy-ci se laissa surprendre par Henry & Hugues, Generaux de l'Armée Germanique, & fut taillé en piéces aprés un sanglant combat,

où il perit beaucoup de monde, mesme du parti des vainqueurs.

Comme il ne paroissoit plus d'ennemi de ce costé-là, ils prirent la route de Bourgogne pour en chasser Boson. Ils firent seulement quelques détachemens pour couvrir les Frontieres de France contre les Normands, qui s'estoient emparez de Gand, & faisoient de-là des courses dans tous les Païs-Bas & en France.

Les deux Rois de France arrivérent sur la fin de Juillet en Bourgogne, & Charles le Gros se joignit à eux; ils firent ensemble le siége de Mâcon, où Boson avoit mis une forte Garnison. La Place fut forcée, & le Comté ou Gouvernement en fut donné à Bernard surnommé Plante-vélue. *

De-là les trois Princes allérent mettre le siége devant Vienne, où Boson avoit laissé Hermengarde son épouse avec une bonne partie de ses Troupes, en se retirant avec le reste dans les Montagnes. Le siége dura plus long-temps qu'on n'avoit esperé. Charles le Gros fut obligé de le quitter pour se trouver à Rome à la Feste de Noël, jour qu'il avoit destiné pour recevoir de la main du Pape la Couronne Imperiale, & il renouvella en partant les sermens qu'il avoit faits aux deux Rois des François, de soutenir hautement leurs interests.

Ces Princes continuerent le siége de Vienne, que Hermengarde soutenoit avec toute la vigueur possible, & où les forces des assiégeans furent encore diminuées, par une diversion sur laquelle Boson avoit sans doute beaucoup compté.

Les Normands s'estant emparez de Gand, en avoient fait comme leur Quartier general pour y passer l'hyver. Au mois de Décembre ils surprirent la Ville de Tournay, la pillérent, & se répandirent le long des bords de l'Escaut, où ils mirent tout à feu & à sang. Aprés cette expédition, ils transporterent leur Quartier de Gand à Courtray, qu'ils fortifiérent, & d'où ils continuérent à faire leurs courses dans toute la Flandre. Le lendemain de Noël ils forcérent la Ville de S. Omer, & la réduisirent en cendres. La seule Eglise dédiée en l'honneur de ce Saint échapa à leur fureur, parce qu'elle se trouva bien fortifiée, & fut bien défendüe par ceux qui s'y estoient refugiez.

De-là, sollicitez par un Seigneur François de cette Frontiere nommé Esinbard, que le feu Roy Loüis le Begue avoit maltraité, ils coururent le païs jusqu'à la riviere de Somme, tuant, bruslant & saccageant tout. Ils rabattirent vers Cambray, qu'ils emportérent encore; & qu'ils traitérent comme ils avoient fait les autres Villes; ils retournérent par Teroüane vers la Mer, pillérent S. Riquier & S. Valery, & en remontant la riviere de Somme, s'empareérent d'Amiens & de Corbie.

Les Normands autrefois ne ravageoient guéres pour l'ordinaire que le Plat-païs & les Places ouvertes; mais la consternation des Habitans des meilleures Villes rendoit tout facile à ces Infidéles, & ils n'avoient qu'à paroistre pour y estre reçûs. Alors cette partie des Gaules se trouva

HISTOIRE DE FRANCE.

dans un état tout pareil à celuy où elles avoient esté trois siécles auparavant, lorsque les Gots, les Bourguignons & les autres Barbares y entrérent, & déséférent ces beaux païs & tant de florissantes Villes. Tout cela fut fait avant la fin de Janvier de l'an 881. Ils prirent encore Arras au mois de Février, & le pillérent après un carnage effroyable des Habitans.

An. 881.

Tant de fâcheuses nouvelles obligérent le Roy de France de partir de devant Vienne avec une partie des Troupes, laissant continuer le siége avec le reste par le Roy d'Aquitaine.

Loüis avec son corps d'Armée s'avança à grandes journées vers cette Province, qui depuis fut appellée Picardie, il fortifia ses Troupes des Milices du païs, & se tint pendant quelques mois en deçà de la Somme pour couvrir Paris. Les Normands passérent cette riviere au mois de Juillet avec une nombreuse Armée, où il y avoit beaucoup de Cavalerie, & envoyérent jusques à Beauvais de gros partis, qui désolérent tout ce quartier-là. Ils avoient à leur teste un Général nommé Guaramond, auquel ils donnoient le nom de Roy. Loüis crut alors qu'il falloit tout hazarder, pour ne les pas laisser entrer plus avant. Il alla les rencontrer à Sautour dans le païs de Vimeux, où il leur présenta la bataille, qu'ils acceptérent, & qui fut très-sanglante. La victoire demeura aux François. Neuf mille Normands, la plûpart Cavalerie, restérent sur la Place, & Guaramond fut du nombre. Le reste des Normands repassa la Somme, sans qu'on les poursuivist fort vivement, le Roy appréhendant d'en venir à un second combat, parce qu'il avoit perdu aussi beaucoup de monde.

Chronic. Centulen-se loco citato.

Chronic. Norman. Annales Fuldens. Bertiniani. Chronic. Centulen-se l. 3. c. 21.

Le Roy de Germanie estoit de son costé aussi embarrassé que le Roy de France contre d'autres Normands. Car après avoir ravagé une partie de la Frise, ils estoient venus à Nimégue dont ils s'estoient emparez, & s'y estoient fortifiez pour y passer l'hyver. Loüis de Germanie vint avec une Armée pour les en chasser, mais il fut repoussé. La rigueur de la saison, la situation de la Place, la bonté des retranchemens, la résolution de ceux qui les défendoient, luy firent accepter la condition que les Normands luy proposérent, ce fut, qu'il leveroit le siége ; qu'il s'éloigneroit avec son Armée, & que quand il se seroit retiré, ils quitteroient Nimégue & sortiroient de son Royaume.

Annal. Fuldens.

Annales Metens.

Il se retira donc, & les Normands abandonnérent Nimégue, après y avoir mis le feu, & avoir réduit en cendres le beau Palais que les Rois d'Austrasie y avoient basti autrefois. Ils remontérent sur leurs Vaisseaux, & descendirent le Rhin pour gagner la mer ; mais quelque temps après, une autre Armée de Normands beaucoup plus nombreuse, sous la conduite de deux Chefs Godefroy & Sigefroy, ausquels l'Histoire donne aussi le nom de Rois des Normands, vint se poster sur la Meuse, en un lieu nommé Haslou, & attaquérent Liége qu'ils prirent & bruslérent. Ils prirent aussi Mastric & Tongres, & y exercérent de pareilles cruautez.

Un peu après cette premiere expédition, ils se répandirent dans tout le païs d'entre le Rhin & la Meuse, renversérent de fond en comble Cologne, Bonne, Zulpic, Juliers ; & de-là ils vinrent à Aix-la-Chapelle, qu'ils réduisirent pareillement en cendre, aussi-bien que les Abbayes de Malmedi, de Stavelo, & quantité de Chasteaux & de petites Villes. Jamais on ne vit une pareille désolation.

Comme les Normands continuoient ainsi leurs ravages, les Habitans des Villages & des Bourgs des Ardennes au désespoir de se voir ainsi saccager, s'attroupérent & vinrent les attaquer. Mais ces Troupes très-mal armées, sans discipline, sans Chefs expérimentez conduites par leur seul désespoir, furent aisément mises en déroute. Les Normands en firent un horrible carnage, & pour comble de malheur, Loüis de Germanie mourut sur ces entrefaites.

An. 881.

Ibid.

Ce Prince ne laissa point d'enfans masles. Charles le Gros son frere estoit en Italie, où il venoit de recevoir la Couronne Impériale. Carloman Roy d'Aquitaine estoit encore au siége de Vienne que Hermengarde défendoit avec une opiniastreté surprenante. Le Roy de France avoit assez d'affaires à couvrir les Frontiéres de son Etat du costé de la Somme & de la Meuse, & on ne s'estoit nullement précautionné dans le Royaume de Germanie contre les suites d'une mort aussi imprévûë que celle-là ; de sorte qu'elle augmenta extrèmement le désordre & la consternation causée par les ravages des Normands. Ils ne manquérent pas d'en profiter, d'autant plus que l'Armée Germanique qui estoit déja en marche pour aller contre eux, rebroussa chemin, & que les Soldats se débandérent.

An. 881.

Annal. Fuldens.

Cette nouvelle les réjouït fort. Ils s'estoient attendus jusques-là à une bataille, qu'ils estoient bien résolus de recevoir ; mais ils ne pensérent plus qu'à continuer leurs pillages. Ils laissérent toutefois passer l'hyver, & sur la fin du Caresme, ils marchérent vers Tréves dont ils s'emparérent le Jeudy-Saint, & y demeurérent jusqu'au jour de Pasques, & après y avoir mis le feu, selon leur coûtume, ils en partirent pour aller à Metz. Vénelon qui en estoit Evêque & le Comte Adélard prévoyant bien que la tempeste ne seroit pas long-temps sans tomber sur eux, avoient assemblé des Troupes, & fait une Armée des Milices de la France Austrasienne. Ils allérent au devant des Normands pour les combattre ; mais ils en furent battus, & l'Evêque fut tué dans le combat. Néanmoins les Normands tout victorieux qu'ils estoient, changérent de dessein, laissérent la Ville de Metz, & une partie reprit le chemin de la mer, pour aller charger sur leurs Flotes le prodigieux butin qu'ils avoient fait dans toutes les Villes que j'ay nommées ; & l'autre partie retourna au Camp d'Haslou sur la Meuse.

An. 882.

La Ville de Metz & la plûspart des Seigneurs de cette partie du Royaume de Lorraine, qui avoit esté cédée au défunt Roy de Germanie, voyant Charles le Gros hors d'état de les secourir contre les Normands à cause de son éloignement,

LOUIS III. CARLOMAN.

éloignement, vinrent offrir au Roy de France de réünir leur païs à sa Couronne, & de le reconnoistre pour Roy. Ce Prince ayant proposé l'affaire en son Conseil, elle y fut fort débatuë. Cette partie de la Lorraine n'avoit esté cédée que par force au Roy de Germanie qui venoit de mourir. La cession mesme n'avoit pas esté une cession absoluë & à perpétuité; mais c'étoit seulement comme une espéce d'engagement pour quelque temps, & comme un loüage, *ad locarium*, c'est le mot dont les Historiens se servent. Elle avoit esté possédée par le pere & par l'ayeul du Roy, & les Peuples s'offroient d'eux-mesmes à rentrer sous la domination de France. Il n'y avoit qu'à se présenter pour en estre reçû. L'Empereur Charles le Gros estoit éloigné, le Roy d'Aquitaine occupé contre Boson en Provence ne pouvoit faire aucun obstacle; enfin tout sembloit devoir faire conclure à s'emparer de Metz & des autres Places de cette partie de la Lorraine, dont il s'agissoit. Néanmoins la pluspart des Seigneurs qui étoient de ce Conseil, après avoir tout bien balancé, conclurent à la laisser à Charles le Gros; parce que dans les Traitez qu'on avoit faits avec luy, il y avoit des articles particuliers, selon lesquels il entroit à cet égard dans tous les droits de son frere, en cas qu'il luy survécust. La plus forte raison estoit que dans les conjonctures des affaires, où le Royaume estoit menacé de tous costez de l'invasion des Normands, il n'estoit nullement à propos que l'Empereur & les Rois François se broüillassent ensemble. Ainsi on remercia les Lorrains de leur bonne volonté; mais on ne refusa pas de les défendre contre les Normands, & le Roy leur envoya des Troupes sous le commandement du Comte Théodoric, qui avoit esté Grand Chambellan sous Loüis le Begue, & qui apparemment l'estoit encore sous Loüis III. son fils.

Ce Prince après avoir fait ce détachement, s'en alla avec le reste de l'Armée au-delà de la Seine vers la Loire, pour se joindre au Duc de Bretagne, & aller ensemble combattre les Normands, qui s'estoient jettez dans les païs de la Loire : mais il tomba malade à Tours, & s'estant fait transporter de là à l'Abbaye de saint Denis, il y mourut au mois d'Aoust, & y fut enterré à l'âge de vingt-un à vingt-deux ans. Ce jeune Prince avoit de la valeur, de la conduite, de l'application; mais selon quelques Historiens, il estoit débauché, & ce furent ses débauches mesmes qui luy causérent la mort.

Quand le Roy mourut, Carloman son frere estoit encore au siége de Vienne, qui duroit depuis deux ans. Il reçut la nouvelle de cette mort par les Députez des Seigneurs François, qui l'asseurérent de leur fidélité. Ils le priérent aussi de laisser le soin du siége de Vienne à quelqu'un de ses Généraux, & de se venir mettre à leur teste contre les Normands. Il partit aussi-tost, & vint joindre l'Armée sur la Loire. Il n'y fut pas long-temps sans apprendre la réduction de Vienne par capitulation.

Un des Articles fut, qu'Hermengarde auroit la liberté d'en sortir pour aller à Autun, où Richard frere de Boson commandoit. Elle y fut conduite bien glorieuse, d'avoir soûtenu un siége de deux ans entiers, & fait rallentir par cet obstacle l'ardeur des François, dont la premiere fougue auroit mis en grand danger la fortune de son mari & la sienne.

Carloman estant prest de marcher contre les Normands de la Loire, Hastinge leur Général luy envoya demander la Paix. Le Roy n'en voulut point entendre parler, qu'à condition que ce Général & tous ses Normands sortiroient de France. Hastinge s'y résolut, & se retira à sa Flote avec toutes ses Troupes.

La mort de Loüis III. Roy de France, qui avoit suivi de si près celle de Loüis de Germanie, avoit d'abord jetté les Peuples dans la frayeur, & on avoit fort appréhendé que ce changement de Souverains n'augmentast les désordres de l'Etat; mais quand on vit la prise de Vienne, & les Normands de la Loire hors du Royaume, on commença à bien espérer du Gouvernement de Carloman. En effet, sa puissance de beaucoup augmentée par la réünion de presque toutes les parties de la Monarchie Françoise en deçà du Rhin, le mettoit beaucoup plus en état de chasser tous les Normands hors de France, & de venir à bout de Boson.

Il parut d'abord une fort grande intelligence entre luy & l'Empereur, qui obligea le Pape à abandonner Boson, & à ne se plus mesler des affaires de Provence : il fit mesme enlever en Italie & emmena avec luy en Germanie l'Impératrice doüairiere Ingelberge belle-mere de Boson, qui toute occupée de la grandeur de son gendre, ne pensoit qu'à le conserver dans le rang où les Provençaux l'avoient élevé. C'estoit une victoire que la prise de cette femme, dont l'esprit & les intrigues estoient l'ame de toute cette faction. Mais ce qui augmenta le plus l'espérance des François, fut de voir la maniere dont l'Empereur se comporta à son retour d'Italie.

Après avoir tenu une Diéte générale à Vormes, où il reçut les hommages de ses nouveaux Sujets, il déclara qu'il estoit résolu, à quelque prix que ce fust, de chasser les Normands de tout l'Empire François, & d'y rétablir par ce moyen la tranquillité & la paix.

Pour l'éxécution de ce dessein, il assembla une des plus nombreuses Armées qu'on eust vû de long temps. Il y avoit de presque toutes les Nations de son Empire, des Lombards, des Bavarois, des Allemands, des Turingiens, des Saxons, des Frisons, des François. Tout se rendit à Andernach. L'Armée fut partagée en trois Corps. Le premier, composé des seuls Bavarois, avoit pour Général Arnoul, fils naturel du feu Roy de Germanie. Le second Corps estoit celuy des François de la France Orientale, c'est à-dire, de la Franconie & d'en-deçà du Rhin sur les bords de ce Fleuve. Ce Corps estoit commandé par un Seigneur François nommé Henri. L'Empereur en personne estoit à la teste du troisiéme, beau-

Tome I.   Ggg

HISTOIRE DE FRANCE.

coup plus nombreux que les deux autres. Les deux premieres Armées eurent ordre de prendre les devants. Toutes trois se devoient rendre à Haslou sur la Meuse, où estoit le Camp des Normands, qu'on prétendoit y envelopper. Mais l'employ des deux premieres estoit d'abord de couper les détachemens que les Normands avoient faits selon leur coûtume, pour aller piller en divers endroits, afin de les empescher de rejoindre leur Camp, & de les défaire tous séparément. Ce dessein estoit très-sage; mais la trahison le fit avorter. Les Normands qui avoient des intelligences dans l'Armée des François, furent avertis de tout. Les Partis Normands revinrent promptement à leur Camp, très-peu furent surpris, & l'on ne fit point de quartier à ceux qui le furent.

Toute l'Armée Impériale arriva à la vûë d'Haslou au commencement de Juillet. La Place à qui les Annales de Fulde donnent le nom de Ville, & le Camp des Normands furent aussi-tost investis. Il s'agissoit de les forcer ou de les affamer.

Dans ce Camp estoient enfermez les deux Rois Normands, dont j'ay déja parlé, Godefroy & Sigefroy. Carloman n'estoit point dans l'Armée Impériale, estant occupé du costé de la Loire.

Aprés douze jours de siége, pendant lesquels il se donna une infinité de combats très-sanglans dans les fréquentes & nombreuses sorties que faisoient les Normands, il arriva une chose qui épouvanta également & les assiégez & les assiégeans, & qui fit connoistre que Dieu vouloit encore continuer de chastier la France, où la corruption des mœurs estoit plus grande qu'elle n'avoit jamais esté.

Il avoit fait des chaleurs excessives depuis le commencement du siége, & le vingt-uniéme de Juillet un peu aprés midi, le Ciel se découvrit d'une maniere si extraordinaire, qu'on ne voyoit guéres plus que s'il eust esté nuit. Au milieu de cette obscurité qui inspiroit de l'horreur, des éclairs continuels faisoient voir à chaque moment & de toutes parts tout le Ciel en feu. Ils furent suivis des plus épouvantables tonnerres & d'une gresle si prodigieuse, qu'il y en avoit des grains d'un pouce & demi de tour. Cet orage accompagné de vents & de tourbillons fut si horrible, qu'on ne sçavoit où se mettre à couvert dans les deux Camps. Les chevaux épouventez rompoient leurs attaches, couroient & fuyoient de tous costez, & par la force du houragan, la muraille de la Ville s'ébula en un endroit; de sorte que sans les retranchemens qui se trouvérent derriere, un gros escadron de Cavalerie y auroit pû entrer par la bréche.

Cette tempeste altéra tellement l'air, & en augmenta si fort la corruption causée par les corps de ceux qui avoient esté tuez entre les deux Camps dans les sorties, que l'infection étoit insupportable. Les maladies se mirent dans l'un & dans l'autre. On ne songeoit presque plus à se battre, & c'estoit de part & d'autre une consternation extrême.

Cette situation également fascheuse des deux costez, fit qu'on parla d'accommodement. Les Normands proposérent une conférence qu'on accepta. Sigefroy un des deux Rois Normands, aprés avoir reçû les ôtages qu'il demanda pour sa seûreté, sortit d'Haslou, & vint trouver l'Empereur à trois lieües du Camp. Il proposa en son nom & au nom de ceux des Normands qui dépendoient de luy, de ne faire jamais aucunes courses sur les Terres de l'Empereur, tandis que ce Prince vivroit, mais à deux conditions; la premiere, qu'on luy compteroit incessamment une grosse somme d'argent pour luy & pour ses Soldats; & la seconde, qu'il luy seroit permis de demeurer au lieu où il estoit campé avec ses gens, pourvû qu'il n'entreprist rien désormais sur les Terres de l'Empire. Ce furent là les propositions que fit Sigefroy sur ce qui le regardoit.

Il proposa de la part de Godefroy premierement, qu'on cédast à ce Roy dans la Frise, les Terres que Roric Prince Normand, apparemment un de ses ancestres, avoit autrefois possédées par la donation de l'Empereur Lothaire. Secondement, que Hugues fils naturel de Lothaire Roy de Lorraine fust aussi compris dans le Traité, en renonçant à ses prétentions sur le Royaume de Lorraine, & cela à deux conditions. La premiere, qu'on luy donnast le revenu de l'Evéché de Metz pendant la vacance du Siége. La seconde, que l'Empereur consentist que Godefroy épousast Giselle sœur de Hugues, & pareillement fille naturelle de Lothaire & de Valdrade. Enfin Godefroy offroit de se faire Chrétien, & de recevoir incessamment le Baptesme.

Rien n'estoit plus contraire aux intérests de l'Etat, ni plus préjudiciable à la Maison de France, que les propositions que faisoit Sigefroy, touchant sa demeure & son établissement sur la Meuse, & celuy de Godefroy dans la Frise, & l'alliance de Hugues le Bastard avec ces Princes Normands. Elles furent néanmoins acceptées aprés deux jours de négociation. Le siége d'Haslou fut levé. L'Empereur se retira à Coblents, où il voulut estre parrain du Roy Normand qui reçut le Baptesme, & incontinent aprés les Troupes Impériales furent congédiées.

Jamais il n'y eut de Paix plus honteuse ni plus dommageable aux François que celle-là. Le Roy de France en fut très-mécontent, & se laissant dominer par son chagrin, il envoya peu de temps aprés demander à l'Empereur la partie du Royaume de Lorraine, qui avoit appartenu aux Rois ses prédécesseurs. Cette demande fut très-mal reçûë, & Charles pour luy faire dépit, accorda au Pape la liberté d'Ingelberge, qu'il luy renvoya. Hugues le Bastard reprit aussi le dessein de faire valoir ses prétentions sur l'Etat de Lorraine, & engagea plusieurs Seigneurs dans son parti. Les Seigneurs de Turinge prirent les armes les uns contre les autres, & excitérent au-delà du Rhin une guerre civile. Les désordres d'Italie devinrent plus grands que jamais; parce que les Comtes

CARLOMAN.

ou Gouverneurs n'y avoient guéres plus de soûmission, soit pour le Pape, soit pour l'Empereur.

Charles le Gros pour remédier à ce dernier mal, qu'il crut le plus pressant, passa en Italie, malgré les fascheux mouvemens qui troubloient alors la Germanie, & nonobstant ce qu'il avoit à craindre pour la Lorraine. Il trouva à son arrivée le Pape Jean VIII. mort. Les Histoires Romaines de ce temps-là ne marquent point le genre de sa mort. Les nostres disent qu'il fut empoisonné par un de ses parens, & que le poison ne faisant pas assez-tost son effet, on luy cassa la teste avec un marteau. Ce Pape estoit sur le point de venir en France, pour tascher de reconcilier les Princes entre eux, & les engager à envoyer du secours en Italie contre les Sarazins, qui n'y faisoient pas de grandes conquestes ; mais qui ravageoient tout jusqu'aux portes de Rome. Il eut pour successeur Marin, homme illustre par trois Légations à Constantinople, dont il s'estoit acquitté avec beaucoup d'honneur. L'Empereur & luy se rencontrérent, & s'entretinrent sur les affaires d'Italie, mais assez inutilement, faute de forces & d'autorité, pour réprimer l'audace des séditieux ; & la peste qui désola alors étrangement l'Italie, obligea l'Empereur à repasser au plustost les Alpes.

Annal. Fuldens.

An. 883.

Cependant les Normands sçachant Carloman broüillé avec ce Prince, avec lequel seul ils avoient fait la Paix, recommencérent leurs courses dans le Royaume. Ceux du Camp de Haslou s'avancérent jusqu'à Laon, Soissons, Noyon, où ils mirent tout à feu & à sang. L'Archevêque Hincmar ne se croyant pas en seureté à Reims, en sortit la nuit en Litiere, emportant avec luy la Chasse de S. Remi, & les plus précieux meubles de son Eglise, & se réfugia à Epernay.

Annal. Bertiniani & Fuldens.

Carloman se préparant à marcher contre les Normands, fut surpris de voir plusieurs Seigneurs l'abandonner & se retirer avec toute leur suite, mécontens de luy, parce qu'il n'étoit pas en état de contenter leur ambition, & ne le craignant pas, parce qu'il estoit encore moins en pouvoir de punir leur révolte. Il ne laissa pas d'aller attaquer les Normands avec ce qui luy restoit de Troupes fidéles. Il les battit sur la riviere d'Aisne, & mille demeurerent sur la place. Il en défit encore ailleurs quelques Troupes ; mais d'autres estant remontez sur leurs Vaisseaux, se vangérent bien de leurs pertes, par les descentes qu'ils firent en divers endroits du Royaume.

Chronicon de rebus gestis Norman.

An. 884.

Ils rentrérent ensuite par la Somme avec de si grandes forces, que le Roy n'osa les attendre, & fut obligé de repasser cette riviere. Ils se saisirent de nouveau d'Amiens, & répandirent tellement la terreur par-tout, que ce Prince fut contraint de leur demander la Paix, qu'il n'obtint qu'à force d'argent.

Il assembla néanmoins de nouvelles Troupes, non pas tant pour attaquer ces terribles ennemis, que pour estre plus en état de leur résister, s'ils vouloient recommencer la guerre. Deux ou trois mois après estant à la chasse, & poursuivant trop vivement un Sanglier, il en fut blessé, ou comme quelques autres le racontent, ce fut un de ses gens, qui voulant percer le Sanglier de son javelot, le blessa par malheur luy-mesme à la cuisse, & ce Prince mourut de sa blessure sept jours après. L'Annaliste de Metz qui rapporte les deux maniéres dont ce fait se publia, raconte une chose qui l'éclaircit, & qui est bien honorable à ce Prince. C'est que ce fut luy-mesme, qui pour sauver la vie à celuy par qui il avoit esté blessé, fit répandre le bruit qu'il avoit esté blessé par le Sanglier.

Chronic. de gestis Norman. Annal. Fuldens.

Cette seule action nous fait connoistre le beau naturel de ce Prince, qui avoit déja donné de grandes preuves de son courage en diverses occasions. Il semble que la main de Dieu depuis quelques années s'estoit appesantie sur la Famille de Charlemagne, où dans l'espace de sept ans moururent sept Souverains ; sçavoir, Loüis Roy de Germanie, qui fut bientost suivi de Charles le Chauve, deux fils du Roy de Germanie, sçavoir, Loüis & Carloman, après eux Loüis le Begue fils de Charles le Chauve, & puis Loüis & Carloman fils de Loüis le Begue.

Carloman mourant sans enfans, il ne restoit plus de la branche Carlovingienne de France, qu'un enfant de cinq ans fils de Loüis le Begue & de sa seconde femme Adelaïde, qu'il laissa en mourant grosse de ce petit Prince, nommé Charles. Mais un Roy de cet âge dans les conjonctures fascheuses où l'Etat se trouvoit, ne pouvoit faire éspérer ni assez de secours contre les ennemis du dehors, ni assez d'autorité contre les factions du dedans. Une nouvelle invasion que les Normands se préparoient à faire dans le Royaume, dès qu'ils eurent appris la mort du Roy, ne permit pas aux Seigneurs François de balancer davantage. Ils eurent recours au Prince de la Famille de Charlemagne, qui estoit le moins incapable de secourir la France sur le penchant de sa ruïne.

Ce fut l'Empereur Charles le Gros, à qui ils envoyérent offrir la Couronne de France, en le priant de venir au plustost prendre possession du Royaume, & le défendre contre les ennemis qui estoient prests d'y rentrer.

Annal. Metens. ad an. 884.

Charles vint sans tarder à Gondreville recevoir les hommages & les sermens de fidélité, & se trouva par cet accroissement de sa domination un des plus puissans Princes qui eussent jamais porté la Couronne de France ; Empereur, Roy d'Italie, Maistre de toute la Germanie & de la Pannonie, de toute la France & au-delà des Pyrénées jusqu'à la riviere d'Ebre ; car cette partie de l'Espagne reconnoissoit encore alors la domination Françoise. La guerre qui continuoit toûjours entre les petits Rois Chrétiens de ces quartiers-là & les Sarazins, conserva à la France ce qui auroit pû très-aisément luy estre enlevé, soit par les uns, soit par les autres.

HISTOIRE DE FRANCE.

CHARLES LE GROS EMPEREUR ET ROY DE FRANCE.

SI la capacité du Prince avoit répondu à l'étenduë de son Empire, rien n'auroit esté plus avantageux à la France que la réünion de tous ces Etats sous un seul Chef. Charles pouvoit par ce moyen fondre de tous costez sur les Normands & les accabler. Mais un grand Etat est un grand poids sous lequel un petit génie succombe, & tel estoit Charles.

Avant qu'il eut pris possession du Royaume de France, les Seigneurs François sur l'avis des nouvelles courses des Normands, leur avoient envoyé Hugues l'Abbé, pour leur représenter qu'ils violoient leurs sermens, & agissoient ouvertement contre le Traité qu'ils avoient signé peu de jours avant la mort du Roy.

Annal. Metens.

Ils répondirent qu'ils avoient traité avec ce Prince, & non pas avec ses successeurs, & que si le nouveau Roy vouloit la Paix, il falloit qu'il l'achetast & avec une pareille somme d'argent; & en mesme temps non seulement les Normands de la Meuse, mais encore ceux de la Frise, commencérent à faire leurs ravages ; les premiers du costé de la Somme & dans les Païs-Bas, où ils se saisirent de Louvain, & les autres vers Cologne & dans le Royaume de Lorraine. Néanmoins le Comte Henri un des Généraux de l'Empereur, s'étant avancé de ce costé-là avec des Troupes, les y resserra fort, & les empescha pendant tout l'hyver de s'écarter beaucoup dans leurs courses. Mais ce que les plus sages avoient prévû à l'occasion d'un des articles de la Paix signée à Haslou sur la Meuse, entre l'Empereur & les Normands, ne manqua pas d'arriver.

Par ce Traité, Godefroy Roy des Normands, non seulement entroit en possession d'une grande partie de la Frise; mais encore il prenoit en mariage Giselle sœur de Hugues le Bastard. Jusqu'alors Hugues n'avoit guéres fait la guerre à l'Empereur, qu'avec des Troupes de voleurs & de vagabonds, qui se donnoient à luy; mais par cette alliance ses interests devenoient communs avec ceux des Normands, dont les Armées devoient estre à sa dévotion, & c'estoit là où il visoit pour se rendre formidable.

En effet, dès l'année suivante, quelque temps après que l'Empereur eut esté salüé Roy de France, Hugues reprit son ancien dessein de se mettre en possession du Royaume de Lorraine, comme représentant son pere le Roy Lothaire. Il traita secretement avec Godefroy son beau-frere, & luy promit de luy céder la moitié de cet Etat, pourvû qu'il luy fournist des Troupes autant qu'il luy en falloit, pour en faire la conqueste. Godefroy trouvoit trop son compte à ce Traité pour n'y pas consentir.

An. 885.

Il ne manqua pas de faire venir de nouvelles Troupes de Dannemarc; cependant il ne voulut pas rompre brusquement avec l'Empereur, & sans prendre quelque prétexte de le faire : voici celuy qu'il prit.

Il luy envoya deux Seigneurs Frisons le salüer de sa part : ils luy dirent que Godefroy estoit très-reconnoissant de la grace qu'on luy avoit faite en luy donnant des Terres dans la Frise ; que le païs estoit bon & fertile, mais qu'il ne portoit point de vin ; que c'estoit là une grande commodité qui manquoit à sa Nation; qu'il le supplioit pour suppléer à ce défaut, de luy donner encore Coblents, Andernac, & quelques autres Territoires de ces quartiers-là, où il y avoit des vignes en abondance ; que s'il luy accordoit cette grace, il trouveroit en luy & dans sa Nation une soûmission entiere & un secours toûjours prest contre tous ses ennemis, & mesme contre les autres Normands.

Sa politique estoit, que si on luy accordoit sa demande ; il se trouveroit par la possession de ces Places, comme au centre du Royaume de Lorraine, & qu'il attendroit à loisir les occasions commodes qui se présenteroient de s'en saisir ; que si l'Empereur le refusoit, il auroit au moins quelque sujet apparent de rompre avec luy, & de recommencer la guerre.

Annal. Metens.

Il ne falloit pas estre fort éclairé pour pénétrer ses intentions. L'Empereur les comprit, & après avoir délibéré avec le Comte Henri, homme qui n'avoit pas moins de prudence que de bravoure & d'habileté au métier de la guerre, il répondit en général aux Envoyez du Roy Normand ; que la proposition qu'ils luy avoient faite de sa part méritoit qu'on y sit attention, qu'il luy envoyeroit au pluftoft quelqu'un de son Conseil, pour déterminer avec luy ce qui seroit le plus convenable aux deux Nations, & qu'il le prioit de se souvenir toûjours de la fidélité qu'il luy devoit.

L'Empereur reconnoissoit la faute qu'il avoit faite d'établir un tel ennemi dans son Etat ; mais il estoit bien tard de s'en repentir. On ne pouvoit plus apporter à ce mal que des remédes très-violents & très-dangereux. Ce qu'on avoit cédé de la Frise à Godefroy estoit la Hollande d'aujourd'huy & les païs les plus Septentrionnaux, qui portent encore le nom de Frise. Il estoit impossible de conduire là une Armée, tout le païs estant coupé de rivieres & de marécages & de très-difficile abord. D'ailleurs Godefroy avoit une Flote nombreuse & le Dannemarc derriere luy, d'où il tiroit des Soldats tant qu'il vouloit.

Après avoir long-temps délibéré, il fut résolu, non point d'attaquer Godefroy à force ouverte, mais de tafcher de le surprendre & de s'en défaire. Le Comte Henri se chargea de l'éxécution de ce dessein, & pour cela l'Empereur le nomma pour aller en Frise traiter avec Godefroy sur l'affaire dont il s'agissoit.

Le Comte avant que de partir, envoya ordre à quantité d'Officiers Vestphaliens dont il estoit seûr, de s'approcher avec le plus de Soldats qu'ils pourroient de l'Isle de Betau, où se devoit tenir la Conférence, mais de ne pas marcher en Troupe, pour ne point donner de défiance. Il passa par Cologne, & prit avec luy Vilbert Evéque de cette Ville-là, homme vénérable par son âge, & tout propre à faire croire qu'on ne méditoit rien de violent dans une députation, où l'on luy donnoit part.

Annales Metens.

Si-tost que Godefroy les sçut proche de l'Isle de Betau, il alla les attendre en un lieu nommé alors Hérispich, à l'endroit où les deux bras du Rhin se séparent pour former cette Isle, & où est aujourd'huy basti le Fort de Skenk. Ils n'entrérent pas plus avant, & ce fut là que se tint la Conférence, qui se passa presque toute entiére en plaintes de part & d'autre sans rien conclure. Sur le soir on se sépara, & l'on se promit réciproquement de se revoir le lendemain. L'Archevêque & le Comte Henri repassérent la riviére, leur logement estant au-delà.

Le Comte qui n'avoit rien communiqué de son dessein à l'Archevêque, & qui ne vouloit pas qu'il fust présent à l'action qu'il méditoit, l'avoit prié de traiter avec Gisèle femme de Godefroy, pour l'engager à porter son mari à la Paix, tandis que luy négocieroit avec ce Prince. Gisèle qui avoit beaucoup de respect pour l'Archevêque, luy promit de l'aller voir chez luy le jour suivant, & ne manqua pas de s'y rendre.

Il y avoit proche de l'Isle de Betau un Seigneur nommé Everard, Vassal de l'Empereur, & mécontent de Godefroy qui avoit éxercé de grandes violences sur ses Terres. Le Comte Henri le mena avec luy à la Conférence, & luy dit qu'il pouvoit faire hardiment ses plaintes en présence de Godefroy, des injures qu'il en avoit reçûës; l'asseûrant qu'il estoit autorisé de l'Empereur pour les écoûter. Henri dans cette seconde Conférence se sit bien accompagner, ayant pris avec luy bon nombre de gens résolus, sous prétexte de sa seûreté. Quantité de ces Officiers & Soldats Vestphaliens dont j'ay parlé, estoient entrez la nuit dans l'Isle, & ils s'estoient rendus proche du lieu de la Conférence prests à éxécuter ses ordres.

Henri sçavoit qu'Everard estoit un homme hardi, & qu'il haïssoit à mort Godefroy. Il luy dit en allant à la Conférence. Seriez-vous homme à vous venger de vostre ennemi, en cas qu'il eust encore l'insolence de vous braver comme il a fait jusqu'à présent ? En doutez-vous, reprit Everard ? & pour peu que je sois soûtenu, je suis prest à luy donner de mon épée au travers du corps. Faites, reprit le Comte, vous serez soûtenu : & en mesme temps il luy dit toutes les mesures qu'il avoit prises, afin que Godefroy ne luy échapast point.

Quand on se fut assemblé, & que Godefroy eut commencé la Conférence, Everard qui estoit fort proche de luy l'interrompit, & dit qu'avant toutes choses, il demandoit justice à l'Empereur des ravages qu'on avoit faits sur ses Terres, & de la maniere indigne dont on l'avoit souvent traité. Godefroy offensé de cette hardiesse, regarda Everard d'un air menaçant, & le traita d'insolent. Alors Everard mettant sur le champ le sabre à la main, fondit sur luy avec tant de promptitude, qu'il l'abatit à ses pieds d'un coup qu'il luy donna sur la teste, avant qu'il eust pû se mettre en défense.

En mesme temps chacun tira l'épée, & une partie des gens du Comte Henri s'estant jettée sur Godefroy, l'acheva, en le perçant de plusieurs coups, tandis que l'autre donnant sur les Normands de sa Garde, qui ne s'attendoient à rien moins, les massacrérent tous. Henri aussi-tost donna le signal dont il estoit convenu; tous les Soldats Vestphaliens sortirent de leurs embuscades, & vinrent se joindre à la Troupe du Comte, qui avec cette escorte, parcourut toute l'Isle, beaucoup moins peuplée qu'elle n'est aujourd'huy, & sit passer au fil de l'épée tout ce qui s'y trouva de Normands.

Peu de jours après, Hugues le Bastard fut aussi arresté à Gondreville, où l'on avoit trouvé moyen de l'attirer. On luy creva les yeux par ordre de l'Empereur. Ensuite on le renferma dans le Monastére de S. Gal. On l'en fit depuis sortir & revenir dans le Royaume de Lorraine; & enfin on le fit Moine en l'Abbaye de Prum dans la Forest d'Ardennes. « C'est moy-mesme, dit l'Historien Reginon, qui étant alors Abbé de ce Monastére, luy coupai les cheveux, & il mourut peu de temps après. »

An. 885.

« Regino, ad an. 885.

L'Histoire ne dit point quelle suite eut la mort de Godefroy au regard des Normands, qui estoient établis dans la Frise, s'ils en furent entiérement chassez, s'ils la quittérent d'eux-mesmes, ou s'ils y demeurérent; mais quels ef-

HISTOIRE DE FRANCE.

fets funestes pour la France, cette trahison n'eut-elle pas!

Les Normands ne cherchoient pas toûjours des prétextes pour rompre la Paix; mais ils n'avoient garde de manquer à faire valoir celuy-ci. Sigefroy avec ceux de cette Nation qu'il commandoit, s'estoit venu poster à Louvain sur les confins du Royaume de France, & du païs qu'on continuoit toûjours d'appeller le Royaume de Lothaire ou de Lorraine. Il fit aussi-tost après la mort de Godefroy des ravages effroyables dans les deux Royaumes; & enfin il tourna ses plus grands efforts du costé de la France.

Regino.

Malgré les Forts que les François avoient bastis en divers endroits, Sigefroy passa non seulement la Somme; mais encore il s'avança jusqu'à Pontoise. Il avoit donné rendez-vous en cet endroit à une autre grande Armée de Normands, qui entrerent dans la Seine, & qui joints à ceux qui occupoient déja plusieurs postes sur cette riviere, qu'on avoit négligé de garder, la monterent dans quantité de bateaux, & entrerent dans la riviere d'Oise au mois de Novembre.

Chronic. de gestis Norman. Asser.

Quand ils furent tous joints, ils assiégerent le Chasteau de Pontoise. Il fut défendu par un Seigneur François nommé Aledran, qui après une assez forte résistance, se voyant sans espérance de secours & prest d'estre forcé, capitula, & par la Capitulation eut la liberté de se retirer à Beauvais avec tous ses gens. Les Normands après avoir pillé la Place, y mirent le feu. Cette prise n'estoit qu'une disposition à un grand dessein qu'ils avoient, qui estoit de se rendre maistres de Paris. Ils arriverent par eau & par terre devant la Place sur la fin de Novembre de cette année 885. selon quelques anciennes Chroniques; car selon d'autres, il paroist que ce siége ne fut commencé qu'en 886.

An. 885.

On a pû remarquer depuis long-temps dans cette Histoire, que dans toutes ces inondations de Normands, les Chefs des diverses Troupes qui abordoient en France, n'avoient pas toûjours de subordination entre eux. Plusieurs mesme portoient en mesme temps parmi eux le nom de Roy. Tel estoit ce Godefroy qui fut cette année assassiné en Frise. Tel estoit ce Sigefroy qui venoit de prendre Pontoise. Tels estoient encore quelques autres qui s'unirent avec luy pour prendre Paris. Entre ces Chefs, Sigefroy estoit ou le plus considérable, ou un des plus considérables, & avoit le Commandement général.

Abbo de obsidione Parisiensi. Lib. 2.

Il voulut avant que d'en venir à la force ouverte, tenter la voie de la finesse & de la surprise. Il demanda à parler à l'Evêque de Paris, qui s'appelloit Goslin. Il ne fit point de difficulté d'entrer dans la Ville. Il fut conduit au Palais Episcopal, & affecta de saluer le Prélat avec beaucoup de respect. Il le pria de donner passage à ses Troupes au travers de la Ville, & à ses Vaisseaux par dessous les Ponts, l'asseûrant que dans ce passage on ne commettroit pas le moindre désordre.

L'Evêque qui avoit bien prévû la demande qu'on luy feroit, & qui avoit consulté avec le Gouverneur & les principaux de la Ville, sur la réponse qu'il devoit faire, répondit à Sigefroy en ces termes. » Seigneur, l'Empereur « Charles, dont vous connoissez la puissance, « m'a chargé, & a chargé tous les Seigneurs qui « sont ici, de la garde de cette Ville. Elle est la « Capitale du Royaume; tout le bonheur & tout « le malheur de l'Etat en dépendent, nous en « sommes responsables, & quelques droites que « nous croyons que soient vos intentions, nous « ferions contre nostre devoir & contre la pru- « dence d'y introduire tant de Troupes étrangé- « res. Nous ne pouvons vous accorder le passa- « ge que vous demandez, & en vous refusant, « nous faisons ce que vous feriez vous-mesme, si « vous estiez en nostre place. «

Ibid.

Sur cette réponse, Sigefroy prit un autre air & un autre ton. Vous me refusez, dit-il au Prélat, en le menaçant de la main, vous me refusez le passage, mon épée me l'ouvrira. Dès demain nous verrons si vos Tours sont à l'épreuve de mes Machines & de la vaillance de mes Soldats. Il se retira sur le champ, résolu de commencer incessamment l'attaque de la Ville.

Lorsque Paris soûtint ce siége, qui fut une des choses des plus mémorables du siécle dont je parle, il n'estoit pas alors comparable en grandeur à ce qu'il est aujourd'huy. Tout ce vaste terrain des deux bords de la riviere lequel s'étend en long & en large du costé du Septentrion depuis les Tuilleries jusqu'à l'Arsenal, & du costé du Midi, depuis le Pont Royal jusqu'à la Porte S. Bernard, tous ces grands espaces maintenant si peuplez & si bien bastis, ne faisoient pas partie de Paris, mais estoient presque tous en marécages, en bois & en campagnes. La seule Isle qu'on appelle aujourd'huy la Cité, où est l'Eglise de Nostre-Dame, faisoit toute la Ville de Paris. Elle avoit communication avec le continent par deux Ponts de bois, dont l'un basti sur le grand bras de la riviere du costé du Septentrion, se terminoit à une Tour à l'endroit où est aujourd'huy le Grand Chastelet: cette Tour qu'on avoit commencé à bastir, n'estoit pas encore achevée, mais fort avancée, & lorsqu'on se vit sur le point d'estre assiégé, on l'éleva avec de la Charpente, à peu près à la hauteur qu'elle devoit avoir; l'autre Pont du costé du Midi sur le petit bras de la riviere, aboutissoit à l'endroit où est le petit Chastelet; où il y avoit aussi une Tour qui servoit de Fortification & de défense au Pont. L'enceinte de la Place n'estoit pas alors plus grande; elle n'en estoit pas moins difficile à prendre; mais ce qui faisoit sa principale force, estoit le courage de ceux qui étoient dedans.

Ibi.

Le Comte ou Gouverneur de la Ville estoit Odon ou Eudes, qui fut depuis Roy. Il estoit fils du fameux Robert le Fort, qui fut tué en combattant contre les Normands sous le Régne de Charles le Chauve. Il avoit avec luy Robert son frere, le Comte Ragenaire, Aledran, qui venoit de défendre le Chasteau de Pontoise, & plusieurs autres des plus braves hommes de l'État.

L'Evêque Goslin n'anima pas seulement son Peuple par ses exhortations durant ce siége, mais encore par sa bravoure, dans la pensée qu'en combattant dans une guerre sainte pour des Chrétiens contre des Payens, il ne faisoit rien de contraire à la sainteté de son caractére, & à la bénignité Episcopale. Il étoit secondé par un neveu, homme de cœur, nommé Eble, qui tout seculier & tout Soldat qu'il estoit, avoit des Abbayes, & portoit le nom d'Abbé, comme plusieurs autres de ce temps-là. C'estoient là comme les Chefs des Troupes qui défendirent la Place, & dont il est le plus parlé dans la Relation de ce siége.

Sigefroy ne fut pas plustost retourné à son Camp, qu'il commença à tout disposer pour l'attaque. Son Armée estoit de quarante mille hommes. Les Normands qui l'estoient venu joindre, avoient monté la riviere avec sept cens batteaux, à qui l'on donnoit dès-lors le nom de barques *. Ils estoient assez grands pour aller sur mer, & assez peu profonds pour pouvoir monter la Seine jusqu'à Paris. Ils en avoient beaucoup d'autres plus petits, de sorte que la Seine au-dessous de la Ville en estoit toute couverte dans l'espace de plus de deux lieuës.

Ils avoient transporté dans ces batteaux toutes sortes de Machines, pour battre la Tour qui défendoit l'extrêmité du grand Pont du costé du Septentrion; & le lendemain dès le matin, on vit sur la riviere une grande quantité de batteaux pleins de Soldats, qui faisoient front au Pont & à la Tour, & grand nombre de bataillons sur le rivage, leur dessein estant d'attaquer la Tour par terre & par eau.

Dès que le signal fut donné, les Ballistes ou Pierriers commencérent à tirer pour ruiner les creneaux & toutes les défenses de la Tour, & en mesme temps les Troupes de terre & celles des batteaux s'estant avancées, firent l'attaque avec la fronde & les fléches. On se défendit avec les mesmes armes de la Tour & du Pont; quelques Vaisseaux s'approchérent jusqu'au pied de la Tour à l'entrée du Pont. On se batit là à coup de main. L'Evêque de Paris y fut blessé d'une fléche; son Ecuyer y fut tué d'un coup d'épée. Cet assaut dura tout le jour. Il y eut un très-grand nombre de gens tuez de part & d'autre; mais la perte fut beaucoup plus considérable du costé des assaillans.

Cependant les Pierriers avoient mis la Tour en très-mauvais état. Tous les parapets avoient esté ruinez, la plate-forme & le haut de la Tour s'estoient ébouléz, & l'on ne pouvoit plus mettre d'Archers pour tirer contre l'ennemi, qu'à quelques fenestres. Néanmoins comme les fondemens estoient bons, on répara en partie tout le dommage pendant la nuit. Le Gouverneur ayant prévû ce qui estoit arrivé, avoit donné ses ordres pour préparer une bonne charpente de poutres & de soliveaux, qu'il fit transporter sur le haut de la Tour, & dont il fit faire comme un double étage presqu'à la mesme hauteur qu'avoit esté la Tour, & y postà des Soldats qui n'y estoient guéres moins couverts que derriere des creneaux.

Le lendemain dès le grand matin les Normands revinrent à l'assaut avec la fléche & la fronde, & les Pierriers recommencérent à tirer contre la Tour. On avoit aussi élevé des Pierriers sur le Pont, qui démontérent plusieurs de ceux de l'ennemi.

Sigefroy pendant la nuit avoit fait faire des galeries couvertes à la maniére ordinaire dans les siéges de ce temps-là; à la faveur de ces galeries on approchoit de la muraille à couvert, pour la saper par le pied, ou pour la renverser avec le Bélier. Ces galeries devoient estre solides, pour ne pas en estre crevées par les grosses pierres qu'on faisoit rouler dessus du haut des murailles, & on les couvroit ordinairement de peaux de bestes fraîchement écorchées, pour empescher qu'on n'y mist le feu.

Le Gouverneur s'estoit muni de toutes les choses nécessaires pour renverser ces galeries; & les ayant rompuës en quelques endroits, il fit jetter quantité de poix fondue & d'autres matiéres enflammées sur ceux qui se trouvérent au pied de la muraille: plusieurs en furent grillez, d'autres pour éteindre le feu qui avoit pris à leurs habits, se jettérent dans la riviere; mais rien n'estoit capable de rallentir la fureur de ces fiers ennemis.

Durant l'assaut, la Cavalerie arriva au Camp revenant du pillage. Sigefroy pour épargner son Infanterie, que ces deux assauts avoient déja beaucoup fatiguée, fit mettre pied à terre aux Cavaliers, & amena ces gens tout frais au combat. Odon & l'Abbé Eble y firent des prodiges de valeur, l'un & l'autre tuérent de leur main plusieurs des ennemis dans des sorties qu'ils firent sur ce nouveau renfort, & Eble dont la force estoit extraordinaire, fit des exploits qui jettoient la terreur dans tous les endroits où il passoit. Les Normands furent repoussez avec grande perte; mais dans le temps que les François se réjouïssoient de leur victoire, & que sur le Pont & sur les murailles de la Ville, tout retentissoit de cris de joye, il arriva un accident qui fit bien changer de contenance aux Habitans. La muraille de la Tour du costé des ennemis, soit qu'elle eust esté ébranlée par les Pierriers qui tiroient sans relasche, soit qu'elle eust esté sapée en quelques endroits, s'écroula tout à coup, & il s'y fit une si grande bresche, qu'on voyoit de dehors jusques dans l'intérieur de la Tour.

Ce débris & la confusion qu'il causa parmi les assiégez, firent reprendre cœur aux Normands, que leurs Chefs ramenérent à l'assaut. Il fut encore soûtenu avec toute la vigueur possible, tandis que de dessus le Pont on tiroit contre eux un grand nombre de Pierriers, dont les coups ne portoient guéres à faux : de sorte que désésperant de forcer la bresche toute grande qu'elle estoit, ils prirent le parti de mettre le feu à la Tour.

Ils amafférent au pied quantité de bois, de pailles & d'autres matieres combuftibles qu'ils allumérent. Ce feu fut fi grand & fi embrafé, que tout eftoit perdu, fi le vent avoit donné contre la Tour ; mais par un très-grand bonheur il portoit la flamme du cofté des ennemis, & l'éloignoit de la Tour, & comme c'étoit fur le bord de la riviere, & que le Comte Eudes donnoit fes ordres avec beaucoup de préfence d'efprit, on éteignit le feu à force d'eau. Les ennemis voyant tous leurs efforts inutiles, perdirent courage de nouveau, & commencérent à lafcher le pied : il en demeura dans cette occafion trois cens fur la place. Les affiégez y firent une perte confidérable par la mort de Robert frere du Comte Eudes. Il fut percé d'un coup de javelot, & éxpira fur le champ. C'eft ainfi que fe paffa le dernier jour de Novembre.

An. 885. ou 886.

Sigefroy & les autres Généraux Normands appréhendant que leurs Troupes ne fe rebutaffent, difcontinuérent les attaques durant quelques jours, pendant lefquels, pour les ranimer, ils les menérent au pillage de tous côtez aux environs de Paris, où il fe commit des excès & des cruautez qu'on ne peut lire fans horreur. Ils dépeuplérent tout le païs, en maffacrant fans miféricorde hommes, femmes, enfans, emmenant en captivité ceux à qui ils accordoient la vie, les autres qui échapoient à leur fureur fe fauvoient dans les bois, dépoüillez de tout, & faute de vivres, la plufpart y périffoient.

Ils travaillérent encore pendant ce temps-là à fortifier leur Camp contre les fecours qu'ils fçavoient qu'on préparoit dans les Provinces. Il y avoit une Garnifon Françoife dans l'Abbaye de S. Germain des Prez qui les incommodoit. Ils firent tout autour de cette Abbaye une éfpéce de circonvallation avec des Forts, où ils mirent des Troupes, pour empefcher les courfes de cette Garnifon.

Ibid.

Enfin defefpérant de forcer les affiégez, tandis qu'ils auroient l'avantage de tirer fur eux de haut en bas, ils baftirent une Machine de bois en façon de Tour à plufieurs étages, qui avoit une éfpéce de toit bien couvert & bien folide. On la faifoit marcher avec des roües, elle pouvoit contenir foixante hommes armez, qui tandis qu'on donneroit un nouvel affaut à la Tour, devoient tirer des fléches contre ceux qui la défendoient, & faciliter par là l'approche des affaillans. Ils firent de nouvelles galeries, & difposérent tout pour donner un affaut général à la Tour, au Pont & à la Ville mefme.

En effet, quelques jours après le dernier affaut, la Seine parut dés le matin toute couverte de Soldats dans des batteaux, comme s'ils euffent voulu infulter en mefme temps la Ville & le Pont, & ils commencérent à tirer contre la Ville quantité de boulets de plomb de leurs Pierriers, qu'ils avoient élevez fur des barques.

Le Gouverneur ayant fait fortir de la Ville un affez grand nombre d'Infanterie, partagea ce Corps en trois Bataillons. Il deftina le plus gros à la défenfe de la Tour, pour foûtenir & pour relever ceux à qui on avoit confié la garde de ce Pofte. Il mit les deux autres fur le Pont pour repouffer les ennemis, s'ils l'attaquoient, & on borda auffi le Pont de ces Balliftes qui lançoient des pierres & des dards. Mais ce n'eftoit du cofté de la Ville & du Pont que de fauffes attaques, pour partager l'attention des Commandans. Le grand effort eftoit deftiné contre la Tour.

La Tour de bois dont j'ay parlé, fut pouffée par les Normands fort près de l'attaque ; mais elle fut bien-toft démontée par les Pierriers des affiégez, & rendüe inutile. Les affiégeans avoient fait un détachement de mille hommes pour monter à la bréche, dont les François avoient eu le temps de rendre l'abord plus difficile par de nouveaux retranchemens, qu'ils avoient faits à l'entrée de la Tour. Ces mille hommes eftoient partagez en plufieurs pelotons, qui fe foûtenoient les uns les autres, afin que les fuivans fuccédaffent à ceux qui les précédoient ; ils firent pendant quelque temps un fi puiffant effort, que peu s'en fallut que la Tour ne fuft emportée : mais enfin ils furent repouffez avec une très-grande perte.

Ibid.

La nuit fuivante à la faveur de leurs galeries, ils s'occupérent uniquement à combler entiérement le foffé avec des fafcines, des pierres, de la terre, & comme il eftoit profond, & que les fafcines vinrent à leur manquer, ils y jettérent le matin tous les chevaux morts du Camp, des bœufs, des vaches qu'ils tuérent exprés pour cela ; & ce fut à cette occafion, que ces barbares firent une chofe qu'on a horreur de raconter. Ils avoient fait dans leur derniere courfe une grande quantité de Captifs ; ils les amenérent, les égorgérent à la vûë des François qui gardoient la Tour, & jettérent leurs corps dans le foffé pour aider à le remplir.

L'Evêque de Paris qui fut un de ceux qui affiftérent à cet effroyable fpectacle, fremit d'horreur, & prit Dieu à témoin de cette cruelle boucherie. Il invoqua fa juftice contre ces hommes dénaturez, & faifi d'un zéle plus guerrier qu'Epifcopal, il perça fur le champ d'un coup de fléche un Soldat, qui tomba mort dans le foffé avec ceux qu'il venoit d'égorger.

Ibid.

Tout le jour fe paffa à combler le foffé & la nuit fuivante à avancer les galeries jufqu'au pied de la Tour. Ils commencérent à la battre fous ces galleries avec trois Beliers par trois coftez, du cofté de l'Orient, du cofté de l'Occident, & du cofté du Septentrion. On fçait que le Bélier eftoit une groffe poutre, dont un des bouts eftoit ferré, & avoit en quelque façon la forme d'une tefte de Bélier. On le fufpendoit en l'air, le bout ferré du cofté de la muraille, contre laquelle plufieurs hommes l'ayant mis en mouvement, le pouffoient de toutes leurs forces pour la fracaffer & la renverfer.

Ibid.

Les affiégez de leur cofté bien préparez, mirent en ufage leurs Machines défenfives, & entre autres une qui confiftoit en une longue & groffe poutre ferrée en pointe par le bout,
qu'ils

CHARLES LE GROS EMPEREUR.

qu'ils faisoient joüer & tomber perpendiculairement avec violence à diverses reprises sur les galleries, pour les percer & les rompre; & après les avoir ébranlées avec cet instrument, ils faisoient tomber dessus de tres-grosses pierres ou d'autres choses fort pesantes pour les écraser avec tous ceux qui estoient dessous. Ils réüssirent, ils creverent les galleries, & empescherent presque tout l'effet des Beliers, & les ennemis furent obligez de quitter cette attaque.

Hors d'esperance de forcer la Tour, ils tenterent un autre moyen. Ils voyoient que ce poste n'estoit si fort & si difficile à emporter que par le courage de ceux qui le défendoient, & qu'il estoit sans cesse rafraîchi par les Troupes de la Ville; c'est pourquoy ils se mirent en devoir d'en rompre la communication en bruslant le Pont.

Ils prirent donc trois de leurs plus gros Vaisseaux, & en firent des espéces de Bruslots. Ils les remplirent de paille, de bois, & d'autres matiéres combustibles. Ils les placérent assez prés du Pont, & puis ils y mirent le feu. Plusieurs hommes escortez par des Soldats les tiroient avec des cordes tout le long du bord de la riviére, pour les faire aller sous le Pont du costé de la Tour attaquée, afin de mettre en mesme temps le feu au Pont & à la Tour.

Ce dessein & ce spectacle allarmérent extrêmement la Ville, qui en apprehendoit avec raison les suites. On alla avec empressement au Tombeau de S. Germain, autrefois Evêque de Paris, pour luy demander son secours. De tous costez, de dessus les murailles, de dessus le Pont & de la Tour on entendoit le Peuple & les Soldats crier & invoquer le nom de S. Germain. Leurs vœux ne furent pas inutiles. Dés que ceux qui conduisoient les batteaux les eurent abandonnez, aprés les avoir poussez contre le Pont, ils furent portez, soit par le courant de l'eau, soit par le vent contre une espece d'estacade ou d'éperon de pierre qui servoit comme d'arboutant pour soûtenir le Pont, où l'on pouvoit descendre de dessus le Pont mesme : on y accourut, les plus hardis monterent sur les Vaisseaux, en éteignirent le feu, & les amenerent en triomphe à la Ville.

Aprés tous ces mauvais succés, il y avoit lieu d'esperer que les Normands abandonneroient enfin leur entreprise. On estoit à la fin de Janvier, & le siége avoit déja duré cinq ou six semaines, sans qu'il fust guéres plus avancé que le premier jour. En effet, le lendemain de la tentative du Pont, avant le lever du Soleil, les ennemis retirérent des fossez de la Tour, la plusport de leurs Machines & les materiaux de leurs Galleries. Mais ce n'estoit qu'à dessein de reprendre haleine, & de faire quelques courses pour se fournir de vivres & de fourage, & remplir les Magazins du Camp. Durant cette espéce de suspension d'armes, il arriva un malheur qui causa bien de la douleur aux Parisiens.

Du costé opposé à celuy de la grande attaque, c'est à dire au Midi, où le plus petit bras de la riviére couloit entre la Ville & la Campagne, il y avoit aussi un Pont défendu pareillement par une Tour qui estoit, comme j'ay dit, à peu prés où est aujourd'huy le petit Châtelet. Le debordement de la riviére au commencement de Février fut si grand & si violent, qu'elle emporta le Pont qui faisoit la communication de cette Tour avec la Ville.

Les Generaux Normands n'eurent pas plustost apperçû ce débris, qu'ils détachérent promptement quantité de Soldats pour passer la riviere dans des batteaux, afin de faire l'attaque de la Tour avec ceux qui estoient déja de l'autre costé. Il n'y avoit que douze hommes dedans, parce que les ennemis ne paroissoient pas vouloir faire aucun effort de ce costé-là; mais c'estoient tous gens de cœur. On les somma en vain de se rendre. On présenta l'escalade, mais inutilement. Il en coûta la vie aux plus hardis des ennemis. Enfin pour ne pas s'exposer à perdre plus de monde, il pousserent la nuit un Chariot chargé de bois & de paille contre la porte de la Tour, & y mirent le feu.

Le petit nombre de ceux qui estoient dans la Tour, & le défaut des choses necessaires pour éteindre le feu, fit qu'il gagna les dedans, & qu'ils furent contraints de l'abandonner. Ils en sortirent, & se retirérent sur le bout du Pont, qui n'avoit point esté emporté par la riviere. Il n'y avoit point à reculer davantage; il falloit périr ou se rendre. On les accabloit de fléches & de pierres; mais personne n'osoit approcher à la longueur de l'épée ou du javelot. N'estant ainsi attaquez que de loin, tout ce qu'ils pouvoient faire estoit de se couvrir de leurs boucliers déja tout herissez de fléches ou fracassez par les coups de pierres.

Comme ils estoient en cette extremité, quelques-uns des ennemis leur criérent de se rendre, & qu'on leur promettoit la vie. Ils n'avoient point d'autre partie à prendre. Ils accepterent l'offre qu'on leur faisoit; mais ils ne se furent pas plustost laissé approcher, qu'on les saisit, on leur osta leurs armes, & le Commandant ordonna qu'on les passast au fil de l'épée, excepté un qu'il fit séparer des autres.

Celuy qui fut ainsi épargné se nommoit Ervé. C'estoit un homme d'un port majestueux, & dont tout l'extérieur marquoit une personne de qualité. On vouloit le réserver pour luy faire payer sa rançon & celle de tous les autres. Mais il s'échapa des mains de ceux qui le tenoient, & sauta l'un son épée, en criant, traîtres, vous voulez que je survive à mes compagnons pour me faire vostre esclave; je periray, mais auparavant quelqu'un de vous perira encore par ma main. On ne luy en laissa pas le temps; il fut percé en un moment de plusieurs coups, & jetté à la riviere comme les autres, à la vûë d'une infinité de gens qui regardoient de dessus les murailles de la Ville ce triste spectacle, sans pouvoir y donner que des cris, des larmes & de gémissemens inutiles. La Tour dés le lendemain fut rasée.

Quelques jours aprés cette action, les Pa-

HISTOIRE DE FRANCE.

risiens crurent le siege levé, parce qu'ils virent un très-grand Corps des ennemis décamper du costé de la grande attaque; mais ce n'estoit que pour aller à leur tour chercher du butin, qu'ils décampoient.

Ibid. Eble ce vaillant neveu de l'Évêque de Paris les voyant éloignez, fit une sortie sur le Camp avec peu de monde, il y mit le feu en plusieurs endroits. Quelques Troupes d'ennemis beaucoup plus nombreuses que la sienne parurent pour l'envelopper; mais il fit toûjours dans sa retraite si bonne contenance, qu'ils n'oserent l'approcher.

Au reste, ceux qui partirent du Camp de devant Paris pour aller ravager le païs d'entre la Seine & la Loire, n'y rentrerent pas tous. Ils voulurent en passant emporter Chartres d'emblée, mais ils y furent très-maltraitez par deux braves Capitaines Godefroy & Odon, qui leur tuérent quinze cens hommes sur la place. Ils ne furent pas plus heureux dans l'attaque du Mans & de quelques autres Villes, & ils furent repoussez presque par-tout.

Quelque vigoureuse que fut la résistance des Parisiens, il auroit pourtant fallu enfin succomber: & quelques déterminez qu'ils fussent à périr plustost que de se rendre, il falloit pour soûtenir cette résolution, au moins quelque éspérance de secours.

L'Empereur avoit bien des affaires au-delà du Rhin & au-delà des Alpes, où les divisions des Seigneurs les plus puissans, & leur peu de soûmission causoient beaucoup de désordres. Le Pape Etienne V. l'avoit engagé à faire un voyage en Italie, nonobstant le danger où étoit Paris. Mais il donna ordre en partant au Comte Henri, celuy qui avoit surpris le Roy des Normands dans la Frise, d'assembler le plus qu'il pourroit de Troupes, pour jetter quelque secours d'hommes & de vivres dans la place.

Annales Fuldens.

Ce Comte se mit en marche au mois de Février, & arriva à quelques lieuës de Paris, sans avoir rencontré aucuns ennemis sur sa route. Après avoir reconnu le païs, & donné avis de son arrivée au Gouverneur, il s'approcha la nuit du Camp ennemi, y donna l'allarme en divers endroits par où il le fit attaquer avec grand bruit, tandis que d'un autre costé que les ennemis avoient abandonné, pour courir aux postes attaquez, il conduisit luy-mesme un Convoy de vivres dans la Ville, où il laissa aussi des Soldats.

Abbo L. 2. de obsid. Paris.

Henri sortant de la Ville avec ce qu'il ramenoit de Troupes, causa une nouvelle allarme dans le Camp. Les Normands voulurent le couper, mais ceux de la Tour, pour favoriser sa retraite, ayant fait une grande sortie, où les ennemis furent très-mal menez, il passa sur le ventre à tout ce qui s'opposa à son passage.

Ce renfort donna autant de cœur aux assiégez, que d'inquiétude aux assiégeans. Sigefroy eut recours à la finesse, & fit proposer une entrevûë au Comte Eudes. Le Comte sortit de la Tour, & s'avança au-delà du fossé où Sigefroy l'attendoit.

Après qu'ils eurent parlé quelque temps ensemble seul à seul, le Comte s'apperçut que quelques Soldats ennemis se couloient l'un après l'autre dans des chemins creux. Il fit trop tard cette réflexion; car il se vit investi dans le moment; mais mettant aussi-tost le sabre à la main, il se fit passage au travers de ces traitres, qui le poursuivirent jusques sur le bord du fossé: ils en furent repoussez par des Soldats de la Tour, qui sortirent sur eux dès qu'on eust reconnu la trahison.

Sigefroy voyant son coup manqué, la Ville ravitaillée, la Garnison renforcée, & gagné à ce que l'Historien donne à entendre, par l'argent que luy donna l'Evêque de Paris, fut d'avis de lever le siége, & le proposa dans le Conseil de guerre; mais tous s'y opposerent, & mesme les Officiers des Troupes qui dépendoient de luy; ils le presserent au contraire de les mener à l'attaque de l'Abbaye de S. Germain pour la piller. Il y consentit; mais comme on disposoit tout pour y donner l'assaut, les Religieux offrirent de l'argent pour racheter le pillage, & les Soldats s'en contenterent.

Chronic. de Gest. Normann.

Abbo. L. 2.

Il proposa de nouveau à ses propres Troupes d'abandonner l'entreprise de Paris, dont il croyoit le succès désespéré. Il ne fut point écoûté, l'envie qu'ils avoient de s'établir dans un si bon païs, & dans un lieu d'où ils pourroient aisément ravager toute la France, leur faisant paroistre tout possible. Finissons donc, leur dit-il, un siége qui nous ruïne par sa longueur, & empesche depuis plusieurs mois d'autres conquestes que nous aurions pû faire. Sur cela il fut résolu de donner dès le lendemain un nouvel assaut général à la Tour, au Pont & à la Ville.

Ibid.

Ils disposerent quantité de batteaux qu'on joignit ensemble d'une maniere propre à soûtenir les échelles, pour escalader la Ville. Ils distribuerent des Troupes sur les bords de la riviere & dans l'Isle prochaine, d'où elles devoient partir, pour venir à l'assaut au quartier de la Ville qui leur estoit marqué. D'autres furent destinez pour l'attaque du Pont, & d'autres pour emporter la Tour, dont on n'avoit encore pû venir à bout, malgré tant d'efforts.

Le Comte Eudes jugeant par ces préparatifs du dessein des ennemis, mit de son costé ordre à la défense, & assigna à chacun son poste. L'assaut se donna avec toute la fureur imaginable; mais par-tout les Normands furent repoussez. Deux de leurs Chefs qui portoient le nom de Roy furent tuez, & il y eut un grand nombre de noyez dans la riviere.

Sigefroy peu chagrin de ce mauvais succès qu'il avoit prévû, demanda à ses gens s'ils étoient contens, & s'ils ne suivroient point enfin son avis, personne n'osa plus y résister. Ils quitterent le siége. Sigefroy ayant fait sur la fin de cette année-là beaucoup d'autres ravages en France, s'en alla en Frise, & y fut assassiné quelque temps après son arrivée.

Les autres Normands malgré le départ de Sigefroy, s'obstinerent à demeurer & à pousser le siége. L'Evêque de Paris mourut sur ces

CHARLES LE GROS EMPEREUR.

entrefaites fort regretté, aimé du Peuple, & plus connu dans nostre Histoire par ses faits d'armes & par sa bravoure, que par aucun autre endroit. Le Comte Eudes reçut presque en mesme temps la nouvelle de la mort de son frere, le fameux Hugues l'Abbé, qui fut aussi grand homme de guerre, & qui sous plusieurs Rois avoit toûjours eu beaucoup de part au Gouvernement. Mais ce qui arrive souvent dans les longs siéges, arriva en celuy-ci. La disette & la misere des Habitans, l'air corrompu par l'infection des cadavres demeurez dans les fossez de la Tour & sur les bords de la riviere, causerent la peste dans la Ville, qui faisoit tous les jours perir beaucoup plus de monde, que le fer de l'ennemi.

Avant que la Ville fust reduite à la derniere extrémité, on avertit l'Empereur de l'état où elle se trouvoit, & de l'impuissance de résister où l'on seroit bien-tost. Le Gouverneur fut chargé luy-mesme d'aller vers ce Prince. Il partit, & laissa en sa place pour commander l'Abbé Mars, qui estoit acquis une grande réputation dans les guerres passées, & avoit beaucoup contribué à la défense de la Ville durant ce siége.

Les Normands pendant l'absence d'Eudes ne firent aucune entreprise, se contentant de serrer la Ville de près, & d'empescher que rien n'y entrast. L'Abbé Mars fit faire de temps en temps quelques petites sorties sous la conduite d'Eble, qui réüssirent, mais qui n'eurent point de suites considérables.

Quelque temps après, Eudes donna avis aux Parisiens de son retour, & parut sur la Montagne de Montmartre * avec un petit Corps partagé en trois Troupes.

Il ne pouvoit entrer que par la Porte de la Tour du costé du Septentrion, le petit Pont du costé du Midi estant rompu par l'accident que j'ay dit : ainsi les Normands n'eurent pas plustost eu avis de son arrivée, qu'ils firent repasser toutes les Troupes qu'ils avoient de l'autre costé de la Seine, pour l'empescher de rentrer dans la Ville. Ils firent de nouveaux retranchemens de ce costé-là, persuadez que si ce secours pouvoit estre repoussé, la Ville ne tiendroit plus.

Ils firent aussi avancer quelques Escadrons vers Montmartre *, afin de harceler les Troupes du Comte, & de les charger en queüe, en cas qu'il entreprist de forcer les retranchemens. Le Comte Adalelme, à qui Eudes avoit donné le Commandement de son arriere-garde, poussa & chargea plusieurs fois ces Escadrons durant la marche. Enfin Eudes parut à la vûë du Camp ennemi, & se disposa à le forcer.

Il n'eut pas plustost commencé à escarmoucher, qu'Eble avec presque tout ce qu'il y avoit de Soldats dans la Ville, sortit de la Tour sur les ennemis, qui attaquez des deux costez, quoique par des Troupes beaucoup plus foibles que les leurs, laschérent le pied devant Eudes. Il passa au travers du Camp à toutes jambes sans s'arrester. Les Normands firent inutilement leurs efforts pour couper au moins Adalelme : mais ce Capitaine força tout ce qui s'opposa à son passage, & luy & Eudes arrivérent aux fossez de la Tour presque avec tous leurs gens.

Eudes estant rentré dans la Ville, encouragea les Habitans, par l'asseûrance qu'il leur donna d'un grand secours qui approchoit pour faire lever le siége. La promesse n'estoit pas vaine. Le Comte Henri à la teste d'une Armée composée de Troupes Françoises & de Troupes Germaniques, le suivit de près, & se fit bien-tost voir à la Ville, résolu ou de forcer le Camp des ennemis, ou de les assiéger eux-mesmes dans leurs retranchemens, qu'ils avoient beaucoup augmentez depuis qu'ils avoient appris qu'il approchoit.

Henri se campa à la vûë des Normands. Ils avoient par un stratagéme assez ordinaire fait à l'entour de leur Camp, à quelque distance, quantité de fossés peu éloignées les unes des autres, & les avoient couvertes de gason, de paille, & de terre, pour embarrasser la Cavalerie Françoise, en cas qu'on en vinst à un Combat. Comme ils s'apperçûrent que le Général de l'Armée venoit souvent reconnoître leurs retranchemens, & qu'il s'en approchoit de fort près, ils mirent en embuscade quelques Soldats, qui eurent ordre de faire une décharge de fléches sur la Troupe du Général, d'abord qu'il paroistroit, & de se retirer aussi-tost vers le Camp par l'endroit où étoient les fossés. La chose leur réüssit.

Le Comte Henri estant venu avec peu de monde considérer le terrain des environs du Camp, donna dans le piége : voyant le petit nombre d'ennemis à qui il avoit affaire, il se mit à les poursuivre vers le Camp. Luy & la plusfart de ses gens tombérent dans les fossés couvertes, & comme elles estoient étroites & profondes, leurs chevaux ne purent se relever. En mesme temps les Normands qui n'attendoient que cela, sortirent de leur Camp en grand nombre, & assommérent le Comte avec tous ceux de sa suite, qui ne purent ou qui ne voulurent pas fuir.

La mort du Général déconcerta les Troupes Françoises. On ignoroit les ordres qu'il avoit du Prince. Les retranchemens des ennemis paroissoient très-difficiles à forcer. La désertion commença au bout de quelque temps, & l'Armée se débanda entiérement.

Les Normands délivrez de la crainte de l'Armée, mais fort ennuyez de la longueur du siége, résolurent de donner encore un assaut général. Ils le firent avec toute la fureur que leur inspiroit l'impatience de voir la fin de leur entreprise. Il fut soûtenu par les assiégés avec leur valeur ordinaire, tandis que ceux qui n'étoient point occupez à la garde des postes, faisoient par-tout dans la Ville des vœux à sainte Geneviéve & à S. Germain.

L'attaque se fit avec tant de vigueur, que quelques-uns des ennemis sautérent sur la muraille de la Ville, & commencérent à crier victoire. Proche de là, par bonheur, se rencontra un brave Soldat nommé Gerbaut, de très-petite taille, mais d'une force & d'un courage extraordinaire: voyant que tout eſtoit perdu, ſi les ennemis demeuroient ſur la muraille, il alla à eux ſuivi ſeulement de cinq autres hommes, tua les premiers qu'il rencontra, culbuta les autres, renverſa les échelles, & pourvut à la ſeûreté de cet endroit. Quelques autres avoient auſſi ſauté ſur le Pont, mais ils y périrent.

ibid.

ibid.

Le plus grand effort eſtoit du coſté de la Tour. On y avoit arboré la Croix ſur les retranchemens, pour animer les Soldats à la défendre contre les Infidéles. Ceux-ci tentérent encore une fois de mettre le feu à la Tour, & en allumérent un ſi grand au pied, que ceux qui la défendoient du coſté de la Campagne, furent obligez de l'abandonner. On crut alors tout perdu, & celuy qui commandoit dans la Tour jugeant qu'il n'y avoit plus d'eſpérance de ſalut, que dans un effort extraordinaire, fit ouvrir les portes, & fit une ſortie l'épée à la main avec tous ſes gens. Elle fut faite ſi à propos & avec tant de furie, que les Normands furent repouſſez avec un très-grand carnage, & le feu fut éteint.

ibid.

Par là finit l'aſſaut qui avoit déja ceſſé à la Ville & au Pont, où les ennemis perdirent beaucoup de monde, & on reporta la Croix dans la Ville en chantant le *Te Deum*.

Cependant l'Empereur ayant appris la mort du Général Henri, & que ſon Armée s'eſtoit débandée, en aſſembla promptement une autre, & vint luy-meſme au ſecours de Paris. Il y parut à la vûë de la Ville ſur la Montagne de Montmartre au mois de Novembre, c'eſt à dire, qu'il y avoit déja un an que le ſiége en eſtoit formé.

An. 886. ou 887.

Les Normands ſans faire paroiſtre aucune crainte, l'attendirent dans leurs retranchemens. Cette contenance étonna l'Empereur, qui n'avoit pas douté, que la ſeule nouvelle de ſa marche ne les obligeaſt à lever le ſiége. Il n'oſa les attaquer: mais afin que ſon voyage ne fuſt pas inutile, il leur fit propoſer un accommodement ſi avantageux, qu'ils l'acceptérent.

Regino.

Outre une groſſe ſomme d'argent qu'on s'offroit de leur payer au mois de Mars prochain, on leur donna en attendant, des Quartiers dans la Bourgogne, parce que la pluſpart des Peuples de ce païs-là n'avoient pas encore juſqu'alors voulu reconnoiſtre l'Empereur. La Paix fut ſignée, & ce Prince après un ſi honteux Traité, reprit la route de Germanie, avec plus d'infamie, que s'il avoit eſté battu.

Abbo.

L'Empereur s'eſtant retiré, les Normands pour aller en Bourgogne, voulurent paſſer avec leurs Vaiſſeaux ſous les Ponts de Paris. Cela n'avoit point eſté ſtipulé dans le Traité, & les Pariſiens ſe mirent en devoir de s'oppoſer à leur paſſage. Eble, dont j'ay déja parlé tant de fois, bleſſa d'un coup de fléche celuy qui conduiſoit le batteau le plus avancé, & il y eut encore des coups tirez de part & d'autre, & quelques gens tuez. Mais enfin les Normands cédérent; & comme c'eſtoit pour eux une néceſſité d'avoir leurs batteaux, dont le nombre eſtoit de plus de ſept ou huit cens, ils entreprirent avec un travail ſurprenant de les tirer de l'eau, & de les tranſporter par terre au-deſſus de Paris. Ils en vinrent à bout, & comme les Pariſiens ne vouloient pas qu'ils les remiſſent à l'eau ſi près de leur Ville, ils ne le firent qu'à près de deux mille pas au-deſſus. De-là ils ſe répandirent dans toute la Bourgogne, où ils aſſiegérent Sens pendant ſix mois; ſans ſe pouvoir prendre; mais tout le reſte du païs fut pillé & ravagé de la maniere du monde la plus affreuſe.

Regino.

An. 887.

Cet indigne Traité fait par l'Empereur avec les Normands, acheva de le perdre de réputation, & de le ruïner dans l'eſprit des Peuples, qui du mépris paſſent aiſément à la déſobéïſſance & à la révolte. Il avoit ſi peu d'autorité en Italie, qu'on pouvoit dire qu'il n'en eſtoit Roy que de nom. Les Comtes & les Ducs des Frontiéres de Germanie eſtoient preſque dans la meſme indépendance. Ils ſe faiſoient impunément la guerre les uns aux autres; & la néceſſité d'eſtre réünis ſous un Chef pour réſiſter aux invaſions des Normands, étoit l'unique conſidération, qui rendoit les François plus ſoûmis que les autres à ſes ordres. Il avoit pour Miniſtre Ludard Evêque de Verceil, qui gouvernoit & qui avoit en main le peu d'autorité que les Peuples laiſſoient encore au Prince. Ce fut auſſi à luy que s'attaquérent ceux qui vouloient changer le Gouvernement. Bérenger Duc de Frioul & parent de l'Empereur, qui avoit paru auparavant luy eſtre fort attaché, attaqua d'abord ouvertement l'Evêque, juſques-là qu'il entra à main armée dans ſa Ville Epiſcopale durant ſon abſence, & la pilla. L'année d'après il en vint demander pardon à l'Empereur, & ſe réconcilia, au moins en apparence, avec l'Evêque: mais pluſieurs Seigneurs Allemans, ſoit de concert avec le Duc de Frioul, ſoit de leur propre mouvement, s'y prirent d'une autre maniere pour perdre ce Prélat.

Annales Fuldenſ.

Tout le monde ſçavoit qu'il avoit de grandes liaiſons avec l'Impératrice Richarde, & qu'il la voyoit ſouvent. Il n'en fallut pas davantage aux ennemis de l'Evêque, pour perſuader à l'Empereur, ou du moins pour luy faire ſoupçonner qu'il avoit un commerce criminel avec cette Princeſſe. Sur cela il le chaſſa de la Cour, & obligea l'Impératrice à ſe retirer dans un Monaſtére, malgré les inſtances qu'elle fit pour obtenir la permiſſion de prouver ſon innocence.

Annales Mettenſ.

Charles privé du ſecours & des conſeils de ſon Miniſtre, fit paroiſtre toute la foibleſſe de ſon eſprit, & il commença luy-meſme à le reſſentir. L'inquiétude & le chagrin le firent tomber malade à Tribur, & d'entre Mayence & Oppenheim. Il y tint une Diéte au mois de Novembre. Il y parut auſſi malade d'eſprit que de corps: & ce fut là que pluſieurs Seigneurs de la France Germanique, de Baviére, de Saxe, de Turinge & d'Allemagne, réſolurent entre eux de le détrôner, comme incapable du Gouvernement.

An. 887.

Ces sortes de conspirations colorées du prétexte du bien public, ne se font guéres qu'il n'y ait quelque intérest particulier, qui soit comme le ressort secret de toute l'intrigue. De tout temps Arnoul, fils naturel de Carloman Roy de Baviére, & neveu de l'Empereur, avoit eu dessein de monter sur le Trône. Sa qualité de bastard l'en avoit fait exclure, & après la mort du Roy son pere, Loüis de Germanie l'avoit obligé de se contenter de la Carinthie. Depuis le Régne de Charles, il avoit eu du commandement sur les Frontiéres de Pannonie. C'estoit un Prince brave & actif, qui sçut profiter du mépris qu'on avoit pour Charles ; ses partisans disoient par-tout qu'ils n'avoient plus dans toute la Germanie de tous les descendans de Charlemagne, que Charles & Arnoul, l'un par ses belles qualitez digne du sang dont il descendoit, l'autre lasche, de petit esprit, infirme, sans enfans légitimes ; que sa mort, qui ne pouvoit pas estre éloignée, laisseroit le Trône vacant ; que les Grands au défaut de la Postérité légitime de Charlemagne, croiroient tous avoir droit d'y prétendre ; qu'on ne manqueroit pas de voir une guerre civile s'allumer de tous costez à la ruine de tout le païs ; qu'il falloit prévenir ces maux ; que le moyen le plus asseuré estoit de suppléer par le consentement de la Nation, au défaut de la naissance d'Arnoul, & de le mettre sans tarder à la place de Charles.

Ces discours & les brigues eurent tant d'effet, qu'après la Diéte de Tribur, il se fit une révolte générale de tous les Peuples Germaniques en faveur d'Arnoul. Il fut élevé sur le Trône, & Charles en moins de trois jours tellement abandonné, qu'à peine resta-t-il auprès de luy quelqu'un pour le servir dans sa maladie ; & il n'auroit pas eu mesme de quoy vivre, sans l'Archevêque de Mayence, qui prit soin de luy en fournir.

Charles fit quelques tentatives auprès de plusieurs Seigneurs, pour les faire revenir à luy ; mais ses efforts furent vains. De sorte qu'il fut contraint de s'abandonner à la discrétion d'Arnoul, qui luy assigna pour vivre quelques Terres en Allemagne. Il n'en joüit pas long-temps ; car dix mois après, il mourut le quatorziéme de Janvier de l'an 888. réduit à la condition de particulier, après avoir esté Maistre de presque tout le grand Empire de Charlemagne, rang trop au-dessus de son génie, pour pouvoir s'y maintenir, dans un temps où le seul titre de Roy ou d'Empereur légitimement possedé ne suppléoit pas à tout le reste.

La déposition de Charles en Germanie, d'où l'on n'avoit garde de le laisser sortir, & l'ambition heureuse d'Arnoul, qui estoit un étrange exemple pour les Seigneurs de France & d'Italie, avoient donné lieu à plusieurs factions ; mais la mort de ce mesme Empereur fit haster ceux qui les avoient formées, de mettre leurs desseins en exécution.

Charles fils posthume de Loüis le Begue, âgé d'environ huit ans, estoit l'héritier légitime & naturel du Royaume de France ; car je ne vois pas qu'on ait alors révoqué en doute la validité du mariage de Loüis le Begue avec Adelaïde mere de Charles ; mais sa jeunesse, le Régne de Loüis & de Carloman, qui avoient monté sur le Trône à son préjudice, les nécessitez de l'Etat assiégé, ou plustost envahi de tous costez par les Normands, avoient fait en quelque façon oublier les droits de ce jeune Prince. On avoit besoin d'un Roy qui pust gouverner & combattre, & les Grands qui pouvoient prétendre à la Couronne, supposé l'exclusion de Charles, faisoient beaucoup valoir cette raison.

Il ne s'agissoit plus de la Germanie. Arnoul en estoit paisible possesseur. Il n'estoit question que de l'Italie & de la France. Il y avoit en Italie deux prétendans, Bérenger Duc de Frioul, & Gui Duc de Spolete. Ces deux Ducs ayant appris la maladie de l'Empereur, avoient fait ensemble un Traité de Ligue, par lequel ils s'obligeoient, en cas qu'il mourust, à se soûtenir l'un l'autre dans leurs prétentions. Le Duc de Frioul vouloit se faire Roy d'Italie, & le Duc de Spolete prétendoit se faire Roy de France, ou du moins Roy de Provence, & d'une grande partie de ce qu'on appelloit encore alors le Royaume de Bourgogne, & de plus d'une partie du Royaume de Lorraine, se réservant à pousser ses prétentions plus loin, supposé que la fortune luy fust favorable.

En deça des Alpes, Eudes Comte de Paris, qui venoit de défendre cette Capitale du Royaume avec tant de gloire, regardoit la Couronne de France comme le prix des grands services qu'il avoit rendus à l'Etat, en la sauvant de la fureur des Normands. Raoul ou Rodolphe fils de Conrad Comte de Paris avant Eudes, aspiroit aussi à la Couronne, ou du moins à se conserver en Souveraineté la Bourgogne Transjurane, dont il avoit le Gouvernement. Loüis fils de Boson mort depuis peu Roy de Provence & d'une partie de la Bourgogne, se mettoit aussi sur les rangs. Enfin Arnoul Roy de Germanie, pensoit à faire valoir ses droits sur l'Italie, & pour ce qui est de la France, il prétendoit au moins soûtenir ceux du jeune Charles. Herbert Comte de Vermandois, qui descendoit en droite ligne masculine de Charlemagne par Bernard autrefois Roy d'Italie, auroit pû joüer son rôlle dans cette concurrence ; mais soit qu'il ne se sentist pas assez fort pour se faire un parti, soit, comme quelques-uns l'ont crû, qu'il ne descendist du Roy Bernard que par un fils bastard de ce Prince, il ne paroist pas qu'il eut rien tenté. Tous ces divers prétendans ne faisoient pas seulement fond sur leur puissance ou sur leurs services, mais encore sur l'alliance qu'ils avoient avec la Famille de Charlemagne.

Bérenger Duc de Frioul estoit par sa mere petit-fils de Loüis le Debonnaire. Gui Duc de Spolete, estoit fils du Duc Lambert, & d'une fille de Pepin Roy d'Italie fils de Charlemagne, & ainsi Charlemagne estoit bisayeul maternel de ces deux Ducs. Loüis fils de Boson estoit par sa mere Ermengarde, petit-fils de

HISTOIRE DE FRANCE.

Ibid.
id. an. 887.

l'Empereur Loüis II. & de plus il avoit esté a-dopté par Charles le Gros. Rodolphe fils de Conrad Comte de Paris, estoit petit-fils de Conrad frere de l'Impératrice Judit femme de Charles le Chauve. Eudes estoit fils du fameux Robert le Fort Comte d'Anjou, qui selon quelques Généalogies des anciennes Familles de la Maison de France, descendoit de Childebrand, frere de Charles Martel, & oncle de Charlemagne: tous ces gens-là, sous prétexte des necessitez pressantes de l'Etat, qui avoit besoin d'un Roy d'âge à le gouverner par luy-mesme & à le défendre, prétendoient à la Couronne de France, à l'exclusion du jeune Charles, & leur pis-aller estoit d'avoir au moins quelque part à une si belle dépoüille.

Jourdan Critique de la Maison Royale de France.

D'abord le Duc de Frioul se fit reconnoître Roy d'Italie par une grande partie des Peuples de ce païs-là, & le Duc de Spolete alla à Rome se faire couronner Roy de France. Aussi-tost après il passa les Alpes, & entra dans le Royaume avec une Armée.

Annales Fuldens. Annales Meten[s]. Luitprand. L. 1. c. 6.

Il y avoit un parti ménagé par Fouques Archevêque de Reims son parent, qui luy gagna quelques Evêques & quelques Seigneurs dans le Royaume de Bourgogne & dans le Royaume de Lorraine. Il vint à Metz, & s'avança jusqu'à Langres, où il se fit couronner par l'Evêque Geilon.

Flodoard. Epist. Fulcon.

Eudes de son costé s'asseûra de tout le païs d'entre la Seine & la Loire, & de ce qui s'appelloit le Royaume d'Aquitaine, c'est à dire, de toute cette grande partie de la France, qui s'étend depuis la riviere de Loire jusqu'aux Pyrénées & au Languedoc.

Luitprand. L. 1.

Rodolphe en fit autant de la Bourgogne Transjurane. Loüis fils de Boson s'appliquoit à se conserver la Provence & la partie du Royaume de Bourgogne, que son pere avoit démembrées de la Couronne de France, & estoit fort attentif aux démarches du Duc de Spolete, qui estant aussi-bien que luy, petit-fils d'un fils de Charlemagne, & de plus ayant esté sacré Roy à Rome par le Pape, prétendoit avoir plus de droit que luy sur la Provence & sur les autres païs que Boson avoit usurpez. Telle estoit alors la situation de la France, à la merci de quatre tyrans qui la déchiroient, tandis que les Normands la ravageoient impunément en divers lieux à la faveur de ces désordres.

Annal. Fuldens.

Arnoul reconnu Roy de Germanie, & en possession paisible de ce grand Etat, considéroit attentivement tous ces mouvemens, & déliberoit sur le parti qu'il devoit prendre dans cette révolution de la Monarchie Françoise. Les premieres saillies de son ambition le portoient à se déclarer successeur du feu Empereur Charles pour la France & pour l'Italie, comme il avoit fait pour la Germanie, fondé sur ce qu'il descendoit de Charlemagne en droite ligne par les masles. Il avoit par là un droit, que tous ceux qui se présentoient pour partager cette succession, n'avoient pas. A la vérité il estoit bastard; mais aussi les autres ne descendoient de Charlemagne que par les femmes. Loüis & Carloman les deux derniers Rois de France, dont la mere avoit esté répudiée par Loüis le Begue leur pere, & qui à cause de cela avoient passé communément en France pour n'estre pas légitimes, n'avoient pas laissé d'être mis sur le Trône. Ainsi ce défaut qui n'en estoit pas un du temps de la premiere Race, commençoit à ne paroistre pas si essentiel dans la seconde, & d'ailleurs il estoit balancé dans les autres Compétiteurs par cet autre défaut que j'ay dit; sçavoir, qu'ils ne descendoient pas de Charlemagne en ligne masculine, de sorte que la force & l'agrément des Peuples devoient donner gain de cause à celuy qui feroit le mieux valoir son droit. De plus Arnoul estoit sollicité par l'Archevêque de Reims d'entrer en France, & de s'en déclarer Roy, soit que cet Archevêque eust en effet l'intention qu'il luy faisoit paroistre, quoiqu'il semblast agir en faveur du Duc de Spolete, soit que soûtenant en mesme temps ces deux partis, il fut résolu de faire tourner le sien du costé de celuy qui deviendroit le plus fort; néanmoins Arnoul prit le parti de la modération, au moins pour le Royaume de France; car pour le Royaume d'Italie, & pour la qualité d'Empereur, il eut toûjours dessein d'y parvenir, & il en vint à bout quelques années après. Il se contenta donc de se mettre en état d'estre l'arbitre des affaires de France, & de faire pencher la balance du costé qu'il jugeroit à propos, affectant toutefois de paroistre prendre les intérêts du jeune Charles fils posthume de Loüis le Begue, que presque tout le monde abandonnoit.

Flodoard. L. 4.

Annal. Metens.

Cependant Eudes fut mis sur le Trône par la faction de la plus grande & de la plus considérable partie des Seigneurs François, & il avoit généralement la faveur du Peuple. C'étoit le Seigneur de France le mieux fait, d'une taille héroïque, d'une force extraordinaire, également prudent & brave. La vigoureuse défense de Paris contre les Normands, où il avoit fait paroistre un courage, une constance & une conduite sans égale, estoit un fait tout récent, & qui le faisoit passer sans contredit pour le plus habile Capitaine & le plus grand homme du Royaume. Il s'avança sur les Frontières de Bourgogne, pour soûtenir son élection contre le Duc de Spolete, & se fit sacrer à Sens par Vaultier, qui en estoit Archevêque. Il le fit avec deux précautions, qui luy asseûrerent la possession de la Couronne.

Luitprand. S. Petri Vivi Senon. Chronic.

La premiere fut, qu'il déclara qu'ayant esté fait par le Roy Loüis le Begue, tuteur du jeune Charles, dont la Reine Adélaïde estoit enceinte quand il mourut, il n'acceptoit la Couronne, que pour la conserver à ce Prince, qui n'estoit pas encore en âge de gouverner l'Etat; & en second lieu, connoissant la puissance du Roy de Germanie, il le fit asseûrer qu'il ne feroit jamais rien contre ses intérêts; qu'il renonçoit à toute prétention sur toutes les parties de ses Etats, & en particulier sur ce qu'il possédoit du Royaume de Lorraine, & qu'il vouloit entretenir une Paix éternelle avec

Hugo Flaviniac. Fragm. Hist. Franc.

Annal. Fuldens.

CHARLES LE GROS EMPEREUR.

Vitikindus in Historia Saxon.

luy. Il alla le trouver à Vormes, où il tenoit une Diéte générale de tout son Royaume : luy remit entre les mains le Diadême, le Sceptre, & toutes les autres marques de la dignité Royale, qui venoit de luy estre conférée, & luy dit, qu'il ne vouloit point les porter sans son consentement. Arnoul charmé de cette déférence, les luy rendit, & le reconnut pour Roy de France.

Ils traitérent ensemble avec beaucoup de franchise, & se séparérent très-bons amis. Aussi-tost après le Couronnement d'Eudes, les Seigneurs vinrent à l'envi de toutes les Provinces de France, du Royaume de Bourgogne, & de celuy d'Aquitaine, luy rendre leurs hommages. Le Duc de Spolete se voyoit tous les jours de plus en plus abandonné. Sa lenteur à pousser son entreprise laissa rallentir le zéle de ses partisans. Je ne sçay quoy de mesquin & de sordide qui paroissoit dans ses manieres, dans sa conduite, dans ses équipages, où l'on ne voyoit rien d'approchant de la magnificen-

Chronic. Breve.

Luitprand. l. 1. cap. 6.

ce ordinaire aux Rois de France, le rendirent méprisable. Il fut enfin contraint de repasser les Alpes, sans que le nouveau Roy se mist en peine de le poursuivre. C'est sans raison que quelques-uns de nos Historiens ont écrit que Eudes ne prit point le Titre de Roy, mais seulement celuy de Tuteur du jeune Charles: car outre plusieurs anciens Ecrivains qui parlent de son Couronnement & de son Sacre, nous avons encore d'autres Monumens qui le prouvent incontestablement. Ce sont deux Monnoyes ou Médailles d'argent, où il porte le Titre de Roy ; l'une frappée à Toulouse, & l'autre à Angers. Elles sont l'une & l'autre au Médailler du College de Loüis le Grand à Paris. En voici les Inscriptions :

ODO REX S FRI TOLVSA CIVI
ODO GRATIA D — REX
ANDEGAVIS CIVIT. *

On a encore le Sceau de ce Prince avec la mesme Inscription.

An. 888.

Mabillon in Supplem. Diplomat. pag. 47.
M. Baluze T. 2. Capitulat. rapporte plusieurs Actes, où Eudes prend toûjours la qualité de Roy, ainsi la chose est incontestable.

HISTOIRE DE FRANCE

EUDES.

An. 888.

UDES élevé sur le Trône, trouvoit le Royaume dans un étrange état, ravagé de toutes parts par les Normands, & plein de factions & de troubles. Les Comtes & les Ducs, qui plus que jamais se regardoient comme de petits Souverains chacun dans leur district, se faisoient impunément la guerre les uns aux autres, remplissoient tout de meurtres, & commettoient les plus horribles violences sur les Terres de leurs ennemis.

Abbo. l. 1.

Rodolfe qui s'estoit cantonné dans la Bourgogne Transjurane, y prit le nom de Roy, & s'y fit couronner en une Assemblée de Seigneurs & d'Evêques du païs dans l'Abbaye de S. Maurice sur le Rhône au-dessus du Lac de Genêve. Ce petit Royaume comprenoit au moins ce qui s'appelle aujourd'huy le païs des Suisses.

Annal. Metens.

Le Roy ou par impuissance, ou parce que Rodolfe estoit son neveu, ne s'opposa point à son entreprise.

L'ambition de Rodolfe peu satisfaite d'un si pauvre & si petit Etat, le fit penser à l'agran-

dir: Il envoya sous-main solliciter les Seigneurs & les Evêques du Royaume de Lorraine de se donner à luy, en secoüant le joug du Roy de Germanie ; mais il vit aussi-tost Arnoul à la teste d'une Armée, venir fondre dans son Royaume. Il s'en falloit bien qu'il n'eust assez de forces pour tenir contre un si puissant ennemi ; mais la qualité du païs qu'il avoit à défendre, suppléa au défaut d'une Armée. Il se retrancha dans les Montagnes, & jamais Arnoul ne put l'y forcer. Dans les fréquentes querelles que Rodolfe eut avec ce Prince, il se servit toûjours heureusement de cet avantage ; mais néanmoins dans ce commencement de son Régne, il fut bien-aise d'avoir la Paix avec un si redoutable voisin. Il le pria de voüloir bien qu'il allast trouver dans ses Etats. Il le vit à Ratisbonne, & ils firent la Paix.

Ibid.

Ce qui rendit Arnoul plus facile à l'accorder, fut le dessein qu'il avoit sur l'Italie, où il marcha cette mesme année-là avec une grosse Armée, pour profiter des troubles causez par les factions qui la partageoient.

An. 888.

Quand le Duc de Spolete eut perdu toute espérance de régner en France, il se repentit

HISTOIRE DE FRANCE.

fort du Traité qu'il avoit fait avec le Duc Bérenger, par lequel il luy avoit cédé ses droits sur l'Italie, dont ce Duc s'estoit déja, comme je l'ay dit, fait couronner Roy. Le Duc de Spolete ne se crut pas obligé de s'en tenir à un Traité, par lequel il perdoit tout d'un costé, sans avoir rien gagné de l'autre. Ainsi il repassa les Alpes avec l'Armée qu'il avoit amenée d'Italie, & qu'il avoit fortifiée de quelques Troupes Françoises. Il s'approcha de Spolete & de Camerin, où il reçut un nouveau renfort, corrompit par argent plusieurs Seigneurs du parti de Bérenger, qui le mit cependant en état de soûtenir ses droits. Il se donna un combat sanglant à cinq mille de Plaisance sur la riviére de Trebia, & Bérenger y fut défait.

Luitprand. l. 1. Ibid.

C'estoit particuliérement contre ce nouveau Roy qu'Arnoul avoit dessein de marcher avec son Armée; mais le trouvant battu & le plus foible, & voyant qu'il avoit recours à luy pour se soûtenir contre son adversaire, il changea de dessein, résolu de les affoiblir tous deux l'un par l'autre, & d'arriver par là à son but. Berenger le vint trouver auprès de Tarente, & le pria de ne le point abandonner dans sa disgrace. Arnoul luy accorda tout ce qu'il luy demanda, & consentit qu'il demeurast avec la qualité de Roy, Maistre du païs qui l'avoit reconnu.

Annal. Fuldens.

Parmi tous ces interests differens des Princes François, qui se craignoient tous les uns les autres, Loüis fils de Boson se maintenoit toûjours en possession de la Provence, & de ce que son pere luy avoit laissé dans la Bourgogne, mais sans prendre le nom de Roy.

Eudes d'autre part avoit les Normands sur les bras, & de tous costez. Il y en avoit en Aquitaine, il y en avoit sur la riviere de Marne, il y en avoit sur la riviere d'Aisne. Ce fut contre ces derniers qu'il tourna teste, & fit une action qui signala le commencement de son Régne, & qui contribua beaucoup à l'affermir.

Il s'estoit avancé de ce costé-là jusqu'au Bourg nommé Mont-faucon, avec environ mille chevaux, & s'estoit campé derriere un bois. Un Soldat estant entré dans ce bois pour y chasser, apperçut de loin de dessus une éminence quelque Cavalerie Normande, qui s'avançoit vers le Camp. Il en donna aussi-tost avis à Eudes qui fit monter incontinent tout son monde à cheval, & alla luy-mesme sur l'éminence pour reconnoistre l'ennemi.

Abbo. l. 2.

Il vit la cavalerie on luy avoit parlé, & peu de temps après de l'Infanterie qui marchoit fort lentement, mais dont le nombre estoit très-grand; c'estoit une Armée entière de dix-neuf mille hommes. La partie n'estoit pas égale, & le Roy n'ayant que de la Cavalerie, auroit pû aisément se retirer; mais comptant beaucoup sur la bravoure des gens qu'il avoit avec luy, sur sa propre expérience, & sur l'avantage du poste qu'il occupoit, il résolut d'attendre l'ennemi.

Ibid.

Après avoir bien reconnu le terrain, & consideré tous les moyens d'en profiter, il posta ses Troupes aux avenuës du bois en differens endroits, & leur ordonna de charger toutes ensemble les ennemis, avec un grand bruit de Trompettes, au signal qu'il leur donneroit. Les Normands qui ne pensoient à rien moins qu'à combattre, s'avançoient toûjours du costé du bois assez en désordre. Quand le Roy les vit engagez dans certains défilez où il les vouloit, il fit sonner la charge, qui se fit de tous costez avec une furie terrible. Les ennemis surpris croyant avoir affaire à une Armée entiére, furent presque aussi-tost défaits qu'attaquez.

Quelque Cavalerie néanmoins fit ferme en un endroit. Le Roy à la teste d'un gros Escadron la chargea luy-mesme, & la perça. Un Cavalier Normand luy donna par derriere un coup de hache sur la teste, auquel son casque résista; & en mesme temps s'étant tourné vers le Cavalier, il luy passa son épée au travers du corps. Après quelque résistance, ce reste d'ennemis fut encore rompu & dissipé. Cette action où un très-grand nombre de Normands demeurérent sur la place, se fit le jour de S. Jean Baptiste.

An. 888.

Une si glorieuse victoire eust pû avoir de grandes suites, sur tout pour le secours de Meaux, qu'une autre Armée de Normands assiégeoit alors, si la révolte d'Aquitaine avoit laissé la liberté au Roy d'en profiter. Il fut obligé d'aller promptement au-delà de la Loire, où la seule présence remit les Peuples dans la soûmission. Il y accorda les differends de divers Seigneurs: mais cette diversion fut cause de la perte de Meaux.

Les Habitans après s'estre défendus long-temps avec toute la vigueur possible, furent obligez, faute de vivres, à capituler. Ils ne purent obtenir que la vie & la permission de se retirer où ils voudroient, en abandonnant la Ville & leurs biens à l'ennemi, qui après le pillage, mit le feu aux Maisons, & renversa les murailles. Les Normands ne gardérent pas mesme la Capitulation; car les Habitans n'étant pas encore fort éloignez de la Ville, furent attaquez par des Troupes qu'on envoya après eux, & l'Evêque avec beaucoup d'autres fut pris, ramené avec une grande partie des Habitans, & fait esclave. Les Normands demeurérent là campez jusqu'au mois de Novembre, faisant de grands apprests, pour mettre de nouveau le siége devant Paris. Mais le Roy vint avec une Armée se poster sous les murailles de la Ville, & leur rendit par là le siége impossible. Il traita néanmoins avec eux, & moyennant une somme d'argent ils se retirérent de la Marne & des autres lieux au-dessus de Paris, & s'en allérent dans le Cotentin où ils s'arrestérent.

Chronic. de Norman. gestis.

Ensuite d'autres Troupes de la mesme Nation vinrent à Noyon, à Arras, à Amiens, & sur la Meuse désolant tout à leur ordinaire. Le Roy de Germanie les voyant approcher du Royaume de Lorraine qui luy appartenoit presque tout entier, vint les chercher avec une Armée; le Roy de France en fit autant de son costé; mais peu tombérent entre leurs mains.

An. 889. 890.

Ils

EUDES.

Annales Metenf. ad an. 889.

Ils reçûrent seulement un assez grand échec à Amiens, d'où le Roy de Germanie les chassa. Ils surprirent à leur tour le Roy de France dans le Vermandois, & mirent son Armée en déroute. L'Histoire parle encore en peu de mots de la désolation des Villes de Troye, de Toul, de Verdun, par les Troupes de cette mesme Nation, aussi-bien que d'un second & d'un troisiéme siége de Paris, qui ne leur réüssirent point. Ils paroissoient tout à coup tantost sur les costes, tantost sur les riviéres: c'estoit comme un de ces orages poussez par les vents, qui tombent sur une contrée, & puis sur une autre; enfin c'estoit un fleau de Dieu qui affligeoit la France depuis un très-grand nombre d'années, & qui en faisoit le plus miserable païs qui fut jamais.

Chronicæ Normangestis ad an. 889, 890.

Les Normands qui s'estoient retirez dans le Cotentin n'y demeurérent pas long-temps oisifs. Ils attaquérent S. Lo à diverses reprises. Ils ne s'en rendirent maistres que plus d'un an après leur premiere attaque, & ils le rasérent. De-là ils tournérent leurs armes contre la Bretagne, & la guerre civile qui y estoit fort allumée depuis quelque temps, les détermina à tenter une irruption de ce costé-là. Les Ducs Alain & Judicaël qui avoient partagé ce Duché, estoient sans cesse en armes l'un contre l'autre. Le dessein des Normands ne fut pas capable de les réünir. On eust dit d'abord que les Normands estoient à leur solde, & que ces Ducs prenoient plaisir à se voir venger l'un de l'autre par les ravages que ces Infidéles faisoient, tantost sur les Terres d'Alain, tantost sur celles de Judicaël. Ces Normands traversérent en pillant toute la Bretagne du Septentrion au Midi, depuis le Cotentin jusqu'à la riviere de Blavet. Ils alliérent en piéces tout ce qui osa paroistre pour leur résister, & firent par tout tant de mal, qu'enfin les deux Ducs Bretons, malgré leur haine mutuelle, firent une Tréve ensemble, & s'unirent pour les chasser de la Bretagne.

Annales Metenf.

Ils se mirent tous deux à la teste de leurs Troupes, & marquérent un lieu, que l'Histoire ne nomme point, où ils se devoient joindre. Judicaël y arriva le premier. C'estoit un jeune homme plein de feu & de courage, qui cherchoit à se signaler. Il ne fut pas plustost arrivé, qu'ayant sçû que l'Armée des Normands estoit proche, il résolut de l'attaquer sans attendre son allié. Il le fit avec tant de bravoure, qu'il mit les Normands en déroute après un grand carnage de leurs Troupes. Une partie des vaincus en faisant retraite, se jetta dans un Bourg, où il entreprit de les forcer, sans vouloir leur donner de quartier; mais il apprit à ses dépens que le défaut de modération rend souvent la victoire funeste au vainqueur. Se laissant emporter à son ardeur de vaincre, il s'engagea trop avant, & percé de plusieurs coups, il fut tué sur la place.

Ibid.

Le combat finit par sa mort aussi-bien que les divisions de Bretagne. Tous les Bretons se réünirent sous un seul Chef. Le Duc Alain fut reconnu pour Souverain de toute la Bretagne, & se disposa à poursuivre la victoire que Judi-

Tome I.

caël avoit remportée. Mais avant que de donner un nouveau combat, il fit vœu avec tous ses Soldats de consacrer à Dieu & à S. Pierre la dixiéme partie de tous ses biens, & de payer cette dixme au Pape.

Après avoir fait ce vœu, il conduisit son Armée au Camp des Normands, qui s'estoient ralliez, & formoient encore un Corps de quinze mille hommes. Le combat fut terrible par la résistance opiniastre des combatans; mais enfin les Normands furent battus une seconde fois, & avec un tel carnage, que des quinze mille hommes il n'en resta que quatre cens, qui se sauvérent du costé de la mer, & remontérent sur leurs Vaisseaux: mais il semble que c'estoit couper la teste d'un Hydre, que de défaire une Armée de cette Nation.

An. 890.

La mesme Flote qui avoit reconduit en Dannemarc ou en Norvege les débris des deux combats de Bretagne, ramena quelques mois après dans les Païs-Bas des Troupes beaucoup plus nombreuses, pour ravager le Royaume de Lorraine.

Ibid.

Sur cette nouvelle, le Roy de Germanie assembla au plustost son Armée, & la fit marcher vers la Meuse, avec ordre d'en empescher le passage aux Normands, qui avoient déja fait bien des ravages dans les Païs-Bas du costé de la mer.

An. 891.

Le Général qui la commandoit se campa auprès de Mastric avec une partie de son Armée, en attendant le reste; mais les Normands qui estoient campez de l'autre costé ayant secretement monté le long de la riviere, la passérent vers Liége avant que le Roy de Germanie fust en état de leur disputer le passage. Ils s'avancérent du costé d'Aix-la-Chapelle, & y trouvérent une grande partie des bagages de l'Armée Germanique, qu'ils pillérent, & ce qu'il y eut de plus fascheux, c'est qu'ils enlevérent tous les chariots qui portoient des munitions & des vivres à cette Armée, après avoir passé au fil de l'épée tous ceux qui les escortoient.

Ibid.

Cet accident mit la consternation dans les Troupes Germaniques; le Roy de Germanie estant arrivé sur ces entrefaites, assembla le Conseil de guerre, afin de délibérer sur le parti qu'on avoit à prendre touchant les avis différens qu'on recevoit du dessein des ennemis: car les uns disoient qu'ils en vouloient à Cologne, d'autres à Tréves, d'autres que par la crainte de la nombreuse Armée des François, ils alloient repasser la Meuse pour regagner leur Flote.

An. 891. Annales Metenf.

Dans cette incertitude, il fut résolu d'aller droit à eux, & de les engager à la bataille. Le lendemain trentiéme de Juin on marcha dès la pointe du jour: on arriva le jour d'après proche d'un torrent, auquel l'Histoire donne le nom de Gulia. L'Armée fit alte; & comme on sçut que les Normands estoient en assez petit nombre, on crut inutile de la faire marcher toute entiere: on se contenta de faire des détachemens de douze hommes de chaque Enseigne pour les aller chercher, & en apprendre des nouvelles.

Iii

Au moment qu'on faisoit ces détachemens, on vint dire qu'il y avoit de l'Infanterie Normande retranchée dans quelques mafures affez près de là. Sur cela un grand nombre de Soldats François, fans attendre les ordres de leurs Commandans, fe détachérent d'eux-mefmes, & allérent attaquer cette Infanterie. Ils le firent fort en défordre, & furent vigoureufement repouffez. Le bruit de cette attaque fut auffi-toft porté au Camp ennemi, dont la Cavalerie vint à grande hafte au fecours de l'Infanterie attaquée. Cette Cavalerie chargea les François qui avoient déja efté fort maltraitez; on envoya des Troupes pour les foûtenir: infenfiblement le combat s'échauffa; & comme il venoit à chaque moment des Troupes nouvelles des deux coftez, l'action devint générale. La meflée qui avoit commencé de la part des François avec beaucoup de confufion, continua de mefme; & comme il eft rare que la bravoure puiffe fuppléer long-temps à un tel défaut, la victoire fe déclara bien-toft pour les Normands. L'Armée Germanique fut mife en fuite, après avoir perdu un grand nombre de perfonnes de qualité, parmi lefquels eft nommé le Comte Arnoul & Sunzon Archevêque de Mayence. Le Camp fut abandonné, & les Normands s'y enrichirent. Ils repafférent la Meufe, & portérent à leur Flote, felon leur coûtume, tout le butin qu'ils avoient fait. Ce combat fe donna le vingt-fixiéme de Juin.

An. 891.

Annal. Metenf.

Le Roy de Germanie eut la nouvelle de cette défaite, eftant fur les Frontiéres les plus éloignées du Royaume de Baviére, où il eftoit allé pour arrefter quelques commencemens de fédition dans la Bohême, & pour réprimer le Duc de Moravie, un de fes Tributaires nommé Zuentibolde, dont l'efprit inquiet & remuant, avoit fait beaucoup de peine à fes prédéceffeurs, & luy en faifoit encore tous les jours à luy-mefme. Il termina les affaires de ce cofté-là le plus promptement qu'il luy fut poffible, & réfolu d'avoir fa revanche contre les Normands, il paffa au pluftoft le Rhin à la tête d'une Armée, & vint camper fur la Meufe.

Annal. Fuldenf.

Les Normands, qui après leur victoire, s'étoient diferfez de tous coftez dans le Royaume de Lorraine pour piller, fe raffemblérent fur le bruit de la marche du Roy de Germanie, & vinrent fe retrancher auprès de Louvain fur la riviére de Dyle.

Arnoul paffa la Meufe & puis la Dyle, & fe campa à la vûë des ennemis. Il reconnut leur Camp, qu'il trouva bien terraffé & bien palliffadé, & d'un abord très-difficile, ayant à gauche la riviére de Dyle qui le couvroit, & à droite un marais & un chemin fort étroit entre-deux, qui aboutiffoit au Camp. Il eftoit impoffible d'étendre la Cavalerie qui faifoit la grande partie de l'Armée; car les chofes eftoient changées à cet égard parmi les François: au lieu qu'autrefois leurs Armées eftoient beaucoup plus fortes en Infanterie qu'en Cavalerie, c'eftoit alors le contraire.

Les Normands voyant leur embarras, leur infultoient du haut de leurs fortifications, & leur crioient inceffamment, *Gulia*, *Gulia*, leur reprochant leur derniere défaite.

Le Roy de Germanie jugea qu'en cette occafion il falloit animer fes Soldats par quelque chofe d'extraordinaire, & agir plus par exemple que par autorité & par commandement. Il affembla les principaux Officiers de l'Armée, & leur fit en peu de mots cette exhortation militaire, rapportée par un de nos anciens Hiftoriens.

Annales Fuldenf.

» Vous eftes les Soldats du Seigneur, qui « par fa grace en défendant voftre patrie, avez « efté toûjours invincibles. Vous avez affaire « à des Payens, qui ont verfé tant de fang « Chrétien, maffacré vos parens, profané vos « Eglifes, égorgé les Miniftres des Autels; nous « fommes venus jufqu'ici exprès pour venger la « querelle de Dieu & la noftre. Il nous feroit « honteux de nous en retourner fans le faire. « Nos chevaux nous font ici inutiles; il faut « mettre pied à terre. J'iray le premier à pied à « voftre tefte, & je fuis feûr que vous me fuivrez. «

Ce difcours fut reçû avec un applaudiffement univerfel de toute l'Affemblée. Tous criérent qu'ils eftoient prefts à exécuter fes ordres, & à les faire exécuter par leurs Soldats. Ils dirent feulement au Roy qu'il n'eftoit ni à propos, ni néceffaire qu'il expofaft fi fort fa Perfonne: qu'il eftoit à craindre que les ennemis ne vinffent les prendre à dos, ou infulter leur Camp pendant l'attaque; qu'il falloit pour cela qu'il y euft un Corps de Cavalerie qui battit la Campagne durant ce temps-là; qu'ils le prioient de fe charger de ce foin; qu'il les laiffaft faire, & qu'il feroit content d'eux. Le Roy fe rendit à leur avis, & on fe difpofa à l'attaque du Camp.

La plufpart des Cavaliers ayant mis pied à terre, furent meflez avec les Fantaffins, & marchérent droit aux palliffades, la hache ou le fabre & le javelot à la main. Il fe fit de part & d'autre, felon la coûtume, de grands cris au moment de l'affaut. Il y avoit dans le Camp ennemi une Troupe de Normands de Dannemarx; car ainfi que je l'ay dit ailleurs, fous le nom de Normands eftoient compris tous ces Peuples Septentrionaux, & principalement ceux de la Norvege. Ces Danois paffoient pour invincibles derriere un retranchement, & n'avoient jamais efté forcez dans la défenfe d'un femblable pofte. Néanmoins l'attaque fut fi vive, fi bien conduite & fi bien pouffée, que les uns fautant par-deffus les palliffades, les autres entrant par les bréches que les haches y avoient faites; on paffa en peu de temps fur le ventre à tout ce qui parut. Le chemin eftant une fois ouvert, les ennemis prirent l'épouvente, & on fe ferra fi vivement l'épée dans les reins, que la plufpart fe précipitérent dans la riviére de Dyle, où il y en eut de tuez & de noyez en fi grand nombre, qu'on la paffoit fur les corps morts comme fur des Ponts. La perte des affaillans fut très-petite, celle des Normands fut extrême. Deux de leurs Commandans qui portoient le nom de Roy, y pé-

An. 891.

rirent. On leur prit seize drapeaux, & presque tout fût taillé en piéces.

Le Roy regardant comme un coup du bras de Dieu, cette victoire qui devoit tant coûter de sang, & qui en avoit coûté si peu, fit chanter sur le Champ de bataille les Litanies des Saints, & les autres Priéres de l'Eglise destinées à rendre graces à Dieu en pareille occasion. Après cette expédition Arnoul retourna en Germanie, où il punit plusieurs mutins. Il entra dans la Moravie, il y fit le dégast, & se rendit par là redoutable à tous ses Tributaires, & à ses Vassaux que la foiblesse du Gouvernement précédent avoit rendus pour la pluspart très-indociles. Mais il ne put empescher que les Normands s'estant ralliez après leur défaite, & s'estant joints avec d'autres qu'ils avoient laissez à la garde de leur Flote, ne passassent de nouveau la Meuse, & ne vinssent jusqu'à Bonne en mettant tout à feu & à sang. Ensuite entrant dans la Forest d'Ardennes, ils y firent passer au fil de l'épée une infinité de gens, & s'en retournérent à leur Flote chargez de butin.

An. 892.

Tandis que tout cela se passoit du costé de la Germanie, Eudes n'estoit pas sans affaires & sans inquiétude en France. Quantité de Seigneurs qui l'avoient vû si long-temps leur égal, ne pouvoient s'accoûtumer à le voir pour leur Souverain. Soit jalousie, soit espérance d'une plus grande considération sous un autre Régne, soit zéle pour la postérité de Charlemagne, soit attachement pour la Reine Adelaïde veuve de Loüis le Begue réduite depuis plusieurs années à une condition privée, plusieurs d'entre eux s'accordérent à prendre en main la cause du jeune Charles, & à faire valoir le droit que ce Prince avoit de monter sur le Trône de son pere. Il estoit alors en sa treiziéme année; quelques-uns disent qu'il s'estoit retiré en Angleterre avec sa mere.

Annal-Metens.

Le premier qui leva l'Etendart fut le Comte Valgaire, tout parent qu'il estoit d'Eudes. Il se déclara contre luy, en s'emparant de la Ville de Laon.

Eudes comprit bien là la nécessité qu'il y avoit d'user de vigueur & de promptitude, pour arrester ce soulévement dans sa naissance. Il marcha sans tarder à Laon, & assiégea le Comte, avant qu'il fust en état de luy faire une longue résistance. Il força la Place, le prit, luy fit faire son procès par une Assemblée des Seigneurs qu'il avoit dans son Armée; il y fut condamné à la mort, & eut la teste coupée.

Didon Evêque de Laon, pour faire sa Cour au Roy Eudes, en usa envers ce Seigneur après sa condamnation, d'une maniere qui avoit esté jusqu'alors sans exemple: car sous prétexte de donner plus d'horreur de son crime, & d'empescher que d'autres ne l'imitassent, il luy refusa le Sacrement de Pénitence, quelques priéres qu'il luy fit d'entendre sa Confession, & défendit qu'on l'enterrast en Terre sainte. Eudes n'eut pas plustost pris Laon, qu'il reçut la nouvelle d'un autre soulévement en Aquitaine, dont un des Chefs estoit Eble Abbé de S. Denis, c'estoit je crois celuy-là mesme qui avoit défendu Paris sous luy avec tant de bravoure & de distinction. Il marcha aussi-tost de ce costé-là. Il y trouva plusieurs Seigneurs sous les armes, qui osérent tenir la Campagne en sa présence, & dont il reçut mesme quelque échec: mais un nouvel incident l'obligea bien-tost à sortir de l'Aquitaine, avant qu'elle fust tout-à-fait pacifiée.

Excerpta Epistolar. Fulkonis.

Abbo L. 2.

La mort du Comte Valgaire avoit plus irrité, qu'étonné le parti qui estoit dans la Neustrie. L'éloignement d'Eudes donna lieu aux mécontens de se déclarer plus hautement que jamais. La Reine Adelaïde & les Seigneurs affectionnez à la Famille de Charlemagne avoient fait ensorte, que le jeune Charles ne demeurast pas en la puissance d'Eudes. Fouques Archevêque de Reims, Herbert Comte de Vermandois & quelques autres, le firent venir, & le proclamérent Roy. Il fut sacré à Reims par l'Archevêque, & tout ce quartier-là de la France prit les armes en sa faveur.

An. 892.

EUDES CHARLES LE SIMPLE.

EUDES accompagné de son frere Robert, qu'il avoit fait Comte de Poitiers, repassa la Loire en diligence, & parut en Champagne beaucoup plustost qu'on ne l'y avoit attendu. Cette diligence déconcerta le parti du jeune Roy, & le dissipa. Tout plioit, & tout fuyoit devant Eudes; & Charles fut obligé d'implorer la protection du Roy de Germanie.

Epist. Fulcon. apud Flodoard.

C'estoit le coup de partie pour Eudes & pour Charles de mettre ce Prince dans leurs interests. L'Archevêque de Reims que sa naissance & son mérite personnel avoient fait comme le Chef du parti du jeune Roy, entreprit cette négociation. Il écrivit au Roy de Germanie, & luy représenta la justice de la cause de Charles. Qu'il estoit fils de Roy, frere des deux derniers Rois, & l'unique en France de la Postérité masculine de Charlemagne; qu'Eudes

estoit un usurpateur d'autant plus indigne de joüir du fruit de son crime, que le Roy Loüis le Begue luy avoit recommandé le Prince à qui il enlevoit la Couronne; que les François reconnoissoient la faute qu'ils avoient faite en favorisant son usurpation, & qu'ils estoient en disposition de la réparer, pour peu qu'ils fussent soûtenus du secours de Germanie; que le jeune Prince avoit tourné de ce costé-là toutes ses espérances; qu'il mettoit toute sa confiance dans sa protection, & qu'il estoit de la gloire d'un si grand & d'un si puissant Roy, de ne pas souffrir qu'on opprimast un Prince qui le touchoit de si près, en laissant impunément régner un Tyran.

Eudes de son costé ne s'oublioit pas auprès du Roy de Germanie, & luy représentoit principalement deux choses. La premiere, qu'il avoit esté reconnu Roy par le consentement universel de toute la Nation : la seconde, que luy-mesme avoit donné son approbation à cette élection, & que les Traitez qu'ils avoient faits ensemble, l'obligeoient à le soûtenir, ou du moins à ne se pas déclarer contre luy.

Le Roy de Germanie parut ne pas fort bien recevoir les remontrances de l'Archevêque de Reims. Il luy répondit premierement, qu'il s'avisoit bien tard de faire valoir les droits du Prince Charles sur la Couronne; qu'il devoit l'avoir fait plustost, & dans le temps du Couronnement d'Eudes ; qu'il avoit alors abandonné les intérests du jeune Prince, & fait tous ses efforts pour élever sur le Trône le Duc de Spolete ; qu'on avoit sujet de croire que ce n'estoit pas son zéle pour la postérité de Charlemagne & pour le bien public, mais des intérests particuliers qui le faisoient agir ; que la maniere dont il avoit porté le Duc de Spolete pour luy faire donner la Couronne de France, à cause qu'il estoit son parent, rendoient toutes ses démarches suspectes ; qu'on disoit que tout ce qu'il sembloit faire en faveur du Prince Charles, n'estoit que pour faire périr le Roy Eudes; après quoy il avoit dessein de faire rentrer le Duc de Spolete en France, & luy livrer ce jeune Prince & le Royaume; qu'enfin il étoit fort surpris & fort choqué, qu'on eust agi sans sa participation dans une affaire de cette importance, & qu'on eust osé couronner Charles, sans luy en demander avis.

Ibid.

L'Archevêque ne se rebuta point, & récrivit au Roy de Germanie, qu'on taschoit injustement de le rendre suspect sur ce qu'il avoit fait en faveur du Duc de Spolete. Je vous prens à témoin vous-mesme, luy dit-il, de mon attachement à la Famille de Charlemagne. Ne fis-je pas alors tous mes efforts par cette raison, pour vous engager à seconder le dessein que j'avois, de vous faire tomber la Couronne de France ? & ce ne fut qu'après vostre refus que je porté si fort le Duc de Spolete. Je n'avois garde alors de me déclarer en faveur du Prince, pour lequel j'agis aujourd'huy auprès de vous ; je connoissois l'état du Royaume & la disposition des esprits. La France estoit au pillage & désolée de tous costez par les courses des Normands. Ces fascheuses conjonctures faisoient dire à tous les François, qu'il n'estoit pas temps d'avoir un enfant pour Roy, mais quelqu'un qui pust défendre l'Etat: mes tentatives pour soûtenir ce jeune Prince auroient esté inutiles ; & c'est pour cela que je proposay le Duc de Spolete, que je croyois le plus capable de remettre le Royaume en meilleur état. Mais aujourd'huy le Prince Charles a quatorze ans, il est capable d'entendre & de suivre les conseils de ses fidéles Ministres, & dans peu de temps il pourra gouverner par luy-mesme. Ce n'est point moy seul qui vous prie de luy faire justice. Je sçay les bruits qu'Ascheric Evêque de Paris a fait courir contre moy sur ce sujet ; mais ce mesme Evêque est venu depuis me trouver en présence du Comte Herbert & de plusieurs autres Seigneurs, pour nous solliciter de chasser l'usurpateur : il nous a proposé ou d'appeller le Duc de Spolete, ou de jetter les yeux sur le Prince Charles ; & ce qui l'a déterminé à ce dernier parti, aussi-bien que tous tant que nous sommes qui le suivons, c'est qu'il a crû que vous n'y seriez pas contraire, veu que ce jeune Prince est vostre proche parent, & des descendans de Charlemagne.

L'Archevêque toucha encore un point important dans cette Lettre, sur lequel on avoit malignement prévenu le Roy de Germanie. Charles n'estoit venu au monde que quelques mois après la mort de son pere. Eudes & ses partisans se servoient de cette circonstance, pour donner cours à une horrible calomnie contre la Reine Adelaïde, ils disoient que Charles n'estoit pas fils de Loüis le Begue, mais de quelqu'autre, avec qui cette Princesse avoit eu un mauvais commerce : car jusqu'à quelle lascheté l'ambition ne fait-elle point descendre ceux, à qui elle inspire les desseins les plus relevez; L'Archevêque montroit au Roy de Germanie l'injustice de ce soupçon, l'asseûrant que quiconque avoit connu Loüis le Begue, le reconnoistroit dans les traits du visage de Charles, & que la nature par une providence spéciale de Dieu, avoit exprimé sur son corps des marques si particulieres & si sensibles de ressemblance avec le feu Roy son pere, qu'il estoit impossible de douter qu'il ne fust son fils.

Qu'au reste on avoit procédé au Couronnement de Charles, sans en donner avis à la Cour de Germanie, parce que ce n'estoit point la coûtume en France, d'attendre le consentement des autres Princes sur une affaire de cette nature; que le Royaume appartenoit à Charles par le droit de succession ; qu'il estoit de l'interest du Roy de Germanie de ne pas laisser donner atteinte à ce droit ; que si on le violoit en France, ce seroit un dangereux exemple pour la Famille Royale de Germanie ; qu'enfin le bien de l'Etat estoit joint avec la justice des prétentions de Charles ; qu'on ne pouvoit plus supporter la dureté du Gouvernement d'Eudes; qu'on alloit voir une infinité de petits tyrans s'élever en France, & qu'il sçavoit que plusieurs Seigneurs, qui ne se croyant en rien inférieurs à Eudes, pensoient à luy disputer la Couronne, à laquelle ils prétendoient eux-mesmes; que les factions & les guerres civiles acheveroient de ruiner un Etat autrefois si florissant ; qu'enfin le jeune Roy seroit en tout dépendant des conseils & des volontez de la Cour de Germanie, & qu'il garderoit inviolablement les Traitez faits & ceux qui se feroient entre les deux Royaumes.

Cette Lettre fut portée par le Comte Aledran, & eut plus d'effet que la premiere. Arnoul consentit que Charles le vint trouver à Vormes, où il devoit tenir une Diéte. Charles ne manqua pas de s'y rendre. Il y fut tres-bien reçû. On luy reconnut pour Roy de France. On luy promit du secours pour le maintenir, & Arnoul donna ordre aux Evêques & aux Comtes des Villes de la Meuse & de ses autres Frontiéres du costé de France de fournir

Ibid.

Annal. Metens. an. 893.

EUDES. CHARLES LE SIMPLE.

à Charles les Troupes & les autres choses dont il auroit besoin. L'Archevêque de Reims ne s'en tint pas là. Son zéle animé par l'honneur de rétablir un Prince sur un Trône injustement usurpé, ne luy laissoit rien oublier de ce qui pouvoit contribuer à faire réüssir son entreprise. Il écrivit à Gui Duc de Spolete, qui s'étoit saisi depuis peu de la Couronne Impériale, après avoir ruiné le parti de Béranger, & à qui déformais nous donnerons le Titre d'Empereur, il luy écrivit pour le prier d'accorder son amitié au jeune Roy, & de la luy témoigner en luy envoyant un Ambassadeur, ou en luy écrivant d'une manière, par laquelle il parust le reconnoistre pour Roy de France. Il l'avertissoit en mesme temps, comme son parent & son ami, d'estre sur ses gardes, pour ne pas se laisser surprendre par le Roy de Germanie, qu'il sçavoit seurement avoir toûjours de grands desseins sur l'Italie & sur l'Empire.

Epist. Fulcon. apud Flodoard. l. 4.

Il écrivit encore au Pape Formose, qui venoit d'estre élevé au Pontificat après la mort d'Estienne V. pour le prier de prendre en main les intérests du jeune Roy, & de se déclarer contre Eudes comme contre l'usurpateur du Royaume de France. C'est ainsi que l'Archevêque de Reims mettoit tout en œuvre, pour réüssir dans son dessein de remettre la Couronne de France sur la teste de Charles. Mais il avoit affaire à un homme également habile & intrépide, qui ne s'étonnoit pas du péril, & sçavoit le prévenir ou l'éviter.

Eudes avoit une Armée dont il estoit seur, & plus seur que Charles n'estoit de ceux qui se déclaroient le plus hautement pour luy. Il redouta peu la protection qu'Arnoul donnoit à son ennemi, parce qu'il sçavoit les projets de ce Roy sur l'Italie, & l'inquiétude où les Peuples tributaires de la Germanie toûjours prests à se révolter, le tenoient du costé du Danube. De sorte qu'il prévoyoit bien qu'il ne feroit pas de grands efforts en faveur de Charles.

La première chose qu'il fit, fut de s'avancer sur la rivière d'Aisne avec son Armée, & d'y tenir en échec les Troupes de Germanie & celles de Charles, pour les empescher de pénétrer dans le Royaume, où la présence de ce jeune Prince auroit pû produire de mauvais effets. Il évita le combat, & se contenta d'arrester l'ennemi : son dessein luy réüssit. Les Troupes de Germanie & les autres que Charles avoit avec luy, s'ennuyèrent de cette inaction, & voyant qu'il estoit impossible d'engager Eudes à la bataille, ils prièrent Charles de leur donner leur congé, puisqu'il n'y avoit rien à éxécuter pour son service. Il fallut bien leur accorder ce qu'on leur auroit inutilement refusé. Charles se retira en Bourgogne avec fort peu de suite; & Eudes voyant l'Armée ennemie rompuë, s'en alla à Paris. Tout se terminia après la retraite des Armées à des courses, que les deux partis faisoient sur les Terres les uns des autres.

Annal. Metens.

Ce qu'Eudes avoit prévû arriva. Zuentibolde Duc de Moravie, à qui Arnoul, pour le

Annal. Fuldens.

gagner, avoit donné la Bohême, se révolta de nouveau. Arnoul fut obligé de conduire une Armée de ce costé-là, où il mit tout à feu & à sang. Il y fit entrer les Hongrois, Nation qui depuis peu de temps avoit quitté les bords du Tanaïs, où elle avoit sa demeure, pour se répandre dans la Pannonie : elle y exerça des cruautez extrêmes, & se rendit quelques années après maistresse du païs, auquel elle a donné le nom de Hongrie.

Les affaires d'Italie partageoient aussi beaucoup l'attention & les forces d'Arnoul. Le Pape s'estoit broüillé avec le nouvel Empereur, & pour les violences qu'il exerçoit sur les Terres de l'Eglise, & pour avoir laissé prendre Bénévent par les Grecs, qui profitoient du désordre des affaires de l'Occident. Il fit solliciter le Roy de Germanie de sa part, & par quelques-uns des plus considérables Seigneurs d'Italie, de venir promptement le délivrer de la tyrannie de celuy, qui opprimoit le Successeur de S. Pierre, & luy enlevoit les bien-faits de Charlemagne; & de plus Béranger toûjours battu par l'Empereur, pressoit plus que jamais Arnoul de ne le point abandonner; luy promettant que s'il le rétablissoit en Italie; il luy rendroit son Etat tributaire. Arnoul ne se fit pas beaucoup prier. Il entra en Lombardie avec une Armée, attaqua Bergame, la prit, & fit pendre à la porte de la Ville le Comte Ambroise qui en estoit Gouverneur. Ce qui jetta tant de terreur par-tout, que la pluspart des Villes jusqu'à Plaisance luy ouvrirent leurs portes. Il laissa à Milan Othon Duc des Saxons, pour y commander. Il ne poussa pas plus loin alors ses conquestes de ce costé-là; mais tournant tout à coup du costé de France, il vint à S. Maurice au-dessus du Lac de Genève, espérant surprendre Rodolfe Roy de Bourgogne, qui se retira à son ordinaire dans les Montagnes, où il ne put jamais estre forcé.

Ibid.

Annales Metens.

Luitprand. l. 1. c. 7.

Estant rentré en Germanie, il y trouva Ermengarde, qui l'attendoit au Monastère de Lauresheim. Elle avoit trois ou quatre ans auparavant fait couronner Roy de Provence son fils Loüis, avec l'agrément d'Arnoul & le consentement du Pape, & l'avoit fait reconnoistre pour successeur de tous les Etats que Boson son pere avoit usurpez sur les Rois de France. Son dessein dans cette visite estoit d'offrir au Roy de Germanie les Troupes de son fils contre Rodolfe, à condition d'unir au Royaume de Provence, les Villes que ces Troupes prendroient sur ce Prince dans la Bourgogne Transjurane. Arnoul reçut les offres d'Ermengarde, & luy accorda ce qu'elle luy demandoit; mais Rodolfe se défendit si bien, que Loüis ne put luy enlever aucune Place.

Annal. Metens. ad an. 894.

Concil. Valentin.

Il y avoit donc alors dans cette étenduë de païs, qui porte aujourd'huy le nom de Royaume de France, cinq Souverains avec la qualité de Roy; sçavoir, Eudes, le jeune Charles, Arnoul qui possédoit la Lorraine, la plus grande partie des Païs-Bas appellée basse Lorraine, & plusieurs Villes du costé de la Meuse, Rodolfe, dont la domination s'étendoit au-delà du Mont-Jura, & en deçà dans la Franche-Comté, Loüis dans la Provence, dans le Lionnois & dans quelques autres Provinces voisines. Rodolfe & Loüis estoient les spectateurs de ce qui se passoit en France entre Eudes & Charles ; & Arnoul en estoit comme l'arbitre. Il les laissa pendant cette année agir l'un contre l'autre, sans presque s'en mesler. Eudes attaqua Reims ; mais l'Armée de Charles estant venuë au secours, le siége fut levé. L'Archevêque de Reims fit écrire par le Pape des Lettres menaçantes à Eudes ; mais il s'en mit peu en peine, & pensa à remettre Arnoul dans ses intérêts, persuadé que de-là dependoit la conservation de sa Couronne.

Epist. Fulconis apud Flodoard.

L'an 895. Arnoul tint à Vormes une Diéte générale de tous ses Etats, où une des principales choses qui s'y firent, fut le Couronnement de Zuentibolde fils naturel de ce Roy. Le Duc de Moravie, dont j'ay parlé, luy avoit donné sur les Fonts de Baptesme ce nom barbare qu'il portoit luy-mesme. Arnoul fit couronner Roy de Lorraine ce fils qu'il aimoit beaucoup, six ans auparavant il avoit fait aux mesmes Seigneurs une proposition en faveur de ce Prince ; ce fut de le reconnoistre pour son successeur dans ses Etats, avec un autre nommé Ratolde, qui n'estoit aussi que son fils naturel. Cette proposition fut d'abord rejettée. Mais cependant il gagna quelques Seigneurs François, qui firent ensorte qu'elle passast, à condition que si la Reine épouse légitime du Roy avoit des enfans, ils seroient preferez.

An. 895.

Depuis ce temps-là la Reine avoit accouché d'un fils, qui fut baptisé à Mayence, & nommé Loüis, ce qui luy donnoit l'exclusion aux fils naturels pour la succession. Néanmoins Arnoul fit si bien dans l'Assemblée de Vormes, que d'un consentement unanime, l'aîné des deux fut reconnu pour Roy de Lorraine. On voit encore aujourd'huy dans les Archives de saint Denis, le Sceau de ce Prince avec son nom, sa figure & la qualité de Roy.

Annales Fuldens.

Mabillon in Diplomat.

Eudes vint trouver le Roy de Germanie à Vormes dans le temps de cette Diéte, luy fit de grands présens, & sçut si bien le gagner, qu'il obtint tout ce qu'il luy demandoit, c'est à dire, qu'il abandonnast la protection de Charles.

L'Archevêque de Reims n'eut pas plustost appris qu'Eudes estoit allé à Vormes, qu'il prit la résolution d'y aller aussi, pour empescher l'effet de ses intrigues. Mais il s'y prit trop tard. Eudes qui en revenoit après avoir conclu son Traité, le rencontra en chemin & l'attaqua. L'Archevêque de Reims prit la fuite. Le Comte Adalonge qui l'accompagnoit fut blessé, & mourut de ses blessures ; presque tous ses gens furent taillez en piéces, son bagage fut pillé, & les présens qu'il avoit destinez au Roy de Germanie furent enlevez.

Annal. Metens.

Cependant l'Archevêque traita avec le nouveau Roy de Lorraine, qui luy promit de secourir Charles. Le pere & le fils estoient d'intelligence, pour entretenir en France la guerre civile : & le Roy de Lorraine en soustenant Charles contre Eudes, qui estoit le plus fort, ne faisoit rien en cela contre les intentions secretes du Roy de Germanie son pere.

Ibid.

Il entra en France avec une nombreuse Armée, & vint mettre le siége devant Laon. Il l'attaqua avec beaucoup de vigueur, mais il fut défendu de mesme. La résistance des assiégez donna le temps à Eudes, qui estoit en Aquitaine, de venir à leur secours ; & dès que le Roy de Lorraine sçut qu'il approchoit, il leva le siége, & se retira avec toutes ses Troupes dans ses Etats.

An. 895.

Sur ces entrefaites, Arnoul qui avoit toûjours son dessein de se faire Empereur, rentra en Italie, où la terreur qu'il y avoit répanduë l'année d'auparavant, & qui duroit encore, luy ouvrit un chemin libre jusqu'à Rome. Selon nos anciennes Annales, Guy Duc de Spolete, qui avoit pris le Titre d'Empereur, estoit mort, & Lambert son fils luy avoit succedé ; selon d'autres il estoit encore vivant. Quoy qu'il en soit, il n'estoit pas alors dans Rome. Agiltrude mere de Lambert s'y estoit renfermée avec les principaux de la faction ennemie du Pape, bien résoluë de défendre la Ville contre l'Armée d'Arnoul, & d'empescher par toutes sortes de moyens que le Pape, qui n'osoit sortir du quartier de l'Eglise de S. Pierre, n'eust aucune correspondance avec luy.

Annal. Fuldens. Metens.

L'Armée d'Arnoul estoit en trés-méchant état par les mauvais temps qu'elle avoit essuyez dans sa longue marche ; d'ailleurs il apprehendoit de l'affoiblir encore au milieu d'un païs qui devoit luy estre fort suspect, l'Italie estant alors fort partagée, & presque tout estant contre luy, excepté le Pape avec son parti ; car Bérenger mesme qui l'avoit le plus fortement sollicité d'entrer en Italie, l'avoit abandonné à la persuasion d'Adalbert Marquis de Toscane, Seigneur des plus puissans d'au-delà des Alpes.

An. 896.

Annal. Fuldens.

Le Roy de Germanie dans cet embarras tint Conseil de guerre, où les Officiers conclurent tout d'une voix, à donner l'assaut à la Ville, en l'asseûrant que leurs Soldats feroient leur devoir. En effet, la nouvelle en ayant esté répanduë dans l'Armée, elle en fit paroistre une trés-grande joye. Cependant comme l'entreprise estoit dangereuse, le Roy ne la voulut point tenter avant que d'avoir mis Dieu dans son parti. Il ordonna un jour de jeûne par tout le Camp, & d'autres œuvres de pieté, pour obtenir le secours du Ciel. Mais ce délay fit peine au Soldat, & l'affaire fut engagée dès ce mesme jour en quelque façon malgré l'Empereur.

Après le Conseil de guerre il avoit fait la reveuë de son Armée, & l'avoit rangée en bataille sous les murailles de la Ville Leonine, c'est-à-dire, de cette partie de la Ville de Rome, où est l'Eglise de S. Pierre, & que le Pape Leon IV. avoit fait entourer de murailles. Après la revuë il congédia les Troupes, & luy s'en alla avec quelques Seigneurs faire le tour du reste de la Ville.

En revenant il fut surpris de voir encore ses

EUDES. CHARLES LE SIMPLE.

Soldats au mesme endroit où il les avoit rangez, & dès qu'ils l'apperçûrent, ils criérent tous, *à l'assaut, à l'assaut.* Ceux qui estoient les plus proches des murailles, commencérent à dire des injures aux Bourgeois & à la Garnison ; & ceux-ci leur répondirent aussi par des injures. On en vint aux pierres & aux fléches que l'on jettoit de part & d'autre. Alors les Soldats redoublérent leurs cris. Ils avoient tous leurs armes ; mais les échelles & les autres choses necessaires pour un assaut estoient dans le Camp. Le Roy toutefois crut qu'il devoit profiter de cette ardeur, & ayant donné les meilleurs ordres qu'il put pour une affaire aussi subite & aussi tumultuaire que celle-là, on se mit en devoir de forcer les murailles, qui apparemment n'estoient ni fort bonnes, ni fort hautes. On commença par travailler à combler le fossé, & avec les fascines & les pierres, on employa tout ce qui se présenta, jusqu'à y jetter des selles de chevaux & mesme des bagages de l'Armée ; d'autres en quelques endroits se mirent à saper le pied des murailles, sans que les assiégez, qui ne s'estoient point attendus du tout à cette attaque, & qui n'avoient rien de prest sur les murailles, pussent les en empêcher. Ils estoient cependant sous les armes, résolus de soûtenir l'escalade, si on osoit la tenter, lorsqu'il arriva un de ces accidens ridicules, qui ont quelquefois esté la cause des plus grands évenemens.

Un Liévre partit du milieu des Troupes qui estoient rangées en bataille. Il s'éleva tout à coup un grand cri, & quantité de Soldats s'étant mis à courir après le Liévre, qui fuïoit vers les fossez de la Ville, les Romains crurent que ce cri estoit un signal, & que ces Soldats qui couroient vers la Ville, venoient à l'assaut. Une terreur panique les saisit, & tous prenant la fuite, les murailles paturent en un moment abandonnées de toutes parts. On profita de ce moment, on planta les échelles, & on monta sur les murailles sans nulle résistance. D'autres rompirent les portes voisines, où ils ne trouvérent personne qui les en empêchast ; de sorte que sans perdre un seul homme, on se rendit maistre de la Ville Leonine. Ceux qui estoient dans l'autre partie de la Ville séparée de celle-ci par le Tybre, ne se trouvant pas en état de soûtenir contre une Armée entiére, mirent aussi bas les armes, le Sénat vint avec les Croix & les Etendarts au devant du Roy, & s'abandonna à sa clémence ; le Roy empêcha le pillage de la Ville.

Le Pape que ses ennemis tenoient comme prisonnier, estant mis en liberté par la fuite de ceux qui le gardoient, vint saluër son libérateur, le conduisit dans l'Eglise de S. Pierre, où il luy donna l'onction Impériale, avec le nom de César & d'Auguste, honneur dont il se croyoit infiniment éloigné quelques heures auparavant, & dont il fut redevable malgré sa prudence, à la témérité de ses Soldats, & à un de ces heureux caprices de la fortune, qui font quelquefois ce qu'on n'oseroit, & ce qui ne viendroit pas mesme en pensée d'espérer.

Après que le nouvel Empereur eut rétabli l'ordre & la tranquillité dans Rome, & puni divers Seigneurs qui avoient outragé le Pape, & dont quelques-uns eurent la teste coupée, il reçut dans l'Eglise de S. Pierre le serment de fidélité des Romains en ces termes, un peu différens de ceux qu'on faisoit aux premiers Empereurs François. » Je jure par tous ces saints Mystéres, que sauf mon honneur, ma Loy & la fidélité que je dois à mon Seigneur le Pape Formose, que je suis & seray fidéle tous les jours de ma vie à l'Empereur Arnoul ; que jamais je ne me joindray à aucun homme contre son service ; que jamais je ne donneray de secours à Lambert fils d'Agiltrude, ni à Agiltrude, pour soûtenir leur dignité, & que jamais je ne leur livreray, ni ne contribuëray en aucune maniére à leur livrer la Ville de Rome, ni à aucun de ceux qui suivent leur parti. «

Après cette cérémonie, il envoya en exil Constantin & Estienne deux des plus considérables Sénateurs, qui avoient le plus aidé Agiltrude à se rendre Maistresse de Rome. Il nomma le Comte Farolde un de ses Généraux pour commander dans la Place en son absence, & il en partit le quinziéme jour après la prise.

Durant le tumulte de l'attaque, Agiltrude s'estoit sauvée, & avoit gagné la Ville de Spolete. Arnoul y marcha pour l'y assiéger : mais il fut attaqué en chemin d'une espéce de paralisie qui déconcerta tous ses desseins, il repassa les Alpes en diligence. Cet accident & sa retraite précipitée firent reprendre cœur à Bérenger, au Marquis de Toscane & à tous les autres Chefs du parti contraire, qui mirent de nouveau l'Italie en combustion.

L'état des affaires de France estoit encore plus déplorable. Les Normands profitant des guerres civiles, avoient recommencé leurs ravages sous la conduite de Rollon grand Capitaine, dont nous aurons occasion de parler souvent dans la suite de cette Histoire. Ils entrérent par la Seine, & ensuite par la riviére d'Oise, & puis s'estant partagez, ils se répandirent aussi en pillant dans l'Aquitaine.

Tous ces désordres & les continuelles révoltes qui se faisoient tantost d'un costé, tantost d'un autre, & la résolution que Charles fut sur le point de prendre, de se liguer avec les Normands, obligérent Eudes d'écouter les avis de ceux qui luy conseilloient de s'accommoder, & de partager le Royaume avec le jeune Prince. Il s'y résolut. La France depuis la Seine jusqu'aux Pyrénées luy demeura, & il céda à Charles tout le reste, en le reconnoissant mesme pour son Souverain dans la partie qu'il se réservoit. *

La France par cette Paix commença à respirer. Eudes un peu plus d'un an après l'avoir faite, mourut à la Fere le troisiéme de Janvier de l'an 898. qui estoit le dixiéme d'un Régne fort inquiet ; mais qui apparemment auroit esté plus heureux pour les Peuples, & plus tranquille pour luy, si les conjonctures luy avoient permis de se servir des grands avantages que la nature luy avoit donnez pour le Gouvernement.

Vita S. Genulfi. l. 2.

Il laissoit un fils nommé Arnoul, que quelques-uns proclamérent Roy. Mais il mourut peu de jours après, ce qui fit que les Seigneurs François reconnurent Charles pour Roy de toute la France. Et ainsi la Couronne fut restituée à la Famille de Charlemagne.

An. 898.

CHARLES LE SIMPLE.

An. 898.

JAMAIS nos Histoires n'ont esté moins exactes pour le détail des grands évenemens, que dans ce qu'elles racontent de ce Régne, sur tout au regard des douze premieres années, c'est-à-dire, jusques vers l'an 910. & 911. On y voit les Seigneurs particuliers pousser leur audace, leurs violences, & leur ambition jusqu'aux derniers excès, toûjours pour augmenter leur puissance dans les Domaines qu'eux & leurs peres avoient usurpez. C'est ce que tous nos Historiens nous font appercevoir à toute occasion, mais sans en dévelloper les circonstances. Cela donne néanmoins lieu de faire une réflexion importante, qui est qu'on peut fixer au commencement de ce Régne l'origine de tous ces petits Etats, dont la Monarchie Françoise se trouva insensiblement depuis estre composée, & qu'on nomma dans la suite les Fiefs mouvans de la Couronne; non pas qu'ils eussent eu dès-lors toute la forme de ce qu'on appelle Fief; mais à quelques formalitez près, par lesquelles on régla avec le temps les droits du Souverain, & les devoirs de ces demi Sujets, il y eut peu de différence.

Fouques Archevêque de Reims, Richard Duc de Bourgogne, Herbert Comte de Vermandois, Robert frere du feu Roy Eudes, estoient sans doute les principaux Acteurs qui paroissoient sur la Scéne. C'est aux conseils & à la sage conduite de l'Archevêque, que Charles fut redevable de son rétablissement sur le Trône de son pere. Il y fut maintenu par la grande puissance de Richard Duc de Bourgogne, qui trouvoit son avantage & sa gloire à l'y maintenir, tant contre les Normands, que contre les factieux.

Robert estoit pour le Roy un ennemi secret & dangereux, qui prétendoit à la Couronne, comme estant frere de celuy qui l'avoit portée, & on vit par l'évenement que le Comte de Vermandois estoit un traître. L'Archevêque de Reims, que Baudoüin le Chauve Comte de Flandre fit assassiner quelque temps après, étant mort, un homme d'un rang bien au-dessous de tous ces Seigneurs, prit la place de ce Prélat auprès du Roy, & s'empara de son esprit & de sa confiance : il fut par cette raison en butte à tous les Grands, & la cause ou l'occasion de la perte de son Maistre. C'est tout ce qu'on entrevoit dans nostre Histoire ; & c'est à, s'il m'est permis de m'exprimer ainsi, comme le systême général du Régne de Charles. Mais les diverses intrigues de ceux que j'ay nommez, qui estoient à la teste des factions, ne sont point marquées dans l'Histoire ; on en perd à tous momens le fil, & en vain se fatigue-t-on à tascher d'en découvrir les ressorts dans les monumens qui nous restent de ce Régne.

Le petit génie du Prince, qui se laissoit dominer par ses Ministres, & sa trop grande crédulité qui le faisoit trop aisément tomber dans les piéges de ses ennemis, luy firent donner le surnom de Simple, & causérent bien des maux à la France. Un des plus fascheux & des plus honteux à la Nation fut le démembrement qui se fit alors de cette grande & riche Province, appellée aujourd'huy la Normandie, qui sous la seule condition d'un hommage fut soustraite à la Couronne de France, en demeura séparée pendant plus de deux siécles, & fut durant ce temps-là une occasion & une source continuelle d'une infinité de funestes guerres.

Les Normands en comprenant sous ce nom, principalement les Danois & les Norvégiens, commencérent, ainsi qu'on l'a vû dans l'Histoire des Régnes passez, à infester souvent les costes de l'Empire François du temps de Charlemagne, mais avec peu de succés, par les soins qu'il prit de tenir toûjours des Vaisseaux armez à l'embouchûre des riviéres, & des Troupes sur pied sur les costes, en tous les endroits où les descentes estoient à craindre.

Après la mort de ce Prince, les guerres civiles qui mirent si souvent le désordre dans l'Etat, & de plus les partages qui s'en firent entre les enfans des Rois, l'affoiblissant beaucoup, ne permirent pas de prendre les mesmes précautions ; & dès-lors la France fut exposée aux ravages & à la cruauté de ces Peuples Payens, qui la tenoient sans cesse & de toutes parts en allarme.

Leurs premieres courses n'estoient que dans le Plat-Païs, ensuite ils attaquérent les Villes ; ils saccageoient la plus part celles qu'ils avoient prises, & puis ils en transportoient les richesses sur leurs Vaisseaux, & comme ils revenoient souvent, ils épuisoient la France d'argent, & mesmes d'hommes, parce qu'ils faisoient tout passer au fil de l'épée, ou qu'ils amenoient une infinité de personnes en esclavage.

Le succès de leurs entreprises leur fit avec le temps former de plus grands desseins. Ils commencérent pour les faire réüssir plus seûrement & avec plus de facilité, à s'établir des quartiers d'hyver, tantost sur la Seine, tantost sur la Loire, & tantost sur la Somme, d'où ils faisoient des détachemens pour aller piller jusqu'au milieu de la France ; & après avoir fait un grand amas de butin, ils l'envoyoient sur leurs Flotes dans leur païs.

Dans la suite ils contraignirent nos Rois mesmes de racheter à prix d'argent, le pillage de leurs Provinces, ils les obligérent à leur céder des Terres dans la Frise, & enfin attirez par l'abondance & la fertilité de cette partie du Royaume

Royaume de Neuſtrie, qui en prenant un peu au-deſſus de Roüen, s'étendoit des deux côtez de la Seine juſqu'à la mer, & tirant vers l'Orient juſqu'au païs qu'on appelle aujourd'huy la Picardie, & vers l'Occident juſqu'au Maine & à la Bretagne; ils réſolurent de s'en emparer, & d'y fixer leur demeure pour toûjours.

Celuy qui exécuta ce projet, fut le Duc Rollon le plus grand Capitaine que les Normands euſſent encore eu à leur teſte. Il eſtoit né en Dannemarc, fils d'un Prince ou Seigneur très-puiſſant du païs, & qui avoit ſon État indépendant des Rois Normands. Après la mort de ſon pere il ſoûtint la guerre contre le Roy de Dannemarc, qui vouloit le ſoumettre à ſa domination, & il le batit en pluſieurs rencontres; mais s'eſtant laiſſé ſurprendre après un Traité de Paix, & ayant donné dans une embuſcade où ſon frere & preſque tous ſes gens périrent, il perdit ſes Etats, & fut obligé d'aller chercher fortune ailleurs.

Il ſe retira en Scandinavie, cette Peninſule du Nort, où ſont les Royaumes de Suéde & de Norvége. Quand on l'y ſçut arrivé, un grand nombre de ſes anciens Sujets l'y vinrent joindre. Il délibéra quelque temps s'il retourneroit en Dannemarc, pour taſcher de reconquérir ſes Etats, ou ſi à l'exemple des Normands ſes compatriotes, il iroit chercher autre part de quoy s'enrichir & où s'établir. Un ſonge qu'il eut, qui luy promettoit une belle deſtinée, & dont on luy fit une interprétation favorable, le détermina à prendre ce ſecond parti.

Il eſtoit non ſeulement aimé & honoré par ceux de ſes Sujets qui avoient ſuivi ſa fortune, mais encore par ceux des Habitans du quartier de Scandinavie où il s'eſtoit refugié. Un air & un port majeſtueux, une taille héroïque, beaucoup d'eſprit, de douceur, d'honnêteté, ce qu'on racontoit de ſon malheur & des belles actions qu'il avoit faites en Dannemarc, luy avoient attiré l'amour & l'eſtime de tout le païs. Il ne falloit preſque rien alors, pour engager ces Peuples du Nort à ces expéditions ſubites au-delà des mers, dont nous avons vû juſqu'à préſent tant d'exemples. Le bruit du ſonge & l'idée de ſa valeur firent qu'on vint de tous coſtez luy faire offre de ſervice. Les Vaiſſeaux ne coûtoient rien en ce païs-là, & la ſeule eſpérance du butin eſtoit toute la ſolde dont on payoit les Soldats & les Matelots; de ſorte qu'en peu de temps il ſe vit une grande Armée & une nombreuſe Flote. Il fit voile, & alla deſcendre en Agleterre, où les Anglois ne le voulant pas ſouffrir, vinrent l'attaquer. Il défit deux de leurs Armées l'une après l'autre; & après avoir fait un grand butin, ne voyant pas d'apparence de fixer là ſa demeure, il ſe remit en mer, & vint aborder en Friſe, où il défit le Duc Radebode & Rainier Duc de Hainaut & d'Heſbaïe. De-là après s'eſtre rendu tributaire une grande partie de la Friſe, il aborda en France l'an 876. la derniere année du Régne de Charles le Chauve. Il y entra par la Seine, & vint à Jumiége, qui devoit

Tome I.

eſtre en ce temps-là un Port de quelque conſidération, puiſqu'il en eſt parlé en divers endroits de noſtre Hiſtoire, & que c'eſtoit là où les Normands, quand ils vouloient ſe remettre en mer, radouboient leurs Vaiſſeaux.

De Jumiége Rollon monta juſqu'à Roüen. Francon qui en eſtoit alors Archevêque, voyant la Ville ſans munitions, de grandes brêches en divers endroits des murailles, en un mot entiérement hors d'état de ſe défendre, alla au devant des Normands, demanda quartier au Général, & luy offrit de le recevoir dans la Ville. L'Evêque fut écouté favorablement, Rollon connoiſſant l'importance de la Place, en fit relever les murailles, la fortifia de nouveau, & y mit une groſſe Garniſon.

Enſuite il s'avança juſqu'à l'endroit de la Seine, où eſt aujourd'huy le Pont de l'Arche, & il défit ſur le bord de la rivière d'Eure l'Armée Françoiſe commandée par le Duc Renaud. Il aſſiégea & força Meulan, & fit paſſer au fil de l'épée tout ce qui s'y trouva d'Habitans. Renaud vint l'attaquer avec une nouvelle Armée. Cette Armée fut encore défaite, & Renaud y périt.

Quelque temps après ſe fit le fameux ſiége de Paris, dont j'ay parlé, par une autre Armée de Normands. Rollon y demeura quelque temps, en partit pour aller piller Bayeux & tout le païs Beſſin. Il revint au ſiége de Paris, qu'il quitta une ſeconde fois pour venir ſaccager Evreux. Il fut au ſiége & à la priſe de Meaux; de-là il paſſa en Angleterre, où il prit part à quelques guerres civiles qui s'y firent alors. Il y demeura trois ans, & y fit alliance avec le parti qui l'avoit ſecouru.

Le temps de toutes ces expéditions n'eſt pas exactement marqué; mais il eſt dit que ce fut ſous le Régne de Charles le Simple, qu'il rentra en France. Il y revint ſi fort, qu'il y fit deſcente en meſme temps par trois endroits, par la Seine, par la Loire & par la Garonne. Ce n'eſtoient plus des partis de Pirates qui couroient le païs, c'eſtoit des Armées nombreuſes. Ils prirent Nantes, Angers, le Mans. Ils aſſiégérent Tours, qu'ils ne purent forcer. Enſuite ils paſſérent dans la Bourgogne, dans l'Auvergne, où Clermont fut pillé. Ils vinrent dans l'Orléannois, ils furent battus auprès de l'Abbaye de Fleury, & quelque temps après Rollon mit le ſiége devant Chartres. Les Habitans de cette Ville, qui a eſté de tout temps ſous la protection de la Mere de Dieu, ranimant la confiance qu'ils avoient dans le ſecours d'une ſi puiſſante Patrone, & encouragez par Vantelme leur Evêque, ſe réſolurent à une vigoureuſe réſiſtance. L'Evêque écrivit au Roy, à Richard Duc de Bourgogne, & à Ebale Comte de Poitiers, & les informa du danger où eſtoit la Ville, & du beſoin qu'ils avoient d'eſtre promptement ſecourus.

Ces deux Seigneurs aſſemblérent des Troupes. Le Roy fit joindre par une partie des ſiennes le Duc de Bourgogne, qui arriva à la vûë de la Ville & du Camp ennemi devant le Comte de Poitiers.

Rollon avant que tout le secours fut arrivé, fit donner à la Place un violent assaut, qui fut vaillamment soûtenu, & le Duc de Bourgogne attaqua en mesme temps le Camp des Normands.

Rollon qui l'avoit prévû, se trouva en état de le bien recevoir. Les François furent repoussez, & laschérent le pied. Richard les ayant ralliez, leur fit reprendre cœur, & assaillit de nouveau le Camp. Le combat fut sanglant & opiniastre, sans qu'on reculast ni de part ni d'autre. Cependant il se fit une grande sortie de la Ville, & l'Evêque y parut au milieu des Troupes en habits Pontificaux, portant la Croix & la précieuse Relique de la Ville, qui est une Chemise de la sainte Vierge.

Chacun dans cette sortie fit son devoir & son office. Les Soldats attaquérent l'ennemi avec une extréme bravoure, tandis que l'Evêque élevoit vers le Ciel la Croix & la Relique, priant fervemment avec son Clergé, & animant par ce spectacle & par l'espérance du secours céleste, les Soldats à bien combattre.

Le succès répondit aux vœux de l'Evêque. Les Troupes que Rollon avoit opposées à la sortie furent poussées & défaites, & tout venant fondre sur luy, il se trouva attaqué de front & à dos.

Il employa toute son habileté pour se tirer d'un pas si dangereux, il commença à faire retraite toûjours en combattant, & se retira dans un quartier de son Camp avec une partie de ses Troupes. Les François cesserent de le poursuivre, dès qu'ils virent la communication libre avec la Ville, & luy cependant s'éloigna pour se mettre en seûreté. Une autre partie de ses Troupes gagna une éminence voisine, sur laquelle elle se retrancha.

A peine l'action estoit-elle finie, que le Comte de Poitiers arriva avec son Corps d'Armée. Il leur fut mauvais qu'on eut attaqué le Camp ennemi sans l'attendre, & fit sur cela de grandes plaintes. On luy montra pour l'appaiser la nécessité où l'on avoit esté de combattre, de peur de perdre une conjoncture favorable, & on luy ajoûta qu'il auroit encore dequoy se dédommager; qu'une partie de l'Armée des Normands estoit restée sur une éminence voisine, & qu'il y auroit de la gloire à acquérir, en les chassant de ce poste, & en achevant leur défaite.

Le Comte de Poitiers ne balança pas, & dès le lendemain il mena ses gens à l'ennemi. Il leur fit prendre des clayes & d'autres instrumens propres à se couvrir, que les Normands avoient laissez dans leur Camp en l'abandonnant. Il s'avança jusqu'au milieu de la colline à la faveur de ces parapets portatifs; mais il en fallut venir au sabre, pour enfoncer des gens qui l'attendoient de pied ferme. Le désavantage du terrain qui estoit très-roide, & le désespoir où les Normands se voyoient de périr ou de vaincre, rendoient cette attaque infiniment difficile. Quelques efforts de valeur que fit le Comte, il fut toûjours repoussé, & après avoir perdu inutilement beaucoup de braves gens, il fut obligé d'abandonner son entreprise, & de prendre le parti qu'il auroit suivi d'abord, si une fausse gloire ne l'en avoit empesché, ce fut d'investir la colline, d'y assiéger les ennemis, & de les contraindre, faute de vivres, à se rendre à discrétion. Ainsi toutes les Troupes, tant celles du Comte de Poitiers, que celles du Duc de Bourgogne, & les autres Milices Françoises, prirent chacun leur poste à l'entour de la colline.

Les Normands ne laissérent pas de se retrancher sur le sommet, & se servirent pour cela de leurs clayes, qu'ils avoient obligé les François de leur abandonner en les repoussant: mais leur embarras n'en estoit pas moindre, & ils ne voyoient aucun moyen d'échaper.

Dans cette extrémité où ils se trouvoient, un Capitaine Frison ouvrit un avis, & proposa un stratagême qui fut approuvé. Ce fut de faire descendre à l'entrée de la nuit fort secretement quelques gens de leur Camp, qui tâcheroient de passer au travers de celuy des François, portant avec eux sous leurs habits chacun une Trompete; que s'estant dispersez en divers endroits d'alentour, ils sonneroient tous ensemble la charge avec leurs Trompettes vers le minuit; que cela jetteroit par-tout l'allarme parmi les François, qui croiroient que Rollon viendroit les surprendre. Qu'il falloit estre prests en mesme temps de descendre de la colline, pour s'échaper au travers de l'Armée Françoise, à la faveur de l'allarme & des ténébres, & que si par ce moyen tous n'échapoient pas, il s'en sauveroit au moins une bonne partie.

Cet expédient réüssit. Les Soldats avec leurs Trompettes passérent au travers du Camp sans estre apperçûs, & ayant sonné à l'heure marquée, toute l'Armée Françoise fut aussi-tost en mouvement; les Normands descendirent en mesme temps de la colline, & donnérent sur le quartier du Duc de Bourgogne, qui dormoit dans sa Tente. Ils firent main-basse sur tout ce qu'ils rencontrérent, & passérent à la débandade au travers du Camp des François, qui ne doutant pas que Rollon n'allast fondre sur eux, ne songeoient les uns qu'à se mettre en état de se défendre, les autres qu'à fuir & se retirer sous les murailles de la Ville. Enfin les Normands estant ainsi échapez, se ralliérent en un lieu dont ils estoient convenus, & prirent la route de Roüen, qu'ils sçavoient que Rollon avoit tenuë. Le Comte de Poitiers dans cette surprise ne donna pas tant de marques d'intrépidité, que dans l'attaque du Camp Normand. Il se sauva des premiers, & se cacha dans une Maison, d'où il ne sortit que le lendemain, & vit que sa proye luy estoit échapée.

Le Duc de Bourgogne extrémement chagrin de cet affront, leva son Camp dès le grand matin, pour suivre les Normands. Il les atteignit sur la riviére d'Eure; mais ils estoient dans un poste inaccessible, à cause des marais & des retranchemens qu'ils y avoient faits avec une promptitude merveilleuse. Il ne jugea pas à propos de les y attaquer, & les laissa aller joindre leur Général, qui les reçut avec d'autant plus de joye, qu'il les avoit crus tous perdus.

Pour les consoler & les remettre de leurs fatigues, il les mena au pillage, où ils exercérent leurs violences & leurs cruautez ordinaires. Ils les continuérent avec tant d'excès & de fureur, qu'on députa de tous costez au Roy, pour le prier d'acheter la Paix de Rollon à quelque prix que ce fust.

Long-temps avant le siége de Chartres, le Roy par le conseil de quelques Seigneurs avoit prié Francon Archevêque de Roüen, où Rollon estoit, d'obtenir la permission de luy venir parler, & Rollon la luy avoit accordée. Le Roy après l'arrivée de l'Archevêque avoit fait une Assemblée des Seigneurs François, leur avoit exposé l'état pitoyable où le Royaume épuisé & désolé par les incendies & les ravages, estoit réduit; que les Terres estoient par-tout en friche, & qu'il n'y avoit de seûreté nulle part, non pas mesme dans les Villes. La conclusion de ce discours avoit esté, qu'il falloit demander une Tréve au Général Normand, & tascher pendant cette Tréve de convenir avec luy de quelques conditions qui pussent le satisfaire & procurer quelque relasche à la France, après une si longue suite de misères, sous lesquelles elle succomboit.

Les Seigneurs approuvérent le dessein du Roy, & l'Archevêque fut prié de se charger de cette négociation. Rollon consentit en effet à une Tréve de trois mois, pendant lesquels il se fit de part & d'autre diverses propositions; mais le Duc de Bourgogne & le Comte de Poitiers choquez de n'avoir point esté consultez en une affaire de cette importance, agirent si fortement auprès de Charles, en luy exagérant la honte & la lascheté de cette démarche, & luy promettant de grands secours de leurs Gouvernemens, qu'on cessa de traiter avec Rollon; & les trois mois ne furent pas plûtost expirez, que les François recommencérent les premiers les actes d'hostilité contre les Normands.

Rollon indigné de se voir ainsi ou joüé ou méprisé, se vengea par ces terribles exécutions militaires, dont j'ay parlé avant le siége de Chartres. Mais enfin celles ausquelles on sçut qu'il se préparoit tout de nouveau, obligérent les Seigneurs François à prier le Roy de reprendre ses premiers desseins, & de s'accommoder avec les Normands, quoy qu'il en dust coûter.

Ce fut entre autres le Duc Robert frere du feu Roy Eudes, qui engagea le Roy à cette nouvelle démarche envers les Normands, & qui avoit en cela d'autres vûës que celles du bien du Royaume.

Le Roy s'adressa de nouveau à l'Archevêque de Roüen, pour renoüer la negociation avec le Général Normand. Ce Général qui l'aimoit & l'estimoit, l'écoûta encore cette fois-là. Il avoit eu de tout temps le dessein de se faire un Etat en France, dont le séjour luy paroissoit beaucoup plus agréable, que les frimats & les froids excessifs de la Norvége & du Dannemarc, & il estoit toûjours disposé à un accommodement, pourvû que cette condition y entrast. Charles en la luy proposant en souhaitoit une autre; c'estoit qu'il se fist Chrétien, afin qu'il ne fust pas dit que le Paganisme se fust introduit en France par son consentement, & en vertu d'un Traité.

L'Archevêque dès la premiere fois qu'il fut envoyé vers Rollon, l'avoit déja fondé là-dessus, & ne l'avoit pas trouvé fort difficile. C'est pourquoy après luy avoir marqué l'estime que le Roy de France, tout son ennemi qu'il estoit, faisoit de sa personne, & le désir qu'il avoit de faire une Paix solide avec luy, il luy fit trois propositions de sa part. La premiere, qu'on luy céderoit jusqu'à la mer toute cette partie de la Neustrie, qui estoit au Nort de la Seine, à prendre depuis la riviére d'Andelle à trois lieuës au-dessus de Roüen, & depuis la riviére d'Epte, qui passe par Gournay, Gisors, saint Clair (c'est cette partie du Vexin qu'on appelle encore aujourd'huy le Vexin Normand) & de plus le païs d'au-delà de la Seine, qui étoit d'une bien plus grande étenduë; car il comprenoit tout ce qui estoit renfermé entre le Maine, la Bretagne & l'Ocean.

La seconde proposition fut touchant la Princesse Gisele fille du Roy, que ce Prince offroit en mariage à Rollon. Et la troisième, de se faire Chrétien.

Rollon fit paroistre à l'Archevêque que ces propositions luy agréoient; mais il dit qu'il ne pouvoit les accepter, sans prendre l'avis de ceux ausquels il commandoit, & qu'il assembleroit au pluftost les principaux Chefs de son Armée, pour en délibérer avec eux. Il n'y eut point deux avis sur les articles proposez : tous y applaudirent, comme au Traité le plus avantageux qui se pust faire pour l'honneur & l'utilité de la Nation. Le changement de Religion fit peu de difficulté. Il y avoit déja plusieurs Chrétiens parmi les Normands: le reste estoit apparemment fort indifférent sur le fait de la Religion; & c'est une réflexion qu'on peut faire en lisant l'Histoire des guerres des Normands, qu'à la vérité ils pilloient, ils ravageoient, ils brusloient, ils ruinoient les Eglises & les Monastéres, massacroient les Evêques, les Prestres, les Religieux, mais qu'on ne voit point, ou qu'on voit rarement qu'ils ayent entrepris de faire renoncer à la Religion Chrétienne leurs Captifs, ou ceux qui tomboient sous leur puissance.

Sur cela Rollon renvoya l'Archevêque vers le Roy, pour luy dire qu'il acceptoit ses offres, & qu'il consentoit à trois mois de Tréve, pendant lesquels on pourroit régler les choses plus en détail. Le Roy reçut cette nouvelle avec joye, & la Tréve fut faite.

Le Duc Robert qui rouloit toûjours dans son esprit de grands desseins, jugea qu'il luy estoit de la derniere importance de se faire un ami de Rollon, & d'attacher à ses intérests un parti aussi puissant, que l'alloit estre désormais celuy des Normands dans le Royaume. Voyant les affaires en si bon train, il ne tarda pas à faire les premieres avances. Il envoya complimenter Rollon par un de ses Confidens, qui le flatta fort sur ses hauts faits d'armes, & le conjura de la part de son Maistre, de conclure la Paix aux conditions avantageuses qu'on luy proposoit. Il l'asseûra que c'estoit le Duc Robert, qui par estime pour luy avoit engagé le Roy à faire la cession d'un si beau & si bon païs; qu'il y avoit plusieurs Villes qu'il feroit fortifier, & qu'il repeupleroit aisément pendant la Paix, pour se faire un Etat des plus riches & des plus florissans; qu'il luy demandoit son amitié; que la sienne qu'il luy offroit, ne luy seroit pas inutile, ayant autant de credit & autant de pouvoir dans le Royaume & auprès du Roy qu'il en avoit; que s'il vouloit luy accorder ce qu'il luy demandoit, il luy en donnast sur l'heure une marque, en promettant de ne point choisir d'autre Parrain que luy pour le jour de son Baptesme.

Rollon estoit trop habile & trop clair-voyant pour refuser ces offres, & pour ne pas acheter par le peu qu'on luy demandoit, un tel appuy à la Cour de France, où désormais il alloit estre de ses interests d'entretenir toûjours de bonnes & de seûres intelligences. Il répondit parfaitement aux honnestetez du Duc, & le pria de luy faire l'honneur qu'il luy offroit, d'être son parrain.

Quelques jours après le Roy & Rollon chacun avec son Armée se trouvérent à S. Clair sur la rivière d'Epte, le Roy accompagné du Duc Robert en deçà du costé de Paris, & Rollon au-delà du costé de Roüen.

Rollon fort persuadé que la cession qu'on luy faisoit n'estoit qu'une liberalité forcée, vint en résolution de se prévaloir autant qu'il pourroit, de la nécessité où la France se trouvoit, d'avoir la Paix. Après les premiers complimens de part & d'autre, l'Archevêque de Roüen, suivant l'ordre qu'il en avoit, dit au Roy, que le Général des Normands agréoit fort le don qu'on luy faisoit d'une partie si considérable du Royaume, que le païs estoit bon & fertile, mais qu'il estoit entierement ruiné, & les Campagnes tout-à-fait désertes; qu'il n'y avoit presque aucunes terres ensemencées, point de chevaux, point de troupeaux: en un mot, qu'il estoit impossible d'y subsister, jusqu'à ce qu'avec le temps on eust remis les choses en meilleur état, que les Campagnes & les Villes se fussent repeuplées, & qu'on eust labouré la terre, & que le Général prioit le Roy de luy assigner encore quelque autre Province, d'où ceux de sa Nation pussent tirer aisément dequoy vivre, & tout ce qui seroit nécessaire pour leur entretien.

L'Archevêque demanda en second lieu de la part de Rollon, que la donation qu'on luy faisoit ne fust pas seulement pour luy, mais encore pour ses successeurs, & que cette aliénation du Domaine François fut signée par les Evêques, les Seigneurs & les Abbez de tout le Royaume, & confirmée par leur serment.

Ces propositions déplurent fort au Roy, & sur tout la premiere; mais Robert commença dès-lors à servir utilement Rollon. Il représenta fortement la nécessité qu'il y avoit, de satisfaire le Général Normand dans l'état où estoient les affaires de France; que c'estoit un ennemi redoutable dont on feroit un ami zélé, mesme contre les incursions des autres Normands; que le païs qu'on luy cédoit seroit de ce costé-là, qui estoit le plus exposé, une barriere du Royaume, & que l'accroissement que la Religion recevroit de cette Paix par la conversion d'un Peuple si nombreux, estoit un motif qui devoit seul engager le Roy à passer par-dessus toute sorte de considérations. Les Seigneurs, les Evêques, & les Abbez emportez par l'autorité du Duc, ou intimidez par sa puissance, opinérent de la mesme maniere; de sorte qu'il ne fut plus question que de sçavoir, quel païs on ajoûteroit à celuy qu'on avoit déja offert.

Le Roy craignoit Baudoüin Comte de Flandres beaucoup plus qu'il ne l'aimoit: c'estoit par l'ordre de ce Comte que l'Archevêque de Reims, à qui le Roy estoit redevable de sa Couronne, avoit esté assassiné. Cependant ce crime estoit demeuré impuni, & le Roy avoit eu la foiblesse de faire encore contre son inclination plusieurs graces à Baudoüin. Il ne fut pas trop fasché de voir que les avis de l'Assemblée allassent à abandonner à Rollon le Comté de Flandres pluftost qu'un autre canton. L'Archevêque de Roüen annonça à Rollon, qu'on luy cédoit avec le droit de succession le païs dont on estoit convenu d'abord, & qu'on y ajoûtoit le Comté de Flandres.

Rollon soit qu'il fust gagné secretement par le Comte Baudoüin, soit que la Flandre fust trop éloignée du païs où il devoit s'établir, refusa cet offre, disant que c'estoit un païs plein de marécages, & peu propre à fournir à sa Nation toutes les choses nécessaires à la vie. Il fit demander au Roy la Bretagne, qui touchoit aux autres Terres qu'on luy cédoit. Ce Duché estoit toûjours tributaire de la France, & sujet à l'hommage: mais les Princes qui le gouvernoient depuis long-temps n'avoient guéres de soûmission ni d'égard pour leur Souverain. Il semble mesme que depuis la mort du Duc Alain Prince vaillant, il y avoit une espéce d'Anarchie, & que les Comtes du païs s'estoient rendus maistres chacun dans leur Canton. Le Roy voulant donc absolument contenter Rollon, luy passa encore cet article assez facilement. Il me paroist par les termes dont usent nos anciens Historiens, en parlant de ce Traité entre le Roy & Rollon, que la Bretagne ne fut point alors cédée absolument & pour toûjours au Général des Normands; mais qu'on luy accorda seulement le droit d'en exiger des vivres & les autres choses nécessaires pour l'entretien & la subsistance de son Armée, & cela seulement pendant quelques années, jusqu'à tant que la partie de la Neustrie qu'on luy cédoit, fust repeuplée & labourée; mais Rollon dans la suite s'empara du droit de Souveraineté, & obligea les Bretons à luy

CHARLES LE SIMPLE.

faire hommage, sans préjudice néanmoins de celuy qui estoit dû à la France : car l'on voit par plusieurs anciens Monumens, que les Ducs de Bretagne rendoient hommage & aux Ducs de Normandie & en mesme temps aux Rois de France.

Vignier dans son Traité de la petite Bretagne.

Si-tost que l'on fut convenu de ces points importans, le Duc Robert partit avec l'Archevêque de Roüen, pour en aller porter la nouvelle à Rollon, & l'en féliciter. Il ne pouvoit mieux s'y prendre pour gagner son amitié ; & il ne manqua pas de luy faire entendre ce qui estoit vray, que c'estoit à luy à qui il en avoit le plus d'obligation. Il l'invita à venir saluër le Roy, pour luy rendre son premier hommage. Rollon voulut avoir des ôtages pour sa seûreté, & on luy en donna.

Dudo. l. 2.

Il fut conduit au Camp du Roy. Quand il y entra accompagné de plusieurs de ses Officiers, chacun s'empressa pour voir cet homme extraordinaire, qui pendant tant d'années avoit esté la terreur de toute la France, & dont on loüoit par-tout autant la prudence que la valeur.

Il saluä le Roy, conservant toûjours un air de fierté, qui ne ressentoit guéres le Sujet. Il eut beaucoup de peine à se résoudre aux cérémonies de l'hommage, & principalement à celle qui consistoit dès-lors à mettre ses mains entre les mains du Roy, pour faire le serment de fidélité.

Après qu'il l'eut fait, le Roy luy dit qu'il luy donnoit sa fille Gisele en mariage, tout le païs depuis la rivière d'Epte jusqu'à la mer, & au-delà de la Seine jusqu'en Bretagne, & la Bretagne mesme pour son entretien & pour la subsistance de sa Nation.

Ibid.

Il remercia le Roy ; mais comme les Seigneurs François luy dirent que lorsque le Prince faisoit de semblables graces, c'estoit la coûtume qu'on se jettast à ses genoux, & qu'on luy baisast le pied. Il répondit qu'il n'en feroit rien, & qu'il romproit pluftost le Traité ; enfin on le fit consentir qu'un de ses Officiers le fift pour luy. Celuy-ci ayant pris le pied du Roy pour le baiser, le leva si haut, soit par mégarde, soit par insolence, que si le Roy n'avoit esté soûtenu, il l'auroit fait tomber à la renverse. Cela fit en mesme temps rire & murmurer dans l'Assemblée ; mais enfin pour ne pas tout rompre, on prit le parti de ne se point fascher.

Dudo. Ibid.

Ensuite le Roy, le Duc Robert, tous les Seigneurs, les Evêques & les Abbez qui estoient présens en grand nombre, confirmérent par serment la donation que le Roy avoit faite au Patrice Rollon (c'est la qualité qui luy est donnée en cet endroit de l'Histoire) pour en joüir luy & ses successeurs à perpétuité.

Cette grande affaire terminée vers la fin de l'an 911. & peu de temps après, le païs cédé à Rollon commença à porter le nom de Normandie, à cause de ses nouveaux Habitans, ainsi qu'il le porte encore aujourd'huy.

An. 911.

Au commencement de l'année suivante, le nouveau Duc de Normandie s'estant fait instruire de nos Mystéres par l'Archevêque de Roüen, fit tout préparer pour son Baptesme, dont la cérémonie se fit avec beaucoup d'appareil. Le Duc Robert qui estoit resté avec Rollon après le Traité de S. Clair, fut son parrain, & luy donna son nom ; de sorte que Rollon désormais dans nos Histoires est appellé communément Robert premier Duc de Normandie ; presque toute son Armée suivit son exemple, & les Officiers & les Soldats furent baptisez.

An. 912.

Il fit à cette occasion de grandes donations de Terres aux Eglises Cathédrales de Roüen, de Bayeux, d'Evreux, à celles de S. Oüen, du Mont S. Michel, de S. Denis, de S. Pierre de Jumiége, & signala par ses largesses les sept jours d'après son Baptesme, pendant lesquels il porta, selon la coûtume de l'Eglise, les habits blancs dont on l'avoit revestu au sortir des Fonts Baptismaux. Le huitiéme jour, après avoir quitté cet habillement, il se fit apporter tout l'état de son Domaine, en partagea les Terres à ses Officiers, à quelques-uns desquels il donna le titre & l'autorité de Comte à la manière de France, c'est-à-dire, de Gouverneur des Villes & du Territoire qui en dépendoit : à d'autres il donna la qualité de simple Vassal, en leur partageant les terres de la Campagne, qu'eux-mesmes donnérent en partie aux simples Soldats, pour les faire valoir à condition de certaines redevances & en qualité de Vassaux à leur égard, à proportion comme eux-mesmes l'estoient à l'égard du Duc. On ne fut guéres en peine pour le partage des terres entre les anciens possesseurs & les Normands, parce que le païs estoit presque tout dépeuplé, partie par les carnages que les Normands faisoient des Habitans depuis long-temps, partie parce qu'ils en avoient emmené grand nombre en captivité dans leur païs, partie parce que presque tout ce qui estoit resté, avoit déserté pour se retirer plus avant dans le Royaume.

Ibid.

La cérémonie du Baptesme fut bien-tost suivie de celle du mariage avec la Princesse Gisele, qui fut le nœud de la Paix entre les deux Nations. Elle ne pouvoit avoir que quatorze ou quinze ans, son pere n'en ayant que trente-trois. Le Duc de Normandie en avoit alors plus de soixante *, mais avec une santé & une force de corps égale à celle de son esprit toûjours solide dans ses vûës.

Dudo. l. 2,

Comme il n'avoit fait la guerre que pour trouver à s'établir, il s'appliqua à entretenir la Paix, afin d'asseûrer son établissement. Il fit sçavoir par-tout, que quiconque, de quelque païs & de quelque Nation qu'il fust, voudroit venir s'habituer dans son Duché, y seroit bien reçû, & y vivroit en seûreté. Il fit avec les plus considérables de la Nation des Loix ausquelles il soûmit ses Peuples, & sur tout il en fit de très-sévéres contre le vol, & il les fit observer avec tant de rigueur, qu'il l'abolit entierement, & cela parmi des gens, qui jusqu'alors n'avoient vécu que de brigandages. Il fit rebastir par-tout les Eglises qui avoient

* L'âge de Rollon se prouve ainsi. Il y avoit trente-six ans qu'il avoit abordé en France, sur la fin du Regne de Charles le Chauve. Il avoit selon Dudon, régné au moins six ans dans le Nort. Quand il commença à régner, il commandoit son Armée en personne. Il fut encore quelque temps en Scandinavie. Or en Luy donnant dix-huit ou vingt ans jusqu'il commandoit son Armée, on trouvera plus de soixante ans au temps de son mariage.

K k k iij

esté détruites. Il releva les murailles des Villes, les fortifia, fit venir des vivres de Bretagne en abondance, jufqu'à tant que les Terres de Normandie fuffent défrichées, & domta les Bretons quand ils voulurent s'exemter de cette charge. Ainfi fut fondé & affermi le Duché de Normandie en France par une Colonie nombreufe d'hommes du Nort (car c'eft ce que fignifie le mot de *Normand*) & ce fut un des plus remarquables événemens du Régne & du fiécle dont j'écris l'Hiftoire. Je dois maintenant reprendre en peu de mots les autres chofes qui concernent la Famille de Charlemagne, que nous allons voir s'éteindre en Germanie & en Italie, pour ne fubfifter plus que dans la branche de France.

L'Empereur Arnoul mourut trois ans après avoir receu la Couronne Imperiale : il laiffa deux fils, Zuentibolde qu'il avoit eu d'une Maîtreffe, & qu'il avoit déja fait Roy de Lorraine ; & Loüis âgé de fept ans qui eftoit légitime. Zuentibolde homme inquiet & emporté n'eftoit aimé ni des Germains, ni de fes Sujets, qui mefme unpeu avant la mort de l'Empereur, l'an 898. fe révoltérent & fe donnérent aux François ; mais on n'eftoit pas en France en eftat de profiter de cette favorable conjoncture, pour réünir à la Couronne un grand païs qui en eftoit féparé depuis plufieurs années. Zuentibolde domta les rebelles, & les remit dans le devoir.

La mort de l'Empereur produifit de nouvelles divifions parmi les Peuples foûmis à fon Empire. La plufpart furent pour le jeune Loüis ; & s'eftant affemblez en un lieu nommé Forscheim, le couronnérent Roy de Germanie. Zuentibolde en faifant tous fes efforts pour relever fon parti, fut tué quelques mois après dans un combat fur la Meufe : alors Loüis fut auffi falué Roy de Lorraine, & porta mefme le Titre de Roy des Romains, comme on le voit par fon Epitaphe.

La mort d'Arnoul ne caufa pas moins de défordres en Italie. Béranger qui craignoit la puiffance de ce Prince, s'eftoit retiré dans un coin de la Lombardie, fans quitter le titre de Roy d'Italie : il fe remit en campagne, s'empara de Pavie, & fe fit de nouveau couronner Roy.

Loüis fils de Bofon, & Roy de Provence, paffa les Alpes avec une armée, & après divers fuccès, felon qu'Adalbert Marquis de Tofcane fe déclaroit pour luy ou pour Béranger contre luy, il vint à bout de fe faire couronner Empereur à Rome ; mais quatre ans après étant tombé entre les mains de Béranger, il eut les yeux crevés par fon ordre, & mourut apparemment dans ce fupplice ; au moins n'eft-il plus fait mention de luy dans l'Hiftoire, où l'on voit quelque temps après Charles Conftantin fon fils, feulement avec la qualité de Seigneur de Vienne, & Hugue fils de Thibaud Comte d'Arles avec le titre de Roy. On voit par là que l'ufurpation faite par Bofon du Royaume de Provence, ne paffa pas dans fa famille jufqu'à la feconde génération ; & ce Hugues dont je viens de parler ayant fait ceffion de fon Etat l'an 926. à Rodolfe II. Roy de la Bourgogne transjurane ; ce Royaume d'Arles ne dura en tout qu'environ quarante-fept ans.

Béranger s'eftant rendu maître de l'Empire, & ayant obligé le Pape Jean IX. à le couronner Empereur, eut un Concurrent : ce fut Lambert fils de Gui, autrefois Duc de Spolette ; mais enfin Béranger devint paifible poffeffeur de l'Empire, par la mort de Lambert, & luymefme plufieurs annéescaprès fut affaffiné par fes propres domeftiques. Il eftoit de la Maifon de Charlemagne par les femmes, comme je l'ay dit auparavant, & fut le dernier de cet illuftre fang qui ait porté le Sceptre en Italie.

La branche qui régnoit en Germanie n'eut pas une deftinée plus heureufe. Loüis fils d'Arnoul après un régne fort agité de guérres Civiles, que les Seigneurs de la Germanie, fur lefquels il n'avoit guéres d'autorité, fe faifoient les uns aux autres, mourut la mefme année que la paix fut concluë entre le Roy de France & les Normans. Comme il ne laiffa point d'enfans mâles, les Seigneurs de Germanie procédérent à l'élection d'un Roy d'une autre famille, qui fut Conrad Duc de Franconie. Ainfi n'y ayant plus de Princes François fur le Thrône, ni au delà des Alpes, ni au delà du Rhin, cette Hiftoire va déformais être bornée aux feules affaires de France.

La paix & l'alliance faites avec les Normans permirent au Royaume de refpirer, & donnérent mefme lieu au Roy de fe dédommager de la ceffion qu'il avoit faite de la Normandie ; car ce fut alors qu'il fe rendit entiérement maître du Royaume de Lorraine, où les Seigneurs du païs l'appellérent, fitôt qu'ils eurent appris la mort de Loüis Roy de Germanie.

Dans la Lorraine, & dans la Germanie, auffi bien qu'en France, les Gouvernemens ou Comtez avoient commencé à devenir héréditaires, & ceux qui en eftoient les maîtres s'emparoient des revenus du Domaine, qui n'alloient plus au Tréfor du Souverain. On voit dans nos Hiftoires que vers ces temps-là les Comtez de Metz, de Toul, de Verdun, d'Ardénnes, de Namur, de Haynaut, de Limbourg qui faifoient partie du Royaume de Lorraine, eftoient déja fur le pied là, & c'eft ce qui caufoit fi facilement les révolutions ; car un ou deux de ces Comtes qui étoient le plus en crédit fe faifant Chefs de parti dans les conteftations des Princes, entraînoient tous les autres, comme nous avons vû arriver tant de fois dans le Royaume de Lorraine, quand les Roys de Germanie & les Roys de France eûrent commencé à fe difputer les uns aux autres.

Cette réünion qu'en fit Charles à fa Couronne, ne le rendit pas plus puiffant ; parce qu'il en confia le Gouvernement à un Seigneur nommé Gilbert, qui ne fe fervit de ce bienfait, que pour perdre celuy de qui il le tenoit, & il fut une des principales caufes des nouvelles broüilleries qui arrivérent bien-tôt en France.

Charles incapable de foûtenir le poids d'un gouvernement fi difficile, où le Sceptre par luy-mesme ne donnoit plus guéres d'autorité à celuy qui le portoit, avoit besoin d'un Ministre: mais, selon l'ordinaire de ces Princes foibles, il ne pouvoit en avoir qui ne fût son maître & qui ne voulût l'être de tout l'Etat. De-là vinrent, comme il arrive toûjours, les jalousies, les murmures des Grands, & les prétextes les plus plausibles de révolte.

Le Roy n'osant se fier à aucun des principaux Seigneurs dont il redoutoit la puissance, qui ne pouvoit croître qu'au préjudice de la sienne, avoit approché de sa personne un nommé Haganon, homme de médiocre naissance, mais habile dans le maniement des affaires, qui les conduisit avec beaucoup d'adresse pendant quelques années, entretenant la paix avec les Normans, rompant sous main les mesures des factieux, & sur tout éclairant de près les démarches de Robert, dont il n'ignoroit pas les ambitieux desseins. Le Roy répondoit au zéle & à l'application de son Ministre, par une confiance entiére, mais qui paroissoit trop. Il ne consultoit que luy. Il ne s'entretenoit presque qu'avec luy, & à peine les Seigneurs pouvoient-ils trouver quelques momens pour faire leur Cour. Quand ils se présentoient pour entrer chez le Roy, on leur répondoit presque toûjours que le Roy estoit avec Haganon. Cette réponse se faisoit si souvent, qu'elle passa comme en Proverbe, & fut tournée en ridicule. Mais un jour, comme la Cour étoit à Aix la Chapelle, Henry Duc de Saxe, & qui fut depuis Roy de Germanie, estant venu pour saluer le Roy, & n'ayant pû pendant quatre jours obtenir audience, choqué de cette réponse qu'on luy fit comme aux autres, qu'Haganon estoit avec le Roy; de deux choses l'une, dit-il, ou Haganon sera bien-tôt Roy avec Charles, ou Charles sera bien-tôt simple Gentilhomme comme Haganon, & aussi-tôt il partit pour retourner en Saxe.

*Henry surnommé l'Oiseleur.

Conrad Vspérg.

Cette parole rapportée au Roy & à son Ministre, leur donna beaucoup d'inquiétude. Le Roy envoya après luy Hervé Archevêque de Reims, qui à forces de priéres & de promesses, l'engagea à revenir. Le Roy luy fit mille caresses & le combla d'honneurs: mais ce n'étoit pas le chagrin de ce Seigneur que Charles avoit le plus à craindre. Il avoit toûjours au milieu de son Etat un ennemi, dont l'ambition le luy rendoit irréconciliable. C'étoit Robert qui ne cessoit d'épier toutes les occasions de le renverser du Thrône pour s'y placer luy-mesme, comme avoit fait Eudes son frere.

Robert dans nos Histoires sous le regne de Charles le simple, est appellé Duc des François, & mesme Duc de la Gaule Celtique, c'est-à-dire, qu'il avoit le gouvernement des pays d'entre la Seine & la Loire, que son ayeul Robert le fort & son frere Eudes avoient possedé. Le premier qu'il tenta pour tâcher de l'engager à le favoriser dans son entreprise, fut le Duc de Normandie.

Dudo L. 2.

Dépuis quelque temps le Roy & ce Duc estoient entrez en quelque défiance l'un de l'autre. L'occasion du mécontentement fut apparemment la Duchesse Gisele fille du Roy, que le Duc son mari n'aimoit point. C'estoit par pure politique qu'il l'avoit épousée; & on disoit mesme communément que le mariage n'avoit jamais esté consommé. Le Roy qui sçavoit les liaisons que Robert avoit avec le Duc, envoya à Roüen deux personnes déguisées, pour voir de près ce qui se passoit en cette Cour. Il les addressa à la Duchesse sa fille, qui leur fit trouver une maison, où elle leur faisoit donner toutes les choses dont ils avoient besoin, & où ils demeurérent assez long-temps, sans estre connus pour ce qu'ils estoient. Néanmoins avec le temps ils furent découverts, & le Duc en fut averti. Il entra sur cela en grande colére, fit saisir ces deux hommes, & les fit executer dans la Place publique comme des espions.

Ce procédé choqua le Roy, & l'on fut sur le point d'en venir jusqu'à la rupture, d'autant plus que la Duchesse mourut peu de jours après. Robert voulut profiter d'une si belle occasion: Il envoya offrir son service au Duc contre le Roy, en vertu de l'amitié qu'ils s'étoient jurée l'un à l'autre à la conférence de S. Clair; & pour le mieux convaincre de son zéle pour son parti, il se révolta hautement, & commença à faire des courses dans les Provinces voisines de son Gouvernement. Le Duc de Normandie fit paroître à l'Envoyé de Robert, qu'il luy faisoit une chose agréable de se déclarer ainsi en sa faveur. Alors l'Envoyé suivant l'ordre qu'il en avoit, s'ouvrit au Duc sur le dessein de Robert, qui estoit de déthrôner Charles, & de se faire Roy en sa place.

Le Duc surpris d'une telle proposition, répondit à l'Envoyé, que son Maître formoit de trop grands projets, & qu'il ne seconderoit jamais une prétention aussi injuste que celle-là: parole bien loüable, & modération digne d'un Prince, qui sçait jusqu'où il luy est permis d'estre ennemi d'un autre Prince. Il ne paroît pas en effet que cette révolte eût eu de grandes suites; & tout se termina à quelques courses qui se firent de part & d'autre. Le Duc de Normandie mourut quelque temps après, & eut pour successeur Guillaume I. surnommé communément Longue-épée; il l'avoit eu d'une autre femme appellée Popa, fille d'un Comte de Bayeux, à qui il l'avoit enlevée dans le temps des premiers ravages qu'il fit dans ce pays-là.

Ibid.

Robert n'ayant pas réüssi dans cette premiére tentative, se contint encore quelque temps, mais en cabalant toûjours sous main contre Charles, & il lia si bien sa partie, que dans une assemblée de Seigneurs qui se tint à Soissons, il fut résolu par un consentement unanime de ne plus reconnoître Charles pour Roy. Robert alla le trouver à la teste des rebelles, luy reprocha son mauvais gouvernement, l'indigne attachement qu'il avoit pour son Ministre Haganon, à qui il n'appartenoit nullement de faire la loy à tant de Seigneurs, au dessous desquels il estoit par la naissance & par le mérite; & en mesme temps luy & ceux qui l'accompagnoient, jettant par terre chacun une paille qu'ils avoient à la main, selon une ancienne

Flodoard. Chronic.

Ademari. Chronic.

coûtume de la Nation Françoise, qu'on gardoit encore, & qui signifioit qu'on renonçoit à l'alliance ou au service de celuy avec qui on vouloit rompre, ils se retirèrent tous, & laissèrent Charles presque seul au milieu du Champ où l'Assemblée s'estoit tenuë.

Comme ils estoient en conférence à Soissons, afin de délibérer sur les mesures qu'on devoit prendre pour se donner un nouveau Maître, arriva un Comte nommé Hugues qui estoit fort dans les interests du Roy sans le faire paroître. Quand on l'eut informé de tout ce qui venoit de se faire, il prit la parole & leur dit, qu'il estoit surpris de la conduite qu'ils tenoient dans une affaire de cette nature. Vous venez, continua-t-il, de déthrôner vôtre Roy, & vous vous préparez à vous en donner un autre. Mais faites vous réflexion que vous ne faites dans cette Assemblée qu'une petite partie des Seigneurs du Royaume; que ceux de l'Aquitaine, ceux de la Bourgogne, & plusieurs de ceux de France sont pour luy; qu'il va se mettre à leur tête; que nous allons voir une guerre civile qui va achever de perdre l'Etat, & dans laquelle vous estes en danger de succomber. Il n'en falloit pas faire à deux fois, ou bien il ne falloit pas déthrôner le Roy, ou il falloit en mesme temps le faire périr. Mon avis est qu'on aille le retrouver, & qu'on luy propose de satisfaire l'Assemblée sur les points sur lesquels on est mécontent de luy. S'il y consent, on luy déclarera qu'on veut bien continuer encore pour un an dans l'obéïssance qu'on luy doit, afin de faire épreuve de sa conduite: s'il s'obstine à retenir son Ministre, & à ne pas nous contenter sur les autres chefs, il faudra l'arrêter & s'en défaire. Je m'offre, si vous le voulez, moy-mesme à faire la proposition, & s'il la refuse, je me charge de ce qu'il y a de plus odieux dans le reste de l'exécution.

Ce discours ébranla d'abord les moins emportez de l'Assemblée, & après diverses contestations, il fut résolu malgré Robert & ses Partisans, de suivre l'avis ouvert par le Comte à qui on abandonna la conduite de toute l'affaire.

Il picqua aussi-tôt vers l'endroit où étoit le Roy, luy dit le bon office qu'il venoit de luy rendre, luy fit comprendre la nécessité qu'il y avoit de s'accommoder à la circonstance fâcheuse où il se trouvoit, de profiter ensuite du temps qu'on luy donneroit, & de prendre dans cet intervalle tous les moyens possibles de se défendre contre ses ennemis.

Ibid. Charles trop heureux de trouver dans son malheur une ressource si inésperée, se rapporta à luy de tout. Le Comte retourna aux Seigneurs, les asseûra de la résolution où estoit le Roy de les contenter, & leur dit, qu'il consentoit à renoncer au thrône dans un an, si pendant ce temps-là on n'estoit pas satisfait de sa manière de gouverner. Telle estoit la condition du Prince, tel le malheur du Royaume qui se voyoit depuis plus d'un siécle en proye à toutes les misères, par le défaut de cette subordination, qui fait fleurir un Etat & le maintient en paix.

Vers l'An 920.

La réconciliation se fit à Soissons, mais seulement en apparence, & chacun pensa à fortifier son parti; Charles à s'attacher les Seigneurs d'Aquitaine & de Bourgogne, & Robert à affermir dans la conjuration les Seigneurs François, dont la plus grande partie estoient à luy.

Avant ces derniers troubles de la France, Conrad Roy de Germanie estoit mort, & il avoit eu pour successeur Henry, fils d'Othon Duc de Saxe. Celuy-cy ne fut pas long-temps sur le Thrône sans penser à s'emparer du Royaume de Lorraine, dont plusieurs de ses prédecesseurs avoient esté en possession. Il y estoit de plus sollicité par Gilbert que le Roy en avoit fait Duc, & qui estoit très-puissant dans le pays. Mais enfin la chose fut mise en négociation. Charles & Henry se virent sur le Rhin auprès de Bonne: Ils se jurèrent amitié l'un à l'autre, & Henry laissa Charles en possession de la Lorraine, où ce Prince châtia quelques rebelles, & reprit sur eux diverses Places.

An. 921.
Pactum Caroli & Henrici apud Duchesne T. 2.

Charles fit dans ce mesme temps-là une perte, qu'il dut regarder comme une des principales causes des malheurs qui lui arrivèrent depuis. Richard Duc de Bourgogne mourut. Ce Duc surnommé le Justicier, à cause de sa grande équité, estoit le Seigneur le plus puissant du Royaume, universellement estimé & aimé, qui auroit pû se faire Roy s'il l'avoit entrepris, dans le temps que Charles fut remis sur le Thrône. Mais il ne voulut pas y penser; au contraire il prit presque toûjours le parti de Charles contre les ennemis du dehors, & contre ceux que ce Prince avoit au dedans du Royaume. Cette mort laissa plus de liberté à Robert de suivre ses desseins, & il ne manqua pas de profiter de cette occasion.

Flodoardi Chronic.

Il avoit marié sa fille à Raoul ou Rodolfe fils & successeur de Richard au Duché de Bourgogne, qui entra sans peine dans le parti de son beau-pere. Il ne faut pas confondre icy, comme ont fait quelques-uns de nos Historiens, ce Rodolfe Duc de Bourgogne Vicomte d'Autun, avec cet autre Rodolfe dont j'ay déja parlé, qui estoit Roy de la Bourgogne transjurane, & d'une partie de la Franche Comté d'aujourd'huy. Ces deux hommes joüèrent chacun un grand rolle dans ces révolutions de la Monarchie Françoise. Hervé Archevêque de Reims, qui pendant les troubles avoit comme les autres beaucoup accru sa puissance, jusqu'à pouvoir entretenir des troupes assez nombreuses, se rendit pareillement aux sollicitations de Robert, tandis que ce Duc se frayoit le chemin au Thrône, autant par ses belles actions que par ses intrigues; car ce fut cette mesme année là qu'il remporta de grands avantages sur une armée de Normans nouvellement arrivez du Nort sur la Loire, & les obligea après qu'il les eut tenus enfermez presque pendant cinq mois, à luy demander la paix & à luy donner des ôtages. Il la leur accorda, & les laissa aller s'establir en Bretagne, que les Normans depuis neuf ans qu'ils estoient en Normandie, avoient toute ravagée, & presque entièrement dépeuplée

Flodoardi Chronic.

CHARLES LE SIMPLE.

dépeuplée. Cette nouvelle Colonie repeupla le pays; & ainsi une grande quantité de Bretons sont Normands d'origine, sur tout dans le pays Nantois, où ces Normands dont je parle se répandirent pour la plufpart.

Charles informé que le parti de Robert grossissoit tous les jours, quoy qu'il ne se fît aucunes hostilités depuis la feinte réconciliation de Soissons; résolut de rappeller auprès de luy son Ministre Haganon, dont le conseil luy estoit nécessaire, pour détourner ou surmonter la tempête qui le menaçoit; & il ajoûta aux anciens bienfaits dont il l'avoit comblé, le revenu de l'Abbaye de Chelles qu'il luy donna.

Cette démarche estoit délicate pour Charles; car un des plus grands griefs des Seigneurs François en l'Assemblée de Soissons, estoit la faveur & la puissance de ce Ministre dont ils estoient jaloux; mais il vit bien que dans la disposition où ses ennemis estoient, il n'avoit plus rien à ménager avec eux, & que ce ne seroit là qu'un prétexte qu'ils auroient de plus, pour luy déclarer la guerre.

En effet Robert ne manqua pas de faire extrêmement valoir auprès des Seigneurs contre le Roy, ce rappel du Ministre; disant qu'il les contoit tous pour rien, au prix de ce Favori, malgré les belles promesses qu'il leur avoit faites l'année d'auparavant. Aussi-tost après la révolte éclata, Robert, son fils Hugues surnommé le Blanc, Hervé Archevêque de Reims se mirent de tous costez en campagne avec des troupes, & Gilbert avec les siennes courant le Royaume de Lorraine, mit tout en œuvre pour la faire révolter.

Le Roy avoit aussi dans son parti plusieurs Seigneurs, dont le plus considérable estoit Herbert Comte de Vermandois, qui estoit, comme j'ay déja dit, du sang de Charlemagne.

Hugues fils de Robert assembla ses troupes en Champagne, sur la Vesle, auprès de Fismes; il y fut joint par celles de l'Archevêque de Reims & par plusieurs Comtes, & il s'avança avec ce corps d'armée jusqu'à la rivière d'Aisne dans le Laonnois.

Le Roy qui estoit dans Laon bien moins fort que Hugues, en sortit avec Herbert & Haganon, & gagna la Meuse qu'il passa, pour se mettre à la teste d'un corps de troupes qui l'attendoient. Hugues le poursuivit avec deux mille hommes jusqu'à cette rivière: il trouva là Gilbert qui le joignit, & avec qui il retourna sur la rivière d'Aisne, où Robert avoit appellé les plus considérables de son parti pour conférer avec eux.

Le Roy repassa la Meuse, vint faire le dégast dans le Territoire de Reims, & fit piller toutes les terres de l'Archevêque. Il prit Hautmont Place assez forte, où il perdit beaucoup de soldats. Ensuite il poursuivit Robert qui sembloit éviter le combat, & qui marchoit à grandes journées, pour se joindre à Rodolfe Duc de Bourgogne, du costé de la Marne.

Le Roy passa cette rivière & s'empara d'Epernay, qu'il abandonna au pillage. Robert

Tome I.

passa aussi au dessous d'Epernay, & vint camper à trois lieuës du camp du Roy. Les deux armées demeurèrent chacune dans leur camp pendant huit jours, durant lesquels il y eut entre les Seigneurs des deux camps divers pourparlers, qui ne produisirent rien. Robert reçût encore un renfort amené par Hugues, dit le Noir,* frere du Duc de Bourgogne, qui en arrivant enleva deux cens hommes du camp du Roy, dont trois seulement furent tuez: il fit oster aux autres leurs armes & leurs chevaux & les renvoya.

Les deux armées ensuite repassèrent la Marne. Robert alla camper à Cormici dans le Rémois, & le Roy qui le suivoit toûjours, se posta à une lieuë de Reims, dont les habitans qui tenoient pour leur Archevêque, luy enlevérent beaucoup de chevaux. Le Roy dans l'espérance de surprendre la Ville, y fit donner brusquement un assaut le jour de la Pentecoste; mais il fut en vain opiniastré jusqu'à la nuit avec grande perte des assaillans.

Robert fut plus heureux dans le dessein qu'il forma sur la ville de Laon, où Haganon avoit mis la plûpart de ses trésors comme dans une Place seûre. Il l'attaqua & la prit avant que le Roy pust la secourir. Il fit grande largesse à son armée de l'argent qu'il y avoit trouvé, & cette libéralité se faisant aux dépens du Ministre, fut infiniment agréable aux soldats.

Dans la situation où se trouvoient les affaires, les moindres choses étoient d'une extrême importance. Ces succès si différens firent tort au parti du Roy, & donnèrent cœur à celuy des rebelles, dont les troupes croissoient tous les jours, au lieu que celles du Roy diminuoient fort par la désertion. Robert pour cette raison évitoit le combat, espérant que l'armée Royale se détruiroit d'elle-mesme. Il ne fut pas trompé. Plusieurs Seigneurs de Lorraine, ou gagnez sécrètement par les Chefs des rebelles, ou n'ayant plus dequoy subsister, prièrent le Roy de trouver bon qu'ils se retirassent chez eux. Charles après leur départ fut hors d'état de tenir la campagne devant Robert. Il gagna la Meuse, & se retira au delà. Ce fut en cette conjoncture que le Comte de Vermandois, qui s'estoit toûjours fait honneur de soûtenir le parti de son légitime Maître, l'abandonna pour passer du costé de Robert, & ce fut là le commencement de ses perfidies, qui seules l'ont fait distinguer dans nostre Histoire.

Les rebelles n'attendoient que cette trahison du Comte pour en venir aux dernières extrémitez. Si-tost qu'ils sceurent le Roy au delà de la Meuse, les Chefs s'assemblèrent, déclarèrent Charles indigne d'estre leur Roy, & prièrent Robert de vouloir bien l'estre.

Il n'avoit garde de refuser une place où il prétendoit depuis si long-temps. Les Evêques & les Seigneurs luy firent serment de fidélité. Ils le conduisirent comme en triomphe à Reims, où il fut Sacré Roy le trentiéme de Juin de l'an 922. dans l'Eglise de S. Remi. L'Archevêque Hervé n'eut pas le temps de joüir du fruit de son

Ibid. ad an. 922.

Ibid.

Ibid.

Ibid.

Ces Surnoms commencerent à estre fort en usage. Je crois que ce fut à l'occasion de ce grand nombre de Ducs & de Comtes qui s'emparèrent des Domaines de nos Roys. Plusieurs avoient le mesme nom, & il fallut les distinguer par quelque qualité usuelle, comme de Noir, de Blanc, de Fort & de Grand, &c.

Ibid.

Je ne mets point Robert au nombre des Roys de France, parce qu'il n'a jamais esté en paisible possession de la Couronne, & ne put détrôner Charles.

An. 922.

L l l

HISTOIRE DE FRANCE.

infidélité ; car il mourut trois jours après.

Robert eſtant reconnu Roy, ne penſa plus qu'à ſoûtenir par ſa valeur & par ſa prudence, ce que ſon crime luy avoit acquis. Il fit un détachement de ſon armée, ſous le commandement de ſon fils Hugues pour entrer en Lorraine, où Charles aſſiégeoit Chevremont ſur la Meuſe au Diocéſe de Liége, Place très-forte qui appartenoit à Gilbert le grand Partiſan de l'Uſurpateur en ce pays-là. Charles n'oſa l'attendre, & leva le ſiége. Hugues ſe ſervit de ſes trouppes, pour obliger pluſieurs Seigneurs, & pluſieurs Villes de ce pays-là, à faire ſerment de fidélité à ſon pere : il prit des ôtages en divers endroits pour plus grande aſſeûrance, & alla le rejoindre : c'eſt par là que finit cette campagne.

Preſque tout ce qui s'appelloit alors proprement le Royaume de France, c'eſt à dire, le pays d'entre la Loire & la Seine, & depuis la Seine juſques dans les Pays-Bas, eſtoit dans les intereſts de Robert. Les Seigneurs d'Aquitaine eſtoient la pluſpart pour Charles, auſſi bien que la plus grande partie du Royaume de Lorraine. L'Aquitaine inquiétoit moins Robert que la Lorraine ; parce que les Normands donnoient aſſez d'occupation aux Seigneurs d'audelà de la Loire, qui les défirent néanmoins cette meſme année, ſous la conduite de Guillaume Duc d'Aquitaine. Douze mille Normands demeurérent ſur la place. Un ſi grand nombre de morts marque que leur armée n'eſtoit pas ſeulement compoſée des nouvelles troupes, qui arrivoient à tous momens du pays du Nort ; mais que ceux qui eſtoient éſtablis en Normandie & en Bretagne, ſe joignoient aux nouveaux venus, ſans que leur Duc s'y oppoſaſt.

An. 925.

Le Royaume de Lorraine eſtoit donc l'unique reſſource de Charles, & elle eſtoit d'autant plus à craindre pour Robert, qu'elle confinoit avec la Germanie, dont Henry, dit l'Oiſeleur eſtoit Roy, & qui avoit eſté juſqu'alors fort uni avec Charles.

Pour empeſcher l'effet de cette union, Robert fit prier Henry de vouloir bien luy accorder une entrevûë. Elle ſe fit ſur la riviére de Roër, qui paſſe par Juliers & vient ſe jetter dans la Meuſe auprès de Ruremonde. La mauvaiſe fortune de Charles rendit ſes amis plus aiſez à débaucher. Henry fit toutes ſortes d'honneſtetés à Robert, & ils ſe promirent mutuellement de ne jamais ſe déclarer l'un contre l'autre. Robert devenu plus fier & plus redoutable par le ſuccès de cette négociation, intimida pluſieurs Seigneurs de Lorraine, & les obligea à ſon retour de luy donner des ôtages, & une grande partie convint avec luy d'une tréve juſqu'au mois d'Octobre.

C'eſtoit tout ce que prétendoit Robert ; car il ne luy falloit pas un plus long-temps pour venir à bout de Charles, qui n'avoit plus guéres d'autre appuy que ces Seigneurs ; mais après que l'Uſurpateur fut rentré en France, Charles agit ſi bien par ſes Partiſans, qu'il engagea la pluſpart de ces meſmes Seigneurs à rompre la tréve, & à luy amener leurs vaſſaux, dont il compoſa une aſſez bonne armée.

La choſe s'exécuta avec tant de promtitude, qu'il paſſa la Meuſe, & vint juſqu'à Attigny ſur la riviére d'Aiſne, avant que Robert eût pû mettre ſes troupes en corps d'armée ; mais elles furent bientoſt au rendez-vous qu'il leur donna ſous les murailles de Soiſſons. Charles alla les y chercher, & y arriva un Dimanche ſur le midi, lorſque la pluſpart des Chefs eſtoient à table, & ne penſoient à rien moins qu'à combattre ce jour-là.

Il fallut du temps à Charles pour paſſer la riviére d'Aiſne, qui ſéparoit le camp ennemi de ſon armée ; & Robert, quoique ſurpris, ne fut pas déconcerté. Il profita de ce retardement pour mettre ſes gens en eſtat de recevoir l'armée Royale, qui n'eut pas pluſtoſt paſſé, qu'elle vint le charger.

Il la receut en grand Capitaine, & en brave Soldat. On ſe battit de part & d'autre avec une valeur extréme ; Charles & Robert au milieu de la meſlée, animant leurs troupes par leur exemple. Robert pour eſtre mieux reconnu de ſes gens durant le combat, avoit tiré de deſſous ſa cuiraſſe ſa barbe qui eſtoit fort longue & fort blanche, & de plus il avoit voulu porter luy-meſme l'Etendart Royal ; de ſorte que quelque part qu'il fuſt, on le diſtinguoit entre tous.

Un Comte nommé Fulbert portoit l'Etendart de Charles. Robert l'ayant apperceu piqua vers luy le ſabre haut, pour le tuer & luy enlever l'Etendart. Charles eſtoit proche, & cria de toute ſa force au Comte : *Prends garde à toy, Fulbert, prends garde à toy.* Fulbert ſe tournant, eut encore le temps de parer le coup, & en déchargea un ſi terrible ſur la teſte de Robert, qu'il la luy fendit en deux, & le renverſa mort par terre. Quelques Auteurs ont dit que ce fut Charles luy-même qui tua Robert d'un coup de lance, qu'il luy donna dans la bouche. Un autre a écrit, qu'il fut percé de pluſieurs coups de lances. Tous conviennent qu'il fut tué dans la meſlée, en combattant en Héros ; mais les armes à la main contre ſon Prince légitime. Ce fut un des plus grands Capitaines, & des plus grands Hommes de ſon temps, né pour commander. Il parvint à la Couronne par une voye, que l'indocilité des Sujets, & la poſſeſſion où ils s'eſtoient mis de ſe donner des Maîtres ſelon leur caprice, avoit rendue moins odieuſe. Sa Poſtérité monta enfin ſur le Trône, & l'occupe encore aujourd'huy.

De quelque importance que fuſt pour le ſuccès de la bataille la mort d'un ſi grand Chef, elle ne mit pas cependant la victoire dans le parti de Charles. Hugues fils de Robert, & le Comte de Vermandois arrêtérent la fougue des Lorrains, & la réſolution de ces deux Généraux diſſipa la conſternation que cette mort avoit répanduë dans leurs troupes. Ils les menérent à la charge, & le firent avec tant de furie, qu'ils rompirent l'ennemi de tous coſtez. Charles voyant tout en déſordre, fut

CHARLES LE SIMPLE.

obligé de fuïr luy-mefme. Il perdit tous fes bagages, qui furent pillez, partie par les païfans, partie par les foldats. On ne pourſuivit pas fort loin les fuyards ; les Généraux voulant au pluſtoſt conférer fur ce qu'ils avoient à faire dans une telle conjoncture.

Elle ne pouvoit pas eſtre plus favorable pour Charles : car malgré ſon malheur, les principaux Seigneurs devoient naturellement devenir concurrens. Hugues fils de Robert, appellé Hugues le Blanc, pour la couleur de ſon viſage, ou Hugues le Grand, à cauſe de ſa haute taille, eſtoit en paſſe de prétendre à une Couronne que ſon pere venoit de perdre avec la vie. Le Comte de Vermandois avoit l'avantage d'eſtre deſcendu en droite ligne maſculine de Charlemagne, comme je l'ay déja remarqué auparavant. Rodolfe Duc de Bourgogne n'avoit aucun de ces titres, mais il eſtoit le plus puiſſant Seigneur du Royaume. Tant d'intereſts oppoſez ſembloient devoir mettre la jalouſie & la diviſion entre ces Seigneurs, & par là affoiblir beaucoup le parti oppoſé à celuy du Roy. Il avoit meſme lieu d'eſperer que ceux qui ſe trouveroient les plus foibles, pourroient repaſſer de ſon coſté, & que peut-eſtre tous, pour ne pas rendre les guerres civiles éternelles, s'en tiendroient à leur ancien Maître. Mais toutes ces eſperances furent frivoles : le mépris & la haine qu'ils avoient conceûs pour ſa perſonne, les rendit inflexibles à cet égard. En vain il fit tenter le nouvel Archevêque de Reims nommé Seulfe, le Comte de Vermandois, & pluſieurs autres des plus conſiderables de la Ligue ; pas un ne le voulut écouter.

Tandis que ſes négociations avoient ſi peu d'effet de ce coſté-là, il réüſſit mieux dans une autre, à laquelle néanmoins il ne ſe réſolut qu'à la derniere extrémité, & quand il ſe vit après la bataille de Soiſſons entierement abandonné des Lorrains, qui ayant perdu tous leurs équipages, ſe retirérent en leur païs. Charles dans ce déſordre de ſes affaires, s'adreſſa à Guillaume Duc de Normandie, pour luy demander du ſecours, en luy promettant d'agrandir ſon Domaine de quelques Villes & de quelques Territoires. Ce Duc eſtoit trop habile, pour manquer une occaſion ſi favorable d'augmenter ſa puiſſance, & d'acquerir de la gloire, en ſoûtenant un Roy qui avoit recours à luy. Il l'aſſeûra qu'il eſtoit très diſpoſé à le ſervir &, il aſſembla inceſſamment des Troupes pour les luy envoyer.

Rainold autre Général Normand, qui eſtoit entré depuis quelque temps dans la Loire, ayant auſſi receu de la part de Charles des propoſitions avantageuſes, ſe mit en marche ſans tarder pour le venir joindre.

Quand les Seigneurs Confédérez eurent eu avis de la Ligue de Charles avec les Normands ; ils envoyérent au Duc de Bourgogne qui ne s'eſtoit pas trouvé à la bataille de Soiſſons, pour l'en avertir, & le prier de venir au pluſtoſt avec toutes ſes Troupes, l'aſſeûrant que la Couronne le regardoit plus qu'aucun autre.

Tome I.

Le Duc qu'une telle avance de la part de ceux de qui la choſe dépendoit, flattoit beaucoup, ne differa pas de ſe mettre en marche, & ſe rendit à l'armée. Dès qu'il fut arrivé, il fut réſolu qu'on ſe poſteroit ſur la riviere d'Oiſe, afin d'empeſcher s'il eſtoit poſſible les Troupes Normandes, de joindre Charles. Ils prirent ſi bien leurs poſtes, que jamais ni les Normands ne purent paſſer pour aller à Charles, ni Charles pour aller aux Normands : de ſorte que ce Prince qui s'eſtoit fort avancé pour faciliter la jonction, n'ayant plus dequoy faire ſubſiſter le peu de Troupes qu'il avoit, & apprehendant d'eſtre enveloppé par les ennemis, fut obligé de ſe retirer, & de ſe ſauver au delà de la Meuſe, où il avoit encore quelques reſtes languiſſans de ſon parti.

Ibid.

Quand les Seigneurs rebelles eurent appris ſa retraite, ils penſerent à ſe faire au pluſtoſt un Roy. Le choix ne pouvoit tomber que ſur un des trois principaux Chefs de la Ligue ; ſçavoir Hugues le Grand fils de Robert, Raoül ou Rodolfe Duc de Bourgogne, & Herbert Comte de Vermandois. Ce dernier eſtoit haï dans ſon Parti, & quelque animé qu'on fuſt contre Charles, on avoit regardé la déſertion de Herbert comme une action d'un homme non ſeulement perfide, qui avoit abandonné un Prince pour lequel il s'eſtoit ſi hautement déclaré d'abord ; mais encore qui avoit eſté inſenſible à la gloire d'eſtre à la teſte d'un grand Parti, où perſonne ne luy pouvoit diſputer le premier rang. Ainſi les ſuffrages ne pouvoient eſtre partagez qu'entre Hugues & le Duc de Bourgogne, l'un & l'autre hommes de grand mérite, riches & puiſſans. Hugues quoi qu'il eut déja fait de belles actions, eſtoit encore fort jeune. Cette raiſon, ſelon un Auteur voiſin de ce temps-là, luy fit donner l'excluſion, ou pluſtoſt, ainſi que la marque un Auteur plus expreſſément, il ſe la donna luy-meſme : Car, ſelon cet Hiſtorien, les Seigneurs le firent maître de la choſe. Il eſtoit beaufrere du Duc de Bourgogne, qui avoit épouſé ſa ſœur. Hugues voulut qu'elle décidât entre luy & le Duc. Il luy envoya demander qui elle aimeroit le mieux pour Roy, ou ſon frere, ou ſon mari. Elle répondit qu'elle embraſſeroit beaucoup plus volontiers les genoux de ſon mari que ceux de ſon frere. Sur cette réponſe, Hugues déclara Rodolfe Roy de France, & il fut Sacré auſſi-toſt après dans l'Egliſe de S. Médard de Soiſſons le 13. de Juillet.

Aimoinus Lib. de miraculis S. Benedicti.

Ibid.

Glaber. L. 1. cap. 11.

Flodoardi Chronic. an 923.

Cette généroſité & ce déſintereſſement ſi rare, ſur tout quand il s'agit d'une Couronne, doit néanmoins d'autant moins ſurprendre, qu'on en vit en ce temps-là quelques autres exemples, & qu'il ſembloit qu'on s'en faiſoit un point d'honneur. Quand Loüis dernier Roy de Germanie du ſang de Charlemagne fut mort, & que les Seigneurs du païs ſe furent aſſemblez pour en élire un autre d'une autre Famille, ils tournérent tous du coſté d'Othon Duc de Saxe. Le Duc ſe voyant trop vieux les remercia, & leur fit choiſir Conrad, quoi qu'il fuſt le plus grand ennemi de ſa Maiſon,

Lll ij

HISTOIRE DE FRANCE.

& Conrad luy-mesme par le zéle de l'Etat, préféra à son propre frere en mourant, Henry Duc de Saxe fils du vieux Othon, qu'il désigna pour son successeur, en luy envoyant le Sceptre & la Couronne.

Ce fut sans doute sur ces beaux modéles que se régla Hugues, qui n'ayant pas esté Roy, eut la gloire d'estre la tige d'où sortirent beaucoup de Rois, car il eut pour fils Hugues Capet, Chef de la troisiéme lignée des Rois de France.

Herbert Comte de Vermandois servit aussi beaucoup à asseûrer la Couronne à Rodolfe; mais par une conduite aussi lâche & aussi indigne d'un homme de son rang & de son sang, que celle de Hugues avoit esté généreuse & modérée.

Charles s'estoit retiré au delà de la Meuse; mais il ne sçavoit de quel costé tourner, lorsqu'il vit arriver Bernard Comte de Senlis, accompagné de quelques Seigneurs, qui se saluérent de la part du Comte de Vermandois, l'asseûrant que ce Comte vouloit prendre de nouveau son parti, & qu'il estoit prest de se déclarer pour luy avec tous ses Vassaux contre Rodolfe. Cette nouvelle surprit agréablement Charles; mais il eut peine à y ajoûter foy. Ils luy firent tous les Sermens qu'il exigea d'eux, pour s'asseûrer qu'ils ne le trompoient point. Le sentiment commun fut alors que ces Envoyez avoient parlé de bonne foy, & que le seul Comte de Vermandois avoit agi en traître.

Glaber. Le Roy n'ayant rien de mieux à faire, & voyant qu'il y avoit autant à esperer qu'à craindre, partit avec les Envoyez, & se rendit dans le Vermandois avec le peu de Troupes qui luy restoient. Herbert vint au devant de luy avec de grandes marques de respect, & l'invita à entrer dans S. Quentin. Charles qui estoit toûjours dans la défiance, le remercia par le conseil des plus sages de sa suite, & dit qu'il camperoit avec ses Troupes.

A quelques jours de là, le Comte vint avec son Fils luy faire sa Cour. Le Roy le baisa en l'abordant, & le Comte se jettant à terre, luy embrassa les genoux. Charles embrassa aussi le fils du Comte, qui ayant manqué à se jetter aux genoux du Roy, en fut aigrement repris par son pere: Est-ce ainsi, luy dit le Comte, qu'on reçoit une si grande marque de la bonté de son Roy, & de son Seigneur. Il le prit en mesme temps par le derriére du cou pour le faire mettre à genoux devant le Roy.

Ces maniéres qui paroissoient si cordiales, charmérent ce bon Prince, & il le crut le meilleur, & le plus sincére de ses serviteurs. Herbert le voyant gagné, luy dit qu'il falloit au pluftost prendre des mesures, & se mettre en état de résister à leurs communs ennemis, & qu'il le prioit de venir prendre son logement dans S. Quentin, pour y traiter ensemble plus commodément & plus à loisir de plusieurs choses importantes. Charles l'y suivit.

Herbert le logea magnifiquement, & luy fit le premier jour de grands honneurs, & une grande chére. Le lendemain il dit à la plufpart de ceux qui avoient accompagné le Roy, qu'ils pouvoient se retirer dans leur tentes, & il leur donna cet ordre comme de la part du Roy. Quand ils furent retirez, ce perfide fit enlever le Prince pendant la nuit, & le fit conduire secretement à Chasteau-Thierri, où il le mit en prison; & ensuite il alla en Bourgogne rendre compte au nouveau Roy du succés de sa trahison. Comme cette prison de Charles ne finit qu'à sa mort, & que Rodolfe fut toûjours possesseur du Royaume, sans que personne le luy disputât; on le met dans nostre Histoire au nombre de nos Rois, & l'on commence à compter les années de son regne depuis l'an 923. où toutes ces choses se passérent. Il ne parut plus parmi les François aucuns restes du parti de Charles, & la Reine Ogive sa seconde femme, qui estoit fille d'Edoüard I. Roy d'Angleterre, se sauva dans le Royaume de son pere, avec le petit Prince Loüis son fils, qui n'avoit que trois ans. Il est difficile de lire cette triste aventure d'un Roy de France, sans penser à celle d'un Roy d'Angleterre arrivée de nostre temps, tant les circonstances de l'un & de l'autre sont semblables. Un Roy trahi par ceux de ses Sujets qu'il croyoit estre le plus attachez à luy. Une Reine obligée de s'enfuir au delà de la mer, & un petit Prince sauvé d'un danger, qu'il n'estoit pas encore capable de connoistre. Tant il est vray que quoi que la Scéne du monde change presque à tous momens, les mesmes événemens y reviennent, pour y estre, si j'ose m'exprimer ainsi, representez par de nouveaux Acteurs.

Ibid.
Flodoard. Chronic.

Glaber.

An. 923.

HISTOIRE DE FRANCE.

RAOUL, OU RODOLFE.

RODOLFE élevé sur le Trône n'auroit acquis avec l'Auguste Titre de Roy, que très-peu de puissance, s'il n'avoit esté Duc de Bourgogne. Un Roy de France estoit alors à la merci de ses Comtes & de ses Ducs, dont les Gouvernemens s'estoient insensiblement changez en Domaines, & qui n'estant autrefois que des récompenses & des liberalitez du Prince accordées pour un temps, & tout au plus à vie, estoient devenus absolument héréditaires; tandis que par un bizarre renversement, la Couronne qui estoit auparavant héréditaire, sembloit n'estre plus qu'élective. Ce second désordre estoit un effet du premier; & ce premier avoit eu son origine dans la foiblesse ou dans la condescendance des Rois, & estoit sans remède.

Il y avoit en ce temps-là, outre le Duc de Normandie, trois Ducs dans le Royaume plus puissans que tous les autres Seigneurs; sçavoir le Duc d'Aquitaine qui avoit le commandement de tous les païs d'au delà de la Loire, jusqu'au Languedoc & aux Pyrénées; le Duc de Bourgogne, dont le Duché estoit à peu près le mesme qu'il est aujourd'hui pour l'estenduë, & le Duc de France, appellé communément le Duc des François, dont l'autorité s'estendoit dans tous les païs d'entre la Loire & la Seine, & bien loin dans ceux qui sont entre la Seine & la Meuse.

Ces Ducs faisoient hommage de leurs Duchez au Roy, comme ses Vassaux; & eux-mesmes le recevoient des Comtes, des Villes & des Territoires compris dans leur Duché. Ainsi le Duc de Guienne avoit pour Vassaux les Comtes de Poitiers, les Comtes d'Auvergne, les Comtes de Limoges & plusieurs autres; & ceux-cy en avoient aussi au dessous d'eux, & cela alloit ainsi en descendant jusqu'aux Seigneurs des Bourgs & des Villages, dont les Habitans avoient à leur égard, non pas comme aujourd'hui, la qualité de Vassaux; mais celle de Serfs ou d'Esclaves

Outre ces Ducs, il y avoit encore des Comtes, qui relevoient immédiatement de la Couronne, & dont la puissance n'estoit guéres moindre que celle des Ducs, ayant plusieurs Villes dont ils estoient les Maîtres; tels estoient le Comte de Flandres, & le Comte de Vermandois. C'estoit l'indocilité, l'inquiétude, l'ambition de ces Ducs & de ces Comtes, qui suscitoient tant de fâcheuses affaires à nos Rois; sur tout depuis le Regne de Charles le Chauve. Les Vassaux de ces Ducs leur faisoient souvent aussi beaucoup de peine, d'où venoient les guerres civiles, & les guerres particulieres qui désoloient tout le Royaume. Un Prince qui n'avoit pas une prudence, une fermeté, un courage qui le mît au dessus de tous ces petits Tyrans, devenoit leur joüet, & tomboit dans le mépris. Il falloit sçavoir s'en faire aimer, s'en faire estimer; s'en faire craindre, ménager leur esprit, & leur bizarrerie, & quelquefois punir à propos leur insolence; & c'est par là qu'Eudes, Robert, Rodolfe qui possédoient ces grandes qualitez au souverain degré, estant montez sur le Trône, s'y maintinrent jusqu'à la mort, tandis que les Rois légitimes qui n'avoient pas ces talens, succomboient, ou régnoient sans nulle autorité.

En effet Rodolfe pendant son régne, fut toûjours en action, tantost pour réprimer l'audace de ses Vassaux qui se révoltoient contre luy, tantost pour déconcerter leurs cabales, tantost pour accommoder leurs différens, & pour empescher qu'ils n'empiétassent les uns sur les autres. Mais ce fut particulièrement le Comte de Vermandois qui l'embarassa le plus. Ce Comte ne voulut jamais luy remettre Charles entre les mains, & prit plaisir à le tenir toûjours en inquiétude, & dans la crainte qu'il ne retirât ce Prince de prison, pour le montrer aux peuples dans quelque conjoncture favorable, qui pust le remettre sur le Trône.

Les premiers ennemis dont Rodolfe eut à se défendre, furent les Normands. Charles. les avoit appellez à son secours, en promettant au Duc de Normandie de luy céder de nouvelles Terres. La prison de ce Prince ne les empescha point de continuer leur entreprise & leurs hostilitez. Raynold Chef des troupes

Flodoard. Chronic.

nouvellement arrivées du Nort, & débarquées sur les bords de la Loire, avoit pris avec luy en passant à Roüen un grand nombre de ceux qui estoient déja établis dans ces quartiers-là. Il ravagea les bords de l'Oise du costé de Paris. Les Troupes du Comte de Vermandois s'avancérent de l'autre costé, pour l'empescher de passer cette riviére, & s'estant jointes à celles du païs, sous le commandement de divers Comtes, elles surprirent les Normands, leur enlevérent une grande partie du butin dont ils estoient chargez, & reprirent mille prisonniers qu'ils emmenoient en captivité.

Raynold pour se dédommager de cette perte, alla courir tout le païs d'Artois, où le Comte Adelelme l'attaqua, luy tua six cens hommes sur la place, & le mit en déroute. Le Général Normand après tous ces desavantages, n'osant plus tenir la Campagne, jetta ses Troupes dans divers Chasteaux, dont il s'estoit emparé, & en faisoit à toute heure sortir de petits partis, qui rendoient les chemins impratiquables, ruinoient tout le commerce, & désoloient le païs.

Rodolfe estoit alors en Bourgogne, & Hugues le Grand, qu'il avoit laissé dans ces quartiers-là pour y commander, sans doute avec la qualité de Duc du païs de France, que Robert son pere avoit portée, luy fit sçavoir tous ces désordres, les miséres & les murmures des Peuples, & de quelle importance il estoit au commencement de son Régne, de faire paroistre son application & son zéle pour leur conservation; qu'il estoit à propos qu'il vinst en personne chasser les Normands, & mesme porter la guerre dans leur païs. Rodolfe suivit ce conseil, & vint promptement avec le Comte de Vermandois & l'Archevêque de Reims à Compiégne, où estant arrivé, il apprit que les Normands couroient & ravageoient tout le Beauvoisis. Pour les obliger à en sortir, il fit diversion dans la Normandie, & ayant passé la riviére d'Epte, qui la bornoit de ce costé-là, il y mit tout à feu & à sang : mais une affaire plus importante le rappella ailleurs.

Depuis la prison de Charles, les Seigneurs du Royaume de Lorraine n'avoient point encore pris leur parti. Les uns penchoient du costé de Rodolfe, & les autres du costé de Henri Roy de Germanie, qui s'estoit déja saisi de Saverne, & y avoit mis Garnison. Enfin la plûpart se déclarérent pour Rodolfe, & des Députez de la part des Seigneurs vinrent le trouver dans le temps qu'il estoit en Normandie, pour luy offrir le Royaume de Lorraine.

Il partit aussi-tost, laissant à Hugues & à Herbert le soin de pourvoir à la défense de la Frontiére. Il rencontra à Mouson les Seigneurs Lorrains, & reçut leurs hommages. Vigeric Evêque de Metz luy demanda en grace au nom du Païs, de reprendre au pluftost Saverne, dont la Garnison faisoit continuellement des courses, & ruinoit tous les lieux où l'on ne vouloit pas reconnoistre le Roy de Germanie. Rodolfe le luy promit. Il fit le siége avec les Milices de Lorraine, qui dura presque pendant toute l'Automne; & enfin faute de secours, la Garnison capitula; la Place fut renduë, & ensuite rasée.

Cependant il paroist que le Roy de Germanie avoit en Lorraine, quoique beaucoup plus foible que celuy de Rodolfe, estoit bien résolu à ne pas céder. Les deux Chefs de ce parti estoient Rotgaire Archevêque de Tréve, & Gilbert esprit inquiet & intriguant, qui avoit en teste de se faire Duc de Lorraine, prest à faire hommage à celuy des deux Rois, qui voudroit l'honorer de cette dignité. Il avoit esté un des plus zélez partisans de Rodolfe contre Charles : mais ne le trouvant pas disposé à seconder ses intentions, il s'estoit jetté du costé de Henri, qui passa le Rhin pour le soûtenir, & ravagea tout le païs d'entre cette riviére & la Moselle. Un autre Seigneur nommé Othon, mécontent de Rodolfe, le quitta, & se joignit à Gilbert & à l'Archevêque de Tréve. Rodolfe continuoit pendant ce temps-là le siége de Saverne. Il envoya ordre à la plûpart des Troupes de France & à toutes celles de Bourgogne de le venir joindre au pluftost. Henri ne se trouvant pas en état de résister à de si grandes forces, traita avec les Lorrains Sujets de Rodolfe. Il fit une Tréve avec eux, pour suspendre les hostilitez de part & d'autre jusqu'au mois d'Octobre de l'année suivante, & se retira en Germanie, laissant ainsi Rodolfe maistre du païs. Il se fit aussi une Tréve jusqu'au mois de May avec les Normands : elle fut ensuite changée en Paix, moyennant quelque argent qu'on leur donna, de sorte que pendant plusieurs mois tout fut assez tranquille.

Rodolfe à la faveur de ces deux Tréves, acheva de se mettre en possession du reste de l'Etat. Guillaume Duc d'Aquitaine avoit jusqu'alors différé de le reconnoistre pour Roy. C'estoit moins par zéle & par attachement pour la Famille de Charlemagne, que par le ressentiment d'une injure particuliere qu'il avoit reçuë de Rodolfe, qui du temps que Charles le Simple estoit sur le Trône, avoit fait détacher de son Duché d'Aquitaine la Ville de Bourges & tout le Territoire qui en dépendoit. Le chagrin qu'il avoit eu de ce démembrement, luy avoit fait porter fort impatiemment l'élection de Rodolfe; & malgré les sommations réitérées qu'on luy fit de sa part pour l'hommage, il voulut attendre le succés de la guerre que Rodolfe faisoit aux Normands, & voir le tour que prendroient les affaires de Lorraine.

Rodolfe de son costé dissimuloit, pour ne pas avoir en mesme temps tant d'affaires sur les bras. Mais si-tost qu'il eut fait Tréve avec les Normands & avec le Roy de Germanie, & qu'il sçut que ce Prince estoit occupé du costé de la Sarmatie, qui est aujourd'huy la Pologne à l'autre extrémité de ses Etats, il marcha avec une Armée vers l'Aquitaine, pour contraindre le Duc de se soûmettre.

Le Duc averti, se mit aussi en état de se défendre, ou du moins de faire sa paix d'une ma-

RAOUL ou RODOLFE.

niére qui ne luy fust pas défavantageuse. Il vint au devant de Rodolfe avec ses Troupes, & se campa sur le bord de la Loire. Rodolfe estant arrivé sur l'autre bord, on envoya de part & d'autre pour s'éclaircir sur les intentions que chacun avoit. Rodolfe fit entendre au Duc qu'il ne venoit pas pour luy faire la guerre, pourvû qu'il ne luy refusast pas l'hommage qu'il luy devoit. Le Duc de son costé dit qu'il ne prétendoit pas se révolter contre Rodolfe, pourvû qu'il le satisfist sur les justes demandes qu'il avoit à luy faire. Un jour entier se passa à cette négociation, & enfin le Duc Guillaume se résolut sur le soir de venir saluër Rodolfe.

Si-tost que le Duc apperçut ce Prince, il descendit de cheval, & vint luy faire la révérence. Rodolfe demeura à cheval, & ayant présenté la main au Duc, il l'embrassa & le baisa. Le lendemain ils eurent encore une conférence; & enfin après huit jours qu'on employa à régler les conditions d'une espèce de Traité qui se fit, le Duc d'Aquitaine fit hommage à Rodolfe. Une des conditions fut, que Bourges avec ses dépendances seroit réünie au Duché d'Aquitaine. Plusieurs Seigneurs assistérent à ce Traité, & eurent aussi part aux libéralitez du Prince. Il unit Péronne au Comté de Vermandois en faveur d'Herbert, & le Mans au Gouvernement du païs d'entre la Loire & la Seine, en faveur de Hugues le Grand, qui céda cependant cette Ville aussitost après aux Normands, avec qui l'on fit la Paix, & à qui l'on donna encore Bayeux : cette donation supposé, que ce Comté avoit esté excepté dans la cession qu'on fit du reste du païs au Duc Rollon, ou qu'il en avoit esté séparé depuis par quelque révolte.

Après tout, Rodolfe ne fut pas long-temps reconnu pour Roy légitime en Aquitaine. Il y en a des preuves dans quelques Monumens de ce temps-là, où les dates qui sont très-dignes de remarque, montrent évidemment la vérité de ce que j'avance. Dans un Cartulaire de Brioude en Auvergne, la date n'est point prise des années de Rodolfe, comme c'estoit alors la coûtume par toute la France de dater de l'année du Roy régnant; mais au contraire on y voit celle-cy. *Fait le V. avant les Ides d'Octobre, la quatriéme année depuis que Charles Roy a esté dégradé par les François, & Rodolfe élu contre les Loix.* Et dans le Testament d'Acfrede Duc d'Aquitaine. *Fait la cinquiéme année depuis que les François dégradérent leur Roy Charles, & élurent contre les Loix Rodolfe pour Roy.* Ce qui prouve évidemment que l'Aquitaine ne reconnoissoit point Rodolfe la troisième année de son Régne, & qu'Acfrede deux ans après n'estoit pas dans son parti. Car ceux qui prétendoient que ces Actes fussent valables, n'auroient eu garde d'user de pareilles dates, s'ils avoient reconnu l'autorité de Rodolfe. Et mesme après la mort de Charles ils ne se soûmirent pas encore; car ils datérent alors en comptant les années depuis la mort de Charles, *la premiere, la seconde,* *la troisiéme année depuis la mort de Charles, Jesus-Chrit régnant, en attendant le légitime Roy ; Christo regnante & regem expectante.* Tant estoit grand mesme alors l'attachement que les Peuples de delà la Loire avoient pour leur Roy légitime. Nous apprenons de plus par ces mêmes Actes, malgré le silence de nos Chroniques, que Barcelonne, Urgel, le Roussillon étoient encore de la Couronne de France; car on a trouvé dans les Archives de ce païs-là de ces sortes de Monumens, où pareilles dates se rencontrent.

Pour ce qui est de la Paix avec les Normands, elle ne se fit qu'avec les Habitans du Duché de Normandie, dont les intérêts n'étoient pas communs avec ceux des autres Normands, nouvellement arrivez du Nort sous le Général Raynold. Celuy-ci par un Traité qu'il fit avec Hugues, s'éloigna des bords de la Loire; mais ce ne fut que pour venir fondre dans le Duché de Bourgogne, où il porta le ravage par-tout. Les Bourguignons vinrent le combattre, & luy tuérent auprès de Chaumont huit cens hommes sur la place; mais le Comte Garnier un de leurs Généraux ayant eu son cheval tué sous luy, y périt, & Ansegise Evéque de Troye y fut blessé.

Rodolfe sur cette nouvelle accourut au secours de son Duché, avec les Milices de l'Archevêché de Reims & les Troupes du Comte de Vermandois. Il y joignit celles de Bourgogne, & avec cette Armée il vint se présenter devant le Camp des Normands, qui s'estoient retranchez sur le bord de la riviére de Seine. L'Infanterie Normande sortit du Camp, & il y eut un assez rude combat entre elle & l'Infanterie Françoise, qui l'obligea à rentrer dans ses retranchemens assez maltraitée.

Les Normands s'attendoient d'y estre attaquez, & ils furent surpris de voir les François s'en éloigner de plus d'une lieuë; Hugues seulement avec un petit Camp volant s'estant retranché assez près d'eux sur le bord de la Seine.

Le dessein de Rodolfe estoit de différer l'attaque, jusqu'à l'arrivée des batteaux qu'on luy amenoit de Paris avec des Soldats & des Machines. Mais les Normands dans cet intervalle échapérent. Ils sortirent la nuit de leur Camp, à la faveur d'un bois qui couvrit leur retraite. Elle se fit sans aucun obstacle. Le bruit courut que cette retraite ne s'estoit faite que de concert avec quelques Commandans de l'Armée Françoise, ennuyez de la guerre, & qui vouloient retourner chez eux. L'Historien contemporain donne assez à entendre qu'une des raisons qui empeschérent l'attaque du Camp Normand, fut que la Cavalerie Françoise ne voulut point mettre pied à terre pour la faire avec l'Infanterie. Rodolfe instruit de la disposition où estoit l'Armée; apprehenda de la chagriner, & il la congédia.

Elle n'eut pas plustost esté séparée, qu'il vint nouvelle à Rodolfe que les Normands des environs de Roüen avoient rompu la Paix; qu'ils recommençoient leurs hostilitez, & qu'ils s'étoient répandus jusques dans les païs d'Amiens & d'Artois, où ils faisoient d'étranges ravages. Ils voulurent insulter Noyon, d'où ils furent repoussez avec perte. Le Comte Herbert rassembla le plus promptement qu'il luy fut possible les Milices de son Comté, & vint se camper sur la riviére d'Oise, pour couvrir ce païs-là. Le Comté de Bayeux qu'on avoit cédé aux Normands se révolta contre eux. Les Milices de Paris conduites par Hugues, firent en Normandie ce que les Normands avoient fait aux environs d'Amiens & dans l'Artois, mettant le feu par-tout, & faisant main-basse sur tous ceux de la Nation qu'elles rencontroient. Cette diversion obligea les Normands à retourner dans leur païs pour le défendre. Rodolfe vint avec Hugues se camper dans le Beauvoisis, & le Comte de Vermandois avec une partie de l'Armée, alla assiéger la Ville d'Eu, qu'il emporta l'épée à la main, & où il fit massacrer sans quartier tout ce qu'il trouva d'hommes & de garçons. Il força encore une Isle voisine, où une partie des Soldats Normands s'estoient retirez ; les uns furent passez par le fil de l'épée, les autres en voulant se sauver à la nage se noyérent.

Herbert en récompense d'une action si vigoureuse, obtint l'Archevêché de Reims qui vaqua alors, pour son fils âgé seulement de cinq ans, chose que je remarque, parce qu'elle fut dans la suite cause de bien des troubles. Mais le Roy de Germanie ne manqua pas de profiter de ces conjonctures. Il passa le Rhin, & vint assiéger Tolbiac, appellé aujourd'huy Zulpic dans le Duché de Juliers, &. le prit ; ensuite il repassa le Rhin. Mais durant ce siége, il avoit si bien gagné les Peuples & les Seigneurs Lorrains par luy-mesme & par ses émissaires, que sur la fin de cette année, presque tout le Royaume de Lorraine se révolta contre Rodolfe, & se soûmit à la Couronne de Germanie.

An. 925.

Ce fut là une grosse perte pour Rodolfe, & qui ne fut pas moins dommageable à l'Etat qu'à sa réputation. Mais il ne pouvoit suffire à tout.

Les Normands établis dans le sein du Royaume estoient des ennemis domestiques plus redoutables que tous les autres. Un petit Corps d'Armée de cette Nation s'estoit de nouveau jetté dans le païs d'Artois. Rodolfe & le Comte Herbert y estoient accourus, & les avoient serrez de si près, qu'ils les tenoient comme assiégez dans leur Camp, avec espérance de les obliger à se rendre à discrétion. Les Normands y demeurérent bien retranchez pendant quelques jours, paroissant n'avoir d'autre dessein que de s'y tenir sur la défensive ; mais une nuit, comme on s'y attendoit le moins, ils sortirent de ce Camp, & vinrent attaquer celuy de Rodolfe. L'assaut fut terrible, & Rodolfe estoit perdu, si le Comte Herbert, qui estoit campé assez près de là, ne fust venu à son secours. Il fit mettre le feu à quelques Maisons voisines du Camp, pour pouvoir reconnoistre l'état & le nombre des ennemis dans ce combat nocturne. Un gros de Normands vint au devant de luy ; mais la partie n'estoit pas égale : ils furent battus, & laissérent onze cens hommes sur la place ; Rodolfe fut blessé en soûtenant l'assaut, & le Comte Hilgaude, un de ses Généraux y fut tué.

Ibid.

An. 926.

La blessure de Rodolfe fit quitter le dessein du blocus, qu'on avoit formé autour du Camp des Normands. Il se retira à Laon avec son Armée, & laissa l'Artois exposé au ravage. Un peu après on acheta des Normands la Paix à force d'argent. On y fut contraint par la révolte de Guillaume Duc d'Aquitaine, contre lequel Rodolfe n'avoit pas trop de toutes les forces de France & de Bourgogne ; de sorte que les François sembloient concourir à l'envi avec les Etrangers, à la ruïne & à l'ignominie de leur patrie.

Rodolfe ne fut pas plustost guéri de sa blessure, qu'il marcha vers la riviére de Loire, attaqua Nevers, qui estoit défendu par le frere du Duc d'Aquitaine, & le prit par composition. Il passa ensuite la Loire pour aller chercher le Duc : mais une autre diversion l'obligea encore à repasser cette riviére.

Ibid.

Il y avoit déja du temps que les Hongrois, Peuples sortis des Palus-Méotides, faisoient en Italie, en Germanie, & en France, des choses assez semblables à celles que les Normands y avoient faites pendant tant d'années. Ils avoient ruiné une grande partie de l'Italie, & il n'y avoit qu'un an, qu'ayant passé les Alpes, ils s'estoient répandus dans la Provence, & puis dans le Languedoc. Rodolfe II. Roy de la Bourgogne Transjurane, qui avoit succedé à Rodolfe I. son pere depuis plusieurs années, & Hugues Comte d'Arles, s'estant unis ensemble pour se défendre contre ces Barbares, les avoient coupez ; la plûspart périrent dans le Languedoc, partie par le fer, partie par les maladies. Ils avoient aussi quelques années auparavant passé le Rhin & fait ces ravages dans le Royaume de Lorraine. Ils revinrent donc une seconde fois, dans le dessein d'entrer en France pour la piller. Ce fut pour s'opposer à l'inondation de ces Barbares, que Rodolfe fut obligé d'abandonner l'Aquitaine, & de revenir du costé de la Champagne. Sa présence rasseûra cette Frontiére. Les Hongrois qui avoient déja fait quelques courses, n'osérent avancer, & retournérent sur leurs pas.

Ibid.

Tel estoit le Régne de Rodolfe, toûjours agité de séditions, de révoltes & de troubles. Tel estoit l'état de la France, par-tout la théatre de la guerre, ou plustost des brigandages que les ennemis & les François mesmes y exerçoient. Ce n'estoit plus une Monarchie, le Prince n'y gouvernoit plus que dépendemment du caprice de ses Vassaux. C'estoit une espéce de République mal réglée & sans police, où chacun s'attribuoit autant de puissance qu'il en pouvoit usurper ; & jamais on n'a vû plus clairement combien l'autorité d'un Roy, fust-elle poussée mesme un peu au-delà des bornes, est moins préjudiciable qu'une fausse liberté, à la tranquillité & au bonheur des Peuples ; mais le plus grand sujet d'inquiétude que Rodolfe eust

RAOUL ou RODOLFE.

euſt eu juſqu'alors, fut celuy que luy donna le Comte de Vermandois, à l'occaſion que je vais dire.

Cet homme auſſi ambitieux que fourbe, croyoit que Rodolfe ne pouvoit jamais aſſez récompenſer la trahiſon qu'il avoit faite en ſa faveur, au Roy ſon légitime Maiſtre. Non content du commandement des Armées, du crédit qu'il avoit à la Cour, de la part que Rodolfe luy donnoit au Gouvernement, & des Terres dont il avoit augmenté le Comté de Vermandois; il eſtoit inſatiable, & demandoit tous les jours de nouvelles graces. Rotgaire Comte de Laon mourut. Herbert demanda B le Comté pour Odon ou Eudes ſon fils. Rodolfe le luy refuſa, & le donna à un des fils de Rotgaire. Le Comte indigné de ce refus, réſolut de s'en venger.

Il avoit toûjours eſté fort uni avec Hugues le Grand, qui venoit de faire une alliance peu agréable à Rodolfe, en épouſant une fille d'Edoüard I. Roy d'Angleterre, pere d'Ogive Reine de France, qui s'eſtoit retirée dans cette Iſle avec ſon fils Loüis, durant la priſon de Charles le Simple ſon mari: Adelſtan ſon frere y régnoit depuis la mort d'Edoüard. Herbert ne manqua pas de faire entrer Hugues C dans ſon reſſentiment, & ils ſe jurérent de nouveau l'un à l'autre une éternelle amitié: mais afin de s'aſſeûrer d'un ſecours encore plus puiſſant, il envoya quelques-uns de ſes Confidens à Henri Roy de Germanie, pour le ſupplier de ſa part de luy accorder la permiſſion de l'aller trouver.

Henri à qui les broüilleries de la France étoient très-avantageuſes, & qui ne pouvoit que par ce moyen, ſe maintenir dans la paiſible poſſeſſion du Royaume de Lorraine, luy fit dire qu'il le verroit avec plaiſir. Herbert vint le D trouver, luy propoſa le deſſein qu'il avoit de remettre Charles ſur le Trône, & luy demanda s'il pourroit compter ſur ſa protection. Henri approuva ſon deſſein, & luy promit tout ce qu'il ſouhaitoit. Ils ſe firent mutuellement de très-beaux préſens, & ſe ſéparérent fort contens l'un de l'autre.

Au retour de là, Herbert alla vers la Loire joindre Hugues, occupé à repouſſer les Normands de Raynold, qui taſchoient toûjours de s'emparer de quelque poſte ſur cette riviére. Ils traitérent de Paix avec eux, & les firent conſentir à aller s'établir au païs de Nantes, où pluſieurs de leurs compatriotes eſtoient déja.

Enſuite de cet accommodement, Herbert E & Hugues allérent enſemble trouver Guillaume Duc de Normandie, qui après avoir entiérement aſſervi les Bretons, & vaincu devant Roüen un rebelle nommé Riulfe, s'eſtoit fait la réputation d'un grand Prince, & avoit toûjours à ſa Cour quantité de Seigneurs François, Bourguignons, Anglois, Flamans, que ſon honneſteté & ſa générofité y attiroient.

Hugues & Herbert y arrivérent, lorſqu'il prenoit le divertiſſement de la Chaſſe dans la Foreſt de Lions. Guillaume Comte de Poitiers s'y trouva auſſi, & y conclut ſon mariage avec A la ſœur du Duc: mais il s'en fit un autre plus important pour Herbert, & qui eſtoit le principal ſujet de ſon voyage. Ce fut celuy de ſa fille avec le Duc meſme, qui l'épouſa peu de temps après.

Herbert ſe voyant ſi fortement appuyé du coſté de Normandie & du coſté de Germanie, commença à ménager moins que jamais Rodolfe. Il fit aſſembler de ſa propre autorité un Concile de ſix Evêques à Troli ſur la riviére d'Aiſne, entre Compiégne & Soiſſons, dont les Actes ſe ſont perdus, & dont on ne ſçait point autre choſe, ſinon qu'un Comte nommé Herluin y vint faire ſatisfaction du ſcandale qu'il avoit donné, en épouſant une ſeconde femme du vivant de la premiere.

Rodolfe également ſurpris & choqué de cette entrepriſe, envoya commander à Herbert de différer ce Concile, & de venir le trouver à Compiégne. Herbert ne voulut faire ni l'un ni l'autre; & immédiatement après le Concile, levant le maſque, il marcha vers Laon, qui eſtoit la cauſe de ſa rupture avec Rodolfe, pour s'en ſaiſir. Mais il fut prévenu par les Troupes que ce Prince y jetta avant l'arrivée des ſiennes. Rodolfe y alla luy meſme, pour donner ordre à tout, & fournir la Place des choſes néceſſaires à une vigoureuſe défenſe, en cas qu'on l'attaquaſt.

Herbert ayant manqué ſon coup, vint à Chaſteau-Thierri, où le Roy Charles eſtoit priſonnier depuis quatre ans. Il va le trouver, luy annonce l'heureuſe nouvelle de ſa délivrance, le prie d'oublier tout le paſſé, & luy fait mille proteſtations de ne jamais ſe départir de ſon ſervice, ni de l'obéïſſance qu'il luy devoit comme à ſon Roy.

Charles agréablement ſurpris d'un changement de fortune ſi ineſperé, ne ſe fit pas grande violence, pour donner au Comte les plus ſenſibles marques d'amitié, & toutes les aſſeûrances qu'il pourroit ſouhaiter de luy pour l'avenir. Ils allérent de-là à S. Quentin, où Charles fut reçû avec les acclamations du Peuple & des Troupes, que ces ſortes d'événemens ne manquent jamais de faire paſſer d'une extrémité à l'autre. La haine ſe changea alors en tendreſſe, & le mépris en vénération.

Ce coup étonna Rodolfe, qui appréhendant une révolution ſubite, ſortit de Laon. Il y laiſſa Emme ſa femme, & les fils du Comte Rotgaire, à l'un deſquels il avoit donné le Comté de Laon, & ſe retira en Bourgogne, pour y aſſembler une Armée.

Herbert ne manqua pas de ſe préparer de ſon coſté à la guerre, & pria le Duc de Normandie ſon gendre de convenir avec luy d'un lieu où ils puſſent ſe voir, & traiter avec le Roy. Le Duc choiſit la Ville d'Eu, il y rendit ſes hommages au Roy comme ſon Vaſſal, & ſigna un Traité de Ligue avec luy & avec Herbert, & alors une grande partie de ce qui s'appelloit le païs de France, ſe déclara hautement pour Charles.

Dès que la ſaiſon put permettre à Rodolfe de ſe mettre en Campagne, il ſortit de Bour-

HISTOIRE DE FRANCE.

An. 928.

gogne avec une Armée, & entra en France, où il ravagea tous les lieux où l'on avoit pris le parti de Charles. Herbert marcha au devant de luy : les deux Armées se trouvérent en présence sur la riviére d'Oise, & estoient prêtes d'en venir aux mains, lorsque Hugues, que Rodolfe avoit regagné, vint s'offrir aux deux Chefs, pour estre le médiateur. Ils l'acceptérent ; mais Herbert demanda une condition, sans laquelle il n'écoûteroit rien, sçavoir, qu'avant toutes choses on le mist en possession du Comté de Laon. Rodolfe le promit. Hugues pour seûreté des paroles qu'on luy donnoit, demanda des ôtages à Herbert & à Rodolfe, qui les luy accordérent, & l'asseûrérent qu'ils se trouveroient au temps marqué l'un & l'autre en un lieu dont ils convinrent, pour traiter ensemble en sa présence de bonne foy & à l'amiable, & sur cela Rodolfe rentra en Bourgogne avec son Armée.

Ibid.

Il envoya de-là ordre à sa femme de sortir de Laon, & de le remettre au Comte de Vermandois : mais soit qu'elle crust que l'intention de son mari ne fut pas qu'elle obéist à cet ordre, soit qu'elle ne jugeast pas elle-mesme qu'il fust expédient de le faire, & qu'elle agit en cette occasion par le mouvement de son humeur impérieuse & hautaine, elle demeura dans la Place.

Cependant les véritables serviteurs de Charles, qui le voyant hors de prison, avoient repris cœur, faisoient jouër en secret d'autres ressorts pour son rétablissement. Ils s'estoient adressez au Pape Jean X. pour luy représenter les indignes traitemens qu'on faisoit à ce Prince ; & le Pape avoit écrit à Herbert des Lettres très-fortes sur ce sujet, jusqu'à le menacer de l'excommunier, s'il retenoit plus long-temps le Roy en prison, & s'il n'agissoit sincerement & efficacement pour le remettre en possession d'une Couronne, qu'il luy avoit fait perdre par sa perfidie.

Ibid.

Herbert que cette Lettre inquiéta, vint à Reims avec Charles, & écrivit de-là au Pape, qu'il travailloit de toutes ses forces pour les intérests de ce Prince, & qu'il ne tiendroit pas à luy qu'il ne fust bien-tost rétabli. Cela n'empeschoit point néanmoins qu'il ne traitast toûjours avec Rodolfe. Ils se virent durant le Caresme en présence de Hugues, ainsi qu'ils s'y estoient engagez, & Rodolfe voulant à quelque prix que ce fut, se raccommoder avec Herbert, obligea sa femme à sortir de Laon, & en mit ce Comte en possession.

C'estoit tout ce que celuy-ci avoit prétendu. Les intérests de Charles qu'il avoit fait semblant de prendre si chaudement, n'estoient qu'un prétexte & qu'un moyen dont il s'estoit servi pour faire peur à Rodolfe, & pour l'amener au point qu'il souhaitoit. Mais le Duc de Normandie plus sincére que luy, vouloit effectivement le rétablissement de Charles ; & comme il s'estoit toûjours défié de la droiture des intentions de Herbert, il l'avoit obligé dans la conférence de la Ville d'Eu, à luy donner Odon son propre fils en ôtage, pour asseûran-ce qu'il laisseroit le Roy en liberté ; & qu'il ne quitteroit point son service.

Hugues & Herbert eurent une nouvelle conférence avec le Duc sur ce sujet ; il leur promit d'estre toûjours fort attaché à leurs intérests ; mais il tint ferme sur l'article principal, & ne voulut jamais rendre Odon à Herbert son pere, que ce Comte n'eust de nouveau luy-mesme fait en sa présence hommage de ses Etats à Charles, avec plusieurs autres Seigneurs & Evêques qui se trouvérent à cette entrevûë. Après quoy il luy rendit son fils.

Ibid.

Les choses tournoient admirablement pour Charles, & il y avoit tout sujet d'espérer qu'au moins il se feroit un Traité entre Rodolfe & luy, semblable à celuy qu'il avoit fait autrefois avec Eudes, par lequel on avoit partagé le Royaume entre eux. En mesme temps sur ces bonnes nouvelles qu'on recevoit de France, le Roy d'Angleterre avoit fait repasser la mer au jeune Prince Loüis fils de Charles, & ceux qui le conduisoient le mirent en lieu de seûreté : mais celuy que Herbert avoit envoyé à Rome, pour asseûrer le Pape des bonnes intentions qu'il avoit pour Charles, revint sur ces entrefaites, & rapporta une nouvelle très-fascheuse pour ce Prince. C'est que le Pape qui avoit pris ses intérests si fort à cœur, avoit esté luy-mesme détrôné & mis en prison par la fameuse Marosia Marquise de Toscane, si décriée dans les Histoires de ce temps-là, qui estoit maistresse de Rome, & faisoit & détruisoit les Papes, selon son caprice & ses passions.

Chronic. Magdeburg.

Ibid.

Le Comte de Vermandois délivré par là de la crainte de l'excommunication, ne s'embarrassa plus guéres de ce qui regardoit Charles. Henri de Germanie n'avoit paru s'intéresser pour ce Prince contre Rodolfe, qu'à la sollicitation de Herbert & de Hugues. Rodolfe agissoit toûjours fortement auprès de Henri, à qui il ne coûtoit rien d'abandonner un malheureux déja abandonné de tout le monde. De sorte qu'au retour d'une conférence que Hugues & Herbert eurent avec Henri, ils allérent au devant de Rodolfe. Herbert luy fit hommage de nouveau, & remit Charles en prison. Ainsi la Paix fut conclue aux dépens de la liberté de Charles, & de la Famille du Comte de Laon, contre laquelle Herbert exerça encore sa vengeance, en prenant Mortagne sur l'Escaut, qui appartenoit aux enfans de ce Comte, & la fit raser après l'avoir prise.

Flodoard.

Quelque temps après cette réconciliation, Rodolfe estant venu à Reims, Herbert y fit amener Charles toûjours bien gardé. Ils luy firent de grands honneurs & de beaux présens ; mais tout aboutit à faire un accord entre eux & luy, par lequel Charles ne pouvant rien faire de mieux, consentit à laisser Rodolfe gouverner le Royaume, à condition que cet usurpateur luy céderoit pour entretien, les revenus de la Maison Royale d'Attigni sur la riviére d'Aisne. Il ne joüit pas long-temps de ce petit adoucissement de sa captivité ; car il mou-

RAOUL ou RODOLFE.

An. 929. rut quelques mois après à Peronne, où il estoit alors en prison, toûjours sous la puissance du Comte de Vermandois. Le surnom de Simple qui fut donné à ce Roy, marque assez son caractère & la cause de ses malheurs.

Rodolfe par cette mort fut délivré d'une grande inquiétude, & d'un concurrent peu dangereux par luy-mesme, mais toûjours à craindre, tandis qu'il auroit esté entre les mains du Comte de Vermandois. Dès qu'il n'eut plus cet embarras, il commença à agir avec plus de *Flodoard.* liberté & d'autorité qu'il n'avoit fait jusqu'alors. Il marcha contre les Normands de la Loi-*An. 930.* re qui couroient toute l'Aquitaine. Il les attaqua dans le Limousin, & en fit un très-grand carnage. Il alla dans les quartiers du Rhône, qui depuis la mort de Charles le Chauve a-voient secoüé le joug, & obligea Constantin *An. 931.* Prince de Vienne fils de Loüis surnommé l'Aveugle & autrefois Roy de Provence, à luy faire hommage; & l'année d'après, Loup Acinaire Duc de Gascogne, Ragemunde ou Raymond, & Ermingaude les principaux Seigneurs de Gothie ou de Languedoc le reconnurent pareillement pour Souverain.

Il s'appliqua à terminer les petites guerres que les Seigneurs se faisoient les uns aux autres à la ruine de leurs Vassaux, & avec une grande effusion de sang. Herbert & Hugues tantost liguez ensemble, tantost les armes à la main l'un contre l'autre, estoient les plus difficiles à contenir. Boson frere de Rodolfe avoit souvent des différens avec eux. Gilbert qui enfin vint à bout de se faire déclarer Duc de Lorraine par le Roy de Germanie, dont il épousa la fille, entroit dans ces querelles, & y engageoit mesme ce Prince. Il se faisoit des siéges de Places; il se donnoit des batailles entre eux: Rodolfe partie par autorité, partie par adresse, les réconcilioit & les tenoit assez soûmis: mais le génie du Comte de Vermandois ne luy permettoit pas de l'estre long-temps.

Il se souvenoit toûjours que c'estoit à luy que Rodolfe estoit le plus redevable de sa Couronne; mais il n'avoit plus en main le moyen de se faire autant craindre que du vivant de Charles; ainsi voyant que Rodolfe le ménageoit beaucoup moins qu'il n'avoit fait jusqu'alors, il se révolta contre luy.

Ce Comte engagea dans son parti Arnoul Comte de Flandre, & Gilbert Duc de Lorraine, & il alla luy-mesme trouver Henri Roy de Germanie, pour se déclarer son Vassal, & luy faire hommage de son Comté de Vermandois & de ses autres Terres.

Rodolfe cependant uni avec Hugues entra sur les Terres de Herbert & du Comte *Ibid.* de Flandres. Il mit le siége devant Dourlens, prit cette Place, & l'abandonna au pillage. Ensuite il alla assiéger Arras; Herbert vint au secours avec une Armée, que Gilbert Duc de Lorraine luy avoit donnée. On fut sur le point d'en venir à la bataille; mais après divers pour-parlers, on fit une tréve de quelques mois, & chacun se retira chez soy.

Tome I.

La tréve estant finie au mois d'Octobre, les hostilitez recommencérent. Herbert prit Braine, Place sur la riviere de Vesle, qui appartenoit à Hugues, & la traita comme Rodolfe avoit traité Dourlens. Ce Prince pour se venger de Herbert, envoya ordre aux Habitans de Reims de procéder incessamment à l'élection d'un Archevêque; c'estoit pour enlever cet Archevêché & tout ce qui en dépendoit à Herbert, qui en estoit le maistre au nom de son fils, qu'il avoit fait nommer Archevêque à l'âge de cinq ans, & qui n'en avoit qu'onze alors. Sur le refus que les Habitans firent d'en élire un autre, Rodolfe fit piller tout le païs *Ibid.* Rémois, aussi-bien que le Laonnois.

Le Roy de Germanie avoit déja passé le Rhin pour venir au secours de Herbert; mais Rodolfe luy ayant envoyé Hugues, ce Seigneur agit si fortement auprès de luy, qu'au lieu de continuer sa marche, il retourna sur ses pas & repassa le Rhin. Rodolfe n'eut pas plûtost appris sa retraite, qu'il mit le siége devant Reims, & l'obligea à se rendre après trois semaines d'attaque. Il en fit Archevêque Artaud Moine de l'Abbaye de S. Remi de Reims, qui avoit quelque temps auparavant quitté le parti de Herbert, & s'estoit donné à Hugues.

De Reims Rodolfe alla assiéger Châlons, dont l'Evêque Bavon s'estoit révolté contre luy pour se donner à Herbert avec sa Ville, il la prit, nomma un autre Evêque à la place de Bavon, & le mit entre les mains de Hugues.

Je remarque dans nos anciennes Histoires, principalement depuis le Régne de Charles le Chauve, qu'on y parle de plusieurs Evêques comme de Maistres temporels de leurs Villes & de leurs Diocéses: & ce ne fut que par cette raison que le Comte de Vermandois fit nommer son fils âgé de cinq ans à l'Archevêché de Reims; c'estoit le mettre en possession d'une Principauté. Ces Prélats dans la confusion où se trouvoit alors le Royaume, firent de leur costé ce que faisoient les Seigneurs; & comme dans plusieurs Villes il n'y avoit point d'autre Gouverneur que l'Evêque, ils s'en approprièrent le Domaine, & c'est là, ce me semble, l'origine de ce que nous voyons encore aujourd'huy, que plusieurs Evêques en France, portent le titre de Prince, de Seigneur, de Comte de leurs Villes Episcopales.

Rodolfe cependant poussoit toûjours ses conquestes, & après avoir pris Reims & Châlons, il vint assiéger Laon, où Herbert se trouva *Ibid.* renfermé, & qu'il rendit après quelques jours, à condition qu'il auroit la liberté de se retirer où il voudroit; mais il laissa sa femme avec une bonne Garnison dans une espéce de Citadelle, qu'il avoit bastie au-dessous de la Ville sur le penchant de la montagne: elle s'y défendit long-temps; mais enfin faute de secours, il fallut se rendre. Cette prise finit la Campagne; Rodolfe retourna en Bourgogne, & passa de-là en Aquitaine pour accommoder quelques Seigneurs du païs, qui avoient commencé à se faire la guerre les uns aux autres.

Tandis que tout cela se passoit au milieu de

M m m ij

la France, les Bretons & les Normands estoient aux mains. Les Normands s'estoient répandus jusques dans l'extrémité de la Bretagne au païs de Cornoüaille, & y tenoient les gens du païs dans une extrême oppression. Les Bretons après avoir long-temps souffert, firent une conspiration aussi secrete que générale, & tout à coup le jour de S. Michel ayant pris les armes, ils surprirent les Normands, & firent par-tout main-basse sur eux, sans qu'il en échapast un seul. Mais peu de temps après un autre Capitaine Normand nommé Incon, vengea la mort de ses compatriotes par un carnage horrible des Bretons. Il en chassa un grand nombre, & se mit en possession du païs.

Ibid.

An. 931.

La guerre continuoit toûjours entre Rodolfe & le Comte de Vermandois, & elle dura encore quatre ans : mais pour l'ordinaire au desavantage de Herbert, sur lequel on prit Noyon, S. Quentin, Chasteau-Thierri, & quelques autres Places. Il y eut de temps en temps des tréves de quelques mois ; mais ce n'estoit que pour reprendre haleine, jusqu'à ce qu'enfin l'an 935 la Paix fut faite par la médiation de Henri Roy de Germanie & de Rodolfe II. Roy de la Bourgogne Transjurane, à condition que Hugues, à qui Rodolfe avoit laissé ce qui avoit esté pris sur Herbert, en rendroit une partie à celuy-ci, & entre autres S. Quentin. Sur la difficulté que Hugues fist de rendre cette Place, la guerre recommença. Herbert l'assiégea & la prit. Il mit le siège aussi-tost après devant Laon ; mais Rodolfe leur ayant fait dire que s'ils ne mettoient bas les armes, il se déclareroit contre celuy qui ne voudroit pas s'en tenir au Traité fait en présence du Roy de Germanie, ils cessérent leurs hostilitez.

An. 932. 933.

An. 934.

An. 935.

Toutes ces guerres donnérent lieu aux Normands de faire des courses en France, mais bien moins fréquentes que sous les Régnes précédens. Ils se jettérent sur le Berri : ils y furent défaits par les Milices de ce Comté & par celles de Touraine, qui se joignirent ensemble. Les Hongrois ayant passé le Rhin vinrent pareillement faire de grands ravages en Bourgogne ; mais dès qu'ils sçeurent que Rodolfe venoit à eux, ils se retirérent avec leur butin.

La Paix que Rodolfe fit avec Herbert, & celle qu'il obligea ce Comte d'observer avec Hugues, furent les derniéres choses mémorables de son Régne & de sa vie. Il estoit tombé dans une grande maladie pendant l'automne, dont il avoit pensé mourir. Il retomba l'hyver suivant, & mourut le quinziéme de Janvier, & selon d'autres, l'onziéme de Juillet * sans laisser d'enfans masles.

An. 936. In MS. Psalterio Emmæ Reginæ apud Mabillon. in Diplomat. l. 2. cap. 26.

* Une Charte de Loüis d'Outremer, dont le P. Mabillon fait mention dans le Supplément de sa Diplomatique, montre l'époque de la mort de Rodolfe au mois de Juillet est faulse.

Des guerres continuelles, soûtenuës par ce Prince ordinairement avec succès, presque tous les Vassaux de la Couronne les plus puissans & les plus éloignez du centre de l'Estat, obligez à le reconnoistre pour Souverain, & à luy faire hommage, treize ans de Régne sur un Trône usurpé, où il se maintint jusqu'à la fin de sa vie, la France pacifiée malgré tant d'esprits inquiets, turbulens & accoûtumez à l'indépendance, sont des preuves très-certaines de sa prudence, de son courage, de sa fermeté, & de ce génie supérieur qui fait les Grands hommes & les Héros ; de sorte qu'en blâmant son ambition & son usurpation, on ne peut s'empescher de le mettre au nombre des plus illustres Princes qui ayent jamais gouverné la Monarchie Françoise.

La mort de Rodolfe, supposé le sentiment de ceux qui écrivent que cette mort arriva au mois de Janvier, fut suivie d'un interrégne de plus de cinq mois. L'élection d'un nouveau Roy dans la situation où se trouvoit alors le Royaume, estoit une affaire difficile & délicate, & d'ailleurs le droit héréditaire avoit esté comme aboli, ou du moins suspendu pendant trois Régnes consécutifs, sçavoir celuy d'Eudes, celuy de Robert, & celuy de Rodolfe.

Entre tous les Seigneurs François, supposé qu'on prist la voye d'élection, ceux qui estoient le plus à portée du Trône, estoient le Comte de Vermandois & Hugues le Grand. C'estoient les seuls qui pussent y prétendre, tant à cause de leurs richesses, & du grand nombre de Villes qu'ils possédoient, que parce qu'ils avoient toûjours esté à la teste chacun d'un gros parti, où les autres Seigneurs d'entre la Loire & la Meuse entroient selon leur inclination ou leurs interests, sans jamais leur disputer la prééminence ; outre que Hugues le Grand estoit fils de Robert, qui avoit porté le nom de Roy, & qui estoit mort en possession de la Couronne, & que Herbert, comme je l'ay déja remarqué quelquefois, descendoit de Charlemagne en droite ligne & par les masles ; mais cette égalité de puissance jointe à la jalousie qui estoit entre eux, formoit un obstacle qu'ils s'opposoient l'un à l'autre. Ils estoient trop puissans pour ne pas s'exclure mutuellement, & ils estoient trop jaloux, pour que l'un des deux voulust céder à son concurrent.

Cette conjoncture fut heureuse pour le Prince Loüis, qui après la seconde prison de son pere, estoit retourné en Angleterre avec la Reine Ogive sa mere. Plusieurs de ceux qui avoient esté le plus attachez à la Famille Royale du vivant de Charles le Simple, parlérent en faveur du jeune Prince, sous le prétexte d'éviter les guerres civiles, que l'ambition des prétendans ne manqueroit pas de produire. Hugues le Grand, qui parut une seconde fois en cette occasion préférer l'honneur de disposer d'une Couronne à celuy de la posséder, appuya ce parti. L'irrésolution des François donna le temps au Roy d'Angleterre de le fortifier, & en effet ce fut luy & Hugues le Grand qui donnérent le branle à tous les autres, pour les faire tourner de ce costé-là.

Le Roy d'Angleterre n'agit pas cependant immédiatement par luy-mesme, ayant peu de commerce avec les Seigneurs François ; mais il envoya des Ambassadeurs à Guillaume Duc de Normandie, pour luy demander deux graces en mesme temps. La premiere estoit le rétablissement d'Alain, autrefois Comte de Dol en Bretagne, que Guillaume avoit dépoüillé de ce Comté; l'autre estoit d'employer le crédit qu'il avoit auprès des Seigneurs François, pour faire rentrer la Couronne de France dans la Famille de Charlemagne en la personne de Loüis son neveu, & dont par cette raison il devoit avoir les interests fort à cœur.

Dudo, l. 3.

Le Duc luy accorda l'un & l'autre. Il agit efficacement auprès de Hugues & du Comte de Vermandois, desquels tout dépendoit. Hugues ayant esté aisément gagné, Herbert fut obligé de suivre; de sorte que dans une Assemblée de la plus part des Seigneurs & des Evêques de France, il fut résolu d'envoyer au plustost en Angleterre offrir la Couronne à Loüis; & les choses se passérent de telle maniére dans cette Assemblée, que selon l'Histoire de ce temps-là, ce fut à Hugues que Loüis eut toute l'obligation de cet important service.

Flodoard. Chronic.

Chronic. Breve.

Les Députez, un desquels estoit Guillaume Archevêque de Sens, estant arrivez en Angleterre, saluérent d'abord le Roy Adelstan, & le supplièrent de la part des Etats de France de leur renvoyer leur Prince. Adelstan après avoir loüé les François de ce qu'ils rentroient enfin dans leur devoir, & rendoient à la Famille de Charlemagne la Couronne qui luy appartenoit, leur dit que c'estoit avec bien de la joye qu'il voyoit monter son neveu sur le Trône de ses Ancestres; mais qu'après tout il avoit peine à le leur confier, vû ce qui estoit arrivé au pere de ce jeune Prince, & qu'il ne le remettroit entre leurs mains, qu'après qu'ils auroient fait serment au nom des Etats de France, que les François luy garderoient fidélité comme à leur légitime Souverain. Les Députez firent le serment comme ils en avoient ordre, ensuite ils saluërent leur nouveau Roy, qui peu de jours après partit avec eux, accompagné de quelques Evêques & de plusieurs Seigneurs Anglois.

Il aborda au Port de Boulogne, & fut reçû à la descente du Vaisseau par Hugues à la teste des Seigneurs François, qui sur le champ luy firent serment de fidélité, & luy rendirent leurs hommages en qualité de ses Vassaux & de ses Fidéles, ainsi qu'on parloit en ce temps-là. De-là ils le menérent à Laon, où il fut couronné & sacré par les mains d'Artaud Archevêque de Reims, en présence de vingt Evêques & d'un très-grand nombre de Seigneurs, sur la fin de Juin de l'an 936.

Flodoard. Chronic.

An. 936.

HISTOIRE DE FRANCE.

LOUIS D'OUTREMER.

Epitaph. Ludov.

An. 936.

LOUIS quatriéme du Nom, appellé communément Loüis d'Outremer, parce qu'il estoit venu d'Angleterre pour prendre la Couronne, n'avoit que seize ans quand il fut reconnu Roy, après treize ans d'exil. La Reine Ogive sa mere demeura en Angleterre, & il fut livré seul à la discrétion, ou plustost au caprice des Grands, qui ne luy laissérent pas un Empire plus absolu, qu'à ses derniers Prédécesseurs de la Maison de Charlemagne.

Comme c'estoit Hugues le Grand à qui il avoit le plus d'obligation de sa Couronne, & que ce Seigneur en qualité de Duc de France estoit le plus puissant du Royaume, il en fit son appuy & comme son Ministre d'Etat. Hugues mesme porta le reste de cette année la qualité de Tuteur du Roy, à cause du jeune âge de ce Prince. Aussi-tost après son Sacre, ils allérent ensemble avec des Troupes dans le Duché de Bourgogne, où Hugues surnommé le Noir, frere du défunt Roy Rodolfe, sembloit vouloir se faire un Etat, & se rendre indépendant. Ils s'avancérent pour mettre le siége devant Langres, dont il s'estoit emparé aprés la mort de Rodolfe. Mais à la seule approche de l'Armée, la Garnison s'enfuit, & la Ville se rendit sans coup-férir. Ensuite le Roy fit sommer les Evêques de Bourgogne & les Seigneurs de luy faire hommage. Ils le firent, & il les obligea de luy donner des ôtages pour asseurance de leur fidélité. Peu de temps après on s'accommoda, à condition que Hugues le Grand partagerôit la Bourgogne avec l'autre Hugues, ce qui fit extrémement déchoir la Famille des Ducs de Bourgogne, & releva encore plus celle de Hugues le Grand au-dessus de toutes les autres.

Flodoard. Chronic. ad an. 936.

Cette puissance de Hugues, qui devoit le

M m m iij

HISTOIRE DE FRANCE.

faire beaucoup ménager, n'empefcha pas que Loüis ne fît quelque temps après un coup bien hardi pour un Prince de fon âge. Ce fut qu'il déclara publiquement qu'il ne vouloit plus être regardé comme un Pupille, ni demeurer plus long-temps fous la Tutele de Hugues le Grand. Il ne fit fans doute cette démarche qu'avec le confentement, ou pluftoft à la perfuation des autres Seigneurs, tant d'Aquitaine que de France, à qui la trop grande autorité de Hugues devenoit de jour en jour plus redoutable. Pour s'affeûrer des Seigneurs d'Aquitaine, il donna à Eboleé Comte de Poitiers, qui y eftoit très-puiffant, le Veflay & le Limoufin. Il fit de plus venir d'Angleterre la Reine Ogive fa mere, afin qu'elle l'aidaft de fes confeils, & alla la recevoir à Laon.

Ibid. ad an. 937.

Alors Hugues fe regarda comme difgracié; mais fans fe mettre fort en peine de fa difgrace, il penfa feulement à fe faire craindre.

Depuis le commencement de ce Régne le Comte de Vermandois n'avoit ofé branler, craignant d'eftre accablé par la puiffance de Hugues, qui eftoit toûjours fon ennemi. Mais Hugues ne fut pas pluftoft exclus du Miniftére, qu'il fe réünit avec Herbert. Celuy-ci dès qu'il eut cet appuy, fe révolta, & vint affiéger Chafteau-Thierri, qu'il avoit perdu dans fes précédentes révoltes. Il le prit par la trahifon du Gouverneur nommé Valon, que Hugues y avoit mis autrefois, en récompenfe de ce qu'il avoit quitté le parti de Herbert. L'utilité de cette feconde trahifon fit moins d'impreffion fur l'efprit du Comte, que le fouvenir de la premiére; & il ne fut pas pluftoft entré dans la Place, qu'il fit jetter Valon en prifon chargé de fers.

Flodoardi Chronic.

Ces nouvelles divifions donnérent lieu aux Hongrois de recommencer leurs courfes dans la France; ils faccagérent cette année là le Berri. Les Normands n'auroient pas non plus manqué cette occafion fans les guerres qu'ils avoient avec les Bretons: ce fut alors qu'ils dépeuplérent prefque toute la Bretagne, après avoir remporté plufieurs victoires.

Ibid. Chronic. Dolenfe.

Flodoardi Chronic.

An. 938. ibid.

Le Roy cependant pour éteindre la guerre civile fut contraint de fe raccommoder avec Hugues, qui fut enfuite le médiateur du Comte de Vermandois, pour le remettre dans les bonnes graces du Prince: mais la paix eftoit pour le Comte un eftat violent. Ses infolences & fes nouvelles entreprifes fur certaines Terres que le Roy avoit mifes fous fa protection, & fur un Fort qui appartenoit à l'Archevêque de Reims, obligérent ce Prince à le pourfuivre de nouveau comme un rebelle. Herbert ne pouvoit digérer l'injure qu'il prétendoit que le feu Roy luy avoit faite en faifant Artaud Archevêque de Reims, au préjudice de l'élection de fon fils; & il regardoit moins en cela l'honneur de la dignité Epifcopale, dont on privoit fa Famille, que le grand Domaine attaché alors à l'Archevêché de Reims, dont il avoit, fous le nom de fon fils, beaucoup augmenté fa puiffance. C'eft principalement cet Article qui le tint toûjours dans la révolte. Le Roy voyant donc qu'il n'y avoit plus rien à ménager avec cet efprit broüillon, mit le fiége devant Laon, & prit avec beaucoup de peine la Citadelle que Herbert y avoit fait conftruire. Odon fils aîné de Herbert paffa alors dans le parti du Roy, fans doute de concert avec fon pere, afin de conferver le Comté de Laon dans fa Famille. Le Roy en effet le donna à Odon; mais fe défiant de luy, il le luy ôta peu de temps après.

Hugues, je ne fçay par qu'elle raifon reprit le parti de Herbert, Gilbert Duc de Lorraine fe joignit à eux. Ils affiégérent enfemble Pierrepont dans le Laônnois, & le forcérent. Arnoul Comte de Flandres fe fit médiateur de ces différens, & ménagea une Tréve jufqu'au mois de Janvier de l'année fuivante. Mais durant cette Tréve Hugues & Herbert firent des Traitez, qui dûrent donner bien de l'inquiétude au Souverain.

Hugues, comme je l'ay fait remarquer, avoit époufé la fœur du Roy d'Angleterre, qui eftoit auffi fœur de la Reine de France. Elle ne vécut pas long-temps, & ce Seigneur dont la puiffance & le crédit augmentoient tous les jours, penfa auffitoft à une alliance qui luy eftoit bien plus honorable & plus avantageufe encore que la prémiére.

Henry Roy de Germanie eftoit mort, Othon fon fils aîné luy avoit fuccédé. Il eftoit devenu très-puiffant & très-redoutable à la France, où, fans parler du Royaume de Lorraine qui relevoit pour lors de luy, il s'eftoit fait une autre entrée, de la maniére que je vais dire.

A la mort de Charles le Gros, Rodolfe Duc de la Bourgogne Transjurane, entre le Mont Jura & les Alpes, & maiftre d'une partie de la Franche Comté, prenant l'occafion du défordre où la France fe trouva alors, s'eftoit fait Couronner Roy de ce petit Eftat fous le Régne d'Eudes, ainfi que je l'ay raconté. Il eut pour Succeffeur fon fils Rodolfe II. qui profitant auffi du voifinage & des divifions qui régnoient dans l'Italie, fe préfenta pour en eftre élû Roy, & en vint à bout par la victoire qu'il remporta fur l'Empereur Béranger; mais il fut dépoffédé par Hugues Roy d'Arles ou de Provence, autre Royaume ufurpé fur la famille de Charlemagne, & que Hugues luy céda l'an 926. ce fut pour l'empefcher de rentrer en Italie, où les Italiens mécontents le rappelloient.

Luitprand, L. 3. c. 13.

Par l'union de ces deux Etats Rodolfe II. s'en forma un fort confidérable, qui porta le nom de Royaume de Bourgogne; nom que tout ce païs portoit depuis plus de quatre cens ans; parce que les Bourguignons eftant entrez dans les Gaules, s'y établirent; mais il ne comprenoit plus le Duché qui porte aujourd'hui le nom de Bourgogne, & dont Raoul ou Rodolfe, fils de Richard le Jufticier eftoit en poffeffion.

Rodolfe II. laiffa en mourant héritier de fon Royaume Conrad fon fils encore tout jeune. La Reine Berthe fa mere & les Seigneurs du Royaume appréhendant la puiffance d'Othon Roy de Germanie, dont les Etats confinoient avec le Royaume de Bourgogne, voulurent le gagner, en le priant d'estre le Tuteur du jeune Roy : ce qu'il accepta avec joye. De sorte que pendant plusieurs années il fut le Maître de tout cet Etat, qui avoit esté long-temps de la Couronne de France, & dont une grande partie y a esté reünie depuis.

C'estoit-là la situation où estoient les affaires à cet égard, & ce voisinage d'Othon donnoit déja beaucoup de jalousie au Roy de France, lorsque Hugues le Grand demanda à Othon sa sœur en mariage & l'obtint, & avec elle la protection de ce Prince contre le Roy.

Flodoardi Chronic.

D'autre part le Comte de Vermandois engagea dans la Ligue le Duc de Normandie son gendre, & c'est ce qui obligea encore plus le Roy & la Reine sa mere à prendre des mesures, pour n'estre pas accablez par de si puissans ennemis.

Arnoul Comte de Flandres & Hugues le Noir, à qui une partie du Duché de Bourgogne appartenoit, n'eurent pas de peine à se déclarer pour le Roy, sur tout ce dernier, toujours chagrin d'avoir esté obligé de céder une partie du Duché de Bourgogne à Hugues le Grand. Le Roy mit aussi dans son parti Adelstan Roy d'Angleterre son oncle, qui luy promit de venir avec une Flotte à son secours. C'est le premier exemple que nous ayons dans nostre Histoire, non seulement d'une Ligue offensive entre la France & l'Angleterre; mais encore le premier Traité par lequel un de ces deux Etats soit entré dans les interests de l'autre. Jusques-là les deux Royaumes s'estoient regardez l'un l'autre comme deux mondes séparez qui n'avoient rien à démesler ensemble, excepté pour le commerce, & qui n'estoient, pour ainsi dire, ni amis ni ennemis pour tout le reste.

De plus le Comte de Flandres pendant l'hyver agit fortement auprès d'Othon, pour le détourner de prendre le parti de Hugues le Grand contre le Roy, & il réüssit si bien dans sa négociation, qu'Othon luy promit de n'entrer point du tout dans la querelle de ces Seigneurs révoltez. Ce qui facilita si fort les choses à cet égard, ce furent les affaires fâcheuses qu'Othon eut à démesler chez luy, & dont je parlerai bien-tost.

Dès que l'on put tenir la Campagne, Hugues le Grand & le Duc de Normandie se mirent en marche, pour entrer dans les païs de l'obéïssance du Roy. Ce Prince marcha au devant d'eux avec Hugues le Noir, accompagné de plusieurs Evêques, qui déconcerterent les ennemis beaucoup plus que l'Armée du Roy ne les épouvanta.

An. 939. Ibid.

Ils envoyérent déclarer au Duc de Normandie, qu'ils l'excommunioient, pour avoir injustement fait brûler quelques Villages du Comte de Flandres, & ils firent la mesme déclaration au Comte de Vermandois, parce qu'il retenoit injustement des Terres qui appartenoient à l'Abbaye de Saint Remi de Reims.

Dudo. l. 3.

Le Duc de Normandie estoit un Prince d'une grande pieté, & fort craignant Dieu, que cette excommunication étonna; le Comte de Vermandois, qui n'estoit pas si religieux, ne laissa pas d'en apprehender les suites. Hugues le Grand les voyant ainsi en suspens, apprehenda d'en estre abandonné. Il fit dire au Roy qu'il entendroit volontiers à un accommodement, & on convint sans beaucoup de peine, d'une Tréve jusqu'au mois de Juin.

Le Comte de Flandres ne laissa pas de profiter de l'occasion, & ayant ménagé une intelligence dans Montreüil, qui appartenoit à Herluin Comte de Ponthieu un des Seigneurs liguez contre le Roy; il surprit la Place, & fit prisonnier la Comtesse & ses fils qu'il fit passer en Angleterre, de peur qu'ils ne luy échapassent. Le Comte de Ponthieu vint peu de temps après mettre le siége devant Montreüil qu'il prit par assaut, & fit passer au fil de l'épée une partie de la garnison, en épargnant cependant les plus considérables, pour les échanger avec sa femme & ses fils.

Durant la Tréve, Gilbert Duc de Lorrainst, l'homme le plus inquiet & le plus inconstant qui fut jamais, & dont tout le plaisir étoit de se brouïller tantost avec le Roy de France, tantost avec le Roy de Germanie, résolut d'abandonner ce dernier dont il estoit Vassal & beaufrere, & de se soumettre à Loüis. Il luy envoya de concert avec les plus considérables Seigneurs du pays, quelques personnes pour luy en faire la proposition. Loüis apprehendoit Othon, & d'ailleurs ce Prince à sa priere n'avoit pas voulu soûtenir Hugues le Grand: Ils avoient fait ensemble la paix de bonne foy. De plus il connoissoit l'inconstance de Gilbert, & ne contoit guéres sur sa parole. Ces raisons le déterminérent à le remercier de ses offres. Mais Gilbert estant venu luy-mesme le trouver avec trois Comtes les plus puissans de Lorraine, luy fit si bien comprendre la mauvaise situation des affaires du Roy de Germanie, & combien peu il estoit alors à craindre, qu'il succomba à la tentation de reünir à la Couronne un Royaume entier & très-étendu, que le pere d'Othon en avoit détaché durant les troubles de France. Ainsi il reçeut les hommages de Gilbert & de ceux qui l'accompagnoient, & se mit en devoir de les soûtenir. En effet la guerre civile estoit fort allumée en Germanie, & Othon avoit tout à craindre par la qualité & par le crédit des deux chefs des révoltez. L'un estoit Henry son frere, & l'autre Everard Duc de Franconie.

Chronic. Flodoart.

Le premier avoit toûjours porté fort impatiemment que le Royaume de Germanie n'eut pas esté partagé entre Othon & luy, & que le Roy Henry leur pere eut donné la qualité de Roy à Othon seul; d'autant plus qu'Othon n'estoit pas né fils de Roy comme luy; mais dans le temps que son pere n'estoit encore que Duc de Saxe.

Luitprand. l. 4. c. 10.

Le Duc de Franconie estoit frere de Conrad, qui fut éleu Roy de Germanie, lorsque la Famille de Charlemagne manqua dans la personne de Loüis fils d'Arnoul. Il avoit vû avec un grand chagrin à la mort de Conrad la Couronne luy echaper, & passer dans la Maison de Henry Duc de Saxe. Il avoit depuis conservé pour cette Famille une haine implacable, & cherchoit toutes les occasions de la détruire.

Il profita de la disposition où il trouva Henry, par la jalousie que ce jeune Prince avoit conçûë contre son frere. Gilbert Duc de Lorraine fut celui dont il se servit pour l'engager à se révolter, par l'espérance qu'on luy donna de le faire Roy à la place d'Othon. Le Duc de Franconie & le Duc de Lorraine avoient tous deux autant de passion que luy pour la Couronne, & se connoissoient parfaitement l'un l'autre; mais ils vouloient d'abord perdre Othon, seûrs qu'ils estoient de venir ensuite aisément à bout de Henry, sauf à voir ensuite lequel d'eux deux emporteroit le Royaume de Germanie.

Les révoltez avoient déja levé l'étendart, lorsque le Duc de Lorraine vint trouver le Roy de France, & qu'il l'obligea à se déclarer contre Othon. Les Evêques de Lorraine étoient aussi bien disposez en faveur du Roy, que les Seigneurs mesmes: mais Othon sur les soupçons qu'il avoit eus de ce qui se tramoit, les avoit prévenus & contraints de luy donner des ôtages de leur fidélité. C'est pourquoy ils n'oserent prendre les armes.

Flodoardi Chronic. ad an. 939.

Othon n'eut pas plustost appris la désertion de Gilbert, qu'il passa le Rhin, & vint faire le dégast par tout dans le Royaume de Lorraine. En mesme temps la Flotte Angloise se mit en mer, selon le Traité fait entre le Roy de France & celuy d'Angleterre, & parut sur les costes de Flandres, comme pour soûtenir en cas de besoin les Villes Maritimes des Païs-Bas, dont plusieurs estoient du Royaume de Lorraine; mais après qu'elle se fut montrée, les Anglois se contenterent de faire quelque descentes & quelques pillages, & se retirerent sans rien entreprendre de plus.

Othon extrêmement irrité contre le Roy de France, sollicita Hugues & Herbert de reprendre les armes; ils n'oserent. Il pressa aussi le Duc de Normandie de le faire; mais ses Troupes avoient esté depuis peu mal menées par les Bretons, qui lui donnoient de l'occupation à l'autre extrémité de son Etat. Il voulut aussi engager Arnoul Comte de Flandres à abandonner le parti du Roy; rien de tout cela ne luy réüssit. Il repassa donc le Rhin sans avoir rien fait que de ravager la Lorraine.

Ibid.

Le Roy ne le sçut pas plustost en Germanie, qu'il marcha du costé de Verdun, ou quelques Evêques, malgré les ôtages qu'ils avoient donnez à Othon qui se défioit d'eux, luy firent hommage. De là il avança en Alsace où Othon assiégeoit Brisac, qui appartenoit au Duc de Franconie. Il avoit entrepris ce siége après un grand avantage qu'il avoit eu sur les rebelles, où Henry son frere avoit esté blessé. Ce siége estoit difficile par la situation de la Place, & il eut besoin de toute sa constan-

Luitprand. l. 4. c. 14.

ce & de toute sa fermeté pour ne pas abandonner cette entreprise, les artifices de Fréderic Archevêque de Mayence qui le trahissoit, ayant fait presque déserter toutes ses Troupes.

Cependant le Roy de France se rendit maître de presque toute l'Alsace, & poussa tellement quelques Comtes qui tenoient encore le parti d'Othon, qu'il les obligea à se retirer au dela du Rhin. Il receut de nouveau les hommages de la plusparr des Seigneurs Lorrains, & ayant eu avis que l'Evêque de Laon traitoit sous main avec le Comte de Vermandois pour luy livrer la Place, il y accourut & en chassa l'Evêque.

Flodoardi Chronic.

Il avoit laissé en Alsace le Duc de Lorraine & le Duc de Franconie avec quelques troupes, pour maintenir le païs dans son obéïssance. Ces deux Ducs voyant Othon toûjours attaché au siége de Brisac, passerent le Rhin à Andernac, & firent par tout le dégast, pour l'obliger par cette diversion à quitter le siége. Mais ce Prince aussi heureux qu'il estoit sage & vaillant, fut bientost délivré de ces deux dangereux ennemis, sans estre obligé de lever le siége.

Il avoit de ce costé là deux Généraux, sçavoir Othon frere d'Herman Duc de Suabe, & Conrad, surnommé le Sage: mais ils n'avoient pas à beaucoup près autant de monde qu'il leur en falloit pour résister à l'armée ennemie; ainsi ils se contentoient de la cotoyer & de la harceler. Leurs coureurs leur amenerent un Prestre que les ennemis avoient fort maltraité, & qui leur dit de leurs nouvelles. Ils sçûrent par cet homme qu'on n'estoit guéres sur ses gardes dans le Camp des ennemis; qu'ils avoient fait repasser le Rhin à la plus grande partie de leur armée; que les deux Ducs estoient encore en deçà avec fort peu de monde, que si l'on faisoit diligence, on pourroit les surprendre. Les deux Généraux prirent sur le champ leur résolution, & s'estant fait suivre par l'élite de leurs Troupes, ils marcherent avec beaucoup de vitesse de ce costé-là.

Luitprand. loc cit. c. 16.

Ils trouverent tout conforme au rapport du Prestre, & donnerent si brusquement sur le Camp, avant qu'on eut eu aucun avis de leur approche, qu'ils penetrerent jusqu'à la Tente du Duc de Franconie qui dînoit. Il y eut là quelque résistance; mais le Duc accablé par le nombre, y fut percé de plusieurs coups d'épée, & laissé mort sur la place.

Le Duc de Lorraine eut le temps de monter à cheval pour s'enfuïr; mais estant vivement poursuivi, il se jetta dans le Rhin pour le passer à la nage, & il s'y noya. Tout ce qui se trouva de troupes dans le Camp fut tué ou pris.

Ibid. Rosuitha de gestis Odon.

La mort de ces deux Chefs fit changer entierement de face aux affaires. L'Histoire ne nous dit rien du succés du siége de Brisac; mais apparemment il se rendit. Les Troupes des rebelles se débanderent. Henry frere du Roy de Germanie se voyant abandonné, vint pour se retirer à Chievremont au païs de Liége. C'étoit

LOUIS D'OUTREMER.

toit une des plus fortes Places de ce temps-là: & le Duc de Lorraine y avoit laissé Gerberge sa femme avec une garnison pour la garder. Elle ne voulut point recevoir Henry, qui fut obligé peu de temps après à avoir recours à la clémence du Roy son frere, de qui il obtint son pardon.

Le Roy de France sur ces nouvelles marcha promtement dans le Royaume de Lorraine, pour rasseûrer les esprits, & sur tout la Duchesse Gerberge. Il l'épousa peu de jours après, afin de se conserver le parti qu'elle avoit dans le païs, & la Forteresse de Chievremont, très-importante pour la conservation du païs de Liége: mais Othon après avoir dissipé ses ennemis dans l'Alsace, & dans tous les environs du Rhin, entra dans le Duché de Lorraine, le reconquit presque tout entier avec autant de facilité qu'on le luy avoit enlevé, & il prit de nouveaux engagemens avec Hugues le Grand & le Comte de Vermandois, qui recommencérent aussi leurs hostilitez contre le Roy sur les Terres de l'Archevêché de Reims. Le Roy pour dédommager l'Archevêque, & reconnoître l'attachement qu'il avoit à son service & à sa personne, le mit en possession de tout le Comté de Reims, & luy donna le droit de battre monnoye dans sa Ville Archiépiscopale. Aussitost ce Prélat à la teste des Troupes de son Comté alla assiéger une Forteresse sur la Marne nommée Causoste dont Herbert s'estoit emparé, il la prit en cinq jours, & la rasa.

Vitichind Hist. Sax. l. 2.

Flodoardi Chronic.

An. 940.

C'estoit là où en estoient les affaires de France au commencement de l'année 940. où le Roy voyoit son autorité aussi bien que son Royaume partagée avec des Sujets, qui vouloient bien porter encore ce nom, mais sans en remplir les devoirs. Hugues & le Comte de Vermandois encouragez par la prospérité d'Othon, résolurent avec le Duc de Normandie de continuer la guerre. Le Roy voulant dans ces conjonctures séparer Hugues d'avec Herbert, luy envoya proposer de le venir trouver. Il le refusa d'abord; & puis s'estant ravisé, il prit le dessein avec le Duc de Normandie d'amuser le Roy sous une apparence de paix, & luy fit dire qu'une des principales causes de la guerre estant le different de l'Archevêque de Reims avec le Comte de Vermandois, dont le fils avoit esté nommé à cet Archevêché depuis plusieurs années, il falloit avant toutes choses régler cet article. Le Roy le voulut bien, mais on ne put rien conclure; ce Prince ne pouvant se résoudre à abandonner l'Archevêque, & le Comte de Vermandois ne voulant pas se relascher sur les droits qu'il prétendoit que son fils avoit à cet Archevêché, quoy qu'il eut esté élû à l'âge de cinq ans, contre toutes les formes Canoniques.

Ibid.

Le Roy tint d'autant plus ferme en cette rencontre, que le Duc de Normandie feignant de se repentir d'avoir suivi le parti des révoltez, luy fit de nouvelles protestations de fidélité, & luy manda qu'il alloit se mettre en chemin pour venir renouveller ses hommages. Le Roy alla au devant de luy, & le rencontra vers Amiens. Le Duc luy fit toutes les soumissions qu'il luy devoit, & le Roy confirma la cession des Terres que le feu Roy Charles le Simple avoit faite au Duc Rollon pere de ce Duc. Mais peu de temps après il fut bien surpris d'apprendre que Hugues le Grand, le Comte de Vermandois, quelques Evêques avec leurs Troupes, & le Duc de Normandie avec les siennes avoient investi Reims pour l'assiéger. Il le fut encore bien plus, lorsqu'il sçût que la garnison corrompuë par le Comte de Vermandois, désertoit tous les jours pour passer au Camp ennemi; que l'Archevêque se voyant abandonné de tous ses soldats avoit esté obligé de se rendre le sixième jour du siége; & qu'enfin ayant esté appellé à une Assemblée de Seigneurs & d'Evêques dans l'Eglise de S. Remi de Reims, il avoit esté contraint de se démettre de son Archevêché, & de se contenter de l'Abbaye de S. Basle * & de celle d'Avenay qu'on luy laissa pour son entretien, à condition de demeurer dans la premiere, sans plus rien prétendre à l'administration, soit spirituelle, soit temporelle de l'Archevêché de Reims.

Ibid. Et in Hist. Remensi.

* S. Basoli.

Les Rebelles n'en demeurérent pas là. Ils firent venir encore un renfort de Lorrains; & ayant laissé à Reims Hugues fils du Comte Herbert pour se maintenir en possession de cette Eglise, qui l'avoit autrefois élû pour son Archevêque, ils allérent mettre le siége devant Laon.

Ibid.

Le Roy n'avoit pas plustost vû Reims assiégé, qu'il estoit allé en Bourgogne pour tascher d'assembler une Armée. Il luy fallut six ou sept semaines pour la faire. Laon se défendit beaucoup mieux que Reims n'avoit fait, & donna au Roy le loisir de venir à son secours. Il prit sa route par le païs de Reims accompagné d'Artaud l'Archevêque dépossedé. Il passa la riviére d'Aisne & marcha droit à Laon. La nouvelle qu'il eut, qu'Othon étoit déja entré en France pour venir renforcer le siége, luy fit hâter sa marche.

Les Rebelles n'oserent l'attendre, & se retirérent la nuit à la Forteresse de Pierrepont. * Ils allérent de là au devant d'Othon, qu'ils conduisirent à la maison Royale d'Attigni, où ils le reconnurent pour leur Roy, & luy firent hommage. Rotgaire Comte de Doüai qui est pareillement nommé parmi les liguez, luy fit aussi le sien.

* Auprès de N. D. de Lieslle.

Il est surprenant combien peu on gardoit de mesures & de bienséances dans des affaires de cette nature, & combien la Majesté Royale estoit alors avilie, je dis mesme à en juger par comparaison avec les Rois de la premiere race qu'on appella Fainéans; car quoy que ceux-cy n'eussent nulle autorité, leur nom, leur présence, leur rang & sur tout leur sang estoient respectables aux François. Rarement les vit-on ainsi dégradez par leurs Sujets, & quand en certains temps l'esprit de révolte dominoit parmi les Seigneurs, c'estoit toûjours à quelqu'un de la Famille Royale qu'ils se donnoient, & jamais à d'autres.

HISTOIRE DE FRANCE.

Ibid.

Le Roy après cette démarche de Hugues le Grand & du Comte de Vermandois, ne se croyant pas assez en seûreté dans le païs de Laon, en sortit ; & après avoir pourvû à la défence de cette Place, & avoir fait prendre des vivres à son armée, il retourna au Duché de Bourgogne avec Hugues le Noir & Guillaume Comte de Poitiers. Othon l'y poursuivit, & s'estant campé sur le bord de la Seine, il menaça Hugues le Noir de ravager toutes ses Terres, s'il ne luy faisoit serment de ne rien entreprendre sur celles de Hugues le Grand, ni sur celles du Comte de Vermandois. Hugues le Noir pour ne pas voir ruïner tout son Domaine, fit le serment. Othon n'entra pas plus avant & retourna au delà du Rhin, laissant en deçà son frere Henry qu'il fit depuis Duc de Lorraine.

An. 941.

Le Roy sçachant la retraite d'Othon, vint assiéger Pierrepont. Ceux qui le défendoient refuserent de se rendre ; mais ils luy offrirent des ôtages pour asseûrance qu'ils ne feroient rien contre son service. Il reçût les ôtages & se retira.

De-là il entra avec l'Archevêque de Reims dans le Royaume de Lorraine, pour y faire le dégast. Othon sur cette nouvelle repassa le Rhin, & vint au devant de luy pour le combattre ; Mais quelques Seigneurs des deux partis s'entremirent pour réconcilier les deux Rois, & ils les firent convenir d'une Tréve qu'ils avoient tous deux intérest de faire. Elle donnoit lieu au Roy de France de ramener les Rebelles à leur devoir, & moyen à Othon d'aller soumettre son frere Henry Duc de Lorraine qui s'estoit de nouveau révolté.

Ibid.

La Tréve entre les deux Rois n'empeschoit pas les entreprises des Rebelles. Le Comte de Vermandois non content d'avoir mis son fils Hugues en possession de la Ville & du Comté de Reims, en qualité d'Archevêque élû, voulut faire confirmer cette élection par un Concile, & faire déclarer nulle la nomination que le Roy avoit faite d'Artaud, qui venoit d'estre dépossedé. Mais Hugues le Grand estant entré en défiance des Evêques qui devoient composer le Concile, & craignant que dans cette Assemblée ils ne prissent quelque résolution en faveur du Roy, pour qui plusieurs d'entre eux estoient bien intentionnez, il persuada à Herbert de le différer, jusqu'à ce que ce Prince fust retourné en Bourgogne : & ils l'assemblérent en effet, quand ils le virent éloigné.

Tous les Suffragants de l'Archevêché se trouvérent à Soissons. Ils y déclarérent l'Archevêque Artaud déchû de tout droit sur cet Archevêché, & Sacrérent Archevêque Hugues fils d'Herbert à l'âge de vingt & un an.

Le Roy estoit toûjours maistre de la ville de Laon. Cette Place très-forte par sa situation, & par les fortifications que le Comte de Vermandois y avoit ajoûtées dans le temps qu'il la possedoit, estoit de la derniére importance pour l'un & pour l'autre parti. C'estoit toute la ressource du Roy de ce costé-là, & ce qui maintenoit le païs dans son obéïssance. Hugues & Herbert résolurent de faire encore une tentative, pour enlever cette Place. Ils y mirent le siége de nouveau. Le Roy ne manqua pas de venir promtement au secours. Hugues & Herbert le sachant fort proche de leur camp, en sortent brusquément avec toute leur armée, & viennent fondre sur la sienne qui ne s'y attendoit point. Ils donnérent avec tant de furie, qu'après avoir renversé les premiers rangs, où ils tuérent beaucoup de monde ; le reste fut mis en déroute. Le Roy luy-mesme fut presque enveloppé : mais enfin ayant esté débarrassé par la bravoure de quelques-uns de ses gens, qui soutinrent vaillamment l'effort des ennemis, il échapa.

Cet avantage n'eut point de suite pour la ville de Laon, dont les rebelles abandonnérent le siége. Ils y retournérent néanmoins quelque temps après, sur l'espérance d'une intelligence qu'ils avoient ménagée dans la Place ; mais qui ne leur réüssit point. Ils employérent l'hiver à fortifier leur Ligue. Ils y engagérent le Comte de Flandres. Ils eurent diverses entrevûës avec le Duc de Normandie, & Herbert alla en Germanie pour engager Othon à continuer de les soûtenir.

Ibid.

Le Roy de son costé ne s'oublioit pas, & se voyant trop foible avec les seules forces de Bourgogne pour réduire les rebelles, il pria les Seigneurs d'Aquitaine, dont la plufpart semblent avoir alors gardé une espéce de neutralité, de se déclarer en sa faveur. Ils vinrent le trouver à Vienne où il s'estoit rendu, & l'asseûrérent de leur bonne volonté & de leurs services.

Ibid.

La naissance d'un fils que la Reine Gerberge mit au monde en ce mesme temps là, & à qui l'on donna le nom de Lothaire, fut pour le Roy un nouveau sujet de joye, qui le consola de la déroute de Laon. L'arrivée du Légat du Pape augmenta cette joye par les ordres qu'il apporta de Rome, parfaitement conformes aux désirs de ce Prince.

Ibid.

Loüis se voyant tous les jours à la veille d'estre détrôné, comme l'avoit esté son pere Charles le Simple ; qu'il ne pouvoit guéres compter sur la fidélité de ses Vassaux, qui tantost estoient pour luy & tantost contre, & qui pour la plufpart ne suivoient point d'autre regle à cet égard que leur intérest, avoit eu recours au Pape ; c'estoit alors Estienne VIII. du nom. Il luy fit representer l'état déplorable où se trouvoit la France depuis plus de soixante ans, désolée par les guerres civiles, & par les invasions des Nations barbares, sans qu'elle eût pû à peine joüir d'une année de paix, pour respirer parmi tant de malheurs ; qu'il n'y avoit plus ni ordre ni discipline dans les Eglises du Royaume ; que le culte Divin estoit aboli dans la plufpart des Monastéres ; que le crime & les violences regnoient par tout impunément, & que la source de tant de malheurs estoit la désobéïssance des Peuples débauchez par quelques Grands, qui affectoient en tout une injuste indépendance, qui ne vouloient point avoir de Roy, à moins qu'il ne fust leur esclave,

& qu'en se contentant du titre, il leur en laissast toute la puissance. Qu'il le prioit d'interposer l'autorité que luy donnoit sa qualité de Chef de l'Eglise, & de Pere commun de tous les Fidéles, pour l'aider à soutenir sa dignité, & à le défendre contre l'injuste oppression de ses ennemis qui vouloient le perdre.

Le Pape sur ces Lettres du Roy, fit partir un Légat nommé Damase, qu'il fit Evêque à Rome avant son départ, afin de luy donner un caractére plus respectable dans sa Légation de France, le chargea de travailler de tout son pouvoir à pacifier ce grand Royaume, & luy donna des Lettres qu'il adressoit aux Seigneurs & à tous les Peuples, pour les exhorter à l'union & à la paix, au rétablissement des Loix, de l'autorité Royale, & de la Discipline de l'Eglise.

Ibid.

Le Légat vint trouver le Roy en Bourgogne où il s'étoit retiré, après avoir en vain tâché pendant l'hyver de ramener les esprits à l'obéïssance, & s'estre asseûré des secours de la Guyenne, en cas qu'il fust obligé de continuer la guerre. Damase ayant asseûré le Roy des bonnes intentions du Pape en sa faveur, luy dit le contenu des Lettres adressées aux Seigneurs & aux peuples de France, & de concert avec luy il les publia. Le Pape dans ces Lettres, après avoir exhorté les Grands & les Peuples à la soumission, finissoit par les menacer de les excommunier tous, s'ils ne mettoient bas les armes qu'ils avoient prises contre leur Roy, & s'ils refusoient de luy rendre le respect & l'obéïssance qui luy estoient dûs.

An. 942.

En ce temps-là malgré l'ignorance & la corruption des mœurs qui regnoient par tout, malgré la conduite peu édifiante de plusieurs Papes qui remplirent en ce siécle la Chaire de S. Pierre; malgré l'affoiblissement de leur autorité dans Rome, il estoit resté en France une certaine impression de respect pour le S. Siége, & pour le Chef de l'Eglise qui y faisoit révérer tout ce qui venoit de sa part, & redouter extrémement ses excommunications. Les Evêques Suffragants de Reims que leur liaison avec le Comte de Vermandois faisoit paroistre les plus coupables, furent aussi les plus consternez des Lettres du Pape. Ils allérent trouver le Comte de Vermandois, luy marquérent leur inquietude, le priérent de se soumettre au Roy, & de faire en sorte que le Prince Hugues (c'est la qualité que l'Historien contemporain donne à Hugues le Grand en cet endroit) se soûmist aussi; qu'il renonçast à l'hommage qu'il avoit fait au Roy de Germanie, & qu'il le fist de nouveau à son légitime Souverain.

Ibid.

Le Comte de Vermandois qui avoit sçû que le Roy avoit envoyé à Rome pour implorer l'autorité du Pape, y avoit aussi dépesché un Agent, pour demander la confirmation de l'élection de Hugues son fils à l'Archevêché de Reims, & le *Pallium*; & conséquemment qu'on déclarast nulle la nomination d'Artaud, qui avoit esté nommé à cet Archevêché plusieurs années après l'élection de Hugues. Dans l'espérance d'une réponse favorable il pria les Evêques Suffragants de Reims d'avoir un peu de patience, & d'attendre ce que le Pape prononceroit sur la requeste qu'il luy avoit présentée, les asseûrant que la réponse du Pape ne tarderoit pas à venir.

Tome I.

En effet l'Agent de Herbert arriva peu de temps après avec de nouveaux Légats, qui apportérent au Comte de Vermandois la confirmation de l'élection de Hugues dans l'Archevêché de Reims & le *Pallium*, & en mesme temps en faveur du Roy, une nouvelle jussion aux Seigneurs sous peine d'excommunication de le reconnoistre pour leur Souverain, & d'en asseûrer le Pape par des Envoyez exprès: que si la chose n'estoit pas executée à Noël, le Pape les déclaroit dès là actuellement excommuniez.

Ibid.

Durant que le Roy agissoit auprès du Pape, il faisoit aussi prier le Roy de Germanie, de cesser enfin de soutenir une cause aussi injuste que celle des Rebelles de France, & de luy accorder la paix & son amitié. Othon, soit par équité, soit par compassion, soit par le peu de fonds qu'il croyoit pouvoir faire sur les promesses du Comte de Vermandois, & de Hugues le Grand, que la seule nécessité de leurs affaires avoit contraints de se donner à luy; soit peut-estre à la sollicitation du Pape, même, ne rejetta pas la proposition du Roy. Il voulut seulement que Guillaume Duc de Normandie pour qui il avoit beaucoup d'estime & d'amitié, fust le Médiateur de la Paix.

Le Roy accepta volontiers cette condition, & envoya le Comte Rotgaire vers ce Duc, pour le prier de se charger de la médiation. L'Ambassadeur estant mort peu de temps après son arrivée auprès du Duc, le Roy alla luy-mesme trouver Guillaume à Roüen, où il fut reçû avec beaucoup de magnificence, & Guillaume Comte de Poitiers, & les principaux Seigneurs de Bretagne vinrent l'y saluer.

Dudo. l. 3.

Flodoardi Chronic.

Ils partirent tous ensemble, & s'avancérent avec leurs Troupes vers la riviére d'Oise. Ils trouvérent tous les ponts de cette riviére rompus, & tous les batteaux enlevez par les ordres de Hugues le Grand & du Comte de Vermandois, qui estoient campez de l'autre costé de la riviére avec Othon nouveau Duc de Lorraine; car le Roy de Germanie avoit ôté ce Duché à son frere Henry, à cause d'une nouvelle révolte.

Quoi que les armées fussent ainsi en présence, la seule riviére entre deux, on pensa plus à faire la Paix qu'à se battre. Chacun avoit de bonnes raisons d'y penser. La négociation commencée entre Loüis & le Roy de Germanie inquietoit les Rebelles, & Loüis, si la guerre duroit, se voyoit en grand danger de perdre sa Couronne. On porta des paroles de part & d'autre, & enfin on conclut une Tréve de deux mois, à commencer depuis le quinziéme de Septembre, jusqu'au quinziéme de Novembre. On se donna mutuellement des ôtages, un desquels fut le plus jeune fils du Comte de Vermandois, que l'on mit entre les mains du Roy. Le Duc de Normandie qui avoit ap-

Ibid an. 942.

paremment tiré parole du Roy de Germanie, qu'il travailleroit fincérement à pacifier les chofes, fit enforte que les deux partis remiffent tous leurs différends à l'arbitrage de ce Prince. C'eft pourquoy les deux Armées, c'eft-à-dire, celle du Roy & celle des Rebelles marchant féparément, arrivérent vers les Montagnes de Vauge, en un lieu où le Roy de Germanie devoit fe rendre.

La réconciliation des deux Rois que le Duc de Normandie avoit déja fort avancée, fut bien-toft faite. Ils fe virent, & fe donnérent l'un à l'autre de grandes marques d'amitié. Enfuite le Roy de Germanie entreprit l'accommodement du Roy avec les deux Chefs des Rebelles. Il en vint aifément à bout, le Roy ne demandant autre chofe de ces deux Seigneurs, finon qu'ils rentraffent dans leur devoir, & qu'ils le reconnuffent pour leur Souverain, à quoy ils fe foûmirent, fi-toft que le Roy de Germanie les eut difpenfez du ferment qu'ils luy avoient fait, en fe donnant à luy. Les Evêques Suffragans du Diocéfe de Reims, qui étoient dans le mefme parti, firent les mefmes foûmiffions, & le Roy de fa part, à la priere du Comte de Vermandois, rendit l'Evêché de Laon à Rodolfe, qu'il en avoit chaffé, pour s'eftre déclaré en faveur de ce Comte. On ne parla point de l'Archevêché de Reims, parce que le Pape y avoit confirmé Hugues fils du Comte de Vermandois. Ainfi finit cette guerre civile d'une maniére trop honorable aux Chefs des Rebelles, pour leur ofter l'envie de recommencer, quand leur ambition ou leur intéreft les y folliciteroient. Le Roy pour marquer au Duc de Normandie fa reconnoiffance des bons offices qu'il luy avoit rendus en cette occafion, voulut qu'il tinft fur les Fonts de Baptefme à Laon le Prince fon fils, qui luy étoit né l'année d'auparavant, & qui fut nommé Lothaire. Ce Duc ne joüit pas long-temps de la gloire d'avoir procuré à la France une Paix fi néceffaire. Sa mort tragique fut la fuite d'une de ces petites guerres, qui fe faifoient alors entre les Vaffaux indépendemment du Souverain, & qui n'intéreffoient que quelque Canton particulier du Royaume.

Arnoul Comte de Flandres faifoit depuis long-temps des querelles à Herluin Comte de Ponthieu, dans le deffein d'étendre fes Etats aux dépens de ce voifin, moins puiffant que luy. L'année d'après la conclufion de la Paix, dont je viens de parler, il luy déclara la guerre, & alla mettre le fiége devant Montreüil. Le Comte de Ponthieu qui relevoit immédiatement de Hugues le Grand, parce que ce Comté qui eft aujourd'huy dans la Picardie, eftoit alors du Duché de France, dont Hugues eftoit en poffeffion, luy envoya demander du fecours, comme un Vaffal à fon Seigneur.

Hugues, foit qu'il euft intéreft à ménager le Comte de Flandres, foit par quelque autre raifon, ne voulut point entrer dans ce différend, de forte que Montreüil fut pris.

Le Comte de Ponthieu ainfi abandonné par celuy de qui il devoit eftre foûtenu, eut recours au Duc de Normandie, qu'il trouva fort difpofé à le fecourir. En effet, ce Duc marcha au pluftoft vers Montreüil avec une Armée, l'affiégea, le prit d'affaut; & après l'avoir fourni de vivres à fes dépens, & en avoir augmenté les Fortifications, il le remit entre les mains du Comte, & puis s'en retourna à Roüen.

Arnoul auffi chagrin de cette perte, qu'irrité contre le Duc de Normandie, diffimula néanmoins fa colére; mais il eftoit bien réfolu de s'en venger de quelque maniere que ce puft eftre. La guerre ouverte eftoit le moyen le plus honnefte; mais il eftoit trop dangereux pour le Comte de Flandres, le Duc de Normandie eftant beaucoup plus puiffant que luy, ainfi il prit celuy de la furprife & de la trahifon. Il envoya des Ambaffadeurs au Duc de Normandie, pour l'affeûrer de l'envie qu'il avoit d'entretenir la Paix avec luy; qu'en fa confidération il pardonnoit au Comte de Ponthieu tous les fujets de plaintes & de rupture qu'il luy avoit donnez, & qu'il iroit jufqu'à Roüen luy-mefme, pour luy demander fon amitié, fi la goute qu'il avoit aux pieds & aux mains luy permettoit de faire ce voyage; il le pria de vouloir bien prendre la peine de s'avancer fur la Frontiére des deux Etats, afin qu'ils puffent conférer enfemble, & couper pied à tous leurs différends.

Le Duc de Normandie qui fouhaitoit paffionnément la Paix & plus que jamais, dans le deffein qu'il avoit formé de fe donner tout-à-fait à Dieu, répondit aux Envoyez du Comte de Flandres de la maniére la plus capable de le fatisfaire, & convint avec eux d'une tréve de trois mois, & que l'entrevûë qu'ils demandoient, fe feroit à Péquigni fur la riviére de Somme au-deffous d'Amiens. Il s'y rendit au temps marqué avec un Corps de Troupes; le Comte de Flandres y vint auffi, & chacun fe campa, l'un fur un bord de la Somme, & l'autre fur l'autre.

Il y avoit une Ifle au milieu de la riviére, à peu près à égale diftance des deux bords; ce fut là qu'ils s'abouchérent. Le Duc de Normandie s'y fit accompagner par douze Chevaliers, ainfi qu'on en eftoit convenu; & le Comte de Flandres pour témoigner combien il fe fioit au Duc, n'en prit que quatre avec luy, fe faifant foûtenir à caufe de fa goute par deux de fes domeftiques. Ils s'accordérent fans peine fur les articles qui faifoient la matiére de leurs différends; & après s'eftre embraffez l'un l'autre, & s'eftre donné mille marques d'une amitié fincére, ils fe féparérent, & rentrérent dans leurs batteaux. Le Duc de Normandie en avoit deux. Il entra feul dans un, & les douze Chevaliers dans l'autre. Il n'eut pas pluftoft démaré, que les quatre Chevaliers du Comte de Flandres fortirent du batteau où ils eftoient avec ce Comte, & firent entendre au Duc qu'ils avoient encore un mot à luy dire de la part de leur Maiftre. Le Duc fait rapprocher le batteau & defcend à terre, fans fe défier de rien. Alors ces quatre fcélérats ayant mis l'épée à la main, fe jettérent fur luy, & le mafsacrérent à la vûë de ceux qui estoient dans l'autre batteau, & de Bérenger Comte de Rennes, d'Alain Comte de Dol, & de quantité de Seigneurs Normands, qui estoient sur le bord de la rivière, & qui voyant ainsi assassiner leur Prince, se désespéroient de ne pouvoir ni le secourir ni le venger.

C'est ainsi que mourut Guillaume premier du nom Duc de Normandie, surnommé Longue-épée, parce qu'il en portoit toûjours une fort longue, proportionnée à sa taille & à la force extraordinaire de son bras, Prince également vaillant, sincére, droit & pieux. On trouva sur luy après sa mort une clef d'argent: c'estoit la clef d'un coffre qui estoit dans son cabinet, où il avoit un habit de Religieux, qu'il estoit résolu de prendre peu de temps après, s'il eust vécu, son dessein estant de passer le reste de ses jours dans l'Abbaye de Jumiéges, où l'Abbé luy avoit persuadé quelques mois auparavant de ne pas se retirer encore si-tost, comme il le souhaitoit. C'estoit un dessein qu'il avoit eu, estant encore jeune, & qu'il eust exécuté dès-lors, si le Duc son pere ne l'en eust empesché. Des inclinations si chrétiennes & si religieuses ne l'empeschérent pas de gouverner son Etat avec autorité, & il fut non seulement aimé & estimé de ses Sujets, mais encore redouté de tous ses voisins. Tant de pieté, de sagesse & de modération, joint à la fermeté du Gouvernement & à la bravoure dans un Prince, dont la Famille ne faisoit que de sortir d'un païs barbare & des ténébres du Paganisme, est un exemple digne de la réfléxion de l'Histoire, & de l'admiration de la posterité.

Il avoit fait un peu auparavant reconnoître Richard son fils par les Seigneurs de Normandie & de Bretagne pour leur Souverain. Sa mort ne diminua en rien la fidélité de ses Sujets envers sa Famille; mais Richard estoit encore tout jeune: c'est ce qui fit naistre l'espérance au Roy de réünir la Normandie à la Couronne, & il n'eut pas plustost appris la mort du Duc Guillaume, qu'il prit des mesures pour l'exécution de ce dessein.

Le jour mesme que le corps du Duc fut enterré à Roüen dans l'Eglise de Nostre-Dame, le Comte de Rennes, le Comte de Dol, les autres Seigneurs Bretons, & tous les Seigneurs Normands firent hommage à Richard, & le proclamérent Duc de Normandie: mais il falloit que pour luy asseûrer mieux la succession de son pere, le Roy de France, de qui le Duché de Normandie relevoit, luy en donnast l'investiture.

La manière dont ce Prince avoit reçû la nouvelle de la mort du Duc, la douleur qu'il en fit paroistre, la résolution où il parut estre d'en tirer une juste vengeance, ne laissérent aux Normands aucun lieu de douter, qu'il n'eust pour le jeune Richard toutes les bonnes intentions qu'on pouvoit souhaiter. Il fit dire aux Seigneurs Normands qu'il vouloit délibérer avec eux de la manière dont on puniroit un si horrible attentat, & qu'il iroit au pluftost à Roüen pour cet effet.

On l'y vit arriver avec beaucoup de joye, & il y fut reçû avec tous les honneurs qui luy estoient dûs. Il se fit d'abord amener le jeune Duc, qu'il embrassa en versant des larmes, & en plaignant tendrement la mort de son pere. Il le fit manger à sa table & coucher dans son appartement. Le lendemain le Gouverneur du petit Prince vint avec luy prendre congé du Roy, pour le remener au lieu où il demeuroit ordinairement, le Roy luy dit qu'il vouloit le retenir encore auprès de luy ce jour-là. Le jour suivant le Gouverneur estant revenu faire le mesme compliment au Roy, il en reçut une pareille réponse, & en parut inquiet. Enfin le lendemain le Roy ayant de nouveau refusé de le luy rendre, il eut peine à se contenir, & marqua au Roy assez franchement ses soupçons. Le Roy luy répondit d'une manière brusque, qu'il ne le luy demandast plus, qu'il aimoit cet enfant, & qu'il vouloit l'avoir toûjours auprès de sa personne.

Le Gouverneur ayant communiqué la chose à quelques autres Seigneurs, le bruit se répandit dans la Ville, que le Roy vouloit se saisir du jeune Duc, & se rendre ensuite maistre du païs. Il n'en fallut pas davantage pour exciter la sédition. La populace s'amasse, les Habitans des Fauxbourgs entrent dans la Ville, & grossissent la troupe; & ayant obligé quelques Seigneurs de prendre les armes & de se mettre à leur teste, ils viennent comme pour assiéger la maison où le Roy estoit logé, criant qu'ils feroient périr les parjures & le Roy mesme, s'il ne leur rendoit leur Duc.

Le Roy surpris de cette émeute qui s'estoit faite tout à coup, & se voyant en un extrême danger, envoya sur le champ à Bernard Général des Troupes de Normandie, pour le prier de venir à son secours, & de ne le pas abandonner à la fureur d'une populace mutinée. Bernard que la conduite peu sincére de ce Prince avoit choqué, luy fit réponse que la populace estoit si animée, qu'il ne pouvoit l'aller joindre, sans s'exposer à estre tué luy-mesme; & qu'il luy conseilloit de faire tout son possible pour détromper & pour adoucir le peuple: que c'estoit tout ce qu'il y avoit de mieux à faire dans une conjoncture si périlleuse.

Ce fut une nécessité pour le Roy de suivre ce conseil. Il parut donc tenant le petit Duc entre ses bras, & harangua les Bourgeois, les asseûra que c'estoit sans raison qu'ils estoient entrez en défiance; que ce n'estoit que par amitié pour le feu Duc, & par tendresse pour l'enfant, qu'il l'avoit retenu auprès de luy, & qu'il estoit prest de le leur remettre entre les mains. Ces paroles arrestérent la violence; mais ils voulurent que sur le champ on leur rendist le Prince; ce qui ayant esté fait, chacun se retira.

Le Roy délivré du péril, délibéra avec les Comtes & les Evêques François qu'il avoit avec luy, sur ce qu'il avoit à faire. Ils luy dirent qu'estant avec peu de monde enfermé dans une Ville à la merci d'un peuple irrité, il devoit s'en tirer au pluftost; qu'il falloit ap-

HISTOIRE DE FRANCE.

peller Bernard, Rodolfe & Anflec (c'eſtoient les trois Seigneurs prépoſez pour gouverner pendant la minorité du Duc) & taſcher de les gagner, & de leur perſuader qu'il n'avoit jamais eu que des intentions très-droites & très-avantageuſes pour le jeune Duc.

Le Roy ſuivant cet avis fit venir les trois Miniſtres : il ſe plaignit à eux de l'inſulte que le peuple luy avoit faite : il leur demanda ce qu'il devoit attendre de leur fidélité & de leur autorité pour la ſeûreté de ſa perſonne, & leur proteſta qu'il n'avoit jamais prétendu faire violence ni à leur Duc ni à eux.

Le Général Bernard prit la parole, & dit au Roy qu'il ne devoit pas eſtre ſurpris de ce qui eſtoit arrivé ; que la maniére dont il avoit parlé au Gouverneur du Duc y avoit donné lieu ; que ce tumulte n'auroit point de ſuite, pourvû qu'il vouluſt agir luy-meſme avec franchiſe, & faire ce qu'on s'eſtoit attendu qu'il feroit quand on l'avoit vû venir à Roüen, & qui conſiſtoit à recevoir l'hommage du Duc, & à luy confirmer la poſſeſſion du Duché de Normandie & de tout ce que ſon pere & ſon ayeul avoient tenu des Rois de France ; que par là il s'attacheroit le cœur de toute la Nation, & qu'elle ſeroit toûjours preſte à le ſervir en toutes occaſions & contre tous ſes ennemis.

Le Roy repartit que c'avoit toûjours eſté là ſon deſſein, & qu'il les prioit d'aſſembler au pluſtoſt le peuple pour la cérémonie de l'hommage.

Bernard & ſes deux Collégues ravis de cette réſolution du Roy, donnérent inceſſamment leurs ordres pour cette importante action, qui devoit mettre authentiquement leur Prince en poſſeſſion de l'héritage de ſes peres. Les ſermens ſe firent de part & d'autre ſur les Reliques des Saints ; & après que Richard & ſes Miniſtres eurent juré fidélité au Roy comme à leur Seigneur & Souverain, le Roy jura pareillement qu'il le maintiendroit dans la poſſeſſion du Duché de Normandie ; qu'il le défendroit contre tous, & il obligea les Evêques & les Comtes François, qui l'accompagnoient, à faire auſſi le meſme ſerment.

Le peuple paſſa alors d'une extrémité à l'autre, & au lieu des imprécations qu'il avoit faites contre le Roy, tandis qu'il avoit crû qu'on vouloit enlever le Duc, ce ne furent que bénédictions & acclamations de toutes parts. Les ſoupçons meſmes des Miniſtres ſe diſſipérent. Le Roy profita de cette diſpoſition & de la joye publique, & leur fit de nouveau la propoſition d'élever le jeune Duc à ſa Cour, où il auroit une éducation beaucoup meilleure, plus noble, & plus digne de ſa naiſſance, & il ſçut ſi bien les tourner là-deſſus, qu'ils y conſentirent.

Quelque vûë que le Roy euſt en cela, l'affaire eſtoit pour luy d'une très-grande importance. Le Duc eſtoit un ôtage pour toute la Nation ; par là il la tenoit au moins en bride, & l'empeſchoit de ſoûtenir déſormais les rebelles de France, & de ſe liguer avec les ennemis de l'Etat.

Il ſortit de Roüen avec Richard, ſeulement pour quelques jours, & le conduiſit à Evreux, où il luy fit faire hommage par les peuples de ce Canton-là, qui eſtoit du Duché de Normandie, & rendre par-tout de grands honneurs.

Eſtant retourné à Roüen, il gagna le cœur des Normands, par la déclaration qu'il leur fit du deſſein qu'il avoit de punir ſévérement la mort du Duc Guillaume. » Je n'auray point de repos, dit-il à ceux qu'il avoit aſſemblez ſur ce ſujet, que je n'aye fait une juſtice exemplaire de l'attentat commis contre la perſonne du Duc, que vous aimiez comme voſtre pere, & que je cheriſſois comme mon meilleur ami. Cette douleur nous eſt commune à vous & à moi : il faut que nous agiſſions tous de concert, & que nous tirions enſemble vengeance de ce crime. Je m'en vais à Laon aſſembler mon Armée, qui ſera compoſée de François & de Bourguignons ; que les Troupes de Normandie ſe tiennent preſtes pour me joindre, & nous ſignalerons à l'envi noſtre zéle en cette occaſion. « Il leur dit qu'il avoit réſolu de commencer par le ſiége d'Arras, d'entrer après la priſe de cette Place, dans le milieu de la Flandre, d'en raſer toutes les Forteresſes, & de pourſuivre le Comte à toute outrance en quelque part qu'il ſe retiraſt. Après avoir concerté tout ce qui regardoit cette expédition avec les Seigneurs qui avoient aſſiſté à ce Conſeil, il partit de Roüen, & marcha du coſté de Laon avec le jeune Duc.

Cependant le Comte de Flandre prévoyant bien les ſuites de cette liaiſon étroite du Roy & des Normands, ſe mit en devoir de détourner le coup qui l'alloit perdre. Il envoya des Ambaſſadeurs au Roy avec de riches préſens, & un renouvellement d'hommage, & lui proteſta que ſi ſes infirmitez le luy euſſent permis, il ſeroit venu en perſonne le ſaluer.

Le Roy les reçut d'une manière, qui ne dut pas leur faire eſpérer un bon ſuccès de leur Ambaſſade. Il leur parla avec une extrême indignation de l'aſſaſſinat du Duc de Normandie, & les aſſeûra qu'il ne demeureroit pas impuni. Ils eurent le front de luy dire que la choſe s'étoit faite ſans l'ordre du Comte, & que c'eſtoit l'effet d'une haine particuliere des quatre Chevaliers, qui avoient autrefois eſté maltraitez par le Duc ; que le Comte vouloit bien s'en rapporter à ſon jugement & à celuy des Seigneurs François, & meſme à la preuve du feu ; qu'il luy feroit livrer ceux qui avoient fait un coup ſi déteſtable ; qu'en un mot, il s'offroit à tout, pourvû qu'il ne fuſt ni condamné ni puni, ſans avoir eſté entendu.

Le fait eſtoit ſi certain, & la perfidie du Comte ſi notoire, que s'ils n'avoient eu rien de plus efficace que ces frivoles défenſes, ils ne devoient pas eſpérer de réüſſir ; mais la colére des Princes eſt aiſée à fléchir, & leur juſtice ſe laiſſe aiſément corrompre, quand il s'agit des intereſts d'autruy, & qu'on ſçait les prendre par les leurs propres. Les Ambaſſadeurs le voyant ferme dans la réſolution d'al-

"ler punir le Comte, luy dirent : " Seigneur, quand il seroit aussi certainement coupable que vous le croyez, que vous ont fait ses peuples, dont vous avez juré la ruïne? Vous n'avez qu'à paroistre avec les forces que vous avez, le païs vous sera tout ouvert, & vous y allez mettre tout à feu & à sang, sans que personne vous résiste. Le Comte de Flandre tout criminel que vous le supposez, vous est parfaitement soûmis : non seulement il vous promet une fidelité entière comme vostre Vassal ; mais il vous fait offre de toutes ses forces & de toutes ses finances contre tous vos ennemis. Il s'offre de plus, si vous ne voulez pas le perdre, à faire une chose qui n'est plus en usage depuis long-temps parmi les Vassaux de vostre Couronne, c'est de lever dans son Comté tous les tributs en vostre nom, & de les faire passer dans vostre Epargne. Mais, Seigneur, ajoûtérent-ils, de qui prenez-vous la cause en main avec tant de chaleur? c'est d'une Nation qui depuis plus d'un siécle désole vostre Royaume par ses brigandages, qui s'est emparée d'une des meilleures parties de vostre Domaine, qui a voulu tout récemment vous faire périr à Roüen. Si nous osions vous donner un conseil de la part de nostre Maistre, dont la prudence n'est pas la moindre vertu ; ce seroit de profiter de l'occasion de la mort du Duc Guillaume, pour vous remettre en possession de la Normandie, & vous faire restituer par le petit-fils de Rollon, ce que son ayeul obligea par force le Roy vostre pere de luy céder. Vous avez le jeune Duc en vostre puissance, est-il de la politique d'un Prince sage que vous de manquer une si belle conjoncture. Comptez sur les Flamans, pour vous servir en cette conqueste, autant que vous pouvez compter sur les François & sur les Bourguignons."

Ce discours ébranla le Roy, & réveilla ses premières idées & ses premieres espérances. Il parut s'adoucir, & dit qu'il écoûteroit conseil sur toute cette affaire. C'estoit ce que les Ambassadeurs avoient espéré, & ce qu'ils avoient le plus souhaité ; car la pluspart des Ministres de ce Prince estoient pour eux, gagnez par l'argent que leur avoit fait donner le Comte de Flandre. Ainsi quand il proposa l'affaire dans son Conseil, tous les avis tournérent du costé de la clémence, le plus sévére fut qu'il ne falloit rien précipiter, & que puisque le Comte de Flandre se soûmettoit au jugement du Roy, il seroit contre l'ordre de ne pas entendre ce qu'il voudroit alléguer pour sa justification. Enfin touchant l'article de la Normandie, il fut résolu de bien garder le Duc, & de n'omettre rien, pour empescher qu'on ne l'enlevast. On ne mit pas néanmoins ce jeune Prince en prison : il ne parut pas mesme pendant quelque temps qu'on eust plus d'attention qu'à l'ordinaire à le garder. Mais un jour en l'absence du Roy, un des Gouverneurs de Richard l'ayant fait monter à cheval & mené hors de Laon à la chasse de l'Oiseau, il en fut sévérement réprimandé, & eut défense luy & tous ceux qui avoient quelque part à l'éducation du Duc de le mener jamais hors de la Ville sans la permission expresse du Roy. Le Gouverneur vit bien par là que son Maistre estoit prisonnier ; il le fit sçavoir secretement à Roüen aux Seigneurs qui gouvernoient la Normandie, & qui se doutoient déja de quelque chose, depuis qu'ils avoient vû avorter l'expédition de Flandre.

Ils en furent bien plus convaincus encore, lorsqu'ils sçûrent que le Roy & Hugues le Grand de concert avec luy sollicitoient quelques Seigneurs Normands de leur faire hommage comme à leurs Seigneurs immédiats. Il y en eut qui le firent en effet, & dont les uns se donnérent au Roy, & les autres à Hugues ; & mesme comme celuy-ci revenoit d'une expédition contre des Normands Payens, qui avoient nouvellement débarqué en France, & l'avoient battu dans une rencontre, Evreux luy fut livré par intelligence ; mais le Roy l'obligea de luy céder cette Place. De-là le Roy vint à Roüen, & défit en chemin un Capitaine Normand, qui après avoir embrassé la Religion chrétienne, s'estoit fait de nouveau Payen, & sollicitoit sa Nation, & mesme le jeune Duc, à suivre son exemple. Il avoit de plus tasché de surprendre le Roy dans une embuscade ; mais enfin il fut tué.

Ce Prince ayant ou gagné ou intimidé les Normands, ne gardoit plus guéres de mesures avec eux, jusques-là qu'il mit un Gouverneur François à Roüen, qui fut Herluin Comte de Ponthieu. Ainsi tout se disposoit peu à peu à la réünion de ce Duché à la Couronne.

Le Roy agissoit alors avec d'autant plus de liberté en cette affaire, qu'il se trouva en ce temps-là défait d'un homme, qui auroit pû le plus traverser ses desseins, pour peu que les Normands eussent sçû l'engager à les servir ; je parle de Herbert Comte de Vermandois, que ses révoltes continuelles, ses trahisons & ses perfidies ont rendu si fameux dans l'Histoire des Régnes précédens. Il mourut cette année-là. Il eut en mourant de si grands remords de conscience sur la trahison qu'il fit à Charles le Simple, qu'à chaque moment il répétoit ces paroles en soûpirant : *Nous estions douze qui trahimes le Roy*. Il laissa plusieurs enfans de sa femme sœur de Hugues le Grand ; sçavoir, Albert Comte de Vermandois, Odon ou Eudes Comte de Ham & de Chasteau-Thierri, Robert Comte de Troyes, Herbert Comte de Meaux, & Hugues Archevêque de Reims.

Ce dernier avoit esté la principale occasion des guerres que son pere soûtint si long-temps, pour le maintenir en possession de l'Archevêché de Reims. Herbert ne fut pas plûtost mort, qu'Artaud l'Archevêque déposé, vint trouver le Roy, pour le prier de le rétablir & de chasser Hugues. Le Roy le luy promit ; & en effet Artaud avec le secours que luy donnérent les Seigneurs de sa Famille, s'empara d'une Place nommée Hautmont. Le Roy fit aussi-tost attaquer Mouson, qui appartenoit pareillement à Hugues ; mais ses Troupes en furent repoussées. Hugues fit sa Paix peu de temps après avec le Roy, aussi-bien que ses freres, par le moyen de Hugues le Grand leur oncle, & d'Othon Duc de Lorraine, & il demeura Archevêque, moyennant quelque dédommagement qu'il donna à son compétiteur. Hugues le Grand acheva aussi de réconcilier le Comte de Flandre avec le Roy. Luy-mesme reçut de nouvelles marques de la faveur de ce Prince, qui luy fit tenir sur les Fonts de Baptesme une fille qui venoit de luy naistre, & luy donna, ou plustost luy confirma le Duché de France. De plus il le fit Duc de toute la Bourgogne, dont il ne possédoit auparavant qu'une partie. On ne sçauroit dire si c'estoit par amitié, par estime, ou par crainte que le Roy élevoit si fort Hugues le Grand. Mais il est certain qu'il ne pouvoit rien faire, qui fust davantage contre les régles de la politique. Ces deux Duchez, de la maniere dont les Seigneurs possédoient alors leurs Gouvernemens où ils estoient absolus, rendoient Hugues beaucoup plus puissant que le Roy mesme, & c'estoit un acheminement à ce qui arriva un peu plus de quarante ans après, lorsque le fils de Hugues enleva la Couronne au fils de ce Prince.

Quelque raison que le Roy eut d'en user de la sorte, Hugues ne faisoit paroistre guéres de reconnoissance pour tant de bien-faits. L'intention du Roy estoit de se l'attacher pour se rendre plus redoutable à ses ennemis & à ses autres Vassaux, & sur tout aux fils du défunt Comte de Vermandois, qui n'estoient pas plus soûmis à leur Souverain, que leur pere luy avoit esté; mais dès que ce Prince entreprenoit quelque chose contre eux, aussi-tost Hugues prenoit leur parti, sous prétexte qu'il estoit leur oncle : c'est ce qu'il fit encore peu de temps après qu'il eut esté fait Duc unique de Bourgogne.

Ibid.

Le Roy alla faire un voyage en Aquitaine, pour y recevoir l'hommage de ses Vassaux, dont un des principaux estoit Raymond Prince de Languedoc, ainsi que nostre Historien l'appelle, & Comte de Toulouse. Celuy-ci & les autres Seigneurs au-delà de la Loire n'entreprenoient rien contre le Roy, parce qu'il leur laissoit faire tout ce qu'ils vouloient chez eux. A son retour, mécontent des fils du Comte de Vermandois, il se saisit de quelques-unes de leurs Places, & entre autres d'Amiens, qu'il donna au Comte de Ponthieu. Ils firent quelques représailles de leur costé. Hugues après avoir conclu la Paix avec les Normands, qui avoient fait une course dans son Gouvernement, vint se joindre à ses neveux, & fit tout ce qu'il put pour mettre Othon Roy de Germanie dans leurs intérests.

Flodoard. Chronic.

An. 944.

Ibid.

Le Roy de France ayant pénétré le dessein de Hugues, ne manqua pas d'envoyer des Ambassadeurs à Othon, qui d'abord les reçut très-bien, & traita fort froidement les envoyez de Hugues ; mais un d'entre eux nommé Manassés fit si bien en racontant à Othon certains discours injurieux, que le Roy, à ce qu'il disoit, avoit tenus de luy, qu'il l'irrita contre ce Prince, & obtint de luy un ordre à tous ses Vassaux ou Sujets qui se trouveroient dans les Troupes du Roy de France, de s'en retirer au plustost, sous de griéves peines. La chose néanmoins n'eut point d'autres suites : Othon ne s'estant point voulu autrement déclarer ni pour un parti ni pour l'autre.

L'affaire de Normandie estoit celle que le Roy avoit alors le plus à cœur, & il ne feignit point de rechercher encore l'amitié de Hugues, pour l'engager à le seconder dans la résolution qu'il avoit prise, de réünir ce Duché à sa Couronne. Les Normands estoient en guerre avec les Bretons. Bérenger Comte de Rennes, & Alain Comte de Dol s'estant broüillez ensemble, avoient chacun tasché de les attirer dans leur parti : & eux sous prétexte de mener du secours à ces Comtes, estoient entrez en Bretagne en ennemis, avoient pris Dol & ravagé tout le païs. Les Bretons indignez de cette conduite peu sincére, s'estoient réünis entre eux, & avoient donné bataille aux Normands avec avantage. Les Normands avoient eu leur revanche, & la Bretagne estoit en proye & aux Normands de Normandie, & à d'autres qui estoient nouvellement arrivez du Nort.

Ibid.

La conjoncture estoit favorable pour le Roy, les meilleures Troupes du Duché estant occupées en Bretagne. Il vint donc en Normandie avec une Armée nombreuse, ayant pour ses Lieutenans Généraux le Comte de Flandre & le Comte de Ponthieu. Les Normands qu'on ne ménageoit plus, & qui se voyoient attaquez à force ouverte, avoient fait avancer des Troupes du costé d'Arques au païs de Caux, par où le Roy venoit. Le Comte de Flandre les attaqua avec l'avant-garde de l'Armée qu'il commandoit, & les mit en déroute ; de sorte que Roüen qui s'estoit révolté contre le Roy, consterné de cette défaite, luy ouvrit ses portes.

Ibid.

Tandis qu'il avançoit vers Roüen, il avoit fait passer la Seine à une partie de son Armée bien au-dessous de cette Ville, sous le commandement de Hugues le Grand, qui suivi de plusieurs Seigneurs Bourguignons, porta le ravage par-tout, & alla assiéger Bayeux. Le Roy luy avoit promis de luy donner cette Place, en cas qu'il voulust luy aider à subjuguer toute la Province. Mais ce Prince ayant esté reçû à Roüen sans résistance, & voyant que les Seigneurs Normands commençoient à se laisser gagner par la douceur, luy envoya ordre de lever le siége ; ce qui le chagrina fort. Il avoit encore sur le cœur, d'avoir esté obligé par le Roy à luy céder Evreux l'année précédente. Il n'en fallut pas davantage pour le faire rompre de nouveau ; mais enfin le Roy après avoir trompé les Normands, en enlevant leur Duc, fut leur dupe à son tour, de la maniere que je vais dire.

An. 944.

Ibid.

Si-tost que Hosmond Gouverneur du jeune Duc de Normandie se fut apperçû qu'on en vouloit à la liberté de son Maistre, il résolut de le sauver à quelque prix que ce fut. Richard

chard n'avoit pas alors plus de neuf ou dix ans; mais il estoit déja capable de connoistre son malheur & le danger de son Etat, & de contribuer par un peu de discrétion & d'adresse, aux moyens de se tirer de sa captivité. Il contrefit le malade, il se plaignoit beaucoup, comme s'il eust senti de grandes douleurs, il refusoit de manger, & il affecta pendant quelques jours toutes les maniéres d'une personne, que le mal mettoit en grand danger de sa vie.

Soit que Hosmond fust luy-mesme le Medecin du Duc, soit que celuy qui le voyoit en cette qualité fust d'intelligence avec Hosmond, on crut à la Cour & dans la ville de Laon, où le Roy demeuroit ordinairement alors, que Richard estoit fort malade; & il ne paroissoit pas qu'on s'en mit fort en peine. Les personnes que le Roy avoit chargées de garder le Duc, croyant la maladie telle qu'on la publioit, en devinrent plus négligens à observer ce qui se passoit à son égard, & c'est ce que le Gouverneur avoit prétendu. Un soir voyant l'appartement du Duc sans Gardes, il se déguisa en Palefrenier, prit le petit Duc, le lia dans une grosse botte de foin, le chargea sur ses épaules, passa en cet équipage au travers de la Ville sans qu'on le reconnût, & alla hors du Faux-bourg prendre des chevaux qui l'attendoient. Il picqua du costé de Senlis à toutes jambes, & arriva la mesme nuit au Chasteau de Couci. C'estoit un lieu de seûreté, parce qu'il appartenoit à Bernard Comte de Senlis, oncle de Richard.

Hosmond laissa là le Duc pour le faire reposer, & continua sa course jusqu'à Senlis, où Bernard fut fort surpris de le voir arriver, & bien réjoüi d'apprendre que son neveu estoit délivré de sa prison, & en lieu d'asseûrance.

La premiere chose que fit le Comte Bernard, fut d'aller sur le champ à Paris trouver Hugues le Grand, qu'il sçavoit estre brouillé avec le Roy: il le conjura de prendre Richard sous sa protection, & de vouloir contribuer de son autorité au rétablissement du jeune Prince dans son patrimoine.

Il trouva Hugues en une très favorable disposition. Ce Seigneur fut le premier à déclamer contre la mauvaise foy de Loüis, d'en avoir usé ainsi envers le fils d'un Prince qui n'avoit esté malheureusement assassiné, que pour luy avoir esté trop attaché, & fit serment à Bernard sur les Reliques des Saints de le servir de tout son pouvoir.

Le Comte fort satisfait de sa négotiation, alla de Paris à Couci avec une grosse escorte, & aprés avoir donné mille marques de tendresse au jeune Richard, l'amena à Senlis.

Le Roy cependant fort chagrin de cette fuite, qui ne luy laissoit que la honte de son procedé peu sincére sans aucun profit, écrivit à Hugues le Grand, pour l'engager à contraindre le Comte de Senlis comme son Vassal, à luy rendre le Duc. Mais Hugues luy répondit nettement, qu'il ne vouloit point se mesler de cette affaire.

Rebuté de ce costé-là, il écrivit au Comte de Flandre pour le prier de le venir voir; & ils se trouvérent en un lieu qu'il luy avoit marqué en Vermandois. Le Comte fit comprendre au Roy le danger où ils seroient l'un & l'autre, si Hugues se liguoit contre eux avec les Normands & les Bretons, & qu'il ne falloit rien épargner pour le regagner. Il faut, ajoûta-t-il au Roy, que vous lui promettiez de luy céder la basse Normandie, pourvû qu'il vous aide à vous saisir de la haute.

Suivant ce conseil le Roy envoya quelques Evéques à Hugues pour luy proposer une entrevûe, l'asseûrant qu'il seroit content de luy. Hugues partit de Paris & rencontra le Roy au Bourg de Croix vers Compiégne. Le Roy le conjura par le zéle qu'il devoit avoir pour sa Patrie, de ne point perdre l'occasion qui se présentoit d'exterminer les Normands en France, & de les chasser d'un païs qu'ils avoient usurpé; que c'estoit un ennemi domestique admis par force dans le sein de l'Etat, dont il falloit se défaire pour le salut du Royaume, & en mesme temps il luy fit offre de le mettre en possession du Comté d'Evreux, de luy donner le Comté de Bayeux, & de tout ce qui estoit au delà de la Seine depuis Roüen jusqu'à la Mer.

Hugues dont tout le but estoit son agrandissement & celuy de sa Famille, oublia les sermens qu'il venoit de faire au Comte de Senlis, & promit au Roy tout ce qu'il voulut aux conditions proposées.

Le Comte de Senlis un des plus adroits hommes de son temps, & qui estoit alerte sur cette affaire, ayant esté parfaitement informé du détail de ce Traité, alla trouver Hugues, & luy fit connoistre qu'il sçavoit tout. Il luy représenta l'indignité de cette conduite, & le tort qu'elle faisoit à sa réputation dans le monde, & enfin la dureté & l'injustice qu'il y avoit, a opprimer un enfant contre la foy de tant de Traitez & de tant de Sermens faits à la face de toute la France.

Hugues le voyant si bien instruit, luy avoüa franchement qu'il s'estoit laissé gagner par le Roy, & qu'il lui estoit impossible de reculer après les avances qu'il avoit faites; mais il luy fit entendre en mesme temps, qu'il ne devoit pas beaucoup s'inquieter de cet engagement qu'il avoit pris avec le Roy; qu'ils avoient de si fréquentes occasions de se broüiller ensemble, que cette union ne seroit pas de longue durée, & qu'enfin il aimeroit toûjours beaucoup mieux voir le Duc maistre de la Normandie que le Roy.

Le Comte de Senlis ayant ainsi pénétré les sentimens secrets de Hugues, se retira assez content, & fit part de tout à Bernard surnommé communement le Danois, un des trois dont j'ay parlé qui avoient l'administration des affaires de Normandie durant la minorité du Duc. Ils convinrent ensemble de tenir à l'extérieur une conduite toute opposée, & que tandis que l'un en Normandie paroistroit tout dévoüé aux interests du Roy, l'autre feroit ouvertement tout ce qu'il pourroit pour luy susciter des ennemis; qu'ils affecteroient de ne se point voir l'un l'autre ; & qu'ils se communiqueroient leurs desseins par des gens de confiance qu'ils s'envoyeroient mutuellement, & que chacun en sa manière feroit tout son possible pour surprendre le Roy, & l'engager dans quelque mauvais pas. Ainsi toute leur application estoit à tromper, & à trahir ce Prince.

Flodoard. Chronic.

Le Comte de Senlis ne fut pas plutost retourné chez luy, qu'il se ligua avec Herbert Comte de Meaux, avec Hugues Archevêque de Reims, & avec Thibaut Comte de Chartres, pour faire des courses sur les Terres du Roy. Ils prirent & brûlérent quelques Châteaux, & s'emparérent de Compiégne. Le Roy estoit alors à Roüen, pour empescher que l'évasion de Richard n'y causast quelque révolte. Il fut obligé par cette diversion d'en partir, & vint avec une partie des Troupes de Normandie dans le Vermandois, qu'il mit au pillage ; & s'estant fait joindre par le Comte de Ponthieu, par un Corps de Milices du Comte de Flandre, & par Artaud Archevêque de Reims déposé, dont la Famille estoit puissante dans le païs, il vint mettre le siége devant Reims, où il se fit de fréquentes sorties & des attaques assez sanglantes. Hugues le Grand néanmoins, & Théotilon Archevêque de Tours ayant offert leur médiation au Roy & à l'Archevêque Hugues, il se fit une Tréve de quelques mois, & on se retira de devant la Place le quinziéme jour du siége.

Ibid.

Le Roy après la conclusion de la Tréve retourna en Normandie avec Herluin Comte de Ponthieu, & entra dans le païs de Caux, où il fit le dégast, à cause que les Normands durant qu'il estoit occupé du costé de Reims, avoient fait des courses dans le Duché de France ; & d'autant qu'il crut que les Habitans de Roüen y avoient eu part, il s'avança vers cette ville-là pour l'assiéger, en cas qu'elle fit difficulté de luy ouvrir ses portes. Mais Bernard le Danois continuant toûjours dans sa dissimulation, envoya au devant de luy pour l'asseûrer de l'obéïssance de la Ville, & le prier de faire cesser les hostilitez, puis que tout estoit soûmis à son obéïssance.

Dudo, l. 3.

Le Roy reçût avec joye ces nouvelles marques de soumission, & cependant Hugues le Grand avoit marché avec une Armée dans le Comté de Bayeux. Quand le Roy fut proche de Roüen, Bernard le Danois accompagné de quantité de Seigneurs Normands, & suivi de tout le Clergé en Procession le vint recevoir hors de la porte Beauvoisine, & luy fit ce compliment.

Ibid.

" Roy invincible, dont nous avons tant de
" fois experimenté la bonté & la sincérité, nous
" avons perdu nostre Duc que nous aimions ten-
" drement ; mais nostre perte est réparée, puis-
" que nous avons maintenant un Roy pour nous
" commander, nous vous serons fidéles ; mais
" agréez que pour marque de nostre fidélité, nous
" vous fassions une plainte sur une chose que vous
" avez faite, & qui est entiérement contre vos
" interests, que nous regardons maintenant com-
" me les nostres. Vous avez donné une partie
" du Duché de Normandie à Hugues qui est
" le plus dangereux ennemi que vous ayez, &
" celuy que vous devez le plus craindre, &
" nous apprenons qu'il est allé avec une Armée
" pour se saisir du Comté de Bayeux. C'est, Sei-
" gneur ce que nous avons peine à comprendre.
" Vous avez avec vous une Armée peu considé-
" rable, en comparaison de la sienne que vous
" avez augmentée de vingt mille hommes de la
" vostre. Vous luy abandonnez le Comté de Ba-
" yeux & le Cotentin, qui de tout temps ont
" fourni à nos Ducs les plus braves Soldats &
" les meilleures testes de leur Conseil. C'est avec
" les Troupes de ce païs là, que le feu Duc Guil-
" laume nous conduisit au travers de la France
" jusqu'aux frontières du Roy de Germanie pour
" traiter de la Paix avec luy. Ce sont les Mili-
" ces du Bessin & du Cotentin qui ont jusqu'à
" présent gardé cette Capitale ; c'est de ce païs-
" là que nous viennent la plûpart de nos vivres :
" estes-vous donc résolu de nous livrer aussi à
" Hugues, afin qu'il se révolte plus seûrement
" contre vous, & qu'ensuite il nous oblige à quit-
" ter le païs & à retourner dans le Nort. Si ce
" malheur arrive, la France n'en sera pas mieux;
" car nous n'y retournerons que pour y aller cher-
" cher du secours, & nous l'amenerons si nom-
" breux, que la France ne sera ni à vous ni à
" Hugues.

Le Roy fut agréablement surpris de ce compliment, où il paroissoit en mesme temps de la soumission, de l'affection & du zéle pour ses interests & pour son service. Il en témoigna beaucoup de satisfaction, & donna ensuite toute sa confiance à Bernard le Danois.

Il envoya par son conseil, ordre à Hugues de sortir du Comté de Bayeux, & d'en retirer toutes les Troupes Françoises. Hugues fut surpris de cet ordre quand on le luy signifia, & ayant paru réveur ; Voila, dit-il, un tour des deux Normands ; il parloit de Bernard dit le Danois, un des Administrateurs du Duché de Normandie, & de l'autre Bernard Comte de Senlis, qui estoit de la Maison des Comtes de Vermandois ; mais tout dévoüé au Duc de Normandie, & frere de sa mere.

Ibid. Et Flodoar. di Chronic. ad an. 944.

Il obéit néanmoins quoi qu'avec chagrin ; car il espéroit se mettre en possession du Comté de Bayeux, pour voir ensuite quel parti il prendroit. Il reprit le chemin de Paris ; mais il envoya au Roy faire de sa part de grandes plaintes, de ce qu'il luy ôtoit sans raison un don qu'il luy avoit fait de luy-mesme, & sans qu'il le luy eust demandé. Le Roy luy répondit qu'il n'avoit pû faire autrement, & que les Seigneurs Normands l'avoient supplié de ne les faire dépendre de personne que de luymesme.

Le Comte de Senlis averti de ce qui s'estoit passé alla voir Hugues à Paris, & le pria de se souvenir de la parole qu'il luy avoit donnée. Ce que le Roy vient de faire, luy dit-il, vous délivre de tout engagement, & il ne tiendra plus qu'à vous désormais d'exécuter la promesse que vous m'avez faite avec serment, de vous déclarer en faveur du Duc Richard.

LOUIS D'OUTREMER.

Ibid.

Hugues luy répondit, j'en suis content ; mais que pourray-je faire, puisque toute la Nation Normande, & tout le Duché se soumettent entiérement au Roy.

Il ne faut pas qu'il conte là dessus, repartit Bernard, laissez passer encore quelque temps, & il aura plus d'affaires qu'il n'en pourra démesler.

Ce n'estoit pas sans fondement qu'il parloit de la sorte ; car Bernard le Danois de concert avec quelques autres Seigneurs Normands de ceux qui paroissoient les plus attachez au Roy, avoit envoyé secretement au païs du Nort, vers un Prince nommé Haigrolde parent de Richard, pour l'informer de la captivité de ce jeune Duc, & pour l'inviter à venir se joindre avec ses Compatriotes de France, afin de le tirer de prison, & le remettre sur le Trône de son pere, l'asseurant que s'il ne se pressoit, le Roy de France alloit s'emparer de tout le Duché, & asservir les Normands ou les chasser hors du Royaume. Sur cela Haigrolde avoit promis d'équiper incessamment une nombreuse Flotte, & d'estre au pluftoft avec une armée considérable en Normandie.

Dudo loc. sit.

En effet le Roy estant parti de Roüen, où il croyoit avoir tout mis en estat de ne rien craindre, & estre fort seûr de l'attachement des Seigneurs Normands, apprit à Laon que la Flotte de Haigrolde avoit moüillé à l'embocheûre de la riviére de Dive en basse Normandie, & que tout le Cotentin & le Comté de Bayeux sçachant qu'il venoit au secours de Richard, s'estoient déclarez pour luy.

C'estoit Bernard le Danois & les autres Seigneurs Normands de Roüen, qui avoient donné cet avis au Roy avec beaucoup d'empressement, en le conjurant de venir avec son armée se mettre à leur teste contre ce nouvel ennemi.

Le Roy ne tarda pas, & arriva peu de jours aprés à Roüen avec le Comte de Ponthieu & de nombreuses Troupes.

Ibid.

Haigrolde de concert avec ceux qui trahissoient le Roy luy fit proposer une entrevûë, pour luy exposer les raisons qui l'avoient fait venir du Nort en France, & les prétentions qu'il avoit. Le Roy le voulut bien, & pour ne pas laisser entrer Haigrolde plus avant, il s'avança luy-mesme jusques sur la riviére de Dive.

Les deux armées se campérent sur le bord de cette riviére ; celle d'Haigrolde du costé de la basse Normandie, & celle du Roy du costé de Roüen.

Ibid.

Le jour que se devoit tenir la Conférence, on vint dire au Roy, environ trois heures aprés le Soleil levé, que les ennemis traversoient la riviére, & que les Troupes du Comté de Bayeux & du Cotentin estoient déja presque toutes passées. Le Roy aussi-tost monte à cheval, & met son armée en bataille.

Haigrolde n'auroit pas fait cette démarche qui tenoit de l'insulte, s'il n'avoit eu plus d'envie de combattre, que d'entrer en négociation. Le Roy cependant dissimula ; & quand les deux Armées furent rangées de part & d'autre, ils s'avancérent luy & Haigrolde avec peu de monde dans le milieu du champ de bataille, à égale distance de leurs armées.

Haigrolde avoit donné ordre à plusieurs de ses gens disposez en divers endroits, de faire insulte à quelque Soldat de l'armée Françoise pendant la Conférence, & de charger les François sans tarder, dés que la querelle seroit engagée.

Herluin Comte de Ponthieu qui n'estoit pas loin du Roy, fit sans y penser naistre luy-mesme l'occasion que les Normands cherchoient. Parmi les Soldats de Haigrolde, il en reconnut un qu'il avoit vû autrefois, il l'appella & s'entretint avec luy, l'interrogeant sur les avantures de sa vie, & sur l'etat de sa fortune. Aprés qu'il luy eut parlé quelque temps, le Soldat s'estant retiré à sa troupe, on luy demanda qui estoit ce Seigneur François qui luy avoit parlé si familiérement. Il répondit que c'éstoit le Comte de Ponthieu. C'est le Comte de Ponthieu, reprit plusieurs d'entre eux, quoy que luy dont nostre Duc Guillaume prit la querelle contre le Comte de Flandres, & qui a esté par là la cause de sa mort ? il ne faut pas qu'il le porte plus loin, & à l'instant il se détache de son escadron avec quelques-uns de ses camarades, vient fondre sur le Comte de Ponthieu qui ne pensoit à rien moins, & le tuë sur la place de plusieurs coups.

Aussitost les François qui estoient auprés du Comte mettent l'epée à la main & donnent sur ces assassins. Ce commencement de combat fit cesser la Conférence, & les deux Rois se retirérent chacun dans leur armée. Comme les Normands se tenoient prests au signal, ils donnérent de tous costez sur les François qui ne s'attendoient point du tout à cette perfidie.

On se battit avec beaucoup de fureur de part & d'autre ; mais enfin les Normands profitant de l'avantage que la surprise leur donna d'abord sur les François, les poussérent & les mirent en déroute. Il y eut dix-huit Comtes tuez sur la place, & un trés grand nombre de Soldats.

Haigrolde qui ne vouloit pas que le Roy luy échapast, couroit par tout, criant qu'on le prit sans le tuer. Il le reconnut parmi les fuyards & s'attacha à luy. Par malheur pour le Roy la bride de son cheval avoit esté coupée de quelque coup de sabre, de sorte qu'il n'en estoit plus le maistre. Haigrolde l'atteignit & le saisit. Il le mit entre les mains de quelques-uns de ses Officiers pour le conduire au Camp, & s'en alla achever la défaite d'un reste de Cavalerie qui faisoit encore résistance.

Ibid.

Flodoard Chronic, ad an. 945.

Ceux qui estoient chargez de garder le Roy ne voulurent pas perdre leur part du pillage, & eurent moins d'attention qu'il ne falloit sur leur prisonnier. Il prit son temps & s'estant emparé d'un de leurs Chevaux, il gagna la campagne du costé de Roüen ; mais il tomba en chemin entre les mains d'un Soldat de Roüen mesme, qui le reconnut, & qui ayant saisi la bride de son cheval, l'arresta. Le Roi n'avoit point d'armes & ne put se débarasser du Soldat, qui l'obligea l'épée à la main à se laisser mener où il voulut. Ce Prince luy fit cependant de si grandes promesses s'il vouloit luy sauver la liberté & la vie, qu'il l'engagea à le mener luy-mesme jusqu'à Laon par des routes écartées.

Bernard le Danois qui avoit conduit toute l'intrigue de la trahison, au desespoir de l'évasion du Roy, le fit chercher par tout, & envoya ordre à tous les Ports & à tous les passages de la rivière de Seine de ne laisser passer personne qui ne fust bien connu, & d'arrester tous les François qui se presentoient. Il alla promtement à Roüen, & envoya encore de là de tous costez sur tous les chemins, pour tascher de découvrir la route que le Roi avoit prise.

Le Soldat qui conduisoit le Roy se trouva fort embarrassé, & l'ayant amené jusques auprès de Roüen, ne voulut point le cacher dans sa maison ; il le mit dans une Isle de la Seine, jusqu'à tant que ceux qui le cherchoient desesperant de le trouver, le crussent ou mort ou sauvé, & laissassent les passages libres. Mais je ne sçay comment on eut quelque soupçon de ce Soldat, sur quoy Bernard, à tout hazard, envoya visiter chez luy ; & quoy qu'on n'eust rien trouvé, on ne laissa pas de saisir ses meubles, sa femme, ses enfans, ses chevaux, avec menace de confisquer tout ce qu'il avoit, s'il ne disoit ce qu'il sçavoit de la fuite du Roy de France.

Le Soldat intimidé se jettant aux pieds de Bernard pour luy demander sa grace, confessa qu'il sçavoit bien où estoit le Roy, & qu'il le luy remettroit entre les mains. On alla à l'Isle, d'où on l'amena à Roüen, & il y fut mis en prison par ceux-là mesmes qu'il avoit cru jusques alors estre entierement à luy. Aussi-tost Bernard le Danois depescha un Courier à Bernard Comte de Senlis, pour luy annoncer que le Roy estoit arresté. Celuy-ci monta sur le champ à cheval, & vint à Paris apprendre cette nouvelle à Hugues le Grand, qui n'en parut point du tout fasché. Il dit au contraire que c'estoit un coup de la justice de Dieu, qui avoit puni l'infidelité dont ce Prince avoit usé envers le jeune Duc, en le retenant prisonnier pour envahir ses Etats. Et comme le Comte de Senlis le pria de se souvenir de la promesse qu'il luy avoit faite, de contribuer de tout son pouvoir à remettre Richard en possession de son Duché, je vous renouvelle la mesme promesse, luy dit-il, & je vous jure qu'il ne sera point parlé de la délivrance du Roy, que luy-mesme, tous les Evêques de France, tous les Comtes, & tous les Abbez n'ayent confirmé par serment la possession du Duché de Normandie à Richard. C'est ainsi que cet homme qui avec la qualité de Sujet, estoit plus Roy que le Roy mesme, décidoit du sort de son maistre.

La nouvelle de la défaite & de la prison du Roy ayant esté portée à la Reine Gerberge, la jetta dans une étrange consternation. Elle envoya au Roy de Germanie son frere, pour le prier de ne la pas abandonner, & de venir au plutost avec une armée assieger Roüen, & obliger les Normands à luy rendre le Roy son mari ; mais Othon qui n'avoit jamais fort aimé Loüis, la refusa, disant que le Roy avoit eu tort d'arrester le jeune Duc, dont le pere avoit péri pour le service de la France ; qu'il meritoit la disgrace qu'il s'estoit attirée ; que pour luy il n'avoit point de raison de faire la guerre aux Normands, & qu'il ne vouloit point se broüiller avec eux.

D'autre part Hugues Archevêque de Reims profitant de l'occasion, alla avec des Troupes assieger Hautmont que le Roy luy avoit enlevé, en faveur de son Compétiteur & prit la Place. Ainsi la Reine destituée de tout secours, fut obligée, malgré qu'elle en eust, d'avoir recours à Hugues le Grand, qui voyant bien qu'on seroit contraint de revenir à luy, se tenoit fort en repos dans son Duché.

La Reine vint le trouver à Paris, accompagnée d'un grand nombre d'Evêques, pour luy demander son appui & sa protection dans le malheur de sa Famille. Hugues la reçut avec beaucoup de civilité & d'honneur, la retint plusieurs jours avec luy, & luy promit d'agir auprès des Seigneurs Normands pour la délivrance du Roy. Je ne fais nul doute qu'il ne prit alors la qualité de Lieutenant General du Royaume, & que ce ne fut durant cette autorité absoluë qu'il fit battre une Monnoye, où l'on voit d'un costé son Monogramme ou Chiffre, avec la qualité de *Duc par la grace de Dieu*, & de l'autre le nom de la Ville de Paris dont il estoit Comte.

Pendant ce temps-là Haigrolde parcouroit toute la Normandie, & reprenoit toutes les Places dont les François s'estoient emparez, y mettoit garnison Normande, & faisoit faire aux Peuples serment de fidelité à Richard.

Hugues le Grand ayant fait venir le Comte de Senlis, l'envoya à Bernard le Danois, pour le prier de faire une Assemblée des Seigneurs Normands à S. Clair sur la rivière d'Epte, qui séparoit les Terres de France d'avec la Normandie ; & promit de s'y rendre luy-mesme avec plusieurs Evêques, pour traiter de la Paix & de la liberté du Roy. On s'y trouva de part & d'autre au jour marqué.

L'unique proposition que fit Hugues, fut de demander la liberté du Roy. Les Normands dirent qu'ils le rendroient, à condition que le Roy luy-mesme, les Seigneurs François, les Evêques & les Abbez confirmassent avec serment la possession de la Normandie à Richard & à tous ses Successeurs, & que c'estoit par-là qu'il falloit commencer.

Hugues repartit qu'il ne convenoit guéres à un Roy, tandis qu'il estoit prisonnier, de confirmer la possession d'un Etat à celuy qui le tenoit en sa puissance ; qu'il falloit le relascher, & qu'on donneroit des ôtages pour le reste.

Les Seigneurs Normands après avoir deliberé entre eux, dirent à Hugues, qu'ils faisoient si grand fonds sur sa parole, que sans peine ils acceptoient sa proposition ; mais qu'ils demandoient pour ôtages les deux fils du Roy, quelques-uns des Officiers de sa Maison, & deux

Evêques. Hugues s'y accorda, & dit qu'il alloit envoyer sur le champ demander à la Reine ses deux fils. Elle ne put se résoudre à les donner ; mais enfin après plusieurs disputes sur ce sujet, les Seigneurs Normands se relaschérent, & se contentérent qu'on leur donnast le cadet nommé Carloman, & on y fit consentir la Reine. Le petit Prince qui estoit encore au berceau, fut mis entre les mains des Normands, avec Hildegaire Evêque de Beauvais, & Guy Evêque de Soissons, & quelques autres François. Le Roy en mesme temps fut rendu à Hugues, à condition qu'au jour dont on estoit convenu, on se rassembleroit sur la rivière d'Epte, afin que ce Prince y reçût les hommages du Duc de Normandie, en luy donnant l'investiture de son Duché ; ce qui ne se fit cependant que l'année suivante, par la perfidie de Hugues le Grand, qui après avoir tiré le Roy d'une prison, le fit rentrer dans une autre. Il le livra à Thibaut Comte de Chartres, qui le renferma & le tint prisonnier comme le Comte de Vermandois avoit fait Charles le Simple pere de ce Prince.

Ces Seigneurs, comme je l'ay déja remarqué diverses fois, vouloient bien avoir un Roy, mais un Roy qui n'eut nulle autorité sur eux. A en juger par la suite de nostre Histoire, le Roy outre ses Maisons Royales, auprès desquelles insensiblement il s'estoit formé des Villes, comme à Compiegne, par exemple, n'avoit point en France de Places un peu considérables dont il fust le Maistre, excepté Laon, Ville forte qu'il avoit ôtée au feu Comte de Vermandois. De là il tenoit en bride les Seigneurs de cette Maison, & quelques autres. Hugues le Grand & le Comte de Chartres complotérent pour luy ôter encore cette Ville-là, & ce fut pour l'obliger à la ceder qu'on le mit en prison. Ce Comte de Chartres dont je parle, est celuy qui dans nos Histoires a le surnom de Tricheur, * ou de Trompeur. Il estoit selon nos Généalogistes, fils d'un Seigneur Normand nommé Gerlon, parent de Rollon ou Robert premier Duc de Normandie.

L'indignité de ce procedé choqua extrémement le Roy de Germanie, & Edmond Roy d'Angleterre proche parent du Roy. Le premier ne voulut point voir Hugues le Grand qui estoit venu jusqu'en Lorraine pour le saluer ; l'autre l'envoya prier fortement de mettre le Roy en liberté. Hugues luy donna des paroles générales, l'asseûrant qu'il assembleroit sur cela les Seigneurs de France ; mais il estoit le maistre de ces sortes d'Assemblées. Enfin le Roy ne fut point délivré de prison, qu'il n'eut cedé Laon, que Hugues donna au Comte de Chartres, & il fallut que la Reine qui n'avoit jamais voulu en sortir pendant la prison du Roy, se résolût à livrer cette Place.

Après cette cession Hugues le Grand vint à la teste de tous les Seigneurs, faire au Roy de nouveaux hommages, & le reconnoistre tout de nouveau pour son Souverain ; cérémonies qui ne coûtoient rien à ces Seigneurs, & qui ne donnoient pas au Roy plus d'autorité.

La premiere chose à quoy l'on pensa ensuite de la délivrance de ce Prince fut à terminer l'affaire de Normandie. On prit un jour avec le Duc pour se trouver sur la rivière d'Epte. Le Roy y vint avec Hugues le Grand & une grande suite de gens de guerre. Le Duc y parut de l'autre costé de la rivière pareillement avec un bel équipage. Une chose pouvoit faire de la peine, & donner lieu au Roy de ne pas tenir le Traité, si estant fatigué d'une guerre qui luy avoit si mal réüssi, il n'eut voulu sincérement la Paix ; c'est que le petit Prince Carloman son fils qu'il avoit donné en ôtage l'année précedente estoit mort à Roüen ; mais il s'en tint au Traité de S. Clair.

Le Roy jura donc sur les Reliques des Saints qu'il cedoit & confirmoit à Richard tout ce qui avoit esté cedé à Rollon son Ayeul, & que ni le Duc, ni ses successeurs ne devroient pour tout ce païs-là service qu'à Dieu seul, & que si quelqu'un osoit jamais attaquer les droits du Duc ou de ses successeurs, le Roy seroit toûjours prest à leur donner du secours ; les Evêques, les Seigneurs & les Abbez François qui estoient là presens firent le mesme serment. Le sens de ces paroles du serment, que le Duc ne devroit service qu'à Dieu seul, estoit qu'il ne seroit point obligé comme les autres Vassaux, à fournir des Troupes au Roy dans ses guerres ; de sorte que toute la sujétion du Duc de Normandie fut réduite au simple hommage, & outre cela on luy ceda encore quelques Terres.

Dès que ce Traité fut conclu, les Seigneurs Normands & Bretons vinrent rendre leurs hommages au Duc comme ses Vassaux, & luy promirent fidélité en guerre, secours & service, * & le conduisirent de là à Roüen en grande pompe, où les Habitans le reçûrent avec des acclamations & des marques extraordinaires de joye proportionnées à la douleur qu'ils avoient eüe de sa captivité. Pour ce qui est du Roy Haigrolde, après avoir si glorieusement rétabli son parent, il remonta sur sa Flotte avec ses Soldats, & retourna en Dannemarc.

Jusqu'alors Hugues le Grand avoit occupé la premiere place en France sans envie ; sa haute naissance, ses grandes qualitez, son adresse à s'attacher les Seigneurs en augmentant leur pouvoir, leur autorité, leur considération, & sur tout leur indépendance du Souverain, l'avoient fait regarder sans peine de tous les Grands comme leur Chef qui travaillant à sa propre grandeur, prenoit soin en mesme temps de celle de ses amis ; mais la violence qu'il fit au Roy en le mettant en prison, pour le contraindre à luy ceder la Ville de Laon, en choqua plusieurs, leur fit craindre qu'il ne cachast de plus hauts desseins, & qu'il n'aspirast au Trône. Ils n'auroient pas voulu d'un Maistre de ce caractére, qui leur paroissoit trop habile, & trop capable de les dominer plus qu'ils ne le vouloient. Mais ce soupçon fut infiniment augmenté, par une démarche que fit Hugues aussi-tost après le rétablissement du Duc de Normandie, & sans la participation du Roy. Il propofa aux Miniftres de ce jeune Duc de lui faire époufer fa fille nommée Emma, & de faire dès lors le mariage, quoy que ni l'un ni l'autre ne fuffent pas encore en âge nubile.

Il eft neanmoins difficile de deviner, fi le projet de ce mariage fut ou l'effet, ou la caufe de la grande défiance que le Roy, le Comte Flandres, & quelques autres Seigneurs conçûrent contre Hugues; ce qui paroift indubitable par toute la conduite de ce Seigneur, c'eft qu'il penfoit depuis long-temps à remettre la Couronne dans fa Famille, & que rien n'eftoit plus capable de luy faciliter l'execution de ce deffein, que la liaifon étroite qu'il prenoit avec le Duc de Normandie.

Il s'y prit comme il falloit pour y réüffir; il fit venir à Paris Bernard Comte de Senlis, oncle du Duc de Normandie, & luy fit une confidence, vraye ou fauffe des intrigues, qui, difoit-il, fe tramoient contre ce jeune Prince. Il luy dit qu'on l'avoit déja tenté plufieurs fois, afin de l'engager dans une Ligue qu'on vouloit tout de nouveau former contre le Duc de Normandie pour le dépoüiller de fon Etat, & qu'il n'avoit jamais voulu rien écouter là deffus; qu'Arnoul Comte de Flandres eftoit un ennemi opiniaftre & irreconciliable de la Maifon de Richard; qu'après qu'il avoit fait affaffiner le feu Duc de la maniere la plus cruelle & la plus lâche, on devoit tout appréhender de luy; que c'eftoit un efprit artificieux, fourbe, entreprenant, qui ne fe rebutoit de rien, qui animoit éternellement le Roy contre la Nation Normande; qu'il follicitoit le Roy de Germanie, le Duc de Lorraine, & qu'infenfiblement il viendroit à bout d'unir ces Princes avec luy, pour exterminer les Normands en France; que le Duc de Normandie n'avoit point d'azile, & ne penfoit point à s'en procurer; que s'il eftoit attaqué, perfonne ne s'intereferoit à fa défenfe, & qu'étant feul il fuccomberoit; que pour luy il fçavoit de bonne part, que le Roy ne pouvoit oublier fa prifon de Roüen, & la trahifon que les Normands luy avoient faite; que toute fon application eftoit à chercher les moyens feûrs de s'en venger, & qu'ainfi le Duc devoit profiter des avis & des lumières qu'on luy donnoit.

Le Comte de Senlis dit fur cela à Hugues qu'il fçavoit par experience, combien il eftoit bien intentionné pour Richard; mais qu'il le prioit de luy fuggerer quelques moyens particuliérs de fe précautionner contre fes ennemis, & de luy marquer avec qui il luy feroit le plus avantageux de faire alliance.

Avec moy, repartit Hugues, vous connoiffez ma puiffance qui eft plus grande que celle du Roy, & le crédit & l'autorité que j'ay fur l'efprit des Grands. Si le Duc veut unir fes intérefts avec les miens, il n'a rien à appréhender; & moy par cette liaifon je deviendray plus redoutable à ceux, qui me craignent plus qu'ils ne m'aiment, & je feray plus en eftat de rompre toutes les factions qui pourroient fe former contre le Duc de Normandie. J'ay une fille à peu près de mefme âge que luy, je la luy offre en mariage: ce fera le nœud de noftre union. Penfez-y; mais fi la chofe a à fe faire, il faut qu'elle fe concluë au pluftoft, afin qu'on n'ait pas le temps de la traverfer. Le Comte de Senlis agréa fort cette propofition; il n'eut pas de peine à la faire goûter aux Miniftres du Duc, & la chofe fe fit.

Le Roy & le Comte de Flandres ayant appris cette nouvelle, en furent fort inquiets, & eurent une entrevûë fur ce fujet au Comté de Vermandois. Le Comte fit comprendre au Roy ce qu'ils avoient tous deux à craindre de cette nouvelle union; que les Normands en vouloient au Comté de Flandres, pour venger la mort de leur Duc; que Hugues tendoit à fe faire Roy; qu'il vouloit recouvrer le Trône qu'il avoit manqué à la mort de Robert fon pere; qu'il ne tarderoit pas à commencer la guerre; qu'il eftoit important de le prévenir & de s'affeûrer de quelques reffources; qu'il falloit à quelque prix que ce fuft gagner Othon Roy de Germanie; que Henry pere de ce Prince fut celuy à qui Charles le Simple après la perte de la bataille de Soiffons, avoit eu recours fe voyant abandonné de tous les François, Henry accourut auffi-toft à fon fecours, & qu'il auroit rétabli les chofes, fi la perfidie du Comte de Vermandois qui arrêta le Roy prifonnier, luy en eût laiffé le temps; que Charles pour engager Henry dans fon parti, luy avoit abandonné le Royaume de Lorraine; qu'Othon en eftoit le maiftre; mais qu'il fouhaittoit qu'on fît une renonciation entière aux droits que les Roys de France prétendoient toûjours y avoir; qu'en faifant cette renonciation il le mettroit entièrement dans fes interefts, & qu'il ne falloit pas héfiter davantage à la faire dans la conjoncture préfente; que fi par le fecours d'Othon il pouvoit conquérir la Normandie, un des plus excellens païs de France, & en chaffer les Normands, il feroit bien dédommagé de la Lorraine.

Le Roy goûta fort les expediens & les raifons propofées par le Comte de Flandres. La Reine qui eftoit fœur d'Othon luy écrivit de preffantes lettres fur ce fujet, & le Comte de Flandres fut chargé luy-mefme de négocier cette Ligue. Il y réüffit, & le Traité fut fait à condition de la renonciation aux droits fur la Lorraine. Othon promit d'entrer inceffamment en France avec une très-groffe armée, dont l'employ feroit de ravager d'abord tout le Duché de Hugues jufqu'à Paris, & d'attaquer Paris mefme, s'il y avoit lieu de le faire avec quelque efperance d'y réüffir.

En effet Othon paffa peu de temps après le Rhin, & entra en France avec cent mille hommes, menant avec luy le jeune Conrad Roy de Bourgogne qu'il élevoit à fa Cour, & dont il eftoit le Tuteur. Le Roy vint avec fon Armée au devant de luy, & le joignit vers Cambrai. Ils eurent d'abord la penfée d'affieger cette Place; mais le Comte de Chartres, à qui Hugues en avoit donné le Gouvernement, l'avoit fi bien fortifiée, qu'après qu'ils l'eurent reconnuë, ils en jugérent l'attaque trop hazardeuse; ainsi ils tournérent du costé de Reims où l'Archevêque Hugues, neveu de Hugues le Grand s'estoit renfermé, résolu de la bien défendre.

Le siége en fut formé, & on le poussa avec toute la vigueur possible, de sorte qu'en moins de trois jours l'Archevêque se voyant très pressé, & ayant esté sommé de se rendre, demanda qu'il luy fust permis de parler à quelques Seigneurs de l'armée du Roy qui estoient de ses parens, & on le luy permit.

Il leur dit qu'il avoit souhaité de leur parler comme à ses parens & à ses amis, pour leur demander conseil, sur ce qu'il avoit à faire dans la conjoncture embarrassante où il se trouvoit; s'il n'y avoit point lieu à quelque accommodement, & si le Roy estoit résolu de luy oster son Archevêché. Ils luy répondirent qu'ils sçavoient les intentions des deux Rois, qui estoient de faire donner incessamment l'assaut à la Place; qu'ils vouloient qu'il en sortist; qu'en vain ils employeroient leurs prieres pour la luy conserver, & que s'il se laissoit forcer, le dessein des deux Rois estoit de luy faire crever les yeux, pour le mettre hors d'estat de continuer ses révoltes & les désordres qu'il causoit dans la Champagne.

Il rentra dans la Ville après ces fâcheuses réponses, & les communiqua à ceux qui la défendoient avec luy. La résolution fut prise de se rendre, & il en sortit le troisième jour du siége. L'Archevêque Artaud qui en avoit esté chassé quelques années auparavant, n'avoit pas manqué de se trouver au Camp. Il rentra dans la Place, & le Roy le fit rétablir dans le Siége de cette Eglise, par Robert Archevêque de Tréves, & par Frédéric Archevêque de Mayence, qui avoient suivi Othon dans cette expédition.

Après cette conqueste qui leur coûta peu de temps & peu de monde; ils s'avancérent du costé de Paris, ayant laissé la Reine dans Reims, pour maintenir la Place dans le parti du Roy. Ce fut alors qu'ils commencérent à ravager tout le Duché de France. Hugues n'avoit pas assez de Troupes pour tenir la campagne contre les deux armées Royales, & les Normands de leur costé qui appréhendoient qu'elles ne tournassent vers la Normandie, n'osérent dégarnir leur païs.

Les deux Rois mirent le siége devant Senlis; mais la Place étant très-fortifiée & défenduë par de braves gens, qui leur tuérent beaucoup de Soldats dans quelques sorties, ils ne jugérent pas à propos de s'y arrêter.

Othon auroit eu quelque envie d'assiéger Paris; mais le Comte de Flandres luy représenta que la Ville estant de tous costez entourée de la Seine, c'estoit une entreprise qu'il ne falloit pas tenter, & qu'il valloit mieux descendre en Normandie.

C'estoit beaucoup plus sa haine contre les Normans & contre leur Duc, que la raison qui le faisoit parler de la sorte; car il haïssoit autant le fils qu'il avoit hay le pere, & sçavoit qu'il en estoit luy-mesme fort hay: mais Othon avoit peine à s'engager si avant. Le Comte de Flandre pour l'y déterminer, l'asseüra qu'il avoit des avis certains que Roüen estoit dans la consternation, & que dès que les Habitans sçauroient que l'Armée seroit en marche pour les assiéger, ils viendroient apporter leurs clefs.

On marcha donc jusqu'à la rivière d'Epte, qui séparoit les Terres de France d'avec celles de Normandie; & le lendemain on passa la rivière d'Andelle, à trois ou quatre lieuës de Roüen, sans que les Bourgeois en apportassent les clefs, comme le Comte de Flandre l'avoit promis.

Othon à la priére du Roy & du Comte de Flandre, fit un détachement considérable de ses meilleurs Soldats, la pluspart Saxons, sous la conduite d'un de ses neveux, jeune homme plein de feu & de courage; luy permit de s'avancer jusqu'auprès de Roüen, & de charger les Troupes Normandes, s'il les trouvoit hors de la Ville.

Il en rencontra en effet quelques-unes qu'il attaqua, & qui ne tinrent pas devant luy, il les poussa jusqu'à la Ville, & espéra entrer avec eux par la Porte Beauvoisine, jusqu'où il les poursuivit l'épée dans les reins: mais cette fuite estoit un stratagême pour engager les Saxons. Les Murailles & les Tours voisines de la Porte parurent tout à coup remplies d'Archers aussi bien que les fossez, & en mesme temps la Porte de la Ville ayant esté ouverte, il se fit une nombreuse sortie, que les Saxons soutinrent d'abord assez bien; mais accablez de tous costez de flèches, & chargez en mesme-temps l'épée & le javelot à la main par ceux de la sortie, ils furent obligez de plier. Le neveu de l'Empereur qui les commandoit, fut tué sur le Pont de la Porte de plusieurs coups d'épée & de lance. Il y en eut beaucoup de pris, qui furent menez dans la Ville, & assez peu retournérent rejoindre l'Armée.

Le Roy de Germanie fort chagrin de ce mauvais succès, s'estant avancé sur une des hauteurs voisines de la Place pour en considérer la situation, demanda à ses ingénieurs, s'il y avoit moyen d'empescher la communication de la Ville avec la campagne du costé de la Seine. Ils luy répondirent que la chose estoit impossible, à cause de la largeur de la rivière, & du flux & reflux qui s'y faisoit deux fois par jour, & qui y estoit très-grand aux nouvelles & aux pleines Lunes. Dès lors il résolut en luy-mesme d'abandonner cette entreprise; mais ce Prince qui avoit beaucoup de pieté ne voulut pas manquer d'aller faire ses priéres dans l'Eglise de saint Oüen, qui est aujourd'huy bien avant dans la Ville, & qui estoit alors hors des Murailles. Il en fit demander la permission au Duc de Normandie qui estoit dans la Place. Le Duc le luy accorda volontiers. Il y alla avec quelques Evêques & quelques Ducs de sa Nation, & y fit de fort beaux présens.

Othon après y avoir fait ses dévotions, tint Conseil de guerre avec les principaux de ceux qui l'avoient suivi. Il leur exposa l'état des cho-

HISTOIRE DE FRANCE.

ses; qu'il s'estoit laissé engager par le Roy de France & par le Comte de Flandre à venir jusqu'à Roüen, pour ne s'en retourner, selon toutes les apparences, qu'avec perte d'une partie de ses gens & de sa réputation; qu'il ne voyoit pas comment il pourroit s'y prendre pour forcer la Ville ou pour l'affamer; que les Habitans avoient le costé de la rivière tout-à-fait libre, pour recevoir des vivres & du secours tant qu'ils en auroient besoin, & il leur demanda leur avis sur les moyens de retirer son Armée du milieu d'un païs ennemi, où il appréhendoit qu'on ne luy coupast les vivres, & où dans la retraite, il seroit harcelé de toutes parts. Il ajoûta qu'il luy estoit venu une pensée, qu'il n'avoit pas voulu exécuter sans la leur communiquer; c'estoit de faire au moins une Tréve avec le Duc Richard, & de l'acheter au prix de la teste du Comte de Flandre, qui pour satisfaire sa seule passion, l'avoit trompé luy & le Roy de France, sur des espérances chimériques, que la Ville se rendroit, & luy mettroit le Duc entre les mains, pour l'immoler comme son pere à sa haine & à sa vengeance; qu'il estoit certain que le Traité seroit bientost conclu, s'il proposoit seulement au Duc de luy livrer le Comte de Flandre.

Tous d'une voix conclurent à lever le siege le plustost qu'il seroit possible; mais ils représentèrent à Othon que le moyen qu'il proposoit luy feroit tort dans le monde, & estoit indigne d'un grand Prince comme luy; que les Generaux tascheroient de marcher avec précaution jusques au-delà de la rivière d'Epte, & que les Milices de la basse Normandie n'estant pas encore assemblées, on pourroit se retirer sans un fort grand danger, pourvû qu'on le fist incessamment. On s'en tint là, & il fut résolu de décamper le jour suivant. Mais le Comte de Flandre ayant eu avis, je ne sçay par quelle voye, du dessein que le Roy de Germanie avoit formé contre luy, prit ses précautions d'une manière qui pensa perdre toute l'Armée.

Il donna secretement ordre à toutes ses Troupes de se tenir prestes à marcher vers la minuit, & dès que le Soleil fut couché, il fit charger tous ses bagages dans son quartier, & se mit en marche avec le moins de bruit qu'il luy fut possible. Mais il n'en put pas faire si peu, qu'on ne l'entendist d'une partie des autres quartiers. On vint donner avis aux deux Rois qu'on entendoit dans les chemins proches du Camp, marcher de la Cavalerie & des Charrois, & que cela avoit tout l'air d'un Corps d'Armée, qui venoit au secours de Roüen. Il n'en fallut pas davantage pour répandre la terreur, & en mesme temps le désordre dans le Camp. Les Soldats n'écoûtoient plus de commandement, & chacun songeoit à s'enfuïr, sans sçavoir pourtant de quel costé.

Le tumulte du Camp fut entendu de la Ville, où l'on appréhenda aussi la surprise. On fit prendre les armes à toute la Soldatesque, on en borda les remparts de tous costez, & on s'attendit à un assaut pour la pointe du jour; mais on fut bien surpris de voir qu'on ne pensoit dans le Camp qu'à s'enfuïr; que tout y estoit en tumulte; que les Campagnes estoient pleines de gens qui fuyoient à toutes jambes, sans que personne les poursuivist.

Les Commandans de la Ville furent quelque temps en suspens sur un évenement si peu attendu. Ils pensérent d'abord que ce pourroit estre un stratagême, pour les attirer hors de la Ville, & les faire donner dans quelque embuscade. Toutefois pour ne pas perdre une occasion qui pouvoit estre importante, ils firent sortir une partie de la Garnison, en donnant ordre au Commandant de suivre les ennemis avec précaution, & sans s'avancer mal à propos. Cette Troupe se sépara en deux; une partie prit le long du bois de Marome *, & l'autre par des routes connuës aux gens du païs, s'avança jusqu'à l'extrémité de la Forest.

Le premier Corps en trouva un des ennemis qui se retiroit avec quelque ordre. On se battit, & après un peu de résistance, les Normands mirent aisément en déroute des gens, qui estoient déja à demi vaincus par la peur; mais ce fut l'autre Corps, qui s'estant mis en embuscade à l'extrémité de la Forest, fit la plus grand carnage : il donna fort brusquement sur l'arriere-garde, & la mit en une entiere déroute. Quand on vit que c'estoit tout de bon que les deux Rois se retiroient, on grossit les Troupes qui les poursuivoient, & un Corps de Cavalerie fut sans cesse à leurs trousses pour les harceler, & ne les quitta qu'auprès d'Amiens, où ils passèrent la Somme. Ce fut là le succès de l'expédition du Roy de Germanie, qui aboutit à la ruïne entiere du Plat-païs dans presque toute l'étenduë de ce qu'on appelloit alors le Duché de France, mais sans prendre aucune Ville, excepté Reims qui n'estoit pas de ce Duché, ou du moins qui n'appartenoit pas à Hugues le Grand.

Tout ce que ce Seigneur avoit pû faire durant ce temps-là, estoit de bien garder ses Places. Mais dès le commencement du Printemps, avant que le Comte de Flandre pust estre secouru, il entra sur les Terres de ce Comté. Il attaqua quelques Forteresses, & ne les put forcer. Le Roy pour faire diversion, assiégea Mouson, qui appartenoit à Hugues Archevêque de Reims, & ne le put prendre non plus. Hugues le Grand tenta encore en vain de reprendre Reims. Montreüil résista aussi vigoureusement au Comte de Flandre. Tant de tentatives inutiles de part & d'autre firent penser à la Paix. Othon se fit le médiateur entre le Roy & Hugues le Grand, & on fit une Tréve qui devoit durer jusqu'après un Concile, qu'on avoit convoqué pour le mois de Novembre, & qu'on devoit tenir à Verdun, pour terminer entierement le different des deux Archevêques de Reims, qui duroit depuis si long-temps, parce qu'on n'avoit presque pris jusqu'alors que des voyes de fait pour le finir. Il estoit question de décider à qui demeureroit cet Archevêché ou à Hugues fils du Comte de Vermandois, ou à Artaud; le premier estoit
toûjours

Mali Foraminis.

An. 946.

An. 947.

Flodoard. Chronic.

toûjours soûtenu par Hugues le Grand son oncle, & l'autre par le Roy.

Le Roy de Germanie & le Roy de France dans une Diéte qu'ils tinrent au mois d'Aoust sur la riviére de Chiers auprès de Mouson & de Douzi, avoient tasché de mettre fin à cette affaire par l'entremise de quelques Evêques; mais ils n'avoient pû en venir à bout; il avoit seulement esté réglé, qu'en attendant, Artaud demeureroit à Reims, & Hugues à Mouson, dont le Domaine appartenoit à l'Archevêque de Reims.

ibid.

Vers le milieu de Novembre, le Concile s'assembla à Verdun, où Robert Archevêque de Tréves présida, ayant esté nommé Commissaire par le Pape dans cette affaire; Artaud ne manqua pas de s'y trouver; Hugues qui estoit sa partie n'y vint pas. On luy envoya deux Evêques, pour le sommer de s'y rendre; mais il refusa de le faire. C'est pourquoy le Concile le condamna par défaut, & Artaud fut déclaré légitime Archevêque de Reims, au moins par une espéce de provision; car les Evêques résolurent de s'assembler encore en Concile au mois de Janvier prochain sur la mesme affaire; & pour engager Hugues à s'y rendre plus volontiers, on choisit un lieu tout proche de Mouson, où il demeuroit.

ibid.

Quand les Evêques s'y furent rendus, & avant que le Concile fut ouvert, Hugues vint trouver Robert Archevêque de Tréves, qui devoit encore y présider. Il l'entretint sur son affaire; mais il ne voulut point assister au Concile. Il envoya seulement aux Evêques par un Diacre des Lettres du Pape Agapet II. qui tenoit alors le siége de S. Pierre, par lesquelles ce Pape ordonnoit simplement, & sans parler d'aucune forme Canonique, qu'on rétablist Hugues dans l'Archevêché de Reims.

Flodoard an. 948.

Les Evêques & les Abbez délibérérent entre eux sur ces Lettres, & tous furent d'avis de n'y avoir nul égard, vû que l'Archevêque de Tréves avoit esté juridiquement déclaré Commissaire du Pape dans ce procès, par des Lettres que Frédéric Archevêque de Mayence luy avoit mises en main, en présence du Roy de France & du Roy de Germanie, & de plusieurs Evêques des deux Royaumes. On fit lire à cette occasion le dix-neuviéme Chapitre du quatriéme Concile de Carthage, qui a pour titre, *de l'accusé & de l'accusateur*, & conformément à ce Chapitre, on prononça qu'Artaud demeureroit dans la Communion des Evêques de France & de Germanie, & en possession de l'Archevêché de Reims, & que Hugues seroit séparé de la Communion des autres Evêques, & suspendu de toute Jurisdiction dans l'Archevêché de Reims, pour n'avoir pas obéi aux sommations de deux Conciles, devant lesquels il estoit obligé de comparoistre, & qu'il demeureroit dans cet état d'excommunication & de suspense jusqu'au Concile National qu'on indiqua pour le premier jour d'Aoust, où il seroit cité afin de répondre sur la contumace & sur les autres chefs d'accusation qu'on produiroit contre luy. Les Evêques firent décrire le Chapitre du Concile de Carthage, qui leur avoit servi de régle, y ajoûtérent au-dessous leur Sentence, & envoyérent cet écrit à Hugues, qui le renvoya deux jours après à l'Archevêque de Tréves, en luy faisant déclarer de sa part qu'il ne le reconnoissoit point pour son Juge, & qu'il ne déféreroit point à la Sentence qu'il avoit renduë contre luy. Artaud après le Concile en envoya les Actes au Pape, qui approuva la convocation du Concile National, & afin de le haster & de finir un différend qui causoit depuis long-temps tant de troubles en France, il fit partir promptement Marin Evêque de Domarzo pour la Cour de Germanie, & le chargea de prier Othon de contribuer de toute son autorité à la conclusion de cette affaire. Marin fut aussi chargé de quelques autres Lettres pour divers Evêques de France & de Germanie, que le Pape croyoit les plus propres à rétablir la Paix, & qu'il exhortoit à ne pas manquer de se trouver au Concile.

Nonobstant ces Assemblées d'Evêques, & l'application qu'ils apportoient à pacifier les choses, les troubles continuoient, & les partisans d'Artaud & ceux de Hugues estoient tous les jours aux mains. Cependant Hugues le Grand s'estoit réconcilié avec le Comte de Flandres, en luy promettant de l'aider à prendre Montreüil sur le Comte de Ponthieu; il luy tint parole, & Montreüil fut pris. Mais enfin on espéra que le Concile National pourroit remédier à tous ces désordres de l'Etat. Ce Concile par ordre du Pape, dont le Roy avoit imploré l'autorité, devoit connoistre non seulement de l'affaire des deux Archevêques de Reims, mais encore des sujets de plaintes que le Roy avoit contre Hugues le Grand, & procéder contre ce Seigneur par les censures Ecclésiastiques, s'il se trouvoit coupable, & s'il continuoit à troubler le Royaume.

Flodoard. Chronic ad an. 948.

Ce fut à Ingelheim auprès de Mayence, que se tint ce Concile dans l'Eglise de S. Remy le premier de Juin. Les deux Rois Loüis & Othon y assistérent, environ trente tant Archevêques qu'Evêques, la plûpart du Royaume de Germanie, & plusieurs Abbez. On n'y vit aucun Prélat ni du Duché de Bourgogne ni de Normandie, ni de tout ce qui estoit alors dépendant du Comté de Paris & du Duché de France, & l'on ne peut douter que Hugues le Grand, qui sçavoit ce qui s'y devoit traiter, n'eust empesché que les Prélats de ces Provinces n'y assistassent. Eux-mesmes ne furent pas faschez de s'en exempter, pour s'épargner l'embarras d'estre obligez de souscrire à des Decrets désagréables à leurs Princes. On n'y voit point non plus le nom d'aucun Evêque d'Aquitaine, parce qu'ils ne pouvoient guéres y aller, qu'en passant ou par le Duché de France ou par la Bourgogne; ce que Hugues le Grand ne leur auroit pas voulu permettre. Ainsi ce Concile tout Général ou National qu'il devoit estre, & composé de la Nation Françoise & de la Nation Germanique, ne fut presque qu'un Concile des Evêques de Germanie & du Royau-

An. 948.

me de Lorraine. L'Evêque Marin en qualité de Légat du Pape y présida.

Flodoard. Chronic. Concil. Ingelhmenſe. Tom. III. Concil. Gall.

Après les Prieres ordinaires en pareilles cérémonies, la lecture de quelques endroits de l'Evangile, de celle de plusieurs Canons des anciens Conciles, & de la Commission du Légat, les deux Rois entrérent : ils s'assirent l'un à costé de l'autre, & l'Evêque Marin fit l'ouverture du Concile par une Harangue, où il exhorta les Princes & les Prélats à concourir de tout leur possible à la Paix.

Le Légat s'estant assis, Loüis se leva, & se plaignit à toute l'Assemblée d'un air animé & touchant, de tous les traitemens injustes qu'il avoit reçûs de Hugues Duc de France. Il exposa *comme après avoir esté obligé de se réfugier en Angleterre, & d'y demeurer plusieurs années, tandis que des tyrans & des rebelles tenoient le Roy son pere en prison, il en avoit enfin esté rappellé pour remonter sur le Trône de ses Ancestres, par Hugues mesme, & par les principaux Seigneurs de France, qui sembloient alors vouloir tous conspirer à rendre son Régne heureux ; que néanmoins les choses avoient bien-tost changé par les perfidies & par les intrigues de Hugues, qui ne pouvoit souffrir de Maistre, & par la conjuration de ceux qui s'estoient dévoüez à son ambition ; qu'après avoir esté trahi dans la guerre de Normandie, & souffert une assez dure prison, il n'en avoit esté délivré que pour rentrer dans une autre, où Hugues l'avoit retenu pendant un an, quoiqu'il se fust fait honneur durant quelques jours, de l'avoir tiré luy-mesme des mains des Normands ; qu'il n'estoit sorti de cette seconde prison qu'en rachetant sa liberté par la cession de la Ville de Laon, l'unique Place forte qui luy restast en propre de tous ses Etats ; que toute la France estoit témoin de tout ce qu'il disoit ; qu'il ne s'estoit point attiré tant de malheurs par son mauvais Gouvernement, & que si quelqu'un osoit luy reprocher rien sur sa conduite, il estoit prest de subir le jugement du Concile & celuy du Roy de Germanie qui l'écoutoit, & mesme de prouver son innocence dans un combat particulier contre quiconque oseroit l'accuser de quelque action indigne de sa personne & de sa qualité de Roy.*

Ibid.

Rien ne montre mieux qu'une Harangue de cette nature, l'abaissement où estoit tombée alors, & où estoit depuis long-temps la dignité Royale en France, & il n'y a personne qui en lisant l'Histoire de ce Régne, ne fasse souvent cette réfléxion, qu'à la Couronne près, Hugues estoit beaucoup plus Souverain & plus Roy que le Roy mesme.

Le Concile extrêmement touché du discours du Roy, ne tarda pas à décider en sa faveur par ce Decret ; » Que personne désormais n'ait la présomption de s'élever contre la » puissance Royale & de s'en emparer. Car nous » avons résolu en prenant pour régle l'autorité » & le jugement du Concile de Tolede, de frapper du glaive de l'excommunication Hugues, qui a envahi le Royaume du Roy Loüis, à moins qu'il ne comparoisse devant ce Concile au temps qu'on luy marquera, & s'il n'y promet de renoncer à sa révolte, & de satisfaire le Roy.

Concil. Tolet. 4. Can. 75.

Cette premiere Sentence ayant esté prononcée, l'Archevêque Artaud se leva, & conformément aux Lettres & aux ordres qu'il avoit reçûs du Pape, il informa le Légat & tout le Concile de tout ce qui s'estoit passé dans l'Eglise de Reims depuis la mort de Hervé & de Seulfe les deux derniers Archevêques de cette Ville. Il fit le détail de toutes les violences, que le défunt Comte de Vermandois & ensuite Hugues le Grand y avoient exercées en faveur de son concurrent, la promotion irréguliére & scandaleuse de ce jeune homme, comment la sienne au contraire avoit esté très-Canonique, & enfin les persécutions qu'il avoit souffertes à cette occasion depuis plusieurs années. Il demanda justice contre l'usurpateur d'un des premiers Siéges de France, & d'estre confirmé dans la possession où il se trouvoit actuellement, par la protection des deux Rois qui estoient présens au Concile.

On lut publiquement les deux Lettres du Pape au Concile, & on en fit une interprétation en langage Tudesque, à cause des deux Rois qui n'entendoient pas le Latin. Le Pape y exhortoit le Concile à terminer les différends de l'Eglise de Reims, & à apporter reméde aux désordres du Royaume.

L'Archevêque Hugues qui n'avoit pas voulu se trouver au Concile, y avoit envoyé un Diacre, qui fut admis, & demanda permission de lire des Lettres, que l'Evêque Marin qui présidoit actuellement au Concile luy avoit données à Rome de la part du Pape, & qui avoient déja esté lûës en celuy de Mouson, par lesquelles le Pape ordonnoit que Hugues fust rétabli dans le siége de l'Eglise de Reims. Le Légat que ces Lettres devoient embarrasser, en produisit d'autres, où l'on voyoit la raison, pourquoy le Pape avoit écrit celles qui venoient d'estre lûës.

Dans ces Lettres produites par le Légat, il estoit énoncé que Guy Evêque de Soissons, Hildegaire de Beauvais, Rodolfe de Laon, & les autres Suffragans de l'Archevêché de Reims avoient conjointement écrit au Pape, pour luy demander le rétablissement de Hugues & la déposition d'Artaud.

Concil. Ingelhmenſe.

L'Evêque de Laon & Fulbert Evêque de Cambray, qui estoient présens, se récriérent contre ce qui venoit d'estre lû touchant les Suffragans de Reims. Ils protestérent qu'ils n'avoient jamais oüy parler de semblables Lettres, ni consenti qu'elles fussent écrites, & que c'estoit un faux énoncé, par lequel le feu Comte de Vermandois avoit surpris le Pape, & obtenu de luy l'Archevêché de Reims pour Hugues son fils.

Le Diacre sans s'étonner du desaveu des Evêques, entreprit de soûtenir la vérité de ces Lettres ; mais le Légat prenant la parole, luy imposa silence, & pria l'Assemblée de donner ses avis sur un fait si honteux procédé. On lut les Canons contre les calomniateurs, & ensuite le Diacre fut condamné tout d'une voix, interdit de son ministére, & chassé hors de la Sale du Concile. On confirma les Sentences qui avoient esté renduës autrefois en faveur

Ibid.

d'Artaud pour la possession de l'Archevêché de Reims, & dans la Séance suivante, à la requeste de l'Archevêque de Tréves, on prononça la Sentence d'excommunication contre Hugues, comme contre un usurpateur de l'Archevêché de Reims, & un ennemi de la Paix de l'Eglise, dont il ne pourroit jamais estre absous, qu'il n'eust fait pénitence. On lança encore une nouvelle excommunication contre Hugues le Grand, sur ce qu'il avoit chassé Rodolfe Evêque de Laon de son Evêché, non point pour aucun crime qu'il eust commis, mais parce qu'il estoit toûjours demeuré fidéle au Roy son Seigneur & son Souverain. Néanmoins cette excommunication n'estoit que comminatoire aussi-bien que l'autre qu'on avoit déja fulminée contre luy, & ne devoit avoir son effet, que supposé qu'il ne voulust pas se présenter, pour satisfaire à l'Eglise & au Roy. C'est là tout ce qui se passa dans ce Concile par rapport aux affaires qui concernoient l'Etat. Car il s'y fit encore plusieurs Canons qui regardoient la réformation des mœurs & la discipline de l'Eglise. Mais de tout temps en pareilles occasions, il a fallu des Troupes & des Victoires, pour rendre les excommunications efficaces.

Le Roy avoit avec luy très-peu de Soldats François. Conrad Duc de Lorraine estoit à la teste d'un petit Corps d'Armée assez fort pour tenir la Campagne en France contre Hugues le Grand, mais trop foible pour faire aucune entreprise. Il accompagna le Roy par ordre d'Othon dans le Laonnois, en attendant qu'il leur vinst de plus grandes forces. Elles furent assez promptement assemblées, & les Evêques de Lorraine ayant réüni les Milices de leurs Evêchez, vinrent assiéger Mouson, où Hugues qui se disoit toûjours Archevêque de Reims, s'estoit renfermé. Il fut obligé après une assez vigoureuse résistance, de capituler & de se rendre. On rasa les Fortifications & les murailles de la Ville.

Ensuite de cette prise l'Armée des Evêques vint joindre celle du Roy dans le Laonnois, où ils firent encore le siége de Montaigu, que le Comte de Chartres, toûjours Maistre de la Ville de Laon, avoit fait beaucoup fortifier. Le siége fut assez long & assez difficile, mais enfin on en vint à bout.

Après ces deux avantages, les Evêques vinrent avec leur Armée devant Laon, & quittant le Casque pour prendre la Mitre, ils s'assemblérent comme en Concile dans une Eglise voisine de la Ville dédiée à S. Vincent, où ils excommuniérent Thibaud Comte de Chartres, qui estoit en possession de Laon. Ils citérent aussi Hugues le Grand en leur nom & au nom du Légat du Pape, pour venir rendre compte de tout ce qu'il avoit fait contre le Roy & contre les Evêques. Enfin Guy Evêque de Soissons, un de ceux qui avoient autrefois ordonné Hugues Archevêque de Reims, demanda pardon à l'Assemblée de cette faute, & il soûmit sa Ville Episcopale au Roy, par l'espérance qu'on luy donna de luy pardonner. Il auroit esté avantageux à ce Prince qu'une Armée qui le servoit si bien, eust continué d'agir le reste de la Campagne; mais les Lorrains se lasserent, & le Roy fut obligé de consentir qu'ils s'en retournassent chez eux.

Par cette retraite, Hugues le Grand, qui n'estoit que sur la défensive, & qui se contentoit de couvrir son Duché de France contre les courses, devint le plus fort; & le Roy fut obligé d'estre à son tour le spectateur des siéges, que ce Duc entreprit de faire avec le secours des Troupes de Normandie jointes aux siennes.

Il avoit porté fort impatiemment que l'Evêque de Soissons se fust déclaré pour le Roy, & luy eust livré sa Ville Episcopale. Cette démarche estoit d'un dangereux exemple dans les conjonctures présentes. C'est pourquoy le siége de cette Place fut sa premiere entreprise. Il défit d'abord une partie de la Garnison qu'il coupa dans une sortie, & brûla avec des feux d'artifices une partie de la Ville & la Cathédrale: mais la résistance des assiégez fut si grande, qu'il ne put les forcer. En abandonnant ce siége, Hugues marcha pour surprendre Rouci, que le Comte Renaud du parti du Roy avoit commencé à faire fortifier sur la riviére d'Aisne; mais il en fut encore repoussé. Ces mauvais succès firent abandonner le parti excommunié par plusieurs Gentilhommes, qui se jettérent dans celuy de l'Archevêque Artaud, & le Légat commença à agir avec encore plus d'autorité & de fermeté, qu'il n'avoit fait jusqu'alors.

Il tint un nouveau Concile à Tréves, & il entreprit d'y faire dans toutes les formes le procés à Hugues le Grand. Il demanda d'abord comment ce Seigneur s'estoit comporté, soit envers le Roy, soit envers les Evêques, depuis le Concile d'Ingelheim, où l'on avoit prononcé contre luy l'excommunication comminatoire, & qu'il devoit encourir, s'il ne se rangeoit à son devoir. Les Evêques répondirent à cette question par le narré de toutes les violences, qu'il avoit depuis exercées contre les Eglises, & des hostilitez qu'il avoit faites contre le Roy.

Le Légat demanda en second lieu, si Hugues le Grand avoit esté cité, & si les Lettres qu'on luy avoit écrites sur ce sujet de la part du Concile, luy avoient esté renduës. L'Archevêque de Reims répondit, que quelques-unes des Lettres que les Evêques avoient écrites à Hugues estoient venuës jusqu'à luy, & que le Messager qui luy en portoit quelques autres, avoit esté dévalisé par les Soldats qu'il tenoit de tous costez en Campagne; mais qu'outre les Lettres qu'il avoit reçuës, il y avoit eu des personnes, qui avoient eu la hardiesse & le zéle de luy dénoncer de bouche son excommunication.

Le Légat demanda en troisiéme lieu, si Hugues avoit envoyé au Concile quelqu'un pour répondre de sa part. Mais personne ne se présenta. On délibera si on l'excommunieroit sur le champ, & les avis furent qu'il falloit attendre encore un jour. Ce jour estant passé, sans que personne eust paru, le Peuple, les Clercs, & mesme quantité de Seigneurs qui estoient dans le lieu où se tenoit le Concile, crièrent qu'il ne falloit plus différer de l'excommunier; mais les Evêques ordonnèrent un nouveau délay jusqu'au lendemain. Dans cet intervalle l'Evêque de Soissons demanda encore pardon en plein Concile d'avoir ordonné Hugues de Vermandois Archevêque de Reims; & le Légat luy pardonna à la prière de Robert Archevêque de Tréves, & d'Artaud qui estoit l'interessé dans cette affaire.

Enfin le troisième jour personne ne s'estant présenté, pour répondre au nom de Hugues le Grand, Ludolfe qui agissoit au Concile de la part du Roy de Germanie, fit instance auprès du Légat & des Evêques, pour faire prononcer la Sentence d'excommunication contre ce Seigneur. On l'excommunia donc comme rebelle à son Roy, & pour tous les autres excès dont on l'avoit accusé. On ajoûta que s'il venoit au plustost se présenter au Légat pour satisfaire au Roy, on luy donneroit l'absolution des censures portées contre luy; mais que s'il différoit de le faire, il faudroit qu'il allast à Rome en personne pour la demander au Pape. On fit encore le procès à quelques Evêques & à quelques autres du parti rebelle : & enfin on cita Herbert Comte de Meaux, fils du feu Comte de Vermandois, pour répondre sur les violences qu'on l'accusa d'avoir exercées contre les Evêques; mais on ne l'excommunia point. Le Concile fut terminé par là, & le Légat suivit Ludolfe en Saxe, où le Roy de Germanie l'attendoit. Il y passa l'hyver, & s'en retourna à Rome rendre compte des affaires de France au Pape, qui confirma dans un Concile tout ce qui avoit esté fait à Ingelheim & à Tréves, & excommunia de nouveau Hugues le Grand, déclarant qu'il n'auroit jamais d'absolution, qu'il ne se fust soûmis au Roy.

Ibid.

Toutes ces excommunications ne servirent qu'à irriter davantage les esprits. Il se fit l'année suivante une infinité de ravages de part & d'autre. Le Comte de Flandre qui s'estoit broüillé de nouveau avec Hugues, surprit le Chasteau d'Amiens, & le Roy ensuite prit la Ville. Le Roy surprit aussi Laon; mais il ne put forcer la Citadelle, que Hugues retint toûjours. Il se fit quelques courtes tréves entre les deux partis; mais outre les intérests des deux principaux Chefs, il y en avoit tant de particuliers, & les Seigneurs qui suivoient l'un ou l'autre parti agissoient avec tant de licence & si peu de soûmission, qu'il y avoit à tous momens des occasions de rupture, sur tout entre ceux qui estoient pour l'Archevêque de Reims rétabli, & ceux qui tenoient encore pour celuy qu'on avoit déposé. On se battoit par-tout, on prenoit des Chasteaux & de petites Villes les uns sur les autres, c'estoit en tous lieux un désordre extrême.

An. 949.

Ibid.

Enfin, après qu'on se fut long-temps battu, la Paix se fit l'an 950. par l'entremise du Roy de Germanie. Elle fut concluë en pleine Cam-

An. 950.

pagne sur la rivière de Marne. Hugues le Grand en présence des deux Armées, rendit hommage au Roy, le reconnut de nouveau pour son Souverain, & luy remit la Citadelle de Laon, qu'il avoit tenuë jusqu'alors. Ainsi le Roy rentra en paisible possession de cette Place, dont la perte, aussi-bien que les différends des deux Archevêques de Reims, avoit esté la cause des dernières guerres.

Hugues, quelques Seigneurs de son parti, & quelques-uns aussi de celuy du Roy, ne furent pas long-temps sans contrevenir manifestement au Traité; mais le Roy tascha de pacifier toûjours les choses, & aima mieux céder quelque partie de ses droits, que de recommencer la guerre.

Ibid.

Il se servit de la Paix pour aller se montrer en Aquitaine. Il y alla avec un Corps d'Armée, & il y reçut les hommages stériles & de pure cérémonie de la pluspart des Seigneurs. A peine en fut-il de retour, qu'il apprit que les Hongrois y estoient entrez, & qu'ils y faisoient des ravages pareils à ceux qu'ils avoient faits en Italie. Il est surprenant qu'une Armée de cette Nation eust pû impunément traverser tant de païs; mais cela est très-vray, & ce n'estoit pas là la première excursion qu'elle eust faite en France. Cela inquiéta peu le Roy, les Seigneurs d'Aquitaine estant depuis long-temps accoûtumez à se défendre eux-mesmes, sans avoir recours à luy. Une autre chose luy donna plus de chagrin, ce fut que la Reine Ogive sa mere, qui ne devoit pas alors estre jeune, estant devenuë amoureuse de Herbert Comte de Meaux, se fit enlever de Laon par les gens de ce Comte, & se maria avec luy malgré le Roy son fils.

An. 951.

Ce Prince régna encore trois ans toûjours insulté par Hugues le Grand, toûjours exposé à mille sujets de chagrin qu'il ne pouvoit éviter, & dont il ne pouvoit tirer raison. Enfin, après avoir vû désoler toute la Champagne & une grande partie de ce que nous appellons aujourd'huy la Picardie par les Hongrois, que Conrad autrefois Duc de Lorraine avoit appellez, pour ruïner les Terres de quelques Seigneurs particuliers ses ennemis, il mourut l'année 954. au mois de Septembre, d'une chûte de cheval. Cet accident luy arriva en poursuivant un Loup sur le bord de la rivière d'Aisne.

An. 952. 953.

An. 954. Flodoard. Chronic.

L'état où les descendans de Charlemagne depuis plus d'un siécle, trouvoient le Royaume à leur avenement à la Couronne, eust demandé un homme du caractére de ce grand Empereur pour le rétablir, & y remettre l'ordre & la soumission. Quelques-uns d'eux auroient esté d'assez grands Princes dans un Etat plus réglé & plus soûmis, & Loüis d'Outremer n'auroit pas esté un des moindres. Il avoit & du courage & de la politique; mais pour relever la Majesté Royale avilie comme elle l'estoit alors, il falloit autre chose que des vertus communes. Ce Prince ne régna qu'un peu plus de dix-huit ans, & n'en vécut que trente-trois. Il eut de la Reine Gerberge deux filles & cinq fils. Une des deux filles nommée Mathilde

Epitaph. Ludovici Transmar.

épousa quelques années après Conrad Roy de Bourgogne. Des cinq fils, trois moururent tout jeunes ; l'aîné des deux autres, qui s'appelloit Lothaire avoit au plus treize à quatorze ans. Le cadet nommé Charles n'avoit guéres plus d'un an. Lothaire succéda au Royaume de son pere, sans que le cadet y eust aucune part, contre l'usage jusqu'alors communément observé dans la premiere & la seconde Race, & qu'on ne suivit plus jamais depuis. Les Peuples de Germanie avoient déja donné aux François l'exemple de ce nouvel usage, si avantageux aux Etats; car Othon avoit seul succedé au Royaume de Henri son pere, & Henri son cadet avoit esté obligé de se contenter de la qualité de Duc.

en codice MS. Biblioth. S. germain.

HISTOIRE DE FRANCE.

LOTHAIRE.

An. 954.

LEs desseins de Hugues le Grand avoient paru jusqu'alors si vastes, son pouvoir estoit si grand dans l'Etat, la conjoncture de la mort subite du Roy si favorable & si propre à donner naissance à une révolution, qu'il estoit tout naturel, que ce Seigneur pensast à faire rentrer dans sa Maison une Couronne, que Robert son pere avoit portée. La Reine Gerberge l'apprehenda ; luy-mesme sans doute en fut tenté, & il y fut poussé par plusieurs de ceux qui s'estoient dévoüez à son service ; mais il prévit des oppositions qui rallentirent l'ardeur de son ambition.

Le feu Roy avoit eu la précaution trois ans avant sa mort, d'associer à la Couronne Lothaire son fils aîné, & l'avoit fait saluër Roy de France dans une Assemblée générale de l'Etat. * Hugues estoit à la verité tout puissant en France, c'est-à-dire en deçà de la Loire ; mais l'Aquitaine qui faisoit une des plus considérables parties de l'Empire François, n'estoit pas en sa disposition. Les Seigneurs de-là la Loire n'estoient guéres entrez dans les cabales qu'il forma sous les Régnes précédens. Ils étoient d'autant plus attachez à la Famille de Charlemagne, que depuis long-temps elle les laissoit vivre avec une grande liberté, & presque avec une entière indépendance, & Hugues auroit eu vray-semblablement dans ce païs-là un puissant parti contre luy.

D'ailleurs son autorité en deçà de la Loire n'estoit pas si absoluë, qu'il dust espérer d'y voir la cause des enfans du feu Roy entièrement abandonnée. Il y auroit eu de la gloire à la défendre, & cet attrait suffisoit pour susciter des protecteurs à un Roy pupille.

La Reine estoit sœur du Roy de Germanie, aussi-bien que de Bruno Archevêque de Cologne, & fait depuis peu Duc de Lorraine. C'étoit pour ses enfans des ressources seûres. Enfin le Roy de Germanie & le Duc de Normandie se fussent moins accommodez de Hugues pour Roy de France, que d'un jeune Prince, dont ils n'avoient à craindre ni la réputation, ni l'expérience dans la guerre & dans le Gouvernement.

Hugues prévit tous ces obstacles, & aima mieux en augmentant son Domaine, comme il fit, & en se faisant honneur de sa modération, avoir entre les mains sans opposition la puissance de Roy, que de s'en voir disputer le nom. Ainsi lorsque la Reine surprise de la mort imprévûë du Roy son mari, luy envoya demander sa protection pour elle & pour ses enfans, il la luy promit, & l'asseûra qu'il feroit incessamment proclamer Lothaire Roy de France.

En effet il fit ensorte, que les Seigneurs & les Evêques de Bourgogne, d'Aquitaine & de France concourussent tous à reconnoistre de nouveau ce jeune Prince, qui fut sacré à Reims par l'Archevêque de cette Ville-là le douziéme de Novembre, trois ou quatre semaines après la mort du Roy son pere. La récompense de Hugues fut le Gouvernement général d'Aquitaine, qu'on ajoûta à ses Duchez de France & de Bourgogne, & par là il devint comme le Lieutenant Général de tout le Royaume. Après la cérémonie, la Reine mere & le Roy s'en allérent à Laon, qui sans estre la Capitale du Royaume, estoit devenuë la demeure ordinaire du Prince, & comme sa place de seûreté contre les entreprises de ses Vassaux.

L'année suivante Hugues mena le Roy & la Reine en Aquitaine avec une Armée, moins pour leur faire rendre les hommages par les Seigneurs du païs, que pour s'y faire reconnoistre

* *Le Pere Chiflet prouve par d'anciens Monumens cette assertion dans son Histoire de l'Abbaye de Tournus pag. 287.*

Flodoard, Chronic.

An. 954.

Ibid.

An. 955.

HISTOIRE DE FRANCE.

luy-mesme en qualité de Duc d'Aquitaine. Cette qualité estoit comme attachée à la Maison des Comtes de Poitiers. Guillaume II. du nom à qui on l'avoit enlevée pour en gratifier Hugues, ressentit vivement cette préference & se révolta. L'Armée Françoise assiégea Poitiers & leva le siége au bout de deux mois, après avoir brûlé le Fort de sainte Radégonde, qui estoit tout proche de la Ville, & qu'on avoit surpris quelques jours auparavant.

Le Comte de Poitiers estoit en campagne avec un Corps de Troupes, & avoit toûjours tenu pendant le siége celle du Roy en inquiétude, en luy coupant les vivres. Il se résolut de charger Hugues dans sa retraite, esperant avoir bon marché d'un reste d'Armée fort fatiguée par la disette, & par les travaux d'un long siége ; mais Hugues sçachant qu'il le suivoit, rebroussa chemin, alla au devant de luy, luy donna bataille, & le défit à plate couture. Il resta sur la place grand nombre d'Aquitains ; quelques Seigneurs qui s'estoient révoltez avec le Comte de Poitiers, furent pris, & luy-mesme eut beaucoup de peine à se sauver.

Ibid.

L'année d'après cette victoire, Hugues le Grand mourut à Dourdan au mois de Juin. Le Royaume à sa mort perdit un Grand Homme, recommandable par sa prudence & par son courage. Personne ne s'en consola plus aisément que le Roy & la Reine sa mere. C'estoit un pesant joug dont ils se voyoient délivrez. Comme il descendoit de Robert le Fort qui estoit Comte d'Anjou dès le temps de Charles le Chauve, & allié à la Maison Royalle, il avoit conservé dans sa Famille la grande puissance qu'il y avoit trouvée, & l'avoit beaucoup augmentée par l'ascendant qu'il avoit sçû prendre sur les Seigneurs de France, par les grands emplois qu'il s'estoit attirez en se faisant craindre de ses Souverains, & par les grandes alliances qu'il avoit contractées, car il avoit épousé en premieres nôces une sœur de Loüis le Bégue, en secondes nôces une fille d'Edoüard Roy d'Angleterre, en troisiémes nôces une sœur d'Othon Roy de Germanie, & estoit devenu beaupere du Duc de Normandie, à qui il maria une de ses filles.

Aimoini continuat.

Chronic. Floriac. an 956.

Il laissa quatre fils légitimes ; sçavoir Hugues surnommé Capet, qu'il recommanda avant que de mourir, à Richard Duc de Normandie, & qui pour son partage le Comté de Paris & le Comté d'Orleans : ce Seigneur avec le temps devint Duc de France, & ensuite Roy. Le second fils de Hugues le Grand fut Othon, qui luy succeda au Duché de Bourgogne. Les deux autres furent Eudes & Henri, qui après la mort d'Othon furent aussi successivement Ducs de Bourgogne. Pour ce qui est du Gouvernement d'Aquitaine, il ne demeura pas dans sa famille, & il rentra dans celle des Comtes de Poitiers.

Guillelm. Gemette. l. 4. c. 12.

Ce n'estoit pas peu au Roy de n'avoir plus un Sujet aussi puissant & aussi redoutable que Hugues : mais sa puissance estoit si petite, que tout ce qu'il avoit gagné à cette mort, estoit de n'estre pas tous les jours à la veille d'estre opprimé. Un grand nombre de ses Vassaux avoient plus de Villes & de Terres que luy ; car il estoit presque réduit à la seule ville de Laon. L'unique moyen de rétablir sa puissance auroit esté de profiter de la dépoüille de Hugues, & de réünir le Comté de Paris, le Comté d'Orleans, & le Duché de Bourgogne à sa Couronne ; mais les Seigneurs du Royaume s'y seroient tous opposez. Leur droit de succeder que les Rois ses prédecesseurs avoient laissé usurper, estoit un interest commun, auquel il n'eût pas esté seûr pour luy de donner quelque atteinte : ainsi une de ses principales occupations pendant son regne fut d'estre le Spectateur & quelquefois l'arbitre de plusieurs petites guerres, souvent fort sanglantes, que tous ces Comtes & ces Seigneurs se faisoient éternellement les uns aux autres, & encore plus fréquemment que sous les Rois précedens, sous lesquels ces désordres avoient commencé. Tantost on surprenoit une Ville, tantost l'un s'emparoit d'une Bourgade qui appartenoit à son voisin, tantost ce voisin par représailles envoyoit des Compagnies entières de brigands sur les Terres de celuy qui l'avoit attaqué, pour les saccager. Le Roy luy mesme estoit de temps en temps insulté de la mesme maniere, & se défendoit aussi de mesme, & prenoit quelquefois le parti de l'un & quelquefois le parti de l'autre.

Ce que faisoient les plus grands Seigneurs du Royaume, tels qu'estoient par exemple le Comte de Flandres, le Comte de Vermandois, le Comte de Haynaut, & au-delà de la Loire le Comte de Poitiers, le Comte d'Auvergne, le Comte de Limoges, & plusieurs autres, les Seigneurs d'un moindre rang, & qui estoient les Vassaux de ceux-cy, le faisoient entre eux, à proportion de leur puissance. Nos Mémoires Historiques du dixiéme siécle sont pleins de ces détails ennuyeux de guerres particulieres, & la seule utilité de ces Mémoires est de nous donner l'idée de l'état pitoyable du Gouvernement de ce temps-là, & de nous faire conjecturer les miseres, que tous ces petits Tyrans causoient aux peuples dans toutes les parties du Royaume.

Ce qu'il y avoit encore de plus incommode & de plus fascheux pour ces derniers Rois de la seconde race, c'est qu'ayant très-peu de Villes & de Territoires qui dépendissent d'eux immédiatement, & que selon l'usage établi dès le commencement de la Monarchie, les Armées n'estant composées que des Milices tirées de chaque Ville, de chaque Territoire, de chaque Comté, ces Princes ne pouvoient avoir de Troupes que par le moyen des Seigneurs ; de sorte qu'ils estoient à leur discretion à cet égard. Si un Comte Vassal de la Couronne estoit engagé en quelque guerre particuliere avec quelque autre Comte, le Roy ne pouvoit en tirer de Troupes contre les ennemis de l'Etat. Si ce Comte estoit mécontent du Prince, ou qu'il en apprehendât quelque chastiment, il se liguoit avec d'autres, qu'il en-

LOTHAIRE.

gageoit dans sa querelle, & il se révoltoit. Ainsi depuis que les Rois eurent laissé devenir héréditaires les Comtez & les Duchez, il n'y eut plus de subordination, qu'autant que ces Princes eurent l'adresse de ménager leur Vassaux. Ceux-ci leur vendoient souvent leur service très-chérement, & demandoient pour le secours qu'ils leur donnoient, quelque Ville qui estoit du Domaine immédiat de la Couronne & qui estoit à leur bienséance pour l'agrandissement de leur Comté : ce qui s'estant fait plusieurs fois, & les Rois par la nécessité de leurs affaires n'ayant pû en certaines circonstances refuser ce qu'on leur demandoit, ils se trouvérent insensiblement dans l'estat où nous avons vû Loüis d'Outremer, & où se trouvoit Lothaire son successeur, réduit à n'avoir presque aucun Domaine où il fust le maistre, excepté quelques Maisons Royales, & la Ville de Laon.

Cependant la Reine mere Gerberge, femme habile, & qui avoit d'autres vûës, ne pouvoit sans chagrin souffrir que la puissance de son fils fust resserrée dans des bornes si étroites. Elle pensa sérieusement à l'étendre par un endroit qui ne donneroit point de jalousie aux Comtes & aux Seigneurs François, & feroit mesme plaisir à quelques-uns ; c'estoit en s'emparant, si elle le pouvoit, du Duché de Normandie.

Richard Duc de Normandie n'estoit pas sur le mesme pied que les autres Ducs & Comtes du Royaume. Il devoit hommage au Roy ; mais il ne devoit service qu'à Dieu ; ainsi on s'étoit exprimé dans le dernier Traité qui se fit entre les deux Nations, quand Loüis d'Outremer fut sorti de sa prison de Roüen ; c'est à dire, qu'il n'estoit point obligé de fournir de Troupes au Roy, comme les Vassaux du dedans du Royaume : & de plus le droit de succession pour ce Duché, n'estoit pas seulement fondé dans l'usage comme dans les autres Comtez & Duchez du Royaume, mais il estoit établi & confirmé par des Traitez. On regardoit le Duché de Normandie comme entiérement séparé de la Couronne de France. En un mot les François & les Normands estoient comme deux Nations, qui avoient des intérêts tout differens.

La Famille de Hugues le Grand depuis l'érection de ce Duché, s'estoit toûjours fait un point de politique d'entretenir une étroite liaison avec les Ducs de Normandie. Mais Hugues le Grand estant mort, & ses enfans estant encore jeunes, il n'y avoit personne dans cette Famille qui pust faire un Parti en France en faveur du Duc de Normandie. On trouva moyen de retirer de ses mains Hugues Capet l'aîné des fils de Hugues le Grand, & le Roy tascha de se l'attacher par ses bienfaits ; car il luy donna le Titre de Duc de France, comme son pere l'avoit porté. Il ajoûta à son Duché le Territoire de Poitiers, & confirma à Othon le cadet le Duché de Bourgogne.

Flodoard. Chronic.

Le dessein de la Reine n'estoit pas de faire une guerre ouverte au Duc Richard : elle songeoit à un moyen plus court ; c'estoit de le surprendre & de tascher de se saisir de sa personne, se souvenant de la facilité avec laquelle Loüis son mari s'estoit rendu maistre de Roüen, & d'une partie de la Normandie, sitost qu'il eut eu le Duc encore enfant en sa puissance, & que s'il ne luy eust pas échapé, les Normands estoient sur le point d'estre tous soumis.

Elle concerta cette affaire avec Bruno Archevêque de Cologne & Duc de Lorraine, & avec Thibaut Comte de Chartres qui avoit esté autrefois tout dévoüé à Hugues le Grand. Si nous en croyons mesme l'Histoire de Normandie, ce fut par le conseil de ce Comte qu'elle prit cette résolution, & ce fut luy qui commença les hostilitez. Il fut vigoureusement repoussé par le Duc, & alors le Roy prenant les intérêts de son Vassal, fit mine de vouloir déclarer la guerre au Duc de Normandie.

Guilielm. Gemetic. l. 4. c. 13.

Les choses estant amenées jusques-là, & la Reine ayant envoyé à l'Archevêque Duc de Lorraine, comme pour luy demander du secours contre le Duc de Normandie ; ce Prélat de concert avec elle, dit qu'il vouloit estre le Médiateur entre le Roy & le Duc, & il envoya pour ce sujet un Evêque au Duc pour luy offrir sa médiation. Le Duc l'accepta, & promit de se rendre à Amiens, où le Roy, la Reine & l'Archevêque devoient se trouver pour faire la réconciliation. Ils s'y trouvérent en effet au jour marqué, & le Duc se mit en chemin pour s'y rendre.

Comme il approchoit d'Amiens, deux Chevaliers ou Gentilshommes Vassaux du Comte de Chartres, mécontens de leur Seigneur, ou indignez de la trahison qu'on préparoit au Duc, vinrent au devant de luy à quelque distance de la Ville, & luy dirent en l'abordant, *Seigneur, êtes-vous lassé d'être Duc de Normandie, & que venez-vous chercher icy ?* Le Duc leur demanda qui ils estoient, & à quel Seigneur ils appartenoient. *Dequoy vous mettez-vous en peine,* repartit un des deux, *nous sommes vos serviteurs, suivez nôtre conseil.*

Ibid.

Ces paroles firent faire au Duc de sérieuses réflexions sur le danger où il s'exposoit, & après avoir entretenu les deux Chevaliers sur une affaire de cette importance, & sçû d'eux le dessein qu'on avoit formé contre luy, il fit présent à l'un d'une épée d'or, & à l'autre de brasselets d'or, & rebroussant chemin, il s'en retourna en Normandie.

Ce coup manqué ne fit pas perdre à la Reine toute esperance d'engager le Duc dans un nouveau piege. Le Roy luy écrivit pour se plaindre de la défiance qu'il avoit fait paroistre de sa bonne foy, & de ce que sur des soupçons mal fondez, il n'avoit pas tenu la parole qu'il avoit donnée de se trouver à Amiens ; que les affaires qu'ils avoient entre eux aboutiroient à une rude guerre, s'il refusoit de les terminer à l'amiable, comme luy-mesme de son costé le souhaitoit fort ; qu'il le sommoit de luy faire voir en vertu de quoy il s'exemtoit de luy fournir des Troupes comme ses autres Vassaux, quand on luy en envoyoit l'ordre ; qu'il devoit se souvenir qu'en qualité de Roy de Fran-

Ibid. Cap. 14.

ce il estoit son Souverain & son Seigneur ; qu'il devoit avoir du respect pour ses commandemens, & ne pas mépriser les offres qu'il luy faisoit de la paix ; qu'enfin leurs communs ennemis seroient ravis de les voir broüillez ensemble ; mais qu'il estoit de la prudence de l'un & de l'autre de ne pas leur donner ce plaisir ; qu'il le prioit donc de consentir à une entrevûë le plustost qu'il seroit possible.

Le Duc de Normandie s'y accorda ; mais estant bien résolu de prendre plus de précautions, qu'il n'avoit fait la premiere fois. Le lieu de l'entrevûë fut sur la riviére d'Aisne auprès de Soissons, selon un de nos Historiens : mais les anciennes Histoires de Normandie disent que ce fut sur la petite riviére d'Eaune, qui se jette dans celle de Diéppe, & ils me paroissent plus croyables, tant à cause de diverses particularitez qu'ils ajoûtent, qu'à cause qu'il n'est guéres vray-semblable que le Duc de Normandie eût voulut s'engager si avant, & au-delà de la riviére d'Oise. Le Duc s'y rendit avec ses meilleures Troupes. Le Roy se trouva sur la rive opposée, avec Baudoüin fils du vieux Arnoul Comte de Flandres qui vivoit encore, Thibaut Comte de Chartres, & Geoffroy Comte d'Anjou.

Flodoard.
Dudo l. 3.

Ibid.
Flodoardi Chronic.

Le Duc de Normandie avoit fait aller secretement dans l'Armée du Roy quelques espions, pour avoir des avis plus certains de ce qui s'y passoit, & bien luy en prit ; car ils vinrent luy apprendre qu'on se disposoit à faire passer des Troupes de son costé par des lieux couverts, afin de l'envelopper luy & son Armée durant la Conférence.

Il reçut cet avis à table, & sans paroistre étonné, disnons toûjours, dit-il, puisqu'ils ne sont pas encore en marche. Il donna cependant ses ordres pour se préparer à décamper, & pour avoir à tous momens des nouvelles des ennemis. On luy vint dire qu'ils commençoient à marcher. Il demanda si le Roy y estoit, on luy dit qu'oüi. Alors il monta à cheval, il fit repasser à son Armée la riviére de Diéppe auprès de laquelle il estoit campé, & s'estant contenté de mettre cette riviére entre luy & les ennemis, il s'arresta sur le bord.

Dudo l. 3.

Le Roy se rendit maistre de quelques guez de la riviére, en l'un desquels il y eut une vive escarmouche. Le Duc de Normandie s'y trouva en personne, & voyant un de ses Officiers enveloppé par les François qui l'emmenoient prisonnier, il les chargea luy mesme & le délivra. Comme ce jeune Prince qui aimoit la gloire, vouloit encore retourner à la charge, ses Généraux l'en empeschérent malgré qu'il en eût, un d'eux ayant saisi son cheval par la bride, & l'ayant obligé de revenir au Camp. Son avis estoit de ne pas décamper, & de hazarder une bataille ; mais on luy fit comprendre que les ennemis estant beaucoup plus forts que luy, ils pourroient le couper & se mettre entre Roüen & son Armée ; qu'il avoit tiré presque toute la garnison de cette Capitale, & qu'elle courroit risque d'estre emportée, si le Roy y arrivoit avant luy ; ainsi il

An. 961.

fit retraite du costé de Roüen.

Le Roy voyant que le Duc de Normandie luy avoit encore échapé, alla assiéger Evreux & le prit, & le donna au Comte de Chartres. Le Duc de son costé entra dans le païs Chartrain, & y mit tout à feu & à sang.

Ibid.

Le Comte de Chartres pour luy rendre la pareille, vint avec trois mille hommes tout proche de Roüen, de l'autre costé de la Seine, & fit le dégast. Le Duc s'estant asseûré du nombre de ses Troupes, fit passer la riviére pendant la nuit aux siennes, & ayant donné au point du jour sur le Camp ennemi, il le força, mit le Comte de Chartres en déroute, luy tua six cens hommes sur la place, & fit plusieurs prisonniers qu'il renvoya généreusement sans rançon : mais voyant le Comte de Chartres & le Roy obstinez à sa perte, il pensa à se procurer un puissant secours au delà de la mer, ne pouvant en espérer d'ailleurs.

Ibid.

Les Normands establis en France entretenoient toûjours une grande correspondance avec le Dannemarc & la Norvége. Ils en connoissoient l'importance, & ce ne fut que par là, que Richard sous le dernier Régne s'estoit conservé son Duché. Il envoya donc pendant l'hyver en Dannemarc demander des Troupes, pour se soûtenir contre le Roy de France, qui vouloit le déposséder & chasser tous les Normands de son Royaume. Il eut au printemps une Armée & une Flotte nombreuse à son service, & le débarquement se fit dans les Ports de Normandie.

Ibid.
an. 962.

Les Normands ne se reposérent pas long-tems, ils portérent par tout le désordre & le ravage sur les Terres de France ; mais avec encore plus de fureur sur celles du Comte de Chartres, que le Duc regardoit comme un des principaux auteurs du dessein, que le Roy avoit pris de le chasser de son Duché. Le ravage fut si terrible, que la campagne fut entiérement déserte, & les Terres abandonnées ; ce qui causa dans tout le païs une extrême famine. Comme l'Armée venuë du Nort n'estoit presque composée que de Payens, les Eglises ne furent pas épargnées, & ces ravages durérent deux ou trois ans, sans que le Duc de Normandie fit d'autres entreprises, se contentant de conserver son païs & de ruiner celuy de ses ennemis. Le Comte de Chartres qui estoit la cause de tous ces malheurs, devint en exécration à ses Sujets. Enfin quelques Evéques de France ne pouvant attendre de luy ni du Roy un assez prompt remède, s'assemblérent en Concile, & résolurent d'envoyer demander la paix à Richard.

Ibid.
an. 965.

L'Evéque de Chartres, comme celuy qui devoit prendre le plus de part à cette désolation, fut chargé de négocier avec le Duc, & luy fit demander par les Religieux, la permission de l'aller trouver. Le Duc luy accorda un passeport & toute sorte de seûreté. L'Evéque vint se jetter à ses pieds, & luy representa l'estat pitoyable où son Evéché & les Evéchez voisins estoient réduits ; que toutes les Eglises & tous les Monastéres avoient esté profanez, brûlez,

LOTHAIRE.

lez, renversez; qu'il paroissoit étonnant qu'un Prince aussi Chrestien & aussi réligieux qu'il estoit, donnast cette licence à des Payens, contre ceux qui estoient de mesme Religion que luy, & ses freres en Jesus-Christ; & qu'il le conjuroit par ce S. Nom, de faire cesser une persécution si cruelle & si scandaleuse.

Le Duc luy répondit qu'il ne faisoit que se défendre ; qu'on l'avoit voulu perdre ; qu'on avoit tâché deux fois de se saisir de sa personne par trahison ; que le Comte de Chartres estoit venu faire le dégast jusqu'aux Portes de Roüen, & que c'estoit à ce Comte à qui on devoit imputer tous les maux dont on se plaignoit : mais au reste, ajoûta-t-il, il ne tiendra pas à moy que la paix ne se fasse ; je sçay qu'en vous la donnant, je feray une chose agreable à Dieu. La difficulté sera d'y faire consentir les Troupes que j'ay fait venir du Nort, & dont je ne suis pas tout à fait le maître. Il donna neanmoins à l'Evêque de bonnes espérances, & luy dit de revenir le trouver vers le quinziéme de May avec quelques autres Evêques, & quelques Seigneurs du Comté de Chartres. L'Evêque estant de retour, fit sçavoir au Roy ce qu'il avoit fait, & ce Prince l'approuva, n'estant pas moins ennuyé que luy de cette guerre.

Le Comte de Chartres ayant eu avis de ce qui se passoit, & appréhendant que les Seigneurs & les Evêques ne fissent leur Paix avec le Duc de Normandie sans l'y comprendre, envoya secretement au Duc un homme affidé, pour lui demander son amitié, & le prier de traiter de Paix avec luy ; qu'il luy promettoit avant toutes choses de luy rendre Evreux, & qu'il ne demandoit que la seureté de sa seule parole pour l'aller trouver luy-mesme jusqu'à Roüen. Le Duc de Normandie luy répondit qu'il souhaitoit de tout cœur se réconcilier avec luy, & que puisqu'il vouloit bien venir à Roüen, il l'y attendroit pendant trois jours, & qu'il y feroit en toute seûreté.

Le Comte sur cette promesse partit avec fort peu de ses gens, & arriva à Roüen la nuit, comme on en estoit convenu. Ils s'embrasserent le Duc & luy, se témoignerent l'un à l'autre le regret qu'ils avoient d'avoir rompu ensemble. L'accord fut bientost fait, le Comte consentit à rendre Evreux ; & le Duc charmé de la franchise avec laquelle son ennemi s'estoit venu mettre entre ses mains, ne demanda aucun dédommagement. On fit serment de part & d'autre sur les Reliques des Saints de garder sa parole, & aussi-tost après on restitua Evreux au Duc de Normandie.

Ce Traité qui devint public par son exécution, n'empescha point que plusieurs Evêques accompagnez de quelques Seigneurs, ne se rendissent au mois de May auprès du Duc de Normandie, selon qu'il en estoit convenu avec l'Evêque de Chartres, qui avoit ordre de traiter aussi au nom du Roy.

Cette Conférence se tint sur le bord d'un canal appellé en Latin dans l'Histoire de Normandie, *Givoldi fossa*. Les Articles furent bientost arrestez, le Duc estant fort porté à la Paix. Tout se réduisit à deux points, l'un que le Roy ratifieroit la restitution d'Evreux faite par le Comte de Chartres, & l'autre qu'il confirmeroit au Duc de Normandie & à ses Successeurs la possession du Duché de Normandie, conformément aux autres Traitez faits sur ce sujet. Mais il y avoit un autre obstacle bien plus difficile à surmonter : c'estoit qu'il falloit que l'Armée venuë du Nort consentit à cette Paix, & qu'elle remontast sur sa Flotte pour s'en retourner : & c'estoit à quoy il n'estoit pas aisé de la résoudre.

La proposition que luy en fit Richard fut rejettée avec colere, & pensa exciter une sédition. Ces Normands luy dirent qu'ils n'étoient point venus de si loin seulement pour ravager une partie de la France ; mais pour la luy soûmettre à luy-mesme ; que s'il n'en vouloit point, il les laissast faire, & qu'ils trouveroient bien moyen de s'y establir.

Le Duc voyant les esprits trop echauffez, ne voulut pas les presser d'avantage, & leur dit qu'il n'avoit garde de prendre aucun parti sans leur consentement ; mais ayant parlé en particulier aux principaux Chefs, il les adoucit par des promesses & par des présens que luy & les François leur firent, & les engagerent à persuader à leur gens de sortir de France.

Cette négociation dura quinze jours, pendant lesquels les François furent en de grandes inquiétudes. Enfin on s'accorda à ces conditions ; qu'on distribueroit aux Soldats Dànois une grosse somme d'argent ; qu'on fourniroit abondamment leurs Vaisseaux de toutes sortes de vivres, & de toutes les choses dont ils auroient besoin ; que ceux qui voudroient se faire Chrestiens & vivre en paix en Normandie, y demeureroient ; & que pour ceux qui voudroient aller chercher fortune ailleurs sans retourner en leur païs, on leur donneroit des Pilotes du Cotentin, pour conduire leur Flotte sur les côtes d'Espagne, habitées par les Sarrazins, où ils feroient ce qu'ils avoient eu envie de faire en France. Les choses furent ainsi exécutées. Plusieurs se firent Chrestiens & demeurerent en Normandie ; les autres firent voile en Espagne, ils y firent descente, défirent les Sarrasins, pillérent plusieurs Villes, & en remporterent un très-riche butin.

Quelques jours après le retour des Evêques, le Roy se trouva sur la riviére d'Epte avec le Duc de Normandie, où les anciens Traitez furent de nouveau confirmez par serment de part & d'autre, & la paix parfaitement rétablie entre les deux Nations fut de longue durée. Elle se fit fort à propos pour le Roy qui en profita, pour réünir à son Domaine une bonne partie du Comté de Flandre, en punissant le nouveau Comte de sa révolte.

Arnoul Comte de Flandre, dit *le Vieux*, avoit regné très-long-temps, & s'estoit rendu fort puissant & redoutable. Il estoit maistre d'Arras, de Doüai, & de plusieurs autres Places sur la Lis, sur l'Escaut, & le long de la mer. Il avoit eû d'Alix fille du Comte de Vermandois Baudoin III. qui gouverna sous luy le Comté de Flandre; mais qui mourut avant luy. Baudoin laissa un fils nommé Arnoul II. du Nom, dit le Jeune. Il succéda peu d'années après à son ayeul Arnoul le Vieux, dont la mort arriva avant que la Paix se fît entre la France & la Normandie.

Flodoardi. Chronic.

Le Roy fit sommer ce jeune Comte de luy faire hommage. Il n'est pas dit qu'il eut refusé de le faire; mais seulement qu'il refusa de reconnoistre l'obligation qu'il avoit de fournir aux Rois de France des Troupes en temps de guerre. Il vouloit à cet égard se mettre sur le mesme pied que le Duc de Normandie. Le Roy ne voulut pas le souffrir, & se trouva en estat de le ranger à son devoir.

Dudo. l. 3.

Hugues Capet Duc de France fils de Hugues le Grand, estoit en parfaite intelligence avec le Roy, & il en estoit beaucoup aimé, aussi bien qu'Eudes son frere qui avoit succédé au Duché de Bourgogne à Othon leur autre frere, mort la mesme année que le feu Comte de Flandre. L'un & l'autre levérent de nombreuses Troupes chacun dans leur Duché, avec lesquelles le Roy vint assiéger Arras: il le prit & tout ce qu'il y avoit de Places fortifiées jusqu'à la Lis, & d'ailleurs Roricon Evêque de Laon sçût si bien ménager les Seigneurs Flamands, que la plufpart se déclarérent pour le Roy. Les Annales de Flandre ajoûtent que ce Prince prit aussi Doüai, malgré la résistance opiniâtre des Habitans. De sorte que le Comte de Flandre se voyant réduit à la derniere extrémité, fut obligé de demander quartier & la Paix.

Flodoard. Chronic.

Dudo. l. 3.

Flodoard. Chronic.

Il s'adressa pour cela au Duc de Normandie, qui agit si efficacement auprès du Roy, qu'il l'appaisa, & obtint mesme qu'il rendist Arras au Comte.

Dudo. l. 3.

Au retour de cette expédition le Roy alla à Cologne avec la Reine sa mere, où ils s'abouchérent avec Othon Roy de Germanie, qui depuis quelque temps avoit esté couronné Empereur. On y conclud le mariage du Roy avec Emma fille de Lothaire II. Roy d'Italie mort depuis quatorze ou quinze ans, & d'Adelaïde que l'Empereur Othon avoit épousée en secondes Nôces, & ce mariage se fit quelques mois après.

An. 966.

Le Régne de Lothaire fut ensuite fort tranquille pendant plusieurs années, & c'est un des grands éloges qu'on puisse donner à ce Prince, d'avoir sçû entretenir si long-temps la tranquillité dans un Etat jusqu'alors si agité; mais en l'an 976. les différens touchant la Lorraine rallumérent des guerres, dont les suites furent bien funestes à la Maison de Charlemagne, puisqu'elles furent la cause ou l'occasion dont on se servit, pour luy enlever la Couronne & la faire passer sans retour dans une autre Famille, qui la conserve encore aujourd'huy, par le droit que luy donne la possession de plus de sept siécles.

An. 976.

Au sujet d'un si grand événement il faut se souvenir, que la Lorraine depuis le Régne de Lothaire fils de l'Empereur Lothaire, & petit fils de Loüis le Débonnaire, estoit un très-grand Etat: Dans sa premiere création en Royaume, c'est-à-dire, lorsqu'elle fut le partage de Lothaire, elle comprenoit le païs des Suisses, Genève, la Tarentaise en Savoye, le païs que nous appellons aujourd'huy la Franche-Comté, les Evêchez de Mayence, de Spire, de Vormes, de Cologne, de Tréves, de Liége, le Duché de Cléves, l'Alsace, outre cela les Comtez de Hollande & de Zélande, qui faisoient encore alors partie de la Frise, & de plus le Cambrésis, le Luxembourg, le Limbourg, la Gueldre, le Brabant; mais tous ces Duchez & Comtez que je viens de nommer, n'avoient pas précisément les mesmes bornes qu'ils ont aujourd'huy. Dans la suite le païs des Suisses & la Franche-Comté, la Tarentaise & quelques autres Villes & Territoires voisins de ceux-là, en furent démembrez, & firent partie du Royaume de Bourgogne autour du Mont-Jura après la mort de l'Empereur Charles le Gros: ainsi depuis ce temps-là ces païs ne furent plus du Royaume de Lorraine.

Dans l'espace de cent ans la Lorraine avoit diverses fois changé de maistre, tantost soûmise aux Rois de France, tantost aux Rois de Germanie, tantost partagée entre eux, & tantost réünie sous le mesme Souverain, tantost cédée en tout ou en partie par les Rois de France aux Rois de Germanie, tantost cédée par les Rois de Germanie aux Rois de France, tantost envahie par les uns ou par les autres.

En Lorraine comme en France il y avoit quantité de Seigneurs & de Comtes, maistres chacun dans leur canton, & néanmoins Vassaux du Roy de Germanie ou du Roy de France. Le premier qui ait porté le titre de Duc de Lorraine, comme Lieutenant Général du Roy qui la possédoit, fut un Seigneur nommé Rainier, ou du moins Gilbert son fils sous Charles le Simple, & ensuite sous Henry surnommé l'Oiseleur Roy de Germanie. Ce titre de Duc fut perpétué; mais celuy qui le portoit avoit toûjours la qualité de Vassal, comme le Duc de France, le Duc d'Aquitaine, le Duc de Bourgogne.

Chantereau Considérations Historiques &c.

Bruno Archevêque de Cologne frere d'Othon I. & beaufrere de Loüis d'Outremer, qui avoit épousé Gerberge sa sœur, fut fait Duc de Lorraine par Othon, de qui ce Duché dépendoit alors. Cet Archevêque prit le titre d'Archiduc de Lorraine, voulant faire connoistre par ce titre, qu'il avoit un Duc pour Vassal; ce fut luy qui partagea la Lorraine en deux parties avec l'agrément de l'Empereur Othon I. son frere. L'une fut appellée Haute Lorraine qui confinoit avec le Luxembourg & la Franche-Comté; & c'est à peu près le païs qui porte encore aujourd'huy le nom de Lorraine. On appelloit aussi cette mesme partie de l'ancienne Lorraine le Duché de Mosellane, parce que la Moselle passe tout au travers, & qu'il comprenoit les Provinces qui sont des deux côtez de cette rivière depuis sa source jusqu'à son embouchure. L'Archevêque de Cologne donna ce Duché à Fréderic d'Alsace, qui avoit épousé Beatrix niéce de ce Prélat, & sœur de Hugues Capet; c'est ce Fréderic qui a donné commencement à la Seigneurie & Comté de Bar; & de cette maniére le Duc Fréderic fut Vassal immediat de l'Archevêque Bruno, & la haute Lorraine devint comme un arriere-fief du Royaume de Germanie.

L'autre partie de l'ancien Royaume de Lorraine que l'Archevêque de Cologne gouvernoit immédiatement par luy-mesme, fut avec le temps appellée Basse Lorraine & Duché de Brabant; parce que le Brabant estoit une des plus considérables Seigneuries de toute cette portion de la Lorraine qui comprenoit plusieurs Villes & une partie des Duchez de Juliers & de Gueldres, avec les Provinces que le Rhin, la Meuse & l'Escaut renferment vers leurs emboucheures. Car pour ce qui est de quelques Villes Episcopales sur les bords du Rhin, de la Meuse, & de la Moselle, elles furent comme séparées de la Lorraine, & données en Seigneuries aux Evêques de ces Villes, par Bruno & par Othon son frere, & par leur pere Henry dit l'Oiseleur; & c'est par là que les Archevêques de Tréves, de Mayence & les autres, sont devenus si puissans Seigneurs. On a la suite des Ducs de la Haute Lorraine, depuis Frédéric jusqu'à Matthieu I. qui le posseda en 1139. & duquel sont descendus de mâle en mâle les Ducs de Lorraine qui y ont Régné jusqu'à nos temps. Quant au Duché de la Basse Lorraine, qui fut gouverné par l'Archiduc Bruno jusqu'à l'an 965. on ne voit point qu'il ait eu de Seigneur particulier que Charles frere du Roy de France, qui douze ans après la mort de Bruno en fut fait Duc l'an 977. à l'occasion que je vais dire, ou du moins conjecturer, suivant les lumiéres que nos anciens Historiens me fourniront.

Othon I. Roy de Germanie & Empereur, le plus grand Prince qui eut porté ces deux titres depuis Charlemagne, mourut l'an 973. & eut pour Successeur son fils Othon II. qu'il avoit fait de son vivant couronner Roy de Germanie & Empereur. Il avoit donné déja long-temps que Raynier Comte de Haynaut, appellé dans l'Histoire Raynier au long Cou, * avoit esté dépouillé de ses Etats par l'Archiduc Bruno. Ses deux fils, Lambert & Raynier s'estoient réfugiez à la Cour de France, en attendant quelque occasion de rentrer dans leur Comté, que Bruno ou Othon I. avoient donné à deux autres Seigneurs nommez Garnier & Rainold.

* Longi Colli.

Sigeberti Chronic.

Dès qu'Othon I. fut mort, ils ne manquerent pas avec le secours de quelques Troupes de France, de marcher du costé du Haynaut. Garnier & Rainold vinrent les rencontrer auprès de Peronne. Il y eut un sanglant combat où ces deux Seigneurs furent défaits & tuez. Les deux freres victorieux entrérent dans le Haynaut avec leur Armée, & s'y empararent d'une Place sur la riviére de Haisne, appellée Buxide, & qui apparemment est celle qu'on appelle aujourd'huy Bossut, Chef d'un Comté, & d'où une Famille illustre de ce païs-là a tiré son nom. De là ils coururent & ravagérent toute la Basse Lorraine. Othon II. assiégea depuis cette Place & la prit, sans qu'il pût pour cela empescher que ces deux Seigneurs ne continuassent de ravager toute la basse Lorraine. Deux ans après ils revinrent avec de plus grandes forces attaquer Godefroy & Arnoul, ausquels après le combat de Peronne, Othon avoit donné le Comté de Haynaut. Charles frere du Roy & Hugues Capet estoient à la teste de cette Armée. Ils assiégérent Mons. Godefroy & Arnoul vinrent au secours. Il y eut encore un combat très-opiniâtré, où beaucoup de monde fut tué de part & d'autre: chacun s'attribua la victoire; mais le siége fut levè.

Ibid. an 974.

An. 976.
Chronic. Nangii.

Cependant la France soûtenoit toûjours Raynier & Lambert, & pour montrer la résolution où l'on estoit de ne les pas abandonner, il fut résolu que Raynier épouseroit une fille de Hugues Capet, & Lambert la fille de Charles frere du Roy Lothaire. En effet on les seconda si bien, qu'ils chassérent les deux Comtes établis par l'Empereur, & se remirent en possession du Comté de Haynaut.

An. 977.

Cette conqueste étonna l'Empereur, & luy fit appréhender de plus fascheuses suites de la tranquillité dont la France joüissoit alors, & de l'union qu'il voyoit entre le Roy de France, Charles frere de ce Prince, Hugues Capet, & les Comtes de Haynaut. Sa politique dans ces conjonctures luy fit prendre une résolution très-propre à commettre le Roy avec Charles, & à rompre cette bonne intelligence qui l'inquiétoit.

Lothaire Prince asseûrément sage & courageux, pensoit en effet sérieusement à profiter de la situation heureuse & tranquille des affaires de France, pour rétablir l'autorité du Gouvernement, & pour réünir à la Couronne ce qui en avoit esté séparé, & principalement ce qu'on avoit si long-temps appellé le Royaume de Lorraine. C'estoit une des raisons qui luy avoient fait prendre si hautement les intérests des Comtes de Haynaut, dont le Domaine estoit enclavé dans la basse Lorraine.

Glaber. L. 1, c. 3.

Charles frere du Roy joint aux Comtes de Haynaut, faisoit aussi de ce costé-là beaucoup de peine à l'Empereur. Il avoit des prétentions sur le Duché de Brabant, aussi bien que sur le reste de la Lorraine, le Roy son frere luy ayant cédé dès l'an 963. tous les droits qu'il pouvoit y avoir. Il est encore vrai-semblable que Charles possédoit en ces quartiers-là une partie des biens, que sa mere la Reine Gerberge y avoit acquis du temps qu'elle estoit femme de Gillebert Duc de Lorraine sous le Régne d'Othon I. & dont cet Empereur l'avoit mise en possession en 956. Quoiqu'il en soit, il est certain que l'Empereur Othon II. conçût de grands soupçons des desseins que Lothaire avoit sur le Duché de Lorraine.

Sigebert.

Magnum Chronic. Belgicum.

Flodoard.

Ces soupçons l'inquiétoient d'autant plus qu'il avoit des affaires ailleurs, & qu'il formoit luy-mesme de grands projets. Car sans parler des Nations Germaniques, ou Frontiéres de la Ger-

HISTOIRE DE FRANCE.

manie du coſté du Danube, qui eſtoient toûjours difficiles à tenir dans la ſoumiſſion, il étoit obligé d'avoir continuellement l'œil ſur l'Italie, où les Grecs qui eſtoient encore maiſtres de la Poüille & de la Calabre, & les Ducs de Benevent & de Spolete n'oublioient rien pour luy ſuſciter des affaires, & pour révolter les Peuples contre luy. L'Empereur ſon pere, tout grand homme qu'il eſtoit, avoit eu bien de la peine à y établir ſon autorité, & enfin luy-même méditoit de chaſſer les Grecs d'Italie, & de réünir à l'Empire d'Occident la Poüille & la Calabre.

Comme il avoit pénétré les deſſeins du Roy de France, il ne doutoit pas que ce Prince dés qu'il le verroit occupé en Italie, ne vinſt fondre en Lorraine, & que ſecondé de ſon frere, des Comtes de Haynaut, & de pluſieurs autres Seigneurs qui avoient toûjours de l'inclination pour le Sang de Charlemagne, il ne luy enlevaſt cette partie du Royaume de Germanie, pour la réünir à la Couronne de France. Voici donc le parti qu'il prit, qui eſtoit en apparence contre ſes intereſts, mais en effet un trait d'une politique tres-raffinée.

Il fit offrir à Charles frere du Roy, le Duché de la baſſe Lorraine, à condition de l'hommage, & de le tenir comme mouvant de la Couronne de Germanie. Othon prévoyoit bien que Charles, qui n'avoit point eu de part à la ſucceſſion du Royaume de France, ſe laiſſeroit tenter à la vûë d'un auſſi beau preſent; que la qualité de Vaſſal de l'Empire ou du Royaume de Germanie luy feroit peu de peine, vû qu'il n'eſtoit que Sujet & que Vaſſal du Roy ſon frere, avec tres-peu de revenu pour une perſonne de ſon rang, & qu'il quitteroit ſans peine une Cour, où il n'avoit gueres de conſideration & beaucoup de ſujets de chagrin; car la Reine ne le pouvoit ſouffrir, & luy ne pouvoit ſouffrir la Reine.

Hugo Flaviniac.

L'Empereur ne ſe trompa pas dans ſa conjecture. Charles reçut ſon offre avec joye; mais en l'acceptant, il ſe broüilla avec le Roy ſon frere, & ſe rendit odieux à toute la France, où l'on vit avec indignation, le frere du Roy ſe faire Vaſſal du Roy de Germanie.

An. 977.

Cette meſintelligence eſtoit une des choſes que l'Empereur avoit en vûë, eſperant par ce moyen, dit l'Ancien Hiſtorien, *ſe délivrer des continuelles inſultes* que luy faiſoit Charles, & l'oppoſer luy-meſme aux vaſtes deſſeins du Roy de France ſon frere. Mais Othon peu de temps après penſa eſtre la dupe dans cette affaire: car Lothaire choqué de ce que ce Traité s'eſtoit fait ſans ſa participation, entra bruſquement en Lorraine, fut reçû à Metz, où quantité de Seigneurs luy firent hommage, & partant de-là lorſqu'on s'y attendoit le moins, il vint avec une extrême promptitude à Aix-la-Chapelle, & y arriva lorſque l'Empereur eſtoit preſt de ſe mettre à table. On y eſtoit ſi peu en défenſe, que l'Empereur fut obligé de s'enfuïr, & qu'il n'échapa qu'avec beaucoup de peine, ayant toûjours marché le reſte du jour & une partie de la nuit, pour ſe mettre en ſeû-

Sigebertus.

Chronic. Nangii.

An. 978. Glaber. l. 1. c. 3.

reté avec l'Imperatrice. Lothaire fut reçû dans Aix-la-Chapelle, où il dina de ce qu'on avoit préparé pour l'Empereur. Enſuite il courut tout le païs en le ravageant, & rentra en France.

L'Empereur durant ce temps-là, aſſembla ſes Troupes, & avec une Armée de plus de ſoixante mille hommes, porta à ſon tour la déſolation dans toute la Champagne, ruina tous les environs de Reims, de Laon, de Soiſſons, s'avança juſqu'à Paris, dont il brûla un des Fauxbourgs, n'épargnant que les Egliſes. Un neveu de l'Empereur qui l'accompagnoit, s'eſtoit vanté d'aller inſulter la Porte de Paris, & d'y enfoncer ſa lance; il l'exécuta durant l'incendie du Fauxbourg; mais les Pariſiens ayant en ce moment fait une ſortie, il y fut tué avec la pluſpart de ceux qui l'avoient ſuivi. L'Empereur demeura trois jours à la vûë de Paris, & ayant appris que Lothaire, Hugues Capet, & le Duc de Bourgogne venoient avec une Armée pour luy fermer le retour, il décampa, & prit ſa route du coſté de Soiſſons. Le Roy ayant ſous luy Hugues Capet, & Geoffroy appellé communément Griſe-Gonnelle *, Comte d'Anjou, attaqua ſon arriere-garde au paſſage de la riviere d'Aiſne, luy tua beaucoup de monde, & enleva une partie de ſes bagages; il le pourſuivit pendant trois jours & trois nuits en le harcelant ſans ceſſe juſqu'à la Foreſt d'Ardennes. L'Empereur ayant mis la Meuſe entre le Roy & luy, s'échapa, & la Campagne finit par la retraite des Armées. Le Comte d'Anjou fit en cette occaſion de ſi belles actions, que le Roy luy donna pour luy & pour ſes ſucceſſeurs la Charge de Grand Séneſchal de France, qui avoit beaucoup de rapport à celle de Grand Maiſtre d'Hoſtel, & en meſme temps à celle de Conneſtable, telles qu'on les a vûës dans les derniers temps.

Glaber. l. 1. c. 3.

*An. 979. * C'eſt-à-dire, Griſe-Caſaque, ou Cotte-d'armes; parce que ce Comte ſe portoit d'ordinaire une de cette couleur.*

Hugo de Clerzis. j

L'année ſuivante on ſe tint de part & d'autre ſur la défenſive, chacun pour couvrir ſon païs, & puis la Paix ſe fit à ces conditions; que la poſſeſſion de la Lorraine demeureroit à l'Empereur; qu'il reconnoiſtroit le droit que la Couronne de France avoit ſur ce païs-là, & qu'il ne la poſſederoit que comme Beneficier du Roy de France.

An. 980.

In Beneficium.

Cette Paix fut faite contre l'avis des principaux Seigneurs de France, & ſur tout de Hugues Capet & de ſon frere le Duc de Bourgogne, qui croyoient le Roy en eſtat de réünir la Lorraine à la Couronne, s'il avoit voulu continuer la guerre. Othon eſtant mort en Italie quatre ans après, Lothaire prit la défenſe du fils de ce Prince le jeune Othon troiſiéme du nom, contre Henri Duc de Baviere, qui vouloit s'emparer du Royaume de Germanie. Le Roy par cette raiſon, ou ſous ce prétexte entra en Lorraine, & ſe rendit maiſtre de Verdun, & en emmena priſonnier en France le Comte Godefroy, à qui cette Place appartenoit. Il tenta auſſi de ſe rendre maiſtre de Cambray, mais il n'y réüſſit pas. Les cauſes de toutes ces differentes entrepriſes & de pluſieurs autres qui ſe firent en France & en Lorraine, à

An. 984. Epiſt Gerberti.

An. 985.

Balderic. l. 1. c. 104.

l'occasion de la mort d'Othon, sont très-peu marquées dans nos anciennes Histoires, où l'on voit seulement en général, qu'il y eut beaucoup d'intrigues sur ce sujet. Si Lothaire avoit conçû de nouveau le dessein de reconquerir la Lorraine, il n'eut pas le temps de l'exécuter ; car il mourut luy-mesme bien-tost après à Reims le deuxiéme de Mars de l'an 986. la trentedeuxiéme année de son Régne, dans la vigueur de son âge, estant, quoy qu'on en ayent dit quelques Ecrivains, au-dessous de cinquante ans, & n'en ayant au plus que quarante-six. Rien n'est plus glorieux pour ce Prince, que sa loüange qu'on luy donne dans son Epitaphe, d'avoir sçû reünir les esprits des Seigneurs François, & de les avoir eu tout-à-fait soûmis à ses ordres. L'idée que l'Histoire nous donne des Régnes précédens & des premieres années mesmes du sien, nous doivent faire regarder cette soûmission des Grands, comme l'ouvrage d'une prudence consommée dans l'art de gouverner, ainsi que je l'ay déja fait remarquer.

An. 986. Gerberti Epist. 74.
Du Chesne Tom. 1.

En joignant à cela le dessein qu'il avoit conçû, lorsqu'il se fut rendu maistre des esprits, de reünir à l'Empire François tout ce qui en avoit esté aliéné, on voit un Prince qui agissoit de suite & avec méthode, & qui avoit des vûës grandes & dignes d'un Roy. Le fameux Gerbert Archevêque de Reims & puis de Ravennes, & ensuite Pape, tout dévoué qu'il estoit aux Empereurs, parle de Lothaire comme d'un Prince distingué entre les Souverains de son temps, & il y a tout sujet de croire que s'il eust

Glaber. l. 1. c. 3.
Gerberti. Epist. 74.

vécu davantage, il auroit rétabli un ordre parfait dans le Royaume, & dans le Gouvernement. L'expérience du passé luy avoit fait prendre une précaution dont son pere luy avoit donné l'exemple, & que plusieurs de ses successeurs ne manquérent pas d'imiter : ce fut de faire reconnoistre de son vivant pour Roy, son fils aîné. Il s'appelloit Loüis. Il en avoit un autre nommé Arnoul, qu'il avoit eu d'une Maistresse, & qui fut depuis Archevêque de Reims. On en a découvert depuis peu un troisiéme nommé Othon, qui mourut tout jeune.

Glaber. l. 1. c. 3.
Mabillon de re Diplomat. l. 2. c. 26.
Ademarus Chronic. Mallea cense.

Quelques Historiens font mourir Lothaire de poison, & en accusent la Reine Emma sa femme. Les Ecrivains les plus voisins de ce temps-là n'en disent rien, & l'on n'en voit pas de sujet. A la verité Charles frere du Roy osa accuser cette Princesse de quelques mauvais commerces ; mais c'est un témoin peu recevable en cette cause, parce qu'il estoit son ennemi déclaré. Si elle fut coupable de cette mort, elle sçut parfaitement sauver les apparences. Rien n'est plus tendre que ce qu'elle écrivit sur ce sujet à l'Impératrice Adelaïde sa mere, & à en juger par cette Lettre, jamais femme n'aima plus ardemment son mari, & ne fut plus touchée de sa perte. Mais ce sont là de ces mystéres, sur lesquels on ne peut prononcer sans témérité. Lothaire en mourant recommanda son fils Loüis à Hugues Capet, comme à celuy de tous les Seigneurs qui estoit le plus capable de le soûtenir par son crédit & par sa puissance.

Epist. 31. Gerberti.
Epist. 75.
Nangius.

HISTOIRE DE FRANCE

LOUIS V.

In codice Gerberti. Epist. 75.

Ouis cinquiéme du nom fut de nouveau salüé Roy par les Seigneurs de France, qui firent aussi serment de fidélité à la Reine sa mere, sans doute comme à la Régente du Royaume pendant la jeunesse de son fils. Ce Prince pouvoit avoir alors au plus dix-neuf ans, le Roy son pere n'ayant épousé la Reine Emma qu'en l'an 966.

An. 986.

La mesintelligence se mit bien-tost entre la mere & le fils. Les grandes liaisons que cette Princesse eut avec la Cour de Germanie, en furent ou les causes ou les suites : je veux dire que de deux choses l'une, ou que le Roy rompit avec la Reine sa mere, par la connoissance qu'il eut du commerce qu'elle entretenoit à la Cour de Germanie ; ou bien qu'elle, se voyant menacée d'une disgrace pour d'autres raisons que l'Histoire ne marque point, elle eut soin de se ménager des ressources de ce côté-là, afin de se soûtenir contre son fils. Nous avons encore quelques Lettres de cette Princesse qui sont des preuves incontestables de ce que je dis ; mais qui ne nous apprennent rien de plus. Adalberon Archevêque de Reims, Lorrain de Nation, estoit bien avant dans les mesmes intrigues, & il fut obligé pour cela de

In codice Gerberti.
Ibid.

Qqq iij

quitter le Royaume. Le Roy vint pour le surprendre dans Reims; il se donna des combats entre les Troupes du Roy & celle de l'Archevêque; la Ville fut prise; mais le Prélat échapa.

Charles Duc de la basse Lorraine oncle du Roy, toûjours ennemi déclaré de la Reine mere, ne manqua pas d'animer Loüis contre elle. Ce fut à cette occasion qu'il fit courir, ou qu'il continua de faire courir le bruit du mauvais commerce qu'elle avoit avec l'Evêque de Laon. Cet Evêque fut chassé de sa Ville, & fit tout ce qu'il put pour soûlever les autres Evêques contre le Roy. Il eut en vain recours à Hugues Capet, à qui la mesintelligence de la Reine mere avec le Roy ne déplaisoit pas, parce qu'elle luy laissoit la disposition entiére des affaires. Peu s'en fallut que l'Empereur sollicité par cette Princesse n'en vinst à une guerre ouverte avec le Roy. Mais Beatrix sœur de Hugues Capet, & femme de Frédéric Duc de la haute Lorraine, estant venuë trouver ce Prince à Compiégne, pour tascher de réünir les esprits, le fit consentir à se trouver à Montfaulcon auprès de Verdun avec la Reine mere, Charles oncle du Roy, Henri Duc de Bourgogne, & l'Impératrice mere. La Duchesse Beatrix agit avec tant d'adresse, qu'elle osta aux deux partis le prétexte de la guerre, qui estoit la détention de Godefroy Comte de Verdun, & frere de l'Archevêque de Reims. Ce Comte estoit prisonnier en France depuis deux ans, c'est-à-dire depuis que le feu Roy avoit pris cette Place. On la luy rendit, & on le mit en liberté, à condition qu'il céderoit quelques Terres de l'Evêché de Verdun pour sa rançon.

Ibid. Epist. 98.

Apparemment cette Paix n'auroit pas esté de longue durée, les esprits estant toûjours fort aigris; mais la mort du Roy fut la fin de toutes les querelles: il mourut après un an deux mois & quelques jours de Régne. On crut qu'il avoit esté empoisonné, & un ancien Historien en accuse la Reine Blanche femme de ce Prince, dont il n'estoit pas aimé, & qui l'avoit mesme quitté une fois, pour s'en retourner en Aquitaine, d'où elle estoit.

An. 987.

Ademari Chronic.

Loüis ne laissa point d'enfans, & fut le dernier Roy de France de la Race masculine de Charlemagne, qui se trouve ainsi avoir fini dans les trois parties de l'Empire François par trois Princes, portant tous trois le nom de Loüis; c'est à sçavoir, par Loüis Empereur II. du nom en Italie; au-delà du Rhin, par Loüis III. du nom Roy de Germanie, & enfin en France par Loüis V. dont je parle. Charles son oncle Duc de la basse Lorraine, estoit son héritier, & il estoit naturel qu'il montast sur le Trône après luy. Il fit ses efforts pour en venir à bout; mais Hugues Capet luy enleva la Couronne, & commença la troisiéme lignée de nos Rois, après que la seconde eut duré 237. ans. La maniére dont il s'y prit, les guerres qu'il eut à soûtenir pour surmonter tous les obstacles qu'il rencontra dans une si haute entreprise, & tout ce qui se passa dans une si fameuse révolution, c'est ce que je tascheray de déveloper dans la suite de cette Histoire.

Ceremonie de l'hommage rendu à Hugues Capet par un Vassal pour son fief

HISTOIRE DE FRANCE

TROISIÉME RACE.
HUGUES CAPET.

LA décadence de la Famille de Charlemagne & de celle de la Famille du Grand Clovis, la perte que l'une & l'autre firent de la Couronne de France, après l'avoir possédée chacune pendant plusieurs siécles, eurent des causes en partie semblables, & en partie différentes. L'anéantissement de l'autorité Royale dans les derniers Rois de ces deux premieres Races ouvrit le chemin du Trône à Pepin Chef de la seconde, & à Hugues Capet Chef de la troisiéme. Les Rois de la premiere avoient laissé envahir leur autorité par leurs Ministres, & ceux de la seconde par leurs Vassaux. Sur la fin de la premiere, les Maires du Palais disposoient absolument de tout dans l'Etat, sous le nom d'un Roy qui ne faisoit & ne pouvoit rien. Sur la fin de la seconde, les Grands du Royaume devenus plus puissans que leur Souverain, n'avoient plus guéres que le nom de Sujets à son égard, & n'obéïssoient à ses ordres, qu'autant qu'ils les trouvoient conformes à leur caprice, à leur ambition, à leur intérêt. Pépin dont la Famille étoit en possession depuis long-temps de la souveraine puissance, n'eut plus pour y joindre la Couronne, qu'un obstacle à surmonter; qui étoit l'affection des Peuples pour les descendans de Clovis. Hugues Capet trouva dans les François, surtout dans ceux de deçà la Loire moins d'attachement pour le sang de Charlemagne : l'exemple de trois Rois de suite qui n'en étoient pas, Eudes, Robert, Rodolfe luy montroit qu'il n'étoit pas trop difficile de les accoûtumer à ce changement. De ces trois Rois, Robert étoit son ayeul, & Eudes son grand oncle. L'élévation où ces Princes avoient mis sa Maison, & où Hugues le Grand son pere, & luy-même l'avoient maintenuë, sa qualité de Duc de France, qui le faisoit le plus grand & le plus puissant Seigneur de l'Etat, l'autorité qu'il s'étoit acquise sous les deux derniers Régnes, tout cela luy fit espérer de réüssir aussi-bien que Pépin dans un dessein tout pareil. Il semble en effet qu'il se le fût proposé pour modéle, dans le projet qu'il avoit formé d'enlever à la posterité de ce Roy; ce que ce Roy avoit enlevé à la posterité de Clovis.

Il avoit comme Pépin beaucoup de modération, de douceur & d'affabilité; qualitez qui luy avoient gagné le coeur, non seulement des François; mais encore du Roy Lothaire, dont il avoit été autant aimé, que Hugues le Grand son pere avoit été craint & haï de Loüis d'Outremer pere de Lothaire. La grande puissance que luy donnoient ses charges & ses richesses ne l'avoient point rendu suspect à son Prince, ni empêché d'être véritablement son Favori. C'étoit par son canal que s'obtenoient toutes les graces, & par ses conseils que l'Etat étoit gouverné. Il sçut encore comme Pépin, par de grandes marques de pieté, mériter l'estime des Peuples, & sur tout de l'Ordre Ecclésiastique. Après avoir contraint Arnoul II. Comte de Flandre par la prise de Montreüil, de luy rendre le corps de S. Riquier, qu'Arnoul I. avoit enlevé de l'Abbaye qui en porte aujourd'huy le nom en Picardie, il voulut marquer publiquement la vénération qu'il avoit pour le Saint, dans la Translation de ses Reliques. Tout Duc de France qu'il étoit, il porta la Châsse sur ses épaules, & marcha nuds pieds l'espace d'une lieuë jusqu'à l'Eglise de l'Abbaye. Mais ce qu'il avoit fait quelques années auparavant, avoit charmé les Evêques & les Moines, & édifié toute l'Eglise. Voulant réformer l'abus qui s'étoit introduit en France touchant les Abbayes qui étoient possédées non seulement par des gens de guerre, mais même par des personnes mariées, il commença par se défaire de celles qu'il possédoit luy-même, sçavoir de celle de S. Germain des Prez, de celle de saint Denis, & de celle de S. Riquier. Il remit les Religieux en possession de ces Bénéfices, leur fit restituer plusieurs Terres qui avoient été usurpées, & mérita par là le titre de Défenseur de l'Eglise.

Chronic. Centulense l. 3. c. 13.

Cap. 14.

A cette douceur, à cette pieté, à la réputation de sagesse qu'il avoit acquise dans le Ministére, étoit jointe celle du courage & de l'expérience dans la guerre. Il commandoit l'Armée Françoise sous le Roy Lothaire, lorsque l'Empereur Othon II. fut défait au passage de la rivière d'Aisne. Il avoit fait avec succés la guerre à Arnoul II. Comte de Flandre, & aux Comtes de Haynaut, soûtenus par Othon II. & l'on vit dans la maniére dont il poussa Charles son concurrent, tandis qu'il luy disputa la Couronne, & dans toute la suite de son Régne, qu'il n'étoit pas moins grand Capitaine, que grand Politique.

Chronic. Ademari. Hugo Flaviniac.

Tel étoit Hugues Capet, qui sans un pareil mérite & d'aussi grandes qualitez que celles-là, n'auroit pas été capable de soûtenir une entreprise comme la sienne, ni de s'emparer d'un Trône, où la naissance ne luy donnoit aucun droit. Ce n'est pas que sa naissance ne fût illustre ; & c'est par une calomnie également lasche & ridicule, qu'un Poëte Italien maltraité par un des descendans de Hugues Capet, a dit qu'il étoit fils d'un boucher. C'est un fait le plus expressément marqué dans nos anciennes Histoires, que Hugues le Grand Duc de France & Comte de Paris pere de Hugues Capet, étoit fils de Robert, qui fut un an Roy de France, & neveu d'Eudes, qui le fut aussi pendant neuf ans avant Robert son frere ; qu'Eudes & Robert étoient fils de Robert surnommé le Fort Comte d'Anjou & Duc de tout le païs d'entre la Loire & la Seine. Quelques-uns ont prétendu que Robert le Fort descen-

Danté in purgat. Canto. 11.

doit en droite ligne du Comte Childebrand frere de Charles Martel, & ont conduit même sa Généalogie jusqu'à une fille de Clotaire I. petite-fille du Grand Clovis. Quoi qu'il en soit de ces particularitez de la Généalogie de Robert le Fort, une de nos anciennes Chroniques parlant de luy & de Ranulfe Duc de Guienne, lorsque l'un & l'autre furent tuez dans un combat contre les Normands, dit que ces deux Seigneurs étoient très - puissans, grands Capitaines ; *& des plus considérables de tous les Seigneurs de ce temps-la.* Enfin Hugues Capet ne sortoit pas d'un sang moins noble du côté de sa mere, qui s'appelloit Hadevige, & qui étoit sœur de l'Empereur Othon I.

Chronic. Floriacense apud Baluf. Tome 2. Miscell. pag. 304.

Et inter primos ipsi priores.

Le surnom de Capet qu'on donne à Hugues dans l'Histoire, a été le sujet de diverses conjectures. Il est certain qu'on ne le luy donna pas pour la même raison, qu'un ancien Historien le donne à Charles le Simple, comme si le surnom de Simple ou de Capet eussent signifié la même chose. * Ce qui me paroît de plus vray-semblable, c'est que ce nom vient du mot Latin *Capito*, qui signifie dans le propre un homme qui a une grosse teste, & dans le figuré un homme opiniastre & attaché à son sens : une de ces deux qualitez, ou peut-être l'une & l'autre tirent apparemment donner ce sobriquet à ce Prince.

Apud du Chesne. Tom. 3. p. 319.

I. Carolus Stultus, vel Capet.

Après ce détail qu'on ne peut faire trop grand, quand il s'agit de faire connoître le caractère d'un Prince, Chef d'une Posterité qui occupe depuis plus de sept cens ans un des premiers Trônes du monde, je vais dire par quels moyens il y monta.

Comme Loüis V. du nom mourut sans enfans, Charles Duc de la basse Lorraine son oncle, frere du feu Roy Lothaire, & fils de Loüis d'Outremer auroit été le légitime héritier de la Couronne, si dans la seconde Race ne s'étoit crû astraint à la Loy & à la Coûtume qui s'observoient sous la première pour la succession. * Il étoit alors âgé de trente-trois à trente-quatre ans, Prince brave & homme de guerre ; mais l'envie de commander qu'il ne put pas satisfaire en France, où il n'entra point en partage de la succession du Roy son pere, luy fit faire une démarche indigne de sa naissance, & dont son ambition prématurée fut bien punie. Ce fut le Traité dont j'ay parlé sous le Régne de Lothaire, que Charles fit avec Othon II. en recevant de luy le Gouvernement de la basse Lorraine, & se faisant son Vassal ; ce qui choqua infiniment toute la Nation. Ce fut là le principal motif dont se servit Hugues Capet, pour mettre dans son parti la plûpart des Seigneurs du Royaume, comme il le fit avec autant d'adresse que de promptitude.

* *Voyez la Préface historique vers la fin.*

La mort imprévuë du jeune Roy n'avoit pas laissé le temps à Charles de prendre aucunes mesures, pour regagner les François ; & Hugues qui étoit présent à cette mort, maître des affaires, & aimé des Seigneurs du Royaume n'oublia rien pour les aigrir de plus en plus, & pour augmenter l'aversion qu'ils avoient conçuë contre ce Prince. La Reine mere que Charles

les avoit déchirées par les plus sanglantes médisances, ne contribua pas sans doute à les luy ramener. Elle demeuroit alors à Laon. Tous ceux qui estoient entrez dans les intérêts de cette Princesse furent contre luy.

Les partisans de Hugues disoient par-tout qu'un transfuge & un déserteur de l'Etat, le Vassal d'un Roy de Germanie, dont les Peuples estoient autrefois soûmis à la Couronne de France, & qui estoient devenus les plus ordinaires ennemis, n'estoit guéres propre à estre Roy des François ; qu'en renonçant ainsi à sa patrie, il avoit à plus forte raison renoncé à toutes les prétentions qu'il pouvoit avoir au Trône, & qu'il falloit trouver dans le Royaume un homme digne de le gouverner.

Vitikindus l. 1.

Hugues n'oublia pas de faire valoir en même temps toutes les raisons qui dévoient faire penser à luy, voyant bien qu'il estoit le seul qui pust prétendre à la Couronne, supposé l'exclusion de Charles, & il ne manquoit pas de droits spécieux & apparens. Son ayeul & son grand oncle, comme on l'a vû, avoient esté élevez sur le Trône par le consentement de la pluspart des Seigneurs de la Nation. Il estoit du Sang de Charlemagne par les femmes, & ce seul titre du temps de Charles le Simple, au défaut de la postérité masculine de Charlemagne, avoit autorisé Guy Duc de Spolete & Bérenger Duc de Frioul, à se faire reconnoître Rois d'Italie, Rodolfe à se faire couronner Roy de Bourgogne, & Loüis fils du Duc Boson à se faire élire Roy de Provence. De plus on asseûra que le Roy en mourant avoit déclaré Hugues son successeur, à l'exclusion de son oncle, qu'il ne croyoit pas capable de bien gouverner.

Nangius.

Odorann.

Chronic. Centulense l. 3. c. 25.

On ne manque pas de publier une vision, que Hugues, disoit-on, avoit euë quelques années auparavant, où l'on asseûroit que S. Riquier alors fort honoré en France, luy avoit prédit qu'il seroit Roy, en récompense de ce qu'il avoit contraint le Comte de Flandre à rendre ses Reliques, pour estre remises dans l'Abbaye qui porte son nom.

Toutes ces raisons jointes ensemble, quelques foibles qu'elles fussent, se trouvérent fortes & efficaces par la haine des François contre Charles, & par le penchant qu'ils avoient du costé de Hugues. L'unique moyen qui restoit à Charles pour en empescher l'effet, estoit d'entrer promptement à la teste d'une Armée dans le Royaume, & de négocier au pluſtoſt avec les Seigneurs, ainsi qu'Adalberon alors Archevêque de Reims, le luy conseilla ; mais au lieu d'agir avec la vivacité que demandoit une pareille conjoncture, il perdit le temps à délibérer avec ceux de son Conseil sur le parti qu'il avoit à prendre. Hugues au contraire convoqua sans tarder l'Assemblée des Seigneurs, qui luy déférérent la Couronne d'un commun consentement à Noyon, & quelques jours après, il fut sacré le troisiéme de Juillet par l'Archevêque de Reims dans Reims mesme.

In codice Gerbertino Epiſt. 110.

Sigebertus in Chronic.

An. 987. Nangius. Aimoin, l. 5. Mirac. S. Bened.

Quoiqu'après l'élevation de Hugues Capet sur le Trône, la maniére du Gouvernement fust demeurée à peu près la mesme qu'elle étoit auparavant, néanmoins à l'occasion d'une si importante révolution, & avant que de raconter les efforts que fit Charles pour renverser du Trône son adversaire, je croy devoir mettre devant les yeux de mes Lecteurs comme un nouveau Plan de la France, qui leur en représente les bornes, les démembremens qui s'en estoient faits entre le Rhin & les Alpes & au-delà des Pyrénées, les Princes qui gouvernoient les Etats formez de ces démembremens, & la puissance de quelques-uns des principaux Vassaux de la Couronne, puissance devenuë presque aussi redoutable au Souverain, que celle des Rois voisins de ses Frontières.

Du costé du Rhin, la haute Lorraine appellée par quelques-uns du nom de Moselane, détachée depuis plusieurs années de la France, reconnoissoit pour Souverain Othon III. Roy de Germanie & Empereur. La basse Lorraine qui s'étendoit beaucoup vers le bas Rhin dans la Hollande, & du costé de France jusqu'à l'Escaut, & comprenoit le Brabant, le Haynaut, le païs de Liége & le Luxembourg, estoit aussi soûmise à l'Empereur, & estoit gouvernée avec dépendance de ce Prince, par le Duc Charles concurrent de Hugues Capet.

En tirant vers les Alpes, la Bourgogne Transjurane estoit sous la domination de Conrad, surnommé le Pacifique. Ce Prince estoit fils de Rodolfe II. du nom, & petit-fils de Rodolfe I. qui du temps de Charles le Simple & du Roy Eudes, avoit pris la Couronne & la qualité de Roy au-delà du Mont-Jura dans le païs de Genéve & des Suisses, ce qui fit nommer son Etat le Royaume de la Bourgogne Transjurane, quoy qu'il s'étendist mesme en deçà de ce Mont jusques dans la Franche-Comté. Cet Etat sous le Régne de Rodolfe II. s'estoit accru de beaucoup, par la cession que Hugues Comte d'Arles luy fit de la Provence, du Lionnois, de la Tarentaise, du Dauphiné, du Mâconnois, d'une grande partie de la Franche-Comté, du Diocése d'Usez, & de quelques autres Territoires qui composoient auparavant le Royaume d'Arles ou de Provence, appellé aussi Royaume de la Bourgogne Cisjurane, ou d'en-deçà du Mont-Jura. Conrad avoit succédé à Rodolfe II. son pere dans ces deux Royaumes, qu'il entretenoit dans une grande Paix, après les avoir délivrez des courses des Hongrois & de celles des Sarazins, qui s'estant saisis de Fraxinet, lieu sur le bord de la mer aux confins de l'Italie & de la Provence, ravageoient tout ce païs-là. Et c'est-de-là que luy vint le surnom de Pacifique.

Au-delà des Pyrénées, l'Espagne jusqu'à la riviére d'Ebre estoit toûjours dépendante de la Couronne de France. L'an 985. deux ans avant l'élection de Hugues Capet, Borel Comte de Barcelonne & d'Urgel, ayant esté défait par les Sarazins assez près de Moncade, avoit perdu la premiere de ces deux Places ; mais il l'avoit reprise peu de temps après. Il demanda du secours à Lothaire, & ce Prince mourut comme il estoit sur le point de luy en envoyer. Loüis V.

Surita. l. r. Indic.

HISTOIRE DE FRANCE.

Gerberti. Epist. 71.
successeur de Lothaire, délibéra s'il luy en envoyeroit, parce qu'on luy avoit rendu suspecte la fidélité de ce Comte, & l'Histoire
Epist. 112. ne marque point la résolution qu'il prit là-dessus.

A l'autre extrémité des Pyrénées du costé de l'Océan, la Navarre avoit depuis long-temps ses Rois particuliers, qui en avoient chassé les Emires Sarazins, dont quelques-uns sous les Régnes de Charlemagne & de Loüis le Débonnaire, tantost se faisoient Vassaux de la France, & tantost se révoltoient contre elle, suivant que leurs intérests le demandoient.

Ainsi suivant le plan que je viens de faire, les Souverains les plus voisins du Royaume de France estoient les Rois de Germanie du costé du Rhin, les Rois de Bourgogne du costé du Rhône & des Alpes, les Sarazins en Espagne sur le bord de l'Ebre, & les Rois de Navarre à l'autre bout des Pyrénées.

Pour ce qui est des Vassaux de la Couronne au dedans du Royaume, voici ce que nous en apprennent nos Histoires les plus exactes tirées des anciennes Chartres, & d'autres semblables Monumens. Il y en avoit entre la Loire & les Pyrénées trois principaux ; sçavoir, le Duc de Gascogne, le Duc d'Aquitaine, & le Comte de Toulouse.

Voyez l'Histoire de Bearn de M. de Marca p. 225. pag. 225.
Le Duc de Gascogne de ce temps-là s'appelloit Guillaume Sanche, qui estoit le septiéme Duc héréditaire de ce Duché, & possédoit tout ce qui est entre la Garonne & la Dordogne, les Pyrénées & les deux Mers, excepté le Comté de Comminge & de Conserans. Un Titre de Fondation faite par ce Duc, où il date du Régne de Hugues Capet, montre par cette seule circonstance de la date, qu'il se reconnoissoit encore pour Vassal de la Couronne de France.

Le Duc d'Aquitaine ou de Guienne, lorsque Hugues Capet fut couronné, estoit Guillaume, surnommé Fier-à-bras, troisiéme, ou selon d'autres, quatriéme du nom, fils de Guillaume, appellé dans nos Histoires, Guillaume Teste-d'étoupe, à cause de sa chevelure blonde & épaisse. Dès le temps de Charles Martel & depuis Eudes Duc d'Aquitaine, ce Duché devint héréditaire, & passa au fils & au petit-fils du Duc Eudes ; mais Pepin reünit ce Duché à la Couronne, & Charlemagne ayant par de nouvelles victoires asseuré cette reünion, érigea depuis le Duché d'Aquitaine en Royaume, & en fit Roy Loüis le Débonnaire son fils. Ce Prince après la mort de Charlemagne donna pareillement ce Royaume à son fils Pepin, & ensuite à Charles le Chauve le cadet de ses fils. Charles & Loüis le Begue fils de Charles le Chauve, furent l'un après l'autre Rois d'Aquitaine. On y reconnut aussi l'autorité, ou du moins la souveraineté de leurs successeurs ; mais on ne voit pas qu'ils ayent porté le titre de Roy d'Aquitaine *, comme ceux que je viens de nommer ; ainsi on peut dire que l'Aquitaine cessa d'avoir le titre de Royaume après la mort de Loüis le Begue, & qu'elle reprit alors son premier titre de Duché; il y eut un intervalle

* La Chronique d'Alberic dit que Lothaire pénultiéme Roy de la Famille de Charlemagne, fit son fils Loüis Roy

où elle recommença à avoir une suite de Ducs avant que de perdre pour toûjours le titre de Royaume. Charles le Chauve institua Duc d'Aquitaine Ranulfe Comte de Poitiers, c'est-à-dire, qu'il le fit son Lieutenant Général dans l'Aquitaine, sans luy donner le droit de succession pour sa Postérité ; mais les descendans de ce Duc s'en mirent en possession, & depuis ce Ranulfe qui fut tué avec Robert le Fort dans un combat contre les Normands, les Comtes de Poitiers conservérent dans leur Maison la qualité & la puissance de Duc d'Aquitaine, & ils l'avoient encore lorsque Hugues Capet parvint à la Couronne de France. Il est vray que Hugues le Grand, après avoir fait couronner Lothaire pénultiéme Roy de la seconde Race, se fit donner par ce Prince le titre de Duc d'Aquitaine, ce qui causa la révolte de Guillaume II. contre le Roy ; mais Hugues estant mort peu de temps après la bataille qu'il gagna contre ce Duc, celuy-ci demeura maistre de son Duché, qu'il laissa en mourant à Guillaume III. son fils, & contemporain de Hugues Capet.

d'Aquitaine ; mais Glaber Auteur qui vivoit fort proche de ce temps-là, dit clairement que Lothaire son fils Roy ; c'est-à-dire, Roy de France ; mais que la femme qu'il luy fit épouser est native d'Aquitaine. Glaber. l. 1. c. 3. Voyez Bessi dans son Hist. des Comtes de Poitou & des Ducs de Guienne. Flodoardi Chronic.

Le Duché de Guienne comprenoit plusieurs Comtez, qui estoient arriere-fiefs de la Couronne, & qui relevoient immédiatement du Duc, tels estoient les Comtez d'Auvergne, de Berri, de Limoges, d'Albi, d'Angoulesme ; mais le nombre de ces Vassaux varia en divers temps, selon que quelques-uns se révoltoient, ou que les Ducs de Guienne s'en soûmettoient d'autres par la force des armes, ou par des alliances.

Vide T. 4. Bibli. MSS. Labbaei p. 731.

Les Comtes de Toulouse ne furent pas d'abord aussi puissans que les Ducs de Guienne ; mais sous le Régne de Loüis d'Outremer, Ponce Comte de Toulouse fils de Raymond II. ayant succédé en la Principauté de Gothie, c'est-à-dire du Languedoc, à un de ses parens nommé Ermengaud, joignit au titre de Comte de Toulouse la qualité de Prince, de Duc, & de Marquis de Gothie ou Septimanie. Raimond III. succéda à Ponce en tous ces titres. Depuis ce Comte, l'Histoire ne nous fournit rien que de fort confus touchant cette Maison. On voit par un Acte de Guillaume troisiéme, qui vivoit sous Robert fils de Hugues Capet, qu'elle avoit beaucoup perdu de son lustre ; car il n'y prend que la qualité de Comte d'Albi, de Cahors & de Toulouse : mais Raimond IV. dit communément Raimond de S. Giles, homme habile & guerrier du temps de Philippe I. quatriéme Roy de la troisiéme Race, rétablit en sa Maison les droits des Marquis de Gothie sous le titre de Duc de Narbonne, titre que ses successeurs prirent toûjours depuis jusqu'à Simon Comte de Montfort, qui fut investi sous le Régne de Philippe Auguste, du Duché de Narbonne, comme d'une dépendance du Comté de Toulouse. C'estoient là les plus puissans Seigneurs de l'Etat au-delà de la Loire, & les plus considérables Vassaux de la Couronne en ces païs, dans le temps du nouveau Régne dont il s'agit.

Marca Histoire de Bearn. l. 8. c. 2. & 3.

Ibid. Cap. 2.

En deçà de la Loire, ceux qui avec la mesme qualité de Vassal possédoient de plus grands

HUGUES CAPET.

Etats, estoient les Ducs de France, les Ducs de Bourgogne & les Comtes de Flandre. Car pour ce qui est de la Famille des Comtes de Vermandois, un desquels, sçavoir Herbert II. joüa un si grand rôlle sous le Régne de Charles le Simple, il semble qu'elle avoit perdu sa grande puissance par le partage des Domaines de ce Comte entre ses enfans, qui estoient en grand nombre. Le Duché de France s'étendoit non seulement jusqu'à la Loire, mais encore bien au-delà de la Seine du costé de la Champagne & de la Picardie, sans qu'on en puisse dire précisément les bornes, sinon que le Duché de Bourgogne, le Comté de Vermandois, & le Comté de Flandre, & les Villes qui dépendoient de ces trois Etats n'en estoient point. Hugues Capet eut & le Comté de Paris & le Duché de France ; mais estant parvenu au Trône, ce qu'il possédoit par ces deux titres fut réüni à la Couronne, c'est-à-dire, que la qualité de Duc de France fut supprimé par ce Prince, comme la Charge de Maire du Palais l'avoit esté par Pepin. Ces dignitez leur servirent de degrez pour monter sur le Trône, & leur parurent par là mesme aussi dangereuses pour leur postérité, qu'elles avoient esté utiles à leur ambition.

Il y avoit un Duc de Bourgogne dès le temps de Charles le Simple. C'estoit Richard dit le Justicier, auparavant Comte d'Autun, & qui le premier prit le titre de Duc de Bourgogne. Raoul ou Rodolfe son fils luy succéda, & fut depuis élû Roy de France. Ce Duché avoit passé dans la Famille de Hugues le Grand, & Henri frere de Hugues Capet en estoit en possession. L'étendüe du Duché de Bourgogne estoit en ce temps-là à peu près la mesme qu'aujourd'huy, je dis à peu près ; car Mâcon, par exemple, appartenoit à Conrad le Pacifique Roy de Bourgogne ; & à cette occasion il faut encore se souvenir, qu'on distinguoit en ce temps-là trois Bourgognes, qui toutes trois ensemble avoient autrefois composé le Royaume des Bourguignons, dont les fils de Clovis s'emparérent ; sçavoir, la Bourgogne Transjurane au-delà du Mont-Jura, la Bourgogne Cisjurane en deçà. L'une & l'autre portoient le titre de Royaume, & se trouvoient réünies sous la domination de Conrad, & enfin le Duché dont je parle, qui n'avoit point esté séparé de la Couronne de France.

C'est pareillement sous le Régne de Charles le Chauve, que le premier Comte de Flandre paroist dans nos Histoires. Il s'appelloit Baudoin. Il eut plusieurs successeurs de mesme nom que luy. Celuy qui possédoit ce Comté à la mort du dernier Roy de la seconde Race, s'appelloit Arnoul second du nom. Ces Comtes estoient maistres du païs d'entre l'Escaut & la Mer. Ils l'estoient aussi d'Arras, & taschoient de s'étendre du costé de la Picardie.

Le Duc de Normandie estoit un autre Vassal de la Couronne ; mais qui avoit peine à se regarder comme tel : au moins ces Ducs prétendirent-ils n'estre pas obligez comme les autres Vassaux, à fournir des Troupes aux Rois de France. Richard I. du nom, qui eut de si grands démeslez avec Loüis d'Outremer, étoit encore Duc de Normandie, lorsque Hugues Capet monta sur le Trône. Il avoit épousé une fille de Hugues le Grand, & ainsi il étoit beau-frere de Hugues Capet, qui avoit esté élevé à sa Cour, Hugues le Grand le luy ayant recommandé en mourant. Richard n'estoit que le troisième Duc de Normandie, fils de Guillaume I. & petit-fils de Rollon Fondateur de ce Duché. La Bretagne relevoit de luy, & dès le temps du premier Duc, elle estoit devenüe comme un arriere-fief de la Couronne par le consentement de Charles le Simple. Durant plusieurs années les Bretons & leurs Princes furent dans une grande oppression ; mais au commencement de cette troisième Race, on les voit se relever, & donner de l'inquiétude aux Ducs de Normandie.

Tel estoit l'état de la France au temps que la troisième Race de nos Rois commença à régner. Hugues Capet n'eut garde d'entreprendre de le changer. Il trouva tous ces Ducs & tous ces Comtes en possession de transmettre à leur Postérité leurs Duchez & leurs Comtez, & d'avoir des Vassaux, mesme avec qualité de Comte, relevans immédiatement d'eux. Ce fut alors que plusieurs Seigneurs qui n'estoient ni Ducs ni Comtes, commencérent à se surnommer du nom de leurs Terres & de leurs Chasteaux, au lieu qu'autrefois chacun n'avoit que son nom propre, auquel depuis quelque temps, pour distinguer ceux du mesme nom, on ajoûtoit quelquefois un surnom tiré de la couleur de leur visage, ou de leur stature ou de leur force, comme le Blanc, le Noir, le Fort, & d'autres semblables. Hugues Capet laissa tous ces Ducs, Comtes & Seigneurs joüir de leurs usurpations & de leurs prérogatives, qu'il n'osa leur disputer. Cette grande puissance dont ils s'estoient emparez, & qui les avoit mis en état de luy donner la Couronne, luy faisoit craindre qu'ils ne la luy ôtassent, s'il entreprenoit de toucher à leurs priviléges. Rien ne fait mieux voir la fierté & l'indépendance de ces Seigneurs, que la réponse que fit quelque temps après Aldebert Comte de Périgord, à Hugues Capet & à Robert son fils. Ce Comte assiégeoit Tours, qui appartenoit alors à Eudes surnommé le Champenois, *les Rois Hugues & Robert son fils, dit un ancien Historien, n'osérent l'en empescher par la voye des armes ;* ils luy envoyérent seulement ordre de se retirer de devant la Place, & comme sur le refus qu'il en fit, celuy qui portoit l'ordre des deux Rois, le faisant souvenir de sa qualité de Sujet, luy eut fait cette question de leur part, *Qui est-ce donc qui vous a fait Comte ?* il répondit en luy ordonnant de faire en son nom cette autre question aux deux Soüverains: *Qui sont ceux qui vous ont fait Rois* * ? En un mot l'idée la plus approchante du Gouvernement de la France de ce temps-là en ce qui regardoit l'autorité du Roy sur ses plus puissans Vassaux, est celle de l'Empire d'aujourd'huy, & de l'autorité que l'Empereur a sur les Princes & Feudataires de l'Em-

Hist. Aquitan. Fragment. T. 4. Collect. Francisci du Chesne.

* D'autres attribuent cette réponse à Guillaume de Talletrande Comte d'Angoulesme.

pire, tant Ecclésiastiques que Laïques, qui reçoivent de luy l'inveſtiture, & ſont obligez de luy fournir des Troupes en certaines occaſions; mais qui à cela près ſont maiſtres abſolus chez eux.

Le nouveau Roy ne fut pas ſi-toſt poſſeſſeur paiſible de ſon Etat. Charles armoit dans ſon Duché de la baſſe Lorraine, & il avoit en France ſes partiſans, partie ouvertement déclarez, partie ſecrets. Guillaume Duc de Guienne étoit dans ſes intéreſts, & refuſa de reconnoître Hugues Capet, Seguin Archevêque de Sens & maiſtre de ſa Place, comme c'eſtoit l'ordinaire en pluſieurs Villes Epiſcopales, ne voulut point luy rendre hommage: Herbert Comte de Vermandois avoit d'abord ſuivi le torrent & l'exemple des autres Seigneurs, ſoit qu'il cruſt ſa réſiſtance inutile, ou qu'il ne viſt pas de ſûreté à s'y oppoſer; mais il avoit de trop grandes liaiſons avec Charles, pour n'eſtre pas chagrin de l'élection de Hugues. Il eſtoit beau-pere de Charles, qui avoit épouſé Agnés ſa fille, & il eſtoit naturel qu'il ſouhaitaſt de la voir Reine de France, & ſon gendre Roy. On connut en effet dans la ſuite quels eſtoient ſes véritables ſentimens.

Pour ce qui eſt des Princes voiſins, ils parurent ne vouloir eſtre que ſpectateurs dans ce différend. L'Empereur Othon III. permit ſeulement à Charles de tirer des Troupes du païs qu'il tenoit de luy. Conrad Roy de Bourgogne avoit épouſé Mathilde ſœur du Roy Lothaire & de Charles; mais il eſtoit frere de la Reine mere, qui n'oublia rien pour l'empeſcher de prendre le parti de ce Prince; ce qui luy fut d'autant plus facile, que Conrad n'aimoit pas naturellement la guerre, & qu'il ne penſoit qu'à entretenir la Paix dans ſes Etats.

Hugues Capet ne voulant rien laiſſer derriere luy qui puſt l'inquiéter, lorſque Charles viendroit l'attaquer du coſté de la Champagne, où il prévoyoit qu'il feroit ſes premiers efforts, alla promptement paſſer la Loire, pour forcer le Duc de Guienne à ſe ſoûmettre, & vint mettre le ſiége devant Poitiers. La réſiſtance des aſſiégez, que le Duc Guillaume avec une Armée à la vûë de la Place, animoit de l'eſpérance d'un prompt ſecours, obligea Hugues à abandonner ſon entrepriſe, & à ſe retirer du coſté de la Loire. Le Duc le ſuivit, & comme il le ſerroit de fort près, il le contraignit à en venir aux mains. La bataille fut très-ſanglante & long-temps opiniaſtrée; mais enfin la victoire ſe déclara pour Hugues, qui tailla en piéces l'Armée du Duc. Le fruit de la victoire fut la ſoumiſſion de ce Duc, à qui le Roy accorda volontiers la Paix, l'unique but de la guerre qu'il luy avoit faite, ayant eſté de l'obliger à le reconnoiſtre pour ſon Souverain.

Cette victoire fut un coup de partie pour Hugues dans les conjonctures de ſes affaires. On ne voit pas que depuis aucun Seigneur ait pris le parti de Charles au-delà de la Loire, & Borel Comte de Barcelonne, qui durant ces troubles penſoit à ſecoüer le joug & à s'ériger en Souverain, reconnut dès la meſme année Hugues Capet pour ſon Seigneur. Mais cet avantage qui augmenta autant ſon autorité que ſa réputation, luy donna lieu de faire une choſe importante pour ſa Famille, où il imita encore la conduite de Pepin.

Il avoit alors un fils nommé Robert, Prince de grande eſpérance. Hugues pour luy aſſeûrer la Couronne, & la fixer dans ſa Maiſon, engagea les Seigneurs de France & de Bourgogne à trouver bon qu'il ſe l'aſſociaſt, & le fit ſacrer à Orleans par Seguin Archevêque de Sens, qui avoit enfin embraſſé ſon parti, après les menaces qu'on luy fit de le faire dépoſer par les Evêques de ſa Province, & par le Pape qui eſtoit alors Jean XV. & c'eſt ce qui montre qu'il avoit à l'exemple de Pepin, mis Rome dans ſon parti. Robert fut ſacré le premier de Janvier de l'an 988.

Cependant Charles faiſoit de grands préparatifs pour entrer en France, & dès que la ſaiſon le put permettre, il ſe mit en Campagne pour venir aſſiéger Laon. La Reine mere Emma & l'Evêque Adalberon s'y trouvérent renfermez, ſoit qu'ils euſſent eſté ſurpris, ſoit qu'ils y fuſſent demeurez pour animer les Habitans à ſe bien défendre.

La haine que Charles avoit pour l'un & pour l'autre, eſtoit un nouveau motif qui l'animoit à mettre tout en œuvre, pour ne pas manquer un coup ſi important. En effet il attaqua la Place avec tant de vigueur, qu'il l'emporta avant que Hugues y puſt eſtre aſſez à temps pour le ſecourir.

La premiere choſe que fit Charles, fut de s'aſſeûrer de la Reine mere & de l'Evêque, & il tint ferme contre toutes les priéres qu'on luy faiſoit de les relaſcher. L'Impératrice Theophanie mere de l'Empereur luy écrivit inutilement ſur ce ſujet. En vain les Evêques de France le ſollicitérent & en faveur de la Reine, & en faveur de leur Confrere: il ne voulut rien écoûter, perſuadé qu'il eſtoit, que la priſe de Laon entraîneroit après elle la conqueſte du reſte du Royaume.

Hugues apprit cette perte avec bien du chagrin, & pour la réparer, il vint au pluſtoſt à la teſte d'une groſſe Armée aſſiéger Charles luy-meſme dans la Place, où ce Prince ſe défendit en Héros.

Durant le ſiége, l'Impératrice Theophanie offrit ſa médiation aux deux partis. Hugues qui avoit grand intéreſt à ménager cette Princeſſe, à cauſe du crédit qu'elle avoit ſur l'eſprit de l'Empereur ſon fils, l'accepta, & conſentit à lever le ſiége, pourvû que Charles donnaſt la liberté à la Reine, & qu'il vouluſt bien auſſi l'accorder à l'Evêque, qui s'offroit à luy donner des ôtages pour l'aſſeûrer de ſa fidélité. Charles ne voulut rien écoûter. Hugues ſe ſervit de ce refus, qui choqua l'Impératrice, pour l'engager à une entrevûë avec ſa femme Adelaïde, & à le ſeconder dans un Traité qu'il projettoit de faire avec l'Empereur. Ces deux Princeſſes ſe trouvérent à Stenai au mois d'Aouſt, & l'indifférence que l'Empereur fit paroiſtre dans la ſuite pour les intéreſts de

HUGUES CAPET.

Charles montre bien, que cette entrevûë eut tout l'effet que Hugues en attendoit.

Le zele qu'il faisoit paroistre pour la Reine prisonniere luy attachoit de plus en plus les partisans de cette Princesse, & celuy qu'il témoignoit pour l'Evêque de Laon faisoit plaisir aux autres Evêques, dont plusieurs à sa sollicitation s'assemblèrent, & prononcérent l'anathème contre Charles ; pour les mauvais traitemens qu'il faisoit à leur Confrere ; mais Charles s'en mocqua, & continua à se bien défendre. Rien ne luy manquoit dans la Place ; il avoit un grand nombre de Troupes au dedans de la Ville & sous les murailles, & Hugues après six à sept semaines de siége n'estoit guéres plus avancé que le premier jour ; mais l'affaire ne dura pas long-temps en cet estat.

Charles à la teste de presque toutes ses Troupes vint fondre avec une telle furie sur le Camp des assiégeans, qu'il le mit en désordre, tailla en pieces tout ce qui se présenta pour l'arrester, & mit le feu aux tentes dans plusieurs quartiers. La déroute entière suivit l'épouvante que cette attaque brusque avoit causée ; & à peine Hugues put-il échapper luy-mesme, après avoir vû passer au fil de l'épée une grande partie de son Armée.

Il falloit à Hugues autant d'adresse & de politique qu'il en avoit, pour rendre cette victoire inutile à son ennemi, qui devoit naturellement en tirer un grand avantage. Non seulement il ne perdit pas par sa défaite aucun de ses Partisans ; mais encore il s'en fit un nouveau qui ne devoit pas luy estre indifferent.

Charles avoit avec luy Arnoul son neveu, fils naturel du Roy Lothaire, * jeune homme entreprenant & ambitieux, qui estoit dans les Ordres Sacrez, & avoit esté selon la coûtume de ce temps-là aggregé au Clergé de l'Eglise de Laon. Il avoit beaucoup contribué à la prise de cette Place, & les Evêques du parti de Hugues l'avoient excommunié, à cause des mauvais traitemens faits en cette rencontre à l'Evêque de Laon. Hugues souhaitoit fort le détacher du parti de Charles, & il s'en présenta une occasion qu'il ne négligea pas.

Adalberon Archevêque de Reims mourut ; c'estoit un Prélat de beaucoup de mérite qui s'estoit long-temps ménagé avec les deux partis ; mais qui avoit enfin esté obligé de suivre celuy de Hugues Capet. Sitost que ce Prince eut appris sa mort, il fit offrir l'Archevêché à Arnoul, & se servit pour cela de Bruno Evêque de Langres.

Arnoul ne balança pas beaucoup pour accepter une offre si avantageuse ; car il ne s'agissoit pas seulement d'une Prélature avec des revenus considérables ; mais du domaine temporel de la Ville & de quelques autres Places & Territoires, dont les Archevêques de Reims s'estoient rendus les maistres durant les troubles des Regnes précedens.

Il vint donc trouver Hugues en son Camp. Ce Prince l'y reçut avec de grandes marques d'amitié ; mais comme il voulut s'asseûrer de sa fidélité, il exigea de luy diverses choses avant que de le faire Sacrer. Il l'obligea à luy donner des ôtages, & l'Evêque Bruno, Gilbert Comte de Rouci frere de Bruno, & Gui Comte de Soissons leur cousin germain se firent ses cautions.

De plus on présenta à Arnoul une formule de serment composée exprès, selon laquelle il devoit jurer une fidélité inviolable aux Rois Hugues & Robert, avec des imprécations terribles contre sa propre personne, s'il manquoit à les servir. Il fit ce serment tout haut à son Sacre, & luy-mesme en fit faire un semblable aux citoyens de Reims, & à tous les Gentilshommes de sa dépendance. Après quoy Hugues le mit en possession de l'Archevêché.

Charles que la levée du siége de Laon avoit mis au large & en liberté d'agir, alla assiéger Montaigu Place forte dans le Territoire de Laon, & après s'en estre rendu maistre, il courut tout le Soissonnois, où il fit de grands ravages & un riche butin, qu'il fit transporter à Laon.

Il avoit esté fort chagrin de la désertion d'Arnoul ; mais comme il sçavoit que la seule raison d'intérest l'avoit détaché de son parti, malgré l'inclination qu'il avoit à le suivre, toûjours, il crût qu'il ne seroit pas difficile de l'y rengager, en luy conservant les avantages que le luy avoient fait abandonner. Il luy fit donc proposer secretement de se déclarer de nouveau en sa faveur, en luy représentant qu'il le pouvoit faire sans crainte, vû qu'on estoit en estat de le soûtenir, par les Places qu'on venoit d'enlever à Hugues dans le Territoire de Laon, & que cette déclaration feroit la ruine entière de l'usurpateur, qui estoit déja assez embarrassé à réparer la perte qu'il avoit faite de son Armée.

L'Archevêque ne se trouva pas en effet fort difficile à gagner, supposé qu'il pût sauver les apparences, & éviter le reproche d'avoir violé ses sermens. Il fut résolu que Charles pratiqueroit une intelligence dans Reims, pour se faire livrer la Place ; que les gens dont il se serviroit, ne traiteroient point immédiatement avec l'Archevêque ; que quand la Ville auroit esté surprise, on viendroit à son Palais Archiépiscopal pour se saisir de luy ; qu'on le meneroit à Laon comme un prisonnier de guerre, & que là, sous pretexte de se tirer du danger de la mort & des misères de la prison, il feroit un Traité, par lequel il seroit remis en possession de Reims, avec obligation de le maintenir dans le parti de Charles.

La chose ayant esté ainsi concertée, Charles envoya à Reims Dudon, Gentilhomme adroit, & fort zelé pour son service. Dudon s'adressa par son ordre à un Prestre nommé Adalger, qu'il sçavoit estre affectionné à la Famille de Charlemagne, & qui estoit fort dévoüé à l'Archevêque.

A la premiere ouverture que Dudon luy fit de ce dessein, il le rejetta avec horreur, disant que quand il s'agiroit de sa vie, il ne se résoudroit jamais à trahir son Archevêque & son Seigneur. Alors Dudon luy fit confidence

R r r iij

de tout le myſtere, & l'aſſeûra que rien ne ſe A faiſoit en tout cela, qu'avec le conſentement du Prélat.

Le Preſtre ſur cette aſſeûrance l'écouta, & promit ſon ſervice à Charles, ſuppoſé que ce qu'on luy diſoit touchant le conſentement de l'Archevêque, fut véritable. Ce Prélat qu'il alla trouver auſſitoſt pour luy rendre compte de ſon entretien avec Dudon, luy avoüa l'intrigue, luy recommanda le ſecret, & d'affecter dans la ſuite de l'affaire toutes les maniéres propres à convaincre le monde, qu'il n'y avoit aucune colluſion entre eux.

Le Preſtre eſtant convenu avec le Gentilhomme ſur les moyens de l'éxecution, Charles fit avancer ſecretement des Troupes ſous la conduite de Manaſſés Comte de Retel, & de Roger Comte de Chaſteau-Porcien, qui s'eſtans rendués la nuit à une des portes de la Ville, dont l'Archevêque avoit donné les clefs au Preſtre, y furent introduites & s'en emparérent ſans réſiſtance; mais non pas ſans y faire de grands déſordres. Ils marchérent droit à l'Egliſe Cathédrale, où l'on ſe ſaiſit des principaux du Clergé, & puis de l'Archevêque qui *An. 989.* fut conduit à Laon, où l'on affecta pendant quelques jours de le tenir en une étroite priſon. Ce Prélat pour mieux couvrir ſon jeu, C prononça dans la priſon meſme, l'anathême contre ceux qui avoient pillé la Ville de Reims, & ordonna à ſes Suffragans d'en faire de meſme.

Ibid. Cette comédie impoſa quelque temps au peuple; mais Hugues en ayant pénetré, ou du moins ſoupçonné le ſecret, fit arreſter l'Evêque de Langres, les Comtes de Rouci & de Soiſſons, qui s'eſtoient fait les cautions d'Arnoul, & comme les ôtages de ſa fidelité, & peu s'en fallut qu'il ne leur couſtaſt la vie.

Epiſt. Hugonis ad Joannem Papam.

La perte de Reims étonna beaucoup ce Prince, qui neanmoins diſſimulant ſon chagrin, envoya à Laon pour traiter de la rançon de l'Archevêque, & les Evêques de la Métropole de Reims offrirent à ce Prélat leurs bons offices auprès de Charles pour ſa délivrance; mais & Charles & luy répondirent d'une maniére à ne laiſſer guéres de doute ſur leur bonne intelligence, & on vit ce Prélat peu de temps après à la teſte de l'Armée de Charles les armes à la main, ſe déclarer hautement contre Hugues.

Gerberti Epiſt. ad Othon. Imper. Ce Prince en écrivit au Pape, qui eſtoit alors Jean XV, pour l'obliger à prononcer contre E Arnoul la Sentence de dépoſition. Pluſieurs Evêques de France luy écrivirent auſſi ſur le meſme ſujet. Les Envoyez furent d'abord bien reçûs; mais ceux du Comte de Vermandois beau-pere de Charles eſtant arrivez peu de jours après, traverſérent la négociation. Ils repreſentérent fortement au Pape l'injuſtice de l'uſurpation de Hugues Capet, & qu'il ne vouloit perdre Arnoul, que parce qu'il eſtoit neveu de Charles, & de la Maiſon de Charlemagne. Ces Députez firent ſi bien qu'on ne voulut plus écouter les autres, qui furent obligez de revenir ſans avoir rien obtenu. L'Evê-

que de Langres qui alla auſſi à Rome, pour *Ibid.* convaincre le Roy qu'il n'entroit point dans la trahiſon d'Arnoul, ne réüſſit pas mieux; le Pape apparemment ne voulut rien décider ſur cet article, juſqu'à ce qu'il vit quel tour prendroient les affaires de France, que ces avantages de Charles faiſoient beaucoup balancer. Peu de temps après Arnoul voyant que pluſieurs de ceux qui l'avoient ſuivi l'abandonnoient, fit ſa paix avec Hugues. Il le quitta de nouveau au bout de ſix ſemaines, & revint à Laon; mais la trahiſon d'un autre Evêque fut beaucoup plus funeſte à Charles, que celle d'Arnoul ne l'avoit eſté à ſon ennemi, & perdit enfin ſans reſſource ce malheureux Prince.

Il y avoit quelque temps que l'Evêque de Laon, à qui les Hiſtoriens donnent deux noms, celuy d'Aſcelin, & celuy d'Adalberon, avoit plus de liberté, & n'eſtoit plus obſervé de ſi près par Charles, qui le retenoit neanmoins toûjours dans ſa Ville Epiſcopale: c'eſt ce qui luy donna le moyen d'entretenir un ſecret commerce avec Hugues Capet par des perſonnes affidées. Ce Prince inſtruit par l'Evêque de l'eſtat de la Place, & du peu de précaution qu'on avoit à la garder, forma le deſſein de la ſurprendre, & concerta avec ce Prélat les moyens de le faire ſeûrement.

An. 991.

Il s'avança la nuit du Jeudy Saint deuxiéme d'Avril avec des Troupes & ſans bruit juſques ſous les murailles de la Ville; ſoit qu'il n'y eut point de Sentinelles de ce coſté-là, ſoit qu'elles euſſent eſté corrompuës, les Soldats entrérent dans la Place ſans aucune réſiſtance, & Charles inveſti dans ſon logis fut fait priſonnier avec ſa femme, auſſi bien qu'Arnoul Archevêque de Reims. Ils furent tous trois conduits à Orleans, & mis dans une Priſon, où Charles é- *An. 991.* tant mort quelque temps après, Hugues Capet devint paiſible poſſeſſeur du Royaume. Ainſi la guerre civile finit trois ou quatre ans après qu'elle eut commencé entre les deux Concurrens.

Aimoini continuat-

Charles laiſſa deux fils de ſa femme Agnés de Vermandois, Loüis & Charles. Loüis s'eſtant retiré en Germanie, donna, dit-on, commencement à la Maiſon des Langraves de Turinge. On parle encore d'un autre fils nommé Othon, qu'on prétend que Charles avoit eu d'une premiere femme. Quelques-uns ont crû *Sigebert.* qu'il luy ſuccéda au Duché de la baſſe Lorraine, il mourut l'an 1005. ſans enfans. Godefroy d'Ardenne, dit le Barbu, ou autrement Godefroy ſans lignée, appuyé de l'Empereur Henry II. Succeſſeur d'Othon III. ſe mit depuis en poſſeſſion de ce Duché à l'excluſion des deux ſœurs du feu Duc, Gerberge & Hermengarde, dont la premiere épouſa Lambert Comte de Louvain, & l'autre Albert Comte de Namur. Ainſi finit la Famille de Charlemagne, ou du moins elle ſe confondit dans d'autres, où elle perdit ſon luſtre, au lieu de le leur communiquer. On a voulu la reſſuſciter dans ces derniers temps durant la Ligue, par des généalogies qui en faiſoient deſcendre quelques Maiſons Souveraines de l'Europe; mais

HUGUES CAPET.

on sçait les intérests qui faisoient inventer ces fables, ausquelles on auroit honte aujourd'hui d'ajoûter foy.

Hugues Capet à qui désormais je donneray le nom de Roy, qu'on ne luy contesta plus, pensa à affermir sa domination. Maistre du Duché de France, du Comté de Paris, & du Comté d'Orleans, qu'il avoit réünis à la Couronne dans sa propre personne, & seûr du Duché de Bourgogne que possedoit son frere Henry, il se trouvoit plus en estat que ses prédecesseurs, de ne pas craindre ses Vassaux. Depuis le commencement de son Régne il les laissoit se battre les uns contre les autres, sur tout au delà de la Loire, sans s'en mettre en peine. Il avoit deux puissans voisins contre lesquels il avoit plus de précautions à prendre. L'un estoit l'Empereur Othon III. maistre de la Germanie, & des autres Païs Tributaires de cet Etat, d'une grande partie de l'Italie, & de la Haute & basse Lorraine. L'autre estoit Conrad Roy de Bourgogne & de Provence. Celuy-ci qui n'avoit point d'ambition ni d'envie d'étendre ses Etats, l'inquiétoit peu pour le présent; mais Othon estoit un Prince guerrier & entreprenant, & qui avoit les enfans de Charles establis ou refugiez dans ses Etats. Le Roy en cas de rupture, n'avoit point d'autre ennemi à luy susciter, que les Empereurs d'Orient du costé de l'Italie. Ce qu'ils y tenoient encore estoit depuis plusieurs siecles un continuel sujet de guerre avec les Empereurs d'Occident. C'estoit alors Basile & Constantin deux freres qui régnoient à Constantinople, & qui gouvernérent ensemble pendant cinquante ans avec beaucoup d'union, ou plustost c'étoit Basile qui gouvernoit seul, & qui gouvernoit en grand Prince, tandis que Constantin s'occupoit de ses plaisirs. Le Roy leur écrivit une Lettre que nous avons encore, où après les avoir asseûrez de l'autorité qu'il s'estoit acquise sur ses Sujets, & de la parfaite soûmission de tout son Etat, il leur demanda une Princesse de leur Famille pour son fils déja couronné Roy; & moyennant cette alliance, il leur offroit de faire avec eux une Ligue défensive contre l'Empereur Othon, les asseûrant que si l'alliance se faisoit, il sçauroit bien le tenir toûjours en bride, pour l'empescher de rien entreprendre contre l'Empire d'Orient.

Il ne paroist pas néanmoins que ces propositions ayent eu aucune suite, soit que ces Empereurs n'eussent point alors dans leur Maison de Princesse en estat d'estre mariée, soit qu'ils se défiassent de la stabilité d'un Régne, que le temps n'avoit pas encore assez affermi.

Le Roy en attendant la réponse des deux Empereurs, entreprit & poussa vivement une autre affaire, d'où il croyoit que dépendoit beaucoup le repos & la seûreté de son Etat. C'estoit la déposition canonique d'Arnoul Archevêque de Reims, pour le crime de trahison & de félonie, qu'il avoit commis en livrant la Ville de Reims aux Troupes de Charles.

Le secret avec lequel toute cette intrigue avoit esté conduite, le traitement fait à l'Archevêque qu'on avoit enlevé de Reims pour le conduire en prison à Laon, l'excommunication qu'il avoit prononcée à Laon mesme contre ceux qui avoient surpris & pillé Reims, avoient d'abord fait croire communément qu'il n'estoit coupable, que de s'estre laissé surprendre, & de n'avoir pas assez bien gardé sa Ville. Le peuple & la pluspart des Evêques mesmes avoient esté quelque temps dans cette pensée, quoique les plus éclairez d'entre eux eussent de grands soupçons là-dessus. Il s'estoit tenu un Concile à Senlis quelques mois après la prise de Reims, où toutes les execrations tombérent sur le Prestre Adalger l'executeur de la trahison, & sur ceux qui avoient pillé la Ville, & amené le Prélat prisonnier; mais les Evêques bien désabusez par la conduite qu'Arnoul avoit tenüe depuis, & enhardis par son malheur, ne songérent plus qu'à luy faire son procès, & à seconder les intentions du Roy qui estoit fort animé contre luy.

Historia depsit Arnulfi cap. 14.

Un Concile fut convoqué pour ce sujet dans l'Abbaye de S. Basle proche de Reims, où Arnoul fut amené de sa prison d'Orleans. Treize Evêques de divers quartiers de la France se trouvérent à ce Concile, & entre autres Milon Evêque de Mâcon que je nomme icy, parce que nous connoissons par là, que cette Ville qui avoit esté auparavant du Royaume de Bourgogne, estoit réünie alors au Royaume de France; de mesme que par une Lettre que le Roy écrivit quelque temps après au Pape, nous apprenons que la Ville de Grenoble quoique enclavée dans les Terres du Domaine de Conrad Roy de Bourgogne & de Provence, appartenoit alors à la France.

Epist. Hugon. ad Rom. Pap.

Outre ces treize Evêques, plusieurs Abbez eurent aussi séance dans le Concile, après que les Evêques eurent d'abord conferé seuls entre eux. Seguin Archevêque de Sens, homme distingué par son mérite y Présida.

On y fit l'exposition de la trahison d'Arnoul Archevêque de Reims. On lut la Formule du serment qu'il avoit fait au Roy avant que de prendre possession de l'Archevêché. On fit entrer le Prestre Adalger dont on s'estoit asseûré on luy ordonna de dire en détail tout ce qu'il sçavoit de cette intrigue où il avoit esté le principal Acteur, & il en marqua toutes les circonstances conformément à ce que j'en ay raconté auparavant.

Après avoir entendu un témoignage si authentique & si bien circonstancié, on demanda tout haut s'il n'y avoit personne, qui voulust entreprendre la défense de l'Archevêque.

Historia depositioni. Arnulfi. apud Duchesne T. 4.

Plusieurs se levérent, mais sans se charger de le défendre sur le fait, ils s'attachérent seulement à la forme des procedures; surquoy ayant paru satisfaits des réponses qu'on leur donna, il fut résolu qu'on feroit comparoistre Arnoul devant le Concile.

On le fit entrer, & on luy permit de s'asseoir dans le rang des Evêques. L'Evêque d'Orleans le dénonça de nouveau au Concile sur l'Article de la trahison de Reims, & d'abord

Arnoul nia tout. On luy produisit le Prestre Adalger, dont il voulut en vain éluder le témoignage par des discours vagues. On luy produisit encore un de ses confidens nommé Ramer, qui déposa qu'un jour ce Prélat s'entretenant avec luy sur le bord de la riviére d'Aisne, luy avoit avoüé que toute sa passion estoit l'élévation de Loüis fils de Charles Duc de Lorraine, & qu'il luy avoit ajoûté que s'il vouloit avoir quelque part à ses bonnes graces, il falloit qu'il n'épargnast rien pour procurer les avantages de cet enfant. Quelques Abbez de ses amis le voyant dans un grand embarras, representérent aux Evêques qu'il estoit de leur clémence d'accorder à leur Confrére toutes les facilitez & tous les moyens possibles de se justifier, & requirent qu'il luy fût permis de choisir dans l'Assemblée quelques-uns de ceux en qui il avoit le plus de confiance, pour délibérer avec eux en particulier sur les réponses qu'il devoit faire aux crimes dont on l'accusoit. Le Concile y ayant consenti, Arnoul avec l'Archevêque de Sens, les Evêques d'Orleans, de Langres, & d'Amiens fut conduit dans un cabinet voisin, & pendant ce temps-là on produisit encore dans le Concile divers chefs d'accusation contre luy, sur tout de certaines intelligences qu'il avoit eües à la Cour de l'Impératrice Theophanie, & avec les ennemis du Roy contre les intérests de l'Etat, & on examina ce que les canons prescrivoient en pareilles circonstances, contre un Evêque convaincu de ces sortes de crimes.

Après quelque temps on vint prier le reste des Evêques qui estoient restez dans la Sale du Concile, d'entrer dans le Cabinet, où Arnoul s'estoit retiré avec les quatre Prélats que j'ay nommez. Ils y trouvérent Arnoul dans la posture d'un Pénitent qui avoüoit tout, & qui demandoit seulement qu'on épargnât son honneur, autant que la justice le pourroit permettre, & que le détail de ses crimes ne fust point rendu public.

Sur cet aveu les Evêques le conjurérent au nom de Dieu, de ne rien avoüer par crainte contre sa conscience, l'asseûrant que tous tant qu'ils estoient d'Evêques au Concile, seroient ravis de trouver moyen de le sauver, pour peu qu'il pust prouver son innocence: & qu'il n'avoit rien à craindre de l'avertion des deux Rois, dont on ne suivroit en aucune maniére les mouvemens, supposé qu'il fust innocent.

Il persista à s'avoüer coupable, & on le fit consentir, bien qu'avec peine, à faire cet aveu, en presence de trente tant Abbez qu'Ecclesiastiques qui assistoient au Concile, à condition qu'ils feroient serment de ne rien publier, de ce qu'il auroit dit en leur présence.

Par ces démarches Arnoul reconnoissoit le Concile pour son Juge en dernier ressort: il n'appella point au Pape, & s'il l'avoit fait, cet appel auroit causé de grands embarras.

Le lendemain dans une nouvelle séance, où l'on traita non seulement d'affaires Ecclésiastiques, mais mesme de quelques autres qui concernoient l'Etat, les Evêques parurent beaucoup moins zélez contre Arnoul, que le jour précédent. Les amis de ce Prélat qui estoient là en assez grand nombre ayant agi fortement pour le sauver, plusieurs commencérent à plaindre son malheur, & à exagérer le scandale que cette déposition causeroit. On representa la honte d'une trahison aussi noire que celle dont il s'agissoit, retomberoit sur tout l'Ordre Episcopal; qu'Arnoul estoit non seulement Evêque d'un grand Siége; mais qu'il estoit fils de Roy; qu'il estoit jeune, & que toutes ces considérations devoient empescher qu'on ne précipitast trop les choses. Les avis furent différens touchant la teneur de la Sentence, qu'on prononceroit sur une affaire si délicate, & l'on ne concluoit rien. La Conférence avoit déja duré plusieurs heures, quoique le Roy eût supposé qu'il n'y avoit plus qu'à dresser l'Arrest. Ce retardement luy fit soupçonner ce qui estoit vrai, que les Evêques gagnez en faveur d'Arnoul pourroient bien prendre le parti de la clémence, & demander sa grace qu'il n'avoit point du tout d'envie de luy accorder. C'est pourquoy il vint luy-mesme au Concile avec le Roy son fils, & après avoir remercié les Evêques de l'application qu'ils apportoient au bien de l'Eglise & de son Etat, à la seureté de sa personne & de celle de son fils, il demanda qu'on lût devant luy tous les actes du Concile, & qu'on le terminast incessamment.

L'Evêque d'Orleans que le Concile avoit choisi pour estre le Rapporteur de ce Procès, rendit compte au Roy de toute la suite des procédures. Arnoul comparut de nouveau, & fit un nouvel aveu de ses crimes en général, par lequel il se confessoit digne d'estre déposé de l'Archevêché: Et comme le Comte Brochard un des Seigneurs qui estoient entrez avec le Roy, insistoit sur ce qu'il falloit que le coupable avoüast tous ses crimes en détail, les Evêques s'y opposérent.

Alors l'Evêque d'Orleans ayant fait répéter à Arnoul encore une fois qu'il se reconnoissoit coupable, luy dit, jettez-vous donc aux pieds des deux Rois vos maistres, pour leur demander pardon & la vie. Il le fit en se prosternant, & d'une manière, & en des termes qui tirérent des larmes des yeux de toute l'Assemblée. Daïbert Archevêque de Bourges estant aussi venu embrasser les genoux des deux Princes, pour leur demander la grace du coupable au nom du Concile, le Roy l'accorda, & addressant la parole aux Evêques, il leur dit; je luy donne la vie à vostre considération: il sera en prison; mais sans estre dans les fers, pourvû qu'il n'entreprenne point de s'enfuir.

Les Evêques suppliérent le Roy de ne point mettre cette restriction à sa grace, & il y consentit. Ensuite Arnoul fut déposé de sa dignité Episcopale, & lût la formule de son abdication, qui fut la mesme que celle qu'on avoit fait lire autrefois à Ebbon aussi Archevêque de Reims, lorsqu'il fut déposé, pour s'estre révolté contre son Empereur Loüis le Débonnaire. Arnoul après avoir lu cette formule, la
signa

HUGUES CAPET.

signa, & déclara son peuple absous de tout serment à son égard, & entiérement libre de passer sous le gouvernement d'un autre.

Ensuite le Prestre Adalger qui avoit esté le principal Ministre de la trahison de Reims, fut dégradé avec toutes les cérémonies qui estoient en usage dans ces sortes d'occasions, & réduit à la Communion Laïque. On fit encore dans ce Concile divers décrets qui regardoient la seûreté de la personne des deux Rois, la punition de ceux qui entreprendroient d'usurper ou de troubler le Royaume, & l'on frappa d'anathême quiconque seroit entré dans quelque semblable intrigue, s'il ne venoit au plustost la découvrir luy-mesme au Roy. *Cap 37.*

Après la déposition d'Arnoul, qui fut renvoyé dans sa prison d'Orleans, on procéda à l'élection d'un nouvel Archevêque. Il y avoit alors dans le Clergé de Reims un homme de basse naissance; mais d'un sçavoir & d'un mérite distingué: c'estoit le fameux Gerbert qui dans la suite fut Pape sous le nom de Silvestre II. Il avoit esté autrefois Moine de S. Giraud d'Aurillac, & puis Précepteur de l'Empereur Othon III. actuellement régnant, & il avoit eu le mesme employ auprés du jeune Roy Robert. Adalberon prédécesseur d'Arnoul, ami particulier de Gerbert, l'avoit amené avec luy à Reims. Aprés la mort d'Adalberon, lorsqu'Arnoul fut élû Archevêque, il avoit esté un des proposez pour remplir le Siége de cette Eglise, & si nous l'en croyons sur son propre témoignage, il auroit emporté sans l'argent qu'Arnoul fit répandre parmi les Electeurs. *Ademari Chronic.* *OratioGerberti in Concil. Mosoem.*

Ce fut sur luy que les Evêques Assemblez jettérent les yeux, pour remplir la place de l'Archevêque déposé. Il nous asseûre que non seulement il ne la brigua point; mais mesme qu'il eut peine à consentir à son élection, prévoyant les tempestes qu'il luy faudroit essuyer. En effet les Partisans d'Arnoul ne manquérent pas d'informer le Pape de ce qui venoit de se passer au Concile, & l'irritérent principalement sur deux points. Le premier fut la prison de l'Archevêque déposé; le second fut la déposition mesme. Ils soutenoient qu'elle n'estoit point canonique, d'autant que l'Eglise de Reims estant Métropolitaine, on n'avoit pû en déposer l'Archevêque, sans attendre le consentement du Chef de l'Eglise. *An. 991.* *OratioGerberti in Concil. Mosoem.*

Seguin Archevêque de Sens s'estoit toûjours opposé à la prison, & avoit mesme protesté qu'il ne consentiroit jamais à la déposition, si elle n'estoit suivie de la grace du Roy pour tout le reste. D'autres avoient dit qu'il ne falloit rien précipiter, & qu'on devoit avant que de pousser les choses à l'extrémité, avoir l'avis du Pape. On avoit passé outre, & sur ce regard de Pape, on croyoit avoir satisfait en envoyant à Rome de la part du Roy des Evêques députez, pour l'informer de ce qu'on alloit faire contre Arnoul; & ces Députez n'ayant pû obtenir audience, les Evêques François avoient regardé ce refus, comme une marque que le Pape ne vouloit point entrer dans l'affaire, & qu'il la leur abandonnoit entiérement.

Tome I.

De plus tout s'estoit fait en présence de l'Archevêque de Sens, qui avoit en France la qualité de Legat du S. Siége, & il avoit consenti à tout, excepté aux suites de la déposition: mais ces raisons ne furent pas goûtées par le Pape, & les nouvelles que le Roy recevoit la dessus luy donnoient de l'inquiétude. C'est pourquoy il fit partir promptement pour Rome Jean Archidiacre de Reims avec une Lettre, par laquelle il prioit le Pape qui estoit toûjours Jean XV. de ne se point laisser prévenir, & de se souvenir qu'on luy avoit envoyé d'abord un mémoire des raisons qu'il y avoit de faire le procès d'Arnoul; qu'on n'avoit prétendu donner nulle atteinte à l'autorité Apostolique; que si on luy avoit inspiré sur cela quelques soupçons, il ne tiendroit qu'à luy de s'éclaircir de la chose par luy-mesme, en se donnant la peine à l'exemple de quelques-uns de ses prédécesseurs, de venir en France jusqu'à Grenoble, où il l'iroit trouver & qu'il seroit convaincu par ce qu'il luy diroit, qu'on n'avoit point du tout eu intention d'éviter le Jugement du S. Siége dans l'affaire dont il s'agissoit. Le Roy finissoit en priant le Pape de bien recevoir son Envoyé, & de luy faire une réponse qui pust luy donner de la joye & à tous ses Evêques, & les attacher plus que jamais à l'obéïssance dûë au Vicaire de Jesus-Christ. *Epist. Hugonis ad Papam Joann.*

Le Pape rejetta la proposition de l'entrevüë de Grenoble, que le Roy auroit fort souhaitée, comme devant beaucoup servir pour l'autoriser dans sa nouvelle domination, & où il n'auroit pas manqué de se faire sacrer de nouveau par ce Pontife, ainsi que Pepin avoit fait par le Pape Etienne. Cependant ceux qui soutenoient le parti d'Arnoul agirent si bien auprés du Pape, qu'ils l'engagérent à déclarer suspens tous les Evêques qui l'avoient déposé, & il fit sçavoir au Roy qu'il envoyeroit un Légat, pour faire sortir de prison l'Archevêque Arnoul, & pour assembler un Concile de la Métropole de Reims, où l'on déposeroit Gerbert, afin de remettre Arnoul en sa place. *Aimoini continuat.*

Cette réponse consterna le Roy & les Evêques. Gerbert le plus interressé de tous en cette affaire, fit tout ce qu'il put pour les rasseûrer. Il écrivit diverses Lettres aux Evêques & aux Abbez contre le Pape, dont il soutenoit que le procédé estoit tout à fait irrégulier, & que c'estoit un attentat contre les droits du Royaume, contre la dignité Episcopale, contre le Roy mesme. Nous avons une de ses Lettres à Constantin Abbé de Mici très-forte sur ce sujet. *Tom. 9. Concil.*

Le Légat qui fut Leon Abbé du Monastére de S. Boniface, ne fut pas plustost arrivé en France, qu'il commença à agir conformément aux intentions & aux menaces du Pape, & il interdit les Evêques qui avoient déposé Arnoul. Gerbert protesta contre l'interdit, & il écrivit sur tout à l'Archevêque de Sens qui avoit beaucoup d'autorité en France, pour l'engager à ne pas garder cet interdit, comme étant une violence injuste contre l'Eglise Gallicane.

Le Roy qui dans les conjonctures de sa nou-

S ss

velle domination vouloit ménager le Pape, ne s'opposoit pas à la conduite du Légat aussi fortement, que Gerbert l'eût souhaitté. Il se passa bien du temps en négociations, sans qu'on en vint à la derniere décision, parce que le Roy tiroit exprès les choses en longueur.

Il y avoit encore alors une autre affaire importante entre le Pape & le Roy. Le jeune Roy Robert avoit épousé Berthe fille de Conrad Roy de Bourgogne, & de Mathilde sœur de Lothaire penultiéme Roy de France de la Famille de Charlemagne. Berthe estoit veuve d'Eudes premier du nom Comte de Chartres, de Tours & de Blois; il y avoit de la parenté entre elle & Robert, quoiqu'en un degré assez éloigné, & de plus Robert avoit tenu un des enfans du premier lit de Berthe sur les Fonds de Baptesme; ce qui luy avoit fait contracter avec elle une affinité spirituelle. C'étoient-là deux empeschemens de mariage qui demandoient une dispense, laquelle ne s'accordoit pas aisément en ce temps-là.

L'inclination de Robert pour cette Princesse, & l'interest que le Roy son pere avoit à estre bien avec le Roy de Bourgogne les avoient fait penser à ce mariage. On consulta plusieurs Evêques touchant les deux empeschemens. Ils crurent que la dispense n'estoit pas nécessaire, ou qu'ils la pouvoient donner eux-mesmes, de sorte que suivant leur avis le mariage se fit.

Le Pape soutint qu'il estoit nul, & déclara au Roy par son Légat qu'il falloit le rompre. Cet incident nuisoit beaucoup aux affaires de Gerbert; car le Légat ayant donné quelque espérance à la Reine Adélaïde mere de Robert, de faire approuver le mariage par le Pape, la détacha des interests de Gerbert. On proposa mesme alors un autre moyen d'accommodement, qui ne luy estoit pas plus avantageux; c'estoit de faire une troisiéme élection, dans laquelle ni Arnoul, ni Gerbert ne pourroient point estre élus, & le choix devoit tomber sur Gibuin neveu de l'Evêque de Châlons-sur-Marne, que la Reine portoit beaucoup.

Epist. Gerberti ad Adelaidem.

Alberici Chronic. MS.

Les Partisans de celuy-ci & ceux d'Arnoul n'oublioient rien pendant ce temps-là, pour débaucher le Clergé & les Vassaux de l'Archevêché de Reims, & pour les faire révolter contre Gerbert. Ils en vinrent à bout, sous prétexte de l'interdit: la plusparr refusoient d'avoir aucun commerce avec luy; presque aucun ne paroissoit plus à sa table, & l'on sortoit de l'Eglise dès qu'il montoit à l'Autel, ou qu'il se trouvoit à l'Office. Plusieurs en vinrent mesme jusqu'à l'insulter & à le traiter avec indignité en toutes rencontres.

Ibid.

Le Légat voyant les choses à peu près dans l'estat où il les vouloit, le fit sçavoir au Pape, qui ordonna qu'on assembleroit un Concile, pour examiner la déposition d'Arnoul, & l'élection de Gerbert. Il voulut d'abord que le Concile se tint à Aix la Chapelle. Les Evêques le refuserent, parce que cette Ville-là estoit hors de France dans les Terres du Roy de Germanie. On leur proposa ensuite de le tenir à Rome, ils rejetterent encore cette proposition; enfin le Pape consentit que ce fût à Mouson qui estoit dans l'étenduë de la Métropole de Reims; mais à condition qu'il ne seroit pas composé d'Evêques François, parce qu'ils seroient trop dépendants du Roy, & naturellement trop favorables à leur Confrére.

Conc. Motomense.

Le Concile fut donc tenu le deuxième de Juin de l'année 995. Il ne s'y trouva que quatre Prélats, qui furent celuy de Tréves, celuy de Verdun, celuy de Liége & celuy de Munster, * avec le Légat Leon à leur teste, & Gerbert y comparut. Il paroist que ce fut là comme une espéce d'Arbitrage, & qu'on estoit convenu de part & d'autre de ces quatre Arbitres; plusieurs Abbez y furent aussi admis avec quelques Seigneurs Laïques.

An. 995.

* Dans le texte Latin il y a *Minigardenda.* J'ay traduit ce mot par celuy de Munster, parce que dans la vie de Saint Suibert chez Surius Munster est appellé *Minimigardum*, & *Minimigarda* par Cratizius.

Aymon Evêque de Verdun en fit l'ouverture par un discours François sur le sujet de cette Assemblée, & ensuite il prit en main une Lettre du Pape scellée de plomb qu'il ouvrit; elle estoit adressée à tous les Prélats de France, & regardoit la contestation présente.

Aprés la lecture de cette Lettre Gerbert se leva & fit son apologie, où il rendit compte de toute sa conduite passée, principalement en ce qui regardoit la déposition d'Arnoul & son élection à la place d'Arnoul, refuta tous les bruits odieux qu'on avoit fait courir de luy à cette occasion, raconta les mauvais traitemens où l'avoit exposé l'interdit du Pape, les maux dont l'Eglise de Reims estoit accablée depuis long-temps, & pria le Concile de les faire finir par l'autorité qu'on luy donnoit dans cette affaire. Ayant achevé sa harangue, il la présenta écrite au Légat, qui luy mit aussi en main la Lettre du Pape adressée aux Evêques des Gaules.

Aprés cela les quatre Evêques se levérent, & sortirent de l'Assemblée, pour aller délibérer en une Chambre voisine, & prirent avec eux un des Seigneurs présens nommé le Comte Godefroy, pour assister à leur délibération. Ils firent ensuite venir Gerbert, & le priérent de faire en sorte que le Moine Jean qui accompagnoit le Légat, fût conduit au Roy en seûreté, pour luy porter les résolutions du Concile, & qu'il en eût une favorable audience. Gerbert le leur promit, & aussi-tost ils luy dirent que le Concile n'avoit encore rien prononcé sur le fonds de l'affaire dont il s'agissoit; mais que seulement il avoit esté résolu de tenir un autre Concile à Reims au premier jour de Juillet, où se feroit la derniere décision.

Ibid.

Gerbert crut n'avoir pas sujet d'estre mécontent de ce commencement, & tout le monde pensa que le Légat & les quatre Evêques ne passeroient pas outre jusqu'au Concile de Reims: mais aprés le départ du Moine Jean, les Evêques vinrent trouver Gerbert, pour luy ordonner de la part du Legat, de s'abstenir de l'Office divin jusqu'au jour du Concile.

Il répondit qu'il n'en feroit rien, & comme il persistoit dans ce refus, il faut donc, luy dirent-ils, que vous voyez vous-mesme le Légat, & que vous taschiez de le faire changer là des-

HUGUES CAPET.

sus. Il alla avec eux le trouver, & luy dit qu'il ne pouvoit consentir à ce qu'on luy proposoit; qu'il n'y avoit ni Evêque, ni Patriarche, ni Pape, qui fussent en droit de défendre l'usage des choses saintes à un Catholique, s'il n'estoit convaincu de quelque crime, ou coupable de contumace; qu'on ne pouvoit luy reprocher ni l'un ni l'autre; qu'il n'avoit avoüé de luy-même nul crime; qu'il n'avoit esté convaincu d'aucun; qu'il s'estoit rendu au Concile où il avoit esté appellé; que luy seul de tous les Evêques de France y estoit venu, & qu'il ne se feroit pas son procès à luy mesme, en s'interdisant l'Office divin, parce qu'il se croyoit très-innocent.

Gerbert se retira sans estre convenu de rien; mais Lidulfe Archevêque de Tréves, homme d'une grande modération & de beaucoup de prudence, luy ayant parlé en particulier & fortement représenté le scandale que cette discorde alloit causer, qu'il passeroit dans le monde pour un homme rebelle aux ordres du Pape; que cette résistance irriteroit le Légat, & le mettroit dans une mauvaise disposition à son égard; qu'il devoit le ménager, à cause de l'autorité qu'il auroit au Concile, où l'affaire de son élection devoit estre examinée, il le fit enfin consentir à s'abstenir au moins de dire la Messe publiquement jusqu'au Concile de Reims, qui se tint le premier de Juillet.

An. 995.

Les Evêques qui avoient déposé Arnoul y comparurent, pour rendre compte de la conduite qu'ils avoient tenuë dans cette déposition. On ne parla point des crimes qui avoient esté objectez à Arnoul dans le Concile où il avoit esté déposé, & le Légat se borna à cette question qu'il leur fit; comment ils avoient osé déposer un Métropolitain, sans attendre le consentement du Pape.

La réponse des Evêques fut, que dans le danger où estoit alors le Royaume, déchiré par les factions & les guerres civiles, ils avoient dû pourvoir à sa seûreté, en ostant à un esprit inquiet & séditieux, tel qu'estoit Arnoul, le pouvoir de tout renverser & de tout perdre, comme il avoit déja commencé de faire, en livrant la Ville de Reims au Duc Charles; que pour ce qui estoit de n'avoir pas attendu le consentement du Pape, ils n'avoient rien à se reprocher là-dessus pour deux raisons; premierement, parce qu'ayant envoyé à Rome pour avoir le consentement du Pape, leurs Députez n'avoient jamais pû avoir audience; secondement, par ce qu'ils avoient dans leur Concile l'Archevêque de Sens, qui estoit Légat du S. Siége par une Commission particuliere qu'il avoit fait renouveller à Rome, & que la déposition d'Arnoul s'estant faite en sa présence & avec son consentement, on ne pouvoit pas dire qu'ils eussent procédé en cette affaire sans le consentement du Pape.

Ces raisons furent examinées par les Prélats du Concile & par le Légat; on ne les trouva pas valables, & certainement le peu de séjour que les Députez avoient fait à Rome, d'où ils estoient partis, après avoir poursuivi leur au-

Tome I.

dience seulement pendant trois jours, donnoit lieu de soupçonner, qu'ils n'avoient pas eu grande envie de l'obtenir, & qu'ils furent bien-aise d'avoir ce prétexte, pour faire juger l'affaire en France, conformément aux intentions du Roy. Quoy qu'il en soit, la Sentence de déposition fut prononcée contre Gerbert, & Arnoul fut reconnu de nouveau pour légitime Archevêque de Reims.

Gerbert se voyant si rudement traité, quitta la France, & se retira à la Cour d'Othon, qui le fit peu de temps après Archevêque de Ravennes, & son malheur commença par là à luy ouvrir les voyes d'une bien plus haute élevation. Le Roy n'entreprit pas de le soûtenir. La nécessité où il estoit de ménager le Pape de peur des foudres de l'Eglise, dans un temps où la Paix luy estoit absolument nécessaire, le fit passer par tout ce que le Légat souhaita au regard de la déposition: mais il ne put se résoudre à mettre Arnoul en liberté, appréhendant tout de sa vengeance & de ses intrigues, & ce Prélat ne sortit de prison, que trois ans après sous le Régne de Robert régnant seul après la mort de son pere. Robert ne le fit mesme alors que malgré luy, & qu'après que le Pape Grégoire V. l'eust menacé de mettre tout le Royaume en interdit.

Aimoin, in vita Abbonis.

Pour ce qui regardoit le mariage de Robert, le Légat qui crut avoir assez fait pour la gloire du S. Siége, en estant venu à bout de la déposition de Gerbert, ne voulut point entamer cette autre affaire, & on ne la reprit qu'après la mort de Hugues Capet, qui mourut l'année suivante le 24. d'Octobre, c'estoit la dixiéme de son Régne.

Comme Hugues Capet fut un grand Prince, sage, prudent & politique, il a plû sur ce préjugé à quelques-uns de nos Historiens modernes, de luy faire honneur de certaines Loix ou Ordonnances très-utiles à l'Etat; mais qui ne furent jamais faites par ce Prince, ni mesme par aucun autre, du moins on n'en a nulles preuves dans les anciens Ecrivains. Ce sont de certains usages qui se sont établis insensiblement par le consentement mutuel des Princes & de la Nation, & qui par là ont passé comme en Loy avec le temps.

Un de ces usages est celuy qui regarde la succession de la Couronne en faveur des fils aînez des Rois, à l'exclusion entiere des cadets; usage dont nous avons vû l'exemple avant Hugues Capet, dans la personne de Lothaire pénultiéme Roy de la seconde Race, qui ne fit point de part de sa succession à Charles son cadet; ce qui a toûjours esté observé depuis.

An. 996.
Vide Supplem. Diplomat. c. 10.

Un autre usage regarde l'exclusion des fils naturels des Rois, mesme au défaut des fils légitimes; ensorte que la succession, au préjudice des fils naturels, passe aux collatéraux, en gardant l'ordre des degrez de parenté. Cette Coûtume avoit déja lieu en France sous la seconde Race, où aucun bastard reconnu constamment comme tel, ne succéda à la Couronne. On pouvoit contester à Loüis & à Carloman successeurs de Loüis le Bégue, la qualité

Sss ij

d'enfans légitimes de ce Prince; mais il y avoit aussi de grandes raisons en leur faveur. Ainsi l'affaire estant douteuse, & leur parti ayant prévalu, ils passerent pour légitimes. Hugues Capet ne statua rien non plus là-dessus, & ne fit que suivre l'usage déja établi, en faisant l'unique successeur de sa Couronne son fils légitime Robert, sans donner aucune part dans sa succession à Gauslin son fils naturel, qui fut Abbé de Fleury & Archevêque de Bourges.

L'Ordonnance de Hugues Capet pour la suppression de la Charge de Maire du Palais, est également chimérique, & l'institution des douze Pairs de France par ce Prince n'est pareillement appuyée sur aucun Monument. On ne trouve cette institution en nul endroit de l'Histoire. Rien de tout cela donc ne doit entrer dans le véritable éloge de Hugues Capet, quoique le détail que j'ay fait de ses grandes qualitez au commencement de son Régne, sur le témoignage de l'antiquité, nous doive persuader qu'il a fait beaucoup plus de grandes choses, que l'Histoire ne nous en a appris. Il monta sur le Trône, il s'y maintint avec plus de majesté, d'autorité & de puissance que plusieurs de ses Prédécesseurs. Il y plaça sa posterité, qui y est encore assise aujourd'huy; ce seul trait nous peint un grand homme, & l'éloignement des temps a fait oublier certaines circonstances odieuses, lesquelles frappoient alors davantage ceux, qui prenoient à la Famille de Charlemagne plus d'intérest, que nous n'y en prenons aujourd'huy. Ils le traitoient d'usurpateur, & on ne luy donne aujourd'uy que le titre glorieux de Chef de la troisiéme Lignée de nos Rois ; c'est l'effet du temps de changer ainsi les idées. Il fit fortifier plusieurs Places dans le Royaume, dont il se servit pour tenir en bride de ses Vassaux, sous prétexte d'empescher par là les courses des Peuples du Nort, lorsqu'ils faisoient descente en France ; c'est ce qui donna commencement à Abbeville, qui estoit une métairie de l'Abbé de S.te Riquier, qu'on appelloit en Latin *Abbatis Villa*.

Nous avons un Sceau original de ce Prince: c'est le premier où l'on voye ce que nous appellons la main de Justice*. Il la tient de la main droite, & un Globe de la gauche ; il porte sur la teste une Couronne fleurdelisée, il paroist dans ce Sceau avec des cheveux courts & une assez longue barbe fourchuë. On lit à l'entour cette Inscription, *Hugo dei misericordia Francorum Rex*.

En réünissant le Duché de France à la Couronne, il rétablit le Siége ordinaire de nos Rois à Paris, où Clovis l'avoit fixé ; & où il avoit cessé d'estre durant toute la seconde Race, & sous les Rois de la premiere, appellez communément faineans.

Hatiulfus. l. 4. c. 12.

Chronic. Centulense l. 3. c. 27.

* On a une Monnoye de l'Empereur Loüis II. petit-fils de Loüis le Débonnaire, où il y a une main. Cette Médaille est frappée à Rome. C'estoit une marque de l'autorité des Empereurs François dans Rome, & c'est apparemment de-là que l'usage de ce symbole est venu en France. Chiflet in Histor. Threnochienfi p. 420.

HISTOIRE DE FRANCE.

ROBERT.

An. 996.

Robert à la mort du Roy son pere, avoit vingt-cinq à vingt-six ans. C'estoit un Prince de beaucoup d'esprit, qui avoit eu une éducation heureuse, que l'étude des belles Lettres, quoy qu'alors peu à la mode, avoit cultivé & poli. Il estoit très-bien fait, d'une haute taille, d'un port majestueux ; mais qui n'avoit rien de rude ni de fier; à pied, à cheval, sur le Trône, par-tout il paroissoit Roy: il estoit bon, familier, populaire, honneste, agréable dans l'entretien, plus bien-faisant toutefois que caressant; par-dessus tout cela il avoit beaucoup de Religion & de piété, c'est le caractére que nous font de ce Prince des Auteurs contemporains, ou très-proches de ces temps-là. Il seroit à souhaiter qu'ils nous eussent instruits aussi exactement de ses actions, que de ses mœurs; mais il n'y a guéres de Régnes, dont les Mémoires soient plus stériles & moins exacts pour les détails, & sur tout pour la Chronologie.

Robert avec tant de belles qualitez, formé de la main du Roy son pere, & déja accoûtumé au Gouvernement, sçut en soûtenir le poids. Sa plus grande inquiétude estoit du côté de Rome. Il connoissoit le génie de Grégoire V. Successeur de Jean XV. sa fermeté & son zélo à maintenir l'autorité Pontificale. Il ne doutoit pas que ce Pape ne pressast de mettre en liberté Arnoul Archevêque de Reims, que l'on tenoit toûjours en prison, nonobstant la Sentence du Légat & du Concile qui l'avoient rétabli dans son Siége Archiepiscopal, & c'estoit à quoy il ne pouvoit se résoudre, par la connoissance qu'il avoit de cet esprit dan-

Helgaldus in vita Roberti Regis.

Glaber. l. 2. & 3.

ROBERT.

gereux & broüillon, capable de causer des troubles dans l'Etat. Mais Robert estoit encore plus en peine sur l'article de son mariage, sur lequel le Légat n'avoit rien voulu prononcer. Ce Prince avoit un tendre attachement pour la Reine, & n'estoit pas moins sensible au point d'honneur sur cette matiere, & au scandale que causeroit leur séparation, s'ils y estoient contraints.

L'estat où estoient les affaires du Pape suspendoit le coup que le Roy appréhendoit. Crescent Seigneur Romain estoit le Maistre dans Rome depuis plusieurs années : Il avoit obligé Jean XV. à s'enfuir en Toscane, & puis s'estant accommodé avec luy, il l'avoit laissé revenir à Rome, où ce Pape fut toûjours obligé de le ménager beaucoup. Après la mort de Jean, l'Empereur Othon fit élire Grégoire V. qui estoit de la Famille Impériale, & son proche parent. Crescent à qui cette élection ne plaisoit pas, le fit déposer, & fit élire en sa place l'Evêque de Plaisance, qui prit le nom de Jean XVI. L'Empereur irrité de cette insolence, vint en Italie avec une Armée. Crescent à son approche se jetta dans le Chasteau S. Ange, où il fut assiégé & pris. L'Empereur le fit précipiter de dessus les murailles dans le Fossé, & ensuite pendre à la vûë de la Ville avec quelques-uns de ses complices. On coupa les mains & on creva les yeux à l'Antipape, & Grégoire fut rétabli sur le Trône Pontifical.

Glaber, l. 1, c. 4.

Durant tous ces désordres, on laissa le Roy de France en repos ; mais Grégoire ne fut pas plustost établi dans Rome, qu'il assembla un Concile des Evêques d'Italie en présence de l'Empereur sur plusieurs affaires importantes. La principale & celle qui fit le plus de bruit, fut le mariage du Roy avec Berthe sa parente. Gerbert autrefois Archevêque de Reims, & que le Pape avoit fait Archevêque de Ravennes à la prière de l'Empereur, y assista. On y voit une souscription immédiatement après celle du Pape, & il y a lieu de présumer que ce Prélat qui avoit esté abandonné du Roy & des Reines au Concile de Reims, ne leur fut pas favorable.

Le premier Decret de ce Concile regardoit l'article du mariage, & fut conçû en cette manière. " Que le Roy Robert qui a épousé Berthe sa parente contre les Loix de l'Eglise, ait " à la quitter au plustost, & à faire une pénitence de sept ans, conformément aux Canons & " à l'usage de l'Eglise ; que s'il n'obéit pas, il est " déclaré excommunié ; que Berthe soit soûmise " à la mesme pénitence sous la mesme peine ; " qu'Archambaud Archevêque de Tours, qui a " esté le Ministre de ce mariage incestueux, & " tous les Evêques qui y ont donné leur consentement, soient suspendus de l'usage des Sacremens, jusqu'à ce qu'ils soient venus à Rome faire satisfaction pour leur faute.

Concil. Roman. T.9. Spi- cileg. A- cherii.

An. 998.

Cette nouvelle ayant esté portée au Roy, le mit en d'étranges embarras. Il ne put se résoudre à se soûmettre au Decret du Concile, & sur le refus qu'il en fit, il fut excommunié par la pluspart des Evêques de France. Tous les Pré-

Petrus Da- miani l. 2. Epist. 15.

lats qui avoient consenti au mariage, allerent à Rome faire satisfaction aux pieds du Pape, & la chose fut poussée si loin, si nous en croyons le Cardinal Pierre Damien, que non seulement le Peuple, mais encore les gens de la Cour rompirent tout commerce avec le Roy, de peur d'encourir eux-mesmes l'excommunication, par la fréquentation d'un excommunié. Il ne luy resta que deux domestiques pour le servir & luy préparer à manger, encore faisoient-ils passer par le feu les plats où il mangeoit, & les vases où il beuvoit pour les purifier, comme ayant esté soüillez par un homme retranché de la Communion des Fidéles.

Epist. 1 ad his IX. ad Henric. Rom.

Ce qui augmentoit son chagrin, & la difficulté qu'il avoit à renoncer à son mariage, estoit la grossesse de la Reine, dont il espéroit avoir au plustost un successeur ; cependant le Pape faisoit agir auprès de luy ceux qu'il croyoit avoir le plus de crédit sur son esprit, & principalement Abbon Abbé du Monastere de Fleury, aujourd'huy S. Benoist sur Loire, & ne fut toûjours en vain, jusqu'à ce que la Reine eust accouché non pas d'un fils, mais d'une espéce de monstre, circonstance que nous tenons encore de l'Auteur que j'ay déja nommé ; homme un peu crédule ; mais qui écrivoit du temps du Roy Philippe I. petit-fils de Robert. Quoy qu'il en soit, l'Abbé de Fleury sçut si bien tourner l'esprit du Roy, que ce Prince, soit qu'il fust frappé de cette espéce de prodige, soit pour mettre sa conscience en repos, força enfin son inclination ; & se sépara de Berthe, qui néanmoins, comme on le voit par quelques anciennes Chartres, garda toûjours le titre de Reine. Il fit une Confession publique de son péché, l'expia par des jeûnes & des prières, & en obtint l'absolution. Il épousa peu de temps après Constance fille de Guillaume Comte d'Arles & de Blanche sœur de Geoffroy Grise- Gonnelle Comte d'Anjou.

Aimoin. in vita Abbon.

Petrus Da- mien, loc. cit.

Le Pape ne manqua pas de faire une seconde démarche aussi desagréable pour le Roy, ce fut d'exiger par voye d'autorité, que l'on remit l'Archevêque Arnoul en liberté. Il menaça la France d'un interdit universel, si en exécution du Decret du Concile de Reims, on ne tiroit ce Prélat hors de prison, & si on ne le rétablissoit dans son Eglise. Le Roy envoya l'Abbé de Fleury en Italie sur cette affaire. Il fallut en passer par où le Pape voulut, & l'Abbé à son retour apporta de la part du Pape le *Pallium* à l'Archevêque, qui malgré la répugnance du Roy, passa de sa prison d'Orleans à son Trône Archiépiscopal de Reims.

Aimoin. in vita Abbon.

Vers l'An 998.

Si le Roy eust un peu temporisé, les choses auroient pû prendre un autre tour à cet égard ; car le Pape Grégoire V. estant mort aussi-tost après, Gerbert autrefois le concurrent d'Arnoul pour l'Archevêché de Reims fut fait Pape sous le nom de Silvestre II. & selon toutes les apparences, il n'eust pas cassé la déposition d'Arnoul, ayant si long-temps & si fortement soûtenu, qu'elle estoit légitime. Il ne changea rien toutefois sur cela, & il n'en fut plus parlé. D'autre part le Peuple de France ayant vû

An. 999.

HISTOIRE DE FRANCE.

le Roy soûmis à l'Eglise pour son mariage, rentra de luy-mesme dans la soûmission, & contre l'ordinaire de ces sortes de Schismes, qui ne manquent guéres de laisser quelque mauvaise impression dans l'esprit des Sujets, celuy-cy n'eut aucune fascheuse suite pour l'autorité Royale, & l'on peut dire que depuis Charlemagne, Robert fut un des Rois dans qui les François l'ayent le plus respectée.

Ce respect néanmoins ne fut pas toûjours si constant ni si universel, qu'il ne se trouvast obligé de temps en temps de prendre les armes, pour contenir dans le devoir quelques-uns de ses Vassaux.

Eudes II. du nom Comte de Chartres, de Tours & de Blois, surprit Melun sur Burcard Comte de Corbeil, & ce fut un Chevalier nommé Gautier qui le luy livra : cette Place estoit encore alors très-considérable par sa force & sa situation sur la rivière de Seine.

Le Comte Burcard demanda justice de cette entreprise au Roy, & ce Prince se mit en devoir de la luy faire. Il assembla son Armée, & comme Richard II. Duc de Normandie estoit alors en guerre avec le Comte de Chartres, pour le Chasteau de Dreux, qui luy appartenoit, & que le Comte refusoit de luy restituer, le Roy l'engagea sans peine à se joindre à luy, pour faire ensemble le siége de Melun. La Place fut forcée ; le Comte de Chartres trouva moyen de s'échaper ; mais Gautier fut pris & pendu avec sa femme par l'ordre du Roy à la vûë de la Ville, dont Burcard fut remis en possession.

Chronic. Floriac. an. 999.

Le Comte de Chartres n'en demeura pas là. Soûtenu de Hugues Comte du Maine, & de Valleran Comte de Meulan, qui s'estoient liguez avec luy, non pas contre le Roy, mais contre le Duc de Normandie, il assiégea Tillieres, qui estoit un Fort que le Duc de Normandie venoit de bastir tout récemment sur la rivière d'Aure. On ne manquoit de rien dans ce Fort ; les vivres que le Duc avoit fait enlever sur les Terres du Comte de Chartres mesme y estoient en abondance, & il estoit défendu par les meilleures Troupes de Normandie, sous de très-braves Commandans. Eudes fut obligé d'en lever le siége, après avoir vû défaire les Troupes du Maine dans une vigoureuse sortie que firent les assiégez, & où le Comte du Maine ayant eu son cheval tué sous luy, pensa estre pris ; mais cette guerre particuliére entre des Vassaux de la Couronne, pensa avoir d'étranges suites pour tout le Royaume : car Richard voulant la finir en accablant son ennemi, envoya, à l'exemple de ses prédécesseurs, demander du secours aux Rois du Nord. Deux de ces Rois, l'un de Norvege appelé Olave par l'ancien Historien de Normandie, & l'autre Lacman Roy de Suéde, tous deux Payens, faisoient alors une cruelle guerre aux Anglois. Ce fut à eux que Richard s'adressa. Ils abordérent en Bretagne, soit de dessein prémédité, soit que le vent les y eust conduits. Ils y firent un grand carnage des Bretons, qui voulurent s'opposer à leurs pillages, ils prirent &

Guillelm. Gemetic l. 5. c. 11.

bruslérent Dol, & s'estant rembarquez, ils vinrent par la Seine jusqu'à Roüen, où Richard les reçut.

Le Roy estant averti de l'arrivée de ces Troupes étrangéres, en fut fort inquiet. Il appréhenda que le butin qu'ils feroient en France ne fust pour une amorce pour les y attirer, & leur y faire renouveller les ravages qui l'avoient pendant deux siécles entiérement désolée : c'est pourquoy il envoya promptement au Duc de Normandie & au Comte de Chartres, pour les conjurer instamment par leurs propres intérests & par ceux de tout le Royaume, d'accepter sa médiation & de faire la Paix à quelque prix que ce fust. Il fit si bien, qu'il les mit d'accord. Le Comte de Chartres garda le Chasteau de Dreux, le Duc de Normandie fut remis en possession du Territoire de cette Place, & le Fort de Tilliéres que le Comte vouloit qu'on démolist, ne fut point rasé. Il fit agréer cette Paix aux deux Princes du Nort, en leur faisant de riches présens, & les congédia, après qu'Olave se fut fait baptiser par Robert Archevêque de Roüen, qui l'avoit converti.

Ibid.

Robert fut obligé d'entreprendre une autre guerre, à l'occasion de la mort d'un Vassal de la Couronne, dont les Etats estoient très-considérables. C'estoit Henri Duc de Bourgogne oncle du Roy, & frere de Hugues Capet. Il n'avoit point laissé d'enfans légitimes, mais seulement un fils naturel nommé Eudes, à qui il donna le Comté de Beaune, ainsi le Duché devoit revenir au Roy, soit comme un Fief de la Couronne, soit au moins comme un héritage, qui luy estoit dévolu en qualité de plus proche parent du Duc.

Aimoin: continuat. l. 5. c. 46.

An. 1000.

Le Duc avoit épousé Gerberge Comtesse de Dijon, fille de Hugues Comte de Bourgogne * & veuve d'Adelbert fils de Bérenger II. Roy d'Italie. Gerberge avoit eu un fils du premier lit nommé Othon-Guillaume, & déja Comte de Bourgogne, qui prétendit avoir esté adopté par le Duc Henri, & en vertu de cette adoption, soûtenu de plusieurs Seigneurs de Bourgogne, qui aimoient mieux avoir un Duc, que de dépendre immédiatement de la Couronne, il s'estoit saisi de plusieurs Places. Landri Comte de Nevers, un des plus vaillans hommes de France, & gendre d'Othon, se mit de son côté. Bruno Evêque de Langres, dont Othon avoit épousé la sœur, se déclara pour luy ; Eudes Comte de Chartres, qui ne cherchoit qu'à broüiller, le favorisoit aussi. Il n'y avoit presque que Hugues Evêque d'Auxerre, cousin de la Reine Constance, qui tint le parti du Roy ; mais le Comte de Nevers s'estoit rendu maistre d'Auxerre malgré cet Evêque.

* *Ce Comté de Bourgogne est à peu près ce qu'on appelle aujourd'huy la Franche-Comté.*

Le Roy n'avoit pas trop de toutes ses forces pour venir à bout d'une si puissante faction. Il engagea dans ses intérests le Duc de Normandie, qui luy fournit beaucoup de Troupes. Il entra en Bourgogne, y fit de grands ravages, prit Auxerre & Avalon, une des plus fortes Places du Duché. Eudes fils naturel de Henri vint se donner à luy. Le Roy luy asseûra le

Guillelm: Gemetic: l. 15. c. 15.

ROBERT.

Comté de Beaune, conformément au Testament de Henri, & enfin après plusieurs avantages remportez sur les Rebelles, il les contraignit de se soûmettre. Cette guerre qui est racontée par les anciens Historiens d'une maniére fort confuse, & avec des circonstances très-différentes, dura plusieurs années. Le Roy s'étant rendu maistre de la Bourgogne, en investit Henri son second fils, qui ensuite la céda à Robert son cadet. Ce Prince Robert fut le Chef de la premiere Branche Royale des Ducs de Bourgogne, qui dura près de trois cens soixante ans, jusqu'à ce qu'en l'an 1361. ce Duché fut réüni à la Couronne par le Roy Jean, & il le donna depuis à Philippe son quatriéme fils.

An. 1005.

Robert eut quelque part à la guerre qui se fit aux Païs-Bas entre Baudoin Comte de Flandre & Arnoul Comte de Valenciennes, à qui Baudoin avoit enlevé cette Ville-là. Le Roy de Germanie saint Henri II. du nom, prit le parti du Comte de Valenciennes qui estoit son Vassal, & le Roy celuy du Comte de Flandre par la mesme raison. Henri assiégea Valenciennes; mais Baudoin estant venu au secours avec les Troupes du Roy & du Duc de Normandie, l'obligea à lever le siége.

Sigebertus. an. 1006.

L'année suivante Henri vint attaquer Gand, il fit de grands ravages dans tout le païs, & prit plusieurs prisonniers. On en vint à un accommodement, par lequel ce Prince céda Valenciennes au Comte, à condition de la tenir de luy, & de luy en faire hommage. Il luy donna de plus l'Isle de Valcheren en Zélande, où est aujourd'huy Midelbourg, afin de se l'attacher, de peur que les Peuples de la basse Lorraine, qui paroissoient fort disposez à la révolte, ne trouvassent en luy un protecteur & un appuy.

An. 1007.

Robert dont l'Etat demeura tranquille pendant plusieurs années, n'eut point de soin plus important, que celuy de l'asseûrer à sa Famille: c'est ce qui le détermina à s'associer son fils aîné. Il le fit par le conseil de la Reine Constance, sur l'exemple, & suivant la politique du Roy son pere. Ce jeune Prince s'appelloit Hugues; c'estoit le nom de son ayeul & de son bisayeul: nom qui devoit estre cher à sa Famille, pour la haute élévation, où ces deux Princes l'avoient mise. Il avoit alors dix-sept à dix-huit ans, & les belles qualitez tant de corps que d'esprit qui éclatoient en luy à mesure qu'il avançoit en âge, firent ajoûter à son nom le surnom de son bisayeul, & on l'appella comme luy, Hugues le Grand.

An. 1017.

Glaber, l. 3. cap 9.

Le Roy s'estant ouvert de ce dessein à quelques-uns de ses Ministres, ils ne furent pas d'avis qu'il l'exécutast si-tost: ils luy représentérent que rien ne pressoit; que la qualité de Roy inspiroit naturellement l'esprit d'indépendance, & le désir de commander; qu'il estoit contre les Loix de la bonne politique d'élever un enfant dans cet esprit & avec ces idées; que luy-mesme devoit estre convaincu de cette vérité par sa propre expérience: que Hugues Capet son pere, quoiqu'il eust des raisons plus pressantes de prendre de pareilles mesures, s'étoit repenti de l'avoir fait. » Souvenez-vous, « luy ajoûtérent-ils, des inquiétudes & des cha- « grins que vous luy causâres, dès que vous fu- « tes en âge de faire valoir le titre de Roy qu'il « vous avoit donné, & craignez que vostre fils ne « soit pas plus soumis à vostre égard. Ces paro- « les nous marquent en général une chose dont l'Histoire de Hugues Capet ne nous dit pas un seul mot, sçavoir que de son vivant Robert avoit excité quelques broüilleries dans l'Etat.

Ces avis estoient sages, & meritoient d'estre pesez: mais la Reine Constance estoit plus écoûtée que les Ministres. C'estoit une femme impérieuse jusqu'à l'insolence, qui s'estoit renduë redoutable au Roy son mari, & à tous les gens de la Cour, dont elle fit une fois assassiner un des plus considérables aux yeux du Roy méme, avec qui elle sçut que ce Seigneur avoit tasché de la broüiller. Elle estoit inquiéte pour l'avenir, & dans l'espérance de gouverner sous le nom d'un jeune Prince, en cas que le Roy manquast, elle le sollicitoit continuellement d'asseûrer la Couronne à son fils aîné, en le faisant reconnoistre par les Peuples. Le Roy se rendit donc à ses instantes sollicitations, & ayant convoqué à Compiégne une Assemblée des plus grands Seigneurs de l'Etat & de plusieurs Evêques, il y fit sacrer & couronner Hugues le jour de la Pentecoste.

Ibid.

Dans l'espace de neuf ans il ne se passa dans le Royaume aucun évenement fort considérable, que l'on sçache, en matiére de guerre, excepté la bataille de Ponlevoi entre la Loire & le Cher, que Fouques Comte d'Anjou gagna sur Eudes Comte de Chartres, auquel ensuite il enleva Saumur. Nos Rois depuis les usurpations des Vassaux, regardoient souvent avec indifférence ces guerres particuliéres, qui s'allumoient entre eux. C'estoit à leur égard comme des guerres étrangéres, parce qu'elles se faisoient dans des Etats dont ils n'estoient plus les maistres. Ils en estoient mesme quelquefois bien-aises; parce que cela affoiblissoit ces petits Princes, & ils ne s'en mesloient pour l'ordinaire, que quand quelque intérêt particulier, ou l'occasion de faire valoir leur autorité les y engageoit: mais le Roy trois ans après cette guerre du Comte d'Anjou & du Comte de Chartres, fut obligé de prendre les armes contre celuy-ci à l'occasion que je vais dire.

An. 1016.

Vers l'an 1019.

Estienne Comte de Troyes & de Meaux, étant mort sans enfans, le Comte de Chartres qui estoit son cousin, se saisit de ces deux Villes. Le Roy voulut l'en chasser, apparemment pour les réünir à la Couronne, comme des Fiefs qui en relevoient. On ne sçait rien du détail de cette guerre: mais il est constant qu'Eudes demeura en possession de ces deux Places: & je vois que c'est depuis ce temps-là, que luy & ses successeurs prirent le titre de Comte de Champagne. Il est au moins certain que ce Comte Eudes est surnommé le Champenois dans nos Histoires: & il paroist que ce ne peut estre que par cette raison.

HISTOIRE DE FRANCE.

Cette guerre estant finie, une affaire de Religion, qui pouvoit avoir des suites, si l'on n'y eust pas mis ordre avec autant de promptitude que de sévérité, occupa pendant quelque temps les esprits, & fit beaucoup de bruit en France. C'estoit une Hérésie abominable, qui avoit quelque rapport à celle des Manichéens pour le dogme, & mesme avec les infamies des Gnostiques pour la pratique.

Glaber. l. 3. c. 8.

Les principales erreurs de cette Secte estoient de ne reconnoistre l'autorité ni de l'ancien ni du nouveau Testament, particulierement touchant l'unité de la Nature Divine & de la Trinité des personnes qu'ils traitoient d'extravagances ; que le Ciel & la Terre n'avoient point esté faits, & qu'ils estoient de toute éternité ; qu'il n'y avoit rien de criminel dans les déreglemens les plus honteux, & que les supplices eternels dont on menaçoit ceux qui s'y abandonnoient, n'estoient que des contes & des fables ; que le Paradis promis aux bonnes œuvres n'estoit qu'une chimére.

Glaber. l. 3. c. 8.

Cette Hérésie fut introduite dans le Royaume par une femme Italienne. Elle eut l'adresse de séduire non seulement plusieurs personnes simples, mais encore un assez grand nombre des plus sçavans du Clergé, qui donnérent dans ces erreurs grossiéres, plus par libertinage que par la conviction de leur esprit.

Cette femme gagna entre autres plusieurs Ecclésiastiques du Clergé d'Orleans, & deux entre autres fort distinguez par leur naissance, par leur capacité, par la sainteté apparente de leur vie, & sur tout par les grandes aumônes qu'ils faisoient aux pauvres ; l'un se nommoit Herbert, & l'autre Lisoie. Celuy-ci estoit très-estimé & très-consideré du Roy. Ils se firent l'un & l'autre comme les Chefs du parti, sous la direction de la dévote Italienne, & n'omettoient rien pour accroistre la Secte. Ils pervertirent un grand nombre de personnes dans les Villes voisines, qui leur servirent à en engager d'autres. Ces Emissaires ne travailloient pas avec moins de succés : que les Chefs mesmes du parti, le nombre des Sectateurs, augmentoit tous les jours, & ils firent tant de progrés en peu de temps, quoique très-secretement, qu'ils se promirent de voir bien-tost leur Secte établie dans tout le Royaume.

Fragment. Histor. Aquitan.

Ils sçûrent qu'il y avoit à Roüen un Prestre nommé aussi Herbert, en réputation de doctrine & de vertu, & par cette raison très-propre à seconder leurs desseins, supposé qu'ils pussent le gagner. Ils luy envoyérent d'Orleans quelques-uns de leurs plus adroits confidens pour le sonder, & ils leur donnérent ordre de s'ouvrir à luy, en cas qu'ils le trouvassent susceptible de leurs idées, & capable du secret. Ce Prestre les écoûta, & leur ayant paru tel qu'ils le souhaitoient, ils l'instruisirent de tous leurs mystéres : mais il ne donna pas dans le piege autant qu'il leur sembla y donner. Selon un de nos Historiens, il découvrit la chose immédiatement à Richard Duc de Normandie ; selon un autre, ce fut à un Seigneur Normand nommé Arefaste ; celuy-ci en avertit le Duc,

Ibid.

Glaber. loc. cit. Carthular. S. Petri in vall. prope arnutum.

qui en donna aussi-tost avis au Roy.

Le Roy très-zélé pour la Religion, apprit cette nouvelle avec douleur ; mais sans se laisser emporter à son zéle, il tint la chose secrete, pour se servir plus utilement des lumieres qu'on luy donnoit. Il pria Arefaste de se transporter à Orleans avec le Prestre Herbert, de faire semblant d'entrer dans les sentimens de la Secte, & d'en prendre une parfaite connoissance. Ce Seigneur fit très-adroitement son personnage, & apprit tout le secret de la cabale.

Outre les autres dogmes dont j'ay déja parlé, desquels ils instruisoient tous leurs Disciples, on luy enseigna que c'estoit une folie de croire que Jesus-Christ fust né d'une Vierge ; qu'il fust mort pour racheter les hommes ; qu'il y eust aucune vertu dans l'Eucharistie & dans le Baptesme pour la sanctification des ames, & que c'estoit une pure superstition d'invoquer les Martyrs & les autres Saints ; qu'il y avoit des chemins plus courts pour arriver à la plus haute perfection, & à la plus sublime contemplation, jusqu'aux visions mesmes & aux extases ; que les routes ordinaires qu'il avoit suivies jusqu'alors, n'estoient que pour les ignorans, & que par le moyen d'un pain divin qu'ils luy feroient goûter, ils le mettroient dans des voyes bien différentes & bien plus relevées, qui l'éclaireroient en peu de temps, sur ce qu'il y avoit de plus obscur & de plus profond dans les saintes Écritures. Tout aboutissoit au reste à des espéces d'enchantemens, qui se faisoient dans des Assemblées nocturnes, où se pratiquoient les plus effroyables débauches & les abominations les plus horribles.

Ce Seigneur parfaitement informé de tout ce qu'il vouloit sçavoir, écrivit au Roy qu'il estoit temps de se saisir de ces détestables Fanatiques, & qu'il avoit de quoy les convaincre & les confondre sans replique.

Le Roy envoya ordre à plusieurs Evêques de se rendre incessamment à Orleans. Il s'y transporta luy-mesme avec la Reine, & fit arrester tous les Chefs de la Faction, & le Comte Arefaste mesme, comme on en estoit convenu avec luy. Aussi-tost après ils comparurent devant le Roy, la Reine & les Evêques assemblez en Concile dans sainte Croix.

Le Comte Arefaste se jetta aux pieds du Roy, & luy dit, " Seigneur, vous voyez à vos " pieds un Gentilhomme Sujet du Duc de Nor- " mandie vostre fidéle Vassal, on m'a arresté ; on " m'a chargé de chaînes, & j'ignore le crime " dont on m'accuse. Dieu m'a fait la grace d'a- " voir toûjours quelque desir de me perfection- " ner dans la vertu, je suis venu ici en cher- " cher les moyens à l'école de ces saintes per- " sonnes que vous voyez avec moy. Je ne me " sens coupable d'aucune autre faute, & je m'a- " bandonne à vostre justice & à celle de vos " Prélats. "

Un des Prélats prit la parole, & luy dit qu'on le faisoit paroistre en présence du Roy & du Concile, pour sçavoir de luy quels estoient ces moyens de perfection qu'il estoit venu chercher si loin.

" Seigneur,

ial „ Seigneur, reprit le Comte, en parlant au
„ Roy, voilà mes Maiſtres, commandez-leur de
„ parler, & de vous expoſer eux-meſmes leur
„ Doctrine: le Concile en jugera, & je ſuis toû-
„ jours dans la diſpoſition de me ſoûmettre au
„ jugement des Paſteurs de l'Egliſe.

Alors on commanda aux deux Eccléſiaſtiques d'Orleans Herbert & Liſoie, & à un autre nommé Eſtienne de la meſme Ville, qui a-
voit eſté autrefois Confeſſeur de la Reine, d'expoſer leur Créance & la Doctrine qu'ils enſei-
gnoient dans leurs Aſſemblées ſecretes. Ils le
firent, mais d'une maniére toute différente de
celle, dont ils parloient en dogmatiſant avec
leurs Diſciples. On leur fit diverſes interroga-
tions; mais dans leurs réponſes ils biaiſérent
toûjours en diſſimulant leurs dogmes.

Surquoy Arefaſte commença à leur reprocher leur mauvaiſe foy & leur laſcheté; qu'ils
luy avoient cent fois promis de s'expoſer à la
mort & aux plus rudes ſupplices, pluſtoſt que
de ne pas faire profeſſion ouverte d'une Doctrine qu'ils luy avoient enſeignée comme véritable: & auſſi-toſt il déclara luy-meſme tout
ce qu'il avoit appris d'eux, il marqua en particulier toutes les erreurs dont j'ay parlé, &
dit qu'il s'en rapportoit entiérement au jugement du Concile.

Guarin Evêque de Beauvais demanda à Liſoie & à Etienne, ſi c'eſtoit là leur Créance. Eux
voyant qu'il n'y avoit plus moyen de s'en dédire, l'avoüérent. L'Evêque entreprenant de
les refuter, ils oſérent la ſoûtenir, & dirent
qu'ils eſtoient preſts de mourir pour la défendre.

La Séance ayant duré depuis ſix heures du
matin juſqu'à trois heures après midy, & les
Evêques n'ayant pû les faire réſoudre à ſe rétracter, les dégradérent de l'Ordre de Preſtri-
ſe, & les livrérent au bras ſéculier. On leur fit
leur procès, & en exécution de l'Arreſt qui fut
prononcé contre eux, on les mena hors de la
Ville, où ils furent brûlez, avec quelques-uns
de leurs Diſciples: tout le monde eſtant également ſurpris de leur impiété & de leur en-
durciſſement; car de ceux qui avoient eſté
arreſtez, il n'y eut qu'un Eccléſiaſtique & une
Religieuſe qui firent abjuration, & à qui on
donna la vie. Il ſe fit de pareilles exécutions
dans les quartiers de Toulouſe; & par cette
ſévérité dont on uſa contre les Chefs de cette
exécrable faction, on l'extermina entiérement
en France; du moins on le crut ainſi, juſqu'à
ce que plus de cent ans après, on en vit encore quelques reſtes, qui, à ce qui me paroiſt,
donnérent commencement à l'Héréſie des Albigeois, & enſuite à de ſanglantes guerres.
Tant il eſt vray qu'en matiére d'Héréſies, il eſt
dangereux aux Princes de ſe laiſſer trop toſt flater de les avoir éteintes.

Le Roy après avoir ainſi pourvû à la ſeûreté
de la Religion, n'omettoit rien pour affermir la
Paix dans ſon Etat. Le jeune Roy l'avoit un
peu troublée, en quittant un jour bruſquement
la Cour avec pluſieurs Seigneurs de meſme âge
que luy, qui furent auſſi-toſt joints par un grand
nombre de mécontens: ce qui fit un aſſez gros
parti, pour en faire craindre les ſuites. Le prétexte eſtoit la dureté & la hauteur avec laquelle la Reine traitoit ce Prince, à qui elle prétendoit que la qualité de Roy ne donnoit pas
le droit de ſe ſouſtraire en rien, à l'autorité qu'elle avoit toûjours priſe ſur luy; mais la véritable cauſe eſtoit, qu'il vouloit avoir plus de part
au Gouvernement qu'on ne luy en donnoit, &
qu'on luy cédaſt quelque Province, où il puſt
avoir un libre exercice de la puiſſance Royale.
La révolte néanmoins dura peu. Le Roy le ramena par la douceur, & luy fit comprendre le
tort qu'il ſe feroit à luy-meſme, en ruïnant par
la guerre civile un Royaume qui eſtoit à luy,
& dont il ſeroit avec le temps l'unique Maiſtre.

Le ſeul Prince étranger qui fut alors aſſez
puiſſant pour attaquer la France, eſtoit l'Empereur Henri Roy de Germanie. Il eſtoit naturellement vaillant & ambitieux, & d'ailleurs
aſſez attentif à ſes intéreſts, pour eſtre un dangereux voiſin: mais il modéroit ces deux paſſions par les Loix du Chriſtianiſme, dont il fut
exact obſervateur, juſqu'à mériter de l'Egliſe
le titre de Saint. Le Roy avoit des inclinations
aſſez ſemblables; de ſorte qu'ils vécurent preſque toûjours en bonne intelligence. Toutefois
pour les mieux établir encore, ils voulurent a-
voir une entrevûë l'année d'après le Concile
d'Orleans, dont je viens de parler.

Elle ſe fit ſur la Meuſe, à l'endroit où le Cher
ſe jette dans cette riviére, aux Frontiéres des
deux Etats. Comme ils eſtoient pleins d'eſtime
& d'une amitié ſincére l'un pour l'autre, ils ſe
feroient mis peu en peine de certaines formalitez, que l'émulation, la jalouſie, la défiance
ont introduites entre les Princes: ſi leur Conſeil ne leur euſt repréſenté qu'il eſtoit à propos
de les obſerver. On convint donc, que ſelon
la coûtume, les deux Princes s'avanceroient
chacun de leur coſté dans un batteau, juſqu'au
milieu de la riviére, à une diſtance égale des
deux bords: mais l'Empereur, nonobſtant les
conventions, ne crut pas devoir uſer de ces
maniéres ſcrupuleuſes en traitant avec un Prince qu'il honoroit beaucoup. Il partit de grand
matin de ſon Camp avec quelques-uns des Seigneurs de ſa Cour, & ayant paſſé la riviére,
vint trouver le Roy au lieu où il eſtoit logé.

Le Roy agréablement ſurpris, fut attendri
de cette franchiſe; ils ſe tinrent l'un l'autre
long-temps embraſſez, & jamais la politique
n'eut moins de diſſimulation & de réſerve qu'en
cette occaſion. Ils entendirent enſemble la
Meſſe, qui fut célébrée par les Evêques François. L'Empereur fut magnifiquement régalé,
& parmi quantité de très-riches préſens que le
Roy luy fit, eſtoient cent beaux chevaux très-
ſuperbement enharnachez. Il y avoit ſur la ſel-
le de chacun de ces chevaux une armure complette de Chevalier, c'eſt-à-dire, une cuiraſſe
debout, ſurmontée d'un caſque. Le lendemain
le Roy rendit la viſite à l'Empereur dans le
Camp de ce Prince, au-delà de la riviére, & il
y fut reçû avec une pareille magnificence. Ils
traitérent enſemble des moyens d'affermir la

HISTOIRE DE FRANCE.

Paix entre les deux Etats, & se séparérent plus amis que jamais. Le Roy entretenoit une semblable correspondance d'amitié avec les autres Rois ses voisins, c'est-à-dire, avec Alfred Roy d'Angleterre, Rodolfe Roy de Bourgogne, & Sanche le Grand III. du nom Roy de Navarre, qui prenoit la qualité de Roy des Espagnes. On se faisoit de temps en temps mutuellement des présens, & il ne paroist pas que pendant le long Régne de Robert, il ait jamais eu aucun différend avec ces Princes.

Ibid.

Le Roy & l'Empereur pour rendre leur union plus constante, avoient résolu d'aller ensemble à Pavie, pour faire signer au Pape Benoist VIII. certains articles dont ils estoient convenus sur quelques droits litigieux; mais la mort du Pape, qui arriva au mois de Février de l'année suivante, rompit ce voyage, & l'Empereur luy-mesme mourut au mois de Juillet de la mesme année.

An. 1024.

Cette mort fit voir l'estime où estoit Robert dans l'Europe, & la différence qu'on y faisoit entre un Prince pacifique par sagesse & par amour pour ses Sujets, & un Roy qui n'aime la Paix que par lascheté & par attachement à ses plaisirs. Rodolfe Roy de Bourgogne estoit de ce second caractére, & c'est ce qui luy fit donner le nom de faineant, & luy attira de fâcheuses affaires, dont j'auray occasion de dire quelque chose dans la suite. Je vais raconter ce qui se passa à l'occasion de la mort de l'Empereur, par rapport à Robert.

L'Empereur Henri se voyant sur le point de mourir, & n'ayant point d'enfans, à cause du vœu de virginité qu'il avoit fait de concert avec l'Impératrice sa femme sainte Cunegonde, assembla plusieurs Seigneurs de son Royaume de Germanie & de ses autres Etats, & leur proposa d'élire pour son successeur Conrad Duc de Vormes, allié à sa Famille, homme dont l'habileté, le courage, & les autres qualitez dignes de la Couronne leur estoient très-connuës. Il fut agréé de plusieurs, ce qui n'empêcha pas qu'il n'eust quelques concurrens; mais il en vint à bout. Ce Conrad porta le surnom de Salique & mesme de François, dont la raison vray-semblablement estoit, que du costé de sa mere il tiroit son origine des Rois François de la seconde Race.

Sigebertus.

Marianus Scotus.

Depuis long-temps la dignité Impériale & de Roy d'Italie, avoit esté jointe à celle de Roy de Germanie; mais c'estoit Rome & l'Italie qui prétendoient donner ces deux premiers titres. Les Italiens qui s'ennuyoient aisément de tous leurs Maistres, pensérent alors à secoüer le joug des Allemands (ce nom commença dans ce siécle-là à devenir commun à tous les Peuples de Germanie, & désormais je le leur donneray, pour parler plus conformément à nos idées d'aujourd'huy) Herbert Archevêque de Milan, qui estoit dans les intérests de Conrad, fut bien surpris, lors qu'ayant assemblé les Evêques & les Seigneurs de Lombardie à Roncalio, pour leur proposer l'élection de ce Prince, il les y trouva la plufpart fort opposez, & n'ayant pû les gagner, il se retira en Allemagne auprès de luy.

La difficulté pour les Italiens estoit de trouver un Prince, qui fust en état de résister aux forces d'Allemagne, où l'on estoit bien résolu de se maintenir en possession & du nom d'Empereur & du Royaume d'Italie. Comme ils n'en avoient point parmi eux, ils s'adressérent au Roy de France, à qui ils firent une députation, pour luy offrir le Royaume d'Italie & le titre d'Empereur, ou pour luy ou pour son fils le Roy Hugues.

Fulbert Carnot. Epist. 55.

Glaber l. 3. c. 9.

Robert qui avoit pour maxime de régner en paix, & de conserver son Etat à sa Famille, plustost que de l'agrandir, prévit qu'en acceptant cette offre, il s'alloit attirer une grande guerre du costé d'Allemagne: il sçavoit d'ailleurs le peu de fond qu'il pouvoit faire sur les engagemens des Italiens, qui estoient partagez entre eux, & dont il connoissoit l'inconstance, & le peu de fidélité par un grand nombre d'exemples presque de tous les Régnes, depuis l'Empereur Charles le Chauve; ainsi sans beaucoup délibérer, il refusa l'offre qu'on luy faisoit, & ne voulut l'accepter ni pour luy ni pour son fils.

Les Députez voyant que leurs instances étoient inutiles à la Cour de France, allérent, selon l'ordre qu'ils en avoient, trouver Guillaume le Grand Duc de Guienne, Seigneur capable par son courage & par sa sagesse, de soûtenir une affaire de cette nature, si une fois il s'y engageoit. Ils luy firent la mesme offre, pour luy ou pour son fils de mesme nom que luy. Il se laissa tenter, & écouta la proposition; mais il voulut prendre toutes ses seüretez.

Fulbert, Epist. 54.

Il fit écrire au Roy par Fouques Comte d'Anjou, que ce Prince aimoit, comme l'ennemi déclaré d'Eudes Comte de Champagne, qui estoit aussi le sien. Le Comte d'Anjou disoit dans sa Lettre, que le Duc n'avoit consenti aux propositions des Italiens, qu'après qu'il avoit sçû que le Roy n'avoit nulle prétention sur le Royaume d'Italie, ni pour luy ni pour son fils; mais qu'il ne vouloit point s'embarquer dans cette affaire, sans estre asseuré qu'il y seconderoit; que le plus important office qu'il luy pust rendre, estoit d'engager dans son parti les Seigneurs des deux Lorraines, & Frédéric Duc de la Mosellane; que s'il vouloit négocier avec eux, & les faire déclarer contre Conrad, cette diversion luy faciliteroit beaucoup la chose; qu'en cas qu'il voulust l'aider par ce moyen, il luy fourniroit une grosse somme d'argent pour employer à cette négociation, & qu'il luy demandoit sur cela une prompte réponse.

Epist. 55.

Nous n'avons point la réponse du Roy; mais il y a beaucoup d'apparence qu'il accorda au Duc de Guyenne ce qu'il luy avoit demandé; car ce Duc répondit aux Députez qu'il recevoit leur offre, pourvû que ceux qui les avoient envoyez, luy ménageassent le consentement unanime des Seigneurs & des Evêques de delà les Monts.

Le Duc écrivit en particulier à Leon Evêque de Verceil, qui avoit beaucoup de crédit en Italie, pour le prier de luy estre favorable, l'asseûrant qu'il reconnoistroit d'une manière

ROBERT.

dont il feroit content, le zéle qu'il feroit paroître pour son service. Il se disposa donc à passer au plustost les Alpes, & il se mit bientost en marche avec un Corps d'Armée, qui devoit estre suivi d'un autre sous la conduite de Guillaume son fils.

Conrad cependant prenoit ses mesures de son costé, & l'Archevêque de Milan retiré auprès de luy, faisoit agir sous main tous ses partisans en faveur de ce Prince. Il réüssit à débaucher au Duc de Guienne un grand nombre de ceux, qui avoient paru les plus zélez pour luy. Ceux-ci néanmoins pour ne pas paroître ouvertement abandonner son parti, luy firent dire de nouveau qu'ils estoient toûjours dans ses intérests; mais qu'ils luy demandoient une condition, qui estoit de leur promettre de déposer plusieurs Evêques d'Italie leurs ennemis, si-tost qu'il y seroit entré.

Epist. 60.

La chose luy parut injuste & odieuse, & une source de troubles & de désordres infinis. Il vit bien qu'on ne la luy proposoit qu'afin de le rebuter, ou de luy susciter des embarras dont il ne pourroit se tirer. Il écrivit ses soupçons à l'Evêque de Verceil, qui luy avoüa qu'on le trahissoit, & que luy-mesme emporté par le torrent, n'avoit pû refuser son consentement, qu'on le pressoit de donner pour l'élection de Conrad. Surquoy le Duc suspendit la marche de ses Troupes, d'autant plus qu'il voyoit en Guienne des Seigneurs jaloux de son élévation, qui n'attendoient que son départ pour se broüiller & se révolter contre luy. Il écrivit à Mainfroy, qui estoit un des principaux Marquis d'Italie, & fort attaché à ses intérests, pour le prier de faire encore en sa faveur quelques démarches auprès de l'Archevêque de Milan, afin que par son moyen ceux qui avoient quitté son parti y rentrassent : que s'il ne voyoit pas d'espérance de réüssir de ce côté-là, il abandonnast la négociation, & qu'il trouvast quelque prétexte qui mist son honneur à couvert; qu'il pourroit apporter pour raison de ce désistement, quelques mouvemens imprévûs de rebelles dans la Guienne ; que pour luy il se consoleroit plus aisément que son fils, d'avoir manqué un coup qui élevoit si haut sa Famille; qu'il le prioit de tenir la chose secrete, jusqu'à ce qu'ils se fussent abouchez ; qu'il prenoit cette précaution, à cause de son fils, qui pourroit s'engager témérairement à passer les Alpes, pour se mettre à la teste d'un parti qu'il ne pourroit pas soûtenir, & qui hasteroit sa marche, s'il apprenoit qu'on pensast à renoncer à cette entreprise. Mainfroy agit inutilement auprès de l'Archevêque de Milan. Le Pape Jean XVII. qui avoit succédé à Benoist VIII. se déclara pour Conrad, & osta par là aux concurrens de ce Prince toute espérance de réüssir. Il fut reconnu par les Seigneurs & par les Evêques d'Italie ; & quelque temps après il fut couronné Empereur par le Pape.

Epist. 59.
Epist. 60.

Epist. 59.

Glaber. l. 4. in Proæmio. an. 1025.

Tandis que les affaires d'Italie occupoient toute l'attention de Conrad, le Roy, qui à la priere du Duc de Guienne, avoit traité secretement avec les Seigneurs de Lorraine, espéra pouvoir réünir ce grand païs à la Couronne de France, d'où il avoit esté détaché depuis si long-temps pendant les troubles des derniers Régnes de la seconde Race.

En effet Gothelon que l'Empereur Henri avoit fait Duc de la basse Lorraine, se révolta contre Conrad, & engagea mesme Eberard frere de ce Prince dans sa révolte avec plusieurs autres Seigneurs, tant d'Allemagne que de Lorraine. Si-tost qu'ils se furent soûlevez, Robert se disposa à entrer en Lorraine pour les soûtenir, & de peur que le Comte de Champagne, toûjours attentif à s'agrandir aux dépens de son Souverain, ne le traversast, il luy fit déclarer la guerre par Fouques Comte d'Anjou.

Sigebertus.

An. 1026.

Conrad un des plus habiles Princes qui ayent porté le titre d'Empereur depuis Charlemagne, n'abandonna pas pour cela ses affaires d'Italie; mais il remédia à cette diversion par les offices avantageuses qu'il fit aux Seigneurs Lorrains. Il les détacha de la Ligue qu'ils avoient faite avec Robert, qui se voyant trompé, se retira en France sans avoir rien fait. Le Comte de Champagne appréhendant que le Roy ne vinst fondre sur luy avec toutes ses Troupes, trouva moyen de gagner la Reine Constance, & obtint la Paix par son entremise; de sorte que le Comte d'Anjou, qui n'avoit déclaré la guerre à Eudes que par complaisance pour le Roy, se trouva seul contre ce Comte beaucoup plus puissant que luy: La guerre continua avec différens succés de part & d'autre, & enfin la Paix se fit, sans qu'aucun des deux eut remporté de grands avantages sur son ennemi.

Le Roy qui n'estoit plus que spectateur de cette guerre entre ses deux Vassaux, fit alors une perte qui l'affligea sensiblement. Son fils aîné le Roy Hugues, Prince qui promettoit beaucoup, mourut à la fleur de son âge, n'ayant que vingt-huit ans. Cette mort arriva le 17. de Septembre, & fit place à Henri le second fils de Robert, que ce Prince résolut aussi-tost d'associer à la Royauté, pour luy asseûrer sa succession.

An. 1026.

Constance n'aimoit point ce jeune Prince. Toute son amitié estoit pour Robert son troisiéme fils ; & comme cette femme trouvoit tout possible, quand il s'agissoit de satisfaire sa passion ou ses entestemens, elle n'omit rien pour faire changer au Roy la résolution qu'il avoit prise de faire couronner Henri, & pour luy persuader de luy préférer son cadet.

La chose estoit manifestement contre la coûtume. C'estoit exposer le Royaume au danger d'une cruelle guerre, & peut-estre la Famille Royale à perdre la Couronne, au milieu de toutes ces dissentions ; mais rien de tout cela ne touchoit cette femme opiniastre dans ses résolutions, & elle mit tout en œuvre pour en venir à bout. Elle décrioit sans cesse Henri auprès du Roy ; elle luy disoit que ce jeune Prince estoit un esprit caché & un mauvais cœur; qu'il estoit lâche, mou, négligent, sans nulle application ; que son cadet estoit au contraire d'un excellent naturel, d'un esprit vif, péné-

Epist. 50. inter Fulbertinas.

HISTOIRE DE FRANCE.

trant, plein de cœur, & qui s'occupoit avec plaisir des affaires. Elle donnoit ces impressions à tous les Seigneurs & à tous les Evêques à qui elle parloit, & elle en gagna beaucoup. Parmi les Lettres de Fulbert alors Evêque de Chartres, nous en avons une que luy écrivoit un de ses Vassaux, où il l'avertissoit en ami de prendre garde à sa conduite; qu'il sçavoit de bonne part, & de la bouche mesme de l'Evêque de Soissons, qu'il estoit perdu dans l'esprit de la Reine, parce qu'elle avoit sçû, qu'il sçavoit l'inclination & le sentiment du Roy, touchant l'association de son fils aîné à la Couronne; que quantité d'Evêques du parti de cette Princesse disoient entre eux à cette occasion, bien des choses désobligeantes de luy, & sur tout qu'il estoit toûjours du sentiment contraire à tous les autres.

Néanmoins comme la Reine vit bien que malgré ses intrigues, la pluspart des Seigneurs porteroient le Roy à s'associer l'aîné, elle ne pensa plus qu'à luy persuader de ne s'associer ni l'un ni l'autre, bien résoluë, en cas qu'elle luy survécust, de lier si bien la partie en faveur du cadet, que l'aîné eust l'exclusion. Mais le Roy tint ferme; & dans une Assemblée des Seigneurs du Royaume, qu'il convoqua à Reims, il fit sacrer & couronner Henri. La Reine pour s'en venger, étudia toutes les occasions de chagriner ce jeune Prince, & n'en manquoit aucune; & comme le Prince Robert ne secondoit pas aveuglément sa passion, & qu'au contraire il paroissoit bien vivre avec son frere, elle commença aussi à le persécuter. Les chagrins qu'elle causoit à l'un & à l'autre allérent si loin, qu'elle les obligea à s'enfuïr de la Cour, pour éviter sa persécution, & ensuite à prendre les armes. La guerre civile s'alluma dans le Royaume. Henri se saisit du Chasteau de Dreux. Robert prit Avalon & Beaune en Bourgogne, & le Roy fut obligé de marcher à la teste d'une Armée contre ses deux fils. Effet funeste de la passion & de la fureur d'une femme.

C'estoit avec un regret bien sensible, que le Roy en venoit à cette fascheuse extrémité. Dès qu'il fut arrivé auprès de Dijon avec ses Troupes, il alla se consoler avec le saint Moine Guillaume Abbé de S. Benigne, & le supplia d'offrir à Dieu ses prieres pour luy & pour ses fils. Le saint Abbé le luy promit, & luy ajoûta, *Seigneur, Dieu vous afflige, & punit par les péchez de vos enfans, ceux que vous avez commis autrefois par vos révoltes contre le feu Roy vostre pere, & contre la Reine vostre mere; il faut que vous receviez avec soûmission ce chastiment qu'il vous fait souffrir.* Le Roy en convint, & suivant les sentimens de sa grande piété, il s'humilia devant Dieu. Comme il ne faisoit cette guerre que malgré luy, & que ses enfans estoient d'ailleurs persuadez des sentimens de pere qu'il conservoit toûjours à leur égard, elle ne dura pas long-temps. La réconciliation se fit de bonne foy de part & d'autre. Le Roy employa ses Troupes à chastier quelques Seigneurs particuliers de Bourgogne, qui sans sa permission y avoient fait élever des Forteresses sur leurs Terres, d'où ils exerçoient de continuels brigandages les uns sur les autres, & il fit raser la pluspart de ces Chasteaux.

Ce fut là la derniere chose mémorable du Régne de Robert. Il mourut à Melun l'année suivante au mois de Juillet âgé de soixante ans.

Il fut pleuré par ses Peuples, & l'ancien Auteur de sa vie écrit, qu'à ses Funérailles on entendoit de tous costez les soupirs & les sanglots, principalement des pauvres, des orphelins, des veuves, des Clercs & des Moines qui le pleuroient comme leur pere; & d'autres faisant la comparaison de son Régne avec les Régnes précédens, & avec ce qu'ils pouvoient craindre de celuy qui devoit suivre, se disoient les uns aux autres; *Nous avons perdu un pere qui nous gouvernoit en Paix, nous estions en seûreté, & nos biens aussi, & nous ne craignions personne.*

En effet, sous son Régne qui dura trente-trois ans entiers, à compter depuis la mort de Hugues Capet, il y eut peu de guerres en France, je dis de grandes guerres; car il y en eut souvent de petites entre les Vassaux de la Couronne, qui estoient & furent encore long-temps en possession de se ruïner les uns les autres, & ceux qui parloient de la sorte à la loüange du Roy, estoient sans doute les Peuples des Provinces dépendantes immédiatement de luy, & principalement ceux de Paris & des environs.

Ce fut un très bon Prince, & plein de piété, & les bonnes œuvres dont il s'occupoit, sans négliger les devoirs de Roy, & sur tout sa grande charité envers les pauvres, luy firent donner le surnom de devot, & sa modération celuy de sage. Il fit un voyage à Rome par dévotion, & ce fut dans les premieres années de son Régne. Ce Prince estoit sçavant, & dans un Concile de Limoges, on luy donne l'éloge du plus docte des Rois. Ce n'estoit pas beaucoup dire en ce temps-là. Il composa des Hymnes qui se chantoient dans les Eglises, & entre autres une qui commence par ces paroles, *O Constantia Martyrum*. On dit que la Reine le pressant de faire des Vers à sa loüange, il fit cette Hymne, & qu'elle crut en y voyant le mot de *Constantia*, que c'estoit d'elle dont il parloit. Il eut dans cette femme une croix qui luy dura jusqu'à la mort. Il la craignoit beaucoup plus qu'il ne l'aimoit; mais par cette crainte il luy avoit laissé prendre trop d'autorité dans sa Famille, dans sa Cour, & dans son Etat. L'idée qu'on avoit de la sainteté de ce Prince, alla jusqu'à luy attribuer des miracles. Quelques-uns croyent que c'est le premier des Rois de France, à qui Dieu ait accordé le privilége de guérir les écroüelles en touchant les malades. Il est certain qu'il n'est fait nulle mention de cette prérogative de nos Rois avant l'onziéme siécle, où ce Prince régna. Philippe I. son petit-fils, & Loüis le Gros fils de Philippe, touchoient les malades, & l'Abbé Guibert qui accompagnoit souvent Loüis dans cette cérémonie, nous en parle comme d'un usage établi depuis quelque temps.

ROBERT.

Epist. 24. inter Fuldenses.

Il y en a auſſi qui ont crû que l'inſtitution des douze Pairs de France s'eſtoit faite ſous le Regne de Robert, & ils ſe fondent particuliérement ſur une Lettre d'Eudes Comte de Champagne à ce Prince, où au ſujet d'un différend qu'il avoit avec Richard Duc de Normandie, il fait mention d'une Aſſemblée des Pairs. Mais le mot de *Parès* ſignifioit alors tous les Seigneurs, qui par leur qualité de Comtes & de Ducs, ſe regardoient entre eux comme égaux, & c'eſt en effet ce que ſignifie le mot Latin *Pares*. L'expreſſion meſme eſt équivoque dans cette Lettre, & on ne ſçait ſi le Duc de Normandie dont le Comte de Champagne rapporte les termes, parloit de ſes Pairs, c'eſt à dire des Seigneurs de ſon Duché, ou s'il entendoit par ce terme les Comtes & les Ducs Vaſſaux immediats de la Couronne de France. En un mot on ne peut conclure de là que le nombre des Pairs fuſt fixé à douze, & qu'ils compoſaſſent ce Corps illuſtre, dont il eſt parlé dans les Regnes beaucoup poſterieurs à celuy de Robert, & qui depuis eurent leurs fonctions particulieres au Couronnement des Rois de France.

Robert outre les trois fils dont j'ay parlé, en eut encore un quatriême nommé Odon ou Eudes, dont un de nos anciens Hiſtoriens fait mention. Il eut auſſi deux filles, une que l'Hiſtoire ne nomme point, l'autre fut Alix ou Adelaide qui épouſa en premieres nôces Richard III. Duc de Normandie; & en ſecondes nôces Baudoin V. Comte de Flandre.

Chronic. Verus T. 7. Spicilegii pag. 103.

HISTOIRE DE FRANCE

HENRI.

LA volonté du feu Roy ſoutenuë de la plus grande & de la plus ſaine partie des Seigneurs de France, avoit aſſeuré à Henri la ſucceſſion à la Couronne. La Reine mere ce Prince s'étoit vûë par là obligée de ſe déſiſter des injuſtes entrepriſes, qu'elle avoit formées en faveur de Robert ſon cadet : mais elle n'avoit perdu ni le déſir, ni l'eſpérance de les faire un jour réüſſir. La mort du Roy arrivée trois ans après le Couronnement de Henri, luy parut une occaſion favorable de faire une nouvelle tentative.

Soit que du vivant du Roy meſme, elle eût toûjours entretenu ſecretement ſes partiſans dans les deſſeins qu'elle leur avoit inſpirez, ſoit que le changement de Régne, & l'eſpérance d'en profiter les eût ranimez à les pourſuivre, le Roy ne fut pas pluſtoſt mort, qu'elle ſe trouva en eſtat de former un très-gros parti en faveur de Robert contre Henri. Un grand nombre de Places qui eſtoient alors plus conſidérables par leur force, qu'elles ne le ſont aujourd'huy ſe déclarérent pour elle. Senlis, Sens, Dam-martin, Melun, Poiſſy, Coucy, Puiſeaux & quelques autres Forterreſſes levérent l'Etendart de la révolte. Pluſieurs Seigneurs de France & de Bourgogne ſe rendirent auprès de cette Princeſſe, & entre autres Eudes Comte de Champagne, qu'on trouvoit toûjours prêt à prendre les armes contre ſon Souverain. Il demanda à la Reine pour prix de ſa perfidie, la ceſſion de la moitié de la Ville de Sens qu'elle luy accorda.

Cette conſpiration qui éclata tout à coup, ſurprit Henry. Ce Prince ne ſe croyant pas en ſeûreté dans Paris, que les Villes rebelles entouroient de tous coſtez, en ſortit avec douze de ſes plus fidéles ſerviteurs, & gagna Feſcamp ſur le bord de la mer, où le Duc de Normandie eſtoit alors. C'eſtoit Robert II. qui trois ans auparavant avoit ſuccedé à Richard III. ſon frere aîné. Il reçût le Roy avec tout l'honneur & toute la cordialité poſſible, & luy proteſta que par inclination encore plus que par devoir, ſa Perſonne, ſes Troupes & tout ſon Duché eſtoient à ſon ſervice.

Depuis long-temps les Ducs de Normandie vivoient en très-bonne intelligence avec les Rois de France, & ſous le dernier Régne il s'eſtoit fait peu d'expéditions conſidérables, où Richard n'eut accompagné le défunt Roy. Il y avoit eu quelque broüillerie entre ce Prince & le Duc Robert, ſur ce que ce Duc ſoupçonnant l'Archevêque de Roüen ſon oncle & de meſme nom que luy, de quelque intrigue contraire à ſes intereſts ; il l'avoit contraint de ſortir de ſes Etats. Le Prélat s'eſtoit retiré ſur les Terres de France, où il avoit eſté bien re-

Fragment. Hiſt.Franc. Tom. 4. Du Cheſne

An. 1031.

Guilielmus Gemetic.l. 6. cap. 3.

çû, & d'où il mit toute la Normandie en interdit. Mais depuis ce temps-là la reconciliation s'eſtoit faite, le Duc prit depuis grande confiance en l'Archevêque, & luy donna place dans ſon Conſeil.

Le Duc ayant aſſemblé ſon Armée, il fut réſolu que le Roy iroit inceſſamment avec un Corps de Troupes camper ſous Corbeil au deſſus de Paris. Mauger Comte de Corbeil eſtoit oncle du Duc de Normandie. Le Duc l'engagea à faire de ce coſté-là une rude guerre aux Rebelles, & à mettre tout à feu & à ſang ſur leurs Terres. Dans la meſme vûë il remplit de Soldats ſes Villes Frontiéres, & ſes Forteresses du costé de France, & donna pareillement ordre à tous les Gouverneurs, de faire des courſes par tout juſqu'aux portes des Villes revoltées, de rendre la campagne inhabitable, & de faire main baſſe ſur tout ce qu'ils rencontreroient. C'eſtoit-là la maniére de ce Duc, qui d'ailleurs eſtant fort humain, avoit pour maxime de ne faire aucun quartier aux Rebelles, tandis qu'ils avoient les armes à la main; & c'eſt peut-eſtre cette ſeverité pluſtoſt que d'autres raiſons également ridicules & fabuleuſes, qui luy fit donner le nom de Robert le Diable. Le prompt ſecours que le Roy reçut du Duc de Normandie, le mit en eſtat d'en attendre un plus grand de ſes autres Vaſſaux fidéles. En effet en peu de temps il eut une Armée conſidérable avec laquelle il reprit Poiſſy, enſuite Puiſeaux, défit le Comte de Champagne en trois rencontres, & penſa le prendre dans la derniere. Cette vigueur du Roy fit bien connoiſtre à la Reine, qu'elle l'avoit fort mal peint dans le caractére qu'elle en faiſoit ſouvent au feu Roy, & aux Seigneurs François. Les courſes des Normands ſur les Terres des Rebelles eurent leur effet. Pluſieurs quittérent le parti de la Reine. Elle fut obligée de demander la Paix, & le Roy la luy accorda à la priere de Fouques Comte d'Anjou, qui en fut le Médiateur. Elle mourut à Melun l'année ſuivante, ſelon quelques-uns, & ſelon d'autres, deux ans aprés la paix, & trop tard pour le repos de la France.

Le Roy reçut en grace Robert ſon frere, & luy céda ou luy confirma la poſſeſſion du Duché de Bourgogne. Auſſi-toſt aprés délivré de la plus grande partie de ſes ennemis, il pouſſa avec plus de vigueur que jamais le Comte de Champagne: il prit Gournai ſur luy, & le contraignit à luy remettre la partie de la Ville de Sens que la Reine luy avoit cedée. Il prit encore quelques autres Places, aidé des Troupes de Baudoin Comte de Flandre, & obligea enfin cet opiniâtre Vaſſal à ſe ſoumettre, & à abandonner le reſte des Seigneurs revoltez, dont les uns furent contraints de quitter la France, les autres d'y demeurer paiſibles, aux conditions que leur Souverain voulut leur impoſer.

Le Roy devenu Maiſtre dans ſon Etat par tant de victoires, renouvella avec l'Empereur Conrad les anciens Traitez de paix & d'alliance faits entre leurs predeceſſeurs. Pour les ren-

dre plus ſtables, il épouſa Mathilde fille de ce Prince, & pour reconnoiſtre les grandes obligations qu'il avoit au Duc de Normandie, il augmenta ſon Duché des Villes de Giſors, de Chaumont, de Pontoiſe, & de tout le Vexin. C'eſtoit l'approcher bien prés de Paris. Mais les bien faits de nos anciens Rois avoient ſouvent moins la politique pour, regle que leur généroſité.

Le Comte de Champagne ainſi dompté n'auroit pas eſté apparemment long-temps ſans faire quelque nouvelle entrepriſe, ſi ſon inquiétude naturelle n'avoit trouvé ailleurs dequoy s'occuper.

Rodolfe III. Roy de Bourgogne ſurnommé le Faineant mépriſé de ſes Sujets, les avoit toûjours gouvernez avec beaucoup de peine & très-peu d'autorité. Dès l'an 1020. s'en voyant maltraité, il avoit eu recours à Henri predeceſſeur de Conrad, pour le ſoutenir contre les Seigneurs de Bourgogne, & avoit commencé un Traité avec luy, par lequel il luy faiſoit ceſſion de tous ſes Etats, ſoit que ſon intention fût de ſe faire dès lors ſon Vaſſal, ſoit qu'il prétendit ſeulement le déclarer héritier de ſon Royaume; car il n'avoit point d'enfans. Les Bourguignons apprehendoient d'avoir un Maitre auſſi puiſſant, & auſſi capable de les dompter que Henri. Ayant donc eu avis de cette négociation, les plus conſidérables du Royaume vinrent conjurer Rodolfe de ne pas paſſer outre, & luy promirent de luy eſtre déſormais plus ſoûmis. Rodolfe qui avoit par là ce qu'il prétendoit s'y accorda, & le Traité qu'il avoit commencé avec l'Empereur fut rompu.

Conrad ſucceſſeur de Henri, pour ne pas laiſſer échaper une ſi belle proye, eut grand ſoin depuis qu'il fut Empereur, de cultiver l'amitié de Rodolfe, & il y réüſſit ; car ce Prince eſtant preſt de mourir, luy envoya la Lance de S. Maurice, la Couronne & les autres Ornemens Royaux, luy donnant par l'inveſtiture du Royaume de Bourgogne, dont il le déclara héritier.

Eudes Comte de Chartres & de Champagne eſtoit neveu de Rodolfe par ſa mere Berthe, ſœur puiſnée de ce Roy. C'eſt celle qui en ſecondes Nôces épouſa Robert Roy de France, & dont le mariage fut déclaré nul par le Pape, comme nous avons vû. C'eſtoit par ce titre de parenté que le Comte prétendoit eſtre l'héritier de Rodolfe. Conrad avoit un droit ſemblable du chef de ſa femme Giſele fille de Gerberge, autre ſœur de Rodolfe, & de plus le Teſtament eſtoit en ſa faveur. De tout temps les armes pour l'ordinaire ont décidé de ces droits litigieux. Lorſque Rodolfe mourut, Conrad eſtoit embarraſſé dans une guerre contre les Eſclavons, ou ſelon d'autres contre les Hongrois. Eudes profita de la conjoncture. Il entra dans le Royaume de Bourgogne, & ſe rendit maiſtre de pluſieurs Villes & Forterestes d'en deçà du Mont-Jura. Ces ſuccés luy attirérent meſme une députation de la part de la Ville de Milan révoltée contre l'Empereur, pour luy offrir la Couronne d'Italie, qu'il n'ac-

HENRI.

cepta point, ayant déja trop d'affaires sur les bras. Il attaqua la Ville de Vienne; mais il ne la put prendre. L'hyver finit la campagne. L'Empereur vint vers Noël à Strasbourg, & sitost que la saison le luy permit, il entra en Bourgogne. Eudes ne tint pas devant luy. Tout plia sous son autorité; il fut Sacré & reconnu Souverain de Bourgogne dans l'Eglise de Saint Maurice, presque par tous les Seigneurs du Royaume.

Sigebert an. 1035.
• Le Comte de Champagne voyant bien que la partie n'estoit pas égale, offrit à l'Empereur de luy céder la Souveraineté de Bourgogne, pourvû qu'il luy en donnast le Gouvernement; mais l'Empereur n'eut garde de faire un tel accommodement, sur tout avec un homme du caractere du Comte de Champagne.

An. 1036.
Sur ce refus le Comte se jetta dans la Lorraine, & y fit de grands ravages. Gothelon Duc de la Basse Lorraine, avoit depuis peu esté fait aussi Duc de la Haute Lorraine par l'Empereur. Il empescha Eudes de prendre aucune Place; mais la Campagne suivante ce Comte estant rentré en Lorraine, mit le siége devant Bar, & le prit.

Ibid.
Aprés cette Conqueste le Duc de Lorraine vint avec une Armée camper auprés de la mesme Ville. La bataille se donna; la victoire demeura aux Lorrains, les Champenois furent taillez en piéces, & Eudes y fut tué; il estoit hardi & entreprenant, souvent malheureux; mais il se faisoit craindre, mesme dans ses mauvais succés.

An. 1037.

Par cette mort l'Empereur demeura paisible possesseur du Royaume de Bourgogne, & cet Etat aprés avoir fait un Royaume distingué des autres pendant prés de cent cinquante ans, fut réduit en Province de l'Empire, & encore aujourd'huy le bord du Rhône du costé du Dauphiné s'appelle Terre de l'Empire. Ce fut aussi en ce temps-là, que les Comtes qui commandoient dans la Savoye, dans le païs des Suisses, dans la Bresse, le Dauphiné & le Lionnois au delà du Rhône, se firent feudataires de l'Empire, pour se conserver leurs Comtez. On voit dés lors sans aucun mélange de fables, paroistre dans l'Histoire l'auguste Maison des Souverains de Savoye en la personne de Humbert, dit communément, *Humbert aux blanches Mains*, depuis lequel cette Maison dans l'espace de plus de six cens ans, a toûjours crû en splendeur & en puissance par ses conquestes, & par ses alliances avec les Maisons Souveraines de l'Europe. Eudes laissa deux fils, Thibaud & Estienne, deux d'un génie assez semblable au sien. Estienne fut Comte de Meaux & de Troyes, & Thibaud Comte de Chartres & de Tours. Ils abandonnérent les prétentions de leur pere sur le Royaume de Bourgogne; mais ce ne fut que pour broüiller dans le Royaume de France.

Eudes frere du Roy estoit à la Cour, fort mécontent d'y vivre en simple particulier sans autorité & sans Domaine. Il attendit quelque occasion de se faire craindre, pour arriver par là à obtenir dequoy soutenir son rang & sa qualité de fils de Roy. Estienne & Thibaud n'igno-

roient pas son mécontentement & la disposition où il estoit. Ils luy offrirent leurs services, espérant eux-mesmes de profiter de la division qu'ils mettroient dans la Maison Royale.

Ce Prince ne balança pas. Il se livra à eux, & seûr de leur secours, il fit sommer le Roy de luy faire part de la succession du Roy leur pere. Il se mit en campagne avec les deux Comtes, & fit de grands ravages dans le Royaume.

Fragm. Hist. Franc.

Le Roy marcha aussitost contre les Rebelles, & s'attacha à poursuivre Eudes. Il le serra de fort prés, l'obligea de se retirer dans une Forteresse que l'Histoire ne nomme point: il l'y attaqua, & l'ayant pris, l'envoya prisonnier à Orleans.

Ce Prince actif tourna ensuite contre le Comte de Troyes, tandis que Geoffroy Martel fils de Fouques Comte d'Anjou attaquoit le Comte Thibaud du costé de Tours. Estienne fut défait par le Roy, & dans la défaite Rodolfe Comte de Valois, qui par sa conduite & sa bravoûre, estoit comme l'ame du parti Rebelle, fut pris. Le mesme malheur arriva à Galeran Comte de Meulan, autre Chef de la révolte, dont le Roy confisqua le Comté à cause de sa félonnie, & le reünit à la Couronne.

Chronic. Vetus.

Ces avantages donnérent la hardiesse & le moyen au Comte d'Anjou de mettre le siége devant Tours, qui dura un an. Thibaud vint enfin avec toutes ses Troupes pour secourir la Place. Le Comte d'Anjou alla au devant de luy avec les siennes, & avoit la Banniére de S. Martin dans son Armée, en qualité d'Avoüé * ou de Défenseur de l'Abbaye de Marmoutier, comme les Comtes du Vexin portoient l'Oriflamme de l'Abbé de S. Denis avec un pareil titre. Il l'attaqua, le défit, le prit prisonnier & retourna ensuite presser le siége. La Ville se rendit, & demeura depuis ce temps-là sous la puissance des Comtes d'Anjou. Quelque temps aprés le Comte de Troyes estant mort, Thibaud son frere à qui le Comte d'Anjou donna la liberté, se saisit de la succession au préjudice d'un fils que le Comte avoit laissé nommé Eudes, qui se retira en Normandie, où il y avoit aussi alors de grandes broüilleries. Je vais en dire quelque detail, parce que le Roy Henri ne pût se dispenser d'y prendre part.

Chronic. Virdunens.

* *Advotatus.*

Robert II. du nom Duc de Normandie, avoit Régné avec beaucoup de gloire. Nous l'avons vû rétablir les affaires de Henri contre le parti de la Reine Constance, qui avoit mis ce Prince en danger de perdre la Couronne. Il obligea Alain Duc de Bretagne à luy faire hommage, aprés avoir remporté sur luy de grands avantages, tant en personne que par ses Généraux. Il se rendit redoutable aux factions qui partageoient alors l'Angleterre pour la succession à la Couronne, & les obligea le faire Arbitre de leurs differens.

Guillelm. Gemetic. l. 6. c. 8, & 12.

Au milieu de sa prosperité il fut touché du regret de ses péchez, & voulut en faire pénitence. Le pélerinage de Jerusalem estoit une

Glaber l. 4. cap. 6.

des pénitences que non seulement les gens du commun, mais les plus grands Seigneurs & les Princes mesmes s'impoſoient alors. Entre autres Fouques Comte d'Anjou dont j'ay ſouvent parlé dans cette Histoire, le fit diverſes fois, d'où luy vint le ſurnom de Palmier ; parce qu'à ſon retour il rapportoit toûjours des Palmes de la Paleſtine.

C'eſtoit ſur tout en Normandie que ce pélerinage eſtoit à la mode ; témoins ces quarante fameux Pelerins Normands ſi loüez dans l'Histoire, qui en revenant de Jeruſalem quelques années auparavant, avoient acquis tant de gloire par leurs prodigieux faits d'armes contre les Sarrazins, qu'ils obligérent de lever le ſiége de Salerne, quoy que la Ville fût aux abois quand ils s'y jettérent.

Robert prit donc la réſolution d'aller à Jeruſalem, & ayant appellé auprès de luy l'Archevêque de Roüen & les plus grands Seigneurs de ſon Duché, il la leur déclara. Ils en furent conſternez, appréhendant que ſon abſence ne cauſaſt bien des troubles & des déſordres dans l'Etat. Ils luy repreſentérent fortement ces inconvéniens, & ils inſiſtérent principalement ſur un point qui paroiſſoit devoir ſeul le détourner de ce deſſein. Il ſe voyoit ſans enfans legitimes, & n'avoit qu'un fils naturel âgé de neuf ans, qu'il avoit eu d'une Bourgeoiſe de Falaiſe. Il l'aimoit tendrement, & prétendoit en faire ſon ſucceſſeur. Cet enfant s'appelloit Guillaume ; & c'eſt ce fameux Guillaume, depuis ſurnommé le Conquerant, dit auſſi Guillaume le Batard, qui conquit le Royaume d'Angleterre, & dont la poſterité y a long-temps Régné. Robert avoit à craindre que, s'il venoit à mourir pendant le Voyage, le jeune âge d'un enfant qui n'eſtoit pas légitime, ne donnaſt lieu de luy diſputer la ſucceſſion. Il y avoit en Normandie des Seigneurs de la Famille de Rollon ou Robert I. Fondateur du Duché, & Alain Duc de Bretagne, & Robert Duc de Bourgogne, alliez de fort près au Duc de Normandie par les femmes, eſtoient en eſtat de faire valoir leurs prétentions. Le Roy meſme en ce cas pouvoit penſer à ſe ſaiſir du Duché au defaut d'enfans mâles légitimes, comme d'un Fief mouvant de la Couronne ; mais tout cédoit alors à la dévotion des pelerinages.

Robert demeura ferme dans ſa réſolution, & pria inſtamment l'Aſſemblée de reconnoiſtre ſur le champ Guillaume pour ſon ſucceſſeur, & de luy faire ſerment de fidelité. Tous le firent & jurérent au Duc de défendre Guillaume envers tous, & contre tous. Il luy nomma des Gouverneurs & des Miniſtres. Il prit auſſi ſes meſures auprès du Roy, qui luy donna ſon agrément, & luy promit de proteger ſon fils.

Ces précautions ne furent pas inutiles ; car Robert mourut à Nicée, au retour de ſon pelerinage ; neanmoins elles n'empeſchérent pas les déſordres qu'on avoit prévus, ni les effets de l'ambition de ceux qui croyoient pouvoir prétendre à la ſucceſſion. Ce ne furent que guerres, que pillages, que maſſacres entre une infinité de petits Seigneurs particuliers, dont les Seigneuries que l'Histoire nomme, ne ſont aujourd'huy pour la pluſpart que des Bourgs, ou des Villages, ou de petites Places peu conſiderables, comme Montfort ſur Riſle, Glos, Ferrieres, Eu, Beaumont ; mais où il y avoit des Chaſteaux très-forts pour ce temps-là, que leurs Vaſſaux défendoient comme des places de guerre, & d'où ils faiſoient des courſes ſur les Terres des ennemis de leur Seigneur.

Roger de Toni qui deſcendoit d'un oncle du Duc Rollon, ſe mit en Campagne, avec d'autres vûës, que de venger ſes querelles particulieres. Il parloit du jeune Duc en des termes qui marquoient aſſez ſes intentions ſur le Duché de Normandie. C'eſtoit un homme fier, tant de ſa naiſſance, que de la réputation qu'il s'eſtoit acquiſe dans les guerres contre les Sarraſins, où il s'eſtoit fort diſtingué au ſervice des Rois Chreſtiens d'Eſpagne ; mais un autre Roger Seigneur de Beaumont fort attaché aux intereſts de Guillaume, le défit de ce Concurrent, en le tuant dans un combat.

Au milieu de tous ces déſordres quelques Seigneurs appellérent Alain Duc de Bretagne, pour en arreſter le cours par ſon autorité. Il vint auſſi-toſt avec quelques Troupes ; mais on le ſoupçonna d'avoir plus d'envie de ſe ſaiſir de la Normandie, que de la pacifier. Sa mort qui arriva bientoſt après qu'il y fut arrivé, ne luy laiſſa pas le temps de faire connoiſtre tout à fait ſes intentions. Le bruit courut qu'il avoit eſté empoiſonné par ceux, qui crurent qu'il vouloit s'emparer du Duché, & ce que Conan ſon fils ſouſtint quelques années après au Duc Guillaume, que le Duc Robert avant que de partir pour Jeruſalem, avoit inſtitué Alain ſon heritier, montre que la défiance des Seigneurs de Normandie n'eſtoit pas ſans fondement.

Le Roy juſques alors avoit eſté ſimple ſpectateur de toutes ces broüilleries, qui augmentoient tous les jours, & on luy perſuada d'en profiter.

Richard II. ayeul du Duc Guillaume, avoit fait bâtir ſur la rivière d'Aure, un Fort nommé Tillieres, dont j'ay parlé ſous le Régne du Roy Robert. Ce Fort couvroit la Normandie en deçà de la rivière, & eſtoit très-commode pour faire des courſes au delà ſur les Terres de France en cas de guerre. Le Roy ſous pretexte que des Soldats de la Garniſon avoient fait quelque déſordre ſur la Frontière, demanda au Duc la démolition de cette Place. Le Conſeil du jeune Prince ne voulant pas s'attirer ſur les bras un ſi puiſſant ennemi, fut d'avis qu'on donnaſt cette ſatisfaction au Roy. Le Duc y conſentit ou fit ſemblant d'y conſentir ; car quand il fut queſtion d'en venir à l'exécution, le Capitaine qui commandoit dans la Place nommé Gilbert Creſpin, ſoit de concert avec le Duc, ſoit par le chagrin de perdre ſon Gouvernement, refuſa d'en ſortir ; & le Roy l'aſſiégea. Il fut joint à ce ſiége par les Troupes de quelques Seigneurs Normands. Le Commandant ſe défendit bien ; mais le Duc appréhendant les ſuites de cette réſistance, luy envoya

envoya un ordre exprès de se rendre. Si-tost que la Garnison fut sortie du Fort, le Roy le fit raser & brûler presque entiérement; & pour punir le Duc du peu de sincérité dont on avoit usé dans cette affaire, & du retardement qu'on y avoit apporté, il marcha avec son Armée du costé d'Hyemes, brûla Argentan qu'il abandonna au pillage de ses Soldats, revint par le mesme chemin, & fit relever le Fort de Tillieres où il mit Garnison.

Cette conduite du Roy, qui donnoit lieu de croire qu'il n'estoit pas trop bien intentionné pour le Duc, inspira de nouveau l'esprit de révolte à divers Seigneurs Normands. Trustin de Gos Gouverneur d'Hyemes traita avec quelques Officiers de l'Armée Françoise dont il acheta des Troupes, avec lesquelles il s'empara du Chasteau de Falaise & le fortifia. Le Duc sur cette nouvelle donna ordre à Rodolfe de Vaci un de ses Généraux de marcher de ce costé-là.

Vaci exécuta cet ordre avec beaucoup de diligence, & fit attaquer la Place avant que Trustin s'y fust tout-à-fait fortifié. Il fit bréche à la muraille, & donna l'assaut avec tant de vigueur, que si la nuit ne l'avoit obligé à faire retirer ses gens, la Place auroit esté emportée.

Guillelm. Gemetic, l. 7. cap. 17.

Trustin ayant pendant la nuit examiné l'estat des choses, & vû la grandeur de la bréche, demanda le lendemain à capituler. On ne luy accorda point d'autre capitulation, sinon qu'il sortiroit au plustost du Duché de Normandie, sans pouvoir y rentrer que par une permission expresse du Duc. Ce Seigneur avoit un fils nommé Richard, qui dans la suite rendit de si grands services au Duc, qu'il obtint de luy la grace & le retour de son pere.

Pour peu que le Duc de Normandie eust eu du dessous en ces sortes d'occasions, ses affaires se seroient aisément ruinées, vû la disposition qu'il y avoit à la révolte dans toutes les parties de son Etat. C'est pourquoy ses Ministres dont la conduite, à en juger par le succès, fut toûjours très-sage, penserent à regagner le Roy. Ils luy représentérent qu'il estoit de sa gloire de prendre le parti d'un jeune Prince, dont le pere l'avoit si solidement servi au commencement de son Régne, & à qui il avoit promis de prendre son fils sous sa protection. Henry en effet se voyant recherché se picqua d'honneur, & se réconcilia de bonne foy avec Guillaume, qui ne fut pas long-temps sans avoir besoin de son secours contre de nouveaux Rebelles.

Il y avoit en Normandie un jeune Seigneur nommé Guy fils de Renaud, qualifié Duc de Bourgogne dans l'Histoire de Normandie, à cause des prétentions que Landry Comte de Nevers son pere avoit eües sur ce Duché après la mort de Henry frere de Hugues Capet. Guy depuis la disgrace de sa Famille, s'estoit retiré à la Cour de Normandie, où il avoit toûjours esté fort consideré, & le jeune Duc l'avoit depuis peu fait Comte de Vernon & de Brione.

Tome I.

Méconnoissant envers son bienfaicteur, il entreprit de se faire déclarer Duc de Normandie. Il appuyoit son droit sur ce qu'il estoit fils d'une fille de Richard II. Il engagea dans son party grand nombre de Seigneurs, entre autres Ranulfe Comte de Bayeux, Neret Comte de Cotentin, & Haymon dit le Dentu grand homme de guerre.

Fragm. de Guillelmo Conquest.

Le Duc implora le secours du Roy, & ce Prince vint le joindre avec une Armée dans le Comté d'Hyemes. Ils rencontrérent l'ennemi au Val des Dunes, entre Caën & Argentan. Il s'y donna un sanglant combat, où le Roy courut risque de la vie; car ayant esté reconnu dans la meslée par Haymon, ce Capitaine vint fondre sur luy, & luy porta un si terrible coup de lance qu'il le désarçonna, & le renversa de son cheval. Il y auroit péri, si plusieurs braves Chevaliers ne se fussent jettez entre luy & l'escadron de Haymon, pour luy donner le temps de se relever. Haymon dans ce moment fut percé de plusieurs coups, dont il mourut sur le champ. Le Roy après la bataille, par estime pour la bravoure de ce Seigneur, le fit enterrer avec beaucoup de pompe. Cependant malgré la vigoureuse résistance des Rebelles, leur Armée fut taillée en pièces, il en demeura grand nombre sur la place, & une autre partie périt dans la rivière d'Orne en fuyant. Guy y fut blessé, & eut beaucoup de peine à gagner Brione, le Duc qui le poursuivit de près investit la Place, & après le départ du Roy ayant fait élever des Forts sur les deux costez de la rivière de Risle, afin d'empescher qu'il n'y entrast des vivres, le força à se rendre & à quitter le païs. Il fit raser quantité de Forteresses qui appartenoient aux Rebelles. Une telle victoire dont il sçût si bien profiter, luy acquit beaucoup de réputation & d'autorité. Il aida ensuite le Roy de ses Troupes à la prise de Herle alors Place forte en Anjou, contre Geoffroy-Martel Comte d'Anjou, qui en proficoit le Domaine; mais le Duc de Normandie s'estant broüillé depuis avec le Roy, pour des raisons que l'Histoire ne marque pas, eut bientost d'autres ennemis sur les bras, & il s'éleva un nouveau prétendant au Duché de Normandie.

Guillelm. Gemetic. l. 7. cap. 17

Guillelm. Malmesb. l. 3. c. 7.

An. 1046.

Guillelm. Malmesb. Ibid.

Guillaume d'Arques Comte de Talou, ou de Tello,*prit les armes, après que le Roy l'eut assuré qu'il le soutiendroit dans son entreprise. Il estoit fils du second lit de Richard II. Duc de Normandie, & en cette qualité il se porta pour héritier du Duché, soutenant qu'estant fils légitime d'un Duc, & le dernier Duc estant mort sans enfans légitimes, il devoit estre préferé à un bastard. Mauger son frere estoit Archevêque de Roüen, & par le pouvoir que cette dignité donnoit alors aux Evêques dans leur Ville Episcopale, il avoit en ce Prélat un appuy considerable.

Cap. 7.
C'est le nom que portoit en ce temps-là une partie du païs de Caux, où sont Dieppe, Arques, la Ville & les environs d'Eu.
Vide Valef. in Notis Gail.

Comme c'estoit depuis long-temps qu'il méditoit l'exécution de son projet, il avoit fait élever un Chasteau tres-fort sur le haut de la montagne d'Arques, pour en faire comme sa Place d'armes. Cela mesme donna de la défiance au Duc, qui pour s'éclaircir des desseins

V u u

HISTOIRE DE FRANCE.

Guillelm.
Gemetic.
loc. cit.

du Comte, luy envoya ordre de venir en personne luy rendre hommage.

Le Comte sçavoit bien dequoy il s'agissoit, & qu'on vouloit s'asseûrer de sa personne; ainsi sans balancer davantage, il répondit à l'Envoyé du Duc, qu'il ne le reconnoissoit point pour son Souverain, & commença à se préparer ouvertement à la guerre.

Le Duc sur cette fiere réponse assembla au plustost les Seigneurs & les Troupes qui luy estoient fidelles, & vint investir le Comte dans Arques. Les Généraux connurent la difficulté qu'il y auroit à le forcer dans le Chasteau; c'est pourquoy ils résolurent de le prendre par famine. On éleva un grand Fort au pied de la montagne, & on fit des lignes de circonvallation tout à l'entour, pour empescher que rien ne pust entrer dans le Chasteau. Le Duc laissa des Troupes dans le Fort & dans les Lignes, & ayant donné le soin de ce blocus à ses Généraux, il quitta le Camp pour aller veiller sur la conduite de l'Archevêque de Roüen frere du Comte.

Guillelm.
Gemetic.
loc. cit.

Dès que l'on sçut à la Cour de France le siége d'Arques, on pensa à secourir la Place; le Roy luy-mesme à la teste d'une Armée s'avança à grandes journées, & vint camper à S. Aubin assez près de là. Le Comte luy fit sçavoir que les vivres commençoient à luy manquer, & le pria instamment de jetter au moins un Convoy dans la Place.

Les Généraux de l'Armée de Normandie désespérant de pouvoir soutenir l'effort de l'armée Royale, eurent recours au stratagème. Ils choisirent un lieu propre à cacher les Troupes, & y ayant disposé une embuscade, ils envoyérent quelques escadrons escarmoucher au tour du Camp du Roy. Aussi-tost qu'ils parurent, on se mit en devoir de les charger. Aprés quelque résistance, les Normands voyant grossir les Troupes Françoises, commencérent à se débander, & à fuïr avec précipitation vers leurs Lignes par le chemin de l'embuscade. Les François y donnérent étourdiment, & furent terriblement chargez. En mesme temps ceux qu'ils avoient poussez se rallièrent, & revinrent à la charge. Le choc fut rude, & les François que cette attaque inopinée avoit mis en désordre, laschérent le pied. Ils furent vivement poursuivis, & la défaite fut considérable. Un de leurs Généraux, sçavoir Engelran Conte d'Abbeville & de Ponthieu y fut tué, & un autre nommé Hugues Bardou y demeura prisonnier, avec un grand nombre de Soldats.

Durant que ce combat se donnoit, le Roy ayant marché par un autre costé avec le reste de l'Armée, attaqua les Lignes & les força; il fit entrer des vivres dans le Chasteau, & sans rien entreprendre davantage se retira du costé de Paris.

Tant que durérent les vivres que les assiegez avoient reçûs, ils tinrent ferme; mais enfin aprés quelque temps estant de nouveau réduits à l'extrémité, il fallut se rendre. Le Comte ne put obtenir par la capitulation, que la vie & la liberté; mais à condition qu'il sortiroit incessamment de Normandie. Il se retira avec sa femme sœur du Comte de Ponthieu, chez Eustache Comte de Boulogne, où il passa le reste de ses jours, sans jamais avoir pû obtenir sa grace du Duc. Ce Prince se rendoit ainsi peu à peu maistre des Forteresses de son Etat, & en mettoit dehors ceux qui estoient les plus capables d'y exciter des troubles. Quelques petites Places dont le Roy s'estoit saisi, furent abandonnées; divers Seigneurs Normands qui s'estoient jettez dans le parti du Roy, rentrérent dans l'obéïssance, & le Duc se défit aussi avec le temps de l'Archevêque de Roüen frere du Comte de Talou, aprés l'avoir fait déposer dans un Concile pour ses déportemens scandaleux.

Cap. 24.

Malmesb.
L. I. cap 3.

Il paroist que cette victoire mit fin aux révoltes des sujets du Duc. Il y eut peu de soulévemens fort considérables depuis ce temps-là, & il prit entiérement le dessus. Les qualitez héroïques qui commençoient à éclater dans sa personne, & qui le rendirent le plus fameux Prince de son temps, firent oublier le défaut de sa naissance. Il prit le parti de la sévérité, pour prévenir de nouveaux troubles, comme il nous l'apprend luy-mesme, en faisant le caractere du Peuple de son Duché. » Les Normands, dit-il, quand on sçait les gouverner avec fermeté, sont capables des plus grandes entreprises, ils sont braves & invincibles, & capables de tenir teste à quelque ennemi que ce soit; mais si on ne sçait pas les contenir, ils se déchirent, & se consument les uns les autres. Ils sont naturellement séditieux, & capables d'en venir aux plus grandes extrémitez. J'en parle, ajoûte-t-il, par expérience.

In Fragment. de Guillelmo Conquest.

Quelques années se passérent, sans que Guillaume eût rien à démeler avec les François; mais l'an 1054. la guerre recommença, par les sollicitations secretes que firent quelques Seigneurs de Normandie auprès du Roy, dans l'espérance de pouvoir secoüer le joug d'une domination qui leur paroissoit dure, & sur tout ils ne pouvoient supporter qu'on leur ostast la liberté de se faire la guerre les uns aux autres, comme ils faisoient auparavant. Le Duc de Guyenne, & le Comte d'Anjou qui avoit déja eu bien des démelez avec le Duc de Normandie, n'omettoient rien pour inspirer au Roy leur haine & leur jalousie, en luy représentant, l'indépendance & la fierté que ce Duc affectoit depuis quelque temps à son égard; mais de plus il y avoit quelques Seigneurs alliez de la Maison Royale, qu'un motif d'intérest engageoit à solliciter le Roy d'entreprendre cette guerre, espérant qu'il s'y feroit au moins quelque démembrement du Duché de Normandie du costé de France, dont ils pourroient profiter.

An. 1054.
Ibid.

Le Roy qui avoit toûjours sur le cœur l'affront reçû à Arques, ne fut pas difficile à ébranler. Les prétextes n'en manquérent pas entre des Princes dont les Etats se touchoient, & n'estoient séparez que par des riviéres assez peu larges. La guerre fut résoluë. Geofroy-Mar-

Ibid.

HENRI.

Fragm. Hist. Franc.

tel Comte d'Anjou se joignit au Roy, & ils marchérent ensemble du côté d'Evreux, pour faire le dégât dans tout le païs jusqu'à la riviére de Seine. Cette Armée estoit nombreuse, & composée des meilleures Troupes de France, de Bourgogne, & des païs d'au-delà de la Loire.

Gesta Guill. Ducis.

Le Roy fit marcher un autre Corps commandé par Eudes son frere, à qui il avoit pardonné sa révolte, après l'avoir tenu en prison quelque temps. Ce Prince avoit sous luy Renaud Comte de Clermont, Raoül Comte de Mondidier, & Guy Comte de Ponthieu, avec les Milices de la pluspart des Vassaux de la Couronne d'entre la Seine & la Meuse. Ils eurent ordre de passer la riviére d'Epte & de ravager le païs de Bray, & le païs de Caux jusqu'aux portes de Roüen.

Le Duc sans s'étonner partagea aussi son Armée en deux. Il alla au devant du Roy avec une partie, & donna l'autre à Robert Comte d'Eu, & à Roger de Mortemer, pour faire teste au frere du Roy. Dans l'Armée du Duc estoient encore Hugues de Gournay, Hugues de Monfort, Gautier Giffard, Guillaume Crespin & plusieurs autres Seigneurs d'une grande réputation dans la guerre.

Le Duc costoya toûjours la Seine qu'il avoit à sa gauche. Il se contentoit de couvrir le païs, pour empescher les Troupes du Roy de s'y répandre, fondant avec une promptitude merveilleuse sur tout ce qui s'en détachoit, & il eut presque toûjours de l'avantage dans quantité de petits combats qui se donnoient entre les partis des deux Armées. Mais Eudes & le Comte d'Eu en vinrent à la bataille dans le païs de Caux auprès de Mortemer. Elle fut très-sanglante par la valeur des Combattans de part & d'autre. La victoire cependant demeura aux Normands. Le Comte de Ponthieu fut pris, Raoül de Mondidier le fut aussi; mais Roger de Mortemer son ami, & dont il s'estoit fait Vassal peu de temps auparavant, le retira dans son Chasteau de Mortemer, & le fit conduire en seûreté trois jours après à Mondidier. Roger par ce ménagement encourut la disgrace du Duc, & il luy en coûta son Chasteau, où il avoit donné retraite au Comte de Mondidier. Le Comte de Bayeux, qui à l'occasion de cette guerre, s'estoit révolté contre le Duc, tomba aussi entre ses mains, & fut tenu en prison deux ans entiers.

An. 1054. Fragm. de Guillelm. Conquest. Aliæ Hist. Vualsingami. Guillelm. Gemetic. l. 7. cap. 28.

Le Duc ayant appris une si heureuse nouvelle par Raoül de Toni, que les Généraux luy dépeschérent, la fit sçavoir au Roy, qui décampa pendant la nuit, & rentra sur ses Terres. Cette bataille se donna un peu avant le Caresme de l'année 1054. C'est le Duc luy-mesme qui raconte ce détail, & qui ajoûte que depuis ce temps-là, le Roy ne rentra jamais depuis en Normandie: & ainsi la relation d'une bataille donnée sur la riviére de Dive en Basse Normandie, où selon quelques Auteurs le Roy se trouva en personne, & fut encore défait par les Normands, paroist estre fausse au regard de cette circonstance de la présence du Roy

Tome I.

à la bataille. C'estoit contre Geofroy Comte d'Anjou que le Duc de Normandie combattit en cette occasion, & c'est ce qu'il marque encore assez luy-mesme, lorsqu'après avoir rapporté la bataille de Mortemer, il dit sans faire nulle mention du Roy, que le Comte d'Anjou, Conan Prince de Bretagne, & Robert Comte de Flandre surnommé le Frison, luy firent depuis la guerre; mais qu'avec l'aide de Dieu, il en vint aussi à bout.

Ces guerres de Normandie qui se firent à diverses reprises, & en diverses années, furent ce qui se passa de plus considérable en ce genre sous le Régne de Henry. De son temps le Duché de Guyenne fut augmenté de la Gascogne, & Guy-Geofroy-Guillaume VII. de ce dernier nom, fut en mesme-temps Duc de Guyenne, Comte de Poitiers & de Gascogne. Alors aussi vécut Gérard d'Alsace, que l'Empereur Henry III. du nom son cousin germain fit Duc de Lorraine. Ce Seigneur estoit certainement d'un sang très-illustre, puisqu'il estoit si proche parent de l'Empereur: mais l'Histoire ne nous instruit pas en détail & d'une maniére assez distincte touchant la suite de ses ancestres. En qualité de Duc de Lorraine, il est la souche des Sérénissimes Princes & Ducs Souverains de ce nom, dont la Maison a donné tant de Héros à la Lorraine, à la France, & à l'Empire. C'est par cette raison, & par plusieurs autres, que cette époque est digne d'estre remarquée dans nostre Histoire.

Besli, Hist. des Comtes de Poitou.

L'an 1059. le Roy se voyant une santé fort mauvaise, quoy qu'il n'eût que cinquante cinq ans, crut qu'il estoit temps de prendre des mesures, pour asseûrer la Couronne à Philippe son fils. Ce jeune Prince n'avoit alors que sept ans; car Henry n'avoit point eu de fils de Mathilde niéce de l'Empereur Conrad sa premiere femme, avec laquelle mesme selon quelques-uns le mariage ne fut point consommé. Il s'estoit marié à Anne fille de Joradislas Roy de Russie, & en avoit eu trois fils, sçavoir Philippe, Hugues, & Robert qui mourut tout jeune. Il résolut donc à l'exemple de ses prédécesseurs de s'associer son fils aîné, & de le faire Couronner.

An. 1059.

Hist. Franc. Fragm.

Il convoqua pour ce sujet cette année-là à Reims une nombreuse Assemblée d'Evêques, de Seigneurs, d'Abbez, tant de Bourgogne que de France & de Guyenne pour le jour de la Pentecôte. Hugues Archevêque de Bezançon, & Hermenfroy Evêque de Sion y assistérent comme Légats du Pape; Hugues fils de Robert Duc de Bourgogne, ou selon d'autres qui prétendent que Hugues estoit déja mort, Henry autre fils de ce Duc s'y trouva comme Député au nom de son pere, Guy Geofroy Duc de Guyenne & Comte de Gascogne, Rodolfe Comte de Valois, Herbert Comte de Vermandois, Guillaume Comte de Soissons, Renaud Comte de Nevers, les Envoyez de Baudoin Comte de Flandre, & ceux de Geofroy-Martel Comte d'Anjou, Guy Comte de Ponthieu, Guillaume Comte d'Auvergne, Fouques d'Angoulême Vicomte de Limoges, plusieurs

Aliud Frag. Hist. Franc.

Conventus Remensis T. 9. Conc.

Vuu ij

autres Seigneurs & grand nombre de Gentils-hommes furent aussi présens à cette Assemblée; & tous d'un commun avis consentirent au couronnement de Philippe. Il fut Sacré par Gervais de Belesme Archevêque de Reims avec les cérémonies que je vais dire; car c'est le premier Couronnement sous la troisiéme Race, dont on voye quelque détail dans nostre Histoire.

L'Archevêque commença la Messe, & avant que de lire l'Epistre, il se tourna vers le jeune Prince, luy fit une courte exposition de la Foy Catholique, & luy demanda s'il ne croyoit pas fermement tout ce qui y estoit contenu, & s'il n'estoit pas résolu de défendre cette créance. Philippe ayant répondu qu'oüy, l'Archevêque luy présenta la formule d'une espéce de serment que le Prince lut luy-mesme & qu'il signa. Elle estoit conçûë de cette maniére.

„ Moy Philippe qui vais par la miséricorde de
„ Dieu estre couronné Roy de France, je promets en ce jour de mon Couronnement, en
„ présence de Dieu & de ses Saints, que je conserveray à chacun de vous en particulier & à
„ vos Eglises vos priviléges Canoniques, que j'observeray les Loix, & vous rendray la justice, &
„ qu'avec l'aide de Dieu, je vous protegeray autant qu'il sera en mon pouvoir, & comme il
„ convient à un Roy de faire dans son Royaume,
„ à l'égard de tous les Evêques, & des Eglises
„ qui leur sont confiées, & selon l'équité & la
„ raison. Je promets aussi au peuple dont le gouvernement me sera conféré, de maintenir par
„ mon autorité l'observation des loix.

Après cette lecture Philippe remit le Serment entre les mains de l'Archevêque. Ensuite ce Prélat prenant le Bâton pastoral de S. Remi, fit un discours pour montrer que depuis que S. Remi avoit Baptisé & Sacré le Grand Clovis, la Cérémonie de proclamer & de sacrer les Rois de France appartenoit aux Archevêques de Reims, conformément au decret du Pape Hormisdas du temps de S. Remi, & à celuy que le Pape Victor II. en avoit fait encore depuis peu d'années en faveur de l'Eglise de Reims; après quoy, avec la permission du Roy, il proclama Philippe Roy de France.

Il paroist par quelques termes de la relation de ce Sacre, que les Légats protestérent que ce Couronnement ne se pouvoit faire sans le consentement du Pape, & que cette protestation fut mal reçûë; que neanmoins par le respect que le Roy avoit pour le S. Siége, on souffrit qu'ils assistassent a cette Cérémonie.

Philippe estant déclaré Roy & proclamé par l'Archevêque, la proclamation fut suivie des acclamations de toute l'Assemblée, & de tout le peuple. Le nouveau Roy signa une confirmation des priviléges de l'Eglise de Reims, tant pour le spirituel que pour le temporel de l'Archevêché, & fit l'Archevêque son Chancelier. Cette dignité avoit déja esté possedée par plusieurs Archevêques de Reims. Après la Cérémonie l'Archevêque traita magnifiquement les deux Rois & toute l'Assemblée, mais avant le festin, il prit la précaution de déclarer que la chose seroit sans conséquence, n'estant obligé en cette occasion de donner à manger qu'au Roy seul. Ainsi finit la solemnité du Sacre; & puisqu'il n'y est fait nulle mention des douze Pairs, comme d'un nombre déterminé de Seigneurs qui eussent chacun leur fonction attachée à leur dignité, & qu'on n'y voit ni l'Evêque de Beauvais, ni le Duc de Normandie, ni le Comte de Champagne; il paroist certain que ces douze Pairs n'estoient point encore instituez.

Il estoit temps que le Roy pour l'intérest de son fils, & pour la tranquillité de l'Etat, prist la résolution dont je viens de parler; car il mourut le quatriéme d'Aoust de l'année suivante à Vitri en Brie, la trentième année de son Regne depuis la mort de son pere. Ce Prince paroist avoir gouverné son Royaume avec assez d'autorité; chose difficile depuis long-temps en France. Les liberalitez qu'il fit aux Eglises, & sur tout le retablissement du Monastére de S. Martin des Champs, qui estoit alors bien loin des murailles de Paris, sont des marques de sa pieté. Il mit dans ce Monastére un Abbé & des Chanoines Réguliers de l'Ordre de S. Augustin, ainsi que le témoigne une Charte de l'an 1060. signée de luy & de Philippe son fils aussi Roy. On y voit les souscriptions des Archevêques de Reims & de Sens, & de quelques autres Prélats. On y voit pareillement le nom de Baudoin Chancelier, ce qui marque que le Chancelier de Henry n'estoit pas le mesme que celuy de son fils, puisque l'Archevêque de Reims venoit d'estre fait Chancelier du jeune Roy à son Sacre. Entre les noms de plusieurs Seigneurs qui souscrivirent à cet acte, on y trouve celuy de Thibaud de Monmorenci, & celuy d'Alberic Connestable, oncle de Thibaud.

Ce Prince eut de la modération, & encore plus de valeur. Quelques Annales racontent de luy qu'il fit à l'Empereur Henry III. un défi semblable à celuy que François I. fit à Charles V. Thibaud Comte de Champagne ayant eu recours pendant sa révolte à l'Empereur Henry, il en fut reçû & protégé; le Roy dans une entrevûë qu'il eut avec ce Prince s'en plaignit, & comme il luy répondit d'une maniére qui le choqua, il l'appella en duel. La chose n'eut pas de suite, & les deux Empereurs montrérent, chacun en leur temps, autant de sagesse, que les deux Rois François firent paroistre de courage.

Ce fut du temps de Henry, que l'Herésie de Bérenger Archidiacre d'Angers contre la présence réelle du Corps de Jesus-Christ au Saint Sacrement s'éleva en France, & elle fut renouvellée sous le Regne de son successeur. Mais cette Herésie & quelques autres qui parurent depuis dans l'Eglise Gallicane, ne furent ni la cause, ni l'occasion d'aucun évenement considérable par rapport à l'Etat.

Durant le Regne de ce Prince, le Pape Leon IX. vint en France, au sujet de quelques abus ausquels il prétendoit remédier par l'autorité Pontificale, & il fit ce voyage malgré le Roy, qui l'avoit prié de le différer à un autre temps.

Chronic. Senonense.

An. 1060.

1060.

HENRI

Concil. Remenf. an. 1049.

Il tint un Concile à Reims contre les mariages inceſtueux, & contre la ſimonie, deſordres, alors très-fréquens. Des Evêques furent dépoſez, & d'autres excommuniez. Les Seigneurs & pluſieurs Prélats murmurérent hautement de cette conduite du Pape, qu'ils regardoient comme donnant atteinte à l'autorité Royale, & comme capable de cauſer des troubles dans le Royaume; mais le Pape ayant pour luy quantité d'Evêques & d'Abbez, le Roy diſſimula, & la dépoſition des Evêques ſubſiſta. Il eut plus de fermeté au regard du Pape Nicolas II. qui quelques années après, voulut auſſi venir en France; mais il n'en put obtenir la permiſſion, & n'oſa s'expoſer à le faire contre la volonté du Roy.

Epiſt. Geſvaſii Archiep. Remenſ. ad Nic. pp. Tom. 9. Concil. an. 1059.

HISTOIRE DE FRANCE

PHILIPPE I.

An. 1060.

JE commence l'Hiſtoire d'un Régne, qui a eſté le plus long de tous ceux qui l'avoient précedé, excepté celuy de Clotaire I. & de tous ceux qui l'ont ſuivi, hormis celuy de Loüis le Grand, ſous lequel nous avons le bonheur de vivre. La Providence fourniſſoit par là à la Famille qu'elle avoit élevée ſur le Trône, un moyen ſeûr de s'y aſſormir, & d'accoûtumer les Peuples à une domination, qui ceſſe d'eſtre regardée comme nouvelle, dès là qu'elle eſt longue. Ce Régne fut de plus de quarante-neuf années, & il eſt célebre par d'aſſez grands évenemens. Un des plus mémorables furent les expéditions d'outre-mer, dont le bruit remplit toute l'Europe & toute l'Aſie, & dont le projet fut formé en France; il eſt vray que les Vaſſaux de la Couronne y eurent beaucoup plus de part, & que la Nation y acquit beaucoup plus de gloire que le Prince; mais au moins il en profita pour augmenter ſa puiſſance & ſon autorité, comme je le diray dans la ſuite. Ce fut donc ſous ce Régne que les Croiſades commencérent, que ſe fit la conqueſte de la Terre-Sainte, où une infinité de Nobleſſe Françoiſe ſe ſignala, & que le nom François devint ſi glorieux & ſi redoutable dans la Grece, dans la Paleſtine, dans la Syrie, dans la Perſe & dans l'Egypte, où à peine il eſtoit connu auparavant.

C'eſt ſous ce meſme Régne, que le Conquérant d'Angleterre partit de France avec quantité de Soldats & de Seigneurs François, qu'il joignit à ſes Normands, pour faire la conqueſte de cette Iſle. Enfin c'eſt en ce temps-là qu'éclatérent ces funeſtes diviſions entre le Sacerdoce & l'Empire, qui cauſérent tant de ſcandales & tant de troubles en Europe, & qu'on n'entendoit parler d'un coſté que d'excommu-

nications des Princes, d'interdits jettez ſur leurs Etats; & de l'autre que de Schiſmes & de création d'Antipapes. Comme ſi l'Enfer euſt taſché de ſe dédommager en Europe, des avantages qu'on remportoit ſur luy en Aſie, en y exterminant le Mahométiſme, & en y rétabliſſant la véritable Religion.

Ces grandes entrepriſes ne commencérent que quelques années après que Philippe fut ſur le Trône, où il ſe maintint en paix & ſans aucune contradiction, nonobſtant ſon jeune âge, par les ſages meſures que le Roy ſon pere avoit priſes pour cela avant que de mourir.

Deux perſonnes principalement pouvoient prétendre à la Régence du Royaume pendant la minorité du Roy, ſçavoir la Reine mere Anne, & Robert Duc de Bourgogne oncle du Roy.

Il eſtoit aſſez naturel que la Régence fuſt confiée à la Reine. Pluſieurs exemples eſtoient en ſa faveur. Mais le feu Roy avoit conſidéré qu'elle eſtoit étrangére, & d'un païs fort éloigné de France, eſtant, comme j'ay dit, fille de Joradiſlas Roy de Ruſſie. Il crut qu'elle auroit peu d'autorité & peu d'appuy dans les Seigneurs, dont nul n'avoit avec elle aucune liaiſon de parenté; & ce fut cette raiſon qui la luy fit exclure de la Régence. Elle ſe remaria depuis à Raoul de Péronne Comte de Valois, alliance peu digne d'elle; car ce n'eſtoit qu'un Seigneur particulier, qui répudia ſa femme exprés pour l'épouſer; & après la mort de ce Comte, elle s'en retourna en Ruſſie.

Robert Duc de Bourgogne, par des raiſons contraires, eſtoit ſuſpect à Henry, parce qu'il eſtoit trop puiſſant, qu'il avoit trop de liaiſons avec les Seigneurs de France; & ſur tout parce qu'autreſois il avoit prétendu à la Couronne, & que le deſir de régner eſt une paſſion qui ne ſe guérit point, & qui ſe réveille aiſé-

Vuu iij

ment. Luy conférer le Gouvernement de l'E- tat, c'estoit l'exposer à la tentation de s'en saisir, & mettre à sa discretion celuy qui en estoit le légitime possesseur. Ainsi Henry se voyant attaqué de la maladie dont il mourut, jetta les yeux sur un autre, dont il avoit moins de sujet de se défier.

Ce fut Baudoüin V. Comte de Flandre, surnommé de l'Isle, à qui il avoit fait épouser la Princesse Alix sa sœur ; Prince sage, en réputation de valeur & de fermeté ; que l'alliance qu'il avoit avec la Famille Royale, devoit rendre sensible & attaché aux intérêts du jeune Roy ; & qui n'ayant nul droit, ni réel, ni apparent à la Couronne, ni de parti dans le Royaume, ne pouvoit à cet égard former aucun dessein désavantageux à son pupille. Sa qualité de Régent est exprimée dans un Auteur contemporain par le titre de Marquis de France.

Fragment. Histor. Franc.

La conduite qu'il tint dans sa Régence justifia la sagesse du choix, que Henry en avoit fait. Il s'en acquitta avec fidélité & application. Il dompta les Gascons, qui se préparoient à se révolter, & laissa le Duc de Guyenne & le Comte d'Anjou se battre pour des intérêts particuliers. Le Duc d'abord vaincu, fut ensuite victorieux, & se rendit maistre de la Ville de Xaintes, qui estoit le sujet de la querelle : après quoy voyant le Royaume tranquille, il alla avec une Armée de François de son Duché, & de quelques Normands au secours d'Alphonce VI. Roy de Castille, & prit Balbastro sur les Sarazins. Mais quatre ans après, Guillaume Duc de Normandie fit une conqueste bien plus importante, & qui fut dans ses suites bien funeste à la France, par la grande puissance où elle éleva ce Vassal de la Couronne & ses successeurs : puissance qui les mit avec le temps en état de perdre leurs Souverains mesmes, & de ruiner la Monarchie Françoise ; ce qui seroit arrivé, si Dieu par certains coups extraordinaires de sa Providence, ne l'avoit soûtenuë sur le penchant de sa ruïne. Je vais dire ce qui donna lieu à ce mémorable évenement, qui acquit au Duc de Normandie le glorieux surnom de Conquérant, que la posterité a substitué à celuy de Bastard, qu'on luy donnoit communément de son vivant, & qu'il prenoit luy-mesme jusques dans les Actes publics.

Sigebert in codice Lipsiano. Fragment. Histor. Franc.

Chronic. Malleac. an. 1062.

Saint Edoüard Roy d'Angleterre troisiéme du nom, se trouvant proche de la mort, & sans enfans, avoit désigné pour son successeur Guillaume Duc de Normandie, & ce n'estoit qu'une confirmation de la promesse qu'il luy avoit faite quelque temps auparavant, par la bouche de Robert Archevêque de Cantorbery. Cette bonté d'Edoüard pour Guillaume estoit un effet en partie de l'estime des grands talens, qu'il reconnoissoit en luy pour le Gouvernement, & en partie de sa reconnoissance pour la retraite qu'il avoit trouvée en Normandie, sous les Régnes des Rois Danois, qui luy avoient enlevé le Royaume de ses ancestres. Guillaume, quoique parent d'Edoüard, n'avoit par là, comme il l'avoüoit luy-mesme, aucun droit à cette Couronne, & si les Anglois

Fragment. de Guill. Conquest.

eussent eu quelque égard à ce titre de parenté, c'estoit Edgar-ethelin, petit-fils du Roy Edoüard, que la Couronne regardoit : mais le bas âge de ce Prince, luy fit donner l'exclusion, sans que personne prist son parti. Guillaume eut un autre concurrent plus dangereux. C'estoit Haralde, homme de cœur & d'esprit, fils de Godowin Comte de Kent, dont Edoüard avoit épousé la fille, & que l'Histoire appelle Major-dome, ou Maire du Palais d'Angleterre. Mais une avanture assez fascheuse l'avoit obligé à renoncer à ses prétentions entre les mains du Duc Guillaume mesme. Comme il estoit un jour en une de ses Maisons de Campagne, sur le bord de la mer, il entra par divertissement dans une barque de Pescheur avec quelques-uns de ses amis ; mais à peine eut-il quitté le rivage, qu'un vent subit, malgré tous les efforts des Mariniers, l'emporta sur les côtes de Picardie ; il y fut arresté par les Sujets du Comte de Ponthieu, qui le conduisirent chez leur Seigneur, où il fut retenu prisonnier, & mis aux fers par ce Comte.

Haralde réduit à ce malheureux état, trouva moyen de donner de ses nouvelles au Duc de Normandie, & luy fit dire de sa part, que s'estant mis en mer par ordre du Roy d'Angleterre, pour luy venir confirmer la promesse que ce Prince luy avoit faite, de le choisir pour son successeur à la Couronne, il avoit esté jetté par la tempeste sur les Terres du Comte de Ponthieu, & y avoit esté mis en prison ; qu'il le conjuroit d'avoir compassion de luy, de demander sa liberté au Comte, & de le punir mesme d'avoir traité si durement un homme de sa qualité, malgré tout ce qu'il luy avoit pû luy dire des affaires importantes, pour lesquelles il estoit envoyé en Normandie.

Le Duc envoya aussi-tost un Seigneur de sa Cour au Comte de Ponthieu, pour luy demander la liberté de Haralde, & le Comte n'osant le refuser, luy mit son prisonnier entre les mains. Haralde fut traité par le Duc avec beaucoup d'honneur, & magnifiquement équipé. Il fallut soûtenir ce qu'il avoit avancé touchant la commission, dont il se disoit chargé par le Roy d'Angleterre ; car il n'eust pas esté seur pour luy de s'en dédire : il déclara mesme au Duc qu'il luy faisoit cession du droit particulier qu'il avoit sur la Ville de Douvre ; & à l'égard de celuy qu'il pouvoit prétendre sur le Royaume d'Angleterre après la mort d'Edoüard, il en fit une renonciation absoluë. Le Duc exigea de luy un serment sur la renonciation, & ensuite il le mena à une expédition contre le Duc de Bretagne, où Haralde se signala beaucoup. Au retour, le Duc luy fit épouser sa fille, qui n'estoit pas encore en âge nubile, & luy permit de retourner en Angleterre ; mais il retint son frere en ôtage, & peu de temps après Edoüard mourut.

Guillelm. Malmesb. l. 2.

Avant la mort de ce Prince, l'Angleterre estoit déja partagée d'inclination & d'intérêt entre ceux qui pouvoient prétendre à sa succession. On sçavoit le parti que le Roy avoit pris en faveur du Duc de Normandie ; mais cela

An. 1066.

n'empeschoit pas que plusieurs Seigneurs ne luy parlassent de temps en temps de Haralde: il leur avoit souvent marqué qu'il l'aimoit, & qu'il estimoit son mérite, jusqu'à leur recommander de l'honorer toûjours, & d'appuyer ses interests dans les occasions qu'ils auroient de le faire.

Haralde & ses partisans prirent ces honnêtetez pour une révocation du premier Testament, & on répandit par-tout que ce Seigneur avoit esté déclaré successeur de la Couronne par Edoüard.

Haralde profita de ces favorables préventions, & Edoüard n'eut pas plûtost expiré, que sans délibérer davantage, il se fit proclamer Roy. Il n'ignoroit pas cependant que plusieurs penchoient du costé du Duc de Normandie; mais il avoit l'avantage d'estre sur les lieux, & asseûré d'un gros parti; son concurrent estoit au-delà de la mer, & il se sentoit assez de courage & de conduite, pour pouvoir soutenir la démarche hardie qu'il faisoit.

Les sermens qu'il avoit faits au Duc l'embarrasserent peu : une Couronne fait aisément passer par-dessus ces sortes de considérations, il disoit néanmoins pour sa justification, que ces sermens estoient nuls, vû les circonstances où il les avoit faits, estant actuellement entre les mains du Duc de Normandie, avec un danger certain de perdre ou la vie, ou la liberté, s'il eust refusé de les faire. Il ajoûtoit que le Duc, pour le dédommager de la Couronne d'Angleterre, luy avoit donné sa fille en mariage; mais qu'elle estoit morte depuis avant l'âge d'estre mariée : enfin que puisque le Peuple d'Angleterre luy offroit de luy-mesme la Couronne, c'estoit un nouveau droit qu'il acquéroit, & qui faisoit cesser tous les droits des autres.

En effet, le consentement paroissoit si unanime, & les partisans de Guillaume estoient si déconcertez, que Haralde ne se fust pas seulement mis en état de se défendre contre luy, ni de lever d'Armée, sans la nouvelle qu'il reçut d'un autre ennemi, qui se préparoit à entrer en Angleterre, pour luy disputer le Trône.

C'estoit Thoston son propre frere & son aîné, homme vif & entreprenant, mais violent jusqu'à la brutalité; de sorte qu'une fois, en présence mesme du Roy Edoüard, il mit la main sur son frere pour le maltraiter; ce qui joint à quelque autre pareille insolence, l'avoit fait chasser d'Angleterre par ce Prince.

Il s'estoit retiré chez le Comte de Flandre avec sa femme. Mais dès qu'il sçut la mort du Roy, il résolut de passer en Angleterre, & d'y disputer la Couronne à son frere. La difficulté estoit d'avoir des Vaisseaux pour son passage. Il s'adressa au Comte de Flandre, qui luy en promit. Il fit quelques propositions au Duc de Normandie, & ce Prince non seulement ne les rejetta pas; mais mesme il l'exhorta à passer en Angleterre.

Le Duc & le Comte de Flandre avoient chacun leurs vûës en secondant les desseins de Thoston. Le Duc mettoit par là un ennemi sur les bras à son concurrent; & en cas que Thoston pust descendre en Angleterre, les partis ne pouvoient manquer de s'y multiplier, chose très-avantageuse au Duc, & qui luy donneroit le temps de faire ses préparatifs. Le Comte de Flandre eut apparemment sur cela une autre pensée. Il estoit trop éclairé pour ne pas voir de quelle importance il seroit pour la France, que le Duc de Normandie ne fust pas maistre de l'Angleterre. Il crut donc devoir secourir Thoston, dans l'espérance qu'il préviendroit le Duc, qui par ce moyen auroit deux ennemis au lieu d'un; & que si le Duc avoit quelque avantage sur eux dans la suite, ils ne manqueroient pas de se réünir contre luy estant freres, & pouvant partager l'Etat entre eux, conformément à un usage assez ordinaire & fort ancien en Angleterre. Quelques-uns ont dit que la Cour de France refusa au Duc le secours, qu'il luy demandoit pour cette expédition. La chose devoit estre ainsi, à en juger par les régles de la bonne politique. Ce qu'il y a de certain, c'est qu'il s'aboucha avec le Roy avant que de partir, & qu'il luy fit agréer que Robert son fils aîné fust fait Duc de Normandie, en cas que son dessein sur l'Angleterre réüssit.

Quoiqu'il en soit, le Régent permit à Thoston de prendre la plûpart des Vaisseaux qu'il trouveroit dans les Ports de Flandre, & il en fit une Flote de soixante Voiles, sur laquelle il mit ce qu'il put ramasser de Soldats, pour prendre au plûtost la route d'Angleterre.

Cependant le Duc de Normandie n'estoit pas sans embarras. Il s'estoit rendu depuis deux ou trois ans maistre du Comté du Maine, que Herbert dernier Comte de ce païs, mort sans enfans, luy avoit donné en mourant, pour reconnoistre la protection qu'il avoit reçuë de luy contre Fouque Duc d'Anjou, surnommé Rechin. Mais il n'ignoroit pas la disposition que quelques Seigneurs Manseaux avoient à la révolte, & les prétentions que Gautier Comte de Meulan, qui avoit épousé la tante de Herbert, avoit sur ce Comté; il ne pouvoit pas douter que pour peu que l'expédition d'Angleterre le retinst au-delà de la mer, ce Comte secondé du Comte d'Anjou, ne se jettast dans le Maine, comme il le fit en effet. De plus Conan Duc de Bretagne, ayant sçû les préparatifs qu'il faisoit pour l'Angleterre, luy écrivit une Lettre, qui augmenta beaucoup son inquiétude.

" J'apprens, luy disoit-il, que vous estes sur "
" le point de passer la mer, pour faire la conquête "
" du Royaume d'Angleterre. Je me réjoüis par "
" avance, de la gloire que vous acquérerez dans "
" cette entreprise; mais je vous prie en mesme "
" temps de me faire restitution du Duché de "
" Normandie. Le Duc Robert, dont vous vous "
" dites le fils, estant sur le point de partir pour "
" Jérusalem, fit donation au Duc Alain mon pe- "
" re & son cousin, de tous les Domaines, en cas "
" qu'il mourust dans le voyage, ainsi qu'il est ar- "
" rivé : mais lorsque quelque temps après le Duc "
" mon pere alla en Normandie, il y fut empoison- "
" né par vous & vos complices, & mourut à Vi- "

« montier. Comme j'eſtois alors enfant, je ne pus « me faire faire juſtice ; & vous n'eſtant que bâ- « tard, vous vous eſtes maintenu en poſſeſſion de « ce Duché qui m'appartient. Je ſuis en eſtat de « ſoûtenir mes droits, & je vous déclare la guer- « re, ſi vous ne me rendez inceſſamment la Nor- « mandie.

Conan ſur le refus qu'il s'eſtoit bien attendu qu'on luy feroit, entra auſſi-toſt avec une Ar- mée ſur les Terres du Duc de Normandie, & vint aſſiéger Chaſteau-Gonthier. Un ſi faſcheux contre-temps pour Guillaume fut ſans doute l'effet des intrigues de Haralde, qui avoit trop d'intereſt à luy ſuſciter des affaires au-delà de la mer, pour ne pas en prendre tous les moyens: mais la mort ſubite de Conan le tira d'embarras. Elle luy fut cauſée par la perfidie de ſon Chambellan, qui avoit empoiſonné la bride du cheval de ce Prince, ſes gands, & un cor qu'il portoit ordinairement avec luy. Conan ayant ſes gands aux mains, voyoit défiler ſes Troupes pour les faire entrer dans Chaſteau-Gon- thier, qui s'eſtoit rendu: il porta ſans réflexion diverſes fois la main à ſa bouche: le poiſon é- toit ſi ſubtil, qu'il en fut ſaiſi ſur le champ, & mourut peu de temps après.

Ibid.

L'empoiſonneur ſe ſauva chez le Duc de Normandie, & il eſtoit un de ceux qui eſtoient venus luy déclarer la guerre. Ces deux circon- ſtances jointes avec l'avantage que Guillaume tira de cette mort, l'en firent beaucoup ſoup- çonner : quoy qu'il en ſoit, car ces ſortes de myſtéres ne s'éclairciſſent pas toûjours aſſez pour en porter un jugement certain, n'ayant plus cet obſtacle, il continua avec plus d'appli- cation que jamais à faire ſes préparatifs pour l'Angleterre, ſans omettre cependant la voye de la négociation. Il fit faire diverſes propoſi- tions à Haralde, mais inutilement, eſtant très- difficile de trouver des tempéramens, quand il s'agit de renoncer à une Couronne. Guillau- me agit encore auprès du Pape Aléxandre II. & auprès de l'Empereur Henri IV. pour avoir le ſuffrage du premier, & la protection de l'autre.

Ibid.

Les Papes après avoir eſté long-temps dans l'oppreſſion, & ſous la tyrannie de certains Sei- gneurs d'Italie, s'en eſtoient un peu affranchis depuis quelques années, & ils commençoient à porter leur autorité plus haut qu'ils n'avoient jamais fait. Ils prétendoient ſur tout en ces cas de Tranſlation de la Couronne d'une Famille à une autre, devoir eſtre conſultez, & qu'on ne pouvoit rien faire ſans leur participation. Haralde n'avoit point eu cet égard pour le Pape, en ſe faiſant proclamer Roy, & ce fut par là que Guillaume mit Aléxandre dans ſon parti. Non ſeulement ce Pape approuva ſon entre- priſe ſur l'Angleterre ; mais encore il luy en- voya un drapeau bénit, comme pour l'aſſeûrer que c'eſtoit ſous l'étendart de l'Egliſe qu'il al- loit combattre.

Malmeſb. l. 3. c. 1.

Le Duc fit avec l'Empereur Henri un Traité de Ligue, par lequel ce Prince s'engageoit à venir fondre avec toutes les forces d'Allema- gne ſur quiconque entreprendroit d'attaquer les Etats du Duc durant ſon expédition d'An- gleterre. C'eſtoit principalement contre la Fran- ce, que Guillaume avoit pris cette précaution. Suenon Roy de Dannemarc luy promit auſſi de demeurer au moins neutre ; mais il ne luy tint pas parole.

Geſta Guil- lel. Ducis.

Guillaume n'eut pas pluſtoſt reçû l'étendart du Pape, qu'il fit l'aſſemblée de ſes Vaſſaux à l'Iſle-bonne entre Caudebec & le Havre, où il leur déclara ſa réſolution de paſſer en Angle- terre ; leur expoſa les avantages que la Nor- mandie tireroit de cette conqueſte, l'accroiſ- ſement de la puiſſance & de la gloire de la Na- tion, & les récompenſes que le ſuccès de ſon deſſein le mettroit en eſtat de donner aux bons ſervices qu'il attendoit d'eux. La pluſpart ap- plaudirent à ſa propoſition, & luy promirent de contribuer de leurs biens & de leurs vies à faire réüſſir une ſi glorieuſe entrepriſe. D'au- tres la regardoient comme téméraire, & s'y op- poſoient ; mais les premiers prévalurent. Il fai- ſoit cependant des levées de Troupes, & par la groſſe ſolde qu'il donnoit, non ſeulement ſes Sujets, mais meſme les François, les Bre- tons, les Flamands, & les autres Nations s'en- rôlloient à l'envi. Il ſongeoit moins à avoir des Troupes nombreuſes, que des Soldats choiſis; ainſi il ne recevoit que des hommes forts & bien-faits, capables de ſupporter la fatigue d'une guerre, qu'il prévoyoit devoir eſtre ru- de. Il choiſit parmi les Seigneurs de Norman- die & de France, des Généraux habiles & ſa- ges, & fit une des plus belles Armées qu'on euſt vûë depuis long-temps. Les plus conſidé- rables des Chefs furent Euſtache Comte de Boulogne, Guillaume fils de Richard Comte d'Evreux, Geoffroy fils de Rotrou Comte de Mortagne, Robert fils de Roger Comte de Beaumont, Aimeri de Toüars, Hugues Comte d'Etaples, Gautier Gifard, Hugues de Grente- meſnil, & Guillaume de la Garenne. Il avoit fait un amas prodigieux de vivres & d'autres proviſions. Il aſſembla à l'embouchûre de la ri- viere de Dive des Vaiſſeaux ſans nombre, par- tie armez en guerre, partie pour le tranſport de la Cavalerie & de l'Infanterie, & ſur la fin de Juin il s'y trouva avec une Armée de cin- quante mille hommes. Il donna ſes derniers or- dres à Roger de Mongommery, qu'il avoit choiſi pour gouverner l'Eſtat pendant ſon ab- ſence. Le vent contraire le retint pendant un mois à l'embouchûre de la Dive, & il y fit ob- ſerver une ſi exacte diſcipline à ſon Armée, que ce ſéjour ne ſervit qu'à enrichir le pais. Enfin le vent eſtant devenu favorable, il leva l'ancre, & vint en cotoyant toûjours la Nor- mandie, moüiller au Port de S. Valery, d'où il prétendoit faire voile droit en Angleterre.

Guillem. Gemetic.

Malmeſb. Ibid.

Orderic. l. 5.

Geſta Guil- lel. Ducis. Authore Guilleſm. Pictav.

Orderic. Vital. l. 4.

Les vents devinrent encore contraires, ce qui joint au naufrage de quelques Vaiſſeaux, qui avoient péri dans la route depuis la Dive juſqu'à S. Valery, commençoit à décourager bien des gens. La déſertion ſe mettoit dans les Troupes ; & ceux qui avoient d'abord diſſua- dé l'entrepriſe, recommençoient à faire valoir leurs raiſons.

MaGuill. l. Ducis.

Le

PHILIPPE I.

Le Duc sans s'étonner, n'oublioit rien de tout ce qui pouvoit contribuer à encourager les Soldats, & sur tout il eut grand soin d'entretenir toûjours l'abondance dans le Camp & sur la Flote. Comme il vit que le mauvais temps continuoit, il fit porter en Procession la Chasse de S. Valery. Le vent ayant changé après la Procession, on ne douta plus de la faveur du Ciel, & jamais les Troupes ne furent plus animées à continuer le voyage. La Flote fit heureusement le trajet, par le grand ordre que le Duc avoit établi pour la marche, & elle aborda à Pevensai au Comté de Sussex.

Quelques semaines avant que le Duc fust en état de faire voile, Thoston estoit parti des côtes de Flandre avec sa Flote, & avoit d'abord esté descendre en l'Isle de Wic, qu'il ravagea. Il courut aussi la côte Maritime de Kent; mais en ayant esté repoussé par les milices que Haralde avoit sous les armes sur toute cette côte, il tourna du costé du Nord, & y fit descente. Les Généraux de Haralde, qui commandoient en ce quartier-là, l'obligérent encore à remonter sur ses Vaisseaux, & il fut contraint de se retirer vers l'Ecosse.

Dans cette retraite, qu'il faisoit fort en désordre, il rencontra Harolde Roy de Norvege, qui avec une Flote de trois cens Voiles, venoit fondre en Angleterre, à dessein de profiter des divisions qui y estoient. Thoston dans le desespoir de réüssir, offrit au Roy de Norvege de le seconder, à condition qu'il auroit part à la conqueste, & son offre fut acceptée. Ils descendirent dans le Northumberland, prirent la Ville d'York, & remportérent de grands avantages sur Eduin & Marker, qui commandoient les Milices du Nord.

Haralde sur cette nouvelle, vint en diligence dans le Northumberland, & donna bataille au Roy de Norvege & à Thoston. Elle luy fut si heureuse, que ses deux ennemis y périrent: leur Armée fut taillée en piéces, & leur Flote fut obligée de retourner en Norvege. Telle estoit l'activité & le bonheur de Haralde, qui le faisoient de plus en plus paroistre aux Anglois digne du Trône, où ils l'avoient élevé, lorsqu'il apprit l'arrivée du Duc de Normandie & sa descente dans le Comté de Sussex. Il partit incontinent du Nort d'Angleterre, pour venir le combattre, & il en fust apparemment venu à bout aussi aisément que des deux autres, si son éloignement n'eust pas laissé à ce nouvel ennemi le temps de se fortifier, & de prendre les moyens de luy faire une guerre plus réguliére.

Après que le Duc se fut emparé de Pevensai, il marcha le long de la mer, & se rendit maistre de Hasting, Port commode pour y tenir sa Flote en seûreté, & s'y fortifier. Il alla luy-mesme, accompagné seulement de vingt-cinq hommes, reconnoistre le païs, & à son retour il apprit par la Lettre d'un Gentilhomme Normand, qui s'estoit établi en Angleterre, la victoire que Haralde venoit de gagner contre le Roy de Norvege.

Peu de jours après, un Moine envoyé par Haralde arriva au Camp, & le Duc luy donna audience en présence des principaux de l'armée. Il y fit des plaintes de la part de Haralde, de ce qu'on venoit l'attaquer dans son Royaume, qui luy appartenoit non seulement par la derniere volonté du Roy, mais encore par le consentement unanime de toute la Nation Angloise.

Le Duc l'ayant entendu, luy demanda s'il pourroit avec seûreté envoyer une personne à Haralde, pour luy porter sa réponse. L'Envoyé l'en assûra, & le Duc sur sa parole, fit partir avec luy un Moine de Fécamp. Il le chargea d'exposer à Haralde la justice de ses prétentions, fondée sur la donation du Royaume d'Angleterre, qui luy avoit esté faite par Edoüard, avec le consentement des principaux Seigneurs Anglois, & de luy représenter que luy-mesme avoit fait serment, de ne s'opposer en aucune maniére à l'exécution de cette donation. Que néanmoins puisqu'il s'estoit emparé d'une Couronne qu'on luy contestoit à si bon titre, on pourroit remettre la décision du différend au jugement des Etats d'Angleterre; que s'il ne vouloit pas accepter cette condition, il y avoit un autre moyen de terminer la querelle, en épargnant le sang des deux Nations, c'estoit de la vuider dans un combat singulier des deux Chefs. Un ancien Ecrivain Anglois ajoûte une autre proposition à celles-ci; sçavoir, que le Duc de Normandie céderoit à Haralde la Couronne & la qualité de Roy, pourvû qu'il la voulust tenir de luy à foy & hommage. Haralde, que le Moine de Fécamp trouva à quelques lieuës du Camp, parut surpris de ces propositions, & fut quelque temps sans répondre. Ensuite il dit à l'Envoyé: Retournez vers vostre Maistre, & dites-luy, que je vous suivray de bien près, pour luy aller moy-mesme faire réponse. Comme l'Envoyé le pressoit de faire attention aux choses qu'il luy proposoit, qui paroissoient raisonnables & avantageuses aux deux partis, Haralde levant les yeux au Ciel, c'est à Dieu, dit-il, de décider entre le Duc & moy. Il sera aujourd'huy seul nôtre arbitre; & sans tarder davantage, il fit lever le Camp, pour marcher droit au Duc de Normandie. Son dessein estoit de le surprendre, en tombant brusquement sur luy, & de faire en mesme temps envelopper la Flote de Normandie par la sienne, qui estoit très-nombreuse, & avoit déja mis à la Voile pour cet effet.

La précaution du Duc de Normandie empescha la surprise, au moins en partie. Ses Coureurs, dont il avoit toûjours grand nombre en Campagne, l'avertirent de l'arrivée de l'ennemi. Il rangea dans son Camp toutes les Troupes qui s'y trouvérent, ou qui en estoient proche; car un grand nombre s'estoit écarté bien loin pour aller au fourage: & il se mit en état de soûtenir le choc.

L'Armée de Haralde estoit beaucoup diminuée. Il avoit perdu bien des Soldats à la bataille qu'il venoit de gagner contre le Roy de Norvege, & il en déserta plusieurs, mécontens du peu de part qu'on leur donna au butin après la victoire : mais il croyoit la promptitude néceſſaire ; ainſi il ne s'eſtoit fait ſuivre que des plus zélez de ſon parti, parmi leſquels étoit un grand Corps de Danois, que le Roy de Dannemarc, malgré les belles paroles qu'il avoit données au Duc de Normandie, luy avoit envoyez.

Comme il vit que le Duc l'attendoit bien préparé dans ſon Camp, il n'oſa l'attaquer avec des Troupes fatiguées par une longue marche, & qui n'avoient pas l'avantage du nombre. Il remit l'affaire au lendemain, & chacun de ſon coſté ſe prépara au combat ; mais d'une manière bien différente. Les Anglois paſſerent toute la nuit à boire & à ſe réjoüir, tandis que les Normands, à l'exemple du Duc de Normandie, ſe diſpoſoient à cette grande journée par la Confeſſion, par la Communion, & par les prières publiques que firent dans le Camp tous les gens d'Egliſe qui avoient ſuivi le Duc.

Geſt. Guillelm. ibid.

Guillaume ayant aſſemblé de grand matin les principaux Officiers de ſon Armée, les exhorta à ſoûtenir la gloire de la Nation, les conjura de luy donner à leur ordinaire des marques de l'attachement qu'ils avoient pour luy, & d'inſpirer à leurs Soldats les meſmes ſentimens, de ſe ſouvenir qu'ils avoient toûjours eſté heureux & toûjours victorieux ſous ſa conduite ; que c'eſtoit là la plus importante action où ils ſe fuſſent jamais rencontrez ; qu'il ne s'agiſſoit pas ſeulement de la conqueſte d'un Royaume ; mais qu'ils eſtoient tous dans la néceſſité de vaincre ou de périr avec luy ; qu'ils ſe trouvoient en païs ennemi, ayant la mer à dos, & une puiſſante Flote qui leur fermoit le retour ; qu'au reſte ils avoient affaire à des gens peu redoutables, & cent fois battus par les Peuples du Nord, dont ils eſtoient la proye depuis long-temps ; qu'il auroit de quoy récompenſer par les Charges, par les Gouvernemens, par toutes ſortes de biens ceux qui feroient leur devoir en cette rencontre ; qu'enfin ils attaquoient un parjure violateur des plus authentiques ſermens, & qu'ils combattoient pour une cauſe juſte, pour laquelle ils avoient tout ſujet d'eſpérer que Dieu ſe déclareroit.

Ce diſcours fut ſuivi des plus vives proteſtations que tous luy firent, de ne s'épargner en rien, & de donner juſqu'à la derniere goute de leur ſang pour ſon ſervice ; après quoy il alla mettre les Troupes en bataille.

Il les rangea ſur trois lignes. La premiere eſtoit toute compoſée d'Infanterie, armée à la légére, preſque tous Archers avec quelques pierriers dans les intervalles des bataillons, pour commencer le combat par les fléches & les pierres. La ſeconde eſtoit formée de gros bataillons de Soldats, armez de pied en cap. La Cavalerie faiſoit la troiſiéme ligne, en ſorte cependant qu'elle s'avançoit des deux coſtez, faiſant comme deux aîles, qui couvroient les flancs des deux premieres lignes. Le Duc ſe poſta d'abord au milieu de cette troiſiéme ligne, à la teſte d'un eſcadron de Cavaliers choi-

Malmeſb.

ſis, en un lieu un peu élevé, d'où il pouvoit voir & ordonner plus commodément les différens mouvemens de ſes Troupes.

Haralde avoit l'avantage du terrain, s'étant ſaiſi dès le ſoir d'auparavant de la croupe d'une colline, ſur laquelle il rangea ſon Armée, où il avoit à ſon un bois. Il fit mettre ſa Cavalerie à pied, & forma de toutes ſes Troupes un très-grand front compoſé de gros bataillons fort ſerrez, & faiſant la tortuë à la façon des anciens Romains ; c'eſt-à-dire, que les premiers rangs de chaque bataillon, & les Soldats des flancs ſe couvroient tout le corps de leurs boucliers, tandis que tous ceux de l'intérieur du bataillon ſe mettoient le bouclier ſur la teſte ; & de cette manière le bataillon eſſuyoit preſque impunément les décharges des fléches & des pierres, & eſtoit très-difficile à rompre. Haralde luy-meſme s'eſtant mis à pied auprès du grand étendart de l'Armée, fit entendre à tous ſes Soldats la réſolution où il étoit, de mourir ou de vaincre, ſans penſer à aucune reſſource.

Cet exemple anima extrêmement toute l'Armée. Pluſieurs des Seigneurs Anglois voyoient leur fortune attachée au ſort de Haralde, & appréhendoient une domination étrangere. Ainſi de part & d'autre tout ſe préparoit à un ſanglant combat.

On fut quelque temps en préſence ſans rien faire, Haralde eſtant réſolu de ſe conſerver ſon avantage, & de ne pas deſcendre de la colline. Il ne le pouvoit faire en effet ſans ſe perdre, vû qu'il n'avoit point de Cavalerie, & qu'il ne pourroit pas tenir dans la Plaine contre celle de l'ennemi.

D'ailleurs c'eſtoit une néceſſité au Duc de Normandie d'en venir au combat, Haralde ayant derriere luy toute l'Angleterre, d'où il pouvoit aiſément tirer des vivres, & luy au contraire, reſſerré entre l'ennemi & la mer, ne pouvoit que difficilement en avoir, ſur tout lorſque la Flote Angloiſe ſeroit arrivée, qui luy couperoit toute communication de ce coſté-là. Ainſi le Duc voyant que l'ennemi ne branloit point, ne balança pas davantage. Il fit ſonner la charge de tous coſtez. Toute l'Armée s'ébranla, & alla charger les Anglois, en chantant une eſpéce d'air militaire, compoſé par Rollon premier Duc de Normandie. Après la premiere décharge des fléches, on en vint au ſabre & à la hache.

Les Anglois ſoûtinrent l'attaque avec beaucoup de fermeté, & quelques-uns de leurs bataillons s'eſtant ouverts, il ſe fit par les intervalles pluſieurs décharges de pierriers, qui incommodérent étrangement les Normands, dont un grand nombre fut tué dans ce premier choc. Haralde profitant de cet avantage, fit avancer de nouvelles Troupes. Le Duc leur oppoſa quelques eſcadrons, qui furent repouſſez, & qui pliérent ; & la Cavalerie & l'Infanterie Bretonne, que le Duc avoit à ſon aîle gauche avec quelques autres Troupes auxiliaires, furent miſes en déroute. En ce moment le bruit s'eſtant répandu que le Duc avoit eſté tué, peu s'en fallut que toute l'Armée ne se débandaft.

Le Duc se voyant au moment de sa perte, accourut promptement à son aisle gauche, suivi d'un grand nombre de Seigneurs, & oftant son casque, se fit voir aux fuyards, criant de toute sa force, qu'il venoit périr avec eux. Il les arresta, & tandis qu'ils se ralliolent, il fondit avec sa Troupe, le sabre à la main, sur les Anglois, qui furent poussez à leur tour. Ceux qui s'estoient abandonnez à la poursuite, furent coupez & taillez en pièces, & l'on ne fit quartier à aucun. Les choses furent ainsi rétablies de ce costé-là, tandis qu'ailleurs on combattoit avec une opiniastreté extrême, sans qu'on reculast ni de part ni d'autre.

Dans l'Armée de Normandie, chaque Nation avoit son poste particulier, & combattoit chacune sous son enseigne. Les Bretons qui avoient repris cœur, les François d'en-deçà de la Loire, ausquels seuls on donnoit encore alors proprement le nom de François, ceux d'audelà, qu'on nommoit encore Aquitains, les Manceaux, les Normands, enfoncèrent en divers endroits la Tortuë Angloise, mais il leur cousta beaucoup. L'Histoire nomme singulièrement en cette occasion Robert fils de Roger Comte de Beaumont, & neveu de Hugues Comte de Mante, comme ayant fait en cette attaque des prodiges de valeur.

Le Duc cependant désespérant de forcer entièrement l'Armée Angloise dans son poste, & voyant que ses gens souffroient beaucoup par le desavantage du terrain, eut recours au stratagème. Il envoya ordre aux Généraux d'arrester leurs Troupes, de se battre en retraite, & de se débander mesme en quelques endroits.

Ce mouvement estoit délicat & dangereux, mais nécessaire. Les Anglois donnèrent dans le piège, & plusieurs bataillons s'estant détachez, & serrant de près les François & les Normands, commencèrent à s'engager dans la Plaine. Dès que le Duc les eut à son avantage, il fit marcher une grande partie de sa Cavalerie, qui les envelopa, & les tailla en pièces.

Il fit retourner ses Troupes à la charge, & ayant attiré une seconde fois les Anglois de leurs hauteurs avec le mesme succès, la consternation se répandit parmi eux, ils ne purent soutenir un troisième effort, & tout se mit en fuite. Le Duc dans ce combat eut trois chevaux tuez sous luy. Pour ce qui est de Haralde, il fit dans cette action tout ce qu'on pouvoit attendre d'un grand Capitaine & d'un brave Soldat, jusqu'à ce qu'il fust tué avec deux de ses frères, & quantité de Seigneurs qu'il avoit autour de luy. Il y eut encore bien des Anglois tuez dans la fuite ; quelques-uns se rallièrent & se défendirent dans ces défilez, & il en cousta pour les forcer ; mais enfin la victoire fut si complète, qu'en peu de temps tout plia en Angleterre. La Garnison de Douvre, malgré la force de la Place, se rendit sans résistance. Cantorberi suivit son exemple. Londres fit mine de vouloir se défendre ; mais dès que le Duc parut avec son Armée, elle se soumit. Quelque temps après il y fut couronné Roy d'Angleterre par l'Archevêque d'York. Il fut néanmoins un assez long-temps avant que d'y voir sa domination bien affermie. Quelques révoltes de ses nouveaux Sujets, la jalousie du Roy d'Ecosse & du Roy de Dannemarc l'occupèrent plusieurs années ; mais il vint à bout de tout par son courage & par sa prudence.

Ce fut à cette occasion, & sous ce Règne, aussi-bien que sous les suivans, que plusieurs Familles illustres de Normandie s'establirent en Angleterre ; les noms de ces Familles subsistent encore aujourd'huy en-deçà & au-delà de la mer. De-là vient aussi, qu'en cette Province il y a encore moins qu'ailleurs de ces très-anciennes Maisons, qui puissent montrer leur origine par des Titres au-dessus du onzième siècle, où cet événement arriva, & mesme au-dessus du douzième & du treizième ; plusieurs Chefs de Famille ayant péri dans cette guerre, & dans celles qui suivirent, d'autres ayant quitté leur patrie pour s'aller établir au-delà de la mer, où le Prince leur donnoit des Gouvernemens & des Terres. Il en usoit ainsi par une très-sage politique : car par le moyen de ces anciens Sujets qu'il rendoit puissans, il s'asseûroit de la fidélité des nouveaux.

Cette conqueste si considérable & faite en si peu de temps, ne plaisoit pas trop au Roy de France, qui estoit moins touché de l'honneur d'avoir un Roy pour Vassal, que de ce qu'il devoit craindre d'un Vassal devenu Roy. Dès ce temps-là, on voit dans l'Histoire les François de concert avec les Ecossois, exciter des troubles en Angleterre, ces deux Nations concevant dès-lors qu'il estoit de leur interest de prendre des précautions contre un Etat, dont la puissance leur devenoit redoutable ; & c'est cet interest commun, qui les lia depuis si étroitement, & par tant de Traitez de Ligue offensive & défensive contre les Rois d'Angleterre. Une entreprise qu'Eustache Comte de Boulogne fit peu de temps après sur le Chasteau de Douvre, fut faite apparemment de concert avec les Rois de France, d'Ecosse & de Dannemarc ; mais elle ne réussit pas.

Tandis que le nouveau Roy d'Angleterre étoit occupé à s'asseûrer la possession de ses conquestes, la France fit une grande perte par la mort de Baudoüin V. Comte de Flandre, & Regent du Royaume, qu'il gouverna avec beaucoup de prudence, d'application & de désinteressement. Le Roy estoit alors en sa quinzième année, & il commença à gouverner par luy-mesme. Cette mort causa bien-tost une guerre en Flandre entre les fils de Baudoüin, où le Roy se crut obligé de prendre part.

Baudoüin avoit deux fils, sçavoir Baudoüin VI. du nom, & Robert. Il n'y avoit point de Principauté en Europe, où l'on observast alors plus exactement que dans le Comté de Flandre, la coûtume de ne point partager l'Etat entre les frères après la mort du Prince. C'étoit l'aîné qui succédoit, mais moins par le droit d'aînesse, que par la volonté du père.

Baudoüin avoit depuis long-temps désigné

An. 1066.

Sigebertus.

Guillelm. Gemetic. l. 7. c. 39.

An. 1067.
Histor. Franc. Fragment.

Lambert. Schafn.b. de reb. Germanic.

son fils aîné de mesme nom que luy pour son succeſſeur ; & il avoit fait jurer Robert son cadet sur les Reliques des Saints, qu'il ne prétendroit jamais rien sur le Comté de Flandre; mais ſi-toſt qu'il fut en âge de porter les armes, il luy offrit une Flote bien équipée, & des Soldats, pour aller buſquer fortune, & conquérir quelque païs, en quel lieu du monde il voudroit.

Il semble que dans ce siécle on avoit pris l'idée des expéditions aventureuſes des Héros Troyens chaſſez de leur païs par les Grecs, & qui se répandirent de tous coſtez, pour y donner naiſſance à des Royaumes. Les Normands commencérent, non ſeulement en s'établiſſant en Normandie, & puis en Angleterre, mais encore en Italie, où quelques heureux Aventuriers d'entre eux trouvérent moyen de faire des Etats, & où leur puiſſance, dans le temps dont je parle, s'eſtoit renduë formidable, ſur tout à l'Empereur Grec. Nous verrons bien-toſt naiſtre de la meſme maniére des Principautez dans la Paleſtine & dans la Syrie.

Le Comte de Flandre anima ſon fils Robert par de ſi beaux exemples, & comme les François de-là la Loire avoient déja fait quelques expéditions en Eſpagne contre les Sarazins, il luy propoſa de tourner ſes armes de ce coſté-là, & de tenter la conqueſte de quelqu'un des Royaumes Maritimes, que ces Infidéles y poſſedoient.

Ce jeune Prince plein d'ambition & de courage, donna dans ce deſſein, & il n'eut pas de peine à trouver des Compagnons de ſa fortune. Le Comté de Flandre s'eſtoit tellement peuplé, qu'à peine le païs pouvoit ſuffire à la nourriture de tant d'Habitans. Il monta donc ſur la Flote, que le Comte ſon pere fournit abondamment de vivres, d'argent, & de toutes les choſes néceſſaires pour une grande entrepriſe, & s'en alla débarquer en Galice, dans l'eſpérance d'enlever ce Royaume aux Sarazins.

Il commença par y faire de grands ravages & un gros butin ; mais il ne put se ſaiſir d'aucune Place, & les Sarazins eſtant accourus de toutes parts, tombérent ſur luy avec de ſi nombreuſes Troupes, qu'ils ne défirent après un ſanglant combat. Il y fit paroiſtre beaucoup de bravoure ; mais obligé de céder au nombre, il ſe retira à ſes Vaiſſeaux, après avoir perdu la plus grande partie de ſes Soldats, & revint en Flandre en très-mauvais équipage.

Le Comte ſon pere l'y reçut fort deſagréablement, & luy reprocha ſa lâcheté, le peu de conduite, & le deshonneur qu'il faiſoit à ſon Sang. Robert dans le deſeſpoir où ſon malheur l'avoit jetté, le pria de luy équiper une nouvelle Flote. Il l'obtint, & ſe remit en mer; mais il n'eſtoit pas fort loin des côtes de Flandre, lorſqu'une horrible tempeſte s'éleva, & fit périr la plus grande partie de ſes Vaiſſeaux.

N'oſant retourner à la Cour de ſon pere, il prit l'habit de Pelerin de Jéruſalem, ſe mit en chemin pour Constantinople, où quantité de Gentilshommes Normands avec grand nombre de Soldats de la meſme Nation, eſtoient à la ſolde de l'Empereur Conſtantin Ducas contre les Turcs, & d'autres Peuples barbares. Ces Gentilshommes Normands avoient invité pluſieurs fois Robert à les venir joindre, & à les ſeconder dans la réſolution qu'ils avoient priſe entre eux, de ſe ſaiſir de toute la Grece. Mais l'Empereur ayant eu le vent de cette conſpiration, eſtoit ſur ſes gardes, faiſoit ſaiſir tous les Pelerins François, & avoit mis des Corps-de-Gardes à tous les paſſages des riviéres, avec ordre d'arreſter nommement Robert, qu'il ſçavoit que les Normands avoient appellé, pour le mettre à leur teſte. Il en fut averti, & retourna ſur ſes pas.

Eſtant de retour en Flandre, il quitta abſolument le deſſein d'aller deformais courir les mers ; mais il prit celuy de s'établir à quelque prix que ce fuſt dans le voiſinage de ſon païs.

Florent Comte de Friſe avoit eſté tué quelques années auparavant. La Friſe, ſelon l'Auteur contemporain, dont je ſuis l'Hiſtoire, eſtoit alors Frontiére du Comté de Flandre, c'eſt-à-dire, qu'elle comprenoit encore comme autrefois, la Zélande, la Hollande, & les environs d'Anvers. La Comteſſe Gertrude de Saxe, veuve du Comte Florent, gouvernoit ce païs en qualité de Régente & de Tutrice de ſon fils Thiéri, encore fort jeune. Ce fut là la conqueſte que Robert réſolut de tenter dans cette conjonéture de minorité.

Il raſſembla les débris des Armées qu'il avoit perduës, & entra dans la Friſe. Il fut repouſſé deux fois avec grande perte ; mais la Comteſſe, ou par la crainte de ſuccomber enfin à de ſi rudes attaques, ou par l'eſtime de la valeur de Robert, luy offrit de l'épouſer. Il ne délibéra pas ſur une offre ſi avantageuſe, & par ce moyen il ſe vit établi, comme il l'avoit prétendu, & reconnu Comte de Friſe, après avoir long-temps lutté contre ſa mauvaiſe fortune, qu'il ſurmonta par ſon courage & par ſa conſtance. On luy donna depuis le nom de Robert le Friſon.

Durant cette guerre, Baudoüin V. Comte de Flandre, pere de Robert, eſtoit mort. Baudoüin VI. luy avoit ſuccédé, & ſoit par antipathie pour ſon frere, ſoit pour ſe défaire d'un voiſin tel que luy, ſoit par ambition, & pour s'emparer de la Friſe, il réſolut de luy faire la guerre. Robert alla au devant de luy avec ſon Armée ; mais avant que d'en venir aux mains, il le conjura de luy accorder la Paix, l'aſſurant qu'il déſiroit vivre toûjours en bonne intelligence avec luy. Le Comte de Flandre ne voulut rien écouter ; ainſi l'on en vint au combat, où il fut défait & tué dans le temps qu'il faiſoit tous ſes efforts pour arreſter la fuite de ſes gens.

L'occaſion eſtoit trop belle pour la manquer. Robert à la teſte de ſon Armée victorieuſe, entra en Flandre, & dans la conſternation où l'avoit miſe la défaite de l'Armée & la mort du Prince, il s'en empara ſans beaucoup de peine.

Baudoüin VI. avoit laiſſé deux fils, dont

l'aîné, qui pouvoit avoir douze ou treize ans, se nommoit Arnoul, & l'autre Baudoüin. Richilde leur mere Comtesse de Haynaut, voyant son fils aîné dépoüillé de ses Etats, eut recours au Roy de France, par le conseil d'Anselme de Mailli & de Dreux de Coucy, qui gouvernoient alors son Comté sous ses ordres, & elle le conjura de ne pas abandonner son Vassal, petit-fils de celuy, qui durant sa minorité avoit gouverné la France avec tant de fidélité & de sagesse. Le Roy prit sa défense d'autant plus volontiers, que Baudoüin avant que d'aller à la guerre où il fut tué, luy avoit recommandé ses enfans, & l'avoit prié de leur servir de pere, en cas que luy-mesme leur manquast. Il reçut à Paris avec beaucoup de bonté Richilde & ses deux fils, & ce Prince qui avoit alors dix-huit à dix-neuf ans, ne fut pas fasché de trouver cette occasion de se signaler. Il assembla une nombreuse Armée, & marcha sans tarder en Flandre, ne doutant pas qu'il ne dust accabler Robert. Mais il avoit affaire à un homme, à qui la bonne & la mauvaise fortune avoient appris à ne pas s'étonner si aisément.

Robert cependant affecta de paroistre craindre un si puissant ennemi. Il évita le combat en plusieurs rencontres, ne se défendant que par l'avantage du terrain, & en se retranchant toûjours. Cette conduite ne fit qu'enfler le courage du jeune Roy, qui n'usant pas de toutes les précautions que la prudence militaire prescrit, se laissa surprendre auprès de Cassel, où toute son Armée fut taillée en piéces, & le jeune Comte de Flandre y fut tué. Quelques-uns ont écrit que Robert dans ce combat avoit esté pris par les François, & la Comtesse Richilde par les Frisons ; qu'ils furent échangez l'un contre l'autre, & que cette guerre dura encore long-temps. Mais ces particularitez trop considérables pour avoir esté omises, ne sont point rapportées par l'Auteur contemporain, qui paroist d'ailleurs bien instruit.

Cette défaite fit abandonner au Roy la protection de la Comtesse & de Baudoüin son fils, qui par la mort de son aîné, devenoit l'héritier légitime du Comté de Flandre. Richilde ayant perdu cette ressource, s'alla jetter avec son fils entre les bras de Henri IV. Empereur & Roy d'Allemagne, à qui elle offrit de céder la Ville de Mons en faveur de l'Evêque de Liége, au cas qu'on voulust luy accorder une Armée, pour rétablir son fils dans le Comté de Flandre. L'offre fut acceptée, & l'Empereur commanda à Godefroy le bossu Duc de la basse Lorraine, & à l'Evêque de Liége de déclarer la guerre au Comte de Flandre.

Ils eurent un grand avantage dans la Frise, où ils se jettérent d'abord ; mais estant venus pour attaquer le Flandre, ils trouvérent Robert non seulement bien préparé à les recevoir ; mais encore soûtenu par le Roy de France, avec qui il avoit traité durant que Richilde alloit demander du secours à l'Empereur.

Cette Ligue de Robert avec le Roy leur ôta toute espérance de réüssir. Richilde & Baudoüin furent abandonnez. L'Evêque de Liége avoit traité de la Ville de Mons avec le Duc de la basse Lorraine, à qui il l'avoit cédée. Celuy-ci la rendit au jeune Baudoüin ; mais à condition qu'il la tiendroit de luy en Fief, & comme un Arriere-Fief de l'Empire. Robert demeura en possession de la Flandre, & Richilde & Baudoüin furent obligez de se contenter du Comté de Haynaut, qu'on leur laissa. Quelque temps après, le Roy épousa Berthe, fille de la Comtesse Gertrude & de Florent Comte de Frise, & belle fille de Robert, laquelle fut ensuite l'occasion de bien des broüilleries.

L'an 1073. le Pape Alexandre II. mourut. Il avoit porté bien haut l'autorité Pontificale, & jusqu'à citer l'Empereur Henri IV. accusé à son Tribunal du crime de Simonie, par quelques Seigneurs & quelques Evêques Saxons, qui s'estoient révoltez contre luy, en faveur d'Othon Duc de Baviére, qu'il avoit dépoüillé de son Duché. La mort d'Alexandre arresta les suites de ces procédures ; mais celuy qui fut mis en sa place poussa les choses encore bien plus loin ; & pendant plus de douze ans que son Pontificat dura, il fit de bien plus hautes & de bien plus extraordinaires entreprises.

Ce Pape fut Gregoire VII. connu avant son Pontificat sous le nom de Hildebrand, homme de très-basse naissance, & de petite taille, mais d'un génie bien au-dessus du commun, d'un esprit vif, actif, entreprenant, d'une intrépidité à l'épreuve des plus grands périls, & d'une fermeté inflexible. Il entreprit sans ménagement de réformer les grands desordres qui régnoient alors dans tous les Etats du Christianisme ; mais il le fit d'une maniére, qui causa de grands maux : & voulant anéantir l'autorité des Souverains, il les révolta contre la sienne, & les fit penser à se précautionner contre celle de ses successeurs.

Ce fut principalement contre l'Empereur Henri, que les grands éclats se firent. Il le cita à comparoistre devant luy ; il l'excommunia, & l'obligea à luy venir demander miséricorde en posture de Pénitent. Il l'excommunia une seconde fois, & le déposa. Il excommunia aussi Nicéphore Empereur de Constantinople. Il en fit autant à Robert Guischard, Duc de la Poüille. Il ôta à Boleslas la qualité de Roy de Pologne, & à la Pologne mesme le titre de Royaume. Il dégrada grand nombre d'Evêques. Peu s'en fallut, qu'il ne traitast le Roy Philippe, comme il avoit traité Henri ; il l'auroit fait, s'il n'eust pas appréhendé de multiplier ses ennemis. De tout cela suivirent mille révoltes, des guerres sanglantes, la désolation de l'Italie & de l'Allemagne. La conduite de ce Pape, envisagée par divers endroits, en a fait dire aux uns beaucoup de bien, & aux autres beaucoup de mal. La plûpart de ces grands démeslez n'appartiennent pas à mon Histoire ; je ne toucheray que ceux qui eurent du rapport à la France.

Gregoire ne fut pas pluftost sur le Trône de S. Pierre, qu'envisageant les étranges dérégle-mens qui régnoient dans l'Eglise, en Allemagne, en Italie, en France, en Espagne, il prit

HISTOIRE DE FRANCE.

la résolution d'y apporter reméde quoy qu'il en pust arriver. La Simonie estoit par tout un vice établi, dont on ne se cachoit plus. Les Princes sans scrupule & sans honte, vendoient souvent les Evêchez & les Abbayes à leurs Sujets. Les mariages incestueux défendus par l'Eglise en de certains degrez de parenté, & ils l'étoient alors jusqu'au septiéme degré, étoient devenus très-communs. Les Prestres se marioient publiquement en Allemagne: On ne vit jamais une telle corruption, & c'estoient-là sans doute des objets dignes du zéle d'un Pape tel que Gregoire, s'il eût sçû le faire agir avec plus de modération. D'ailleurs l'Espagne encore occupée en grande partie par les Sarrazins, les progrez des Infidéles dans l'Asie, prests à s'emparer de tout l'Empire d'Orient, estoient en mesme-temps pour luy des sujets d'inquiétude, & une matiere proportionnée à ses grandes vûës.

Il regarda l'établissement de l'autorité & de la puissance absoluë du S. Siége dans l'Eglise, & sur tous les Souverains, comme le moyen général, & le seul efficace pour mettre en exécution ce qu'il méditoit sur tout cela. C'est où il visa d'abord & toûjours, & à quoy il fit céder tout le reste. Dans ce dessein il s'appliqua principalement à rendre les Evêques dépendans de Rome, & à diminuer leur dépendance des Princes. Ses prédecesseurs avoient déja beaucoup gagné sur ce point-là, & le gouvernement Hiérarchique à cet égard estoit alors tout different de celuy, que l'Histoire nous représente sous nos Rois de la premiere Race. Sur cet article aussi bien que sur celuy des Souverains, on luy attribuë les maximes suivantes, qui sont marquées dans un écrit inseré parmi ses Lettres, sous le nom de *Dictatus Papæ*; & je croy, supposé qu'elles soient de luy, qu'on y a mis ce titre, parce qu'il les dictoit à ses Légats, lorsqu'il les envoyoit dans les divers Royaumes Chrestiens, & aux Cours des Princes. Voicy les plus remarquables.

Lib. 2. ep. Greg. Epist. 55.

Que le Pape seul peut déposer & rétablir les Evêques.

Qu'il le peut faire sans assembler le Concile.

Qu'il est permis au Pape seul de faire de nouvelles loix selon la nécessité des temps. De faire de nouveaux Diocéses, de changer les Chapitres de Chanoines en Abbayes, de démembrer les Evêchez trop riches, & d'en unir plusieurs qui n'avoient pas un assez gros revenu.

Qu'il peut obliger les Evêques à changer leurs Evêchez, quand certaines conjonctures le demandent.

Que la Sentence qu'il aura portée, doit estre reçuë de tous sans examen, & que luy seul a droit d'examiner les Sentences de tout autre Juge.

Qu'il n'y a que luy qui ait droit de porter les marques de la dignité Impériale.

Qu'il a le droit de déposer les Empereurs.

Qu'il peut absoudre du serment de fidélité les Sujets d'un mauvais Prince.

Que le Pontife Romain, dès-là qu'il a esté canoniquement ordonné, doit estre regardé comme Saint, en vertu des mérites de Saint Pierre.

On voit dans ces maximes le plan du gouvernement de ce Pape, soit par rapport aux Evêques, soit par rapport aux Souverains, & il le suivit, tout peu conforme qu'il estoit à la conduite des Papes des neuf premiers siécles de l'Eglise, & à celle que la plûpart de ses successeurs ont tenuë depuis.

Pour reduire ces maximes en pratique à l'égard des Souverains, voicy comme il s'y prit.

Il profita de certains engagemens que quelques Princes avoient pris autrefois par dévotion, en se dévoüant eux & leurs Etats au service de l'Eglise Romaine. Ils avoient eux-mesmes imposé sur leurs Sujets une taxe annuelle, au profit du Pape, on l'appelloit le denier de S. Pierre. Cette taxe avoit l'air d'une espéce de tribut, qu'on n'osoit plus refuser sans s'exposer aux censures de Rome; titre que Gregoire sçût bien faire valoir à l'égard de l'Espagne, & de quelques autres Etats. L'envie que plusieurs Princes avoient de faire, ou de conserver quelque nouvelle conqueste, les faisoit voir recours au Pape, à qui, pour éviter les foudres de l'Eglise, ou pour les attirer sur la teste de leurs Concurrens, ils se résolvoient à faire hommage de leurs Etats.

Epist. 7. Greg. VII.

C'est ainsi que Robert Guischard se fit feudataire de Gregoire pour la Poüille, la Calabre & la Sicile, & luy fit, comme à son Souverain, le serment de fidélité que l'on voit parmi les Lettres de ce Pape, avec la formule d'investiture, que Gregoire luy donna de ces trois Etats, comme un Souverain à son Vassal: & c'est là l'origine de la dépendance que le Royaume de Naples a du S. Siége.

L. 8. post primam Epist.

Les mariages de quelques Princes contractez avec leurs parentes contre les regles de l'Eglise, leurs mauvais déportemens, leur conduite scandaleuse, leur attirérent la peine de l'excommunication, à laquelle on joignit la menace de la déposition & de la dispense de l'obéissance que leurs Sujets leur devoient. Il se trouvoit toûjours dans les Etats des esprits remuans & ambitieux, prests à se faire les Ministres de l'exécution de ces Sentences; ce qui contraignoit ces Souverains de recourir à la miséricorde du Pape, de subir son jugement, de reconnoistre son autorité sur leur Couronne. C'est à quoy Henry Roy de Germanie se trouva réduit plus d'une fois, & c'est ce qui fit parvenir Gregoire à ce point où il tendoit, & que selon ses idées il regardoit comme nécessaire pour travailler efficacement à la réformation des grands abus qui s'estoient introduits dans l'Eglise.

Quelque temps après son élévation sur la Chaire Pontificale, il fit dire à quelques Seigneurs François, que l'Espagne appartenoit en propriété au S. Siége, & que s'ils vouloient armer pour enlever aux Sarrazins ce qu'ils y tenoient encore, il le leur donneroit, à condition de l'hommage, & d'une redevance annuelle. Il y avoit alors en France un Seigneur, riche, puissant, & grand homme de guerre, nommé Ebole Comte de Rouci, qui accepta ses offres aux conditions qu'il proposoit, & résolut d'aller avec ses Vassaux & les Troupes de quelques autres Seigneurs ses amis, attaquer les Sarrasins.

L. 1. Epist. 7.

Le Pape sur l'avis que luy en donna ce Comte, écrivit aux Rois Chrestiens d'Espagne, » une Lettre qui commence par ces paroles : » Je croy que vous n'ignorez pas que depuis plu- » sieurs siécles, S. Pierre est le proprietaire du » Royaume d'Espagne, que quoique ce païs-là » ait esté envahi par les Infidéles depuis long- » temps, on ne peut luy en disputer la proprie- » té avec justice, & qu'il appartient au S. Siége » Apostolique &c. Il leur declare ensuite qu'il a cédé au Comte de Rouci tout ce qu'il en pourra enlever aux Sarrasins, à condition de le tenir de l'Eglise Romaine; qu'il leur defend d'entreprendre aucune conqueste sur ces Infidéles, sinon aux mesmes conditions; qu'il leur envoye pour ce sujet le Cardinal Hugues avec plein pouvoir de traiter avec eux sur cet article; & que s'ils en usent autrement, il agira contre eux par les censures, & par l'interdit. Le détail de ce que firent les François dans cette expédition, n'est point venu jusqu'à nous. Elle n'eut pas apparemment de grandes suites, non plus que quelques autres qu'ils y avoient faites déja auparavant.

Non seulement le Roy laissoit faire à ses Vassaux sur cela tout ce qu'ils jugeoient à propos; mais on voit encore que sous son Régne, Gregoire poussa son autorité sur les Evêques aussi loin qu'il voulut, les déposant, les contraignant sous peine d'excommunication d'assister aux Conciles que ses Légats convoquoient en France, les obligeant de venir à Rome rendre compte de leur conduite, entrant dans tous les differens Ecclesiastiques, & décidant de tout souverainement, tandis que ce jeune Prince tout occupé de ses plaisirs, ne se mettoit pas fort en peine d'entrer dans les discussions qu'on a faites depuis, pour la conservation des libertez de l'Eglise Gallicane.

Cette indolence du Roy rendit en peu de temps tous les Evêques, tous les Ecclesiastiques & tous les Religieux tellement dépendants du S. Siége, & si absolument soumis à ses ordres, que dans la suite il n'eust pas esté trop seur pour ce Prince de se mêler contre la volonté du Pape, d'aucune affaire qui eût eu le moindre rapport à l'Eglise.

En effet Philippe ayant conferé quelques Evêchez d'une maniere où il paroissoit de la simonie, s'estant saisi de quelques Terres qu'on prétendoit appartenir à une Eglise, & ayant fait enlever dans une Foire, je ne sçay par quelle raison, l'argent de quelques Marchands Italiens, & d'autres Nations, le Pape l'entreprit, & usa des moyens les plus forts, pour faire soulever le Royaume contre luy. Il écrivit à Manassés Archevêque de Reims, à Roderic Evêque de Châlons sur Marne, & puis à tout le Corps des Evêques de France en des ter-

mes, qui sans doute ne seroient pas approuvez mesme à Rome dans le temps où nous sommes. Le Roy y est traité de Loup ravissant, de Tyran indigne du nom de Roy, d'homme tout couvert de pechez & de crimes. Il écrivit outre cela à Guillaume Comte de Poitiers & Duc de Guyenne, pour l'exhorter à s'unir avec d'autres Seigneurs François, & à représenter au Roy sa mauvaise conduite. Il ordonnoit aux Evêques, en cas qu'il ne voulust pas changer de vie, de luy refuser & leur Communion, & l'obéïssance, & de mettre tout le Royaume en interdit, les asseurant que si ces voyes ne réüssissoient pas, il le déclareroit indigne de la Couronne, & déchû du tous les droits qu'il y avoit.

L. 2. Epist. 32. Epist. 35 L. 2. Epist. 5.

Par bonheur pour le Roy, le Pape ainsi que je l'ay dit, avoit alors de grosses affaires avec Henry Roy d'Allemagne pour des interests encore plus pressans, & qui le regardoient plus immediatement. Sans cela il seroit peut-estre venu à bout de faire à son égard ce qu'il fit contre Henry, contre lequel il souleva toute l'Allemagne, & qu'il déposa.

Quoique Philippe fût asseurément un Prince fort déreglé, il fut neanmoins louable pour la modération qu'il garda en des conjonctures si délicates, malgré un procedé aussi étrange que celuy de Gregoire à son égard. Car lorsque Henry eut formé un Schisme dans l'Eglise, & fait créer un Anti-Pape, qui fut Guibert Archevêque de Ravenne, sous le nom de Clement III. Philippe ne voulut jamais se rendre aux pressantes sollicitations qui luy furent faites par ce Prince de reconnoistre Clement, & de renoncer à la Communion du veritable Pape.

Guillaume Duc de Normandie, & devenu Roy d'Angleterre, estoit celuy que Gregoire ménageoit le plus, soit qu'il y eût moins de désordres dans les Eglises de ses Etats, soit que luy-mesme ménageast plus ce Pape, de peur d'en estre traversé dans sa nouvelle domination, où tout ne fut pas si tost parfaitement tranquille. Mais le soin de son nouvel Etat ne l'empescha pas de penser à s'agrandir du costé de la France.

Ce Prince actif estoit toûjours en mouvement, passant tantost de Normandie en Angleterre pour y arrester les révoltes, & tantost d'Angleterre en Normandie, pour veiller sur les démarches de ses voisins & de ses Vassaux. Les Manceaux quoique domptez plusieurs fois se révolterent de nouveau. Guillaume accourut avec une Armée d'Anglois, & les chastia severement. Fouque Comte d'Anjou, & Hoël Duc de Bretagne qui avoient soutenu les Rebelles du Maine, estoient sur le point d'estre attaquez à leur tour; mais un Légat du Pape qui se trouva alors en France, se fit Mediateur de la paix, à quoy le Roy d'Angleterre ne se rendit pas fort difficile, sur l'avis de quelques nouvelles révoltes au de-là la Mer, qui demandoient sa présence; mais il ne les eut pas plustost appaisées qu'il repassa en Normandie, & envoya ordre au Duc de Bretagne de

Malmesb. L. 3.

HISTOIRE DE FRANCE.

Ordericus vital. L. 4. luy venir rendre hommage, comme ses prédecesseurs l'avoient rendu aux premiers Ducs de Normandie. Le Duc de Bretagne le refusa. Aussi-tost Guillaume se mit en devoir de l'y contraindre, & assiégea Dol.

Le Duc de Bretagne eut recours au Roy de France, ne doutant pas qu'il ne fust très-disposé à empescher l'agrandissement du Roy d'Angleterre, & qu'il ne vist volontiers la Bretagne devenir de nouveau un Fief immediat de la Couronne, d'arriere Fief qu'elle estoit depuis que Charles le Simple l'eût cédée malgré luy à Rollon premier Duc de Normandie.

Ibid. Il ne se trompa pas. Le Roy vint avec de nombreuses Troupes au secours des assiégez, dont la vigoureuse résistance avoit beaucoup diminué l'Armée du Roy d'Angleterre. Ce Prince n'estant pas en estat de soutenir l'effort de celle des François, leva le siége; il fut chargé dans sa retraite, & perdit beaucoup de monde, avec tout son bagage, dont la perte *Malmesb.* *L. 3.* montoit à quinze mille livres sterlin, qui estoit *Huntind.* *L. 7.* alors une très-grosse somme. Il se fit ensuite un Traité de Paix entre les deux Rois.

An. 1076. Ceux qui croyoient pénétrer le plus avant dans les mystéres de l'Etat, soupçonnoient Ro- *Orderic.* *L. 4.* bert fils aîné du Roy d'Angleterre, d'estre l'Auteur secret de la derniere révolte des Manceaux & de quelques Seigneurs de Normandie qui se joignirent à eux: ils prétendoient que c'estoit luy qui faisoit sous main agir le Duc de Bretagne, le Comte d'Anjou, & le Roy de France, & qu'il remüoit tous ces ressorts, pour obliger le Roy son pere à partager avec luy le gouvernement de ses Etats, à luy céder le Comté du Maine, & le Duché de Normandie, & à se contenter du Royaume d'Angleterre, où il s'excitoit tous les jours de nouveaux troubles, dès qu'on le voyoit au delà de la mer. Ce qui est certain, c'est que les Historiens contemporains marquent en général les liaisons secrettes, que Philippe avoit avec *Ibid.* ce jeune Prince avide de gloire s'il en fut jamais, plein d'ambition, impérieux, hardi, infiniment adroit dans le maniment des armes, malgré sa grosse & petite taille, qui luy fit donner le nom de Gambaron, ou de Courtes-Bottes, parce qu'il avoit les jambes extrémement courtes; son plus grand plaisir estoit de commander une Armée, en quoy il excella plus qu'aucun Prince de son temps.

Roger. *Hoveden.* Lorsque les Manceaux se soumirent à Guillaume avant sa conqueste d'Angleterre, une des conditions qu'ils demanderent, estoit que ce Comté fust donné à Robert, & j'ay remarqué qu'immédiatement avant cette expédition, Guillaume estoit convenu avec Philippe, que le Duché de Normandie reviendroit aussi à ce jeune Prince; mais il entendoit que ce ne seroit qu'après sa mort, & au cas qu'il luy arrivast d'estre tué dans la guerre d'Angleterre.

Fragm. de Guillel n. Conquest. Robert, qui dès lors avoit reçû les hommages des Barons de Normandie, ne pouvoit s'accommoder de ce délay; & un jour il s'expliqua nettement à son pere sur ce sujet, le priant de luy tenir la parole qu'il avoit donnée au Roy de France & aux Seigneurs du Maine. Il n'en reçût point d'autre réponse, sinon que sa coutume n'estoit pas de se dépouiller avant que de se coucher.

Le Roy d'Angleterre avoit deux autres fils cadets de Robert, beaucoup plus soumis à ses ordres, & bien plus complaisans que luy. L'un estoit Guillaume, surnommé le Roux, à cause de la couleur de ses cheveux, ou de celle de son visage. L'autre s'appelloit Henry. La *Malmesb.* *L. 4.* jalousie qu'ils avoient contre leur aîné, dont ils sçavoient que l'ambition alloit jusqu'à vouloir les exclure entierement de la succession de leur pere, les tenoit très-unis entre eux, & cette union donnoit de l'ombrage à Robert. Une bagatelle le broüilla avec eux, & pensa rallumer la guerre entre le Roy d'Angleterre, & le Roy de France.

Les deux jeunes Princes estant un jour ve- *Orderic.* *L. 4.* nus voir leur frere aîné au Chasteau de l'Aigle en Normandie, où le Roy leur pere estoit aussi, se mirent à joüer aux Déz, & ensuite à badiner, & à folastrer ensemble. Robert estoit dans la cour du Chasteau, sous la fenestre de la Chambre où ils se divertissoient. Ils jetterent sur luy de l'eau, apparemment par jeu, & sans intention de l'offenser. Robert prit d'abord la chose en riant; mais Alberic de Grentemesnil, frere ou parent de Hugues de Grentemesnil, à qui le Roy venoit d'ôter les Gouvernemens qu'il luy avoit donnez en Angleterre, & quelques autres mécontens qui se trouverent là avec Robert, l'animerent, & luy firent regarder la chose comme une insulte. Il s'emporta furieusement, & mettant l'épée à la main, monta avec eux à la Chambre où estoient ses freres. Le Roy ayant entendu le bruit, sortit de son appartement & empescha le désordre. Mais Robert partit dès la nuit suivante avec toute sa suite, & s'en alla à Roüen, *Valsingam* *hypodigma Neustriæ an* *1077.* où il voulut s'emparer du Chasteau, qu'on appelle encore aujourd'huy la vieille Tour. Roger d'Yvry, Grand Echanson de Normandie, Commandant du Chasteau, s'estant douté de quelque chose, se tint sur ses gardes, & repoussa ceux qui s'y présenterent pour se saisir des portes. Le Roy d'Angleterre averti par le Commandant, vint promptement à Roüen, fit prendre & punir quelques-uns des Conjurez, & le reste s'enfuit avec Robert. Ce Prince commença à faire des courses dans la Haute Normandie, & à assembler des Troupes, qu'il aug- *Ibid.* *Malmesb.* *L. 3.* mentoit de jour en jour de celles que le Roy de France luy envoyoit sous main, & pour l'entretien desquelles sa mere la Reine Mathilde qui l'aimoit plus que ses autres enfans, luy fournissoit de l'argent en secret.

Comme il se vit poursuivi, il pria Philippe de luy donner quelque Place de retraite, & ce *Rogerius* *Houeden.* *L. 1. Valsingam.* *Malmesb.* Prince luy donna Gerberoy en Beauvoisis. Guillaume vint l'y attaquer, & dans une sortie que fit Robert, il rencontra par malheur le Roy son pere, contre lequel, sans le connoistre, il courut la lance à la main, le blessa au bras, & le renversa de dessus son cheval; mais l'ayant reconnu à sa voix, il sauta aussi-tost à terre,

terre, se jetta à ses pieds, le fit monter sur son propre cheval, & le laissa retourner à son Camp. Il y eut dans cette occasion bien des gens tuez du costé du Roy d'Angleterre, & Guillaume le Roux son second fils y fut aussi blessé. Le Roy nonobstant cette action généreuse de Robert, ne put modérer sa colére, & en se retirant, luy donna sa malédiction. Ensuite il leva le siége.

An. 1079.

Ce desavantage du Roy d'Angleterre pensa avoir de fascheuses suites. Il se fit à cette occasion de grands mouvemens en Bretagne, en Anjou, dans le Maine, en Normandie mesme, chacun prenant parti, les uns pour le fils, les autres pour le pere. Néanmoins par l'entremise de plusieurs Seigneurs, tant de Normandie que d'Angleterre, & à la priére du Roy & de la Reine de France, à qui la bien-séance, plûtost que le désir de voir finir cette division entre le pere & le fils, fit faire cette démarche, le Roy d'Angleterre consentit à recevoir Robert en grace. Mais cette réconciliation dura peu : & ce jeune Prince pour de nouveaux mécontentemens, ou sous de nouveaux prétextes, se retira encore de la Cour.

Orderic. l. 5.
An. 1081.

L'indocilité de Robert, & les partisans qu'il avoit en Normandie, dans le Maine & dans l'Anjou, suspendoient le dessein que le Roy d'Angleterre avoit de se venger du Roy de France, à qui il attribuoit les fréquentes révoltes de son fils. Il appréhendoit une guerre civile en Normandie, qui pouvoit en faire naistre une autre en Angleterre : & il se fust trouvé fort embarrassé, s'il avoit eu avec cela toutes les forces de la France sur les bras. Mais enfin l'an 1087. les animositez entre les deux Rois éclatérent. Robert en fut encore l'occasion. Il se révolta de nouveau, & trouva retraite sur les Terres de France ; on luy fournit des Troupes, avec lesquelles il porta le ravage en Normandie, & une raillerie que fit le Roy de France du Roy d'Angleterre, acheva d'aigrir ce Prince. Il estoit malade depuis quelque temps, & gardoit le lit. Le Roy dit en plaisantant avec ses Courtisans, que ce gros homme-là étoit long-temps en couche, sans qu'il cessast d'estre gros. Un Roy ne sçauroit estre trop réservé dans ses paroles. Un bon mot fait rire ceux qui l'entendent, & produit quelquefois des effets qui en font pleurer une infinité d'autres.

An. 1087.
Malmesb. l. 3.
Guillelm. Gemetic l. 7. cap. 44.

Malmesb. l. 3.

Cette plaisanterie ne méritoit que d'estre méprisée ; mais Guillaume naturellement colére, & irrité des nouveaux secours que Philippe donnoit à son fils contre luy, dit quand on la luy rapporta, Je releveray bien-tost, & j'iray présenter tant de luminaires au Roy de France, qu'il se repentira de ce qu'il a dit. Il faisoit allusion à la coûtume des femmes, qui relevant de leurs couches, vont présenter un cierge dans l'Eglise, & aux incendies qu'il prétendoit faire sur les Terres de France.

Il ne tint que trop exactement sa parole ; car il vint mettre le siége devant la Ville de Mantes, & après avoir tout ravagé aux environs, il la prit, & la mit en cendre, sans espargner mesme les Eglises.

Tome I.

L'effet de sa vengeance fut en partie la cause de sa mort ; car s'estant trop approché de l'incendie, qu'il contemploit avec plaisir, il se sentit fort incommodé de la chaleur du feu ; & au sortir de-là, ayant poussé son cheval pour sauter un fossé, & ne s'estant pas tenu assez ferme, le pommeau de la selle luy donna contre l'estomach si rudement, qu'il le blessa. Ce coup luy causa un abcès dans le corps, dont il mourut à Roüen, où il s'estoit fait transporter aussi-tost.

Math. Paris. l. 2. an. 1087.

Ce fut véritablement un grand Prince & le Héros de son temps, de qui la France auroit eû tout à craindre, sans les révoltes continuelles d'Angleterre, qui l'occupérent presque toûjours, & sans l'embarras que luy causa l'esprit inquiet & indomptable de son fils aîné. Il partagea ses Etats avant sa mort entre ses trois fils, & Robert, nonobstant sa révolte, ne fut point exclus de la succession. Il eut le Duché de Normandie, & tout ce que son pere avoit possedé en-deçà de la mer. L'Angleterre fut donnée à Guillaume. Henri outre une assez grosse somme d'argent qu'on luy donna, fut mis en possession des biens & des Terres de la Reine Mathilde sa mere, morte quelque temps avant son mari.

Guillelm. Malmesb. l. 3.

Ces trois Princes n'estoient pas d'humeur à demeurer long-temps en paix. Robert par le droit d'aînesse prétendoit au Royaume d'Angleterre, & les choses estoient tellement disposées, que s'il eust usé de diligence, il s'en fust rendu maistre. Mais il se laissa prévenir par Guillaume, qui vint ensuite l'attaquer en Normandie, & luy enleva plusieurs Places. Robert eut recours au Roy de France, qui après avoir esté quelque temps simple spectateur de cette guerre, vint à son secours, & puis gagné par l'argent de Guillaume, l'abandonna. La Normandie fut assez long-temps le Théatre de la guerre, jusqu'à ce que quelques Seigneurs des deux partis se firent les médiateurs. La Paix se fit à Caën, fort desavantageusement pour Robert ; car Guillaume garda par ce Traité les Places dont il s'estoit emparé, & entre autres Fécamp & Eu. Henri se remit aussi en possession du Cotentin, que Robert luy avoit d'abord donné en Fief, & qu'il luy avoit ôsté depuis. Les Manceaux se révoltérent pareillement, & se donnérent à Helie Seigneur de la Fléche ; mais Robert les dompta.

Guillelm. Gemetic. l. 6. c. 4.

Malmesb. l. 4. an. 1090.

An. 1091.

Ces divisions entre les fils de Guillaume le Conquérant, contribuoient au repos de la France, à laquelle leur union pouvoit estre très-redoutable, & le Régne de Philippe auroit esté fort tranquille, si une malheureuse passion n'en n'eust troublé la tranquillité. La chose éclata dans toute l'Europe avec beaucoup de scandale, & fut pour luy la source d'une longue suite d'inquietudes & de chagrins.

Il avoit déja eu trois enfans de la Reine Berthe sa femme, fille de Florent Comte de Frise ; sçavoir, Loüis-Thibaud, qui fut son successeur, & connu dans l'Histoire sous le nom de Loüis le Gros ; une fille nommée Constance, & un autre fils nommé Henri, qui mourut jeu-

Yyy

HISTOIRE DE FRANCE.

Chronic. MSS. de S. Denis.

ne. Il se dégoûta de cette Princesse, & pensa à la répudier. Ces divorces estoient encore fort fréquens parmi les Princes & les Seigneurs, tant en France qu'en Allemagne & en Italie ; mais il falloit au Roy un prétexte pour celuy qu'il méditoit.

Les Papes depuis long-temps avoient esté très-sévéres sur l'article des degrez de parenté pour les mariages, & en avoient cassé un grand nombre, comme nuls, parce qu'ils avoient esté contractez entre personnes parentes au-dessus du septiéme degré. Souvent en contractant ces mariages, l'interest ou l'inclination empêchoient qu'on ne s'arrestast à une discussion si exacte de ces degrez de parenté ; mais quand les maris estoient las de leurs femmes, c'estoit alors qu'on la faisoit, & le divorce suivoit ; le libertinage se couvrant ainsi de l'autorité des régles de l'Eglise.

Ce fut à cet expédient que Philippe eut recours ; & au défaut de véritables titres, il fit faire de fausses Géncalogies, par lesquelles il taschoit de prouver sa prétenduë parenté avec la Reine.

Malaterra, l. 4. Hist. Rob. Guischardi.

Comptant là-dessus, il envoya des Ambassadeurs en Sicile au Comte Roger, frere de Robert Guischard Duc de Calabre, de la Poüille & de Sicile, pour luy demander sa fille Emma en mariage. Le Comte supposant véritable la nullité du mariage du Roy avec la Reine Berthe, se tint fort honoré de cette alliance, & fit partir sa fille avec un équipage digne du rang où elle alloit estre élevée, & luy donna une très-grosse somme d'argent.

Il n'est pas vray-semblable, comme on l'écrit communément sur la foy du Moine de Sicile, Auteur de l'Histoire de Robert Guischard, que le Roy eust fait venir en France cette Princesse sans dessein de l'épouser ; mais seulement pour s'emparer de son argent & de ses joyaux. Ce sont des idées & des bruits populaires, que des Ecrivains peu circonspects reçoivent trop aisément dans leurs Histoires. La véritable raison pourquoy Philippe ne l'épousa pas, fut que durant cette Ambassade, & le temps qu'il fallut pour amener en France cette Princesse, il se laissa emporter à d'autres amours, qui empêchérent ce mariage. En voici l'occasion.

Orderic. l. 8. p. 681.

Fouques Comte d'Anjou, surnommé Rechin, avoit eu deux femmes, l'une après l'autre, qui vivoient encore, & avec qui il avoit fait divorce, sous le prétexte ordinaire de parenté. Toutes deux s'appelloient Ermengarde. La premiere estoit fille de Lancelin Seigneur de Bogency, & la seconde fille d'Archambaud de Bourbon III. du nom. Il épousa en troisiémes nôces Bertrade, fille de Simon de Monfort, (cette Maison est illustre dans nostre Histoire,) & petite-fille d'Amauri de Monfort, qui tirant son nom d'une petite Ville à neuf ou dix lieuës de Paris, luy a aussi laissé le sien ; car on appelle aujourd'huy cette Ville Monfort-l'Amauri.

Bertrade estoit d'une beauté rare, & le Comte d'Anjou en fut si charmé, que malgré les premiers refus, il ne cessa point de la demander. Il l'obtint enfin par l'entremise de Robert Duc de Normandie, qui avoit alors besoin de luy contre les Manceaux révoltez, & qui pour faire condescendre à ce mariage Guillaume Comte d'Evreux, tuteur & oncle de Bertrade, luy céda plusieurs Chasteaux, sur lesquels la Maison de ce Comte avoit des prétentions.

Le Comte d'Anjou estoit fort vieux, & Bertrade toute jeune. Elle avoit avec cela beaucoup d'esprit & d'ambition. Elle ne fut pas quatre ans avec le Comte, que chagrine de se voir ainsi sacrifiée à des interests d'Etat & de Famille, elle ne put plus le souffrir. De plus l'exemple des deux Ermengardes luy faisoit appréhender le caprice de son mari, & qu'avec le temps, il ne luy prist aussi envie de la répudier.

Sur ces entrefaites, arriva le divorce de Philippe avec la Reine Berthe, qui fut réleguée à Montreüil. Bertrade sur l'avis qu'elle en eut, compta assez sur la réputation de sa beauté, pour croire que le Roy penseroit peut-estre à l'épouser, si on luy en parloit, & qu'on luy en facilitast les moyens.

Ibid. p. 599.

Elle luy envoya en secret un homme affidé, pour luy en faire la proposition, & elle ne fut pas trompée dans son espérance. Le Roy ne balança pas, & luy fit dire qu'il la verroit bientost, pour convenir avec elle des mesures qu'ils auroient à prendre sur une affaire si délicate.

En effet, le Roy, sous je ne sçay quel prétexte, fit un voyage à Tours, où le Comte d'Anjou, qui ne se défioit de rien, le reçut parfaitement bien. La vûë de Bertrade agit encore plus sur son cœur que sa réputation : & dans des visites, qui paroissoient de pure civilité, ils concertérent ensemble leur dessein. Ils arrestérent donc qu'incontinent après le départ du Roy, elle s'échaperoit, pour gagner un rendez-vous qu'il luy marqua.

La veille de la Pentecoste assistant à l'Office dans l'Eglise de saint Jean, tandis que l'on faisoit la bénédiction des Fonts, on les vit s'entretenir, comme s'ils avoient parlé de choses indifférentes, & c'estoit le lieu & ce moment qu'ils avoient choisi pour se jurer une fidélité éternelle en présence des Autels, & faire en quelque façon, Dieu mesme garant du crime qu'ils complotoient.

Le Roy ne fut pas long-temps sans prendre congé du Comte d'Anjou, & peu de jours après la Comtesse partit la nuit, accompagnée seulement de quelques confidens, & gagna Meun, où le Roy avoit laissé une escorte de Cavalerie, qui la conduisit jusqu'à Orleans, où il l'attendoit.

An. 1092.

Une aventure comme celle-là ne pouvoit pas manquer de faire un grand éclat, eu égard au rang & à la dignité des parties interessées dans une telle affaire, & on prévoyoit bien que le Pape ne manqueroit pas de s'en mesler. Gregoire VII. estoit mort. Victor III. luy avoit succedé, & n'avoit tenu le S. Siége que quelques mois. C'estoit Urbain II. qui estoit alors assis sur la Chaire de S. Pierre.

Bertrade commença par justifier sa condui-

PHILIPPE I.

te, difant qu'on l'avoit engagée toute jeune qu'elle eftoit, dans un mariage criminel; que le Comte d'Anjou ayant encore fes deux femmes vivantes, elle n'avoit pû foûtenir plus longtemps les remords de fa confcience en continuant avec fcandale dans un adultere public; que le Roy faifant voir que fon mariage avec la Reine Berthe eftoit nul, ils eftoient tous deux libres, & que rien ne pouvoit les empêcher de fe marier enfemble.

Le Roy de fon cofté faifoit tout fon poffible, pour engager les Prélats de France à prendre fa caufe en main, & pour les difpofer à confentir à fon nouveau mariage. Ce fut dans cet intervalle que la fille du Comte Roger arriva de Sicile à S. Gilles, Ville dépendante de Raymond IV. Comte de Touloufe, dit communément Raymond de S. Gilles. C'eftoit en ce lieu-là mefme que le Roy, felon que les Ambaffadeurs François l'avoient promis au Comte Roger, devoit venir recevoir fa nouvelle époufe. Mais ceux qui l'amenoient furent bien furpris, lorfque le Comte de Touloufe leur apprit ce qui fe paffoit en France, & fur ce qu'il leur en dit, ils virent fi peu d'apparence de réüffir à faire changer de réfolution au Roy, qu'ils fe rembarquérent, & retournérent en Sicile. Emma fut depuis mariée à un Seigneur qui portoit le titre de Comte de Clermont *, deftinée beaucoup moins glorieufe pour elle, mais exemte de crime, & apparemment plus tranquille & plus heureufe: car combien de chagrins Bertrade n'eut-elle point à effuyer, non point à l'occafion de la diffolution de fon mariage avec le Comte d'Anjou, qu'il femble qu'on compta pour rien dans la fuite de cette affaire, tant il en fut peu parlé, & tant il eftoit décrié dans le monde par la maniere dont il avoit traité fes deux autres femmes. Mais le point principal où l'on s'arrefta toûjours, fut le divorce du Roy avec la Reine, contre lequel tous les efprits furent révoltez.

Toute l'application du Roy, comme j'ay dit, eftoit à gagner les Prélats de fon Royaume. Le fameux Yves Evêque de Chartres eftoit celuy dont l'autorité pouvoit le plus ébranler les autres, parce que c'eftoit le plus fçavant, & un des plus faints Prélats du Royaume. C'eft pourquoy le Roy n'omit rien, pour fe le rendre favorable. Il luy écrivit, pour le prier d'affifter à la cérémonie de fon mariage, l'affeûrant que le Pape pleinement informé de tout, y avoit confenti, & que la plufpart des Evêques de France y donnoient les mains.

L'Evêque fort embarraffé de cette invitation, répondit au Roy que ni le confentement du Pape, ni celuy des Evêques de France, ne luy avoient point efté notifiez; qu'au refte l'honneur de faire la cérémonie du mariage appartenoit de droit à l'Archevêque de Reims, fuivant l'ancienne coûtume, confirmée par l'autorité du S. Siége, & que les Suffragans de l'Archevêché de Reims par le mefme droit, devoient eftre les affiftans de l'Archevêque; qu'ainfi il le fupplioit de ne point luy faire cet honneur au préjudice de ceux à qui il appartenoit. En mefme temps il fit fçavoir à l'Archevêque ce qu'il luy avoit écrit au Roy, & le pria de luy mander fi ce qu'on luy écrivoit du confentement du Pape & des Evêques eftoit vray, de luy dire fincérement & felon Dieu, fa penfée, fur une affaire de cette confequence; que pour luy il eftoit réfolu de perdre pluftoft fon Evêché, que de rien faire contre fa confcience, & qui puft fcandalifer l'Eglife. Il envoya des copies de la réponfe qu'il faifoit au Roy, non feulement à l'Archevêque de Reims, mais encore à tous les Evêques qui devoient eftre invitez à la cérémonie du mariage, les exhortant fortement à ne rien faire en cette occafion d'indigne de leur caractére, & à parler au Roy auffi franchement qu'il eftoit réfolu de le faire luy-mefme.

Comme le Roy le preffa encore par une autre Lettre, il luy répondit nettement qu'il ne pourroit fe réfoudre à ce qu'il luy demandoit, avant qu'on euft examiné dans une Affemblée générale des Evêques de France, fi le divorce qu'il avoit fait avec la Reine eftoit légitime; que Paris où il l'appelloit, n'eftoit pas un lieu où les fuffrages des Evêques dûffent eftre libres; qu'il iroit en tout autre lieu, où l'affaire pourroit eftre examinée avec une liberté entiere; & que là il parleroit & agiroit felon que luy dicteroit fa confcience.

Le Roy à qui fa paffion ne permettoit pas d'écouter les remontrances du faint Prélat, & qui voyoit que fur un tel exemple plufieurs autres Evêques répondoient avec une égale fermeté, voulut tenter, fi en l'intimidant, il ne l'ébranleroit point. Il luy envoya ordre, comme à fon Vaffal, de venir à la Cour, pour y rendre compte de fa conduite, contre laquelle il avoit, difoit-il, reçû de grandes plaintes; & en mefme temps il luy ofta la qualité de *Fidéle* *, & abandonna toutes fes Terres & tous fes biens au pillage. L'Evêque, quoique réduit par là à la derniere extrémité, tint toûjours ferme, & écrivit au Roy, que quand il fçauroit le nom de fes accufateurs, & les crimes dont ils le chargeoient, il comparoiftroit hardiment foit à la Cour, fi les chofes eftoient de la compétence du Tribunal féculier, foit devant les Evêques, fi c'eftoit en matiere Eccléfiaftique.

Philippe n'ofa pas pouffer plus loin les chofes, & fur ce que la plufpart des Evêques de fon Royaume, ou éludoient fous divers prétextes, ou luy refufoient ouvertement de faire la cérémonie de fon mariage, il fe contenta de l'Evêque de Senlis, & de deux autres qui n'étoient point de fon Royaume, fçavoir de l'Archevêque de Roüen, & d'Eudes Evêque de Bayeux, frere uterin du défunt Roy d'Angleterre Guillaume le Conquérant. Ces trois Prélats firent donc la cérémonie du mariage, & Eudes eut pour fa récompenfe les revenus de quelques Eglifes de la Ville de Mante.

Jufques-là les Peuples eftoient demeurez en fufpens & dans la foûmiffion. Mais fi-toft que la nouvelle du mariage fait folemnellement fe fuft répanduë dans les Provinces, on commença à murmurer par-tout, & quantité de Seigneurs coururent aux armes en faveur de la Reine Berthe; d'autres prirent le parti de la nouvelle Reine, & on eſtoit en danger de voir une guerre civile en France. Mais Bertrade, femme infiniment adroite, fit tant par ſes careſſes & par ſes promeſſes auprès des principaux Chefs du parti contraire au ſien, qu'elle les adoucit & les gagna.

On fit une nouvelle tentative auprès de l'Evêque de Chartres, & quelques-uns des amis qu'il avoit à la Cour, s'offrirent à faire ſa Paix avec le Roy, pourvû ſeulement qu'il ſe tuſt, & qu'il diſſimulaſt; mais ils n'en eurent point d'autre réponſe, ſinon qu'il attendroit encore quelque temps, pour voir ſi le Roy rentreroit en luy-meſme; qu'il avoit vû une Lettre circulaire du Pape à tous les Evêques de France, par laquelle il les autoriſoit à caſſer le nouveau mariage du Roy, & à contraindre ce Prince par les voyes Canoniques à ſe ſéparer de Bertrade; que juſqu'alors il avoit empeſché que ces Lettres ne devinſſent publiques, de peur de cauſer des troubles dans le Royaume; mais qu'il eſtoit réſolu, auſſi-bien que les autres Evêques à faire ſon devoir; qu'on en donnaſt avis au Roy, & qu'il ſouhaitoit de ſçavoir au pluſtoſt ſa réponſe, & s'il eſtoit en réſolution de lever le ſcandale qu'il cauſoit à toute l'Egliſe.

Epiſt. 23.

Cependant le Roy après ſon mariage penſa à faire couronner Bertrade. Cette cérémonie ne ſe faiſoit jamais, qu'en préſence des Seigneurs & de la pluſpart des Evêques de France. Il ne ſe rebuta point, & eſpérant toûjours de gagner l'Evêque de Chartres, s'il pouvoit luy parler luy-meſme, il luy écrivit pour luy donner un nouvel ordre de le venir trouver avec les Milices de ſon Evêché, ſous prétexte d'une entrevûë qu'il devoit avoir avec le Roy d'Angleterre & le Duc de Normandie. En ces ſortes d'occaſions les Princes marchoient d'ordinaire avec des Troupes, & les Vaſſaux de la Couronne eſtoient obligez de l'y accompagner, quand il les appelloit, & d'y amener leurs propres Vaſſaux avec les hommes armez, que chaque Fief devoit fournir de la meſme maniere, que ſi on euſt eſté à toute la guerre. L'Evêque répondit à la Lettre du Roy par celle-ci.

" J'ay reçû la Lettre de voſtre Excellence,
" par laquelle vous m'ordonnez de vous venir
" trouver à Pontoiſe ou à Chaumont, au jour
" que vous me marquez, pour aller de-là à la
" Conférence que vous devez avoir avec le Roy
" d'Angleterre, & avec le Comte de Normandie.
" J'ay pluſieurs raiſons & fort importantes, qui
" m'empeſchent de m'y rendre. La premiere eſt,
" que le Pape vous défend par l'autorité Apoſto-
" lique, d'avoir commerce avec celle que vous
" appellez voſtre épouſe. La ſeconde eſt, que le
" Pape vous ayant demandé ſeûreté pour un
" Concile qu'il vouloit faire tenir ſur ce ſujet,
" vous avez défendu aux Evêques de s'aſſembler.
" De plus c'eſt que le Pape vous déclare excom-
" munié, ſi vous demeurez davantage avec cette
" femme; qu'il nous a défendu à tous de la cou-
" ronner, tout le monde diſant hautement par-
" tout, que voſtre mariage eſt nul. Ainſi le reſ-
" pect que j'ay pour vous m'empeſche de paroi-
" tre en voſtre préſence: car ſi j'allois à la Cour,
" je ſerois obligé de vous dire de bouche, & de
" déclarer en préſence de tout le monde ce que
" je vous dis encore ici en ſecret dans une Let-
" tre. Or je ſuis réſolu d'épargner la réputation
" de voſtre Majeſté, & de ne donner aucune at-
" teinte à voſtre autorité; & juſqu'à tant que je
" ſois abſolument obligé de parler, je diſſimule-
" ray & je me tairay. Outre ces raiſons qui m'em-
" peſchent de me rendre auprès de voſtre Per-
" ſonne, j'en ay encore une autre: c'eſt que preſ-
" que tous les Vaſſaux de mon Egliſe ſont ou ab-
" ſens, ou excommuniez, pour avoir violé les
" Canons, qui les obligent, ſous peine d'excom-
" munication, à ne point exercer de violences les
" uns contre les autres pendant certains jours de
" la ſemaine; je ne puis les réconcilier à l'Egliſe
" ſans qu'ils faſſent ſatisfaction, ni les conduire
" à l'Armée, tandis qu'ils demeurent excommu-
" niez. Enfin voſtre Sérénité ſçait bien qu'il n'y
" a point pour moy de ſeûreté à la Cour; que j'y
" ay pour ennemi un ſexe, auquel on ne doit pas
" ſe trop fier quand meſme on l'a pour ami. J'at-
" tens avec patience que Dieu vous éclaire, qu'il
" ferme vos oreilles à la voix du ſerpent, & qu'il
" les ouvre aux remontrances ſalutaires que vos
" véritables ſerviteurs vous font. C'eſt là l'objet
" de mes déſirs, & à quoy tendent toutes les
" prieres que je fais tous les jours à Dieu; je le
" prie de vous conſerver.

Cette Lettre oſtoit toute eſpérance au Roy de fléchir l'Evêque. Bertrade employoit toutes ſortes de moyens pour ſurprendre ce Prélat, & le faire enlever; mais il ſe tenoit ſur ſes gardes. Ainſi le Roy prit le parti d'agir auprès du Pape, pour empeſcher que l'excommunication dont on le menaçoit, ne fuſt publiée.

Epiſt. 54.

J'ay raconté auparavant comment Henri IV. Roy d'Allemagne, du vivant du Pape Gregoire VII. avoit fait un Antipape ſous le nom de Clement III. Il l'avoit toûjours ſoûtenu depuis & continuoit de l'oppoſer à Urbain II. Philippe, malgré les chagrins que luy cauſa le Pape Gregoire VII. eſtoit demeuré dans l'obéïſſance de l'Egliſe, & n'avoit jamais voulu reconnoître l'Antipape, nonobſtant les ſollicitations preſſantes de Henri. Il envoya donc au Pape des Ambaſſadeurs, dont il eſtoit bien ſeûr, & par l'attachement qu'ils avoient pour luy, & par leur habileté à conduire une négociation. L'Hiſtoire ne les nomme point. Ils avoient ordre, après avoir tenté toutes les autres voyes, de déclarer au Pape, que s'il s'obſtinoit à refuſer le conſentement qu'on luy demandoit pour le mariage dont il s'agiſſoit, il alloit voir la France ſe précipiter dans le Schiſme; que le Roy eſtoit réſolu, ſi on ne luy accordoit pas ce qu'il demandoit, de ſe ſouſtraire avec tout ſon Royaume à ſon obédience, & de ſe ſoûmettre comme avoit fait le Roy d'Allemagne, à celle de Clement. Voilà les'extrémitez où les Princes s'abandonnent, quand ils ſe ſont une fois malheureuſement livrez à une paſſion.

Epiſt. 46.

L'Evêque de Chartres fut averti du ſujet de cette Ambaſſade, & du détail des inſtructions

PHILIPPE I.

Ibid.

des Ambassadeurs. Il prévint le Pape, & l'instruisit de tout; il le conjura de ne point céder aux menaces, & de soûtenir fortement la cause de Dieu: de ne point s'étonner s'il apprenoit que quelques Evêques fussent ébranlez, l'asseûrant qu'il y auroit toûjours de vrais adorateurs, qui ne fléchiroient point le genoüil devant Baal. Il l'avertit de bien mesurer toutes les réponses qu'il feroit aux Ambassadeurs; qu'on attendoit ces réponses avec impatience à la Cour; que les Archevêques de Reims, de Sens & de Tours, avoient ordre de convoquer tous leurs Suffragans à Troyes, pour délibérer sur ce sujet; qu'estant aussi appellé au Concile de Troyes, il délibéreroit s'il iroit, dans l'apprehension qu'on n'y prist des résolutions qu'il ne pourroit pas suivre; & il le prioit de luy donner conseil sur ce qu'il avoit à faire en cette conjoncture.

Le Pape ainsi prévenu, &d'ailleurs incapable de mollir dans une affaire de cette nature, répondit aux Ambassadeurs, que quoy qu'il dust arriver, il ne pouvoit consentir au mariage du Roy, jusqu'à tant qu'on eust examiné, si le divorce qu'il avoit fait avec la Reine Berthe, estoit légitime, & que c'estoit par là qu'il falloit commencer.

Concil. Remense Tom. X. Concil.

Sur cette réponse, le Concile s'assembla, non pas à Troyes, mais à Reims, parce que l'Archevêque de cette Ville-là estant malade de la goute, n'estoit pas en état de se transporter jusqu'à Troyes. Le Roy pria Richer Archevêque de Sens de présider au Concile, tandis que l'Archevêque de Reims seroit hors d'état de le faire, à cause de sa maladie. Yve de Chartres n'y alla pas, & ce qu'il avoit prédit au Pape, arriva. Les Evêques du Concile parurent entierement gagnez par le Roy. On ne voit pas à la vérité qu'ils y eussent prononcé sur la validité de son mariage; mais ils y entreprirent l'Evêque de Chartres, d'une maniere qui montroit bien, qu'ils secondoient parfaitement les intentions du Prince.

Ibid. Epist. 35.

Sur le refus qu'il avoit fait de venir au Concile, ils l'y citérent juridiquement, pour y répondre aux accusations qu'on y faisoit contre luy, de parjure & de crime de Leze-Majesté. Il répondit à cette citation, qu'il ne les reconnoissoit point pour ses Juges; premierement, parce que plusieurs des Prélats qui le citoient, n'estoient point de la mesme Metropole que luy, & que dès-là, sans une Commission particuliére du Pape, ils n'avoient nul droit de le citer; & en second lieu, parce que le Concile se tenoit hors de sa Province; qu'il en appelloit au S. Siége, prest à répondre en tel lieu, en tel temps, & devant tels Juges qu'il luy assigneroit. Il ajoûta que de ce qu'il en usoit ainsi, ce n'estoit pas qu'il se sentist coupable; mais c'estoit qu'il ne vouloit ni rien faire ni rien souffrir, qui fust contre ce que prescrivoient les Canons. De plus, que quand il auroit voulu se soûmettre au jugement où l'on le citoit, on luy avoit rendu la chose impossible, vû que le Roy luy avoit refusé le sauf-conduit qu'il demandoit. Enfin qu'il n'avoit jamais fait de parjure, ni offensé la Majesté Royale. Que ce n'estoit pas luy qui avoit manqué de fidélité au Roy, mais eux-mesmes, en le flatant dans son desordre, d'où ils l'auroient déja retiré, s'ils eussent continué d'agir avec la fermeté qu'ils avoient d'abord fait paroistre. Que pour luy, de quelque maniere que le Roy le traitast, il ne se départiroit jamais, de son devoir, duste-il coûter son Evêché, sa liberté & la vie.

Il y avoit déja deux ans que cette affaire duroit; car ce Concile ne se tint qu'en l'an 1094. Mais comme le Pape, suivant les avis de l'Evêque de Chartres, prévoyoit bien que les Evêques François n'agiroient pas selon ses intentions, il avoit envoyé ordre à Hugues Archevêque de Lion, de tenir un Concile à Autun, & d'y présider non seulement comme Archevêque de Lion, mais encore comme son Légat. Le choix de la Ville d'Autun pour tenir le Concile, montre qu'Eudes I. Duc de Bourgogne, à qui elle appartenoit, n'estoit pas favorable au Roy.

An. 1094.

Concil. Eduense Tome X. Concil.

Il y eut trente-deux Evêques à ce Concile, quoy qu'on n'y voye que les noms de l'Archevêque de Lion, de Rodolfe ou Radulfe Archevêque de Tours, & de Hoel Evêque du Mans. On y renouvella les excommunications contre Henri Roy d'Allemagne, & contre l'Antipape Guibert, & enfin on y excommunia aussi Philippe luy-mesme, sur ce que sa femme légitime estant encore vivante, il en avoit épousé une autre. Ce Concile se tint le seiziéme jour d'Octobre, c'est-à-dire, près d'un mois aprés celuy de Reims.

La mort de la Reine Berthe, qui arriva cette mesme année-là, pouvoit faciliter le dénoüement de cette malheureuse Scene: la conduite mesme du Roy, aprés qu'il eut esté frappé d'excommunication, sembloit devoir adoucir le Pape; car non seulement il n'exécuta pas les menaces qu'il avoit faites, de suivre le parti de l'Antipape; mais encore depuis ce temps-là, selon le témoignage d'un ancien Historien, quoy qu'il fust toûjours attaché à son peché, il ne voulut jamais paroistre en public avec les ornemens de la dignité Royale, & ne fit, tandis qu'il demeura excommunié, aucune des cérémonies, ni aucune des Festes, où il eust esté obligé de les prendre. Il souffrit que dans toutes les Villes, & dans tous les lieux où il se trouvoit, on cessast de célébrer publiquement l'Office divin. Il se faisoit cependant toûjours dire la Messe en particulier par son Chapelain, mais avec la dispense & la permission des Evêques du lieu. Néanmoins, soit que le Pape ne crust pas que l'obstacle fust levé du costé de Bertrade, & qu'il regardast son mariage avec le Comte d'Anjou comme légitime, ou du moins qu'il n'eust pas d'asseûrance du contraire; soit qu'il ne voulust pas que Philippe tirast avantage de son desordre, jugeant que sa condescendance en cette occasion, pourroit avoir de dangereuses conséquences pour les autres Princes, par l'espérance de l'impunité; soit enfin qu'il comptast assez sur la modération de Philippe, & sur l'attachement des François au S. Siége, pour

Chronic. S. Petri vivi.

Orderic. Vitalis p. 699.

Y yy iij

n'en pouvoir rien appréhender de fascheux, soit par toutes ces raisons ensemble ; il ne voulut point se relascher, & convoqua un Concile à Plaisance en Lombardie, pour y traiter de cette affaire, & de plusieurs autres qui concernoient les interests de l'Eglise.

An. 1095.
Concil. Placent.

Ce Concile se tint en Caresme. Il s'y trouva un grand nombre de Prélats d'Italie, d'Allemagne, de Bourgogne, de France, & le Pape y présida. Philippe luy avoit promis d'y venir en personne ; mais il y envoya seulement des Ambassadeurs, pour dire au Concile qu'il s'estoit mis en chemin, à dessein de se rendre à Plaisance, & qu'il y seroit déja arrivé, sans quelques raisons indispensables qui l'avoient retenu dans son Royaume. Le Pape refusa d'abord de recevoir ses excuses ; mais par l'avis du Concile on suspendit jusqu'à la Pentecoste toutes les procédures qu'on avoit commencées contre ce Prince.

Le Pape qui ne vouloit pas laisser languir cette affaire, vint en France, & y tint à la fin de Novembre de la mesme année, cet autre fameux Concile de Clermont en Auvergne, où tant de choses importantes furent résolues au sujet de la conqueste de la Terre-Sainte. Je differe à parler de ce grand évenement, pour ne point interrompre le fil de la narration que j'ay commencée touchant le mariage de Philippe.

Tom. X.
Concil.
Malmesb.
l. 4.

On en traita dans le Concile de Clermont, & sur ce que ce Prince parut résolu à ne pas se séparer de Bertrade, il y fut de nouveau excommunié, & on y menaça de la mesme peine tous ceux des François qui luy donneroient le nom de Roy ou de leur Seigneur, qui luy obéiroient, & mesme qui luy parleroient autrement, qu'avec intention de le faire revenir de son égarement. Le Pape ne retourna pas si-tost au-delà des Monts, & passa l'hyver en France. Il y tint, ou y fit tenir divers autres Conciles, & sollicité par Philippe, qui luy donna quelque espérance de sa conversion, il en convoqua un à Arles, lequel néanmoins fut tenu à Nismes, & Philippe s'y rendit. Il promit de se séparer d'avec Bertrade, & sur cette promesse, il fut absous de son excommunication. Mais les liens de la passion, à laquelle ce Prince s'estoit abandonné, estoient trop difficiles à rompre. Quelque temps après, ou de luy-mesme, ou par les sollicitations de Bertrade, il la rappella à la Cour, & contre la parole qu'il avoit donnée de ne point porter la Couronne pendant un certain temps ; ce qui faisoit apparemment une partie de sa pénitence, il se la fit remettre sur la teste par Radulfe Archevêque de Tours, & donna à sa recommandation l'Evêché d'Orleans à un jeune homme Archidiacre de cette Eglise, entierement décrié par toute la France par ses mœurs scandaleuses. Il fit ensuite couronner solemnellement Bertrade par Philippe Evêque de Troye, & par Gautier Evêque de Meaux.

Ibid.
Epist. 20.
Urbani.
Chron.
Malleac.
an. 1096.

An. 1098.
Yvo Carnot. Epist. 66.
Hugo Flaviniac.

Le scandale ayant ainsi recommencé, le Pape se préparoit à lancer de nouveau les foudres de l'Eglise contre le Roy & Bertrade ; mais il mourut quelques mois après. Il eut pour successeur Pascal II. homme d'une fermeté égale à celle de ses prédécesseurs, & qui fut aussi jaloux qu'aucun d'eux de son autorité Pontificale.

An. 1099.

Le Roy tascha de le gagner, & le peu d'empressement que le Comte d'Anjou faisoit paroistre pour ravoir sa femme, a fait dire à quelques-uns, qu'il avoit alors consenti à la dissolution de son mariage, & permis que Bertrade demeurast à Philippe. Mais le Pape ne voulut rien écouter là-dessus, quoique le Roy s'offrist d'aller à Rome en personne, pour luy donner toute la satisfaction qu'il souhaiteroit de luy.

Epist. 114.

Au contraire il envoya en France les Cardinaux Jean & Benoist, avec la qualité de Légats, qui convoquérent un Concile à Poitiers, pour y examiner de nouveau cette affaire. Les Légats toutefois, avant que de procéder contre ce Prince, allérent le trouver, & firent tout leur possible, pour l'engager à se reconnoistre, & à tenir les paroles qu'il avoit données au défunt Pape, touchant sa séparation d'avec Bertrade. Le Roy ne put s'y résoudre. Ainsi ils s'en allérent à Poitiers, pour tenir le Concile, en résolution de l'y excommunier de nouveau.

An. 1100.
Concil.
Pictav.

Ils y trouvérent de grands obstacles. La chose s'estoit faite au Concile de Clermont sans aucune résistance, & tout avoit plié sous les ordres du Pape Urbain ; mais à Poitiers le Roy avoit un gros parti pour luy. Guillaume VIII. Comte de Poitiers & Duc de Guienne, estoit à la teste de ce parti avec d'autant plus d'ardeur, qu'il appréhendoit pour luy-mesme, ayant alors publiquement une Maistresse qui causoit bien du scandale dans sa Cour, & bien du chagrin à la Duchesse Mahaut de Toulouse sa femme. Enfin plusieurs Evêques parloient hautement contre la dureté avec laquelle on traitoit le Roy, & contre l'autorité absoluë que le Pape s'attribuoit en France.

Hugo Flaviniac.

Les Légats sans s'étonner, tinrent le Concile dans S. Hilaire de Poitiers, où ils exposérent au long la conduite de Philippe ; comment après avoir esté excommunié, & ensuite absous, parce qu'il avoit éloigné Bertrade, il estoit retombé dans ses desordres, & conclurent à une nouvelle excommunication. Le Duc de Guienne s'y opposa, & dit qu'il ne pouvoit souffrir qu'on excommuniast en sa présence le Roy son Seigneur, & conjura les Légats de ne point luy faire ce chagrin. Beaucoup d'Evêques se joignirent à luy, & demandérent qu'on suspendist au moins cette affaire pour quelque temps. Les Légats répondirent, que le péché estoit public & averé ; qu'ils avoient sur cela les ordres du Pape, & qu'ils ne pouvoient se dispenser de les exécuter. Il se fit un grand tumulte ; car tout cela se faisoit en présence du Peuple, dont l'Eglise estoit pleine.

Le Duc voyant qu'il ne pouvoit rien gagner, se leva, sortit de l'Eglise en colére, & fut suivi de quelques Evêques, de plusieurs Seigneurs, & d'une partie du Peuple, qui disoit mille injure aux Légats.

Mais rien ne les arresta ; & dès que le Duc

PHILIPPE I.

se fut retiré, ils prononcèrent la Sentence d'excommunication contre le Roy. Ce fut alors que le tumulte recommença plus fortement qu'auparavant, jusques-là que quelqu'un de ceux qui estoient en haut dans les Tribunes, prit une pierre, & voulant en fraper un des deux Cardinaux, cassa la teste à un Ecclésiastique, qui estoit proche d'eux.

Ibid.

A ce coup, les clameurs ayant redoublé, la plusplart des Evêques s'enfuirent; quelques-uns demeurèrent, & témoignèrent en ostant leurs mitres, qu'ils estoient prests de donner leur teste & leur vie pour la défense de l'Eglise. Bernard premier Abbé de Tiron, & Robert d'Arbrisselle Fondateur de l'Ordre de Fontevraud en firent autant. Cette fermeté étonna le Peuple, qui les laissa sortir sans leur faire d'autre insulte. Le Duc d'Aquitaine eut au moins en partie ce qu'il prétendoit; car on ne parla point de luy faire son procès, & le Concile finit par cette Séance.

Vita Bernardi Abbatis Tironensis.

Philippe excommunié se trouvoit en d'étranges embarras; mais il ne pouvoit se résoudre à prendre l'unique voye qu'il avoit d'en sortir, qui estoit de quitter Bertrade. Le point d'honneur joint à la passion, rendoit inutiles tous les conseils que ses bons serviteurs luy donnoient là-dessus, & empeschoient l'effet de toutes les démarches qu'il faisoit auprès du Pape. Une manière de dater les Actes publics dont on se servoit en ce temps-là, a fait croire à quelques-uns, qu'en vertu de son excommunication, il avoit cessé de prendre la qualité de Roy, ou que du moins on ne la luy donnoit plus en quelques endroits de la France. Cette date est conçuë en ces termes. *Regnante Christo*, c'est-à-dire, *fait sous le Régne de Jesus-Christ régnant en France*, comme si on avoit voulu marquer par là que Philippe n'y régnoit plus. Mais cette fausse Critique a esté clairement réfutée par de très-habiles gens, qui ont montré que Philippe, mesme avant son divorce avec la Reine Berthe, usoit de cette Formule. Ce qui est certain, c'est que vers ce temps-là, il s'associa Loüis son fils, qui depuis signoit dans les Actes publics. *Loüis par la grace de Dieu désigné Roy des François*, & qui prit bien-tost en main le Gouvernement de l'Etat sous les ordres de son pere.

Bessi, Blondel, Mabillon.

La politique de Philippe eut autant de part que son inclination au couronnement de son fils. Ses desordres le rendoient odieux & méprisable, & son excommunication estoit un prétexte plausible aux plus puissans de ses Vasslaux, de se révolter. Plusieurs y estoient fort portez. Le Royaume commençoit à estre dans une grande confusion: & c'est une juste loüange qu'on donne au jeune Prince, que l'amitié de la plusplart des Seigneurs qu'il avoit gagnez par ses manières douces & honnestes, l'autorité qu'il avoit prise sur leur esprit, & la valeur qu'il fit paroistre en diverses occasions, fut ce qui empescha le renversement de l'Etat.

Suger vita Ludovici Grossi.

En effet, ce Prince âgé de dix-neuf à vingt ans, mais d'une taille & d'une maturité au-dessus de son âge, sçut remettre ou contenir dans le devoir plusieurs esprits broüillons, que l'excommunication du Roy sembloit autoriser à manquer de respect & de soumission. On ne vit jamais plus d'activité. Il estoit toûjours en Campagne avec un petit Corps d'Armée, tantost aux environs de Paris, tantost en Champagne, tantost au-delà de la Loire. Il se faisoit par autorité arbitre de tous les différens, pour lesquels les Seigneurs particuliers prenoient les armes les uns contre les autres, & les contraignoit, malgré qu'ils en eussent, à s'en tenir à ses décisions, en ravageant les Terres, & rasant les Chasteaux de ceux qui y resistoient. Car, comme remarque l'Abbé Suger, qui dans la suite eut grande part au Gouvernement, la Coûtume ne permettoit pas au Roy d'arrester ces Seigneurs pour les faire obéir en ces rencontres; mais seulement de les contraindre par la force des armes à se soûmettre.

Suger Vita Ludovici Grossi.

C'est ainsi que Loüis en usa envers Bouchard de Montmorenci, Mathieu de Beaumont, Ebale de Rouci, Thomas de Marle Seigneur de Couci, & quelques autres. En plusieurs de ces occasions il paya de sa personne, d'une manière qui luy acquit beaucoup de gloire & d'autorité.

Humbaud Seigneur de Sainte Severe, Château très-fort sur les confins du Limousin & du Berri, ayant refusé de faire justice à un Seigneur de ses voisins, comme il y avoit esté condamné, le Prince marcha pour l'y contraindre. Humbaud vint au devant de luy avec une petite Armée, composée de ses Vassaux, & se campa derriere un ruisseau, dont il fit retrancher & palissader les bords, & arresta là le Prince pendant plusieurs jours.

Ibid.

Quelques Cavaliers du Camp de Humbaud ayant osé passer le ruisseau, comme pour insulter aux Troupes Royales, Loüis monta aussi-tost à cheval, accompagné de peu de gens, piqua vers un des Cavaliers, le tua d'un coup de lance, en fit autant à un second, & poursuivit le reste jusques dans le ruisseau. Il y entra, le passa à la nage à la vûë de l'ennemi, & fut suivi par ses Troupes, à qui un tel exemple ne pouvoit pas manquer d'inspirer beaucoup de courage: les palissades furent forcées, & les Troupes de Humbaud mises en déroute. Il assiégea le Chasteau, & fit déclarer aux Gentilhommes qui estoient dedans pour le défendre, qu'il les feroit tous pendre, s'ils osoient résister. Humbaud étonné, demanda pardon, & se soûmit. Mais l'action de Loüis devant le Chasteau de Gournay sur la Marne, fut encore plus glorieuse, parce qu'il eut en cette occasion un plus puissant ennemi en teste.

Il avoit épousé Lucienne, fille de Guy Comte de Rochefort; mais ce mariage avant que d'estre consommé, fut déclaré nul par le Pape Paschal II. au Concile de Troyes, à cause de la parenté. Le Comte de Rochefort chagrin de cette rupture, & de ce que le Roy n'avoit pas tenu plus ferme sur cet article, se dépita & se révolta pour s'en venger. Il engagea dans sa révolte plusieurs Seigneurs, & Thibaud Comte de Champagne. Il fit faire le premier acte d'hostilité par Hugues de Pompone, qui enleva les chevaux de plusieurs Marchands, & les emmena au Chasteau de Gournay.

Louis indigné de cette audace, assembla promptement quelques Troupes, & vint investir Gournay. Il trouva beaucoup de résistance au passage de la riviére; il le força néanmoins, ayant fait passer ses gens, partie dans des batteaux, partie à la nage. Luy-mesme traversa la riviére à cheval à la teste de sa Cavalerie; ce qui épouvanta si fort les ennemis, qu'ils abandonnérent précipitamment le rivage, & se retirérent dans la Place. Il l'attaqua long-temps, & avec toutes sortes de machines, sans pouvoir s'en rendre maistre, parce qu'elle estoit très-forte par sa situation.

Comme les vivres manquoient aux assiégez, il auroit fallu se rendre; mais Guy de Rochefort leur faisoit esperer un prompt secours du Comte de Champagne, qui parut en effet bientost avec son Armée, pour faire lever le siège.

Le Prince ne balança pas, & après avoir mis son Camp en seûreté contre les sorties des assiégez, il alla au devant du Comte de Champagne avec quantité de Noblesse, qui l'estoit venu joindre au siège, luy livra la bataille, & le défit à plate-coûture. Ensuite il revint devant la Place, qui se rendit: il la confisqua, & la donna aux Seigneurs de Garlande.

Cette vivacité du Prince toujours en action, luy fit donner dès-lors le surnom de *Batailleur*, parce que dans ces petites guerres il estoit sans cesse aux mains avec les Rebelles, & batailloit toûjours volontiers, & pour l'ordinaire avec avantage. On luy donna aussi le surnom de Défenseur de l'Eglise; parce que la pluspart de ces querelles naissoient des usurpations que les Seigneurs faisoient sur les Abbayes & sur les Eglises, ausquelles il les contraignoit de restituer ce qu'ils avoient pris.

L'association de Louis à la Couronne, ses victoires, & l'autorité qu'il prenoit dans l'Etat, ne plûrent pas à Bertrade. Elle avoit déja eu deux fils de Philippe, dont l'un portoit le nom de son pere, & l'autre s'appelloit Fleuri. Son ambition luy inspira le désir de voir l'aîné de ses deux enfans sur le Trône; & c'en fut assez, pour faire concevoir à cette méchante femme le dessein de perdre Louis. Voici comme elle s'y prit.

Henri le troisiéme fils de Guillaume le Conquérant, régnoit depuis trois ans en Angleterre, & avoit succédé à son frere Guillaume II. qui fut tué malheureusement à la chasse. Henri estoit un Prince brave, sage, habile, & celuy de tous les fils de Guillaume le Conquérant, qui luy ressembla le plus. Il profita pour s'emparer du Royaume d'Angleterre, de l'absence de Robert Duc de Normandie son aîné, qui estoit alors en Palestine.

Louis, soit par estime, ou par amitié pour Henri, ou par pure curiosité, eut envie d'aller passer quelque temps à la Cour d'Angleterre. Le Roy son pere le luy permit, & l'y fit accompagner par quelques-uns des plus sages Seigneurs du Royaume. Il n'y fut pas long-temps, que le Roy d'Angleterre reçut une Lettre de la Cour de France, par un Courier secret. Cette Lettre estoit de Bertrade, mais cachetée du propre cachet du Roy. Bertrade y prioit Henri de la part du Roy, de faire arrester Louis, & de le mettre en prison, pour des raisons que l'Histoire ne marque pas; mais que l'esprit malin de Bertrade sçut rendre assez plausibles.

Henri ayant lû la Lettre en fut surpris, & se défia de la main d'où elle partoit. Il assembla son Conseil, & y lut la Lettre. On délibéra sur ce qu'il y avoit à faire. La pluspart, & Henri luy-mesme, jugérent que la chose seroit odieuse, d'arrester un jeune Prince étranger; qui étoit venu sans aucun mauvais dessein, & dirent que ce n'estoit pas à eux à estre les Ministres, ou de la Justice du Roy de France, ou de la passion de la Reine.

Guillaume du Bouchel, un des Gentils-hommes qui avoient suivi le Prince, eut, je ne sçay comment, connoissance de cette Lettre, & alla sur le champ à la Chambre du Roy d'Angleterre, dans le dessein de découvrir quelque chose des résolutions qu'on prenoit sur ce qui regardoit son Maistre. Le Roy ne l'eut pas plûtost apperçû, qu'il l'appella, & après quelques questions qu'il luy fit, il jugea bien par ses réponses, qu'il sçavoit de quoy il s'agissoit.

Alors le Roy lui dit, qu'il ne croyoit pas qu'il fût à propos que Louis demeurast plus long-temps en Angleterre; qu'une plus longue absence hors de France pourroit luy estre préjudiciable, & que son avis estoit qu'il partist au plûtost.

Le Gentilhomme comprit aisément la pensée du Roy: il l'asseûra de la reconnoissance du Prince de la part qu'il prenoit à ses intérests, & alla informer Louis de tout ce qu'il avoit sçû. Aussi-tost après on vint apporter de la part du Roy d'Angleterre de beaux présens à ce Prince, & à tous ceux de sa suite: ce qui luy marquoit encore mieux ce qu'on luy avoit déja fait assez entendre, touchant l'importance de son prompt retour en France. Ainsi sans tarder davantage, il repassa la mer, & arriva à la Cour lorsqu'on l'y attendoit le moins.

Il alla d'abord trouver le Roy, & luy dit, qu'il venoit luy apporter sa teste, comme un criminel, qui avoit déja esté condamné à une prison perpétuelle.

Le Roy, qui ne sçavoit point ce qui avoit esté écrit en Angleterre, ne comprit rien à ce premier compliment. Mais quand le Prince luy eut expliqué la chose, il luy protesta qu'il n'avoit pas eu la moindre part à un si horrible dessein. Le Prince rasseûré de ce costé-là, luy demanda justice contre Bertrade, & dit, que s'il ne la luy faisoit pas, elle ne périroit jamais d'une autre main que de la sienne.

Le Roy tascha de l'adoucir, mais sans se résoudre à punir celle qu'il ne pouvoit haïr. L'inimitié entre elle & Louis devint publique, & ils ne se ménageoient plus en rien l'un l'autre. Une femme du génie de Bertrade, n'estoit pas pour en demeurer à des menaces & à des paroles piquantes. Elle employa le poison pour faire périr Louis. Il ne fut sauvé que par des remédes

médes extraordinaires d'un Médecin étranger, qui se trouva alors à la Cour; & il luy resta toute sa vie une pâleur de visage, qui marquoit que le temperament avoit esté beaucoup alteré.

Un tel attentat, dont on devina bien la cause, en perdant le jeune Prince, auroit perdu le Roy mesme, parce que le renversement de l'Etat devoit en estre une suite infaillible, les François ne tenant presque plus au pere, que par l'attachement qu'ils avoient au fils. Il falloit que la passion maistrisast étrangement Philippe, pour l'empescher de rompre entierement avec Bertrade, & de cesser enfin de luy sacrifier ses intérests les plus essentiels, comme il faisoit depuis tant d'années. Mais le charme estoit à l'épreuve de tout. Le Roy se fit luy-mesme le médiateur de la réconciliation entre son fils & Bertrade. Il le conjura de luy pardonner, & pour l'appaiser il luy donna en propre Pontoise & tout le Vexin: cela suppose que Pontoise qui avoit esté donnée par le feu Roy Henri à Robert II. Duc de Normandie, fut depuis reprise ou cédée par quelque Traité. Loüis se rendit aux instances de son pere, & aux sollicitations de quantité de Seigneurs que Bertrade employa auprès de luy, pour obtenir son pardon. L'avantage qu'on luy faisoit luy parut assez considérable, pour l'engager à dissimuler au moins sa haine, & il promit d'oublier tout le passé.

Ibid.

Cependant le Pape vint en France, & le Roy commença à craindre, qu'il ne poussast les choses aussi vivement contre luy, qu'il les poussoit contre Henri IV. Roy d'Allemagne, dont le sort enfin fut d'estre dépossédé par son propre fils. Bertrade mesme fit de sérieuses réflexions sur les dangers, où elle se trouvoit exposée, estant regardée comme la cause unique de tant de desordres, & devenuë l'objet de l'éxécration de tout le Royaume, par les horribles entreprises qu'elle avoit faites contre la vie du jeune Roy. Elle apprehendoit toûjours les ressentimens de ce Prince, dont elle sçavoit bien que la réconciliation n'avoit esté qu'apparente. Elle ne doutoit pas que si le Roy venoit à perdre le peu qui luy restoit d'autorité, elle ne fust la premiere victime, que le Peuple & tous ses ennemis immoleroient à leur fureur. Ainsi, après avoir long-temps déliberé avec luy, elle donna les mains à une nouvelle séparation.

Le Roy fit dire au Pape qu'il estoit prest à faire tout ce qu'il souhaiteroit de luy, mais qu'il le conjuroit de luy donner la dispense nécessaire, pour accomplir légitimement son mariage. Le Pape luy répondit, qu'il falloit se soûmettre à tout ce que luy prescriroit Richard Evêque d'Albano son Légat en France, qu'il avoit chargé de traiter de cette affaire avec les Evêques du Royaume.

Le Roy ayant protesté qu'il s'en rapporteroit à ce que décideroit l'Evêque d'Albano, le Pape commença à pencher du costé de la douceur, & il l'écrivit à Galon Evêque de Beauvais. Il ordonna à son Légat de ne pas oster au Roy toute espérance d'obtenir la dispense qu'il demandoit, & de luy donner l'absolution, à condition que luy & Bertrade jureroient sur les saints Evangiles, de n'avoir ensemble aucun commerce, & de ne se point parler qu'en présence de personnes non suspectes, jusqu'à tant que l'on eust examiné, s'il estoit à propos de leur donner la dispense qu'ils souhaitoient.

Yvo Carnot. Epist. 144.

L'Evêque de Chartres consulté par le Légat, fut d'avis de la Dispense, de peur des mauvaises suites qu'il y avoit à appréhender, si on traitoit le Roy avec la derniere rigueur; & il écrivit au Pape que de parti luy paroissoit le plus prudent dans les conjonctures. Mais comme l'affaire estoit délicate, le Légat, suivant l'ordre du Pape, vouloit que les Evêques de France ouvrissent eux-mesmes cet avis, pour n'en estre pas seul responsable.

Ibid.

On tint pour cela à Baugency vers la fin de Juillet un Concile, composé des Archevêques de Reims & de Sens, & de leurs Suffragans. Le Roy & Bertrade s'y rendirent, & protesterent qu'ils estoient prests de faire le serment qu'on leur proposoit, de n'avoir ensemble nul commerce, & de ne se voir qu'en présence de personnes seûres, jusqu'à ce que le Pape eust déterminé s'il donneroit la Dispense.

An. 1104.
Ibid.

Le Légat demanda sur cela l'avis des Evêques. La plusgart, pour ne se pas charger de ce que la décision pourroit avoir d'odieux, ou parce qu'ils estoient mécontens du Roy ou de Bertrade, répondirent qu'ils estoient bien-aise de sçavoir le sentiment du Pape, & qu'ils s'en tiendroient à sa décision. L'Evêque de Chartres & quelques autres dirent que l'offre que faisoit le Roy, suivant l'intention du Pape, leur paroissoit raisonnable; qu'il falloit l'absoudre, aussi-bien que Bertrade, supposé qu'ils fissent le serment proposé; qu'il ne falloit point dans une affaire de cette importance se laisser emporter à ses animositez particulieres, & que chacun devoit dire son avis selon sa conscience. Mais le plus grand nombre des Evêques s'obstina toûjours à ne se point déclarer, que le Légat n'eust parlé. Le Légat de son costé continua à dire qu'il ne décideroit rien, que sur l'avis des Evêques du Concile, & qu'il ne les avoit assemblez que pour les consulter.

On contesta long-temps sur ce point, sans rien conclure. Le Roy choqué de cette conduite, se fascha: il se plaignit qu'on le traitoit avec indignité, & qu'on ne l'avoit fait venir au Concile, que pour luy faire insulte. Mais il eut beau dire, chacun demeura ferme dans son sentiment, & le Concile se sépara, laissant la chose indécise.

Le Roy en fit ses plaintes au Pape, & engagea l'Evêque de Chartres & l'Evêque de Beauvais à luy écrire en sa faveur. Ces deux Prélats paroissent avoir esté presque les seuls qui agissent dans toute la suite de cette grande affaire avec un véritable zéle, des intentions droites, & un parfait desinteressement. Ils s'opposérent toûjours avec fermeté au commerce scandaleux du Roy; maltraitez pour cette raison par ce Prince pendant plusieurs années, ils ne mollirent jamais par complaisance pour luy; & quand il fut question de luy faciliter les moyens de rentrer dans le bon chemin, ils furent les plus disposez à le faire: au lieu que la plusart des autres, que la faveur de la Cour avoit d'abord engagez à dissimuler ses desordres, & jusqu'à servir d'instrumens à sa passion, pour persécuter ces deux Prélats, commencérent à se piquer de séverité en une occasion où elle pouvoit estre très-préjudiciable. Quelle différence entre l'esprit de la Cour, l'esprit d'intérest, l'esprit de passion, & l'esprit des Saints !

Juramentum Philippi. Tom. X. Concil.

La chose demeura ainsi supenduë durant plus d'un an. Pendant ce temps-là, le Roy & les Evêques qui avoient esté pour son absolution au Concile de Baugenci, écrivirent des Lettres fort pressantes au Pape pour la terminer. Le Pape sur ces Lettres, manda aux Archevêques de Reims, de Sens, de Tours, & à leurs Suffragans, qu'il vouloit qu'on donnast l'absolution au Roy, & qu'à la place de l'Evêque d'Albano, qui estoit retourné en Italie, il commettoit Lambert Evêque d'Arras, pour agir en son nom & de concert avec eux. Ce fut Thibaut-Ovide Envoyé du Roy auprès du Pape, qui fut le porteur de cet ordre. Le Roy ayant sçû par son Envoyé ce qu'il contenoit, écrivit à l'Evêque d'Arras, pour le prier & luy commander de se rendre à Paris le lendemain de la Feste de S. André. Les autres Evêques reçûrent aussi le mesme ordre. Il est à remarquer que dans les Lettres du Pape à Lambert & aux autres Evêques, on ne faisoit plus mention de la Dispense; mais seulement de la séparation du Roy d'avec Bertrade, sans néanmoins obliger ce Prince à l'éloigner, & à condition seulement qu'il ne la verroit jamais qu'en présence de témoins. Ce qui donne lieu de croire que les Evêques opposez au Roy, détournérent le Pape de luy donner aucune espérance pour la Dispense.

Paschalis Epist. 35.

An. 1105.

Les Evêques s'assemblérent donc à Paris le deuxiéme de Décembre. On y fit la lecture des Lettres du Pape. On députa au Roy, Jean Evêque d'Orleans, & Galon, qui d'Evêque de Beauvais venoit d'estre fait Evêque de Paris, pour luy demander s'il estoit résolu à exécuter tous les articles marquez dans la Lettre du Pape. Le Roy répondit qu'il estoit prest de satisfaire à Dieu, à la sainte Eglise Romaine, au S. Siége, & à suivre le Conseil des Evêques. Sur cette réponse les Prélats luy envoyérent dire qu'il pouvoit venir à l'Assemblée.

Epist. Lamberti ad Paschal.

Le Roy y parut en posture de Pénitent, & nuds pieds, nonobstant le froid de la saison, & après quelques questions qu'on luy fit, & ausquelles il répondit avec beaucoup d'humilité, il fit le serment suivant en ces termes.

Tom. 3. Spicileg. Acherjani.

"Ecoûtez-moy, Lambert Evêque d'Arras, qui tenez ici la place du Souverain Pontife, que les Archevêques & les Evêques qui sont présens m'écoûtent. Moy, Philippe Roy des François, je promets de ne plus retourner à mon péché, & de rompre entierement le commerce criminel que j'ay eu jusqu'à présent avec Bertrade. Je renonce absolument à mon péché & à mon crime, résolu de n'y retomber jamais. Je promets que je n'auray desormais aucun entretien ni aucune societé avec elle, qu'en présence de personnes, dont la probité ne pourra estre suspecte. J'observeray cette promesse dans le sens que les Lettres du Pape me préscrivent de la garder, & de la maniere que vous l'entendez, & sans aucun détour. Ainsi Dieu soit à mon aide, & ces sacrez Evangiles de Jesus-Christ."

Après ce serment, le Roy reçut l'absolution de la bouche de l'Evêque d'Arras, qui la prononça au nom du Pape & du Concile.

Ibid.

Bertrade ensuite fut admise. On luy fit faire le mesme serment, & elle reçut aussi l'absolution. On ne parle plus desormais dans nos anciens Memoires ni du mariage, ni de la Dispense, non plus que d'aucune rechûte du Roy dans son desordre.

Ce que témoigne une Chronique d'Anjou de ce temps-là, est remarquable, c'est que l'an 1106. c'est-à-dire, l'année d'après l'absolution de Philippe & de Bertrade, ils firent ensemble un voyage à Angers, & qu'ils y furent reçûs avec de très-grands honneurs par Fouques Comte d'Anjou, qu'ils accommodérent avec Guillaume Duc de Guyenne. C'estoit encore ce mesme Fouques, qui avoit esté autrefois le mari de Bertrade.

Chronic. Andegav. T. 3. Biblioth. MSS. Labbæi.

Cette conduite du Roy de mener Bertrade à Angers chez le Comte d'Anjou mesme, la maniere dont le Comte les reçut dans une telle conjoncture, & qui n'estoit guéres conforme au surnom de Rechin qu'il portoit, & qui signifioit un homme chagrin & querelleux, la liberté que Philippe avoit de retenir Bertrade auprès de luy, de s'en faire accompagner dans ses voyages, & cela jusqu'à la mort de ce Prince, mais sur tout la qualité de Reine de France, que la mesme Chronique d'Anjou luy donne, tout cela, dis-je, me feroit volontiers penser, que la Dispense dont j'ay parlé auparavant pour le mariage du Roy & de Bertrade, fut depuis accordée par le Pape, avec le consentement du Comte d'Anjou, après que ce Comte eut reconnu que son mariage avec Bertrade n'avoit pas esté légitime. Le besoin que le Pape eut du Roy, à qui il vint peu de temps après demander du secours contre Henri V. Roy d'Allemagne, pourroit encore servir à confirmer cette pensée. Quoy qu'il en soit, ces réfléxions & ces conjectures ne sont pas sans fondement, & on n'a pas dû les omettre en parlant d'une affaire de cette importance. Je vais maintenant reprendre ce qui se passa en France de plus mémorable durant le cours de ces broüilleries. Je commence par les démeslez que Philippe eut avec les fils de Guillaume le Conquérant.

Chronic. Malleac.

Ces démeslez, qui ne furent ni fort fréquens, ni fort importans, prirent d'abord naissance de ceux, que ces Princes Normands avoient entre eux. Ce fut Robert Duc de Normandie qui commença. Il envoya des Ambassadeurs à son frere Guillaume Roy d'Anglete-

An. 1094.

PHILIPPE I.

re, pour protester contre l'injustice de quelques articles, qu'on luy avoit fait signer à Caën en 1091. & se plaindre de ce que le Roy d'Angleterre n'en avoit pas observé quelques autres. Guillaume passa en Normandie durant le Caresme de l'an 1094. & eut avec Robert une Conférence, qui ne fit que les aigrir davantage. On en vint à une guerre déclarée. Le Roy d'Angleterre prit Bray, dont il fit toute la Garnison prisonniere, & la dispersa dans les prisons d'Angleterre, & dans celles des Places de Normandie qui luy appartenoient.

Rogerus de Houeden. l. 1.

Ce premier desavantage obligea Robert à recourir au Roy de France, qui en qualité de son Seigneur vint à son secours, & assiégea Argentan. La Garnison qui estoit de plus de deux mille hommes, se rendit sans résistance, & fut faite prisonniere de guerre. Après cette expédition, le Roy retourna à Paris, & la guerre entre les deux freres finit par la publication de la Guerre sainte. Le Duc de Normandie, dont la vivacité ne pouvoit soûtenir long-temps le repos, se croisa. Il envoya demander au Roy d'Angleterre dix mille marcs d'argent, pour se mettre en équipage, & lever des Troupes, à condition de luy engager pour cette somme son Duché de Normandie. Le Roy d'Angleterre s'y accorda, & c'est ainsi que la Paix se fit.

An. 1095.

Le Roy d'Angleterre avoit déja plusieurs Places à luy en Normandie. Son frere l'avoit rendu comme maistre de tout ce Duché en le luy engageant, & on l'y regardoit comme son héritier présomptif, en cas que ce Prince ne revinst pas d'un voyage aussi long & aussi périlleux, que celuy qu'il avoit entrepris. Ainsi les Seigneurs Normands estoient à sa disposition, & tout dévoüez à ses volontez. Il se servit d'une si favorable occasion, pour faire valoir d'anciennes prétentions que les Ducs de Normandie avoient sur le Vexin François, & envoya sommer le Roy de France de luy remettre entre les mains Pontoise, Chaumont, & outre cela Mante.

Philippe prit cette sommation pour une déclaration de guerre, & se prépara à repousser l'ennemi. Le Roy d'Angleterre, qui s'attendoit bien au refus, ne fut pas long-temps sans paroistre sur la Frontiére. Il avoit sous luy Henri son frere, Robert de Belesme, qui estoit chargé de la conduite de l'Armée, Guillaume Comte d'Evreux, Gautier Gifard Comte de Bouquincan, tous gens de réputation dans la guerre.

Ordericus. l. 10.

An. 1097.

Robert Comte de Meulan, & Guy de la Roche, Terre appellée aujourd'huy la Rocheguion, du nom de ce Seigneur, épouventez, ou gagnez par l'argent du Roy d'Angleterre, se donnérent à luy, & reçûrent ses Troupes dans leurs Chasteaux. La perfidie du Comte de Meulan fut très-préjudiciable au Roy; car de-là les Anglois & les Normands avoient tout le païs de France ouvert, & y faisoient des courses de toutes parts, & jusqu'aux portes de Paris.

Ce fut alors que le Roy d'Angleterre fit fortifier Gisors, qui fut depuis une Place très-incommode à la France, & fort commode aux Ducs de Normandie. Ils tenoient par là en bride les Garnisons de Trie, de Chaumont & de Brai, Forteresses alors considérables, & les clefs du Royaume de ce costé-là. Toute cette Campagne néanmoins se termina à des ravages & à quelques combats entre de gros partis, sans qu'on en vinst à aucune action importante.

L'année d'après le Roy d'Angleterre assiégea Chaumont, & ne put le prendre. Le Duc de Guyenne, que le Roy d'Angleterre avoit engagé dans son parti, fit mine de vouloir insulter Montfort-Lamaury ; mais les Seigneurs de ce nom avoient si bien pourvû à la seûreté de la Place, & des autres Forteresses qui dépendoient de leur Maison, que l'ennemi n'osa les attaquer ; & les Seigneurs des environs de Paris se tinrent tellement sur leurs gardes, & firent si bien leur devoir en toutes les rencontres, que Guillaume rappellé d'ailleurs par les affaires d'Angleterre, fut obligé de conclure la Paix avec le Roy, sans autre avantage, que d'avoir fortifié Gisors.

An. 1098.

Henri frere de Guillaume luy succéda au Royaume d'Angleterre l'an 1100. & n'eut rien à démesler avec Philippe, qui comme parle l'Auteur de l'Histoire de Henri, ne fit à ce Prince ni bien, ni mal. Les guerres entre les deux Couronnes ne se renouvellérent, que sous Loüis le Gros successeur de Philippe : ainsi tout ce qui me reste à raconter du Régne de ce Roy, est la fameuse expédition des Seigneurs Chrétiens pour la conqueste de Jerusalem, & de toute la Terre-Sainte : c'est la premiere des guerres contre les Infidéles, à laquelle on a donné le nom de Croisade.

Malmesb. l. 5.

Ce sujet est d'une grande étenduë. La difficulté que je trouveray en le traitant, soit dans l'Histoire de ce Régne, soit dans celle des Régnes suivans, sera de le resserrer. Cette guerre sainte doit entrer nécessairement dans l'Histoire de France : car quoy qu'on puisse la considérer comme une guerre commune à tous les Princes Chrétiens, elle regarde les François plus que toutes les autres Nations, pour plusieurs raisons. Elle fut proposée & résoluë en France par le Pape Urbain II. qui estoit François. Trois de nos Rois dans la suite, passérent la mer en personne à la teste de leurs Armées, pour pousser & pour soûtenir cette entreprise. Quelques-autres furent sur le point de le faire, & y contribuérent de leur épargne & de leurs Troupes. Presque tous les Seigneurs Vassaux de France s'y engagérent. Les Princes qui régnérent dans la Palestine après la prise de Jerusalem, estoient pour la pluspart François ou des descendants des Vassaux de la Couronne de France ; & entre autres le fameux Godefroy de Boüillon, qui fut le premier Roy de Jerusalem : c'est ce qui fit donner en ces païs-là à toutes les Nations de l'Europe qui y passérent, le nom de Francs, qu'on leur y donne encore aujourd'huy : & ce fut mesme à cette occasion, que l'Empire de Constantinople passa, & demeura pendant quelque temps entre les mains des Princes François. Enfin celuy qui fut la premiere & la plus efficace cause de cette grande entreprise, tout peu considerable qu'il estoit par son état & par sa profession, estoit aussi François. *

* Le fameux Pierre l'Hermite.

Ce que je prétends néanmoins faire icy, n'est pas de descendre dans tous les détails, où sont descendus ceux qui ont choisi cette ample matiere pour l'objet unique ou principal de leurs ouvrages, sur tout quand nos Rois n'y auront point de part: mais je me propose seulement de marquer les causes où l'occasion de ce grand dessein, d'en raconter les principaux évenemens, d'en représenter les suites & les rapports qu'ils ont eûs avec les intérêts de nos Rois & de nostre Nation. C'est à quoy je me borne. Je commence par ce qui donna lieu de former un projet si noble & si difficile à exécuter.

La Palestine depuis plusieurs siécles gemissoit sous le joug des Sarazins Arabes, dont les Califes successeurs de Mahomet, après s'estre emparez de l'Egypte & de la haute Asie, & ensuite de la Perse, vinrent fondre dans la Syrie, & se rendirent maistres de Jerusalem. Les Chrétiens néanmoins sous cette domination, eurent permission d'y avoir une Eglise, & moyennant les gros tributs qu'ils payoient, ils y avoient l'exercice libre de leur Religion, plus ou moins maltraitez, selon l'humeur des Princes ou des Gouverneurs qui y commandoient.

Du temps de Charlemagne, sous le Régne du fameux Aaron-Jesit, un des plus grands Princes que les Sarazins ayent eu, & qui par l'estime qu'il avoit conçuë pour Charlemagne, se faisoit un plaisir de l'obliger, les Chrétiens eurent une grande liberté. Depuis ce temps-là l'Eglise de Palestine souffrit les mesmes vicissitudes qu'auparavant.

Enfin vinrent les Turcs, qui profitant des divisions des Sarazins, se rendirent maistres de la Perse, & ensuite de la Mésopotamie & de la Palestine.

Ce fut environ quarante ans avant la destruction de l'Empire des Sarazins par les Turcs, que le Pape Sylvestre II. si connu dans nostre Histoire sous le nom de Gerbert avant qu'il fust Pape, conçut quelque dessein de liguer les Princes Chrétiens contre les Infidéles, dont la puissance formidable menaçoit le monde Chrétien de sa derniere ruïne. Nous avons une Lettre de ce Pape, qu'il écrivit à toute l'Eglise au nom de celle de Jerusalem, afin de toucher de compassion tous les Chrétiens pour les lieux Saints, où Jesus-Christ estoit né, & avoit opéré le Mystére de nostre redemption.

Apud Baronium.

Cette Lettre ne laissa pas d'ébranler les Princes Chrétiens; mais elle n'eut point alors d'autre effet, à moins qu'on ne luy en attribuë un qui fut bien funeste à la Chrétienté de la Palestine. Il est raconté dans nos anciens Historiens François, & la chose arriva six ans après la mort du Pape Sylvestre.

Il y avoit alors grand nombre de Juifs à Orleans, qui par leur haine naturelle pour les Chrétiens, donnérent avis au Soudan d'Egypte de la disposition où ils voyoient les Princes de l'Europe, de se liguer pour conquerir la Terre-Sainte.

Ils se servirent pour cela d'un Moine apostat, nommé Robert, qu'ils corrompirent à force d'argent. Il prit l'habit de Pelerin, & mit les Lettres, dont on le chargea dans un baston creux, de peur de surprise, & les porta au Soudan.

Glaber, l. 3. c. 7.

Les Juifs par ces Lettres, avertissoient le Soudan, qu'il auroit apparemment bien-tost sur les bras toutes les forces des Princes Chrétiens; que les Pelerins qui alloient en grand nombre à Jerusalem par dévotion pour les lieux que leur Messie avoit habitez, remplissoient à leur retour toute l'Europe de plaintes des mauvais traitemens qu'ils recevoient en Palestine, & animoient par là tous les Souverains à se réünir, pour retirer ce païs des mains des Sarazins; que le moyen le plus prompt & le plus asseûré pour empescher les suites qu'il devoit en appréhender, estoit de ruïner de fond en comble l'Eglise appellée l'Eglise de la Résurrection, où ils venoient rendre leurs respects au Sepulchre de leur Christ, d'en faire autant de tous les Lieux qui faisoient l'objet de leur vénération; que par ce moyen il empescheroit ce nombreux concours de Chrétiens dans la Palestine, & le mauvais effet qu'il produisoit.

Le Soudan suivit ce conseil. Il fit renverser l'Eglise de la Résurrection de fond en comble, & maltraita fort tous les Pelerins qui se trouvérent à Jerusalem. On sçut bien-tost cette nouvelle en Europe, & le Soudan ne s'estant pas mis fort en peine de garder le secret aux Juifs, on apprit en mesme temps qu'ils estoient les auteurs de la persécution. Ils en portérent la peine. On fit main-basse sur eux en plusieurs endroits; on les chassa non seulement d'Orleans, mais de la plus part des autres Villes. Les Evêques firent défense à tous leurs Diocésains d'avoir aucun commerce avec eux. Plusieurs, pour éviter la mort, ou la perte de leurs biens, firent semblant de changer de Religion, & demandérent le Baptesme. Le Moine apostat fut décelé, mis à la question, convaincu & brûlé tout vif.

Toutefois la persécution de Palestine ne dura pas. La mere du Soudan, qui estoit Chrétienne, obtint de luy pour les Chrétiens la permission de rebastir l'Eglise de la Résurrection. Selon d'autres, la chose ne se fit que sous son successeur: cette Eglise fut rebastie à la priere & aux frais de Constantin surnommé Monomaque, Empereur de Constantinople, qui se chargea avec plaisir de cette dépense.

Ibid. Guillelm. Tyrius.

Ce fut vers ce temps-là, c'est-à-dire, vers le milieu du onziéme siécle, qu'arrivérent les conquestes des Turcs, & sous leur domination, les avanies que l'on faisoit aux Chrétiens, furent plus rudes & plus fréquentes que jamais: cela n'empeschoit pas la dévotion des Chrétiens, qui venoient en foule en pelerinage à Jerusalem, & en beaucoup plus grand nombre, depuis que l'Eglise avoit esté rebastie.

Ce n'estoit pas seulement des gens du Peuple, mais les plus grands Seigneurs qui faisoient ce Pelerinage. Entre autres, Robert Duc de Normandie pere de Guillaume le Conquerant le fit; & mourut à Nicée, après avoir accompli son vœu, comme je l'ay raconté.

Quand Gregoire VII. fut sur le Trône Pontifical, il reprit le dessein du Pape Sylvestre II. Il s'estoit déja asseûré de plus de cinquante mille hommes. Il devoit marcher en personne à cette expedition, & estoit de caractére à y réüssir : mais les differends qu'il eut avec Henri IV. Roy d'Allemagne, & la défiance qu'ils avoient l'un de l'autre firent encore une fois avorter ce grand dessein. L'honneur de l'exécution estoit reservé au Pape Urbain II. & il l'entreprit à l'occasion que je vais dire.

Guillelm- Tyrius. l. 1. cap. 11.
Un bon Prestre de l'Evêché d'Amiens, nommé Pierre l'Hermite, qui faisoit profession de la vie solitaire, alla en pelerinage à Jerusalem. Touché de la misére & de l'oppression où il voyoit les Chrétiens de la Palestine, il entretint sur ce sujet le Patriarche de cette Eglise, nommé Simeon. Ce Patriarche estoit un homme d'esprit & de prudence, qui en trouva aussi dans Pierre l'Hermite, & beaucoup plus que sa physionomie peu avantageuse, & sa mine basse n'en promettoient dans son abord. Ils se communiquérent leurs sentimens & leurs pensées sur les moyens qu'on pourroit prendre, d'adoucir la miserable condition des Chrétiens, que leur naissance ou leur dévotion attachoient à ces saints lieux.

La férocité de la Nation qui dominoit dans le païs, leur ôtoit toute esperance de pouvoir rien obtenir par l'entremise des Princes Chrétiens, pour qui les Turcs avoient non seulement de la haine; mais mesme un souverain mépris. D'ailleurs le Patriarche asseûra l'Hermite, qu'on ne pouvoit faire aucun fond sur l'Empereur de Constantinople; (c'estoit Alexis Comnéne, qui par le voisinage de ses Etats, eust esté le plus à portée de délivrer la Terre-Sainte de ces ennemis de la Religion;) que tout ce que ce Prince pouvoit faire, estoit de ne pas succomber luy-mesme sous leurs efforts, de les ménager, & d'éloigner autant qu'il pourroit la perte du reste de son Empire, dont il estoit menacé, & que s'il y avoit quelque secours à espérer de la force des armes, il ne pouvoit venir que des Princes d'Occident ; mais que leur éloignement, & la difficulté qu'il y auroit à les unir pour une si sainte entreprise, luy ostoit toute esperance.

Pierre l'Hermite luy dit sur ce dernier article, qu'il ne devoit pas entierement desesperer; qu'on trouveroit plus de disposition qu'il ne pensoit dans les Princes Chrétiens d'Occident à tenter cette entreprise; mais qu'il falloit que quelqu'un les animast ; que si ces Princes voyoient un détail, & une exposition bien pathétique des maux que les Chrétiens souffroient, & des profanations que les Infidéles faisoient tous les jours de ces saints lieux, ils s'en laisseroient toucher; que si on leur marquoit l'état & la situation des affaires du païs, & quelques moyens généraux de réüssir dans un si pieux dessein, ils y feroient réflexion, ils les examineroient, & que peut-estre ils ne les rejetteroient pas. Qu'il falloit que le Patriarche luy-mesme écrivist au Pape & aux Princes, pour les conjurer de ne pas abandonner le patrimoine des Chrétiens, & les lieux où le Christianisme avoit pris naissance. Que le Pape estoit un homme zélé, un esprit solide, capable d'une grande entreprise; qu'il avoit beaucoup d'autorité sur les Princes de l'Europe; que depuis long-temps Dieu avoit inspiré à toutes les Nations Chrétiennes une grande dévotion pour les saints lieux; que s'il vouloit luy donner des Lettres & des instructions pour cette négociation, il s'en chargeroit, & courreroit volontiers tout le risque ; qu'il s'offroit à aller de sa part dans toutes les Cours de l'Europe, & de n'épargner ni peines ni fatigues, pour le seconder dans un si saint & si glorieux projet.

La maniére dont cet homme parla au Patriarche, fit impression sur son esprit ; & les ouvertures qu'il luy donna, luy firent concevoir qu'une telle affaire ne pouvoit tomber en de meilleures mains. Quelques personnes sages qu'il avoit admis à cet entretien, furent de mesme sentiment que luy. Le pis-aller estoit que la chose ne réüssist pas, & la tentative étoit sans conséquence. Le Patriarche luy donna des Lettres pour le Pape, & Pierre l'Hermite se disposa à reprendre le chemin de l'Europe.

Une chose qui arriva quelques jours après, confirma le Patriarche dans l'esperance du succès. L'Hermite s'estant mis en prieres dans l'Eglise, pour recommander à Dieu les bons desseins qu'il luy inspiroit, s'endormit. Durant son sommeil il songea que Jesus-Christ luy apparoissoit, & qu'il luy disoit ces paroles. *Leve-toy, Pierre, haste-toy, fais sans crainte ce qui t'est commandé; je seray avec toy, il est temps de secourir mes serviteurs.* Il raconta ce songe au Patriarche, qui ne douta point qu'il n'y eust quelque chose de divin. L'Hermite monta sur un Vaisseau Marchand, qui se trouva prest à faire voile pour l'Italie. Il arriva heureusement à Barti dans la Poüille, & alla trouver le Pape Urbain II. à Rome.
Ibid. Cap. 12.

Il luy exposa le sujet de son voyage, luy mit en main les Lettres du Patriarche, luy parla si vivement, avec tant de zéle, & en mesme temps si sagement, que le Pape, à qui Gregoire VII. dont il estoit un des confidens, avoit autrefois inspiré les mesmes pensées, ne balança pas à entrer dans ses vûës. Et comme dans plusieurs audiences particulieres qu'il luy donna, il reconnut en luy beaucoup d'esprit, d'adresse, & ce talent de persuader, qui fait le succès des grandes négociations, il crut que pour faire réüssir celle-cy, il ne pouvoit choisir personne qui y fust plus propre. Il luy ordonna d'aller à toutes les Cours des Princes, tant d'Italie, qu'au-delà des Alpes ; de leur communiquer tout ce qu'il luy avoit dit, de le prêcher publiquement dans tous les lieux par où il passeroit, & l'asseûra qu'il l'appuyeroit, & qu'il tascheroit de seconder les bonnes
Cap. 13.

Z z z iij

HISTOIRE DE FRANCE.

dispositions, où il auroit mis les Peuples.

An. 1094.

Le Prestre s'acquitta parfaitement de sa commission ; la grandeur, la sainteté, la nouveauté de l'entreprise, la facilité qu'il y fit paroistre, remuérent tous les esprits. Il fut écouté par-tout avec applaudissement. Les Grands & le Peuple, tous donnérent dans ce dessein, & voulurent y avoir part, & estoient dans l'impatience de voir former la sainte Ligue.

Le Pape ravi de ces heureuses nouvelles, pensa sérieusement à profiter de si beaux commencemens. Il se déclara luy-mesme le Chef de l'entreprise, & fit dire qu'il croyoit ne pouvoir mieux employer son autorité Pontificale, qu'à en faire le nœud de cette sainte union des Princes Chrétiens.

Il n'avoit plus beaucoup à craindre du Schisme de Henri Roy d'Allemagne. Grand nombre de ceux qui avoient suivi ce Prince, l'abandonnoient tous les jours, & son propre fils s'estoit révolté contre luy. Il prévoyoit que plusieurs Seigneurs prendroient volontiers l'occasion de la guerre sainte pour quitter ce parti, & pour se réconcilier avec l'Eglise. Ainsi il résolut de convoquer un Concile à Plaisance, pour y faire publiquement l'ouverture de ce grand dessein.

Tout contribuoit à luy en faciliter le succès. Alexis Comnene Empereur de Constantinople, à la veille de se voir attaqué par les Turcs, jusques dans sa Ville Impériale, luy avoit envoyé des Ambassadeurs, pour luy demander du secours contre ces Infidéles. Il crut la conjoncture propre à commencer de lier la partie, & différa à leur répondre jusqu'au Concile, qui se tint vers le milieu du Caresme de l'an 1095.

Il y eut à ce Concile une prodigieuse affluence de monde. Il s'y rendit d'Italie, de France, & d'Allemagne quatre mille Ecclésiastiques de tout rang, & plus de trente mille Laïques ; de sorte que quelques Séances furent tenuës en pleine Campagne. Les Ambassadeurs de l'Empereur de Constantinople y firent l'exposition du sujet de leur Ambassade, des dangers où le monde Chrétien se trouvoit par les prodigieux & funestes progrès des Infidéles ; comme toute l'Asie estoit ravagée & réduite à l'esclavage ; que Constantinople mesme estoit en péril ; qu'en un mot tout estoit perdu, si les Princes d'Occident ne s'unissoient, pour sauver les restes du Christianisme dans l'Orient.

Concil. Placent. Tome X. Concil.

Après que les Ambassadeurs eurent parlé, le Pape se leva, & fit un discours très-fort & très-véhément sur le mesme sujet. Ce discours eut tant d'effet, que sur le champ plusieurs s'engagérent par serment à prendre les armes, & mille voix s'élevérent de tous costez dans l'Assemblée, pour applaudir à la proposition du Pape. Tous criérent qu'ils estoient prests de donner leur sang & leur vie pour une si belle cause. Le Pape content de ce premier succès, différa à prendre des mesures plus prochaines dans un autre Concile, qu'il avoit résolu de convoquer à Clermont en Auvergne pour la fin du mois de Novembre.

Il s'y rendit avec plusieurs Cardinaux, pour y présider en personne. Treize Archevêques & un très-grand nombre d'Evéques & d'Abbez s'y trouvérent.

Concil. Clarom. Ibid.

Le Pape fit sur le sujet de la guerre sainte plusieurs discours, qui ont esté recüeillis par les anciens Ecrivains, & qui ont servi non pas tant de fond, que d'occasion à quelques Modernes, pour faire valoir leur propre éloquence, & pour en substituer d'autres, composez dans leur Cabinet, où l'on voit ce qu'il put dire avec ce qu'il dit en effet. Voici la substance & l'abbregé de celuy qui est rapporté dans un Manuscrit du Vatican.

Ibid.

» Nous avons appris, mes très-chers Freres, ce que nous ne pouvons vous réciter sans souspirs & sans larmes, les misères & les véxations que les Chrétiens d'Orient nos freres, membres de Jesus-Christ, enfans de Dieu, comme nous, souffrent depuis long-temps à Jerusalem, à Antioche, & dans les autres Villes de la Syrie & de la Palestine. On les chasse de leurs héritages, on en fait de malheureux esclaves. Vous en voyez parmi vous, qui sont réduits à la mendicité ; les autres demeurez dans leur patrie y souffrent des traitemens plus rudes, que l'exil mesme. On voit inhumainement répandre le sang des Chrétiens dans les lieux, où le Sang de Jesus-Christ a esté répandu pour eux : & ce qui est de pire encore, on les voit exposez aux passions les plus infames de leurs détestables maistres. La Ville d'Antioche, où S. Pierre établit autrefois son Siége, est devenuë un lieu de prostitution, d'abomination, de superstition. Les biens des pauvres & des Eglises n'y servent plus qu'aux crimes & aux débauches des Infidéles. Les Eglises y sont changées en écuries, & le Sanctuaire y est par-tout profané. Je n'ose vous parler de Jerusalem, de peur de vous causer trop d'horreur. Ce lieu saint arrosé du Sang de Jesus-Christ, réduit sous le joug des Mahometans, fait maintenant l'opprobre du nom Chrétien. Ils insultent au Tombeau du Seigneur : ils en violent la sainteté par toutes sortes d'abominations, malgré les miracles qui s'y font encore tous les jours. Plusieurs de vous, que leur dévotion a conduits, ont esté les témoins de tout ce que je vous dis ici, & ont eux-mesmes expérimenté la cruauté des Barbares. Peut-on estre Chrétien, & n'estre pas touché de ce récit ? Pleurons, mes freres, pleurons, & écrions-nous en gémissant avec le Psalmiste : *Seigneur, les Nations ont envahi vostre héritage, ils ont profané vostre saint Temple. Ils ont fait de Jerusalem une solitude affreuse. Ils ont exposé les corps morts de vos Saints en proye aux bestes carnassieres, & aux oyseaux de l'air. Ils ont versé leur sang comme de l'eau autour de Jerusalem, & il n'y a personne qui ose leur donner la sepulture.* Malheur à nous, mes freres, *nous sommes tombez dans l'opprobre aux yeux de nos voisins, & devenus le joüet des ennemis qui nous environnent.* Pleurons donc sur nos freres, & sur cette Terre, que nous appellons Sainte à si juste titre, puisqu'il n'y a pas un endroit de ce païs, qui n'ait esté sanctifié par

„ les pas du Sauveur, par la préfence de fa fainte
„ Mere, par la demeure des Apoftres, ou arrofé par
„ le fang de tant de faints Martyrs. C'eft là que
„ le glorieux faint Eftienne a efté couronné le
„ premier de tous les Fidéles ; que le faint Pré-
„ curfeur baptifoit avec les eaux du Jourdain;
„ que le Peuple d'Ifraël, délivré de la fervitude
„ d'Egypte par tant de prodiges, extermina les
„ Jébuféens & les autres Nations ennemies du
„ Dieu du Ciel. Hélas, mes freres, tandis que
„ par vos diffentions criminelles, vous vous dé-
„ chirez les uns les autres ; que vous vous faites
„ de cruelles & d'injuftes guerres ; que vous op-
„ primez la veuve & l'orphelin ; que vous por-
„ tez vos violences fouvent jufques fur les Au-
„ tels, vous abandonnez l'Eglife, pour laquelle
„ en qualité de Chrétiens, vous avez une obli-
„ gation indifpenfable de combattre jufqu'à la
„ derniere goute de voftre fang. Prenez, je vous
„ en conjure au nom de Dieu, d'autres idées, &
„ d'autres fentimens, & uniffez-vous tous fous
„ l'étendart de Jefus-Chrift, pour aller combat-
„ tre avec plus de courage encore que les anciens
„ Ifraëlites, ces nouveaux Jébuféens, & les chaf-
„ fer de Jérufalem. Il vous fera glorieux de mou-
„ rir pour Jefus-Chrift, & fous les murailles d'u-
„ ne Ville, à la vûë de laquelle il eft mort pour
„ vous : que fi vous mourez à la peine, & avant
„ que d'avoir exécuté une fi fainte entreprife,
„ vous avez affaire à un Maiftre qui fe contente
„ de la feule bonne volonté, & qui récompenfe
„ également ceux qui font venus travailler à la
„ premiere & à la fixiéme heure du jour. Enco-
„ re un coup, quelle honte d'employer vos épées
„ contre les Chrétiens, tandis que vous avez des
„ Turcs à combattre. Ne vous abandonnez pas
„ aux inquiétudes des accidens & des périls que
„ vous courrerez dans la route ; vous avez un
„ bon Maiftre qui aura foin de vous, fi vous
„ vous confiez en luy. Mais vous aurez de quoy
„ vous dédommager de vos pertes mefme tem-
„ porelles, par l'honneur que vous acquerrerez,
„ & par les dépoüilles que vous enleverez aux
„ ennemis du nom de Dieu ; & après tout, quoy
„ qu'il arrive, une Couronne de gloire immor-
„ telle ne peut vous manquer.

„ O mes freres ! tous tant que vous eftes icy
„ d'Evêques & de Preftres, allez, difperfez-vous
„ dans toutes vos Eglifes, répétez à vos Peuples
„ ce que vous venez d'entendre ; animez-les à
„ combattre pour Jefus-Chrift, & à prendre part
„ à la conquefte de Jerufalem. Perfuadez-leur
„ de fe difpofer à une fi glorieufe expédition par
„ la Confeffion de leurs péchez. Allez tous, mes
„ chers enfans, nous leverons les mains au Ciel
„ comme Moïfe, tandis que vous combattrez
„ ces perfides Amalécites.

Ce difcours, à en juger par la conclufion, fut le dernier de ceux qui furent prononcez dans le Concile par le Pape. Toute l'Affemblée en fut vivement touchée, & y applaudit, comme de concert par ces paroles, qui retentirent de tous les coftez dans l'Auditoire. *Dieu le veut, Dieu le veut.* Paroles qui furent long-temps depuis comme le cri de guerre le plus ordinaire, dans les combats qu'on livra aux Infidéles ;

Hiftoria belli Sacri. T. 1. Mufei Italici.

& par lefquelles les Croifez fe rencontrant les uns les autres, s'animoient à fouffrir les fatigues du voyage, & à affronter les plus grands périls.

Le Pape voyant les efprits fi bien difpofez, délibera fur la maniere, dont fe feroit l'engagement folemnel de tous ceux qui voudroient prendre part à cette expédition. Il fut réfolu, que comme c'eftoit au nom de Jefus-Chrift qu'elle fe faifoit, on mettroit dans les drapeaux le Signe de la Croix, & que ceux qui voudroient s'enrôller, le porteroient fur leur habit. L'ufage le plus ordinaire fut de porter une Croix d'étoffe rouge fur l'épaule droite, ou au chaperon ; & c'eft de-là que vint le nom de Croifade.

Ibid.

Aymar de Monteil Evêque du Puy, fut le premier, qui en plein Concile, demanda la Croix au Pape ; plufieurs imiterent fon exemple, & le Pape la leur donna de fa main. Mais après tout, ce n'eftoit ni du Pape, ni des Evêques, ni du Peuple qui affifta à ce Concile, que dépendoit l'exécution. Il falloit y engager les Princes & les Seigneurs, tant en Italie qu'au delà des Alpes. Pierre l'Hermite avoit déja tiré parole de plufieurs là-deffus ; mais il reftoit de grandes difficultez à lever.

Orderic. l. 9. pag. 721.

Une des principales eftoit les différends que les Ducs, les Comtes, les Marquis, & mefme les autres Gentilhommes avoient les uns avec les autres en Italie, en Allemagne, & en France. La coûtume eftoit, & c'eftoit une coûtume autorifée, comme je l'ay déja remarqué quelquefois, de fefaire impunément la guerre les uns aux autres pour des interefts particuliers. C'étoit un grand defordre, mais que chaque Gentilhomme regardoit comme un privilege attaché à la qualité de Seigneur, pour peu qu'il euft de Terres en cette qualité. Les Souverains de concert avec l'Eglife tafchoient depuis long-temps, finon d'abolir, au moins de modérer cette fureur. Dès l'an 1044. fous le Régne de Henri I. les Evêques de-là la Loire avoient fait un Reglement fur ce fujet, par lequel depuis le Mercredi au foir, jufqu'au point du jour du Lundi, il eftoit défendu à qui que ce fuft, de faire aucune violence à fon ennemi, foit en fa perfonne, foit en celle de fes domeftiques, foit en fes biens, fous peine d'excommunication ; & avec le confentement des plus puiffans Seigneurs, on y ajoûta la peine de mort ou l'exil. Cette Tréve s'appella la Tréve du Seigneur, parce qu'elle eftoit établie fur ce que ces jours de la femaine, pendant lefquels elle duroit, avoient efté particulierement confacrez par les Myfteres de la Paffion & de la Réfurrection de Jefus Chrift. Ce Decret des Evêques de Guyenne avoit efté reçû dans toute la France, & quoique fouvent violé, il ne laiffoit pas d'empefcher beaucoup de defordres. Depuis on y ajoûta tout le temps de l'Avent, la Septuagéfime jufqu'au Dimanche de Quafimodo, & les Rogations jufqu'à l'Octave de la Pentecofte ; & enfin par l'application que nos Rois apporterent à abolir ces guerres particuliéres, fur tout S. Loüis & Philippe le Bel, on en vint à bout avec le temps.

Orderic. Vital. l. 9.

HISTOIRE DE FRANCE.

Le Pape prévit donc que ces guerres seroient un grand obstacle à la Ligue sainte, à cause que ceux de la Noblesse, qui auroient dessein de s'enrôller, craindroient d'abandonner leurs Terres & leurs Familles à la discrétion de leurs ennemis. Pour prévenir cet inconvénient, le Concile défendit par un Canon, d'attaquer les Terres & les Chasteaux de tous ceux qui prendroient la Croix, pendant tout le temps de l'expédition, & cela sous peine des plus terribles excommunications contre ceux qui leur feroient quelque tort.

Concil. Clarom.

Can. 2.

On ajoûta un autre Canon, par lequel il fut déclaré, que quiconque par le seul motif de dévotion, & pour secourir l'Eglise de Jérusalem, iroit à cette guerre, ce voyage luy tiendroit lieu de toute autre pénitence qu'il auroit méritée pour ses péchez, & l'indulgence plénière fut publiée pour tous ceux qui prendroient la Croix. Cette époque peut estre regardée comme le commencement de l'abolition d'une coûtume qui s'observoit encore alors, d'imposer à certains pécheurs scandaleux de très-rudes & très-longues pénitences.

Enfin le Pape déclara l'Evêque du Puy son Légat dans cette première expédition, & le revêtit de toute son autorité sur tous les Chrétiens, pour tous les lieux où il se trouveroit avec les Croisez.

Le Concile estant terminé, les Evêques partirent pour aller prescher la Croisade dans leurs Diocéses. Ils y trouvèrent déja les esprits en mouvement. On prétendit mesme que le jour que la Croisade fut publiée à Clermont, la nouvelle en avoit esté sçûë miraculeusement dans les païs les plus éloignez. C'estoit & parmi les Grands, & parmi le Peuple un empressement extrême à prendre la Croix : il n'y eut pas jusqu'aux femmes, mesmes de la première qualité, qui sans craindre les fatigues & les dangers d'une telle entreprise, voulurent suivre leurs maris. Les Païsans abandonnoient leurs charuës. Les enfans & les vieillards venoient demander la Croix, & prioient qu'on la leur accordast, sinon pour combattre, au moins pour avoir la consolation de mourir à la Terre-Sainte pour l'honneur de Jesus-Christ. Ce qu'il y eut de plus avantageux & de plus surprenant, fut que dans toutes les Provinces de France, les guerres particulières, qui y estoient très-allumées, cessèrent tout à coup; les plus mortels ennemis se réconcilièrent entre eux, chacun vendoit ses Terres pour faire de l'argent, & toute la difficulté estoit de trouver des gens qui voulussent les acheter de ceux qui les offroient presque pour rien.

Guibert. l. 2.

Histor. belli sacri.

Les Rois ne se laissèrent point emporter à ce zéle, & il n'y en eut point dans cette premiere expédition. Le Roy de France & le Roy d'Allemagne estoient tous deux excommuniez ; le premier pour son mariage avec Bertrade, & le second pour son Schisme. Mais ces deux Princes ne mirent point d'obstacle aux desseins du Pape, & laissèrent la liberté à leurs Vassaux & à leurs Sujets de prendre la Croix.

Le plus illustre par sa naissance de tous les Seigneurs qui se croisèrent, fut Hugues le Grand, Comte de Vermandois, frere du Roy, & qui portoit ce nom, non point pour les grandes actions qu'il eust encore faites, mais en mémoire de Hugues le Grand, pere de Hugues Capet. Ce Prince estoit recommandable par une probité égale à son courage; mais n'estant pas riche, n'ayant guéres de Vassaux, & le Roy son frere ne s'estant pas mis fort en peine de l'aider en une si belle occasion, il marcha avec un équipage peu digne de son rang, & suivi de peu de gens qui fussent à luy.

Au contraire, Raymond Comte de Toulouse, communément appellé Raymond de S. Gilles, qui avoit amassé depuis long-temps beaucoup d'argent, & dont les Sujets s'estoient cottisez à l'envi, pour luy fournir de grosses sommes, leva de nombreuses Troupes ; & par la prudence avec laquelle il sçut ménager ses Trésors dans la suite de cette expédition, il fut un de ceux qui y parurent toûjours avec le plus d'éclat, plus d'autorité & de distinction. Ce fut celuy des Seigneurs de ce rang, qui prit le premier la Croix, & ses Envoyez estant arrivez à la fin du Concile de Clermont, firent part au Pape de la résolution que leur Maistre avoit prise de donner l'exemple à la Noblesse Françoise. Robert II. Comte de Flandre, qui avoit succédé à Robert le Frison son pere en l'an 1093. se fit une gloire de l'imiter dans ses entreprises & dans ses voyages hazardeux. Il prit la Croix, & fut suivi d'un grand nombre de ses Sujets; & c'est ce voyage qui luy fit donner à son retour le surnom de Jérosolymitain, qu'il porte dans l'Histoire.

Orderic. l. 9.

Robert Duc de Normandie, fils aîné de Guillaume le Conquérant, très-semblable par la valeur à son pere, ne manqua pas une si belle occasion de se signaler, & l'argent que sa prodigalité luy faisoit répandre sans discrétion en toutes rencontres, luy manquant, il engagea pour en avoir, son Duché mesme à Guillaume son frere Roy d'Angleterre.

Estienne Comte de Chartres & de Blois, alié à la Maison de France, aussi-bien que ceux que je viens de nommer, fut aussi de la partie. Mais de tous les grands Seigneurs qui prirent la Croix, celuy dont le nom a esté le plus célébré par les Ecrivains, qui ont écrit l'Histoire de ces guerres d'outre-mer, est le fameux Godefroy de Boüillon, appellé dans l'Histoire Duc de Lorraine, ce qui ne doit pas s'entendre du païs, qui porte aujourd'huy ce nom, mais de la basse Lorraine, qui le portoit alors, & qui ne le porte plus depuis long-temps, c'est-à-dire, du Brabant, & de quelques-autres païs voisins de cette Province.

Il estoit fils d'Eustache II. Comte de Boulogne, de Guines & de Teroüane, & d'Ide sœur de Godefroy le Bossu Duc de la basse Lorraine, Comte d'Ardenne, de Boüillon & de Verdun, qui n'ayant point d'enfans, l'adopta, & le fit son héritier. Il estoit Feudataire de l'Empereur, la basse Lorraine, aussi-bien que la haute, estant depuis long-temps un Fief de l'Empire, après avoir esté pendant plusieurs siécles
une

une partie considérable du Royaume de France. Godefroy fut accompagné de ses deux freres Eustache & Baudoüin.

Ce furent là les Seigneurs les plus distinguez d'en-deçà des Alpes, qui prirent la Croix. Ils furent suivis par une infinité d'autres Comtes, Seigneurs & Gentilshommes, que leurs belles actions me donneront lieu de nommer dans la suite.

L'Italie fournit aussi ses Héros, & entre autres Bohemond & Tancrede son neveu. Bohemond estoit Prince de Tarente, & fils de Robert Guiscard ce fameux Prince Normand, qui se fit un grand Etat en Italie aux dépens des Grecs, & qui non content du Comté de la Poüille qu'il avoit hérité de Guillaume Brasde-fer son pere, conquit encore la Calabre & la Sicile. Mais Bohemond ne prit la Croix qu'après les autres, à l'occasion que je diray bien-tost.

Robertus Monachus. l. 1.

Tant de Peuples conspirant ainsi au mesme dessein, il eust esté à souhaiter qu'ils eussent esté réünis sous un Généralissime, qui eust eu avec la capacité, toute l'autorité nécessaire, pour donner à un Corps composé de tant de différentes parties les mouvemens réglez par les Loix d'une exacte & sévere discipline, sans quoy l'Armée la plus courageuse marche à la boucherie, en pensant courir à la victoire. Mais l'ambition, l'émulation, la jalousie des Nations, rendoient la chose impossible en cette rencontre. Plusieurs des principaux Croisez ne manquérent pas de faire cette importante réflexion; & proposérent au Pape de venir luy-mesme avec eux, pour entretenir par sa présence & par son autorité la bonne intelligence parmi tant de Chefs divers, qui ne pourroient manquer d'avoir souvent entre eux des sujets de querelle & de division. Mais le Pape s'en excusa par la nécessité de sa présence en Italie, sur-tout à cause du Schisme de Henri & de son Antipape. Il leur promit que s'il pouvoit venir à bout de remettre la Paix dans l'Eglise, il iroit les joindre, & les pria de regarder comme sa propre personne Aymar Evêque du Puy, qu'il avoit nommé pour son Légat dans cette expédition, & auquel il donnoit toute sa puissance. Ils entrérent dans les raisons du Pape, & luy promirent d'avoir pour le Légat toute la déférence qu'il souhaitoit d'eux.

Historia belli Sacri.

An. 1096.

Dès le commencement de l'an 1096. on fit les préparatifs, & on assembla les Troupes. Elles se mirent en marche, non pas toutes ensemble, mais en divers temps, & par divers chemins.

Guillelm. Tyrius.

Outre les Troupes réglées, que ces Princes & ces Seigneurs avoient levées, une infinité de gens ramassez, Anglois, François, Allemands, s'estoient rendus auprés de Pierre l'Hermite, qu'ils regardoient comme l'Apostre de la Croisade, & comme l'homme envoyé de Dieu pour la délivrance des Chrétiens de la Palestine. L'austérité de sa vie qu'il continuoit toûjours au milieu des fatigues de la Prédication, & encore plus les largesses qu'il leur faisoit, sans

Tome I.

se réserver rien des grandes sommes d'argent qui luy venoient de toutes parts, les luy avoient attachez, & ils ne vouloient point reconnoître d'autre Général que luy. Il voulut d'abord se joindre à Godefroy de Boüillon; mais ce Seigneur jugea à propos de faire marcher ces Troupes-là les premieres, parce que leur grand nombre & le peu de discipline qu'il y voyoit, luy faisoient prévoir de grandes difficultez à les conduire.

Guibert. l. 2. c. 4.

Elles furent partagées en deux Corps. Le premier marcha sous le commandement d'un Gentilhomme François, brave & expérimenté dans la guerre; mais à qui sa pauvreté avoit fait donner le nom de Gautier, *sans avoir*, ou *sans argent*, & qui se trouva heureux & bien glorieux, de se voir tout d'un coup devenu Général d'Armée. La sienne n'estoit composée que d'Infanterie, & il n'y avoit en tout que huit Cavaliers. Il traversa l'Allemagne sans obstacle. Il continua sa route par la Hongrie, le long du Danube, où il fit peu de perte; mais comme dans la Bulgarie ses gens s'émancipérent & commencérent à piller la Campagne, une Armée de Bulgares tomba sur luy, & mit ses Troupes en déroute. Il eut beaucoup de peine à gagner Constantinople, auprès de laquelle l'Empereur Alexis Comnene luy permit de camper jusqu'à l'arrivée du second Corps conduit par Pierre l'Hermite, & luy fit fournir des vivres.

Ibid.

Guillelm. Tyrius. l. 1. c. 18.

Ce second Corps mieux armé que le premier, & où il y avoit quelque Cavalerie, fut encore plus maltraité, parce qu'il n'estoit pas mieux discipliné. Les Bulgares & les Hongrois tuérent à l'Hermite plus de dix mille hommes, luy enlevérent ses bagages, ses chariots, & entre autres celuy où estoit l'argent de l'Armée. Il arriva néanmoins encore avec trente mille hommes à Constantinople, le premier jour d'Aoust, & il eut audience de l'Empereur, qui fut charmé de sa sainteté, de son esprit, & de sa prudence. Ce Prince après l'avoir laissé reposer quelques jours, voyant que ses Soldats pilloient tout à l'entour de la Ville, luy fit passer le Détroit avec ses Troupes & celles de Gautier *sans avoir* sur quantité de bateaux, qu'on avoit eu soin de tenir prests pour ce passage.

Robert. Monach. Guibert. Guillelm. Tyrius.

Ce ne furent pas là les seuls préludes funestes de cette guerre. Un Prestre Allemand nommé Gotescalc ayant presché la Croisade à l'exemple de l'Hermite, assembla aussi environ quinze mille Soldats Sujets du Roy d'Allemagne. Il marcha à leur teste jusqu'en Hongrie, où s'estant pareillement attiré par les ravages qu'il faisoit, la haine des Hongrois, ses Troupes furent investies de toutes parts. Les Soldats mirent bas les armes sur la promesse qu'on leur fit, de leur laisser la vie sauve, & la liberté de s'en retourner; mais ils ne furent pas plustost desarmez, qu'on fit main-basse sur eux, & à peine s'en échapa-t-il quelques-uns, pour aller porter en leur païs la nouvelle de ce triste desastre.

Ibid. l. 1. c. 27.

Une autre Troupe incomparablement plus

Aaaa

nombreuse, composée de toutes sortes de Nations, & commandée par un Seigneur Allemand nommé Emico, périt encore par le fer des Hongrois, qui pour ne point estre tous les jours exposez aux ravages que ces Armées faisoient dans leur païs, résolurent de n'en plus laisser passer.

Il estoit impossible que de pareilles choses n'arrivassent dans ces mouvemens subits & impétueux, que la publication de la Croisade avoit excitez dans toute la Chrétienté de l'Europe. Le Peuple est toûjours Peuple, c'est-à-dire; toûjours inconsidéré, emporté, sans prévoyance, abusant des motifs les plus saints pour s'abandonner aux plus étranges excès, & se précipitant étourdiment dans les plus grands malheurs; mais ces premiers desordres ne servirent qu'à rendre les principaux Chefs de l'entreprise plus circonspects, & à leur faire prendre des mesures plus justes, pour ne pas tomber dans de semblables inconvéniens.

Hugues le Grand, après avoir pris congé du Roy son frere, prit sa route par l'Italie avec Robert Duc de Normandie, Robert Comte de Flandre, Estienne Comte de Chartres, Raymond Comte de Toulouse, & Aymar Evêque du Puy. Ils perdirent quelques Soldats dans le chemin par les grandes chaleurs, & se rendirent les uns dans le Frioul, les autres sur les confins de la Poüille. Bohemond Prince de Tarente assiégeoit alors Amalphi, qui s'estoit révoltée. Il envoya saluër les Généraux, & touché de leur exemple, il assembla ses Officiers & ses Soldats, & leur dit ces paroles en stile guerrier: » Qui m'aime, me suive; nous sommes François d'origine, mes chers compagnons, & du mesme Royaume que ces braves gens qui courent au martyre; j'ay honte de ne les pas imiter: il prit sur le champ la Croix, & se la mit sur l'épaule; tous, tant Officiers que Soldats crièrent à haute voix de tous costez, qu'ils vouloient le suivre, & chacun s'empressa à prendre la Croix.

Bohemond reçut les Princes avec beaucoup d'honnesteté, & comme la saison estoit trop avancée, pour qu'ils continuassent commodément leur voyage, il leur fit donner des quartiers dans ses Terres & dans celles de sa Famille, & les Troupes furent distribuées pour se reposer dans les Villes maritimes, à Brindes, à Bari, à Otrante, & en quelques autres Places.

Comme Hugues le Grand portoit très-impatiemment d'avoir si peu d'autorité dans cette Armée, parce qu'il n'avoit presque point de Troupes à luy, tandis que les Ducs de Normandie & les Comtes de Flandre, de Toulouse, de Blois, avoient chacun un Corps très-considérable, il prit une résolution bien hazardeuse, & dont il eut bien-tost sujet de se repentir. Ce fut de ne pas attendre les autres, & d'aller devant avec ses seules Troupes. Son dessein estoit de gagner au pluftost Constantinople, & de se mettre à la teste de celles qui y estoient déja sous la conduite de Gautier *Sans avoir* & de Pierre l'Hermite, ne doutant pas qu'on ne luy en déférast le commandement, si-tost qu'il pa-

roistroit, & la chose fust asseûrément arrivée ainsi. Mais les soupçons de l'Empereur de Constantinople rompirent ses mesures d'une manière bien fascheuse pour luy.

Alexis Comnene en demandant du secours au Pape, ne s'estoit pas attendu à tout ce grand fracas, qui se fit par toute la Chrétienté. Il avoit espéré quelques Troupes qui seroient à ses ordres, & qui seroient partie de son Armée en qualité de Troupes auxiliaires. Mais quand il vit arriver les trente & les quarante mille hommes, qui n'estoient que les avant-coureurs d'autres Armées beaucoup plus nombreuses, commandées par les plus fameux Capitaines de l'Occident, il commença à craindre ces secours, & appréhenda de n'estre plus maistre chez luy, quand ils seroient tous arrivez.

C'estoit un Prince politique, adroit, dissimulé, & qui après tout avoit effectivement sujet de faire ces sortes de réflexions dans ces conjonctures où il se trouvoit. Il avoit esté insulté par les Princes Normands d'Italie, qui s'estoient venu attaquer jusques dans la Thrace. Les Princes de cette Nation avoient enlevé à ses prédécesseurs la Poüille, la Calabre, & la Sicile, & quelques-uns de ces Seigneurs lorsqu'ils servoient dans les Armées de l'Empire, avoient une fois projetté de s'emparer de toute la Grece. Il sçavoit les desordres que les premieres Armées des Croisez avoient faits en Hongrie & en Bulgarie; luy-mesme voyoit de ses propres yeux ceux qu'elles faisoient encore aux environs de Constantinople. Ainsi il prit dès-lors la résolution qu'il suivit toûjours depuis, non seulement de ne pas seconder les desseins des Croisez; mais de les traverser en tout ce qu'il pourroit, & d'user de toutes sortes de moyens pour faire périr leurs Armées, qui luy devenoient aussi formidables qu'aux Turcs mesmes.

Hugues le Grand estant encore en France, avoit écrit à l'Empereur, qu'il estoit sur le point de partir pour Constantinople, afin d'avoir part à la guerre sainte; qu'il prendroit son chemin par l'Albanie, & qu'estant le frere d'un des plus grands Rois de l'Europe, il espéroit d'estre reçeû de luy avec tous les égards, qu'on devoit à sa qualité & à sa naissance. Un morceau de cette Lettre est rapporté par Anne Comnene fille de cet Empereur, dont elle a fait l'Histoire intitulée *l'Alexiade*. Dans la Traduction qu'elle fit en Grec de cette Lettre, elle y a donné un tour conforme aux manières d'écrire des Orientaux, & qui n'estoit nullement du stile d'Occident. Son Histoire nous apprend quantité de particularitez importantes touchant les Croisades; mais il la faut lire avec précaution, vû l'interest qu'elle avoit à ménager la réputation de l'Empereur son pere; c'est cette partialité qui luy fait tourner plusieurs faits d'une manière avantageuse à ce Prince, & souvent odieuse pour les François & pour les autres Chefs de la Croisade. Voilà le fragment de la Lettre de Hugues le Grand à l'Empereur, de la manière dont cette Princesse le rapporte. » Sçachez, ô Empereur, que je suis le Roy des Rois, & à qui tous les hommes qui

PHILIPPE I.

« sont sous le Ciel doivent céder. Ainsi quand j'arriveray chez vous, vous devez me recevoir avec l'honneur & la magnificence, qui conviennent à mon rang & à ma qualité. »

L'Empereur ayant reçû cette Lettre, écrivit à Jean Isaac Gouverneur de Durazzo, Ville d'Albanie, & à Nicolas Marcatacale Commandant de la Flote que ce Prince entretenoit sur cette Côte contre les incursions des Pirates. Il ordonna au premier avec toute la civilité possible le frere du Roy de France, & de luy donner promptement avis de son arrivée, & il recommanda à l'autre de tenir toûjours sa Flote en état, & d'estre bien sur ses gardes, pour ne se point laisser surprendre.

Hugues le Grand se mit donc en mer, & fit partir avant luy sur un Vaisseau leger vingt-quatre de ses gens, tous hommes de bonne mine, & très-bien équipez, pour avertir le Gouverneur de Durazzo qu'il arriveroit bien-tost.

Ce Vaisseau fit la traversée en peu de jours. Les Envoyez complimentérent le Gouverneur de la part de leur Maistre, l'asseûrérent qu'il les suivroit de près, & le priérent de se souvenir de la qualité du Prince, qu'il alloit recevoir chez luy. Le Gouverneur leur dit qu'il avoit sur cela les ordres de l'Empereur, & qu'il ne manqueroit à rien.

La navigation de Hugues le Grand ne fut pas si heureuse que celle de ses Envoyez. Il fut accüeilli d'une rude tempeste, qui fit périr la plusbart de ses Vaisseaux & de ses Troupes, & le Navire mesme qu'il montoit ayant coulé à fond, il fut obligé de se jetter dans une Chaloupe, avec laquelle il se sauva à terre, à quelques lieuës de Durazzo.

Estant en ce pitoyable état, il fut rencontré par deux Cavaliers de ceux que le Gouverneur avoit envoyez en divers endroits de la Côte, pour apprendre de ses nouvelles. Il se fit connoistre à eux. Ils luy dirent que le Gouverneur estoit fort en peine de luy, & qu'il l'attendoit avec la derniere impatience. Il monta sur le cheval d'un des deux Cavaliers, qui le conduisirent à Durazzo, où il fut reçû avec d'autant plus d'honneur, que l'état où il estoit réduit, le rendoit moins formidable.

Le Gouverneur le traita magnifiquement, luy assigna une grosse garde, moins par honneur, que pour s'asseûrer de luy : & il le retint pendant plusieurs jours, le régalant de toutes sortes de divertissemens, en attendant le retour du Courier, qu'il avoit envoyé à Constantinople, dès qu'il eut sçû son départ d'Italie.

Le Courier ne fut pas long-temps sans revenir, & avec luy arriva un Seigneur de la Cour, qui complimenta Hugues de la part de l'Empereur, & luy dit qu'il estoit chargé de le conduire à Constantinople, où le Prince estoit disposé à luy rendre tout ce qu'on devoit à une personne de sa naissance.

Hugues partit avec luy ; leur guide les conduisit, non point par les grands chemins, mais par des routes écartées ; ce qu'il faisoit suivant les ordres qu'il en avoit, de peur de trouver en chemin des Troupes Françoises, qui tirassent le Prince de ses mains.

L'Empereur le reçut avec de grands témoignages d'amitié, luy fit des présens, luy fournit de l'argent pour rétablir son équipage, & tout cela dans le dessein de l'engager à luy faire serment de fidélité, afin que les autres Seigneurs Croisez, sur son exemple, n'eussent pas de peine à s'y soûmettre, & à le reconnoistre par là pour Chef de la Ligue sainte, & à agir en tout sous ses ordres.

Le Prince eut peine à se résoudre à cette démarche ; mais enfin gagné par les caresses de l'Empereur, & espérant par ce moyen se tirer de ses mains, pour aller se mettre à la teste des Troupes qui estoient déja au-delà du Canal, il le fit.

Après cela il pressa Alexis de le laisser partir ; mais il fut toûjours retenu sous divers prétextes, & il s'apperçut bien qu'avec tous les bons traitemens qu'on luy faisoit, il estoit en prison, & qu'on estoit bien-aise d'avoir un ôtage de son importance, pour contenir les autres Seigneurs qui approchoient.

Godefroy de Boüillon s'estoit mis en marche avec ses Troupes dès le mois d'Aoust, & avoit pris à peu près la mesme route que Pierre l'Hermite par l'Allemagne, l'Autriche, la Hongrie & la Bulgarie. Il avoit une Armée de soixante & dix mille hommes d'Infanterie, & de dix mille chevaux. Il estoit accompagné de Baudoüin son frere, de Baudoüin du Bourg son cousin, de Baudoüin de Mons, de Hugues Comte de S. Pol, & d'Angelran fils de ce Comte, de Garnier de Grez, de Henri d'Asche, de Godefroy frere de Henri, de Dodon de Conz, de Conon de Montaigu, qui avoient tous avec eux l'élite de leurs Vassaux.

Ils arrivérent le vingtième de Septembre à Collembruc en Autriche, & ils y séjournérent quelques jours, pendant lesquels on traita avec Caloman Roy de Hongrie pour la seûreté du passage dans ce Royaume. Henri & Godefroy d'Asche furent envoyés à ce Prince, & ils convinrent d'une entrevûe de Godefroy de Boüillon avec luy. Elle se fit auprès d'une Forteresse de Hongrie nommée Ciperon, où le Duc se rendit avec trois cens chevaux. Tout se passa avec beaucoup de générosité & de franchise de part & d'autre. Le Roy promit de faire fournir des vivres à un prix raisonnable, tandis que l'Armée marcheroit dans ses Etats, & on luy donna pour ôtages durant la marche, le Comte Baudoüin frere du Duc avec la femme & toute la Maison de ce Comte.

L'Armée marcha avec tout l'ordre & toute la discipline possible. Le Roy de Hongrie la côtoya toûjours avec la sienne, & si-tost qu'on eut passé la Save, les ôtages furent rendus. On traversa la Bulgarie sans opposition, parce que les Généraux sçûrent contenir leurs Soldats, & l'Armée après une très-longue marche, arriva à Philippopoly en Thrace.

Ce fut là que Godefroy apprit la détention de Hugues le Grand, surquoy les Généraux

An. 1096.
Guillelm. Tyrius. l. 2. cap. 1.

Anna Comnena. l. 10.

Guillelm. Tyrius. l. 2. cap. 5.

s'estant assemblez, ils envoyérent à l'Empereur, pour le prier de luy permettre de les venir joindre. L'Empereur refusa de le faire. Cependant l'Armée continua sa marche, & les Envoyez à leur retour, la trouvérent à Andrinople.

Sur le refus de l'Empereur, Godefroy abandonna tout le païs au pillage, & il fut ravagé pendant huit jours, après lesquels vinrent des Envoyez de l'Empereur, faire de grandes plaintes de cette conduite. On leur en dit la raison, & on leur déclara qu'on estoit résolu de n'en pas demeurer-là, si on ne rendoit le Prince. Ils le promirent. Aussi-tost le ravage cessa, & l'Armée au bout de quelques jours arriva à la vûë de Constantinople.

Les Troupes malgré la fatigue d'un si grand voyage estoient très-belles, & l'Empereur en fut épouvanté, quoy qu'il eust luy-mesme une Armée fort nombreuse qu'il avoit levée, moins à dessein de la joindre à celles des Croisez contre l'ennemi commun, que pour se mettre en seûreté contre eux. Il vit bien qu'il falloit s'accommoder au temps. Ainsi dés que l'Armée parut, il fit partir le Prince Hugues, qui arriva au Camp, accompagné de Drogon de Neelle, de Clerembaud de Vendeüil, & de Guillaume de Melun surnommé le Charpentier, parce que dans la meslée il manioit admirablement la hache d'armes, & charpentoit, ainsi qu'on parloit alors, d'une étrange maniére, tous ceux qui se trouvoient sous sa main. Ce fut une grande joye pour le Prince de se voir délivré, & bien de la gloire à Godefroy d'avoir contraint l'Empereur à le relascher. On s'embrassa avec tendresse de part & d'autre, & chacun raconta ses aventures. A peine étoient-ils entrez en discours, qu'on les avertit qu'il venoit d'arriver d'un homme de la Cour de l'Empereur, qui demandoit à parler au Duc Godefroy. C'estoit pour l'inviter à venir à Constantinople; mais comme on luy déterminoit le nombre de ceux qui devoient entrer avec luy dans la Ville, il répondit qu'il n'iroit pas.

L'Empereur choqué de cette réponse, défendit qu'on portast des vivres au Camp. Godefroy ne sçut pas plustost cette défense, qu'il commanda aux Soldats de faire le dégast jusqu'aux portes de la Ville. On se saisit de tous les Troupeaux, de tous les vivres, de tous les bleds des environs, & on en fit des Magasins, qui mirent l'abondance dans le Camp pour long-temps.

L'Empereur qui vit qu'il avoit affaire à des gens aussi vigoureux que prévoyans, & mesme appréhendant qu'ils n'attaquassent la Ville, se radoucit, & après quelques pour-parlers, il permit de nouveau, qu'on portast des vivres au Camp. Ensuite feignant d'estre touché de ce que souffroit l'Armée par la rigueur de la saison; car on estoit au mois de Janvier, il offrit à Godefroy de loger ses Troupes dans les Palais & dans les Maisons qui bordoient en grand nombre le Bosphore, afin qu'ils y fussent à couvert des injures du temps. Le Duc accepta l'offre, qui luy parut avantageuse. Le dessein de l'Empereur estoit de les renfermer dans cet espace fort étroit, entouré de la mer d'un costé, de l'autre d'un large canal formé de l'embouchûre de plusieurs rivieres, & puis de montagnes, qui prenoient depuis le canal jusqu'à la mer. Par ce moyen il empeschoit, qu'ils ne pussent faire aisément des courses dans le reste de la Campagne, & de plus en cas qu'il vouluft les attaquer, il s'asseûroit de le pouvoir faire avec avantage dans un terrain si étroit, où ils auroient peine à s'étendre & à ranger leur Armée.

Ils s'apperçûrent bien-tost du piége qu'on leur avoit tendu: car l'Empereur ayant de nouveau invité Godefroy à le venir voir dans Constantinople, & le Duc qui se défioit toûjours de luy, s'estant contenté de luy envoyer trois Seigneurs, pour luy faire agréer qu'il n'y allast pas, il fit une nouvelle défense de porter des vivres à l'Armée, & mit quantité de partis en Campagne, avec ordre de charger tous ceux qui s'écartoient pour en aller chercher. Enfin levant le masque, il envoya sur des Vaisseaux qu'il avoit fait préparer secretement la nuit, grand nombre d'Archers, qui firent à la pointe du jour plusieurs décharges de fléches sur tout ce qui parut de Soldats au bord de la mer, & mesme sur le quartier du Duc, qui estoit le long du Bosphore.

Godefroy jugeant par cette perfidie de ce qu'il devoit attendre de l'Empereur, résolut de sortir de ce terrain desavantageux, & fit marcher son frere le Comte Baudoüin avec un gros détachement, pour se saisir du Pont du Canal. Il le trouva occupé par les ennemis; mais il les attaqua avec tant de vigueur, qu'il les en chassa, & s'en saisit; & après les avoir encore poussez assez loin, il donna le moyen à toute l'Armée de repasser, & de s'étendre. Ensuite il se donna un sanglant combat entre l'Armée de l'Empereur & les Croisez, sous les murailles de la Ville: il ne finit qu'à la nuit; les Grecs y furent très-maltraitez, & tout ce que l'Empereur gagna par cette indigne conduite, fut que toutes les Maisons & tous les Palais situez sur le Bosphore, furent réduits en cendres; car l'Armée en les abandonnant, mit pour se venger le feu par-tout.

Afin d'éviter les surprises dans la suite, & empescher que la disette ne se mist dans le Camp, il fut résolu de séparer l'Armée en deux; qu'une partie demeureroit au Camp avec Godefroy pour le garder, & que l'autre iroit en Campagne pour ramasser des vivres. Celle-ci se partagea en plusieurs Corps, qui allérent dans l'étendüe de plus de trente lieües enlever tous les bleds, tous les Troupeaux, & tout ce qui pouvoit servir à l'entretien de l'Armée, & la mirent en état de subsister long-temps indépendamment de l'Empereur.

Sur ces entrefaites on eut des nouvelles de l'approche de Bohemond, qui amenoit avec luy d'Italie une Armée de Normands & d'Italiens. Comme il connoissoit parfaitement le génie d'Alexis, avec qui il avoit esté long-temps en guerre, il ne fut point surpris de la

PHILIPPE I.

conduite qu'il tenoit envers les Croisez. Il écrivit à Godefroy, que son sentiment estoit qu'il falloit commencer par mettre ce Prince hors d'état de leur nuire; qu'il luy conseilloit de quitter les environs de Constantinople, & de venir camper auprès d'Andrinople, où son Armée subsisteroit facilement; qu'il l'y joindroit au commencement du Printemps; qu'ils iroient ensemble attaquer l'Empereur, & qu'après s'estre rendus maistres de Constantinople, ils exécuteroient avec beaucoup plus de facilité leurs desseins contre les Turcs.

Cap. 10.

Godefroy luy répondit, qu'il ne pouvoit se résoudre à tourner ses armes contre les Chrétiens; ne les ayant prises que contre les Infidéles, & qu'il l'attendroit auprès de Constantinople, où il avoit pris toutes ses seuretez contre les embusches de l'Empereur.

Bohemond estoit celuy de tous les Croisez que ce Prince appréhendoit le plus, parce qu'il en avoit esté plusieurs fois battu. Ayant donc sçû son départ d'Italie, & ce qu'il avoit écrit à Godefroy, il prit le parti de regagner ce Duc, pour le rendre moins susceptible des conseils violens, que Bohemond ne manqueroit pas de luy inspirer.

Cap. 11.

Il le fit donc solliciter une troisième fois de venir le trouver à Constantinople; & afin de luy oster tout soupçon, il luy offrit de donner en ôtage son propre fils Jean Porphyrogenete. La condition proposée leva toute difficulté, & Godefroy qui ne demandoit pas mieux que d'agir d'intelligence avec l'Empereur, l'accepta. Il envoya Baudoüin du Bourg, & Conon de Montaigu recevoir le jeune Prince, qui fut logé avec une seûre garde dans le Camp; & après avoir donné les instructions nécessaires au Comte Baudoüin son frere, de qui l'Armée devoit recevoir tous les ordres en son absence, il entra dans la Ville, accompagné d'un grand nombre de Seigneurs. L'Empereur l'y reçut avec toutes les distinctions, toutes les marques d'estime & de tendresse imaginables, jusqu'à l'adopter solemnellement pour son fils, selon une très-ancienne maniere en usage dans l'Empire. L'Empereur pressa sur tout le Duc de luy faire serment de fidélité, comme avoit fait le Prince Hugues. Il eut peine à s'y résoudre: néanmoins il le fit, & les Généraux des autres Armées l'imitérent. L'entrevûë se termina avec une satisfaction mutuelle. L'Empereur promit de fournir abondamment toutes choses à l'Armée, & de contribuer de ses Finances à son entretien. Le Duc de son costé, promit d'empescher toutes les violences, de faire garder une exacte discipline à ses Troupes, & on convint que l'Armée passeroit le détroit au mois de Mars. Le Duc retourna chargé de présens & comblé des honnestetez de l'Empereur. Tout ce qu'on avoit promis de part & d'autre fut exécuté avec la derniere exactitude. L'Armée passa en Bithinie au mois de Mars, & campa aux environs de Calcédoine. L'Empereur avoit extrémement à cœur ce passage, & fit toûjours ensorte, qu'à mesure que les Armées d'Occident arrivoient, elles ne séjournassent pas long-temps en-deçà du Détroit. Il appréhendoit toûjours pour sa Ville Impériale, & jamais il ne consentit que deux Armées campassent en mesme temps sous les murailles; mais dès qu'il en arrivoit une nouvelle, l'autre passoit aussi-tost la mer, & tous les Vaisseaux revenoient à Constantinople, sans qu'il en demeurast de l'autre costé, pour empescher les Troupes de repasser.

Cap. 15.

Cap. 12.

Bohemond qui avoit débarqué à Durazzo, arriva peu de temps après. Il avoit reçu sur la route mille amitiez de l'Empereur par Lettres, & par ses Envoyez, & trouvoit néanmoins par-tout des embuscades préparées, qui auroient fait périr son Armée, s'il n'avoit toûjours esté sur ses gardes. Mais ils se connoissoient parfaitement l'un l'autre. Les dehors étoient les mesmes, & la dissimulation égale des deux costez. Il passa le Détroit, & se joignit à Godefroy, pour attendre les autres Croisez.

Cap. 14.

Robert Comte Flandre, qui avoit aussi pris la mer, & débarqué à Durazzo avec une partie de l'Armée, après avoir séjourné dans la Poüille, suivit de près Bohemond, & eut de fréquentes conférences avec l'Empereur, qui parut avoir pour luy plus de confiance & d'ouverture, que pour tous les autres.

Le Comte Raymond de Toulouse, & l'Evêque du Puy firent tout le voyage par terre, par le Frioul & la Dalmatie, avec d'extrêmes fatigues & des embusches continuelles des Dalmates. En passant dans la Bulgarie, l'Evêque avoit esté enlevé par un parti de Bulgares; mais heureusement il fut délivré par un autre parti de l'Armée, qui défit celuy des Bulgares.

Le Comte de Toulouse estant arrivé à Constantinople, vit plusieurs fois l'Empereur, qui luy demanda le serment de fidélité. Il le refusa, on eut beau luy citer l'exemple de tous les autres, il s'obstina à ne le pas faire. L'Empereur irrité envoya secretement ordre aux Généraux de son Armée, de donner sur le Camp du Comte, tandis qu'il estoit à Constantinople. Ils le firent, & y causérent une déroute presque générale. Le Comte en fut outré, & fit en vain ses plaintes à l'Empereur. Il envoya avertir le Duc Godefroy de la trahison qu'on luy avoit faite. Il y eut sur cela bien des négociations. Tout se termina par un desaveu que l'Empereur fit de ce qui s'estoit passé, protestant que la chose s'estoit faite contre son intention, & sans qu'il l'eust commandé. Le Comte de Toulouse à la priere des autres Généraux, consentit après beaucoup de délais à faire le serment: ensuite il passa en Asie avec son Armée.

Cap. 20. 21.

Robert Duc de Normandie, Estienne Comte de Chartres & de Blois, Eustache frere du Duc Godefroy, arrivérent les derniers, & allérent joindre les autres. Toutes les Armées ainsi unies, dans la revûë qui en fut faite, faisoient cent mille hommes de Cavalerie; l'Infanterie estoit encore beaucoup plus nombreuse. De ce nombre estoient plusieurs de ceux qui avoient marché sous les ordres de Pierre

A aaa iij

l'Hermite, & de Gautier *Sans avoir*, dont il faut que je dise la destinée, avant que de parler des entreprises que firent les Princes Croisez.

Après que l'Empereur chagrin des desordres, que les Troupes de Gautier & de l'Hermite faisoient aux environs de Constantinople, les eust obligez de passer le Détroit, où il eut soin néanmoins de leur fournir des vivres en payant, toute leur occupation fut d'abord de faire des courses sur le païs ennemi. Ils y firent en effet un grand butin ; toutefois suivant le conseil de l'Empereur, qui ne cessoit de leur recommander de ne point trop s'engager avant l'arrivée des Seigneurs Croisez, ils ne se hazardoient à aucune entreprise considérable. Mais un jour que Pierre l'Hermite estoit passé à Constantinople, pour supplier l'Empereur de fixer le prix des vivres, que l'avarice des Grecs leur faisoit vendre extrêmement cher, une Troupe de sept mille hommes de pied & de trois cens chevaux, sortit du Camp, & alla jusqu'auprès de Nicée, d'où elle enleva quantité de toute sorte de bétail, & l'amena au Camp, sans avoir fait aucune perte.

L. 1. c. 23.

Ce premier succès fit venir l'envie à d'autres de tenter aussi fortune. Trois mille Allemands marchérent avec deux cens chevaux du mesme costé, & firent encore plus que les autres ; car non contens de piller le plat-païs, ils attaquérent une petite Ville à deux lieuës de Nicée, & l'emportérent l'épée à la main, malgré la vigoureuse résistance de ceux qui la défendoient. Ils tuérent tout ce qui s'y trouva ; & voyant que de-là ils pourroient faire des courses beaucoup plus loin, ils s'y fortifiérent, & y demeurérent.

Les Turcs sur les nouvelles des mouvemens qui se faisoient en Europe, & des desseins qu'on y avoit formez contre eux, se préparoient depuis long-temps à se mettre en défense. Soliman Soudan de Nicée avoit fait venir dans ces quartiers de l'Asie toutes les forces de l'Orient. Il avoit fortifié les principales Places, & y avoit mis de fortes Garnisons. Jusqu'alors néanmoins il ne s'estoit point mis en Campagne, parce qu'excepté quelques courses que faisoient les Chrétiens, ils ne paroissoient point vouloir entreprendre rien de considérable. Mais quand il eut sçû la prise de la petite Ville, dont je viens de parler, & que les Allemands s'y fortifioient, il fit promptement avancer un grand nombre de Troupes, & vint les investir, les attaqua, les força, & les fit tous passer par le fil de l'épée.

Cap. 24.

Cette perte qui devoit rendre les Croisez plus circonspects, ne servit qu'à augmenter leur fureur. On courut aux armes par-tout le Camp, en criant qu'il falloit sur le champ aller venger la mort de ses freres. Les plus sages des Commandans taschérent en vain d'appaiser le tumulte. On les traita de lasches ; ils furent obligez de céder & de marcher.

Parmi cette multitude innombrable qui avoit suivi Pierre l'Hermite & Gautier *Sans avoir*, & dont une grande partie avoit péri par les chemins, il ne se trouva guéres plus de trente mille hommes armez, & en état de combattre. Gautier en prit vingt-cinq à vingt-six mille, parmi lesquels estoient cinq cens Cavaliers assez bien équipez, & tourna vers Nicée. Le reste demeura à la garde du Camp, rempli de femmes, de vieillards, de Prestres, de Moines, qui ne servoient qu'à affamer l'Armée.

Cap. 25.

Soliman dans le mesme temps s'estoit mis en marche, pour surprendre le Camp des Chrétiens. Il fut averti par ses Coureurs que l'Armée Chrétienne venoit à luy. Il fait faire alte aussi-tost, & ayant rappellé l'avant-garde qui estoit déja dans une Forest qu'il falloit passer, il se met en bataille dans la Plaine, où la Forest aboutissoit du costé de Nicée.

Les Croisez l'ayant passée, furent bien surpris de trouver l'ennemi si près d'eux. Cependant ils allérent fierement à luy, s'animant les uns les autres à tirer vengeance de la perte de leurs compagnons, & à périr glorieusement les armes à la main, en combattant les ennemis du nom Chrétien.

Le Soudan soûtint la premiere furie des Croisez avec beaucoup de résolution. Il avoit l'avantage du nombre, & s'en servit utilement ; car durant la chaleur de ce choc, ayant fait étendre ses Troupes, il investit les Chrétiens, & les fit charger de toutes parts. Il leur fut impossible de soutenir cette charge ; rompus de tous costez, ils ne pensérent plus qu'à fuïr ; mais ils se trouvoient coupez par-tout, de sorte qu'à peine il en échapa un seul ; tout fut tué ou pris. Gautier *Sans avoir* y périt avec quelques autres Gentilshommes qui l'avoient suivi, parmi lesquels on nomme Raymond de Breis, Foucher d'Orleans, Gautier de Breteüil, & Geoffroy Burel, qui avoit esté le principal auteur de cette entreprise.

Le Soudan n'en demeura pas là. La bataille ne s'estoit donnée qu'à deux lieuës du Camp des Croisez. Il y marcha aussi-tost, & ainsi qu'il l'avoit prévû, il le trouva dans la consternation. Il y entra presque sans résistance, & passa au fil de l'épée tout ce qu'il y rencontra. Il ordonna seulement qu'on épargnast les enfans, dont il fit autant d'esclaves.

Cap. 26.

Durant le massacre, environ trois mille hommes se jettérent dans un vieux Chasteau sur le bord de la mer, & s'y retranchérent. Ils s'y défendirent avec toute la bravoure possible, & donnérent le temps aux Vaisseaux de l'Empereur de les venir secourir ; car Pierre l'Hermite, qui durant ce temps-là estoit à Constantinople pour la raison que j'ay dite, avoit conjuré ce Prince de ne pas laisser périr ce reste de malheureux, qui estoient venus de si loin, pour sacrifier leur vie au service de Jesus-Christ & de l'Empire d'Orient.

Tel fut le sort déplorable de cette premiere Armée des Croisez, qui avoient marché sous les ordres de Pierre l'Hermite. Ce bon Prestre avoit eu la grace de la vocation pour prescher la Croisade ; mais il ne l'eut pas pour l'employ de Général d'Armée, si peu conforme à son état & à son caractére. C'est pourquoy Dieu luy ayant donné des succès prodigieux dans

PHILIPPE I.

ses prédications, l'abandonna dans l'exécution, dont il ne l'avoit pas chargé, & qui ne luy convenoit pas.

Ce fut une chose bien funeste, que cet horrible carnage de tant de milliers de personnes, qui périrent dans le Camp; mais il délivra les Princes Croisez de l'embarras, qu'ils auroient eu à défendre & à nourrir tant de gens inutiles. Les Turcs s'apperçûrent bien-tost de la différence qu'il y avoit, entre une multitude de gens ramassez sans Chefs d'autorité, & l'élite de la plus illustre & de la plus brave Noblesse de l'Europe.

La premiere entreprise fut le siége de Nicée, Ville alors extrêmement forte, & le lieu de la résidence ordinaire du Soudan Soliman. Elle fut défenduë avec toute la vigueur possible, & les Généraux de l'Armée Chrétienne eurent besoin de toute leur expérience & de toute leur habileté, pour en venir à bout. Le Soudan donna un grand assaut au Camp, & en fut repoussé avec perte de quatre mille hommes de ses Troupes. Tancrede, Gautier de Garlande, Guy de Poissi, *Roger de Barneville, s'y distinguérent entre tous les autres. Les assiégez se voyant extrêmement pressez, se résolurent à capituler: mais quand il fut question de traiter, il y eut une difficulté.

*Il y a en Latin de *Pissi*, c'est peut-estre quelque autre lieu que Poissi, mais qui ne m'est pas connu. Guillelm. Tyrius. l. 3. cap. 4.

L'Empereur Grec avoit à l'Armée un homme de sa part nommé Tanin ou Tatin auprès des Princes, pour avoir soin de ses intérests, pour luy rendre compte de tout ce qui se passoit, & faire sous-main tout le mal qu'il pourroit aux Croisez. Celuy-ci ayant sçû l'état de la Place par ses Espions, fit si bien qu'il engagea les Habitans à déclarer, qu'ils ne vouloient rendre la Place qu'à l'Empereur. Les Princes trouvérent d'abord cela fort mauvais: néanmoins comme ils s'estoient obligez à luy remettre les Villes qu'ils prendroient, ils ne jugérent pas à propos de rejetter cette proposition. L'Empereur en estant averti, envoya aussi-tost des Troupes, pour en prendre possession. Mais il manqua luy-mesme à sa parole; car une des conditions du Traité estoit, qu'en luy remettant entre les mains les Villes prises, tout le butin qui s'y trouveroit, seroit pour l'Armée, & il ne luy en fit aucune part. Il se contenta de faire de beaux présens & de grands remerciemens aux Généraux. L'Armée en murmura, & pensa à se payer par ses mains; mais les Princes l'appaisérent, pour ne point perdre le fruit de leur victoire, & pousser plus loin leurs conquestes, tandis que la saison estoit favorable.

An. 1097.

Peu de jours après la prise de la Ville, l'Armée se mit en marche. Le dessein principal estoit d'aller assiéger Antioche de Syrie, pour s'ouvrir par cette conqueste le chemin en Palestine. Soliman couvert des montagnes, côtoyoit toûjours les Croisez avec une Armée de plus de deux cens mille chevaux, épiant l'occasion de les attaquer à son avantage, & il la trouva. Bohemond s'estoit séparé du reste de l'Armée, pour la commodité des vivres & du fourage, & s'estoit campé dans une Vallée nommée la Vallée Gorgonienne la nuit du dernier jour de Juin. Ce fut là que Soliman tomba sur luy le lendemain, & que sans s'approcher plus près qu'à la portée de l'arc, il fit faire de continuelles décharges de fléches, dont un très-grand nombre de Soldats Chrétiens furent tuez, & la pluspart des chevaux blessez. Bohemond ne trouva point d'autre moyen de se tirer de ce mauvais pas, que de marcher droit à l'ennemi l'épée à la main pour l'enfoncer, malgré le desavantage du lieu; car les Turcs estoient rangez en bataille sur le penchant de la montagne. Mais ils se débandérent aussi-tost, & puis se ralliant, vinrent faire de nouvelles décharges.

An. 1097.

Bohemond continua de les pousser; mais ils firent encore les mesmes mouvemens, & par cette manière de combattre, à laquelle les Européans n'estoient point accoûtumez, toute l'Armée eust péri, si les autres Croisez, qui n'estoient qu'à une lieuë de-là, ne fussent venus à son secours.

Cap. 12. 13. 14.

Le Duc Godefroy, ses deux freres Baudoüin & Eustache, Hugues le Grand, le Comte de Toulouse parurent à la teste de quarante mille chevaux, ayant laissé toute leur Infanterie dans le Camp. Leur arrivée fit reprendre courage aux Troupes. Les Turcs n'osérent tenir ferme, quoy qu'ils eussent deux fois plus de Cavalerie. On les poursuivit l'épée dans les reins pendant deux lieuës: on en tua un grand nombre; on reprit quelques prisonniers qu'ils avoient faits, & on entra dans leur Camp, qu'on trouva plein de vivres & de richesses. Le pillage consola l'Armée de la perte qu'elle avoit faite, & qui fut de près de quatre mille personnes, tant Soldats qu'autres de la suite du Camp. On n'y perdit que deux hommes de distinction, dont l'un fut Guillaume frere de Tancrede, l'autre n'est pas nommé.

Les Généraux firent là reposer l'Armée pendant trois jours, après lesquels elle entreprit une longue & rude marche, pour traverser la Bithynie. Elle arriva auprès d'Antioche de Pisidie, qui se rendit, & l'on y campa avec plus de commodité. Plusieurs autres Villes dans lesquelles il y avoit beaucoup de Chrétiens, suivirent cet exemple.

En ce lieu la se firent deux détachemens: l'un sous la conduite de Tancrede, & l'autre sous les ordres du Comte Baudoüin frere de Godefroy. Ils eurent ordre de s'avancer dans la Cilicie, de reconnoistre le païs, de profiter des occasions qui se présenteroient de se saisir de quelques Places, & l'on consentit qu'ils gardassent pour eux, celles qu'ils prendroient. Ils s'empárerent entre autres de Tarse & de Mamistra.

Baudoüin retourna joindre la grande Armée, & instruisit les Généraux de l'état du païs, tandis que Tancrede se rendoit maistre de toute la Cilicie. Il força Alexandrete, & répandit tant de terreur par-tout, que les Emirs des païs circonvoisins luy envoyérent demander son amitié, & s'offrirent à faire alliance avec les Croisez.

L. 4. c. 1. 2. 3. 4. 5. 6.

Baudoüin fut détaché de nouveau, & marcha du costé de la Mésopotamie, où il fut reçû dans Edesse sans résistance. Cette Ville estoit la Capitale de la Mésopotamie. Il acheta Samosate, & soumit toutes les autres Places, qui faisoient la communication d'Edesse avec Antioche de Syrie, que les Princes Croisez avoient résolu d'assiéger. Ainsi Baudoüin se fit un assez grand Etat en-deçà & au-delà de l'Euphrate, & en travaillant si bien pour sa gloire & pour ses interests particuliers, facilita la principale entreprise des Princes Croisez; car tandis qu'il subjuguoit la Mésopotamie, la grande Armée avoit toûjours marché vers la Syrie. La plusspart des Places qu'elle trouva sur son chemin, ne firent que peu, ou point du tout de résistance; de sorte que rien n'empeschoit qu'on ne fist le siége d'Antioche.

Tancrede, aprés avoir mis en seûreté les Places de la Cilicie, estoit revenu joindre l'Armée. Divers autres détachemens qu'on avoit faits, s'y rendirent aussi. On jugea à propos toutefois que Baudoüin demeurast en Mésopotamie, soit afin de couvrir le pais de ce costé-là; soit afin de faciliter les convois des vivres pour l'Armée.

Les Turcs ayant deviné le dessein des Chrétiens, n'avoient rien omis pour se mettre en état de se bien défendre. Accien parent ou allié de Soliman, estoit Soudan d'Antioche, & Seigneur de tout le païs, & de quantité de Villes des environs. Le Soudan de Perse luy avoit envoyé de nombreuses Troupes. Il y avoit dans la Ville six à sept mille chevaux, & jusqu'à quinze ou vingt mille hommes d'Infanterie, de toutes sortes de provisions, des machines de guerre en abondance, d'habiles Ingénieurs pour les mettre en usage, & pour en faire de nouvelles. La saison estoit déja fort avancée, & les Troupes des Croisez extrêmement diminuées: tout cela outre la force de la Place, & les secours du dehors, encourageoit fort les Turcs. En effet, le siége de Nicée, quelques difficultez qu'on y eust rencontrées, ne fut rien en comparaison de celuy-ci.

Les Turcs pour retarder les approches, s'estoient saisis du Pont sur le Fleuve Oronte, à deux lieuës d'Antioche, qui estoit le seul passage pour venir à la Ville. Robert Duc de Normandie, qui menoit ce jour-là l'avant-garde, le fit attaquer, & y trouva une extrême résistance; mais l'Evêque du Puy l'estant venu joindre, on fit de si grands efforts, que le Pont fut emporté l'épée à la main, & le passage ouvert.

Quand on eut reconnu la Ville de plus prés, & qu'on eust esté informé des Troupes qui estoient dedans, plusieurs furent d'avis de remettre le siége au Printemps prochain; car on estoit déja au mois d'Octobre; mais le sentiment contraire prévalut, & chacun prit son poste à l'entour de la Ville.

Les sorties furent & fréquentes & terribles; on n'alloit guéres au fourage sans livrer de combat. Les pluyes survinrent, & la difficulté d'avoir des vivres, à cause du grand nombre d'ennemis qui couroient la Campagne, causa pendant quelques jours une extrême disette dans le Camp. Suenon fils du Roy de Dannemarc, qui estoit arrivé à Constantinople long-temps aprés les autres avec de fort bonnes Troupes, & venoit joindre l'Armée, fut surpris & investi par les Turcs, qui le taillérent en piéces; & il périt luy-mesme dans cette défaite. Tatin, celuy qui suivoit les Princes de la part de l'Empereur, voyant les choses dans un très-mauvais état, partit du Camp, sous prétexte d'aller demander des vivres & de nouvelles Troupes à l'Empereur, & ne revint plus. Son exemple causa la désertion; & Estienne Comte de Blois feignant une maladie, se retira du costé de la mer avec une partie de ceux qui l'avoient suivi, au nombre de quatre mille hommes, résolu de repasser en France, si le siége ne réüssissoit point. Pour comble de malheur, Godefroy de Boüillon tomba malade, & pensa mourir.

Il eust fallu se résoudre à lever le siége, sans une intelligence que Bohemond eut dans la Place avec un des principaux Habitans, nommé Pyrrhus, fort confideré du Soudan. La chose estoit très-secrete, & Bohemond n'en avoit donné aucune communication aux autres Généraux. Un jour dans le Conseil de guerre les voyant tous très-inquiets, il leur dit qu'il avoit un moyen de prendre la Ville, à la vérité fort hazardeux, mais qu'il se chargeroit du risque avec ses seules Troupes, pourvû qu'on voulust luy promettre de la luy céder, s'il la prenoit.

Godefroy de Boüillon, le Duc de Normandie, le Comte de Flandre, Hugues le Grand, & tous les autres furent d'avis d'accepter la proposition. Le seul Comte de Toulouse s'y opposa, disant que les fatigues & les perils estant communs, il falloit que le fruit & la récompense le fussent aussi. Ainsi rien ne fut conclu.

Cependant la nouvelle vint qu'une Armée de Turcs, pour faire diversion, assiégeoit Edesse, où le Comte Baudoüin s'estoit renfermé. La chose estoit véritable. Baudoüin la défendit si bien, que quelques jours aprés, les ennemis levérent le siége; mais ce ne fut que pour venir attaquer le Camp d'Antioche.

L'Armée ennemie estoit très-nombreuse, & commandée par un Chef de réputation nommé Corbagat. Le bruit de son approche mit l'alarme dans le Camp, & redoubla l'inquiétude des Généraux, & obligea le Comte Raymond à consentir que Bohemond fust seul maistre d'Antioche, en cas que le moyen qu'il avoit de la prendre, pust réüssir.

Quand il eut eu le consentement général de tous les intéressez, il leur apprit l'intelligence qu'il avoit dans la Place, & leur dit en même temps que celuy avec qui il l'entretenoit le pressoit fort, le secours estant prest d'arriver. Il prit donc incessamment ses mesures avec Pyrrhus, qui fut traversé par quelques soupçons qu'on eut de luy; mais enfin il livra trois Tours où il commandoit, & Bohemond suivi de ses gens y monta la nuit avec des échelles. Il alla de-là rompre une fausse Porte, par laquelle

quelle il fit encore entrer plusieurs Soldats. Ensuite ayant attaqué le Corps-de-garde d'une des Portes de la Ville, & l'ayant dissipé, il ouvrit au reste des Troupes de l'Armée, qui s'en emparérent. Les Chrétiens, dont il y avoit grand nombre dans la Ville, se joignirent aux Croisez, & donnérent sur les Turcs. Il périt bien dix mille personnes dans ce saccagement, & le Soudan Accien fut tué hors de la Ville, comme il tâschoit de s'échaper pour gagner le Camp des Turcs. Ainsi finit le siége d'Antioche, après avoir duré près de huit ou neuf mois. Mais le péril ne cessa pas avec le siége.

An. 1098.

A peine la Ville estoit-elle prise, que Corbagat parut avec une Armée innombrable, & s'appliqua d'abord uniquement à couper les vivres. Ce moyen luy réüssit. La Ville & l'Armée Chrétienne furent réduites à l'extrémité; de sorte que dans le desespoir de pouvoir tenir plus long-temps, on résolut d'aller attaquer l'ennemi avec des Troupes non seulement tout-à-fait inférieures en nombre; mais encore réduites par la faim au plus déplorable estat. La conduite & la résolution supplécrent à tout le reste. On attaqua & on battit Corbagat, & l'on profita des vivres, dont on trouva une prodigieuse quantité dans son Camp: mais les maladies causées par la famine qui avoit précédé, emportoient tous les jours beaucoup de monde, & Aymar Evéque du Puy, Légat du Pape en mourut. Bohemond maistre de la Ville prit dans la suite la qualité de Prince d'Antioche.

l. 6. c. 23.

Après une si heureuse victoire, d'où dépendoit le salut de l'Armée, les Seigneurs envoyérent à l'Empereur Grec, pour le sommer de les venir joindre en personne avec la sienne, afin d'entrer tous ensemble en Palestine, comme il l'avoit promis, & ils luy déclarérent que s'il ne leur tenoit parole, ils n'observeroient eux-mêmes aucuns des autres articles du Traité, qu'ils avoient fait avec luy.

Guilelm. Tyr. l. 7. c. 1.

On choisit pour cette Ambassade Hugues le Grand & Baudoüin Comte de Haynaut. Celuy-cy périt en chemin, sans qu'on ait jamais sçû de quelle maniére. Hugues le Grand, après avoir couru beaucoup de dangers, & s'être habilement débarrassé de mille embuscades, que les Turcs luy dressérent, arriva à Constantinople. Il exposa à l'Empereur le sujet de son voyage, & retourna de-là en France. Cette résolution qu'il prit faute d'avoir dequoy subsister avec honneur à l'Armée, où il n'avoit presque plus personne sous sa Banniére, ternit beaucoup la gloire des grandes actions qu'il avoit faites en toutes les occasions les plus dangereuses, dans lesquelles il s'estoit toûjours distingué.

Guilelm. Tyrius.

L'Empereur qui se défioit des Princes, par la raison qu'eux-mesmes avoient tout sujet de se défier de luy, & d'en estre très-mécontens, n'eut garde de les aller joindre en personne à Antioche, comme ils l'en sollicitoient. Il leur envoya seulement des Ambassadeurs, qui firent de grandes plaintes, de ce que contre le Traité

Tome I.

fait à Constantinople, ils ne luy remettoient pas Antioche & les autres Places conquises. Ils n'eurent point d'autre réponse, sinon que l'Empereur leur ayant manqué de parole dans les choses les plus essentielles, ausquelles il s'estoit obligé, comme à leur fournir des vivres, à les aider de sa Flote, à les suivre avec son Armée, ils n'estoient nullement tenus d'accomplir les autres conditions d'un Traité tant de fois violé; qu'Antioche demeureroit entre les mains de Bohemond; que les autres Places seroient conservées à ceux qui les avoient prises, & qu'ils espéroient malgré la conduite peu sincére qu'il tenoit à leur égard, accomplir leur vœu par la conqueste de Jerusalem & de la Palestine.

L. 7. c. 19.

Cependant en attendant le temps destiné à cette expédition, les Princes s'estant séparez en divers endroits, pour faire plus commodément subsister leurs Troupes, attaquérent & prirent plusieurs Villes dans la Syrie, & aux environs, malgré les dissentions plus fréquentes entre eux que jamais, depuis la mort de l'Evéque du Puy, qui en qualité de Légat du S. Siége assoupissoit auparavant par sa prudence & par son adresse la pluspart de leurs différends. Enfin arriva le temps qu'ils avoient destiné pour entrer en Palestine. On fit la Paix avec l'Emire de Tripoli à des conditions avantageuses, malgré le Comte de Toulouse, qui avoit assiégé cette Place, & qui vouloit en continuer le siége, & on se disposa à marcher du costé de Jerusalem.

Le Soudan d'Egypte épouvanté depuis quelques années des grandes conquestes, que les Turcs avoient faites sur ses Etats & sur ceux de ses voisins, fut ravi des avantages, que les Princes Croisez remportérent sur ces ennemis communs. Il les en envoya féliciter, & leur demanda leur amitié. Mais profitant luy-mesme du desordre des Turcs, & de la défaite de cette nombreuse Armée commandée par Corbagat devant Antioche, il s'estoit mis en Campagne, & avoit pris Jerusalem & plusieurs autres Places de la Palestine, qui estoient auparavant de sa domination. La prise de ces Places avoit entierement changé ses intérests & ses vûës, & le mettoit dans la nécessité de devenir l'ennemi des Princes Chrétiens, dont le but principal estoit de rétablir le Christianisme dans Jerusalem, & de la délivrer du joug des Infidéles.

Cap. 19.

Il avoit retenu pendant un an sous divers prétextes les Envoyez de l'Armée Chrétienne, qui estoient allez en Egypte, pour traiter avec luy. Il les renvoya avec des Ambassadeurs de sa part, qui avoient ordre de dire aux Princes, que leur Maistre estoit toûjours en disposition d'entretenir l'amitié avec eux; qu'il donneroit liberté à tous les Chrétiens de venir visiter les saints Lieux; mais à condition qu'ils n'entreroient jamais plus de trois cens ensemble dans Jerusalem; qu'en y entrant, ils quitteroient leurs armes, & qu'après avoir satisfait leur dévotion, ils s'en retourneroient sans faire un plus long séjour dans le Païs. Les Princes ren-

Bbbb

HISTOIRE DE FRANCE.

voyérent ces Ambassadeurs avec mépris, en leur disant qu'ils seroient leur Pelerinage tous ensemble, & d'une manière qui feroit repentir le Soudan de sa conduite à leur égard.

An. 1099. Cap. 21.

En effet, ils ne furent pas long-temps sans se mettre en marche. Ils prirent par le bord de la mer, côtoyez d'une Flote de Venitiens & de Genois, ausquels s'estoit joint un Pirate Chrétien nommé Guinimer, avec des Vaisseaux de Flandre, de Normandie & d'Angleterre. Cette Flote fournissant abondamment des vivres à l'Armée, les Croisez enttérent dans la Plaine de Berite, appellée aujourd'huy Barut: &

Cap. 22.

de-là passant par le païs de Sidon, de Sarepta, de Tyr, ils vinrent camper dans la Campagne de Ptolemaïs, dite alors Accon, & depuis Saint Jean d'Acre. Ils marchérent à Lidda, appellée autrement Diospolis, que les Sarazins avoient abandonnée, aussi-bien que Rama ou Arimathie, & ils y trouvérent une très-grande abondance de vivres, que la peur n'avoit pas permis aux Infidéles d'enlever. Le lendemain ils arrivérent à Emmaüs, appellé alors Nicopolis à deux lieuës & demie de Jerusalem.

Estant montez sur les hauteurs, d'où l'on découvroit cette Ville, toute l'Armée jetta de grands cris de joye, & oublia ses fatigues passées. Les Troupes animées d'une nouvelle ardeur, pressérent les Généraux de commencer au pluftoft le siége; mais ces Seigneurs en comprenoient mieux la difficulté que les Soldats.

De ces sept à huit cens mille personnes, qui estoient partis d'Europe, il n'en restoit plus dans cette Armée qu'environ quarante mille;

L. 8. c. 4.

& dans ce nombre il n'y avoit que vingt & un mille cinq cens Soldats; sçavoir vingt mille hommes de pied, & quinze cens Cavaliers. Les autres avoient péri dans les combats ou dans les siéges, ou par les maladies: d'autres avoient déserté, d'autres estoient demeurez à Antioche avec Bohemond, d'autres en Mésopotamie & en Cilicie, à la garde des Places qu'on avoit prises. Au contraire il y avoit dans la Ville une Armée de quarante mille hommes pour la défendre. On en avoit chassé tous les Chrétiens. Les Sarazins avoient fait combler tous les puits & toutes les cisternes des environs. On ne trouvoit point autour de la Place de bois propre pour faire des machines, au lieu que les ennemis en avoient en abondance, & la Ville ne manquoit de rien.

Malgré tout cela néanmoins, le Duc Godefroy & tous les autres estoient résolus, ou de périr glorieusement, ou d'accomplir leur vœu.

Cap. 5.

Ils reconnurent la Ville de fort près, & on distribua les quartiers. Le Duc Godefroy prit le sien au Septentrion, vis-à-vis de la Porte de la Ville, qui fut depuis appellée la Porte de S. Estienne. Robert Comte de Flandre se posta à sa droite, en tirant vers l'Occident. Ensuite Robert Duc de Normandie, & puis Tancrede, & enfin le Comte de Toulouse, qui s'étant campé d'abord à la Porte Occidentale de la Ville, transporta quelque temps après une partie de son Camp vers le Nort sur la Montagne de Sion. La Ville ne put estre tout-à-fait entourée, faute de Troupes, & la partie Méridionale demeura toûjours libre durant le siége.

Cinq jours après il fut résolu de donner un assaut général à l'avant-mur; ce qui se fit avec tant de vigueur, qu'on l'emporta; & cette brusque attaque étonna tellement les assiégez, qu'on crut que la Ville eust esté prise dès ce premier assaut, si l'on avoit eu des échelles, pour escalader la seconde enceinte.

Cap. 6.

Après cette premiere action, qui avançoit beaucoup les choses, on travailla aux machines. Une Flote de Genois, qui aborda à Joppé sur ces entrefaites, fut d'un grand secours, non seulement pour fortifier l'Armée par les Troupes qu'elle amenoit; mais encore par les Ingenieurs & les Charpentiers qu'elle fournit, beaucoup plus habiles que ceux qui estoient au Camp.

Cap. 8.

Tout estant prest pour l'attaque de la muraille, on voulut avant que de l'entreprendre, s'attirer le secours du Ciel. Tancrede & le Comte de Toulouse, & quelques autres Seigneurs, dont la jalousie mutuelle n'avoit que trop éclaté en plusieurs occasions, se réconciliérent & s'embrassérent publiquement. On fit une Procession générale sur le Mont des Olives avec la Croix, en chantant les Litanies des Saints. Pierre l'Hermite & Arnoul, qui estoit un Prestre de la suite du Duc de Normandie, y firent chacun une vehemente exhortation à toute l'Armée, afin d'animer les Soldats à supporter constamment les fatigues du siége, & à affronter courageusement les périls qui leur restoient à essuyer, pour arriver au comble de leurs vœux. Mais rien ne réveilla plus l'ardeur des Soldats, que les sacriléges que commirent les assiégez sur les murailles durant cette Procession. Car pour se moquer des Chrétiens, ils firent mille insolences & mille impiétez contre des Croix, qu'ils avoient plantées au haut de leurs Tours. Ils crachoient dessus avec exécration, les abattoient & les fouloient aux pieds, en prononçant des blasphêmes horribles. Ce spectacle irrita tellement les Soldats, qu'à peine pouvoit-on les contenir. On les asseûra qu'ils auroient bien-tost l'occasion & les moyens de venger l'honneur de Jesus-Christ, & les affronts qu'on faisoit au signe adorable de leur salut.

La veille du jour destiné à l'assaut de la muraille, les Généraux s'estant assemblez, résolurent de rompre les mesures des ennemis, en faisant la principale attaque du costé, où ils ne s'attendoient pas qu'on la fist.

Les assiégez avoient couvert leurs murailles de pierriers & d'autres semblables machines, en tous les endroits qui répondoient aux divers quartiers du Camp, & avoient laissé dégarnis ceux, vis-à-vis desquels les assiégeans n'avoient point pris de postes. Durant la nuit le Duc Godefroy, le Duc de Normandie, & le Comte de Flandre changérent de Camp, & firent transporter les piéces de leurs machines toutes prestes à estre assemblées du costé du Septentrion, entre la Porte S. Estienne & la

PHILIPPE I.

Tour qu'on appelloit la Tour Angulaire, qui dominoit sur la Vallée de Josaphat, & avec un ordre, une promptitude, & un travail prodigieux, ils firent durant cette nuit-là dresser les béliers, les galeries qui les couvroient, & outre cela élever assez près de la muraille, en un lieu où elle estoit assez basse, une espéce de Chasteau de bois quarré fort large. La face de ce Chasteau opposée à la muraille de la Ville, estoit un Pont-levis, qui pouvoit s'abattre, & devoit tomber sur la muraille ; après la chûte du pont, paroissoit en-deçà un Parapet de bois, derriere lequel il devoit y avoir des Soldats, pour soûtenir ceux, qui à la faveur du Pont, avanceroient sur le Rampart. Les deux costez du Chasteau estoient aussi remplis d'Archers, pour tirer à droit & à gauche sur tous ceux qui paroistroient pour la défense. Le Comte de Toulouse avoit un pareil Chasteau à son attaque. Le Duc de Normandie avec Tancrede en avoit un troisiéme du costé de la Tour Angulaire. Godefroy estoit sur le premier dont j'ay parlé.

Dès la pointe du jour toute l'Armée se trouva sous les armes en ces trois différens endroits, preste à donner l'assaut.

Les assiégez surpris de ce changement d'attaque, transportérent aussi une partie de leurs machines, & l'on commença de part & d'autre à lancer des pierres, tirer des fléches, jetter des feux d'artifices, les assiégez pour fracasser & ruïner les Chasteaux, & les assiégeans pour écarter les Soldats du Rampart.

Cependant les Ingenieurs qui estoient au plus bas étage des Chasteaux, les faisoient avancer par le moyen des roües, sur lesquelles ils estoient portez, à mesure que l'on applanissoit le chemin & qu'on combloit le Fossé. On combattit depuis le matin jusqu'au soir de cette maniére avec un grand carnage de part & d'autre, & le combat ne finit que par la nuit. On la passa des deux costez dans de grandes inquiétudes, & on travailla d'une part à réparer les bréches que les béliers avoient faites en divers endroits de la muraille ; & de l'autre à raccommoder les Chasteaux, que les pierriers des ennemis avoient beaucoup endommagez.

Le combat recommença avec le jour à toutes les trois attaques, & continua avec la mesme violence jusqu'à une heure après Midy, que l'Armée Chrétienne rebutée & épuisée de fatigue, commença à se rallentir. Godefroy s'en estant apperçû, cria de toute sa force, que le Ciel se déclaroit pour eux, & qu'il venoit de voir sur la Montagne des Olives, un Cavalier descendant du Ciel avec un bouclier tout étincelant d'éclairs, qui l'animoit du geste à poursuivre sa victoire.

Cap. 16. Soit verité, soit artifice du Général, le bruit de cette vision s'estant répandu par-tout, on la crut, & on ne douta point que ce ne fust S. George, qui leur promettoit la victoire. Le Soldat se ranima. Le Comte de Toulouse asseûra qu'il avoit vû la mesme chose. On recommença le combat avec plus d'acharnement que jamais. Le Fossé ayant esté comblé, le Châ-

Tome I.

teau fut poussé jusques fort près de la muraille, le Pont-levis abattu & appuyé dessus.

Alors Godefroy accompagné de son frere le Comte Eustache, de l'Etolde & d'Engelbert de Tournay, deux freres également braves, & de tout ce qu'il avoit de Seigneurs auprès de luy, sauta sur le Rempart, & commença le sabre à la main à abattre & à écarter les Sarazins, qui étonnez de voir l'ennemi sur leurs murailles, ne furent pas long-temps sans plier.

Un moment après, le Duc de Normandie força aussi le passage à son attaque, & se jetta sur le Rempart avec Tancrede, le Comte de S. Pol, Baudoüin du Bourg, Gaston de Bearn, Gerard de Roussillon, Conan le Breton, le Comte de Montaigu, Loüis de Monson suivis de leurs Soldats. Ils renversérent tout ce qui parut devant eux, & se rendirent maistres d'une grande partie de la muraille.

La déroute des ennemis en ces deux endroits excita un bruit effroyable dans la Ville, & la nouvelle en estant parvenüe jusqu'à ceux qui soûtenoient l'assaut du Comte de Toulouse, ils abandonnérent les Tours & tous leurs postes. Alors ce Prince ayant fait avancer son Chasteau sans résistance, & abattre son Pont, il entra aussi dans la Ville. On appliqua de tous costez les échelles ; & une partie de ceux qui avoient forcé les premiers la muraille, s'estant rendus maistres de la Porte du Midy, l'ouvrirent, & firent entrer le reste de l'Armée.

Cap. 13. On ne vit jamais une plus horrible confusion, & un plus effroyable carnage. Les Sarazins qui purent échaper à cette prémiere fureur, se voyant poussez de tous costez l'épée dans les reins, taschérent de gagner l'endroit où estoit autrefois le Temple de Salomon : c'étoit comme une Citadelle au-dedans de la Ville, fortifiée de murailles & de Tours.

Tancrede les y poursuivit, & y entra avec eux suivi de sa Troupe, & y fit un si furieux massacre, que tout nageoit dans le sang. Plusieurs autres Seigneurs l'y vinrent joindre un moment après, & tout ce qui s'y rencontra fut sans quartier passé au le fil de l'épée. On Cap. 10. dit qu'en ce seul endroit, il y eut dix mille Sarazins tuez.

Cap. 11. Enfin les Princes ne voyant plus rien à craindre, arrestérent leurs Soldats, firent occuper les Tours & les Portes, postérent des Troupes aux avenuës de la Place ; car on sçavoit qu'une Armée d'ennemis, qui venoit au secours, n'étoit pas loin, & abandonnérent la Ville au pillage. Elle fut forcée le Vendredy quinziéme An. 1099. de Juillet, quatre ans après que la Croisade avoit esté publiée dans le Concile de Clermont.

Par cette prise, ce qu'il y avoit de plus difficile dans le vœu des Croisez, fut accompli. On ne songea plus qu'à satisfaire sa dévotion & à remercier Dieu de l'heureux succés d'une si hazardeuse entreprise.

L'Armée passa tout à coup de la fureur du carnage, aux sentimens de la plus tendre pieté. On quitta le casque, la cuirasse & l'épée, pour aller nuds pieds, & en habit de Pelerin, arroser de ses larmes, & baiser avec respect les lieux

Bbbb ij

HISTOIRE DE FRANCE.

que le Sauveur avoit honorez de sa présence. On ne voyoit par-tout que des Processions nombreuses. Tout retentissoit de soupirs & de gemissemens aux endroits, où le Seigneur avoit souffert tant de tourmens & d'opprobres, sur tout dans l'Eglise consacrée à la mémoire de sa Passion & de sa Résurrection. Les Princes quittant cette fierté & cet air guerrier, qui avoit tant de fois jetté la terreur dans les Armées des Infidéles, y vinrent en Procession avec une modestie & une humilité également surprenantes & édifiantes. Le Clergé les reçut avec la Croix, chantant des Hymnes & des Cantiques spirituels, qui furent meslez des acclamations du Peuple, à l'honneur de ces Héros libérateurs de la sainte Cité.

Pierre l'Hermite fut comblé d'honneurs & de loüanges par les Chrétiens Habitans de Jérusalem, qui l'y avoient vû cinq ans auparavant, & le regardoient comme un Ange du Seigneur, comme celuy que le Ciel avoit choisi pour la délivrance de son Peuple, comme un autre Moïse, par lequel Dieu avoit opéré de si grandes choses. Enfin il fut résolu que desormais, tous les ans on célébreroit une Feste en mémoire de cette derniére victoire, où l'on prieroit Dieu pour tous ceux en général qui y avoient contribué.

Le huitiéme jour d'après la prise de la Ville, les Seigneurs s'assemblérent pour élire un Roy de Jérusalem, & rétablir le Royaume d'Israël. Godefroy, le Comte Raymond de Toulouse, Robert Duc de Normandie, furent les trois sur lesquels on jetta les yeux: & si nous en croyons les Historiens Anglois de ce temps-là, on offrit la Couronne à ce Duc, qui la refusa, non par modestie, mais par l'aversion qu'il avoit pour les affaires & les embarras d'un Gouvernement, où il en prévoyoit beaucoup. Après quelques délibérations, tous les suffrages tournérent en faveur de Godefroy de Boüillon, que son courage, sa sagesse, son habileté dans la guerre, sa probité, sa piété, son application, sa haute taille, sa force extraordinaire, & toutes les qualitez qui font un Héros, & un Héros Chrétien, avoient toûjours distingué entre tous les Seigneurs Croisez.

Il signala son Régne peu de jours après par la défaite du Soudan d'Egypte, qui venoit avec une Armée de plus de quatre cens mille hommes au secours de Jérusalem.

Cette victoire ayant affermi ses conquestes, les Princes Croisez prirent congé de luy, pour s'en retourner en leur pais. Il luy resta trèspeu de Troupes; mais ayant reçu après le départ des Princes un renfort d'Italie, & estant secondé de Tancrede, il se rendit maistre de quantité de Places aux environs de Jérusalem, & fit ses Tributaires les Emires de Ptolemaïs, de Césarée, d'Antipatride, & d'Ascalon. Il ne vêcut qu'un an depuis qu'il fut monté sur le Trône, & eut pour successeur Baudoüin son frere, qui en venant prendre possession de la Couronne de Jérusalem, donna le Comté d'Edesse à Baudoüin du Bourg son cousin.

Le nouveau Roy eut dequoy se maintenir par l'arrivée d'une infinité d'Européans, dont la pluspart estoient François, qui sur la nouvelle de la prise de Jérusalem, passérent en Palestine. Hugues le Grand & le Comte de Blois y retournérent. Le premier mourut à Tarse, avant que d'arriver à Jérusalem. Guillaume Comte de Poitiers, Geoffroy de Vendôme, Estienne de Bourgogne, Hugues frère du Comte Raymond de Toulouse, Herpin Comte de Bourges, y vinrent aussi, & dans les occasions signalérent leur valeur au service du Roy de Jérusalem, qui durant un Régne fort varié de bons & de mauvais succès dans les guerres qu'il eut à soûtenir contre les Infidéles, conquit plusieurs Villes, dont il augmenta notablement son Etat.

C'est ainsi que se forma ce nouveau Royaume dans la Palestine, sous le Régne de Philippe I. Roy de France, qui n'y prit point néanmoins d'autre part, sinon qu'il réünit à son Domaine le Comté de Bourges, que le Comte Herpin luy vendit, pour avoir dequoy faire le voyage de la Terre-Sainte. Ce Seigneur mourut depuis prisonnier à Babylone, ayant esté pris à la bataille de Rama, que le Roy Baudoüin perdit contre le Soudan d'Egypte. On voit dans la suite de l'Histoire, que les Croisades furent l'occasion de plusieurs semblables réünions, & on peut les regarder par cette raison-là mesme, comme le commencement du rétablissement de la puissance & du Domaine de nos Rois. Il paroist que depuis la Paix faite avec le Roy d'Angleterre en l'an 1098. la France fut exempte de guerre, & que les derniéres années du Régne de Philippe se passérent dans une grande tranquillité. Il mourut à Melun dans la cinquante-septiéme année de son âge, l'an 1108. le vingt-neuviéme de Juillet, après avoir régné quarante-huit ans seul, & plus de quarante-neuf, en comptant depuis le jour qu'il fut sacré à Reims du vivant du Roy Henri son pere.

Ce Régne a fourni à l'Histoire une matiere assez ample; mais où le Prince n'a guéres eu de part que par ses desordres. Il ne laissoit pas d'avoir de bonnes qualitez. Il estoit bien-fait, éloquent, agréable, modéré, excepté dans ses plaisirs & dans ses amours, ausquels il sacrifia son repos & celuy de son Etat, plus porté par cette raison à finir les guerres où il se trouvoit engagé, & où il ne fut pas heureux quand il les fit en personne, qu'à les soûtenir avec vigueur & avec gloire. L'Abbé Guibert dit que l'incontinence de ce Prince luy fit perdre le privilége de la guérison des écroüelles; mais que Dieu le rendit à ses successeurs. Que cela soit vray ou faux, il nous fait au moins connoistre l'antiquité de cette prérogative de nos Rois, dont on ignore le commencement: car ce qui se dit à cet égard de Clovis, n'a nul fondement dans l'ancienne Histoire. Un Auteur Anglois fait mourir Philippe Moine de S. Benoist; mais s'il en prit jamais l'habit, ce fut tout au plus lorsqu'il estoit au lit de la mort. Son corps fut porté au Monastère de Fleury, aujourd'huy saint Benoist sur Loire, auquel il

PHILIPPE I.

s'estoit dévoüé, dit un de nos anciens Histo-
riens, c'est-à-dire, ce me semble, où il avoit
fait vœu d'estre enterré. Il eut pour successeur
Loüis son fils VI. du nom, & surnommé le
Gros. Ses autres enfans furent Henri, dont il
est parlé dans une Chronique Manuscrite de
l'Abbaye de S. Denis, & Constance, qui épou-
sa d'abord Hugues Comte de Champagne; mais
en ayant esté séparée pour raison de parenté,
elle fut mariée à Bohémond I. Prince d'An-
tioche & de Tarente. Il eut d'autres enfans de
Bertrade sa Maistresse; sçavoir Philippe depuis
Comte de Mantes, & Seigneur de Meun en Berri,
Fleuri, & Cecile, qui épousa Tancrede, neveu
de Bohémond Prince d'Antioche, & en secondes
nôces Pons de Toulouse Comte de Tripoli.

Je finis l'Histoire de ce Régne par une remar-
que, sçavoir que Philippe est le premier de nos
Rois dont le nom ne fut ni François ni Ger-
manique d'origine; mais celuy d'un Saint hono-
ré dans l'Eglise. Il avoit esté porté par deux Em-
pereurs Romains, & avoit passé de la Grece à
Rome, & de Rome dans les Gaules & passa de-
puis ailleurs.

Sainte Marthe.

HISTOIRE DE FRANCE

LOUIS VI.

Orderic. L. 11.

Ouis VI. nommé Loüis-Thi-
baud par un ancien Historien,
& surnommé le Gros, à cause
de sa taille, qui devint extrê-
mement épaisse sur la fin de son
Régne, avoit à la mort de son
pere vingt-huit à vingt-neuf ans, estant né
en 1081.

An. 1108.

Ses belles qualitez luy avoient déja acquis
l'estime & l'amitié des Peuples, aussi-bien que
de la plusparts de la Noblesse & des Evêques:
mais la vigueur avec laquelle il réprima les vio-
lences de quelques Seigneurs, luy attira leur
haine, jusqu'à leur inspirer la résolution de
l'exclure de la Couronne. L'Abbé Suger dans
la vie de ce Prince, rapporte une parole inso-
lente d'Eudes Comte de Corbeil, qui prenant
ses armes pour aller contre les Troupes du Roy,
dit à sa femme : Comtesse, donnez-moy vous-
mesme mon épée ; & en la recevant, il ajoû-
ta, vous donnez cette épée à un Comte; luy-
mesme aujourd'huy devenu Roy, vous la rap-
portera. Il fut mauvais Prophete; car dès le
mesme jour, il fut tué d'un coup de lance dans
le Combat.

Suger. vita Ludovici Grossi.

Loüis avoit esté couronné dès le vivant de
son pere. Mais la coûtume estoit, que non-
obstant ce couronnement, le Prince fut sacré
& reconnu de nouveau pour Roy après la
mort de son prédécesseur. Yve Evêque de
Chartres, qui estoit aussi-bien dans son esprit,
qu'il avoit esté mal dans celuy du feu Roy, luy
conseilla, pour prévenir les desseins & rompre
les mesures des gens mal intentionnez, de se fai-
re sacrer au pluspost. Il se rencontra sur cela
une grande difficulté. C'estoit la coûtume que
le couronnement se fist à Reims. L'Archevêque
de Reims estoit Rodolfe le Vert, qui avoit esté
élû par le Clergé de cette Eglise ; mais comme
il prit possession de sa dignité sans attendre le
consentement du Roy, ce Prince choqué de
sa conduite, en nomma un autre appellé Ger-
vais ; & à cette occasion il se fit un Schisme
dans l'Eglise de Reims; les uns estoient pour
l'élû, & les autres pour celuy que le Roy avoit
nommé.

Loüis ne pouvoit se résoudre à estre sacré
par Rodolfe ; & d'ailleurs il y avoit de l'incon-
venient à l'estre par Gervais, qui n'estoit point
reconnu pour Archevêque par la plus grande
partie du Clergé de Reims; outre que le Pape
qui estoit encore Pascal II. improuvoit la no-
mination de Gervais faite par le Roy, & vou-
loit maintenir Rodolfe, comme canonique-
ment élû.

Chronic. Senonense.

Pour lever cette difficulté, l'Evêque de
Chartres conseilla au Roy de se faire sacrer in-
cessamment à Orleans. Il se trouvoit proche
de-là après les Obsèques du Roy Philippe, qu'-
on venoit de faire à S. Benoist sur Loire. Il sui-
vit le conseil de l'Evêque. Il fit venir Daim-
bert Archevêque de Sens, avec tous les Evê-
ques de sa Province ; & il fut sacré par leurs
mains, le troisième jour d'Aoust, Feste de l'In-
vention de S. Estienne. Ce qu'il y eut de parti-
culier dans cette cérémonie, c'est que les Evê-
ques ayant fait quitter au Roy son épée, ils luy
en présentèrent une autre, en l'avertissant que
Dieu la luy mettoit en main, pour s'en servir
contre les malfaiteurs. Ils luy présentèrent en-

Suger.

An. 1108.

suite le Sceptre & la Main de Justice, en luy disant que c'estoient les marques de la puissance Royale, qu'il devoit employer pour la défense des Eglises & des pauvres opprimez, & puis ils luy firent l'onction.

Rodolfe Archevêque de Reims n'eut pas plustost eu avis de la cérémonie qu'on préparoit à Orleans, qu'il entreprit de s'opposer au Sacre du Roy, & luy fit déclarer qu'il ne pouvoit, sans encourir les censures, se faire sacrer par d'autre, que par l'Archevêque de Reims, vû que c'estoit un droit établi depuis le Sacre de Clovis premier Roy Chrétien des François. Le dessein de ce Prélat estoit par cette opposition, d'obtenir que le Roy le reconnust pour Archevêque de Reims, & abandonnast son concurrent. Mais ceux qui le faisoient agir ne pensoient qu'à retarder le Couronnement, afin d'avoir le temps de fortifier leur cabale contre leur Souverain. Les Députez de l'Archevêque n'arrivèrent qu'après que la cérémonie fut achevée, & on se moqua de leurs protestations.

Epist. 189. Ce differend n'en demeura pas là néanmoins. On en vint aux écrits de part & d'autre; & Yves de Chartres écrivit une Lettre Circulaire qu'il envoya à Rome, & à tous les Evêques de France, pour justifier la conduite des Prélats de la Province de Sens, qui avoient sacré le Roy à Orleans. Il disoit dans cette Lettre qu'ils ne l'avoient fait par aucun motif d'interest particulier; mais en vûë du bien public, tant du Royaume, que de l'Eglise, & pour prévenir les intrigues de quelques esprits brouïllons, qui ne pensoient à rien moins, qu'à enlever la Couronne au Roy, ou à l'obliger d'en détacher à leur profit une partie du Domaine Royal. Que les Evêques n'avoient agi en cela ni contre la raison, ni contre la coûtume, ni contre les Loix. Que le Roy avoit déja esté sacré dès le vivant du Roy son pere; que le Royaume luy appartenoit par le droit incontestable de succession, reconnu par tous les Evêques & par tous les Seigneurs de France; que le Roy étant également Roy de toutes les Provinces du Royaume, il estoit à son choix de se faire couronner où, & par qui il luy plaisoit, & selon que sa commodité ou le bien de ses affaires le demanderoient; que la coûtume, quand elle seroit indubitable, devroit céder à cette raison: mais qu'il y avoit eu dans les siécles précédens plusieurs exemples contraires aux prétentions de l'Archevêque de Reims; que Caribert & Gontran petits-fils de Clovis, n'avoient esté couronnez ni à Reims, ni par des Archevêques de Reims, non plus que Pepin ni ses deux fils Charles & Carloman; que Loüis le Bègue, petit-fils de Loüis le Débonnaire, avoit esté sacré à Ferrieres dans le Senonois par quelques Evêques, parmi lesquels il n'y avoit aucun Métropolitain; que le Roy Eudes avoit esté sacré par Gautier Archevêque de Sens; que Raoul ou Rodolfe l'avoit esté à Soissons, Loüis d'Outremer à Laon; que depuis la troisième Race, Robert fils de Hugues Capet avoit aussi esté couronné à Laon; que Hugues le Grand fils de Robert, qui mourut avant son pere, l'avoit esté par son ordre à Compiégne; que tant d'exemples suffisoient pour convaincre le monde, qu'il n'y avoit jamais eu sur cela de coûtume invariable; qu'enfin on ne pouvoit citer aucune Loy, qui liast ou genast en aucune manière les Princes à cet égard; que les prétendus priviléges de l'Eglise de Reims n'obligeoient point les autres Evêques de France à s'y conformer: parce que si elle en avoit quelqu'un, il n'avoit point esté publié dans aucun Concile National, ni notifié au moins par Lettres aux autres Eglises; que quand même il y en auroit d'authentiques, & qui eussent esté reçûs dans toutes les formes, la conjoncture où se trouvoit l'Eglise de Reims estoit telle, qu'on n'auroit dû y avoir aucun égard en cette occasion, dautant que la contestation des deux prétendans à l'Archevêché, qui avoit donné lieu à mettre la Ville en interdit, ne permettoit pas qu'on y fist le couronnement, & que d'ailleurs il ne pouvoit estre differé, sans exposer l'Etat & l'Eglise à une prochaine ruine. C'est là tout le contenu du Manifeste, qui fut publié par l'Evêque de Chartres.

Le but de l'Archevêque en faisant sa protestation, estoit, comme j'ay dit, d'engager le Roy à ne plus soûtenir contre luy Gervais son concurrent. L'Evêque de Chartres le devina bien. Il s'offrit à luy ménager les bonnes graces du Prince, & à faire ensorte qu'il abandonnast Gervais. L'Archevêque accepta l'offre, & Yves de Chartres, aussi-bien que Thibaud Prieur de S. Martin des Champs, employérent tout leur crédit pour cet effet. *Epist. 190.*

Le Roy consentit que l'Archevêque vint le saluër à Orleans, & qu'il se trouvast à l'Assemblée des Seigneurs qu'il y tenoit. Quand il y fut arrivé, le Roy parla de cette affaire à l'Assemblée, qui le pria de ne point recevoir l'Archevêque dans ses bonnes graces, qu'il ne luy eust fait auparavant non seulement serment de fidélité, mais encore hommage, comme tous ses prédécesseurs avec la cérémonie ordinaire; qui estoit de mettre ses mains entre les mains du Roy.

Alors plus que jamais la contestation estoit échauffée, touchant les investitures que les Souverains, selon l'ancien usage, prétendoient donner aux Evêques par la Crosse & par l'Anneau, ou de quelque autre manière semblable, pour les revenus & les Terres de leurs Evêchez. Cette querelle duroit entre les Papes & les Rois depuis Gregoire VII. Ce Pape & ses successeurs regardoient ces sortes de soûmissions comme une servitude indigne de l'Eglise, & Urbain II. avoit déclaré excommuniez tous les Laïques, qui donneroient ces investitures, & tous les gens d'Eglise qui les recevroient. C'estoit ce qui causoit la continuation du Schisme & des divisions entre le Pape & l'Empereur Henri V. & pour ce qui est de l'hommage, le mesme Pape Urbain avoit fait faire un Canon au Concile de Clermont, par *Cap. 17.* lequel il estoit défendu *à tout Evêque & à tout*

Prestre, de faire l'hommage lige de fidélité entre les mains des Rois, ni d'aucun Laique : estant une chose indigne, ainsi qu'il s'exprimoit encore, *que des mains qui avoient l'honneur de tenir tous les jours le corps adorable du Seigneur, fussent tenuës en signe de servitude, par des mains profanes, & souvent impudiques.* Mais les Princes estoient fermes là-dessus, & ne vouloient point relascher de leur droit. La pluspart des Évesques de France jugeoient qu'on ne pouvoit disputer ce droit aux Souverains, & l'Évesque de Chartres, tout attaché qu'il estoit au S. Siége, soûtenoit fortement que la chose estant d'elle-mesme indifférente, le Pape ne devoit point s'obstiner à abolir cet usage, que tant de saints Prélats avoient pratiché, sans en avoir le moindre scrupule ; sur tout à la division que cette prétention causoit entre le Sacerdoce & l'Empire, pouvant avoir de très-fascheuses suites ; & il citoit sur cela un passage de S. Augustin, où ce S. Docteur dit que les Eglises ne tenans leurs biens temporels que des Souverains, elles ne pouvoient les posseder que dépendemment d'eux.

Frideric I. quelque temps après ne manqua pas de se servir & du mesme Passage, & de la réfléxion d'Yves de Chartres, en parlant en ces termes aux Légats du Pape Hadrien IV.

« Pour nous, nous ne prétendons point que
« les Evêques d'Italie nous fassent hommage,
« pourvû qu'eux-mesmes ne prétendent point
« joüir des Terres & des biens qu'ils tiennent de
« nostre Empire. Que s'ils entendent avec plai-
« sir ces paroles, que le Pape leur dit : *Qu'avez-*
« *vous à démesler avec le Roy ?* Il faut aussi qu'ils
« soient contens d'entendre celles-ci de la bou-
« che de leur Empereur : *Pourquoy voulez-vous*
« *posseder mes Terres ? Quid tibi, & Regi ?* ......
« *Quid tibi & possessioni ?* C'estoient les termes de S. Augustin citez par Yves de Chartres, en écrivant à Hugues Archevêque de Lion Légat du Pape. Et en effet, les Papes dans la suite changérent d'avis, & n'inquietérent plus les Souverains sur cet article.

C'estoit donc à cette cérémonie de rendre hommage, & de faire serment de fidélité, en mettant ses mains entre celles du Roy, que l'Archevêque de Reims avoit peine à se résoudre, à cause des défenses du Pape, & sur quoy les Seigneurs François priérent le Roy de ne se point relascher. L'Archevêque prit enfin son parti, & fit l'hommage en la manière ordinaire. Mais comme l'autorité du Pape estoit alors extrêmement redoutée en France, où tantost luy-mesme en personne, tantost ses Légats tenoient des Conciles, & faisoient des Decrets, tels qu'ils jugeoient à propos, l'Évesque de Chartres ne manqua pas de le prévenir sur la démarche, que l'Archevêque de Reims avoit faite par son conseil, en la justifiant avec les termes les plus humbles qu'il pust employer. La chose n'eut point de suite du costé du Pape, trop occupé à se défendre contre l'Empereur Henri V. qui estoit résolu à quelque prix que ce fust, de se conserver le droit d'Investiture des Evêques par la Crosse & par l'Anneau.

Le Roy ainsi affermi sur son Trône par ce nouveau consentement des Seigneurs & des Evêques, ne fut pas pour cela plus tranquille qu'auparavant. En lisant nostre Histoire, il faut avoir toûjours présente à l'esprit l'idée de l'Etat de la France, tel qu'il estoit alors, & se ressouvenir que le Domaine de nos Rois estoit toûjours très-borné. Il ne comprenoit guéres encore que Paris, Orleans, Etampes, Compiégne, Melun, & quelques autres Villes peu considérables, à quoy le feu Roy avoit ajoûté Bourges. Le reste estoit en propriété à ses Vassaux, qui à la vérité devoient & rendoient hommages ; mais à cela près, ils estoient maîtres chez eux, se donnoient l'autorité de lever des Troupes indépendemment du Roy, & d'exiger des tributs de leurs Sujets : ils luy accordoient ou luy refusoient selon leurs caprices, les secours qu'ils estoient obligez en vertu de leur hommage, de luy donner dans les occasions de guerre, & quelques-uns dans leur district, quand ils s'entendoient bien avec leurs propres Vassaux, estoient en état de mettre plus de Troupes sur pied, qu'il n'en pouvoit lever luy-mesme dans son seul Domaine. C'est ce qui causoit l'embarras continuel de nos Rois, & ce qui en produit mesme dans l'esprit des Lecteurs, quand ils ne font pas cette réflexion ; car ils sont surpris de voir un Comte de Corbeil, un Seigneur de Puiset en Beausse, un Seigneur de Couci, tenir teste à un Roy de France, oser paroistre en Campagne devant luy, & soûtenir des siéges contre ses Armées. L'embarras de nos Rois auroit esté moins grand à cet égard, si du moins leur Domaine avoit esté bien uni, & s'il y avoit eu un commerce libre & aisé entre les Villes qui en estoient. Mais lorsque Loüis succéda à Philippe, il se trouvoit coupé de tous costez. Le commerce entre Paris & Melun estoit empesché par Corbeil, dont le Comte nommé Eudes fut presque toûjours en une continuelle révolte. Montlheri, Chasteaufort, La Ferté-Baudoüin, qu'on croit estre la mesme que la Ferté-Alais, & dont les Seigneurs estoient aussi mutins que le Comte de Corbeil, se trouvoient entre Paris & Etampes. Pareillement entre Etampes & Orleans estoit le Fort de Puiset, qui donna lieu à une très-sanglante guerre. C'estoit là l'état où la puissance des Rois de France se trouvoit réduite, quoy qu'elle fust encore plus grande que sous les derniers Rois de la seconde Race.

Ce qui estoit de plus fascheux, c'est que souvent ces Seigneurs se liguoient ensemble, & se secouroient les uns les autres. Mais le plus grand mal encore sous le Régne de Loüis le Gros, fut que les Rois d'Angleterre, qui avoient plusieurs Places en Normandie, estoient toûjours prests à appuyer ces Seigneurs, & à seconder leurs mauvais desseins.

Les principaux Chefs de ces révoltes furent Guy de Rochefort, dont j'ay déja parlé, & Philippe fils naturel du feu Roy & de sa Maîtresse Bertrade. Celuy-ci avoit esté fait Comte de Mantes & Seigneur de Montlheri par son mariage avec Elisabeth petite-fille de Milon Comte de Montlheri, & frere de Gui de Rochefort. Montlheri eſtoit alors très-conſidérable par ſa force. Bertrade depuis la mort de ſon mari, s'eſtoit retirée à Mantes avec Philippe ſon fils, & n'avoit pas quitté le deſſein de le faire monter ſur le Trône de France. Comme elle eſtoit ſœur du Comte de Monfort Amauri II. elle mit dans ſes intérêts cette Famille auſſi conſidérable & très-étenduë, & elle y engagea ſon frere par le reſſouvenir de la maniere, dont le Comte Simon leur pere avoit eſté traité ſous le précédent Régne. Ce Seigneur ayant eſté pris à la guerre par le Roy d'Angleterre, on l'avoit laiſſé languir long-temps dans une rude captivité, faute de payer ſa rançon; de ſorte que pour en ſortir, il fut obligé de ſe rendre aux inſtances que luy fit Guillaume Roy d'Angleterre de luy faire ſerment de fidélité, & de luy promettre de ſe déclarer dans toutes les occaſions contre le Roy ſon légitime Souverain; démarche bien indigne de la généroſité de ce Seigneur; mais qui doit apprendre aux Rois à ne pas abandonner leurs bons ſerviteurs dans leur mauvaiſe fortune, quand ils ſont tombez pour leur ſervice, leur conſtance n'eſtant pas toûjours à l'épreuve de l'indifference de leur Maiſtre. A ceux-ci ſe joignirent Thomas de Marle Seigneur de Couci, Hugues de Puiſet Comte de Chartres, & quelques autres.

Le Roy vint pourtant à bout de ces Rebelles. Il prit Mantes, Montlheri, & depuis Corbeil, dont les Seigneurs liguez s'eſtoient emparez, & avoient mis en priſon Eudes Comte de Corbeil, qui eſtoit alors dans le parti de ſon Souverain. Il prit auſſi le Chaſteau de Puiſet, & le fit raſer. Ces rebellions & ces expéditions ſe firent en divers temps & à diverſes repriſes; & il eſt difficile d'en marquer préciſément les années; mais le Roy eut un autre ennemi ſur les bras plus puiſſant & plus redoutable.

L'an 1100. Henri Roy d'Angleterre, après la mort de Guillaume ſon frere, s'eſtoit emparé du Royaume, profitant de l'abſence de Robert Duc de Normandie ſon frere aîné, qui étoit allé à la conqueſte de Jéruſalem. Robert eſtant de retour, voulut en vain luy diſputer la Couronne d'Angleterre. Il fut luy-meſme attaqué en Normandie, & en perdant la bataille de Tinchebrai en 1106. il fut pris priſonnier, & mourut en priſon pluſieurs années après. Le Roy Philippe vivoit encore l'année de cette bataille. Loüis avoit conçû autant d'eſtime & d'amitié pour Henri, qu'il avoit d'averſion & de mépris pour Robert, lequel tout vaillant qu'il eſtoit, avoit des défauts qui le rendoient mépriſable aux Princes ſes voiſins, auſſi-bien qu'à ſes Sujets. Loüis avoit alors entre les mains toute l'autorité du Gouvernement, & loin de s'oppoſer, comme le Roy ſon pere en eſtoit d'avis, au deſſein que Henri avoit de ſe rendre maiſtre de la Normandie, il fut le premier à le preſſer de le faire. Henri ſe prévalut de cette favorable diſpoſition, & eut grand ſoin d'y entretenir Loüis par les grandes ſommes, dont il luy faiſoit préſent de temps en-temps. C'eſtoit une très-mauvaiſe politique pour la France d'avoir un voiſin ſi puiſſant; mais entre les bonnes qualitez de Loüis, la prudence n'eſtoit pas celle qui dominoit. Il eſtoit facile à ſéduire, & avoit une bonté naturelle, à qui on donna quelquefois le nom de ſimplicité.

Au contraire Henri eſtoit un Prince ſage, adroit, politique, ferme, & qui par ces grands talens, en quoy il ſurpaſſa tous les Princes de ce temps-là, gouverna toûjours l'Angleterre & la Normandie avec beaucoup d'autorité. Il obligea le Duc de Bretagne à luy faire hommage, comme quelques prédéceſſeurs de ce Duc l'avoient fait aux premiers Ducs de Normandie, mais les Ducs de Bretagne avoient depuis ſouvent refuſé de le faire. Il s'appuya de l'alliance de l'Empereur Henri V. à qui il donna ſa fille Mathilde en mariage, & s'attacha fortement Thibaud Comte de Blois ſon neveu, fils de ſa ſœur Adelaïde & du Comte Etienne, qui fit deux fois le voyage de la Terre-Sainte, & fut tué au ſecond à la bataille de Rama au ſervice de Baudoüin Roy de Jéruſalem.

Le ſujet de la guerre entre les deux Rois, fut la Forterreſſe de Giſors. Cette Place eſtoit ſur les Frontiéres de France & de Normandie, & depuis quelques années, on eſtoit convenu qu'elle demeureroit en ſequeſtre entre les mains d'un Seigneur nommé Pagan ou Payen, qui ne devoit y recevoir ni Troupes Angloiſes ou Normandes, ni Troupes Françoiſes, & en cas qu'elle tombaſt entre les mains d'un des deux Rois, il eſtoit ſtipulé qu'on en feroit raſer les murailles dans l'eſpace de quarante jours.

Henri, nonobſtant ce Traité, n'oublia rien pour s'en rendre maiſtre, & partie par menaces, partie par promeſſes, vint à bout de corrompre Payen, qui la luy livra. Le Roy ne l'eut pas pluſtoſt appris, qu'il envoya repréſenter au Roy d'Angleterre l'injuſtice de ſon procédé, & le preſſa ou de rétablir Giſors dans ſa neutralité, ou d'en raſer les Fortifications. Comme le Roy d'Angleterre éludoit toûjours, le Roy luy propoſa une entrevûë ſur ce ſujet. Il n'oſa pas la refuſer; mais elle ſe fit d'une maniére qui avoit plus l'air d'un rendez-vous pour une bataille, que pour un Traité de Paix. Le Roy s'y fit accompagner par Robert Comte de Flandre, qui y vint avec quatre mille hommes; par le Comte de Nevers, par le Duc de Bourgogne, & par Thibaud Comte de Blois. Ces deux derniers n'y venoient que par pure cérémonie, eſtant entierement l'un & l'autre dans les intéreſts du Roy d'Angleterre, ſur tout le Comte de Blois. Le Roy d'Angleterre n'y fut pas moins accompagné que le Roy.

On ſe rendit à Neauſle entre Giſors & d'Angu, des deux coſtez de la riviere d'Epte. Le Roy envoya un Seigneur de ſa part au Roy d'Angleterre, pour luy déclarer ſes intentions, touchant la reſtitution ou la démolition de la Place. L'Envoyé ſur la difficulté que ce Prince fit de conſentir à ce qu'il demandoit, propoſa de vuider le différend par le duel de deux ou trois Barons de chaque coſté.

Henri

Henri répondit que c'estoit une affaire qui demandoit de la discussion, & fit partir avec l'Envoyé du Roy quelques personnes de sa Cour, pour aller traiter avec luy. Ils parlérent d'une maniére à faire assez connoistre, que le dessein de leur Maistre estoit de demeurer en possession de la Place. Le Comte de Flandre alla luy-mesme au Roy d'Angleterre, pour l'engager à se rendre justice, mais inutilement. Enfin après diverses paroles portées de part & d'autre, le Roy fit dire au Roy d'Angleterre, que pour terminer promptement le différend, il luy offroit de se battre en duel contre luy, sur le Pont de la riviére qui séparoit les Armées, & que celuy qui sortiroit vainqueur du combat, auroit gain de cause.

Le Roy d'Angleterre tourna cette proposition en raillerie, & répondit qu'il n'avoit que faire de se battre pour une Place dont il estoit en possession, & que si le Roy de France venoit le chercher pour l'attaquer, il ne l'éviteroit pas. Le jour se passa en ces négociations inutiles, & la nuit approchant, Henri se retira à Gisors, & Loüis à Chaumont.

Le Roy voyant qu'il en falloit venir à la guerre, se rendit maistre du Pont pendant la nuit, & de quelques guez de la riviére, & tomba dès la pointe du jour sur les Anglois & sur les Normands, qui furent poussez jusques sous les murailles de Gisors.

Il délibéra d'autant moins sur la déclaration de cette guerre, qu'il espéroit la faire avec beaucoup plus de commodité que le Roy d'Angleterre, à qui ses Troupes coûtoient beaucoup, au lieu que la plussart des Vassaux de la Couronne estoient très-disposez à y contribuer de leurs Troupes & de leur argent ; outre que la Frontiére de France estoit très-fortifiée de ce costé-là, & qu'il luy seroit beaucoup plus aisé de faire des courses en Normandie, qu'au Roy d'Angleterre d'en faire sur les Terres de France. Les deux Armées s'éloignérent de la riviére d'Epte, le Roy retourna à Paris, & le Roy d'Angleterre à Roüen, pour se préparer à la guerre : mais en mesme temps le Comte de Blois fit une fascheuse diversion en faveur du Roy d'Angleterre.

Suger.
C'estoit à sa sollicitation que le Roy avoit un peu auparavant attaqué le Seigneur de Puiset; mais après la prise de ce Chasteau, il avoit refusé au Comte de Blois la permission de bastir une Forteresse dans une des dépendances, qui estoit un Fief Royal, & que le Comte prétendoit luy appartenir. Sur cela ils se broüillérent, & le Comte choqué de ce refus, n'attendoit que l'occasion de s'en venger. Il la trouva dans

Chronic. Senonense.
ce différend des deux Rois, & en faveur du Roy d'Angleterre son oncle il se ligua avec Guillaume VIII. Comte de Poitiers & Duc de Guyenne, avec Hugues II. Duc de Bourgogne, & avec plusieurs autres Seigneurs Vassaux de la Couronne.

Le Roy qui dans ces rencontres estoit toûjours d'une activité merveilleuse, se mit bientost en Campagne, & fut très-bien secondé par ses Vassaux fidéles, & en particulier par le vaillant Robert Comte de Flandre, qui s'estoit acquis par ses grandes actions dans la guerre de Palestine, la réputation d'un des plus grands Capitaines de son temps.

Suger.
La guerre commença par les ravages de part & d'autre. Le Comte de Flandre battit le Comte de Blois dans deux combats, qui se donnérent l'un auprès de Meaux, & l'autre auprès de Lagny, où le Roy survenant, acheva de le défaire.

Vers la fin de la Campagne, le Comte de Blois ayant sçû que le Roy devoit faire un voyage en Flandre, pour s'aboucher avec Robert, entreprit de rétablir les Fortifications de Puiset. Le Roy tourna de ce costé-là, défit quelques bataillons avancez du Comte de Blois, & les poussa jusqu'à Puiset.

Il se passa là une action très-vigoureuse. Le Roy voyant quelque reste des ennemis, qui revenus de leur terreur, faisoient assez bonne contenance derriere un Fossé à quelque distance du Chasteau, mit pied à terre, & marcha droit à eux.

Il les eust bien-tost enfoncez ; mais Raoul de Baugenci, qui estoit dans le parti des Rebelles, & bon Capitaine, ayant bien prévû cette attaque, avoit posté derriere une Eglise & quelques maisons voisines, plusieurs bataillons qu'il avoit ralliez. Il vint à leur teste fondre sur les Troupes du Roy, qui avoient passé le Fossé, & les trouvant en desordre, les chargea, en tailla la plussart en piéces, & obligea le reste à repasser le Fossé ; il le passa luy-mesme en bon ordre, & vint donner avec furie dans l'endroit où estoit le Roy.

Comme les Seigneurs qui estoient auprès de ce Prince, le virent dans un si grand danger, ils l'obligérent à prendre un cheval. Il le prit, mais non pas pour fuïr : ce ne fut que pour se faire voir par-tout à ses gens, & pour les animer par son exemple à bien faire. Il se mesla plusieurs fois avec les ennemis, & suspendit la fuite de ses Soldats par son courage & par le péril où ils le voyoient.

Le cheval qu'on luy avoit donné estoit ou mauvais, ou déja fatigué, & il couroit risque d'estre pris pour peu que ses gens pliassent. Son Ecuyer avoit eu le temps de luy en aller chercher un autre qu'il monta aussi-tost, & prenant en main luy-mesme l'Etendart Royal, il fit une nouvelle charge avec quelques Seigneurs qui s'estoient rassemblez autour de sa Personne, & la fit avec tant de vigueur, & si à propos, qu'il reprit plusieurs de ses gens qu'on amenoit déja prisonniers, fit des prisonniers luy-mesme, arresta par cette action de vigueur la fougue des ennemis, dans l'endroit où ils avoient le plus d'avantage, & continuoit de les pousser l'épée dans les reins, lorsqu'il vit venir à luy un gros de plus de cinq cens Normands tout frais, & qui s'avançoient pour l'envelôper. Il s'arresta, & vit en un moment de tous costez la terreur se répandre dans ses Troupes qui l'abandonnoient, & avec lesquelles il fut malgré luy obligé de faire retraite. Les uns se retirérent à Orleans, les autres à

Etampes, & luy à Touri, où il arriva très-fatigué.

Ibid.

Le Comte de Blois se prévalut de cette retraite, pour achever de rétablir le Fort de Puiset, tandis que Gui de Rochefort, Milon de Montlheri, Hugues de Crecy, s'avancèrent avec treize cens hommes vers Touri, comme pour assiéger le Roy; mais les Troupes de ce Prince l'ayant rejoint, & ayant reçû des renforts de divers endroits, les Rebelles se retirèrent.

Ibid.

Le Roy qui n'avoit entrepris cette expédition, que pour empescher le rétablissement de Puiset, ne voulut pas en avoir le démenti. Il laissa reposer quelques jours son Armée, & s'étant fourni de machines & de toutes les choses nécessaires à un siège, retourna à Puiset, & l'assiégea.

Le Comte vint au secours, & surprit une partie de l'Armée Royale campée à une lieuë de Puiset. Il y eut encore là un sanglant combat, où le Roy soûtint avec beaucoup de courage & de bonheur les efforts de l'ennemi trois fois plus fort que luy. La victoire fut long-temps douteuse; mais enfin le nombre commençoit à prévaloir, lorsque le Comte de Blois ayant percé jusqu'au quartier de Rodolfe Comte de Vermandois parent du Roy, fut rencontré par ce Seigneur, qui luy porta un coup de lance ou de sabre, dont il le blessa dangereusement.

Ce coup fut le salut de l'Armée du Roy. La blessure du Général, qu'on fut obligé de retirer du combat, fit perdre cœur à ses Soldats. Le Comte de Vermandois profitant de leur consternation, chargea de nouveau si rudement, qu'il les mit en déroute. Le Roy de son costé ayant appris la nouvelle de la blessure du Comte de Blois, la répandit parmi ses Soldats, qui redoublant leurs efforts, mirent aussi en fuite la partie de l'Armée ennemie qu'ils avoient en teste. Il y eut beaucoup d'ennemis tuez sur la place, & plusieurs faits prisonniers.

Le lendemain matin le Comte de Blois envoya supplier le Roy, de luy permettre de se faire transporter à Chartres. La plusparts des Seigneurs conjurèrent le Roy de ne luy point accorder cette grace, luy représentant que le Comte manquant de vivres dans un Chasteau où il s'estoit retiré, on le contraindroit à se rendre à discrétion; mais ce Prince suivant les mouvemens de sa bonté naturelle, & considérant que le départ du Comte obligeroit la Garnison de Puiset à rendre la Place, il luy donna le Passeport qu'il demandoit.

En effet, Puiset se rendit, & le Roy le fit raser jusqu'aux fondemens; petite conqueste pour tant de sang qu'elle avoit cousté; mais pour arrester les courses que les Rebelles pourroient faire dans la Beauce, il fit fortifier Yon-ville à une lieuë de Puiset, & y mit Garnison.

Yonis-villa vetus MS. apud du Chesne. Tom. 4. Malmesb. l. 5.

Cependant le Roy d'Angleterre estoit à Roüen, se contentant d'envoyer des Troupes au Comte de Blois, sans agir encore par luy-mesme. Mais le Roy, pour l'obliger à les rappeller, faisoit faire des courses fort avant dans la Normandie, & jusqu'à deux lieuës de Roüen, où l'on brûla quelques Villages.

Henri se mit enfin en Campagne, & battit les François en quelques rencontres; mais sans faire aucune conqueste. Il se fit un Traité de Paix quelque temps après entre les deux Rois. Le Comte de Blois & les autres Vassaux Rebelles y furent compris. La principale condition fut, que Guillaume fils du Roy d'Angleterre feroit hommage en personne pour la Normandie entre les mains du Roy, chose à quoy le Roy d'Angleterre avoit plusieurs fois refusé de se soûmettre, & le Roy ayant obtenu ce point important de l'hommage, luy céda Gisors. Une des raisons qui obligea ce Prince à faire volontiers la Paix, fut l'arrivée des Envoyez de Raymond Bérenger Comte de Barcelone. Ils venoient pour luy demander du secours contre une inondation d'Arabes, qui estoient descendus en Espagne, lorsqu'on y pensoit le moins. Ces Infidéles s'estoient partagez en trois Armées, dont l'une alla attaquer les Sarazins, & les deux autres vinrent fondre sur les Terres des Princes Chrétiens, & n'estoient qu'à deux ou trois journées de Barcelonne. Ils désolèrent tout le païs, qu'on appelle aujourd'huy Panades, & se saisirent de quelques Places. Raymond Evêque de Barcelone estoit le Chef de cette Ambassade, & conjura le Roy de ne point abandonner ses Vassaux à la barbarie de ces Infidéles. Il leur promit le secours qu'ils demandoient, & que dans l'Assemblée des Seigneurs qu'il tiendroit à la Pentecoste, il les exhorteroit à faire tout ce que le zéle de leur Religion & l'amour de leurs freres devoient leur inspirer en une telle conjonctute.

Ibid. ann. 1109.

Chronic. Senonense.

Nostre Histoire ne nous apprend rien de l'exécution de ce dessein, ni de ce que devinrent ces Arabes. Celle d'Espagne nous dit seulement que le Comte de Barcelonne rétablit vers ce temps-là les Places qu'ils avoient détruites; mais c'en est assez pour nous faire connoistre, que le Comté de Barcelonne estoit encore alors dépendant de la Couronne de France.

Deux années se passèrent, sans que le Roy eust aucune guerre contre les Princes voisins de son Etat; mais non pas sans estre obligé d'avoir souvent les armes à la main, pour réprimer les violences de ses Vassaux, qui ne pensoient qu'à augmenter leurs Domaines aux dépens de leurs voisins, & sur tout les Eglises; c'est-à-dire, des Evêchez & des Abbayes. Il en chastia plusieurs en divers temps, sur les plaintes des Evêques & des Abbez. Mais il falloit toûjours recommencer, parce que c'estoit toûjours par-tout nouvelles violences & nouveaux desordres; tant il est vray que dans un grand Etat, il est beaucoup plus du bien des Peuples d'avoir un Monarque absolu, mesme avec danger qu'il n'abuse quelquefois de son pouvoir, que d'y voir sous prétexte de liberté, son autorité ainsi partagée ou trop bornée. Tous ces Vassaux n'estoient, à proprement parler, ni Sujets, ni Souverains; mais c'estoient autant de petits tyrans, dont l'avarice, la ja-

LOUIS VI.

Jouïse, l'ambition, la férocité, entretenoient une guerre continuelle dans le Royaume, & avec la guerre les ravages, l'oppression du Peuple, les brigandages, le carnage, & toutes les misères qui ont coûtume de l'accompagner ou de la suivre. Telle fut cependant durant long-temps la situation de la plûpart des Etats de l'Europe : car c'estoit à peu près la mesme chose en Normandie, en Angleterre, en Italie, en Allemagne, en Espagne, où les Souverains avec un assez petit Domaine avoient grand nombre de Vassaux de cette espéce, qu'ils avoient beaucoup de peine à contenir.

C'est ce qui donnoit encore occasion aux guerres entre l'Angleterre & la France, depuis que les Ducs de Normandie estoient devenus Rois. Car dès qu'un Vassal du Roy de France estoit mécontent de luy, il s'appuyoit du Roy d'Angleterre ; & pareillement quand un Vassal du Roy d'Angleterre appréhendoit d'en estre châtié, il avoit recours au Roy de France, pour en estre protégé.

Ce fut cela mesme qui enhardit le Comte de Blois à se révolter de nouveau contre le Roy, seûr qu'il estoit, d'estre toûjours soûtenu par le Roy d'Angleterre son oncle. Le motif de cette révolte n'est point marqué. Si-tost que le Roy eut appris qu'il prenoit les armes, il fit avertir Robert II. Comte de Flandre de le venir joindre, & entra avec luy dans le païs de Meaux ; car la Brie appartenoit au Comte de Blois, ou du moins il y avoit plusieurs Terres & plusieurs Places ; & comme il en avoit aussi dans la Champagne, on luy donnoit la qualité de Comte de Champagne, quoiqu'il s'en fallut bien qu'il ne fust maistre de toute la Province, qui porte aujourd'huy ce nom.

Ordetic. l. 11.

Cette expédition ne réüssit point. Le Comte s'avança avec une Armée plus nombreuse que celle du Roy, & le défit. Dans la déroute, le cheval du Comte de Flandre s'estant abattu, la Cavalerie ennemie passa sur le corps à ce Prince ; & il fut tellement froissé, qu'il en mourut peu de jours après. Il fut enterré dans l'Abbaye de S. Vaast à Arras, qu'il venoit de bien fortifier, & où il avoit fait faire une nouvelle enceinte de murailles, pour défendre cette Ville contre l'Empereur Henri V. qui estoit sur le point de l'attaquer.

Le Roy pour susciter à son tour des affaires au Roy d'Angleterre, se servit de la disposition où il trouva Fouques V. Comte d'Anjou. Ce Comte estoit fils de Fouques Reschin & de la fameuse Bertrade, qui s'estoit enfin faite Religieuse de Fontevraud, & le Roy fut délivré par là de la crainte, où le tenoit cette femme intrigante & artificieuse, & toûjours envenimée contre luy. Le Comte d'Anjou avoit épousé Sybille, fille d'Helie Comte du Maine, & par la mort de son beau-pere, il estoit devenu maistre de ce Comté, qui fut uni à l'Anjou. Fouques devenu Comte du Maine, refusoit d'en faire hommage à Henri Roy d'Angleterre, & cela à la persuasion d'Amaury de Monfort II. du nom son oncle, qui asseûroit du secours du Roy de France.

Ibid.

Robert de Belesme Vassal du Roy d'Angleterre se révolta en mesme temps avec plusieurs Seigneurs, du nombre desquels estoit Hugues de Médavid.

An. 1112. 1113.

Le Roy d'Angleterre passa en Normandie, pour s'opposer à cette Ligue, & ne manqua pas de faire soûlever le Comte de Champagne contre le Roy. Le Roy d'Angleterre trouva moyen de surprendre Robert de Belesme, qu'il mit en prison pour le reste de ses jours, & intimida tellement le Comte d'Anjou, qu'il fut contraint de luy demander la Paix. Loüis après de vains efforts, fut aussi obligé de l'accepter. Les deux Rois conférérent ensemble à Gisors. Le Comte d'Anjou avec l'agrément du Roy consentit à l'hommage pour le Comté du Maine. Loüis accorda pareillement au Roy d'Angleterre qu'Alain III. Duc de Bretagne luy fist hommage de son Duché, & le Roy d'Angleterre de son costé rendit le Comté d'Evreux au Comte Guillaume, à qui il l'avoit osté, & qui s'estoit refugié en Anjou. Il pardonna encore à Amauri de Monfort & à quelques autres Seigneurs tout ce qu'ils avoient pû faire contre son service. Ainsi presque tout l'avantage de la guerre demeura par cette Paix au Roy d'Angleterre, qui maria aussi vers ce temps-là une de ses filles nommée Mathilde, à Conan fils du Duc de Bretagne. Ces alliances rendoient toûjours de plus en plus Henri redoutable ; car il se trouvoit par là beau-pere de l'Empereur & du fils du Duc de Bretagne, & oncle du Comte de Champagne : il en fit encore une autre à l'occasion de cette Paix. Ce fut avec le Comte d'Anjou, qui donna sa fille cadette à Guillaume Adelin fils de ce mesme Roy, & le déclara son héritier pour le Comté du Maine. Il en confia mesme la garde à Henri, partant pour faire le voyage de la Terre-Sainte.

Nois.

An. 1113.

Guillelm. Malmesb. l. 5.

Quelque temps après, Loüis fit luy-mesme une alliance qui paroist avoir esté plus indifférente pour ses interests, en épousant Alix ou Adelaide, fille de Humbert Comte de Maurienne ou de Savoye, & de Gile de Bourgogne. Il aima toûjours beaucoup cette Reine, & fit en son honneur une chose remarquable, & qui n'avoit point encore esté pratiquée par aucun de ses prédécesseurs. C'est que dans les Chartres & dans d'autres Monumens de cette nature, il datoit non seulement des années de son Régne, selon la coûtume des Rois de France ; mais quelquefois encore des années du Couronnement de cette Princesse.

Vers l'An 1114.

Mabillon in Diplomat.

Les deux Rois estoient trop voisins & trop jaloux l'un de l'autre, pour estre long-temps en Paix ; & de part & d'autre on ne cherchoit que des prétextes pour la rompre. Le Roy en avoit un très-spécieux & propre à luy faire beaucoup d'honneur.

Robert Duc de Normandie, dont le Roy d'Angleterre son frere avoit envahi le Duché, estoit toûjours en prison. Il avoit un fils nommé Guillaume Cliton, âgé alors d'environ quatorze ou quinze ans, qui erroit dans toutes les Cours de l'Europe, sans pouvoir trouver de ressource contre sa mauvaise fortune, ni pour

HISTOIRE DE FRANCE.

la délivrance de son pere. Loüis estoit très-bien intentionné pour luy ; mais il ne se sentoit pas assez de puissance, pour le remettre en possession de son Etat. Il luy conseilla donc de faire tous ses efforts pour gagner quelques-uns des principaux Seigneurs de Normandie, afin qu'ils pussent luy faire un parti dans ce Duché, & d'agir secrettement auprès du Comte d'Anjou & du Comte de Flandre, pour les mettre dans ses intérests, l'asseûrant que s'il venoit à bout de les faire déclarer en sa faveur, il prendroit hautement sa protection.

Guillaume, ou plustost ceux qui avoient suivi sa fortune, ne manquérent pas de profiter de cette favorable disposition du Roy. Ils négociérent si heureusement auprès des Seigneurs Normands, qui avoient esté les plus attachez au Duc son pere, que plusieurs luy promirent de prendre son parti. Il n'eut pas beaucoup de peine à gagner le Comte de Flandre ; c'estoit Baudoüin VII. dont le pere Robert II. avoit presque toûjours esté ennemi de Henri. Enfin Fouques Comte d'Anjou, malgré les grandes liaisons qu'il avoit prises avec ce Roy, promit à Guillaume de le seconder, portant toûjours impatiemment d'avoir esté contraint à l'hommage pour le Comté du Maine, & ne doutant pas que s'il contribuoit au rétablissement de Guillaume, il ne luy remist cet hommage par reconnoissance.

Mais quand il fut question de conclure le Traité de Ligue avec le Roy, le Comte d'Anjou refusa de s'y engager qu'à une condition ; sçavoir, que ce Prince le rétablist dans la Charge de Grand Sénéchal de France, héréditaire dans sa Maison depuis le Régne de Lothaire, pénultiéme Roy de la seconde Race, ainsi que je l'ay fait remarquer dans l'Histoire de ce Régne, où j'ay dit aussi que cette Charge estoit à peu près la mesme que celle du Grand Maistre d'Hostel d'aujourd'huy, en ce qui regarde la Maison du Roy, & que celle du Connétable pour la guerre. Le Roy qui fut long-temps mécontent du Comte d'Anjou, l'avoit donnée à Anselme de Garlande, & après la mort de ce Seigneur, à Guillaume de Garlande. Il avoit trop de besoin du Comte d'Anjou dans la guerre qu'il méditoit, pour luy refuser sa demande : il la luy accorda, & remit cette Charge dans sa Famille. Comme ce Comte, aussi-bien que les autres Vassaux de ce rang venoient rarement à la Cour, il consentit que Guillaume de Garlande demeurast dans l'exercice & dans les fonctions de cet Employ, à condition qu'il luy en feroit une espéce d'hommage ; qu'il la tiendroit comme en Fief de luy, & qu'il luy rendroit certains devoirs & certains honneurs dans les occasions, soit lorsqu'il viendroit à la Cour, soit lorsqu'il se trouveroit en personne dans l'Armée du Roy, ou au Couronnement des Rois & des Reines. C'est ainsi que la chose fut alors réglée : & c'est-de-là qu'est venuë la distinction de Grand Maistre d'Hostel, & de premier Maistre d'Hostel, celuy-ci n'estant dans son institution, que comme le Lieutenant de l'autre ; distinction qui se voit par la mesme raison en quelques autres Charges de la Couronne, lesquelles estoient dans ces premiers temps possedées comme en chef par les plus grands Seigneurs du Royaume, qui n'en faisoient que rarement les fonctions, & dont l'exercice ordinaire se faisoit par d'autres Seigneurs de moindre rang.

Le Roy outre la protection du jeune Duc Guillaume dépossedé, avoit encore un sujet très-légitime de déclarer la guerre au Roy d'Angleterre. Car le Comte de Champagne avoit recommencé ses révoltes, & il estoit ouvertement secouru par ce Prince, qui luy fournissoit & des Troupes & des Généraux tant qu'il vouloit.

Il se fit donc une Ligue entre le Roy, le Comte d'Anjou, & le Comte de Flandre, qui convinrent d'entrer par trois divers endroits en Normandie ; le Roy du costé de France, le Comte de Flandre du costé du païs de Caux, & le Comte d'Anjou du costé du Maine.

Amauri de Monfort, qui avoit toûjours esté fort attaché au Roy d'Angleterre, entra aussi dans le parti de Guillaume, irrité du refus que Henri luy fit en ce mesme temps de luy donner le Comté d'Evreux, duquel il s'estoit de nouveau saisi, & que Monfort prétendoit devoir luy écheoir par la mort du Comte, dont il estoit neveu par sa mere. La partie estant liée, le Roy envoya demander au Roy d'Angleterre la liberté du Duc de Normandie. Il la refusa, & on s'y estoit bien attendu. Sur ce refus, la guerre luy fut déclarée. Si-tost que le Roy, le Comte d'Anjou, & le Comte de Flandre parurent sur les Frontiéres de Normandie, le parti que Guillaume y avoit formé se souleva. Hugues de Gournay, Etienne Comte d'Aumale, Henri Comte d'Eu, Eustache de Breteüil, Richer de l'Aigle, Renaud de Bailleul, Robert de Neubourg, & quantité d'autres Seigneurs & Gentilshommes pirent les armes, & proclamérent Guillaume Duc de Normandie.

Ce soûlevement étonna Henri beaucoup plus que tout le reste ; mais ce qui le toucha le plus vivement, c'est qu'il se fit mesme dans sa Cour une conspiration contre sa propre personne, & par un de ses Favoris, où entroient quelques Officiers de sa Chambre : de sorte que ne sçachant presque plus à qui se fier, il estoit dans des inquiétudes continuelles, jusques-là qu'il couchoit tantost dans un appartement, & tantost dans un autre, toûjours ses armes auprès de luy. Il redoubla sa Garde, & ordonna sous de grosses peines à tous ceux qui en estoient, de n'estre jamais sans leurs armes.

Cependant le Roy entra en Normandie, où Engelrand de Chaumont surprit Andeli. On se saisit aussi par stratagême d'une Forteresse nommée le Gué-Nicaise, ou Va-ni, entourée de tous costez de la rivière d'Epte, & qui étoit un passage important. De ces deux Places les Garnisons Françoises qu'on y mit ravageoient tout le païs d'au-dessus de Roüen. Le Roy prit aussi la Ville de l'Aigle. Henri avec le Comte de Champagne vint pour la reprendre ;

LOUIS VI.

mais ils furent obligez de lever le siége. Dans une sortie que firent les assiégez, Henri pensa estre tué d'un coup de pierre qu'il reçut à la tête. Le Comte de Champagne y fut pris; mais le Comte Estienne son frere & le Roy d'Angleterre ayant chargé ceux qui l'amenoient dans la Place, le tirérent de leurs mains. Le Comte de Flandre avançoit aussi du costé d'Eu. Le Roy d'Angleterre luy envoya dire que s'il continuoit à desoler le païs, comme il l'avoit fait jusqu'alors, il iroit en personne porter la desolation jusqu'à Bruges. Le Comte luy répondit fierement qu'il luy épargneroit la peine de ce voyage, & qu'il auroit l'honneur de le voir bien-tost à Roüen. En effet, il alla avec ses Troupes jusques sous les murailles de la Ville, & envoya défier Henri au combat; & comme il vit qu'il n'en sortoit aucunes Troupes, il fit le dégast dans les Fauxbourgs, & ruina les murailles d'un Parc, où le Roy d'Angleterre avoit quantité de bestes fauves. Apres cette insulte, il se retira.

D'autre part le Comte d'Anjou mit le siége devant Alençon. Le Roy d'Angleterre marcha avec le Comte de Champagne, pour secourir la Place; mais il fut repoussé, & le Comte d'Anjou s'en rendit maistre, aussi-bien que de quelques autres Forteresses des environs.

Ce Prince fit encore une autre perte, qui ne luy donna pas moins de chagrin. Il avoit confié la Ville d'Evreux à Raoul de Guitot. Guillaume Pontel neveu de Guitot fut sollicité en son absence par les Rebelles de Normandie, d'entrer dans leur parti; il se laissa gagner, & livra la Place à Amauri de Monfort, qui y mit pour commander Philippe & Fleuri ses neveux fils naturels du feu Roy Philippe & de Bertrade. Le Roy d'Angleterre y accourut, prit la Ville & la brûla; mais il fut obligé de se retirer de devant le Chasteau. Il offrit au Comte de Monfort de le laisser paisible possesseur de ce Comté, qu'il luy avoit refusé quelque temps auparavant, s'il vouloit quitter le parti du Roy, & rentrer dans le sien : mais quelque interessé que fust ce Comte, il voyoit les affaires de Henri en si mauvais état, qu'il ne voulut point écouter cette proposition.

Tant de mauvais succès ne firent pas toutefois perdre courage au Roy d'Angleterre. Il fut secouru par Alain III. Duc de Bretagne, & avec les Troupes du Comte de Champagne jointes aux siennes & aux Bretons, il se vit en peu de temps une grosse Armée. Son adresse & le bonheur qui accompagna toûjours ses armes, le délivrérent d'une partie de ses ennemis. Il surprit Henri Comte d'Eu & Hugues de Gournai deux des principaux Chefs des Mécontens, & les ayant mis en prison, les contraignit de luy remettre entre les mains toutes leurs Forteresses. Engelran de Chaumont, qui avoit surpris Andeli, & dont l'activité tenoit en allarme tout le païs jusqu'à Roüen, mourut de maladie. Il détacha à force d'argent le Comte d'Anjou de la Ligue. Le Comte de Flandre dans un Combat, où il s'engagea avec les Troupes de Bretagne auprès d'Eu, fut blessé dangereusement au visage d'un coup de lance par Hugues Boterel, & mourut quelque temps après de sa blessure.

Le Roy d'Angleterre après ces avantages, s'estant fait joindre par ses Vassaux fidéles, & par une partie des Troupes de ses alliez, se résolut enfin à aller chercher le Roy de France, à dessein de l'obliger à la bataille, & arriva au Chasteau de Noyon, à trois lieuës d'Andeli.

Loüis estoit avec son Armée proche de cette derniere Place, & il en partit pour exécuter le dessein qu'il avoit formé, de surprendre le Chasteau de Noyon, où il avoit une intelligence. La marche du Roy d'Angleterre avoit esté si prompte & si secrete, & il tomba si brusquement sur les François, qui marchoient avec très-peu d'ordre, qu'à peine eurent-ils le loisir de mettre leur avant-garde en bataille.

Guillaume fils de Robert Duc de Normandie, qui estoit l'occasion ou le prétexte de cette guerre, fut mis par le Roy à la teste de cette avant-garde, composée principalement des Troupes du Vexin. Ce jeune Prince avoit sous luy pour commander Bouchard de Monmorenci & Gui de Clermont, qui eurent ordre de soûtenir le premier effort des ennemis, tandis que le Roy rangeroit le reste des Troupes.

Ces deux Seigneurs non seulement reçurent l'Armée Angloise avec cette fermeté & ce courage, que l'on sçait estre héréditaires dans les illustres Familles, qui portent encore aujourd'huy ces noms glorieux; mais encore enfonçant les premiers escadrons, ils les culbutérent & les renversérent sur l'Infanterie, cet heureux commencement asseûroit la victoire, s'ils avoient esté bien soûtenus. Mais le Roy voyant la déroute de l'avant-garde Angloise, se précipita par son impatience naturelle, & suivit la sienne avec beaucoup de confusion.

Le Roy d'Angleterre avoit partagé son Armée en trois Corps. Il estoit au Corps de bataille. Ses deux fils Guillaume-Adelin & Richard estoient à l'arriere-garde, & à pied à la teste de la meilleure Infanterie. L'avant-garde ayant esté défaite au premier choc, le Corps de bataille où estoit le Roy d'Angleterre, fut aussi rompu, après quelque résistance, malgré les efforts qu'il fit pour le rétablir; & ce fut là que Guillaume Crespin, Gentilhomme Normand, fameux par sa bravoure, & dont j'ay déja parlé en d'autres occasions, déchargea deux coups de sabre si terribles sur la teste du Roy d'Angleterre, que bien que le casque eust résisté sans estre cassé, il s'enfonça, & luy fit une playe, dont il sortit beaucoup de sang. Ce Prince chancela, & fut un moment étourdi du coup; mais revenant aussi-tost à luy, il abatit à ses pieds d'un coup pareil Guillaume Crespin, & le fit prisonnier.

Le desordre des François augmentoit avec leur avantage, & débandez de tous costez, ils ne pensoient qu'à tuer & piller, lorsqu'ils virent venir à eux en bon ordre l'arriere-garde ennemie, qui n'avoit point encore combattu. Tout changea de face en un moment. L'Armée Françoise commença à fuïr, sans qu'il fust possible ni au Roy, ni aux Généraux de rallier aucunes Troupes: Monmorenci, Clermont & quelques autres Seigneurs abandonnez par leurs gens, demeurérent prisonniers. Le Roy entraîné par les fuyards, & ayant esté renversé de son cheval, fut aussi obligé de s'enfuïr à pied. Il vouloit gagner Andeli; mais il falloit passer un bois, dont il ne connoissoit pas les routes. Un Païsan à qui il promit une grosse récompense, l'y conduisit sans le connoistre. Il y eut peu de gens tuez de part & d'autre, sur tout du costé des François, leur fuite ayant esté aussi prompte, que leur attaque avoit esté brusque: outre que les Officiers de l'Armée ennemie firent donner quartier à tous ceux qui le demandérent. Ce combat se donna dans la Plaine de Brenneville auprès du Chasteau de Noyon dans le Vexin. Le Roy d'Angleterre n'y acquit que de la gloire; car les debris de l'Armée Françoise s'estant rejoints à Andeli, elle se trouva presque aussi nombreuse qu'auparavant; & le Roy ayant reçû encore quelque renfort, envoya défier le Roy d'Angleterre à un second combat, qu'il n'accepta pas.

Le Roy pour montrer que ce n'estoit pas une simple bravade, alla assiéger Juri, Place alors très-forte, la prit, & s'avança jusqu'à Breteüil sur la rivière d'Itton vers Evreux.

De-là il détacha Charles de Dannemarc Comte de Flandre, surnommé le Bon, qui avoit succédé à Baudoüin son cousin en ce Comté, & n'avoit pas moins de fidélité & d'amitié que luy pour la France. Il le chargea d'assiéger Chartres, & de la réduire en cendres, en haine du Comte de Champagne, & en punition de ses continuelles révoltes. Mais les Habitans demandérent grace au nom de la Mere de Dieu leur Patrone.

Le Comte de Flandre en donna avis au Roy, & luy représenta, que si le Soldat entroit une fois dans la Ville, on ne pourroit pas se contenir, ni empescher la profanation des Eglises & des saintes Reliques qui s'y gardoient. Il reçut ordre de se retirer, la pieté seule en cette occasion faisant renoncer le Roy à une conqueste facile, & au plaisir d'une vengeance signalée, qu'il estoit en son pouvoir de tirer du plus grand ennemi qu'il eust alors.

Durant que les deux Rois se faisoient ainsi une rude guerre, l'Empereur Henri V. continuoit de pousser à toute outrance le Pape Gelase II. qui fut obligé de se sauver en France. Il arriva à Magalone, Place forte dans une Isle du Languedoc, dont l'Evêché a esté depuis transporté à Montpellier. Le Roy l'envoya complimenter par l'Abbé Suger, en attendant qu'il pust aller le voir luy-mesme; mais la mort de ce Pape, arrivée en l'Abbaye de Cluni, prévint cette entrevûë. Il eut successeur Gui Archevêque de Vienne, oncle maternel de la Reine, qui prit le nom de Calixte II. & qui après avoir esté reçû à Rome, revint quelques mois après en France, & se fit médiateur entre les deux Rois.

Il alla trouver le Roy d'Angleterre à Gisors, où il tascha en vain de luy faire accepter les Decrets d'un Concile, qu'il avoit tenu à Reims contre les investitures des Evêques & des Abbez par la main des Souverains & des Seigneurs Laïques, & où il avoit excommunié l'Empereur & son Antipape Bourdin. Ce Concile avoit esté tenu, & les Decrets faits en présence du Roy de France, sans qu'il s'y fust opposé, quelque interest qu'il eust à le faire. Mais il espéroit beaucoup de sa complaisance, & de la dissention qu'il prévoyoit devoir arriver à cette occasion entre le Pape & le Roy d'Angleterre, qui en effet tint ferme, & déclara nettement que sur l'article des Investitures, il ne se relascheroit point, & s'en tiendroit aux usages dont les Rois ses prédécesseurs estoient en possession depuis long-temps. Le Pape le menaça de l'excommunier, & il le fit. On s'adoucit pourtant de part & d'autre. On travailla à la Paix entre les deux Rois, qui estoient l'un & l'autre fort las de la guerre. Le Traité fut fait. Tout se termina à obliger le Roy d'Angleterre de renouveller son hommage pour la Normandie. Les Places prises sur luy, luy furent rendües, les prisonniers faits de part & d'autre durant la guerre, délivrez, & Guillaume fils de Robert Duc de Normandie demeura dans l'estat où il estoit auparavant, mais toûjours aimé du Roy, qui quelques années après, luy donna des marques essentielles de sa bonne volonté. Le Roy d'Angleterre fit de nouveau reconnoistre par les Seigneurs Normands, son fils Guillaume Adelin pour leur Duc. Mais ce ne fut pas pour long-temps: car ce jeune Prince repassant en Angleterre accompagné de Richard son frere fils naturel de Henri, & d'un très-grand nombre de Seigneurs de leur suite, le Vaisseau qu'il montoit se brisa malheureusement contre un Rocher, & tous ceux qui y estoient périrent. Ainsi Henri à la veille de goûter les douceurs d'une Paix qu'il avoit extrêmement désirée, éprouva par la perte de sa Famille, le plus mortel chagrin qu'il eust jamais ressenti en tout le reste de sa vie.

Les François d'au-delà de la Loire prirent peu de part à la guerre de Normandie; mais ils en eurent beaucoup à une autre, qui se faisoit au-delà des Pyrenées. Alfonse II. Roy d'Arragon estoit toûjours en guerre avec les Sarazins, & il projetta le siége de Sarragosse. Le bruit de cette grande entreprise réveilla le zéle de plusieurs Seigneurs François, qui eurent honte de ne pas signaler leur courage contre les ennemis du nom Chrétien si proche de chez eux, tandis que leurs compatriotes estoient tous les jours aux mains avec d'autres Mahométans en Palestine. Gaston de Bearn, Centule Comte de Bigorre, menérent des Troupes à Alfonse, & Rotrou Comte du Perche se joignit à eux. Sarragosse après un long siége & un grand combat, fut prise avec plusieurs autres Places. Le Comte du Perche surprit Tudelle sur l'Ebre, & la retint en titre de Principauté mouvante du Royaume d'Arragon. Il eut encore pour sa récompense une rue toute entiere de Sarragosse en Seigneu-

LOUIS VI.

Chronic. Malleac.

In Campo Cotanico.

An. 1120.

rie, & Gaston de Bearn une autre. Deux ans après, & la mesme année que la Paix fut concluë entre les Rois de France & d'Angleterre, Guillaume Duc de Guyenne mena encore une Armée au Roy d'Arragon, & se trouva à la sanglante bataille de Cotence, que les Chrétiens gagnerent, & où il demeura quinze mille Sarazins sur la place.

Le malheur du Roy d'Angleterre dans le funeste naufrage de ses enfans, dont je viens de parler, ne pouvoit guéres manquer d'avoir de fascheuses suites pour le repos de ses Etats. Dans un Gouvernement héréditaire, un Prince par une perte de cette nature, est privé d'un des plus fermes appuis de sa Couronne. Dès-là les vûës & les espérances des Sujets se portent hors de sa maison, les intérests des Grands changent, les inclinations se partagent entre les prétendans. Par là l'attachement au Souverain s'affoiblit, & souvent la soumission se perd.

Henri estoit trop éclairé, pour ne pas faire ces chagrinantes réfléxions. Il avoit encore de tous ses enfans légitimes sa fille Mathilde; mais sur laquelle il ne pouvoit faire aucun fond pour sa succession. Elle estoit mariée à l'Empereur, dont les Etats estoient fort éloignez des siens; & il sçavoit bien que les Anglois & les Normands ne se soûmettroient pas volontiers à une domination étrangére.

Henricus Huntindon. l. 7.

Il se résolut donc à un second mariage, & il jetta les yeux sur Adelaïde, fille de Godefroy Comte de Louvain. La beauté d'Adelaïde l'y engagea beaucoup moins, que l'espérance d'en avoir des successeurs. Elle estoit, comme la Reine de France, niéce du Pape par sa mere Clémence de Bourgogne. Ce fut encore une raison qui détermina Henri à cette alliance, afin de rendre au moins le Pape neutre entre luy & le Roy de France, en un temps où l'autorité Pontificale estoit d'un grand poids dans les querelles des Souverains. Le mariage se fit le jour de la Purification de l'an 1121.

Orderic. l. 11. an. 111.

An. 1121.

Malgré ces précautions, Guillaume Cliton fils de Robert Duc de Normandie, ne laissa pas de tirer avantage de cette situation des affaires de Henri. Il renoüa secretement ses intrigues avec plusieurs Seigneurs Normands, étant bien asseûré, que dès qu'il auroit remis les esprits en mouvement, il seroit soûtenu de la France. Comme il restoit seul du Sang des Ducs de Normandie, il avoit pour luy les inclinations de ceux du païs. Le courage qu'il avoit fait paroistre en diverses occasions dans la derniere guerre, luy avoit acquis de la réputation & de l'estime. La prison du Duc Robert estoit toûjours une chose odieuse; & la gloire de délivrer un pere d'une si longue captivité, autorisoit & rendoit légitimes toutes les tentatives du fils.

Amauri Comte de Monfort & d'Evreux fut le premier à se rendre aux sollicitations de Guillaume. Mais il luy conseilla de ne rien précipiter, & de ne faire aucun éclat, avant que d'avoir bien appuyé son parti.

Le Comte d'Anjou estoit revenu de son voyage de la Palestine, & il estoit difficile de réüssir sans luy dans le soûlevement qu'on méditoit. Amauri qui estoit son oncle, alla le trouver, & soit qu'il luy fist confidence du dessein de faire révolter la Normandie en faveur de Guillaume; soit qu'il le luy laissast seulement entrevoir, il luy dit tant de bien de ce Seigneur, & luy en fit un portrait si avantageux, qu'il luy persuada de luy donner en mariage sa fille cadette nommée Sybille. Le Comte d'Anjou prit assez volontiers cette occasion de chagriner le Roy d'Angleterre, contre lequel il estoit choqué; parce qu'après le naufrage où Guillaume Adelin avoit péri, il n'avoit pas voulu rendre la dot de Mathilde d'Anjou, qui avoit esté mariée à ce jeune Prince, & dont il n'avoit point encore eu d'enfans. Le mariage de Sybille fut donc conclu, & fait aussi-tost après en Anjou, où Guillaume fut appellé; & son beau-pere luy donna le Comté du Maine.

ibid.

Malmesb. l. 5. ann. 1121.

Ce mariage jetta le Roy d'Angleterre en de grandes inquiétudes. Il en pénétra le dessein, & il ne fut pas en effet long-temps, sans en voir les suites qu'il avoit prévûës.

Amauri seûr de la protection du Comte d'Anjou, commença à négocier secretement avec plusieurs Seigneurs Normands. Il gagna Valeran Comte de Meulan, Guillaume de Roumare, Hugues de Monfort, Hugues de Neuchatel, Guillaume Louvel, Baudri de Bray, Payen de Gisors, & quantité d'autres Seigneurs & Gentilshommes qui s'assemblérent tous au mois de Septembre à la Croix saint Leufroy, & s'obligérent par serment à rétablir Guillaume dans l'heritage de ses peres.

Orderic. loc. cit.

An. 1124.

Le Roy d'Angleterre fut averti de ce qui se passoit, & jugeant qu'en ces rencontres, prévenir l'ennemi, c'est le vaincre & le désarmer, il passa promptement la mer. Il arriva à Roüen au mois d'Octobre, lorsqu'on s'y attendoit le moins, & avant que les conjurez se fussent déclarez. Il assembla un petit Corps d'Armée, & en partit un Dimanche, sans qu'on sçut son dessein. Il marcha du costé de Ponteaudemer vers Monfort sur Risle, dont Hugues, un des principaux de la Ligue estoit Seigneur. Il luy envoya ordre de le venir trouver, & Hugues obeït, persuadé que Henri ne sçavoit rien d'un complot, sur lequel ils s'estoient tous juré un inviolable secret.

ibid.

Le Prince en effet ne fit pas semblant d'en rien sçavoir, & cependant après quelques entretiens, il luy dit qu'il avoit des raisons particuliéres pour s'asseûrer de son Chasteau, & qu'il vouloit y mettre des Troupes en Garnison. Monfort jugea par là que la conspiration estoit découverte: mais il n'y avoit pas moyen de reculer. On l'eust arresté, s'il eust fait la moindre difficulté. Il dit qu'il obeïroit, & le Roy le fit partir sur le champ avec ceux qu'il envoyoit, pour se saisir de la Place. Mais quand il fut à l'entrée de la Forest voisine de Monfort, il s'échapa, & piquant son cheval qui étoit fort vîte, il arriva à Monfort par des routes écartées qu'il connoissoit. Il recommanda à son frere & à sa femme de bien garder la

Place, de n'y laisser entrer aucun de ceux qui viendroient de la part du Roy d'Angleterre, & de-là s'en alla à Brione, avertir le Comte de Meulan, que leurs desseins estoient découverts, & qu'il falloit sans tarder commencer la guerre.

Henri ainsi trompé, ne laissa pas de continuer sa marche, & vint attaquer Monfort. Il se fut bien-tost rendu maistre du Bourg, où il fit mettre le feu. Le Chasteau se défendit un mois entier, & ceux qui estoient dedans se voyant sans espérance de secours, se rendirent.

Ce Prince fit offrir à Hugues de Monfort de le remettre en possession de sa Forteresse, s'il vouloit rentrer dans son devoir; mais il n'en voulut rien faire. De-là Henri alla assiéger Ponteaudemer, qui appartenoit au Comte de Meulan, & ne le prit qu'après six semaines de siége. Il y avoit dans la Place plusieurs Seigneurs François, & un assez bon nombre de Soldats de la mesme Nation, qui après la capitulation, allèrent la pluspart rejoindre le Comte de Meulan.

Henric. Huntindon. l. 7.
Orderic. an. 1124.

Payen de Gisors, quoiqu'il fust maistre de cette Ville-là & du Chasteau, ne l'estoit pas du Donjon. Il voulut l'avoir en sa puissance, & se saisir de Robert de Candos qui y commandoit, avant que de se déclarer contre le Roy d'Angleterre. Il avoit si bien tout concerté, que Candos qui ne se défioit de rien, estoit déja sorti du Donjon, pour venir saluer Amauri de Monfort, & quelques autres Seigneurs qui estoient d'intelligence avec Payen; mais la précipitation de Baudri de Brai, qui cria aux armes, avant que Candos fust assez éloigné du Donjon, fit manquer le coup. Candos à ce bruit soupçonna de la trahison. Il rentra dans le Donjon, & le défendit jusqu'à l'arrivée du Roy d'Angleterre, qui après la prise de Ponteaudemer, vint le délivrer.

Orderic. Ibid.

Comme ce Prince trouvoit par-tout des François avec les Révoltez, il vit bien que le Roy de France les soûtenoit. Ainsi sans rien ménager davantage, il fit faire des courses sur les Terres de France, & la guerre recommença entre les deux Couronnes, deux ans après la Paix concluë par la médiation du Pape.

Ibid.

Le Roy d'Angleterre pendant l'hyver surprit Evreux, & la Campagne suivante commença par un combat auprès du Bourg-teroude à deux ou trois lieuës de Roüen, qui eut de grandes suites.

Ibid.

Gautier de Varicarville du parti Anglois, attaquoit le Chasteau de Vateville, vis-à-vis de Caudebec, & les vivres commençoient à manquer aux assiégez. Le Comte de Meulan ne voulant pas perdre ce Poste, entreprit de le secourir, & d'y conduire en personne un grand Convoi. Il prit avec luy Hugues de Neuchatel, Hugues de Monfort, Guillaume Louvel, & un grand nombre de Gentilshommes François. Amauri de Monfort fut aussi de la partie. Ils attaquèrent le principal quartier, où Varicarville fut pris; le Convoi entra dans la Place, & le siége fut levé.

Ranulfe de Bayeux, qui commandoit pour le Roy d'Angleterre dans le Chasteau d'Evreux, ayant eu avis de la marche du Comte de Meulan, entreprit de l'enlever au retour, & vint se poster auprès du Bourg-teroude. Le Comte de Meulan au sortir de la Forest de Routot, fut averti de l'embuscade, & l'on tint Conseil de guerre. Les Anglois estoient en bien plus grand nombre que les François & les Normands; car il n'y avoit pas plus de trois cens hommes dans cette Troupe, mais presque toute Noblesse. Amauri fut d'avis d'éviter la rencontre, & de prendre par un autre chemin. Le Comte de Meulan jeune homme plein de courage & de feu, fut du sentiment contraire, & l'emporta.

A la teste des Troupes Angloises, outre le Gouverneur d'Evreux, estoient Eudes de Borleng Anglois, brave Capitaine, le Seigneur de Tancarville, & Guillaume de Grand-cour, fils du Comte d'Eu. Bourleng mit pied à terre pour conduire l'Infanterie, & la fit précéder de quarante Archers choisis, à qui il donna ordre de ne point tirer que de fort près, & seulement sur les chevaux.

Ibid.
Roger de Houeden. l. 1.

On ne fut pas plustost en présence, que le Comte de Meulan se détacha avec un escadron de quarante Gentilshommes, pour faire la première charge. On le laissa approcher. Borleng le voyant assez près, commanda aux Archers de tirer, & ils le firent si à propos, que la pluspart des chevaux ayant esté blessez à mort, tombèrent sur les Cavaliers, ou s'écartèrent. Le Comte de Meulan luy-mesme demeura pris sous son cheval, sans pouvoir se relever. Alors toutes les Troupes Angloises s'étant ébranlées, chargèrent si vivement de tous costez, & investirent si promptement le peu d'ennemis qu'ils avoient en teste, qu'en très-peu de temps, malgré leur vigoureuse résistance, ils les rompirent, & les mirent entièrement en déroute. Le Comte de Meulan fut pris aussi-bien que Hugues de Neuchatel, & Hugues de Monfort, & avec eux quatre-vingt Gentilshommes, tant François que Normands. Guillaume de Grand-cour s'attacha à Amauri de Monfort, qui fuyoit à toute bride, & le prit aussi. Mais comme il avoit esté toûjours son ami, & qu'il prévit bien que s'il estoit une fois entre les mains du Roy d'Angleterre qui le craignoit, il ne sortiroit jamais de prison, il luy donna la liberté. Cette générosité n'estoit pas extraordinaire parmi ces Seigneurs, qui en usoient quelquefois ainsi, dans l'espérance d'être traité aussi ménagez en pareilles rencontres. Il prévoyoit bien néanmoins qu'il luy en coûteroit une disgrace & la perte de ses Terres. Il s'y résolut plustost que de perdre son ami, & se retira à la Cour de France, sans toutefois prendre les armes contre son Souverain. Guillaume Louvel, un des plus distinguez entre les Seigneurs Normands, se tira aussi des mains d'un Païsan, qui l'avoit pris, en luy donnant ses armes, & tout ce qu'il avoit sur luy, & s'étant fait couper les cheveux, se sauva au-delà de la Seine, sans estre reconnu.

Bien luy en prit, aussi-bien qu'aux autres, qui avoient échapé; car le Roy d'Angleterre, malgré

LOUIS VI.

malgré les remontrances que luy fit sur ce sujet le Comte de Flandre, qui se trouva alors à sa Cour, en usa très-durement à l'égard des prisonniers. Il fit crever les yeux à Geoffroy de Tourville, à Odart du Pin, & à Luc de la Barre, sur lequel il satisfit sa vengeance par ce supplice, parce que ce Seigneur avoit fait des Chansons très-piquantes contre luy. Le Comte de Meulan fut obligé pour se sauver la vie, d'abandonner toutes les Places au Roy d'Angleterre. Hugues de Neuchatel demeura cinq ans prisonnier, & Hugues de Monfort ne fut relasché que dix-huit ans après.

Ainsi le Roy d'Angleterre profita admirablement de cette déroute des principaux Liguez, que le bonheur d'un petit combat luy mit presque tous entre les mains; & par là tout le parti de Guillaume fut dissipé en Normandie. Sept autres Seigneurs & plusieurs Gentilshommes qui estoient sur le point de se déclarer, en furent empeschez par cette défaite; & Amauri de Monfort fut obligé de faire sa Paix. Mais Henri aussi prudent & aussi politique, qu'il étoit heureux, n'en demeura pas là.

L'alliance que le Comte d'Anjou avoit prise avec Guillaume, & les préparatifs de guerre que faisoit le Roy de France, pouvoient aisément ranimer les restes de la Ligue des Seigneurs Normands, toûjours portez pour le fils de leur Duc. C'estoit là le point capital.

Si-tost que Henri eut appris le mariage de Guillaume avec la fille du Comte d'Anjou, il avoit écrit au Pape, dont j'ay dit qu'il avoit épousé la niéce, & luy représenta que ce mariage estoit nul, à cause de la parenté qui étoit entre l'épouse & l'époux. La parenté fut prouvée, & le mariage cassé par le Pape, & Guillaume conséquemment dépoüillé du Comté du Maine, & réduit à sa premiere pauvreté.

Le Roy de France y suppléa quelque temps après, en luy faisant épouser Jeanne sœur uterine de la Reine sa femme, en luy donnant Pontoise, Chaumont, Mantes, & tout le Vexin, & le mettant par là en état de se faire toûjours craindre du Roy d'Angleterre. Mais avant que cela se fît, ce Prince suscita au Roy un ennemi, qui l'obligea bien à laisser la Normandie en repos.

Henri V. Empereur estoit gendre du Roy d'Angleterre, & ils entretenoient ensemble une étroite amitié. L'Empereur s'estoit réconcilié avec le Pape, en renonçant aux Investitures des Evêques & des Abbez par la Crosse & l'Anneau, & se contentant de les leur donner avec le Sceptre. Il avoit esté très-sensiblement offensé, de ce qui s'estoit passé cinq ans auparavant au Concile de Reims, où le Roy, du consentement d'un grand nombre d'Evêques François, avoit souffert qu'il fust excommunié, & que le Légat prononçast en plein Concile la Sentence d'excommunication contre luy & contre l'Antipape Bourdin. Il ne cachoit pas son ressentiment, & le Roy d'Angleterre en estoit très-bien informé. Il n'avoit pû se venger, tandis que le Pape par ses excommunications réiterées, luy causoit tous les jours de nouveaux embarras, ces censures jettant le scrupule dans les esprits des Peuples, & fournissant des prétextes aux mécontens de se révolter: mais dès qu'il eut fait sa Paix avec le S. Siége, & mis tous ses Sujets dans la soumission, il pensa à la vengeance, & le Roy d'Angleterre ne manqua pas de l'y animer. L'Empereur prit donc la résolution d'entrer en France, d'attaquer Reims, & de réduire en cendres une Ville, où il avoit reçu un si sanglant affront.

Il leva pour cet effet une Armée formidable de Lorrains, d'Allemands, de Bavarois, de Saxons, & de tous les autres Peuples d'au-delà du Rhin, sans déclarer où il vouloit faire tomber l'orage: mais le Roy avoit des avis certains de son dessein, & pensa à se mettre en état de se défendre.

Il convoqua une Assemblée des Seigneurs du Royaume, il y exposa le danger où l'Etat alloit estre exposé, si en oubliant toutes les querelles & tous les interests particuliers, on ne se réünissoit pour le défendre. Il fut écouté, & tous luy promirent de faire leur devoir.

En effet, on n'avoit point vû de long-temps en France une union des Seigneurs Vassaux de la Couronne entre eux, & avec le Roy, si grande, qu'elle parut en cette conjoncture. Comme on sçavoit que l'Empereur en vouloit, sur tout à Reims, ce fut sous les murailles de cette Place, que l'Armée eut ordre de s'assembler.

Les seuls païs Rémois & Châlonnois fournirent près de soixante mille hommes, tant Infanterie que Cavalerie; le Laonnois & le Soissonnois n'en fournirent guéres moins. Les Troupes des Territoires d'Orleans, d'Etampes & de Paris, composérent un troisiéme Corps aussi fort nombreux. Il n'y eut pas jusqu'au Comte Thibaud de Champagne, qui préféra en cette occasion les intérests de sa patrie à l'attachement qu'il avoit pour le Roy d'Angleterre, & il se trouva au Rendez-vous avec les autres Vassaux de la Couronne. On y vit pareillement Hugues Comte de Troyes oncle du Comte de Champagne, le Duc de Bourgogne, le Comte de Nevers. Rodolfe Comte de Vermandois & de Peronne, y conduisit les Milices de S. Quentin, de Ponthieu, d'Amiens, & de Beauvais. Charles Comte de Flandre y amena dix mille hommes; de sorte que selon le témoignage de Suger, qui s'y trouva avec ses Sujets en qualité d'Abbé de S. Denis, cette Armée estoit au moins de deux cens mille hommes; & si la guerre avoit duré, le Duc de Guyenne, le Duc de Bretagne, & le Comte d'Anjou se préparoient aussi à marcher: mais l'Empereur étonné de ce concert & de cette union admirable de toute la Nation, dont on n'avoit jamais vû d'exemple depuis Charlemagne, & de la promptitude avec laquelle tous les membres dispersez d'un si grand Corps, s'estoient rassemblez, il ne jugea pas à propos d'avancer, & prenant le prétexte de quelques mouvemens qui s'estoient faits au-delà du Rhin, il retourna sur ses pas.

Si l'on eust suivi l'avis du Roy, on auroit dbord marché aux ennemis; mais le sentiment le plus général fut, qu'il falloit les laisser passer les riviéres, & s'avancer dans le Royaume, d'où vray-semblablement ils ne se fussent pas facilement retirez. On vît en cette rencontre ce que produit l'union du Prince avec ses Sujets, après avoir vû dans les Régnes précédens les maux que les divisions avoient causé: la France n'ayant perdu que par ces divisions, tant de belles Provinces, & ce haut point de puissance, qui la rendoit redoutable à tout le reste de l'Europe.

Le Roy après avoir congedié les Troupes, vint à S. Denis rendre à Dieu & aux saints Patrons de la France, de très-humbles actions de graces. Il fit de grandes libéralitez à cette fameuse Abbaye, remit entre les mains de l'Abbé la Couronne du feu Roy son pere, qu'il avoit retenuë jusqu'alors contre la coûtume, & contre le droit que l'Abbaye de tout temps prétendoit avoir sur les Couronnes des Rois de France après leur mort. C'est aussi à l'occasion de cette guerre, qu'on voit pour la premiere fois dans nostre Histoire, le Roy de France aller prendre sur l'Autel de S. Denis, l'étendart appellé Oriflamme, qui estoit une espéce de Gonfanon ou de Banniere de couleur rouge, fenduë par en bas, & suspenduë au bout d'une lance dorée. C'est cet or de la Lance, & la couleur de la Banniere, qui firent vray-semblablement donner à cet étendart le nom d'Oriflamme; outre que ces sortes de Banniéres en général estoient aussi appellées quelquefois du nom de Flamme, comme on le donne encore aujourd'huy à certains Pavillons de nos Vaisseaux.

Au reste cet Oriflamme estoit l'étendart de l'Abbaye de S. Denis, que le Protecteur ou le Vidame de l'Abbaye portoit dans les guerres particuliéres, qu'elle estoit obligée de soûtenir de temps en temps pour la défense de son temporel contre les Seigneurs ses voisins, lorsqu'ils vouloient en usurper quelque partie. Les Comtes de Pontoise ou du Vexin estoient les Protecteurs de l'Abbaye de S. Denis; & comme Philippe I. * réünit le Vexin à son Domaine, il contracta par la réünion une obligation particuliére de protéger cette Abbaye: Et mesme à en juger par les termes dont use en cette occasion l'Abbé Suger dans l'Histoire de ce Prince, il estoit comme Feudataire de S. Denis, en vertu du Comté du Vexin; parce que ceux qui avoient eu ce Domaine avant luy, faisoient hommage à l'Abbaye, ou plustost au Saint mesme, dont elle porte le nom, soit que ce Comté relevast des Religieux; soit à cause de la qualité de Lieutenant ou de Vidame de l'Abbaye, dont ils commandoient les Troupes dans les guerres particulieres, sous l'autorité de l'Abbé. Nos Rois pourtant ne faisoient point cet hommage, parce que leur qualité de Souverain les en dispensoit. Cet étendart eut depuis dans les guerres le privilége d'estre le premier & le principal étendart de l'Armée, où l'on le portoit à la teste de tous les autres.

Pour revenir à la guerre dont je viens de parler, tandis que l'Empereur tenoit en échec du costé de la Champagne presque toutes les forces de la France, le Roy d'Angleterre s'avança sur la Frontiére du costé de Normandie; mais sans faire aucuns progrès considérables; Amauri de Monfort avec les seules Troupes du Vexin, ayant déconcerté tous ses desseins. Si le Roy eust employé sa nombreuse Armée contre le Roy d'Angleterre, il l'eust accablé, & eust conquis sans peine toute la Normandie; mais les interests du Souverain n'estoient pas ceux de ses Vassaux: l'accroissement de sa puissance auroit esté la diminution de la leur. Ils regardoient l'Empereur comme un étranger & un ennemi, & le Roy d'Angleterre comme un Vassal de la Couronne & de mesme rang qu'eux à cet égard. Ainsi ils n'avoient garde de tourner leurs armes contre luy. On distinguoit alors les guerres de la Nation, & les guerres du Prince.

Ce peu de succès du Roy d'Angleterre joint à la mort de l'Empereur, qui arriva cette année-là mesme, l'obligea à faire la Paix avec la France, trop heureux d'avoir pacifié les troubles de Normandie; qui sans le grand avantage du combat du Bourg-teroude, alloient à luy faire perdre tout ce Duché.

Cette Paix entre la France & l'Angleterre fut durable. Il se fit seulement quelques hostilitez, sur tout vers l'an 1128. à l'occasion que je vais dire. Charles Comte de Flandre ayant esté assassiné à Bruges dans l'Eglise de S. Donatien, le Roy n'eut pas plustost sçû cette nouvelle, qu'il vint à Arras; il y assembla des Troupes, & fut joint par plusieurs Seigneurs de Flandre, avec lesquels il serra de si près les assassins, qui s'estoient rendus maistres de quelques Places, qu'il les prit la plufpart, & en fit une sévere justice. Comme Charles n'avoit point de fils, il y eut bien des prétendans au Comté de Flandre. Baudoüin Comte de Mons, dont l'ayeul avoit esté dépoüillé de ce Comté par Robert le Frison, Arnoul de Dannemarc, fils de la sœur de Charles, Thieri Comte d'Alsace, fils de Gertrude sœur de Robert le Frison, estoient ceux dont les droits paroissoient les mieux fondez, & ils les firent valoir de leur mieux auprès du Roy. Mais il avoit déja pris sa résolution avant que de partir de Paris, & il préféra à tous ces prétendans Guillaume de Normandie, qu'il fit reconnoistre avant que de retourner en France. Il le mettoit par là en état de disputer avec plus d'avantage le Duché de Normandie à son oncle le Roy d'Angleterre, & rentroit en possession du Vexin, qu'il ne luy avoit donné, qu'en attendant qu'il pust luy procurer quelque avantage plus considérable.

Le Roy d'Angleterre comprit aisément le dessein de Loüis, & crut devoir prendre ses seûretez auprès du Comte d'Anjou, dont il redoutoit toûjours la puissance, aussi-bien que l'inclination & les moyens qu'il avoit de fomenter les révoltes de Normandie, depuis que le Comté du Maine avoit esté uni au Comté d'Anjou. Voici donc le parti qu'il prit.

LOUIS VI.

Il n'avoit point eu d'enfans d'Adelaïde de Louvain sa seconde femme, & il avoit par cette raison déclaré son héritiere sa fille Mathilde veuve de l'Empereur Henri. Il la fit épouser, malgré la disproportion de l'âge, à Geoffroy, surnommé Plantagenete fils du Comte d'Anjou, qui n'avoit encore que quinze ans. Il ne pouvoit prendre un moyen plus seûr, pour s'attacher ce Comte, que de faire entrer dans sa Famille le Royaume d'Angleterre. Geoffroy néanmoins après la mort de son beau-pere ne fut point reçû par les Anglois; mais enfin son fils Henri mit la Maison d'Anjou sur le Trône d'Angleterre.

Guillelm. Malmesb. l. 2. Hist. Novel.

Au reste, le bonheur du Comte d'Anjou, dont il estoit redevable à l'émulation des deux Rois, n'en demeura pas là. Dans le temps qu'on se préparoit à faire les nôces de son fils avec l'héritiere d'Angleterre, il reçut une Ambassade de la part de Baudoüin II. Roy de Jérusalem, qui ayant connu son mérite dans le dernier voyage de ce Comte en Palestine, avoit résolu de le faire son successeur. C'estoit là le sujet de l'Ambassade dont je parle.

Baudoüin n'avoit point d'enfans masles, & vouloit asseûrer sa Couronne à sa fille aînée, appellée Melesinde ou Melisante. Il avoit besoin pour cela de luy donner un mari d'un âge, d'une expérience, d'un courage capable de maintenir un Royaume attaqué de tous costez par les Infidéles; & tel estoit le Comte d'Anjou. Les Ambassadeurs exigerent seulement de luy un serment, par lequel il s'obligeast d'épouser au plus tard cinquante jours après son arrivée à Jérusalem, la Princesse Melesinde. Une Couronne & le titre de Roy qu'on luy asseûroit, ne luy permirent pas de délibérer long-temps pour se résoudre à quitter la France. Il partit peu de temps après le mariage de son fils, & arriva heureusement à Jérusalem. Baudoüin estant mort, il soûtint assez bien les espérances que ce Prince avoit conçeuës de luy. Il eut des enfans de Melesinde, qui luy succéderent, & ainsi sa postérité fut en mesme temps en Asie sur le Trône de Jérusalem, & en Europe sur celuy d'Angleterre.

Guillelm. Tyr. l. 13.

An. 1127.

Le Roy d'Angleterre ne se contenta pas de s'estre asseûré du Comte d'Anjou contre les desseins du Roy de France, & contre ceux du nouveau Comte de Flandre. Il encouragea Thieri d'Alsace à ne pas abandonner les prétentions qu'il avoit sur le Comté de Flandre, & à faire la guerre à Guillaume, luy promettant que si le Roy de France faisoit le moindre mouvement pour secourir ce Comte, il feroit une diversion du costé de la Normandie, qui l'obligeroit bien-tost à l'abandonner. Thieri qui avoit dans ses interests plusieurs Seigneurs Flamands, ne manqua pas l'occasion. Il entra en Flandre; & à son arrivée il se fit un grand soûlevement en sa faveur. Thibaud Comte de Champagne, toûjours d'intelligence avec le Roy d'Angleterre, soûtint Thieri & de ses Troupes & de son argent.

Epist. Guillelm. ad Lud. Tom. I.

Guillaume implora le secours du Roy. Ce Prince vint à Arras avec l'Archevêque de Reims, qui excommunia Thieri, & mit en interdit la Ville de Lisle, pour l'avoir reçû. Guillaume joint au Roy l'y assiégea. Mais le Roy d'Angleterre, qui estoit demeuré exprès en Normandie depuis le mariage de sa fille, s'étant mis en Campagne, & s'estant avancé jusqu'à Epernai sur la Marne, le Roy fut contraint de lever le siége pour retourner en France. C'estoit ce qu'avoit prétendu le Roy d'Angleterre, qui sans faire d'autre entreprise, se contenta de le tenir toûjours en échec.

4. du Chêne. p. 447. Henric Huntindon. l. 7.

Durant ce temps-là, Thieri & Guillaume se firent une assez rude guerre, avec divers succès. Guillaume mit le siège devant Alost, & dans une attaque ayant esté blessé à la main au-dessus du pouce. Cette blessure qui parut légere, eut cependant d'étranges suites. La main & tout le bras luy enflerent, & la gangrene s'y estant mise, il en mourut, après avoir joüi seulement seize mois de son Comté de Flandre.

An. 1128.

Thieri d'Alsace par la mort de son compétiteur, vit bien-tost grossir son parti, & de telle maniere, que le Roy toûjours arresté sur la Frontiére de Normandie par les Anglois, fut contraint de le reconnoistre, & de recevoir son hommage pour le Comté de Flandre. C'est ce qui termina la guerre qui commençoit à se rallumer entre les deux Rois.

Cette guerre estant finie, le Roy, à l'exemple de ses prédécesseurs, fit couronner à Reims par l'Archevêque Raymond, Philippe son fils aîné, & continua, comme il avoit fait jusqu'alors, à réprimer par les armes les violences de ses Vassaux Laïques contre les Evêques & les Abbez, dont ils envahissoient les Terres, pour étendre leur Domaine. Il avoit quelque temps auparavant chastié sévérement Guillaume Comte d'Auvergne, qui faisoit la guerre à l'Evêque de Clermont. Le Roy marcha deux fois luy-mesme en Auvergne avec une Armée pour ce sujet, & malgré le Duc de Guyenne, qui vint au secours du Comte, lequel estoit son Vassal immédiat, il fit raser une grande partie de ses Chasteaux, & le mit à la raison.

Ibid.

An. 1129.

Besli, chap. 35.

Suger in vita Ludovici Grossi.

Thomas de Marle, dont le Roy recevoit tous les jours de semblables plaintes, obligea ce Prince à le venir assiéger dans son Chasteau de Couci. Il en fut encore plus sévérement puni que le Comte d'Auvergne. Car estant sorti pour dresser une embuscade à l'Armée du Roy, dans ses bois, qui rendoient les avenuës de la Place presque inaccessible, il fut luy-mesme surpris par Radulfe Comte de Vermandois, qui le blessa à mort, & le prit. Il mourut à Laon, où il avoit esté transporté, & il eut bien de la peine à se résoudre avant que de mourir, à demander pardon à Dieu & au Roy d'une infinité de crimes qu'il avoit commis. Mais le Roy trouva plus de difficulté à venir à bout d'Amauri de Monfort; parce que ce Seigneur aussi prudent qu'il estoit brave, ne s'engageoit gueres à la révolte, qu'il n'eust pris de bonnes précautions pour le soûtenir.

Ibid

Vers l'An 1129.

Le sujet de son mécontentement vint de la

disgrace d'Estienne de Garlande. Ce Seigneur avoit esté fait Sénéchal de France, Charge, comme je l'ay déja remarqué, qui estoit la premiere de l'Etat. Il l'avoit euë par la mort de son frere Guillaume de Garlande, qui y avoit luy-mesme succedé à Anselme de Garlande son frere aîné; de sorte qu'ils commençoient à regarder cette grande Charge comme héréditaire dans leur Famille.

Estienne estoit un esprit hautain & ambitieux, qui vouloit dominer. Il estoit riche non seulement en Terres, mais encore en revenus Ecclésiastiques, dont le Roy l'avoit gratifié; car d'abord il avoit pris le parti de l'Eglise, & mesme il estoit Diacre. Il soûtenoit avec splendeur sa nouvelle dignité; mais il s'attiroit par sa fierté la haine de tout le monde. Il traita la Reine en plusieurs occasions avec beaucoup de hauteur; & s'en fit une ennemie implacable: il avoit pris mesme un si grand ascendant sur l'esprit du Roy, qu'il en estoit redouté. Mais rien n'est plus dangereux à un Ministre, que de porter trop loin son empire sur l'esprit de son Maistre. Il y a des momens où le Prince se sçait à luy-mesme mauvais gré de sa foiblesse, & il ne luy faut dans ces momens qu'un peu de résolution, pour se déterminer à secoüer un joug qu'il s'est imposé. Il ne se trouve alors que trop de gens prests à profiter de cette disposition. La Reine épioit quelqu'une de ces favorables conjonctures pour se venger. Elle la trouva. Elle fit comprendre au Roy le tort que luy faisoit un Ministre de ce caractère; que la déference qu'il avoit pour luy commençoit à le rendre méprisable à ses Sujets; que les Grands & le Peuple estoient non seulement rebutez; mais mesme irritez des manières impérieuses & insolentes de son Favori; que c'estoit un scandale dont on murmuroit hautement, de voir un Diacre Sénéchal de France, non seulement gouverner l'Etat, mais encore commander les Armées malgré tous les Canons de l'Eglise, qui défendent si sévérement aux Ecclésiastiques tout exercice militaire; elle ajoûta qu'elle-mesme ne pouvoit plus souffrir son orgueil & les fréquentes insultes qu'il luy faisoit, & qu'elle le conjuroit par l'amitié qu'il avoit pour elle, de prendre au moins sa protection contre ce tyran, qui oublioit à tous momens ce qu'il devoit à son rang & à sa qualité de Reine. Enfin elle parla si fortement, que le Roy, qui l'aimoit beaucoup, & qu'elle piqua d'honneur, prit la résolution de la satisfaire, & sur le champ envoya ordre à Garlande de se retirer de la Cour, & de luy donner la démission de sa Charge.

Outré d'un si rude coup, auquel il ne s'estoit jamais attendu, il sortit de la Cour; mais il refusa de remettre sa Charge, disant qu'on ne pouvoit pas la luy oster, parce qu'elle estoit héréditaire dans sa Famille; & pour se venger du Roy & de la Reine, il prit dès ce moment le dessein de se révolter, & d'allumer la guerre en France.

Amauri de Monfort avoit épousé la niéce de Garlande, & estoit fort uni avec luy. Il entra dans sa querelle, pressa fortement le Roy de le rétablir, & sur le refus, il prit aussi les armes, s'estant asseûré auparavant du secours du Roy d'Angleterre, & de Thibaud Comte de Champagne.

Le Roy voyant que la chose pourroit avoir de grandes suites, usa de diligence pour dissiper les Rebelles, & vint assieger le Chasteau de Livry, qu'il ne prit qu'après une grande résistance: Radulfe de Vermandois, cousin germain du Roy, perdit un œil d'une blessure qu'il reçut à ce siége. Le Roy mesme y fut blessé à la cuisse d'une pierre tirée d'un pierrier de dessus les murailles de la Place. Ces deux accidens l'irritérent si fort, qu'après l'avoir prise, il la fit raser rez-pierre-rez-terre. Ensuite poursuivant toûjours vivement les Rebelles, qui ne purent assez tost estre secourus des Anglois, ni du Comte de Champagne, il les serra de si près, qu'il les contraignit à demander quartier. Une des conditions de la Paix fut que Garlande donneroit sa démission de la Charge de Sénéchal, que le Roy conféra au Comte de Vermandois.

Ce fut vers ce temps-là, que le Roy eut un grand démeslé avec Estienne de Senlis Evêque de Paris, dont il fit saisir le Temporel. Ce Prélat excommunia le Roy, & mit Paris en interdit. Il engagea l'Archevêque de Sens dans sa cause, & puis Estienne Abbé de Cisteaux, Hugues Abbé de Pontigny, & S. Bernard mesme, qui employérent en vain leur crédit auprès du Roy en cette occasion.

Loüis se voyant excommunié, s'adressa au Pape; c'estoit alors Honoré II. qui leva l'excommunication & l'interdit. Saint Bernard écrivit sur cela au Pape contre le Roy, en faveur de l'Evêque de Paris & de l'Archevêque de Sens, & en donnant à son Souverain dans sa Lettre le nom d'Hérode, sortit sans doute de ce caractère de douceur & de modération, qui luy estoit si naturel. Mais on ne voit pas que le Pape eust eu aucun égard à ses remontrances; les choses s'adoucirent, & le Roy naturellement bon, reçut en grace l'Evêque & ceux qui avoient pris son parti.

Ce différend qui avoit beaucoup troublé l'Eglise de France, fut suivi d'un autre bien plus dangereux, qui fit un grand Schisme dans toute l'Eglise, où la France s'intéressa.

Le Pape Honoré II. estant mort au mois de Février de l'an 1130. on cela sa mort, jusqu'à ce qu'une partie des Cardinaux, mais les plus sages & les plus gens de bien s'estant assemblez secrétement, eussent fait l'élection de son successeur. Elle tomba sur Gregoire Cardinal de S. Ange, qui prit le nom d'Innocent II. Ils en userent ainsi, pour prévenir les factions de quelques Seigneurs Romains, qui auroient pû troubler la liberté des suffrages. Ils n'évitérent pas néanmoins le trouble qu'ils avoient appréhendé; car les autres Cardinaux, joints à quelques Prélats, s'assemblérent dans saint Marc, où l'élection des Papes avoit coûtume de se faire, & y élûrent le Cardinal Pierre, dont le pere nommé Leon estoit très-puissant dans Rome. Il prit le nom d'Anaclet.

La précipitation avec laquelle on avoit fait l'élection d'Innocent, sans y appeller tous les Cardinaux, estoit un prétexte plausible pour la contredire. Rome se partagea, & le plus fort parti fut pour Anaclet, qui excommunia Innocent, & le contraignit à s'enfuir de Rome.

L'Antipape tascha de prévenir les Princes en sa faveur. Il fit part de son élection à l'Empereur Lothaire successeur de Henri V. & luy fit écrire par les Magistrats de Rome, pour rendre témoignage de la validité de son élection. Il envoya en France Othon Evêque de Todi, avec des Lettres flatteuses & engageantes pour le Roy & pour les Seigneurs François; & il écrivit aussi aux Moines de Cluny, dont il avoit esté autrefois Confrere. Mais ni l'Empereur, ni le Roy de France, ni les Religieux de Cluny ne luy firent réponse. Le seul Roger Duc de la Pouille & de Calabre, & Comte de Sicile, se déclara d'abord hautement pour luy, non pas qu'il fust fort persuadé de son droit; mais c'estoit que ce Prince Normand espéroit par cette déclaration, obtenir de luy le titre de Roy, qu'il désiroit avec passion, & qui luy avoit jusqu'alors esté refusé par le Saint Siége.

Suger Concil. Ancienfe.
Concil. Claromontanum.

Peu de temps après toutes ces démarches inutiles d'Anaclet, Innocent arriva en France, azile ordinaire des Papes persécutez; & après avoir excommunié son compétiteur dans les Conciles qu'il convoqua au Puy, & ensuite à Clermont en Auvergne, il envoya au Roy le Cardinal Mathieu Evêque d'Albano, pour luy demander sa protection, & le prier de ne pas abandonner la justice de sa cause.

Alanus in Vita S. Bernardi Concil. Stampenfe.
An. 1130.

Le Roy pour n'avoir rien à se reprocher dans une affaire si délicate & de si grande importance, assembla à Etampes un grand nombre d'Evêques & d'Abbez, afin de s'en rapporter à leur jugement, sur le parti qu'il devoit prendre. Le Concile fit l'honneur à saint Bernard, que sa réputation de sagesse & de sainteté faisoit dès-lors regarder par-tout comme l'Oracle de l'Eglise, de le charger d'examiner la maniére dont les deux élections s'étoient faites, & le mérite & la conduite des deux élûs. Bernard fit son rapport au Concile, & se déclara pour l'élection d'Innocent. Tous applaudirent à son jugement, & le Roy fit déclarer par toute la France, que c'estoit Innocent qu'il falloit reconnoistre pour vray Pape.

Suger in vita Ludovici Groffi.

Il députa vers luy l'Abbé Suger, pour luy donner les premieres marques de son obéissance & de son attachement. Le Pape reçut cette Ambassade en l'Abbaye de Cluny, & de-là s'estant avancé jusqu'à S. Benoist sur Loire, le Roy, la Reine, le jeune Roy Philippe, & toute la Maison Royale luy allérent rendre visite.

Malmefb. l. 1. Hist. Novel.

Innocent alla ensuite à Tours, où Geoffroy Comte d'Anjou l'asseûra pareillement de son obéissance, & de-là à Chartres, où le Roy d'Angleterre vint aussi le saluer. Ce Prince avoit eu beaucoup de peine à faire cette démarche, soit par scrupule, soit par politique, d'autant que plusieurs Evêques d'Angleterre penchoient beaucoup du costé d'Anaclet. S. Bernard estoit venu à bout de tirer ce Prince de son irrésolution; & comme il luy paroissoit estre dans une grande perplexité là-dessus, par l'appréhension, disoit-il, d'engager sa conscience, le saint Abbé avec cette autorité que luy donnoit sa vertu & son mérite, luy dit : *Ne craignez point, songez seulement comment vous répondrez à Dieu de vos autres péchez; mais celuy-là, je m'en charge.*

Le seul Guillaume IX. du nom, Duc de Guyenne, embrassa le Schisme en France, & prit le parti d'Anaclet. Ce fut l'ambition & le dépit d'un Evêque, qui luy firent prendre une si imprudente & si criminelle résolution. Ce Prélat estoit Gerard Evêque d'Angoulesme. Les Papes prédécesseurs d'Innocent l'avoient nommé Légat du S. Siége en Aquitaine. Il fut des premiers à reconnoistre Innocent, & à luy écrire, pour le féliciter de son exaltation, & le pria en mesme temps de luy continuer sa qualité de Légat. Ce Pape, je ne sçay par quelle raison, luy refusa cette grace, & sûr ce refus il s'adressa à Anaclet, qui luy accorda tout ce qu'il souhaitoit là-dessus.

Alors Gerard qui avoit tout crédit sur l'esprit du Duc, sçut si bien le tourner, & luy rendre suspecte & odieuse la manière dont Innocent avoit esté élû, qu'il le fit déclarer pour Anaclet. Toutefois la présence du Pape en France, où il estoit universellement reconnu endeçà de la Loire, & les instances de S. Bernard & de Josselin Evêque de Soissons, qui eurent sur ce sujet divers entretiens avec le Duc, l'ébranlérent, & ils crurent en le quittant l'avoir entièrement détaché de l'Antipape. Mais quand ils furent partis, Gerard renversa tout ce qu'ils avoient fait, & porta le Duc à toutes fortes de violences contre les partisans d'Innocent. Ce Duc chassa de leurs Eglises Guillaume Evêque de Poitiers, & Eustorge Evêque de Limoge, fit élire d'autres Evêques en leur place, & Gerard s'empara en mesme temps de l'Archevêché de Bourdeaux, sans quitter son Evêché d'Angoulesme. Alors dans le Duché de Guyenne, les Chartres furent datées du Pontificat d'Anaclet II. & le Schisme hautement autorisé. Cependant par l'entremise de Hugues II. Duc de Bourgogne, & à la sollicitation de S. Bernard, & de Geoffroy Evêque de Chartres, qui eurent tous deux une nouvelle conférence à Parthenai avec le Duc de Guyenne, les choses furent pacifiées, & le Schisme éteint. Il ne dura guéres plus d'un an & demi, à en juger par de certains Mémoires, & beaucoup plus long-temps, si l'on s'en rapporte à d'autres.

Besli Hist. des Comtes de Poitou.

Le Pape après avoir esté faire un voyage à Liége, où il vit l'Empereur, revint vers Pâques à S. Denis, & de-là à Paris, où le Roy le reçut avec beaucoup de magnificence. Il eut sujet d'estre satisfait des marques de respect que les Peuples luy donnérent, & de la joye qu'ils firent paroistre de sa présence. Mais cette

Vita S. Bernardi.
Suger. an. 1131.

joye fut bien-toſt troublée, par un des plus fu-neſtes accidens qui puſſent arriver à la France.

Le jeune Roy Philippe, qui n'avoit alors que quatorze à quinze ans, eſtant à ſe divertir avec quelques jeunes Seigneurs à la Gréve, un Pourceau effaré ſe jetta entre les jambes de ſon cheval, qui s'abattit, & malheureuſement une groſſe pierre s'eſtant rencontrée à l'endroit où il tomba, on le retira tout froiſſé de deſſous le cheval, & tellement bleſſé, qu'il en mourut la nuit ſuivante, ce fut le troiſiéme d'Octobre de l'an 1131. On ne vit jamais une conſternation & une affliction plus générale, non ſeulement à la Cour, mais dans toute la Ville: car ce jeune Prince avoit de très-belles qualitez, & faiſoit eſpérer qu'un jour on verroit en ſa perſonne un des Rois des plus accomplis, qui euſſent jamais eſté aſſis ſur le Trône François. Le Pape taſcha de conſoler le Roy, en luy repréſentant ſur tout que la perte qu'il avoit faite, quelque grande qu'elle fuſt, n'étoit pas entièrement irréparable, puiſque Dieu luy laiſſoit encore pluſieurs autres fils.

Suger.
Robertus de Monte.

Après que la douleur du Roy ſe fuſt un peu calmée, l'Abbé Suger & ceux de ſa Cour qui eſtoient le plus avant dans ſa confidence, luy conſeillérent de ne pas différer à faire ſacrer & reconnoiſtre pour ſon ſucceſſeur par les Seigneurs François, ſon ſecond fils Loüis, la conjoncture de la préſence du Pape, qui ſe feroit un plaiſir de le ſacrer luy-meſme, ſe rencontrant fort à propos. Le Roy ſuivit leur conſeil, & le Pape convoqua pour cette cérémonie un grand Concile à Reims, qui ſe tint le vingt-cinquiéme d'Octobre, douze jours après la mort de Philippe.

Suger.

An. 1131.

Quoique le terme marqué pour l'Aſſemblée fuſt fort court, le Concile ne laiſſa pas d'eſtre très-nombreux, parce qu'il y avoit à la ſuite du Pape beaucoup d'Evêques de toutes Nations, François, Allemands, Anglois, Eſpagnols. Le Roy s'y rendit avec le Prince Loüis, & une infinité de Seigneurs.

Chronic. Mauriniacenſe.

Dans la premiere Séance, le Roy entrant baiſa les pieds du Pape, & s'aſſit dans ſon Trône à coſté de luy. Il parla en peu de mots ſur le ſujet de l'Aſſemblée, & ſur la mort du fils qu'il venoit de perdre, & il le fit d'une manière qui tira les larmes des yeux de toute l'aſſiſtance.

Le Pape prit la parole, & s'adreſſant au Roy, luy fit un diſcours très-Chrétien ſur la perte qu'il avoit faite; & puis après avoir récité une courte priere pour le Prince mort, & prononcé une eſpéce d'abſolution pour les péchez qu'il pouvoit avoir commis, il commanda aux Prélats & aux Abbez de ſe trouver tous le lendemain en habit de cérémonie, pour le Sacre du nouveau Roy.

Ibid.

Le Pape ſe rendit le matin avec toute ſa ſuite à l'Abbaye de S. Remi, où le Roy logeoit, & de-là reveſtu de ſes habits Pontificaux, accompagné de pluſieurs Evêques & Abbez, précédé du Clergé & des Religieux de la Ville, & eſcorté d'un grand nombre de gens de guerre rangez ſous les armes dans toutes les ruës, il marcha en Proceſſion juſqu'à la Cathédrale, & fut reçû par le Roy à la porte de l'Egliſe. Il y entra avec ce Prince, & ayant conduit luy-meſme le jeune Loüis, âgé alors d'environ douze ans, il luy fit les onctions ordinaires avec la liqueur de la ſainte Ampoule, tout le Peuple jettant de grands cris de joye. Ce ſpectacle & la joye publique conſola beaucoup le Roy, qui commença à reprendre quelque air de gayeté. Ce que rapporte un ancien Hiſtorien paroiſt ſurprenant, que pluſieurs, tant Evêques que Seigneurs, après la mort du Prince Philippe, avoient penſé à tranſporter la Couronne hors de la Famille Royale. Si ce fait, dont il n'y a point d'autre témoin que cet Hiſtorien, eſt véritable, la conſpiration n'eut point de ſuite.

Ordericl. 13.

Le lendemain du Sacre du jeune Roy, arrivérent des Ambaſſadeurs de l'Empereur, pour faire au Pape de nouvelles proteſtations d'obéïſſance. Il en vint auſſi les jours ſuivans pour le meſme ſujet de la part du Roy d'Angleterre & des Rois Chrétiens d'Eſpagne.

Dans ce meſme Concile, outre pluſieurs Decrets de diſcipline & de réformation, on renouvella celuy de la Tréve du Seigneur, touchant les guerres particuliéres; Tréve ſouvent recommandée, & communément très-mal gardée. Le Pape pria le Roy de trouver bon qu'il tinſt ſa Cour à Auxerre, juſqu'à ce que l'Empereur avec ſon Armée le remenaſt à Rome, comme il s'y eſtoit engagé.

Suger.

Pendant les trois années ſuivantes, il ne ſe paſſa rien de fort mémorable, au moins qui ſoit marqué dans l'Hiſtoire: on y dit ſeulement en général, que Loüis diſſipa tous les mauvais deſſeins que le Roy d'Angleterre formoit ſouvent contre luy.

L'an mil cent trente-cinq il fut attaqué d'un flux faſcheux & dangereux, qui l'abatit fort; mais qui ne diminua rien de la vigueur de ſon eſprit, ni de ſes manières honneſtes, par leſquelles il charma toûjours juſqu'à la mort, tous ceux qui l'approchoient. Se voyant en cet état, il penſa plus ſérieuſement que jamais à ſe préparer à ſa derniere heure. Il ſe confeſſoit ſouvent, & donnoit beaucoup de temps à la priere; il conçut meſme le deſſein non ſeulement de quitter ſa Couronne, mais encore de prendre l'habit de S. Benoiſt. On n'eſtoit point ſurpris alors de cette eſpéce de dévotion. Un jour ſe croyant plus près de ſa fin qu'il n'eſtoit, il demanda qu'on luy donnaſt le Viatique. Il aſſembla pour cela dans ſa Chambre pluſieurs Evêques, Abbez, & d'autres perſonnes de piété, en préſence deſquels il fit une eſpéce d'amende-honorable à Dieu, & une Confeſſion publique de ſes fautes, avoüant qu'il en avoit commis beaucoup durant ſon Gouvernement.

Suger. an. 1135.

Comme il eſtoit actuellement dans ſes exercices d'humilité & de pénitence, on l'avertit que le S. Sacrement approchoit, il ſe leva ſur le champ malgré ſa foibleſſe, & s'eſtant reveſtu d'une robe de chambre, il alla au devant de ſon Seigneur juſques dans une Chapelle voiſine.

LOUIS VI.

Estant là il fit venir son fils, & tirant l'anneau Royal de son doigt, il le luy présenta, en luy disant qu'il luy donnoit par cet anneau l'investiture de son Royaume, dont il se déchargeoit sur luy. Il ordonna plusieurs aumônes, & de magnifiques présens aux Eglises; & pour derniere préparation à la Communion qu'il alloit faire, il fit tout haut sa Profession de Foy, & en particulier sur la présence réelle du Corps & du Sang de Jesus-Christ au S. Sacrement de l'Autel, ensuite il communia.

Il semble que par une espéce de miracle, il recouvra en ce moment une partie de ses forces. Il retourna à sa chambre, & ayant fait oster de son lit tout ce qu'il y avoit de précieux & d'ornemens superflus, il se mit sur un simple matelas, pour prier avec plus d'humilité, & achever ses dévotions.

Quelque temps après un peu de santé luy revint. Il en eut assez pour aller à cheval jusqu'à Melun, afin d'y rendre ses respects aux Reliques des Saints qu'on y honoroit. Tout le long du chemin, les Habitans de la Campagne accouroient de tous costez pour le voir, & luy donnoient mille bénédictions comme à leur pere, qui les avoit toûjours protegez contre ceux qui les opprimoient.

An. 1136.

La joye que luy causoient ces marques d'affection des Peuples, ne fut pas la seule consolation dont Dieu récompensa sa pieté dans les dernieres années de sa vie.

Suger.

Estant un jour à Betisy, à trois lieuës de Compiégne, il y reçut des Envoyez de Guillaume Duc de Guyenne, qui luy apprirent que ce Duc avoit fait son Testament, par lequel il faisoit sa fille aînée Eleonore héritiere de tous ses Etats, à condition qu'elle épouseroit le jeune Roy Loüis, auquel elle les porteroit en dot: & qu'ensuite il estoit parti pour faire le pelerinage de S. Jacques en Galice.

Ibid. an. 1137.

Ces Ambassadeurs, ou avant que de partir, ou sur le chemin, apprirent la nouvelle de la mort du Duc de Guyenne, & qu'il avoit confirmé son Testament avant que de mourir. Ils firent part de tout cela au Roy, qui par une alliance si heureuse, réünissoit à la Couronne le Duché de Guyenne, c'est-à-dire, une grande partie des païs de de-là la Loire, le Poitou, la Gascogne, la Biscaye, & plusieurs autres Domaines jusqu'aux Pyrenées.

Chronic. Hugonis Pictav. apud Besli.

De si belles offres ayant esté acceptées sans délibérer, il ordonna qu'on préparast les équipages du jeune Roy, pour le faire partir au plustost. Il le fit accompagner des plus grands Gentilshommes choisis, à la teste desquels étoit Thibaut Comte de Champagne, qui s'étoit réconcilié avec luy après la mort de Henri Roy d'Angleterre, arrivée depuis deux ans à S. Denis dans la Forest de Lions; Radulfe de Vermandois, Guillaume de Nevers, Rotrou du Perche, suivis de l'élite de leurs Vassaux, furent de ce voyage. Le Roy y fit aller aussi l'Abbé Suger, & Geoffroy Evêque de Chartres, tous deux recommandables par leur prudence, & habiles dans la négociation. En embrassant le jeune Loüis au moment de son départ, il luy dit ces paroles : *Que la main toute-puissante de Dieu, par qui tous les Rois régnent, vous protége dans vostre voyage, mon cher fils; car si par quelque malheur je vous perdois, ni mon Royaume, ni ma vie ne me seroient plus rien.* Il recommanda fort à tous les Seigneurs, d'empescher que leurs gens ne fissent aucuns desordres sur les Terres de Guyenne, leur faisant comprendre de quelle importance il estoit de se conserver l'amitié de ces nouveaux Sujets: & il leur promit de fournir libéralement à toutes les dépenses du voyage.

Suger. Chronic. Mauriniac.

Loüis prit sa marche par le Limousin, & étant arrivé sur la Garonne vis-à-vis de Bourdeaux, il fit camper ses gens sur le bord de la riviere en-deçà, avec une infinité de Noblesse du Poitou, qui estoit venuë au devant de son noûveau Maistre, & à qui il fit de magnifiques présens. Ils passèrent ensuite la riviere dans les bateaux qu'on avoit préparez. Le Dimanche suivant on célébra le mariage, & Eleonore fut couronnée Reine de France en présence de la Noblesse de Gascogne, de Poitou, & de Xaintonge, qui s'estoit renduë en grand nombre à Bourdeaux. Le Roy & la nouvelle Reine en partirent pour se rendre à Poitiers bien escortez, & dissipérent en chemin quelques Troupes de mécontens, qui n'estant pas satisfaits de la disposition Testamentaire du Duc Guillaume, avoient pris les armes pour en traverser l'exécution. Loüis se fit couronner Duc de Guyenne à Poitiers le huitiéme d'Aoust. Depuis ce temps-là il joignit dans les Actes publics avec le titre de Roy, celuy de Duc de Guyenne, & se fit graver au revers de son Sceau armé de toutes pieces, monté sur un cheval de bataille avec cette Inscription à l'entour, *Dux Aquitanorum.*

Ordericus l. 13.

Mabillon de re Diplomat.

Cependant les grandes châleurs qu'il fit cette année-là, altérerent notablement la santé du Roy, & il mourut à Paris le premier jour d'Aoust, selon quelques-uns, & selon d'autres le quatriéme, âgé d'environ soixante ans, dans des sentimens & dans les exercices d'une fervente pieté, privé de la consolation de revoir le Roy son fils, mais faisant avec résignation ce dernier sacrifice à Dieu. La nouvelle de la mort du Roy fut apportée à Loüis, & fit cesser toutes les réjoüissances.

An. 1137.

Chronic. Mauriniac.

Il fut généralement regretté. Sa bonté, ses manieres pleines d'honnesteté & de douceur, son zéle pour la justice, & pour empescher l'oppression des Peuples & des Eglises, méritérent que ses Sujets honorassent ses Funérailles de leurs larmes. Si avec un esprit solide, éloigné de la bagatelle & de la débauche, tel qu'il l'eut dés sa jeunesse, si avec son activité, son courage, son inclination à faire du bien, son application au Gouvernement, sa sincére pieté, il avoit eu un peu plus de politique, plus de connoissance de ses véritables interests, ou plus d'attention à les ménager, il auroit égalé les plus illustres de ses prédécesseurs, & n'auroit esté en rien inférieur à Henri Roy d'Angleterre, qui fut le Prince le plus estimé de son temps, & qui ne le surpassoit que par cette habileté, sans quoy un Prince pouvant estre un bon Roy, ne passera jamais pour un grand homme.

Il laissa en mourant outre Loüis son successeur, cinq fils & une fille; sçavoir Henri, qui fut d'abord Moine de Clervaux, depuis Evêque de Beauvais, & enfin Archevêque de Reims, Robert Chef de la branche Royale de Dreux, Pierre Sire de Courtenay, dont il y a encore des descendans qui portent ce nom, Philippe Archidiacre de l'Eglise de Paris, & qui estant nommé Evéque de cette Ville, céda cette grande place à Pierre Lombard, connu sous le nom de Maistre des Sentences, Hugues, dont l'Histoire ne nous apprend rien de particulier, & Constance, qui épousa en premieres nôces Eustache Comte de Boulogne, & en secondes nôces Raymond V. Comte de Toulouse, Duc de Narbonne, & Marquis de Provence. La Reine Adelaïde quelque temps après la mort du Roy, se remaria à Mathieu de Montmorenci Connétable de France.

HISTOIRE DE FRANCE.

LOUIS VII.

*Florus.

L OUIS VII. surnommé le Jeune, pour le distinguer de son pere, avec lequel il régna quelques années, fut aussi nommé Flore ou Fleuri *, nom assez commun, mesme dans la Famille Royale; car il y a des fils naturels de Philippe I. & de Bertrade, portoit de mesme nom. Loüis estoit dans la dixhuitième année de son âge à la mort du Roy son pere, & dès qu'il en eut appris la nouvelle, il jugea sa présence

An. 1137. Chronic. Mauriniac.

nécessaire à Paris, pour prévenir les séditions, qui ne manquoient guéres d'arriver en ces temps-là aux changemens de Régne. Il laissa l'Evêque de Chartres auprès de la Reine, qui fit le voyage plus lentement. Il donna ses ordres pour mettre des Garnisons & des Commandans seûrs dans diverses Forteresses du Poitou & de la Guyenne, & prit sa route par Orleans.

Gesta Ludov. VII.

En passant il eut occasion de faire essai de son autorité sur la Commune de cette Ville-là. Ces Communes estoient des Sociétez de Bourgeois, & une espéce de nouveau Gouvernement, qui s'estoit établi dans plusieurs Villes de France, avec l'agrément du Souverain sous les derniers Régnes, & dont il est à propos de donner ici quelque idée, sur ce qu'en disent assez confusément nos anciens Historiens.

L'excommunication de Philippe I. & son inapplication aux affaires, avoient presque ruiné toute son autorité en France; & jamais les violences des Seigneurs & des Gentilshommes, & d'une infinité de brigands & de scélérats, qui s'avoüoient d'eux, n'allérent à de plus grandes extrémitez. Il n'y avoit nulle seûreté dans les chemins. Le commerce estoit presque interrompu par-tout. Il se faisoit jusques dans les Villes des homicides & des assassinats, que l'impunité rendoit très-fréquens. Les plus puissans Vassaux de France estoient devenus plus que jamais indociles à l'égard du Souverain, & ils estoient eux-mesmes souvent les plus coupables des grands desordres, qui se commettoient dans tout le Royaume.

Les biens des Eglises estoient d'ordinaire les moins épargnez: les Evêques & les Abbez recouroient tous les jours au Souverain, pour le prier de les protéger & de leur prester mainforte, en vertu du serment qu'il avoit fait dans son Sacre, de soûtenir les droits des Eglises. Il faisoit alors sommer le Seigneur de leur faire justice. Sur ce refus, il envoyoit ordre à ses autres Vassaux de faire marcher les Troupes qu'ils estoient obligez de luy fournir en ces sortes d'occasions, pour soûmettre le Rebelle. Souvent ils le refusoient. Les Villes mesmes de son obéissance n'estoient pas fort exactes à luy envoyer leur contingent, soit à cause de la dépense que ces levées leur causoient, soit à cause que ces Soldats une fois armez & assemblez vivoient sans discipline, & faisoient eux-mêmes de grands desordres dans leur propre païs, soit à cause que les Baillis * de ces Villes, pour des interests particuliers, & pour les liaisons qu'ils avoient avec les Rebelles, se rendoient quelquefois aussi difficiles que les Vassaux mesmes.

* Ce Titre de Bailli commença à estre en usage dans ces premiers temps de la troisième Race.

Loüis le Gros, à qui Philippe son pere avoit abandonné la conduite de l'Etat sur les dernieres années de sa vie, délibéra avec les Evêques du Domaine Royal, des moyens de remédier

Orderic. l. 11.

LOUIS VII.

médier à ces maux, & imagina avec eux une nouvelle Police pour la levée des Troupes, & une nouvelle forme de Justice dans les Villes, pour empefcher l'impunité des crimes.

Au lieu qu'auparavant c'estoient les Baillifs feuls, qui levoient les Soldats dans les Provinces, il fut déterminé que ce seroient les Evêques & les Bourgeois, qui en certaines Villes se chargeroient deformais de cette Commission ; que les levées se feroient par Paroisses ; que dans chaque Paroisse tous ceux qui se trouveroient en état de porter les armes, seroient obligez de marcher sous les Bannieres de leurs Eglises, & que les Curez iroient avec eux, pour leur administrer les Sacremens, & pour les autres fonctions propres de leur ministére. Il est sans doute que tous ceux qui estoient capables de porter les armes, ne marchoient pas toûjours en toutes fortes de rencontres ; & même le nombre de ceux qui devoient faire le service, estoit déterminé dans les Chartres qu'on accordoit aux Villes : mais le Roy dans les nécessitez pressantes de l'Etat, avoit droit d'en faire marcher tant qu'il vouloit. On accorda à cette occasion de grands avantages aux Villes, où cette Police fut établie. On affranchit plusieurs des Habitans, qui par leur condition estoient serfs & de morte-main, & on leur donna le droit de Bourgeoisie.

On y créa un certain nombre de Juges tirez de la Bourgeoisie, dans les unes douze, dans les autres six, plus ou moins, selon le nombre des Habitans, & on leur attribua une grande partie de l'autorité que les Baillifs avoient euë auparavant. La connoissance de plusieurs crimes & de plusieurs différends, qui regardoient les Bourgeois & la Banlieuë de la Ville, appartenoit à ce nouveau Tribunal, sans parler de quelques autres droits, desquels il est fait mention dans diverses Chartres, dont il nous est resté un assez grand nombre. On donnoit à ces nouveaux droits, d'immunitez, de libertez, de franchises, de coûtumes des Villes, que le Souverain ou le Seigneur s'obligeoit d'observer, jusqu'à se soûmettre à l'interdit & à l'excommunication de l'Evêque, s'il y contrevenoit. Et c'est-delà qu'est venuë l'autorité & la Jurisdiction des Maisons de Villes, leurs revenus, les divers Offices dont elles sont composées ; car mesme en plusieurs de ces Chartres, on donne à ces Juges le nom d'Echevins *, & au Chef de cette Jurisdiction le nom de *Major*, qui répond à celuy de Maire. On accorda à ces Juges un Cachet ou Sceau particulier, le droit de Cloche dans le lieu où ils s'assembloient pour convoquer les Bourgeois, celuy d'un Beffroy pour faire la garde, & d'autres privilèges semblables.

On voit par quelques-unes de ces Chartres, que des Gentilshommes & d'autres gens de dehors entroient dans les droits & dans les obligations de ces Communes. Il me paroist que tout le Territoire qui ressortissoit auparavant à la Justice des Villes administrée auparavant par les Baillifs, y participoit aussi. Ainsi lorsque dans la suite de nostre Histoire il est dit

que la Commune de telle Ville marcha à l'Armée du Roy, cela se doit entendre des Troupes levées dans tout le Territoire qui en dépendoit, & ces Troupes furent depuis distinguées de celles, que les Seigneurs & Gentilshommes Vassaux du Roy estoient toûjours obligez de luy fournir en vertu de leurs Fiefs *.

Cet établissement passa du Domaine du Roy dans celuy de ses plus puissans Vassaux, comme des Ducs de Bourgogne, des Ducs de Normandie, des Comtes de Flandre, & de plusieurs autres, qui instituérent aussi des Communes dans les Villes de leur Domaine.

Ces Communes estoient fort commodes, pour avoir aisément des Troupes ; mais d'ailleurs par ce moyen, on établit dans les Villes comme autant de petites Républiques, qui firent souvent de la peine au Souverain ; & la Commune d'Orleans, qui m'a donné occasion de faire remarquer ce changement important dans la manière de lever les Troupes en France, fut celle qui commença à manquer de soumission pour Loüis le Jeune, lorsqu'à son retour du Poitou il passa par là, pour aller prendre possession de son Royaume à Paris : car comme il voulut donner quelques ordres dans la Ville, les Bourgeois prétendirent qu'ils estoient contre les privileges de leur Commune. La chose alla jusqu'à la sédition ; mais le Roy chastia les mutins, & se fit obéir.

Estant arrivé à Paris, il y convoqua l'Assemblée des Seigneurs & des Evêques, & sans se faire sacrer de nouveau, comme avoit fait son prédécesseur, il prit des mesures avec eux pour la seûreté & la tranquillité de l'Etat. La France n'avoit point esté depuis long-temps plus paisible qu'elle le fut alors : car quelques différends de Religion qu'il y eut au sujet des erreurs du fameux Pierre Abaillard, qui fut condamné au Concile de Sens, en présence du Roy & du Comte de Champagne en l'an 1140. ne troublérent point le Royaume.

Ce qui contribuoit le plus à ce repos de la France, estoient les troubles des Etats voisins, sur tout ceux de Normandie & d'Angleterre. Henri Roy d'Angleterre estoit mort l'an 1135. & avant luy Robert Duc de Normandie estoit aussi mort dans sa prison. Ces deux Etats par la disposition Testamentaire de Henri, regardoient l'Impératrice Mathilde, & Geoffroy Plantagenete Comte d'Anjou son second mari. Mais quand il fut question d'en prendre possession, il se trouva des prétendans, dont il ne leur estoit pas aisé de venir à bout, & qui se mirent peu en peine des dernieres volontez de Henri.

Thibaud Comte de Champagne, & Estienne Comte de Boulogne son frere estoient par leur mere neveux de Henri, & petits-fils de Guillaume II. Roy d'Angleterre, frere & prédécesseur de Henri. Ces deux Comtes n'eurent pas plustost appris la mort du Roy d'Angleterre, qu'ils penserent à faire valoir leur droit sur la Couronne, quoique ce Prince eust pris la précaution de faire faire serment à Estienne, de reconnoistre Mathilde pour héritiére des Etats d'Angléterre. Mais trop d'exemples montrent, que le ſcrupule d'un ſerment céde aiſément à la tentation d'une Couronne. Eſtienne, homme naturellement vif, intrépide, entreprenant, ne fit jamais un plus heureux uſage qu'en cette occaſion, de ces qualitez ſi néceſſaires, pour réüſſir dans une entrepriſe de cette nature.

Tandis que le Comte d'Anjou & l'Impératrice Mathilde s'arreſtoient à prendre les Places de Normandie les plus voiſines de l'Anjou & du Maine, & que le Comte de Champagne négotioit de ſon coſté avec quelques Seigneurs Normands, Eſtienne paſſa bruſquement en Angleterre malgré le mauvais temps & la rigueur de l'hyver. Il fut ſecondé de Henri ſon frere Evêque de Vincheſter & Légat du Pape dans le Royaume, & ſe fit un ſi gros parti, qu'ayant marché droit à Londres, cette Capitale n'oſa refuſer de luy ouvrir ſes Portes. Sa douceur, ſes maniéres honneſtes, ſa libéralité luy ayant gagné le cœur du Peuple, pluſieurs autres Villes ſe ſoûmirent à luy. Il ſe rendit maiſtre du Tréſor du défunt Roy, qui eſtoit trés-rempli, il s'en ſervit pour augmenter le nombre de ſes partiſans & de ſes Troupes, & enfin l'Archevêque de Cantorberi, malgré le ſerment qu'il avoit auſſi fait autrefois en faveur de Mathilde, le ſacra & le couronna Roy d'Angléterre. Pour ſauver l'honneur de cet Archevêque, Hugues Bigot Seigneur Anglois proteſta que le Roy un peu avant que de mourir, avoit desherité Mathilde & Geoffroy ſon mari, qui s'eſtoient en effet broüillez avec luy, & qu'il avoit nommé Eſtienne pour ſon ſucceſſeur. Soit que la choſe fuſt vraye, ſoit qu'elle fuſt fauſſe, on la crut volontiers, & preſque tout le Royaume ſe déclara pour ce Prince.

Le Comte Thibaud aprit ces nouvelles, lorſque pluſieurs Seigneurs Normands eſtoient ſur le point de le proclamer Duc de Normandie. Il ne voulut point qu'on paſſaſt outre; & ſoit qu'il ne ſe viſt pas en état de ſoûtenir ſon entrepriſe, ſoit qu'il ſe contentaſt de voir la Couronne d'Angleterre dans ſa Famille, il céda de bonne grace ſes droits à ſon frere.

Robert Comte de Gloceſtre, fils naturel de Henri, auroit pû eſtre un dangereux concurrent pour Eſtienne, s'il avoit eu une ambition égale à ſon mérite. Pluſieurs Seigneurs tant en Normandie qu'en Angleterre, luy offrirent leurs ſervices: mais le ſerment qu'il avoit fait de reconnoiſtre Mathilde pour Reine d'Angleterre, l'empeſcha de recevoir de ſi belles offres.

Eſtienne après avoir mis ordre aux affaires d'Angleterre, repaſſa en Normandie, où il établit Duc Euſtache ſon fils, avec l'agrément du Roy de France, c'eſtoit encore Loüis le Gros, qui reçut ſes hommages & l'inveſtit du Duché, & Loüis le Jeune quelque temps après, luy fit épouſer ſa ſœur Conſtance. Cependant le Comte d'Anjou & l'Impératrice ſa femme s'emparoient de leur coſté de toutes les Places qu'ils pouvoient prendre en Normandie, & travailloient à ranimer leur parti en Angleterre; c'eſt ce qui alluma en-deçà & au-delà de la mer une violente guerre civile, qui dura long-temps, & qui fut, comme j'ay dit, la cauſe de la tranquillité de la France, ſous le commencement du Régne de Loüis le Jeune. Cette tranquillité ne fut troublée quelque temps après que par un embarras aſſez conſidérable. Il vint au Roy du coſté qu'il devoit le moins en attendre, je veux dire de la part du Pape Innocent II. qui luy avoit les dernieres obligations; car ce Prince luy avoit accordé ſa protection contre la puiſſante faction de l'Antipape Anaclet, & le faiſoit reconnoiſtre par toute la France.

Le ſujet fut l'élection de Pierre de la Châtre à l'Archevêché de Bourges, après la mort de l'Archevêque Alberic. Cette élection s'étoit faite ſans attendre le conſentement du Roy, qui en fut fort choqué, & jura que jamais de ſon vivant Pierre de la Chaſtre ne ſeroit Archevêque de Bourges. Il ordonna aux Chanoines de procéder à une nouvelle élection, & leur permit d'élire qui ils voudroient, excepté la Chaſtre. Celuy-ci ſe croyant canoniquement éſlû, s'en alla à Rome, juſtifia ſon droit devant le Pape, qui le ſacra luy-meſme, & le renvoya à ſon Archevêché, diſant d'une maniére choquante pour le Roy, *que c'eſtoit un jeune Prince qu'il falloit inſtruire, & ne pas accoûtumer à ſe donner la liberté de ſe meſler ainſi des affaires Eccléſiaſtiques*: & ſur ce qu'on luy repréſenta que le Roy avoit laiſſé l'élection libre, à l'excluſion du ſeul Pierre de la Chaſtre, il répondit que ce n'eſtoit point une véritable liberté, dès-là que le Prince excluoit quelqu'un, à moins qu'il n'en apportaſt de bonnes raiſons devant le Juge Eccléſiaſtique; auquel cas il faudroit l'écouter comme un particulier qui dépoſeroit contre un autre particulier. Telle eſtoit alors la maniére d'agir des Papes envers les Princes, bien différente de celle de leurs anciens prédéceſſeurs, auſſi-bien que de celle de la pluſpart de leurs ſucceſſeurs.

Pierre de la Chaſtre revint cependant de Rome, bien aſſeûré d'eſtre ſoûtenu par le Pape; mais comme ſuivant les ordres du Roy, on ne voulut point luy permettre d'entrer dans Bourges, il ſe retira ſur les Terres du Comte de Champagne, où il fut reçû avec honneur, & il mit en interdit le Domaine du Roy dans l'étenduë de l'Archevêché.

Un autre incident aigrit encore les affaires. Radulfe Comte de Vermandois, qui eſtoit comme le premier Miniſtre du Roy & ſon parent, répudia ſa femme, ſous le prétexte ordinaire de parenté. La véritable raiſon eſtoit, qu'il vouloit épouſer, comme il fit, Pernelle ou Petronille, ſœur cadette de la Reine. La Comteſſe de Vermandois répudiée eſtoit proche parente, & meſme ſelon quelques-uns, fille du Comte de Champagne. Le Comte s'oppoſa beaucoup à ce nouveau mariage, & au divorce du Comte de Vermandois. Il en écrivit fortement au Pape, qui ſe déclara pour luy.

Le Comte de Champagne tout mutin & tout broüillon qu'il eſtoit, avoit de la piété, eſtoit

fort aumônier, & grand protecteur des Eglises & des Monastéres. Il tafchoit par là de réparer les grands maux qu'il avoit faits à la France fous le précédent Régne, desquels il avoit
toûjours esté pour la plufpart ou la caufe,
ou l'occafion, ou l'inftrument, dont les ennemis de l'Etat fe fervoient pour le ravager. Ses
aumônes & fon zéle pour l'Eglife luy avoient
entierement gagné S. Bernard & tous les Moines: & fes ennemis difoient fouvent par raillerie, que les Moines & les Convers eftoient
les Soldats & l'Artillerie inutile du Comte de
Champagne. Saint Bernard prit en main fa
caufe, il en fit de grands éloges au Pape;
& entreprit mefme de le défendre auprès du
Roy. Mais ce Prince irrité de ce qu'il avoit
reçû l'Archevêque de Bourges dans fes Etats,
& de ce qu'il avoit fait excommunier le Comte de Vermandois par Yves Légat du Pape,
commença à luy faire une rude guerre, & à
ravager tout fon païs; de forte que le Comte
fe voyant pouffé à bout, & n'ayant plus fes anciennes reffources du cofté de l'Angleterre,
toûjours embrafée de guerres civiles, demanda
quartier. La Paix ne luy fut accordée, qu'à condition qu'il agiroit efficacement auprès du Légat, pour faire lever l'excommunication prononcée contre le Comte de Vermandois, & contre fa nouvelle époufe, & l'interdit où l'on avoit
mis les Terres de l'obéïffance du Roy. On
exigea de luy ferment de faire tout fon poffible
pour cet effet: & il en vint à bout. Le Roy
s'adoucit, & parut mefme difpofé à s'accommoder à la volonté du Pape touchant l'Archevêque de Bourges.

Le Légat eftant mort fur ces entrefaites, le
Pape trouva fort mauvais que l'excommunication & l'interdit euffent efté levez, & refo-
lut de les fulminer de nouveau. Le Roy crut
que tout ce qui avoit efté fait jufqu'alors, n'é-
toit qu'un jeu du Comte de Champagne pour
l'amufer. Il fçut, ou il foupçonna que ce Comte tafchoit de luy débaucher fous-main le Comte de Vermandois mefme, pour l'engager dans
fon parti & dans fa révolte. On l'affeûra que
pour s'appuyer du Comte de Flandre & du
Comte de Soiffons, il négocioit fous-main deux
alliances avec ces deux Seigneurs, & qu'il traitoit avec le Comte de Flandre, pour faire époufer fon fils à la fille de ce Comte, & qu'il offroit fa fille au fils du Comte de Soiffons.

Sur cela il rentre de nouveau fur les Terres
du Comte de Champagne, y met tout à feu
& à fang, prend & pille Vitri en Perthois;
treize cens perfonnes qui s'eftoient refugiez
dans l'Eglife, y périrent miférablement fous les
ruïnes, & par le feu qui y fut mis: chofe qui
caufa enfuite tant de douleur à ce Prince, que
non feulement il s'accommoda par l'entremife
de S. Bernard avec le Pape Celeftin II. fucceffeur d'Innocent, en reconnoiffant Pierre de la
Chaftre pour Archevêque de Bourges, & en
fe réconciliant avec le Comte de Champagne;
mais encore il conçut dès-lors la réfolution
d'aller en perfonne au fecours des Chrétiens
de la Paleftine, pour expier ce péché, & il

entreprit cette expédition trois ans après.

Durant ces broüilleries, le Roy fit encore
la guerre à Alfonfe Comte de Touloufe,
fils du Comte Raymond de S. Gile, & marcha
avec une Armée pour affiéger Touloufe, qui
avoit efté engagée pour de l'argent au Comte
Raymond de S. Gile, par Guillaume Comte de
Poitiers & de Touloufe ayeul de la Reine, &
que le Roy vouloit réünir au Duché de Guyenne. L'Hiftoire ne nous dit point le fuccès de
cette guerre. Ce qui eft certain par les anciennes Chartres, c'eft que les Comtes de Touloufe reconnurent toûjours que leur Comté eftoit
un Fief mouvant de la Couronne de France,
& que ces Chartres continuoient d'eftre dat-
tées comme auparavant du Régne du Roy actuellement régnant.

Il fe fit encore une révolte de Gaucher Seigneur de Montgeai contre le Roy, qui le châtia en rafant fa Fortereffe, excepté la plus grande Tour, indulgence que nos Rois femblent
avoir affecté d'obferver en pareilles occafions,
à moins que le crime de fellonie ne fuft extrémement atroce, comme pour faire entendre au Seigneur rebelle, que fa difgrace n'é-
toit pas tout-à-fait fans reffource, s'il rentroit
fincerement dans fon devoir.

Le plus fameux évenement du Regne de
Loüis le Jeune, fut la feconde Croifade pour
le fecours de la Terre-Sainte. J'ay dit que le
cruel faccagement de Vitri, & la douleur qu'en
eut le Roy, luy infpirérent dès-lors ce deffein;
mais les nouvelles qui vinrent de la Paleftine
peu de temps après, le déterminérent à en
preffer l'exécution, & ne cauférent guéres
moins de mouvemens dans les principales parties de l'Europe, que la premiere Croifade.

Après la mort de Godefroy de Boüillon premier Roy de Jérufalem, & de Baudoüin fon
frere & fon fucceffeur, Baudoüin du Bourg
Comte d'Edeffe & leur coufin monta fur le
Trône. Fouques Comte d'Anjou, qu'il avoit
fait venir de France pour époufer Mélifante fa
fille aînée, luy fuccéda. Il mourut l'an 1142.
& laiffa fa Couronne à fon fils Baudoüin III.
du nom, âgé de treize ans, fous la Régence
de la Reine Mélifante.

Tous ces Rois de Jérufalem dans l'efpace de
plus de quarante ans, avoient efté en guerre
continuelle avec les Turcs. Quoique la fuite
de leurs victoires, qui furent en grand nombre, euft efté de temps en temps interrompuë
par d'affez fanglantes défaites, ils avoient fort
étendu leurs conqueftes, & les Chrétiens a-
voient formé quatre Etats confidérables dans
ce païs-là; fçavoir, le Comté d'Edeffe, celuy
de Tripoli, la Principauté d'Antioche, & le
Royaume de Jérufalem. Le Comté d'Edeffe
comprenoit le païs des environs de l'Euphrate. Le Comté de Tripoli & la Principauté d'Antioche s'étendoient le long de la mer de Phenicie, & le Royaume de Jérufalem eftoit borné
par ces trois Etats, & par l'Idumée en tirant
vers l'Egypte.

Joffelin de Courtenay II. du nom, eftoit
Comte d'Edeffe. Raymond de Poitiers oncle

de la Reine de France, & frere de Guillaume IX. dernier Duc de Guyenne, estoit Prince d'Antioche. Raymond arriere-petit-fils de Raymond de S. Gile Comte de Toulouse, qui fut de la premiere Croisade, possédoit le Comté de Tripoli.

Si tous ces Princes estoient demeurez bien unis entre eux, ils auroient esté invincibles, & en état de détruire la domination des Turcs en Asie. Mais la division se mit entre le Comte d'Edesse & le Prince d'Antioche, & Sanguin Soudan d'Alep & de Mosul le plus puissant des Princes Turcs, profitant de cette mesintelligence, assiégea & prit Edesse. C'estoit une des plus fortes Places du Païs, & un des Boulevarts de l'Empire Chrétien en Asie.

Guilielm. Tyrius. l. 16. cap. 5.

Cette prise répandit par-tout la consternation, & Sanguin poussant toûjours ses conquestes, se seroit emparé de tout ce Comté, si elles n'eussent esté arrestées par sa mort, lorsqu'il assiégeoit Cologembar sur l'Euphrate. Il fut assassiné par quelques-uns de ses Eunuques, & le siége ensuite fut levé.

Ibid. an. 1145.

Ses deux fils, l'un nommé Cotebedin, & l'autre Noradin partagérent ses Etats. Le premier eut pour sa part Mosul & l'Assyrie, & l'autre fut Soudan d'Alep.

Noradin ne fut pas un ennemi moins redoutable aux Chrétiens, que l'avoit esté son pere. Il joignoit avec la bravoure beaucoup de prudence, & n'avoit rien de la ferocité de sa Nation. Cependant les Habitans d'Edesse le sçachant occupé à Mosul avec son frere pour leur partage, résolurent de secoüer le joug des Turcs, & firent sçavoir au Comte Josselin qu'ils estoient maistres de la Ville; qu'il y avoit tres-peu de Garnison dans les Forteresses, & que pourvû qu'il se hastast, & pour peu qu'il amenast de Troupes, ils luy ouvriroient les portes.

Cap. 14.

Le Comte ne manqua pas une si belle occasion. Il passa promptement l'Euphrate, & arriva la nuit sous les murailles. Les portes luy furent ouvertes, comme on le luy avoit promis. Il fit en entrant main-basse sur les Turcs qui estoient dans la Ville; mais une partie se sauva dans les Tours & dans les Forts, où il ne put les forcer, faute de machines de guerre.

Cap. 15.

Si-tost que cette nouvelle se fut répanduë dans le païs, tout ce qu'il y avoit de Chrétiens capables de porter les armes vint joindre le Comte: mais Noradin accourut sur le champ, & vint mettre le siége devant la Place, & la réduisit à l'extrémité; de sorte que l'unique parti qu'il y eut à prendre pour le Comte & pour ses Troupes, fut d'abandonner la Ville, & de se sauver par de certains passages, qui paroissoient les moins bien gardez. La chose ne s'exécuta qu'avec beaucoup de peine, parce que les Soldats Turcs, qui estoient demeurez maistres de quelques Tours de la Ville, firent une sortie sur les Chrétiens dans la Ville mesme, au moment de leur retraite; & aussi-tost que le Comte fut hors de la Place, Noradin détacha après luy une partie de son Armée. Il avoit sept lieuës à faire pour gagner l'Euphrate, & il falloit à chaque moment combattre, pour repousser l'ennemi qui tomboit sur lui de tous costez. On fut enfin obligé de se débander pour se sauver où l'on pourroit, & le Comte après avoir perdu la plus grande partie & les plus braves gens de ses Troupes, arriva avec beaucoup de peine à la Ville de Samosate.

An. 1145. Cap. 16.

Telle estoit la situation des affaires des Chrétiens en Asie l'an 1145. Un jeune Roy sans expérience sur le Trône de Jerusalem, un des quatre principaux Princes dépoüillé de la meilleure partie de ses Etats, ceux des trois autres ouverts par la perte d'Edesse à un jeune Conquérant, déterminé à pousser ses conquestes, & tres-capable de le faire, peu d'intelligence entre ceux, dont l'intérest essentiel estoit d'estre alors parfaitement unis: c'est ce qui obligea le Roy de Jerusalem & le Prince d'Antioche à envoyer des Ambassadeurs en Europe pour demander un prompt secours aux Princes Chrétiens, & les engager à une nouvelle Croisade.

Chronic. Mauriniac.

Ils eurent ordre de s'adresser principalement au Roy de France, auquel les intérêts de ces Princes devoient estre plus chers qu'à nul autre, estant tous François d'origine. Ils ne furent pas trompez dans leur espérance, & le Roy se trouva tres-disposé à les satisfaire. La premiere prise d'Edesse luy avoit déja fait prendre quelques mesures; mais la nouvelle de la seconde ranima son zéle. Il se résolut à une prompte exécution de son dessein, & le déclara aux Festes de Noël dans une Assemblée qu'il tint à Bourges.

Odo de Diogilo. an. 1145.

Saint Bernard estoit alors plus que jamais l'Oracle de l'Eglise de France. Le Roy le consulta là-dessus; mais il ne voulut rien décider en une affaire de cette importance, & luy conseilla de s'en rapporter au Pape, c'estoit Eugene III.

Otho Fri- sing. l 1. de Gest. Frider. c. 34.

Le Pape reçut avec une extrême joye, le moyen que la Providence luy présentoit de secourir la Chrétienté d'Asie. Il récrivit au Roy, pour l'exhorter à accomplir une si sainte résolution, & promit à tous ceux qui prendroient la Croix les mesmes Indulgences & les mesmes privileges que le Pape Urbain II. avoit accordés à tous ceux qui s'estoient enrôllez pour la premiere expédition de la Terre-Sainte, & S. Bernard reçut ordre de prescher par-tout la Croisade.

Ibid. Cap. 35. Ode de Diog. l. 1.

Le Roy sur la Lettre du Pape, convoqua une autre Assemblée des Seigneurs & des Evêques de France à Vezelay en Bourgogne pour les Festes de Pasques, & le Pape auroit fort souhaité d'y assister luy-mesme; mais une révolte des Romains l'en empescha.

An. 1146. Odo ibid.

Comme il n'y avoit point à Vezelai d'Eglise assez grande, pour contenir le nombre infini de Peuple qui y estoit accouru de toutes les parties de la France, l'Assemblée se tint en pleine Campagne. On avoit élevé au milieu du Champ une espéce de Théatre, sur lequel S. Bernard monta. Il y lut la Lettre du Pape, & fit sur le sujet un discours tres-pathétique.

Ibid.

LOUIS VII.

Si-tost qu'il l'eut achevé, le Roy se leva, & vint prendre de la main du Prédicateur une Croix, que le Pape avoit envoyée de Rome pour ce Prince, & luy-mesme harangua l'Assemblée avec beaucoup de zéle. La Reine Eleonore reçut aussi la Croix, & après elle un très-grand nombre de Seigneurs, dont les principaux furent Alphonse de S. Gile Comte de Toulouse, Thieri d'Alsace Comte de Flandre, Henri fils du Comte de Champagne, Gui Comte de Nevers, Renaud son frere Comte de Tonnerre, Robert Comte de Dreux frere du Roy, & tige de la Branche Royale des Comtes de Dreux, Yves Comte de Soissons, Guillaume Comte de Ponthieu, Guillaume Comte de Varenne parent du Roy, Archambaud de Bourbon, Enguerrand de Couci, Geoffroy Rancon, Hugues de Lusignan, Guillaume de Courtenay, Renaud de Montargis, Ithier de Thoci, Gaucher de Montgeai, Everard de Breteüil, Dreux de Monchi, Manasses de Bullis, Anseaume de Trenel, Guerin son frere, Guillaume Bouteiller, Guillaume Agilons de Trie, Nicolas de Mailli, & une infinité d'autre Noblesse. Trois Prélats & deux Abbez voulurent estre de l'expedition; sçavoir, Simon Evêque de Noyon, Godefroy de Langres, Arnoul de Lisieux, Herbert Abbé de S. Pierre le Vif de Sens, & Thibaud Abbé de sainte Colombe de la mesme Ville.

Chronic. Mauriniac.
Epist. Ludovici ad Sugeri.
Chronic. Mauriniac. ibid.

L'exemple de tant de personnes de qualité ne pouvoit manquer d'estre suivi du Peuple. On crioit de tous costez dans l'Assemblée, *la Croix, la Croix.* Saint Bernard en avoit une infinité de toutes prestes, qu'il abandonna à ceux qui s'en purent saisir, & l'empressement de plusieurs qui n'avoient pû en avoir, & qui en demandoient, l'obligerent à mettre une partie de ses habits en pieces, pour en faire de nouvelles. Les autres en firent eux-mesmes, & se les attachérent, selon la coûtume, sur l'épaule droite.

Odo loc. cit.

Comme il y avoit de grands préparatifs à faire, le voyage fut differé à l'année suivante. Tous eurent ordre de se tenir prests pour ce temps-là, & le Roy indiqua encore une autre Assemblée à Chartres pour le troisiéme Dimanche d'après Pasques, où les Evêques de France se trouvérent en grand nombre: de sorte que ce fut comme un Concile général de toute la Nation. On y traita des moyens de faire réüssir cette grande entreprise, & un de ceux que l'on crut le plus efficace, & à quoy tout le monde approuva, fut de faire S. Bernard Généralissime de l'Armée; tant estoit grande la prévention en faveur de ce Saint. Mais il étoit d'un autre caractére que Pierre l'Hermite, & il se garda bien d'accepter un honneur qui ne luy convenoit point. Sa mauvaise santé ne luy permit pas mesme de faire le voyage. Mais au sortir du Concile de Chartres, il alla prêcher la Croisade en Allemagne, comme il avoit fait en France. Il n'y eut pas moins de succès. L'Empereur Conrad III. du nom fils de Frideric Duc de Suaube, prit la Croix avec son neveu Frideric, qui fut aussi depuis Empereur,

Bernardi Epist. 136.

& à leur exemple une infinité de Seigneurs, de Gentilshommes & de Peuple d'Allemagne se croiserent. Il vint un grand nombre d'Anglois & de Soldats d'autres Nations se joindre, partie à l'Armée de France, partie à celle de l'Empereur; & il se fit presque par toute la Chrétienté une Paix générale, les Princes voulant à l'envie contribuer au succès de cette expédition.

Otho Frising ibid. c. 42.

Saint Bernard vint l'année d'après rejoindre le Roy à Etampes, où se tenoit encore une Assemblée, qui commença le Dimanche de la Septuagesime. On y prit les dernieres mesures pour le départ. On y délibéra sur la route qu'on devoit tenir. Plusieurs furent d'avis de prendre la mer, fondez sur l'expérience qu'on avoit faite dans la premiere Croisade, de la jalousie & de la perfidie des Grecs. Les Envoyez de Roger Comte de Sicile insistérent fort là-dessus, & offrirent au Roy de la part de leur Maistre, des Vaisseaux, des vivres, & toutes les choses nécessaires pour le passage, disant comme plusieurs autres, qu'il ne falloit point du tout se fier à l'Empereur de Constantinople, nonobstant les Lettres obligeantes que le Roy avoit reçuës de ce Prince. Cet avis néanmoins fut rejetté, par la raison qu'il seroit impossible de passer tant de Troupes en un seul embarquement; & que d'ailleurs l'Armée étoit si belle & si nombreuse, que sa seule approche feroit trembler les Grecs. Ainsi il fut résolu d'aller par terre jusqu'à Constantinople, par le chemin que Godefroy de Boüillon avoit tenu, & l'Empereur prit le mesme parti. L'Armée de France eut son rendez-vous à Metz pour les Festes de la Pentecoste.

Odo l. 1. an. 1147.

Un autre point important sur lequel roulérent les délibérations de l'Assemblée d'Etampes, fut la Régence de l'Etat pendant l'absence du Roy & de la Reine. Le Roy donna à l'Assemblée toute liberté sur ce choix, afin que l'on pust dire que cette élection estoit celle de tout le Royaume, & que ceux qui seroient choisis, pussent gouverner avec l'agrément de tous les Peuples.

On se retira dans une Chambre séparée, pour tenir Conseil là-dessus. Après divers avis, Saint Bernard qui estoit du Conseil, rentra dans l'Assemblée à la teste des Seigneurs & des Evêques, & dit en montrant Guillaume Comte de Nevers, & Suger Abbé de S. Denis, ces paroles de l'Ecriture: *Voilà deux épées, cela nous suffit,* donnant à entendre qu'on les choisissoit pour Protecteurs & Régens du Royaume, & que par leur courage & leur sagesse, ils sçauroient bien le défendre contre ses ennemis.

Odo loc. cit.

Tout le monde applaudit au choix. Mais le Comte de Nevers refusa absolument cet honneur, & ne put estre fléchi. Il avoit fait vœu de se faire Chartreux, & ne fut pas long-temps sans l'accomplir, quelques instances que le Roy, ses amis, & ses parens fissent pour l'en détourner.

L'Abbé Suger s'en défendit aussi fortement, sur tout quand il vit qu'on le chargeoit seul de tout le poids, après le refus du Comte de

Vita Sugeri per Guillelm.

Eeee iij

Nevers. Cet Abbé s'estoit toûjours fort opposé au dessein que le Roy avoit pris de s'éloigner si fort, & pour si long-temps de son Royaume. L'Assemblée tint ferme dans le choix qu'elle avoit fait, & le Pape estant arrivé en France peu de temps après, il obligea l'Abbé de se soûmettre à la volonté du Roy & des Seigneurs du Royaume.

Vita Sugerii per Guillelmum.

Suger estoit un homme également distingué dans le Monastére par sa vertu, & dans le Conseil du Roy par sa prudence. Il réparoit son peu de mine & la bassesse de sa naissance par un génie superieur, soûtenu d'une vaste capacité, d'une mémoire prodigieuse, d'une pénétration vive & prompte, de beaucoup de grace, & de facilité à s'exprimer sur le champ, & sur toutes sortes d'affaires. Tant de belles qualitez jointes à beaucoup de gravité & de modestie, luy avoient donné un très-grand ascendant sur tous les esprits, & une merveilleuse autorité, que les plus grands Seigneurs, tant Ecclésiastiques que Séculiers, respectoient à l'exemple du Roy mesme, qui le regardoit comme son pere & comme son Maistre. Il estoit généralement reconnu pour homme droit, équitable, modéré, ferme, & il avoit par-dessus tout cela une longue expérience, ayant eu dès le précédent Régne grande part au Gouvernement. Enfin Thibaud Comte de Champagne, de qui seul on pouvoit appréhender quelque chose pendant l'absence du Roy, avoit une amitié tendre, & une déference entiere pour cet Abbé. Ce furent ces considérations qui rendirent ce choix si unanime, & qui le firent si fort approuver de tout le Royaume. On donna à Suger pour son Conseil Samson Archevêque de Reims, & pour commander les Armées sous son autorité, en cas de besoin, Radulfe Comte de Vermandois, qui avoit toûjours aussi esté du Conseil du Roy, & à qui ce Prince se fioit beaucoup: & cet employ luy fut donné, quoiqu'il fust encore alors excommunié pour son mariage avec la sœur de la Reine. Je ne sçay si aucune élection pour la Régence d'un Etat, s'est jamais fait avec plus de droiture & de désinteressement que celle-là. Tant d'autres pouvoient prétendre à cet honneur, par leur qualité & par le rang qu'ils tenoient dans l'Etat; mais leur zéle pour la guerre Sainte, où ils vouloient avoir part, étouffa en eux tous ces mouvemens d'ambition & de jalousie, qui ont esté souvent en pareilles occasions, la source de tant de troubles dans les Royaumes.

Odo l. 2. Chronic. Mauriniac.

Odo l. 2.

Odo loc. cit.

Le Pape arriva sur la fin du Caresme, & on luy rendit compte de tout ce qui s'estoit passé. Il l'approuva, régla de concert avec le Roy diverses choses, qui regardoient cette expédition; & il obligea les Eglises de France à contribuer de grosses sommes pour les frais de la guerre. Le temps du départ estant proche, le Roy s'y prépara par quantité d'actions de pieté, & en particulier par la visite des Hôpitaux des Lépreux. Il alla ensuite à S. Denis, rendre ses respects aux Reliques de ce saint Martyr, que le Pape avec l'Abbé tirérent de la Chasse,

Chronic. Mauriniac.

pour luy faire baiser. Il prit l'Oriflamme sur l'Autel, & reçut des mains du Pape avec sa bénédiction, les marques & l'équipage des Pélerins de la Terre-Sainte. Il le pria de prendre son Royaume sous sa protection pendant son absence, & le Pape déclara solemnellement excommuniez tous ceux, qui durant le voyage du Roy, oseroient entreprendre quelque chose contre l'autorité Royale, ou de préjudiciable à la Paix du Royaume. Le Roy partit pour se rendre à Metz, & s'y mettre à la teste de ses Troupes.

Chronic. Mauriniac.

Quoique cette Ville ne fust pas de son Domaine, mais de celuy de l'Empereur, il y fut reçu avec toutes sortes d'honneurs, & avec les acclamations des Peuples par plusieurs Evêques & Seigneurs de Lorraine, & entre autres par Hugues Comte de Vaudemont. Amedée Comte de Turin & de Morienne, & Guillaume Marquis de Monferrat ses deux oncles maternels, vinrent l'y saluër. Il y fit encore de nouveaux Reglemens, pour maintenir le Royaume en Paix, & fut en peu de jours en état de se mettre en marche.

Otho Frising. l. 1. c. 43. de gestis Friderici.

Cependant l'Empereur Conrad, de concert avec le Roy, avoit pris les devants dès Pâques, à la teste d'une très-belle Armée de plus de cent mille combattans, parmi lesquels il y avoit soixante & dix mille Cuirassiers à cheval. Il monta sur le Danube à Ratisbonne, & arriva sur les Frontiéres des deux Empires vers l'Ascension. En avançant vers Constantinople, il commença à s'appercevoir des mauvaises intentions des Grecs.

Odo l. 2. Guillelm. Tyrius. l. 16. c. 19. Otho Frising. l. 1. de gestis Friderici.

L'Empereur de Constantinople estoit alors Manuel Comnene fils de l'Empereur Jean Comnene, & petit-fils d'Alexis, qui en avoit si mal usé avec les premiers Croisez. C'estoit un jeune Prince digne de l'Empire par les belles qualitez qui parurent d'abord en luy, encore plus que par sa naissance, bien-fait, d'un abord charmant, éloquent, liberal, brave, politique, tendre envers ses Sujets, qui regardérent au commencement de son Régne, comme un homme capable de rendre à l'Empire d'Orient une partie de la splendeur, que l'on l'avoit vû du temps des Constantins & des Theodoses. Il ne soûtint pas tout-à-fait dans la suite la premiere opinion qu'on avoit conçûë de luy; car s'abandonnant trop à l'inclination qu'il avoit à donner, il devint un prodigue & un dissipateur, & il cessa d'estre regardé comme le pere de ses Peuples, par les imposts dont il les accabla, partie pour fournir aux profusions qu'il faisoit, partie pour soûtenir les dépenses qu'il estoit obligé de faire, pour défendre l'Empire contre ses ennemis. Sa prudence & sa politique dégénérérent en fourbe & en perfidie, sur tout à l'égard des Croisez. Les violences des Allemands auroient pû luy servir de quelque excuse, s'il avoit poussé les choses moins loin qu'il ne fist, & si aprés qu'ils eurent passé en Asie, il avoit cessé de les vouloir perdre.

Nicetas l. 4.

Il reçut fort obligeamment les Ambassadeurs que Conrad luy avoit envoyez, pour luy

Nicetas. Ibid.

donner avis de son entrée sur les Terres de l'Empire d'Orient. Il loüa fort son dessein, sa pieté & son courage, luy promit de faire fournir à ses Troupes des vivres en abondance dans toutes ses Terres, & l'asseûra qu'elles seroient reçûës par-tout comme dans leur propre païs, pourvû qu'elles gardassent une exacte discipline, & qu'elles ne traitassent pas en ennemis, ceux qui estoient disposez à les recevoir comme amis.

Cependant cent mille Allemands, qui devoient estre joints par autant de François sous les murailles de Constantinople, luy donnoient d'étranges inquiétudes. La haine que les Occidentaux avoient conçûë contre les Grecs, à l'occasion de la premiere Croisade, luy faisoit appréhender qu'on n'eust dessein de luy faire porter la peine des trahisons de son ayeul, & qu'on ne commençast par l'attaquer, avant que d'aller aux Infidéles. Il n'ignoroit pas que dans la premiere Croisade on avoit déliberé en quelques Conseils de guerre, si pour s'asseûrer le passage & une retraite, il n'estoit pas à propos de se saisir d'abord de Constantinople. Roger Comte de Sicile luy faisoit actuellement la guerre, & désoloit avec ses Flotes toutes les côtes maritimes de l'Empire, & il sçavoit que ce Comte s'entendoit parfaitement avec les Princes Croisez.

Manuel ayant consulté sur cela ses Ministres, prit toutes les mesures possibles pour sa seûreté. Il fit réparer les murailles & les Tours de sa Ville Impériale, y mit une forte Garnison, remplit ses Arsenaux de toutes sortes d'armes, leva des Soldats, se fit instruire exactement par des espions du nombre & de la qualité des Troupes Allemandes, envoya des Corps d'Armées au devant d'elles, avec ordre de se les côtoyer toûjours dans leur marche. Il n'y avoit rien en tout cela que de sage & tout-à-fait dans l'ordre : mais il n'en demeura pas là. Il donna secretement avis aux Tures des grands desseins qu'on avoit formez contre eux, & ils en profiterent, pour se mettre en état de défense. Il fit une Tréve de douze ans avec les plus puissans de leurs Soudans, & il fut toûjours d'intelligence avec eux, pour faire périr les Armées Chrétiennes.

Les Allemands marcherent jusqu'à Philippopoli Ville de Thrace, sans avoir eu aucun différend avec les Grecs ; mais au sortir de là, ceux-ci ayant donné sur quelques Soldats de l'arriere-garde, qui s'estoient écartez, les Allemands voulurent s'en venger. Quelques escadrons en vinrent aux mains, & peu s'en fallut qu'on ne s'engageast à un grand combat. Mais Michel Evêque de Philippopoli, dont l'adresse & les manieres honnestes, avoient gagné Conrad, fit si bien, qu'il adoucit les esprits, & l'Armée arriva enfin à Constantinople.

Les deux Empereurs estoient beaux-freres, ayant épousé les deux sœurs, filles de Béranger Comte de Luxembourg & de Sulbac. L'entrevûë fut assez froide de part & d'autre. Manuel avoit fait tenir prests une infinité de Vaisseaux pour le transport des Allemands, afin qu'ils séjournassent aux environs de Constantinople le moins qu'il seroit possible, & dans la crainte que Conrad ne voulust y attendre l'Armée Françoise, comme en effet il en estoit convenu avec le Roy. Il y eut de la contestation sur cet article, mais enfin Conrad appréhendant qu'on ne luy coupast les vivres, ou dans l'espérance d'avoir le premier honneur de l'expédition, prit le parti de passer le Détroit, & peu de jours après il marcha au travers de la Bithynie vers la Lycaonie, laissant à droite la Phrygie & la Lydie, & à gauche la Galatie.

Tandis que l'Armée Impériale s'avançoit vers Constantinople, le Roy de France s'estoit mis en marche. Il passa le Rhin à Vormes, marcha de-là vers le Danube, qu'il traversa à Ratisbonne, où l'on prit des vivres pour plusieurs jours, & arriva heureusement en Hongrie, dont le Roy nommé Geisa, n'oublia rien pour luy marquer son amitié, son attachement & son respect.

Ces empressemens estoient interessez. Un Seigneur du païs nommé Boric, qui avoit épousé une niéce de l'Empereur de Constantinople, & qui avoit des prétentions sur la Couronne de Hongrie, ayant appris l'armement d'Allemagne & de France, espera d'en tirer avantage. Lorsque l'Empereur Conrad passa par la Hongrie, il vint le trouver, & le conjura de prendre en main ses interêts. L'Empereur y estoit assez disposé, ayant eu depuis long-temps des differends assez considérables avec ce Roy de Hongrie ; mais ce Prince pour détourner la tempeste, gagna si bien à force d'argent les Seigneurs Allemands, qu'ils persuaderent à l'Empereur de ne pas interrompre son voyage, pour faire une guerre en faveur d'un homme, qui n'avoit que des promesses à luy faire, & rien de plus.

Boric avoit pris ses mesures de plus loin du côté du Roy de France. Il luy avoit écrit une Lettre dans le temps qu'on tenoit l'Assemblée d'Estampes, où il luy représentoit ses droits, & l'injustice qu'on luy avoit faite, le supplioit de prendre sa protection, & de le rétablir en passant par la Hongrie, & l'asseûroit qu'il le pourroit faire sans peine avec l'Armée formidable, qu'il devoit conduire par là en Asie.

Le Roy de Hongrie délivré d'un péril, mais appréhendant de tomber dans un plus grand, envoya au devant du Roy des Ambassadeurs avec de magnifiques présens, & luy offrit de luy fournir avec abondance toutes les choses, dont son Armée auroit besoin durant le passage. Mais comme il ne sçavoit pas en quelle disposition il estoit à son égard, il ne vint pas le trouver luy-mesme, & se tint au-delà du Danube, côtoyant l'Armée Françoise avec la sienne. Il fit dire franchement au Roy le sujet qui l'empeschoit de venir saluer en personne, quelque envie qu'il en eust, pour le faire luy-mesme juge des differends qu'il avoit avec Boric.

Le Roy extrémement satisfait des honnêtetez, de la franchise, & des offres de ce

HISTOIRE DE FRANCE.

Prince; voyant de plus qu'il estoit en état d'inquiéter ou de soulager beaucoup son Armée, & que d'ailleurs personne ne paroissoit se déclarer pour Boric, il dit aux Ambassadeurs, qu'il verroit volontiers le Roy de Hongrie, & que pour luy oster toutes ses défiances, il passeroit luy-mesme la rivière. Il le fit en effet bien accompagné. Ils s'embrassèrent l'un l'autre avec beaucoup de cordialité, se promirent mutuellement une amitié constante, & firent un Traité, par lequel le Roy promettoit de ne point prendre le parti de Boric, & le Roy de Hongrie s'engageoit non seulement à pourvoir abondamment aux nécessitez de l'Armée, tant qu'elle seroit sur ses Terres; mais encore à en user de mesme à l'égard de toutes les Troupes & de tous les Pélerins, qui viendroient après elle, pour passer dans la Terre-Sainte. Ensuite de ce Traité, les deux Rois se séparèrent, & le Roy de Hongrie en prenant congé de Loüis, luy fit de nouveaux présens de chevaux, & de diverses raretez du païs.

La nuit d'après, Boric se coula dans le Camp des François, pour tascher de parler au Roy, qu'il n'avoit point encore vû, & pour gagner quelques Seigneurs qui pussent agir en sa faveur. Il n'y fut pas plustost, que le Roy de Hongrie en fut averti par ses espions. Il envoya sur le champ au Roy pour s'en plaindre, & pour le prier de permettre à ses gens de s'en saisir. Le Roy leur répondit, qu'il n'avoit nulle connoissance de cela, & qu'ils fissent ce qu'ils jugeroient à propos. Ils le cherchèrent; mais ayant esté averti, il leur échapa, lorsqu'ils estoient prests d'entrer dans sa tente, & ils s'en retournèrent ayant manqué leur coup.

Comme il n'avoit pas eu le temps de prendre son cheval, il rencontra au sortir du Camp un Gendarme François, à qui il voulut oster le sien. Le Gendarme se défendit. On accourut au bruit. On se saisit de luy comme d'un voleur sans le connoistre, & après l'avoir fort maltraité, & presque tout dépoüillé, on l'amena au Roy. Il se jetta à ses pieds, & quoy qu'il ne sçût pas parler François, il se fit cependant connoistre.

Le Roy aussi-tost le releva, le caressa, luy fit apporter des habits; mais il ordonna en mesme temps qu'on le gardast bien. Si-tost que le Roy de Hongrie sçut que Boric estoit arresté, il l'envoya demander au Roy, disant qu'il luy estoit de la dernière conséquence, d'avoir en son pouvoir un homme qui faisoit tous ses efforts pour révolter son Royaume contre luy, & qu'en vertu du Traité qu'ils venoient de faire, il s'attendoit qu'on ne le luy refuseroit pas.

Le Roy répondit qu'il prendroit sur cela l'avis de son Conseil, dont la pluspart jugèrent qu'il n'estoit pas de sa dignité de livrer un homme, qui avoit eu confiance en sa miséricorde Royale, & qu'on ne prenant point les armes pour luy, on ne faisoit rien contre le Traité. Quoique cette réponse ne fust pas agréable au Roy de Hongrie, il fallut qu'il s'en contentast, & Boric suivit l'Armée, jusqu'à ce qu'il pust la quitter, sans danger d'estre pris par son ennemi.

La marche de l'Armée fut tranquille, jusqu'à tant qu'on fust arrivé sur les Terres de l'Empereur de Constantinople. Mais on n'y fut pas plustost, qu'on s'apperçut des mauvais desseins de ce Prince, dont Conrad avoit déja averti le Roy. Ce n'estoient qu'embuscades de tous côtez, que plaintes des Officiers de l'Empereur sur les moindres desordres que faisoient les Soldats François, tandis qu'on les rançonnoit par-tout pour les vivres, & qu'on leur faisoit des avanies à toute occasion. On traitoit mal, & sans aucun ménagement quelque peu de Troupes Françoises, qui avoient suivi l'Armée Allemande; mais qui estoient restées en-deça du Détroit, pour attendre l'arrivée du Roy. Elles furent attaquées diverses fois dans leurs quartiers, malgré les remontrances des Ambassadeurs du Roy, qui prirent eux-mesmes une fois les armes, pour défendre leurs compatriotes: & tout cela se faisoit dans le temps que l'Empereur écrivoit au Roy, & l'Impératrice à la Reine mille honnestetez, mille protestations d'amitié, & qu'ils leur marquoient par leurs Envoyez, l'impatience qu'ils avoient de les embrasser.

Le Roy dissimuloit; mais les Seigneurs de l'Armée avoient beaucoup de peine à se contenir; & il y en eut quelques-uns d'entre eux, qui luy conseillèrent, pour se venger, & pour la seûreté de son Armée, de faire la guerre aux Grecs, de s'emparer des Villes de la Thrace, & d'envoyer incessamment à Roger Comte de Sicile, qui, comme j'ay dit, estoit actuellement en guerre avec l'Empereur Grec, pour le prier de venir avec sa Flote bloquer Constantinople par mer, tandis que l'Armée Françoise l'attaqueroit par terre. Ce Comte l'auroit fait volontiers; mais le Roy se fit un scrupule d'employer contre des Chrétiens, une Armée destinée contre les Infidéles. Ainsi il poursuivit son chemin, & arriva à la vûë de Constantinople au commencement d'Octobre.

Manuel le reçut avec tout l'honneur possible, & tout autrement qu'il n'avoit reçû Conrad. Il envoya au-devant de luy toute sa Cour, & le Patriarche à la teste du Clergé suivi d'une foule innombrable de Peuple. Le Roy fut invité par l'Empereur à une entrevûë. Il y consentit, & pour marquer la confiance qu'il avoit en luy, il entra dans la Ville, suivi seulement de quelques Seigneurs de son Armée. Il trouva l'Empereur à l'entrée de son Palais, revestu de ses habits Impériaux, qui d'abord qu'il le vit, courut à luy, se jetta à son cou, l'embrassa tendrement, & affecta de luy donner toutes les marques de l'amitié la plus sincère; à quoy le Roy répondit par des manières également honnestes & affectueuses.

Ces deux Princes estoient tous deux à peu près de mesme âge, d'environ vingt-cinq ans; tous deux bien-faits, honnestes, affables, vétus magnifiquement, l'un en guerrier, l'autre en Empereur. Après les premières civilitez, ils s'assirent chacun sur un siége. Celuy de

l'Empereur

LOUIS VII.

Cinnamus pag. 88.
Odo l. 3.

l'Empereur, si nous en croyons un Auteur Grec, estoit plus haut que celuy du Roy. Odon de Deüil Moine de S. Denis, qui servit au Roy de Secretaire & d'Aumônier durant le voyage, s'exprime sur ce sujet d'une manière à faire entendre le contraire. * Et certainement l'on voit par un autre endroit de l'Histoire, que le Roy sçavoit tenir son rang, & qu'il prétendoit que l'Empereur le traitast d'égal; car ayant passé le Détroit, comme Manuel l'envoya prier de repasser à Constantinople, pour traiter avec luy de quelques affaires, il luy répondit, que s'il avoit à luy parler, il prist la peine de passer luy-mesme, ou bien de faire la moitié du chemin, pour tenir leur conférence sur la mer *ex æquo*, c'est-à-dire, sans qu'il parust d'inégalité entre eux.

* *positis dubius sedilibus pariter subsederunt.*

Odo l. 4.

Quoiqu'il en soit, ce premier pour-parler de Constantinople, qui se fit par Interpretes, se passa avec toutes les apparences de cordialité; mais avec une parfaite dissimulation de part & d'autre. Ensuite toute la Cour reconduisit le Roy hors de la Ville, dans un Palais qu'on luy avoit préparé pour sa demeure.

Ibid.
Lib. 4.

Le lendemain, ou peu de jours après, l'Empereur mena le Roy dans le magnifique Temple de sainte Sophie, dont il luy fit remarquer toutes les beautez & les ornemens infiniment précieux, & au retour luy donna dans son Palais un splendide repas, accompagné d'une excellente Musique, & où il n'omit rien de tout ce qui pouvoit donner aux François idée de sa magnificence. Plusieurs trouvoient à redire que le Roy se fiast si fort à un Prince, dont on connoissoit le peu de sincérité par beaucoup d'expériences, vû principalement qu'il n'estoit permis qu'à un fort petit nombre de François d'entrer dans la Ville avec luy: mais soit que ce Prince en usast ainsi, pour gagner l'Empereur par ces marques de confiance, soit qu'il jugeast des autres par luy-mesme, & qu'en effet il se laissast prendre aux caresses extraordinaires qu'on luy faisoit, il n'écoutoit point sur cela la crainte de ceux qui vouloient luy en donner. Il ne luy en arriva aucun mal, & les Grecs attendirent à luy faire sentir après son départ, les plus malins traits de leur perfidie.

Ibid.

Quand l'Armée se fut reposée quelques jours aux environs de Constantinople, où elle ne laissa pas de temps en temps de causer quelques desordres, malgré les précautions que le Roy prenoit pour les empescher, & la sévérité dont il usoit envers les coupables, l'Empereur le fit sonder, pour sçavoir s'il n'avoit pas dessein de passer bien-tost le détroit. Le Roy fit connoistre que sa résolution n'estoit pas de décamper avant la jonction de quelques Troupes, qui s'estoient détachées de son Armée à Metz pour la commodité des vivres, & s'étoient allé embarquer dans la Poüille, & devoient luy venir par Durazzo.

Ibid.

Cette déclaration chagrina l'Empereur, qui n'osa néanmoins le faire paroistre; mais il donna ordre sous-main aux Commissaires des vivres, de faire ensorte qu'ils manquassent quelquefois au Camp, ou qu'on les vendist plus cher, afin d'y exciter du murmure contre le retardement du Roy; car il connoissoit parfaitement le génie impatient des François. Il usa sur tout d'un artifice qui luy réüssit. Il fit répandre la nouvelle d'une bataille donnée entre les Turcs & les Allemands, où ceux-ci presque sans aucune perte, avoient remporté une grande victoire, & qu'il y avoit eu quatorze mille Turcs sur la place. Peu de jours après on en publia une autre; sçavoir, que la forte Ville de Cogne ou Coni Capitale de la Lycaonie, & la demeure du Soudan, avoit esté prise sans résistance, & que Conrad avoit écrit à l'Empereur de Constantinople, pour le presser de le venir joindre, & prendre possession des Places que les Turcs avoient enlevées aux Grecs, & que la terreur leur faisoit abandonner à la seule approche des Armées Chrétiennes.

Ibid.

Ces nouvelles estoient si bien circonstanciées, & débitées avec des détails si vrai-semblables, qu'on les tenoit dans le Camp pour seûres. Elles eurent l'effet que Manuel prétendoit. Les Généraux François brûloient d'envie de se signaler, & envioient aux Allemands la gloire qu'ils leur enlevoient. Le simple Soldat entendant parler à tous momens du riche butin des Villes pillées, croyoit ne plus rien trouver en Asie, si on ne se pressoit de passer: & la plûpart paroissoient plus chagrins du retardement du Roy, que les Grecs mesmes; de sorte que ce Prince sollicité sans cesse de partir, par les plus considérables de l'Armée, commença à balancer, & assembla un grand Conseil de guerre pour prendre une derniere résolution.

La plûpart conclurent au départ; mais Godefroy Evêque de Langres ouvrit un avis auquel on ne s'attendoit pas. C'estoit un homme d'une grande pénétration, auquel tous les artifices des Grecs n'avoient jamais imposé, & qui ayant toûjours étudié avec application toute la conduite de Manuel, en avoit démeslé tout le fin, & s'estoit fortement persuadé, que tous les témoignages d'amitié qu'il affectoit de donner au Roy, n'estoient que pour mieux cacher les trahisons qu'il méditoit.

Ibid.

Il dit donc que son sentiment n'estoit pas qu'on pensast encore si-tost à passer la mer; mais qu'il n'estoit pas non plus d'avis qu'on demeurast plus long-temps à ne rien faire; qu'il falloit commencer par se rendre maistre de Constantinople; qu'après cela tout réüssiroit, & que sans cela on se mettoit en danger de périr, en se rendant dépendant des Grecs pour les vivres & pour les guides dans un païs qu'on ne connoissoit point. Que ce qu'il proposoit, n'estoit point une chimère, ni mesme une chose fort difficile; qu'il avoit reconnu les murailles de la Ville, qui en beaucoup d'endroits ne valoient rien; qu'on ne saisiroit sans combat des Aqueducs qui y fournissoient l'eau-douce, & que par ce seul moyen, on l'obligeroit à se rendre à discrétion; que la plûpart des Troupes de Manuel n'estoient en rien comparables à celles des Croisez; mais on me dira, ajoûta-t-il, qu'il faudroit avoir au moins des raisons ap-

Ibid.

» parentes de prendre les armes contre l'Empe-
» reur. Il n'y en a que trop, qui ne font pas des
» prétextes, mais des sujets très-légitimes de luy
» déclarer la guerre. Depuis les temps de la pre-
» miere Croisade, le pere & l'ayeul de Manuel
» ont esté les plus grands ennemis des Princes
» que nous allons secourir. Il n'y a que peu d'an-
» nées qu'ils se sont emparez de Tarses, de Ma-
» mistra, & de plusieurs autres Forteresses appar-
» tenantes à ces Princes. N'ont-ils pas encore af-
» siegé Antioche ? ne se sont-ils pas liguez avec
» les Turcs contre les Chrétiens, pour les exter-
» miner ? & combien nous-mesmes avons-nous
» souffert d'insultes & d'embusches, depuis que
» nous sommes entrez dans la Thrace ? l'homma-
» ge que l'Empereur a exigé par force de quel-
» ques-uns des Seigneurs qui m'écoutent, ne
» nous fait-il pas un affront, qu'il faudroit laver
» avec tout le sang François ? Que si enfin l'on
» objecte que nous avons pris les armes contre
» les Infideles, & non pas pour les tourner con-
» tre des Chrétiens, je soûtiens que ces Grecs en
» qualité de Schismatiques & d'Hérétiques, doi-
» vent estre regardez de nous comme des Infi-
» deles, & que nous servirons aussi utilement
» Dieu & l'Eglise en les subjuguant, que nous
» ferons en chassant les Infideles, après avoir pris
» cette précaution, sans laquelle nous ne réüssi-
» rons jamais contre les Infideles mesmes.

Ainsi parla l'Evêque de Langres, dont plusieurs suivirent le sentiment ; mais la pluspart
ne purent se défaire du scrupule d'attaquer
des Chrétiens, après leur vœu de faire la guerre aux Turcs, & ajoûterent que le Roy, à qui
la pensée estoit venuë avant son départ de se
saisir de Constantinople, ayant consulté le Pape
sur ce sujet, le Pape n'avoit osé décider que la
chose fust permise.

Il fut donc résolu que l'on passeroit la mer
au pluftost ; dequoy l'Empereur Grec ayant esté
averti, on eut en moins de rien assemblé une
infinité de Vaisseaux de transport, sur lesquels
l'Armée passa.

On ne fut pas plustost en Asie au-delà du
Détroit, que l'Empereur leva le masque, &
fit trop tard loüer par tout le monde, le sage
conseil de l'Evêque de Langres ; car à l'occasion de quelques violences que firent des Soldats François, on arresta les vivres destinez pour
le Camp ; il fallut que l'Armée consumast la
meilleure partie des Magasins qu'on avoit faits
du costé de l'Asie, & ce ne fut qu'après bien
des négociations, des satisfactions, des prières, qu'on obtint de nouvelles provisions.
Mais ce ne fut pas encore là tout.

L'Empereur se voyant maistre de l'Armée
par cet endroit, demanda qu'avant qu'on allast plus avant, tous les Seigneurs luy fissent
hommage. Cette proposition fit beaucoup de
peine au Roy aussi-bien qu'à la pluspart des
Seigneurs mesmes, & on la mit en délibération dans le Conseil.

L'Evêque de Langres dit, qu'on ne pouvoit
rien demander qui fust plus honteux pour le
Roy & pour la Nation ; que sans rien répondre
à l'Empereur, il falloit aller incessamment attaquer les Places d'Asie qui luy appartenoient,
& que c'estoit là l'unique moyen, de le faire
relascher sur un article si important. Le grand
nombre fut de l'avis contraire, sur ce qu'en
France mesme on faisoit hommage à d'autres
Seigneurs qu'au Roy pour les Fiefs qu'on tenoit d'eux, avec la seule restriction d'estre fidéles au Roy envers tous & contre tous ;
qu'il n'estoit pas plus honteux de faire un semblable hommage à l'Empereur, que de le faire
à des Seigneurs particuliers, & qu'estant impossible de se passer de luy dans la guerre où
l'on s'engageoit contre les Turcs, il ne falloit
point faire de difficulté de luy accorder ce
qu'il souhaitoit sur ce point là, comme ceux
de la premiere Croisade avoient fait en pareil
cas, pour satisfaire l'Empereur Alexis Comnene, qui avoit exigé d'eux la mesme chose. Ce
sentiment prévalut, & on fit l'hommage. On
promit de ne se saisir d'aucune Place qui fust
du Domaine de l'Empereur, à condition que
ce Prince de son costé, non seulement fourniroit des vivres à l'Armée ; mais encore qu'il
la feroit accompagner par deux ou trois personnes des plus qualifiées de sa Cour, & que
s'il n'observoit pas exactement ces deux articles, le Roy ne seroit obligé à rien de ce qu'il
promettoit. Toutefois Robert Comte de
Dreux & du Perche frere du Roy, ne put s'y
résoudre, &, sans rien dire, se détacha de l'Armée avec ses seules Troupes, & s'avança du
costé de Nicomédie.

Pendant ces contestations, les Troupes que
le Roy attendoit d'Italie par la mer, arrivèrent à Constantinople sous la conduite du Marquis de Monferrat & du Comte de Morienne :
le Comte d'Auvergne, & quelques autres Seigneurs, qui avoient pris la mesme route, é-
toient dans ce Corps. On leur refusa le passage du Détroit, & ils ne l'obtinrent qu'après
que l'affaire de l'hommage fut terminée. Aussi-tost après ils allèrent joindre le Roy, qui
commença bien-tost à craindre plus que jamais
les pernicieux desseins de l'Empereur de Constantinople, sur les nouvelles funestes qu'il apprit de l'Armée Allemande, bien différentes
de celles que les Grecs en avoient fait malicieusement courir. En voici la malheureuse
destinée.

L'Empereur Conrad, après avoir passé le
Détroit, avoit, comme j'ay dit, pris sa route
par la Bithynie vers la Lycaonie, où le Soudan
de Coni, bien averti par Manuel, l'attendoit
avec une Armée innombrable de Mahométans
qui luy estoient venus des deux Arménies, de
la Cappadoce, de la Médie, de la Cilicie, &
du païs des Parthes. Le dessein du Soudan é-
toit d'attaquer les Allemands dans les passages
des montagnes, & de les empescher d'arriver
jusqu'en Lycaonie, païs ouvert & fertile, d'où
il auroit esté difficile de les chasser, s'ils y fussent
une fois entrez. Il en estoit ainsi convenu avec les
Grecs, qui ne manquèrent à rien de leur part,
pour fatiguer & affoiblir l'Armée des Allemands,
tandis qu'elle marcha sur leurs Terres. Il y a-
voit des embuscades dans tous les bois, & à

tous les Détroits des montagnes, où l'on assommoit les Soldats qui s'écartoient du gros de l'Armée. Les portes des Villes leur estoient fermées. On ne leur donnoit des vivres qu'à force d'argent. On les obligeoit à mettre le prix de ce qu'on leur vendoit au bout d'une corde, & ensuite on leur descendoit du pain de dessus la muraille; quelquefois on prenoit leur argent, & on se moquoit d'eux sans leur rien donner. On mesloit souvent de la chaux parmi la farine qu'on leur vendoit; ce qui fit mourir une infinité de Soldats. On fit par l'ordre de l'Empereur de la fausse monnoye, qu'on leur donnoit lorsqu'ils changeoient de l'or, ou qu'ils vendoient quelque Marchandise, ou quelque piéce de leur équipage, & cette monnoye leur devenoit ensuite inutile. En un mot, il n'y eut artifice dont on ne s'avisast pour les faire périr. Mais la plus noire de toutes les perfidies fut commise par les guides qu'on leur donna, soit que ces guides agissent par les ordres de l'Empereur, soit qu'ils eussent esté corrompus par l'argent des Turcs.

Quand l'Armée fut arrivée à Nicomédie, Conrad délibera sur le chemin qu'il devoit prendre pour aller à Antioche. Il y en avoit trois qui y conduisoient. Le premier & le plus court; qui se pouvoit faire en trois semaines, estoit à gauche. On pouvoit arriver par là en douze jours de marche en Lycaonie, & de-là cinq jours après sur les Terres des Chrétiens: mais il y avoit beaucoup de montagnes, de vallées & de défilez dangereux à passer. Le second à droite le long de la mer, estoit plus seûr & moins exposé aux embuscades des Turcs, mais plus long du double, & d'ailleurs assez incommode dans la saison avancée, à cause des torrens & des débordemens de plusieurs riviéres: celuy du milieu n'estoit ni si court que le premier; ni si long que le second, ni si incommode pour les passages des riviéres; mais il estoit moins fertile, & il falloit, pour n'y pas souffrir, porter beaucoup de provisions.

On fut partagé sur le choix, & les avis ne s'accordant point, une partie de l'Armée, mais la moindre de beaucoup, prit à droite le long de la mer; & la plus grande partie avec l'Empereur prit à gauche par le chemin le plus court, pour gagner la Lycaonie, & y combattre au plustost les Turcs. On consulta les guides sur la quantité des vivres qu'on devoit prendre pour la principale Armée, & l'on crut que le païs en fourniroit peu. Ils dirent qu'il suffisoit d'en prendre pour huit jours, & l'on n'en prit pas davantage.

C'estoit une nécessité à l'Empereur de se fier à ses guides, en un païs qu'il ne connoissoit point; mais c'estoit une grande imprudence à luy d'en avoir demandé à Constantinople, au lieu d'en faire venir d'Antioche, ou des autres Etats des Princes Chrétiens. Il se mit donc en marche sur leur bonne foy. Après le temps marqué, les vivres venant à manquer, il fut bien surpris de se trouver encore fort éloigné de la Lycaonie, & que les guides s'excusant sur la lenteur des Troupes, demandoient encore trois jours pour arriver. Mais ce fut une étrange consternation, quand l'Empereur apprit qu'ils s'estoient sauvez la nuit suivante, l'abandonnant au milieu des montagnes, où il ne voyoit de seûreté ni à avancer, ni à reculer.

Ces scélérats donnérent avis de tout aux Turcs, & par des chemins écartez se rendirent à l'Armée de France, qui n'avoit pas encore marché. Ils dirent au Roy qu'ils avoient heureusement conduit l'Armée de Conrad jusqu'à Coni, & qu'il l'avoit prise de force, espérant apparemment engager par là les François dans les mesmes piéges; mais ils n'y donnérent pas.

L'Armée de l'Empereur manquoit de tout, soit pour les hommes, soit pour les chevaux, sans sçavoir de quel costé tourner. Dans cette incertitude, le malheur voulut qu'ils prissent à droite, & ils commencérent dès-lors à s'engager dans les deserts du costé de la Cappadoce, au lieu que s'ils avoient pris la gauche, ils eussent pû arriver en assez peu de jours en Lycaonie.

Ils avoient peu avancé, lorsqu'ils eurent avis que l'Armée des Turcs estoit proche, & qu'elle ne tarderoit pas à tomber sur eux.

En effet Parame, un des Généraux du Soudan de Coni, ayant esté instruit de l'Etat de l'Armée Chrétienne, s'estoit approché avec un très-grand Corps de Turcs, & vint tout à coup investir le Camp de l'Empereur. Ils firent de tous costez sur l'Armée, en jettant des cris effroyables, plusieurs décharges de fléches, qui tuérent ou blessérent une infinité de Soldats & de chevaux.

En mesme temps l'Empereur faisant tout ce qu'il pouvoit, pour rasseûrer ses gens, les rangea en bataille, pour aller à l'ennemi; mais les Turcs, selon leur maniére ordinaire de combattre en ce temps-là, se débandoient après leurs décharges, & revenoient peu de temps après en faire de nouvelles. Ils avoient des chevaux fort vîtes, & estoient tous armez à la légére, au lieu que les Allemands estoient les uns démontez, les autres avoient leurs chevaux la pluspart déferrez, & si harassez, qu'à peine pouvoient-ils se soûtenir; l'Infanterie étoit chargée d'armes pesantes, & d'ailleurs épuisée de faim & de fatigue. Ainsi quelque effort qu'ils fissent, il leur fut impossible d'en venir jamais aux mains, ni d'empescher les fréquentes caracolles des Turcs, & leurs décharges qu'ils revenoient faire à tous momens, & toûjours avec un grand carnage. L'Empereur rebroussa chemin, les Turcs le poursuivirent sans luy donner aucun relâche; de sorte qu'à peine la dixiéme partie de cette grande Armée se trouvoit en état, je ne dis pas de combattre, mais de s'enfuir.

L'Empereur qui avoit luy-mesme esté blessé de deux coups de fléches, s'échapa avec ces misérables restes, abandonnant tous ses bagages, & tous ses blessez, à la discrétion des Turcs, qui en passérent la pluspart au fil de l'épée, & menérent les autres en esclavage. Il gagna avec mille peines & mille dangers les environs de Nicée, jufqu'où l'Armée de France avoit marché. Cette défaite arriva au mois de Novembre de l'année 1147.

An. 1147.

Tel fut le malheureux fort d'une des plus floriffantes Armées qu'on euft guéres vûës, & qui auroit efté feule capable de conquérir tout l'Orient ; mais il euft fallu dans le Chef avec le courage, une prudence au moins égale à la perfidie des Grecs.

Guilielm. Tyr. c. 23.

Fridéric neveu de l'Empereur, & qui luy fuccéda depuis à l'Empire, fut celuy qui vint de fa part annoncer fon arrivée au Roy, & luy apprendre des nouvelles trop feûres de fon défaftre, dont le bruit s'eftoit déja répandu. Il avoit ordre de fon oncle de prier le Roy d'avoir compaffion de fon malheur, & de vouloir bien qu'ils conféraffent enfemble fur le déplorable état de fes affaires.

Le Roy naturellement plein de bonté & de générofité, répondit que l'Empereur pouvoit compter fur luy comme fur un ami fincére, & qu'il vouloit le prévenir. En effet, il fit monter à cheval quelques-uns des plus confidérables Seigneurs de fon Armée, & fuivit avec eux Fridéric au Camp de l'Empereur.

Odo l. 5.

On ne vit jamais rien de plus touchant que cette entrevûë. Les larmes accompagnérent les embraffemens, le Roy offrant à l'Empereur avec empreffement, tout ce qui pourroit le confoler dans fa difgrace, & l'Empereur témoignant au Roy fa joye de trouver une reffource dans un Prince fi généreux.

La premiere grace que l'Empereur luy demanda, fut qu'il envoyaft des Troupes au devant de plufieurs de fes Soldats, qui n'avoient pû fuivre que de loin le refte de l'Armée, & que les Grecs, qui ne ménageoient plus rien avec luy, affommoient à mefure qu'ils les rencontroient. Le Roy commanda fur le champ à Yves de Nelles fon Conneftable, & au Comte de Soiffons, de marcher de ce cofté-là avec quelques efcadrons, qui mirent les Grecs en fuite, & aménérent au Camp ces pauvres malheureux, la plufpart ou bleffez, ou malades.

Guilielm. Tyr. c. 23.

Enfuite les deux Princes convinrent de continuer leur voyage enfemble ; néanmoins plufieurs des deux Armées, ayant perdu leurs équipages, & manquant d'argent, demandérent permiffion de fe retirer, & s'en retournérent en leur païs pour Conftantinople, où l'on écouta avec un plaifir malin, les récits qu'ils faifoient de leurs triftes avantures.

Le Roy, qui d'abord avoit réfolu de prendre la route, où l'Empereur s'eftoit fi malheureufement engagé, prit par fon avis du cofté de la mer. Ils gagnérent Philadelphie, & de-là laiffant cette Ville à gauche, ils arrivérent fans aucune mauvaife rencontre à Smyrne, & puis à Ephefe. L'Empereur fe voyant là prefque fans Troupes, tomba dans un profond chagrin, & crut qu'il n'eftoit pas convenable à fa dignité d'eftre comme à la fuite & à la folde du Roy de France, ainfi il fe réfolut à quitter la partie. Il s'embarqua au Port d'Ephefe,

& repaffa à Conftantinople, où Manuel qui ne le craignoit plus, le reçut beaucoup mieux que la premiere fois qu'il le vit. Il le retint jufqu'au commencement du printemps, pour le faire paffer de-là à Jérufalem, où il vouloit aller pour accomplir fon vœu.

Dans le temps que le Roy eftoit à Ephefe, il y arriva des Envoyez de l'Empereur de Conftantinople, qui d'abord luy préfentérent des Lettres de leur Maiftre, par lefquelles il l'avertiffoit, que pour peu qu'il avançaft, il alloit eftre accablé d'une Armée innombrable de Turcs, qui eftoient en campagne, pour luy couper le chemin, & luy confeilloit de fe retirer avec fes Troupes dans les Villes du domaine de l'Empire.

Odo l. 6.

Le Roy qui ne regardoit plus Manuel que comme un ennemi déclaré, & qui voyoit bien que ce confeil avoit but de luy faire divifer fes Troupes, pour l'expofer en mefme temps aux infultes des Turcs & des Grecs, répondit aux Envoyez, qu'il craignoit auffi peu les Turcs, qu'il faifoit peu de cas de l'amitié & des avis de l'Empereur, & qu'il eftoit réfolu de pourfuivre fon entreprife.

Les Envoyez affectérent d'abord de paroître furpris de ce difcours ; mais ils préfentérent un moment après une autre Lettre, qui fit bien connoiftre que le Roy avoit d'eux & de leur Maiftre, l'idée qu'il en devoit avoir. Cette Lettre eftoit pleine des reproches, que Manuel luy faifoit des violences exercées, difoit-il, fur les Terres de l'Empire: il ajoûtoit, qu'il n'eftoit plus en fon pouvoir de contenir fes Sujets, & de les empefcher de s'en venger par tous les moyens qu'ils pourroient. Le Roy ayant lû la Lettre, regarda avec mépris & indignation les Envoyez, & les renvoya fans réponfe.

Ibid.

Il fortit d'Ephefe, & alla camper dans une vallée voifine, où il paffa la Fefte de Noël. Après la Fefte, pour éviter le paffage des riviéres & des torrens à leur embouchûre, il rentra dans les Terres, ayant pris des vivres pour plufieurs jours: il s'avança vers Laodicée, Ville de Lydie, & campa fur les bords du Meandre.

An. 1148.

Ce Fleuve un des plus grands de ce païs-là, coule entre deux longues files de montagnes, mais dans une vallée affez large, fur tout du cofté oppofé à celuy où fe trouvoit l'Armée Françoife. Il eft très-profond, il a les rives fort hautes, & il eftoit alors extrêmement enflé par les pluyes, les neiges, & les torrens, qui s'y déchargeoient à la defcente des montagnes. C'eftoit là que les Turcs attendoient l'Armée Françoife, pour la faire périr comme celle d'Allemagne.

Ils s'eftoient partagez en deux grands Corps, dont l'un eftoit de l'autre cofté de la riviére, pour empefcher le paffage ; & l'autre fur les montagnes d'en-deçà, pour harceler l'Armée dans fa marche, & la prendre à dos, fi elle entreprenoit de forcer le paffage de la riviére.

Le Roy connoiffant parfaitement le danger où il eftoit, fit mettre les bagages & les malades au milieu de l'Armée, & marchoit fort serré, résolu de tenter le passage de la riviére à quelque prix que ce fust : car sans cela, il falloit périr, les Turcs luy coupant les vivres de tous costez. La difficulté estoit non seulement de forcer l'Armée qu'il auroit en teste de l'autre costé; mais encore de trouver un gué dans une riviére si profonde ; car pour faire des ponts, la chose estoit impossible en presence de deux Armées ennemies, qui estoient toûjours alerte. A peine mesme pouvoit-on sonder la riviére; car dés que les Turcs voyoient quelqu'un y entrer, ils l'accabloient d'une gresle de flêches, ausquelles il estoit difficile d'échaper.

On marcha en remontant la riviére pendant un jour, mais toûjours fort lentement; parce qu'il falloit à tous momens repousser les Turcs, qui descendoient de la montagne, & voltigeoient incessamment autour de l'Armée.

Enfin à force de chercher, malgré la vigilance & les flêches des ennemis, on trouva heureusement le second jour un gué assez facile, mais qui aboutissoit à un endroit du rivage de très-difficile abord.

Les Turcs, qui virent bien par les mouvemens des François, que leur dessein estoit de passer par cet endroit, se mirent en état de disputer le passage, la perte ou le salut de l'Armée Françoise dépendant du succés de cet effort qu'elle alloit faire.

L'Armée Turque, qui estoit au-delà du Meandre, s'approcha du gué, & l'autre descendit des montagnes dans la vallée, pour donner sur l'arriere-garde de l'Armée, au moment que l'avant-garde tenteroit le passage.

Le Roy gardant le mesme ordre de bataille qu'on avoit observé dans la marche, mit à la teste de son avant-garde Henri fils du Comte de Champagne, Thierri d'Alsace Comte de Flandre, & Guillaume Comte de Mâcon, & luy-mesme se chargea de la conduite de l'arriere-garde.

Dés que les premiers escadrons François s'ébranlérent, pour s'approcher du Fleuve, les Turcs accoururent de l'autre costé avec leurs cris ordinaires, & firent de continuelles décharges de flêches, que les François couverts de leurs boucliers, soûtinrent avec beaucoup de fermeté, s'avançant le sabre à la main, les uns par le gué, & les autres à la nage. Les trois Généraux abordérent les premiers, & ayant promptement formé quelques escadrons, épouventérent tellement les Turcs par leur intrépidité, & par la furie avec laquelle ils enfoncérent les premiers rangs, qu'ils les firent plier & fuïr en desordre vers leur Camp. Les Troupes Françoises qui eurent le passage libre, dés ce premier assaut, s'estant bien-tost grossies au-delà de la riviére, poursuivirent vivement les ennemis, jusques dans leur Camp, l'attaquérent, le forcérent, y firent un grand carnage, beaucoup de prisonniers, un très-riche butin, & y trouvérent quantité de vivres.

Cette victoire fut si prompte, qu'on ne manqua pas d'en faire un miracle, & le bruit courut dans le Camp qu'il avoit paru à la teste des François un Cavalier habillé de blanc, qui avoit donné les premiers coups, & ensuite avoit disparu. Celuy qui a fait la Relation de ce combat, & qui y estoit présent, rapporte cette circonstance, ajoûtant qu'il n'avoit point vû le Cavalier, & que ne voulant ni tromper, ni estre trompé, il laissoit à son Lecteur la liberté d'en croire ce qu'il voudroit; il fait seulement une réflexion, qu'il estoit impossible que la chose se fust passée si heureusement, sans une manifeste protection de Dieu, vû le nombre des ennemis, & l'avantage du terrain qu'ils avoient sur les François, d'autant plus que malgré la terrible décharge que firent les Turcs, il ne périt dans ce passage qu'un seul homme, sçavoir Milon de Nogent, qui s'y noya.

Au moment que l'avant-garde de l'Armée entra dans la riviére, les Turcs d'en-deçà ne manquérent pas d'attaquer l'arriere-garde, où le Roy estoit. Il essuya pareillement leur premiere décharge, à laquelle on s'estoit bien attendu, & marcha aussi-tost à eux l'épée à la main. Ils ne tintent guéres plus que les autres. Ceux qu'on put joindre furent pris ou taillez en piéces, le reste se sauva dans les détroits des montagnes, où le Roy ne jugea pas à propos de les poursuivre, ayant par cette déroute ce qu'il prétendoit, qui estoit d'avoir le passage libre de la riviére, qu'il traversa sur le champ sans aucun embarras. Dans ce combat fut pris un des Emires ou Commandans Turcs, à qui le Roy fit couper la teste.

Aprés avoir campé la nuit sur le bord du Meandre, on le quitta dés le lendemain, & on arriva à Laodicée. On y prit pour quelques jours des vivres, qu'on eut beaucoup de peine à obtenir. On continua de marcher vers la Pamphilie, pour gagner la Cilicie, & de-là Antioche de Syrie & les environs, où les Princes Chrétiens de la premiere Croisade avoient établi leur Domination; car c'estoit là le premier terme du voyage, où l'on devoit déliberer avec le Prince d'Antioche, & les autres sur les moyens d'affermir & d'étendre les conquestes des Chrétiens d'Asie, afin d'aller en dernier lieu accomplir son vœu à Jérusalem.

On estoit alors au mois de Janvier. Il restoit encore de grandes difficultez pour achever ce voyage, qu'il falloit faire au travers du païs ennemi, où tout estoit en armes, & où l'on ne pouvoit avoir de vivres que par la force & à la pointe de l'épée. Parmi une infinité de combats qu'on seroit obligé de soûtenir, il n'en falloit qu'un malheureux, pour estre réduit aux dernieres extremitez. Ce malheur ne fut pas long-temps sans arriver, par la faute d'un des Généraux. Son imprudence donna lieu au Roy de faire des actions héroïques; mais elles ne purent sauver son Armée, dont la moitié périt en cette occasion.

C'estoit un ordre établi que deux des principaux Seigneurs de l'Armée, chacun à leur tour, commandoient, l'un l'avant-garde, où estoit l'étendart Royal, & l'autre l'arriere-garde. Le Roy vouloit ordinairement estre en

Richard qui estoit présent, ne s'en tint pas aux paroles, & se laissant emporter à son humeur impétueuse, il tira l'épée, & eut percé le Légat, si les Prélats & les Seigneurs ne se fussent mis entre-deux. Mais il fit sur le champ une autre chose, qui ne choqua pas moins le Roy son pere. C'est que s'estant jetté aux pieds du Roy de France, en présence de toute l'Assemblée, il luy fit hommage de tous les Domaines d'Angleterre d'en-deçà de la mer, disant qu'il les tenoit de luy & du Roy d'Angleterre, de luy, comme de son Seigneur, & du Roy d'Angleterre, comme de son pere.

Après un si grand éclat, on se sépara. Le Roy avec Richard alla sur le champ à Nogent le Rotrou se mettre à la teste de son Armée, & attaqua la Ferté-Bernard, qu'il força. Le Roy d'Angleterre appréhendant pour le Mans, se jetta luy-mesme dans la Place. Monfort, Malétable, Beaumont, & quelques autres Places se rendirent à la vûë de l'Armée. De-là le Roy fit semblant de prendre la route de Tours ; ce qui rasseûra le Roy d'Angleterre, dans l'espérance que cette Ville arresteroit long-temps les François, & rallentiroit leur fougue. Mais il fut bien surpris, lorsque ce Prince, par une contre-marche, parut dès le lendemain à la vûë du Mans, en disposition d'insulter la Place.

Estienne de Tours Sénéchal d'Anjou, fit aussi-tost par ordre du Roy d'Angleterre, mettre le feu au Fauxbourg, de peur que les François ne s'y logeassent; mais par malheur le vent ayant porté quelques charbons de l'incendie par dessus les murailles, le feu prit aussi à la Ville, & y causa une grande confusion. Les François se servant de l'occasion, attaquérent durant ce tumulte le Pont de la Sarte, que les Anglois avoient commencé à rompre. Il y eut là un sanglant combat, où Geoffroy de Buxillon, qui commandoit les Anglois, fut blessé à la cuisse & pris. Les François après beaucoup de résistance se rendirent maistres du Pont, mirent les Anglois en fuite, & entrérent avec eux pesle-mesle dans la Ville.

Le Roy d'Angleterre dans cette surprise, sortit promptement par l'autre costé de la Ville avec sept cens hommes seulement. Le Roy le poursuivit à la teste d'un détachement de son Armée pendant trois lieuës, & l'auroit infailliblement pris avec tous ses gens, sans le retardement que luy causa le passage d'un gué par où il avoit pris, pour couper les ennemis, & qui se trouva alors fort profond. Le Roy d'Angleterre marcha jusqu'à Alençon sans débrider, & se renferma dans le Chasteau. Le Roy revint sur ses pas, & prit en trois jours la Tour du Mans, où le reste des Soldats du Roy d'Angleterre s'estoient jettez pour la défendre.

Profitant du desordre où estoit le Roy d'Angleterre, il marcha vers Tours, & prit durant sa marche quantité de petites Places & de Forteresses, comme Amboise, Montoire, Chaumont, Roche-corbon, Chasteau du Loir, qui en un autre temps auroient arresté des Armées. Il parut à la vûë de Tours le lendemain de S. Pierre, & ayant trouvé un gué, il passa la Loire, qui estoit alors fort basse.

Le Comte de Flandre, l'Archevêque Cardinal de Reims, le Duc de Bourgogne, & quelques autres Seigneurs estoient venus rejoindre le Roy, soit qu'il les eust regagnez, soit qu'ils eussent esté indignez de la partialité du Légat, & du peu de droiture du Roy d'Angleterre. Néanmoins ils vouloient toûjours la Paix, & les trois que je viens de nommer, allérent avec le consentement de Philippe, trouver le Roy d'Angleterre, qui estoit alors à Saumur, pour l'obliger dans le mauvais état de ses affaires, à recevoir les conditions qu'ils tascheroient de luy ménager.

Quand ces Seigneurs partirent du Camp devant Tours, le Roy leur dit, qu'ils feroient telle diligence qu'ils jugeroient à propos ; mais qu'il n'attendroit pas leur retour pour donner l'assaut à la Ville. En effet, il le fit donner avec tant de vigueur, qu'il emporta la muraille par escalade du costé de la rivière, & se rendit maistre de la Place.

Cette prise acheva de consterner le Roy d'Angleterre, aussi-bien que les nouvelles qu'il recevoit de Bretagne, de Poitou, & d'Anjou, où tout se révoltoit contre luy. Il fallut céder à sa mauvaise fortune, & recevoir la Loy du vainqueur. Il vint donc par le conseil du Comte de Flandre, du Cardinal de Reims & du Duc de Bourgogne, trouver le Roy auprès de Tours, où il commença par luy faire un nouvel hommage de tous les Domaines qu'il possédoit en France. Ensuite il fut réglé, que la Princesse Alix seroit incessamment remise entre les mains d'une des cinq personnes que Richard nommeroit; qu'elle demeureroit à la garde de celuy à qui on la confieroit, jusqu'au retour de la Terre-Sainte, pour estre après le voyage épousée par Richard; que les Vassaux du Roy d'Angleterre, tant de deçà que de de-là la mer, feroient hommage & serment de fidélité à Richard; que nuls des Seigneurs ou Gentilshommes sujets de la Couronne d'Angleterre, qui s'estoient déclarez pour Richard durant cette guerre, ou qui avoient pris quelque engagement secret avec luy par écrit, ne quitteroient son parti; mais que seulement un mois avant le départ pour la Palestine, ils pourroient se rendre auprès du Roy d'Angleterre, afin de recevoir ses ordres pour la marche; que le terme du départ seroit la mi-Caresme de l'année suivante 1190. que les deux Rois & Richard se rendroient en ce temps-là avec toutes leurs Troupes à Vezelai; que le Roy d'Angleterre payeroit vingt mille marcs d'argent au Roy de France, & que tous les Barons d'Angleterre jureroient, qu'en cas que Henri manquast à quelqu'une des conventions, ils se joindroient tous au Roy de France, & au Prince Richard, pour les faire observer; que le Roy de France & Richard garderoient jusqu'à l'exécution entiere du Traité, les Villes du Mans, de Tours, de Chasteau-du-Loir, la Forteresse de Trou, ou que si le Roy d'Angleterre l'aimoit mieux, on leur mettroit entre les mains,

plus distingué dans l'arriere-garde avoit peri. On comptoit jusqu'à quarante Seigneurs de marque, qui y avoient perdu la vie, parmi lesquels l'Histoire nomme Guillaume Comte de Varenne, Everard de Breteüil son frere, parens du Roy, Gaucher de Montjay, Ithier de Magni, Manasses de Bullis, ausquels le Roy dans sa Lettre à l'Abbé Suger, ajoûte Renaud Comte de Tonnerre.

Odo. l. 8. Guillelm. Tyr. l. 16. cap. 25. Epist. 39. inter Epist. Suger.

L'Armée conçut tant d'indignation de cette perte contre Geoffroy de Rancon, qui en avoit esté cause, que les Soldats demandoient à haute voix qu'on en fist justice, & qu'on le fist pendre; mais le Comte de Morienne oncle du Roy, qui apparemment luy-mesme avoit eu part à la faute, demanda sa grace, & l'obtint.

Les suites de la défaite ne furent guéres moins fascheuses que la défaite mesme. La plus grande partie des bagages avoit esté perduë, aussi-bien que les provisions que l'on venoit de faire pour l'Armée à Laodicée, le pain manqua dès le mesme jour. Il y avoit encore douze jours de marche jusqu'à Attalie, Ville maritime, & Capitale de la Pamphilie, où l'on espéroit d'en trouver. La plufpart des guides que l'on avoit pris à Laodicée, avoient esté tuez, ou avoient pris la fuite durant le combat. On apprit en mesme temps que dans les païs voisins tant des Grecs que des Turcs, par lesquels on devoit passer, on avoit assemblé de tous costez un très-grand nombre de bestiaux, pour consumer tous les fourages, & qu'on devoit brusler tout ce qui resteroit, d'abord qu'on sçauroit l'approche de l'Armée. La plufpart de la Noblesse estoit démontée, & obligée de marcher à pied, & dans une grande disette de toutes choses. C'estoit pourtant une nécessité d'avancer, le retour estant encore plus difficile, & sujet à de plus grands embarras.

Odo. Guillelm. Tyrius. Ibid.

Dans ces extrémitez, le Roy qui avoit beaucoup d'argent, & dont le Trésor par bonheur avoit esté confié à l'avant-garde, fit de grandes largesses & aux Commandans & aux Soldats, les asseurant qu'ils ne manqueroient de rien, tandis qu'il auroit de quoy leur donner, & on espéra en payant avantageusement les vivres, l'avarice des Grecs & des autres gens du païs, l'emporteroit sur leur haine, & sur l'envie qu'ils avoient de faire périr l'Armée Chrétienne. Dans cette espérance, on se mit en marche; mais afin de la faire avec plus de seûreté, on prit les mesures que je vais dire.

Odo. l. 7.

Le Roy ayant assemblé le Conseil de guerre, fit comprendre aux Seigneurs, que vû le péril commun où ils estoient tous, il n'estoit plus question de la qualité, ni de se disputer le Commandement les uns aux autres; qu'il falloit d'un commun accord choisir celuy de toute l'Armée qu'on croiroit le plus expérimenté, le plus sage, & le plus capable de la conduire: luy déférer le Commandement général, se soûmettre sans réserve à tous les ordres qu'il donneroit; moy-mesme, ajoûta le Roy, je seray le premier à donner l'exemple d'obéissance, & je prendray sans répugnance le poste qu'on m'assignera.

Tout le monde applaudit à cette proposition, & à la pluralité des voix, on choisit pour Général un Gentilhomme nommé Gilbert, qui passoit pour celuy de toute l'Armée, qui entendoit le mieux la guerre. Il se choisit luy-mesme des Lieutenans & des Officiers, à qui il assigna chacun leur employ. Everard des Barres Grand Maistre du Temple, qui estoit venu depuis quelques jours joindre l'Armée avec quelques-uns de ses Chevaliers, eut aussi part au Commandement.

Ibid.

On partagea l'Armée en trois Corps. Celuy du milieu estoit commandé par le Roy mesme, & destiné comme un Corps de réserve, dont on feroit des détachemens pour le secours de l'avant-garde & de l'arriere-garde, selon que l'une ou l'autre en auroient besoin dans les fréquentes attaques qu'on s'attendoit bien à soûtenir de la part des Turcs, qui paroissoient de tous costez sur les hauteurs. Tous les Gentilshommes qui avoient perdu leurs chevaux, furent placez aux derniers rangs de l'arriere-garde, avec une partie de l'Infanterie. On les fournit d'arcs & de fléches, afin que quand les Turcs viendroient, selon leur coûtume, à la portée de l'arc, pour faire leurs décharges, on fust toûjours en état d'en faire de pareilles contre eux.

Les choses ayant esté ainsi réglées, & l'Armée rangée selon cet ordre, on se mit en marche vers la Pamphilie. On trouva d'abord deux ruisseaux à quelque distance l'un de l'autre, fort difficiles à passer, non pas tant à cause de leur profondeur, que pour la bourbe dont ils estoient remplis. L'avant-garde passa le premier, & après l'avoir passé, s'arresta pour attendre l'arriere-garde, que les Turcs ne manquérent pas de charger au passage; mais ils furent repoussez avec peu de perte du costé des François.

Ibid.

Pour arriver à l'autre ruisseau, il falloit passer entre deux côteaux, dont les Turcs penférent aussi-tost à se saisir. Le Général François l'ayant prévû, détacha quelques escadrons, qui prévinrent les Turcs, & se saisirent d'un des deux côteaux. Mais les Turcs s'emparérent de l'autre, & quand ils s'y furent postez, ils jettérent tous leur Turban par terre; c'estoit ce qu'ils avoient coûtume de faire, quand ils vouloient faire entendre à leurs Commandans & aux ennemis, qu'ils estoient résolus de mourir pluftost que d'abandonner leur poste.

Ibid.

Gilbert les y fit attaquer par un gros d'Infanterie, qui les en chassa, malgré la résolution qu'ils avoient fait paroistre. L'Armée pouvoit ainsi passer impunément le Vallon, & ensuite le second ruisseau. Mais on ne s'en tint pas là. Gilbert écouta la proposition que luy firent quelques Chevaliers, de charger les Turcs, qui ne s'y attendoient point, & qui estant enfermez entre les deux ruisseaux, auroient peine à échaper, s'ils estoient vigoureusement attaquez. La chose réüssit. Les Turcs furent en un moment mis en desordre, & on en fit un grand carnage; ce qui encouragea fort l'Armée, & la consola un peu de la perte qu'elle avoit faite sur la montagne de Laodicée.

Cette victoire fit un grand effet ; car les Turcs, qui croyoient avoir affaire à des gens demi morts de faim & de peur, voyant encore tant de vigueur dans l'Armée Françoise, n'oserent plus la suivre que de loin ; & elle fit son chemin jusqu'à Attalie assez tranquillement ; mais toûjours dans une grande disette, jusques-là, qu'on fut obligé de se nourrir de la chair des chevaux de l'Armée, qui aussi-bien fussent morts pour la plûspart, faute de fourage. On ne vit jamais mieux que dans cette marche de quelle importance est la discipline & la subordination dans une Armée, & que ce ne soit pas toûjours les plus qualifiez, mais les plus habiles qui y commandent. Alors les Armées ne se conduisoient pas comme aujourd'huy ; chaque Seigneur avoit ses Troupes à luy, & il falloit que le Roy en fit la disposition selon le rang que leur donnoient leur qualité, leurs domaines, ou leurs fiefs, & qu'il s'accommodast, malgré qu'il en eust, à leur humeur, & souvent à leur bizarrerie.

Attalie est une Ville de l'Asie mineure, à l'embouchûre du Fleuve Cestri dans un Golfe de la coste de Pamphilie, appellé le Golfe de Satalie. Le Roy y expérimenta plus que jamais l'infidélité des Grecs, qui acheverent d'apauvrir ses Troupes par la cherté des vivres qu'on luy vendit à un prix exorbitant, pendant le long séjour qu'il fut obligé de faire en ce lieu-là. Ce fut là que ce Prince voyant son Armée presque sans chevaux, ses Soldats épuisez de fatigues, des Armées de Turcs sur le chemin, qu'il y avoit encore quarante jours de marche, pour arriver par terre à Antioche, & qu'il n'y en avoit que trois par mer, résolut de faire le reste du voyage sur des Vaisseaux que les Grecs s'engagerent à luy fournir. Mais après les luy avoir fait attendre cinq semaines entiéres, ils ne luy en amenerent que très-peu, & fort petits, & pour des sommes excessives.

Se voyant ainsi trompé, il assembla les Seigneurs & les Officiers de l'Armée, & leur demanda leur avis sur ce qu'il y avoit à faire en une si fascheuse conjoncture. L'impossibilité d'achever le voyage par terre, fit conclure que le Roy s'asseûreroit pour luy & pour sa Noblesse des Vaisseaux qui estoient prests, & qu'on attendroit l'arrivée des autres Vaisseaux qu'on promettoit, pour les charger de l'Infanterie. Mais on n'avoit nulle nouvelle de ces Vaisseaux, & les Grecs continuoient à rançonner les Soldats pour les vivres, d'une maniére qui les desespéroit. C'est pourquoy ils députerent au Roy, pour le prier de trouver bon qu'ils allassent par terre le rejoindre à Antioche, quand ils pourroient, & pour luy dire qu'ils aimoient mieux périr par l'épée des Turcs, que de mourir de faim par l'avarice des Grecs ; qu'ils sçavoient bien qu'il ne pouvoit faire pour eux plus que ce qu'il avoit fait ; qu'ils luy souhaitoient une heureuse navigation ; que pour eux, il les abandonnast aux soins de la Providence, & qu'ils auroient au moins la consolation de mou-

rir les armes à la main pour la cause de Jesus-Christ.

Le Roy pénétré de douleur, mais ne pouvant imaginer aucun expédient dans une nécessité si pressante, consentit à leur demande. Ce ne fut pas néanmoins sans prendre toutes les mesures, que la prudence & sa bonté purent luy suggerer. Il leur donna pour les conduire deux Seigneurs, qui voulurent bien se sacrifier à un employ si dangereux ; sçavoir, Thierri d'Alsace Comte de Flandre, & Archambaud de Bourbon. Il fit distribuer beaucoup d'argent à tous les Soldats. Il traita avec le Gouverneur d'Attalie, & avec un Ambassadeur de l'Empereur qui l'y estoit venu trouver. Il s'agissoit d'avoir des Guides & une grosse escorte, pour conduire cette Troupe jusqu'au delà de deux grandes riviéres, qu'il falloit passer à plusieurs lieuës d'Attalie, & l'on convint qu'une partie de l'escorte iroit jusqu'à Tarse, qui estoit la Frontiére de la Principauté d'Antioche. Le Roy paya pour cela cinq cens marcs d'argent. De plus il fit acheter autant de chevaux qu'il en put trouver, & les donna à plusieurs Gentils-hommes, qui n'avoient pû avoir place dans les Vaisseaux. Il convint encore avec le Gouverneur d'Attalie, qu'il recevroit dans sa Ville tous les malades, & leur permettroit d'y demeurer, jusqu'à ce qu'ils fussent en état de souffrir la mer, pour passer à Antioche, & exigea de luy le serment pour l'observation du Traité. Le Roy avant que de partir, vit entrer les malades dans la Ville, & ensuite il fit voile vers Antioche, où il n'arriva qu'après une navigation très-périlleuse de trois semaines. Cependant malgré les vents contraires & les fréquentes tempestes, aucun Vaisseau ne périt. Il aborda le 19. de Mars au Port de S. Simeon, à l'embouchûre de l'Oronte, à cinq lieuës au-dessous d'Antioche.

Raymond Prince d'Antioche, oncle de la Reine (car il estoit puisné frere de Guillaume dernier Duc de Guyenne, pere de cette Princesse) ayant reçû la nouvelle de l'arrivée du Roy, vint au devant de luy avec tous les Seigneurs & toute la Noblesse du païs, & le conduisit à Antioche. Il y fut reçû avec tous les honneurs & toutes les carresses dûës à la Majesté Royale, & en qualité de Roy de France, & commença à respirer un peu après les périls & les fatigues extrêmes d'un voyage d'un an, pendant lequel il ne fut jamais malade.

Pour ce qui est des Troupes qui estoient demeurées à Attalie, dans le dessein de faire le voyage par terre, elles furent abandonnées & trahies par les Grecs. Si-tost que le Roy eut fait voile, les Turcs en eurent avis. Le Comte de Flandre & Archambaud de Bourbon commençant à se mettre en marche, une Armée de Turcs vint leur tomber sur les bras. Ils les reçûrent bravement, & les repousserent, mais sans les pouvoir poursuivre, n'ayant que très-peu de Cavalerie, & tous leurs chevaux ne valant rien.

Après cette premiere attaque qui se fit fort proche d'Attalie, les guides & l'escorte des Grecs

LOUIS VII.

Odo. l. 7.

Grecs refuférent de marcher, difant que la faifon eftoit trop avancée, & que les Turcs étoient trop forts, & les Troupes trop foibles, pour leur réfifter. Tout ce que l'on put obtenir d'eux, & avec grande peine, fut que les Soldats campaffent au pied de leurs murailles, & qu'on leur fournît des vivres pour leur argent, jufqu'à ce qu'on puft avoir des Vaiffeaux pour les tranfporter à Antioche. Le Comte de Flandre & Archembaud de Bourbon voyant qu'il n'y avoit plus aucune apparence de faire le voyage par terre, s'embarquérent fur un Vaiffeau, qui fe trouva au Port, & vinrent joindre le Roy.

Ibid.

Aprés leur départ, les Turcs venoïent tous les jours attaquer à coups de fléches ces miférables Troupes abandonnées, & quoique le Gouverneur permift quelquefois à un certain nombre de Soldats François, d'entrer dans la Place, & de tirer de deffus les murailles contre les ennemis, pour les écarter, cependant les Turcs avoient eux-mefmes ouvertement commerce avec les Habitans, & agiffoient de concert avec le Gouverneur, pour exterminer les François, & il en mouroit de mifére tous les jours une infinité dans la Ville & dans le Camp.

Trois ou quatre mille hommes des plus réfolus ne voyant point de reffource à leur malheur; car on ne parloit plus de fe ré-embarquer, fe réfolurent à tenter encore une fois le voyage par terre. Les Turcs leur laifférent paffer tranquillement la premiere des deux riviéres dont j'ay parlé; mais ils s'oppoférent au paffage de la feconde. Elle n'eftoit point guéable. Il auroit fallu la paffer à la nage, & combattre en mefme temps les Turcs. Ils furent contraints de retourner encore une fois fur leurs pas, & au retour ils furent envelopez.

Ibid.

Les Turcs leur offrirent, s'ils vouloient changer de Religion, de les recevoir parmi eux, & il y en eut jufqu'à trois mille qui acceptérent ce parti, pluftoft que de fe voir réduits à l'efclavage : tant il eft vray qu'une longue mifére eft plus infupportable que la mort mefme, & qu'un courage à l'épreuve des plus grands périls, ne peut pas toûjours fe répondre de fa conftance dans une fuite de malheurs.

Ainfi périt peu à peu prefque toute cette nombreufe Armée, d'une maniére auffi déplorable que celle des Allemands, qui l'avoit précédée, & par une trifte expérience, on connut trop tard l'utilité des confeils & des prédictions de l'Evêque de Langres, qui avoit opiné à la prife de Conftantinople; précaution effentielle pour le fuccès du deffein qu'on s'étoit propofé, & que la perfidie des Grecs, dès-lors affez connuë, rendoit & légitime, & abfolument néceffaire.

Aprés tout, la douleur que de fi triftes nouvelles cauférent au Roy, auroit pû eftre foulagée par quelque efpérance qui luy reftoit encore, de voir finir fon expédition plus heureufement qu'elle n'avoit commencé, fans un nouveau fujet de chagrin qu'il trouva à Antioche, & à quoy il ne devoit pas s'attendre.

Tome I.

Le peu qui luy reftoit de Troupes eftoit la fleur de fon Armée, tous Seigneurs ou Gentilshommes, qui s'eftant remis en équipage depuis leur arrivée à Antioche, fe trouvérent en fi bon état, que leur feule préfence répandit la terreur dans le païs, & fit trembler le Soudan d'Alep.

Le Prince d'Antioche efpéra qu'avec de fi braves gens, il pourroit fans peine étendre les bornes de fon Etat, & venir au moins à bout de prendre Alep & Céfarée. Il n'oublia rien pour engager le Roy & tous ces Seigneurs à le feconder dans ce deffein, leur repréfentant que c'eftoit le moyen de rendre glorieufe une entreprife, qui n'avoit efté menée jufqu'alors qu'avec beaucoup de malheur; que la prife de ces deux Villes eftoit très-importante pour la feûreté des Chrétiens d'Afie; & pour l'affoibliffement des Turcs; qu'il falloit profiter de la conftemation que la préfence du Roy & de tant de braves Seigneurs avoit déja répanduë de tous coftez; qu'il fourniroit en abondance des Troupes, des machines, & tout ce qui eftoit néceffaire pour le fiége de ces Places. Il fortifioit toutes ces raifons d'une infinité de préfens qu'il faifoit continuellement au Roy & à ceux de fa fuite. La Reine faifoit à fa perfuafion tous fes efforts, pour engager le Roy à prendre cette réfolution : mais ce Prince refufa toûjours de le faire, difant qu'avant toutes chofes, il vouloit aller accomplir fon vœu à Jérufalem ; & les Seigneurs François luy eftant fort attachez, ne faifoient point d'autre réponfe, finon qu'ils eftoient prefts d'exécuter tous les ordres du Roy.

Guillelm. Tyr. l. 16. cap. 17.

C'eftoit là le prétexte ou la raifon que Loüis apportoit au Prince d'Antioche; mais il y en avoit une autre qu'il ne difoit pas, & dont il eftoit bien plus touché. La Reine eftoit une Princeffe très-bien faite, pleine d'efprit & d'attraits, à qui le Prince d'Antioche avoit fçû plaire. Le Roy avoit fur cet article plus que des foupçons, & il eft furprenant qu'une Reine de France fuft venuë de fi loin, & par dévotion, & au travers de tant de périls, pour deshonorer ainfi elle-mefme, & le Roy fon mari.

Ibid.

Le Prince d'Antioche fur ces refus du Roy, & voyant que les intrigues qu'il avoit avec la Reine, eftoient découvertes, ne ménagea plus rien, & de concert avec elle, il commença à en ufer mal ouvertement à l'égard de ce Prince, pour l'obliger de fortir d'Antioche avec précipitation, & d'y laiffer la Reine, qui penfoit déja elle-mefme à faire divorce : mais le Roy ayant fur cela pris l'avis des Seigneurs François, qui campoient la pluspart avec leurs Troupes hors de la Ville, trouva moyen une nuit de s'en faire ouvrir une des portes, & obligea la Reine, lorfqu'elle s'y attendoit le moins, à le fuivre. Il prit le chemin de Jérufalem, où l'Empereur Conrad eftoit déja arrivé, & l'attendoit. Le Roy Baudoüin III. eut beaucoup de joye d'apprendre que le Roy avoit quitté Antioche, où il appréhendoit que Raymond ne le retinft pour fes interefts particu-

Gesta Ludov. c. 15. Guillelm. Tyr. ibid.

Gggg

liers; & comme il prévoyoit que le Comte de Tripoli luy feroit les mesmes instances que le Prince d'Antioche pour de semblables raisons, il envoya au devant de luy Foucher Patriarche de Jerusalem, afin de l'engager à venir en droiture accomplir son pélerinage. Le Roy prit ce parti, & fut reçû dans la Ville avec toute sorte d'honneurs.

Gesta Ludov. c. 17.

Aprés avoir visité les saints Lieux en Pélerin, & avec beaucoup de dévotion, accompagné du Roy de Jerusalem, & de toute la Cour de ce Prince, & y avoir laissé plusieurs marques de sa magnificence & de sa piété, par les beaux présens qu'il y fit; on arresta un jour, pour tenir un grand Conseil sur les affaires présentes de la Chrétienté du païs, & on choisit pour cela la Ville de Ptolemaïs, appellée autrement saint Jean d'Acre, sur le bord de la mer, qui avoit esté prise sur les Turcs depuis la premiere Croisade : elle est fameuse dans l'Histoire des Guerres saintes, par les divers siéges qu'elle soûtint dans ces temps-là.

Guillelm. Tyrius. l. 17. cap. 1.

On n'avoit point encore vû en Palestine une si belle Assemblée. L'Empereur Conrad se rendit à Acre, accompagné d'Othon Evêque de Frisinge, d'Estienne Evêque de Metz, de Henri Evêque de Toul, du Cardinal Theorin ou Theodin Légat du Pape auprés de l'Empereur, de Henri Duc d'Autriche frere de ce Prince, de Friderie de Suabe son neveu, du Duc Guelphe un des plus puissans Seigneurs de l'Empire, de Guillaume Marquis de Monferrat, de Herman Marquis de Verone, & de quantité d'autre Noblesse Allemande & Lorraine.

Ibid. Gesta Ludov. c. 18.

Le Roy de France y vint avec les Evêques de Langres & de Lisieux, & le Cardinal Guy de Florence Légat du Pape dans l'Armée de France, Robert Comte de Dreux, frere du Roy, Henri frere du Comte de Champagne, & gendre du Roy, Thierri d'Alsace Comte de Flandre, Yves de Nesle, & plusieurs autres Seigneurs François.

Baudoüin Roy de Jerusalem & sa mere la Reine Mélisante, s'y firent accompagner par le Patriarche de Jerusalem, par les Archevêques de Césarée & de Nazaret, par les Evêques d'Acre, de Sidon, de Beryte, de Paneade, par Manassés son Connétable, par les Grands Maistres du Temple & des Hospitaliers, & par les plus distinguez de sa Cour.

On traita dans cette Assemblée de ce qui se pourroit faire de plus avantageux pour le bien de la Religion contre les Turcs; & de toutes les entreprises qui furent proposées, le siége de Damas fut celle à laquelle on se détermina, comme à une des plus glorieuses conquestes qu'on pust faire, à cause de la réputation, de la grandeur & de la force de la Place, & comme à la plus utile; parce que les Turcs faisoient de-là aisément des courses sur les Terres des Chrétiens, qu'ils incommodoient fort. Cette résolution estant prise, on donna les ordres, pour assembler les Troupes, qui se trouvérent le 25. de May sous les murailles de la Ville de Tiberiade, & se mirent en marche sans tarder du costé de Damas.

Guillelm. Tyrius. l. 17. c. 2.

An. 1148.

L'Armée fut séparée en trois Corps. Le premier estoit commandé par le Roy de Jerusalem, à qui on avoit donné l'avant-garde, parce qu'il connoissoit mieux les chemins. Aprés luy, suivoit le Roy de France avec ses Troupes & les Pélerins François, qui s'y estoient joints en grand nombre. Le troisiéme Corps estoit celuy des Allemands, avec l'Empereur à leur teste.

Damas estoit alors la plus grande & la plus considérable Ville de la petite Syrie. Elle est située au milieu d'une Campagne en un Terroir naturellement sec & stérile; mais à quoy l'art avoit suppléé, en profitant de la chûte d'une ou deux riviéres, qui viennent des montagnes voisines, & qui partagées par le moyen d'un trés-grand nombre de petits canaux faits exprés, arrosent les terres voisines de la Ville. Il y avoit à l'Occident & au Septentrion une infinité de jardins & de vergers dans l'étenduë de plus de deux lieuës, fermez de murailles, & séparez les uns des autres par de petits chemins étroits. Ces jardins, ces murailles, ces canaux, ces chemins étroits, estoient comme autant de dehors & de retranchemens, qui couvroient la Ville de ce costé-là, & la rendoient d'un trés-difficile abord. Le costé de l'Orient & du Midy estoit une Plaine ouverte, sans arbres & sans jardins.

Cap. 3.

Aprés qu'on eut reconnu la Ville, on délibéra par quel endroit on l'assiégeroit. Et quoy qu'on jugeast bien que les approches par les jardins & les canaux devoient estre plus difficiles que de l'autre costé, toutefois on résolut de faire l'attaque par cet endroit-là, principalement pour la commodité de l'eau, & l'abondance des fruits, que les Soldats y trouveroient, quand on s'en seroit rendu maistre.

Ibid.

Le Roy de Jerusalem, jeune Prince d'un grand mérite, & qui ne demandoit pas mieux que de se signaler en présence de l'Empereur & du Roy de France, se chargea de faire l'attaque des jardins avec ses Troupes. Il y donna l'assaut par divers endroits : mais il y trouva les Turcs trés-préparez, & en état de l'y bien recevoir. Il ne pouvoit faire un pas qu'il ne fust arresté. L'entrée des chemins étroits estoit occupée de toutes parts & de trés-facile défense. Les ennemis avoient posté dans le haut des maisons de ces jardins, grand nombre d'Archers, qui tiroient incessamment des fléches; il y avoit des embuscades derriere tous les buissons; ils avoient fait de petites ouvertures aux murailles des jardins, & par là ils lançoient des javelots sur quiconque paroissoit dans les chemins, quand on en avoit forcé quelqu'un. Ils faisoient à tous momens des sorties, tantost par un endroit, tantost par un autre, & ils tuoient de tous costez beaucoup de monde.

Baudoüin voyant qu'il estoit impossible de réüssir de cette maniére, en attaquant les chemins, prit un autre parti : ce fut de faire couler le long des murailles des jardins les plus

Ibid.

LOUIS VII.

avancez du costé de la Campagne, quantité de pionniers, afin d'en renverser les murailles; ce qui fut bien-tost fait, la pluspart de ces murs estant très-foibles. Alors il fit entrer ses Troupes par les bréches en différens endroits. Elles donnérent avec furie sur les Turcs, mirent le feu aux maisons, en chassérent les Archers, & avançant ainsi de jardin en jardin, elles firent par-tout un très grand carnage; de sorte qu'après quelque résistance, les Turcs estant toûjours poussez, furent obligez de se jetter dans la Ville, & on demeura maistre de tous ces dehors, où l'Armée s'établit.

Comme les canaux qui partageoient la rivière dans les jardins, estoient la pluspart peu profonds, & que plusieurs estoient à sec par la grande chaleur de l'été, on pensa à étendre les quartiers le long de la rivière en remontant. Les ennemis s'estoient bien doutez de ce dessein; c'est pourquoy tout ce qu'ils avoient de Troupes en Campagne, tant Cavalerie qu'Infanterie, & une partie des Soldats de la Ville, s'estoient saisis des deux bords de la rivière durant l'attaque des jardins.

Le Roy de Jérusalem marcha de ce costé-là, & chargea les Turcs, qui ne reculérent point, & soûtinrent bravement ce premier effort. Il y eut là un assez sanglant combat. Le Roy de France, qui apparemment vouloit conserver ses Troupes, & ne les point exposer sans grande nécessité, laissoit faire le Roy de Jérusalem, qui s'estoit chargé de cette premiere attaque, & qui ne luy envoyoit point demander de secours. Il gardoit son poste sans branler; mais l'Empereur moins patient, ayant appris la résistance des Turcs, s'avança avec une partie de sa Cavalerie, à laquelle il fit mettre pied à terre, & ayant luy-mesme quitté son cheval, il marcha droit à un gros d'Infanterie Turque, l'enfonça le sabre à la main, & la défit en peu de temps. Les Troupes de Baudoüin, qui commençoient à se rebuter, ranimées par cet exemple, redoublérent leurs efforts, & enfin chassérent les Turcs des bords de la rivière. L'Evêque de Tyr raconte ici une action de l'Empereur fort surprenante. C'est que ce Prince voyant un Turc armé de pied en cap, qui se battoit à merveille, & avoit abattu à ses pieds un grand nombre de Soldats, il alla à luy, & luy déchargea sur le côté droit du cou un si grand coup de sabre, qu'il le fendit en deux, comme en écharpe, malgré la résistance de la cuirasse, qui devoit rompre le coup. Si cela est exactement vray, il falloit que les Héros de ce temps-là fussent d'une toute autre force que ceux d'aujourd'huy. Mais ce n'est là l'unique exemple prodigieux ou fabuleux de cette nature, que les Histoires des Croisades nous fournissent.

Ces deux actions de vigueur étonnérent tellement les assiégez, qu'ils ne pensérent plus qu'aux moyens de se sauver, en cas que la Ville fust forcée du costé des jardins. C'est pourquoy ils firent avec des poutres une espéce de retranchement dans la Ville; à dessein d'arrester l'ennemi, quand il auroit emporté la muraille, & de donner par là le temps aux Habitans de s'enfuir du costé que la Ville n'étoit point assiégée, tandis qu'on seroit occupé à attaquer & à rompre ce retranchement. Mais un autre expédient leur réüssit mieux.

Ils traitérent sous-main avec quelques-uns des Seigneurs du païs, qui estoient dans l'Armée & du Conseil de guerre, & à force d'argent, ils les corrompirent. Ces traitres firent si bien, par les fausses raisons qu'ils alléguérent, disant que les murailles de la Place étoient beaucoup plus foibles de l'autre costé, qu'ils vinrent à bout de faire changer l'attaque, & de faire transporter le Camp du costé de l'Orient & du Midy; ce qui ne fut pas plûtost fait, que les Turcs s'empatérent de nouveau des jardins, & profitant de l'avantage du terrain, y firent des retranchemens inaccessibles.

Les assiégeans au contraire, éloignez des canaux, dont j'ay parlé, commencérent à souffrir, faute d'eau, la rivière estant fort basse, & les Turcs tuant à coups de fléches tous ceux qui en approchoient. Il n'y avoit point de fourage du costé de la nouvelle attaque, & on étoit privé des fruits des jardins, sur lesquels on avoit beaucoup compté, pour suppléer aux vivres, dont on avoit fait une trop petite provision, parce qu'on s'estoit flatté, que pourvû que l'on fist diligence, la Ville ne dureroit pas. On la trouva à l'endroit de l'attaque beaucoup plus forte qu'on ne l'avoit crû, sur la parole de ceux qui estoient d'intelligence avec les ennemis. Enfin la disette devint si grande, que l'Empereur & le Roy conclurent à lever le siége, pour ne pas achever de ruïner entièrement le peu qui leur restoit de Troupes.

On raisonna fort sur la vraye cause de cette trahison; car on avoit peine à se persuader, que la seule avarice de ceux qui reçurent l'argent, eust pû les y engager.

Les uns disoient que le Comte de Flandre avoit demandé à l'Empereur, au Roy de France, & à celuy de Jérusalem, d'estre mis en possession de Damas après la prise, & qu'ils s'estoient engagez à la luy donner; ce qui avoit tellement choqué les Seigneurs du païs, qu'ils avoient mieux aimé qu'elle demeurast entre les mains des Turcs, que de la voir passer en celles du Comte de Flandre.

D'autres asseûroient que c'estoit un effet de la vengeance du Prince d'Antioche contre le Roy de France, & qu'il avoit tout mis en œuvre, pour faire échoüer cette entreprise, & luy faire souffrir un nouvel affront. De quelque part que la chose vinst, tout réüssit au gré des ennemis du Roy & de la Religion.

Ce mauvais succès, qui produisit la défiance & la mesintelligence entre les Européans & les Chrétiens du païs, empescha qu'on ne pensast à d'autres entreprises. On proposa inutilement de faire le siège d'Ascalon. Conrad se rembarqua sur les Vaisseaux de l'Empereur de Constantinople, & après s'estre abouché avec luy en Achaye, s'en retourna par mer en Allemagne, où il mourut deux ou trois ans après.

HISTOIRE DE FRANCE.

Le Roy ayant séjourné le reste de l'esté & pendant l'hyver en Syrie & à Jérusalem, prit aussi la mer, & arriva à la fin de Juillet en Calabre ; de-là il passa à Rome, où il vit le Pape, & enfin revint en France avec beaucoup de chagrin, & sans autre gloire que d'avoir tenté une entreprise si dangereuse, mais qui ne pouvoit luy avoir réüssi plus mal. Il perdit une Armée de plus de cent mille hommes par la perfidie des Grecs, par l'ignorance des chemins, par le manque de vivres, où c'estoit ces inconveniens-là mesmes, qu'il falloit prévoir & prévenir, & sans cela la sainteté de l'intention ne peut guéres justifier la témérité de l'entreprise : mais il semble qu'alors les Souverains se piquoient plus de courage que de prudence ; & quand le zéle de la Religion allumoit ce courage, rien ne leur paroissoit impossible.

Pour ne rien omettre de ce qui passa d'important dans le monde à l'occasion de cette Croisade, & qui ait quelque rapport à la France, j'ajoûteray que dans le temps que l'Empereur Conrad & le Roy de France conduisoient par terre leurs Armées vers la Palestine, une Flote nombreuse montée par des Allemands, des Anglois, des Flamands, des François, partit pour le mesme dessein ; qu'ayant esté contraints par les vents contraires d'entrer dans la riviére de Lisbonne, ils trouvérent cette grande Ville, qui appartenoit aux Sarazins, assiégée par Alphonse Roy de Portugal ; que ce Prince les engagea à le seconder dans ce siége ; qu'ils eurent contre les Mahométans de l'Europe beaucoup plus de bonheur que leurs compatriotes n'en eurent contre les Mahométans d'Asie, & qu'ils contribuérent beaucoup à mettre Alphonse en possession de Lisbonne, qui devint depuis la Capitale du Royaume de Portugal. On prétend que cet Alphonse par Henri Comte de Portugal son pere, & par Robert Duc de Bourgogne son bisayeul, descendoit en droite ligne de Robert Roy de France son trisayeul, qui l'estoit aussi de Loüis le Jeune. Un Royaume fondé dans les Espagnes par un Prince du Sang de France, est une particularité qui doit avoir place dans nostre Histoire.

Le Roy en arrivant en France, la trouva dans la tranquillité, où la sage conduite & la fermeté de l'Abbé Suger l'avoient maintenuë : le Trésor Royal mesme estoit assez rempli, nonobstant les excessives dépenses de cette guerre, où le Roy ne manqua jamais d'argent par la prévoyance de son Ministre. Robert Comte de Dreux frere du Roy, estant revenu de Jérusalem avant luy, avoit voulu se prévaloir de son absence, pour exciter quelques troubles ; mais Suger l'avoit sçû contenir, & alors il pressa le retour du Roy plus que jamais par de fréquentes Lettres, appréhendant de fascheuses suites d'une plus longue absence, & de l'esprit inquiet du Comte de Dreux.

Le Roy malgré les soupçons qu'on avoit tâché de luy inspirer, sur la droiture & la fidélité de l'Abbé Suger, luy rendit justice, & l'honora avec les plus sages & les plus gens de bien de l'État, du glorieux nom de pére de la Patrie.

Il s'en falloit bien que la voix publique fut si favorable à S. Bernard, qui ayant presché la Croisade en France & en Allemagne, & animé par ses prédications les Princes & les Peuples, à prendre les armes contre les Infidéles, estoit regardé, aussi-bien que le Pape, comme la cause de tant de malheurs, & de la perte de plus de deux cens mille hommes, à laquelle toute l'Europe prenoit part. Ce saint Abbé fut obligé de faire des Apologies pour se défendre, où il rejettoit tant de mauvais succés sur les secrets jugemens de Dieu, & principalement sur les crimes des Croisez. Et certainement, selon le témoignage de ceux qui nous ont laissé des Relations de cette expédition, où quelques-uns d'eux se trouvérent, les desordres, & sur tout l'impudicité estoient extrêmes dans ces Armées. Que si l'on ajoûte à ces desordres, ceux qui régnoient parmi les Chrétiens de l'Orient, qu'on alloit secourir, dont la pluspart ne valoient guéres mieux que les Infidéles mesmes, on y trouvera de quoy justifier la conduite de Dieu, & de quoy disculper S. Bernard. On proposa toutefois encore d'envoyer ce saint Abbé à Jérusalem, pour voir sur les lieux l'état des choses, & délibérer ensuite si l'on hazarderoit une seconde expédition, mais ce projet n'eut point de suite.

Durant le voyage du Roy, Estienne de Boulogne frere du Comte de Champagne, s'étoit toûjours maintenu en possession du Royaume d'Angleterre, malgré l'Impératrice Mathilde & Geoffroy Comte d'Anjou son mari. Le Pape se déclara pour le droit de Mathilde, & empécha par son autorité le couronnement d'Eustache fils d'Estienne, qui vouloit par là luy asseürer la succession à la Couronne d'Angleterre.

Le Comte d'Anjou & Mathilde agirent aussi auprès du Roy, pour l'engager dans leur parti, si-tost qu'il fut de retour de la Terre-Sainte. Ils luy offrirent de luy céder le Vexin Normand, s'il vouloit chasser Estienne des Places dont il s'estoit emparé en Normandie, & donner l'investiture de ce Duché à Henri leur fils. Le Roy ayant accepté l'offre, entra en Normandie avec une Armée, en chassa les Troupes d'Estienne, & donna l'investiture à Henri. Il en reçut l'hommage, & se mit en possession du Vexin Normand ; mais cette bonne intelligence du Roy & du Comte d'Anjou, dura à peine quelques mois. Ils se broüillérent au sujet d'un Gentilhomme Angevin nommé Girard de Berlay, dont le Comte avoit envahi les Terres, & qui eut recours au Roy, comme à son Souverain, lequel l'estoit aussi du Comte, pour luy demander justice. Le Comte refusa de s'en rapporter au Roy, qui pour l'y contraindre, prit les armes. Eustache fils du Roy d'Angleterre, ne manqua pas cette occasion de rentrer en Normandie, & demander au Roy l'investiture, qu'il avoit déja obtenuë de Loüis le Gros, & il vint se joindre à luy auprès d'Arques.

Le Comte d'Anjou envoya le Duc Henri son fils à la teste d'une Armée d'Angevins, de Normands & de quelques Troupes que le Duc

LOUIS VII.

An. 1150.

de Bretagne luy donna; on assiégea de part & d'autre quelques petits Chasteaux. Henri jeune Prince, qui ne cherchoit qu'à acquérir de la gloire, vouloit présenter la bataille au Roy. Mais les plus sages de ses Généraux, dont son pere luy avoit ordonné de suivre les conseils, l'en empeschérent, dans l'espérance de terminer les choses à l'amiable: car si Henri eust esté défait, la Normandie estoit perduë pour luy, & jamais il n'auroit pû tenir contre les forces de France & d'Angleterre unies ensemble.

Une fiévre assez violente, dont le Roy fut attaqué en ce temps-là, facilita l'accommodement, qui fut fait à condition que le Gentilhomme Angevin seroit remis en possession de ses Chasteaux, & que Henri feroit un nouvel hommage au Roy pour le Duché de Normandie. Ainsi le fils du Roy d'Angleterre fut obligé de s'en retourner, sans avoir profité de cette conjoncture.

Ibid.

Peu de temps après, le Comte d'Anjou mourut, & déclara par son Testament Henri héritier de tous ses Etats, c'est-à-dire, de l'Anjou, du Maine, & de la Normandie, & ne donna à Guillaume le plus jeune de ses trois fils, que le Comté de Mortain; & à Geoffroy son second fils que Chinon, Loudun & Mirebeau, à condition néanmoins, que si Henri pouvoit venir à bout de se faire reconnoistre pour Roy d'Angleterre, le Comté d'Anjou reviendroit à Geoffroy; mais Henri estant devenu Roy, n'exécuta pas cette clause du Testament.

La mort du Comte d'Anjou fut suivie de celle de Thibaud Comte de Champagne, dont l'esprit remuant & les liaisons qu'il avoit entretenuës avec les Rois d'Angleterre, avoient causé autrefois tant de maux à la France; mais la vieillesse l'avoit rendu plus modéré. Il laissa quatre fils; sçavoir, Henri, Thibaud, Estienne, & Guillaume. Henri, qui avoit suivi le Roy dans la Croisade, eut pour sa part le Comté de Troye, & tout ce que son pere possédoit en Champagne; Thibaud, les Comtez de Chartres, de Blois & de Chasteaudun; & Estienne le Comté de Sancerre en Berri. Pour Guillaume, il prit le parti de l'Eglise. Il fut Archevêque de Sens, & depuis Archevêque de Reims. Mais la mort de l'Abbé Suger qui arriva vers le mesme temps, fut moins indifférente pour la France que les autres dont je viens de parler, parce qu'il avoit empesché jusqu'alors par son autorité & par ses conseils, que le Roy ne fist une démarche, qui eut de fâcheuses suites pour l'Etat sous son Régne, & encore plus sous les Régnes de ses successeurs.

Vincent. Bellovac. l. 17. c. 15.

An. 1151. ou 1152.

Le Roy estoit toûjours mécontent de la Reine, depuis ce qui estoit arrivé à Antioche. Il avoit pensé dès-lors à la répudier, sous le prétexte ordinaire de parenté. Elle-mesme, qui ne demandoit pas mieux, l'avoit pressé de le faire par cette raison. L'Abbé Suger, à qui le Roy avoit écrit ce qui s'estoit passé, & qui voyoit les conséquences de ce divorce, avoit conseillé à ce Prince de ne rien précipiter, &

d'attendre au moins à faire cet éclat, qu'il fust de retour en France. Son conseil avoit esté suivi, & mesme le Roy depuis ce temps-là s'étant réconcilié avec la Reine, en avoit eu une seconde fille, qui vint au monde peu de temps après qu'ils furent arrivez. Mais une aversion produite par des sujets tels que ceux, qui avoient donné naissance à celle-ci, est difficile à vaincre: & il faut peu de chose pour la ranimer. L'antipathie estoit mutuelle, & malgré les remontrances de Suger, ce Prince continuoit à penser au divorce. Le motif dont cet Abbé se servoit pour l'en détourner, estoit essentiel; c'est qu'il ne pouvoit se séparer de la Reine, sans perdre le Duché de Guyenne, qu'elle luy avoit apporté en dot, & qu'il faudroit le luy rendre en se séparant. Une raison d'Etat aussi importante que celle-là, toute forte qu'elle estoit d'elle-mesme, perdit tout son poids, dès que le sage & fidéle Ministre fut mort. Les autres qui avoient moins de droiture & beaucoup plus de complaisance pour l'inclination du Prince, non seulement ne le détournérent point de son dessein, mais mesme ils luy firent un scrupule de son mariage, & luy dirent qu'il ne pouvoit pas en conscience garder la Reine plus long-temps. Ils faisoient par là leur Cour aux deux parties, & c'estoit vray-semblablement la Reine, qui les faisoit agir.

Epist. Sugerii, 33.

Vita Sugeri per Guilielm.

Gesta Lud. dev. c. 29.

Le Roy sur leurs remontrances, dit qu'il n'avoit jamais eu intention de rien faire contre la Loy de Dieu, ni contre les régles de l'Eglise; qu'il vouloit se mettre en seûreté sur un point si délicat; qu'il s'en rapporteroit au jugement des Evêques & des Seigneurs de son Royaume, & qu'il les assembleroit au pluftost, pour décider cette affaire.

En effet il convoqua un Concile à Baugenci pour le Mardi d'avant Pâque Fleurie. Les Archevêques de Roüen, de Sens, de Bourdeaux, & de Reims, y assistérent avec plusieurs autres Evêques & Seigneurs. On proposa le cas de conscience, & l'on n'hésita pas sur le droit, supposé que le fait fust véritable. Il fut donc seulement question de prouver la parenté entre le Roy & la Reine. La preuve en fut faite par quelques Seigneurs parens de la Reine, qui confirmérent cette preuve par leur serment. On ne fit pas néanmoins la séparation sur le champ, & on la différa jusqu'après les Festes de Pâques. Il n'y avoit pas à délibérer sur la restitution de la Guyenne, supposé la séparation, & mesme si l'on en croit un de nos Historiens, mais fort éloigné de ces temps-là, le Roy avant le Concile de Baugenci, avoit déja fait un voyage en Guyenne avec la Reine, & en avoit retiré toutes les Garnisons Françoises. Quoy qu'il en soit, il prétendit, ou du moins il espéra que la Guyenne reviendroit après la mort d'Eléonore, aux deux filles qu'il avoit eu d'elle. Cependant, il retint toûjours, ou du moins encore quelque temps après, le titre de Duc de Guyenne, & on l'y voit porter dans d'anciennes Chartres signées de luy, après la dissolution du mariage. La Reine ne demeura pas long-temps

Ibid. ath. 1152. Concil. Balgentiacum.

Chronic. Norman.

Guillelm. de Nangis.

Vide Labbæum in Chronic ad ann. 1153.

HISTOIRE DE FRANCE.

en France, & elle partit incessamment pour la Guyenne.

Le Roy eust fort souhaité qu'elle ne se fust pas remariée ; mais ce n'estoit pas là l'intention de cette Princesse. Si-tost que le divorce eut esté résolu, il se trouva plusieurs prétendans à une alliance si avantageuse ; sçavoir, Thibaud Comte de Chartres & de Blois, Geoffroy frere cadet de Henri Duc de Normandie, & enfin Henri luy-mesme.

Chronic. Turon.

Thibaud, lorsqu'elle passa par Blois, luy fit la proposition de l'épouser, qu'elle rejetta ; surquoy il forma le dessein de l'arrester ; mais en ayant esté avertie, elle s'échapa, & se sauva à Tours.

Geoffroy, qui après le refus qu'elle avoit fait du Comte de Blois, n'espéroit pas la pouvoir gagner, résolut à l'exemple de ce Comte de l'enlever au Port de Pile, par où il sçavoit qu'elle devoit passer, pour aller en Guyenne ; elle évita encore ce piége, en changeant de route, & arriva heureusement en Guyenne.

Si-tost qu'elle y fut, elle en donna avis à Henri Duc de Normandie & Comte d'Anjou, qui sans tarder, vint l'épouser. Le mariage se fit sans beaucoup de cérémonie, aux Festes de la Pentecoste, c'est-à-dire, cinq ou six semaines après sa séparation d'avec le Roy. La promptitude avec laquelle une affaire de cette importance fut concluë, fit soupçonner que c'estoit un coup prémédité depuis long-temps. Les deux partis y trouvoient fort leur compte. Henri ajoûtoit à son Duché de Normandie, & à ses Comtez du Maine & d'Anjou, le Duché de Guyenne, & le Comté de Poitou ; & Eleonore en épousant Henri, avoit l'espérance de se voir un jour Reine d'Angleterre, car ce Prince avoit des prétentions très-légitimes sur cette Couronne, un parti toûjours subsistant en Angleterre, & se trouvoit par l'acquisition de la Guyenne, en état plus que jamais de soûtenir son droit. D'ailleurs c'estoit un Prince qui étoit à la fleur de son âge, assez bien-fait, plein de feu, & d'une humeur beaucoup plus conforme à celle d'Eleonore, à qui le sérieux & la dévotion de Loüis déplaisoient, jusques-là qu'elle dit un jour au Prince d'Antioche, en raillant du Roy, qu'elle avoit pour mari, non pas un Roy, mais un Moine.

Chronic. Norman.

La nouvelle de ce mariage précipité, ayant esté portée au Roy, il en fut également chagrin & irrité, sçachant que par le contrat de mariage, elle desheritoit ses deux filles. La conduite que Henri avoit tenuë à son égard les années précédentes, l'avoient déja fait repentir plus d'une fois de luy avoir donné l'investiture du Duché de Normandie, au préjudice d'Eustache fils du Roy d'Angleterre, & il commença à envisager plus de sang-froid les conséquences de son divorce. Il pensa sérieusement aux moyens de les prévenir, en prenant toutes les mesures possibles, pour abattre la puissance & la fierté de Henri.

Ce jeune Prince estoit devenu également redoûtable & au Roy d'Angleterre, & au Roy de France ; & c'est qui les réünit bien-tost tous deux pour l'attaquer. Ils engagérent dans leur Ligue Thibaud Comte de Blois, & Geoffroy mesme frere de Henri, très-mécontent de son partage, & se promirent les uns aux autres de ne point quitter les armes, qu'ils n'eussent dépoüillé Henri, non-seulement de la Normandie, mais encore de l'Anjou & de la Guyenne.

Chronic. Norman.

La Ligue éclata lorsque Henri estoit à Barfleur en basse Normandie, sur le point de passer en Angleterre, où il entretenoit toûjours la guerre contre Estienne. Le Roy avec son frere le Comte de Dreux, Eustache fils du Roy d'Angleterre, & le Comte de Blois entrérent en Normandie, & vinrent attaquer la Forteresse de Neufmarché, entre Gournay & Gisors, que Henri s'estoit réservée en cédant au Roy le Vexin Normand. Pour Geoffroy son frere, il estoit demeuré en Anjou, à dessein de faire révolter contre luy tout ce qu'il pourroit de Villes & de Chasteaux.

Henri, sur l'avis qu'il eut de cette invasion, marcha au plus pressé, & quittant son dessein de passer en Angleterre, s'avança avec son Armée au secours de la Place assiégée. Mais elle avoit capitulé avant qu'il y arrivast : & toute son application fut, après cette perte, à couvrir ses autres Places. Il le fit avec tant d'habileté & de succès, contre l'espérance mesme de ceux qui luy estoient le plus attachez en Normandie, & qui en tenoient la partie asseurée, qu'il fut loüé mesme de ses ennemis, dont l'Armée n'osa plus rien entreprendre en présence de la sienne.

Ibid.

Il fit plus ; car sur la fin d'Aoust, l'Armée Françoise ayant esté congédiée, il mit par-tout de bonnes Garnisons dans les Places les plus exposées, & marchant ensuite avec beaucoup de diligence en Anjou, il y surprit son frere, & dissipa tous les Rebelles qui l'avoient suivi.

An. 1153.

Henri après s'estre tiré d'un si grand danger, avec autant de bonheur que de prudence & de résolution, reprit le dessein de l'expédition d'Angleterre ; mais auparavant, il fit tous ses efforts pour regagner l'amitié du Roy. Il luy fit tant de soûmissions par ses Envoyez, & tant de protestations de fidélité, & d'un attachement éternel à ses intérests, que ce Prince luy accorda une Tréve, contre toutes les Régles de la bonne politique, & dont il eut bien-tost après grand sujet de se repentir.

Gesta Lu-dov. c. 28.

Henri passa en Angleterre au mois de Janvier, & y fit une rude guerre à Estienne, pendant laquelle ce Prince perdit Eustache son fils, qu'il avoit déclaré son héritier. Cette mort détermina à faire la Paix, voyant les Anglois fort ennuyez de la guerre, qui désoloit tout le Royaume depuis si long-temps. Thibaud Archevêque de Cantorberi, & Henri Evêque de Vinchester frere du Roy, luy proposérent, pour accommoder tout, d'adopter Henri, & de le déclarer son successeur, à condition que ce jeune Prince luy laisseroit la possession paisible de la Couronne le reste de sa vie. Cette proposition si favorable à Henri en fut acceptée avec joye, & Estienne, à qui son peu de

An. 1154.

Henricus Huntindon. lib.

LOUIS VII.

santé faisoit fort souhaiter le repos, y consentit, quoiqu'il eust encore un autre fils nommé Guillaume, & ainsi la guerre fut terminée.

Chronic. Nangii.

Cette Paix & cette adoption de Henri étonnérent Loüis, & l'inquiétérent fort. Profitant néanmoins de son absence, si-tost que la Tréve, qu'il luy avoit accordée, fut finie, il se mit en Campagne. Il assiégea & prit Vernon. Mais la mort d'Estienne Roy d'Angleterre, qui arriva bien-tost après, & le Couronnement de Henri, qui devint paisible possesseur de ce Royaume, augmentérent ses inquiétudes, & le rendirent facile à écouter les propositions de Paix, que le nouveau Roy luy fit. Elle fut concluë, à condition que Neufmarché & Vernon seroient rendus à Henri; que ce Prince donneroit au Roy deux mille marcs d'argent, pour le dédommager des frais de la guerre, & qu'il luy feroit un nouvel hommage.

An. 1154.

Roger de Hoveden. l. 2. ann. 1155.

Henri repassa la mer avec le titre & l'équipage de Roy, & vint faire cet hommage, qui devoit faire trembler celuy qui le recevoit. Il le fit pour la Normandie, pour la Guyenne, pour le Poitou, pour l'Anjou, pour la Touraine, pour le Maine, c'est-à-dire pour une grande partie du Royaume, de laquelle, à cette cérémonie près, on le reconnoissoit pour Maistre absolu. Ce fut l'effet du fatal divorce avec la Reine Eleonor, & la suite de la perte de la Guyenne: sans quoy, vray-semblablement Henri ne seroit jamais parvenu à la Couronne d'Angleterre, & c'est ce qui obligea le Roy à prendre de grandes précautions contre la puissance d'un Vassal & d'un voisin si redoutable, & tel que ses prédécesseurs n'en avoient point encore eu.

Le Roy n'avoit point d'enfans masles: & les Seigneurs François le pressoient de se remarier, pour avoir un héritier de sa Couronne, faute de quoy la France seroit tombée dans une grande confusion, & estoit menacée des derniers malheurs. Alors régnoit dans les Espagnes Alfonse VIII. Roy de Leon & de Castille, qui en se faisant couronner l'an 1135. par l'Archevêque de Toléde, avoit pris le Titre d'Empereur d'Espagne, Prince également sage & vaillant, de qui le Roy, en cas de besoin, pouvoit attendre du secours, & une diversion puissante du costé de la Guyenne, contre le Roy d'Angleterre. Il luy envoya demander en mariage sa fille Constance, que quelques-uns appellent Elisabeth; elle luy fut accordée, & Hugues Archevêque de Sens, qui avoit esté choisi pour cette Ambassade, l'amena à Orleans. On y fit la cérémonie du mariage & du couronnement de la nouvelle Reine, quelque chagrin qu'en témoignast Samson Archevêque de Reims, soûtenant, comme ses prédécesseurs, que ces cérémonies devoient se faire dans sa Ville Archiepiscopale.

Mariana. l. 11. c. 2.

Chronic. Nangii.

Vers ce temps-là, le Roy fit aussi épouser Constance sa sœur veuve d'Eustache, fils du dernier Roy d'Angleterre, à Raymond Comte de Toulouse. Cette alliance fut faite sur des raisons d'intérests communes à l'un & à l'autre. Le Comté de Toulouse avoit appartenu pendant quelque temps aux Ducs de Guyenne. De quelque maniere qu'il en eust esté détaché, fut quoy les Historiens ne conviennent pas, il est certain que les Ducs de Guyenne avoient des prétentions sur ce Comté, au moins pour l'hommage. Raymond prévit bien que le Roy d'Angleterre, en qualité de Duc de Guyenne, ne manqueroit pas à faire valoir son droit, quel qu'il fust, & fut bien-aise de s'appuyer du Roy de France, & le Roy réciproquement d'avoir le Comte de Toulouse dans ses intérests, comme un homme qui pourroit inquiéter le Roy d'Angleterre, en cas de guerre, & c'est ce qui produisit cette alliance.

Le Roy sous prétexte d'un Pélerinage à saint Jacques en Galice, eut une entrevuë avec Alfonse son beau pere. Mais si l'on en croit les Historiens Espagnols, ce ne fut pas tant pour prendre des mesures avec luy contre la trop grande puissance du Roy d'Angleterre, que pour un autre sujet, qu'ils disent avoir esté le motif secret de ce voyage. Ce fut, selon eux, pour s'asseûrer si la fille d'Alfonse qu'il avoit épousée, estoit légitime, sur quoy on luy avoit donné quelque soupçon, & il estoit résolu de la répudier, en cas qu'elle ne le fust pas.

Mariana.

Roderic.

Alfonse vint au devant de luy jusqu'à Burgos, accompagné de Sanche Roy de Navarre, & l'y reçut avec une magnificence, qui fit avoüer au Roy, qu'il ne pouvoit pas voir une plus belle Cour, sans excepter mesme celle de Constantinople, qu'on avoit affecté de luy faire paroistre dans son plus beau lustre, lorsqu'il y passa. Alfonse alla avec le Roy à Compostelle, & après avoir fait ensemble le Pélerinage, il le mena à Toléde. Raymond Roy d'Arragon s'y trouva, & tous ces Princes Espagnols n'oubliérent rien, pour donner au Roy de France une grande idée de leurs richesses & de leur puissance. Ils luy firent de très-beaux présens, dont il n'accepta qu'une belle escarboucle d'une grandeur extraordinaire. Alfonse pria le Roy de luy donner les Reliques de saint Eugene premier Archevêque de Toléde, qui estoient à S. Denis en France. Quand il fut de retour, il luy en envoya une partie. Le Roy Philippe II. plus de quatre cens ans après, obtint le reste du Roy Charles IX.

Mariana loc. cit.

Au sortir de Toléde, le Roy d'Arragon accompagna le Roy jusqu'à Jacca, où tout se passa avec une magnificence égale à celle des Fétes de Toléde. Loüis très-content, & délivré de ses soupçons touchant la naissance de la Reine, revint en France, où il fit tenir en sa présence le Concile de Soissons. Les Comtes de Flandre, de Troye, de Nevers, le Duc de Bourgogne, & le Comte de Soissons, avec un très-grand nombre d'autres Seigneurs, s'y trouvérent. La fin de cette Assemblée estoit de terminer plusieurs differends du Clergé, & les guerres particulieres que les Seigneurs se faisoient les uns aux autres, & pour asseûrer les chemins publics, & rétablir la liberté du commerce interrompu dans la plusart du Royaume par ces sortes de guerres. Les Seigneurs que j'ay nommez, & tous les autres, jurérent

An. 1155. Epist. Ludov. 57. & seq. Tom. 4. du Chésne.

HISTOIRE DE FRANCE.

la Paix pour dix ans, & promirent qu'en cas qu'il survinst quelque nouveau différend, ils le vuideroient à l'amiable, & par des arbitres.

An. 1155.
Ainsi la tranquillité fut rétablie par-tout le Royaume, tandis que le Roy d'Angleterre faisoit vivement la guerre à Geoffroy son frere, qui suivant le Testament du Comte leur pere, devoit estre mis en possession de l'Anjou, supposé que Henri parvinst à la Couronne d'Angleterre, comme il estoit arrivé. Geoffroy fit inutilement tous ses efforts pour se saisir d'un *Robertus de Monte.* bien qui luy appartenoit. Henri le battit partout, luy enleva toutes ses Places, & l'obligea à se contenter d'une pension qu'il s'engagea à luy payer.

Le Roy d'Angleterre, qui appréhendoit fort que la France n'entrast dans la querelle de Geoffroy, eut une conférence avec le Roy sur les Frontiéres de Normandie, & en luy renou-
An. 1156. vellant ses protestations d'amitié & son hommage pour le Comté d'Anjou & pour les autres Domaines qu'il avoit en France (cérémonie que ce Prince politique faisoit toûjours sans peine) il l'empescha de rien entreprendre contre luy. Cependant sa puissance croissoit toûjours, & peu de temps après cette
An. 1157. conférence, Thierri d'Alsace, en partant pour un nouveau voyage de Jérusalem, mit entre *Robertus de Monte.* ses mains & en sa garde son Comté de Flandre & tous ses autres Etats, & luy confia son fils Philippe, qui quoique fort jeune, avoit esté marié l'année précédente avec Elisabeth fille de Radulfe Comte de Vermandois mort depuis quelques années, & héritiére de ce Comté. Ainsi l'on pouvoit dire que le Roy d'Angleterre tenoit alors la France comme bloquée presque de tous costez.

Ce Prince sage & ambicieux, n'en demeura pas là. Il s'estoit rendu parfaitement maitre en Angleterre; parce qu'il y avoit réüni à son Domaine la plus part des Places & des Terres qui en avoient esté détachées sous le Régne précédent, & il avoit fait raser grand nombre de Forteresses, qui servoient de retraite à divers Seigneurs, dont il se défioit. De sorte que n'appréhendant plus aucun embarras de ce costé-là, il pouvoit séjourner dans ses Etats d'en-deçà de la mer, tant qu'il le jugeoit à propos, & il s'appliqua à les régler. Il obligea le Comte de Blois à luy remettre Amboise, & quelques autres Domaines, qu'il prétendoit avoir esté usurpez sur ses prédécesseurs; & Geoffroy son frere estant mort, il porta la
An. 1158. guerre en Bretagne, où il contraignit Conan de Richemond Duc de Bretagne, de luy céder Nantes & le païs Nantois, que Geoffroy avoit possedez. Ce Prince s'en estoit saisi durant les guerres civiles des Bretons, qui s'estoient partagez entre Eudes mari de Berte Duchesse de Bretagne de son chef, & Conan fils du premier lit de cette Princesse.

Avant cette expédition, Henri s'estoit abouché avec le Roy de France sur la riviére d'Epte, & avoit conclu le mariage de Henri son fils aîné avec Marguerite fille aînée du Roy du second lit. L'un & l'autre estoient encore enfans, & Marguerite fut amenée en Normandie, pour y estre élevée par Robert de Neubourg, jusqu'à ce qu'elle fust en âge nubile. Par là Henri donnoit à son fils, non pas un droit sur la Couronne de France, mais au moins un prétexte d'y aspirer, en cas que le Roy n'eust point de fils dans la suite. Les Seigneurs François ne s'y opposérent pas, regardant ce mariage comme un nouvel engagement pour les deux Rois, à entretenir la Paix alors nécessaire au Royaume, que les dépenses de la Croisade avoient fort épuisé. Mais Henri, qui ne vouloit la Paix qu'autant qu'elle luy estoit avantageuse, donna bien-tost lieu de la rompre.

On devoit s'attendre depuis long-temps à ce qui fit le sujet de cette rupture. Henri, à qui tout réüssissoit, & que tous ses voisins redoutoient, pensa à faire valoir les prétentions de la Reine sa femme sur le Comté de Toulouse, & à sommer le Comte Raymond de le luy restituer.

Comme il prévit bien le refus, il se mit en *Robertus de Monte.* état de se faire obéïr. Il engagea dans son parti Raymond Bérenger Comte de Barcelonne, Seigneur très-puissant, avec qui il conféra sur cela à Blaye. Henri afin de se l'attacher plus fortement, luy demanda sa fille en mariage pour Richard son second fils, auquel il asseura sa Guyenne, s'obligeant de l'en mettre en possession, si-tost que l'époux & l'épouse seroient en âge de se marier. Les affaires néanmoins changérent dans la suite à cet égard. Le Comte ne refusa pas une offre si avantageuse, & promit à Henri de le seconder contre le Comte de Toulouse, qui de tout temps avoit esté son ennemi. Une pareille raison fit entrer dans la Ligue Guillaume Trincavel Comte de Nismes & Vicomte de Besiers. Henri gagna aussi Guillaume de Montpellier, & Thibaud Comte de Blois. Enfin Malcolme Roy d'Ecosse, jeune Prince son parent, & à qui il ceignit l'épée en cette occasion, l'instituant par là Chevalier, selon l'ancienne coûtume, luy amena aussi un renfort de son païs.

Dans la levée des Troupes que Henri fit pour cette expédition, une chose me paroist digne de remarque, parce que c'est la premiere fois que je sçache, qu'on la voit dans l'Histoire. La maniere ancienne, ordinaire & universelle de faire des Armées en ce temps-là, estoit que le Prince envoyast ordre aux Seigneurs ses Feudataires, de prendre les armes, & d'amener avec eux un certain nombre de leurs Vassaux. Ces Seigneurs avoient aussi des Gentilshommes, qui tenoient d'eux des Fiefs, & à qui eux-mesmes, après avoir reçû immédiatement l'ordre du Roy, commandoient de monter à cheval, & d'amener pareillement un certain nombre d'hommes de leurs Terres, ensuite furent instituées les Communes, comme je l'ay remarqué. De tout cela se composoit l'Armée, où chaque Seigneur & chaque Gentilhomme commandoit plus ou moins de Troupes, selon qu'il avoit plus ou moins de Terres ou de Vassaux. Cette maniére, qui en ce qui regardoit

regardoit les Gentilshommes, estoit comme noître Arriere-ban d'aujourd'huy, incommodoit fort la Noblesse de la Campagne & les Païsans, quand la guerre se faisoit loin de leur païs, outre que la culture des Terres en souffroit. Henri dans l'occasion dont je parle, proposa aux Anglois & aux Normands, & à quelques autres Vassaux de ses Domaines les plus éloignez de la Guyenne, de luy donner de l'argent au lieu de Troupes, & ils y consentirent. Il leva avec cet argent des hommes de tous costez, selon qu'ils se presentoient de leur bonne volonté, & fit par ce moyen une très-nombreuse Armée, à la teste de laquelle il mit les principaux Seigneurs de ses Etats avec quelques Gentilshommes. Il devoit outre cela estre joint par les Troupes de ses Alliez.

Tant d'apprests contre le Comte de Toulouse, dont la puissance estoit toutefois inférieure à la sienne, faisoient bien voir que Henri ne vouloit pas manquer son coup. Mais aussi le Comte, qui prévit bien que l'orage alloit tomber sur luy, prit de son costé ses précautions. Il donna avis de tout au Roy de France son beau-frere, & le conjura de ne le pas abandonner dans cette pressante nécessité. Le Roy luy promit le secours qu'il luy demandoit, & assembla promptement une Armée. Il en donna une partie à Robert Comte de Dreux, & à Henri Evêque de Beauvais ses freres. Il les envoya sur les Frontieres du côté de Normandie pour les défendre, en cas que dans la suite, le Roy d'Angleterre voulust entreprendre quelque chose de ce costé-là, ou pour faire diversion dans ce Duché, supposé qu'on le jugeast à propos. Luy avec le reste de ses Troupes marcha en personne vers Toulouse, où il mit une forte Garnison, & toutes sortes de munitions.

Le Roy d'Angleterre ne tarda pas à entrer dans le Comté de Toulouse ; il emporta Cahors ; & la pluspart des autres Places n'osant résister, se rendirent à luy. Ensuite il assiégea Toulouse ; il perdit beaucoup de gens de qualité à ce siége ; mais il commençoit à serrer de près les Toulousains, lorsque le Roy après avoir forcé un quartier du Camp, entra luy-mesme dans la Place avec de très-bonnes Troupes. Ce secours déconcerta le Roy d'Angleterre. Il fit dire au Roy, que le voyant en résolution de défendre la Place en personne, il abandonneroit cette entreprise par respect pour luy, qui estoit son Seigneur. C'estoit là une honnesteté un peu forcée.

En quittant le siége, il envoya ordre au Comte de Blois d'entrer en France avec ses Troupes du costé de Normandie, pour obliger le Roy à quitter Toulouse. Le Comte se mit en devoir de le faire ; mais il fut repoussé par le Comte de Dreux & par l'Evêque de Beauvais, & il ne se fit rien en ces quartiers-là, que quelques ravages de part & d'autre sur les Frontieres.

Cette Campagne dura trois mois. Le Roy d'Angleterre fit fortifier Cahors, laissa Thomas son Chancelier pour y commander, & partit au mois d'Octobre, pour rentrer en Normandie.

Après y avoir fait reposer son Armée quelques jours, il marcha vers le Beauvoisis, y attaqua Gerberoy, Place alors très-forte, & la prit avant que le Roy pust la secourir. Il en rasa les murailles, & porta le ravage dans tous les environs : mais ce qui embarrassa beaucoup plus le Roy, fut que Simon de Monfort Comte d'Evreux se déclara hautement pour Henri, & luy livra ses Places ; sçavoir, Monfort-l'Amauri, une autre qui s'appelloit Rochefort, & Epernon, d'où les Garnisons Angloises couroient tous les environs de Paris, & coupoient la communication de cette Capitale avec Etampes & Orleans. C'est ce qui obligea le Roy de faire une Tréve avec le Roy d'Angleterre, & enfin la Paix se fit au mois de May de l'année suivante à ces conditions : Que le Roy d'Angleterre renouvelleroit son hommage pour la Normandie ; que Henri son fils, à qui il donnoit les Comtez d'Anjou & du Maine, le feroit aussi pour ces deux Comtez ; que Richard son second fils épouseroit une des filles du Roy, & que le Roy donneroit au jeune Prince l'investiture du Duché de Guyenne. On renouvella & on confirma les anciens Traitez. On y comprit tous ceux qui avoient pris part dans la querelle. Toutes choses furent remises au mesme état qu'elles estoient avant la guerre ; & on cessa d'inquieter le Comte de Toulouse, sans rien néanmoins décider absolument sur le fond du différend, qu'il avoit avec le Roy d'Angleterre. Mais ce différend n'estoit rien en comparaison de celuy qui divisa alors l'Eglise, & où les plus puissans Princes de la Chrétienté prirent des partis contraires.

Depuis la mort du Pape Eugene III. arrivée en 1153. il y avoit eu deux Papes en cinq ans ; sçavoir, Anastase IV. & Hadrien IV. Après le décés de ce dernier en 1159. il s'estoit fait une double élection, qui ne manqua pas de produire un Schisme. Les deux élûs furent Roland Cardinal de S. Marc, qui prit le nom d'Alexandre III. & Octavien Cardinal de sainte Cecile, qui prit le nom de Victor IV. L'élection du Cardinal Roland estoit évidemment la plus légitime ; mais l'Empereur Fridéric, surnommé Barberousse Duc de Suabe, neveu & successeur de Conrad, qu'il avoit accompagné en la derniere Croisade, haïssoit le Cardinal Roland, qui luy avoit toûjours esté fort contraire dans les grands démeslez que ce Prince avoit eus avec Hadrien IV. & il appréhendoit beaucoup : ainsi il résolut d'appuyer Victor de toutes ses forces, & d'engager dans son parti tout le Roy de France & le Roy d'Angleterre, ausquels les deux concurrens envoyerent incessamment porter la nouvelle de leur exaltation, & demander leur protection.

Alexandre eut en-deçà des Monts un zélé défenseur, qui fut Arnoul Evêque de Lisieux. Ce Prélat avoit beaucoup de credit sur l'esprit du Roy d'Angleterre. Il le prévint fort en faveur d'Alexandre, & empescha le premier effet des Lettres que l'Empereur écrivit à ce

HISTOIRE DE FRANCE.

Prince. Néanmoins le Roy d'Angleterre, pour ne pas choquer Fridéric, ne fit point paroître un Edit, qu'il estoit prest de publier dans tous ses Etats, par lequel il se déclaroit hautement pour Alexandre ; mais son inclination & ses intentions estoient assez connuës des Peuples.

Epist. Arnulphi ad Cardinal. Joannem & Vuillelm.

Ce délay & les brigues des Envoyez de Fridéric à la Cour d'Angleterre, & à celle de France, inquiétérent Alexandre. Il estoit sur-tout en peine des sentimens de Henri, parce que le Roy de France avoit fait entendre aux Agents des deux partis, qu'avant que de se déterminer, il vouloit voir ce que feroit le Roy d'Angleterre.

Sur ces entrefaites, l'Empereur averti du penchant qu'avoient les deux Rois au parti d'Alexandre, leur écrivit dans une contestation de cette nature, qui alloit causer un dangereux Schisme dans l'Eglise, il falloit prendre les voyes les plus efficaces pour la terminer : que celle d'un Concile estoit la plus naturelle, & que sa qualité d'Empereur l'établissant Protecteur de l'Eglise, il en avoit convoqué un à Pavie, où il avoit averti les deux prétendans de se trouver, pour y soûtenir leur droit, & le soûmettre au jugement qui y seroit rendu : qu'il esperoit y voir venir plusieurs Evêques de France & d'Angleterre, afin que d'un commun consentement, on reconnust partout le véritable Pasteur, & qu'on y rejettast l'intrus. Il écrivit la mesme chose aux Rois de Hongrie, de Bohême, & de Dannemarc.

An. 1160. Radevic, l. 2 de gestis Frider. c. 60.

La chose réüssit à son gré. Tous les Rois suspendirent leur résolution, & le Concile se tint. Le Roy de France & le Roy d'Angleterre y envoyérent leurs Ambassadeurs. Les Rois de Hongrie, de Bohême, & de Dannemarc s'y rendirent en personne ; mais il n'y eut d'Evêques que ceux d'Italie, & des autres parties de l'Empire, au nombre de cinquante. Les Archevêques d'Arles, de Lion, de Vienne, de Besançon, païs qui estoient alors & depuis long-temps du Domaine de l'Empire, se contentérent d'y envoyer leurs Députez. Alexandre qui prévit bien que tout s'y feroit suivant les ordres & les intentions de l'Empereur, ne voulut point y aller. Victor très-asseûré de son protecteur y vint, & protesta de sa soumission au jugement du Concile.

Le refus d'Alexandre, les fausses relations qu'on y fit des deux élections, la crainte, ou la complaisance qui empeschérent les Evêques les mieux intentionnez pour Alexandre, de prendre en main sa défense en présence de l'Empereur, firent reconnoistre Victor presque tout d'une voix. Les Rois de Dannemarc, de Bohême, & de Hongrie, & l'Ambassadeur d'Angleterre mesme soufcrivirent au Concile ;

Epist. Episcop. Bamberg ad Salsburg.

celuy de France refusa de le faire, disant que son Maistre vouloit encore avoir plus d'éclaircissemens, sur la manière dont les élections s'estoient faites : mais qu'en attendant que l'Empereur luy eust donné là-dessus les lumiéres qu'il souhaitoit, il demeureroit neutre. Alexandre fut apparemment redevable à la Reine de France, de ce que le Roy prit un parti qui luy fut si favorable en cette conjoncture ; au moins les Lettres que nous avons de ce Pape à cette Princesse, marquent-elles qu'il avoit grande confiance en elle, & qu'il comptoit beaucoup sur le crédit qu'elle avoit sur l'esprit du Roy.

Epist. 17. Alexandri.

Cette suspension n'empescha pas l'Evêque de Lisieux d'écrire fortement aux Evêques d'Angleterre, pour les attacher à l'obédience d'Alexandre. Le Roy de France & le Roy d'Angleterre ne laissèrent pas non plus d'assembler leurs Evêques au mois de May. Loüis convoqua ceux de France à Beauvais, & Henri ceux de Normandie à Neufmarché, & dans les deux Assemblées d'un commun consentement, Alexandre fut reconnu pour le seul & vray Pape.

Epist. Arnulphi ad Episcop. Angliæ. Robert. de Monte. an. 1161.

De plus le Roy écrivit sur ce sujet à Manuel Empereur de Constantinople, & si efficacement, qu'il le mit dans le parti d'Alexandre, dans lequel entrérent aussi les Evêques de Palestine. Les Rois & les Evêques d'Espagne imitérent l'exemple de ceux de France.

Inter Epist. Alexandri.

Mais pour rendre encore la chose plus authentique, on convoqua un Concile à Toulouse, où se trouvérent cent, tant Evêques qu'Abbez, partie François, partie Sujets du Roy d'Angleterre. Les deux Rois y furent présens. Il y vint des Ambassadeurs d'Espagne, & ceux de l'Empereur y assistérent pareillement avec des Députez d'Alexandre & de Victor. On y examina de nouveau les deux élections, & Guillaume de Pavie Cardinal y exposa si nettement les choses, refuta si fortement tout ce que les partisans de Victor produisoient pour le défendre, qu'il ne laissa pas le moindre scrupule aux deux Rois. Ainsi ce qui avoit esté résolu aux Conciles de Beauvais & de Neufmarché, fut confirmé, & Victor solemnellement excommunié par tout le Concile, avec ceux, qui desormais suivroient son parti.

Concil. Tolosan.

Guillelm. Neubrig. l. 2 c. 9.

L'Empereur ne se rebuta pas pour cela. Il tint à Lodi, entre Milan & Plaisance, un nouveau Concile, où Victor fut de nouveau reconnu, & Fridéric maintint dans le Schisme les Rois de Bohême, de Hongrie, de Dannemarc & de Norvége.

Otho Morena in Chronic.

Cependant le Pape, qui ne se trouvoit pas en seûreté à Rome, vint en France. Il arriva à Montpellier après les Festes de Pasques de l'an 1162. & y tint un Concile, où il excommunia l'Antipape & tous ses adhérans. De-là il s'avança jusqu'à Clermont en Auvergne. Ce fut là qu'il trouva un nouvel embarras, qu'il n'avoit pas prévû.

Acta Alexandri ex codice Vaticano. 1162. Concil. Monspeliense.

Les mauvaises démarches des Princes sont d'autant plus fascheuses, qu'ils se croient encore plus que les autres hommes, engagez d'honneur à les soûtenir. Fridéric ne pouvoit se résoudre à reconnoistre Alexandre, & prévoyoit bien qu'il ne pourroit pas maintenir long-temps Victor. Il voulut tenter un autre expédient, pour se tirer d'un si mauvais pas. Ce fut de faire ensorte, sous prétexte de finir le Schisme, que ni Victor, ni Alexandre ne demeuraſſent point Papes, & qu'on procédaſt à une nouvelle élection. Il ne deſeſpéroit pas de réüſſir, s'il pouvoit faire entrer le Roy de France dans cette penſée. Voici comment il s'y prit pour en venir à bout.

Robert. de Monte.

Conſtance de Caſtille Reine de France, & protectrice d'Alexandre, eſtoit morte en couche d'une ſeconde fille au mois de Septembre de l'an 1160. (c'eſtoit la quatriéme fille, que le Roy avoit eüe de ſes deux premieres femmes, qui ne luy avoient point donné d'héritier,) & les Seigneurs du Royaume retombérent dans leurs premieres inquiétudes. C'eſt pourquoi ils obligérent le Roy à ſe remarier au plûtoſt, & paſſant par-deſſus des bienſéances, que l'on crut devoir négliger dans une conjoncture ſi importante, il épouſa dés le mois ſuivant en troiſiémes nôces Adelaïde, fille de Thibaud Comte de Champagne dernier mort, & ſœur des Comtes de Blois, de Champagne, & de Sancerre.

Victoris Epiſt. ad Ludovic.

L'Antipape Victor eſtoit parent de la nouvelle Reine, & des trois Comtes ſes freres. Depuis le mariage Henri Comte de Troye & de Champagne, eſtoit devenu le Favori de Loüis, & avoit de très-étroites liaiſons avec l'Empereur, qui s'en ſervit, pour engager le Roy à une conférence, où il puſt luy propoſer ſes vûës ſur la paix de l'Egliſe.

Acta Alexandri.

Le Comte s'acquitta parfaitement de ſa commiſſion, en repréſentant au Roy, qu'il ne falloit négliger aucun moyen de mettre fin au Schiſme, comme au plus grand mal, dont l'Egliſe puſt eſtre affligée; que jamais elle n'avoit eſté plus partagée, l'Eſpagne, la France, l'Angleterre d'un coſté, eſtant pour Alexandre; & de l'autre une grande partie de l'Italie, l'Allemagne, la Hongrie, le Dannemarc, la Norvege, tenant pour Victor: que les deux partis ayant de ſi grands Princes à leur teſte, ils ne viendroient jamais à bout l'un de l'autre par la force, ni par les excommunications; qu'au contraire ſi une fois les Egliſes de France, d'Italie & d'Allemagne ſe trouvoient unies dans le meſme ſentiment, les autres ſuivroient ſans peine; & qu'en tout cas, ſuppoſé qu'on ne puſt pas convenir, les choſes n'en ſeroient pas en un état pire que celuy, où elles ſe trouvoient actuellement; qu'ainſi il eſtoit juſte d'accorder à l'Empereur une choſe qu'il paroiſſoit demander avec des intentions très-droites, & qu'il eſtoit à propos que le Roy conférast avec luy.

Epiſt. Frider ad Epiſc. Lugdun.

Le Roy ſe laiſſa perſuader par des raiſons ſi ſpécieuſes, & envoya le Comte à la Cour de l'Empereur, pour luy dire qu'il ſe rendroit le vingt-neuviéme d'Aouſt ſur la rivière de Saône entre Dijon & Dole, avec grand nombre d'Evêques & de Seigneurs, & qu'il y ameneroit Alexandre.

Epiſt. Victoris ad Ludovic.

Le Comte fit de grands honneurs & beaucoup d'amitiez à Victor, qu'il trouva à la Cour de l'Empereur, ce qui luy donna de grandes eſpérances, & l'enhardit à écrire au Roy, pour le prier de ſe défaire des préventions qu'on luy avoit données contre luy, & qu'il eſpéroit bien détruire.

Alexandre averti de cette négotiation, fit tout ce qu'il put pour en empeſcher l'effet, par le moyen de Hugues Evêque de Soiſſons, qui taſcha en vain de détourner le Roy d'accorder à Fridéric la conférence qu'il luy demandoit. Ainſi les deux Princes s'acheminérent au rendez-vous. Fridéric y amena Victor avec un grand nombre d'Evêques; mais le Roy ne put gagner ſur l'eſprit d'Alexandre, qu'il l'y accompagnaſt.

Epiſt. Alexand. ad Hugonem.

Pour s'en défendre, il luy dit qu'il n'eſtoit pas de ſa dignité de ſe ſoumettre au jugement de l'Empereur, & qu'il feroit contre les Canons & les plus ſaintes Régles de l'Egliſe, s'il reconnoiſſoit un tel Tribunal, ſon élection étant certainement très-canonique, comme il en avoit convaincu tous ceux qui avoient aſſiſté au Concile de Toulouſe; qu'ainſi il ſe contenteroit d'envoyer à la Conférence quelques Cardinaux, non pas pour diſcuter encore une fois une affaire ſi nette; mais pour en faire une ſimple expoſition, qui leveroit les moindres doutes, s'il en pouvoit reſter encore dans l'eſprit de quelques gens prévenus, & il pria le Roy de ſe contenter de cette démarche, qu'il faiſoit à ſa ſeule conſidération.

Acta Alexandri.

Le Roy n'ayant pû en obtenir autre choſe, s'avança vers Dijon, d'où il fit avertir de ſon arrivée l'Empereur, qui eſtoit campé avec des Troupes derriere une montagne aſſez près de-là.

Les Envoyez ayant ſalué l'Empereur, il leur demanda ſi Alexandre eſtoit avec le Roy. Ayant ſçû qu'il n'y eſtoit pas, il s'emporta, & dit en colere que le Roy l'avoit trompé, qu'il luy avoit manqué de parole, & les renvoya ſans autre réponſe.

Le Roy avoit peu de monde avec luy, & l'Empereur en avoit beaucoup, & l'on appréhenda fort qu'il ne paſſaſt la montagne, & ne vinſt fondre en Bourgogne, avec danger méme de la perſonne du Roy. Sur cela on tint Conſeil, & il fut réſolu qu'on renvoyeroit à l'Empereur, pour luy dire, que bien que le Roy euſt eu de bonnes raiſons, pour ne pas obliger le Pape à ſe trouver à la Conférence, néanmoins afin d'oſter tout lieu de penſer qu'il n'euſt pas agi ſincérement en cette occaſion, il alloit le faire venir inceſſamment: Cependant on dépeſcha des Couriers au Roy d'Angleterre, pour le prier de venir au pluſtoſt au ſecours du Roy avec un Corps d'Armée qu'il avoit ſur pied. Henri le fit volontiers; il ſe mit auſſi-toſt en marche, & s'avança à grandes journées vers Dijon.

Ibid.

Le Pape ayant reçû les Lettres du Roy, ſe trouva fort en peine, & il ne ſçavoit quel parti prendre: car d'une part il appréhendoit de ſe commettre; & de l'autre il voyoit le péril du Roy, qui d'ailleurs ne vouloit pas avoir l'affront de fuïr devant l'Empereur, ni expoſer les Frontieres de France au pillage.

La réponſe qu'on porta à l'Empereur, eut l'effet qu'on prétendoit, qui eſtoit de l'appaiſer, & d'empeſcher qu'il n'avançaſt avec ſes Troupes; mais l'irréſolution du Pape auroit pû produire de grands maux, ſi le bruit de l'approche des Troupes d'Angleterre, la réfléxion que l'Antipape fit sur le grand nombre de Prélats François, que le Roy avoit à sa suite, & qui asseûroit à Alexandre la pluralité des suffrages dans la Conférence, & par-dessus tout cela la disette des vivres, qui commençoit à estre grande dans l'Armée Impériale, n'eussent fait prendre à l'Empereur luy-mesme le parti de se retirer.

Pour en avoir un prétexte, il fit faire une proposition au Roy, qui le tira de tout embarras. Le Chancelier de l'Empereur l'estant venu saluër de sa part, & l'ayant trouvé à la teste d'un gros de Cavalerie dans la Campagne, luy dit après son compliment, que son Maistre estant Empereur des Romains, & Protecteur de l'Eglise, il n'appartenoit qu'à luy en cette qualité, & aux Evêques de l'Empire, de décider du différend dont il s'agissoit; que les autres Evêques devoient s'en rapporter à eux; qu'ils pouvoient venir s'ils vouloient à l'Assemblée, qui devoit se tenir sur ce sujet, pour estre témoins de ce qui s'y passeroit, mais non pas pour y estre juges.

Le Roy sourrit à ce bizarre discours, & répondit au Chancelier qu'il se souvenoit que le Fils de Dieu avoit commandé à S. Pierre de paistre ses brebis; qu'il n'avoit jamais crû que sous ce nom fust compris le seul Empereur & les seuls Evêques de l'Empire, à l'exclusion du Roy & des Evêques de France: qu'ainsi l'affaire du Pasteur commun les regardoit tous également. Après ce peu de paroles, pour traiter le Chancelier, comme l'Empereur avoit fait les premiers Envoyez François, il tourna bride, sans autre réponse, & le laissa là. Il donna aussi-tost ordre au peu de Troupes qu'il avoit, de se mettre sous les armes, & de se tenir sur leurs gardes, de peur de surprise. Il fortifia de quelques Soldats les Garnisons des Places les plus exposées, & se tenant quitte de la parole qu'il avoit donnée à l'Empereur, par la conduite que ce Prince tenoit, il se disposa à partir. Mais Fridéric voyant la famine s'augmenter de jour en jour dans son Armée, ne pensoit pas à passer la Saône, & il décampa au mesme temps que le Roy se retiroit. C'est à quoy se termina cette nouvelle négotiation, qui avoit beaucoup inquiété le Pape. Ce fut la derniere fois que l'Empereur eut avec le Roy de France, touchant les affaires de l'Eglise, & Alexandre avec le temps, par son courage, par sa fermeté, par son adresse, & par sa prudence, vint à bout de se faire reconnoistre pour Pape légitime par Fridéric.

Après la rupture de la Conférence de la Saône, le Roy d'Angleterre, qui s'estoit approché avec des Troupes, pour repousser l'Empereur, en cas qu'il eust voulu entrer en Bourgogne, alla avec le Roy de France joindre le Pape sur la riviére de Loire. Ils luy rendirent les plus grands honneurs, & en particulier celuy de marcher à pied à ses deux costez, tenant les resnes du cheval sur lequel il estoit monté, & le conduisirent de cette sorte jusqu'à une tente magnifique qu'on luy avoit préparée dans le Camp. Il demeura encore quelque temps en France, où il tint l'année d'après un grand Concile à Tours, composé de dix-sept Cardinaux, de cent vingt-quatre Evêques, & de quatre cens quatorze Abbez. L'Antipape & ceux qui le soûtenoient y furent de nouveau excommuniez, on y décerna de griéves peines contre des Hérétiques connus depuis sous le nom d'Albigeois, dont les erreurs se répandoient beaucoup dans la Gascogne; & on soumit aux mesmes anathêmes tous ceux qui auroient le moindre commerce avec eux. Mais quoique les deux Rois eussent toûjours agi de concert pour les intérêts de l'Eglise & du Pape, cela n'empescha pas que durant ce temps-là mesme ils n'eussent ensemble de grands démeslez, & ne se fissent par intervalles une assez rude guerre.

Marguerite fille aînée du Roy de sa seconde femme, avoit esté promise au Roy d'Angleterre, pour Henri son fils aîné, & ce Prince demanda en 1160. qu'on fist les fiançailles. Le Roy y consentit, & elles se firent à Neubourg en Normandie, où la Princesse estoit élevée.

Incontinent après les fiançailles, le Roy d'Angleterre, sans en rien dire au Roy, alla s'emparer de Gisors, de Neaufle, & de Neuchatel sur la rivière d'Epte, Places que le Roy devoit donner en dot à Marguerite, mais seulement au temps du mariage. Le Roy irrité de cette conduite, prit aussi-tost les armes avec ses trois beau-freres les Comtes de Champagne, de Blois, & de Sancerre. La premiere chose que ces trois Seigneurs, fut de s'aller poster à Chaumont, qui estoit un Fief dépendant du Comté de Blois, & de le fortifier, pour pouvoir faire de-là des courses dans la Touraine. Henri avec sa promptitude ordinaire y accourut. Le Comte de Blois y estoit demeuré; mais ne se trouvant pas assez fort, pour s'y renfermer, il en sortit, en y laissant une Garnison. Henri assiégea le Chasteau, le prit, & le mit entre les mains de Hugues d'Amboise, ennemi mortel du Comte de Blois, parce que son frere estoit mort dans une prison, où ce Comte l'avoit mis. Henri fortifia de nouveau Amboise, & après cette expédition, se retira au Maine, la saison ne luy permettant pas de faire d'autres entreprises. Mais il fit fortifier pendant l'hyver, & mettre en bon état toutes les Places de ses Frontiéres de Normandie, d'Anjou, de Guyenne, du Maine, de Touraine, & mit de fortes Garnisons dans les Forteresses du Comté de Meulan son Vassal, bien résolu de soûtenir la guerre qu'il s'estoit attirée.

Le Roy ne manqua pas dès le printemps, de paroistre avec une Armée dans le Vexin Normand, tandis que le Comte de Blois, avec un autre, marcha du costé de Chasteaudun: mais Henri avoit si bien pourvû à tout, qu'ils ne purent l'entamer nulle part. Les Armées furent plusieurs fois en présence; mais les deux Rois se craignant l'un l'autre, & prévoyant également les suites de la perte d'une bataille, n'en vinrent jamais aux mains. On commença à parler de Paix. On fit une Trêve jusqu'à la S. Jean. Pendant la Trêve, on convint que le Roy d'Angleterre mettroit en sequestre les Places qu'il avoit prises, entre les mains de deux Chevaliers du Temple, nommez l'un Totes de S. Omer, & l'autre Robert de Pirou ; qu'ils les garderoient jusqu'au mariage du jeune Henri & de Marguerite, & qu'alors ils les rendroient au Roy d'Angleterre.

Roger de Hoveden parte 2.

Ce Prince consentit sans peine à cette condition, bien résolu de tromper le Roy, beaucoup plus droit & plus sincére que luy. Il gagna les deux Chevaliers par ses caresses & par ses présens; & estant seûr de l'un & de l'autre, il fit faire le mariage de son fils & de Marguerite, tous deux encore fort jeunes, & cela sans en rien communiquer au Roy. Ce qui étant fait, il somma les deux Chevaliers de luy rendre les Places. Ils le firent, ainsi qu'ils en estoient convenus avec luy, & se retirerent en Angleterre, pour éviter la colére du Roy, & où Henri les dédommagea volontiers des biens qu'ils avoient en France.

Aussi-tost après, je ne sçay sous quel prétexte, il fit une incursion dans le Comté de Toulouse, & y prit en huit jours Chastillon, Place très-forte au-dessus d'Agen, & jetta l'épouvente dans tout le païs. C'est ainsi que ce Prince également actif, ambitieux, & seûr dans ses entreprises, par les précautions qu'il prenoit pour y réussir, se servoit de toutes les occasions que la négligence & la trop grande sécurité de ses voisins luy fournissoient de s'agrandir.

Il s'estoit donné par là une supériorité sur eux, qui les obligea quelquefois à souffrir & à dissimuler bien des choses, & l'on ne voit pas que le Roy eust rompu avec luy pour la supercherie du mariage, ni pour l'insulte faite au Comte de Toulouse. Ce fut sans doute le Pape, qui ayant grand interest que ces Princes fussent par leur bonne intelligence, en état de le soûtenir, pacifia les choses. Mais peu de temps après le Roy d'Angleterre vit naistre chez luy une autre espéce de guerre, qui luy causa bien des chagrins & bien des inquietudes, que le Roy de France par la conduite qu'il tint à son égard en cette occasion, ne s'efforça pas de calmer. Ce qui y donna lieu, fut le zéle & la fermeté de Thomas Bequet, si fameux dans les Histoires Ecclésiastiques de ce temps-là, & plus connu dans l'Eglise, qui l'a mis au nombre des Saints, sous le nom de S. Thomas de Cantorbery.

C'estoit un homme d'un grand mérite, d'une vertu austére, d'un esprit inflexible, d'une intrépidité que rien n'estonnoit, incapable de se laisser corrompre par la faveur, ni ébranler par la disgrace, allant à son devoir avec autant de droiture que de zéle, sans que la crainte des plus grands dangers pust l'en détourner, sacrifiant tout, & ne ménageant rien, dès qu'il estoit persuadé qu'il s'agissoit de l'interest de Dieu.

An. 1162.

Henri l'avoit fait son Chancelier, Gouverneur du jeune Prince Henri son fils aîné, & ensuite Archevêque de Cantorbery, dignité qu'il n'accepta que malgré luy, & qu'après une extrême résistance que le Roy eut beaucoup de peine à vaincre.

L'année d'après sa promotion, il assista au Concile de Tours, où le Pape présida en personne, & où il se fit un Canon contre les usurpateurs des biens des Eglises. L'Archevêque estant de retour dans la sienne, agit fortement en vertu de ce Canon contre plusieurs Seigneurs d'Angleterre, dont il s'attira par là la haine. Il pria le Roy de trouver bon qu'il luy remist sa Charge de Chancelier, pour s'occuper uniquement de la conduite de son Diocése. Cette proposition déplut au Prince; mais il se rendit aux instances du Prélat, qui en quittant cette Charge, se crut exempt d'une espéce de nécessité, où il se trouvoit auparavant, de soûtenir certaines coûtumes du Royaume, qu'il jugeoit estre contraires à la liberté Ecclésiastique : elles regardoient principalement la Jurisdiction des Juges séculiers sur les Clercs dans les matiéres criminelles, les revenus des Eglises & des Cures vacantes, que le Roy & les Seigneurs particuliers s'attribuoient, & qu'ils laissoient vacquer long-temps exprès, pour en avoir une plus longue joüissance.

An. 1163. Concil. Turon. Can. 2.

L'Archevêque ne tarda pas à agir conformément aux idées qu'il avoit sur tout cela. Il obligea le Roy, par les vives remontrances qu'il luy fit, à faire cesser la vacance des Evêchez de Vorcester & de Herfort. Il excommunia un Seigneur Vassal de la Couronne; dequoy le Roy se tint fort offensé, prétendant qu'il n'avoit pas dû le faire sans son consentement. Il refusa de remettre entre les mains du Magistrat un Prestre coupable d'homicide. Il en fit autant pour un Chanoine, & quoique le Roy luy pust dire, il ne voulut jamais le relascher, soûtenant toûjours que c'estoit à luy à en faire justice.

Henri jusqu'alors avoit esté très-absolu, & n'estoit pas accoûtumé à souffrir ces sortes de résistances. Il fut fort irrité de celle de l'Archevêque; mais il le fut encore bien plus, lorsqu'ayant fait une Assemblée d'Evêques à Westminster, il les trouva tous résolus à suivre l'exemple de leur Primat. Il regarda cette union de sentiment comme une cabale formée par l'Archevêque. Il leur demanda s'ils n'estoient pas résolus d'observer toutes les coûtumes du Royaume; ils répondirent qu'ils vouloient les garder toûjours en tous les points, où elles n'auroient rien de contraire à la Loy de Dieu, & aux Priviléges de leur Ordre. Réponse qui le choqua si fort, qu'il sortit sur le champ de l'Assemblée tout en colére ; & dès le lendemain il osta à l'Archevêque les Gouvernemens qu'il avoit encore gardez, en se défaisant de l'employ de Chancelier.

Cette marque de disgrace fit abandonner l'Archevêque non seulement de toute la Cour, mais encore de la pluspart de ses Confréres, qui craignirent d'estre enveloppez dans son malheur. Quelques-uns d'entre eux néanmoins taschérent de trouver des expédiens, pour adoucir les choses. L'Archevêque se relascha sur quelques articles; mais s'en estant repenti aussi-tost après, & s'estant retracté, ces irrésolutions ne servirent qu'à irriter le Roy de plus en plus. Pour l'aigrir encore davantage, quelques ennemis du Prélat l'accuserent d'avoir écrit des Lettres au Roy de France, où il parloit du Roy d'Angleterre, comme d'un persécuteur de l'Eglise. Il tascha en vain de se disculper. Il pria mesme par Lettres le Roy de France, de rendre le témoignage qu'il devoit à son innocence: mais Henri ne se tenoit satisfait de rien, s'il n'estoit absolument obéï.

Epist. Thomæ ad Ludovic.

Il convoqua à Clarendon une nouvelle Assemblée des Seigneurs & des Evêques du Royaume, sous prétexte de régler par leurs avis les points principaux de cette contestation, & de prévenir les troubles qu'elle commençoit à causer dans l'Eglise & dans l'Etat. L'Archevêque s'y rendit après avoir long-temps déliberé s'il iroit. Le Roy n'y proposa rien autre chose, sinon que tous promissent en général, & jurassent sans restriction, d'observer les coûtumes du Royaume. L'Archevêque refusa d'abord tout net de le faire; mais enfin après que le Roy se fut retiré plus irrité que jamais contre luy, les autres Evêques & les Seigneurs firent tant, qu'ils l'obligerent à faire le serment, l'asseûrant que la chose seroit sans conséquence, & qu'on n'exigeoit cela de luy que pour la forme. Mais les remords de conscience le reprit bien-tost après, sur tout quand il eut vû qu'on avoit fait de nouvelles additions à ces Coûtumes. N'osant plus toutefois résister au Roy, il prit la résolution de s'enfuïr d'Angleterre, & de se retirer en France. Mais s'estant embarqué deux fois, le vent contraire l'obligea toutes les deux fois à relascher sur la côte.

Hist. Quadripartita. l. 1. c. 45. 46.

An. 1164.

Le bruit de sa fuite avoit fort allarmé le Roy, qui appréhendoit que quand il seroit une fois au-delà de la mer, il ne mist l'Angleterre en interdit, & n'animast contre luy le Pape & le Roy de France. Il apprit avec joye qu'il estoit encore dans le Royaume, & de retour à Cantorbery, & résolut de le faire observer, pour empescher qu'il ne tentast une troisiéme fois de s'évader.

Cap. 29.

Il envoya au Pape l'Evêque de Lisieux & l'Archidiacre de Poitiers, qui le priérent de sa part d'user de son autorité pour rendre l'Archevêque plus traitable, pour l'empescher d'attenter sur les prérogatives de sa Couronne, & l'obliger à se soûmettre, à l'exemple de tous les autres Evêques, aux Coûtumes & aux Loix de l'Etat. Ils eurent ordre aussi de presser le Pape, de faire l'Archevêque d'York Légat du S. Siége dans le Royaume, au moins tandis que ces divisions dureroient, & de luy donner ses pouvoirs & ses ordres pour pacifier l'Eglise.

Le Pape très-instruit des intentions de Henri, & de tout ce qui se passoit en Angleterre, se défendit le plus honnestement qu'il luy fut possible, d'accorder ce qu'on luy demandoit. Mais Henri ne se rebuta point. Il fit de nouvelles instances, & les Ambassadeurs firent si bien comprendre au Pape, que dans la disposition où estoit leur Maistre, l'Archevêque couroit risque de la vie, si l'on n'accordoit au moins une partie des choses que l'on souhaitoit, qu'il consentist de faire l'Archevêque d'York son Légat en Angleterre.

Varia Alexandri Epistolæ.

Le Roy auroit esté très-content de cette condescendance du Pape, si elle avoit esté sans restriction: car sa vûë dans cette demande étoit de faire comparoistre l'Archevêque de Cantorbery devant celuy d'York, & de le faire déposer par le suffrage de la pluspart des Evêques dont il estoit asseûré: mais le Pape en donnant la qualité de Légat à l'Archevêque d'York, ne voulut point que sa Jurisdiction s'étendist jusques sur la personne de l'Archevêque de Cantorbery, ni soustraire les Evêques d'Angleterre à l'obéïssance qu'ils devoient à leur Primat.

Ce n'estoit là dans le fond rien accorder au Roy d'Angleterre de ce qu'il demandoit: ainsi après qu'il eut lû avec indignation les Lettres du Pape, qui ne donnoient à l'Archevêque d'York qu'un vain titre sans pouvoir, il prit d'autres mesures pour perdre celuy de Cantorbery.

Il fit une Assemblée des Seigneurs & des Evêques à Northampton, où sans plus luy parler de souscrire les Coûtumes du Royaume, on l'accusa d'avoir violé son serment, en refusant cette souscription: on l'accusa encore de desobéïssance envers le Roy, sur ce qu'ayant esté cité pour comparoistre devant luy, & devant les Evêques & les Seigneurs du Royaume, il avoit quelquefois refusé, ou du moins différé de venir. On luy demanda compte de diverses choses qu'il avoit faites durant qu'il estoit Chancelier, & sur ces sortes d'accusations frivoles, sur lesquelles à peine voulut-on écouter ses défenses, il fut condamné à perdre tous ses biens meubles, qui furent confisquez au profit du Roy; & les Evêques luy déclarérent qu'ils ne le reconnoissoient plus pour leur Primat, & qu'ils le citoient au Tribunal du Pape.

An. 1164.

Le Prélat appella de ce jugement à la justice de Dieu; mais prévoyant bien qu'on n'en demeureroit pas là, il reprit son premier dessein, de sortir d'Angleterre pour se réfugier en France. Il réüssit cette fois-là, & conduisit si adroitement la chose, qu'il trompa la vigilance des espions dont il estoit assiégé, & passa en Flandre, & de-là en France.

Le détail de toute cette grande affaire, qui dura plusieurs années, & tout ce qui se passa entre le Pape & le Roy d'Angleterre, n'estant pas de mon sujet, je ne le toucheray qu'autant qu'il sera nécessaire, pour faire entendre quelle estoit la disposition des esprits dans la Cour de France à cet égard, & comment le Roy se comporta en cette occasion envers le Roy d'Angleterre, & pour éclaircir certains événemens, qui arrivérent dans les deux Etats, ausquels cette contestation donna lieu.

Si-tost que le Roy d'Angleterre eut appris l'évasion de l'Archevêque, il envoya des Am-

LOUIS VII.

Historia quadripartita. l. 2. c. 6.

bassadeurs à la Cour de France, pour prévenir le Roy sur tout ce que ce Prélat pourroit luy dire contre luy, & le prier de ne le point souffrir dans ses Etats. Le Roy, qui avoit bien des raisons de n'estre pas fort content du Roy d'Angleterre, & qui n'estoit pas fasché de le voir embarqué dans cette méchante affaire, dont il prévoyoit assez les suites, reçut un peu froidement les Ambassadeurs, & ayant lû la Lettre qu'ils luy présentérent de la part de leur Maistre, il revint sur ces mots qu'il leur lut tout haut, *Thomas autrefois Archevêque de Cantorbery, s'est échapé de mon Royaume comme un traistre*, sur quoy il leur fit cette question. Est-ce que ce Thomas, dont on parle ici, n'est plus Archevêque de Cantorbery, & s'il ne l'est plus, qui est donc celuy qui l'a déposé?

Ibid. Chronic. Gervasii.

Les Ambassadeurs paroissant embarrassez de cette question, le Roy reprit la parole, & leur dit. Je suis Roy, aussi-bien que le Roy d'Angleterre; mais je ne voudrois pas avoir déposé le moindre Clerc de mon Royaume, & je ne crois pas avoir le pouvoir de le faire. Il ajoûta ensuite que dans le temps que l'Archevêque estoit Chancelier d'Angleterre, il luy avoit toûjours paru se comporter en fidéle Sujet, & zélé serviteur de son Maistre, & que ses services luy sembloient mériter un autre traitement, & que pour luy il estoit si peu disposé à le chasser de ses Etats, en cas qu'il y vînt, que s'il sçavoit qu'il y fust entré, il iroit au devant de luy, pour luy faire tout l'honneur dû à sa vertu.

Les Ambassadeurs se retirérent avec cette desagréable réponse, & le lendemain quelques domestiques de l'Archevêque arrivérent à Compiégne, où le Roy estoit alors. Il leur fit l'honneur de les embrasser. Il les écoûta favorablement, & parut extrémement touché du détail qu'ils luy firent de la persécution suscitée contre ce saint Prélat, & des dangers & des fatigues qu'il avoit essuyez dans sa fuite. Il leur dit, pour les consoler, ce qu'il avoit répondu aux Ambassadeurs d'Angleterre à son sujet, & les asseûra qu'il trouveroit en France un azile & une parfaite seûreté.

Roger de Houeden. parte 2.

Les Ambassadeurs d'Angleterre ne réüssirent guéres mieux à justifier la conduite de leur Maistre auprès du Pape, qu'ils allérent trouver à Sens, où il avoit choisi sa demeure. Le Roy l'avoit instamment prié de prendre en main la défense de l'Archevêque. Ils laissérent néanmoins le Pape dans l'inquiétude, sur ce qu'ils luy firent entendre assez clairement dans leur discours, que si on prétendoit pousser trop fort le Roy d'Angleterre, il pourroit prendre des résolutions fascheuses, & se joindre à l'Empereur, pour soûtenir le nouvel Antipape Guy de Cremes, qui avoit esté élû sous le nom de Pascal III. à la place de Victor, mort depuis peu.

Historia quadripartita. l. 2. c. 3.

Cependant l'Archevêque de Cantorbery ayant appris le favorable accueil, que le Roy avoit fait à ceux qui l'avoient salué de sa part, se rendit à Soissons, où il sçut qu'il devoit venir. Le Roy y arriva en effet le lendemain; &

comme on luy eut dit que l'Archevêque estoit dans la Ville, il alla aussi-tost le visiter en son logis, & après luy avoir donné toutes les marques d'affection, d'estime, & de vénération pour sa vertu, non seulement il luy permit de demeurer en France; mais encore il luy promit d'avoir soin que rien ne luy manquast, tandis qu'il y seroit, & l'obligea sur le champ à prendre une somme d'argent considérable, dont il luy fit présent. De-là le Saint alla trouver le Pape à Sens, & après luy avoir rendu compte de sa conduite, il se retira à l'Abbaye de Pontigny au Diocése d'Auxerre.

Ce ne fut pas là l'unique chose desagréable que le Roy fit à Henri. Il maria cette mesme année-là sa fille Alix à Thibaud Comte de Blois, qui de son beau-frere qu'il estoit, devint aussi par là son gendre, aussi-bien que Henri Comte de Troye & de Champagne son frere; car ce Comte avoit épousé Marie, autre fille du Roy, & s'en estant séparé depuis, il la reprit alors. Cette nouvelle liaison de Loüis avec une Maison si puissante, si étenduë, qui avoit esté si long-temps toute dévoüée à l'Angleterre, ne pouvoit pas plaire à Henri; mais ce qui dut luy faire le plus de chagrin, fut que le Roy donna par ce mariage à Thibaud la dignité de Grand Sénéchal de France, qui avoit toûjours esté affectée aux Comtes d'Anjou, & que ces Comtes faisoient exercer en leur nom par une espéce de Lieutenant, de qui ils recevoient l'hommage pour cette Charge. Henri en vertu du Comté d'Anjou qu'il possédoit, y avoit droit, & prétendoit la faire tomber à son fils aîné, qui comme je l'ay dit, avoit épousé Marguerite fille du Roy. Cependant Loüis n'eut aucun égard à ces prétentions, & en investit le Comte de Blois.

Robertus de Monte.

L'Impératrice Mathilde mere du Roy d'Angleterre, appréhendant les suites que devoit avoir naturellement cette affectation de la Cour de France à chagriner Henri, & ayant appris la révolte du païs de Galles, écrivit au Pape, pour le prier de rétablir la bonne intelligence entre les deux Rois, d'autant que c'estoit l'unique moyen de parvenir à pacifier les troubles de l'Eglise d'Angleterre.

Joann. Salisberi. Epist. 32. ex cod. Vatic. apud Baron. Robertus de Monte. ann. 1165.

Le Pape, qui n'avoit rien de plus à cœur, que de voir la fin de ces dissentions, engagea ces deux Princes à une entrevûë, qui se fit à Gisors durant l'Octave de Pasques, mais fort inutilement; car l'entretien ayant commencé par l'affaire de Cantorbery, le Roy d'Angleterre ne voulut jamais se relascher sur la soumission entiére, qu'il exigeoit de l'Archevêque, & le Roy refusa toûjours d'obliger ce Prélat à sortir de France, comme Henri le souhaitoit. Le départ du Pape, qui fut rappellé en Italie par son parti devenu très-puissant en ces quartiers-là, fut un nouveau contretemps, qui empescha qu'on ne continuast la négociation. Outre que Henri fut obligé de repasser la mer, pour aller avec une Armée dompter les Habitans du païs de Galles, dont la révolte continuoit depuis un an.

Ibid.

A parler selon les maximes ordinaires de la

politique, rien n'eſtoit plus avantageux & plus ſouhaitable à la France que la continuation de ces broüilleries, qui ſervoient de frein à l'ambition de Henri; & le Roy faiſoit aſſez paroître qu'elles ne luy déplaiſoient pas, quoiqu'il ne refuſaſt pas de temps en temps, ſoit à l'inſtance du Pape, ſoit à la priere du Roy d'Angleterre meſme, de faire quelque démarche pour les faire finir. Mais cet embarras d'un Prince dont il eſtoit jaloux, eſtoit pour luy le ſujet d'une joye beaucoup moins ſenſible, que celle qu'il eut cette meſme année de la naiſſance d'un Prince, héritier de la Couronne, ſi long-temps ſouhaité, & ſi long-temps attendu. La Reine le mit au monde au mois d'Aouſt, & on luy donna au Baptefme le nom de Philippe. Sa naiſſance réjoüit extrémement tout le Royaume, & certainement à en juger par la ſuite & par les grandes choſes que ce Prince, après qu'il fut monté ſur le Trône, entreprit pour la gloire de Dieu, & pour l'avantage de l'Etat, on a tout ſujet de croire que ſa naiſſance eſtoit une faveur toute particuliere de la bonté Divine envers la France.

An. 1165.

Ibid.

Henri, que l'état de ſes affaires obligeoit à ménager beaucoup le Roy de France, repaſſa la mer, après avoir appaiſé les troubles du païs de Galles, & eut une nouvelle entrevûë avec ce Prince, où, ſans qu'on y fiſt mention de l'Archevêque de Cantorbery, ils renouvellérent eux les anciens Traitez de Paix. Ce n'eſtoit pas ſans deſſein que Henri en uſoit ainſi. Il eſtoit mécontent de pluſieurs Seigneurs du Maine, qui avoient eu peu de ſoûmiſſion pour la Reine, qu'il avoit laiſſée en Normandie durant ſon abſence. Il vouloit les châtier, & il avoit prétendu par le nouveau Traité de Paix, qu'il venoit de faire avec le Roy, l'empeſcher de prendre leur protection, en cas qu'ils euſſent recours à luy. Il fit raſer pluſieurs de leurs Chaſteaux. Il aſſiégea Fougeres, en faveur de Conan Duc de Bretagne, qui eſtoit toûjours en guerre avec Eudes ſon beau-pere, c'eſt-à-dire, mari de ſa mere. Il la prit avec beaucoup de peine, & quelques Troupes Françoiſes, qui eſtoient venuës au ſecours de la Place, apparemment par un ordre ſecret du Roy, furent défaites.

Ibid. an. 1166.

Joann. Saliſber. Epiſt. 167.

Henri quelque temps auparavant, avoit traité du mariage de Geoffroy ſon troiſiéme fils avec Conſtance fille de Conan; le mariage ſe fit après la priſe de Fougeres, & par ce mariage, Conſtance portoit en dot à Geoffroy le Duché de Bretagne. Les Seigneurs de Bretagne, pour la pluſpart, firent hommage à Henri. Il alla à Rennes, où il prit ſolemnellement poſſeſſion du Duché, au nom de ſon fils, qui ſix ans après, le Duc Conan eſtant mort, fut reconnu Duc de Bretagne.

Robert. de Monte.

Sur ces entrefaites, il vint de faſcheuſes nouvelles de la Paleſtine, où les affaires des Chrétiens eſtoient en très-mauvais état. Le Roy qui en fut touché, tira une groſſe ſomme d'argent de ſon Epargne, & mit une taxe pour cinq ans ſur tous les biens, tant des Laï-

ques, que des Eccléſiaſtiques de ſon Royaume, pour le ſecours de la Terre-Sainte. Le Roy d'Angleterre ne voulant pas luy céder en générosité, en fit autant. Mais cela meſme fut un ſujet de broüillerie entre les deux Rois, qui n'avoient que trop de penchant à ſe chicaner l'un l'autre ſur les moindres choſes.

Quand le Roy d'Angleterre eut levé la taxe pour la premiere fois, il nomma un Anglois pour la porter en Paleſtine. Joſſe Archevêque de Tours, ſoit pour faire ſa Cour au Roy de France, ſoit par quelque autre motif, s'aviſa de luy faire faire réflexion, que la Touraine eſtant un Fief de la Couronne, l'argent qui y avoit eſté levé, devoit luy eſtre mis entre les mains, & eſtre envoyé de ſa part. C'eſtoit en effet un ancien droit des Rois de France, auſſi-bien que des autres Souverains, au nom deſquels ſeuls, les Comtes & les Ducs pouvoient faire des levées; mais ce droit avoit eſté abrogé par l'uſage, depuis que les Comtez & les Duchez eſtoient devenus des Fiefs héréditaires. Le Roy néanmoins ſur la remontrance que luy en fit l'Archevêque de Tours, crut pouvoir le faire valoir, au moins dans cette occaſion particuliere. Le Roy d'Angleterre ſe moqua de cette prétention. Il arrivoit de temps en temps en France de ces cas ſinguliers, qui étoient de continuelles ſources de querelles entre le Souverain & les Feudataires, quand ceux-ci furent devenus trop puiſſants, & c'eſtoit ordinairement la force & les armes qui en décidoient. Un autre nouveau différend ſurvint en meſme temps entre les deux Rois, fondé encore ſur les meſmes titres de Souverain & de Vaſſal.

Ibid.

Guillaume Comte d'Auvergne avoit desherité ſon neveu, qui eſtoit ſon héritier légitime. Le Comté d'Auvergne eſtoit un Fief mouvant du Duché d'Aquitaine, & un Arriere-Fief de la Couronne de France. Le jeune Comte desherité cita ſon oncle au Tribunal du Roy d'Angleterre leur Seigneur immédiat; Guillaume promit de comparoître; mais ayant changé d'avis, il eut recours au Roy de France, comme au Seigneur Suzerain. Les deux Rois également jaloux de leur autorité, ſe piquérent; le Roy d'Angleterre ſoûtint que le Comte d'Auvergne ne devoit ſe pourvoir à la Cour de France, qu'en cas que luy-meſme refuſaſt de luy faire juſtice. Le Roy au contraire prétendit avoir droit de prononcer indépendamment du Roy d'Angleterre. Ils convinrent néanmoins de ſe voir dans le Vexin, pour vuider à l'amiable ce point, & celuy de l'argent de Touraine; mais on ne put s'accorder; & on prit les armes de part & d'autre.

Ibid.

An. 1167.

Le Roy fit marcher des Troupes ſur les Frontiéres de Normandie, qui firent le dégaſt entre Pacy & Mante. Le Roy d'Angleterre ſurprit Chaumont dans le Vexin, le bruſla avec les magaſins d'armes & de vivres que le Roy y avoit, & ravagea tous les environs. Le Roy s'en vengea ſur le Gué S. Nicaiſe & ſur Andely, qu'il réduiſit en cendres. Ces ravages finirent peu de jours après par une Tréve, pendant

dant laquelle le Roy d'Angleterre alla en Bretagne, où il soûmit quelques Seigneurs, qui s'eſtoient ſoulevez contre luy. Il y apprit la mort de l'Impératrice Mathilde ſa mere, Princeſſe d'un génie bien au-deſſus du commun des perſonnes de ſon ſexe, qui par ſon adreſſe & par ſes conſeils, par ſes ſollicitations auprès du Pape, par les voyes d'accommodement qu'elle faiſoit ſuggérer à l'Archevêque de Cantorbery, avoit juſqu'alors empeſché que les troubles de l'Egliſe d'Angleterre, n'allaſſent aux dernieres extrémitez: elle avoit auſſi toûjours taſché de prévenir, ou de promptement aſſoupir les querelles des deux Rois: En un mot, rien ne fait mieux l'éloge de cette Princeſſe, que les maux qui ſuivirent la perte, que l'Egliſe & l'Angleterre firent dans ſa perſonne.

An. 1167.

Depuis la fuite du Prélat hors d'Angleterre, les voyes de fait, au moins les plus violentes, n'avoient plus eſté miſes en uſage. Il eſt vray que le Roy d'Angleterre, un an avant la mort de ſa mere, donna quelque eſperance à l'Empereur de ſe joindre à luy, pour ſoûtenir l'Antipape Paſcal; mais ce ne fut qu'une feinte, pour étonner le Pape. Comme il n'en parut pas fort émû, la négotiation ceſſa, & n'eut point de ſuite; mais après la mort de l'Impératrice, le Pape & le Roy d'Angleterre n'uſerent plus de tant de ménagement.

An. 1167.
Epiſt. 155
Alexandri ad Thomam Cantuar. in codice Vatic.

Au mois d'Octobre de cette année, le Pape écrivit une Lettre à l'Archevêque de Cantorbery, où en le déclarant ſon Légat en Angleterre, il luy mettoit toute ſa puiſſance en main ſur tout ce qui regardoit ce Royaume, à la réſerve de l'Egliſe d'York. C'eſtoit là donner des armes à un homme très-diſpoſé à s'en ſervir.

En effet, il écrivit auſſi-toſt à tous les Evêques d'Angleterre, pour les avertir de ſoûtenir avec plus de fermeté, qu'ils n'avoient fait juſqu'alors, les libertez de l'Egliſe, & commença par condamner, en vertu de l'autorité Apoſtolique dont il eſtoit revêtu, les Coûtumes d'Angleterre, qui avoient donné lieu à tout le fracas. Il excommunia divers Seigneurs, pour s'eſtre emparez de quelques Terres de l'Egliſe de Cantorbery, & pour d'autres ſujets; & commanda à l'Evêque de Londres, en vertu de l'obéïſſance qu'il luy devoit, d'envoyer ſa Lettre à tous les Evêques d'Angleterre.

Joann. Saliſber.
Epiſt. 139.

Ce coup étonna Henri, qui commença à appréhender que l'Archevêque ne l'excommuniaſt luy-meſme, & qu'il ne jettaſt l'interdit ſur ſes Etats; & afin de s'en empeſcher, il luy fit ſignifier un appel au Pape de tout ce qu'il pourroit faire contre luy. Il interpoſa meſme, malgré qu'il en eut, l'autorité du Roy de France, & s'offrit de s'en rapporter à luy ſur cette affaire. Le Roy à ſa priere écrivit à l'Archevêque, pour le prier de ne rien précipiter, & luy fit dire que le Roy d'Angleterre eſtant tombé malade, n'avoit pû ſe rendre au lieu où ils devoient ſe rencontrer, pour chercher des voyes d'accommodement.

Cet appel au Pape ſuſpendit l'excommunication, que l'Archevêque eſtoit preſt effectivement de lancer contre Henri. Mais ce Prince revenu de ſa premiere crainte, ne voulut plus entendre parler de négotiation, & voyant les Evêques d'Angleterre toûjours fort attachez à luy, malgré les menaces de leur Primat, il reprit ſes premieres briſées, & réſolut de le pouſſer à bout.

Il mit des Gardes dans tous les Ports d'Angleterre, pour viſiter exactement tout ce qui viendroit de de-là la mer, & pour empeſcher qu'aucune Lettre n'entraſt dans le Royaume, ſans avoir eſté ouverte. Il oſtoit par là le moyen à l'Archevêque, d'y faire publier aucune cenſure contre luy ou contre ſon Etat. Il fit venir les Abbez des Monaſtéres d'Angleterre de l'Ordre de Ciſteaux, & leur déclara que ſi inceſſamment les Moines de Pontigny n'obligeoient l'Archevêque de ſortir de leur Abbaye, il les chaſſeroit du Royaume, & confiſqueroit tous leurs biens.

Ibid.

Il fallut obéïr, & le Prélat, pour ne pas attirer une telle perſécution à l'Ordre de Ciſteaux, ſe condamna à quitter ce Monaſtere. Il vint trouver le Roy de France, pour le prier de luy accorder une autre demeure. Ce Prince le fit avec la meſme bonté, dont il avoit toûjours uſé envers luy, & luy permit de ſe retirer à Sens, en l'aſſeûrant de nouveau qu'il ne manqueroit de rien, tandis qu'il voudroit demeurer dans ſes Etats.

Ibid.

Cependant le Roy d'Angleterre agiſſoit fortement à Rome par ſes Envoyez, & par quelques Cardinaux qui eſtoient à luy, pour gagner le Pape, & luy faire abandonner la protection de l'Archevêque de Cantorbery. Le bruit ſe répandit de tous coſtez qu'Alexandre commençoit à beaucoup mollir. Ce qui donna lieu à ce bruit, furent quelques graces qu'il accorda alors aſſez aiſément au Roy d'Angleterre, & qu'entre autres choſes il luy promit la Diſpenſe pour le mariage de ſon fils avec la fille du Duc de Bretagne, dont il eſtoit parent au troiſiéme degré. On auroit fort ſouhaité en France que le S. Siége s'oppoſaſt à ce mariage: car cette alliance déplaiſoit beaucoup au Roy, & l'on crut volontiers par ces raiſons, ce qu'on diſoit de la trop grande condeſcendance du Pape, au préjudice de l'Archevêque de Cantorbery. Le Roy qui ſe faiſoit honneur de ſoûtenir le Prélat, dont la ſainteté étoit infiniment relevée par les perſécutions qu'il ſouffroit, ſe plaignit hautement du Pape, de ce que l'ayant engagé à prendre l'Archevêque ſous ſa protection, luy-meſme l'abandonnoit, & affectoit de combler de faveurs le Roy d'Angleterre, tout ennemi déclaré de l'Egliſe qu'il eſtoit, & de ce qu'au lieu de s'oppoſer, comme il le devoit par tant de raiſons, à l'accroiſſement de ſa puiſſance, il y contribuoit par toutes ſortes de moyens.

Epiſt Lombardi ad Alexand. apud Baron.

Le chagrin du Roy alla ſi loin, qu'il fut ſur le point d'envoyer au devant des Légats, qui venoient en France traiter des affaires de l'Egliſe d'Angleterre, pour leur défendre d'entrer dans le Royaume; & peu s'en fallut qu'il ne convoquaſt un Concile National, pour obliger tous les Evêques de ſon Royaume, à ſe déclarer authentiquement pour l'Archevêque de Cantorbery.

Le Pape apparemment dans la conduite qu'il tenoit envers le Roy d'Angleterre, n'avoit point d'autre veuë, que de ramener ce Prince par la douceur; & ce qu'il fit dans la ſuite, le juſtifia ſur ce point; mais le Roy de France ne pouvoit gouter ces ménagemens.

Le Roy d'Angleterre de ſon coſté ne put ſouffrir, que le Roy entrepriſt ſi ouvertement de traverſer ſes deſſeins; & ſi-toſt que la Tréve qu'ils avoient faite le mois d'Aouſt dernier, juſqu'aux Feſtes de Paſques de l'année ſuivante, fut expirée, il penſa à recommencer la guerre.

An. 1168.

Durant la Tréve, le Roy que l'union de la Bretagne aux autres Etats du Roy d'Angleterre chagrinoit fort, avoit traité avec Eudes beau-pere du Duc Conan, & s'eſtoit engagé à le ſoûtenir dans les efforts qu'il prétendoit faire, pour ſe remettre en poſſeſſion du Duché, & à ne point faire de Paix avec le Roy d'Angleterre, ſans qu'il y fuſt compris.

Robert de Monte.

Quelques Seigneurs de de-là la Loire, ſçavoir, le Comte de la Marche, le Comte d'Angouleſme, Aimeri de Luſignan, & pluſieurs autres mécontens de Henri s'eſtoient auſſi liguez entre eux & avec le Roy pour ſe donner à luy, Ils devoient prendre les armes ſi-toſt que la guerre ſeroit recommencée, & ils luy avoient meſme donné ſecretement des ôtages. Ce devoit eſtre là une faſcheuſe diverſion pour le Roy d'Angleterre.

Ce Prince vigilant fut averti de tous ces Traitez, quelques précautions qu'on euſt apportées pour les tenir ſecrets. Il prévint les uns & les autres, & eſtant d'abord entré bruſquement dans le Poitou, il s'empara de Luſignan, Place très-forte, prit pluſieurs Chaſteaux ſur les Comtes de la Marche & d'Angouleſme, & les raſa, & mit ces Seigneurs hors d'état de luy faire la guerre. Il fournit de Troupes ſes Places d'au-delà de la Loire, & laiſſa dans ces quartiers-là la Reine ſa femme avec Patrice Comte de Saliſberi, pour empeſcher tous les mouvemens qui pourroient s'y faire.

ibid.

Un peu avant la fin de la Tréve, il envoya ordre à Eudes, à Olivier Seigneur de Dinan, & à Rolland couſin d'Olivier, qu'il ſçavoit eſtre auſſi du nombre des liguez, de luy amener en perſonnes leurs Troupes dont il avoit beſoin. Et ſur la difficulté qu'ils firent d'obéir, ainſi qu'il s'y eſtoit bien attendu, il entra en Bretagne, ſe ſaiſit de Joſſelin, de Vannes, des Chaſteaux qu'Eudes avoit en Cornoüailles: il en fit autant de la pluſpart des Places des Seigneurs de Dinan, ſans que le Roy de France, qui n'eſtoit pas preſt, & que la Treve qui n'étoit pas encore finie, empeſchoit d'agir, puſt aller à leur ſecours.

ibid.

Après cette expédition, le Roy d'Angleterre, comme il en eſtoit convenu avec le Roy, ſe trouva entre Mante & Pacy dans l'Octave de Paſques, qui eſtoit le terme de la Tréve, pour conclure la Paix, ou pour recommencer la guerre. On négocia en vain, le Roy d'Angleterre voulant qu'on luy remiſt entre les mains les ôtages Bretons & Poitevins, & le Roy s'obſtinant à ne les pas rendre. Néanmoins on prolongea la Tréve juſqu'à la S. Jean.

ibid.

Les deux Rois ſe rendirent à la Ferté-Bernard au temps marqué, pour y conférer ſur les moyens de faire la Paix; & quelques-uns des Seigneurs Bretons, qui y eſtoient intereſſez, s'y trouvérent, malgré les précautions que le Roy d'Angleterre avoit priſes, pour les empeſcher d'y venir. Cette Conférence fut auſſi inutile que la précédente, les deux Rois ne voulant ſe relaſcher ſur rien. Auſſi-toſt après les Armées ſe mirent en Campagne; mais tous leurs exploits ſe terminérent à la priſe de quelques Chaſteaux de part & d'autre, & à la déſolation de la Campagne, ſans aucune action mémorable. Il eſt ſurprenant que les deux Rois ayant l'un & l'autre beaucoup de valeur, beaucoup d'amour pour la gloire, beaucoup de jalouſie l'un de l'autre, s'eſtant trouvez tant de fois à la teſte de leurs Armées, néanmoins ils n'en fuſſent jamais venus aux mains, ni à aucune grande action, où ils puſſent faire épreuve de leur bravoure & de leur habileté dans la guerre. Mais c'eſt qu'ils ſe craignoient l'un l'autre, encore plus qu'ils ne ſe haïſſoient.

ibid.

La continuation de cette guerre faſchoit fort le Pape, qui n'eſperoit pas pouvoir finir les affaires de l'Egliſe d'Angleterre, tant qu'elle dureroit. C'eſt pourquoy il envoya en France deux Légats, ſçavoir le Cardinal Eudes, & le Cardinal Guillaume de Pavie, pour travailler de tout leur poſſible à faire la Paix entre les deux Rois, afin de traiter enſuite par l'entremiſe du Roy de France, de celle de l'Archevêque de Cantorbery avec le Roy d'Angleterre.

Les Légats obtinrent avec aſſez de peine, que les deux Princes conféraſſent en leur préſence, & qu'ils acceptaſſent leur médiation. A cette Conférence ſe trouvérent auſſi Eudes beau-pere du Duc de Bretagne, Rolland de Dinan, les Comtes d'Angouleſme & de la Marche, le Vicomte de Doüé, Robert de Silly, Geoffroy de Luſignan, Emeri de Rancon; c'étoient les principaux Seigneurs Vaſſaux de Henri, qui s'eſtoient liguez contre luy avec le Roy de France. Le Comte de Flandre engagea auſſi l'Archevêque de Cantorbery à y venir.

Joann. Saliſber. l. 2, Epiſt. 32. in codice Vaticano.

Epiſt. Guillelm. Carnot. in codice Vatic.

Les Seigneurs que j'ay nommez préſentérent leurs griefs au Roy de France, comme à leur Souverain Seigneur, & qui avoit auſſi la même qualité à l'égard du Roy d'Angleterre. Ils demandérent que Henri reparaſt les ravages faits ſur leurs Terres pendant la Tréve; mais Eudes demanda ſur tout juſtice de l'affront qu'il luy avoit fait, en débauchant ſa fille, qu'il retenoit en ôtage, & dont il eſtoit devenu amoureux, & qui ſe trouvoit eſtre actuellement groſſe. Il reprocha en face à Henri, qu'il eſtoit non ſeulement un adultere, mais encore un inceſtueux, cette fille eſtant ſa niéce à la mode de Bretagne.

An. 1168.

Ce debat ne promettoit pas une bonne iſ-

LOUIS VII.

fuë de la Conférence; toutefois les Légats adoucirent les esprits; ce ne fut pas là effectivement ce qui la fit rompre, & elle auroit eu apparemment un meilleur succès, que les précédentes entrevûës des deux Rois, sans la partialité du Cardinal de Pavie, entierement dévoué au Roy d'Angleterre, & qui sur tous les points contestez, concluoit toûjours en sa faveur.

Le Roy choqué de cette conduite, & des basses flatteries, dont le Légat encensoit continuellement le Roy d'Angleterre, se leva brusquement, & dit en colére à ce Cardinal, qu'il estoit indigne de la commission dont le Pape l'avoit chargé; qu'un Roy de France, qui avoit comme luy, toûjours soûtenu si hautement les interests de l'Eglise Romaine, méritoit d'en estre traité avec plus d'égard ; qu'il n'avoit que faire d'un médiateur tel que luy, pour se conserver ses droits, & qu'il sçauroit bien se faire rendre ce qui luy estoit dû. Après avoir parlé de la sorte, il sortit du lieu de l'Assemblée, & fut suivi d'Eudes de Bretagne & des autres de son parti.

Sur cela, le Roy d'Angleterre tout triomphant, protesta que ce n'estoit pas luy qui rompoit la Conférence, & qu'on ne devoit point luy imputer les fascheuses suites de cette rupture. Il se fit par-tout honneur de l'appuy que luy donnoit l'Eglise Romaine, & pour faire plus de dépit à l'Archevêque de Cantorbery, il rendit aussi-tost publique une Lettre du Pape, par laquelle il estoit défendu à cet Archevêque d'user d'aucune censure ni contre luy, ni contre aucun de ses Sujets, & qui suspendoit tous les pouvoirs qu'on luy avoit donnez, jusqu'à ce que les Légats fussent arrivez en Angleterre, & eussent examiné à fond toute cette affaire. C'estoit le Cardinal de Pavie, qui avoit tiré cette Lettre du Pape, sous prétexte de ne point trop aigrir les choses, luy représentant que si l'Archevêque continuoit à se servir, comme il avoit commencé, du pouvoir qu'il avoit reçu du S. Siége, les choses viendroient à des extrémitez, où il n'y auroit plus de remede.

Joann. Salisber. Epist. 103.

Cette Lettre augmenta beaucoup le mécontentement que le Roy avoit de la Cour de Rome, & Guillaume nommé à l'Evêché de Chartres, soit par ordre de ce Prince, soit de son propre mouvement, en écrivit au Pape, pour luy faire connoistre le mauvais effet que sa Lettre avoit causé, & combien non seulement le Roy, mais encore les Evêques de France & tous les véritables enfans de l'Eglise en estoient scandalisez.

Epist. 50.

Le Pape par cet avis que luy donna l'Evêque de Chartres, vit bien qu'on abusoit de sa condescendance, & il écrivit à l'Archevêque de Cantorbery, pour le prier de ne point s'allarmer, l'asseûrant qu'il ne l'abandonneroit jamais. Il donna ordre aux Légats d'écrire eux-mesmes la mesme chose à l'Archevêque, de retarder leur voyage d'Angleterre, de ne rien décider d'important, sans avoir reçû de nouveaux ordres; & si Henri les pressoit de passer la mer, de luy répondre qu'il avoient défense de le faire, avant qu'il se fust réconcilié avec l'Archevêque. Le Pape écrivit les mêmes choses au Roy, & enfin malgré ce que les Légats purent écrire au Pape contre l'Archevêque, qu'ils accusoient d'exciter le Roy & le Comte de Flandre à faire la guerre au Roy d'Angleterre, il révoqua tous leurs pouvoirs, & les rappella à Rome.

Epist. 23.

Le Roy d'Angleterre voyant les choses tourner tout autrement qu'il n'avoit esperé, estoit fort inquiet. Il appréhendoit l'excommunication & l'interdit de la part de l'Archevêque, à cause des effets fascheux que ces censures ont coûtume d'avoir sur l'esprit des Peuples; il tenoit néanmoins toûjours bonne contenance. Il fit dire au Pape qu'il s'en remettroit volontiers à son jugement, touchant une partie des Coûtumes du Royaume d'Angleterre, qui faisoient le sujet du différend; mais que si on refusoit cet offre, il seroit obligé de s'appuyer de l'Empereur, & il affecta, pour intimider le Pape & le Roy de France, d'envoyer de fréquentes Ambassades en Allemagne. Le Roy qui le connoissoit trop prudent, pour faire la scandaleuse démarche d'embrasser le Schisme, avec danger de révolter contre luy tous ses Etats, ne s'en étonna point, & il comprit même par là, l'embarras où estoit ce Prince.

Joann Salisber. Epist. 234.

Henri fit solliciter Guillaume II. Roy de Sicile, d'agir pour luy auprès du Pape, & de l'engager à abandonner l'Archevêque de Cantorbery. Mais le Roy de France empescha l'effet de cette négotiation. De sorte que le Roy d'Angleterre desesperant de sortir de cette malheureuse affaire ; tandis que le Roy de France la soûtiendroit contre luy, fut contraint d'en revenir à luy demander la Paix; mais ne voulant pas le faire par luy-mesme, il se servit de Henri Comte de Champagne, & de Philippe Comte de Flandre, pour l'y disposer.

Ibid.

Loüis avoit beaucoup de considération pour ces deux Princes ; mais sur tout pour Henri, qui estoit son beau-frere & son gendre. Ils l'allérent trouver à Soissons, où il tenoit son Parlement, & le priérent de vouloir bien qu'ils fussent les médiateurs entre luy & le Roy d'Angleterre, pour terminer une guerre si nuisible aux deux Etats. Le Roy y consentit.

Ibid.

Entre plusieurs points importans, sur lesquels il estoit difficile de convenir, les principaux estoient, la maniere de l'hommage, que le Roy d'Angleterre faisoit pour la Normandie au Roy de France, où Henri vouloit faire changer certains termes & certaines formalitez: Secondement, la cession qu'il devoit faire du Comté d'Anjou & du Maine, en faveur de son fils aîné Henri, qui avoit épousé Marguerite de France, & dans cet article il s'agissoit aussi de la Formule de l'hommage que ce jeune Prince devoit faire pour ces deux Comtez. En troisiéme lieu, la cession du Duché de Guyenne, que Henri proposoit de faire à Richard son second fils, qui devoit épouser Adelaïde, autre fille du Roy, comme on s'y

Tome I.

estoit engagé depuis long-temps de part & d'autre. La manière de l'hommage que Richard feroit au Roy pour la Guyenne, faisoit encore une difficulté de mesme espéce que les deux autres. De plus il estoit question de régler les prétentions que le Roy d'Angleterre avoit sur le Comté de Toulouse, & la formule de l'amnistie & du rétablissement des Seigneurs de Poitou, qui s'estoient révoltez contre ce Prince l'année d'auparavant.

Pour rendre la chose plus facile, on remit à un autre temps l'article de Toulouse, qui demandoit une grande discussion ; & pour ce qui est du reste, les deux Comtes, au nom du Roy d'Angleterre, convinrent avec le Roy en cette manière.

Premierement, que desormais le Roy d'Angleterre feroit au Roy de France hommage pour le Duché de Normandie, avec toutes les mesmes formalitez que l'avoient fait ses prédécesseurs, & avec toutes les obligations de le servir, dans les occasions où le Vassal doit faire service à son Seigneur.

Secondement, qu'il seroit tenu de céder à Henri son fils aîné, le Conté d'Anjou & le Comté du Maine, avec tous les hommages & sermens de fidélité dûs par les Seigneurs de ces deux Comtez, & que Henri en estant mis en possession, feroit hommage au Roy de France, & serment de fidélité envers tous & contre tous ; & qu'à cet égard, il ne devroit rien ni à son pere, ni à ses freres, & qu'ils ne pourroient rien exiger de luy, outre l'amitié & l'honneur que leur mérite personnel, & les liaisons du sang devoient leur attirer de sa part.

En troisiéme lieu, que Richard second fils du Roy d'Angleterre, en épousant Adelaïde fille du Roy, seroit mis en possession du Duché de Guyenne, & qu'il le posséderoit aux mesmes conditions, & avec la mesme dépendance de la Couronne de France, que l'Anjou & le Maine seroient possédez par son frere ; qu'on ne stipuleroit rien pour la dot de la Princesse ; mais que le Roy la luy donneroit telle qu'il jugeroit à propos.

En quatriéme lieu, que les prisonniers seroient rendus de part & d'autre. Enfin l'on voit par la suite, que touchant les Seigneurs du Poitou, qui avoient pris les armes pour le Roy, on convint qu'ils seroient rétablis dans leurs Terres & dans leurs Chasteaux.

Le Comte de Champagne ayant fait agréer ces conditions au Roy, alla trouver Henri pour les luy ratifier. Il le fit ; mais comme il vit que le Comte estoit sur le point de partir pour aller en Poitou, afin de faire évacuer Lusignan, & en remettre en possession Geoffroy, qui en estoit le Seigneur, il luy dit qu'il se gardast bien de le faire ; qu'il ne vouloit pas que ceux qu'il avoit mis dans cette Place, pour en faire relever les murailles, en sortissent encore, & qu'il envoyeroit incessamment au Roy l'Archevêque de Roüen avec deux autres Seigneurs, pour vuider cet article particulier.

Le Comte retourna sur le champ à la Cour, & y rapporta la difficulté que faisoit le Roy d'Angleterre sur la restitution de Lusignan. Le Roy entra en grande colére, & partit promptement pour Bourges, où il assembla les Seigneurs du Poitou interessez en cette affaire, fit avec eux un nouveau Traité, en reçut de nouveaux ôtages ; & ils se jurérent mutuellement de continuer à faire la guerre au Roy d'Angleterre, s'il ne vouloit pas rendre Lusignan, & de ne faire jamais aucun Traité avec luy, sans qu'eux & le Roy y fussent compris.

Le Roy d'Angleterre fut un peu surpris de cette nouvelle & prompte confédération : car il avoit crû que le Roy trouvant de grands avantages dans les autres articles, pourroit se relascher sur celuy de Lusignan ; mais comme il vouloit la Paix, dont il avoit besoin, pour les raisons que j'ay dites, il pria de nouveau le Comte de Champagne & le Comte de Flandre d'agir auprès du Roy, & de luy demander de sa part une entrevuë, esperant obtenir de luy par son adresse ordinaire ce qu'il prétendoit.

Le Roy refusa de le voir, luy fit dire, que puisqu'il manquoit ainsi à sa parole, il retiroit luy-mesme la sienne, & qu'ayant changé de pensée sur le mariage de sa fille Adelaïde, il ne vouloit plus qu'elle épousast le Prince Richard ; qu'il consentiroit néanmoins à traiter pour les autres articles par des Députez qu'il luy nommeroit vers les Festes de Pasques ; mais que s'il n'estoit résolu d'accorder aux Seigneurs de de-là la Loire le rétablissement dans leurs biens, ce seroit inutilement qu'on rentreroit en négotiation, parce qu'il estoit résolu de ne se pas relascher sur ce point-là.

Le Roy d'Angleterre en une autre conjoncture, ne se seroit pas accommodé de ces hauteurs du Roy de France ; mais entre Souverains, encore plus qu'entre les autres hommes, la fierté céde souvent à la politique. Henri traita avec les Députez du Roy, & passa tout ce qu'on voulut. On parla mesme dans cette Conférence des affaires de Toulouse, & il fut réglé sur ce sujet-là, que lorsque le Prince Richard seroit déclaré Duc de Guyenne, s'il arrivoit quelque différend entre luy & le Comte de Toulouse, la cause seroit portée à la Cour de France, & qu'elle se décideroit par le jugement du Roy.

Après cet accord, le Roy d'Angleterre témoignant toûjours souhaiter fort de voir le Roy, il fut résolu que les deux Rois se trouveroient ensemble sur la Frontiére le Dimanche d'après l'Ascension. Mais dans cet intervalle, Gui de Lusignan ayant par malheur rencontré le Comte de Salisbery son ennemi, qui commandoit pour le Roy d'Angleterre en Poitou, ils se battirent, & le Comte fut tué. Gui de Lusignan vit bien qu'après cela, il ne seroit pas en seûreté dans le païs. Son malheur fut pour luy l'occasion d'une plus haute fortune ; car ayant passé dans la Terre-Sainte, il y fut élevé plusieurs années après sur le Trône de Jérusalem ; & cependant le Roy d'Angleterre furieusement irrité de la mort du Comte de Salisbery, la vengea par les courses qu'il fit faire sur les Terres des Seigneurs de Lusignan, qui en portérent leurs plaintes à la Cour de France.

Il n'en falloit pas davantage pour détruire tout ce qui avoit esté fait jusqu'alors. Néanmoins le Roy d'Angleterre appaisa le Roy par l'entremise de Guillaume Evéque de Chartres, en luy représentant le juste sujet qu'il avoit eu de se venger des Seigneurs de Lusignan, qui avoient tué le Général de ses Troupes.

La proposition que le Roy d'Angleterre fit à l'Evéque de Chartres en cette occasion, montre le désir extrême qu'il avoit de la Paix. Il luy dit, que s'il venoit à bout de le réconcilier avec le Roy de France, il s'obligeroit à prendre la Croix, & qu'il pouvoit asseûrer le Roy de sa part, qu'il seroit prest d'aller avec luy en Egypte contre les Turcs, dés qu'il le jugeroit à propos.

L'Evéque de Chartres, qui connoissoit parfaitement l'esprit artificieux de ce Prince, luy repartit; mais, Seigneur, ne me desavoüerez-vous point, quand j'auray porté de vostre part cette parole au Roy? Henri répondit, qu'il pouvoit la porter hardiment, & qu'il ne souhaitoit rien tant, que de consacrer le reste de sa vie à Dieu, en combattant pour la Religion contre les Infidéles. Le Prélat s'acquitta de sa commission, & le Roy aussi peu persuadé que luy de la sincérité de Henri, l'ayant écouté, luy dit, qu'après les promesses que le Roy d'Angleterre luy avoit faites tant de fois là-dessus, sans les tenir, il ne s'y fieroit plus, à moins qu'il ne luy vist la Croix sur l'epaule. Tout cela suppose qu'on pensoit alors à une nouvelle Croisade; mais ce dessein s'évanoüit, & ne fut exécuté que sous le Régne des enfans de ces deux Princes.

Pour ce qui est de la Paix, le Roy protesta à l'Evéque qu'il y estoit toûjours disposé; mais qu'il n'y consentiroit jamais, à moins que les Seigneurs de Poitou n'y fussent compris.

Enfin après tant de délais & tant d'incidens, la Paix fut conclûë. Le Roy d'Angleterre vint trouver le Roy à Montmirail, la veille des Rois. Il luy dit en le saluant, qu'il luy donnoit la carte-blanche, & que sans prescrire aucunes conditions, il en passeroit par tout ce qu'il voudroit, pourvû qu'il luy rendist son amitié. C'estoit un pur compliment d'honnêteté: car avant l'arrivée du Roy d'Angleterre, Thibaud Comte de Blois, & Bernard Prieur de Grandmont, avoient secretement arresté avec le Roy, au nom de Henri, les articles de la Paix, qui estoient à peu près les mesmes, que ceux dont on estoit convenu à Soissons.

Après les premiers complimens, les deux Rois s'embrassérent. Le Roy de France dit tout haut à celuy d'Angleterre, qu'il luy restituoit les Fiefs de la Couronne, dont il l'avoit déclaré déchû, pour avoir pris les armes contre luy, à condition qu'il luy remettroit fidélement tous les Chasteaux du Domaine de France, dont il s'estoit emparé.

Le lendemain le Roy d'Angleterre fit publiquement hommage au Roy pour la Norman-

An. 1179.
Epist. 268.

die, & pour ses autres Etats mouvans de la Couronne de France, malgré les sermens qu'il avoit souvent faits depuis la guerre, de ne jamais rendre cet hommage. Le Prince Henri son fils aîné en fit autant pour le Comté d'Anjou, & pour le Comté du Maine; Richard pour le païs d'au-delà de la Loire, excepté pour la Touraine, pour laquelle le Roy d'Angleterre se reconnoissoit Vassal du Comte de Blois. Le jeune Henri fit aussi hommage au Roy pour le Duché de Bretagne, quoiqu'il fust destiné à Geoffroy troisiéme fils du Roy d'Angleterre; mais c'est que Geoffroy ne devoit le posséder que comme Vassal immédiat de la Couronne d'Angleterre, & en faire luy-mesme hommage à Henri son frere, comme à l'héritier présomptif du Royaume; par où l'on voit que la Bretagne estoit toûjours un Arriere-Fief de la Couronne de France. Tous ces hommages se firent avec les formalitez dont on estoit convenu à la Conférence de Soissons.

Quelque répugnance qu'eust eu le Roy d'Angleterre, pour le rétablissement des Seigneurs de Poitou & des autres, qui s'estoient liguez avec eux, il fut obligé d'y consentir, & quelque temps après estant allé du costé d'Auvergne, il y reçut en ses bonnes graces, conformément au Traité, le Comte de la Marche & le Comte d'Angoulesme.

Par le mesme Traité, la Charge de Grand Sénéchal de France *, ou de Grand Maistre de la Maison du Roy, héréditaire dans la Famille des Comtes d'Anjou, fut renduë au jeune Henri. Le Comte de Blois, qui estoit un des Mediateurs, à qui le Roy l'avoit donnée cinq ou six ans auparavant, voulut bien la luy céder, & Henri quelques semaines après la conclusion de la Paix, en fit les fonctions à Paris, le jour de la Purification, & servit le Roy à table. C'est de cette manière que la Paix fut rétablie entre les deux Couronnes, avec beaucoup de gloire pour la France, & assez d'humiliation pour le Roy d'Angleterre.

Il restoit à faire celle de l'Archevêque de Cantorbery avec ce Prince, & les conjonctures semblérent propres pour la ménager. Henri venoit de recevoir des Lettres du Pape, qui avoient paru l'y disposer, & il avoit asseuré le Prieur du Mont-Dieu, & Bernard Prieur de Grandmont, qui luy avoient rendu ces Lettres, qu'il se contenteroit que l'Archevêque paroissant en sa présence, luy donnast publiquement des marques d'une soumission respectueuse, qu'il le traiteroit bien, & le rétabliroit dans ses bonnes graces.

Sur cette promesse, ils priérent le Roy de France de faire venir l'Archevêque, qui dés qu'il fut arrivé, vint se jetter aux pieds du Roy d'Angleterre, & luy dit ce peu de paroles d'un air fort humilié. *Seigneur, ayez compassion de moy, je m'abandonne entre les mains de Dieu & les vostres, à sa gloire, & à la vostre.*

Tous s'attendoient que le Roy d'Angleterre, ainsi qu'il l'avoit fait espérer, le recevroit bien, & luy répondroit avec bonté; mais non, dit un fameux Ecrivain Anglois de ce temps-

HISTOIRE DE FRANCE.

là, Henri, qui avoit depuis long-temps convaincu les François de son peu de droiture, voulut de plus qu'en cette occasion, ils fussent témoins de son peu d'humanité. Il dit mille choses desobligeantes & injurieuses à l'Archevêque, & en adressant la parole au Roy de France, & à tout le reste de l'Assemblée, il ajoûta, qu'il ne demandoit rien autre chose à l'Archevêque, sinon l'observation des anciennes Coûtumes du Royaume d'Angleterre, de la manière qu'elles avoient esté observées par les cinq derniers Archevêques de Cantorbery, parmi lesquels il y avoit eu des hommes d'une sainteté éminente; que l'Archevêque ne vouloit point s'y soumettre, & que sous ce prétexte, il se faisoit honneur mal à propos, d'estre le Martyr de la liberté Ecclésiastique : qu'il n'avoit qu'à promettre en présence de toute l'Assemblée de ne plus combattre ces Coûtumes, & que dès-là toutes les contestations & les peines qu'il s'attiroit, seroient finies. Après avoir ainsi parlé, il se leva, laissant là l'Archevêque fort confus, & le Roy de France très-peu satisfait. Car on avoit compté que Henri, suivant sa promesse, agréeroit la soûmission du Prélat, sans entrer en ces éclaircissemens odieux. C'estoit à quoy le Pape l'avoit exhorté par ses dernières Lettres; mais Henri avoit fait depuis réfléxion, qu'en agissant ainsi, il auroit perdu sa cause, & que si l'Archevêque retournoit à son Eglise, sans avoir juré l'observation des Coûtumes, ce seroit toûjours à recommencer. Il estoit venu à bout de ce qu'il avoit prétendu, en faisant la Paix avec le Roy de France, & délivré de l'inquiétude que la guerre luy causoit, il espéroit en temporisant, fatiguer l'Archevêque, & obtenir du Pape au moins quelque composition, par l'entremise de plusieurs Cardinaux, qui estoient tout à luy. C'est là ce qui le fit agir de la sorte.

Historia quadripartita.

D'autres Historiens rapportent la chose d'une manière toute différente : mais peut-estre parlent-ils de quelque autre Assemblée. Ils disent que l'Archevêque en se jettant aux pieds du Roy d'Angleterre, luy dit ces paroles. *Seigneur, je vous fais vous-mesme Juge de tout, pourvû que dans ce que vous ordonnerez, l'honneur de Dieu n'y soit point interessé ;* que Henri releva ces derniers mots, & qu'après plusieurs reproches faits au Prélat, il dit au Roy de France:
„ Voyez-vous sa malice & sa fourbe ? Pour a-
„ voir dequoy recommencer les querelles, dès
„ que quelque chose ne luy plaira pas, il dira
„ que l'honneur de Dieu y est interessé, & sous
„ ce prétexte, il envahira les plus légitimes
„ droits de ma Couronne. Mais pour montrer,
„ ajoûta-t-il, que je ne prétens rien faire contre
„ l'honneur de Dieu ; voici à quoy je me soumets.
„ Il y a eu avant moy plusieurs Rois sur le Trône
„ d'Angleterre, dont les uns avoient plus d'au-
„ torité, & les autres moins que je n'en ay. Il
„ y a eu avant Thomas Bequet plusieurs Arche-
„ vêques de Cantorbery, qui estoient de grands
„ hommes & de saints personnages, je me con-
„ tente qu'il m'accorde ce que le plus saint & le

plus grand homme de ses prédécesseurs a ac- „
cordé au moindre des miens, & je ne deman- „
de rien de plus. „

Ces Historiens ajoûtent, que toute l'Assemblée d'un commun consentement, applaudit à cette proposition du Roy d'Angleterre ; que le Roy de France voyant que l'Archevêque ne disoit mot, & hésitoit à accepter une telle offre, luy demanda sur quoy il déliberoit encore, puisqu'il ne tenoit qu'à luy d'avoir la paix à des conditions si avantageuses, & s'il se croyoit plus sage & plus saint, que les plus sages & les plus saints de ses prédécesseurs ?

Que l'Archevêque répondit, qu'il devoit imiter ses prédécesseurs dans ce qu'ils avoient fait de bien, & dans ce qu'ils avoient souffert de mal pour la liberté de l'Eglise, & non pas dans les choses où ils avoient trop molli.

Que sur cette réponse, tous les Seigneurs des deux Nations s'estoient récriez, & qu'un d'entre eux ayant pris la parole, avoit conclu, que puisqu'il s'obstinoit contre le sentiment des plus sages des deux Royaumes, il méritoit d'estre chassé d'Angleterre, & de n'estre pas reçû en France.

Que sur cela l'Assemblée s'estoit séparée ; que les deux Rois estoient montez à cheval, sans vouloir plus écouter l'Archevêque ; qu'on avoit cessé de le défrayer, & qu'il avoit esté réduit à vivre des aumônes, que luy firent par pitié l'Archevêque de Sens, & l'Évêque de Poitiers.

Que néanmoins quelque temps après, le Roy de France avoit eu du scrupule, d'avoir ainsi abandonné un Saint ; qu'il l'avoit rappellé à sa Cour ; qu'il s'estoit jetté à ses pieds, pour luy en demander pardon, & l'avoit assuré tout de nouveau, qu'il auroit soin de luy comme auparavant ; qu'il n'avoit rien à craindre dans son Royaume, & qu'il pouvoit demeurer à Sens, comme il avoit fait jusqu'alors, & que l'on pourvoiroit à tous ses besoins.

Que le Roy d'Angleterre s'estant plaint au Roy de ce changement, il n'en avoit point eu d'autre réponse, sinon que la France avoit esté de tout temps le refuge des affligez & des persécutez pour la justice ; que l'Archevêque étoit véritablement un homme de bien, & qu'il estoit résolu de ne le pas abandonner.

Soit que cette conduite du Roy fust un effet de sa piété ou de sa politique, il est certain qu'il traita l'Archevêque avec sa bonté ordinaire, & que le Roy d'Angleterre, qui se crut d'abord tiré d'embarras, se trouva plus intrigué que jamais ; & c'est ce qui l'obligea à prendre d'autres mesures.

Il pria le Pape de faire venir l'Archevêque à Rome, pour le tirer hors de France, où, disoit-il, on entretenoit son obstination, & de luy donner quelque autre Evêché, au lieu de celuy de Cantorbery, n'y ayant point de plus court moyen de mettre fin à des brouïlleries, qui n'en auroient point sans cela. Pour obtenir ce qu'il demandoit, il offrit de grandes sommes d'argent aux Princes & aux principales Villes d'Italie, qui soûtenoient le parti du

Codex Vatic. l. 2. Epist. 79.

LOUIS VII.

Pape contre l'Empereur, & que le Pape estoit obligé de ménager beaucoup pour le bien de ses affaires; il leur fit ces offres, pour les engager à faire ensorte auprès du Pape, qu'il luy accordast la translation de l'Archevêque en quelque autre Eglise. Mais ce Prélat ayant esté averti de ce qui se passoit, écrivit fortement à Rome, pour empescher qu'on n'écoutast le Roy d'Angleterre; & il fit si bien, qu'on n'accorda rien autre chose à ce Prince, sinon qu'on envoyeroit de nouveaux Légats, pour voir sur les lieux ce qu'il y auroit de meilleur à faire.

Le Pape nomma donc Gratien neveu du défunt Pape Eugene III. & Vivien Archidiacre d'Orvieto, dont les instructions portoient, premierement, de ne point souffrir que le Roy d'Angleterre les défrayast, jusqu'à ce que les affaires fussent entierement terminées. Secondement, de laisser à l'Archevêque tous les pouvoirs que luy donnoit sa qualité de Primat d'Angleterre, & mesme celuy d'agir, quand il le faudroit, par les censures Ecclésiastiques; mais de luy conseiller de ne rien précipiter, & de se gouverner toûjours par les conseils de gens sages & moderez. En troisième lieu, le Pape ordonnoit aux Légats d'user de toutes les voyes de douceur, qui seroient justes, de prendre garde durant la négotiation à ne rien dire, & à ne rien faire, qui pust aigrir le Prince; & enfin de luy déclarer que leur Légation estoit limitée à un certain temps; que leurs pouvoirs expireroient à la Feste de S. Michel, & que l'Archevêque auroit liberté entiere de se servir des siens dans toute leur étenduë, immédiatement après cette Feste.

Le Pape avertit l'Archevêque de tout ceci, & le pria de ne fulminer, durant la négotiation, aucune censure, ni contre le Roy, ni contre son Royaume, ni contre aucune autre personne.

La disposition favorable de la Cour de France à l'égard de l'Archevêque de Cantorbery, inspira de la fermeté aux Légats, en traitant avec le Roy d'Angleterre. Dès qu'ils furent arrivez en Normandie, où ce Prince estoit, les conférences commencèrent. Elles furent longues & vives, & Henri, soit par l'impetuosité de son humeur, soit exprès pour épouvanter les Légats, s'y emporta souvent en menaces, en juremens, en termes pleins de mépris pour le Pape & pour les censures Ecclésiastiques. Ils l'écoutèrent avec beaucoup de sang-froid, & enfin toutes les difficultez se réduisirent presque à deux mots, que le Roy d'Angleterre demandoit qu'on insérast dans la convention à la place de deux autres, que les Légats vouloient y mettre. Le Roy vouloit qu'en rendant l'Eglise de Cantorbery à l'Archevêque, il fust dit que ce Prélat y rentreroit, y seroit reconnu, qu'on luy obéïroit, *sauf en toutes choses la dignité Royale.* * Les Légats au contraire, vouloient qu'on y insérast, que l'Archevêque de Cantorbery seroit en tout soumis aux ordres du Roy, *sauf la liberté de l'Eglise.*

On ne put convenir sur cet article avant le terme marqué. Ainsi les Légats prièrent le Roy de trouver bon, qu'ils se retirassent. Il obtint toutefois qu'un des deux demeurast, sur l'asseûrance qu'il luy donna, de conclure, incessamment l'affaire, après qu'il auroit vû le Roy de France à S. Denis, où ils devoient s'aboucher, & où le Légat Vivien pria l'Archevêque de se trouver aussi. Le Roy de France l'en pria luy-mesme, mais ce Prélat ayant peine à s'y résoudre, après la manière dont Henri l'avoit traité dans la derniere Assemblée, il consentit seulement de se rendre à Paris, afin d'estre plus à portée de faire ses propositions, & de recevoir celles qu'on luy feroit pour l'accommodement.

Henri estant arrivé à S. Denis, n'oublia rien pour gagner le Roy. Il le pria de vouloir bien que Richard son second fils fust élevé à la Cour de France, & luy promit de se rendre facile à la Paix avec le Comte de Toulouse, chose que le Roy souhaitoit. Ce Prince répondit aux marques de confiance que Henri luy donnoit par des honnestetez réciproques: il fit venir le petit Prince Philippe son fils unique, exprès pour le luy faire voir, & obligea mesme l'Archevêque de Cantorbery à luy venir rendre ses respects à Montmartre.

Henri reçut assez bien le Prélat, & luy demanda s'il vouloit bien remettre la décision de leurs différends au Conseil du Roy de France, ou au jugement des Evêques de France, ou à celuy des Docteurs de l'Université de Paris. L'Archevêque répondit, qu'il feroit sur cela tout ce que le Roy de France jugeroit à propos; mais qu'il aimeroit beaucoup mieux rentrer dans les bonnes graces de son Prince par toute autre voye, que par celles des formes juridiques. On affecta de faire encore diverses avances de part & d'autre; mais le Roy de France & le Comte de Troye entrevirent bien que Henri ne pensoit qu'à amuser & à gagner du temps, dans l'espérance de fatiguer l'Archevêque, & d'obtenir du Pape par ses sollicitations, qu'il approuvast au moins une partie des Coûtumes d'Angleterre, aux dépens du reste qu'on luy abandonneroit. C'est ainsi que toute l'année 1169. se passa en négotiations, qui ne produisirent rien. Enfin le Pape ennuyé de ces longueurs, nomma de nouveaux Légats, pour terminer l'affaire. Ce furent Rotrou Archevêque de Roüen, & Bernard Evêque de Nevers, ausquels il joignit un peu après Guillaume Archevêque de Sens. Les Lettres de leur Légation qu'il leur écrivit de Benévent, datées du dix-neuviéme de Janvier, contenoient les articles suivans; qu'il leur donna ordre de proposer de sa part au Roy d'Angleterre.

Premierement, que l'Archevêque de Cantorbery fust au plustost rétabli dans son Eglise & dans tous les biens, qui en avoient esté usurpez, & que tous ceux qui auroient esté chassez d'Angleterre, pour avoir soûtenu le parti de l'Archevêque, y fussent rappellez, & remis en possession de tout ce qui leur apartenoit.

Secondement, que le Roy reçut l'Archevê-

An. 1169.

Codex Vatic. lib. 3. Epist. 66.

* *Salvâ dignitate Regiâ.*

Salvâ libertate Ecclesiæ.

An. 1170.

que au baiser de Paix, ou que s'il ne vouloit pas luy faire cet honneur, parce qu'il avoit fait serment de ne le luy faire jamais, du moins il trouvast bon, que le Prince Henri son fils aîné le fist pour luy.

En troisième lieu, que les Coûtumes d'Angleterre contraires à la liberté Ecclésiastique, fussent abolies & condamnées, & que les Evêques, qui avoient promis de les observer, fussent absous de leur serment par les Légats.

En quatriéme lieu, que ceux qui avoient esté excommuniez pour les violences exercées contre l'Archevêque de Cantorbery, ou contre les biens appartenans à son Eglise, & pour les autres causes, qui concerneroient ces contestations, seroient absous des censures qu'ils avoient encouruës, dès que le Roy promettroit d'accepter les articles précédens; mais à condition, que s'il ne tenoit pas sa parole, dès-là mesme ils retomberoient dans l'excommunication, nonobstant l'absolution donnée.

Enfin, les Légats eurent ordre de déclarer au Roy d'Angleterre, que le Pape ne luy donnoit que quarante jours, pour accepter ces conditions de Paix, & qu'après ce terme expiré, ils mettroient ses Domaines en interdit.

Cette déclaration fut faite par les Légats au Roy d'Angleterre, qui s'abandonnant à sa colére, fit un coup de grand éclat; car il engagea la pluspart des Evêques, des Ecclésiastiques, & des autres Ordres de ses Etats, à faire serment de ne point obéïr au Pape, ni à l'Archevêque, & à n'avoir aucun égard aux censures, qui viendroient de leur part touchant les affaires dont il s'agissoit alors.

Epistola S. Thomæ ad Anglos.

Il fit encore une autre chose, pour rompre les mesures du Pape. Ce fut de faire sacrer & couronner Roy d'Angleterre Henri son fils aîné par l'Archevêque d'York, & cela contre le droit de l'Archevêque de Cantorbery, à qui il appartenoit, par le privilege de sa dignité de Primat d'Angleterre, de faire cette cérémonie. Son dessein principal dans ce Couronnement, estoit le mesme que celuy de Philippe I. Roy de France, lorsqu'il fit couronner son fils Loüis le Gros, dans le temps qu'il appréhendoit d'estre excommunié par le Pape, à cause de son mariage incestueux avec Bertrade, & que le Royaume de France estoit menacé d'interdit à cette occasion; car Loüis estant reconnu Roy, le Gouvernement du Royaume luy appartenoit sans contredit, en cas que son pere eust esté regardé comme exclus du Gouvernement par les censures du Pape. Henri prit cette mesme précaution. C'est pourquoy dans un festin qui se fit au sortir de la cérémonie, il servit luy-mesme son fils à table, & déclara que ce n'estoit plus luy, mais son fils qui estoit Roy.

Historia quadripartita, l. 2.

Ce Couronnement se fit à Westminster le treiziéme de Juin, tandis que Marguerite de France, épouse du jeune Roy, estoit en Normandie; de sorte que contre la coûtume, elle ne fut point couronnée en mesme temps que son mari. C'estoit une affectation du Roy d'Angleterre, qui vouloit par là chagriner le Roy de France, parce qu'il sçavoit que ce Prince, aussi-bien que la Reine, continuoient de solliciter le Pape contre luy, en faveur de l'Archevêque de Cantorbery.

Roger de Houeden, parte 2. an. 1170.

Codex Vatic. Epist. 18, & 22.

Le Roy pénétra le motif de cette conduite, & n'eut pas plustost appris la nouvelle du Couronnement, qu'il entra avec une Armée en Normandie, pour venger l'injure qu'on avoit faite à sa fille. Henri surpris de cette irruption, à laquelle il ne s'attendoit pas; car il n'avoit pas crû que Loüis dust en venir si promptement à la guerre, repassa vite la mer, & fit prier le Roy de trouver bon qu'il s'abouchast avec luy. Ils se virent en un lieu, que les Historiens Anglois appellent Vendone. * Henri protesta au Roy, que la nécessité de ses affaires l'avoit obligé de faire incessamment couronner son fils; qu'il feroit bien-tost couronner Marguerite, & qu'il ne différeroit ce Couronnement, qu'autant qu'il luy faudroit de temps, pour en faire les préparatifs, pour faire la Maison de la Princesse, & pour luy donner un équipage digne d'une Reine. Le Roy se contenta de cette satisfaction, & la Paix fut rétablie; mais le Roy d'Angleterre n'exécuta pas si-tost sa promesse.

Roger de Houeden, parte 2.

* *Vuendonia.*

Codex Vatic. lib. 6. Epist. 1. & 33.

Cependant le Pape reçut les plaintes de la Cour de France sur ce Couronnement, par une Lettre que luy écrivit l'Archevêque de Sens; car le Roy d'Angleterre avoit répandu le bruit que l'Archevêque d'York l'avoit fait du consentement du Pape, & on l'avoit crû; mais Alexandre s'en disculpa par plusieurs Lettres, qu'il écrivit à la Cour, & commença à presser plus que jamais le Roy d'Angleterre, de finir la persecution qu'il faisoit à l'Archevêque de Cantorbery, luy déclarant que s'il tardoit à le faire, il alloit le traiter, comme il avoit traité l'Empereur, c'est-à-dire, que dans peu de temps il l'excommunieroit. L'Archevêque de Cantorbery déclara pareillement aux Evêques d'Angleterre, que si dans quinze jours on n'estoit convenu des articles de la Paix de l'Eglise, il ne différeroit plus après ce terme, à jetter l'interdit sur le Royaume.

Epist. 25.

Codex Vatic. lib. 5. Epist. 35. &c.

Henri, qui apprehendoit beaucoup plus les suites de ces censures dans ses Etats, que les censures mesmes, voyant qu'il n'y avoit plus à reculer, fit sçavoir aux Légats, qu'il en passeroit par où ils voudroient, avant que de retourner en Angleterre; & qu'il n'avoient qu'à dresser les articles de l'accord. Les Légats en donnérent avis à l'Archevêque, & le priérent de leur donner un Mémoire de ses prétentions.

Les Légats traitérent ensuite avec le Roy d'Angleterre. On convint qu'on ne feroit nulle mention des Coûtumes d'Angleterre, ni du serment de les observer; que l'on couronneroit de nouveau le jeune Henri, afin qu'il reçust la Couronne de la main de l'Archevêque de Cantorbery; que Marguerite de France seroit couronnée avec luy, & que l'Archevêque en saluant le Roy, luy demanderoit ses bonnes graces, la Paix & la seûreté pour luy, pour les siens, & pour les biens de l'Eglise de Cantorbery.

Quand

LOUIS VII.

Quand on fut convenu de tous ces points, l'Archevêque de Sens conduisit le Prélat à l'audience du Roy d'Angleterre, qui le reçut avec toutes les marques possibles de bonté & d'amitié, l'entretint long-temps en particulier, & avec la mesme familiarité & la mesme franchise, qu'il avoit coûtume de faire avant sa disgrace, & jamais réconciliation ne parut plus sincere. Elle se fit le jour de la Magdelaine. L'Archevêque demanda au Roy, s'il ne trouveroit pas bon qu'il retournast à la Cour de France, pour remercier le Roy des bontez qu'il avoit euës pour luy, & qu'il y demeurast jusqu'à son retour en Angleterre. Henri y consentit; & le Pape ayant reçû la nouvelle de la réconciliation, en écrivit à ce Prince, pour l'en féliciter.

An. 1170.

Dans les articles de cette réconciliation, quoiqu'on eust fait mention en général de la seûreté, que le Roy devoit donner à l'Eglise de Cantorbery, les Légats n'avoient pas jugé à propos, qu'on y parlast expressément de la restitution de certaines Terres, qui en avoient esté démembrées, & l'Archevêque avoit eu peine à passer cet article. Il vint quelque temps après trouver Henri à Tours, pour luy parler de cette restitution; & il le supplia de luy donner là-dessus sa parole; mais il répondit que le point-là se régleroit en Angleterre, quand tous deux y seroient arrivez.

L'Archevêque ayant pris congé du Roy de France, alla s'embarquer à Witsan dans le Comté de Boulogne. Le Comte de Boulogne, & quelques autres de ses amis, qui estoient nouvellement venus d'Angleterre, luy firent connoistre les dangers où il s'exposoit en repassant la mer; mais il leur répondit avec intrépidité, que rien n'estoit capable de l'empêcher de retourner à son Eglise, qui estoit sans Pasteur depuis sept ans, deust-il périr, & estre mis en pieces. Il fit voile au commencement de Decembre, & arriva heureusement en Angleterre.

Il y trouva ce qu'on luy avoit prédit, des Evêques furieux, envenimez contre luy, & sur tout l'Archevêque d'York, des Courtisans & des gens de guerre irritez de ce qu'ils se voyoient contraints de restituer des biens d'Eglise, dont ils s'estoient emparez. Ce n'estoit que murmures sur sa conduite & sur ses manieres, que nouvelles plaintes que l'on faisoit tous les jours au Roy. Ce Prince réconcilié par force, & dans le fond son ennemi irréconciliable, ne les écoûtoit que trop volontiers. Enfin un jour estant fort chagrin de quelques nouvelles demandes, que faisoit l'Archevêque, pour l'accomplissement des articles du Traité, ces paroles luy échaperent. *Est-il possible, que parmi un si grand nombre de gens, que j'ay comblez de mes bien-faits, il ne se trouvera personne, pour me venger d'un Prestre, qui met le trouble dans tous mes Etats.* Il les prononça apparemment sans en prévoir les suites. Mais les paroles des Princes en ont toûjours en de pareilles conjonctures, & leurs passions ne manquent jamais de trouver des ministres plus disposez qu'eux-mesmes à les satisfaire.

Quatre Gentilshommes indignes de ce nom, complotérent aussi-tost ensemble d'assassiner l'Archevêque, & le massacrérent en effet dans la Cathédrale mesme de Cantorbery, le vingt-neuviéme de Decembre; il n'y avoit encore qu'un mois qu'il estoit retourné en Angleterre.

An. 1170.

La nouvelle de cette mort estant arrivée en France, le Roy, le Comte de Blois, & l'Archevêque de Sens, qui avoit encore la qualité de Légat du S. Siége, en écrivirent fortement au Pape, pour luy demander justice. Les Evêques d'Angleterre de leur costé s'estant assemblez en Concile, écrivirent aussi pour justifier leur Roy, protestant en son nom, qu'un attentat si horrible avoit esté commis, non seulement à son insçû, mais encore tout-à-fait contre son intention; qu'il en avoit pris Dieu à témoin en leur présence; que la tristesse où ce coup funeste l'avoit plongé, l'avoit rendu malade, jusqu'à les faire craindre pour sa vie; qu'il ne prioit sa Sainteté que de deux choses, l'une de se laisser persuader de son innocence, & l'autre d'exercer contre les coupables sa plus sévére justice.

Codex Vatic. lib. 5. Epist. 78. &c.

An. 1171.

Le Pape, qui avoit esté saisi d'horreur à la premiere nouvelle de cet exécrable parricide, dont la renommée, & de violens préjugez faisoient le Roy coupable, ne voulut point voir les Ambassadeurs d'Angleterre; & ce ne fut qu'après bien des sollicitations & bien des protestations touchant du Roy leur Maistre, qu'ils obtinrent une audience. Quelques choses qu'ils luy eussent fait dire, ils n'avoient pû luy ôter ses soupçons, & il ne voulut point leur permettre de parler, qu'ils n'eussent auparavant fait serment, que le Roy d'Angleterre subiroit sur cela le jugement du S. Siége, & que ce Prince feroit luy-mesme au pluftost le mesme serment.

Il se fit depuis diverses négotiations sur ce sujet pendant fort long-temps, & la chose fut terminée de la sorte. Le Cardinal Albert, & le Cardinal Theodin, que le Pape avoit envoyez à la Cour d'Angleterre, pour informer de ce crime, tinrent à Avranches une Assemblée, où le Roy d'Angleterre, en présence de plusieurs Evêques, jura sur les saints Evangiles, qu'il n'avoit ni commandé, ni voulu l'assassinat commis contre la personne de l'Archevêque de Cantorbery, & que sa mort luy avoit causé plus de douleur que de joye. Il jura de plus, que tout innocent qu'il estoit de ce crime, il se soumettroit aux satisfactions, que luy prescriroient les Légats, parce que la chose s'estoit faite à son occasion.

An. 1171. Codex Vatic. lib. 5. Epist. 88.

Après ces sermens, les Légats l'obligérent à ce qui suit. Premierement, à entretenir pendant un an en Palestine, deux cens Gentilshommes à ses dépens, pour y faire la guerre aux Infidéles.

Secondement, à casser les Ordonnances qu'il avoit faites à Clarendon, avant l'exil de l'Archevêque de Cantorbery, contre la liberté Ecclésiastique; à abolir certains abus, qui s'estoient introduits sous son Régne, & à soûmettre au jugement du Pape ceux dont ses prédécesseurs avoient esté les auteurs.

Troisiémement, à remettre l'Eglise de Cantorbery en l'état où elle estoit un an avant qu'il eust disgracié l'Archevêque, à faire restituer tout ce qui avoit esté usurpé sur elle, & à rétablir dans leurs biens tous ceux qu'il en avoit dépoüillez à cette occasion.

En quatriéme lieu, on luy enjoignit, au cas qu'il y eust nécessité de le faire, & que le Pape l'ordonnast, d'aller en personne en Espagne, au secours des Princes Chrétiens contre les Sarazins d'Afrique, qui y avoient fait une descente, & s'estoient emparez de Murcie & de Valence. Les Cardinaux ajoûtérent à cela quelques jeûnes & quelques aumônes, qu'ils luy prescrivirent en particulier.

Le Roy d'Angleterre se soûmit avec humilité à toutes ces pénitences, & protesta devant tout le monde, que si les Légats, au nom du Pape, luy ordonnoient de faire le Pélerinage de Jérusalem, ou de Rome, ou de S. Jacques en Galice, il estoit prest d'obéir. Il s'exprima en cette occasion d'une manière, & en des termes si touchans, qu'il tira les larmes des yeux de toute l'Assemblée.

Enfin pour garder une partie des formes de la Pénitence Canonique, il voulut bien que les Légats le conduisissent hors de la porte de l'Eglise; & là s'estant mis à genoux, il reçut publiquement l'absolution, après laquelle ils l'y introduisirent de nouveau, comme un Pénitent réconcilié.

Mais afin que cette satisfaction fust plus connuë en France, les Légats exigérent de luy, que l'Archevêque de Tours & tous ses Suffragans, seroient appellez à Caën, pour y estre témoins du serment qu'il y feroit en leur présence, d'observer tout ce qu'il avoit promis. Ce qui se fit le Mardy d'après l'Ascension, & le jeune Roy jura aussi d'exécuter luy-mesme tous les articles dont on estoit convenu, en cas que le Roy son pere fust prévenu de la mort.

On voit encore dans le serment que fit le Roy d'Angleterre, un point qui n'est point si expressément marqué ailleurs; sçavoir, qu'il prendroit la Croix, pour aller combattre en personne dans la Terre-Sainte pendant trois ans, à moins que le Pape ne jugeast plus à propos, qu'il demeurast en Europe.

Telle fut l'issuë de cette fascheuse affaire, sur les circonstances & sur les suites de laquelle, plusieurs Ecrivains ont raisonné diversement chacun selon ses idées & ses préjugez. Les uns ont blâmé la trop grande fermeté de S. Thomas de Cantorbery, & ont trouvé dans sa conduite de l'opiniastreté, de l'entestement, du scrupule, des variations choquantes pour le Prince, après luy avoir donné sa parole sur certains points, un zéle amer dans les Lettres qu'il écrivit au Pape, aux Cardinaux, & à ses amis sur les persécutions qu'il souffroit. Les autres y ont toûjours admiré une sainte liberté, un généreux attachement à l'honneur de l'Eglise, un grand desinteressement, une grandeur d'ame, & une constance admirable dans les plus rudes épreuves, & ceux-ci pensent sans doute plus juste & plus équitablement que les autres, pourvû qu'ils avoüent que tant de vertus en quelques rencontres, ne furent pas tout-à-fait exemptes de certains défauts attachez à l'humeur & au caractére d'esprit de ce saint Prélat, naturellement infléxible & hautain.

Mais sans entrer plus avant dans la discussion d'un point, sur lequel l'Eglise en canonisant ce grand homme, l'a suffisamment justifié contre les satyres des Hérétiques, & contre les réfléxions malignes de certaines gens plus politiques que Catholiques, je me contenteray de remarquer que ce différend qui tint si long-temps le Roy d'Angleterre en inquiétude, luy fit perdre l'ascendant qu'il avoit eu jusqu'alors sur la France, à laquelle il s'estoit rendu auparavant extrêmement redoutable. Le Roy de France durant cet intervalle, sur le moindre sujet que luy en donnoit le Roy d'Angleterre, prenoit les armes, & se faisoit beaucoup prier, pour consentir à la Paix. Le Pape soûtenu par le Roy de France; & le Roy de France uni avec le Pape, se faisoient craindre de ce Prince, & l'un & l'autre appuyant le parti de l'Archevêque de Cantorbery, par les moyens qu'ils avoient en leur puissance, étoient capables de causer de grands mouvemens dans ses Etats: il fut heureux d'avoir affaire à un Pape & à un Prince aussi modérez, que l'estoient Alexandre & Loüis.

Son adresse fut de les empescher de se déclarer hautement contre luy dans ces conjonctures, tantost par la soumission qu'il faisoit paroistre pour le Pape, tantost en feignant, pour l'intimider, qu'il avoit pris des liaisons avec l'Empereur Fridéric, tantost en éloignant ou en étouffant tous les sujets de rupture avec la France, tantost en protestant qu'il s'en rapportoit au jugement du Roy pour les broüilleries de l'Eglise d'Angleterre. Il n'y eut point d'artifices qu'il ne mist en œuvre, sur tout à l'égard du Pape & des Cardinaux. Les piéces qui nous restent de toutes ces négotiations, nous donnent une parfaite idée de sa profonde politique.

Mais la mort de l'Archevêque de Cantorbery, qui rendit ce Prince infiniment odieux par-tout, fut un contre-temps, qui ruïna tous ses projets, & qui donna lieu au Pape d'affermir en Angleterre, mieux que jamais, son autorité, & celle des Ecclésiastiques, que Henri avoit toûjours eu dessein d'abaisser autant qu'il luy seroit possible. Tant de maux que produisirent ces funestes contestations dans l'espace de sept années qu'elles durérent, pourroient apprendre aux Princes & aux Puissances Ecclésiastiques, à se ménager les uns les autres, & à demeurer dans de certaines bornes, dont à la vérité, il est bien difficile qu'ils puissent convenir, & qu'on n'a pû jusqu'à présent, & qu'apparemment on ne pourra jamais bien déterminer.

LOUIS VII.

Roger de Houeden. parte 2.

Les Légats contens de la Pénitence & de la soumission du Roy d'Angleterre, luy proposérent, selon l'ordre qu'ils en avoient du Pape, de satisfaire aussi le Roy, sur l'article du Couronnement de Marguerite de France sa fille, qu'on différoit depuis deux ans. Il s'y résolut, & après s'estre abouché avec Loüis, il la fit passer en Angleterre, où elle fut couronnée & sacrée à Winchester avec le Roy son mari, par Rotrou Archevêque de Roüen, Gile Evêque d'Evreux, & Roger Evêque de Vorchester, qui revinrent incontinent après avec le jeune Roy & la nouvelle Reine en Normandie, rejoindre le Roy d'Angleterre.

An. 1172. Robertus de Monte.

Ce Prince, depuis que son fils avoit esté couronné, ne le laissoit pas volontiers en Angleterre, tandis que luy estoit en Normandie. Au contraire le jeune Henri, qui voyoit sa qualité de Roy comme éclipsée par la présence de son pere, ne se trouvoit jamais mieux en Angleterre, que quand son pere estoit en Normandie, & en Normandie, que quand son pere estoit en Angleterre; & ce ne fut que malgré luy qu'il repassa la mer, après son nouveau Couronnement.

Roger de Houeden. parte 2.

Il fallut néanmoins obéir; mais si-tost qu'il fut arrivé en Normandie, le Roy de France, soit de concert avec luy, soit de son propre mouvement, fit une demande au Roy d'Angleterre, que ce Prince n'osa luy refuser. La chose eut des suites, qui justifierent parfaitement les soupçons que Henri avoit de son fils, aussi-bien que les précautions dont il usoit, pour ne le laisser éloigné de luy que le moins qu'il pouvoit.

Il y avoit plusieurs années que Loüis n'avoit vû la jeune Reine d'Angleterre sa fille, qu'il aimoit beaucoup. Il pria Henri de trouver bon qu'elle vinst passer quelque temps à sa Cour avec son mari. Ils y vinrent tous deux, & on n'oublia rien pour leur rendre agréable le séjour qu'ils y firent.

Ibid.

Le Roy trouva dans son gendre un jeune Prince vif & ambitieux, moins fier de son titre de Roy, que chagrin de n'en faire aucun usage. Cette disposition d'esprit où il le voyoit, ne luy déplut pas. Il reconnoissoit à craindre le Roy d'Angleterre, chez qui tout estoit parfaitement tranquille depuis sa réconciliation avec le Pape. La mort de Conan Duc de Bretagne, venoit de rendre maistre de ce Duché, auquel succédoit Geoffroy son fils, du chef de Constance, fille & héritiere de Conan, avec laquelle le mariage de ce jeune Prince estoit conclu. Henri avoit fait une nouvelle alliance avec Alfonse Roy de Castille, en luy faisant épouser Eleonore sa fille. Il en ménageoit encore actuellement une autre avec Humbert Comte de Morienne & de Savoye, dont la fille aînée nommée Adelaïde, devoit bien-tost épouser Jean son quatriéme fils, en luy faisant des conditions très-avantageuses. Jamais la Normandie, depuis Guillaume le Conquérant, n'avoit esté plus souple & plus soumise qu'elle luy estoit alors. Il avoit réüni à sa Couronne, sans que personne osast s'y opposer, tous les Domaines, dont plusieurs Seigneurs s'estoient emparez depuis le Régne de Henri I. son ayeul, ce qui avoit doublé les revenus qu'il tiroit de ce Duché. Enfin le Comte de Toulouse avoit esté contraint de luy faire hommage de son Comté, de luy payer un tribut de quarante des plus beaux chevaux du païs, & de s'obliger à luy soudoyer tous les ans pendant quarante jours, cent Gentilshommes pour son service, toutes fois & quantes qu'il les luy demanderoit.

Robertus de Monte.

Loüis s'attendoit bien, qu'après que ce Prince politique auroit achevé de mettre ordre à toutes les affaires particulieres de ses Etats, il ne seroit pas long-temps sans faire quelque querelle à la France, pour avoir lieu de se venger de la conduite qu'on y avoit tenuë à son égard, en faveur de l'Archevêque de Cantorbery. Il crut donc que pour le repos de son Etat, il seroit utile de donner de l'occupation au Roy d'Angleterre, & profita pour cet effet de l'ambition & du mécontentement du jeune Roy.

Il écouta les plaintes qu'il luy fit, du peu de part que son pere luy donnoit au Gouvernement, depuis qu'il l'avoit orné du vain titre de Roy. Il témoigna entrer beaucoup dans le ressentiment qu'il en avoit, & luy marqua qu'il n'estoit pas luy-mesme insensible à la maniere, dont on en avoit usé à l'égard de la Reine sa fille, en affectant de différer si long-temps son Couronnement, exprès pour le chagriner. On eut sur ce sujet diverses conversations; & enfin le Roy voyant Henri autant animé sur ce point-là, qu'il le souhaitoit, il luy conseilla de prier le Roy son pere, si-tost qu'il seroit retourné auprès de luy, d'avoir pour sa personne & pour le rang où il l'avoit élevé, les égards qu'il devoit, & de luy donner au moins la Normandie à gouverner sous ses ordres, chose que les Seigneurs Normands souhaitoient fort, parce qu'ils craignoient beaucoup plus le Roy d'Angleterre, qu'ils ne l'aimoient. Il luy ajoûta, que s'il estoit refusé, & que le Roy d'Angleterre se choquast de ces propositions, il pourroit, s'il le jugeoit à propos, se retirer en France avec la Reine sa femme, qu'il y auroit toûjours un asyle seûr, & y trouveroit des moyens de se faire rendre justice.

Roger de Houeden. parte 2.

Cependant le Roy d'Angleterre, à qui un trop long séjour de son fils en France, devenoit suspect, luy envoya ordre de revenir auprès de luy. Il obéit aussi-tost, & alla le rejoindre en Normandie, où il luy fit en vain la proposition de luy céder ce Duché. Il l'accompagna néanmoins aux Etats, qu'il tint en Anjou, & puis il le suivit en Auvergne, où fut conclu le mariage, qu'on avoit proposé entre Jean d'Angleterre & la fille aînée du Comte de Savoye.

Ce Comte en faisant de grands avantages à sa fille, à qui il cédoit pour ce mariage plusieurs Domaines considérables de ses Etats, demanda au Roy d'Angleterre, qu'il cédast réciproquement à son fils quelque partie des siens. Ce Prince promit de luy donner Chinon,

Ibid.

Tome I.

KKKK ij

Loudun, Mirebeau, & leurs dépendances. Mais quand ce Traité eut esté conclu, & qu'il fut question de le signer, le jeune Henri refusa de le faire, & mesme il s'y opposa. Ce refus broüilla extrémement le pere & le fils ensemble; de sorte que celuy-ci n'attendoit plus qu'une occasion favorable & quelque prétexte pour se retirer en France.

Chronic. Vosiense. Robertus de Monte.

D'autre part, le Roy d'Angleterre entrant en de grandes défiances, qui furent augmentées par quelques avis que luy donna le Comte de Toulouse, disgracia Asculfe de S. Hilaire, qui avoit la confiance du jeune Roy, & éloigna en mesme temps quantité de jeunes Seigneurs, qui composoient la Cour de ce Prince, & qu'il croyoit capables de l'entretenir dans l'esprit de révolte. Il mit en leur place auprès de luy des gens dont il estoit seûr, & qui le gardoient presque à vûë. Ce fut cela mesme qui acheva de le déterminer à hâster son départ. Il s'échapa une nuit, malgré la vigilance de ceux qui l'observoient de si près, & se sauva à la Cour de France, accompagné de quelques Seigneurs, & de plusieurs Gentilshommes, dont le Roy d'Angleterre fit aussitost raser tous les Chasteaux, & abattre tous les bois.

An. 1173.

Cette fuite fut suivie d'un soûlevement si subit en divers endroits des Etats d'Angleterre en-deçà de la mer, & tant de Seigneurs coururent si promptement aux armes en faveur du jeune Roy, qu'on ne peut douter, que la chose ne fust concertée, & que l'arrivée de ce Prince à la Cour de France n'eust esté comme le signal destiné, à faire éclater tout à coup une conspiration tramée de longue-main.

Ibid.

Le Seigneur Bernard de la Ferté au païs du Maine, se déclara un des premiers, & livra au jeune Roy sa Place, qui s'appelle encore aujourd'huy la Ferté-Bernard, Galeran d'Ivry, Gilbert de Tillieres, Robert de Monfort, Hugues de Sainte Maure, Guillaume de Tancarville Chambellan d'Angleterre, & plusieurs autres, le rendirent maître de leurs Chasteaux, & de toutes les Places qu'ils avoient à leur disposition. Henri Comte d'Eu, Philippe Comte de Flandre, Mathieu son frere Comte de Boulogne, se déclarérent hautement pour le mesme parti.

Roger de Houeden.

Loüis en mesme temps convoqua à Paris ses principaux Vassaux, & les plus considérables Seigneurs du Royaume, & leur proposa le dessein qu'il avoit de soûtenir le jeune Roy & les intérests de la Reine sa fille, pour obliger le Roy d'Angleterre à leur donner de quoy soûtenir leur rang. Tous applaudirent à cette proposition, & firent serment de ne point mettre bas les armes, que le Roy d'Angleterre n'eust satisfait le jeune Prince, qui s'obligea de son costé à ne faire jamais la Paix sans leur consentement. Il fit de grands avantages au Comte de Flandre, au Comte de Boulogne, au Comte de Blois, pour se les attacher plus fortement, & fit sceller le Traité avec un nouveau Sceau, qu'il avoit fait faire en qualité de Roy, & dont il se servit dans la suite.

Plusieurs Seigneurs de Bretagne levérent aussi l'étendart de la révolte, & entre autres Raoul de Fougeres, & Eudes autrefois Duc de Bretagne, & beau-pere du Duc Conan dernier mort. Eudes avoit esté réduit au Comté de Guincamp par ce Prince, & fort maltraité par le Roy d'Angleterre, & il espéroit au moyen de ces troubles rendre sa fortune meilleure. Grand nombre de Seigneurs d'Anjou & de Guyenne, suivirent l'exemple de leurs voisins. Les choses n'estoient pas plus tranquilles au-delà de la mer. Robert Comte de Leicestre, & Hugues Comte de Chester levérent des Troupes pour le jeune Roy, & Guillaume Roy d'Ecosse entra aussi dans la Ligue.

Plus un Prince est grand & redoutable à ses voisins, comme l'estoit Henri, & plus volontiers concourent-ils à sa ruïne ou à son abaissement, quand quelque conjoncture favorable leur donne lieu de l'espérer. Une telle espérance faisoit le nœud de cette conspiration formée contre le Roy d'Angleterre, qui se trouva dans un étrange embarras.

Comme c'estoit le Roy de France qui paroissoit à la teste de cette Ligue, Henri luy envoya des Ambassadeurs, pour luy représenter l'injustice de son procédé, de soûtenir ainsi un fils rebelle contre son pere, & pour luy offrir de s'en remettre mesme à son jugement, sur les prétentions de ce jeune Prince.

Guillelm. Neubrig. l. 2, c. 27.

Quand les Ambassadeurs eurent exposé le sujet de leur Ambassade, & dit les choses dont ils estoient chargez, le Roy leur fit cette question. " De la part de qui me parlez-vous ainsi ? de la part du Roy d'Angleterre, luy dirent-ils. " Cela est faux, repartit le Roy, j'ay ici le Roy " d'Angleterre avec moy, qui ne vous a pas " donné cette Commission. Je ne reconnois point " d'autre Roy d'Angleterre, que mon gendre. " Celuy qui vous envoye, ne se ressouvient-il " plus, que dans l'appréhension qu'il eut de " l'excommunication du Pape & de l'Archevê- " que de Cantorbery, il déclara publiquement " qu'il n'estoit plus Roy, & que c'estoit luy " qui le seroit desormais ? Loüis les renvoya sans " autre réponse. Mais le malheur de Henri ne " se borna pas là.

Le jeune Henri partit secretement pour la Guyenne, où estoient deux de ses freres; Richard nommé Duc de Guyenne, & Geoffroy déclaré Duc de Bretagne; mais à condition qu'ils n'y seroient maistres, qu'après la mort de leur pere. La Reine Eleonore leur mere y estoit aussi. Henri sçut tellement tourner l'esprit de ces deux Princes, qui s'ennuyoient comme luy, de porter des Titres sans réalité, & sans nul pouvoir, qu'il les débaucha, & leur persuada d'entrer dans la Ligue.

Ibid.

Il vint pareillement à bout d'y engager la Reine Eleonore. Mais les Historiens ne marquent point le motif de la conduite de cette Princesse en une telle occasion, & ce qui put l'obliger à fomenter ainsi la révolte de ses enfans contre leur pere. Voici une simple conjecture. Il est certain qu'Alix de France, dont le mariage avec Richard avoit esté autrefois

LOUIS VII.

proposé, & puis rompu, & depuis renoüé, éroit alors à la Cour d'Angleterre auprès du Roy; qu'elle estoit en âge nubile; que le bruit estoit grand dans le monde, que ce Prince avoit pour elle un peu trop d'inclination, & qu'on disoit que c'estoit là ce qui luy faisoit retarder le mariage de son fils. Si la chose estoit ainsi, il n'est pas hors du vray-semblable, que cette raison eust engagé la Reine à prendre parti contre son mari. La jalousie a produit de tout temps, & produit encore tous les jours des effets beaucoup plus surprenans que celuy-là.

Quoiqu'il en soit, Henri prest d'estre attaqué de tous costez, & abandonné de sa propre Famille, se trouva dans d'étranges inquiétudes. Il n'eut plus de ressource que dans les grands Trésors, qu'il avoit eu soin d'amasser, & de mettre en seûreté. Il s'en servit pour retenir quelques Seigneurs & quelques Gouverneurs de Places fortes, dans la fidélité qu'ils luy devoient, & pour lever une Armée d'étrangers, n'osant plus se fier à ses Sujets.

Ibid.

Roger de Houeden. part. 2.

Il prit à sa solde vingt mille Brabançons. Ces Brabançons n'estoient pas des Troupes levées en Brabant. C'estoient des espéces de bandits, à qui on avoit donné ce nom, apparemment parce que les principaux estoient du Brabant. On les appelloit aussi Cotereaux * & Routiers. * Ils couroient la France & les païs circonvoisins, en ravageant, pillant, bruslant, tuant indifféremment par-tout. Le Pape les excommunia diverses fois, quoiqu'ils s'en missent fort en peine, & ils se donnoient quelquefois aux Princes, pour combattre sous leurs Enseignes, pourvû qu'on leur fournist une grosse paye : de sorte que dans la guerre dont je parle, il y en eut dans les deux partis; mais ils faisoient le gros de l'Armée du Roy d'Angleterre, qui sans cela auroit esté dans cette subite révolution, obligé de se livrer luy-mesme à ses ennemis.

Coterelli.
Ruptarii.

Petrus Blesensis. Epist. 47.

Avec ces Troupes, dont il jetta une partie dans les Places les plus exposées de celles qui ne l'avoient pas trahi, il attendit en Normandie de quels costez les ennemis feroient leurs plus grands efforts, pour prendre son parti selon les conjonctures.

Philippe Comte de Flandre s'avança au mois de Juin vers les Frontiéres de Normandie, & attaqua Aumale. La Place estoit forte, & le Roy d'Angleterre espéroit qu'elle arresteroit long-temps le Comte de Flandre. Mais le Comte d'Aumale qui la défendoit, n'estoit pas trop ferme dans les intérests de son Maistre. Il résista peu, & on l'accusa de collusion avec le Comte de Flandre. Il fut fait prisonnier avec toute sa Garnison; & ensuite pour obtenir sa liberté, il remit toutes les autres Forteresses entre les mains du jeune Roy.

An. 1173.

Après la prise d'Aumale, le Comte de Flandre assiégea & força Neuchastel, où Mathieu Comte de Boulogne son frere fut blessé d'un coup de fléche, dont il mourut peu de jours après.

Guillelm. Neubrig. loc. cit.

D'autre part, le Roy de France avec le jeune Henri assiégea Verneüil dans le Perche. Cette Place estoit alors considérable. Outre le Chasteau, qui estoit très-fort, il y avoit comme trois petites Villes fermées chacune d'une bonne muraille, & entourées d'un fossé plein d'eau. La plus grande s'appelloit le Grand-Bourg, & c'estoit de ce costé-là qu'on fit la principale attaque, & qu'on dressa la pluspart des machines. Hugues de Lacy & Hugues de Beauchamp y commandoient, & s'y défendirent avec beaucoup de vigueur. Après un mois de siége, comme les vivres commencérent à leur manquer, ils capitulérent pour le Grand-Bourg seulement, & demandérent une Tréve de trois jours, pour avertir le Roy d'Angleterre de l'état des choses, promettant de rendre la Place, s'ils n'estoient pas secourus, au bout des trois jours. On leur accorda la Tréve, & ils donnérent des ôtages.

Roger de Houeden. part. 2.

Le Roy d'Angleterre ayant appris l'extrémité où les Habitans de Verneüil estoient réduits, marcha sans tarder de ce costé-là avec son Armée, se rendit maistre, en chemin faisant, d'un Fort nommé Bertuel, qui appartenoit au Comte de Leicestre, où il fit mettre le feu, & parut le lendemain en bataille sur les hauteurs des environs de Verneüil. C'estoit la veille de S. Laurent, jour marqué pour la reddition de la Place, en cas que le secours manquast.

Si-tost qu'il fut arrivé, il envoya défier le Roy de France au combat. Le Héraut fut renvoyé avec mépris & sans réponse, dans la persuasion où l'on estoit, que c'estoit une simple bravade, & que Henri n'oseroit jamais hazarder une bataille. Mais quand on vit qu'il se disposoit tout de bon à attaquer le Camp, le Roy luy envoya Guillaume Archevêque de Sens, Henry Comte de Troye, & Thibaud Comte de Blois, pour l'amuser par l'espérance d'un Traité de Paix, qu'il n'auroit gardé de refuser dans l'état où se trouvoient alors ses affaires. On convint d'un pour-parler pour le lendemain, & ces Seigneurs promirent au Roy d'Angleterre de faire tout pour possible afin d'engager le Roy de France à y venir en personne, l'asseûrant qu'au moins il luy envoyeroit quelques Seigneurs pour traiter en son nom.

Guillelm. Neubrig.

Roget de Houeden.

Néanmoins le lendemain personne ne parut au lieu marqué, & le Roy d'Angleterre fut bien surpris d'apprendre sur le soir, qu'en vertu de la Capitulation on avoit sommé les assiégez de se rendre, & qu'ils s'estoient rendus; que contre la parole qui leur avoit esté donnée, on s'estoit saisi des principaux Bourgeois; qu'on avoit pillé le Grand-Bourg; qu'on en avoit amené des ôtages; qu'ensuite on l'avoit abandonné, & que l'Armée Françoise estoit déja en marche pour se retirer.

Ce n'est pas là asseûrément le plus bel endroit de la vie de Louis VII. Il y eut de la mauvaise foy dans ce procédé, & de la honte dans cette retraite. Si-tost que le Roy d'Angleterre eut eu cet avis, il détacha quelques escadrons, pour charger en queüe l'Armée Françoise, dont ils tuérent plusieurs Soldats. Il fit réparer les brèches de Verneüil, força la Forteresse de Dammeville, qui appartenoit à Gilbert de Tillieres : il y prit plusieurs Gentilshommes qui la défendoient, & de là vint à Roüen avec ses Brabançons.

Soit que les Places de Normandie, qui étoient demeurées fidéles au Roy d'Angleterre, se trouvassent trop bien munies ; soit que l'Armée Françoise eust esté fort affoiblie par le siége de Verneüil ; soit que le Roy attendist l'effet des diversions qui se faisoient en divers endroits contre le Roy d'Angleterre ; soit que les Vassaux de la Couronne, comme il arrivoit souvent, voulussent se retirer chez eux, & y ramener leurs Troupes après le temps du service auquel ils estoient obligez, on n'entreprit plus rien de ce costé-là : & cette inaction donna moyen au Roy d'Angleterre, de rétablir ses affaires en Bretagne, où elles alloient très-mal pour luy, le Comte de Chester & le Seigneur de Fougeres l'ayant fait révolter presque toute entiere.

Ibid.

Il y envoya la meilleure partie de ses Brabançons, au devant desquels vinrent ces deux Seigneurs, pour les combattre. Les Brabançons accepterent la bataille, qui se donna vers Dol. Les Bretons rebelles furent battus ; il en demeura plus de quinze cens sur la place, & plusieurs Gentilshommes furent faits prisonniers. Le Comte de Chester & Raoul de Fougeres se sauvèrent dans Dol avec un grand nombre de Noblesse, & y furent aussi-tost investis par l'Armée victorieuse.

Ibid.

Le Roy d'Angleterre n'eut pas plustost appris cette nouvelle, qu'il partit de Roüen, & arriva en deux jours devant Dol, dont il forma le siége, & le pressa si vivement, qu'il obligea le Comte de Chester & Raoul de Fougeres à se rendre prisonniers de guerre avec toute la Garnison. Ces heureux succès firent rentrer sous son obéissance presque toute la Bretagne, & luy servirent encore à rendre ses fils & le Roy de France plus faciles à l'écouter, sur les propositions d'accommodement qu'il leur fit.

Les deux Rois & les trois Princes d'Angleterre, accompagnez d'un grand nombre de Seigneurs & d'Evêques des deux partis, s'abouchèrent entre Gisors & Trie, le 25 de Septembre, où le Roy d'Angleterre fit à ses trois fils les offres suivantes. De céder à Henri son fils aîné la moitié des revenus du Royaume d'Angleterre, avec quatre Places de seûreté dans ce Royaume, ou s'il aimoit mieux demeurer en Normandie, de luy accorder la moitié des revenus de ce Duché, & tous ceux du Comté d'Anjou ; trois Places de seûreté en Normandie, une en Anjou, une en Touraine, & une dans le Maine. Il offrit pareillement à Richard son second fils, la moitié des revenus du Duché de Guyenne, avec quatre Places de seûreté dans ce Duché. A Geoffroy son troisième fils, de luy laisser le Domaine de Bretagne, pourvû que le Pape voulust accorder la Dispense pour le mariage arresté depuis long-temps entre Geoffroy & la jeune Duchesse de Bretagne. Il promit de plus, que si l'Archevêque de Tarentaise & les Légats du Pape, ausquels il s'en rapporteroit entierement, jugeoient qu'il fallust encore ajoûter quelque chose aux revenus qu'il s'obligeoit de céder, il le feroit ; mais qu'en faisant toutes ces cessions, il prétendoit que ses fils luy fussent toûjours soumis & obéïssans, non seulement comme à leur pere, mais encore comme à leur Roy, & avoir droit de rendre justice par ses Officiers, dans les Domaines dont il les mettroit en possession.

An. 1173.

Ibid.

Le Roy de France avoit consenti à cette entrevûë, plustost pour paroistre ne pas s'opposer à la réconciliation d'un pere avec ses enfans, que pour finir une guerre, qui ne pouvoit manquer de luy estre très-avantageuse. Le moindre fruit, qu'il espéroit d'en retirer, estoit un notable affoiblissement de la Monarchie Angloise, qui sous un Roy tel que Henri, estoit devenuë si redoutable à la France. On fit aisément naistre des difficultez & des défiances. Le Comte de Leicestre, ou gagné par le Roy, ou animé par sa haine contre le Roy d'Angleterre, non seulement fit en sa présence des plaintes de sa conduite ; mais encore il s'abandonna à des reproches fort sanglans, & à des injures très-outrageuses, & s'emporta jusqu'à vouloir mettre la main à l'épée. C'en estoit beaucoup plus qu'il n'en falloit, pour rompre la Conférence, & elle finit avec un grand tumulte. On se sépara avec une extrême aigreur de part & d'autre, & dès le lendemain il y eut une rencontre entre quelques Troupes d'Angleterre, & quelques Troupes de France, où il y eut bien du sang répandu.

Ibid.

L'hyver cependant obligea les Armées à se retirer dans leurs quartiers ; & pendant ce temps-là les deux Princes d'Angleterre se liérent plus étroitement que jamais avec le Roy de France, qui alors Richard Chevalier, en luy ceignant l'épée.

Le Roy d'Angleterre écrivit au Pape, pour le prier de prendre en main sa cause, & d'excommunier ses fils, & ceux qui les soûtenoient. On vit en cette occasion ce que peut l'adversité sur les cœurs les plus fiers ; car ce Prince autrefois si jaloux de son autorité Royale, & qui pour la maintenir, s'estoit attiré depuis dix ans tant de fascheux embarras, ne fit point de difficulté, en parlant au Pape, de s'exprimer dans ces termes. « Le Royaume d'Angleterre est de vostre Jurisdiction. Je suis vostre Feudataire, & je ne le suis que de vous seul. Qu'on voye donc en Angleterre ce que peut le Souverain Pontife, & puisque vous ne pouvez pas défendre avec les armes matérielles, ce Patrimoine de saint Pierre, défendez-le au moins avec le glaive spirituel. »

Epist. 138. inter Epist. Petri Blesens.

Si nous en croyons la Lettre, que Richard Archevêque de Cantorbery écrivit quelque temps après au jeune Henri, pour l'exhorter à la Paix, le Pape accorda au Roy d'Angleterre ce qu'il luy demandoit. Car cet Archevêque à la fin de sa Lettre déclaroit à Henri, que luy & ses Suffragans avoient reçu ordre de Rome

Ibid.
Epist. 47.

LOUIS VII.

de l'excommunier avec tous ceux qui participoient à sa révolte, & le menaçoit de le faire, si dans l'espace de quinze jours, il ne rentroit dans son devoir. Mais le jeune Henri faisoit autre chose que des menaces, & mettoit toute l'Angleterre en combustion.

Guillaume Roy d'Ecosse y estoit entré à sa sollicitation, & y faisoit d'horribles ravages. Peu après la Conférence dont j'ay parlé, le Comte de Leicestre y passa avec une assez grande Armée, composée la plûpart de Troupes Flamandes. Il fut reçû par le parti rebelle, & pénétra fort avant dans le Royaume, où il prit diverses Places, tandis que Richard de Lucy, qui commandoit les Troupes fidelles au Roy, attaqua l'Ecosse pour faire diversion, & obliger le Roy d'Ecosse à sortir d'Angleterre.

Roger de Houeden. loc. cit.

Lucy ayant appris la descente du Comte de Leicestre, quitta l'Ecosse, & vint au devant de luy avec plusieurs autres Seigneurs pour le combattre. La bataille se donna vers la Feste de la Toussaint, & l'Armée du Comte de Leicestre fut défaite à plate-couture. Il demeura luy-mesme prisonnier, & fut envoyé au Roy d'Angleterre en Normandie, qui le fit enfermer dans le Chasteau de Falaise.

Ibid.

Cette victoire raffermit le parti du Roy d'Angleterre dans le Royaume, & luy-mesme nonobstant la rigueur de la saison, alla attaquer Vendosme, que Bouchard de Lavardin tenoit pour la Ligue, & la prit d'assaut le jour de saint André.

De-là estant allé à Caën passer les Festes de Noël, il y fit une Tréve avec le Roy de France, qui devoit durer jusqu'après les Festes de Pasques, & il en conclut aussi une semblable avec le Roy d'Ecosse. Mais elle ne fut pas plûtost expirée, que le Roy d'Ecosse entra dans le Northumberland, & y exerça les plus extrémes cruautez. Quelque temps après le jeune Henri & le Comte de Flandre, pour seconder le Roy d'Ecosse, & transporter le fort de la guerre au-delà de la mer, assemblérent quantité de Vaisseaux à Gravelines, & s'y rendirent avec une nombreuse Armée, à dessein de passer en Angleterre.

An. 1174.

Cet armement obligea le Roy d'Angleterre de quitter le païs d'au-delà de la Loire, où il s'estoit déja rendu maistre de plusieurs Places rebelles, & de venir avec son Armée à Barfleur en basse Normandie, pour estre à portée de passer au secours de son parti en Angleterre, si-tost que le jeune Henri & le Comte de Flandre mettroient à la voile.

Ibid.

Le vent contraire, qui les retint long-temps à Gravelines, donna le loisir au Roy d'Angleterre de faire ses préparatifs; & le vent ayant changé dès le lendemain qu'il fut arrivé à Barfleur, il passa heureusement en un jour. Il mena avec luy le Comte de Leicestre son prisonnier, la Reine Marguerite sa bru, qui estoit demeurée à sa Cour, quand le jeune Henri se retira en France, & la Reine sa femme, qui s'estoit raccommodée avec luy.

Robertus de Monte.

La premiere chose qu'il fit, si-tost qu'il fut arrivé en Angleterre, fut d'aller en pelerinage au Sepulchre de S. Thomas de Cantorbery, estant persuadé que tous les desordres de son Etat, & les révoltes de ses enfans, n'étoient qu'une punition des persecutions qu'il avoit faites à ce saint Archevêque.

Du plus loin qu'il vit l'Eglise de Cantorbery, il descendit de cheval, se revestit d'un sac, & marcha nuds pieds jusqu'au Tombeau du Saint, où il demeura toute la nuit en prieres, sans prendre aucune nourriture. Il poussa bien plus loin encore sa Pénitence, & l'amende honorable qu'il vouloit faire au serviteur de Dieu; car dès le matin estant entré dans le Chapitre des Moines assemblez pour une cérémonie, dont on n'avoit point encore vû d'exemple, il se dépouilla en leur présence, & leur présenta ses épaules nuës, & une discipline, dont ils luy donnérent chacun plusieurs coups. Dieu parut s'estre laissé toucher à une si étrange humiliation; car le lendemain de ce jour-là, le Roy d'Ecosse ayant esté attaqué par les Troupes du Comté d'York, fut défait & pris: & cette prise déconcerta tellement les Rebelles, qu'en moins d'un mois tout fut soumis & tranquille en Angleterre.

Ibid.

Henri en partant de Barfleur, n'avoit pas douté que le mesme vent qui l'avoit conduit si promptement en Angleterre, n'y eust aussi porté les ennemis, qu'il croyoit s'estre embarquez à Gravelines: mais soit que ce fust une feinte qu'ils eussent faite, pour l'engager à quitter la Normandie, & à la dégarnir de Troupes; soit que son passage leur eust osté l'espérance de réüssir en Angleterre, ils ne passérent point; & Loüis voulant profiter de son absence, alla mettre le siége devant Roüen, où l'Armée de Gravelines se rendit aussi.

Quoique le Roy eust beaucoup de Troupes, la Ville ne put estre investie du costé de la Seine, à cause de la largeur de cette rivière; de sorte que les assiégez avoient tout ce costé-là libre, & recevoient par leur pont, les vivres & les autres secours, sans aucun obstacle.

Guilielm. Neubrig. l. 2. c. 35.

Les attaques se firent de l'autre costé, & elles furent continuelles tant de nuit que de jour. Car le Roy ayant partagé l'Armée en trois, une partie en relevoit une autre au bout de huit heures, & celle-ci estoit relevée par la troisiéme, après avoir poussé les travaux pendant huit autres heures. On se pressa plus que jamais, quand on eut sçû la prise du Roy d'Ecosse, & la prompte révolution qui s'estoit faite en Angleterre.

Les assiégez partagérent leur monde & leurs Gardes de la mesme maniére que les assiégeans; & il y avoit une égale ardeur de part & d'autre. Il se donna divers combats assez sanglans, & l'on continua la mesme méthode d'attaquer & de défendre jusqu'au jour de S. Laurent, que le Roy par dévotion pour ce saint Martyr, fit cesser les travaux & reposer les Soldats.

Les assiégez avertis de l'ordre que le Roy avoit donné dans le Camp, en profitérent aussi, pour se reposer & se divertir, & on affecta dans la Ville des réjoüissances extraordinaires, & de faire entendre aux assiégeans

des cris de joye & des chanfons de tous coftez.
Les Troupes de la Garnifon parurent fur le rivage au-delà de la riviére avec leurs habits de Feftes, s'exerçant à la joûte & en d'autres divertiffemens militaires : & tout cela fe faifoit, pour infulter à l'Armée, & luy faire comprendre qu'on eftoit bien éloigné de penfer à fe rendre.

Le Comte de Flandre voyant tout ce jeu, & qu'il ne paroiffoit perfonne fur les remparts, alla trouver le Roy, & luy confeilla de fe fervir de l'occafion pour les efcalader, perfuadé qu'on les emporteroit avant que la Garnifon, qui eftoit au-delà du pont, puft eftre arrivée pour les défendre. Le Roy s'en fit d'abord un fcrupule ; mais enfin preffé par le Comte & par les autres Généraux, il s'y réfolut.

On ne fe fervit ni de trompetes, ni de tambours, pour affembler les Soldats ; mais on envoya fecretement dans tous les quartiers ordre de prendre les armes fans bruit, de préparer les échelles, & de fe tenir prefts au fignal, pour monter à l'efcalade.

La fécurité eftoit fi grande dans la Ville, qu'il n'y avoit pas mefme de fentinelle au Befroy. Il s'y trouva feulement quelques Eccléfiaftiques, qui y eftoient montez par hazard & par curiofité. Un d'eux regardant le Camp, fut furpris du filence & de la tranquillité qui y paroiffoient, au lieu du bruit qu'on y entendoit un peu auparavant. Il en avertit fes compagnons, & en confidérant avec attention ce qui s'y paffoit, ils s'apperçûrent de certains mouvemens, qui augmentérent leur foupçon. Bien-toft après ils virent qu'on tranfportoit des échelles, & ne doutérent point qu'on ne fe préparaft à quelque entreprife.

Ils fonnérent auffi-toft l'allarme avec la cloche du Beffroy, ce qui fit hafter l'attaque, & un moment après, ils virent les Troupes marcher en bataille vers les murailles.

Les Soldats de la Ville ayant entendu l'allarme, y rentrérent auffi-toft, & coururent prendre leurs poftes fur les murailles, où plufieurs des Habitans s'eftoient déja rendus ; mais les ordres ne purent eftre affez prompts dans une pareille furprife, pour empefcher qu'en plufieurs endroits, la muraille ne fuft efcaladée ; on commença à s'y battre avec la fureur qu'infpiroit d'un cofté une victoire prochaine, & de l'autre un péril fi preffant. Mais enfin les affiégez firent de fi grands efforts, qu'ils repoufférent les affaillans prefque par-tout, & les culbutérent de deffus la muraille ; de forte que la nuit furvenant, & le Roy voyant que l'ardeur du Soldat fe rallentiffoit à la plufpart des attaques, fit fonner la retraite, & le coup fut manqué.

Sur ces entrefaites, on apprit avec beaucoup d'inquiétude dans le Camp, que le Roy d'Angleterre avoit repaffé la mer, & qu'il étoit débarqué à Barfleur avec fes Brabançons & quelques Troupes Angloifes du païs de Galles. Ce Prince, dont une des belles qualitez fut toûjours la promptitude dans l'exécution de fes projets, ne fut pas long-temps fans venir au fecours de Roüen. Il y entra par-deffus le Pont à la veuë de l'Armée Françoife, & dès la nuit fuivante, il fit couler quantité de Soldats Anglois dans les Forefts des environs de la Place, pour couper les convois des affiégeans, & ils le firent avec tant de fuccés, que l'Armée commença bien-toft à en fouffrir une grande difette.

Le Roy d'Angleterre, pour braver les ennemis, fit ouvrir quelques Portes de la Ville, que les Habitans avoient murées depuis le fiége, & combler tous les retranchemens, qu'on avoit faits entre le Camp & la Ville, afin que les François, s'ils l'ofoient, vinffent jufqu'au Foffé fans nul empefchement.

Autant que cette maniére réfoluë du Roy d'Angleterre encourageoit les Habitans de Roüen, autant décourageoit-elle les affiégeans. Le Roy, qui malgré le grand fecours que la Ville avoit reçû, vouloit pouffer le fiége, ne trouva plus d'obéiffance dans les Soldats. Il luy fut impoffible de les obliger à continuer les travaux, & il fallut fe réfoudre à quitter l'entreprife.

Il fit démonter fes machines, & prendre le devant aux malades & aux bleffez ; & afin de pouvoir fe retirer avec plus de feûreté, il envoya dire au Roy d'Angleterre, que s'il vouloit avoir une entreveuë avec luy, la Paix pourroit fe faire. Henri ne fouhaitoit rien davantage, & il répondit au Roy, qu'il pouvoit décamper fans craindre d'eftre attaqué, pourvû qu'il luy promift fe trouver le lendemain à un lieu qu'il luy marqua, pour y traiter de la Paix. Le Roy le luy promit, & marcha avec fon Armée jufqu'au Bourg de Malaunay à deux ou trois lieuës de Roüen. Mais ayant mis fon Armée hors de danger, il ne tint pas fa parole. C'eft ainfi, au moins, que le raconte un Hiftorien Anglois contemporain, auquel nous fommes obligez de nous en rapporter, nos Ecrivains François de ce temps-là n'ayant prefque rien dit du détail de cette guerre.

Néanmoins quelques jours après, l'Archevéque de Sens & le Comte de Blois allérent trouver le Roy d'Angleterre, pour luy dire que le Roy de France vouloit bien entrer en négotiation, & on prit le jour de la Nativité de Noftre-Dame pour l'entreveuë des deux Rois, auprès de Gifors. Ils s'y rendirent tous deux ; mais on n'y put conclure la Paix, à caufe de l'abfence de Richard fecond fils du Roy d'Angleterre, qui refufa d'y venir, quoique le Roy de France & Henri fon frere l'en preffaffent, & il continua de faire en Poitou une vive guerre à ceux du parti Royal. Le Roy ne laiffa pas de faire une Trêve avec le Roy d'Angleterre, où Richard ne fut point compris. Cette Tréve ne fut que jufqu'à la S. Michel, & les deux Rois fe promirent l'un à l'autre de fe trouver ce jour-là mefme entre Tours & Amboife.

Dans cet intervalle, le Roy d'Angleterre marcha en Poitou, & pouffa fi vivement Richard, que ce jeune Prince fut obligé de venir fe jetter à fes pieds, pour luy demander pardon.

LOUIS VII.

Ibid. don. Il l'obtint, & entra à Poitiers avec Roy son pere. Geoffroy le troisiéme fils du Roy d'Angleterre, fut aussi reçû en grace. Aprés cela le Roy d'Angleterre, ses trois fils, & le Roy de France, se trouvérent le jour de S. Michel au rendez-vous, entre Tours & Amboise, où la Paix fut faite.

Robert. de Monte. Les principales conditions furent, que le Roy de France & le Comte de Flandre rendroient au Roy d'Angleterre tout ce qu'ils avoient pris sur luy en Normandie; qu'il y auroit *Roger de Houeden loc. cit.* une amnistie générale pour tous les Sujets de ce Prince, qui avoient pris les armes contre luy, & qu'ils seroient rétablis dans leurs biens. Que tous les prisonniers seroient délivrez de part & d'autre, excepté le Roy d'Ecosse, le Comte de Leicestre, le Comte de Chester, & *Guillelm. Neubrig. lib. cic. cap. 37.* Raoul de Fougeres, sur lesquels le Roy d'Angleterre ne voulut jamais se relâscher, se reservant à traiter en particulier avec le Roy d'Ecosse, comme il fit depuis avec de très-grands avantages, & voulant estre le maistre de la destinée des trois autres, qui l'avoient grievement offensé. Qu'il donneroit à Henri son fils, deux Places fortifiées en Normandie; que le choix de ces Places dépendroit de luy, & non pas de son fils; & qu'outre cela il luy feroit une pension de quinze mille livres d'Anjou. Qu'il accorderoit pareillement à Richard deux Places en Poitou, mais telles qu'elles ne luy donneroient pas lieu de rien faire contre son service, & avec cela la moitié des revenus du Comté de Poitou en argent. Pour Geoffroy, le Roy d'Angleterre s'engageà à luy donner la moitié des revenus de Bretagne, en faveur de la Duchesse de Bretagne qu'il devoit épouser. Il fit aussi souscrire ses fils à quelques donations qu'il vouloit faire à Jean leur cadet. Il exigea l'hommage de Richard pour le Duché de Guyenne, & de Geoffroy pour le Duché de Bretagne. Son fils Henri voulut aussi le luy faire pour le Royaume d'Angleterre, dont il estoit déja déclaré successeur; mais il ne l'accepta pas, parce que ce jeune Prince portoit la qualité de Roy, & il se contenta qu'il luy fist serment de luy estre toûjours fidéle & obéissant.

C'est ainsi que finit heureusement & glorieusement pour le Roy d'Angleterre, une guerre dont les commencemens ne faisoient rien attendre que de très-funeste pour luy: mais c'est dans ces situations dangereuses, que les grands Princes se montrent véritablement grands; & ce fut dans celle-cy que toute la prudence de Henri, sa fermeté, son intrépidité, son activité, sa présence d'esprit, & toutes ses autres grandes qualitez parurent plus que jamais, & le maintinrent sur un Trône, d'où *An. 1174.* il avoit esté sur le point d'estre renversé.

La crainte qu'eut le Roy d'Angleterre de retomber dans les embarras où il s'estoit trouvé, & le peu de profit que le Roy de France avoit tiré de la puissante Ligue, qu'il avoit formée contre luy, firent que desormais ils évitérent toûjours d'en revenir à la guerre, & que dans la suite, quand il arrivoit des differends entre eux, ils s'en rapportoient volontiers à des médiateurs. Il en survint bien-tost un nouveau, capable de les broüiller, s'ils n'avoient pas esté aussi las de la guerre qu'ils l'estoient.

Il y avoit déja long-temps que le mariage entre Richard d'Angleterre, & Alix de France avoit esté arresté, & la jeune Princesse qu'on élevoit à la Cour d'Angleterre, estoit en âge d'estre mariée. Le Roy sollicitoit continuellement Henri de faire le mariage, ou de luy renvoyer sa fille. Il différoit toûjours. J'ay déja dit les bruits qui couroient sur les motifs de ce délay. Le Roy s'en offensa; mais pour éviter les extrémitez où son chagrin l'eust pû engager, s'il l'avoit trop fait paroistre, il s'adressa au Pape, afin d'obliger par son moyen le Roy d'Angleterre à l'alternative qu'il luy proposoit.

Le Pape en écrivit fortement au Roy d'Angleterre, & ordonna à Pierre Cardinal de S. Chrysogone son Légat en France, de le presser sur cet article, jusqu'à le menacer de mettre ses Etats en interdit, s'il ne donnoit satisfaction au Roy de France.

Le Légat exécuta ses ordres, & obtint des deux Rois, qu'ils conférassent ensemble en sa présence; ce fut à Ivry, ou selon d'autres, à Nonancour. Le Roy d'Angleterre dit, qu'il estoit prest de faire épouser la Princesse à son fils, pourvû que le Roy de France donnast en dot à sa fille Alix la Ville de Bourges avec ses dépendances, & de plus le Vexin François à *Roger de Houeden parte 2.* Marguerite, qui estoit déja mariée au jeune Henri, soûtenant que le Roy s'estoit engagé à faire ces deux cessions.

Comme le Roy de France ne convenoit pas de ces faits, qui demandoient de la discussion, le Légat fit si bien par son adresse, que les deux Rois, sans se fascher l'un contre l'autre, *An. 1177.* remirent le jugement de cette affaire au Pape; & il leur proposa d'en conclure une bien plus importante; c'estoit une nouvelle Croisade pour le secours de la Palestine, qui estoit preste de succomber sous les efforts des Turcs. Ils s'estoient tous deux engagez à cette entreprise depuis quelques années, Loüis de son plein gré, & Henri en satisfaction du meurtre de S. Thomas de Cantorbery, supposé que le Pape le jugeast à propos. Le Légat fit ensorte *Ibid.* qu'ils renouvellassent leur engagement, & firent un Traité qu'ils signérent en sa présence, où ils réglérent fort en détail tout ce qu'ils devoient faire chacun de leur costé, pour asseûrer le succés de cette guerre, & toutes les précautions qu'ils devoient prendre pour la seûreté des deux Etats pendant leur absence; mais malgré l'empressement qu'ils faisoient paroistre pour cette expédition, la chose n'eut point de suites, sans que nous sçachions à quoy il tint. Apparemment elle manqua plustost du costé de Henri, que du costé du Roy. Un tel dessein estoit beaucoup plus conforme à la pieté de l'un, qu'à la politique de l'autre.

Le Roy de France quelque temps aprés, fit un autre voyage de dévotion au Tombeau de *An. 1179.* S. Thomas de Cantorbery, à l'occasion que je

HISTOIRE DE FRANCE.

1267.

vais dire. Il avoit résolu, à l'exemple de ses prédécesseurs, de faire couronner du vivant Philippe son fils unique, alors âgé de quatorze ans, & avoit pris pour cette cérémonie le jour de l'Assomption de la Vierge. On se mit en chemin pour Reims, où le Sacre se devoit faire, & l'on séjourna à Compiégne. Le jeune Prince estant allé chasser dans la Forest, s'égara, & passa seul toute la nuit à errer, sans pouvoir se reconnoistre jusqu'au lendemain, qu'un Charbonnier qui travailloit dans la Forest, le reconduisit à Compiégne.

Robert. de Monte. Guilelm. Brito. Philippidos lib. 1.

La fatigue d'avoir ainsi esté à cheval toute la nuit, jointe à la frayeur que l'horreur d'une Forest & des ténèbres causoit dans l'esprit d'un enfant, le fit tomber dans une grieve maladie, qui le mit au danger de mort. Le Roy en d'extrêmes allarmes, se souvint des miracles de S. Thomas de Cantorbery, qu'on luy avoit souvent racontez, & qui l'avoient fait canoniser depuis quelques années. Il espéra que ce Saint, dont il avoit esté le protecteur durant sa disgrace, écouteroit ses vœux dans une occasion si importante pour luy & pour tout son Estat, & fit vœu d'aller visiter son Tombeau.

Il envoya au Roy d'Angleterre, pour luy en demander la permission, & seûreté pour sa personne & pour tous ceux qui l'accompagneroient. Le Roy d'Angleterre luy accorda volontiers ce qu'il luy demandoit ; & Loüis malgré toutes les défiances que plusieurs tascherent de luy donner de ce Prince, alla s'embarquer à Vitsand, accompagné de Philippe Comte de Flandre, de Henri Comte de Louvain, & de plusieurs autres Seigneurs de sa Cour. Il arriva heureusement à Douvre le 22. d'Aoust. Le Roy d'Angleterre l'y reçut avec toute sorte d'honneurs, & dès le lendemain le conduisit à Cantorbery.

Roger de Houeden.

Le Roy y fit ses dévotions & ses prieres pour la santé de son fils. Il y fit présent d'une très-riche coupe d'or, & une Fondation de cent muids de vin à perpétuité, qui devoient se prendre tous les ans sur la Maison Royale de Poissy, & estre rendus aux frais du Roy à Cantorbery. Il ajoûta une exemption de tous les péages, pour toutes les choses que les Religieux du Monastére voudroient acheter en France à leur usage ; tout cela fut mis par écrit dans une Chartre, que le Roy fit sceller par le Chancelier Hugues de Putéaux.

De Puteaco.

L'inquiétude du Roy sur la santé de son fils, le fit partir dès le lendemain pour Douvre, où le Roy d'Angleterre le reconduisit, & ayant mis à la voile le 26. d'Aoust, il arriva en moins de vingt-quatre heures à Vitsand ; de sorte qu'il ne fut que cinq ou six jours hors de France.

Il apprit avec beaucoup de joye en arrivant le rétablissement de la santé du Prince, dont il rendit d'humbles actions de graces à Dieu & au S. Martyr. Mais luy-mesme en approchant de S. Denis, fut frappé d'une violente apopléxie, dont il revint néanmoins, & qui luy laissa une paralysie sur tout le costé droit du corps.

1268.

Cet accident luy fit haster le Couronnement de son fils. Il le fixa à la Feste de tous les Saints, & tout s'y passa avec beaucoup de magnificence, d'appareil & d'ordre. Il ne manqua à cette auguste cérémonie que la présence du Roy, à qui sa paralysie ne permit pas de s'y trouver. Peu de temps après fut fait le mariage de Philippe avec Isabelle fille du Comte de Hainaut. Je parleray plus en détail de ce mariage dans l'Histoire du Régne de ce Prince, aussi-bien que de quelques autres évenemens de cette mesme année, ausquels Loüis ne paroist pas avoir eu aucune part, sa maladie ne luy permettant plus de se mesler du Gouvernement.

An. 1179.

Il ne joüit pas long-temps du plaisir de voir son fils sur le Trône. Il mourut à Paris le dix-huitiéme de Septembre de l'année suivante 1180. à l'âge d'environ soixante ans, après quarante-trois ans un mois & dix-sept jours de Régne depuis la mort de son pere. Il fut enterré en l'Abbaye de Barbeaux ou Sain-port *, qu'il avoit fondée auprès de Melun.

An. 1180. Labbæus in Chronico Technico.
* *Sanus Portus.*

Ce fut un très-bon Prince, mais d'un génie médiocre, donnant aisément & volontiers dans les grandes entreprises ; mais peu seûr, peu heureux, & peu constant dans l'exécution : brave dans le péril, quand il s'y trouvoit engagé; mais timide, jusqu'à l'éviter aux dépens de sa gloire, naturellement un peu simple, & dans ses manières & dans sa conduite: il ne devint politique que par la crainte du Roy d'Angleterre, mais trop tard. La perte de la Guyenne, & de tant de beaux Domaines au-de-là de la Loire, qu'il laissa passer dans les mains de ce Prince, fut une playe mortelle pour la France, & dont elle s'est ressentie pendant plusieurs siécles. L'ambition de ce dangereux voisin produisit un bon effet dans l'Estat : car les Vassaux de la Couronne, jusqu'a-lors si intraitables & si difficiles à gouverner, craignant qu'il ne profitast de leurs divisions, furent toûjours très-attachez au Roy, pour lequel, ce qui n'arrive guéres, ils eurent toûjours beaucoup plus d'attachement & d'amour, que d'estime. Il estoit humain, modéré, libéral ; mais sa vertu dominante fut la piété, qui l'engagea par un motif de pénitence, à cause du saccagement de Vitry, à entreprendre son malheureux voyage d'outre-mer. Nous apprenons par une Lettre du Pape Hadrien IV. qu'il fut sur le point de passer en Espagne, au secours des Princes Chrétiens contre les Sarazins. Dans l'Histoire de son voyage de Jérusalem, il est marqué qu'il ne passa pas un seul jour sans entendre la Messe, & réciter de longues prieres, mesme dans les conjonctures les plus pressantes & les plus périlleuses. Au retour de ce voyage, le Pape luy ayant offert en reconnoissance des services qu'il avoit rendus à l'Eglise, de luy donner un indult pour la collation de tous les premiers Bénéfices qui vaqueroient dans toutes les Cathédrales du Royaume, il le refusa par tendresse de conscience. Il pratiquoit des jeûnes extraordinaires, & nous avons une Lettre d'Alexandre III. par

h 1179 perdus.

Odo de Diogilo.

Valsingam, in Hypodigmate Neustriæ, Epist. 53. Append. 2.

laquelle on voit qu'il consultoit ce Pape, pour se régler en ces sortes de pénitences. Ainsi, si nous ne mettons pas ce Prince au nombre de nos plus grands Rois, nous luy devons au moins la justice, de le compter parmi les plus Chrétiens & les plus véritablement vertueux. Aussi luy donne-t-on en quelques Monumens Historiques le surnom de Pieux.

Outre les filles de Loüis, dont j'ay marqué les alliances, il eut encore de son dernier lit Agnès, que Manuel Comnene Empereur de Constantinople luy demanda pour son fils Alexis. Elle fut menée toute jeune à Constantinople, où elle eut bien des aventures par les révolutions qui y arrivérent. Quelques-uns donnent encore à ce Prince un fils naturel, nommé Philippe, qu'ils disent avoir esté Doyen de S. Martin de Tours, & estre mort avant le Roy son pere : ce qui ne s'accorde pas avec son Epitaphe faite par un ancien Auteur, où entre autres éloges, on luy donne celuy d'avoir parfaitement gardé la chasteté conjugale.

Du Chesne T. 4 Hist. Franc.

HISTOIRE DE FRANCE.

PHILIPPE AUGUSTE.

An. 1179. Rigordus.

PHILIPPE dès sa naissance, fut regardé par les François comme un présent du Ciel ; parce que le Roy son pere n'ayant eu que des filles d'Eleonore de Guyenne & de Constance de Castille ses deux premieres femmes, l'obtint enfin de Dieu par ses aumônes & par ses prieres. Ce Prince fut le fruit de son troisième mariage avec Adelaïde de Champagne, & on luy donna dès-lors le surnom de *Dieu-donné*.

Son Régne commença dès le vivant de son pere, que sa paralysie, & encore plus l'exemple de ses prédécesseurs, engagérent à l'associer au Trône. Philippe n'estoit encore que dans sa quinzième année ; mais dès ce temps-là il fit connoistre ce qu'on devoit attendre de luy dans la suite, par la vigueur avec laquelle il dompta quelques-uns de ses Vassaux, qui en ce changement de Régne, s'estoient émancipez dans le Berri, du costé de Lion, & dans la Champagne. Il entra avec des Troupes sur leurs Terres, les chastia, les obligea à restituer les biens des Eglises, dont ils s'estoient emparez, & à luy demander grace.

Ibid.

Il consacra la premiere année de son Régne, non seulement par cette guerre, qu'il fit en faveur des Eglises opprimées, mais encore par de sévéres Edits contre les blasphémateurs. Il en fit un contre les Juifs dont le Royaume estoit plein, & par lequel ils furent tous obligez de sortir des Terres du Domaine Royal. L'interest de l'Etat & celuy du Prince se trouvérent ici joints avec l'avantage de la Religion. Les Juifs s'estoient répandus dans la plusplart des plus grandes Villes. Ils y avoient des Synagogues en plusieurs endroits, ils faisoient presque tout le commerce, & la plus grande partie de l'argent du Royaume estoit entre leurs mains. Ils avoient ruiné une infinité de Bourgeois, de Gentils-hommes, de gens de la Campagne, par leurs usures, & s'estoient mis en possession de leurs biens, sur tout à Paris, dont ils possédoient près de la moitié des Maisons. Il y avoit un autre desordre, que plusieurs Conciles, & en particulier des Conciles de France, avoient toûjours tâché d'abolir, & qui estoit devenu très-commun ; c'est que les Juifs avoient pour esclaves un grand nombre de pauvres Chrétiens, dont plusieurs se pervertissoient. De plus, ils recevoient en gage, pour l'argent qu'ils prestoient à usure, des Crucifix d'or & d'argent, d'autres meubles d'Eglises, & mesme des Calices, qu'ils profanoient, jusqu'à s'en servir exprès pour cela dans leurs repas. Ils avoient une manie, qui dans la suite devint plus rare, par les punitions exemplaires qu'on en fit : c'estoit d'enlever vers le temps de Pasques, des enfans Chrétiens, & d'en faire le jour de leur Céne, en les massacrant, un sacrifice impie, en haine de Jesus-Christ, qu'ils regardent comme le destructeur de leur Loy. Ces Histoires tragiques, dont on avoit quelquefois entretenu Philippe durant son enfance, luy avoient inspiré une telle haine contre cette Nation, qu'il luy tardoit d'estre en état de la leur faire sentir.

Il le fit dès qu'il fut sur le Trône, & l'on choisit pour arrester tous les Juifs de Paris, le quatorziéme de Février, qui estoit un de leurs jours de Sabat. On investit leurs Synagogues,

& on leur porta un ordre de la part du Roy, de remettre entre les mains de ses Officiers, tout leur or, & leur argent monnoyé & non monnoyé. Il fallut obéir, & se dessaisir de tout ce qu'ils ne purent pas tenir caché; & ils furent ainsi dépoüillez tout d'un coup, de tout ce qu'ils avoient amassé en plusieurs années, par une infinité de crimes & d'injustices.

On les empescha par là d'envoyer hors du Royaume tant de richesses, comme ils n'auroient pas manqué de faire, si l'on s'y estoit pris autrement. Quelque temps après, on publia un Edit, qui déchargeoit tous leurs débiteurs de leur payer leurs dettes; & puis un autre, par lequel il estoit ordonné à tous ceux de cette Religion de sortir de Paris. Ils tentérent toutes sortes de voyes, pour en empescher l'exécution, par les offres immenses qu'ils firent au Roy, & par les présens dont ils taschérent de corrompre les Evêques, les Seigneurs de la Cour, & les Ministres. Mais le Roy tint ferme, & excepté quelques-uns, qui se firent baptiser, tous furent obligez de quitter la Ville, avant la fin de Juillet de l'an 1182. qu'on leur avoit donné pour terme, afin qu'ils eussent le temps de vendre leurs biens meubles: car pour les immeubles, ils furent confisquez, la cinquiéme partie au profit du Roy, & le reste au profit de ceux, de qui les Juifs les avoient achetez à trop bas prix.

Ibid.

Ce qui fut exécuté à Paris à cet égard, le fut à Orleans, à Etampes, & dans la pluspart des lieux du Domaine Royal, & en tous ces lieux les Synagogues des Juifs furent changées en Eglises ou en Chapelles.

Ibid.

Philippe fit faire aussi une exacte recherche des Hérétiques, qui se multiplioient beaucoup depuis quelque temps en France. Plusieurs furent condamnez au feu. Il en purgea les Villes de son Domaine, & si tous ses Vassaux l'avoient imité, on n'auroit pas vû ces Hérétiques, sous le nom d'Albigeois, soûtenir quelques années après, leurs faux dogmes les armes à la main, contre les Armées entiéres des Princes Catholiques, & mettre en combustion tant de Provinces de delà la Loire.

Cette conduite de Philippe dès le commencement de son Régne, & beaucoup d'autres choses essentielles au repos, au bon ordre, & à la gloire de l'Etat, qu'on luy vit exécuter les unes après les autres, montrent que dèslors, avec le secours de ceux qui l'aidoient de leurs conseils, il se fit un plan & un systême de Gouvernement plus réglé & plus déterminé, que ses prédécesseurs depuis Hugues Capet, ne s'en estoient fait encore: car presque tous ces Princes semblent pendant tout leur Régne, n'avoir pensé qu'à se maintenir sur leur Trône, qu'à se tenir en garde contre leurs Vassaux, qu'à les empescher d'empiéter sur leurs droits & sur leurs Domaines, se déterminant au parti qu'ils prenoient, soit dans les guerres, soit dans les Traitez de Paix, par le hazard des conjonctures, & sans aucunes vûës nobles & étenduës pour la gloire & la splendeur de la Monarchie; au lieu que Philippe mettant tout à profit, les avantages qu'il remportoit dans la guerre, ses Traitez de Paix, ses mariages, l'indocilité mesme de ses Vassaux, les Ligues de ses voisins, tout luy servit à augmenter sa puissance & son autorité, à étendre les limites de son Empire, & à réünir à la Couronne plusieurs Domaines considérables, qui en avoient esté démembrez.

La jeunesse de ce Prince produisit d'abord dans sa Cour, l'effet qu'elle y devoit naturellement avoir, je veux dire la jalousie entre ceux qui estoient de rang à prétendre quelque part au Gouvernement, & chacun tascha de s'emparer le premier de son esprit. La Reine-mere Adelaïde de Champagne, Guillaume Cardinal & Archevêque de Reims frere de cette Princesse, & Philippe Comte de Flandre, furent les principaux concurrens. Celuy-ci l'emporta: il estoit parrain du Roy, & c'estoit là de tout temps en France, & mesme à la Cour, comme je l'ay remarqué ailleurs, un titre d'autorité, & qui formoit les liaisons les plus étroites. Si ce Comte eut la qualité de Régent du Royaume, ou non; c'est dequoy les anciens Historiens ne nous instruisent point assez distinctement. Que si elle fut donnée à quelqu'un, il me paroist beaucoup vray-semblable, que ce fut au Comte, & non pas à la Reine-mere, comme quelques-uns l'ont avancé. Le titre de Tuteur du Roy, qu'un Auteur contemporain donne au Comte de Flandre, le mariage de ce jeune Prince, dont je vais parler, & la maniére dont il se fit, me paroissent en estre une preuve assez convainquante.

Guillelm. Brito. l. 2.

Le Comte de Flandre avoit épousé Elisabeth fille de Radulphe Comte de Vermandois. Il n'en avoit point d'enfans, & il aimoit tendrement Elisabeth fille de Baudoüin Comte de Haynaut, & de Marguerite sa sœur. Il pensa à la faire Reine de France, & en proposa le mariage au Roy, à condition de luy asseürer pour la dot de sa niéce, la succession de la partie Occidentale de la Flandre, qui estoit à peu près ce qu'on a appellé depuis le Comté d'Artois, & qui comprenoit tout ce Canton, où sont Arras, S. Omer, Aire, Hédin, Bapaume, & plusieurs autres Villes & Bourgades, jusques vers la source de la Lis. Cette étenduë de païs, jointe au Comté de Vermandois, qui devoit estre réüni à la Couronne après la mort de la Comtesse de Flandre, estoit un grand accroissement de la domination Françoise. Le Roy y consentit, sans se mettre en peine d'avoir l'agréement de la Reine-mere; & le chagrin qu'elle en eut, fit qu'elle se retira à la Cour, sur les Terres des Seigneurs de la Maison de Champagne, qui estoient aussi mécontens qu'elle du Gouvernement.

Anonymus Aquicinctinus.

Roger de Hoveden. an. 1180.

Robertus de Monte.

Elle n'en demeura pas là: car pour se soûtenir, elle & les Seigneurs de sa Maison contre son fils, elle eut recours au jeune Henri Roy d'Angleterre, & le pria d'engager le Roy son pere à prendre sa protection. Thibaud Comte de Blois & de Chartres, Etienne Comte de Sancerre, & le Cardinal Guillaume Archevêque de Reims, ses freres, agirent très-

Roger de Hoveden.

PHILIPPE AUGUSTE.

fortement auprés du mesme Prince, pour le mesme sujet. De sorte que le jeune Henri passa en Angleterre exprés, pour solliciter le Roy son pere d'armer en leur faveur.

Philippides. l. 1.

Le Roy pendant ce temps-là, alla sans tarder, attaquer le Comte de Sancerre, qui avoit le premier pris les armes. Il luy enleva Châtillon, à quelque distance de la Loire, c'estoit une de ses meilleures Forteresses : il y fit mettre le feu, la rasa, & ravagea toutes ses Terres. Aprés cette expédition, le Roy alla à Bapaume recevoir Elisabeth de Haynaut. Les nôces y furent célébrées avec magnificence immédiatement aprés les Festes de Pasques. Les Comtes de Flandre, de Haynaut, de Namur, de Clermont, de Soissons, de Ponthieu, de S. Paul, s'y trouvérent. On disposa tout pour le Couronnement de la nouvelle Reine, qui se fit le jour de l'Ascension, en l'Abbaye de S. Denis, où le Roy fut couronné de nouveau avec cette Princesse, par les mains de Gui Archevêque de Sens ; & le Comte de Flandre y porta l'épée Royale devant le Roy, selon la coûtume.

Anonymus Aquicinctinus.

Il arriva en cette occasion un accident, qui par l'heureuse prévention du Peuple pour ce jeune Prince, eut un bon effet. Un de ses Officiers, qui estoit proche de sa Personne, maniant une baguette, dont il se servoit pour faire faire silence, ou pour donner quelques ordres, cassa d'un seul coup trois lampes de verre, dont l'huile tomba sur la teste du Roy & sur celle de la Reine ; aussi-tost le Peuple applaudit de toutes parts, & commença à crier, bon présage, bon présage, prenant cette copieuse effusion de l'huile, pour le Symbole des dons du S. Esprit, que le Ciel commençoit à répandre avec abondance sur le Prince destiné à les gouverner.

Ce Couronnement fait à S. Denis, & par l'Archevêque de Sens, fut un nouveau chagrin, que le Roy donna volontiers au Cardinal Archevêque de Reims son oncle, qui ne manqua pas d'en faire ses plaintes au Pape, comme d'un attentat de l'Archevêque de Sens, contre son droit, de sacrer & de couronner les Rois & les Reines de France : mais un pareil procés avoit déja esté intenté & perdu par un de ses prédécesseurs, dès le temps de Loüis le Gros.

Roger de Houeden.

Cependant les deux Rois d'Angleterre arrivérent en Normandie, à dessein de fomenter la guerre civile, qui commençoit à s'allumer en France, & la Reine alla les joindre avec le Comte de Blois & le Comte de Sancerre. Ceux-ci donnérent des ôtages, pour asseûrance de la résolution où ils estoient, de suivre en tout les ordres & les conseils des deux Rois, & les Princes se mirent aussi-tost en état d'agir avec une Armée nombreuse, sous prétexte de prendre en main la défense d'une Reine injustement opprimée.

Le Roy & le Comte de Flandre s'avancérent en mesme temps avec leurs Troupes vers les Frontiéres de Normandie. Quand les deux Armées furent proches l'une de l'autre, le Roy d'Angleterre voyant la bonne contenance de Philippe, n'osa l'attaquer. Philippe pareillement ne crut pas devoir sans nécessité dans les conjonctures présentes hazarder une bataille ; ainsi de part & d'autre on consentit aisément à une Conférence, qui se tint entre Trie & Gisors.

Roger de Houeden.

La partie ne paroissoit pas égale. D'un côté un Prince d'une grande expérience, & le plus rafiné politique de son temps : & de l'autre, un jeune Roy de quinze ans, & tout neuf dans la négotiation ; mais en ce Prince, la prudence & le courage avoient prévenu les années. Il avoit prévû dès qu'il fut sur le Trône, le mauvais effet que devoit produire l'idée de sa jeunesse sur les esprits mutins & broüillons de son Royaume, il avoit résolu d'éviter tous les défauts de cet âge, & sur tout l'inapplication & l'amour de l'oisiveté & du plaisir, & il s'estoit fait une loy d'entrer dans toutes les affaires, de se trouver par-tout à la teste de ses Troupes, & de ne pas permettre que rien d'important se fist sans luy.

Le Roy d'Angleterre ne manqua pas dans cette entrevûë, de se servir de tout son avantage, employant tantost les amitiez, les marques de tendresse, les paroles flateuses, tantost usant de reproches & de menaces, pour amener ce jeune Prince où il vouloit, c'est-à-dire, pour l'engager à recevoir la Reine-mere & ses oncles, à des conditions, qui l'eussent rendu leur esclave. Mais il ne put rien gagner, & Philippe luy fit toûjours connoistre, qu'il ne relascheroit rien sur le point de son autorité. Il avoit esté bien fortifié sur ce point par les conseils du Comte de Flandre & de Robert Clement, qui est nommé dans l'Histoire, comme un de ses principaux Conseillers : mais il eut à se défendre contre ces deux Ministres mesmes, qui vouloient qu'il n'entendist à aucun accommodement ; le Comte de Flandre appréhendant ce qui arriva depuis en effet, que la Reine-mere ne le supplantast, si une fois elle estoit bien réconciliée avec le Roy.

Ibid.

Philippe prit donc un milieu ; il consentit au retour de la Reine, & à se réconcilier avec elle, à luy fournir de quoy soûtenir son rang, à la mettre en possession de tous les revenus des Terres, qu'elle avoit apportées pour sa dot, aussi-tost que le Roy Loüis auroit expiré ; car ce Prince vivoit encore, toûjours accablé de sa maladie, & ne mourut qu'un mois ou deux aprés ; mais ce fut à condition, qu'en entrant en possession des revenus, elle luy laisseroit les Chasteaux ou Forteresses bastis sur ces mesmes Terres, & il ne voulut jamais luy abandonner ces Places, dans la crainte qu'elle ne s'en servist pour luy faire la guerre, ou qu'elle ne les livrast à ses freres.

An. 1180.

Quelques jours aprés la mort du Roy, qui n'apporta aucun changement aux affaires, Philippe & le Roy d'Angleterre se trouvérent de nouveau au mesme lieu entre Trie & Gisors. Ils y jurérent d'observer le Traité de Paix, qui avoit esté signé à Ivry quelques années au-

Ibid.

LLll iij

paravant, en présence du Cardinal de S. Chry-fologne Légat du S. Siége, laissant néanmoins encore indécis quelques différends, qu'ils avoient pour l'Auvergne, & pour quelques Fiefs du Berry, mais sur lesquels ils promirent de s'en rapporter aux Evêques & aux Seigneurs, dont ils convinrent de part & d'autre.

Dans ces Conférences, le Roy d'Angleterre conçut tant d'estime pour Philippe, qu'il cultiva depuis son amitié avec soin pendant plusieurs années, sans que divers petits sujets de querelle, qui ne manquent guéres entre des Princes voisins, eussent aucune suite. Henri voulut se servir de cette bonne intelligence, pour attirer Philippe dans une guerre fort considérable, & peu s'en fallut qu'il ne l'y engageast.

Henri Duc de Saxe avoit envahi quelques biens appartenans à l'Eglise de Cologne. L'Archevêque en fit ses plaintes à l'Empereur Fridéric, qui ordonna au Duc de Saxe d'en faire la restitution. Ce Duc ne put se résoudre à obéir. L'Empereur entreprit de l'y contraindre par les armes, & le poussa si vivement, qu'il le chassa de la Saxe, & pour cette desobéissance, & pour quelques autres sujets de mécontentement qu'il avoit reçûs de luy, le fit condamner dans une Diéte de l'Empire à un exil de sept ans. Le Duc se jetta entre les bras *Roger de Houeden.* du Roy d'Angleterre son beau-pere, & le pria de ne le pas abandonner dans son malheur. Le Roy d'Angleterre le luy promit; mais comme il ne se sentoit pas assez puissant tout seul, pour faire la guerre à l'Empereur, & que ses Etats estoient éloignez de ceux de l'Empire, *Anonymus Aquicinctinus.* il agit auprès du Roy de France & du Comte de Flandre, pour faire avec eux une Ligue offensive contre Fridéric. Ce Prince en eut avis. Il s'estoit depuis quelques années réconcilié avec l'Eglise de Rome, & se trouvoit en *An. 1181.* état de soûtenir cette guerre; mais il vouloit auparavant faire ce qu'il pourroit pour l'éviter.

Henri Comte de Troye, revenu depuis peu de Palestine, avoit toûjours esté fort attaché à ce Prince, se croyant obligé de le ménager, à cause de quelques Fiefs qu'il tenoit de luy. Fridéric se servit du crédit du Comte auprès du Roy, & auprès du Comte de Flandre, pour les détourner de se liguer avec le Roy d'Angleterre, & il y réüssit. De sorte que le Duc de Saxe fut contraint d'avoir recours à la miséricorde de l'Empereur, & à la voye d'intercession. Le Pape, le Roy de France & le Roy d'Angleterre firent ses intercesseurs, & l'Empereur à leur considération, se contenta de trois ans d'exil, au lieu des sept ans, ausquels il avoit esté condamné. Mais le Roy de France & le Comte de Flandre, après avoir esté sur le point de s'unir, pour faire la guerre à l'Empereur, tournérent peu de temps après leurs armes l'un contre l'autre, nonobstant l'étroite amitié qui avoit esté jusqu'alors entre eux, raison d'ordinaire assez foible, pour empescher les ruptures des Princes, quand d'autres motifs interviennent.

Ils eurent divers sujets de se broüiller ensemble; & le Comte de Flandre chagrin d'avoir perdu tout son crédit à la Cour de France, par le retour de la Reine-mere, estoit trés-disposé à les prendre. Il chicana sur quelques articles du Traité de mariage de la jeune Reine sa niéce. Il survint un différend pour quelques Terres, entre luy & le Comte de Clermont en Beauvoisis qu'il haïssoit, & que le Roy aimoit. Le Roy se saisit d'une Terre, que le Comte de Sancerre avoit envahie sur un Seigneur de ses voisins, & qui dépendoit d'un Fief appartenant au Comte de Flandre. On commença par faire des courses sur les Terres les uns des autres, qui furent toutefois suspendües par une Tréve; mais elle ne dura que depuis Noël jusqu'après l'Octave de l'Epiphanie.

L'Empereur voulut entrer dans cette querelle. Il alla jusqu'à menacer le Roy, de se déclarer pour le Comte de Flandre, s'il ne cessoit *Aquicinctinus.* de luy faire la guerre. Le Roy s'embatrassa peu de ces menaces, & l'Empereur en effet ne passa pas outre. Mais ce qui choqua, & ce qui étonna davantage le Roy, fut de voir que le Cardinal de Reims & le Comte de Blois, gagnez par le Comte de Sancerre, prenoient le *Monachus S.Mariani.* parti du Comte de Flandre; que Hugues Duc de Bourgogne s'y estoit engagé, & que tous les jours quantité de Seigneurs se déclaroient en faveur des révoltez. L'autorité du Roy qu'ils voyoient croistre par l'estime & l'affection des Peuples, que ses grandes qualitez luy attiroient, devenoit suspecte à ces Vassaux indociles, plus accoûtumez à donner la Loy à leur Souverain, qu'à luy obéir.

Le Roy dans cette fascheuse conjoncture, fit ce que le Roy d'Angleterre avoit fait quelques années auparavant en un cas pareil. Comme il ne se fioit pas trop aux Seigneurs qui étoient demeurez auprès de luy, les connoissant fort susceptibles de la jalousie, dont les autres estoient animez, il prit à sa solde les Brabançons, & en composa une Armée, seûr que ces déterminez, tandis qu'il les payeroit libéralement, ou qu'il leur fourniroit dequoy piller, le serviroient bien. Il leur abandonna les Terres du Comte de Sancerre, où ils firent un riche butin, & mirent le feu à un trés-grand nombre de ses Chasteaux.

Le Roy entra en Bourgogne. Il y prit Châtillon sur Seine (ce nom estoit commun, qu'on donnoit alors en France aux *Philippidos. l. 1.* petites Forteresses,) ce qui fait qu'on voit encore aujourd'huy plusieurs Villes, qui le portent en différents endroits du Royaume. Il prit dans cette Place Eudes fils du Duc de Bourgogne; & c'est ce qui obligea ce Duc, pour délivrer son fils, de faire sa Paix au plustost avec le Roy. Philippe prit aussi Nevers, & toutes les Places du Comté dont elle estoit la Capitale.

Cette vigueur du Roy, & la réconciliation du Duc de Bourgogne, rabatirent beaucoup des grandes espérances des Liguez. On commença à parler d'accommodement. Le Roy d'An- *Roger de Houeden.* gleterre s'aboucha sur ce sujet avec le Roy au-

PHILIPPE AUGUSTE.

près de Gisors, & la Paix se fit; mais elle ne dura guéres. La guerre recommença, & se réchauffa d'autant plus, que l'intérest qui l'avoit rallumée, estoit plus important.

Elisabeth Comtesse de Flandre mourut sans laisser d'enfans. Par cette mort le Roy prétendit que le Comté de Vermandois, Montdidier, Roye, Nesle, Peronne, & Amiens, qu'elle avoit portez en dot au Comte de Flandre, devoient estre réünis à la Couronne. Il fit sommer le Comte de luy remettre en main tous ces Domaines. Le Comte s'en défendit, sur ce qu'il prétendoit que le feu Roy luy en avoit fait la cession, & que Philippe luy-mesme l'avoit confirmée.

An. 1182. Philippidos, l. 2.

Le Roy répondoit à cela, que la cession n'avoit point esté faite à perpétuité, & que le Titre en vertu duquel le Comte possédoit ces Domaines, estant son mariage avec Elisabeth, tout le droit qu'il y avoit eu, cessoit par la mort de la Comtesse; que pour luy il n'avoit confirmé cette donation que selon les intentions du Roy son pere, & que quand il l'auroit confirmée pour toûjours, cette confirmation estoit nulle, parce qu'il estoit mineur dans le temps qu'il l'avoit signée.

Ces raisons de droit ne sont pas toûjours celles qui règlent les différends des Princes. La possession & le pouvoir de s'y maintenir, tiennent souvent lieu de tout le reste. Le Comte voyant que le Roy tenoit ferme, le quitta fort en colere, & résolut non seulement de soustenir, mais encore de commencer la guerre.

Les Flamands entrérent chaudement dans les interests de leur Comte, dont ils voyoient que la puissance alloit extrémement décheoir, par le démembrement d'un si grand païs. La seule Commune de Gand luy fournit vingt mille hommes; celles d'Arras, d'Ypres, de Bruges, de Lisle armérent pareillement. Les Territoires de Bapaume, de Gravelines, de Doüay, de S. Omer, de Hédin, & des autres Villes considérables du païs, fournirent sans peine leur contingent, & de toutes ces Troupes, le Comte fit une très-nombreuse Armée, qu'il assembla fort promptement.

Ibid.

Il marcha aussi-tost à la teste de ces Troupes, & vint passer la Somme auprès de Corbie. Cette Place fut la premiere attaquée. Le Comte après l'avoir fait investir des deux costez de la riviére, en insulta le Fauxbourg de costé de France, qui estoit fermé de murailles. Il le prit d'assaut, & y fit passer au fil de l'épée tout ce qui s'y trouva. Ceux qui purent se sauver dans la Ville, rompirent le Pont de la Somme, qui en faisoit la communication, & résolurent de se bien défendre, comme ils le firent en effet pendant plusieurs jours.

Le Roy en attendant qu'il pust se mettre en Campagne, envoya de ce costé-là quelques Troupes, dont une partie trouva moyen de se jetter dans la Place. Ce secours fit perdre l'espérance au Comte de Flandre de l'emporter; ainsi il leva le siége, & ayant fait passer la Somme à toute son Armée en bon ordre, il s'avança vers la riviére d'Oyse, pillant & ravageant tout le païs. Il passa cette riviére, & vint droit à Senlis, dans l'espérance de surprendre cette Place; mais il la trouva en défense, & n'osa l'attaquer.

Il ne se proposoit pas moins que de venir jusqu'à Paris, & disoit qu'il ne seroit point content, qu'il n'en eust forcé les Portes, & planté ses dragons, c'est-à-dire, ses étendarts, sur le Petit-Pont. Toutefois quelques-uns de ses Généraux moins présomptueux que luy, luy conseillérent de ne pas s'engager si avant. Il suivit leur avis, & vint mettre le siége devant Betisi, Place alors très-forte entre Senlis & Compiégne.

Ibid.

Le Roy, qui pendant que tout cela se passoit, assembloit ses Troupes vers Paris, & qui avoit une extréme envie d'en venir aux mains avec le Comte de Flandre, fut ravi de sçavoir qu'il s'estoit attaché à ce siége. Il marcha de ce costé-là par Senlis; mais à peine estoit-il sorti de cette Ville-là, qu'on vint luy dire que le Comte avoit levé le siége avec précipitation, & qu'il estoit déja au-delà de la Forest de Compiégne.

Ibid.

Le Roy le suivit: ce qui n'empescha pas le Comte de Flandre de faire une tentative sur Choisi, Place située à quelques lieuës de Compiégne sur la riviére d'Aisne, assez près de son embouchure dans l'Oyse, où l'on voit des restes d'un ancien Chasteau ou Forteresse; mais l'approche du Roy luy fit encore abandonner cette entreprise, & sans s'arrester davantage, il regagna la Flandre.

Le Roy, pour se dédommager de ce que son ennemi luy avoit échapé, tourna du costé d'Amiens, en résolution de l'assiéger. C'estoit une des principales Villes de celles, qu'il prétendoit luy devoir estre restituées par le Comte de Flandre. L'entreprise estoit difficile, & il falloit se saisir avant toutes choses de plusieurs Chasteaux très-forts, qui environnoient cette Place, & luy servoient comme de dehors.

Le Chasteau de Boves, dont on voit encore aujourd'huy les ruïnes à une lieuë & demie d'Amiens, estoit un des plus considérables & des plus forts par sa situation. Raoul Seigneur de Boves, instruit de la marche & du dessein du Roy, s'y estoit renfermé avec autant de Troupes que la Place en pouvoit contenir, & l'avoit remplie de munitions, & de toutes les choses nécessaires pour une vigoureuse défense.

Ibid.

Il fallut l'assiéger dans toutes les formes. Un Auteur contemporain remarque à cette occasion, que la *Ballisse* n'estoit point alors en usage en France, quoique cette machine fust fort ancienne & assez commune ailleurs. C'estoit une machine, avec laquelle on jettoit dans les Places assiégées de grosses pierres, des fléches & des feux d'artifices: on se servoit en France de la mine & du Bellier pour renverser les murailles, & de quelques autres machines qui approchoient de la Ballisse. On se logea d'abord sur la contrescarpe après un combat très-sanglant. Ensuite on combla le fossé en partie, & on poussa une gallerie couverte jusqu'assez près de la muraille, où l'on attacha le mineur. Dès

Guillelm. Armor. Philippid. l. 2.

Ibid.

qu'il eut avancé par la sape assez avant sous la muraille, qu'il étançonnoit avec des bois debout, à mesure qu'il creusoit dans les fondemens, le Roy donna ses ordres pour l'assaut. Tout estant prest, le mineur mit le feu aux étançons. Peu de temps après la muraille s'estant écroulée, il se fit une grande bréche, & au mesme moment, à la faveur de la fumée & de la poussiere, on monta à l'assaut, & la muraille fut emportée.

Dans ces Forteresses il y avoit toûjours un Donjon ou grande Tour, entourée de fossez, qui commandoit le reste de la Place. C'estoit là que la Garnison se retiroit, pour attendre le secours, quand la muraille du Château avoit esté forcée. Une partie de ceux qui avoient soûtenu l'assaut, se jetta dans le Donjon, le reste ayant esté taillé en piéces.

Pour arriver au pied de la Tour, il falloit encore forcer deux murailles, qui l'entouroient. On en fit approcher les machines. On en ruïna les creneaux & toutes les autres défenses, & les assiégez estoient extrêmement pressez, lorsque le Comte de Flandre estant retourné sur ses pas, parut à la vûë du Camp, & envoya défier le Roy à la bataille.

Ce jeune Prince plein d'ardeur, & qui ne cherchoit que l'occasion de se signaler, accepta l'offre sur le champ, & sortit de son Camp en résolution de marcher à l'ennemi. Il estoit déja fort tard, & c'estoit une adresse du Comte de Flandre, qui ne vouloit pas en venir à une action décisive, mais seulement voir la contenance des François, & s'ils oseroient hazarder une bataille.

Le Cardinal de Reims & le Comte de Blois son frere, pénétrérent les intentions du Comte. Ils dirent leur pensée au Roy, & le priérent de ne rien précipiter. Ils luy représentérent que la nuit approchoit ; qu'à peine le combat seroit engagé, qu'il faudroit le finir, ou en abandonner le succès au hazard ; qu'il valoit mieux attendre au lendemain, pour prendre des mesures plus justes, & se donner le temps de concerter avec ses Capitaines les plus experimentez, une action de cette importance. On eut de la peine à l'y résoudre, mais enfin il se rendit.

Le Comte de Flandre informé par ses espions de la résolution où l'on estoit, de luy donner bataille dès le lendemain matin, décampa à l'entrée de la nuit, & mit la riviére de Somme entre le Roy & luy, & écrivit en mesme temps au Cardinal & au Comte de Blois, pour les prier de faire sa Paix, les asseûrant qu'il estoit disposé à satisfaire le Roy sur tout, & qu'il ne luy demandoit que huit jours de trêve, pour traiter, & en passer par tout ce qu'il luy plairoit d'ordonner.

Le Cardinal & le Comte obtinrent du Roy la Tréve, pendant laquelle on négocia, & il fut conclu, que le Comte de Flandre viendroit demander pardon au Roy de sa fellonie, en mettant ses armes à ses pieds ; qu'il luy céderoit tout le Vermandois, Amiens, & tout le païs de Santerre. Ce qui fut exécuté, & par

là tout ce grand Territoire fut réüni à la Couronne. Le Roy consentit que le Comte de Flandre gardast Peronne & S. Quentin ; mais à condition de reconnoistre qu'il ne les tenoit que par engagement, & qu'il seroit libre au Roy de les retirer, en luy payant soixante mille livres d'argent. La Paix fut confirmée entre Senlis & Crespi en Valois, & le Duc de Bourgogne y fut compris.

Il ne tint pas au jeune Henri d'Angleterre, que la France ne se broüillast de nouveau avec le Roy son pere. Il vint mécontent à la Cour de France, & y amena la Reine Marguerite sa femme. De-là, par le conseil du Roy, dit l'ancien Historien Anglois, il écrivit au Roy son pere, pour le prier, comme il avoit déja fait tant de fois, de luy céder la Normandie. Mais Philippe, qui crut la Paix nécessaire à son Royaume, après la guerre qu'il venoit de finir, ne luy ayant pas offert les secours, dont il auroit eu besoin, pour se rendre maistre de ce Duché par la voye des armes, il fut obligé de faire son accommodement.

Il ne se tint pas long-temps en repos. Mais dans le temps qu'il pensoit à recommencer sa révolte, la mort le prévint, & luy épargna ce nouveau crime. Son pere le pleura neanmoins amérement, lorsqu'il apprit le regret qu'il avoit témoigné avant que de mourir, de toute sa conduite passée, & la satisfaction publique qu'il en avoit faite, en présence de tous ceux qui se trouvérent à sa mort.

Marguerite de France estant devenüe veuve par la mort de Henri, dont elle n'avoit point d'enfans, le Roy son frere demanda au Roy d'Angleterre, qu'on luy asseûrast son doüaire, & qu'il rendist Gisors & le Vexin François, qui avoient esté cedez pour la dot de cette Princesse. Les deux Rois se rendirent entre Trie & Gisors, pour terminer ces deux points. Celuy du Vexin & de Gisors demeura en suspens, & il entra dans un autre Traité, dont je parleray dans la suite. Il fut seulement réglé, que le doüaire de Marguerite seroit réduit à la somme de dix-sept cens cinquante livres, monnoye d'Anjou, qui devoient luy estre payées à Paris tous les ans. Elle fut quelques années après mariée à Bela Roy de Hongrie. Cette mesme année-là, le jour de saint Nicolas, les deux Rois se trouvérent encore au mesme lieu, à dessein d'établir entre eux une solide Paix. Pour cela il falloit que le Roy d'Angleterre fit hommage de tous les grands Domaines qu'il possédoit en France. Jusqu'alors il n'avoit pû s'y résoudre, & le Roy depuis qu'il estoit sur le Trône, l'en avoit pressé en vain plusieurs fois ; mais enfin il le fit, soit par raison de justice, soit par la crainte que Philippe ne soûtinst contre luy ses deux fils, Richard & Geoffroy, qui en usoient aussi mal à son égard, que Henri leur aîné avoit fait. Ainsi les deux Rois se séparérent fort contens l'un de l'autre.

Le Roy profita de cette Paix pour exterminer dans son Royaume une peste publique, qui le ravageoit de toutes parts. Je parle de ces Troupes de scélérats, à qui on donnoit le nom
de

PHILIPPE AUGUSTE.

de Brabançons ; c'estoient, comme j'ay dit dans l'Histoire du Régne précedent, des espéces de bandits, qui ne faisoient distinction ni de François, ni d'Anglois, ni de profane, ni de sacré, qui pilloient les Eglises, & massacroient tous ceux qui tomboient entre leurs mains, & s'abandonnoient aux plus excessifs desordres. On ne peut guéres mieux les comparer qu'à cette espéce de République de Pirates, appellez aujourd'huy Flibustiers, qui courent les mers des Indes, & qui font sur ces mers ce que ceux dont je parle, faisoient alors en France.

L'impunité avec laquelle ils exerçoient leurs brigandages, avoit fait croistre leur nombre à l'infini. Ils s'estoient venus camper dans le Berri, où ils exerçoient toutes sortes de violences & de cruautez. Les Habitans de ce Comté eurent recours au Roy, & le priérent de les secourir. Il y envoya une Armée, qui les défit, & en tua sept mille sur la place. Un autre Ecrivain de ce mesme temps-là, soit qu'il parle de la mesme action, soit qu'il parle d'une autre, fait monter le nombre de ceux qui furent passez au fil de l'épée, jusqu'à dix mille cinq cens vingt-cinq. Les Seigneurs de ces quartiers-là furent obligez de faire entre eux une Ligue contre ces brigands ; & elle fut appellée la Ligue des *Pacifiques*; parce que leur dessein estoit de rendre la tranquilité au païs, où tout estoit en combustion. La Noblesse d'Auvergne en tua encore trois mille en une autre occasion. Ce carnage les réduisit à un très-petit nombre, & les dissipa.

Ce fut aussi alors, que par l'ordre du Roy, les ruës de Paris furent pavées, & que le Bois de Vincennes fut entouré de murailles. Le Roy d'Angleterre, à cette occasion luy fit présent de quantité de bestes fauves, qu'il avoit fait prendre en Guyenne, pour en peupler ce beau Parc, dont Philippe vouloit faire un lieu de Chasse.

Il s'occupa de divers autres soins, pour l'utilité publique, & pour l'augmentation de ses revenus. Ce qui ne l'empescha pas de dompter de temps en temps le Comte de Flandre & le Duc de Bourgogne, dont l'esprit inquiet & remuant attiroit souvent sur eux, des chastimens de la part de leur Souverain.

Excepté ces petites guerres, qui eurent peu de suite, la France fut en repos jusqu'à l'année 1187. que Philippe & le Roy d'Angleterre se broüillérent de nouveau, & en vinrent aux armes. Les causes de cette guerre furent principalement les délais du Roy d'Angleterre, pour le mariage de Richard son fils avec la Princesse Alix sœur du Roy. Il s'estoit fait depuis la mort du jeune Henri un nouveau Traité, par lequel Philippe voyant Richard héritier présomptif de la Couronne d'Angleterre, luy cédoit Gisors & toutes les autres Places que le feu Roy avoit données à Marguerite de France, & il les cédoit aux mesmes conditions à Richard pour le mariage d'Alix.

Ce jeune Prince tantost vouloit ce mariage, & tantost ne le vouloit plus. Il en avoit même durant cet intervalle, & du consentement de son pere, conclu un autre avec une fille de l'Empereur Fridéric ; mais elle estoit morte avant qu'elle pust l'épouser. Depuis cette mort le Roy d'Angleterre avoit encore fait serment au Roy auprés de Gisors, de marier incessamment Alix avec Richard. Il n'en fit rien cependant.

Un nouveau sujet de querelle survint, à l'occasion de la mort de Geoffroy Duc de Bretagne, troisiéme fils du Roy d'Angleterre. Ce Duc avoit en vain fait tous ses efforts, pour obtenir du Roy son pere, que le Comté d'Anjou fust ajoûté au Duché de Bretagne, qu'il possédoit du chef de sa femme. N'ayant pû en venir à bout, il se retira à la Cour de France, dans l'espérance que le Roy, comme Souverain, feroit luy-mesme cette union du Comté d'Anjou avec la Bretagne, & la soûtiendroit par sa puissance. Mais Geoffroy mourut à Paris, avant que d'avoir exécuté ses projets.

Ce Duc en mourant laissa sa femme enceinte, & il en avoit une fille nommée Eleonore, âgée de deux ans. Le Duché de Bretagne étoit toûjours un Arriere-Fief de la Couronne ; le Roy prétendoit, comme le Seigneur Suzerain, avoir la tutelle de la fille héritiere du Duc, & la garde du Duché. Le Roy d'Angleterre, comme Seigneur immédiat, quoique Feudataire de la France, & comme ayeul de la jeune Duchesse, soûtenoit que la tutelle & la garde le regardoient, & s'opposa fortement à la prétention de Philippe.

Un troisiéme sujet de guerre fut, que le Roy ayant demandé à Richard l'hommage, qu'il luy devoit pour le Comté de Poitou & pour la Guyenne, il le luy refusa, sur la défense expresse qu'il avoit reçuë de son pere, de le rendre.

Il arriva encore vers le mesme temps quelques différends entre des Seigneurs, les uns Vassaux du Roy de France, & les autres Vassaux du Roy d'Angleterre, où les deux Rois prirent parti.

Il n'en falloit pas tant pour animer ces deux Princes l'un contre l'autre. Ils levérent de nombreuses Troupes. Mais le Cardinal Octavien, que le Pape avoit envoyé en Angleterre pour un autre sujet, estant passé en France avec Henri, leur offrit sa médiation. Il fut d'eux, qu'ils conféreroient en sa présence au Gué de S. Remi sur la Somme ; mais ni l'un, ni l'autre ne voulurent se relascher sur leurs prétentions, & ils se séparérent sans rien conclure.

Philippe, au lieu de tourner ses armes contre la Normandie, à l'exemple de ses prédécesseurs, qui ne faisoient d'ordinaire la guerre aux Anglois que de ce costé-là, les porta au-delà de la Loire. Il y prit Issoudun, Graçai, avec quelques autres Places, & il se mit mettre le siége devant Chasteau-roux, où les deux fils du Roy d'Angleterre Richard & Jean se trouvérent enfermez.

Henri sur cette nouvelle, vint au secours de la Place avec son Armée. Le Roy sortit de son Camp à la teste de la sienne, bien résolu de donner la bataille, pour peu que le Roy d'Angleterre se trouvast disposé à l'accepter. Les deux Armées furent plusieurs jours en présence, prestes à tous momens d'en venir aux mains; mais par l'entremise des Légats du Pape, qui estoit alors Urbain III. on parla de Paix. Les Légats firent conclure une Tréve de deux ans, à condition que le Roy de France garderoit Issoudun, & les autres Places dont il s'estoit rendu maistre avant le siège de Chasteau-roux, & que le Roy d'Angleterre & le Duc Richard s'en rapporteroient au jugement d'une Assemblée des Seigneurs François, pour leurs différends avec le Roy.

Guillelm. Neubrig. l. 3. c. 14.
ibid.

Les Armées furent congédiées; mais Richard mécontent du Roy son pere, apparemment par les nouveaux délais qu'il apportoit à son mariage avec la Princesse Alix, se retira à la Cour de France. Henri en fut inquiet, & le sollicita avec empressement de revenir auprès de luy. Après plusieurs refus, il fit semblant d'obéir. Il vint jusqu'à Chinon; mais ce ne fut que pour enlever du Chasteau une grande quantité d'argent qui y estoit en réserve, & dont il se servit, pour fortifier les Places du Poitou, qui luy avoient esté cédées plusieurs années auparavant. Quelque temps après néanmoins ayant tiré asseurance de son pere, qu'il oublieroit tout le passé, il se rendit auprès de luy.

Roger de Houeden.

Tandis que le Roy d'Angleterre trouvoit tant de sujets de chagrin dans sa Famille, par la mort d'un de ses fils, & par l'indocilité de l'autre, le Roy de France estoit dans la joye, pour la naissance d'un héritier de sa Couronne, que Dieu luy donna cette année-là mesme. Ce Prince nâquit le troisième de Septembre, & fut nommé Loüis. Cette naissance fut célébrée par tout le Royaume, & sur tout à Paris, où la Feste dura sept jours, avec des illuminations toutes les nuits & des Processions continuelles, pour rendre graces à Dieu des bénédictions dont il combloit le Roy & l'Etat. Ce Prince en particulier en fut très-reconnoissant, & le marqua par la sainte & généreuse résolution qu'il prit peu de temps après, d'aller au secours des Chrétiens de la Terre-Sainte, dont les affaires n'avoient jamais esté dans un état plus déplorable, que celuy où elles se trouvoient alors.

An. 1187. Rigordus.

Après que le Roy Loüis VII. fut parti de Palestine l'an 1149. Noradin Soudan d'Alep, ce Conquérant, dont j'ay parlé, en racontant la dernière Croisade, poussa ses conquestes avec plus de rapidité que jamais. Il défit & tua Raymond Prince d'Antioche, & prit plusieurs Places de cette Principauté. Il fit prisonnier Josselin Comte d'Edesse, qui mourut dans sa prison. Il se rendit maistre de tout cet Etat, & y ajoûta celuy de Damas, ayant enlevé cette Ville au Soudan, qui estoit Tributaire du Royaume de Jérusalem. La mort de Baudoüin III. Roy de Jérusalem, dont Noradin redoutoit la prudence & le courage, fut encore un accident très-fascheux pour les Etats Chrétiens de la Palestine.

Amauri frere de Baudoüin prit sa place sur le Trône de Jérusalem, & soutint assez vaillamment les efforts des Turcs : mais un nouveau Conquérant s'éleva en Egypte, & donna de ce costé-là autant d'inquiétude aux Princes & aux Seigneurs Chrétiens de la Palestine, que Noradin leur en donnoit du costé de la Syrie & de la Mésopotamie.

C'estoit le fameux Saladin, qui après avoir massacré le Calife d'Egypte, sous lequel il avoit toute autorité dans cet Etat, s'en fit luy-mesme le Monarque, & commença par là à exécuter le dessein qu'il avoit formé, de se rendre maistre de tout l'Orient. Ce fut alors que les Chrétiens de Palestine se voyant enfermez entre ces deux terribles ennemis, envoyèrent demander du secours en Occident vers l'an 1168.

Fridéric Archevêque de Tyr, fut chargé de cette Ambassade; mais il trouva les conjonctures très-peu favorables. L'Empereur Fridéric estoit en guerre avec le Pape Alexandre III. Henri II. Roy d'Angleterre se trouvoit extrêmement embarrassé, & tout occupé des différends qu'il avoit avec l'Archevêque de Cantorbery; Loüis le Jeune Roy de France, n'osoit ni quitter son Royaume, ni en diminuer les forces, par la jalousie que luy causoit la grande puissance du Roy d'Angleterre en-deçà de la mer. Ainsi l'Ambassadeur s'en retourna sans avoir pû rien obtenir.

Cependant Saladin estant entré en Palestine, y prit Gaze, qui en estoit le boulevart du costé de l'Egypte, & s'ouvrit par là une entrée dans le païs & pour comble de malheur, Amauri Roy de Jérusalem estant mort quelque tems après à la trente-huitième année de son age, donna lieu par sa mort à des troubles, qui furent les dernieres causes de la ruïne du Royaume de Jérusalem.

Ce Prince laissa pour successeur un fils unique appellé Baudoüin, quatrième du nom, âgé de treize ans. C'estoit déja un grand mal, d'avoir un enfant à la teste d'un Etat en de si dangereuses conjonctures : Toutefois les Peuples & les Grands parurent assez unis sous son autorité, & sous celle de Raymond Comte de Tripoli, à qui l'on confia la Régence. Ce Comte Raymond descendoit en droite ligne du fameux Raymond de Toulouse, qui estoit de la premiere Croisade, & un de ceux qui contribuérent le plus à la prise de Jérusalem.

Le Comte de Tripoli s'acquitta dignement de sa Régence. Le Prince mesme, devenu majeur, se comporta avec assez de courage & de prudence, pour prévenir les mauvais desseins de Saladin, qui avoit joint à l'Egypte presque tous les Etats de Noradin, dont il avoit dépoüillé le fils de ce Soudan. Mais une maladie dont le jeune Roy de Jérusalem avoit esté attaqué depuis plusieurs années, s'augmentant tous les jours, & s'estant tournée en lépre, il se fit un nouveau changement dans l'Etat.

Ce Prince prévoyant que son mal pourroit le rendre avec le temps incapable de gouverner avec assez d'autorité, pensa à se choisir un successeur, sur qui il pust un jour se déchar-

Guillelm. Tyrius. l. 13. c.

Guillelm. Tyrius. l. 12. c. 1.

ger du Gouvernement, en gardant le titre de Roy. Comme il déliberoit sur le choix, on luy vint dire que Raymond Comte de Tripoli, & Bohémond Prince d'Antioche, estoient entrez avec leurs Troupes dans le Royaume, chacun de leur costé. Il ne douta pas que ce ne fust pour le déposer. Il prit son parti sur le champ, & ayant appellé Sibylle sa sœur, veuve de Guillaume Marquis de Montferrat surnommé Longue-épée, il luy dit qu'il vouloit la marier à celuy à qui il destinoit sa Couronne, & qu'il avoit jetté les yeux sur Gui de Lusignan : c'est ce Gui de Lusignan, qui sous le Régne de Loüis le Jeune, s'estoit sauvé du Poitou en Palestine, pour éviter la colére du Roy d'Angleterre. Baudoüin luy fit donc épouser Sibylle, & dans la suite l'ayant créé Comte de Jaffe & d'Ascalon, le déclara Gouverneur du Royaume.

Ce choix, auquel personne ne s'estoit attendu, excita la jalousie des Grands, & sur tout du Comte Raymond de Tripoly. Le Roy en appréhenda les suites, & changea de luy-mesme, ayant avec le temps reconnu l'incapacité de Gui de Lusignan, qui bien que né avec de bonnes qualitez, n'en avoit pas assez pour soûtenir la Couronne de Jérusalem en des temps si difficiles, où il falloit suppléer par le courage, par la résolution, par la prudence, par la dexterité au peu de forces, qu'on pouvoit opposer à la puissance formidable de Saladin. De sorte qu'un jour il osta en mesme temps à ce Seigneur & l'administration du Royaume, & l'espérance de la Couronne, en faisant premierement couronner Baudoüin son neveu, fils de sa sœur Sibylle, que cette Princesse avoit eu du Marquis de Montferrat son premier mari. Il fallut qu'elle-mesme se contentast de la qualité de mere de Roy, au lieu de Reine, qu'elle auroit euë, si le Roy n'eust pas quitté le dessein, qu'il avoit formé d'abord en faveur de Gui de Lusignan son second mari. Mais en second lieu, ce qu'il y eut de plus fascheux pour ce Seigneur, c'est que le Roy donna le Comte de Tripoli pour tuteur à Baudoüin, qui n'avoit encore que cinq ans, & le chargea de toute la conduite de l'Etat. Cela se fit en l'année 1183. Gui de Lusignan, pour s'en venger, prit les armes : mais ce commencement de guerre civile fut bien-tost appaisé, & n'eut point de suite.

On envoya alors une nouvelle Ambassade en Occident, pour demander du secours ; mais elle ne réüssit pas mieux que la précédente, l'Empereur, le Roy de France, & le Roy d'Angleterre ayant en ce temps-là de grandes raisons, pour ne pas s'éloigner de leurs Etats.

Le retour des Ambassadeurs sans secours & sans espérance d'en avoir, jetta la consternation dans tous les esprits, & augmenta la fierté de Saladin, qui par les conquestes qu'il continuoit de faire, avoit comme investi de toutes parts le Royaume de Jérusalem.

La mort du Roy de Jérusalem & celle du jeune Baudoüin V. qui le suivit de près, jetterent le Royaume dans le plus grand desordre. Le Comte Raymond de Tripoli, & Gui de Lusignan se disputérent la Couronne l'un à l'autre, & enfin par l'adresse de Sibylle, qui vouloit estre Reine, Gui de Lusignan son mari l'emporta.

Le Comte de Tripoli au desespoir de se voir supplanté par un Etranger, s'abandonna aux dernieres extrémitez, pour satisfaire sa vengeance, jusqu'à traiter avec Saladin, jusqu'à luy promettre de se faire Turc, pourvû qu'il l'asseûrast de son secours, pour chasser son concurrent, & s'emparer du Trône de Jérusalem. Etrange & funeste effet de l'ambition & de la haine. Saladin luy promit tout. Ils concertérent ensemble les moyens de réüssir. On résolut de ne rien précipiter, de dissimuler, & avec le temps le Comte à force de se contrefaire, persuada si bien le Roy de Jérusalem de sa parfaite réconciliation, que ce Prince n'en douta plus.

Enfin le temps déterminé pour l'exécution de la plus infame perfidie qui fut jamais, arriva. Saladin déclara la guerre au Comte de Tripoli de concert avec luy, & assiégea Tibériade. Cette Place estoit une des plus importantes de la Palestine, c'est pourquoy on résolut de la secourir à quelque prix que ce fut, & le Roy de Jérusalem vint à la teste de son Armée se joindre à celle du Comte. Comme ce Comte estoit grand homme de guerre, on déferoit en tout à ses conseils. Il dressa luy-mesme l'ordre de bataille, & choisit le lieu où l'on devoit attendre l'ennemi. Saladin vint attaquer l'Armée Chrétienne ; mais à peine avoit-on soûtenu la premiere charge, que le Comte de Tripoli avec ses Troupes, commença à s'éloigner insensiblement du Champ de bataille. Quand on vit faire cette démarche à un Général, dont on connoissoit la bravoure & l'expérience, on ne douta plus que l'affaire ne fust desespérée, & chacun ne pensa qu'à fuir. Les Turcs animez par une si prompte victoire, & qui avoient deux fois plus de monde que le Roy de Jérusalem, donnérent de toutes parts sur les Chrétiens, & en firent un si horrible carnage, qu'on n'en avoit jamais vû un pareil, depuis que les Chrétiens s'estoient rendus maistres de Jérusalem ; les Chevaliers du Temple & ceux de l'Hôpital y furent presque tous tuez sur la place, & enfin le Roy luy-mesme fut pris par Saladin.

Cette entiere déroute fut suivie de la perte de presque tout le Royaume, Acre, Beryte, Biblis, & enfin Jérusalem mesme, se rendirent. La Reine Sibylle donna Ascalon pour la délivrance du Roy son mari ; de sorte qu'il ne resta plus aux Chrétiens en Asie, que trois Places considérables ; c'est à sçavoir, Antioche, Tyr, & Tripoli. Tyr fut heureusement sauvé par la valeur de Conrad de Montferrat, qui obligea Saladin à en lever le siége, & Tripoli se donna à Bohémond Prince d'Antioche, après la mort du Comte Raymond, qui ne survécut guéres à sa détestable trahison, & qui mourut de chagrin & de rage, de voir que Saladin ne luy tenoit point la parole qu'il

Guillelm. Tyrius. l. 23. c. 1.

HISTOIRE DE FRANCE.

luy avoit donnée, de le faire Roy de Jérusalem.

An. 1087. C'eſtoit là l'état où ſe trouvoit réduite la Chrétienté d'Aſie l'an 1187. & ce furent les triſtes nouvelles qu'on en reçut bien-toſt en Europe, qui animérent les Princes Chrétiens, & en particulier le Roy de France, à une nouvelle Croiſade, dont le deſſein fut conçû & arreſté l'année ſuivante; mais il ne fut exécuté qu'en 1190. après bien des difficultez, qui penſérent le rompre. Voici comme les choſes ſe paſſérent.

An. 1188.

Le Pape Urbain III. eſtant mort dans le temps, qu'on apprit à Rome la priſe de Jéruſalem & la déſolation de la Paleſtine, on luy donna pour ſucceſſeur le Cardinal Albert de S. Laurens, qui prit le nom de Gregoire VIII. Ce Pape incontinent après ſon exaltation, écrivit une Lettre circulaire à tous les Fidéles, afin de ranimer leur zéle, & les exhorter à prendre la Croix pour le ſecours de la Terre-Sainte. Mais ce Pape eſtant mort avant la fin du ſecond mois de ſon Pontificat, laiſſa à ſon ſucceſſeur Clement III. le ſoin de pourſuivre cette grande entrepriſe, à laquelle le mauvais ſuccès de la derniere Croiſade eſtoit un grand obſtacle.

Le Pape fit faire à Rome des prieres publiques, pour fléchir la miſéricorde de Dieu dans cette calamité, & ſe diſpoſa à envoyer des Légats aux Princes Chrétiens, afin de leur inſpirer des ſentimens conformes au deſſein qu'il méditoit de les unir, pour faire une nouvelle tentative contre les Turcs en Paleſtine. Ceux ſur leſquels il pouvoit le plus compter pour un grand ſecours, eſtoient l'Empereur Fridéric, le Roy de France, & le Roy d'Angleterre, Princes tous trois également guerriers & puiſſans. Mais les défiances que ces deux derniers avoient toûjours l'un de l'autre, & leurs fréquentes querelles rendoient l'exécution de ce projet bien difficile.

An. 1188.
Roger de Houeden.

Le Roy de France venoit de déclarer au Roy d'Angleterre, que s'il perſiſtoit dans ſes retardemens affectez pour la reſtitution de Giſors & du Vexin, ou pour le mariage d'Alix de France avec Richard Duc de Guyenne, il alloit mettre tout à feu & à ſang en Normandie, & dans tous les Etats d'Angleterre d'en-deçà de la mer; & qu'il falloit qu'enfin il priſt le parti, ou de faire inceſſamment le mariage, ou de luy rendre ce qu'il ne luy avoit laiſſé juſqu'alors que comme la dot d'Alix, en cas que Richard l'épouſaſt.

Le Roy d'Angleterre ſur cette déclaration repaſſa la mer, & ſelon ſa méthode ordinaire, demanda au Roy une entrevûë. Elle luy fut accordée, & elle ſe fit, comme pluſieurs autres fois, entre Trie & Giſors. Il obtint encore une Tréve, pendant laquelle Guillaume Archevêque de Tyr, celuy dont nous avons l'Hiſtoire de la guerre-ſainte juſques vers la fin du Régne de Baudoüin IV. arriva en France, & toucha tellement le cœur des deux Rois par le récit des choſes qui s'eſtoient paſſées depuis un an en Paleſtine, qu'il les engagea à remettre à un autre temps la déciſion de leurs différends, & à penſer ſérieuſement au ſecours, qu'il venoit leur demander de la part de cette Chrétienté affligée, & preſque entierement exterminée.

Guillelm. Neubrig. l. 3. c. 23.

Les deux Rois firent donc de concert une Aſſemblée des Seigneurs & des Evêques de leurs Etats au meſme lieu, où après s'eſtre réconciliez publiquement enſemble, & s'eſtre juré l'un à l'autre une amitié ſincére, ils reçûrent ſolemnellement la Croix des mains de l'Archevêque de Tyr. Une infinité de Seigneurs & de Prélats ſe croiſérent ſur le champ à l'envi. Richard fils aîné du Roy d'Angleterre, qui avoit déja pris la Croix de luy-meſme, ſi-toſt qu'il ſçut la perte de Jéruſalem, voulut encore la recevoir de la main de l'Archevêque de Tyr: comme firent auſſi Robert Comte de Dreux, couſin germain du Roy, & fils de Robert I. Comte de Dreux, Philippe Comte de Flandre, Hugues Duc de Bourgogne, Thibaud Comte de Blois, Rotrou Comte du Perche, Guillaume des Barres Comte de Rochefort, Henri Comte de Champagne, Bernard de S. Valery, Jacques d'Aveſnes, les Comtes de Clermont, de Soiſſons, de Nevers, de Bar, les Archevêques de Roüen & de Cantorbery, les Evêques de Beauvais & de Chartres. On trouve encore dans la ſuite de cette Croiſade les noms illuſtres d'Eſtienne Comte de Sancerre oncle du Roy, de Jean Comte de Vendoſme, des deux freres Joſſelin & Mathieu de Monmorency, de Guillaume de Marlou, d'Aubri de Boulogne, de Vautier de Moüi, & de pluſieurs autres, tant de la Nobleſſe, que de l'Etat Eccléſiaſtique.

Ibid.

Rigordus.

Il fut réſolu, pour diſtinguer les trois Nations, la Françoiſe, l'Angloiſe, & la Flamande, que les François porteroient la Croix rouge, les Anglois une Croix blanche, & les Flamands une verte: & pour un Monument de cette ſainte Confédération, on éleva par l'ordre des deux Rois une grande Croix au milieu de la Campagne, où l'Aſſemblée s'eſtoit tenüe, & elle fut depuis appellée la Campagne ſainte.

Roger de Houeden.

Rigord.

On publia en meſme temps de la part du Pape une Indulgence pléniere pour tous les Croiſez, qui feroient une ſincére Confeſſion de leurs péchez: & enſuite les deux Rois, pour fournir aux frais de la guerre, & prévenir les deſordres qui avoient empeſché le bon ſuccès de la derniere Croiſade, firent chacun dans leurs Etats pluſieurs Ordonnances, dont voici les principales.

Guillelm. Neubrig. l. 3. c. 23.

I. Que tous ceux qui ne prendroient point la Croix, tant Eccléſiaſtiques que Laïques, payeroient une fois pour le ſecours de la Terre-Sainte, la dixme de leur revenu, & de la valeur de leurs biens meubles. On exempta de cette taxe les Bernardins, les Chartreux, les Religieux de Fontevraud, & les Hôpitaux des Lépreux, & on déclara que ſous le nom des biens meubles, on ne comprenoit ni les armes, ni les habits, ni les livres, ni les joyaux, ni les vaſes ſacrez, ni les ornemens des Egliſes. Cette taxe fut appellée la Dixme Saladine, parce qu'on l'imposoit pour faire la guerre à Saladin.

II. Que les Croisez ne seroient point sujets à cette taxe, & que ceux d'entre eux qui auroient des Vassaux, la feroient payer à ceux de ces Vassaux, qui ne seroient pas de la Croisade.

III. Que les Habitans des Bourgs & des Villages qui s'enrôlleroient, ne seroient point exempts de la taxe, à moins qu'ils ne le fissent avec le consentement de leurs Seigneurs.

IV. Que tous, soit Ecclésiastiques, soit Laïques, pourroient engager leurs revenus, tant de leur patrimoine, que de leurs Bénéfices pour trois ans.

V. Que les Jeux de hazard & les blasphêmes seroient sévèrement punis.

VI. Que durant le voyage, on ne seroit habillé ni d'écarlate, ni d'autres étoffes précieuses; mais qu'on auroit soin seulement de se fournir d'un équipage honnête.

VII. Qu'on ne meneroit point de femmes, excepté quelques lavandieres d'un âge déja avancé, & de mœurs non suspectes.

On régla pareillement ce qui regardoit la table, pour empescher les profusions; on détermina les droits des créanciers, & les priviléges des débiteurs durant le temps de la Croisade; & divers autres points, pour obvier à plusieurs inconvéniens, que l'expérience des Croisades passées faisoit prévoir.

Quelques sages & quelques justes que fussent ces Réglemens, il y eut parmi les Ecclésiastiques quelques personnes des plus distinguées, qui trouvérent mauvais qu'on imposast ainsi une taxe sur ceux de leur Corps, & le célèbre Pierre de Blois Archidiacre de Bath en Angleterre, voulut engager des Evêques de France à s'opposer fortement à cette Ordonnance du Roy, tant cet Ordre estoit alors non seulement vif & sensible, mais encore peu équitable sur l'article de ses priviléges: car si jamais il y eut occasion où les Ecclésiastiques dussent contribuer de leurs biens, ce fut celle-là. Philippe Auguste sçut les rendre dociles en cette conjoncture, & en d'autres encore. Un des Ecrivains de son temps raconte un trait de prudence de ce Prince en cette matiere, qui mérite de n'estre pas oublié, & auquel je donneray ici sa place, puisque aussi-bien l'Auteur n'a pas marqué l'année.

Guilielm. Brito, l. r. Philipp. sub finem.

Il dit, que le Roy obligé de soûdoyer de grosses Troupes en une occasion assez pressante, pria le Clergé de Reims de luy fournir quelque secours d'argent. Le Clergé luy répondit, que la chose pourroit tirer à conséquence, & qu'il le prioit de se contenter, que les Ecclésiastiques du Diocése de Reims le serviffent de leurs prieres auprès de Dieu, & qu'ils tascheroient de s'en bien acquitter. Le Roy dissimula l'incivilité de ce refus. Quelque temps après il arriva que les Seigneurs de Coucy, de Retel, & de Rosoi firent diverses entreprises sur les biens de l'Eglise & des Ecclésiastiques de Reims. Ils ne manquérent pas d'avoir recours au Roy, comme à leur Patron & au Protec-

teur des Eglises, pour le prier de leur faire justice, & d'empescher qu'on ne les opprimast. Le Roy répondit, qu'il prieroit ces Seigneurs de les laisser en paix, & de ne pas envahir leurs possessions; mais après les prieres du Roy, ce fut encore pis qu'auparavant. L'Eglise de Reims fit une nouvelle députation, pour luy représenter le peu d'état que ces Seigneurs avoient fait de sa recommandation. Alors le Roy dit aux Députez: Je vous ay protégé de mes prieres, comme vous m'avez servi des vôtres, dequoy vous plaignez vous? Ils comprirent parfaitement la pensée & la justice du ressentiment du Prince, & luy promirent que dans la suite il les trouveroit plus zélez pour son service. Le Roy content de leur avoir fait reconnoistre leur faute, envoya aussi-tost des Troupes sur les Terres des Seigneurs dont ils se plaignoient, & leur fit faire une satisfaction entiere pour tous les dommages qu'ils avoient soufferts. Cet exemple, comme plusieurs autres, montre qu'il est de l'avantage, aussi-bien que du devoir de tous les Ordres de l'Etat, de conspirer au bien & à la gloire de la patrie. Ce motif doit faire céder les priviléges au zéle du bien public; comme aussi il est de l'équité, de la prudence, & de la bonté du Souverain de n'en pas abuser.

Ce ne fut pas aussi par là que le dessein de la Croisade fut en danger d'estre rompu, mais par les bizarreries & par les impétuositez de Richard d'Angleterre, le plus inquiet & le plus turbulent de tous les hommes. Il attaqua sur des sujets très-légers, Raymond V. Comte de Toulouse. Il entra dans ses Etats entre la Pentecoste & la S. Jean, & il y prit Moissac & quelques autres Places. *Rigord.*

Le Comte eut recours au Roy, comme à son Souverain, & qui l'estoit aussi de Richard Feudataire de la Couronne pour le Comté de Poitou & la Guyenne. Il luy représenta que Richard violoit les Traitez, & en particulier le dernier, qu'avoit esté fait auprès de Gisors, par lequel il avoit esté arresté entre le Roy de France, le Roy d'Angleterre, & Richard luy-mesme, que tous les différends seroient suspendus depuis le jour qu'on avoit pris la Croix, & que chacun depuis ce jour-là demeureroit en possession de tout ce qu'il avoit, sans pouvoir y estre troublé, jusqu'après le retour de la Terre-Sainte.

Si-tost que le Roy eut eu avis de cette entreprise de Richard, il envoya au Roy d'Angleterre, pour en faire des plaintes, & demander satisfaction. Le Roy d'Angleterre répondit, que son fils ne l'avoit point consulté sur cette guerre, & que mesme ce Prince luy avoit mandé par l'Archevêque de Dublin, que tout ce qu'il faisoit contre le Comte de Toulouse, il le faisoit par le conseil du Roy de France. *Roger de Hoveden.*

L'Envoyé n'ayant pû avoir d'autre réponse, n'en eut pas plustost informé la Cour, que le Roy se mit en campagne. Il entra dans le Berri, où il prit Chasteau-roux, Busençais, Argenton, & Leuroux. De-là il vint attaquer Montrichard, qu'il prit d'assaut, & qu'il réduisit en

Mmmm iij

cendres. Il parcourut ainsi le Berri & l'Auvergne, où il enleva au Roy d'Angleterre tout ce qu'il y possédoit de Villes & de Forteresses.

Ce Prince prévoyant bien ce qui devoit arriver, avoit passé la mer, & ne tarda pas à paroître sur les Frontiéres de Normandie, pour entrer de ce costé-là dans le Royaume. Le Roy y accourut, & prit encore Vendosme en chemin faisant, & ayant sçû que le Roy d'Angleterre estoit avec son fils au Chasteau de Trou, qui n'estoit pas loin de-là, il y marcha promptement, dans l'espérance de les enlever tous deux; mais ils luy échapérent.

Quoique ces represailles que le Roy faisoit à l'occasion du Comte de Toulouse, fussent violentes, néanmoins le Roy d'Angleterre ne voulut pas le regarder encore comme une déclaration de guerre dans les formes. Il luy envoya Gautier Archevêque de Rouen, Jean Evêque d'Evreux, & un Seigneur nommé Guillaume le Maréchal, pour luy demander la réparation des ravages qu'il avoit faits sur les Terres de son Domaine, & la restitution des Places qu'il avoit prises, avec ordre de luy déclarer la guerre, s'il refusoit de le satisfaire.

Le Roy répondit que la guerre estoit déja suffisamment déclarée, & que pour luy il ne la finiroit point, que le Roy d'Angleterre ne luy eust cédé les Fiefs du Berri, & restitué le Vexin Normand, qui faisoient depuis si long-temps les différends des deux Couronnes.

Le Roy d'Angleterre ayant reçû cette réponse, commença à faire des courses sur les Frontiéres de France, où il brusla Dreux, & son fils estant rentré dans le Berri, maltraita fort la Noblesse, qui s'estoit déclarée pour le Roy. Il se donna divers petits combats, & le Roy d'Angleterre fit en vain une tentative sur Mante. Cependant après bien des ravages, les deux Rois s'abouchérent auprès de Gisors. Le Roy offrit à Henri de luy rendre ce qu'il avoit pris dans le Berri, pourvû que sans delay il luy restituast le Vexin Normand. Henri ne put s'y résoudre. Le Roy se retira fort irrité; & pour faire connoistre qu'il vouloit faire la guerre à outrance, & ne plus entendre parler de Paix, il fit abattre un grand orme, sous lequel s'estoient tenuës tant de fois les Conférences entre Gisors & Trie, & les hostillitez recommencérent de part & d'autre.

Vû le train que prenoient les choses, c'en estoit fait de la Croisade; mais ce n'estoit pas là l'intention des Seigneurs Croisez. Les Comtes de Flandre, de Blois, & par leur bouche la pluspart de la Noblesse Françoise déclarérent au Roy, qu'il n'estoit plus question de guerre entre les Princes Chrétiens, mais de la délivrance de Jérusalem, selon le vœu qu'ils en avoient fait à son exemple; qu'ainsi ils se retiroient, puisqu'il ne vouloit point faire la Paix avec l'Angleterre: & ils luy dirent qu'ils étoient résolus de ne porter jamais les armes contre aucun Prince Chrétien, qu'après leur retour de la Terre-Sainte.

La résolution de ces Seigneurs obligea le Roy, à traiter de nouveau avec le Roy d'Angleterre. Il consentit à luy rendre ce qu'il avoit pris dans le Berri, & le Roy d'Angleterre à obliger Richard de restituer ce qu'il avoit enlevé au Comte de Toulouse. Mais comme le Roy connoissoit le peu de fond qu'il y avoit à faire sur la parole de Richard, il demanda que jusqu'à l'exécution des articles du Traité, on luy mit entre les mains le Chasteau de Paci, entre Evreux & Mante, comme un gage de la promesse qu'on luy faisoit en faveur du Comte de Toulouse. Le Roy d'Angleterre le refusa, & on se sépara sans rien conclure.

Le Roy se voyant abandonné de la pluspart de ses Vassaux, se servit comme autrefois des Brabançons, dont il ramassa quelques restes, qu'il mena en Berri: mais il en fut si mal servi, & ils commirent tant de desordres, qu'il résolut de s'en défaire, & les ayant fait investir par ses autres Troupes, il leur fit oster leurs chevaux, leurs armes, & l'argent de leurs pillages, & les chassa de toutes les Terres de son Domaine.

Cependant Richard feignant d'avoir scrupule de ce que la guerre qu'il avoit commencée, continuoit si long-temps à son occasion, & empeschoit la Croisade, s'offrit au Roy de faire juger à la Cour de France les différends qu'il avoit avec le Comte de Toulouse. Le Roy accepta cette avance sans la participation du Roy son pere, à qui elle déplut beaucoup. Le Roy accepta l'offre; mais sur ces entrefaites, le Roy d'Angleterre luy demanda une nouvelle conférence qu'il luy accorda.

Elle se tint après l'ami-Aoust; & ce fut là que le Roy d'Angleterre fut instruit parfaitement de ce qu'il soupçonnoit il y avoit longtemps; sçavoir, que son fils avoit des liaisons secretes avec le Roy de France. Il en fut convaincu par l'offre que Philippe fit, de luy rendre tout ce qu'il avoit pris sur luy pendant cette derniere guerre, pourvû qu'il fist incessamment épouser Alix sa sœur à Richard, & qu'en mesme temps il fist faire hommage & serment de fidélité à ce Prince par les Sujets & les Vassaux de tous ses Etats, comme à l'héritier de sa Couronne, en le déclarant son successeur.

Le Roy d'Angleterre s'estoit trop souvent repenti, d'avoir fait une pareille déclaration en faveur de Henri son fils aîné, pour retomber dans la mesme faute. Il voyoit dans Richard un aussi mauvais naturel que dans Henri, & puis il ne se pouvoit résoudre à laisser éloigner Alix d'auprès de luy, & à s'oster l'espérance de l'épouser un jour. Il rejetta donc ces conditions; mais Richard ne laissa pas de faire hommage au Roy pour tous les païs d'en-deçà de la mer dépendans de la Couronne d'Angleterre, & serment de fidélité envers tous & contre tous. Le Roy luy en donna l'investiture, & luy rendit en mesme temps Chasteau-roux & Issoudun.

Le Cardinal Légat comprenant les suites de cet hommage & de cette investiture, qui rendoient impossible entre les deux Rois une Paix, que le Pape luy avoit tout de nouveau recommandé de ménager par toutes sortes de moyens, excommunia Richard comme auteur de tous les troubles, qui empefchoient les préparatifs & l'exécution de la Croifade.

Cette excommunication n'eut pas grand effet : au contraire, depuis l'inveftiture que le Roy avoit donnée à Richard, un grand nombre de Seigneurs de Normandie, de Guyenne, & d'Anjou, fe crurent autorifez à fe déclarer pour le fils contre le pere. Les Seigneurs de Bretagne firent un Traité particulier avec Richard & avec le Roy de France, par lequel ils s'obligeoient à reconnoiftre Richard pour leur Seigneur, à condition que fi la Paix fe faifoit, on auroit égard à leur feûreté, & qu'ils feroient compris expreffément dans le Traité. Le Roy & Richard leur donnerent cette affeûrance par écrit, & auffi-toft après la révolte éclata de toutes parts, & on commença à ravager les Terres de ceux qui tenoient pour le Roy d'Angleterre.

An. 1189.

Dans ce temps-là, Jean Cardinal d'Anagnie arriva en France, pour faire la fonction de Légat à la place du Cardinal d'Albano, qui mourut peu de temps après avoir excommunié Richard. Rien ne fut pas moins heureux que l'arrivée de ce Cardinal pour le Roy d'Angleterre. Il avoit ordre du Pape d'employer tous les moyens poffibles pour la réconciliation des deux Rois; & il agit fi bien, que nonobftant le mauvais état des affaires du Roy d'Angleterre, le Roy de France confentit à la négotiation. Le Cardinal tira parole de l'un & de l'autre, qu'ils s'en rapporteroient à fon jugement, & à celuy de quatre Prélats qu'il prit pour fes adjoints, qui furent les Archevêques de Reims, de Bourges, de Roüen, & de Cantorbery.

Pour empefcher que perfonne ne traverfaft cette négotiation, le Cardinal & les Archevêques prononcérent la Sentence d'excommunication contre tous ceux, qui apporteroient quelque obftacle au fuccès d'une affaire fi importante, de quelque condition & de quelque rang qu'ils fuffent, foit Eccléfiaftiques, foit Laïques, à l'exception des perfonnes des deux Rois.

Ibid.

On fe rendit au jour marqué qui fut l'Octave de la Pentecofte, auprès de la Ferté-Bernard. Le Cardinal ouvrit la Conférence par un difcours, où il exhorta les Princes à prendre toutes les voyes poffibles d'accommodement, afin de ne plus penfer qu'aux préparatifs de la guerre fainte; & en finiffant, il pria le Roy de France de propofer ce qu'il fouhaitoit du Roy d'Angleterre, pour faire la Paix avec luy.

An. 1189.

Le Roy fe plaignit, de ce que depuis plufieurs années, la Princeffe Alix fa fœur eftoit retenuë en Angleterre, fous prétexte du mariage qu'elle devoit contracter avec Richard Duc de Guyenne, & qui ne fe faifoit point, nonobftant les paroles que le Roy d'Angleterre avoit données tant de fois fur cet article: il demanda que ce mariage s'accompliftt inceffamment; que le Roy d'Angleterre en faveur de ce mariage, fit rendre hommage à Richard par tous fes Sujets, comme à l'héritier de fa Couronne: & de plus, que Jean frere de Richard, prift comme luy la Croix, pour faire le voyage de Jérufalem. La raifon que le Roy avoit de demander ce dernier point, eftoit l'intérêt de Richard, qu'il regardoit comme fon beau-frere. Il appréhendoit que fi Jean demeuroit en Europe, il n'excitaft des troubles en Angleterre, & ne tafchaft de s'emparer de la Couronne, comme il eftoit arrivé durant la premiere Croifade, pendant laquelle les fils cadets de Guillaume le Conquérant fupplantérent leur aîné, & luy enlevérent le Royaume d'Angleterre.

Roger de Houeden.

Le Roy d'Angleterre répondit, qu'il avoit changé de réfolution fur le mariage d'Alix & de Richard, & qu'il avoit des raifons de n'y pas confentir; mais que fi le Roy de France vouloit la marier à Jean fon cadet, on concluëroit inceffamment le mariage, & qu'il feroit à Jean tous les avantages qu'on luy demandoit pour Richard, & encore plus.

Ibid.

Il eft vifible que ce Prince n'agiffoit pas fincérement, & qu'il penfoit à donner le change; qu'il ne vouloit point rendre Alix, dont il étoit amoureux, & qui eftoit actuellement renfermée dans une Tour en Angleterre, de peur qu'on ne l'enlevaft. Il prétendoit en déshéritant fon aîné, le commettre avec fon cadet, & empefcher par ce moyen que Jean ne fe révoltaft luy-mefme: car il n'ignoroit pas qu'il avoit déja beaucoup de difpofition à le faire. C'eftoit là encore un leurre, pour engager la Cour de France à abandonner Richard, qu'il craignoit beaucoup plus, qu'il ne craignoit Jean, & il eftoit bien feûr que s'il pouvoit une fois broüiller Richard avec Philippe, il viendroit aifément à bout de tout le refte.

Philippid. lib. 3.

Ces piéges eftoient trop groffiers, pour que le Roy y donnaft. Il protefta donc qu'il s'en tenoit aux anciens Traitez; qu'il n'avoit déclaré la guerre que pour les faire obferver, & qu'il s'alloit pouffer de toutes fes forces, fi on ne luy donnoit là-deffus la jufte fatisfaction qu'il demandoit.

Le Légat fit tous fes efforts pour adoucir les deux Rois, & leur faire goufter divers moyens d'accommodement qu'il propofoit, la plufpart beaucoup plus avantageux au Roy d'Angleterre, qu'au Roy de France. Mais ce fut en vain; car Philippe fe preffa d'autant plus de rompre, qu'il voyoit le Légat plus partial. Alors le Cardinal prenant un ton menaçant, dit au Roy, que s'il ne faifoit la Paix avec le Roy d'Angleterre, il alloit jetter l'interdit fur tous fes Etats. Le Roy indigné de cette menace, le traita avec beaucoup de mépris, & luy dit ces paroles. » Je me moque de « voftre interdit. Je ne le crains ni ne le garderay, « parce qu'il eft injufte. Il n'appartient point à « Rome d'agir par Sentence, ni en aucune autre manière contre mon Royaume, lorfque je « juge à propos de mettre à la raifon mes Vaffaux rebelles, ou coupables de quelque faute contre mon autorité, & contre l'honneur « de ma Couronne; mais on voit bien à voftre « conduite, ajoûta-t-il, que vous avez pris goût « aux fterlings d'Angleterre.

Roger de Houeden.

Richard qui eſtoit preſent, ne s'en tint pas aux paroles, & ſe laiſſant emporter à ſon humeur impetueuſe, il tira l'épée, & eut percé le Legat, ſi les Prelats & les Seigneurs ne ſe fuſſent mis entre-deux. Mais il fit ſur le champ une autre choſe, qui ne choqua pas moins le Roy ſon pere. C'eſt que s'eſtant jetté aux pieds du Roy de France, en preſence de toute l'Aſſemblée, il luy fit hommage de tous les Domaines d'Angleterre d'en-deçà de la mer, diſant qu'il les tenoit de luy & du Roy d'Angleterre, de luy, comme de ſon Seigneur, & du Roy d'Angleterre, comme de ſon pere.

Math. Paris in Henr. II.

Aprés un ſi grand éclat, on ſe ſepara. Le Roy avec Richard alla ſur le champ à Nogent le Rotrou ſe mettre à la teſte de ſon Armée, & attaqua la Ferté-Bernard, qu'il força. Le Roy d'Angleterre apprehendant pour le Mans, ſe jetta luy-meſme dans la Place. Monfort, Maletable, Beaumont, & quelques autres Places ſe rendirent à la vûë de l'Armée. De-là le Roy fit ſemblant de prendre la route de Tours; ce qui raſſeûra le Roy d'Angleterre, dans l'eſperance que cette Ville arreſteroit long-temps les François, & rallentiroit leur fougue. Mais il fut bien ſurpris, lorſque ce Prince, par une contre-marche, parut dés le lendemain à la vûë du Mans, en diſpoſition d'inſulter la Place.

Guillelm. Brito.

Eſtienne de Tours Senechal d'Anjou, fit auſſi-toſt par ordre du Roy d'Angleterre, mettre le feu au Fauxbourg, de peur que les François ne s'y logeaſſent; mais par malheur le vent ayant porté quelques charbons de l'incendie par deſſus les murailles, le feu ſe mit auſſi à la Ville, & y cauſa une grande confuſion. Les François ſe ſervant de l'occaſion, attaquerent durant ce tumulte le Pont de la Sarte, que les Anglois avoient commencé à rompre, & là il eut un ſanglant combat, où Geoffroy de Buxillon, qui commandoit les Anglois, fut bleſſé à la cuiſſe & pris. Les François aprés beaucoup de reſiſtance ſe rendirent maiſtres du Pont, mirent les Anglois en fuite, & entrérent avec eux peſle-meſle dans la Ville.

Roger de Houeden.

Le Roy d'Angleterre dans cette ſurpriſe, ſortit promptement par l'autre coſté de la Ville avec ſept cens hommes ſeulement. Le Roy le pourſuivit à la teſte d'un détachement de ſon Armée pendant trois lieuës, & l'auroit infailliblement pris avec tous ſes gens, ſans le retardement que luy cauſa le paſſage d'un gué par où il avoit pris, pour couper les ennemis, & qui ſe trouva alors fort profond. Le Roy d'Angleterre marcha juſqu'à Alençon ſans débrider, & ſe renferma dans le Chaſteau. Le Roy revint ſur ſes pas, & prit en trois jours la Tour du Mans, où le reſte des Soldats du Roy d'Angleterre s'eſtoient jettez pour la défendre.

Philipp. lib. 3.

Profitant du deſordre où eſtoit le Roy d'Angleterre, il marcha vers Tours, & prit durant ſa marche quantité de petites Places & de Fortereſſes, comme Amboiſe, Montoire, Chaumont, Roche-corbon, Chaſteau du Loir, qui en un autre temps auroient arreſté des Armées. Il parut à la vûë de Tours le lendemain de S. Pierre, & ayant trouvé un gué, il paſſa la Loire, qui eſtoit alors fort baſſe.

Roger de Houeden.

Le Comte de Flandre, l'Archevêque Cardinal de Reims, le Duc de Bourgogne, & quelques autres Seigneurs eſtoient venus rejoindre le Roy, ſoit qu'il les euſt regagnez, ſoit qu'ils euſſent eſté indignez de la partialité du Legat, & du peu de droiture du Roy d'Angleterre. Neanmoins ils vouloient toûjours la Paix, & les trois que je viens de nommer, allérent avec le conſentement de Philippe, trouver le Roy d'Angleterre, qui eſtoit alors à Saumur, pour l'obliger dans le mauvais eſtat de ſes affaires, à recevoir les conditions qu'ils taſcheroient de luy ménager.

Quand ces Seigneurs partirent du Camp devant Tours, le Roy leur dit, qu'ils feroient telle diligence qu'ils jugeroient à propos; mais qu'il n'attendroit pas leur retour pour donner l'aſſaut à la Ville. En effet, il le fit donner avec tant de vigueur, qu'il emporta la muraille par eſcalade du coſté de la riviére, & ſe rendit maiſtre de la Place.

Cette priſe acheva de conſterner le Roy d'Angleterre, auſſi-bien que les nouvelles qu'il recevoit de Bretagne, de Poitou, & d'Anjou, où tout ſe révoltoit contre luy. Il fallut ceder à ſa mauvaiſe fortune, & recevoir la Loy du vainqueur. Il vint donc par le conſeil du Comte de Flandre, du Cardinal de Reims & du Duc de Bourgogne, trouver le Roy auprés de Tours, où il commença par luy faire un nouvel hommage de tous les Domaines qu'il poſſedoit en France. Enſuite il fut reglé, que la Princeſſe Alix ſeroit inceſſamment remiſe entre les mains d'une des cinq perſonnes que Richard nommeroit; qu'elle demeureroit à la garde de celuy à qui on la confieroit, juſqu'au retour de la Terre-Sainte, pour eſtre aprés le voyage épouſée par Richard; que les Vaſſaux du Roy d'Angleterre, tant de deçà que de de-là la mer, feroient hommage & ſerment de fidelité à Richard; que nuls des Seigneurs ou Gentilshommes ſujets de la Couronne d'Angleterre, qui s'eſtoient déclarez pour Richard durant cette guerre, ou qui avoient pris quelque engagement ſecret avec luy par écrit, ne quitteroient ſon parti; mais que ſeulement un mois avant le départ pour la Paleſtine, ils pourroient ſe rendre auprés du Roy d'Angleterre, afin de recevoir ſes ordres pour la marche; que le terme du départ ſeroit là mi-Careſme de l'année ſuivante 1190. que les deux Rois & Richard ſe rendroient en ce temps-là avec toutes leurs Troupes à Vezelai; que le Roy d'Angleterre payeroit vingt mille marcs d'argent au Roy de France, & que tous les Barons d'Angleterre jureroient, qu'en cas que Henri manquaſt à quelqu'une des conventions, ils ſe joindroient tous au Roy de France, & au Prince Richard, pour les faire obſerver; que le Roy de France & Richard garderoient juſqu'à l'exécution entiere du Traité, les Villes du Mans, de Tours, de Chaſteau-du-Loir, la Fortereſſe de Trou, ou que ſi le Roy d'Angleterre l'aimoit mieux, on leur mettroit entre les mains

mains, au lieu des Places nommées, celles de Gisors, de Pacy, & de Nonancourt.

Il arriva une chose surprenante durant cette Conférence. Comme les deux Rois traitoient ensemble au milieu de la Campagne, un peu écartez de leurs gens, il fit un grand coup de tonnerre, quoiqu'il y eust peu de nuées en l'air, & la foudre tomba entre eux-deux sans les blesser. Leurs chevaux effarez, les emportérent chacun de leur costé: & ces deux Princes estant revenus pour continuer leur entretien, il fit un nouveau coup de tonnerre plus fort que le précedent: ce qui effraya tellement le Roy d'Angleterre, qu'il s'évanoüit, & fust tombé de dessus son cheval, s'il n'eust esté promptement soûtenu.

Ibid.

Ce Prince épouvanté de ces espéces de prodiges, & n'ayant plus d'ailleurs aucune ressource dans son malheur, accorda tout ce qu'on voulut. Il demanda seulement qu'on luy fit voir la liste des Seigneurs & des Gentilshommes ses Sujets, qui s'estoient liguez contre luy en faveur de Richard. On la luy montra, & il fut infiniment surpris d'y voir Jean son autre fils. Il ne put s'empescher d'en témoigner sa douleur, & de maudire le jour qui l'avoit vû naistre. Il donna aussi sur le champ sa malédiction à ses deux fils, qu'il ne voulut jamais révoquer, quelques prieres que luy en fissent les Evêques, & quantité d'autres personnes de vertu.

Ibid.
an. 1189.

Il se retira de là à Chinon, où le chagrin luy causa une fiévre violente, dont il mourut en très-peu de jours dans la trente-cinquiéme année de son Régne, & la soixante & uniéme de son âge. Ce fut le plus grand Prince qui eust monté sur le Trône d'Angleterre depuis Guillaume le Conquérant, & le plus puissant de tous ceux qui eussent jamais porté cette Couronne; mais le plus malheureux de tous les peres. Sans les révoltes de ses enfans, la France durant le précédent Régne auroit couru risque de succomber sous sa puissance, & de devenir la proye de son ambition. Loüis VII. ne se maintint contre luy que par là, & Philippe Auguste beaucoup plus habile que son prédécesseur, le réduisit par la mesme voye à l'état que je viens de marquer.

Ibid.

Il n'eut pas plustost expiré, que tous ceux qui estoient demeurez avec luy, après avoir pillé tout ce qu'il avoit de plus précieux, abandonnérent son corps, sans qu'on pensast seulement à l'ensevelir, jusqu'à ce que Richard ayant appris sa mort, donna ses ordres pour luy faire des obseques magnifiques à Fontevraud, où il fut inhumé. Quand ce Prince parut à la présence du corps, il en sortit du sang des narines, par la mesme raison, comme plusieurs l'interprétérent, que les playes d'un homme assassiné se rouvrent quelquefois à la présence de l'assassin. Et certainement les circonstances de la mort de Henri ne laissent guéres lieu de douter, que ses enfans n'en eussent esté la cause, & la grande douleur que Richard affecta d'en faire paroistre, ne l'en justifiera jamais. Mais il n'est guéres de passion

Tome I.

à laquelle les sentimens de la nature cédent plus facilement, qu'à l'envie de régner.

Richard cependant commença par se saisir des Trésors de son pere, qui estoient à la garde d'Estienne de Tours Sénéchal d'Anjou. Il se saisit aussi de toutes les Forteresses de ce Comté. De-là il alla à Roüen, où Gautier Archevêque de la Ville, en présence des Evêques, des Comtes & des Barons du païs, luy ceignit l'épée Ducale, & le saluä Duc de Normandie. Il s'aboucha ensuite avec le Roy entre Trie & Chaumont, où ce Prince le pressa de luy restituer Gisors, & les autres Places du Vexin. Richard le pria de ne le point obliger à luy faire cette cession dès l'entrée de son Gouvernement, à cause du tort que cela luy feroit dans l'esprit des Peuples. Il luy offrit pour le délay qu'il luy demandoit, quatre mille marcs d'argent, outre les vingt mille que le Roy son pere s'estoit obligé de luy payer; de plus il luy céda Issoudun & Graçai dans le Berri, & certains Fiefs situez en Auvergne, qui estoient depuis long-temps des sujets de contestation entre les deux Couronnes.

Roger de Houeden.

Rigord.

Pour ce qui est de Tours, du Mans, & de quelques autres Places, dont le Roy s'estoit rendu maistre dans la derniere guerre, ce Prince les remit avec beaucoup de franchise entre les mains de Richard. Il n'est point marqué, si dans ce Traité on fit mention du mariage d'Alix. Richard avoit fait paroistre de l'empressement pour ce mariage, tandis qu'il l'avoit regardé comme un moyen d'obliger le Roy son pere, à le déclarer son successeur au Royaume d'Angleterre, au Duché de Normandie, & aux autres Etats d'en-deçà de la mer. Mais n'ayant plus cette raison, il n'en voulut plus entendre parler. Les seuls bruits qui avoient couru du commerce du défunt Roy d'Angleterre avec cette Princesse, estoient une forte raison pour ne pas passer plus outre. Ce mariage néanmoins fut encore depuis remis sur le tapis.

Ce qui contribuoit beaucoup à faciliter ces accommodemens, estoit la résolution sincére que ces deux Princes avoient prise, d'aller en Palestine. En effet, Richard ne se fut pas plustost fait couronner Roy d'Angleterre à Londres, qu'il ne pensa plus qu'à prendre ses mesures pour le voyage, ainsi que le Roy faisoit aussi de son costé en France.

Comme Philippe ne prévoyoit plus d'obstacle à son expédition, il tint une grande Assemblée de Seigneurs & d'Evêques à Paris, où il fit jurer sur les Evangiles tous les Gentilshommes qui estoient de la Croisade, de se rendre tous aux Festes de Pasques à Vezelai dans le Duché de Bourgogne avec toutes leurs Troupes. Il dépescha Rotrou Comte du Perche au Roy d'Angleterre, pour luy donner avis de ce qui s'estoit fait à Paris, & le prier de faire faire à ses Croisez le mesme serment, afin qu'on fust en état de se mettre en marche tous ensemble avant la Pentecoste.

Roger de Houeden.

Le Roy d'Angleterre convoqua à Londres une pareille Assemblée, où le mesme serment

Nnnn

se fit. Quand tous l'eurent fait, le Comte du Perche jura *sur l'ame* du Roy de France son Maistre, que l'Armée Françoise se rendroit à Vezelai au temps marqué, & Guillaume le Maréchal fit aussi en mesmes termes serment *sur l'ame* du Roy d'Angleterre, que les Troupes Angloises seroient au mesme lieu dans le mesme temps. Néanmoins comme le terme de Pasques se trouva trop court pour les grands préparatifs qu'il falloit faire, les deux Rois s'étant abouchez au Gué de S. Remi sur la Somme, différerent l'assemblée des Troupes jusqu'à la S. Jean.

Ibid.

Ce fut en ce mesme endroit renommé dans l'Histoire, par les fréquentes entrevûës des deux Rois, qu'ils jurérent de nouveau la Paix entre les deux Royaumes, & apposérent leurs Sceaux au Traité, qui en fut dressé le jour de S. Hilaire, & souscrit par tous les Seigneurs de part & d'autre. Il estoit conçû de cette sorte. » Que les deux Rois se rendroient l'un à » l'autre l'honneur qu'ils se devoient réciproquement; qu'ils se garderoient fidélité, mesme » aux dépens de leurs vies, de leurs corps, & de » leurs biens; que l'un n'abandonneroit jamais » l'autre dans ses besoins; que si l'Etat du Roy » d'Angleterre estoit attaqué, le Roy de France » le défendroit avec autant de zéle & de sincérité, que s'il vouloit défendre sa Ville de Paris; & que si la France estoit attaquée, le Roy » d'Angleterre la défendroit avec la mesme ardeur, qu'il voudroit défendre sa Ville de Roüen.

Les Comtes & les Barons jurérent aussi qu'ils ne s'écarteroient point de la fidélité qu'ils devoient à leurs Princes, & qu'ils n'exciteroient aucune guerre dans leurs Etats durant leur absence, & les Archevêques & les Evêques promirent solemnellement d'excommunier sans nul égard, quiconque manqueroit à son serment.

De plus, les deux Rois convinrent entre eux, que si l'un des deux mouroit dans le voyage, tous ses Trésors & toutes ses Finances seroient absolument à la disposition de l'autre, pour estre employez au service de Dieu & des Chrétiens qu'on alloit secourir.

Ibid.

Les deux Rois après s'estre donné mutuellement ces marques de confiance, & juré une amitié éternelle, se séparérent pour aller donner leurs ordres, & haster l'armement & les préparatifs de cette grande expédition.

Rigord.

Tandis que les Troupes Françoises s'assembloient à Vezelai, le Roy alla à S. Denis, suivi de toute sa Cour, & le jour de S. Jean Baptiste, après une assez longue priere qu'il fit devant les corps des saints Martyrs, il prit dessus l'Autel l'Oriflamme, & deux autres Etendarts, & reçut des mains de Guillaume Archevêque de Reims son oncle la Calebasse & le Bourdon, comme les marques de son Pélerinage.

An. 1190.
Trésor des Chartres, cité par du Tillet.

Estant de retour à Paris, il reçut l'hommage de la Reine Eleonore pour la Guyenne, qu'elle possédoit de son chef. Il assembla sa Famille, son Conseil, & plusieurs Seigneurs de sa Cour, pour leur lire le Testament qu'il avoit fait, en cas que Dieu disposast de luy pendant le voyage. Ce Testament contenoit non seulement ce qu'il souhaitoit qu'on exécutast après sa mort, supposé qu'elle arrivast; mais encore divers ordres qu'il vouloit qu'on observast pendant son absence, & principalement en ce qui concernoit la maniere de rendre la justice, la disposition des Bénéfices vacans, & les Finances. Pour la Régence du Royaume, & la Tutelle de son fils Loüis âgé de trois ans, il crut comme il avoit perdu peu de mois auparavant Isabelle de Haynaut sa femme, qu'il ne pouvoit mettre en de plus seûres mains cet employ important, qu'en celles de la Reine sa mere Adelaïde de Champagne, & de Guillaume Cardinal Archevêque de Reims son oncle, frere d'Adelaïde. Ils l'accompagnérent l'un & l'autre jusqu'à Vezelai, où il se rendit le Mercredy d'après l'Octave de S. Jean Baptiste, & où il fit ratifier par tous les Seigneurs, le choix qu'il avoit fait de la Reine & du Cardinal, pour gouverner le Royaume en son absence.

Vide Leibnitz cod. Diplomat. pag. 2.

Ibid.

Les deux Armées s'estant jointes, en formoient une très-nombreuse, & l'on ne voyoit guéres voir un plus bel appareil de guerre, les deux Nations s'estant efforcées à l'envi de se surpasser l'une l'autre, par le choix des hommes, par la bonté de leurs armes & de leurs chevaux; mais sans magnificence, conformément à la convention.

Elles marchérent ensemble jusqu'à Lion, & là elles se séparérent pour la commodité des vivres. Philippe tourna vers les Alpes, pour aller s'embarquer à Gennes, & Richard prit sa route vers Marseille, où sa Flote devoit le venir joindre. Ils résolurent d'aller par mer, afin d'éviter les difficultez & les longueurs de la marche par terre, & sur tout les embusches des Grecs, d'autant plus qu'ils estoient bien informez par des personnes seûres, que Philippe avoit envoyez à Constantinople, pour s'instruire des dispositions de cette Cour, que l'Empereur Isaac l'Ange avoit fait un Traité avec Saladin, par lequel il s'estoit engagé à luy fournir cent Galeres *, & à s'opposer au passage de l'Armée des Croisez, à condition que ce Soudan luy céderoit la Palestine.

Roger de Houeden.

* Ces Galéres s'appelloient alors Galées, en Latin *Galea*: elles étoient à rames comme nos Galéres, & comme presque tous les Vaisseaux de ce temps là.

Richard en arrivant à Marseille, ne trouva point sa Flote, que la tempeste & quelques autres aventures avoient retardée. Il y demeura huit jours pour l'attendre; mais ne la voyant point paroistre, il loüa vingt Galeres & dix autres Vaisseaux, sur lesquels il monta avec la meilleure partie de ses Troupes, & arriva le treiziéme d'Aoust à Gennes, où le Roy estoit malade.

Roger de Houeden. *Ibid.* an. 1190.

Cette maladie n'eut point de suite. Ce Prince se mit en mer, & fit voile vers Messine, qui estoit le rendez-vous des deux Armées. Il y arriva le seiziéme de Septembre avant le Roy d'Angleterre, quoique ce Prince fust parti de Gennes avant luy; mais il s'estoit arresté à Salerne pour y attendre sa Flote, qui ne l'y joignit qu'un peu après que la Françoise eut abordé à Messine.

Rigord.
Radulph. de Diceto.

PHILIPPE AUGUSTE.

Philipp. lib. 4.

Philippe entra dans le Port avec sa Flote fort en desordre; parce qu'elle avoit esté battuë à la vûë de l'Isle d'une rude tempeste, qui fit périr plusieurs chevaux, & obligea à jetter à la mer, pour décharger les Vaisseaux, une grande partie des provisions qu'on avoit faites pour le voyage. On fut obligé d'en faire de nouvelles en Sicile, où elles se trouverent très-cheres; cela n'empescha pas le Roy de donner de son Trésor au Duc de Bourgogne,

Rigord.

au Comte de Nevers, à Mathieu de Montmorenci, & à plusieurs autres, qui avoient le plus perdu dans le naufrage, dequoy réparer en partie leur perte, de laquelle, cette liberalité faite si à propos, les consola. Richard arriva à Messine huit jours après le Roy de France, qui vint avec les Seigneurs de son Armée, les Commandans de la Ville & le Clergé, le recevoir à la descente.

Roger de Houeden.

Ces Princes ayant eu encore de nouvelles Conférences touchant leur expédition, le Roy de France remonta sur sa Flote, & mit à la voile pour le Levant; mais un vent contraire, qui dura long-temps, l'ayant contraint de relascher au mesme Port, & la saison se trouvant trop avancée pour se remettre en mer, les deux Armées séjournerent en Sicile.

Ce retardement fut un grand mal pour la cause commune, non seulement parce que la Palestine ne fut pas secouruë si-tost qu'elle l'auroit esté; mais encore parce qu'il donna lieu à des commencemens de broüilleries entre les deux Rois, qui jusques-là avoient toûjours agi avec assez de concert.

La Sicile estoit alors gouvernée par Tancrede fils naturel du vaillant Roger, qui avoit le premier porté le titre de Roy de Sicile. Guillaume II. predecesseur de Tancrede mourant sans enfans, avoit déclaré héritiere de ses Etats Constance sœur de son pere. Tancrede, nonobstant ce Testament, s'en empara. L'arrivée des deux Rois l'embarrassa fort. Il sçavoit que Philippe estoit intime ami de Henri VI. Roy d'Allemagne, qui avoit épousé Constance, & qui pensoit actuellement à faire valoir les droits de sa femme sur la Sicile. D'autre part, le Roy d'Angleterre estoit frere de Jeanne veuve du dernier Roy, que Tancrede retenoit prisonniere, parce qu'il sçavoit qu'elle favorisoit le parti de Constance. Pour ces raisons, il avoit de grandes défiances de ces deux Princes. Il résolut de gagner au moins l'un des deux, ou de tascher de les broüiller ensemble.

Rigord.

Philippe estant arrivé avant Richard, fut reçû avec beaucoup d'honneur par Tancrede, qui dès les premiers entretiens qu'ils eurent ensemble, luy offrit en mariage une de ses filles pour Loüis de France son fils. Si cette proposition eust esté acceptée, Tancrede se fust fait de Philippe un puissant protecteur contre Richard, qu'il craignoit beaucoup; mais le Roy par consideration pour le Roy d'Allemagne, s'en excusa, sous prétexte que ces alliances d'enfans encore au berceau, estoient sujetes à bien des inconvéniens; qu'elles estoient la source d'une infinité de querelles, comme son pere, & luy-mesme l'avoient expérimenté, à l'occasion de ses deux sœurs ainsi fiancées dès leur enfance, avec deux des fils du feu Roy d'Angleterre.

Tancrede fort mortifié de ce refus, attendoit l'arrivée de Richard avec beaucoup d'inquiétude, & ce n'estoit pas sans sujet. Car d'abord que ce Prince fut débarqué, il demanda qu'on luy remist entre les mains la Reine Jeanne sa sœur, qu'on asseûrast son doüaire, & qu'on la mist en possession de quantité de meubles précieux, selon la disposition que le feu Roy de Sicile en avoit faite en sa faveur.

Roger de Houeden.

Tancrede ne put se défendre d'accorder tout ce qu'on exigeoit de luy, & il fit d'abord venir la Reine Jeanne de la Ville de Palerme, qu'on luy avoit donnée pour prison. Il s'accommoda pour le reste avec Richard, en luy donnant de grosses sommes d'argent.

La Reine Jeanne estant arrivée, Richard s'empara sur le bord du Détroit d'une Forteresse, où il la mit avec une Garnison pour sa garde. Le lendemain il se saisit d'un Monastere proche de la mesme Forteresse, & y établit ses Magasins, après en avoir chassé les Moines & les Soldats qui la gardoient. Ces entreprises donnerent de la jalousie aux Messinois, & leur firent appréhender que Richard ne voulust se rendre maistre de toute l'Isle. Ils fermerent les portes de leur Ville, & ne voulurent y laisser entrer personne de l'Armée Angloise.

Les Anglois offensez de ce procédé, entreprirent de faire violence aux portes: mais les Bourgeois parurent en armes sur les remparts, & commencerent à tirer sur eux. Les Anglois sans délibérer davantage, coururent au Camp chercher des échelles, & commencerent à escalader les murailles. Richard averti de ce tumulte, vint promptement à son Armée, pour l'obliger à abandonner l'assaut; mais les Soldats estoient si animez, qu'ils n'écoutoient rien, & on se battoit avec furie. Toutefois par l'autorité du Roy de France & des principaux Magistrats de la Ville, on appaisa les deux partis, & on leur fit quitter les armes.

Le lendemain les principaux de la Ville prierent Philippe de faire leur Paix avec le Roy d'Angleterre, il alla trouver ce Prince dans le Fauxbourg, où il s'estoit logé. Tandis qu'on négotioit l'accommodement, on vint dire à Richard, que les Messinois estoient sortis en armes & en grand nombre; qu'ils avoient occupé les hauteurs des environs, & estoient prests de l'envelopper. Sur cet avis il quitte le Roy de France, se met à la teste de quelques escadrons, va fondre sur les Messinois, les met en déroute; & comme ils se jettoient dans la Ville vivement pressez, les Anglois qui entrerent avec eux se rendirent maistres des portes, & ensuite des murailles, où Richard fit planter son étendart. Les Chefs néanmoins empescherent les Soldats de s'engager au pillage, parce que les François commencerent à se mettre en état de défendre les Bourgeois, & Philippe estoit déja rentré dans la Ville, pour délibérer sur le parti qu'il avoit à prendre.

L'émeute estant ainsi suspenduë par sa présence, on luy vint dire qu'on avoit planté l'étendart d'Angleterre sur la muraille. Il en fut indigné : Quoy dit-il en colére, le Roy d'Angleterre ose arborer son étendart sur le rempart d'une Ville où il sçait que je suis, en même temps il donne ordre à ses gens de marcher vers le lieu où estoit l'étendart pour l'en arracher, & y mettre celuy de France à la place.

On estoit au moment de voir un grand carnage, lorsque le Roy d'Angleterre ayant appris la résolution de Philippe, l'envoya prier de ne rien précipiter, & luy dire qu'il estoit prest de faire oster son étendart; mais que si on venoit l'arracher par force, pour y mettre celuy de France, on ne le feroit pas sans répandre bien du sang. Cette demie soumission du Roy d'Angleterre arresta le Roy. On parlementa, & on prit le parti de se contenter de l'offre du Roy d'Angleterre. Il fut résolu que ni Philippe, ni Richard ne demeureroient maistres de la Ville, mais qu'on la confieroit à la garde des Chevaliers du Temple, & des Chevaliers de l'Hôpital, jusqu'à ce que le Roy de Sicile eust satisfait le Roy d'Angleterre pour le doüaire de sa sœur. La chose n'eut point plus de suite. Tancrede s'accommoda avec Richard, qui luy accorda une demande qu'il luy fit, pareille à celle que le Roy de France luy avoit refusée; sçavoir le mariage d'une de ses filles avec Artur Duc de Bretagne, neveu de Richard. Ce fut Philippe mesme qui fut le médiateur de cet accommodement, dans la crainte que si le Roy d'Angleterre s'engageoit dans une guerre en Sicile, ce ne fust un obstacle pour l'expédition de la Terre-Sainte.

On le doit dire à la loüange de ces deux Princes : le zéle qu'ils avoient pour la guerre sainte leur fit sacrifier plus d'une fois leurs plus vifs ressentimens. Incontinent après la querelle de l'étendart, non seulement ils se virent comme auparavant, non seulement Richard reçut Philippe pour médiateur entre luy & le Roy de Sicile, & Philippe dans cette médiation ménagea les intérests de Richard; mais encore ils agirent toûjours de concert pendant le reste du temps qu'ils séjournerent en Sicile. Ils firent mesme ensemble de nouveaux & de très-saints Réglemens, pour empescher les desordres dans leur Camp, aussi-bien que dans la suite du voyage, & on les publia en la mesme forme dans les deux Armées. Il ne tint pas néanmoins à Tancrede, que la dissention ne se mist entre les deux Rois. Le Roy d'Angleterre alla de Messine à Catane, partie par dévotion, pour y honorer les Reliques de sainte Agathe, partie pour quelques autres affaires qu'il avoit à traiter avec Tancrede. Après avoir eu divers entretiens ensemble, & s'estre fait l'un à l'autre de magnifiques présens, qu'ils accompagnerent de mille protestations d'une sincére amitié, Tancrede affecta d'en donner une marque au Roy d'Angleterre; mais apparemment c'estoit plûtost un effet de sa haine contre le Roy de France, & une vengeance du refus qu'il luy avoit fait de son alliance, par le mariage dont j'ay parlé.

Comme Richard prenoit congé de Tancrede, celuy-ci luy dit qu'il avoit encore un secret important à luy communiquer ; c'est, ajoûta-t-il, que vous avez tout sujet d'estre sur vos gardes, & de vous défier du Roy de France. Il m'a envoyé le Duc de Bourgogne, avec une Lettre de sa part, où il vous traite de traître, d'homme sans foy, qui avez violé les paroles que vous m'aviez données, ajoûtant que si je veux me joindre à luy, & attaquer vôtre Camp la nuit, il me secondera avec son Armée, pour tailler la vostre en piéces.

Ce discours surprit le Roy d'Angleterre; mais il eut peine à y ajoûter foy. Je connois, répondit-il, le Roy de France; je ne puis croire qu'il vous ait jamais fait une telle proposition; il est mon Seigneur, & nous nous sommes jurez une fidélité inviolable, pour le saint voyage que nous avons entrepris. Voilà, repartit Tancrede, la Lettre qui m'a esté donnée, par le Duc de Bourgogne, que je vous mets entre les mains, & si ce Duc ose la méconnoistre, je me fais fort de l'en convaincre. Richard prit la Lettre; & s'en retourna à Messine avec plus d'inquiétude qu'il n'en avoit fait paroistre, en apprenant cette nouvelle.

Le Roy de France s'apperçut du changement de ce Prince à son égard, en luy voyant prendre certaines précautions, & ne trouvant plus dans luy ses maniéres & sa franchise ordinaires. Il luy en demanda la cause: Richard la luy dissimula; mais le lendemain il luy envoya le Comte de Flandre, qui luy dit de quoy il s'agissoit, & luy mit en main la Lettre que Tancrede prétendoit avoir reçuë des mains du Duc de Bourgogne.

Le Roy fut extrémement surpris ; & ayant lû la Lettre, il dit au Comte de Flandre, qu'il n'y trouvoit que des mensonges & de noires calomnies, & que jamais il n'avoit écrit une telle Lettre. Il ajoûta, qu'il voyoit bien ce que cela vouloit dire ; que c'estoit-là un artifice du Roy d'Angleterre, pour avoir lieu de rompre avec luy, & de ne pas épouser sa sœur Alix, dont il n'avoit souhaité autrefois le mariage, que pour s'appuyer des forces de la France contre son propre pere ; mais qu'il le prioit de luy dire de sa part, que s'il manquoit d'épouser cette Princesse après son retour de la Palestine, il pouvoit compter, qu'il n'y auroit jamais de Paix entre les deux Couronnes, & qu'il auroit toûjours dans sa personne un ennemi irréconciliable.

Cét éclaircissement donna lieu à négocier sur ce point important, & sans plus examiner, si la Lettre qui avoit esté produite par le Roy de Sicile, estoit véritable ou supposée, on parla de nouveau du mariage d'Alix, qui estoit suspendu depuis tant d'années.

Richard sçavoit ce que faisoit Eleonore sa mere, pour luy ménager un autre mariage ; Philippe en avoit aussi du soupçon. Cette Reine avoit déja conclu avec Sanche VI. Roy de Navarre, surnommé le Sage, que Bérangere fille de ce Roy épouseroit Richard, & qu'elle l'épouseroit mesme avant qu'il partist pour la Palestine ; que s'il survenoit quelque empeschement, elle ne laisseroit pas de l'accompagner, & que les nôces se feroient en chemin.

Ce n'estoit guéres là un temps propre pour une telle cérémonie ; mais Eleonore vouloit absolument empescher son fils d'épouser Alix, qu'elle haïssoit mortellement, & qu'elle regardoit comme la cause, ou du moins comme l'occasion du mauvais traitement, que le feu Roy d'Angleterre son mari luy avoit fait, en la tenant dans une prison pendant long-temps, & d'où elle ne sortit qu'à sa mort.

Philippid. lib. 4.

Le Comte de Flandre rapporta donc au Roy d'Angleterre, ce que le Roy de France luy avoit donné ordre de luy déclarer touchant le mariage d'Alix. Le Roy d'Angleterre le pria de retourner vers le Roy de France, & de luy dire, qu'il estoit résolu de vivre toûjours bien avec luy ; mais qu'il le prioit de ne plus insister sur ce mariage ; qu'il avoit des raisons très-fortes de s'en défendre, & qu'il le conjuroit de ne le pas obliger à les luy expliquer.

C'estoit là faire entendre beaucoup plus qu'il ne disoit, & les bruits qui avoient couru du mauvais commerce du feu Roy Henri avec cette Princesse, faisoient assez comprendre à Philippe ce qu'on luy vouloit dire. Mais ne croyant pas qu'il y eust des preuves assez convainquantes contre la conduite & contre l'honneur de sa sœur, il insistoit toûjours, & ne vouloit point se relascher sur ce point là.

Roger de Houeden.

Alors le Roy d'Angleterre luy fit dire en termes clairs, que Henri son pere avoit eu un enfant d'Alix ; qu'il en avoit des témoins, dont le témoignage n'estoit point suspect, & il les luy nomma.

Ibid.

Philippe les ayant entendus, ne fut que trop convaincu de la vérité du fait. Il consentit qu'on terminast cette affaire sans un plus grand éclat, & que le Roy d'Angleterre pensast à un autre mariage.

Richard de son costé promit au Roy, qu'incontinent après leur retour de la Palestine, il luy remettroit Gisors & les autres Places qu'il avoit gardées jusqu'alors, comme devant estre la dot de la Princesse. Il s'obligea de plus à payer pendant cinq ans au Roy deux mille marcs sterling, & dès-lors il luy en paya d'avance la premiere année. Par le mesme Traité le Roy consentit encore que le Duché de Bretagne relevast immédiatement du Duché de Normandie, & que le Duc de Normandie fist hommage au Roy de France, tant du Duché de Normandie, que du Duché de Bretagne ; du premier comme d'un Fief, & du second comme d'un Arriere-Fief. Toutes ces conventions furent signées par les Rois, & scellées de leur Sceau, & la bonne intelligence parut parfaitement restablie entre eux.

Ibid.

Rigord.

Elle ne dura pas néanmoins long-temps : car Philippe ayant proposé à Richard de mettre à la voile à la mi-Mars, il refusa de le faire, & dit qu'il ne pouvoit partir qu'au mois d'Aoust. La cause de ce retardement estoit, qu'il vouloit attendre sa nouvelle épouse, & qu'il ne sçavoit pas encore le temps qu'on la luy ameneroit.

Sur ce refus, le Roy somma les Seigneurs de l'Armée d'Angleterre de leur serment, par lequel ils s'estoient obligez de partir dès que la saison le permettroit. Le Seigneur de Rancon, un des plus puissans du Poitou, & le Vicomte de Chasteaudun, répondirent au Roy qu'ils tiendroient leur parole, & qu'ils partiroient avec luy. Ils partirent en effet ; mais le Roy d'Angleterre les en fit bien repentir dans la suite. Les autres répondirent qu'ils ne se separeroient point du Roy d'Angleterre.

Le Roy sans attendre davantage, s'embarqua le trentiéme de Mars avec ses Troupes, fort mécontent du Roy d'Angleterre ; & après une navigation très-heureuse, il arriva en vingt-deux jours à la veuë d'Acre ou Ptolemaïs, que les Chrétiens assiégeoient actuellement, & que les Turcs défendoient opiniâtrement pour Saladin, qui commença à beaucoup craindre pour cette Place.

Ibid.

Le Roy fut reçû au Camp avec la joye que devoit donner son arrivée à des gens qui en esperoient de très-grands avantages. Elle estoit non seulement utile ; mais encore nécessaire dans les conjonctures, où se trouvoient les affaires de cette Chrétienté, opprimée par les Turcs depuis plusieurs années, & que les divisions des Princes avoient réduite aux dernieres extrémitez.

Après la malheureuse défaite de Tibériade arrivée l'an 1187. où Guy de Lusignan Roy de Jérusalem, fut pris par Saladin, tout avoit plié sous les Loix du vainqueur. La Reine Sibyle, ainsi que je l'ay raconté, luy avoit livré Ascalon la plus forte Place du païs, pour la rançon de son mari. Ce Prince après sa délivrance alla à Tyr, où Conrad de Montferrat ne voulut point le recevoir, soûtenant qu'il en estoit le légitime possesseur, sans aucune dépendance du Roy de Jérusalem.

Conrad estoit un des plus vaillans hommes de son temps. Il avoit épousé la sœur d'Isaac l'Ange Empereur de Constantinople, & l'avoit quitté depuis par mécontentement, pour aller en Palestine se signaler contre les Turcs avec des Troupes qui s'estoient données à luy. Il aborda à Tyr dans le temps qu'elle estoit menacée d'un Siége par Saladin. Il offrit son service aux Habitans qu'il trouva fort consternez, à condition que s'il les sauvoit, comme il leur promettoit de le faire, ils le reconnoistroient pour leur Seigneur, & demeureroient sous son obéïssance. Ils furent trop heureux d'avoir un tel défenseur. Il s'acquitta de sa promesse, & la Ville ayant esté assiégée par Saladin, il l'obligea de lever le siége.

Nicetas. lib. 1.

Il prétendit donc n'avoir pas enlevé cette Place au Roy de Jérusalem ; mais l'avoir sauvée des mains de Saladin, & que par ce titre, elle luy appartenoit. Le Roy de Jérusalem au contraire, soûtenoit que Tyr estant de son Royaume, l'obligation qu'il avoit au Marquis de Montferrat de l'avoir empesché de tomber sous la puissance des Turcs, ne luy ostoit pas le droit de Souverain qu'il y avoit toûjours eu. Mais le Marquis estoit en possession, & il n'étoit pas aisé de le contraindre à la céder.

Le Roy de Jérusalem irrité de voir qu'on luy fermoit les portes d'une Ville de son Royaume, en commença le siége, plustost par dépit que par l'espérance de la prendre. Mais il falut abandonner l'entreprise, & il se détermina à assiéger Acre, prétendant avoir des raisons très-justes de rompre avec les Turcs, depuis le Traité qu'il avoit fait avec eux pour sortir de prison.

Tout ce qui estoit resté de Chrétiens dans la Palestine se joignit à luy, & il forma le siége sur la fin du mois d'Aoust de l'année 1188. mais il avoit si peu de Troupes, & il y en avoit tant dans la Ville, que Saladin espérant que le peu de Chrétiens qui restoient encore au Roy de Jérusalem, périroient à ce siége, alla faire de nouvelles conquestes ailleurs.

Ils furent en effet plus d'un an devant la Place fort inutilement: car on la ravitailloit par mer quand on vouloit: mais par les secours qu'ils recevoient de temps en temps d'Europe, d'où il venoit toûjours quantité de monde, pour se consacrer à la défense de la Chrétienté de Palestine, l'Armée devint nombreuse, & Saladin estant venu pour la forcer dans son Camp, y donna en vain plusieurs assauts. Une nombreuse Flote de Croisez, qui débarqua à sa vûë, augmenta de beaucoup son inquiétude: car outre les Soldats qui la montoient, elle apporta des machines de guerre & des munitions aux assiégeans, & leur donna moyen d'en avoir par mer dans la suite.

Radulph. de Diceto.

Cette Flote estoit composée de Danois, de Frisons & d'Anglois, qui voyant les retardemens du Roy de France & du Roy d'Angleterre, avoient pris les devants. Elle avoit esté jointe en chemin par plusieurs Vaisseaux, où estoient quantité de Seigneurs François, qui pour faire aussi plus de diligence, s'estoient embarquez à Marseille, & avoient en trente-cinq jours fait le trajet. Les plus distinguez d'entre eux estoient Philippe Evêque de Beauvais, Robert II. Comte de Dreux son frere, cousin germain du Roy, Erard Comte de Brienne, & André son frere, Guillaume Comte de Châlons sur Saône, Jacques d'Avennes, Geoffroy de Joinville, Gui de Dampierre, Anseric de Montreal, Manassés de Garlande, Gaucher de Chastillon sur Marne, & Gui son frere, Henri Comte de Champagne, Thibaud Comte de Chartres, Estienne Comte de Sancerre son frere, & Raoul Comte de Clermont en Beauvoisis.

Alberici Chronic. MS.

Herold. continuat. Histor. belli Sacri.

Il estoit encore arrivé par mer peu de temps après quelques Troupes Allemandes, sous la conduite du Landgrave de Turinge, & du Duc de Gueldre, pour renforcer l'Armée de l'Empereur Fridéric, dont l'approche faisoit le plus grand sujet des inquiétudes de Saladin.

Cet Empereur estoit parti d'Allemagne dès l'an 1189. avec cent cinquante mille hommes, & après avoir hyverné sur les Terres de l'Empereur de Constantinople, il avoit passé le détroit au mois de Mars de l'année suivante, estoit entré dans l'Asie, où il avoit déja gagné plusieurs batailles, pris plusieurs Places sur les Turcs, & continuant à passer sur le ventre à tout ce qui faisoit obstacle à sa marche, il s'acheminoit vers la Palestine. Mais par le plus grand de tous les malheurs, en passant le Cydne, Fleuve de Cilicie, il s'y noya, son cheval s'estant abattu sous luy, ou selon d'autres, ayant voulu s'y baigner, il mourut saisi tout à coup du froid extraordinaire de l'eau de ce Fleuve. Après ce funeste accident, Conrad Duc de Suabe son fils, avoit pris la conduite de l'Armée, & l'avoit menée par terre jusqu'à Antioche, excepté un détachement qu'il avoit envoyé par mer en Palestine sur quelques Vaisseaux Marchands qu'il arma. Mais par une nouvelle infortune, les maladies firent un si horrible ravage dans l'Armée qu'il conduisoit, que quand il arriva en Palestine, il n'avoit pas sept mille hommes de pied, & plus de cinq cens chevaux, avec lesquels il joignit le Roy de Jérusalem.

Roget de Houeden.

Le Marquis de Montferrat s'estant laissé fléchir, & ayant consenti que la décision de ses différends avec Gui de Lusignan, fust remise à un autre temps, avoit aussi amené de Tyr un Corps considérable au Camp devant Acre. De sorte que l'Armée Chrétienne composée de tous ces différends Corps, estoit de cent mille hommes de pied, & de quatre mille chevaux; mais celle de Saladin, toûjours campée à la vûë du Camp des Chrétiens, estoit encore plus nombreuse de près des deux tiers.

Il s'estoit donné une bataille entre les deux Armées, dont chacune s'attribua l'avantage. Les Chrétiens y avoient beaucoup moins perdu que les Turcs; & pour marque de leur victoire, ils avoient recommencé à assiéger la Ville dans les formes; mais elle continua de se défendre pendant plusieurs mois, & toûjours avec la mesme vigueur. Il se fit de furieuses sorties; on combattit & sur la mer & sur la terre. Après tout, la famine qui fut quelque temps dans le Camp, & les maladies qui s'y mirent, avoient extrêmement affoibli l'Armée Chrétienne, lorsque le Roy de France arriva le Samedy de la semaine de Pâques de l'an 1191. qui estoit la troisiéme année du siége.

An. 1191. *Monach. Acconens. fis.*

La joye que son arrivée répandit dans le Camp, fit oublier aux Soldats les fatigues & tous les maux passez, & l'idée qu'on y avoit de ce Prince, sembla leur répondre d'une victoire assurée. Dès qu'il eut mis pied à terre, il fit le tour du Camp, & renforça tous les quartiers, afin que rien ne pust entrer dans la Ville, ni en sortir du costé de la terre. Il fit ajouter de nouveaux ouvrages à la circonvallation, creuser des retranchemens au-delà, & élever de distance en distance des Redoutes & des Forts de bois, pour écarter l'ennemi, & ôter à Saladin, qui donnoit à toute heure des allarmes au Camp, toute espérance de le surprendre.

Philipp. lib. 4.

PHILIPPE AUGUSTE.

Monach. Acconent. Rigord.

Il établit son quartier à l'Orient de la Ville, vis-à-vis de la plus forte des Tours, appellée la Tour maudite, à la portée de l'arc & des pierriers de la Place. Il fit aussi-tost dresser les siens & ses autres machines, pour battre la muraille.

Guillelm. Neubrig. l. 4. c. 19.

Les ennemis voyant qu'il s'attachoit à cet endroit, & que ce seroit là la principale & comme l'unique attaque, y transportérent aussi leurs principales machines, qui démontérent diverses fois celles du Roy, & ils brûlérent ses Galleries & ses Belliers avec le feu Grégeois, dont ils firent un grand usage durant ce siége; mais enfin après un travail de peu de semaines, le fossé se trouva comblé, & il y avoit une assez grande bréche à la muraille, pour donner l'assaut.

Les Rois de France & d'Angleterre avant que de se séparer, estoient convenus qu'ils ne le donneroient point l'un sans l'autre, voulant avoir tous deux part à la prise d'une Place si fameuse, qui se défendoit depuis si long-temps. Le Roy tint parole au Roy d'Angleterre, & se contentant de ruïner tous les nouveaux travaux que les ennemis faisoient pour réparer la bréche, il attendoit avec impatience de jour en jour l'arrivée de ce Prince.

Richard estoit parti de Messine environ quinze jours après luy, avec cent cinquante Navires & cinquante-trois Galéres bien armées. Il conquit en chemin faisant, & en très-peu de temps l'Isle de Chypre sur Isaac Prince de la Maison des Comnénes, qui s'estoit saisi de trois de ses Vaisseaux, que la tempeste avoit poussez de ce costé-là, & avoit traité très-inhumainement ceux qui estoient dedans. Il laissa dans l'Isle deux de ses Capitaines avec quelques Troupes pour la garder, & vint enfin aborder auprès d'Acre.

Roger de Houeden.

Les choses estant si bien disposées & aussi prestes qu'il les trouva en arrivant, il y avoit lieu d'espérer la fin de ce long siége, & que la Place seroit emportée au premier jour. Les égards & la fidélité que le Roy de France avoit eus pour luy, méritoient du retour, ou du moins qu'il ne sacrifiast pas le bien public à des interests particuliers ; mais la raison & l'équité n'estoient pas toûjours la régle du génie hautain & bizarre de Richard. Ce qui donna principalement lieu à la nouvelle division qui se mit entre ces deux Princes, fut la vieille querelle de Gui de Lusignan Roy de Jérusalem, avec Conrad Marquis de Montferrat, touchant la Ville de Tyr.

Il estoit arrivé durant ce siége un contre-temps très-fascheux pour Gui de Lusignan. La Reine Sibylle sa femme y estoit morte, aussi-bien que ses deux filles. Ce n'estoit que du chef de cette Princesse qu'il possédoit la Couronne, parce qu'elle estoit sœur & héritière de Baudoüin IV. dernier Roy de Jérusalem. Le Marquis de Montferrat prétendit qu'après la mort de cette Princesse, Gui de Lusignan n'estoit plus Roy, & que le Trône estoit vacant. Quand la chose auroit esté ainsi, il n'y auroit pas eu pour cela luy-mesme plus de droit ; mais ce Seigneur ambitieux & intriguant trouva moyen de se procurer un titre, pour y prétendre.

La Reine Sibylle avoit une sœur nommée Isabeau, que d'autres appellent Mélisante, mariée à Anfroy Seigneur de la Forteresse de Thoron. Le Marquis prétendit que la Couronne appartenoit à cette Princesse, & il sçut si bien la gagner, qu'après avoir fait casser son mariage avec Anfroy, il l'épousa luy-mesme, & alors il soûtint qu'entrant dans les droits de sa femme, c'estoit luy seul qui estoit Roy.

Roger de Houeden.

Gui de Lusignan & luy, dès le temps de leur premier différend, avoient toûjours eu chacun leur parti dans le païs. Le Marquis de Montferrat fut assez adroit, pour faire entrer dans le sien le Roy de France, quand il arriva en Palestine : & Gui de Lusignan, pour se faire aussi un appuy, s'en alla avec Anfroy de Thoron, Bohémond Prince d'Antioche, & quelques autres Seigneurs de ses amis, trouver le Roy d'Angleterre en Chypre, & luy demanda sa protection.

Richard ne balança pas à la luy promettre, pour plusieurs raisons ; premierement, parce que le Roy de France s'estoit déja déclaré pour le parti opposé : secondement, parce que Gui de Lusignan s'estant offert de s'en rapporter au jugement des deux Rois, quand ils seroient arrivez, le Marquis de Montferrat avoit rejetté cette proposition, & n'avoit voulu pour Juge que le Roy de France ; & enfin parce que la Famille de Gui de Lusignan estoit sujette du Roy d'Angleterre.

Ibid.

Guillelm. Neubrig. l. 4.

Mais ce qui avoit le plus choqué Richard contre le Roy de France & contre le Marquis de Montferrat, c'estoit qu'estant venu avec sa Flote débarquer auprès de Tyr, & ayant voulu voir la Ville, on luy en avoit refusé l'entrée, suivant les ordres du Marquis, qui craignoit avec beaucoup de raison qu'il ne s'en emparast.

Ce fut avec ces dispositions que les deux Rois se rejoignirent devant Acre. On dissimula d'abord de part & d'autre. Ils affectérent de se rendre beaucoup de civilitez, & Richard mesme fit présent au Roy de quelques prisonniers Mahométans, qu'il avoit faits à la prise d'un gros Vaisseau Turc, qui portoit un grand secours d'hommes & de vivres aux assiégez, & qui pour tromper le Roy d'Angleterre, avoit arboré le Pavillon de France.

Roger de Houeden.

Le Roy de son costé accorda de bonne grace au Roy d'Angleterre les machines du Comte de Flandre, mort depuis quelque temps. Richard les luy demanda, pour s'en servir, en attendant qu'il en eust fait construire de nouvelles. Mais on ne se contraignit pas long-temps, chacun pensant à fortifier son parti, & y travaillant sous-main. Les Genois, les Chevaliers du Temple, & les Allemands, se déclarérent pour le Roy de France & pour le Marquis de Montferrat : les Hospitaliers, les Flamands, & les Pisans pour le Roy d'Angleterre & pour Gui de Lusignan ; c'estoit à ces intrigues que l'on perdoit le temps après l'arrivée du

Monach. Acconent.

Roy d'Angleterre, tandis que Saladin avec une Armée formidable estoit aux environs du Camp, & que les assiégez réparoient leur bréche, & se fortifioient sur leurs murailles.

Bien plus, on se débauchoit les Soldats les uns aux autres, & ceux qui estoient à la garde des machines que Philippe avoit dressées dans son quartier contre la Ville, les ayant abandonnez pour passer à celuy du Roy d'Angleterre, les assiégez profitérent de ce moment, pour venir brûler ces machines, & le firent sans résistance.

Les deux Rois commencérent à contester l'un avec l'autre sur divers articles; & entre autres Philippe prétendit que le Roy d'Angleterre devoit luy céder la moitié de l'Isle de Chypre, en vertu d'un des articles de leur Traité, selon lequel ils devoient partager également leurs conquestes. Richard au contraire, demanda en vertu du mesme article, la moitié des Trésors du Comte de Flandre, dont Philippe s'estoit saisi à la mort de ce Comte, & de plus la moitié du Comté de Flandre, quand ils seroient de retour en Europe. Ces prétentions estoient injustes & chimériques de part & d'autre; car il ne s'agissoit dans le Traité que des conquestes & du butin que l'on feroit sur les Infidéles. Cependant le Marquis de Montferrat choqué contre le Roy d'Angleterre, quitta le Camp, & s'en retourna à Tyr avec ses Troupes.

Roger de Houeden

Ce qu'il y eut encore de plus fascheux, c'est que les deux Rois tombérent extrémement malades. Mais cette maladie qui devoit causer la ruine de toute la Chrétienté en Asie, si elle eust eu les suites qu'on en appréhendoit, fut un moyen dont Dieu se servit pour faire rentrer ces Princes en eux-mesmes, & leur inspirer des sentimens de Paix. Ils remirent après le siége à discuter les droits de Gui de Lusignan & du Marquis de Monferrat, & firent d'un commun consentement les Chevaliers du Temple & ceux de l'Hôpital, leurs arbitres dans les contestations qui pourroient survenir entre eux, touchant le partage des conquestes qu'ils espéroient faire.

Ibid.

On commença donc à penser sérieusement à l'attaque de la Ville. Le Marquis de Montferrat revint au siége avec son Corps d'Armée; & comme Saladin estoit toûjours aux environs du Camp, pour l'attaquer dès que les assiégeans donneroient l'assaut à la Ville, il fut réglé entre les Rois, que quand les François iroient à l'assaut, le Roy d'Angleterre auroit la garde des Lignes, & que quand les Anglois seroient de jour pour l'attaque, le Roy de France se chargeroit de défendre le Camp.

On s'appliqua donc à pousser vivement le siége, & les machines du Roy ayant fait une nouvelle bréche à la muraille, il y fit donner l'assaut. Cette bréche estoit fort roide & bien défenduë. Les Turcs s'y servirent avec succès de leur feu grégeois, qu'ils jettoient de tous costez, & qui s'attachant aux habits des François, sans qu'ils pussent ni s'en défaire, ni l'éteindre, les mit en desordre; la résistance des ennemis, leur nombre, & le desavantage du terrain firent résoudre le Roy à ne pas s'obstiner plus long-temps à les forcer, & il fit donner le signal de la retraite. On perdit en cette occasion plusieurs braves hommes. Le plus regretté fut Alberic Clement, à qui l'Histoire donne le titre de Maréchal, & qui ayant esté entrainé sur la muraille avec un croc, y fut tué. Plusieurs ont remarqué que c'est le premier qu'on voye dans nostre Histoire porter le titre de Maréchal de France. Mais je ne sçay si leur remarque est tout-à-fait juste: car premiérement il ne paroist pas par l'Histoire qu'il ait eu le commandement de l'Armée: Secondement, nostre ancien Historien ne l'appelle pas Maréchal de France; mais Maréchal du Roy de France: or nos Rois avoient des Maréchaux, c'est-à-dire, des Officiers, avec intendance sur leurs Ecuries sous le Connétable, avant que la dignité de Maréchal devinst une Charge Militaire, & ces Maréchaux, aussi-bien que les Connétables, qui n'estoient pas encore non plus alors Commandans des Armées par leur Office, suivoient souvent les Rois à la guerre, comme les autres Officiers de leur Maison.

Monach. Acconens.

Quoy qu'il en soit de ce point de critique, cet échec fit résoudre le Roy à ne point donner de nouvel assaut, que la bréche ne fust très-large, pour faire une attaque d'un plus grand front. Il faisoit cependant toûjours saper la Tour maudite, & selon la maniére de miner de ce temps-là, à mesure que les Mineurs avançoient, ils appuyoient la Tour avec des étançons de bois, au lieu de la maçonnerie qu'ils en ostoient. Quand la sape eut esté poussée aussi loin qu'il falloit, on mit le feu aux étançons, dont les principaux estant consumez, la Tour s'écroula avec un fracas épouventable, combla le fossé, & laissa une ouverture à passer des bataillons entiers de front.

Rigord. Pag. 194

La plus grande partie de la Garnison Turque accourut aussi-tost à cet endroit, pour empescher qu'on n'emportast la Ville en ce moment, & les Emires ou Commandans donnérent le signal pour parlementer. Quoique l'Armée fust preste à donner l'assaut, & seûre de la victoire, on aima mieux avoir la Place par Capitulation, que de répandre autant de sang qu'il en auroit coûté, pour forcer les meilleures Troupes & les plus braves Capitaines de Saladin, qui la défendoient. On fit dire aux Commandans qu'on les écouteroit, & qu'on leur donneroit seûreté pour capituler.

Mestoc & Caracos deux des cinq Emires, qui avoient soûtenu le siége, vinrent trouver les deux Rois. Ils offrirent de rendre la Place avec toutes les richesses qui estoient dedans, & toutes les munitions de guerre & de bouche, pourvû qu'on leur accordast à eux, à leur Garnison, & aux Habitans, la vie & la liberté de se retirer où ils voudroient.

Roger de Houeden

On rejetta leur proposition, & on leur dit, qu'ils n'avoient aucun quartier à attendre, qu'à trois conditions. La premiere, que Saladin rendist Jérusalem, & toutes les Places qui avoient esté prises sur les Chrétiens depuis la derniere Croisade,

Croisade, qui s'eſtoit faite quarante-deux ans auparavant, ſous le commandement de Loüis le Jeune Roy de France. La ſeconde, qu'il remiſt entre les mains des deux Rois la Croix de Jeſus-Chriſt, qui avoit eſté priſe il y avoit quatre ans, à la bataille de Tybériade. La troiſiéme, que les Turcs donnaſſent la liberté généralement à tous les eſclaves Chrétiens.

Les Emires répondirent, qu'il n'eſtoit pas en leur pouvoir d'accepter ces conditions; que quand ils les accepteroient, l'exécution ne dépendroit d'eux en aucune manière; que ſi l'on vouloit leur accorder trois jours de Tréve, & la permiſſion d'aller trouver leur Prince, ils ſçauroient ſa volonté ſur tout cela. On leur accorda la Tréve & la permiſſion qu'ils demandoient. On les obligea ſeulement à donner des ôtages, pour s'aſſeûrer de leur retour.

Saladin ne put ſe réſoudre à conſentir aux propoſitions des deux Rois. Mais comme d'ailleurs il ne vouloit pas laiſſer périr tant de vaillans hommes, qui l'avoient ſi bien ſervi, il convint avec les deux Emires, que ſi-toſt que la Tréve ſeroit expirée, il attaqueroit la nuit avec toutes ſes Troupes le Camp des Chrétiens, non pas qu'il eſpéraſt de le forcer; mais afin que pendant l'attaque, la Garniſon ſortiſt par la bréche & par toutes les portes, & taſchaſt de gagner la Campagne pour ſe ſauver.

Les Emires eſtant retournez le troiſiéme jour, dirent que Saladin avoit abſolument rejetté des conditions ſi peu tolérables, qu'ils alloient rentrer dans la Place, & ſe mettre à la teſte de leurs gens, en réſolution de périr & de vendre leur vie le plus cher qu'ils pourroient. Ils rentrérent dans la Place, & mirent tout leur monde ſous les armes, pour tenter l'expédient dont ils eſtoient convenus.

Il y avoit dans Acre un Chrétien, dont on n'a jamais ſçû le nom; parce qu'apparemment il fut tué dans la meſlée: cet homme depuis l'arrivée des Croiſez, leur donnoit avis de tout ce qui ſe paſſoit dans la Ville, par des Lettres qu'il jettoit la nuit dans leur Camp. Il les avertit encore du deſſein de Saladin & des Emires, & les Rois en profitérent, pour diſpoſer tellement toutes choſes, qu'ils puſſent en meſme temps repouſſer Saladin, & empeſcher la ſortie de la Garniſon.

Ibid. Saladin ne manqua pas d'attaquer le Camp pendant la nuit, & auſſi-toſt les aſſiégez tentérent leur ſortie: mais & eux, & Saladin furent repouſſez avec grande perte, & obligez les uns de s'éloigner du Camp, & les autres de rentrer dans la Ville.

Dans le temps que les Sarazins avoient demandé à capituler, le Roy d'Angleterre avoit beaucoup avancé les ouvrages de ſon attaque, & tellement ſapé les Tours & les murailles qu'elle embraſſoit, qu'il n'y avoit plus qu'à mettre le feu aux étançons qui les ſoûtenoient. Il l'y fit mettre, & un grand eſpace de la muraille & pluſieurs Tours ayant eſté renverſées dans le foſſé, la Ville fut ouverte de ce coſté-là, encore plus qu'elle n'eſtoit à l'attaque de France. Le Roy d'Angleterre faiſoit déja marcher ſes Troupes pour donner l'aſſaut, & les François y alloient auſſi monter de leur coſté, lorſque les Emires firent un nouveau ſignal, & l'on s'arreſta.

Les cinq Emires ſortirent, & demandérent une nouvelle permiſſion d'aller vers Saladin, pour luy repréſenter l'extrémité où eſtoit la Ville; mais avant que de ſortir, ils donnérent ordre qu'on travaillaſt à des retranchemens derriere les bréches, afin de taſcher de différer, autant qu'il ſeroit poſſible, la déſolation qu'on ne pouvoit éviter. On leur permit encore d'aller trouver Saladin, qui les renvoya aux deux Rois, pour leur faire les propoſitions ſuivantes: qu'on leur livreroit la Place avec tout ce qui eſtoit dedans, excepté les Soldats & les Habitans; qu'on leur rendroit Jéruſalem & la Croix, toutes les Villes, & toutes les Forterefſſes dont les Turcs s'eſtoient emparez depuis la bataille de Tibériade; qu'on s'obligeroit à les remettre dans le meſme eſtat qu'elles eſtoient, lorſqu'on les avoit priſes, & tout cela à deux conditions; l'une que les deux Rois joindroient leurs Troupes avec les ſiennes, ou du moins luy fourniroient vingt mille hommes de pied, & ſix mille chevaux, pour luy aider à repouſſer de ſes Etats, les fils du défunt Soudan Noradin, qui s'y eſtoient jettez, & qui y mettoient tout à feu & à ſang: l'autre que la Garniſon euſt toute liberté de ſe retirer où elle voudroit, en rendant la Ville.

Cette propoſition, toute avantageuſe qu'elle eſtoit, ne fut point acceptée, les deux Princes eſtant perſuadez, que quand Saladin verroit ſes gens en ſeûreté, il n'exécuteroit rien de ce qu'il promettoit: & d'ailleurs il ne leur paroiſſoit pas convenable de luy accorder le ſecours qu'il leur demandoit. On réſolut donc de forcer la Ville; & les Turcs de leur coſté ſe mirent en eſtat de périr glorieuſement.

Le Roy de France fit donner l'aſſaut par la bréche qui avoit eſté faite à coſté de la Tour maudite, au meſme endroit qu'on l'avoit donné la premiere fois: Les Turcs retranchez derriere s'y battirent avec une valeur incroyable, & repouſſérent les François, qui n'y perdirent néanmoins que quarante hommes, dautant que le Roy qui voyoit la priſe de la Ville infaillible, voulut épargner ſes Troupes. Cette attaque ſe fit le ſeptiéme de Juillet. *An. 1191.*

Quatre jours ſe paſſérent ſans rien faire. Et on n'en marque pas la raiſon. L'onziéme de Juillet le Roy d'Angleterre ſe prépara à ſon tour à donner l'aſſaut, tandis que les François ſeroient à la garde des Lignes. On le commençoit déja, lorſque les Emires firent un nouveau ſignal, qui luy fit encore ſuſpendre, le Roy d'Angleterre ménageant ſes Soldats, à l'exemple du Roy de France.

Enfin le lendemain douziéme de Juillet, les deux Rois, ſoit par le meſme motif d'épargner *An. 1191.* leurs Troupes, ſoit par compaſſion & par eſtime pour ces braves ennemis, qui avoient ſoûtenu un ſi long ſiége & pluſieurs aſſauts avec tant de courage & de conduite, ſoit qu'ils deſeſpéraſſent de pouvoir rien obtenir de plus avantageux de Saladin, soit enfin, pour ne pas abandonner la Ville au pillage du Soldat, conclurent la Capitulation avec les cinq Emires. Ce fut le Marquis de Montferrat qui traita au nom des deux Rois dans la Tente du Grand Maistre du Temple, aux conditions suivantes. Premierement, que la Ville seroit renduë, & qu'il ne seroit permis aux Turcs d'en rien emporter. 2. Que cinq cens esclaves Chrétiens qui y estoient, seroient mis en liberté. 3. Qu'on remettroit la sainte Croix entre les mains des deux Princes. 4. Que mille autres Chrétiens esclaves seroient délivrez, & outre cela, que parmi tous ceux qui estoient en esclavage dans toute l'étenduë de l'Empire de Saladin, les deux Rois en retireroient à leur choix deux cens Gentilshommes. 5. Qu'on payeroit aux deux Rois pour les frais du siége, deux cens mille Bezants d'or. C'estoit une espéce de monnoye, frappée au Coin de l'Empereur à Constantinople, & qu'on nommoit ainsi du nom de Bisance, qui estoit l'ancien nom de cette Ville Impériale. 6. Que la Garnison demeureroit prisonniere jusqu'à l'entiere exécution du Traité, & qu'en cas qu'il ne fust pas exécuté en tous ses articles dans l'espace de quarante jours, elle seroit à la discrétion des deux Princes, de qui il dépendroit de la faire toute massacrer.

Cette convention ayant esté confirmée par serment de part & d'autre, la Place fut remise entre les mains des deux Rois; & on arbora leurs étendars sur les plus hautes Tours. On choisit cent des principaux de la Garnison, qu'on renferma dans une des Tours de la Ville sous bonne garde. On distribua les autres dans les Maisons, & on leur fit dire, que tous ceux d'entre eux, qui voudroient recevoir le Baptesme, seroient mis en liberté. Plusieurs le reçurent; mais la plupart aussi-tost après, se sauvérent au Camp de Saladin, pour faire de nouveau Profession du Mahométisme, ce qui fit qu'on n'en reçut plus aucun au Baptesme.

Le lendemain les deux Rois firent entre eux le partage de la Ville, de l'argent qui s'y trouva, & de toutes les autres richesses, sans en faire part à leur Armée, ce qui causa bien des murmures, & fit déserter non seulement plusieurs Soldats, mais encore plusieurs Gentilshommes. On confia à Drogon de Merlou la garde de la partie de la Ville qui appartenoit au Roy de France, & on luy laissa sous ses ordres cent Gentilshommes François, & les Soldats qui dépendoient d'eux. Hugues de Gournai avec un pareil nombre de Gentilshommes Sujets du Roy d'Angleterre, fut fait Commandant de l'autre partie.

Dès qu'on y fut entré, Alard Evêque de Vérone, Légat du Pape, assisté des Prélats des diverses Nations, rétablit & benit les anciennes Eglises, qui avoient esté changées en Mosquées. Divers Marchands, & sur tout les Pisans, & plusieurs autres Chrétiens du païs, s'étant offerts pour habiter & repeupler la Ville, on leur en distribua les quartiers & les maisons, à condition de certains tributs qu'ils payeroient tous les ans, & les Rois chacun dans leur quartier, donnérent ordre pour le prompt rétablissement des murailles & des autres Fortifications de la Place.

Saladin, qui après la Capitulation, s'estoit éloigné du Camp des Chrétiens, envoya de nouveau proposer aux Princes, de l'aider de quelques Troupes contre les fils de Noradin, leur offrant de leur céder une grande partie du païs d'en-deçà du Jourdain, s'ils vouloient luy prester pendant un an deux mille chevaux & six mille hommes de pied. Les fils de Noradin leur demandérent aussi du secours contre Saladin. On ne crut pas devoir prendre parti ni pour les uns, ni pour les autres; & on jugea qu'il seroit plus à propos de les laisser battre ensemble, rien ne pouvant estre plus avantageux aux Chrétiens d'Asie, que cette guerre civile.

Tel fut le succès du fameux siége d'Acre, si long-temps & si opiniastrément soûtenu. Il y périt bien du monde, soit par le fer & par le feu dans les attaques & dans les sorties, soit par les maladies. Les plus considérables des Seigneurs François qui y moururent, dont les Historiens font mention, furent Philippe Comte de Flandre, Henri Comte de Bar, Thibaud Comte de Blois, Estienne Comte de Sancerre son frere, Jean de Vendosme, Erard de Brienne, Raoul de Clermont, Rotrou du Perche, Gilbert de Tillieres, Alberic Clement, Adam Grand Chambellan, Josselin de Montmorenci, Gui de Chastillon, Florent d'Angest, Bernard de S. Valery, Enguerrand de Fiennes, Vaultier de Moüy, Raoul de Fougeres, Eudes de Gonesse, Renaud de Magny, Geoffroy d'Aumale, Geoffroy Comte d'Eu, Raoul de Marle, Erard de Chacenai, Robert de Boves, le Comte de Ponthieu, le Vicomte de Chastelraud. Il y en a encore quelques autres de nommez, mais dont les noms défigurez en Latin, ne pourroient pour la plupart estre exprimez en François, qu'au hazard de se tromper dans les noms des Terres ou des Chasteaux, dont ils se surnommoient.

Après cette belle conqueste, les Princes Chrétiens de la Palestine, aussi-bien que les Princes Turcs, estoient dans l'attente de l'usage que l'on feroit des Troupes Croisées; car on n'estoit encore qu'au mois de Juillet. Tout dépendoit des deux Rois: mais on ne fut pas long-temps en suspens; car dix jours après la prise de la Place, le Roy de France déclara qu'il estoit résolu de repasser la mer, en laissant toutefois la plupart de ses Troupes en Palestine. Le Roy d'Angleterre fit tout son possible pour l'en détourner; mais sa santé estoit en trop mauvais état. Une maladie dont il fut attaqué incontinent après son arrivée, luy avoit laissé une extrême foiblesse, & avoit causé un si étrange dérangement dans son tempérament, que non seulement il en avoit perdu les cheveux, effet ordinaire des grandes maladies; mais encore les ongles des pieds & des mains, & mesme presque par tout le corps cette pellicule extérieure, qu'on ap-

Monach. Acconens.

Roger de Houeden.

Ibid

Roger de Houeden. Chronic. MS. Alberici. Monach. Acconens.

An. 1191.

Guillelm. Armoric.

pelle l'Epiderme: ce qui fit soupçonner à quelques-uns qu'on l'avoit empoisonné. Cela joint aux mécontentemens qu'il avoit reçus du Roy d'Angleterre en plusieurs occasions, & au peu d'apparence qu'il voyoit à continuer la guerre de concert avec ce Prince, luy fit prendre la résolution de retourner dans ses États.

On ne peut voir plus de contrariété qu'il y en a entre les Historiens Anglois & les Historiens François, touchant la conduite de ces deux Princes à l'égard l'un de l'autre. Selon les Anglois, Philippe a toûjours tort, selon les François, c'est Richard qui est cause de tous les désordres. On devine bien dès-là que ni les uns, ni les autres ne sont pas assez équitables, & que la flatterie & l'inclination qu'on a naturellement pour son Roy, ont plus de part dans leurs Relations, que l'amour de la vérité. Il est certain que ces deux Princes entreprirent cette expédition avec des intentions très-droites, & en résolution de concourir à l'envi pour la faire réüssir. Mais dans l'exécution, ils ne furent pas toûjours en garde contre la jalousie & contre la passion de l'intérest, dans les contestations que mille occasions faisoient naistre. Ils se ressembloient par bien de grandes qualitez, & principalement par le courage & par l'habileté dans la guerre: mais cette ressemblance n'est pas toûjours ce qui produit l'union, ni ce qui contribuë le plus à l'entretenir. Les différends du Marquis de Montferrat & de Gui de Lusignan, dont l'un sçut mettre le Roy de France dans son parti, & l'autre le Roy d'Angleterre dans le sien, furent la cause de tout le mal. Ces deux concurrens ne cessoient de les aigrir l'un contre l'autre. Philippe & Richard avoient tous deux beaucoup de feu; celuy de Philippe estoit plus aisé à modérer que celuy de Richard, excessivement impétueux, hautain, & violent jusqu'à la férocité; mais l'un & l'autre estoient également incapables de céder, quand il s'agissoit du point d'honneur, & ils s'en estoient fait un, de soûtenir la cause de celuy des deux qu'ils avoient pris sous leur protection. Après tout, malgré leurs mécontentemens mutuels, qui prolongérent d'abord de quelques semaines le siége d'Acre, ils s'y portérent depuis avec ardeur & de bonne foy, partageant & les fonctions & les postes entre les deux Nations, & prévenant les inconvéniens de la concurrence.

Le Roy de France en prenant la résolution de s'en retourner après la prise d'Acre, fit prudemment, non seulement à cause de sa mauvaise santé; mais encore parce que l'expérience luy avoit appris, qu'il ne pourroit jamais s'accommoder avec le Roy d'Angleterre. Richard au contraire, demeurant en Palestine, pour continuer la guerre contre les Infidéles, prit sans doute le parti le plus glorieux & le plus utile à la Religion. Ainsi à considérer de près la conduite de ces deux Princes, on les trouvera beaucoup plus loüables que répréhensibles; & on ne croira ni nos anciens Auteurs François, quand ils nous disent pour justifier Philippe, que Richard avoit des intelligences secretes avec Saladin; ni les Auteurs Anglois, quand pour défendre Richard, ils reprochent la mesme chose à Philippe: l'un & l'autre estant également hors du vray-semblable, & de pures idées d'Ecrivains passionnez, fondées sur des bruits populaires, qui coururent en ce temps-là en France & en Angleterre.

Avant le départ du Roy de France, le différend de Gui de Lusignan & du Marquis de Montferrat fut terminé. Ils parurent en présence des deux Rois, & chacun exposa son droit. Après qu'on les eut entendus, on les fit convenir qu'ils s'en rapporteroient au jugement de ces deux Princes, qui réglérent ainsi les choses. Que Gui de Lusignan garderoit tant qu'il vivroit, le titre de Roy de Jérusalem avec le Comté de Jaffa & celuy de Césarée: Que ces deux Comtez passeroient à ses descendans s'il en avoit, à condition qu'ils en feroient hommage à celuy qui porteroit alors le titre de Roy de Jérusalem... Que si Gui de Lusignan se remarioit, & qu'il eust des enfans de ce mariage, ils ne succederoient point au titre de Roy de Jérusalem; mais qu'après sa mort, le Marquis de Montferrat, sa femme, & leurs enfans auroient la Couronne, à l'exclusion de tout autre... Que la Ville de Tyr, aussi-bien que Sidon, & Baruth, qui est l'ancienne Beryte, resteroient au Marquis, à condition d'en faire hommage à Gui de Lusignan, tandis qu'il vivroit. Les choses changérent depuis, le Marquis de Montferrat ayant esté peu de temps après assassiné; & le Roy d'Angleterre ayant avant son départ de la Palestine, donné le Royaume de Chypre à Gui de Lusignan, au lieu de celuy de Jérusalem, dont il mit en possession Henri Comte de Champagne, après luy avoir fait épouser Isabeau veuve du Marquis de Montferrat.

Cet accommodement estant fait, Philippe se disposa à partir. Il déclara Eudes de Bourgogne Général des Troupes qu'il laissoit en Palestine, au nombre de dix mille hommes d'Infanterie, & de cinq cens Cavaliers, qui devoient estre soudoyez pendant trois ans du Trésor Royal. Il donna outre cela à Raymond Prince d'Antioche, cent Cavaliers & cinq cens Fantassins, qu'il soudoya pareillement. Il choisit Robert de Quinci pour les commander. Il donna au Marquis de Montferrat cette moitié de la Ville d'Acre, qui luy appartenoit. Il alla à Tyr avec ce Marquis & l'Emire Caracos qui estoit son prisonnier. Il y fit aussi conduire les prisonniers qui luy avoient échû à la prise d'Acre, & les mit entre les mains du Marquis. Ces prisonniers n'évitérent pas par là le funeste sort qui les attendoit. Car quelques semaines après, Saladin qui n'avoit jamais voulu ratifier la Capitulation d'Acre, refusant d'en exécuter les conditions, Richard obligea le Marquis de Montferrat à luy livrer les prisonniers, & leur fit à tous couper la teste, aussi-bien qu'à ceux qui estoient tombez dans son partage. Le nombre de ces malheureux, selon quel-

Philippid. l. 4.

Roger de Houeden.

ques-uns, estoit de trois mille, & selon d'autres, de six mille. Les cinq Emires Commandans d'Acre furent conservez, pour estre échangez avec quelques Seigneurs Chrétiens pris par les Turcs. Saladin vengea la mort de ses Soldats sur les esclaves Chrétiens, dont il fit un grand massacre.

Ibid.

Le Roy d'Angleterre avant que Philippe partist, l'engagea à luy promettre avec serment sur les saints Evangiles, qu'il n'entreprendroit rien contre ses Etats, ni contre aucun de ses Vassaux durant son absence, & ils se séparérent en se donnant beaucoup de marques d'affection & d'estime. Le Roy s'embarqua à Tyr sur trois Galéres Génoises. Il fit voile le troisiéme d'Aoust, aborda heureusement dans la Poüille, & de-là il alla à Rome, où le Pape Célestin III. le reçut avec de grands honneurs; mais il luy refusa l'absolution qu'il luy demanda, du serment qu'il avoit fait, de ne point attaquer les Etats du Roy d'Angleterre avant le retour de ce Prince de la Terre-Sainte. Un peu après il partit pour la France, où il arriva vers les Festes de Noël. Et ses Peuples le revirent avec beaucoup de joye. Les raisons qu'il avoit euës d'un si prompt retour, furent reçûës diversement dans les Cours de l'Europe, selon que l'on y estoit bien ou mal prévenu pour luy, ou pour le Roy d'Angleterre.

An. 1191.
Neubrig.
l. 4. c. 22.
Rigord.

La jalousie que ces deux Princes avoient conçûë l'un contre l'autre, estoit connuë de tout le monde, & c'en estoit assez pour faire attribuer à l'un tout le mal qui arrivoit à l'autre, & pour les faire condamner sur les soupçons les plus mal fondez. Le Roy d'Angleterre fut celuy à qui l'on fit la premiere injustice en cette matiére. Quelques mois après le retour de Philippe en France, il reçut à Pontoise des Lettres de la Palestine, par lesquelles on luy donnoit avis, que le vieux de la Montagne, à la sollicitation du Roy d'Angleterre, avoit envoyé en France deux de ses Sujets pour l'assassiner. Ce nom de vieux de la Montagne estoit la qualité, que prenoit le Prince d'un petit Peuple Mahométan dans les Montagnes de Phenicie, qu'on appelloit Assissins, ou Assassiniens, d'où est venu le mot François d'Assassin, pour signifier un homme qui tuë en traistre. Les Sujets de ce Prince estoient prévenus d'une idée superstitieuse, aussi commode à leur Souverain, qu'elle estoit dangereuse pour tous les autres hommes: c'est qu'ils estoient persuadez qu'en mourant dans l'exécution de ses ordres, quels qu'ils fussent, ils s'asseûroient en l'autre monde une vie pleine de plaisirs & de délices. Sur ce fondement, dés que le vieux de la Montagne avoit reçû quelque mécontentement d'un Prince ou d'un Seigneur, il envoyoit en secret de ses gens pour le massacrer. Ils trouvoient pour l'ordinaire tost ou tard l'occasion de le faire, & en venoient à bout, sans s'embarrasser du danger & des tourmens où ils s'exposoient. C'estoit de quelques-uns de ces homicides de profession qu'on avoit écrit au Roy, & qu'on l'avoit asseûré qu'ils passoient en France, pour attenter sur sa vie.

An. 1192.

Il en fut d'autant plus inquiet, qu'il venoit de recevoir la nouvelle de la mort du Marquis de Montferrat, tué de cette maniére par deux Assassiniens, en plein jour, & au milieu de la Ville de Tyr: & comme on sçavoit que le Roy d'Angleterre haïssoit ce Seigneur, à cause des étroites liaisons qu'il avoit euës en Palestine avec le Roy de France, on ne manqua pas de le faire l'auteur de ce meurtre.

Philippe crut prudemment ne devoir pas négliger cet avis. Il redoubla sa Garde; & ce fut à cette occasion, que par le conseil de ses Courtisans & de ses Ministres, il institua une Compagnie de Gardes armez de masses d'airain, gens seûrs & de fidélité éprouvée, qui ne s'éloignoient jamais de luy, ni nuit, ni jour, & ne laissoient approcher de sa Personne aucun inconnu. De plus il envoya en diligence au vieux de la Montagne, pour s'informer de la vérité du fait. La chose se trouva fausse, aussi-bien que le bruit qu'on avoit fait courir, que le Roy d'Angleterre estoit l'auteur de l'assassinat du Marquis de Montferrat. C'estoit le vieux de la Montagne, qui avoit de luy-mesme donné & fait exécuter l'ordre de le tuer, pour quelque injure qu'il avoit reçuë de luy.

Comme on faisoit courir de ces bruits chimériques & désavantageux au Roy d'Angleterre, on en répandoit d'aussi faux du Roy de France. Richard à son retour de la Palestine, que les soupçons qu'il avoit de Jean son frere & de Philippe, luy firent haster, il se trouva obligé de passer par les Terres de Leopold d'Autriche, qu'il avoit trés-maltraité à Acre. Il fut pris par ce Duc, & mis entre les mains de l'Empereur Henri VI. qui estoit fort ami de Philippe, & ennemi de Richard, à cause de l'alliance que ce Roy avoit faite avec Tancrede, qui disputoit la Couronne de Sicile à l'Impératrice Constance. On ne manqua pas de dire & d'écrire en Angleterre, que le Roy de France en retournant de son voyage, avoit concerté cette prise avec l'Empereur; comme si par un esprit de Prophetie, il avoit pû deviner que le naufrage de Richard devoit luy faire prendre un an aprés son chemin par l'Autriche, pour retourner en Angleterre. Cette prison eut des suites trés-fascheuses pour Richard.

Si-tost que l'Empereur l'eut en sa disposition, il en donna avis par une Lettre au Roy de France, comme d'une nouvelle qui devoit luy faire plaisir. Philippe tascha d'en profiter. Il envoya Estienne Evêque de Noyon au Roy de Dannemark Canut VI. pour demander de sa part Ingelburge sa sœur en mariage, déclarant qu'il ne vouloit rien pour sa dot, sinon qu'on luy cédast l'ancien droit, que les Rois de Dannemark avoient sur le Royaume d'Angleterre, & un secours de Vaisseaux. Le Roy de Dannemark ayant proposé la chose dans une Assemblée des Seigneurs du païs, ceux-ci ne voulurent point y consentir, pour ne pas s'engager en une guerre avec l'Angleterre, tandis qu'ils avoient peine à en soûtenir une autre contre les Vandales; car on donnoit encore alors ce nom à une Nation qui habitoit les bords

Roger de Houeden.

Roger de Houeden.

Ibid.

Guillelm. Neubrig. l. 4. c. 25.

de la mer Baltique. Ainsi cette tentative fut inutile, & il fallut se contenter d'une somme d'argent fort modique pour la dot de la Princesse, que le Roy épousa à Amiens.

Philippe réüssit mieux auprès de Jean frere du Roy d'Angleterre. Jean estoit déja fort puissant par les Places qu'il possédoit dans le Royaume, en Hybernie & en Normandie. Le Roy luy offrit en mariage Alix de France, dont j'ay déja parlé tant de fois, & luy promit de l'aider à se faire Roy d'Angleterre, s'il vouloit l'épouser : mais à condition qu'il luy feroit incessamment restituer Gisors & le Vexin Normand, sans jamais y rien prétendre ; que de toute la Normandie en deçà de la Seine du côté du païs de Caux, il ne retiendroit que Roüen, & deux lieuës du costé du Vaudreuil avec ce Chasteau ; que Verneüil & Evreux seroient réünis à la Couronne, aussi-bien que Tours & ses appartenances ; qu'il céderoit les hommages de Montrichard & d'Amboise, les Seigneuries de Loches, de Monbason, & de Chastillon sur Indre. Il y avoit encore quelques autres articles au profit du Comte de Blois, du Comte du Perche, & de l'Eglise de S. Martin de Tours. Jean y consentit ; mais pour dédommagement du Vexin, il demanda que le Roy luy donnast à foy & hommage la partie des Païs-Bas, nouvellement réünie à la Couronne. Cette réünion s'estoit faite par la mort de Philippe Comte de Flandre, en vertu du mariage de la feuë Reine Isabelle de Haynaut, à qui ce Comte son oncle avoit donné en la mariant au Roy, ainsi que j'ay dit ailleurs, la partie Occidentale de son Etat ; c'est à sçavoir, Arras, S. Omer, Aire, Bapaulme, le Comté de Hédin, & celuy de Lens, avec les hommages de Boulogne, de Guines & de Lisle. Le Roy s'en estoit mis en possession depuis son retour de Palestine, malgré Baudoüin V. neveu & héritier du Comte Philippe. On promit à Jean tout ce qu'il voulut : car on ne pensoit qu'à déposseder Richard, ou à exciter dans ses Etats une guerre civile, qui l'empeschast de rien entreprendre contre la France, sauf à trouver dans la suite, comme c'est la coûtume, des expédiens, pour se tirer d'un engagement aussi important que celuy-là.

Dès qu'on fut convenu des articles, Jean fit hommage au Roy, de la Normandie, & de tous les autres Etats de la Couronne d'Angleterre d'en-deçà de la mer, & de l'Angleterre mesme, ainsi que quelques-uns le dirent alors. Il passa aussi-tost en Angleterre, après avoir fait courir le bruit que Richard estoit mort en prison, & demanda qu'on le reconnust pour Roy, comme l'héritier de son frere. Mais la pluspart des Seigneurs demeurérent fidéles, & il ne put se rendre maistre que de quelques Chasteaux.

Le Roy en mesme temps envoya en Allemagne, déclarer à Richard dans sa prison, qu'il ne le reconnoissoit plus pour son Vassal. La chose parut dure à l'Empereur ; mais enfin gagné par les promesses de Philippe, il consentit qu'on luy fit cette déclaration. Philippe pressa encore l'Empereur par son Envoyé, de luy remettre Richard entre les mains, luy faisant entendre, que si une fois il obtenoit la liberté, son ambition, & son orgueil broüilleroient toute l'Europe. Et peu s'en fallut, qu'il ne l'obtint ; mais les Princes de l'Empire s'y estant opposez, l'Empereur n'osa le livrer.

Dans le temps que le Roy traitoit avec l'Empereur, pour avoir Richard en sa puissance, il avoit fait sommer Guillaume Sénéchal de Normandie, de luy rendre la Princesse Alix, qui estoit gardée dans le Chasteau de Roüen ; & de luy remettre incessamment Gisors avec les Comtez d'Eu & d'Aumale. Il luy fit voir le Traité fait à Messine entre luy & Richard, selon lequel Alix & les Places que je viens de nommer, devoient luy estre mises entre les mains, aussi-tost après l'expédition de Palestine. Mais le Sénéchal répondit, qu'il n'avoit sur cela nul ordre de son Prince, & qu'il ne rendroit rien, que par son commandement.

On trouva plus de facilité au-delà de la Loire, & soit à l'instigation du Roy, soit à la persuasion, ou du moins avec le consentement du Comte Raymond de Toulouse, il se fit plusieurs soûlevemens contre le Roy d'Angleterre. Le Comte de Périgord, le Vicomte de la Marche, & quantité de Seigneurs de ces quartiers-là ravagérent les Domaines de ce Prince. Mais celuy qui commandoit pour luy dans le païs, aidé du secours que luy donna Sanche VI. Roy de Navarre, beau-pere de Richard, arresta le desordre, & fit le dégast jusques sous les murailles de Toulouse.

Cependant le Roy, après le refus du Sénéchal de Normandie, entra en armes sur les Terres d'Angleterre. Il le fit malgré la répugnance de plusieurs Seigneurs François, qui faisoient scrupule d'attaquer Richard, à cause des conventions faites & confirmées par serment, en faveur des Croisez, pour la seûreté de leurs personnes & de leurs biens. Mais le Roy prétendoit qu'il ne redemandoit que son bien, & un bien qui estoit incontestablement à luy. La Ville de Gisors luy fut livrée par celuy à qui on l'avoit confiée, en attendant que les Rois eussent terminé le différend qu'ils avoient depuis si long-temps touchant cette Place, qui estoit alors une des plus importantes de l'Etat d'Angleterre. Il prit Neauste, Aumale, Eu, Neuchastel, & plusieurs autres Villes, & vint mettre le siége devant Roüen, menaçant les Habitans de faire tout passer au fil de l'épée, s'ils faisoient la moindre résistance.

La consternation estoit si grande par-tout, que cette Capitale se fust renduë sans résistance, si le Comte de Leicestre n'eust prévenu le Roy en se jettant dans la Place, un moment avant qu'il y arrivast. Sa présence & ses remontrances rasseûrérent les Habitans. Ils firent si bonne contenance, & ils repoussérent si vivement les premieres attaques, que le Roy ne s'obstina pas à vouloir prendre par force des gens, qu'il avoit espéré réduire par la seule crainte. Il leva le siége, & alla prendre les Forteresses de Pacy & d'Ivry, qui ne résistérent point.

Les Ministres du Roy d'Angleterre, pour gagner du temps, demandérent une Trêve au Roy de France, & elle ne leur fut accordée qu'au prix d'une grosse somme d'argent, & à condition qu'ils luy donneroient en gage quatre Chasteaux qu'il leur marqua, jusqu'à ce que le différend pour le Vexin Normand, fust vuidé. Ils n'agissoient pas moins fortement pour la délivrance de leur Maistre auprès du Pape Célestin III. & auprès de l'Empereur.

Gautier Archevêque de Roüen écrivit au Pape une Lettre, qui fut signée de tous les Evêques de Normandie, pour luy représenter l'indignité & l'injustice du procédé qu'on tenoit envers le Roy d'Angleterre, & pour l'engager à excommunier tant ceux qui l'avoient arresté, que ceux qui le retenoient prisonnier. La Reine-mere Eleonore luy en écrivit aussi plusieurs, où elle se plaignoit amérement de ce qu'on différoit à excommunier l'Empereur & le Duc d'Autriche, & de ce que le S. Siége envoyant des Légats aux Princes pour des choses bien moins importantes, il n'en avoit pas encore fait partir pour une affaire, qui méritoit que luy-mesme allast en personne excommunier l'Empereur.

Inter Epist. Petri Blesensis 144. 145. 146.

L'Archevêque de Roüen envoya en Allemagne l'Abbé de Boxelai, & l'Abbé de Pont-Robert, avec ordre de tascher à quelque prix que ce fust, de voir Richard, & de prendre des mesures avec luy, soit pour sa délivrance, soit pour le Gouvernement de son Etat. Ils le trouvérent à Oxofer Village de Baviére, comme on le conduisoit à Haguenau, où l'Empereur le faisoit venir. D'abord l'Empereur ne voulut pas luy parler, se contentant de traiter avec luy par ses Ministres. Il le vit néanmoins dans la suite, & luy fit beaucoup de reproches, par lesquels il prétendoit justifier la conduite qu'il tenoit à son égard. Il luy reprochoit entre autres choses, d'avoir trahi la cause de la Chrétienté en Syrie par ses intelligences avec Saladin, & d'avoir fait assassiner le Marquis de Montferrat.

Epist. Ricardi apud Roger de Houeden.

Richard en cette occasion fit paroistre beaucoup de constance, de fermeté, & d'intrépidité. Il se disculpa des crimes qu'on luy objectoit; mais sans qu'il luy échapast un seul mot indigne de la Majesté Royale. Il parla en même temps avec tant d'éloquence sur son infortune, qu'il toucha l'Empereur, & ce Prince sur la fin de l'entretien, changeant de ton & de visage, luy promit de le réconcilier avec le Roy de France. Richard le conjura de le faire, & luy offrit pour ce bon office, cent mille marcs d'argent. L'Empereur luy répondit, qu'il feroit tous ses efforts pour cela, & que s'il ne pouvoit pas en venir à bout, il le renvoyeroit en Angleterre, sans qu'il luy coûtast rien pour sa rançon.

Epist. Valteri apud Roger de Houeden.

Néanmoins les choses n'allérent pas si vîte; & l'Empereur changea plus d'une fois de résolution sur ce sujet, selon les offres plus ou moins grandes, que le Roy de France & Jean frere du Roy d'Angleterre luy faisoient, pour l'empescher de relascher son prisonnier. L'ex-communication que le Pape, à la sollicitation de la Reine Eleonore, prononça contre l'Empereur, & contre le Duc d'Autriche, comme contre les violateurs du privilége des Croisez dans la personne de Richard, & dont il menaça aussi le Roy de France, eut son effet; & l'affaire estoit sur le point d'estre terminée, lorsqu'un accident funeste en recula encore la conclusion.

Après la mort de Rodolfe de Zeringen Evêque de Liége, Albert frere de Henri Duc de Louvain, fut élû malgré la brigue de l'Empereur. Ce Prince vouloit luy donner l'exclusion, parce que dès-lors les Evêques de Liége étoient très-puissans, & qu'il appréhendoit que celuy-ci s'unissant avec le Duc de Louvain son frere, ne pensast à se soustraire de la dépendance de l'Empire, ou à former quelque parti contraire à ses intérests.

Comme l'élection estoit Canonique, & qu'il n'y avoit nulle raison apparente de la casser, il fit tout son possible pour empescher l'Evêque élû de prendre possession, & il défendit à Brunon Archevêque de Cologne de le sacrer. Mais Albert sur le refus de ce Prélat, qui étoit son Métropolitain, s'estant pourvû auprès du Pape, en obtint une Jussion, adressée à quelques Evêques de France, qui le sacrérent. Il n'osa pourtant aller à Liége, par la crainte de l'Empereur, qui y avoit des partisans, & demeura en France, en attendant quelque occasion favorable de se remettre bien avec luy.

Guillelmus Neubrig. l. 4. c. 37.

L'Empereur extrêmement irrité de voir ainsi toutes ses mesures rompuës, forma un dessein bien indigne d'un Prince comme luy; ce fut de faire assassiner ce Prélat & le Duc de Louvain son frere. Ceux qu'il chargea de massacrer l'Evêque, l'exécutérent; mais les autres qui devoient en faire autant au Duc de Louvain, furent arrestez, & confessérent avant que de mourir, tout le secret de cette horrible conjuration.

Une trahison de cette nature estant découverte, non seulement devient inutile, mais encore pour l'ordinaire, elle produit un effet tout contraire à celuy qu'on en prétendoit. C'est ce qui arriva en cette occasion. L'Empereur qui avoit voulu abattre la puissance de la Maison des Ducs de Louvain, parce qu'elle pouvoit nuire à la sienne, vit les Archevêques de Cologne & de Mayence, & une infinité d'autres Seigneurs de l'Empire, se soûlever contre luy, pour venger la mort de l'Evêque de Liége. En cette conjoncture il pensa à s'appuyer du secours de Philippe Auguste, qui de tout temps avoit esté son ami, & à l'acheter, en luy livrant le Roy d'Angleterre. Cette résolution luy fit chercher de nouveaux prétextes, pour retarder la délivrance de ce Prince. Il fit demander une entrevûë à Philippe, & ils se donnérent rendez-vous à Vaucouleurs en Lorraine sur la Meuse vers Commerci.

Ibid.

Ibid.

Plusieurs Princes de l'Empire, bien intentionnez pour le Roy d'Angleterre, pénétrérent le dessein de cette entrevûë. Ils firent si bien, qu'ils l'empeschérent, & persuadérent

PHILIPPE AUGUSTE.

enfin à l'Empereur de traiter sincérement avec Richard. Il fut donc arresté que Richard donneroit à l'Empereur cent mille marcs d'argent pur au poids de Cologne, & cinquante autres mille marcs pour le Duc d'Autriche, d'autres disent pour l'Empereur mesme, & que tout cet argent seroit employé à retirer la Poüille des mains du Roy de Sicile ; qu'il feroit épouser au fils du Duc d'Autriche, la sœur d'Artur Duc de Bretagne son neveu, qui avoit esté promise au Roy de Sicile, ennemi de l'Empereur ; qu'il feroit porter à ses frais & à ses risques, l'argent de sa rançon jusques sur les Frontiéres de l'Empire ; & enfin qu'il mettroit en liberté Isaac Comnéne, sur lequel il avoit pris l'Isle de Chypre, & dont la femme estoit niéce du Duc d'Autriche. Ce Traité fut signé le jour de S. Pierre ; & dès-lors on traita Richard avec plus de douceur & d'honnesteté, & on luy osta la chaîne qui le tenoit attaché dans sa prison.

Vide Goldast. T. 3. p 164.
Roger de Houeden.

Il fallut pour trouver l'argent que Richard avoit promis, faire des levées extraordinaires dans le Royaume d'Angleterre, déja épuisé par celles qu'on y avoit faites pour l'expédition de la Terre-Sainte, & par les exactions de Jean frere du Roy. L'infidélité de ceux qui levoient l'argent pour la rançon de Richard, & qui en détournoient à leur profit une bonne partie, fit qu'après plusieurs taxes imposées les unes après les autres, la somme ne se trouva pas encore complete ; & que quand il fut question de payer, ce Prince fut contraint de donner des ôtages pour ce qui y manquoit.

An. 1193. Guillelm. Neubrig. Ibid.

Mais durant que l'on amassoit cette rançon, Richard qui craignoit tout des intrigues de Philippe, luy envoya Guillaume Evêque d'Eli son Chancelier, pour le prier de ne plus mettre d'obstacles à sa délivrance, promettant de luy donner toute la satisfaction qu'il pourroit souhaiter.

Roger de Houeden.

L'Evêque estant venu à Mante, consentit au nom de son Maistre, que Philippe retinst toutes les Places qu'il avoit prises depuis son retour de la Palestine, s'il croyoit pouvoir les retenir avec justice, s'en rapportant sur cela à sa conscience. On convint au regard de Jean, qui avoit levé beaucoup d'argent en Angleterre, que si l'on pouvoit prouver qu'il eust juré, de n'avoir exigé cet argent que pour la délivrance du Roy son frere, il seroit obligé de le restituer, ou de l'employer à l'usage pour lequel il avoit esté levé : qu'au reste il demeureroit en possession de toutes les Terres qu'il possédoit avant le voyage de Palestine & qu'il ne seroit plus obligé au serment que Richard avoit autrefois exigé de luy, de ne jamais mettre le pied en Angleterre : que si Jean soustenoit qu'il n'avoit pas fait serment d'employer pour la délivrance de Richard, l'argent qu'il avoit levé en Angleterre, & qu'on le convainquist du contraire, alors le Roy de France l'abandonneroit : que lorsque Richard seroit revenu dans ses Etats, il feroit hommage au Roy de tous les Domaines qu'il avoit dépendans de la Couronne de France, sans disputer sur aucun des devoirs, à quoy cet hommage l'obligeoit : qu'il payeroit au Roy vingt mille marcs d'argent au poids de Troye, & cela en deux ans, à compter depuis le jour de sa délivrance : qu'il donneroit en attendant pour gage, Loches & Chastillon sur Indre au Roy, & Arcis sur Aube & Driencourt à l'Archevêque de Reims : & qu'enfin le Roy après avoir accepté ces conditions, envoyeroit prier l'Empereur de mettre Richard en liberté. Il y avoit encore quelques autres articles, qui concernoient divers Seigneurs particuliers, que le Roy voulut comprendre dans le Traité.

Ibid.

Philippe ayant agréé ce Traité, la Reine Eleonore mere de Richard, alla en Allemagne, & après quelques délais, les Archevêques de Mayence & de Cologne remirent Richard entre les mains de cette Princesse le jour de la Purification. L'Archevêque de Roüen, & l'Evêque de Bath, avec les enfans de quelques Seigneurs Vassaux de ce Prince, demeurérent en ôtage, en attendant l'entier payement de la rançon. Richard prit aussi-tost la route d'Angleterre, après un an, six semaines & trois jours de prison, sans y comprendre le peu de temps qu'il fut entre les mains du Duc d'Autriche. Tout ce que je viens de raconter sur ce sujet se passa depuis la fin de l'an 1192. jusqu'au commencement de l'an 1194.

Du caractére dont estoit Richard, on ne devoit guéres compter, qu'il pardonnast de bon cœur au Roy de France, une captivité dont la longueur au moins estoit un effet des intrigues de ce Prince. Aussi Philippe ne s'y attendoit pas, & dès qu'il sçut que Richard avoit conclu son Traité avec l'Empereur, il écrivit en ces termes à Jean, qui estoit alors en Angleterre : *Prenez-garde à vous, le Diable est déchaîné.* Ce qui le fit aussi-tost partir d'Angleterre, pour passer en France.

An. 1194.

Roger de Houeden.

On ne doutoit donc pas que la guerre ne recommençast, si-tost que Richard seroit de retour dans ses Etats. Mais le Roy, selon toutes les apparences, s'en seroit tenu au Traité, & auroit laissé faire à Richard les premieres hostilitez, sans une Lettre qu'il reçut d'Allemagne, signée de l'Empereur & des Princes de l'Empire, tant Ecclésiastiques, que Séculiers, & scellée de leurs Sceaux, par laquelle ils luy mandoient, non point en priant, mais comme en commandant, qu'il eust à rendre incessamment au Roy d'Angleterre toutes les Villes, toutes les Forteresses, toutes les Terres, dont il s'estoit emparé durant la prison de ce Prince, & que s'il ne le faisoit, il les auroit tous pour ennemis, & les verroit bien-tost entrer en France à la teste de leurs Troupes.

Roger de Houeden.

Le Roy fut fort surpris de cette étrange conduite, & de ce changement de l'Empereur. Il apprit un peu après les choses plus en détail ; sçavoir, que le Roy d'Angleterre avoit traité avec l'Archevêque de Cologne, l'Archevêque de Mayence, l'Evêque de Liége, le Duc d'Autriche, le Duc de Louvain, le Marquis de Montferrat, le Duc de Neubourg, le Duc de Suabe frere de l'Empereur, le Comte

Ibid.

Palatin du Rhin, le Comte de Haynaut, le Comte de Hollande, & avec plusieurs autres, & qu'il avoit fait avec eux une Ligue offensive contre la France. Il ne s'en étonna pas beaucoup, sçachant bien que tous ces gens-là ne se remuëroient qu'à force d'argent, & que le Roy d'Angleterre n'en avoit guéres alors à leur donner; mais il prit sur le champ la résolution de le prévenir. Il entra au mois de Février en Normandie, où malgré la rigueur de la saison, il prit Evreux, qu'il donna à Jean, mais en se reservant le Chasteau. Il s'empara encore de Neubourg, du Vaudreüil, & de plusieurs Forteresses sur toute cette Frontière, & rentra en France.

Guillelm. Neubrig. l. 4. c. 40.

En mesme temps Jean envoya en Angleterre Adam de S. Edmond un de ses Confidens, pour encourager ceux de son parti à demeurer fermes dans ses intérêts. Cet Envoyé passa par Londres, & alla descendre chez Hubert Archevêque de Cantorbery, à qui il s'ouvrit fort indiscrétement sur le sujet de son voyage, sur les projets de son Maistre, & sur les engagemens, & les liaisons étroites qu'il avoit avec le Roy de France.

Ce Prélat qui estoit fort attaché au Roy d'Angleterre, donna avis au Maire de Londres de l'arrivée & des desseins d'Adam de S. Edmond: le Maire le fit arrester dès le mesme jour, & toutes les Lettres qu'il avoit pour les Commandans des Places du parti de Jean, luy furent enlevées.

Le lendemain l'Archevêque de Cantorbery assembla tout ce qu'il y avoit d'Evêques & de Seigneurs à Londres, & il lut en leur presence les papiers dont S. Edmond s'estoit trouvé saisi. Sur le champ ils déclarèrent Jean déchû de tous les Domaines qu'il possedoit en Angleterre, & les Seigneurs & les Evêques se chargèrent d'assiéger avec leurs propres Vassaux, les Forteresses de ce Prince les plus voisines de leurs Terres. Le mesme jour les Evêques & les Abbez s'estant assemblez comme en Concile, excommunièrent Jean, avec tous ceux qui avoient troublé ou troubloient encore le Royaume, à moins qu'ils ne vinssent se soûmettre incessamment, & faire satisfaction à leur patrie, des maux dont ils estoient la cause.

Un mois après, Richard débarqua à Sanduic le treizième de Mars, & fut reçû avec une grande joye des Peuples. Il réduisit en peu de temps les Places qui tenoient encore pour son frere, & s'accommoda avec le Roy d'Ecosse, qui vouloit se servir de cette conjoncture, pour faire valoir certaines prétentions qu'il avoit sur le Comté de Northumberland, que Richard se garda bien de luy céder. Il se fit de nouveau sacrer & couronner à Vinchester, comme pour prendre une nouvelle possession de ses Etats, après une si longue absence, & tant de disgraces; & ayant séjourné seulement six semaines en Angleterre, pour mettre ordre aux affaires du Royaume, il passa en Normandie avec une Flote de cent Vaisseaux chargez de Soldats, de chevaux, d'armes, & de toutes sortes de munitions. Il débarqua à Bar-

An. 1194.

Roger de Houeden. Guillelm. Neubrig. l. 5. c. 2.

fleur, & marcha du costé de Verneüil dans le Perche, que le Roy de France assiégeoit depuis dix-huit jours. Il s'avança jusqu'à l'Aigle, & y demeura campé quelque temps.

Cependant Jean, quoiqué toûjours dans le parti de France, taschoit secretement de se raccommoder avec le Roy d'Angleterre son frere, & soit de luy-mesme, soit de concert avec luy, il voulut mériter ses bonnes graces par la plus noire des perfidies. J'ay dit que le Roy avoit pris Evreux, & le luy avoit donné, en se réservant le Chasteau. Jean y estant venu, invita à manger chez luy les principaux Officiers de la Garnison Françoise; & sur la fin du repas, lorsqu'ils y pensoient le moins, il les fit tous massacrer, aussi-bien que les autres François qui se trouvérent dans la Ville: trois cens furent passez au fil de l'épée, dont on attacha les testes à des poteaux sur les murailles. Il n'y eut que ceux qui estoient demeurez à la garde du Chasteau, qui échapérent. C'estoit là marquer bien authentiquement au Roy d'Angleterre, qu'il vouloit pour toûjours rompre avec le Roy de France, & effectivement la réconciliation de Jean fut le fruit de cette cruauté.

Philippid. lib. 4.

Philippe apprit une si triste nouvelle au siège de Verneüil, qu'il estoit sur le point d'emporter, la bréche estant déja faite à la muraille. La colére où le mit la trahison d'Evreux, luy fit prendre une résolution qui luy réüssit mal. Il partit dès la nuit suivante, veille de la Pentecoste, avec quelques Troupes d'élite, & marcha droit à Evreux, où il fit tuer tous les Anglois qu'il y trouva & tous les Habitans, fit mettre le feu à tous les coins de la Ville, & la réduisit en cendres.

Il prétendoit avoir caché son départ à son Armée, & espéroit estre revenu avant qu'on l'en sçut parti: mais le bruit s'estant répandu dans le Camp qu'il n'y estoit plus, & la proximité de l'Armée d'Angleterre y répandirent la peur, qui s'estant communiquée de quartier en quartier, toutes les Troupes, comme de concert, commencèrent à fuir, abandonnant machines, bagages, munitions, & ne songeant qu'à se sauver, comme si les Anglois les eussent déja pressez l'épée dans les reins. Richard averti de ce desordre, donna sur les fuyards, & entra dans Verneüil, qu'il estoit sur le point de perdre. C'est ce que valut à Philippe une vengeance précipitée, qu'il auroit pû prendre aisément après, & qu'il eust pris sans doute avec plus de modération qu'il ne fit, s'il avoit donné le temps à sa colére de se calmer un peu: car dans cette occasion il n'épargna pas mesme les Eglises, que le feu consuma aussi-bien que les maisons.

Roger de Houeden.

Le Roy d'Angleterre après avoir promptement réparé les bréches de Verneüil, & l'avoir mis en état de défense, songea à faire aussi lever le siége de Monmirail. Les Angevins & les Manseaux, qui durant son absence avoient pris le parti de Jean, & continuoient encore dans leur révolte, avoient assiégé cette Place. Ils la prirent avant que Richard pust estre arrivé, & il la trouva rasée. De-là il passa
la

la Loire, & prit Loches, qu'il emporta d'af- faut. C'estoit une des Villes qui avoient esté engagées au Roy durant la prison de Richard. Il reprit encore Beaumont sur Risle, & quelques autres Places.

Tout estant à peu prés égal de part & d'autre pour les pertes & pour les avantages, & cette guerre n'ayant guéres d'autre effet que la ruïne des Provinces, on commença de penser à la Paix, ou du moins à ménager quelque Tréve. Il fut résolu que les Ministres des deux Rois s'assembleroient au Pont de l'Arche. Vautier Archevêque de Roüen, le Sénéchal & le Connétable de Normandie s'y rendirent au jour marqué, & y attendirent en vain les Ministres de France. Pendant ce temps-là le Roy alla prendre à trois lieuës de Roüen, le Château de Fontaine, & enleva le Comte de Leicestre, qui estoit sorti de Roüen la nuit, pour luy dresser une embuscade. Ce fut Mathieu de Marli *, & selon d'autres, Mathieu de Mailli, qui tout blessé qu'il estoit d'un coup de lance aux deux cuisses, desarçonna le Comte dans le combat, & le fit son prisonnier.

On reprit néanmoins le dessein de la Conférence, que l'on tint auprès de Vaudreüil. L'Archevêque de Roüen, le Sénéchal & le Connétable de Normandie d'une part ; l'Archevêque Cardinal de Reims, Pierre de Courtenai Comte de Nevers, & le Comte de Bar de l'autre, furent nommez pour cette négotiation.

On y parla d'une Tréve, pendant laquelle chacun demeureroit en possession de tout ce qu'il avoit pris. Philippe la vouloit de trois ans, Richard s'obstina à ne la vouloir que d'un an, parce qu'il n'avoit presque rien enlevé à la France, & que les François avoient beaucoup pris sur luy. Le Roy s'y accorda ; mais à deux conditions. La premiere, que tous ceux qui avoient porté les armes contre le Roy d'Angleterre, y seroient compris : & l'autre que la Tréve seroit observée, non seulement entre les deux partis, mais encore entre ceux du mesme parti, c'est-à-dire, que durant ce temps-là, il ne se feroit aucune guerre particuliere entre les Seigneurs, tant dans l'un, que dans l'autre Royaume. Le dessein du Roy estoit d'empescher que le Roy d'Angleterre, sous prétexte de ces guerres particulieres, ne ruïnast les Seigneurs de ses Etats, qui avoient embrassé le parti de France, en les faisant attaquer par les autres, qu'il aideroit sous-main d'argent & de Troupes.

Le Roy d'Angleterre ne voulut point passer ce second article, parce qu'il avoit envie de chastier Geoffroy de Rancon Seigneur de Taillebourg en Poitou, & le Vicomte d'Angoulesme, qui avoient esté les plus zélez partisans de Jean durant sa révolte, & s'estoient donnez avec leurs Terres au Roy de France. Il refusa donc d'accepter cette condition, sous prétexte que ces guerres particulieres estoient un privilége de la Noblesse des païs de de-là la Loire, & qu'il n'estoit pas en son pouvoir d'y déroger. Le Roy ne voulut point se relâcher sur ce point-là : ainsi l'on se sépara avec aigreur & animosité.

Après cela les courses & les ravages recommencérent de toutes parts avec plus de violence que jamais : & peu de temps après, les deux Rois s'estant campez assez près l'un de l'autre vers Freteval, entre Chasteaudun & Vendosme, Philippe envoya de grand matin dire à Richard, qu'avant que la journée se passast, il viendroit luy présenter la bataille. Richard répondit qu'il l'attendroit, & que s'il manquoit à venir, il iroit le lendemain le trouver luy-mesme.

Ce n'estoit qu'une feinte de Philippe, pour obliger Richard à décamper, où pour pouvoir décamper plus seûrement luy-mesme. En effet, dès le lendemain matin il se mit en marche. Mais Richard qui vouloit la bataille, se trouva prest à le suivre, & chargea si furieusement son arriere-garde, qu'il la défit, luy tua beaucoup de monde, fit grand nombre de prisonniers, enleva ses bagages, & l'argent destiné au payement de l'Armée.

Il y eut en cette défaite une circonstance remarquable, c'est que non seulement tous les papiers du Roy furent pris, & le Roy d'Angleterre y vit les noms de tous ceux qui s'étoient attachez à Jean son frere pendant sa prison, mais encore son Sceau, sa Chapelle, tous les Registres publics, où estoient les Rôlles des tributs, des impôts, des revenus du Prince, des redevances des Vassaux, des priviléges & des charges des particuliers, un état des serfs ou esclaves, des Maisons Royales, les noms des Affranchis, & des Maistres qui leur avoient donné la liberté, & tout ce qu'on a mis depuis au Trésor des Chartres ; ce qui nous apprend que nos Rois en ce temps-là, quand leurs voyages estoient longs, faisoient conduire avec eux tous ces Registres publics, qui leur servoient à décider beaucoup d'affaires & de procès, soit entre les particuliers, soit entre eux & leurs Vassaux ou Feudataires.

Cette perte fut en quelque façon irréparable : car jamais le Roy d'Angleterre ne voulut se dessaisir de ces papiers, où il espéroit trouver une parfaite connoissance des affaires les plus secretes de la Couronne, des raisons de disputer certains devoirs, que le Roy exigeoit de luy, comme son Seigneur, & de quoy fournir aux autres Feudataires de la Couronne, des sujets de plainte ou de révolte.

Le Roy tascha de remédier au pluftost à ce malheur autant qu'il luy fut possible, & un des Officiers préposez à la garde de ces Registres, nommé Gautier, qui en avoit une parfaite connoissance, eut ordre de mettre par écrit tout ce que sa mémoire, qui estoit très-heureuse, luy put fournir sur ce sujet. Il le fit, & par un prodigieux travail, aidé sans doute des secours des Bibliotheques & des Archives, tant des Monastéres, que des particuliers, qui pouvoient avoir des copies des piéces perdües, il en rétablit une partie : & c'est apparemment de cette seconde édition, que sont quelques anciens Monumens de cette espéce, faits en

HISTOIRE DE FRANCE.

ce temps-là, que l'on voit dans le Trésor des Chartres du Roy. On les mit d'abord au Temple, & puis au Palais, où nos Rois demeuroient alors: & ce Trésor des Chartres est aujourd'huy à la Sainte Chapelle.

Le Roy eut bien-tost sa revenche de l'échec qu'il avoit receu à Freteval. Les Troupes de Normandie sous la conduite du frere du Roy d'Angleterre & du Comte d'Arondel, avoient assiégé le Vaudreüil, devant lequel ils avoient esté déja sept jours. Le Roy qui estoit à Bourges, vint en trois jours au secours de la Place. Il assembla promptement quelques Troupes, & s'estant avancé pendant la nuit fort près du Camp, il tomba dès le grand matin du huitième jour sur les Normands, & les attaqua avec tant de vigueur, qu'il les força, les mit en déroute, en tailla en pieces une partie, fit plusieurs prisonniers, demeura maistre de toutes les machines, de tous les bagages, & de toutes les munitions, & entra victorieux dans la Place, qu'il avoit sauvée par sa diligence & par sa valeur.

Philippid. lib 5.

Cette vicissitude de bons & de mauvais succès donna lieu au Légat du Pape en France, & à l'Abbé de Cisteaux de faire une tentative, pour engager les deux Rois à une Tréve. Ils réüssirent. Les Plénipotentiaires des deux Rois s'assemblérent entre Tillieres & Verneüil, & après bien des contestations, ils signérent le vingt-troisième de Juillet un Traité de Tréve, dont le terme fut fixé à la Toussaint de l'année suivante.

Roger de Houeden.

Par ce Traité chacun demeuroit maistre de ce qu'il tenoit, & pouvoit fortifier les Places dont il estoit en possession, excepté celles qui avoient esté rasées. Plusieurs Seigneurs de part & d'autre furent nommément compris dans la Tréve. Les deux Rois s'engagérent à convenir incessamment de quelques arbitres, au jugement desquels on seroit obligé de s'en rapporter dans les différends, qui pourroient survenir, tandis qu'elle dureroit, & consentirent que le Légat jettast l'interdit sur les Etats de celuy des deux, qui durant la Tréve, envahiroit quelque Place sur l'autre.

Rigord.

Durant cet intervalle de tranquillité, le Roy s'appliqua plus que jamais à régler sa Maison, à retrancher les dépenses inutiles, & à y chercher les moyens d'augmenter ses Finances. Il disoit quelquefois, & cela estoit très-véritable, que ses prédécesseurs, faute de ménage & de prévoyance, s'estoient souvent trouvez sans argent dans des conjonctures fascheuses, & que rien n'avoit plus contribué aux démembremens & à l'abbaissement de l'Empire François que cette disette, parce que n'ayant pas de quoy soûdoyer des Soldats en des temps, où ils estoient obligez de faire ou de soûtenir la guerre, ils avoient esté contraints de céder ou à leurs voisins, ou à leurs Vassaux, ce qu'ils ne se trouvoient pas en état de défendre contre leurs usurpations continuelles. Cette conduite le fit d'abord accuser d'avarice ou d'ambition. Mais on luy fit justice, quand on vit l'employ qu'il faisoit de ses Trésors, dont il se servit pour fortifier plusieurs Places, & les remplir de munitions, pour mettre ses Frontiéres hors d'insulte, & tout son Royaume en seûreté contre les mauvais desseins des ennemis.

La Tréve ne dura pas jusqu'au terme marqué. Il se fit des courses de part & d'autre, les François accusant les Anglois, & les Anglois accusant les François d'avoir commencé les premiers. Enfin au mois de Juillet on déclara dans les formes que la Tréve estoit rompuë. Ce fut Philippe qui l'envoya dénoncer au Roy d'Angleterre, pour la raison que je vais dire.

Rigordus.

L'Empereur Henri VI. après la mort de Tancrede, s'estoit rendu maistre de la Calabre, de la Poüille & de la Sicile: & ces nouveaux Domaines joints aux Etats & au grand nombre de Vassaux qu'il avoit en Allemagne, en Italie, en-deçà du Rhin & dans les Païs-Bas, le rendoient infiniment fier. Il avoit eu de tout temps la vanité de prétendre, que tous les Etats de l'Europe devoient le regarder comme leur Souverain; parce qu'il estoit Empereur d'Occident, & que les Princes qui y régnoient, luy devoient hommage. Il l'avoit exigé du Roy d'Angleterre pour son Royaume, lorsqu'il le tenoit en prison; & ce Prince dans l'espérance d'obtenir par là sa liberté, le luy avoit fait. Henri crut qu'en abattant la puissance de Philippe, il pourroit l'obliger à une pareille soumission. Il voyoit bien qu'il n'en viendroit pas à bout sans le Roy d'Angleterre; mais il espéroit que ce Prince, que la situation de ses Etats mettoit en pouvoir d'attaquer la France par tant d'endroits, entroit dans son dessein, il pourroit le faire réüssir: & il avoit tout sujet de croire qu'il y trouveroit très-disposé, par les différends continuels qu'il avoit avec le Roy de France.

Roger de Houeden. Innocent. III Epist. 64 de negotio Imperii.

Il envoya donc des Ambassadeurs au Roy d'Angleterre, qui luy firent présent de sa part d'une belle Couronne d'or, & le pressérent en vertu de la fidélité qu'il avoit jurée à leur Maître, & par l'intérest qu'il luy devoit prendre à la seûreté des ôtages qu'il luy avoit laissez entre les mains, de rompre la Tréve avec la France, & de se préparer à entrer dans ce Royaume avec toutes ses forces, tandis que l'Empereur de son costé l'attaqueroit avec toutes les siennes. Ils luy représentérent que le Roy de France ne pourroit jamais résister à deux Puissances si formidables unies ensemble; & que c'estoit pour l'Angleterre un moyen seûr, de recouvrer toutes les Places qu'elle avoit perduës, & de se venger sur la France des fréquentes insultes, qu'elle en recevoit depuis quelques années.

Cette proposition surprit agréablement le Roy d'Angleterre, quoique luy-mesme regardast comme tout-à-fait chimérique le projet de Henri, de faire de la France un Fief de l'Empire. A la vérité, la Provence & quelques autres Païs des environs du Rhône luy avoient esté pendant plusieurs années, depuis l'union de l'ancien Royaume de Bourgogne avec l'Empire, sous le Régne de l'Empereur Conrad le

Roger Houed. habuit Tom. Miscel.

PHILIPPE AUGUSTE.

Salique; mais ces païs s'estoient insensiblement affranchis, & depuis le voyage d'outre-mer & la mort de l'Empereur Fridéric, à peine y restoit-il quelque ombre de l'autorité Impériale. C'estoit pour l'y faire revivre, que lorsque Henri tenoit le Roy d'Angleterre en prison, & que ce Prince luy eut fait hommage de son Royaume, il luy offrit de luy donner tous les droits qu'il avoit sur Lion, sur la Provence, & sur divers autres Domaines enclavez dans la France, entre la Loire & la Méditerranée, pourvû qu'après les avoir conquis, il luy en fit hommage, comme à son Seigneur Souverain. Ce présent ne pouvoit produire que des guerres au Roy d'Angleterre, & il ne balança pas à le refuser; mais la proposition qu'on luy faisoit actuellement d'une Ligue offensive contre la France, le fit beaucoup plus délibérer.

Roger de Houeden.

A force de raffiner sur les vûës que l'Empereur pouvoit avoir, il appréhenda que ce ne fust un piége qu'on luy tendoit; que l'Empereur & le Roy de France, qui avoient autrefois esté intimes amis, ne s'entendissent ensemble, & qu'après qu'ils l'auroient engagé à rompre la Tréve, ils ne se joignissent tous deux contre luy. Néanmoins il ne rejetta pas absolument ce qu'on luy proposoit; mais il promit aux Ambassadeurs de l'Empereur, d'envoyer incessamment vers luy, pour traiter de cette affaire.

En effet, il fit partir Guillaume Evêque d'Eli son Chancelier, avec ordre de pénétrer, s'il estoit possible, les véritables intentions de l'Empereur, de le faire expliquer sur le détail de l'exécution du dessein qu'il luy avoit fait proposer, sur le nombre des Troupes qu'il prétendoit mettre sur pied contre la France, & de luy demander quand & par où il prétendoit l'attaquer.

Philippe fut averti de cette négociation & du départ du Chancelier d'Angleterre. Comme il sçut qu'il devoit passer par la France, il n'omit rien pour le faire arrester; mais il luy échapa. Voyant ce coup manqué, il fit dire au Roy d'Angleterre, que de traiter avec l'Empereur d'une Ligue contre la France, c'estoit une infraction trop visible de la Tréve pour la pouvoir dissimuler; qu'ainsi il luy dénonçoit qu'il n'y en avoit plus. En mesme temps pour chagriner ce Prince, il fit raser plusieurs Forteresses, qui ne pouvoient manquer de luy estre renduës par la Paix, & en particulier celle du Vaudreüil.

Incontinent après cette dénonciation, le Roy d'Angleterre ravagea la Frontière de France, & y fit un dégast effroyable, coupant les bleds, qui n'estoient pas encore meurs, faisant arracher les vignes & tous les arbres fruitiers, & mettant le feu par-tout.

Roger de Houeden. Baluse Tom. 2. Miscell.

Cependant la nouvelle qui vint de la défaite d'Alfonse VIII. Roy de Castille, par les Sarazins d'Afrique, & les progrès que faisoient ces Infidéles sous le Général Boyac, le danger que couroit la Chrétienté, & les instances d'Alfonse, qui demandoit un prompt secours, inspirérent de nouveau aux deux Rois des sentimens de Paix. Ils eurent une entrevûë, où ils firent un projet de Traité, selon lequel Eleonore sœur d'Artur Duc de Bretagne, niéce de Richard, devoit épouser Loüis fils & héritier de Philippe; de plus en vertu de cette alliance, le Roy d'Angleterre renonçoit à toutes ses prétentions sur Gisors, Neaufle & Beaumont, cédoit le Vexin Normand, Vernon, Ivry, Paçy, & devoit donner outre cela au Roy vingt mille marcs d'argent. Le Roy de France de son costé abandonnoit certaines Terres & Chasteaux qu'il prétendoit luy appartenir dans le Comté d'Angoulesme, rendoit le Comté d'Aumale, le Comté d'Eu, Arques, & quelques autres Forteresses qu'il avoit prises durant la guerre; & enfin ce fut en cette rencontre, qu'Alix qui avoit esté l'occasion de tant de broüilleries, fut remise entre les mains du Roy son frere, lequel la maria peu de temps après au Comte de Ponthieu.

On se contenta de faire le projet du Traité, sans rien conclure, parce que le Roy d'Angleterre ne vouloit rien faire sans le consentement de l'Empereur qu'il ménageoit beaucoup, à cause des ôtages qu'il luy avoit laissez en sortant de prison. La conclusion fut donc remise à l'Octave de la Toussaints. Dans cet intervalle le Chancelier d'Angleterre revint de son Ambassade d'Allemagne, & dit à son Maistre que l'Empereur n'approuvoit nullement cette Paix, & que s'il vouloit ne la pas signer, il luy remettroit une grande partie de l'argent qui luy estoit encore dû pour sa rançon. Il n'en fallut pas davantage pour faire balancer Richard.

Les deux Rois néanmoins se rendirent auprès de Verneüil dans l'Octave de la Toussaints, comme ils s'y estoient engagez. La maniére dont ils en usérent à l'égard l'un de l'autre, fit bien voir qu'ils avoient changé de sentiment. Le Roy d'Angleterre affecta de prévenir l'heure de la Conférence, & le Roy luy envoya dire par l'Archevêque de Reims, qu'il ne vouloit pas avancer le temps. Le Roy d'Angleterre s'en retourna, & ensuite ne se trouva pas à l'heure marquée. Tous deux se reprochérent l'un à l'autre d'avoir manqué à leur parole, & se retirérent plus ennemis que jamais.

Roger de Houeden.

Le Roy d'Angleterre alla mettre le siége devant Arques; mais le Roy s'en estant approché, & ayant avec six cens hommes d'élite enlevé quelques quartiers, la terreur se mit tellement parmi les assiégeans, qu'ils abandonnérent le siége. De-là Philippe alla à Dieppe, qu'il emporta d'emblée, l'abandonna au pillage, & fit brûler les Vaisseaux qui se trouvérent dans le Port, avec du feu gregeois, dont il avoit appris l'artifice en Palestine. Comme il revenoit de cette expédition, le Roy d'Angleterre luy dressa une embuscade dans un bois, auprès duquel il devoit passer, & luy tua plusieurs Soldats de son arriere-garde.

Rigord.

Roger de Houeden.

En mesme temps une Troupe de Cottereaux ou Brabançons, que Richard avoit à sa solde, surprit Issoudun. Cette prise attira la guerre

HISTOIRE DE FRANCE.

Rigord. de ce costé-là. Le Roy y marcha le premier, reprit la Ville, & assiégea le Chasteau. Richard vint au secours, & se campa fort proche du Camp du Roy. On ne doutoit pas qu'ils ne dussent en venir aux mains. Néanmoins cette conjoncture, contre toute espérance, produisit la Paix.

Roger de Houeden. Si nous en croyons l'Historien Anglois, le Roy de France fut si épouvanté de l'arrivée du Roy d'Angleterre, qu'il s'offrit à lever le siége, pourvû qu'on voulust luy laisser retirer son Armée, sans la charger dans sa retraite; ce qui luy ayant esté refusé, il demanda & obtint une Conférence, où l'on s'accommoda.

Rigordus. Selon l'Historien François, ce fut le Roy d'Angleterre, qui vint accompagné de très-peu de monde, & sans armes, trouver le Roy, pour luy demander la Paix. Je crois que tous deux, selon leur coûtume, outrent les choses; que les deux Rois ennuyez d'une guerre, qui se faisoit avec tant d'égalité, & determinez encore par la rigueur de la saison; car on estoit au mois de Décembre, se résolurent à la Paix, & que le Roy d'Angleterre n'espérant rien de solide de toutes les belles promesses que l'Empereur luy avoit faites, ne fut pas le moins empressé pour la conclure. Il commença par faire hommage au Roy pour le Duché de Normandie, & pour les Comtez de Poitou & d'Anjou.

An. 1195. On fit donc le plan d'un Traité de Paix entre Charost & Issoudun, & on signa une Tréve, qui commença quelques jours après la S. Nicolas. Les deux Rois promirent de se trouver à Louviers le jour de S. Hilaire, le quatorziéme du mois suivant, pour y ratifier le Traité. *An. 1196.* Ils s'y rendirent, & la Paix fut conclue. Voici comme le Roy d'Angleterre parle dans la publication qu'il en fit. Richard, par la grace de Dieu, Roy d'Angleterre, &c. Nous voulons que tout le monde sçache que ce sont là les conventions de la Paix faite entre nous & Philippe Illustre Roy des François nostre Seigneur, la veille de S. Nicolas, entre Issoudun & Charrost, &c. Les principaux articles furent, *Copie du Traité de Louviers, rapporté par du Chesne dans son Histoire de Normandie. Il est à la Bibliotheque du Roy au 28. vol. des MSS. de Brienne.* que le Vexin Normand, Evreux, Marchéneuf, Vernon, Longueville, Gaillon, Pacy, Nonancourt avec toutes leurs Chastellenies, demeureroient au Roy de France, aussi-bien que certains Fiefs d'Auvergne, que les deux Rois s'estoient long-temps disputez; que les limites de France & de Normandie seroient marquées entre le Vaudreüil & Gaillon, en tirant une ligne, depuis la rivière d'Eure jusqu'à la Seine; ensorte que ce qui se trouveroit du costé de Gaillon, seroit au Roy de France, & ce qui est du costé du Vaudreüil seroit au Roy d'Angleterre.

Que le Roy d'Angleterre auroit Issoudun & Graçai en Berri, & tous les Fiefs qui en dépendoient; qu'on luy rendroit les Comtez d'Eu & d'Aumale, Arques, Driencourt, & tout ce que le Roy de France avoit pris sur luy durant les dernieres guerres, excepté ce qui est marqué dans le premier article, & que le Roy de France pourroit, s'il le vouloit, fortifier Villeneuve sur le Cher.

Qu'Andeli, qui appartenoit à l'Archevêque de Roüen, ne pourroit estre fortifié; que les deux Rois n'y prétendroient aucun droit de Fief ni de Domaine, qu'en cas de mort de l'Archevêque, le revenu de cette Terre ne tomberoit point en Régale; mais seroit mis entre les mains du Chapitre de Nostre-Dame de Roüen.

Que deformais, s'il arrivoit que les deux Rois recommençassent la guerre, les biens des Eglises des deux Etats seroient en seûreté contre la violence des Soldats des deux partis.

Que les prisonniers de part & d'autre, & nommément le Comte de Leicestre, prisonnier en France depuis long-temps, seroient mis en liberté.

Il y eut un article particulier pour le Comté de Toulouse, selon lequel les choses devoient demeurer au mesme état qu'elles se trouvoient la veille de S. Nicolas, quand le Traité fut mis par écrit. Il fut stipulé que le Roy d'Angleterre & le Comte de Toulouse auroient toute liberté de fortifier les Places dont ils estoient maistres; que si le Comte de Toulouse (c'estoit Raymond VI.) vouloit faire la guerre au Roy d'Angleterre, le Roy de France ne pourroit point secourir ce Comte; que s'il ne vouloit point estre compris dans ce Traité, le Roy d'Angleterre ne pourroit non plus luy faire la guerre, pourvû qu'il voulust s'en rapporter au Roy de France sur les différends qui estoient entre luy & le Roy d'Angleterre.

Ce furent là les principaux articles de la Paix de Louviers, qui ne dura que quelques mois, *An. 1196.* tant estoit grande l'antipathie des deux Rois, tous deux trop guerriers pour le repos de leurs Peuples. Le Roy d'Angleterre donna lieu à la rupture, par la violence dont il usa envers le Seigneur de Vierzon en Berri, Vassal du Roy, qu'il maltraita, & dont il rasa le Chasteau.

Philippe sans en demander la satisfaction, se la fit luy-mesme par voye de fait. Il alla assiéger Aumale, qu'il arresta sept semaines, & donna le loisir à Richard de revenir du Berri, de se saisir de Nonancourt, qui luy fut livré pour de l'argent, & de venir au secours de la Place assiégée. Il attaqua le Camp du Roy; *Rigord.* mais il fut vigoureusement repoussé, & la Ville fut contrainte de se rendre. Philippe reprit ensuite Nonancourt; mais il perdit Gamache.

D'autre part les Bretons & le Comte de Toulouse donnoient de l'occupation au Roy d'Angleterre. Le Comte de Toulouse n'avoit point voulu passer l'article de la Paix de Louviers, qui le concernoit, & estoit toûjours en armes, pour reprendre ce qu'il avoit perdu.

Les Bretons continuoient de refuser à Richard la tutelle de son neveu Artur Duc de Bretagne, âgé alors d'environ dix ans, & irritez de ce que Roy avoit fait arrester peu de temps auparavant Constance mere du Duc, dans une Conférence qu'il luy avoit proposée, ils avoient eu recours à la protection de France: mais enfin Richard obligea son neveu à renoncer à cette protection, par les ravages

PHILIPPE AUGUSTE.

que les Brabançons firent en Bretagne, & il se réconcilia avec le Comte de Toulouse, en luy faisant épouser sa sœur Jeanne veuve de Guillaume le Bon, Roy de Sicile, à laquelle il donna en dot le Comté d'Agen ; de sorte qu'il réünit toutes ses forces contre la France.

Catel Histoire des Comtes de Toulouse.

Il fit plus encore. Il engagea dans ses intérests Baudoüin IX. Comte de Flandre, par l'espérance de le remettre en possession de la partie de la Flandre, que Philippe avoit réünie à la Couronne. Il gagna aussi les Seigneurs de la Maison de Champagne, & mit le jeune Duc de Bretagne de son costé. Renaud de Dammartin, devenu Comte de Boulogne par le mariage que le Roy luy avoit procuré avec l'heritiére de ce Comté, signala aussi son ingratitude en cette occasion, & plusieurs autres Vassaux de la Couronne, corrompus par l'argent du Roy d'Angleterre, embrasserent son parti, les uns ouvertement, les autres sans se déclarer encore.

Guillelm. Neubrig. l. 5. c. 31.

Rigord. Guillelm. Armoric. Roger de Houedem. an. 1197.

Alors Richard se crut tellement maistre de son ennemi, qu'il regarda la prise de Paris comme une chose qui ne pouvoit manquer, jusques-là qu'il fit par avance entre les Liguez, le partage des Terres voisines, & mesme des ruës de cette Capitale, qu'il leur promettoit de leur donner en Fief ; mais ce n'est ni la premiere, ni la derniere fois, qu'on a vû ces projets chimériques s'en aller en fumée.

En effet, il s'en fallut beaucoup que le succès ne répondist aux espérances du Roy d'Angleterre. Il alla avec une Armée en Auvergne & en Berri, où il s'empara de plusieurs Forteresses. Il prit Dangu, qui n'estoit pas alors peu considérable, à cause de sa situation sur les Frontiéres du Vexin Normand, proche de Gisors. Mais le Roy le reprit peu de temps après. C'estoit une vicissitude de succès differens entre deux Princes, que la valeur & l'habileté rendoient assez égaux.

An. 1197.

Au mois de Juillet de cette mesme année, il y eut entre eux une rencontre mémorable, par la seule intrépidité que Philippe y fit paroistre. Il estoit sorti de Mante pour aller à Gisors, accompagné seulement de deux cens chevaux. Il trouva en chemin fort près de Gisors, le Roy d'Angleterre suivi de plus de quinze cens hommes de Troupes réglées, & outre cela d'une très-grande multitude de ces bandits, appellez Brabançons ou Cotereaux, dont j'ay déja parlé tant de fois. Le Seigneur de Mauvoisin luy conseilla de retourner sur ses pas, eu égard à l'inégalité des forces de l'ennemi & des siennes. Le Roy sur cette proposition regardant avec indignation celuy qui la luy faisoit ; moy, dit-il, que je recule & que je fuie à la vûë du Roy d'Angleterre ? Je n'en feray rien, me suive quiconque voudra périr ou vaincre glorieusement avec moy. Aussi-tost marchant fierement aux escadrons ennemis, il les perce avec le sien, & passant sur le ventre à tout ce qui se présenta devant luy, il gagna Gisors par une des plus heureuses témeritez, qu'on puisse voir ; mais il ne put empescher que les Anglois ne fissent quelques prisonniers.

Guillelm. Armoric.

Vers ce mesme temps-là, Jean frere du Roy d'Angleterre, marcha avec un détachement & une grande Troupe de Brabançons dans le Beauvoisis, & y assiegea le Chasteau de Milli. Philippe de Dreux Evêque de Beauvais, cousin germain du Roy, Prélat à qui un casque convenoit mieux qu'une mitre, se mit à la teste de quelques Troupes avec Guillaume Seigneur de Merlou, pour aller au secours ; mais ils tombérent dans une embuscade, où ils furent défaits, & tous deux pris.

Après la prise du Chasteau, on mena les deux prisonniers au Roy d'Angleterre. On ne pouvoit luy faire un plus agreable présent. Il estoit ennemi mortel de l'Evêque de Beauvais ; & dès qu'il l'eut entre les mains, il prit plaisir à luy faire ressentir les effets de sa haine.

Guillelm, Neubrig. l. 5. c. 30.

Il le fit enchaîner, & le mit dans une obscure prison à Roüen. Peu de jours après, deux domestiques du Prélat vinrent se jetter aux pieds du Roy d'Angleterre, pour le prier de leur permettre de tenir compagnie à leur Maistre dans sa captivité, & de l'y servir. Il le leur refusa ; & comme ils le pressoient de nouveau d'accorder ce soulagement à son prisonnier, luy représentant sa qualité d'Evêque & la grandeur de sa naissance. » Oh bien, reprit le Roy « d'Angleterre, je veux vous faire vous-mê- « mes les Juges de ma conduite envers l'Evêque « de Beauvais. Je compte pour rien, continua-t- « il, toutes les autres injures que j'ay reçuës de « luy. Je ne veux me souvenir que d'une seule. « Quand je fus arresté en Allemagne, l'Empe- « reur me traita d'abord avec assez d'honnesteté, « ayant les égards qu'il devoit pour ma di- « gnité & pour ma personne Royale ; mais quel- « ques jours après, arriva l'Evêque de Beauvais. « Il eut un soir audience de l'Empereur, & dès « le lendemain je m'en apperçûs, lorsqu'on me « vint enchaîner comme un esclave, & qu'on « me mit sur le corps plus de fer qu'un cheval « n'en auroit pû porter ; si j'en use de mesme à « l'égard de vostre Maistre, qu'avez-vous à me « dire ?

Il satisfit en effet sa vengeance par les plus durs traitemens qu'il fit à cet Evêque. En vain le Pape Célestin III. luy écrivit en sa faveur, luy marquant qu'il luy écrivoit comme un pere pour la délivrance de son fils. Richard se contenta pour réponse, de luy envoyer la cuirasse dont l'Evêque estoit armé, quand il fut pris ; luy faisant dire par son Ambassadeur, ces paroles que les fils de Jacob dirent à ce Patriarche, en luy présentant la robe de Joseph : *Reconnoissez-vous là la robe de vostre fils ?* A quoy le Pape n'eut rien à répliquer, sinon que ce n'estoit pas là l'habillement d'un fils de l'Eglise, ni d'un Soldat de Jesus-Christ, & qu'il estoit à la misericorde du Roy d'Angleterre.

Math. Paris.

Mais quelque chagrin que le Roy de France eut de cette captivité de l'Evêque de Beauvais, ce n'estoit pas là sa plus grande inquietude. Les nouvelles qu'il recevoit de Flandre, estoient encore bien plus fascheuses. Baudoüin y faisoit de grands ravages sur les Terres de France. Il y avoit pris plusieurs Forts,

Guillelm, Neubrig. l. 6. c. 31.

Saint Omer, Aire, Doüaï, & actuellement il affiégeoit Arras.

Le Roy attaqué en mesme temps par tant d'endroits, au-delà de la Loire, du costé de la Normandie, & en Flandre, se trouvoit en de grands embarras. Mais l'importance de la Place assiégée par le Comte de Flandre, le fit tourner de ce costé-là. Il marcha à grandes journées vers Arras, où le Comte de Flandre n'osant l'attendre, leva le siége, & prit le parti de s'aller cantonner dans ses Etats. Le Roy l'y suivit avec plus d'ardeur que de précaution, laissant derriere luy plusieurs rivieres, sans en garder les ponts. Le Comte de Flandre s'en saisit, les fit rompre, luy coupa par ce moyen les vivres, & luy rendit la retraite très-dangereuse.

Le Roy ayant reconnu trop tard une si grande faute, envoya un des Seigneurs de sa Cour au Comte de Flandre, pour luy dire de sa part qu'il n'estoit pas venu pour ravager son païs; mais seulement pour l'obliger à rentrer dans son devoir; que s'il vouloit le faire en rompant avec le Roy d'Angleterre, il luy promettoit d'avoir égard aux prétentions qu'il avoit sur les Places de la Flandre Occidentale; qu'il souhaitoit l'entretenir sur cet article, & qu'au reste estant membre de la Monarchie Françoise, il ne devoit pas contribuer à sa ruïne, en secondant le plus grand ennemi qu'elle eut.

Le Roy en faisant espérer au Comte de Flandre la restitution de ce qui avoit esté démembré de son Comté, le prenoit par un endroit très-sensible. D'ailleurs il n'estoit pas de l'intérest du Comte que le Roy d'Angleterre prévalust si fort. Il répondit néanmoins qu'il avoit donné sa parole & des ôtages à ce Prince; qu'il s'estoit engagé à ne point traiter avec la France sans son consentement; mais qu'il feroit tout son possible pour contribuer à la Paix. Il fit entendre en mesme temps que le Roy pouvoit se retirer, sans craindre d'estre attaqué. Philippe ne differa pas, & se servit de la conjoncture pour sa retraite.

Le Comte de Flandre d'ennemi devenu médiateur, engagea le Roy d'Angleterre à une entrevûë avec le Roy de France. Rien ne paroist plus surprenant, & en mesme temps rien n'est plus ordinaire dans cette Histoire, que de voir la facilité avec laquelle ces deux Princes passoient de la paix à la guerre, & de la guerre à la paix. On a dû remarquer la mesme chose dans le Regne de quelques-uns de leurs prédécesseurs. Mais après tout, on ne trouvera rien en cela de fort étonnant, si l'on fait attention, premierement au génie inquiet & ambitieux des deux Rois, à leur antipathie, & à leur jalousie; & c'est ce qui les déterminoit aisément à la guerre, dès la moindre occasion qui s'en présentoit. Secondement, si l'on se souvient de la dépendance qu'ils avoient de leurs Vassaux pour faire la guerre : car le gros de leurs armées estoit composé des Troupes, que ces Vassaux leur amenoient, & qui ne devoient servir que durant un certain temps, après lequel elles avoient droit de se retirer. L'inconstance,

la bizarrerie, le chagrin d'un Duc ou d'un Comte, quelque nouvel avantage dont on le flattoit, c'en estoit assez pour luy faire quitter l'armée, & ramener ses Troupes, mesme avant que d'avoir rempli le temps de son service. Il avoit ses amis parmi les autres Seigneurs, qui ne manquoient pas d'entrer dans ses ressentimens ou dans ses desseins, & de suivre son exemple. De remede, il n'y en avoit guéres, à cause de la grande puissance de quelques-uns de ces Vassaux; & c'est ce qui obligeoit le Prince à faire au plustost la Paix, malgré qu'il en eut.

Il arriva quelque chose de semblable dans l'occasion dont je parle. Les plus puissans Vassaux de la Couronne d'en-deçà de la Loire, je veux dire le Comte de Flandre, & les Seigneurs de la Maison de Champagne, s'estoient révoltez contre le Roy, & c'estoit un grand renfort pour le parti du Roy d'Angleterre. Mais ces Seigneurs après tout, aimoient toûjours la gloire de la Nation. Le Roy avoit donné du scrupule au Comte de Flandre, sur l'attachement qu'il faisoit paroistre pour l'ennemi mortel de l'Etat. Ce Comte par la conduite qu'il avoit tenuë avec le Roy, en laissant échaper l'Armée Françoise du mauvais pas, où elle s'estoit engagée, & ce qu'il luy dit pour luy persuader de faire la Paix, firent comprendre au Roy d'Angleterre qu'il ne pouvoit pas faire desormais grand fond sur luy. Ainsi, malgré les avantages qu'il avoit remportez, il ne se rendit pas fort difficile, & consentit à une Conférence avec le Roy; elle se tint entre Gaillon & Andely vers la mi-Septembre, & il s'y fit une Tréve pour un an.

Richard contre un des articles du dernier Traité, avoit fait fortifier Andely. Gautier Archevêque de Roüen, à qui cette Place appartenoit, s'y estoit opposé de toutes ses forces, jusqu'à jetter l'interdit sur toute la Normandie. L'affaire fut portée devant le Pape, qui ayant gouté les raisons du Roy d'Angleterre, & sur tout la principale qu'il alléguoit, qu'Andely estoit de ce costé-là une clef de ses Etats, engagea l'Archevêque à s'accommoder avec son Prince. Richard luy donna pour Andely la Ville de Dieppe, & de plus le Moulin de la riviere de Robec dans Roüen. C'est là l'origine des revenus considérables que l'Archevêque de Roüen possede encore aujourd'huy dans Dieppe.

Le Roy en faisant la Tréve, ne parla point de cette infraction que Richard avoit faite au dernier Traité, parce qu'il souhaitoit l'accommodement à quelque prix que ce fust. Comme il avoit alors grand besoin d'argent, il permit aux Juifs de revenir à Paris, d'où il les avoit chassez dès le commencement de son Régne, & obligea les Ecclésiastiques à luy fournir de grosses sommes pour soûtenir la guerre, prévoyant qu'elle recommenceroit plus vivement que jamais.

En effet, dès que la Tréve fut expirée, on en vint à une guerre cruelle, jusques-là qu'on crevoit les yeux au prisonniers de part & d'au-

An. 1198.

tre, & si nous nous en rapportons à l'Histoire d'Angleterre, ce fut Philippe qui commença à en user ainsi.

Il y eut une nouvelle désertion des Vassaux du Roy. Le Comte de Toulouse, le Comte du Perche, & le Comte de Guisne, suivirent l'exemple que leur avoient donné le Comte de Flandre, le Comte de Blois, & le Comte de Boulogne. Le Duc de Bourgogne demeura fidéle, & l'on a encore au Trésor des Chartres un écrit signé de ce Duc, par lequel il s'obligea cette année-là mesme au Roy, de ne faire ni ligue, ni mariage avec Richard, ni avec aucun de la Famille de ce Prince. Peu de jours après que la guerre eust recommencé, il se donna un combat proche de Vernon entre les deux Rois, où Philippe fut défait assez de perte, & se sauva dans cette Place. Le fruit de cette victoire fut le Chasteau de Courcelles, que Richard prit d'assaut, & encore une autre Forteresse nommée Bures.

Au bout de quelque temps le Roy ayant rassemblé de nouvelles Troupes, & formé une Armée assez nombreuse, partit de Mante, pour aller reprendre Courcelles. Le Roy d'Angleterre vint le rencontrer entre cette Place & Gisors. On ne balança pas à en venir aux mains. Le succès du combat fut encore malheureux pour les François. Ils furent battus & poursuivis jusqu'à Gisors. Il arriva là un malheur, qui pensa coûter la vie au Roy. Comme il passoit le pont qui est sur la riviere d'Epte, pour entrer dans la Place, suivi de la foule des fuyards, que les Anglois pressoient l'épée dans les reins, ce pont rompit, & le Roy avec tous ceux qui estoient dessus, tomba dans la riviere, & s'y seroit noyé, comme il arriva à plusieurs, s'il n'eust esté promptement secouru.

Il y eut beaucoup de monde de tué en cette rencontre, & bien des Seigneurs François pris. Mathieu de Mailli, Mathieu de Monmorenci, Alain de Rouci, Fouques de Gilerval, Philippe de Nanteüil, Robert de Beaubourg, furent de ce nombre.

Richard écrivant de ce combat à Philippe Evêque de Durham en Angleterre, se vanta d'y avoir desarçonné Monmorenci, Rouci & Gilerval, & de les avoir luy-mesme faits prisonniers. *

La victoire des Anglois fut suivie d'une infinité de ravages par toute la France, dont le Roy se vengea par la prise & par une nouvelle désolation d'Evreux, & par le saccagement de quelques autres Places de la domination d'Angleterre.

Le Pape Innocent III. élevé depuis peu sur la Chaire de S. Pierre, voyoit avec bien de la douleur ces deux Princes ainsi acharnez l'un contre l'autre. Il envoya en France le Cardinal Pierre de Capoüe, pour tascher de les accommoder. Il les trouva assez disposez à l'écouter. Ils avoient mesme déja fait quelques avances de part & d'autre, & Hubert Archevêque de Cantorbery estant venu en France, avoit entamé la négotiation.

Les deux Rois se virent entre Vernon & Andely, le Roy de France estant à cheval sur le bord de la Seine, & le Roy d'Angleterre dans un bateau. Ce fut le quatorzieme de Janvier jour de S. Hilaire. Ils ne conclurent toutefois rien pour lors, sinon qu'ils accepteroient la médiation du Pape, & remettroient leurs intérêts entre les mains du Cardinal de Capoüe; mais il ne put parvenir jusqu'à leur faire conclure la Paix; il leur fit seulement signer une Tréve de cinq ans, pendant lesquels toutes choses demeureroient de part & d'autre au mesme état qu'elles se trouvoient. La Tréve estant signée, les deux Rois congédierent leurs Armées, & furent incontinent après sur le point de rompre tout de nouveau, pour deux sujets de plainte assez justes, qu'on donna au Roy d'Angleterre. Un nommé Marcadé Chef des Brabançons, qui avoient utilement servi ce Prince dans les dernieres guerres, s'en retournoit dans ses quartiers. Apparemment ses gens, selon leur coûtume, faisoient de grands ravages dans leur route, qu'ils avoient eu permission de prendre par les Terres de France, l'Historien ne nous en marque point l'endroit. Quatre Seigneurs du païs s'unirent ensemble avec leurs Vassaux, pour empescher les insultes de ces voleurs, les attaquérent, & en tuérent plusieurs. Ce qui ayant esté rapporté au Roy d'Angleterre, il en entra en grande colere.

L'autre sujet de plainte qu'il eut, fut que le Roy faisant élever un Fort entre Butavant & Gaillon, fit abattre le bout d'une Forest, qui estoit trop proche du Fort. Elle appartenoit au Roy d'Angleterre, qui ne manqua pas d'envoyer demander au Roy satisfaction pour ces deux infractions de la Tréve, ou luy déclarer la guerre sur le champ.

Le Roy desavoüa ce qui s'estoit fait contre les Brabançons, & protesta qu'il n'y avoit nulle part. Le Roy d'Angleterre se contenta de ce desaveu: mais il s'obstina à vouloir que le nouveau Fort fust démoli. Le Cardinal Légat voyant que la Tréve, qui estoit son ouvrage, alloit se rompre, conjura le Roy de vouloir bien en consideration du Pape, & pour le repos de ses Peuples, accorder ce que souhaitoit le Roy d'Angleterre, & le Roy le luy promit.

Cette facilité du Roy fit espérer au Cardinal, que si on reprenoit la négotiation dans cette conjoncture, on pourroit changer le Traité de Tréve en Traité de Paix; il engagea les deux Rois à conférer de nouveau, & l'on proposa dans la Conférence des moyens d'accommodement que voici. Que le Roy de France rendroit au Roy d'Angleterre tout ce qu'il avoit pris sur luy, excepté Gisors, & qu'en dédommagement de cette Place, il luy laisseroit le droit de nommer à l'Archevêché de Tours, ou pluftost le droit de confirmer celuy qui auroit esté élû par le Clergé. Ce qui montre ce que j'ay déja observé ailleurs, que nos Rois avoient toûjours retenu ce droit Royal, dans les Villes mesmes de leurs plus puissans Feudataires.

Secondement, que le Roy feroit épouser à

Loüis son fils, Blanche de Castille niéce du Roy d'Angleterre.

Troisiémement, que le Roy de France dans les différends qui partageoient alors l'Empire d'Allemagne, prendroit le parti d'Othon neveu du Roy d'Angleterre, contre Philippe Duc de Suabe frere du dernier Empereur. Cet article estoit contraire à un Traité, que le Roy avoit fait l'année d'auparavant avec le Duc de Suabe.

En quatriéme lieu, que Gisors seroit comme la dot de Blanche, & que le Roy d'Angleterre y ajoûteroit vingt mille marcs d'argent.

Ce n'estoit là qu'un projet dont on differa l'examen, jusqu'à ce que le Roy d'Angleterre fust de retour d'un voyage qu'il alloit faire en Poitou; mais il n'en revint pas, & il y perdit la vie de la manière que je vais dire.

Widomar Vicomte de Limoges, avoit trouvé un riche Trésor dans ses Terres. On disoit que c'estoit la figure d'or d'un Empereur, celle de sa femme, & celles de ses fils, & de quelques autres de sa Famille, de mesme métal, qui estoient tous représentez assis autour d'une table aussi d'or. Le Vicomte fit présent d'une partie de ces piéces au Roy d'Angleterre, qui ne s'en contenta pas, prétendant qu'en qualité de Seigneur, tout luy appartenoit, & il luy donna ordre de luy envoyer tout le reste. Le Vicomte refusa de le faire; aussi-tost le Roy d'Angleterre ayant assemblé quelques Troupes & ses Brabançons, alla assiéger le Chasteau de Chalus auprés de Limoges.

Ceux qui le défendoient, voyant bien qu'ils seroient forcéz, offrirent de se rendre, pourvû qu'on leur asseûrast la vie, la liberté, & leurs armes. Le Roy d'Angleterre ne leur fit point d'autre réponse, sinon, que puisqu'ils luy avoient donné la peine de venir, il les prendroit par force, & les feroit tous pendre. Eux voyant la dureté du Roy, se résolurent à périr en combattant, plustost que de mourir avec infamie par la main d'un boureau.

Dès le mesme jour, comme Richard accompagné de Marcadé Chef des Brabançons, faisoit le tour de la Place, & la reconnoissoit de fort prés, un Archer nommé Bertrand de Gourdon, luy décocha une fléche dont il luy perça le bras. La playe d'elle-mesme estoit dangereuse; mais le peu d'adresse du Chirurgien dont se servit pour en tirer la fléche, la rendit incurable. Il ordonna cependant qu'on donnast l'assaut au Chasteau, qui fut emporté. Tous ceux qui estoient restez en vie furent pris. Il commanda qu'on les fit tous pendre, excepté celuy qui l'avoit blessé, le réservant vray-semblablement, dit l'Historien Anglois, à un plus rude supplice.

Comme au bout de quelques jours on desespéra de sa guérison, il fit venir Gourdon en sa présence, & luy parla de la sorte. *Malheureux, que t'avois-je fait, pour t'obliger à me tuer? Ce que vous m'aviez fait*, repartit froidement Gourdon, *je vais vous le dire. Vous avez tué de vôtre propre main mon pere & mes deux freres, & vous vouliez me faire pendre. Je suis maintenant en vostre puissance, vous pouvez vous venger de moy comme vous voudrez. Je suis prest à souffrir les plus horribles tourmens, pourvû que j'aye le plaisir d'apprendre que vous estes mort de ma main, vous qui avez fait tant de mal au monde.*

Gourdon lorsqu'il parla de la sorte, estoit tout chargé de chaînes. Richard commanda qu'on les luy ostast, & ne luy dit que ces deux mots. *Mon ami, je vous pardonne ma mort.* Il ordonna qu'on le laissast aller en liberté, & luy fit donner une somme d'argent pour se retirer où il voudroit. Mais il fut arresté à l'insçû du Roy par Marcadé, qui le fit écorcher tout vif, & ensuite pendre, dès que le Prince eut expiré.

Richard mourut de sa blessure le 6. d'Avril le Mardi de devant le Dimanche des Rameaux, & la dixiéme année de son Régne. Cette derniere action de générosité Chrétienne envers celuy qui luy avoit causé la mort, fut en ce genre la plus belle de sa vie, & capable de luy obtenir miséricorde de Dieu, pour les grands péchez dont elle estoit pleine. L'impureté, la dureté, l'avarice, l'ambition, furent les défauts que luy reprochent les Historiens de sa Nation, qui l'ont le plus épargné. Son courage & son intrépidité luy firent donner le surnom de Cœur de Lion. Il y avoit joint beaucoup d'expérience, & d'habileté dans le métier de la guerre; & il y a au moins sujet de douter, si sans cette mort, le Régne de Philippe Auguste eust esté aussi glorieux & aussi fécond en conquestes, qu'il le fut depuis: tant il est vray que les conjonctures ne contribuent pas moins à faire les Héros, que leur vertu mesme.

Richard en mourant avoit déclaré Jean son frere, héritier de tous ses Etats, & son successeur à la Couronne d'Angleterre. Artur Duc de Bretagne son neveu n'entreprit pas de luy disputer cette Couronne, ni mesme la Normandie, ni la Guyenne; mais il prétendit que l'Anjou, la Touraine, & le Maine luy appartenoient selon la Jurisprudence de ces païs-là, où pour les successions collaterales, telle qu'estoit celle de Richard, le fils de l'aîné représente son pere, & exclut les oncles cadets du pere. Or Artur estoit fils de Geoffroy frere cadet de Richard; mais aîné de Jean.

Les Seigneurs de ces trois Comtez suivant ce droit, se déclarérent pour Artur. Constance Duchesse de Bretagne, mere d'Artur, ne manqua pas de s'appuyer de la protection du Roy de France, qui la luy promit très-volontiers. Ce Prince incontinent après la mort de Richard, ne se croyant plus obligé à la Tréve, s'estoit saisi de la Ville d'Evreux & de tout le Comté dont elle estoit la Capitale. De-là il avoit traversé toute la Normandie, en la ravageant jusqu'au Mans. Il rencontra là la Duchesse & le jeune Duc de Bretagne, qui luy fit hommage de tous ses Etats. Il alla jusqu'à Tours avec la Duchesse, qui pour luy marquer la confiance qu'elle avoit en luy, luy mit son fils entre les mains. Il l'envoya à Paris, pour estre élevé auprès du Prince Loüis son fils,

PHILIPPE AUGUSTE.

fils. Il se saisit de toutes les Places des trois Comtez, & y mit des Commandans pour les garder, jusqu'à ce que le jeune Duc fust en âge de gouverner par luy-mesme.

La Reine-mere d'Angleterre Eleonor, qui vivoit encore, apprehendant pour la Guyenne, qu'elle avoit apportée en dot à Henri Second Roy d'Angleterre pere de Richard & de Jean, se hasta de venir renouveller au Roy son hommage pour ce Duché : & ce fut aussi à Tours qu'elle le fit. Cela ne l'empescha pas néanmoins de donner du secours au Roy d'Angleterre son fils. Elle fit entrer des Troupes dans l'Anjou; & elle y appella Marcadé avec ses Brabançons, qui y firent de grands ravages, tandis que le nouveau Roy d'Angleterre vint en personne attaquer le Mans, qu'il prit, & dont il fit raser les murailles, & amener tous les Habitans en captivité, pour avoir reçû & reconnu le Duc de Bretagne.

D'autre part le Comte de Flandre, qui n'étoit pas encore réconcilié avec le Roy, se déclara pour le nouveau Roy d'Angleterre : & après avoir assisté à son Couronnement, & à sa prise de possession du Duché de Normandie, il luy fit hommage comme son Vassal, non pas sans doute pour son Comté de Flandre, qui estoit toûjours un Fief de la Couronne de France, mais pour quelques autres Fiefs dépendans de celle d'Angleterre. Chagrin de ce que le Roy ne le remettroit pas en possession de la Flandre Occidentale, comme il le luy avoit fait espérer, il faisoit toûjours des courses sur les Terres de France, & il y avoit de temps en temps de petits combats. Dans une de ces rencontres auprès de Lents, Robert de Besi & Eustache de Neuville deux des Commandans des Troupes du Roy, prirent Philippe Comte de Namur frere du Comte de Flandre, avec Pierre de Doüai, un des plus braves Capitaines des Troupes Flamandes; en mesme temps Hugues d'Amelancourt, prit encore Pierre de Corbeil frere de Pierre de Doüai, & élû Evêque de Cambrai. Ces trois Seigneurs ayant esté envoyez au Roy, furent mis en une étroite prison.

Le Cardinal de Capoüe fit de grandes plaintes sur la prison de l'Evêque de Cambrai, qui avoit esté autrefois Précepteur du Pape. Le Roy luy répondit, qu'il estoit surpris de voir son zéle pour la liberté de l'Evêque de Cambrai, tandis qu'il souffroit si patiemment, que Philippe Evêque de Beauvais demeurast depuis deux ans, dans les prisons du Roy d'Angleterre : & ajoûta que si le Pape vouloit qu'on eust des égards pour son Précepteur, il devoit en avoir pour l'Evêque de Beauvais, qui avoit l'honneur d'estre de la Maison Royale de France. Le Cardinal n'ayant rien à opposer à une si bonne réponse, agit fortement auprès du Roy d'Angleterre, pour l'échange des deux prisonniers. Mais ne pouvant en venir à bout, il jetta l'interdit sur le Royaume de France jusqu'à la délivrance de l'Evêque de Cambrai, & sur la Normandie jusqu'à la délivrance de l'Evêque de Beauvais. Ce moyen luy réüssit. L'é-change fut faite, & l'interdit aussi-tost levé. Le Cardinal fit faire serment à l'Evêque de Beauvais avant qu'il fust mis en liberté, de ne plus porter les armes, & de ne faire jamais la guerre en personne contre les Chrétiens. Cette échange donna lieu au Cardinal de Capoüe, de proposer une Conférence aux deux Rois, pour tascher de les disposer à la Paix. Il obtint une Tréve de six semaines, au bout desquelles ces deux Princes se virent vers Gaillon, le lendemain de l'Assomption. Le Roy y affecta un grand froid à l'égard du Roy d'Angleterre : & comme quelqu'un de ceux qui s'intéressoient le plus à la Paix, luy en eut demandé la cause; car les manières de ce Prince estoient naturellement fort honnestes, il répondit qu'il en usoit ainsi, pour marquer au Roy d'Angleterre le mécontentement qu'il avoit de sa conduite; qu'estant son Feudataire pour le Duché de Normandie, il n'avoit pas dû s'en mettre en possession, sans luy en avoir demandé auparavant son consentement, & sans estre venu luy en faire hommage.

Ce n'estoient pas là de bonnes dispositions à la Paix, & les conditions que le Roy demanda, la rendirent impossible. Il proposa qu'on luy cédast tout le païs d'entre la Forest de Lions, & les rivieres de Seine, d'Andele & d'Epte, voulant faire valoir la cession qui en avoit esté faite autrefois à Loüis le Gros son ayeul, par Geoffroy Comte d'Anjou ayeul du Roy d'Angleterre. Il demanda encore que ce Prince cédast à Artur Duc de Bretagne, la Guyenne, l'Anjou, le Maine, & la Touraine. On se sépara sans rien conclure, & le Roy d'Angleterre fut d'autant plus ferme à ne rien accorder de ce qu'on luy demandoit, qu'il estoit seûr que les Vassaux du Roy vouloient la Paix, & que plusieurs luy avoient promis de se déclarer pour luy, si elle ne se faisoit au plustost. De plus le Roy d'Angleterre avoit reçû des Lettres d'Othon son neveu, dont le Pape avoit pris le parti contre Philippe Duc de Suabe concurrent d'Othon pour l'Empire, par lesquelles il luy conseilloit de temporiser, & de ne point se presser de faire une Paix desavantageuse avec la France, l'asseûrant que comme ses affaires prenoient un bon train, il seroit bien-tost en état de luy donner un puissant secours contre Philippe.

Ainsi la guerre continua. Le Roy se rendit maistre de Conches, & estant ensuite allé dans le Vendômois, il assiégea Lavardin, qu'il ne prit pas, & se retira dans le Maine, sur l'avis qu'il eut que le Roy d'Angleterre avec de beaucoup plus grandes forces que les siennes, venoit au secours. La Duchesse-mere de Bretagne prit cette occasion, pour faire enlever Artur son fils au Roy, dont elle commençoit à se défier; & elle en vint à bout par l'adresse d'un Seigneur Manseau nommé Guillaume des Roches. Elle pensoit à se réconcilier avec le Roy d'Angleterre; mais ne se croyant pas non plus en seûreté entre ses mains, elle se retira avec son fils à Angers.

Le Cardinal de Capoüe n'oubliant rien, pour

exécuter l'ordre qu'il avoit du Pape, de ménager la Paix entre les deux Rois, fit encore une tentative ; & obtint d'eux une Tréve jusqu'au mois de Janvier de l'année suivante. Mais outre cette affaire commune aux deux Etats, il en avoit une autre à négocier avec Philippe, qui ne luy faisoit pas moins de peine, & qui causoit beaucoup plus d'inquietude & de chagrin à ce Prince.

J'ay dit qu'en 1193. le Roy avoit épousé Ingelburge sœur de Canut VI. Roy de Dannemarc. Cette Princesse estoit belle, & avoit beaucoup de vertu. Néanmoins dès le lendemain de ses nôces, Philippe pensa à la répudier. On ne sçut jamais la véritable raison de cette conduite ; mais elle parut si surprenante, que parmi le Peuple, on l'attribua à quelque sortilége. Comme il falloit trouver un prétexte de ce divorce, on eut recours au plus ordinaire, qui estoit la parenté au degré prohibé. Le Roy en écrivit au Pape Célestin III. qui délégua l'Evêque de Beauvais, & l'Evêque de Chartres, pour juger de cet empeschement. Ils décidérent en faveur du Roy ; & ce Prince deux ou trois mois après, fit une Assemblée d'Evêques, d'Abbez, & de Barons, où la parenté fut de nouveau prouvée, attestée avec serment, & le mariage déclaré nul par l'Archevêque de Reims, qui avoit alors la qualité de Légat en France. On résolut de renvoyer la Princesse en Dannemarc ; mais elle n'y voulut point consentir, & elle se mit dans un Monastére, où le Roy luy fournissoit un entretien honneste.

Anonym. Aquicinctin.

Rigord. Guillelm. Neubrig.

Le Roy de Dannemarc indigné de la maniere dont on avoit traité sa sœur, fit ses plaintes au Pape, & luy en demanda justice. Le Pape ne manqua pas de présenter aux Envoyez de Dannemarc les Informations, qui avoient esté faites en France touchant l'alliance des deux Familles : & les Agens du Roy à Rome firent si bien, que les Envoyez de Dannemarc s'en retournérent sans avoir rien fait. Les choses en demeurérent là jusqu'à l'an 1196. que le Roy épousa Agnés, appellée par quelques-uns Marie, fille de Bertolde IV. du nom Duc de Bohême, & de Meranie. Alors le Roy de Dannemarc irrité de ce nouvel affront que l'on faisoit à sa sœur, envoya de nouveau au Pape, & chargea ses Ministres d'une ample réfutation de la prétenduë Généalogie, par laquelle on avoit voulu prouver la parenté de Philippe avec Ingelburge.

Le Pape, que ce procés jettoit dans un grand embarras, envoya deux Légats en France, qui assemblérent un Concile à Paris. Mais la difficulté qu'ils trouvérent, ou qu'ils firent semblant de trouver dans une affaire si délicate, les empescha de rien décider.

Le Pape sur le rapport de ses Légats, qui voyoient au moins la chose douteuse, continua de temporiser malgré les instances du Roy de Dannemarc. Mais deux ans après Innocent III. qui luy succéda, ne fut pas plustost Pape, qu'il résolut de s'éclaircir là-dessus, & après un nouvel examen, il fut persuadé qu'on avoit envoyé de France à Rome de faux énoncez. Il ordonna au Cardinal de Capouë dans le même temps qu'il négocioit la Paix entre les deux Rois, de déclarer à Philippe que son dernier mariage estoit nul. Le Cardinal présenta au Roy les Lettres du Pape, par lesquelles il luy ordonnoit, sous peine d'excommunication, de reprendre Ingelburge, & de renvoyer Marie de Bohême. L'Abbé de la Trappe Agent du Roy à Rome, fit inutilement tous ses efforts pour fléchir le Pape. Le Cardinal de Capouë eut ordre d'assembler un Concile au plûtost, & de décider en toute rigueur, sans rien ménager.

Epist. Innocent. 104.

Le Légat convoqua le Concile à Dijon, où l'on discuta de nouveau la question du divorce. Le Roy estant averti que les choses tournoient mal pour luy, fit déclarer au Concile qu'il en appelloit au Pape. Le Légat suspendit la Sentence, non pas qu'il n'eust un plein pouvoir pour terminer l'affaire ; mais pour ne rien précipiter, & donner le temps au Roy de rentrer en luy-mesme. Il congedia les Evêques & les Abbez ; & peu de temps après, il tint un autre Concile à Vienne, où assistérent quelques Evêques de la domination du Roy ; car Vienne n'estoit pas alors de la dépendance de la Couronne, & reconnoissoit encore l'Empereur pour son Souverain, ou plustost l'Archevêque, qui aussi-bien que celuy de Lion, & quelques autres de ces quartiers-là, n'avoient plus de Maistres, & estoient absolus dans leur Ville. C'estoit pour avoir plus de liberté d'agir, que le Légat avoit choisi ce lieu-là.

An. 1199. Gesta Innocent. III.

Dans ce Concile le Légat jetta l'interdit sur le Royaume de France, avec menace de suspense à tous les Evêques qui ne le garderoient pas, & cita quiconque désobéiroit, à comparoistre devant le Tribunal du Pape le jour de l'Ascension.

An. 1200.

Cet interdit ayant esté publié, il commença d'estre observé en plusieurs Eglises. Le Chapitre de Sens & celuy de Paris le gardérent. Les Evêques de Senlis, d'Amiens, d'Arras, de Soissons, s'y soumirent. L'Archevêque de Reims, les Evêques de Laon, de Noyon, de Beauvais, d'Orleans, d'Auxerre, de Tournai, de Meaux, de Chartres envoyérent au Pape, pour luy faire des remontrances sur la rigueur de cette Sentence ; mais en l'asseûrant que s'il n'approuvoit pas leurs raisons, ils obéiroient à ses ordres, & ils y obéirent en effet. Les Offices divins cessérent dans toutes les Eglises, & on n'administra plus aucuns Sacremens, hormis le Baptesme pour les enfans, & la Pénitence pour les moribonds. Il n'y eut que ceux qui avoient pris ou qui prendroient la Croix pour le voyage de Jérusalem, à qui le Pape accorda durant l'interdit d'entendre la Messe, & d'estre enterrez en terre-sainte s'ils mouroient.

Gesta Innocent.

Roger de Houeden.

Le Roy se voyant traité avec tant de rigueur, en fut extrémement irrité. Il saisit le temporel des Evêques & des Chanoines, envoya des garnisons chez les Curez, & fit mettre en prison Ingelburge au Chasteau d'Etampes. Le Pape luy écrivit pour la consoler, en luy

Rigord. Innocent. Epist. 59.

PHILIPPE AUGUSTE.

faisant espérer que Dieu toucheroit le cœur du Roy. Les murmures des Laïques contre le Roy au sujet de l'interdit, furent chastiez par de grosses taxes qu'on leva, non seulement sur les Païsans & sur les Bourgeois; mais encore sur les Gentilshommes mesmes. Ce qui ne s'estoit jamais fait.

Cette conduite fait connoistre, combien étoit grande l'autorité de ce Prince dans ses Etats, & il se servit sans doute alors des Trésors qu'il avoit amassez, pour avoir des Troupes à sa solde, afin de contenir les Peuples dans l'obéïssance, malgré les mauvais effets que l'interdit & les impôts dont il les chargeoit, & ausquels on n'estoit guéres accoustumé, devoient produire.

Mais après tout, cet état estoit trop violent pour durer long-temps, sans causer quelque desordre. Il n'y avoit plus de Messes, plus de Sermons, plus de Processions, plus de Prieres publiques ni pour les vivans, ni pour les morts, plus d'usage des Sacremens, les Eglises estoient par-tout fermées: tout cela faisoit de fascheuses impressions sur l'esprit des Peuples, que la seule crainte contenoit. Philippe estoit trop éclairé pour ne pas appercevoir le danger; c'est pourquoy outre les Apologies qu'il répandoit par tout le Royaume, il faisoit toûjours espérer un prompt accommodement avec le Pape, auprès duquel il ne cessoit de solliciter un nouvel examen de l'affaire, d'autant plus qu'il avoit appris, qu'il y pensoit sérieusement à l'excommunier. Le Pape consentit enfin à un nouvel examen, & envoya en France le Cardinal Octavien Evêque d'Ostie.

Ce Cardinal estoit fort dans les intérests du Roy; mais il ne put s'empescher de luy déclarer les ordres qu'il avoit, qui estoient de demander avant toutes choses, que ceux qui avoient esté maltraitez, & qui avoient souffert quelque perte pour avoir gardé l'interdit, fussent dédommagez; que ceux qui n'y avoient pas obéï, fussent soumis à la correction du Pape; que le Roy éloignast de luy Agnés de Boheme; qu'Ingelburge fust mise hors de prison, & traitée en Reine, & que le Roy fist serment de s'en rapporter au jugement du Pape pour la validité ou la nullité de son mariage avec cette Princesse; qu'en cas qu'on pust donner quelques preuves de la parenté, & que le Roy ne voulust pas accepter la Dispense, pour contracter de nouveau avec Ingelburge, elle auroit six mois pour faire avertir le Roy de Dannemarc son frere, afin qu'il pust envoyer des gens capables de plaider sa cause devant les Juges. Le Roy accepta toutes ces conditions dans un Concile tenu à Nesle, & l'interdit fut levé la veille de la Nativité de Nôtre-Dame, huit mois après qu'il eut esté jetté.

Au bout de six mois on assembla un autre Concile à Soissons, où se trouvérent les Envoyez de Dannemarc, accompagnez de Jurisconsultes, pour répondre à ceux qui défendoient la cause du Roy. On plaida de part & d'autre avec beaucoup de chaleur; & les Envoyez de Dannemarc s'estant apperçûs, que le Cardinal d'Ostie penchoit fort du costé du Roy, déclarérent qu'ils le recusoient, comme allié de la Maison Royale, & comme un homme gagné, & qu'ils en appelloient au Pape.

Le Cardinal surpris de cet appel, pria les Envoyez d'avoir patience encore quelques jours, jusqu'à l'arrivée de Jean Cardinal de S. Paul, que le Pape luy avoit adjoint, & déclara qu'il ne prétendoit point qu'on s'en rapportast à luy seul; mais qu'il jugeroit conjointement avec son Collegue. Les Envoyez persistérent toûjours à dire, qu'ils en appelloient au Pape, & sortirent de l'Assemblée.

Le Cardinal de S. Paul arriva trois jours après; & quand il eut tout examiné, il fit assez connoistre, qu'il ne trouvoit aucun motif raisonnable de faire le divorce. Le Roy voyant que l'affaire commençoit à aller mal pour luy, & ennuyé de se voir si long-temps à la discrétion des Légats, prit son parti. Il envoya dire aux Cardinaux & à tout le Concile, qu'ils pouvoient s'épargner la peine d'un plus long examen; qu'il avoit repris la Reine, & qu'il la reconnoissoit pour sa femme. Il l'amena en effet avec luy, & s'en alla sans dire adieu aux Cardinaux, qui furent un peu surpris & scandalisez de cette conduite. C'est ainsi, ajoûte nôtre Historien, que le Roy se tira des mains des Romains, sans avoir subi leur jugement. Mais il obtint du Pape & de plusieurs Prélats de France, après la mort d'Agnés de Boheme, qui mourut cette mesme année-là, qu'un fils nommé Philippe, & une fille nommée Marie, qu'il avoit eus d'elle, fussent déclarez légitimes, & capables d'hériter de luy: ce qui déplut fort aux Seigneurs de France; mais ayant déja un fils d'Isabelle de Haynaut sa premiere femme, & ce fils ayant eu postérité, la chose n'eut point de suite.

Durant le cours de cette négotiation, il s'en fit encore d'autres assez importantes. Marie Comtesse de Flandre vint à Paris, pour traiter de Paix entre le Roy & son mari. Elle y fut reçûe avec beaucoup d'honneur. Le Roy en sa considération mit en liberté quelques prisonniers Sujets du Comte de Flandre, & promit de s'aboucher à Péronne avec luy. Ils s'y rendirent tous deux aux Festes de Noël de l'an 1199. & la Comtesse qui s'y trouva aussi, agit avec tant d'adresse, qu'elle les réconcilia. Le Comte de Flandre céda enfin, quoy qu'avec peine, la Flandre Occidentale au Roy, c'est-à-dire, les Places qui composent aujourd'huy le Comté d'Artois, excepté S. Omer & Aire, & peu d'autres lieux. Ce canton de Flandre fut alors érigé en Comté, & le Roy en fit le Prince Loüis son fils le premier Comte, à condition toutefois que ce païs reviendroit au Comte de Flandre, s'il arrivoit que Loüis mourust sans postérité, ce qui n'arriva pas. Les Villes de Bruges, de Bergues, de Courtrai, de Furnes, de Bourbourg, de Lisle & d'Ypres, furent garants de ce Traité, & promirent qu'en cas que le Comte leur Seigneur y contrevint, elles se déclareroient toutes contre luy en faveur du Roy.

Gesta Innocent. III.

Roger de Houeden. an. 1200.

Monach. Aquicintin.

Rigord.

Rigord.

Invent. des Chartres. Tom. 6.

Ibid.

Cartulaire MS. de Philippe Auguste fol. 220.

Anonymus Aquicintin.

Cartulaire MS. de Philippe Auguste.

Invent. du Trésor des Chartres, vol. 7.

Tome I.   Qqqq ij

Cette Paix fut bien-toſt ſuivie de celle qui ſe fit avec le Roy d'Angleterre. Le Roy avant le Traité de Péronne, avoit conferé avec luy entre Andely & Gaillon durant la derniere Tréve; & ils eſtoient convenus enſemble, ſuivant la propoſition qu'en avoit faite Richard un peu devant ſa mort, de faire épouſer au Prince Loüis de France, Blanche de Caſtille fille d'Alfonſe VIII. & niéce du Roy d'Angleterre. La Reine-mere d'Angleterre ſe chargea elle-meſme d'en aller faire la demande, & l'amena quelque mois aprés juſqu'à Fontevraud. La jeune Princeſſe alla de là en Normandie à la Cour du Roy d'Angleterre, en attendant la concluſion du Traité de Paix, qui ſe conclut enfin le vingt-deuxiéme de May entre Gaillon & Andely.

Roger de Houeden.

An. 1200.

Par ce Traité on s'obligeoit à garder celuy qui avoit eſté fait en 1195. du vivant du Roy Richard, entre Charroſt & Iſſoudun, excepté quelques articles qu'on changeoit en celuy-ci. En voici les points principaux. Qu'on marqueroit de nouvelles limites du coſté de la Normandie entre Evreux & Neubourg; enſorte que ce qui eſt du coſté de Neubourg, ſeroit au Roy d'Angleterre; & ce qui eſt du coſté d'Evreux ſeroit au Roy de France, & qu'on ſe dédommageroit de part & d'autre pour les Terres, qui ſe trouveroient enclavées en-deçà ou au-delà de ces limites. Qu'on ne pourroit élever aucunes Forteresſes, ni fortifier aucunes Places entre Neubourg & Evreux: qu'on raſeroit les Fortifications de Portes & de Landes. On voit encore aujourd'huy quelques reſtes de ces Forteresſes. Que le Roy de France ne pourroit non plus avoir aucune Place fortifiée au-delà de Gamache, ni au-delà de la Foreſt de Vernon, ni le Roy d'Angleterre au-delà de la Foreſt d'Andely. Que le Roy d'Angleterre donneroit en mariage au Prince Loüis pour ſa niéce Blanche de Caſtille, Iſſoudun & Graçai, & les autres Fiefs qui luy appartenoient dans le Berri. Que le Roy de France en prendroit inceſſamment poſſeſſion, & les garderoit ſa vie durant; mais qu'ils reviendroient au Roy d'Angleterre ou à ſes héritiers, en cas que Loüis n'eut point d'enfans de Blanche de Caſtille. Que ſuppoſé que le Roy d'Angleterre mouruſt ſans enfans, les Fiefs que Hugues de Gournai, le Comte d'Aumale, & le Comte du Perche tenoient de luy, iroient à Loüis, aux meſmes conditions que ces Seigneurs les poſſédoient actuellement. Que le Roy d'Angleterre donneroit au Roy de France vingt mille marcs ſterlin d'argent, pour le rachat des Fiefs de Bretagne; qu'en vertu de cela Artur Duc de Bretagne ſeroit Feudataire du Roy d'Angleterre, comme le Roy d'Angleterre le ſeroit du Roy de France pour ce meſme Duché. Que le Roy d'Angleterre ne donneroit aucun ſecours ni d'hommes ni d'argent, ni par luy-meſme, ni par d'autres à Othon contre Philippe Duc de Suabe, dans la guerre qu'ils ſe faiſoient pour l'Empire d'Allemagne. Il y avoit encore quelques autres articles ou certaines clauſes en ceux que j'ay marquez, qui concernoient les intereſts particuliers de quelques-uns des Vaſſaux des deux Rois. Pluſieurs Seigneurs de part & d'autre ſe firent la caution, les uns du Roy de France, les autres du Roy d'Angleterre, pour l'obſervation du Traité. Les cautions du Roy d'Angleterre furent Baudoüin Comte d'Aumale, Guillaume le Maréchal, Hugues de Gournai, Guillaume du Hommet Conneſtable de Normandie, Robert de Harcourt, Jean de Preaux, Guillaume de Ken, Roger de Toni, Garnier de Glapion. Les cautions du Roy de France furent Robert Comte de Dreux, Geoffroy Comte du Perche, Guillaume de Garlande, & quelques autres. Les premiers jurérent, que ſi le Roy d'Angleterre violoit le Traité, ils ſe déclareroient contre luy pour le Roy de France: & les ſeconds, jurérent pareillement, que ſi le Roy de France manquoit à ſa parole, ils prendroient les armes contre luy en faveur du Roy d'Angleterre. Enfin un de nos Hiſtoriens contemporains ajoûte, que le Roy d'Angleterre par le contrat de mariage de ſa niéce avec Loüis, le déclara ſon héritier de tous les Domaines qu'il poſſédoit en-deçà de la mer, au cas qu'il mouruſt ſans laiſſer d'enfans légitimes. La tendreſſe que ce Prince faiſoit paroiſtre pour ſa niéce, l'averſion qu'il eut toûjours contre Artur Duc de Bretagne ſon neveu, l'appréhenſion qu'il eut que la France n'appuyaſt les prétentions bien fondées de ce jeune Prince ſur les Etats dont il s'agiſſoit, furent des motifs aſſez forts, pour luy faire prendre cette réſolution.

Extrait du Traité chez du Cheſne Hiſtor. de Norman. Il eſt à la Biblioth. du Roy, au 28. vol. des MSS. de Brienne Cartulaire de Philippe Auguſte.

Rigordus.

On voit par cette Piéce en quelle forme ſe faiſoient alors les Traitez, & qu'on n'avoit point en ce temps-là recours aux Princes Etrangers, pour en eſtre les garants; que c'étoient les Vaſſaux meſmes qui cautionnoient leur Souverain, & que quand on les voit dans l'Hiſtoire s'unir & prendre les armes contre luy, ce n'eſtoit pas toûjours une révolte injuſte, mais quelquefois l'effet d'une garantie, à laquelle ils s'eſtoient obligez par ſerment, & à quoy le Prince avoit conſenti, ſuppoſé qu'il manquaſt à l'obſervation du Traité.

Le lendemain de la concluſion de cette Paix le vingt-troiſiéme de May, le Prince Loüis, qui n'eſtoit encore qu'en ſa treiziéme année, épouſa Blanche de Caſtille. La cérémonie ſe fit en Normandie par l'Archevêque de Bourdeaux, en un lieu nommé Purmor; parce qu'alors le Royaume eſtoit en interdit, à cauſe du divorce du Roy. La jeune épouſe fut conduite en France, pour y eſtre élevée. Le meſme jour Artur Duc de Bretagne fit hommage à Vernon au Roy d'Angleterre ſon oncle pour ſon Duché, & le Roy de France fut fait Tuteur de ce Prince, du conſentement du Roy d'Angleterre.

An. 1200.

Roger de Houeden.

De long-temps il ne s'eſtoit fait de Paix entre la France & l'Angleterre, qui paruſt ſi bien affermie que celle-ci. On y eſtoit entré dans un grand détail des prétentions réciproques. On avoit réglé toutes choſes d'une maniére aſſez nette. On avoit eſté au devant de tout ce qui pouvoit rompre la bonne intelligence

PHILIPPE AUGUSTE.

entre les deux Rois ; le mariage de Loüis & de Blanche de Castille en estoit le nœud, & ces deux Princes s'estoient séparez fort contens l'un de l'autre : enfin le Roy d'Angleterre après s'être fait couronner de nouveau à Cantorbery avec Isabelle d'Angoulesme sa nouvelle épouse, avoit repassé la mer, & estoit venu voir à Paris le Roy de France, qui l'avoit reçû avec tout l'honneur & toute la cordialité possible, jusqu'à quitter son Palais pour l'y loger, & l'avoit à son départ comblé de magnifiques présens. Cette Paix toutefois ne dura guéres davantage que la plufpart des autres. Le Roy d'Angleterre donna lieu, ou dumoins prétexte à la rupture. Peut-estre que Philippe ne se seroit pas si fort pressé du temps de Richard, dont la conduite, l'activité, l'habileté dans la guerre en faisoient un ennemi bien plus redoutable à la France, que son succeffeur, qui luy estoit beaucoup inférieur en toutes ces qualitez. Un Prince ambitieux délibere peu, pour attaquer un ennemi qu'il ne craint pas, lorsqu'il a sujet de le faire. Voici celuy que le Roy d'Angleterre donna à Philippe, de recommencer la guerre.

Jean avoit fait divorce avec Havise sa femme, fille de Guillaume Comte de Glocestre, à cause de la parenté ; & avoit épousé, ainsi que je l'ay marqué, Isabelle fille d'Aymar Comte d'Angoulesme. Isabelle quelque temps auparavant avoit esté non seulement promise à Hugues le Brun Comte de la Marche, mais encore ce Seigneur l'avoit épousée, quoy qu'en particulier, différant de le faire en face d'Eglise, jusqu'à ce qu'elle fust parvenuë à l'âge nubile, où elle n'estoit pas encore alors. C'estoit Richard Roy d'Angleterre qui avoit fait ce mariage. Le Comte d'Angoulesme voyant le nouveau Roy d'Angleterre fort passionné pour sa fille, préféra l'honneur d'estre beaupere de son Roy, à celuy de tenir sa parole au Comte de la Marche. Il la fit enlever de la Maison du Comte, & la mit entre les mains de Jean, qui l'épousa.

Le Comte de la Marche ressentit vivement cette injure ; mais il la fallut dissimuler, d'autant plus que ce dernier mariage ne s'estoit fait, qu'avec l'agrément du Roy de France, dont Isabelle estoit proche parente par sa mere fille de Pierre de Courtenai. Cependant comme ce Comte estoit très-puissant, & avoit de grandes liaisons avec les plus confidérables Seigneurs de de-là la Loire, il les mit sans beaucoup de peine dans ses intérests. Quelques-uns prirent les armes dans le Poitou ; mais l'arrivée du Roy d'Angleterre en Normandie les arresta.

Ce Prince voulant profiter de la crainte qu'il croyoit leur avoir donnée, en cita plusieurs, pour comparoistre à sa Cour, & rendre compte des Infidélitez, dont ils estoient coupables contre luy & contre son prédécesseur ; & comme dans ces sortes de jugemens, lorsque les autres preuves n'estoient pas évidentes, on avoit recours à celle du duel pour la conviction de l'accusé, il avoit eu soin d'amener avec luy plusieurs hommes fort adroits dans ces combats singuliers, afin de les faire battre contre ceux de ces Seigneurs qui y auroient recours pour leur défense ; mais tous refuférent de comparoistre : & comme il n'avoit pas des Troupes suffisantes pour les mettre à la raison, il fut obligé de ne pas passer outre, sans autre effet, que de les avoir extrêmement aigris contre luy ; & il apprit par cette expérience, qu'un Prince en pareille occasion ne doit jamais commander, sans estre en état de se faire obéïr.

Quelque temps auparavant, je ne sçay pour quel sujet, le Roy d'Angleterre avoit commandé au Sénéchal de Normandie d'attaquer la Forteresse de Driencourt, aujourd'huy appellée Dancourt, que le défunt Roy d'Angleterre avoit donnée à Raoul d'Issoudun Comte d'Eu, & frere du Comte de la Marche. Cette Place estoit du Comté d'Eu, & le Sénéchal s'en estoit emparé.

Tous ces Seigneurs mécontens, quoy qu'extrêmement unis ensemble, ne se croyoient pas assez forts, pour faire impunément la guerre à leur Roy. Ils vouloient engager le Roy de France dans leurs querelles ; & eurent pour cet effet recours à un expédient, dont ils avoient divers exemples dans les Régnes précédens.

Ils portérent leurs plaintes au Roy de France, & luy demandérent justice sur divers griefs qu'ils luy présentérent, comme à leur Souverain Seigneur, & qui estoit aussi du Roy d'Angleterre. Ces sortes de Requestes estoient toûjours très-bien reçûës à la Cour de France, où l'on prenoit volontiers toutes les occasions, de faire sentir aux Rois d'Angleterre leur dépendance de la Couronne. Le Roy répondit à ces Seigneurs qu'il auroit soin de leurs intérests. Il écrivit au Roy d'Angleterre, & l'exhorta à ne point molester ses Vassaux, à les conserver leurs droits, à les gouverner avec douceur, & à ne les point aigrir ; que pour luy il ne pouvoit s'empescher comme leur Seigneur, d'écouter leurs plaintes, & de garder dans l'examen qu'il en feroit, les procedures juridiques.

Le Roy d'Angleterre répondit au Roy en termes fort soumis, qu'il reconnoissoit son autorité, & qu'il l'honoroit comme son Seigneur & son Roy ; mais qu'il le prioit de trouver bon, que toutes choses se fissent dans l'ordre ; que la coûtume estoit, que les Vassaux qui tenoient des Fiefs immédiatement mouvans de la Couronne d'Angleterre, & qui estoient en mesme temps Arriere Fiefs de la Couronne de France, s'adressassent d'abord à la Cour d'Angleterre, sauf leur droit d'en appeller à la Cour de France, en cas qu'ils crussent qu'on ne leur eust pas fait justice. Il faut, ajoûta-t-il, que d'abord ils soient jugez par moy, assisté du Conseil de leurs Pairs*; & si je ne juge pas selon les Loix, alors mon jugement sera examiné par mes Pairs.

Ces deux paroles *leurs Pairs*, & *mes Pairs*, méritent d'estre observées ici en passant. Par cette parole, *leurs Pairs*, le Roy d'Angleterre entendoit les Seigneurs de ses Etats, qui avoient la qualité de Pair : & par cet autre, *mes Pairs*, il entendoit, non pas les Pairs d'Angleterre, mais ceux qui portoient ce titre en France, du nombre desquels il estoit en qualité de Duc de Normandie. On a beaucoup raisonné sur ce mot de *Pair*: il est exprimé en Latin par celuy de *Par*, qui signifie en François *égal*, & selon cette signification ; *mei Pares*, *mes Pairs*, voudroit dire en François la mesme chose, que mes égaux, non pas qu'ils fussent tous égaux en dignité ; mais parce qu'ils assistoient avec une égale autorité entre eux à certains jugemens où le Souverain présidoit, & parce qu'ils n'en avoient aucune les uns sur les autres en particulier, & qu'ils estoient également jugez les uns par les autres, quand ils estoient citez au Tribunal du Prince, dont ils estoient comme les Assesseurs en ces sortes de jugemens. Vrai-semblablement ces jugemens où il s'agissoit de juger un Pair, estoient les seuls où ils assistoient en cette qualité de Pairs, par un privilége particulier accordé à tous les plus considérables Vassaux de la Couronne, de n'être jugez que par leurs Pairs, c'est-à-dire, par leurs égaux, qui estoient comme eux Vassaux relevans immédiatement de la Couronne. Cette signification du mot de *Pair*, me paroist parfaitement établie par cette expression du Roy d'Angleterre, rapportée par un Auteur contemporain. Pour ce qui est de leur réduction au nombre de douze, je ne pense pas qu'on ait aucun Monument Historique, par lequel on puisse en fixer précisément le temps ; mais l'époque de cette réduction ne doit pas estre fort éloignée du temps dont je parle : car il est fait mention expresse des douze Pairs de France sous le Régne de S. Loüis petit-fils de Philippe Auguste, & l'Historien contemporain n'en parle pas comme d'une nouvelle institution. Je reviens au différent des deux Rois.

Le Roy de France n'avoit pas droit d'exiger autre chose du Roy d'Angleterre, que ce qu'il luy promettoit par sa réponse : car c'estoit une coûtume qui avoit passé en Loy, que les Vassaux soûtinssent leurs droits en présence de leurs Pairs & de leur Seigneur immédiat, & contre luy violez ; & ils n'avoient leur recours au Seigneur Suzerain qu'en seconde instance. En effet, le Roy renvoya Raoul d'Issoudun, le Comte de la Marche, & les autres, au Tribunal de leurs Pairs & du Roy d'Angleterre. Mais ce Prince ne tint pas parole, & au lieu de vouloir les écouter, il leur refusa les sauf-conduits qu'ils demandoient, pour comparoistre devant luy.

Les plaintes en revinrent aussi-tost au Roy: & les Seigneurs qui se prétendoient lézez, le supplièrent d'évoquer la cause à son Tribunal, & d'y citer le Roy d'Angleterre, comme son Vassal, qui luy devoit rendre compte de sa conduite, en ce qui concernoit le Gouvernement des Domaines, pour lesquels il relevoit de luy.

Le Roy ne voulut point encore se servir de la voye de la citation ; mais il écrivit au Roy d'Angleterre d'une manière assez forte, en luy reprochant qu'il avoit manqué de parole, & le menaçant de prendre les moyens efficaces de se faire obéir.

Le Roy d'Angleterre s'excusa sur quelques affaires pressantes, qui l'avoient empesché de travailler à celle-là, & ajoûta que sans délay, il tiendroit sa Cour & l'Assemblée des Pairs à Angers; que les Seigneurs ses Vassaux dont il s'agissoit, pourroient se rendre à Loudun, & que là il leur envoyeroit des sauf-conduits en bonne forme. Il n'exécuta pourtant rien de tout cela, éludant toûjours sous de nouveaux prétextes. Le Roy lassé de tous ces retardemens, & choqué d'une conduite si peu sincère, commença à assembler des Troupes, pour entrer sur les Terres du Roy d'Angleterre.

Ce Prince en ayant eu avis, envoya de nouveau prier Philippe de ne point rompre la Paix, & l'asseûra qu'il le satisferoit au plustost. Le Roy répondit, qu'il ne pouvoit plus se fier à ses promesses, & qu'il alloit luy faire une sanglante guerre, à moins que pour gage de sa parole, il ne luy mist entre les mains les Forteresses de Tillieres & de Boutavant, sur les Frontieres de Normandie, à condition toutefois qu'elles luy seroient renduës, si-tost qu'il auroit obeï à ses ordres. Le Roy d'Angleterre y consentit, & on convint du jour auquel les deux Forts seroient livrez au Roy.

Cependant Artur Duc de Bretagne voyant ces semences de guerre, pensa à en profiter. Il entra dans la Ligue des Comtes mécontens, & pria le Roy de trouver bon, qu'en cas de rupture, il fist valoir les droits qu'il avoit sur la succession du défunt Roy d'Angleterre, dont il prétendoit qu'il avoit esté injustement exclus ; & c'est ce qu'il n'eut pas de peine à obtenir.

La situation des affaires du Roy d'Angleterre devenoit par ces troubles d'autant plus dangereuse, qu'il n'avoit pas les mesmes ressources que son prédécesseur, dans les Vassaux de la Couronne de France, qui s'estoient tous sincérement réconciliez avec le Roy. Le Comte de Flandre le plus redoutable avoit pris la Croix, & se disposoit au voyage de la Terre-Sainte, aussi-bien que Loüis Comte de Blois. Thibaud Comte de Troye venoit de mourir à l'âge de vingt-cinq ans, ne laissant qu'une fille, & la Comtesse sa femme enceinte, qui accoucha d'un fils, dont le Roy fut fait Tuteur, & devint par conséquent maistre de tout cet Etat. Ainsi il n'avoit plus rien à craindre au dedans du Royaume ; au lieu que le Roy d'Angleterre avoit en-deçà & au-delà de la mer, bien des gens qui broüilloient dans ses Etats. Rien donc n'empeschoit Philippe, d'exiger de luy tout ce qu'il en pouvoit prétendre.

Il ne manqua pas de s'aller présenter devant Tillieres & Boutavant au jour marqué, & somma les Commandans de les luy remettre. Ils répondirent qu'ils n'avoient reçû aucun ordre. là-dessus : sur quoy le Roy, qui s'estoit attendu à une telle réponse, entreprit de forcer ces deux Places.

Tillieres estoit une Forteresse sur la riviére d'Aure, fortifiée par les Ducs de Normandie, long-temps avant qu'ils fussent Rois d'Angleterre. Boutavant avoit esté construit par le dernier Roy Richard, sur le bord de la Seine, en mesme temps qu'il bastit proche de la mesme riviére le Fort de Porti-joye, le Chasteau-Gaillard, & quelques autres vers Andely. Il appella celuy-là Boutavant, pour marquer le dessein qu'il avoit en élevant toutes ces Forteresses, qui estoit d'aller toûjours de plus en plus en avant du costé de l'ennemi, & de *bouter*, c'est-à-dire, de mettre, & pousser les Fortifications de ces Frontiéres, le plus loin qu'il luy seroit possible vers les Terres de France.

Guillelm. Armoric.

Ces deux Places coûtérent trois semaines au Roy; mais il n'en demeura pas là. Il prit encore Mortemer, Lions, & vint mettre le siége devant Gournai, Place alors des plus considérables de la Frontiére de Normandie, entre Andely & Beauvais. Elle estoit située dans une Plaine marécageuse, & entourée de fossez très-profonds & pleins d'eau. Il y avoit une forte Garnison pour la défendre; & il se trouvoit de grandes difficultez dans l'exécution de cette entreprise. Mais le Roy considérant le terrain des environs, s'apperçut qu'un grand étang, qui estoit proche de-là, paroissoit notablement plus haut que la Ville, & il crut qu'en rompant les digues, le penchant des eaux étant de ce costé-là, il la pourroit noyer entiérement.

Philipp. lib. 6.

An. 1202.

Guillelm. Armoric.

En effet, après avoir inutilement sommé la Garnison de se rendre, il fit couper la levée de l'étang, & l'eau vint tomber avec tant de rapidité dans les fossez & contre la muraille, qu'elle la renversa, & obligea tout ce qu'il y avoit de gens dans la Place, à l'abandonner, & à gagner les hauteurs des environs. Ensuite les eaux s'estant écoulées par le moyen de plusieurs seignées, les Troupes entrérent dans la Place: le Roy en fit réparer les bréches, & y ajoûta de nouvelles Fortifications.

Ce fut là que le jeune Duc de Bretagne l'étant venu trouver, fut fait Chevalier de sa main. Le Roy fit la cérémonie de luy ceindre l'épée, selon la coûtume, & luy fit épouser Marie sa fille, qu'il avoit euë d'Agnés de Bohême, & qui ne pouvoit avoir alors que quatre ou cinq ans. Il l'investit non seulement du Duché de Bretagne, que le Duc tenoit auparavant du Roy d'Angleterre; mais encore du Comté de Poitou & du Comté d'Anjou, & reçut son hommage lige pour tous ces Domaines. Il luy donna deux cens Cavaliers d'élite, tirez de ses Troupes, & une grosse somme d'argent, pour luy aider à entretenir l'Armée, avec laquelle il devoit attaquer le Roy d'Angleterre en Anjou & en Poitou.

Rigord.

Le Duc de Bretagne prit congé du Roy au mois de Juillet, & ne fut pas long-temps sans entrer sur les Terres du Roy d'Angleterre. Il assiégea Mirebeau en Poitou, où la Reine-mere d'Angleterre se trouva enfermée. Le Duc avoit fort peu de Troupes, & attendoit les Milices de Bretagne, de Berri, & de Bourgogne, qui devoient incessamment le joindre. Mais le Roy d'Angleterre les prévint; & estant tombé tout à coup sur luy, le défit, & le prit prisonnier avec le Comte de la Marche, Geof-

Guillelm. Armoric. Math. Paris.

Rigord.

froy de Lusignan, & plusieurs autres Seigneurs de de-là la Loire. Il renferma le Duc de Bretagne dans le Chasteau de Falaise, & fit passer en Angleterre la plûpart des autres Seigneurs prisonniers.

An. 1202.

Cette nouvelle fut rapportée au Roy, dans le temps qu'il assiégeoit Arques sur les Frontiéres de Normandie. Il abandonna le siége, vint à grandes journées sur la Loire, pour recüeillir les restes du parti du Duc de Bretagne. Il attaqua & emporta Tours, que le Roy d'Angleterre reprit peu de temps après, & dont il rasa le Chasteau & les murailles, après avoir mis le feu à la Ville.

Guillelm. Armoric.

Le Roy d'Angleterre alla ensuite à Falaise, où il fit tout ce qu'il put, pour engager le Duc de Bretagne, à rompre les liaisons qu'il avoit prises avec le Roy de France. Ce jeune Prince luy répondit avec fermeté, qu'il ne renonceroit jamais aux droits qu'il avoit, non seulement sur l'Anjou, la Touraine, le Maine & la Guyenne; mais encore sur l'Angleterre qui luy appartenoit par la mort du Roy Richard son oncle, à qui son pere, par le rang de sa naissance, eust dû succéder, & que luy-mesme représentoit, comme son héritier légitime.

Math. Paris.

Le Roy d'Angleterre qui ne s'estoit pas attendu à une réponse si fiere, & qui jugea par là ce qu'il auroit à craindre dans la suite d'un tel ennemi, le fit transporter au Chasteau de Roüen, où il fut étroitement gardé. Peu de temps après on apprit la mort du jeune Duc, dont les circonstances sont demeurées incertaines, par les diverses relations qu'on en fit alors. Les uns asseurent qu'il fut empoisonné; d'autres que Jean le poignarda de sa propre main; mais les Auteurs Anglois mesmes en disent assez, pour ne laisser nul doute, qu'il n'eust péri de mort violente, soit par la main, soit par l'ordre du Roy d'Angleterre.

An. 1203.

Math. Paris.

La chose parut si odieuse, que depuis ce temps-là, ce Prince fut en horreur aux Peuples & à la plûpart des Grands, dont plusieurs l'abandonnérent, pour se donner au Roy de France; & quelques autres ne demeurérent dans son parti, qu'en attendant quelque occasion favorable de l'abandonner.

La Duchesse Constance mere du Duc Artur, outrée de douleur, porta ses plaintes au Roy, comme à son Seigneur Suzerain du Roy d'Angleterre & du Duc, & les Seigneurs de Bretagne se joignirent à elle, pour demander justice. Le Roy reçut favorablement leur Requête, & cita le Roy d'Angleterre à la Cour des Pairs. Ce Prince n'ayant pas comparu, fut par Arrest & Jugement solemnel de la Cour des Pairs, déclaré atteint & convaincu du crime de parricide & de celuy de fellonie contre le Roy son Seigneur, privé & déclaré déchû du droit qu'il avoit sur toutes les Terres, Seigneuries, & Fiefs mouvans, & tenus à hommages de la Couronnne de France, qui furent tous confisquez.

Rigord. Guillelm. Armoric.

Le Roy profitant des conjonctures, commença à faire exécuter l'Arrest, & avec le secours des Bretons & des Poitevins, il prit d'-

HISTOIRE DE FRANCE.

verses Forteresses au-delà de la Loire, dont il rasa les unes, & garda les autres. Robert Comte d'Alençon se donna à luy avec sa Ville, & toutes les Places dont il estoit maistre. Mais le Roy ayant séparé ses Troupes pour les faire reposer, le Roy d'Angleterre vint brusquement mettre le siége devant Alençon.

Le Roy surpris & embarrassé, à cause de la difficulté qu'il y avoit à ramasser assez promptement ses Troupes dispersées, rappella celles qui estoient les plus proches; & ayant sçû qu'il se faisoit un Tournois à Moret dans le Gastinois, où quantité de Noblesse s'estoit assemblée, il y alla, & invita tous les Seigneurs & Gentilshommes qui s'y trouvèrent, à le suivre, pour le secours d'Alençon. Ils le firent volontiers, & avec toute leur suite, qui estoit ordinairement assez nombreuse dans ces sortes de divertissemens Militaires, s'estant joints à ce que le Roy avoit amené de Troupes, ils firent un petit Corps d'Armée plus considérable par la qualité & la bravoure de ceux qui le composoient, que par le nombre.

Le Roy marcha à leur teste à grandes journées droit au siége. Le Roy d'Angleterre qui n'avoit pas prévû que Philippe dust prendre un tel expédient, & qui avoit compté que la Place seroit à luy avant qu'on la pust secourir, leva le siége fort en desordre, abandonnant tentes, machines & bagages.

De-là le Roy alla prendre Conches, Andely & le Vaudreüil, tandis que Jean taschoit de faire des diversions en divers endroits, dont pas une ne luy réüssissoit, quittant toutes ses entreprises, dés que les François paroissoient.

Ibid.

Le Pape Innocent III. soit de luy-mesme, soit sollicité par le Roy d'Angleterre, voulut se faire le médiateur entre ces deux Princes, & leur envoya les Abbez de Casemar & de Trefons, qui au nom & de la part du Pape, leur ordonnérent de convoquer une Assemblée des Evêques, des Abbez, & des Seigneurs de leurs Etats, d'y faire la Paix, & de rétablir les Monastéres & les Eglises, qui avoient esté détruites durant la guerre.

An. 1203.

Cet ordre fut intimé au Roy à Mante, & il en fut surpris. Il assembla quelques Evêques, quelques Abbez, & quelques Seigneurs, & leur demanda leur avis sur ce qu'il avoit à faire en cette occasion. On trouva la conduite du Pape fort étrange; les plus considérables des Seigneurs en furent très-choquez, & conseillérent au Roy de passer outre. On a les Lettres d'Eudes Duc de Bourgogne, de Hervé Comte de Nevers, & de Radulphe Comte de Soissons, scellées de leurs Sceaux, par lesquelles ils prient le Roy de ne se point laisser contraindre par le Pape à cette Paix, luy promettant leur secours & leurs services, & de ne point traiter sans eux avec le Pape; mais comme le Roy avoit pour la personne & pour la dignité du Pape beaucoup d'égard, il dissimula son chagrin, & dit seulement aux Légats, qu'asseurément ils n'estoient pas bien informez des intentions du Pape, ou qu'ils passoient les instructions qu'ils en avoient reçuës; qu'il au-

MSS. de Brienne à la Bibliotheque du Roy, vol. 5. Mélanges touchant la Cour de Rome.

Ibid.

roit soin de l'informer exactement de tout; & qu'après que le Pape auroit examiné les choses à loisir, il approuveroit sans doute les raisons qu'on avoit en France, de continuer la guerre. Le Roy en effet envoya quelques Evêques à Rome, du nombre de ceux qui avoient assisté à cette Assemblée, & ils satisfirent le Pape d'autant plus aisément sur ce sujet, que le Roy d'Angleterre ne s'estoit pas mis en peine, de luy envoyer personne pour soûtenir ses intérests.

Cependant le Roy pensa à exécuter une grande entreprise, qu'il méditoit depuis long-temps. C'estoit le siége de Chasteau-Gaillard, dont on voit encore les ruïnes sur le bord de la Seine à Andely, à sept licuës au-dessus de Roüen. C'estoit une Place que le défunt Roy d'Angleterre avoit fortifiée à plaisir, & dont il avoit fait comme le boulevard de la Normandie de ce costé-là. Il luy avoit mesme donné le nom de Chasteau-Gaillard, comme pour marquer qu'avec cette Forteresse, il prétendoit se rire & se moquer de tous les efforts de la France.

Apud du Chesne. Tom. 5. p. 809.

Guillelm. Armoric.

Comme ce siége est un des plus mémorables de nostre Histoire, & que la prise de cette Place fut suivie de la conqueste de presque toute la Normandie; je vais descendre dans le détail de ce qui s'y passa. Voici la description de la Place, telle que l'Auteur contemporain nous la fait, & qui me paroist fort conforme à la vérité, à en juger par ce que j'en ay vû sur le lieu mesme. Tout proche de la Ville, qu'on appelle aujourd'huy le Petit Andely, il y avoit une grande Isle de figure ronde au milieu de la Seine, appellée l'Isle d'Andely; la riviére avec le temps en a mangé une partie, & en a fait plusieurs petites Isles, une desquelles porte encore aujourd'huy le nom d'Isle d'Andely. Richard Roy d'Angleterre avoit basti un Palais dans cette grande Isle, avec une haute & forte Tour, dont le bas subsiste encore, & on l'appelle *la Tour du Chasteau*. Le Chasteau & la Tour estoient entourez de bons fossez & de hautes murailles, & il y avoit deux Ponts de communication avec les deux bords de la riviére.

Guillelm. Brito. l. 7.

Environ à la distance de trois portées de fronde sur le rivage, du costé d'Andely, s'élevoit un rocher fort haut & fort roide, & tellement escarpé, qu'estant regardé d'en-bas, du costé de la riviére, il ne paroist que comme une Tour. Il estoit un peu moins haut du costé de l'Orient, & il y avoit là comme une grande plate-forme terminée en pointe, & entourée d'un creux très-profond, qui la separoit d'une colline plus haute, & continuoit des deux costez en descendant vers la riviére. On avoit élevé sur le bord de cette espéce de plate-forme une très-épaisse muraille flanquée de Tours, & on eut soin d'escarper le roc, afin qu'on ne pust y grimper en nulle maniere par aucun endroit. On avoit construit une autre muraille par le travers de la plate-forme, & on avoit creusé au devant un grand fossé dans le roc; c'estoit comme un très-fort retranchement, où la Garnison pouvoit se retirer

Ibid.

An. 120

PHILIPPE AUGUSTE.

rer, en cas que la premiere muraille fuſt forcée par l'ennemi.

De-là en avançant vers l'intérieur de la Place, on rencontroit le haut du rocher, qu'on avoit auſſi eſcarpé tout à l'entour, & ſur le bord on avoit baſti une forte muraille. Ce rocher eſtoit encore entouré d'un foſſé creuſé dans le roc. La ſtructure de cette muraille dont la plus grande partie eſt encore en ſon entier, eſt remarquable. Elle eſt baſtie en rond comme en façon d'une grande & vaſte Tour; mais la ſurface n'en eſt pas unie. Elle eſt compoſée non pas de Tours, mais de ſegments de Tours, qui n'ont pas un pied de ſaillie, entre leſquels eſt un petit eſpace plat comme une petite courtine, qui n'a guéres plus d'un pied & demi de largeur. On voit dans cette conſtruction l'adreſſe & le deſſein de l'Ingénieur, qui eſtoit, que le Bélier n'euſt preſque point de priſe contre cette Fortification, au lieu qu'il en avoit beaucoup contre les Tours entieres, dont on flanquoit alors les murailles, & auſquelles depuis on a ſubſtitué nos Baſtions angulaires, parce que la manière de l'attaque & de la défenſe a changé, à cauſe du canon & de la mouſqueterie.

On voit entre l'Orient & le Midi, une Galerie creuſée fort avant dans le roc, dont les entrées ſont en arcades; c'eſtoit apparemment pour mettre les chevaux. Dans le fond à gauche, il paroiſt une grande ouverture ceintrée, par où l'on prétend que l'on deſcendoit à couvert juſqu'à la rivière. Il y avoit proche de là un puits, pour fournir de l'eau à la Garniſon, outre un autre qui eſtoit au dedans de la muraille, dont je viens de parler, & celuy-ci paroiſt ſi profond, qu'il y a bien de l'apparence, qu'il a eſté creuſé juſqu'au niveau de la rivière.

A cette enceinte du coſté de l'Orient, eſt une petite porte, pour communiquer avec la plate-forme par un pont. Enfin ſur le plus haut ſommet du roc dans le milieu de l'enceinte, eſtoit baſtie la Citadelle, ou pluſtoſt le Donjon de la Place, lequel eſt encore ſur pied.

C'eſtoit cette fameuſe Foreterſſe que Philippe s'eſtoit propoſé d'emporter, & vis-à-vis de laquelle il vint camper au mois d'Aouſt de l'an 1203. au Midi de la rivière de Seine, du coſté oppoſé au Vexin. Il réſolut de commencer par l'attaque du Chaſteau de l'Iſle d'Andely. Celuy qui y commandoit, dès qu'il vit approcher l'Armée, rompit le pont, qui faiſoit de ce coſté-là la communication de l'Iſle avec le continent.

An. 1203.

Le Roy ayant fait mettre ſes pierriers & ſes autres machines en batterie, commença à battre furieuſement & ſans relaſche, non ſeulement le Chaſteau de l'Iſle, mais encore une triple palliſſade, qui commençoit au pied de la montagne du Chaſteau-Gaillard, & continuoit dans preſque tout le travers de la rivière; c'étoit pour en fermer le paſſage aux Vaiſſeaux du Roy, qui deſcendroient; mais les pierres tirées de trop loin, faiſoient peu d'effet, & incommodoient ſeulement quelques maiſons de l'Iſle.

D'ailleurs les aſſiégez avoient encore leur pont de communication du coſté du Vexin, d'où ils pouvoient recevoir commodément du ſecours & des vivres. Le Roy vit bien qu'il n'avanceroit rien, s'il n'aſſiégeoit auſſi la Place de ce coſté-là, & s'il ne la battoit de plus près. Mais il falloit pour cela faire un pont ſur toute la largeur de la rivière, & tout proche de la pointe de l'Iſle, afin de pouvoir l'inſulter. La choſe n'eſtoit pas aiſée, ce travail devant ſe faire à la portée des fléches, des pierres & des feux d'artifice, dont les aſſiégez ne manqueroient pas d'accabler ſans ceſſe les travailleurs.

Malgré ces difficultez néanmoins, on vint à bout de rompre & d'arracher la palliſſade de la rivière; mais on y perdit beaucoup de Soldats. Enſuite le Roy ayant fait deſcendre quantité de bateaux plats, qu'il avoit fait préparer à Paris & dans ſes autres Places de la rivière de Seine, on fit le pont au-deſſous de la Place. Au milieu du pont à la pointe de l'Iſle, le Roy fit élever deux Tours de bois, qui n'avoient point d'autres fondemens, que quatre grands bateaux, qu'on avoit rendus immobiles à force d'ancres & de gros cables: & ces Tours étoient ſi hautes, qu'elles dominoient les murailles du Chaſteau de l'Iſle; de ſorte que perſonne ne pouvoit y paroiſtre, ſans eſtre expoſé aux fléches des Archers, dont on avoit rempli le haut de ces Tours.

Quand tout ce travail fut achevé, le Roy tranſporta la plus grande partie de ſon Armée du coſté du Vexin, & fit battre la Place par trois endroits; ſçavoir des deux bords de la rivière & de deſſus le pont. L'autre avantage qu'on en retira, fut que la Cavalerie pouvant faire des courſes dans tout le Vexin, le fourage & les vivres furent en abondance dans le Camp, au lieu que les aſſiégez ne pouvoient plus en recevoir.

Cependant le Roy d'Angleterre avoit aſſemblé dans le Vexin une nombreuſe Armée, bien réſolu de tenter le ſecours; mais il ne vouloit pas hazarder d'abord une bataille générale, ſoit qu'il ſe défiaſt de la fidélité de ſes Troupes, ſoit qu'il redoutaſt la valeur & l'habileté de ſon ennemi, ſoit qu'il vouluſt, comme il le diſoit, ſe préparer à une entiere victoire par une action moins importante, ſi elle réuſſiſſoit. Il fit donc ſous la conduite de Guillaume le Maréchal, un de ſes meilleurs Capitaines, un détachement de quatre mille hommes de pied, & de trois mille Cavaliers ſervants *; c'eſt-à-dire, de ceux qui eſtoient à cheval à la ſuite des Chevaliers à Banniéres, appellez communément Bannerets. C'eſt ſous le Régne de Philippe Auguſte, que ce titre des Chevaliers Bannerets paroiſt pour la premiere fois dans noſtre Hiſtoire. A ce Corps, qui faiſoit ſept mille trois cens hommes, il joignit une groſſe Troupe de Cottereaux ou de Brabançons qui eſtoient à ſa ſolde.

*Servientes, d'où vient le mot de Sergeant.

Tandis que cette Armée marcheroit vers le Camp des François, une Flote nombreuſe qu'il avoit aſſemblée un peu au-deſſous de l'Iſle aſſiégée, devoit monter la rivière à force de ra-

Tome I.   Rrrr

mes, pour venir rompre le pont des assié- geans, & jetter des vivres dans le Chasteau. Elle estoit composée de soixante & dix Vaisseaux legers, que le Roy Richard avoit fait construire un peu avant sa mort, qui estoient assez forts pour voguer sur la mer, mais qui prenoient assez peu d'eau, pour pouvoir aussi aller sur la Seine, mesme dans les endroits les moins profonds. Il y joignit quantité d'autres moindres Vaisseaux chargez de vivres pour le Chasteau. Il mit sur tous ces Vaisseaux trois mille Flamands qu'il avoit dans son Armée, & les Soldats d'un fameux Pirate nommé Alain, qui s'estoit mis à son service, & à qui il donna le commandement de la Flote conjointement avec deux autres de ses meilleurs hommes de mer.

Il ordonna aux Commandants de la Flote & au Général de l'Armée de Terre, de compasser tellement leur marche, qu'ils pussent attaquer le Pont & le Camp en mesme temps. Il commanda de plus à l'Amiral, que s'il ne pouvoit pas venir à bout de rompre le Pont, il ne laissast pas d'en continuer l'attaque, pour occuper toûjours l'ennemi, afin qu'il ne pust pas faire passer les Troupes de l'autre bord de la rivière, au secours du Camp attaqué. L'Armée de Terre & la Flote se mirent en marche sans Trompete & sans bruit, dès que la nuit fut venuë. L'Armée arriva bien plustost que la Flote au voisinage du Camp, le vent contraire joint au courant de la rivière, ayant beaucoup retardé les Vaisseaux.

Le Général après avoir long-temps attendu, voyant que la nuit se passoit, & que s'il attendoit plus long-temps, il seroit découvert, fit attaquer les maisons voisines du Camp, où s'estoient retirez au-delà des retranchemens, plusieurs Vivandiers, & d'autres pareilles gens qui suivent les Armées. Il fit main-basse sur tout ce qu'il y trouva, & passa par le fil de l'épée environ deux cens hommes. L'allarme se répandit bien-tost dans le Camp. La consternation s'y mit tellement d'abord, que la plûpart commencérent à fuïr vers le Pont, qui se rompit sous la foule des fuyards. Plusieurs furent noyez, & un grand nombre passa à la nage de l'autre costé de la rivière, où le Roy étoit campé, & ne sçavoit encore rien de ce qui se passoit.

Cependant Guillaume des Barres, Gaucher de Boulogne, Mathieu de Montmorenci, & quelques autres des Chefs de l'Armée, s'estant mis promptement à la teste de quelques Troupes, qu'ils rassemblérent au milieu de ce tumulte, & ayant fait mettre le feu à des arbres, à des buissons, & à des maisons en divers endroits, pour éclairer le Camp, & connoistre le nombre des ennemis, vinrent l'épée à la main au devant de ceux qui fuyoient, & firent si bien, qu'ils les arrestérent, les ralliérent, & les rangérent en bataille. Alors le Soldat s'étant reconnu, & les Généraux François voyant les ennemis en desordre dispersez çà & là, ils les chargérent à leur tour, en tuérent grand nombre, & dissipérent le reste.

Si la Flote fust arrivée à temps, & que le Pont eust esté attaqué au moment qu'il rompit, tout estoit perdu, la partie de l'Armée Françoise campée du costé du Vexin, eust esté coupée, & le Roy d'Angleterre, qui suivant le dessein qu'il avoit pris, devoit venir fondre sur elle, en auroit eu bon marché, tant est grande en matiére de guerre, l'importance d'un moment & d'une conjoncture manquée. La bréche du Pont fut incontinent réparée; on fut alerte dans tout le Camp le reste de la nuit, & plus en état qu'on n'auroit esté sans ce premier échec, de recevoir la Flote, qui parut à la pointe du jour.

A son approche toutes les Troupes se mirent sous les armes. Le Roy fit occuper les rivages des deux costez par quantité d'Archers & de Frondeurs. Il distribua les postes du Pont à Guillaume des Barres, au Seigneur de Montmorenci, au Seigneur de Mauvoisin, & à quelques autres des principaux Chefs. Plusieurs Ingénieurs montérent dans les Tours avec ceux qui manioient les machines à lancer des pierres, qu'on avoit disposées dans les divers étages de ces Tours. Tous les ordres furent donnez par-tout avec beaucoup de prudence, & exécutez avec une pareille exactitude.

La Flote cependant avançoit toûjours en bel ordre, & s'éloignant le plus qu'il estoit possible des deux bords de la rivière, elle essuya plusieurs décharges de fléches & de pierres. Les premiers Vaisseaux qui estoient les plus forts, vinrent heurter rudement contre le Pont, & soûtenus par les autres, d'où l'on tiroit incessamment des fléches, aussi-bien que du Chasteau de l'Isle, s'accrochérent avec des grapins à quelques endroits du Pont. Ceux qui les montoient, commencérent avec la hache à rompre les pieux, à couper les cables, à branler les poutres à coups de levier. On en vint alors aux coups de main, au javelot, à l'épée, au sponton, à la pique avec beaucoup plus d'avantage du costé de ceux qui défendoient le Pont, tant à cause du nombre, qu'à cause qu'ils combattoient de pied-ferme contre des gens, que le mouvement du Vaisseau faisoit chanceler, & empeschoit de parer si seûrement les coups, & de bien mesurer ceux qu'ils portoient à l'ennemi. D'ailleurs ceux-ci estoient accablez de grosses pierres, de pots à feu, & de toutes sortes d'artifices qu'on leur lançoit de toutes parts, & principalement des deux Tours du Pont.

Ils combattoient toutesfois avec une opiniastreté surprenante, jusqu'à ce qu'une poutre d'une longueur & d'une grosseur extraordinaire, ayant esté poussée de dessus le Pont, & estant tombée sur deux de leurs plus gros Vaisseaux, qui s'y estoient accrochez, les fracassa, & les coula à fond. A cette vûë il s'éleva de grands cris des deux costez, & les Généraux de la Flote ne voyant plus d'apparence à réüssir dans leur entreprise, donnérent le signal de la retraite.

Aussi-tost après, les bateaux des ennemis pleins de morts & de blessez, commencérent à s'éloigner à la faveur du courant de la riviére. Quand la Flote fut à quelque distance, le Roy détacha après elle quatre petits Vaisseaux fort légers & bien armez, qui l'ayant harcelée assez long-temps, luy enlevérent deux Vaisseaux chargez de vivres, destinez pour ravitailler le Chasteau. Mais le Roy sur la fin du combat, voyant que la déroute commençoit, donna un autre ordre, qui eut de bien plus grandes suites.

Il avoit dans son Armée un nommé Gaubert, natif de Mantes. C'estoit un de ces hommes tels qu'il s'en trouve encore quelquefois, qui partie par nature, partie par habitude, ont le secret de demeurer très-long-temps au fond de l'eau sans respirer. On avoit vû plusieurs fois celuy-ci plonger, & ne reparoistre ensuite sur l'eau, qu'à près d'une demie lieuë de l'endroit où il s'estoit jetté.

Une des maximes de Philippe Auguste, & qui le fut toûjours de tous les grands Rois, estoit de s'attacher par ses bien-faits, tous les gens qui avoient quelque chose d'extraordinaire, sur tout quand leurs talents pouvoient luy estre utiles par rapport à la guerre. C'est la remarque glorieuse à ce Prince, que fait nôtre ancien Historien en une autre occasion dans la description de ce siége, le plus difficile qu'on eust jamais vû en France, & auquel peu de ceux qu'on y a fait depuis, peuvent estre comparez.

Guillelm. Brito

Philippid. l. 7. p. 579.

Le Roy donc ayant esté averti pendant le combat, que la pallissade de l'Isle du costé de Chasteau-Gaillard, n'estoit point gardée, parce que toutes les Troupes s'estoient renduës au Chasteau de l'Isle, pour favoriser l'attaque de la Flote, commanda qu'on preparast quelques feux d'artifice, que l'on enfermoit dans des pots de fer, & qu'on avoit le secret d'y conserver allumez tout enfermez qu'ils estoient, & demanda à Gaubert s'il auroit le courage de les porter jusques dans l'Isle, pour mettre le feu aux pallissades. Il luy promit de le faire, & ayant fait attacher à plusieurs de ces pots une corde plus longue que la largeur de la riviére, il s'en ceignit par le milieu du corps, passa la riviére entre-deux eaux; & ayant abordé au costé de l'Isle le plus éloigné du Château qu'on attaquoit, il tira ces pots à feu, & exécuta ses ordres, sans aucune opposition. Le feu en très-peu de temps s'estant communiqué par la force du vent, à la plus grande partie de la pallissade, où les pierriers avoient déja fait quelques bréches, elle fut bien-tost consumée.

Cependant le Roy avoit fait tenir tout prests quantité de bateaux, & de chaloupes, qu'on remplit de Soldats, qui furent transportez à l'Isle, y firent descente sans résistance, s'emparérent des pallissades, des maisons & de tous les dehors du Chasteau, & s'y logérent. Ceux qui défendoient le Chasteau, voyant l'ennemi au pied de leurs murailles, & maistres de l'Isle, perdirent courage & se rendirent. Cette prise étonna les Habitans d'Andely, qui est au pied du rocher de Chasteau-Gaillard. Ils abandonnérent la Place, quoy qu'entourée d'assez bonnes murailles, & s'enfuirent les uns au Chasteau-Gaillard, les autres ailleurs.

Ces deux postes ainsi emportez, asseûroient presque au Roy la prise de Chasteau-Gaillard, au moins avec le temps, & par la famine; car il estoit impossible que rien y pust entrer desormais. Le Roy mit une grosse Garnison dans le Chasteau de l'Isle, fit faire des retranchemens entre Andely & la Forteresse, rétablit les Ponts de communication avec les deux rivages, & ordonna que l'on rebastit les maisons que le feu avoit endommagées. Il y logea une partie considérable de son Armée, & entre autres un grand Corps de Brabançons, qu'il avoit pris à son service, avec leur Général nommé Cadoc, à qui il donnoit tous les jours mille livres pour sa solde & pour celle de ses gens.

Il laissa reposer pendant quelque temps ses Troupes. Il en prit seulement une partie, avec laquelle il s'avança du costé de Radpont, poste important à trois ou quatre lieuës de Roüen, & en fit le siége. Il employa trois semaines à le prendre, & revint à Chasteau-Gaillard. La saison estoit déja avancée: il vit bien qu'il ne pourroit pas en venir à bout avant l'hyver, en l'assiégeant dans les formes, & il prit le parti de la bloquer de fort près.

J'ay dit que du costé de l'Orient, en tirant vers le Midy, il y avoit une colline séparée de la muraille la plus avancée de la Forteresse, par un creux d'une profondeur extraordinaire, & d'une très-grande étenduë, qui régnoit tout à l'entour de ce terrain escarpé. Le Roy fit faire sur cette colline deux fossez très-profonds, que l'on conduisoit de part & d'autre à l'entour du Chasteau, en descendant jusqu'à la riviére, & les fortifia de sept Tours à distance égale les unes des autres. Il fit faire quantité de Barraques aux environs des Tours, remplit de Soldats les Tours & les Barraques, pour y loger pendant tout l'hyver, & fit occuper par un retranchement l'extrémité d'un petit sentier fort étroit; c'estoit le seul chemin par où l'on pouvoit venir de la Forteresse sur la colline par le creux qui estoit entre-deux.

De cette maniére toute liberté fut ostée à la Garnison assiégée de s'écarter, & de rien tirer de la Campagne pour sa subsistance. Le Roy après avoir mis ainsi tout en asseûrance, alla passer l'hyver à Gaillon, pour estre toûjours proche du blocus.

Celuy qui commandoit dans Chasteau-Gaillard s'appelloit Roger de Laci Comte de Chester, homme de résolution & de conduite. Il vit bien que le dessein du Roy estoit de le prendre par famine: c'est pourquoy il mit hors de la Place une partie des bouches inutiles. Il en fit sortir à deux fois mille personnes, tant hommes que femmes, que les François par compassion laissérent passer. Mais le Roy envoya ordre aux Commandans du blocus de repousser desormais tout ce qui se présenteroit pour sortir. Quelque temps après, vers la fin de l'hyver, le Gouverneur ayant fait le dénombrement de tous ceux qui restoient dans sa Place, & supputé exactement ce qu'il pouvoit avoir de vivres, trouva qu'il en auroit encore pour un an, pourvû qu'il ne gardaſt que ceux qui eſtoient capables de porter les armes, & mit dehors le reſte, au nombre de douze cens perſonnes, qui ſortirent aſſez volontiers, dans l'eſpérance de paſſer comme les autres. Mais ces malheureux ſe virent accablez de pierres & de fléches, dès qu'ils approchérent du ſommet de la colline. Ils ſe préſentérent en vain pour rentrer dans la Foreteresse, on les en écarta pareillement à coups de fléches; de ſorte que dans cette extrémité, ils ſe retirérent tous dans le chemin creux, où la pluſpart périrent, les autres ſe nourrirent quelque temps de racines & de la chair des chiens, que l'on mit auſſi hors du Chaſteau, pour épargner le pain.

Le Roy eſtant venu un jour viſiter les travaux, ceux qui reſtoient de ces miſérables, accoururent au bord de la rivière, & comme il paſſoit ſur le Pont, qui n'eſtoit pas loin de là, pour entrer dans l'Iſle, ils commencérent tous à crier d'une manière pitoyable, luy·tendant les mains, ſe jettant à genoux, ſe proſternant contre terre. Ce Prince ne put ſoûtenir ce triſte ſpectacle, il ordonna qu'on les laiſſaſt paſſer, & qu'on leur donnaſt du pain, ſur lequel ils ſe jettérent avec fureur, & pluſieurs moururent, pour en avoir pris d'abord plus que leur eſtomach affoibli n'en pouvoit digérer.

An. 1204. Enfin le Roy vint avec de nouvelles Troupes à la fin de Février, pour recommencer le ſiége. Il vit bien qu'il avoit à faire à un Gouverneur opiniaſtre, & qui avoit pris ſes meſures pour tenir long-temps, à moins qu'on ne le forçaſt; ce qui eſtoit infiniment difficile, & paroiſſoit à la pluſpart impoſſible.

La première difficulté eſtoit d'arriver à la première muraille, à qui ce grand creux, qui eſtoit comme un abyſme, ſervoit de foſſé. Le Roy entreprit de le combler, & avec un travail extrême, en vint à bout, malgré les fléches & les pierriers des ennemis, qui tiroient ſans ceſſe, & luy tuérent bien du monde.

Ce creux eſtant comblé, on ſe retrancha à peu de diſtance de la muraille: enſuite on mit les pierriers & les mangonneaux en batterie, & on éleva des Tours, qu'on appelloit des Béfrois, plus hautes notablement que les murailles, pour tirer ſur tous ceux qui y paroiſtroient quand les pierriers en auroient rompu les créneaux & le parapet.

Si-toſt que les pierriers eurent ruïné toutes les défenſes, il fut queſtion de ſaper la muraille, dont le bélier ne pouvoit pas aborder; car quoique le creux fuſt comblé, la partie du rocher, ſur lequel la muraille avoit eſté baſtie, eſtoit bien élevée au-deſſus du creux. Cela meſme eſtoit une extrême difficulté pour la ſape. Il euſt fallu un temps infini pour la faire dans le roc; mais auſſi on ne pouvoit pas atteindre aux fondemens de la muraille pour la miner. On voulut ſe ſervir d'échelles pour y arriver; mais il ne s'en trouva pas d'aſſez longues, à cauſe de la hauteur du roc. Ainſi l'on fut obligé de faire avec le pic comme des degrez, pour gagner le pied de la muraille.

Le Soldat ſe portoit à ces travaux avec une ardeur incroyable, animé par la préſence du Prince, qu'il voyoit s'expoſer aux endroits les plus dangereux, & eſſuyer les plus rudes fatigues.

Les Mineurs furent enfin attachez au pied d'une Tour, à un angle de la muraille entre le Midy & l'Orient. Ils la ſapérent par le pied, en l'étançonnant à meſure qu'ils avançoient. Quand le travail eut eſté pouſſé auſſi loin qu'il falloit pour renverſer la Tour, on ſe diſpoſa à l'aſſaut: le feu fut mis aux étançons, & la Tour tomba dans le foſſé avec un grand fracas. On monta en ce moment à la bréche à la faveur de la pouſſiere & de la fumée. On l'emporta après quelque réſiſtance, & Cadoc Général des Brabançons fut le premier qui planta l'étendart de France ſur la partie de la Tour, qui reſtoit encore ſur pied. Le Gouverneur durant l'aſſaut fit mettre le feu à toutes les maiſons de cette partie de la Place, & à la faveur de cet incendie, ſe retira derriere l'autre muraille, qui traverſoit toute la largeur du rocher, & le ſéparoit, ainſi que j'ay dit, comme en deux Places différentes.

C'eſtoit un nouveau ſiége qu'il falloit faire: mais la hardieſſe & l'exemple d'un ſeul homme en épargna la peine. Le Roy d'Angleterre avoit fait faire un an auparavant un aſſez grand baſtiment, joignant la muraille du coſté du Midy, ce qui avoit beaucoup rétreci le foſſé en cet endroit. Le bas de ce corps de Logis ſervoit de Magaſin, & le haut de Chapelle, &, pour donner du jour au Magaſin, on y avoit fait une fenêtre, qui eſtoit aſſez baſſe.

Un jeune Gentilhomme du nombre de ceux, qui ſelon l'uſage de ce temps-là, portoient le nom de Serviteurs *, de Valets *, de Sergeants *, à l'égard des Chevaliers qu'ils ſuivoient à la guerre, s'eſtant avancé ſur le bord du foſſé avec quelques uns de ſes camarades, pour reconnoître le terrain, apperçut cette fenêtre, & il luy vint en penſée, qu'il ne ſeroit pas impoſſible de ſurprendre par là les ennemis. C'eſtoit un jeune homme intrépide, & qui ne cherchoit qu'à ſe diſtinguer par quelque action extraordinaire. L'Hiſtoire ne nous en a pas conſervé le ſurnom, mais ſeulement le nom propre, & le ſobriquet qu'on luy donnoit. On l'appelloit Pierre Bogis, c'eſt-à-dire, ſelon que ſignifioit ce mot là pour lors, Pierre le Camus, parce qu'il avoit le nez extraordinairement court. Il propoſa ſa penſée à quelques-uns de ſes amis, s'offrant d'entrer le premier. Ils luy promirent de le ſuivre. Ils prirent avec eux quelques Soldats des plus déterminez de l'Armée, &, ayant trouvé moyen de deſcendre dans le foſſé tout eſcarpé qu'il eſtoit, ils ſe coulérent ſans eſtre apperçûs, juſques ſous la fenêtre.

Bogis s'eſtant fait élever ſur les épaules du plus grand de la troupe, attrapa avec la main un des barreaux de la fenêtre; & comme il eſtoit extrêmement agile, il ſauta deſſus. Il trouva moyen de l'ouvrir ſans bruit, & ſi-

* Famuli.
* Valeti.
* Servientes.

toſt qu'il y fut entré, il tira les autres avec une corde.

La garniſon eſtoit réduite à moins de deux cens hommes en état de combattre, le reſte ayant péri, partie dans les ſorties, partie dans les aſſauts, partie par les maladies; d'autres étoient bleſſez ou malades. On ne marque point le nombre des Soldats que Bogis avoit avec luy. Il eſt certain qu'il n'égaloit pas à beaucoup près celuy de la Garniſon; mais il comptoit que leur courage & la ſurpriſe ſuppléeroient à ce défaut.

Il fallut enfoncer la porte qui donnoit ſur le rampart. Le bruit qui ſe fit pour cet effet donna l'allarme. Les aſſiégez ne doutérent point, que ce ne fuſſent les François qui s'eſtoient emparez du Magaſin. Il ſe trouva par hazard là proche des faſcines, qu'ils jettérent promptement contre la porte, & y mirent le feu. Mais la porte ayant eſté enfoncée, Bogis le ſabre à la main, à la teſte de ſes gens, paſſa au travers du feu, & fit main-baſſe ſur tout ce qui ſe préſenta devant luy. Les ennemis effrayez, croyant eſtre pourſuivis par un plus grand nombre, s'enfuïrent & ſe jettérent avec précipitation dans l'enceinte du Chaſteau. Alors Bogis maiſtre de la muraille, courut à la porte, abattit le Pont-levis, & fit entrer les Troupes, que le bruit de cet aſſaut avoit fait mettre ſous les armes, on avoit crû pendant quelque temps, voyant le feu au Magaſin & à la Chapelle, qu'il y avoit eſté bruſlé avec ſes gens.

Le Roy profitant de l'ardeur du Soldat, que le ſuccès animoit de plus en plus, fit promptement tranſporter ſes machines au-delà de cette ſeconde muraille qu'on venoit d'emporter, & prépara tout pour l'attaque de ce qui eſtoit proprement le corps de la Place, baſti, comme je l'ay dit, ſur la pointe applanie du rocher eſcarpé de toutes parts. Pour y arriver il falloit encore paſſer un foſſé creuſé dans le roc; & en haut ſur le bord du rocher tout à l'entour, eſtoit élevée cette muraille, dont j'ay fait un peu auparavant la deſcription. Le Roy Richard en faiſant eſcarper ce Rocher, & creuſer les foſſez, avoit laiſſé une langue de terre, ou pluſtoſt de roc, pour faire la communication de la Place avec les dehors; c'eſtoit comme un Pont, par lequel on montoit juſqu'à la porte.

Ce n'eſtoit que par ce Pont que l'on pouvoit faire l'attaque de la muraille. On fit deſſus une gallerie couverte avec beaucoup de peine, toutes les machines des ennemis eſtant employées à la ruiner. On en vint à bout néanmoins, & les Mineurs furent attachez au pied de la muraille. Comme le Gouverneur voyoit bien qu'elle ne pouvoit eſtre minée que par ce ſeul endroit, il fit une contre-mine, & en foüiſſant de ſon coſté ſous la muraille, il vint rencontrer les travailleurs des aſſiégeans, dont quelques-uns furent tuez, & les autres obligez de s'enfuir. Mais le bonheur du Roy eſtoit égal à ſa conſtance & à ſon courage. La muraille ſe trouva tellement ébranlée par les travaux qu'on avoit fait deſſous de part & d'autre, qu'elle tomba d'elle-meſme.

La bréche n'eſtoit pas aiſée; mais comme le Roy ſçavoit qu'il y avoit très-peu de gens pour la défendre, il y fit donner l'aſſaut. Elle fut emportée de force, & le brave Roger de Laci, avec tout ce qui luy reſtoit de monde, n'ayant pû gagner le Donjon, où il auroit pû encore arreſter quelque temps l'Armée, fut pris. Le Roy pour luy marquer l'eſtime qu'il faiſoit de ſa bravoure, luy fit beaucoup d'honneur, & ne luy donna pour priſon que Paris & les environs. *Math. Paris.*

Tous les prodigieux travaux & toutes les belles actions que je viens de raconter, ſe firent dans l'eſpace de trois ſemaines; depuis que le Roy fut revenu ſur la fin de Février, pour recommencer le ſiége de Chaſteau-Gaillard. Il en fit réparer toutes les bréches, & fit de cette Place le Boulevard de la France contre la Normandie, ainſi qu'elle l'avoit eſté auparavant de la Normandie contre la France. *Guillelm. Brito. Rigord. an. 1204.*

La priſe de cette fameuſe Fortereſſe augmenta autant la réputation de Philippe, qu'elle inſpira de mépris pour le Roy d'Angleterre. Ce Prince durant ce ſiége demeuroit tranquille à Roüen, ſans tenter ni le ſecours, ni aucune diverſion, malgré les inſtances que luy faiſoient ſur cela les Seigneurs de Normandie & les Seigneurs d'Angleterre, auſquels il ne répondoit point autre choſe, ſinon qu'il falloit laiſſer faire les François, & qu'il leur reprendroit bien-toſt plus de Places en un jour, qu'ils n'en auroient pris en un an: de ſorte qu'on diſoit par-tout qu'il eſtoit enſorcelé, tant ſon inaction paroiſſoit ſurprenante en de telles conjonctures. *Math. Paris.*

Elle choqua tellement les Seigneurs Anglois qui eſtoient à ſa Cour & dans ſon Armée, qu'ils le quittérent pour la pluſpart, & repaſſérent la mer. Les Seigneurs Normands commencérent auſſi à luy devenir ſuſpects; de ſorte que ne ſe croyant plus en ſeûreté parmi eux, il prit la réſolution de ſe retirer en Angleterre; mais auparavant il fit raſer les Fortifications & les murailles du Pont de l'Arche, de Moulineaux, & de Monfort-l'Amauri, deſeſpérant de les pouvoir conſerver. Il ordonna que l'on préparaſt ſecretement quelques Vaiſſeaux, & ayant recommandé la défenſe de la Normandie à deux Chefs de Brabançons nommez l'un Archas Martin, & l'autre Lupicaire, parce qu'il n'oſoit plus ſe fier aux Seigneurs du païs, il partit. *Philippid. l. 7.*

Philippe ne pouvoit pas ſouhaiter une plus belle occaſion de conquérir la Normandie, & il ſçut s'en prévaloir. Il commença par Falaiſe, dont le Chaſteau eſtoit une des plus fortes Places du païs. Lupicaire s'y eſtoit renfermé, & ne put tenir que ſept jours. En rendant la Place, il prit parti avec ſes Brabançons dans l'Armée du Roy, trahiſſant ſon Maiſtre d'autant plus honteuſement, que ce Prince avoit eu plus de confiance en luy. *Rigord. Guillelm. Armoric. in Chronic. & in Philippid. l. 8.*

Evreux, Seez, Bayeux, Coutance, Caën, & la plus grande partie des Places de la

HISTOIRE DE FRANCE.

basse Normandie se rendirent au Roy. Un des Historiens contemporains donne encore à Caën le nom de Bourg, mais d'un Bourg très-riche *, & un autre l'égale presque à Paris, tel qu'il estoit alors, pour la beauté des Eglises, des Maisons, pour le nombre des Habitans, pour la situation, pour le commerce.

* vicum opulentissimum.

Gui de Toüars, qui avoit épousé Constance Duchesse de Bretagne, mere du jeune Duc Artur, que le Roy d'Angleterre avoit fait si inhumainement périr, ne manqua pas cette occasion de venger la mort de ce Prince. Il vint avec une nombreuse Armée de Bretons assiéger le Mont S. Michel. Il prit pour l'attaquer le temps des basses marées, & malgré la situation d'une telle Place, qui se défend d'elle-mesme, malgré les Fortifications que le Roy d'Angleterre y avoit fait faire, elle fut emportée en quatre jours, & réduite en cendres, aussi-bien que l'Abbaye mesme, qui fut quelque temps après rétablie par Philippe Auguste, & mise en un meilleur état qu'elle n'estoit auparavant. Ensuite les Bretons prirent Avranches, & presque toutes les Forteresses de ce Canton. Après ces expéditions, Gui de Toüars vint trouver le Roy à Caën, & ayant eu quelques conférences avec ce Prince, il s'en retourna du costé de Pontorson & de Mortain avec le Comte de Boulogne, & Guillaume des Barres, & un détachement de l'Armée Françoise assez considérable, pour achever de soumettre ce qui restoit à prendre en ce quartier-là.

Rigord.

Le Roy avec son Armée marcha dans la haute Normandie, où tout plia sous les Loix du vainqueur, excepté Roüen, Arques & Verneüil dans le Perche. Ces trois Villes avoient fait ensemble une espéce de Ligue, pour se défendre contre les François, & s'estoient promis mutuellement, qu'en cas qu'elles fussent obligées de se rendre, aucune des trois ne feroit son Traité, sans y comprendre les deux autres.

Rigord.

Philippe se présenta d'abord devant Roüen au-delà de la rivière, & somma les Habitans de se donner à luy. La Ville estoit très-forte, eu égard à la manière dont on faisoit alors les siéges, & aux machines qui y estoient en usage. Elle avoit double muraille, & triple fossé. Elle estoit extraordinairement peuplée, & ne pouvoit estre investie entierement, à cause de la largeur de la rivière de Seine, qui coule le long de ses murailles ; les Habitans avoient une aversion extrême de la domination Françoise, & quelques François qui s'estoient trouvez dans la Ville lorsque l'Armée du Roy parut, ou un peu auparavant, avoient esté massacrez par la populace. Ils répondirent donc au Roy, qu'ils estoient résolus de se défendre jusqu'à l'extrémité. Le Roy sur cette réponse fit attaquer la Forteresse appellée Barbacanne, qui couvroit le Pont de pierre, dont plusieurs arches subsistent encore aujourd'huy, & la prit.

Guillelm. Brito.

Les Habitans pendant cette attaque, rompirent une partie du Pont, de peur que l'ennemi ne s'en emparast. Mais comme ils virent que le Roy faisoit passer ses Troupes de l'autre costé de la rivière, pour former le siége de la Ville, & que d'ailleurs il n'y avoit guéres d'apparence d'aucun secours, ils demandérent à capituler.

La Capitulation fut, que le Roy leur donneroit trente jours de délay, pour faire avertir le Roy d'Angleterre de l'extrémité où ils estoient; que pendant ce temps-là, dont le terme estoit la S. Jean, il n'assiégeroit ni Verneüil, ni Arques, en cas que ces deux Villes voulussent entrer dans la Capitulation; que si au bout des trente jours, ils n'estoient point secourus, ou que la Paix ne fust point faite entre les deux Rois, les trois Villes se rendroient. Le Roy accepta ces conditions, & reçut en ôtage soixante enfans, ou proches parens des principaux Bourgeois de la Ville, & des Gentilshommes qui s'y trouvoient.

Rigord.

Chirographus Rothomagensium de conventionibus habitis cum Domino Rege.

Cette Capitulation, ou ces conventions, ainsi qu'on appelle ce Traité, furent publiées au nom de Pierre des Preaux, commandant dans la Ville pour le Roy d'Angleterre, au nom des autres Gentilshommes, qui y estoient avec luy pour la défendre, au nom du Maire nommé Robert, au nom des Jurez & de la Commune de la Ville, & confirmées le premier de Juin par le serment du mesme Pierre des Preaux, des Seigneurs Guillaume du Bosc, Henri d'Estouteville, Thomas de Pavilli, Pierre de Hostot, Robert d'Esneval, & de quelques autres Gentilshommes, aussi-bien que d'un grand nombre des plus considérables Habitans. Du costé du Roy, le Traité fut signé par Henri Comte de Nevers, Robert Comte de Dreux, par P. Comte d'Auxerre, Drogon de Merlou Connétable, Gui de Dampierre, B. de Roye, Guillaume de Garlande, Henri Maréchal, Jean du Rouvray, Albert de Hangest, par Guillaume son frere, par le Comte de Bar, par Robert de Courtenay, par G. son cadet, par Hugues de Malaunai, Raoul Ploquet, & Raoul de Roye, & par quelques autres.

An. 1204.

Selon un des articles de la Capitulation, le Roy durant la Tréve demeuroit en possession du Fort de Barbacanne. On luy cédoit dix pieds d'espace dans la rivière, pour y élever quelque Fortification, s'il le jugeoit à propos. Les Habitans s'obligeoient, s'il le souhaitoit, à abattre quatre arches de leur Pont de ce costé-là. Par un autre article, le Maire devoit jurer avec vingt autres Bourgeois, qu'il n'avoit eu nulle part au massacre des François, qui avoient esté tuez dans la Ville, d'en rechercher les auteurs, & de les livrer au Roy. Le reste de la Capitulation regardoit la conservation des priviléges de la Ville & des Habitans, & la seûreté des Fiefs tenus par les Seigneurs & par les Gentilshommes.

Rigord. Trésor. Chartes.

Au bout des trente jours le secours ne paroissant point, la Ville se rendit, aussi-bien que Verneüil & Arques. Le Roy qui ne se fioit pas beaucoup aux Habitans de Roüen, ni à ceux de Verneüil, fit abattre une partie des Fortifications de ces deux Places, pour pouvoir les reprendre plus aisément, en cas qu'elles se révoltassent. Ainsi toute la Normandie fut sou-

An. 1204.

PHILIPPE AUGUSTE.

mise & réünie à la Couronne l'an 1204. deux cens quatre-vingt-douze ans après qu'elle en eut esté démembrée en l'année 912. sous le Régne de Charles le Simple, & cédée à Rollon, qui en fut le premier Duc.

On vit bien que cette réünion estoit sans retour; c'est pourquoy les Normands demandérent au Roy, d'estre gouvernez par les Loix & par les Coûtumes de la Nation. Il y consentit, & y changea peu de chose. Bérengere de Navarre veuve de Richard Roy d'Angleterre, avoit une partie de son doüaire assignée sur Falaise, Domfront, & Bonne-ville sur Touque. Elle céda au Roy les prétentions qu'elle pouvoit avoir sur ces Places; & il luy donna en échange le Mans; & en cas que le dédommagement n'égalast pas pour le revenu ce qu'elle cédoit, le Roy luy promit de luy assigner le surplus sur des Domaines d'Anjou & de Touraine. Ainsi les Anglois n'eurent bien-tost plus rien en Normandie. Mais le Roy ne demeura pas en si beau chemin.

Trésor des Chartres.

Il partagea son Armée en deux. Il en donna une à Guillaume des Roches Sénéchal du Maine, qu'il fit joindre par Cadoc Général des Brabançons, pour entrer en Anjou, où ils prirent Angers & diverses autres Places. Il fit Guillaume des Roches Vicomte d'Anjou, & ce Seigneur par modestie ne voulut prendre que le titre de Sénéchal héréditaire, en quittant celuy de Sénéchal du Maine, pour le remettre à la disposition de la Reine Bérengere, mais à charge de retour après la mort de cette Princesse, en cas que par quelque nouveau Traité, le Mans revinst à la Couronne de France.

Guillelm. Brito. Trésor des Chartres.

Le Roy avec l'autre Armée marcha en Touraine & en Poitou. Il se rendit maistre des deux Capitales, & fit quelque temps après Sénéchal de Poitou Aymeri Vicomte de Toüars. Loudun se soumit pareillement, & la plusfart des Seigneurs du Poitou luy firent hommage, gagnez par les grandes promesses qu'il leur fit.

Rigord. Trésor des Chartres. Cartulaire de Philippe Auguste. fol. 213.

La Rochelle, Loches, & Chinon refusérent de se rendre; & comme la saison estoit avancée, le Roy se contenta de former le blocus des deux dernieres, afin que rien n'y pust entrer pendant l'hyver.

Dès l'ouverture de la Campagne suivante, il fit le siége de Loches, qu'il prit avec assez de peine, & en donna le Gouvernement à Drogon de Merlou. Chinon fut aussi obligé de se rendre. Ces deux Places estoient des plus fortes de ces quartiers-là.

An. 1205.

Tant de conquestes ne pouvoient guéres manquer de donner de la jalousie à ceux, qui ne voyoient pas volontiers Philippe devenir si puissant; mais les Croisades l'avoient délivré de la plusfart des Princes dont il auroit eu le plus à craindre. Baudoüin Comte de Flandre s'estoit croisé pour le secours de ★ Terre-Sainte, & l'on n'appréhendoit plus son retour, depuis que sa valeur, sa bonne fortune, & le secours des Vénitiens, l'avoient élevé sur le Trône de Constantinople, où il monta par la ruïne du Tyran Aléxis Mursulphe, qui avoit étranglé de sa propre main le jeune Aléxis fils de l'Empereur Isaac l'Ange. Baudoüin avoit esté suivi par Loüis Comte de Blois, qui fut tué cette mesme année dans une embuscade par les Bulgares, où Baudoüin fut aussi pris. Le Comte de Champagne estoit un enfant au berceau, dont le Roy estoit Tuteur. C'estoit dans ces Familles, où les Rois d'Angleterre trouvoient ordinairement des gens en pouvoir & en disposition de faire de la peine aux Rois de France. Jean privé de ces ressources, n'avoit plus que Gui de Toüars Duc de Bretagne, avec qui il pust prendre quelques mesures.

Jusqu'alors ce Duc avoit esté extrêmement uni avec la France contre le Roy d'Angleterre. La mort du jeune Duc Artur, dont il faisoit gloire de se vanger, estoit le motif de cette liaison. Mais entre les Princes, un motif de cette nature perd aisément toute sa force, quand les interests viennent à changer. La Duchesse Constance mere d'Artur ne vivoit plus. Il croyoit avoir jusqu'alors fait assez de mal au Roy d'Angleterre, pour satisfaire aux obligations qu'il avoit à cette Princesse, de l'avoir fait Duc de Bretagne en l'épousant. Il voyoit avec peine le Roy sur les Frontiéres de Bretagne, tant du costé de la Normandie, que du costé du Maine, du Poitou, & de l'Anjou. La réünion de ces quatre Estats à la Couronne de France luy faisoit appréhender le mesme sort pour la Bretagne, où il n'avoit nul droit de son chef, mais seulement du chef de sa femme, & que l'on pouvoit aisément luy contester, puisqu'elle ne vivoit plus.

Toutes ces raisons le rendirent plus facile à écouter les sollicitations du Roy d'Angleterre, trop foible pour luy nuire, mais assez fort pour le défendre, & le maintenir contre la France, si ce Prince estoit une fois rétabli dans le Poitou & dans l'Anjou. Il traita donc avec luy, & luy promit de se déclarer en sa faveur, aussi-tost qu'il le verroit en-deçà de la mer avec une Armée.

An. 1206. Rigord.

Guillelm. Armoric.

Philippe qui veilloit à tout, eut avis de ce Traité, & marcha sans tarder en Bretagne, où il prit Nantes, & ravagea toute la Frontiére. Le Duc fut contraint de demander la Paix, que le Roy luy accorda. Ce Prince après cette expédition passa par le Poitou, où il visita les principales Places. Il y mit de bonnes Garnisons, & crut n'avoir plus rien à craindre de ce costé-là. Mais il ne fut pas plustost retourné à Paris, qu'il apprit que le Roy d'Angleterre estoit arrivé à la Rochelle avec beaucoup de Troupes; qu'à son arrivée quantité de Seigneurs de Poitou s'estoient hautement déclarez pour luy, & en particulier Aymeri Vicomte de Toüars frere du Duc de Bretagne, & Sénéchal de Poitou.

Le Roy d'Angleterre avec ses Troupes, & celles des Seigneurs Poitevins de son parti, alla mettre le siége devant Angers, le prit, & commença à faire le dégast dans toutes les Terres de la Noblesse, qui n'avoit pas encore abandonné le parti de France.

Philippe sur cet avis, passa promptement la Loire avec son Armée, vint dans le Poitou,

Ibid.

& ravagea toutes les Terres du Vicomte de Toüars, à la vûë du Roy d'Angleterre, qui étoit campé à Toüars mesme ; mais qui n'osa jamais se mettre en Campagne.

Ce Prince envoya de là faire des propositions de Paix au Roy, qui ne refusa pas une entrevûë avec luy. On convint du lieu & de l'heure de la Conférence pour le lendemain. Mais on fut bien surpris, quand on sçût que le Roy d'Angleterre, au lieu de venir au rendez-vous, estoit allé à la Rochelle, d'où il repassa en son Royaume. Néanmoins la négotiation se fit par Députez, & on conclut une Tréve pour deux ans, au bout desquels la guerre recommença. Les François prirent Parthenai, & quelques Chasteaux qui furent démolis. Henri Clement Maréchal de France, le Sénéchal d'Anjou, & le Vicomte de Melun, qui commandoient les Troupes du Roy, battirent dans une rencontre le Vicomte de Toüars & Savari de Mauleon, qui estoient à la teste du parti d'Angleterre. Hugues de Toüars frere du Vicomte, Henri de Lusignan, & quelques autres Seigneurs furent pris, & envoyez au Roy à Paris.

Charta Treugæ apud du Chesne in Hist. Norman.

An. 1208.

On fit encore une nouvelle Tréve, pendant laquelle le Pape Innocent III. fit conclure & prescher en France une Croisade d'une nouvelle espéce. Ce ne fut ni contre les Turcs, ni contre les Sarazins ; mais contre les Hérétiques appellez Albigeois, dont les erreurs avoient infecté tout le Languedoc, & autant corrompu l'esprit de la Noblesse, que celuy du Peuple. Ces Hérétiques avoient à leur teste le Comte Raymond de Toulouse VI. du nom. Le Roy contribua à cette Croisade, autant que les ennemis qu'il avoit alors, & qu'il eut dans la suite sur les bras, luy laissérent la liberté de le faire. Nous y verrons mesme dans quelques années le Prince Loüis son fils à la teste de l'Armée de France, y faire ses premieres armes. Pierre Roy d'Arragon y prit le parti du Comte de Toulouse contre les Croisez. Le fracas que cette expédition fit dans toute l'Europe, partagea l'attention qu'on y avoit à la guerre des Rois de France & d'Angleterre, & aux mouvemens que causoient en Allemagne & en Italie les intrigues des divers concurrens pour l'Empire, où le Pape Innocent III. faisoit parfaitement valoir son autorité, aussi-bien que dans la Croisade, & dont Philippe Auguste n'étoit pas spectateur indifférent. Je vais tascher de ranger les divers événemens de ces trois grandes affaires, qui se passérent en mesme temps. Je commence par la Croisade contre les Albigeois.

Depuis l'établissement de la Monarchie Françoise dans les Gaules, & la conversion de Clovis jusqu'au Régne de Charlemagne, dans l'espace de plus de deux siécles & demi, à peine parut-il en France quelques vestiges de nouvelles erreurs. Un ou deux imposteurs sous le Gouvernement de Pepin, se firent suivre par quelque populace. Mais ils furent aussi-tost punis ; & le Peuple incontinent desabusé. Sous les Rois de la premiere Race, on se piquoit à très-peu de science, & sans ce goût, on n'en prend guéres à la nouveauté. Mais Charlemagne ayant par ses récompenses fait renaistre l'amour des belles Lettres, ranimé l'esprit d'étude, sur tout dans les Ecclésiastiques, & remis la Theologie en vogue, aussi-tost l'envie de se distinguer fut la source féconde d'un grand nombre d'erreurs : condition déplorable de l'esprit humain, qui ne peut sortir de ses ténébres, sans se faire une illusion de ses propres lumieres. Dès-lors s'émeurent les Controverses sur le Mystere de l'Incarnation, & sur le culte des Images, qui donnérent lieu au Concile de Francfort ; suivirent les erreurs de Gotescalc sur la Prédestination, celles de Bérenger sur la présence réelle du Corps de Jesus-Christ dans l'Eucharistie, de Gilbert Evêque de Poitiers sur la Trinité, de Pierre de Bruis, de Henri, de Pierre de Vaud ou Valdo, & de plusieurs autres, dont quelques-uns ajoutérent aux erreurs spéculatives, les maximes les plus abominables contre les bonnes mœurs.

Mais toutes ces Hérésies, quelques funestes qu'elles eussent esté à l'Eglise, par les scandales qu'elles causérent parmi les Fidéles, n'avoient point eu de suite pour l'Etat, parce que nul Prince ne s'en estoit laissé corrompre, & qu'elles n'avoient point trouvé de Protecteurs, qui voulussent, ou qui pussent les défendre les armes à la main. Celle des Albigeois fut la premiere en France, contre laquelle, & pour laquelle on leva des Armées, on fit des siéges, on en vint à des combats, & qui ne put estre abattuë que par une sanglante guerre de plusieurs années.

Cette Hérésie n'estoit qu'un renouvellement des erreurs capitales des anciens Manichéens, avec un mélange de quelques autres blasphêmes. Ils admettoient deux Dieux, deux Créateurs, ou deux Principes ; l'un à qui ils donnoient la qualité de Dieu bon, & l'autre qu'ils appelloient le mauvais, ou le Dieu malin. Ils faisoient le premier Créateur des choses invisibles, & le second des choses visibles. Celuy-ci avoit, selon eux, présidé à l'ancien Testament. C'estoit un Dieu menteur, un Dieu cruel, un Dieu homicide ; l'autre présidoit au nouveau Testament, & estoit un Dieu véritable, aimable, & miséricordieux. Ils n'avoient aucun respect, ni aucune déférence pour les écritures de l'ancien Testament. Ils traitoient le mariage de concubinage. Ils regardoient les Sacremens de l'Eglise comme des choses frivoles. Ils nioient la présence réelle de Jesus-Christ dans l'Eucharistie, & la résurrection des corps. Ils détestoient le culte des Images. Ils défendoient de manger de la chair, des œufs, & de tout ce qui venoit des animaux. Ils avoient parmi eux comme divers Ordres. Il y avoit l'Ordre des Parfaits, & puis l'Ordre des Croyans, qui estoit un rang inférieur. Ils faisoient profession d'une grande chasteté, quoique par un abominable principe, que la pudeur m'empesche d'écrire, ils soûtinssent non seulement qu'on ne péchoit point ; mais encore

Petrus Monach. Vallis Cernai Hist. Albig. cap. 2.

core qu'on ne pouvoit pas pécher, en s'abandonnant aux plus infames voluptez.

Ils avoient encore bien d'autres maximes également extravagantes & impies, quoiqu'ils ne s'accordaſſent pas entre eux ſur toutes. Mais ce que je viens d'en marquer, ſuffit pour montrer la reſſemblance, qu'ils avoient avec ces anciens Manichéens ſi connus dans l'Hiſtoire de l'Egliſe, principalement par les ouvrages de S. Auguſtin.

On leur donnoit divers noms en France. On les y appelloit en Latin *Bulgari*, & en François, d'un nom qui répond à ce mot Latin, & qui eſt encore aujourd'huy une injure très-infame, dont on voit par là l'origine, de laquelle on ne peut douter, en liſant l'Epitaphe d'Alix Comteſſe de Bigorre, où il eſt dit qu'elle eſtoit fille de Gui de Monfort, qui pour la Foy MOURUT CONTRE LES B*... ET ALBIGEOIS. Cette Epitaphe eſt au Monaſtére des Religieuſes de Montargis. La raiſon pourquoy on leur donna ce nom en France, eſt que par le commerce qu'on avoit eu ſous la ſeconde Race de nos Rois avec les Bulgares, on avoit appris qu'il y avoit beaucoup de ces Hérétiques parmi ces Peuples, & qu'apparemment ils eſtoient ſujets à déteſtable péché, qui attira le feu du Ciel ſur Sodome & ſur Gomorre.

* Le mot eſt tout du long dans l'Epitaphe.

On les nomme encore Provençaux, parce que la Provence fut fort infectée de ces erreurs, dans le temps qu'elles commencérent à ſe répandre en France. Leur abſtinence, leur fauſſe modeſtie, la ſévérité affectée de leurs maximes, quoiqu'ils fuſſent dans le fond très-corrompus, leur fit donner auſſi le nom de Bons-hommes. Enfin on les appella Albigeois, & ce nom ſeul leur eſt demeuré. Ce furent les Etrangers, dit un Auteur contemporain, qui appellérent les Hérétiques Provençaux du nom d'Albigeois. Il n'en dit pas la raiſon; mais ce fut apparemment que ceux des Nations voiſines de la France, qui prirent la Croix contre ces Hérétiques, en trouvérent beaucoup à Albi & aux environs.

Ibid.

Ibid. In Proemio.

Dès le Régne du Roy Robert, cette Héréſie parut à Orleans, & y fut introduite par une femme Italienne. Ce Prince l'an 1022. en fit condamner au feu les principaux Chefs, & entre autres deux Chanoines de la Cathédrale, ainſi que je l'ay raconté dans l'Hiſtoire de ce Régne. Dès-lors on en ſurprit pluſieurs Sectateurs dans les quartiers de Toulouſe, qui furent auſſi condamnez à la mort: d'autres en grand nombre y demeurérent cachez à la faveur de la maxime en uſage de tout temps parmi les Manichéens, de contrefaire leur créance, & de demeurer toûjours meſlez parmi les Catholiques.

Pierre de Bruis ſous le Régne de Loüis le Gros, & Henri ſon Diſciple, ſous le Régne de Loüis le Jeune, ſemérent de nouveau ces dogmes impies en Provence & en Languedoc. Il en coûta la vie à Pierre de Bruis, qui fut brûlé vif à S. Gilles ſur le Rhône. Mais les ménagemens qu'on eut depuis pour ces Hérétiques, ou la négligence des Paſteurs, laiſſérent tellement

Guillelm. de Podio Laurentii cap. 6. Roger de Houeden.

prévaloir cette déteſtable Secte, qu'elle gaſta tout le Languedoc, & le Comte de Toulouſe luy-meſme avec les plus conſidérables de ſes Vaſſaux. A ces Manichéens Albigeois ſe joignirent des Ariens & des Vaudois, qui trouvérent un refuge dans les meſmes lieux, & contribuoient à y exterminer la Religion Catholique.

La fureur avec laquelle les Sectateurs de cette Héréſie s'efforçoient de l'étendre de toutes parts, anima le zéle du Pape Innocent III. homme capable des plus grandes entrepriſes, & luy fit imaginer le moyen qu'il crut eſtre le ſeul efficace, pour arreſter un ſi grand mal. Ce fut de faire une Croiſade de Catholiques contre un païs devenu preſque entierement Hérétique. Il ne le fit toutefois qu'après avoir tenté les autres voyes, & y avoir envoyé d'excellens Miſſionnaires, du nombre deſquels fut le ſaint Fondateur de l'Ordre des Dominiquains, S. Dominique. Ils convertirent pluſieurs de ces Hérétiques; mais ce n'eſtoit rien en comparaiſon du nombre de ceux qui demeuroient dans l'erreur, ou qui y retournoient auſſi-toſt après l'avoir abjurée. Ainſi le Pape vit bien qu'il falloit en venir à l'exécution de ce qu'il avoit projetté de faire, en cas que les voyes de douceur ne luy réüſſiſſent pas.

Il euſt en vain eſpéré de rien exécuter ſans le ſecours & l'agrément du Roy de France, dont le Comte de Touloufe eſtoit le Vaſſal & couſin germain par Conſtance ſa mere, tante de ce Prince.

Le Pape envoya en France avec la qualité de Légats, le Cardinal Galon & Arnaud Amauri Abbé de Ciſteaux, pour exhorter le Roy & les Seigneurs François à prendre les armes contre les Hérétiques, & à rétablir la Religion Catholique dans les païs de Toulouſe, de Narbonne, d'Albi, de Cahors, & de Béſiers, où elle eſtoit preſque anéantie; & ils le priérent de trouver bon, qu'on preſchaſt une Croiſade par tout le Royaume pour ce ſujet.

Rigord. Guillelm. de Podio Laurentii cap. 10.

Le Roy approuva fort le deſſein du Pape; mais il s'excuſa d'aller en perſonne, & d'envoyer le Prince ſon fils combattre les Hérétiques, juſqu'à ce qu'il euſt fait la Paix avec le Roy d'Angleterre, qui ne manqueroit pas de rompre la Tréve, dès qu'il le verroit occupé ailleurs. Il ſçavoit de plus que l'Empereur Othon IV. n'attendoit que l'occaſion de ſe venger des oppoſitions, que la France avoit faites à ſon élection. Néanmoins malgré tout ce qu'il avoit à craindre de ces deux puiſſans ennemis, il promit de fournir pour la Croiſade quinze mille hommes entretenus à ſes dépens, & bien équipez, & de donner la liberté à ſes Sujets de s'enrôller & de prendre la Croix; & il accorda aux Légats la permiſſion de faire preſcher par tout la Croiſade dans ſon Royaume.

An. 1208.

Guillelm. Brito l. 8.

Le Comte de Touloufe ayant eſté informé de tout ce qui ſe paſſoit, vint fort allarmé trouver le Roy, qui luy conſeilla d'avoir plus de docilité pour les conſeils du Pape, & plus de ſoumiſſion à ſon autorité. Ce n'eſtoit là ni l'inclination, ni l'intention du Comte enteſté

Guillelm. de Podio. cap. 13.

Tome I.   Sfff

de l'Hérésie au-delà de tout ce qui se peut imaginer. Ne pouvant donc obtenir du Roy qu'il empeschast la publication de la Croisade, il luy dit qu'il auroit recours à l'Empereur, pour en obtenir du secours contre ses ennemis, ou pour détourner le Pape du dessein qu'il avoit de luy déclarer la guerre, & qu'il iroit incessamment voir ce Prince. Le Roy luy repartit, qu'il luy défendoit d'avoir commerce, & de faire aucun Traité avec l'Empereur, qui étoit ennemi de la France. Le Comte ne laissa pas d'aller trouver Othon, qui le reçut mal, & rejetta toutes les propositions qu'il luy fit, par l'horreur qu'il conçut de son attachement à l'Hérésie, & de la vie débordée & scandaleuse qu'il menoit depuis long-temps.

Petrus Vall. Cernai.

Ce Comte estoit en effet un homme naturellement brutal, adonné presque dès l'enfance aux plus excessives débauches, jusqu'à abuser de sa propre sœur, cherchant quelquefois moins le plaisir, que le crime mesme dans ses plus scandaleux excès. Il épousoit des femmes sans nul égard aux degrez de parenté, & les répudioit pour la moindre chose. Trois de celles qu'il avoit épousées les unes après les autres, estoient vivantes dans le temps dont je parle. Il s'emparoit sans nul égard des biens des Eglises, enlevoit les Terres & les Chasteaux à ses voisins, railloit éternellement des choses de la Religion, & s'estoit tellement dévoüé au parti des Hérétiques, que luy-mesme disoit quelquefois, qu'il prévoyoit bien les malheurs que luy attireroient l'affection & l'attachement qu'il avoit pour eux ; mais qu'il seroit ravi de les leur témoigner, en sacrifiant jusqu'à sa propre vie ; & ils l'avoient tellement ensorcelé & infatué, qu'il estoit persuadé, que quelques crimes qu'il eust commis, il seroit sauvé, pourvû qu'il eût le bonheur de mourir entre leurs mains.

Tel estoit Raymond VI. Comte de Toulouse, Marquis de Provence, Duc de Narbonne, digne Chef & Protecteur des plus infames & des plus extravagans Hérétiques qui furent jamais. Sa conduite n'ayant pas moins irrité le Roy que le Pape, tous deux déclarérent publiquement qu'ils le livroient à la haine publique, & donnoient à quiconque pourroit s'emparer de ses Places & de tout son Domaine, permission de le faire, sauf les droits du principal & Souverain Seigneur ; c'est-à-dire, du Roy de France, & par dessus tout cela le Pape l'excommunia.

Guillelm. Brito. l. 8.

Epist. Innocent. chez Catel. Hist. des Comtes de Toulouse.

Aussi-tost la Croisade fut preschée, & les Peuples invitez à prendre les armes contre les Hérétiques aux mesmes conditions, & avec les mesmes Indulgences & Priviléges des Croisades publiées autrefois contre les Sarasins. La publication se fit avec beaucoup de succès. Un grand nombre de Prélats, de Seigneurs, & de gens de toutes conditions s'enrôllérent à l'envi, & se mirent une Croix sur la poitrine, au lieu que dans les Croisades pour la Terre-Sainte, on la portoit sur l'épaule : & l'on fit cette distinction, parce qu'il y avoit encore des gens qui se croisoient tous les jours pour le voyage d'outre-mer.

Les plus considérables de ceux qui se croisérent contre les Albigeois, furent Guillaume Archevêque de Bourges, Pierre Archevêque de Sens, Robert Archevêque de Roüen, les Evêques d'Autun, de Clermont, de Nevers, de Lisieux, de Bayeux, de Chartres, Eudes Duc de Bourgogne, Simon Comte de Monfort, & Gui son frere, Hervé Comte de Nevers, les Comtes d'Auxerre, & S. Paul, de Bar sur Seine, Guichard de Beaujeu, Guillaume des Roches Sénéchal d'Anjou, Gautier de Joigny, Gui de Levi, & Lambert de Touri.

Le Comte de Toulouse pour conjurer la tempeste qui se formoit contre luy, avoit envoyé à Rome l'Archevêque d'Auch, & Raymond de Rabasteins, autrefois Evêque de Toulouse, pour se plaindre au Pape de la dureté dont l'Abbé de Cisteaux le traitoit, & le prier d'envoyer un autre Légat en Languedoc. Le Pape pour mettre le Comte tout-à-fait dans son tort, y consentit, & nomma Milon Notaire de l'Eglise Romaine, pour aller en Languedoc faire la fonction de Légat ; mais avec ordre de ne rien faire sans le conseil de l'Abbé de Cisteaux. Cet Abbé alla au devant du nouveau Légat jusqu'à Auxerre, d'où ils vinrent ensemble saluër le Roy, qui estoit à Villeneuve dans le Sénonois, & ils le conjurérent de nouveau de la part du Pape, de ne pas abandonner la cause de la Religion, dans les conjonctures fascheuses où elle se trouvoit.

Milon alla de là en Provence, & assembla au Chasteau de Monteil plusieurs Prélats, pour avoir leur avis sur la manière dont il devoit en user avec le Comte. Il fut résolu que le Légat le citeroit pour comparoistre devant luy à Valence.

Le Comte sçachant que l'Armée des Croisez s'assembloit, & se voyant perdu sans ressource, obéit à l'ordre du Légat, & luy promit de se soûmettre à tout ce qu'il souhaiteroit de luy. Dès qu'il eut lasché ce mot, le Légat luy ordonna de luy livrer sept Forteresses en Provence, pour seûreté de la parole qu'il luy donnoit, touchant sa parfaite soumission. Secondement, il voulut que les Gentilshommes & les Consuls des Villes d'Avignon, de Nismes, & de S. Gilles, fussent les cautions du Comte, & qu'ils jurassent de ne le plus reconnoistre pour leur Seigneur, supposé qu'il manquast à sa promesse. En troisième lieu, qu'en cas qu'il violast son serment, il consentist à perdre le Comté de Melgueil, & que ce Comté fust mis à la garde du S. Siége. Le Comte de Toulouse accepta tout cela ; & le Légat envoya aussi-tost Thédise Chanoine de Genes, que le Pape luy avoit adjoint dans sa Légation, pour prendre possession au nom de l'Eglise Romaine, des sept Forteresses que le Comte devoit livrer en Provence.

Petrus Vall. Cern. c. 11.

Ces préludes estoient déja fort fascheux pour Raymond, & l'engagement de se soumettre aux ordres du Légat, bien général. Ensuite il alla avec le Légat à S. Gilles, où il devoit recevoir l'absolution de son excommunication. La cérémonie s'en fit dans toutes les formes.

PHILIPPE AUGUSTE.

Le Comte vint en chemise à la porte de l'Eglise de S. Gilles, où l'on avoit apporté le S. Sacrement & plusieurs Reliques. Là en présence du Légat & d'un grand nombre de Prélats, il jura * qu'il seroit obéissant aux ordres qu'il recevroit de la part de l'Eglise Romaine, & qu'il exécuteroit fidellement ce qu'il avoit promis au Légat à Valence. Après ce serment le Légat luy mit son étole au cou, luy donna l'absolution, & l'introduisit dans l'Eglise, en le frapant à coups de verges.

Ce serment est rapporté tout au long dans l'Histoire des Comtes de Toulouse par Catel. Cap. 12.

La foule du Peuple estoit si grande, que le Comte ne put sortir par la mesme porte qu'il estoit entré. On le conduisit par les soûterrains de l'Eglise, & on le fit passer devant le Tombeau de Pierre de Chasteau-neuf Religieux de Cisteaux, & Missionnaire Apostolique en Languedoc, que les Hérétiques avoient assassiné, à ce qu'on croyoit, par l'ordre du Comte de Toulouse, qui fit ainsi par hazard, & en équipage de criminel, amende-honorable à ce saint Martyr.

An. 1209.

Le Comte ayant reçû l'absolution, & commencé à exécuter une partie des choses qu'on luy ordonna, & entre autres la restitution des biens & des priviléges de diverses Eglises, il pria le Légat de luy donner la Croix, & de le mettre sur la Liste des Croisez; ce que le Légat luy accorda. C'estoit une adresse de ce Comte, qui vouloit par là en vertu du privilége des Croisez, mettre ses Terres à couvert des ravages de l'Armée qui s'approchoit.

Cap. 13.

Elle se rendit à Lion vers la Saint Jean. Le Comte alla au devant, & promit aux principaux Chefs, de contribuer avec eux de tout son pouvoir à l'extirpation de l'Hérésie. Il leur livra quelques Chasteaux pour asseûrance de sa parole, & leur offrit mesme son propre fils en ôtage.

Par cette soumission & cette franchise affectée, le Comte mettoit à couvert Toulouse sa Capitale, & les autres Villes qu'il possédoit en propre, & où il avoit le Domaine immédiat; mais il ne pouvoit pas sauver plusieurs Seigneurs ses Vassaux ou ses amis, qui aussi gastez & aussi Hérétiques, & plus fiers que luy, ne pouvoient se résoudre à déférer si aveuglément aux ordres du Pape. Roger Vicomte de Béziers & de Carcassonne son neveu, Bernard Comte de Foix, Pierre Roger Seigneur de Cabaret, Raymond de Termes, Aymeri de Monreal, Guillaume de Minerbe, Roger de Comminges, & quelques autres encore protégeoient les uns hautement, les autres couvertement, les Hérétiques. C'estoit contre eux, après la Paix accordée au Comte de Toulouse, que se devoit faire l'effort des Croisez. Le Vicomte de Béziers & de Carcassonne fut le premier attaqué.

Les Chefs de l'Armée, en approchant de Béziers, firent avertir les Catholiques par l'Evêque, de s'en retirer, pour n'estre point enveloppez dans le carnage qu'on estoit résolu d'y faire des Hérétiques; & on les exhorta à suggérer quelque moyen à l'Armée, de surprendre la Place. Mais personne n'en voulut sortir,

Cap. 15.

Tome I.

soit qu'ils craignissent les Hérétiques, soit qu'ils crussent la Ville en état de se bien défendre.

A peine l'Armée commençoit à prendre ses quartiers, qu'il se fit une sortie de la Place, où quelques-uns des Croisez furent tuez. Ce qui irrita tellement les Ribauds, qui estoient comme les Enfans perdus de ce temps-là, que sans attendre l'ordre, ils prirent des échelles, les allérent planter contre la muraille, & y donnérent un assaut si brusque, qu'ils l'emportérent. Ils firent ensuite passer au fil de l'épée sans quartier tout ce qui ne put échaper à leur fureur. Le nombre des morts, en y comprenant les hommes & les femmes qu'on massacra sans distinction, fut de trente mille. Quelques-uns en comptent beaucoup plus, & d'autres beaucoup moins. La Ville fut prise le jour de la Magdelaine de l'an 1209.

Guillelm. Brito. l. 8.

De-là l'Armée marcha à Carcassonne, & cette Place après beaucoup de résistance, fut prise par capitulation, ou comme l'écrit un autre Historien contemporain l'unique de ce temps-là, que l'on voye ne pas se déchaîner contre le Comte de Toulouse, ce fut par la terreur subite des Habitans: ils abandonnérent la Place, & s'enfuirent par des lieux soûterrains, lorsqu'ils sçurent que le Vicomte de Béziers avoit esté arresté par le Légat, que ce Seigneur avoit esté imprudemment trouver sans sauf-conduit.

An. 1209.
Guillelm. Brito. l. 8.
Anonyme Auteur chez Catel Hist. des Comtes de Toulouse.

Jusqu'à la prise de Carcassonne, il ne paroist pas qu'il y eust eu aucune prééminence entre les Seigneurs Croisez; mais tous bien unis ensemble par la prudence du Légat Milon, ils agissoient de concert, commandant chacun leurs Vassaux, & ceux qui s'estoient donnez à eux. Après la reddition de cette Place, plusieurs proposérent d'élire quelqu'un d'entre eux pour commander en chef, & se charger de la défense des Villes qu'on avoit conquises.

Le choix tomba d'abord sur le Comte de Nevers, & à son refus sur le Duc de Bourgogne, qui ne jugea pas à propos non plus d'accepter ce commandement. Ni l'un ni l'autre ne voulurent chagriner le Comte de Toulouse, ou peut-estre ils appréhendérent de ne pouvoir pas soûtenir cette guerre avec des Troupes, sur lesquelles le Général n'auroit d'autorité, qu'autant que les Seigneurs de qui elles dépendoient, voudroient luy en donner. Elles ne s'estoient engagées à demeurer en Campagne que pour un temps, & ils prévoyoient que lorsque la premiere ferveur seroit rallentie, elles les abandonneroient. De plus ils se doutoient bien que le Comte de Toulouse, à la premiere occasion qu'il en auroit, s'échaperoit du Camp, & se mettroit à la teste des Hérétiques. Le païs estoit plein de Forteresses, qui estoient la pluspart occupées par la Noblesse de ce parti. Enfin le Roy d'Arragon paroissoit fort disposé à prendre la défense du Comte de Toulouse son beau-frere, & en ce cas, la partie ne seroit pas tenable, à moins que le Roy de France n'y employast toutes ses forces; ce que les défiances qu'il avoit du Roy

Petrus Vall. Cernay. cap. 17.

d'Angleterre & de l'Empereur, ne luy permettroient pas de faire.

Il eſtoit néanmoins de la derniere importance d'avoir un Chef, & un Chef du premier mérite, capable de conduire juſqu'au bout une entrepriſe, qui avoit ſi bien commencé. Voici comme on s'y prit pour ôter tout lieu à la jalouſie & aux brigues. On nomma deux Evêques, quatre Chevaliers, & Arnaud Amauri Abbé de Ciſteaux, que le Pape avoit fait de nouveau ſon Légat, & on leur donna pouvoir de choiſir le Général, après qu'on leur euſt fait promettre de n'avoir égard dans leur choix, qu'à la gloire de Dieu, & au bien commun.

S'eſtant aſſemblez ſur ce ſujet, ils élûrent tout d'une voix Simon Comte de Monfort, qui refuſa abſolument cet employ, à l'exemple du Comte de Nevers & du Duc de Bourgogne. Ces deux Seigneurs, & la pluſpart des autres firent en vain tous leurs efforts, pour l'obliger à l'accepter ; en vain le Légat ſe jetta à ſes pieds pour le fléchir, il tint toûjours ferme. Alors le Légat ſe levant, & prenant un ton d'autorité que luy donnoit ſon caractére. Je vous commande, luy dit-il, de la part de Dieu & du Pape, & en vertu de l'obéïſſance que vous leur devez, de vous charger de l'employ que l'on vous préſente, & pour lequel on ne vous choiſit, que parce qu'on le juge néceſſaire au bien de la Religion & de l'Egliſe.

Ibid.

Ces paroles du Légat ſurprirent le Comte & l'ébranlérent. L'applaudiſſement que toute l'Aſſemblée y donna, l'honneur qu'un tel empreſſement luy faiſoit, l'obligation où le Pape, les Légats, & tous les Seigneurs de l'Armée ſe mettoient par là, de le ſeconder dans la ſuite, tout cela fit qu'il ſe rendit.

Ce Seigneur dans la vérité eſtoit celuy de toute l'Armée, à qui cet honneur eſtoit le plus juſtement dû. Il eſtoit alors Chef de l'illuſtre Maiſon de Monfort-l'Amauri, & portoit encore la qualité de Comte de Leiceſtre, titre qui luy venoit de ſes anceſtres, fort attachez pendant long-temps aux Rois d'Angleterre. Il eſtoit grand homme de guerre, & s'eſtoit toûjours ſignalé par ſon courage & par ſa conduite dans les plus fameuſes expéditions. C'eſtoit l'homme de ſon temps le mieux fait, de la plus belle taille, & de la meilleure mine, vif, agiſſant, infatigable, intrépide, entreprenant, également ſage & heureux dans ſes entrepriſes, & avec toutes ces qualitez de Héros, il avoit une douceur, une affabilité, une honneſteté, qui le rendoient aimable à tout le monde. Une action qu'il venoit de faire au ſiége de Carcaſſonne, luy avoit gagné le cœur de toute l'Armée. Dans l'attaque de la ſeconde enceinte de la Ville, les aſſiégez avoient diſpoſé leurs pierriers de telle maniére, & en ſi grand nombre, que les aſſaillans battus de toutes parts, furent obligez d'abandonner le foſſé dont ils s'eſtoient d'abord emparez. Un Gentilhomme ayant eu la cuiſſe caſſée, ne pouvoit faire retraite avec les autres, & demeuroit expoſé à la fureur des Habitans, qui ne faiſoient quartier à perſonne. Le Comte l'ayant apperçû, retourna au foſſé ſeul avec ſon Ecuyer, & au travers d'une greſle effroyable de pierres & de fléches, le prit & l'emporta. Enfin ce qui relevoit infiniment le mérite de ſes autres vertus, c'eſt qu'il eſtoit autant diſtingué par ſa pieté & par ſon éloignement de toutes ſortes de débauches, que par tout le reſte.

Cap. 18.

Cap. 16.

C'eſtoit là ſans doute un digne Chef d'une guerre ſainte ; & il ſoûtint glorieuſement cette qualité. Après s'eſtre fait mettre entre les mains le Vicomte de Béziers, qui mourut quelque temps après en priſon, & donné ſes ordres pour la conſervation de plus de cent Châteaux ou Fortereſſes, qui s'eſtoient rendus, partie avant le ſiége de Carcaſſonne, partie depuis qu'il avoit eſté élû Général, il commença par envoyer de tous coſtez des Miſſionnaires, pour ramener à l'Egliſe par une ſincere obéïſſance, ceux que la terreur des armes avoit déja ſoumis malgré eux.

Math. Paris.

Guillelm. de Podio, cap. 14.

Il propoſa au Comte de Nevers & au Duc de Bourgogne, de prolonger la Campagne encore queique temps, quoique le terme de l'engagement qu'ils avoient pris avec les Légats, fuſt expiré ; leur repréſentant la néceſſité de ſe ſaiſir de quelques Chaſteaux voiſins de Carcaſſonne, d'où les ennemis faiſoient ſans ceſſe des courſes, & déſoloient tout le païs. Il commença dès-lors à éprouver les difficultez qu'il avoit prévûës, & pour leſquelles il avoit eu tant de peine à accepter le Commandement.

Petrus de Vall. Cernay. c. 20.

autor anonymus Ca

Le Duc de Bourgogne & le Comte de Nevers eſtoient mal enſemble, & la grande liaiſon que le Duc affectoit d'avoir avec le Comte de Monfort, donnoit de la jalouſie au Comte de Nevers ; de ſorte que bien que ce Comte euſt beaucoup contribué à faire élire le Comte de Monfort Général de l'Armée de l'Egliſe, il n'en parut pas plus zélé pour ſeconder ſes deſſeins. Le Duc de Bourgogne demeura avec ſes Troupes ; mais le Comte de Nevers ſe retira avec les ſiennes, & ce mauvais exemple fut ſuivi de beaucoup d'autres Seigneurs ; ce qui affoiblit extrêmement l'Armée Catholique.

Le Comte de Monfort ne laiſſa pas d'aller avec le Duc de Bourgogne ſe préſenter devant Alzone, qui luy ouvrit ſes portes. Il ſe ſaiſit du Chaſteau de Faniaux, que les ennemis avoient abandonné. Caſtres & Lumbez ſe donnérent à luy. Il fit inſulter la Fortereſſe de Cabaret, peu éloignée de Carcaſſonne ; mais il fut repouſſé, & obligé de ſe retirer.

Cap. 22. 23. Cap. 24.

Le Duc de Bourgogne après ces expéditions, luy fit agréer ſon départ, vû la rigueur de la ſaiſon, qui ne permettoit aucune entrepriſe ; & ainſi le Comte demeura avec très-peu de Troupes. Mais ſa réputation, ſon adreſſe, & le talent qu'il avoit de gagner les cœurs, luy fit faire de nouvelles conqueſtes pendant l'hyver. Pamiers, Mirepoix, Albi, & preſque tout l'Albigeois ſe ſoumirent à luy. Il attaqua Priſſan Fortereſſe, qui appartenoit au Comte de Foix, un des principaux Chefs des Hérétiques. Ce Comte voyant qu'on luy avoit déja enlevé

Gesta C nutum laccino. secundum cap. 24.

Cap. 25.

plusieurs petites Places, vint trouver Monfort au siége de Priſſan, luy protesta qu'il estoit resolu de renoncer au parti des Hérétiques, & de se soumettre à l'Egliſe. Monfort ne ſe fiant pas à ſa parole, ne voulut luy accorder la Paix, qu'à condition qu'il luy abandonneroit Priſſan, & luy donneroit son fils en ôtage. Le Comte de Foix accepta ces conditions, & Monfort retourna à Carcaſſonne, pour donner quelque relaſche à ſes Soldats.

Ces heureux ſuccès de Simon de Monfort cauſoient beaucoup de chagrin & d'inquiétude au Comte de Toulouſe, qui voyoit enlever les Chaſteaux & les Villes de ſes Vaſſaux, ſans oſer s'y oppoſer, & ſans ſçavoir quel parti prendre. Les Places qu'il avoit données en ôtage au Légat le retenoient bien plus, que le ſerment qu'il avoit fait de ne pas ſoûtenir les Albigeois; mais il ne put contenir ſa colére, lorſque Monfort, par le conſeil du Légat, luy propoſa de faire une ceſſion des Villes, des Châteaux, & des Terres que l'Armée Catholique avoit conquiſes, & de traiter des conditions auſquelles il renonceroit à la pluſpart de ces Domaines. Monfort luy fit cette propoſition, en le menaçant de luy déclarer la guerre, & de ſe ſaiſir de tout ce qu'il pourroit enlever de ſes Etats, s'il refuſoit un accommodement.

Raymond répondit au Comte de Monfort, qu'il ne prétendoit point avoir rien à démeſler avec luy, ni avec le Légat; qu'ayant eſté abſous de ſon excommunication par l'autorité du Pape, on n'avoit nul droit d'envahir ou de retenir aucune partie de ſes Etats, ni aucune des Places ou des Terres que ſes Vaſſaux tenoient de luy; qu'il iroit porter luy-meſme ſes plaintes au Pape, ſur les injuſtes vexations qu'on luy faiſoit; que ſi le Pape ne luy rendoit pas juſtice, il auroit recours au Roy de France & à l'Empereur. Il alla en effet quelque temps après à Rome, & négocia aſſez heureuſement auprès du Pape. Mais la mauvaiſe conduite qu'il tint dans la ſuite, l'empeſcha de profiter des bonnes diſpoſitions où il l'avoit mis.

Dans le deſſein que le Comte de Monfort avoit de retenir ſes conqueſtes, il n'avoit pas ſeulement affaire au Comte de Toulouſe, mais encore à Pierre II. Roy d'Arragon pour Carcaſſonne, dont le Domaine appartenoit à ce Prince, qui luy-meſme tenoit cette Ville en Fief de la Couronne de France. Il tiroit ſon origine des anciens Comtes de Barcelonne, devenus avec le temps par les alliances, Rois d'Arragon, Comtes de Provence, Seigneurs de Majorque, & de quelques autres Etats. Il eſtoit bon Catholique; mais le Comte de Toulouſe avoit épouſé ſa ſœur, & luy avoit épouſé Marie fille & héritière de Guillaume Seigneur de Montpellier; c'eſtoit par là qu'il avoit acquis la Seigneurie de Carcaſſonne, que le Vicomte dont j'ay parlé, tenoit de luy. Le droit qu'il avoit ſur cette Place, l'avoit obligé de venir durant le ſiége au Camp des Catholiques, pour taſcher de ménager un accommodement entre eux & le Vicomte qui la défendoit.

Auteur Anonyme chez Catel.

Geſta Comitum Barcinonenſium. cap. 24.

N'ayant pû réüſſir, il s'eſtoit retiré en Arragon, fort mécontent de voir qu'on s'emparoit ainſi de ſes Etats, & qu'on enlevoit pluſieurs Places à ſes Vaſſaux, comme au Comte de Foix, & à quelques autres, ſous prétexte d'en chaſſer les Hérétiques, & il penſoit tout de bon à ſe faire faire raiſon. Le Comte de Monfort, qui s'en doutoit, taſcha de le gagner, & le pria de luy confirmer la poſſeſſion de Carcaſſonne, à condition de l'hommage, tel que le Vicomte Roger le luy rendoit auparavant. Mais il n'y voulut point conſentir; au contraire, tandis qu'il amuſa pendant quinze jours le Comte à Montpellier, il traita ſous-main avec pluſieurs Seigneurs & Gentilshommes des environs de Béziers, de Carcaſſonne & d'Albi, pour les engager à reprendre les armes, leur promettant de ſoûtenir de toutes ſes forces.

Il n'eut pas de peine à ranimer des gens, qui ne s'eſtoient rendus que par la crainte, de n'eſtre pas défendus contre l'Armée des Croiſez: & Monfort fut bien ſurpris de voir tout à coup en divers endroits, preſque toute la Nobleſſe ſe ſoûlever contre luy. La révolution fut telle, qu'en moins de rien, il perdit plus de quarante, tant Villes que Foreſſes, & qu'il ne luy demeura de Places conſidérables, qu'Albi, Carcaſſonne, Pamiers, & cinq Chaſteaux.

Tout ce que pouvoit faire le Comte de Monfort en cette faſcheuſe conjoncture, eſtoit de taſcher de conſerver le peu qui luy reſtoit, n'ayant pas de Troupes pour faire aucune entrepriſe; juſqu'à ce que la Comteſſe Alix ſa femme luy ayant amené vers le Careſme un renfort d'aſſez bonnes Troupes, il s'en ſervit pour recouvrer pluſieurs Places, & entre autres la Forterſſe de Minerbe, poſte très-fort au Diocéſe de Carcaſſonne, qui luy fut rendu au mois de Juillet de l'an 1210. Il prit encore une autre Place importante, appellée le Fort de Termes, par le ſecours d'un grand nombre de Croiſez, qui arriva fort à propos. Il luy en venoit ainſi, tantoſt de France, tantoſt de Bretagne, tantoſt d'Allemagne, tantoſt de Lorraine; mais ils s'en retournoient après quarante jours de ſervice, qui eſtoit le temps de leur engagement.

Il falloit autant d'habileté qu'en avoit le Comte de Monfort, pour profiter de ces ſecours paſſagers de Troupes ramaſſées, ſans diſcipline & ſans expérience; mais il s'en ſervoit à propos, ſur tout dans les attaques bruſques, où le déſir que les Soldats avoient d'accomplir leur vœu, & l'eſpérance de mourir pour la Religion, faiſoient qu'ils ne ſe ménageoient point.

Ce qui ſoûtenoit ſon parti, eſtoit l'union étroite qu'il avoit avec les Légats, & l'attachement que le Comte de Toulouſe conſervoit pour les Hérétiques, attachement que malgré ſa diſſimulation, il ne faiſoit que trop connoiſtre. Le deſſein des Légats eſtoit de le dépoüiller de ſon Etat, & d'y inſtaller le Comte de Monfort, deſeſpérant ſans cela d'y pouvoir détruire l'Héréſie.

Dans cette vûë ils ne gardoient guéres de

Petrus Vall. Cernay. cap. 16.

Sommaire de l'Hiſt. des Albigeois tiré du Tréſor des Chartres.

Ibid.

An. 1210.

mesures avec le Comte de Toulouse; & sur ce qu'il exigeoit de certains peages, ausquels il s'estoit engagé de renoncer par le serment qui avoit précédé son absolution, ils l'excommunièrent de nouveau. Il obtint d'eux toutefois qu'il se tiendroit à Narbonne une Conférence, où il se trouva avec le Roy d'Arragon, & où le Comte de Monfort vint accompagné de l'Evêque d'Uzès, & de l'Abbé de Cisteaux. Le Roy d'Arragon fit si bien, que les Légats consentirent à laisser au Comte de Toulouse toutes les Terres de son Domaine, celles de ses Vassaux Hérétiques, & la troisiéme partie de celles de plusieurs autres Hérétiques qui ne relevoient point de luy, pourvû que dans toutes les Terres de son obéissance, il proscrivist l'Hérésie, & en chassast tous les Sectateurs.

Ibid.

Responsio Concilii Vaurensis ad Petrum Reg. Arragon.

A la verité, les Légats s'attendoient bien que par son opiniastreté & par entestement pour l'erreur, il n'agréeroit pas cet accommodement tout avantageux qu'il estoit, ou que s'il l'acceptoit, il ne l'exécuteroit point. Mais ils vouloient le mettre entierement dans son tort. Ce qu'ils avoient prévû arriva; car après avoir fait semblant de goûter cette proposition, il partit dès le lendemain sans les voir.

Le Comte de Monfort profita de l'occasion. Il gagna le Roy d'Arragon, que la conduite bizarre du Comte de Toulouse irrita contre luy. La Ville de Carcassonne fut cédée à Monfort, & son hommage reçû par le Roy d'Arragon. Il conclut mesme le mariage de sa fille avec Jacques fils aîné de ce Roy, qui le luy mit entre les mains pour l'élever, jusqu'à ce que le Prince & la fille du Comte fussent en âge d'estre mariez.

Par cette démarche, le Roy d'Arragon parut abandonner les interests du Comte de Toulouse, & devoir rompre entierement avec luy, d'autant plus que la fille du Comte de Monfort, qu'il faisoit épouser à son fils, avoit déja esté accordée avec le fils du Comte de Toulouse. Mais on fut fort surpris, quand peu de temps après, le Roy d'Arragon traita du mariage de sa sœur avec le fils du Comte de Toulouse, & les Légats, aussi-bien que le Comte de Monfort commencérent à s'en défier plus que jamais.

Ibid.

Sur ces entrefaites, arriva un Corps considérable de Croisez, du nombre desquels étoient les Evêques de Paris & d'Auxerre, Enguerrand de Couci, Robert de Courtenai, Inel de Mante, & quelques autres Seigneurs. Avec ce secours, Monfort prit la Forteresse de Cabaret, qu'il avoit une fois inutilement attaquée: de-là il alla assiéger Lavaur, Place très-forte, & où il y avoit presque autant de gens pour la défendre, qu'il y en avoit pour l'assiéger. Durant ce siége, Robert de Courtenai & le Comte d'Auxerre son frere, proche parens du Comte de Toulouse, firent inutilement tout leur possible, pour le détacher du parti des Albigeois. On estoit convaincu, malgré tout ce qu'il pouvoit dire, qu'il les favorisoit en cachette: & l'on sçut qu'il avoit fait entrer la nuit dans Lavaur de ses propres Soldats, pour en fortifier la Garnison; quoique luy-mesme fust présent au Camp des assiégeans. On dissimula toutefois, dans l'espérance de le gagner avec le temps. Mais il tint une conduite durant tout ce siége, qui ne laissa plus aucun lieu de douter de son opiniastreté dans ses premiers desseins. Il ne voulut faire amener de ses Magasins de Toulouse, aucunes machines. Il ne venoit de cette Ville que très-peu de vivres au Camp de la Foy; c'est ainsi qu'on appelloit le Camp des Croisez; & dans la suite il n'en vint plus du tout. Le Comte de Foix de concert avec luy, dressoit des embuscades aux Troupes qui arrivoient à l'Armée, & en fit une fois entre autres périr un très-grand nombre. Malgré tout cela, le Comte de Monfort vint à bout de la Place, au mois de May, & les assiégez furent obligez de se rendre à discretion.

Petrus Vall. Cernay.

An. 1211.

Comme cette Place estoit un des principaux aziles de l'Hérésie, que les assiégez avoient exercé de grandes cruautez contre ceux qu'ils avoient pris dans les sorties, que pour insulter aux Catholiques, ils avoient fait à leurs yeux mille insolences & mille impiétez sur leurs murailles, le Comte de Monfort voulut en faire un exemple de terreur pour les autres Villes Hérétiques. Il fit pendre Aymeri de Montreal, qui s'estoit jetté dedans pour la défendre, parce qu'elle appartenoit à Giraude sa sœur Hérétique obstinée. Il fit jetter cette miserable femme dans un puis, fit passer par le fil de l'épée quatre-vingt Gentilshommes qui y furent pris, & condamna au feu un grand nombre d'autres, tant Bourgeois que Soldats.

Cap. 50.

Lavaur n'appartenoit pas au Comte de Toulouse; car ce n'estoit pas à quoy on avoit le plus d'égard. On alloit aux Places où l'on sçavoit qu'il y avoit le plus d'Hérétiques. Mais depuis le siége de Lavaur, où il donna tant de marques de sa mauvaise foy & de ses mauvaises intentions, les armes des Croisez furent principalement employées contre ses Places. On luy prit Castelnaudari, Rabasteins, Montgausi, Montagut, Gaillac, Causac, Severac, Guépie, S. Marcel, S. Antonin, Cassés & Montferrant, où le Comte Baudoüin son frere fut fait prisonnier. Ce Seigneur se convertit, & fit depuis vivement la guerre aux Albigeois.

Le Comte de Cominge durant le siége de Lavaur estoit venu se donner au Comte de Monfort, & s'estoit fait son homme lige pour toutes ses Terres, promettant de luy livrer toutes ses Places, dès qu'il en seroit requis, à condition que le Comte les luy rendroit dans le mesme état, & avec pareille quantité de munitions de guerre, qu'il y trouveroit en s'en saisissant. Mais il changea bien-tost de parti, & il se trouva dans Toulouse pour la défendre, lorsque le Comte de Monfort, après toutes les conquestes que je viens de dire, alla l'assiéger.

Petrus Vall. Cernai. cap. 53.

Ce siége ne réussit pas, faute d'une Armée assez nombreuse, pour entourer une si grande Ville, & le Comte le leva. Cahors malgré cette disgrace, ne laissa pas de se rendre à luy; mais le Comte de Bar & les Allemands Croi-

Ibid.

sez qui l'estoient venus joindre, l'ayant quitté après avoir accompli le temps de leur vœu, il demeura presque seul. Les ennemis profitant de la conjoncture, reprirent une grande partie des Places qu'il avoit prises. Il ne se vit jamais une guerre plus bizarre, ni après tout mieux conduite par l'habileté du Chef, qui suppléoit à tout, & qui dans cette vicissitude d'avantages & de desavantages, se soûtenoit, & perdoit toûjours moins qu'il n'avoit gagné. Mais comme c'est dans les grands périls que les Héros paroissent ce qu'ils sont, ce fut à celuy qu'il courut alors, qu'il dut cet accroissement de réputation, qui depuis en plus d'une rencontre, luy tint lieu d'Armée, & le rendit invincible en des conjonctures, où il ne paroissoit pas possible, qu'il ne fust vaincu.

Cap. 56.

Après la retraite du Comte de Bar, Monfort vint à Castelnaudari, pour y attendre quelques nouveaux secours des Croisez de France. Il aprenoit tous les jours les progrès des ennemis, qu'il ne pouvoit empescher. Quelques Forteresses assez proches de-là s'estoient renduës à eux, & on luy vint donner avis que le Comte de Toulouse, le Comte de Foix, Gaston de Bearn, & Savari de Mauleon venoient l'investir avec de très-nombreuses Troupes. Ce dernier estoit un Seigneur de Poitou, Chef du parti, que le Roy d'Angleterre avoit encore dans cette Province, & qui vrai-semblablement fut envoyé par ce Prince au secours du Comte de Toulouse, par la seule raison que le Roy de France soûtenoit & continuoit toûjours d'assister le Comte de Monfort.

Sur cet avis, plusieurs conseillèrent au Comte, de confier la garde de Castelnaudari à quelqu'un de ses Capitaines, & de se retirer à Faniaux ou à Carcassonne, où il pourroit prendre à loisir des mesures pour le secours de la Place, ou pour quelque diversion ; mais il crut qu'il estoit de son honneur de ne pas fuïr devant le Comte de Toulouse, qu'il avoit toûjours mené battant. Il regardoit Castelnaudari comme une Place très-importante à son parti, & il résolut de la défendre en personne.

Il n'avoit avec luy que cinq cens hommes, mais gens d'élite pour la pluspart, & qui avoient autant d'estime & d'attachement pour leur Général, qu'il avoit de confiance en eux. Avant que les ennemis eussent investi la Place, Gui de Lucé vint encore le joindre avec cinquante Gentilshommes. L'arrivée de ce Seigneur réjoüit beaucoup le Comte, & il le fit entrer dans le Chasteau, ne comptant pas de défendre la basse Ville.

Les ennemis estant arrivez à la vûë de la Place, les Bourgeois sortirent au devant d'eux, & leur ouvrirent les Portes de la basse Ville. Ils furent aussi contens que surpris de cette prompte reddition. Mais ils n'y furent pas longtemps, que le Comte de Monfort fit une sortie sur eux, tailla en piéces tout ce qui se trouva de leurs Soldats dans la Ville, & rentra dans le Chasteau.

Le Comte de Toulouse transporta son Camp sur la Montagne, sur laquelle le Chasteau estoit basti, & fit rentrer une autre partie de l'Armée dans la basse Ville, où elle se retrancha. Ce qui n'empescha pas que dès le lendemain Monfort ayant fait une seconde sortie par le mesme endroit, & forcé les retranchemens, n'obligeast les ennemis à abandonner de nouveau ce poste, après une très-grande perte de leur part.

Le Comte malgré le petit nombre de ses gens, estoit sans cesse en action. Il contraignit par là les ennemis à se retrancher de toutes parts ; de sorte qu'à mesure qu'ils approchoient leurs machines & leurs batteries, ils faisoient à l'entour de nouveaux fossez & de nouvelles pallissades, pour les mettre hors d'insulte, ce qui leur coûtoit un temps & une peine infinie.

Monfort cependant vit bien que s'il ne recevoit du secours, il faudroit enfin périr. C'est pourquoy il fit sortir de la Place par un endroit que les ennemis n'avoient pas occupé, Gui de Levi son Maréchal de Camp, qu'on appelloit aussi le Maréchal de la Foy, parce qu'il commandoit sous Monfort les Troupes Catholiques, & le chargea de rassembler tout ce qu'il pourroit de Troupes, de venir ensuite faire quelque effort du costé de la Campagne sur l'Armée ennemie, en mesme temps que du costé de la Place, on attaqueroit le Camp par une grande sortie, & en cas qu'il ne pust pas par cet effort obliger le Comte de Toulouse à lever le siége, comme il n'y en avoit guéres d'apparence, de faire au moins entrer quelques secours à quelque prix que ce fust.

Levi estant sorti, trouva tout le païs ou dans la révolte, ou dans la consternation, & revint sans avoir pû assembler aucunes Troupes. Le Comte le renvoya de nouveau avec un Seigneur nommé Mathieu de Marliac *, du costé de Narbonne & de Lavaur, où ils assemblèrent quelques Soldats ; mais quand il fut question de marcher vers Castelnaudari, tous ceux de Narbonne désertèrent. Levi & Marliac ne laissèrent pas de poursuivre leur route avec ce qui leur restoit.

* Ou de Marli. Ibid.

Le Comte de Toulouse en ayant esté averti, détacha le Comte de Foix à la teste d'un grand Corps, pour aller les combattre. Le Comte de Monfort de son costé trouva moyen, de faire sortir quarante Gentilshommes de sa Garnison, pour aller fortifier le peu de Troupes qui luy venoient, & pour les avertir que le Comte de Foix estoit prest de tomber sur eux.

Cap. 57.

Le Comte de Foix ayant sçû que le Comte de Monfort avoit fait ce petit détachement, & voulant s'asseurer la victoire, revint au Camp prendre encore de la Cavalerie. Ces deux Troupes se rencontrèrent enfin à une grande distance de Castelnaudari ; mais cependant à la vûë du Chasteau.

Le Comte de Foix partagea la sienne en trois. Son Infanterie faisoit une des aisles ; sa Cavalerie légére faisoit l'autre aisle ; & au milieu étoit un gros Escadron de Cavaliers armez de pied en cap, avec des chevaux tout caraçonnez de fer. Ils estoient trente contre un. Levi & Marliac, aussi-bien que la pluspart de leurs Soldats, s'estoient préparez à cette dangereuse action, par la Confession & par la Communion. L'Evêque de Cahors & un Religieux de Cisteaux, firent chacun une vive exhortation aux Soldats, pour les faire souvenir qu'ils combattoient pour l'Eglise ; qu'estant aussi-bien disposez qu'ils l'estoient, ils devoient aller au combat comme au martyre, & que la victoire ou le Paradis seroit la récompense de leur courage.

Le Comte de Monfort voyant qu'on estoit prest d'en venir aux mains, laissa dans le Château autant de Soldats qu'il en falloit pour repousser une escalade, & marcha avec le reste vers l'endroit où le combat alloit se donner. Les deux Généraux l'ayant vû venir de loin, le firent remarquer aux Soldats, dont le courage fut infiniment augmenté par cette vûë.

Les Catholiques s'ébranlérent les premiers, & n'ayant fait qu'un escadron du peu qu'ils avoient de Cavalerie, vinrent fondre le sabre à la main d'une maniére si terrible sur le gros Escadron, que le Comte de Foix avoit placé au milieu, qu'ils le rompirent à la premiere charge, & ce coup de valeur épouvanta tellement le reste de la Troupe, que sans rendre le moindre combat, elle se mit en fuite. L'action fut si brusque, que la déroute estoit déja achevée, quand Monfort arriva, & toute l'Infanterie du Comte de Foix fut taillée en piéces.

Le Comte de Monfort appréhendant que le Comte de Toulouse n'envoyast de nouvelles Troupes, pour donner sur celles de Gui de Levi, tandis qu'elles estoient en desordre & à la poursuite des fuyards, se tint en bataille dans le Champ, avec ce qu'il avoit amené de Soldats. Il rallia quelque temps après tout son monde, & retourna triomphant vers le Château, où Savari de Mauleon avoit fait donner un violent assaut durant le combat, & qu'il fit cesser, dès qu'il vit la déroute du Comte de Foix.

Monfort au retour délibéra, si avec ses Troupes victorieuses, il n'attaqueroit point les ennemis déja consternez par la défaite d'une partie de leur Armée; mais on luy représenta que ses Soldats estoient extrêmement fatiguez, & que le Camp ennemi estoit tellement retranché, qu'il seroit très-difficile de le forcer. Ainsi il rentra dans le Chasteau, où s'estant mis nuds pieds, il marcha ainsi depuis la porte jusqu'à la Chapelle, & y fit chanter le *Te Deum*, pour rendre graces à Dieu de la victoire qu'il venoit de remporter, & du secours qu'il avoit reçû.

Cap. 58. Le Comte de Foix ne laissa pas de faire répandre le bruit de tous costez, qu'il avoit non seulement battu le Comte de Monfort ; mais encore qu'il l'avoit pris & fait pendre : & la chose passa pour si constante en divers endroits, que quelques Forteresses qui tenoient pour le Comte de Monfort, abandonnérent son parti, & se rendirent aux Hérétiques.

Ce fut là une des raisons qui déterminérent le Comte de Monfort, à sortir de Castelnaudari avec une partie de la Garnison, pour se faire voir vers Narbonne. Il fut joint sur sa route par Alain de Rouci, qui s'estoit croisé avec quelques Gentilshommes en assez petit nombre.

Cependant le Comte de Toulouse, après l'entrée du secours dans la Place, estoit résolu à lever le siége. Mais il n'avoit osé décamper ; tandis que Monfort y estoit encore, ne doutant nullement qu'il ne le chargeast dans sa retraite. Si-tost qu'il eut appris son départ, il brusla toutes ses machines, & se retira avec grande précipitation. Bien luy en prit ; car Monfort ayant esté joint par un grand nombre de nouveaux Croisez de France & d'Allemagne, & de gens du païs, revint bien-tost sur ses pas, pour attaquer le Camp des assiégeans ; mais il trouva la Place délivrée.

Ce secours venu si à propos, donna moyen au Comte de Monfort de pousser vigoureusement ses conquestes. Il le fit avec tant de bonheur, qu'à la fin de l'année suivante, il ne resta presque plus au Comte de Toulouse de toutes ses Places, que sa Capitale & Montauban. Alors Monfort par droit de conqueste, & avec le consentement des Légats, ajoûta à la qualité de Vicomte de Béfiers & de Carcassonne, qu'il avoit obtenuë du Roy d'Arragon, celle de Seigneur d'Albi & de Rhodez, & partagea entre quelques Seigneurs François, les Chasteaux & les Terres de plusieurs Hérétiques qu'il confisqua. Il commença à agir en Seigneur de tout le païs, & convoqua à Pamiers une grande Assemblée de Prélats & de Barons, où furent faits plusieurs Réglemens pour le rétablissement de l'Etat, de la Religion, de la discipline des Eglises, & de leurs privileges.

Par un des articles, " chaque maison habitée de la commune Terre conquise, devoit " payer tous les ans trois deniers monnoye du " Comté de Melgueil, à Nostre S. Pere le Pape, " & à la sainte Eglise Romaine, en signe & mémoire perpétuelle, que par son aide, elle a " esté acquise contre les Hérétiques, & donnée " à toûjours audit Comte (de Monfort) & à ses " successeurs, & sera le temps de lever ce devoir, depuis le commencement du Caresme " jusqu'à Pasques. "

Par un autre, tous les Habitans des Villes, Villages & Bourgs, de quelque condition qu'ils fussent, estoient obligez les Dimanches & les Festes d'assister à la Messe au Sermon, sous peine d'amende.

En quelques autres estoient marquez les services que les Barons de France, c'est-à-dire, ceux des Seigneurs François, à qui le Comte avoit donné des Terres, seroient obligez de luy rendre en temps de guerre, & le nombre de Chevaliers qu'ils devoient entretenir à l'Armée.

Défense estoit faite aux Dames de qualité, de se marier de-là à dix ans, à aucun Gentilhomme ou Seigneur du païs, sans le consentement du Comte. Mais il leur estoit permis d'épouser tel François qu'elles jugeroient à propos.

Il y avoit plusieurs autres articles semblables,

bles, qui tendoient à oster toute occasion & tout pouvoir à la Noblesse du païs de se révolter, & à le peupler de Chevaliers François, qui devant leur fortune au Comte, ne pouvoient manquer de luy estre attachez. L'Archevêque de Bourdeaux, les Evêques de Toulouse, de Carcassonne, d'Agen, de Périgueux, de Couserans, de Comminges, de Bigorre, & un très-grand nombre de Barons, souscrivirent à cet écrit.

Petrus Vall. Cernay. cap. 64.
Le Comte de Toulouse se voyant perdu, alla se jetter entre les bras du Roy d'Arragon, & luy demanda du secours, ou du moins sa médiation auprès des Légats & du Comte de Monfort, pour quelque accommodement. Ce Prince joint à Alfonse le Petit Roy de Castille, au Roy de Navarre, & à un grand nombre de François, venoit de remporter une victoire signalée sur les Sarasins, où l'on prétend qu'il en périt près de cent mille, sans que les Chrétiens y eussent presque rien perdu. Un si grand service rendu à la Religion, devoit donner beaucoup de poids aux prieres qu'il feroit aux Légats en faveur du Comte de Toulouse. Il ne voulut point toutefois entamer aucune négotiation, qu'auparavant ce Comte, aussi-bien que le Comte de Foix, le Comte de Comminges, & Gaston de Bearn, qui estoient dans le mesme embarras, ne luy eussent donné une promesse authentique, de se soûmettre aux volontez du Pape, & à l'Eglise. Ils le firent, & mirent toutes leurs Terres comme en sequestre, entre les mains de ce Prince. Il obtint des Légats une Conférence, qui se tint entre Toulouse & Lavaur, où se trouvérent le Roy d'Arragon, l'Archevêque de Narbonne revêtu de la qualité de Legat du S. Siége, & quelques autres Prélats.

Ces Actes sont r p portez dans Catel. l. 2.

Le Roy d'Arragon proposa à ces Prélats la restitution des Domaines enlevez au Comte de Toulouse, au Comte de Comminges, au Comte de Foix, & à Gaston de Bearn, à condition qu'ils se soûmettroient aux ordres du Pape.

L'Archevêque de Narbonne le pria de mettre par écrit les propositions qu'il luy faisoit, afin de les présenter aux Evêques qui estoient actuellement assemblez en Concile à Lavaur. Il le fit, & pour faciliter encore davantage la chose, il ajoûta, que si l'Eglise ne vouloit point faire grace au Comte de Toulouse mesme, du moins on fit restituer le païs qui luy avoit esté enlevé, au jeune Comte Raymond son fils, à condition que ce jeune Seigneur, quand il seroit un peu plus avancé en âge, iroit en personne combattre contre les Sarasins d'Espagne, ou contre les Turcs dans la Terre-Sainte.

Ibid.

Responsio Concilii Vaur.
Le Concile ayant examiné le Mémoire du Roy d'Arragon, y répondit en termes fort respectueux, & qui marquoient beaucoup de considération pour luy, mais d'une manière peu favorable à ceux pour qui il intercedoit. Ils dirent touchant le Comte de Toulouse, que la connoissance de sa cause n'estoit point de leur Ressort, & que le Pape l'avoit réservée à Hugues Evêque de Riez & au Docteur Thedise Chanoine de Genes son Légat; que pour ce qui regardoit les Comtes de Foix & de Comminges, & Gaston de Bearn, on délibéreroit sur ce qu'on auroit à faire en leur faveur, malgré les maux qu'ils avoient causez aux Eglises & aux Catholiques; mais qu'auparavant ils devoient se mettre en état de satisfaire à l'Eglise, & de recevoir l'absolution de leur excommunication; qu'il falloit commencer par là, & qu'alors on leur rendroit justice.

Ensuite de cette réponse, le Comte de Toulouse écrivit à l'Evêque de Riez & au Chanoine de Genes, qui ne luy répondirent rien autre chose, sinon qu'ils informeroient le Pape de tout, & qu'ils luy demanderoient ses ordres.

Epist. Legatorum. Ibid.

Les Légats estoient entièrement dévoüez au Comte de Monfort, qui avoit le bonheur de voir ses interests inseparablement liez avec ceux de l'Eglise; car on estoit persuadé qu'il n'y auroit jamais de seûreté pour la Religion dans tous ces quartiers là, si une fois le Comte de Toulouse estoit rétabli dans ses Etats. Sur ce principe, les Légats & les Evêques du Concile écrivirent au Pape, pour le prier de ne se point laisser fléchir, & de maintenir le Comte de Monfort en possession de ses conquestes. Plusieurs autres Evêques du païs écrivirent de mesme au Pape, & le conjurérent non seulement de ne pas consentir au rétablissement du Comte de Toulouse, ni à la proposition qu'on luy faisoit touchant son fils; mais mesme d'ordonner qu'on assiégeast Toulouse, & qu'après l'avoir prise, on la rasast, parce que c'estoit la retraite & l'azile de l'Hérésie, qui se répandoit de-là de tous costez.

Ibid.

Epist. Epist. cop. apud Catel.

Le Pape ainsi prévenu par ces Evêques & par les Légats, écrivit fortement au Roy d'Arragon, pour le dissuader de protéger le Comte de Toulouse, & pour l'exhorter à faire une Tréve avec le Comte de Monfort, sans exiger que ce Comte la fist avec les Hérétiques. Il le menaça de la colére de Dieu, & luy fit entendre, que s'il tenoit une autre conduite, il ne pourroit s'empescher de l'excommunier luy-mesme, comme il avoit excommunié le Comte de Toulouse, & les autres Protecteurs des Hérétiques.

Ibid.

Le Roy d'Arragon ne tint aucun compte de la Lettre du Pape, & déclara la guerre dans les formes au Comte de Monfort. Peu de jours après le Comte luy envoya Lambert de Touri, Gentilhomme brave & résolu, pour luy représenter l'injustice de la guerre, qu'on se paroit à luy faire; qu'il n'avoit violé en rien les devoirs de Vassal envers son Seigneur, & qu'il estoit prest à subir sur cela le jugement du Pape ou des Légats: mais si nonobstant cette offre, le Roy d'Arragon persistoit à vouloir luy faire la guerre, Lambert avoit ordre de la luy déclarer de la part du Comte de Monfort, & de protester au nom de ce Comte, qu'il n'estoit plus obligé à aucun devoir de Vassal pour les Places & les Terres, qu'il tenoit de la Couronne d'Arragon. Lambert après s'estre acquitté de sa commission, ajoûta qu'il estoit prest de soûtenir la justice de la cause de son Maistre, par la preuve du combat singulier,

Petrus Vall. Cernay. cap. 67.

contre quiconque des Chevaliers de la Cour d'Arragon voudroit l'accepter. Le Roy ne voulut pas permettre qu'on acceptast ce défi, & renvoya Lambert, malgré le conseil que plusieurs luy donnérent de l'arrester. Ainsi la guerre commença entre le Roy d'Arragon & le Comte de Monfort.

Jusques-là la Cour de France n'avoit contribué à cette guerre, que par les quinze mille hommes que le Roy y avoit envoyez d'abord, & qui n'y servirent que peu de temps. Il avoit outre cela laissé la liberté à tous ses Sujets, de s'enrôller pour autant de temps qu'ils voudroient porter les armes contre les Hérétiques. On s'estoit fort servi de cette permission en France, & excepté quelques Allemands, que le désir de participer aux Indulgences & aux autres privilèges de la Croisade, attira au Camp de la Foy, l'Armée du Comte de Monfort n'estoit guéres composée que de François Sujets du Roy, dont plusieurs se donnérent pour toûjours à ce Comte, & s'établirent dans les Places & dans les Terres qu'il avoit conquises. Mais cette année 1212. le Roy se crut obligé d'examiner dans son Conseil, s'il devoit prendre plus ou moins de part à cette guerre qu'il n'avoit fait jusqu'alors.

An. 1212.

Cap. 68.

Les Evêques de Toulouse & de Carcassonne estoient venus à Paris, pour obtenir en faveur du Comte de Monfort de plus grands secours contre les Albigeois, & contre ceux qui les soûtenoient. Ces deux Evêques pour faire réüssir leur négotiation, s'y prirent d'une manière qui déplut au Roy, & qui l'embarrassa. Ils engagérent sans sa participation, Loüis son fils à faire le vœu de la Croisade contre les Albigeois, & à prendre la Croix. Le Roy quand il l'appriet, en témoigna beaucoup de chagrin; mais comme il estoit très-religieux, & que ce vœu de défendre l'Eglise au péril de sa vie, estoit une dévotion alors fort à la mode, sur tout parmi les Grands, il consentit que Loüis l'accomplît.

Ibid.

Ce jeune Prince estoit âgé de vingt-cinq ans, plein de feu & de courage, & ne cherchoit que les occasions de se signaler. Son exemple ranima l'ardeur des François pour la guerre sainte, & une infinité de Noblesse se croisa pour le suivre. Le Roy qui vouloit que tout se fît avec ordre & sans précipitation, tint à Paris le jour du Mercredy des Cendres une Assemblée d'Evêques & de Seigneurs. On y régla par leurs avis le nombre de gens de guerre, dont on composeroit l'Armée. On prit toutes les mesures nécessaires, pour asseûrer le succès de cette premiere entreprise du Prince, & il fut résolu que l'Armée se mettroit en marche peu de jours après Pasques.

An. 1212.

Le Roy d'Arragon ayant appris la députation des deux Prélats, entreprit de la traverser, & mesme de faire ensorte, que le Roy ne permist plus desormais à ses Sujets de s'enrôller pour cette guerre. Il envoya pour ce sujet à la Cour l'Evêque de Barcelonne, & le chargea en mesme temps de demander au Roy en mariage Marie sa fille, veuve de Philippe de Haynaut Comte de Namur, qu'elle venoit de perdre. Ce mariage estoit avantageux à la France, parce que c'estoit une voye de faire revivre les droits que nos Rois avoient sur le Comté de Barcelonne, dont ils avoient depuis Charlemagne toûjours esté reconnus Seigneurs Souverains jusqu'en l'an 1180. c'est-à-dire, jusqu'à la première année du Régne de Philippe Auguste; car ce ne fut qu'en ce temps-là, que dans un Concile de Tarragone, il fut ordonné qu'on ne datteroit plus les Actes publics du Régne des Rois de France, comme on avoit fait jusqu'alors, & comme on faisoit dans tous les Duchez & Comtez Feudataires de la Couronne.

Le Roy d'Arragon pour lever tout obstacle à ce mariage, avoit déja par avance répudié Marie sa femme, fille de Guillaume Seigneur de Montpellier. On a pû remarquer dans la suite de cette Histoire, que ces sortes de divorces n'estoient pas fort extraordinaires. Ils subsistoient ou estoient annullez, selon que les Papes estoient plus ou moins fermes, ou que les raisons, ou les prétextes qu'on en apportoit, estoient plus ou moins plausibles.

Le Comte de Monfort, les Evêques ses partisans, & sur tout les Légats, n'avoient pas manqué d'écrire au Pape touchant ce divorce, & de luy faire comprendre le dessein du Roy d'Arragon, dans le mariage qu'il prétendoit contracter avec Marie de France, qui étoit d'engager le Roy, à empescher que ses Sujets ne prissent la Croix pour le secours du Comte de Monfort. Ils avoient fait aller à Rome Marie de Montpellier, afin qu'elle représentast elle-mesme au Pape l'injustice que son mari pensoit à luy faire. Le Pape avoit prononcé aussi-tost sur cette affaire, & déclaré qu'il n'y avoit nulle raison de divorce. On avoit eu soin d'informer promptement la Cour de France de ce jugement; & les Ambassadeurs du Roy d'Arragon l'y trouvérent si universellement approuvé, qu'ils n'osérent faire la proposition du mariage avec Marie de France.

Cap. 7.

Ils se contentérent de faire courir certaines Lettres, que le Comte de Toulouse dans un voyage qu'il fit à Rome, avoit obtenuës du S. Siége, en contrefaisant le Catholique, & par les intrigues des Agents du Roy d'Arragon. Dans ces Lettres le Pape témoignoit à quelques Evêques la disposition où il estoit, de révoquer la Croisade, & de conserver au Comte de Toulouse au moins ce qui n'avoit pas encore esté pris sur luy. Le Roy d'Arragon avoit joint à ces Lettres les témoignages de plusieurs Evêques de ses Etats, par lesquels ils attestoient qu'elles estoient véritablement du Pape. Il en envoya des copies au Roy, à la Comtesse de Champagne, & à plusieurs Seigneurs, & les Ambassadeurs les répandirent par-tout.

Ibid.

La chose ne leur auroit pas réüssi, vû que l'expédition du Prince Loüis estoit déja résoluë: mais une Ligue, dont je parleray bientost, qui se fit alors contre la France, entre le Roy d'Angleterre & l'Empereur, & dont le

Roy fut informé, eut tout l'effet qu'ils tentoient en vain de produire par d'autres voyes. Le Roy obligea son fils à différer l'accomplissement de son vœu, & l'Armée qu'on luy destinoit contre les Albigeois, fut jugée absolument nécessaire pour la défense du Royaume. Ainsi le Comte de Monfort ne reçut point d'autre secours de France, que quelque peu de Troupes que Manassés Evêque d'Orleans, & Guillaume Evêque d'Auxerre, qui avoient pris la Croix, luy menérent, & avec lesquelles il ne put faire autre chose, que de prendre quelques Chasteaux peu importans qu'il rasa, & de ravager le païs aux environs de Toulouse.

Ce défaut de Troupes ne fut pas le plus grand embarras du Comte de Monfort. Les Agents du Roy d'Arragon à Rome, luy en causèrent de bien plus fascheux de ce costé-là. Ils firent fort leur Cour au Pape, de la soumission de leur Maistre aux ordres de Sa Sainteté, & de la résolution où il estoit, de reprendre sa femme Marie de Montpellier, si elle ne fust pas morte à Rome peu de temps après qu'elle y fut arrivée. Ils taschérent en mesme temps de luy persuader que la guerre ne s'entretenoit plus en Languedoc, que par l'ambition du Comte de Monfort; que le parti Hérétique estoit entièrement abattu; que les Comtes de Foix & de Comminge, & Gaston de Bearn n'estoient encore en armes, que par le seul chagrin qu'ils avoient, d'avoir esté dépoüillez injustement de la plus grande partie de leurs Etats; qu'ils se soûmettroient à tout, pourvû qu'on les leur fist restituer; qu'après cette restitution, tout seroit pacifié, & soûmis à l'Eglise; qu'on n'auroit plus besoin que de Missionnaires, pour instruire les Peuples, & les faire revenir par la douceur; que tandis que l'interest particulier du Comte de Monfort, sous prétexte d'une guerre de Religion, coûtoit tant de sang à la France, on négligeoit la seûreté de l'Espagne, d'où l'on pourroit avec moins de frais, chasser tous les Sarasins, si l'on vouloit employer à cette entreprise les mesmes Troupes, dont on prodiguoit la vie si inutilement en Languedoc & en Gascogne; qu'enfin si Sa Sainteté croyoit que le Roy leur Maistre parlast en homme intéressé, lorsqu'il luy proposoit de faire la guerre aux Sarasins d'Espagne, avec toutes les forces des Chrétiens de l'Europe, il ne la presseroit pas là-dessus; mais qu'il la conjuroit de ne pas oublier le dessein qu'elle avoit toûjours eu, à l'exemple de ses prédécesseurs, de secourir efficacement la Terre-Sainte, dont le péril croissoit tous les jours; que luy-mesme estoit prest de contribuer à une si sainte & si nécessaire entreprise; qu'il estoit indigne de la sagesse d'un si grand Pape, de prendre le change, & d'abandonner un si glorieux dessein, pour faire la fortune d'un Seigneur particulier, qui abusoit du zéle qu'elle avoit pour la Religion & pour l'Eglise, afin d'avoir lieu d'envahir le bien d'autruy, & de s'élever sur les ruïnes de tant de Seigneurs & de tant de Peuples.

Le Pape se laissa éblouïr de ces discours

spécieux. Il envoya ordre au Comte de Monfort, de remettre incessamment entre les mains des Comtes de Foix & de Comminge, & de Gaston de Bearn, les Places qu'il avoit prises sur eux, & révoqua l'Indulgence de la Croisade. Il fit son Légat en France Robert de Corson Cardinal Anglois, afin d'y publier & faire prescher la Croisade pour le secours de la Terre-Sainte. Ce Cardinal exécuta les ordres du Pape, & se servit des Prédicateurs mesmes qui avoient jusqu'alors presché la Croisade contre les Albigeois, pour prescher celle de la Terre-Sainte. Le seul Evêque de Carcassonne, malgré le Légat, continua à prescher contre les Hérétiques, pour procurer de nouveaux secours au Comte de Monfort.

Ce Comte fut étrangement surpris des ordres qu'il recevoit du Pape, & fit partir en grande haste l'Evêque de Comminge & deux des Légats du Pape, pour tascher de le détromper. Ils le trouvérent si prévenu, qu'à peine voulut-il les écoûter. Toute la Cour de Rome estoit dans les mesmes préventions, & ce ne fut qu'avec des peines extrêmes, que l'Evêque de Comminge & ses Collégues les firent enfin revenir, en leur exposant le véritable état des choses; & comme les Hérétiques plus obstinez que jamais, n'attendoient que la retraite du Comte de Monfort, & du peu de François qu'il avoit avec luy, pour rétablir l'Hérésie dans les lieux où elle avoit esté exterminée par les conquestes qu'il avoit faites.

Le Pape qui vouloit sincérement le bien de la Religion, s'estant laissé instruire de la vérité, écrivit au Roy d'Arragon, en luy reprochant son peu de sincérité, & qu'il trahissoit la cause de l'Eglise en faveur des Hérétiques. Il ordonna que l'on continuast la guerre avec plus de vigueur qu'auparavant, & qu'on suivist en toutes choses les avis & les ordres de l'Archevêque de Narbonne, à qui il confirma la qualité de son Légat.

Cependant un si fascheux contre-temps avoit déconcerté toutes les affaires du Comte de Monfort. Il ne luy venoit plus de secours de France, tant à cause de la rude guerre qu'elle estoit obligée de soûtenir contre le Roy d'Angleterre & l'Empereur, qu'à cause de la révocation de la Croisade contre les Albigeois; & il avoit esté obligé de rappeller de Gascogne Amauri son fils, qui y avoit déja fait quelques progrès. Le Roy d'Arragon préparoit une grande Armée pour y entrer. Le seul bruit des préparatifs qu'il faisoit pour cela, avoit déja fait révolter plusieurs Places contre le Comte. Enfin peu de temps après, le Roy d'Arragon, malgré les promesses dont il amusoit les Légats, de s'en rapporter de tout au Pape, estoit entré en Languedoc avec son Armée, où il vint mettre le siège devant Muret.

Cette Place située à trois lieües de Toulouse, estoit assez considérable, quoique peu forte. Mais ce qui a rendu son nom mémorable dans l'Histoire, est la grande action qui se passa sous ses murailles, à l'occasion de ce siège.

Ce qui le fit entreprendre au Roy d'Arragon

gon, si nous en croyons une Lettre de ce Prince, que l'on fit voir au Comte de Monfort, ce fut sa complaisance pour une Dame de qualité des environs de Toulouse qu'il aimoit, & qu'il voulut délivrer de l'inquiétude, d'avoir à tous momens les ennemis si proche d'elle. Il s'en fit toutefois un mérite auprès des Habitans de Toulouse, à qui la Garnison de cette Place estoit fort incommode.

Guillelm. de Podio Laurenti. cap. 21.

Il vint avec cent mille hommes se poster tout proche de Muret, le long de la Garonne du costé de la Gascogne. Il avoit avec luy le Comte de Toulouse, le Comte de Foix, & le Comte de Comminge. La Garnison estoit foible, & la Place presque sans vivres ; parce que le Comte de Monfort prévenu par le Roy d'Arragon, n'avoit pas eu le loisir de la ravitailler, comme c'estoit son dessein. Le Faux-bourg fut d'abord emporté sans résistance ; mais les ennemis ne jugérent pas à propos de s'y loger, & l'abandonnérent.

Petrus Vall. Cernay. cap. 71.

Le Comte de Monfort estoit à Faniaux à huit lieuës de Muret, quand il reçut cette nouvelle, & il se mit incessamment en marche pour y conduire quelque secours. Le Vicomte de Corbeil qui s'en retournoit après sa Campagne de quarante jours, le joignit en chemin, aussi-bien que le brave Guillaume des Barres son frere uterin, dont il a esté déja fait mention plusieurs fois dans cette Histoire. La Comtesse sa femme luy envoya encore quelques Soldats, qu'elle tira de Carcassonne & des environs. Il forma de tout cela un Corps de huit à neuf cens hommes, avec une partie desquels il entra dans Muret du costé de la rivière opposé à celuy, où les ennemis estoient campez ; le reste arriva pendant la nuit.

Il avoit avec luy l'Archevêque de Narbonne Légat du Pape, & quelques autres Prélats, dont il vouloit se servir pour faire des propositions de Paix au Roy d'Arragon, & luy représenter qu'il violoit les promesses qu'il avoit faites tant de fois au Pape, d'abandonner la protection des Hérétiques. Mais toutes les remontrances & toutes les propositions de Paix furent inutiles dans une conjoncture, où une Armée de cent mille hommes mettoit le Roy d'Arragon en état de donner la Loy. Le Comte de Monfort ne songea donc plus qu'à soûtenir vigoureusement la guerre, malgré l'extrême inégalité de ses forces.

Il falloit avoir autant d'intrepidité qu'en avoit ce Comte, & autant de confiance dans la bonté de la cause qu'il défendoit, pour prendre une telle résolution : car ce n'estoit pas une simple sortie qu'il méditoit ; c'estoit une bataille qu'il prétendoit livrer à cent mille hommes avec une poignée de gens, qui n'égaloit pas la centième partie des ennemis.

Il prit toutes les précautions d'un homme qui estoit résolu à périr ou à vaincre, prévoyant que s'il laissoit avancer le Roy d'Arragon avec son Armée, tout estoit perdu sans ressource, qu'on luy alloit enlever en un mois tout ce qu'il avoit conquis en quatre ans, & qu'il seroit obligé de retourner en France avec la seule gloire, d'avoir fait & soûtenu quelque temps une grande entreprise ; mais avec le chagrin d'y avoir malheureusement échoüé. Il s'estoit confessé sur le chemin de Muret, & avoit mis son Testament entre les mains de l'Abbé de Bolbonne, en luy ordonnant de l'envoyer au Pape, en cas qu'il périst dans l'exécution du dessein qu'il méditoit. Il avoit fait de nouveau excommunier publiquement par le Légat, le Comte de Toulouse & le Comte de Foix, & les fils de ces deux Comtes, le Comte de Comminge, & tous ceux qui les protégeoient, parmi lesquels on prétendoit comprendre le Roy d'Arragon, quoiqu'on ne le nommast pas par respect pour sa dignité Royale. Cette cérémonie se fit pour animer le Soldat, en luy faisant entendre que le secours du Ciel ne pouvoit luy manquer, en combattant contre des gens maudits de Dieu, & frapez des anathêmes de l'Eglise. Le Comte en passant par l'Abbaye de Bolbonne, s'estoit prosterné devant l'Autel, & après y avoir fait une assez longue priere, il avoit mis son épée aux pieds d'une Image de Jesus-Christ, en luy disant tout haut. " Seigneur, vous m'avez choisi, tout indigne " que j'en estois, pour le Général de vostre Ar- " mée contre vos ennemis ; c'est à vous à me " défendre en l'extrémité où je me trouve, & à " faire voir à toute la Terre la justice de la cau- " se, que vous m'avez mise en main pour la soû- " tenir. Cette pieté du Comte inspira une merveilleuse ardeur aux Soldats. Ils se confessérent pour la plupart, quand ils furent arrivez à Muret. Le Comte y renouvella les protestations qu'ils avoient faites à Dieu, de mourir avec joye à son service. Après quoy il se mit à la teste de huit à neuf cens Cavaliers, laissant l'Infanterie pour la garde du Chasteau. Il en sortit en bataille, & en sortant, les Troupes reçurent la bénédiction de l'Evêque de Comminge, qui les asseûra, que tandis qu'ils combattroient, il alloit avec ses Confreres dans la Chapelle, lever les mains au Ciel, pour leur en attirer le secours, auquel seul ils se devoient prendre confiance.

Le Comte de Monfort partagea ses Troupes en trois petits Corps, que les Généraux de l'Armée ennemie rangée aussi sur trois lignes, laissérent avancer à dessein de les envelopper dès la premiere charge.

Cap. 73.

Soit que le Comte sçut l'endroit où le Roy d'Arragon avoit pris son poste, soit que quelqu'autre raison le déterminast à donner de ce costé-là, ce fut là qu'il chargea d'abord. Il enfonça en un moment la premiere ligne. Le Roy d'Arragon qui s'estoit placé à la seconde, s'estant avancé pour arrester l'ennemi, y fut tué d'abord sur la place, & le bruit de sa mort s'estant répandu par-tout en un instant, jetta tant de consternation dans toute l'Armée, que sans plus songer à combattre, on commença à fuir de tous costez. Il n'y eut nulle part aucune résistance, & les ennemis ayant jetté leurs armes, se laissoient tuer sans se défendre. Toute cette grande Armée se dissipa en un instant, & en comptant ce qui périt dans la Campagne & dans la riviére, le nombre des morts fut, selon quelques-uns, de vingt mille, & selon ceux qui en mettent le moins, de dix-sept mille : & du costé du Comte de Monfort, il n'y eut qu'un Chevalier de tué, & quelque peu de Soldats.

Cette grande victoire fut remportée le 12. de Septembre. Elle a quelque chose de si prodigieux & de si surprenant, qu'elle seroit incroyable, si elle n'estoit attestée non seulement par les Auteurs contemporains; mais encore par des témoins oculaires, & par les Evêques qui estoient avec le Comte de Monfort, & qui en firent une Relation qu'ils signérent; c'est à sçavoir, les Evêques de Toulouse, de Nismes, d'Usez, de Lodeve, de Béfiers, d'Agde, & de Comminge.

La manière dont le Roy d'Arragon fut tué est rapportée si diversement, qu'on ne sçait qu'en croire. Les Evêques n'en marquent aucun détail dans leur Relation. Le Moine du Val-cernai qui estoit dans le païs, & qui avoit eu les Mémoires de ces Prélats, dit la chose comme je l'ay racontée, sans marquer d'autres circonstances. Guillaume de Puy-laurens Chapelain de Raymond fils du Comte de Toulouse, dit que ce jeune Seigneur qui estoit au Camp, mais qui ne combattit pas, n'estant pas encore en âge de le faire, luy avoit raconté, que le Comte de Monfort ayant apperçû l'Enseigne Royale, fit tout son effort de ce costé-là, & que le Roy fut tué avec quantité de Seigneurs qu'il avoit autour de luy; mais sans nous dire par qui il fut tué. Guillaume le Breton dit, que le Roy d'Arragon ayant apperçû le Comte de Monfort, vint la lance en arrest fondre sur luy; que le Comte ayant écarté la lance du Roy, la saisit avec la main, & à luy arracha avec l'Enseigne Royale qui y estoit attachée; que le Roy d'Arragon mit aussi-tost l'épée à la main, & en assena un terrible coup au Comte, que la bonté de ses armes sauva; que le Comte ne voulant pas tuer le Roy, le saisit au corps, & le renversa de cheval; que ceux de la suite du Roy d'Arragon chargérent en cet instant rudement le Comte, & qu'au même temps, un de ses Ecuyers nommé Pierre, qui estoit à pied, parce que son cheval avoit esté tué, se jetta sur le Roy d'Arragon, & luy passa au défaut de la cuirasse, son épée au travers de la gorge. Je laisse ce que quelques Espagnols modernes ont dit, que le Roy d'Arragon ayant battu le Comte de Monfort & ses François, avoit esté tué dans la poursuite des fuyards. On voit assez de quel poids peut estre un tel témoignage, quand il est si visiblement contredit par les Auteurs contemporains.

Après la défaite des ennemis le Comte de Monfort reconnoissant qu'il tenoit sa victoire du Ciel, en fit sur le champ hommage à Dieu, & s'estant mis nuds pieds, il marcha depuis là en cet état jusqu'à l'Eglise de Muret, où il fit chanter le *Te Deum*. Il vendit le cheval, & les armes, dont il s'estoit servi dans le combat, pour en donner l'argent aux Pauvres, & il envoya à Rome la Lance & l'Etendart du Roy d'Arragon, que le Pape fit suspendre dans une Salle du Chasteau S. Ange, pour conserver le souvenir d'une si mémorable victoire remportée sur les Hérétiques, & sur les autres ennemis de l'Eglise.

Si le Comte de Monfort avoit eu une Armée, rien ne luy auroit résisté après la Journée de Muret; mais pouvant à peine mettre quinze cens hommes ensemble, il se contenta de ravager les Terres du Comte de Foix, les environs de Narbonne, de Toulouse, & de Montpellier, qui loin de se soumettre, comme il l'avoit esperé, se déclarérent plus hautement que jamais contre luy. Quelques Forteresses mesmes se rendirent au Comte de Toulouse, & ce Prince ayant surpris son frere Baudoüin, bon Catholique, & qui avoit suivi le parti du Comte de Monfort, eut la cruauté de le faire pendre.

Cependant le Cardinal de Benévent arriva en Languedoc, avec ordre du Pape d'examiner l'état des choses, & de tascher de ménager la Paix, pourvû qu'on pust le faire avec seûreté pour la Religion Catholique. Il réconcilia à l'Eglise les Comtes de Foix & de Comminge, & Gaston de Bearn, qui luy donnérent en ôtage quelques-unes de leurs Forteresses, où il mit des gens seûrs pour les garder. Les Habitans de Toulouse se soumirent aussi au Cardinal, qui fut mis en possession du Château appellé Narbonnois : c'estoit comme la Citadelle de Toulouse. Durant que le Cardinal traitoit avec ces Seigneurs, & avec les Toulousains, la Croisade contre les Albigeois ayant esté de nouveau preschée en France, le Comte de Monfort se trouva en peu de temps avec une Armée de près de cent mille hommes, partie Cavalerie, partie Infanterie, parmi lesquels il y avoit un grand nombre de Gentilshommes, & entre autres le Vicomte de Chasteaudun. Et ce fut ce qui rendit les Hérétiques & leurs Protecteurs si dociles, & ce qui fit si bien, & si facilement réüssir les négotiations du Cardinal.

Avec cette Armée, le Comte de Monfort & Gui son frere domptérent tous les Vassaux du Comte de Toulouse & tous les Gentilshommes, qui tenoient encore son parti dans le Querci, dans le Roüergue, & dans le Périgord. Le Roy d'Angleterre estoit actuellement auprès de Périgueux à la teste d'une Armée, à dessein de secourir le Comte de Toulouse; il n'osa toutefois se déclarer. Il jetta seulement des Troupes dans quelques Places, mais elles furent obligées de se rendre. La pluspart des Forteresses que l'on prit, furent rasées, hormis quelques-unes des plus fortes & des plus propres à tenir le païs en bride, & le Comte de Monfort y mit des Garnisons Françoises.

Après cette heureuse Campagne du Comte de Monfort, & les négotiations du Cardinal de Benévent, qui rendirent les Catholiques maistres de tous les Etats du Comte de Toulouse, on tint au mois de Décembre à Montpellier une grande Assemblée de Prélats, d'Abbez & de Barons, où l'on délibéra sur le choix de la personne, à qui l'on devoit confier la garde & le commandement du Comté de Toulouse. Le Comte de Monfort fut choisi tout d'une voix. Mais l'Assemblée n'en demeura pas là, & pressa le Cardinal de donner au Comte de Monfort, non seulement la garde de cet Etat, mais encore l'investiture, en le déclarant de la part du Pape, Comte de Toulouse, & Raymond déchû de ses Etats.

Le Cardinal répondit, que cela passoit son pouvoir, & qu'il ne pouvoit rien faire en une chose de cette importance, sans de nouveaux ordres du Pape. C'est pourquoy le Concile députa sur le champ Girard Archevêque d'Ambrun, pour aller faire cette demande au Pape, qui confirma l'élection du Comte de Monfort pour la garde du Comté de Toulouse, luy permit d'en percevoir tous les revenus; mais pour l'investiture, il différa d'en délibérer jusqu'au Concile Général de Latran, qu'il avoit convoqué pour cette année 1215.

An. 1215.

C'estoit là l'état où se trouvoient les affaires en ces quartiers-là, lorsque Philippe Auguste permit à Loüis son fils d'y aller, pour accomplir le vœu qu'il avoit fait trois ans auparavant, en prenant la Croix. Mais avant que de parler de cette expédition, je dois reprendre la suite des choses qui se passèrent en France depuis l'an 1209. où je les ay quittées, à l'occasion de la Croisade contre les Albigeois, qui jusques-là fut moins une guerre du Roy de France, qu'une guerre des François. Car quoiqu'elle eust esté faite presque par les seuls Sujets du Roy, & avec des Armées quelquefois très-nombreuses, ce fut néanmoins d'ordinaire sans ses ordres, & par la seule condescendance qu'il eut pour la volonté & les bons desseins du Pape, ausquels il ne voulut pas s'opposer.

La Tréve concluë en 1208. entre Philippe Auguste & Jean Roy d'Angleterre, fut sur le point d'estre rompuë dès la mesme année, à l'occasion d'un poste situé sur la côte Septentrionale de Bretagne, appellé Warplie, dont quelques gens du païs s'estoient emparez, & où ils recevoient les Anglois, qui faisoient de-là des courses sur les Terres de France. Le Roy pour les en déloger, ordonna à ses Vassaux de luy envoyer leurs Milices, dont le rendez-vous fut marqué à Mante. Il en donna le commandement au Comte de S. Paul & à Juhel de Mayenne, qui prirent ce Fort, & le Gouvernement en fut confié à ce dernier. Le Roy d'Angleterre & le Duc de Bretagne, qui devoient naturellement prendre part à cette affaire, laissèrent faire le Roy, & ainsi la chose n'eut point de suite.

Rigord.

En cette rencontre, l'Evêque d'Orleans & l'Evêque d'Auxerre, qui, comme les autres, avoient amené leurs Troupes au Camp de Mante, voyant que le Roy n'estoit point de cette expédition, s'en retournèrent chez eux avec leurs Soldats, sous prétexte qu'ils n'estoient obligez d'aller en Campagne, & de fournir des Troupes, que quand le Roy marchoit en personne. Le Roy fort choqué de cette con-

Ibid.

duite, leur demanda s'ils avoient quelque privilége, qui les autorisast à s'exempter de ce que la Coûtume du Royaume avoit généralement établi. Ils n'en purent produire aucun. Surquoy il les condamna à payer une certaine somme taxée par l'ancien Droit François, pour ceux des Vassaux qui manqueroient à faire leur service. Sur le refus qu'ils firent de la payer, il fit saisir les Régales, c'est-à-dire, les biens & les Terres qu'ils tenoient en Fief de la Couronne, sans toucher néanmoins à leurs dixmes, ni aux autres revenus purement Ecclésiastiques. Les deux Prélats excommunièrent les Officiers Royaux, qui avoient saisi leurs Terres: ils mirent en interdit les Terres mesmes, & s'en allèrent à Rome, pour faire leurs plaintes au Pape contre le Roy, comme contre un violateur des libertez & des priviléges de l'Eglise. Il n'en falloit pas davantage pour brouiller les deux puissances, & causer bien du desordre. Mais ils n'eurent point d'autre réponse du Pape, sinon qu'il ne vouloit point se mesler de ce qui regardoit les droits du Roy & les Coûtumes du Royaume. Ainsi ils furent contraints de payer le ban, c'est-à-dire, l'amende; & le Roy au bout de deux ans voulut bien leur rendre leurs Terres & leurs Fiefs qu'il avoit confisquez.

Ce Prince estoit parfaitement instruit des droits de sa Couronne. Il avoit assez d'équité pour ne les guéres pousser plus loin qu'il ne devoit; mais il estoit fort exact à les conserver. Il honoroit les Prélats & les Ecclésiastiques, mais n'ignorant pas jusqu'à quel excès les gens d'Eglise avoient porté en France l'autorité spirituelle depuis le Règne de Loüis le Débonnaire, il estoit attentif à les contenir dans les bornes, & à leur faire rendre à César ce qui appartenoit à César, sans préjudice de ce que luy-mesme devoit à Dieu, sçachant accorder les devoirs d'un Prince religieux, avec l'autorité de Souverain & de Maistre absolu dans son Royaume.

Il donna encore durant cette Tréve une autre marque du zéle qu'il avoit pour la Religion, par le chastiment prompt & exemplaire de certains Hérétiques, qui parurent alors en France. Ils avoient parmi leurs erreurs, divers articles qui approchoient de celles des Albigeois, & quelques principes & une morale fort semblables à celle de nos Quiétistes d'aujourd'huy. Plusieurs d'entre eux ayant esté surpris & convaincus dans un Concile par l'Evêque de Paris, furent déferez au Conseil du Roy, qui les condamna au feu, excepté les femmes & quelques gens simples qui avoient esté séduits: & comme on crut que le Chef de la Secte estoit un certain Amauri déja mort, qui dans le temps qu'il enseignoit dans l'Université de Paris, y avoit dogmatisé, son corps, par ordre de la Justice, fut déterré & brûlé avec ignominie, & avec l'exécration de tout le Peuple. Ces exemples terribles furent efficaces, & couperent pied à l'erreur.

Ibid.

Alberic in Chronic. MS.

An. 1209.

Ce qui faisoit durer la Tréve entre la France & l'Angleterre, estoit d'une part la Croisade

PHILIPPE AUGUSTE.

contre les Albigeois, qui occupoit une grande partie des forces du Royaume, & à laquelle le Roy par zéle pour la Religion, & par la confidération qu'il avoit pour le Pape, ne vouloit pas mettre d'obftacle, en recommençant la guerre contre l'Angleterre. D'autre part, le Roy d'Angleterre avoit beaucoup d'affaires fur les bras. Il eftoit en guerre avec le Roy d'Ecoffe. Il y avoit des femences de révolte en Hybernie & dans le païs de Galles, qui l'obligeoient à ne pas quitter fes Etats; mais par deffus tout cela, l'interdit que le Pape avoit jetté fur toute l'Angleterre, parce que le Roy ne vouloit pas recevoir le Cardinal Eftienne Langeton pour Archevêque de Cantorbery, eftoit ce qui l'embarraffoit le plus. Car cet interdit étoit obfervé par-tout, & hormis le Baptefme des petits enfans, la Confeffion & le Viatique pour les moribonds, on n'adminiftroit aucuns Sacremens. On ne faifoit nulle part l'Office divin, & on avoit fermé toutes les Eglifes. La faifie des biens des Eccléfiaftiques, que le Roy d'Angleterre avoit confifquez à cette occafion, avoit irrité contre luy tous les efprits. Il eftoit en une extrême défiance de toute fa Nobleffe, dont plufieurs avoient efté contraints de luy donner leurs enfans en ôtage, pour gage de leur fidélité, & il en eftoit univerfellement haï, à caufe des mauvais traitemens qu'il leur faifoit. C'eftoient là les principales raifons, qui fufpendirent la guerre pendant quatre ans entre ces deux Princes.

Ils fe faifoient en cela beaucoup de violence, & le Roy de France plus encore que le Roy d'Angleterre, que le mauvais état de fes affaires contraignoit de modérer, ou de diffimuler le chagrin qu'il avoit de la perte de la Normandie, & d'une partie de fes autres Etats d'en-deçà de la mer. Prévoyant toutefois que toft ou tard il feroit attaqué, il fe ménagea quelques Alliez capables de le défendre, & fur tout l'Empereur Othon IV. qui d'ailleurs eftoit très-difpofé à entrer en Ligue avec luy contre la France, par les raifons que je vais dire, en reprenant les chofes de plus loin.

Henri VI. Empereur & Roy de Sicile eftant mort l'an 1197. fon fils Fridéric encore en bas âge, luy fuccéda au Royaume de Sicile. Philippe Duc de Suabe, frere de Henri, à qui ce Prince avoit envoyé en mourant le Sceptre Impérial, comme à celuy qu'il défignoit pour fon fucceffeur à l'Empire, penfa auffi-toft à fe faire élire Roy de Germanie, par les Seigneurs Allemands. Il eut pour concurrent Othon Duc de Saxe, ce qui partagea toute l'Allemagne, & excita une guerre civile.

Philippe Auguste fut fur le point de former un tiers parti, par les intrigues de Marguarit Amiral de Sicile, Seigneur très-puiffant, que Henri avoit d'abord comblé d'honneurs, en le faifant Duc de Durazzo, Prince de Tarente, & Général de fes Flotes; mais depuis il l'avoit pris en telle averfion, qu'il luy avoit fait crever les yeux. Nonobftant l'état où Marguarit étoit réduit, il avoit un parti en Italie tout à fa dévotion, & grand nombre de Pirates, qui cou-

Mathæus Paris in Joanne.

roient les Mers de Sicile, & le reconnoiffoient comme leur Chef. Il vint offrir fes services à Philippe Augufte, l'affeûrant qu'il avoit affez de crédit en Italie, pour la faire déclarer en fa faveur, & pour faire donner l'exclufion par les Romains à Philippe de Suabe, & à Othon de Saxe, pourvû qu'il paffaft promptement les Alpes avec une bonne Armée. Philippe l'écoûta, & commença à faire fes préparatifs, tandis que Marguarit affembloit une nombreufe Flote à Brindes, pour agir par mer, fitoft que Philippe paroiftroit en Italie. Ce grand projet n'eut point de fuite, Marguarit ayant efté affaffiné par un de fes gens, lorfqu'il alloit à Rome, pour y former fa faction.

Roger de Houeden.

Le Roy voyant fon deffein manqué, réfolut d'appuyer le parti de Philippe de Suabe contre celuy d'Othon. Il avoit une raifon effentielle d'en ufer ainfi; c'eft qu'Othon eftoit neveu de Richard Roy d'Angleterre, & entierement dans les intérefts de ce Prince, dont il eftoit fort aimé, & qui luy avoit mefme donné un an auparavant l'inveftiture du Comté de Poitiers.

Ibid.

Quand il n'y auroit eu ni alliance, ni amitié particuliere entre Richard & Othon, c'étoit affez que le Roy de France prift le parti de Philippe de Suabe, pour engager Richard à foûtenir celuy d'Othon. Il le fit, & Jean fon frere luy ayant fuccédé en fes Etats, tint la mefme conduite. On eut toûjours de part & d'autre cette affaire fort à cœur. On n'omit des deux coftez ni fecours d'argent, ni négotiations auprès des Seigneurs d'Allemagne, ni follicitations auprès du Pape Innocent III. pour les faire déclarer en faveur de celuy des deux que l'on foûtenoit. Nous avons vû dans des Traitez de Paix faits entre Philippe & ces deux Rois d'Angleterre, que les intérefts de Philippe de Suabe & d'Othon y entroient toûjours. Si le Roy d'Angleterre eftoit le plus fort, une des conditions du Traité eftoit, que le Roy de France ne donneroit point de fecours contre Othon, & fi le Roy de France avoit l'avantage dans la guerre, il obligeoit le Roy d'Angleterre à promettre qu'il ne fecoureroit point Othon contre Philippe de Suabe. Enfin Philippe de Suabe ayant efté malheureufement affaffiné à Bamberg, le Pape, qui jufqu'alors n'avoit pas voulu fe déclarer, mais qui dans le fond, comme on le voit par plufieurs de fes Lettres à Philippe Augufte, ne vouloit point de Philippe de Suabe, dont le pere & les ayeuls avoient toûjours fait la guerre à l'Eglife Romaine, décida en faveur d'Othon, & luy donna à Rome la Couronne Impériale l'an 1210. malgré les oppofitions de Philippe Augufte, & de plufieurs Seigneurs Romains.

Tom. 1. Epiftolar. Innoc. III.

Rigord.

Il ne fut pas long-temps fans s'en repentir; car dès le mefme jour qu'Othon fut couronné Empereur, il déclara au Pape, nonobftant les engagemens qu'il avoit pris avec luy, qu'il ne pouvoit le remettre en poffeffion de certaines Places, dont les Empereurs fes prédéceffeurs s'eftoient emparez, & fur lefquelles le Pape avoit des prétentions.

Cette manière d'agir n'estoit pas nouvelle; & on en avoit vû bien des exemples depuis que l'Empire avoit passé aux Allemands. Les Papes s'estoient mis en possession de conférer le titre d'Empereur, & ceux qui estoient élûs, ne pouvoient le prendre, qu'après certaines cérémonies faites à Rome, qui marquoient qu'ils le tenoient du Pape. Ces Princes s'y soumettoient, mais pour l'ordinaire avec répugnance; & les Papes se servoient de cette occasion pour exiger d'eux bien des choses, qui leur faisoient beaucoup de peine. Si-tost qu'ils avoient esté couronnez, & solemnellement reconnus pour Empereurs, ils ne faisoient guéres de scrupule de ne pas tenir leur parole, parce qu'ils prétendoient qu'on exigeoit d'eux des choses indignes de la Majesté Impériale, & contraires aux droits de l'Empire. De-là venoient les querelles. Les Papes sommant les Empereurs de leur parole & de leur serment, procédoient à l'excommunication, & quelquefois mesme jusqu'à la déposition, prétendant avoir le pouvoir de déposer les Empereurs, comme ils prétendoient avoir celuy de les faire, & que leur Couronnement estoit nul, dès là qu'ils manquoient aux conditions, sans lesquelles ils ne l'auroient point obtenu.

Ainsi donc Othon s'estant emparé de quelques Places qui appartenoient au S. Siége, & continuant de faire plusieurs choses au préjudice de l'Eglise Romaine, le Pape dispensa tous les Sujets de l'Empire du serment de fidélité qu'ils avoient fait à ce nouvel Empereur, & défendit, sous peine d'anathême, de le reconnoître pour tel, & de luy en donner le titre. Aussi-tost Othon se vit abandonné par le Lantgrave de Thuringe, par les Archevêques de Mayence & de Tréve, par le Duc d'Autriche, par le Roy de Bohême, & par plusieurs autres Seigneurs, tant Ecclésiastiques que Séculiers, qui luy refusérent l'obéïssance.

Rigord.

Philippe Auguste ne manqua pas une si belle occasion de détruire Othon, & il agit si fortement auprès de ces Princes & des autres Seigneurs d'Allemagne, qu'à sa persuasion ils élûrent un autre Empereur, qui fut Fridéric Roy de Sicile, fils de Henri VI. dernier Empereur, & neveu de Philippe de Suabe, duquel le Roy avoit soûtenu hautement les intérests, tandis qu'il vécut, & qu'il fut le concurrent d'Othon.

Ibid.

Ils firent tous ensemble leurs efforts auprès du Pape, pour l'engager à confirmer cette nouvelle élection; mais quelque envie qu'eut le Pape de le faire, il crut qu'il n'estoit pas de la gravité & de la Majesté de l'Eglise Romaine de varier si aisément : outre qu'il haïssoit toûjours la Famille de Suabe, & qu'il appréhendoit que Fridéric, quand il seroit Empereur, ne suivist l'exemple d'Othon, & celuy de ses prédécesseurs.

Ibid.

Néanmoins ce jeune Prince, par le conseil du Roy de France, alla à Rome par mer, où le Pape le reçut avec beaucoup d'honneur. De-là il parcourut plusieurs Villes d'Italie, qui l'assurérent de leur attachement. Il passa ensuite en Allemagne, & vint à Constance, qui luy ouvrit ses portes, & les ferma à Othon, lorsqu'il y arriva trois heures après. Ce Prince fut obligé de se retirer à Brisac, d'où les Habitans le contraignirent aussi de sortir, ne pouvant souffrir l'insolence & les desordres de ses Soldats, & firent au contraire un très-bon accueil à Fridéric.

Ce Prince estant là, souhaita avoir une conférence avec le Roy de France. Le rendez-vous fut à Vaucouleurs sur la Meuse, entre Neuchâstel & Commerci. Le Roy n'y alla pas cependant luy-mesme; mais il y envoya Loüis son fils avec plusieurs Seigneurs, & ce Prince fit avec Fridéric un Traité d'Alliance.

Ibid. an. 1211.

Vû la conduite que Philippe Auguste tenoit depuis si long-temps à l'égard d'Othon, il étoit naturel que cet Empereur s'unist plus étroitement que jamais contre luy avec le Roy d'Angleterre, comme contre un ennemi commun : & ce fut là en effet la véritable cause de l'étroite liaison qu'ils firent ensemble. Mais ce qui l'augmenta encore alors, fut la manière dont le Pape en usa envers le Roy d'Angleterre, toute semblable à celle dont il avoit traité Othon.

An.

Le Roy d'Angleterre refusoit toûjours constamment, de recevoir le Cardinal Langeton pour Archevêque de Cantorberi. Il se moquoit de l'interdit que le Pape avoit jetté sur le Royaume. Il continuoit de maltraiter les Evêques, parce qu'ils faisoient observer l'interdit, & plusieurs d'entre eux s'estoient réfugiez en France, où le Roy pourvoyoit libéralement à leur entretien. Guillaume Évêque de Londres, & Elie Evêque d'Eli, soit de leur propre mouvement, soit par le conseil de Philippe, allérent à Rome avec le Cardinal Langeton, pour obliger le Pape à faire cesser par toutes sortes de moyens, la persécution qu'on leur faisoit. Ils firent au Pape une si affreuse peinture de l'Etat de l'Eglise d'Angleterre, & l'asseurérent tellement de la haine des Grands contre le Roy, qu'il crut pouvoir tout entreprendre, & pousser sans danger ce Prince jusqu'aux dernieres extrémitez.

Rigord.

Ibid.

Ibid.

Le Pape tint une grande Assemblée de Cardinaux, d'Evêques, & des plus considérables de son Conseil, & sur leur avis, il prononça la Sentence de déposition contre le Roy d'Angleterre, déclara le Trône vacant, & écrivit à Philippe Auguste, pour le prier de se charger du soin de venger les injures faites à l'Eglise, d'entrer en Angleterre, d'en chasser Jean, & d'unir ce Royaume à celuy de France. Il publia une Croisade contre Jean, non seulement en France, mais encore chez les Nations circonvoisines, exhortant tous les Seigneurs, tous les Gentilshommes, & tous ceux qui étoient capables de porter les armes, à aller sous la conduite du Roy de France, chastier un Prince persécuteur déclaré de l'Eglise. Il leur accorda pour cette guerre les mesmes priviléges & les mesmes Indulgences, qu'on accordoit à ceux qui alloient au secours de la Terre-Sainte; & fit partir aussi-tost un Légat *à latere*, nommé

Math. Paris.

Ouden gheest moles Flandr fol. 16

PHILIPPE AUGUSTE.

nommé Pandulphe, pour hafter l'exécution de sa Sentence.

Ibid. Cette nouvelle eſtant venuë en Angleterre, y cauſa beaucoup de joye ; & le bruit courut, que les Seigneurs ravis de ſe voir abſous de leur ſerment de fidélité, avoient envoyé ſecretement au Roy de France, pour l'aſſeûrer qu'il pouvoit paſſer hardiment en Angleterre, & que ſi-toſt qu'il y paroiſtroit, tout ſe déclareroit pour luy.

Ces dépoſitions des Souverains ont eſté de tout temps mal reçuës, & ſont toûjours blâmées par les Princes qui ne ſe trouvent pas en état d'en profiter : mais ceux qui peuvent en tirer avantage, les regardent d'un autre œil, & ſans beaucoup s'embarraſſer des conſéquences, ils ſe déterminent aiſément à ſe ſervir de l'occaſion, pour augmenter leur puiſſance.

Philippe ne crut pas devoir laiſſer échaper celle-ci, pour mettre entiérement les Anglois hors de France, & unir la Couronne d'Angleterre à la ſienne. Il convoqua à ce ſujet une

An. 1212. grande Aſſemblée de Seigneurs & d'Evêques à Soiſſons, pour le lendemain du Dimanche des Rameaux, où ſe trouvérent entre autres Ferrand ou Ferdinand Comte de Flandre, & Henri IV. Duc de la baſſe Lorraine, c'eſt-à-dire, de Brabant. Le premier eſtoit fils de Sanche Roy de Portugal, à qui Philippe Au-

Rigord. guſte avoit fait épouſer Jeanne fille & héritiére de Baudoüin Comte de Flandre & Empereur de Conſtantinople. L'autre n'eſtoit pas Vaſſal du Roy, mais il ſe trouva alors à la Cour, pour traiter de ſon mariage avec Marie de France veuve de Philippe Comte de Namur, que le Roy luy fit épouſer après les Fê-

Tréſor des Chartres. tes de Pâques, & il l'aſſeûra qu'en cas que l'expédition d'Angleterre réüſſit, il le remettroit en poſſeſſion de certaines Terres, ſur leſquelles ce Duc avoit des prétentions.

Philippe dans cette Aſſemblée propoſa aux Seigneurs la guerre contre le Roy d'Angleterre, à laquelle le Pape l'exhortoit. Ils l'approu-

Ibid. vérent fort, & luy promirent de le ſuivre en perſonne avec leurs Troupes. Le ſeul Comte de Flandre s'y oppoſa, ou du moins déclara qu'il ne ſeroit de cette guerre, qu'à condition que le Roy le miſt en poſſeſſion d'Aire & de S. Omer. Ces deux Places eſtoient du Comté d'Artois, que le Roy avoit donné comme en appanage à Loüis ſon fils. Le Roy ne jugea pas à propos de luy accorder ſa demande ; mais il luy offrit quelques autres Places en échange, dont il ne s'accommoda point.

Oudergheeft Annales de Flandre, fol. 165. Les prétentions du Comte de Flandre ſur Aire & S. Omer n'eſtoient qu'un prétexte affecté, pour avoir quelque ſujet de rompre avec la France ; car il avoit cédé quelque temps auparavant par un Traité ces deux Places à Loüis fils du Roy. Le Roy d'Angleterre avoit déja gagné à ſon parti le Comte de Flandre, par les intrigues de Renaud de Dammartin Comte de Boulogne, eſprit broüillon & dangereux s'il en fut jamais, qui eſtant devenu ſuſpect au Roy, ſur ce qu'il faiſoit fortifier Mortain aux confins de Normandie & de Bretagne, & y faiſoit des Magaſins, s'eſtoit enfui en Angleterre.

Le Roy après l'Aſſemblée de Soiſſons renou- *Tréſor des* vella le Traité d'Alliance qu'il avoit fait avec *Chartres.* Fridéric, & commença ſes préparatifs, à quoy il employa près d'une année, ſur tout à faire conſtruire des Vaiſſeaux. Avant que de ſe mettre en Campagne, ſoit par principe de conſcience, ſoit par complaiſance pour le Pape, il rappella auprès de luy Ingelburge de Dannemarc ſon épouſe, qu'il avoit tenuë éloignée pendant quinze ou ſeize ans. Cette réconci- *Rigord.* liation cauſa une grande joye à toute la France, qui connoiſſoit la vertu de cette Princeſſe, & regardoit ce divorce comme l'unique tache remarquable dans la vie & dans la conduite de ſon Roy.

Ce Prince aſſembla ſa Flote dans la Seine. Elle eſtoit de dix-ſept cens Vaiſſeaux de toutes *Ibid.* ſortes de façons & de grandeurs, partie pour combatre la Flote d'Angleterre, ſi elle vouloit s'oppoſer à ſon paſſage, partie pour le tranſport des Troupes & des vivres, & il en donna la conduite à un fameux Pirate nommé *Guillelm.* Savari natif de Poitou. *Brito.*

Le rendez-vous des Troupes fut au Port de Boulogne, où elles devoient s'embarquer. L'Armée eſtoit très-belle, la Nobleſſe de France, de Bourgogne, de Normandie, & de-là la Loire s'empreſſant, pour avoir part à la gloire de la conqueſte d'Angleterre. Il y avoit auſſi beaucoup de Seigneurs de Bretagne ; parce que le Roy vers ce temps-là en fit Duc Pierre de *Cartulaire* Dreux ſon couſin, qu'il maria avec Alix fille *MS. de* de Gui de Toüars & de Conſtance Ducheſſe *Philippe* de Bretagne. *Auguſte fol. 133.*

Cependant le Roy d'Angleterre voyant qu'il y alloit de ſa ruïne entiére, n'omit rien pour ſoûtenir un ſi terrible aſſaut. Il fit équiper une *Math.* très-nombreuſe Flote, & l'aſſembla à Portſ- *Paris.* mouth, pour attaquer celle de France dans ſon paſſage. Il leva une très-belle Armée, qui dans la revuë qu'il en fit, ſe trouva eſtre de ſoixante mille hommes très-leſtes & très-bien armez. Soûtenu de tant de forces, il n'y avoit point de puiſſance capable de le forcer, s'il avoit pû compter ſur la fidélité des Généraux ; mais pluſieurs eſtoient d'intelligence pour le perdre, & il auroit ſuccombé, ſi ſon bonheur ne luy euſt fourni une autre reſſource.

Le Légat dont j'ay parlé, eſtoit un homme d'un eſprit moderé, & ennemi des deſſeins violents. Il demanda au Pape, en prenant congé de luy, s'il eſtoit réſolu de pouſſer à bout le Roy d'Angleterre, & ſi ſuppoſé qu'on trouvaſt quelque voye plus douce de réduire ce Prince, il ne voudroit pas bien qu'on s'en ſerviſt. Le Pape luy répondit, que pourvû que l'autorité de l'Egliſe & la ſienne fuſſent maintenuës, que le Roy d'Angleterre s'y ſoûmiſt de bonne foy, & que les Eccléſiaſtiques de ce Royaume fuſſent rétablis dans leurs biens & dans leurs droits, il trouveroit bon qu'on en vinſt à un accommodement.

Le Légat arriva en France, muni de ce plein pouvoir, il y mit tout en mouvement

Vuuu

HISTOIRE DE FRANCE.

Ibid.

pour la guerre d'Angleterre, & toutefois il envoya secrettement à Douvre, où Jean estoit alors, deux Chevaliers du Temple, pour l'asseûrer de ses bonnes intentions, luy demander une conférence, & luy faire espérer, que malgré tout ce qui s'estoit fait à Rome touchant sa déposition, il se pourroit trouver des voies d'accommodement & de réconciliation avec l'Eglise.

Ce Prince ravi de cette ouverture, renvoya sur le champ les deux Chevaliers vers le Légat, pour le prier de venir à Douvre. Le Légat ne tarda pas à partir, sous prétexte qu'il vouloit connoistre par luy-mesme l'état déplorable, où l'on disoit à Rome, que l'Eglise d'Angleterre se trouvoit.

Dès la premiere conversation qu'il eut avec Jean, il luy fit le détail du prodigieux armement, qui se faisoit en France contre l'Angleterre. Il luy dit, que les Evesques exilez, & une infinité d'autres personnes de toute condition, qui en avoient esté chassez, estoient dans l'Armée de Philippe, pour passer la mer avec luy, & le seconder de tout leur pouvoir dans son entreprise ; qu'il se vantoit d'avoir déja en main les sermens de fidélité de presque toute la Noblesse d'Angleterre, & que dès qu'il auroit mis pied à terre dans l'Isle, toute l'Armée Angloise viendroit se rendre à luy : que le danger pressoit, le Roy de France estant prest de se mettre en Campagne ; qu'il y avoit un moyen seûr de détourner la tempeste, qui estoit de déclarer publiquement & authentiquement, qu'il se soumettroit au jugement du Pape & de l'Eglise, & de donner des cautions de sa parole, sur lesquelles on pust compter ; qu'il n'auroit pas plustost fait cette démarche, que les esprits de ses Sujets changeroient à son égard ; que ce qui luy avoit attiré leur aversion, estoit les persécutions qu'il avoit faites aux Ecclésiastiques ; qu'ils le voyoient depuis cinq ans retranché de l'Eglise par l'excommunication, sans qu'il parust s'en mettre en peine ; que si-tost qu'il donneroit des marques de Pénitence, & quelque espérance de retour, ils reprendroient les sentimens qu'ils devoient avoir pour leur Prince légitime, & quitteroient aisément la pensée de se donner à un étranger.

Le Roy d'Angleterre fut d'autant plus aisément touché de ces raisons, qu'il en reconnoissoit la solidité. Tout déréglé qu'il estoit, l'excommunication où il se voyoit depuis si long-temps, luy donnoit de l'inquiétude. Il n'avoit que trop d'assûrance du peu d'attachement que ses Sujets & ses Troupes avoient pour luy. Mais ce qui faisoit le plus d'impression sur son esprit, estoit la prédiction d'un certain Hermite, qui quelque temps auparavant, avoit dit en homme inspiré, en présence d'un grand nombre de personnes, que Jean ne seroit plus Roy à la Feste de l'Ascension de cette année 1213. Ce Prince l'avoit fait mettre en prison comme un séditieux ; mais il n'en estoit pas pour cela moins inquiet, à cause des dispositions qu'il voyoit à la vérification de la Prophétie.

An. 1213.

Il promit donc au Légat d'en passer par tout ce qu'il voudroit, & de se soumettre absolument au jugement de l'Eglise. Le Légat luy fit confirmer par serment cette protestation générale, & seize Barons d'Angleterre jurerent la mesme chose *sur l'ame du Roy*, s'engageant à l'obliger de tenir sa parole par toutes sortes de voies, en cas qu'il voulust s'en dédire.

Ibid.

Il se fit quelques jours après une Assemblée nombreuse de Seigneurs à Douvre le Lundy de devant l'Ascension, où le Roy s'engagea à reconnoistre le Cardinal Langeton pour Archevêque de Cantorberi, à rétablir tous les Evêques & tous les Ecclésiastiques exilez, à les dédommager des pertes qu'il leur avoit causées, à révoquer tous les Edits qui avoient esté faits au desavantage des Eglises & des Ecclésiastiques, & à s'en rapporter au Pape ou à son Légat, sur toutes les autres difficultez qui pourroient naistre dans l'exécution de ce qu'il promettoit. Cette promesse fut mise par écrit, & signée de la main du Roy.

Rigord.
Ibid.

Les Seigneurs s'estant encore assemblez la veille de l'Ascension en la Maison des Chevaliers du Temple, au Fauxbourg de Douvre, le Roy fit publiquement une nouvelle protestation, par laquelle en exécution de la Sentence qui avoit esté renduë contre luy à Rome, il remettoit sa Couronne, son Royaume d'Angleterre & l'Irlande, entre les mains du Pape, pour ne les tenir que du S. Siége, s'engageant à luy en faire hommage lige en son nom, & au nom de ses successeurs, les déclarant déchûs des droits qu'ils auroient à la Couronne, s'ils refusoient de se soumettre aux choses, ausquelles il s'obligeoit actuellement, & à quoy il les obligeoit comme luy. Il ajoûta au denier de S. Pierre, qu'on avoit depuis long-temps levé régulièrement en Angleterre, mille livres sterlin, payables par luy & par ses successeurs tous les ans, partie à la S. Michel, partie à Pasques. Ensuite il fit entre les mains du Légat l'hommage de ses Etats, dont la Formule commençoit en ces termes.

Ibid.

" Moy, Jean par la grace de Dieu Roy d'Angleterre & Seigneur d'Hybernie, depuis ce moment & dans la suite je seray fidèle à Dieu, à S. Pierre, à l'Eglise Romaine, & au Pape Innocent, mon Seigneur, & à ses successeurs légitimement élûs. * Cette Formule dans le reste est la mesme que celle dont usoient les Vassaux, en faisant hommage & serment de fidélité à leur Seigneur. On présenta sur le champ au Légat une somme d'argent, qui estoit comme des arrhes du Vassalage, auquel le Roy d'Angleterre venoit de se soumettre. Le Légat jetta l'argent à terre, & mit le pied dessus, apparemment pour marquer que la puissance spirituelle avoit mis sous ses pieds la temporelle. L'Archevêque de Dublin, qui estoit là présent, en fut indigné, & ne put s'empescher de se récrier contre cette manière d'agir du Légat : mais le Légat s'en embarrassa peu.

* L'Acte entier est à la Bibliotheque Royale, parmi les SS. de Brienne vol. 17. il ne s'agit que de l'Angleterre & de l'Irlande, & nullement des Estats que le Roy d'Angleterre possedoit en France.

Mat. Pari. Rig.

Il repassa aussi-tost la mer, & vint dire au Roy, qu'il n'estoit plus question de faire la

PHILIPPE AUGUSTE.

guerre au Roy d'Angleterre; que ce Prince s'étant soumis à l'Eglise, il le prioit de congédier ses Troupes, l'asseûrant que le Pape trouveroit mauvais qu'il passast outre, & qu'il attaquast un Royaume, qu'il devoit regarder comme un Fief de l'Eglise Romaine. Le Roy surpris & irrité d'un tel discours répondit au Légat, qu'il estoit fort étrange, que le Pape l'eust engagé luy-mesme à cette entreprise par les motifs les plus saints; qu'il luy eust fait faire une dépense excessive pour un grand armement de terre & de mer, & qu'après cela on terminast sans sa participation une affaire de cette importance; qu'au reste il verroit ce qu'il auroit à faire, & qu'il prendroit dans ces conjonctures tel parti qu'il jugeroit à propos.

Il se détermina en effet à poursuivre son entreprise. Il fit sortir sa Flote de la Seine, & elle arriva heureusement à Boulogne, où les Troupes devoient s'embarquer.

Le Roy qui se défioit beaucoup de Ferdinand Comte de Flandre, luy avoit envoyé ordre de le venir trouver à Gravelines. Le Comte le luy avoit promis, & l'avoit asseûré qu'il le satisferoit sur tout ce qu'il souhaitoit de luy. Mais ayant appris l'accommodement du Roy d'Angleterre, il manqua à sa parole, & ne parut point. Sur quoy le Roy ayant assemblé les Seigneurs de l'Armée, il fut résolu de différer l'embarquement, pour entrer dans le Comté de Flandre, & mettre Ferdinand hors d'état de traverser l'expédition d'Angleterre.

Le Roy entra donc en Flandre, prit Cassel, Ypres, & toutes les Places des environs jusqu'à Bruges, qui se rendit aussi. La Flote du Roy cotoyoit toûjours son Armée, pour luy fournir des vivres, & elle entra dans le Port de Damme, à deux lieües de Bruges. Une partie des Vaisseaux se mit à couvert dans ce Port; la plus grande partie ne pouvant pas y tenir, demeura dans le Canal & à la Mer. De Bruges, le Roy ayant laissé autant de Soldats qu'il en falloit pour la garde de ses Vaisseaux, alla mettre le siége devant Gand.

Ferdinand donna avis au Roy d'Angleterre, du ravage que les François faisoient en Flandre, & ce Prince se prépara à le secourir. Il luy fit sçavoir le temps auquel sa Flote s'avanceroit vers les côtes de Flandre, afin qu'il vinst au devant avec les Vaisseaux qu'il avoit dans ses Ports. La Flote Angloise au nombre de cinq cens voiles, se mit à la mer, sous le commandement de Guillaume Comte de Salisberi, de Guillaume Comte de Hollande, & de Renaud Comte de Boulogne. Hugues de Boves Seigneur d'auprès d'Amiens, dont la Famille fut toûjours fort dans les intérests des Comtes de Flandre, & plusieurs autres Seigneurs estoient aussi sur cette Flote. Le Comte de Flandre les joignit avec la sienne.

Ils firent reconnoistre celle de France, d'où la plufpart des Soldats qui avoient esté chargez de la garder, estoient descendus à terre pour aller au pillage. Les ennemis en ayant esté avertis, vinrent fondre sur la Flote Françoise, dont ils enlevérent trois cens Vaisseaux, la plufpart Vaisseaux de charges, pleins de toutes sortes de munitions. Plus de cent autres en fuyant échoüérent contre le rivage, où les Anglois les bruslérent, & vinrent avec toute leur Flote bloquer le reste de celle du Roy, qui estoit renfermée dans le Canal & dans le Port de Damme. Ils oférent mesme descendre à terre pour attaquer le Port, & mettre le feu au reste des Vaisseaux.

Le Roy averti de ce désordre, leva le siége de Gand, & vint en grande haste avec une partie de ses Troupes, pour chasser les ennemis. Il les surprit, les mit en déroute, les obligea de fuïr vers leur Flote, en laissant près de deux mille morts tant tuez que noyez. On fit un assez grand nombre de prisonniers, & de ce nombre fut le Comte de Boulogne; mais ce Seigneur estant tombé entre les mains de quelques Gentilshommes ses amis, ils le laissérent évader.

Cet avantage fut une petite consolation pour le Roy, qui voyoit sa Flote perduë, & le dessein de passer en Angleterre avorté. Les ennemis bloquérent toûjours le Canal de Damme, & le Roy desespérant de sauver le reste de ses Vaisseaux, ordonna qu'on en retirast toutes les munitions, tous les vivres, toutes les machines, & ensuite les fit brusler aussi-bien que la Place mesme, & retourna à Gand, qui se racheta en donnant des ôtages. Il en prit aussi d'Ypres & de Bruges, & les leur rendit pour une somme d'argent. Il garda Doüay, Lisle, & Cassel. Quelques jours après, Lisle s'estant révoltée, le Roy revint sur ses pas, & la mit en cendre. Il abandonna aussi Cassel, après l'avoir à demi ruïné, & ne conserva que Doüai. Ainsi finit cette Campagne de l'année 1213. dont le succès ne répondit pas aux préparatifs. Le seul Légat en fut la cause, sa conduite luy fit beaucoup d'honneur à Rome, & le rendit fort odieux en France.

Dès le commencement du printemps de l'année suivante, le Roy d'Angleterre, quoy qu'il y eut encore bien des semences de broüilleries dans son Royaume, prit le parti de passer en France, & d'y porter la guerre aux environs de la Loire, tandis que le Comte de Flandre occuperoit les François à l'autre extrémité du Royaume. Il partit de Portsmout, & débarqua à la Rochelle au commencement du Caresme avec une Armée, & fit rentrer dans son parti, tant par promesses que par menaces, le Comte de la Marche, Geoffroy de Lusignan, & plusieurs autres Seigneurs de ces quartiers-là. Il traversa le Poitou, vint fondre dans l'Anjou, emporta Angers, & se rendit maistre de quelques autres Places moins considérables.

De-là il détacha de la Cavalerie, pour faire des courses dans le païs Nantois. Robert de Dreux fils aîné de Robert Comte de Dreux, estant sorti de Nantes, pour repousser les ennemis, en fut envelopé & pris avec quatorze Gentilshommes François.

Ces avantages du Roy d'Angleterre ne furent pas de longue durée. Le Roy envoya de ce costé-là Loüis son fils avec Henri Clément Maréchal de France, & il fut joint auprès de Chinon par le Duc de Bretagne. Ayant appris que le Roy d'Angleterre avoit mis le siége devant une Forteresse importante, appellée la Roche-au-Moine, entre Nantes & Angers, il marcha au secours de la Place avec sept mille hommes de pied & deux mille chevaux.

Guillelm. Brito. l. 10.

Le Roy d'Angleterre, quoy qu'il eust une Armée beaucoup plus nombreuse que celle du Prince, n'osa l'attendre, ne se fiant pas assez aux Chefs des Milices de Poitou. Il leva le siége, & ce fut avec tant de précipitation, qu'il y abandonna ses machines, ses tentes, & tous ses bagages. Loüis le suivit, & l'ayant atteint, luy défit une grande partie de son Armée. Le Roy d'Angleterre fit ce jour-là en fuyant dix-huit lieuës sans débrider. Ensuite Loüis revenant sur ses pas, & profitant de cette déroute, vint attaquer Angers, le prit & le rasa, & reconquit en peu de jours toutes les Places dont le Roy d'Angleterre s'estoit emparé. Mais ce n'estoit pas de ce costé-là que les ennemis de la France avoient résolu de faire le plus grand effort.

L'Empereur Othon, tout excommunié qu'il estoit, avoit encore dans son parti plusieurs Princes & Seigneurs d'Allemagne, dont les Troupes estoient à sa dévotion. Durant l'hyver il estoit convenu avec le Roy d'Angleterre, que si-tost qu'on auroit commencé la guerre du costé de la Loire, & attiré de ce costé-là une partie des forces de Philippe, il partiroit d'Allemagne, & viendroit joindre le Comte de Flandre avec une grosse Armée, pour entrer par là en France. Henri Duc de Brabant, quoique gendre du Roy, estoit de cette Ligue, ayant esté contraint d'y entrer par le Comte de Flandre, lequel appuyé du secours des autres Liguez, le menaça d'envahir ses Etats. Le Duc de Lorraine, Guillaume Comte de Hollande, le Duc de Limbourg, le Comte de Namur, & quantité d'autres Seigneurs des Païs-Bas, furent aussi de la partie contre la France.

Chronic. Belgicum.

Le Roy d'Angleterre avoit fait déja passer en Flandre un grand Corps d'Armée, où Hugues de Boves, Renaud Comte de Boulogne, Guillaume Comte de Salisberi frere bastard du Roy d'Angleterre, avoient le principal Commandement. Toutes ces Troupes réünies avec celles de l'Empereur, faisoient près de cent cinquante mille hommes. Philippe Auguste, à cause de la diversion faite par le Roy d'Angleterre du costé du Poitou, n'en avoit pas plus de cinquante mille. Il visita les Places de sa Frontière, y donna ses ordres pour une vigoureuse défense, en cas d'attaque, & vint se mettre à la teste de son Armée sous les murailles de Péronne, tandis que les ennemis s'assembloient sous Valenciennes.

Guillelm. Brito. l. 10. Rigord.

Le Roy décampa de Péronne le vingt-troisiéme de Juillet, & marcha jusqu'à Tournai, qui luy appartenoit, en désolant tout le païs. L'Empereur s'avança de Valenciennes à Mortagne, à trois ou quatre lieuës de Tournai.

Rigord.

Le Roy proposa dans le Conseil de guerre de l'y aller attaquer; mais on l'en détourna, à cause des défilez qu'il falloit passer, pour arriver au Camp ennemi.

Le lendemain, qui estoit un Dimanche, vingt-septiéme de Juillet, le Roy partit de Tournai, & marcha vers Lisle. Le dessein de cette marche estoit premierement de faire sortir l'Empereur de son poste, & de l'engager en pleine Campagne, parce que l'Armée Françoise estoit très-forte en Cavalerie; & en second lieu, de le tirer du voisinage du Haynaut, qu'il avoit toûjours couvert jusqu'alors, & où le Roy, en cas qu'on ne pust pas en venir à une bataille, avoit dessein de mener son Armée, pour l'y faire subsister quelque temps, & l'enrichir du pillage de ce riche païs.

Dès que l'Empereur eut appris que les François estoient en marche, il s'y mit luy-mesme pour les suivre, croyant qu'ils fuyoient, & qu'ils vouloient s'éloigner, pour éviter le combat. On se faisoit alors un scrupule de donner bataille le Dimanche, & quand on vint dire au Roy que l'Empereur le suivoit pour l'attaquer, il eut peine à le croire. Toutefois pour prendre ses seûretez, il détacha avec quelque Cavalerie légere & quelques Arbalestriers, Adam Vicomte de Melun, & Garin ou Guerin Chevalier de l'Hôpital de Jérusalem, nommé à l'Evêché de Senlis; mais qui n'en n'avoit pas pris possession, & qui portoit encore l'habit de Chevalier. Ils s'avancérent jusqu'à une lieuë & demie vers l'Armée ennemie, sur une éminence, d'où ils la découvrirent. Elle marchoit en ordre de bataille,& les chevaux estoient couverts de leurs armures derriere l'Infanterie, signe évident qu'ils venoient pour combattre.

Ibid.

Le Chevalier Garin partit aussi-tost, pour en porter l'avis au Roy, & le Vicomte demeura encore quelque temps, pour reconnoistre plus à loisir le nombre & la disposition des ennemis. Sur cet avis le Roy fit faire alte à l'Armée, & délibéra avec les Généraux, si on continuëroit la marche, ou si on se rangeroit là en bataille. La pluspart furent d'avis qu'on marchast toûjours vers Lisle, & qu'on passast le Pont de Bouvines, pour se mettre en bataille au-delà du pont, qui est à peu près à mi-chemin de Tournai à Lisle, en tirant un peu vers Doüai.

Guillelm. Brito.

Les ennemis en traversant un ruisseau, dont le passage estoit assez difficile, furent obligez de défiler, & à cette occasion, soit exprès, soit déterminez par le terrain, ils firent un mouvement, par lequel il parut qu'ils vouloient aller à Tournai : ce qui confirma l'avis de ceux qui soûtenoient, que les ennemis ne pensoient point à combattre, & qui vouloient qu'on passast le pont de Bouvines. Le Chevalier Garin soûtint toûjours le contraire ; que c'estoit une feinte ; qu'infailliblement ils reviendroient tomber sur l'arriere-garde, quand ils verroient la plus grande partie de l'Armée passée, & qu'on s'exposoit à recevoir un échec.

Guillel. Brito.

On ne fut pas long-temps sans voir qu'il avoit raison. La plus grande partie de l'Armée

Françoise ayant passé le Pont, & le Roy s'étant fait oster ses armes, afin de prendre un moment le frais sous un arbre en-deçà du pont, on vit les Coureurs venir à grande haste, pour dire que les Impériaux arrivoient, & qu'on commençoit à escarmoucher.

En effet, le Vicomte de Melun qui avoit toûjours devancé les ennemis, en se rapprochant de l'Armée, sans les perdre jamais de vûë, tâschoit par toutes sortes de moyens de retarder leur marche, en caracollant avec ce qu'il avoit de Cavalerie armée à la légére, & en faisant sans cesse tirer ses Arbalestriers; mais enfin pressé par le grand nombre d'escadrons qu'on détachoit sur luy, il doubloit le pas, pour venir se rejoindre au gros de l'Armée.

Le Roy alors certain, mais un peu tard, du dessein des ennemis, donna promptement ses ordres, pour faire repasser le pont de Bouvines à l'avant-garde, qui estoit déja bien audelà; & après une courte & fervente priere qu'il fit dans une Eglise, qui se trouva tout proche du lieu où il estoit, monta à cheval. Il vint le sabre à la main avec un air guai qui encouragea beaucoup le Soldat, se mettre à la teste de son arriere-garde, pour soûtenir les premiers efforts des ennemis, & donner le temps à ses autres Troupes de venir à son secours.

L'Empereur avoit compté que le Roy auroit passé le pont avec l'avant-garde, & qu'en son absence il auroit bon marché du reste. Il fut étonné de le trouver au premier rang, où il affecta de se faire voir & de se faire connoitre aux ennemis, pour leur oster la pensée qu'ils l'eussent surpris.

En arrivant, l'Empereur prit à droite du côté du Septentrion, en tirant un peu vers l'Occident, pour occuper quelques hauteurs. Le Roy prolongeoit sa ligne à mesure que les ennemis s'étendoient; de sorte que dans le commencement du combat, le Corps de bataille où estoit le Roy, & celuy de l'Empereur, avoient un front d'un peu plus de demie lieuë. La situation des Armées estoit avantageuse aux François, parce qu'il faisoit ce jour-là une extrême chaleur, & un Soleil fort ardent qu'ils avoient à dos, & qui donnoit contre le visage des Impériaux.

Le Roy avoit à son aisle gauche Robert Comte de Dreux avec les Milices du Comté de Gamaches, & celles du Ponthieu, ausquelles estoit opposé le Comte de Boulogne avec les Anglois. À l'aisle droite de l'Armée de France estoit Eudes Duc de Bourgogne avec les Troupes de Champagne & celles du Comté de Soissons, ayant en teste le Comte de Flandre qui commandoit l'aisle gauche de l'Armée ennemie. Dans ce mesme Corps estoient avec le Duc de Bourgogne le Chevalier Garin qui y faisoit l'Office de Maréchal de bataille, pour ranger les Troupes, Adam Vicomte de Melun, Jean Comte de Beaumont, Gaucher Comte de S. Paul, de qui on avoit quelque défiance, Mathieu de Monmorenci, Hugues de Malaunai, les deux freres Hugues & Jean de Marcüil. Un peu avant la charge, le Roy parcourant les rangs, anima les Soldats, en les faisant souvenir qu'ils alloient combattre des excommuniez ennemis de Dieu & de l'Eglise, contre lesquels le Ciel ne pouvoit pas manquer de se déclarer. Ils répondirent par de grands cris de joye, & priant le Roy de leur donner sa bénédiction. Philippe ordonna à son Chapelain de faire la priere, le Chapelain entonna avec quelques autres Ecclésiastiques ce Pseaume de David. *Que le Seigneur se leve, & que ses ennemis soient dissipez.* Aussi-tost les trompetes sonnérent, & on commença à s'ébranler.

Guillelm. Brito.

Rigord.

Le combat avoit déja esté engagé à l'aisle droite. Le Chevalier Garin par le conseil du Comte de S. Paul, y fit charger d'abord un gros de Gendarmerie Flamande par un escadron de cent cinquante Cavaliers de Cavalerie légére des Milices de Soissons. Cette Troupe estoit soûtenüe par le Comte de S. Paul, à la teste des Gendarmes de son Comté.

Les Gendarmes Flamands très-indignez de l'affront qu'on leur faisoit, de les faire attaquer par de la Cavalerie légére, & non par de la Gendarmerie, où l'on n'admettoit alors que des Gentilshommes, ne daignérent pas faire un seul pas pour s'avancer contre cet escadron; mais ils le reçurent avec beaucoup de fermeté. Deux de ces Cavaliers François furent tuez, & la plusspart des autres blessez ou démontez.

Alors le Comte de S. Paul voyant que le premier assaut avoit rompu en partie les rangs de l'escadron Flamand, dit au Chevalier Garin, on me soupçonne d'intelligence avec l'ennemi, vous allez voir que je suis un bon traître. Il partit en mesme temps de la main, & donna avec tant de furie, que passant sur le ventre à toute cette Troupe, & renversant tout ce qu'il rencontra, il perça toute la ligne, qui fut en cet endroit mise en déroute.

Deux Seigneurs Flamands, l'un nommé Gautier de Guistelle, & l'autre Buridan de Furnes, s'estoient détachez avec quelques Gendarmes, pour prendre en flanc le Comte de S. Paul. Mais ils furent arrestez par Pierre de Remi Gentilhomme de Ponthieu, qui les défit & les prit tous deux prisonniers.

Avant le combat, l'Empereur, le Comte de Flandre, & le Comte de Boulogne, estoient convenus, que si-tost que la bataille seroit commencée, ils tascheroient de se réünir, pour faire tous leurs efforts contre l'endroit, où ils sçauroient que seroit le Roy de France, persuadez que s'il estoit tué ou pris, la déroute de l'Armée Françoise suivroit bien-tost après. Selon ce projet, le Comte de Flandre après le premier choc, fit marcher toute son aisle en la courbant, pour s'avancer vers le Corps de bataille où estoit le Roy. Mais le Duc de Bourgogne avec ses Milices & celles de Champagne, le Comte de Beaumont & Mathieu de Monmorenci pénétrant son dessein, luy coupérent chemin, & le combat fut là infiniment sanglant. Le Duc de Bourgogne eut son cheval tué sous luy, & fut renversé par terre; &

Vuuu iij

comme il estoit extrêmement gros & pesant, il courut un grand risque, ne pouvant se relever, à cause du poids de ses armes; mais ses Bourguignons l'ayant investi de tous costez, & empesché les ennemis de l'approcher, il fut remis sur un autre cheval. Hugues de Malaunay, & plusieurs autres Seigneurs & Gentilshommes ayant aussi perdu leurs chevaux, combatirent long-temps à pied.

Le Vicomte de Melun & le Comte de S. Paul se signalérent en cette rencontre. L'un & l'autre percérent encore en cet endroit les escadrons ennemis: & estant revenus à leurs postes pour reprendre un peu haleine, le Comte de S. Paul vit un Gentilhomme de ses Vassaux entouré d'ennemis, contre lesquels il se défendoit presque seul avec une valeur surprenante; le Comte se couchant sur son cheval, & l'acollant avec les deux bras, courut à toute bride vers cet endroit, se jetta au milieu de l'escadron, puis se levant sur les étriers, & écartant les ennemis avec le sabre, les dissipa & sauva son Vassal. Quelques-uns de ceux qui estoient présens à cette action, rapportérent qu'ils l'avoient vû en mesme temps attaqué par douze lances, dont il soûtint les coups, sans pouvoir estre desarçonné.

Le combat fut très-opiniastré de ce costé-là. Le Comte de Flandre y combattit comme un homme résolu à vaincre ou à périr: mais ses Troupes ayant esté rompuës, il fut envelopé, renversé de son cheval, & contraint de se rendre aux deux Seigneurs de Mareüil, tout couvert de sang & de blessures.

Tandis que cela se passoit à l'aisle droite de l'Armée Françoise, le Roy soûtenoit les efforts des Allemands avec des forces beaucoup inférieures aux leurs pour le nombre, faisant en mesme temps tout ce qu'on pouvoit attendre d'un sage Général & d'un brave Soldat. Le point capital estoit de donner le temps aux Troupes qui avoient passé le pont, de le repasser, & de se mettre en bataille sans confusion. Le Roy fit si bien, que jusqu'à leur arrivée, il repoussa toûjours les ennemis, sans rien perdre du terrain qu'il avoit occupé.

Une grande partie de ces Troupes qui venoient le joindre, estoient celles des Communes de diverses Villes, & entre autres de Corbie, d'Amiens, de Beauvais, de Compiègne, & d'Arras, la pluspart Infanterie. On fit passer ces bataillons par les intervalles des escadrons, dont estoit composée la ligne que le Roy avoit d'abord formée, & on fit de ces bataillons comme une premiere ligne qui couvroit celle du Roy.

Guillelm. Brito.

Ce qui obligea apparement ce Prince à faire cette disposition, fut premierement que ces Troupes-là n'avoient point encore combattu; & en second lieu, que l'Armée Allemande, selon l'ordinaire de ce temps-là, estoit pour la pluspart composée d'Infanterie, & que l'Empereur avoit mis la sienne sur trois lignes à la teste de tout le Corps où il avoit pris son poste. Mais la chose réüssit mal au Roy.

Soit que cette Infanterie, qui estoit revenuë à grand pas, n'eust point encore repris haleine, ou qu'elle n'eust pas eu le moyen de prendre assez de terrain, soit que l'Infanterie Allemande, qui estoit très-bonne, & faite à combattre en pleine Campagne, mesme contre la Cavalerie, luy fust autant supérieure par cet endroit-là, que par le nombre, dès le premier choc la Françoise plia, & fut poursuivie si vivement par l'Allemande, que celle-ci parvint jusqu'à la seconde ligne de l'Armée Françoise, y mit le desordre, & s'avança fierement vers l'escadron du Roy, où paroissoit la Banniére Royale, reconnoissable par les fleurs de lys dont elle estoit semée, & desquelles on voit ici le nom * pour la premiere fois dans nostre Histoire.

* Floribus lilii.

Ce Prince durant le combat avoit toûjours eu à ses costez grand nombre des plus braves Seigneurs de son Armée; sçavoir, Guillaume des Barres, Barthelemi de Roye, le jeune Gautier, Pierre de Mauvoisin, Gerard Scrophe, Estienne de Lonchamp, Guillaume de Mortemer, Jean du Rouvrai, Guillaume de Garlande, Henri Comte de Bar, & plusieurs autres.

Ces Seigneurs pour couvrir le Roy, formérent tous ensemble un escadron, & s'avançant vers les Allemands, en firent un grand carnage: mais malgré tous leurs efforts, un gros bataillon pénétra jusqu'au Roy, rompit son escadron, & l'investit de tous costez. Il se défendit long-temps le sabre à la main avec un petit nombre de Gentilshommes qui estoient restez autour de sa personne, & tua de sa propre main plusieurs de ceux qui osérent l'approcher.

Galon de Montignac, Chevalier plus vaillant que riche, ainsi que parle nostre Historien, portoit l'Etendart Royal, & s'élevant sur son cheval, donnoit incessamment en baissant & relevant cet Etendart, le signal du péril où estoit le Roy. Il devint extrême. On ne s'attachoit presque qu'à luy: on luy portoit des coups de tous costez, que son adresse, sa force, & la bonté de ses armes paroient heureusement, jusqu'à ce qu'un Soldat Allemand avec un de ces javelots, dont se servoient les anciens François, où il y avoit deux crochets à chaque costé de la pointe, l'atteignit vers la gorge au défaut de la cuirasse. Une espéce de collier que le Roy avoit par-dessous, rompit le coup, & empescha la blessure; mais les crochets du javelot s'estant engagez entre la cuirasse & la mentonniére du casque, ce Soldat en tirant de toutes ses forces entraîna le Roy de dessus son cheval, & l'abattit par terre.

Rigord.

Philippe eut l'adresse & la force de se relever aussi-tost; mais sans que le Soldat le lâchast. L'Empereur qui se trouva proche de là accouroit pour le percer, & le Roy eust péri sans doute, si dans le moment de sa chûte, plusieurs Seigneurs & Gentilshommes renversant à grands coups de sabre tout ce qui se présentoit pour les arrester, ne se fussent fait passage jusqu'à luy. Le Soldat où tué, ou écarté, lascha prise. On se battit là avec une extrême furie. Estienne de Longchamp, un des plus estimez Seigneurs de l'Armée Françoise, tomba mort aux pieds du Roy d'un coup d'épée qu'il reçut dans l'œil. Un autre Gentilhomme nommé Pierre Tristan, sauta promptement de son cheval, & le donna au Roy, & Guillaume des Barres survenant avec un nouveau renfort, chargea si furieusement les ennemis, qu'il les obligea de reculer.

Les François les poussèrent à leur tour, & ce premier succès les animant, ils les poursuivirent si vivement, qu'ils les mirent en desordre, & bien-tost après en fuite. Ils arrivèrent jusqu'à l'Empereur. Pierre de Mauvoisin luy saisit la bride de son cheval, & la foule l'empeschant de l'amener, Gerard Scrophe porta à ce Prince un grand coup d'épée dans l'estomac. L'épée plia contre la cuirasse, sans qu'il en fust desarçonné; il voulut luy en porter un second ; mais le cheval de l'Empereur se cabrant dans le moment, reçut le coup dans l'œil, ce qui luy fit faire un effort extraordinaire ; de sorte qu'échapant au Seigneur de Mauvoisin, il emporta l'Empereur d'une extrême vitesse, en passant sur le corps à ceux qui se rencontrèrent devant luy. Guillaume des Barres, dont le cheval avoit esté tué, s'estant rencontré sur le passage de l'Empereur, le saisit au corps; mais comme ce Prince se tint ferme sur ses étriers, & qu'à l'instant il piqua son cheval, il luy échapa, & ce Seigneur attaqué à l'instant par plusieurs de ceux qui accompagnoient l'Empereur, y fust demeuré, sans le secours de Thomas de S. Valery, qui le délivra. A quelque distance de-là, le cheval de l'Empereur tomba mort, & ce Prince en ayant monté un autre, ne pensa plus qu'à fuir à toutes jambes, & fut suivi de tous ceux qui restoient autour de luy.

Le Comte de Boulogne, qui commandoit l'aisle droite de l'Armée ennemie avec le Comte de Salisberi, combatoit encore avec une extrême opiniastreté. Dès le commencement du combat, il avoit fait autour de luy une espéce de bataillon à double rang de Soldats choisis, rangez en rond, & armez de piques. Ce bataillon avoit une ouverture à la teste, par où il sortoit pour charger, & rentroit de temps en temps pour reprendre haleine. Il fit paroistre dans toute l'action un courage & une conduite, qui luy auroient mérité une gloire immortelle, s'il n'avoit pas combattu contre son Souverain. Il pénétra mesme une fois jusqu'au Roy, qui dans le commencement du combat, estoit allé voir luy-mesme l'état où il se trouvoit son aisle gauche. Ce Comte parut d'abord venir vers luy la lance en arrest ; mais apparemment l'horreur du crime qu'il alloit commettre l'ayant saisi, il tourna tout à coup contre Robert Comte de Dreux, qui le reçut vaillamment, & le fit reculer.

Malgré la déroute du reste de l'Armée & de ses propres Troupes, il tenoit encore ferme avec quelque peu de ses gens qui estoient autour de luy, tuant tous ceux qui l'approchoient, lorsqu'un Gentilhomme François nommé Pierre de la Tourelle, qui avoit esté démonté, l'ayant joint, leva l'armeure du flanc de son cheval, & y plongea son épée jusqu'à la garde. Le cheval tomba mort, & le Comte sous luy. En ce moment arrivèrent Hugues & Jean des Fontaines, Jean du Rouvrai, & Jean de Nesle, qui tous quatre prétendirent le faire leur prisonnier. Cette dispute auroit pû causer du desordre, si le Chevalier Garin ne fust survenu. Le Comte, qui sans cela auroit pû estre la victime du different, le pria de vouloir bien le faire son prisonnier, & il se rendit à luy. Toutefois ayant apperçu un brave Gentilhomme Flamand nommé Arnoul d'Oudenarde, qui venoit à son secours avec quelque Cavalerie, il voulut se dédire, & se remettre en défense ; mais il fut promptement saisi, mis sur un cheval & amené : & Arnoul avec ceux qui l'accompagnoient ayant esté envelopé, demeura luy-mesme prisonnier.

Les ennemis fuïoient de tous costez dans la Campagne, excepté un gros de sept cens Brabançons, qui s'estant retranchez, vouloient attendre la nuit pour se retirer, ou vendre leur vie bien cher, en cas qu'on entreprist de les forcer. Le Roy les fit attaquer par Thomas de S. Valery, à la teste de deux mille hommes, & de quelque Cavalerie, qui les investirent de toutes parts. La pluspart furent passez au fil de l'épée, & l'affaire fut faite si promptement & si heureusement, que S. Valery ramena tous ses gens, excepté un seul homme qui fut trouvé après parmi un tas de corps morts des ennemis, extrêmement blessé, & qui guérit de ses blessures.

Comme la nuit approchoit, le Roy ne voulut pas qu'on poursuivist les ennemis bien loin, & fit sonner la retraite.

Les Historiens les plus seûrs se contentant de nous dire en général, qu'il se fit un grand carnage des ennemis, n'ont point marqué le nombre des morts de part & d'autre, non plus que des prisonniers. Il y en a un qui fait monter la perte des vaincus jusqu'à trente mille hommes, tant tuez que prisonniers. Ce qu'il y a de certain, c'est que du costé des ennemis, furent pris deux Comtes Allemands, le Comte de Flandre, le Comte de Boulogne, le Comte de Hollande, & le Comte de Salisberi surnommé Longue-épée, que Philippe de Dreux Evêque de Beauvais abattit à ses pieds d'un coup de massuë, dont il se servit durant tout le combat, prétendant qu'en assommant seulement les ennemis avec cet instrument, & n'usant ni de l'épée, ni du javelot, il ne faisoit rien contre les Canons, qui défendent aux Evêques de tremper leurs mains dans le sang, mesme en une guerre juste. C'estoit ce mesme Evêque de Beauvais dont j'ay déja parlé, que Richard Roy d'Angleterre tint si long-temps dans une étroite prison. Vingt-cinq Seigneurs Bannerets ou portant Bannières, furent aussi du nombre des prisonniers, & un très-grand nombre d'autres Gentilshommes de moindre rang. Il y périt du costé des François peu de personnes de marque.

Henri Clément Maréchal de France, ne se

Chronic. Senonense.

Chronic. Belgicum. Rigord.

trouva point à cette bataille, bien que quelques-uns ayent écrit le contraire ; parce que peu de jours après la victoire, que le Prince Loüis avoit remportée en Anjou sur le Roy d'Angleterre, ce Maréchal qui commandoit sous luy tomba malade, & mourut aussi-tost après la Journée de Bouvines. Quand il en reçut la nouvelle, il fit présent de son cheval de bataille à celuy qui la luy apporta. C'estoit tout ce qui luy restoit à donner, ayant auparavant légué aux pauvres tout ce qu'il avoit d'argent & de meubles. Le Roy pour luy marquer son estime & sa bien-veillance, créa Jean son fils, encore enfant, Maréchal de France, chose extraordinaire, dit l'Historien, parce que cette dignité n'estoit point héréditaire, & elle ne le fut en effet jamais depuis ce temps-là. Le Roy nomma Gautier de Nîmes pour exercer les fonctions qui estoient attachées à la qualité de Maréchal de France, jusqu'à ce que le fils de Henri fust en état de les exercer par luy-mesme.

Rigord.

Le Roy, selon les Loix de la Justice, devoit condamner à mort les Comtes de Flandre & de Boulogne, comme des Vassaux rebelles, pris les armes à la main, en combattant contre leur Souverain. Le Comte de Boulogne éstoit encore plus coupable que le Comte de Flandre, parce que le Roy luy avoit déja pardonné plusieurs révoltes ; que pour le gagner, il l'avoit comblé d'honneurs & de richesses ; & de plus que le Roy d'Angleterre s'estoit servi de luy, pour traiter de la Ligue avec l'Empereur, & pour engager dans son parti les Seigneurs Flamands & Allemands. Il s'estoit néanmoins toûjours opposé à la bataille, à laquelle il ne consentit, que quand il vit que cette opposition le rendoit suspect à l'Empereur & aux autres Liguez.

Philippe du Camp de Bouvines alla à Bapaume, où le Comte de Boulogne & le Comte de Flandre avoient d'abord esté envoyez prisonniers. Il apprit là que le Comte de Boulogne depuis sa prison, avoit fait solliciter l'Empereur de continuer la guerre, l'assêurant que Gand, les Villes des environs, & les Seigneurs Flamands y estoient très-disposez. Soit que l'accusation fust véritable, soit que la chose fust controuvée par les ennemis du Comte de Boulogne, le Roy la crut, & il en fut fort irrité. Il luy reprocha à cette occasion toutes ses ingratitudes & toutes ses perfidies passées, & le mit en prison dans la Tour de Péronne, où il le fit charger de chaînes.

Il avoit donné dès le jour mesme du combat, le Comte de Salisberi à Robert Comte de Dreux, pour le faire eschanger avec le fils de ce Comte, qui avoit esté pris auprès de Nantes un peu auparavant par les Troupes d'Angleterre, ainsi que je l'ay raconté. Mais le Roy d'Angleterre aima mieux laisser son frere prisonnier, que de rendre le Comte de Dreux à son pere. Plusieurs apporterent alors pour raison de cette conduite, que le Roy d'Angleterre estoit amoureux de la Comtesse de Salisberi.

Pour ce qui est du Comte de Flandre, le Roy le mena avec luy à Paris, en le faisant soigneusement garder. Les autres prisonniers furent mis dans les deux Chastelets de Paris, ou distribuez en diverses prisons du Royaume. On a la liste des principaux de ces prisonniers, qui furent livrez aux Prevosts de Paris, au nom des Communes, de Noyon, d'Amiens, de Beauvais, de Soissons, & des autres, dont les Troupes les avoient eus en partage, ou les avoient pris dans le combat. Plusieurs furent relaschez sous la caution de divers Seigneurs du Royaume, qui respondirent pour leur rançon, & pour la promesse qu'ils firent, de ne porter jamais les armes contre le Roy.

Tom. 4. du Chesne.

Le triomphe de Philippe Auguste commença dès qu'il rentra dans le Royaume. C'estoit une réjoüissance universelle, des cris de joye, des applaudissemens dans la Campagne, dans les Villes, dans les chemins, où l'on accouroit au devant de luy de tous costez. A son arrivée à Paris, tout le Clergé, tout le Peuple, & tous les Ecoliers l'allérent recevoir chacun en Corps séparez. La Feste dura pendant huit jours, durant lesquels ce ne furent que festins, que danses, & qu'illuminations pendant la nuit.

Dans cette Entrée triomphante, l'objet qui après le Roy, attira le plus les yeux des spectateurs, fut le Comte de Flandre, qui parut dans une espéce de Litiére ouverte, exposé aux brocards & aux injures, dont la populace le chargeoit. On sçavoit que dans le partage de la France, que les ennemis avoient fait entre eux avant la bataille de Bouvines, ce Comte devoit avoir Paris pour sa part. On prétendit mesme, & le bruit en fut constant parmi le Peuple, que la vieille Comtesse de Flandre, tante du Comte, avoit consulté les démons sur le succès de la bataille. On racontoit que le Magicien avoit répondu, que le Roy de France seroit renversé par terre dans le combat, foulé aux pieds des chevaux ; qu'il n'auroit point la sépulture, & que le Comte de Flandre seroit reçû à Paris en grande pompe. Cette prédiction qui fut apparemment faite après coup, se trouvant vérifiée en un sens tout opposé à celuy qu'elle paroissoit avoir, donnoit lieu à une infinité de railleries, sur les desseins & sur les espérances chimériques du Comte, & on les luy faisoit tout haut. Le Roy après cette rude mortification, le fit renfermer dans une Tour appellée la Tour neuve, hors des murailles de Paris, d'où il ne sortit qu'après la mort de ce Prince, & celle de Loüis huitiéme, sous le Régne de S. Loüis.

Le Roy envoya l'Aigle Impériale prise dans la bataille, à Fridéric, qui sçeut bien profiter de la disgrace de son concurrent, que la fortune commença dès lors d'abandonner, & qui s'étant retiré dans la Saxe, mourut quelque temps après, sans avoir pû relever son parti.

Enfin le Roy voulant rendre à Dieu l'honneur de ce grand événement, dont il luy estoit redevable, bastit & fonda l'Abbaye de la Victoire proche de Senlis, laquelle porte encore aujourd'huy ce nom, & est en mesme temps

PHILIPPE AUGUSTE.

temps un illustre Monument de la piété & de la gloire de ce grand Prince.

Il connut peu de temps après le plus grand avantage de sa victoire, & de quelle importance il luy avoit esté, de ne pas perdre cette bataille. On luy découvrit les intrigues secretes que les ennemis avoient avec une infinité de Seigneurs, qui n'attendoient, pour se revolter, que la nouvelle de la défaite de l'Armée Royale. Hervé Comte de Nevers, presque tous les Seigneurs de de-là la Loire, ceux d'Anjou, excepté le Sénéchal Guillaume des Roches, la pluspart de ceux du Maine & de Normandie, estoient résolus de se remettre sous l'obéissance du Roy d'Angleterre leur ancien Maistre; de sorte que si le Roy eust esté battu à Bouvines, il se fust fait une terrible révolution. Mais après la victoire, pas un ne branla. Le Roy, à cause de la multitude des coupables, prit le parti de dissimuler à l'égard de la pluspart, & les obligea seulement à faire un nouveau serment de fidélité.

Rigord.

Rigord.

Il crut toutefois sa présence nécessaire en Poitou, & y marcha avec une Armée, nonobstant les soumissions que la Noblesse du païs luy fit par ses Députez. Il vint jusqu'à Loudun, où il reçut des Envoyez du Vicomte de Toüars, le plus puissant Seigneur de de-là la Loire, qui venoient le supplier de sa part, de luy accorder l'honneur de ses bonnes graces. Pierre de Dreux Duc de Bretagne, qui avoit épousé la niéce du Vicomte, s'entremit pour cette réconciliation, & l'obtint.

Le Roy d'Angleterre estoit alors à Parthenai dans le Poitou, fort embarrassé, n'osant paroistre en Campagne devant l'Armée Françoise, & ne sçachant où se mettre en seûreté. Il envoya au Roy Ranulfe Comte de Chester, pour luy proposer un accommodement, & le Cardinal Robert de Corçon Légat du Pape, agit si bien auprès du Roy, en le piquant de générosité & de modération, qu'il en obtint une Tréve de cinq ans entre la France & l'Angleterre, mais sans que l'on s'obligeast à rendre les prisonniers de part & d'autre. Les deux Rois se réservérent la liberté de soûtenir le parti des deux Princes, qui disputoient de la Couronne Impériale, le Roy celuy de Fridéric, & le Roy d'Angleterre celuy d'Othon, à moins que ces Princes ne voulussent eux-mesmes estre compris dans la Tréve. Philippe en cette rencontre sacrifia sans doute ses intérests à la considération qu'il avoit pour le Pape; car les choses estoient en tel état, que le Roy d'Angleterre ne pouvoit luy échaper, & que le reste des Places qui tenoient encore pour luy en deçà de la mer, n'attendoient que la présence de l'Armée Françoise pour se rendre.

Ibid.

Ce Traité de Tréve est à la Bibliotheque du Roy au 28. vol. des MSS. de Brienne. Cartulaire MS. de Philippe Auguste.

Ibid.

Le Roy estant de retour à Paris, la Comtesse de Flandre vint l'y trouver, pour traiter de la délivrance de son mari, & l'on fut bien surpris de la facilité avec laquelle il se rendit à ses prieres. Les articles du Traité furent, que le Roy accorderoit la liberté au Comte de Flandre, & aux autres Seigneurs Flamands prisonniers, à condition d'une grosse rançon, dont

Ibid.

on conviendroit. En second lieu, qu'on donneroit au Roy en ôtage Godefroy fils du Duc de Brabant, qui n'avoit encore que cinq ans, & qu'enfin les Fortifications de toutes les Places fortes de la Flandre & du Haynaut, seroient rasées aux dépens des gens du païs. Néanmoins soit qu'on n'eust pû convenir de la rançon du Comte de Flandre, soit pour quelqu'autre raison, ce Traité fut sans effet.

Le Roy ayant ainsi procuré par ses victoires la Paix & la tranquillité à son Royaume, Loüis son fils n'eut plus d'obstacle, qui l'empeschast d'accomplir le vœu qu'il avoit fait, d'aller servir l'Eglise contre les Albigeois pendant quarante jours: car, comme je l'ay déja remarqué, on ne s'engageoit pas pour plus longtemps dans cette Croisade.

Il partit donc pour Lion, où estoit le rendez-vous des Troupes, qui devoient s'y trouver prestes à marcher aux Festes de Pasques. Il fut accompagné par l'Evêque de Beauvais, par les Comtes de S. Paul, de Ponthieu, de Sées, d'Alençon, par Guichard de Beaujeu, par Mathieu de Monmorenci, par le Vicomte de Melun, & par un grand nombre d'autre Noblesse.

Petrus Vall. Cernay.

Le Cardinal de Benévent & le Comte de Monfort ne voyoient pas volontiers venir ce Prince en Languedoc, où tout estoit assez soumis, & où il ne paroissoit presque plus aucuns Albigeois en Campagne. Ils appréhendérent que Loüis ne voulust se saisir de quelques-unes des Places conquises, & prendre une trop grande autorité aux dépens de la leur. Le Comte de Monfort vint toutefois au devant de luy jusqu'à Vienne, & le Légat jusqu'à Valence.

Loüis dans l'entretien qu'il eut avec le Légat, s'apperçut de son embarras, & de l'inquiétude que sa présence luy causoit; mais il le rasseûra, en luy promettant de ne rien faire contre la volonté du Pape, & en luy disant qu'il ne venoit que pour seconder ses bonnes intentions, & accomplir le vœu qu'il avoit fait; que les Troupes qu'il avoit amenées ne seroient point inutiles, & que si faute d'ennemis, elles n'avoient pas lieu de combattre, leur présence obligeroit Narbonne & Toulouse à exécuter ce qu'elles refusoient de faire, qui estoit d'abattre leurs murailles, afin que desormais elles ne fussent plus la retraite des Albigeois.

En effet, il obligea ces deux Villes à raser leurs murailles, & fit démanteler encore quelques autres Forteresses. Le Comte de Monfort envoya Gui son frere prendre de sa part & en son nom possession de la Ville de Toulouse. Ce fut là l'unique chose, mais très-importante, que Loüis exécuta dans son expédition de quarante jours, après quoy il retourna à Paris, où on l'attendoit, pour traiter avec luy d'une entreprise d'une toute autre conséquence. Il ne s'agissoit pas de moins que de la Couronne d'Angleterre, qu'on luy offroit, à l'occasion que je vais dire.

An. 1215.

Jean Roy d'Angleterre estoit un Prince que

fa cruauté, fon avarice, fon impiété, fa lâcheté faifoient également haïr & méprifer de fes Sujets. Cette averfion & ce mépris croiffoient tous les jours, & s'eftoient infiniment augmentez par les mauvais fuccès de la guerre contre la France. La révolte eft une fuite infaillible de cette difpofition des Sujets envers leur Souverain. Les moindres prétextes fuffifent, & les Etats ne manquent jamais d'efprits broüillons pour les faire valoir.

Mathæus Paris in Joanne.

Le Cardinal de Langeton, que le Pape avoit fait Archevêque de Cantorberi malgré le Roy d'Angleterre, eftoit de ce caractére. Lorfqu'en 1213. cet Archevêque donna à Jean l'abfolution de fon excommunication, il l'obligea à promettre avec ferment, de faire obferver dans tout fon Etat les Loix portées par le Roy S. Edoüard, & de caffer toutes celles qui feroient injuftes.

Comme le Roy après fon abfolution vouloit aller chaftier quelques Seigneurs, dont il avoit efté abandonné, fur le point qu'il eftoit d'eftre attaqué par le Roy de France, l'Archevêque s'y oppofa, difant qu'il ne pouvoit pas en ufer ainfi, fans violer fon ferment: & qu'avant que de punir les criminels, on devoit les faire comparoiftre devant la Chambre des Pairs du Royaume. Le Roy fut extrêmement irrité de cette remontrance du Cardinal; mais par la crainte de retomber dans l'embarras des Cenfures, il ne paffa pas outre, & convoqua les Etats d'Angleterre à Londres, pour y faire fes plaintes contre ceux qui luy avoient efté infidéles.

Ce fut dans cette conjonctûre, que le Cardinal ayant fecretement affemblé quelques-uns des plus confidérables Seigneurs, leur dit qu'il eftoit temps de fe remettre en poffeffion de leurs anciens Priviléges; que pour peu qu'ils vouluffent tenir ferme, le ferment que le Roy avoit fait à Windfor le lioit étroitement; qu'il n'y avoit qu'à infifter fur ce point, & l'obliger à l'obferver; mais, ajoûta-t-il, je vous donne avis que j'ay trouvé une Chartre de Henri Premier, qui n'eft prefque qu'une confirmation des Loix établies par le Roy S. Edoüard, fous le Régne duquel les Loix de la Nation étoient en vigueur, & la liberté du Royaume dans fon entier. Il leur lut fur le champ cette Chartre, à laquelle ils applaudirent fort. Ils firent tous ferment d'obliger le Roy à en faire obferver le contenu, & le Cardinal leur promit de les feconder de tout le pouvoir, que fa qualité de Primat & de Cardinal luy donnoient.

Ibid.

Le Roy d'Angleterre ayant eu avis, ou du moins de grands foupçons de ce complot, ne parla plus du chaftiment des Seigneurs, & tâcha d'engager la Cour de Rome dans fes intérefts, & de l'animer contre l'Archevêque de Cantorberi & contre la Nobleffe d'Angleterre, comme contre des rebelles. S'il euft pû parvenir à les faire excommunier, il eftoit bien réfolu de prendre cette occafion, de fe venger d'eux par toutes fortes de moyens. Nicolas Evêque de Tufculum eftoit arrivé en Angleterre avec la qualité de Légat du Pape. Le Roy avoit eu le plaifir de le voir broüillé avec le Cardinal Archevêque de Cantorberi, au fujet de la nomination aux Evêchez vacans; mais ce différent eut peu de fuite, & il ne put s'en fervir pour fe tirer d'embarras.

Un grand nombre des principaux Seigneurs s'eftant trouvez à S. Edmond, fous prétexte d'un Pélerinage de dévotion, ils y eurent diverfes Conférences fecretes. Enfuite ils s'affemblérent & jurérent tous fur le grand Autel, que fi le Roy refufoit de confirmer les priviléges & les libertez de la Nation contenus dans la Chartre, ils luy déclareroient la guerre, & refuferoient de luy faire ferment de fidélité, jufqu'à ce qu'il euft fait fceller la Chartre de fon Sceau Royal. Ils convinrent d'aller le trouver en Corps après les Feftes de Noël, pour luy préfenter leur Requefte fur ce fujet, & que s'il la rejettoit, ils partiroient fur le champ, pour fe fortifier dans leurs Chafteaux & dans les Places qui leur appartenoient.

Ibid.

Ils ne manquérent pas de fe rendre à Londres au temps marqué, tous bien accompagnez & bien armez, & préfentérent leur Requefte au Roy, qui en fut fort furpris. Il leur répondit, que la chofe qu'ils luy propofoient eftoit de fi grande importance, qu'elle méritoit bien qu'il y penfaft, & qu'il les prioit de luy donner du temps jufqu'à Pafques, pour en délibérer. Ils eurent peine à convenir de ce délai. Néanmoins l'Archevêque de Cantorberi, l'Evêque d'Eli, & le Seigneur Guillaume Maréchal Comte de Pembrox, s'eftant faits la caution de la parole qu'il leur donnoit, ils fe retirérent.

Ibid.

Le Roy d'Angleterre qui prévoyoit bien les fuites de cette confpiration, prit dans cet intervalle toutes les mefures qu'il put, pour fe précautionner contre la révolte. Il fit renouveller à tous fes Feudataires leurs hommages & leur ferment de fidélité; & afin de mettre le Pape dans fes intérefts, & de joüir des priviléges de la Croifade, un defquels eftoit, qu'on ne pouvoit faire la guerre aux Croifez fans encourir l'excommnnication, il prit la Croix, comme s'il euft eu deffein de faire le voyage de la Terre-Sainte.

La Nobleffe confédérée fe rendit à Stanford aux Feftes de Pafques, & s'y affembla avec fa fuite, comme en un Corps d'Armée, où il y avoit bien deux mille Gentilshommes. Le Roy eftoit alors à Oxford. Les Confédérez s'en approchérent, & fe poftérent à Brackelei. Le Roy leur envoya le Comte de Pembrox, l'Archevêque de Cantorberi, & quelques autres perfonnes de fon Confeil, pour écouter leurs demandes. C'eftoient les mefmes chofes qu'ils luy avoient demandées aux dernieres Feftes de Noël; mais ils chargérent les Envoyez de luy déclarer, que s'il refufoit de confirmer les libertez de la Nation, ils fe tenoient délivrez de leur ferment de fidélité, & alloient luy faire la guerre pour les maintenir.

Ibid.

Les Envoyez eftant retournez vers le Roy, & luy ayant rapporté la réponfe de la Nobleffe, il demanda à voir le contenu de la Char-

PHILIPPE AUGUSTE.

tre. L'Archevêque de Cantorberi, qui estoit l'auteur secret de cette Ligue, sçavoit par cœur tous les articles compris dans la Chartre, & les récita au Roy. Ce Prince les ayant entendus, dit à l'Archevêque, il ne manque plus qu'une chose à la Requeste qu'on me présente, c'est qu'on y a oublié de me demander aussi ma Couronne. On se moque de moy, ajoûta-t-il en colére, ce sont des chiméres que toutes ces libertez, par lesquelles on veut me rendre moy-mesme esclave : & il protesta avec serment, que jamais il ne passeroit ces indignes & injustes demandes.

Ibid.

L'Archevêque & le Comte de Pembrok ayant fait à la Noblesse le rapport de la réponse du Roy, les Seigneurs sur le champ mirent à leur teste un de leur Corps nommé Robert, qu'ils reconnurent pour leur Général, & qu'ils appellérent le Maréchal de l'Armée de Dieu & de la sainte Eglise, sans doute parce que le premier article de ces libertez dont il s'agissoit, regardoit les immunitez de l'Eglise d'Angleterre. Car la Chartre de Henri I. commençoit en ces termes. " Henri par la grace de Dieu " Roy d'Angleterre..... par le respect que j'ay " pour Dieu, & par l'amour que j'ay pour vous " tous mes Sujets, je fais l'Eglise de Dieu entie- " rement libre ; ensorte que je ne vendrai, ni " n'affermerai rien de ce qui luy appartiendra, " & quand il mourra quelque Archevêque, quel- " que Evêque, ou quelque Abbé, je ne me saisirai point du Domaine de son Eglise, ni de ses " Vassaux, &c. On avoit encore en veuë d'imposer par là au Peuple, comme c'est l'ordinaire en ces sortes de soûlevemens, & de plus d'empescher au moins que le Pape ne s'opposast à cette Confédération, où les intérêts de l'Eglise se trouvoient meslez avec ceux de la Noblesse.

Dès ce moment, on commença à attaquer ou à sommer diverses Forteresses de se rendre : quelques-unes se rendirent, & quelques autres se mirent en défense. Mais ce qu'il y eut de plus fascheux pour le Roy d'Angleterre, fut que les Habitans de Londres entrérent dans la Confédération, & firent dire à l'Armée, qu'elle pouvoit venir, & qu'on la recevroit dans la Ville.

Elle ne manqua pas de s'y rendre, & on luy ouvrit les Portes. De-là le Général de l'Armée, & ceux qui composoient son Conseil, écrivirent des Lettres Circulaires aux Seigneurs & aux Gentilshommes absens, & sur tout à ceux qui s'estoient déclarez pour le parti du Roy, leur ordonnant d'entrer dans la cause commune, sous peine de voir tous leurs Châteaux rasez, toutes leurs Terres desolées, & d'estre déclarez ennemis de la liberté de la Patrie.

Comme la plusart estoient d'intelligence avec les Confédérez, quelque zéle qu'ils affectassent de faire paroistre pour le Roy, la seule menace leur fut un prétexte suffisant pour l'abandonner. Ils se rendirent presque tous à Londres, & signérent la Confédération.

Ibid.

Le Roy se voyant ainsi abandonné, & appréhendant que l'Armée ne vinst l'enlever dans son Camp, où il n'avoit presque plus de Troupes, prit le parti de la dissimulation, & envoya le Comte de Pembrok à Londres, pour dire à la Noblesse, qu'une guerre civile estant le plus grand mal qui pust arriver à un Etat, il consentoit pour le bien de la Paix, à tout ce qu'on souhaitoit de luy, & qu'il prioit les Seigneurs de convenir d'un jour & d'un lieu, où il pust en seûreté conférer avec eux sur ce sujet.

Le jour qu'on choisit fut le quinziéme de Juin, & le lieu fut une Prairie entre Stantes & Wintford, où le Roy confirma la Chartre de Henri I. & y ajoûta mesme encore de nouveaux priviléges. C'est l'Acte arresté dans cette Assemblée, qu'on nomme la grande Chartre, qui depuis a esté l'occasion de tant de guerres civiles, la source de tous les différends du Souverain avec ses Peuples & avec les Assemblées des Etats, appellées aujourd'huy du nom de Parlement, & qu'on y regarde comme le frein & la barriere, qu'on oppose à ce qu'ils appellent le Pouvoir arbitraire. Cet Acte se fit en présence de Pandulfe Légat du Pape. Il fut envoyé par tout le Royaume, & ensuite au Pape, qui le confirma ; de sorte que jamais Acte ne fut plus forcé, & en mesme temps plus authentique.

An. 1215.
Ibid.

La Noblesse malgré les sermens qu'elle avoit exigez du Roy, s'attendoit bien qu'il feroit tout son possible, pour secoüer le joug qu'il s'estoit imposé ; mais tous les membres de la Confédération estoient si bien unis & si déterminez à maintenir la Chartre, qu'ils ne le croyoient pas en état de s'en pouvoir dédire, au moins si-tost. Toutefois à peine l'Assemblée estoit-elle finie, qu'il commença à chercher des moyens de détruire tout ce qu'il avoit fait.

En de pareilles occasions, quelque générale que soit la conspiration, un Prince a toûjours quelques gens à luy, qui se font honneur de signaler leur fidélité dans ces délicates épreuves. Il y avoit alors au Chasteau de Nottingam un Gentilhomme Poitevin nommé Philippe Marc, qui luy estoit trés-dévoüé. Il luy ordonna de mettre la Place en état de défense, de la fournir de vivres, de munitions, & d'instrumens propres à soûtenir & à faire des siéges. Il envoya le mesme ordre aux Commandants de quelques autres Places, qui n'étoient point Anglois, mais de ses Sujets de delà la mer. Il leur ordonna de fortifier leurs Garnisons le plus qu'ils pourroient de Soldats étrangers, en leur promettant une bonne solde, & de faire ces préparatifs sans bruit, & le plus secretement qu'il leur seroit possible ; mais la Noblesse estoit trop alerte & trop dans la défiance, pour estre si aisément trompée.

Quelques Seigneurs se plaignirent au Roy, de ce qu'il paroissoit par toutes ces démarches, vouloir se préparer à la guerre. Le Roy, à qui les faux sermens ne coûtoient rien, leur jura plusieurs fois, qu'il n'avoit en tout cela aucun dessein qui dust les inquiéter ; mais enfin une

Ibid.

Tome I.

X x x x ij

nuit il s'évada de Windsor avec sept ou huit Gentilshommes de sa confidence, & se jetta dans l'Isle de Wigt.

Quand il se vit là en seûreté, il engagea le Légat Pandulphe, qui estoit dans ses interests, & qui l'avoit suivi dans sa retraite, à s'en retourner à Rome, & à agir en sa faveur auprès du Pape. Il envoya Vaultier Evêque de Worchester, & son Chancelier Hugues de Boves, & quelques autres, pour luy lever des Soldats au-delà de la mer, & exhorta par Lettres les Commandans des Forteresses de son Royaume à se bien défendre, s'ils estoient attaquez, leur promettant de les secourir dans quelque temps en personne.

La retraite du Roy inquiéta la Noblesse, & sous prétexte d'un Tournois, elle prolongea son séjour à Londres. On sçavoit que le Roy avoit dans cette Capitale un fort parti, auquel le Général Robert opposa un grand nombre de Gentilshommes, qu'il fit venir de toutes parts.

Le Légat estant arrivé à Rome, où le Pape tenoit le quatriéme Concile Général de Latran, il luy exposa l'état des affaires du Royaume d'Angleterre, & les entreprises de la Noblesse contre l'autorité du Roy, qu'on ne pouvoit attaquer, sans donner atteinte à celle du S. Siége, dont la Couronne d'Angleterre relevoit : que le Roy avoit en vain representé aux Rebelles, qu'il ne pouvoit souscrire à l'Acte qu'ils luy présentoient, sans le consentement du Pape, dont il estoit Vassal; qu'il avoit protesté de violence, & appellé au jugement du S. Siége; mais qu'estant contraint par la force, & par le danger où il se trouvoit, il avoit signé tout ce qu'ils avoient voulu ; que les voyant maistres de sa Capitale, il s'estoit enfui dans l'Isle de Wigt, & qu'il imploroit le secours du S. Siége, dans la derniere extrémité où il estoit réduit.

Le Pape sur ces informations, cassa tout ce qui s'estoit fait en Angleterre, & déclara nulle la Chartre de Henri I. qui avoit donné lieu à tous les troubles, ordonna au Cardinal Langeton Archevêque de Cantorberi, & aux autres Prélats d'Angleterre, de faire finir la révolte, & d'agir contre les rebelles par les censures, pour les obliger à rentrer dans leur devoir. Il écrivit aussi à la Noblesse d'Angleterre, pour l'exhorter à se desister d'une entreprise si violente & si injuste, & à luy remettre ses interests entre les mains, promettant de luy faire justice, & d'obliger le Roy à satisfaire la Nation sur ses griefs, dans toute la rigueur de la justice.

ibid.

Les Anglois ne s'embarrassérent pas beaucoup de ces Lettres du Pape, & pour empescher que le Roy, quand il auroit reçû les secours qu'il attendoit, ne vinst assiéger Londres, ils se saisirent de Rochester, que l'Archevêque de Cantorberi, à qui le Roy d'Angleterre l'avoit confié, leur livra.

Le Roy cependant fortifié d'un assez grand nombre de Troupes, qui luy estoient venus de divers endroits, sortit de l'Isle de Wigt, & vint mettre le siége devant Rochester, que Guillaume d'Albinet Seigneur Anglois, très-experimenté dans la guerre, soûtint pendant trois mois, mais il se rendit enfin faute de secours.

Durant ce siége, Hugues de Boves que le Roy d'Angleterre avoit envoyé au-delà de la mer, pour luy faire des Troupes, se rendit à Calais avec une Armée de près de quarante mille hommes, tirez partie du Poitou & des autres Terres que le Roy d'Angleterre avoit en France, partie aussi de Flandre. Tout ce qu'il y avoit de brigands, soit en France, soit aux Païs-Bas, s'estoit enrôllé dans cette Armée, attirez par la grosse paye qu'on leur donnoit, & par l'espérance du pillage de l'Angleterre.

Avec cette Armée, conduite par un Général aussi habile que l'estoit Hugues de Boves, le Roy d'Angleterre auroit infailliblement mis ses Sujets à la raison; mais elle ne fut pas plûtost en mer, qu'il survint une tempeste effroyable, qui la fit presque toute périr, & le Général y périt luy-mesme.

Ce malheur n'empescha pas quelques autres secours de passer, & le Roy s'en servit utilement à la faveur des excommunications réiterées, que le Pape lança contre la Noblesse d'Angleterre. Il reprit quelques Places, & son parti commençoit à prévaloir, lorsque les Seigneurs Anglois prirent une résolution qui le jetta dans de bien plus fascheux embarras, & mit ses affaires en un plus grand danger, qu'elles n'avoient jamais esté. Ils le déclarérent déchû de la Couronne, comme violateur de ses sermens, & comme ayant attenté sur la liberté de ses Sujets; & après quelque déliberation sur un point de cette importance, ils résolurent d'envoyer en France, pour offrir la Couronne d'Angleterre au Prince Loüis, dont ils connoissoient la valeur & la prudence déja éprouvées en plusieurs occasions. On peut dire toutefois, que le mérite de ce Prince n'estoit pas le principal motif de ce choix. Ce qui les y détermina, fut l'espérance d'estre secourus de toutes les forces de la France, quand ils auroient le Prince à leur teste; & en second lieu, comme une grande partie du renfort qui estoit venu au Roy de de-là la mer, estoient des François, ils ne doutoient pas qu'ils ne l'abandonnassent, dès que Loüis paroistroit en Angleterre.

Le Général Robert & le Comte de Winchester furent députez au nom de la Noblesse vers le Prince, pour l'inviter à venir prendre possession du Trône d'Angleterre, vacant par la déposition de Jean, qui s'en estoit rendu indigne, par sa mauvaise conduite, & sur tout par la tyrannie qu'il exerçoit sur ses Sujets. Ils présentérent au Roy de France des Lettres signées de la pluspart des Seigneurs d'Angleterre, où ils témoignoient qu'ils avoient élû Loüis pour leur Roy, & le supplioient de ne pas tarder à venir se faire couronner.

Quelque avantageuse que fut cette proposition, le Roy l'écoûta, sans faire paroistre aucun empressement. Il dit qu'il l'examineroit; mais que quelque parti qu'il prist, il ne per-

An.
Chron
MS.
DE.

ibid.

Math.
Paris.

mettroit jamais à son fils de passer la mer, sans exiger toutes les seûretez qu'il pourroit prendre, pour une personne qui luy estoit aussi chere, que luy devoit estre un fils unique héritier de tous ses Etats, & qu'il faudroit commencer par luy donner des ôtages, qui fussent des plus considérables Seigneurs d'Angleterre. Les Députez luy demandérent combien il en souhaitoit. Il dit qu'il en vouloit au moins vingt-quatre, & ils les luy promirent.

Ce n'estoit pas là l'unique difficulté du Roy. Il y avoit une Tréve de cinq ans entre luy & le Roy d'Angleterre. C'estoit la violer visiblement, que d'envoyer son fils à la teste d'une Armée pour chasser ce Prince de ses Etats. De plus il voyoit bien qu'il alloit avoir sur les bras le Pape, qui s'estoit déja si hautement déclaré en faveur du Roy d'Angleterre. Le parti qu'il prit, & à quoy il s'en tint toûjours dans la suite de cette affaire, fut de séparer ses intérests d'avec ceux de son fils, de paroistre ne point entrer dans ses desseins, d'affecter mesme de s'y opposer en quelques rencontres. En un mot, il s'agissoit de sauver les apparences, conduite trop ordinaire aux Princes, mais que les Loix de la politique autorisent plus qu'elle ne la justifient.

Les Envoyez comprirent parfaitement la pensée du Roy, & sur l'asseûrance que Loüis leur donna, de se disposer à passer incessamment en Angleterre, ils s'en retournérent fort satisfaits. Peu de temps après arrivérent les vingt-quatre ôtages, tels qu'on les demandoit. On leur assigna Compiégne pour leur demeure, où on leur donna des Gardes.

En attendant que Loüis fust en état de passer la mer, il envoya en Angleterre quelques Seigneurs, pour affermir la Noblesse dans la résolution qu'elle avoit prise, & pour voir de plus près sur quoy l'on pouvoit compter. Ces Seigneurs furent le Chastelain de S. Omer, le Chastelain d'Arras, Baudoüin de Breteüil, Giles de Melun, Guillaume de Beaumont, Eustache de Neuville, Guillaume de Vuime, & quelques autres, qui furent accompagnez d'un grand nombre de Gentilshommes & d'autres volontaires. Ils arrivérent heureusement à l'embousheûre de la Tamise, d'où ils montérent jusqu'à Londres. Ils y furent reçûs sur la fin de Février avec une extrême joye, & se trouvérent durant le reste de l'hyver en quantité de petits combats, qui se donnérent entre les Troupes du Roy d'Angleterre, & celles de la Noblesse.

L'Archidiacre de Poitiers & l'Official de Norwix, à qui le Pape avoit adressé la Sentence d'excommunication fulminée contre les Confédérez d'Angleterre, ne sçûrent pas plûtost l'arrivée des Seigneurs François, & le secours qu'ils donnoient aux Anglois, qu'ils firent de nouveau publier les mesmes censures, & y comprirent ces Seigneurs avec toute leur suite.

Ces censures firent d'autant moins d'effet, que la Noblesse reçut en mesme temps une Lettre de Loüis, qui après les avoir remerciez de l'honneur qu'ils luy avoient fait, de le choisir pour leur Roy, les asseûroit qu'il seroit aux Festes de Pasques à Calais, avec des Troupes toutes prestes à passer au premier vent favorable.

Sur ces entrefaites, le Cardinal Gallon Légat du Pape arriva à la Cour de France, qui étoit alors à Lion, pour prier le Roy de la part de sa Sainteté, de ne pas permettre que son fils passast en Angleterre, & pour l'exhorter au contraire à prendre la défense du Roy Jean pour l'amour du S. Siége, dont ce Roy estoit Vassal.

Le Cardinal dans l'audience publique que le Roy luy donna, appuya beaucoup sur cette qualité de Vassal du S. Siége, que portoit le Roy d'Angleterre, & en vertu de laquelle il prétendoit engager Philippe à prendre en main ses intérests. Ce Prince l'ayant entendu, luy répondit ; en luy apportant plusieurs raisons, pour lesquelles le Roy d'Angleterre s'étoit rendu indigne d'estre secouru par la France : & il ajoûta ces paroles. Pour sa qualité de Vassal du S. Siége, que vous faites tant valoir, il est bon que vous sçachiez, qu'on tient ici pour maxime certaine, qu'un Roy ne peut point disposer de son Royaume, sans le consentement de ses Barons, qui sont obligez, aussi-bien que luy, de le défendre, & que le Pape en voulant prendre droit sur la donation que le Roy d'Angleterre luy a faite de son Etat, choque par cette prétention tous les Royaumes & tous les Princes de la Chrétienté.

Cette réponse fut reçûë avec applaudissement de toute l'Assemblée, & on commença à crier de tous costez, qu'on estoit prest de mourir, pour soûtenir la vérité de ce que le Roy venoit de dire : qu'un Prince n'est point Maistre de son Etat pour le donner, ou pour le rendre tributaire, & faire par là sa Noblesse esclave. Le Roy toutefois dit au Légat, que comme le Prince son fils estoit le principal intéressé dans cette affaire, il falloit l'entendre, & que le jour suivant, il luy donneroit une nouvelle audience, où le Prince assisteroit.

Le lendemain Loüis se trouva à l'audience, assis à costé du Roy son pere, & jetta en entrant une œillade au Légat, qui dut luy estre d'un mauvais préfage. Ce Cardinal ne laissa pas de haranguer, & tantost s'adressant au Roy, tantost au Prince, il conclut en les conjurant de ne point se déclarer contre les intérests de l'Eglise, en luy enlevant, ou en permettant qu'on luy enlevast son Patrimoine.

La réponse du Roy fut, qu'il avoit toûjours esté fort attaché à l'Eglise Romaine & au S. Siége, & qu'il avoit fait paroistre en mille occasions sa considération & son respect à leur égard ; que dans l'affaire dont il s'agissoit, il ne donneroit ny conseil, ni secours à son fils, pour faire quoique ce fust, contre les droits de l'Eglise ; mais que si Prince avoit des prétentions légitimes sur le Royaume d'Angleterre, on ne pouvoit luy oster le droit de les soûtenir, & qu'il ne convenoit pas à un pere, de refuser à son fils la justice qu'il devoit à tout le monde. Il fit en mesme temps signe à un Chevalier, que le Prince avoit chargé d'exposer & de défendre ses droits sur la Couronne d'Angleterre, & luy ordonna de parler.

Le Chevalier fit d'abord un détail de divers crimes, pour lesquels le Roy Jean estoit devenu indigne de porter cet auguste titre, & s'étendit particulierement sur la mort d'Artur Duc de Bretagne; que Jean avoit poignardé de sa propre main, quoique ce jeune Duc fust son neveu. Il dit entre autres choses, que ce Prince ayant esté cité par le Roy de France son Seigneur à la Cour des Pairs pour ce crime, il avoit refusé d'y comparoistre, & y avoit esté condamné à mort, & que tant pour cette action, que pour une infinité d'autres très-indignes de la Majesté Royale, les Barons d'Angleterre l'avoient dégradé. Cette raison prise de la mort du Duc de Bretagne, estoit peu propre à prouver le droit de Loüis; car la condamnation de Jean à la Cour de France, ne pouvoit avoir au plus d'autre effet, que la confiscation des Domaines qu'il possedoit en France, pour lesquels seuls il relevoit de la Couronne, & estoit soumis à la Jurisdiction du Roy : ce qui ne pouvoit estre tiré à consequence pour le Royaume d'Angleterre. Mais ce mesme Avocat du Prince appuya son droit d'un autre raisonnement plus spécieux, & capable dans les conjonctures, de donner quelque couleur de justice à l'invasion qu'il se préparoit à faire en Angleterre. Il estoit fondé sur la donation que Jean avoit faite de son Royaume au Pape, pour ne le tenir desormais que de luy.

" Le Roy Jean, continua-t-il, en donnant
" son Royaume au Pape, mit sa Couronne en-
" tre les mains du Légat, ensuite il la reçut de
" ses mains, & se reconnut Vassal du Pape. En
" quittant ainsi sa Couronne, il se déposa luy-
" mesme, & dès ce moment le Trône fut vacant.
" Le Pape luy rendit sa Couronne; mais comme
" le Pape ne pouvoit en disposer sans le consen-
" tement des Barons d'Angleterre, il ne put ré-
" tablir ce Prince. Le Trône a donc esté vacant
" depuis ce temps-là : & les Barons d'Angleter-
" re, selon leur droit, viennent de le remplir,
" par l'élection du Prince Loüis. Mais, ajoûta-t-
" il, ce n'est pas là une élection pure & simple;
" elle est fondée sur un droit très-réel, que ce
" Prince a à la Couronne d'Angleterre, du chef
" de Blanche de Castille sa femme. Cette Prin-
" cesse est fille d'Eleonor de Castille sœur de Ri-
" chard, autrefois Roy d'Angleterre, & de Jean,
" qui a cessé d'estre Roy, en se déposant luy-
" mesme. Elle représente sa mere, à qui le Trô-
" ne vacant seroit dévolu. Il luy est donc dévo-
" lu à elle-mesme, & l'élection du Prince ne fait
" que confirmer le droit qu'il a déja sur ce Trô-
" ne par la Princesse Blanche son épouse. Ainsi
parla l'Avocat de Loüis.

Le Légat, ou surpris de ce nouveau tour qu'on donnoit aux droits du Prince sur la Couronne d'Angleterre, ou plustost voyant que ce titre de Feudataire du S. Siége, par lequel il prétendoit mettre à couvert le Roy d'Angle-terre, n'estoit pas du goût de la Cour de France, prit un autre moyen de défense, & dit que le Roy Jean ayant pris la Croix, & que le privilége des Croisez tout nouvellement publié par le Concile général de Latran, estant de ne pouvoir estre attaquez pendant quatre ans, & d'estre en seûreté sous la protection du S. Siége, on ne pouvoit luy faire la guerre à ce Prince, sans encourir les censures fulminées contre les violateurs de ce privilége.

L'Avocat de Loüis repliqua, que ce privilége n'avoit point de lieu, quand celuy qui avoit pris la Croix estoit l'agresseur; que Jean avant que de la prendre, avoit attaqué le Prince Loüis; qu'il luy avoit pris le Fort de Buncham *; que ses Troupes sous la conduite du Comte de Flandre, avant la bataille de Bouvines, luy avoient enlevé Aire & Lens, & fait des courses dans le Comté de Guisnes; que quoique le Roy Jean eust fait une Tréve avec le Roy de France, il ne l'avoit pas faite avec Loüis, dont il avoit ravagé les Terres, qu'ainsi la guerre duroit encore entre eux ; que par conséquent le privilége des Croisez n'empêchoit point le Prince Loüis, de pousser son ennemi par toutes les voies, que le droit de la guerre luy permettoit.

* C'est apparemment Bouchain.

Le Légat qui voyoit bien que l'Assemblée ne luy estoit pas favorable, coupa court, & sans plaider davantage, défendit de la part du Pape au Prince Loüis, de passer en Angleterre, & au Roy de l'y laisser aller.

Alors Loüis se tournant vers le Roy son pere, luy parla en ces termes. " Monsieur, je
" suis vostre homme-lige pour les Fiefs que vous
" m'avez donnez en France ; mais il ne vous ap-
" partient point de rien décider touchant le
" Royaume d'Angleterre : & si vous entrepre-
" nez de vous opposer à mes prétentions, sur
" lesquelles vous n'estes ni en droit, ni en pou-
" voir de me rendre justice, je me pourvoyerai
" contre cette violence devant la Cour des Pairs;
" & je vous déclare que je suis résolu de com-
" battre jusqu'à la mort, pour défendre l'héri-
" tage de ma femme, à qui le Royaume d'An-
" gleterre appartient. Après ce discours il sortit
de l'Assemblée sans attendre la réponse.

Le Légat, qui s'appercevoit bien que le Roy & son fils agissoient de concert en toute cette affaire, ne fit plus d'instance : mais il pria le Roy de luy donner un sauf-conduit, pour passer en Angleterre. Le Roy luy répondit qu'il le luy accordoit volontiers; mais qu'il prist garde à luy, & qu'il ne prétendoit point répondre de ce qui pourroit luy arriver, si par malheur il tomboit entre les mains de ceux, que le Prince son fils avoit sur les chemins vers la mer, pour empescher que personne ne passast en Angleterre sans sa permission : mais cet avertissement ne fit pas changer de dessein au Légat.

La négociation du Légat retarda de quelques jours le départ de Loüis, & ce Prince après avoir envoyé des Agents à Rome, pour soûtenir ses droits auprès du Pape, partit pour Calais, où son Armée s'estoit déja rendüe, & où six cens Vaisseaux de diverses grandeurs l'at-

PHILIPPE AUGUSTE.

tendoient pour le paſſer. Il y avoit dans l'Armée un grand nombre de Seigneurs accompagnez de leurs Vaſſaux, & elle eſtoit très-belle.

An. 1216.

Il fit voile d'un aſſez beau temps, une des Feſtes de la Pentecoſte. Mais il fut battu d'une tempeſte dans la route, qui obligea une grande partie de ſes Vaiſſeaux de relaſcher à Calais: il aborda néanmoins avec le reſte à Tanet entre Sandwic & l'emboucheûre de la Tamiſe le vingt-troiſiéme de May.

Guillelm. Armoric.
Math. Paris.

Quand Loüis deſcendit à terre en ce lieu-là, le Roy d'Angleterre eſtoit campé auprès de Douvre avec une Armée très-nombreuſe, en comparaiſon de laquelle Loüis n'avoit qu'une poignée de gens, & chacun délibéroit de ſon côté, s'il marcheroit à l'ennemi. Loüis prit ce parti ſans vouloir attendre le reſte de l'Armée. Le Roy d'Angleterre au contraire, malgré l'avantage du nombre, décampa dès qu'il ſçut que les François venoient à luy, & ſe retira à Wincheſter, n'oſant ſe fier à ſes Troupes, la pluſpart levées en France. Ainſi ſon Armée, qu'il avoit exprès, & fort prudemment toute compoſée d'Etrangers, pour l'oppoſer aux Anglois, luy devint inutile contre ce nouvel ennemi.

Loüis ayant eſté joint au bout de trois jours par le reſte de ſes Troupes, s'empara de toutes les Places des environs, excepté de Douvres, où Jean avoit laiſſé une forte Garniſon, ſous le Commandement de Hubert du Bourg. De-là il vint attaquer Rocheſter, qu'il prit, & arriva enfin à Londres, où il fut reçû avec les acclamations du Peuple, & une joye extrême de toute la Nobleſſe. Il y fut proclamé Roy, reçut les hommages & le ſerment de fidélité de tous les Seigneurs & des Bourgeois de Londres, & fit luy-meſme ſerment de leur conſerver leurs libertez & leurs priviléges. Cette priſe de poſſeſſion pourroit eſtre un titre aux Rois de France, de prendre la qualité de Roy d'Angleterre, & d'en porter les armes; & ce titre ſeroit auſſi valable, que celuy ſur lequel les Rois d'Angleterre prennent la qualité de Roy de France, & en portent les armes.

An. 1216.

Loüis partit de Londres le quatorziéme de Juin, & s'avança plus avant dans le Royaume, où tout ſe ſoûmit à luy, excepté quelques Forteresſes, qu'on n'oſa entreprendre de forcer. Il envoya ſommer le Roy d'Ecoſſe de luy rendre hommage, à quoy il obéit. Il fit faire la meſme ſommation à tous les autres Seigneurs qui ne l'avoient pas encore reconnu, & ſur tout à ceux qui eſtoient dans l'Armée de Jean. La pluſpart abandonnérent ce malheureux Prince, & ſe rendirent auprès de Loüis, entre autres Guillaume Comte de Varennes, Guillaume Comte d'Arondel, & meme Guillaume Comte de Saliſberi frere bâtard de Jean. La déſertion fut preſque générale. Tout ce que Jean avoit de Troupes Flamandes le quitta, & repaſſa la mer, & une partie de celles du Poitou alla ſe rendre à ſon ennemi.

Loüis choiſit pour ſon Chancelier Simon de Langeton Archevêque d'York frere du Cardinal de Langeton. Ce Cardinal auteur de tou-te la révolte d'Angleterre, eſtoit allé à Rome pour s'en diſculper auprès du Pape, qui d'abord luy avoit fait ſignifier une ſuſpenſe, dont il ne fut relevé, qu'après avoir promis de ne point retourner en Angleterre, avant que tout y fuſt pacifié. Loüis en ſon abſence donna toute ſa confiance à l'Archevêque d'York, qui commença par perſuader à la Nobleſſe & aux Bourgeois de Londres, de ne ſe pas mettre fort en peine de l'excommunication du Pape, & rétablit par-tout l'uſage des Sacremens & le Service divin.

Comme rien ne réſiſtoit aux forces de Loüis, de la Nobleſſe d'Angleterre, & du Roy d'Ecoſſe meſme, qui agiſſoient tous contre Jean avec un merveilleux concert, le ſiége de Douvre fut réſolu par le Conſeil de Philippe Auguſte, qui en fit concevoir l'importance à ſon fils. Mais il fut ſi bien ſoûtenu par Hubert du Bourg, qu'on fut obligé de le changer en blocus. Le ſiége de Windſor ne réüſſit pas mieux, & Jean prenant le temps que les Troupes ennemies eſtoient occupées autour de ces deux Places, fit des courſes dans une grande partie du Royaume, où il déſola les Terres, & raſa une infinité de Chaſteaux de la Nobleſſe.

Math. Paris.

Durant que tout cela ſe paſſoit en Angleterre, les Envoyez de Loüis à Rome taſchérent en vain de juſtifier au Pape la conduite de leur Maiſtre. Il prononça la Sentence d'excommunication contre luy; & comme il croyoit toûjours, que Philippe Auguſte eſtoit d'intelligence avec ſon fils, il réſolut auſſi de l'excommunier. Il écrivit en effet une Lettre à l'Archevêque de Sens & à ſes Suffragans, par laquelle il leur déclaroit qu'il excommunioit le Roy, comme fauteur de la révolte d'Angleterre.

Ibid.

La réſolution eſtoit un peu violente; car quoiqu'on ne douraſt guéres des intentions de Philippe Auguſte, cependant il faiſoit à l'extérieur plus que le Pape ne ſembloit devoir exiger de luy en de telles conjonctures, juſques-là qu'il confiſqua toutes les Terres de Loüis, & celles des Seigneurs, qui l'avoient ſuivi en Angleterre. C'eſt pourquoy pluſieurs Evêques de France s'eſtant aſſemblez en Concile à Melun, déclarérent que le Roy nonobſtant la Lettre du Pape, ne ſeroit point tenu pour excommunié, juſqu'à ce qu'on euſt mieux informé le S. Siége, & qu'on euſt reçû de nouvelles Lettres de Rome. On ſçut par celles qui en vinrent peu de temps après, ce qui ſuit.

Chronic. Alberic. MS.

Le Pape ayant appris les progrès de Loüis en Angleterre, monta en Chaire, & prit pour texte de ſon Sermon ces paroles du Prophete. *Glaive, glaive, ſors du foureau, éguiſe toy, pour tuer & pour briller.* Et après avoir fortement invectivé contre Loüis & contre ceux qui l'avoient accompagné dans ſon expédition, il l'excommunia de nouveau dans le Sermon meme, & auſſi-toſt après, ayant fait venir ſon Secretaire, il dicta des Lettres foudroyantes au Roy de France. Elles ne furent point toutefois envoyées, à cauſe que le Pape fut attaqué d'une fiévre, qui l'arreſta quelque temps, & à peine en fut-il quitte, qu'il tomba en une espéce d'apopléxie, dont il mourut le seiziéme de Juillet.

An. 1216.

Le Roy Jean par cette mort perdit un puissant & ardent protecteur. Mais luy-mesme trois mois aprés mourut d'une indigestion dans le Nort d'Angleterre, après avoir régné dix-huit ans cinq mois & quatre jours, estant alors dépoüillé de presque tous ses Etats; ce qui luy confirma le surnom de Jean *sans Terre*, qui luy avoit esté donné dès sa jeunesse, lorsque dans le partage que Henri II. son pere fit de ses Etats entre ses enfans, il n'y eut qu'une très-petite part. Ce Prince est extrémement décrié dans l'Histoire par une infinité de mauvaises qualitez, parmi lesquelles, à peine en pouvoit-on reconnoistre quelque bonne. Il mourut avec plus de marques de pieté & de Christianisme, qu'il n'en avoit fait paroistre de son vivant. Il avoit un fils âgé de neuf ans nommé Henri, qu'il déclara héritier de ses Etats, & il écrivit une Lettre circulaire aux Seigneurs d'Angleterre, par laquelle il les constituoit Tuteurs de ce jeune Prince.

Math. Paris.

De la manière dont les choses tournoient, tout paroissoit seconder les desseins de Loüis. La mort de Jean luy ôtoit son concurrent, & le seul qui estoit en état de luy disputer encore quelque temps la Couronne d'Angleterre : mais ce qui sembloit la luy devoir asseûrer, fut ce qui l'en éloigna le plus, par les raisons que je vais dire.

Ibid.

Le Cardinal Gallon, malgré les précautions de Loüis, avoit trouvé moyen de passer en Angleterre, & estoit venu trouver le Roy Jean à Glocestre. Il y avoit assemblé quelques Evêques & quelques Abbez du parti de ce Prince, & dans une espèce de Concile, il avoit excommunié Loüis & tous ses partisans, & plus particuliérement les autres, Simon de Langeton Archevêque d'York, qui s'en étoit mis fort peu en peine. La présence & les intrigues du Légat n'avoient pas laissé de maintenir quelque peu de Seigneurs & de Prélats dans le parti du Roy, & mesme d'en faire revenir quelques-uns, jusques-là que ce Prince fort peu avant que de mourir, reçut des Lettres de plus de quarante Seigneurs, qui le prioient de les recevoir en grace.

Rien n'est plus difficile à un Prince étranger, en des conjonctures pareilles à celles où se trouvoit Loüis, que de se ménager avec ses nouveaux Sujets. La prudence l'oblige à prendre des précautions pour sa propre seûreté, & contre la légereté d'un Peuple inconstant, qu'un rien fait changer, à s'attacher par ses bien-faits des gens seûrs & de confiance, & à rendre leurs interêts communs avec les siens. Mais toutes ces précautions ne manquent guéres de passer pour des effets d'une défiance injurieuse à ceux, à qui il est redevable de son élévation, de produire des jalousies, des aigreurs, des soupçons, & ensuite le repentir de s'estre donné un nouveau Maistre.

Loüis mit des François pour Commandants en plusieurs des Forteresses dont il s'estoit saisi, & confisqua certaines Terres en faveur de quelques autres de la mesme Nation. Il n'en fallut pas davantage pour irriter les Anglois. Un bruit vray ou faux, qui se répandit partout, fit un très-méchant effet. Le Vicomte de Melun venoit de mourir de maladie à Londres, & on prétendit que se voyant hors d'espérance de vivre, il avoit demandé à parler à quelques Seigneurs Anglois, qui estoient restez pour la garde de la Ville; qu'il leur avoit dit, comme pour décharger sa conscience, avant que de paroistre devant Dieu, que Loüis étoit bien résolu de profiter de leur révolte contre leur Roy; mais que ce Prince les regardoit comme des traîtres qu'il avoit en horreur, & dont il se défieroit toûjours; que si-tost qu'il se verroit paisible possesseur de la Couronne, il estoit déterminé à se défaire des principaux d'entre eux, & à les envoyer en exil hors du Royaume; qu'il leur parloit de science certaine, puisqu'il estoit un de ceux avec qui Loüis avoit pris cette résolution.

Ibid.

La chose paroist peu vray-semblable dans la pluspart de ses circonstances; mais elle est rapportée comme certaine dans l'ancienne Histoire d'Angleterre. Ce bruit fut apparemment un artifice des ennemis de Loüis & des partisans de Jean & de sa Famille. Quoy qu'il en soit, il fit beaucoup d'impression sur la Noblesse Angloise, & sur le Peuple. Dès-lors on commença à avoir plus d'inquiétude qu'auparavant, sur l'excommunication fulminée par le Pape contre ceux qui soûtenoient le parti de Loüis, & à se faire un point de conscience de ce qu'on méprisoit auparavant.

Ibid.

Telle estoit la disposition des Anglois, lorsque le Roy Jean mourut. Le Légat ne manqua pas de s'en bien servir, & la haine que les Seigneurs avoient pour le feu Roy, n'agissant plus sur leur esprit, il fit aisément concevoir à plusieurs d'entre eux, les inconvéniens d'une domination étrangére, & combien il leur seroit avantageux, en rentrant dans leur devoir, de se soûmettre à l'héritier légitime de la Couronne, qui n'estant qu'à la dixiéme année de son âge, & en leur puissance, & devant leur estre redevable du Trône, leur accorderoit sans difficulté tout ce que son pere leur avoit refusé.

An. 12.

Sur cela il se tint à Glocestre une nombreuse Assemblée, composée d'Evêques ayant le Légat à leur teste, de Seigneurs, parmi lesquels fut Guillaume Comte de Pembrok Grand Maréchal du Royaume, de plusieurs Abbez & Prieurs des Monastéres circonvoisins, où après avoir fait faire serment au jeune Henri, d'abolir toutes les mauvaises Coûtumes introduites dans le Gouvernement d'Angleterre, & de rétablir les anciennes, il fut couronné & salüé Roy, & fit ensuite hommage de son Royaume au S. Siége, entre les mains du Légat.

Math. Paris, Guillelm. Armoric.

On confia la garde de la personne du jeune Roy Henri III. du nom, & la Régence du Royaume au Comte de Pembrok, qui écrivit à tous les Vicomtes & à tous les Chastelains d'Angleterre, pour leur donner avis du Couronnement du Roy, leur ordonner de le reconnoistre,

Mathæus Paris in Henrico III.

connoistre, & de luy venir rendre leurs hommages, & faire serment de fidélité. De plus, par l'ordre du Légat, on ne manquoit aucun Dimanche ni aucune Feste dans les endroits qui tenoient pour le Roy, de renouveller en toutes les Paroisses l'excommunication contre Loüis & ses adhérans; en un mot, on mettoit tout en œuvre pour remuer les Peuples, & les animer contre les François.

Loüis estoit devant Douvres pour en recommencer le siége, lorsqu'il apprit la mort de Jean. Il demanda une conférence à Hubert du Bourg, qui estoit Connestable ou Gouverneur de la Ville. Il luy apprit la mort du Roy, le pria de luy remettre la Place, en luy faisant les plus belles offres & les plus capables de toucher en de telles circonstances, un homme moins généreux & moins desintéressé que n'étoit ce Gouverneur.

Il répondit au Prince, qu'il croyoit sur sa parole que le Roy estoit mort; mais qu'il laissoit des fils & des filles, qui estoient ses héritiers légitimes: & que pour ce qui estoit de luy rendre la Place, il le prioit de trouver bon, qu'il en conférast avec les principaux de ceux, qui l'avoient jusqu'alors si vaillamment défenduë.

Il rentra dans le Chasteau, où de son avis & de celuy de la Garnison, la proposition fut rejettée, & sur le champ Loüis leva le siége. Il prit ensuite Herford avec quelques autres petites Places, & retourna à Londres au mois de Janvier.

An. 1217.

Il y reçut des Lettres des Agens qu'il avoit à Rome, qui luy mandoient la résolution où estoit le Pape Honoré III. successeur d'Innocent, de l'excommunier de nouveau le jour du Jeudy-Saint, s'il ne se desistoit de son entreprise d'Angleterre. Cette nouvelle fut la raison, ou plustost le prétexte dont il se servit, pour faire approuver à la Noblesse une Tréve qu'il fit avec le nouveau Roy jusqu'à Pasques, à condition que toutes choses demeureroient en l'état où elles se trouvoient alors. Mais le véritable motif de cette Tréve fut, que ne recevant depuis long-temps aucun secours de France, ni d'hommes ni d'argent, il avoit résolu d'y faire un voyage.

Math. Paris. Guillelm. Atmoric.

La crainte de l'excommunication empeschoit Philippe Auguste de seconder cette entreprise, qui eust infailliblement réüssi, pour peu qu'elle eust esté soûtenuë. Mais il porta la tendresse de conscience, ou sa déférence pour les ordres du Pape, jusqu'à refuser de luy parler, quand il eut repassé en France, de peur qu'en ayant quelque communication avec un excommunié, il ne participast luy-mesme à la censure.

Ce voyage fit grand tort aux affaires de Loüis; car le Comte de Pembrok Régent du Royaume, & le Légat profitant de son absence, sollicitérent plusieurs Seigneurs de rentrer dans le parti du Roy, & ils y réüssirent. Guillaume fils du Comte de Pembrok quitta le parti de France, qu'il avoit jusqu'alors suivi, quoique son pere fust à la teste du parti contraire.

Le Comte de Salisberi, le Comte d'Arondel, le Comte de Varennes, & quelques autres en firent autant.

Le Prince pourtant ne perdit pas courage. Après avoir amassé quelque argent, & fait quelques Troupes, il repassa en Angleterre, & fit lever le siége de Monsorel, que le Comte de Pembrok, après la fin de la Tréve, avoit fait assiéger. Il revint à Londres, où il croyoit sa présence nécessaire, & fit faire le siége de Lincolne par la meilleure partie de son Armée. Le Comte de Pembrok alla au secours, surprit l'Armée Françoise, & la défit avec un grand carnage. Le Comte du Perche y fut tué. Plusieurs Seigneurs Anglois avec quatre cens Gentilshommes furent pris, & presque toute l'Infanterie fut taillée en piéces.

Cette défaite réduisit Loüis à l'extrémité. Car le Comte de Pembrok ayant soumis après sa victoire, la pluspart des Forteresses des environs de Londres, prenoit ses mesures pour l'assiéger, & la tenoit presque bloquée de toutes parts.

Loüis qui y estoit renfermé, donna avis au Roy son pere & à Blanche sa femme du péril où il se trouvoit. Le Roy extrémement inquiet, fit entendre à cette Princesse, que la crainte de l'excommunication l'empeschant de secourir ouvertement son fils, il la chargeoit de cette affaire, & luy donnoit tout pouvoir d'agir, le Pape ne pouvant pas trouver mauvais, qu'elle fist tous ses efforts pour sauver son mari.

La Princesse ne perdit point de temps. Trois cens Gentilshommes avec un bon nombre de leurs Vassaux, formérent un Corps assez considérable, & s'embarquérent. Ils avoient à leur teste Robert de Courtenai parent du Prince, & la Flote estoit conduite par un brave Gentilhomme nommé Eustache le Moine, qui entendoit fort bien la Mer.

Math. Paris. Guillelm. Atmoric.

Le Roy d'Angleterre ne pouvoit pas ignorer les nouveaux préparatifs, qui se faisoient en France. La victoire de Lincolne l'avoit rendu maistre de toute la Côte Méridionale d'Angleterre, où il posta par-tout des Troupes. Il avoit une Flote capable de disputer le passage à celle de France; & il fut résolu qu'elle l'attaqueroit.

Les Anglois vinrent donc couper chemin aux François, comme ils cingloient vent en poupe vers la Tamise le jour de S. Barthelemi. D'abord quatre Vaisseaux ennemis s'avancérent, & Robert de Courtenai, qui montoit celuy d'Eustache, alla au devant d'eux pour les combatre. Quelques Vaisseaux qui l'accompagnoient, au lieu de le soûtenir, prirent la fuite. Estant ainsi abandonné, il fut pris. La premiere chose que firent les Anglois, s'étant rendus maistres du Vaisseau, fut d'amener Eustache sur le tillac avec quelques autres hommes de l'équipage, & de leur couper la teste à la veuë de l'Armée Françoise. Ce spectacle donna de la terreur aux François, qui voyant leur Chef pris & mort, se débandérent après quelque résistance, & regagnérent les Ports de France. Plusieurs Vaisseaux furent

An. 1217.

pris dans la fuite, & menez en triomphe à Douvres.

La nouvelle de cette victoire ne fut pas plûtost portée au Roy d'Angleterre, que le Comte de Pembrok vint inveſtir Londres, réſolu de la prendre par famine, ſi elle refuſoit de ſe rendre. Il fit entrer ſa Flote dans la Tamiſe, afin que rien ne puſt paſſer dans la Place par mer, & en forma le blocus par terre.

Loüis renfermé dans Londres, ſans nulle eſpérance de ſecours, à la diſcrétion d'une Bourgeoiſie, à laquelle il ne pouvoit pas ſe fier, prit ſon parti. Il envoya au Légat & au Grand Maréchal, & leur fit dire qu'il eſtoit content de leur rendre la Place, pourvû qu'il le puſt faire avec ſeûreté pour luy & pour ſes gens, & à des conditions qu'il puſt accepter ſans deshonneur.

Le Légat & le Maréchal ménageoient la France, & avoient conçû de l'eſtime & de l'amitié pour Loüis. Loin de le vouloir perdre, ils ſouhaitoient fort de le voir tiré de ce mauvais pas. Ils s'oppoſerent dans le Conſeil au plus grand nombre, qui vouloit qu'on pouſſaſt les choſes à l'extrémité. Ils firent comprendre, que la reddition de Londres rétabliſſoit la tranquillité & l'autorité du Roy dans le Royaume; que Loüis avec le grand nombre de François qu'il avoit avec luy, pouvoit réſiſter longtemps; que le Roy de France ſçachant que ſon fils eſtoit perdu, s'il ne le ſecouroit, paſſeroit par-deſſus toutes ſortes de conſidérations, & feroit les derniers efforts pour le venir délivrer; que la guerre ſe rallumeroit plus vivement que jamais, & qu'au contraire, en accordant à Loüis une compoſition honorable, & la permiſſion de ſe retirer d'Angleterre, tout ſeroit fini.

Leur avis l'emporta, & ils répondirent au Prince, qu'ils entreroient volontiers en Traité avec luy. Le jour fut pris, & Loüis avec les principaux de ſa ſuite, ſe rendit hors de la Ville ſur le bord de la Tamiſe, où le jeune Roy d'Angleterre, le Légat, & le Grand Maréchal ſe trouvérent, & le Traité fut bien-toſt conclu aux conditions ſuivantes.

Que Loüis, & tous ceux de ſa ſuite & de ſon parti jureroient ſur les Evangiles de s'en rapporter au jugement de l'Egliſe, & qu'ils ſeroient deſormais obéïſſans au S. Siége; qu'il repaſſeroit au pluſtoſt en France, avec promeſſe de ne jamais revenir en Angleterre à mauvais deſſein; qu'il feroit tout ſon poſſible auprès du Roy ſon pere, pour faire rétablir le Roy d'Angleterre en tous ſes droits au-delà de la mér, & que luy, quand il ſeroit un jour ſur le Trône, luy feroit juſtice là-deſſus; qu'il remettroit ſans délai entre les mains du Roy toutes les Villes & toutes les Forsereſſes, dont luy & ſes gens s'eſtoient emparez.

Math. Paris.

Le Roy d'Angleterre jura pareillement ſur les Evangiles, auſſi-bien que le Légat, & le Grand Maréchal, que la Nobleſſe d'Angleterre ſeroit remiſe en poſſeſſion de tous ſes biens, de tous les priviléges, & de toutes les libertez, dont ils avoient demandé le rétabliſ-

ſement au défunt Roy Jean, & dont le refus avoit donné lieu à la guerre; qu'il y auroit une amniſtie générale pour tous ceux qui avoient pris les armes de part & d'autre : on en excepta l'Archevêque d'York, & pluſieurs autres Eccléſiaſtiques ; que tous les priſonniers faits de part & d'autre, ſoit à la Journée de Lincolne, ſoit à la défaite de la Flote Françoiſe, ſoit en quelque autre occaſion que ce fuſt, ſeroient relaſchez ; que ſi quelques-uns d'eux avoient payé leur rançon, ou une partie de leur rançon, elle ne leur ſeroit point renduë; mais que pour ceux qui n'en avoient rien payé, ou qui en avoient ſeulement payé une partie, on ne leur demanderoit rien davantage; & qu'enfin le Légat donneroit au Prince & à tous ſes gens, l'abſolution de leur excommunication.

Cet article fut exécuté ſur le champ, & enſuite on s'embraſſa les uns les autres, comme ſi on n'avoit jamais eu rien à démeſler enſemble. Loüis retourna à Londres, & remit la Place au Roy. Il emprunta de quelques Bourgeois cinq mille livres ſterlin pour les frais de ſon retour, & avec un ſauf-conduit du Grand Maréchal, il repaſſa en France au mois de Septembre.

Ce fut là le ſuccés de l'expédition d'Angleterre, qui n'échoüa que par la ſeule appréhenſion des cenſures de Rome. Cette unique raiſon empeſcha Philippe Auguſte de ſeconder ſon fils de toutes ſes forces; & s'il l'euſt fait, l'adreſſe du Légat n'euſt rien produit, & la Nobleſſe Angloiſe, trop engagée pour s'en dédire, auroit malgré ſon inconſtance naturelle, eſté obligée de s'en tenir au Maiſtre qu'elle avoit choiſi. La déférence pour ces cenſures alla ſi loin, que Loüis & ceux qui l'avoient ſuivi, en demandérent au Pape une nouvelle abſolution, & une Pénitence pour cette guerre. Le Cardinal de S. Martin Légat Apoſtolique, donna pour Pénitence à Loüis, de payer pendant deux ans la dixiéme partie de ſon revenu ; & les Laïques qui l'avoient accompagné furent taxez à la vingtiéme du leur, pour le ſecours de la Terre-Sainte. Les Eccléſiaſtiques furent obligez d'aller à Rome, où le Pénitencier leur ordonna la Pénitence ſuivante. Que dans l'eſpace d'un an aux Feſtes de Noël, de la Chandeleur, de Paſques, de la Pentecoſte, de l'Aſſomption, de la Nativité de Noſtre-Dame, & de la Touſſaints, ils feroient amende-honorable dans Noſtre-Dame de Paris, nuds pieds & en chemiſe devant la Meſſe, à l'iſſuë de Tierce, marchant en Proceſſion depuis le grand Autel tout le long du Chœur, tenant en main des verges, dont le Chantre les frapperoit, tandis qu'ils feroient la Confeſſion publique de leur péché. Telle eſtoit alors la maniére dont on en uſoit en ces ſortes d'occaſions, de laquelle on ne s'accommoderoit pas aujourd'huy.

Soit en vertu de la Tréve de cinq ans faite entre le Roy Jean & Philippe Auguſte, ſoit en vertu du Traité de Loüis avec Henri, que le Pape Honoré III. confirma, les hoſtilitez ceſ-

An. 1217.
Guille. de Pod. Lauren. cap. 26

Tréſor des Chartres.

Cartul. de Phil. Auguſt.

Tréſor des Chartres.

férent entiérement entre la France & l'Angleterre. Philippe content de la Normandie & des autres Domaines qu'il avoit enlevez aux Anglois, ne pensoit qu'à y affermir sa domination, & le jeune Henri occupé à rétablir la tranquillité dans son Royaume, où il y avoit encore quelques semences de révolte, trouvoit trop d'avantage dans la Paix avec la France, pour songer à la rompre.

En 1219. quand les cinq ans de la Tréve furent passez, Philippe Auguste envoya son fils attaquer la Rochelle, qu'il obligea de se rendre; mais elle fut remise aux Anglois, par un nouveau Traité de Tréve que l'on conclut pour quatre autres années, de laquelle le Comte du Bourg & le Comte de Salisberi furent garants. Loüis au retour de la Rochelle fit une nouvelle expédition contre les Albigeois, que la mort du Comte de Monfort avoit ranimez.

An. 1219. Ce Traité est à la Bibliotheque du Roy, au 28. vol. des MSS. de Brienne. Ibid.

Ce Comte, ainsi que je l'ay dit, avoit fait demander au Pape Innocent III. l'investiture du Comté de Toulouse, dont il avoit déja l'administration. Innocent avoit remis la décision de cette affaire jusqu'au Concile general de Latran, où le Comte Raymond de Toulouse avoit promis de comparoître.

Il se rendit en effet à Rome avec Raymond son fils. Pierre Bermond, qui avoit épousé la fille aînée du Comte de Toulouse, y vint aussi, afin de demander que le Comté luy fust adjugé, en cas que le Concile en privast le Comte & son fils. Gui de Monfort s'y rendit en même temps, pour soûtenir les interests du Comte Simon son frere. Après un long examen de tout ce procès, le Concile prononça la Sentence contre le Comte de Toulouse, par laquelle il le priva de son Comté, comme Hérétique & fauteur des Hérétiques, en luy assignant seulement une pension de quatre cens marcs d'argent sa vie durant: & Toulouse & les autres Villes de cet Etat furent données en propre au Comte de Monfort, avec le titre de Comte de Toulouse. Pour ce qui est du jeune Raymond, on luy conserva les Domaines que sa Maison avoit en Provence, pourvû que dans la suite, l'Eglise & le S. Siége fussent satisfaits de sa conduite: & ces Domaines mesmes furent confiez à la garde du Comte de Monfort. La dot de la Comtesse de Toulouse, parce qu'elle estoit Catholique, luy fut asseûrée.

Guillelm. de Podio Laurentii. cap. 16.

Sommaire de l'Hist. des Albigeois, tiré des Chartres.

Le Comte de Monfort n'eut pas plustost reçû cette nouvelle, qu'il vint à la Cour de France, demander au Roy l'investiture du Comté de Toulouse, que le Concile luy avoit adjugé. Le Roy le traita à Melun avec beaucoup d'honneur, luy accorda ce qu'il luy demandoit, & reçut de luy l'hommage pour le Duché de Narbonne, le Comté de Toulouse, & les Vicomtez de Béfiers &`de Carcassonne.

Cartulaire de Philippe Auguste.

Il estoit au comble de ses voeux, devenu Maistre d'un assez grand Etat, & parfaitement récompensé du zéle qu'il avoit fait paroistre pour la Religion Catholique. Mais dès qu'il fut revestu du titre de Comte de Toulouse, il sembla attirer sur luy le malheur, qui depuis long-temps y estoit attaché.

Tome I.

Tandis qu'il estoit à la Cour de France, le jeune Raymond, par le secours des Habitans de Marseille, d'Avignon, & de Tarascon, s'empara de toutes les Forteresses de Provence, qui avoient appartenu au Comte Raymond son pere, & prit depuis le Chasteau de Beaucaire, à la vûë du Comte de Monfort, qui estoit accouru au secours de la Place.

Guillelm. de Podio Laurentii. cap. 28.

Ceux de Toulouse sur cette nouvelle, commencérent à remuër. Monfort fut bien-tost à eux, il entra dans la Ville l'épée à la main, avec quelques Troupes, & mit le feu en divers endroits. Les Habitans rachetérent le pillage au prix de trente mille marcs d'argent; mais la maniere dont cette somme fut exigée du Peuple, & la rigueur dont on usa contre ceux qui ne payérent pas assez promptement, irrita extrémement les esprits. Les principaux Habitans conspirérent ensemble, pour secoüer le joug à la premiere occasion favorable qu'ils en auroient. Un d'entre eux nommé Aimeric, que le Comte n'avoit pas voulu souffrir dans la Ville, alla trouver le vieux Raymond en Espagne, où il s'estoit retiré chez le Roy d'Arragon, & l'asseûra qu'il n'auroit qu'à se présenter devant Toulouse, pour y estre reçû.

Cap. 29.

La Comtesse de Monfort de son costé vint en France, pour demander du secours. Le Pape en écrivit fortement au Roy & au Prince Loüis. On recommença à prescher la Croisade dans le Royaume. L'Archevêque de Bourges & l'Evêque de Clermont menérent quelques Troupes, avec lesquelles Monfort reprit divers Chasteaux en Provence, & du costé de Narbonne.

Epist. 3. Honorii ad Philipp. Appendix Roberti S. Mariani.

Ce n'estoit partout que petits combats, & que prises de petites Places de part & d'autre, jusqu'à ce que l'an 1217. tandis que Monfort estoit occupé au-delà du Rhône contre les partisans du jeune Raymond, le vieux Comte passa les Pyrenées, & vint avec les Comtes de Comminge & de Paliés, accompagné de plusieurs Gentilshommes de leurs Vassaux, se présenter devant Toulouse, où il fut reçû avec joye des Bourgeois.

La Ville estoit ouverte de tous costez, depuis que le Prince Loüis en avoit fait abattre une partie des murailles, & le Comte de Monfort y avoit fait faire encore de nouvelles bréches. Les Habitans encouragez par la présence de leur Comte, nettoyérent les fossez, firent sur les murailles & sur la contrescarpe de fortes pallissades, & travaillant ainsi jour & nuit, ils mirent en quelque sorte leur Ville en défense. Ainsi quand Monfort y arriva, il fut obligé d'en former le siége, qui dura neuf mois, pendant lesquels il y eut des combats & des assauts continuels, que les assiégez soûtinrent avec une valeur & une opiniastreté surprenante.

Au printemps de 1218. le Comte ayant reçû un nouveau secours de Croisez, malgré les efforts que firent les Toulousains auprès du Roy, pour l'empescher, commença à serrer la Ville de plus près ; mais quoy qu'il fist, il

Epist. 42 Honorii ad Philipp.

Yyyy ij

n'avoit pû encore à la S. Jean combler les fossez, pour donner l'assaut au rampart.

Le lendemain de cette feste, les assiégez de grand matin firent une furieuse sortie par deux endroits, l'une du costé de la principale attaque, pour tascher de ruïner les machines, & l'autre sur un des quartiers du Camp. Le Comte de Monfort entendoit en ce moment la Messe dans une Eglise voisine. Il sortit promptement, & vint à la teste de quelques Troupes au secours de ces machines. Il luy estoit de la derniere importance de les conserver; parce qu'il les avoit conduites jusques sur le bord du fossé, & qu'il luy eust fallu perdre beaucoup de temps pour les rétablir, si elles eussent esté bruslées ou détruites. Il repoussa les ennemis jusques dans leur fossé, mais en suyant une effroyable gresle de pierres & de flèches qu'on tiroit de dessus les ramparts. Une de ces pierres lancée d'un mangonneau, le frappa à la teste, & le renversa, & au mesme temps son bouclier luy estant échapé de la main, il fut percé de cinq coups de flèches, dont il expira sur le champ.

Ainsi mourut le fameux & le vaillant Simon Comte de Monfort, le Héros de son siécle, & un de ces hommes extraordinaires, ausquels très-peu peuvent estre égalez, ou mesme comparez.

Cette mort fut le salut des assiégez, & releva les espérances du Comte Raymond. Plusieurs Gentilshommes rentrérent dans son parti. Tous les François néanmoins que le Comte de Monfort avoit établis dans le païs & en diverses Forteresses, firent hommage à Amauri son fils, & le reconnurent pour Comte de Touloufe. La consternation de l'Armée, le défaut de vivres & d'argent, la retraite d'un grand nombre de Croisez obligérent le nouveau Comte de lever le siége, & mesme d'abandonner le Chasteau Narbonnois, qui estoit, ainsi que j'ay dit, comme la Citadelle de Toulouse. Il se retira à Carcassonne, où il fit transporter le corps de son pere.

Castelnaudari peu de temps après se donna au Comte de Toulouse. Amauri l'assiégea. Il y perdit son frere Gui de Monfort, & ne put prendre la Place.

Une grande partie de ce que je viens de raconter se passa, tandis que Loüis estoit encore en Angleterre. Ce Prince fut envoyé par le Roy son pere au secours d'Amauri. Il prit Marmande sur le Comte de Toulouse, quoique la Place fust vigoureusement défenduë par le Comte d'Astarac, par le Seigneur de Blanquafort, & par plusieurs autres Gentilshommes qui s'y estoient renfermez. De-là il vint mettre le siége devant Toulouse, s'estant seulement engagé au Légat pour quarante jours, & sans obliger ses gens à demeurer au-delà de ce terme, auquel j'ay déja remarqué que se bornoit le voeu de cette Croisade. Il ne put dans cet espace de temps emporter la Place, & s'en retourna en France.

Amauri fort pressé par ses ennemis, voyant la ferveur de la Croisade se rallentir de jour en jour, fit faire à Philippe Auguste une proposition fort avantageuse. C'estoit de luy céder toutes les conquestes que le défunt Comte de Monfort avoit faites, plustost que de se laisser enlever par les Hérétiques. La chose fut proposée de la part d'Amauri, par le Cardinal de Sainte Rusine Légat du Pape, & par les Evêques de Montpellier, de Lodeve, de Béfiers, & d'Agde. Le Roy consulta sur cela les Etats assemblez à Melun: mais la France avoit besoin de la Paix, pour se remettre des guerres passées, & ce Prince préféra en cette occasion, le repos de ses Sujets à son avantage & à sa gloire. On dit encore qu'une des raisons qui empescha le Roy d'accepter cet offre, fut la difficulté de cette guerre. Il prévit qu'elle devoit estre de longue durée; que s'il venoit à mourir après l'avoir entreprise, son fils se trouveroit engagé d'honneur à la poursuivre; que le connoissant d'une complexion très-délicate, il ne le croyoit pas capable d'en supporter les fatigues, sans courir risque de la vie. Peut-estre encore ne crut-on pas devoir beaucoup compter sur les offres d'Amauri, qui vouloit apparemment s'appuyer de la France, pour intimider le Comte de Toulouse, & l'amener à un accommodement, qu'il luy proposa diverses fois dans la suite. On apprehenda encore que le Pape n'intervinst, & ne traversast la négotiation, à cause que c'estoit le Saint Siége qui avoit donné le Comté de Toulouse au défunt Comte de Monfort. Vers ce temps-là mesme, le Pape fit faire quelques propositions de Paix au jeune Comte de Toulouse, qui ne furent point acceptées. Il fit ensuite prescher de nouveau la Croisade, & pensa mesme à créer un Ordre Militaire de Chevaliers contre les Albigeois, sur le modele de ceux qui avoient esté établis à Jérusalem contre les Turcs; mais tous ces projets n'eurent point d'effet.

Quelque temps après le vieux Comte Raymond mourut. Son fils plus aimé, & moins méchant que luy, fit revenir dans son parti quantité de Noblesse du Comté de Toulouse, & reprit sur Amauri presque tout son Etat. C'est où en estoient les choses, lorsque l'an 1223. Philippe Auguste fut attaqué d'une fiévre quarte, qui se changea en continuë, & dont il mourut à Mante, où il tenoit une Assemblée des Barons & des Prélats de son Royaume. Cette mort arriva le quatorziéme de Juillet, après qu'il eut régné quarante-trois ans huit mois & quatorze jours. Il avoit environ cinquante huit ans, estant né à Paris en l'an 1165. ou selon d'autres en 1166.

Ce fut sans contredit le plus grand Prince, qui eust monté sur le Trône de France depuis Charlemagne. Le courage, la prudence, l'application à l'agrandissement, à la seûreté, à l'ornement de ses Etats, vertus dont l'assemblage forme l'idée d'un grand Roy, se trouvérent toutes en sa personne. Jusqu'à luy les Rois de France avoient esté moins puissans que quelques-uns de leurs Sujets, tant leur Domaine estoit retréci. Depuis luy, la puissance Royale a toûjours crû à mesure que le nombre

PHILIPPE AUGUSTE.

de ces anciens usurpateurs, sous le nom de Feudataires, a diminué. La conqueste de la Normandie, du Maine, de l'Anjou, de la Touraine, du Poitou, fut le rétablissement de l'autorité Royale, & la plufpart de ces grands Vaſſaux, qui à l'hommage près, agiſſoient eux-mefmes en Souverains, rabattirent beaucoup de leur fierté. L'acquisition des Comtez d'Auvergne & d'Artois, de la Picardie, & de quantité de Places & de Terres en Berri, & en d'autres endroits du Royaume, furent les fruits de sa politique & de son ménage. Toutes ces nouvelles poſſeſſions l'enrichirent luy & ſes ſucceſſeurs, & le mirent diverſes fois en état de lever des Soldats à ses dépens, & de se passer de ses Vaſſaux, dont la bizarrerie avoit ſi ſouvent cauſé bien du chagrin, & de grandes pertes à ses prédéceſſeurs. Il fit paver Paris, il l'orna, & l'augmenta de beaucoup, faiſant entourer les Fauxbourgs de murailles. Cette nouvelle enceinte faiſoit du coſté du Septentrion un demi cercle ou un arc, dont la riviére étoit comme la corde.

Tréſor des Chartres.

Rigord in vita Philipp. Auguſti.

Cet arc commençoit ſur le bord de la Seine, vers le milieu de la terraſſe du Jardin des Tuilleries d'aujourd'huy, & finiſſoit ſur le bord Oriental de la riviére vis-à-vis de la Tournelle. Le point du milieu de cet arc eſtoit en-deçà de S. Nicolas des Champs. Il y a encore une Tour de cette ancienne cloſture dans le Monaſtére de *l'Ave-Maria.*

De la Mare, Traité de la Police. l. 1, tit. 6.

Du coſté Méridional de la riviére, cette enceinte fut continuée preſque en triangle, depuis la Tournelle, vis-à-vis de laquelle l'autre finiſſoit, juſqu'au bord Occidental de la riviére, où eſt maintenant le Collége des Quatre Nations. La pointe de cette eſpéce de triangle renfermoit le Couvent des Jacobins de la rüe ſaint Jacques.

Le ſçavant Auteur d'où j'ay tiré ce détail, ſoûtient & prouve bien contre le préjugé ordinaire, que ce ne fut pas là la premiere augmentation de Paris, & qu'une partie du coſté Septentrional avoit déja eſté enfermée de murailles long-temps auparavant vis-à-vis de l'Iſle, où eſt la Cité, qui eſtoit autrefois toute la Ville de Paris. Cette augmentation commençoit ſur le bord Septentrional de la riviére, un peu au-deſſous du grand Chaſtelet, & renfermoit S. Merry du coſté du Nord, & la Gréve du coſté de l'Orient. Mais je ne ſuis nullement de l'avis de cet Auteur, lorſqu'il prétend que cette enceinte fut un ouvrage des Romains. La Relation du ſiége de Paris, fait par les Normands l'an 886. & 887. qui eſt d'un Auteur contemporain, & préſent à ce ſiége, marque expreſſément que la Ville de Paris étoit encore alors toute renfermée dans l'Iſle, & toute la ſuite des attaques le ſuppoſe. Il eſt conſtant par les preuves de M. de la Mare, que cette enceinte eſtoit faite dès le temps de Loüis le Gros ou de Loüis le Jeune: mais on ne ſçait ſous quel Régne la muraille fut baſtie.

Abbo de obſidione Pariſienſi.

Philippe Auguſte commença le Chaſteau du Louvre. Il fit enceindre de murailles pluſieurs Villes du Royaume. Il conçut le deſſein de faire baſtir un Hôtel ou Hôpital des Invalides pour ſes Soldats & ſes Officiers. Nous avons une Léttre du Pape Innocent III. qui luy écrivit ſur ce ſujet, & exemptoit de la Juriſdiction de l'Evêque cette Maiſon, quand elle ſeroit baſtie. Mais nous ne voyons pas que ce Prince eut exécuté ce deſſein.

Lib. XI. Epiſt. 8;.

Il ſe maintint contre Henri Second & Richard Rois d'Angleterre, deux ennemis redoutables; & ſous le Régne de Jean leur ſucceſſeur, il abattit & anéantit preſque entiérement la puiſſance de la Nation Angloiſe en-deçà de la mer.

Il perfectionna beaucoup l'Art Militaire en France, par le ſoin qu'il prit d'animer & de s'attacher quantité de bons Ingénieurs; en leur donnant de grandes récompenſes, & rien ne contribua plus à ſes conqueſtes & à la priſe des plus fortes Places ſur les Anglois. On parle ſous ſon Régne d'une eſpéce de Soldats appellez Ribauds, qui par ce qui en eſt dit dans la narration de la priſe de Tours ſur Henri II. Roy d'Angleterre, ſemblent avoir beaucoup de rapport avec nos Dragons ou nos Grenadiers d'aujourd'huy. C'eſtoit ceux qu'on mettoit à la teſte des aſſauts, & dont on ſe ſervoit dans les eſcalades & dans d'autres actions ſubites & vigoureuſes. Comme c'eſt la premiere fois que cette Milice eſt nommée dans noſtre Hiſtoire, il eſt vrai-ſemblable qu'elle fut inſtituée par Philippe Auguſte. Ce nom de Ribaud eſt devenu depuis ce temps-là infame en France, à cauſe des débauches, auſquelles ces déterminez s'abandonnoient. Ils avoient un Chef, qui portoit la qualité de Roy des Ribauds. C'eſtoit une Charge conſidérable, qui avoit meſme Juriſdiction pour certains points de Police, dans la Maiſon du Roy & dans le Royaume.

Guillelmi Brito.

Ribaldi.

Rex Ribaldorum.

Les conqueſtes de Philippe l'ayant rendu redoutable, il eut le ſort de tous les Princes Conquérants, qui fut de voir ſe liguer contre luy les plus grandes Puiſſances de ſon temps; ſçavoir, l'Angleterre, l'Empire, le Comté de Flandre, & pluſieurs petits Etats, qui ſe joignirent à ces trois Chefs. Il vint à bout de cette Ligue, par la grande victoire qu'il remporta à la mémorable Journée de Bouvines, où la bravoure des François, animez par la préſence & par le danger de leur Roy, ſuppléa en meſme temps au deſavantage du nombre, & aux inconvéniens d'une ſurpriſe & d'une attaque, à laquelle ils ne s'attendoient point.

La piété & la Religion de ce Prince parurent, par la haine qu'il eut toûjours pour les ennemis de la Religion. Il ne fit aucun quartier aux Hérétiques: il fit la guerre aux Albigeois; il chaſſa les Juifs de ſon Etat, il leur permit toutefois d'y revenir quelque temps après, & le ſeul beſoin d'argent dans les preſſantes affaires qu'il avoit ſur les bras, l'obligérent à cette condeſcendance. Il alla par le meſme motif de Religion, faire la guerre en perſonne aux Mahométans dans la Paleſtine: & la plus grande partie des legs qu'il fit dans ſon Teſtament, fut en faveur de cette Chrétienté déſo-

Rigord.

lée. C'eſtoit alors une coûtume, que les Rois de France donnaſſent aux Comédiens les habits dont ils ne vouloient plus ſe ſervir. Philippe abolit cette coûtume, & ordonna que les ſiens fuſſent donnez aux pauvres. Il fit de ſévéres Edits contre les blaſphémateurs. Il eut toûjours de grands égards pour le S. Siége, & l'on a vû que s'il en avoit eu moins, il ſe ſeroit aſſeûrément rendu maiſtre de la Couronne d'Angleterre. On voit par un Monument de ces temps-là, qu'il porta ſa dévotion ſi loin, que pendant un temps il eut deſſein de ſe retirer au Monaſtére de Cluny, & il ne tint pas à l'Abbé, qu'il n'y priſt l'habit de Moine. Il favoriſa les beaux Arts. L'Univerſité de Paris fut très-floriſſante, extraordinairement fréquentée ſous ſon Régne, & en meſme temps un peu moins docile, qu'elle ne devoit à l'égard de ſon Souverain. Son divorce avec Ingelburge de Dannemarc, & ſon mariage avec Agnés de Bohême ou de Méranie, du vivant de cette Reine, un fils naturel nommé Pierre-Charlot, qu'il avoit eu durant ſon divorce, & qui fut depuis Evêque de Noyon, montrent que du coſté de la Chaſteté, il ne fut pas ſans reproche. Mais il ſe ſoumit enfin aux avis du Pape & des Evêques, & avec le temps il ſe réſolut à reprendre ſon épouſe légitime.

Philippe eſtoit d'une taille médiocre, beau de viſage, hormis qu'il avoit deux petites tayes ſur l'un des yeux. Il avoit les maniéres fort honneſtes. Il parloit toûjours fort juſte, s'exprimoit avec beaucoup d'agrément, d'eſprit, de vivacité, & diſoit beaucoup en peu de paroles. Il aimoit ſes Sujets, & en eſtoit aimé. Je ne vois pas que le nom d'Auguſte qu'il porte dans l'Hiſtoire, luy ait jamais eſté donné de ſon vivant. L'Hiſtorien de ſa vie * s'applique meſme à ſe juſtifier ſur cet article, & à prévenir ſes Lecteurs ſur la nouveauté de ce titre. *On ſera ſurpris*, dit-il, *qu'à la teſte de cet Ouvrage, je donne au Roy le titre d'Auguſte*. Ce qui marque évidemment qu'on ne le luy donnoit pas alors; mais il le méritoit, & c'eſt avec juſtice, que les Hiſtoriens plus modernes ont ſuivi cet exemple.

Outre Loüis qui ſuccéda à la Couronne, Philippe Auguſte eut encore d'Agnés de Méranie ſa troiſiéme femme, un fils de meſme nom que luy, & qui fut Comte de Boulogne par ſa femme Mathilde, fille unique de Renaud Comte de Dammartin & de Boulogne. Ce Renaud eſt celuy, qui s'eſtant révolté & ligué avec le Roy d'Angleterre, l'Empereur, & le Comte de Flandre, fut pris à la bataille de Bouvines.

Il eut auſſi de la meſme Agnés une fille nommée Marie, qui épouſa en premieres nôces Philippe Comte de Haynaut & Marquis de Namur, & en ſecondes nôces, Henri IV. Duc de Brabant & de la baſſe Lorraine.

C'eſt ſous ce Régne que Meſſieurs de Sainte-Marthe dans leur Hiſtoire Généalogique de la Maiſon de France, commencent à marquer les réünions faites par nos Rois, de pluſieurs Domaines qui avoient eſté démembrez de la Couronne dans les ſiécles précédens: & ils le font d'ordinaire ſur les Actes qu'ils ont trouvez dans le Tréſor des Chartres, qui fournit fort peu de choſes au regard des Rois précédens, parce qu'ainſi que je l'ay remarqué, le Chartrier de France fut enlevé par le Roy d'Angleterre, dans la déroute de l'arrieregarde de Philippe Auguſte, qui ne put obtenir qu'on le luy rendiſt.

Ces Remarques de Meſſieurs de Sainte-Marthe ſont un des points des plus importans de leur Hiſtoire, & je ne manqueray pas de les tranſcrire à la fin de chaque Régne, lorſqu'il s'y trouvera quelque choſe de conſidérable en cette matiére.

Outre les réünions que j'ay marquées dans la ſuite de l'Hiſtoire de ce Régne, comme celle de la Normandie, & quelques autres, Philippe Auguſte réünit à ſa Couronne le Comté d'Amiens, dont Philippe Comte de Flandre s'eſtoit emparé. La Chaſtellenie de Paſſy, la Ville d'Evreux, & puis toute la Vicomté, la Terre de Nogent, & Nogent-Erembert, les Seigneuries de Charroux, de Linieres, & de Bomez, Gien avec ſa Chaſtellenie. Jean de Baugency en 1215. ratifia la donation des Terres de Valois & de Vermandois faite au même Roy par Alienor Comteſſe de Vermandois. Philippe réünit auſſi à ſa Couronne le Comté d'Alençon, la Foreſt d'Eſcoüé, de la Haye, & de Ferrieres, & celles de Chaumont & de la Roche, & la Ville de Domfront.

HISTOIRE DE FRANCE.

LOUIS VIII.

Gesta Ludov. VIII. an. 1223.

UN peu plus de trois semaines après la mort de Philippe Auguste, le huitiéme d'Aoust de l'année 1223. Loüis Huitiéme du nom, âgé de trente-six ans, fut couronné à Reims avec la Reine Blanche sa femme par l'Archevêque Guillaume de Joinville. Jean de Brienne Roy de Jérusalem, qui avoit passé en Europe, pour venir demander du secours contre les Turcs, assista à ce Sacre, & la plûpart des principaux Seigneurs & Vassaux de la Couronne s'y trouvérent.

Marhæus Paris in Henric. III.

Henri III. Roy d'Angleterre ne jugea pas à propos de s'acquiter de ce devoir, ni par luy-mesme, ni par Procureur. Il espera au contraire rétablir sous ce nouveau Régne, le mauvais état de ses affaires en-deçà de la mer. Il envoya l'Archevêque de Cantorberi à la Cour de France, pour demander la restitution de la Normandie, & de toutes les Places dont Philippe Auguste s'estoit emparé, prétendant que Loüis dans le Traité de Londres, avant sa sortie d'Angleterre, s'estoit engagé à les rendre, si-tost qu'il seroit sur le Trône. Ce fut là le compliment qu'il luy fit faire, au lieu de l'excuse qu'il luy devoit en qualité de Vassal, pour s'estre absenté du Sacre. Le Roy répondit, qu'il possedoit à juste titre la Normandie & les autres Domaines, que le Roy son pere avoit enlevez aux Anglois, non seulement par le droit de la guerre, mais encore par celuy que luy donnoit sa qualité de Souverain sur ses Vassaux rebelles, & qu'il estoit prest de le soûtenir au Tribunal des Pairs du Royaume, si le Roy d'Angleterre vouloit y comparoistre. Que de plus le Roy d'Angleterre avoit luy-mesme violé le Traité de Londres, principalement en deux points. Premierement, en ce qu'il n'avoit pas rétabli les anciennes Loix d'Angleterre, ni aboli les abus introduits par ses prédécesseurs, comme on en estoit convenu dans ce Traité. En second lieu, qu'il avoit exigé de grosses rançons des prisonniers François, contre ce qui estoit expressément porté dans un des articles, & que par ces infractions importantes & notoires, il l'avoit luy-mesme délivré de ses engagemens.

Les Ambassadeurs s'en retournerent avec cette reponse, & on prévit bien que si-tost que la Tréve de quatre ans faite entre les deux Etats, seroit expirée, la guerre recommenceroit plus vivement que jamais.

En effet, le Pape Honoré III. fit en vain tous ses efforts, pour faire conclure une nouvelle Tréve, & incontinent après les Festes de Pasques, qui estoit le terme de la Tréve, les hostilitez recommencérent.

Le Roy avant que de recommencer la guerre, prit ses seûretez du costé de l'Allemagne. Car quoique l'Empereur Fridéric II. eust des obligations essentielles à Philippe Auguste, qui avoit tant contribué à l'élever sur le Trône de l'Empire, il apprehenda que le Roy d'Angleterre ne l'engageast dans son parti, le souvenir des bien-faits passez s'effaçant aisément dans l'esprit des Princes à la vüë des avantages présens. Ainsi au mois de Novembre de l'année 1223. Loüis renouvella avec luy le Traité d'Alliance, par lequel ce Prince promit de n'entrer en aucune Confédération avec le Roy d'Angleterre contre la France. Ce traité fut encore confirmé depuis dans une Conférence qui se tint à Vaucouleurs entre les Envoyez du Roy & ceux de Henri Roy d'Allemagne fils de Fridéric. Loüis avoit deux mois auparavant renouvellé la Tréve que le Roy son pere avoit faite avec le Vicomte de Touars, celuy de tous les Seigneurs de-là la Loire, qui pouvoit le plus traverser ses desseins par sa puissance & par ses richesses.

Trésor des Chartres.

Il en fit autant avec Hugues Comte de la Marche, qui quelque temps après, se déclara ouvertement pour luy. Les principales conditions du Traité furent, que le Comte seroit dédommagé du doüaire de sa femme Isabelle veuve du défunt Roy d'Angleterre, que les Anglois ne manqueroient pas de saisir. On luy assigna pour dédommagement Langés, mais sans le droit de fortifier cette Place qu'avec l'agréement du Roy, deux mille livres par an sur le Trésor Royal, en attendant que la Ville de Bourdeaux fust prise sur le Roy d'Angleterre, & dès qu'elle le seroit, on devoit l'en mettre en possession, le Roy se réservant seulement les regales, & les hommages des Vassaux qui seroient à la distance de plus de trois lieuës de la Ville. On consentoit que le Comte retint la ville de Xaintes, & on luy promettoit l'Isle d'Oleron sitost qu'elle seroit conquise, comme elle le fut peu de temps après.

Ibid.

Le Roy s'asseûra encore de quelques autres Seigneurs de delà la Loire, & ensuite publia de nouveau la confiscation que le Roy son pere avoit faite, de tous les fiefs mouvans de la Couronne qui avoient jusqu'alors appartenu aux Rois d'Angleterre. C'estoit déclarer bien hautement qu'il ne vouloit point de paix.

Inventaire du Thrésor des Chart.

En effet il partit à la S. Jean avec une nombreuse Armée. Il se rendit à Tours, & alla assiéger Niort. Savari de Mauleon, qui avoit maintenu jusqu'alors la faction Angloise dans le Poitou, s'estoit renfermé dans la Place & la défendit avec vigueur: mais se voyant sans espérance de secours, il fut obligé de capituler. Un des articles de la capitulation fut qu'il seroit conduit à la Rochelle, & que ni lui, ni aucun de ses Officiers ou de ses Soldats ne pourroient jusqu'à la Toussaints prochaine, porter les armes contre la France dans aucune autre Place.

An. 1224. Gesta Ludovici VIII.

Le Roy marcha ensuite à saint Jean d'Angeli, qui se rendit sans résistance, & vers la my-Juillet il alla mettre le siège devant la Rochelle, où Savari de Mauleon se défendit encore mieux qu'à Niort. Il avoit avec luy un très-grand nombre de Noblesse & une forte Garnison, avec laquelle il fit de fréquentes & de vigoureuses sorties, & tenoit sans cesse le Camp du Roy en allarme; mais estant extrêmement pressé, il écrivit au Roy d'Angleterre pour avoir du secours, & sur tout de l'Argent, dont il avoit beaucoup plus de besoin que du reste. Il arriva à quelque temps de là quelques Navires Anglois au Port de la Rochelle, avec des munitions pour la Place, mais point d'argent. Les plaintes que ce Commandant fit à cette occasion, causèrent de la mésintelligence entre luy & les Anglois. Il capitula malgré eux, du consentement des principaux de la Garnison, & la Ville fut renduë au Roy le troisiéme jour d'Août. Savari de Mauleon passa en Angleterre: les Anglois qui l'accompagnèrent dans son passage, luy rendirent de mauvais services à la Cour, & tâchérent de le rendre responsable de tous les mauvais succès de la Campagne; jusques-là que l'on pensa à l'arrêter; mais en ayant esté averti, il s'échapa, & chagrin de ce que l'on reconnoissoit si mal les grands & longs services qu'il avoit rendus à la Couronne d'Angleterre sous les derniers regnes, il vint se jetter entre les bras du Roy de France. Loüis le receut avec joye, luy promit sa protection, le remit en possession de toutes ses Terres, & ce Seigneur luy en fit hommage.

Nangius

Gesta Ludovici.

An. 1224.

Presque tout ce qu'il y avoit d'Anglois naturels en Guyenne s'étoient retirez à la Rochelle, & par la capitulation ils furent obligez de retourner en Angleterre, de sorte que les habitans du païs se voyant abandonnez, se soumirent au Roy. Le Comte de Limoges, le Comte de Perigord, & tous les Seigneurs de de-là la Loire, luy firent serment de fidelité. Il n'y eut que les Gascons au-delà de la Garonne, qui refusérent de le faire, & Bourdeaux demeura toûjours fidelle à son ancien Maître.

La jeunesse du Roy d'Angleterre, la mort du grand Marechal arrivée depuis que les François avoient quitté le Royaume, la prison de Ferdinand Comte de Flandre, la ruine des affaires & la mort de l'Empereur Othon, qui avoient esté les plus zelez Alliez du Roy d'Angleterre contre la France, les révoltes de quelques Seigneurs, qui faisoient encore de la peine à ce jeune Roy, avoient esté cause de l'entiere décadence des Anglois dans la Guyenne, & dans les païs d'au-delà de la Loire. Mais la prise de la Rochelle, & les grandes suites qu'-elle eut, les firent penser serieusement à la défense de ce qui leur restoit au-delà de la Mer.

Ils équipérent pendant l'hyver une Flotte de trois cens voiles, qui partit au printemps, sous la conduite du Comte de Salisberi, & sous les ordres de Richard, frere cadet du Roy d'Angleterre. Richard avoit alors au plus quinze ans, le Roy son frere le crea Chevalier en luy ceignant l'épée, & le fit Comte de Cornoüaille, & Comte de Poitou. Il luy donna exprès ce dernier titre, pour réveiller dans le cœur des Poitevins l'ancienne inclination qu'ils avoient euë pour la domination d'Angleterre, & ranimer s'il pouvoit, les restes de la faction Angloise, qui avoit entierement succombé.

Gesta Ludovici.

Math. Paris.

La Flotte arriva heureusement à Bordeaux; où Richard fut bien receu par l'Archevêque, & par les habitans. Il leur lut les Lettres du Roy son frere, par lesquelles il les conjuroit de se souvenir de la fidélité qu'ils luy devoient, & de seconder les efforts que ses Generaux alloient faire, pour chasser les François des Provinces qu'ils luy avoient enlevées. L'arrivée de la Flotte fit un grand effet: quantité de Noblesse vint offrir ses services à Richard, & le Comte de Salisberi se servant de cette bonne disposition, alla assiéger la Reole, qu'il prit après un fort long siége, aussi bien que Bergerac & S. Machaire. Le Comte de la Marche ayant par ordre du Roy assemblé des Troupes durant le siége de la Reole pour le faire lever, mit en chemin pour executer ce dessein; mais ayant donné imprudemment dans une embuscade, il fut défait. Les François de leur côté prirent quelques Châteaux. C'est-là tout ce qui se passa durant cette Campagne, après laquelle une Tréve de trois ans se fit, & la Flotte d'Angleterre s'en retourna. Mais Richard demeura en Gascogne avec une partie des Troupes Angloises; ce qui n'empescha pas que le Vicomte de Toüars, qui s'estoit jusqu'-alors tenu neutre, ne prit le parti des François, & ne soumit au Roy toutes ses Places par l'hommage qu'il luy en fit.

Guillel. de Podio cap. 34

An. 12

An. 1225.

Le Roy d'Angleterre, quoyque sa presence fût fort necessaire dans son Royaume à cause des semences de troubles qu'il y voyoit encore, déliberà

Invent. Chart. Somm de la grandeur des Rois groissir le thrésor Chartre

Epist. matricipud Ca

LOUIS VIII.

Ibid. libéra toutefois, si au printemps prochain il n'iroit point en Gascogne. Mais ayant appris quele Légat du Pape avoit engagé le Roy de France à tourner ses armes contre les Albigeois, il se rasseura, & ne passa point la Mer. Il fut encore déterminé à ne pas sortir d'Angleterre, par la prédiction d'un fameux Astrologue nommé Guillaume de Perepond, qui luy dit avec beaucoup d'asseurance, que la guerre des Albigeois seroit funeste au Roy de France, & que selon les Regles de son art, il lisoit dans le Ciel, que ce Prince y mourroit, ou que s'il en revenoit, il y perdroit la plus grande partie de son Armée. Le Roy d'Angleterre compta apparemment beaucoup plus sur la diversion des Albigeois, que sur la prophetie de son Astrologue, pour demeurer en Angleterre. La pieté du Roy de France eut beaucoup plus de part que la politique, à cette guerre contre les Albigeois ; car s'il n'eût pas pris le change ; il estoit difficile que les Anglois pussent conserver long-temps le peu qui leur restoit en deçà de la Mer.

Depuis la mort de Philippe Auguste, les choses alloient toûjours de mal en pis en Languedoc pour le Comte Amauri de Monfort, de sorte que faute d'argent, ne pouvant mettre des vivres & des munitions dans Carcassone & dans les autres Places qu'il tenoit encore, il fut obligé de les abandonner, & fit au Roy la mesme proposition qu'il avoit faite à Philippe Auguste, de luy céder tous ses droits sur le Comté de Toulouse. Le Roy à la persuasion du Cardinal de S. Ange, l'accepta, & promit en récompense à Amauri, la charge de Connestable de France, quand elle seroit vacante, ce qui fut executé par S. Loüis. La guerre que le Roy avoit commencée contre les Anglois, retarda pour quelque temps celle qu'il promit au Légat, de faire aux Albigeois. Ce ne fut que l'an 1226. qu'ayant pris la Croix sur les pressantes sollicitations que le Cardinal luy en fit, il se mit en devoir d'accomplir son vœu : & il n'entra en action qu'après avoir receu asseurance du Roy Jacques d'Arragon, qu'il ne soutiendroit en aucune maniere les Albigeois.

Un grand nombre de Seigneurs se croiserent avec le Roy ; sçavoir les Comtes de Boulogne & de Clermont, le Duc de Bretagne, les Comtes de Dreux, de Chartres, de S. Pol, de Rouci, de Vendosme, le Sire Matthieu de Montmorenci, Robert de Courtenai, Enguerrand Sire de Couci, le Sénéchal d'Anjou, Jean Sire de Néesle, les Vicomtes de sainte Susanne & de Chasteaudun, Savari de Mauleon, Thomas & Robert de Couci, Gaucher de Joigni, Gautier de Rinel, Henry de Silly, Philippe de Nanteüil, Estienne de Sancerre, Renaud de Montfaucon, Guy de la Roche, Renaud d'Amiens, Robert & Simon de Poissy, Bouchard de Mailli, & Florent de Hangest. Tous ces Seigneurs suivirent le Roy en cette expedition, & Thibaud Comte de Champagne l'y vint joindre devant Avignon.

Tome I.

L'Armée prit sa route par Lion pour la commodité des charrois & des équipages, & descendit le long du Rhosne jusqu'à Avignon, pour entrer de-là dans le Languedoc, ou plusieurs Chasteaux & Forteresses du Comte de Toulouse se soumirent avant l'arrivée du Roy. Les habitans d'Avignon, quoyque de tout temps fort attachez à la famille des Comtes de Toulouse, luy envoyérent des Députez & des ôtages, pour l'asseûrer de leur obeïssance, & promirent de fournir à son Armée tout ce qu'il souhaiteroit.

Les Troupes au nombre de cinquante mille hommes arrivérent proche de cette Ville-là, la veille de la Pentecoste. Une partie s'avançoit pour y entrer, & estoit déja sur le pont de la Sorgue, lorsque les Bourgeois apprehendant que les soldats ne les pillassent en passant, changérent tout à coup de résolution, & fermérent leurs Portes.

Le Roy surpris de ce procedé, leur en envoya demander la raison. Ils apportérent celle que je viens de dire, & luy offrirent seulement le passage par la Ville, pourvû qu'il ne fust pas accompagné de beaucoup de monde, & la liberté à l'Armée de passer au-dessous de la Roche, à côté de la Ville, où le chemin estoit fort étroit, & où peu de Soldats pouvoient marcher de front.

Le Roy peu satisfait de cette réponse, leur envoya dire que s'ils ne luy ouvroient leurs portes, il les assiégeroit : ils répondirent insolemment qu'ils se défendroient. Sur quoy les ordres furent donnez d'investir la Place. On distribua les postes, on prépara les machines, & peu de jours après on commença les attaques. Elles furent vigoureusement soûtenuës par les assiégez durant trois mois, pendant lesquels Pierre Archevêque de Narbonne, qui venoit de succeder au gouvernement de cette Eglise à Arnaud Amauri, fut envoyé par le Roy & le Légat en Languedoc, pour négocier l'accommodement des Seigneurs & des peuples avec l'Eglise & avec le Roy. Il y réüssit si bien, que toute la partie Orientale du Languedoc entre Avignon & Toulouse, jusqu'aux Portes de cette Capitale, se soûmirent. La Ville de Carcassone envoya ses Clefs au Roy durant le siège d'Avignon, & mesme Roger Comte de Foix, & Bernard Comte de Cominge, si dévoüez de tout temps aux Comtes de Toulouse, vinrent au Camp demander la paix.

Enfin après une longue & opiniâtre résistance Avignon se rendit par capitulation, & le Roy en fit raser les murailles. Le Comte de S. Pol fut tué à ce Siege. Ce fut un grand bonheur que cette Place n'eust pas tardé plus long-temps à se rendre ; car peu de jours après il se fit une si grande inondation de la Durance, que tout l'endroit où estoit le Camp durant le siége, fut noyé ; & l'on auroit infailliblement esté contraint d'abandonner l'entreprise.

Comme Avignon estoit encore alors censé estre des Terres de l'Empire, le Roy en com-

Zzzz

mençant le siége en avoit donné avis par une lettre à l'Empereur Frideric, pour luy exposer les raisons qu'on avoit eu de le faire, & il ne paroist pas que ce Prince s'en fut tenu offensé.

Guillelm. de Podio cap. 36.

Après cette expedition, le Roy accompagné du Légat entra en Languedoc, vint à Beſiers & à Carcaſſonne &, de-là à Pamiers, à Lavaur, & puis à Albi, où il établit Imbert de Beaujeu Commandant dans tout le païs, & luy laiſſa des Troupes pour le défendre, en attendant la Campagne prochaine, où il eſtoit réſolu d'achever ſa conqueſte.

Il reprit enſuite la route de Paris par l'Auvergne. Il fut obligé de s'arreſter à Montpenſier, ſe ſentant plus vivement preſſé d'un mal qu'il avoit tenu caché juſqu'alors, & qui le mit en un extrême danger. Ce fut en cette occaſion, que ce Prince montra qu'il eſtoit véritablement Chrétien. Quelque fût ce mal, dont on ne marque point la nature, les Médecins luy propoſerent un reméde, que la Loy de Dieu luy défendoit, & nonobſtant le refus qu'il fit de s'en ſervir, on ne laiſſa pas dans le temps qu'il dormoit, de mettre auprès de luy une jeune Demoiſelle. A ſon réveil il appella l'Officier de ſa chambre, fit retirer la Demoiſelle, & dit cette belle parole, *qu'il valoit mieux mourir, que de ſe ſauver la vie par un peché mortel.* L'Auteur contemporain, de qui nous tenons ce fait, dit qu'il l'avoit appris de la propre bouche d'Archambaud de Bourbon, qui eſtoit fort dans la confidence du Roy. Cet exemple qui ne devroit jamais eſtre oublié de ceux que Dieu a revêtus de la ſouveraine puiſſance, eſt autant digne d'en eſtre imité, qu'admiré.

Ibid.

An. 1226.

Peu de jours après ce grand Prince mourut de la plus précieuſe mort, qu'un Roy Chrétien pût ſouhaiter, martyr de la chaſteté & les armes à la main pour la défenſe de la Religion contre l'Héréſie. Ce fut le Dimanche de l'Octave de la Touſſaint, après avoir regné trois ans, trois mois, & vingt-quatre jours, & dans la quarantiéme année de ſon âge.

Philippe Auguſte.
S. Loüis.

C'eſt à tort que quelques-uns de nos Hiſtoriens ont borné ſon éloge à dire, qu'il fut fils d'un grand Roy * & pere d'un grand Roy.* Cette idée eſt auſſi fauſſe, qu'injurieuſe à la mémoire de ce Prince. Il n'y a pour s'en convaincre, qu'à rappeller ce qu'il fit devant & après la mort du Roy ſon pere, la défaite du Roy d'Angleterre en Anjou, & la prompte réduction de toutes les Places que les ennemis avoient priſes de ce coſté-là avant qu'il y fûr arrivé, ſon expedition & ſa conqueſte d'Angleterre, qu'il ſoutint pendant une année, malgré les oppoſitions & les intrigues du Légat, & manquant des ſecours qu'il pouvoit attendre du Roy ſon pere, l'eſtime qu'il s'acquit parmi la Nobleſſe Angloiſe, que ceux meſme du parti ennemi ne purent luy refuſer, & qui les engagea à luy accorder une compoſition honorable, le ſurnom de Lion qu'on luy donna à cauſe de ſa valeur, les victoires continuelles qu'il remporta durant les trois années de ſon regne, & qui ne laiſſent nul lieu de douter, que s'il avoit vécu, veu l'état où il avoit mis les choſes, il n'eût bien-toſt chaſſé les Anglois de France & exterminé l'Héréſie en Languedoc. On ne voit en tout cela rien que de grand, & qui ne ſuppoſe dans ce Prince toutes les qualitez d'un Héros & d'un grand Roy.

Suivant les vûës de ſon prédéceſſeur, il travailla à augmenter ſon Domaine. Il réünit à la Couronne la Seigneurie de Beaufort en Anjou, celle d'Aubigny en Cotentin, & le Château de Dourlens.

Jean Thréſor des Chart.

Ibid.

Dès l'an 1225. au mois de Juin, il avoit fait ſon Teſtament que je rapporteray icy tout du long, à cauſe des lumieres qu'il nous fournit pour l'Hiſtoire.

TESTAMENT
De Loüis VIII. Roy de France.

"AU nom de la Sainte & indiviſible Trinité, "
"Amen. Loüis par la grace de Dieu Roy "
"des François : à tous ceux qui ces preſentes, "
"Lettres verront, Salut. Déſirant de pourvoir "
"en toutes manières aux avantages de nôtre "
"Succeſſeur, & pour empeſcher les troubles qui "
"pourroient naître dans nôtre Royaume, Nous "
"avons eſtant en ſanté par l'aide de Dieu, de "
"qui tout bien procede, fait la diſpoſition de "
"tout nôtre Domaine, & de tous nos biens meu- "
"bles l'an de Noſtre Seigneur 1225. au mois de "
"Juin en cette maniere. "

"Premierement nous voulons & nous ordonnons que noſtre fils * qui nous ſuccedera à la "
"Couronne, ſoit maiſtre de tout le païs, que "
"noſtre très-cher pere Philippe de pieuſe mémoire a poſſedé, & de la manière qu'il l'a poſſedé, & que nous le poſſedons, ſoit en fiefs, "
"ſoit en domaine, excepté les Terres, Fiefs & "
"Domaines que nous exceptons par ce preſent "
"Ecrit. Car nous voulons & nous ordonnons "
"que nôtre ſecond fils * aye tout le païs d'Artois, tant les Fiefs que les Domaines & tout "
"ce que nous poſſedons du chef de nôtre mere "
"Elizabeth, hormis le doüaire de la Reine, ſi "
"elle ſurvit à nôtre ſecond fils. Que ſi celuy de "
"nos fils qui aura l'Artois, vient à mourir ſans "
"héritiers, nous voulons que tout ce païs & tout "
"ce qu'il poſſedera de Terres, revienne entierement & ſans conteſtation à nôtre fils ſucceſſeur de nôtre Royaume. "

"* Loüis.
* Robert."

"Nous voulons & ordonnons que nôtre troiſiéme fils * ait pour partage les Comtez d'Anjou & du Maine, tant les Fiefs que les Domaines, & toutes leurs dépendances. "

"* Alfonſe."

"Nous voulons & ordonnons que nôtre quatriéme fils * ſoit mis en poſſeſſion du Comté "
"de Poitou & de toute l'Auvergne, tant des "
"Fiefs, que des Domaines avec leurs dépendances. "

"* Charles."

"Nous ordonnons & voulons que tout le païs "
"que nôtre tres-cher frere & fidéle Philippe "

"Comte de Boulogne tient de nous par dona-
"tion, revienne à nôtre Successeur le Roy de
"France, si ledit Philippe Comte de Boulogne
"meurt sans enfans.

*Jean.
" Nous voulons & ordonnons que nôtre cin-
"quiéme fils * & tous les autres, qui pourront
"naître aprés luy, entrent dans la Cléricatu-
"ture.

" Pour ce qui est de nos biens meubles, que
"nous possédons actuellement, nous ordonnons
"que la disposition s'en fasse de la maniére qui
"suit.

" Nous donnons à nôtre fils & successeur en
"nôtre Royaume, tout ce qui se trouvera dans
"nôtre Tour de Paris auprès de S. Thomas,
"c'est-à-dire, tout l'or & tout l'argent, & tout
"ce qu'il y a de monnoyé, afin qu'il s'en serve
"pour la défense de l'Etat.

" Nous voulons & ordonnons que sur nos biens
"meubles, soit pris tout ce qu'il faudra payer
"pour les torts que nous pourrions avoir faits,
"& pour satisfaire nos créanciers.

" Nous donnons & léguons à nôtre chere é-
"pouse Blanche, illustre Reine des François,
"trente mille livres.

" Nous donnons & léguons à nôtre tres-che-
"re fille Elizabeth, vingt mille livres.

" Nous donnons & léguons à deux cens Hô-
"tels-Dieu, vingt mille livres, c'est-à-dire, cent
"livres à chacun.

" Nous donnons & léguons à deux mille Lé-
"proseries, dix mille livres, c'est à dire cent
"sols à chacune.

" Nous donnons & léguons à soixante Abbayes
"de l'Ordre de Prémontré, six mille six cens
"livres, pour faire nôtre Anniversaire; c'est-à-
"dire soixante livres à chaque Abbaye.

" Nous donnons & léguons à quarante Ab-
"bayes de l'Ordre de S. Victor quatre mille li-
"vres, pour faire nôtre Anniversaire, c'est-à-
"dire cent livres à chaque Abbaye.

" Nous donnons & léguons à l'Abbaye de Saint
"Victor, pour faire nôtre Anniversaire, qua-
"rante livres.

" Nous donnons & léguons à l'Abbaye de sain-
"te Marie de la Victoire auprès de Senlis, mil-
"le livres, outre les revenus que nous luy a-
"vons donnez.

" Nous donnons & léguons à soixante Ab-
"bayes de l'Ordre de Citeaux, six mille livres
"pour faire nôtre Anniversaire, c'est-à-dire, cent
"livres à chaque Abbaye.

" Nous léguons & donnons aux orphelins, aux
"veuves, & à de pauvres filles, pour les ma-
"rier, trois mille livres.

" Nous voulons que le partage que nous a-
"vons fait cy-dessus entre nos fils pour empê-
"cher toute discorde, soit exactement observé
"dans toutes ses circonstances. C'est à sçavoir
"que nôtre fils qui nous succédera à nôtre Royau-
"me, aye & possède tout le Royaume de Fran-
"ce & toute la Normandie, comme nous la
"possédions, & tenions le jour que nous avons
"fait ce Testament, hormis les Comtez que

"nous avons exceptez d'abord; sçavoir le Com-
"té d'Artois, les Comtez d'Anjou & du Maine,
"& les Comtez d'Auvergne & de Poitou, que
"nous avons donnez à nos autres fils, comme
"il a esté dit.

" De plus nous voulons que tous nos joyaux,
"tant ceux qui sont à nos Couronnes, que les
"autres, soient vendus, & que le prix en soit
"employé à fonder une nouvelle Abbaye de
"l'Ordre de S. Victor, à l'honneur de la bien-
"heureuse Vierge Marie, & que pareillement
"tout l'or de nos Couronnes, de nos anneaux,
"& de tous nos autres joyaux, soit vendu pour
"l'employer au bâtiment de ladite Abbaye.

" Nous constituons pour Exécuteurs de nôtre
"Testament en ce qui regarde nos biens meu-
"bles, nos amis & fidéles les Evêques de Char-
"tres, de Paris & de Senlis, & l'Abbé de Saint
"Victor. Que si tous ne pouvoient pas estre pré-
"sens à cette exécution, nous voulons qu'au
"moins deux des trois Evêques y assistent avec
"l'Abbé de Saint Victor. Que si après nos det-
"tes payées & le dédommagement des torts que
"nous pourrions avoir faits, il n'y avoit pas d-
"quoy remplir les autres legs, nous voulons que
"les exécuteurs Testamentaires diminuënt de
"ces legs, comme ils le jugeront plus à pro-
"pos.

Tel estoit le Testament de Loüis VIII. par
lequel nous apprenons premierement, qu'outre quelques autres enfans qu'il avoit eus, &
qui estoient morts avant luy tout jeunes, &
outre sa fille Elizabeth qui vécut saintement,
& mourut dans le célibat, il laissa cinq fils,
sçavoir Loüis neuviéme, qui luy succéda à la
Couronne, Robert de France Comte d'Artois,
Alfonse de France Comte de Poitou, Charles
de France Comte d'Anjou, & Jean qui mourut peu de temps après le Roy son pere.

En second lieu l'ordre que Loüis donne dans
son Testament à son cinquiéme fils & à ceux
qui pourroient naistre après luy, de se faire d'E-
glise, est remarquable, & montre que ce Prince tout religieux qu'il estoit, n'avoit pas sur
cela les idées tout-à-fait justes : mais c'estoit
pour empescher la multiplication des démembremens de l'Etat. Il faut après tout que Loüis
eût fait du changement à cet égard par
quelque codicille; car on voit dans la suite de
l'Histoire, que les Comtez d'Anjou & du Maine
furent destinez à Jean son cinquiéme fils, &
que l'Anjou ne vint à Charles, que par la mort
de Jean, qui ne vécut pas long-temps.

En troisiéme lieu par ce Testament, on connoist jusqu'où Philippe Auguste & Loüis a-
voient poussé leur conquestes & leurs acquisi-
tions ; & de plus l'état où estoit le Royaume,
quand Loüis neuviéme du nom parvint à la
Couronne.

On voit encore en quatriéme lieu, premiérement que les Rois faisoient alors leur
Testament en la mesme forme, que les Particuliers. Secondement que les Appanages des
fils de France estoient à la verité reversibles

Zzzz ij

à la Couronne, si les hoirs manquoient ; mais qu'ils n'y estoient pas réünis, dès que la ligne masculine cessoit, & qu'ils passoient aux femelles. Le droit de succession n'estoit point restraint aux masles par ce Testament, & dans la suite, on vit que le Comté d'Artois en particulier tomba en quenoüille, & qu'il fut possedé par des femmes. On suivoit en cela l'usage observé jusqu'à ce temps là dans les successions des Grands Vassaux de la Couronne, ausquels les filles succédoient au défaut des masles ; dequoy nostre Histoire nous fournit quantité d'exemples.

Alberic Moine de l'Abbaye des trois Fontaines donne à Loüis VIII. un fils nommé Dagobert, dont il rapporte la mort en l'an 1232. sous le régne de S. Loüis : mais nul de nos Historiens ne fait mention de ce Prince, il n'en est point parlé dans le Testament, & il n'est guéres vrai-semblable qu'il y ait eu un fils de France de ce nom dans la troisiéme Race, où ces sortes de noms devenus en quelque façon barbares, ne furent jamais en usage.

Chronic. Alberici. An. 1232.

FIN DU PREMIER VOLUME.

CHRONOLOGIE
DE LA PREMIERE RACE
DES ROIS DE FRANCE.

Quelque difficulté qu'il y ait à dresser la Chronologie de la premiere Race de nos Rois, il est du devoir de l'Historien de la débroüiller autant qu'il est possible. C'est ce que je vais tâcher de faire, en rangeant d'abord chaque fait important sous l'année en laquelle je l'ay placé dans mon Histoire, & en apportant ensuite les preuves des Epoques que j'ay marquées.

CHRONOLOGIE
DU REGNE
DE CLOVIS.

Clovis est né l'an de N. S.	466.
Il est monté sur le Thrône	481.
Il est entré dans les Gaules	486.
Guerre de Turinge	491.
Bataille de Tolbiac; conversion de Clovis au plûtost l'an	495.
Mesintelligence entre Clovis & Alaric; Theodoric Roy d'Italie les racommode.	
Les Arboriques & le reste des Garnisons Romaines de la Gaule se soûmettent à Clovis.	
Premiere guerre de Bourgogne: défaite de Gondebaud, son rétablissement subit	500
Ligue de Clovis & de Theodoric contre Gondebaud.	
Seconde guerre de Bourgogne.	
Guerre de Clovis contre Alaric: défaite & mort d'Alaric.	507.
Paris devenu Capitale du Royaume	507.
Siege d'Arles: défaite de l'Armée Françoise	508.
Courses des Gots sur les Terres des François	509.
Paix de Clovis avec Theodoric	509.
Mort de plusieurs petits Souverains François	510.
Premier Concile d'Orleans	511.
Mort de Clovis	511.

Preuves de cette Chronologie.

Le premier Concile d'Orleans fut tenu sous le Consulat de Felix. Voyez le Pere Sirmond *Tom. 1. Concil. Gall.* c'est à dire en l'an 511.

Boucher apporte encore d'autres preuves de cette Epoque dans son Livre intitulé *Annotatio de Chronol. Reg. Franc. Meroveadum.*

Clovis mourut cette année-là. *Chronic. Sancti Vincenti Metensis.* Mais ce qui le démontre, c'est l'Epoque du cinquiéme Concile d'Orleans tenu en 549. l'année trente-huitiéme du regne de Childebert successeur de Clovis; car de 549. ôtant les trente-huit ans de Childebert, il reste 511.

Il vêcut quarante-cinq ans. *Gregor. Turon. l. 2. c. 43.*
Il faut donc qu'il soit né vers l'an 466.
Son regne fut de trente années. *Gregor. Tur. l. 2. c. 43.*
Il faut donc qu'il ait commencé à regner à quinze ans vers l'an 481.

La cinquiéme année de son regne il entra dans les Gaules, & défit l'armée des Romains. *Gregor. Turon. l. 2. c. 27.*
Ce fut donc vers l'an 486.

La dixiéme année de son regne il fit la guerre au Roy de Turinge. *Gregor. Turon. l. 2. c. 27.*
Ce fut donc vers l'an 491.

L'an 493. les Allemans joints aux Bourguignons firent des courses en Italie dans la Ligurie. L'an 494. Theodoric envoya en Bourgogne S. Epiphane Evêque de Pavie, pour racheter ceux qui avoient été faits captifs dans cette excursion. Le Pere Sirmond, dans ses Notes sur Ennodius, détermine ainsi, avec raison, l'Epoque de cette Ambassade. Ce ne fut donc tout au plus que l'année d'après, que les Allemans entrerent dans les Gaules. Ce ne fut donc pas avant l'an 495. que la bataille de Tolbiac se donna.

La premiere guerre de Bourgogne, où le Roy Gondebaud fut trahi par son frere Gondegesile, & assiegé par Clovis dans Avignon, se fit sous le Consulat de Patrice & d'Hypatius. *Marii Chronicon.* c'est à dire l'an 500.

Le Concile d'Agde se tint, avec la permission d'Alaric Roy des Visigots & maître des Païs de delà la Loire, l'an 22. du regne de ce Prince au mois de Septembre, sous le Consulat de Messala, *Tom. 1. Concil. Gall.* c'est à dire, l'an 506.

Donc la bataille de Voüillay, où Alaric fut tué, ne se donna pas avant l'année 507. Paris fut fait Capi-

Tome I.

CHRONOLOGIE.

tale du Royaume la même année. *Gregor. Turon. l. 2. c. 38.*

Les Visigots, sous la conduite du Général Mammon, firent des excursions sur les Terres des François l'année du Consulat d'Importunus. *Maris Chronicon.* c'est à dire, l'année 509.

Cette irruption fut apparemment la suite de la bataille d'Arles perduë par les François. Le siege d'Arles se fit donc & fut levé, & la bataille se donna l'an 508. Cassiodore en parle, *l. 8. epist. 10.*

Pour les autres évenemens considerables dont je ne détermine pas l'année, on n'en sçait pas précisément l'Epoque, quoiqu'on sçache à peu près l'ordre qu'ils ont entre-eux & avec les autres incidens.

Au reste je n'entreprens pas de justifier toûjours avec la derniere exactitude, les Epoques que je marque des faits principaux de nôtre ancienne Histoire. Quelques habiles gens qui ont travaillé sur ce sujet, n'ont fait souvent qu'en augmenter la difficulté. Nul des Anciens ni des Modernes n'a fait là-dessus aucun système de Chronologie contre lequel on ne pût faire beaucoup d'objections, & de ces objections qu'on ne peut resoudre. Au lieu de mettre toûjours précisément l'année, je me contenterai quelquefois de mettre ainsi : *Vers l'an....* ce qui en quelques rencontres aura l'étenduë de deux, trois & quatre années. J'avouë que l'exacte critique demanderoit autre chose s'il étoit possible ; mais souvent il ne l'est pas en aucune Histoire, & peu de Lecteurs s'en mettent ou s'en doivent mettre fort en peine.

NOTES
SUR LE REGNE DE CLOVIS.

Outre les diverses Notes que j'ai mises à la marge de mon Histoire de la premiere Race, j'en ajoûterai encore ici quelques-unes, en marquant les columnes ausquelles elles ont rapport.

Col. 3. C. Quelques-uns ont trouvé étrange que Gregoire de Tours ait donné la qualité de Roy des Romains * à ce Syagrius Gouverneur des Gaules, que Clovis défit auprès de Soissons. Je ne prétens pas justifier l'exactitude de cette expression ; mais peut-être ne paroîtra-t'elle pas si extraordinaire, si l'on veut faire deux reflexions. La premiere, que l'Italie étant alors possedée par le Roy des Erules, le Gouverneur des Gaules pour l'Empire ne dépendoit plus que de l'Empereur de Constantinople, dont il étoit très éloigné, sans pouvoir avoir de communication libre avec lui ni par terre, ni par la mer Mediterranée, dont les Visigots occupoient tous les bords dans la Gaule ; de sorte qu'il gouvernoit comme en Souverain & en Roy, & sans presque recevoir d'ordres. La seconde reflexion est, que le nom de *Romains* signifie-là, non pas tous les Sujets de l'Empi-

Rex Romanorum l. 2. c. 27.

re, ni les Habitans de Rome ; mais seulement les Gaulois de la Domination Romaine. C'est ainsi qu'on parloit dans les Gaules, où l'on donna encore long-tems le nom de Romains même aux Gaulois subjuguez par les Barbares. C'est tout ce qu'a voulu dire Gregoire de Tours. Je croy de plus que cette maniere de parler vint originairement des François, qui entrant dans les Gaules, appellerent, suivant leurs idées, du nom de Roy, celui qu'ils voyoient commander aux Gaulois : de sorte que dans la suite, parlant de leur victoire, ils disoient que leur Roy avoit vaincu le Roy des Romains ; & cela se trouva ainsi marqué dans les Memoires que Gregoire de Tours suivit en écrivant, & qu'il ne fit que transcrire, ne se mettant pas en peine, & n'étant pas même fort capable de les corriger.

Col. 27. B. Nos Historiens modernes se sont imaginé que Theodoric s'étoit laissé donner le nom d'Alamannique par ses flatteurs, à cause de la grace qu'il avoit faite aux Allemans en cette occasion de les recevoir dans ses états. Ils se méprennent ; c'étoit pour les avoir mis en fuite, lorsque vers l'an 493. ils vinrent avec les Bourguignons faire des courses dans la Ligurie : c'est de quoy parle Cassiodore *l. 12. Epist. 28.* aussi-bien que l'Evêque Ennodius, qu'on accuse à tort d'avoir donné mal à propos ce nom à Theodoric dans le panegyrique qu'il a fait en son honneur.

Col. 30. D. J'ai placé la ligue que Theodoric fit contre Clovis en faveur d'Alaric, avec le Roy de Bourgogne, le Roy de Turinge, &c. Je l'ai, dis-je, placée plusieurs années avant la guerre où Alaric fut tué ; & j'ai dit qu'elle avoit empêché Clovis de faire alors la guerre à Alaric. C'est contre le sentiment commun de nos Modernes, qui ont joint l'une à l'autre, & qui ont crû que les Lettres de Theodoric à Alaric, à Clovis, au Roy de Bourgogne, & les Ambassades qu'il envoya à tous ces Princes doivent se rapporter à l'année de devant cette guerre. Mais ils se trompent assurément : car premierement on ne voit dans la guerre de Clovis contre Alaric, nul vestige de cette ligue. On ne voit dans l'armée d'Alaric ni Turingiens, ni Bourguignons, ni Warnes. On ne voit aucun de ces Princes faire diversion sur les Terres de Clovis. Mais ce qui est positif & très convaincant, c'est qu'au contraire on voit le Roy de Bourgogne ligué avec Clovis contre Alaric dans toute cette guerre. Isidore de Seville, dans son Histoire des Gots, le dit expressément. *Adversus quem Hludovicus Francorum Princeps Gallia regnum affectans* BURGUNDIONIBUS SIBI AUXILIANTIBUS BELLUM MOVIT, *fusisque Gothorum copiis ipsum postremum Regem apud Pictavos superatum interfecit.* On voit encore dans le même Auteur le Roy de Bourgogne dans la même guerre, prendre & piller Narbone sous Gesalic successeur d'Alaric. Enfin Procope *l. 1. de bello Got.* dit nettement, que les François craignant une ligue faite par Theodoric, ne songerent plus alors à attaquer les Gots, & firent la guerre aux Bourguignons.

CHRONOLOGIE.

CHRONOLOGIE
DES REGNES
DES QUATRE FILS DE CLOVIS,

De Theodebert son petit fils, & de Theodebalde fils de Theodebert, avec les preuves de cette Chronologie.

Les quatre fils de Clovis commencerent à regner en l'an 511.
Les mêmes preuves qui montrent que Clovis mourut en l'an 511. montrent que ses fils commencerent à regner cette même année-là.

Chronologie du Regne de Thierri fils aîné de Clovis, & Roy d'Austrasie.

1. Thierri l'aîné des fils de Clovis, nâquit vers l'an 485.
2. Il fut Roy à l'âge de 26. à 27. ans.
3. Theodoric Roy d'Italie lui enleva Rodez & quelques autres Places en 512.
4. Victoire remportée sur les Pirates Danois, vers l'an 520. ou 521.
5. Premiere guerre de Turinge, vers l'an 522.
6. Thierri fait la seconde guerre de Turinge, bataille d'Unstrut, conquête de Turinge. 531.
7. Châtiment des Auvergnacs. 532.
8. Ligue de Thierri & de Clotaire contre les Gots, prise de Rodez par les François. 533.
9. Mort de Thierri au commencement de l'an 534.

Preuves de la Chronologie du Regne de Thierri fils aîné de Clovis & Roy d'Austrasie.

1. Pour déterminer le tems de la naissance de Thierri Roy d'Austrasie, il faut avoir égard à celle de Clovis son pere, & à celle de Theodebert son fils. Clovis nâquit en 466. On ne peut lui donner un fils gueres plûtost qu'à dix-huit ans; & par conséquent Thierri, qu'il eût avant que d'être marié à sainte Clotilde, ne nâquit pas beaucoup avant l'an 485.
D'ailleurs on ne peut gueres le faire naître plus tard, non seulement parce qu'en 507. il commanda l'armée que Clovis envoya en Aquitaine après la bataille de Vouillay & la mort du Roy Alaric : mais encore par une autre raison. C'est que, selon le témoignage de Gregoire de Tours *l. 7. cap. 3.* lorsqu'il succeda à Clovis, il avoit déja un fils, sçavoir Theodebert, qui quelques années après commanda aussi l'armée Françoise contre les Pirates Danois qu'il défit. Il est difficile de pousser cette défaite plus loin que 520. ou 521. On ne peut pas donner à Theodebert, qui commandoit alors l'armée, moins de 18. à 19. ans. Cela supposé, son pere Thierri né en 485. l'auroit eu en 501. ou 502. n'ayant lui-même que 16. ou 17. ans. Donc la naissance de Thierri ne peut être que vers l'an 485.

2. Thierri commença à regner à 26. ou 27. ans. En le faisant naître au commencement de 485. & regner à la fin de 511. cela fait environ cet âge.

3. Gregoire de Tours *l. 3. c. 21.* dit, qu'après la mort de Clovis Theodoric Roy des Gots enleva plusieurs Places aux François ; Rodez en étoit une. La conjoncture de cette mort fut sans doute ce qui le détermina à cette entreprise ; ce fut donc fort vraysemblablement l'année 512.

4. Par Gregoire de Tours *l. 3. cap. 2. & 3.* on voit que la défaite des Danois n'arriva qu'après que Thierri eût fait S. Quintrien Evêque d'Auvergne. Il ne lui donna cet Evêché, selon le même Auteur, que la cinquiéme année d'après la mort de Clovis. Donc la défaite des Danois n'arriva pas avant l'an 516. Mais il la faut au moins différer jusqu'en 520. à cause de l'âge de Theodebert qui commandoit l'armée, ainsi que j'ai déja dit.
On ne peut pas aussi reculer cette défaite beaucoup plus loin ; parce que la guerre de Bourgogne, où Thierri se joignit à son frere Clodomir, commença en l'an 523. Or entre ces deux guerres nos anciens Historiens mettent les guerres civiles de Turinge avec celle que Thierri y fit, & qui ne peut s'être faite au plus tard que l'an 522. ou tout au plus en 523. puisqu'en 524. Thierri faisoit la guerre en Bourgogne.

5. Gregoire de Tours, *l. 3. c. 4.* met la premiere guerre de Turinge immediatement après l'expedition précédente ; &, comme je le viens de dire, elle ne peut être poussée gueres plus loin que l'an 522.

6. Nous avons une Epoque très-nette de la seconde guerre de Turinge. Gregoire de Tours, *l. 3. c. 9. & 10.* place l'irruption de Thierri dans la Turinge en la même année que la bataille de Narbonne, où le Roy Childebert vainquit Amalaric Roy des Visigots. Or Isidore de Seville met la mort d'Amalaric, qui arriva incontinent après sa défaite, il la met, dis-je, en l'Ere 569. c'est à dire, en l'an 531. en retranchant de l'Ere Espagnole les 38. ans dont elle surpasse la supputation ordinaire ; donc la conquête de Turinge par les armes de Thierri se fit l'an 531.

7. La Ville d'Auvergne se donna à Childebert durant que Thierri étoit en Turinge l'an 531. *Gregor. Turon. l. 3. c. 9.* Thierri n'alla en Auvergne que dans le même tems que Childebert & Clotaire entrerent en Bourgogne. *Chap. 11.* Ces deux Princes ne firent la guerre en Bourgogne que l'année d'après celle de Languedoc, où Amalaric fut défait, comme on le voit par la narration du même Historien. Donc Thierri ne châtia les Auvergnacs que l'an 532.

8. La ligue de Thierri avec Clotaire, & la guerre contre les Gots suivent dans Gregoire de Tours le châtiment de l'Auvergne, *chap. 21.* Elle ne peut donc pas être plûtost que l'an 533. & cette année fut employée aux conquestes que fit Theodebert contre les Gots. *Gregor. Turon. l. 3. cap. 21. & 22.* Après quoy il alla en quartier d'hyver en Auvergne. Ni cette ligue ni cette guerre ne peuvent pas être différées au-delà de cette année ; parce que Thierri mourut pendant l'hyver de la suivante, ainsi que je vais dire.

9. Thierri meurt en 534. car, selon Gregoire de Tours, *l. 3. c. 23.* il mourut la vingt-troisiéme année de son regne : donc ayant commencé à regner à la fin de 511. il mourut en 534.

CHRONOLOGIE.

Chronologie du Regne de Clodomir Roy d'Orleans, second fils de Clovis.

1. Clodomir nâquit vers l'an 494.
2. Il commença à regner à l'âge de 16. à 17. ans.
3. Guerre de Bourgogne, & prise du Roy Sigismond. 523.
4. Mort de Clodomir tué à la bataille de Veseronce. 524.

Preuves de la Chronologie du Regne de Clodomir Roy d'Orleans.

1. Clodomir étoit fils de la Reine Clotilde. Clovis n'épousa Clotilde qu'après la guerre de Turinge. *Gregor. Turon. l. 2. cap. 27. 28.* Cette guerre ne se fit que la dixiéme année du regne de Clovis, qui tombe vers l'an 491. Après cette guerre il fit demander en mariage la Princesse Clotilde. On peut supposer qu'il l'épousa en 492. Elle eut un fils nommé Ingomir, qui ne vécut pas. Supposons-le né en 493. Ensuite elle eut Clodomir. La conversion de Clovis se fit vers 495. ou 496. Quand Clodomir vint au monde Clovis étoit encore Payen. *Gregor. Turon. l. 2. cap. 29.* donc Clodomir est né entre l'an 493. & l'an 495. ou 496. donc vers l'an 494.
2. Il commença à regner à 16. ou 17. ans: car depuis 494. jusqu'à 511. que Clovis mourut, ce nombre d'années se rencontre.
3. La premiere année de la guerre de Bourgogne, où Clodomir prit Sigismond, étoit celle du Consulat de Maxime, Indiction 1. *Marius Aventic. in Chronico.* c'est à dire, l'année 523.
4. Clodomir fut tué la seconde année de la guerre de Bourgogne en poursuivant sa victoire. Cette année est celle du Consulat de Justin & d'Opilion, Indiction 11. *Marius Aventic. in Chronico.* c'est à dire, l'année 524.

Chronologie du Regne de Childebert Roy de Paris, troisiéme fils de Clovis.

1. Sa naissance.
2. Il commença à regner en l'an 511.
3. Il fit la guerre en Bourgogne conjointement avec son frere Clodomir. 523.
4. Il gagna la bataille de Narbonne contre Amalaric. 531.
5. Il entreprend la seconde guerre de Bourgogne conjointement avec le Roy Clotaire. 532.
6. Il acheve la conqueste de ce Royaume avec Clotaire & Theodebert. 534.
7. Guerre entre Childebert & Clotaire, au plûtost vers l'an 540.
8. Il fait la guerre en Espagne conjointement avec Clotaire, vers l'an 542. ou 543.
9. Autre guerre de Childebert contre Clotaire, l'an 556. ou 557.
10. Childebert meurt. 558.

Preuves de la Chronologie du Regne de Childebert Roy de Paris, troisiéme fils de Clovis.

1. Je n'ai rien sûr quoi je puisse déterminer l'année de sa naissance.
2. Il commença, comme ses autres freres, à regner l'an 511.
3. La preuve de cet article, qui concerne l'Epoque de la guerre de Bourgogne, a été faite dans la Chronologie de Clodomir, nombre 3.
4. Le temps de la bataille de Narbonne est marqué par Isidore de Sevile, *in Chronic. Goth.* Voyez le nombre 6. de la Chronologie de Thierri Roy d'Austrasie.
5. Voyez aussi le nombre 7. de la Chronologie de Thierri pour l'Epoque du commencement de la seconde guerre de Bourgogne.

6. Theodebert déja Roy aida ses oncles dans la conqueste de la Bourgogne. Il ne fut Roy qu'en l'année 534. au commencement de laquelle son pere mourut: donc cette guerre ne s'acheva pas avant l'an 534. Ceci est prouvé dans l'Histoire même, *Col. 88. D.* & dans la note qui y répond.

7. Depuis la conqueste de Bourgogne, qui s'acheva au plûtost en 534. les Rois François furent toûjours occupez des guerres d'Italie, & des negociations qui se faisoient à cette occasion, ainsi qu'on le voit par la suite de l'Histoire. Theodebert sur tout s'en mêla toûjours jusqu'à la fin de l'année 539. que Virigez Roy des Gots se rendit à Belisaire. Donc la guerre civile de Childebert contre Clotaire, où Theodebert joignit son armée à celle de Childebert, & vint avec lui jusqu'à l'emboucheure de la Seine, ne se fit pas avant l'an 540.

8. La guerre d'Espagne que fit Childebert ligué avec Clotaire, suivit la guerre civile dont je viens de parler, qui se fit vers 540. & finit par la reconciliation sincere des deux Rois. *Gregor. Turon. l. 3. cap. 29. Post hæc,* dit cet Auteur, *Childebertus rex abiit in Hispaniam, quam ingressus cum Clotario, &c.* On ne peut donc la placer gueres plûtost que l'an 542. ou 543.

9. Cette autre guerre de Childebert contre Clotaire, suppose deux autres Epoques. La mort de Theodebert, qui arriva en 548. 2. Celle de son successeur Theodebalde, qui mourut en 555. Cela est constant par Gregoire de Tours, *l. 3. & 4. cap. 16. 17. &c.* Donc cette guerre ne commença pas avant 556. ou 557.

10. Marius de Lausane place la mort de Childebert en la dix-septiéme année d'après le Consulat de Basile, ainsi que l'on comptoit alors; parce qu'après ce Basile, qui fut Consul l'an 541. l'Empereur Justinien cessa de créer des Consuls. Or cette année dix-septiéme, Indiction vi. est la même que l'an de nôtre Seigneur 558. Le Pere Petau, *part. 2. Ration. temp. l. 4. c. 14.* fait mourir Childebert en l'an 560. fondé sur le témoignage d'Aimoin: mais Marius de Lausane, qui vivoit au siecle de Childebert, & dont la maniere d'écrire paroît exacte, est d'une autorité préférable à celle d'Aimoin, qui ne vécut que plusieurs siecles après.

Chronologie du Regne de Clotaire Roy de Soissons, & sur la fin de sa vie Roy de toute la Monarchie Françoise.

Comme la plûspart des choses memorables de la vie de ce Prince sont liées avec celles de ses trois freres dont j'ay parlé, il seroit inutile de les retracer la Chronologie. Ainsi on peut voir dans ce que j'ai déja dit, ce qui regarde la guerre que ce Prince fit en Bourgogne étant ligué avec Clodomir & Childebert: celle qu'il fit en Turinge uni avec Thierri; celle qu'il fit en Bourgogne en compagnie de Childebert & de Theodebert: celle qu'il fit en Espagne de concert avec Childebert: les deux qu'il fit contre ce Prince, &c. Il ne me reste donc plus qu'à dire un mot,

1. De la victoire qu'il remporta sur les Gots au Cap de Sette vers l'an 543. ou 544.
2. De l'union du Royaume d'Austrasie au sien en 555.
3. Du temps où il possedá toute la Monarchie Françoise après la mort de tous ses freres, de son neveu Theodebert, & de son petit-neveu Theodebalde, Rois d'Austrasie; ce qui se fit en l'an 558.
4. De la guerre qu'il fut obligé de faire contre son fils Cramne, qui se revolta contre lui. Cette guerre commença au plûtost en 556. & finit en 560.
5. De l'année de sa mort, qui arriva vers l'an 561.

CHRONOLOGIE.

Preuves de la Chronologie du Regne de Clotaire Roy de Soiſſons, & enſuite Roy de toute la Monarchie Françoiſe.

1. La victoire ſur les Gots au Cap de Sette, fut gagnée l'année d'après l'expedition d'Eſpagne, qui ſe fit en 542. ou 543. *Iſidor. Hiſp. in Hiſtor. Gothor.* Donc cette victoire doit être placée en 543. ou 544. Voyez le nombre 8. de la Chronologie de la Vie de Childebert.
2. Il s'empara du Royaume d'Auſtraſie après la mort de Theodebalde ſon petit-neveu & fils de Theodebert. Cette mort arriva ſept ans après celle de Theodebert qui mourut en 548. c'eſt à dire, en l'an 555. comme je le dirai bien-toſt: Donc cette union du Royaume d'Auſtraſie au Royaume de Soiſſons ſe fit en l'an 555.
3. Il poſſeda toute la Monarchie Françoiſe après la mort de Childebert: cette mort, comme j'ai montré, arriva en 558. Donc Clotaire fut maître de toute la Monarchie dès l'an 558.
4. La guerre contre ſon fils rebelle ne ſe fit qu'après la mort de Theodebalde Roy d'Auſtraſie, *Gregor. Turon. l. 4. cap. 9. & ſeq. & Marius Aventic in Cronic.* Cette mort n'arriva qu'en 555. donc la guerre ne doit être placée qu'en 556. *Marius in Chronico.*

Cette guerre ne finit qu'après la mort de Childebert: Et Marius de Lauſane a marqué expreſſément la mort du Prince rebelle en 560. avec lequel la guerre finit.

5. Clotaire, ſelon Gregoire de Tours, *l. 4. chap. 21.* meurt un an après la mort de ſon fils revolté. La mort de ſon fils, ſelon Marius de Lauſane, arriva en 560. Donc ce ne fut pas devant l'an 561. que mourut Clotaire. D'ailleurs Gregoire de Tours dit que Clotaire mourut la cinquante-uniéme année de ſon regne, qui commença en 511. d'où il s'enſuit qu'il mourut ou à la fin de 561. ou en 562. car il eſt difficile de diſcerner quand nos anciens Auteurs parlent d'une année commencée, ou d'une année achevée, ou d'une année qui ne fait que commencer, ou d'une année qui finit. C'eſt pour cela qu'il faut ſe contenter de marquer à peu près, & dire ici vers l'an 561. plûtoſt que de dire préciſément en l'an 561. ou en l'an 562.

Chronologie du Regne de Theodebert petit-fils de Clovis, & fils de Thierri Roy d'Auſtraſie.

1. Il nâquit au plus tard vers l'an 502.
2. Il commença à regner en 534.
3. Il conquit la Bourgogne avec ſes oncles en 534.
4. Son armée jointe à celle de Vitigez prend Milan en 538.
5. Il entre en Italie avec cent mille hommes, & y met en déroute les Gots & les Romains en 539.
6. Il ſe joint avec Childebert contre Clotaire vers 540.
7. Il envoye une armée en Italie vers 547.
8. Il meurt vers 548.

Preuves de la Chronologie du Regne de Theodebert petit-fils de Clovis, & fils de Thierri Roy d'Auſtraſie.

1. La preuve de l'Epoque de la naiſſance de Theodebert eſt au nombre 1. de la Chronologie de ſon pere Thierri Roy d'Auſtraſie.
2. La preuve du commencement de ſon regne eſt la même que celle de la mort de ſon pere. Voyez le nombre 9. de la Chronologie de Thierri.
3. Pour la conqueſte de Bourgogne voyez la Chronologie de Childebert nombre 6. & le nombre 7. & 8. de la Chronologie de Thierri.
4. Selon Marius de Lauſane la priſe de Milan arriva ſous le Conſulat de Jean, Indiction I. cette année eſt la même que 538.

Tome I.

5. Selon Marius de Lauſane ce fut ſous le Conſulat d'Apion, Indiction II. & par conſequent en 539. que Theodebert entra avec cent mille hommes en Italie.
6. Sa jonction avec Childebert contre Clotaire vers 540. a été prouvée dans la Chronologie de Childebert nombre 7.
7. Theodebert envoye une armée en Italie vers 547. Gregoire de Tours, *l. 3. c. 31.* dit que Theodebert envoya le General Bucelin en Italie, qui y fit de grandes conqueſtes. Procope, *l. 4. de bello Goth. cap. 24.* dit que les François s'étoient ſaiſis de quantité de Places ſur tout dans le païs de Veniſe. Ce ne fut point dans l'expedition que Theodebert fit en perſonne l'an 539. où Procope ne fait mention que de la priſe & du ſaccagement de Genes. Ce fut donc par le General de Theodebert que toutes ces Places furent priſes. Procope ne parle de ces conqueſtes des François que depuis le regne de Totila, qui ne fut Roy qu'en 542. Il n'en parle que depuis que Totila eût pris Rome, qui fut l'an 547. c'eſt ſur ces raiſons, qui ont quelque probabilité, ſans que rien de ſolide prouve le contraire, que j'ay placé la priſe de ces Places en cette année-là. 547.
8. La mort de Theodebert en 548. ſe prouve 1. par Marius de Lauſane, qui la place cette année-là; 2. par Gregoire de Tours, *l. 3. chap. 37.* où il dit que Theodebert mourut la quatorziéme année de ſon regne: or ſon regne commença en 534. Il ajoûte que depuis la mort de Clovis juſqu'à celle de Theodebert on comptoit 37. ans: Clovis mourut en 511. donc Theodebert mourut vers 548.

Chronologie du Regne de Theodebalde fils de Theodebert & Roy d'Auſtraſie.

1. Theodebalde nâquit vers l'an 535.
2. Il a regné ſept ans.
3. Son armée fut défaite en Italie vers l'an 555.
4. Il eſt mort l'an 555.

Preuves de la Chronologie du Regne de Theodebalde fils de Theodebert & Roy d'Auſtraſie.

1. Il nâquit vers l'an 535. Gregoire de Tours, Procope, Agathias, en parlent comme d'un enfant l'an 548. à la mort de ſon pere, c'eſt à dire, qu'il pouvoit avoir douze ou treize ans. Il étoit fils de Deuterie, dont Theodebert devint amoureux après la priſe de Rodez en l'an 533. *Gregor. Turon. l. 3. cap. 22.* Il n'eſt donc pas né long-temps avant 535. Il étoit marié l'an 555. quand il mourut: il n'avoit donc guéres moins de vingt ans; il n'eſt donc pas né long-temps après l'an 547.
2. Il a regné environ ſept ans. *Gregor. Turon. l. 4. cap. 9.*
3. Son armée commandée par le Général Buccelin, fut défaite en Italie vers l'an 555. Marius de Lauſane place cette défaite en la quatorziéme année après le Conſulat de Baſile, Indiction III. cette année eſt l'an 555.
4. Ce Prince mourut en l'an 555. ſelon le témoignage du même Auteur.

NOTES

Sur les Regnes des premiers ſucceſſeurs de Clovis.

Col. 80. C. Gregoire de Tours ne marque point le lieu où Munderic fit ſa revolte. Nous n'apprenons que ce fut en Auvergne, que par Aimoin, *l. 2. c. 8.*

Col. 81. A. Ce *Victoriacum* étoit dans le Territoire de Brioude, comme on le voit dans un ancien Cartulaire

CHRONOLOGIE.

de Brioude, cité par Henri de Valois dans sa Notice des Gaules.

Col. 84. A Gregoire de Tours, *l.* 3. *c.* 6. & 18. semble dire que Clodoalde fut le cadet des trois fils de Clodomir, en le nommant toûjours le troisiéme. Mais ou il se méprend en ce point, ou dans un autre. Il ne donne que sept ans à celui qui fut tué le second par Clotaire : il faudroit donc que Clodoalde n'en eût eu que six ; ce qui ne s'accorde pas avec la Chronologie : car cette execution ne se fit qu'au commencement de l'année 533. ou tout au plûtost à la fin de 532. en suivant même l'ordre des faits racontez par cet Auteur. Or cela ne peut pas être, puisque Clodomir leur pere, mourut en 524. Il faudroit même dire sur ce pied, que celui à qui il ne donne que sept ans, non seulement fut le cadet de Clodoalde, mais même que quand son pere mourut, il n'étoit pas encore au monde, & qu'il fut postume. Mais cet Historien a fait de plus grosses fautes de Chronologie que celle-là ; & il ne seroit pas surprenant qu'il se fût mépris sur un point de si peu d'importance.

Col. 84. E. Rodez étoit une des places que Theodoric Roy d'Italie avoit enlevées aux François aprés la mort de Clovis. Cette place en 535. étoit à Theodebert, puisque l'Evêque souscrivit cette année-là au Concile d'Auvergne. Ce fut donc alors qu'elle fut reprise par Theodebert. Un ancien manuscrit de Rodez, qui contient la Vie de saint Quintien, & qui est cité par l'Auteur du Livre intitulé, *Asberti familia rediviva*, fait rendre la Ville de Rodez à Thierri par Amalaric Roy des Visigots ; & cela par un traité de paix. Mais l'Auteur de la Vie de l'Evêque Dalmatius & contemporain, raconte la chose de la maniere que je l'ay dite dans mon histoire.

Col. 110. A. Cette expedition de Childebert confirme ce que j'ay dit au commencement de son regne ; que sa domination s'étendoit jusqu'aux Pyrenées ; puisqu'il portoit la guerre en Espagne : car il faisoit cette guerre en chef, & Clotaire ne faisoit que l'y aider.

Col. 113. B. C'est tout ce qu'a voulu dire l'Historien Procope, & nullement, qu'il ne fût point permis absolument au Roy de Perse ni aux autres Princes de faire battre de la monnoye d'or empreinte de leur image, pour avoir cours dans leurs Etats. Le Roy de Perse n'avoit nulle dépendance de l'Empereur ; & nous avons plusieurs pieces de monnoye d'or des Rois Visigots d'Espagne de ce siecle-là, comme de Lewigilde, de Liuba son pere, & Recarede son fils, marquées de leur image. Les monnoyes d'or de Theodebert, dont j'ay parlé, en sont encore une preuve ; & en effet la raison que Procope apporte de ce qu'il avance, montre quelle est sa pensée. C'est, dit-il, que cette sorte de monnoye d'or, qui porte une autre image que celle de l'Empereur, n'est point reçuë dans le commerce, même par les peuples qui ne sont point sous la domination de l'Empereur : paroles qui d'elles-mêmes supposent qu'il y avoit de la monnoye de cette sorte. Il semble que les Empereurs revoquerent ce Privilege : car saint Gregoire témoigne que de son temps la monnoye de France n'étoit point reçuë en Italie. Les Rois des François avoient souvent assez mécontenté les Empereurs pour attirer cette revocation.

NOTES CHRONOLOGIQUES
Sur les Regnes des autres Rois de la premiere Race.

Col. 154. D. LE regne de Charibert fut au moins de six ans : car le Concile de Tours tenu en l'an 567. fut assemblé par ordre de ce Prince, comme la Preface de ce Concile le marque expressément. Donc son regne ayant commencé à la fin de 561. il a regné au moins six ans.

Il y a plus de difficulté à déterminer s'il en a regné plus de 6. ou plus de 7. La plûspart de nos Historiens modernes lui en donnent 9. aprés la Chronique de Sigebert ; M. de Valois même est de ce sentiment, aussi-bien que le Pere Labbe. Il paroît aisé de montrer par quelques reflexions sur nôtre Histoire, que cela n'est pas veritable.

Pour le faire plus nettement je dois établir deux autres points, qui en feront la principale preuve.

Le premier point est que Bourdeaux fut du Royaume de Charibert : Je le prouve par Gregoire de Tours, qui raconte dans son Histoire, *l.* 4. *ch.* 26. qu'Emerius Evêque de Xaintes fut déposé par Leontius Evêque de Bourdeaux, dans un Concile qu'il tint dans la Ville même de Xaintes avec ses Suffragans. Le sujet de cette déposition fut qu'Emerius n'avoit pas été sacré selon les formes Canoniques, la ceremonie s'étant faite par une jussion du feu Roy Clotaire, sans le consentement du Metropolitain. L'avis de cette déposition, & de l'élection d'Heraclius Prêtre de l'Eglise de Bourdeaux mis en sa place, ayant été donné à Charibert par Heraclius même, ce Prince en fut fort offensé, & dit qu'il s'étonnoit qu'on eût osé déposer sans sa participation un Evêque que le Roy son pere avoit élevé à cette dignité ; & aussi-tost il condamna l'Evêque de Bourdeaux à mille pieces d'or * d'amende, & ses Suffragans à une moindre somme à proportion de leur revenu. Il est manifeste par là que Charibert étoit maître de Bourdeaux & de toutes les Villes dont les Evêques étoient Suffragans de cette Metropolitaine.

mille ass- res.

Le second point est, que Chilperic fut ensuite maître de Bourdeaux, & qu'il l'étoit lorsqu'il se maria à Galsvinde fille d'Athanagilde Roy d'Espagne ; car en l'épousant il lui donna comme en appanage la Ville de Bourdeaux & quelques autres : c'est ce que le même Gregoire de Tours dit expressément au livre 9. de son Histoire *ch.* 20. Voici les conséquences que je tire de ces deux principes pour l'Epoque de la mort de Charibert, & pour le nombre des années de son regne.

Galsvinde fut épousée par Chilperic au plus tard en 567. car Athanagilde pere de cette Princesse, étoit encore vivant lorsqu'elle partit d'Espagne. Gregoire de Tours le dit expressément, aussi-bien que Fortunat (*l.* 6. Carm. 7.) D'ailleurs Athanagilde mourut cette même année 567. comme l'assure Jean de Biclare Auteur Espagnol contemporain. Donc Chilperic étoit maître de Bourdeaux, qu'il donna en dot à Galsvinde en 567. Il n'avoit point conquis Bourdeaux sur Charibert ; cette Ville étoit trop éloignée de son Royaume de Soissons ; & il n'est fait nulle mention de guerre entre ces deux Princes dans l'Histoire. Ce fut donc par le partage de la succession de Charibert, qui se fit entre Chilperic & ses autres freres aprés la mort de ce Roy. Donc Charibert ne passa pas l'an 567. donc il ne regna que six ans.

L. 4. cap. 24. 28. Joan. Bicl. in Chronico.

Une autre preuve de même nature est, que Fortunat semble dire en l'endroit que j'ay cité, que les nôces de Chilperic & de la Princesse Espagnole se firent à Roüen, ainsi que l'a remarqué le Jesuite Broverus dans ses Commentaires sur l'endroit de Fortunat que j'ay cité, & aprés lui le Pere le Cointe de l'Oratoire dans ses Annales Ecclesiastiques de France : or Roüen étoit aussi du Royaume de Charibert, comme la souscription de l'Evêque de cette Ville au II. Concile de Tours tenu par ordre de ce Prince, le démontre. Donc dés l'an 567. Chilperic étoit maître de Roüen, & par conséquent Charibert étoit mort.

Dans l'histoire que Fortunat nous fait du voyage de cette Princesse depuis Tolede par les Pyrenées, par Narbonne, par Poitiers, par Tours, jusqu'à Roüen où se fit le mariage, on ne voit point qu'elle eût séjourné en aucune de ces Villes, ni qu'il lui fût venu aucun ordre de la Cour de Chilperic pour retarder sa marche : & cela supposé, il nous est aisé de déterminer à fort peu près le temps de la mort d'Athanagilde Roy d'Espagne, & le temps de celle de Charibert, qui s'est

CHRONOLOGIE.

marqué dans aucun de nos Historiens.

En donnant trois mois à la Princesse pour ce voyage depuis Tolede jusqu'à Roüen ; car elle marchoit lentement, dit Fortunat, *lento continuante gradu*, étant suivie d'un grand équipage, comme le marque Gregoire de Tours, elle dût partir vers la moitié de Septembre. Athanagilde son pere étoit encore vivant, comme je l'ai prouvé ; il mourut cependant la seconde année de l'Empereur Justin en 567. cette seconde année de Justin finissoit vers la moitié de Novembre : d'où il s'enfuit que ce Prince mourut durant le voyage de sa fille, & par conséquent entre la fin de Septembre & le milieu de Novembre.

Elle arriva à Roüen après la mort de Charibert : ce Prince n'étoit point encore mort au commencement de Novembre, parce que le Concile de Tours assemblé par son ordre, ne fut terminé que le 16. de ce mois là, ainsi qu'on le voit dans les souscriptions du Concile. Supposé donc que cette Princesse fut arrivée à Roüen vers le quinzième de Decembre, trois mois après son départ de Tolede, il faut que Charibert soit mort dans cet espace d'un mois qui est entre le milieu de Novembre & le milieu de Decembre.

Il faut même qu'il soit mort dès le mois de Novembre immédiatement après le Concile : parce qu'il falut du temps pour faire les partages de sa succession entre ses trois freres, & avant que Chilperic fût paisible possesseur de Bourdeaux & de Roüen. Il faut donc dire que ce Prince est mort au plus tard à la fin de Novembre de cette année 567.

Col. 156. D. Je dis que lorsque Sigebert alla combattre les Abares pour la premiere fois, il avoit environ 26. à 27. ans : cela se prouve par Gregoire de Tours & par Paul Diacre. Gregoire de Tours, *l.* 4 *chap.* 46. dit que ce Prince fut assassiné à l'âge de 40. ans, & en la quatorzième année de son regne. Il avoit donc 26. à 27. ans quand il commença à regner. D'ailleurs Paul Diacre au *l.* 2. de son Histoire des Lombards *chap.* 10. dit que les Abares furent déterminez à attaquer la France Germanique par la nouvelle de la mort de Clotaire I. pere de Sigebert : ce fut donc tout au commencement de son regne, & par conséquent à l'âge de 26. ou 27. ans qu'il soûtint cette guerre.

Col. 174. B. Le Pere Petau, le Pere Labbe, Bollandus, & tous les plus habiles Critiques regardent le commencement du regne de Childebert Roy d'Austrasie, comme une Epoque certaine sur laquelle on peut fixer celle de la mort des Rois qui l'ont précédé, & le temps de plusieurs évenemens arrivez sous son regne, aussi-bien que le commencement de quelques autres regnes suivans.

La raison de cette certitude est, que Gregoire de Tours marque par les années du regne de Childebert dont il fut sujet, le temps de plusieurs affaires qui se passerent sous ce regne ; & que d'ailleurs on connoît par les Observations Astronomiques, en quel an de l'Ere commune tombe la premiere année du regne de Childebert. Le Pere Petau, dans la Partie Technique de son *Rationarium temporum*, fait le détail & la preuve de ces Observations Astronomiques, par lesquelles il est démontré que la premiere année du regne de Childebert commença le jour de Noël de l'année 575. de l'Ere chrétienne.

Ayant ce point fixé, & Gregoire de Tours disant que Sigebert est mort la quatorziéme année de son regne, on détermine le temps auquel ce Prince est venu commencé à regner avec ses autres freres, c'est à dire, en l'an 562.

De plus comme Clotaire I. pere de ces quatre Princes, selon le même Gregoire de Tours, avoit regné 51. an, il s'ensuit qu'il succeda au Grand Clovis en l'an 511. qui est l'Epoque que j'ai suivie touchant la mort de Clovis.

Cependant, nonobstant cette certitude, il y a encore un embarras dans nôtre Histoire, sur ce que Gregoire de Tours, & Fredegaire qui l'a abregée, convenant ensemble sur les années de Childebert, ils ne s'accordent pas sur celles des Rois qui regnoient en France en même temps que lui ; lors même qu'ils les ajustent avec la même année de Childebert, je m'explique dans un exemple.

Gregoire de Tours & Fredegaire disent l'un & l'autre, que Chilperic oncle de Childebert fut assassiné la neuvieme année de Childebert, qui est l'an 584. mais Gregoire de Tours dit, que cette année là étoit la 23. du regne de Chilperic & de Gontran ; & Fredegaire dit, que c'étoit la 24. & cette difference se trouve en plusieurs autres endroits, la supputation de Fredegaire precedant presque toûjours d'un an celle de Gregoire de Tours. C'est Bollandus, qui après s'être fait cette difficulté, en a trouvé le premier la solution.

Cette solution consiste en ce que Gregoire de Tours accommodant sans doute sa supputation à l'année Julienne, ne compte point la premiere année des successeurs de Clotaire I. dès le commencement de leur regne. Mais ce qui restoit de l'année Julienne pour achever la deuxieme année de Clotaire, il le met dans la derniere année de ce Prince. Ainsi, par exemple, Clotaire étant mort vers la fin de 561. il ne compte rien de cette année dans le regne de ses enfans ; mais il la regarde toute entiere dans la derniere année de Clotaire, & n'appellera la premiere année de Chilperic, par exemple, que l'année Julienne qui suivit celle de la mort de Clotaire. Au contraire Fredegaire commence à compter la premiere année du regne des enfans de Clotaire depuis la mort de ce Prince. Ainsi ces supputations ne peuvent pas s'accorder toûjours ; & il arrive, par exemple, que quand Gregoire de Tours ne compte encore que la 23. année de Chilperic, Fredegaire compte déja la 24. c'est, ce me semble, la pensée de Bollandus, qui en débroüillant cette obscurité auroit pû s'exprimer lui même un peu plus clairement qu'il n'a fait.

Col. 253. C. A l'occasion de ce que fit Autharis en touchant la main de Theodelinde, je rapporterai le 22. titre de la Loy Salique, qui est conçû en ces termes : *De eo qui mulieri ingenuæ manum strinxerit.* Dans cet article celui qui aura serré la main d'une femme libre, est condamné à l'amende de quinze sols d'or : *Si quis homo ingenuus fœmina ingenuæ manum aut digitum strinxerit, &c. Denariis qui faciunt sol xv. culpabilis judicetur.* Le reste de l'article descend encore en un plus grand détail à cet égard : ce qui montre que si les François ont aujourd'hui plus de politesse qu'alors, ils n'ont pas à beaucoup près tant de reserve, ni tant de modestie.

Col. 300. C. J'ai placé l'élevation de Dagobert sur le Trône d'Austrasie en l'année 622. quoi que dans les editions ordinaires de Fredegaire on la trouve en l'an 38. du regne de Clotaire, qui répond à l'année 611. de l'Ere chrétienne. Mais, comme le remarque le Pere Cointe dans son Histoire Ecclesiastique, c'est une faute du Manuscrit dont s'est servi M. du Chesne dans son Edition ; plusieurs autres Manuscrits de Fredegaire mettent ce commencement du regne de Dagobert en l'année que j'ai marquée ; & plusieurs autres raisons le prouvent, que l'on peut voir rapportées par le Pere le Cointe dans l'endroit que j'ai cité de ses Annales.

Col. 304. E. A l'occasion de la mort de Clotaire II. je pourrois faire quelques observations sur la difference qu'il y a entre la Chronologie de Fredegaire & d'Aimoin : mais cette difficulté a été épuisée par le Pere le Cointe de l'Oratoire dans le second Tome de ses Annales Ecclesiastiques de France sous l'année 628. Il seroit inutile de le repeter ici.

Col. 318. D. Tant d'habiles gens ont traité la question, sçavoir, s'il faut compter les années du regne de Dagobert depuis qu'il fut fait Roy d'Austrasie du vivant de son pere Clotaire II. ou seulement depuis qu'il lui succeda aux Royaumes de Neustrie & de Bourgogne, qu'en vain je le traiterois ici, n'ayant rien de nouveau

CHRONOLOGIE.

à ajoûter à ce qu'en ont dit les Peres Henschenius, le Cointe, Mabillon, & M. de Valois, &c. Je mettrai seulement ici la preuve qui me paroît la plus forte & la plus nette qu'on puisse apporter, pour montrer que Fredegaire compte les années de Dagobert depuis qu'il fut fait Roy d'Austrasie du vivant de son pere. Elle se tire du quatriéme Concile de Tolede, & du 73. Chapitre de Fredegaire. Ce Concile fut tenu l'année 671. de l'Ere Espagnole, qui répond, selon la supputation ordinaire, à l'an de nôtre Seigneur 633. Ce Concile se tint la troisiéme année de Sisenande Roy d'Espagne, au 9. de Decembre, comme il est expressément marqué au même endroit. Il faut donc que Sisenande eût été fait Roy en 630. Or, selon Fredegaire, ce fut la 9. année de Dagobert que Sisenande fut fait Roy d'Espagne par le secours de Dagobert même : cette neuviéme année n'est pas la neuviéme depuis la mort de Clotaire, qui mourut en 628. Donc Fredegaire compte les années du Regne de Dagobert depuis son élévation sur le Trône d'Austrasie, qui fut en 622.

Col. 321. E. La Chronologie de Fredegaire, & ses Memoires finissent en l'an 640. qui est le troisiéme de Clovis Roy de Neustrie & de Bourgogne, & le huitiéme de Sigebert Roy d'Austrasie : de sorte que pour fixer la Chronologie de nôtre Histoire pendant près de quarante ans, nous n'avons guéres que les Actes de quelques Saints qui vivoient alors, & quelques anciennes Chartres, qui ne nous donnent pas autant de lumieres qu'il en faudroit pour faire une suite exacte de Chronologie touchant le Regne de plusieurs Rois.

Col. 325. E. La mort de Clovis II. n'est point arrivée avant l'an 655. ou 656. car la plûpart des plus anciens Historiens qui ont marqué les commencemens de son Regne, les uns le font regner 17. ans, & les autres 18. ans ; & apparemment ces Historiens s'accordent en ce que ceux qui lui donnent dix-huit ans de Regne, comptent le dix-huitiéme qu'il commença, & les autres ne le comptent point. Cela supposé, ayant commencé à regner en 638. il doit être mort en 655. ou 656. Il y a des Auteurs anciens, selon lesquels Sigebert Roy d'Austrasie est mort devant Clovis II. Il y en a selon lesquels il est mort après. Tout est sur cela fort incertain.

Col. 335. A. Le commencement du Regne de Dagobert Roy d'Austrasie, fils de Sigebert dont je viens de parler, est encore plus incertain que la fin du Regne de son pere : il est constant qu'il ne lui succeda pas immediatement après sa mort. Dagobert avoit été relegué en Ecosse ou en Hybernie par Grimoald Maire du Palais, qui vouloit faire regner son fils à sa place : ce Prince ne fut ramené d'Hybernie, que plusieurs années après la mort de son pere ; mais il est très-incertain en quelle année il fut ramené par S. Wilfrid. Le P. Bollandus, M. de Valois, le P. Mabillon, & tous nos plus habiles Critiques ne s'accordent point du tout sur ce sujet entre-eux, ni même toûjours avec eux-mêmes : ainsi je ne vois rien de sûr touchant le nombre des années que ce Prince a regné, non plus que touchant le nombre de celles que Childebert son Predecesseur en Austrasie a gouverné cet Etat : & je ne prétens pas qu'on regarde comme certain ce que j'ay pû dire en passant à cet égard dans mon Histoire : mais pour ce qui est de la fin du regne de ce Dagobert, on a une Époque qui le fixe à fort peu près ; c'est le Concile de Rome tenu en l'an 679. car lorsque S. Wilfrid revint de ce Concile, ce Prince venoit d'être assassiné, comme il paroît par ce que disent les Ecrivains de la Vie de ce Saint. Il faut donc tenir pour certain, que ce Prince mourut l'an 679.

Col. 347. A. Tous nos Historiens ne donnent que quatre ans de regne à Clovis III. mais le Pere Mabillon rapporte une Chartre dattée de la cinquiéme année du regne de ce Prince ; & supposé la verité de cette Chartre, il faut lui en donner plus de quatre.

TABLE

TABLE
POUR L'HISTOIRE DE LA PREMIERE RACE DES ROIS DE FRANCE.

A.

ABares, reste de la nation des Huns, attaquent la France Germanique, & sont défaits par Sigebert, Roy d'Austrasie, 156. Ils attaquent de nouveau ce Prince, le prennent prisonnier & lui donnent la liberté, 162

Abderame entre en France à la tête d'une nombreuse Armée de Sarrasins, 361. Ses conquêtes, 364 Il est taillé en pieces par Charles Martel, ibid.

Agathias, Historien de l'Empire, témoigne que sous la premiere Race de nos Rois, la Couronne de France étoit hereditaire, & que les filles en étoient excluës, 141

Agaune, appellé aujourd'hui saint Maurice sur le Rhône, 65

Alaric, Roy des Visigots, 3. Il est contraint de livrer le General des Romains à Clovis, 5 Sa jalousie contre Clovis, 23. Son accommodement avec Clovis, 30. Il donne malgré lui la bataille à Voüillai, 45. Il y est tué par Clovis, 46

Alboin, Roy des Lombards est sollicité de s'emparer de l'Italie par Narsez, 163

Alboflede, sœur de Clovis se fait baptiser, vit dans le Célibat. Elle meurt, 21

Alethée, son origine, ses intrigues, sa mort, 300

Allemans. Leur païs. Ils passent le Rhin, 16. Ils sont vaincus par Clovis, 17

Amalaric, Roy des Visigots, épouse Clotilde, sœur de Childebert & de Clotaire, il la maltraite pour sa religion, 74. Il est attaqué pour cela par Childebert, 75. Il est défait à la bataille de Narbonne, est tué, Circonstances de sa mort diversement rapportées, 75

Amalasunte, mere d'Athalaric, Regente du Roïaume d'Italie, 70. Elle traite avec Justinien pour se retirer à Constantinople, 89 Elle met Théodat sur le thrône d'Italie, 92. Sa mort, 93

Amalberge, Reine de Turinge, 63

Anastase, Empereur de Constantinople, 3. Il envoie à Clovis les titres & les ornemens d'un Consul & de Patrice, 48. Il fait ligue avec lui contre Theodoric, 49

Anastase Pape écrit à Clovis au sujet du baptême de ce Prince, 21.

Andelau ou Andelot en Champagne, 144

Andelau en Alsace, ibid.

Apollinaire, fils du fameux Evêque Sidoine Apollinaire, est tué à la bataille de Voüillai en combattant pour Alaric, 47

Arboriques, Peuple en deçà du Vahal se soûmettent à Clovis, 31

Aredius, Ministre de Gondebaud Roy de Bourgogne, 33 Il menage la paix entre Gondebaud & Clovis, 37

Armée des François sous leurs premiers Rois composée seulement d'Infanterie, 102. De quelles troupes elles étoient formées sous le regne des fils de Clovis, 197. Leur maniere de camper, 136. Leur arrangement, 140. Leur maniere de faire paître leurs chevaux, 272

Athalaric, Roy des Ostrogots en Italie, 70. Sa mauvaise éducation, 90. Sa mort, 91

Audovere Reine, femme de Chilperic. Son divorce, est releguée dans un Monastere au païs du Maine, 111

Avignon assiegé par Clovis, 37

Avitus, Evêque de Vienne felicite Clovis de sa conversion, 21. Il a une conference avec les Evêques Ariens du Roïaume de Bourgogne, en presence du Roy Gondebaud, avec beaucoup de succés, 35

Aurelien Gaulois fait Gouverneur de Melun par Clovis, 5. Il est envoïé en Ambassade par Clovis à Gondebaud, Roy de Bourgogne, 12. Il le force à donner sa niéce Clotilde en mariage à Clovis, 13

Austrasie, partie de l'Empire François, 60. Elle en est détachée par Pepin dit le Gros ou d'Heristal, 340. Charles Martel y remet un Roy du Sang de Clovis, 355

Austrasiens défaits dans la forêt de Compiègne, 350

Autharis, Roy des Lombards, 149. Son élection, son caractere, ibid. & seq. Il taille en pieces les François envoïés en Italie par Childebert, 252. Il recherche en mariage Theodelinde, fille du Duc de Baviere, ibid. Il meurt, 259

Auvergne, Ville appellée aujourd'hui Clermont, 78

B.

BAsin, Roy de Turingé, fait la guerre à Clovis. Sa cruauté, 10.

Basterne, espéce de chariot, 13

Bataille de Soissons, 4. de Tolbiac, 16. de Lousche, 33. de Clovis contre Gondebaud où celui-ci est défait, 40. de Voüillai, 46. d'Arles, 52. de Veserence, 67. de Narbonne, 75. de Sette, 111. de Limôges, 178. de Melun, 105. de Carcassonne, 239. de Carcassonne, 245. de Troucy près de Soissons, 272. de Latofao, 276. de Dormeille, 280. d'Estampes, 284. de Toul, 289. de Tolbiac, ibid. de Testri, 341. d'Ardennes, 351. de Cambray, 354. Entre Charles Martel & les Sarrasins 364. sur le Danube, 383

Batilde, mere de Clotaire, 111. Ses aventures, sa retraite & sa sainteté, 350

Belier, machine de guerre, son usage, 226

Belisaire enleve la Sicile aux Ostrogots, 95. Il se rend maître de Naples, & puis de Rome, 96. Il est assiegé dans Rome, dont il fait lever le siege, ibid. Il se rend maître de Milan, 99. Il assiege Osme & Fiezoli, 102. Il les prend, 104. Il assiege Ravenne, 105. Il la prend & amene Vitigez à Constantinople, 107

Bertaire Roy de Turinge, vaincu par Thierri fils de Clovis.

Boson, dit aussi Gontran-Boson est des Generaux de Sigebert Roy d'Austrasie, poursuivi par Chilperic, se sauve dans saint Martin de Tours, 174. Il part pour Constantinople, 219. Ses intrigues & les perils qu'il essuïe, ibid. & seq.

Bourgogne. Roïaume de Bourgogne ou d'Orleans, 153. Est conquis par les fils de Clovis, 88

Bourguignons. Ce qu'ils possedoient dans les Gaules à l'arrivée de Clovis, 3. Leur défaite par les François, 35. 40

Branche de Sigebert premier du nom exterminée, 296

Bretagne, Les principales Villes de ce païs soûmises à la France, 198. 199.

Bretons. Le titre de Roy ôté par Clovis au Prince des Bretons, 54. Ils font la guerre à Chilperic petit-fils de Clovis, 179. Et à Gontran Roy de Bourgogne, 268

Brunehaut fille d'Athanagilde Roy des Visigots en Espagne épouse Sigebert, Roy d'Austrasie. Elle étoit Arienne & se fait Catholique, 158 Elle anime Sigebert & le Roy de Bourgogne à venger la mort de la Reine Galsuinde, 161. Elle est prise avec ses enfans, 173. Elle épouse Merovée fils de Chilperic, 176. Suites de ce mariage, ibid. Elle est renvoïée à Metz avec ses deux filles, 177. Suites de ce retour, ibid. & 178. Elle se signale en faveur de Lupus Duc de Champagne, 203. Elle est Regente des Etats de ses petits fils, 277. Elle est louée par le Pape saint Gregoire le Grand, 278. Elle est exilée, 279. Causes & suites de cet exil, ibid. Elle séme la division entre ses deux petits fils, 285. Elle est obligée de fuïr, 293. Sa mort, ibid. Son caractere, 294. Ses vices & ses vertus, 295. 296

Bucelin, General de Theodebert, demeure en Italie après le départ de ce Prince, 104. Il s'empare de plusieurs places dans l'Italie, 122. Il entre en Italie avec une armée de soixante & quinze mille hommes, partie François, partie Allemans, 126. Il défait Fulcaris, un des Generaux de Narsez, 129. Il ranime le reste des Ostrogots, 130. Il escarmouche avec Narsez & prend neuf cens hommes, 133. Il penetre jusqu'au détroit de Sicile, 134. Il renvoïe une partie de ses troupes vers le Pô sous les ordres de Leutharis son frere, 135. Il donne bataille à Narses sur le bord du Casilin, 138. Il est défait & tué, 140

Bulgares massacrés en Baviere. 313

C.

CAgan, Roy des Abares, se jette sur la France Germanique. Ce que c'étoit que ces Abares, 155

Campement des Armées Françoises, 136

Caractere des quatre fils de Clotaire I. 134. 145

Caribert & Gontran sont envoïez avec une armée par Clotaire leur pere contre Cramne, 144. Ils se laissent tromper par un faux bruit de la mort de Clotaire, & se retirent, 145

Caribert, Roy de Paris, L'étenduë de ce Roïaume, 153. Sa mort, 159

Carloman succede à Charles Martel son pere en Austrasie, 380.

TABLE DES MATIERES

Il cede ses Etats à Pepin, & se fait Religieux, 384. &c.
Châlons sur Saône devient la Ville Roïale, & comme la Capitale du Roïaume de Bourgogne, sous le regne de Gontran, 153
Champ de Mars & champ de May, 7
Charles, depuis Duc d'Austrasie, surnommé Martel, fils de Pepin le Gros, est mis en prison, 349. Il se sauve de sa prison, 350. Il défait Chilperic, 11. 353. 354. 356. Il dompte les Saxons, 357. & les Allemans, 358. Il défait Eudes Duc d'Aquitaine au delà de la Loire, 359. Il défait entierement les Sarrasins entre Tours & Poitiers, 364. & les Frisons sur la riviere de Burdion, 367. Il défait les Saxons, 369. Il défait les Sarrasins sur la riviere de Bene proche Narbonne, ibid. Il meurt, 374. Son caractere, ses derniers réglemens, &c. ibid. & seq.
Childebert fils de Clovis avec ses freres défait Sigismond, Roy de Bourgogne, 66. Il se rend maitre de la Ville d'Auvergne, 74. Il l'abandonne, 75. Il défait Amalaric auprès de Narbonne, ibid. Il attaque avec Clotaire, Godemar Roy de Bourgogne, prend Vienne & Autun, 78. Childebert & Clodomir liguez avec Theodebert s'emparent du Roïaume de Bourgogne, 88. Childebert & Theodebert font la guerre à Clotaire, l'assiegent dans son camp, 108 Ils font la paix, 109. Childebert & Clotaire marchent en Espagne contre les Visigots, ravagent le païs. Leurs conquestes. Mauvais succès de cette entreprise, 110. Ils ont leur revanche en Languedoc 111. Childebert cede par force le Roïaume d'Austrasie à Clotaire, 142. Il soûtient la revolte de Cramne, fils de Clotaire, & souleve les Saxons, 144. Il prend connoissance de l'affaire des trois Chapitres, & envoïe pour cela un Seigneur François au Pape Pelage, & lui demande la profession de foy, 147. Il meurt. Son caractere, 149.
Childebert, fils de Brunehaut & de Sigebert, tiré de prison & conduit à Mets, est reconnu Roy d'Austrasie, 174. Il est couronné Roy d'Austrasie, 175. Il entre en Italie, & oblige les Lombards à lui demander la paix, 250. Il fait passer une Armée en Italie, 255. Succès de cette Campagne, ibid. & seq. Il succede à Gontran, Roy de Bourgogne, 270
Childebert III. sur le thrône, meurt, 347
Childeric est fait Roy d'Austrasie, 328. Il est proclamé Roy de Neustrie & de Bourgogne, 331. il est tué avec la Reine Bilichilde auprès de Chelles, 334
Childeric II. ou III. du nom monte sur le Thrône, 379
Chilperic I. s'empare du Roïaume de Paris, est obligé par ses freres de s'en rapporter au sort, & est fait Roy de Soissons, 154. il attaque les Etats de Sigebert, perd Soissons ; est défait par Sigebert dans une bataille, fait la paix, 157. Il épouse Galsuinde fille aînée d'Athanasilde, Roy des Visigots, 159. Chilperic & Fredegonde soupçonnez d'avoir fait étrangler la Reine Galsuinde 161 Chilperic declare la guerre à Sigebert, source de cette guerre, 167. il desole la Champagne, 171. Il est assiegé dans Tournay, 173. Il est délivré par la mort de Sigebert, 173. il est assassiné, 208. Conjectures sur cette mort, ibid. &c. Son portrait, 209. & 210
Chilperic II. élevé sur le thrône, 351. Il est défait par Charles Martel, 353. 354. 356
Clermont appellé autrefois Auvergne, 74
Clodomir, fils de Clovis. Sa naissance & son baptême, 15. il attaque & défait Sigismond, Roy de Bourgogne, 66. Il se fait mourir, 67. Il est tué à la bataille de Veseronce qu'il avoit gagnée, 68
Clodoric, fils de Sigebert, Roy de Cologne, fait perir son pere, 55.
Clotaire, fils de Clovis avec ses freres défait Sigismond, Roy de Bourgogne, 66. Il évite un piege où Thierri, Roy d'Austrasie, son frere vouloit le faire perir, 72. il attaque avec Childebert Godemar Roy de Bourgogne, prend Vienne & Autun, 78. Il poignarde deux de ses neveux fils de Clodomir, 83. Il se ligue avec Thierri contre les Ostrogots, 84. Clotaire & Childebert liguez avec Theodebert s'emparent du Roïaume de Bourgogne, 88. Ils marchent en Espagne contre les Visigots, ravagent le païs. Leurs conquestes. Mauvais succès de cette entreprise, 110. Ils ont leur revanche en Languedoc, 111. Clotaire s'empare du Roïaume d'Austrasie après la mort de Theodebalde, 142. Il dompte les Saxons & les Turingiens qui s'étoient revoltez, ibid. il est obligé de s'accommoder avec les Saxons qui s'étoient de nouveau revoltez, 143. il envoye une armée contre son fils Cramne, 144. Il est seul maitre de l'Empire François, 149. Il gagne la bataille en Bretagne où Cramne & Conobert, Comte de Bretagne, perissent, 151. il meurt à Compiegne. Caractere de ce Prince, 151
Clotaire II fils de Fredegonde, 214. il est baptisé, 170. Il est défait à Dormeille, 280. il possede & regle tout l'Empire François, 295. & seq. Clotaire donne le titre de Roy à son fils aîné Dagobert, 301. il tuë Bertoalde Duc des Saxons, de sa propre main, défait les Saxons, 304 Sa mort, son caractere, ibid. & seq.
Clotaire III. Roy de Neustrie & de Bourgogne, 328. il meurt, 330.
Clotilde fille de Clovis, sœur de Clotaire & de Childebert, épouse Amalaric, Roy des Visigots, & refuse de se faire Arienne, est maltraitée d'Amalaric pour cette raison, 74. Elle meurt à son retour en France, 76
Clotilde épouse Clovis, 14. Elle travaille à la conversion de son mari, 15. Elle se retire à Tours après la mort de Clovis, 64. Elle se laisse tromper par Clotaire & Childebert qui massacrent ses fils, 84. Sa mort, 116
Clovis ayant passé le Rhin marche droit à Soissons, 4. il défait l'Armée Romaine, 5. il se fait livrer par Alaric, Syagrius, & le fait mourir. Pousse ses conquestes jusqu'à la Seine ; fait Aurelien Gouverneur de Melun, 6. il se rend Maitre des Gaules jusqu'à la Loire ; rend à S. Remi un vase de l'Eglise de Reims, 7 il publie la Loy Salique, 8, il se rend maitre de la Turinge, 11. il épouse Clotilde, 14. il défait les Allemans à Tolbiac, 17. il se convertit à l'occasion de cette victoire, est baptisé par S. Remi, 21. il s'accommode avec Alaric, 30. Les Arboriques Peuples en deçà du Vahal se soûmettent à lui, 31. il publie la Loy Ripuaire, 32. il se ligue avec Gondegesile contre Gondebaud, 34. il défait Gondebaud, 35. Il l'assiege dans Avignon, 36. il lui accorde la paix & le fait son tributaire, 37. il se ligue avec Theodoric contre Gondebaud, 40. il défait ce Prince, ibid. il declare la guerre à Alaric, 43. il le défait, & le tuë à la bataille de Voüillai, 48. il fait de grandes conquestes, 47. 48. il reçoit le titre de Consul & de Patrice de la part de l'Empereur Anastase, se ligue avec lui contre Theodoric, 49. il écrit une lettre aux Evêques des Païs qu'il avoit conquis, 50. Son armée est défaite devant Arles, 52. il fait la paix avec Theodoric ; il entre en Bretagne, & en subjugue une partie, 53. il Est le nom de Roy au Prince des Bretons, 54. il fait mourir plusieurs petits Rois ses parens, & se rend maitre de leurs Etats, 55. &c. il fait plusieurs bonnes œuvres, assemble un Concile à Orleans, 57. Les Evêques du Concile lui écrivent, 58. Sa mort, son portrait. Il est enterré à sainte Geneviéve, 58
Clovis, fils de Chilperic, prend Tours & Poitiers, 167. il perd ses conquestes & son armée, 169. il perit par les artifices de Fredegonde, 194. 195.
Clovis II. meurt, 325
Comminge prise par trahison, 227
Comparaison de Clovis & d'Alaric, 42
Concile d'Orleans sous Clovis, 57. Un autre sous le Regne de Childebert, fils de Clovis, dans la même Ville, 109. de Mâcon, 231. & 232. ce qui s'y passa, ibid. de Narbonne, 267. assemblé par Pepin le Gros, 343 Reglemens de ce Concile, ibid. Un autre tenu aux Estines, 379. V. Concile de Paris, 399. Ses reglemens, 399
Conjurations faites dans le Roïaume d'Austrasie, 260. Elles sont découvertes, ibid. & seq.
Conobert, Comte de Bretagne, soûtient la revolte de Cramne, 150. il est tué dans une bataille, 151
Consul. Titre de Consul donné à Clovis par l'Empereur Anastase, 49
Cramne fils de Clotaire se revolte contre lui, est protegé par Childebert, 144. il se revolte de nouveau, & est soûtenu par Conobert, Comte de Bretagne, 150. il est défait, & perit malheureusement, 151

D.

Dagobert épouse Gomatrude à Clichi, 301. il fait la guerre aux Saxons, 305. il se rend du Roïaume florissant, 307. & seq. il répudie Gomatrude, & épouse Nantilde, 308. il mene une vie scandaleuse, ibid il réünit toute la Monarchie Françoise, 309. Il fait son fils Sigebert Roy d'Austrasie, 315. Il se fait reconnoître par les Gascons & par les Bretons, 316. il meurt 318. Son âge & le temps qu'il a regné, ibid.
Dagobert, Roy d'Austrasie, fils de Sigebert. Aventures de ce Prince, 326. il reparoit en France, 335. il est assassiné dans la forêt de Vaivre, 339
Dagobert II. monte sur le thrône, 347. il meurt, 350
Daniel, fils de Childeric succede à Dagobert II. 350. il est appellé Chilperic II. 352
Deas, Château proche de Beziers, aujourd'hui Diou, ou, selon d'autres, Montadié, 84
Decrets ou Capitulaires, 345
Dentelenus ou Dentelenus, où il étoit situé, 280
Deuterie, Maîtresse de Theodebert, 85. Sa cruauté, 88
Dispargum. Place fortifiée de la France Germanique, 4
Dorostat dans la Gueldre, 347
Dormeille dans le Senonois, champ de bataille, 280

E.

Ebroin Maire du Palais de Bourgogne, sa tyrannie, 330. il fair couronner Thierri Roy de Bourgogne & de Neustrie. Il est obligé de se faire Moine à Luxeüil, 331. il sort de son Monastere, 336. il fait élever sur le thrône un jeune enfant qu'il appelle Clovis, 337. Suite de ses intrigues, ibid. il est assassiné, 340
Eglise de sainte Geneviéve autrefois dédiée à saint Pierre & à saint Paul, bâtie par Clovis, 44. de saint Hilaire de Poitiers bâtie par Clovis, 57. de saint Germain des Prez, autrefois saint Vincent, 149
Ermenberge fille du Roy d'Espagne, 187. Son voyage en France ; son retour en Espagne, ibid & seq.
Eudes Duc d'Aquitaine est défait par Charles Martel, 359. Il défait les Sarrasins proche Toulouse, 361. il est défait par Abderame, 362. Suites de cette défaite, ibid. il meurt, 366

DE LA PREMIERE RACE.

F.

France au delà du Rhin. Partie de la France appellée Austrasie, 60. Autre partie appellée Neustrie, 61. Quand le nom de France a été donné à cette partie des Gaules qui le porte aujourd'hui, 61. La France Etat hereditaire & non électif, 59. France ; l'état florissant où elle étoit sous Clotaire II. & Dagobert, I. Sa décadence, 319
Francisque, arme des François, 7
François. Leur armure 103. 140. Leur manière de camper, 136. Leur maniere de ranger leurs armées 140. Troupes dont leurs armées étoient composées, 102. 197. ils font défaits par VVaroc Comte de Bretagne sur la riviere de Vilaine, 197
Fredegonde, maîtresse, & puis femme de Chilperic & Reine, soupçonnée d'avoir fait perir la Reine Galsuinde, 161. Elle procure par artifice le divorce de la Reine Audovere, 160. Elle perd trois enfans qu'elle avoit eu de Chilperic, 193. Elle vient à bout de perdre le Prince Clovis & Audovere, 194. 195. Sa situation après la mort de Chilperic, 210. 211. 212. Elle gagne le Roy de Bourgogne, ibid. Negociations faites à ce sujet, ibid. *&seq.* Elle défait l'Armée de Childebert à Troucy près de Soissons, 171. Elle est en guerre avec Brunehaut, défait l'armée d'Austrasie, 176. Elle meurt, ibid. Son caractère, ibid.
Frise, son étenduë jusqu'à l'embouchûre de l'Escaut, 351

G.

Galsuinde fille d'Athanagilde épouse de Chilperic étoit Arienne & se fait Catholique, 159. Elle est trouvée morte dans son lit, 161
Garnier, Maire du Palais d'Austrasie, veut perdre la Reine Brunehaut, 193. Intrigues des deux côtez, ibid.
Gascons subjuguez, 181. Fausse conjecture sur l'établissement des Gascons, ibid ils sont défaits, 316
Gaules. Ceux qui y regnoient à l'arrivée de Clovis, 3
Gaulois appellez Romains, 4
Gilles, Evêque de Reims, est accusé d'être entré dans une conspiration, 263 On lui fait son procès. On l'accuse & on le convainc de plusieurs crimes, ibid. *& seq.*
Saint Godard, Evêque de Rouën, 13
Godomar, Roy de Bourgogne, frere de Sigismond, reprend ce que les François avoient pris en Bourgogne, 66. il perd une seconde bataille contre Clodomir, où Clodomir est tué 68. il se releve encore de cette perte, ibid. il perd une partie de la Provence, 69. il la retire des mains des Ostrogots, 89. il est dépouillé de ses Etats, se retire en Afrique, 88
Gondebaud & Gondegesile Rois des Bourguignons, quand Clovis entra dans les Gaules, 3. Gondebaud marie malgré lui sa niéce Clotilde à Clovis, 13. il lui fait gagner Gondegesile son frere, & son armée défaite, 35. il est assiégé dans Avignon, & se fait tributaire de Clovis, 37. il surprend Gondegesile dans Vienne, 38. il refuse le tribut à Clovis ; il est de nouveau défait par Clovis, 40
Gondebaud se prétendant fils de Clotaire I. Ses aventures, 218. il est élû Roy de France par quelques Conjurez, 211 Ses aventures, ibid. *&c.* il se saisit de Comminge, & s'y fortifie, 214. il finit misérablement, 117. *&c.*
Gontran & Caribert sont envoyez avec une armée par Clotaire leur pere contre Cramne, 144. ils se laissent tromper par un faux bruit de la mort de Clotaire, & se retirent, 145
Gontran Roy d'Orleans & de Bourgogne quitte le titre de Roy d'Orleans, & prend celui de Roy de Bourgogne, fait Châlons sur Saône la Capitale de son Etat. L'étenduë de son Royaume, 153. il se brouille avec Sigebert, 168, il se ligue avec Chilperic, 169. il se reconcilie avec Childebert Roy d'Austrasie, 196. il le déclare son heritier, 223. il fait la guerre à l'Espagne, 233. Causes de cette guerre, ibid. &c. Suites fâcheuses de la même guerre pour Gontran, 235. *&c.* il fait la paix avec Récarede, 247. il meurt, 270. Son caractère, ibid.
Gregoire Evêque de Tours, sa fermeté & sa droiture, 185
Saint Gregoire le Grand, Parole de ce Pape à l'honneur des Rois François, 277. il envoye des Missionnaires en Angleterre. L'éloge qu'il donne à Brunehaut à cette occasion, 278
Gregoire III. Pape demande du secours à Charles Martel, 370. 371.
Grimoald déthrone Dagobert fils de Sigebert, le relegue en Hibernie, & fait couronner en sa place son fils sous le nom de Childebert, 316
Grimoald usurpateur du Royaume des Lombards défait les François auprès d'Ast, 329
Grippon, fils de Charles Martel, exclus de la succession de son pere, 374. il fait la guerre à Pepin & à Carloman, 378. il est pris & mis en prison, 378. Il sort de prison, 381. il se revolte de nouveau, 386. il se fait proclamer Duc de Baviere, 387. il est repris, 388 Pepin lui donne un appanage, mais Grippon se retire chez le Duc d'Aquitaine, ibid.
Guerre entre les Austrasiens & les Lombards, 247. Causes & suites de cette guerre, ibid. *& seq.*
Guerre excitée en Germanie, 309. Origine & suite de cette guerre, ibid.

H.

Hermanfroy Roy d'une partie de la Turinge se ligue contre son frere Berthaire avec Thierri Roy d'Austrasie, fils aîné de Clovis, 64. il défait Berthaire, trompe Thierri ; il est défait par le Prince, 71. il perit par la trahison de ce Prince 72
Hermegisele, Roy des Varnes, épouse la sœur de Theodebert, 273. il meurt, ibid.
Hermenigilde fils aîné de Leuvigilde Roy d'Espagne se fait Catholique, 207. Son martyre, 233
Herulphe, accusé d'avoir fait mourir Chilperic est assassiné 219
Hunalde Duc d'Aquitaine fils d'Eudes succede à son pere, 366. il se revolte, est dompté, 378. il se ligue avec le Duc de Baviere, 382. il passe la Loire, prend Chartres, & est châtié, 384. il reçoit Grippon, frere de Pepin & de Carloman, 388

I.

Ingoberge femme du Roy Caribert meurt, 266
Ingonde Princesse de France convertit Hermenigilde son mari à la Religion Catholique, 207
Interregne en France, 366. *&seq.*
Judicaël Prince de Bretagne reconnoît Dagobert comme son Roy & son Seigneur, 317
Justinien forme le dessein de reconquerir l'Italie, & fomente les divisions parmi les Ostrogots, 70, il traite avec Amalasunte, 89, 91. il traite en même temps avec Theodat ennemi d'Amalasunte, ibid. il se ligue avec les Rois François contre les Ostrogots, 92, Son caractère, ibid. il traite avec les Rois François, 94. & leur cede la Provence qu'ils tenoient déja, 112. il traite avec les François, 117

L.

Languedoc ou Septimanie appellée autrefois Espagne, 75
Lantilde sœur de Clovis Arienne, se fait Catholique, 21
Latofao champ de bataille, lieu aujourd'hui inconnu, 176
Leger Evêque d'Autun est élû principal Ministre de Childeric, 332. Ses disgraces, 333. 334. 338
Leon Isaurien Empereur d'Orient, auteur de l'heresie des Iconoclastes donne lieu aux Papes d'avoir recours à la France.
Lettre de Pape Anastase à Clovis, ibid. D'Avitus, Evêque de Vienne à Clovis, 22. De Theodoric à divers Princes pour une ligue contre Clovis, 29. Du même à Clovis, 30. Du Concile d'Orleans à Clovis, 58. De Belisaire à Theodebert, 99. Du Pape Pelage à Childebert fils de Clovis, 147. De Gregoire III. Pape à Charles Martel, 372. De saint Gregoire aux Rois & aux Reines de France, 277
Leudaste Gouverneur de Tours veut perdre Fredegonde, 189
Leutharis frere de Bucelin, laissé auprès de Pesaro par deux Lieutenans de Narsez, 135. Son armée est détruite par les maladies; lui-même en meurt, ibid.
Lombards. Ils entrent en Italie, & s'en rendent maîtres, 163. ils fondent dans le Royaume de Bourgogne, 164. Ils sont taillés en pieces par les François, 249
Loy des Visigots 6. Salique, 8. Son auteur, ibid. Elle est revûe par Childebert fils de Clovis, 109. Loy Ripuaire, 32

M.

Machines dont les François se servoient dans les sieges, 126
Maclou Comte de Bretagne est défait & tué, 196
Maires du Palais, Ce que c'étoit, leur autorité, 310. ils s'emparent du gouvernement sous Clovis II, & Sigebert II. Roy d'Austrasie, 315
Saint Melaine Evêque de Rennes, 23
Meroliac, place forte en Auvergne, dite aujourd'hui Olliergue, 79
Merovée fils de Chilperic est envoyé en Poitou par son pere avec une armée, 169. il devient amoureux de Brunehaut, & l'épouse malgré son pere, 175. il est surpris à Rouën par Chilperic, 177. il se refugie dans saint Martin de Tours, 179. il se sauve en Austrasie, 183. il est trahi par les habitans de Teroüane, & est assassiné, 188
Metz. Royaume de Metz ou d'Austrasie, 87
Milan assiegé par les Ostrogots & les Bourguignons, 99
Mummol grand Capitaine François rétablit les affaires de Bourgogne, 164. il défait les Lombards, 165. il passe au service de Sigebert, & se sert utilement contre Chilperic, 168. il défait l'armée de Chilperic commandée par le General Didier près de Limoges, 173. il est tué, 228
Montmartre, appellé autrefois *Mons Martis*, *Mons Mercurii*, 306

N.

Narsez commande en Italie les troupes de l'Empereur, 110 il se brouille avec les François, 111. il défait Tejas, 114. il défait Totila, 115, il défait l'armée des François sur le bord du Casilin, 140. il se rend maître de toutes les places que les

TABLE DES MATIERES

François possedoient dans le pays des Venitiens & dans la Ligurie, 141
Negociations de Clovis avec Gondebaud Roy des Bourguignons pour son mariage avec Clotilde, 12. Avec Theodoric Roy d'Italie, 27. De Theodoric avec Alaric Roy des Visigots, Gondebaud Roy de Bourgogne, le Roy de Turinge, le Roy des Varnes & Clovis, 29. De Clovis avec les Atboriques, 31. Du même avec Gondegesile, frere de Gondebaud, 34. Du même avec Gondebaud, 37. De Theodoric avec Clovis contre Gondebaud, 39. De l'Empereur Anastase avec Clovis contre Theodoric, 41. De Clovis avec les Bretons, 53. Du même avec Clodoric fils de Sigebert Roy de Cologne, 55. De Hermanfroy Roy de Turinge avec Thierri fils de Clovis, 64. D'Amalasunte Regente du Royaume d'Italie avec l'Empereur Justinien, 89. De Justinien avec les Rois François, 94. De Theodat Roy des Ostrogots avec les Rois François, 95. De Vitiges Roy des Ostrogots avec les Rois François, 97, 101. De Belisaire avec Vitiges, 108. De Justinien avec les Rois François pour la cession de la Provence, 113. De Theodebert avec les Gepides, les Lombards, &c. contre Justinien, 114. Des Ostrogots avec Theodebalde, 115. De Justinien avec Theodebalde fils de Theodebert, 117. De Theodebalde avec Justinien à Constantinople touchant les trois Chapitres, ibid. De Childebert avec le Pape Pelage, 147. De Sigebert avec Athanagilde Roy des Visigots en Espagne, pour épouser Brunehaut fille de ce Prince, 158. De Chilperic avec le même pour épouser Galsuinde son autre fille, ibid. De Narses avec les Lombards pour les appeller en Italie, 163. De Childebert Roy d'Austrasie avec Chilperic contre Gontran Roy de Bourgogne, 200. De Chilperic avec Leuvigilde Roy des Visigots en Espagne, pour le mariage de Rigunte sa fille avec Recarede fils cadet de Leuvigilde, 206. De Fredegonde avec Gontran Roy de Bourgogne, 211. De Childebert avec Gontran, 223. De Leuvigilde Roy des Visigots d'Espagne avec Fredegonde, 234. De Recarede Roy des Visigots d'Espagne avec Gontran & Childebert, 239. De Childebert avec Gontran, 241. De l'Empereur Maurice avec Childebert Roy d'Austrasie, 250. D'Autharis Roy des Lombards avec Garibalde, Duc de Baviere, contre la France, 251. Du même avec Gontran, 258. De Fredegonde avec Varoc Comte de Bretagne, 267. De Brunehaut avec le Pape S. Gregoire le Grand, 277. De Theodebert Roy d'Austrasie avec l'Empereur Maurice, 280. Du même avec Berotic Roy d'Espagne, 287. De Dagobert avec l'Empereur Heraclius, 309. Du même avec Samon Roy des Esclavons, 311. Du même avec Judicaël Prince des Bretons, 317. De Chilperic II. avec Eudes Duc d'Aquitaine contre Charles Martel, 356. De Gregoire II. & de Gregoire III. avec Charles Martel, 371
Neustrie partie de l'Empire François, 61
Nogent aujourd'hui saint Cloud, 200

O.

Odilon Duc de Baviere est défait par Pepin & par Carloman sur le Danube, 383
Ouoacre Roy d'Italie, 3. il est vaincu & tué par Theodoric, 25
Orleans. Concile d'Orleans, 57. Royaume d'Orleans ou de Bourgogne, 153
Outre Château en Auvergne dit aujourd'hui Volore, 79

P.

Paix entre Gontran & Sigebert, 166
Papes. Commencement de leur Souveraineté temporelle, 370. Cause de cette Souveraineté, ibid. & seq.
Paris est fait la Capitale de l'Empire François par Clovis, 50. il est partagé en trois, & soûmis à trois Rois en même temps, 161
Partage des Gaules conquises entre les François & les Gaulois, 6. Du Royaume de Clovis entre ses quatre fils, 59. &c. Du Royaume de Clotaire I. entre ses quatre fils, 153. Fait entre Theodebert & Thierri fils de Childebert Roy d'Austrasie, 275. Fait entre Dagobert & Aribert son frere, 307
Patrice, titre de Pattice donné à Clovis par l'Empereur Anastase, 49. Et aux Gouverneurs de Bourgogne & de Provence, 166
Pelage Pape écrit à Childebert sur l'affaire des trois Chapitres, 147. il lui envoye sa profession de foy, ibid.
Pepin le vieux, Maire du Palais d'Austrasie meurt, 321. il est honoré comme un Saint, 322
Pepin le Gros, autrement appellé Pepin d'Heristal, se rend maître de l'Austrasie, 340. il défait Thierri à Testri entré saint Quentin & Peronne, sur la riviere de Daumignon, 342. Suites de cette défaite, ibid. il se rend maître de Paris & du Roy Thierri, & gouverne absolument, 343. il regle l'Etat & fait des conquêtes, 344. 347. il défait le Duc de Frise auprès de Dorostat dans la Gueldre, 347. il défait les Allemans, ibid. il meurt, 348. Son caractere, ibid.
Pepin le Bref, ou le jeune succede à Charles Martel son pere en Neustrie & en Bourgogne, 376. il éleve sur le Thrône Childeric II. ou III. du nom, 379
Pertarite fils d'Aribert Roy des Lombards évite la mort, 319

Le stratagême dont il se servit pour cela, ibid. il est rétabli sur le Thrône, 320
Praetextat Evêque de Roüen marie Merovée fils de Chilperic avec Brunehaut à l'insçû de son pere, 176. il est accusé de plusieurs crimes, 183. & 184. il est rétabli dans son Evêché, 117. il est poignardé dans son Eglise, 259. Suites de cet assasinat, ibid. & seq.
Procope dans son Histoire de la guerre des Gots parle autrement de la mort d'Amalasunte, que dans son Histoire secrete, 93
Protade est fait Maire du Palais, 285. Ses intrigues avec la Reine Brunehaut, ibid. &c.

R.

Sainte Radegonde niece d'Hermanfroy Roy de Turinge, charme par sa beauté Clotaire qui l'épousa depuis, 73. Elle meurt à Poitiers, 167
Radiger épouse sa belle-mere sœur de Theodebert, 274. Suites de ce mariage fâcheuses pour lui, ibid.
Radulphe, Duc de Turinge, se révolte contre Sigebert Roy d'Austrasie, 322. il défait une partie des troupes de Sigebert, 324. il fait la paix en vainqueur & se maintient dans son Gouvernement, 325
Ranacaire parent de Clovis, 4. Il se fait Roy de Cambray, 21. il est tué par Clovis, 56
Recarede succede à Leuvigilde Roy d'Espagne, 237. il abjure l'Arianisme, 238 il demande la Princesse Clodosinde en mariage, 240
Saint Remi Evêque de Reims est bien reçû de Clovis, 6. Son éloge, ibid. il baptise Clovis, 21
Rigunthe, fille de Chilperic, son mariage conclu avec Recarede fils cadet de Leuvigilde Roy d'Espagne, 206
Ripuaires, La Loy Ripuaire, 32
Roderic ou Rodrigue Roy d'Espagne est défait par le Comte Julien, 361. Cause & suite de cette guerre, ibid. &c.
Romains. Ce qu'ils possedoient dans les Gaules quand Clovis y passa, 2
Rosimonde fait poignarder Alboin son mari, 148. Elle empoisonne son second mari, & est elle même empoisonnée avec lui, ibid.

S.

Samon marchand est élû Roy des Esclavons, 310. Ses aventures, ibid.
Sarrasins d'Afrique. Occasion de leur passage & de leur établissement en Espagne, 360. Comme ils furent introduits en France, 362. ils y sont défaits par Charles Martel dans une sanglante bataille, 363
Saxe. L'ancienne Saxe comprenoit la Vestphalie, 197
Saxons de Bayeux Leur origine, 197
Sette, Ville de Languedoc située sur le Cap de même nom, 111
Siege d'Avignon par Clovis, 36. De Vienne par Gondebaud, 37. De Toulouze par Clovis, 48. D'Arles par les François, 99. De Meriolac, 79. De Milan, 99. De Satragesse, 110. De Narbonne, 363
Sigebert Roy de Cologne, 4. il est blessé à la bataille de Tolbiac, 16. il est assassiné par son fils Clodoric, 55
Sigebert Roy de Metz & d'Austrasie, étendue de cet Etat, 154. il défait le Roy des Abares, 76. il prend Soissons, 157. il épouse Brunehaut, fille d'Athanagilde Roy des Visigots en Espagne, 158. il est obligé de soûtenir la guerre contre le Roy des Abares, Il est pris lui-même. Caractère de ce Prince, 162. il s'accomode avec Chilperic, & fait lapider des soldats Germaniques, 170. il est assassiné par l'ordre de Fredegonde, 173
Sigebert II. meurt, 325
Sigismond Roy de Bourgogne fils de Gondebaud, fait étrangler son fils Sigeric, fait penitence de ce crime, 65. il est défait par les Rois François ; il est livré à Clodomir, 66. il est precipité dans un puits avec sa femme & ses enfans. Il est mis au nombre des Saints, 67
Soissons. Premiere conquête de Clovis, 5
Syagrius Gouverneur des Gaules, 3. Défait par Clovis, 5. Se retire chez Alaric, ibid. Livré à Clovis, ibid.

T.

Tejas est élû Roy par les Ostrogots, 123 il est tué, 124.
Testri entre Peronne & saint Quentin champ de bataille, 341
Teudelanes, nom de femme, & que nos Historiens modernes ont pris pour un Duc, 298
Thassillon Duc de Baviere, 388
Theodat Roy des Ostrogots traite avec Justinien ; 91. Fait mourir Amalasunte, 93. il est assasiné, 96
Theodebalde fils de Theodebert monte sur le Thrône d'Austrasie, 116. il envoye des Ambassadeurs à Constantinople, 117. il les charge de prendre en main les interests du Pape Vigile dans l'affaire des trois Chapitres, 119. il meurt, 141
Theodebert fils de Thierri & petit-fils de Clovis, défait les Danois, 63. il prend plusieurs places sur les Ostrogots, 84. Son mariage scandaleux, 85. il assiege Arles & en tire une rançon, ibid.

DE LA PREMIERE RACE.

ibid. il est fait Roy de Metz ou d'Austrasie après la mort de son pere, 87. il conquête la Bourgogne avec ses oncles, & défait Godemar, 88. il declare la guerre à Theodat, 95. il envoye dix mille Bourguignons aux Ostrogots pour le siege de Milan, 99. il entre en Italie avec cent mille hommes, 101. il met en deroute les Ostrogots & puis les Romains, 103. il rentre en France, 104 il se ligue avec Childebert contre Clotaire, l'assiege dans son camp, 108. il fait la paix, 109. il traite avec Totila, 114. il projette d'aller attaquer Justinien à Constantinople, *ibid.* Sa mort & son caractère, 115

Theodebert, fils de Chilperic s'est pris dans Soissons, 157. il taille en pieces l'armée de Sigebert Roy d'Austrasie auprès de Poitiers, 169. il est tué en combattant vaillamment, 171. Suites de cette mort, *ibid.*

Theodebert II. Roy d'Austrasie subjugue les Gascons, 281. il est défait par Thierri son frere auprès de Toul, 289. il est fait prisonnier, 290. il est massacré, *ibid.*

Theodoric Roy des Ostrogots, 3. Ses aventures, 23. Sa politique, 26 il empêche la guerre entre Clovis & Alaric, 30. Il se ligue avec Clovis contre Gondebaud, 40. Sa conduite peu sincere avec Clovis, 41. Son armée défait les François devant Arles, 52. il fait la paix avec Clovis, declare la guerre à Thierri fils de Clovis, 62. La paix se fait ; il s'empare d'une partie de la Provence, 69. il meurt, 70

Theudis Capitaine Ostrogot se rend maître de son Gouvernement d'Espagne malgré Theodoric, qui est obligé de dissimuler, 62. il est élû Roy des Visigots, est auteur de la mort d'Amalaric, est assassiné lui même, *ibid.*

Thierri fils aîné de Clovis fait de grandes conquêtes, 47. il se ligue avec Hermanfroy Roy d'une partie de la Turinge contre Berthaire frere d'Hermanfroy, 64. il remporte la victoire sur Berthaire ; il est trompé par Hermanfroy, *ibid.* il trahit son frere Clodomir, 68. il défait Hermanfroy, 71. ilse fait perir après s'être rendu maître de la Turinge, 72. il attente sur la vie de Clotaire son frere, *ibid.* il assiege la Ville d'Auvergne, 78. il lui pardonne, prend diverses places dans le pays, 79. 80. il assiege Munderic qui s'étoit revolté contre lui, *ibid.* il le fait assassiner, 81. il se ligue avec Clotaire contre les Ostrogots, 84. il meurt. Son caractère, 86

Thierri Roy de Bourgogne subjugue les Gascons, 281. il se brouille avec Theodebert Roy d'Austrasie, 288. Causes & suites de cette mesintelligence, *ibid.* il défait Theodebert près de Toul, & ensuite à Tolbiac, 289. il fait prisonnier Theodebert, *ibid.* il meurt, 290

Thierri, frere de Childeric, est couronné Roy d'Austrasie & de Bourgogne. Il est arrêté, 331. il monte sur le Thrône, 337. il meurt, & Clovis III. lui succede ; & Childebert peu après succede à Clovis, 346

Thierri de Chelles est declaré Roy de France, 358. il meurt, 366

Tolbiac, aujourd'hui Zulpic, au Duché de Juliers, 16. 189

Totila nouveau Roy des Ostrogots rétablit leurs affaires, & se rend maître de Rome, 111. il est défait & tué, 115

Tours & Poitiers soûmis au Roy de Bourgogne, 215

Traité de Nogent, 208. D'Andelau conclu entre Gontran & Childebert, 241. Articles de ce traité, *ibid. & seq.*

Troucy dans le Soissonnois, 272

Troupes dont étoient composées les armées Françoises, 102. 197

Tulus & Hibba, Generaux de Theodoric, défont les François devant Arles. Tulus y est blessé, 52. il s'empare d'une partie de la Provence sur les Bourguignons, 69

V.

Varnes, Peuple situé à l'embouchure du Rhin, 273. ils sont défaits par les Anglois, 275

Vast. Saint Vast instruit Clovis dans la Religion Chrétienne, 38

Veseronce, 67

Vestphalie comprise dans l'ancienne Saxe, 15

Ugerne sur le Rhône. Quelques-uns croyent que c'est Beaucaire, 137

Vienne sur le Rhône Capitale de Bourgogne, 33

Visigots. Ce qu'ils possedoient dans les Gaules à l'arrivée de Clovis, 3. ils sont défaits par les François en Poitou, 46. ils sont défaits à Setre, 111. à Narbonne, 75. ils défont les François, 310

Vitigez mis sur le Thrône des Ostrogots, 96. il cede la Provence aux Rois François, 97. & puis les Alpes Rhetiques, 98. il assiege Rome & leve le siege, *ibid.* il assiege Milan & le prend, 101. il se rend à Belisaire, 107

Vitri en Auvergne, 81. Ce nom se trouve dans d'anciens Cartulaires de Brioude: *Victuriacum in Vicaria Brivatensi.*

Voüillai, 46

Z.

Zenon Empereur de Constantinople, 3

TABLE

DE QUELQUES USAGES ET Coûtumes sous la premiere Race.

Coûtume de tirer un présage des paroles qu'on entendoit chanter à l'Eglise en y entrant avant les grandes expeditions, 45

Vengeance assez ordinaire parmi les François, de jetter leurs ennemis dans un puis, 67

Presens de bassins d'argent & d'or à la mode entre les Princes, 73

Magnificence dans les calices, les patènes, les Missels, ou livres d'Evangile, 76

Couper les cheveux à un fils de Roy de France, c'étoit le declarer déchû de la succession à la Couronne, 83

Armées des François sous les premiers Rois presque toutes composées d'Infanterie, 102

Armûre des François, 103. 140. Leur maniere de camper, 136. Leur maniere de ranger leurs troupes, 140

Quelques restes de Paganisme parmi les François sous le Regne de Theodebert petit-fils de Clovis, 109

Les fils des Rois appellez Rois, 110

Morganegiba, espece de dot que le mari donnoit à sa femme le matin d'après les nôces, 159

Villes possedées à moitié par les Rois de la premiere Race, 161

Lapidation. Supplice des Soldats mutins, 170

Azyle des Eglises, 175

Armées de France sous les fils de Clovis, De quelles troupes elles étoient composées, 197

En quoi consistoient les revenus des Rois de France au temps de la premiere Race, 198

Coûtume de ces temps-là, & qui dura long-temps en France, de n'envoyer pas un seul Ambassadeur, mais plusieurs qui formoient une espece de Conseil, 200

Maniere dont les François faisoient paître leurs chevaux dans les armées, 272

Coûtume de mener à l'armée les jeunes Rois dès leur plus tendre enfance, 283. 284

Parlemens, Dietes ou Etats tenus dans les Maisons Royales des Rois de la premiere Race, 305

TABLE
POUR L'HISTOIRE DE LA SECONDE RACE DES ROIS DE FRANCE.

A.

Aron Razid Roy de Perse fait donation à Charlemagne des saints lieux de la Palestine, 508
Abares défaits en trois batailles par les Generaux de Charlemagne, 468. ils sont subjuguez par Charlemagne, 476. ils sont exterminez par ce Prince, 496
Adalgise fils de Didier Roy des Lombards se retire à Constantinople, & engage l'Empereur dans son parti, 448. il fait de nouvelles intrigues en Italie contre Charlemagne, 468 il est défait par son neveu fils de Charlemagne, & abandonne le dessein de remonter sur le Thrône des Lombards, 471
Adelard Ministre de Loüis le Debonnaire, 581
Adelstan Roy d'Angleterre ménage les interêts de Loüis d'Outremer son neveu fils de Charles le Simple, & le renvoye en France où il est reconnu Roy, 922
Agobard Archevêque de Lyon prend le parti des Princes revoltez contre l'Empereur Loüis le Debonnaire leur pere, 603. il écrit contre l'Empereur, 628. il est déposé, 638
Aragise Duc de Benevent traite avec l'Imperatrice Irene & Adalgise fils de Didier, pour se soulever contre Charlemagne, 467
Arnoul fils naturel de Carloman Roy de Baviere est mis sur le Thrône en Germanie à la place de Charles le Gros, 817. il force les retranchemens des Normands sur la riviere de Dyle & les taille en pieces, 868. il est fait Empereur, 877. il meurt, 891
Artaud établi dans l'Archevêché de Reims par le Roy Rodolphe, 928. il est chassé de cet Archevêché sous Loüis d'Outremer par les rebelles, 930. il est rétabli, 957. il est confirmé par un Concile, 965
Astolphe Roy des Lombards oblige le Pape Estienne III. de sortir d'Italie, & de se retirer en France, 400. il se prepare à la guerre, 401. il est défait par les François au Pas de Suze, 403 Paix faite entre lui & Pepin, 404. il meurt, 407. Suites de sa mort, ibid. & seq.

B.

Bataille de Fontenay en Auxerrois gagnée par Charles le Chauve & Loüis de Baviere sur l'Empereur Lothaire, 660
Benevent. Ducs de Benevent, tributaires de l'Empire François. Plusieurs Ducs en peu de temps se succedent les uns aux autres, 680
Bernard, fils de Pepin, est fait Roy d'Italie, 549. il se revolte contre Loüis le Debonnaire, & se livre à la misericorde de ce Prince. On lui creve les yeux, & il en meurt, 570 571
Bernard Duc de Languedoc & Gouverneur de Barcelone est rappellé par Loüis le Debonnaire, s'attache aux interêts de Judith, 601. il est renvoyé à Barcelone, 605. il est rappellé à la Cour, 613. il prend des liaisons avec Pepin Roy d'Aquitaine contre l'Empereur, ibid. il est dépoüillé de ses Gouvernemens, 615. il soûtient le jeune Pepin contre Charles le Chauve, 653. il traite à Bourges avec Charles. Il s'évade sur le point d'être surpris, ibid. il se laisse prendre & à la tête tranchée, 676
Boson frere de l'Imperatrice Richilde commande en Italie avec la qualité de Duc après le départ de Charles le Chauve, 791. il est fait Gouverneur de Vienne, 807. il épouse Hermangarde fille de l'Empereur Loüis II. 808 il est élû Roy de Provence, 825. Etenduë de ce Royaume, 826. il meurt, 858
urges & plusieurs autres places prises par Pepin, 413

C.

Carloman & Charlemagne succedent à Pepin leur pere, 426.
Carloman meurt, 430
Carloman fils de Loüis Roy de Baviere & de Germanie se revolte contre son pere, 731. il est obligé de demander sa grace, 733. il est envoyé en Italie contre Charles le Chauve, & se laisse tromper par ce Prince, 794. il succede à son pere au Royaume de Baviere, 801. il meurt, 827. Son caractere, ibid.
Carloman fils de Charles le Chauve destiné à l'Eglise, & fait Diacre, se revolte, 777. il implore la protection du Pape, 778. il est reçû en grace par son pere, 781. S'étant revolté de nouveau, il est condamné à avoir les yeux crevez & à une prison perpetuelle. Il se sauve tout aveugle qu'il étoit chez son oncle Roy de Germanie, & meurt à Esternac, 789
Carloman, fils de Loüis le Begue, succede à la Couronne de France avec Loüis III. son frere, 822. il a pour son partage l'Aquitaine & la Bourgogne. On l'appelle Roy d'Aquitaine, 824. il prend Mâcon sur le nouveau Roy de Provence, assiege Vienne, 830. il la prend, 833. il défait les Normans, 837. il meurt, 838
Charlemagne & Carloman succedent à Pepin leur pere, 426
Charlemagne défait Hunalde Duc d'Aquitaine, & le met en prison, 417. il repudie sa femme pour épouser la fille de Didier Roy des Lombards, 429. il s'empare du Royaume de son frere, 430. il dompte les Saxons, détruit Eresbourg, & le temple d'Irminsul, il pardonne aux Saxons, 433. il repudie la fille du Roy des Lombards & épouse Hildegarde, 437. il assiege Didier dans Pavie, 442. il fait une nouvelle donation au saint Siege de l'Exarcat de Ravennes, &c. 444. il prend Didier prisonnier, 445. il s'intitule Roy des Lombards ; il dissipe la conjuration des Lombards en faveur d'Adalgise, 449. il châtie les Saxons, 450. il reçoit l'hommage de l'Emire Ibanalarabi, pour ce que cet Emire possedoit au delà des Pyrenées, & pousse ses conquêtes en Espagne jusqu'à l'Ebre, 451. 452. Son arrieregarde est défaite par les Gascons à Roncevaux, 453. il châtie les Saxons, 456. il leur laisse des Missionnaires pour les instruire dans la Religion Chrétienne, 457. il fait un nouveau voyage à Rome, fait Pepin son fils Roy d'Italie, & Loüis son autre fils Roy d'Aquitaine, ausquels le Pape donne l'Onction Royale, 458. il traite avec l'Imperatrice Irene tutrice de l'Empereur Constantin, 459. il fait un voyage en Saxe, 461. Deux de ses Generaux sont défaits par les Saxons, 462. il fait couper la tête à quatre mille Saxons, 463. il défait les Saxons en trois batailles, ibid. il gagne Vitikinde qui se fait Chrétien, 464. il domte les Bretons, & fait un nouveau voyage au delà des Alpes, 465. il s'assure de Thassillon Duc de Baviere, le dépoüille de ses Etats, & le confine dans un Monastere, 467. Ses Generaux défont les Abares en trois batailles, 468. il découvre une grande conspiration en Italie, 469. il donne le Duché de Benevent à Grimoald fils d'Aragise, 470. Ses troupes remportent une grande victoire sur les Grecs & sur Adalgise en Italie, 471. il fait fleurir les Lettres en France, & établit une Academie dont il étoit lui-même, 473. il pousse ses conquêtes jusqu'à la mer Baltique, 474. il ravage le pays des Abares dans la Pannonie, 476. Pepin son fils aîné conspire contre lui. Il le fait arrêter, & le renferme dans un Monastere, 478. 479. il entreprend la jonction du Pont-Euxin avec l'Ocean, 480. il assemble le Concile de Francfort contre les erreurs de Felix Evêque d'Urgel, & d'Elipande Evêque de Tolede, & au sujet des controverses sur les Images des Saints, 481. &c. il châtie les Saxons, & en transporte plusieurs Colonies en diverses parties de son Empire, 490. 491. 526. Sa douleur pour la mort du Pape Hadrien I. 494. il reçoit des Lettres de Leon III. successeur d'Hadrien, & y répond, ibid. il extermine la nation des Abares, 496. il châtie les Saxons, 499. il apprend la revolution arrivée à Constantinople, où Irene, apres avoir fait perir son fils Constantin, s'empare de l'Empire, 502. &c. il reçoit les Ambassadeurs d'Irene, qui lui propose de se marier avec elle, 504. il reçoit des presens d'Aaron Razid Roy de Perse, qui lui fait une donation des saints lieux de la Palestine, 508. il va à Rome, châtie Grimoald Duc de Benevent, se fait rendre compte d'une conspiration qui avoit été tramée contre le Pape Leon III. Il condamne les coupables, pour lesquels le Pape lui demande grace, 509. & seq. il est salué Empereur par le Pape, 511. il apprend les heureux succès de son fils Loüis Roy d'Aquitaine contre les Sarrasins d'Espagne, 514. 533. 536. il reçoit les Ambassadeurs du Roy de Perse qui furent charmez de la magnificence de sa Cour, 516. il écoute la proposition de l'Imperatrice Irene touchant son mariage avec elle, 519. Mais la chose fut sans effet, Irene ayant été renversée du Thrône, 523. il donne audience aux Ambassadeurs de l'Empereur Nicephore qui avoit déthrôné Irene, 524. il fait son testament & partage de ses Etats entre ses fils dans une Diete, 529. il reçoit une nouvelle Ambassade & des presens d'Aaron Roy de Perse, 535.

DE LA SECONDE RACE.

il rétablit sur le Thrône Eadulfe Roy de Northumberland, 539. il consulte le Pape touchant l'addition du mot *Filioque* au Symbole de Nicée, 541. il soûtient diverses guerres, 543. il trouve un ennemi dangereux dans Godefroy Roy de Dannemarc, mais la mort de Godefroy le tire d'inquietude, 546. il perd deux de ses fils Pepin & Charles, 547. 549. il fait reconnoître Bernard fils de Pepin pour Roy d'Italie, *ibid*, il associe à l'Empire son fils Loüis Roy d'Aquitaine 551. il meurt, 553. Son caractere. *ibid*.

Charles fils de Charlemagne meurt, 549

Charles, surnommé depuis le Chauve, fils de Loüis le Debonnaire & de Judith, naît l'an 823, est reçû en partage avec ses autres freres, 601. il est fait Roy d'Aquitaine, 617. Après la déposition de Loüis le Debonnaire, il est enfermé dans un Monastere, 624, On le rend à son pere, 633. il est fait Roy de Neustrie, 640. Et puis Roy d'Aquitaine, 643. il est troublé dans la possession d'Aquitaine par le jeune Pepin son neveu, fils de son frere Pepin, 649. il negocie avec Lothaire, 550. il dissipe les troupes de Pepin en Aquitaine, mais il perd une grande partie de la Neustrie, 651. Les Bretons se soûlevent contre lui, 652. il fait une paix très-desavantageuse avec Lothaire, *ibid*. Elle est aussi tôt rompuë, 653. il traite inutilement avec Bernard Duc de Languedoc, qui soûtenoit le jeune Pepin, *ibid*. il regagne Nomenoy Duc de Bretagne, *ibid*. il passe la Seine avec une armée malgré les precautions de Lothaire, 655. il convient d'une conférence à Attigny avec Lothaire, 656. il se ligue avec Loüis de Baviere, 657. il joint son armée à celle de Loüis de Baviere, 658. il negocie avec Lothaire du consentement de Loüis de Baviere, *ibid*. il gagne la bataille de Fontenay sur Lothaire, 660. il fait des propositions de paix à Lothaire sans effet, 664. il perd Laon & le reprend aussi tôt, 665. il facilite le passage du Rhin à Loüis de Baviere, 666. il le joint à Strasbourg, 667. il s'engage de nouveau & authentiquement à demeurer uni avec lui contre Lothaire, 668. il met Lothaire en fuite, 669. il s'empare d'une partie de son Etat, 671. il accorde une treve à Lothaire, *ibid*. il poussé vivement Pepin en Aquitaine, 673. il prolonge la treve avec Lothaire, & épouse Ermentrude, fille du Duc Adelard, 674. il fait la paix avec Lothaire, 675. il fait couper la tête à Bernard Duc de Languedoc, 676. il assiege Toulouse que Guillaume fils de Bernard avoit fait revolter. Son armée est défaite par Pepin & leve le siege, *ibid*. il se delivre des Normans par une somme d'argent, 682. il est contraint de ceder à Pepin la plus grande partie de l'Aquitaine, 683. il attaque Nomenoy Duc de Bretagne, se laisse surprendre & est défait, 684. oblige Nomenoy à lui demander la paix, *ibid*. il est fort embarassé à accommoder la Noblesse avec les Evêques, 685. il accorde la paix aux Sarrasins d'Espagne, 688. il va secourir Pepin à Bourdeaux contre les Normans, & les bat, *ibid*. il est de nouveau reconnu pour Roy par les Seigneurs d'Aquitaine, *ibid*. il attaque Herispée Duc de Bretagne, il est battu, & fait avec lui une paix desavantageuse, lui accorde la dignité Royale, mais à condition de l'hommage, 696. il prend Pepin & le renferme dans le Monastere de S. Medard à Soissons, 697. il est déposé par les peuples d'Aquitaine, 698. il ravage ce pays, *ibid*. il fait reconnoître son fils Charles pour Roy d'Aquitaine, 701. Foiblesse de son gouvernement, 706. il assiege les Normans dans Oissel, & leve le siege, 709. il est trahi par ses Sujets qui se donnent en grande partie au Roy de Baviere, 711. il est rétabli dans ses Etats, 714. il entre en Bretagne, combat pendant deux jours contre le Duc Salomon, & est obligé de se retirer. Il perd tous ses bagages, 714. 715. il reprend l'Isle d'Oissel par le secours des Normans de la Somme, 716 il fortifie la Seine au dessus de Roüen, 729. Sa fille Judith est enlevée par Baudoüin Comte de Flandres, 730. qui l'épouse ensuite avec l'agrément de Charles, 735. Charles cede le Costentin à Salomon Duc de Bretagne, 756. il lui envoye les ornemens Royaux, 764. il s'empare des Etats de Lothaire Roy de Lorraine après la mort de ce Prince, 767. il cede une partie de cet Etat au Roy de Germanie, 771. il épouse Richilde en secondes nôces, 772. il fait répondre Hincmar, Archevêque de Rheims, aux lettres d'Hadrien II 774. il assiege Angers sur les Normans, 790. il le prend par le secours du Duc de Bretagne, 791. il prétend à l'Empire après la mort de Loüis II. son neveu, *ibid*. il trompe Carloman fils de Loüis de Germanie, 794 il est couronné Empereur à Rome, *ibid*. il revient en France, 795. il tâche d'envahir les Etats de ses neveux fils du Roy de Germanie, 801. Son armée est défaite, 803. il repasse en Italie, 805. il meurt dans ce voyage empoisonné par son Medecin. Son caractere. 806

Charles frere de Pepin allant le joindre, est pris, & contraint de prendre les Ordres sacrez. 693

Charles fils de Charles le Chauve, est fait Roy d'Aquitaine, 701. il est déposé & puis rétabli, 705. il vient joindre son pere au siege d'Oissel, 709. il se marie sans consulter son pere, 730. Sa mort. 740

Charles fils de l'Empereur Lothaire. Son partage après la mort de son pere, *ibid*. il est fait Roy de Provence 701. Sa mort, 739

Charles, fils de Loüis Roy de Baviere, est envoyé en Italie, & contraint par Charles le Chauve d'en sortir, 793. il est surnommé le Gros ou le Gras, appellé Roy d'Allemagne après la mort de son pere 803. il se rend maître du Royaume de Lom-

birdie, 823. il est fait Empereur, 873. il fait une paix honteuse avec les Normans, 836. il est reconnu pour Roy de France, 837. il fait tuer en trahison Godefroy Roy des Normans, 841. il vient au secours de Paris, & le delivre, mais par un traité très honteux & préjudiciable à l'Etat, 855. Son esprit s'affoiblit, 856. il est déthrôné, & meurt, 857

Charles dit le Simple, fils de Loüis le Begue n'ayant que cinq ans après la mort de ses freres, n'est point reconnu pour Roy, 870. il implore la protection d'Arnoul Roy de Germanie, *ibid*. il est reconnu pour Roy de France par ce Prince, 871. Son armée se dissipe, 873. il s'accommode avec Eudes qui lui cede une partie du Royaume, 878. il est reconnu Roy par toute la France après la mort d'Eudes, 880. il cede à Rollon Chef des Normans le pays appellé depuis la Normandie, 889. il est sur le point d'être déthrôné, 895. il releve son party ; il tuë Robert son concurrent de sa propre main selon quelques Historiens, & perd neanmoins la bataille, 900. il se sauve au delà de la Meuse, 901. il est remis sur le Thrône par Herbert Comte de Vermandois. Le Duc de Normandie lui fait hommage, & une grande partie de la France se déclare pour lui, 914. il est remis en prison pour le reste de sa vie, 916. il meurt au Château de Peronne, 917

Charles frere du Roy Lothaire, reçoit la basse Lorraine d'Othon II & devient son vassal, 983

Concile de Gentilly Maison Royale, 417. De Francfort au sujet des erreurs de Felix Evêque d'Urgel, & d'Elipande Evêque de Tolede, & touchant le culte des Images, 481. &c.

D.

Didier est fait Roy des Lombards, 408. il trompe le Pape Estienne IV. 436. il est fait prisonnier, 445. il meurt selon quelques-uns au Monastere de Corbie, 446. il fut le dernier Roy des Lombards, *ibid*.

Diete de Compiegne, ou Assemblée des François à Compiegne, 409

E.

Eadulfe, Roy de Northumberland, rétabli sur le Thrône par Charlemagne, 539

Ebbon Archevêque de Rheims est envoyé en Dannemarc pour prêcher l'Evangile, & il y est bien reçû, 585. il préside à la déposition de Loüis le Debonnaire, 626. & il est déposé lui même, 638. il fait inutilement des tentatives pour son rétablissement, 686

Empire François, son étenduë à la mort de Charlemagne, 564

Eresbourg Fort des Saxons, 433

Estienne III. Pape se refugie en France, 400. Ce qu'il y fait, 401 & seq. il meurt, 410. Suites de cette mort, *ibid. & seq.*

Estienne IV. vient en France, 467

Estienne Pape VIII. du nom confirme Hugues, fils du Comte de Vermandois, dans l'Archevêché de Rheims, & ordonne en même temps, sous peine d'excommunication, aux Rebelles de rentrer dans le devoir, 933

Eudes fils de Robert le Fort défend Paris contre les Normans, 844. & seq. il est élû Roy de France, 860. il défait les Normans, 864. il tâche de gagner à son parti Arnoul Roy de Germanie, 870 il s'accommode avec Charles le Simple, & lui cede une partie du Royaume, 878. il meurt, *ibid*.

Exarcat, sa durée, sa fin, &c. 397

G.

Gerberge femme de Loüis d'Outremer & mere de Lothaire Roy de France, entreprend d'enlever Richard Duc de Normandie, & manque son coup, 974. Elle le manque une seconde fois, 975

Godefroy Roy de Dannemarc. Sa fierté à l'égard de Charlemagne, 541. Sa mort, 546

Gondreville, Maison Royale prôche de sainte Menehoud. Tous les Rois de la Maison de Charlemagne s'y rendent pour les interests communs, & pour s'unir contre les Normans, 829

Gonthier Archevêque de Cologne, deposé à Rome au sujet de Lothaire & de Valdrade, 758. il se moque de la Sentence du Pape, 741. il écrit contre le Pape, & le fait porter par son frere Hilduin, suivi de Soldats l'épée à la main sur le tombeau de saint Pierre, 742. il envoya cet écrit à Photius Patriarche Schismatique de Constantinople, *ibid*. il est abandonné par Lothaire, 743

Gotescalc Moine d'Orbais au Diocese de Soissons. Ses erreurs, sa condamnation, 689. & seq.

Gregoire IV. Pape se laisse gagner par Lothaire contre Loüis le Debonnaire & vient en France, 618. Les Evêques de France lui écrivent, il répond à leur lettre, 620. il est trompé par les Rebelles, & s'en retourne à Rome fort chagrin d'avoir appuyé leur parti, 623

Grimoald fils d'Aragise, succede à son pere au Duché de Benevent, & est fidele à Charlemagne, 470

Grippon est tué dans un combat donné dans la vallée de Morienne, 396

Guillaume I. surnommé longue épée, succede à son pere Rollon au Duché de Normandie, 894. Il s'unit avec les Rebelles con-

TABLE DES MATIERES

tre Loüis d'Outremer, 930. il reconnoit pour Roy de France l'Empereur Othon, *ibid.* il eſt tué en trahiſon par les ordres d'Arnoul Comte de Flandres, 956. Son caractére, 937

H.

Adrien Pape I. du nom demande à Charlemagne du ſecours contre Didier, 439. il meurt, 493
Hadrien II Pape ſucceſſeur de Nicolas I. Sa conduite moderée à l'égard de Lothaire dans l'affaire de ſon divorce, 757. &c. il prend hautement parti pour l'Empereur Loüis au ſujet de la ſucceſſion de Lothaire Roy de Lorraine, 769. il écrit ſur ce ſujet très-durement à Charles le Chauve, 773. 778. il change de ſtyle à l'égard de ce Prince, 779
Herbert Comte de Vermandois trahit Charles le Simple, & le met en priſon, 904. il fait donner l'Archevêché de Reims à ſon fils âgé de cinq ans, 912. il marie ſa fille avec Guillaume Duc de Normandie, & ſe revolte contre Rodolfe, 914. il projette de remettre Charles le Simple ſur le Thrône, *ibid.* il le trahit de nouveau, & le remet en priſon pour toûjours, 916. il ſe revolte contre Rodolphe, 917. il fait de grandes pertes, 918. 919. il fait ſa paix avec Rodolphe, *ibid.* il ſe réünit avec Hugues le Grand, & fait la guerre au Roy Loüis d'Outremer, 923. il ſe reconcilie avec lui, & ſe révolte de nouveau, *ibid.* & 930. il reconnoit Othon pour Roy de France, *ibid.* il ſe ſoûmet au Roy, 935. il meurt avec de grands remords ſur la trahiſon qu'il avoit faite à Charles le Simple, 941
Heriolfe prétendant à la Couronne de Dannemarc eſt ſoûtenu par Loüis le Débonnaire, 565. il partage ce Royaume, 577. il ſe fait Chrétien, 585. il eſt chaſſé de Dannemarc, 594
Heriſpée fils de Nomenoy lui ſuccede, 696. il eſt attaqué par Charles le Chauve, remporte la victoire, fait une paix avantageuſe, & ſe fait donner le nom de Roy, *ibid.* il eſt tué par Salomon qui lui ſuccede, 718
Hincmar Archevêque de Reims écrit au Pape Hadrien II. ſur les droits & l'autorité des Rois, 774. il eſt traité durement par Charles le Chauve, 798
Hongrois penetrent juſqu'en France, 911. ils font des courſes dans l'Aquitaine, 908. Et puis dans la Bourgogne, 919. Et puis en Berri, 923
Hugues ſurnommé le Grand, fils du Roy Robert défait l'armée de Charles le Simple nonobſtant la mort de ſon pere, 900. Il refuſe la Couronne, & la fait donner à Rodolfe Duc de Bourgogne, 901. il épouſe la fille d'Edoüard I. Roy d'Angleterre, belle ſœur de Charles le Simple, 913. il fait reconnoître pour Roy de France Loüis fils de Charles le Simple, 922. il eſt diſgracié, 923. il ſe réünit avec Herbert, & fait la guerre au Roy, *ibid.* il ſe reconcilie avec lui, *ibid.* il épouſe la ſœur d'Othon Roy de Germanie, 925. il ſe revolte, 930. il reconnoit Othon pour Roy de Germanie, *ibid.* il ſe ſoûmet au Roy, 935. il trahit le Roy, & s'entend avec les Normans, 946. il procure la liberté du Roy, & par une nouvelle trahiſon il le livre à Thibaud Comte de Chartres, qui le retient priſonnier, 953. il le retire de ſa priſon, en lui faiſant ceder Laon au Comte de Chartres, *ibid.* il fait une trêve au Roy par la mediation d'Othon, 960. il eſt excommunié par deux Conciles pour ſa rebellion, 965. 967. il ſe reconcilie avec le Roy, *ibid.* lui fait un nouveau ſerment de fidelité, 968. il fait proclamer Roy de France Lothaire fils de Loüis d'Outremer, 970. il eſt declaré Duc ou Gouverneur General d'Aquitaine, *ibid.* il défait Guillaume II. Comte de Poitiers, qui lui diſputoit la qualité de Duc d'Aquitaine. Il meurt à Dourdan, 971
Hugues fils du Comte de Vermandois, fait Archevêque de Reims à l'âge de cinq ans, 912. il eſt chaſſé par Artaud, élû Archevêque par les intrigues du Roy Rodolfe, 918. il eſt rétabli dans l'Archevêché de Reims, 930. il eſt ſacré Archevêque à l'âge de vingt un an, 931. il eſt confirmé dans l'Archevêché par le Pape, 933. il eſt chaſſé de Reims, 957. il eſt dépoſé par un Concile, 965
Hugues Capet, fils de Hugues le Grand, élevé à la Cour du Duc de Normandie, le Roy Lothaire l'en retire, & le fait Duc de France, 973
Hunalde autrefois Duc d'Aquitaine quitte ſon Monaſtere pour ſe remettre en poſſeſſion de ſon Duché. Il eſt défait & livré à Charlemagne qui le met en priſon, 417. il eſt tué à Pavie dans une ſedition, 445

I.

Jean VIII. Pape ſuccede à Hadrien II. 788. il vient en France, 812. il couronne de nouveau Loüis le Begue en qualité de Roy de France, & non comme Empereur, *ibid.* il refuſe de couronner la Reine Adelaide, & pourquoy, 813
Jean X Pape s'intereſſe pour Charles le Simple, mais il eſt luimême depoſé, 915. 916
Irene, tutrice de l'Empereur Conſtantin, traite avec Charlemagne, 459. Elle negocie avec Aragiſe Duc de Benevent contre Charlemagne, 457. Après avoir fait perir ſon fils Conſtantin, elle s'empare de l'Empire, 499. &ſeq. Elle propoſe à Charlemagne de l'épouſer, 519. Elle negocie pour ſon mariage avec Charlemagne, 519. Elle eſt renverſée du Thrône, 522
Iminſul Dieu des Saxons, 433
Irminetrude, femme de Charles le Chauve, eſt couronnée & reçoit l'Onction Royale, 255
Judith ſeconde femme de Loüis le Debonnaire met au monde un fils, qui fut depuis nommé Charles, & dans la ſuite ſurnommé le Chauve, 585. Elle donne à l'Empereur des défiances de Lothaire, 600. Elle obtient de l'Empereur que ſon fils Charles entre en partage avec ſes autres freres. Elle eſt enlevée par les troupes de Pepin, 605. Elle eſt renfermée dans un Monaſtere, 606 Elle eſt rappellée à la Cour, 610 Elle obtient pour ſon fils Charles le Royaume d'Aquitaine qu'on ôte à Pepin, 617. Elle eſt exilée à Tortone, 614. Elle eſt rappellée à la Cour, 634. Elle ſe reconcilie avec Lothaire, 639. Elle amene des troupes d'Aquitaine au Roy Charles ſon fils, 657. Sa mort, 675

L.

Leon III. ſuccede à Hadrien, 494. il eſt maltraité par quelques Romains, il a recours à Charlemagne. Ceux qui avoient conſpiré contre lui ſont condamnez, 506. &ſeq. il donne le titre d'Empereur à Charlemagne, 511, il meurt & Eſtienne IV. lui ſuccede au Pontificat, 557
Linduit Duc de la baſſe Pannonie ſe revolte, & ſoûtient longtemps la guerre, 574 Sa mort, 583
Livres appellez Carolins, 485
Lorraine, diviſion du Païs qui portoit ce nom, en deux Lorraines, 980
Lothaire, fils de Loüis le Debonnaire, eſt aſſocié à l'Empire par ſon pere, 569. il eſt envoyé en Italie, 581. il eſt couronné Empereur par le Pape Paſcal, 585 il envoye des Commiſſaires à Rome pour remedier à divers abus, 584. Il met l'Abbé Vala à la tête de ſon parti contre l'Empereur ſon pere, 603. Il ſe reconcilie avec lui, 609. il eſt declaré déchu de la qualité d'Empereur, & on ne lui laiſſe que celle de Roy d'Italie, 611. Il s'engage dans ſon parti le Pape Gregoire IV. & l'amene en France, 617. 618, il fait depoſer ſon pere & eſt élû Empereur, 623. il fait garder ſon pere à ſaint Medard de Soiſſons, *ibid.* il ſe broüille avec ſes freres il eſt contraint de donner la liberté à l'Empereur, 633. il prend Chalons ſur Saône, 635. il eſt pourſuivi par ſon pere, 636. il eſt reçû en grace par ce Prince, 637. il ſe reconcilie avec l'Imperatrice Judith, 639. il tire de grands avantages de cette reconciliation, 642. il eſt declaré par ſon pere mourant ſon ſucceſſeur à l'Empire, 644 il entreprend de ſe faire Monarque de tout l'Empire François après la mort de l'Empereur ſon pere, 647. Ses artifices à l'égard de ſes deux freres, 649. il affecte de prendre la protection de Pepin ſon neveu, fils de Pepin Roy d'Aquitaine, *ibid.* il ſe rend maître de tout le païs entre la Meuſe & la Seine, & de Paris même, 651. il fait rétablir Ebbon Archevêque de Reims dans un Concile à Ingelheim, *ibid.* il amuſe Charles par des negociations, 652. il fait rompre les ponts de la Seine, & enfoncer les bateaux pour empêcher Charles de la paſſer, 654. il tourne contre Loüis de Baviere, & lui débauche une partie de ſes troupes, 656. il negocie toûjours avec Charles, *ibid.* il ne peut empêcher la jonction avec Loüis de Baviere, 658. il perd la bataille de Fontenay, 660. il rétablit ſes affaires par ſes artifices, 663 il permet aux Saxons de reprendre la Religion payenne pour en tirer des troupes, 664. il fait des propoſitions de paix à Charles, 665 il fuit devant ſes deux freres, 669. il eſt declaré par les Eveques de France déchû des Etats qu'il poſſedoit en deçà des Alpes, 670. il fait des propoſitions de paix aux deux Rois, 671. il demande une trêve, *ibid.* il fait la paix avec ſes freres, & il ſe fait un nouveau partage de la ſucceſſion de ſon pere, 675. il envoye ſon fils Loüis en Italie, 677. il ſoûmet la Provence qui s'étoit revoltée, 683. il ſollicite le Roy de Germanie à ſe liguer avec lui contre Charles le Chauve, mais inutilement, 689. il meurt dans l'Abbaye de Prum après s'être fait couper les cheveux, & avoir pris l'habit de Moine. Caractére de ce Prince, 700
Lothaire fils de l'Empereur Lothaire. Son partage après la mort de ſon pere, *ibid.* Son Royaume nommé de ſon nom *Lothoringia*, Lorraine, 701. il vient au ſiege d'Oiſſel, 709. il veut repudier ſa femme Theiberge, & épouſer Valdrade ſa maîtreſſe. Il fait faire le procès à cette Princeſſe qui ſe trouve innocente, 711. il fait recommencer le procès. Hiſtoire de ce procès, 712. Suite de ce procès, 733. 756. 761. juſqu'à 764. il meurt d'une maniere très funeſte, *ibid.*
Lothaire, fils de Loüis d'Outremer, vient au monde, 931. il ſuccede à Loüis d'Outremer ſon pere, 969. Etat de la France ſous ſon Gouvernement, 972. il fait Hugues Capet Duc de France, 973. il confirme Richard dans le Duché de Normandie 978. il domte Arnoul II. Comte de Flandres, prend Arras & Douai, 979. il lui accorde la paix, & lui rend Arras, *ibid.* il rétablit la tranquillité dans ſon Etat, 979. il fait la guerre à Othon II. le ſurprend dans Aix-la-Chapelle, 984. il défait l'arriere-garde d'Othon, & fait la paix avec lui, *ibid.* il prend la défenſe d'Othon III fils de ce Prince après la mort de l'Empereur, *ibid.* il meurt à Reims, 985. il recommande en mourant ſon fils Loüis à Hugues Capet, 986
Loüis, fils de Charlemagne Roy d'Aquitaine, Eſt heureux à la guerre en Eſpagne, & prend Barcelonne, 516. 533. 546. il eſt aſſocié à l'Empire, & ſurnommé le Debonnaire, & eſt de nouveau reconnu Empereur, 561. il regle ſon palais &

DE LA SECONDE RACE.

sa maison, 563. Et puis son Etat, 565, il fomente les divisions dans le Dannemarc, & soutient Heriolte un des prétendans à la Couronne, ibid. Sa mauvaise politique à l'égard des Saxons, ibid. il associe son fils aîné Lothaire, fait Pepin son second fils Roy d'Aquitaine, & Louis le cadet Roy de Baviere, 569. il fait crever les yeux à Bernard Roy d'Italie qui s'étoit revolté, 571. il fait mettre dans un Monastere ses trois freres, ibid. il dompte les Bretons & fait Nomenoy Comte de Brétagne, 572. il perd l'Imperatrice Hermengarde, 573. il épouse Judith, 174. il se prépare à la guerre contre Liuduit Duc de la basse Pannonie, ibid. il la fait sans succès, 575. &c. il est delivré de cet ennemi par sa mort, 583. il reçoit en grace les Partisans de Bernard Roy d'Italie, & par tendresse de conscience avilit son autorité, 580. il envoye Lothaire en Italie & lui donne pour Ministre le Moine Vala, & prend pour son Ministre l'Abbé Adelard frere de Vala. il envoye son fils Pepin en Aquitaine, 581. il lui naît un fils qui fut nommé Charles C'est celui qu'on appella depuis Charles le Chauve, 585. il dompte les Bretons, ibid. il permet que la dispute se renouvelle touchant le culte des images, 587. il apprend les revoltes des Peuples au delà des Pyrenées, & n'y peut remedier efficacement, 591. il est obligé de dissimuler sur les troubles du Dannemarc, 594. il tient une Diete à Aix la Chapelle pour la reforme de l'Etat Il y fait paroître beaucoup de pieté & de foiblesse, 599. il appelle auprès de lui Bernard Duc de Languedoc & Comte de Barcelonne, 601. il assigne à Charles fils de Judith une partie de ses Etats, ibid. il est à bout de patience avec ses fils, 608. il rétablit ses affaires, 609. il punit les Rebelles, & puis leur pardonne, 612. il rappelle le Comte Bernard à la Cour, 613. il l'irrite contre lui, ibid. il oblige Pepin à demeurer à la Cour, mais il s'échape, 614. il oblige Louis de Baviere à lui demander pardon, 615. il pardonne aussi à Pepin, 616. il revient à Aix la Chapelle avec son armée ruinée, ibid. il apprend la revolte de ses trois fils, ibid. il desherite Pepin & donne le Royaume d'Aquitaine à Charles, 617. il se prepare à la guerre, 618. Son entrevûe avec le Pape, 621. il est trahi par son armée, 622. il est déposé de l'Empire, 623. il est mis en prison au Monastere de saint Medard de Soissons, 624, 625. On lui fait son procès, & on le met en penitence, 615, 616. &c seq. Ses deux fils Louis & Pepin obligent Lothaire à le mettre en liberté, 632. il est remis sur le trône, 633. il se reconcilie avec Louis & Pepin, à qui il a cedé ci le Royaume d'Aquitaine, ibid. il poursuit Lothaire, & le reçoit en grace, 637. il donne la Neustrie à Charles, 641. Pepin Roy d'Aquitaine étant mort, il fait un nouveau partage entre Lothaire & Charles, 642. il irrite son fils Louis Roy de Baviere qui se revolte, ibid. En allant pour châtier ce Prince, il tombe malade & meurt pres de Mayence, 644. Son caractere, 645
Louis fils de Louis le Debonnaire est fait par son pere Roy de Baviere, 569. il épouse Irmingarde, 579. il se revolte contre son pere, 605. il le laisse regagner, 608. il se revolte de nouveau, 614. il est obligé de demander pardon à l'Empereur son pere, 615. il se brouille avec Lothaire, 630. il travaille à mettre l'Empereur en liberté, 631. il se revolte de nouveau après le rétablissement de l'Empereur, 642. il vient à la tête d'une armée au devant de Lothaire, & est obligé de retourner sur ses pas par une revolte des Saxons, 649. il revient contre Lothaire, & une partie de son armée l'abandonne, 656. il passe le Rhin après avoir défait Albert Duc d'Austrasie qui tenoit le parti de Lothaire, 657. il se joint à Charles le Chauve, 658. il gagne la bataille de Fontenay sur Lothaire, 660. il est joint par Charles à Strasbourg, 667. il s'engage de nouveau & authentiquement à demeurer uni avec lui contre Lothaire, 668. il met Lothaire en fuite, 669. il s'empare d'une partie de son Etat, 671. il accorde une trêve à Lothaire, 671. il châtie les Saxons, 673. il conclud la paix avec Lothaire, 675. il domte les Nations Germaniques, 677. Son armée est défaite par les Esclavons, 694. il consent que Louis son fils soit fait Roy d'Aquitaine, 698. il envahit la France, 710. il est obligé de se retirer en Germanie, 714. il se justifie auprès du Pape Nicolas I. sur son irruption en France, 717. il partage avec Carloman son fils qui s'étoit revolté, 733. il prend grace à Carloman son fils qui s'étoit revolté, 733. il partage avec Charles le Chauve les Etats de Lothaire Roy de Lorraine après la mort de ce Prince, 771. Ses enfans lui sont peu soûmis, 780. il prend ses mesures pour se faire Empereur, 792. il est supplanté par Charles le Chauve, 794. il entre en France avec une Armée, 796. il est obligé de se retirer, ibid. il meurt à Francfort, 799. Son caractere, 800
Louis fils de Lothaire passe en Italie avec une armée après la mort de Gregoire IV & l'élection de Serge II 877. il est sacré Roy de Lombardie par Serge II. 978 il tient sa Cour à Pavie, 681. il assiege Barri sur les Sarrasins, 697. il est associé à l'Empire, ibid. il consent à l'élection de Benoist après la mort du Pape Leon IV 794. il prend Barri sur les Sarrasins, 777. il est exclus de la succession de Lothaire Roy de Lorraine son frere, ibid. Ses differends avec Basile Empereur d'Orient, 782. il court un grand danger de la part d'Adalgise Duc de Benévent, 786. il meurt sans laisser d'enfans mâles, 792.
Louis fils du Roy de Germanie épouse la fille du Roy d'Aquitaine, 698. il en est rappellé par son pere, & quitte la partie, 699. Son partage après la mort de son pere. On lui donne le titre de Roy de Germanie, 801. il défait Charles le Chauve, 805. il veut s'em-

parer de la France & se contente de la Lorraine, 814. il défait les Normans, 826. 827. qui eurent leur revanche en Saxe, ibid. il est élû Roy de Baviere après la mort de son frere Carloman, 828. il meurt, 832
Louis fils de Charles le Chauve contribuë à l'enlevement de sa sœur Judith par le Comte de Flandre, 730. il est privé pour cette faute de l'Abbaye de saint Martin de Tours, il se retire en Bretagne, vient ravager l'Anjou, est défait par Robert le fort, est battu une seconde fois, il épouse Ansgarde fille unique de Roy son pere, ibid. il se reconcilie avec son pere, 731. il est couronné Roy d'Aquitaine, 755. il est surnommé le Begue, 808. il est reconnu Roy de France, 809. il fait la paix avec Louis Roy de Germanie, 815. il meurt, 817
Louis III. Roy de France fils de Louis le Begue succede à la Couronne de France avec Carloman son frere, 822. il a pour son partage la France & la Neustrie, 829. il prend Mâcon sur le Roy de Provence, assiege Vienne, 830. il défait les Normans, 831. il meurt, 833
Louis fils d'Arnoul lui succede en Germanie & meurt sans enfans. La domination des Princes François cesse par sa mort en Germanie, 892
Louis d'Outremer à l'âge de trois ans transporté en Angleterre, 904, 911. est rappellé d'Angleterre, & est reconnu Roy de France, 912. il fait venir d'Angleterre sa mere Ogive, qui prend le gouvernement sous son autorité, 923. Le Royaume de Lorraine se donne à lui, 916. il conquete presque toute l'Alsace, 918. il épouse Gerberge veuve de Gilbert Duc de Lorraine 929. il fait lever aux Rebelles le siege de Laon, 930. il fait une treve avec Othon Roy de Germanie, 931. il est défait par les Rebelles devant Laon, 932. il fait la paix avec Othon & avec les Rebelles, 935. il projette d'enlever le jeune Richard Duc de Normandie, 938. il le mene à sa Cour pour l'y élever, 939. il entreprend de se saisir de la Normandie pour la réünir à la Couronne, 944. il est trahi par Hugues le Grand, 946. il est trompé par les Normans, ibid. il est pris par les Normans, leur échape & est repris, 950, 951. il est délivré de la prison par un traité, & livré ensuite par Hugues le Grand à Thibaut Comte de Chartres qui le met en une nouvelle prison, 953. il sort de sa prison en cedant Laon qui fut donné au Comte de Chartres, 953. il confirme le Duc Richard dans la possession du Duché de Normandie, 954. il fait une ligue avec Othon, 956. il prend Reims, en chasse l'Archevêque Hugues, & rétablit Attaud, ibid. il fait treve avec Hugues le Grand par la mediation d'Othon, 960. il reçoit un nouveau serment de fidelité de Hugues le Grand qui lui remet la citadelle de Laon, 968, il va en Aquitaine reçoit les sermens de fidelité des Seigneurs du pays, ibid. il meurt, ibid.
Louis V. fils de Lothaire Roy de France, Il se brouille avec sa mere la Reine Emma, 886, il meurt après un an & deux mois de regne, 988. C'est le dernier des Rois de France de la seconde race.

M.

Messen sur la Meuse auprès de Maëstrik, L'Empereur Lothaire, Louis de Baviere & Charles le Chauve y conferent entre eux, 687, Autre Conference au même lieu, 696. Autre Conference au même lieu, 816.

N.

Nicephore élû Empereur à la place d'Irene envoye des Ambassadeurs à Charlemagne, 514. il est tué par les Bulgares, 548
Nicolas I. Pape. Sa conduite ferme dans l'affaire du divorce de Lothaire avec la Reine sa femme, 734. &c.
Nomenoy Duc de Bretagne promet à Charles le Chauve de lui être fidele, 656. il se revolte contre lui, 625, 677. il défait l'armée de Charles le Chauve, 684. il obtient la paix, ibid. il se revolte de nouveau, il se saisit de Nantes, de Rennes, de l'Anjou, du Maine, 692. il dépose plusieurs Evêques de Bretagne, érige de nouveaux Evêchez, fait l'Evêque de Dol Archevêque & Metropolitain de Bretagne, ibid. il rend Nantes & Rennes à la France, se revolte, reprend ces deux places, & meurt, 696.
Normands, Ils commencent à paroitre avec leurs vaisseaux sur les côtes de France, 546. ils ravagent la France, & surprennent Rouen, 661. ils surprennent Nantes, ravagent l'Anjou & la Touraine & font descente en Guyenne, 675. ils desolent les environs de Toulouse, 681. Et puis la Frise, 682. ils montent la Seine jusqu'à Paris & y entrent, ibid. ils se retirent pour une somme d'argent, ibid. Regnier leur Chef puni miraculeusement de son impieté, 683. ils ravagent les environs de Bourdeaux, de Xaintes, & la Frise, 684. ils ravagent l'Aquitaine, assiegent Bourdeaux, ravagent l'Isle de Betau, 688. ils levent le siege de Bourdeaux, & ensuite la surprennent par la trahison des Juifs, ibid. ils vont jusqu'à Perigueux & pillent la ville, 694. ils pillent Gand, Rouen, vont jusqu'à Beauvais, sont défaits à leur retour, 696. 699. ils saccagent les bords de la riviere de Loire, 698. ils pillent Bourdeaux, ils sont défaits, 701. ils sont conduits à Poitiers par Pepin & pillent la ville. Ils ravagent les environs de Paris, & se fortifient à l'Isle d'Oissel sur la Seine à quelques lieuës de Rouen, 702.

TABLE DES MATIERES

ils y font inutilement affiegez par Charles le Chauve, 709. ils entrent en France par divers endroits, 719, 710
Normans de la Loire, Normans de la Seine, Normans de la Somme, &c. 716
Les Normans de la Somme pour une fomme d'argent fervent contre leurs compatriotes en faveur de Charles le Chauve, & reprennent l'Ifle d'Oiffel, 716. La plûpart fortent de France, 718. ils font de nouveaux ravages en France, 752. ils pillent le Mans, 753. ils font défaits par Robert le Fort, 754. ils s'échapent par la mort de ce Seigneur, ibid. ils font forcez de rendre Angers à Charles le Chauve, 722. ils font vaincueurs en Germanie, 817. ils s'emparent de Gand, 830. ils prennent plufieurs villes des Pays-bas, & de Picardie, 830, 831. ils font défaits par Louis III, ibid. Continuation de leurs ravages, Ils fe poftent à Haflou fur la Meufe, ibid. ils vengent la mort d'un de leurs Rois nommé Godefroy en continuant leurs ravages, 843. ils mettent le fiege devant Paris, 845. ils le levent, 855. ils continuënt leurs ravages de tous côtez, 864. & feq ils s'établiffent dans le pays appellé depuis Normandie, 859

O.

Give femme de Charles le Simple fe fauve en Angleterre avec Louis fon fils, 904. elle revient en France & gouverne l'Etat fous l'autorité de fon fils, 923. Elle fe fait enlever par Herbert Comte de Meaux, & l'époufe malgré le Roy fon fils, 908
Othon I. Roy de Germanie refufe d'entrer dans la guerre de Hugues le Grand & de Herbert contre Louis d'Outremer, 925. il tâche inutilement de fufciter des affaires à Louis d'Outremer qui avoit reçu l'hommage des Lorrains, 927. il domte les Rebelles, & engage Hugues le Grand, Herbert & le Duc de Normandie à fe revolter contre Louis, 929. il entre en France & fe fait reconnoître par les Rebelles pour Roy de France, 930. il repaffe le Rhin, 931. il fait une treve avec le Roy, ibid. Et puis la paix. Il reconcilie les Rebelles avec Louis, 935. il fait ligue avec le Roy contre Hugues le Grand & le Duc de Normandie, 956. il va jufqu'à Rouen pour l'affieger, 957. il eft obligé de fe retirer, & perd beaucoup de monde en fa retraite, 959. il fait faire une treve entre le Roy & Hugues le Grand, 960 il meurt.
Othon II. fils d'Othon I. fuccede à fon pere dans le Royaume de Germanie, 981. il donne à Charles frere du Roy Lothaire la baffe Lorraine à condition de l'hommage, 983. il eft furpris par Lothaire à Aix-la-Chapelle, 983. il vient avec une armée jufqu'à Paris; il fe retire, fon arriere-garde eft défaite du Roy, 984. il fait la paix avec le Roy, ibid. il meurt, ibid.

P.

Paris affiegé par les Normans. Quelle étoit fon étenduë, 844. il eft défendu par Eudes fils de Robert le Fort, ibid. il eft ravitaillé, 852. il eft délivré, 855
Paul Pape I. du nom meurt, & fa mort eft fuivie d'un fchifme, 418
Pepin monte fur le Thrône & donne commencement à la feconde race, 389. Mefures prifes pour cela, 389. 390 &c. il reçoit en France du Pape Etienne III: qui s'y refugie, 400. il fe fait facrer une feconde fois par le Pape Etienne III. refugié en France, 402. il paffe les Alpes, affiege Pavie, delivre Rome & le Pape affiegez, &c. 405. & feq. il prend Bourges & Thouars, 413. il défait Vaïfar Duc d'Aquitaine, 416. il fait de nouvelles conquêtes fur ce Prince, & réunit le Duché à la Couronne, 418. il meurt. Caractere de ce Prince. 412
Pepin fils aîné de Charlemagne confpire contre la vie de fon pere, 478. il eft arrêté, & renfermé dans un Monaftere, 479.
Pepin fils de Charlemagne Roy d'Italie meurt, 547
Pepin fils de Loüis le Debonnaire eft fait par fon pere Duc d'Aquitaine, 569. il fe revolte contre lui, 604. il le laiffe regagner par fon pere, 603. il s'échape de la Cour, 614. il rengage Lothaire dans la revolte, ibid. il demande pardon à fon pere, & auffi toft après il fe revolte, ibid. il eft desherité par fon pere, & declaré déchû du Royaume d'Aquitaine, 617. il fe broüille avec Lothaire, 630. il travaille au rétabliffement de l'Empereur fon pere, 533. il eft remis en poffeffion du Royaume d'Aquitaine, ibid. il meurt, 642
Pepin fils du feu Roy Pepin Roy d'Aquitaine entreprend de fe rendre maître de ce Royaume, & eft foûtenu par Lothaire, 649. il convient de conferer avec Charles le Chauve & ne fe trouve point au rendez vous, ibid. Ses troupes font diffipées par Charles, 651. il eft foûtenu par Bernard Duc de Languedoc, 653 il amene des troupes à Lothaire, 659. il eft défait par Herbert, 660. il eft mal mené en Aquitaine, & eft obligé de fe cacher, 673. il défait l'armée de Charles, 676. il traite avec Charles qui lui cede la plus grande partie de l'Aquitaine, 683. il eft depofé, & Charles mis en fa place, 688. il eft toûjours foûtenu par Guillaume fils de Bernard Duc de Languedoc. Il perd cet appuy, 693. il eft pris par Charles, & mis dans le Monaftere de faint Medard, 697. il fe fauve & revient en Aquitaine, 698. il eft rétabli fur le Thrône, & de nouveau depofé, 705. il s'unit avec les Normans, les conduit à Poitiers

& pille la ville, 708. il les abandonne, & s'accommode avec Charles Roy d'Aquitaine, & vient affieger les Normans à Oiffel avec Charles le Chauve, 709. il fe refugie en Bretagne, 718.

R.

Revenus des Rois de France de ce temps-là, 421
Richard fils de Guillaume I étant tout jeune fuccede au Duché de Normandie, 937. il eft conduit à la Cour de France pour y être élevé, 939. il eft enlevé de la Cour par Ofmond fon Gouverneur, 945. il eft confirmé dans la poffeffion du Duché de Normandie par Louis d'Outremer, 954. il court encore rifque d'être enlevé fous le regne de Lothaire, 574. il échapa un nouveau danger, 975. il entre dans le pays Chartrain, & y met tout à feu & à fang, 976. il eft confirmé par Lothaire dans le Duché de Normandie.
Richilde feconde femme de Charles le Chauve, 772. Elle eft couronnée Imperatrice, 978
Robert furnommé le Fort à la tête des Bretons, eft regagné par Charles le Chauve, eft fait Gouverneur du pays d'entre la Seine & la Loire, 725. il furprend une flotte de Normans, & les fait tous paffer au fil de l'épée, 729. il défait le Prince Louis revolté contre Charles le Chauve fon pere, 730. il eft tué dans un combat contre les Normans en Anjou, 754
Robert frere du Roy Eudes eft d'intelligence avec Rollon Chef des Normans, 886. il eft parain de Rollon qui prend fon nom au Baptême, 890. il fonge à fe faire Roy, 894 il eft élû Roy, 899. il eft tué dans une bataille auprès d'Attigni & felon quelques-uns de la propre main de Charles le Simple, 900
Rodolfe Duc de Bourgogne élû Roy de France, 902. il oblige Guillaume Duc d'Aquitaine à lui faire hommage, 909. Mais dans la fuite l'Aquitaine ceffe de le reconnoître pour Roy, ibid. il fait la guerre aux Normans, 910. 911. il eft bleffé, 912. il arrête une inondation de Hongrois en France. Son regne toûjours agité, ibid. Son autorité augmente par la mort de Charles le Simple, 917 il fait élire Artaud Archevêque de Reims à la place de Hugues fils du Comte Herbert, 918. il fait la paix avec Herbert, 919. il meurt fans laiffer d'enfans mâles, ibid.
Rollon Duc ou Chef des Normans affiege Chartres, & eft obligé de lever le fiege, 883. il traite avec Charles le Simple qui lui cede le pays appellé aujourd'huy Normandie. Il fe fait baptifer, 889. il prend le nom de Robert, ibid. il police fon nouvel Etat, 890. il refufe d'entrer dans la confpiration de Robert fon parain pour déthrôner Charles. Il meurt, 894
Rotrude, fille aînée de Charlemagne promife en mariage au jeune Empereur Conftantin, 459. Ce mariage eft rompu, 468

S.

Sacre des Rois François. Pepin eft le premier Roy facré en France, 395
Salomon Duc de Bretagne encore payen quand il envahit le Duché, 718. il paffe la Loire & porte le ravage jufqu'à Poitiers, 724. il combat pendant deux jours contre les François, & fe voit obligé à la retraite, ibid il prend tous leurs bagages, 725. il obtient de Charles le Chauve le Coftentin, 716. il reçoit de ce Prince les Ornemens Royaux, 764 il prend prefque fur les Normans. Il perit par une confpiration de fes fujets. 792
Sarrafins. Ils fe rendent maîtres de la Sicile, 595. ils font introduits à Barri & à Benevent, ils fe maintiennent dans Barri, 680. ils pillent faint Pierre de Rome, battent les troupes de l'Empereur, & enfuite le jeune Roy de Lombardie, 684. ils recommencent leurs ravages, 688 Ceux d'Efpagne demandent la paix à Charles & la leur accorde, ibid. ils pillent la ville de Lune en Italie & la côte de Provence, 694 ils veulent furprendre Rome, leur flotte eft défaite, & petit pour la plûpart, 695. ils s'emparent de Benevent, 708. ils obligent le Pape Jean VIII. à leur payer tribut, 816
Saxe. Son étenduë du temps de Charlemagne, 431
Saxons domtez par Charlemagne, 433. 446. 450 ils font châtiez & on tranfporte plufieurs Colonies en diverfes parties de l'Empire de Charlemagne, 490 491. ils font de nouveau châtiez, 499. Trois ordres differens parmi eux. Nobles, Ingenus, efclaves, 643

T.

Thaffillon Duc de Baviere fe revolte contre Pepin, 414. il fait fa paix, 416. il eft dépouillé de fes Etats & eft renfermé dans un Monaftere. 467
Theutberge femme de Lothaire Roy de Lorraine eft éloignée de la Cour par fon mari, 710. Elle prouve fon innocence, 721. Elle s'accufe elle-même fauffement, 722. Elle écrit au Pape afin d'obtenir fon confentement pour renoncer à fon titre de Reine, 749. Elle va à Rome, & prefifte dans le deffein de fe retirer de la Cour, 758. Elle pleure la mort de fon mari, & fe retire dans un Convent à Metz où elle finit fa vie, 764
Tombeaux où l'on prétend que furent enterrez les Seigneurs François tuëz à la journée de Roncevaux du temps de Charlemagne, 1453

DE LA SECONDE RACE.

V

Aifar Duc d'Aquitaine est défait par Pepin, 416. il fuit devant Pepin, & est tué par les propres soldats, 418
Valdrade Maîtresse de Lothaire Roy de Lorraine, 721. Elle est épousée par ce Prince, & reçoit le titre de Reine, 734. Suite de ce mariage scandaleux, 735. &c. Elle se retire au Monastere de Remiremont après la mort de Lothaire, 764
Valon ou Vala proche parent de Bernard Roy d'Italie, & son Ministre, 563. il est disgracié & se fait Moine de Corbie, 570. il en fût depuis Abbé, 599. il passoit pour un Saint, & parle avec une extrême hardiesse à l'Empereur dans la Diete d'Aix-la-Chapelle, *ibid*. il se met à la tête du parti revolté & des Princes contre l'Empereur leur pere, 605. il est envoyé en exil, 611. il ne veut point reconnoître sa faute, 612. il vient à l'armée des trois Princes revoltez, 610. il se charge de l'accommodement de Lothaire avec l'Imperatrice Judith, 639. il meurt dans son Monastere, *ibid*.
Venitiens. Leur Gouvernement du temps de Charlemagne, 528
Vitikinde fait revolter les Saxons contre Charlemagne, 455. il défait deux Generaux de Charlemagne, 461. il souleve de nouveau toute la Saxe, 463. il se soûmet à Charlemagne & se fait Chrétien, 464

TABLE
DES USAGES ET COUTUMES sous la seconde Race des Rois de France.

Champ de Mars depuis appellé Champ de May où l'on indiquoit l'Assemblée des troupes, 409. 433
Serment sur les Reliques des Saints dans les Traitez, 409
Divorces fort en usage parmi les Princes, 430
Vassaux Vasseurs ou Vavasseurs qui tenoient des terres à condition du service, 435
Franchises des Eglises moderées par Charlemagne, *ibid*.

Habillement des Gascons, 465
Felonie des Vassaux punie par la privation de leur domaine, 467
Dietes ou Assemblées & ce qui s'y passoit, 471
Chant Gregorien introduit en France, 472
Academie de Sçavans instituée par Charlemagne, 473
Intendans envoyez dans les Provinces avec le titre de *Missi Dominici*, 473
Prieres publiques & Jeûnes pour le succès des armes, 476
Vaisseaux Garde-côtes contre les descentes des Normans & des Sarrasins, 491
Revenus des Rois & la dépense pour leur maison, & le droit de gîte, 492
Les Peuples soûmis au S. Siege par nos Rois faisoient serment de fidelité en même temps à S. Pierre, au Pape & au Roy, 435
Officiers de la Maison de Charlemagne, 524
Astronomie cultivée en France du temps de Charlemagne, 535
Addition de ces mots, *Qui ex Patre Filioque procedit*, faite au Symbole de Nicée & de Constantinople introduite en France, 541
Mariage legitime où la femme faute de dot ou de naissance, ne portoit point le nom d'épouse, mais celui de concubine, 556. 771
Maniere d'exposer les corps des Rois de France après leur mort, 560
Coûtume assez ordinaire de faire les filles des Rois Religieuses & Abbesses, 563. 686
Les Religieux suivoient tous la Regle de S. Benoist, 567
Les Religieuses paroissent aussi n'avoir eu toutes qu'une même regle, 567
Mode de porter les éperons qui étoit celle de la Cour, & des ceintures d'or défendue aux Evêques, 568
Crever les yeux, supplice devenu assez ordinaire en France depuis le commerce qu'on avoit eu avec les Grecs, 571
Coûtume des Rois de France aux grandes Fêtes d'y paroître avec le sceptre à la main & la couronne sur la tête, 655
Ceux qui commandoient sur les marches ou frontieres appellez Marquis, 677
Quand il y avoit plusieurs Rois en France, & qu'un de ces Rois mouroit, le frere prétendoit à la succession au préjudice des enfans du mort. Ce point fut decidé dans la conference de Mersen sur la Meuse en faveur des Enfans, 687
Preuves de l'innocence d'un accusé par la croix, 631. par le serment, 611. par le duel, 613. par l'eau boüillante, 721
Abbayes données à des Laïques, 748

TABLE
POUR L'HISTOIRE DE LA TROISIE'ME RACE DES ROIS DE FRANCE.

TABLE POUR LE REGNE DE HUGUES CAPET.

A

Adalberon dit aussi Ascelin Evêque de Laon pris par Charles dans Laon, 1000. il trouve moyen de livrer la place à Hugues Capet, 1004
Arnoul fils naturel du feu Roy Lothaire prend le parti de Hugues Capet, & est fait Archevêque de Reims, 1001 il le trahit & livre Reims à Charles, 1001 il fait sa paix avec lui, & l'abandonne de nouveau, 1004. il est pris dans Laon, & envoyé prisonnier à Orleans, *ibid.* il est déposé & remis en prison, 1008

B

Bretagne sous la domination des Ducs de Normandie, 998

C

Charles Frere du feu Roy Lothaire. La mort imprévûë du Roy, & son absence de France. Conjonctures fâcheuses pour lui, 991. il entre en France avec une armée, assiege & prend Laon, 1000. il y est assiegé par Hugues Capet. Il défait son armée, 1001. il prend Montaigu, regagne Arnoul Archevêque de Reims qui lui livre cette place, 1003. il se laisse surprendre dans Laon, est envoyé prisonnier à Orleans où il meurt, 1004
Les Comtes de Barcelonne vassaux de la France, 994
Conrad le Pacifique Roy de la Bourgogne Transjurane, *ibid.*

F

France. L'état où elle étoit quand Hugues Capet monta sur le Thrône, *ibid.*

G

Gascogne. Ses Ducs vassaux de la France, 995
Gerbert est élu Archevêque de Reims à la place d'Arnoul, 1009. il est déposé, 1014

H

Hugues Capet. Parallele de ce Prince & de Pepin qui enleva la Couronne à la famille de Clovis, 989. 990. Son caractere, 991. Son surnom de Capet, 991. La Couronne lui est déferée & il est sacré à Reims, 991. il laisse les Ducs, les Comtes, &c en possession de leurs usurpations, 998. il défait Guillaume Duc d'Aquitaine & l'oblige à le reconnoître pour Roy de France, 999. il s'associe son fils Robert & le fait sacrer Roy, 1000 il assiege Charles dans Laon, & est défait, 1001. il gagne Arnoul neveu de Charles, & le fait Archevêque de Reims, *ibid.* il surprend Laon & fait Charles & Arnoul prisonniers. Il les envoye en prison à Orleans; & Charles étant mort dans sa prison, il devient paisible possesseur du Royaume, 1004. il propose à Basile Empereur d'Orient de se liguer avec lui contre l'Empereur Othon III. 1005. il fait déposer Arnoul, 1008. il agit mollement pour Arnoul qui est déposé par le Legat du Pape, 1014 il fortifie Abbeville qui étoit une métairie de l'Abbé de saint Riquier, 1016. il meurt, 101

I

Jean XV. Pape se declare pour Hugues Capet, 1000. il déclare nulle l'élection de Gerbert, & ordonne le rétablissement d'Arnoul, 1010

N

La Navarre avoit des Rois depuis long-temps, 995

O

Othon III. Empereur maître des deux Lorraines, 994

V

Vassaux. Les plus considérables dans la France. Les Ducs d'Aquitaine, les Comtes de Toulouse, les Ducs de Bourgogne, les Comtes de Flandre, les Ducs de Normandie, 993

Table des usages & Coûtumes sous Hugues Capet.

Surnoms tirez de la stature, de la couleur du visage, de la force du corps, &c. 998
Surnoms tirez des Terres, & quand cet usage commença, *ibid.*
Main de justice dans un sceau de Hugues Capet. Il y est aussi representé avec une couronne fleurdelisée, 1016

TABLE POUR LE REGNE DE ROBERT.

A

Arnoul est rétabli dans l'Archevêché de Reims, 1018

C

Constance Reine de France épouse de Robert femme imperieuse, cause de la revolte du jeune Roy Hugues, 1026. Elle veut faire exclure de la Couronne son fils Henri devenu l'aîné, & faire associer Robert le cadet, 1030. Elle ne réüssit pas, & tâche de dissuader le Roy d'associer aucun des deux, mais inutilement, 1031. Elle chagrine Henri, & par ses mauvais traitemens l'oblige à se revolter, *ibid.*

E

Eudes II. du nom Comte de Charrtes est dompté par le Roy, 1019. il se saisit de Troyes & de Meaux après la mort d'Etienne son cousin & depuis ce temps là lui & ses successeurs prenoient le titre de Comte de Champagne, 1022

G

Gerbert déposé de l'Archevêché de Reims, est fait Archevêque de Ravennes par le Pape Gregoire V. 1017. il est fait Pape sous le nom de Sylvestre II. 1018
Guillaume surnommé le Grand Duc de Guyenne pense à se faire Empereur, 1028. il ne réüssit pas dans son dessein, 1029

H

Henri II. Empereur. Son entreveuë avec le Roy Robert, 1026. Sa mort & sa sainteté, 1017
Henri fils du Roy Robert devenu l'aîné est associé par son pere à la Couronne, 1030. il se revolte contre son pere & rentre dans le devoir, *ibid.*
Heresie abominable pour les dogmes & pour la morale introduite en France par une femme Italienne, 1022. Cette femme est découverte & condamnée, & les Chefs severement punis, 1025.
Hugues fils aîné de Robert associé à la Couronne par son pere, 1027. il se revolte, & rentre dans son devoir, 1025. 1026. il meurt, 1030

DE LA TROISIE'ME RACE.

R.

Robert, Roy de France. Son caractere, 1015. Son mariage avec Berthe est declaré nul par le Pape Gregoire V. 1017. Il épouse Constance fille de Guillaume Comte d'Arles, 1018. il dompte Eudes II. du nom Comte de Chartres, 1019 il se rend maître du Duché de Bourgogne après la mort de Henri frere de Hugues Capet, & la donne à Henri son second fils, 1021. il associe à sa Couronne son fils aîné Hugues, *ibid*, il punit severement les Chefs d'une heresie abominable, 1015 Son entreveuë avec l'Empereur Henri II. Roy de Germanie, 1016. On lui offre l'Empire, & il le refuse, 1028. il pense à se saisir de la Lorraine, & ne réüssit pas, 1030. il associe à la Couronne Henri son fils devenu l'aîné, 1031. il meurt, Son éloge. Quelques-uns pretendent que ce fut le premier des Rois de France qui guerit des écroüelles ; On lui attribuë des miracles, 1032

une partie de ses troupes est défaite, il force les lignes & ravitaille les assiegez, 1043. il continuë la guerre sans succés contre le Duc, 1047. il associe à la Couronne Philippe son fils aîné qu'il avoit eu d'Anne fille de Joradislas Roy de Russie, 1045. il meurt, 1048
Humbert aux blanches mains d'où descend la Maison de Savoye, 1037

P.

Philippe fils aîné de Henri est associé au Thrône, 1046. il est sacré à Reims, 1047

R.

Robert II. Duc de Normandie soûtient le Roy contre la faction de la Reine mere, 1035. Le Roy lui donne Gisors, Chaumont & Pontoise, 1035. il entreprend le pelerinage de Jerusalem, & avant son départ désigne Guillaume depuis surnommé le Conquerant & son fils naturel pour son successeur. Il meurt à Nicée, 1039

Table des Usages & Coûtumes sous Robert.

Quelques-uns croïent que c'est le premier des Rois de France qui eut le don de guerir des écroüelles, 1032

Table des Usages & Coûtumes sous Henri I.

Les Comtes d'Anjou Advoüez de l'Abbaye de saint Martin de Tours, 1038
Serment des Rois de France à leur Sacre, 1047

TABLE POUR LE REGNE DE HENRI I.

A.

Anne fille de Joradislas Roy de Russie femme du Roy Henri, 1046.

B.

Bataille du Val des Dunes entre Caën & Argentan, 1042. De Mortemer au pays de Caux, 1045
Berenger Archidiacre d'Angers Heresiarque, combat la presence réelle du Corps de Jesus-Christ au Sacrement de l'Autel, 1048

C.

Constance Reine mere de Henri fait revolter plusieurs Seigneurs contre ce Prince, en faveur de Robert son frere cadet, 1034. Elle est abandonnée de ses partisans, & meurt à Melun, 1035

E.

Eudes Comte de Champagne soûtient la faction de la Reine mere contre le Roy, 1035. il est tué dans une bataille contre le Duc de Baviere, 1037
Eudes frere du Roy se revolte, & est soûtenu par Etienne Comte de Troyes & Thibaut Comte de Chartres, *ibid*. il est pris & envoyé en prison à Orleans, 1038. il est reçû en grace & mis à la tête d'une armée contre le Duc de Normandie, il perd la bataille de Mortemer au pays de Caux, 1045.

G.

Gerard d'Alsace souche des Ducs de Lorraine, 1046
Guillaume Duc de Normandie surnommé le bâtard, & depuis le Conquerant succede à Robert II. son pere, 1039. Sa minorité fort agitée par les factions, 1040. il gagne le Roy qui lui avoit declaré la guerre, 1041 il est secouru par le Roy, il gagne la bataille des Dunes, se broüille avec le Roy. il dompte Guillaume d'Arques pretendant au Duché de Normandie, 1043. il défait l'Armée Françoise auprés de Mortemer au pays de Caux, 1045

H.

Henri I. Roy de France a recours à Robert II. Duc de Normandie pour se soûtenir contre la faction de la Reine mere, 1034. il dompte les factieux, & confirme à son frere Robert la possession du Duché de Bourgogne. Il réduit Eudes Comte de Champagne, 1035. il renouvelle les traitez d'alliance avec l'Empereur Conrad, & épouse Mathilde fille de ce Prince, 1036. il augmente le domaine de Robert Duc de Normandie par reconnoissance, mais contre les regles de la politique, *ibid*, Son frere Eudes se revolte contre lui. Il le prend & l'envoye en prison à Orleans, 1038. il fait la guerre au jeune Guillaume Duc de Normandie, 1040. il se reconcilie avec lui, 1041. il va à son secours contre les Rebelles de Normandie, gagne la bataille du Val des Dunes, y court un grand danger. Sa generosité envers celui qui l'avoit voulu tuer, 1042. il soûtient Guillaume d'Arques pretendant au Duché de Normandie contre Guillaume, *ibid*. il va au secours du Château d'Arques ;

TABLE DU REGNE DE PHILIPPE I.

A.

Anne Reine de France mere de Philippe épouse Raoul de Peronne Comte de Valois, & retourne en Russie sa patrie après la mort de son mari, 1050
Alexis Comnene Empereur de Constantinople, son caractere, il se défie des Croisez, & pense à les traverser, 1108. il reçoit avec honneur Hugues le Grand frere du Roy de France, le retient malgré lui, 1110. il est obligé de le rendre à Godefroy de Boüillon, 1111. il tend des pieges aux Croisez, les attaque à force ouverte sans succés, 1112

B.

Bataille de Cassel, 1065. D'Antioche, 1121
Baudouin V. Comte de Flandre Regent de France pendant la minorité du Roy Philippe, 1051. il est appellé Marquis de France, il traverse le Duc de Normandie dans la conquête de l'Angleterre, 1054. il meurt, 1061
Baudoüin frere de Godefroy de Boüillon entre en Cilicie, & se fait un Etat en Mesopotamie, 1119
Berthe Reine de France, 1066. Elle est repudiée par Philippe, 1075. Elle meurt, 1082
Bertrade quitte le Comte d'Anjou son mari pour épouser le Roy Philippe, 1076. Elle est couronnée Reine de France, 1085. Elle reçoit l'absolution de son excommunication, 1092. Elle veut faire perir Loüis fils aîné du Roy, 1087. Elle le fait empoisonner, 1088
Bohemond Prince de Tarente se croise, 1105. il passe en Asie & se joint à Godefroy de Boüillon, 1114. il est attaqué par Soliman, & secouru par les autres Seigneurs, il repousse ce Soudan, 1118. il est fait Prince d'Antioche, 1121

C.

Croisade, origine de ce nom, 1102. Toutes sortes de Nations de l'Europe s'y engagent, 1105. Les Croisades donnent lieu à nos Rois de racheter plusieurs domaines, 1128

E.

Estienne Comte de Chartres & de Blois se croise, 1104. il retourne en France, 1120. il repasse en Palestine, 1118

F.

La France & l'Ecosse au sujet de la conquête d'Angleterre par le Duc Guillaume commencent à prendre des liaisons ensemble, 1062

G.

Gautier surnommé *Sans avoir* marche à la tête d'un corps de Croisez, 1106. il passe le détroit & entre en Asie avec ses troupes, *ibid*. Son armée est taillée en pieces par Soliman Soudan de Nicée. Il est tué, 1116
Godefroy de Boüillon prend la Croix, 1104. il marche à la tête d'une nombreuse armée, 1110. il arrive à Andrinople, il en-

TABLE DES MATIERES.

voye demander Hugues le Grand à l'Empereur, & sur son refus ravage le pays Il l'obtient, se rend redoutable à l'Empereur, 1111. il en est attaqué sans succès, se tient sur ses gardes, 1112. il a une entreveuë avec l'Empereur, il passe en Bithynie, 1113. il est fait Roy de Jerusalem, 1117. il étend sa domination par la prise de plusieurs places, défait le Soudan d'Egypte. il meurt au bout d'un an de regne, *ibid.*
Gregoire Pape VII. du nom, son caractere, sa conduite envers les Souverains, 1066. Son plan dans le gouvernement de l'Eglise, 1067
Guerres particulieres, 1101
Guillaume Duc de Normandie se dispose à la conquête d'Angleterre, 1051. &c. il est traversé par le Regent de France, 1054. il aborde en Angleterre, 1057. il défait Haralde son concurrent qui est tué dans la bataille, 1061. Jalousie des François & des Ecossois contre ce Duc, 1062. il châtie les Manceaux, 1070. il exige l'hommage de Hoël Duc de Bretagne qui le refuse. Il assiege Dol, & leve le siege à l'approche du Roy de France. Il fait la paix avec le Roy, 1071. il assiege Robert son fils dans Gerberoy, il est blessé par ce jeune Prince qui ne le reconnoissoit point sous les armes Il lui donne sa malediction & leve le siege, 1072. il fait la guerre à la France, & met en cendres la ville de Mante, 1073. il meurt à Roüen, 1074
Guillaume le Roux second fils du Conquerant est fait Roy d'Angleterre par le testament de son pere. Il attaque Robert son frere Duc de Normandie, & le contraint à faire une paix desavantageuse, 1074. il est tué à la chasse, 1087

H.

Henri troisiéme fils de Guillaume le Conquerant succede à son frere à la Couronne d'Angleterre, 1087, 1094
Hugues le Grand frere du Roy se croise, 1104. il prend son chemin par mer, & perd la plûpart de ses troupes par la tempête, 1109. il est bien reçû par l'Empereur de Constantinople, est retenu par ce Prince, 1110. il retourne en France après la prise d'Antioche, 1111. il repasse en Palestine, & meurt à Tarse, 1118.

L.

Loüis depuis dit le Gros fils de Philippe est associé à la Couronne & se charge du gouvernement de l'Etat, 1085. il dompte les Seigneurs mutins, 1086. &c. On lui donne le surnom de Batailleur, 1087. il évite les embûches de Bertrade : elle le fait empoisonner, 1088. il guerit, 1089. il se reconcilie avec elle, *ibid.*

P.

Palestine. Etat où elle se trouvoit, lorsqu'on pensa à la premiere Croisade, 1095
Pascal II. successeur d'Urbain II. tient ferme contre les sollicitations de Philippe pour son mariage avec Bertrade, 1078
Philippe se declare pour Richilde Comtesse de Haynaut, & son fils Comte de Flandre dépoüillé des Etats par Robert le Frison leur oncle, 1065. il se laisse surprendre auprès de Cassel, & son armée est taillée en pieces. Il abandonne la Comtesse de Haynaut & prend le parti de Robert, *ibid.* il épouse Berthe fille de Florent Comte de Frise, 1066. indolence de ce Prince attaché à ses plaisirs, 1069. il refuse de soûtenir le schisme de l'Antipape Clement III. 1070. il va au secours du Duc de Bretagne contre le Roy d'Angleterre, & lui fait lever le siege de Dol. La paix se fait entre les deux Rois, 1071. il entretient des liaisons secretes avec Robert fils aîné du Roy d'Angleterre, *ibid.* il se reconcilie avec son pere, 1073. il irrite le Roy d'Angleterre par un mot de plaisanterie, & perd la ville de Mante, *ibid.* il repudie la Reine Berthe, 1075. il enleve Bertrade à Fouque Comte d'Anjou, 1076. il l'épouse, 1078. il envoye des Ambassadeurs à Rome pour faire approuver son mariage, & menace le Pape de prendre le parti de l'Antipape s'il le refuse, 1080. il est excommunié par le Concile de Lyon, 1081. il observe en public l'excommunication, *ibid.* il est excommunié de nouveau par le Pape, 1083. Et puis absous en se separant de Bertrade. Il la reprend, & la fait couronner, *ibid.* il tâche inutilement de gagner le Pape Pascal II. 1084. il est encore excommunié par le Concile de Poitiers, 1085. il s'associe Loüis son fils, & lui laisse le gouvernement de l'Etat, *ibid.* il est absous, 1092. il est en guerre avec le Roy d'Angleterre & fait la paix, 1093. 1094. il achete le Comté de Bourges, & le réünit à sa Couronne, Il meurt. Son caractere, 1128
Pierre l'Hermite Prêtre de l'Evêché d'Amiens donne lieu à la Croisade, 1097. il vient trouver Urbain II. 1098, il va de sa part dans les Cours de divers Princes, & réüssit 1099. il se met à la tête d'un corps d'armée 1106. il passe le Détroit & entre en Asie avec ses troupes, *ibid.* Son armée est taillée en pieces par Soliman Soudan de Nicée, 1115. 1116.

R.

Raimond Comte de Toulouse se croise, 1104. il passe en Asie, 1114
Robert Comte de Frise dit le Frison fils de Baudoüin Comte de Flandre. Ses avantures, 1063. &c. Il se fait Comte de Flandre, 1066.
Robert fils aîné de Guillaume Roy d'Angleterre en liaison secrete avec le Roy de France, 1071. il se revolte contre son pere, *ib.* il se refugie en France, blessé son pere dans un combat sans le connoître 1072. il fait sa paix avec son pere par la mediation du Roy de France ; il se revolte de nouveau, & est soûtenu par ce Prince, 1073. il est fait Duc de Normandie par le testament de son pere. Il pretend à la Couronne d'Angleterre, il est prévenu par Guillaume son frere, il est secouru & puis abandonné par le Roy. Il fait avec ses freres une paix desavantageuse, 1074. il se croise pour la Palestine, & engage pour de l'argent son Duché à son frere, 1104. il arrive à Constantinople, & joint les autres croisez, 1114
Robert II. Comte de Flandre se croise, 1104. il prend la mer, arrive à Constantinople, est plus agreable à l'Empereur que les autres Seigneurs croisez, 1115

S.

Siege & prise de Nicée. 1117. D'Antioche, 1119. & seq. De Jerusalem, 1123. & seq.
Soliman Soudan de Nicée taille en pieces l'armée de Pierre l'Hermite & de Gautier *Sans avoir*, 1115. 1116. il attaque Bohemond avec avantage & ensuite est repoussé, 1118

T.

Tancrede neveu de Bohemond conquête la Cilicie, 1128

V.

Urbain II. Pape est sollicité d'approuver le mariage de Philippe avec Bertrade, tire la chose en longueur 1081. il convoque un Concile à Plaisance, 1099. il fait résoudre la Croisade au Concile de Clermont, 1101

Y.

Yves de Chartres, sa fermeté au sujet du mariage scandaleux de Philippe avec Bertrade, 1077. & seq. Sa condescendance quand il le vit penitent, 1090

Table des Usages & Coûtumes sous Philippe I.

Guerres particulieres entre les Gentilshommes fieffez, 1102

TABLE DU REGNE DE LOUIS VI.

B.

Bataille de Noyon à trois lieuës d'Andeli, 1146
Saint Bernard decide en faveur d'Innocent II. contre Anaclet & le fait reconnoître en France & ensuite en Angleterre, 1160. 1162.
Bertrade autrefois maitresse de Philippe I. se fait Religieuse de Fontevraud, 1145

C.

Calixte II. Pape se fait mediateur entre les Rois de France & d'Angleterre, 1147. il y réüssit, 1148
Combat de Puiset en Beausse, 1137. Autre Combat proche du même lieu, 1139. Combat du Bourg-Teroude auprès de Roüen, 1152. Ses suites, 1153

D.

Domaine des Rois de France fort resserré & fort divisé, 1134

E.

Eleonor heritiere du Duché de Guienne épouse Louis le jeune, 1166
Estienne de Garlande Senechal de France se revolte contre le Roy, 1139. il est secondé par la Maison de Montfort & par le Comte Thibaut de Champagne, 1160
Eudes Comte de Corbeil se revolte, pense à se faire Roy, est tué dans le combat, 1119

F.

France. Etat où elle se trouvoit alors, 1134

DE LA TROISIE'ME RACE.

G.

Guillaume Cliton fils de Robert Duc de Normandie soûtenu par le Roy veut se rendre maître de ce Duché, 1143. il commande l'avantgarde Françoise à la journée de Noyon,1147, il épouse Sybille fille du Comte d'Anjou & est fait Comte du Maine. Il soulève plusieurs Seigneurs Normans contre le Roy d'Angleterre, 1150. Son mariage est déclaré nul, Le Roy lui fait épouser sa belle sœur, 1153. il est fait Comte de Flandre par le Roy, 1156. il est blessé & meurt de sa blessure, 1158. Guillaume IX. Duc de Guienne prend le parti de l'Antipape Anaclet, & puis il l'abandonne, 1162. il ordonne par son testament qu'Eleonor son heritiere épouse Louis le jeune, 1166

H.

Henri troisième fils de Guillaume le Conquerant s'empare du Royaume d'Angleterre après la mort de Guillaume le Roux son frere, au préjudice de Robert Duc de Normandie. Il le défait à la bataille de Tinchebray en Normandie, le prend & le met en prison, 1135. il se broüille avec le Roy de France, l'amuse & le trompe, met dans son parti Thibaut Comte de Blois, 1136. il fait la paix avec la France, 1140. il fait la guerre à la France, il fait la paix, 1142. il le rend puissant par des alliances & des mariages, *ibid*, Le Roy de France forme une ligue contre lui, & protege Guillaume fils de Robert Duc de Normandie, Il fait plusieurs pertes, 1143. 1144. 1145. il fait la paix avec la France, & rend hommage au Roy pour la Normandie, 1148. Son fils Guillaume Adelin perit par un naufrage, *ibid*, il se remarie à Adelaide fille de Godefroy Comte de Louvain, 1149. il prévient par sa diligence la conspiration des Seigneurs de Normandie, 1150, &c. il en punit plusieurs 1153. il fait la paix avec la France, 1156. il meurt, 1165
Henry V. Empereur veut entrer en France avec une armée, & obligé de faire retraite, 1154

I.

Innocent II. reconnu en France, & l'Antipape Anaclet rejetté, 1161. il sacre le jeune Roy Loüis, 1164

L.

Louis VI. nommé Louis-Thibaut & surnommé le Gros, 1129. il se fait sacrer à Orleans, 1130. il domte plusieurs de ses vassaux, 1135. il se broüille avec Henry Roy d'Angleterre, 1136. il offre à Henry de vuider leur querelle par un combat singulier, 1137. Sa valeur au combat de Puiset en Beausse, 1138, il est defait par le Comte de Blois 1141. il fait la guerre au Roy d'Angleterre, & puis il fait la paix, 1142. il épouse Adelaide fille de Humbert Comte de Savoye, *ibid*. il prend le parti de Guillaume Cliton fils de Robert Duc de Normandie, & forme une dangereuse ligue contre le Roy d'Angleterre, 1143. 1144. il lui fait la guerre avec succés, 1145. Son armée est mise en déroute auprés du Château de Noyon à trois lieües d'Andeli, 1146. il assiege & prend Ivry. Il épargne Chartres par respect pour la sainte Vierge, 1147. il oblige le Roy d'Angleterre à lui faire hommage pour la Normandie, 1148. il va au devant de l'Empereur Henry V. qui n'ose avancer, 1154. il va prendre l'Oriflame à S. Denys, 1155. il fait la paix avec l'Angleterre, 1156. il ajuge le Comté de Flandres à Guillaume fils de Robert Duc de Normandie, *ibid*. il reçoit l'hommage de Thierri d'Alsace pour la Flandre, 1158. il domte ses vassaux, *ibid*, il est blessé au siege du Château de Livri, est excommunié par l'Evêque de Paris: mais le Pape leve l'excommunication, 1160. Il se declare pour Innocent II. contre l'Antipape Anaclet, 1161. il perd son fils aîné Philippe, 1163. Il associe à la Couronne son fils Louis qui est sacré par le Pape, 1164. Il l'envoye en Guienne pour épouser Eleonor heritiere de ce Duché, 1166. il meurt; son caractère, *ibid*.
Louis le jeune fils de Louis le Gros est associé à la Couronne, & sacré par le Pape, 1164. il épouse Eleonor heritiere du Duché d'Aquitaine, 1166

O.

Oriflâme, Ce que c'est, 1115

P.

Philippe fils aîné du Roy est associé à la Couronne, 1159. il meurt, 1163

R.

Robert Duc de Normandie à son retour de Palestine est pris par Henry son frere, & meurt en prison, 1135
Robert II. Comte de Flandre fort attaché au Roy défait le Comte de Blois, 1138. il est foulé aux pieds des chevaux dans un combat, Il meurt, 1141
Rodolfe le Vert élû Archevêque de Reims prend possession sans la permission du Roy. Il n'est point reconnu par ce Prince qui en nomme un autre appellé Gervais, 1130. il s'oppose au Sacre du Roy qu'il prétendoit ne se pouvoir faire qu'à Reims, 1131. Le Roy lui rend ses bonnes graces, 1133
Rodolfe Comte de Vermandois parent du Roy défait & blessé le Comte de Blois, 1137. il perd un œil au siege du Château de Livri, est fait Senechal de France, 1160

T.

Thibaut Comte de Blois se ligue avec le Roy d'Angleterre contre le Roy, 1137. il est battu par le Comte de Flandre, 1138. & par Rodolfe Comte de Vermandois, 1139. il se revolte de nouveau contre le Roy & défait son armée, 1141. il est appellé Comte de Champagne, *ibid*, il se souleve de nouveau, 1142. il soûtient Etienne de Garlande contre le Roy, 1160. Thierri d'Alsace dispute le Comté de Flandre à Guillaume de Normandie, 1157. il est reconnu pour Comte de Flandre par le Roy aprés la mort de Guillaume, 1158

V.

Vassaux de la Couronne fort indociles, 1134. il en étoit de même alors dans la plûpart des autres Etats de l'Europe, 1141

Y.

Yves de Chartres écrit pour prouver que les Rois n'ont point d'obligation de se faire sacrer à Reims, 1131. il est aussi favorable aux Souverains sur l'article des investitures, 1138

Table des Usages & Coûtumes sous le Regne de Loüis VI.

Les Evêques à son Sacre lui font quitter son épée, lui en presentent une autre, & puis le sceptre & la main de Justice, 1130
Loüis datte quelques Chartres de l'année du couronnement de la Reine Adelaide, 1142
Charge de Grand Senechal en France. Origine de la distinction de Grand Maître d'Hôtel, & de premier Maître d'Hôtel, 1143
Le Lieutenant du Grand Senechal lui fait hommage de sa Charge, 1143. 1144
Oriflamme pris pour la premiere fois à S. Denys par nos Rois pour l'armée, 1155

TABLE
DU REGNE DE LOUIS VII.

A.

Alix de France, Son mariage avec Richard fils du Roy d'Angleterre est rompu & renoüé. Trop aimée de Henri pere de chard, 1157. Son mariage avec Richard differé, 1166

B.

Saint Bernard prêche la Croisade en France, 1176. Et en Allemagne, 1177. il est obligé de faire des Apologies au sujet du mauvais succés de la Croisade
Brabançons Cottereaux Routiers. Quels gens c'étoient, 1237

C.

Communes, Ce que c'étoit, & leur institution, 1169
Conrad III. Empereur se croise, 1177. il arrive à Constantinople & passe le détroit, 1182. Son armée perit, 1188. &
seq. il est blessé de deux coups de fléches & vient joindre l'armée de France auprés de Nicée, 1191. il retourne à Constantinople, 1192. il fait le siege de Damas avec le Roy de France, 1204. &seq. il retourne en Allemagne, 1206

E.

Eleonor Reine de France est de la Croisade 1177. Elle devient amoureuse du Prince d'Antioche, & est enlevée d'Antioche par le Roy, 1202. Elle fait divorce avec le Roy, 1210. Elle se marie avec Henry Duc de Normandie, 1211
Etienne Comte de Boulogne s'empare de la Couronne d'Angleterre, 1171. il s'accommode avec Henry Duc de Normandie en l'adoptant, 1212. il meurt, 1213

H.

Henry Duc de Normandie devient Roy d'Angleterre, 1213. il fait hommage au Roy de France pour la Guienne, &c.

TABLE DES MATIERES

ibid. Sa conduite pleine de politique, 1216. il fait la guerre au Comte de Toulouse, leve le siege de Toulouse, 1217. il fait la paix 1218. il entre en guerre avec la France, 1224. il fait la paix & triomphe le Roy, 1225. il se broüille avec Thomas Becquet Archevêque de Cantorberi, 1226. Grandes suites de ces broüilleries, 1227. *&seq.* il rompt avec la France & fait une treve, 1232 Qui est prolongée, 1236. il rentre en guerre, *ibid.* il fait la paix, 1241. il fait couronner Roy d'Angleterre son fils aîné Henry & declare qu'il n'est plus Roy, 1247. il se reconcilie avec l'Archevêque de Cantorberi, 1249. il fait serment qu'il n'a ni commandé ni voulu la mort de l'Archevêque, 1250. il se soûmet aux penitences que les Legats du Pape lui imposent, 1251. Son fils Henry soûtenu du Roy de France se revolte contre lui, 1255. il est attaqué de toutes parts, 1257. *&seq.* il va au tombeau de l'Archevêque de Cantorberi, & y fait amende honorable, 1262. il repasse la mer & fait lever le siege de Roüen, 1264. il fait une paix avantageuse avec la France & avec ses fils, 1265

Henri le jeune Roy d'Angleterre vient en France avec Marguerite de France son épouse, 1253. il se revolte contre Henri son pere, 1255. il est soûtenu par le Roy de France, *ibid.* il engage ses freres Richard & Geoffroy dans sa revolte, 1256

L.

Loüis VII. nommé Flore ou Fleuri, 1167. il se broüille avec le Pape Innocent II. au sujet de l'Archevêché de Bourges, 1172. il fait la guerre à Thibaut Comte de Champagne, prend Vitri en Perthois, prend par esprit de penitence la resolution de faire une Croisade, 1173. il domte ses vassaux, 1174. il prend la croix, 1177. il arrive à Constantinople, 1184. il passe le détroit, 1185. il est trahi par les Grecs, 1192. il force le passage du Méandre, 1193. Son arriere-garde est défaite par les Turcs, 1195. Sa personne en très grand danger. Il échape, 1196. il continue sa route avec des peines & des dangers extrêmes, 1198. *&seq.* il arrive à Antioche ayant perdu la plus grande partie de son armée, 1200. Ses chagrins à Antioche: il enleve la Reine, 1202. il fait ses devotions à Jerusalem, 1203 il fait le siege de Damas avec l'Empereur, le Roy de Jerusalem, &c. 1204. *&seq.* il est trahi à ce siege, & le leve, 1206. il revient en Europe, 1207. il est tantôt pour un parti & tantôt pour l'autre dans les affaires d'Angleterre & de Normandie, 1208. il repudie la Reine Eleonor contre l'avis de l'Abbé Suger, 1210. il fait la guerre à Henri Duc de Normandie, & lui accorde une treve, 1212. & puis la paix, 1213. il épouse Constance fille d'Alphonse VIII. Roy de Castille, & marie sa sœur de même nom à Raymond Comte de Toulouse, *ibid.* il fait un voyage en Espagne, 1214. il défend le Comte de Toulouse contre le Roy d'Angleterre, l'oblige à lever le siege de Toulouse, 1217. il fait la paix, 1218. il reconnoît Alexandre III. pour Pape 1220. il épouse Adelaide fille du feu Thibaut Comte de Champagne, 1221. il se broüille avec l'Empereur Friderich Barberousse, 1223. il entre en guerre avec l'Angleterre, 1224. il fait la paix, 1225. il reçoit bien l'Archevêque de Cantorberi refugié en France, 1229. il lui naît un fils qui est nommé Philippe, 1231. il rompt avec l'Angleterre & fait une treve, 1232. Qui est prolongée, 1236. il rentre en guerre, *ibid.* il fait la paix, 1241. il soûtient la revolte du jeune Henri Roy d'Angleterre contre son pere, 1255. il assiege Roüen, 1261. il leve le siege, 1264. il fait la paix avec le Roy d'Angleterre, 1265. il fait un pelerinage au tombeau de l'Archevêque de Cantorberi. Il tombe en apoplexie, 1267. il fait couronner son fils Philippe, il meurt. Son caractere, 1268

M.

Maisons de Villes, leur institution, 1167
Manuel Comnene Empereur de Constantinople contraire aux Croisez, 1181
Marguerite de France épouse du jeune Henri Roy d'Angleterre, est couronnée, 1253
Mathilde fille du feu Henri Roy d'Angleterre s'empare de quelques places en Normandie, 1231. Elle tâche d'empêcher la rupture entre le Roy son fils & le Roy de France, 1230. Elle meurt, 1233

P.

Palestine. Précis de ce qui s'y étoit passé depuis la mort de Godefroy de Boüillon, 1174. *&seq.*
Philippe surnommé Auguste dans l'Histoire vient au monde, 1231. il est couronné Roy de France du vivant de son pere. Il épouse Isabelle fille du Comte de Hainaut, 1268

R.

Raymond Prince d'Antioche amoureux de la Reine de France, 1202
Roüen assiegé par le Roy de France, 1261. secouru par le Roy d'Angleterre, 1264

S.

Suger Abbé de S. Denis nommé Regent de France, 1178. Son caractere, 1179. il est honoré du titre de pere de la patrie, 1207. Sa mort, 1209

T.

Thomas Becquet Archevêque de Cantorberi se broüille avec Henri Roy d'Angleterre, 1215. Ses aventures, 1216. *&seq.* il se reconcilie avec Henri & repasse en Angleterre, 1249. il est massacré dans sa Cathedrale, 1250

Table des Usages & Coûtumes sous Loüis VII.

Milices dites les Communes, leur institution, 1169
Maisons de Villes, leur institution, *ibid.*

TABLE DU REGNE DE PHILIPPE AUGUSTE.

A.

Adelaide de Champagne Reine mere du Roy mécontente se revolte avec ses freres contre le Roy, 1271. Elle fait sa paix, 1274. Elle est faite Regente du Royaume par le Roy son fils durant la Croisade, 1300
Albigeois. Leurs erreurs, 1376. Diverses expeditions des Croisez contre eux, 1381. *&seq.*
Amauri de Montfort fils de Simon soûtient la guerre contre le Comte de Toulouse, & propose à Philippe Auguste de lui ceder cet état, 1448
Les Anglois offrent la Couronne d'Angleterre à Louis fils de Philippe Auguste, 1432. ils abandonnent le Prince Louis, 1445
Artois érigé en Comté, 1350
Artur Duc de Bretagne entre dans la ligue contre le Roy Jean d'Angleterre, 1296 il est fait Chevalier par le Roy, il est pris prisonnier par le Roy d'Angleterre, 1317 il perit par les ordres ou même par la main du Roy d'Angleterre, 1318

B.

Bataille de Muret, 1400. De Bouvines, 1416. *&seq.*
Baudoüin Comte de Flandre dans le parti de Richard contre Philippe prend plusieurs places, leve le siege d'Artas, enferme Philippe entre des rivieres, il le laisse échaper, 1339. il est mediateur pour une treve entre les deux Rois, 1340. il se reconcilie avec le Roy, 1350

C.

Chartrier de France enlevé à Philippe Auguste par Richard d'Angleterre, 1330

F.

Ferdinand ou Ferrand Comte de Flandre ligué avec le Roy d'Angleterre, & l'Empereur brûle la flotte de France, 1414. il est pris prisonnier à la bataille de Bouvines, 1424

G.

Geoffroy fils de Henri Roy d'Angleterre meurt à Paris, 1282
Guy de Levi dit le Maréchal de la Foy, 1400
Guy de Toüars Duc de Bretagne par sa femme se ligue avec le Roy Jean d'Angleterre, est contraint de demander la paix à Philippe, 1374

H.

Henri Roy d'Angleterre renouvelle la paix avec Philippe Auguste, 1274. il perd son fils le jeune Roy Henri, 1280. Et puis Geoffroy son autre fils, 1282. il est en guerre avec la France, *ibid.* il consent à une treve, 1283. il se croise, 1288. il est malheureux dans ses enfans, il perd diverses places, 1295. 1296. il meurt de chagrin, 1297
Henri le jeune Roy d'Angleterre pense à se revolter de nouveau contre le Roy son pere. Il meurt, 1280
Henri III. Roy d'Angleterre fils de Jean est reconnu Roy par ceux de son parti, 1440
Henri VI. Empereur. Sa prétention chimerique que tous les Etats de l'Europe sont fiefs de l'Empire, sollicite le Roy d'Angleterre contre la France, 1332

I.

Jean dit Sans terre frere de Richard s'empare des Etats de ce Prince qui étoit en Palestine, 1312. il se reconcilie avec lui par une trahison, 1318. il herite de la Couronne d'Angleterre

DE LA TROISIEME RACE.

terre, 1344. il fait la paix avec le Roy de France, 1351. il fait perir le Duc de Bretagne, 1358 Ses Etats de France confisquez par Philippe, *ibid.* il tâche en vain de secourir Château-Gaillard, 1963. il perd la Normandie, 1370. *& seq.* Et plusieurs pieces en Anjou & en Poitou, 1373. il aborde à la Rochelle & prend Angers, 1374. il obtient une treve, 1375. il se broüille avec le Pape qui met ses Etats en interdit, 1405. il se ligue avec l'Empereur Othon IV. *ibid.* il porte la guerre dans le Poitou & dans l'Anjou, 1414. il est défait par le Prince Louïs, 1415. il se soûmet au Pape & fait serment de fidelité au saint Siege, 1422. il obtient du Roy une treve, 1425. Revolte des Anglois contre lui, 1429. il signe la grande Chartre, 1430. il meurt, 1434

Innocent III. Pape fait prescher une Croisade contre les Albigeois, 1375. il met l'interdit sur l'Angleterre, 1405. il declare le Roy Jean déchû du Thrône, publie une Croisade contre lui, & exhorte Philippe Auguste à s'emparer de l'Angleterre, 1409. il prend le parti du Roy d'Angleterre contre les Anglois revoltez, 1431. il excommunie le Prince Loüis, 1438. il meurt, 1439.

L.

Ligue des Princes Allemans contre le Roy, 1326
Ligue des vassaux François de Jean Roy d'Angleterre contre ce Prince, 1356
Louïs dixiéme Roy huitiéme du nom vient au monde, 1283. il est fait Comte d'Artois, 1370. il épouse Blanche de Castille, 1352. il fait le vœu pour la Croisade contre les Albigeois, 1395. il est obligé d'en differer l'execution, 1297, il va en Anjou contre le Roy d'Angleterre, lui fait lever le siege de la Roche-au-moine, & défait son arriere-garde, reprend Angers & le rase, 1415. il s'acquitte du vœu de la Croisade contre les Albigeois, fait démanteler Narbonne & Toulouse, 1416. il est demandé par les Anglois pour être leur Roy, 1431. Sa réponse au Cardinal Gallon Legat du Pape, 1436. il passe en Angleterre, est proclamé Roy à Londres, 1437. il est excommunié à Rome, 1438. il est abandonné par les Anglois & assiegé dans Londres. Il capitule & repasse en France, 1443

M.

Marguerite de France veuve de Henri le jeune Roy d'Angleterre, épouse Bela Roy de Hongrie, 1280

N.

La Normandie conquise par Philippe Auguste, 1370. *& seq.*

O.

Othon IV. Empereur se ligue contre la France avec le Roy d'Angleterre, 1405. il perd la bataille de Bouvines, 1421.

P.

Pair. Ce que ce mot signifioit, 1354. Epoque de la réduction des Pairs à douze faite vray-semblablement sous le regne de Philippe Auguste, 1355
Palestine. L'état où elle se trouvoit sous le regne de Philippe Auguste, 1283
Pandulphe Legat du Pape passe en France, & engage Philippe Auguste à l'expedition d'Angleterre, 1409. 1410. Il passe en Angleterre, engage le Roy Jean à se soûmettre au Pape, 1411. 1412. il repasse en France, & prie le Roy de congedier les troupes, 1413
Paris. Son étenduë beaucoup augmentée par Philippe Auguste, 1449
Philippe Auguste surnommé *Dieu-donné* domte ses vassaux, 1169. il se saisit des biens des Juifs, & les chasse de son Etat, 1271. il renouvelle la paix avec le Roy d'Angleterre, 1174. il se broüille avec le Comte de Flandre, 1275. il fait la paix avec lui, 1280. il fait un grand carnage des Brabançons, 1281. il fait paver Paris, & entourer de murailles le Bois de Vincennes, *ibid,* il fait la guerre au Roy d'Angleterre, 1182. il consent à une treve, 1283. il forme la resolution d'aller au secours de la Terre-Sainte, *ibid.* il se croise, 1288. il fait de nouveau la guerre à Henri avec succés, 1291. Son entrevuë avec le Roy d'Angleterre, 1291. Sa fermeté envers le Legat, 1194. il pousse vivement le Roy d'Angleterre, 1295. *&c.* il l'oblige à recevoir une paix desavantageuse, 1296. il traite avec Richard Roy d'Angleterre, 1298. il se dispose à la Croisade, 1299. il choisit pour Regens du Royaume & tuteurs de son fils la Reine mere Adelaïde & Guillaume Cardinal Archevêque de Reims, 1300. Ses differends en Sicile avec Richard Roi d'Angleterre, 1305. 1305. 1306. il arrive à Acre ou Ptolemaïs que les Chrétiens assiegeoient, *ibid.* il attend le Roi d'Angleterre pour donner l'assaut à la ville, 1309. il a un nouveau differend avec Richard, 1310. 1311. il part de Palestine & arrive en France, 1319. il se forme une nouvelle Compagnie de Gardes, 1320. il fait la guerre à Richard prisonnier, & met Jean frere de ce Prince dans ses interests, 1321. il enleve plusieurs villes au Roi d'Angleterre, 1322. Son armée est défaite par Richard, 1330. il défait les Anglois devant le Vaudreüil, 1331. il fait lever le siege d'Arques au Roi d'Angleterre, prend Dieppe, perd quelques soldats dans une embuscade, 1334. il fait la paix avec l'Angleterre, 1335. Temerité heureuse de Philippe, 1337. il est battu auprés de Vernon & puis auprés de Gisors, 1341. il repudie la Reine Ingelburge de Dannemarc, & épouse Agnés fille du Duc de Boheme, 1347. il reprend Ingelburge sans attendre la réponse du Concile où l'affaire devoit être jugée. 1350. il fait la paix avec le Roy d'Angleterre, 1351. il lui fait de nouveau la guerre, 1355. il prend Château Gaillard sur la Seine, 1370. il conquête la Normandie, *ibid. & seq.* il fait des conquêtes en Anjou & en Poitou, 1373. il domte Guy de Toüars Duc de Bretagne, 1374. il accorde une treve au Roy d'Angleterre, 1375. il seconde le Pape dans la Croisade contre les Albigeois, il pense à se faire Empereur, 1405. il se prépare à conquerir l'Angleterre, 1410. il refuse au Legat de se désister de son entreprise, 1413. il marche contre le Comte de Flandre & prend plusieurs villes, *ibid.* il perd sa flotte, 1414. il gagne la bataille de Bouvines, 1421. il fonde l'Abbaye de la Victoire, 1424. il fait treve avec le Roy d'Angleterre, 1425. il meurt Son éloge, 1448. *& seq.* Le nom d'Auguste ne lui fut point donné de son vivant, 1451
Philippe Comte de Flandre tuteur du Roy, & apparemment Regent du Royaume, 1272. il se broüille avec le Roy & se ligue avec d'autres vassaux de la Couronne, 1276. lui fait la guerre, 1278. il fait sa paix, 1280. il est fait Empereur de Constantinople, 1374
Pierre II. Roy d'Aragon bien que Catholique favorise les Albigeois par interest d'Etat, 1386. il se laisse gagner par le Comte de Montfort, & puis traite de nouveau avec le Comte de Toulouse, 1387 il met le siege devant Muret à trois lieuës de Toulouse, 1398. il est tué dans le combat, 1400

Q.

Quietistes en France severement punis par Philippe Auguste, 1404

R.

Raymond VI. Comte de Toulouse à la tête des Albigeois, 1375. Son Caractére, 1379. il est obligé de se soûmettre à la penitence des excommuniez pour avoir l'absolution, 1381. il est soûtenu par Pierre Roy d'Aragon, 1387. Ses intrigues, & celles du Roy d'Aragon 1391. *& suiv* il est déclaré par les Legats déchû de ses Etats, 1403. Et puis par le Concile de Latran. On ne reserve à son fils que les domaines que son pere avoit en Provence, 1453. il revient à Toulouse, il est reçû par les habitans, rétablit la place, & soûtient le siege, 1446. il meurt, 1448
Raymond VII. fils du Comte de Toulouse s'empare des forteresses de Provence, 1446. il reprend presque tous ses Etats sur Amauri de Montfort fils de Simon, 1448
Renaud de Dampmartin Comte de Boulogne intrigue contre le Roy, 1409. il est fait prisonnier à la bataille de Bouvines, 1414
Richard fils de Henri Roy d'Angleterre se revolte contre son pere, & se reconcilie avec lui, 1283. il prend la croix, 1288. il est cause de la guerre entre l'Angleterre & la France, 1290. il est soûtenu par le Roy de France, 1292. il veut tuer le Legat, 1295. il passe pour être la cause de la mort de son pere, & lui succede à la Couronne, 1297. il traite avec le Roy de France, 1298. il se dispose à la Croisade, 1299. 1303. 1305. 1306. il aborde à Acre, 1309. il a un nouveau differend avec Philippe, 1310. 1311. A son retour de Palestine il est mis en prison par l'Empereur Henri VI. 1320. il est delivré de prison & revient en Angleterre, 1327. il reprend Verneüil, 1328. il défait l'armée de Philippe devant Verneüil, 1328. il défait son arriere-garde entre Châteaudun & Vendôme, 1330. Ses troupes sont defaites devant Vaudreüil, 1331. il leve le siege d'Arques, 1334. il surprend Issoudun, *ibid.* il fait la paix avec la France, 1335. il recommence la guerre, 1336. il fait une grosse ligue contre le Roy, 1337 il le défait deux fois de suite, 1341. il est blessé à mort à l'attaque du Château de Chalus auprés de Limoges, 1343. il meurt de sa blessure, 1344

S.

Saladin donne un assaut au camp d'Acre, & est repoussé, 1313
Siege d'Acre ou Ptolemaïs, 1306. Elle est attaquée & défenduë avec une égale vigueur, il est prise par capitulation, 1313
Siege de Château Gaillard sur la Seine fait par Philippe, 1350. *& seq.* sa prise, 1370
Simon Comte de Montfort declaré General des armées Catholiques contre les Albigeois, 1385. Son caractére, *ibid.* Ses diverses expeditions, 1384. *& seq.* il s'enferme dans Castelnaudari, & soûtient le siege, 1390. il remporte une grande victoire sur les assiegeans qui se retirent, 1391. il gagne la bataille de Muret, 1400. il est declaré Administrateur du Comté de Toulouse, 1403. Le Comté de Toulouse lui est ajugé en propre par le Concile de Latran. il vient demander au Roy l'investiture

TABLE DES MATIERES DE LA TROISIE'ME RACE.

du Comté de Touloufe & l'obtient, 1445. il affiege Touloufe, il eft tué à ce fiege, 1447

Charge de Conêtable quand elle vacqueroit, 1457
Avignon affiegé & pris, 1458

Table des Ufages & Coûtumes fous Philippe Auguste.

Balliste Machine inconnuë en France au commencement du Regne de Philippe Auguste, 1178
Maniere de faire alors les mines dans les fieges, 1178
Inftitution des Sergens d'armes pour la garde du Prince, 1320
Dans les Traitez de paix, on n'avoit point ordinairement recours à des Princes Etrangers pour la garantie : mais c'étoient quelques-uns des principaux vaſſaux des deux Princes qui étoient les garans, & qui avoient droit par là de ſe declarer contre leur Souverain, s'il violoit le Traité, 1352
Dignité de Maréchal de France donnée à un enfant par Philippe Auguste, 1423
Ribauds. Eſpece de So'dats ſemblables à nos Grenadiers d'aujour-d'hui. Le Roy des Ribauds, 1450

H.

Henri III. Roy d'Angleterre n'aſſiſte point au Sacre de Loüis, & redemande la Normandie & les autres Etats conquis par Philippe Auguste, 1453 il fait une treve de trois ans avec la France, 1456

L.

Loüis VIII. âgé de 36. ans ſuccede à Philippe Auguste, 1453 il renouvelle les Traitez avec l'Empereur Frederic II. 1454. il confiſque les Domaines du Roy d'Angleterre dépendans de la Couronne, & prend pluſieurs places, 1456 il fait une treve de trois ans avec l'Angleterre, ibid. il fait la guerre aux Albigeois, 1457. il aſſiege Avignon, le prend par capitulation. fait pluſieurs autres conquêtes, 1458. il tombe malade à Montpenſier, fait paroître la tendreſſe de ſa conſcience. Il meurt. Son éloge, 1459. Son teſtament, 1460. & ſeq.

R.

Richard frere du Roy d'Angleterre arrive à Bourdeaux, prend quelques places, 1456

T.

Teſtament de Loüis VIII. Reflexions ſur ce teſtament, 1460 1462

TABLE DU REGNE DE LOUIS VIII.

A.

Amauri de Montfort cede au Roy ſes prétentions ſur le Comté de Touloufe, & on lui promet en dédommagement la

---

Errata du premier Volume.

Colonne 22. ligne 34. rentre, liſez. rencontre.
col. 29. lig. 4. Thuringiens, liſ. Turingiens.
col. 60. dans la note marginale, Redez, liſ. Rodez.
col. 87. dans la note marginale, unt, liſ. ſunt.
col. 111. lig. 18. fa itauſſi-toſt, liſ. fait auſſi-toſt.
col. 111. lig. 1. il en amena, liſ. emmena.
col. 130. lig. 34. pour la reſſeurer, liſ. raſſeurer.
col. 133. lig. 10. amener les beſtiaux, liſez. emmener.
col. 137. lig. 6. d'enbas. Sur le champ, liſ. ſur le champ.
col. 142. lig. 35. à lui ſuſter, liſ. ſuſciter.
col. 145. dans la note marginale, la médaille, liſ. le medaillé.
col. 161. lig. 27. aux autres Rois François, liſ. à Gontran.
col. 178. lig. 18. ces, liſ. ſes.
col. 189. lig. 44. repriſe, liſ. repris.
col. 194. ligne derniere, beaucoup, liſ. beaucoup.
col. 196. lig. 34. ménace, liſ. menace.
col. 200. lig. 31. matre, liſ. maiſtre.
col. 212. lig. derniere, toutes ſortes, liſ. toute ſorte.
col. 215. lig. 4. fautes de force, liſ. faute.
col. 216. lig. 4. d'enbas, à ceux du païs Bléſois & à ceux de, liſ. & ceux de.
col. 218. lig. 16. qu'il ne fut, liſ. qui ne fut.
col. 250. lig. 3. r'animer, liſ. ranimer.
col. 264. lig. 4. d'enbas, & de ce qu'il avoit reçû ce Prince, liſ. & qu'il avoit reçû de ce Prince.
col. 289. lig. 31. & que ſe donna, effacez &.
col. 293. lig. 63. ſupplice, ou, liſ. ſupplices, ou.
col. 294. lig. 9. pere, Chilperic dequoy, il faut transporter la virgule aprés Chilperic.
col. 363. lig. 52. reſolution. Les, ôtez, le point & mettez une virgule, les.
col. 367. lig. 6. Conton, liſ. Cantons.
col. 375. lig. 19. au nom du Roy, liſ. au nom de Roy.
col. 379. lig. 6. Thierri II, liſ. Thierri III.
col. 380 dans la note marginale, ſi on le compare, liſ. ſi on la compare.
col. 449. lig. 35. les avis, liſ. ſes avis.
Item lig. 36. les intereſts, liſ. ſes intereſts.
col. 719. lig. 31 32. les biens des des Egliſes, il faut ôter un des.

col. 760. lig. 12. manaçant, liſ. menaçant.
col. 762. lig. 28. l'Empereur, liſ. Lothaire.
col. 763. lig. 15. qui qui, ôtez un qui.
col. 765. lig. 34. reſulu, liſ. reſolu.
col. 846. lig. 17. en être, effacez. en.
col. 1000. lig. 1 Hugues Caper, liſ. Hugues Capet.
Ibid. lig. 31. pour le ſecourir, liſ. la ſecourir.
col. 1001. lig. 37. ambitieux, liſ. ambitieux.
col. 1003. lig. 40. la perte, liſ. la perte.
Ibid. beautoup, liſ. beaucoup.
col. 1004. lig. 22. un ſecret, liſ. un ſecret.
col. 1007. lig. 65. ſeulemeur, liſ. ſeulement.
col. 1008. lig. 1. concetnoient, liſ. concernoient.
col. 1017. lig. 15. laiſſe, liſ. laiſſé.
col. 1026. lig. 39. obſervet, liſ. obſerver.
col. 1027. lig. 32. pat rapport, liſ. par rapport.
Ibid. lig. 34. aiſement, liſ. aiſément.
col. 1036. lig. 8. pour, regle, ôtez la virgule.
col. 1040. lig. 57. le Duy, liſ. le Duc.
col. 1041. lig. 32. capitulotion, liſ. capitulation.
col. 1049. lig. 16. précéde, liſ. précédé.
col. 1052. lig. 8. Comte, liſ. Comte.
col. 1053. lig. 45. teçût, liſ. reçût.
col. 1065. lig. 57. furent, liſ. furent.
Ibid. lig. 58. le Flandre, liſ. la Flandre.
col. 1159. lig. 48. protectio, liſ. protection.
col. 1197. lig. 7. Manaſſes, liſ. Manaſſis.
col. 1207. lig. 56. poor exciter, liſ. pour exciter.
col. 1287. lig. 14. le temps, qu'on : ôtez la virgule.
col. 1335. lig. 63. guetre, liſ. guerre.
col. 1337. lig. 52. tent de fois, liſ. tant de fois.
col. 1340. lig. 68. au priſonniers, liſ. aux priſonniers.
col. 1349. lig. 38. qu'ils, liſ. qu'il.
col. 1365. lig. 12. trouve, liſ. trouve.
col. 1371. lig. 6. pour les maiſons, liſ. & pour les maiſons.
col. 1419. à la marge, Brijo, liſ. Brito.
col. 1447. lig. 66. la feveur, liſ. la ferveur.
col. 1457. lig. 3. quele, liſ. que le.

Errata du second Volume.

Colonne 1. lig. 2. on ne voit guéres ou pluftoft, lif. on ne voit guéres, ou pluftoft.
col. 2. lig. 23. Rheims, lif. Reims.
col. 13. lig. 41. jeuneffé, lif. jeuneffe.
col. 28. lig. 58. douceut, lif. douceur.
col. 71. lig. 66. au forir de la Meffe, lif. au fortir de la Meffe.
col. 74. lig. 55. remps, lif. temps.
col. 89. lig. 19. l'armé, lif. l'armée.
col. 92. lig. 44. dementelée, lif. demantelée.
col. 98. lig. 23. d'arme, lif. d'armes.
col. 118. lig. 49. répandant, lif. répandant.
col. 138. lig. 11. vanger, lif. venger.
col. 151. lig. 38. Conteffe, lif. Comteffe.
col. 154. lig. 63. des liaifon, lif. des liaifons.
col. 199. lig. 53. Villers cote-refts, lif. Villers-coterefts.
col. 255. ligne antepénultiéme, que ce Prince, lif. que le Roy d'Arragon.
col. 257. lig. 17. que le fil dus, lif. que le fils du.
Ibid. lig. 63. des Eglifes Romaine, lif. des Eglifes Romaines.
col. 260. lig. 10. Jean de Epa, lif. Jean d'Epa.
Ibid. citation à la marge, 1194. lif. 1284.
col. 276. lig. 38. la guerre, lif. la guerre.
col. 277. lig. 52. rourner, lif. tourner.
col. 280. lig. 55. Porugal, lif. Portugal.
col. 281. lig. 56. des Seigneur Caftillans, lif. des Seigneurs.
col. 287. lig. 37. qu'il, lif. qu'ils.
col. 297. lig. 10. renoiffoit, lif. reconnoiffoit.
col. 314. lig. 24. Piguigni, lif. Péguigni.
col. 318. lig. 50. les colomnes, lif. les Colonne.
col. 345. lig. 26. fans avoir rien fair, lif. fans avoir rien fait.
col. 346. lig. 35. jufpu'a, lif. jufqu'a.
col. 351. lig. 61. fervice, lif. fervice.
col. 367. lig. 45. partis, lif. parties.
Ibid. lig. 49. nne, lif. une.
col. 374. lig. 61. à fubit, lif. à fubir.
col. 382. lig. 50. le Prince, lif. ce Prince.
col. 383. lig. 14. traitez, lif. traitées.
Ibid. lig. 51. Philppes, lif. Philippe.
col. 384. lig. 31. il confentis, lif. il confentit.
col. 395. lig. 15. Fédéric, lif. Frédéric.
col. 397. lig. 2. efperé, lif. efperé.
à la marge au bas de la page, du cod, lif. In cod.
col. 400. lig. 17. les Cardinans, lif. les Cardinaux.
col. 437. lig. 6. fuite, lif. fuites.
col. 438. lig. 35. derniet, lif. dernier.
col. 441. lig. 35. derniet, lif. dernier.
col. 441. lig. 13. terrein, lif. terrain.
col. 456. lig. 2. generaliffime, lif. généraliffime.
col. 462. lig. 36. le vingtroifiéme, lif. le vingt-troifiéme.
col. 474. lig. 45. il n'aift, lif. il naift.
col. 566. lig. 61. Tier-Eftat, lif. Tiers-Eftat.
col. 613. lig. 47. deux Capitaine, lif. deux Capitaines.
col. 619. lig. 10. de Guyenne, lif. de Gafcogne.
col. 689. lig. 51. fit l'Edit, lif. publia l'Edit.
col. 694. lig. 8. Ardre et, lif. Ardres
col. 714. lig. 63. ne manqua de fe declarer, lif. ne manqua pas.

col. 751. lig. 50. ils refoluren, lif. ils réfolurent.
col. 757. lig. 33. au bien, lif. auffi bien.
col. 760. lig. 64. de fe fujets, lif. de fes fujets.
col. 779. lig. 5 Engue rand, lif. Enguerrand.
col. 789. lig. 36. Jean Avis, lif. grand Maiftre d'Avis.
Ibid. lig. 40. 1014. lif. 1042.
col. 820. l. 21. defagreables, lif. agreables.
col. 829. lig. 50. mis tête en, lif. mis en tête.
col. 836. lig. 33. d'Erby, lif. de Derby.
col. 852. lig. 33. la converfation de la fanté, lif. la confervation.
col. 864. lig. 18. qu'on ne doit opter, lif. qu'on ne doit adopter.
col. 870. lig. 43. ils lui dénonfacent, lif. dénonçaffent.
col. 903. lig. 50 de Rambure de, Blaru, lif. de Rambure, de Blaru.
Ibid. lig. 58. le Vidam, d'Amiens, lif. le Vidame d'Amiens.
col. 906. lig. 4. propofa de faire la guerre, lif. on propofa.
Ibid. lig. 53. affirmativement ; fur ce fujet, lif. affirmativement fur ce fujet.
col. 919. lig. 57. on lui fit de grandes éloges, lif. de grands éloges
col. 920. lig. 6. de l'Arcillerie à, lif. des Arbaleftriers.
col. 949. lig. 45. il récrivi, lif. récrivit.
Ibid. lig. 63. qu, lif. qui.
col. 950. lig. 59. Dau hin, lif. Dauphin.
col. 1017. lig. 44. de Luxembour gaffiégeoit depui, lif. de Luxembourg affiégeoit depuis.
Ibid. lig. 54. fi elles n'étoient, lif. n'étoient.
col. 1044. lig. 38. fuivit , fon penchant, lif. fuivit fon penchant.
col. 1049. lig. 2. deux ours après, lif. deux jours après.
Ibid. lig. 51. 53. appellée Charlemagne, lif. appellée l'Ifle de Charlemagne.
col. 1074. lig. 61. les Seigneurs de la Lalaing, lif. de Lalain.
col. 1080. lig. 15. il ne s'en dormit pas, lif. il ne s'endormit pas.
col. 1087. lig. 38. à la fection, lif. à la perfection.
col. 1143. lig. 64. perturbateur de a paix, lif. de la paix.
col. 1147. lig. 41. du Rue, lif. de Rue.
col. 1177. lig. 32. des Deputez du Comte d'Armagnac, lif. du Comté.
col. 1215. lig. 57. les Sires de Culan, lif. le Sire de Culant, & ajoutez Amiral de France.
col. 1217. lig. 36. après ce mot par, au lieu du mot le, lif. Philippe de Culant.
col. 1217. lig. 1. il y avoit grand nombre beaucoup de nobleffe, effacez grand nombre.
col. 1329. lig. 42. Seigneur de Cordes, lif. des Cordes.
col. 1391 ligne antepénultiéme, ôtez la virgule & les deux points.
col. 1398. lig. 59. & la prit de le fuivre, lif. & la pria.
col. 1410. lig. 33. auroient pû entrer, lif. entrer.
col. 1481. lig. 64. une artillerie toure, prête, lif. toute prête.
col. 1483. lig. 4 il & l'envoya, lif. & il l'envoya.
col. 1516. lig. 28. il en partit un après midy, lif. il en partit un jour après midy.
Ibid. lig. 6. d'y laiffer une garnifon, lif. d'y mettre garnifon.
col. 1577. lig. 15. & appuyer, lif. & d'appuyer.
col. 1650. lig. 35. ou il pouvoit, lif. il pouvoit.
col. 1803. lig. 48. Hyppolite, lif. Hippolyte.
col. 1860. lig. 44. Nemours, lif. Nemours.

guyon de sardiere

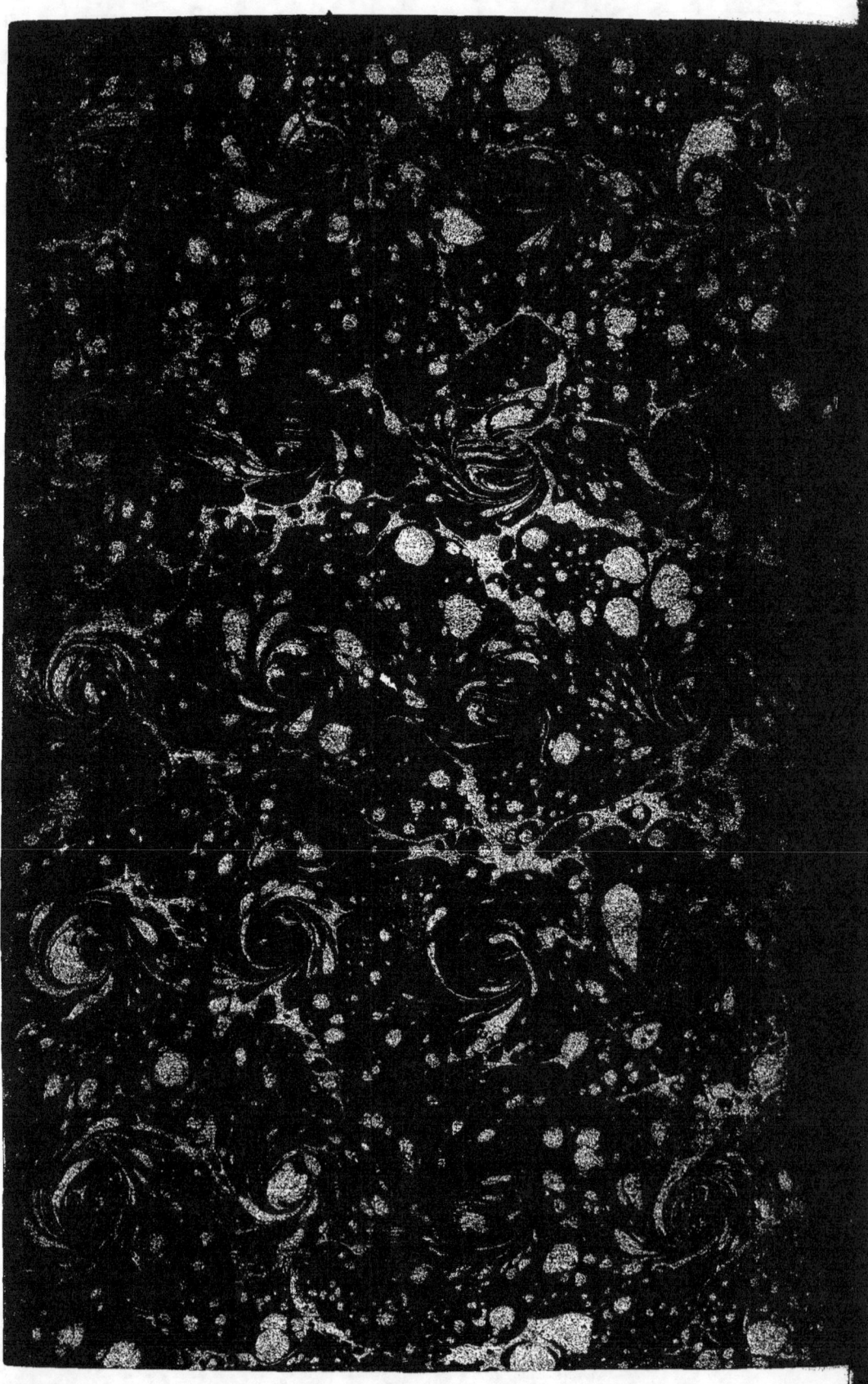

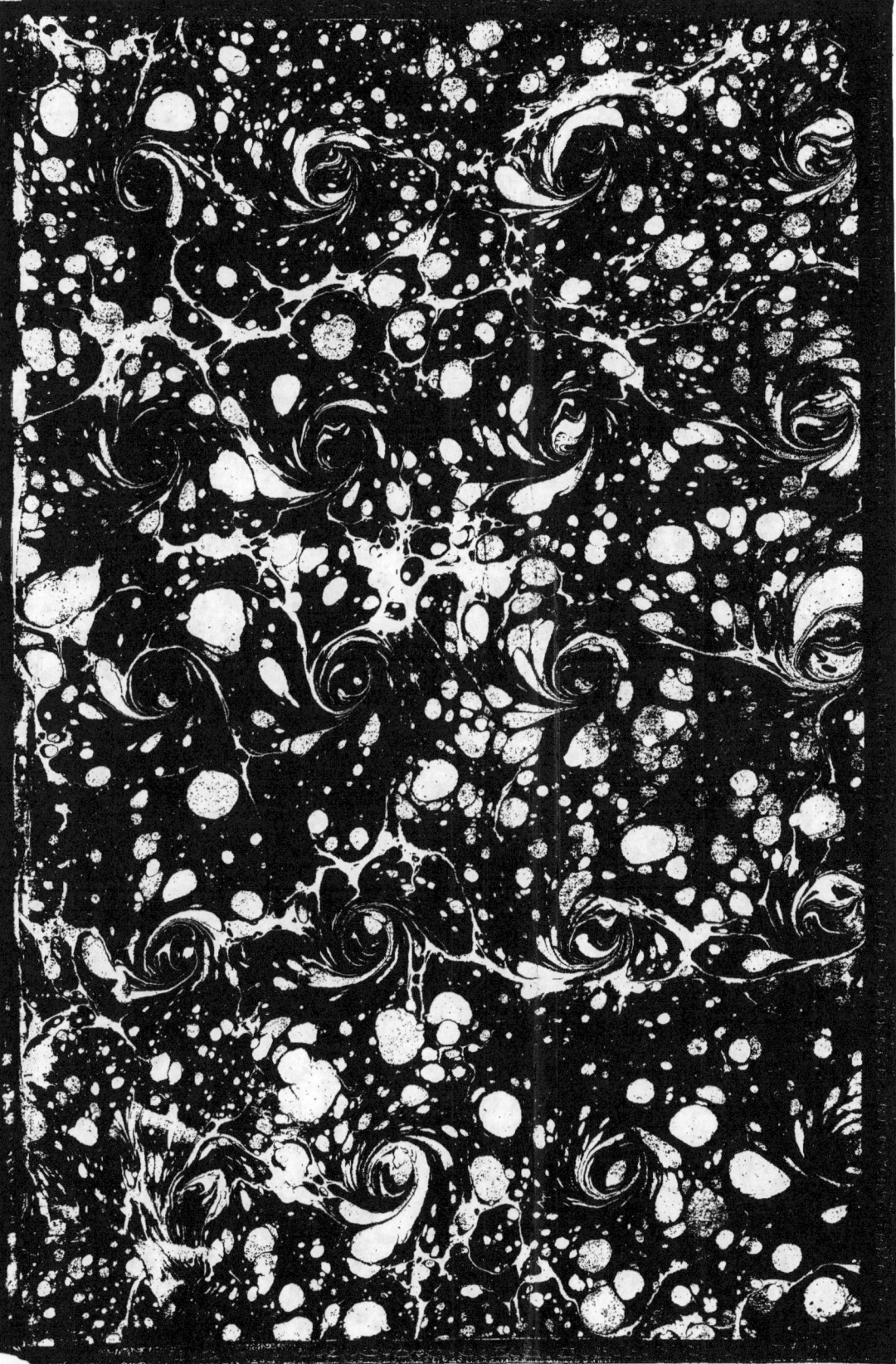

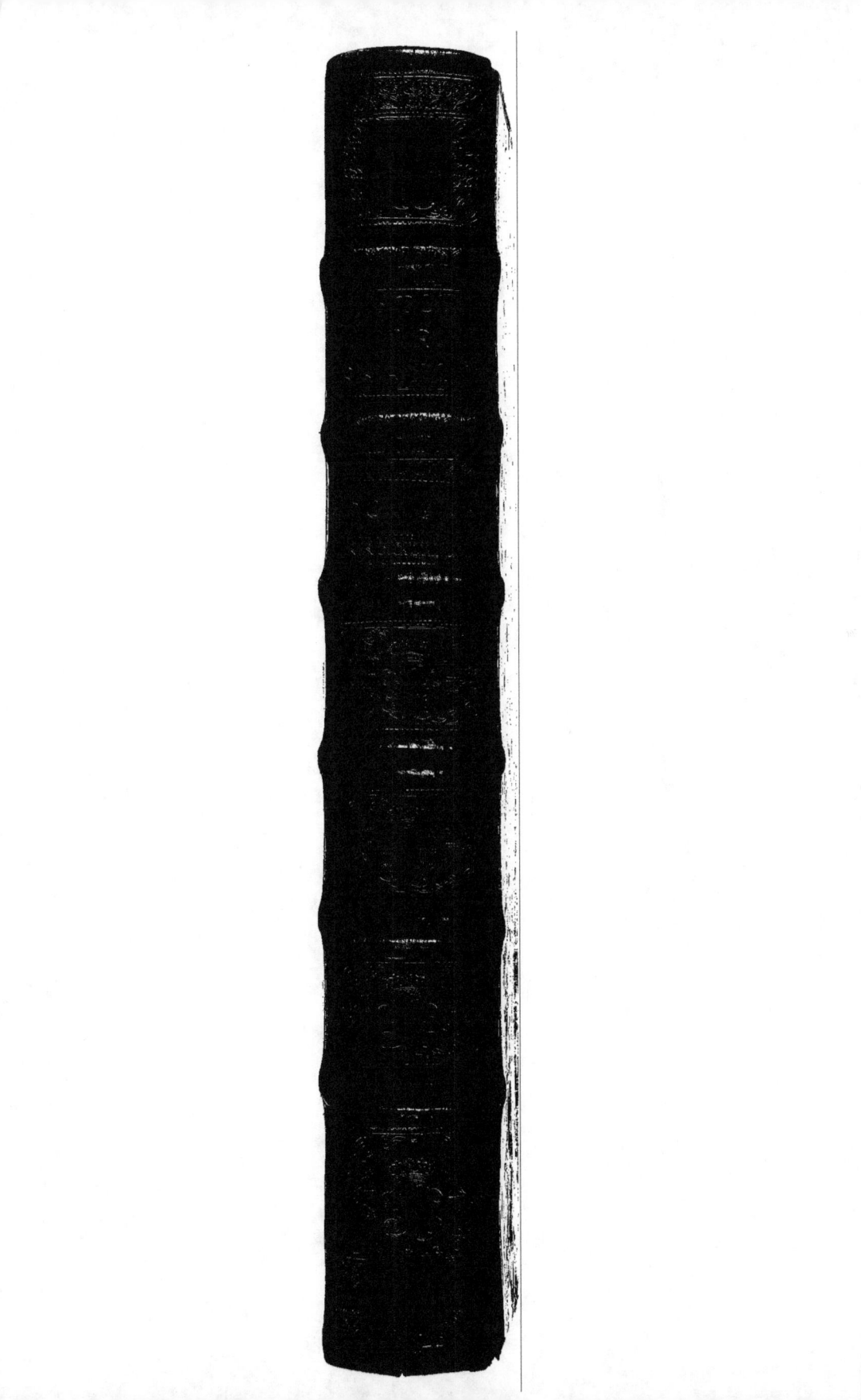

www.ingramcontent.com/pod-product-compliance
Lightning Source LLC
Chambersburg PA
CBHW071418300426
44114CB00013B/1297